Jacob/Ring/Wolf   Freiberger Handbuch zum Baurecht

ANWALTSPRAXIS
DeutscherAnwaltVerein

Freiberger Handbuch zum Baurecht

Hrsg. von
Prof. Dr.-Ing. Dieter Jacob,
Prof. Dr. Gerhard Ring und
Prof. Dr. Rainer Wolf,
TU Bergakademie Freiberg/Sachsen

DeutscherAnwaltVerlag

Zitiervorschlag:
Freiberger Handbuch, § 1 Rn 1

Copyright 2001 by Deutscher Anwaltverlag, Bonn
Satz und Druck: Richarz Publikations Service GmbH, St. Augustin
Titelgestaltung: D sign Agentur für visuelle Kommunikation, Peter Korn-Hornung, Solingen

Die Deutsche Bibliothek – CIP-Einheitsaufnahme

Freiberger Handbuch zum Baurecht / hrsg. von Dieter Jacob ... – Bonn:
Dt. Anwaltverl.; Berlin: Ernst, 2001
   (Anwaltspraxis)
   ISBN 3-8240-0460-7 (Dt. Anwaltverl.)
   ISBN 3-433-02836-2 (Ernst)

Vorwort

Beim Bauen arbeiten viele Gewerke zusammen. Obwohl die Baustatik wenig von der Lüftungstechnik weiß, der Elektrotechniker der natürliche Feind des Malers zu sein scheint und alle miteinander nur zu häufig mit der Kalkulation in Konflikt liegen, steht am Ende ein Gebäude, das auf wunderbare Weise auch noch dem Entwurf des Architekten ähnelt und in Ansätzen sogar den Intentionen des Bauherrn folgt.

Werden die Erwartungen nicht in hinreichender Weise erfüllt, schlägt die Stunde des Rechts. Recht ist allerdings nicht nur das Medium, mit dem im Rechtsstaat Konflikte ausgetragen werden, viel wichtiger ist seine Funktion der vorsorgenden Konfliktminimierung. Aus diesem Grunde sind alle am Bauen Beteiligten gut beraten, wenn sie nicht nur ihre fachlichen Standards beachten, sondern sich auch über den einschlägigen rechtlichen Rahmen informieren. Das vorliegenden Werk will einen Beitrag dazu liefern.

Die Arbeitsteilung beim Bauen hat gleichfalls schon lange das Recht des Bauens erreicht. Vom Recht des Architektenvertrages über die Baumängelgewährleistung bis hin zur steuerlichen Bewertung des Bauens sind viele juristische Spezialmaterien angesprochen. Es wäre daher vermessen, den Anspruch auf eine gleichermaßen in sich geschlossene wie umfassende monographische Darstellung des Baurechts verfolgen zu wollen. Es ist seit jeher in die Fachmaterien des öffentlichen und privaten Baurechts separiert, die sich in vielfältige Unterkomplexe ausdifferenziert haben. Und doch greift in der Praxis das eine in das andere. Eine Lösung, dem von der Praxis nachgefragten Bedarf an Darstellungen, die eine fach- und disziplinübergreifende Information anstreben, bietet der Publikationstypus des Handbuches.

Mit dem vorliegenden Handbuch wollen wir zunächst einen Überblick über die Kernmaterien des privaten und öffentlichen Baurechts geben, zum anderen einige Sachgebiete aufgreifen, die zwar nicht zum hergebrachten Kanon des Baurechts im engeren Sinne zählen, aber als Querschnittsmaterien an der Schnittstelle betriebswirtschaftlicher und rechtswissenschaftlicher Teildisziplinen immer wieder für die Praxis des Bauens bedeutsam werden. Dazu zählen etwa das Arbeits- und Gesellschaftsrecht, die Kalkulation und die Bilanzierung sowie die Besteuerung. In ihnen dokumentieren sich auch einige der Lehr- und Forschungszusammenhänge an der TU Bergakademie Freiberg, in welche die Herausgeber eingebunden sind und über die sie auch etliche der an diesem Handbuch beteiligten Autoren gewonnen haben. Und durch diesen Kontext sehen sich die Herausgeber animiert, das vorliegende Gemeinschaftswerk mit dem Namen „Freiberger Handbuch zum Baurecht" zu belegen.

Das Handbuch wendet sich an die Praktiker des Bauens und der Bauwirtschaft ebenso wie an Planer und Beschäftigte der Bauverwaltung sowie last but not least an Juristen, die in unterschiedlichen Funktionen mit Problemen des Baurechts konfrontiert sind. Deshalb erscheint es gleichzeitig in zwei kooperierenden Verlagen, deren unterschiedliche Adressatenfelder unsere Zielgruppen darstellen. Auch wenn die Bezeichnung „Handbuch" dahingehend interpretiert werden könnte, dass damit eine umfassende Darstellung aller Rechtsmaterien angestrebt wird, die beim Bauen relevant werden können, erheben wir einen solchen Anspruch nicht. So haben wir uns entschieden, die Probleme der Kreditsicherung ebenso außen vor zu lassen wie das Denkmalschutzrecht. Weitere Fachgebiete hätten den ohnehin beträchtlichen Umfang des Vorhabens gesprengt. Ein Handbuch, das sich an einen so weiten Adressatenkreis wendet und so viele unterschiedliche Fachgebiete einschließt, kann im weiteren auch nicht den Anspruch erheben, die einzelnen Probleme bis in Detailfragen hinein abschließend zu ergründen. Wir haben uns daher in der Regel auf eine Bearbeitungstiefe verständigt, die einen für die Praxis hinreichenden Überblick vermittelt. Häufig wird es daher ratsam sein, zur

Vorwort

Vertiefung weitere Spezialliteratur hinzuzuziehen. Über die Gewichtung der einzelnen Beiträge wird man, wie so oft, streiten können. Sie erfolgte nach Maßgabe des Erfahrungswissens der Autoren und der Herausgeber. Für Anregungen und Kritik sind wir daher nicht nur offen, sondern wir betrachten sie als unabdingbaren Beitrag zum Gelingen unseres Projektes, ein praxistaugliches Handbuch für alle am Baugeschehen Beteiligten vorzulegen.

Freiberg, im Mai 2001   Die Herausgeber

Inhaltsübersicht

Autorenverzeichnis		9
Teil I: Privates Baurecht		11
§ 1	Der Bauvertrag	11
§ 2	Bauträgerverträge und die Makler- und Bauträgerverordnung (MaBV)	373
§ 3	Architektenrecht	403
§ 4	Vergaberecht	493
§ 5	Bautechnik und Baumängel	603
§ 6	Gebäudetechnik	699
§ 7	Schäden an Fassaden	709
§ 8	Haftung und Versicherung	715
Teil II: Die betriebswirtschaftlichen und rechtlichen Rahmenbedingungen des Bauens		843
§ 9	Gesellschaftsrecht am Bau	843
§ 10	Die Arbeitsgemeinschaft (ARGE)	857
§ 11	Arbeitsrecht am Bau	877
§ 12	Internationales Privatrecht am Bau	983
§ 13	Baukalkulation	989
§ 14	Das Berufsbezeichnungs- und Werberecht der Architekten, Ingenieure und Beratenden Ingenieure	1065
§ 15	Besteuerung und Rechnungslegung von Bauunternehmen und baunahen Dienstleistern	1083
Teil III: Öffentliches Baurecht		1193
§ 16	Grundlagen des öffentlichen Baurechts	1193
§ 17	Bauleitplanung	1221
§ 18	Bauplanungsrechtliche Zulässigkeit von Vorhaben	1283
§ 19	Sicherung der Bauleitplanung	1305
§ 20	Enteignung nach dem BauGB	1363
§ 21	Die Erschließung von Grundstücken	1419
§ 22	Städtebauliche Sanierung, Entwicklung und Maßnahmen zur Erhaltung der Agrarstruktur	1445
§ 23	Bauordnung und Baugenehmigung	1489
§ 24	Öffentlich-rechtlicher Rechtsschutz	1523
Stichwortverzeichnis		1561

Autorenverzeichnis

Dipl.-Ing. *Wolf Ackermann*
öffentl. bestellter und vereidigter Sachverständiger, Beratender Ingenieur
Freigericht

Andreas Biedermann
Rechtsanwalt, Geschäftsführer im Verband der Bauindustrie für Niedersachsen
Lehrbeauftragter für Baurecht an der Fachhochschule Hildesheim/Holzminden
Hemmingen

Michael Bitz
Richter am Oberverwaltungsgericht
Saarlouis

Hans-Peter Burchardt
Rechtsanwalt
München

Dipl.-Kfm. *Siegfried Heinzelmann*
Wirtschaftsprüfer, Steuerberater
Dietzenbach

Prof. Dr.-Ing. Dipl.-Kfm. *Dieter Jacob*
Professur für Allgemeine BWL, speziell Baubetriebslehre
TU Bergakademie Freiberg

Cornelius Kessel
Rechtsanwalt
Düsseldorf

Dipl.-Kfm. *Dirk Andreas Klinke*
Wissenschaftlicher Mitarbeiter
TU Bergadademie Freiberg

Dr. *Roland Krüger*
Rechtsanwalt
Düsseldorf

Dipl.-Ing. *Lutz Lehmann*
Beratender Ingenieur
Bereich Gesundheitstechnik
Frankfurt am Main

Jens Passarge
Rechtsanwalt
Frankfurt am Main

Dipl.-Kffr. *Constanze Stuhr*
Stipendiatin der Graduiertenförderung
TU Bergakademie Freiberg

Prof. Dr. *Gerhard Ring*
Professur für Bürgerliches Recht, Deutsches und Europäisches Wirtschaftsrecht
TU Bergakademie Freiberg

Thomas Schabel
Rechtsanwalt
München

Dr. *Eckart Scharmer*
Rechtsanwalt
Berlin

Thomas Schmidt
Rechtsanwalt und Notar
Berlin

Dr. *Henning Schrimpf*
Richter am Verwaltungsgericht
Oldenburg

Wolfgang vom Berg
Institut für Bauphysik Horst Grün
Mülheim a. d. Ruhr

Dr. *Walrab von Buttlar*
Rechtsanwalt und Notar
Berlin

Ruth Simone Wahner
VHV Vereinigte Haftpflichtversicherungen V.a. G.
Hannover

Michael Warner
Rechtsanwalt
Frankfurt am Main

M. Sc. *Christoph Winter*
Wissenschaftlicher Mitarbeiter
TU Bergakademie Freiberg

Prof. Dr. *Rainer Wolf*
Professur für Öffentliches Recht
TU Bergakademie Freiberg

Assessor Dr. iur. utr. *Peter Zimmermann*
Institut für Grundstücksrecht und Bodenwert
Dr. Zimmermann + Partner, Sankt Augustin
Sachverständiger für die Bewertung von unbebauten und bebauten Grundstücken

Teil I: Privates Baurecht

§ 1 Der Bauvertrag

Jens Passarge
Michael Warner

Inhalt

Einführung	1
A. Materieller Teil	1
I. Die Beteiligten, ihre Funktion und Zuordnung	1
1. Bauherrenseite	2
a) Bauherr	2
b) Architekt	3
c) Sonderfachleute	7
d) Projektsteuerer	10
e) Baubetreuer	12
f) Bauüberwacher	13
g) Koordinator nach Baustellenverordnung	14
2. Unternehmerformen	15
a) Totalübernehmer	16
b) Generalunternehmer	17
c) Hauptunternehmer	18
d) Nachunternehmer/Subunternehmer	19
e) Nebenunternehmer/Vorunternehmer	21
f) Generalübernehmer	22
g) Bauträger	24
h) Arbeitsgemeinschaft	26
3. Lieferanten	30
4. Erfüllungsgehilfen	31
a) Allgemeines	31
b) Erfüllungsgehilfen der Bauvertragsparteien	32
c) Weitergabe der beauftragten Leistung	35
d) Haftungserleichterungen	40
5. Sonderkonstellationen	41
a) Der „durchgestellte Vertrag"	41
aa) Allgemeines	41
bb) Gängige Problemstellungen	42
(1) Abnahme	42
(2) Gewährleistung	43
(3) Vertragsstrafe	45
(4) Streitigkeiten	47
(5) Vergütung	48
(6) Grenze Rechtsmissbrauch	49
b) Der „Vorunternehmer"	50
aa) Ausgangslage	50
bb) Die bisherige Lösung	51
cc) Die neue Auffassung des BGH	53
c) Gesamtschuld Unternehmer – Architekt	55
aa) Grundsätzliches	55
bb) Haftungsquoten im Innenverhältnis	57
cc) Störungen im Gesamtschuldverhältnis	61
d) Bauherrenzahlungen an Nachunternehmer	64
aa) Die Regelung des § 16 Nr. 6 VOB/B	64
bb) Die Regelung des BGB	66
cc) Anspruch des Nachunternehmers unmittelbar gegen den Bauherrn	67
e) Der „beigestellte Unternehmer"	68
aa) Begriff	68
bb) Die rechtliche Einordnung	69
6. Vollmachtsfragen	70
II. Der Vertragsabschluss	72
1. Rechtliche Einordnung des Bauvertrags	72
a) Werkvertragsrecht	73
b) „Bauarbeiten", Anwendbarkeit der VOB/B	75
c) Zweckmäßigkeit von „VOB/B-Verträgen"	82
2. Der Abschluss des Bauvertrags	87
a) Die einzelnen Phasen des Vertragsabschlusses (§§ 145 ff. BGB)	87
b) Das kaufmännische Bestätigungsschreiben	94
c) Form des Bauvertrags	101
aa) Allgemeines	101
bb) Grundstücksbezug, § 313 BGB	102

	cc) Schiedsvereinbarungen, § 1031 ZPO	103	
3.	Beachtung von gesetzlichen Verboten	106	
	a) Gesetz zur Bekämpfung der Schwarzarbeit	107	
	b) Arbeitnehmerüberlassungsgesetz	109	
	c) Verstöße gegen die Handwerksordnung	110	
	d) Fehlende Baugenehmigung	111	
4.	Die Bedeutung des AGB-Gesetzes (AGBG)	112	
	a) Begriff	112	
	b) Das individuelle Aushandeln	113	
	c) Die wirksame Einbeziehung	116	
	d) Besonderheiten bei Allgemeinen Geschäftsbedingungen	117	
	e) Rechtsfolgen bei Verstößen gegen das AGBG	118	
5.	Besonderheiten des Zusammenspiels zwischen AGBG und VOB/B	120	
	a) Ausgangslage	120	
	b) Privilegierung der VOB/B	121	
	c) Einbeziehung in den Vertrag	127	
6.	Gängige Problemstellungen	128	
	a) Bindefristen	128	
	b) Gescheiterter Vertragsabschluss/Kosten der Angebotsbearbeitung	130	
	c) Der Kalkulationsirrtum	132	
III.	Die Beschreibung der Leistung	134	
1.	Allgemeines	134	
2.	Leistungsbeschreibung nach § 9 VOB/A	136	
	a) Grundsätzliches	136	
	b) Die drei Gruppen des § 9 VOB/A	137	
	aa) Allgemeines	137	
	bb) Leistungsbeschreibung mit Leistungsverzeichnis	138	
	cc) Leistungsbeschreibung mit Leistungsprogramm	139	
	c) Rechtsfolgen eines Verstoßes gegen § 9 VOB/A	140	
3.	Leistungsbeschreibung außerhalb des § 9 VOB/A	142	
	a) Grundsätzliches	142	
	b) Detaillierte Beschreibung	143	
	c) Globale Beschreibung	147	
	d) Mischformen	152	
4.	Bestimmen der Leistung durch die sonstigen Vertragsbestandteile	154	
	a) Baugrundrisiko	155	

	b) Altbausanierung	156	
	c) Baugenehmigung	157	
	d) Zuständigkeitsregelungen	158	
5.	Besondere Regelungen zu Widersprüchen	159	
	a) Feststellen von Widersprüchen	159	
	b) Rangregelungen	160	
IV.	Die Vergütung des Unternehmers	162	
1.	Der Preis	163	
	a) Grundsätzliches	163	
	b) Die Preisarten	165	
	aa) Der Einheitspreis	165	
	bb) Der Pauschalpreis	167	
	cc) Besonderheit: Detail-/Globalpauschalvertrag	170	
	(1) Der Detailpauschalvertrag	171	
	(2) Der Globalpauschalvertrag	173	
	dd) Der Stundenlohnvertrag	174	
	ee) Der Selbstkostenerstattungsvertrag	177	
	ff) „Festpreis"	178	
	gg) Garantierter Maximal-Preis („GMP")	179	
	c) Umsatzsteuer	184	
	d) Gängige AGB-Klauseln	185	
	aa) Vollständigkeitsklauseln	185	
	bb) Festpreisklauseln	186	
	cc) Preisgleitklauseln	187	
2.	Zahlungsarten	188	
	a) Vorauszahlung	189	
	b) Abschlagszahlung	192	
	aa) „VOB/B-Bauvertrag"	192	
	bb) „BGB-Bauvertrag"	195	
	c) Schlusszahlung	196	
	aa) Grundsätzliches	196	
	bb) Fälligkeit	197	
	cc) Rückforderung von Überzahlungen	198	
	d) Teilschlusszahlung	199	
3.	Die Abrechnung	200	
	a) Allgemeines	200	
	b) Die Abrechnung im „VOB/B-Bauvertrag"	201	
	aa) Die Prüfbarkeit der Abrechnung	202	
	bb) Nachweise, gemeinsame Feststellung	204	
	cc) Fristen für die Abrechnung	205	
	dd) Die Aufstellung der Rechnung durch den Auftraggeber	206	
	c) Die Abrechnung im Rahmen des „BGB-Bauvertrags"	208	

- d) Die Bindungswirkung der Schlussrechnung . . . 210
4. Die Fälligkeit der Zahlung . 211
  - a) Abschlagszahlungen . . 211
    - aa) „VOB/B-Bauvertrag" 211
    - bb) „BGB-Bauvertrag" . 213
    - cc) Rechtsfolgen bei Nichtzahlung 215
  - b) Die Fälligkeit der Schlusszahlung 219
    - aa) Allgemeine Fälligkeitsvoraussetzungen . . 219
    - bb) Sonderregelung für Nachunternehmerverträge (§ 641 Abs. 2 BGB) . 224
  - c) Verzug 227
    - aa) Allgemeines . . . 227
    - bb) Voraussetzungen . . 229
    - cc) Verzugsfolgen . . . 231
  - d) Skontovereinbarungen . . 235
5. Vorbehaltlose Annahme der Schlusszahlung 240
  - a) Allgemeines 240
  - b) Vorliegen einer Schlussrechnung 242
  - c) Schlusszahlung 243
  - d) Unterrichtung von der Schlusszahlung 244
  - e) Hinweis auf die Ausschlusswirkung . . . 246
  - f) Vorbehaltlose Annahme der Schlusszahlung 247
  - g) Umfang der Ausschlusswirkung . . . 248
6. Die Verjährung des Vergütungsanspruchs 250
  - a) Allgemeines 250
  - b) Verjährungsfristen . . . 251
  - c) Beginn der Verjährungsfrist 253
  - d) Verjährung sonstiger Ansprüche 255
  - e) Hemmung 256
  - f) Unterbrechung 257
  - g) Verjährungsverzicht . . . 258
7. Gängige Klauseln 259
V. Änderung von Leistung und Vergütung 260
1. Allgemeines 260
2. Das „Änderungsrecht" des Auftraggebers 261
  - a) Regelung der VOB/B . . 261
    - aa) Geänderte Leistung . 261
    - bb) Zusätzliche Leistung . 263
  - b) Regelung des BGB . . . 265
  - c) Besondere Vereinbarungen zum Änderungsrecht . . 267
3. Die Regelungen der VOB/B zu Nachträgen 268
  - a) Beim Einheitspreisvertrag 268
    - aa) Geänderte und zusätzliche Leistung . 268
      - (1) Abgrenzung geänderte/zusätzliche Leistung . . . 270
      - (2) Die Leistungsänderung nach § 2 Nr. 5 VOB/B . . 279
      - (3) Die zusätzliche Leistung nach § 2 Nr. 6 VOB/B . . 284
      - (4) Besondere Klauseln 291
    - bb) Mengenänderungen . 293
      - (1) Allgemeines . . 293
      - (2) Die einzelnen Regelungen . . . 296
      - (3) Gängige Klauseln 300
    - cc) Selbstübernahme durch den Auftraggeber und auftragslose Leistung . 301
      - (1) Selbstübernahme durch den Auftraggeber . . 301
      - (2) Auftragslose Leistung 302
  - b) Beim Pauschalvertrag . . 305
    - aa) Grundsätzliches . . . 305
    - bb) Die einzelnen Tatbestände 306
      - (1) Selbstübernahme nach § 2 Nr. 4 VOB/B 306
      - (2) Geänderte Leistung i.S.d. § 2 Nr. 5 VOB/B 307
      - (3) Zusätzliche Leistungen i.S.d. § 2 Nr. 6 VOB/B . . 310
      - (4) Mengenänderungen 311
      - (5) Sonstige Fälle des Wegfalls der Geschäftsgrundlage 315
    - cc) Gängige Klauseln . . 316
4. Die Regelungen beim „BGB-Bauvertrag" 317
  - a) Allgemeines 317
  - b) Der Einheitspreisvertrag . 318
    - aa) Geänderte und zusätzliche Leistungen 318
    - bb) Selbstübernahme durch den Auftraggeber . . 319
    - cc) Mengenänderungen . 320
    - dd) Auftragslose Leistungen 321
  - c) Der Pauschalvertrag . . . 322

Passarge/Warner 13

aa) Geänderte und zusätzliche Leistung	322
bb) Selbstübernahme durch den Auftraggeber	323
cc) Mengenänderungen	324
dd) Auftragslose Leistung	325
5. Handlungsoptionen des Auftragnehmers bei streitigen Nachträgen	326
a) Ausgangslage	326
b) Position der Rechtsprechung	327
c) Andere Lösungsansätze	328
VI. Die Bauausführung	330
1. Grundsätzliches und Kooperationsgedanke	330
2. Termine und Terminänderungen	331
a) Die Ausführungsfristen	331
aa) Die Regelung der VOB/B	331
bb) Die Regelung des BGB	337
cc) Gängige Klauseln	338
b) Die Veränderung der Ausführungsfrist	340
aa) Allgemeines	340
bb) Die fristverlängernden Gründe	342
cc) Gängige Regelungen	347
3. Die Rechte und Pflichten der Vertragsparteien	350
a) Der Auftraggeber	350
aa) Rechte des Auftraggebers	350
(1) Das Überwachungsrecht	350
(2) Das Anordnungsrecht	352
(a) Allgemeines	352
(b) Besonderes	353
bb) Pflichten des Auftraggebers	354
(1) Bereitstellung von Grundstück/Vorunternehmerleistung	354
(2) Öffentlich-rechtliche Genehmigungen	355
(3) Privatrechtliche Genehmigungen	356
(4) Ausführungsunterlagen	357
(5) Beweissicherung	360
(6) Versorgung	361
(7) Ordnung und Zusammenwirken	363
b) Der Auftragnehmer	365
aa) Rechte des Auftragnehmers	365
bb) Pflichten des Auftragnehmers	366
(1) Die Generalklausel des § 4 Nr. 2 VOB/B	366
(2) Die Prüf- und Hinweispflichten	368
(3) Schutzpflichten	378
c) Die Verkehrssicherungspflicht der Vertragsparteien	379
d) Der Bauleiter nach Landesbauordnung	383
4. Störungen im Bauablauf	384
a) Einleitung	384
b) Mängel vor der Abnahme	385
aa) Die Regelung der VOB/B	385
(1) Die Ersatzvornahme	386
(2) Der Schadensersatz	391
(3) Das Zurückbehaltungsrecht	397
bb) Die Regelung des BGB	399
c) Behinderungen	404
aa) Allgemeines	404
bb) Besonderheiten beim Auftragnehmer	412
(1) Behinderungsanzeige	412
(2) Einzelne Schadenspositionen und Kausalität	417
cc) Neuere Rechtsprechung und gängige Klauseln	424
VII. Die Kündigung	426
1. Allgemeines	426
a) Begriff und Form	426
b) Wirkungen der Kündigung	431
c) Andere Formen der Vertragsbeendigung	434
2. Die „freie" Kündigung des Auftraggebers	436
a) Voraussetzungen	436
b) Die Rechtsfolgen	437
aa) Ausgeführte Leistung	438
bb) Nicht ausgeführte Leistung	439
c) Gängige Klauseln	448
3. Die sonstigen Kündigungsmöglichkeiten des Auftraggebers	452
a) Verhältnis „BGB-Bauvertrag" zum „VOB/B-Bauvertrag"	452
b) Die Regelungen des „BGB-Bauvertrags"	453
aa) Fehlerhafter Kostenanschlag	453
bb) Das Kündigungsrecht „aus wichtigem Grund"	457

c) Die Regelungen des „VOB/B-Bauvertrags" . .	461	
aa) Vertragsuntreue des Auftragnehmers . . .	461	
(1) Zu den tatbestandlichen Voraussetzungen	462	
(2) Rechtsfolgen . .	471	
bb) Vermögensverfall des Auftragnehmers . . .	478	
(1) Zu den Voraussetzungen . . .	479	
(2) Zur Rechtsfolge .	482	
cc) Wettbewerbsbeschränkung	484	
dd) Unterbrechung „über drei Monate"	487	
(1) Voraussetzungen .	487	
(2) Rechtsfolge . . .	488	
4. Die Kündigungsmöglichkeiten des Auftragnehmers	489	
a) Die Regelung des BGB .	489	
aa) Fehlende Mitwirkung des Auftraggebers . . .	489	
(1) Voraussetzungen .	489	
(2) Rechtsfolge . . .	492	
bb) Kündigung aus wichtigem Grund . .	496	
cc) Fehlende Sicherheitsleistung . .	498	
b) Die Regelungen der VOB/B	499	
aa) Fehlende Mitwirkung des Auftraggebers . . .	499	
bb) Verzug des Auftraggebers	501	
cc) Kündigung aus wichtigem Grund . .	504	
dd) Unterbrechung über drei Monate	505	
ee) Fehlende Sicherheitsleistung . .	506	
c) Gängige Klauseln	507	
VIII. Die Abnahme	509	
1. Allgemeines	509	
a) Zum Begriff	509	
b) Wirkungen der Abnahme .	518	
aa) Ende Vertragserfüllung/ Beweislastumkehr/ Beginn der Gewährleistungsfrist	518	
bb) Gefahrübergang . . .	519	
cc) Vorbehalte	523	
2. Der Anspruch auf Abnahme .	525	
a) Voraussetzung: Fertigstellung „frei von wesentlichen Mängeln"	525	
b) Zeitpunkt der Abnahme .	530	

c) Kosten der Abnahme . .	531	
d) Die unberechtigt verweigerte Abnahme	532	
3. Die Arten der Abnahmeerklärung	533	
a) Ausdrückliche und förmliche Abnahme	533	
aa) Ausdrückliche Abnahme	533	
bb) Förmliche Abnahme .	534	
(1) Die Regelung der VOB/B	534	
(2) Die Regelung des BGB	540	
b) Konkludente Abnahme .	541	
c) Fiktive Abnahme	544	
aa) Die Regelungen der VOB/B	544	
bb) Die Regelung des BGB	547	
4. Dokumentation der Abnahmereife/Mängelfreiheit . . .	549	
a) Ausgangslage	549	
b) Die Fertigstellungsbescheinigung	550	
aa) Zum Regelungsinhalt des § 641 a BGB	550	
bb) Zur Bewertung der Neuregelung	551	
c) Das selbstständige Beweisverfahren	557	
aa) Ziel und Vorteile . .	557	
bb) Zulässigkeitsvoraussetzungen	558	
cc) Das Verfahren	562	
dd) Verjährungsunterbrechende Wirkung . . .	571	
d) Der Schiedsgutachter . .	572	
e) Das Parteigutachten . . .	576	
5. Möglichkeiten der vertraglichen Gestaltung	579	
a) Zweckmäßige Regelungen	579	
b) Gängige Klauseln und ihre Wirksamkeit	584	
IX. Die verzögerte Fertigstellung . .	588	
1. Allgemeines	588	
2. Die Möglichkeiten des Auftraggebers	589	
a) Die Regelung des BGB .	589	
aa) Aufrechterhaltung des Vertrags	590	
bb) Beendigung des Vertrags	592	
b) Die Regelung der VOB/B	595	
3. Die Möglichkeiten des Auftragnehmers	596	
a) Die Regelung der VOB/B	596	
b) Die Regelung des BGB .	599	
4. Die Vertragsstrafe	600	
a) Begriff und Grundsätzliches	600	

Passarge/Warner 15

b) Die Vertragsstrafe wegen verzögerter Fertigstellung	611
aa) Im Rahmen von Allgemeinen Geschäftsbedingungen	611
(1) Liegt eine Allgemeine Geschäftsbedingung vor?	611
(2) Erfordernis des Verschuldens	613
(3) Die relevanten Termine	615
(4) Die Höhe der Vertragsstrafe	618
(5) Abweichungen von sonstigen gesetzlichen Gedanken	620
(6) Besonderheit beim Auftraggeber, der der VOB/A unterliegt	621
(7) Die Regelung des § 11 Nr. 6 AGBG	622
bb) Als individuelle Vereinbarung	623
cc) Beispiel zur Abgrenzung zwischen Allgemeinen Geschäftsbedingungen und Individualvereinbarungen	626
X. Die Gewährleistung	627
1. Allgemeines	627
2. Der Mangelbegriff	634
a) Unterschiede BGB/VOB/B	634
b) Die einzelnen Mangeltatbestände	635
aa) Gleichrangigkeit der Tatbestände	635
bb) Das Fehlen zugesicherter Eigenschaften	636
cc) Verstoß gegen die anerkannten Regeln der Technik	641
(1) Begriff	642
(2) Selbstständiger Mangeltatbestand	647
(3) Zeitpunkt der Beurteilung	651
dd) Fehlerhaftigkeit der Leistung	660
(1) Fehler	660
(2) Beeinträchtigung der Gebrauchstauglichkeit	663
c) Besonderheit: Altbausanierung	670
d) Leistung nach Probe (§ 13 Nr. 2 VOB/B)	674
e) Die Zurechenbarkeit des Mangels bei mehreren Mangelursachen	680
f) Mitverursachung durch den Auftraggeber (§ 13 Nr. 3 VOB/B)	687
aa) Allgemeines	687
bb) Fehlerhafte Leistungsbeschreibung des Auftraggebers	691
cc) Fehlerhafte Anordnungen des Auftraggebers	692
dd) Vom Auftraggeber gelieferte oder vorgeschriebene Stoffe und Bauteile	696
ee) Fehlerhafte Vorleistungen anderer Unternehmer	699
ff) Die Mitteilung nach § 4 Nr. 3 VOB/B	701
g) Der Gewährleistungsausschluss nach § 640 Abs. 2 BGB	707
3. Die einzelnen Gewährleistungsansprüche	709
a) Überblick	709
b) Der Anspruch auf Nachbesserung	718
aa) Allgemeines	718
bb) Der Mangelbeseitigungsanspruch	721
cc) Vorteilsausgleich, Sowieso-Kosten	724
dd) Das Nachbesserungsverlangen des Auftraggebers	731
ee) Berechtigte Verweigerung der Mangelbeseitigung	734
ff) Unterschiede zum BGB-Bauvertrag	735
c) Die Ersatzvornahme nach § 13 Nr. 5 Abs. 2 VOB/B	736
aa) Inhalt des Ersatzvornahmeanspruchs	743
bb) Der Vorschussanspruch des Auftraggebers	760
cc) Unterschiede zum BGB-Bauvertrag	764
d) Der Anspruch auf Minderung nach § 13 Nr. 6 VOB/B	765
aa) Unmöglichkeit der Mangelbeseitigung	766

- bb) Ablehnung der Nachbesserung durch den Auftragnehmer wegen unverhältnismäßig hohen Aufwandes .. 768
- cc) Unzumutbarkeit für den Auftraggeber 771
- dd) Die Durchführung der Minderung 772
- ee) Unterschiede zum „BGB-Bauvertrag" . 776
- e) Der Schadensersatzanspruch nach § 13 Nr. 7 VOB/B . 778
  - aa) Der „kleine Schadensersatzanspruch" nach § 13 Nr. 7 Abs. 1 VOB/B 780
    - (1) Wesentlicher Mangel 782
    - (2) Erhebliche Beeinträchtigung der Gebrauchsfähigkeit 784
    - (3) Verschulden des Auftragnehmers . 785
    - (4) Haftungsumfang nach § 13 Nr. 7 Abs. 1 VOB/B . 787
  - bb) Der „große Schadensersatzanspruch" nach § 13 Nr. 7 Abs. 2 VOB/B 795
    - (1) Vorsatz oder grobe Fahrlässigkeit .. 797
    - (2) Verstoß gegen die anerkannten Regeln der Technik ... 798
    - (3) Fehlen einer vertraglich zugesicherten Eigenschaft ... 799
    - (4) Versicherbares Risiko 800
    - (5) Haftungsumfang nach § 13 Nr. 7 Abs. 2 VOB/B . 802
- f) Der Schadensersatz im „BGB-Bauvertrag" (§ 635 BGB) 804
- g) Der Schadensersatzanspruch aus pFV 808
- h) Die Wandelung im Bauvertrag 811
- 4. Die Gewährleistungsfristen . 814
  - a) Allgemeines 814
  - b) Die Regelung der VOB/B 816
  - c) Die AGB-Problematik des § 13 Nr. 4 VOB/B ... 820
  - d) Die gesetzlichen Verjährungsfristen nach § 638 BGB 822
  - e) Sonderfall: Gewährleistungsfrist bei pFV ... 824
  - f) Arglistiges Verschweigen . 828
  - g) Sonderfall: 30jährige Verjährungsfrist bei Organisationsverschulden . 831
  - h) Der zeitliche Ablauf der Gewährleistungsfrist .. 834
    - aa) Beginn, Hemmung, Unterbrechung ... 834
    - bb) „Quasi"-Unterbrechung der Gewährleistungsfrist durch die schriftliche Mängelrüge (§ 13 Nr. 5 Abs. 1 VOB/B) ... 842
  - i) Die Verjährung bei durchgeführten Mangelbeseitigungsleistungen ... 846
- 5. Gängige Klauseln 847
  - a) Verlängerung/Verkürzung der Gewährleistungsfristen 847
  - b) Verschieben des Gewährleistungsbeginns . 849
  - c) Umkehr der Beweislast . 850
  - d) Ausschluss des Nachbesserungsrechts 851
  - e) Einschränkung der Gewährleistung ... 852
- XI. Sicherheiten 853
  - 1. Allgemeines 853
  - 2. Sicherheiten zu Gunsten des Auftraggebers 856
    - a) Bürgschaft 856
      - aa) Übliche Bürgschaftsarten 857
      - bb) Sonderfall: Bürgschaft auf erstes Anfordern . 860
    - b) Der Bareinbehalt 863
      - aa) Der Sicherheitseinbehalt 863
      - bb) Sonderfall: „Druckeinbehalt" .. 867
    - c) Hinterlegung von Geld (§ 17 Nr. 5 VOB/B) 868
    - d) Höhe der Sicherheit ... 869
    - e) Verwertung, Rückgabe .. 871
  - 3. Sicherheiten zu Gunsten des Auftragnehmers 873
    - a) Sicherheit durch Bankbürgschaft 873
    - b) Bauhandwerkersicherheit nach § 648 a BGB ... 874
    - c) Bauhandwerkersicherungshypothek (§ 648 BGB) .. 884
    - d) Das Gesetz zur Sicherung von Bauforderungen .. 889

B.	**Mustertexte**	890	XII.	Mangelbeseitigungsverlangen vor der Abnahme 901
I.	Einfacher Generalunternehmervertrag	890	XIII.	Abnahmeprotokoll 902
II.	Kurz-Verhandlungsprotokoll . . .	891	XIV.	Einfacher Antrag auf Durchführung eines selbstständigen Beweisverfahrens 903
III.	Zuschlag	892		
IV.	Prüfungsschema für Allgemeine Geschäftsbedingungen	893		
V.	Vertragserfüllungsbürgschaft . .	894	XV.	Mangelbeseitigungsverlangen nach der Abnahme 904
VI.	Vorauszahlungsbürgschaft . . .	895		
VII.	Behinderungsanzeige	896	XVI.	Gewährleistungsbürgschaft . . . 905
VIII.	Kündigungsandrohung nach § 5 Nr. 4 VOB/B	897	XVII.	Bürgschaft nach § 648 a BGB . . 906
			XVIII.	Antrag auf Erlass einer einstweiligen Verfügung zur Eintragung einer Vormerkung für eine Bauhandwerkersicherungshypothek 907
IX.	Ankündigung einer geänderten/zusätzlichen Leistung .	898		
X.	Schlusszahlungserklärung	899		
XI.	Anmeldung eines Vorbehalts gegen die Schlusszahlung	900	XIX.	Schutzschrift gegen den Erlass einer einstweiligen Verfügung 908
			XX.	Einfache Schiedsgerichtsvereinbarung 909

Einführung

„Im Moment brauchen wir Sie nicht. Das bisschen Schriftkram schaffen wir alleine, immerhin haben wir ja Muster. Wir kommen auf Sie zurück, wenn's mal Probleme gibt," so der Oberbauleiter auf die Frage seines rechtlichen Beraters (RA), ob letzterer die Vertragsgestaltung und Verhandlungen begleiten solle.

Ein Jahr später gab's Probleme. Die Schlussverhandlung stand an. Trotz intensiver Recherchen gelang es RA nicht, in der Vielzahl von Plänen und unterschiedlichen Vertragsbedingungen einen inneren Zusammenhang zu erkennen. Sollte das ein widerspruchsfreier Bauvertrag sein? Gott sei Dank ging es seinem Kollegen auf der anderen Seite genauso. „Pauschal und schlüsselfertig" lautete in der Verhandlung die lange Gerade aus der roten Ecke, worauf der kurze Haken aus der blauen Ecke „Das Baugrundrisiko trägt der Auftraggeber" nicht lange auf sich warten ließ. Einigkeit wurde wie folgt erzielt:

„Mit Euch/Für Euch bauen wir nie wieder!" Es blieb als letzte Chance, die Drohung des Gerichts, „Wenn man sich nicht hier und heute einige, werde keiner der Beteiligten den Ausgang des Rechtsstreites erleben!", ernst zu nehmen.

Sicherlich sieht so überzeichnet die Bauvertragsgestaltung und Abwicklung in der Realität nicht aus. Gleichwohl ist häufig festzustellen, dass im Einzelfall vieles verbesserungswürdig erscheint. Dies beginnt bereits beim Aufbau des Vertrags. Mitunter werden lieblos eine Reihe von Vertragsbedingungen vereinbart, ohne dass mit Sorgfalt darauf geachtet wird, dass sich diese Regelungen sinnvoll ergänzen und nicht ein widerspruchsverhaftetes Chaos schaffen. Die wirksame Einbeziehung von zentralen Anlagen, wie z.B. Baugenehmigung, Baubeschreibung, Termin- und Zahlungspläne und ggf. deren Fortschreibung misslingt oder wird vergessen. Der vorschnelle Rückgriff auf Mustertexte gibt das gefährliche Gefühl des „sicheren Fahrwassers", verhindert jedoch den erforderlichen Blick auf die zu regelnden Besonderheiten des konkreten Bauvorhabens. Darüber hinaus schleppen sich archaisch anmutende Regelungen durch die Bauverträge, die sicherlich erstmals zu einer Zeit Verwendung fanden, als die ägyptischen Pyramiden errichtet wurden, deren rechtliche Unwirksamkeit jedoch seit langem feststeht.[1]

Alles das lässt sich im Vorfeld unschwer vermeiden, wenn der Vertragsgestaltung mehr Aufmerksamkeit gewidmet wird, ein Aufwand, der sich bei der Vertragsabwicklung immer rechnet. Hierbei

---

[1] Vgl. etwa OLG Hamburg BauR 1997, 1036, wo ein Verband von einem Auftraggeber das Unterlassen der weiteren Verwendung von 32 Klauseln beansprucht hat.

muss sich der Vertragsgestaltende im Rahmen von Vorüberlegungen nicht nur alle Besonderheiten des Bauvorhabens vor Augen führen, sondern auch über sichere Kenntnisse der einschlägigen Rechtsquellen verfügen, um zu entscheiden, auf welche Regelungen zurückgegriffen werden soll und wie diese ggf. sinnvoll, widerspruchsfrei und wirksam ergänzt werden. Derartige Vorüberlegungen können nur gelingen, wenn ein intensiver Austausch zwischen den beteiligten Fachrichtungen, also Technikern, Kaufleuten und Juristen erfolgt. Schließlich ist das so gefundene Ergebnis klar und eindeutig zu formulieren. So vorbereitet lässt sich dann die Vertragsverhandlung mit dem künftigen Partner leicht führen. Von diesem gewünschte Änderungen des Vertragsinhalts können in ihrer Relevanz sicher eingeschätzt werden.

Ziel dieser knappen Darstellung kann es nicht sein, die vielen hervorragenden Werke zum Bauvertragsrecht und den angrenzenden Rechtsgebieten zu ersetzen.[2]
Es soll vielmehr ein Überblick über die regelungsbedürftigen Themen und die vom BGB und der VOB/B hierfür vorgesehenen Lösungen gegeben werden. Hierauf aufbauend werden Möglichkeiten aufgezeigt und Vorschläge für ergänzende Regelungen gemacht, wobei einen Schwerpunkt die insoweit zu beachtenden Grundsätze des AGB-Gesetzes bilden. Hinweise zu grundlegender Rechtsprechung und Mustertexte runden die Darstellung ab. Auf dieser Basis soll nicht nur gewährleistet werden, dass man sich sicher auf dem „Glatteis" des Bauvertragsrechts bewegen kann, vielmehr soll eine darüber hinausgehende Sensibilität für dieses Rechtsgebiet geschaffen werden, die es ermöglicht, regelungsbedürftige Themen des Bauvertrags rechtzeitig als solche zu erkennen. Gerade letzterem Aspekt kommt wesentliche Bedeutung zu. Eine Frage zu stellen ist wichtiger, als direkt eine scheinbare Lösung zu präsentieren. Hierdurch wird vermieden, dass Gesichtspunkte übersehen werden, was andernfalls später böse Überraschungen hervorrufen kann.

A. Materieller Teil

I. Die Beteiligten, ihre Funktion und Zuordnung

Im Rahmen eines Bauvorhabens kommt es häufig zu komplexen Geflechten von vertraglichen Beziehungen. Die stets im Mittelpunkt stehende Vertragsbeziehung zwischen Auftraggeber und Auftragnehmer hat hierbei entscheidenden Einfluss auf sämtliche anderen Rechtsverhältnisse. Dieser zentrale **Bauvertrag** bietet nämlich in den meisten Fällen erst die Grundlage für alle weiteren Vertragsbeziehungen, die sich regelmäßig auch inhaltlich nach ihm richten müssen. Das ursprüngliche Modell einer Baumaßnahme, bei der es einfacher Weise nur die Vertragsbeziehung zwischen Auftragnehmer und Auftraggeber gibt, ist weitgehend überholt und existiert allenfalls noch im Rahmen kleinerer Handwerksaufträge. Bereits im Rahmen kleinerer Bauvorhaben gehen die vertraglichen Beziehungen meist schnell über diese herkömmliche Zwei-Parteien-Konstellation hinaus. So suchen sich beispielsweise beide Hauptbeteiligte, nämlich **Bauherr und Bauunternehmer** häufig bereits vor Beginn der Baumaßnahme Fachleute und Ratgeber, aber auch Gehilfen, Lieferanten und Kunden, die die bestehenden Risiken möglichst minimieren sollen, teilweise die Erstellung des Bauwerks erst ermöglichen oder lukrativ gestalten.

Bevor die einzelnen Vertragsbeziehungen, die im Baurecht eine Rolle spielen, näher beleuchtet werden, muss man sich zunächst mit den Eigenarten und Funktionen der einzelnen Vertragsbeteiligten befassen. Schon aus Gründen einer einheitlichen Terminologie, die sich immer mehr zu einem Fachjargon entwickelt, ist es notwendig, die einzelnen Figuren in diesem komplexen Zusammenspiel einer näheren Betrachtung zu unterziehen.

---

2 Z.B. *Werner/Pastor*, Der Bauprozess, 9. Aufl. 1999; *Heiermann/Riedl/Rusam*, Handkommentar zur VOB, 9. Aufl. 2000; *Ingenstau/Korbion*, VOB, 13. Aufl. 1996; *Kapellmann/Schiffers*, Pauschalvertrag einschließlich Schlüsselfertigbau, Band 2, 2. Aufl. 1997; *Nicklisch/Weick*, VOB/B, 2. Aufl. 1991; *Vygen*, Bauvertragsrecht nach VOB und BGB, 3. Aufl. 1997; *Glatzel/Hofmann/Frikell*, Unwirksame Bauvertragsklauseln, 9. Aufl. 2000.

§ 1 Der Bauvertrag

1. Bauherrenseite

a) Bauherr

2 Der Begriff des Bauherrn ist weder im Werkvertragsrecht des BGB noch in der VOB definiert. Im allgemeinen Sprachgebrauch wird regelmäßig derjenige als Bauherr bezeichnet, der als **Grundstückseigentümer** die Aufträge zur Planung und Erstellung seines Bauwerks erteilt. Obwohl es sich hierbei um die zentrale Figur des privaten Baurechts handelt, stammt der Begriff „Bauherr" ursprünglich aus dem **öffentlichen Recht**. Die meisten Landesbauordnungen bezeichnen den Bauherrn als denjenigen, der **auf eigene Verantwortung** eine bauliche Anlage vorbereitet oder ausführt oder ausführen oder vorbereiten lässt oder als verantwortlich gegenüber der Bauaufsichtsbehörde auftritt.[3] In § 34 c Abs. 1 Nr. 2 a GewO ist eine ähnliche Definition dieses Begriffs enthalten. Hierbei wird stets auf die **Eigeninitiative** und die Risikoübernahme abgestellt. In der Kette mehrerer möglicher Auftraggeber nimmt der Bauherr nach diesem Leitbild die oberste Position ein. Daher ist der Begriff nicht identisch mit dem „Besteller" des BGB oder dem „Auftraggeber" im Sinne der VOB, denn diese können regelmäßig selbst Auftragnehmer sein, wie das Beispiel des Hauptunternehmers zeigt, der seinerseits Aufträge an andere Bauunternehmer erteilt.[4] Der Bauherr nimmt hingegen keinen Auftrag entgegen, sondern gibt selbst die Initialzündung zu der Baumaßnahme.[5] Auch das Steuerrecht geht im Allgemeinen von einer solchen Bauherrenfunktion aus.[6]

b) Architekt

3 Der Architekt ist in vielen Fällen, insbesondere im Bereich des Einfamilienhausbaus, der erste Ansprechpartner des Bauherrn. Er übernimmt es, die Vorstellungen des Bauherrn in einen gezeichneten Entwurf umzusetzen. Dieser **Entwurf**, der die **Wünsche des Bauherrn** sowohl optisch als auch funktional aufnehmen muss, enthält regelmäßig bereits die ersten entscheidenden Weichenstellungen für das folgende Bauvorhaben. Nach ihm hat sich insbesondere der spätere Auftragnehmer zu richten. Dabei wird deutlich, dass der Architekt als **erster Vertrauter des Bauherrn** eine zentrale Rolle im Auftraggeberlager übernimmt. Insbesondere wenn der Bauherr ein technischer Laie ist, was zumindest im Privathausbau überwiegend der Fall ist, dient ihm der Architekt gleichsam als Sprachrohr gegenüber den am Bau beteiligten Bauunternehmern und Technikern. Der Architekt hat die gesamte Umsetzung seines Entwurfs und damit die Bautätigkeit zu überprüfen und so auf die Einhaltung der in seinem Entwurf enthaltenen Bauherrenwünsche zu achten.

4 Der **Architektenvertrag** zwischen Bauherrn und Architekt hat in den vergangenen Jahren durch Rechtsprechung und gesetzliche Vorschriften und Verordnungen, insbesondere durch die **HOAI**, eine weitgehend selbstständige Ausgestaltung erfahren.[7] Nachdem die rechtliche Einordnung des Architektenvertrags Gegenstand erheblicher dogmatischer Auseinandersetzungen war, ist heute weitgehend anerkannt, dass es sich hierbei um einen **Werkvertrag** handelt.[8] Zwar enthält der Architektenvertrag selbstverständlich einige Elemente des **Dienstvertrags** nach § 611 BGB, doch herrscht in Rechtsprechung und Literatur inzwischen überwiegend die Auffassung, dass die Architektenleistung stets dazu bestimmt ist, auf einen **bestimmten Erfolg** hinzuwirken. Regelmäßig ist es der Entwurf oder eine andere Planungsleistung, die den vertraglich geschuldeten Erfolg darstellt. Selbst wenn es sich nur um eine bauleitende oder überwachende Tätigkeit im Rahmen eines Architektenvertrags handelt, soll nach der Rechtsprechung des BGH dennoch stets eine auf den speziellen Werkerfolg

---

3 Z.B. § 56 Abs. 1 HessBauO.
4 Vgl. *Kleine-Möller/Merl/Oelmaier*, § 2 Rn 77.
5 Anders jedoch *Ingenstau/Korbion*, vor § 2 VOB/A Rn 3, die als Bauherrn jeden bezeichnen, der die Ausführung der Bauleistung für seine Rechnung in Auftrag gibt und Schuldner der dafür zu entrichtenden Vergütung ist, womit auch der Hauptunternehmer gemeint sei.
6 Vgl. *Korn*, Kommentar zum Einkommensteuergesetz, § 6 Rn 235.
7 Näheres hierzu unter § 3.
8 BGH BauR 1982, 79.

gerichtete Vertragsleistung geschuldet sein. Maßgeblich ist, dass die Architektenleistung im Ergebnis der Entstehung eines Werks, nämlich einem Entwurf, einer speziellen Planungsleistung oder letztendlich der **Fertigstellung des Bauvorhabens** dient.

Die inhaltliche Ausgestaltung von Architektenverträgen wird maßgeblich geprägt von der **Honorarordnung für Architekten und Ingenieure** (HOAI). Hierbei handelt es sich zwar lediglich um eine Vergütungsregelung, die keinesfalls zwingend den restlichen Inhalt des Architektenvertrags regelt. In der Bestimmung der Leistungsinhalte sind die Parteien vielmehr überwiegend frei,[9] die HOAI legt nur den Vergütungsrahmen verbindlich fest. Dennoch sind in der HOAI einzelne Architekten- und Ingenieurleistungen präzise beschrieben, die in den meisten Architektenverträgen der Einfachheit halber und wegen der klar geregelten Vergütungsfolgen wortgleich übernommen werden.

Die Architektenleistungen werden in der HOAI in einzelne **Leistungsphasen** untergliedert, die der schrittweisen Entstehung des Bauwerks folgen. Es werden neun Leistungsphasen unterschieden, nämlich Grundlagenermittlung, Vorplanung, Entwurfsplanung, Genehmigungsplanung, Ausführungsplanung, Vorbereitung der Vergabe, Mitwirkung bei der Vergabe, Objektüberwachung (Bauüberwachung) sowie Objektbetreuung und Dokumentation. Diese einzelnen Leistungsphasen werden jeweils mit bestimmten Prozentanteilen am Gesamthonorar bewertet (vgl. § 15 HOAI für Objektplanung bei Gebäuden, Freianlagen und raumbildenden Ausbauten). Dieses Gesamthonorar wiederum ergibt sich aus den in der HOAI enthaltenen Honorartafeln (z.B. §§ 16, 17 HOAI). Die dortigen Beträge richten sich einerseits nach den so genannten **anrechenbaren Kosten**, die sich an den Baukosten anlehnen, sowie andererseits nach den **fünf Honorarzonen**, die das Projekt in einzelne Schwierigkeitsstufen einteilen. So entsteht ein insgesamt kompliziertes, aber logisches Raster, aus dem sich das Honorar unter Berücksichtigung von Bauvolumen, Schwierigkeitsgrad und Leistungsanteil ermitteln lässt.

Wie bereits erwähnt, ist der Architekt regelmäßig der Entwurfgeber und damit üblicherweise noch vor dem Bauunternehmer an der Entstehung des Bauwerks beteiligt. Als Beauftragter des Bauherrn übt er häufig entscheidende Bauherrenfunktionen in dessen Namen aus. Hierbei ist jedoch zu beachten, dass der Architekt nicht von vornherein über eine allumfassende **Vollmacht** verfügt, die ihn beispielsweise berechtigt, vergütungspflichtige Aufträge oder andere für den Bauherrn finanziell folgenschwere Entscheidungen zu treffen. Hierzu bedarf es vielmehr einer besonderen Vollmacht.[10] Es ist daher sowohl aus Sicht des Bauherrn als auch aus Sicht des Architekten auf eine klare Vertretungsregelung und auf die Ausstellung einer – möglichst auf bestimmte Fälle beschränkten – Vollmacht zu achten. Auch aus Sicht des Bauunternehmers kann dies entscheidend sein, da er im Hinblick auf die Vergütung die Beweislast für die wirksame Erteilung von Zusatzaufträgen und sonstigen Anordnungen trägt. Die Vertretung des Bauherrn sollte daher in jedem Bauvertrag bereits klar geregelt werden.

c) Sonderfachleute

Neben dem Architekten bedient sich der Bauherr vor, während, aber auch nach der Erstellung des Bauwerks weiterer Fachleute und Spezialisten, die ebenso wie der Architekt Erfüllungsgehilfen des Bauherrn sind. Denkbar ist allerdings auch, dass der vom Bauherrn beauftragte Architekt im Rahmen seines eigenen vertraglichen Leistungsumfangs andere Spezialisten als Nachunternehmer einsetzt, die dann wiederum seine Erfüllungsgehilfen gegenüber dem Bauherrn sind. In der Phase vor Baubeginn, regelmäßig sogar vor der Beauftragung des Bauunternehmers, spielt hier regelmäßig der **Baugrundgutachter** eine entscheidende Rolle. Da im Normalfall das Baugrundstück Eigentum des Bauherrn ist und von diesem dem Bauunternehmer zur Verfügung gestellt wird, ist der Bauherr grundsätzlich für die Tauglichkeit des Grundstücks verantwortlich. Als Hauptrisiken für den späteren Bau

---

9 *Hesse/Korbion/Mantscheff/Vygen*, § 1 HOAI Rn 19.
10 *Werner/Pastor*, Rn 1072; siehe ferner unten Rn 71.

kommen hier beispielsweise im Boden enthaltene Altlasten, drückendes Grundwasser, mangelnde Tragfähigkeit des Bodens sowie Schwierigkeiten im Rahmen der Erdbauarbeiten in Betracht.[11] All dies kann zu erheblichen Bauverzögerungen führen, weshalb eine frühzeitige Bodenuntersuchung zu empfehlen ist, deren Ergebnis Bestandteil des Bauvertrags werden sollte. So kann sich der Bauunternehmer später nicht auf unerwartete Schwierigkeiten berufen, wenn diese im Gutachten erwähnt sind.

Weiterhin sind oft **Fachplaner** für bestimmte komplizierte Einzelgewerke und Techniken, beispielsweise Klimatechnik, Brandschutz oder Akustik beteiligt. Darüber hinaus sind stets bestimmte Vermessungsleistungen notwendig, durch die zunächst die Lage des Bauwerks auf dem Baugrundstück und – dies ist insbesondere im oft problematischen Verhältnis zu den Nachbarn entscheidend – die Abstandsflächen ermittelt werden. Auch Statik und Tragwerksplanung für das Gebäude werden überwiegend von Sonderfachleuten erbracht, die allerdings häufig vom Architekten beauftragt werden.

8 Die Leistung von Sonderfachleuten gibt oft Anlass zu umfangreichen Streitigkeiten unter mehreren Beteiligten. Wenn diese Sonderfachleute Fehler machen und der Bauunternehmer durch diese falschen Vorgaben in seiner Bauleistung beeinträchtigt wird, so führt dies meist zu erheblichen Mehrforderungen des Bauunternehmers gegenüber dem Bauherrn und zu Terminschwierigkeiten. Gerade Sorgfaltspflichtverletzungen im Bereich der Baugrunduntersuchung oder bei der Tragwerksplanung können insofern erhebliche bautechnische und damit finanzielle Folgen haben.

9 Da es sich bei den Leistungen der genannten Sonderfachleute in der Regel um Planungsleistungen im weitesten Sinne handelt, ist auch hier grundsätzlich die **HOAI** anwendbar (z.B. § 62 ff. für Tragwerksplanung).

d) Projektsteuerer

10 Der Projektsteuerer spielt insbesondere bei größeren Bauvorhaben eine wichtige Rolle. Wie die Bezeichnung schon andeutet, übernimmt der Projektsteuerer überwiegend Management- und **Koordinierungsaufgaben** im Rahmen der Bauabwicklung.[12] Sind mehrere Funktionsträger an der Entstehung eines Bauwerks beteiligt, so bedarf es eines geordneten Zusammenwirkens, für das der Projektsteuerer zu sorgen hat. Entscheidend ist dies beispielsweise, falls mehr als ein Bauunternehmer an der Entstehung eines Bauwerks beteiligt ist. Aber auch Missverständnisse zwischen Planung und Ausführung müssen vermieden werden, so dass hier dem Projektsteuerer eine **Überwachungsfunktion** im Auftrag des Bauherrn zukommt.

11 Nach **§ 31 HOAI** werden Leistungen der Projektsteuerung von Auftragnehmern erbracht, wenn diese bei der Steuerung von Projekten mit mehreren Fachbereichen Funktionen des Auftraggebers übernehmen. Die HOAI nennt hier insbesondere die Klärung der Aufgabenstellung, die Aufstellung und Überwachung von Organisations-, Termin- und Zahlungsplänen sowie die Koordinierung und Kontrolle von Projektbeteiligten, die Klärung von Zielkonflikten und die laufende Information des Auftraggebers über die Projektabwicklung. Oft wird die Projektsteuerung auch vom planenden Architekten übernommen. Es hat sich allerdings bei Großvorhaben bewährt, Planung und Koordinierung nicht in einer Hand zu belassen, damit im Sinne eines „Vier-Augen-Prinzips" eine zusätzliche Kontrollinstanz besteht. Der klassische Objektplaner wäre andernfalls als „Kontrolleur" und gleichzeitig Leiter des gesamten Bau- und Planungsgeschehens Interessenkonflikten[13] ausgesetzt. Die zielgerichtete Steuerung des Bauvorhabens wird daher immer häufiger an Dritte vergeben, die dann in der Lage sind, auch Planer und Sonderfachleute zu koordinieren, deren Leistungen zu überwachen und in das Baugeschehen zu integrieren.

---

11 Zum Baugrundrisiko siehe im Einzelnen Rn 155.
12 *Eschenbruch*, Das Recht der Projektsteuerung, a.a.O., Rn 1.
13 *Eschenbruch*, Das Recht der Projektsteuerung, a.a.O., Rn 21, 22.

e) Baubetreuer

Der Baubetreuer kann ähnlich wie der Projektsteuerer insbesondere bei größeren Bauvorhaben von erheblicher Bedeutung sein. Wenn auch eine einheitliche Sprachregelung nicht besteht, so wird er doch gemeinhin als jemand verstanden, der sich in erster Linie um die reibungslose Bauabwicklung kümmert. Der Baubetreuer handelt hierbei fast immer im Namen des Bauherrn und wird von diesem nicht selten neben dem Projektsteuerer und dem Architekten als quasi technischer Leiter eingesetzt. In vielen Fällen ist es allerdings der Architekt, der gleichzeitig die Baubetreuung übernimmt. Im Rahmen der Baubetreuung sind sowohl **technische** als auch **wirtschaftliche Funktionen** zu erfüllen. In technischer Hinsicht muss der Baubetreuer die Ausführung durch den Bauunternehmer überwachen und übernimmt damit unmittelbare Bauherrenfunktionen. Ähnlich wie beim Architekten und Projektsteuerer ist hier oft die Frage der Vollmacht entscheidend. Denn Aufgabe des Baubetreuers ist es beispielsweise, Mängel zu rügen, Fristen zu setzen und andere Anordnungen gegenüber dem Bauunternehmer zu treffen, um eine mangelfreie und der Planung entsprechende Bauausführung zu gewährleisten. Oft sind es jedoch daneben wirtschaftliche Betreuungsaufgaben, die hier eine Rolle spielen. In diesem Fall übernimmt der Baubetreuer die Regelung der **Finanzierung** und des Zahlungsverkehrs. Es wird daher oft von einer Vollbetreuung im Gegensatz zu einer (technischen oder wirtschaftlichen) Teilbetreuung gesprochen.[14] Der Baubetreuungsvertrag ist, jedenfalls wenn er die technische Betreuung beinhaltet, immer Werkvertrag, da stets die Fertigstellung des Bauwerks im Mittelpunkt steht.[15]

12

f) Bauüberwacher

Neben den bisher genannten Beteiligten wird auf vielen Großbaustellen zusätzlich ein so genannter „Bauüberwacher" eingesetzt. In **§ 57 HOAI** ist der Aufgabenbereich der örtlichen Bauüberwachung bei Ingenieurbauwerken umrissen. Hierzu gehören insbesondere das Überwachen der Ausführung des Objekts im Hinblick auf Übereinstimmung mit den genehmigten Unterlagen, dem Bauvertrag und den allgemein anerkannten Regeln der Technik, das Abstecken der Hauptachsen, das Führen eines Bautagebuchs, die Rechnungsprüfung und die Überwachung der Mangelbeseitigung. Diese Umschreibung des Kerngehalts der Tätigkeit wird jedoch in vielen Fällen ausgedehnt. Je nach Eigenart des Bauvorhabens hat sich insbesondere im Bereich des Großanlagen- und Bahnbaus eine großzügige Ausgestaltung dieses Aufgabenbereichs herauskristallisiert. Ausgehend von der in § 57 HOAI verwendeten Terminologie handelt es sich tatsächlich überwiegend um die **örtliche Überwachung** der konkreten Bautätigkeit der Bauunternehmen. Anders als der Projektsteuerer ist der Bauüberwacher also fast ausschließlich vor Ort tätig und greift unmittelbar in das Baugeschehen ein. Als auf der Baustelle präsenter Bauherrnvertreter hat er die konkrete Aufgabe, Ausführungsfehler zu erkennen und bereits während der Bauphase abzustellen. Er ist quasi der „Bauleiter des Bauherrn". Oftmals ist der Bauüberwacher derjenige, der aufgrund seiner ständigen Präsenz vor Ort genauere Aussagen über die Berechtigung bestimmter Nachtragsforderungen seitens des Bauunternehmers treffen kann. Er vertritt den Bauherrn insbesondere auch bei der Kontrolle der Maße, der Mengen und Massen. Während der Projektsteuerer überwiegend Management- und Koordinierungsaufgaben übernimmt, ist es Sache des Bauüberwachers, die konkrete örtliche Bauausführung zu begleiten und zu überwachen.

13

g) Koordinator nach Baustellenverordnung

Hier handelt es sich um eine der wenigen gesetzlich definierten Funktionsbezeichnungen im Baurecht. Nach **§ 3 Baustellenverordnung** (BaustellV) hat der Bauherr einen speziellen Koordinator für seine Baustelle einzusetzen, wenn auf der Baustelle mehrere Arbeitgeber tätig werden. Dieser Koordinator übernimmt bestimmte originäre Bauherrenfunktionen und ist ebenfalls Erfüllungsgehilfe

14

---

14 So auch *Vygen*, Handbuch des privaten Baurechts, Rn 25.
15 BGH BauR 1976, 376.

des Bauherrn. Nach § 3 Abs. 1 S. 2 BaustellV kann der Bauherr oder ein von ihm beauftragter Dritter die Aufgaben des Koordinators selbst wahrnehmen. Die 1998 eingeführte Baustellenverordnung hat das primäre Ziel, die **Sicherheit** und den **Gesundheitsschutz** der Beschäftigten auf der Baustelle zu verbessern (§ 1 Abs. 1 BaustellV). Vor diesem Hintergrund wurde die Pflicht des Bauherrn, einen Sicherheits- und Gesundheitsschutzkoordinator zu bestellen, in § 3 BaustellV, der zentralen Vorschrift dieses neu geregelten Sicherheitssystems, präzise geregelt. In § 3 Abs. 2 BaustellV sind die Pflichten des Koordinators während der Planungsphase des Bauvorhabens geregelt. Hiernach hat der Koordinator insbesondere einen Sicherheits- und Gesundheitsschutzplan auszuarbeiten sowie die Erfüllung bestimmter Meldepflichten zu koordinieren und eine Unterlage mit den erforderlichen, bei möglichen späteren Arbeiten an der baulichen Anlage zu berücksichtigenden Angaben zu Sicherheit und Gesundheitsschutz zusammenzustellen. Nach § 3 Abs. 3 BaustellV hat der Koordinator während der **Ausführungsphase** insbesondere die Anwendung der allgemeinen Grundsätze nach § 4 Arbeitsschutzgesetz zu koordinieren und darauf zu achten, dass die Arbeitgeber und die Unternehmer ohne Beschäftigte ihre Pflichten nach dieser Verordnung erfüllen. Ferner hat er den Sicherheits- und Gesundheitsschutzplan ggf. anzupassen und die Überwachung der ordnungsgemäßen Anwendung der Arbeitsverfahren durch die Arbeitgeber zu koordinieren. Der Gesetzgeber ist mit der Baustellenverordnung seiner Pflicht zur Umsetzung der EG-Baustellen-Sicherheitsrichtlinie nachgekommen.

Es ist zu erwarten, dass durch die Baustellenverordnung und die dort enthaltenen Pflichten, die wiederum Spezialkenntnisse voraussetzen, ein **neues Berufsbild** geschaffen wird.[16] Problematisch ist bei vielen der vom Koordinator verlangten Tätigkeiten allerdings die Vergütung. Viele dieser Tätigkeiten sind nämlich nicht von den üblichen Sätzen der HOAI abgegolten, so dass hier die Honorare frei vereinbar sind. Dies muss bei der Vertragsgestaltung mit dem Koordinator beachtet werden.

2. Unternehmerformen

15 Der Bauunternehmer kann je nach Art und Umfang des Bauvertrags seine Aufgaben und Funktionen auf verschiedene Weise erfüllen. Je komplizierter das Bauvorhaben und je größer das Bauvolumen ist, desto vielfältiger werden hier die Möglichkeiten des Einsatzes des Bauunternehmers. Hierbei hat sich im Laufe der Jahre eine gängige Terminologie herausgebildet, die aus der Baubranche kaum noch wegzudenken ist.

a) Totalübernehmer

16 Wie die Bezeichnung schon suggeriert, übernimmt der Bauunternehmer als „Totalübernehmer" sowohl die **Planung** als auch die **Erstellung des Bauwerks**. Diese Aufhebung der Trennung zwischen Planer und Bauunternehmer hat in den letzten Jahren an Bedeutung gewonnen. Insbesondere für Großinvestoren, die regelmäßig als technische Laien auftreten, kann es von Vorteil sein, sämtliche Leistungen im Rahmen eines Bauprojekts in eine Hand zu legen. Dies gilt insbesondere für reine Kapitalanleger, wie beispielsweise Banken, Fonds oder andere weitgehend anonymisierte Bauherrengemeinschaften, denen es lediglich um die Rendite geht, weniger um das Bauvorhaben. Für diesen Personenkreis ist es nicht selten von Interesse, nur einen zentralen Vertrag mit dem Projektausführenden zu schließen. Der Totalübernehmer, vereinzelt auch Totalunternehmer genannt, übernimmt hierbei oftmals sowohl Auswahl, Beschaffung und Herrichtung des Grundstücks einschließlich Einholung sämtlicher Genehmigungen als auch die Aufgaben der Sonderfachleute und die komplette Erstellung des Bauwerks. In diesem Zusammenhang gewinnt der Begriff des **„schlüsselfertigen" Bauens** an Bedeutung. Der Unternehmer hat hier ein vollständiges Bauwerk zu liefern, von der Planung bis zur Abnahme. Auch die Beschaffung der vollständigen Einrichtung (z.B. bei Hotels, Kliniken) kann in diesen Fällen zum Aufgabenbereich des Totalübernehmers gehören.

---

16 *Kollmer*, Kommentar zur BaustellV, § 3 Rn 10.

b) Generalunternehmer

Gerade bei mittleren und großen Bauvorhaben handelt es sich hierbei um die allgemein gebräuchliche Form der Bauausführung. Auch dieser Begriff ist jedoch gesetzlich nicht definiert. Als Generalunternehmer wird ein Bauunternehmer bezeichnet, der die **vollständige Erstellung** des Bauwerks übernimmt. Im Gegensatz zum Totalunternehmer bleibt allerdings die **Planung** überwiegend Sache des Bauherrn. Auch dieses Prinzip wird zwar oft aufgeweicht, da dem Generalunternehmer in vielen Fällen beispielsweise die Planung der kompletten Haustechnik obliegt. Kerngehalt des Generalunternehmervertrags bildet jedoch zunächst die Ausführung, und zwar vollständig, also von der Herrichtung des Grundstücks bis zur Fertigstellung des Bauwerks. Eigenart des Generalunternehmers ist es allerdings, dass er die Bauleistungen **nicht vollständig selbst ausführt**, sondern für einzelne Gewerke weitere Bauunternehmen im eigenen Namen beauftragt, die als Nachunternehmer für ihn bestimmte Teilleistungen erbringen. Während diese nur für ihr Gewerk zuständig sind, steht der Generalunternehmer dem Bauherrn gegenüber für die Gesamtleistung gerade, obwohl er selbst nur einen Teil der Bauleistungen erbringt. Insbesondere die großen Baukonzerne gehen mehr und mehr dazu über, nur noch Rohbauarbeiten und die Bauleitung mit eigenem Personal zu übernehmen, während die Spezialgewerke, wie beispielsweise der Erdbau, der Ausbau oder die Haustechnik von kleineren spezialisierten Unternehmen übernommen werden. Der Generalunternehmer übernimmt also nur Teile der Gesamtleistung selbst und vergibt andere Teile an Nachunternehmer weiter.

17

c) Hauptunternehmer

Dieser Begriff weist lediglich auf die Funktion eines ausführenden Bauunternehmers bei der Weitervergabe von vertraglich übernommenen Leistungspflichten hin. Als Hauptunternehmer wird allgemein dasjenige Bauunternehmen bezeichnet, welches den **Auftrag von der Bauherrenseite** erhält, somit innerhalb einer möglichen Kette von Auftragsverhältnissen an erster Stelle und dem Bauherrn am nächsten steht. In der Regel handelt es sich um einen Generalunternehmer oder Generalübernehmer. Entscheidend ist hierbei der Unterschied zum Nachunternehmer oder Subunternehmer, der seinen Auftrag gerade nicht vom Bauherrn, sondern von einem anderen Auftragnehmer erhält.

18

d) Nachunternehmer/Subunternehmer

Die Bezeichnung macht deutlich, dass es sich hierbei um einen Auftragnehmer handelt, der eine Leistung ganz oder teilweise von einem Auftraggeber erhält, der im Rahmen des Bauvorhabens seinerseits Auftragnehmer, also nicht selbst Bauherr ist. Der Auftrag wird quasi „weitergereicht".

19

Der Nachunternehmer gewinnt immer mehr an Bedeutung. Es handelt sich oft um Spezialunternehmen, die einen **Teil der Leistung eines Generalunternehmers** übernehmen. Aber auch eine mehrfache Weiterbeauftragung desselben Gewerks ist durchaus nicht selten, viele Nachunternehmer schalten ihrerseits Nachunternehmer ein, die die Leistung ganz oder teilweise übernehmen. Bei größeren Bauvorhaben sind somit stets zahlreiche Nachunternehmer tätig, deren Zusammenwirken sich oft kompliziert darstellt. Aus Sicht des Generalunternehmers wiederum erfordert dies höchste Sorgfalt sowohl in technischer als auch in vertraglicher Hinsicht, da hier Schnittstellen auftreten, die vollständig im Risikobereich des Generalunternehmers liegen, der schließlich die Gesamtleistung schuldet. Nicht selten kommt es zu der Konstellation, dass der Generalunternehmer mit dem Bauherrn einen Pauschalpreisvertrag abschließt, während einzelne Nachunternehmer ihm gegenüber streng nach Aufmaß der erbrachten Leistungen abrechnen. Dies stellt ein erhebliches finanzielles Risiko für den Generalunternehmer dar, der für das betroffene Gewerk unter Umständen mehr ausgibt als er einnimmt. Für den Generalunternehmer ist eine solche problematische Situation je nach Marktlage nicht immer zu vermeiden. Wer als Generalunternehmer ein bestimmtes Produkt eines bestimmten Nachunternehmers bevorzugt oder aber dieses selbst zu leisten verpflichtet ist, muss sich oftmals der entsprechenden Marktposition des Nachunternehmers beugen. Deutlich wird dies im Bereich der Haustechnik. Hier sind nicht selten technische Lösungen gefragt, die nur von wenigen Unternehmen angeboten werden (Klimatechnik, Aufzugsbau etc.). Entscheidend ist für den Generalunternehmer hierbei stets, dass er zum Zeitpunkt seines Preisangebots bereits seine Nachunternehmerangebote sicher kalkulieren kann.

20 Schwierig wird es darüber hinaus, wenn im Generalunternehmervertrag ungünstige Regelungen enthalten sind, die sich nicht an den Nachunternehmer durchstellen lassen. Da bei großen Bauvorhaben ein Generalunternehmer zahlreiche Nachunternehmer beauftragt, ist die **Vergabe** von Nachunternehmeraufträgen einer der wichtigsten aber auch risikoträchtigsten Aspekte, da er selbst für die Gesamtleistung haftet.[17] Hierbei müssen sowohl die Leistungsfähigkeit als auch selbstverständlich der Angebotspreis des Nachunternehmers beachtet werden. Es hat sich auch bei Generalunternehmern immer mehr die Erkenntnis durchgesetzt, dass die Beauftragung des billigsten Bieters für ein Nachunternehmergewerk nicht immer die wirtschaftlichste Lösung für den Generalunternehmer darstellt. Angesichts der angespannten Situation der Baubranche, in der die äußerst geringe Nachfrage die Preise erheblich gedrückt hat, kommt es nicht selten vor, dass Auftragnehmer sich mit einem „Kampfpreis" in erhebliche finanzielle Schwierigkeiten bringen. Insbesondere bei längeren Bauvorhaben kann es zu erheblichen Liquiditätsengpässen kommen, so dass der Nachunternehmer möglicherweise nicht mehr in der Lage ist, Arbeitslöhne oder Material zu bezahlen. Hierdurch kommt es regelmäßig zu Störungen des Bauablaufs bis hin zur Insolvenz und der damit regelmäßig verbundenen vollständigen Einstellung der Bauarbeiten an diesem Gewerk. Eine solche Krise bei einem Nachunternehmer wirkt sich unmittelbar auch auf den Gesamtbauablauf aus und hat damit erhebliche Folgen auch für den Generalunternehmer. Die oft beklagte Überforderung von Nachunternehmern birgt also auch für den Generalunternehmer erhebliche Risiken.

e) Nebenunternehmer/Vorunternehmer

21 Hierbei handelt es sich nicht um eine besondere Form der Beauftragung. Der Begriff des Nebenunternehmers ist kein Terminus technicus. Vielmehr handelt es sich hierbei lediglich um die Konstellation, dass ein Auftraggeber mehrere Unternehmer beauftragt, die nebeneinander tätig sind. Beide haben kein Vertragsverhältnis miteinander, stehen jedoch mitunter in einem rechtlich sensiblen Verhältnis zueinander. Hier sind mehrere Konstellationen denkbar. Es kann sich einerseits um die nachgeordnete Ausführung von aufeinander aufbauenden Gewerken handeln, beispielsweise die Verlegung von Bodenbelag durch den einen Auftragnehmer, nachdem der andere Auftragnehmer den Estrich verlegt hat. Hier wird deutlich, dass der nachfolgende Auftragnehmer von der Leistung des oft als **„Vorunternehmer"** bezeichneten Estrichverlegers abhängig ist. Kommt es bei diesem zu Verzögerungen oder zu Mängeln, hat dies unmittelbar Auswirkungen auch für den nachfolgenden Auftragnehmer und dessen Vertragserfüllung. Wenn beide unabhängig voneinander einen Auftrag vom selben Auftraggeber erhalten haben, besteht untereinander kein Vertragsverhältnis. Beide sind eben lediglich **„Nebenunternehmer"**. Es muss sich jedoch um keinen Fall einer zeitlichen oder technischen Abhängigkeit der beiden Gewerke handeln. Zu ähnlichen Konflikten kann es vielmehr auch ohne eine solche Abhängigkeit kommen, beispielsweise bei **Schädigungen** eines Gewerks durch einen anderen vom Auftraggeber beauftragten Unternehmer. Auch hier besteht kein Vertragsverhältnis zwischen den beiden Auftragnehmern, so dass die Beurteilung von Ansprüchen gegeneinander oder gegen den gemeinsamen Auftraggeber auf erhebliche Schwierigkeiten stoßen kann.[18]

f) Generalübernehmer

22 Hierbei handelt es sich ähnlich wie beim Generalunternehmer um einen Beteiligten, der gleichzeitig Auftraggeber und Auftragnehmer ist. Der Generalübernehmer vergibt also ebenso wie der Generalunternehmer Bauleistungen im Rahmen des eigenen Leistungsumfangs an andere Auftragnehmer weiter. Im Gegensatz zum Generalunternehmer erbringt der Generalübernehmer jedoch **selbst keinerlei Bauleistungen**, sondern beauftragt seine Auftragnehmer mit der gesamten Ausführung. Es

---

17 Mehr zu dieser Problematik unter Rn 35 ff.
18 Siehe hierzu Rn 50 ff.

wird daher oft davon gesprochen, dass der Generalübernehmer nur mit Bauleistungen „handelt". Er hat jedoch darüber hinaus regelmäßig Koordinations- und Planungsleistungen zu erfüllen. Oft handelt es sich hierbei um Unternehmen, die sich auf die Finanzierung von Bauvorhaben spezialisiert haben oder aber um Ingenieurbüros, die ohnehin selbst keine Bauleistungen erbringen. Hierbei sind vielfältige Konstellationen denkbar. So kommt es häufig vor, dass der Generalübernehmer nicht nur sämtliche Bauleistungen, sondern auch die Planung, Bauüberwachung und Projektsteuerung an andere Unternehmen vergibt, so dass er sich lediglich noch um die Finanzierung des Projekts kümmern muss. Alle Generalübernehmer haben jedoch gemeinsam, dass sie selbst keine Bauleistungen erbringen, sondern diese von einem Generalunternehmer oder mehreren Auftragnehmern ausführen lassen.

Für den Bauherrn stellt sich hier die Situation ähnlich wie beim Generalunternehmer dar. Er hat lediglich einen einzigen Auftragnehmer, der für die Gesamtleistung verantwortlich ist. Da der Generalübernehmer die Aufträge an die bauausführenden Unternehmen erteilt, kommen zwischen dem Bauherrn und diesen Auftragnehmern keine Vertragsbeziehungen zustande. Bei dem Vertrag zwischen dem Bauherrn und dem Generalübernehmer handelt es sich um einen Werkvertrag, der regelmäßig Geschäftsbesorgungscharakter hat (§ 675 BGB). Die **Geltung der VOB/B** kann hier vereinbart werden, allerdings wird allgemein angenommen, dass in diesen Fällen die Privilegierung der VOB/B im Rahmen des AGB-Gesetzes[19] entfällt, wodurch einige der Bestimmungen der VOB/B unwirksam wären.[20]

23

Zu beachten ist, dass bei **öffentlichen Ausschreibungen** eine Beauftragung von Generalübernehmern überwiegend ausgeschlossen ist, da nach § 8 Nr. 2 Abs. 1 VOB/A nur solche Unternehmer beauftragt werden dürfen, die sich selbst mit der Ausführung von Leistungen befassen. Gerade dies ist jedoch dem Generalübernehmer fremd.

g) Bauträger

Auch der Bauträger erbringt **selbst keine Bauleistungen**. Im Gegensatz zum Generalübernehmer lässt der Bauträger jedoch das Vorhaben auf seinem **eigenen Grundstück** errichten, während der Generalübernehmer auf fremden Grundstück bauen lässt. Der Bauträger lässt das Bauvorhaben regelmäßig auf Bestellung eines Dritten auf einem ihm gehörenden oder noch zu beschaffenden Grundstück erstellen. Nach Fertigstellung des Bauvorhabens übereignet er das Bauwerk an den Besteller. Insofern tritt der Bauträger gegenüber den Auftragnehmern ähnlich einem Bauherrn auf. Er selbst ist kein Auftragnehmer im eigentlichen Sinne, sondern lässt das Bauwerk im eigenen originären Interesse bauen. Dies wird er erst dann tun, wenn bereits eine oder – insbesondere bei Eigentumswohnungen – mehrere Bestellungen für das Bauwerk vorliegen. Bei dem mit dem Erwerber abzuschließenden Vertrag handelt es sich um eine Kombination aus **Grundstückskauf und Bauvertrag**.[21] Regelmäßig lässt der Bauträger Wohnanlagen erstellen, die er dann einzeln verkauft. Auch hier wird deutlich, dass der Bauträger einem Bauherrn gleicht. Anders als der herkömmliche Bauherr hat sich jedoch der Bauträger meist selbst bereits verpflichtet, zumindest Teile des Bauwerks einem Dritten zu verschaffen. Diese Verträge mit Dritten sind gleichsam die finanzielle Grundlage für die Erstellung des Bauvorhabens. So wird ein kluger Bauträger erst dann mit der Vergabe der Bauleistungen beginnen, wenn er durch den Abschluss von Erwerberverträgen bereits eine ausreichende Basis für die finanzielle Abwicklung des Bauvorhabens geschaffen hat. Für die Erwerber des Bauwerks ergeben sich aus dieser Konstellation erhebliche Risiken, da sie ein Bauwerk bestellen, welches noch nicht errichtet ist. Durch die Zwischenschaltung des Bauträgers bestehen ferner keine direkten Vertragsverhältnisse mit den Bauunternehmern, so dass im Falle der Insolvenz des Bauträgers etwaige

24

---

19 Siehe hierzu Rn 121 ff.
20 *Ingenstau/Korbion*, Anhang VOB/A, Rn 129.
21 Näheres zum Bauträgerrecht unter § 2.

Vorauszahlungen der Erwerber meistens verloren sind. Ferner kann gegenüber den Bauunternehmern nicht die Erstellung des Bauwerks durchgesetzt werden.

25 Vor diesem Hintergrund wurde auf der Grundlage von § 34 c GewO die **Makler- und Bauträgerverordnung** erlassen. Neben den Beschränkungen des § 34 c GewO sieht die Makler- und Bauträgerverordnung die Einhaltung bestimmter Sorgfalts- und Sicherungspflichten gegenüber den Erwerbern vor. So darf der Bauträger beispielsweise Vorauszahlungen nur in bestimmter Höhe entgegennehmen, wobei diese sich stets nach dem tatsächlichen Bautenstand zu richten haben. Gleichzeitig muss er diese Zahlungen durch **Sicherheiten** – regelmäßig Bürgschaften – absichern, damit im Falle seiner eigenen Insolvenz die Erwerber nicht sowohl ohne Bauwerk als auch ohne Geld dastehen. Auf den Bauträgervertrag ist jedenfalls bezüglich der Bauwerkserstellung Werkvertragsrecht anwendbar. Es war lange Zeit umstritten, ob es sich hier nicht um einen reinen Kaufvertrag handelt. Inzwischen hat sich jedoch die Einsicht durchgesetzt, dass regelmäßig die Erstellung eines Werks im Vordergrund steht.[22]

h) Arbeitsgemeinschaft

26 Insbesondere größere Bauvorhaben werden heutzutage nur noch selten von einem Auftragnehmer oder Generalunternehmer allein durchgeführt, sondern von mehreren Bauunternehmern gemeinsam. Für eine Zusammenarbeit auf Auftragnehmerseite können verschiedene Gründe sprechen. In vielen Fällen wird es das Bauvolumen und damit das wirtschaftliche Risiko sein, das anderen Auftragnehmern eine Zusammenarbeit nahe legt. Bei technisch komplizierteren Bauvorhaben kann auch die hierfür erforderliche Fachkunde und die Personalkapazität eine gemeinschaftliche Baudurchführung sinnvoll erscheinen lassen. Bei einem solchen Zusammenschluss mehrerer Bauunternehmer spricht man von einer Arbeitsgemeinschaft.[23] Im allgemeinen Sprachgebrauch hat sich die **Kurzform Arge** eingebürgert.

Eine Arbeitsgemeinschaft wird allgemein definiert als Zusammenschluss von Unternehmern auf vertraglicher Grundlage mit dem Zweck, Bauaufträge für gleiche oder verschiedene Fachgebiete oder Gewerbezweige gemeinsam auszuführen.[24] Arbeitsgemeinschaften sind entweder vertikal (Unternehmen verschiedener Fachrichtungen) oder horizontal (Unternehmen gleicher Fachrichtungen) gegliedert. Die Bildung einer Arbeitsgemeinschaft bietet sowohl den Arge-Mitgliedern als auch dem Auftraggeber **mehrere Vorteile**. Auf Auftragnehmerseite dürfte in den meisten Fällen die Verteilung des wirtschaftlichen Risikos und die Ausnutzung von Kapazität und Know-how mehrerer Baufirmen überwiegen. Für den Auftraggeber wiederum bietet diese Konstellation angesichts der krisengeschüttelten Baubranche die Möglichkeit, das Insolvenzrisiko bezüglich seiner Vertragspartner erheblich zu reduzieren. Sollte ein Mitglied der Arbeitsgemeinschaft ausfallen, so können und müssen die übrigen Arge-Mitglieder das Bauvorhaben dennoch fertig stellen.

Bei der baurechtlichen Arbeitsgemeinschaft handelt es sich um eine **Gesellschaft bürgerlichen Rechts** nach §§ 705 ff. BGB. Da die Arge fast immer nur für ein bestimmtes Bauvorhaben gegründet wird, führt sie keinen Gewerbebetrieb. Da auch kein Handelsgewerbe nach § 1 HGB vorliegt, ist die Arge weder OHG noch KG.

27 Arbeitsgemeinschaften können auf jeder Stufe einer Auftragnehmerkette auftreten. Auch im Nachunternehmerbereich sind Arbeitsgemeinschaften also durchaus üblich. Insbesondere bei großen Arbeitsgemeinschaften mit mehreren Mitgliedern hat sich darüber hinaus auch die Bildung von so genannten „Unterargen" bewährt. Hierbei werden bestimmte Lose oder Gewerke von zwei oder

---

22 Vgl. hierzu im Einzelnen unten § 4.
23 *Werner/Pastor*, Rn 1444 m.w.N.
24 Vergabehandbuch für die Durchführung von Bauaufgaben des Bundes im Zuständigkeitsbereich der Finanzbauverwaltung (VHB), Ausgabe 1975, Nr. 2.1 zu § 8 VOB/A.

mehreren Mitgliedern der Gesamtarge durchgeführt, wobei beide Arbeitsgemeinschaften einen herkömmlichen Nachunternehmervertrag für das betreffende Los abschließen. Weit verbreitet ist auch die so genannte **Dach-Arbeitsgemeinschaft**. Im Gegensatz zur herkömmlichen Arbeitsgemeinschaft, bei der sich die Mitglieder zur Bereitstellung von Personal, Material, Geräten und anderen Leistungen verpflichten, übernehmen die Gesellschafter einer Dach-Arbeitsgemeinschaft im Innenverhältnis die eigenverantwortliche Erstellung eines Einzelloses. Zwischen der Dach-Arge und dem für das betreffende Los zuständigen Arge-Mitglied wird ein Nachunternehmervertrag geschlossen, der sowohl werkvertragliche als auch gesellschaftsvertragliche Grundzüge trägt.

Da sich die Bildung von Arbeitsgemeinschaften im Baugewerbe immer mehr durchgesetzt hat, hat der Hauptverband der deutschen Bauindustrie und der Zentralverband des deutschen Baugewerbes einen **Arge-Mustervertrag** entwickelt, der die Besonderheiten des Bauwesens berücksichtigt. Dieser Mustervertrag wurde in der Vergangenheit mehrfach angepasst, so dass die sich stets weiterentwickelnden Erfordernisse und Gewohnheiten der modernen Baudurchführung, aber auch die Rechtsprechung und Literatur zum Bauvertragsrecht Berücksichtigung finden konnten. Der Arge-Mustervertrag erfuhr mehrfach eine Kommentierung[25] und stellt inzwischen eine detaillierte und absolut gängige vertragliche Grundlage für baurechtliche Arbeitsgemeinschaften dar.[26]

Da es sich bei der Arbeitsgemeinschaft um eine BGB-Gesellschaft handelt, haften sämtliche Mitglieder dem Auftraggeber als **Gesamtschuldner** für die Erfüllung des Gesamtauftrags und können daher jeweils einzeln auf die volle Leistung der Arbeitsgemeinschaft in Anspruch genommen werden. Als BGB – Gesellschaft besitzt die Arbeitsgemeinschaft keine eigene Rechtspersönlichkeit und ist als solche nicht prozessfähig. Sie kann also weder klagen noch verklagt werden. Im Falle eines Rechtsstreits können vielmehr allein die einzelnen Arge-Mitglieder selbst – gegebenenfalls gemeinsam – den Prozess führen, d.h. klagen.

Von einer Arbeitsgemeinschaft spricht man jedoch nur, wenn es sich um eine echte Außengesellschaft handelt. Tritt hingegen nach außen lediglich ein Auftragnehmer auf, während mit den übrigen „Gesellschaftern" lediglich im Innenverhältnis eine Kooperationsvereinbarung ähnlich einer Innengesellschaft geschlossen wird, so liegt keine Arbeitsgemeinschaft im herkömmlichen Sinne vor.

Als Arbeitsgemeinschaft wird der geschilderte Zusammenschluss ferner erst nach Abschluss des Bauvertrags bezeichnet. Im Vorfeld einer Vergabe spricht man hingegen nur von einer **Bieter-Gemeinschaft**, die im Allgemeinen ebenfalls eine BGB-Gesellschaft darstellt und mit oder nach der Auftragserteilung durch einen Arbeitsgemeinschaftsvertrag ersetzt wird oder aber – beim Scheitern des Bauvertragsabschlusses oder im Falle des Zuschlags an einen anderen Mitbewerber – automatisch endet (§ 726 BGB).

3. Lieferanten

An einem Bauvorhaben sind nicht nur Werkunternehmer beteiligt. Vielmehr ist der Bauunternehmer naturgemäß von Baustofflieferanten oder Fertigteilherstellern abhängig. Allein die erforderliche Menge an Stahl und Beton macht deutlich, dass Lieferanten bei einem Bauvorhaben eine wichtige Rolle spielen. Diese haben selten einen direkten Vertrag mit dem Bauherrn, obwohl auch dies mitunter vorkommt, etwa weil hier besonders günstige Lieferkonditionen ausgehandelt wurden. In der Regel ist der Bauunternehmer allerdings darauf angewiesen, sich die für das Bauvorhaben notwendigen Materialien und Geräte selbst zu beschaffen.

Da zwischen Bauunternehmer und Lieferant im Gegensatz zum Bauvertrag mit dem Bauherrn kein Werkvertrag, sondern ein **Kaufvertrag** oder ein Werklieferungsvertrag (§ 651 BGB) besteht, was zu unterschiedlichen Rechtsfolgen innerhalb der beiden Vertragsverhältnisse führt, treten für den

---

25 Siehe hierzu unten § 4.
26 Vgl. insbesondere *Fahrenschon/Burchardt*, ARGE-Kommentar.

an beiden Verträgen beteiligten Bauunternehmer unter Umständen erhebliche Rechtsprobleme auf. So beträgt beispielsweise die **Verjährungsfrist für Gewährleistungsansprüche** des Auftraggebers gegenüber dem Bauunternehmer nach § 638 BGB fünf Jahre oder nach § 13 Nr. 4 VOB/B zwei Jahre, während die Ansprüche gegen den Baustofflieferanten nach § 477 BGB regelmäßig bereits nach sechs Monaten verjähren. Sollte sich daher beispielsweise ein Jahr nach Abnahme des Bauwerks ein Mangel des beim Lieferanten gekauften Materials zeigen, so wäre der Bauunternehmer gewährleistungspflichtig, ohne beim Baustofflieferanten Regress nehmen zu können. Es ist daher für den Bauunternehmer empfehlenswert, die Gewährleistungsfrist für die am Bau verwendeten Materialien im Vertrag mit dem Lieferanten zu verlängern. Dies wird jedoch nicht jedem Bauunternehmer gelingen, so dass es in vielen Fällen bei dem geschilderten unbefriedigenden Ergebnis bleibt.[27] Für den Fall, dass der Bauunternehmer einen **Werklieferungsvertrag** mit einem Zulieferer schließt, ist die angesprochene Problematik durch die **Rechtsprechung** ansatzweise korrigiert worden. So hat der BGH hier die Verjährungsfrist von fünf Jahren nach § 638 BGB für anwendbar erklärt, falls dem Subunternehmer oder Lieferanten bewusst war, dass die von ihm angefertigten Bauteile für ein bestimmtes Bauwerk vorgesehen sind. In dem vom BGH entschiedenen Fall ging es um eloxierte Aluminiumfenster, die der Hersteller dem Bauunternehmer zum Einbau in ein Gebäude lieferte. Obwohl es sich hier um Arbeiten an einer beweglichen Sache handelte, für die die sechsmonatige Gewährleistungsfrist nach § 638 BGB gilt, hat der BGH festgestellt, dass auch der Lieferant einer für ein bestimmtes Bauvorhaben angefertigten beweglichen Sache fünf Jahre gewährleistungspflichtig sein kann. Voraussetzung ist allerdings, dass es sich hierbei um einen Werklieferungsvertrag handelt. Bei serienmäßigen Teilen oder Baustoffen gilt hingegen eine Verjährungsfrist von sechs Monaten. Für den Bauunternehmer ist es bei der Bestellung von Fertigteilen für ein bestimmtes Bauvorhaben empfehlenswert, diese Zweckbestimmung im Vertrag mit dem Lieferanten festzuhalten. Ebenfalls ratsam wäre es, vom Lieferanten speziell angefertigte Teile von diesem an der Baustelle anliefern zu lassen. Auf diese Weise dürfte dem Bauunternehmer der Nachweis der individuellen Zweckbestimmung für das Bauvorhaben leichter fallen, so dass im Gewährleistungsfalle auch der Lieferant die verlängerte Gewährleistungsfrist nach § 638 BGB gegen sich gelten lassen muss.

4. Erfüllungsgehilfen

a) Allgemeines

31 Insbesondere bei der Durchführung von größeren Bauvorhaben ist es üblich, dass auf der Bauherrenseite eine Vielzahl von Beteiligten tätig ist, nämlich neben dem eigentlichen Auftraggeber zumindest der Architekt, häufig verschiedene Sonderfachleute, sowie neuerdings regelmäßig ein Projektsteuerer.

Auf der Auftragnehmerseite finden sich „längere Vertragsketten", z.B. beginnend mit einem Generalübernehmer, über einen Generalunternehmer zu verschiedenen Nachunternehmern für Einzelgewerke, die mitunter ihrerseits an weitere Nachunternehmer Leistungen ganz oder teilweise untervergeben. Bei einem derart arbeitsteiligen Vorgehen stellen sich zwei Fragenkreise, nämlich, wer für wen wie haftet und – speziell für die Auftragnehmerseite – inwieweit eine Weitergabe der beauftragten Leistungen überhaupt zulässig ist.

Für den „BGB-Bauvertrag" gelten die Regelungen in §§ 276, 278 BGB. Hiernach hat der Schuldner ein Verschulden seines Erfüllungsgehilfen in gleichem Umfang zu vertreten wie eigenes Verschulden (§ 278 S. 1 BGB). Beim „VOB/B-Bauvertrag" greift die Vorschrift des § 10 Nr. 1 VOB/B, die zwar nicht wortgleich mit § 278 BGB ist, jedoch inhaltlich keine Abweichungen enthält.

Maßgeblich für eine Zurechnung der Verantwortlichkeit ist somit der Begriff des Erfüllungsgehilfen.

---

27 Vor diesem Hintergrund wird vereinzelt eine Gesetzesänderung gefordert, vgl. *Vygen*, Rn 20.

b) Erfüllungsgehilfen der Bauvertragsparteien

Erfüllungsgehilfe ist diejenige Person, derer sich der Schuldner zur Erfüllung seiner Verbindlichkeiten bedient.[28] Zu definieren ist daher zunächst die Verpflichtung des Schuldners und hiernach ist zu prüfen, ob der Schuldner diese selbst erfüllt oder hierzu einen Dritten einschaltet.

Klassischer Erfüllungsgehilfe des Bauherrn ist der Architekt, sofern es sich um die ihm übertragene Planung und die technische und geschäftliche Oberleitung einschließlich der Koordinierung handelt.[29] Der Auftraggeber ist nämlich verpflichtet, dem Auftragnehmer einwandfreie Pläne und Unterlagen zur Verfügung zu stellen. Weiterhin besteht ein Anspruch des Auftragnehmers dahingehend, dass der Auftraggeber die Entscheidungen trifft, die für eine reibungslose Ausführung des Baues unentbehrlich sind.[30] Zu diesem Komplex zählt auch die Koordinierung der einzelnen Leistungen von verschiedenen Unternehmern durch den Auftraggeber. Auch der insoweit vom Auftraggeber eingeschaltete Dritte ist somit sein Erfüllungsgehilfe im Verhältnis zum Auftragnehmer. Demgegenüber ist der aufsichtführende Architekt im Verhältnis des Auftraggebers zum Auftragnehmer kein Erfüllungsgehilfe des Auftraggebers, da dieser dem Auftragnehmer keine Aufsicht schuldet und der Architekt somit nicht zur Erfüllung einer Verbindlichkeit des Auftraggebers eingesetzt wird.[31] Eine entsprechende Differenzierung gilt für weitere typischerweise vom Auftraggeber eingesetzte Erfüllungsgehilfen, wie z.B. Ingenieure, Sonderfachleute und Bauleiter.

Erfüllungsgehilfen des Auftragnehmers im Verhältnis zum Auftraggeber sind in erster Linie dessen Mitarbeiter, z.B. Bauführer, Poliere, Handwerker, Arbeiter, Hilfsarbeiter usw., soweit sie mit Willen des Auftragnehmers zum Zwecke der Erfüllung der übernommenen Verpflichtung tätig werden. Weitere **Erfüllungsgehilfen des Auftragnehmers sind die von ihm eingesetzten Nachunternehmer**.[32] Keine Erfüllungsgehilfen des Auftragnehmers sind demgegenüber in der Regel seine Lieferanten, da der Erwerb der Baustoffe losgelöst von der werkvertraglichen Verpflichtung im Rahmen eines selbstständig zu beurteilenden Kaufvertrags erfolgt.[33]

Die Frage, wer in der konkreten Situation wessen Erfüllungsgehilfe ist, kann nicht statisch beantwortet werden, sondern hängt von der individuellen vertraglichen Ausgestaltung ab. Soweit der Architekt zum Beispiel nicht vom Bauherrn mit der Erstellung der Statik beauftragt wird, gehört es zu den Pflichten des Bauherrn, dem Architekten eine einwandfreie Statik zur Verfügung zu stellen. In diesem Fall ist der Statiker Erfüllungsgehilfe des Bauherrn im Verhältnis zum Architekten. Der Hauptunternehmer, der einen Nachunternehmer einschaltet, schuldet diesem selbstverständlich einwandfreie Pläne. Plant der Hauptunternehmer nicht selbst, sondern greift auf die Pläne des Architekten seines Auftraggebers zurück, ist letzterer Erfüllungsgehilfe des Hauptunternehmers im Verhältnis zu seinem Nachunternehmer.[34]

c) Weitergabe der beauftragten Leistung

Ob und inwieweit der Auftragnehmer berechtigt ist, die beauftragte Leistung ganz oder teilweise unterzuvergeben, ist im BGB und in der VOB/B unterschiedlich geregelt.

Der „BGB-Bauvertrag" kennt grundsätzlich die persönliche Herstellungspflicht des Unternehmers nicht, da es regelmäßig ausschließlich auf den versprochenen Erfolg ankommt und nicht da-

---

[28] *Palandt*, BGB, 59. Aufl. 2000, § 278 Rn 7; *Erman*, BGB Band I, 10. Aufl. 2000, § 278 Rn 14.
[29] *Heiermann/Riedl/Rusam*, § 10 Rn 14.
[30] *Ingenstau/Korbion*, § 10 Rn 61.
[31] *Werner/Pastor*, Rn 2458.
[32] *Ingenstau/Korbion*, § 10 Rn 57 f.
[33] *Nicklisch/Weick*, § 10 Rn 13.
[34] *Werner/Pastor*, Rn 2459, 2463.

rauf, wer ihn herbeiführt.[35] Der Auftragnehmer darf somit ohne Mitwirken des Auftraggebers „Hilfspersonen" und Nachunternehmer heranziehen.

36 Für den „VOB/B-Bauvertrag" gilt demgegenüber § 4 Nr. 8 VOB/B, wonach der Unternehmer die Leistung im eigenen Betrieb auszuführen hat (Satz 1), es sei denn, sein Betrieb ist auf die Leistung nicht eingerichtet (Satz 3) oder der Auftraggeber hat der Übertragung auf einen Nachunternehmer schriftlich zugestimmt (Satz 2). **Die VOB/B geht davon aus, dass die Bauleistung ein Vertrauensverhältnis zwischen Auftraggeber und Auftragnehmer verlangt**, welches durch eine persönliche Bindung zwischen Leistungsberechtigtem und Leistungsverpflichtetem geschaffen und aufrechterhalten werden soll.[36] Selbstverständlich verwehrt es die Eigenleistungspflicht dem Auftragnehmer nicht, die in seinem Betrieb beschäftigten Personen zur Erbringung der vertraglich geschuldeten Bauleistung einzusetzen.

37 Die praktisch relevante schriftliche Zustimmung zur Untervergabe wird zweckmäßigerweise bereits im Bauvertrag geregelt. Dieser bietet auch Raum, zulässige Bedingungen und Auflagen[37] für die Zustimmung zu normieren, etwa dahingehend, dass nur bestimmte Leistungsbereiche untervergeben werden dürfen, der Unterbeauftragte bestimmte fachliche Voraussetzungen erfüllen muss und bestimmte vertragliche Regelungen, z.B. zu Gewährleistungsfristen/Sicherheiten zu vereinbaren sind. Gelegentlich wird bereits ohne ausdrückliche Regelung in der Beauftragung eines Generalübernehmers oder eines Generalunternehmers die entsprechende Zustimmung gesehen,[38] da diese Unternehmerformen regelmäßig untervergeben. Selbstverständlich kann die Zustimmung jedoch auch außerhalb des Vertrages erteilt werden.

38 Klauseln, die die Untervergabe gestatten, sind auch im Anwendungsbereich des AGB-Gesetzes stets zulässig. Ein Verstoß gegen § 9 AGBG scheidet aus, da eine „Unterbeauftragung" nach dem gesetzlichen Leitbild des BGB zulässig ist. Der Tatbestand des § 11 Nr. 13 AGBG ist nicht erfüllt, da der Unterbeauftragende Vertragspartner des Auftraggebers bleibt und nicht, wie es § 11 Nr. 13 AGBG vorsieht, aus dem Vertragsverhältnis ausscheidet.

Unter die Ausnahmeregelung des Satzes 3 von § 4 Nr. 8 VOB/B fallen in der Regel nur Teilleistungen, denen kein wesentliches Gewicht zukommt.[39] So ist es dem Auftragnehmer nicht gestattet, das Regel-Ausnahmeverhältnis dadurch auszuhöhlen, dass er Aufträge hereinnimmt, die nicht oder zu erheblichen Teilen nicht in sein Fachgebiet fallen.

39 **Vertragswidrige Unterbeauftragungen stellen eine positive Vertragsverletzung dar** und berechtigen den Auftraggeber, analog §§ 4 Nr. 7 Satz 3, 8 Nr. 3 VOB/B den Vertrag zu kündigen.[40] Diese nach ganz herrschender Auffassung bislang angenommene Rechtslage ist im Rahmen der Überarbeitung der VOB/B im letzten Jahr („VOB/B – 2000") als Satz 4 ausdrücklich in den Text des § 4 Nr. 8 Abs. 1 VOB/B eingeflossen. Dem gegen die Eigenleistungspflicht verstoßenden Auftragnehmer kann hiernach eine angemessene Frist zur Aufnahme der Leistung im eigenen Betrieb mit der Erklärung gesetzt werden, dass ihm nach fruchtlosem Ablauf der Frist der Auftrag entzogen werde.

Bei einer zulässigen Unterbeauftragung im Rahmen eines „VOB/B-Bauvertrags" sind, soweit nichts anderes vereinbart ist, die Absätze 2 und 3 des § 4 Nr. 8 VOB/B zu beachten, wonach dem Nachunternehmervertrag die Regelungen der VOB/B zu Grunde zu legen und die Namen der Nachunternehmer dem Auftraggeber auf Verlangen bekannt zu geben sind.

---

35 *Erman*, § 631 BGB Rn 11.
36 *Ingenstau/Korbion*, § 4 Rn 407.
37 *Heiermann/Riedl/Rusam*, § 4 Rn 104a.
38 *Ingenstau/Korbion*, § 4 Rn 414.
39 *Nicklisch/Weick*, § 4 Rn 119.
40 *Heiermann/Riedl/Rusam*, § 4 Rn 107b.

d) Haftungserleichterungen

Es ist zulässig, die Haftung für Erfüllungsgehilfen durch individuelle Vereinbarung einzuschränken; § 278 S. 2 BGB ermöglicht sogar den Haftungsausschluss bei vorsätzlichem Verhalten. Im Bereich von Allgemeinen Geschäftsbedingungen ist demgegenüber ein Haftungsausschluss für vorsätzliches und grob fahrlässiges Handeln gemäß § 11 Nr. 7 AGBG, über § 9 AGBG auch im kaufmännischen Verkehr,[41] unwirksam.

Praktische Bedeutung kommt **haftungsbeschränkenden Klauseln für Erfüllungsgehilfen** im Bauvertragsrecht allerdings kaum zu. Gerade beim „VOB/B-Bauvertrag" wird sich schwerlich ein Auftraggeber finden, der einem Nachunternehmereinsatz zustimmt, wenn sein Vertragspartner für diesen nur eine eingeschränkte Haftung zu übernehmen bereit ist.

5. Sonderkonstellationen

a) Der „durchgestellte Vertrag"

aa) Allgemeines

Auftragnehmer sind häufig zugleich auch Auftraggeber. Dies gilt für den Generalunternehmer, der zwischen Bauherrn und Nachunternehmer steht, ebenso wie für einen Nachunternehmer, der seinerseits Leistungen untervergeben hat und sich somit zwischen Generalunternehmer und seinem Nachunternehmer findet. Der so **„eingeklemmte Unternehmer"** hat naturgemäß ein Interesse daran, dass die wichtigsten vertraglichen Regelungen „nach oben und nach unten" parallel geschaltet werden. Gängiges Schlagwort in diesem Zusammenhang ist das „Durchstellen des Vertrags", womit gemeint ist, die als Auftragnehmer übernommenen Verpflichtungen 1:1 an den insoweit Unterbeauftragten weiterzugeben.

Ausgangsbasis ist das **Dogma der rechtlichen Selbstständigkeit der Vertragsverhältnisse**,[42] also z.B. des Vertrags Bauherr-Generalunternehmer einerseits und Generalunternehmer-Nachunternehmer andererseits. Dies führt dazu, dass Haftungsgrundlagen und Haftungsumfang im jeweiligen Vertragsverhältnis selbstständig zu beurteilen sind und auch zu unterschiedlichen Rechtsfolgen führen können. Der „durchstellende Unternehmer" muss daher bei der Vertragsgestaltung erhebliche Sorgfalt darauf verwenden, dass z.B. bezüglich der Leistung die zutreffenden Seiten aus dem Leistungsverzeichnis unterbeauftragt werden, die Terminsituation und der Zahlungsplan auf den übergeordneten Vertrag abgestimmt sind, die gleichen vertraglichen Regelungen und Fristen zur Abnahme und Gewährleistung gelten und Einigungen, die in einem Vertragsverhältnis erzielt werden, inhaltlich auch für das andere Vertragsverhältnis gelten. Nur so kann der „durchstellende Unternehmer" verhindern, dass sein Nachunternehmer einen begründeten Nachtrag stellt, den der Bauherr mit Erfolg ablehnt, bzw. der Bauherr mit Recht Mängel rügt, deren Beseitigung der Nachunternehmer jedoch nicht schuldet.

bb) Gängige Problemstellungen

(1) Abnahme

Um nicht in ein **„Gewährleistungsloch"** zu fallen, wird der „durchstellende Unternehmer" versuchen, den Abnahmezeitpunkt so zu fixieren, dass der Unterbeauftragte erst dann die Abnahme beanspruchen kann, wenn der „durchstellende Unternehmer" selbst die Abnahme vom Bauherrn erhalten hat. Ein solches Vorgehen ist – zumindest im Geltungsbereich von Allgemeinen Geschäftsbedingungen – nur sehr begrenzt dann möglich, wenn sich der Abnahmezeitpunkt zum Schutz des Unterbeauftragten eindeutig erkennen lässt und nicht unangemessen lange herausgezögert wird. An dem erste-

---

41 *Ulmer/Brandner/Hensen*, AGBG, 8. Aufl., § 11 Nr. 7 Rn 29 ff.
42 OLG Dresden NJW RR 1997, 83; *Leitzke/Ringe*, Das baurechtliche Mandat, 2. Aufl. 2000, S. 241 ff.

ren Kriterium fehlt es, wenn der Abnahmezeitpunkt von Umständen abhängig gemacht wird, die der Unterbeauftragte nicht beeinflussen kann, z.B. Gesamtfertigstellung des Objekts, Bezugsfertigkeit der letzten Wohneinheit, Abnahme durch den Bauherrn, Käufer, Mieter, die zuständige Behörde oder sonstige Dritte.[43] Ein Hinausschieben des Abnahmezeitpunktes wird bei lediglich vier bis sechs Wochen als unkritisch angesehen, zwei Monate sind demgegenüber schon als unangemessen eingestuft worden.[44]

(2) Gewährleistung

43 Zum Gewährleistungsumfang und zur Gewährleistungsfrist ist zunächst darauf zu achten, dass beiden Vertragsverhältnissen das gleiche Regelwerk (VOB/B oder BGB) zu Grunde liegt. Das Interesse des „durchstellenden Unternehmers" geht in der Regel dahin, die Frist so zu verlängern, dass er noch hinreichend Gelegenheit hat, von seinem Bauherrn am letzten Tag der Frist gerügte Mängel gegenüber dem Nachunternehmer geltend zu machen. Eine maßvolle **Verlängerung der Gewährleistungsfrist** um vier Wochen wird – auch im Bereich von Allgemeinen Geschäftsbedingungen – als zulässig angesehen,[45] teilweise wird sogar eine Verlängerung von sechs Monaten als möglich erachtet.[46]

44 Unterschiedlich beurteilt wird der Fall, dass der Bauherr gegenüber dem „durchstellenden Unternehmer" eine Ersatzvornahme durchführt, da dieser die gerügten Mängel nicht beseitigt hat, und dieser sodann vom Nachunternehmer die **Kosten der Mängelbeseitigung als ersparte Aufwendungen** ersetzt verlangt. Die wohl überwiegende Auffassung lässt einen solchen Anspruch des „durchstellenden Unternehmers" zu.[47] Dem ist allerdings nicht zu folgen, da hierdurch ohne Not dem Nachunternehmer das Nachbesserungsrecht, das ein Kernelement des Werkvertragsrechtes darstellt, genommen wird. Der „durchstellende Unternehmer" hat die Möglichkeit, den Nachunternehmer zur Nachbesserung aufzufordern. Nachteilige Rechtsfolgen treffen den Nachunternehmer sowohl beim „VOB/B-Bauvertrag" als auch beim „BGB-Bauvertrag" erst dann, wenn er die Mängelbeseitigung innerhalb der gesetzten angemessenen Frist nicht durchführt. Unterlässt der „durchstellende Unternehmer" demgegenüber die Mängelbeseitigungsaufforderung an den Nachunternehmer, mag er auch die vollen Konsequenzen tragen.

(3) Vertragsstrafe

45 Zur Vertragsstrafe ist anzumerken, dass sich – jedenfalls im Bereich von Allgemeinen Geschäftsbedingungen – **die zulässige Höchstgrenze nach dem Auftragswert bemisst** (vgl. Rn 618, 619). Da der Auftragswert des Nachunternehmers (regelmäßig) geringer ist als der des „durchstellenden Unternehmers", kann letzterer nicht ohne weiteres die gleiche vertragliche Regelung, wie sie in seinem Vertrag mit dem Bauherrn enthalten ist, in den Vertrag mit seinem Nachunternehmer übernehmen.

46 Strittig war, inwieweit der Nachunternehmer im Rahmen des zu ersetzenden Verzugsschadens eine vom „durchstellenden Unternehmer" an den Bauherrn zu zahlende Vertragsstrafe zu übernehmen hat. Dies ist zunächst von einigen Oberlandesgerichten mit beachtlichen Gründen abgelehnt worden.[48] Hiernach stellt eine Vertragsstrafe, die derjenige verwirkt, der sie versprochen hat, für denjenigen, der Erfüllungsgehilfe des Versprechenden ist, keinen zu ersetzenden Verzugsschaden dar. Der die Vertragsstrafe Versprechende hätte es ansonsten in der Hand, durch eine vertragliche Abrede, ggf. noch nach Vertragsabschluss, den zu ersetzenden Schaden festzulegen. Wenn § 6 Nr. 6 VOB/B hinsichtlich der Ersatzpflicht von „nachweislich entstandenem Schaden" spricht, ist eine Vertragsstrafe

---

43 BGH BauR 1989, 322, 324.
44 *Ingenstau/Korbion*, § 12 Rn 5.
45 OLG Düsseldorf BauR 1995, 111.
46 *Glatzel/Hofmann/Frikell*, S. 281 bis 285.
47 Meinungsstand dargestellt bei *Leitzke/Ringe*, a.a.O., § 11 Rn 20.
48 etwa OLG Dresden NJW RR 1997, 83.

als „vereinbarter Schaden" gerade das Gegenteil. Der BGH hat indes mittlerweile entschieden, dass der „durchstellende Unternehmer" die von ihm zu zahlende **Vertragsstrafe als Verzugsschaden** geltend machen kann. Allerdings hat er den Nachunternehmer auf die Möglichkeit eines ungewöhnlich hohen Schadens hinzuweisen (§ 254 BGB) und alles ihm Mögliche zu tun, eine unverhältnismäßig hohe Strafe auf einen angemessenen Betrag herabzusetzen (§ 343 Abs. 1 BGB).[49]

Die Entscheidung des BGH ist zutreffend und von der Literatur auch überwiegend begrüßt worden.[50] Für sie besteht ein praktisches Bedürfnis, da Vertragsstrafen regelmäßig in Bauverträgen auf allen Stufen vereinbart werden. Dem Nachunternehmer ist somit bekannt, dass der „durchstellende Unternehmer" als sein Auftraggeber in aller Regel eine Vertragsstrafenregelung mit dem Bauherrn vereinbart hat. Übersteigt diese das in der Branche übliche Maß, wird der Nachunternehmer durch die entsprechende oben genannte **Hinweispflicht** geschützt. Nicht zulässig dürfte es demgegenüber sein, dass der „durchstellende Unternehmer" gegenüber dem Nachunternehmer eine Vertragsstrafe geltend macht, die er erst nach Vertragsabschluss zu seinen Lasten mit dem Bauherrn vereinbart, bzw. inhaltlich gegenüber der ursprünglich vereinbarten Regelung verschärft hat.

Auch wenn im Rahmen des vorstehend Aufgezeigten in rechtlicher Hinsicht eine Vertragsstrafe als Verzugsschaden „durchgestellt" werden kann, bleibt oft in tatsächlicher Hinsicht höchst zweifelhaft, inwieweit der „durchstellende Unternehmer" den zur Geltendmachung erforderlichen **Kausalitätsnachweis** gegenüber dem Nachunternehmer führen kann. Regelmäßig führt der Nachunternehmer nur Teilgewerke aus. Der Nachweis, dass der Verzug gerade mit dieser Leistung zur Verwirkung der Vertragsstrafe geführt hat, stellt dann zumeist eine „unlösbare Aufgabe" dar.[51]

(4) Streitigkeiten

Bei Einigungen und streitigen Auseinandersetzungen ist auf Gleichklang zu achten. Soweit daher etwa in einem Vertragsverhältnis ein Schiedsgerichtsverfahren oder spezielle Schiedsgutachterklauseln vereinbart worden sind, die eine Streitverkündung nicht zulassen, bedarf es einer entsprechenden vertraglichen Regelung. Mitunter wird – gerade im Bereich von streitigen Nachträgen – zwischen „durchstellendem Unternehmer" und Nachunternehmer vereinbart, dass eine Vergütung nur erfolgt, wenn auch der „durchstellende Unternehmer" eine entsprechende Vergütung vom Bauherrn erhält. Individuell, also außerhalb des AGBG, lässt sich so etwas wirksam vereinbaren. Eine Verpflichtung des „durchstellenden Unternehmers" hieraus, den Bauherrn auf Zahlung zu verklagen, lässt sich allerdings nicht ableiten. Der Nachunternehmer kann jedoch im Wege der Prozessstandschaft unmittelbar gegen den Bauherrn vorgehen.[52]

47

(5) Vergütung

Hinsichtlich der Vergütung kann der „durchstellende Unternehmer" außerhalb individueller Vereinbarungen, also durch Allgemeine Geschäftsbedingungen, Zahlungen grundsätzlich nicht davon abhängig machen, dass er selbst entsprechende Zahlungen erhalten hat.[53] Eine solche Vereinbarung würde den Nachunternehmer **unangemessen benachteiligen**, da Grundlage der Nichtzahlung im „übergeordneten Vertragsverhältnis" eine Vielzahl von Schwierigkeiten sein kann, die sich seiner Einflusssphäre vollständig entziehen und die auch möglicherweise mit der von ihm zu erbringenden Leistung in keinerlei Zusammenhang stehen. Der gleichsam umgekehrte Fall ist im Rahmen des „Gesetzes zur Beschleunigung fälliger Zahlungen" in § 641 Abs. 2 BGB eingeflossen. Hiernach

48

---

49 BGH BauR 1998, 330; BGH NJW RR 2000, 684.
50 *Heiermann/Riedl/Rusam*, § 6 Rn 50; *Werner/Pastor*, Rn 1826.
51 *Leitzke/Ringe*, a.a.O., § 11 Rn 17.
52 *Werner/Pastor*, Rn 1051.
53 *Heiermann/Riedl/Rusam*, § 16 Rn 9.

ist die Vergütung des Nachunternehmers spätestens fällig, wenn der Besteller („durchstellender Unternehmer") von dem Dritten (Bauherr) seine Vergütung erhalten hat. Hieraus wird teilweise abgeleitet, dass die vorerwähnte Klausel jetzt zulässig sein müsse, da derjenige, der das Recht erhalte, Zahlungen von seinem Auftraggeber zu verlangen, wenn dieser Geld erhalten habe, auch die Pflicht übernehmen müsse, bis zu diesem Zeitpunkt zu warten.[54] Dieser Schluss ist sicherlich zu weitgehend. **Gesetzeszweck des „neuen" § 641 Abs. 2 BGB ist ausschließlich, einen zusätzlichen Schutz des Nachunternehmers zu normieren,** der bisher nur in den Grenzen des Rechtsmissbrauchs anerkannt war. Es soll verhindert werden, dass der „durchstellende Unternehmer" den Nachunternehmer mit Forderungen gängelt, obwohl sein Auftraggeber die entsprechenden Leistungen nicht beanstandet hat. Zusätzliche Risiken aus dem übergeordneten Vertragsverhältnis soll der Nachunternehmer durch diese Regelung nicht übernehmen.

(6) Grenze Rechtsmissbrauch

49 Im Übrigen ist das Dogma der „getrennten Vertragsverhältnisse" durch den Gesichtspunkt des Rechtsmissbrauches begrenzt. Hat z.B. der Bauherr auf die Geltendmachung von Gewährleistungsansprüchen gegen den „durchstellenden Unternehmer" verzichtet und den Werklohn beglichen, ist es treuwidrig, wenn der „durchstellende Unternehmer" beim Nachunternehmer entsprechende Mängel geltend macht.[55]

b) Der „Vorunternehmer"

aa) Ausgangslage

50 Häufig setzt der Leistungsbeginn durch den Auftragnehmer voraus, dass zunächst ein bei Auftragserteilung nicht vorhandener Status Quo geschaffen wird (z.B. ist für den Rohbauunternehmer zuvor die Baugrube nebst Wasserhaltung zu erstellen). Die entsprechende Vorleistung kann der Auftraggeber entweder selbst oder durch Dritte (so genannte Vorunternehmer) erbringen. Erstellt der Vorunternehmer die Vorleistung (Baugrube/Wasserhaltung) nicht so rechtzeitig und dergestalt mängelfrei, dass der Auftragnehmer mit seiner Leistung (Rohbau) entsprechend den vertraglichen Abreden mit dem Auftraggeber beginnen kann, stellt sich die Frage, ob der Auftragnehmer die hierdurch entstehenden Kosten (z.B. Stillstand / geänderter Bauablauf) vom Auftraggeber ersetzt erhält. Für alle verschuldensabhängigen Anspruchsgrundlagen setzt dies voraus, dass der **Vorunternehmer Erfüllungsgehilfe des Auftraggebers** ist.

bb) Die bisherige Lösung

51 Umfassend hat sich der BGH mit dieser Thematik im Jahre 1985 auseinander gesetzt.[56] Im entschiedenen Fall ist der vom Bauherrn mit den Gründungsarbeiten beauftragte Vorunternehmer zwar termingerecht fertig geworden, musste jedoch auf Weisung des Bauherrn nach entsprechender Prüfung und Rüge der Vorunternehmerleistung durch den Folgeunternehmer erst Mängel beseitigen. Die hierdurch bedingte Verzögerung des Bauablaufes führte zu einem erheblichen Schaden beim Folgeunternehmer, seine entsprechende Klage gegen den Bauherrn hatte jedoch keinen Erfolg. Der BGH vertritt nämlich den Standpunkt, dass **Fehler eines Vorunternehmers dem Auftraggeber im Verhältnis zum Nachfolgeunternehmer regelmäßig nicht zugerechnet werden können,** da der Auftraggeber sich einerseits gegenüber dem Folgeunternehmer nicht zur Erbringung der notwendigen Vorleistungen verpflichten wolle und es die einzelnen Auftragnehmer hinnehmen würden, dass der Auftraggeber die typischerweise erforderlichen Vorleistungen nicht selbst erbringe. Insoweit stünden die beteiligten Unternehmen in einer Art **Zweckgemeinschaft**. Neben der Ablehnung der Erfüllungsgehilfeneigenschaft hat der BGH auch andere denkbare Anspruchsgrundlagen des Folgeunternehmers

---

54 *Stapenhorst*, Das Gesetz zur Beschleunigung fälliger Zahlungen, DB 2000, 909, 911.
55 *Werner/Pastor*, Rn 1057.
56 BGH BauR, 1985, 561 ff.

verneint, so insbesondere einen möglichen Anspruch aus § 2 Nr. 5 VOB/B, aus § 642 BGB sowie eine Übertragung der Grundsätze der Drittschadensliquidation.[57]

Anders hat das OLG Celle 1992 einen Sachverhalt beurteilt, in dem ein Bauherr sich gegenüber dem Folgeunternehmer verpflichtet hatte, zu einem als Vertragsfrist vereinbarten Datum eine Behelfsbrücke zur Verfügung zu stellen. Mit diesen Arbeiten beauftragte der Bauherr den Vorunternehmer, der nicht termingerecht fertig wurde. Das OLG hat ausgeführt, dass **fest vereinbarte Ausführungsfristen nicht nur für den Auftragnehmer sondern auch für den Auftraggeber verbindlich sind**, so dass der Auftraggeber verpflichtet war, die Behelfsbrücke zu dem vertraglich festgelegten Zeitpunkt dem Nachfolgeunternehmen zur Verfügung zu stellen. Bedient sich der Auftraggeber hierzu eines anderen Unternehmers, so ist dieser sein Erfüllungsgehilfe. Diese Entscheidung ist vom BGH durch Nichtannahmebeschluss bestätigt worden.[58]

Kurz zusammenfassen lässt sich die ältere Rechtsprechung des BGH so, dass der Vorunternehmer für verzögerte Erstellung der Vorleistung Erfüllungsgehilfe des Bauherrn ist, nicht aber für mängelfreie.

Diese Rechtsprechung ist im Schrifttum auf breite Kritik gestoßen.[59] Von den vielen überzeugenden Argumenten seien folgende festgehalten:
Für die wirtschaftliche Situation des Folgeunternehmers ist es unerheblich, ob ihm ein Schaden dadurch entsteht, dass er nicht termingerecht die Arbeit aufnehmen kann, weil die Vorleistung nicht fertig, oder zwar fertig, aber mangelhaft ist. **Eine Rechtfertigung für eine Differenzierung lässt sich nicht finden**, einmal unterstellt, eine mangelhafte Leistung sei überhaupt als termingerechte Ausführung zu verstehen. Der Folgeunternehmer hat keinerlei Möglichkeiten, den Vorunternehmer zu termingerechter Arbeit zu veranlassen. Versagt man ihm bei einer Verzögerung einen Anspruch gegen seinen Auftraggeber, ist er entsprechenden Entwicklungen schutzlos ausgeliefert. Der Auftraggeber wählt demgegenüber den Vorunternehmer aus, legt u. a. die Terminschiene fest, koordiniert diesen während der Ausführung, und hat alle vertragsrechtlichen Instrumente zur Hand, die getroffenen Abreden umzusetzen. Muss der Auftraggeber dem Folgeunternehmer Ersatz leisten, wird er sich in der Regel beim Vorunternehmer schadlos halten können, wodurch der Schaden da verbleibt, wo er ausgelöst worden ist. Ein anderer Bereich, in dem der Auftragnehmer eine Mitwirkung des Auftraggebers für seine Leistung benötigt, ist z.B. die Planung. Anerkanntermaßen ist der Architekt bezüglich der Planung Erfüllungsgehilfe des Auftraggebers. Warum soll beim vorleistenden Unternehmer anderes gelten?

cc) Die neue Auffassung des BGH

In einer neueren Entscheidung hat der BGH seine Auffassung entscheidend modifiziert.[60] Zwar hält er an dem Grundsatz fest, dass der Vorunternehmer für durch fehlerhafte Werkleistungen verursachte Verzögerungen nicht Erfüllungsgehilfe des Auftraggebers ist, und etwas anderes nur dann gilt, wenn der Auftraggeber sich vertraglich zu einer Vorleistung verpflichtet. Inwieweit dies der Fall sei, sei durch Auslegung zu ermitteln, wobei allerdings die Vereinbarung einer Vertragsfrist allein nicht ausreiche. Sodann ändert der BGH jedoch den bislang vertretenen Standpunkt und stellt klar, dass der Auftraggeber dem Folgeunternehmer aus § 642 BGB haftet, wenn er **durch das Unterlassen einer bei der Herstellung des Werkes erforderlichen Mitwirkungshandlung in den Verzug der Annahme kommt**, was sowohl für den „BGB-Bauvertrag" als auch für den „VOB/B-Bauvertrag"

---

[57] BGH BauR 1985, 561, 563, 564.
[58] Dargestellt in BauR 1994, 629 ff.
[59] *Kapellmann/Schiffers*, Pauschalvertrag, Rn 1509; *Vygen*, Behinderung des Auftragnehmers durch verspätete oder mangelhafte Vorunternehmerleistungen, BauR 1989, 388, 395; *Grieger*, Verspätete oder mangelhafte Vorunternehmerleistung – wer hat sie zu vertreten?, BauR 1990, 406 ff.; *Baden*, Hat der Bauherr im Verhältnis zum Unternehmer die Verspätung oder die Mangelhaftigkeit der Arbeiten des Vorunternehmers zu vertreten?, BauR 1991, 30 ff.
[60] BGH WM 2000, 916 ff.

gelte. Die Mitwirkungshandlung bestehe bei Bauverträgen in der Realisierung der Aufnahmebereitschaft des Baugrundstücks für die Leistung des Auftragnehmers. Dies gelte auch, wenn noch andere Unternehmer Vorarbeiten zu erbringen hätten. Es sei nämlich gänzlich unbeachtlich, ob der Besteller einen unbearbeiteten Stoff zur Verfügung stelle oder einen Stoff, an dem schon andere Unternehmen Arbeiten auszuführen hatten.

Nach dieser bemerkenswerten Entscheidung wird der aktuelle Standpunkt des BGH wie folgt zusammengefasst werden können:

Der Folgeunternehmer erhält bei einer Behinderung durch einen mangelhaft oder nicht fristgerecht leistenden Vorunternehmer vom Auftraggeber grundsätzlich eine angemessene Entschädigung gemäß § 642 BGB (die übrigen Voraussetzungen des Annahmeverzugs unterstellt), einen darüber hinausgehenden Schadensersatz jedoch nur, wenn die Vertragsauslegung ergibt, dass sich der Auftraggeber zu einer termingerechten und mangelfreien Vorleistung verpflichten wollte.

54 Dem Folgeunternehmer ist durch diese Entscheidung sehr geholfen, da er künftig nicht mehr die ganzen negativen Konsequenzen aus mangelhafter/verspäteter Vorunternehmerleistung zu tragen hat. Die Einwände in der Literatur verlieren an Gewicht, ausgeräumt dürften sie indes nicht sein, da der **Anspruch aus § 642 BGB kürzer greift als der Schadensersatzanspruch**, z.B. Wagnis und Gewinn nicht umfasst.[61] Auch gilt es, künftig noch präzise herauszuarbeiten, welche Kriterien im Rahmen der Vertragsauslegung für eine eigene Verpflichtung des Auftraggebers und somit die Erfüllungsgehilfeneigenschaft des Vorunternehmers heranzuziehen und maßgeblich sind.

Auftragnehmern, die ganz sicher gehen wollen, bleibt eine Vertragsklausel anzuraten, wonach sich der Auftraggeber verpflichtet, die notwendigen Vorunternehmerleistungen bauseits rechtzeitig und mangelfrei zu erbringen. Auf der anderen Seite sehen sich die Auftraggeber nach dieser neueren Rechtsprechung zumindest Ansprüchen aus § 642 BGB ausgesetzt. Auftraggebern ist daher zu empfehlen, im Rahmen der Vertragsgestaltung mit dem Vorunternehmer für eine eindeutige Freistellung von derartigen Ansprüchen zu sorgen. Darüber hinaus könnte gegenüber dem Folgeunternehmer auch die Haftung für den Vorunternehmer eingeschränkt werden (z.B. Haftung nur für Auswahl und Koordination im Rahmen kaufmännischer Sorgfalt).

c) Gesamtschuld Unternehmer – Architekt

aa) Grundsätzliches

55 Es ist völlig einhellige Meinung, dass der **planende und koordinierende Architekt Erfüllungsgehilfe des Bauherrn** im Verhältnis zum Unternehmer ist.[62] Der Bauherr schuldet dem Unternehmer nämlich die rechtzeitige Übergabe der für die Ausführung erforderlichen Unterlagen und die Koordination des Zusammenwirkens der verschiedenen Unternehmer. Ebenso unbestritten ist, dass der Architekt, soweit ihm die Aufsicht übertragen worden ist, nicht Erfüllungsgehilfe des Bauherrn im Verhältnis zum Unternehmer ist, da der **Unternehmer keinen Anspruch darauf hat, ordnungsgemäß überwacht zu werden**.[63] Fehler des Architekten können zusammentreffen mit Fehlern des Unternehmers, seien es Ausführungsfehler oder Verletzungen der Prüf- und Hinweispflicht hinsichtlich der Ausführungsunterlagen. Der Unternehmer ist nämlich auch verpflichtet, die erhaltenen Ausführungsunterlagen zu prüfen und Hinweise und Bedenken hiergegen beim Bauherrn anzumelden (vgl. hierzu Rn 368–377). In dieser Konstellation stellen sich die Fragen, wie und gegen wen der Bauherr vorgeht, und wie ein etwaiger Ausgleich zwischen Unternehmer und Architekt erfolgt.

---

61 BGH, a.a.O., S. 918.
62 *Heiermann/Riedl/Rusam*, § 10 Rn 14.
63 *Ingenstau/Korbion*, § 10 Rn 61.

Nach ganz h.M. sind Unternehmer und Architekt beim Zusammentreffen vorgenannter Mängel gegenüber dem Bauherrn **Gesamtschuldner**.[64] Grundsätzlich haftet somit jeder von ihnen im Außenverhältnis zum Bauherrn zu 100 % und erhält dann gemäß § 426 BGB im Innenverhältnis einen Ausgleich in Höhe der Quote, in der der nicht in Anspruch Genommene haftet. Diese rechtliche Einordnung bietet zwei Vorteile, nämlich zum einen, dass der Bauherr die entsprechende Leistung nur einmal erhält (§ 422 BGB), und zum anderen, weil § 426 BGB eine vernünftige Grundlage für den Ausgleich im Innenverhältnis bietet, da vertragliche Beziehungen zwischen Unternehmer und Architekten in der Regel nicht bestehen. Allerdings hat diese Lösung auch Nachteile. Nach der Abnahme schuldet der Unternehmer nämlich in erster Linie Nachbesserung und der Architekt Schadensersatz. Dieses **Nachbesserungsrecht**, das ein **Haftungsprivileg des Unternehmers** darstellt,[65] geht jedoch verloren, wenn der Bauherr den Architekten in Höhe der Mängelbeseitigungskosten auf Schadensersatz in Anspruch nimmt. Über den Innenausgleich des § 426 BGB wandelt sich die Nachbesserung in eine Zahlungsverpflichtung. In der Regel wird der Unternehmer die Mängel jedoch kostengünstiger beseitigen können als ein Dritter, da er das Bauvorhaben und die Mängelursache kennt, zur Mängelbeseitigung etwaige freie Kapazitäten nutzen kann, hierfür keinen Gewinn kalkulieren muss und ggf. korrespondierende Ansprüche gegen eingesetzte Nachunternehmer hat. Gerade letztere Ansprüche verliert er, wenn der hier vertretenen Auffassung gefolgt wird, dass bei fehlender Mängelbeseitigungsaufforderung kein Anspruch nach den Grundsätzen der Geschäftsführung ohne Auftrag hinsichtlich der „eingesparten Mängelbeseitigungskosten" besteht (siehe Rn 44).

Der Grundsatz der Gesamtschuldnerschaft wird von der überwiegenden Auffassung allerdings für den Fall nicht konsequent angewandt, dass Planungsfehler zusammenfallen mit einer Verletzung der Prüf- und Hinweispflicht (zur Prüf- und Hinweispflicht siehe Rn 368–377). Diesbezüglich ist nämlich anerkannt, dass der **Unternehmer nur in Höhe der ihm anzulastenden Quote im Außenverhältnis haftet** und ein Ausgleich im Innenverhältnis somit nicht mehr erfolgt.[66] Der Architekt haftet demgegenüber, wie für eine Gesamtschuld üblich, zu 100 % im Außenverhältnis und erhält entsprechenden Ausgleich im Innenverhältnis.[67]

bb) Haftungsquoten im Innenverhältnis

Wie hoch die Haftungsquoten zwischen Unternehmer und Architekt im Innenverhältnis ausfallen, lässt sich nicht abstrakt für alle denkbaren Konstellationen im Vorhinein festlegen.

Eindeutig sind folgende **Extremfälle**:

Der Baumangel ist ausschließlich auf einen Planungsfehler zurückzuführen, der für den Unternehmer nicht erkennbar war. Dann haftet der Architekt zu 100 %, d.h., es besteht kein Anspruch des Bauherrn gegen den Unternehmer. Führt demgegenüber der Unternehmer ohne Hinweis an den Bauherrn einen als mangelhaft erkannten Plan in dem Wissen aus, dass hierdurch Baumängel entstehen, haftet der Unternehmer zu 100 %.[68] Gegenüber dem Bauherrn kann er somit kein Mitverschulden geltend machen und – soweit der Bauherr den Architekten in Anspruch nimmt – hat dieser einen Ausgleichsanspruch gegen den Unternehmer in Höhe von 100 %.

Im Übrigen kommt es auf die Umstände des Einzelfalls an. Auf der Seite des Unternehmers ist z.B. relevant der Grad der Fahrlässigkeit hinsichtlich des Nichterkennens, die Detaillierung eines etwa gegebenen Hinweises, der Zeitpunkt des Hinweises usw. Darüber hinaus ist es eine grundsätzliche Wertungsfrage, ob im Zweifel der Schwerpunkt der Verantwortung auf den Unternehmer oder

---

64 *Werner/Pastor*, Rn 1972.
65 *Glöckner*, BauR 1997, 529, 535.
66 BGH BauR 1984, 395, 397.
67 *Werner/Pastor*, Rn 1979.
68 *Heiermann/Riedl/Rusam*, § 4 Rn 62; *Werner/Pastor*, Rn 1993 ff.

den Architekten gelegt wird. Die Rechtsprechung nimmt an, dass der Unternehmer, der den gebotenen Hinweis unterlassen habe, die eigentliche Ursache für den Mangel gesetzt habe[69] und nimmt ihn somit stärker in die Pflicht. Dieser Auffassung kann allerdings nicht zugestimmt werden. Es gilt die **Faustregel: Planungsfehler sind Sache des Bauherrn**. Mit dem Architekten setzt der Auftraggeber zur Erfüllung seiner entsprechenden Pflicht gegenüber dem Unternehmer einen Spezialisten ein und wendet für diesen in der Regel erhebliche Mittel auf. Es kann jedoch nicht sein, dass der Unternehmer über die Hinweispflicht, für die er keine zusätzliche Vergütung erhält, stärker als der Architekt haftet. Als Faustregel wird also diesseits ein Verhältnis von 30 %: 70 % zu Lasten des Architekten vorgeschlagen.

Ein anderer Ansatz, die Haftungsquoten zu bestimmen, differenziert wie folgt:

58 Fällt ein Planungsfehler mit einem Ausführungsfehler zusammen, ist zu unterscheiden, ob jeder Fehler für sich bereits einen Baumangel verursacht hätte, oder ob es zu einem Baumangel nur durch ein Zusammenwirken der beiden Mängel gekommen ist. Im letzteren Fall bietet sich eine Schadensteilung 50 %: 50 % entsprechend der Regel des § 426 BGB an. Im ersteren Fall ist hypothetisch zu untersuchen, welchen Beseitigungsaufwand jeder Mangel isoliert ausgemacht hätte, und hieraus ist für die tatsächlichen Beseitigungskosten eine Quote zu bilden.[70]

> *Beispiel*
> Hypothetische Beseitigungskosten Mangel Unternehmer   100
> Hypothetische Beseitigungskosten Mangel Architekt   25
> Tatsächliche Beseitigungskosten Mangel   200
> Verhältnis Unternehmer-Architekt   4:1
> Der Unternehmer trägt somit 160 und der Architekt 40.

59 Fällt ein Ausführungsfehler des Unternehmers mit einer Aufsichtspflichtverletzung des Architekten zusammen, haftet grundsätzlich der Unternehmer zu 100 %.[71] Es gilt die **Faustregel: Ausführungsfehler gehen zu Lasten des Unternehmers**. Etwas anderes gilt in folgendem Extremfall: Der Architekt bemerkt den Ausführungsfehler und schreitet nicht ein, obwohl ihm dies ohne Schwierigkeiten möglich gewesen wäre. Hier ist es angezeigt, den Architekten zu 100 % haften zu lassen. Wiederholt sich ein Ausführungsfehler über einen längeren Zeitraum regelmäßig und hätte ihn der Architekt bei gehöriger Aufmerksamkeit erkennen müssen, ist es gleichfalls angemessen, dem Architekten eine Mitverantwortung zuzuweisen. Hier kommt etwa eine Teilung in Betracht.

60 Im Rahmen der Vertragsgestaltung ergeben sich für Auftraggeber und Auftragnehmer zu diesem Komplex folgende Überlegungen:
Das aufgezeigte **Gesamtschuldverhältnis ist naturgemäß günstig für den Auftraggeber**, der keinen zusätzlichen Regelungsbedarf hat. Der Auftragnehmer sollte demgegenüber darauf drängen, dass er zunächst Gelegenheit zur Nachbesserung erhält und der Architekt nur subsidiär haftet. Wendet sich der Auftraggeber unmittelbar an den Architekten, sollte der Auftragnehmer mit dem Auftraggeber eine Freistellung von etwaigen Ausgleichsansprüchen vorsehen. Wird vom Auftragnehmer im Rahmen der oben aufgezeigten Konstellation (siehe Rn 58) Mangelbeseitigung verlangt, ist zu beachten, dass er hinsichtlich des Anteils, der die ihm anzulastende Quote übersteigt, vom Auftraggeber Zuschuss verlangen kann.[72] Die Verurteilung zur Nachbesserung erfolgt dann nur Zug um Zug gegen entsprechenden Zuschuss.

---

69 BGH BauR 1991, 79 ff.
70 *Wussow*, Der Ausgleich zwischen Architekt und Bauunternehmer gemäß § 426 BGB, NJW 1974, 9, 15.
71 *Werner/Pastor*, Rn 1993.
72 BGH BauR 1984, 395, 401, 404.

cc) Störungen im Gesamtschuldverhältnis

Besteht regelmäßig zwischen Unternehmer und Architekt ein Gesamtschuldverhältnis, stellt sich die Frage, welche Konsequenzen sich ergeben, wenn ein Gesamtschuldner im Verhältnis zum Bauherrn haftungsprivilegiert ist.

Denkbare Beispiele dieser unter dem Stichwort **„Gestörte Gesamtschuld"** bekannten Rechtsfigur sind:

Der Unternehmer leistet kraft bauvertraglicher Regelung kürzer Gewähr als der Architekt. Nach Verjährungseintritt beim Unternehmer nimmt der Bauherr den Architekten in Anspruch. Ist ein Ausgleichsanspruch des Architekten gegen den Unternehmer denkbar? Der Architekt hat seine Haftung mit dem Bauherrn dem Grunde nach auf qualifiziertes Verschulden (Vorsatz, grobe Fahrlässigkeit) und unmittelbare Schäden, sowie der Höhe nach auf die Deckungssumme seiner Haftpflichtversicherung und – soweit kein Deckungsschutz besteht – auf das an ihn gezahlte Honorar begrenzt. Kann der in Anspruch genommene Unternehmer weitergehenden Ausgleich vom Architekten verlangen? Ein Beteiligter vergleicht sich mit dem Bauherrn wegen geltend gemachter Mängel. Gilt der Vergleich auch für den anderen, oder, soweit dieser noch vom Bauherren in Anspruch genommen wird, steht diesem sogar auch ein Ausgleichsanspruch gegen den Vergleichspartner zu?

Einigkeit besteht insoweit, als die **Privilegierung nicht zu Lasten des Nichtprivilegierten** gehen darf, da dies einem Vertrag zu Lasten Dritten entsprechen würde.[73] Im Übrigen besteht Streit hinsichtlich der Frage, ob die im Außenverhältnis gegenüber dem Bauherrn vereinbarte Privilegierung über den Ausgleich im Innenverhältnis wieder verloren geht oder, so die Alternative, dadurch erhalten bleibt, dass der Anspruch des Bauherrn gegen den Nichtprivilegierten von vornherein um die Quote gekürzt wird, die er im Innenverhältnis erstattet bekäme.

Die Rechtsprechung entscheidet grundsätzlich im ersteren Sinne.[74] Diese Auffassung ist abzulehnen.[75] Es kann nicht richtig sein, dem privilegierten Gesamtschuldner über den Innenausgleich den Vorteil der Privilegierung wieder zu nehmen. Der Bauherr hat sich auf die Privilegierung eingelassen und mag deshalb auch die Konsequenzen dahingehend tragen, dass sein verbliebener Anspruch gegen den Nichtprivilegierten entsprechend der Haftungsquote des Privilegierten gekürzt wird. Andernfalls haftet der Privilegierte – der oft für die Privilegierung eine Gegenleistung erbracht hat – stärker, wenn er für den Fehler „nur" mitverantwortlich ist, als wenn er ihn allein verursacht hat. Liegt im obigen Beispielsfall (unterschiedliche Verjährungsfrist) keine Aufsichtspflichtsverletzung des Architekten vor, kann sich der Unternehmer erfolgreich auf Verjährung berufen. Andernfalls haftet er über den Innenausgleich – oft mit 100 % – beim Zusammentreffen von Ausführungsfehlern mit einem Aufsichtsfehler (siehe Rn 59).

Die Beurteilung durch die Rechtsprechung gilt es insbesondere bei Vergleichen zu beachten:
Nimmt der Bauherr z.B. den Unternehmer wegen eines Ausführungsfehlers in Anspruch und wird dieser Streit vergleichsweise beigelegt, muss der Unternehmer sicherstellen, dass der Bauherr nicht noch einen Fehler in der Aufsicht gegen den Architekten geltend macht und dieser weiteren Regress beim Unternehmer nimmt. Entweder der Unternehmer vereinbart, dass der Vergleich auch als Erledigung zu Gunsten des Architekten gilt, oder er lässt sich vom Bauherren von solchen Ausgleichsansprüchen freistellen.
Umgekehrt muss ggf. dafür Sorge getragen werden, dass der Ausgleichsanspruch durchgesetzt werden kann. Macht der Bauherr z.B. einen unterlassenen Hinweis als Haftungsgrundlage geltend und bestreitet der Unternehmer dies mit der Behauptung, dass der einzig für den Mangel ursächliche Planungsfehler für ihn nicht erkennbar war, scheitert ein Ausgleichsanspruch des Unternehmers gegen

---

73 OLG Hamm BauR 1997, 1056.
74 BGH BauR 1972, 246; BGH WM 1971, 101; BGH NJW 1972, 942.
75 So auch *Palandt*, § 426 BGB Rn 17; *Wurm*, Das gestörte Gesamtschuldverhältnis, JA 1986, 177 ff.; offen gelassen bei OLG Köln BauR 1993, 744; a.A. *Erman*, § 426 BGB Rn 67.

den Architekten, wenn er sich vergleichsweise mit dem Bauherrn einigt. Das, was der Unternehmer nämlich im Rahmen dieses Vergleiches geleistet hat, kann genau die Quote sein, die für seinen unterlassenen Hinweis angemessen ist. Prozessual ist in solchen Fällen das richtige Vorgehen, dem Architekten den **Streit zu verkünden**.

d) Bauherrenzahlungen an Nachunternehmer

aa) Die Regelung des § 16 Nr. 6 VOB/B

64 Das Dogma der rechtlichen Selbstständigkeit der Vertragsverhältnisse wird beim „VOB/B-Bauvertrag" durch die Regelung des § 16 Nr. 6 VOB/B durchbrochen. Hiernach kann der Auftraggeber Zahlungen an die Gläubiger des Auftragnehmers leisten, sofern diese an der Ausführung der vertraglichen Leistung des Auftragnehmers im Rahmen eines mit diesem bestehenden Dienst- oder Werkvertrages beteiligt sind und sich der Auftragnehmer ihnen gegenüber im Zahlungsverzug befindet. Diese Regelung soll das **Interesse des Auftraggebers an einem reibungslosen und termingerechten Bauablauf sichern**, das erheblich in Frage gestellt sein kann, wenn Nachunternehmer des Auftragnehmers die Arbeiten wegen Zahlungsverzuges einstellen. Derartigen Zahlungen des Auftraggebers kommt im Verhältnis zum Auftragnehmer **Erfüllungswirkung** zu.

Als dritte Zahlungsempfänger kommen insbesondere in Betracht Nachunternehmer, Architekten, Sonderfachleute, mit denen regelmäßig ein Werkvertrag besteht, sowie die Arbeitnehmer des Auftragnehmers. Lieferanten, die mit dem Auftragnehmer lediglich einen Kaufvertrag abgeschlossen haben, scheiden demgegenüber aus.[76]

65 Schwierigkeiten in der Anwendung bereitet bei dieser Vorschrift die Voraussetzung, dass der Auftragnehmer sich gegenüber dem Dritten in **Verzug** befinden muss. Der Auftraggeber kennt die vertraglichen Abreden zwischen Auftragnehmer und Dritten grundsätzlich nicht und kann daher nicht beurteilen, inwieweit in diesem Vertragsverhältnis Verzug besteht. Aus diesem Grunde sieht Satz 2 der Regelung vor, dass sich der Auftragnehmer auf Aufforderung des Auftraggebers in angemessener Frist erklären muss, ob und inwieweit er die Forderung des Dritten als berechtigt anerkennt. Gibt der Auftragnehmer innerhalb dieser Frist keine Erklärung ab, wird fingiert, dass er die Forderung des Dritten anerkennt und bestätigt. Häufig wird der Auftragnehmer in der Praxis jedoch die Forderung des Dritten bestreiten. Der Auftraggeber trägt dann bei einer Zahlung an den Dritten das **Risiko, dass dieser keine Erfüllungswirkung zukommt** und wird mithin im Zweifel von einer Zahlung absehen.

bb) Die Regelung des BGB

66 Im BGB existiert eine entsprechende Regelung nicht. Nach dem gesetzlichen Leitbild kommt einer Zahlung an Dritte befreiende Wirkung nur zu, wenn der Dritte zur Entgegennahme der Leistung ermächtigt war (§§ 362 Abs. 2, 185 BGB). Damit verstößt § 16 Nr. 6 VOB/B auch gegen § 9 AGBG und ist somit nur wirksam, wenn die **VOB/B „im Ganzen"** (zum Begriff siehe Rn 121–124) vereinbart worden ist.[77]

cc) Anspruch des Nachunternehmers unmittelbar gegen den Bauherrn

67 In der Praxis findet sich häufig die Konstellation, dass sich der Nachunternehmer eines unmittelbaren Zahlungsanspruches gegen den Bauherrn berühmt. § 16 Nr. 6 VOB/B gibt dem Bauherrn allerdings **nur ein Recht**, eine Zahlung an den Nachunternehmer zu leisten, eine entsprechende Verpflichtung besteht jedoch nicht.[78]

---

76 *Ingenstau/Korbion*, § 16 Rn 325.
77 *Glatzel/Hofmann/Frikell*, S. 48.
78 *Nicklisch/Weick*, § 16 Rn 92.

Selbstverständlich kann außerhalb des § 16 Nr. 6 VOB/B eine entsprechende Vereinbarung zwischen Auftraggeber und Drittem getroffen werden. Die Beweislast hierfür trägt der Dritte.[79] So ist z.B. ein **Garantieversprechen des Auftraggebers** dergestalt möglich, dass er dem Dritten dafür einsteht, dass dieser „auf jeden Fall sein Geld erhält".[80] Häufiger ist allerdings die abgeschwächte Zusage des Auftraggebers, er werde fällige Forderungen des Auftragnehmers bis zu einer bestimmten Höhe unmittelbar an den Dritten leisten. Dann steht dem Dritten zwar ein unmittelbarer Anspruch gegen den Auftraggeber zu, die Gefahr für ihn liegt allerdings darin, dass der Auftraggeber sich alle Einreden und Einwendungen aus seinem Vertragsverhältnis mit dem Auftragnehmer vorbehalten hat.

e) Der „beigestellte Unternehmer"

aa) Begriff

Bei Großbauvorhaben schreiben Auftraggeber bisweilen sowohl die Gesamtleistung als Generalunternehmervergabe als auch Einzelgewerke als Einzelvergabe aus. Von den anbietenden Generalunternehmern verlangen sie eine **Offenlegung der vorgesehenen Nachunternehmerketten** und der insoweit im Raum stehenden Preise. So erhalten sie einen guten Überblick über verschiedene mögliche Nachunternehmer für die einzelnen Gewerke. Um zu einem optimalen Preis zu gelangen, „legen" sie den anbietenden Generalunternehmern „nahe", für bestimmte Gewerke einen anderen, preisgünstigeren Nachunternehmer zu wählen. Entsprechendes gilt, wenn der Auftraggeber aus anderen Gründen einen bestimmten Unternehmer bei der Bauerrichtung eingebunden sehen will. So beauftragt z.B. der Auftraggeber einen Generalplaner mit allen Leistungsphasen der HOAI und sieht im Zuge der Vergabe der Bauleistungen vor, dass der Generalunternehmer diesen Vertrag ab einer bestimmten Leistungsphase zu übernehmen hat.

68

Für den Generalunternehmer, der sich einem solchen Vorgehen wegen der Wettbewerbssituation häufig nicht verschließen kann, **ergeben sich hieraus erhebliche Risiken.** Er hat sich den „beigestellten Unternehmer" nicht ausgesucht und kann ihn häufig, weil er ihn nicht kennt, hinsichtlich Qualität und Leistungsfähigkeit nur schwer zuverlässig einschätzen. Der Vertrag mit dem „beigestellten Unternehmer" ist in der Regel bereits vom Auftraggeber verhandelt. Gleichwohl sollen die Risiken aus einer mangelhaften und nicht fristgerechten Leistung ebenso wie aus einer möglichen Insolvenz vom Generalunternehmer übernommen werden.

bb) Die rechtliche Einordnung

Die allgemeinen Rechtsgrundsätze helfen dem Generalunternehmer bei einer solchen Konstellation wenig. Sicherlich kommt ein Anspruch aus cic gegen den Auftraggeber in Betracht, wenn dieser bei Andienung des „beigestellten Unternehmers" seine **Mitteilungs-, Offenbarungs- und Hinweispflichten** nicht erfüllt hat.[81] Dies ist aber ein unzureichender Schutz, da dieser Anspruch den Nachweis voraussetzt, dass der Auftraggeber Kenntnis von Umständen, die gegen eine Beauftragung des „beigestellten Unternehmers" sprechen, hatte oder zumindest haben musste. In Extremfällen könnte in Anlehnung an den in §§ 644 Abs. 1 S. 2, 645 BGB enthaltenen Rechtsgedanken überlegt werden, ob der Generalunternehmer durch den Auftraggeber von nachteiligen Konsequenzen aus einem vertragswidrigen Verhalten des „beigestellten Unternehmers" freigestellt wird. Dies liegt insbesondere dann nahe, wenn der Auftraggeber im Rahmen der Ausschreibung klar ausgedrückt hat, dass im Auftragsfalle ein von ihm benannter „beigestellter Unternehmer" zwingend zu übernehmen ist.

69

Es ist daher erforderlich, eine solche Gestaltung vertraglich zu regeln. Denkbar ist z.B., dass der „beigestellte Unternehmer" unmittelbarer Vertragspartner des Auftraggebers wird und der Generalunternehmer ihn als **Dienstleister des Auftraggebers lediglich in koordinierender Funktion** über-

---

[79] *Heiermann/Riedl/Rusam*, § 16 Rn 123.
[80] *Ingenstau/Korbion*, § 16 Rn 320.
[81] *Werner/Pastor*, Rn 1878.

nimmt. Hierdurch vermeidet der Generalunternehmer die vorbeschriebenen Risiken, der Auftraggeber erhält den Vorteil, dass er die Leistung preisgünstiger ausgeführt bekommt, da ein Koordinierungszuschlag sicherlich deutlich geringer als ein Generalunternehmerzuschlag ausfällt.

6. Vollmachtsfragen

70   Das tägliche Baugeschehen ist dadurch gekennzeichnet, dass die Vertragspartner durch „Vertreter" handeln. Im Rahmen von Baubesprechungen nimmt z.B. für den Bauherrn häufig lediglich der Architekt oder der Projektsteuerer teil, für den Unternehmer erscheint der zuständige Bauleiter. Für die Fülle der anstehenden Entscheidungen, z.B. Erteilung von Zusatzaufträgen, Änderungen von Abläufen und Terminen, Anerkennung von Verpflichtungen, Abschluss von Vergleichen, Entgegennahme von Erklärungen, Genehmigung von Unterlagen usw. ist zu klären, wer in welchem Umfang berechtigt ist, die jeweilige Vertragspartei zu vertreten.

Anders als in der Praxis üblich, sollte dieses Thema und die Vielzahl der hierzu ergangenen Einzelfallentscheidungen[82] während der Bauausführung gänzlich irrelevant sein. Es erscheint nämlich nichts einfacher und näher liegend, als die **Ansprechpartner der Vertragsparteien und den Rahmen ihrer Vollmacht bereits ausdrücklich im Vertragstext zu regeln**. Allgemein gehaltene Formulierungen wie „die Vertretung des Bauherrn gegenüber dem Auftragnehmer obliegt der Bauleitung" reichen nach der Rechtsprechung nicht aus, um eine umfassende Bevollmächtigung anzunehmen.[83] Aufzunehmen ist daher in den Vertrag konkret, zu welchen Handlungen der Vertreter berechtigt sein soll; dies kann z.B. auch an einer Wertgrenze festgemacht werden (z.B. Zusatzaufträge bis DM 100.000). Selbstverständlich ist es zulässig und ratsam, zu vereinbaren, dass jeder Vertragspartner seinen Bevollmächtigten durch einen anderen ersetzen kann bzw. den Umfang der Vollmacht zu ändern berechtigt ist. Dies sollte jedoch aus Gründen der Rechtssicherheit immer erst dann gelten, wenn der Vertragspartner von dieser Änderung schriftlich unterrichtet worden ist. Regelungen in Allgemeinen Geschäftsbedingungen, wonach eine erteilte Vollmacht für bestimmte Rechtsgeschäfte nicht gilt, sind wirksam.[84] Auch die als Vertreter handelnden Personen müssen auf eine eindeutige Regelung drängen, da andernfalls ihre Haftung aus § 179 BGB im Raum steht.

Fehlt im Vertrag gleichwohl eine ausdrückliche Regelung zur Bevollmächtigung, so gilt:

71   **Originäre Vollmachten, einen Baubeteiligten umfassend zu vertreten, existieren nicht.**[85] Dies gilt auch für den Architekten, dem die Rechtsprechung allerdings, soweit ihm auch die technische und die kaufmännische Oberleitung übertragen worden ist, in engem Rahmen Vollmacht zugestanden hat.[86] Die Grenzen dieser Vollmacht stehen jedoch nicht allgemein gültig fest, sondern sie werden **im Einzelfall durch Auslegung ermittelt**, was die jeder Auslegung immanenten Unwägbarkeiten in sich birgt. Bei öffentlichen Auftraggebern ergeben sich Grenzen der Vollmacht aus den gesetzlichen Vorschriften.[87] Schließlich kommen auch beim Bauvertrag die Rechtsinstitute der **Duldungs-**[88] **und Anscheinsvollmacht**[89] zur Anwendung. Im Einzelfall jedoch nachzuweisen, dass die konkret im Raum stehende Handlung von der konkludent erteilten Vollmacht oder dem zurechenbar gesetzten Rechtsschein des Vertragspartners umfasst ist, erscheint sicherlich nicht einfach.

---

82   *Werner/Pastor*, Rn 1077, 1078.
83   *Ingenstau/Korbion*, § 2 Rn 31.
84   *Werner/Pastor*, Rn 1071.
85   *Werner/Pastor*, Rn 1072.
86   *Heiermann/Riedl/Rusam*, § 2 Rn 172.
87   *Heiermann/Riedl/Rusam*, § 2 Rn 177a.
88   Siehe hierzu *Palandt*, § 173 BGB Rn 11; *Heiermann/Riedl/Rusam*, § 2 Rn 174.
89   Siehe hierzu *Palandt*, § 173 BGB Rn 14; *Ingenstau/Korbion*, § 2 Rn 41–45.

Ist daher im Vertrag die Vollmachtsfrage nicht ausdrücklich geregelt, sollte auf eine spätere entsprechende Ergänzung gedrängt, andernfalls auf den Nachweis einer Bevollmächtigung für die anstehende Entscheidung gepocht, und, soweit beides misslingt, auf einer Entscheidung unmittelbar durch den Vertragspartner bestanden werden.

II. Der Vertragsabschluss

1. Rechtliche Einordnung des Bauvertrags

Dem Bauvertrag, also dem Vertrag zwischen Bauherrn und Auftragnehmer über die Erbringung von Bauleistungen, fällt für das betreffende Bauvorhaben, aber auch ganz allgemein im Rahmen des Baurechts eine zentrale Bedeutung zu. Der Bauvertrag ist oft das wichtigste Dokument im Rahmen des Bauvorhabens. Nach ihm richten sich die Rechte und Pflichten der Vertragsparteien, er beeinflusst jedoch nicht selten auch die Rechtsbeziehungen anderer Beteiligter wie beispielsweise Architekten, Nachunternehmer oder auch etwaiger Mieter. Im Idealfall sollten im Bauvertrag die Leistungspflichten des Bauunternehmers ebenso geregelt werden wie die Rechtsfolgen bei Leistungsstörungen aber selbstverständlich auch die Gegenleistung, nämlich die Vergütung, die Bereitstellung des Grundstücks und andere Bereitstellungs- und Koordinierungspflichten des Auftraggebers oder des Bauherrn. Was nicht bereits im Bauvertrag geregelt wird, ist später meist nicht mehr zu korrigieren. Zu beachten ist hierbei, dass sich die Bedeutung des Bauvertrags nicht in der oft stereotypen Aufzählung von Vertragsbestimmungen erschöpft. Mindestens ebenso wichtig sind die technischen Bestimmungen, also die Beschreibung der Bauleistung einschließlich der entsprechenden Pläne und Leistungsverzeichnisse. Gerade diese technischen Angaben sind oft entscheidend für etwaige spätere Streitigkeiten über Art, Umfang und Vergütungsfähigkeit bestimmter Leistungspflichten des Bauunternehmers. Bei solchen Meinungsverschiedenheiten, aber auch im Rahmen der baubegleitenden Ablaufplanung ist der Bauvertrag entscheidend. Im Rahmen der anwaltlichen Beratung sowohl bei Vertragsabschluss als auch in späteren Streitfällen steht der Bauvertrag daher stets im Mittelpunkt.

a) Werkvertragsrecht

Der Bauvertrag ist kein Werklieferungsvertrag im Sinne von § 651 Abs. 1 BGB, sondern **stets Werkvertrag**. Zwar stellt auch der Bauunternehmer das Werk regelmäßig aus von ihm zu beschaffenden Stoffen her, doch ist das **Baugrundstück stets als „Hauptsache"** im Sinne von § 651 Abs. 2 BGB zu betrachten, weshalb die Baustoffe und Materialien nur Zutaten oder Nebensachen sind.[90] Der Auftragnehmer ist vor diesem Hintergrund auch nicht in der Lage, dem Besteller das Bauwerk nach § 651 Abs. 1 BGB zu übergeben und das Eigentum daran zu verschaffen. Das Eigentum an dem Bauwerk geht vielmehr nach §§ 94, 946 BGB per Gesetz auf den Grundstückseigentümer über.

Wichtig ist auch, dass im Rahmen des Werkvertragsrechts die Bauleistungen nicht vom Auftragnehmer selbst, sondern auch von Nachunternehmern ausgeführt sein können. Es kommt nämlich nach §§ 631 ff. BGB nicht darauf an, ob der Auftragnehmer die Werkleistung selbst erbringt, er schuldet diese lediglich.[91] Daher erbringen grundsätzlich auch Generalunternehmer, Generalübernehmer und sogar Bauträger „Bauleistungen" im Sinne der gesetzlichen Bestimmungen.

---

90 Beck'scher VOB-Kommentar – *Jagenburg*, vor § 1 VOB/B Rn 18; *Heiermann/Riedl/Rusam*, § 1 VOB/A Rn 4.
91 *Palandt-Thomas*, § 638 Rn 11; *Ingenstau/Korbion*, VOB/A, § 1 Rn 28.

b) „Bauarbeiten", Anwendbarkeit der VOB/B

75 Beim Bauvertrag handelt es sich, wie bereits dargelegt, stets um einen Werkvertrag nach §§ 631 ff. BGB. Demnach schuldet der Auftragnehmer die Herstellung der versprochenen Werkleistung, der Auftraggeber ist wiederum zur Entrichtung der vereinbarten Vergütung verpflichtet. Das „versprochene Werk" im Sinne von § 631 BGB ist beim Bauvertrag die **Bauleistung**, genauer gesagt **Bauarbeiten**.

76 Auch die Verdingungsordnung für Bauleistungen (VOB) gilt nur für diese Art der Werkleistung. Es handelt sich bei der VOB insofern um eine Sonderordnung für das Bauvertragsrecht.[92] Während es sich bei Teil A der VOB um eine ursprünglich als Verwaltungsvorschrift gedachte[93] Verfahrensordnung für das baurechtliche Vergabeverfahren handelt, die jedoch nunmehr über **§§ 97 ff. GWB** unmittelbare Außenwirkung hat, stellt die VOB-Teil B „Allgemeine Vertragsbedingungen für die Ausführung von Bauleistungen" zur Verfügung. Auch diese Überschrift der VOB/B macht deutlich, dass sie nur auf Bauleistungen anwendbar ist. Die VOB/B enthält somit **allgemeine Geschäftsbedingungen**, die nur für Bauleistungen aufgestellt wurden und daher grundsätzlich nur im Rahmen von Bauverträgen wirksam vereinbart werden können. Ihre Bestimmungen sind daher auf Architekten- und Ingenieurleistungen grundsätzlich nicht anwendbar.[94] Zweifelhaft ist die Möglichkeit der Vereinbarung der VOB/B im Rahmen von Verträgen, die sowohl Bauleistungen als auch Planungsleistungen enthalten. Insbesondere im Rahmen von **Generalunternehmer- oder Totalübernahmerverträgen**, die regelmäßig auch die Übernahme von Planungsleistungen enthalten, ist die Einbeziehung der VOB/B problematisch. Gleiches gilt für **Bauträgerverträge**. Nach überwiegender und zutreffender Ansicht soll im Rahmen solcher Verträge mit gemischten Leistungsverpflichtungen die VOB/B zwar anwendbar sein, sich jedoch lediglich auf die in diesem Vertrag enthaltenen Bauleistungen zu beziehen. Andere vertragliche Leistungen, wie beispielsweise Planungsleistungen, Managementaufgaben, die Bereitstellung von Grundstücken oder auch die finanzielle Betreuung eines Projekts sind allein nach den gesetzlichen Vorschriften der §§ 631 ff. BGB zu beurteilen.[95] In der Tat spricht nichts dagegen, die Einbeziehung der VOB/B zuzulassen, die dortigen Regelungen jedoch nur auf die im Rahmen des Vertrags zu erbringenden Bauleistungen anzuwenden.

77 „Bauarbeiten" sind nach der Rechtsprechung bauhandwerkliche oder bauindustrielle Maßnahmen, mit denen Bauwerke unmittelbar geschaffen, verändert oder erhalten werden.[96] Nach § 1 VOB/A sind Bauleistungen definiert als Arbeiten jeder Art, durch die eine bauliche Anlage hergestellt, instand gehalten, geändert oder beseitigt wird. Unter dem Begriff **„Bauwerk"** versteht man eine unbewegliche, durch Verwendung von Arbeit und Material in Verbindung mit dem Erdboden hergestellte Sache.[97] Diese Begrifflichkeiten, die keineswegs eine bloße juristische Spitzfindigkeit darstellen, sondern dem allgemeinen Sprachgebrauch und der Verkehrsanschauung zu entnehmen sind,[98] können unter Umständen entscheidende Bedeutung für die Verwendbarkeit der VOB/B im Rahmen eines Bauvertrags aber auch für die Anwendbarkeit bestimmter werkvertraglicher Regelungen haben, wie beispielsweise § 638 Abs. 1 BGB, der nur für Bauwerke die längere Gewährleistungsfrist von fünf Jahren vorsieht. Aus der vorgenannten Definition des Bauwerks folgt, dass es sich um über und unter der Erdoberfläche errichtete Werke handeln kann.[99] Ferner können es Arbeiten jeder Art sein, durch die eine bauliche Anlage hergestellt, instandgehalten, geändert oder beseitigt wird. Der Begriff

---

92 Beck'scher VOB-Kommentar, Einl. I Rn 30.
93 BGH BauR 1982, 221.
94 *Werner/Pastor*, Rn 1016; *Vygen*, Rn 127.
95 *Ingenstau/Korbion*, Anhang A, Rn 134; *Vygen*, Rn 130 ff.; *Werner/Pastor*, Rn 1017; *Locher*, Rn 391.
96 St. Rspr., BGH BauR 1973, 110.
97 RGZ 56, 41, 43; BGHZ 57, 60.
98 *Ingenstau/Korbion*, VOB/A, § 1 Rn 5.
99 BGH BauR 1971, 259.

umfasst daher **Neu-, Um-, An-, Auf- und Einbauten**. Voraussetzung ist demnach nicht die Gesamtherstellung eines Bauwerks, vielmehr kann auch die Errichtung nur einzelner Gewerke oder Bauteile den Begriff der Bauarbeiten und des Bauwerks erfüllen. Auch ein Neubau ist nicht erforderlich, es reicht ein Umbau oder eine Sanierung eines Gebäudes aus. Nach der ständigen Rechtsprechung des BGH sind demnach sämtliche Arbeiten an einem Bauwerk, die für dessen Erneuerung und bestimmungsgemäßen Bestand von wesentlicher Bedeutung sind, als Bauarbeiten zu bezeichnen.

Entscheidend ist hier zunächst die **feste Verbindung mit dem Bauwerk**.[100] Unter den Begriff der Bauleistungen fallen daher unter Umständen auch Malerarbeiten, Verputzarbeiten oder auch der feste Einbau von Anlagen wie Aufzüge, Klimaanlagen und Sanitäranlagen.[101] Wichtig ist, dass die Arbeiten **grundstücksbezogen**, nicht notwendigerweise gebäudebezogen sind. Daher werden inzwischen von der Rechtsprechung auch Ausschachtungsarbeiten für eine Baugrube als Arbeiten an einem Bauwerk betrachtet, sofern sie in direktem Zusammenhang mit der Bauwerkserrichtung stehen, was nicht der Fall sein soll bei bloßen Aufschüttungsarbeiten.[102]

Ferner sind nach der Definition in § 1 VOB/A auch **Abbrucharbeiten** als „Bauleistung" zu betrachten, wenn sie, ähnlich den Ausschachtungsarbeiten, dazu dienen, die eigentliche Bauwerkserrichtung überhaupt zu ermöglichen.[103] Ist dies nicht der Fall, etwa bei einer bloßen Maßnahme der Gefahrenabwehr, so handelt es sich nur um „Arbeiten am Grundstück".[104] Wichtig ist – abgesehen von den vorgenannten Sonderfällen – die dauerhafte Verbindung mit dem Gebäude oder Grundstück sowie die Erforderlichkeit für Erhalt und Funktion des Bauwerks. Bloße Schönheitsanstriche sollen daher ebensowenig als Bauwerksleistungen betrachtet werden wie die bloße Verschraubung von Anlagen und Aggregaten.[105] Eine Grenzziehung kann hier nicht pauschal erfolgen. Maßgeblich ist vielmehr die Einzelfallbetrachtung.

Entscheidend ist sicherlich auch die **Dauerhaftigkeit** und **Festigkeit** des Einbaus im Gebäude, weshalb beispielsweise die feste Teppichverlegung als Arbeit an einem Bauwerk gelten soll,[106] während lediglich lose verlegte Teppichböden diese Voraussetzungen nicht erfüllen.[107] Die Fülle der Einzelfallentscheidungen hinsichtlich des Merkmals „Bauwerksarbeiten" ist nahezu unüberschaubar. Im Ergebnis ist festzuhalten, dass der Begriff durchaus **weit auszulegen** ist. Es kann nur schwer festgestellt werden, wann beispielsweise bei Anstreicherarbeiten die Grenze zu Bauwerksarbeiten überschritten ist. Folgen hat die Unterscheidung auch für die Beurteilung, ob beispielsweise ein Anspruch des Auftragnehmers nach § 648 a BGB auf Erteilung einer Bauhandwerkersicherheit besteht. In vielen Grenzfällen ist eine eindeutige Entscheidung nur sehr schwer möglich.

Schwierig ist diese Einordnung insbesondere auch bei Instandsetzungs- und **Wartungsverträgen**, in deren Rahmen sowohl echte Bauleistungen, wie beispielsweise der Komplettaustausch einer Klimaanlage, als auch reine Wartungsarbeiten, wie das Nachjustieren oder Schmieren von Rolltreppen oder Aufzügen, erfolgen. In vielen Fällen wird für diese Wartungsverträge die Geltung der VOB/B vereinbart und faktisch auch angewendet. Hier ist für jede streitige Leistung einzeln zu beurteilen, ob die VOB/B anwendbar sein kann. Die Vereinbarung für den gesamten Vertrag kann daher nicht grundsätzlich beanstandet werden. Für die echten Bauleistungen innerhalb des Wartungsvertrags wollten die Parteien sicherlich die Geltung der VOB/B vereinbaren. Handelt es sich um eine Leistung, die

---

100 BGHZ 53, 43.
101 Vgl. *Ingenstau/Korbion,* § 1 VOB/A Rn 16 m.w.N.
102 Beck'scher VOB-Kommentar – *Jagenburg* vor § 2 VOB/B Rn 377; *Ingenstau/Korbion,* § 1 VOB/A Rn 24.
103 *Ingenstau/Korbion,* § 1 VOB/A Rn 66.
104 *Ingenstau/Korbion,* § 1 VOB/A Rn 67.
105 *Ingenstau/Korbion,* § 1 VOB/A Rn 18 ff.
106 BGH BauR 1991, 603.
107 *Ingenstau/Korbion,* a.a.O.

sowohl Bauarbeiten als auch reine Wartung beinhaltet (z.B. Austausch größerer Anlagenteile) so sollte eine großzügige Auslegung die Anwendbarkeit der VOB/B durchaus zulassen.

c) Zweckmäßigkeit von „VOB/B-Verträgen"

82 Wie bereits dargelegt, ergeben sich aus dem Baugeschehen vielfältige Besonderheiten, die auf den ersten Blick nach einer Sonderregelung verlangen. Zu diesem Zweck wurde die VOB/B geschaffen. Sie ist das Ergebnis einer langen rechtsgeschichtlichen Entwicklung und wurde erstmals 1926 vom damaligen Reichsverdingungsausschuss vorgelegt.[108] Die VOB/B trägt den geschilderten Besonderheiten im Rahmen des Bauvorhabens ganz speziell Rechnung, während die BGB-Vorschriften Gültigkeit für sämtliche Werkverträge haben und daher Verallgemeinerungen beinhalten, die den Anforderungen eines durchschnittlichen Bauvorhabens oft nicht genügen.

83 Zu beachten ist, dass bei einem Bauvorhaben nicht nur das Ergebnis, nämlich das fertige Bauwerk, sondern bereits dessen **Entstehung** von maßgeblicher Bedeutung für beide Parteien ist und in dieser Entstehungsphase viele Handlungen von erheblicher rechtlicher Bedeutung vorgenommen werden. Während die Regelungen der §§ 631 ff. BGB dies kaum berücksichtigen, enthält die VOB/B auch Regelungen für die **Bauphase** selbst. Dass dies notwendig ist, leuchtet ein. Beispielsweise nützt es dem Bauherrn wenig, wenn er das fertige Werk nach den Vorschriften des BGB wegen wesentlicher Mängel zurückweist und eine Neuherstellung verlangt. Dies würde meist einen auch dem Bauherrn unzumutbaren Vorgang darstellen. Aus diesem Grunde ist es sinnvoll, die gesamte Bauphase bereits mit Regularien zu versehen, die es den Parteien gestattet, Einfluss auf die Bauausführung zu nehmen. So enthält die VOB/B Bestimmungen für die Änderung der beauftragten Leistungen noch vor der Abnahme (§ 1 Nr. 3, Nr. 4, § 2 Nr. 5, Nr. 6) sowie für baubegleitende Eingriffe wie z.B. Mängelrügen vor Abnahme (§ 4 Nr. 6, Nr. 7) oder auch Regeln über die zeitliche Bauabwicklung (§§ 5, 6). Da Bauvorhaben oftmals Monate oder gar Jahre dauern, sind derartige Regelungen über die gegenseitigen Rechte und Pflichte vor der Fertigstellung durchaus hilfreich und sinnvoll. Die VOB/B trägt der Tatsache Rechnung, dass der Auftraggeber bereits während der Bauphase ein Interesse an Information, Mitwirkung und gegebenenfalls an Eingriffen hat.

84 Ferner muss beiden Parteien des Bauvertrags an einer vertrauensvollen Kooperation gelegen sein. Dieser **Kooperationscharakter des Bauvertrags** als Langzeitvertrag[109] wird zunehmend auch von der Rechtsprechung hervorgehoben.[110] Im Rahmen eines „VOB/B-Bauvertrags" besteht nach h.M. sogar eine vertragliche Pflicht zur Kooperation,[111] die insbesondere bei der Frage der Vorleistungspflicht und der Vergütungsvereinbarung bei Leistungsänderungen und Zusatzleistungen (§ 2 Nr. 5, Nr. 6 VOB/B) Auswirkungen zeigt.[112]

85 Dennoch ist selbstverständlich auch der Bauvertrag als reiner BGB-Vertrag denkbar, da die Bestimmungen der §§ 631 ff. BGB grundsätzlich auch die Bauwerkserrichtung regeln und erfassen. Im Übrigen ist zu beachten, dass selbstverständlich auch ein „VOB/B-Bauvertrag" das gesetzliche Werkvertragsrecht nicht vollständig verdrängt, sondern nur insoweit, als die VOB/B abweichende Spezialregelungen enthält.

86 Ob es sich bei einem Bauvorhaben empfiehlt, die Regelungen der VOB/B zu vereinbaren oder dies den allgemeinen Bestimmungen des BGB zu überlassen, kann nicht für alle Fälle pauschal beurteilt werden. Festzuhalten ist jedoch, dass die VOB/B als **„Sonderordnung" für das Bauwesen**[113] die

---

108 Vgl. hierzu *Ingenstau/Korbion*, Einl. Rn 6.
109 Beck'scher VOB-Kommentar – *Motzke*, Einl. I Rn 67.
110 BGH BauR 2000, 409.
111 BGH BauR 1996, 542; 2000, 409; *Heiermann/Riedl/Rusam*, § 2 VOB/B Rn 139; siehe hierzu unten Rn 330.
112 *Ingenstau/Korbion*, § 2 VOB/B Rn 316; *Heiermann/Riedl/Rusam*, a.a.O. Siehe hierzu unten Rn 261 ff.
113 Vgl. Beck'scher VOB-Kommentar – *Motzke*, Einl. I Rn 42.

passenderen Regelungen bereitstellt. Es ist daher in den meisten Fällen grundsätzlich empfehlenswert, dieses seit Jahrzehnten bewährte Regelwerk zu verwenden. Alternativ bleibt es den Parteien selbstverständlich unbenommen, ohne die Verwendung der VOB/B vertragliche Regelungen zu treffen, die das gesetzliche Werkvertragsrecht ändern und dem Bauvorhaben anpassen. In vielen Fällen werden im Übrigen trotz Verwendung der VOB/B weitergehende, noch detailliertere und oftmals von der zuvor grundsätzlich vereinbarten VOB/B abweichende Regelungen vereinbart. Hier ist allerdings darauf hinzuweisen, dass dies erhebliche **AGB-rechtliche Konsequenzen** haben kann, da die VOB/B so unter Umständen das Privileg nach § 23 Abs. 2 Nr. 5 AGBG verlieren kann.[114] Derartige Verträge sollten daher nur nach eingehender rechtlicher Beratung und möglichst nur individuell vereinbart werden. Ohnehin kann zumindest dem nicht rechtskundigen oder unerfahrenen Auftraggeber und Auftragnehmer nur dringend zur Verwendung der VOB/B ohne maßgebliche Eingriffe geraten werden.

2. Der Abschluss des Bauvertrags

a) Die einzelnen Phasen des Vertragsabschlusses (§§ 145 ff. BGB)

Auch im Bauvertragsrecht richtet sich der Vertragsabschluss nach den allgemeinen zivilrechtlichen Grundsätzen über Angebot und Annahme (§§ 145 ff. BGB). Auch der Bauvertrag ist also ein zweiseitiges Rechtsgeschäft, eine von zwei oder mehr Parteien erklärte Willensübereinstimmung über die Herbeiführung eines bestimmten rechtlichen Erfolges.[115]

Auf den ersten Blick scheinen sich also hier keine Besonderheiten zu ergeben. Bei näherer Betrachtung birgt das Bauvertragsrecht jedoch bestimmte Eigenarten, die den Gesetzmäßigkeiten des Bauwesens Rechnung tragen. So ist beispielsweise die Dauer und die technische Komplexität von Bauvorhaben beim Vertragsabschluss zu berücksichtigen. Auch der finanzielle Wert des Bauwerks und die mit ihm verbundenen Risiken sind sicherlich höher als bei den meisten anderen Rechtsverhältnissen. Wie bereits dargestellt, sind an einem Bauvorhaben oftmals viele Rechtssubjekte beteiligt, was den Vertragsschluss oft zu einem komplizierten Vorgang werden lässt. Es ist beispielsweise in vielen Fällen zunächst die Pflicht des zuvor beauftragten Architekten, die Pläne und Vertragsunterlagen rechtzeitig bereitzustellen oder sogar die Vergabe der Bauleistungen vorzubereiten (§ 15 Abs. 1 Nr. 6 HOAI). Hierbei hat sich der Architekt nach den gesetzlichen Vorgaben, aber auch nach den Wünschen des Bauherrn zu richten. In vielen Fällen spielen für das Bauvorhaben und den Bauvertrag auch die Vereinbarungen mit zukünftigen Mietern oder Eigentümern eine Rolle. Im Bauwesen bietet sich also nicht selten eine Gemengelage, die vielen anderen Rechtsgebieten fremd ist. Diese Gesamtsituation kann für den Bauvertrag und seinen Abschluss nicht ohne Folgen bleiben. Hinzu kommt, dass sich das Bauwesen durch jahrzehntelange Übung auch nach bestimmten branchenintern Gepflogenheiten richtet, die nicht zuletzt auch im Vergaberecht Niederschlag gefunden haben.

Gleichwohl lässt sich der Vorgang des Abschlusses des Bauvertrags im Rahmen der allgemeinen zivilrechtlichen Bestimmungen des BGB, dort insbesondere der §§ 145 ff. darstellen. Wie bei vielen anderen Verträgen steht auch hier regelmäßig eine **invitatio ad offerendum**, also die Aufforderung zur Abgabe eines Angebots, am Beginn dieses Rechtsvorgangs. Bemerkenswert ist, dass kaum ein Bauvorhaben ohne diesen vorvertraglichen Vorgang auskommt. Diese Aufforderung zur Abgabe von Angeboten ist im Bauwesen äußerst ausgeprägt und beschränkt sich nicht auf die allseits bekannten Schulfälle wie beispielsweise Zeitungsannoncen oder Preisanfragen. Vielmehr handelt es sich hier bereits um einen für das spätere Bauvorhaben entscheidenden Vorgang, der in der Zusendung der **Ausschreibungsunterlagen** an einen oder mehrere Bauunternehmer besteht.

---

114 Siehe hierzu Rn 121 ff.
115 *Palandt – Heinrichs*, Einf. v. § 145 Rn 1.

90 Wie bereits erwähnt, kommt hier dem Architekten eine entscheidende Rolle zu. Je nachdem, mit welchen Leistungsphasen der Architekt beauftragt wurde, obliegt ihm die vollständige oder teilweise Planung des späteren Bauwerks. Im Rahmen der Objektplanung für Gebäude (§ 15 HOAI) sind hier die Leistungsphasen 5 bis 7 entscheidend. Wurde der Architekt also mit diesen Planungsleistungen beauftragt, so muss er zunächst die Planungslösung erarbeiten (Leistungsphase 5), sodann die Vergabe durch Mengenermittlung und die **Aufstellung des Leistungsverzeichnisses** vorbereiten (Leistungsphase 6) und schließlich an der Auftragsvergabe mitwirken (Leistungsphase 7). Im Rahmen dieser Planungsleistungen wird die vom Bauunternehmer verlangte Bauleistung geplant und beschrieben.

91 Dem Auftragnehmer werden also zunächst die Pläne, die Leistungsbeschreibung und natürlich auch das Leistungsverzeichnis mit den einzelnen Leistungspositionen für die Bauleistung zugesandt, verbunden mit der Aufforderung, ein Angebot abzugeben. Der Bauunternehmer wird nun seinerseits die vom Architekten im Namen des Auftraggebers vorgegebene Planung prüfen und unter Berücksichtigung weiterer Faktoren, wie beispielsweise Lage und Beschaffenheit des Baugrundstücks, ein **Angebot** für die Bauleistung unterbreiten. Regelmäßig besteht diese Angebotsabgabe in der Angabe bestimmter Einzelpreise im Leistungsverzeichnis oder aber in der Abgabe eines Pauschalangebots für das gesamte Bauwerk. Die Zusendung des Leistungsverzeichnisses und anderer Ausschreibungsunterlagen durch den Auftraggeber ist also selbst noch kein Angebot im Sinne von § 145 BGB, sondern lediglich die Aufforderung an den Auftragnehmer, ein solches abzugeben.[116] Hat nun der Bauunternehmer ein Preisangebot unterbreitet, kann der Auftraggeber ihm hierauf den Zuschlag erteilen, womit der Bauvertrag abgeschlossen ist. Es ergibt sich also wie dargestellt ein **Verfahren in drei Stufen**:
- Zusendung der Ausschreibungsunterlagen mit der Aufforderung, ein Angebot abzugeben,
- Abgabe des Angebots seitens des Bauunternehmers durch Ausfüllen des Leistungsverzeichnisses mit Angebotspreisen und / oder Bildung eines Gesamtpreises sowie Rücksendung an den Auftraggeber,
- Annahme des Angebots durch Erteilung eines Zuschlags oder durch Rücksendung des nunmehr auch vom Auftraggeber unterschriebenen Bauvertrags.

92 Dieses auf den ersten Blick recht einfache Verfahren ist hier natürlich nur verkürzt und stark vereinfacht dargestellt. Dieses Ablaufschema, das sich problemlos aus den allgemeinen Regeln des BGB herleiten lässt, erfährt jedoch vielfach eine Modifizierung. So stellt es nur den Idealfall dar, dass die Rücksendung der Angebotsunterlagen durch den Auftragnehmer ohne Einwände oder Abweichungen von den dortigen Vorgaben erfolgt. Auch die Vertragsbestimmungen werden nur selten anstandslos akzeptiert. Oft folgen dem Angebot langwierige Vertragsverhandlungen über die Einzelheiten der Bauausführung und deren Vergütung und über sonstige vertragliche Pflichten. Ferner gehen viele Bauherren heutzutage dazu über, dem Auftragnehmer nicht die Planung vorzugeben, sondern überlassen diese in großen Teilen dem Auftragnehmer. Insbesondere im Rahmen einzelner Gewerke verzichten Auftraggeber immer häufiger auf die Durchführung der Ausführungsplanung. Für den Auftraggeber hat dies zunächst den Vorteil, dass er seinerseits auf die Beauftragung von Sonderfachleuten verzichten kann und darüber hinaus das Risiko von Planungsfehlern auf den Auftragnehmer abwälzt. Der Auftraggeber vermeidet auf diese Weise auch risikoträchtige Schnittstellen in seinem eigenen Bereich und kann so die gesamte Bauleistung einschließlich bestimmter Planungen von demselben Auftragnehmer fordern.

93 In diesem Zusammenhang ist auch eine in den vergangenen Jahren immer häufiger anzutreffende Art der Leistungsbeschreibung zu erwähnen, nämlich die so genannte **„Funktionalausschreibung"**. Diese besondere Art der Ausschreibung, die an anderer Stelle noch ausführlicher darzustellen sein wird,[117] beschreibt die zu erbringende Bauleistung nur global und hinsichtlich ihrer Funktion, ohne

---

116 Vgl. *Vygen*, Rn 42.
117 Siehe unten Rn 147.

jedoch jedes Detail vorzugeben. Im Extremfall wird also beispielsweise lediglich „ein Stück Schulhaus" oder „ein Stück Bahnhof", gegebenenfalls unter Beschreibung von Zweck und Funktion, beauftragt. Bei derartigen Ausschreibungen werden viele **Planungsleistungen**, die bei herkömmlichen Ausschreibungen dem Auftraggeber obliegen, auf den Auftragnehmer übertragen. In diesen Fällen beschränkt sich daher die Angebotsabgabe nicht auf die Auspreisung einer detailliert vorgegebenen Leistung, sondern beinhaltet die planerische Ausgestaltung einer nur grob vorgegebenen Leistungsbeschreibung. In diesen letztgenannten Fällen ist das Verfahren im Rahmen des Vertragsabschlusses sehr viel komplizierter und langwieriger, es richtet sich jedoch immer nach dem oben dargestellten dreistufigen Ablaufschema nach Maßgabe der §§ 145 ff. BGB.

b) Das kaufmännische Bestätigungsschreiben

Im Normalfall stellt **Schweigen im Rechtsverkehr** keine Willenserklärung dar. Die Annahme eines Angebots ist vielmehr grundsätzlich eine empfangsbedürftige Willenserklärung. Als solche kann sie entweder ausdrücklich oder durch schlüssiges Verhalten erfolgen, wenn sie nicht in Einzelfällen formbedürftig ist. Eine solche konkludente Angebotsannahme liegt regelmäßig in der anstandslosen Vertragserfüllung durch den Angebotsempfänger.[118] Dies gilt auch für den Bauvertrag. Der Beginn der Bauarbeiten durch den Auftragnehmer oder die Bezahlung der im Angebot genannten Vergütung durch den Auftraggeber können also als Annahme des zuvor vom Vertragspartner unterbreiteten Angebots gelten.[119] Stets ist jedoch für die Angebotsannahme eine Willensäußerung erforderlich.

Nur in besonderen Ausnahmefällen kann Schweigen im Rechtsverkehr die Bedeutung einer rechtsgeschäftlichen Annahme erhalten. Außer in den gesetzlich ausdrücklich geregelten Fällen (§§ 496, 516 Abs. 2, 568, 625 BGB, 362 Abs. 1 HGB) kommt dies nur dann in Betracht, wenn eine solche Rechtsfolge nach Treu und Glauben (§ 242 BGB) geboten ist, weil der Antragsempfänger verpflichtet war, seinen ablehnenden Willen zu äußern.[120] Der praktisch bedeutsamste Fall, der auch im Baurecht eine erhebliche Rolle spielt, ist das Schweigen auf ein kaufmännisches Bestätigungsschreiben. Nach den hierzu in Rechtsprechung[121] und Literatur[122] entwickelten Grundsätzen muss der Empfänger eines solchen kaufmännischen Bestätigungsschreibens unverzüglich widersprechen, wenn er den Inhalt des Schreibens nicht gegen sich gelten lassen will. Widerspricht der Empfänger nicht unverzüglich, so kommt der Vertrag mit dem Inhalt des kaufmännischen Bestätigungsschreibens zustande. Da im Rahmen eines Bauvorhabens, insbesondere jedoch im Vorfeld des Vertragsabschlusses, regelmäßig umfangreicher Schriftverkehr geführt wird, besteht hier eine erhöhte Gefahr für beide Parteien, einem solchen kaufmännischen Bestätigungsschreiben „zum Opfer zu fallen".

Angesichts der erheblichen Folgen für den Empfänger des Bestätigungsschreibens sind jedoch **strenge Anforderungen** an einen solchen Vertragsschluss durch Schweigen zu stellen.[123] Es handelt sich um einen **Handelsbrauch**, der jedoch nicht mehr auf den Verkehr unter Vollkaufleuten beschränkt ist.[124] Als Absender und als Empfänger eines Bestätigungsschreibens kommt jeder in Betracht, der ähnlich wie ein Kaufmann am Rechtsverkehr teilnimmt, so dass er erwarten muss, dass ihm gegenüber nach kaufmännischer Sitte verfahren wird.[125] Auch Bauunternehmer werden daher als Absender und Empfänger von kaufmännischen Bestätigungsschreiben grundsätzlich in Betracht

---

118 BGH NJW 1980, 2246; Müko – *Kramer*, § 151 Rn 3.
119 *Kleine-Möller/Merl/Oelmaier*, § 6 Rn 34.
120 BGHZ 1, 355.
121 BGHZ 61, 282, st. Rspr.
122 Vgl. *Palandt – Heinrichs*, § 148 Rn 8; MüKo – *Kramer*, § 151 Rn 10a.
123 *Kleine-Möller/Merl/Oelmaier*, § 6 Rn 37.
124 *Palandt – Heinrichs*, § 148 Rn 9.
125 BGHZ 40, 44; BGHZ 11, 3.

kommen.[126] Auch bei Auftraggebern ist die Kaufmannseigenschaft nicht zwingend Voraussetzung, soweit sie unter den genannten Personenkreis fallen.

97 Voraussetzung für die oben genannten Rechtsfolgen ist zunächst, dass es sich um ein **eindeutiges Bestätigungsschreiben** handelt, dem Vertrag Verhandlungen vorausgingen und dessen Inhalt erkennbar darauf abzielt, den Vertragsschluss und den Inhalt der Vereinbarung verbindlich festzulegen.[127] Dies ist nicht der Fall, wenn der Absender seinerseits um eine Gegenbestätigung bittet,[128] oder nur einen Vorschlag unterbreitet.[129] Das Bestätigungsschreiben muss ferner **in zeitlich unmittelbarem Zusammenhang** mit den Vertragsverhandlungen abgesendet werden,[130] wobei sich die Frist nach den Umständen des Einzelfalls richtet. Von der Rechtsprechung wurden fünf Tage noch als unbedenklich bezeichnet.[131] Die genannten Wirkungen des kaufmännischen Bestätigungsschreibens treten von vornherein jedoch nicht ein, wenn der Absender des Bestätigungsschreibens **arglistig** handelt,[132] das Verhandlungsergebnis bewusst falsch wiedergibt[133] oder der Absender nach Treu und Glauben nicht mit dem Einverständnis oder einer widerspruchslosen Hinnahme durch den Empfänger rechnen konnte, so dass nach Treu und Glauben keine Zustimmung angenommen werden kann.[134]

98 Der Widerspruch auf ein solches kaufmännisches Bestätigungsschreiben muss seinerseits **unverzüglich**, also ohne schuldhaftes Zögern (§ 121 Abs. 1 BGB) erklärt werden, andernfalls ist er unwirksam. Hierfür sollen drei Tage noch ausreichend sein,[135] eine Woche soll hingegen nach der Rechtsprechung des BGH bereits zu lang sein.[136] Dies dürfte jedoch übertrieben sein. Angesichts der erheblichen negativen Auswirkung des Bestätigungsschreibens für den Empfänger muss diesem eine **angemessene Reaktionsfrist** verbleiben, da andernfalls ein „Überrumpeln" durch den Bestätigenden allzu leicht möglich wäre. Der Empfänger des Bestätigungsschreibens ist hier schutzwürdig, daher muss eine Reaktionszeit von einer Woche noch als ausreichend angesehen werden.

99 Es kann beiden Parteien des Bauvertrags nur dringend empfohlen werden, sorgfältig auf derartige Bestätigungsschreiben zu achten. Dies gilt insbesondere bei **Formulierungen**, die gezielt auf die Wiederholung und Bestätigung von angeblich erfolgten Zusagen und Vereinbarungen gerichtet sind (z.B. „... bestätigen wir hiermit die folgenden Punkte, über die Einvernehmen erzielt wurde: ..." oder „wie in unserer gestrigen Besprechung mit Ihnen vereinbart, ..."). Es wird vereinzelt versucht, durch solche Bestätigungen, die das zuvor Besprochene entstellen oder sogar falsch wiedergeben, eine bestimmte Aktenlage für spätere Streitfälle zu schaffen. Auch in Besprechungsprotokollen und dem Gesprächspartner übermittelten Telefonnotizen sind nicht selten derartige Feststellungen enthalten. Hierbei kann es sich durchaus um kaufmännische Bestätigungsschreiben im oben genannten Sinn handeln. Sollte es sich nach Ansicht des Empfängers um eine nicht korrekte Wiedergabe des Besprochenen handeln, so muss hier schnellstens widersprochen werden, am besten mit einer entsprechenden Richtigstellung. Angesichts der genannten Rechtsprechung zur Widerspruchsfrist muss darauf geachtet werden, dass der Widerspruch möglichst innerhalb der nächsten drei Tage erfolgt.

100 Die **Beweislast** für sämtliche anspruchsbegründenden Tatsachen trägt grundsätzlich der Absender des Bestätigungsschreibens. Dies gilt insbesondere für die vorherigen Vertragsverhandlungen, die

---

126 *Kleine-Möller/Merl/Oelmaier*, § 6 Rn 37.
127 BGH NJW 1965, 965.
128 BGH NJW 1964, 1269.
129 BGH NJW 1972, 820.
130 BGH NJW 1964, 1223.
131 BGH WM 1975, 324.
132 BGHZ 40, 45.
133 BGH NJW 1974, 991.
134 BGH NJW 1987, 1942.
135 BGH NJW 1962, 246.
136 BGH NJW 1962, 104.

Zugehörigkeit beider Parteien zu dem tauglichen Personenkreis sowie für den rechtzeitigen Zugang des Bestätigungsschreibens.[137] Der Empfänger des Bestätigungsschreibens ist hingegen für die Arglist des Bestätigenden oder die grobe Abweichung vom tatsächlichen Inhalt der Verhandlungen[138] sowie für den rechtzeitigen Zugang seines Widerspruchs beweispflichtig.[139]

c) Form des Bauvertrags

aa) Allgemeines

Nach dem im Zivilrecht geltenden Grundsatz der Formfreiheit können grundsätzlich auch Bauverträge formlos abgeschlossen werden. Dies ist jedoch nicht zu empfehlen. Vielmehr sollten sich die Parteien stets auf einen schriftlichen, möglichst detaillierten Vertragstext einigen, der auch ausreichende technische Bestimmungen für die Bauwerkserrichtung zur Verfügung stellt. Es empfiehlt sich also insbesondere, sämtliche Unterlagen, die der Beschreibung der Leistung dienen, als Vertragsanlage beizufügen. Hierbei handelt es sich insbesondere um sämtliche Pläne, Baubeschreibungen, Leistungsbeschreibungen, insbesondere das Leistungsverzeichnis, bis hin zu Materialangaben und Mustern. Der Grund hierfür liegt auf der Hand: Einerseits soll von vornherein der Umfang der für die vertragliche Vergütung zu erbringenden Bauleistungen festgelegt werden, damit es später keine Meinungsverschiedenheiten diesbezüglich gibt. Darüber hinaus hat dies unter Umständen unmittelbare Auswirkungen auf die **Berechtigung von Nachträgen**. Denn nach § 2 Nr. 5, Nr. 6 VOB/B können allenfalls nachträgliche Änderungen am Leistungsinhalt eine Nachtragsforderung begründen. Das bei Vertragsabschluss geschuldete Bausoll kann hingegen niemals zu Mehrforderungen führen. In diesem Zusammenhang spielt oftmals die **Beweisbarkeit** des vertraglichen Leistungssolls eine erhebliche Rolle. Insbesondere die Frage, ob bestimmte Pläne oder andere technische Unterlagen – ggf. mit welchem Index – bereits bei Vertragsschluss vorlagen und dem Auftragnehmer übergeben wurden, ist in der Praxis unnötigerweise sehr oft Streitgrund. Vor diesem Hintergrund ist eine Dokumentation und Zusammenfassung aller für die Bauausführung entscheidenden technischen Unterlagen und Vertragsbedingungen von erheblicher Bedeutung.

bb) Grundstücksbezug, § 313 BGB

Eine vereinzelt auch für das Baurecht bedeutsame Formvorschrift findet sich in § 313 BGB. Hiernach ist eine notarielle Beurkundung vorgeschrieben, falls der Bauvertrag im Zusammenhang mit einer Grundstücksveräußerung steht. Dies ist insbesondere im Rahmen von **Bauträgerverträgen** der Fall, weshalb diese stets beurkundungspflichtig sind.[140] Zu beachten ist § 313 BGB jedoch möglicherweise auch dann, wenn der Zusammenhang mit dem Grundstücksvertrag nicht unmittelbar und auf den ersten Blick ersichtlich vorliegt. Ausreichend ist vielmehr auch ein nur **mittelbarer, wirtschaftlicher Zusammenhang** zwischen dem Bauvertrag und einem Grundstücksgeschäft. Nach der Rechtsprechung ist hier ausreichend, dass die Parteien den Grundstückskaufvertrag nur im Zusammenhang mit dem Bauvertrag oder umgekehrt abgeschlossen hätten.[141] Dieser wirtschaftliche Zusammenhang, der zu einem mittelbaren Zwang zum Abschluss eines Grundstückskaufvertrags führt, ist demnach ausreichend, um auch den Bauvertrag zu einem formbedürftigen Rechtsgeschäft werden zu lassen.

---

137 *Palandt – Heinrichs*, § 148 Rn 21.
138 BGH NJW 1974, 992.
139 BGH NJW 1962, 104.
140 MüKo – *Kanzleiter*, § 313 Rn 54.
141 BGH DNotZ 1980, 344, st. Rspr. MüKo – *Kanzleiter*, a.a.O., Rn 51 ff.

cc) Schiedsvereinbarungen, § 1031 ZPO

103 Als weitere mögliche Formvorschrift findet darüber hinaus immer häufiger auch § 1031 Abs. 1 ZPO Anwendung, der eine besondere Form für Schiedsverträge vorschreibt. Derartige Schiedsvereinbarungen sind im Bauwesen durchaus üblich.[142]

Zu empfehlen ist in diesen Fällen die Vereinbarung der **Schiedsgerichtsordnung für das Bauwesen**,[143] die bewährte und auf das Bauwesen abgestimmte Regelungen enthält.

104 Nach § 1029 ZPO liegt eine Schiedsvereinbarung vor, wenn alle oder einzelne Streitigkeiten, die zwischen den Parteien in Bezug auf ein bestimmtes Rechtsverhältnis vertraglicher oder nichtvertraglicher Art entstanden sind oder künftig entstehen, der Entscheidung durch ein Schiedsgericht unterworfen werden. Im Rahmen einer Schiedsvereinbarung entscheidet das Schiedsgericht also einen Rechtsstreit **anstelle der staatlichen Gerichte**. Hiervon zu unterscheiden ist eine Schiedsgutachtervereinbarung, die lediglich Teilaspekte eines Rechtsstreits betrifft. Während der Schiedsrichter den gesamten Rechtsstreit einschließlich der Verpflichtungen für die Parteien entscheidet, stellt der **Schiedsgutachter** lediglich Tatumstände fest.[144] Durch eine echte Schiedsvereinbarung soll also der Rechtsweg zu den **staatlichen Gerichten ausgeschlossen** werden.[145] Eine dennoch vor dem ordentlichen Gericht erhobene Klage wäre nach § 1032 Abs. 1 ZPO unzulässig. Die Bestimmungen der §§ 1025 ff. ZPO sind nur auf echte Schiedsvereinbarungen, nicht jedoch auf Schiedsgutachtervereinbarungen anwendbar.[146] Ob die Parteien eine Schiedsvereinbarung oder eine Schiedsgutachtervereinbarung abschließen wollten, muss im Einzelfall durch Auslegung ermittelt werden, wobei entscheidend ist, ob hier tatsächlich ein Ausschluss des ordentlichen Rechtswegs beabsichtigt war.

105 Liegt eine echte Schiedsvereinbarung vor, so bedarf sie nach § 1031 Abs. 1 ZPO einer besonderen **Form**. Die Vereinbarung muss demnach entweder in einem von den Parteien unterzeichneten Schriftstück oder in zwischen den Parteien gewechselten Schreiben, Fernkopien, Telegrammen oder anderen Formen der Nachrichtenübermittlung, die einen Nachweis der Vereinbarung sicherstellen, enthalten sein. Eine mündliche Abrede genügt nach dieser neuen Vorschrift auch zwischen Vollkaufleuten nicht mehr. Dies stellt eine bedeutsame Änderung der bisherigen Rechtslage (§ 1027 Abs. 2 ZPO a.F.) dar. Entscheidend für das Formerfordernis nach § 1031 Abs. 1 ZPO ist, dass der eindeutige Nachweis der Vereinbarung gewährleistet ist, wobei die in § 1031 Abs. 1 ZPO genannten Möglichkeiten ausdrücklich nur eine beispielhafte Aufzählung darstellen.

Handelt es sich bei einem der Vertragspartner um eine natürliche Person, für die das Bauvorhaben weder eine gewerbliche noch eine selbständige berufliche Tätigkeit darstellt, so muss die Schiedsvereinbarung nach § 1031 Abs. 5 ZPO in einer von den Parteien eigenhändig unterzeichneten **Urkunde** enthalten sein. Andere Vereinbarungen als solche, die sich auf das schiedsrichterliche Verfahren beziehen, darf diese Urkunde nicht enthalten. Eine Ausnahme hiervon gilt lediglich für den Fall der notariellen Beurkundung (§ 1031 Abs. 5 S. 2 Hs. 2 ZPO). Ein etwaiger Verstoß gegen die Formvorschriften des § 1031 ZPO wird allerdings durch rügelose Einlassung im Rahmen der schiedsgerichtlichen Verhandlung zur Hauptsache geheilt (§ 1031 Abs. 6 ZPO).

Die Formvorschrift des § 1031 ZPO gilt jedoch nicht für den gesamten Bauvertrag. Vielmehr ist davon auszugehen, dass die Parteien den Bauvertrag auch ohne die Schiedsvereinbarung abgeschlossen hätten, so dass nach § 139 BGB nur von einer **Teilnichtigkeit** bezüglich der Schiedsvereinbarung auszugehen ist.[147]

---

142 Vgl. *Mandelkow*, Chancen und Probleme des Schiedsverfahrens in Bausachen, S. 2.
143 „Schiedsgerichtsordnung für das Bauwesen (einschließlich Anlagenbau)", herausgegeben vom Deutschen Beton-Verein e.V. und von der Deutschen Gesellschaft für Baurecht e.V. i.d.F.v. November 2000.
144 *Zöller*, ZPO, § 1029 Rn 4.
145 *Zöller*, § 1029 Rn 29.
146 *Thomas – Putzo*, ZPO, § 1025 Rn 6.
147 *Kleine-Möller/Merl/Oelmaier*, § 6 Rn 67.

3. Beachtung von gesetzlichen Verboten

Die schwierige Lage der Baubranche, insbesondere die schwierige Arbeitsmarktlage und die verschärfte Wettbewerbssituation, verleitet immer mehr Bauunternehmer, aber auch Auftraggeber zu Verstößen gegen Vorschriften zur Vermeidung illegaler Beschäftigung. Dies führte wiederum zu strengeren gesetzlichen Vorschriften sowie zu verschärften behördlichen Maßnahmen zur Bekämpfung dieser Illegalität auf Baustellen. Insbesondere die Landesarbeitsämter haben ihre Kontrollen verschärft, Razzien auf Großbaustellen sind keine Seltenheit mehr. Gesetzliche Sanktionen wie Bußgelder, verschärfte Haftungsbestimmungen oder Auftragssperren machen es für Bauunternehmen erforderlich, Vorkehrungen zur Vermeidung illegaler Beschäftigung zu treffen. Neben diesen Sanktionen können Verstöße gegen gesetzliche Verbote darüber hinaus auch die Nichtigkeit des Bauvertrags zur Folge haben. Vor diesem Hintergrund sollen hier die wichtigsten gesetzlichen Verbote erwähnt werden.

106

a) Gesetz zur Bekämpfung der Schwarzarbeit

Das Gesetz zur Bekämpfung der Schwarzarbeit[148] (im folgenden: Schwarzarbeitsgesetz) enthält einige drastische Sanktionen gegen sämtliche am Bau Beteiligten. Hierzu gehören insbesondere Bußgeldbestimmungen und der Ausschluss von öffentlichen Aufträgen. Ein Bauvertrag ist grundsätzlich dann wegen Verstoßes gegen das Schwarzarbeitsgesetz nach **§ 134 BGB** nichtig, wenn **beide Parteien** gegen das Gesetz verstoßen.[149] Der Vertrag bleibt hingegen wirksam, wenn nur der Auftragnehmer gegen das Schwarzarbeitsgesetz verstößt und dem Auftraggeber diese Zuwiderhandlung nicht bekannt ist.[150] Zwar begründet § 134 BGB als Auslegungsregel die Vermutung, dass das betreffende Rechtsgeschäft nichtig ist, jedoch mit dem Vorbehalt, dass sich aus dem Verbotsgesetz selbst ergibt, dass der Erhalt des Vertrags dem Sinn und Zweck des Gesetzes besser gerecht wird.[151] Das Verbot der Schwarzarbeit dient in erster Linie der **Bekämpfung der Arbeitslosigkeit** sowie der Vermeidung von **Lohn- und Preisdumping**, durch die Wirtschaftsbetriebe gefährdet werden können, aber auch dem Schutz des durch minderwertige Leistungen gefährdeten Auftraggebers.[152] Das Schwarzarbeitsgesetz soll ferner den Fiskus vor einer Schädigung durch verminderte Steuereinnahmen sowie die Sozialkassen vor einer gezielten Beeinträchtigung ihres Beitragsaufkommens schützen.[153] Nach Ansicht des BGH führt keiner dieser Regelungszwecke bei einseitiger Zuwiderhandlung des Auftragnehmers zwingend zur Nichtigkeit des Werkvertrags. In diesen Fällen haben vielmehr die Interessen des gesetzestreuen Auftraggebers Vorrang, dessen Erfüllungs- und Gewährleistungsansprüche zu erhalten sind.[154] Es genügt demnach bei einem bloß einseitigen Verstoß durch den Auftragnehmer, diesen ordnungsrechtlich zur Verantwortung zu ziehen. Anders ist die Rechtslage zu beurteilen, wenn der Auftraggeber den Gesetzesverstoß des Auftragnehmers kennt und ihn bewusst zum eigenen Vorteil ausnutzt.[155]

107

Bei Nichtigkeit des Bauvertrags wegen Verstoßes gegen das Schwarzarbeitsgesetz kann dem Auftragnehmer ein Anspruch aus **ungerechtfertigter Bereicherung** zustehen. Ein Anspruch aus Geschäftsführung ohne Auftrag (GoA) nach §§ 683, 670 BGB kommt hingegen nicht in Betracht, da der Auftragnehmer angesichts des gesetzlichen Verbots seine Tätigkeit nicht für erforderlich halten

---

148 I.d.F. v. 6.2.1995 (BGBl I, 166).
149 BGHZ 85, 39.
150 BGH BauR 1984, 290.
151 MüKo-*Mayer-Maly*, § 134 Rn 1.
152 BGH BauR 1984, 291.
153 BGH BauR 1983, 67 unter Hinweis auf die Begründung des Gesetzentwurfs.
154 BGH BauR 1984, 292; im Ergebnis ebenso *Ingenstau/Korbion*, § 4 VOB/B Rn 37, die jedoch eine Teilnichtigkeit des Vertrags zu Lasten des gesetzesuntreuen Vertragspartners befürworten, um ihm den vertraglichen Vergütungsanspruch zu verwehren und indessen auf den durch § 817 S. 2 BGB gefährdeten Bereicherungsanspruch verweisen wollen.
155 BGH BauR 1990, 721.

durfte.¹⁵⁶ Der Bereicherungsanspruch scheitert regelmäßig nicht an § 817 S. 2 BGB, da der Auftraggeber die Leistung nicht ohne Vergütungspflicht behalten soll. Andernfalls bestünde ein Anreiz für Auftraggeber, Verstöße der Bauunternehmer nicht zu verhindern, sondern „ein Auge zuzudrücken", um daran noch zu profitieren.¹⁵⁷ Der Bereicherungsanspruch besteht grundsätzlich in Höhe des ohne Rechtsgrund erhaltenen Wertzuwachses, da die Herausgabe von Bauleistungen in der Regel nicht möglich ist (§ 818 Abs. 2 BGB). Zu ersetzen ist zwar grundsätzlich der **objektive Verkehrswert** der Leistung,¹⁵⁸ doch ist bei einer Bereicherung infolge Schwarzarbeit ein erheblicher Abschlag vorzunehmen, da hier die mit der Schwarzarbeit verbundenen Risiken sowie das Fehlen von Gewährleistungsansprüchen zu berücksichtigen ist.¹⁵⁹

108 Im Falle der Unwirksamkeit des Bauvertrags bestehen auf Seiten des Auftraggebers keine **Gewährleistungsansprüche**. Allerdings kann es dem Auftragnehmer in Ausnahmefällen nach Treu und Glauben (§ 242 BGB) verwehrt sein, sich gegenüber dem Auftraggeber auf die Nichtigkeit des Vertrags zu berufen. Dies ist beispielsweise dann der Fall, wenn der Vertrag von beiden Seiten bereits fast vollständig erfüllt wurde, es nach dem Willen beider Vertragsparteien auch dabei bleiben soll und es daher eine ungerechtfertigte Besserstellung des Auftragnehmers darstellen würde, wenn dieser sich auf die Nichtigkeit berufen könnte, obwohl sein Verstoß schwerer wiegt als der des Auftraggebers.¹⁶⁰ Da der Schutzzweck des Schwarzarbeitsgesetzes in einem solchen Fall nicht mehr erreicht werden kann, kann die Restabwicklung des Vertrags diesen Schutzzweck nicht mehr gefährden. Auch in solchen Ausnahmefällen ist jedoch zu beachten, dass die vom Auftragnehmer noch zu erfüllende Gewährleistungsverpflichtung nur mit legalen Mitteln, also nicht mit Schwarzarbeitern erfüllt werden darf. Er ist also gezwungen, einen anderen Unternehmer zu beauftragen, der den gesetzlichen Anforderungen entspricht.¹⁶¹

b) Arbeitnehmerüberlassungsgesetz

109 Auch die Problematik der illegalen Arbeitnehmerüberlassung hat in den letzten Jahren an Bedeutung gewonnen. Die Ursachen liegen auf der Hand. Selbst große Baukonzerne verfügen kaum noch über eine ausreichende Anzahl an gewerblichen Bauarbeitern, um ein größeres Bauvorhaben mit eigenen Kräften durchzuführen. Eine Alternative zur Beauftragung von Nachunternehmern ist daher hier das Entleihen von Fremdarbeitnehmern. Hierdurch versucht der Entleiher, etwaige arbeits- und sozialrechtliche Verpflichtungen zu umgehen. Durch diese Praxis hat sich jedoch ein Markt für professionelle Arbeitnehmerverleiher gebildet, dessen unkontrollierte Ausdehnung auch einen hohen Anteil illegaler Arbeitnehmerverleihung mit sich bringt. Das **Arbeitsförderungsgesetz** (AFG) sieht daher eine erhebliche Beschränkung der Arbeitsvermittlung, insbesondere im Baugewerbe vor. Bei diesen Bestimmungen handelt es sich um ein Verbotsgesetz im Sinne von § 134 BGB.¹⁶² Obwohl sich der **Schutzzweck** des AFG in erster Linie gegen den Vermittlungsvertrag richtet,¹⁶³ muss regelmäßig auch der durch die illegale Vermittlung zustande gekommene Vertrag zwischen Auftraggeber und Arbeitnehmer als nichtig angesehen werden.¹⁶⁴ Dies gilt jedenfalls dann, wenn zusätzlich die Arbeitserlaubnis fehlt, was häufig der Fall ist. Nicht zwingend ist jedoch die Unwirksamkeit auch des Bauvertrags, der unter Zuhilfenahme von illegal vermittelten Arbeitskräften erfüllt wird.¹⁶⁵ Hier

---

156 *Ingenstau/Korbion*, § 4 VOB/B Rn 38.
157 BGH BauR 1990, 721; *Heiermann*, § 1 VOB/B Rn 3; *Ingenstau/Korbion*, § 4 VOB/B Rn 38.
158 BGHZ 82, 299.
159 *Kleine-Möller/Merl/Oelmaier*, § 4 Rn 19; OLG Düsseldorf BauR 1993, 487 hält einen Abzug von mindestens 15 % für angemessen.
160 BGH BauR 1983, 66, 70.
161 *Heiermann/Riedl/Rusam*, § 1 Rn 3.
162 MüKo-*Mayer-Maly*, § 134 Rn 65.
163 Beck'scher VOB-Kommentar – *Jagenburg*, vor § 2 Rn 122.
164 OLG Karlsruhe BauR 1990, 482; OLG Düsseldorf NJW 1976, 1638; LAG Düsseldorf BB 1962, 1081.
165 Beck'scher VOB-Kommentar – *Jagenburg*, § 2 Rn 122; MüKo-*Mayer-Maly*, § 134 Rn 67.

dürften ähnliche Grundsätze gelten wie hinsichtlich eines Verstoßes gegen das Schwarzarbeitsgesetz.

c) Verstöße gegen die Handwerksordnung

Jedes Unternehmen, das ein Handwerk als stehendes Gewerbe selbstständig betreibt, muss nach § 1 HandwO in die Handwerksrolle eingetragen sein. Die betroffenen Gewerbegruppen sind in Anlage A zur Handwerksordnung aufgezählt. Da ein Verstoß gegen diese **Eintragungspflicht** nach § 117 Abs. 1 Nr. 1 HandwO eine Ordnungswidrigkeit darstellt, stellt sich auch hier die Frage, ob ein entsprechender Verstoß des Auftragnehmers die Wirksamkeit des Bauvertrags berührt. Zunächst ist festzustellen, dass die fehlende Eintragung in die Handwerksrolle allein nicht zur Unwirksamkeit des Bauvertrags führen kann.[166] Es handelt sich hierbei lediglich um eine Ordnungsvorschrift, deren Verletzung zwar eine Ordnungwidrigkeit darstellt, die sich jedoch als rein öffentlich-rechtliche Vorschrift nicht gegen die privatrechtliche Wirksamkeit von Verträgen richtet.[167] Dies gilt zwar grundsätzlich auch bei Ausführung der Bauarbeiten vor oder ohne Eintragung in die Handwerksrolle,[168] doch liegt hier meist gleichzeitig ein Verstoß gegen **§ 1 Abs. 1 Nr. 3 Schwarzarbeitsgesetz** vor, so dass der Bauvertrag aus diesem Grunde unwirksam sein kann.[169]

110

Allgemein wird dem Auftraggeber in diesen Fällen auch ein **Anfechtungsrecht** nach § 119 Abs. 2 oder § 123 BGB zugestanden.[170] Dies kommt insbesondere dann in Betracht, wenn sich der Auftragnehmer als Meisterbetrieb darstellt und es dem Auftraggeber gerade auf diese Eigenschaft ankommt.[171] Es wird jedoch im Einzelfall zu prüfen sein, ob diese verkehrswesentliche Eigenschaft des Auftragnehmers vom Auftraggeber auch erkennbar dem Vertragsschluss zugrundegelegt wurde.[172] Dies muss nicht immer der Fall sein. Allzu hohe Anforderungen wird man hier jedoch nicht stellen dürfen, da grundsätzlich davon auszugehen ist, dass dem Auftraggeber sowohl an der beruflichen Qualifikation als auch an der Ordnungsgemäßheit sämtlicher ordnungsrechtlicher Vorschriften gelegen ist, ohne deren Erfüllung er den Bauvertrag wahrscheinlich nicht abgeschlossen hätte.

Darüber hinaus kann dem Auftraggeber in Einzelfällen ein **Kündigungsrecht** aus wichtigem Grund zustehen. Auch dies kommt insbesondere im Falle einer Täuschung über die Eigenschaft als Meisterbetrieb in Betracht.[173]

d) Fehlende Baugenehmigung

Auch hier handelt es sich in erster Linie um eine öffentlich-rechtliche Ordnungsvorschrift nach der Landesbauordnung, deren **Schutzzweck** sich nicht gegen die Wirksamkeit privatrechtlicher Verträge richtet. Die entsprechenden Bestimmungen der Landesbauordnungen verbieten nicht den Abschluss von Bauverträgen, sondern lediglich die **Ausführung von Bauleistungen** ohne Baugenehmigung.[174] Dies entspricht auch den Bedürfnissen der Praxis, da nicht selten der Bauvertrag abgeschlossen wird, bevor die Baugenehmigung erteilt wurde. Es würde zu untragbaren Ergebnissen führen, wenn der Bauvertrag zunächst als unwirksam gelten würde, sodann jedoch die Baugenehmigung erteilt wird und vom Auftragnehmer auch die Bauleistung erbracht wird. Wenn der Bauvertrag in diesen Fällen

111

---

166 Beck'scher VOB-Kommentar – *Jagenburg*, vor § 2 Rn 123; BGH BauR 1984, 58.
167 BGH, a.a.O.
168 *Ingenstau/Korbion*, § 4 VOB/B Rn 40; Beck'scher VOB-Kommentar – *Jagenburg*, vor § 2 Rn 123; offen gelassen von *Werner/Pastor*, Rn 1045 und *Heiermann/Riedl/Rusam*, § 1 VOB/B Rn 4.
169 Siehe Erläuterungen unter Rn 107 ff.
170 *Ingenstau/Korbion*, § 4 VOB/B Rn 40; *Werner/Pastor*, Rn 1045.
171 OLG Hamm NJW-RR 1990, 523.
172 BGH BauR 1984, 58.
173 OLG Hamm BauR 1988, 727.
174 *Werner/Pastor*, Rn 1042; *Heiermann/Riedl/Rusam*, § 11 VOB/A Rn 8.

unwirksam wäre, würden sich die gegenseitigen Ansprüche nach Bereicherungsrecht richten, obwohl ein genehmigtes Bauvorhaben vorliegt und beide Parteien hierauf vertraut haben.

Der Vertrag ist auch dann nicht unwirksam, wenn die **Baugenehmigung endgültig verweigert** wird, da die Bauleistung faktisch auch ohne Baugenehmigung möglich ist und auch rechtlich erst nachträglich unmöglich wird, so dass hier kein Fall der Unwirksamkeit nach **§ 306 BGB** vorliegt.[175] Dem Auftragnehmer steht lediglich ein Leistungsverweigerungsrecht zu, da die Landesbauordnung das Bauen verbietet und der Auftraggeber seine Bereitstellungspflicht nach § 4 Nr. 1 Abs. 1 VOB/B nicht erfüllt hat. Im Übrigen gelten die §§ 323 ff. BGB.[176]

4. Die Bedeutung des AGB-Gesetzes

a) Begriff

112 Die vielleicht schwierigste Aufgabe bei der Bauvertragsgestaltung ist es, sämtliche Aspekte des AGBG zutreffend zu berücksichtigen und somit sicherzustellen, dass sich die vereinbarten Regelungen im Streitfall auch als wirksam erweisen. Wegen der „besonderen Wechselwirkung" zwischen AGBG und VOB/B (siehe Rn 120–126) gilt dies für den „VOB/B-Bauvertrag" erst recht.

Nach der **Legaldefinition des § 1 AGBG** liegen Allgemeine Geschäftsbedingungen dann vor, wenn es sich um für eine Vielzahl von Verträgen vorformulierte Vertragsbedingungen handelt, die der Verwender der anderen Vertragspartei bei Abschluss des Vertrages stellt. **Für das Tatbestandsmerkmal „Vielzahl von Verträgen" reicht bereits die Absicht dreimaliger Verwendung aus**, wobei es nicht einmal erforderlich ist, dass der Verwender, der auf die Vertragsbedingungen zurück greift, diese selbst öfter benutzen möchte.[177] Hieraus folgt, dass der Rückgriff auf Mustertexte, seien sie selbst oder von einem Dritten (z.B. Verband) erstellt und im Handel erhältlich, immer dieses Merkmal erfüllt.[178] Gleiches gilt für etwaige durch den Hauptvertrag, erfüllt dieser selbst die Merkmale von Allgemeinen Geschäftsbedingungen oder nicht, in Bezug genommene ergänzende Regelwerke, wie „allgemeine, besondere, ergänzende und zusätzliche Vertragsbedingungen". In der täglichen Baupraxis wird ständig mit derartigen Mustern gearbeitet, wodurch dieses Merkmal des § 1 AGBG faktisch nicht zu vermeiden ist. Gegenüber einem Verbraucher (natürliche Person, die den Vertrag weder zum gewerblichen noch zum Zwecke selbstständiger freiberuflicher Tätigkeit abschließt) reicht gemäß § 24 a Nr. 2 AGBG sogar die einmalige Verwendung.

Weiter fordert das AGBG, dass diese vorformulierten Vertragsbedingungen vom Verwender dem Vertragspartner „gestellt" werden müssen. **„Stellen"** ist hierbei das einseitige **Auferlegen nach dem Motto: „take it or leave it"**. Das Gegenteil stellt „individuelles Aushandeln" von Vertragsbedingungen dar.

b) Das individuelle Aushandeln

113 Soll der Anwendungsbereich des AGBG wegen der hieraus folgenden Einschränkungen vermieden werden, bedarf es mithin einer **individuellen Verhandlung** der Vertragsinhalte. Wie dieses Ziel erreicht und insbesondere für den Streitfall dokumentiert wird, lässt sich folgendermaßen umreißen.

Klar ist, dass Klauseln des Inhalts „alles wurde individuell verhandelt" nicht ausreichen,[179] da diese selbst Allgemeine Geschäftsbedingungen sind und gegen das **Umgehungsverbot des § 7 AGBG**

---

175 *Ingenstau/Korbion,* § 4 VOB/B Rn 35; BGH NJW 1983, 275.
176 *Heiermann/Riedl/Rusam,* § 4 VOB/B Rn 12.
177 *Ulmer/Brandner/Hensen,* § 1 AGBG Rn 23, 24.
178 *Glatzel/Hofmann/Frikell,* S. 17, 18.
179 BGH BauR 1987, 308.

verstoßen. Entsprechendes gilt für den Hinweis, dass „um die Mitteilung etwaiger Änderungswünsche gebeten wird".[180] Das Durchsprechen und Erörtern des Vertrags genügt ebenso wenig[181] wie das – gerade im Rahmen eines Verhandlungsprotokolls übliche – Offenlassen von Lücken, z.B. hinsichtlich der Angaben zur Höhe von Sicherheiten/Vertragsstrafen und Umlagen,[182] die dann während der Vertragsverhandlung erst geschlossen werden (zumeist in jedem Verhandlungsprotokoll identisch). Auf der anderen Seite ist es für ein individuelles Verhandeln nicht erforderlich, dass eine tatsächliche Änderung des Vertragstextes durch eine aktive Einflussnahme des Vertragspartners erfolgt ist. Selbstverständlich kann auch ein vollständig unveränderter Formularvertrag individuell verhandelt worden sein, nämlich dann, wenn der Verwender die Inhalte **ernsthaft zur Disposition gestellt** und dem Verhandlungspartner Gestaltungsfreiheit zur Wahrung der eigenen Interessenlage gelassen hat.[183]

Ganz maßgeblich für die Beurteilung, ob eine individuelle Verhandlung stattgefunden hat, ist somit die „innere Einstellung" desjenigen, der den Vertragstext benutzt. Da sich diese im Streitfall schwer beweisen lässt, kommt der **Verteilung der Beweislast** wesentliche Bedeutung zu. Im Grundsatz muss derjenige, der sich auf den Schutz des AGBG beruft, beweisen, dass es sich um Allgemeine Geschäftsbedingungen handelt. Aus der äußeren Form der streitigen Bedingungen wird jedoch ein Anscheinsbeweis für oder gegen das Vorliegen Allgemeiner Geschäftsbedingungen hergeleitet. Handelt es sich um gedruckte oder in anderer Weise vervielfältigte Bedingungen, muss daher der Verwender beweisen, dass eine individuelle Verhandlung hierüber stattgefunden hat.[184] Dieser Beweis ist naturgemäß schwer zu führen. Will man sich nicht ausschließlich auf an der Vertragsverhandlung teilnehmende Mitarbeiter als Zeugen verlassen, ist folgendes zu empfehlen:

Für eine individuelle Verhandlung spricht eine lange Verhandlungsdauer, während eine kurze Verhandlung dagegen spricht. Es sollte daher der Vertragsverhandlung die entsprechende Zeit eingeräumt und diese, z.B. auf dem Verhandlungsprotokoll, auch dokumentiert werden. Erfolgen in einer Verhandlung keinerlei Änderungen, so spricht die Lebenserfahrung eher dafür, dass eine Verhandlung im eigentlichen Sinne gar nicht stattgefunden hat. **Umgekehrt sind viele Änderungen Indiz für eine individuelle Verhandlung**. Es sollte keinerlei Scheu davor bestehen, die verhandelten Änderungen handschriftlich aufzunehmen und auch handschriftlich im Vertrag stehen zu lassen. Hierdurch ist nämlich für alle Zeiten dokumentiert, was wo geändert wurde. Werden die Änderungen demgegenüber mit dem Textverarbeiter so in den Vertrag eingefügt, dass sie später optisch nicht mehr zu erkennen sind, ist der Aufwand des Nachweises deutlich höher und kann z.B. nur deshalb misslingen, weil die Verhandlungsführer aus dem Unternehmen ausgeschieden und / oder ihre Aufzeichnungen über den Verlauf der Verhandlungen verloren gegangen sind.

Zum taktischen Vorgehen ist folgendes anzumerken:

Auftragnehmer werden bisweilen dahingehend beraten, sie sollten sich nicht auf eine individuelle Verhandlung einlassen, da sie sich besserstünden, wenn sie sich später auf den Schutz des AGBG berufen, den sie sonst verlieren könnten, ohne in den Verhandlungen wesentliche Verbesserungen erzielt zu haben. Auftraggeber ihrerseits verwenden teilweise bewusst unwirksame Klauseln, da sie unterstellen, den Auftragnehmer hiermit „bluffen" zu können oder annehmen, dieser werde es angesichts der Marktsituation nicht wagen, die Unwirksamkeit der Klausel geltend zu machen. Von beiden Denkweisen wird diesseits entschieden abgeraten. Bauverträge laufen häufig über einen langen Zeitraum und setzen demgemäß ein besonderes Vertrauensverhältnis der Parteien voraus. Dieses wird jedoch zerstört, bevor es begonnen hat, wenn bereits am „Tag 1" nach Vertragsabschluss um

---

[180] *Glatzel/Hofmann/Frikell*, S. 28.
[181] *Glatzel/Hofmann/Frikell*, S. 23.
[182] OLG Frankfurt BauR 1999, 51.
[183] *Ulmer/Brandner/Hensen*, § 1 AGBG Rn 40 ff.
[184] *Glatzel/Hofmann/Frikell*, S. 28.

die Wirksamkeit von Vertragsbedingungen gestritten wird. Der Ausgang eines solchen Streits kann für beide Seiten oft mit Unwägbarkeiten verbunden sein, so dass die richtige Positionierung während der Bauabwicklung schwer zu entscheiden ist. Gerade größere Bauunternehmen haben mittlerweile Organisationseinheiten geschaffen, die einer effektiven Vertragsabwicklung unter Ausnutzung aller rechtlichen Möglichkeiten dienen. Die Chancen eines erfolgreichen „Bluffs" für den Auftraggeber sind daher eingeschränkt und – vielleicht anders als in anderen Industriezweigen – die Hemmschwelle bezüglich der Einleitung von Rechtsstreitigkeiten ist in der Bauindustrie nicht besonders hoch.

c) Die wirksame Einbeziehung

116 Hinsichtlich der wirksamen Einbeziehung von Allgemeinen Geschäftsbedingungen in den Bauvertrag ist zu unterscheiden, ob der Vertragspartner des Verwenders **Kaufmann** i.S.d. §§ 1 ff. HGB ist oder nicht. Im ersten Fall greift über § 24 AGBG die Regelung des § 2 AGBG nicht, so dass es für eine wirksame Einbeziehung ausreicht, wenn die entsprechenden Vertragsbestimmungen als Vertragsbestandteil vereinbart und so präzise bezeichnet worden sind, dass einerseits erkennbar ist, welche Bedingungen gemeint sind, und andererseits geregelt ist, wie der Vertragspartner sie erhalten kann.[185] Soll ein Hauptvertrag „durchgestellt" werden (siehe Rn 41–49), so sind dem Vertragspartner die entsprechenden Auszüge aus dem Hauptvertrag zu übergeben. Ist der Vertragspartner des Verwenders demgegenüber Nichtkaufmann, greift die Regelung des § 2 AGBG. Die Einbeziehung setzt hier voraus, dass der Verwender auf die Bedingungen klar und unmissverständlich hinweist und sie seinem Vertragspartner darüber hinaus auch aushändigt. Das bloße Angebot des Verwenders, die Klauseln auf Wunsch zu übersenden, reicht demgegenüber nicht aus.[186]

Da der **Verwender für die rechtswirksame Einbeziehung beweispflichtig** ist,[187] sollte er sich die Aushändigung der Bedingungen auf einem gesonderten Blatt bestätigen lassen. Eine bloße Klausel im Vertragswerk, wonach die ergänzenden Bedingungen ausgehändigt wurden, reicht nicht aus.[188]

d) Besonderheiten bei Allgemeinen Geschäftsbedingungen

117 Sind Allgemeine Geschäftsbedingungen wirksam in den Vertrag einbezogen worden, sind sie in erster Linie an den §§ 10 und 11 AGBG zu messen, die einzelne Klauselverbote enthalten. Daneben greift ergänzend die **Generalklausel des § 9 AGBG**, wonach Regelungen unwirksam sind, die den Vertragspartner entgegen den Geboten von Treu und Glauben unangemessen benachteiligen, was regelmäßig dann der Fall ist, wenn von wesentlichen Grundgedanken der gesetzlichen Regelung abgewichen wird. Die §§ 10 und 11 AGBG gelten gemäß § 24 AGBG zwar nicht unmittelbar für den kaufmännischen Verkehr, jedoch können deren Inhalte über die Generalklausel des § 9 AGBG Eingang finden (vgl. § 24 S. 2 AGBG), so dass diesbezüglich im Bauvertragsrecht zwischen kaufmännischem und nichtkaufmännischem Verkehr faktisch kein Unterschied besteht.[189] Auf die Auswirkungen der §§ 9 bis 11 AGBG für die typischen bauvertraglichen Regelungen wird später bei den entsprechenden Themenkomplexen eingegangen.

Daneben sind für die Vertragsgestaltung insbesondere noch das „**Umgehungsverbot**" des § 7 AGBG, das „**Überraschungsverbot**" des § 3 AGBG und der „**Vorrang der Individualabreden**" nach § 4 AGBG zu beachten.

---

185 *Ulmer/Brandner/Hensen*, § 2 AGBG Rn 79.
186 *Glatzel/Hofmann/Frikell*, S. 55.
187 *Werner/Pastor*, Rn 1015.
188 *Glatzel/Hofmann/Frikell*, S. 54.
189 *Glatzel/Hofmann/Frikell*, S. 75.

Ein Verstoß gegen § 3 AGBG kann sich nicht nur aus dem Inhalt einer Klausel ergeben, sondern – und dies kommt in der Bauvertragspraxis häufiger vor – aus der Stellung der Klausel im Gesamtvertragswerk. Dies ist z.B. dann anzunehmen, wenn ein aus mehreren Regelwerken zusammengesetzter Vertrag in den als „technische Vertragsbedingungen" überschriebenen Klauseln eine dort nicht zu erwartende rechtliche Regelung, z.B. zur Ausgestaltung der Gewährleistung enthält, die von den sonstigen Vertragsbedingungen, in denen die rechtlichen Regelungen enthalten sind, abweicht und durch eine Rangklausel als vorrangig vereinbart ist.

Nach § 4 AGBG schützt eine so genannte **„Schriftformklausel"** in Allgemeinen Geschäftsbedingungen nicht davor, dass mündliche Nebenabreden und Vertragsänderungen gelten, vielmehr gehen diese als Individualvereinbarungen immer vor.

e) Rechtsfolgen bei Verstößen gegen das AGBG

Bei Verstößen gegen das AGBG ergeben sich die Rechtsfolgen aus § 6 AGBG, wonach der Vertrag grundsätzlich wirksam bleibt, die entsprechende Klausel jedoch unwirksam ist und durch die gesetzliche Regelung ersetzt wird. Es findet also **keine Reduzierung des Klauselinhalts auf das gesetzlich zulässige Maß** statt. Eine salvatorische Klausel ist daher als Allgemeine Geschäftsbedingung unwirksam, da sie zu einer geltungserhaltenden Reduktion führen würde.[190]

118

Ganz ausnahmsweise kann eine ergänzende Vertragsauslegung dazu führen, dass eine unwirksame Klausel durch eine im Gesetz nicht enthaltene Regelung ersetzt wird. Läuft z.B. ein Bauvertrag über mehrere Jahre und enthält er eine Preisgleitklausel, die wegen einer innerhalb der ersten vier Monate möglichen Preisanpassung gegen § 11 Nr. 1 AGBG verstößt, so kann eine ergänzende Vertragsauslegung ergeben, dass die Preisanpassung in Übereinstimmung mit § 11 Nr. 1 AGBG erst später greift.[191] Dieses ist ein sinnvolles Ergebnis, weil ein Entfallen der Klausel dazu führen würde, dass eine Preisanpassung überhaupt nicht erfolgt, da das Gesetz entsprechende Regelungen nicht kennt.

Zu den schwierigsten Fragen gehört es, die so genannte **„Trennbarkeit" von Klauselinhalten** zu entscheiden. Unterstellt, eine Regelung sieht vor, dass die Gewährleistungsfrist konform mit dem AGBG verlängert wird, die Frist jedoch unter Verstoß gegen das AGBG erst mit Abnahme des Gesamtbauvorhabens durch einen Dritten beginnt, einem Zeitpunkt, den der Vertragspartner des Klauselverwenders nicht beeinflussen kann (siehe Rn 42). Ist jetzt die gesamte Klausel unwirksam mit der Konsequenz, dass mit Fertigstellung der Leistung durch den Auftragnehmer die (kürzere) gesetzliche Gewährleistungsfrist läuft, oder ist nur der zweite Bestandteil der Klausel unwirksam mit der Folge, dass mit Fertigstellung der Leistung durch den Auftragnehmer die vereinbarte (längere) Gewährleistungsfrist läuft?

119

Die Rechtsprechung hat im letzteren Sinne entschieden, da die Klausel zwei trennbare Themenkreise regele (Zeitpunkt der Abnahme – Dauer der Gewährleistung[192]).

Eine andere in der Praxis gängige Regelungskombination ist ein Sicherheitseinbehalt bei Abschlagszahlungen neben einer zu stellenden Vertragserfüllungsbürgschaft. Hier geht die Rechtsprechung davon aus, dass eine nicht trennbare Regelung zur Sicherung der Vertragserfüllung vorliegt, die dann unwirksam sei, wenn die insgesamt zulässige Höchstgrenze (10 %, siehe Rn 869 f.) überschritten werde.[193]

Entsprechend wird eine Regelung, wonach der Auftragnehmer eine Gewährleistungsbürgschaft nach Muster des Auftraggebers zu stellen hat und dieses Muster eine Bürgschaft „auf erstes Anfordern" vorsieht, als untrennbar anzusehen sein. Eine derartige Regelung ist unwirksam (siehe hierzu Rn 862)

---

190 *Ulmer/Brandner/Hensen*, § 6 AGBG Rn 39.
191 *Glatzel/Hofmann/Frikell*, S. 62, 63.
192 OLG Düsseldorf BauR 1995, 111.
193 *Heiermann/Riedl/Rusam*, § 17 Rn 13.

mit der Konsequenz, dass überhaupt keine Gewährleistungssicherheit zu stellen ist, da das Gesetz eine solche nicht kennt. Nicht möglich ist es, diese Klausel in zwei Regelungsbereiche aufzuspalten, nämlich einmal, dass überhaupt eine Gewährleistungsbürgschaft zu stellen ist (zulässig) und zum anderen, den Inhalt dieser Bürgschaft „auf erstes Anfordern" vorzugeben (unzulässig).

5. Besonderheiten des Zusammenspiels zwischen AGBG und VOB/B

a) Ausgangslage

120 Nach ganz h.M. stellen die Regelungen der VOB/B Allgemeine Geschäftsbedingungen dar. Allerdings enthält die VOB/B eine Reihe von Regelungen, die isoliert betrachtet einer Prüfung nach dem AGBG nicht standhalten. Hierbei handelt es sich, vorausgesetzt der Verwender der VOB/B ist der Begünstigte der in Rede stehenden Regelung, im Wesentlichen um folgende Bestimmungen, für die entsprechendes teilweise entschieden ist bzw. zumindest in der Literatur berechtigterweise diskutiert wird:

- Der Kontrahierungszwang des § 1 Nr. 4 VOB/B widerspricht dem Grundsatz der Vertragsfreiheit.[194]
- Nach § 2 Nr. 5 VOB/B bei geänderten und entsprechend nach § 2 Nr. 6 VOB/B bei zusätzlichen Leistungen wird ein neuer Preis unter Berücksichtigung der Mehr- und Minderkosten gebildet, was vom „üblichen Preis" des § 632 Abs. 2 BGB abweicht.[195]
- § 2 Nr. 6 Abs. 1 VOB/B stellt einen Vergütungsanspruch des Auftragnehmers für eine zusätzliche Leistung unter den Vorbehalt, dass der Auftragnehmer den Anspruch vor Ausführung der Leistung ankündigt, was gleichfalls gegen § 632 BGB verstößt.[196]
- § 2 Nr. 8 Abs. 1 S. 1 und Abs. 2 S. 2 VOB/B sehen vor, dass der Auftragnehmer mit Ansprüchen ausgeschlossen ist, wenn er zwar eine für die Erfüllung des Vertrags notwendige Leistung auftragslos ausführt, jedoch diese zusätzliche Leistung nicht unverzüglich beim Auftraggeber angezeigt hat. Der Nachteil für den Auftragnehmer wird also ausschließlich daran geknüpft, dass er die entsprechende fristgerechte Anzeige unterlassen hat.[197]
- § 4 Nr. 8 Abs. 1 S. 1 und § 4 Nr. 8 Abs. 2 VOB/B sehen vor, dass der Auftragnehmer Nachunternehmer grundsätzlich nur mit Zustimmung des Auftraggebers beauftragen darf und diesen Verträgen die VOB/B zu Grunde zu legen ist. Das BGB kennt demgegenüber im Werkvertragsrecht grundsätzlich die Höchstpersönlichkeit der Leistungserbringung nicht (siehe Rn 35). Abs. 2 greift in den aus der Vertragsfreiheit resultierenden Grundsatz der freien Vertragsgestaltung ein.[198]
- Die Absätze 1 und 2 des § 12 Nr. 5 VOB/B fingieren die Abnahmeerklärung des Auftraggebers und kollidieren, da ein entsprechender Hinweis des Auftragnehmers nicht vorgesehen ist, mit §§ 10 Nr. 5, 9 AGBG.[199]
- § 13 Nr. 4 VOB/B verkürzt die gesetzliche Verjährungsfrist des § 638 BGB.
- Zu Lasten des Auftraggebers weicht die Regelung des § 13 Nr. 7 Abs. 1 und Abs. 2 VOB/B von § 635 BGB ab.
- Nicht fristgerecht zurückgegebene Stundenlohnzettel gelten nach § 15 Nr. 3 letzter Satz VOB/B als anerkannt. Diese Anerkenntnisfiktion verstößt gegen §§ 9, 10 Nr. 5 AGBG.[200]

---

[194] Das LG München hatte in dieser Regelung einen Verstoß gegen § 9 AGBG gesehen, der BGH (NJW 1996, 1346) hat diese Entscheidung allerdings aufgehoben und festgestellt, dass § 1 Nr. 4 VOB/B nicht gegen das AGBG verstößt.
[195] Diese Klausel ist allerdings nach BGH (NJW 1996, 1346) wirksam; a.A. *Glatzel/Hofmann/Frikell*, S. 43.
[196] Die Klausel ist nach BGH (BauR 1996, 543 ff.) und h.M. wirksam.
[197] § 2 Nr. 8 Abs. 1 S. 1 VOB/B ist bei isolierter Vereinbarung ebenso wie § 2 Nr. 8 Abs. 2 S. 2 VOB/B unwirksam, vgl. z.B. *Werner/Pastor*, Rn 1021; seit 1996 hält die Regelung jedoch wegen des Absatzes 3 (§§ 677 ff. BGB bleiben unberührt) nach diesseitiger Auffassung einer AGB-rechtlichen Prüfung stand.
[198] Nach h.M. ist diese Klausel allerdings wirksam.
[199] Nach h.M. (bislang) unwirksam, vgl. etwa *Ingenstau/Korbion*, § 12 Rn 119; infolge der Neufassung des § 640 Abs. 1 S. 3 BGB und des § 641 a BGB wird dies teilweise anders beurteilt.
[200] Vgl. hierzu *Nicklisch/Weick*, § 15 Rn 33.

- Die Regelung des § 16 Nr. 6 VOB/B (siehe Rn 64, 65) ermöglicht eine unmittelbare Zahlung des Auftraggebers an Nachunternehmer des Auftragnehmers. Nach dem BGB ist hierzu grundsätzlich die Zustimmung des Auftragnehmers erforderlich, die in der VOB/B-Regelung nicht vorgesehen ist.
- Schließlich sieht § 18 Nr. 4 VOB/B vor, dass Streitfälle den Auftragnehmer nicht dazu berechtigen, die Arbeiten einzustellen. Die Regelung ist so weit gefasst, dass sie sämtliche Zurückbehaltungsrechte des Auftragnehmers auszuschließen scheint, eine Unklarheit, die nach § 5 AGBG zu Lasten des Verwenders geht und zur Unwirksamkeit der Klausel führt.[201]

b) Privilegierung der VOB/B

Allerdings sieht § 23 Abs. 2 Nr. 5 AGBG eine Privilegierung der VOB/B dahingehend vor, dass § 10 Nr. 5 und § 11 Nr. 10 (f) AGBG auf die VOB/B keine Anwendung finden. Hieraus ist nach h.M. allerdings nicht nur zu schließen, dass aus der obigen Auflistung diejenigen Regelungen als wirksam ausgenommen sind, die lediglich gegen §§ 10 Nr. 5, 11 Nr. 10 (f) AGBG verstoßen. Vielmehr wird angenommen, **dass die VOB/B insgesamt mit dem AGBG in Einklang stehe**. Die Begründung hierfür liegt darin, dass das Gesamtwerk der VOB/B für beide Seiten als ausgewogen und angemessen anzusehen ist. Aus dieser Begründung folgt jedoch zwingend, dass die Privilegierung der VOB/B voraussetzt, dass sie „als Ganzes" vereinbart ist, da nur dann das Argument der Ausgewogenheit die Privilegierung rechtfertigt, oder umgekehrt, dass die Privilegierung mit der Konsequenz der Unwirksamkeit einzelner Regelungen (zu den entsprechenden Regelungen siehe Rn 120) in dem Moment entfällt, wenn die VOB/B nicht „im Ganzen" vereinbart ist, vielmehr **in ihren Kernbereich eingegriffen wird**.[202]

Nur in seltenen Fällen wird in Bauverträgen der vollständige und unveränderte Text der VOB/B als Grundlage vereinbart. Zentrale Bedeutung kommt somit der Frage zu, welche ergänzenden bzw. modifizierenden Regelungen in den Kernbereich der VOB/B eingreifen, so dass sie nicht mehr „als Ganzes" vereinbart ist und ihre Privilegierung verliert.

Unproblematisch ist die Fallgruppe, wo nur einzelne Regelungen der VOB/B vereinbart werden, z.B. im Rahmen eines „BGB-Bauvertrags" die Klausel enthalten ist, „Die Abnahme richtet sich nach § 12 VOB/B" oder „Hinsichtlich der Gewährleistungsfrist gilt § 13 Nr. 4 VOB/B". Bei einer derartigen Vertragsgestaltung ist die VOB/B nicht „als Ganzes" vereinbart, so dass die entsprechenden Regelungen vollständig der Inhaltskontrolle des AGBG unterliegen.

Eine ergänzende bzw. modifizierende Regelung ist **ohne Eingriff in den Kernbereich der VOB/B dort zulässig, wo diese selbst eine solche Möglichkeit eröffnet, bzw. erst eine entsprechende Vereinbarung zur Anwendung der VOB/B führt**. Enthalten etwa §§ 2 Nr. 2, 4 Nr. 4, 13 Nr. 4 VOB/B die Formulierung „wenn nicht anders vereinbart", so ist klar, dass die VOB/B grundsätzlich eine andere Vereinbarung zulassen will. Die Regelungen der VOB/B zur Vertragsstrafe (§ 11) und zur Sicherheitsleistung (§ 17) kommen überhaupt erst zur Anwendung, wenn der konkrete Vertrag eine Vertragsstrafe oder Sicherheitsleistung vorsieht („wenn vereinbart"), so dass eine diesbezügliche Vereinbarung gleichfalls zulässig sein muss.

Entscheidend ist jedoch die Frage, **in welchem Umfang diese „Öffnungsklauseln" der VOB/B ohne Verletzung des Kernbereiches ausgeschöpft werden können**. Unzweifelhaft ist insoweit nur, dass die ergänzende oder modifizierende Klausel ihrerseits mit dem AGBG vereinbar sein muss. Ist die entsprechende Klausel dies nicht, so ist sie ihrerseits unwirksam und verletzt darüber hinaus –

---

[201] Nach BGH NJW 1996, 1346, ist diese Regelung allerdings wirksam.
[202] *Werner/Pastor*, Rn 1018; *Heiermann/Riedl/Rusam*, Teil A § 10 Rn 52; *Nicklisch/Weick*, Einleitung Rn 52; *Ingenstau/Korbion*, Teil A § 10 AGBG Rn 45 ff.

gleichsam als einzige Wirkung – den Kernbereich der VOB/B, so dass diese ihre Privilegierung verliert.[203] Der Verwender einer solchen Klausel wird somit doppelt sanktioniert.

Handelt es sich demgegenüber bei der ergänzenden/modifizierenden Klausel um eine wirksame Regelung, so gilt: Abstrakte Formeln zur Festlegung, wie ein Eingriff in den Kernbereich der VOB/B vermieden wird, lassen sich nicht finden. Verfehlt ist jedenfalls der bisweilen vertretene Lösungsansatz, wonach der Kernbereich dann nicht betroffen sei, solange die modifizierende/ergänzende Regelung nicht mehr als die Wertung des BGB wiedergibt.[204] Dies würde dem Verwender nämlich die Möglichkeit eröffnen, sich alle Vorteile der VOB/B gegenüber dem BGB zu erhalten, die Nachteile jedoch auf das Maß des BGB zu reduzieren. Ein solches Vorgehen würde jedoch ersichtlich dem Grundgedanken der Privilegierung, wonach jeder Vertragsteil durch die VOB/B Vor- und Nachteile gegenüber der gesetzlichen Regelung erhält und sich gerade hieraus die Angemessenheit ergibt, zuwiderlaufen.

123 In diesem Bereich gilt es daher, die umfassende und sich ständig fortentwickelnde Einzelfallrechtsprechung zu beachten. Nachfolgend einige Beispiele, bei denen von einem Eingriff in den Kernbereich auszugehen ist:
- Abweichend von § 2 Nr. 3 VOB/B sieht der Vertrag vor, dass Mengenänderungen nicht zu einer Änderung der Einheitspreise führen.[205]
- Dem Unternehmer soll der Anspruch auf Vergütung bei Leistungsänderungen nur zustehen, wenn eine entsprechende Vereinbarung **vor** Ausführung getroffen worden ist.[206]
- Die Preisanpassungsregel des § 2 Nr. 7 VOB/B wird ausgeschlossen.[207]
- Regelungen erlegen dem Auftragnehmer trotz mitgeteilter Bedenken und somit entgegen den Regelungen der §§ 4 Nr. 3, 13 Nr. 3 VOB/B die Verantwortung für Mängel auf.[208]
- Die Kündigungsfolgen nach §§ 8 Nr. 1 bzw. 9 Nr. 3 VOB/B werden zu Lasten des Auftragnehmers abgeändert.[209]
- Der Abnahmezeitpunkt wird auf einen Termin verschoben, den der Auftragnehmer nicht beeinflussen kann.[210]
- Abweichend von § 13 Nr. 5 S. 1 VOB/B wird zu Lasten des Auftraggebers die Möglichkeit der Verjährungsunterbrechung erschwert.[211]

124 Eine neuere Auffassung vertritt mit beachtlichen Gründen, dass sich mit der **VOB/B-Fassung 1996 die Rechtsfigur „VOB/B-im Ganzen" und somit die AGB-rechtliche Privilegierung erledigt habe**.[212] Zur Begründung wird im Wesentlichen angeführt, der Gesetzgeber habe bei der Privilegierung der VOB/B durch das AGBG die Fassung vor Augen gehabt und aus staatsrechtlichen Gründen auch haben müssen, die zu diesem Zeitpunkt gegolten habe. Spätere gravierende Änderungen der VOB/B könnten von der Privilegierung nicht umfasst sein, da andernfalls das AGBG zur Disposition des VOB/B-Gebers stünde. Die in 1996 vorgenommene Änderung der VOB/B, wonach die Gewährleistungsfrist bei Teilen, bei denen die Wartung Einfluss auf Sicherheit und Funktionsfähigkeit habe, nur noch ein Jahr betrage, sei ein solch schwerwiegender Eingriff, der nicht von der gesetzlichen Privilegierung umfasst, als Allgemeine Geschäftsbedingung somit unwirksam sei und darüber hinaus den Kernbereich der VOB/B verletze. In der „VOB/B 2000" ist dieser Punkt nicht geändert worden,

---

203 *Glatzel/Hofmann/Frikell*, S. 36.
204 *Glatzel/Hofmann/Frikell*, S. 34.
205 BGH NJW 1993, 2738, Eingriff gegeben.
206 BGH BauR 1991, 211, Eingriff gegeben.
207 OLG Frankfurt BauR 1986, 225, Eingriff gegeben.
208 *Glatzel/Hofmann/Frikell*, S. 37, Eingriff gegeben.
209 *Werner/Pastor*, Rn 1020, Eingriff gegeben.
210 *Ingenstau/Korbion*, § 12 Rn 5, Eingriff gegeben.
211 *Glatzel/Hofmann/Frikell*, S. 40, Eingriff gegeben.
212 *Kraus*, Das Ende der AGB-rechtlichen Privilegierung der VOB/B, NJW 1998, 1126 ff.

so dass diese Auffassung bei der „VOB/B 2000" zu einem entsprechenden Ergebnis gelangen müsste.

Diesseits wird dieser Auffassung nicht gefolgt. Gegen sie sprechen folgende wesentliche Gesichtspunkte:

Die VOB/B ließ die Gewährleistungsfrist stets offen, da es sich bei den vorgesehenen zwei Jahren lediglich um eine „Auffangfrist" handelt („soweit nicht anders vereinbart"). Im Grundsatz besteht somit auch die Möglichkeit, diese „Auffangfrist" zu verkürzen. Insoweit dürfte es keinen Unterschied machen, ob eine Verkürzung im Rahmen eines konkreten Einzelvertrags oder abstrakt in der VOB/B selbst vorgenommen wird. Eine Verkürzung der Gewährleistungsfrist auf ein Jahr ohne Wartung, bzw. auf zwei Jahre mit Wartung stellt dann keine unangemessene Benachteiligung dar, die über die in der VOB/B enthaltene Regelung hinausgeht, wenn gute sachliche Gründe hierfür sprechen. Letzteres ist gerade bei den in ihrer Lebensdauer von einer Wartung abhängigen Teilen der Fall. **Zum einen stellt die VOB/B durch diese Regelung die üblichen Herstellervertragsbedingungen durch**. Andernfalls liefe nämlich die Gewährleistungspflicht des Werkunternehmers gegenüber dem Besteller erheblich länger als die des Herstellers gegenüber dem Werkunternehmer. Darüber hinaus muss nach der Abnahme der Besteller beweisen, dass der Mangel bereits bei Abnahme vorhanden war. Diesen Nachweis wird er bei wartungsabhängigen Teilen, die er nicht warten lässt, kaum führen können. Der erste Anschein wird regelmäßig die Mängelursache in unterlassener Wartung sehen. Schließlich entsprach es der bauvertraglichen Praxis bereits vor 1996, aufgrund der aufgeführten Gesichtspunkte bezüglich der wartungsbedürftigen Teile eine entsprechende Regelung vorzusehen. Die VOB/B-Fassung 1996 hat somit **eine bereits gängige Vertragsgestaltung lediglich nachgezeichnet**.

Zusammenfassend ist somit zu unterscheiden zwischen drei Arten von Regelungen: **125**
- AGBG-widrige Klauseln, die der VOB/B ihre Privilegierung nehmen.
- Wirksame Regelungen, die allerdings gleichfalls den Kernbereich der VOB/B berühren.
- Wirksame Regelungen, die den Kernbereich der VOB/B nicht verletzen und somit ihre Privilegierung erhalten.

Die Grenze zwischen den letzten beiden Fallgruppen ist nicht abstrakt zu ermitteln, sondern unterliegt der Entscheidung im Einzelfall.

Für die Vertragsgestaltung kann dies nur bedeuten, dass zunächst grundsätzlich abzuwägen ist, ob **126** dem Vertrag auch die Regelungen zu Grunde liegen sollen, die ohne Privilegierung unwirksam wären, oder ob der Schwerpunkt des konkreten Vertrags auf Einzelfallregelungen liegen muss, die ohne Verletzung des Kernbereichs der VOB/B nicht sicher vereinbart werden können. Im ersten Fall kann nur geraten werden, möglichst wenige Änderungen/Modifizierungen vorzunehmen. Häufig wird es ausreichen, lediglich eine Vertragsstrafe und eine Regelung zu Sicherheiten, jeweils im zulässigem Rahmen (siehe Rn 611 ff.), vorzusehen und im Übrigen die VOB/B nicht zu ändern. Erfahrungsgemäß kommt in der Praxis der zweiten Alternative allerdings größere Bedeutung zu. Oft sind hinsichtlich der zu erbringenden Sicherheiten, der Gewährleistungsfrist, der Rechtsfolgen einer verspäteten Fertigstellung – jedenfalls aus Sicht des Bauherrn – Regelungen von Nöten, die zwingend den Kernbereich der VOB/B verletzen. Es wäre dann sicherlich verfehlt, diese für die Vertragsabwicklung wichtigen Regelungen nicht vorzusehen, nur um die Privilegierung der VOB/B zu erhalten. Vergegenwärtigen muss man sich lediglich, welche Klauseln der VOB/B dann nicht mehr gelten und welche Regelungen diese Lücke schließen, damit entsprechend gehandelt und reagiert werden kann.

c) Einbeziehung in den Vertrag

127 Bezüglich der Einbeziehung der VOB/B in den Vertrag gilt § 2 AGBG, allerdings mit folgenden Erleichterungen:
Handelt es sich bei dem Vertragspartner um einen **auf dem Bausektor erfahrenen und gewerblich tätigen Unternehmer**, reicht der bloße Hinweis auf die VOB/B aus.[213] Entsprechendes gilt bei einem privaten Bauherrn, der **durch einen Architekten vertreten** wird, da ein Architekt die Vorschriften der VOB/B kennen muss und dieses Wissen dem privaten Bauherrn zugerechnet wird.[214]

6. Gängige Problemstellungen

a) Bindefristen

128 Mitunter wird ein Bauvertrag dergestalt geschlossen, dass ein bindendes Vertragsangebot des Auftragnehmers durch Zuschlag des Auftraggebers beauftragt wird (siehe Rn 91). Regelmäßig taucht hierbei die Fragestellung auf, welche maximale Bindefrist zulässig ist.

Außerhalb des Anwendungsbereiches des AGBG gilt § 148 BGB. Diese Vorschrift geht davon aus, dass der Auftragnehmer die Bindefrist selbst setzt und kennt daher keine zeitlichen Grenzen. In der Regel wird jedoch die Bindefrist vom Auftraggeber vorgegeben. Besonderheiten gelten dann, wenn der **Auftraggeber nach VOB/A ausschreibt oder die Bindefrist im Rahmen von Allgemeinen Geschäftsbedingungen vorsieht.**

§ 19 Nr. 2 VOB/A (im Wortlaut in den unterschiedlichen Abschnitten identisch) sieht den Grundsatz vor, dass die Zuschlagsfrist „so kurz wie möglich bemessen werden soll". Eine über 30 Kalendertage hinausgehende Zuschlagsfrist „soll nur in begründeten Fällen festgesetzt werden". Hieraus lässt sich entnehmen, dass **30 Kalendertage als zulässige „Regelbindungsfrist"** anzusehen sind. Kann der Auftraggeber die Vergabeentscheidung allerdings in einer kürzeren Frist treffen, dann muss er auch diese kürzere Frist vorsehen. Eine 30 Kalendertage übersteigende Frist kommt nur ausnahmsweise in Betracht, wenn „besondere und anerkennenswerte Gründe hierfür vorliegen".[215] Diese Gründe müssen nachprüfbar sein und vom Auftraggeber im Streitfall bewiesen werden.[216]

129 Bei Allgemeinen Geschäftsbedingungen gilt § 10 Nr. 1 AGBG, wonach eine Bestimmung, durch die sich der Verwender unangemessen lang die Annahme oder Ablehnung eines Angebots vorbehält, unwirksam ist. Diese Regel gilt über § 9 AGBG grundsätzlich auch im kaufmännischen Verkehr.[217] Zur Auslegung des Begriffes **„unangemessen lang"** ist davon auszugehen, dass **die 30-Kalendertagesfrist der VOB/A das in der Branche übliche Maß darstellt**. Eine Verdoppelung dieser Frist ist daher regelmäßig unangemessen lang. Andere Entscheidungen sehen eine Bindefrist von über sechs Wochen als unwirksam an, bzw. halten lediglich eine Frist von 24 Tagen für wirksam.[218]

Der vorsichtige Auftraggeber sollte daher formularmäßige Bindungsfristen von über vier Wochen nur vorsehen, wenn er im Streitfall sehr gute Gründe dafür vorbringen und beweisen kann, dass ihm eine Vergabeentscheidung nicht schneller möglich war.

---

213 *Glatzel/Hofmann/Frikell*, S. 54, 55.
214 *Werner/Pastor*, Rn 1011, 1012.
215 *Heiermann/Riedl/Rusam*, Teil A § 19 Rn 7.
216 *Ingenstau/Korbion*, Teil A § 19 Rn 13.
217 *Ulmer/Brandner/Hensen*, § 10 AGBG Rn 10.
218 *Glatzel/Hofmann/Frikell*, S. 104.

b) Gescheiterter Vertragsabschluss/Kosten der Angebotsbearbeitung

Erhält der Unternehmer den Auftrag, für den er oft kostenintensiv ein Angebot erarbeitet hat, nicht, stellen sich insbesondere die Fragen, ob und wann ein Schadensersatzanspruch gegen den ausschreibenden Auftraggeber gegeben sein kann, bzw. ob zumindest die Kosten der Angebotsbearbeitung ersetzt werden.

130

Auszugehen ist von dem Grundsatz, dass **jede Partei die im Hinblick auf den erwarteten Vertragsabschluss getätigten Aufwendungen selbst zu tragen hat** und somit mit dem Risiko belastet ist, dass sich diese Aufwendungen als nutzlos erweisen.[219] Etwas anderes gilt nur dann, wenn ein Verhandlungspartner bei der anderen Seite zurechenbar das berechtigte Vertrauen erweckt hat, der Vertrag werde auf jeden Fall zustande kommen und dann die Verhandlungen ohne triftigen Grund abbricht.[220] Hiernach kommt ein Schadensersatzanspruch des Nichtbeauftragten nur unter engen und schwer zu beweisenden Voraussetzungen in Betracht. Gelingt ein solcher Nachweis ausnahmsweise einmal, wird in der Regel nur das negative Interesse ersetzt, d.h., der Geschädigte wird so gestellt, als ob die Vertragsverhandlungen nicht geführt worden wären.[221] Klassischerweise stellt der im Rahmen der Angebotsbearbeitung betriebene Aufwand dann den zu ersetzenden Schaden dar. Das Erfüllungsinteresse, d.h., auch den entgangenen Gewinn, erhält der Geschädigte demgegenüber nur dann, wenn er den Nachweis führen kann, dass er ohne das schuldhafte Abbrechen der Vertragsverhandlungen durch den anderen Teil den Zuschlag erhalten hätte.[222]

Bei Vergabeverstößen im Rahmen einer Ausschreibung nach VOB/A gelten die vorstehenden Grundsätze entsprechend.[223]

Besteht hiernach ein Schadensersatzanspruch des nichtbeauftragten Bieters nicht, verbleibt die Frage, ob er wenigstens den für die Angebotsbearbeitung betriebenen Aufwand vergütet erhält. Diese Frage wird durchgängig in der Rechtsprechung verneint. Etwas anderes wird ausnahmsweise nur dann angenommen, wenn die Leistung, die der Unternehmer zur Vorbereitung seines Angebotes erbracht hat, **Gegenstand eines separaten Auftrages gewesen ist**. Für diesen Umstand trägt der Unternehmer die Beweislast. Die Aufforderung, ein Angebot zu erstellen, reicht für die Annahme eines konkludent erteilten Auftrages regelmäßig nicht aus.[224]

131

Zufrieden stellend erscheint diese Rechtslage für den Unternehmer nicht. Eine spezielle Vergütung für seine Angebotsbearbeitung wird er angesichts der bestehenden Marktlage schwerlich vereinbaren können. Auf der anderen Seite werden Auftraggeber geradezu ermutigt, vom Auftragnehmer Leistungen abzurufen, die ihnen einerseits ermöglichen, ihre Projektplanung zu detaillieren und Vergleichspreise einzuholen, und die andererseits dann honorierungspflichtig wären, wenn sie hierfür einen Architekten oder Ingenieur beauftragen würden.

c) Der Kalkulationsirrtum

Ist es zum Vertragsabschluss gekommen, währt die Freude des Auftragnehmers bisweilen nicht lange, da dann bemerkt wird, dass der beauftragte – bzw. auch nur bindend angebotene – Preis wegen „diverser Irrtümer" nicht auskömmlich ist. Unter rechtlichen Gesichtspunkten sind im Wesentlichen folgende Fehlergruppen zu unterscheiden:

132

---

[219] BGH NJW-RR 1989, 627.
[220] OLG Koblenz, NJW-RR 1997, 974.
[221] *Ingenstau/Korbion*, Einleitung Rn 66.
[222] *Heiermann/Riedl/Rusam*, Teil A § 9 Rn 45.
[223] *Werner/Pastor*, Rn 1887 ff.
[224] OLG Düsseldorf BauR 1991, 613, 614.

Beispiel
Eine Position des Leistungsverzeichnisses (zum Begriff siehe Rn 138) soll nach Kubikmetern aufgemessen werden. Der Unternehmer hält 500 DM für den richtigen Einheitspreis und will ihn anbieten.

Variante 1
Infolge eines Schreibfehlers der Sekretärin werden nur 50 DM als Einheitspreis (EP) angegeben.

Variante 2
Der Unternehmer trägt versehentlich 50 DM bei dieser Position ein, da er meint, es sei, wie an anderer Stelle, der Einheitspreis für Quadratmeter aufgerufen.

Variante 3
Der Unternehmer setzt 500 DM als EP ein. Bei Bildung dieses EP ist er davon ausgegangen, dass die von ihm verwandte, jedoch längst überholte Baugeräteliste aktuelle Preise enthält. Für die Ausführung hat er den kostengünstigsten Nachunternehmer vorgesehen, der jedoch während der Ausführung insolvent wird.

Variante 4
Wie zuvor Variante 3, allerdings legt der Auftragnehmer dem Auftraggeber seine Kalkulation bei Angebotserstellung offen.

Variante 5
Wie zuvor Variante 4, allerdings erkennt der Auftraggeber, dass der Auftragnehmer sich verkalkuliert hat.

In Variante 1 ist ein **Erklärungsirrtum** angesprochen, der nach § 119 Abs. 1 Alt. 2 BGB zur Anfechtung berechtigt. Typisch für diesen Irrtum sind Fälle des Versprechens, Verschreibens, Verhörens, Verlesens.[225]

Variante 2 stellt einen **Irrtum über den Erklärungsinhalt** dar, der nach § 119 Abs. 1 Alt. 1 BGB gleichfalls zur Anfechtung berechtigt. Der Erklärende hat die Erklärung zwar so abgegeben, wie er sie abgeben wollte, aber aus seiner Sicht bedeutet die Erklärung etwas anderes als aus Sicht des Empfängers.[226]

Die Beweislast für die konkreten, dem Irrtum zu Grunde liegenden Umstände trägt in den geschilderten Fällen der Auftragnehmer.[227] Ein solcher Beweis wird regelmäßig nur schwer zu führen sein, da der „falsche Preis" ebenso Konsequenz anderer Umstände, z.B. von Spekulation, gewesen sein kann.

Bei Variante 3 handelt es sich um einen so genannten „Kalkulationsirrtum", da dem Unternehmer bei der Berechnung seiner Preise ein Fehler unterlaufen ist. Typische Fallgruppen sind falsche Rechenoperationen, vergessene Kostenansätze, usw.[228] Unterschieden wird bisweilen zwischen dem **Kalkulationsirrtum im engeren Sinne** (so Variante 3, 1. Alternative), der die Preisbildung zum Angebot/Vertragsabschluss umfasst und dem **Kalkulationsirrtum im weiteren Sinne** (so Variante 3, 2. Alternative), wenn sich während der Bauausführung herausstellt, dass die vom Bieter angenommenen kalkulatorischen Ansätze unzutreffend sind.[229]

---

225 *Palandt*, § 119 BGB Rn 10.
226 *Erman*, § 119 BGB Rn 34.
227 *Palandt*, § 119 BGB Rn 32.
228 *Schelle*, Anfechtungstatbestände nach §§ 119, 120 BGB im Bauvertragswesen, BauR 1985, 511, 513.
229 *Schelle*, a.a.O.

Beide aufgezeigten Alternativen sind bloße **„Motivirrtümer"**, die nicht zur Anfechtung berechtigen. Die der Preisermittlung zu Grunde liegenden Annahmen, die der Auftraggeber nicht beeinflusst hat, gehen grundsätzlich zu Lasten des Auftragnehmers.[230] Diese Grundregel gilt ausnahmslos für den so genannten **„inneren Kalkulationsirrtum"**. Hier wird dem Auftraggeber nur das Ergebnis der irrigen Kalkulation mitgeteilt, nicht jedoch die zu Grunde liegende Kalkulation. In diesem Fall kann der Auftraggeber nämlich die Fehlerhaftigkeit der Kalkulation in keiner Weise erkennen.[231] Schwieriger ist demgegenüber die Handhabung des **„externen Kalkulationsirrtums"**. Die irrige Kalkulation war hier dem Angebot so beigefügt, dass sie für den Auftraggeber erkennbar war.

War die Kalkulation beigefügt und der Kalkulationsirrtum hieraus nur erkennbar – so Variante 4 –, scheidet eine Anfechtung regelmäßig gleichwohl aus.[232] Etwas anderes gilt nur dann, wenn sich der andere Teil die unrichtige Kalkulation so zu eigen macht, dass eine Nichtberücksichtigung des Fehlers gegen das Verbot des „venire contra factum proprium" verstoßen würde.[233]

Erkennt allerdings der Auftraggeber den Kalkulationsirrtum des Auftragnehmers – so Variante 5 –, kommt im Falle einer Beauftragung ein Schadensersatzanspruch aus cic in Betracht.[234] Soweit die positive Kenntnis des Auftraggebers durch eine Mitteilung des Auftragnehmers hervorgerufen wird, ist jedoch weitere Voraussetzung, dass der Auftraggeber den Angaben des Auftragnehmers trauen darf. Die Anforderungen hieran sind recht hoch. So ist dies bei einem Preis, der 50 % unter dem Preis der anderen Bieter lag, von der Rechtsprechung abgelehnt worden.[235]

Klauseln in Allgemeinen Geschäftsbedingungen des Auftraggebers, wonach die Anfechtung wegen eines Preis- oder Kalkulationsirrtums des Auftragnehmers ausgeschlossen ist, **verstoßen gegen § 9 AGBG und sind somit unwirksam**.[236] Mit einer solchen Klausel würde nämlich auch ausgeschlossen, dass der Auftragnehmer ihm nach § 119 Abs. 1 BGB infolge Inhalts- oder Erklärungsirrtums zustehende Anfechtungsrechte geltend macht. Weiter wäre der Einwand abgeschnitten, der Auftraggeber habe den Irrtum erkannt und ein Festhalten am Vertrag sei somit „unzulässige Rechtsausübung".

III. Die Beschreibung der Leistung

1. Allgemeines

Die Beschreibung der Leistung ist das **Kernstück des Bauvertrages**. Hierdurch wird nicht nur festgelegt, welchen werkvertraglichen Erfolg[237] der Unternehmer schuldet, sondern u. a. auch, was mit der vereinbarten Vergütung abgegolten ist, wo die Prüf- und Hinweispflicht des Unternehmers beginnt und wo sie endet, wann und ob eine Leistung mangelhaft ist, ob eine geänderte oder zusätzliche Leistung vorliegt, was wiederum weitere Fragen aufwirft, nämlich, ob hierdurch eine geänderte Vergütung bzw. eine geänderte Bauzeit ausgelöst wird.

Zwingende Vorgaben, wie die Leistung zu beschreiben ist, ergeben sich für den privaten Bauherren weder aus dem BGB noch aus der VOB/B. § 631 S. 1 BGB definiert lediglich die Hauptpflicht des Unternehmers dahingehend, das versprochene Werk herzustellen, was dieses jedoch im Einzelfall ist, muss dem – nötigenfalls auszulegenden – Vertragsinhalt entnommen werden.[238] Für

---

230 *Werner/Pastor*, Rn 2339.
231 OLG Köln BauR 1995, 98.
232 BGH BauR 1986, 334, 335.
233 *Ingenstau/Korbion*, § 2 Rn 139.
234 BGH BauR 1995, 842 ff.
235 OLG Köln BauR 1995, 98, 99.
236 OLG Düsseldorf BauR 1983, 368 ff.
237 Vgl. zum Wesen des Werkvertrages etwa *Palandt*, vor § 631 Rn 5.
238 *Erman*, § 631 Rn 9.

den „VOB/B-Bauvertrag" folgt aus § 1 Nr. 1 S. 1 VOB/B in entsprechender Weise, dass Art und Umfang der auszuführenden Leistung durch den Vertrag bestimmt werden. Allerdings ergibt sich weiterhin aus § 1 Nr. 1 S. 2 und § 4 Nr. 2 S. 2 VOB/B, dass Bestandteil des Vertrages auch die Allgemeinen technischen Vertragsbedingungen, mithin die Regelungen der VOB/C und die allgemein anerkannten Regeln der Technik werden. Anhaltspunkte dafür, wie die Leistung rechtstechnisch beschrieben und in den Vertrag eingeführt wird, ergeben sich lediglich aus der Widerspruchsregelung des § 1 Nr. 2 VOB/B. Hiernach gelten nacheinander die Leistungsbeschreibung, die Besonderen Vertragsbedingungen, etwaige zusätzliche Vertragsbedingungen, die Allgemeinen technischen Vertragsbedingungen für Bauleistungen und die Allgemeinen Vertragsbedingungen für die Ausführung von Bauleistungen, Formulierungen, die 2 Nr. 1 VOB/B – erweitert um die gewerbliche Verkehrssitte – aufgreift.

Der private Auftraggeber ist daher grundsätzlich völlig frei, wie er die gewünschte Leistung beschreibt. Eine **detaillierte Beschreibung**, z.B. einer Heizungsanlage „bis auf die letzte Schraube", ist ebenso zulässig wie lediglich die ganz **globale Umschreibung** des gewünschten Erfolges, z.B. einer Heizungsanlage, die folgende Leistung „...." (definiert durch das gewünschte Ergebnis) erbringen muss. Eine **textliche Beschreibung** ist genauso möglich wie eine ausschließlich **planerische Darstellung**. Selbstverständlich kann der Auftraggeber auch alle denkbaren Formen kombinieren, d.h. detaillierte und globale Beschreibungen, teils in Plänen und teils textlich ausgedrückt, verwenden.

Anderes gilt im Rahmen einer Ausschreibung, die der VOB/A unterliegt. Insoweit macht § 9 VOB/A dem Auftraggeber als **„Grundgesetz der Leistungsbeschreibung"** klare Vorgaben. Die Regelung des § 9 VOB/A wird nachfolgend kurz behandelt, da sie erfahrungsgemäß Begrifflichkeiten und Gedanken enthält, die auch außerhalb des Anwendungsbereiches der VOB/A verwendet werden.

Abschließend folgender dringender Hinweis:

135 Bedauerlicherweise gilt das Augenmerk des juristischen Beraters diesem zentralen Komplex viel zu wenig. Häufig wird blind darauf vertraut, dass die erstellten Pläne und die textlichen Beschreibungen, die ja von kompetenten Fachleuten erstellt worden sind, das Gewollte zutreffend, vollständig und widerspruchsfrei wiedergeben. Was vereinbarte Leistung ist, wird erstmals überprüft, wenn es um die Berechtigung von Nachträgen geht.

Selbstverständlich muss es anders sein. Der juristische Berater darf keine Scheu davor haben, sich zumindest grob den Inhalt der textlichen Beschreibung und Pläne erläutern zu lassen, um im Rahmen einer Art Schlüssigkeitsprüfung nachvollziehen zu können, was wo und wie detailliert beschrieben ist und ob diese Beschreibung an der richtigen Rangstelle in den Vertrag einfließen soll.

Daneben tauchen bereits bei der Beschreibung der Leistung „klassische Rechtsprobleme" auf, die die Art der Beschreibung, die der Auftraggeber wählt, beeinflussen können. Zur Verdeutlichung einige

> *Beispiele*
> Beschreibt der Auftraggeber ein Gewerk im Detail und stellt sich nachher heraus, dass die Beschreibung unvollständig war, muss der Auftragnehmer dann diese Lücke kostenneutral schließen? Zumindest dann, wenn er die Lücke erkannt hat? Erkennen konnte? Jedenfalls dann, wenn der Vertrag eine „schlüsselfertige Herstellung" vorsieht? Oder eine Vollständigkeitsklausel enthält? Macht es einen Unterschied, ob derartige Regelungen individuell vereinbart oder lediglich in Allgemeinen Geschäftsbedingungen enthalten sind?
>
> Kann im umgekehrten Fall, d.h. die Leistung ist nur ganz global beschrieben, der Auftraggeber diese noch nach Vertragsabschluss durch Details nach seiner Wahl kostenneutral ausfüllen?

Klare Antworten auf diese Fragen sind selbstverständlich vor Vertragsabschluss von Nöten, damit der jeweils beratene Vertragsteil seine Vertragsgestaltung, Technik und seine Verhandlungsstrategie hierauf abstimmen kann.

2. Leistungsbeschreibung nach § 9 VOB/A

a) Grundsätzliches

Im Rahmen einer Vergabe nach VOB/A stellt § 9 VOB/A das **Kernstück der Vergabeunterlagen sowie des späteren Vertragsinhaltes** dar. Auch außerhalb der VOB/A bietet diese Norm jedoch Anhaltspunkte dafür, was bei einer ordnungsgemäßen Leistungsbeschreibung (jedenfalls als wünschenswert) zu beachten – wenn auch keineswegs zwingend einzuhalten – ist und entfaltet somit auch Relevanz für das Vertragsverhältnis zwischen dem Ausschreibenden und seinem Architekten/Ingenieur/Sonderfachmann.[239] Daher sollen die Ausschreibungsgrundsätze des § 9 VOB/A nachfolgend kurz erläutert werden.

136

b) Die drei Gruppen des § 9 VOB/A

aa) Allgemeines

§ 9 VOB/A ist in drei Gruppen eingeteilt.

Die **erste Gruppe „Allgemeines"** befasst sich mit den allgemein gültigen und grundlegenden Anforderungen, die an die Beschreibung der Leistung zu stellen sind. Insoweit definiert § 9 Nr. 1 VOB/A den Grundsatz, dass die Leistung **eindeutig und erschöpfend** zu beschreiben ist. Insbesondere aus § 9 Nr. 3 VOB/A und dort dem Abs. 3 lässt sich entnehmen, dass diese Beschreibungspflicht nicht nur den qualitativen Bauinhalt, d.h. was gebaut werden soll, sondern auch die Bauumstände, d.h. wie, in welcher Zeit und unter welchen Rahmenbedingungen gebaut werden soll, umfasst. Schließlich legt § 9 Nr. 2 VOB/A fest, dass dem Auftragnehmer **kein ungewöhnliches Wagnis** für Umstände und Ereignisse, die er nicht beeinflussen kann, aufgebürdet werden darf.

137

Eine nähere Detaillierung dieser Vorgaben findet sich in den Ziffern 1.1 und 1.2 des **Vergabehandbuches für Öffentliche Auftraggeber** zu § 9 VOB/A.[240] Hiernach setzt eine eindeutige Leistungsbeschreibung voraus, dass Art und Umfang der geforderten Leistungen mit allen dafür maßgebenden Bedingungen, z.B. hinsichtlich Qualität, Beanspruchungsgrad, zu erwartenden Erschwernissen, besonderen Bedingungen der Ausführung usw. zweifelsfrei und widerspruchsfrei zu erkennen sind. Eine vollständige Beschreibung erfordert, dass Art und Zweck des zu erstellenden Werkes, alle erforderlichen Teilleistungen und alle für die Herstellung spezifischen Bedingungen und Anforderungen dargestellt sind. Art, Qualität und Modalitäten der Ausführung müssen den anerkannten Regeln der Technik, den Allgemeinen technischen Vertragsbedingungen oder etwaigen leistungs- oder produktspezifischen Vorgaben entsprechen, soll die Leistungsbeschreibung technisch richtig sein. Ungewöhnliche Risiken sind z.B. gegeben, wenn dem Auftragnehmer die dem Auftraggeber obliegenden Aufgaben der Planung und Bauvorbereitung übertragen werden, oder der Auftragnehmer eine Garantie für die Vollständigkeit der vom Auftraggeber erstellten Leistungsbeschreibung abgeben soll.

bb) Leistungsbeschreibung mit Leistungsverzeichnis

Die **zweite Gruppe des § 9 VOB/A (Nr. 6–9)** enthält eine Alternative, die im Rahmen der VOB/A als Regel anzusehen ist,[241] wie die Vorgaben der ersten Gruppe konkret umgesetzt werden können, und zwar durch eine Leistungsbeschreibung mit Leistungsverzeichnis.

138

Die Leistungsbeschreibung, **auch Baubeschreibung** genannt, dient dazu, einen klaren Überblick über das angestrebte Leistungsziel der Gesamtleistung zu verschaffen. Hierzu zählen etwa Angaben zur Lage, zum Gegenstand der Ausführung, zum Gesamtzweck der Bauleistung, zur vorgesehenen Nutzung usw.[242] Da Adressaten der Baubeschreibung auf bautechnischem Gebiet fachkundige Un-

---

239 *Werner/Pastor*, Rn 1129.
240 Abgedruckt bei *Ingenstau/Korbion*, Teil A § 9 Rn 23.
241 *Heiermann/Riedl/Rusam*, Teil A § 9 Rn 20 ff.
242 *Ingenstau/Korbion*, Teil A § 9 Rn 88 ff.

ternehmer sind, muss sie selbstverständlich nur solche Punkte aufführen, die nicht von vornherein für entsprechende Fachleute klar und eindeutig sind. Darüber hinaus hat sich die Baubeschreibung auf technische Angaben zu beschränken, und zwar auf solche, die für die Gesamtleistung und nicht etwa nur für Teilleistungen relevant sind.

Nach § 9 Nr. 7 VOB/A ist die Leistung weiterhin, wenn nötig, zeichnerisch oder durch Probestücke darzustellen bzw. anders zu erklären. Hierbei handelt es sich jedoch nur um ein Ergänzungsmittel der Baubeschreibung, das diese jedoch nicht ersetzt.[243] In der Regel wird insoweit auf die Ausführungsplanung des bauplanenden Architekten zurückgegriffen.

Das Leistungsverzeichnis ist eine aus technischer Sicht aufgestellte Liste, die die Leistungsanforderungen im Einzelnen enthält. Es ist so aufzugliedern, dass unter einer **Ordnungszahl (Position)** nur solche Leistungen aufgenommen werden, die nach ihrer technischen Beschaffenheit und für die Preisbildung als gleichwertig anzusehen sind. Häufig wird insoweit auch von „Teilleistungen" gesprochen, die in einer Position zusammengefasst sind.[244] Umgekehrt dürfen grundsätzlich (Ausnahme: § 9 Nr. 9 S. 2 VOB/A) ungleichartige Leistungsanforderungen nicht unter einer Ordnungszahl zusammengefasst werden.

> *Beispiel*
> Ist im Rahmen von Erdarbeiten Boden verschiedener Klassen auszuheben und sind teilweise auch Fundamente zu beseitigen, ist für jede Bodenklasse und die Beseitigung der Fundamente eine eigene Position vorzusehen, da die jeweiligen Leistungsanforderungen unterschiedlich sind.

cc) Leistungsbeschreibung mit Leistungsprogramm

139 Die **dritte Gruppe des § 9 VOB/A** „Leistungsbeschreibung mit Leistungsprogramm" (Nr. 10–12) setzt schließlich die Vorgaben der ersten Gruppe durch eine gegenüber der zweiten Gruppe völlig andere Technik um. Vom Auftraggeber wird lediglich der Rahmen, das Programm, insbesondere aber die Funktion der gewünschten Bauleistung angegeben. Es ist dann Aufgabe des Auftragnehmers/Bieters, diesen Rahmen auszufüllen. Vom Auftragnehmer werden daher – ganz anders als bei der zweiten Gruppe – Planungsleistungen verlangt.[245]

Diese Beschreibungsform stellt im Rahmen der VOB/A die Ausnahme dar. Sie ist nur zulässig, wenn es nach Abwägen aller Umstände zweckmäßig ist, auch den Entwurf der Leistungen dem Wettbewerb zu unterstellen, um zu gewährleisten, dass die technisch, wirtschaftlich, gestalterisch und funktionsmäßig beste Lösung erreicht wird. Darüber hinaus stellen Nr. 11 und ergänzend hierzu die Richtlinie 7.2 des Vergabehandbuches Anforderungen an Inhalt und Angaben des Leistungsprogrammes auf.[246] So sind regelmäßig zumindest anzugeben die Beschreibung des Bauwerkes, die allgemeine Beschreibung des Gegenstandes der Leistung nach Art, Zweck und Lage, die Beschreibung der örtlichen Gegebenheiten, die Beschreibung der Anforderungen an die Leistung, die vorgesehene Art der Nutzung und das Flächen- und Raumprogramm.

c) Rechtsfolgen eines Verstoßes gegen § 9 VOB/A

140 Häufig resultieren Streitigkeiten zwischen Auftraggeber und Auftragnehmer daraus, dass der Auftragnehmer geltend macht, der Auftraggeber habe bei der Beschreibung der Leistung die Vorgaben des § 9 VOB/A verletzt, insbesondere unrichtige oder unvollständige Angaben gemacht, woraus dem Auftragnehmer ein Schaden in Form von Mehraufwand entstanden sei. Hierzu gelten folgende Grundsätze:

---

243 *Heiermann/Riedl/Rusam*, Teil A § 9 Rn 27.
244 *Ingenstau/Korbion*, Teil A § 9 Rn 116.
245 *Heiermann/Riedl/Rusam*, Teil A § 9 Rn 35.
246 *Ingenstau/Korbion*, Teil A § 9 Rn 162.

Ansprüche unmittelbar auf § 9 VOB/A gestützt scheiden aus.[247] In der Diskussion steht die Frage, ob § 9 VOB/A ein Schutzgesetz im Sinne von § 823 Abs. 2 BGB darstellt,[248] was diesseits allerdings nicht angenommen wird. Anzuerkennen ist jedoch, dass der Bieter grundsätzlich darauf vertrauen darf, dass die Regelungen des § 9 VOB/A eingehalten werden, ihm z.B. kein ungewöhnliches Wagnis aufgebürdet wird.[249] Hieraus folgt zunächst, dass **Widersprüche oder Unklarheiten in der Beschreibung – soweit möglich – zunächst so auszulegen sind, dass ein VOB/A-konformes Ergebnis erzielt wird.** Darüber hinaus sind Risiken, die ein ungewöhnliches Wagnis darstellen, soweit sie nicht explizit offen ausgewiesen oder für den Auftragnehmer unschwer zu erkennen sind, **gar nicht Vertragsinhalt geworden.**[250] Schließlich kommen aus den vorgenannten Überlegungen auch Ansprüche aus cic bzw. nach Vertragsabschluss aus pFV in Betracht, vorausgesetzt, **dass das Vertrauen des Auftragnehmers/Bieters schutzwürdig ist.** Hieran fehlt es nach der Rechtsprechung dann, wenn die Lücke in der Beschreibung bzw. der Fehler für den Auftragnehmer klar zu erkennen war, dieser wäre dann nämlich gefordert gewesen, alle Zweifelsfragen abzuklären.[251] Ansprüche aus cic oder pFV setzen also entweder voraus, dass der Fehler in der Beschreibung bzw. die Lücke oder die Risikozuweisung für den Auftragnehmer nicht erkennbar war, oder der Auftraggeber vorhandene relevante Informationen an den Auftragnehmer nicht weitergeleitet hat.[252]

Plastisch dargestellt und somit gut nachvollziehbar ergeben sich die Grundlinien der Rechtsprechung aus den sogenannten Entscheidungen „Wasserhaltung I und II". Im ersten Fall hatte ein Bundesland ohne weitere nähere Angaben „Wasserhaltung" ausgeschrieben. Der Bieter kalkulierte eine offene Wasserhaltung, musste jedoch wegen der Grundwasserverhältnisse eine erheblich aufwändigere, geschlossene Wasserhaltung erstellen. Diese war nach der zutreffenden Auffassung des BGH allerdings auch geschuldet. Der Bieter konnte der Beschreibung nämlich unschwer entnehmen, dass das Risiko besteht, dass die von ihm angenommene offene Wasserhaltung nicht zu realisieren ist. Schutzwürdiges Vertrauen konnte seinerseits somit nicht aufgebaut werden. Er wäre vielmehr gefordert gewesen, die Einzelheiten näher aufzuklären bzw. entsprechende Vorbehalte in sein Angebot aufzunehmen. All dies hat er jedoch unterlassen und somit sehenden Auges das für ihn erkennbare Risiko übernommen.[253] Die zweite Fallgestaltung verhielt sich analog, jedoch wandt der Bieter jetzt ein, es sei eine Situation eingetreten, die nach der konkreten Sachlage völlig ungewöhnlich sei und mit der keine Seite gerechnet habe. Richtigerweise hält der BGH dieses Argument für relevant.[254] Zu prüfen ist nämlich, ob sich für den Bieter ein ungewöhnliches Wagnis realisiert hat, das dann überhaupt nicht Leistungsumfang geworden ist (siehe oben).

Selbstverständlich ist bei derartigen Konstellationen auch immer an eine Heranziehung der Regeln über den Wegfall der Geschäftsgrundlage zu denken.

3. Leistungsbeschreibung außerhalb des § 9 VOB/A

a) Grundsätzliches

Auf den privaten Auftraggeber, für den § 9 VOB/A nicht gilt, lassen sich die unter vorstehender Nr. 2 aufgeführten Kriterien nicht übertragen. So gilt der Grundsatz des Vorrangs der Leistungsbeschreibung mit Leistungsverzeichnis ebenso wenig wie die Regeln der ersten Gruppe. Demgemäß ist die

---

247 *Kapellmann/Schiffers*, Bd. 2, Rn 569.
248 *Kapellmann/Schiffers*, Bd. 2, Rn 569c).
249 *Dähne*, Auftragnehmeransprüche bei lückenhafter Leistungsbeschreibung, BauR 1999, 289, 293.
250 *Kapellmann/Schiffers*, Bd. 2, Rn 569a).
251 *Dähne*, a.a.O., S. 301.
252 *Ingenstau/Korbion*, Teil A § 9 Rn 38.
253 BGH BauR 1992, 759.
254 BGH BauR 1994, 237; zustimmend *Dähne*, a.a.O., S. 296; *Kapellmann/Schiffers*, a.a.O., Rn 569a), 569b).

Basis für einen Anspruch des Auftragnehmers aus cic, nämlich das erforderliche Vertrauen, regelmäßig nicht gegeben. Ganz im Gegenteil: Der Auftragnehmer muss davon ausgehen, dass ihm der Auftraggeber ein „ungewöhnliches Wagnis" auferlegen will.

Zu den maßgeblichen Grundregeln und den häufigsten Streitfragen nachfolgende Anmerkungen:

b) Detaillierte Beschreibung

143 Entscheidet sich der Auftraggeber dazu, die geforderte Leistung detailliert zu beschreiben, z.B. bei einer Heizungsanlage „jede benötigte Schraube" anzugeben, **so ist auch nur das vom Auftragnehmer als Leistung geschuldet, was so detailliert beschrieben ist**. Anders herum folgt hieraus, dass das, was nicht in der detaillierten Beschreibung enthalten ist, auch nicht vom Auftragnehmer geschuldet wird, weil es nicht zum vertraglichen Leistungsumfang gehört. Problematisch gestalten sich folgende Fallkonstellationen:

Variante 1
Die detaillierte Beschreibung ist lücken- oder fehlerhaft, so dass im Rahmen ihrer Umsetzung durch den Auftragnehmer keine funktionsfähige Werkleistung entsteht.

Variante 2
Wie Variante 1, jedoch handelt es sich um einen Pauschalvertrag.

Variante 3
Wie Variante 1, jedoch enthält der Vertrag eine Klausel, wonach der Auftragnehmer eine schlüsselfertige", „betriebsbereite", „funktionsfähige" Werkleistung schuldet (so genannte Vollständigkeits- oder Komplettheitsklausel).

Variante 4
Wie Variante 1, jedoch enthält der Vertrag eine Klausel, wonach der Auftragnehmer die Pflicht hat, die Planung des Auftraggebers zu prüfen, bzw. der Auftragnehmer nach entsprechender Prüfung bestätigt, dass diese geeignet ist, ein funktionsfähiges Ergebnis zu erreichen.

144 Bei Variante 1 ist entsprechend allgemeinen Rechtsgrundsätzen im ersten Schritt durch Auslegung zu ermitteln, **ob der detaillierte Leistungsbeschrieb nicht erweitert wird durch ein globales Element, das das Leistungsziel (funktionsfähiges Ergebnis) enthält**.[255] Maßgeblich ist insoweit der objektive Empfängerhorizont. Heranzuziehen sind neben der vertraglichen Leistungsbeschreibung auch alle weiteren Vertragsbestandteile, wie sie beispielhaft nachfolgend unter 4 erläutert werden. Anhaltspunkte für globale Leistungsziele sind z.B. Begriffe wie „schlüsselfertig", „funktionsfähig", „betriebsbereit", usw. Ergibt diese Auslegung – als Zwischenergebnis – dass der Vertrag keine über die Detailbeschreibung hinausgehenden globalen Leistungsziele enthält, ist mehr als das Detail vom Auftragnehmer auch nicht geschuldet. Verbleiben insoweit Zweifel, gehen diese nach § 5 AGBG zu Lasten des Auftraggebers.

Geht diese Auslegung zu Lasten des Auftragnehmers aus, was selbstverständlich eine entsprechende wirksame Regelung voraussetzt, ist über das Detail hinaus vom Auftragnehmer Vollständigkeit geschuldet.

Andernfalls (Auslegung zu Gunsten des Auftragnehmers bzw. verbleibende Zweifel) ist allerdings die Prüfung noch nicht beendet. Vielmehr ist in einem **zweiten Prüfungsschritt** festzustellen, ob der Auftragnehmer den Vollständigkeitswunsch des Auftraggebers, der über die detaillierte Beschreibung hinausgeht, erkennen konnte.[256] An diese sich aus Treu und Glauben ergebende Prüfpflicht des Auftragnehmers dürfen allerdings keine zu hohen Anforderungen gestellt werden. Grundsätzlich darf

---

[255] Vgl. zum ersten Schritt der „Drei-Schritt-Lehre" von *Kapellmann/Schiffers* ihren Bd. 2, Rn 244–252.
[256] *Kapellmann/Schiffers*, a.a.O., Rn 253–264.

sich der Auftragnehmer auf die Richtigkeit und Vollständigkeit der vom Auftraggeber gemachten Angaben verlassen. Im Normalfall wird der Auftragnehmer daher nicht erkennen können, dass der Auftraggeber mehr will als er sagt. Zweifel gehen zu Lasten des Auftraggebers, der insoweit die Beweislast trägt.

Gelangt man – ausnahmsweise – zu dem Ergebnis, dass der Auftragnehmer das über die detaillierte Leistungsbeschreibung hinausgehende globale Leistungsziel erkennen konnte, ist abschließend **in einem dritten Schritt** zu klären, ob der Auftragnehmer dieses positiv erkannt hat und insoweit vorsätzlich entsprechende Mitteilungen an den Auftraggeber unterlassen hat, oder ob ihm lediglich ein fahrlässiges „Nichterkennen" anzulasten ist.[257] Im ersten Fall handelt es sich nach der Rechtsprechung um den sogenannten „frivolen Auftragnehmer".[258] Dieser muss die das Detail vervollständigende Leistung erbringen, **ohne dass auf der Vergütungsseite eine entsprechende Anpassung erfolgt**. Hat der Auftragnehmer demgegenüber den Vollständigkeitswunsch des Auftraggebers nur fahrlässig nicht erkannt, stellt sich die hierzu erforderliche, über die Detailregelung hinausgehende Leistung als nicht geschuldet dar und es gilt somit, dass es sich, soweit gleichwohl vom Auftraggeber entsprechende Vervollständigung gefordert wird, hierbei um eine zusätzliche (und vergütungspflichtige) Leistung handelt. Allerdings ist der Auftragnehmer verpflichtet, dem Auftraggeber den Schaden zu ersetzen, der dadurch entstanden ist, **dass er den entsprechenden Hinweis nicht früher gegeben hat**.[259]

Zur Variante 2 gilt: Ist die Leistung detailliert beschrieben und handelt es sich gleichwohl um einen Pauschalvertrag, was ohne weiteres möglich ist, so betrifft die „Pauschale" nur die Vergütungs-, nicht aber die Leistungsseite. **Es gibt kein „Allgemeines Wesen des Pauschalvertrages", das dazu führen würde, eine detaillierte Leistungsbeschreibung irgendwie zu verändern.** An dem Ergebnis gemäß vorstehender Variante 1 ändert sich somit nichts.

Vollständigkeitsregelungen, wie sie in Variante 3 enthalten sind, sind als individuelle Vereinbarungen stets zulässig.[260] Der Auftragnehmer kann klar erkennen, was von ihm verlangt wird, welches Leistungsziel erreicht werden soll, auch wenn der Weg dorthin nur unvollständig oder gar nicht beschrieben ist. Somit kann der Auftragnehmer das für ihn bestehende Risiko eigenverantwortlich beurteilen und kalkulieren. Zu den sich dann ergebenden weiteren Einzelfragen gelten die Grundsätze über die globale Beschreibung, wie sie nachfolgend unter c) dargestellt sind.

Als Allgemeine Geschäftsbedingungen sind derartige Klauseln demgegenüber unwirksam. Dem Auftragnehmer wird als unangemessene Benachteiligung im Sinne des § 9 AGBG eine Art „Garantiehaftung" für die Vollständigkeit der Planung des Auftragnehmers übertragen.[261]

Bei Regelungen wie in Variante 4 angesprochen gelten die Aussagen zu Variante 3 entsprechend. Gerade im regelmäßig betroffenen Bereich der Allgemeinen Geschäftsbedingungen stellt der Ausschluss für eigene Planungsfehler und die Abwälzung dieser Fehler auf den Auftragnehmer eine unangemessene Benachteiligung des Auftragnehmers dar.[262]

---

257 *Kapellmann/Schiffers*, a.a.O., Rn 265–272.
258 *Dähne*, a.a.O., S. 302.
259 *Kapellmann/Schiffers*, a.a.O., Rn 270.
260 *Kapellmann/Schiffers*, a.a.O., Rn 272.
261 *Werner/Pastor*, Rn 1196.
262 Vgl. die Beispiele bei *Glatzel/Hofmann/Frikell*, S. 115, 193.

c) Globale Beschreibung

147 Anders gestaltet sich die Situation, wenn der Auftraggeber die gewünschte Leistung global / funktional beschreibt und im Wesentlichen lediglich sein Leistungsziel, z.B. „schlüsselfertiges Bürogebäude, 6 Geschosse, vermietbare Fläche von ca. 4.200 qm, gehobener Standard" vorgibt. Diese Beschreibungstechnik lässt bei Vertragsabschluss einen nicht ausgefüllten Bereich, der während der Bauausführung konkretisiert werden muss. Gleichwohl – dies zur Klarstellung – ist die Leistungspflicht des Auftragnehmers korrekt angegeben und nicht etwa lückenhaft oder missverständlich.

Typisch ist diese Art der Leistungsbeschreibung für den Bereich des **Schlüsselfertigbaues**, da die dort geläufigen Begriffe wie „schlüsselfertig, betriebsbereit, funktionsfähig" usw. beinhalten, dass das Objekt vollständig herzustellen ist.[263] Selbstverständlich ist es jedoch genauso zulässig, lediglich Einzelgewerke in dieser Weise funktional zu beschreiben, z.B. für den Bereich Klimatechnik nur die geforderten Leistungsdaten anzugeben.

Prägendes Kennzeichen dieser Beschreibungstechnik ist stets, dass der Auftragnehmer nicht nur Bauleistungen schuldet, **sondern auch die diesen zugrunde liegenden Planungsleistungen**. Im Bereich der Planung findet also eine Funktionsverschiebung von dem grundsätzlich zuständigen Auftraggeber auf den Auftragnehmer statt.[264]

148 Die Feststellung, welche Planungsleistungen insoweit im Einzelfall aus den verschiedenen Leistungsphasen der HOAI vom Auftragnehmer zu erbringen sind, kann Schwierigkeiten bereiten und somit Grundlage für Streitigkeiten sein. Es ist daher für die Vertragsgestaltung dringend anzuraten, entsprechende Festlegungen im Vertrag zu treffen, z.B. dahingehend, dass der Auftraggeber die Planung bis Leistungsphase 4 HOAI (Genehmigungsplanung) erstellt und alle weiteren erforderlichen Planungsleistungen vom Auftragnehmer geschuldet sind.

Sind die vom Auftraggeber beigestellten Planunterlagen mangelhaft, gilt:
Auch insoweit trifft den Auftragnehmer eine **Prüfpflicht**, deren Umfang von der konkreten Vertragsgestaltung abhängig ist. Verletzt der Auftragnehmer diese, haftet er mit, wobei die Quote im Einzelfall festzulegen ist. Ihm steht gegen eine Inanspruchnahme in jedem Fall der Einwand der sogenannten „Sowieso-Kosten" (vgl. hierzu auch Rn 60) zu.

149 Schlüsselfrage zur Bestimmung der konkreten Leistungspflicht ist bei dieser Beschreibungstechnik, **wer das Leistungsziel in konkrete Details umsetzt**. Die Zuständigkeit hierfür liegt beim Auftragnehmer, für die Umsetzung gilt (zumindest entsprechend) § 315 BGB. Das Auswahlermessen des Auftragnehmers ist hierbei groß. Über die getroffenen Detailfestlegungen muss er den Auftraggeber informieren.[265] Dieser kann (kostenneutral), ohne eine Änderung der Leistungspflicht zu begründen, nur eingreifen, wenn der Auftragnehmer eine objektiv ungeeignete Methode wählt und / oder diese den allgemein anerkannten Regeln der Technik zuwiderläuft. Im Rahmen der Detaillierung der globalen / funktionalen Beschreibung ist der Auftragnehmer nur zur Durchführung der zur Erreichung des Leistungsziels notwendigen Maßnahmen verpflichtet; nicht geschuldet sind Leistungen, die darüber hinaus nützlich oder wünschenswert wären.[266]

150 Für die Vertragsgestaltung empfiehlt es sich, wie in der Praxis durchaus üblich, den Auftragnehmer (jedenfalls teilweise) zu verpflichten, seine „Detailfestlegungen" **lediglich im Sinne einer Vorauswahl zu treffen und dem Auftraggeber entsprechende Alternativen aufzuzeigen**. Die endgültige Entscheidung, was zur Ausführung gelangt, z.B. welche Farbe der Teppichboden, der Naturstein, die Fliesen erhalten, trifft dann im Rahmen einer sogenannten „Bemusterung" der Auftraggeber.

---

263 *Werner/Pastor*, Rn 1194.
264 *Werner/Pastor*, Rn 1189.
265 *Kapellmann/Schiffers*, a.a.O., Rn 589.
266 *Kapellmann/Schiffers*, a.a.O., Rn 592.

Komplettheitsklauseln (siehe hierzu Rn 143, 145) in den Vertragsbedingungen des Auftraggebers sind bei dieser Beschreibungsmethode – auch als Allgemeine Geschäftsbedingungen – regelmäßig zulässig. Da der Auftragnehmer selbst die Planung erstellt hat, muss er für die Richtigkeit und Vollständigkeit derselben einstehen. **Die Komplettheitsklausel drückt mithin nur das aus, was ohnehin schon gilt.** Umgekehrt wäre eine vom Auftragnehmer verwendete Allgemeine Geschäftsbedingung unwirksam, die ihm die Pflicht der richtigen und vollständigen Planung wieder abnimmt.[267]

151

d) Mischformen

Schließlich – und dies stellt in der Praxis bei komplexen Bauvorhaben die Regel dar – lässt sich die Leistung auch durch eine Kombination von detaillierten und globalen Elementen beschreiben. Das funktional beschriebene Bürogebäude (vgl. Rn 147) erhält z.B. als Detail eine einzubauende Heizungsanlage, bei der „jede zu verwendende Schraube" beschrieben ist. Für eine solche Beschreibungstechnik des Auftraggebers gelten folgende Grundsätze:

152

Zur Bestimmung der Leistungspflicht des Auftragnehmers sind zunächst die detailliert beschriebenen Elemente herauszukristallisieren. **Diese gehen globalen Regelungen vor.**[268]

Für die Detailregelungen gilt das unter Rn 144 Ausgeführte entsprechend.
Funktioniert im Beispielsfall die Heizungsanlage nicht oder stellt sich nach Vertragsabschluss heraus, dass es eine andere, optimierte Lösung gäbe, verändert sich die Leistungspflicht durch das globale Element nicht. Geschuldet bleibt einzig die detailliert beschriebene Heizungsanlage.

Schwierig, häufig nur im Wege der Vertragsauslegung zu ermitteln ist die Beantwortung der Frage, inwieweit eine detaillierte Beschreibung im Rahmen einer global / funktionalen Beschreibung auch eine **negative Aussage** enthält, z.B, dass etwas nicht geschuldet ist.

153

> *Beispiel*
> Angenommen, hinsichtlich der Anforderungen an den Sonnenschutz bei dem funktional beschriebenen Bürogebäude der Rn 147 gibt es zwei Alternativen: Nämlich entweder „Markisen" oder „besondere Glastönung". Der Auftraggeber entscheidet sich für Markisen und beschreibt diese detailliert.
>
> *Frage 1*
> Ist damit auch geregelt, dass eine Glastönung nicht geschuldet ist?
>
> *Frage 2*
> Gilt etwas anderes, wenn sich herausstellt, dass die Markisenplanung fehlerhaft war und der hierdurch beabsichtigte Sonnenschutz nicht erreicht wird?
>
> *Frage 3*
> Muss der Auftragnehmer die Glastönung leisten, wenn sich der Auftraggeber in letzter Sekunde dazu entschließt, auf die Markisen aus Kostengründen zu verzichten?

Frage 1 ist ohne jeden Zweifel dahingehend zu beantworten, dass der Auftragnehmer Glastönung nicht schuldet. Gibt es für den Sonnenschutz zwei Alternativen und entscheidet sich der Auftraggeber für eine, ist damit klar, dass er die andere, die ja mehr als notwendig wäre, nicht will.

Bei den Fragen 2 und 3 gilt im Grundsatz nichts anderes. Frage 2 entspricht im Kern der Konstellation von Rn 144, nur ergänzt um die Feststellung, dass das dort begründete Ergebnis nicht dadurch umgangen werden darf, dass es hier eine nicht beschriebene gleichwertige Alternative zur Erreichung des Leistungsziels gibt. Bei Frage 3 hat der Auftraggeber sich dazu entschlossen, ganz auf Sonnenschutz zu verzichten. Allerdings ist im Rahmen des Schlüsselfertigkeitsbaus zu berücksichtigen, dass

---

[267] *Werner/Pastor*, Rn 1194.
[268] *Kapellmann/Schiffers*, a.a.O., Rn 452.

der Auftragnehmer auch im Sinne einer Plausibilitäts- bzw. Endkontrolle die Planungsvorgaben des Auftraggebers auf Vollständigkeit und Funktionsfähigkeit zu prüfen hat.[269] Erkennt der Auftragnehmer daher bei Frage 2 den Fehler bzw. im Fall der Frage 3, dass der für ein Bürogebäude erforderliche Sonnenschutz gänzlich fehlt und weist den unkundigen Auftraggeber nicht darauf hin, muss er die fehlende Leistung auf eigene Kosten erbringen. Erkennt der Auftragnehmer dies fahrlässig nicht, kommt ein Mitverschulden in Betracht, wobei er insbesondere einwenden kann, die entstehenden Mehrkosten seien ohnehin vom Auftraggeber zu tragen („Sowieso-Kosten", plastisch bei Frage 3).

Bei Frage 3 muss der Auftragnehmer schließlich dafür Sorge tragen, dass er im Streitfall nachweisen kann, dass der vollständige Entfall des Sonnenschutzes vom Auftraggeber aus Kostengründen gewünscht wurde. Der Auftrag, den der Auftragnehmer schließlich erhalten hat, beinhaltet nämlich zum Sonnenschutz überhaupt keine Regelung. Somit gilt zunächst die ausschließlich globale Beschreibung „funktionsfähiges Bürogebäude", und hiernach hat der Auftragnehmer nach seiner Wahl jedenfalls eine Alternative zu leisten. Die Beweislast dafür, dass der Auftraggeber (als vorrangige Detailregelung) ganz auf Sonnenschutz verzichtet hat, liegt beim Auftragnehmer. Ob dieser Beweis allein durch die Tatsache, dass in der Leistungsbeschreibung ursprünglich eine Detailregelung über Markisen enthalten war, geführt werden kann, erscheint zweifelhaft. Schließlich kann das Streichen dieser Position im Laufe der Vertragsverhandlung auch eine Vielzahl von anderen Gründen gehabt haben.

4. Bestimmen der Leistung durch die sonstigen Vertragsbestandteile

154 Selbstverständlich bleibt es den Vertragsparteien unbenommen, im Vertrag außerhalb der eigentlichen Leistungsbeschreibung Regelungen zu treffen, die für die Festlegung der Leistungspflicht des Auftragnehmers relevant sind. Üblicherweise geschieht dies z.B. im Rahmen von **„Verhandlungsprotokollen"**, die als Anlage zum Vertrag genommen werden. Auf folgende Aspekte ist erfahrungsgemäß in besonderem Maße zu achten:

a) Baugrundrisiko

155 Unter dem Begriff „Baugrundrisiko" ist zu verstehen, dass sich die Boden- und Grundwasserverhältnisse, z.B. infolge von Kontaminationen, trotz Ausschöpfung der zumutbaren Erkenntnisquellen vor Baubeginn während der Bauausführung anders darstellen als angenommen und die zu erbringende Leistung hierdurch erschwert wird.[270] Grundsätzlich ist dieses Risiko vom Auftraggeber zu tragen.[271] Dies lässt sich mit § 645 BGB begründen, wonach ein vom Auftraggeber gelieferter Stoff, soweit keine andere Vereinbarung getroffen ist, Risiko des Auftraggebers ist. **„Stoff" in diesem Sinne ist auch das vom Auftraggeber gelieferte Grundstück**.

Um aus diesem Gesichtspunkt unangenehme Überraschungen zu vermeiden, ist dringend dazu zu raten, dass der Auftraggeber vor Vertragsabschluss ein **Bodengutachten** einholt. Die Aussagen eines solchen Gutachtens, das dem Auftragnehmer selbstverständlich zugänglich zu machen ist, definieren dessen Leistungspflicht. Die Leistungen bzw. der Aufwand, den der Auftragnehmer aus diesem Gutachten ersehen kann, sind geschuldet. Was aus dem Gutachten nicht erkennbar ist, geht über die vertragliche Leistungspflicht des Auftragnehmers hinaus.[272]

Veranlasst der Auftraggeber die Einholung eines entsprechenden Gutachtens nicht, ist wie folgt zu unterscheiden, falls keine spezielle vertragliche Regelung vorliegt:

---

269 *Dähne*, BauR 1999, 289, 299.
270 *Heiermann/Riedl/Rusam*, Teil A § 9 Rn 13.
271 *Ingenstau/Korbion*, Teil A § 9 Rn 55.
272 *Kapellmann/Schiffers*, a.a.O., Rn 458.

Variante 1:
Verlangt der Auftragnehmer die Beibringung eines entsprechenden Gutachtens und veranlasst der Auftraggeber gleichwohl nichts, erscheint es angemessen, den Auftragnehmer nicht mit diesem Risiko zu belasten, sämtliche etwaigen Erschwernisse vielmehr dem Auftraggeber zuzuweisen.[273]

Variante 2:
Verlangt der Auftragnehmer die Einholung eines entsprechenden Gutachtens nicht, so gilt:

Bei einer detaillierten Leistungsbeschreibung verbleibt es bei der Aussage von Variante 1, d.h., der Auftraggeber trägt das Risiko.

Bei einer funktionalen Beschreibung „schlüsselfertiges Bürogebäude", geht die Verpflichtung des Auftragnehmers weiter. Er muss alle Umstände beachten, die eine Untersuchung als erforderlich erscheinen lassen, z.B. vorherige Nutzung des Geländes. Hilfreich kann hier oft die **Einholung einer Auskunft bei der zuständigen Behörde** sein. Ergeben sich hiernach keine Anhaltspunkte für eine etwaige Belastung, verbleibt das Risiko beim Auftraggeber. Andernfalls ist der Auftragnehmer gehalten, selbst ein Bodengutachten zu veranlassen. Unterlässt er dies, geht alles zu seinen Lasten, was Ergebnis einer hypothetischen angemessenen Untersuchung gewesen wäre.[274]

Variante 3:
Soweit der Auftraggeber in diesem Zusammenhang ihm bekannte Umstände nicht mitteilt, z.B. ein früher einmal eingeholtes negatives Gutachten zurückhält, kommt ein Schadensersatzanspruch des Auftragnehmers aus cic bzw. pFV in Betracht.[275]

Abweichende vertragliche Regelungen lassen sich durch individuelle Vereinbarungen treffen. Sicherlich ist der Auftragnehmer nicht gehindert, dieses Risiko zu übernehmen. Im Rahmen von Allgemeinen Geschäftsbedingungen stellt eine Verlagerung dieses Risikos auf den Auftragnehmer allerdings eine unangemessene Benachteiligung dar und ist somit unwirksam.[276]

b) Altbausanierung

Vorgenannte Grundsätze sind auf eine Altbausanierung entsprechend anwendbar. Der vom Auftragnehmer zu leistende Aufwand ist sicherlich entscheidend geprägt durch die Qualität der vorhandenen Altbausubstanz (z.B. ob in dieser Asbest enthalten ist). Daher kommt einer Untersuchung der Altbausubstanz wesentliches Gewicht zu.

c) Baugenehmigung

Liegt die Baugenehmigung bei Vertragsabschluss bereits vor, empfiehlt es sich, diese **als Vertragsbestandteil zu vereinbaren**. Hierdurch wird deren Inhalt leistungsbeschreibendes Detail. Etwaige spätere Änderungen/Ergänzungen sind nicht Vertragsbestandteil.[277]

Liegt die Baugenehmigung bei Vertragsabschluss nicht vor, ist wie folgt zu differenzieren:

Variante 1:
Soweit der **Auftraggeber Entwurfs- bzw. Genehmigungspläne erstellt hat** und für die Einholung der Baugenehmigung zuständig ist, kann der Auftragnehmer darauf vertrauen, dass der Inhalt der Pläne auch so genehmigt wird. Diese stellen somit leistungsbeschreibende Details dar. Auflagen in der späteren Baugenehmigung, die über das aus den Plänen ersichtliche Maß hinausgehen, sind als Leistung nicht geschuldet. Ist allerdings die Leistung global/funktional beschrieben und sind die

---

273 *Kapellmann/Schiffers*, a.a.O., Rn 519.
274 *Kapellmann/Schiffers*, a.a.O., Rn 517.
275 BGH BauR 1984, 395, 397.
276 Vgl. die Klauselbeispiele bei *Glatzel/Hofmann/Frikell*, S. 119, 123.
277 *Kapellmann/Schiffers*, a.a.O., Rn 582.

vom Auftraggeber erstellten Pläne nicht genehmigungsfähig bzw. nicht geeignet, das Leistungsziel zu erreichen, gelten die in Rn 152, 144 dargestellten Grundsätze der fehlerhaften auftraggeberseitigen Detailregelung.

Variante 2:
Geht die Zuständigkeit des **Auftragnehmers für die Planung demgegenüber weiter**, hat ihm z.B. der Auftraggeber die Entwurfs- und Genehmigungsplanung ebenso wie das Einholen der Baugenehmigung überlassen, so muss die vollständig vom Auftragnehmer geschuldete Planung in Übereinstimmung mit allen öffentlich-rechtlichen Belangen stehen.[278] Ein Berufen des Auftragnehmers etwa darauf, eine wirksame Auflage der Baugenehmigung sei von ihm nicht geplant gewesen und damit auch nicht geschuldet, kommt somit nicht in Betracht.

Vereinbarungen, wonach der Auftragnehmer alle Leistungsverpflichtungen aus der erst nach Vertragsabschluss ergehenden Baugenehmigung (kostenneutral) übernimmt, sind individuell stets möglich. Bei einer entsprechenden Regelung durch Allgemeine Geschäftsbedingungen ist wie folgt zu unterscheiden:

Im Fall der Rn 147 ist eine solche Klausel wirksam, da sie nur das ausdrückt, was ohnehin schon gilt. Demgegenüber liegt bei der Konstellation gemäß Rn 143 eine unangemessene Benachteiligung im Sinne des § 9 AGBG vor, die zur Unwirksamkeit der Klausel führt.

d) Zuständigkeitsregelungen

158 Gerade bei komplexen Bauvorhaben, die funktional beschrieben und schlüsselfertig zu erstellen sind, ergeben sich häufig Streitfragen, wer behördliche Abnahmebescheinigungen zu erwirken und die entsprechende Gebühr zu übernehmen hat, wer die Baugenehmigungsgebühren trägt, und wer für etwaige Anschlussgebühren, Baukostenzuschüsse an die Versorgungsunternehmen, Erschließungskostenbeiträge usw. aufzukommen hat.

Im Grundsatz fallen sämtliche vorbeschriebenen Positionen **in den Zuständigkeitsbereich des Auftraggebers**. Je globaler jedoch die Leistungsbeschreibung ist und je weiter die Leistungsverpflichtung des Auftragnehmers reicht („benutzungsfähig", „funktionsgerecht", „betriebsbereit"), desto näher liegt die Annahme, dass der Auftragnehmer alles bis zur entsprechenden Übergabe des Objektes schuldet,[279] gegebenenfalls sogar zeitlich noch darüber hinaus, wenn z.B. die erbrachte notwendige Erschließung von der zuständigen Behörde erst später abgerechnet wird.

Derartige Unwägbarkeiten sollten daher durch vertragliche Regelungen im Vorfeld ausgeräumt werden. Es empfiehlt sich **z.B., eine Anlage zu erstellen**, in der sämtliche in Betracht kommenden Positionen schlagwortartig aufgeführt sind und jeweils vermerkt ist, welcher Vertragspartner hierfür zuständig ist.

5. Besondere Regelungen zu Widersprüchen

a) Feststellen von Widersprüchen

159 Da die Leistung häufig durch eine Vielzahl von Vertragsbestandteilen beschrieben wird, ist nicht ausgeschlossen, dass zwischen diesen oder sogar innerhalb eines Vertragsbestandteils Widersprüche bestehen. Entsprechendes gilt außerhalb der eigentlichen Regelung der Leistungspflicht selbstverständlich auch für die sonstigen vertraglichen Vereinbarungen. So kann z.B. in der Hauptvertragsurkunde eine zweijährige Gewährleistungsfrist vorgesehen sein, während sich in den Besonderen Vertragsbedingungen eine fünfjährige Gewährleistungsfrist findet. In der Leistungsbeschreibung kann an unterschiedlichen Stellen die Farbe der aufzubringenden Fliesen abweichend geregelt sein. Derartige

---

[278] *Kapellmann/Schiffers*, a.a.O., Rn 581.
[279] *Kapellmann/Schiffers*, a.a.O., Rn 535, 536, 539–545.

Konflikte im Vorhinein einer sachgerechten Regelung zuzuführen, dienen sogenannte **Rangfolge- und Widerspruchsregelungen**.

Zunächst ist jedoch stets anhand der allgemeinen Auslegungsregeln der §§ 133, 157 BGB zu klären, ob überhaupt ein Widerspruch vorliegt. Dies ist nämlich immer nur dann der Fall, wenn eindeutig feststeht, dass **sachlich einander nicht deckende Aussagen vereinbart sind, die den gleichen Gegenstand betreffen**.[280] Kein Widerspruch liegt z.B. dann vor, wenn eine von zwei sich „scheinbar widersprechenden" Klauseln ihre Anwendung unter den Vorbehalt einer anderweitigen Regelung stellt. Dann stellt nämlich die andere, „scheinbar widersprechende" Klausel die anderweitige Regelung dar und gilt somit.

b) Rangregelungen

Vertragliche Rangregelungen lösen Widersprüche zwischen unterschiedlichen Vertragsbestandteilen. § 1 Nr. 2 VOB/B enthält eine solche Rangregelung, die nach dem allgemeinen Auslegungsgrundsatz, dass die speziellere Regelung der allgemeineren vorgeht, aufgebaut ist. Selbstverständlich ist § 1 Nr. 2 VOB/B dispositiv und kann durch eine anderweitige Vereinbarung der Parteien abbedungen werden. Soweit die entsprechende Regelung jedoch im Rahmen von Allgemeinen Geschäftsbedingungen erfolgt, ergeben sich insbesondere Grenzen aus § 4 AGBG (Vorrang der Individualabrede), § 5 AGBG (Unklarheiten gehen zu Lasten des Verwenders), § 3 AGBG (Unwirksamkeit überraschender Klauseln) und dem in § 9 AGBG verankerten **Transparenzgebot**, wonach die Wirksamkeit einer Klausel ein Mindestmaß inhaltlicher Klarheit voraussetzt.[281]

Wirksam ist demnach etwa folgende einfache Regelung:
„Vertragsbestandteile sind in nachstehender Rangfolge:
1. Der Vertrag und seine in § ... aufgeführten Anlagen.
2. Die Besonderen Vertragsbedingungen des Auftraggebers.
3. Die VOB/B in der bei Vertragsabschluss gültigen Fassung."

Gegen §§ 3, 4 AGBG würde demgegenüber eine umgekehrte Rangfolge verstoßen, die die allgemeinen Vertragsbestandteile vor die für den konkreten Bauvertrag individuell erarbeiteten Regelungen stellt.[282]

Weiter ist im Beispielsfall ein etwaiger Widerspruch zwischen den unter Nr. 1 beschriebenen Anlagen des Vertrages zu regeln. Dies könnte z.B. dadurch erfolgen, dass die Aussagen der zunächst aufgeführten Anlage (z.B. Anlage 1) im Falle von Widersprüchen den später aufgeführten Anlagen (also z.B. Anlage 2 ff.) vorgehen.

Abschließend sind etwaige Widersprüche in einer Anlage selbst zu regeln (z.B. sieht Anlage 1 unterschiedliche Farben für die gleichen Fliesen vor).

Vielfach von Auftraggeber verwendete Klauseln, wonach immer die weitestreichende Lösung, das qualitativ Beste, oder das vom Auftraggeber bei Erkennen des Widerspruchs Ausgewählte geschuldet ist, sind als Allgemeine Geschäftsbedingungen unwirksam.[283] Dies folgt bereits daraus, dass sie die Regelung des § 5 AGBG umkehren.

---

280 *Nicklisch/Weick*, § 1 Rn 14.
281 *Heiermann/Riedl/Rusam*, § 1 Rn 9.
282 *Glatzel/Hofmann/Frikell*, S. 100.
283 *Heiermann/Riedl/Rusam*, § 1 Rn 26.

IV. Die Vergütung des Unternehmers

162 Der Bauvertrag ist als Werkvertrag im Sinne der §§ 631 ff. BGB ein gegenseitiger Vertrag. Im Rahmen dieses **synallagmatischen Austauschvertrags** stehen sich als Hauptleistungspflichten zum einen die Pflicht des Unternehmers zur vollständigen, mangelfreien und fristgerechten Herstellung der versprochenen Bauleistung und zum anderen die Pflicht des Bestellers zur Entrichtung der vereinbarten Vergütung gegenüber. Dieser Grundsatz gilt selbstverständlich gleichermaßen für den „BGB-Werkvertrag" wie für den „VOB/B-Bauvertrag".

1. Der Preis

a) Grundsätzliches

163 Nach § 631 Abs. 1 BGB ist der Besteller eines Werks zur Entrichtung der vereinbarten Vergütung verpflichtet. Nach 632 Abs. 1 BGB gilt eine Vergütung als **stillschweigend vereinbart**, wenn die Herstellung des Werks den Umständen nach nur gegen eine Vergütung zu erwarten ist. Diese Grundsätze gelten selbstverständlich auch im Rahmen eines Bauvertrags. Anders als bei Werkverträgen von Freiberuflern, hier ist insbesondere der Architektenvertrag zu nennen, erhält jedoch die Generalklausel des § 632 Abs. 1 BGB bei Bauverträgen keine hervorgehobene Bedeutung. Im Rahmen eines Architektenvertrags kann die nach HOAI vorgeschriebene oder mangels eines entsprechenden HOAI-Leistungsbildes nach allgemeinen örtlich geltenden Grundsätzen zu ermittelnde Vergütung als übliche gelten. Im Rahmen eines Bauvertrags ist hingegen die Ermittlung einer nach § 632 Abs. 2 BGB **üblichen Vergütung** mit erheblichen Schwierigkeiten belastet. Dies liegt in erster Linie an der regelmäßig als Unikat hergestellten körperlichen Bauwerksleistung, die sich nur höchst ungenau in Üblichkeitskategorien einordnen lässt.

Ist eine übliche Vergütung im Sinne von § 632 Abs. 2 BGB nicht zu ermitteln, so ist nach §§ 315, 316 BGB die Vergütung vom Bauunternehmer nach billigem Ermessen zu bestimmen. Auch diese Variante kommt jedoch in der Praxis höchst selten vor, so dass sie zunächst zu vernachlässigen ist. Eine derartige Leistungsbestimmung spielt allenfalls im Rahmen kleinerer Handwerkeraufträge im privaten Bereich eine Rolle, bei denen oftmals nur mündlich ein bestimmter Reparaturauftrag erteilt wird, dem jedoch kein Kostenvoranschlag vorausgeht und dem vor diesem Hintergrund keine exakte Berechnungsgrundlage oder gar Vergütungsvereinbarung zugrunde liegt. In diesen Fällen erteilt der Handwerker nach erbrachter Leistung und nach Bestätigung der Auftragserfüllung durch den Auftraggeber eine Rechnung nach den von ihm üblicherweise angesetzten Vergütungsmaßstäben (Stundenlohn, Material, An- und Abfahrtspauschale). In diesen Fällen wird die in § 632 Abs. 2 BGB enthaltene Üblichkeitsklausel durch die Leistungsbestimmung seitens des Unternehmers erfüllt.

164 Bei der Mehrzahl der Bauverträge ist jedoch davon auszugehen, dass eine Bestimmung der Vergütung seitens der Parteien beim Vertragsabschluss erfolgt. Für eine solche vertragliche Festlegung der Leistungsvergütung gibt es mehrere Möglichkeiten. Die VOB/B enthält hier wesentlich detailliertere Bestimmungen als das BGB, das diesbezüglich keine näheren Angaben macht und auf den ersten Blick von einem einfachen Pauschalpreis auszugehen scheint. Zwingend ist dies jedoch nicht.

Die **VOB/B** zählt in § 2 Nr. 2 zunächst beispielhaft einige Arten der Bestimmung des Werklohns auf. Danach wird die Vergütung nach den vertraglichen **Einheitspreisen** und den tatsächlich ausgeführten Leistungen berechnet, wenn keine andere Berechnungsart, nämlich beispielsweise **Pauschalsumme**, **Stundenlohnsätze** oder **Selbstkostenerstattung** vereinbart ist. In § 5 VOB/A werden diese vier verschiedenen Vergütungsarten etwas näher umschrieben. Zudem werden hier nähere Vorgaben für die Ausschreibung dieser einzelnen Vertragstypen geregelt. Dem **BGB** hingegen sind derartige Detailregelungen über die Art der Vergütung weitestgehend fremd. Auch hier hat sich jedoch in der Praxis gezeigt, dass die von der VOB/B vorgegebenen Vergütungstypen oft auch im Rahmen von BGB-Bauverträgen Anwendung finden. Da sich das BGB hierzu einer Vorgabe enthält, ist dies selbstverständlich frei vereinbar. Die nachfolgende Darstellung orientiert sich zunächst an den in der VOB genannten vier Grundtypen. Daneben haben sich jedoch verschiedene Sondergestaltungen entwickelt, die im Bauwesen eine immer größere Rolle spielen. Insbesondere der so genannte „garantierte Maximalpreis-Vertrag" soll hier einer kurzen Betrachtung zugeführt werden.

b) Die Preisarten

aa) Der Einheitspreis

Nach § 5 Nr. 1 a VOB/A sollen Bauleistungen in der Regel zu Einheitspreisen für technisch und wirtschaftlich einheitliche Leistungen vergeben werden, deren Menge nach Maß, Gewicht oder Stückzahl vom Auftraggeber anzugeben ist. Nach dem **Leitbild der VOB** ist somit der Einheitspreisvertrag die Regel. Auch Teil B der VOB geht von einem Vorrang des Einheitspreisvertrags aus, hier allerdings lediglich als Auslegungsregel, falls hinsichtlich der Vergütung keine genaue Vereinbarung erfolgt ist. Nach **§ 2 Nr. 2 VOB/B** wird nämlich die Vergütung nach den vertraglichen Einheitspreisen und den tatsächlich ausgeführten Leistungen berechnet, wenn keine andere Berechnungsart vereinbart ist. Soweit die Einbeziehung der VOB/B vereinbart wurde, setzt also der Einheitspreisvertrag als einziger Vertragstypus keine gesonderte Vereinbarung voraus. Er gilt vielmehr stets dann als vereinbart, wenn der Vertrag keine andere Regelung enthält oder wenn die vertragliche Vereinbarung widersprüchlich oder unklar ist. Dies kann insbesondere dann der Fall sein, wenn ein Vertrag sowohl ein mit Einheitspreisen versehenes Leistungsverzeichnis als auch die Angabe einer Pauschalsumme enthält. Ob man aus § 2 Nr. 2 VOB/B schließen kann, dass der Einheitspreisvertrag grundsätzlich als Normaltyp im Bauwesen zu gelten hat, ist allerdings höchst zweifelhaft.[284] Jedenfalls bei Generalunternehmerverträgen ist der Pauschalpreisvertrag ebenfalls sehr verbreitet und hat sich für beide Seiten durchaus bewährt. Die VOB enthält nur für den Bereich des öffentlichen Vergaberechts (VOB/A) Empfehlungen, für den privaten Bereich hingegen im Rahmen der VOB/B nur eine **Auslegungsregel**, ohne jedoch einen bestimmten Vertragstypus zu empfehlen oder die Verbreitung in der Praxis zu regeln. Daher kann sicherlich nicht von einer Allgemeingültigkeit des Einheitspreisvertrags gesprochen werden.[285]

165

Das charakteristische am Einheitspreisvertrag ist, dass die genaue Höhe der Vergütung praktisch erst nach Fertigstellung des Bauwerks feststeht. Die Vergütung wird nach **Aufmaß** der erbrachten Leistung unter Zugrundelegung der vereinbarten Einheitspreise berechnet. Bei Vertragsschluss werden die einzelnen Teilleistungen nach Maß (m^2, m^3), Gewicht (kg, t) oder Stückzahl bepreist. Der Auftraggeber übergibt dem Auftragnehmer zu diesem Zweck vor Vertragsschluss regelmäßig ein von ihm oder seinem Planer erstelltes **Leistungsverzeichnis**, welches die einzelnen Teilleistungen mit einer der genannten Bemessungsgrundlagen versieht. Vom Bieter ist dieses Leistungsverzeichnis sodann mit Einheitspreisen auszufüllen. So fordert der Auftraggeber beispielsweise einen Einheitspreis für den m^3 Beton oder für die Tonne Stahl. Das Leistungsverzeichnis enthält ferner einen regelmäßig nur grob geschätzten Vordersatz, also die im Rahmen der Planung errechnete, voraussichtlich entstehende Menge der einzelnen Teilleistung. Eine Position im Leistungsverzeichnis könnte beispielsweise lauten:

166

„1000 m^2 Teppich EP: ... DM, Gesamtpreis: ... DM."

Der Auftragnehmer hat sodann seinen Preis einzusetzen. Erst **nach Fertigstellung** des Bauvorhabens wird ermittelt, welche Menge der Teilleistung tatsächlich erbracht wurde. Der Gesamtpreis für diese Teilleistung (= Positionspreis) ergibt sich dann nach Multiplikation des Einheitspreises mit Leistungsmenge und nach Addition der Positionspreise. In vielen Einheitspreisverträgen wird der Preis für die gesamte Werkleistung häufig zusätzlich angegeben und als **„vorläufiger Gesamtpreis"**

---

284 So jedoch offenbar *Ingenstau/Korbion* § 2 VOB/B Rn 15.
285 Beck'scher VOB-Kommentar – *Jagenburg*, § 2 Nr. 2 *Rn* 5.

bezeichnet. Sollte nicht klar erkennbar sein, dass dieser im Vertrag zusätzlich angegebene Gesamtpreis nur vorläufigen Charakter hat, so gilt die Auslegungsregel des § 2 Nr. 2 VOB/B. In diesen Fällen handelt es sich demnach um einen Einheitspreisvertrag, es sei denn, es wird klargestellt, dass der Gesamtpreis vor Vertragsabschluss abschließend pauschaliert wurde oder dass das Leistungsverzeichnis ausdrücklich nur als Berechnungsgrundlage für die Pauschale diente. In vielen Fällen wird von den Parteien zunächst ein auf der Grundlage des Leistungsverzeichnisses und der Einheitspreise ermittelter geschätzter „vorläufiger" Gesamtpreis ermittelt und sodann ausdrücklich (beispielsweise in einem Verhandlungsprotokoll) pauschaliert, wobei der Auftragnehmer in der Regel einen Nachlass auf den zunächst auf Basis der Einheitspreise ermittelten Gesamtpreis gewährt. Bei einer derartigen Vorgehensweise wird deutlich, dass es sich um einen Pauschalpreis handelt, bei dem die Parteien bei Vertragsschluss eine Vergütung vereinbaren, die gerade nicht erst von der nachträglichen Leistungsermittlung abhängen soll. Genau dies ist jedoch Eigenart des Einheitspreisvertrags, bei dem der Angebotsendpreis nicht zwangsläufig identisch ist mit dem später tatsächlich zu zahlenden Gesamtpreis.

Wichtige Auslegungsregel im Rahmen eines Einheitspreisvertrags ist ferner § 23 Nr. 3 VOB/A für **Widersprüche innerhalb des Leistungsverzeichnisses**. Demnach ist allein der Einheitspreis maßgebend, falls der Gesamtbetrag einer Position nicht dem Ergebnis der Multiplikation von Vordersatz und Einheitspreis entspricht. Etwaige Rechenfehler sind demnach unbedeutend. Liegt kein Rechenfehler vor, ist jedoch der Einheitspreis in Ziffern und in Worten angegeben und stimmen diese Angaben nicht überein, so gilt nach § 23 Nr. 3 Abs. 1 S. 2 VOB/A der dem Gesamtbetrag der Ordnungszahl (Position) entsprechende Einheitspreis. Entspricht jedoch in einem solchen Fall weder der in Worten noch der in Ziffern angegebene Einheitspreis dem Gesamtbetrag der Position, so gilt der in Worten angegebene Einheitspreis. Dies entspricht der gängigen Praxis im Rechtsverkehr, wichtige und hohe Beträge zusätzlich in Worten auszudrücken, um hierdurch Schreibfehler bei der Zahlenangabe zu korrigieren.

Beim Einheitspreisvertrag werden sämtliche Mengenänderungen im Preis berücksichtigt. Dieser ergibt sich erst aus dem endgültigen gemeinsamen Aufmaß. Verbindlich vereinbart sind daher beim Einheitspreisvertrag weder die (voraussichtlichen) Vordersätze und Mengenangaben noch die nur vorläufigen Gesamtpositionspreise, sondern einzig und allein die Einheitspreise für die im Leistungsverzeichnis enthaltene Maß- und Gewichtsangabe oder das dortige Einzelstück.

bb) Der Pauschalpreis

167 Nach § 5 Nr. 1 b VOB/A können im öffentlichen Vergabewesen Bauleistungen in geeigneten Fällen auch für eine Pauschalsumme vergeben werden, wenn die Leistung nach Ausführungsart und Umfang genau bestimmt ist und mit einer Änderung bei der Ausführung nicht zu rechnen ist. Einer genaueren Definition dieses Vertragstyps bedarf es im Grunde nicht, da der Pauschalpreisvertrag auf den ersten Blick den **Urtyp des Werkvertrags** darstellt, bei dem für eine bestimmte Leistung eine von vornherein feststehende Vergütung zu zahlen ist. Anders als beim Einheitspreisvertrag wird also die Vergütung nicht erst nach Feststellung der tatsächlich erbrachten Leistungen ermittelt, sondern steht – vorbehaltlich etwaiger Eingriffe des Auftraggebers in die Leistung – grundsätzlich bereits bei Vertragsschluss fest. Im Umkehrschluss bedeutet dies, dass der Pauschalpreis auch dann zu zahlen ist, wenn der Bauunternehmer seine Leistung in anderen Mengen – höher oder geringer – erbracht hat. Mit der Vereinbarung eines Pauschalpreises wollen die Parteien sowohl den Aufwand als auch spätere Streitigkeiten im Hinblick auf die Ermittlung der tatsächlichen Mengen vermeiden. Stellt sich also beispielsweise heraus, dass die vom Auftragnehmer zu erbringende Bodenbelagsfläche nicht 1.000 qm beträgt, wie die Parteien angesichts der bei Ausschreibung vorliegenden Planunterlagen zunächst erwarteten, sondern 2.000 qm, so trägt bei einem Pauschalpreisvertrag der Unternehmer das Risiko dieser Mehrmengen, wenn nicht der Auftraggeber diese Mengenmehrung nachträglich veran-

lasst hat.[286] Sollte sich andererseits herausstellen, dass die Bodenbelagsfläche erheblich geringer ist, so ändert auch dies grundsätzlich nichts an der Gültigkeit der Pauschalpreisabrede. In diesem Fall trägt das Risiko der Auftraggeber, der für eine objektiv geringere Mengenleistung den selben Preis zu bezahlen hat.

Wie bereits dargestellt, wird eine Pauschalsumme oftmals erst nach Vorliegen eines vom Auftragnehmer mit Einheitspreisen versehenen **Leistungsverzeichnisses** vereinbart. Die Parteien schätzen anhand dieses Leistungsverzeichnisses den ungefähr zu erwartenden Gesamtpreis der Bauleistung und vereinbaren daraufhin eine **Pauschalierung** des Preises. Eine solche Vorgehensweise ist selbstverständlich zulässig und kann gute Gründe haben. Beide Parteien sollten sich jedoch des Risikos einer solchen Preisberechnung bewusst sein und gewisse Sorgfaltsregeln beachten. Zunächst ist wichtig, dass die Vereinbarung eines Pauschalpreises auch klar erkennbar und später beweisbar ist. Falls dies nämlich später zweifelhaft sein sollte, gilt die Auslegungsregel des § 2 Nr. 2 VOB/B, nach der grundsätzlich nach Einheitspreisen abzurechnen ist. Es sollte in diesen Fällen also ausdrücklich ein Pauschalpreisvertrag vereinbart oder die vereinbarte Vergütung ausdrücklich als Pauschalpreis bezeichnet werden. Oft ist auch von einem „Pauschalfestpreis" die Rede, was grundsätzlich den gleichen Parteiwillen deklariert.

168 Wird in den genannten Fällen anhand eines Leistungsverzeichnisses zunächst ein Gesamtpreis unter Zugrundelegung der Einheitspreise und Vordersätze ermittelt oder geschätzt und sodann eine Pauschalierung dieses Abrechnungspreises vorgenommen, so muss dies deutlich kenntlich gemacht werden, da das Vorliegen eines ausgefüllten Leistungsverzeichnisses selbstverständlich zunächst für die Vereinbarung eines Einheitspreises spricht. In vielen Fällen wird diese **nachträgliche Pauschalierung**, die regelmäßig mit einem Nachlass des Auftragnehmers auf den zuvor ermittelten Gesamtpreis verbunden ist, im Rahmen eines so genannten **Verhandlungsprotokolls** vorgenommen. In diesen Fällen ist wichtig, dass die Pauschalierung erkennbar das Ergebnis des Preisermittlungsvorgangs darstellt. Es ist also empfehlenswert, den zunächst ermittelten Gesamtpreis aufgrund des Leistungsverzeichnisses darzulegen und sodann den Pauschalierungsvorgang mit dem Ergebnis eines Pauschalpreises rechnerisch darzustellen. Auf diese Weise ist es später unproblematisch, zu beweisen, dass die Parteien tatsächlich eine Pauschalierung wollten.

Darüber hinaus ist selbstverständlich eine sorgfältige Kalkulation dieses Pauschalpreises seitens des Auftragnehmers dringend empfehlenswert.[287] Falls der Auftragnehmer sich hierbei **verkalkuliert**, trägt er das volle Risiko, dass er eventuelle Mehrleistungen ohne eine Erhöhung des Preises erbringen muss. Vor diesem Hintergrund sieht § 5 Nr. 1 b VOB/A einen Pauschalpreisvertrag nur für die Fälle vor, in denen die Leistung nach Ausführungsart und vor allem hinsichtlich des Umfangs genau bestimmt ist und darüber hinaus mit Änderungen der Ausführung nicht zu rechnen ist. Diese Empfehlung, die im öffentlichen Vergabeverfahren nach VOB/A als Soll-Vorschrift anzuwenden ist, wird leider allzu oft außer Acht gelassen, was später zu Streitigkeiten führt, falls die zuvor nicht ausreichend geprüften Mengen sich nachträglich als zu niedrig herausstellen.[288]

169 Zu beachten ist, dass im Rahmen eines herkömmlichen Pauschalpreisvertrags nach dem Idealbild des § 5 Nr. 1 b) VOB/A in erster Linie **der Preis pauschaliert** wird. Die Leistung wird nur im Hinblick auf reine Massenänderungen ohne inhaltliche Abweichung von der ursprünglich vereinbarten Leistungsbeschreibung pauschaliert.[289] Vom Auftraggeber veranlasste Änderungen des geplanten Bauwerks können hingegen zu einer **Preisänderung** führen. Daher schließt die bloße Vereinbarung eines Pauschalpreises nicht jeden Nachtrag von vornherein aus. Vielmehr wird auch hier nur die Leistung abgegolten, die im vertraglichen Leistungsumfang enthalten ist (§ 2 Nr. 1 VOB/B). Die

---

286 Siehe unten Rn 305 ff.
287 *Vygen*, Handbuch des privaten Baurechts, Rn 755.
288 Beck'scher VOB-Kommentar – *Jagenburg*, vor § 2 Rn 16.
289 *Heiermann/Riedl/Rusam*, § 2 VOB/B Rn 144a.

bloße Vereinbarung eines „Pauschalfestpreises" stellt also entgegen einer immer wieder von Auftraggebern vertretenen Auffassung keinen Freibrief zur Verhinderung von Nachträgen des Auftragnehmers dar. Vielmehr können Leistungen, die nicht in dem mit dem Pauschalpreis abgegoltenen Leistungsumfang enthalten sind, durchaus zu Nachträgen führen, was § 2 Nr. 7 VOB/B ausdrücklich vorsieht.[290]

cc) Besonderheit: Detail-/Globalpauschalvertrag

170 Die oben dargestellte Unterscheidung zwischen Einheitspreisvertrag und Pauschalvertrag betrifft lediglich die erste grobe Einteilung von Verträgen, deren Vergütungssystem sich entweder nach den tatsächlich erbrachten Leistungsmengen oder davon unabhängig nach einem pauschalen Preis richtet. Innerhalb dieser beiden Hauptkategorien haben sich jedoch in der Praxis verschiedene Vertragstypen entwickelt, deren Einzelheiten in der VOB nicht geregelt sind. Dies trifft insbesondere auf den Pauschalvertrag zu. Das einfache **Grundmodell** des Pauschalvertrags, welches die VOB vorsieht, kann den Anforderungen der modernen Baupraxis in vielen Fällen nicht mehr genügen. Sowohl der Aufbau vieler Verträge als auch die von den Parteien beabsichtigte Vorgehensweise bei der Abrechnung von Leistungen und Nachträgen haben sich weiter entwickelt und entsprechen daher oft nicht mehr dem Grundtyp des einfachen Pauschalvertrags. Hierauf musste sich sowohl die Rechtsprechung als auch die Literatur einstellen. Zwar ist die VOB/B – wenn ihre Geltung vereinbart wurde – auch auf modernere Versionen von Pauschalverträgen anwendbar. Bei der Anwendung der VOB-Regelungen muss jedoch variiert werden, je nach **Art der Pauschalierung**.

Bei größeren Bauvorhaben gibt es heutzutage verschiedene Typen von Pauschalverträgen, die sich insbesondere hinsichtlich der konkreten Beschreibung der Leistung unterscheiden. Die Literatur hat dieser Entwicklung Rechnung getragen und, anknüpfend an das von *Kapellmann/Schiffers*[291] beschriebene Einteilungsschema, **zwei Grundmodelle** des Pauschalvertrags entwickelt. Es wird überwiegend einerseits vom **„Globalpauschalvertrag"** bei dem die Leistung nur grob umschrieben ist, und andererseits vom **„Detailpauschalvertrag"** mit präziser Leistungsbschreibung gemäß § 5 Nr. 1 b VOB/A gesprochen. Die Terminologie ist jedoch nicht einheitlich. So wird an anderer Stelle auch vom „normalen (einfachen) Pauschalvertrag" im Unterschied zum „erweiterten Pauschalvertrag" gesprochen.[292] Die Unterscheidung der beiden Pauschalverträge geht von folgender Überlegung aus: Nach **§ 5 Nr. 1 b VOB/A** ist ein Bauvertrag nur dann für eine Pauschalpreisvereinbarung geeignet, wenn die Leistung nach Ausführungsart und Umfang möglichst genau bestimmt und mit einer Änderung bei der Ausführung nicht zu rechnen ist. In der Tat bereitet in diesen Fällen eine Pauschalierung die wenigsten Probleme, weil dann der in der Pauschale enthaltene **Leistungsumfang** exakt fest steht. Die Frage also, ob ein Nachtrag berechtigt ist, ist hier leicht zu klären. Denn nur diejenigen Nachtragsleistungen, die im ursprünglichen, idealerweise exakt beschriebenen Leistungsumfang nicht enthalten sind, verpflichten den Auftraggeber zu einer gesonderten Vergütung. Leider folgt jedoch die Praxis nicht immer dieser Idealvorstellung der VOB. Vielmehr bietet die Pauschalierung des Preises für den Auftraggeber oftmals einen Anreiz, auch die **Leistung** dergestalt **zu pauschalieren**, dass möglichst alles, was zu der vom Auftraggeber verlangten Bauleistung gehört, in der Pauschale enthalten sein soll. Daher wird allzu oft auf eine detaillierte Leistungsbeschreibung verzichtet. Tatsächlich scheint diese Art der Pauschalierung auf den ersten Blick Nachträge des Auftragnehmers weitgehend auszuschließen. Dass dieses Vorhaben jedoch durchaus problematisch ist, soll im Folgenden kurz dargestellt werden.

---

290 Siehe unten Rn 307 ff.
291 *Kapellmann/Schiffers*, Vergütung, Nachträge und Behinderungsfolgen beim Bauvertrag, Band 2, Pauschalpreisvertrag, Rn 2 ff., 6 ff.
292 Beck'scher VOB-Kommentar – *Jagenburg*, § 2 Nr. 7 Rn 32 ff.; *Heiermann/Riedl/Rusam*, § 2 VOB/B Rn 144b.

(1) Der Detailpauschalvertrag

171 Dieser entspricht dem in § 5 Nr. 1 b) VOB/A vorgesehenen Idealtyp des Pauschalvertrags. Die Planung und das Leistungsverzeichnis sind hier gemäß § 9 Nr. 1 und Nr. 6 VOB/A vom Auftraggeber detailliert vorgegeben, nur der **Preis ist pauschaliert**.

Im Rahmen von Pauschalverträgen begegnet man in der Praxis öfter als bei anderen Bauverträgen dem weit verbreiteten Irrtum, eine Pauschale schließe Nachträge des Auftragnehmers aus. Insbesondere durch Verwendung des Begriffs „**Pauschalfestpreis**" versuchen viele Auftraggeber, diesem durchaus verständlichen Anliegen Ausdruck zu verleihen. Dass dies so einfach nicht ist, lässt ein kurzer Blick auf § 2 Nr. 7, letzter Satz VOB/B, erahnen. Demnach sind selbstverständlich auch beim Pauschalpreisvertrag **Nachtragsforderungen** des Auftragnehmers möglich. Beim so genannten Detailpauschalvertrag folgt dies aus der einfachen Überlegung, dass der Auftraggeber für die Pauschale nur diejenigen Leistungen verlangen darf, die er in seiner Leistungsbeschreibung nach Maßgabe von § 9 VOB/A präzise beschrieben hat. Hingegen sind nicht beschriebene Leistungen in der Pauschale nicht enthalten. Hierdurch wird ein Dilemma des Auftraggebers deutlich. Eine möglichst detaillierte Leistungsbeschreibung bindet den Auftragnehmer entsprechend eng an die Vorgaben des Bauherrn, der exakt die Bauleistung erhält, die er geplant und beschrieben hat. Dem Auftragnehmer soll hier möglichst wenig Spielraum für Abweichungen vom Wunsch des Bauherrn bleiben. Hat der Bauherr jedoch im Rahmen seiner **detaillierten Leistungsbeschreibung** bestimmte Leistungen nicht beschrieben, so spricht zunächst eine allgemeine Vermutung dafür, dass diese nicht genannten Leistungen auch nicht im Pauschalpreis enthalten sind. Verlangt der Auftraggeber in seiner Leistungsbeschreibung beispielsweise den Einbau einer detailliert beschriebenen Heizungsanlage unter Angabe des Anlagentyps und unter genauer Beschreibung der einzelnen Bauteile und Materialien, so ist der Auftragnehmer im Rahmen der Pauschale zunächst nur verpflichtet, diese genau beschriebene Leistung zu erbringen. Er trägt damit nur das Risiko späterer **Massen- oder Mengenmehrungen** innerhalb des Beschriebenen. Stellt sich also im Verlauf der Bauphase heraus, dass für die Erstellung der beschriebenen Heizungsanlage 100 m Heizungsrohre statt der vom Auftragnehmer kalkulierten 80 m notwendig sind, so kann er für diese Leistung keine zusätzliche Vergütung verlangen. Verlangt der Auftraggeber hingegen die Installation bestimmter Thermostate, die er in seiner Leistungsbeschreibung nicht genannt hatte, so stellt dies eine nicht in der Pauschale enthaltene, weil nicht beschriebene Leistung dar, die meistens zu einem Nachtrag berechtigt.

172 Bei einem Detailpauschalvertrag ist also nur die Anwendung von **§ 2 Nr. 3 VOB/B** ausgeschlossen. Weicht jedoch die vom Auftraggeber verlangte Bauleistung in qualitativer Hinsicht von der detaillierten Leistungsbeschreibung ab, so sind die dort nicht beschriebenen Leistungsbestandteile grundsätzlich gesondert zu vergüten.[293]

In Ausnahmefällen kann dem Auftragnehmer jedoch auch für nicht in der Leistungsbeschreibung enthaltene Leistungen ein Anspruch auf gesonderte Vergütung abgeschnitten sein. Dies ist insbesondere dann der Fall, wenn die **Lücke oder Ungenauigkeit der Leistungsbeschreibung** für den Auftragnehmer klar erkennbar war und er in Kenntnis dieser Lücke ein preiswertes Spekulationsangebot abgibt, um den Auftrag zu erhalten und später über die nicht beschriebenen Leistungen Nachtragsforderungen zu stellen. Da der Auftragnehmer eine **Prüf- und Hinweispflicht** bezüglich der Leistungsbeschreibung hat,[294] soll er aus solchen Ausschreibungsfehlern kein Kapital schlagen können. Vor diesem Hintergrund ist in Rechtsprechung und Literatur die Tendenz erkennbar, dem Auftragnehmer über die vorgenannte Prüf- und Hinweispflicht einen Teil des Risikos für die nach § 9 VOB/A eigentlich dem Auftraggeber obliegende Pflicht zur genauen Leistungsbeschreibung aufzuladen.[295] Einer solchen Tendenz kann jedoch nicht in dieser Allgemeinheit gefolgt werden. Das Unterscheidungskriterium der erkennbaren Lückenhaftigkeit der Leistungsbeschreibung bereitet in der

---

293 Näheres hierzu unter Rn 143 ff. und Rn 305 ff.
294 *Ingenstau/Korbion*, § 9 VOB/A Rn 16; *Bühl*, BauR 1992, 26; siehe hierzu Rn 140, 144.
295 *Heiermann/Riedl/Rusam*, § 2 VOB/B Rn 147.

Praxis oft Schwierigkeiten und sollte daher nur mit größter Vorsicht angewandt werden.[296] Richtig ist sicherlich, dass solche Lücken, die vom Bieter **positiv erkannt** wurden, später zu einem Verlust des Nachtragsanspruchs führen können.[297] Bei den viel häufigeren Fällen jedoch, bei denen nicht die Erkenntnis, sondern allenfalls die **Erkennbarkeit** beweisbar ist, sollte die grundsätzliche Risikoverteilung beim Pauschalvertrag nicht völlig außer acht gelassen werden. Der Auftraggeber ist nach § 9 VOB/A eindeutig für die erschöpfende Leistungsbeschreibung zuständig. Der Bieter hingegen ist für die Kalkulation seines Angebots auf der Grundlage der Ausschreibungsunterlagen zuständig.[298] Vor diesem Hintergrund sollte man nicht leichtfertig die Verantwortlichkeit für die Erkennung von Ausschreibungslücken dem Auftragnehmer zuordnen. Andernfalls würde der Auftraggeber noch dazu ermuntert, lückenhaft auszuschreiben. Solche Unklarheiten oder Lücken, deren Inhalt in den Ausschreibungsunterlagen angedeutet werden, sollten jedoch zu einer gesteigerten Prüf- und Hinweispflicht des Auftragnehmers führen, die einen Nachtragsanspruch ausschließen kann. Fehlt hingegen innerhalb eines detaillierten Leistungsbeschriebs eine Teilleistung völlig, deren Inhalt sich auch nicht aus den übrigen Unterlagen andeutungsweise ergeben könnte, so kann dies zu Lasten des Auftraggebers gehen. Die Entscheidung ist jedoch in der Praxis meist schwierig. In vielen Fällen kann es zu einer Anwendbarkeit von **§ 254 BGB** kommen, da bei derartigen Unklarheiten und Lücken regelmäßig ein Verschulden beider Seiten vorliegt.[299] An dieser Stelle muss nachdrücklich für eine verstärkte Anwendung dieser gesetzlichen Regelung des **Mitverschuldens** plädiert werden. In der Praxis, insbesondere in Gerichtsurteilen ist allzu oft ein Bestreben nach eindeutiger Verschuldenszuordnung in Richtung nur eines Beteiligten feststellbar. Realistischer ist jedoch oftmals die Annahme, dass beide Parteien einen Fehler gemacht haben und beide Fehler daher auch bei der Bewertung des Nachtrags Berücksichtigung finden müssen. Eine pauschale Argumentation, die das Mitverschulden eines Vertragspartners lediglich als „untergeordnet" bewertet und daher den gesamten Schaden einem Beteiligten (meist dem Auftragnehmer) zuordnet, kann nicht überzeugen. Gerade § 254 BGB lässt eine Bewertung des Mitverschuldens nach Über- und Untergeordnetheit zu. Zwar führt dies im Ergebnis zu einer gewissen Billigkeitsrechtsprechung, doch lässt sich dies in den meisten Streitfällen ohnehin nicht vermeiden. Auch die Kriterien „Fehlerhaftigkeit der Ausschreibung", „Erkennbarkeit oder Sorgfalt bei der Prüfung der Unterlagen" lassen selten eine präzisere Beurteilung zu. Da eine Lösung für dieses grundsätzliche Problem nicht ersichtlich ist, sollte man nicht versuchen, allgemeine Kriterien für die eindeutige Zuordnung des Risikos im Sinne einer „Hopp oder Topp"-Entscheidung zu entwickeln. Denn wie immer entscheidet auch hier die Einzelfallbetrachtung und diese ist in den genannten Fällen meist sehr komplex und daher einer „gerechten" Regelung nicht immer zugänglich. Eindeutige Entscheidungen sind nur in solchen Fällen denkbar, in denen ein vorsätzliches Handeln einer der beiden Parteien feststellbar ist, beispielsweise bei einer bewusst unklaren Ausschreibung seitens des Auftraggebers oder einem bewusst spekulativen Angebot des Auftragnehmers. In diesen Fällen ist eine 100 %ige Risikozuweisung gerechtfertigt.

(2) Der Globalpauschalvertrag

173 Bei diesem Vertragstyp wird die Leistung vom Auftraggeber bewusst **nicht detailliert** beschrieben. Vielmehr bleibt dem Auftragnehmer hierbei die Präzisierung des Leistungsumfangs im Rahmen der vorgegebenen Planung überwiegend selbst überlassen. Von einer solchen Vertragsgestaltung wird oftmals im Rahmen einer **Leistungsbeschreibung mit Leistungsprogramm** gemäß § 9 Nr. 10 ff. VOB/A Gebrauch gemacht.[300] Dieser Vertragstyp, der teilweise auch als „totaler Pauschalvertrag" bezeichnet wird,[301] überträgt dem Auftragnehmer auch die Planung des Bauvorhabens und verfolgt

---

296 *Vygen*, Rn 848.
297 *Bühl*, BauR 1992, 26.
298 *Vygen*, Rn 848.
299 *Ingenstau/Korbion*, § 9 VOB/A Rn 16.
300 Beck'scher VOB-Kommentar – *Jagenburg*, § 2 Nr. 7 Rn 47.
301 Beck'scher VOB-Kommentar – *Jagenburg*, a.a.O.; *Heiermann/Riedl/Rusam*, § 2 VOB/B Rn 144 b.

das Ziel, mit der Pauschale alles abzugelten, was in planungs- und leistungsmäßiger Hinsicht für die Leistungserbringung erforderlich ist. Anders als beim Detailpauschalvertrag macht der Auftraggeber nur wenige Vorgaben hinsichtlich Inhalt und Umfang der Leistung. Es bleibt demnach dem Auftragnehmer überlassen, eine vollständige Leistung zu planen und auszuführen. In dem oben genannten „Heizungsfall" würde es sich also nicht um eine detaillierte Leistungsbeschreibung seitens des Auftraggebers handeln. Vielmehr würde sinngemäß nur „ein Stück Heizungsanlage" verlangt. Es ist sodann die Aufgabe des Auftragnehmers, die Heizungsanlage für die vorgegebene Gebäudeart und -größe nach den geltenden Regeln der Technik zu planen, zu dimensionieren und fachgerecht einzubauen. Entspricht die Heizleistung später nicht dem vorgegebenen Anspruch des Auftraggebers, hilfsweise den Regeln der Technik, so muss der Auftragnehmer auf eigene Kosten nachrüsten. Gleiches gilt, wenn er zu wenig Heizkörper oder ungeeignete Thermostate einbaut. Ohne nähere Angaben schuldet er nach § 243 BGB eine Heizungsanlage mittlerer Art und Güte.

Vielfach werden bestimmte Rahmenvorgaben, insbesondere in funktionaler Hinsicht (z.B. Schallschutz- oder Heizwert) oder der Anlagentyp vom Auftraggeber vorgegeben, so dass die detaillierte Ausgestaltung der Leistung Angelegenheit des Auftragnehmers ist. Unterlässt es jedoch der Auftraggeber hierbei, seine Vorgaben zu präzisieren oder bestimmte Wünsche zu äußern, so kann er später nicht deren kostenlose Ausführung vom Auftragnehmer verlangen. Bestellt also der Bauherr im Extremfall lediglich „ein Stück Schule" und plant der Auftragnehmer daraufhin eine weiße Rauputzfassade und für jedes Klassenzimmer zwei Fenster, so ist eine vom Auftraggeber nach Vertragsschluss verlangte andersfarbige oder gar Glasfassade ebenso vergütungspflichtig wie jedes zusätzliche Fenster. Der Auftraggeber hat sich hier aus der Planung des Bauvorhabens weitgehend herausgehalten und dem Auftragnehmer dafür das volle Risiko der vollständigen Leistungserbringung übertragen. Daher muss er die vom Auftragnehmer vorgenommene **Konkretisierung der Leistung** – soweit sie fachgerecht ist und den Grobvorgaben sowie den anerkannten Regeln der Technik entspricht – akzeptieren. Ändert er nach Vertragsschluss diese Leistungsinhalte, so kann dies durchaus zu einem Mehrvergütungsanspruch des Auftragnehmers führen. Beim Globalpauschalvertrag bleiben die Nachtragsforderungen des Auftragnehmers indes weitgehend auf derartige Eingriffe des Auftraggebers beschränkt, da ansonsten der Auftragnehmer das Risiko der Leistungsermittlung trägt.[302]

dd) Der Stundenlohnvertrag

Dieser Vertragstypus spielt in der Praxis nur eine untergeordnete Rolle. Nach **§ 5 Nr. 2 VOB/A** dürfen lediglich Bauleistungen geringeren Umfangs, die überwiegend Lohnkosten verursachen, im Stundenlohn vergeben werden. Diese Einschränkung ist leicht nachvollziehbar, da sich in allen anderen Fällen die Materialkosten des Bauwerks naturgemäß nur schwer auf einen Stundenlohn umrechnen lassen. Betroffen von Stundenlohnvereinbarungen sind regelmäßig bloße Reparatur- und Nachbesserungsarbeiten, unter Umständen aber auch solche Gewerke, bei denen der Auftraggeber das Baumaterial beschafft und der Auftragnehmer tatsächlich nur die reine Arbeitsleistung zu erbringen hat. Nur in diesen Fällen können Stundenlohnverträge überhaupt empfohlen werden.

Das Problem einer Stundenlohnvereinbarung in umfangreicheren Bauvorhaben liegt auf der Hand. Die endgültige Vergütung hängt unmittelbar von der Schnelligkeit des Auftragnehmers, und damit von seiner Arbeitsbereitschaft und auch Arbeitslust ab.[303] Im Falle eines Stundenlohnvertrages ist der Auftraggeber also gehalten, sämtliche denkbaren **Kontrollmöglichkeiten** auszuschöpfen, was jedoch in der Praxis selten gelingt. Auch die VOB/B geht von der Notwendigkeit besonderer Kontrollmechanismen aus und sieht daher in § 15 bestimmte Voraussetzungen für die Abwicklung eines Stundenlohnauftrags und für den späteren Vergütungsanspruch des Auftragnehmers vor. So muss der Auftragnehmer dem Auftraggeber die Ausführung von Stundenlohnarbeiten vor Beginn anzeigen.

---

302 Beck'scher VOB-Kommentar – *Jagenburg*, § 2 Nr. 7 Rn 49.
303 *Vygen*, Rn 757.

Darüber hinaus hat der Auftragnehmer so genannte **Stundenlohnzettel** einzureichen, die der Auftraggeber zu „bescheinigen" hat. Hierdurch soll dem Auftraggeber Gelegenheit gegeben werden, die vom Auftragnehmer deklarierten Leistungen zu überprüfen.

176 Grundvoraussetzung für die Berechtigung eines Anspruchs des Auftragnehmers auf Stundenlohnvergütung ist allerdings eine besondere, **ausdrückliche Vereinbarung** zwischen den Vertragspartnern (§ 2 Nr. 10 VOB/B). Es reicht also nicht aus, dass der Auftragnehmer Stundenlohnzettel schreibt und diese dem Auftraggeber zur Abzeichnung vorlegt. Vielmehr muss vor Beginn der Stundenlohnarbeiten eine entsprechende präzise Vereinbarung getroffen werden. Erst wenn dies der Fall ist, ist § 15 VOB/B anwendbar.[304] Mangels ausdrücklicher Vereinbarung einer Stundenlohnvergütung muss hingegen – jedenfalls im Falle eines „VOB/B-Vertrags" – in der Regel nach Einheitspreisen abgerechnet werden (§ 2 Nr. 2 VOB/B). Allenfalls bei kleineren Aufträgen außerhalb des VOB/B-Bereichs kann es in Ausnahmefällen angebracht sein, den Stundenlohn als die nach § 632 Abs. 2 BGB übliche Vergütung anzusehen.

ee) Der Selbstkostenerstattungsvertrag

177 Auch dieser Vertragstyp stellt in der Praxis eine **absolute Ausnahme** dar und kommt noch seltener vor als der Stundenlohnvertrag.[305] Nach **§ 5 Nr. 3 Abs. 1 VOB/A** dürfen Selbstkostenerstattungsverträge nur ausnahmsweise bei Bauleistungen größeren Umfangs vergeben werden, wenn diese „vor der Vergabe nicht eindeutig und so erschöpfend bestimmt werden können, dass eine einwandfreie Preisermittlung möglich ist". Auch im Hinblick auf die Pflicht des Auftraggebers zur eindeutigen und erschöpfenden Leistungsbeschreibung nach § 9 Nr. 1 VOB/A muss der Selbstkostenerstattungsvertrag die absolute Ausnahme bleiben. Der Auftraggeber soll zunächst versuchen, dieser grundsätzlichen Pflicht zur präzisen Leistungsbeschreibung nachzukommen. Erst wenn dies nicht gelingt, kommt ein Selbstkostenerstattungsvertrag in Betracht.[306] Ferner ist der Selbstkostenerstattungsvertrag nur bei **Bauleistungen größeren Umfangs** in Betracht zu ziehen, was ihn deutlich vom Stundenlohnvertrag unterscheidet, der nach § 5 Nr. 2 VOB/A nur bei Bauleistungen geringeren Umfangs in Betracht kommt. Der Selbstkostenerstattungsvertrag ist nicht nur in der aktuellen Praxis von untergeordneter Bedeutung, nach dem Vorbild der VOB soll dies auch so bleiben.[307] Angesichts der **Risiken**, die dieser Vertragstyp mit sich bringt, soll nach § 5 Nr. 3 Abs. 3 S. 1 VOB/A sogar nachträglich noch zu einem Leistungsvertrag (Einheitspreis- oder Pauschalvertrag) übergegangen werden, wenn während der Bauausführung eine einwandfreie Preisermittlung möglich wird. Der Selbstkostenerstattungsvertrag soll also auch im weiteren Verlauf des Bauvorhabens nur solange wie unbedingt nötig Gültigkeit behalten.[308] Nach dieser Sollvorschrift kann jedoch nur im Wege einer einvernehmlichen Vereinbarung zwischen den Bauvertragsparteien vorgegangen werden. Die einseitige Anordnung einer solchen Vertragsänderung seitens des Auftraggebers ist nicht möglich.[309] Für Selbstkostenerstattungsverträge ist es in der Tat empfehlenswert, dieses riskante Vertragsstadium nicht länger andauern zu lassen als unbedingt notwendig. Die Sollvorschrift des § 5 Nr. 3 Abs. 3 VOB/A, die einen Übergang zum Leistungsvertrag vorsieht, wenn die einwandfreie Preisermittlung später möglich wird, sollte daher im Vertrag ausdrücklich vorgesehen werden. Zur Durchsetzung dieses Übergangs könnte ein Kündigungsrecht für beide Parteien vorgesehen werden, falls die andere Vertragspartei die Vereinbarung eines Leistungsvertrags verweigert.[310]

---

304 *Ingenstau/Korbion*, § 15 VOB/B Rn 4.
305 *Locher*, Das private Baurecht, Rn 185.
306 *Heiermann/Riedl/Rusam*, § 5 VOB/A Rn 31.
307 *Ingenstau/Korbion*, § 5 VOB/A Rn 31.
308 *Ingenstau/Korbion*, § 5 VOB/A Rn 32.
309 *Heiermann/Riedl/Rusam*, § 5 VOB/A Rn 32; *Ingenstau/Korbion*, § 5 VOB/A Rn 32.
310 Vgl. *Ingenstau/Korbion*, § 5 VOB/A Rn 32.

Die Vergütung nach dem Selbstkostenerstattungsvertrag beinhaltet zwei Komponenten, nämlich die **Selbstkosten** und den **Gewinn**. Unter Selbstkosten ist alles zu verstehen, was seitens des Auftragnehmers aufgewendet werden muss, um die Bauleistungen vertragsgemäß erbringen zu können.[311] Die Vergütung der einzelnen Selbstkostenbestandteile, nämlich Material, Lohn, Gerätevorhaltung, Kosten der Baustelle und allgemeine Geschäftskosten ist nach § 5 Nr. 3 Abs. 2 VOB/A bereits bei der Vergabe festzulegen. Gleiches gilt für den Gewinnzuschlag.

ff) „Festpreis"

Bei diesem Begriff handelt es sich, anders als bei den zuvor genannten Preisarten, um keinen festgelegten Terminus technicus, sondern vielmehr um einen immer wieder vorkommenden Ausdruck, der zu Missverständnissen führen kann. Weder das BGB noch die VOB kennen den Begriff „Festpreis".

Die Bezeichnung kann sich einerseits auf einzelne **Einheitspreise** beziehen. In diesem Fall dürfte es sich um eine Unveränderlichkeit der Positionspreise auch bei größeren Über- oder Unterschreitungen der Vordersätze handeln, also um eine einvernehmliche Abdingung von § 2 Nr. 3 VOB/B. Oftmals wird dieser Begriff jedoch auch auf den **Pauschalpreis** bezogen, teilweise wird von einem „**Pauschalfestpreis**" gesprochen. Diese Bezeichnung ist für sich allein nur schwer auslegungsfähig. Vielmehr muss unter Heranziehung der weiteren vertraglichen Vereinbarungen ermittelt werden, in welcher Hinsicht der Pauschalpreis „fest" sein soll. Denn für sich genommen ist jeder Pauschalpreis fest, nämlich fest vereinbart und grundsätzlich auch unveränderlich. Da jedoch § 1 Nr. 3 und Nr. 4 VOB/B ein einseitiges **Eingriffsrecht** des Auftraggebers vorsehen, kann sich der **Leistungsinhalt** nachträglich durchaus verändern, was selbstverständlich auch Einfluss auf den Werklohn haben muss (vgl. § 2 Nr. 5, Nr. 6 VOB/B).[312] Eine Vereinbarung, die dieses Grundprinzip ausschließt, würde ein unbegrenztes einseitiges Änderungsrecht des Auftraggebers ohne Möglichkeit der Preiserhöhung vorsehen und würde in dieser Allgemeinheit sicherlich an § 242 BGB scheitern, jedenfalls jedoch in Formularverträgen nach § 9 AGBG unzulässig sein. Die Bezeichnung „Festpreis" allein kann jedoch nicht derart weit ausgelegt werden.

Die Vereinbarung eines „Festpreises" könnte ferner die **Übernahme bestimmter Risiken**, insbesondere des Baugrundrisikos, durch den Auftragnehmer beinhalten. Auch dies muss jedoch ausdrücklich und individuell vereinbart werden, der Begriff allein lässt diese Schlussfolgerung nicht zu.

Vor diesem Hintergrund muss von der Verwendung des Begriffs „Festpreis" abgeraten werden. Für sich allein genommen beinhaltet er keine bestimmte vertragliche Konstellation. Sollten hiermit indes bestimmte für den Auftragnehmer nachteilige Vertragspflichten verbunden sein, so müssten diese ohnehin ausdrücklich gesondert geregelt sein. Die Bezeichnung „Festpreis" hilft daher nicht weiter, sondern führt nur zu unnötigen Missverständnissen und sollte daher vermieden werden.[313]

gg) Garantierter Maximal-Preis („GMP")

Der Begriff „Garantierter Maximalpreis-Vertrag", im herkömmlichen Sprachgebrauch kurz „GMP-Vertrag" genannt, stammt aus dem Anglo-Amerikanischen Rechtskreis („guaranteed maximum price") und gewinnt seit einigen Jahren auch bei uns an Bedeutung. Wie die Bezeichnung bereits andeutet, soll dieser Vertragstyp das Risiko des Auftraggebers von Preiserhöhungen möglichst ausschließen. Es handelt sich bei dem GMP-Vertrag nicht um ein explizit geregeltes Vertragsmodell. Weder das BGB noch die VOB/B kennen diesen Begriff. Vielmehr handelt es sich um eine in der

---

311 *Locher*, Das private Baurecht, Rn 185.
312 Siehe unten Rn 269 ff. und Rn 307 ff.
313 Ebenso *Locher*, a.a.O., Rn 183.

Praxis fortentwickelte Vertragsvariante, die **Elemente des Pauschalpreisvertrags und des Selbstkostenerstattungsvertrags** beinhaltet.[314] Die Grundidee des GMP-Vertrags ist einfach und nahe liegend, in der Umsetzung jedoch höchst kompliziert. Der Bauherr versucht durch diese Vertragsgestaltung seine beiden wichtigsten Interessen, nämlich erstens ein technisch und funktional optimiertes Bauwerk zu erhalten und zweitens das Nachtragsrisiko zu begrenzen, dadurch zu wahren, dass er den Auftragnehmer bei der Planung und Optimierung des Bauwerks möglichst stark einbindet, sich umgekehrt seinerseits intensiv in die Nachunternehmervergabe einschaltet und sich darüber hinaus einen Höchstpreis zusichern lässt. Auch für den Auftragnehmer kann dieses Vertragsmodell durchaus Vorteile haben. So bietet die frühe Einbindung in die Optimierungs- und Planungsphase für ihn die Möglichkeit, Unklarheiten, Widersprüche, Planungslücken und möglicherweise auch Risikopotentiale (Massenermittlung, Baugrunduntersuchung, Haustechnikplanung) zu minimieren. Diese Planungssicherheit ermöglicht ihm eine präzisere Preiskalkulation.

180 Beim **Idealtyp des GMP-Vertrags** stellt sich der Ablauf des Bauvorhabens als „gemeinsames" Projekt **mehrstufig** wie folgt dar:

- Zunächst wählt der Auftraggeber sorgfältig einen geeigneten Generalunternehmer aus. Im Rahmen dieses **Auswahlverfahrens** übergibt er den in Frage kommenden Wettbewerbern die ihm vorliegenden **Eckdaten des Bauwerks**. In diesem Stadium ist die Planung regelmäßig nicht sehr weit fortgeschritten. Oftmals liegen nur ganz grundsätzliche Vorgaben für das Gebäude im Hinblick auf Lage, Funktion, Flächenbedarf und der finanzielle Rahmen vor. Sodann erfolgt regelmäßig eine genaue Überprüfung der einzelnen Wettbewerber im Hinblick auf personelle und finanzielle Leistungsfähigkeit, Know-how und Referenzen bis hin zur personellen Struktur. Nicht selten kommt es im Rahmen dieses Bewerbungsverfahrens bereits zu Präsentationen seitens der Bieter, in denen diese bereits konkrete Überlegungen und Vorschläge zur Gestaltung des Objekts und zur Abwicklung des Bauvorhabens vorstellen. Hier bietet sich bereits die Möglichkeit, durch erste Optimierungs- und Sondervorschläge um den Auftrag zu werben und unter Umständen bereits Einfluss auf die Entwicklung des Projekts zu nehmen.

- Nach Auswahl eines geeigneten Generalunternehmers wird zunächst die **Planungs- und Entwicklungsphase** eingeleitet. Zu diesem Zweck wird mit dem Generalunternehmer zunächst ein Vertrag geschlossen, der sich auf die Planung und Optimierung des Bauwerks bezieht. Der Generalunternehmer übernimmt hier zunächst **Beratungsleistungen**, wobei der Umfang der ihm übertragenen Planungsleistungen variiert. Der Bauherr verfügt seinerseits meistens über einen Architekten, der die eigentliche Planungsleistung übernimmt, sich hierbei jedoch eng mit dem späteren Generalunternehmer abstimmt und bereits hier dessen Vorschläge und Kenntnisse einfließen lässt. In dieser Phase werden die entscheidenden Weichen für die spätere Abwicklung des Bauvorhabens im Hinblick auf Gestaltung, Kosten und Termine gestellt. Insbesondere werden hier die Grundlagen für die spätere Bildung des garantierten Maximalpreises ermittelt. Vor diesem Hintergrund sollte die Planung in diesem Stadium bereits möglichst weit fortgeschritten sein, damit eine verlässliche Kalkulation des GMP möglich ist.[315]

- In der nächsten Phase wird der Bauherr mit dem Generalunternehmer in die Verhandlungen über den Abschluss des eigentlichen **Generalunternehmervertrags** eintreten. Da der zuvor ausgewählte und bereits mit der Planung betraute Unternehmer bereits einen erheblichen Wissensvorsprung hat, dürfte der Vertragsabschluss mit diesem Bieter nahe liegen. Kommt es jedoch nicht zu einer Einigung über den GMP-Bauvertrag, so ist in dieser Phase auch die Beauftragung eines anderen Bieters möglich. Der in der Planungsphase eingeschaltete Unternehmer erhält in diesen Fällen seine Vergütung für die Planungs- und Beratungsleistungen und scheidet aus dem

---

314 *Oberhauser*, Baurecht 2000, 1401; *Moeser*, ZfBR 1997, 116.
315 Offen gelassen von *Oberhauser*, Baurecht 2000, 1399, die darauf hinweist, dass der Bauherr wegen des Termindrucks eine möglichst frühe Bildung des GMP anstrebt.

Projekt aus. Es folgt nunmehr der Vertragsabschluss mit dem ausgewählten Bieter, die weitere gemeinsame Fortführung der Planung sowie die ebenfalls **gemeinsame Auswahl der Nachunternehmer**. Diese gemeinsame Beauftragung der Nachunternehmer stellt eine Besonderheit des GMP-Vertragsmodells dar. Auch hier zeigt sich, dass nach dem Idealtypus des GMP-Vertrags die gemeinsame Abwicklung des Projektes im Sinne einer echten Kooperation im Vordergrund steht. Zeitlich gesehen kann ein Schwerpunkt der Nachunternehmerauswahl auch bereits in der Planungsphase, nämlich im Rahmen der Kalkulation des GMP stattfinden.

Leider fallen die vorgenannten theoretischen Grundsätze und die Realität allzu oft auseinander. Viele Auftraggeber verstehen den garantierten Maximalpreis lediglich als eine rein ausführungsbezogene besondere Vergütungsart.[316] Folglich wird oft lediglich ein Höchstpreis festgelegt, während der Bauherr an einem eventuellen Vergabegewinn des Generalunternehmers bei der Beauftragung von Nachunternehmern beteiligt wird. Kommt es hingegen zu Vergabeverlusten durch die unvorhergesehene Überschreitung des Budgets für die Nachunternehmerbeauftragungen, so trägt dieses Risiko allein der Generalunternehmer. Es handelt sich in diesen Fällen meist um eine Sonderform des Pauschalvertrags mit anteiliger Gewinnabführung, dessen Preisgarantie nicht selten mit der Übernahme weiterer Risiken, beispielsweise Baugrund- und Altbaurisiken, verbunden ist. **181**

Dass derartige GMP-Modelle insbesondere in Bauherrenkreisen immer beliebter werden, muss nicht näher begründet werden. Angesichts der vielfach unausgewogenen Ausgestaltung dieser GMP-Verträge in der Praxis darf jedoch bezweifelt werden, ob sich ein solches Modell durchsetzt. Von vielen Auftragnehmern wird diese Art der Vergabe verständlicherweise abgelehnt. Darüber hinaus muss der Auftraggeber damit rechnen, dass sich die Bieter die von ihnen zu übernehmenden Risiken entsprechend umfänglich vergüten lassen wollen. Eine Vergabe nach diesem **„unechten" GMP-Modell** dürfte daher zu deutlich höheren Angebotspreisen führen. Der vermeintliche Vorteil des Auftraggebers infolge der Risikoüberwälzung auf den Auftragnehmer ist also durchaus zweifelhaft.

Bei dem eingangs beschriebenen **Idealtypus des GMP-Vertrags** handelt es sich hingegen um eine Mischform von Pauschal- und Selbstkostenerstattungsvertrag. Der garantierte Maximalpreis setzt sich hierbei meistens aus **drei Preisblöcken** zusammen, nämlich den Eigenleistungen einschließlich der Gemeinkosten der Baustelle, den Kosten für Nachunternehmerleistungen und einem Zuschlag, der insbesondere Wagnis und Gewinn abdeckt. Hierfür gibt es jedoch keine allgemein gültigen Regeln, abweichende Preiskalkulationen sind denkbar.[317] Die **Abrechnung im** Rahmen des GMP-Vertrags geht vom Prinzip der „open books" aus, also von einer Offenlegung sämtlicher Herstellkosten durch den Auftragnehmer. Dieses Prinzip und der Grundgedanke der **gemeinsamen Optimierung** des Bauwerks auch in preislicher Hinsicht bedingen sich gegenseitig. Kommt es im Rahmen des Bauvorhabens zu Kostenreduzierungen durch Optimierungen, so teilen sich die Vertragsparteien die Kostenersparnis. Teilweise wird hier auch von einem **„Bonus"** gesprochen.[318] Ob man diese Gewinnteilung als Bonus oder als **Gewinnabführung** seitens des Auftragnehmers ansieht, hängt maßgeblich von der Einordnung des GMP-Vertrags als Pauschalvertrag oder als Selbstkostenerstattungsvertrag ab. Der GMP-Vertrag enthält Bestandteile beider Vertragstypen. Ordnet man ihn eher als Pauschalvertrag ein,[319] so muss man dogmatisch wohl eher von einer Abführung des Profits ausgehen, da derartige Einsparungen bei einer herkömmlichen Pauschalierung von Preis und Leistung überwiegend dem Auftragnehmer zustehen. Zieht man hingegen eher eine Parallele zum Selbstkostenerstattungsvertrag,[320] so führt die somit vorherrschende Abhängigkeit des Preises von den Ei- **182**

---

316 *Grünhoff*, NZB 2000, 314.
317 Vgl. *Oberhauser*, Baurecht 2000, 1400, die von einer Zusammensetzung des Preises aus Herstellkosten, Deckungsbeiträgen und Risikozuschlag ausgeht, wobei sie zu den Herstellkosten sowohl die Eigenleistungen als auch Nachunternehmerleistungen und Gemeinkosten der Baustelle rechnet.
318 *Oberhauser*, Baurecht 2000, 1401.
319 *Grünhoff*, NZB 2000, 314.
320 So *Oberhauser*, Baurecht 2000, 1402, insbesondere Fn. 30.

genkosten, insbesondere angesichts der offenen Abrechnungsweise im Rahmen des GMP-Vertrags, zu einer selbstverständlichen Weitergabe von Kostenersparnissen an den Auftraggeber. Vor diesem Hintergrund muss man eine Beteiligung des Auftragnehmers tatsächlich als zusätzlichen „Bonus" betrachten. Im Rahmen eines echten GMP-Vertrags im oben beschriebenen Sinn muss der letztgenannten Auffassung zugestimmt werden. In der Tat geht der GMP-Vertrag nämlich von einer unmittelbaren Abhängigkeit des garantierten Maximalpreises von den tatsächlichen Herstellungskosten aus. Hinzu kommt der Grundsatz der gemeinsamen Optimierung des Bauwerks, von der beide Parteien profitieren sollen. Vor diesem Hintergrund ist es systemgerecht, von einer zusätzlichen Vergütung der Optimierungsbemühungen des Auftragnehmers zu sprechen, anstatt von einer Gewinnabführung.

183 Der GMP-Vertrag bedarf hierzulande sicherlich noch einer erheblichen **Fortentwicklung** durch Praxis, Literatur und Rechtsprechung. Insbesondere Gerichtsurteile sind zu diesem Thema bislang kaum ergangen. Auch die Literatur hat jedoch den GMP-Vertrag bisher sträflich vernachlässigt. Dies wird sich in den kommenden Jahren sicherlich ändern. Das Konzept des GMP-Vertrags bietet im Idealfall eine echte Chance, ein Bauvorhaben durch eine gemeinsame Planung und Risikoermittlung zu optimieren und so für beide Parteien zu einem befriedigenden Ergebnis zu führen. Hierzu bedarf es jedoch sicherlich eines Umdenkens in beiden Lagern. Auftragnehmer und Auftraggeber werden dieses Vertragsmodell nur dann erfolgreich umsetzen können, wenn sie von der ansonsten üblichen Konfrontation absehen und sich gegenseitig als Partner akzeptieren. Ist dieses Grundverständnis vorhanden, so kann insbesondere die geschilderte Aufteilung etwaiger Kosteneinsparungen zur Umsetzung dieses Verständnisses und zur Streitvermeidung führen. Die derzeitige Lage der Baubranche, insbesondere die allseits vorhandene Streitbereitschaft lässt jedoch die Durchsetzung dieses Vertragsmodells bezweifeln, obwohl der GMP-Vertrag gerade hier eine Möglichkeit zur Bewältigung vieler Krisensituationen bietet.

c) Umsatzsteuer

184 Die Erbringung von Bauleistungen ist nach **§ 1 Abs. 1 Nr. 1 UStG** umsatzsteuerpflichtig. Da sich in den vergangenen Jahren der Umsatzsteuersatz mehrfach erhöht hat, sollte darauf geachtet werden, eine während der Bauzeit mögliche **Steuererhöhung** zu berücksichtigen. Es empfiehlt sich daher die Formulierung

„Die Vergütung beträgt DM ... zuzüglich der jeweils geltenden gesetzlichen Umsatzsteuer".

Ändert sich während der Bauausführung der Umsatzsteuersatz, so kann zweifelhaft sein, nach welchem Steuersatz die Bauleistung abzurechnen ist. Das UStG nennt hier als maßgeblichen Zeitpunkt die **Abnahme**. Findet diese erst **nach der Steuererhöhung** statt, so sind auch vor der Steuererhöhung geleistete Abschlags- oder Vorauszahlungen nach dem **neuen Steuersatz** abzurechnen. Gegebenenfalls muss daher der Auftraggeber einer Nachforderung der Umsatzsteuer seitens des Auftragnehmers für die vor der Steuererhöhung berechneten Leistungen Folge leisten. Umsatzsteuerlich teilbar sind Leistungen nur dann, wenn es sich um wirtschaftlich abgrenzbare Teilleistungen handelt und eine Teilabnahme stattfand. Die rechtzeitig teilabgenommenen Leistungen sind dann nach dem **alten Steuersatz** zu berechnen.

Es empfiehlt sich für jeden Bauvertrag die ausdrückliche Erwähnung der Umsatzsteuer. Da die Preisangabe im Bauvertrag stets das tatsächlich zu entrichtende Entgelt beschreibt, ist die vom Auftragnehmer abzuführende Umsatzsteuer – mangels anders lautender Vereinbarung – hierin denknotwendig enthalten. Ist also die Mehrwertsteuer nicht ausdrücklich erwähnt, sondern wurde lediglich ein Preis in DM vereinbart, so gilt dieser **stets als Bruttopreis**. Nachforderungen in Höhe der Mehrwertsteuer sind daher nicht möglich.[321] Dies gilt auch bei Angeboten gegenüber einem zum Vorsteuerabzug berechtigten Auftraggeber.[322] Es wird vereinzelt die Auffassung vertreten, dies gelte ausnahmsweise nicht bei Vertragsparteien, die im Handelsregister eingetragen und vorsteuerabzugsberechtigt

---

321 BGHZ 58, 295; 60, 203.
322 BGH WM 1973, 677.

sind, da sich in diesen Kreisen ein **„Nettodenken"** als Handelsbrauch durchgesetzt habe.[323] Diese Auffassung ist jedoch abzulehnen. Wenn die Vertragspartner einen Preis aushandeln und diesen als absoluten Betrag ohne nähere Zusätze vereinbaren, so ist davon auszugehen, dass dies schlichtweg der zu zahlende Werklohn ist. Auch Kaufleute gehen nicht davon aus, dass sie nur Nettopreise zu zahlen hätten. Vielmehr geht jeder Gewerbetreibende von einer Bruttozahlung aus, auch wenn er als **Vorsteuerabzugsberechtigter** die Umsatzsteuer als „durchlaufenden Posten" begreift und für ihn in erster Linie der Nettopreis maßgeblich ist. Selbst wenn möglicherweise von einem Handelsbrauch auszugehen ist, die interne Kalkulation auf Nettopreisbasis durchzuführen, so ist kein Handelsbrauch ersichtlich, ein vertraglich vereinbarter Preis sei nur netto zu verstehen oder gar zu zahlen. Kaufleute mögen zwar netto „rechnen", preisen jedoch ausschließlich „brutto" aus, weshalb nicht von einem Handelsbrauch im Sinne eines Nettopreisverständnisses auszugehen ist.[324] Die Angabe des Werklohns im Bauvertrag ist daher ohne nähere Angaben stets als Bruttopreis zu verstehen oder gar zu zahlen.[325] Der Auftragnehmer kann die Umsatzsteuer somit nicht nachfordern, selbst wenn er irrtümlich davon ausging, das Geschäft sei nicht umsatzsteuerpflichtig.[326]

d) Gängige AGB-Klauseln

aa) Vollständigkeitsklauseln

In vielen Bauverträgen finden sich Klauseln, die mittels einer allgemeinen Umschreibung sämtliche denkbaren Leistungen im Rahmen des Bauvorhabens als „mit den Preisen abgegolten" bezeichnen. Im Rahmen Allgemeiner Geschäftsbedingungen begegnen derartige Vollständigkeitsklauseln erheblichen Bedenken. Nach § 9 VOB/A obliegt nämlich dem Auftraggeber die erschöpfende Beschreibung der Leistung. Dennoch wird vielfach versucht, das Risiko unvollständiger Leistungsbeschreibungen auf den Auftragnehmer zu übertragen. Gebräuchlich sind hier Klauseln, nach denen der Auftragnehmer für die vereinbarte Vergütung „sämtliche Arbeiten und Nebenarbeiten zu erbringen hat, die für eine vollständige, fix und fertige, schlüsselfertige Herstellung des Bauwerks erforderlich sind, auch wenn diese in den Ausschreibungsunterlagen nicht ausdrücklich erwähnt sind". Klauseln dieser Art verstoßen gegen § 9 AGBG, da sie die herkömmliche Risikoverteilung im Bauwesen, die auch in § 9 VOB/A Ausdruck findet, einseitig zu Lasten des Auftragnehmers verschieben.[327]

Derartige Klauseln sind insbesondere im Rahmen von **Pauschalverträgen** verbreitet. Bei Detailpauschalverträgen muss beachtet werden, dass sich der Auftraggeber erst recht in diesen Fällen, nämlich bei detaillierten Leistungsvorgaben, nach h.M. keinen Auffangtatbestand für unvollständige Detailbeschreibungen schaffen kann. Solche Klauseln sind in der Regel ohne Wirkung. Hat sich der Auftraggeber dazu entschlossen, die Leistung detailliert zu beschreiben, so muss er auch das Vollständigkeitsrisiko übernehmen.[328]

Gleichermaßen unwirksam sind Klauseln wie „die vereinbarten Festpreise schließen **Nachforderungen** jeglicher Art aus".[329] Verbreitet sind ferner AGB-Klauseln, die eine Bestätigung der **örtlichen Verhältnisse** sowie der **Vollständigkeit und Richtigkeit der Leistungsbeschreibung** abverlangen. Auch diese Klauseln begegnen Bedenken, da sie die Beweislast umkehren oder sogar Nachträge wegen fehlerhafter Ausschreibungsunterlagen ausschließen.[330] Ebenso verbreitet wie unwirksam ist daher die Klausel „der Auftragnehmer erklärt, dass ihm die örtlichen Verhältnisse bekannt sind".[331]

---

323 So *Ingenstau/Korbion*, § 2 VOB/B, Rn 125.
324 OLG Düsseldorf NJW 1976, 1268; *Palandt*, § 157 Rn 13; offen gelassen *Werner/Pastor*, Rn 1271.
325 *Werner/Pastor*, Rn 1270.
326 *Palandt*, § 157 Rn 13.
327 *Glatzl/Hoffmann/Frickell*, Seite 71; vgl. hierzu auch Rn 145 ff.
328 *Kapellmann/Schiffers*, Bd. 2, Rn 244 ff.; *Werner/Pastor*, Rn 1196.
329 BGH BauR 1997, 1036.
330 *Glatzel/Hofmann/Frikell*, Ziff. 2.2.1.2.
331 OLG Frankfurt NJW-RR 1986, 245.

Erst recht unwirksam sind Klauseln, durch die die Rechte des Auftragnehmers im Hinblick auf Fehler oder **Unklarheiten** in den Ausschreibungsunterlagen oder jegliches Recht, sich auf **Irrtümer** zu berufen, ausgeschlossen werden. Folgende Klausel wurde daher vom BGH für unwirksam erklärt: „Nach Angebotsabgabe kann sich der Bieter nicht auf Unklarheiten in den Angebotsunterlagen oder über Inhalt und Umfang der zu erbringenden Leistungen berufen. Bei oder nach Auftragserteilung sind Nachforderungen mit Hinweis auf derartige Unklarheiten ausgeschlossen".[332] Zulässig ist es hingegen, den Bieter zu verpflichten, sich vor Angebotsabgabe über die örtlichen Verhältnisse zu informieren.[333]

Umstritten sind Klauseln, durch die der Auftragnehmer anteilig an den Kosten der Baustelle beteiligt wird. Grundsätzlich sind derartige **Umlageklauseln** allerdings wirksam.[334] Daher hat der BGH eine Klausel, nach der ein Abzug in Höhe von 1,2 % des Schlussrechnungsbetrags für Bauwasser vorgenommen werden soll, für zulässig erklärt, da die Klausel nicht der richterlichen Inhaltskontrolle nach §§ 9 ff. AGBG unterliege.[335] Diese Entscheidung wird vereinzelt angegriffen.[336] Es wird insbesondere eingewandt, die Klausel berücksichtige nicht den tatsächlichen Verbrauch, sondern richte sich starr nach einem Prozentsatz der Schlussrechnungssumme. Wegen dieser Starrheit sei die Klausel nach § 9 AGBG unwirksam.[337] Hier ist jedoch dem BGH Recht zu geben. Nach § 8 AGBG sind vom Gesetzgeber bewusst bestimmte Vergütungs- und Preisnebenabreden von der Inhaltskontrolle nach § 9 bis 11 AGBG ausgenommen worden. Der hier verwendete Prozentsatz ist für den Auftragnehmer durchaus kalkulierbar, so dass er selbst beurteilen kann, ob die Übernahme dieses Prozentsatzes im Rahmen seiner Kalkulation vertretbar ist.

bb) Festpreisklauseln

186 Grundsätzlich sind formularmäßige Ausschlüsse von Mehrvergütungsansprüchen bedenklich.[338] Von Bedeutung sind hier insbesondere so genannte Festpreisklauseln. Wie oben dargelegt,[339] spielt der Begriff des Festpreisvertrags keine besondere Rolle. Da die Selbstverständlichkeit, dass Preisabsprachen fest oder bindend sind, nicht gesondert geregelt werden muss, haben derartige Klauseln oftmals den weiteren Zweck, zukünftige Änderungen der Vergütung auszuschließen.[340] Zu beachten ist jedoch, dass der in § 2 Nr. 3, Nr. 5 und Nr. 6 VOB/B festgelegte Anspruch des Auftragnehmers auf Änderung seiner Vergütung regelmäßig nicht durch AGB abbedungen werden kann. Unwirksam ist daher die Klausel „Die vereinbarten Festpreise schließen **Nachforderungen** jeglicher Art aus."[341] Für die Ansprüche aus § 2 Nr. 5 und Nr. 6 VOB/B wegen einseitiger Änderungen des Leistungsumfangs seitens des Auftraggebers oder wegen der Anordnung zusätzlicher Leistungen ist dies eindeutig, da andernfalls das Äquivalenzverhältnis von Leistung und Vergütung gestört wäre.[342] Der Auftraggeber könnte sonst faktisch beliebig Gratisleistungen verlangen. Auch für die in § 2 Nr. 3 VOB/B geregelte Mengenänderung sind formularmäßige **Ausschlussklauseln** nur sehr eingeschränkt zulässig. Folgende Klausel ist daher unwirksam: „Mengenänderungen berechtigen nicht zu einer Änderung des Angebotspreises und der Einheitspreise".[343] Denn diese Klausel differenziert nicht nach

---

332 NJW-RR 1997, 1513.
333 *Korbion/Locher*, Rn 67.
334 *Heiermann/Riedl/Rusam*, § 16 VOB/B Rn 35.
335 BGH BauR 1999, 1290.
336 *Heiermann/Riedl/Rusam*, § 2 VOB/B Rn 152.
337 *Heiermann/Riedl/Rusam*, § 2 VOB/B Rn 152, OLG Karlsruhe BauR 1995, 113.
338 Beck'scher VOB-Kommentar – *Jagenburg*, vor § 2 VOB/B Rn 288.
339 Siehe oben Rn 178.
340 *Ingenstau/Korbion*, § 2 VOB/B Rn 175.
341 BGH NJW-RR 1997, 1513.
342 *Heiermann/Riedl/Rusam*, § 2 VOB/B Rn 124.
343 *Vygen*, Handbuch des privaten Baurechts, Rn 245.

dem Anlass für die Mengenänderung und erfasst daher auch solche, die vom Auftraggeber verursacht wurden. **Zulässig ist** hingegen folgende Klausel: „Die Einheitspreise sind Festpreise für die Dauer der Bauzeit und behalten auch dann ihre Gültigkeit, wenn Massenänderungen im Sinne des § 2 Nr. 3 VOB/B eintreten".[344] Der BGH hat jedoch klargestellt, dass durch eine solche Klausel die VOB/B nicht mehr „als Ganzes" vereinbart ist und somit voll der Inhaltskontrolle nach dem AGBG unterliegt.

cc) Preisgleitklauseln

Preisgleitklauseln sollen die vertragliche Vergütung einer späteren Kostenänderung anpassen. Solche Lohn- und Materialpreisgleitklauseln sind durchaus möglich und zulässig, soweit sie die Viermonatsgrenze nach **§ 11 Nr. 1 AGBG** beachten.[345] Hintergrund derartiger Klauseln ist insbesondere im Hinblick auf eine längere Bauzeit, dass sich während der Bauphase Änderungen der Preisermittlungsgrundlagen für Löhne, Gehälter und Materialpreise ergeben können. Solche Preisvorbehalte müssen sehr sorgfältig formuliert werden. Sie sollten die Voraussetzungen und den Umfang der Preisänderung genauestens beschreiben, damit spätere Streitigkeiten ausgeschlossen sind.[346] Die Klausel „Die Preise sind freibleibend, bei einer Steigerung von Rohstoffpreisen, Löhnen, Gehältern, Herstellungs- und Transportkosten ist der Lieferer berechtigt, die vom Tage der Lieferung gültigen Preise zu berechnen" ist sowohl im nichtkaufmännischen Verkehr nach § 11 Nr. 1 AGBG als auch unter Kaufleuten nach § 9 AGBG unwirksam.[347] Entscheidend ist hierbei, dass die einseitige Preisänderungsmöglichkeit den Auftraggeber unangemessen benachteiligt.

187

2. Zahlungsarten

Nach dem Leitbild des gesetzlichen Werkvertrags wird die vom Auftraggeber geschuldete Vergütung mit der Abnahme des Werks fällig (§ 641 BGB). Demnach ist der Auftragnehmer zur **Vorleistung** verpflichtet. Ist das Werk in Teilen abzunehmen und die Vergütung für die einzelnen Teile bestimmt, so ist die Vergütung für jeden Teil bei dessen Abnahme zu entrichten (§ 641 Abs. 1 S. 2 BGB). Der Vergütungsanspruch ist also grundsätzlich erst mit der jeweiligen (Teil-) Abnahme fällig. Eine weitere Differenzierung hinsichtlich der Zahlungsvorgänge enthielt das BGB vor dem 1.5.2000 nicht. Das BGB unterschied ferner nicht zwischen einzelnen Arten von Werkverträgen. Da diese einfachen Grundsatzregelungen des BGB nicht den speziellen Anforderungen der Bauvertragspraxis entsprachen, sah die VOB/B von jeher abweichende Regelungen über die Fälligkeit verschiedener Zahlungsarten vor. So enthält § 16 VOB/B mehrere Zahlungsarten, nämlich Abschlagszahlungen (Nr. 1), Vorauszahlungen (Nr. 2), Schlusszahlungen (Nr. 3) und Teilschlusszahlungen (Nr. 4).

188

Durch das am 1.5.2000 in Kraft getretene **Gesetz zur Beschleunigung fälliger Zahlungen** vom 30.3.2000[348] hat der Gesetzgeber versucht, das Vorleistungsrisiko des Auftragnehmers zu relativieren, indem beispielsweise ein Anspruch des Auftragnehmers auf **Abschlagszahlungen** in § 632 a BGB eingefügt wurde. Anlass hierfür war die Erkenntnis, dass es mit der allgemeinen Zahlungsmoral offenbar nicht zum Besten bestellt ist. Die dadurch verursachte, über das Normalmaß hinausgehende Vorfinanzierung der Werkleistung durch den Auftragnehmer hat, insbesondere in der ohnehin angeschlagenen Baubranche, zu hohen finanziellen Belastungen und nicht selten zu erheblichen Liquiditätsengpässen und Insolvenzen bei den Unternehmen geführt. Die Gesetzesänderung soll hier Abhilfe schaffen. Nach Artikel 2 Abs. 1 des Gesetzes zur Beschleunigung fälliger Zahlungen findet § 632 a BGB jedoch keine Anwendung auf Verträge, die vor dem 1.5.2000 geschlossen wurden.[349]

---

344 BGH BauR 1993, 723; a.A. *Heiermann*, NJW 1986, 2682.
345 *Heiermann/Riedl/Rusam*, § 2 VOB/B Rn 71; *Vygen*, Rn 244.
346 *Vygen*, Rn 207, 244; *Ingenstau/Korbion*, § 2 VOB/B Rn 172.
347 BGH BauR 1985, 192.
348 BGBl I, 330.
349 Zur früheren Rechtslage, insbesondere im Hinblick auf Abschlagszahlungen s. Scholtissek MDR 1993, 534.

a) Vorauszahlung

189 Vorauszahlungen werden vereinbart, um dem Bauunternehmer die faktische Vorfinanzierung des Bauvorhabens ganz oder teilweise zu ersparen. Da jedoch der Auftraggeber hierdurch das **Risiko der Insolvenz des Auftragnehmers** übernimmt, sind Vorauszahlungen sehr selten und werden meistens mit **Bürgschaften** des Auftragnehmers abgesichert. Überwiegend handelt es sich um Bürgschaften auf erstes Anfordern, da der Auftraggeber das von ihm eingegangene Risiko im Ernstfall möglichst zügig und ohne Beweislasthindernisse beseitigen möchte.[350] Der Auftraggeber, der eine Vorauszahlung leistet, verlangt ferner nicht selten einen **Preisnachlass**, was durchaus legitim ist, nimmt doch die Vorauszahlung andererseits dem Auftragnehmer das Risiko der Insolvenz des Auftraggebers sowie die Zinsbelastung während der Bauzeit. Da die Vorauszahlung dem Auftragnehmer ferner unmittelbaren Liquiditätszufluss garantiert, welcher angesichts der grundsätzlichen Vorleistungspflicht und angesichts der herrschenden Zahlungsmoral für Bauunternehmen von erheblicher Bedeutung ist, räumen viele Auftragnehmer bereitwillig diese Preisnachlässe ein. Auf dieser Basis kann eine Vorauszahlung für beide Parteien vorteilhaft sein. Bei einer Absicherung der Vorauszahlung durch eine Bürgschaft auf erstes Anfordern geht der Auftragnehmer jedoch ein erhebliches Risiko ein, das leider allzu oft übersehen wird. Vereinzelt kommt es nämlich vor, dass unseriöse Auftraggeber – meist unter Inanspruchnahme eines Nachlasses – eine Vorauszahlung in voller Höhe leisten, um sich dann kurz nach Fertigstellung der Bauleistung diese Vorauszahlung unter Hinweis auf angebliche Gegenansprüche wegen Mängeln, Vertragsstrafe oder Ähnliches durch Inanspruchnahme der Bürgschaft auf erstes Anfordern zurückzuholen. Der Bauunternehmer steht in diesen Fällen vor der äußerst unangenehmen Situation, im Vertrauen auf Liquidität, Zinsvorteil und Entlastung vom Insolvenzrisiko einen Preisnachlass gewährt zu haben, um nach Abschluss der Arbeiten diese erhofften Vorteile auf einen Schlag zu verlieren und seinen Werklohnanspruch schlimmstenfalls erst nach einem langwierigen Rechtsstreit durchzusetzen. Dem Auftragnehmer ist daher dringend zu empfehlen, bei der Vereinbarung einer Vorauszahlung eine **vertragliche Regelung** zu treffen, nach der sich die von ihm zu leistenden Sicherheiten je nach Baufortschritt sukzessive reduzieren. Praktikabel ist hier die Übergabe mehrerer Bürgschaften über jeweils einen Teil der Vorauszahlung, die dann bei Erreichen eines bestimmten Bautenstandes nacheinander vom Auftraggeber zurückgewährt werden. Auf diese Weise behalten beide Parteien die mit der Vorauszahlungsvereinbarung angestrebten Vorteile, ohne ein unangemessenes Risiko einzugehen.

Vorauszahlungsvereinbarungen, insbesondere in Höhe des vollständigen Werklohns, stellen allerdings die **Ausnahme** dar. Nur in einigen **Spezialbranchen**, beispielsweise im Stahlbau oder im Aufzugsbau, sind Vorauszahlungen in gewissem Umfang üblich. Gerade bei der Lieferung von Fertigteilen sind Vorauszahlungsvereinbarungen aus Sicht des Auftragnehmers nachvollziehbar. Denn in diesen Fällen, insbesondere bei der Herstellung und dem Einbau von Aufzügen, betrifft ein Großteil der Investition des Auftragnehmers die werkseitige Fertigstellung der Einbauteile. Hinzu kommt, dass viele dieser Fertigteile individuell für das betreffende Bauvorhaben hergestellt werden und sich vielfach nicht wiederverwenden lassen.

Vorauszahlungen können auch in mehreren Raten erfolgen. **Von Abschlagszahlungen unterscheiden** sie sich in diesem Fall dadurch, dass sie keine Bauleistung in Höhe des Wertes der Vorauszahlung voraussetzen. Abschlagszahlungen werden hingegen erst nach Erbringung der entsprechenden Teilleistung des Auftragnehmers fällig.[351]

190 Aus dem Wortlaut von **§ 16 Nr. 2 Abs. 1 VOB/B** („Vorauszahlungen können auch nach Vertragsabschluss vereinbart werden; ...") folgt, dass allein die zwischen den Parteien vereinbarte Geltung der VOB/B dem Auftragnehmer noch keinen Anspruch auf Vorauszahlungen gewährt.[352] Hierzu ist vielmehr eine **zusätzliche Vereinbarung erforderlich**, die – insofern wiederholt § 16 Nr. 2 VOB/B nur

---

350 Zu den Besonderheiten der Bürgschaft auf erstes Anfordern siehe unten Rn 860 ff.
351 *Heiermann/Riedl/Rusam*, § 16 VOB/B Rn 48.
352 *Heiermann/Riedl/Rusam*, § 16 VOB/B Rn 49.

eine Selbstverständlichkeit – auch **nach Vertragsschluss** zulässig ist. Derartige nachträglich vereinbarte Vorauszahlungen sind nach § 16 Nr. 2 Abs. 1 S. 2 VOB/B mit 1 % über dem Zinssatz der Spitzenrefinanzierungsfazilität der Europäischen Zentralbank **zu verzinsen**. Diese Verzinsungspflicht gilt also nicht für von vornherein vertraglich vorgesehene Vorauszahlungen, sondern erfasst nur die nachvertraglichen Vorauszahlungsvereinbarungen.[353] Hintergrund ist die Annahme, dass diese nachträglichen Vereinbarungen regelmäßig aufgrund erst nach Vertragsschluss eingetretener oder zuvor nicht bekannter Umstände erfolgen[354] und mit ihnen ein Entgegenkommen gegenüber dem Auftragnehmer verbunden ist, welches im Gegenzug eine Verzinsung als angemessen erscheinen lässt. Die Vertragsparteien sind bei Vertragsabschluss von einer Vorausleistungspflicht des Auftragnehmers ausgegangen und haben dies bei der Preisfindung berücksichtigt. Der Auftragnehmer erhält bei nachträglicher Vereinbarung einer Vorauszahlung somit einen bei Vertragsschluss nicht einkalkulierten Vorteil, der Auftraggeber geht demgegenüber ein ursprünglich nicht einkalkuliertes Risiko ein, weshalb die Verzinsung den berechtigten Auftraggeberinteressen entspricht.[355]

Die VOB/B 2000 sieht erstmalig die Berechnung des Zinssatzes anhand der **Spitzenrefinanzierungsfazilität der Europäischen Zentralbank** vor. In der alten VOB/B-Fassung war eine Verzinsung von 1 % über dem **Lombardsatz** der Deutschen Bundesbank vorgesehen. Da jedoch der Lombardsatz durch die Lombardsatzüberleitungs-Verordnung vom 18.12.1998 durch den Zinssatz der Spitzenrefinanzierungsfazilität der Europäischen Zentralbank ersetzt wurde, muss nunmehr auch für Bauverträge, denen noch nicht die VOB/B 2000 zugrunde liegt, dieser neue SFR-Satz gelten, auch wenn dies nicht ausdrücklich vereinbart wurde.[356]

Darüber hinaus hat der Auftragnehmer nach § 16 Nr. 2 Abs. 1 VOB/B für die nachvertraglich vereinbarten Vorauszahlungen „auf Verlangen des Auftraggebers ausreichende Sicherheit zu leisten". Die Sicherheitsleistung setzt also ein **Verlangen seitens des Auftraggebers** voraus und muss darüber hinaus „**ausreichend**" sein, also das vollständige Risiko des Auftraggebers im Rahmen der Vorauszahlung abdecken.[357] Zu berücksichtigen sind daher auch die vom Auftraggeber zu tragende Zinslast und die infolge der unvorhergesehenen Vorauszahlung entstandenen unmittelbaren Nebenkosten der Vorauszahlung.[358] Auch für die Vorauszahlungssicherheit nach § 16 Nr. 2 VOB/B gelten die Regelungen des § 17 VOB/B, im Falle einer Bürgschaftleistung also insbesondere § 17 Nr. 4 VOB/B. Eine Vorauszahlungsbürgschaft muss demnach schriftlich, selbstschuldnerisch und unbefristet ausgestellt sein. Das Wahlrecht unter mehreren Sicherheitsleistungen steht hingegen nach § 17 Nr. 3 VOB/B dem Auftragnehmer zu.[359] Hat der Auftragnehmer jedoch die Bürgschaft als Sicherungsmittel gewählt, so muss diese nach Vorschrift des Auftraggebers ausgestellt sein, der Bürge vom Auftraggeber ferner als tauglich anerkannt sein (§ 17 Nr. 4 VOB/B).

Vereinzelt wird die Auffassung vertreten, dass das in § 16 Nr. 2 Abs. 1 VOB/B geregelte Sicherheitsverlangen und die Verzinsungspflicht auch für die **bereits bei Vertragsabschluss vereinbarten Vorauszahlungen** gelten müssen.[360] Hiergegen spricht jedoch der ausdrückliche Wortlaut dieser Vorschrift sowie der bereits dargelegte Sinn und Zweck derartiger Vorausleistungen. Für eine Analogie ist daher kein Raum. Vereinbaren die Parteien bereits im Bauvertrag eine Vorauszahlung des Auftraggebers, so haben sie es in der Hand, eine entsprechende Kompensation durch Sicherheitsleistung und Verzinsung zu vereinbaren. In der Regel wird dies ohnehin geschehen. Unterbleibt

---

[353] A.A. Beck'scher VOB-Kommentar – *Motzke*, § 16 Nr. 2 Rn 5 ff.
[354] *Ingenstau/Korbion*, § 16 VOB/B Rn 85.
[355] *Ingenstau/Korbion*, a.a.O.
[356] *Heiermann/Riedl/Rusam*, § 16 VOB/B Rn 55, 119.
[357] *Ingenstau/Korbion*, § 16 VOB/B Rn 87.
[358] *Heiermann/Riedl/Rusam*, § 16 VOB/B Rn 53.
[359] Beck'scher VOB-Kommentar – *Motzke*, § 16 Nr. 2 Rn 13.
[360] Beck'scher VOB-Kommentar – *Motzke*, § 16 Nr. 2 Rn 5 ff.

jedoch insbesondere eine Verzinsungsregelung, so ist davon auszugehen, dass diese bereits im Preis berücksichtigt wurde.

191 Nach § 16 Nr. 2 Abs. 2 VOB/B sind Vorauszahlungen ferner **auf nächstfällige Zahlungen anzurechnen**, soweit damit Leistungen abzugelten sind, für welche die Vorauszahlungen gewährt worden sind. Dieser Satz beschreibt zunächst wieder nur eine Selbstverständlichkeit, da die spätere Anrechnung ein Wesenselement der Vorauszahlung ist, die andernfalls eine Schenkung wäre. Die genannte Feststellung in § 16 Nr. 2 Abs. 2 VOB/B legt jedoch darüber hinaus noch einige Details der späteren Anrechnung fest. Sie betrifft in erster Linie Fälle, bei denen sich die Vorauszahlung auf **ganz bestimmte Teilleistungen** bezieht. In diesen Fällen muss die Anrechnung erfolgen, wenn die entsprechenden Leistungsabschnitte, auf die sich die Vorauszahlung bezog, fertig gestellt sind. Gleiches gilt für den Einbau bestimmter Baustoffe und Bauteile.[361] § 16 Nr. 2 Abs. 2 VOB/B enthält somit Pflichten für beide Vertragspartner. Der Auftragnehmer ist verpflichtet, die Vorauszahlung anzurechnen, was regelmäßig im Rahmen der Abschlagsrechnungen erfolgt.[362] Damit verbunden ist seine Verpflichtung, die Vorauszahlungen, insbesondere wenn sich diese auf bestimmte Baustoffe, Bauteile oder Leistungsabschnitte bezieht, in jeder Rechnung, die eine entsprechende Anrechnung beinhaltet, ausdrücklich und detailliert auszuweisen.[363] Der Auftraggeber wiederum ist bei einer vom Auftragnehmer ausgewiesenen Anrechnung verpflichtet, die für die Vorauszahlung geleistete **Sicherheit zurückzugeben**. Darüber hinaus ist der Auftraggeber ab diesem Zeitpunkt nicht mehr berechtigt, die in § 16 Nr. 2 Abs. 1 VOB/B genannten Zinsen für die Vorauszahlung zu verlangen. Auch vor diesem Hintergrund ist dem Auftragnehmer zu empfehlen, die Anrechnung korrekt auszuweisen.

Wurde die Vorauszahlung **nicht auf bestimmte konkretisierbare Leistungsteile** bezogen, so lassen sich die vorgenannten Grundsätze nicht zwingend übertragen. Handelt es sich um eine Vorauszahlung in Höhe des vollen Werklohnes, so ist die Abrechnung nicht weiter problematisch. Der Auftragnehmer stellt seine Abschlagsrechnungen und weist darin die Anrechnung (in gleicher Höhe) aus. Der Auftraggeber hat daraufhin seine Zinsberechnung zu korrigieren und die entsprechende (Teil-) Sicherheit zurückzugeben. Handelt es sich hingegen nur um eine teilweise Vorauszahlung ohne Bezug auf eine bestimmte Teilleistung, wird die Anrechnung problematisch. Fraglich ist in diesen Fällen insbesondere, ob die Vorauszahlung „stehenbleiben" soll, erst in der letzten Phase des Bauvorhabens per Anrechnung berücksichtigt wird oder ob eine Anrechnung von Beginn ab erfolgt, was zur Folge hat, dass der Auftraggeber bis zur vollständigen Aufzehrung dieser Vorauszahlung zunächst keine weiteren Zahlungen zu leisten hat. Hier kommt es auf die **individuelle Vereinbarung** zwischen den Parteien an. Wurde keine Vereinbarung getroffen, muss nach § 242 BGB dem Auftraggeber das Bestimmungsrecht zugesprochen werden. Dies folgt daraus, dass die Vorauszahlung eine vollständige Umkehr der gesetzlich vorgesehenen Vorleistungspflicht des Auftragnehmers darstellt, der Auftraggeber also überobligatorisch geleistet hat und daher auch zu entscheiden hat, ob und wann er darüber hinaus eine weitere Abschlagsrechnung bezahlt. Dies entspricht auch dem Grundsatz des § 366 Abs. 1 BGB, wonach der Schuldner zur Tilgungsbestimmung berechtigt ist. Als Schuldner im Sinne dieser Bestimmung ist nach wie vor der Auftraggeber zu sehen, auch wenn die Vorauszahlung möglicherweise bereits als Erfüllung gilt und damit eine Leistungspflicht des Auftragnehmers bewirkt. Denn ob es sich um eine Erfüllung handelt, ist in diesen Fällen gerade unklar. Der Auftragnehmer kann sich seinerseits nicht darauf berufen, dass er durch dieses einseitige Leistungsbestimmungsrecht des Auftraggebers unangemessen benachteiligt wäre, denn nach dem gesetzlichen Leitbild ist er vollständig zur Vorausleistung verpflichtet, jede andere Regelung stellt ihn also günstiger.

Hinsichtlich der **Fälligkeit** von Vorauszahlungen enthält weder das BGB noch die VOB/B eine Regelung. Bezieht sich die Vorauszahlung auf bestimmte Teilleistungen, so ist die Vorauszahlung

---

[361] Heiermann/Riedl/Rusam, § 16 VOB/B Rn 56.
[362] Kleine-Möller/Merl/Oelmaier, § 10 Rn 100.
[363] Heiermann/Riedl/Rusam, a.a.O.

bei Beginn der entsprechenden Leistung fällig.[364] Im Übrigen ist von einer sofortigen Fälligkeit von Vorauszahlungen auszugehen (§ 271 Abs. 1 BGB).[365]

b) Abschlagszahlung

aa) „VOB/B-Bauvertrag"

Das Werkvertragsrecht des BGB geht grundsätzlich von einer **Vorleistungspflicht des Auftragnehmers** aus (§ 641 BGB). Dies stellt im Bauwesen den Auftragnehmer vor erhebliche Probleme, da er die gesamte Bauleistung vorfinanzieren muss, das Insolvenzrisiko hinsichtlich seines Auftraggebers gemeinhin höher ist als bei anderen Werkverträgen und ferner eine Rückgabe der Leistungen in der Regel nicht möglich ist. Die **VOB/B** sieht daher in § 16 Nr. 1 ausdrücklich einen Anspruch des Auftragnehmers auf Abschlagszahlungen vor. Hierdurch wird seine Vorleistungspflicht nicht beseitigt, sondern nur gemildert, indem der Auftraggeber auch während des Bauvorhabens in möglichst kurzen Zeitabständen Zahlungen zu leisten hat. Voraussetzung hierfür ist jedoch unverändert eine Vorleistung des Auftragnehmers.

192

Nach § 16 Nr. 1 VOB/B ist eine **prüfbare Aufstellung der Leistung** Voraussetzung für den Anspruch auf Abschlagszahlung. Hier sind jedoch nicht die selben Maßstäbe wie bei einer Schlussrechnung anzulegen. Dies ergibt sich bereits aus dem Wortlaut des § 16 VOB/B. Nach § 16 Nr. 1 VOB/B muss nämlich die Abschlagsrechnung lediglich eine „prüfbare Aufstellung" beinhalten, die „eine rasche und sichere Beurteilung der Leistung ermöglichen muss", während die Schlussrechnung nach § 16 Nr. 3 VOB/B eine endgültige Prüfung und Feststellung verlangt, die im Übrigen den dort genannten längeren Prüfungszeitraum von zwei Monaten rechtfertigt. Da die Abschlagsrechnung hingegen lediglich vorläufigen Charakter hat, kann und muss eine gewisse **Überschlägigkeit** hingenommen werden.[366] Dennoch müssen auch hier gewisse Anforderungen an die Prüfbarkeit gestellt werden. Bei Einheitspreisverträgen muss sich also auch die Abschlagsrechnung an den vom Leistungsverzeichnis vorgegebenen Parametern orientieren.[367] Gerade hier zeigt sich jedoch der Unterschied zur Schlussrechnung, der ein Aufmaß zugrunde liegt. Da dies bei Abschlagsrechnungen nicht der Fall ist, kann hier nicht dieselbe Genauigkeit verlangt werden. Es sind für die Abschlagsrechnungen auch nicht die gleichen Nachweise erforderlich.[368]

193

Schwierigkeiten bereitet die Prüfbarkeit der Abschlagsrechnung regelmäßig bei **Pauschalverträgen**, insbesondere bei echten Globalpauschalverträgen,[369] da diese regelmäßig auf eine detaillierte Leistungsbeschreibung und damit verbundene Einzelansätze für die Berechnung der Vergütung verzichten. Oftmals hilft hier die Zugrundelegung von Teilpauschalen. Denn auch eine prozentuale Berechnung der bisher erbrachten Leistungen ist möglich und durchaus gängig. Es wäre jedoch verfehlt, eine derartige prozentuale Abrechnung als Patentlösung zu bezeichnen. Auch hier ist die Überprüfung des Rechnungsansatzes durchaus kompliziert und es ist keineswegs mit bloßem Auge erkennbar, ob die erbrachte Leistung tatsächlich dem in der Abschlagsrechnung genannten Prozentsatz entspricht.[370]

Es ist den Bauvertragsparteien daher dringend zu empfehlen, bereits bei Abschluss des Vertrags einen präzisen **Zahlungsplan** festzulegen, der bestimmte Bautenstände mit einer Zahlung in bestimmter

---

364 *Heiermann/Riedl/Rusam*, § 16 VOB/B Rn 58.
365 *Kleine-Möller/Merl/Oelmaier*, § 10 Rn 101.
366 *Ingenstau/Korbion*, § 16 VOB/B Rn 44; Beck'scher VOB-Kommentar, § 16 Nr. 1 Rn 20.
367 BGH BauR 1979, 159.
368 *Nicklisch/Weick*, § 16 Rn 12.
369 Siehe hierzu oben Rn 173.
370 Zu pauschal daher *Heiermann/Riedl/Rusam*, § 16 VOB/B Rn 13, die der Ansicht sind, dass der Auftraggeber „jederzeit und ohne große Mühe in der Lage ist, durch Augenschein auf dem Grundstück (ggfs. mit Unterstützung eines Fachmanns) festzustellen, ob die geschuldete Leistung zu einem bestimmten Prozentsatz erbracht ist."

194 Nach § 16 Nr. 1 Abs. 3 VOB/B sind Abschlagszahlungen 18 Werktage nach Zugang der Aufstellung **fällig**. Eine Teilabnahme ist nicht Voraussetzung für die Fälligkeit, insbesondere muss sich die prüfbare Aufstellung im Rahmen der Abschlagsrechnung auch nicht nach den in § 12 Nr. 2 VOB/B für eine Teilabnahme verlangten Kriterien „in sich abgeschlossenen Teilen der Leistung" richten. Umgekehrt stellt die Abschlagszahlung nach § 16 Nr. 1 Abs. 4 VOB/B ihrerseits **keine Abnahme** dar und hat auch sonst keinen Einfluss auf Haftung oder Gewährleistung. Die Abschlagszahlung stellt auch **kein Anerkenntnis** eines Vergütungsanspruchs dar, sondern erfolgt in jeder Hinsicht nur vorläufig. Zu hohe oder zu niedrige Zahlungen sind im Rahmen der Schlusszahlung auszugleichen.[371]

Eine Besonderheit ergibt sich aus § 16 Nr. 1 Abs. 1 S. 3 VOB/B für Abschlagsrechnungen über **vorgefertigte Bauteile** und auf der Baustelle angelieferte Stoffe. Auch für diese besteht ein Anspruch auf Abschlagszahlung, wenn dem Auftraggeber nach seiner Wahl das Eigentum an ihnen übertragen ist oder entsprechende Sicherheit gegeben wird. Diese Regelung trägt dem erhöhten Sicherheitsbedürfnis des Auftraggebers bei noch nicht eingebauten Teilen Rechnung. Eine Abschlagszahlung hat hier fast den Charakter einer Vorauszahlung. Denn nach dem Wortlaut der Bestimmung und vor dem Hintergrund des vorgenannten Sicherheitsbedürfnisses des Auftraggebers ist der Auftragnehmer hinsichtlich der Übereignung oder Sicherheitsleistung vorleistungspflichtig.[372]

Der Anspruch auf Abschlagszahlung entfällt, sobald der Vertrag **gekündigt** wird oder der Auftragnehmer eine **Schlussrechnung** stellt.[373] In beiden Fällen ist nämlich die Leistung nur noch insgesamt und abschließend abzurechnen. Ist die Leistung fertig gestellt, besteht kein Anlass mehr, eine vorläufige Abrechnung bezüglich einzelner Leistungsteile vorzunehmen. Der Auftragnehmer ist daher in diesen Fällen verpflichtet, eine prüfbare Schlussrechnung vorzulegen.

bb) „BGB-Bauvertrag"

195 Nach der **bisherigen Gesetzeslage** war ohne entsprechende Vereinbarung, insbesondere ohne Einbeziehung der VOB/B in den Bauvertrag, kein Anspruch des Unternehmers auf Abschlagszahlung vorgesehen, so dass er grundsätzlich auch im Baurecht vollständig vorleistungspflichtig war. Nur in Ausnahmefällen konnte sich aus Treu und Glauben (§ 242 BGB) ein Anspruch auf Abschlagszahlung ergeben.[374] Vereinzelt wurde für das Bauwesen sogar eine entsprechende Verkehrssitte angenommen,[375] was jedoch strikt abzulehnen ist. Ein derartiger Anspruch auf Abschlagszahlung musste für das bis 30.4.2000 geltende Werkvertragsrecht auf absolute Ausnahmen beschränkt sein, bei denen es nach den Grundsätzen von Treu und Glauben schlichtweg nicht hinnehmbar ist, an der Vorausleistungspflicht des Unternehmers festzuhalten. Hierfür reicht es jedoch nicht aus, dass es sich um ein langfristiges Bauvorhaben handelt.[376] Für die bis 1.5.2000 geltende Gesetzeslage und somit für alle bis zu diesem Stichtag (Art. 2 Abs. 1 des **Gesetzes zur Beschleunigung fälliger Zahlungen**) abgeschlossenen Bauverträge kann jedenfalls nicht von einer Verkehrssitte oder einem Handelsbrauch ausgegangen werden, wonach Abschlagszahlungen bei BGB-Bauverträgen als vereinbart gelten.[377]

Mit Einfügung des **§ 632 a BGB** durch das Gesetz zur Beschleunigung fälliger Zahlungen hat der Gesetzgeber nunmehr mit Wirkung vom 1.5.2000 einen gesetzlichen Anspruch des Unternehmers

---

371 *Werner/Pastor*, Rn 1224.
372 Beck'scher VOB-Kommentar, § 16 Nr. 1 Rn 36.
373 *Kleine-Möller/Merl/Oelmaier*, § 10, Rn 82 ff.; *Heiermann* § 16 VOB/B Rn 9a.
374 BGH BauR 1985, 192.
375 *Heiermann/Riedl/Rusam*, § 16 VOB/B Rn 3; OLG München NJW/RR 1989, 276.
376 So jedoch Scholtissek, MDR 1994, 534.
377 *Ingenstau/Korbion*, § 16 VOB/B Rn 32; *Vygen* a.a.O.; a.A. OLG München NJW-RR 1989, 276; Scholtissek, a.a.O.

auf Abschlagszahlungen geschaffen. Dass dies durchaus der allgemeinen Interessenlage im Rahmen des Bauvertragswesens entspricht, ist unbestritten.[378] Durch die Einfügung von § 632 a BGB dürfte der dargestellte Literaturstreit über die Allgemeingültigkeit von Abschlagszahlungen jedenfalls für diejenigen Verträge beendet sein, die ab dem 1.5.2000 geschlossen wurden.

Die neue Gesetzeslage nach § 632 a BGB geht jedoch nicht so weit wie § 16 Nr. 1 VOB/B. Im **Unterschied zur VOB/B-Regelung** gewährt § 632 a BGB nämlich nur für in sich abgeschlossene Teile des Werks einen Anspruch auf Abschlagszahlungen. Ferner besteht der Anspruch nach der Neuregelung nur dann, wenn dem Besteller Eigentum an den Teilen des Werks, an den Stoffen oder Bauteilen übertragen wird oder der Auftragnehmer Sicherheit hierfür leistet. Dieser Unterschied ist durchaus erheblich. Der Anspruch nach § 16 Nr. 1 Abs. 1 VOB/B ist nicht davon abhängig, ob es sich um abgeschlossene Leistungsteile handelt. Voraussetzung ist lediglich, dass die Leistung nachgewiesen und vertragsgemäß ist.

Der Begriff der **„in sich abgeschlossenen Teile des Werkes"** im Sinne von § 632 a BGB scheint vom Wortlaut her gleichbedeutend mit § 12 Nr. 2 VOB/B zu sein. Dieser Eindruck täuscht jedoch. Während § 12 Nr. 2 VOB/B die Voraussetzungen für eine Teilabnahme regelt, setzt der Anspruch nach § 632 a BGB eine solche Teilabnahme erkennbar nicht voraus.[379] Der Begriff der in sich abgeschlossenen Leistung im Sinne von § 12 Nr. 2 VOB/B ist nach h.M. eng auszulegen ist, um Überschneidungen insbesondere hinsichtlich der Gewährleistung zu vermeiden.[380] Diese Gesichtspunkte stehen hingegen bei § 632 a BGB nicht im Vordergrund. Die Schwierigkeit, den Begriff der „in sich abgeschlossenen Leistung" im Sinne von § 12 Nr. 2 VOB/B als Voraussetzung für die Teilabnahme zu definieren,[381] zeigt vielmehr, dass dies dem eigentlichen **Zweck der Neuregelung**, nämlich eine übermäßige Vorfinanzierung durch den Unternehmer zu vermeiden, nicht gerecht würde. Denn teilabnahmefähige Bauteile liegen häufig nicht vor, obwohl durchaus bereits erhebliche Bauleistungen erbracht wurden.[382] Voraussetzung für einen Anspruch auf Abschlagszahlung nach § 632 a BGB ist hingegen lediglich, dass werthaltige Teilleistungen in großem Umfang erbracht wurden und dies vom Auftragnehmer prüfbar dargelegt werden kann.[383] Die im Vergleich zu § 16 Nr. 1 VOB/B unterschiedliche Formulierung legt den Schluss nahe, dass § 632 a BGB in der Tat keine Abschlagsrechnungen in beliebigem Umfang und Abstand voneinander gelten lässt, sondern ein im Hinblick auf den bereits erbrachten Leistungsumfang berechtigtes Interesse des Unternehmers an einer baldigen Abschlagszahlung verlangt. Es wird nunmehr zunächst der Rechtsprechung überlassen bleiben, diese wenig geglückte gesetzliche Definition auszufüllen.

Weitere Voraussetzung nach § 632 a BGB ist, dass die erbrachte Leistung „vertragsmäßig" ist. Dies ist nicht der Fall, wenn die Teilleistung mangelhaft ist.[384]

Weiterhin setzt § 632 a BGB zumindest eine **nachvollziehbare Abrechnung** der Teilleistung voraus, da andernfalls der Fälligkeitszeitpunkt unklar wäre und allein die Erbringung der Teilleistung zur Fälligkeit führen würde.[385]

---

378 *Kleine-Möller/Merl/Oelmaier*, § 10 Rn 65.
379 *Heiermann/Riedl/Rusam*, § 16 VOB/B Rn 3a.
380 *Ingenstau/Korbion*, § 12 VOB/B Rn 73; näheres hierzu unter Rn 514.
381 Vgl. *Ingenstau/Korbion*, § 12 VOB/B Rn 72 ff. m.w.N.
382 Vgl. *Ingenstau/Korbion*, § 12 VOB/B Rn 74, die selbst einzelne Gebäude nicht zwingend als teilabnahmefähig i. S.v. § 12 Nr. 2 VOB/B bezeichnen.
383 *Heiermann/Riedl/Rusam*, § 16 VOB/B Rn 3.
384 *Kniffka* ZfBR 2000, 227.
385 Im Ergebnis ebenso *Kirberger*, BauR 2001, 499; *Kiesel*, NJW 2000, 1675; a.A. *Palandt*, § 632a; Rn 8; *Kniffka* ZfBR 2000, 229; für das Erfordernis einer prüffähigen Abrechnung auch *Heiermann/Riedl/Rusam*, § 16 VOB/B Rn 3a, die jedoch – insofern widersprüchlich – eine mündliche Abrechnung für ausreichend halten.

c) Schlusszahlung

aa) Grundsätzliches

196 Unter Schlusszahlung versteht man die **abschließende Begleichung** der Vergütungsansprüche des Auftragnehmers.[386] Die Schlusszahlung ist ein dem Bauvertragsrecht eigener Terminus technicus, der außerhalb der VOB/B nicht gebräuchlich ist.[387] Als Schlusszahlung wird die letzte abschließende Zahlung seitens des Auftraggebers bezeichnet, die aus seiner Sicht dem Auftragnehmer nach Abzug etwaiger Abschlags-, Voraus- oder Teilschlusszahlungen noch zusteht.[388] Der ebenfalls häufig verwendete Begriff „Restzahlung" kann gleichbedeutend sein. Mit dieser abschließenden Zahlung bringt der Auftraggeber zum Ausdruck, dass er **keine weitere Zahlungen** leisten wird.[389] Dieser abschließende Zahlungswille muss nicht notwendigerweise ausdrücklich mitgeteilt werden, sondern kann sich auch aus den äußeren Umständen ergeben. Es ist insbesondere nicht zwingend erforderlich, dass der Auftraggeber hierbei das Wort „Schlusszahlung" verwendet, wenn der Wille, mit dieser Zahlung den Werklohn abschließend zu vergüten, eindeutig erkennbar ist.[390] Hierzu kann es ausreichen, dass der Auftraggeber weitere Zahlungen endgültig verweigert, und zwar unabhängig davon, ob er hierzu berechtigt oder seine Begründung zutreffend ist.[391] Nach § 16 Nr. 3 Abs. 3 VOB/B steht es einer Schlusszahlung gleich, wenn der Auftraggeber unter Hinweis auf bereits geleistete Zahlungen weitere Zahlungen endgültig und schriftlich ablehnt. Diese Bestimmung macht deutlich, dass es nicht erforderlich ist, dass überhaupt noch eine Restzahlung offensteht oder geleistet wird.

Entscheidend ist, dass der Begriff der Schlusszahlung **subjektiv aus Sicht des Auftraggebers** auszulegen ist.[392] Daher wird diejenige Zahlung des Auftraggebers als Schlusszahlung bezeichnet, durch die er den aus seiner Sicht dem Auftragnehmer noch zustehenden Restbetrag begleichen will.

bb) Fälligkeit

197 Nach § 16 Nr. 3 Abs. 1 VOB/B ist die Schlusszahlung **alsbald** nach Prüfung und Feststellung der vom Auftragnehmer vorgelegten Schlussrechnung zu leisten, spätestens jedoch innerhalb von **zwei Monaten** nach Zugang. Die Prüfung der Schlussrechnung ist nach Möglichkeit zu beschleunigen. Verzögert sie sich, so ist das unbestrittene Guthaben als Abschlagszahlung sofort zu zahlen. Demnach ist die Schlusszahlung spätestens zwei Monate nach Zugang der Schlussrechnung fällig. Neben der genannten Zweimonatsfrist ist jedoch auch **die Prüfbarkeit** der Schlussrechnung Voraussetzung für die Fälligkeit der Schlusszahlung.[393] Darüber hinaus ist die **Abnahme** auch im Rahmen des „VOB/B-Bauvertrags" Voraussetzung für die Fälligkeit des Werklohnanspruchs.[394] Dies wird zwar vereinzelt in Frage gestellt,[395] kann jedoch nicht ernsthaft zweifelhaft sein. Die Abnahme ist ein dem Werkvertragsrecht wesensimmanenter Grundbaustein, der zu viele wichtige tatsächliche und rechtliche Auswirkungen hat, als dass man ihn gerade im Hinblick auf die Fälligkeit von Zahlungen vernachlässigen dürfte. Die Abnahme beseitigt insbesondere die Vorleistungspflicht des Unternehmers[396] und muss daher in unmittelbaren Zusammenhang mit der Fälligkeit der Schlusszahlung

---

386 *Vygen*, Rn 883.
387 BGH NJW 1983, 816; *Heiermann/Riedl/Rusam*, § 16 VOB/B Rn 60.
388 *Ingenstau/Korbion*, § 16 VOB/B Rn 93.
389 BGH BauR 1970, 240; *Locher*, Das private Baurecht, Rn 203.
390 *Werner/Pastor*, Rn 2299.
391 OLG Frankfurt BauR 1988, 615.
392 *Ingenstau/Korbion*, § 16 VOB/B Rn 94; *Locher*, Rn 203.
393 BGH BauR 1990, 605.
394 BGH BauR 1981, 201, BGH BauR 1999, 1489; st. Rspr.
395 *Duffek*, BauR 1976; 164, *Fischer*, BauR 1973, 211; *Siegburg*, ZfBR 2000, 942, der § 16 Nr. 3 Abs. 1 VOB/B wegen des fehlenden Tatbestandsmerkmals der Abnahme nach § 9 AGBG für unwirksam hält, wenn der Auftragnehmer Verwender ist.
396 Siehe hierzu Rn 518.

gebracht werden. Im Übrigen setzt § 16 Nr. 4 VOB/B für die Fälligkeit von Teilschlusszahlungen ausdrücklich die Teilabnahme voraus. Dies muss erst Recht für die Schlussrechnung gelten. Dieser Auffassung hat sich auch die Rechtsprechung angeschlossen.[397] Zur Fälligkeit der Schlusszahlung im „BGB-Bauvertrag" siehe im Einzelnen Rn 219 ff.

cc) Rückforderung von Überzahlungen

Problematisch ist die Frage, ob der Auftraggeber nach erfolgter Schlusszahlung mit Rückforderungen von etwaigen Überzahlungen ausgeschlossen ist. Ein solcher Rückforderungsausschluss würde mit dem Ausschluss von Nachforderungen bei vorbehaltloser Annahme der Schlusszahlung seitens des Auftragnehmers (§ 16 Nr. 1 Abs. 2 VOB/B) korrespondieren. Vor diesem Hintergrund wird vereinzelt angenommen, der Auftraggeber wolle umgekehrt den Anspruch des Auftragnehmers anerkennen und sei daher wegen eines in der Schlusszahlung liegenden deklaratorischen Schuldanerkenntnisses mit Rückzahlungsansprüchen ausgeschlossen.[398] Eine solche Auslegung ist jedoch abzulehnen. Insbesondere der Vergleich mit der vorbehaltlosen Annahme der Zahlung durch den Auftragnehmer kann nicht überzeugen. Denn zunächst sind diese Nachforderungsansprüche dogmatisch gesehen nicht erloschen, es fehlt ihnen vielmehr lediglich an der Durchsetzbarkeit im Falle der Erhebung dieser Einrede durch den Auftraggeber.[399] Diese Wirkung ist daher vergleichbar mit der Verjährung einer Forderung.[400] Darüber hinaus muss berücksichtigt werden, dass die Initiative bei der Festsetzung der Forderungshöhe vom Auftragnehmer ausgeht, indem dieser die Schlussrechnung aufstellt. Er allein hat es in der Hand, durch die Feststellung des Leistungsumfangs und die von ihm angebotenen Preise die Höhe seiner Forderungen darzulegen. Ein Übersehen bestimmter Forderungen ist daher nicht vergleichbar mit der durch diese – aus Sicht des Auftraggebers falsche – Schlussrechnung veranlassten Überzahlung. Ferner ist auch auf Auftragnehmerseite nicht die falsche Abrechnung als solche die Grundlage des Nachforderungsausschlusses nach § 16 Nr. 3 Abs. 2 VOB/B. Hinzukommen muss vielmehr ein weiterer Tatbestand, nämlich die Annahme der Schlusszahlung bei gleichzeitiger Unterlassung eines Vorbehalts. Ein Vergleich mit der versehentlichen Überzahlung durch den Auftraggeber ist daher hier nicht angebracht. Die Schlusszahlung ist keineswegs per se als Schuldanerkenntnis anzusehen.[401] Vielmehr müssen hier besondere Umstände hinzukommen, die einen Ausschluss von Rückforderungen wegen eines hierdurch geschaffenen **Vertrauenstatbestandes** ausschließen.[402] Ob hierfür die vorangegangene Prüfung und Feststellung der Höhe der Schlussrechnung ausreichend ist, erscheint höchst zweifelhaft.[403] Aus der Schlusszahlung allein lässt sich **keineswegs ein Verzicht** auf sämtliche Einwendungen im Sinne eines Schuldanerkenntnisses schließen.[404]

Ein etwaiger Rückzahlungsanspruch richtet sich nach den allgemeinen Bestimmungen der **§§ 812 ff. BGB**. Dieser Rückforderungsanspruch ist nicht auf bestimmte Bestandteile des Werklohns, insbesondere nicht auf Mess- und Rechenfehler beschränkt.[405] Selbst ein gemeinsam vorgenommenes Aufmaß, das nach § 14 Nr. 2 VOB/B die Regel sein sollte, schließt nicht aus, dass dieser Leistungsbestandteil möglicherweise dennoch abrechnungsmäßig anders zu beurteilen ist, insbesondere bereits in anderen Positionen erfasst ist oder anders zu berechnen ist. Ein etwaiger Rückforderungsanspruch scheitert also nicht zwingend am gemeinsamen Aufmaß. Der Bereicherungsanspruch verjährt gemäß § 195 BGB erst nach 30 Jahren.

---

397 BGH, a.a.O.; OLG Hamm NJW 1978, 649.
398 *Vygen*, Bauvertragsrecht, Rn 894.
399 BGHZ 62, 15.
400 *Heiermann/Riedl/Rusam*, § 16 VOB/B Rn 86.
401 So jedoch *Vygen*, a.a.O.
402 *Kleine-Möller/Merl/Oelmaier*, § 10 Rn 565; *Ingenstau/Korbion*, § 16 VOB/B Rn 131.
403 So jedoch *Vygen*, Rn 894; a.A. *Ingenstau/Korbion*, § 16 VOB/B Rn 131.
404 BGH Baurecht 1979, 249.
405 *Ingenstau/Korbion*, § 16 VOB/B Rn 133.

Einen Sonderfall stellen **Rückzahlungsansprüche öffentlicher Auftraggeber** dar. Hier werden Schlusszahlungen im Allgemeinen durch eine Rechnungsprüfungsbehörde überprüft, so dass es hier häufiger als bei anderen Auftraggebern zu – regelmäßig sehr späten – Rückforderungen kommt. Diese besondere Rechnungsprüfung folgt aus dem Haushaltsrecht. Daher ist die Schlusszahlung öffentlicher Auftraggeber erst Recht nicht als deklaratorisches Schuldanerkenntnis zu werten.[406] Andererseits unterliegt insbesondere der Rückzahlungsanspruch öffentlicher Auftraggeber verstärkt dem Grundsatz der Verwirkung.[407] Eine **Verwirkung** kann grundsätzlich dann angenommen werden, wenn sich der Auftragnehmer berechtigterweise darauf verlassen darf, dass ein Rückforderungsanspruch nicht mehr geltend gemacht wird. Es handelt sich bei der Verwirkung um einen Fall der unzulässigen Rechtsausübung wegen widersprüchlichen Verhaltens, der nach Treu und Glauben (§ 242 BGB) in einer zeitlichen Begrenzung der Rechtsausübung mündet.[408] Im Rahmen der Verwirkung von Rückforderungsansprüchen des öffentlichen Auftraggebers im Rahmen von Bauverträgen ist zu berücksichtigen, dass es dem Auftragnehmer, insbesondere bei Bauvorhaben größeren Umfangs, durchaus bekannt sein sollte, dass die Zahlungsabwicklung nachträglich von **Rechnungsprüfungsbehörden** überprüft wird und dass dies durchaus einen erheblichen Zeitraum in Anspruch nehmen kann.[409]

Für den Beginn des **Verwirkungszeitraums** ist der Eingang der Schlusszahlung beim Auftragnehmer entscheidend.[410] Die Rechtsprechung geht hier regelmäßig von einem Zeitraum von etwa sechs Jahren aus. Dem ist jedoch in dieser Allgemeinheit zu widersprechen. Es kann keineswegs davon ausgegangen werden, dass der Auftragnehmer bei öffentlichen Aufträgen eine derart lange Prüfungszeit als selbstverständlich oder auch nur als zumutbar empfinden muss. Vielmehr ist dieser Zeitraum auf drei bis vier Jahre einzugrenzen.[411] Neben dem Zeitablauf bedarf es jedoch für die Annahme eines Verwirkungstatbestandes weiterer Umstände. Denn es geht hier nicht darum, die gesetzliche Verjährungsfrist von 30 Jahren zu verkürzen, sondern darum, das durch die äußeren Umstände berechtigte Vertrauen des Auftragnehmers in die Endgültigkeit der Abrechnung zu schützen. Die Beweislast hierfür trägt jedoch der Auftragnehmer.[412] Für die Feststellung eines Vertrauenstatbestands, der eine Verwirkung rechtfertigen kann, gibt es keine generellen Regeln. Vielmehr ist stets die **Einzelfallbetrachtung** entscheidend. Als Anhaltspunkte können beispielsweise genauere Kenntnisse des Auftragnehmers von den speziellen Prüfungsvorgängen der Behörde dienen oder die Kompliziertheit des Bauvorhabens hinsichtlich der Bausumme oder hinsichtlich der Anzahl der beteiligten Unternehmen.[413]

Der Auftragnehmer kann im Übrigen den Einwand des **Wegfalls der Bereicherung** geltend machen (§ 818 Abs. 3 BGB). Auch hierfür müssen jedoch bestimmte Umstände sprechen, wobei es nicht ausreichend ist, dass der Auftragnehmer nicht mehr über den Geldbetrag verfügt.

d) Teilschlusszahlung

199 Nach § 16 Nr. 4 VOB/B können in sich abgeschlossene Teile der Leistung nach Teilabnahme ohne Rücksicht auf die Vollendung der übrigen Leistungen endgültig festgestellt und bezahlt werden. Die Bezeichnung als Teilschlusszahlung macht deutlich, dass es sich hier nicht um eine Abschlagszahlung, sondern um eine **Schlusszahlung** handelt, die sich allerdings lediglich auf einen in sich abgeschlossenen Teil der Leistung bezieht. Der Begriff des in sich abgeschlossenen Teils der Leistung

---

406 BGH BauR 1979, 249.
407 *Kleine-Möller/Merl/Oelmaier*, § 10 Rn 568.
408 BGHZ 43, 292; BGH NJW-RR 1989, 818; MüKo – *Roth*, § 242 Rn 326.
409 BGH NJW 1980, 880.
410 BGH, a.a.O.
411 Ebenso *Vygen*, a.a.O., Rn 897; *Ingenstau/Korbion*, § 16 VOB/B Rn 151 m.w.N.
412 *Ingenstau/Korbion*, § 16 VOB/B Rn 149.
413 *Ingenstau/Korbion*, § 16 VOB/B Rn 149 m.w.N.

entspricht dem in § 12 Nr. 2 VOB/B Genannten.[414] Es muss sich also um einen funktionell selbstständigen Teil der Bauleistung handeln. Im Hinblick auf die Gewährleistungsproblematik muss der Begriff **eng ausgelegt werden**.[415] Für die Teilschlusszahlung gelten grundsätzlich die Regeln über die Schlusszahlung entsprechend, allerdings nur in Bezug auf die betroffenen Teilleistungen.

Auch nach § 16 Nr. 4 VOB/B besteht jedoch keine generelle Verpflichtung, eine Teilschlusszahlung vorzunehmen. Es bleibt vielmehr den Vertragsparteien überlassen, ob sie von dieser Möglichkeit Gebrauch machen.[416] Verlangt der Auftragnehmer bei Vorliegen der entsprechenden Voraussetzungen eine Teilschlusszahlung, so steht ihm nach § 16 Nr. 4 VOB/B dieser Anspruch zu. Es handelt sich insoweit um eine auch in § 641 Abs. 1 S. 2 BGB vorgesehene Zahlungsverpflichtung.

3. Die Abrechnung

a) Allgemeines

Dass dem Schuldner einer Geldforderung eine Rechnung über die erbrachte Leistung zu stellen ist, scheint auf den ersten Blick selbstverständlich. Vermutlich aus diesem Grunde enthält das BGB weder eine Definition des Begriffs „Abrechnung" noch Regelungen über den Inhalt und die Rechtsfolgen einer Abrechnung. Dieser Begriff wird lediglich in § 782 BGB erwähnt und wird im dortigen Zusammenhang allgemein als jedwede unter Mitwirkung von Gläubiger und Schuldner stattfindende Feststellung eines Rechnungsergebnisses definiert, sei es im laufenden Rechnungsverhältnis über gegenseitige Forderungen im Wege der Verrechnung oder im uneigentlichen Rechnungsverhältnis zur Feststellung eines einseitig geschuldeten Gesamtbetrags im Wege der Addition.[417] Diese allgemeine Definition bedarf jedoch für das Bauvertragsrecht einer Konkretisierung, die **§ 14 VOB/B** enthält. Diese Bestimmung beschreibt die Abrechnung als eine vom Auftragnehmer möglichst unter Mitwirkung des Auftraggebers vorgenommene **prüfbare Feststellung** der Zahlungsverpflichtung des Auftraggebers aufgrund der Leistungen des Auftragnehmers.[418] Das Werkvertragsrecht des **BGB** enthält hingegen keinerlei Regelung über die Abrechnung.

200

Die Abrechnung der Leistung ist im Bauvertragsrecht von erheblicher Bedeutung, da die vom Auftraggeber endgültig geschuldete Vergütung selten von vornherein feststeht. Dies gilt insbesondere für den **Einheitspreisvertrag**, bei dem die Vergütung nach den vertraglichen Einheitspreisen und den tatsächlich ausgeführten Leistungen berechnet wird (§ 2 Nr. 2 VOB/B). Gleiches gilt für den Stundenlohn- und den Selbstkostenerstattungsvertrag. Aber auch im Rahmen von **Pauschalverträgen** ergeben sich fast immer Veränderungen der ursprünglich im Vertrag vorgesehenen Pauschalvergütung, insbesondere durch Leistungsänderungen und Zusatzleistungen (§ 2 Nr. 7 VOB/B). Ist dies ausnahmsweise nicht der Fall, so ergibt sich die Notwendigkeit einer prüfbaren Abrechnung in den meisten Fällen zumindest aus der Tatsache, dass im Zuge des Bauvorhabens Vorauszahlungen oder Abschlagszahlungen geleistet werden, die bei der Ermittlung der Restvergütung abzuziehen sind.

Die Abrechnung der Leistung stellt eine **vertragliche Nebenpflicht** des Auftragnehmers dar.[419] Zwar schadet der Auftragnehmer bei einem Unterlassen der Rechnungslegung in erster Linie sich selbst, da nach § 16 Nr. 3 VOB/B erst die Vorlage der Schlussrechnung den Auftraggeber zur Zahlung verpflichtet. Dieser könnte also auf den ersten Blick sogar einen Vorteil aus der unterbliebenen Abrechnung ziehen, was den Schluss nahe legt, dass es sich bei der Abrechnungspflicht des

---

414 Vgl. hierzu Rn 514.
415 *Heiermann/Riedl/Rusam*, § 12 Rn 28.
416 *Ingenstau/Korbion*, § 16 Rn 263.
417 *Palandt*, § 782 Rn 2.
418 Vgl. *Locher*, Rn 193; *Ingenstau/Korbion*, § 14 VOB/B Rn 1.
419 *Ingenstau/Korbion*, § 14 VOB/B Rn 8; *Heiermann/Riedl/Rusam*, § 14 VOB/B Rn 15; teilweise unklar, Beck'scher VOB-Kommentar – *Cuypers*, § 14 Rn 3 ff., der vereinzelt lediglich von einer Obliegenheit auszugehen scheint.

Auftragnehmers lediglich um eine Obliegenheit in eigener Sache handelt.[420] Hierbei wird jedoch übersehen, dass der Auftraggeber in vielen Fällen durchaus an einer Abrechnung, zumindest an einer Schlussrechnung interessiert ist. Ein solches Interesse kann sich bereits aus der einfachen Tatsache ergeben, dass der Auftraggeber bereits erhebliche Vorauszahlungen oder Abschlagszahlungen geleistet hat und daher sogar eine Überzahlung nicht ausschließen kann, was insbesondere bei einer nur schwer absehbaren Abrechnung nach Einheitspreisen vorkommen kann. Darüber hinaus ist der Auftraggeber nicht selten selbst gegenüber Dritten, insbesondere gegenüber Kreditgebern und Investoren rechenschaftspflichtig.[421] Auch die Beantragung öffentlicher Zuwendungen kann eine zügige Abrechnung erfordern.[422] Vor diesem Hintergrund kann dem Auftraggeber ein erheblicher Schaden aus einer unterbliebenen Abrechnung entstehen. Es handelt sich daher bei der Pflicht zur Abrechnung eindeutig um eine zwingende vertragliche Nebenpflicht des Auftragnehmers, deren **Verletzung** einen Schadensersatzanspruch des Auftraggebers aus §§ 280, 284 BGB oder aus pFV begründen kann.[423] Nach herrschender Meinung ist die Pflicht des Auftragnehmers zur Aufstellung einer Schlussrechnung auch durchaus **einklagbar**.[424] Dies wird vereinzelt unter Hinweis auf die nach § 14 Nr. 4 VOB/B für den Auftraggeber bestehende Möglichkeit der Ersatzvornahme bestritten.[425] Diese Auffassung kann jedoch angesichts des vorstehend genannten originären Interesses des Auftraggebers an einer Rechnungslegung nicht überzeugen. Im Übrigen ist nicht einzusehen, weshalb das Recht des Auftraggebers nach § 14 Nr. 4 VOB/B, die Rechnung bei deren Nichtvorlage selbst aufzustellen, den Erfüllungsanspruch ausschließen soll. Dies würde mittelbar zu einem Zwang des Auftraggebers zur Ersatzvornahme nach § 14 Nr. 4 VOB/B führen. Da es sich jedoch hier lediglich um ein **Recht des Auftraggebers**, nicht jedoch um eine Pflicht handelt, ist eine Ausschlusswirkung im Hinblick auf den durchsetzbaren Anspruch auf Rechnungslegung nicht ersichtlich. Es handelt sich hier vielmehr um ein **Wahlrecht** des Auftraggebers,[426] für den die Möglichkeit der Ersatzvornahme nach § 14 Nr. 4 VOB/B regelmäßig zu aufwendig sein wird. Der Anspruch gegen den Auftragnehmer auf Erstellung der Schlussrechnung muss daher durchsetzbar sein.

Die Rechnung selbst enthält keine rechtsgeschäftliche Willenserklärung.[427] Aus diesem Grunde ist sie auch nicht wegen Irrtums nach § 119 BGB anfechtbar, falls sie unvollständig oder fehlerhaft ist.[428] Der Auftragnehmer ist jedoch andererseits auch nicht an seine Rechnung gebunden.[429] Nachforderungen sind daher im Falle einer unvollständigen Rechnung möglich.

b) Die Abrechnung im „VOB/B-Bauvertrag"

201 Wie bereits dargestellt, enthält **§ 14 VOB/B** differenzierte Regelungen über die Abrechnung seitens des Auftragnehmers. Diese gelten unabhängig davon, um welchen VOB-Vertragstyp es sich handelt. Allerdings gelten die Bestimmungen in § 14 Nr. 1 und Nr. 2 VOB/B für den **Pauschalvertrag** nur eingeschränkt, da beispielsweise die Regelungen über das gemeinsame Aufmaß dort nicht anwendbar sind.[430] Der innere Aufbau des § 14 VOB/B folgt chronologisch gesehen nicht dem herkömmli-

---

420 So *Trapp*, BauR 1979, 272.
421 *Ingenstau/Korbion*, § 14 VOB/B Rn 8.
422 *Heiermann/Riedl/Rusam*, § 14 VOB/B Rn 15.
423 *Ingenstau/Korbion*, § 14 VOB/B Rn 8; *Heiermann/Riedl/Rusam*, § 14 VOB/B Rn 15.
424 *Ingenstau/Korbion*, § 14 VOB/B Rn 55; *Heiermann/Riedl/Rusam*, § 14 VOB/B Rn 51; *Werner/Pastor*, Rn 1400; OLG München NJW-RR 1987, 146.
425 Beck'scher VOB-Kommentar – *Cuypers*, § 14 Nr. 4 Rn 6, der insoweit eine Leistungspflicht des Auftragnehmers und die Einklagbarkeit von vertraglichen Nebenpflichten verneint.
426 OLG München NJW-RR 1987, 146.
427 *Locher*, Rn 1995; *Ingenstau/Korbion*, § 14 VOB/B Rn 24.
428 *Ingenstau/Korbion*, a.a.O.; *Werner/Pastor*, Rn 1401.
429 *Werner/Pastor*, Rn 1374; *Heiermann/Riedl/Rusam*, § 14 VOB/B, Rn 29.
430 *Locher*, Rn 193; *Ingenstau/Korbion*, § 14 VOB/B, Rn 4.

chen Bauablauf.[431] Zeitlich gesehen muss vielmehr zuerst die in Nr. 3 erwähnte Fertigstellung erfolgen und die dortige Frist in Lauf setzen. Danach erst kann das in Nr. 2 geregelte Aufmaß vorgenommen werden und erst im nächsten Schritt ist es dem Auftragnehmer möglich, die Leistungen nach Nr. 1 prüfbar abzurechnen. Erst nach einer weiteren zeitlichen Zäsur wiederum kann der Auftraggeber die Rechnung nach Nr. 4 selbst aufstellen.

aa) Die Prüfbarkeit der Abrechnung

Nach § 14 Nr. 1 S. 1 VOB/B ist der Auftragnehmer verpflichtet, seine Leistungen prüfbar abzurechnen. Hierbei handelt es sich nicht um eine bloße Leerformel, die lediglich eine Selbstverständlichkeit formuliert. Die Prüfbarkeit der Abrechnung ist vielmehr ein entscheidendes Kriterium im Rahmen der Rechnungslegung, das erhebliche Auswirkungen auch auf den Vergütungsanspruch des Auftragnehmers haben kann. Die zwingende vertragliche **Nebenpflicht** des Auftragnehmers zur Abrechnung gegenüber dem Auftraggeber[432] würde leerlaufen, wenn sie nicht auch ein zwingendes Prüfbarkeitserfordernis beinhalten würde.[433] Der Auftraggeber hat ein Recht darauf, die an ihn gestellte Vergütungsforderung nachvollziehen zu können, um gegebenenfalls substantiierte **Einwendungen** vorbringen zu können. Das bedeutet jedoch nicht, dass der Auftragnehmer seine Abrechnung so erstellen muss, dass sie auch von jedem Laien überprüfbar ist. Es ist ausreichend, wenn die Rechnungsprüfung von einem **Fachkundigen** vorgenommen werden kann, der vom Auftraggeber mit der technischen Oberleitung oder Bauleitung beauftragt wurde.[434] Dies ist regelmäßig der vom Auftraggeber beauftragte Architekt, dem im Rahmen der Objektüberwachung (Leistungsphase 8 HOAI) auch die Rechnungsprüfung obliegt. Sollte dem Auftraggeber in Einzelfällen kein fachkundiger Beistand diesbezüglich zur Verfügung stehen, so sind an die Prüfbarkeit der Abrechnung sicherlich strengere Maßstäbe anzulegen.[435]

Nach § 14 Nr. 1 S. 2 bis 4 VOB/B hat der Auftragnehmer seine Rechnung **übersichtlich** zu gestalten und die zum Nachweis von Art und Umfang der Leistung erforderlichen Mengenberechnungen, Zeichnungen und andere Belege beizufügen. Diese Übersichtlichkeit ist nach § 14 Nr. 1 S. 2 VOB/B nur dann gewahrt, wenn sich die Abrechnung an die im Vertrag vorgesehene Reihenfolge der Positionen und an die dortigen Bezeichnungen hält. Dadurch wird der **Schutzzweck** des § 14 VOB/B konkretisiert. Da hier zunächst der Schutz des Auftraggebers vor Übervorteilung im Vordergrund steht,[436] muss der Auftragnehmer dem Auftraggeber einen problemlosen Vergleich der Abrechnung mit den im Vertrag vorgesehenen Anspruchsvoraussetzungen ermöglichen.[437] Die Abrechnung muss also, um prüfbar zu sein, die in den Vertragsunterlagen, insbesondere in der Leistungsbeschreibung und im Leistungsverzeichnis verwendeten Positionsnummern und Bezeichnungen sowie deren Reihenfolge genau einhalten, so dass die Abrechnung die vertraglichen Vergütungsgrundlagen quasi spiegelbildlich wiedergibt.[438]

Diese Grundsätze gelten für **jeden „VOB/B-Vertrag"**, für den Pauschalvertrag jedoch mit gewissen Einschränkungen. Auch beim Pauschalvertrag muss die Abrechnung selbstverständlich prüfbar sein.[439] Da die Vereinbarung eines Pauschalpreises jedoch insbesondere einen erheblichen Abrechnungsaufwand vermeiden soll, genügt es regelmäßig, wenn die Abrechnung die vertraglich vereinbarte Pauschale wiedergibt. Bei Teilpauschalen muss auch hier die im Vertrag vorgesehene Systema-

---

431 *Ingenstau/Korbion*, § 14 VOB/B vor Rn 1; Beck'scher VOB-Kommentar – *Cuypers*, vor § 14 Rn 11.
432 Siehe Rn 200.
433 Vgl. *Heiermann/Riedl/Rusam*, § 14 VOB/B Rn 15.
434 *Werner/Pastor*, Rn 1395; *Vygen*, Rn 864.
435 *Ingenstau/Korbion*, § 14 VOB/B Rn 15.
436 *Ingenstau/Korbion*, § 14 VOB/B Rn 15.
437 *Locher*, Rn 194.
438 *Ingenstau/Korbion*, § 14 VOB/B Rn 18.
439 BGH BauR 1989, 87.

tik, also insbesondere die dortigen Bezeichnungen und deren Reihenfolge übernommen werden. Ergeben sich im Rahmen eines Pauschalvertrags Abweichungen von der im Vertrag vorgesehenen Vergütung, so müssen diese ebenso genau dargelegt werden wie beim Einheitspreisvertrag. Macht der Auftragnehmer also beispielsweise Vergütungsansprüche wegen **zusätzlicher Leistungen** geltend, so muss er anhand der entsprechenden Vertragsunterlagen darlegen, welche Einzelleistungen nicht in seinem ursprünglichen Leistungsumfang enthalten waren.[440] Die Abrechnung derartiger Mehrforderungen im Rahmen von Pauschalverträgen gestaltet sich indes höchst kompliziert.[441] Zunächst sind die vertragsgemäß ausgeführten Leistungen nach der vereinbarten Pauschale zu vergüten, während für die Mehrleistungen, für die eine Preisvereinbarung nicht vorliegt, nach Einheitspreisen abzurechnen ist.[442] Die Preise für die echte Nachtragsleistung sind unter Beachtung der Preisermittlungsgrundlagen der vertraglichen Pauschale zu ermitteln. Verhältnismäßig einfach ist diese Berechnung, wenn ursprünglich ein Leistungsverzeichnis mit Einheitspreisen vorlag, dessen Gesamtpreis dann pauschaliert wurde. In diesen Fällen sind wie beim Einheitspreisvertrag zunächst die ursprünglichen Kalkulationsgrundlagen unverändert fortzuschreiben.[443] Darüber hinaus ist bei einer durch Nachlässe ermittelten Pauschale auch für die Mehrleistung ein solcher Pauschalierungsnachlass anzusetzen. Ist also der Pauschalpreis durch Abrundung des ursprünglichen Angebotspreises entstanden, so ist auch die Mehrleistung mit einem prozentual identischen Abschlag zu versehen.[444]

Beim **Einheitspreisvertrag** ist die Abrechnung von **Mehr- oder Minderkosten** weniger kompliziert. Die vertragsgemäß ausgeführten Leistungen werden nach den Positionen des Leistungsverzeichnisses abgerechnet. Die veränderten Positionen hingegen werden anhand der ursprünglichen Preisermittlungsgrundlagen neu berechnet und ein neuer Einheitspreis gebildet.[445] Für alle auch in der geänderten oder zusätzlichen Leistung enthaltenen Preisbestandteile gilt die **Urkalkulation** unverändert. Hinzu kommen die Mehr- oder Minderkosten des Auftragnehmers für die zusätzliche oder geänderte Leistung, die nicht in der Urkalkulation enthalten sind.[446]

Der Auftragnehmer hat bei seiner Abrechnung ferner die bereits vom Auftraggeber geleisteten Vorauszahlungen und Abschlagszahlungen zu berücksichtigen. Der Auftragnehmer hat sämtliche bisherigen Zahlungen nach Datum und Betrag aufzulisten.[447]

203 Aus § 14 Nr. 1 S. 2 und S. 3 VOB/B folgt, dass die Abrechnung **schriftlich** zu erfolgen hat, denn eine übersichtliche Aufstellung und eine Beifügung von Nachweisen kann nur im Zusammenhang mit einem Schriftstück erfolgen.[448] Einer **Unterschrift** bedarf es nicht.[449] Neuerdings wird verstärkt die Abrechnung durch Übersendung eines **Datenträgers** oder durch das **Übersenden von Daten** diskutiert.[450] Die Zulässigkeit derartiger Abrechnungen kann nicht pauschal bejaht werden.[451] Es kann jedenfalls derzeit nicht als üblich, erst recht nicht als Verkehrssitte bezeichnet werden, Rechnungen mit Hilfe der elektronischen Datenverarbeitung zu übergeben. Die Tatsache allein, dass der Auftraggeber etwa über einen **Internet-Anschluss** verfügt, kann nicht als Zustimmung zu einem derartigen Abrechnungsverfahren ausgelegt werden. Hiergegen sprechen sowohl denkbare Probleme

---

440 BGH BauR 1999, 1018.
441 Siehe hierzu Rn 306, 309.
442 BGH WM 1971, 449; *Heiermann/Riedl/Rusam*, § 2 VOB/B Rn 156.
443 Beck'scher VOB-Kommentar – *Jagenburg*, § 2 Nr. 7 Rn 112 ff.
444 Beck'scher VOB-Kommentar – *Jagenburg*, § 2 Nr. 7 Rn 78; *Ingenstau/Korbion*, § 2 VOB/B Rn 345.
445 Siehe hierzu Rn 282, 290.
446 *Kleine-Möller/Merl/Oelmaier*, § 10 Rn 481; *Heiermann/Riedl/Rusam*, § 2 VOB/B Rn 116.
447 *Ingenstau/Korbion*, § 14 VOB/B Rn 18, die jedoch eine solche Verpflichtung unzutreffender Weise nur dann vorsehen, falls Zahlungen auf verschiedene Weise geleistet wurden (bar, Überweisung, Scheck etc.).
448 Beck'scher VOB-Kommentar – *Cuypers*, § 14 Nr. 1 Rn 43.
449 *Heiermann/Riedl/Rusam*, § 14 VOB/B Rn 9.
450 *Heiermann/Riedl/Rusam*, § 14 VOB/B Rn 16 ff.
451 So jedoch Beck'scher VOB-Kommentar – *Cuypers*, § 14 Nr. 1 Rn 44.

hinsichtlich des Zugangsnachweises, der Kompatibilität und des Datenverlustes als auch die allgemeine Vertragsauslegung. Die schriftliche Rechnung ist bewährt und üblich. Abweichungen von diesem Verfahren bedürfen daher einer gesonderten Vereinbarung. Dies gilt selbst dann, wenn der Auftragnehmer Kenntnis von einer ausreichenden technischen Ausstattung des Auftraggebers hat und dieser daher in der Lage ist, die ihm übergebene Diskette auszudrucken.[452] Auch **§ 21 Nr. 1 Abs. 1 VOB/A**, der die Zulassung digitaler Angebote durch den Auftraggeber regelt, stellt nur eine Kann-Vorschrift dar. Es ist also ins Belieben des Auftraggebers gestellt, ob er die digitale Angebotsabgabe zulassen will oder nicht.[453] Gleiches muss für die Abrechnung in digitaler Form gelten. Eine derartige Vorgehensweise muss also ausdrücklich vereinbart sein, andernfalls bleibt es bei der in § 14 Nr. 1 VOB/B vorgesehenen schriftlichen Abrechnungsweise.[454]

Die Rechnung muss **sämtliche Ansprüche** aus dem Bauvertrag beinhalten. Daraus folgt, dass nicht nur reine Vergütungsansprüche, sondern auch alle sonstigen Forderungen, die in dem Bauvertrag ihre Grundlage haben, prüfbar abgerechnet werden müssen.[455] Die gegenteilige Auffassung[456] verkennt, dass die Anforderungen des § 14 Nr. 1 VOB/B an die Prüfbarkeit der Abrechnung in erster Linie dem Schutz des Auftraggebers vor Übervorteilung dient.[457] Vor diesem Hintergrund macht es wenig Sinn, hinsichtlich der Abrechnung zwischen erbrachten Leistungen und beispielsweise Schadensersatzansprüchen aus dem selben Bauvorhaben zu differenzieren. Aus Sicht des Auftraggebers ist nur eine Gesamtabrechnung wirklich prüffähig. Dies wird besonders deutlich bei der Abrechnung eines Stundenlohnvertrags und gleichzeitiger Abrechnung eines Behinderungsschadens nach § 6 Nr. 6 VOB/B. Entscheidend ist, dass für den Auftraggeber nur die Abrechnung des gesamten Bauvorhabens, nicht nur der tatsächlich erbrachten Leistungen Sinn ergibt.[458] Hier ist eine Einheitlichkeit der Abrechnung, zumindest hinsichtlich der Schlussrechnung zu fordern.

Auch bei einer **vorzeitigen Beendigung** des Bauvertrags ist vom Auftragnehmer eine prüfbare Abrechnung vorzulegen. In diesem Fall ist getrennt nach erbrachten und nicht erbrachten Leistungen abzurechnen.[459] In diesen Fällen gestaltet sich jedoch die Abrechnung, insbesondere beim Pauschalvertrag, höchst kompliziert.[460] Auch ein wegen Gesetzesverstoßes nichtiger Bauvertrag muss prüfbar abgerechnet werden, da der Auftraggeber andernfalls den möglicherweise an die Stelle des Vergütungsanspruchs tretenden Bereicherungsanspruch (§§ 812 ff. BGB) nicht beurteilen kann.[461]

Die prüfbare Abrechnung ist **Fälligkeitsvoraussetzung** sowohl für die Schlusszahlung (§ 16 Nr. 3 Abs. 1 S. 1 VOB/B) als auch für die Abschlagszahlung (§ 16 Nr. 1 Abs. 1 S. 1 VOB/B). Vor diesem Hintergrund kommt der Prüfbarkeit der Abrechnung erhebliche Bedeutung zu. Ohne eine prüfbare Abrechnung entsteht also kein Vergütungsanspruch.[462]

---

452 Unzutreffend, daher Beck'scher VOB-Kommentar – *Cuypers*, § 14 Nr. 1 Rn 44.
453 *Heiermann/Riedl/Rusam*, § 21 VOB/A Rn 5.
454 Vgl. *Heiermann/Riedl/Rusam*, § 14 VOB/B Rn 21, 22, die eine EDV-Abrechnung nicht ausdrücklich für unzulässig halten, jedoch eine klare vertragliche Vereinbarung empfehlen.
455 BGH NJW 1988, 910; *Heiermann/Riedl/Rusam*, § 14 VOB/B Rn 4.
456 Beck'scher VOB-Kommentar – *Cuypers*, § 14 Nr. 1 Rn 20.
457 *Ingenstau/Korbion*, § 14 VOB/B Rn 15.
458 Inkonsequent insofern Beck'scher VOB-Kommentar – *Cuypers*, § 14 Nr. 1 Rn 22, 24, der einräumt, dass es Ansprüche des Auftragnehmers gibt, bei denen zweifelhaft ist, ob sie eine Vergütung oder eine Entschädigung darstellen. Auch der Hinweis auf den Begriff der „Leistung" überzeugt nicht, da hiermit auch die nicht erbrachten Leistungen, soweit sie im Bauvertrag vorgesehen waren, abrechenbar sein sollen.
459 BGH BauR 1996, 382; 1997, 643; ZfBR 1998, 781.
460 Siehe hierzu Rn 437 ff.
461 *Heiermann*, § 14 VOB/B Rn 6; OLG Düsseldorf BauR 1993, 487.
462 BGH BauR 1990, 605, st.Rspr.; *Ingenstau/Korbion*, § 14 VOB/B Rn 11; *Werner/Pastor*, Rn 1394.

Nach § 16 Nr. 1 Abs. 1 S. 1 VOB/B sind Abschlagszahlungen „**in möglichst kurzen Abständen zu gewähren**". Welcher **zeitliche Abstand** hier gemeint ist, muss für jeden Einzelfall gesondert beurteilt werden. Dabei ist zu berücksichtigen, dass auch die Prüfung von Abschlagsrechnungen für den Auftraggeber einen erheblichen Aufwand bedeuten kann. Der Auftragnehmer darf daher nicht in beliebig kurzen Abständen Bagatellrechnungen stellen. Der Prüfungsaufwand muss vielmehr in einem angemessenen Verhältnis zur Höhe der Abschlagsrechnung, diese wiederum in einem angemessenen Verhältnis zur Höhe des Gesamtwerklohns stehen.[463] Eine grundsätzliche Regelung, wonach eine bestimmte Frist nicht unterschritten werden darf, besteht allerdings nicht.[464]

bb) Nachweise, gemeinsame Feststellung

204 Nach § 14 Nr. 1 S. 3 VOB/B sind die zum **Nachweis von Art und Umfang der Leistung** erforderlichen Mengenberechnungen, Zeichnungen und andere Belege der Rechnung beizufügen. Gemeint sind hiermit sämtliche Unterlagen, die für die Prüfbarkeit durch den Auftraggeber erforderlich sind.[465] Aus der Formulierung in § 14 Nr. 1 S. 3 VOB/B wird deutlich, dass es nicht ausreicht, die Unterlagen zur Einsichtnahme durch den Auftraggeber bereitzuhalten.[466] Insbesondere beim **Einheitspreisvertrag** wird die Notwendigkeit der Beifügung dieser Unterlagen deutlich. Beispielsweise muss der Auftragnehmer anhand eines Planes nachprüfbar darlegen, in welchen Räumen er die berechnete Menge an Türen und Fenstern eingebaut hat. Gleiches gilt beispielsweise für Flächenangaben beim Bodenbelag, oder auch für Heizkörper und andere Gegenstände. Ohne die entsprechenden Pläne sind die Mengenangaben in der Rechnung für den Auftraggeber nur mit unzumutbarem Aufwand prüfbar. Vorzulegen sind jedoch nur die tatsächlich erforderlichen Unterlagen, so dass beispielsweise **Revisionspläne** und Bestandszeichnungen für die Prüffähigkeit nicht erforderlich sind.[467] Waren derartige Unterlagen vertraglich geschuldet, so ist die Leistung beim Fehlen dieser Unterlagen mangelhaft. Der Auftraggeber kann also insoweit ein Zurückbehaltungsrecht geltend machen, die Prüffähigkeit der Rechnung berührt dies jedoch nicht.

Nach § 14 Nr. 2 S. 1 VOB/B sind die für die Abrechnung notwendigen Feststellungen dem Fortgang der Leistung entsprechend möglichst **gemeinsam** vorzunehmen. Gemeint ist hier ein gemeinsames **Aufmaß unter** Mitwirkung von Auftraggeber und Auftragnehmer. Ein solches Aufmaß kommt nur beim Einheitspreisvertrag in Betracht, da beim Pauschalvertrag die Massenermittlung gerade keine Rolle spielen soll. § 14 Nr. 2 VOB/B enthält eine eindeutige Empfehlung, das Aufmaß gemeinsam zu erstellen. Die getrennte Ermittlung des erbrachten Leistungsumfangs durch Auftraggeber und Auftragnehmer ist jedoch nach § 14 Nr. 2 VOB/B grundsätzlich zulässig, da es sich („möglichst") nur um eine Soll-Vorschrift handelt.[468] Nach § 14 VOB/B soll das gemeinsame Aufmaß die für die Abrechnung maßgeblichen Tatsachen, also insbesondere Maße, Flächen, Mengen etc. enthalten. Das Aufmaß dient also als Grundlage für die Abrechnung und muss daher zeitlich vor der Rechnungserteilung erfolgen.[469] Daher liegt kein Aufmaß im Sinne von § 14 Nr. 2 S. 1 VOB/B vor, wenn diese Feststellungen erst nach Zugang der Rechnung erfolgen.

---

463 Beck'scher VOB-Kommentar – *Motzke*, § 16 Nr. 1 Rn 47.
464 So jedoch *Heiermann/Riedl/Rusam*, § 16, VOB/B Rn 31, die unter Hinweis auf eine entsprechende Regelung in der ZVB 1980 davon ausgehen, dass Abschlagszahlungen im Allgemeinen monatlich, jedoch nicht öfter als alle zwei Wochen gewährt werden müssen, was in dieser Allgemeinheit abzulehnen ist. Im Übrigen ist die dort zitierte Bestimmung in der ZVB kaum geeignet, eine wie auch immer geartete Verkehrssitte zu begründen.
465 *Heiermann/Riedl/Rusam*, § 14 VOB/B Rn 23.
466 *Ingenstau/Korbion*, § 14, VOB/B Rn 19.
467 *Heiermann/Riedl/Rusam*, § 14 VOB/B Rn 13; *Ingenstau/Korbion*, § 14 VOB/B Rn 20.
468 *Ingenstau/Korbion*, § 14 VOB/B Rn 30; *Vygen*, Rn 865; *Locher*, Rn 196; a.A. *Kleine-Möller/Merl/Oelmaier*, § 10 Rn 143, die hierin eine vertragliche Nebenpflicht sehen, deren Verletzung zum Schadensersatz verpflichten soll.
469 *Ingenstau/Korbion*, § 14 Rn 29.

Nach h.M. handelt es sich bei dem gemeinsamen Aufmaß um ein **Schuldanerkenntnis**, streitig ist jedoch, ob es sich um ein bloß deklaratorisches Schuldanerkenntnis[470] oder um ein Schuldanerkenntnis im Sinne von § 782 BGB[471] handelt. Richtigerweise handelt es sich um ein deklaratorisches Schuldanerkenntnis, durch welches sich die Parteien auf das Ergebnis ihrer Feststellungen hinsichtlich ganz bestimmter Tatumstände einigen. Durch das Aufmaß sollen die gemeinsamen Feststellungen einem späteren Streit entzogen werden. Eine vertragliche Bindung hinsichtlich dieses Aufmaßes muss daher grundsätzlich bejaht werden. Die Bindungswirkung kann jedoch in Einzelfällen beseitigt werden, wenn eine Vertragspartei beweist, dass die Feststellungen im **Aufmaß unrichtig** sind und dass sie die hierfür maßgeblichen Tatsachen nicht gekannt hat.[472]

Da es sich bei dem gemeinsamen Aufmaß um rechtsgeschäftliche Willenserklärungen handelt, können einzelne Feststellungen wegen Irrtums **nach § 119 BGB angefochten** werden, wenn die dortigen Voraussetzungen vorliegen.[473] Dies kann dann der Fall sein, wenn Schreibfehler vorliegen oder Maße zur falschen Position zugeordnet werden, unter Umständen jedoch auch bei Messfehlern.[474]

Nach § 14 Nr. 2 S. 2 VOB/B sind die Abrechnungsbestimmungen in den technischen Vertragsbedingungen und damit insbesondere auch die allgemeinen technischen Vertragsbedingungen der VOB/C zu beachten. Diese enthalten unter Ziffer 5 genauere Bestimmungen über die Abrechnung des jeweiligen Gewerks.

Bei den im Rahmen des gemeinsamen Aufmaßes zu treffenden Feststellungen wird sich der Auftraggeber regelmäßig von seinem Architekten vertreten lassen. Dabei ist zu beachten, dass der **Architekt** hierfür in der Regel als vom Auftraggeber **bevollmächtigt** anzusehen ist, wenn er mit der Objektüberwachung (§ 15 Abs. 2 Nr. 8 HOAI) beauftragt wurde.[475] In diesen Fällen endet die Vollmacht des Architekten nicht automatisch mit der Fertigstellung des Bauvorhabens. Der Architekt kann vielmehr auch noch fünf Jahre nach der Fertigstellung bevollmächtigt sein, für den Auftraggeber bindend ein gemeinsames Aufmaß mit dem Auftragnehmer aufzunehmen.[476] Zu beachten ist jedoch, dass sich die Bevollmächtigung des Architekten im Rahmen der Objektüberwachung auf den technischen Bereich, also auf die Feststellungen des Umfangs der tatsächlich ausgeführten Arbeiten beschränkt.[477] Rechtsgeschäftliche Befugnisse sind damit nicht verbunden. Der Architekt ist daher **nicht bevollmächtigt**, einen Vergleich abzuschließen oder die Schlussrechnung anzuerkennen.[478] Das Aufmaß im Sinne von § 14 Nr. 2 VOB/B betrifft stets nur die tatsächliche Feststellung der erbrachten Leistungen. Das Aufmaß beinhaltet nicht die Erklärung, die Leistungen seien vertragsgemäß ausgeführt worden oder es bestünde ein Vergütungsanspruch des Auftragnehmers. Derartige Feststellungen bleiben der Abnahme und der Prüfung der Schlussrechnung vorbehalten.[479]

cc) Fristen für die Abrechnung

Nach § 14 Nr. 3 VOB/B muss die Schlussrechnung innerhalb bestimmter Fristen eingereicht werden. Bei einer vertraglichen Ausführungsfrist bis zu 3 Monaten beträgt diese Frist zur Rechnungslegung 12 Werktage ab Fertigstellung. Nach § 14 Nr. 3, Hs. 2 VOB/B, wird diese Frist um je 6 Werktage für je weitere 3 Monate Ausführungsfrist verlängert. Zunächst ist zu beachten, dass sich § 14 Nr. 3 VOB/B nur auf die Erstellung der **Schlussrechnung** bezieht. Für **Abschlagsrechnungen** gibt es

---

470 So *Locher*, Rn 196; *Ingenstau/Korbion*, § 14 VOB/B Rn 35.
471 *Vygen*, Rn 865.
472 *Locher*, Rn 196; *Werner/Pastor*, Rn 2034, 2035.
473 *Ingenstau/Korbion*, § 14 VOB/B Rn 41.
474 *Heiermann/Riedl/Rusam*, § 14 VOB/B Rn 40.
475 BGH NJW 1960, 859; *Heiermann/Riedl/Rusam*, § 14 VOB/B Rn 41; *Ingenstau/Korbion*, § 14 VOB/B Rn 42.
476 BGH BauR 1975, 137.
477 BGH NJW 1974, 646; *Werner/Pastor*, Rn 1076.
478 *Jagenburg*, BauR 1978, 1984.
479 *Heiermann/Riedl/Rusam*, § 14 VOB/B Rn 38.

keine derartige Frist, nach § 16 Nr. 1 Abs. 1 VOB/B („Abschlagszahlungen sind auf Antrag ....") sind diese ins Belieben des Auftragnehmers gestellt. Die in § 14 Nr. 3 VOB/B genannten Fristen zur Aufstellung der Schlussrechnung orientieren sich an der vertraglichen Ausführungsfrist, da diese den Rückschluss auf den Umfang der Bauleistungen zulässt, der wiederum meistens entscheidend für den Aufwand bei der Rechnungslegung ist.[480] Die Formulierung des zweiten Halbsatzes in § 14 Nr. 3 VOB/B ist jedoch bei näherer Betrachtung etwas missglückt. Die Bestimmung lässt offen, welche Fristen gelten sollen, falls die Parteien **keine Ausführungsfrist** im Vertrag vorgesehen haben, was allerdings sehr selten der Fall sein dürfte. Ferner regelt der zweite Halbsatz den Fall nicht, dass die über die „Grundfrist" von drei Monaten hinausgehende Ausführungszeit kürzer als 3 Monate ist oder nicht durch 3 teilbar ist. Beträgt die Ausführungsfrist also beispielsweise 5 Monate, so ist unklar, ob sich die im ersten Halbsatz von § 14 Nr. 3 VOB/B genannte Rechnungslegungsfrist von zwölf Werktagen überhaupt verlängert. Hier gibt es mehrere Möglichkeiten der Auslegung. Einerseits könnte man den im zweiten Halbsatz genannten Verlängerungszeitraum von 3 Monaten aufteilen und so auch für eine wochenweise Verlängerung der Ausführungszeit eine Verlängerung der Rechnungslegungsfrist herleiten. Dies würde gerundet eine Fristverlängerung von einem Tag für je weitere zwei Wochen Ausführungsfrist bedeuten. Eine derartige Berechnung könnte man jedoch alternativ auch auf die im ersten Halbsatz genannten 12 Werktage Rechnungslegungsfrist bei 3 Monaten Ausführungsfrist übertragen. Demnach wäre die Rechnungslegungsfrist von 12 Werktagen sogar um je einen Werktag für jede weitere Woche Ausführungsfrist zu verlängern. § 14 Nr. 3 VOB/B kann jedoch auch dergestalt ausgelegt werden, dass eine Verlängerung der Frist zur Einreichung der Schlussrechnung nur bei einer um mindestens 3 Monate verlängerten Ausführungsfrist in Betracht kommt. Die im zweiten Halbsatz vorgesehenen insgesamt 18 Werktage würden demnach also erst ab einer Ausführungsfrist von 6 Monaten gelten. Bei einer Ausführungsfrist von lediglich 5 Monaten bliebe es hingegen bei den im ersten Halbsatz genannten 12 Werktagen Rechnungslegungsfrist. Erst ab einer Ausführungsfrist von 9 Monaten ist eine erneute Verlängerung der Rechnungslegungsfrist um weitere 6 Werktage vorzunehmen. Der Wortlaut des § 14 Nr. 3, Hs. 2 VOB/B verbietet jedoch keine Zwischenschritte.

Diese Auslegung scheitert schon am Wortlaut der Bestimmung, die von einer 12-Tage-Frist bei einer Bauzeit von „höchstens" Monaten ausgeht. Daraus folgt, dass eine Überschreitung dieser Bauzeit zu einer Fristverlängerung führen soll. Vorzuziehen ist hier eine Aufteilung der vorgesehenen sechstägigen Fristverlängerung, so dass ein weiterer Tag je 2 Wochen Bauzeitverlängerung anzusetzen ist. Weiterhin ungelöst ist die Frage, welche Frist für die Rechnungslegung gelten soll, wenn keine Ausführungsfrist vereinbart wurde. Hier soll nach überwiegender Ansicht § 14 Nr. 3 entsprechend anwendbar sein.[481] Auch in diesem Fall sollte für jede weitere vollendete 2 Wochen, die die Ausführungszeit von 3 Monaten übersteigen, eine Verlängerung der Rechnungslegungsfrist um einen Werktag gelten. Mangels vertraglicher Vereinbarung wird vorgeschlagen, die Rechnungslegungsfrist im Einzelfall anhand der für die Bauleistung bei zügigem Einsatz erforderlichen Ausführungszeit zu bemessen.[482] Bei dieser Methode müsste jedoch die Rechnungslegungsfrist im Streitfall durch Sachverständigengutachten ermittelt werden, was sicherlich nicht praktikabel ist. Man sollte daher bei fehlender Vereinbarung einer Ausführungsfrist allein die **tatsächlich benötigte Bauzeit** als Anhaltspunkt verwenden. Zwar widerspricht dies dem Prinzip des § 14 Nr. 3 VOB/B, der nur die vertraglich vereinbarte Ausführungsfrist zugrundelegt. Diese Vorschrift ist jedoch gerade wegen des Fehlens einer vertraglichen Bauzeit nicht direkt, sondern allenfalls analog anwendbar, weshalb sich die vorgenannte Lösungsmöglichkeit anbietet. Nachteile entstehen für keinen der Beteiligten. Zwar hätte auch der in Verzug befindliche Auftragnehmer den Vorteil der Fristverlängerung, doch trägt zunächst er selbst den Nachteil einer verzögerten Rechnungsstellung, da somit auch die Fälligkeit nach § 16 Nr. 3 Abs. 1 VOB/B nicht vorher eintritt. Diese Lösung hätte den Vorteil, dass eine Frist

---

[480] *Ingenstau/Korbion*, § 14 VOB/B Rn 51.
[481] *Ingenstau/Korbion*, § 14 VOB/B Rn 51; Beck'scher VOB-Kommentar – *Cuypers*, § 14, Nr. 3 Rn 12.
[482] *Ingenstau/Korbion*, § 14, VOB/B Rn 51.

für die Rechnungslegung jedenfalls exakt feststellbar ist, wenn auch erst nach Fertigstellung der Leistung.[483]

dd) Die Aufstellung der Rechnung durch den Auftraggeber

Nach § 14 Nr. 4 VOB/B ist der Auftraggeber berechtigt, selbst die Rechnung aufzustellen, wenn der Auftragnehmer keine prüfbare Rechnung einreicht, obwohl ihm der Auftraggeber hierfür eine **angemessene Frist** gesetzt hat. Diese Selbstvornahme durch den Auftraggeber ist also nur im Falle einer nicht oder nicht prüfbar vorgelegten Rechnung seitens des Auftragnehmers zulässig. Hinzu kommen muss ferner eine angemessene Fristsetzung seitens des Auftraggebers. Diese Fristsetzung nach § 14 Nr. 4 VOB/B kann frühestens nach Ablauf der Regelfristen nach § 14 Nr. 3 VOB/B beginnen, es handelt sich also um eine **Nachfrist**.[484]

Die Fristsetzung bedarf keiner besonderen Form, sie ist also grundsätzlich auch mündlich möglich.[485] Es ist jedoch dringend zu empfehlen, die Fristsetzung zu Beweiszwecken schriftlich vorzunehmen.

Da es sich bei § 14 Nr. 4 VOB/B um eine Kann-Vorschrift handelt, ist **der Auftraggeber nicht verpflichtet**, die Schlussrechnung an Stelle des Unternehmers zu erstellen. Vielmehr kann er alternativ auch auf Erstellung einer Schlussrechnung gegen den Unternehmer klagen.[486] Für die Berechtigung des Auftraggebers, die Schlussrechnung an Stelle des Auftragnehmers vorzunehmen, kommt es nicht auf **ein Verschulden des** Auftragnehmers an. Entscheidend ist lediglich, dass die Rechnung nicht fristgemäß einging.[487]

Die vom Auftraggeber gesetzte Nachfrist muss **angemessen** sein. Welche Frist als angemessen gilt, muss anhand der Umstände des Einzelfalles beurteilt werden. Hierbei spielt sicherlich der Umfang der abzurechnenden Bauleistungen und der daraus entstehende **Aufwand** für die Aufstellung der prüfbaren Rechnung eine entscheidende Rolle. Von Bedeutung kann ferner sein, wie viel Zeit bereits nach Ablauf der Regelfristen aus § 14 Nr. 3 VOB/B vergangen ist, bevor der Auftraggeber die Nachfrist setzt.

Die in § 14 Nr. 3 VOB/B genannten Fristen beginnen ab **Fertigstellung der Bauleistung**. Diese liegt vor, wenn sämtliche Leistungen erbracht sind und alle Umstände eingetreten sind, von denen nach dem Bauvertrag die Vergütung abhängt.[488] Im Hinblick auf § 14 Nr. 1 S. 4 VOB/B sind hierbei auch Nachtragsleistungen zu berücksichtigen.[489] Es kommt hier weder auf die Fertigstellungsmeldung noch auf die Abnahme an, sondern auf die tatsächliche Fertigstellung.[490]

Die **Berechnung der Frist** nach § 14 Nr. 3 VOB/B richtet sich nach §§ 186 ff. BGB. Daher werden Sonn- und Feiertage nicht mitgerechnet, wohl aber Samstage, da sie Werktage darstellen. Fällt das Ende der Frist auf einen Samstag, Sonntag oder Feiertag, so gilt der darauf folgende nächste Werktag als letzter Tag der Frist (§ 193 BGB).

Nach Ablauf der Nachfrist ist der Auftraggeber nach § 14 Nr. 4 VOB/B berechtigt, die Rechnung selbst auf Kosten des Auftragnehmers aufzustellen. Diese **vom Auftraggeber aufgestellte Rechnung** muss jedoch **nicht prüfbar** sein, da die Rechnungsaufstellung hier an die Stelle der Rech-

---

483 Ebenso offenbar Beck'scher VOB-Kommentar – *Cuypers*, § 14 Nr. 3 Rn 12, der die Fristberechnung auf jede angefangene Woche der tatsächlichen Ausführung beziehen will, die die Ausführungsfrist von 3 Monaten übersteigt. Nicht plausibel scheint hingegen die von ihm angesetzte Fristverlängerung um einen Werktag für jede weitere Woche der Ausführung.
484 *Heiermann/Riedl/Rusam*, § 14 VOB/B Rn 54.
485 *Ingenstau/Korbion*, § 14 VOB/B Rn 59.
486 OLG München NJW-RR 1987, 146; *Werner/Pastor*, Rn 1400.
487 *Ingenstau/Korbion*, § 14 VOB/B Rn 62.
488 Beck'scher VOB-Kommentar – *Cuypers*, § 14, Nr. 3 Rn 9.
489 Beck'scher VOB-Kommentar – *Cuypers*, § 14, Nr. 3 Rn 9; *Ingenstau/Korbion*, § 14 VOB/B Rn 53, 54.
490 *Heiermann/Riedl/Rusam*, § 14 VOB/B Rn 49.

nungsprüfung tritt und die Rüge der mangelnden Prüfbarkeit seitens des Auftraggebers daher nicht mehr greift.[491]

Der Auftraggeber hat die von ihm aufgestellte Rechnung dem Auftragnehmer zur Prüfung und Stellungnahme zu übermitteln.[492] Die vom Auftraggeber nach § 14 Nr. 4 VOB/B durch Selbstvornahme aufgestellte Rechnung hat grundsätzlich die gleichen **rechtlichen Wirkungen** wie eine vom Auftragnehmer erstellte Rechnung.[493] Dies gilt insbesondere für den Tatbestand der **Fälligkeit** und, daran anknüpfend, für den Beginn der Verjährungsfrist.[494] Hinsichtlich der Fälligkeit der Schlusszahlung wird vereinzelt die Auffassung vertreten, diese trete bereits im Zeitpunkt der Aufstellung der Schlussrechnung und Ermittlung des Endbetrags ein.[495] Eine solche Auslegung ist jedoch abzulehnen. Vielmehr muss auch bei der Aufstellung der Schlussrechnung durch den Auftraggeber allein deren Zugang beim Auftragnehmer für die Fälligkeit maßgeblich sein.[496] Eine Prüfungsfrist nach § 16 Nr. 3 Abs. 1 VOB/B kommt hier nicht in Betracht, da diese nur zu Gunsten des Auftraggebers gilt, der jedoch bei einer Abrechnung nach § 14 Nr. 4 VOB/B keine zusätzliche Prüfung mehr vornehmen muss.[497] Auch bei vorbehaltloser Annahme der Schlusszahlung nach § 16 Nr. 3 Abs. 5 VOB/B ist allein der Zugang der vom Auftraggeber aufgestellten Schlussrechnung maßgeblich für den Beginn der Frist von 24 Werktagen für die Erklärung des Vorbehalts.[498] Unzutreffend ist die vereinzelt vertretene Auffassung, auch für den Beginn der Frist für die Vorbehaltserklärung sei bereits der **Eingang der Schlusszahlung**, unabhängig vom Zugang der Schlussrechnung maßgeblich.[499] Da das Recht des Auftraggebers, die Schlussrechnung im Wege der Ersatzvornahme selbst aufzustellen, unabhängig von einem Verschulden des Auftragnehmers an der Fristüberschreitung ist,[500] wären die Auswirkungen, die der Ablauf der Vorbehaltsfrist für den Auftragnehmer hat, zu gravierend als dass man ihm auch noch die Möglichkeit der ordnungsgemäßen Kenntnisnahme nehmen dürfte.[501]

Der Auftraggeber kann die Rechnung „**auf Kosten**" des Auftragnehmers aufstellen. Dies bedeutet, dass der Auftragnehmer alle für die Rechnungserstellung erforderlichen Kosten des Auftraggebers zu tragen hat. Hat der Auftraggeber selbst nicht die erforderliche Sachkenntnis, so darf er sich auf Kosten des Auftragnehmers eines Architekten bedienen.[502] Nicht erstattungsfähig sind hingegen die Kosten, die der Auftraggeber im Rahmen der Rechnungsprüfung ohnehin aufgewendet hätte.[503]

Stellt der Auftraggeber nach Ablauf der von ihm gesetzten Nachfrist (§ 14 Nr. 4 VOB/B) die Schlussrechnung selbst auf, so ist ab diesem Zeitpunkt eine vom Auftragnehmer dennoch – allerdings verspätet – aufgestellte Schlussrechnung rechtlich wirkungslos. Der Auftragnehmer kann also nicht mehr die Prüfung seiner eigenen Schlussrechnung verlangen, sondern kann nur noch die Schlussrechnung des Auftraggebers prüfen und gegebenenfalls deren Unrichtigkeit rügen. Die vom Auftraggeber erstellte Schlussrechnung ist ab diesem Zeitpunkt alleinige Grundlage der Abrechnung.[504]

---

491 *Kleine-Möller/Merl/Oelmaier*, § 10 Rn 140; a.A. *Heiermann/Riedl/Rusam*, § 14 Rn 56.
492 *Ingenstau/Korbion*, § 14 VOB/B Rn 61.
493 OLG Düsseldorf BauR 1995, 258; *Ingenstau/Korbion*, § 14 VOB/B Rn 64.
494 Siehe hierzu Rn 254.
495 *Ingenstau/Korbion*, § 14 VOB/B Rn 65.
496 Beck'scher VOB-Kommentar – *Motzke*, § 16 Nr. 3 Rn 48.
497 A.A. *Heiermann/Riedl/Rusam*, § 14 VOB/B Rn 56.
498 *Heiermann/Riedl/Rusam*, § 14 VOB/B Rn 57; *Ingenstau/Korbion*, § 14 VOB/B Rn 66; Beck'scher VOB-Kommentar – *Motzke*, § 16 Nr. 3 Rn 48, a.A. *Dähne*, BauR 1981, 233.
499 So jedoch *Dähne*, BauR 1981, 237.
500 *Ingenstau/Korbion*, § 14 VOB/B Rn 62.
501 *Ingenstau/Korbion*, § 14 VOB/B Rn 66.
502 *Ingenstau/Korbion*, § 14 VOB/B Rn 62.
503 OLG Düsseldorf BauR 1986, 612.
504 *Kleine-Möller/Merl/Oelmaier*; Beck'scher VOB-Kommentar – *Cuypers*, § 14 Nr. 4 Rn 2 f., der zutreffenderweise bereits den Beginn der Selbstaufstellung durch den Auftraggeber als entscheidend ansieht.

c) Die Abrechnung im Rahmen des „BGB-Bauvertrags"

Das BGB enthält keine dem § 14 VOB/B entsprechende Regelung. Der Begriff der Abrechnung taucht im Werkvertragsrecht des BGB überhaupt nicht auf. Aus diesem Grunde sind viele Einzelheiten, insbesondere die analoge Anwendung bestimmter VOB/B-Bestimmungen, streitig.

208

Umstritten ist zunächst, ob der Auftragnehmer überhaupt **verpflichtet** ist, seine Leistungen abzurechnen. Nach dem Wortlaut des § 641 Abs. 1 BGB setzt **die Fälligkeit** der Vergütung lediglich die Abnahme des Werks voraus. Der **Bundesgerichtshof** hat daher festgestellt, dass jedenfalls im Hinblick auf den **Verjährungsbeginn** der Werklohnforderung die Fälligkeit auch ohne Schlussrechnung eintritt.[505] Der BGH hat jedoch offen gelassen, ob dies auch für die allgemeine Fälligkeit im Hinblick auf den Zahlungsanspruch und den Zinsanspruch des Unternehmers gelten soll. Hierzu vertritt die überwiegende Ansicht in der **Literatur** die Auffassung, dass jedenfalls im Hinblick auf die Zahlungspflicht des Auftraggebers eine Fälligkeit erst eintreten kann, wenn ihm die Höhe des geschuldeten Werklohnes bekannt ist. Daher wird überwiegend auch beim BGB-Bauvertrag für den Eintritt der Fälligkeit eine Schlussrechnung vorausgesetzt.[506] Auch nach dieser Auffassung soll jedoch die Verjährung bereits mit dem Schluss des Jahres beginnen, in welchem die Abnahme stattfand, so dass hier zwischen Fälligkeit im Sinne von Durchsetzbarkeit und Fälligkeit im Sinne der Verjährung differenziert wird.[507] Vereinzelt wiederum wird der Beginn der Fälligkeit zwar auch ohne Schlussrechnung bejaht, dem Auftragnehmer jedoch ein Zurückbehaltungsrecht hinsichtlich des Werklohnes bis zur Vorlage der Schlussrechnung zugestanden.[508]

Richtigerweise muss festgestellt werden, dass der Auftragnehmer erst mit Einreichung seiner Schlussrechnung die Höhe seiner Werklohnforderung festlegt und bekannt gibt. Daher kann insbesondere bei **Einheitspreisverträgen und Stundenlohnverträgen** die Fälligkeit nicht vor Eingang einer prüfbaren Schlussrechnung eintreten.[509] In vielen Fällen wird bereits die Auslegung des Bauvertrags ergeben, dass beide Parteien die Schlussrechnung als Fälligkeitsvoraussetzung vereinbaren wollten. Jedenfalls wenn beide Parteien Gewerbetreibende sind, spricht vieles für eine solche Auslegung.[510] Taucht im Bauvertrag der Begriff „Schlussrechnung" auf, so dürfte dies ein ausreichendes Indiz für einen entsprechenden Parteiwillen sein.[511]

Geht man mit der h.M. davon aus, dass man beim „BGB-Bauvertrag" mangels anders lautender Vereinbarung **zwischen der Fälligkeit im Sinne des Verjährungsrechts und der tatsächlichen Fälligkeit des Zahlungsanspruchs differenziert,**[512] so muss man konsequenterweise in Kauf nehmen, dass die Forderung bereits verjährt sein kann, bevor die Zahlung fällig ist.[513] Dies mag auf den ersten Blick widersprüchlich wirken. Da jedoch insofern der Wortlaut des § 641 Abs. 1 BGB eindeutig ist und eine Regelung entsprechend § 16 Nr. 3 Abs. 1 VOB/B fehlt, sich eine Analogie lediglich auf die Prüfungsfrist und damit auf die Durchsetzbarkeit bezieht,[514] andererseits jedoch mangels Rechnungslegung und somit mangels konkreter Werklohnforderung zumindest ein Zurückbehaltungsrecht

---

505 BGH BauR 1981, 199.
506 *Werner/Pastor*, Rn 1371; *Heiermann/Riedl/Rusam*, § 14 VOB/B Rn 25; *Ingenstau/Korbion*, § 14 VOB/B Rn 11; ebenso OLG Hamm S-F-H § 641 BGB Nr. 8; a.A. OLG Celle BauR 1986, 356.
507 *Ingenstau/Korbion*, § 16 VOB/B Rn 13.
508 *Vygen*, Rn 875; *Kleine-Möller/Merl/Oelmaier*, § 10 Rn 132.
509 *Heiermann/Riedl/Rusam*, § 14, VOB/B Rn 7, 25; *Werner/Pastor*, Rn 1371.
510 BGH BauR 1989, 90.
511 OLG Düsseldorf BauR 1999, 655.
512 *Ingenstau/Korbion*, § 14 VOB/B Rn 11.
513 So ausdrücklich MüKo – *Soergel*, § 641 Rn 1.
514 Siehe Rn 223.

unzweifelhaft gegeben sein muss, muss der Auftragnehmer diese Nachteile seiner Säumnis hinnehmen.[515]

Geht man zutreffender Weise von einer Rechnungslegungspflicht des Auftragnehmers auch im „BGB-Bauvertrag" aus, so muss diese Rechnung **prüfbar aufgestellt** werden.[516] Insofern gilt **§ 14 Nr. 1 und Nr. 2 VOB/B analog**.[517] Dies gilt auch für die Anwendung der im Teil C der VOB geregelten Abrechnungsgrundsätze, die als Verkehrssitte im Bauwesen auch bei einem reinen „BGB-Bauvertrag" Anwendung finden.[518] Gleichfalls analog anwendbar ist die Vorschrift des § 14 Nr. 4 VOB/B, die eine Rechnungsaufstellung durch den Auftraggeber vorsieht.[519]

Wegen der Ungewissheiten, die in Rechtsprechung und Literatur hinsichtlich der Fälligkeit der Schlussrechnung beim „BGB-Bauvertrag" herrschen, kann auch dessen Bauvertragsparteien nur dringend die Vereinbarung einer Abrechnung gemäß § 14 VOB/B empfohlen werden, die ausdrücklich als Fälligkeitsvoraussetzung genannt werden sollte.

209 Nach dem seit 1.5.2000 geltenden **§ 632 a BGB** hat der Auftragnehmer nunmehr auch im Rahmen eines BGB-Bauvertrags einen Anspruch auf Abschlagszahlungen. Die Bestimmung wurde durch das Gesetz zur Beschleunigung fälliger Zahlungen vom 30.3.2000[520] eingeführt. Diese Neuregelung gilt nicht für Verträge, die vor dem 1.5.2000 abgeschlossen wurden (§ 229 Abs. 2 EGBGB). Der Anspruch des Auftragnehmers auf Abschlagszahlungen nach § 632 a BGB unterscheidet sich jedoch in vielerlei Hinsicht von der in § 16 Nr. 1 VOB/B enthaltenen Regelung. Denn nach § 632 a BGB kann der Unternehmer die Abschlagszahlungen nur für in sich abgeschlossene Teile des Werks verlangen. Der Anspruch besteht ferner nur dann, wenn dem Besteller Eigentum an den Teilen des Werkes, an den Stoffen oder Bauteilen übertragen oder Sicherheit hierfür geleistet wird (§ 632 a S. 3 BGB). Für Abschlagsrechnungen muss auch im Rahmen von „BGB-Bauverträgen" eine **prüffähige Aufstellung** der Anspruchsvoraussetzungen gefordert werden, da andernfalls die Unbestimmtheit der Forderung zu erheblicher Rechtsunsicherheit führen würde.[521]

d) Die Bindungswirkung der Schlussrechnung

210 Vereinzelt wurde in der Rechtsprechung die Auffassung vertreten, der Werkunternehmer sei grundsätzlich an seine Schlussrechnung gebunden und dürfe hiervon nicht ohne wichtigen Grund nachträglich zu seinem Vorteil abweichen.[522] Dieser Auffassung sind jedoch richtigerweise weder der BGH noch das überwiegende Schrifttum gefolgt. Eine Bindungswirkung wird von der Rechtsprechung lediglich für die Honorarschlussrechnung der **Architekten und Ingenieure** im Geltungsbereich der HOAI angenommen.[523] Für die Schlussrechnung des Bauunternehmers ist eine derartige Bindungswirkung jedoch weder im BGB noch in der VOB/B vorgesehen. Für eine entsprechende Anwendung der im Bereich der HOAI geltenden Grundsätze besteht weder Bedarf noch Berechtigung. Die Bindungswirkung der Honorarrechnung des Architekten wird überwiegend aus den Grundsätzen von Treu und Glauben (§ 242 BGB) hergeleitet[524] und muss daher eine Ausnahme bleiben. Der Bauunternehmer ist daher auch nach Erteilung seiner Schlussrechnung grundsätzlich nicht mit Nachforderun-

---

515 *Vygen*, Rn 875 spricht hier von der Verletzung einer vertraglichen Nebenpflicht; ebenso *Kleine-Möller/Merl/Oelmaier*, § 10 Rn 1332.
516 *Werner/Pastor*, Rn 1371.
517 *Kleine-Möller/Merl/Oelmaier*, § 10 Rn 133.
518 MüKo – Soergel, § 631 Rn 188.
519 OLG Düsseldorf BauR 1999, 655.
520 BGBl, I 330.
521 Siehe hierzu Rn 214.
522 OLG Frankfurt BauR 1993, 374 für den Fall eines BGB-Bauvertrags.
523 BGH BauR 1985, 582; OLG Düsseldorf BauR 1983, 283.
524 *Hesse/Korbion/Mantscheff/Vygen*, § 8 HOAI Rn 31; BGH BauR 1985, 582.

gen ausgeschlossen.[525] Für „VOB/B-Bauverträge" ergibt sich dies eindeutig aus dem Umkehrschluss zu § 16 Nr. 3 Abs. 2 VOB/B, da nach dieser Vorschrift Nachforderungen nur im Falle einer vorbehaltlosen Annahme der Schlusszahlung trotz entsprechender Belehrung und schriftlicher Zahlungsmitteilung ausgeschlossen sind.[526] Auch für **BGB-Bauverträge** gilt nichts anderes, da der Bauunternehmer mit seiner Schlussrechnung keinen Vertrauenstatbestand schafft, der eine spätere Korrektur verbietet. Vielmehr muss beiden Parteien eines Bauvertrags bewusst sein, dass es angesichts der Komplexität von Bauleistungen und der Vielzahl von daraus resultierenden Abrechnungspositionen durchaus zu Irrtümern und späteren Korrekturen kommen kann.[527] Dies muss insbesondere bei einer Änderung der Vergütung durch zusätzliche oder geänderte Leistungen gelten.[528]

4. Die Fälligkeit der Zahlung

a) Abschlagszahlungen

aa) „VOB/B-Bauvertrag"

Wie bereits dargestellt,[529] hat der Auftragnehmer im Rahmen eines „VOB/B-Bauvertrags" einen Anspruch auf Abschlagszahlungen in Höhe des Wertes der jeweils nachgewiesenen vertragsgemäßen Leistungen (§ 16, Nr. 1, Abs. 1 VOB/B). Fälligkeitsvoraussetzung ist nach § 16 Nr. 1 Abs. 1 S. 1 VOB/B ein **Antrag** des Auftragnehmers auf Abschlagszahlung. Dieser Antrag ist nicht formbedürftig, kann also auch mündlich gestellt werden.[530] Weitere Fälligkeitsvoraussetzung ist jedoch entsprechend § 14 Nr. 1 VOB/B eine **prüfbare Aufstellung**, die eine rasche und sichere Beurteilung der Leistungen ermöglichen muss (§ 16 Nr. 1 Abs. 1 S. 2 VOB/B). Daher kommt dem mündlichen Verlangen keine Bedeutung zu. Aus dieser prüfbaren Aufstellung muss sich der Umfang der erbrachten Leistungen und deren Wert entsprechend dem Leistungsverzeichnis ergeben.[531] Anhand dieser prüfbaren Aufstellung muss der Auftraggeber in der Lage sein, die erbrachte Leistung zu beurteilen. Hier ist jedoch weder die Genauigkeit einer Schlussrechnung noch eine dort erforderliche umfangreiche Nachweisführung nach § 14 Nr. 1 VOB/B zu verlangen.[532] Eine Abnahme der berechneten Teilleistung ist nicht Fälligkeitsvoraussetzung.[533]

211

Sodann wird die Abschlagszahlung **18 Werktage nach Zugang** der prüfbaren Aufstellung fällig (§ 16 Nr. 1 Abs. 3 VOB/B). Diese Zahlungsfrist beginnt also erst im Zeitpunkt des Zugangs der Abschlagsrechnung beim Auftraggeber und richtet sich nach §§ 186 ff. BGB. Zu beachten ist, dass auch Samstage Werktage sind und daher mitgezählt werden müssen. Nur wenn das Fristende auf einen Samstag, Sonntag oder Feiertag fällt, endet die Frist erst am nächsten Werktag (§ 193 BGB).

Der Anspruch auf Abschlagszahlung endet mit Einreichung der Schlussrechnung, da dann kein Anlass mehr für eine vorläufige Zahlung an den Auftragnehmer besteht.[534] Gleiches gilt für den Fall einer **Kündigung** des Vertrags durch eine der Vertragsparteien.[535]

Nach § 16 Nr. 1 Abs. 1 S. 1 VOB/B sind Abschlagszahlungen „in möglichst **kurzen Abständen** zu gewähren". Welcher zeitliche Abstand hier gemeint ist, muss für jeden Einzelfall gesondert beurteilt

---

525 MüKo – Soergel, § 641 BGB Rn 1; *Werner/Pastor*, Rn 1374.
526 BGH BauR 1988, 217.
527 *Werner/Pastor*, Rn 1401, 1374.
528 *Kleine-Möller/Merl/Oelmaier*, § 10 Rn 188.
529 Siehe Rn 192 ff.
530 *Ingenstau/Korbion*, § 16 VOB/B Rn 42.
531 BGH BauR 1979, 159.
532 *Kleine-Möller/Merl/Oelmaier*, § 10 Rn 75; siehe hierzu oben Rn 193, 202.
533 *Ingenstau/Korbion*, § 16 VOB/B Rn 46.
534 *Heiermann/Riedl/Rusam*, § 16 VOB/B Rn 9a, 42.
535 BGH BauR 1991, 81; Beck'scher VOB-Kommentar – *Motzke*, § 16 Nr. 1 Rn 14.

werden. Dabei ist zu berücksichtigen, dass auch die Prüfung von Abschlagsrechnungen für den Auftraggeber einen erheblichen Aufwand bedeuten kann. Der Auftragnehmer darf daher nicht in beliebig kurzen Abständen Bagatellrechnungen stellen. **Der Prüfungsaufwand** muss vielmehr in einem angemessenen Verhältnis zur Höhe der Abschlagsrechnung, diese wiederum in einem angemessenen Verhältnis zur Höhe des Gesamtwerklohns stehen.[536] Eine grundsätzliche Regelung, wonach eine bestimmte Frist nicht unterschritten werden darf, besteht allerdings nicht.[537]

Zwar kann die in § 16 Nr. 1 Abs. 3 VOB/B genannte Zahlungsfrist von 18 Werktagen ein grober Anhaltspunkt sein,[538] auch dieser Zeitraum zwischen 2 Abschlagsrechnungen kann jedoch ohne weiteres unterschritten werden, wenn der Auftragnehmer dies angesichts der bereits erbrachten Teilleistungen für erforderlich hält. In diesen Fällen würde zwar der Auftraggeber zeitweise zwei Abschlagsrechnungen gleichzeitig zu prüfen haben, was nach § 16 Nr. 1 VOB/B jedoch nicht ausgeschlossen ist. Gerade großvolumige Bauvorhaben, in deren Rahmen der Auftragnehmer unter Umständen wöchentliche Bauleistungen in Millionenhöhe erbringt, können unter Umständen auch eine wöchentliche Abschlagsrechnung angemessen erscheinen lassen. Da jedoch § 16 Nr. 1 Abs. 1 VOB/B eine prüfbare Aufstellung der erbrachten Bauleistungen verlangt, die ihrerseits einen Arbeitsaufwand für den Auftragnehmer bedeutet, spielt der Streit über zu kurze Abstände zwischen den Abschlagsrechnungen in der **Praxis** selten eine Rolle.

212 Nach § 16 Nr. 1 Abs. 2 VOB/B können **Gegenforderungen** vom Auftraggeber **einbehalten** werden. „Andere Einbehalte" sind hingegen nur in den vertraglich oder gesetzlich vorgesehenen Fällen zulässig (S. 2). Diese Regelung wiederholt lediglich eine Selbstverständlichkeit, nämlich, dass die grundsätzliche Pflicht des Auftragnehmers zur Vorausleistung durch das Recht auf Abschlagszahlungen nur eingeschränkt, nicht jedoch beseitigt werden soll.[539] Zunächst bleibt es dem Auftraggeber selbstverständlich unbenommen, mit Gegenforderungen aufzurechnen (§ 387 BGB).[540] Mit den in § 16 Nr. 1 Abs. 2 S. 2 VOB/B genannten **„anderen Einbehalten"** sind zunächst vertraglich vereinbarte (Sicherheits-) Einbehalte und solche aus Leistungsmängeln gemeint. In Bezug auf Einbehalte ohne konkrete Gegenforderungen ist zunächst klarzustellen, dass diese vertraglich gesondert vereinbart werden müssen (§ 17 Nr. 1 Abs. 1 VOB/B). Ohne eine derartige Vereinbarung müssen Abschlagsrechnungen grundsätzlich in voller Höhe der jeweils nachgewiesenen vertragsgemäßen Leistungen beglichen werden (§ 16 Nr. 1 Abs. 1 S. 1 VOB/B). Allein die Vereinbarung über die Geltung der VOB/B gewährt noch keinen Anspruch auf einen **pauschalen Einbehalt**. Hinzu kommen muss vielmehr eine **gesonderte Vereinbarung** über das Recht des Auftraggebers, einen pauschalen Sicherheitseinbehalt vorzunehmen.[541] Insofern muss mit einem im Baugewerbe weit verbreiteten Irrtum aufgeräumt werden, es bestehe üblicherweise das Recht, Abschlagszahlungen nur in Höhe von 90 % oder 95 % auszuzahlen. Eine entsprechende Verkehrssitte ist nicht ersichtlich.[542]

Als gesetzlicher Einbehalt im Sinne von § 16 Nr. 1 Abs. 2 VOB/B kommt in erster Linie ein **Zurückbehaltungsrecht (§§ 273, 320 BGB)** wegen vorhandener Leistungsmängel in Betracht. Nach § 16 Nr. 1 Abs. 1 VOB/B müssen die in der Abschlagsrechnung enthaltenen Leistungen vertragsgemäß sein. Sind sie dies nicht, so kann ein Anspruch des Auftraggebers auf **Mangelbeseitigung**

---

536 Beck'scher VOB-Kommentar – *Motzke*, § 16 Nr. 1 Rn 47.
537 So jedoch *Heiermann/Riedl/Rusam*, § 16 VOB/B Rn 31, die unter Hinweis auf eine entsprechende Regelung in der ZVB 1980 davon ausgehen, dass Abschlagszahlungen im Allgemeinen monatlich, jedoch nicht öfter als alle zwei Wochen gewährt werden müssen, was in dieser Allgemeinheit abzulehnen ist. Im Übrigen ist die dort zitierte Bestimmung in der ZVB kaum geeignet, eine wie auch immer geartete Verkehrssitte zu begründen.
538 Beck'scher VOB-Kommentar – *Motzke*, § 16 Nr. 1 Rn 47.
539 Hierzu Rn 192.
540 Beck'scher VOB-Kommentar – *Motzke*, § 16 Nr. 1 Rn 49 hält die Vorschrift für überflüssig, was sicherlich zu weit geht, da derartige Klarstellungen durchaus der Streitvermeidung dienen können, auch wenn sie lediglich Selbstverständliches wiederholen.
541 BGH BauR 1987, 696; *Ingenstau/Korbion*, § 16 VOB/B Rn 36.
542 *Heiermann/Riedl/Rusam*, § 17 VOB/B Rn 1.

nach § 4 Nr. 7 VOB/B bestehen, der ein Leistungsverweigerungsrecht nach § 320 BGB begründet. Dass eine Abschlagszahlung ohne Einfluss auf die Haftung und Gewährleistung des Auftragnehmers ist, stellt § 16 Nr. 1 Abs. 4 VOB/B nochmals klar. Besteht eine Aufrechnungslage nach § 387 BGB, die lediglich Gegenseitigkeit, Gleichartigkeit und Fälligkeit der Gegenforderung voraussetzt, so ist es unerheblich, aus welchem Rechtsverhältnis die vom Auftraggeber geltend gemachte Gegenforderung stammt. Diese kann also auch aus einem anderen Vertrags- oder Rechtsverhältnis stammen.[543] Handelt es sich hingegen um ein bloßes Zurückbehaltungsrecht, etwa wegen bestehender Mängel, so muss sich der Gegenanspruch nach §§ 273, 320 BGB aus **„demselben rechtlichen Verhältnis"** (§ 273 Abs. 1 BGB) ergeben.[544] Wenn dieser Begriff auch durchaus weit auszulegen ist, so muss es sich doch zumindest um einen Anspruch im Zusammenhang mit dem Bauvorhaben handeln.[545]

Zu beachten ist, dass bei einem Einbehalt wegen vorhandener Mängel ein so genannter **„Druckzuschlag"** berechtigt ist.[546] Gemeint ist hiermit der Betrag, der erforderlich ist, um den Auftragnehmer zu einer zügigen Nachbesserung zu veranlassen. Die durch das Gesetz zur Beschleunigung fälliger Zahlungen eingefügte Neuregelung des **§ 641 Abs. 3 BGB**, die allerdings nur für den Zeitraum nach Abnahme gilt, stellt die grundsätzliche Berechtigung eines solchen Zuschlags nochmals fest.[547] Ein Einbehalt nur in Höhe der Mangelbeseitigungskosten wird hierzu oftmals nicht ausreichen, da der Auftragnehmer möglicherweise lieber auf den Geldbetrag verzichtet als eine aufwendige Mangelbeseitigung vorzunehmen. Vor diesem Hintergrund wird dem Auftraggeber allgemein das Recht zugestanden, einen Betrag in Höhe des Dreifachen des Nachbesserungsaufwands einzubehalten.[548] Auch ein fünffacher Druckzuschlag wurde in Ausnahmefällen für zulässig gehalten.[549] Auch ein **vereinbarter Sicherheitseinbehalt** hindert den Auftraggeber grundsätzlich nicht, eine fällige Abschlagszahlung wegen bestehender Mängel zu kürzen oder gar zu verweigern. Der Auftragnehmer kann also insofern nicht einwenden, das Leistungsverweigerungsrecht dürfe nur wegen eines den Sicherheitseinbehalt übersteigenden Mangelbeseitigungsanspruchs geltend gemacht werden.[550] Die Höhe des Sicherheitseinbehalts ist allerdings bei der Bemessung des Leistungsverweigerungsrechts zu berücksichtigen.[551]

bb) „BGB-Bauvertrag"

Für „BGB-Bauverträge" enthält § 632 a BGB eine spezielle Regelung, die seit 1.5.2000 gilt.[552] Nach dieser Bestimmung kann der Unternehmer von dem Besteller für in sich abgeschlossene Teile des Werks Abschlagszahlungen für die erbrachten vertragsmäßigen Leistungen verlangen. Voraussetzung für den Anspruch auf Abschlagszahlung ist also nach dem Gesetzeswortlaut, dass die **Leistung „vertragsmäßig"** ist. Unklar ist jedoch, ob der Auftragnehmer einen Anspruch auf Abschlagszahlung hat, wenn der betreffende abgeschlossene Teil der Leistung fertig gestellt, **aber mangelhaft** ist. Die Formulierung in § 632 a BGB unterscheidet sich insofern von der in § 16 Nr. 1 VOB/B gewählten, als letztere ausdrücklich nur auf den Wert der vertragsgemäßen Leistungen abstellt und somit zu einem möglicherweise auch nur teilweisen Zurückbehaltungsrecht des Auftragnehmers führt, während § 632 a Abschlagszahlungen per se nur für vertragsmäßige Leistungen verlangt werden kann. Demnach bestünde ein Anspruch nach § 632 a BGB also nur für mängelfreie Leistungen.[553] Ob der

---

543 *Ingenstau/Korbion*, § 16 VOB/B Rn 62; a.A. *Heiermann/Riedl/Rusam*, § 16 VOB/B Rn 32.
544 OLG Düsseldorf BauR 1997, 647.
545 BGHZ 115, 103; OLG Nauenburg, NJW, 1997, 1049.
546 Siehe hierzu Rn 397 ff., 867.
547 Siehe hierzu Rn 225
548 BGH BauR 1984, 166, st. Rspr.; *Werner/Pastor*, Rn 2527.
549 OLG Frankfurt BauR 1982, 377.
550 BGH BauR 1981, 557.
551 *Werner/Pastor*, Rn 2530.
552 Siehe hierzu auch Rn 195.
553 *Kniffka*, ZfBR 2000, 229 unter Hinweis auf die Begründung des Gesetzesentwurfs; ebenso *Kirberger* BauR 2001, 499.

Gesetzgeber eine derartige Abweichung von der ständigen Rechtsprechung zu „VOB-Bauverträgen" wollte, scheint indes zweifelhaft. Bei näherer Betrachtung wird klar, dass vollständig mängelfreie (Teil-) Leistungen äußerst selten sind. Wenn allerdings jeder noch so geringe Mangel den Anspruch auf Abschlagszahlung für die berechnete Teilleistung von vorneherein entfallen lässt,[554] so würde dieser Anspruch völlig ausgehöhlt. Da jedoch die Neuregelung den Anspruch auf Abschlagszahlung erstmalig im Gesetz verankern soll, kann ein solches Ergebnis nicht dem eigentlichen Sinn des § 632 a BGB entsprechen. Trotz des von § 16 Nr. 1 VOB/B abweichenden Wortlauts sollte bei der Auslegung von § 632 a BGB der durch das gleiche Änderungsgesetz in § 640 Abs. 1 BGB neu eingefügte Grundsatz berücksichtigt werden, dass **unwesentliche Mängel** nicht zu einem Anspruchsverlust führen können. Vertragliche und gesetzliche Zurückbehaltungsrechte bleiben daneben unberührt.

Der Anspruch auf Abschlagszahlung nach § 632 a BGB setzt weiterhin die Leistung eines in sich abgeschlossenen Teils des Werks (S. 1) oder erforderlichen Stoffes oder Bauteiles, die eigens angefertigt oder angeliefert sind (S. 2), voraus. Damit weicht § 632 a BGB deutlich von § 16 Nr. 1 VOB/B ab, der einen Anspruch auf Abschlagszahlungen unabhängig vom Leistungsstand gewährt.

Diese in § 632 a BGB vorgesehene Einschränkung ist zu Recht auf **Kritik** gestoßen.[555] Der Begriff **„in sich abgeschlossene Teile des Werks"** ist nur schwer definierbar und wird daher vermutlich zu neuer Rechtsunsicherheit führen. Ähnliche Schwierigkeiten bereitete in der Vergangenheit die Definition des Begriffs „in sich abgeschlossene Teile der Leistung" im Rahmen der Teilababnahme (§ 12 Nr. 2 VOB/B),[556] die auch von der Rechtsprechung noch keine befriedigende Abgrenzung erfuhr.[557] Leider hat es der Verdingungsausschuss bei der Überarbeitung zur VOB/B 2000 erneut versäumt, diese Unklarheit im Rahmen von § 12 Nr. 2 VOB/B zu beseitigen.

Die Begriffe „in sich abgeschlossene Teile des Werkes" in § 632 a BGB und „in sich abgeschlossene Teile der Leistung" in § 12 Nr. 2 VOB/B sind allerdings nicht identisch. Während im Rahmen von § 12 Nr. 2 VOB/B im Hinblick auf die erheblichen Auswirkungen der dort geregelten Teilabnahme eine enge Auslegung vorgenommen wird,[558] sollten an die Abgeschlossenheit der Teilleistung im Rahmen von **§ 632 a BGB keine allzu hohen Anforderungen** gestellt werden, da diese Bestimmung lediglich den Anspruch auf Abschlagszahlungen regelt.[559] Es muss sich um eine für den Auftraggeber in sich werthaltige und nach dem Vertrag selbstständig bewertbare Teilleistung handeln.[560] Dies wird regelmäßig der Fall sein, wenn der Auftragnehmer bereits umfangreiche Bauleistungen erbracht hat und diese im Rahmen der Abschlagsrechnung darlegen und bewerten kann.[561]

Dass der Begriff der „in sich abgeschlossenen Teile des Werkes" in § 632 a BGB nicht identisch ist mit den Voraussetzungen des § 12 Nr. 2 VOB/B ergibt sich auch daraus, dass der neu ins BGB aufgenommene § 632 a BGB ersichtlich **keine Teilabnahme** voraussetzt.[562] Sinn und Zweck dieser Neuregelung ist es, das bisher im Rahmen von reinen „BGB-Bauverträgen" in voller Höhe bestehende Vorleistungsrisiko des Auftragnehmers zu verringern. Mit dieser Intention wäre es unvereinbar, wenn

---

554 So *Heiermann/Riedl/Rusam*, § 16 VOB/B Rn 3 a mit dem unzutreffenden Hinweis auf *Kniffka* a.a.O., der keineswegs derselben Ansicht ist, sondern die unklaren Motive des Gesetzgebers kritisiert und zu dem Schluss kommt, dass eine gänzliche Abkehr von der Rechtsprechung im Bereich der VOB/B nicht gewollt war, daher nicht der komplette Anspruch auf Abschlagszahlung entfallen sollte.
555 *Kniffka*, ZfBR 2000, 229.
556 Vgl. Rn 514.
557 Vgl. Thode, ZfBR 1999, 117; *Kniffka* ZfBR 2000, 229; *Ingenstau/Korbion*, § 12 VOB/B Rn 73 ff.
558 *Ingenstau/Korbion*, § 12 VOB/B Rn 73.
559 *Kniffka*, ZfBR 2000, 229.
560 *Palandt*, § 632 a Rn 5.
561 *Heiermann/Riedl/Rusam*, § 16 VOB/B Rn 3a.
562 *Palandt*, § 632 a Rn 8.

man für Abschlagszahlungen eine Teilabnahme oder auch nur deren Voraussetzungen entsprechend § 12 Nr. 2 VOB/B verlangen würde.[563]

Im Gegensatz zu § 16 Nr. 1 VOB/B setzt der Anspruch aus § 632 a BGB ferner die **Übertragung des Eigentums** an den Teilen des Werkes, bzw. an den Stoffen oder Bauteilen voraus, die jedoch durch Sicherheitsleistung ersetzt werden kann (S. 3). Zwar scheint der Wortlaut der Bestimmung eine gesonderte Übertragung des Eigentums vorauszusetzen, jedoch ist hierfür der durch die Bauarbeiten vollzogene gesetzliche Eigentumserwerb nach § 946 BGB ausreichend.[564]

Umstritten ist, ob der Anspruch auf Abschlagszahlungen nach § 632 a BGB ebenso wie § 16 Nr. 1 VOB/B eine **prüfbare Abrechnung** voraussetzt. Dies wird unter Hinweis auf den Wortlaut der Bestimmung teilweise bestritten.[565] Hierbei wird jedoch übersehen, dass es nicht dem Zweck dieser Gesetzesänderung entspricht, einen derart weitgehenden und ohne Nachweis entstehenden Anspruch zu gewähren. Andernfalls hätte es nicht der genannten Einschränkung auf in sich abgeschlossene Teile des Werkes bedurft. Ohne das Erfordernis einer prüffähigen Abrechnung würde im Übrigen allein die – dem Auftraggeber regelmäßig nicht näher bekannte – Leistungserbringung zur Fälligkeit des Anspruchs führen. Derart unklare Verhältnisse sind jedoch mit dem Werkvertragsrecht nicht zu vereinbaren. Eine solche Auslegung würde ferner zu weit von dem gesetzlichen Leitbild der vom Auftragnehmer zu beweisenden Vorleistungspflicht im Rahmen des Werkvertragsrechts abweichen. Daher ist auch im Rahmen von § 632 a BGB eine nachprüfbare Abrechnung des Anspruchs auf Abschlagszahlung zu verlangen.[566]

214

Angesichts der bestehenden Unklarheiten bei der Bestimmung des Anspruchs auf Abschlagszahlung ist den Bauvertragsparteien dringend zu raten, einen detaillierten **Zahlungsplan** zu vereinbaren, der für bestimmte Bautenstände (z.B. Fertigstellung Baugrube, Geschossdecken, Einzelgewerke) einen Anspruch des Auftragnehmers auf Abschlagszahlung vorsieht. Da § 632 a BGB **abweichende Vereinbarungen** zu Gunsten beider Parteien zulässt,[567] kann ein Zahlungsplan unproblematisch die Fälligkeitsvoraussetzungen präzisieren und für beide Parteien nachprüfbar gestalten. Damit käme es weder auf das Vorhandensein in sich abgeschlossener Teile des Werkes noch auf einen Eigentumsübergang nach § 632 a S. 3 BGB an. Darüber hinaus ist eine Vereinbarung über die Pflicht des Auftragnehmers zur Rechnungslegung und über deren Inhalt sinnvoll, um auch hier die Fälligkeitsvoraussetzungen zu präzisieren und die unklare Gesetzeslage zu umgehen.

cc) Rechtsfolgen bei Nichtzahlung

§§ 16 Nr. 1 Abs. 1 VOB/B, 632 a BGB stellen dem Auftragnehmer einen selbstständigen Anspruch auf Abschlagszahlungen zur Verfügung. Dieser ist **selbstständig einklagbar**.[568] Zwar haben Abschlagszahlungen nur den Charakter einer vorläufigen Vergütung, weshalb deren Leistung durch den Auftraggeber **nicht als Anerkenntnis zu werten ist**. Abschlagszahlungen setzen auch keine abschließende Abrechnung der Teilleistung, sondern nur eine prüfbare Aufstellung voraus. Der Anspruch auf Abschlagszahlung steht jedoch grundsätzlich selbstständig neben dem Anspruch auf Schlusszahlung, da er andernfalls mangels Durchsetzbarkeit leerliefe. Zu beachten ist allerdings, dass **sich beide Ansprüche gegenseitig ausschließen**, da der Anspruch auf Abschlagszahlung nur während des laufenden Vorhabens eine Rolle spielt, also vor Fertigstellung und Schlussrechnungslegung, er andererseits jedoch **erlischt**, sobald das Bauvorhaben fertig gestellt und **schlussrechnungsfähig**

215

---

563 *Heiermann/Riedl/Rusam*, § 16 VOB/B Rn 3a.
564 *Kniffka*, ZfBR 2000, 229; *Palandt*, § 632 a Rn 5.
565 *Palandt*, § 632 a Rn 8; *Kniffka* ZfBR 2000, 229, der jedoch zu Recht das Fehlen dieses Tatbestandsmerkmals in § 632 a BGB als Nachteil dieser Neuregelung bezeichnet, welcher alsbald korrigiert werden sollte.
566 *Heiermann/Riedl/Rusam*, § 16 Rn 3a; *Kiesel*, NJW 2000, 1673.
567 *Palandt*, § 632 a Rn 3.
568 *Ingenstau/Korbion*, § 16 VOB/B Rn 75.

ist.[569] Somit ist auch eine Klage auf Abschlagszahlung nicht mehr möglich, sobald das Bauvorhaben fertig gestellt ist, da der Auftragnehmer ab diesem Zeitpunkt verpflichtet ist, über seine Leistungen eine Schlussrechnung vorzulegen.[570] Ab diesem Zeitpunkt besteht kein Anlass mehr für eine vorläufige Abrechnung, die ja gerade voraussetzt, dass eine Schlussabrechnung noch nicht möglich ist.[571] Erst recht entfällt die Möglichkeit einer Klage auf Abschlagszahlung, wenn die Schlussrechnung bereits beim Auftraggeber eingereicht wurde.[572] Ist jedoch bereits eine Klage auf Abschlagszahlung anhängig und wird der Auftragnehmer erst **während des Rechtsstreits** in die Lage versetzt, eine Schlussrechnung zu stellen oder legt er diese während des Prozesses vor, so ist eine Umstellung der Klage auf eine Schlusszahlungsklage möglich. Da sich beide Ansprüche auf den selben Bauvertrag beziehen, liegt beiden Klagen derselbe Lebenssachverhalt zugrunde, weshalb der Übergang zur Klage auf Schlusszahlung keine – durchaus sachdienliche – **Klageänderung gemäß § 263 ZPO** darstellt, sondern lediglich eine Ergänzung der tatsächlichen und rechtlichen Ausführungen im Sinne von § 264 Nr. 1 ZPO, die keine Zustimmung des Prozessgegners erfordert.[573]

Abgesehen von der Durchsetzbarkeit des Anspruchs im Wege der Klage kann der Auftragnehmer bei Nichtbegleichung einer fälligen Abschlagsrechnung nach § 16 Nr. 5 Abs. 3 VOB/B unter den dortigen Voraussetzungen **Zinsen** geltend machen und die **Arbeiten bis zur Zahlung einstellen**. Darüber hinaus ist er nach § 9 Nr. 1 b) VOB/B unter Umständen zur **Kündigung** des Bauvertrags berechtigt.[574]

Nach § 16 Nr. 5 Abs. 1 VOB/B sind alle Zahlungen **aufs äußerste zu beschleunigen**. Gemeint ist hier nicht nur die Schlusszahlung, sondern auch Abschlagszahlungen und Vorauszahlungen. Es handelt sich jedoch bei diesem Beschleunigungsgebot nicht um einen selbstständigen einklagbaren Anspruch. Vielmehr setzt § 16 Nr. 5 Abs. 1 VOB/B seinerseits einen fälligen Zahlungsanspruch voraus. Dennoch handelt es sich nicht nur um eine Leerformel oder einen Programmsatz,[575] sondern um eine konkrete vertragliche **Pflicht des Auftraggebers**, deren Verletzung bei einer Abwägung nach Treu und Glauben, beispielsweise im Rahmen der vertraglichen Kooperationsverpflichtung der Parteien[576] den Ausschlag geben kann. Freilich wird in der Praxis eine schuldhafte Verschleppung von Zahlungsvorgängen kaum zu beweisen sein.

§ 16 Nr. 5 Abs. 3 VOB/B enthält bei Zahlungsverzug des Auftraggebers zwei Ansprüche, die der Auftragnehmer unabhängig voneinander oder auch gleichzeitig geltend machen kann, nämlich einen **Zinsanspruch** (Satz 2) und den **Anspruch auf Leistungsverweigerung** (Satz 3). Voraussetzung der vorgenannten Ansprüche ist jedoch zunächst, dass der Auftraggeber trotz Fälligkeit eines Zahlungsanspruchs nicht zahlt (Satz 1). Da § 16 Nr. 5 VOB/B für alle Zahlungsarten gilt, müssen sämtliche Fälligkeitsvoraussetzungen für die betreffende Zahlung vorliegen. Bei einer Abschlagsrechnung nach § 16 Nr. 1 Abs. 1 VOB/B muss also ein Nachweis in Form einer prüfbaren Aufstellung der berechneten Leistungen, bei einer Schlusszahlung wiederum muss eine prüfbare Schlussrechnung vorliegen.[577]

216 Weitere Voraussetzung für die in § 16 Nr. 5 Abs. 3 VOB/B genannten Ansprüche des Auftragnehmers ist der Verzug des Auftraggebers durch Überschreitung einer vom Auftragnehmer nach Fälligkeit gesetzten angemessenen **Nachfrist**. Seit der Neuregelung des Zahlungsverzugs durch das **Gesetz zur**

---

569 Beck'scher VOB-Kommentar – *Motzke*, § 16 Nr. 1 Rn 4.
570 *Ingenstau/Korbion*, § 16 VOB/B, Rdnr. 75; BGH NJW 1991, 565.
571 *Heiermann/Riedl/Rusam*, § 16 VOB/B Rn 9a.
572 BGH BauR 1985, 456; OLG Zweibrücken, BauR 1980, 482.
573 BGH BauR 1985, 457.
574 Hierzu Rn 501 ff.
575 *Ingenstau/Korbion*, § 16 VOB/B Rn 266; a.A. Beck'scher VOB-Kommentar – *Motzke*, § 16 Nr. 5 Rn 6.
576 BGH BauR 2000, 409; siehe hierzu Rn 330.
577 Hierzu Rn 193, 194, 197, 200 ff.

Beschleunigung fälliger Zahlungen vom 30.3.2000[578] ist umstritten, ob die bisherigen Fälligkeits- und Verzugsregeln in § 16 VOB/B noch länger Bestand haben können. Nach dem neu eingefügten **§ 284 Abs. 3 BGB** tritt nämlich Zahlungsverzug ohne weitere Mahnung bereits **30 Tage** nach Zugang einer fälligen Rechnung oder einer gleichwertigen Zahlungsaufforderung ein. In reinen BGB-Bauverträgen ist diese Neuregelung unproblematisch anwendbar. Hier muss nur beachtet werden, dass bei **Zahlungsplänen** nicht mehr automatisch Verzug eintritt, wenn der Zahlungstermin überschritten wurde. Nach § 284 Abs. 3 S. 1 BGB ist nämlich der in Abs. 2 vorgesehene Verzug bei Überschreitung des Kalendertermins bei herkömmlichen Geldschulden ausgeschlossen. Da bloße Ratenzahlungen auf eine feste Gesamtsumme keine „wiederkehrende Geldleistung" (§ 284 Abs. 3 S. 2 BGB) darstellen und daher nicht unter Abs. 2 fallen, gilt im Bauvertrag nur § 284 Abs. 3 BGB.[579]

Diese Neuregelung widerspricht allerdings der in § 16 Nr. 5 Abs. 3 VOB/B als Verzugsvoraussetzung genannten Nachfristsetzung. Ein solcher Widerspruch ist jedoch unproblematisch, da es sich bei der Neuregelung in § 284 Abs. 3 BGB um **dispositives Recht** handelt.[580] Hierzu wird zwar die Auffassung vertreten, eine solche Außerkraftsetzung des automatischen Verzugseintritts nach 30 Tagen sei nur durch individuelle Vereinbarung möglich, in **Allgemeinen Geschäftsbedingungen** hingegen grundsätzlich ausgeschlossen.[581] Dem kann jedoch nicht gefolgt werden. Die Spezialregelung des § 16 Nr. 5 Abs. 3 VOB/B scheitert nicht an § 9 Abs. 2 Nr. 1 AGBG, da sie trotz Abweichung vom Automatismus der 30-Tagefrist des § 284 Abs. 3 BGB für das Bauwesen **keine unangemessene Benachteiligung** des Auftragnehmers darstellt. Denn zum einen ist es dem Auftragnehmer jedenfalls bei Abschlagszahlungen möglich, durch eine nach Ablauf der 18-tägigen Prüfungsfrist (§ 16 Nr. 1 Abs. 3 VOB/B) gesetzte Nachfrist einen Verzugseintritt nach 30 Tagen herbeizuführen,[582] da der Auftragnehmer ferner nach Ablauf der von ihm gesetzten Nachfrist einen Zinsanspruch ähnlich dem in § 288 Abs. 1 BGB vorgesehenen erhält, tritt auch kein unzumutbarer Nachteil für ihn ein.[583] Darüber hinaus muss berücksichtigt werden, dass die in § 16 Nr. 5 Abs. 3 VOB/B vorgesehene Nachfristsetzung angesichts des zeitlichen und technischen Aufwands bei der Prüfung von Schlussrechnungen im Bauwesen eine angemessene Vorgehensweise darstellt.[584] In diesem Zusammenhang muss berücksichtigt werden, dass die Neuregelung in **§ 284 Abs. 3 BGB nicht nur für Bauverträge**, sondern für das gesamte Schuldrecht gilt und ein vermeintlicher Widerspruch innerhalb einzelner Rechtsverhältnisse wie dem Bauvertrag nicht kategorisch unterbunden werden sollte. Es handelt sich vielmehr um dispositives Recht, dessen **Abbedingung** durch Allgemeine Geschäftsbedingungen lediglich grundsätzlich[585] nicht jedoch absolut unzulässig sein soll. Im Hinblick auf den Begriff der Angemessenheit in § 9 Abs. 2 Nr. 1 AGBG müssen Ausnahmen von diesem Grundsatz möglich sein. Hierbei darf nicht außer Acht gelassen werden, dass die bisher für alle Forderungen geltende Mahnungsobliegenheit nach § 284 Abs. 1 BGB etwa **ein Jahrhundert lang geltendes Recht war** und als sachgerecht galt.[586] Auch die Nachfristsetzung als Verzugsvoraussetzung nach § 16 Nr. 5 Abs. 3 VOB/B ist seit Jahrzehnten ständige Übung im Bauwesen. Insbesondere im kaufmännischen Rechtsverkehr kann daher nicht plötzlich von einer Unangemessenheit ausgegangen werden. Es gilt hier vielmehr der allgemeinen Tendenz entgegen zu wirken, auch auf Vollkaufleute, wie es die meisten Bauunternehmen sind, verbraucherschutzähnliche Grundsätze anzuwenden. Nach

---

578 BGBl, I 330.
579 *Palandt*, § 284 Rn 32.
580 *Palandt*, § 284 Rn 30.
581 *Palandt*, § 284 Rn 31; *Kniffka*, ZfBR 2000, 228.
582 Zum Verzugseintritt bei Schlusszahlung siehe Rn 227 ff.
583 Ebenso *Heiermann/Riedl/Rusam*, § 16 VOB/B Rn 117.
584 *Heiermann/Riedl/Rusam*, § 16 VOB/B Rn 117.
585 *Palandt*, § 284 Rn 31.
586 *Palandt*, § 284 Rn 31.

alledem hält § 16 Nr. 5 Abs. 3 VOB/B als Spezialregelung für das Bauwesen eine **Inhaltskontrolle** nach dem AGBG stand.[587]

217 Die nach § 16 Nr. 5 Abs. 3 VOB/B verzugsbegründende **Nachfrist** muss **angemessen** sein. Da es sich um eine reine Zahlungsfrist handelt, ist diese angemessen, wenn sie es dem Auftraggeber unter normalen Umständen ermöglicht, die Zahlung auszuführen.[588] Der Begriff der Angemessenheit ist jedoch von den Umständen des Einzelfalls abhängig, wobei die Höhe der Summe ebenso zu berücksichtigen ist wie die bereits bestehende Überschreitung der in § 16 Nr. 1 Abs. 3 oder Nr. 3 Abs. 1 VOB/B vorgesehenen Prüfungsfrist. In Einzelfällen soll auch die örtliche Nähe von Auftraggeber und Auftragnehmer von Bedeutung sein.[589] Das Erfordernis der Fristsetzung ist allerdings erforderlich und kann nicht durch eine bloße Mahnung ersetzt werden.[590] Eine durch **Mahnbescheid** gesetzte Frist (§ 692 ZPO) ist jedoch ausreichend.[591]

In der von § 16 Nr. 5 Abs. 3 VOB/B geforderten Nachfristsetzung muss allerdings eine **Mahnung**, also eine ernsthafte und eindeutige Zahlungsaufforderung enthalten sein,[592] wobei die Androhung von Folgen wie bei jeder Mahnung nicht erforderlich ist.[593] Ferner ist die Nachfristsetzung **nicht formbedürftig** und kann daher auch mündlich geäußert werden,[594] wovon jedoch im Hinblick auf die Beweispflicht des Auftragnehmers abzuraten ist. Angesichts der anspruchsbegründenden Eigenschaft der Nachfristsetzung ist vielmehr dringend eine schriftliche Erklärung zu empfehlen. Weigert sich der Auftraggeber ernsthaft und endgültig, die geforderte Zahlung zu leisten, so ist eine Nachfristsetzung ausnahmsweise **entbehrlich**, da sie in diesem Fall offensichtlich zwecklos wäre und eine Förmelei darstellen würde.[595] Insofern gelten die zu § 326 BGB entwickelten Grundsätze.[596]

218 Liegen die Voraussetzungen des Zahlungsverzugs nach § 16 Nr. 5 Abs. 3 VOB/B vor, so kann der Auftragnehmer vom Ende der Nachfrist an **Verzugszinsen** in Höhe von 5 % über dem Zinssatz der Spitzenrefinanzierungsfazilität der Europäischen Zentralbank verlangen, wenn er nicht einen höheren Verzugsschaden nachweist. Diese Regelung unterscheidet sich von der ebenfalls durch das Gesetz zur Beschleunigung fälliger Zahlungen neu gefassten Regelung des **§ 288 BGB** nur unwesentlich, da der dort genannte gesetzliche Verzugszinssatz von 5 % über dem Basiszinssatz nach § 1 des Diskontsatz-Überleitungs-Gesetzes dem im § 16 Nr. 5 Abs. 3 VOB/B genannten Zinssatz der Höhe nach in etwa gleicht.[597] Vor diesem Hintergrund hält die in § 16 Nr. 5 Abs. 3 VOB/B enthaltene Zinsauschale mangels unangemessener Benachteiligung einer Inhaltskontrolle nach **§ 9 AGBG** stand. Für den nichtkaufmännischen Verkehr wird dies unter Hinweis auf § 11 Nr. 5 b AGBG bestritten.[598] Dem ist jedoch nicht zuzustimmen, da auch die gesetzliche Regelung in § 288 Abs. 1 S. 1 BGB den Nachweis eines geringeren Schadens nicht vorsieht und daher allenfalls die Differenz zwischen dem VOB/B-Zinssatz und dem gesetzlichen Zinssatz der Inhaltskontrolle unterliegen könnte. Da jedoch auch der marktübliche Zinssatz den in § 16 Nr. 5 Abs. 3 VOB/B genannten regelmäßig nicht unterschreiten dürfte, sollte die VOB/B-Bestimmung wirksam sein.[599] Der Nachweis eines höheren Verzugsschadens ist dem Auftragnehmer indes nach § 16 Nr. 5 VOB/B gestattet.

---

587 *Heiermann/Riedl/Rusam*, § 16 VOB/B Rn 64, 117; a.A. *Kniffka*, ZfBR 2000, 228.
588 *Ingenstau/Korbion*, § 16 VOB/B Rn 282, die eine Nachfrist von einem Monat im Allgemeinen für ausreichend halten.
589 OLG Frankfurt NJW-RR 1987, 980; *Heiermann/Riedl/Rusam*, § 16 VOB/B Rn 118.
590 OLG Düsseldorf BauR 1982, 593.
591 BGH BauR 1986, 585; *Ingenstau/Korbion*, § 16 VOB/B Rn 281.
592 *Ingenstau/Korbion*, § 16, VOB/B Rn 280.
593 *Palandt*, § 284 Rn 17.
594 *Heiermann/Riedl/Rusam*, § 16 VOB/B Rn 118; *Ingenstau/Korbion*, § 16 VOB/B Rn 283.
595 BGH BauR 1984, 181; Beck'scher VOB-Kommentar – *Motzke*, § 16 Nr. 5 Rn 32.
596 *Ingenstau/Korbion*, § 16 VOB/B Rn 304; siehe hierzu BGH NJW 1992, 971, st. Rspr.
597 Vgl. Tabelle bei *Palandt*, Anhang zu § 288 sowie *Heiermann/Riedl/Rusam*, § 16 VOB/B Rn 119.
598 *Kniffka*, ZfBR 2000, 228.
599 *Ingenstau/Korbion*, § 16 VOB/B Rn 288; *Heiermann/Riedl/Rusam*, § 16 VOB/B Rn 117; a.A., *Kniffka*, ZfBR 2000, 228.

Dem Auftragnehmer steht im Falle des Zahlungsverzugs seitens des Auftraggebers nach § 16 Nr. 5 Abs. 3 S. 3 VOB/B ferner das Recht auf **Einstellung der Arbeiten** zu. Dieses Recht gilt allerdings lediglich bis zum Eingang der Zahlung. Die infolge der Arbeitseinstellung entstehenden Kosten kann der Auftragnehmer regelmäßig als **Behinderungsschaden** nach § 6 Nr. 6 VOB/B geltend machen.[600] Für die Wiederaufnahme der Arbeiten gilt § 6 Nr. 3 S. 2 VOB/B. Das Recht zur Einstellung der Arbeiten kann in Ausnahmefällen nach Treu und Glauben entfallen, wenn die Rechtsausübung **unverhältnismäßig** wäre. Dies wird jedoch nur dann der Fall sein, wenn der Zahlungsrückstand des Auftraggebers derart geringfügig ist, dass eine Arbeitseinstellung schlichtweg unzumutbar wäre, denn fast immer wird in diesen Fällen auch die Einstellung der Arbeiten gleichermaßen geringfügig sein, weshalb die nach § 16 Nr. 5 Abs. 3 VOB/B grundsätzlich stets zulässige Arbeitseinstellung selten unangemessen sein wird.[601] Liegt jedoch eine eindeutige Zahlungszusage des Auftraggebers bereits vor, kann dies anders zu beurteilen sein.[602]

Umstritten ist, ob im Falle der Arbeitseinstellung eine **weitere zusätzliche Ankündigung** dieser drastischen Maßnahme seitens des Auftragnehmers erforderlich ist, obwohl dies in § 16 Nr. 5 VOB/B nicht vorgesehen ist. Dennoch wird überwiegend unter Hinweis auf die schwerwiegenden Folgen der Arbeitseinstellung nach Treu und Glauben eine derartige Androhung der Arbeitseinstellung gefordert.[603] Da von der Leistung des Auftragnehmers andere Bauleistungen abhängen können oder es erforderlich sein kann, einstweilige Maßnahmen für den Baustillstand zu treffen (Versorgung, Sicherheit etc.) wird man eine Ankündigungspflicht für den Auftragnehmer bejahen müssen. Insbesondere im Rahmen der bauvertraglichen **Kooperationspflicht** der Vertragspartner[604] sollte dem möglicherweise mit diesem Anspruch nicht vertrauten Auftraggeber eine derartige Warnung zustehen. Die Folgen für das Bauvorhaben gebieten es, den Auftraggeber nicht „ins offene Messer laufen zu lassen". Ebenso wie die Nachfristsetzung ist jedoch auch diese Androhung der Arbeitseinstellung entbehrlich, wenn der Auftraggeber unberechtigterweise ernsthaft und endgültig die Zahlung verweigert. Da sich die Berechtigung einer Zahlungsverweigerung oft erst im Nachhinein klären lässt, ist dem Auftragnehmer angesichts dieser Rechtsprechung dringend zu empfehlen, dem Auftraggeber ausdrücklich und zwar spätestens im Rahmen der Nachfristsetzung[605] die Arbeitseinstellung anzudrohen.

Stellt der Auftraggeber berechtigterweise nach § 16 Nr. 5 Abs. 3 VOB/B die Arbeiten ein, so steht dem Auftraggeber kein Recht zur außerordentlichen Kündigung nach §§ 5 Nr. 4, 8 Nr. 3, 6 Nr. 7 VOB/B zu.

Liegen die Voraussetzungen nach § 16 Nr. 5 Abs. 3 VOB/B vor, so steht jedoch dem Auftragnehmer ein **Kündigungsrecht nach § 9 Nr. 1 b) VOB/B** zu. Diese Regelung bezieht sich insbesondere auf Abschlagszahlungen, aber auch auf Teilschlusszahlungen nach § 16 Nr. 4 VOB/B, Vorauszahlungen nach § 16 Nr. 2 VOB/B oder auch Stundenlohnzahlungen nach § 15 Nr. 4 VOB/B. Der Verzug mit der Schlusszahlung kommt hier nicht in Betracht, da diese erst nach Fertigstellung der Leistung fällig ist und zu diesem Zeitpunkt keine Kündigung mehr möglich ist.[606]

---

600 Vgl. hierzu Rn 404 ff.
601 *Ingenstau/Korbion*, § 16 VOB/B Rn 309.
602 OLG Düsseldorf BauR 1975, 428.
603 BGH BauR 1988, 603; *Ingenstau/Korbion*, § 16 VOB/B Rn 310; *Heiermann/Riedl/Rusam*, § 16 VOB/B Rn 121; Beck'scher VOB-Kommentar – *Motzke*, § 16 Nr. 5 Rn 41, a.A. Kleine-Möller/Merl/Oelmaier, § 10 Rn 353; Nicklisch/Weick, § 16 VOB/B Rn 85.
604 BGH ZfBR 2000, 170.
605 *Heiermann/Riedl/Rusam*, § 16 VOB/B Rn 121.
606 Zu Einzelheiten der Kündigung siehe Rn 501.

b) Die Fälligkeit der Schlusszahlung

aa) Allgemeine Fälligkeitsvoraussetzungen

219 Nach § 16 Nr. 3 Abs. 1 VOB/B ist die Schlusszahlung **alsbald** nach Prüfung und der Feststellung der vom Auftragnehmer vorgelegten Schlussrechnung zu leisten, spätestens innerhalb von **zwei Monaten** nach Zugang. Die Prüfung der Schlussrechnung ist nach Möglichkeit zu beschleunigen. Verzögert sie sich, so ist das unbestrittene Guthaben als Abschlagszahlung sofort zu zahlen. Unter dem Begriff der Schlusszahlung versteht man im Baurecht die endgültige Begleichung der Vergütungsansprüche des Auftragnehmers aus dem Bauvertrag.[607] Nach § 16 Nr. 3 VOB/B setzt die Fälligkeit der Schlusszahlung die Erteilung einer prüfbaren Schlussrechnung durch den Auftragnehmer voraus.[608] Ferner setzt die Fälligkeit der Schlusszahlung auch beim „VOB/B-Bauvertrag" eine Abnahme der Leistungen voraus.[609]

220 § 16 Nr. 3 Abs. 1 gewährt dem Auftraggeber eine zweimonatige Prüfungsfrist. Erst nach deren Ablauf wird der Anspruch auf Schlusszahlung fällig. Diese Regelung widerspricht nur scheinbar der seit 1.5.2000 geltenden Vorschrift des § 284 Abs. 3 BGB, der durch das Gesetz zur Beschleunigung fälliger Zahlungen vom 30.3.2000 neu eingefügt wurde. Nach **§ 284 Abs. 3 BGB** kommt der Schuldner einer Geldforderung **30 Tage nach Fälligkeit** und Zugang einer Rechnung oder einer gleichwertigen Zahlungsaufforderung in Verzug. Diese Neuregelung widerspricht jedoch nicht der in § 16 Nr. 3 Abs. 1 VOB/B genannten Prüfungsfrist von zwei Monaten. Denn nach § 284 Abs. 3 BGB tritt der Verzug nicht 30 Tage nach Rechnungszugang ein, sondern 30 Tage nach Zugang und Fälligkeit. Der Unterschied ist erheblich. Da nach § 16 Nr. 3 Abs. 1 VOB/B die Fälligkeit erst nach Ablauf der zweimonatigen Prüfungsfrist eintritt, beginnt erst in diesem Zeitpunkt die 30 Tage-Frist gemäß § 284 Abs. 3 BGB zu laufen. Hiergegen kann nicht eingewandt werden, dass durch eine solche **Verschiebung des Fälligkeitszeitpunkts** die Frist von 30 Tagen in § 284 Abs. 3 BGB in bedenklicher Weise umgangen werde, was dem Gesetzeszweck konterkariere.[610] § 284 Abs. 3 BGB regelt nämlich ausdrücklich nur den Verzugszeitpunkt **nach Eintritt der Fälligkeit**. § 284 Abs. 3 BGB setzt also die Fälligkeit voraus, deren Voraussetzungen von dieser Vorschrift unberührt bleiben und von den Vertragsparteien weiterhin frei vereinbart werden können. Die gegenteilige Auffassung hätte zur Folge, dass man die Frist des § 284 Abs. 3 BGB ab Zugang der Schlussrechnung berechnen müsste, unabhängig von deren Fälligkeit. Dies wäre jedoch weder vom Gesetzeszweck gedeckt noch akzeptabel, denn die Fälligkeit kann sich aus vielerlei Gründen erst nach Ablauf von 30 Tagen Abrechnungszeit ergeben. Da § 284 Abs. 3 BGB nicht nur für das Bauvertragsrecht, sondern für das gesamte Schuldrecht gilt, ist § 16 Nr. 3 VOB/B nur ein Beispiel für eine zusätzliche Fälligkeitsvoraussetzung. Wer in § 16 Nr. 3 Abs. 1 VOB/B einen **Verstoß gegen die Verzugsregelung in § 284 Abs. 3 BGB** sieht, setzt in unzulässiger Weise den Rechnungszugang mit der Fälligkeit gleich. Diese beginnt jedoch nach § 16 Nr. 3 Abs. 1 VOB/B erst zwei Monate nach Zugang der Rechnung, so dass erst in diesem Zeitpunkt die 30-tägige Frist des § 284 Abs. 3 BGB zu laufen beginnt. Hiergegen wird eingewandt, dass der Verzug erst 30 Tage nach Ablauf der zweimonatigen Prüfungsfrist eintrete, obwohl auch nach § 16 Nr. 3 VOB/B in diesem Zeitraum **keine Notwendigkeit mehr zur Rechnungsprüfung** besteht.[611] Auch diese Erwägung ist jedoch unerheblich, da die Fälligkeit nie gleichbedeutend mit Verzug ist, obwohl sie stets voraussetzt, dass keine Notwendigkeit für weitere Prüfungen besteht. Auch nach der alten Regelung, die eine Mahnung des Gläubigers voraussetzte, bedurfte es eben dieser weiteren Handlung nach Fälligkeit, obwohl auch hier bereits Fälligkeit vorliegen musste, die wiederum stets die Entbehrlichkeit weiterer Rechnungsprüfungen voraussetzte. Es muss eindeutig

---

[607] Zum Begriff der Schlusszahlung siehe Rn 196.
[608] Zum Begriff der prüfbaren Schlussrechnung siehe Rn 202 ff., 208.
[609] BGH BauR 1981, 201; BauR 1999, 1489, st. Rspr.; *Ingenstau/Korbion*, § 16 VOB/B Rn 16; a.A. *Duffek*, BauR 1976, 164; siehe hierzu Rn 197.
[610] So jedoch *Kniffka*, ZfBR 2000, 228.
[611] *Kniffka*, a. a. O.

klargestellt werden, dass gemäß § 284 Abs. 3 BGB der Schuldner erst 30 Tage nach Fälligkeit und Zugang der Rechnung in Verzug gerät. Der **Wortlaut dieser Vorschrift** lässt keinen Zweifel aufkommen. Sollten sich hieraus Nachteile für den Gläubiger ergeben, so mag dies als gesetzlicher Fehlgriff beklagt werden. Der Wortlaut ist jedoch eindeutig und kein Redaktionsversehen, weshalb sich eine Korrektur durch Anwendung von Billigkeitsgrundsätzen verbietet.[612]

Nach dem Wortlaut des § 16 Nr. 3 Abs. 1 S. 1 VOB/B wird die Schlusszahlung jedoch nicht zwingend erst nach Ablauf von zwei Monaten fällig, sondern **alsbald** nach Prüfung und Feststellung der Schlussrechnung, jedoch spätestens innerhalb von zwei Monaten nach Zugang. Daraus folgt, dass die Zweimonatsfrist lediglich eine **oberste zeitliche Grenze** darstellt, nach der die Vergütungsforderung des Auftragnehmers unabhängig vom Stand der Rechnungsprüfung durch den Auftraggeber fällig wird.[613] Die Schlusszahlung wird demnach unter Umständen bereits vor Ablauf der Zweimonatsfrist fällig, nämlich wenn die Prüfung und Feststellung der Schlussrechnung bereits früher abgeschlossen ist. In diesen Fällen ist die Schlusszahlung bereits vor Ablauf der in § 16 Nr. 3 Abs. 1 VOB/B genannten Frist zu leisten.[614] Entscheidend ist jedoch die **tatsächliche Prüfung** und Feststellung der Schlussrechnung, die Möglichkeit hierzu reicht nicht aus, so dass das Unterlassen der Prüfung nicht zu einer vorzeitigen Fälligkeit führt.[615] Es besteht also nach § 16 Nr. 3 Abs. 1 VOB/B grundsätzlich ein Beschleunigungsgebot („alsbald"), das auch in § 16 Nr. 5 Abs. 1 VOB/B nochmals ausdrücklich festgelegt ist, das jedoch keinen einklagbaren Anspruch begründet.[616] Im Übrigen dürfte eine vorzeitige Feststellung der Schlussrechnung für den Auftragnehmer ohnehin ebensowenig beweisbar sein wie das Unterlassen einer beschleunigten Rechnungsprüfung.

221

Eine **Verlängerung der Prüfungsfrist** und damit verbunden ein Verschieben des Fälligkeitszeitpunkts kommt nur in ganz besonderen Ausnahmefällen in Betracht. Eine solche Verzögerung ist jedoch nur aufgrund objektiv anzuerkennender sachlicher Gründe denkbar, wenn der Auftraggeber trotz Beschleunigung nicht in der Lage ist, die zweimonatige Prüfungsfrist einzuhalten.[617] Beispiele hierfür können eine behördlich angeordnete Beschlagnahmung von Unterlagen[618] oder Verhaftung oder Tod des mit der Prüfung beauftragten Architekten sein.[619] In Betracht kommen ferner vom Auftragnehmer verschuldete Verzögerungen der Rechnungsprüfung.[620] In diesen Ausnahmefällen beginnt jedoch die zweimonatige Prüfungsfrist nach § 16 Nr. 3 Abs. 1 VOB/B keineswegs nochmals von vorne zu laufen. Vielmehr muss der Auftraggeber seine Prüfung nach Wegfall des Hindernisses zügig fortsetzen und zu Ende führen. Die Fälligkeit tritt in dem Zeitpunkt ein, in welchem der Auftraggeber die Rechnungsprüfung objektiv in zumutbarer Zeit hätte durchführen können.[621]

222

Der Auftraggeber ist jedoch nach § 16 Nr. 3 Abs. 1 S. 3 VOB/B nicht berechtigt, die gesamte Schlusszahlung bis zur abschließenden Prüfung und Feststellung der Rechnung zurückzuhalten, vielmehr ist er verpflichtet, den **unbestrittenen Teil** der Forderung als Abschlagszahlung sofort auszuzahlen.

Auch hier wird für den Auftragnehmer jedoch häufig nur schwer feststellbar sein, welcher Teil der Schlussrechnung unbestritten ist. Dies kann sich jedoch beispielsweise daraus ergeben, dass nur einzelne Positionen der Schlussrechnung ausdrücklich streitig gestellt werden. Bei dieser Auszahlung

---

612 Im Ergebnis ebenso *Heiermann/Riedl/Rusam*, § 16 VOB/B Rn 64.
613 *Locher*, Rn 204a.
614 BGHZ 83, 382; BGH BauR 1989, 87; OLG Düsseldorf BauR 1981, 479.
615 *Werner/Pastor*, Rn 1396.
616 Beck'scher VOB-Kommentar – *Motzke*, § 16 Nr. 3 Rn 43.
617 *Ingenstau/Korbion*, § 16 VOB/B Rn 110.
618 BGH NJW 1969, 428.
619 *Heiermann/Riedl/Rusam*, § 16 VOB/B Rn 65.
620 *Ingenstau/Korbion*, § 16 VOB/B Rn 111.
621 *Heiermann/Riedl/Rusam*, § 16 VOB/B Rn 65; *Ingenstau/Korbion*, § 16 VOB/B Rn 112.

des unbestrittenen Guthabens in Gestalt einer Abschlagszahlung bedarf es ausnahmsweise entgegen der Regelung in § 16 Nr. 1 Abs. 1 VOB/B keines besonderen Antrags. Der Auftraggeber hat vielmehr von sich aus Zahlung zu leisten, und zwar sofort.[622]

223 Vereinzelt wird die Auffassung vertreten, der Auftraggeber **verwirke** seine Einwendungen gegenüber der Schlussrechnung, wenn er diese nicht innerhalb der vorgesehenen zwei Monate festgestellt hat.[623] Ein derartiger **Verwirkungstatbestand** ist jedoch abzulehnen, da er in der VOB/B nicht vorgesehen ist.[624] Umgekehrt ist ein vergleichbarer Verwirkungstatbestand für den Auftragnehmer in § 16 Nr. 3 Abs. 2 VOB/B ausdrücklich enthalten, dort allerdings auch nur unter strengen Voraussetzungen anwendbar (§ 16 Nr. 3 Abs. 5 VOB/B). Derartige drastische Rechtsfolgen können also nicht aus allgemeinen Billigkeitserwägungen abgeleitet werden, sondern bedürfen einer ausdrücklichen Vereinbarung zwischen den Parteien, wie dies beispielsweise in § 16 Nr. 3 Abs. 2 VOB/B der Fall ist. Eine Verwirkung von Gegenansprüchen des Auftraggebers schon bei Ablauf der Zweimonatsfrist des § 16 Nr. 3 Abs. 1 VOB/B hieße, **dem Schweigen** des Auftraggebers bereits bei Eintritt der Fälligkeit eine **Anerkenntniswirkung** zuzuschreiben. Eine solche Auslegung ist jedoch § 16 Nr. 3 VOB/B an keiner Stelle zu entnehmen. Es ist daher nicht nur bedenklich,[625] sondern schlichtweg unzulässig, den Fälligkeitseintritt mit einem Einwendungsverlust seitens des Auftraggebers zu verknüpfen.[626] Dies hat nunmehr auch der BGH klargestellt.[627]

Im Rahmen von **„BGB-Bauverträgen"** setzt die Fälligkeit der Schlussrechnung lediglich die Abnahme (§ 640 BGB) und die Einreichung einer prüfbaren Schlussrechnung[628] voraus. Geht man also mit der h.M. von einer Schlussrechnung als Fälligkeitsvoraussetzung aus, so ist es ferner konsequent, auch **§ 16 Nr. 3 Abs. 1 VOB/B analog** anzuwenden, so dass die Rechnung erst nach Ablauf von 2 Monaten fällig wird.[629] Im Rahmen von BGB-Nachunternehmerverträgen gilt darüber hinaus nunmehr zusätzlich die „Durchgriffsfälligkeit" nach § 641 Abs. 2 BGB.

bb) Sonderregelung für Nachunternehmerverträge (§ 641 Abs. 2 BGB)

224 Durch das Gesetz zur Beschleunigung fälliger Zahlungen vom 30.3.2000 wurde mit § 641 Abs. 2 BGB eine besondere Fälligkeitsvorschrift in das Werkvertragsrecht eingefügt. Es handelt sich hierbei um den Fall der so genannten **„Durchgriffsfälligkeit"** im Nachunternehmerbereich. Nach § 641 Abs. 2 BGB wird die Vergütung des Unternehmers für ein Werk dessen Herstellung der Besteller einem Dritten versprochen hat spätestens fällig, wenn und soweit der Besteller von dem Dritten für das versprochene Werk wegen dessen Herstellung seine Vergütung oder Teile davon erhalten hat. Im Klartext bedeutet dies, dass die Rechnung des Nachunternehmers (Unternehmer) fällig wird, sobald der Besteller (Hauptunternehmer) von dem Dritten (Bauherrn) seinen Werklohn oder Teile davon erhalten hat. Sinn und Zweck dieser Neuregelung ist es, zu vermeiden, dass der Hauptunternehmer seinen Werklohn erhält, die Rechnungen der Nachunternehmer jedoch nicht begleicht.[630] Diese neue Vorschrift hat zu Recht vielfach **Kritik** erfahren, weil sie dogmatisch unausgereift ist und neue Unklarheiten schafft.[631] In der Tat wird hier die rechtliche Trennung zwischen den beiden selbstständigen Verträgen aufgeweicht, indem ein Zahlungsvorgang im Rahmen des einen Vertrags rechtliche

---

622 *Ingenstau/Korbion*, § 16 VOB/B Rn 114.
623 OLG Düsseldorf BauR 1990, 609; OLG Düsseldorf BauR 1997, 1052.
624 *Werner/Pastor*, Rn 1396; *Heiermann/Riedl/Rusam*, § 16 VOB/B Rn 63.
625 So *Werner/Pastor*, Rn 1396.
626 Beck'scher VOB-Kommentar, § 16 Nr. 3 Rn 40; LG Frankfurt am Main, BauR 2000, 112; a.A. LG Schweinfurt, BauR 2000, 113 m.zust.Anm. Lutz.
627 Urt. v. 18.1.2001, VII ZR 416/99, unveröffentlicht.
628 Zum Erfordernis der Schlussrechnungslegung im Rahmen von BGB-Bauverträgen siehe Rn 208.
629 *Heiermann/Riedl/Rusam*, § 14 Rn 7.
630 *Von Craushaar*, BauR 2001, 477; *Kniffka*, ZfBR 2000, 231.
631 *Merkens*, BauR 2001, 518; *Kirberger*, BauR 2001, 493.

Auswirkungen auf den nachgeschalteten Nachunternehmervertrag hat. Die Neuregelung vernachlässigt also die Tatsache, dass es durchaus gute Gründe für den Hauptunternehmer geben kann, eine erhaltene Zahlung nicht auf den Nachunternehmervertrag durchschlagen zu lassen. Beispielsweise ist kein Grund ersichtlich, weshalb allein zwischen Hauptunternehmer und Bauherrn individuell vereinbarte Zahlungsmodalitäten dem Nachunternehmer zu Gute kommen sollen, wenn mit ihm nichts derartiges vereinbart wurde.[632]

Nach § 641 Abs. 2 BGB tritt die Fälligkeit des Nachunternehmerwerklohns unter **folgenden Voraussetzungen** ein: Es muss sich zunächst um ein Werk handeln, dessen Herstellung der „zwischengeschaltete" Auftraggeber seinerseits einem Dritten, also seinem Auftraggeber schuldet. Es muss sich also um eine, bezogen auf das Nachunternehmergewerk, **identische Leistung** handeln.[633] Aus der systematischen Stellung der Vorschrift im Bereich der Abnahme- und Fälligkeitsvorschriften der §§ 640, 641 BGB und aus der Gesetzesbegründung lässt sich entnehmen, dass die Neuregelung nur für fertig gestellte Nachunternehmerleistungen gilt.[634] Es handelt sich also hierbei um eine Fälligkeitsregelung **allein für die Schlussvergütung des Nachunternehmers**. Ansprüche auf Abschlagszahlungen werden von dieser Fälligkeitsregelung nicht erfasst. Da die Vorschrift jedoch andererseits voraussetzt, dass der Besteller von dem Dritten „seine Vergütung oder Teile davon erhalten hat", lassen auch Abschlagszahlungen, die der Hauptunternehmer erhält, die Schlussvergütung des Nachunternehmers nach Fertigstellung fällig werden.[635]

§ 641 Abs. 2 BGB hat zur Folge, dass die Schlusszahlung des Hauptunternehmers an seinen Nachunternehmer **auch bei fehlender Abnahme** fällig wird. Damit wird keineswegs die Abnahme an sich ersetzt, sondern lediglich deren Fälligkeitsfolge ausgelöst.[636] Zu beachten ist jedoch, dass § 641 Abs. 2 BGB keineswegs eine Durchgriffshaftung, sondern lediglich eine „Durchgriffsfälligkeit" regelt. Die Vorschrift enthält also **keine unmittelbare Pflicht zur Weiterleitung** des erhaltenen Werklohns an den Nachunternehmer. § 641 Abs. 2 BGB regelt vielmehr **lediglich die Fälligkeit** der Vergütung.[637] Es findet also kein direkter Zugriff des Nachunternehmers auf die an den Hauptunternehmer geleisteten Zahlungen statt. Vielmehr wird hier lediglich die Fälligkeit der Forderung von der Abnahme gelöst und entsteht unabhängig von dieser bereits mit Zahlung des Bauherrn an den Hauptunternehmer. Die Zahlung des Bauherrn an den Hauptunternehmer bewirkt auch nicht die Abnahme der Nachunternehmerleistungen.[638]

Unberührt bleiben daher etwaige **Zurückbehaltungsansprüche des Hauptunternehmers** gegenüber dem Nachunternehmer. Dies wird in § 641 Abs. 3 BGB ausdrücklich klargestellt, jedoch vereinzelt für den Fall bestritten, dass auch der „Dritte", also der Bauherr selbst keine Leistungsverweigerungsrechte gegenüber dem Hauptunternehmer geltend macht.[639] Eine derartige Einschränkung ist jedoch dem Gesetz nicht zu entnehmen. Vielmehr folgt aus dem systematischen Zusammenhang der Vorschrift unter Berücksichtigung der **Trennung beider Bauverträge**, dass einer der Hauptanwendungsfälle des § 641 Abs. 2 BGB der Erhalt von Abschlagszahlungen durch den Hauptunternehmer nach Fertigstellung des Nachunternehmergewerks ist.[640] Es ist also durchaus möglich, dass der Bauherr noch keine Mängel gerügt und auch die Mängelfreiheit durch die Abschlagszahlung an den Hauptunternehmer keineswegs anerkannt hat, der Hauptunternehmer jedoch durchaus seinerseits

---

632 Vgl. *Merkens*, BauR 2001, 518.
633 *Kniffka*, ZfBR 2000, 231.
634 *Kniffka*, ZfBR 2000, 231; *Kirberger*, BauR 2001, 493.
635 *Kirberger*, BauR 2001, 494.
636 *Kirberger*, BauR 2001, 495; *Böhme*, BauR 2001, 534.
637 Von *Craushaar*, BauR 2001, 478; *Kirberger*, BauR 2001, 494; *Kniffka*, ZfBR 2000, 231.
638 *Kirberger*, BauR 2001, 494.
639 So *Palandt – Sprau*, § 641 Rn 8.
640 *Kirberger*, BauR 2001, 494.

Mängelrügen aussprechen muss, will er diese nicht nach § 640 Abs. 2 BGB bei Abnahme des Nachunternehmergewerks verlieren. Der Hauptunternehmer hat also auch bei vollständigem Erhalt seines eigenen Werklohns durch den Bauherrn unter Umständen ein maßgebliches Interesse an der Mangelbeseitigung und an einem ausreichenden Einbehalt. Dass der Hauptunternehmer durch den Zahlungseingang seitens des Bauherrn seine Gewährleistungsansprüche verliert, ist § 641 Abs. 2 BGB nicht zu entnehmen. Das Gegenteil ist vielmehr der Fall, wie § 641 Abs. 3 BGB ausdrücklich klarstellt.[641] Zumindest eine Aufrechnung mit seinem Anspruch auf Vorschuss bleibt dem Hauptunternehmer gestattet.[642] Es wird daher vielfach bezweifelt, ob die neue Regelung angesichts ihrer Unausgegorenheit dem Nachunternehmer viele Vorteile bringt.[643] Darüber hinaus ist fraglich, ob sich die Fälligkeit des Zahlungsanspruchs nach § 641 Abs. 2 BGB für den Nachunternehmer in der **Praxis** schnell durchsetzen lässt. Die Zahlungsvorgänge zwischen dem Bauherrn und dem Hauptunternehmer werden ihm meist nicht bekannt sein, weshalb er auf einen **Auskunftsanspruch** angewiesen wäre, der sicherlich nur schwer durchsetzbar ist.

Hat der Hauptunternehmer dem Dritten (Bauherrn) wegen möglicher Mängel des Werkes Sicherheit geleistet, so tritt die vorgenannte „Durchgriffsfälligkeit" nur ein, wenn der Nachunternehmer dem Hauptunternehmer ebenfalls Sicherheit in entsprechender Höhe leistet (§ 641 Abs. 2 S. 2 BGB). Die Vorschrift lässt jedoch offen, ob es sich bei der Nachunternehmersicherheit um eine solche in gleicher Höhe handeln muss. § 641 Abs. 2 BGB nennt hier eine **„Sicherheit in entsprechender Höhe"**, nicht jedoch in gleicher Höhe. Daher spricht einiges dafür, dass es sich hier nicht um eine gleichwertige Sicherheit handeln muss. Zwar hat der Hauptunternehmer ein maßgebliches Interesse daran, in gleicher Höhe von seinem Auftragnehmer abgesichert zu werden, da möglicherweise nur der Nachunternehmer diesen Mangel verursacht hat und daher in beiden Bauverträgen die Nachbesserungsansprüche in gleicher Höhe entstehen können.[644]

Nach § 641 Abs. 2 S. 1 BGB wird die Vergütung des Nachunternehmers fällig, wenn und „soweit" sein Auftraggeber ebenfalls bezahlt wurde. Aus dieser Formulierung ist ersichtlich, dass nur derjenige **Teil der Nachunternehmervergütung** fällig wird, den der Hauptunternehmer bezüglich dieses Gewerks eingenommen hat. Erhält also der Hauptunternehmer eine Zahlung seitens des Bauherrn, die sich auf mehrere Nachunternehmergewerke verteilt, so wird nur der dem jeweiligen Nachunternehmergewerk zuzuordnende Vergütungsteil fällig.[645] Hier wird eine weitere Ungenauigkeit dieser Neuregelung deutlich. Handelt es sich nämlich im Rahmen des Bauvertrags zwischen Bauherrn und Hauptunternehmer um einen Zahlungsplan, der nicht auf bestimmte Bauleistungen oder Teilgewerke, sondern lediglich bestimmte Zeitabstände oder ungenaue Bauwerksabschnitte (z.B. Stockwerke) abstellt, so wird sich der Anteil des Nachunternehmers nicht zweifelsfrei ermitteln lassen.

226 Fraglich ist, ob die Regelung über die „Durchgriffsfälligkeit" in § 641 Abs. 2 BGB auch für **„VOB/B-Bauverträge"** gilt. Dies wird überwiegend mit der Begründung bejaht, die Neuregelung ersetze lediglich die Fälligkeitsvoraussetzung der Abnahme, nicht aber sonstige Fälligkeitserfordernisse.[646] Dem muss jedoch widersprochen werden. Nach § 641 Abs. 2 BGB wird die Vergütung „spätestens fällig", wenn der Hauptunternehmer seine Vergütung ebenfalls erhält. Dieser Formulierung ist zu entnehmen, dass hier **keineswegs weitere Fälligkeitsvoraussetzungen** wie beispielsweise die Abrechnung, hinzu kommen können oder müssen. Die Formulierung stellt vielmehr kategorisch auf den Zahlungseingang beim Hauptunternehmer ab. Hätte der Gesetzgeber weitere Fälligkeitsvoraussetzungen verlangt oder auch nur ermöglicht, so hätte er eine Formulierung gewählt, nach der die

---

641 *Kniffka*, ZfBR 2000, 231.
642 *Kniffka*, ZfBR 2000, 232.
643 *Kirberger*, BauR 2001, 496; *Merkens*, BauR 2001, 518.
644 Vgl. *Kniffka*, ZfBR 2000, 232, der die Frage offen lässt, da die Wahl zwischen den beiden rechtlichen Alternativen schwer falle.
645 *Kniffka*, ZfBR 2000, 231.
646 *Kirberger*, BauR 2001, 493, 496; *Kraus*, BauR 2001, 515; *Kniffka*, ZfBR 2000, 232.

Fälligkeit auch bei unterlassener Abnahme vorliegt, sobald auch die übrigen Fälligkeitsvoraussetzungen vorliegen. Dies ist jedoch bei der Neuregelung des § 641 Abs. 2 BGB nicht geschehen. Die Annahme, dass hier nicht die weiteren Fälligkeitsvoraussetzungen fingiert werden sollen,[647] ist auch deshalb unzutreffend, weil die Vorschrift eben nicht darauf abstellt, ob beispielsweise schon eine Schlussrechnung des Nachunternehmers vorliegt. Aus dem Sinn und Zweck der Vorschrift ergibt sich lediglich, dass der Nachunternehmer seine Leistung fertig gestellt haben muss.[648] Erhält jedoch der Hauptunternehmer kurz nach Fertigstellung des Nachunternehmergewerks eine Abschlagszahlung vom Bauherrn, so liegt zu diesem Zeitpunkt regelmäßig noch kein Aufmaß, geschweige denn eine Schlussrechnung des Nachunternehmers vor. Dennoch wird nach § 641 Abs. 2 BGB die Vergütung des Nachunternehmers „spätestens" mit Eingang der Zahlung beim Hauptunternehmer fällig. Ob es sich hierbei nur um eine schlechte Formulierung auf Grund eines Redaktionsversehens handelt, müsste erst noch dargelegt werden. Ohne deutliche Hinweise auf ein solches Redaktionsversehen muss davon ausgegangen werden, dass es sich um eine diesbezüglich unmissverständliche Regelung handelt, mag sie auch durchaus fragwürdig sein.

Aus alledem folgt, dass **§ 641 Abs. 2 BGB im Rahmen von „VOB/B-Bauverträgen" nicht anwendbar ist**.[649] Denn nach § 16 Nr. 3 Abs. 1 VOB/B ist die Schlusszahlung kraft ausdrücklicher Vereinbarung erst nach Prüfung und Feststellung der Schlussrechnung, spätestens innerhalb von zwei Monaten nach deren Zugang fällig. Eine Fälligkeit auf Grund von Zahlungen, die der Auftraggeber selbst erhält, ist in der VOB/B nicht vorgesehen. Da **§ 641 Abs. 2 BGB grundsätzlich abdingbar ist**,[650] ist angesichts der Fälligkeitsregelung in § 16 Nr. 3 VOB/B von einer solchen abweichenden Vereinbarung der Bauvertragsparteien auszugehen. Das hiergegen vorgebrachte Argument, die Abnahme als Fälligkeitsvoraussetzung werde in der VOB/B nicht geregelt, so dass die VOB/B nicht tangiert werde,[651] kann nicht überzeugen. Es geht nicht darum, ob die VOB/B die Abnahme als Fälligkeitsvoraussetzung regelt. Vielmehr regelt § 16 Nr. 3 Abs. 1 VOB/B die Fälligkeit selbst, und zwar **abschließend**. Für einen Fälligkeitseintritt „spätestens" durch Zahlungseingang beim Hauptunternehmer ist neben § 16 Nr. 3 Abs. 1 VOB/B nach dessen ebenso deutlichen Wortlaut kein Raum. Vereinbaren die Parteien die Geltung der VOB/B, so besteht auch kein Anlass zu der Annahme, man habe hierdurch lediglich § 641 Abs. 2 BGB ergänzen wollen. Mit Einbeziehung der VOB/B haben sich die Parteien vielmehr darauf geeinigt, dass die Fälligkeit der Schlussrechnung unter Berücksichtigung der Abnahme[652] zwei Monate nach Zugang der Schlussrechnung fällig wird. Da § 641 Abs. 2 S. 1 BGB wie dargelegt keineswegs nur eine etwa fehlende Abnahme durch den Zahlungseingang beim Hauptunternehmer ersetzt, sondern eine klare Fälligkeitsregelung enthält, **widersprechen sich die gesetzliche Neuregelung und § 16 VOB/B**. Die Vereinbarung der VOB/B stellt jedoch eine zulässige **abweichende Regelung** durch die Vertragsparteien dar, so dass hier § 641 Abs. 2 BGB stets als abbedungen gelten muss.

Angesichts der umstrittenen Auslegung des § 641 Abs. 2 BGB ist aus Sicht des Haupt- oder Generalunternehmers dringend zu empfehlen, bei „VOB/B-Bauverträgen" mit Nachunternehmern die Geltung des § 641 Abs. 2 BGB ausdrücklich auszuschließen.

---

647 *Palandt*, § 641 Rn 7.
648 *Kniffka*, BauR 2000, 231 unter Hinweis auf die Gesetzesbegründuung.
649 Zutreffend *Kiesel*, NJW 2000, 1678.
650 *Palandt*, § 641 Rn 9.
651 So *Kraus*, BauR 2001, 515.
652 Diese Fälligkeitsvoraussetzung gilt auch im Rahmen von „VOB/B-Bauverträgen", siehe Rn 197.

c) Verzug

aa) Allgemeines

227 Da die Schlusszahlung erst nach Abnahme und Schlussrechnungslegung fällig wird, ist die geschuldete Bauleistung in dem Zeitpunkt, in dem der Auftraggeber möglicherweise wegen verzögerter oder unterlassener Zahlung in Verzug gerät, längst fertig gestellt. Dadurch hat der Auftragnehmer das wichtigste Druckmittel gegen den Auftraggeber verloren, nämlich die Androhung der Arbeitseinstellung. Auch das Kündigungsrecht nach § 9 Nr. 1 b VOB/B wegen Zahlungsverzugs des Auftraggebers entfällt nach Fertigstellung der Leistung.[653] Der Auftragnehmer steht also bei Fälligkeit seiner Schlussrechnung vor der Situation, dass nach Fertigstellung der Leistung und Abnahme bereits einige Zeit bis zur prüfbaren Aufstellung der Schlussrechnung vergangen ist und danach weitere zwei Monate bis zur Fälligkeit nach § 16 Nr. 3 Abs. 1 VOB/B. Er steht also bereits einige Monate ohne fälligen Anspruch auf Vergütung da, da zunächst bei Fertigstellung der Leistung der Anspruch auf Abschlagszahlungen entfällt,[654] die Schlussrechnung jedoch noch nicht fällig ist und danach möglicherweise noch weitere Zeit bis zum Verzug des Auftraggebers vergeht. In dieser Zeit kann der Auftraggeber den Drohgebärden des Auftragnehmers auf den ersten Blick relativ gelassen begegnen. Er hat seine Leistung vollständig erhalten und muss daher kein Zurückbehaltungsrecht seitens des Auftragnehmers fürchten. Diese Situation ist jedoch Folge der im Werkvertragsrecht verankerten Vorleistungspflicht des Auftragnehmers, die im Bauwesen durch den Anspruch auf Abschlagszahlungen (§ 16 Nr. 1 VOB/B, § 632 a BGB) sowie durch bestimmte Möglichkeiten der Sicherheitsleistung (§§ 648, 648 a BGB, § 17 VOB/B)[655] bereits erheblich gemildert ist. Die geschilderte recht komfortable Situation des Auftraggebers hat offenbar in vielen Fällen zu einem Missbrauch dieser Machtposition geführt, weshalb sich der Gesetzgeber gezwungen sah, durch das **Gesetz zur Beschleunigung fälliger Zahlungen** vom 30.3.2000 diese Missstände zu bekämpfen und die Stellung des Auftragnehmers als Gläubiger der Werklohnforderung massiv zu stärken.[656]

228 Der Auftragnehmer kann seinen Anspruch auf Zahlung nach Eintritt der Fälligkeit einklagen. Entgegen einem offenbar weit verbreiteten Irrtum muss hierfür kein Verzug vorliegen. Allenfalls § 93 ZPO ist hier zu beachten, wonach der klagende Gläubiger die Prozesskosten zu tragen hat, wenn der Beklagte den Anspruch sofort anerkennt und zuvor nicht durch sein Verhalten Anlass zu der Klage im Sinne von § 93 ZPO gegeben hat. Wenn der Auftraggeber jedoch nach Ablauf einer zweimonatigen Prüfungszeit noch immer nicht zahlt, dürfte dies Anlass genug zur Klage im Sinne von § 93 ZPO sein. Ob sich dies jedoch in jedem Fall lohnt, ist höchst fraglich, da die Klage einen oft langjährigen Bauprozess zur Folge hat und die Zahlung somit selten beschleunigt. Außergerichtliche Maßnahmen sind daher in vielen Fällen erfolgreicher.

Weitere Ansprüche des Auftragnehmers gegen den säumigen Auftraggeber ergeben sich erst im Falle des Verzugs. Hier kommt zunächst der Anspruch auf Schadensersatz nach § 286 BGB, § 16 Nr. 5 Abs. 3 VOB/B in Betracht, der eine besondere Ausgestaltung durch den Anspruch auf Verzugszinsen nach § 16 Nr. 5 Abs. 3 VOB/B erfährt.

bb) Voraussetzungen

229 Im Rahmen von „VOB/B-Bauverträgen" sind seit Geltung des Gesetzes zur Beschleunigung fälliger Zahlungen die Voraussetzungen für den Verzugseintritt umstritten. Nach der Neuregelung in **§ 284 Abs. 3 BGB** kommt der Schuldner einer Geldforderung nämlich **30 Tage nach Fälligkeit** und Zugang einer Rechnung oder einer gleichwertigen Zahlungsaufforderung in Verzug. Nach **§ 16 Nr. 5**

---

653 Siehe hierzu Rn 501 ff.
654 Siehe Rn 194.
655 Siehe hierzu unten Rn 853 ff., 874 ff., 884 ff.
656 Hierzu *Kniffka*, ZfBR 2000, 227.

Abs. 3 VOB/B tritt hingegen Verzug erst durch eine Nachfristsetzung nach Fälligkeit ein. Der Unterschied zwischen beiden Regelungen kann für den Auftragnehmer durchaus bedeutsam sein, wobei sich die reine Fristenregelung in § 284 Abs. 3 BGB sowohl negativ als auch positiv auswirken kann. Eine Verbesserung der bisherigen Rechtslage für den Auftragnehmer stellt diese Neuregelung insofern dar, als der Verzug automatisch nach Ablauf der 30-Tage-Frist eintritt, ohne dass eine weitere Nachfristsetzung erforderlich wäre. Andererseits ist jedoch der Auftragnehmer hiernach gezwungen, den Ablauf der Frist abzuwarten, ohne dass er diese durch eine vorzeitige Nachfristsetzung abkürzen könnte. Bei genauerer Betrachtung ergeben sich hier **im Rahmen von „VOB/B-Bauverträgen" drei Auslegungsmöglichkeiten**: Entweder es gilt auch hier allein die Neuregelung des § 284 Abs. 3 BGB oder – wie bisher – ausschließlich § 16 Nr. 5 Abs. 3 VOB/B oder eine Kombination aus beiden Vorschriften.

Für die ausschließliche Geltung des § 284 Abs. 3 BGB könnte die Tatsache sprechen, dass diese Neuregelung ausdrücklich „abweichend" von den Absätzen 1 und 2 der Bestimmung gilt und damit die dort geregelten Verzugsvoraussetzungen Mahnung und Kalenderdatum gänzlich ausschließt.[657] Da jedoch § 284 Abs. 3 BGB wie die meisten Neuregelungen des Gesetzes zur Beschleunigung fälliger Zahlungen **dispositives Recht** darstellt, muss bei Einbeziehung der VOB/B in den Bauvertrag berücksichtigt werden, dass die Parteien offenbar der Regelung des § 16 Nr. 5 Abs. 3 VOB/B den Vorrang vor der gesetzlichen Fristenlösung geben wollten. Da § 16 Nr. 5 VOB/B eine abweichende Parteivereinbarung und eine Spezialregelung zu § 284 BGB darstellt,[658] muss der **VOB/B-Regelung Vorrang** eingeräumt werden.[659] Wegen des Widerspruchs beider Regelungen wird fälschlicher Weise mitunter von einer Unwirksamkeit des § 16 Nr. 5 Abs. 3 VOB/B ausgegangen.[660]

230

Denkbar wäre andererseits, dass § 16 Nr. 5 Abs. 3 VOB/B die gleichzeitige Anwendbarkeit auch der Fristenlösung des § 284 Abs. 3 BGB zulässt, so dass der Auftraggeber in diesem Fall durch die Nachfristsetzung, spätestens jedoch 30 Tage nach Fälligkeit in Verzug geraten würde.[661]

Richtigerweise muss jedoch die Vereinbarung der Geltung der VOB/B zur Folge haben, dass die eindeutig dispositive Fristenlösung des § 284 Abs. 3 BGB gerade nicht gelten soll.[662] § 16 Nr. 5 Abs. 3 VOB/B bleibt vielmehr allein anwendbar, die Neuregelung des **§ 284 Abs. 3 BGB greift also in „VOB/B-Verträge" nicht ein**.

Hiergegen wird teilweise eingewandt, dass eine solche Beseitigung des in § 284 Abs. 3 BGB vorgesehenen automatischen Verzugseintritts gegen **§ 9 AGBG** verstoße.[663] An anderer Stelle wird § 16 Nr. 5 Abs. 3 VOB/B jedenfalls dann für unwirksam gehalten, wenn die VOB/B nicht „als Ganzes"[664] vereinbart ist.[665] Beide Ansichten sind jedoch unzutreffend. Ein Verstoß gegen § 9 AGBG setzt eine **unangemessene Benachteiligung** des Vertragspartners des Verwenders entgegen den Geboten von Treu und Glauben voraus. Eine solche unangemessene Benachteiligung ist jedoch im Rahmen von § 16 Nr. 5 Abs. 3 VOB/B **nicht ersichtlich**. Nach § 16 Nr. 5 Abs. 3 VOB/B reicht die Setzung einer angemessenen Nachfrist durch den Auftragnehmer, um den Auftraggeber in Zahlungsverzug zu setzen. Der Auftragnehmer ist also durch die VOB/B-Regelung sogar begünstigt, da er nicht den Ablauf der 30-Tage-Frist des § 284 Abs. 3 BGB abwarten muss, wenn eine kürzere Frist angemessen erscheint. Da sich die Angemessenheit der Nachfrist in erster Linie danach bemisst, ob es dem

---

657 *Palandt*, § 284 Rn 24.
658 *Heiermann/Riedl/Rusam*, § 16 VOB/B Rn 64, 117; *Kirberger*, BauR 2001, 497.
659 *Kirberger*, BauR 2001, 497.
660 *Kraus*, BauR 2001, 514.
661 *Kniffka*, ZfBR 2000, 228.
662 *Heiermann/Riedl/Rusam*, § 16 VOB/B Rn 117; *Kiesel*, NJW 2000, 1674, ebenso offenbar *Kirberger*, BauR 2001, 497; offen gelassen von *Kniffka*, ZfBR 2000, 228.
663 *Kniffka*, ZfBR 2000, 228.
664 Zur Vereinbarung der VOB/B „als Ganzes" siehe Rn 121 ff.
665 *Hammacher*, BauR 2000, 1259.

Auftraggeber in diesem Zeitraum gelingt, die Zahlung zu leisten,[666] dürfte die Nachfrist im Sinne von § 16 Nr. 5 Abs. 3 VOB/B angesichts der üblichen Banklaufzeiten regelmäßig deutlich unter 30 Tagen liegen.[667] Zu Recht wurde deshalb die Neuregelung des § 284 Abs. 3 BGB bereits vielfach kritisiert, da sie entgegen der ursprünglichen Intention des Gesetzes **den Auftragnehmer sogar schlechter stellt** als nach der bisherigen Regelung.[668] Tatsächlich besteht der einzige Nachteil des § 16 Nr. 5 Abs. 3 VOB/B im Vergleich zu § 284 Abs. 3 BGB für den Auftragnehmer darin, dass er gezwungen ist, eine Nachfrist zu setzen. Es kann jedoch nicht ernsthaft behauptet werden, dass im kaufmännischen Verkehr und insbesondere im Bauwesen mit regelmäßig massivem Schriftverkehr das bloße – im Übrigen formlose[669] – Setzen einer Nachfrist für den Bauunternehmer eine unangemessene Benachteiligung darstellen soll. Dies gilt erst recht angesichts des deutlichen Vorteils, den ihm dieser geringe Aufwand nach § 16 Nr. 5 Abs. 3 VOB/B beschert. Hinzu kommt, dass die Nachfristsetzung als verzugsbegründende Voraussetzung mehr als 100 Jahre lang Leitbild des Gesetzes war und als sachgerecht galt.[670] Es ist daher abwegig, von einer gegen Treu und Glauben verstoßenden unangemessenem Benachteiligung des Auftragnehmers durch § 16 Nr. 5 Abs. 3 VOB/B auszugehen. Diese Spezialregelung bleibt vielmehr auch nach der Gesetzesänderung wirksam. Dabei kommt es auch nicht darauf an, ob die VOB/B „als Ganzes" vereinbart wurde.

Für den Fall, dass der **Auftragnehmer Verwender** im Sinne von § 9 AGBG ist, gilt nichts anderes. Zwar könnte man die Auffassung vertreten, die Regelung in § 16 Nr. 5 Abs. 3 VOB/B benachteilige den Auftraggeber als Vertragspartner des Verwenders, in dem der Auftragnehmer das Recht erhält, den Verzug bereits vor Ablauf der gesetzlich vorgesehenen 30-Tage-Frist eintreten zu lassen. Da jedoch § 284 Abs. 3 BGB nach dem ausdrücklichen Willen des Gesetzgebers allein dem **Schutz des Zahlungsgläubigers** dient,[671] kann sich der Auftraggeber nicht auf eine Benachteiligung durch § 16 Nr. 5 Abs. 3 VOB/B berufen, da diese Bestimmung den vom Gesetzgeber gewollten Schutz noch verstärkt. Im Übrigen dürfte angesichts der bei Fälligkeit bereits abgelaufenen Zweimonatsfrist in der Setzung einer weiteren angemessenen Nachfrist keine Unangemessenheit für den Auftraggeber gesehen werden.[672] Nach alledem ist festzustellen, dass **§ 16 Nr. 5 Abs. 3 VOB/B als Spezialregelung Vorrang vor § 284 Abs. 3 BGB** hat und darüber hinaus einer Inhaltskontrolle nach § 9 AGBG standhält.[673]

cc) Verzugsfolgen

231 Nach Eintritt des Zahlungsverzugs hat der Auftragnehmer einen **Schadensersatzanspruch** sowie einen Anspruch auf **Verzugszinsen**. Beim „BGB-Bauvertrag" richtet sich der Verzugsschaden nach §§ 286, 326 BGB, im Rahmen von „VOB/B-Bauverträgen" enthält hingegen § 16 Nr. 5 Abs. 3 VOB/B eine abschließende Sonderregelung sowohl für den Schadensersatzanspruch als auch für die Verzinsung von Forderungen.[674] Daher gelten die Verzinsungsregelungen der §§ 288 Abs. 1, 641 Abs. 4 BGB lediglich im Rahmen von „BGB-Bauverträgen".[675] Anwendbar auch im Rahmen von „VOB/B-Bauverträgen" bleibt hingegen § 291 BGB, der den Anspruch auf Prozesszinsen ab Rechtshängigkeit regelt.

---

666 *Kleine-Möller/Merl/Oelmaier*, § 13 Rn 250.
667 *Hammacher*, BauR 2000, 1259; *Kleine-Möller/Merl/Oelmaier*, § 13 Rn 250; Beck'scher VOB-Kommentar – *Motzke*, § 16 Nr. 5 Rn 30.
668 *Kniffka*, BauR 2000, 228; *von Craushaar*, BauR 2001, 480; *Kirberger*, BauR 2001, 496; *Glöckner*, BauR 2001, 536.
669 *Ingenstau/Korbion*, § 16 Rn 283.
670 *Palandt*, § 284 Rn 31; *Glöckner*, BauR 2001, 540.
671 Vgl. *Kniffka*, ZfBR 2000, 227.
672 *Palandt*, § 284 Rn 31.
673 A.A. *Kniffka*, ZfBR 2000, 228; *Kraus*, BauR 2001, 514; *Kirberger*, BauR 2001, 497.
674 *Kleine-Möller/Merl/Oelmaier*, § 13 Rn 244.
675 *Kienmoser*, BauR 2001, 542; *Kleine-Möller/Merl/Oelmaier*, § 13 Rn 244.

Zwar kommt nach § 285 BGB der Schuldner nicht in Verzug, solange die Leistung infolge eines Umstandes unterbleibt, den er nicht zu vertreten hat. Dies spielt jedoch beim Zahlungsverzug des Auftraggebers regelmäßig keine Rolle. Denn nach § 279 BGB hat der Auftraggeber eine eventuelle Zahlungsunfähigkeit auch dann zu vertreten, wenn ihm ein Verschulden nicht zu Last fällt. Es gilt daher der allgemein anerkannte Grundsatz, dass jeder für seine finanzielle Leistungsfähigkeit einzustehen hat.[676]

Ab Verzugseintritt kann der Auftragnehmer nach § 16 Nr. 5 Abs. 3 VOB/B Verzugszinsen ohne Nachweis in Höhe von 5 % über dem Zinssatz der Spitzenrefinanzierungsfazilität der Europäischen Zentralbank sowie weiteren Verzugsschaden auf Nachweis verlangen. Der letzte Satz dieser Bestimmung, wonach der Auftragnehmer die Arbeiten bis zur Zahlung einstellen darf, spielt bei der Schlusszahlung keine Rolle mehr, da die Leistung zu diesem Zeitpunkt bereits fertig gestellt ist. 232

Hinsichtlich des Zinsanspruchs hat der Auftragnehmer die Wahl, ob er den in § 16 Nr. 5 Abs. 3 VOB/B genannten Zinssatz verlangt oder einen **tatsächlich höheren Zinsschaden** nachweist. Nimmt der Auftragnehmer beispielsweise Bankkredit mit einem höheren Zinssatz in Anspruch, so kann er während des Verzugs des Auftraggebers auf Nachweis auch diesen höheren Zinssatz als Verzugsschaden ersetzt verlangen. Unerheblich ist dabei, ob der nachgewiesene Bankkredit unmittelbar infolge des Zahlungsverzugs des Auftraggebers in Anspruch genommen wurde. Ausreichend ist vielmehr, dass dieser Bankkredit während des Verzugszeitraums in Höhe des Zahlungsanspruchs valutierte, da der Auftragnehmer im Falle der rechtzeitigen Zahlung diesen Bankkredit hätte tilgen können.[677] Da § 16 Nr. 5 Abs. 3 VOB/B den Nachweis höherer Schäden verlangt, ist § 252 BGB, der eine abstrakte Schadensschätzung zulässt, nicht anwendbar.[678] Macht eine Arbeitsgemeinschaft den Zinsschaden geltend, so ist der Anspruch unbegründet, wenn lediglich einer der Arge – Mitglieder den nachgewiesenen Bankkredit mit einem höheren Zinssatz aufgenommen hat.[679] Der Arge bleibt hier lediglich der pauschalierte Zinsanspruch nach § 16 Nr. 5 Abs. 3 VOB/B.

Andere Schäden kann der Auftragnehmer für den Verzugszeitraum ebenfalls auf Nachweis geltend machen. Hierzu gehören nicht die Kosten für die Mahnung oder Nachfristsetzung, da diese den Verzug erst begründen.[680] Zu den erstattungsfähigen Verzugsschäden gehören jedoch die Kosten für die Inanspruchnahme eines **Rechtsanwalts**. Die Kosten für die Inanspruchnahme eines **Inkassobüros** sind hingegen nur dann erstattungsfähig, wenn der Auftragnehmer damit rechnen durfte, dass dieses Mittel zum Erfolg führt, ohne dass die Beauftragung eines Rechtsanwalts oder eine gerichtliche Geltendmachung notwendig ist.[681] Ein Verzugsschaden ist **nur während des Verzugszeitraums** erstattungsfähig. Dies gilt insbesondere für den Anspruch auf Erstattung von Verzugszinsen. Der Verzug beginnt mit dem Ende der vom Auftragnehmer gesetzten Nachfrist und endet mit dem Zahlungseingang beim Auftragnehmer.

Zu beachten ist, dass der Auftraggeber nicht in Verzug gerät, wenn ihm ein Leistungsverweigerungsrecht zusteht, beispielsweise wegen vorhandener **Mängel** oder wenn die Rechnung nicht prüffähig ist.

Sowohl bei „BGB-Bauverträgen" als auch im Rahmen von „VOB/B-Bauverträgen" gilt hinsichtlich der Zahlung des Auftraggebers der aus §§ 269 Abs. 1, 270 Abs. 4 BGB folgende Grundsatz, dass jede **Geldschuld** eine so genannte **„qualifizierte Schickschuld"** ist. Das bedeutet, dass auch für 233

---

676 BGHZ 63, 139; 83, 300; *Palandt*, § 279 Rn 4, der jedoch diesen Grundsatz nicht aus § 279 BGB ableiten will, sondern ihn als einen unserer Rechts- und Wirtschaftsordnung immanenten allgemeinen Rechtsgrundsatz versteht.
677 *Werner/Pastor*, Rn 1284; *Ingenstau/Korbion*, § 16 VOB/B Rn 291.
678 *Kleine-Möller/Merl/Oelmaier*, § 13 Rn 252.
679 OLG Frankfurt BauR 1989, 488.
680 *Kleine-Möller/Merl/Oelmaier*, § 13 Rn 253; a.A. *Ingenstau/Korbion*, § 16 VOB/B Rn 297, die einen Anspruch aus positiver Vertragsverletzung herleiten.
681 OLG Düsseldorf MDR 1974, 226; *Kleine-Möller/Merl/Oelmaier*, § 13 Rn 253.

Geldschulden der Wohnsitz des Schuldners als Leistungsort gilt (§ 269 Abs. 1 BGB), **der Schuldner** jedoch verpflichtet ist, das Geld auf seine Gefahr und Kosten an den Wohnsitz des **Schuldners** zu übermitteln (§ 270 Abs. 1, Abs. 4 BGB). Der Schuldner trägt damit also die Untergangsgefahr, nicht jedoch die Verspätungsgefahr.[682] Daher kommt es auch im Rahmen von VOB-Bauverträgen für die Rechtzeitigkeit der Zahlung auf den Zeitpunkt der Leistungshandlung, also den **Eingang des Überweisungsauftrags beim Geldinstitut** an. Nicht entscheidend ist demnach der Eingang der Zahlung auf dem Konto des Auftragnehmers.[683]

234 Im Rahmen von BGB-Bauverträgen gelten für die Ansprüche des Auftragnehmers wegen Verzugs des Auftraggebers die §§ 286 Abs. 1, 288, 641 Abs. 2 BGB. Im Gegensatz zum VOB-Bauvertrag, bei dem § 16 Nr. 5 Abs. 3 VOB/B als Sonderregelung die genannten BGB-Vorschriften verdrängt, besteht im Rahmen eines BGB-Bauvertrags zunächst ein **Zinsanspruch des Auftragnehmers ab Fälligkeit (§ 641 Abs. 4 BGB)**. Dies gilt nicht, wenn die Vergütung gestundet ist. Dieser Anspruch auf Fälligkeitszinsen wird oft übersehen. Die Höhe des Zinssatzes ab Fälligkeit beträgt nach § 246 BGB 4 % oder für beidseitige Handelsgeschäfte nach § 352 HGB 5 %. Diese Zinssätze wurden durch das Gesetz zur Beschleunigung fälliger Zahlungen nicht geändert. Nach dem Wortlaut des § 641 Abs. 4 BGB entsteht der Zinsanspruch mit Abnahme des Werks. Beim herkömmlichen Werkvertrag ist dies nahe liegend, da die Abnahme unmittelbar die Fälligkeit auslöst. Da jedoch umstritten ist, ob für BGB-Bauverträge die Schlussrechnung neben der **Abnahme als zusätzliche Fälligkeitsvoraussetzung** gilt,[684] ist fraglich, ab wann der Auftragnehmer den ihm nach § 641 Abs. 4 BGB zustehenden Zinsanspruch geltend machen kann. Hält man richtiger Weise die Vorlage einer Schlussrechnung auch bei BGB-Bauverträgen für erforderlich, so kann konsequenterweise auch der Zinsanspruch aus § 641 Abs. 4 BGB erst in diesem Zeitpunkt entstehen.[685] Andernfalls wäre die Vergütungsforderung zu verzinsen, bevor sie fällig ist. Das zumindest für BGB-Einheitspreisverträge zwingende Erfordernis einer prüfbaren Schlussrechnung wäre in diesem Fall jedoch mit der in § 641 Abs. 4 BGB genannten Stundung vergleichbar,[686] so dass auch aus diesem Grunde ein Zinsanspruch erst ab Rechnungszugang in Betracht kommt.

Ab Verzugseintritt ist im Rahmen eines BGB-Bauvertrags der Verzugsschaden nach § 286 BGB zu ersetzen. Ferner sind Verzugszinsen nach § 288 BGB zu zahlen. Dieser Verzugszinssatz beträgt 5 % über dem Basiszinssatz nach § 1 des Diskontsatz-Überleitungs-Gesetzes. Der Auftragnehmer kann einen höheren Zinssatz geltend machen, wenn er diesen nachweist (§ 288 Abs. 1 S. 2 BGB). Im Gegensatz zu VOB-Bauverträgen ist bei BGB-Bauverträgen eine **abstrakte Schadensberechnung** nach § 252 BGB zulässig.[687]

d) Skontovereinbarungen

235 Beim Skonto handelt es sich um eine Preisermäßigung bei besonders zügiger, regelmäßig vorfälliger Zahlungsweise. § 16 Nr. 5 Abs. 2 VOB/B stellt zunächst klar, dass ein Skontoabzug vom Auftraggeber nur dann verlangt werden kann, wenn dies auch **ausdrücklich vereinbart** wurde. Es besteht weder ein Handelsbrauch noch eine Verkehrssitte, die einen Skontoabzug ohne nähere Vereinbarung vorsieht.[688] Dies gilt auch für VOB-Bauverträge. Daher reicht ein bloßer Verweis auf die VOB/B oder auf „Zahlung nach VOB" nicht für eine Skontovereinbarung aus.[689] Das Skonto unterscheidet

---

682 *Palandt*, § 270 Rn 1.
683 BGHZ 44, 179; OLG Köln BauR 1990, 367; Beck'scher VOB-Kommentar – *Motzke*, § 16 Nr. 5 Rn 38.
684 Siehe hierzu Rn 208.
685 *Palandt*, § 641 Rn 15.
686 BGH BauR 1981, 199; *Kleine-Möller/Merl/Oelmaier*, § 10 Rn 66.
687 *Kleine-Möller/Merl/Oelmaier*, § 13 Rn 205.
688 *Werner/Pastor*, Rn 1277.
689 *Werner/Pastor*, Rn 1278.

sich vom **Rabatt** dadurch, dass der Rabatt eine tatsächliche Preisvereinbarung darstellt, die eine Ermäßigung unabhängig vom Zahlungsvorgang vorsieht, während umgekehrt eine Skontovereinbarung sich nicht auf den Preis bezieht, sondern lediglich auf den Zahlungsvorgang.[690] Der Skontoabzug erfasst ferner **lediglich den Vergütungsanspruch**, nicht jedoch Schadensersatz- oder Entschädigungsansprüche des Auftragnehmers, beispielsweise nach §§ 6 Nr. 6, 9 Nr. 3 VOB/B.[691]

Eine Skontovereinbarung muss klar und vollständig sein, andernfalls gibt sie nicht nur Anlass zum Streit, sondern droht auch unwirksam zu sein. Insbesondere im Rahmen der Inhaltskontrolle nach dem **AGB-Gesetz** sind hier hohe Anforderungen zu stellen. Die Skontovereinbarung muss insbesondere Festlegungen über Skontohöhe, Zahlungsfrist und die vom Skonto betroffene Zahlungsart enthalten. Unklarheiten gehen nach § 5 AGBG zu Lasten des Verwenders.

Auch für Skontovereinbarungen gelten die Auslegungsgrundsätze nach §§ 133, 157 BGB. Die Beweislast liegt bei demjenigen, der sich auf den Skontoabzug beruft, also beim Auftraggeber.[692]

236

Bei Unklarheiten im Rahmen von Skontovereinbarungen hat grundsätzlich die Auslegung Vorrang, die die höheren Anforderungen an die Berechtigung zum Skontoabzug stellt.[693]

Entscheidend ist zunächst die genaue **Festlegung der Zahlungsfrist**, deren Einhaltung zum Skontoabzug berechtigen soll. Vereinbaren die Parteien einen Skontoabzug „bei Zahlung der Rechnung innerhalb von 14 Tagen", so ist die Bestimmtheit dieser Klausel problematisch, weil nicht festgelegt ist, wann die genannte Frist beginnen soll. Hier kann keineswegs von einem Fristbeginn erst bei Fälligkeit ausgegangen werden, da ein Skontoabzug im Allgemeinen gerade die Zahlung vor Fälligkeit honorieren soll. Eine Zahlungspflicht des Auftraggebers bei Fälligkeit besteht ohnehin.[694] Daher ist davon auszugehen, dass der **Zugang der prüffähigen Rechnung als Beginn der Skontofrist** gelten soll.[695] Da sich bei der genannten Klausel durch Auslegung ermitteln lässt, innerhalb welcher Frist die Zahlung erfolgen muss, dürfte sie noch wirksam sein.[696] Eine Skontovereinbarung, die einen Beginn der Skontofrist bei Fälligkeit der Zahlung vorsieht, also erst nach Ablauf der Zweimonatsfrist des § 16 Nr. 3 Abs. 1 VOB/B, ist grundsätzlich zulässig, dürfte jedoch selten sein. Bei derartigen Klauseln sind allerdings an die Bestimmtheit besonders hohe Anforderungen zu stellen, da sie eine Selbstverständlichkeit, nämlich die Zahlung bei Fälligkeit, mit einem Preisnachlass honorieren.[697]

Macht der Auftraggeber wegen vorhandener **Mängel** ein berechtigtes **Zurückbehaltungsrecht** geltend, so kann dies im Hinblick auf die Einhaltung der Skontierungsfrist nicht zu seinen Lasten gehen. Die Frist läuft daher erst ab dem Zeitpunkt, in dem die Mängel beseitigt sind oder, im Fall der Schlusszahlung, ab Abnahme der Mangelbeseitigungsleistung.[698] Ähnliches gilt bei einer **nicht prüffähigen Rechnung**. Diese kann die Skontofrist nicht in Gang setzen, da auch die durch den Skontoabzug honorierte frühzeitige Zahlung durch den Auftraggeber nicht „ins Blaue hinein" erfolgen muss. Der Skontoabzug stellt einen aufschiebend bedingten Teilerlass für den Fall einer beschleunigten, fristgerechten Zahlung dar. Sie soll jedoch den Auftraggeber nicht zur Eingehung eines unzumutbaren Risikos durch Zahlung ohne prüffähige Unterlage verleiten.[699] Macht der Auftraggeber geltend, die Skontierungsfrist laufe mangels prüfbarer Abrechnung noch nicht, so muss er jedoch

---

690 Beck'scher VOB-Kommentar – *Motzke*, § 16 Nr. 5 Rn 10.
691 § 16 VOB/B Rn 267.
692 BGH BauR 1998, 399.
693 *Heiermann/Riedl/Rusam*, § 16 VOB/B Rn 113.
694 *Ingenstau/Korbion*, § 16 VOB/B Rn 272.
695 OLG München ZfBR 1988, 151.
696 A.A. *Werner/Pastor*, Rn 1278.
697 *Ingenstau/Korbion*, § 16 VOB/B Rn 272.
698 *Ingenstau/Korbion*, § 16 VOB/B Rn 270.
699 OLG München ZfBR 1988, 151; *Ingenstau/Korbion*, § 16 VOB/B Rn 267; *Werner/Pastor*, Rn 1278.

den Auftragnehmer darauf hinweisen, weshalb er nicht innerhalb der Skontofrist zahlt.[700] Denn nur auf diese Weise wird dem Auftragnehmer ermöglicht, die Voraussetzungen für eine skontierungsfähige vorzeitige Zahlung zu schaffen.

Weiterer wichtiger Bestandteil einer Skontovereinbarung ist **die Höhe des Skontos**. Diese wird fast immer durch Nennung eines bestimmten Prozentsatzes festgelegt. Fehlt eine Vereinbarung über die Höhe des Skontosatzes, so dürfte die Vereinbarung mangels Bestimmtheit unwirksam sein.[701] Es wird jedoch die Auffassung vertreten, in diesen Fällen stünde dem Auftraggeber ein **Leistungsbestimmungsrecht nach §§ 315 ff. BGB zu**.[702] Dieser Auffassung kann jedoch nicht gefolgt werden. Ohne eine Vereinbarung über die Höhe des Skontos liegt keine Einigung bestimmbaren Inhalts vor. Gerade die Skontohöhe ist ein entscheidender Bestandteil einer Skontovereinbarung, dessen Fehlen eine wirksame Parteivereinbarung nicht erkennen lässt. Für ein einseitiges Bestimmungsrecht zu Gunsten des Auftraggebers ist bei einem Fehlen von essentialia kein Raum.[703] Im Übrigen ist davon auszugehen, dass nach dem Willen der Parteien dem Auftraggeber kein einseitiges Bestimmungsrecht über die Höhe des Skontoabzugs zustehen soll.

237 Umstritten ist ferner, **von welcher Zahlung** das Skonto in Abzug gebracht werden darf, wenn hierzu keine nähere Vereinbarung getroffen wurde. In der Rechtsprechung wird hierzu überwiegend die Auffassung vertreten, dass ein Skontoabzug nur hinsichtlich der **Schlusszahlung** berechtigt ist.[704] Darüber hinaus soll der Skontoabzug nur dann gerechtfertigt sein, wenn neben der Schlusszahlung auch sämtliche Abschlagszahlungen innerhalb der Skontierungsfrist erfolgten.[705] Eine derart strenge Sichtweise ist jedoch abzulehnen. Eine Zahlung innerhalb der Skontierungsfrist führt wunschgemäß zu einer Liquiditätsverbesserung und zu einer Minderung des Insolvenz- und Vorleistungsrisikos des Auftragnehmers. Dieser Zweck wird jedoch gleichermaßen durch vorzeitige Abschlagszahlungen erreicht. Insbesondere wenn der Zahlungsstand vor der Schlusszahlung bereits beträchtlich ist, diese also nur noch einen geringen Restbetrag ausmacht, ist nicht einzusehen, weshalb dem Auftraggeber der Skontoabzug verwehrt werden sollte, wenn er sämtliche **Abschlagszahlungen**, jedoch nicht die Schlusszahlung innerhalb der Skontierungsfrist leistet. Haben die Parteien vereinbart, dass ein Skontoabzug „auf Zahlungen nach § 16 VOB/B" oder „bei Zahlungen innerhalb einer Frist von ...." vorgenommen werden kann, so bezieht sich diese Vereinbarung mangels Differenzierung auf sämtliche Zahlungen, also auch auf die Abschlagszahlungen.[706] Nach zutreffender, aber umstrittener Auffassung gilt zusammenfassend, dass sich die Skontovereinbarung auf **jede einzelne Zahlung** bezieht, **die innerhalb der Skontierungsfrist** erfolgt. Leistet der Auftraggeber also Abschlagszahlungen innerhalb der Skontierungsfrist, so ist er berechtigt, den entsprechenden, meist prozentualen Skontoabzug bezüglicher dieser Zahlung vorzunehmen. Leistet er eine andere Abschlagszahlung oder die Schlusszahlung nicht innerhalb der Skontierungsfrist, so ist dort der Abzug nicht berechtigt. Dies führt jedoch nicht zu einem Verlust des Skonto bei anderen Abschlagszahlungen.[707] Umgekehrt ist ein Skontoabzug nur hinsichtlich des Teilbetrags der Schlusszahlung zulässig, wenn nur diese, nicht aber die Abschlagszahlungen innerhalb der Skontofrist erfolgten.[708]

---

700 *Werner/Pastor*, Rn 1278.
701 *Werner/Pastor*, Rn 1278; Beck'scher VOB-Kommentar – *Motzke*, § 16 Nr. 5 Rn 16.
702 *Kronen*, BB 1984, 2032; *Ingenstau/Korbion*, § 16 VOB/B Rn 272; *Heiermann/Riedl/Rusam*, § 16 VOB/B Rn 113.
703 Beck'scher VOB-Kommentar – *Motzke*, § 16 Nr. 5 Rn 16.
704 OLG Düsseldorf BauR 1992, 783.
705 OLG Köln NJW RR 1990, 525; OLG München NJW RR 1992, 790; *Kleine – Möller/Merl/Oelmaier*, § 2 Rn 518; *Heiermann/Riedl/Rusam*, § 16 VOB/B Rn 113; a.A. *Werner/Pastor*, Rn 1279; Beck'scher VOB-Kommentar, *Motzke*, § 16 Nr. 5 Rn 22.
706 OLG Karlsruhe MDR 1999, 930.
707 OLG Hamm BauR 1994, 774; *Werner/Pastor*, Rn 1280.
708 *Werner/Pastor*, Rn 1280; a.A. *Kleine-Möller/Merl/Oelmaier*, § 2 Rn 518.

Für die **Rechtzeitigkeit der Zahlungen** gelten auch hier die allgemeinen Grundsätze für Geldschulden nach §§ 269 Abs. 1, 270 Abs. 4 BGB. Demnach ist entscheidend, dass der **Überweisungsauftrag** des Auftraggebers innerhalb der Skontofrist beim Kreditinstitut eingeht.[709] Es besteht kein Grund, bei Skontovereinbarungen von diesen allgemeinen Grundsätzen abzuweichen. Das hiergegen vorgebrachte Argument, nur eine unmittelbare Verfügbarkeit des Geldes seitens des Auftragnehmers innerhalb der Skontofrist sichere den Zweck einer Skontovereinbarung,[710] kann nicht überzeugen. Denn dieses Argument ließe sich hinsichtlich jeder Art von Geldüberweisung vorbringen, so dass man die Geltung von § 270 BGB grundsätzlich ablehnen müsste. Besonderheiten, die eine abweichende Behandlung von Zahlungen nur wegen des Bestehens einer Skontovereinbarung rechtfertigen würden, sind ersichtlich. Im Übrigen sind Sinn und Zweck einer Skontovereinbarung, nämlich die Zahlungsbeschleunigung sowie die Minderung des Insolvenz- oder Vorleistungsrisikos auch bei Anwendung der herkömmlichen Grundsätze über die **„qualifizierte Schickschuld"**[711] ausreichend gewahrt.[712]

238

Angesichts der strengen Anforderungen, die Rechtsprechung und Schrifttum an die Vereinbarung eines Skontoabzugs stellen, ist den Bauvertragsparteien dringend zu empfehlen, hier eine detaillierte und eindeutige Vereinbarung zu treffen. Diese Regelung sollte unbedingt die Höhe des Skontoabzugs in Prozent, die betroffene Zahlung (Schlusszahlung, Abschlagszahlung), die Skontierungsfrist und deren Beginn, den für die Rechtzeitigkeit der Zahlung maßgeblichen Vorgang (Geldeingang oder Überweisungsauftrag; bei Scheckzahlung Zugang oder Absendung) sowie die Abzugsfähigkeit bei rechtzeitigen Abschlagszahlungen oder erst bei der Schlusszahlung regeln.

Besonders strenge Anforderungen werden an Skontoklauseln im Rahmen der Inhaltskontrolle nach § 9 AGBG gestellt. Das formularmäßige Verbot eines Skontoabzugs ist indes wirksam, weil dies – mangels Verkehrssitte oder Handelsbrauch – der gesetzlich vorgesehenen Ausgangssituation entspricht.[713] Unwirksam sind jedoch regelmäßig unklare Skontoklauseln des Auftraggebers. Hier ist insbesondere auf **die Bestimmtheit der Skontofrist** sowie auf die Angemessenheit des Fristbeginns zu achten. Klauseln, nach denen die Skontofrist erst nach Prüfung der Schlussrechnung durch den Auftraggeber oder seinen Architekten beginnt, sind regelmäßig unwirksam, da dies im alleinigen Einflussbereich des Auftraggebers liegt.[714] Überraschend und damit unwirksam sind Klauseln des Auftraggebers auch dann, wenn sie einen Skontoabzug noch **nach Eintritt der Fälligkeit** zulassen, was auf die vorgenannte Klausel ebenfalls zutrifft.[715] Skontoklauseln des Auftraggebers müssen zumindest dahingehend auslegungsfähig sein, dass die Skontofrist kürzer ist als die herkömmliche Zahlungsfrist. Andernfalls soll die Klausel ebenfalls unwirksam sein.[716] Der BGH sieht dies offenbar anders. Wirksam ist demnach die Klausel „bei Einhaltung der Zahlungen **gemäß Zahlungsplan** gewährt der Auftragnehmer 3 % Skonto" da hier ausreichend bestimmt ist, wann die Zahlung eingehen muss, nämlich pünktlich nach Zahlungsplan.[717] Unwirksam sind allerdings solche Klauseln, die nur die Höhe des Skontos, nicht jedoch eine eindeutige Frist festlegen.[718] Der unbestimmte Hinweis auf eine **„angemessene Frist"** ist nicht ausreichend, da ein Bestimmungsrecht des Auftraggebers nach

239

---

709 *Heiermann/Riedl/Rusam*, § 16 VOB/B Rn 113; Beck'scher VOB-Kommentar – *Motzke*, § 16 Nr. 5 Rn 25; a.A. *Ingenstau/Korbion*, § 16 VOB/B Rn 272.
710 *Kleine-Möller/Merl/Oelmaier*, § 2 Rn 516; *Ingenstau/Korbion*, § 16 VOB/B Rn 272.
711 Siehe hierzu Rn 233.
712 Beck'scher VOB-Kommentar – *Motzke*; OLG Köln BauR 1990, 367; offen gelassen von *Kleine-Möller/Merl/Oelmaier*, § 2 Rn 516.
713 *Werner/Pastor*, Rn 1282.
714 OLG Frankfurt NJW RR 1988, 1485; LG Berlin, BauR 1986, 700.
715 *Glatzel/Hofmann/Frikell*, Ziffer 2.16.2.1.
716 OLG Düsseldorf BauR 1992, 784.
717 BGH BauR 2000, 1754.
718 LG Aachen NJW-RR 1986, 645.

§§ 315, 316 BGB in diesen Fällen abzulehnen ist, dies jedenfalls nicht geeignet ist, eine unklare Klausel zu Lasten des Auftragnehmers doch wirksam werden zu lassen.[719]

Wegen Verstoßes gegen das Transparenzgebot nach § 9 AGBG sind schließlich auch solche Skontoklauseln unwirksam, die nicht erkennen lassen, auf **welche Zahlungen** sich der Skontoabzug bezieht („Der Auftragnehmer gewährt 2 % Skonto bei Zahlung nach VOB/B").[720]

5. Vorbehaltlose Annahme der Schlusszahlung

a) Allgemeines

240 Nach § 16 Nr. 3 Abs. 2 VOB/B schließt die vorbehaltlose Annahme der Schlusszahlung durch den Auftragnehmer Nachforderungen aus, wenn er über die Schlusszahlung schriftlich unterrichtet und auf die Ausschlusswirkung hingewiesen wurde. Nach Abs. 3 steht es einer Schlusszahlung in diesem Zusammenhang gleich, wenn der Auftraggeber unter Hinweis auf geleistete Zahlungen weitere Zahlungen endgültig und schriftlich ablehnt. Nach § 16 Nr. 3 Abs. 5 VOB/B ist der genannte Vorbehalt seitens des Auftragnehmers innerhalb von 24 Werktagen nach Zugang der Mitteilung des Auftraggebers über die Schlusszahlung zu erklären. Der Vorbehalt wird hinfällig, wenn nicht innerhalb von weiteren 24 Werktagen eine prüfbare Rechnung über die vorbehaltenen Forderungen des Auftragnehmers eingereicht oder, wenn das nicht möglich ist, der Vorbehalt eingehend begründet wird. Diese Regelung in § 16 Nr. 3 VOB/B, die meist als „Schlusszahlungseinrede" bezeichnet wird, hat große praktische Bedeutung. Für den Auftragnehmer hat sie äußerst unangenehme Auswirkungen, da sie unter Umständen zu einem Verlust auch von berechtigten Ansprüchen führt. Die von der Einrede betroffenen Forderungen sind zwar nicht erloschen, sie können jedoch nicht mehr durchgesetzt werden.[721] Die Regelung soll der **Rechtsklarheit** und dem **Rechtsfrieden** dienen und ist rechtlich mit der Verjährungseinrede vergleichbar.[722] Es handelt sich um eine **echte Einrede**, die nicht von Amts wegen zu berücksichtigen ist. Der Auftraggeber muss sich vielmehr ausdrücklich auf die Ausschlusswirkung des § 16 Nr. 3 Abs. 2 VOB/B berufen.[723] Die Formulierung in § 16 Nr. 3 Abs. 2 VOB/B ist insofern irreführend, da die Bestimmung die Nachforderungen des Auftragnehmers keineswegs von selbst „ausschließt", sondern nur bei einer entsprechenden Geltendmachung seitens des Auftraggebers.

241 Da die Regelung für den Auftragnehmer eine erhebliche und für viele überraschende Härte darstellt, hält sie einer **Inhaltskontrolle nach dem AGBG** nur dann stand, wenn die VOB/B „als Ganzes" vereinbart worden ist.[724] Entgegen der vereinzelt geäußerten Erwartung, wegen der Ergänzung der VOB im Jahr 1990 um eine Unterrichtungs- und Hinweispflicht des Auftragnehmers werde die Schlusszahlungseinrede keine große Rolle mehr spielen,[725] hat die Bestimmung auch heute noch **praktische Relevanz**. Sicherlich sind jedoch durch die erwähnte Änderung der VOB/B 1990 die Gefahren für den Auftragnehmer gemindert worden. Da er auf die Schlusszahlung ebenso hinzuweisen ist wie auf die Ausschlusswirkung bei verspätetem Vorbehalt, ist er nun eher in der Lage, die Ausschlusswirkung abzuwenden. Auch hier kommt es jedoch nicht selten zu einer Versäumung der Frist, so dass die Bestimmung keineswegs bedeutungslos geworden ist. Andererseits ist in jedem Einzelfall

---

719 Beck'scher VOB-Kommentar – *Motzke*, § 16 Nr. 5, Rn 19D.
720 Vgl. OLG Saarbrücken, S-F-H, Nr. 3 zu § 16 Nr. 5 VOB/B.
721 BGHZ 62, 18; BGH BauR 1983, 161.
722 *Ingenstau/Korbion*, § 16 VOB/B Rn 164.
723 BGHZ 62, 18.
724 BGH BauR 1983, 161; BauR 1987, 694; BauR 1991, 473, 740; st. Rspr., ebenso *Ingenstau/Korbion*, § 16 VOB/B Rn 202; *Heiermann/Riedl/Rusam*, § 16 VOB/B Rn 71; Beck'scher VOB-Kommentar – *Motzke*, § 16 Nr. 3 Rn 74; *Werner/Pastor*, Rn 2288; Nicklisch/Weick, § 16 Rn 42; *Locher*, Rn 205c; *Kleine-Möller/Merl/Oelmaier*, § 10 Rn 261; zur Vereinbarung der VOB „als Ganzes" siehe Rn 121 ff.
725 So *Werner/Pastor*, 8. Auflage, Rn 2285.

genau zu prüfen, ob § 16 Nr. 3 Abs. 2 VOB/B nicht durch einen Eingriff in die VOB/B „als Ganzes" unwirksam und eine Fristversäumung daher unbeachtlich ist.

Die Einrede der vorbehaltlosen Annahme der Schlusszahlung nach § 16 Nr. 3 Abs. 2 bis 6 VOB/B kann vom Auftraggeber unter folgenden **Voraussetzungen** erhoben werden: Zunächst muss eine Schlussrechnung erteilt worden sein **(a)**. Daraufhin muss der Auftraggeber eine Schlusszahlung geleistet haben **(b)** und den Auftragnehmer von dieser Schlusszahlung unterrichtet haben **(c)**. Darüber hinaus muss er den Auftragnehmer ordnungsgemäß auf die Ausschlusswirkung hingewiesen haben **(d)**. Schließlich muss der Auftragnehmer die unter den vorgenannten Voraussetzungen geleistete Schlusszahlung des Auftraggebers ohne einen nach § 16 Nr. 3 Abs. 5 VOB/B wirksamen Vorbehalt **(e)** angenommen haben. Fehlt eine der vorgenannten Voraussetzungen, so ist die Schlusszahlungseinrede seitens des Auftraggebers unbeachtlich. Im Einzelnen gilt folgendes:

b) Vorliegen einer Schlussrechnung

Da der Auftraggeber nicht eigenmächtig die Voraussetzungen für seine Schlusszahlungseinrede herbeiführen kann, ist das Vorliegen einer Schlussrechnung unabdingbar.[726] Umstritten ist jedoch, ob es sich hierbei um eine **prüfbare Schlussrechnung** handeln muss. Dies wird unter Hinweis auf die Systematik der VOB/B vereinzelt gefordert.[727] Zur Begründung wird vorgetragen, dass innerhalb des § 16 Nr. 3 VOB/B die Absätze 2 bis 5 ersichtlich die in Abs. 1 genannte Fälligkeit voraussetzen. Ferner werde andernfalls kein **Rechtsfrieden** herbeigeführt, da der Auftragnehmer bei Unzufriedenheit mit der erhaltenen Schlusszahlung ohnehin eine prüfbare Schlussrechnung nachreichen werde, so dass Meinungsverschiedenheiten über die Schlusszahlung lediglich auf einen späteren Zeitpunkt verlagert würden.[728] Dem ist jedoch mit der h.M. nicht zu folgen. Der Auftragnehmer ist für seine nicht prüfbare Schlussrechnung selbst verantwortlich. Daher wäre es nicht hinnehmbar, wenn er sich nach Vorliegen aller Voraussetzungen für eine Schlusszahlungseinrede im Nachhinein auf die fehlende Prüfbarkeit der eigenen Schlussrechnung berufen will. Reicht der Auftragnehmer die aus seiner Sicht **abschließende Abrechnung** seines Vergütungsanspruchs beim Auftraggeber ein, so kann der Auftraggeber die fehlende Prüfbarkeit rügen, er ist jedoch hierzu nicht verpflichtet. Vielmehr kann er gleichwohl eine Schlusszahlung leisten oder weitere Zahlungen endgültig ablehnen (§ 16 Nr. 3 Abs. 3 VOB/B) und damit dem Auftragnehmer Gelegenheit geben, sich seinerseits gegen die Höhe dieser Schlusszahlung zu wehren. Bei einer derartigen Vorgehensweise im Rahmen von § 16 Nr. 3 Abs. 2 VOB/B kann es daher nicht auf die Prüfbarkeit der Schlussrechnung ankommen.[729] **Erstellt der Auftraggeber die Schlussrechnung unter den Voraussetzungen des § 14 Nr. 4 VOB/B** selbst, so ist diese im Rahmen der Schlusszahlungseinrede **gleichbedeutend** mit einer Schlussrechnung des Auftragnehmers.[730] Der Auftraggeber muss dem Auftragnehmer die nach § 14 Nr. 4 VOB/B selbst aufgestellte Schlussrechnung allerdings mitteilen.[731]

c) Schlusszahlung

Die Schlusszahlungseinrede setzt eine echte Schlusszahlung voraus. Eine **Abschlagszahlung ist nicht ausreichend**.[732] Eine Schlusszahlung liegt vor, wenn der Auftraggeber die nach seinen Vorstellungen bestehende Restforderung des Auftragnehmers beglichen hat und darüber hinaus keine Zahlungen mehr leisten will. Die Bezeichnung als „Schlusszahlung" ist nicht erforderlich.[733] Es kann

---

726 BGH BauR 1975, 349; BGH BauR 1979, 342, 552.
727 *Ingenstau/Korbion*, § 16 VOB/B Rn 163.
728 *Ingenstau/Korbion*, § 16 VOB/B Rn 163.
729 BGH BauR 1987, 329; BauR 1988, 615; ebenso *Werner/Pastor*, Rn 2297; Beck'scher VOB-Kommentar – *Motzke*, § 16 Nr. 3 Rn 61; a.A. *Ingenstau/Korbion*, § 16 VOB/B Rn 163.
730 OLG Schleswig, BauR 1980, 477.
731 *Werner/Pastor*, Rn 2295.
732 Beck'scher VOB-Kommentar – *Motzke*, § 16 Nr. 3 Rn 56; zum Begriff der Schlusszahlung siehe Rn 196.
733 BGH ZfBR 1982, 123, 124.

vielmehr ausreichend sein, dass sich aus den Begleitumständen ergibt, dass der Auftraggeber nur noch diese Restzahlung, jedoch keine weiteren Zahlungen leisten will.[734] Der Begriff „Restzahlung" ist insofern mit dem Begriff Schlusszahlung identisch.[735] Nach § 16 Nr. 3 Abs. 3 VOB/B steht es einer Schlusszahlung gleich, wenn der Auftraggeber unter Hinweis auf geleistete Zahlungen **weitere Zahlungen endgültig und schriftlich ablehnt**. Hierbei ist insbesondere die Schriftform zu beachten. Eine mündliche Ablehnung reicht nicht aus. Gleichbedeutend mit der Schlusszahlung ist ferner die Geltendmachung von Rückzahlungsansprüchen wegen einer Überzahlung oder die Aufrechnung mit Gegenansprüchen, wenn sich hieraus ergibt, dass weitere Zahlungen nicht erfolgen.[736] Nicht ausreichend ist hingegen die bloße Geltendmachung eines **Zurückbehaltungsrechts** wegen vorhandener Mängel, da diese Einrede nur vorübergehend bis zur Mangelbeseitigung erhoben wird und daher keine endgültige Zahlungsverweigerung darstellt.[737]

Liegt eine eindeutige Schlusszahlung in diesem Sinne vor, so bedarf **sie keiner Begründung**.[738] Nach dem eindeutigen Wortlaut des § 16 Nr. 3 Abs. 2 VOB/B muss der Auftragnehmer lediglich über die Tatsache einer Schlusszahlung unterrichtet werden, nicht jedoch über deren Gründe. Ferner ist nicht erforderlich, dass die Schlusszahlung innerhalb der Prüfungsfrist des § 16 Nr. 3 Abs. 1 VOB/B erfolgt.[739]

d) Unterrichtung von der Schlusszahlung

244 Nach § 16 Nr. 3 Abs. 2 VOB/B schließt die vorbehaltlose Annahme der Schlusszahlung nur dann Nachforderungen des Auftragnehmers aus, wenn er vom Auftraggeber **schriftlich** über die Schlusszahlung unterrichtet wurde. Eine mündliche Unterrichtung reicht hiernach nicht aus. Da der Auftragnehmer ohnehin von der Schlusszahlung Kenntnis erlangt, ist § 16 Nr. 3 Abs. 2 VOB/B dahingehend auszulegen, dass die Unterrichtung **ein von der Schlusszahlung getrennter Akt sein muss**.[740] Vor diesem Hintergrund kann die Unterrichtung nicht auf dem zur Schlusszahlung gehörenden Zahlungsträger erfolgen.[741] Der Auftraggeber muss den Auftragnehmer lediglich über den Vorgang der Schlusszahlung informieren. Eine **Begründung** ist also auch hier **nicht erforderlich**.

245 Umstritten ist, ob die in § 16 Nr. 3 Abs. 2 VOB/B gleichermaßen genannte Unterrichtung und der Hinweis auf die Ausschlusswirkung in einem **gemeinsamen Schreiben** erfolgen müssen oder eine Trennung der beiden Mitteilungen zulässig ist. Für das Erfordernis eines einheitlichen Schreibens spricht zunächst der Wortlaut der Bestimmung („... schriftlich unterrichtet und auf die Ausschlusswirkung hingewiesen wurde"). Dennoch wurde mit beachtlichen Gründen vielfach von einem solchen Erfordernis abgesehen.[742] Begründet wird dies damit, dass beide Schreiben einen **unterschiedlichen Informationsgehalt** hätten und der Wortlaut des § 16 Nr. 3 Abs. 2 VOB/B nur deshalb von einem einheitlichen Schreiben ausgeht, weil dies nach Vorstellung des Verdingungsausschusses im Hinblick auf den Beginn der Vorbehaltsfrist in Abs. 5 („... innerhalb von 24 Werktagen nach Zugang der Mitteilung nach Absätzen 2 und 3 über die Schlusszahlung zu erklären") wünschenswert ist.[743] Zwingend sei dies jedoch nicht, allerdings beginne die Vorbehaltsfrist nach Abs. 5 erst,

---

[734] BGH BauR 1975, 282; BauR 1977, 135; BauR 1979, 525; *Ingenstau/Korbion*, § 16 VOB/B Rn 94.
[735] *Locher*, Rn 203.
[736] *Werner/Pastor*, Rn 2301.
[737] BGH BauR 1991, 84.
[738] Beck'scher VOB-Kommentar – *Motzke*, § 16 Nr. 3 Rn 82, *Heiermann/Riedl/Rusam*, § 16 VOB/B Rn 80; a.A. *Ingenstau/Korbion*, § 16 VOB/B Rn 209.
[739] OLG München BauR 1979, 438; *Werner/Pastor*, Rn 2304.
[740] *Heiermann/Riedl/Rusam*, § 16 VOB/B Rn 90a.
[741] OLG Köln BauR 1994, 634.
[742] *Werner/Pastor*, Rn 2306; *Ingenstau/Korbion*, 13. Auflage, § 16 VOB/B Rn 198; Beck'scher VOB-Kommentar – *Motzke*, § 16 Nr. 3 Rn 67.
[743] So *Ingenstau/Korbion*, a.a.O.

nachdem beide Erklärungen beim Auftragnehmer eingegangen sind.[744] Hiergegen wird zu Recht vorgebracht, dass beide Mitteilungen **in isolierter Form nicht hinreichend deutlich** auf den Zusammenhang zwischen Schlusszahlung und Ausschlusswirkung hinweisen würden. Denn die bloße Unterrichtung von der Schlusszahlung ohne den gleichzeitigen Hinweis auf die Ausschlusswirkung wäre ebensowenig vollständig und deutlich wie der isolierte Hinweis auf die Ausschlusswirkung ohne Mitteilung über die Schlusszahlung.[745] Dieser Auffassung hat sich nunmehr auch der **BGH** angeschlossen.[746]

e) Hinweis auf die Ausschlusswirkung

246
Auch der Hinweis auf die Ausschlusswirkung der vorbehaltlosen Annahme der Schlusszahlung hat schriftlich zu erfolgen. An den Inhalt des Hinweises sind darüber hinaus hohe **Anforderungen** zu stellen. So reicht es beispielsweise nicht, auf die „Ausschlusswirkung nach § 16 Nr. 3 Abs. 2–5 VOB/B" hinzuweisen. Vielmehr muss der Auftragnehmer auf die Voraussetzungen und Folgen der vorbehaltlosen Annahme der Schlusszahlung hingewiesen werden. Dies beinhaltet sowohl die Fristen als auch die dem Auftragnehmer zur Verfügung stehenden Abwehrmaßnahmen.[747] Dem Auftraggeber ist daher zu empfehlen, den Wortlaut von § 16 Nr. 3 Abs. 2–6 VOB/B zu wiederholen.

Vereinzelt wird die Auffassung vertreten, dass eine Mitteilung nach § 16 Nr. 3 Abs. 2 VOB/B über die Schlusszahlung und deren Ausschlusswirkung zwingend **nach Eingang der Schlusszahlung** ergehen muss. Eine vor dem Eingang der Schlusszahlung geäußerte Mitteilung des Auftraggebers sei wirkungslos und führe nicht zur Ausschlusswirkung, wenn später eine Schlusszahlung erfolgt.[748] Dies lässt sich jedoch weder dem Wortlaut noch dem Zweck des § 16 Nr. 3 Abs. 2 VOB/B entnehmen. Sprachlich lässt die Bestimmung vielmehr sowohl eine vorherige als auch eine erst nach der Schlusszahlung ergangene Mitteilung zu („... Annahme der Schlusszahlung schließt Nachforderungen aus, wenn ... auf die Ausschlusswirkung hingewiesen wurde"). Auch die zu Recht strengen Anforderungen an die Voraussetzungen für eine Ausschlusswirkung **gebieten keine Nachträglichkeit der Mitteilung**. Die im Hinblick auf den Schutz des Auftragnehmers einschränkende Auslegung der Vorschrift führt lediglich dazu, dass die **Frist** für die Vorbehaltserklärung erst nach Vorliegen beider Voraussetzungen, nämlich Schlusszahlung und Mitteilung, beginnt.[749]

f) Vorbehaltlose Annahme der Schlusszahlung

247
Liegen die unter b) bis e) genannten Voraussetzungen vor, so ist der Auftragnehmer mit Nachforderungen ausgeschlossen, wenn er die Schlusszahlung annimmt, ohne einen nach § 16 Nr. 3 Abs. 5 VOB/B wirksamen **Vorbehalt** zu erklären. Angesichts der drastischen Folgen, die eine derartige vorbehaltlose Annahme für den Auftragnehmer hat, dürfen an den **Inhalt** der Vorbehaltserklärung keine allzu strengen Anforderungen gestellt werden.[750] Entscheidend ist der erkennbare Wille des Auftragnehmers, ohne dass hier auf übertriebene Förmlichkeit geachtet werden muss. Das Wort „Vorbehalt" ist daher nicht erforderlich. Ausreichend, aber auch erforderlich ist vielmehr, dass der Auftraggeber der Vorbehaltserklärung entnehmen kann, dass der Auftragnehmer über die erhaltene Schlusszahlung

---

744 *Werner/Pastor*, Rn 2306; *Ingenstau/Korbion*, a.a.O.
745 OLG Köln BauR 1994, 634; *Heiermann/Riedl/Rusam*, § 16 VOB/B Rn 90a.
746 BGH BauR 1999, 396.
747 *Werner/Pastor*, Rn 2305; *Ingenstau/Korbion*, § 16 VOB/B Rn 198.
748 *Heiermann/Riedl/Rusam*, § 16 VOB/B Rn 101.
749 BGH BauR 1983, 165; *Werner/Pastor*, Rn 2313; ebenso *Ingenstau/Korbion*, § 16 VOB/B Rn 198, die zu Recht darauf hinweisen, dass die Mitteilung der Klarstellung dient, dass der Auftraggeber die letzte Zahlung vornimmt oder vorgenommen hat.
750 BGH BauR 1970, 117.

hinaus **weitere Forderungen geltend macht**.[751] Es reicht daher aus, wenn der Auftragnehmer weiterhin auf der vollen Begleichung seiner Rechnung besteht.[752] Ebenfalls ausreichend ist die Erinnerung an die Begleichung einer Zwischenrechnung.[753] Erst recht hinreichend deutlich ist die Erhebung einer **Zahlungsklage** oder der Erlass eines **Mahnbescheids**.[754]

Da nach § 16 Nr. 3 Abs. 4 VOB/B auch früher gestellte, aber unerledigte Forderungen ausgeschlossen werden, wenn sie nicht nochmals vorbehalten werden, ist ein bereits vor **Eingang der Schlusszahlung erklärter Vorbehalt nicht ausreichend**. Er muss vielmehr erneut erklärt werden.[755] Die Vorbehaltsfrist beträgt nach § 16 Nr. 3 Abs. 5 VOB/B **24 Werktage**. Die Frist beginnt nach Ablauf des Tages, an dem der Auftragnehmer von der Schlusszahlung und dem schriftlichen Hinweis auf die Rechtsfolgen einer vorbehaltlosen Annahme Kenntnis erlangt. Das Datum der Kontogutschrift ist also allein nicht maßgebend.[756] Für einen Vorbehalt, der durch Einreichung einer Klage erfolgt, gilt § 270 Abs. 3 ZPO.[757]

Der Vorbehalt wird nach § 16 Nr. 3 Abs. 5 VOB/B jedoch hinfällig, wenn nicht innerhalb von weiteren 24 Werktagen eine prüfbare Rechnung über die vorbehaltenen Forderungen eingereicht oder, wenn das nicht möglich ist, der **Vorbehalt eingehend begründet** wird.

Die Aufstellung einer prüfbaren Rechnung hat also ausdrücklich Vorrang. Nur wenn dies nicht möglich ist, reicht eine Vorbehaltsbegründung. Die zuerst genannte prüfbare Rechnung muss grundsätzlich den Anforderungen des **§ 14 Nr. 1 VOB/B** entsprechen.[758] Ist dem Auftragnehmer die Aufstellung einer prüfbaren Rechnung aus objektiven Gründen nicht möglich, so kann er auf eine bloße Begründung der Vorbehalte ausweichen. Dies ist dann der Fall, wenn eine prüfbare Rechnung innerhalb der Frist von 24 Werktagen wegen notwendiger, zeitlich länger dauernder Feststellungen aus objektiv vernünftiger Sicht nicht möglich ist.[759] Die VOB/B regelt in § 16 Nr. 3 Abs. 5 S. 2 nur den Fall ausdrücklich, bei dem sich die vom Auftragnehmer geltend gemachten Ansprüche nicht abschließend aus der bereits eingereichten Schlussrechnung ergeben. In diesem Fall ist eine prüfbare Abrechnung der vorbehaltenen Ansprüche notwendig. Benötigt der Auftraggeber jedoch angesichts der bereits vorliegenden prüfbaren Abrechnung der vorbehaltenen Ansprüche keine weiteren Informationen hierüber, so ist eine weitere Begründung dieser Forderungen entbehrlich. Vor diesem Hintergrund ist § 16 Abs. 5 S. 2 VOB/B zurückhaltend auszulegen und anzuwenden.[760] Um Formalismus zu vermeiden, dürfen daher **keine übertriebenen Anforderungen** an die Pflicht zur Vorbehaltsbegründung gestellt werden. Bedeutsam ist dies insbesondere, soweit **bereits eine prüfbare Schlussrechnung** vorliegt. Ergeben sich aus dieser Rechnung alle erforderlichen Informationen für den Auftraggeber, so wäre es sinnwidrig, den Auftragnehmer die selben Angaben, Berechnungen und Argumente nochmals in identischer Form vorbringen zu lassen. Er wäre damit praktisch gezwungen, den von Auftraggeber gekürzten Teil seiner Schlussrechnung schlichtweg abzuschreiben und nochmals einzureichen.[761] Ist die **ursprüngliche Schlussrechnung** allerdings **nicht prüfbar**, so ist der Auftragnehmer gezwungen, seinen Vorbehalt mittels erneuter Abrechnung zu begründen. Daher ist dem Auftragnehmer im Falle eines Streits über die Prüfbarkeit der Schlussrechnung dringend zu empfehlen, die vorbehaltenen Ansprüche nochmals prüfbar abzurechnen.

---

751 OLG Köln BauR 1975, 351; BGH BauR 1970, 117.
752 BGH ZfBR 1982, 124.
753 OLG Frankfurt NJW RR 1988, 601.
754 *Werner/Pastor*, Rn 2308.
755 *Ingenstau/Korbion*, § 16 VOB/B Rn 218; *Heiermann/Riedl/Rusam*, § 16 VOB/B Rn 98.
756 *Werner/Pastor*, Rn 2312.
757 *Werner/Pastor*, Rn 2312.
758 *Ingenstau/Korbion*, § 16 VOB/B Rn 245; Beck'scher VOB-Kommentar – *Motzke* , § 16 Nr. 3 Rn 98.
759 *Ingenstau/Korbion*, § 16 VOB/B Rn 245.
760 BGH BauR 1980, 178; BauR 1977, 135; st. Rspr.
761 *Ingenstau/Korbion*, § 16 VOB/B Rn 247.

Umstritten ist, ob sich die in § 16 Nr. 3 VOB/B genannte **Begründungsfrist** von weiteren 24 Werktagen **an die Vorbehaltserklärungsfrist anschließt**, also erst nach deren Ablauf beginnt, oder ob sie bereits mit Eingang des Vorbehalts beim Auftraggeber beginnt. Für beide Auffassungen wird der Wortlaut des § 16 Nr. 3 Abs. 5 VOB/B zur Begründung herangezogen. Die eine Auffassung argumentiert, das Wort „weiteren" beziehe sich ersichtlich auf den Eingang der Vorbehaltserklärung, wie sich insbesondere aus der vorangehenden Wendung „hinfällig" ergebe, die wiederum an die Vorbehaltserklärung anknüpfe.[762] Die wohl **überwiegende Ansicht** geht hingegen davon aus, dass die Formulierung „weiteren 24 Werktage" offensichtlich an die in Satz 1 der Bestimmung genannten 24 Werktage der Vorbehaltsfrist anknüpft. Außerdem stünde der Auftragnehmer, der seinen Vorbehalt innerhalb kurzer Zeit erklärt, schlechter als derjenige, der sich hiermit bis zum Ende der Vorbehaltserklärungsfrist Zeit lässt.[763] Dieser Auffassung ist zuzustimmen. Steht dem Auftragnehmer nach dem Wortlaut des ersten Satzes in § 16 Nr. 3 Abs. 5 VOB/B eine Frist von 24 Werktagen für die Erklärung des Vorbehalts zur Verfügung, so ist nicht einzusehen, weshalb diese Frist faktisch bereits mit dem Zugang der Vorbehaltserklärung enden soll, um unmittelbar die zweite 24-Tage-Frist für die Vorbehaltsbegründung in Gang zu setzen. Nach dem Wortlaut der Bestimmung hat der Auftragnehmer vielmehr **zwei Fristen zu je 24 Werktagen** zur Verfügung, wobei die zweite Frist mit dem Ende der ersten beginnt. Es gilt daher eine abstrakte Betrachtung dieser beiden Fristen vorzunehmen, unabhängig vom tatsächlichen Zeitpunkt der Vorbehaltserklärung. Auch der Wortlaut der Bestimmung spricht eher für eine abstrakte Betrachtungsweise, da die Formulierung „innerhalb von weiteren 24 Werktagen" eindeutig auf die erste Frist von ebenfalls 24 Werktagen Bezug nimmt. Hätte der Verdingungsausschuss die Vorbehaltsbegründungsfrist bereits mit Zugang der Vorbehaltserklärung beginnen lassen wollen, so hätte er diesen besonderen Fristbeginn ausdrücklich in § 16 Nr. 3 Abs. 5 VOB/B aufgenommen, etwa durch die Formulierung „innerhalb von weiteren 24 Werktagen ab Zugang der Vorbehaltserklärung". Da dies nicht geschehen ist, muss die Frist für die Vorbehaltsbegründung nach Ablauf der Vorbehaltserklärungsfrist beginnen.

Da bisher keine höchstrichterliche Rechtsprechung zum Beginn der Frist für die Vorbehaltsbegründung ergangen ist, ist dem Auftragnehmer angesichts dieser höchst streitigen Rechtsfrage ferner **dringend zu empfehlen**, die Frist für die Begründung des Vorbehalts ab dem Tag der Vorbehaltserklärung zu berechnen und die Begründung des Vorbehalts innerhalb von 24 Werktagen nach diesem Datum einzureichen. Andernfalls besteht die Gefahr, dass die Vorbehaltsbegründung vor Gericht möglicherweise als verspätet betrachtet wird und damit auch der Vorbehalt hinfällig ist.

§ 16 Nr. 3 VOB/B geht davon aus, dass ein einmal erklärter, frist- und formgerechter Vorbehalt die Ausschlusswirkung der Schlusszahlung verhindert. Diese Wirkung des Vorbehalts wird nicht dadurch beseitigt, dass der Auftraggeber **danach nochmals eine Zahlung leistet** und erneut auf die Ausschlusswirkung hinweist. Vielmehr muss der Vorbehalt **nur einmal erklärt werden**, um wirksam zu sein.[764]

g) Umfang der Ausschlusswirkung

Hat der Auftragnehmer einen nach § 16 Nr. 3 Abs. 2–5 VOB/B erforderlichen Vorbehalt nicht wirksam erklärt, so ist er grundsätzlich mit allen Nachforderungen ausgeschlossen, so dass auch früher erhobene, aber unerledigt gebliebene Ansprüche nicht mehr geltend gemacht werden können (§ 16 Nr. 3 Abs. 4 VOB/B). Die Ausschlusswirkung erfasst nicht nur Vergütungsansprüche im herkömmlichen Sinn, sondern sämtliche **Ansprüche, die im Vertrag ihre Grundlage haben** (einschließlich

---

762 So *Ingenstau/Korbion*, § 16 VOB/B Rn 244; ebenso *Werner/Pastor*, Rn 2314.
763 *Heiermann/Riedl/Rusam*, § 16 VOB/B Rn 107; *Nicklisch/Weick*, § 16 VOB/B Rn 61; *Kleine-Möller/Merl/Oelmaier*, § 10 Rn 287.
764 BGH NJW 1982, 1595; NJW 1987, 2585; *Kleine-Möller/Merl/Oelmaier*, § 10 Rn 280.

etwaiger Ansprüche aus zusätzlichen Leistungen oder Leistungsänderungen,[765] **Schadensersatzansprüche** aus Verzug und pFV[766] sowie Ansprüche aus **Behinderungen** (§ 6 Nr. 6 VOB/B).[767]

Der **Sicherheitseinbehalt** des Auftraggebers ist hingegen regelmäßig nicht von der Ausschlusswirkung erfasst.[768] Hintergrund ist, dass nach § 16 Nr. 3 Abs. 2 VOB/B lediglich Nachforderungen ausgeschlossen sind, also solche Forderungen, die über die vom Auftraggeber anerkannten Ansprüche hinausgehen. Erklärt der Auftraggeber jedoch ausdrücklich oder konkludent, dass er eine bestimmte Forderung als noch nicht fällig ansieht und aus diesem Grund von der Berechnung seiner Schlusszahlung ausnimmt, so ist dies keine von der Ausschlusswirkung erfasste Nachforderung, da diese nicht vom Auftraggeber in Abrede gestellt wurde.[769] Genau dies trifft auf den herkömmlichen Sicherheitseinbehalt zu. Der Sicherheitseinbehalt ist jedoch dann von der Ausschlusswirkung nach § 16 Nr. 3 Abs. 2 VOB/B erfasst, wenn sich aus der Schlusszahlungserklärung des Auftraggebers ergibt, dass er nach seiner Auffassung diesen Einbehalt nicht schuldet und daher auch bei Fälligkeit nicht bezahlen wird. Dies ist beispielsweise dann der Fall, wenn der Auftraggeber erklärt, er werde wegen höherer Gegenforderungen keine Zahlungen mehr leisten.[770]

Bezeichnet der Auftragnehmer in seiner Schlussrechnung bestimmte Ansprüche **irrtümlich als beglichen**, obwohl noch keine Zahlung hierauf geleistet wurde, so sind diese Ansprüche nicht ausgeschlossen, da sich der Irrtum des Auftragnehmers nicht auf den Anspruch selbst, sondern lediglich auf dessen Erfüllung bezieht.[771]

Nicht ausgeschlossen sind ferner Forderungen, die zwar bei Gelegenheit oder im Zusammenhang mit der Bauausführung entstanden sind, **jedoch nicht auf dem Bauvertrag beruhen**. Dies gilt beispielsweise für Ansprüche aus **unerlaubter Handlung (§§ 823 ff. BGB)** und aus **ungerechtfertigter Bereicherung (§§ 812 ff. BGB)**.[772]

Nach § 16 Nr. 3 Abs. 6 VOB/B gelten die Ausschlussfristen ferner nicht für ein Verlangen nach Richtigstellung der Schlussrechnung und Schlusszahlung wegen **Aufmaß-, Rechen- und Übertragungsfehlern**. Derartige Versehen sollen von der Schlusszahlungseinrede ausgenommen bleiben, weil in diesen Fällen der Vergütungsanspruch für die tatsächlich erbrachte Leistung weder dem Grunde noch der Höhe nach streitig ist. Daher sollen diese Fehler weder zu Lasten des Auftraggebers noch zu Lasten des Auftragnehmers gehen.[773] Unerheblich ist hierbei, wer den **Fehler zu vertreten** hat.[774] Als **Aufmaßfehler** gelten alle Fehler bei der Anwendung der Aufmaßregeln der VOB/C. Streitig ist hierbei, ob auch **eine Nichtberücksichtigung bestimmter Leistungspositionen** als beachtlicher Aufmaßfehler im Sinne von § 16 Nr. 3 Abs. 6 VOB/B gelten. Dies wird überwiegend mit der Begründung bejaht, dass das Aufmaß die gesamte erbrachte und vergütungspflichtige Leistung erfassen soll, so dass im Falle einer Nichtberücksichtigung einzelner Teilleistungen zugleich ein Fehler der Mengenermittlung und damit ein Aufmaßfehler vorliege.[775] Dieser Auffassung ist jedoch nicht zu folgen. Wird eine Teilleistung überhaupt nicht berücksichtigt, so liegt hierin kein Aufmaßfehler, sondern lediglich ein Unterlassen der Geltendmachung dieses Anspruchs. § 16 Nr. 3 Abs. 6 VOB/B soll jedoch erkennbar **nur echte Versehen** bei der Anwendung der Aufmaßregeln vor

---

765 OLG Düsseldorf BauR 1973, 386; OLG Düsseldorf NJW 1977, 1298; OLG München NJW-RR 1987, 598.
766 OLG Frankfurt BauR 1985, 460; *Ingenstau/Korbion*, § 16 VOB/B Rn 183.
767 *Heiermann/Riedl/Rusam*, § 16 VOB/B Rn 84.
768 Vgl. *Jagenburg*, NJW 1985, 2569; *Ingenstau/Korbion*, § 16 VOB/B Rn 184.
769 *Ingenstau/Korbion*, § 16 VOB/B Rn 184; *Kleine-Möller/Merl/Oelmaier*, § 10 Rn 290.
770 OLG Frankfurt BauR 1985, 460.
771 BGH NJW 1986, 2050.
772 *Heiermann/Riedl/Rusam*, § 16 VOB/B Rn 89; *Ingenstau/Korbion*, § 16 VOB/B Rn 185.
773 *Ingenstau/Korbion*, § 16 VOB/B Rn 253.
774 Beck'scher VOB-Kommentar – *Motzke*, § 16 Nr. 3 Rn 104.
775 *Heiermann/Riedl/Rusam*, § 16 VOB/B Rn 90; *Kleine-Möller/Merl/Oelmaier*, § 10 Rn 289.

der Ausschlusswirkung bewahren. Dies trifft auf das Weglassen einzelner Positionen oder Teilleistungen nicht zu.[776] Dies gilt erst recht, wenn der Auftragnehmer die Berechnung der Leistungsposition deshalb unterlassen hat, weil er sie irrtümlich für eine Nebenleistung hielt. Denn in diesem Fall handelt es sich nicht um einen Aufmaßfehler – die Leistung wurde durchaus berücksichtigt und möglicherweise sogar aufgemessen –, sondern um einen Fehler bei der rechtlichen Beurteilung der Anspruchsgrundlage.[777] Bei derartigen Fehlern ist der Vorbehalt nicht nach § 16 Nr. 3 Abs. 6 VOB/B entbehrlich.

Bei **Rechenfehlern** handelt es sich typischerweise um Additions-, Subtraktions-, Multiplikations- und Divisionsfehler. Insofern sind Überschneidungen mit den vorgenannten Aufmaßfehlern denkbar. Hierzu können auch fehlerhafte Angaben hinsichtlich der Einheitspreise oder der Materialkosten sowie bei der Nennung der Positions- oder Endpreise zählen. Auch eine Fehlberechnung der Umsatzsteuer ist ein Rechenfehler im Sinne von Abs. 6.[778] Hingegen zählt die **völlige Nichtberücksichtigung einer Preis- oder Lohngleitklausel** nicht zu den in Abs. 6 genannten Rechenfehlern. Die gegenteilige Auffassung[779] übersieht, dass bei einer derartigen Außerachtlassung der Preis- oder Lohngleitklausel gar kein Rechenvorgang stattfindet, weshalb ein Rechenfehler nicht in Betracht kommt.[780] Um einen Rechenfehler handelt es sich jedoch, wenn der Auftragnehmer eine Abschlagszahlung versehentlich zweimal in Abzug bringt.[781]

249

Übertragungsfehler sind solche, die durch eine fehlerhafte Übertragung von Zahlen und Berechnungen von einer Berechnungsunterlage in eine andere oder in die Schlussrechnung verursacht wurden.

Die **Darlegungs- und Beweislast** für das Vorliegen eines Ausnahmetatbestands nach § 16 Nr. 3 Abs. 6 VOB/B trägt der Auftragnehmer. Zu beachten ist, dass die Vorbehaltserklärung in den vorgenannten Ausnahmefällen des § 16 Nr. 3 Abs. 6 VOB/B nur dann entbehrlich ist, **wenn dieser Fehler der alleinige Grund** für die aus Sicht des Auftragnehmers zu geringe Schlusszahlung ist. Kürzt der Auftraggeber jedoch die Schlussrechnung unter Hinweis auf Gegenansprüche, insbesondere Schadensersatz-, Vertragsstrafen- oder Gewährleistungsansprüche, so beruht die Nachforderung nicht auf einem Aufmaß-, Rechen- oder Übertragungsfehler. In diesen Fällen gelten unverändert die Ausschlussfristen nach § 16 Nr. 3 Abs. 5 VOB/B.[782] Nur in ganz besonderen Ausnahmefällen kann dem Auftraggeber die Berufung auf die Ausschlusswirkung von § 16 Nr. 3 Abs. 2 VOB/B nach **Treu und Glauben (§ 242 BGB) verwehrt sein**. Dies ist beispielsweise der Fall, wenn die vom Auftragnehmer geltend gemachte Forderung nach Grund und Höhe unstreitig war und ist und für den Auftraggeber darüber hinaus offenkundig war, dass dem Auftragnehmer bei der Abfassung der Rechnung ein Irrtum unterlaufen war, in dem dieser die noch ausstehende Abschlagszahlung irrtümlich vom Rechnungsbetrag abgesetzt hatte und sich der Auftraggeber überdies in Verzug befand. Nutzt der Auftraggeber in diesem Fall seine formale Rechtsstellung dadurch aus, dass er nach Verzugseintritt in plötzlicher Erkenntnis des Irrtums des Auftragnehmers die Schlusszahlung unter Beachtung der Hinweispflicht nach § 16 Nr. 3 Abs. 2 VOB/B leistet, so liegt **kein schutzwürdiges Interesse** des Auftraggebers vor, so dass ihm die Schlusszahlungseinrede nicht zusteht.[783] Eine Verwirkung der Schlusszahlungseinrede liegt hingegen nicht vor, wenn der Auftraggeber erst verspätet

---

[776] Ebenso Beck'scher VOB-Kommentar – *Motzke*, § 16 Nr. 3 Rn 105.
[777] *Kleine-Möller/Merl/Oelmaier*, § 10 Rn 289; Beck'scher VOB-Kommentar – *Motzke*, § 16 Nr. 3 Rn 105.
[778] *Ingenstau/Korbion*, § 16 VOB/B Rn 255.
[779] *Heiermann/Riedl/Rusam*, § 16 VOB/B Rn 90; *Ingenstau/Korbion*, § 16 VOB/B Rn 255.
[780] Ebenso Beck'scher VOB-Kommentar – *Motzke*, § 16 Nr. 3 Rn 106.
[781] BGH NJW 1986, 2050.
[782] *Heiermann/Riedl/Rusam*, § 16 VOB/B Rn 90.
[783] OLG Celle BauR 1984, 534.

zur Schlussrechnung Stellung nimmt oder dem Auftragnehmer das Ergebnis der Schlussrechnungsprüfung in der allgemeinen Ferienzeit bekannt gibt.[784]

Der Ausschluss weiterer Ansprüche des Auftragnehmers nach § 16 Nr. 3 Abs. 2 VOB/B stellt eine **Einrede** dar, auf die sich der Auftraggeber ausdrücklich berufen muss.[785] Diese Einrede hat nicht zur Folge, dass die Nachforderungen des Auftragnehmers erlöschen, es fehlt ihnen vielmehr lediglich an der **Durchsetzbarkeit**.[786] Sie ist daher durchaus mit der Verjährungseinrede vergleichbar.[787] Daraus folgt zunächst, dass der Auftraggeber eine Zahlung, die er trotz Ausschlusswirkung wegen mangelnden Vorbehalts geleistet hat, nicht wegen **ungerechtfertigter Bereicherung** (§§ 812 ff. BGB) zurückfordern kann.[788] Aus der Eigenschaft als Einrede folgt ferner, dass der Auftragnehmer trotz vorbehaltloser Annahme einer Schlusszahlung dennoch mit der nach § 16 Nr. 3 Abs. 2 VOB/B einredebehafteten Forderung analog § 390 S. 2 BGB gegen Forderungen des Auftraggebers **aufrechnen** kann.[789] Hiergegen wurde vereinzelt eingewandt, § 16 Nr. 3 Abs. 2 VOB/B widerspreche einer Aufrechnung, da es Sinn und Zweck der Vorschrift sei, umgehend Rechtsfrieden und Rechtsklarheit zu schaffen, weshalb eine einmal ausgeschlossene Nachforderung nicht auf Umwegen über eine Aufrechnung doch geltend gemacht werden könne.[790] Diese Auffassung ist jedoch abzulehnen. Auch die Verjährung nach §§ 194 ff. BGB soll Rechtsfrieden und Rechtssicherheit gewährleisten.[791] Dennoch sieht § 390 S. 2 BGB ausdrücklich die Aufrechnung mit einer bereits verjährten Forderung vor. Es ist nicht ersichtlich, dass § 16 Nr. 3 Abs. 2 VOB/B eine stärkere Ausschlusswirkung haben soll als die gesetzlichen Verjährungsvorschriften, weshalb eine Aufrechnung analog § 390 S. 2 BGB auch bei vorbehaltloser Annahme einer Schlusszahlung grundsätzlich zulässig sein muss.

6. Die Verjährung des Vergütungsanspruchs

a) Allgemeines

250 Die **VOB/B** enthält keinerlei Vorschriften über die Verjährung, so dass hier die allgemeinen Vorschriften der § 194 ff. BGB anzuwenden sind. Nach § 222 Abs. 1 BGB ist der Schuldner nach Eintritt der Verjährung berechtigt, die Leistung zu verweigern. Die Verjährung lässt den Vergütungsanspruch also nicht erlöschen, sondern stellt lediglich eine **Einrede** dar.[792] Es bleibt dem Schuldner überlassen, ob er sich auf dieses Leistungsverweigerungsrecht berufen will oder nicht. Die Verjährung ist daher im Prozess nicht von Amts wegen zu berücksichtigen und hindert daher nicht den Erlass eines Versäumnisurteils.[793] Leistet der Auftraggeber nach Eintritt der Verjährung dennoch eine Zahlung, so ist er nicht berechtigt, die Zahlung zurückzuverlangen (§§ 222 Abs. 2, 813 Abs. 1 S. 2 BGB). Der Auftragnehmer wiederum kann mit seiner bereits verjährten Forderung gegen Ansprüche des Auftraggebers **aufrechnen**, wenn die verjährte Forderung zu der Zeit, zu welcher sie gegen die Forderung des Auftraggebers aufgerechnet werden konnte, noch nicht verjährt war (§ 390 S. 2 BGB).

---

784 OLG München BauR 1979, 436.
785 BGHZ 62, 18.
786 BGH BauR 1974, 132; BauR 1978, 313; *Werner/Pastor*, Rn 2289.
787 *Ingenstau/Korbion*, § 16 VOB/B Rn 164.
788 *Werner/Pastor*, Rn 2290; *Ingenstau/Korbion*, § 16 VOB/B Rn 172.
789 BGH BauR 1982, 499; *Ingenstau/Korbion*, § 16 VOB/B Rn 173; *Werner/Pastor* Rn 2290.
790 So OLG Düsseldorf BauR 1977, 361.
791 BGHZ 59, 74.
792 Müko – *von Feldmann*, § 194 Rn 5.
793 MüKo – *von Feldmann*, § 222 Rn 2; *Palandt*, § 222 Rn 2.

b) Verjährungsfristen

Nach § 196 Abs. 1 Nr. 1 BGB verjährt der Vergütungsanspruch des Auftragnehmers aus dem Bauvertrag **in zwei Jahren**. Wurden die Bauleistungen jedoch für den **Gewerbebetrieb** des Auftraggebers erbracht, so beträgt die Verjährungsfrist **4 Jahre** (§ 196 Abs. 2 i.V.m. Abs. 1 Nr. 1, Hs. 2 BGB). Ein Gewerbebetrieb im Sinne von § 196 Abs. 1 Nr. 1 BGB ist jede zum Zweck der Gewinnerzielung auf wirtschaftlichem Gebiet im weitesten Sinne ausgeübte Tätigkeit.[794] Entscheidend ist die Berufsmäßigkeit und Dauerhaftigkeit der wirtschaftlichen Tätigkeit. Ist der Auftraggeber **Kaufmann** im Sinne des Handelsrechts, so gilt nach § 344 Abs. 1 HGB die Vermutung, dass die von ihm vorgenommenen Rechtsgeschäfte im Zweifel zum Betrieb seines Handelsgewerbes gehören. Der Auftragnehmer muss daher lediglich beweisen, dass der Auftraggeber Kaufmann ist, dann gilt nach § 196 Abs. 2 BGB die 4-jährige Verjährungsfrist.[795] Handelt es sich bei dem Auftraggeber um eine Kapitalgesellschaft und damit um einen **Formkaufmann** (§ 3 Abs. 1 AktG, § 13 Abs. 3 GmbHG, § 17 Abs. 2 GenG), so erfolgt die Bauleistung in jedem Fall für den Gewerbebetrieb des Auftraggebers.[796] Gleiches gilt für Handelsgesellschaften des Handelsrechts (§ 6 Abs. 1 i.V.m. § 1 Abs. 1 HGB).

§ 196 Abs. 1 Nr. 1 BGB ist **auf alle Bauunternehmer** anwendbar, auch wenn sie selbst keine **Handwerker** sind. Denn der Anspruch eines Bauunternehmers rührt im Wesentlichen aus handwerklicher Tätigkeit, weshalb er unter den weit auszulegenden Begriff des Handwerkers fällt.[797] Nicht nur das Bauhandwerk, sondern auch die **Bauindustrie** fällt also unter den Begriff des „Handwerkers" in § 196 Abs. 1 Nr. 1 BGB.

Schwierigkeiten bereitet hingegen die Einordnung des **Generalunternehmers**,[798] weil dieser einen Großteil seiner Leistung **nicht selbst ausführt** und somit „die Besorgung fremder Geschäfte" gewerbsmäßig betreibt, womit die Tätigkeit möglicherweise unter § 196 Abs. 1 Nr. 7 BGB fällt. Der entscheidende Unterschied zwischen § 196 Abs. 1 Nr. 1 und Nr. 7 BGB besteht darin, dass die nach Nr. 1 zu beurteilenden Forderungen gemäß Abs. 2 nach 4 Jahren verjähren, wenn die Leistung für den Gewerbebetrieb des Auftraggebers erfolgte. § 196 Abs. 1 Nr. 7 BGB enthält diese Ausnahme nicht.[799] Für Forderungen des Generalunternehmers gilt folgendes: Besitzt er **Kaufmannseigenschaft**, so fällt er ausdrücklich unter § 196 Abs. 1 Nr. 1 BGB. Dies dürfte fast immer der Fall sein. Handelt es sich ausnahmsweise um einen Generalunternehmer, der **kein Kaufmann ist**, so beurteilt sich die Einordnung seiner Forderung unter Nr. 1 oder Nr. 7 nach dem Anteil der von ihm selbst ausgeführten Leistungen. Überwiegt der **Anteil der nicht selbst ausgeführten Arbeiten**, so handelt es sich um eine Geschäftsbesorgungstätigkeit, die unter § 196 Abs. 1 Nr. 7 BGB fällt.[800] Führt der Generalunternehmer hingegen den größten Teil der Leistungen selbst aus, so handelt es sich um keine bloße Geschäftsbesorgung, da der handwerkliche Leistungsteil überwiegt. In diesen Fällen gilt § 196 Abs. 1 Nr. 1 BGB, mit der Folge, dass die 4-jährige Verjährungsfrist nach § 196 Abs. 2 BGB gilt, sofern die Leistung für den Gewerbebetrieb des Auftraggebers erfolgte.[801]

---

794 BGHZ 95, 158; 83, 386; st. Rspr.
795 *Kleine-Möller/Merl/Oelmaier*, § 10 Rn 234.
796 Müko – *von Feldmann*, § 196 Rn 10.
797 BGHZ 39, 255; BGH NJW 1968, 547.
798 Zum Begriff des Generalunternehmers siehe Rn 17.
799 Dies wird von *Ingenstau/Korbion*, § 2 VOB/B Rn 58 übersehen, die unzutreffenderweise ausführen, die Einordnung einer Forderung unter § 196 Abs. 1 Nr. 1 oder Nr. 7 BGB habe keine praktischen Auswirkungen.
800 *Ingenstau/Korbion*, § 2 VOB/B Rn 58.
801 Beck'scher VOB-Kommentar – *Jagenburg* vor § 2 Rn 528; *Heiermann/Riedl/Rusam*, § 2 VOB/B Rn 9; *Ingenstau/Korbion*, § 2 VOB/B Rn 58.

Ansprüche auf **Abschlags- und Vorauszahlungen unterliegen nicht der Verjährung**, da es sich hierbei lediglich um Vorschüsse auf die Schlusszahlung handelt.[802] Nur die Ansprüche auf Schlusszahlung und Teilschlusszahlung unterliegen der Verjährung.

c) Beginn der Verjährungsfrist

253 Nach § 201 BGB beginnt die Verjährung der Werklohnansprüche mit dem **Schluss des Jahres, in welchem der Anspruch entsteht**, also fällig wird. Hier zeigt sich ein entscheidender Unterschied zwischen der Verjährung im Rahmen von BGB-Bauverträgen und im Rahmen von VOB-Bauverträgen. Nach § 16 Nr. 3 Abs. 1 VOB/B wird die Schlusszahlung im Regelfall erst zwei Monate nach Zugang der Schlussrechnung beim Auftraggeber fällig.[803] Demnach beginnt die Verjährungsfrist nach § 201 BGB erst mit dem Schluss des Jahres, in welchem die Zweimonatsfrist abläuft.

Im Rahmen von **BGB-Bauverträgen** wird der Anspruch auf Schlusszahlung nach der Rechtsprechung des BGH bereits **mit der Abnahme fällig**, jedenfalls im Sinne des Verjährungsrechts.[804] Die im Schrifttum überwiegend vertretene Auffassung geht zwar davon aus, dass die Fälligkeit des Schlusszahlungsanspruchs auch im Rahmen von BGB-Bauverträgen die Erteilung einer Schlussrechnung voraussetzt.[805] Hier wird jedoch lediglich die **Fälligkeit im Sinne der Durchsetzbarkeit** an das Vorliegen einer Schlussrechnung geknüpft. Hinsichtlich der Verjährung wird hingegen überwiegend die Abnahme als maßgeblicher Fälligkeitszeitpunkt betrachtet.[806] Daher beginnt im Rahmen von BGB-Bauverträgen die Verjährung bereits mit dem Schluss des Jahres, in dem die Abnahme stattfand. Haben sich die Parteien eines BGB-Bauvertrags hingegen über die Erteilung einer Schlussrechnung geeinigt, so ist diese als Fälligkeitsvoraussetzung zu betrachten. In diesen Fällen löst jedoch nicht bereits der Zugang der Schlussrechnung die Fälligkeit aus, vielmehr gilt **§ 16 Nr. 3 Abs. 1 VOB/B analog**.[807] Diese Analogie bezieht sich jedoch nur auf die Durchsetzbarkeit der Forderung und lässt den Verjährungsbeginn unberührt.

Zusammenfassend lässt sich also feststellen, dass im Rahmen von VOB-Bauverträgen der Ablauf der zweimonatigen Prüfungsfrist maßgeblich ist, in BGB-Bauverträgen hingegen die Abnahme. Findet die Abnahme daher beispielsweise im Dezember statt, so können sich hier erhebliche Unterschiede im Hinblick auf die Verjährung ergeben. Bei einem herkömmlichen BGB-Bauvertrag beginnt die Verjährung bereits am Schluss des betreffenden Jahres. Im Rahmen eines VOB-Bauvertrags beginnt die Verjährung hingegen erst **ein Jahr später**, da die Fälligkeit auch dann erst im neuen Jahr eintritt, wenn der Auftragnehmer die Schlussrechnung noch im Dezember einreicht. Durch die zweimonatige Prüfungsfrist nach § 16 Nr. 3 Abs. 1 VOB/B beginnt die Verjährung nämlich im Beispielsfall unabhängig von der Abnahme oder der Einreichung der Schlussrechnung erst mit dem Schluss des Folgejahres.

Umstritten ist, ob die **Prüfbarkeit der Schlussrechnung** Einfluss auf den Beginn der Verjährung hat. Im Rahmen von **BGB-Bauverträgen** ist dies, wie vorstehend geschildert, nicht der Fall. Die Verjährung beginnt vielmehr am Schluss des Jahres, in dem die Abnahme stattfindet. Stellt der Auftragnehmer also keine oder keine prüfbare Schlussrechnung, so kann er hierdurch nicht den Beginn der Verjährung verhindern. Vielmehr ist er gut beraten, zügig die ordnungsgemäße Rechnungslegung nachzuholen, um nicht zu riskieren, dass sein Anspruch verjährt, bevor er – mittels einer prüfbaren Schlussrechnung – tatsächlich durchsetzbar ist.[808]

---

802 *Werner/Pastor*, Rn 2368; *Heiermann/Riedl/Rusam*, § 2 VOB/B Rn 12; *Ingenstau/Korbion*, § 2 VOB/B Rn 76; OLG Düsseldorf BauR 1999, 178; a.A. Beck'scher VOB-Kommentar – *Jagenburg* vor § 2 Rn 559.
803 Siehe Rn 197, 219.
804 BGH BauR 1981, 1999; zur Fälligkeit von Schlusszahlungsansprüchen im Rahmen von BGB-Bauverträgen siehe Rn 223.
805 *Werner/Pastor*, Rn 1371; *Ingenstau/Korbion*, § 16 VOB/B Rn 13; *Kleine-Möller/Merl/Oelmaier*, § 10 Rn 64, 132.
806 Siehe hierzu Rn 208.
807 *Heiermann/Riedl/Rusam*, § 14 VOB/B Rn 7; siehe hierzu Rn 223.
808 Zum Auseinanderfallen von Durchsetzbarkeit und Verjährung siehe Rn 208.

Beim **VOB-Bauvertrag** tritt hingegen die Fälligkeit nach § 16 Nr. 3 Abs. 1 VOB/B erst zwei Monate nach Eingang einer prüffähigen Schlussrechnung ein. Dies gilt auch hinsichtlich der Verjährung.[809] Ist die Schlussrechnung nicht prüfbar und weist sie der Auftraggeber aus diesem Grunde zurück, so wird die Forderung des Auftragnehmers nicht fällig, sie kann jedoch aus diesem Grunde andererseits nicht verjähren. Dies hätte jedoch zur Folge, dass der Anspruch des Auftragnehmers auf Schlusszahlung niemals verjährt, wenn er keine prüfbare Schlussrechnung stellt. Diese auf den ersten Blick durchaus unbillige Folge wird überwiegend unter Hinweis auf die Möglichkeit des Auftraggebers zur **Selbstaufstellung der Schlussrechnung (§ 14 Nr. 4 VOB/B)** gerechtfertigt. Der Auftraggeber habe es selbst in der Hand, die Fälligkeit und damit den Beginn der Verjährung durch eine eigene Schlussrechnung herbeizuführen.[810] Andererseits besteht keine Pflicht des Auftraggebers, auf diese Weise vorzugehen. Vielmehr hat er ein Wahlrecht, ob er die Schlussrechnung seitens des Auftragnehmers einfordert oder zur Selbstvornahme schreitet.[811] Vor diesem Hintergrund wird vereinzelt angenommen, für die Verjährung der Schlusszahlungsforderung komme es keineswegs auf die Prüfbarkeit der Schlussrechnung des Auftragnehmers an.[812] Begründet wird diese Auffassung damit, der **Auftraggeber** habe unabhängig von der Prüfbarkeit der Schlussrechnung **ein Interesse an einer Verjährung** der Werklohnforderung. Ferner wird auf die Rechtsprechung des BGH zur vorbehaltlosen Annahme der Schlusszahlung verwiesen, die hier analog gelten soll. Denn auch bei einer nicht prüfbaren Schlussrechnung trete eine Ausschlusswirkung ein, wenn der Auftraggeber dennoch Schlusszahlung leistet oder weitere Zahlungen endgültig ablehnt.[813] Hier ist jedoch zu unterscheiden. **Grundsätzlich** ist der überwiegenden Ansicht in **Rechtsprechung** und **Literatur** beizupflichten, dass die Fälligkeit und damit regelmäßig auch der Beginn der Verjährung eine prüfbare Schlussrechnung voraussetzt. Reicht also der Auftragnehmer keine solche ein, so beginnt die Verjährungsfrist nicht automatisch zu laufen. Einen echten Nachteil erfährt der Auftraggeber hierdurch nicht, denn auch eine Fälligkeit liegt in diesen Fällen nicht vor. Prüft der Auftraggeber die Schlussrechnung dennoch und leistet daraufhin eine Schlusszahlung oder lehnt weitere Zahlungen endgültig ab, ohne dies nur auf die fehlende Prüfbarkeit zu stützen, so steht jedoch dem Beginn der Verjährung nichts mehr im Wege. Es wäre absurd, wenn der Auftragnehmer sich in diesen Fällen mit dem Hinweis auf die fehlende Prüfbarkeit der eigenen Schlussrechnung erfolgreich gegen die Verjährung wehren könnte.[814] Weist der Auftraggeber die Schlussrechnung des Auftragnehmers als nicht prüfbar zurück und holt der Auftragnehmer die prüfbare Abrechnung nicht innerhalb der in § 14 Nr. 3 VOB/B festgesetzten Frist nach, so muss ebenfalls entgegen der h.M. die Möglichkeit der Verjährung bestehen. Andernfalls wäre der Auftraggeber gezwungen, von der Möglichkeit der Selbstvornahme nach § 14 Nr. 4 VOB/B Gebrauch zu machen, obwohl er dies möglicherweise weder will noch kann. Aus diesem Grunde muss die vom Auftragnehmer aufgestellte Schlussrechnung auch ohne Prüfbarkeit die Verjährung auslösen können. In diesen Fällen muss die **Zurückweisung der nicht prüfbaren Schlussrechnung als verjährungsauslösender Vorgang** betrachtet werden.[815] Dem Auftragnehmer entsteht hierdurch kein unzumutbarer Nachteil, hat er es doch in der Hand, seine Leistungen prüfbar abzurechnen. Beruft er sich hingegen weiterhin auf seine nicht prüfbare Schlussrechnung, so ist er im Hinblick auf die Verjährung ebenfalls nicht schutzwürdig, weil er zu Unrecht Zahlung verlangt. Die

---

809 *Kleine-Möller/Merl/Oelmaier*, § 10 Rn 239; *Ingenstau/Korbion*, § 16 VOB/B Rn 14; *Heiermann/Riedl/Rusam*, § 2 VOB/B Rn 12.
810 *Kleine-Möller/Merl/Oelmaier*, § 10 Rn 239.
811 Siehe Rn 206.
812 So Beck'scher VOB-Kommentar – *Jagenburg* vor § 2 Rn 569.
813 Beck'scher VOB-Kommentar – *Jagenburg* vor § 2 Rn 569 unter Hinweis auf BGH BauR 1987, 696.
814 Ebenso Beck'scher VOB-Kommentar – *Cuypers* vor § 14 Rn 16, der jedoch gleichzeitig darauf hinweist, dass der Auftraggeber auf ebenso absurde Weise argumentieren müsste, die Rechnung sei prüfbar und fällig, obwohl er dies zuvor bestritten habe.
815 Ähnlich OLG Celle BauR 1974, 413, das allerdings den verjährungsauslösenden Zeitpunkt nach Ablauf der in § 14 Nr. 3 VOB/B genannten Frist zuzüglich der zweimonatigen Prüffrist nach § 16 Nr. 3 Abs. 1 VOB/B eintreten lassen will; a.A. *Ingenstau/Korbion*, § 16 VOB/B Rn 14.

vorgenannten Grundsätze gelten erst recht, wenn der **Auftraggeber** unter den Voraussetzungen des § 14 Nr. 4 VOB/B **selbst die Schlussrechnung** aufstellt. In diesem Fall ist **die Prüfbarkeit nicht Voraussetzung** für den Beginn der Verjährung.[816] Auch in diesen Fällen beginnt die Verjährung mit dem Schluss des Jahres, in welchem dem Auftragnehmer die vom Auftraggeber aufgestellte Schlussrechnung zuging.[817]

d) Verjährung sonstiger Ansprüche

255 Die **Verjährungsfrist** beginnt für sämtliche Forderungen aus dem Bauvertrag **einheitlich**, also gilt auch für Forderungen, die in der Schlussrechnung nicht enthalten sind, jedoch enthalten sein könnten.[818] Dies gilt ferner für solche Vergütungsforderungen, deren Bezahlung der Auftraggeber bereits vor Einreichung der Schlussrechnung abgelehnt hat. Die Verjährung betrifft also gleichzeitig auch **Nachtragsforderungen** wegen zusätzlicher Leistungen oder Leistungsänderungen, Forderungen aus **Lohn- und Materialpreisgleitklauseln**[819] sowie **Schadenersatzansprüche** aus § 6 Nr. 6 VOB/B,[820] pFV oder aus cic.[821] Gleiches gilt für Ansprüche aus **Geschäftsführung ohne Auftrag** sowie aus **ungerechtfertigter Bereicherung**, wenn diese Ansprüche als Ersatz für den Erfüllungsanspruch erhoben werden.[822] Auch der Anspruch auf Auszahlung des **Bareinbehalts** unterfällt der gleichen Verjährungsfrist wie der Vergütungsanspruch. Da jedoch die Verjährung voraussetzt, dass der Anspruch fällig ist, beginnt die Verjährung des Auszahlungsanspruchs hier erst mit Schluss des Jahres, in welchem der Sicherheitseinbehalt auszuzahlen wäre. Dies ist regelmäßig der Ablauf der Gewährleistungsfrist (§ 17 Nr. 8 VOB/B).[823]

e) Hemmung

256 Die Verjährungsfrist kann jedoch durch bestimmte Ereignisse gehemmt oder unterbrochen werden. Nach § 205 BGB bewirkt eine Hemmung, dass der Zeitraum, während dessen die Verjährung gehemmt ist, nicht in die Verjährungsfrist eingerechnet wird. Die Verjährungsfrist ist also um den Zeitraum der Hemmung zu verlängern. Bei einer Unterbrechung hingegen kommt die bis zur Unterbrechung verstrichene Zeit nicht in Betracht, so dass eine neue Verjährung erst nach Beendigung der Unterbrechung neu beginnen kann (§ 217 BGB). **Voraussetzung für Hemmung und Unterbrechung** ist gleichermaßen, dass die **Verjährungsfrist noch nicht abgelaufen ist**, da andernfalls beide Rechtsfolgen nicht mehr eintreten können.

Als Hemmungstatbestände für den bauvertraglichen Vergütungsanspruch des Auftragnehmers kommen nach § 202 Abs. 1 BGB zunächst die **Stundung** und ein vorübergehendes **Leistungsverweigerungsrecht** in Betracht. Dies gilt jedoch nach § 202 Abs. 2 BGB unter anderem nicht für die Einrede des Zurückbehaltungsrechts, des nicht erfüllten Vertrags, der mangelnden Sicherheitsleistung und der Vorausklage. Als weiterer wichtiger Hemmungsgrund kann ein Stillhalteabkommen in Betracht kommen (**pactum de non petendo**). Ein solches liegt vor, wenn die Parteien vereinbaren, dass der Vergütungsanspruch bis zu einem bestimmten Zeitpunkt trotz Fälligkeit nicht geltend gemacht wird, was beispielsweise bei einer Schiedsgutachterklausel der Fall ist, die vorsieht, dass der Gläubiger bis zur Erstattung des Gutachtens nicht gegen den Schuldner vorgehen wird.[824] Bloße Verhandlungen

---

816 *Kleine-Möller/Merl/Oelmaier*, § 10 Rn 140; a.A. *Ingenstau/Korbion*, § 14 VOB/B Rn 64.
817 A.A. *Heiermann/Riedl/Rusam*, § 14 VOB/B Rn 56, die erst nach Ablauf der zweimonatigen Prüfungsfrist die Fälligkeit als gegeben ansehen. Ebenso *Werner/Pastor*, Rn 1397.
818 BGH BauR 1970, 113; BauR 1982, 379.
819 *Ingenstau/Korbion*, § 2 VOB/B Rn 74.
820 BGH NJW 1968, 1234.
821 BGH NJW 1968, 1234.
822 BGHZ 48, 127.
823 *Werner/Pastor*, Rn 2369; *Ingenstau/Korbion*, § 2 VOB/B Rn 75.
824 BGH BauR 1990, 86.

über den Vergütungsanspruch oder dessen Höhe reichen hierfür jedoch nicht aus.[825] Ein weiterer Hemmungstatbestand stellt das in § 18 Nr. 2 VOB/B vorgesehene Verfahren bei Meinungsverschiedenheiten mit behördlichen Auftraggebern dar.[826]

f) Unterbrechung

Die wichtigsten Unterbrechungstatbestände sind in §§ 208, 209 BGB geregelt. Hier kommt zunächst das **Anerkenntnis** in Betracht. Nach § 208 BGB wird die Verjährung unterbrochen, wenn der Schuldner dem Gläubiger gegenüber den Anspruch durch Abschlagszahlung, Zinszahlung, Sicherheitsleistung oder in anderer Weise anerkennt. Ein Anerkenntnis muss nicht notwendigerweise ausdrücklich erfolgen, es kann sich vielmehr auch aus den äußeren Umständen, insbesondere durch schlüssiges Verhalten des Schuldners ergeben.[827] Wichtigster Fall eines Anerkenntnisses im Sinne von § 208 BGB ist die vorbehaltlose Bezahlung der Schlussrechnung durch den Auftraggeber.[828] Gleiches gilt regelmäßig für die **anstandslose Unterzeichnung der Schlussrechnungsprüfung** durch den Auftraggeber.[829] Kein Anerkenntnis nach § 208 BGB liegt vor, wenn der Auftraggeber den Auftragnehmer auffordert, die Schlussrechnung einzureichen.[830] Das Anerkenntnis im Sinne von § 208 BGB erfordert keine rechtsgeschäftliche Willenserklärung. Dennoch muss sich aus dem tatsächlichen Verhalten des Schuldners klar und unzweideutig ergeben, dass er sich des Bestehens der Schuld bewusst ist, und zwar in Bezug auf einen bestimmten Anspruchsgrund.[831] Hierfür reicht ein **Vergleichsangebot** allein jedoch nicht aus.[832] Das Zahlungsangebot darf ferner nicht nur aus Kulanz oder zur möglichen Beilegung des Streits erfolgen.[833]

257

Der praktisch bedeutsamste Fall der Unterbrechung ist die **gerichtliche Geltendmachung** des Anspruchs (§ 209 Abs. 1 BGB). Ausdrücklich genannt sind hier die Zahlungs- und die Feststellungsklage. Nach § 209 Abs. 2 Nr. 1 BGB steht die Zustellung eines **Mahnbescheids** der Klageerhebung gleich. Dies gilt jedoch nur, wenn aus dem Mahnbescheid klar hervorgeht, welcher Anspruch gemeint ist.[834] Der Anspruch muss derart individualisiert worden sein, dass er Grundlage eines Vollstreckungstitels sein kann. Daher reicht die **bloße Angabe der Rechnung** nicht aus (§ 690 Abs. 1 Nr. 3 ZPO). Da Schadensersatzansprüche und Werklohnansprüche verjährungstechnisch selbstständig sind, gilt die Unterbrechung nur für den geltend gemachten **Einzelanspruch**.[835] Nach § 270 Abs. 3 ZPO tritt die Verjährungsunterbrechung bereits mit Einreichung der Klage ein, sofern die Zustellung „demnächst" erfolgt. Für den Mahnbescheid gilt insofern § 693 Abs. 2 ZPO. Nach § 209 Abs. 2 Nr. 4 BGB unterbricht auch die **Streitverkündung** die Verjährung. Gleiches gilt nach § 220 Abs. 1 BGB für das **Schiedsgerichtsverfahren**. Die Verjährung wird ferner zwar nicht durch das **Insolvenzverfahren** über das Vermögen des Schuldners unterbrochen, aber durch Anmeldung der Forderung in diesem Verfahren (§ 209 Abs. 2 Nr. 2 BGB). Die Unterbrechung durch Anmeldung im Insolvenzverfahren dauert fort, bis das Insolvenzverfahren beendet ist (§ 214 Abs. 1 BGB). Die Unterbrechung durch Klageerhebung dauert nach § 211 Abs. 1 BGB fort, bis der **Prozess rechtskräftig** entschieden oder anderweitig erledigt ist. Gerät der Prozess infolge einer Vereinbarung oder dadurch,

---

825 BGH BauR 1979, 59.
826 *Ingenstau/Korbion*, § 18 VOB/B Rn 47.
827 BGH NJW 1985, 2945; MüKo – *von Feldmann*, § 208 BGB Rn 4.
828 Beck'scher VOB-Kommentar – *Jagenburg*, vor § 2 Rn 581.
829 LG Köln, S-F-H Z. 2.50 Bl. 28.
830 *Ingenstau/Korbion*, § 2 VOB/B Rn 79.
831 BGH NJW 1988, 1260; MüKo – *von Feldmann*, § 208 BGB Rn 4.
832 BGH BauR 1981, 385.
833 *Heiermann/Riedl/Rusam*, § 2 VOB/B Rn 13b.
834 BGHZ 112, 370.
835 BGH BauR 1992, 229.

dass er nicht betrieben wird, in Stillstand, so endet die Unterbrechung mit der letzten Prozesshandlung seitens der Parteien oder des Gerichts (§ 211 Abs. 2 S. 1 BGB). Durch das Weiterbetreiben des Prozesses wird die Verjährung erneut unterbrochen (§ 211 Abs. 2 S. 2 BGB).

g) Verjährungsverzicht

258 Von erheblicher praktischer Relevanz ist ferner der Verjährungsverzicht. Nach § 225 BGB kann die Verjährung durch Rechtsgeschäft zwar weder ausgeschlossen noch erschwert werden. Dies gilt jedoch nur, soweit die Verjährung noch nicht vollendet ist. **Nach Eintritt der Verjährung** steht es dem Verpflichteten hingegen frei, einseitig auf diese Einrede zu verzichten.[836] Ein **vor Vollendung der Verjährung** ausgesprochener Verzicht ist zwar unwirksam, kann jedoch unter Umständen einen Vertrauensschutz seitens des Berechtigten begründen, der eine dennoch erhobene Verjährungseinrede als unzulässige Rechtsausübung nach **Treu und Glauben (§ 242 BGB)** unbeachtlich macht.[837] Dies soll jedoch nur unter **strengen Voraussetzungen** gelten.[838] Der Vertrauenstatbestand wirkt nur solange, wie der Gläubiger tatsächlich auf den Verjährungsverzicht vertrauen durfte. Ergeben sich Anhaltspunkte, dass sich der Schuldner nicht mehr an seinen Verzicht gebunden fühlt, so muss der Gläubiger seinen Anspruch unverzüglich gerichtlich geltend machen. **Widerruft** also der Schuldner den – an sich ohnehin unzulässigen – Verjährungsverzicht unter Verstoß gegen Treu und Glauben, so folgt aus dieser unzulässigen Rechtsausübung zunächst, dass die bereits eingetretene Verjährung nicht durchgreift. Der Vertrauenstatbestand bewirkt vielmehr, dass der Gläubiger Gelegenheit erhält, seinen Anspruch geltend zu machen. Angesichts der Unzulässigkeit des Verjährungsverzichts nach § 225 BGB steht ihm hierfür jedoch nur eine sehr **kurze Frist** zur Verfügung.[839] Wie kurz diese Frist ist, kann nicht generell beantwortet werden, sondern richtet sich nach den Umständen des Einzelfalls. Hier ist insbesondere der Umfang des Anspruchs, die Schwierigkeit der Geltendmachung und die Verwerflichkeit des Schuldnerverhaltens zu beachten. Man wird dem Gläubiger jedoch zumindest ein bis zwei Wochen zubilligen müssen. Die Höchstgrenze soll regelmäßig bei 4 Wochen liegen.[840]

7. Gängige Klauseln

259 Die Rechtsprechung zur Inhaltskontrolle von Klauseln, die die Vergütung des Bauunternehmers betreffen, ist inzwischen unüberschaubar.[841] Daher sei hier nur noch ein kurzer Überblick über bestimmte Kategorien von Klauseln aufgezeigt. Sehr verbreitet sind zunächst so genannte **Vollständigkeitsklauseln**. Die Rechtsprechung ist hier verhältnismäßig streng. Da diese Klauseln zumindest mittelbar versuchen, die Folgen unvollständiger Informationen oder Mitwirkungshandlungen seitens des Auftraggebers auf den Vertragspartner abzuwälzen, sind diese Klauseln überwiegend unwirksam. Dies gilt insbesondere für solche Bestimmungen, nach denen der Auftragnehmer „die **fix und fertige Leistung** einschließlich Vor-, Neben- und Nacharbeiten zu erbringen hat, die erforderlich sind, um ein vollständiges, funktionsfähiges und betriebsfertiges Bauwerk zu erstellen, auch wenn diese Leistungen in der Leistungsbeschreibung nicht eindeutig beschrieben sind".[842] **Zulässig ist** es hingegen, den Bieter zu verpflichten, sich vor Abgabe seines Angebotes **ein Bild von der Baustelle** zu machen, da dies ohnehin eine vertragliche Obliegenheit des Auftragnehmers darstellt.[843] Unzulässig soll es hingegen sein, sich derartige Kenntnisse über die örtlichen Umstände im Vertrag **zusichern**

---

836 MüKo – *von Feldmann*, § 222 Rn 4, § 225 Rn 3.
837 BGH NJW 1979, 867, NJW 1991, 974, NJW 1998, 902, st. Rspr.
838 MüKo – *von Feldmann*, § 225 BGB Rn 3.
839 BGH NJW 1998, 902.
840 OLG Düsseldorf NJW 1983, 1435; MüKo – *von Feldmann*, § 194 Rn 12.
841 Vgl. Überblick bei *Ingenstau/Korbion*, § 2 VOB/B, Rn 5; *Glatzel/Hofmann/Frikell*, Ziffer 2.2, 2.16.1.
842 Absolut h.M., siehe hierzu *Glatzel/Hofmann/Frikell*, Ziffer 2.2.1.1.
843 Korbion / *Locher*, Rn 67.

zu lassen.⁸⁴⁴ Hier sollten jedoch keine übertriebenen Anforderungen gestellt werden. Es sollte unter erfahrenen Kaufleuten und Bauunternehmern zulässig sein, sich örtliche Kenntnisse zusichern zu lassen, sofern keine Ansprüche wegen des späteren Auftretens nicht erkennbarer Schwierigkeiten ausgeschlossen werden. Es geht hier nicht um Verbraucherschutz, sondern um kaufmännischen Rechtsverkehr, so dass der Auftragnehmer nicht vor jeder riskanten Zusicherung zu schützen ist. Unzulässig ist es allerdings, dem Auftragnehmer die Berufung auf **Unklarheiten in den Angebotsunterlagen** zu verwehren.⁸⁴⁵ Gleiches gilt für **Verzichtsklauseln**, die Nachforderungen ausschließen, wenn diese in der Schlussrechnung nicht enthalten waren.⁸⁴⁶

Die Klausel „Der Einwand eines **Preis- oder Kalkulationsirrtums** auf Seiten des Auftragnehmers ist ausgeschlossen" ist wegen unangemessener Benachteiligung nach § 9 AGBG ebenfalls unwirksam.⁸⁴⁷ Dies gilt grundsätzlich immer dann, wenn das Haftungs- und Vergütungsrisiko für den Auftragnehmer nicht überschaubar ist oder nicht von ihm beeinflusst werden kann. Daher ist die Klausel „Die vereinbarten Festpreise schließen **Nachforderungen jeglicher Art** aus" als denkbar umfangreichste Klausel selbstverständlich unwirksam.⁸⁴⁸ Zwar sind Klauseln, die den **Festpreischarakter** eines Vertrags unterstreichen, nicht per se unwirksam, da Preise, wenn sich deren Grundlagen nicht ändern, stets fest sind. Derartige Klauseln schließen jedoch regelmäßig bestimmte Ansprüche des Auftragnehmers aus, ohne dass auf die Ursachen für die Nachforderung näher eingegangen wird. Dadurch werden meist auch vom Auftragnehmer nicht zu vertretende oder sogar **vom Auftraggeber verursachte Kostenerhöhungen** ausgeschlossen. Dies gilt beispielsweise für die Klausel „Die Preise sind Festpreise bis zur endgültigen Übergabe des schlüsselfertigen Objekts und nicht nur des Teilgewerkes, welches mit diesem Vertrag in Auftrag gegeben wird".⁸⁴⁹

Erst recht bedenklich sind **Abrechnungsklauseln**, die Einwendungen gegen einseitige Kürzungen oder Feststellungen ausschließen. Dies gilt sowohl für den **Ausschluss von Nachforderungen** des Auftragnehmers als auch für den **Verzicht auf Einwendungen** gegen die möglicherweise vom Auftraggeber erstellte Rechnung.⁸⁵⁰

Weiterhin bedenklich sind allgemeine **Zahlungsklauseln**, die Fälligkeit oder Beweislast zu Lasten eines Vertragspartners verschieben, ohne dass dieser Einfluss hierauf hat. Unwirksam ist daher eine Klausel, die die **Schlussrechnungsprüfungsfrist auf 3 Monate** und deren Beginn auf das Vorhandensein der Prüfungsunterlagen festlegt.⁸⁵¹ Auch eine Verlängerung der Abschlagszahlungsfrist ist bedenklich und nur in geringem Umfang zulässig.⁸⁵² Wirksam sind hingegen Klauseln, die eine Schlussrechnungsprüfung durch den Architekten vorsehen, da hiermit noch nicht die Fälligkeit tangiert ist.⁸⁵³

Schließlich sind auch **Abtretungs- und Aufrechnungsverbote** nicht unproblematisch. So hat der BGH entschieden, dass berechtigte Belange des Vertragspartners an der Abtretbarkeit vertraglicher Forderungen das Interesse des Verwenders (Auftraggebers) überwiegen können und daher formularmäßige Abtretungsverbote unter Umständen unwirksam erscheinen lassen.⁸⁵⁴ Für das Bauwesen

---

844 *Vygen*, Rn 243.
845 BGH NJW RR 1997, 1513.
846 BGH BauR 1989, 461.
847 BGH BauR 1983, 368.
848 BGH NJW RR 1997, 1513.
849 *Glatzel/Hofmann/Frikell*, Ziffer 2.2.2.1c.
850 OLG Karlsruhe BB 1983, 725.
851 OLG München NJW RR 1990, 1358.
852 *Glatzel/Hofmann/Frikell*, Ziffer 2.16.3.1 h unter Hinweis auf LG Bamberg, das eine Zahlungsfrist von 20 Arbeitstagen bereits für unzulässig hält.
853 *Ingenstau/Korbion*, § 16 VOB/B Rn 102.
854 BGH WM 1991, 554.

werden Forderungsabtretungen vereinzelt als branchenüblich betrachtet, da hier regelmäßig mit verlängerten Eigentumsvorbehalten gearbeitet wird.[855] Andererseits sind jedoch auch **Abtretungsverbote inzwischen durchaus üblich**, so dass nicht von einer generellen Unwirksamkeit ausgegangen werden darf. Hingegen sind **generelle und kategorische Ausschlüsse** von Aufrechnungsmöglichkeiten eines Vertragspartners nach § 9 AGBG unwirksam, weil hier zumindest das Insolvenzrisiko nicht durch die Aufrechnung verhindert werden kann.[856]

V. Änderung von Leistung und Vergütung

1. Allgemeines

260 „Kein Tag ohne Nachtrag" wird häufig auf beiden Vertragsseiten gescherzt. Hintergrund ist, dass gerade bei größeren Bauvorhaben die Zahl der Nachträge, unabhängig davon, ob ein „Pauschalfestpreis" vereinbart ist oder nicht, oft im dreistelligen Bereich liegt und betraglich regelmäßig 10 % der ursprünglichen Vertragssumme (Preis) übersteigt. Die Berechtigung eines Nachtrags wird oft kontrovers beurteilt. Die Auftraggeberseite ist zumeist der Auffassung, nicht mehr erhalten zu haben als bestellt worden sei, Auftragnehmer sehen bisweilen im Nachtragsgeschäft die Chance, den „schlechten Vertragspreis" aufzubessern. Kein Wunder also, dass kaum ein Bauprozess geführt wird, in dem es nicht (auch) um die Berechtigung eines Nachtrags geht.

Die rechtssystematische Struktur eines Nachtrags ist einfach. Erforderlich ist (im Wesentlichen) lediglich, dass die Leistung, die Gegenstand des geltend gemachten Nachtrags ist, nicht schon nach dem Vertrag geschuldet und somit mit der vereinbarten Vergütung abgegolten ist, der Auftraggeber diese Leistung gefordert hat bzw. ein sonstiger Rechtsgrund besteht, sie der Sphäre des Auftraggebers zuzuordnen, und der geforderte Preis zutreffend ermittelt worden ist. Regelmäßig ist jedoch festzustellen, dass die Beurteilung der Berechtigung eines Nachtrags bereits am ersten Schritt, nämlich der Feststellung, dass überhaupt eine Änderung der Leistung vorliegt, scheitert. Es reicht z.B. nicht aus daran anzuknüpfen, dass der Auftraggeber nach Vertragsabschluss die Ausführung eines „repräsentativen Foyers" schriftlich angeordnet hat. Dies heißt nämlich für die Berechtigung eines Nachtrags, isoliert betrachtet, gar nichts. Ist funktional ein Bürogebäude in bester Innenstadtlage einer Großstadt mit hohem Standard vereinbart, so gehört ein repräsentatives Foyer selbstverständlich dazu und ist somit von der Leistungspflicht des Auftragnehmers ohnehin umfasst. Anders ist demgegenüber zu entscheiden, wenn Vertragsgegenstand ein Bürogebäude Marke „0–8–15" außerhalb der Stadt in einem Gewerbegebiet ist. Genauso wenig kann zur Leistungsänderung etwas aus der Information gefolgert werden, zur Baugenehmigung sei nach Vertragsabschluss eine Auflage ergangen. Ist die vom Auftraggeber beantragte Baugenehmigung als leistungskonkretisierendes Detail vereinbart, liegt in der Auflage selbstverständlich eine Änderung des Leistungsinhalts. Hat demgegenüber im Rahmen eines „Schlüsselfertig-Vertrags" der Auftragnehmer auch die vollständige Planung nebst Einholung der Baugenehmigung übernommen, so schuldet er die Einhaltung aller öffentlich-rechtlichen Vorgaben, und die Erfüllung der Auflage ist somit gleichfalls Inhalt seiner Leistungsverpflichtung.

Die „Quelle" von Veränderungen der vertraglich geschuldeten Leistung kann vielfältig sein. Unproblematisch ist in der Regel, wenn der Auftraggeber ausdrücklich Einfluss nimmt, d.h., eine irgendwie geartete Änderung schriftlich und verbindlich festlegt. Insoweit stellt sich lediglich die Frage, ob und in welchem Umfang der Auftraggeber zu derartigen einseitigen Änderungen berechtigt ist (siehe Rn 261 ff.). Schwieriger und vielschichtiger erweist sich oft die Beurteilung der Sachlage, wenn der Auftraggeber sich passiv verhält und gleichwohl Änderungen auftreten. Als Beispiele für eine Einflussnahme durch Dritte seien angeführt: Behördliche Auflagen; Erwirkung eines Baustopps

---

855 OLG Hamm BB 1979, 1425.
856 BGH NJW 1985, 319; NJW 1984, 357.

durch den Nachbarn mit negativen Konsequenzen auf den zeitlichen Ablauf der Baustelle; eine vereinbarte Detailbeschreibung des Auftraggebers reicht nicht aus, um das Leistungsziel zu erreichen (z.B. fehlt für die Funktion der bestellten Heizungsanlage ein wesentliches Element); die Bodenverhältnisse gestalten sich anders als angenommen; Pläne werden verspätet geliefert, usw. Bei diesen Fallkonstellationen setzt die Berechtigung eines Nachtrags voraus, dass ein Rechtsgrund vorhanden ist, die Grundlage der Leistungsänderung der Risikosphäre des Auftraggebers so zuzurechnen, als ob er durch ausdrückliche Erklärung geändert hätte.

2. Das „Änderungsrecht" des Auftraggebers

a) Regelung der VOB/B

aa) Geänderte Leistung

261 Abweichend vom allgemein geltenden vertragsrechtlichen Grundsatz, dass Verträge nur durch eine neue Einigung, also zwei übereinstimmende Willenserklärungen geändert werden können, räumt § 1 Nr. 3 VOB/B dem Auftraggeber das Recht ein, **einseitig Änderungen des Bauentwurfs anzuordnen**. Wieweit dieses Recht des Auftraggebers geht, hängt entscheidend von der Definition des Begriffes „Bauentwurf" ab. Diese Definition ist nicht unstreitig. Teilweise wird unter ihr lediglich die Entwurfsplanung des § 15 Abs. 2 Nr. 3 HOAI verstanden.[857] Richtigerweise ist der Begriff jedoch weit zu fassen. Zum Bauentwurf gehört alles, was im maßgeblichen Vertrag den Inhalt der Leistungsverpflichtung des Auftragnehmers ausmacht.[858] Nur durch eine solch weite Definition wird dem Zweck des § 1 Nr. 3 VOB/B genügt, der Bauverträgen immanenten Spannung zwischen Planung und Realität Rechnung zu tragen. Unter derartige Änderungen fallen somit sowohl die Wahl der Farbe der Fliesen als auch die Auswahl eines anderen Fassadensteins bzw. Änderungen von Raumprogrammen und Grundrissen.

262 **Begrenzt ist dieses Änderungsrecht des Auftraggebers faktisch nur durch den Aspekt von Treu und Glauben**. Zwar ist allgemein anerkannt, dass sich eine begriffsimmanente Grenze auch daraus ergibt, dass eine vollständige Neuplanung keine Änderung (mehr) sei und dem Auftraggeber daher nicht eröffnet werde.[859] Jedoch ist festzuhalten, dass in der Praxis die Grenze zwischen Änderung und Neuplanung kaum zu ziehen ist, jedenfalls wenn der hier vertretenen weiten Auslegung des Begriffes „Bauentwurf" gefolgt wird. Nach den Gesichtspunkten von Treu und Glauben ist die Grenze der Änderungsbefugnis des Auftraggebers dann überschritten, **wenn der Betrieb des Auftragnehmers auf die im Wege der Änderung geforderte Leistung nicht eingerichtet ist**.[860]

Eine besondere Form erfordert die Änderungsanordnung des Auftraggebers nicht. Es ist beiden Parteien zu empfehlen, diese schriftlich zu dokumentieren, beispielsweise dadurch, dass der Auftragnehmer eine etwa nur mündliche Änderung des Auftraggebers zumindest schriftlich bestätigt.

bb) Zusätzliche Leistung

263 Während § 1 Nr. 3 VOB/B die Änderung von Leistungen regelt, räumt § 1 Nr. 4 VOB/B dem Auftraggeber das Recht ein, Zusatzleistungen (zur Abgrenzung siehe Rn 270–278) zu verlangen, **wenn diese zur Ausführung der vertraglichen Leistungen erforderlich werden**, es sei denn, der Betrieb des Auftragnehmers ist auf derartige Leistungen nicht eingerichtet. Klassisches Beispiel einer solchen Zusatzleistung ist, wenn der Auftraggeber bei einer detaillierten und damit die Leistung

---

857 *Ingenstau/Korbion*, § 1 Rn 29.
858 *Heiermann/Riedl/Rusam*, § 1 Rn 31.
859 *Nicklisch/Weick*, § 1 Rn 28.
860 *Weyer*, Bauzeitverlängerungen aufgrund von Änderungen des Bauentwurfes durch den Auftraggeber, BauR 1990, 138, 142.

abschließend konkretisierenden und definierenden Beschreibung ein für die Funktion erforderliches Element vergessen hat.

Grenzen ergeben sich zum einen daraus, dass die Zusatzleistung erforderlich sein muss, also nicht nur wünschenswert oder nützlich, und zum anderen **der Betrieb des Auftragnehmers auf die Leistung eingerichtet sein muss**. Bei der Beurteilung des letzteren Gesichtspunkts kommt es auf die betrieblichen Verhältnisse des Auftragnehmers selbst an (Sachmittel, Personalbestand, Fachkönnen). Eine Verpflichtung, einen bislang nicht vorgesehenen Nachunternehmer zur Erbringung der Zusatzleistung zu beauftragen, existiert demgegenüber nicht.[861]

Wie die Änderungsanordnung des § 1 Nr. 3 VOB/B sollte aus Beweisgründen auch der Wunsch des Auftraggebers nach einer Zusatzleistung i.S.d. § 1 Nr. 4 VOB/B schriftlich dokumentiert werden.

Werden die Grenzen des § 1 Nr. 4 VOB/B überschritten, ist über die vom Auftraggeber gewünschte Zusatzleistung eine gesonderte Vereinbarung erforderlich (vgl. auch Rn 285, 286).

264 Insbesondere bei § 1 Nr. 4 VOB/B ist nicht unumstritten, ob diese Regelung einer Prüfung nach dem AGBG stand hält. Ist die VOB/B „im Ganzen" vereinbart, wird durchgängig von der Wirksamkeit der Regelung ausgegangen, bei einer isolierten Verwendung dieser Klausel wird die Wirksamkeit teilweise wegen Verstoßes gegen den Grundsatz der Vertragsfreiheit abgelehnt.[862] Zutreffenderweise ist jedoch **§ 1 Nr. 4 VOB/B auch isoliert vereinbart stets wirksam**, da in dieser Vorschrift nur der allgemeine Grundsatz von Treu und Glauben konkretisiert worden ist[863] (siehe auch Rn 120).

b) Regelung des BGB

265 Das BGB kennt Vorschriften wie § 1 Nr. 3 und Nr. 4 VOB/B nicht. Von daher liegt der Gedanke nahe, dass der Auftraggeber im Rahmen eines „BGB-Bauvertrags" darauf angewiesen ist, eine entsprechende Vereinbarung mit dem Auftragnehmer zu schließen. Nach zutreffender Auffassung drückt § 1 Nr. 4 VOB/B jedoch nur aus, was nach Treu und Glauben selbstverständlich ist.[864] Veränderungen lassen sich bei größeren Bauvorhaben nie ausschließen. Der Auftraggeber wäre in einer äußerst misslichen Situation, wenn er später erkannte erforderliche Veränderungen ohne Einigkeit mit dem Auftragnehmer nicht beanspruchen könnte. Ihm bliebe dann nur die Möglichkeit, den Vertrag zu kündigen. Andererseits geschieht dem Auftragnehmer kein Unrecht, da er die zusätzliche Leistung nur ausführen muss, wenn sein Betrieb darauf eingerichtet ist und er selbstverständlich hierfür auch eine Vergütung erhält. Von daher **gilt § 1 Nr. 4 VOB/B auch beim „BGB-Bauvertrag"**.[865]

266 Aus den gleichen Erwägungen gilt beim „BGB-Bauvertrag" die Änderungsbefugnis des § 1 Nr. 3 VOB/B. Streitig ist allerdings der dem Auftraggeber insoweit einzuräumende Änderungsumfang. Teilweise wird die Auffassung vertreten, dieser sei genauso weit gefasst wie vorstehend bei § 1 Nr. 3 VOB/B angeführt.[866] Richtigerweise ist die Kompetenz des Auftraggebers jedoch enger, nämlich analog zu § 1 Nr. 4 VOB/B **beschränkt durch die Grenze der Erforderlichkeit**. Dem Auftraggeber nämlich nach den Grundsätzen von Treu und Glauben mehr an Rechten einzuräumen als zur Erreichung des Leistungsziels zwingend ist, erscheint zu weitgehend.[867]

Allgemeine Geschäftsbedingungen, die sich in diesen Grenzen halten, also nur das wiedergeben, was ohnehin aus Treu und Glauben folgt, sind stets wirksam. Eine weitergehende Änderungsbefugnis

---

861 *Ingenstau/Korbion*, § 1 Rn 47.
862 Vgl. *Glatzel/Hofmann/Frikell*, S. 42.
863 BGH NJW 1996, 1346.
864 *Ingenstau/Korbion*, § 1 Rn 43.
865 BGH NJW 1996, 1346.
866 *Enders*, Existenz und Umfang eines Abänderungsrechtes des Bestellers beim BGB-Bauvertrag, BauR 1982, 535, 538.
867 *Ingenstau/Korbion*, § 1 Rn 31.

kann sich der Auftraggeber demgegenüber durch Allgemeine Geschäftsbedingungen nicht einräumen.

c) Besondere Vereinbarungen zum Änderungsrecht

In der Praxis ist es durchaus üblich, **dass der Auftraggeber sich sehr weitgehende Rechte zur Änderung und Beauftragung von Zusatzleistungen einräumen lässt**. Sinn machen solche Regelungen insbesondere dann, wenn der Auftraggeber das Objekt nicht selbst nutzen will, vielmehr eine Vermietung bzw. ein Verkauf vorgesehen ist und die endgültige Nutzung bzw. der Mieter oder der Käufer bei Abschluss des Bauvertrags noch nicht feststeht. Es wird dem Auftraggeber dann die Möglichkeit eingeräumt, spezielle Wünsche der künftigen Nutzer, z.B. zur Raumaufteilung, zur Beleuchtung, zum Teppichboden, zur Deckenkonstruktion usw. zu berücksichtigen. Oft sehen derartige Klauseln auch vor, dass der Auftraggeber bestimmte Leistungen, z.B. den mieterspezifischen Innenausbau, für einen definierten Zeitraum (z.B. sechs Monate nach Abnahme) zurückstellen kann, um nicht in die Situation zu geraten, zunächst (ohne Mieter) auszubauen, und sodann möglicherweise nach Abschluss eines Mietvertrags den Innenausbau wieder entfernen und anders neu ausbauen zu müssen. Solange diese Änderungsmöglichkeiten des Auftraggebers zeitlich begrenzt und ohne unkalkulierbare Risiken hinsichtlich des Bauablaufes durchführbar sind (was beispielsweise mittels Kran eingebracht werden muss, sollte vorhanden sein, bevor das Dach geschlossen wird), kann sich ein Auftragnehmer hierauf bei der Preisbildung einstellen. 267

Üblich sind in diesem Zusammenhang **die Aufstellung und Verwendung von so genannten „Mehr-Minderkostenlisten"**. In diesen werden abstrakt mögliche Änderungen vorweggenommen und preislich bewertet (entfällt z.B. eine Rolltreppe, ermäßigt sich der Preis um X DM; wird eine zusätzliche Rolltreppe gefordert, erhöht sich der Preis um X DM). Ein solches Vorgehen vermeidet Streit über die richtige preisliche Einordnung einer Leistung. Darüber hinaus erhält der Auftraggeber die Möglichkeit, das angestrebte Kostenbudget dadurch einzuhalten, dass eine Änderung „mehr" an der einen Stelle (z.B. eine zusätzliche Rolltreppe) durch eine Änderung „weniger" an einer anderen Stelle (z.B. der vorgesehene Fassadenstein entfällt auf der Gebäuderückseite, die lediglich verputzt und gestrichen wird) kompensiert wird.

Derartige Regelungen sind in Form von Individualvereinbarungen grundsätzlich wirksam. Im Rahmen von Allgemeinen Geschäftsbedingungen kann der Auftraggeber sich jedoch keine weitergehenden einseitigen Rechte einräumen als sie unter Rn 261–263 dargestellt sind. Auftraggeberseitige Klauseln des Inhalts, dass der Auftragnehmer auf Verlangen jede zusätzliche Leistung zu übernehmen hat, verstoßen demgemäß gegen § 9 AGBG.[868] 268

3. Die Regelungen der VOB/B zu Nachträgen

a) Beim Einheitspreisvertrag

aa) Geänderte und zusätzliche Leistung

An die Rechte des Auftraggebers nach § 1 Nr. 3 und Nr. 4 S. 1 VOB/B, Änderungen des Bauentwurfes anzuordnen bzw. zusätzliche Leistungen zu beanspruchen, knüpfen die Regelungen des § 2 Nr. 5 und Nr. 6 VOB/B an, die für diese Fälle den Weg zur Neufestsetzung der Vergütung weisen. Unter diesem Gesichtspunkt stellt **§ 2 Nr. 5 VOB/B das Pendant zu § 1 Nr. 3 VOB/B dar und entsprechend gehören § 2 Nr. 6 VOB/B und § 1 Nr. 4 VOB/B zusammen**. Exakt deckungsgleich sind diese „Regelungspärchen" allerdings nicht. So fallen unter § 2 Nr. 5 und Nr. 6 VOB/B auch Leistungsänderungen und zusätzliche Leistungen, die vom „Änderungsrecht" des Auftraggebers aus § 1 Nr. 3 und Nr. 4 VOB/B nicht umfasst sind.[869] Hierzu zählen einerseits leistungszeitverändernde 269

---

868 *Ingenstau/Korbion*, § 1 Rn 49.
869 *Ingenstau/Korbion*, § 2 Rn 272; *Nicklisch/Weick*, § 2 Rn 67.

Anordnungen[870] und andererseits zusätzliche Leistungen, die zur Ausführung der vertraglichen Leistung nicht erforderlich sind.[871]

In Voraussetzungen und Rechtsfolgen bestehen zwischen § 2 Nr. 5 und § 2 Nr. 6 VOB/B erhebliche Unterschiede. So fordert § 2 Nr. 6 Abs. 1 S. 2 VOB/B, dass bei einer zusätzlichen Leistung der Auftragnehmer den zusätzlichen Vergütungsanspruch dem Auftraggeber ankündigen muss, bevor er mit der Ausführung der Leistung beginnt. Eine derartige Ankündigungspflicht kennt § 2 Nr. 5 VOB/B für geänderte Leistungen demgegenüber nicht. Abzugrenzen ist daher zunächst der Unterschied zwischen geänderten und zusätzlichen Leistungen.

(1) Abgrenzung geänderte / zusätzliche Leistung

270 Gängige Definitionen zur Abgrenzung lauten wie folgt: Bei einer Leistungsänderung i.S.d. § 2 Nr. 5 VOB/B kommt **an Stelle der vertraglich vereinbarten Leistung eine andere Leistung zur Ausführung**. Bisweilen wird diesbezüglich auch von einer so genannten „Leistung anstatt" gesprochen.[872] Einfaches Beispiel hierfür wäre, dass der Bodenbelag geändert wird. Leistung ist nämlich in diesem Zusammenhang nicht nur die Gesamtleistung (schlüsselfertiges Haus), sondern auch jede Teilleistung (Bodenbelag). Eine zusätzliche Leistung liegt demgegenüber vor, **wenn die Leistung außerhalb des bestehenden Vertrags liegt, z.B. im Leistungsverzeichnis nicht enthalten ist**.[873] Einfaches Beispiel hierzu wäre, dass nach Vertragsabschluss noch „Außenfensterbänke" verlangt werden, die im Vertrag gerade nicht vorgesehen waren.

271 So einfach diese Definitionen klingen, so schwierig ist ihre Anwendung mitunter im Einzelfall. Zur Verdeutlichung seien daher die gängigsten Konstellationen und ihre Einordnung nachfolgend aufgezeigt:

> *Beispiel 1*
> Vertragsgegenstand sind Gründungsarbeiten und hierbei auch das Setzen von Pfählen. Zur Einbringung dieser Pfähle ist das Verfahren „Rammen" vereinbart, später ordnet der Auftraggeber jedoch „Bohren" an.

Legt man die eingangs dargestellten Definitionen zugrunde, liegt eine „Leistung anstatt", mithin eine geänderte Leistung im Sinne von § 2 Nr. 5 VOB/B vor. Das Einbringen der Pfähle gehört nämlich bereits zum Vertragsinhalt, und lediglich die „Art und Weise" ist geändert worden. Dieses Ergebnis entspricht auch der h.M.[874]

272 Ein anderer Lösungsansatz differenziert danach, ob die ursprüngliche Leistung in ihren Grundzügen erhalten bleibt – dann § 2 Nr. 5 VOB/B – oder ob die Änderung derart weitgehend ist, dass bei technischer und wirtschaftlicher Betrachtung von einer „neuen Bauleistung" auszugehen ist – dann § 2 Nr. 6 VOB/B.[875] Verlässliche Ergebnisse lassen sich aus dieser Differenzierung nicht gewinnen, sie wirft vielmehr zusätzliche Unwägbarkeiten auf. Ist „Bohren" eine Leistung, die in ihren Grundzügen „Rammen" entspricht?

Eine dritte Meinung ordnet das aufgezeigte Beispiel eindeutig § 2 Nr. 6 VOB/B zu.[876] Begründet wird dies damit, die Ankündigungspflicht des § 2 Nr. 6 VOB/B solle den Auftraggeber dergestalt schützen, dass er frühzeitig darüber unterrichtet werde, dass eine Änderung nicht kostenneutral sei.

---

870 *Weyer*, BauR 1990, 138, 143.
871 *Heiermann/Riedl/Rusam*, § 2 Rn 123.
872 *Ingenstau/Korbion*, § 2 Rn 263.
873 *Heiermann/Riedl/Rusam*, § 2 Rn 126.
874 *Ingenstau/Korbion*, § 2 Rn 263; *Nicklisch/Weick*, § 2 Rn 73a.
875 *Von Craushaar*, Abgrenzungsprobleme im Vergütungsrecht der VOB/B bei Verrechnung von Einheitspreisen, BauR 1984, 311, 314.
876 *Von Craushaar*, a.a.O., S. 324.

Diese Schutzfunktion sei jedoch insbesondere dann angezeigt, wenn der Auftraggeber selbst eine „Leistung anstatt" anordne, da gerade hier der Auftraggeber oft nicht mit einer zusätzlichen Kostenbelastung rechne.[877]

> *Beispiel 2* 273
> Die Leistung wird duch die Bauantragsunterlagen als Detailregelung definiert. Die später ergehende Baugenehmigung enthält ergänzende Auflagen.

Bei dieser Konstellation wird allgemein eine geänderte Leistung i.S.d. § 2 Nr. 5 VOB/B angenommen.[878] Soweit nicht etwas anderes vereinbart ist, ist es Aufgabe des Auftraggebers, die Baugenehmigung beizubringen. Änderungen entstammen daher seiner Sphäre und stellen eine Änderung des Bauentwurfes dar.

> *Beispiel 3* 274
> Die Bodenverhältnisse sind im Vertrag detailliert beschrieben, jedoch erweisen sich diese Bescheibungen als unzutreffend.

Wie bei Beispiel 2 wird hier allgemein eine Änderung i.S.d. § 2 Nr. 5 VOB/B angenommen.[879] Risiken aus der Bodenbeschaffenheit, die aus der vertraglich vereinbarten Detailbeschreibung nicht zu ersehen sind, entstammen der Risikosphäre des Auftraggebers, da er das Baugrundstück i.S.d. § 645 BGB beigestellt hat.

Größere Abgrenzungsprobleme bereitet in diesem Zusammenhang regelmäßig das Verhältnis zwischen § 2 Nr. 5 VOB/B und § 2 Nr. 3 VOB/B. Zur Verdeutlichung folgende Varianten: 275

> *Variante 1*
> Bei Beispiel 3 enthält die detaillierte Bodenbeschreibung folgende Mengenangaben: Bodenklasse A 1000 Kubikmeter; Bodenklasse B 10 Kubikmeter. Die tatsächlichen Mengen stellen sich genau anders herum dar.

Diese Konstellation wird über § 2 Nr. 5 VOB/B und nicht über § 2 Nr. 3 VOB/B gelöst. Aus den angeführten Gründen stellt eine Änderung der detailliert beschriebenen Bodenverhältnisse eine Änderung des Bauentwurfes dar.

> *Variante 2*
> Wie Variante 1, jedoch waren die Bodenverhältnisse nicht detailliert beschrieben.

Hier erfolgt eine Vergütung der Abweichung nach den Regelungen des § 2 Nr. 3 VOB/B.

> *Variante 3*
> Der Auftraggeber ordnet an, dass der auszuhebende Graben nicht, wie vertraglich vereinbart, 1 m breit ausgehoben werden soll, sondern auf 1,20 m verbreitert wird. Hierdurch erhöhen sich die Massen von 1000 Kubikmetern auf 1.250 Kubikmeter.

Auch dieser Fall fällt einzig unter § 2 Nr. 5 VOB/B. Indem der Auftraggeber die Mehrleistung anordnet, ändert er den Bauentwurf. Für § 2 Nr. 3 VOB/B verbleibt kein Raum.

> *Beispiel 4* 276
> Vertragsgrundlage ist eine vom Auftraggeber detailliert beschriebene Heizungsanlage. Es stellt sich jedoch später heraus, dass zur Funktion der Heizungsanlage ein wesentliches Element fehlt.

---

[877] *Von Craushaar*, a.a.O., S. 315.
[878] *Vygen*, Behinderungen des Bauablaufes und ihre Auswirkungen auf den Vergütungsanspruch des Unternehmers, BauR 1983, 414, 418.
[879] *Vygen*, a.a.O., S. 418.

Derartige Konstellationen werden von der ganz h.M. von § 2 Nr. 6 VOB/B erfasst.[880]

277
Beispiel 5
Der Auftraggeber ordnet an, dass mit den Arbeiten eine Woche später als vereinbart zu beginnen ist.

Anordnungen in zeitlicher Hinsicht fallen nach h.M. unter § 2 Nr. 5 VOB/B.[881] Gerade die vereinbarte Leistungszeit hat für die Bauablaufplanung und die Kalkulation des Auftragnehmers wesentliche Bedeutung. Änderungen sind somit in der Regel kostenrelevant.

278
Beispiel 6
Zu einer zeitlichen Verzögerung kommt es, weil der Auftraggeber Mitwirkungspflichten nicht rechtzeitig erfüllt, z.B. Ausführungsunterlagen und Pläne nicht liefert.

Derartige Fälle fallen weder unter § 2 Nr. 5 VOB/B, noch unter § 2 Nr. 6 VOB/B.[882] Die Rechtsfolgen ergeben sich vielmehr insbesondere aus § 6 VOB/B (siehe Rn 404 ff.).

Abschließend folgender Hinweis: Es gibt eine klassische Situation, in der der Jurist nie prüfen sollte, ob eine geänderte oder eine zusätzliche Leistung vorliegt, nämlich bei der Beurteilung der Frage, ob die beabsichtigte zusätzliche Vergütung anzukündigen sei. Die Antwort kann nämlich nur lauten: „Immer ankündigen, lieber einmal zu viel als einmal zu wenig!"

(2) Die Leistungsänderung nach § 2 Nr. 5 VOB/B

279 § 2 Nr. 5 VOB/B enthält tatbestandlich zwei Voraussetzungen: Durch eine Anordnung des Auftraggebers (erste Voraussetzung) muss die Grundlage des Preises geändert werden (zweite Voraussetzung). Die Anordnung des Auftraggebers umfasst hierbei als Oberbegriff die Änderung des Bauentwurfes und andere Anordnungen. **Unter eine Anordnung fällt jedenfalls die eindeutige und verbindliche Weisung des Auftraggebers an den Auftragnehmer, die Baumaßnahme in einer bestimmten Weise auszuführen.**[883] Derart eindeutige Anordnungen liegen etwa dann vor, wenn der Auftraggeber eine andere Leistungszeit, z.B. einen anderen Baubeginn, vorgibt, Umplanungen vornimmt, Materialien ändert, usw. Auch im obigen Beispielsfall 1 (siehe Rn 271) liegt in dem Wechsel von „Rammen" auf „Bohren" eine eindeutige Anordnung des Auftraggebers. Unerheblich für die Einstufung als Anordnung ist die Frage, ob der Auftraggeber zu einer solchen Anordnung vertraglich überhaupt berechtigt war. Zur Anwendung des § 2 Nr. 5 VOB/B reicht aus, dass der Auftragnehmer der Anordnung Folge leistet.[884]

280 Schwieriger zu beurteilen scheinen demgegenüber die Konstellationen obiger Beispiele 2 und 3 (vgl. Rn 273, 274), bei denen sich die Änderung ohne ein Tätigwerden des Auftraggebers, z.B. aus geänderten Bodenverhältnissen oder öffentlich-rechtlichen Regelungen ergibt. **Nach h.M. kann eine Anordnung nicht nur ausdrücklich, sondern auch konkludent und stillschweigend erfolgen.** Für eine stillschweigende Anordnung reicht bereits aus, dass sich die Parteien auf eine tatsächliche Situation einstellen.[885] In den obigen Beispielsfällen 2 und 3 ist daher von einer solchen stillschweigenden Anordnung auszugehen. Die Parteien müssen sich – was bleibt ihnen anderes übrig – auf die ergangenen Auflagen und die tatsächlichen Bodenverhältnisse, soll das Bauvorhaben realisiert werden, einlassen.

Es ist leicht zu erkennen, dass hierdurch der Begriff der Anordnung i.S.d. § 2 Nr. 5 VOB/B sehr weit gefasst worden ist. Daher kann von einer stillschweigenden Anordnung des Auftraggebers

---

880 *Werner/Pastor*, Rn 1157.
881 *Ingenstau/Korbion*, § 2 Rn 260.
882 *Vygen*, a.a.O., S. 419.
883 *Heiermann/Riedl/Rusam*, § 2 Rn 110.
884 *Weyer*, BauR 1990, 138, 143, 144.
885 *Nicklisch/Weick*, § 2 Rn 61.

nur ausgegangen werden, wenn die zu Grunde liegenden Umstände dem Auftraggeber zugerechnet werden können, sie in seinen Verantwortungsbereich fallen.[886] Inwieweit – spezielle Vereinbarungen hierzu als nicht getroffen unterstellt – dies für die Konstellationen vorbeschriebener Beispiele 2 und 3 gilt, ist wie folgt zu beurteilen:

Ausgangspunkt ist, dass es **Sache des Auftraggebers ist, die Baugenehmigung zu beschaffen und den Baugrund zur Verfügung zu stellen.** Von vornherein ist der Auftraggeber also damit belastet, dass, will er bauen, der Auftragnehmer jeden zu tätigenden Aufwand vergütet sehen will. Wird dieser Aufwand durch Detailbeschreibungen definiert, so verbleibt dem Auftraggeber selbstverständlich das Risiko, dass sich diese Beschreibungen als unzutreffend erweisen. Hätte er den zusätzlich zu tätigenden Aufwand schon vorher gekannt und konsequenterweise den Auftragnehmer entsprechend beauftragt, wäre die Vergütung des Auftragnehmers von vornherein eine andere gewesen. Damit **fallen technische Erfordernisse**, wie geänderte Bodenverhältnisse und öffentlich-rechtliche Notwendigkeiten, stets **in den Verantwortungsbereich des Auftraggebers**, sind ihm also zuzurechnen.[887]

Anderes gilt nach der Rechtsprechung bei mangelhaften Vorunternehmerleistungen (siehe Rn 50–53). Nicht zum Verantwortungsbereich des Auftraggebers gehört schließlich eine Anordnung, die sich darin erschöpft, den Auftragnehmer zu einem Verhalten anzuhalten, zu dem er nach dem Vertragsinhalt ohnehin bereits verpflichtet ist.[888]

Zweite Voraussetzung des § 2 Nr. 5 VOB/B ist, dass sich, kausal durch die Änderung bedingt, eine **Änderung der Grundlagen des Preises** ergibt. Hierbei muss es sich nicht um die Preisermittlungsgrundlagen der Gesamtleistung handeln, vielmehr genügen Änderungen eines Leistungsteils, z.B. einer Leistungsposition. Natürlich ist bei der neuen Preisermittlung über die eigentlich geänderte Position hinaus auch zu berücksichtigen, ob hierdurch Änderungen der Preisermittlungsgrundlagen bei anderen Positionen, die isoliert nicht geändert wurden, ausgelöst worden sind.[889]

Als Rechtsfolge sieht § 2 Nr. 5 VOB/B vor, dass **ein neuer Preis unter Berücksichtigung der Mehr- und Minderkosten zu vereinbaren** ist. Die Neubewertung des Preises beschränkt sich auf die Positionen, deren Preisermittlungsgrundlagen geändert worden sind, die übrigen Preise bleiben unverändert. Auszugehen ist von dem ursprünglichen Preis, allerdings bezogen auf den aktuellen Zeitpunkt des Beginns der Ausführung der geänderten Leistung, damit eventuelle Steigerungen (z.B. bei Lohnkosten und Materialkosten) erfasst werden können. Diesem ursprünglichen Preis sind die Mehrkosten hinzuzurechnen und die Minderkosten sind abzuziehen. Die dem alten Preis zu Grunde liegenden kalkulatorischen Eckdaten bleiben erhalten. Es gilt der Grundsatz: „**Guter Preis bleibt guter Preis, schlechter Preis bleibt schlechter Preis**". So wird der ursprüngliche Gewinn des Auftragnehmers ebensowenig geschmälert wie der Auftragnehmer an eine nicht auskömmliche Kalkulation, ja sogar an einen Kalkulationsirrtum (siehe Rn 132) gebunden bleibt. Preisnachlässe, Skonti und Zulagen gelten, soweit sie für die ursprüngliche Leistung vereinbart sind, auch für die geänderte Leistung.[890] Der Auftragnehmer muss seine Kalkulation zur Preisfindung offen legen.[891]

Der nach diesen Grundsätzen berechnete neue Preis kann gegenüber dem ursprünglichen Preis auch reduziert sein, z.B. wenn von dem „luxuriösen Fassadenstein" Abstand genommen und eine schlichte „Putzfassade" gewählt wird. Demgemäß ist nicht nur der Auftragnehmer, sondern auch der Auftraggeber berechtigt, die Vereinbarung eines neuen Preises zu verlangen.

---

886 OLG Düsseldorf BauR 1996, 115, 116.
887 OLG Düsseldorf BauR 1991, 219, 220 und BauR 1996, 267, 268.
888 BGH BauR 1992, 759 ff.; LG Aachen BauR 1986, 698, 699.
889 *Nicklisch/Weick*, § 2 Rn 62.
890 OLG Hamm BauR 1995, 564 f.; *Ingenstau/Korbion*, § 2 Rn 278.
891 *Heiermann/Riedl/Rusam*, § 2 Rn 116.

283 § 2 Nr. 5 S. 2 VOB/B sieht vor, dass der „neue Preis" möglichst vor Ausführung vereinbart werden soll. Hieraus lässt sich schließen, dass eine entsprechende Ankündigung vor Ausführung erfolgen muss, denn ohne Ankündigung ist eine entsprechende Vereinbarung nicht möglich. **Anspruchsvoraussetzung ist eine derartige Ankündigung jedoch ebenso wenig, wie dass die Preisvereinbarung vor Ausführung geschlossen werden muss**. Kommt eine Einigung nicht zustande, kann der Anspruchsteller unmittelbar auf Zahlung des „neuen Preises" – und nicht etwa auf den Abschluss der Vereinbarung – klagen.[892] Der Anspruch auf Vereinbarung einer veränderten Vergütung verjährt nach §§ 196 Abs. 1 Nr. 1, 196 Abs. 2 BGB.[893]

(3) Die zusätzliche Leistung nach § 2 Nr. 6 VOB/B

284 Die tatbestandlichen Voraussetzungen des § 2 Nr. 6 VOB/B gehen dahin, dass der Auftraggeber eine im Vertrag nicht vorgesehene Leistung fordert und der Auftragnehmer den Anspruch auf besondere Vergütung ankündigt. Zum Begriff der zusätzlichen Leistung, insbesondere in Abgrenzung zur geänderten Leistung vgl. Rn 270–278. Die entsprechende Aufforderung des Auftraggebers muss für den Auftragnehmer eindeutig und verbindlich sein.[894]

285 Umstritten ist die Frage, **ob unter § 2 Nr. 6 VOB/B nur solche zusätzlichen Leistungen fallen, die vom Recht des Auftraggebers aus § 1 Nr. 4 VOB/B umfasst werden**, insbesondere zur Ausführung der vertraglichen Leistung erforderlich sind.[895] Relevanz entfaltet diese Streitfrage für zwei Themenkreise nämlich, ob für eine weitergehende zusätzliche Leistung einerseits das Erfordernis der Ankündigung der beanspruchten zusätzlichen Vergütung gilt, und ob andererseits die zusätzliche Vergütung auf Grundlage des Vertragspreises und der diesem zugrunde liegenden Eckpunkte ermittelt wird. Es wird sowohl die Auffassung vertreten, dass § 2 Nr. 6 VOB/B bei diesen Konstellationen gar keine Anwendung findet, als auch die Meinung, dass die beanspruchte zusätzliche Vergütung zwar anzukündigen sei, der Preis aber nicht nach § 2 Nr. 6 VOB/B ermittelt werde.[896]

Gegen die Anwendbarkeit des § 2 Nr. 6 VOB/B spricht, dass § 1 Nr. 4 S. 2 VOB/B andere Zusatzleistungen von der Zustimmung des Auftragnehmers abhängig macht und somit für die Anwendung des § 2 Nr. 6 VOB/B kein Bedürfnis besteht, da der Auftragnehmer seine Zustimmung ja von einer Vergütungsvereinbarung abhängig machen kann, andernfalls § 632 Abs. 2 BGB gilt.[897] Warum sollte der Auftragnehmer sich bei einem derartigen Zusatzauftrag ohne Not dem Ankündigungserfordernis und der bestehenden Preisstruktur unterwerfen? Der Wortlaut des § 2 Nr. 6 VOB/B scheint allerdings für ein anderes Ergebnis zu sprechen. Anders als bei § 1 Nr. 4 VOB/B taucht eine Unterscheidung zwischen zusätzlichen Leistungen, die erforderlich sind und anderen zusätzlichen Leistungen nicht auf. Hieraus könnte gefolgert werden, dass die VOB/B bewusst ohne Differenzierung sämtliche im Vertrag nicht vorgesehenen Leistungen, führt der Auftragnehmer sie aus, der Vergütungsregel des § 2 Nr. 6 VOB/B unterstellen wollte.[898] Es lässt sich argumentieren, dem Auftragnehmer geschehe hierdurch kein Unrecht, da er, soweit der Bereich der Erforderlichkeit des § 1 Nr. 4 VOB/B überschritten ist, seine erforderliche Zustimmung von einer anderen Preisvereinbarung abhängig machen kann. Führt er dem gegenüber die gewünschte Zusatzleistung einfach (schweigend) aus, kann der Auftraggeber dies nur so verstehen, dass die zusätzliche Leistung dem bestehenden Vertrag unterfällt und für sie mithin auch § 2 Nr. 6 VOB/B gilt.

---

892 Nicklisch/Weick, § 2 Rn 65; Heiermann/Riedl/Rusam, § 2 Rn 117.
893 Ingenstau/Korbion, § 2 Rn 256.
894 Heiermann/Riedl/Rusam, § 2 Rn 129b.
895 Breyer, Die Vergütung von „anderen Leistungen" nach § 1 Nr. 4 Satz 2 VOB/B, BauR 1999, 459 ff.; Nicklisch/Weick, § 2 Rn 68; Ingenstau/Korbion, § 2 Rn 293.
896 Heiermann/Riedl/Rusam, § 2 Rn 129a; Nicklisch/Weick, § 2 Rn 70; Ingenstau/Korbion, § 2 Rn 293, 312.
897 Breyer, a.a.O., S. 460.
898 Breyer, a.a.O., S. 460.

286 Richtigerweise ist unter Berücksichtigung der Tatsache, wie die Parteien die Erteilung von Zusatzaufträgen außerhalb der Erforderlichkeit des § 1 Nr. 4 S. 1 VOB/B verstehen und einordnen, wie folgt zu differenzieren:

Steht die geforderte zusätzliche Leistung im **engen inneren Zusammenhang mit der beauftragten Leistung, handelt es sich um einen typischen Zusatzauftrag**. Besteht **ein unmittelbarer zeitlicher Zusammenhang zur beauftragten Leistung usw., kommt § 2 Nr. 6 VOB/B zur Anwendung** und zwar auch hinsichtlich der Bestimmung der zusätzlichen Vergütung. Sicherlich mag hiergegen eingewandt werden, dass diese Kriterien sehr unscharf sind, gleichwohl kann auf diese – im Einzelfall dann durch Auslegung zu konkretisierende – Betrachtung nicht verzichtet werden, um dem regelmäßig vorhandenen Willen der Parteien gerecht zu werden. Unterstellt, Auftraggeber und Auftragnehmer hätten im Rahmen eines Bauvertrags zur Errichtung eines schlüsselfertigen Wohnhauses 1 % Skonto vereinbart, wenn der Auftraggeber innerhalb von 10 Tagen nach Rechnungserhalt zahlt. Während der Ausführung verlangt der Auftraggeber „da und dort" noch eine kleine zusätzliche Leistung, die zwar nicht erforderlich ist, aber zweckmäßig, üblich, oder – je nach Geschmack – schön. Der Auftragnehmer führt diese Wünsche ohne Kommentar aus. Soll es jetzt dem Willen der Parteien entsprechen, dass die getroffene Skonto-Abrede nicht gilt? Nach diesseitiger Auffassung gilt hier § 2 Nr. 6 VOB/B. Will eine Vertragspartei diese Rechtsfolge nicht, mag sie dies klar ausdrücken.

Geht demgegenüber die geforderte und nicht unter § 1 Nr. 4 S. 1 VOB/B fallende zusätzliche Leistung **über den vorbeschriebenen Rahmen hinaus, greift nicht § 2 Nr. 6 VOB/B, sondern die Vergütung folgt, wenn nicht anders vereinbart, aus § 632 Abs. 2 BGB**.[899] Dies dürfte z.B. in der Regel dann der Fall sein, wenn im obigen Beispiel der Auftraggeber als zusätzliche Leistung noch eine Garage errichtet haben möchte.

287 Die **Ankündigung der beanspruchten Vergütung ist nach h.M. Anspruchsvoraussetzung des § 2 Nr. 6 VOB/B**.[900] Hierdurch soll zum Schutze des Auftraggebers insbesondere dem Umstand Rechnung getragen werden, dass diesem oft nicht klar ist, ob die von ihm geforderte Leistung bereits mit der vertraglich vereinbarten Vergütung abgegolten ist und somit kostenneutral für ihn erbracht wird, oder ob der Auftragnehmer hierfür eine besondere Vergütung beansprucht. Die Ankündigung versetzt den Auftraggeber daher in die Lage, seine Entscheidung ggf. noch zu korrigieren.

288 **Aus dem Schutzzweck der Ankündigung ergibt sich sogleich auch die Grenze des Ankündigungserfordernisses**. Keiner Ankündigung bedarf es nämlich dann, wenn der Auftraggeber nicht davon ausgehen konnte, dass die beanspruchte Leistung ohne zusätzliche Vergütung erbracht wird.[901] Ob und inwieweit diese Ausnahme vorliegt, richtet sich sowohl nach Art und Umfang der beauftragten Leistung, als auch nach der Sachkunde des Auftraggebers.[902] Ist der Auftraggeber z.B. durch einen Architekten vertreten, ist in der Regel davon auszugehen, dass dieser sowohl erkennt, dass es sich um eine zusätzliche Leistung handelt, als auch, dass der Auftragnehmer für zusätzliche Leistungen zusätzliche Vergütung beansprucht.

Insgesamt herrscht Einigkeit dahingehend, dass die **Anforderungen an die Annahme dieser Ausnahme nicht zu hoch gesteckt werden dürfen**.[903] Entbehrlich ist die Ankündigung auch dann, wenn der Auftragnehmer sie entschuldigt versäumt, was z.B. der Fall sein kann, wenn zu der unverzüglichen Ausführung der Leistung nach Lage der Dinge keine Alternative verbleibt.[904] Schließlich

---

[899] *Ingenstau/Korbion*, § 2 Rn 294.
[900] *Werner/Pastor*, Rn 1156; *Heiermann/Riedl/Rusam*, § 2 Rn 130.
[901] BGH BauR 1996, 542 ff.; *Werner/Pastor*, Rn 1158.
[902] *Ingenstau/Korbion*, § 2 Rn 301.
[903] *Heiermann/Riedl/Rusam*, § 2 Rn 131.
[904] BGH BauR 1996, 543.

verzichtet die Rechtsprechung auf das Erfordernis einer Ankündigung, wenn diese die Lage des Auftraggebers nur partiell verbessert hätte.[905] Dies wird insbesondere für den Fall angenommen, dass der Auftraggeber diese Leistung braucht. Es käme dann lediglich in Betracht, die Vergütung des Auftragnehmers zu reduzieren, etwa wenn mangels Ankündigung dem Auftraggeber die Chance genommen wurde, eine günstigere Alternative zu wählen, nicht jedoch, dem Auftragnehmer den Vergütungsanspruch wegen fehlender Ankündigung ganz abzusprechen.[906]

289 Die aufgezeigten Ausnahmen vom Ankündigungserfordernis gehen sehr weit. **In den meisten Fällen wird eine Ankündigung daher entbehrlich sein**. Trotzdem ist natürlich dem Auftragnehmer immer zu einer Ankündigung zu raten. Die Höhe der für die Zusatzleistung geforderten Vergütung braucht in der Ankündigung nicht enthalten zu sein. Fehlt es an der erforderlichen Ankündigung und scheidet damit ein Anspruch nach § 2 Nr. 6 VOB/B aus, kommt lediglich eine Vergütung für eine auftragslos erbrachte Leistung nach § 2 Nr. 8 VOB/B (siehe Rn 302–304) in Betracht.

290 Als Rechtsfolge bestimmt § 2 Nr. 6 Abs. 2 VOB/B, dass sich die Vergütung für die zusätzliche Leistung nach den Grundlagen der Preisermittlung für die vertragliche Leistung und den besonderen Kosten der zusätzlichen Leistung richtet. Der Preis für die vertragliche Leistung wird mithin nicht geändert, der **Preis für die zusätzliche Leistung wird im Wege der vergleichenden Kalkulation aus der Preisbildung der vertraglichen Leistung ermittelt**. Wie bei § 2 Nr. 5 VOB/B wird somit das vertragliche Preisschema auf die zusätzliche Leistung übertragen. Die Preisvereinbarung ist möglichst vor Beginn der Ausführung zu schließen.

(4) Besondere Klauseln

291 Gerade das Thema der Nachträge ist Gegenstand der vielfältigsten Regelungsphantasien. Im Rahmen von individuellen Vereinbarungen besteht sicherlich in den Grenzen der §§ 138, 242 BGB erheblicher Spielraum. Im Bereich von Allgemeinen Geschäftsbedingungen sind die Regelungsmöglichkeiten allerdings eingeschränkt. Zum Thema „Vollständigkeitsklauseln" wird auf die Rn 143, 145 und 151 verwiesen. Änderungen hinsichtlich des einseitigen Bestimmungsrechtes des Auftraggebers sind unter Rn 267, 268 behandelt worden.

292 Wirksam sind Regelungen, die festlegen, wer seitens des Auftraggebers berechtigt ist, Änderungen oder Zusatzleistungen zu beauftragen, bzw. wer hierzu gerade nicht berechtigt ist.[907] Häufig sind Klauseln des Auftraggebers, die die tatbestandlichen Voraussetzungen eines Anspruchs des Auftragnehmers gegenüber dem Regelungsgehalt des § 2 Nr. 5 und Nr. 6 VOB/B verschärfen. Diese Klauseln sind regelmäßig unwirksam. Dies gilt z.B. für eine Regelung, wonach der Auftragnehmer eine zusätzliche Vergütung nur beanspruchen kann, wenn eine entsprechende Vereinbarung schriftlich vor Ausführung geschlossen worden ist.[908] Unwirksam ist weiter eine Klausel, die einen Vergütungsanspruch des Auftragnehmers bei § 2 Nr. 5 VOB/B davon abhängig macht, dass er diesen Anspruch vor Ausführung schriftlich angekündigt hat.[909] Die **Ankündigungspflicht des § 2 Nr. 6 VOB/B ist demgegenüber nach der Rechtsprechung wirksam**, wenn sie einschränkend ausgelegt wird, wie in Rn 288 dargestellt. Dies gilt auch dann, wenn die VOB/B nicht „im Ganzen" (zum Begriff siehe Rn 121–123) vereinbart ist,[910] woraus folgt, dass der Auftraggeber die Ankündigungspflicht für zusätzliche Leistungen auch isoliert in seinen Vertragsbedingungen vorsehen kann.

---

905 *Heiermann/Riedl/Rusam*, § 2 Rn 132.
906 OLG Düsseldorf BauR 1998, 1023, 1025.
907 *Glatzel/Hofmann/Frikell*, S. 162.
908 *Werner/Pastor*, Rn 1160.
909 OLG Düsseldorf BauR 1998, 1023.
910 BGH BauR 1996, 542.

Mit § 9 AGBG ist es weiter nicht vereinbar, wenn der Auftraggeber die Rechtsfolgen des § 2 Nr. 5 und Nr. 6 VOB/B zu Lasten des Auftragnehmers verändert, z.B. dahingehend, dass der Auftraggeber im Streitfalle die geänderte/zusätzliche Vergütung festlegen darf[911] oder im Extremfall zusätzliche/geänderte Leistungen keinen Vergütungsanspruch des Auftragnehmers begründen,[912] oder ein solcher nur dann gegeben ist, wenn die hierdurch ausgelösten Kosten x % der Auftragssumme übersteigen.

Schließlich sind Klauseln des Auftraggebers unwirksam, die bestimmte klassische Leistungsänderungen per Definition aus dem Anwendungsbereich von § 2 Nr. 5 VOB/B ausklammern. Genannt sei zum Beispiel eine Regelung, derzufolge andere Bodenverhältnisse als aus dem Bodengutachten zu ersehen keine geänderte oder zusätzliche Leistung begründen.

bb) Mengenänderungen

(1) Allgemeines

Die preislichen Auswirkungen von Mengenänderungen regelt § 2 Nr. 3 VOB/B. Wie die zuvor dargestellten Inhalte des § 2 Nr. 5 und Nr. 6 VOB/B **verfolgt auch § 2 Nr. 3 VOB/B das Ziel, das dem Vertrag zu Grunde liegende Äquivalenzverhältnis zwischen Leistung und Gegenleistung bei Abweichungen fortzuschreiben**. Die hierbei bei Mengenabweichungen zu berücksichtigende Ausgangssituation stellt sich wie folgt dar:

293

Bestandteil des vom Auftragnehmer kalkulierten Preises sind auch die so genannten „**Schlüsselumlagen**". Hierzu zählen die Baustellengemeinkosten, die allgemeinen Geschäftskosten, Zuschläge für Wagnis und Gewinn, die Baustelleneinrichtung, soweit diese nicht als gesonderte Position angesetzt ist, usw.[913] Diese Kosten verteilt der Auftragnehmer auf die erwartete Menge, ändert sich diese, entsteht ein Ungleichgewicht.

> *Beispiel*
> Die Schlüsselumlage des Auftragnehmers beträgt insgesamt 1000 (einer fiktiven Einheit). Ausgeschrieben sind 100 Kubikmeter Erdaushub. Neben den Einzelkosten der Teilleistung (Lohn/Materialien/Maschinen) für den Erdaushub in Höhe von x kalkuliert der Auftragnehmer somit aus der Schlüsselumlage 10. Der Einheitspreis beträgt somit x + 10. Stellt sich nachher heraus, dass die tatsächliche Menge lediglich 50 Kubikmeter beträgt, erhält der Auftragnehmer für die Schlüsselumlage lediglich 500, d.h., ihm fehlen 50 %. Werden demgegenüber 150 Kubikmeter ausgekoffert, erhält der Auftragnehmer auf die Schlüsselumlage 1500, mithin 500 mehr als er kalkuliert hat.

Neben diesen Auswirkungen auf die Schlüsselumlage können Mengenänderungen weitere preisrelevante Konsequenzen nach sich ziehen. Hierzu einige Beispiele:

294

- Der Auftragnehmer legt auf die Einheitspreise unter Berücksichtigung der erwarteten Menge auch die ihm entstehenden Kosten der Arbeitsvorbereitung um. Reduzieren sich die Mengen, fehlt dem Auftragnehmer ein entsprechender Anteil.
- Der Auftragnehmer hat die für die voraussichtlichen Mengen benötigten Materialien bereits bestellt und hierfür sehr günstige Konditionen erhalten. Reduziert sich die Menge, sind die überflüssigen Materialien für ihn wertlos, erhöht sich die Menge, kann der Fall eintreten, dass das „Mehr" überhaupt nicht oder nicht zu den ursprünglichen günstigen Konditionen zu erhalten ist.
- Auf Basis der angenommenen Mengen hat der Auftragnehmer bereits einen Nachunternehmer beauftragt. Bei Mengenreduzierungen muss er jetzt ggf. eine Teilkündigung mit der Kostenfolge des § 8 Nr. 1 VOB/B aussprechen.

---

[911] *Ingenstau/Korbion*, § 2 Rn 317.
[912] *Glatzel/Hofmann/Frikell*, S. 165.
[913] *Drittler*, Gedanken zu § 2 Nr. 3 VOB/B, BauR 1992, 700, 702.

- Der vorgesehene Geräteeinsatz (1 Bagger) ermöglicht nur die Realisierung der angenommenen Menge. Steigt diese Menge auch nur leicht, so muss ein zweiter Bagger eingesetzt werden, was die Zusatzkosten überproportional ansteigen lässt.
- Die Deponie, auf die der Aushub nach der Kalkulation des Auftragnehmers abgeladen werden soll, ist nach der voraussichtlichen Menge ausgelastet. Die Mehrmenge muss zu einer 100 km weiter entfernten Deponie gefahren werden, die noch dazu höhere Gebühren verlangt.

295 Bevor auf die einzelnen für diese Fälle vorgesehenen Regelungen des § 2 Nr. 3 VOB/B eingegangen wird, nochmals folgender Hinweis:

Die Anwendbarkeit des § 2 Nr. 3 VOB/B setzt voraus, dass die Mengenänderung auf eine falsche oder ungenaue Mengenermittlung bei der Ausschreibung, nicht jedoch auf einen Eingriff des Auftraggebers zurückgeht (siehe Rn 275).

Voraussetzung ist jedoch weiterhin, **dass dem Auftraggeber die falsche oder ungenaue Mengenangabe nicht vorwerfbar ist**, d.h., dass er die objektiv gebotenen Untersuchungen vorgenommen, ausgewertet und dem Leistungsverzeichnis zugrundegelegt hat. Ist dem Auftraggeber demgegenüber bei der Mengenermittlung ein Pflichtverstoß anzulasten, kommt ergänzend ein Schadensersatzanspruch des Auftragnehmers aus cic in Betracht.[914]

(2) Die einzelnen Regelungen

296 § 2 Nr. 3 Abs. 1 VOB/B enthält den Grundsatz, dass **Mengenabweichungen bis zu 10 % in einer Position den Einheitspreis nicht verändern**. Der VOB/B liegt insoweit der Gedanke zugrunde, dass verhältnismäßig geringe Mengenreduzierungen in einzelnen Bereichen durch entsprechende Mengenerhöhungen an anderer Stelle ausgeglichen werden und somit Chancen und Risiken gleichmäßig verteilt sind.

297 Mengenüberschreitungen über 10 % der ursprünglich angenommenen Menge sind in § 2 Nr. 3 Abs. 1 VOB/B geregelt. Hiernach ist für die Menge, die **über 10 % der ursprünglich vorgesehenen Menge hinausgeht**, ein neuer Einheitspreis unter Berücksichtigung der Mehr- und Minderkosten zu vereinbaren. Im obigen Beispielsfall (siehe Rn 293) wären also die Kubikmeter 101–110 noch zum alten Einheitspreis (x + 10) zu vergüten, und erst ab Kubikmeter 111 wäre ein neuer Einheitspreis zu vereinbaren. Diese Regelung ist für den Auftragnehmer ersichtlich günstig, da er im Rahmen der ersten 10 % Mengenmehrung in der Position Schlüsselumlage keinen Abzug hinnehmen muss. Das Verlangen auf Vereinbarung eines neuen Einheitspreises können beide Parteien stellen.[915] In der Regel wird der neue Einheitspreis niedriger sein. Wie die Beispiele unter Rn 294 zeigen, kann jedoch eine Mengenmehrung auch eine Erhöhung des Einheitspreises begründen.

298 Im Falle von **Mengenreduzierungen über 10 %** gegenüber der angenommenen Menge ist nach der Regelung in § 2 Nr. 3 Abs. 3 VOB/B der Einheitspreis zu erhöhen, soweit der Auftragnehmer nicht durch Erhöhung der Mengen in anderen Positionen oder in anderer Weise einen Ausgleich erhält. Diese Regelung weist zur Mengenerhöhung zwei Unterschiede auf. Zum einen kommt **nur eine Erhöhung des Einheitspreises in Betracht, und zum anderen wird der Einheitspreis für die gesamte tatsächlich ausgeführte Menge erhöht**. Ratio dieser Regelung ist, dass dem Auftragnehmer bei Mengenreduzierungen in der Position Schlüsselumlage immer Bestandteile fehlen (siehe Beispiel Rn 293 und den Hinweis in § 2 Nr. 3 Abs. 3 S. 2 VOB/B). Der angesprochene Ausgleich für den Auftragnehmer in anderen Positionen greift nur, wenn die Erhöhung dieser Positionen über der 110 %-Grenze liegt und ein neuer Einheitspreis für diese Positionen nach § 2 Nr. 3 Abs. 2 VOB/B

---

914 *Stemmler*, Bindung des Auftragnehmers an einen Preis „unter Wert" bei Mengenmehrungen?, BauR 1997, 417, 421.
915 *Heiermann/Riedl/Rusam*, § 2 Rn 84.

noch nicht gebildet worden ist.[916] Daneben sind vor einem möglichen Ausgleich zugunsten des Auftragnehmers geänderte und zusätzliche Leistungen gemäß § 2 Nr. 5 und Nr. 6 VOB/B zu berücksichtigen,[917] nicht jedoch vom Auftraggeber außerhalb des § 2 Nr. 6 VOB/B erteilte Zusatzaufträge[918] (zur Abgrenzung vgl. Rn 285, 286). Entfällt eine Position vollständig, so genannte **„Nullmenge"**, richtet sich die Rechtsfolge nach h.M. nicht nach § 2 Nr. 3 VOB/B, sondern nach den Vorschriften der §§ 2 Nr. 4, 8 Nr. 1 VOB/B.[919]

§ 2 Nr. 3 Abs. 4 VOB/B bedenkt schließlich den Fall, dass eine Mengenänderung, die Grundlage einer Änderung des Einheitspreises ist, auch Auswirkungen auf andere Leistungen hat, für die eine Pauschale gebildet worden ist. Gemeint ist beispielsweise, dass Mehrungen beim Bodenaushub auch dazu führen, dass die Wasserhaltung, die pauschal beauftragt ist, länger vorgehalten werden muss. Für die verlängerte Vorhaltezeit ist der Preis für die Wasserhaltung nach § 2 Nr. 3 Abs. 4 VOB/B jetzt gleichfalls angemessen zu ändern. 299

Zur Ermittlung der neuen Einheitspreise hat der Auftragnehmer seine ursprüngliche Kalkulation und seine tatsächlichen Kosten offen zu legen.[920]

(3) Gängige Klauseln

Unwirksam sind Regelungen des Auftraggebers in Allgemeinen Geschäftsbedingungen, die einen entsprechenden Anspruch des Auftragnehmers davon abhängig machen, dass er diesen unverzüglich schriftlich ankündigt.[921] Eine solche Klausel schließt nämlich einen materiell bestehenden Anspruch aus formalen Gründen aus. **Möglich ist es im Rahmen von Allgemeinen Geschäftsbedingungen, die Rechtsfolge des § 2 Nr. 3 VOB/B dahingehend abzuändern, dass bei Mengenänderungen die Einheitspreise unverändert bleiben.**[922] Soweit diese Klausel jedoch ohne konkreten Bezug auf § 2 Nr. 3 VOB/B allgemein regelt, dass Mengenänderungen die Einheitspreise unverändert lassen, ist sie unwirksam.[923] Sie würde nämlich auch Mengenänderungen durch Einflussnahme des Auftraggebers erfassen und entsprechende Ansprüche des Auftragnehmers nach § 2 Nr. 5 oder Nr. 6 VOB/B ausschließen. Darüber hinaus würde der Anspruch des Auftragnehmers aus cic ausgeschlossen, falls die Mengenänderung darauf beruht, dass die entsprechende Ermittlung durch den Auftraggeber vorwerfbar falsch war. Schließlich sind Klauseln des Auftraggebers unwirksam, die nur Reduzierungen des Einheitspreises zulassen, Erhöhungen jedoch ausschließen.[924] 300

cc) Selbstübernahme durch den Auftraggeber und auftragslose Leistung

(1) Selbstübernahme durch den Auftraggeber

§ 2 Nr. 4 VOB/B räumt dem Auftraggeber die Möglichkeit ein, Teile der dem Auftragnehmer übertragenen Leistung selbst zu übernehmen. Die Rechtsfolge richtet sich dann nach § 8 Nr. 1 Abs. 2 VOB/B, also entsprechend der Regelung der „freien Kündigung" durch den Auftraggeber. 301

Nach diesseitiger Auffassung ist § 2 Nr. 4 VOB/B überflüssig. Anerkannt ist nämlich, dass Gegenstand der vom Auftraggeber nach Vertragsabschluss selbst übernommenen Leistungen nur in sich abgeschlossene Leistungselemente sein können, für die auch eine Teilkündigung nach § 8 Nr. 1 VOB/B

---

916 *Ingenstau/Korbion*, § 2 Rn 227.
917 *Heiermann/Riedl/Rusam*, § 2 Rn 91.
918 *Ingenstau/Korbion*, § 2 Rn 228.
919 *Nicklisch/Weick*, § 2 Rn 50.
920 *Heiermann/Riedl/Rusam*, § 2 Rn 90.
921 *Glatzel/Hofmann/Frikell*, S. 156.
922 *Ingenstau/Korbion*, § 2 Rn 206, die VOB/B ist dann allerdings nicht mehr „im Ganzen" vereinbart.
923 Beispiele bei *Glatzel/Hofmann/Frikell*, S. 155.
924 *Werner/Pastor*, Rn 1171.

zulässig wäre.⁹²⁵ Die Rechtsfolge ist bei beiden Wegen gleich. Der einzige Unterschied zwischen der Selbstübernahme und der Teilkündigung liegt darin, dass für erstere nach § 2 Nr. 4 VOB/B der § 8 Nr. 5 VOB/B nicht gilt, sie somit auch mündlich erklärt werden kann.⁹²⁶ Von großer Relevanz dürfte dieser Unterschied allerdings kaum sein, da allein zu Beweiszwecken auch die Selbstübernahme regelmäßig schriftlich erklärt wird.

(2) Auftragslose Leistung

302 § 2 Nr. 8 Abs. 1 VOB/B legt als Grundsatz fest, dass der Auftragnehmer Bauleistungen, die er ohne Auftrag oder unter Abweichung vom Vertrag erbracht hat, nicht vergütet erhält. Auf Verlangen des Auftraggebers ist der Auftragnehmer vielmehr verpflichtet, die entsprechende Leistung zu beseitigen, andernfalls kann der Auftraggeber eine entsprechende Ersatzvornahme auf Kosten des Auftragnehmers durchführen.

303 Von diesem Grundsatz enthält § 2 Nr. 8 Abs. 2 VOB/B zwei wesentliche Abweichungen. Eine Vergütung steht dem Auftragnehmer nämlich auch dann zu, **wenn der Auftraggeber diese Leistungen entweder nachträglich anerkennt, oder sie zur Erfüllung des Vertrags notwendig waren, dem mutmaßlichen Willen des Auftraggebers entsprechen und ihm unverzüglich angezeigt worden sind**.

„Anerkenntnis" meint hierbei, dass der Auftraggeber die erbrachte Leistung letztendlich doch eindeutig, vorbehaltlos und ohne Einschränkungen billigt.⁹²⁷ Ein derartiges Anerkenntnis muss nicht schriftlich erklärt werden, sondern kann auch in schlüssigem Handeln liegen.⁹²⁸ In einem gemeinsamen Aufmaß oder einem Prüfvermerk des Architekten ist jedoch ein solches Anerkenntnis regelmäßig nicht zu sehen.⁹²⁹

Die zweite Ausnahme ist an das Rechtsinstitut der Geschäftsführung ohne Auftrag angelehnt. Der Begriff der „notwendigen Leistung" ist aus Sicht des Auftraggebers unter Anlegung objektiver Maßstäbe zu beurteilen. Regelmäßig ist hiernach eine Leistung notwendig, wenn das vom Auftraggeber verfolgte Ziel nur so erreicht werden kann, wie der Auftragnehmer vorgegangen ist. Konnte das Ziel des Auftraggebers demgegenüber auch durch die vertraglich vorgesehene Leistung, die der Auftragnehmer jedoch nicht ausgeführt hat, erreicht werden, scheidet eine notwendige Leistung im Sinne des § 2 Nr. 8 VOB/B aus.⁹³⁰ Ist demgegenüber eine Leistung notwendig, wird regelmäßig durch ihre Ausführung dem mutmaßlichen Willen des Auftraggebers entsprochen. Unter diesem mutmaßlichen Willen ist nämlich der Wille zu verstehen, den der Auftraggeber bei objektiver Würdigung geäußert hätte, wobei auch § 679 BGB zur Anwendung gelangt.⁹³¹

Die erforderliche Anzeige kann auch in der Einreichung eines Nachtragsangebotes gesehen werden.⁹³² Sie ist entbehrlich, wenn sie ihre Schutzfunktion nicht mehr erfüllen kann, da der Auftraggeber bereits Kenntnis von der Leistung hat.⁹³³ Die Anzeige hat unverzüglich zu erfolgen. Fristbeginn ist insoweit der Beginn der Ausführung.

Zur Ermittlung der dem Auftragnehmer hiernach ggf. zustehenden Vergütung ist nach h.M. vor In-Kraft-Treten der „VOB/B 2000" auf die Regelungen des § 2 Nr. 5 und Nr. 6 VOB/B zurückgegriffen

---

925 *Heiermann/Riedl/Rusam*, § 2 Rn 96b.
926 *Ingenstau/Korbion*, § 2 Rn 245.
927 *Werner/Pastor*, Rn 2015 ff.
928 *Nicklisch/Weick*, § 2 Rn 102.
929 *Heiermann/Riedl/Rusam*, § 2 Rn 165a.
930 *Ingenstau/Korbion*, § 2 Rn 383.
931 *Heiermann/Riedl/Rusam*, § 2 Rn 167.
932 *Heiermann/Riedl/Rusam*, § 2 Rn 168.
933 *Ingenstau/Korbion*, § 2 Rn 389.

worden.[934] Dies ist jetzt in der „VOB/B 2000" ausdrücklich textlich als Satz 3 des Absatzes 2 von § 2 Nr. 8 VOB/B aufgenommen worden.

Nach h.M. ist § 2 Nr. 8 VOB/B wirksam, wenn die VOB/B „im Ganzen" vereinbart ist. Bei einer isolierten Vereinbarung wurde demgegenüber bis zur Neufassung der VOB/B im Jahre 1996 angenommen, dass § 2 Nr. 8 Abs. 2 S. 2 VOB/B unwirksam ist, da er einen Vergütungsanspruch für notwendige Leistungen ausschließt, wenn die unverzügliche Anzeige fehlt. Auch § 2 Nr. 8 Abs. 1 S. 1 VOB/B wurde dann als unwirksam angesehen, da hierdurch sämtliche in Betracht kommenden gesetzlichen Vergütungsansprüche ausgeschlossen wurden.[935]

304

Diese Auffassung lässt sich infolge des Absatzes 3, wonach die §§ 677 ff. BGB unberührt bleiben, seit der „VOB/B 1996" – zumindest für Absatz 2 Satz 2 – nicht mehr halten. Bei Absatz 1 Satz 1 ist allerdings weiterhin bedenklich, dass Ansprüche aus §§ 812 ff. BGB ausgeschlossen bleiben. Gleichwohl ist die Regelung nach diesseitiger Auffassung auch isoliert vereinbart wirksam.

b) Beim Pauschalvertrag

aa) Grundsätzliches

Eine ausdrückliche Regelung findet sich in § 2 Nr. 7 VOB/B. Absatz 1 Satz 1 dieser Vorschrift normiert den **Grundsatz, dass bei einem Pauschalpreis die Vergütung unverändert bleibt**. Ein besonderes „Wesenselement" des Pauschalpreises wird allerdings durch diese Aussage nicht ausgedrückt, da sie nichts anderes beinhaltet als eine andere Formulierung der Tatsache, dass getroffene Abreden grundsätzlich unverändert bleiben. Es ändert sich auch ein vereinbarter Einheitspreis grundsätzlich nicht. Als Ausnahme sehen Absatz 1 Satz 2 und Satz 3 dieser Norm vor, dass eine Änderung des Pauschalpreises in Betracht kommt, wenn die ausgeführte Leistung von der vertraglich vorgesehenen Leistung so erheblich abweicht, dass ein Festhalten an der Pauschalsumme nicht zumutbar ist. In Anlehnung an die Regeln des Wegfalls der Geschäftsgrundlage wird also ein Fall angesprochen, aus dem eine Änderung der Pauschale folgt. Schließlich stellt Absatz 1 Satz 4 klar, dass die Regelungen des § 2 Nr. 4, Nr. 5 und Nr. 6 VOB/B unberührt bleiben.

305

Praktikabel arbeiten lässt sich mit § 2 Nr. 7 VOB/B nur, **wenn die Norm „auf den Kopf gestellt" wird**.

Die Prüfung nach einer möglichen Änderung der vereinbarten Pauschalsumme ist zu beginnen mit der Regelung des Absatz 1 Satz 4, also der Frage, ob eine Eigenleistung des Auftraggebers, eine geänderte Leistung oder eine zusätzliche Leistung vorliegt. Ist dies der Fall, ändert sich der Pauschalpreis – so scheint es jedenfalls der Wortlaut von § 2 Nr. 7 Abs. 1 S. 4 VOB/B auszudrücken – exakt nach den zuvor für den Einheitspreis dargestellten Regeln.

Negativ kann Satz 4 entnommen werden, **dass § 2 Nr. 3 VOB/B für den Pauschalvertrag nicht gilt**. Mengenänderungen, soweit sie unter § 2 Nr. 3 VOB/B fallen (vgl. Rn 295, 275), können somit beim Pauschalpreis nur im Rahmen von § 2 Nr. 7 Abs. 1 S. 2 VOB/B zu einer Änderung der Pauschale führen. Neben Mengenänderungen kommen jedoch auch andere unter dem Gesichtspunkt des Wegfalls der Geschäftsgrundlage relevante Umstände in Betracht, die zu einer Änderung der Pauschale führen können.

Schließlich ist nach h.M. auch § 2 Nr. 8 VOB/B auf Pauschalverträge anwendbar, so dass sich auch aus diesem Gesichtspunkt eine Änderung des Pauschalpreises ergeben kann.

Greift keine dieser Möglichkeiten, gibt es keine Rechtsgrundlage für eine Änderung der Pauschale und es gilt der in § 2 Nr. 7 Abs. 1 S. 1 VOB/B normierte Grundsatz.

---

934 *Ingenstau/Korbion*, § 2 Rn 378.
935 BGH BauR 1991, 331. Infolge des seit 1996 geltenden Absatzes 3 wird dies anders beurteilt, vgl. *Glatzel/Hofmann/Frikell*, S. 45.

bb) Die einzelnen Tatbestände

(1) Selbstübernahme nach § 2 Nr. 4 VOB/B

306 Infolge des Verweises in § 2 Nr. 7 Abs. 1 S. 4 VOB/B gelten grundsätzlich die Ausführungen zum Einheitspreis (vgl. Rn 301) entsprechend. Unterschiede ergeben sich jedoch bei der Rechtsfolge, **da anders als beim Einheitspreisvertrag die vom Auftraggeber selbstübernommene Leistung ihre Selbstständigkeit unter preislichen Gesichtspunkten verloren hat**, d.h. preislich „irgendwie" in der Gesamtpauschale aufgegangen ist. Es gilt daher, den Pauschalpreis in zwei Teile aufzuspalten, nämlich einmal in den Bereich der Leistungen, die der Auftragnehmer bereits erbracht hat und weiterhin erbringen soll (Betrag X), und zum anderen in den Bereich der vom Auftraggeber selbst übernommenen Leistungen (Betrag Y). Diese Aufspaltung wird häufig ohne Begleitung durch einen Sachverständigen nicht zu erreichen sein. Den Betrag X erhält der Auftragnehmer vollständig, vom Betrag Y sind demgemäß entsprechend § 8 Nr. 1 Abs. 2 S. 2 VOB/B die ersparten Aufwendungen abzuziehen (vgl. Rn 439 ff.).

(2) Geänderte Leistung i.S.d. § 2 Nr. 5 VOB/B

307 Infolge des Verweises in § 2 Nr. 7 Abs. 1 S. 4 VOB/B sollte ohne weiteres davon auszugehen sein, dass die Ausführungen zum Einheitspreisvertrag (siehe Rn 279–283) entsprechend gelten. Dies ist allerdings nicht der Fall. Nach der Rechtsprechung kommt nämlich insoweit nur eine solche Änderung des Bauentwurfes oder andere Anordnung des Auftraggebers in Betracht, **die die Preisermittlungsgrundlagen erheblich verändert**.[936]

An das Merkmal der „erheblichen Änderung" stellt die Rechtsprechung keine einheitlichen Anforderungen. So kommt es nach einer Entscheidung des OLG Zweibrücken[937] nicht auf das Verhältnis des Mehraufwandes zum Gesamtaufwand an, vielmehr reichen Änderungen in einzelnen Positionen, wenn sie dort Auswirkungen in einer Größenordnung von über 10 % annehmen. Andere Entscheidungen stellen jedoch zur Ermittlung einer „erheblichen Änderung" der Preisermittlungsgrundlagen auf das Gesamtvolumen des Auftrages ab.[938] Der Einbau eines zusätzlichen Kühlschrankes im Wert von rund 15.000 DM ist nach dieser Entscheidung bei einem Auftragsvolumen von rund 1,2 Mio DM keine „erhebliche Änderung" und erfolgt somit seitens des Auftragnehmers kostenneutral.

308 In der Literatur ist dieser Auffassung teilweise gefolgt worden,[939] zum Teil stößt sie auf heftige Kritik.[940] Den kritischen Stimmen ist der Vorzug zu geben. Gegen eine „Erheblichkeitsgrenze" spricht zunächst der Wortlaut des § 2 Nr. 7 Abs. 1 S. 4 VOB/B. Eine andere Sichtweise liest faktisch die Regelung des Satzes 2, der an den Wegfall der Geschäftsgrundlage anknüpft, in den Satz 4 hinein und führt schnell zu den aus Sicht des Auftragnehmers unerträglichen Ergebnissen, dass die im Rahmen des Satzes 2 angewandte „Wesentlichkeitsgrenze" von ca. 20 % relevant sei. **Die Voraussetzung der „Erheblichkeit" geht an den tatsächlichen Gegebenheiten vorbei**. Kein Auftragnehmer will dem Auftraggeber zusätzlich 100.000 DM „schenken" und zwar unabhängig davon, ob das Auftragsvolumen 500.000 DM, 5.000.000 DM, oder 50.000.000 DM beträgt. Andernfalls hätte nämlich der Auftragnehmer bereits bei Vertragsabschluss einen entsprechenden Nachlass gewährt. Schließlich scheint die Forderung nach einer „Erheblichkeit" auch an den falschen Gedanken anzuknüpfen, dass aus einem (nicht existenten) „Wesen des Pauschalvertrags" eine Erweiterung der Leistungspflicht des Auftragnehmers folge. Richtigerweise ist klar **zwischen Leistung und Preis zu unterscheiden** und durch eine Preisvereinbarung (Pauschale) ändert sich die Leistungsseite in keiner Weise.

---

936 Etwa BGH BauR 1972, 118, 119.
937 BauR 1989, 746, 747.
938 OLG Stuttgart BauR 1992, 639.
939 Nachweise bei *Maser*, Leistungsänderungen beim Pauschalvertrag, BauR 1990, 319, 320.
940 *Vygen*, Der Vergütungsanspruch beim Pauschalvertrag, BauR 1979, 375, 379; *Ingenstau/Korbion*, § 2 Rn 331.

Die Ermittlung des neuen Preises erfolgt – wie es der in Bezug genommene § 2 Nr. 5 VOB/B vorsieht – unter Berücksichtigung der Mehr- und Minderkosten, d.h. das bisherige Preisgefüge bleibt erhalten.[941] Dies wirft beim Pauschalpreis naturgemäß Schwierigkeiten auf, da hier für Einzelleistungen keine Preise vereinbart sind. Hilfe kann insoweit nur der **Rückgriff auf die Kalkulation des Auftragnehmers** bieten. Bei größeren Bauvorhaben, bei denen erfahrungsgemäß mit einem beträchtlichen Änderungsvolumen zu rechnen ist, erscheint es daher zweckmäßig, für eine Hinterlegung der Kalkulation des Auftragnehmers Sorge zu tragen. Verfehlt scheint demgegenüber der Ansatz, die geänderte Leistung über Einheitspreise abzurechnen.[942] Wie sollen diese Einheitspreise ermittelt werden, ohne das dem Pauschalvertrag zugrunde liegende Preisgefüge zu verändern?

309

(3) Zusätzliche Leistungen i.S.d. § 2 Nr. 6 VOB/B

Bei zusätzlichen Leistungen wird der Verweis des § 2 Nr. 7 Abs. 1 S. 4 VOB/B auf § 2 Nr. 6 VOB/B zutreffend so angewandt, dass sämtliche beim Einheitspreisvertrag dargestellten Inhalte entsprechend gelten. **Auf eine „Erheblichkeit" der zusätzlichen Leistung kommt es nicht an**, da hier auch die Rechtsprechung davon ausgeht, dass sich kein Unternehmer zu etwas verpflichten will, was er bei Vertragsabschluss noch nicht absehen kann.[943] Hinsichtlich der Preisbildung kann auf die vorstehenden Ausführungen zu geänderten Leistungen verwiesen werden.

310

(4) Mengenänderungen

Da Satz 4 des § 2 Nr. 7 Abs. 1 VOB/B nicht auf § 2 Nr. 3 VOB/B verweist, können Mengenänderungen (i.S.d. § 2 Nr. 3 VOB/B, vgl. Rn 295, 275) lediglich im Rahmen des Satzes 2 berücksichtigt werden. Als Begründung dieser Regelung wird oft angeführt, es gehöre **zum Wesen eines Pauschalvertrags, dass eine Mengenabrechnung gerade nicht stattfinde**. Die Chancen und Risiken sind dann zwischen Auftraggeber und Auftragnehmer gleichmäßig verteilt. Der Auftragnehmer hat die Chance, weniger ausführen zu müssen und gleichwohl die volle Pauschale zu erhalten. Dafür trägt er das Risiko, eine größere Menge ausführen zu müssen, ohne eine zusätzliche Vergütung zu erhalten. Aus Sicht des Auftraggebers verhalten sich die aus Mengenabweichungen resultierenden Chancen und Risiken genau anders herum. Diese Basis greift jedoch nur für bei der Abwicklung des konkreten Bauvertrags übliche und unvermeidliche Mengenänderungen. Wird diese Grenze überschritten, ist das Gleichgewicht zwischen Leistung und Gegenleistung gestört, und aus der Lehre vom Wegfall der Geschäftsgrundlage, die in § 2 Nr. 7 S. 2 VOB/B angesprochen wird, kann eine Änderung der Pauschale folgen. **Selbstverständlich kann diese Änderung in beide Richtungen gehen**, d.h. Mengenmehrungen können ebenso eine Erhöhung auslösen wie Mindermengen eine Reduzierung bedingen können.

311

Im Wesentlichen ergeben sich drei Fragen:
- Wann ist die Grenze des Üblichen und Unvermeidbaren überschritten und somit die Geschäftsgrundlage betroffen?
- Kommt es zur Ermittlung dieser Grenze auf das Verhältnis der Mehrmenge zum gesamten Auftragsvolumen (Pauschale) an, oder ist lediglich die Mehrmenge mit den ursprünglichen Mengenerwartungen in der konkret betroffenen Leistungsposition ins Verhältnis zu setzen?
- Wird, soweit die Grenze überschritten ist, der Preis insgesamt angepasst oder nur für den Teil, der über der Grenze liegt?

Zur ersten Frage ist anzumerken, dass **starre prozentuale Grenzen von der Rechtsprechung nicht vorgegeben werden**.[944] Leitlinien lassen sich daher nur aus einer Zusammenstellung von Einzelentscheidungen entnehmen. So reicht eine Minderleistung von 15 % nicht aus, um eine Reduzierung

312

---

941 *Vygen*, a.a.O., S. 383.
942 *Nicklisch/Weick*, § 2 Rn 78.
943 BGH BauR 1984, 395, 396.
944 BGH BauR 1996, 250; *Werner/Pastor*, Rn 1203.

der Pauschale zu begründen.[945] Bei einem Mehraufwand von 20 % ist eine Erhöhung der Pauschalsumme gleichfalls abgelehnt worden.[946] Demgegenüber ist eine Anpassung vorgenommen worden bei Überschreitungen von 21,8 %,[947] bzw. von 29 %.[948] Als Faustregel mag insoweit dienen, dass bei einer Änderung, die weniger als 20 % ausmacht, eine Anpassung der Pauschale nicht in Betracht kommt, bei einer Änderung ab 20 % eine solche jedoch in Erwägung zu ziehen ist.

313 Zum zweiten Gesichtspunkt finden sich insbesondere ältere Entscheidungen, die auf das Verhältnis innerhalb der einzelnen betroffenen Positionen abstellen.[949] Richtigerweise kommt es jedoch auf das **Verhältnis der Mehrleistung zum Gesamtaufwand**, d.h. dem Gesamtpreis, an, da die einzelnen Positionen im Rahmen eines Pauschalvertrags ihre Selbstständigkeit verlieren.[950] Auch ist nicht auszuschließen, dass ein Ausgleich bereits in anderen Positionen erfolgt. Wollte man mithin auf die einzelne Position abstellen, müsste der gesamte Pauschalvertrag gedanklich in Einheitspreise zerlegt werden.

314 Bei der dritten Frage geht die h.M. schließlich dahin, es sei lediglich **eine Anpassung des Preises für die Spitze**, also den Teil, der über der hinzunehmenden Grenze liegt, vorzunehmen.[951] Die Begründung wird im Wesentlichen darin gesehen, dass der bis zur Grenze liegende Teil das darstelle, was jeder Vertragsteil im Rahmen eines Pauschalvertrages an Chancen und Risiken hinzunehmen habe. Darüber hinaus wird vorgebracht, andernfalls erfolge eine eklatante Ungleichbehandlung desjenigen, der knapp unter der Grenze bleibe gegenüber dem, der sie knapp überschreite.

Dieser Auffassung wird diesseits allerdings nicht gefolgt. Die erste Begründung hinsichtlich des zu übernehmenden Risikos ist zwar richtig, für die Beantwortung der Frage, was gilt, wenn diese Grenze überschritten wird, besagt sie aber gar nichts. Das zweite Argument weist auf das Problem jeder „Stichtagsregelung" hin. Überwiegend folgt auf eine „Stichtagsregelung" jedoch gerade das „Alles-oder-Nichts-Prinzip". Dieses ist auch hier anzuwenden. Der „Grenze" liegt nämlich nicht der Gedanke zugrunde, dass ein Vertragsteil zwingend Anspruch auf einen Vorteil bis zu x % des Gesamtvolumens, bzw. der andere Vertragsteil zwingend einen entsprechenden Nachteil hinzunehmen habe. Vielmehr wird nur eine Toleranzzone geschaffen, innerhalb derer beide Parteien Änderungen, seien sie positiv oder negativ, hinnehmen müssen, da sie sich dafür entschlossen haben, die Mengen nicht aufzumessen. Ist diese Toleranzzone überschritten, steht fest, wer den Nachteil hat, und dass ihm der Vertrag nicht zumutet, diesen hinzunehmen. Vor diesem Hintergrund jedoch dem anderen Vertragsteil einen Anspruch darauf einzuräumen, den maximal möglichen Vorteil bis zur Toleranzgrenze zu erhalten, erscheint weder notwendig noch interessengerecht.

(5) Sonstige Fälle des Wegfalls der Geschäftsgrundlage

315 Auch außerhalb von Mengenänderungen kommt eine Anpassung des Pauschalpreises unter dem Gesichtspunkt des Wegfalls der Geschäftsgrundlage in Betracht, **wenn die bei Ausführung der Arbeiten auftretenden Schwierigkeiten jedes bei Vertragsabschluss voraussehbare Maß übersteigen**, oder die mit der Durchführung der Arbeiten verbundenen Kosten wider Erwarten so hoch sind, dass dem Auftragnehmer ein Festhalten am Preis nicht zumutbar ist.[952] Beispiele solcher „Extremfälle" können etwa sein:

---

945 OLG Hamburg BB 1970, 688.
946 OLG Stuttgart BauR 1992, 639.
947 OLG Düsseldorf BauR 1976, 363, 364.
948 OLG Zweibrücken BauR 1989, 746, 747.
949 OLG Köln MDR 1959, 660; OLG Zweibrücken BauR 1989, 747.
950 BGH BauR 1996, 250; *Vygen*, BauR 1979, 375, 386; *Werner/Pastor*, Rn 1203.
951 *Werner/Pastor*, Rn 2490.
952 *Vygen*, a.a.O., S. 387.

- Nach Abschluss des Vertrags wird der Leistungsumfang auftraggeberseitig durch Herausnehmen von Leistungselementen und Hinzufügen anderer Leistungen so grundlegend geändert, dass eine Preisermittlung anhand der ursprünglichen Pauschale unmöglich ist.[953]
- Es kommt für den Auftragnehmer durch Umstände außerhalb seines Gewerbes zu ganz un- und außergewöhnlichen Preissteigerungen (z.B. verdreifacht sich der Materialpreis[954] oder es erfolgt eine entsprechende Lohnerhöhung[955]).

cc) Gängige Klauseln

Auftraggeber sind häufig bemüht, den Pauschalpreis gegen alle Änderungen beständig zu vereinbaren. Mitunter finden sich vor diesem Hintergrund kuriose Formulierungen wie „endgültig abschließender und unveränderlicher Pauschalfestpreis". **Im Bereich von Allgemeinen Geschäftsbedingungen sind die Regelungsmöglichkeiten jedoch begrenzt**, und auch das Wiederholen von auf die „Endgültigkeit des Preises" abzielenden Vokabeln erhöht den möglichen Schutz nicht. 316

So sind Klauseln, wonach jegliche Nachforderungen wegen Mehr- und Minderleistungen ausgeschlossen sind, ebenso unwirksam[956] wie Regelungen, wonach eine Anpassung des Pauschalpreises erst erfolgt, wenn ein bestimmter Prozentsatz der Auftragssumme durch die ausgelösten Mehrleistungen erreicht ist, woraus ja nichts anderes folgt als die Tatsache, dass der Auftragnehmer diese Mehrleistungen ohne Anspruch auf zusätzliche Vergütung erbringen soll.[957] Gleichfalls unwirksam sind Regelungen, wonach das Mengenrisiko vollständig auf den Auftragnehmer übertragen wird, sei es dadurch, dass eine Anpassung der Pauschale aus diesem Gesichtspunkt völlig ausgeschlossen wird, oder dadurch, dass der Auftragnehmer „formelhaft" zu versichern hat, dass er die Mengen selbst ermittelt oder überprüft habe.[958] Schließlich verstoßen solche Klauseln des Auftraggebers gegen das AGBG, die es ihm ermöglichen, beauftragte Leistungen unter Abzug der vollen hierfür vorgesehenen Auftragssumme entfallen zu lassen, ohne dem Auftragnehmer hierfür einen adäquaten Ausgleich einzuräumen.[959] Im Ergebnis beinhaltet eine solche Regelung nämlich eine Abweichung von § 8 Nr. 1 VOB/B bzw. § 649 BGB.

Unwirksame auftragnehmerseitige Klauseln liegen insbesondere dann vor, wenn – z.B. beim Schlüsselfertigbau – bestimmte Leistungen aus dem Pauschalpreis herausgenommen werden, die typischerweise aus objektiver Sicht des Auttraggebers in der Pauschale enthalten sein müssten.[960]

4. Die Regelungen beim „BGB-Bauvertrag"

a) Allgemeines

Das BGB kennt keine ausdrücklichen Regelungen, ob und inwieweit Abweichungen von der vertraglich vereinbarten Leistung zu einer Änderung der Vergütung führen. Im Grundsatz sind diese Konstellationen daher durch einen Rückgriff auf die allgemeinen Grundsätze des § 632 Abs. 2 BGB, wonach dem Auftragnehmer in Ermangelung einer Einigung die übliche Vergütung zusteht, die Regeln über die Geschäftsführung ohne Auftrag nach §§ 677 ff. BGB, das Rechtsinstitut des Wegfalls der Geschäftsgrundlage und schließlich nach den Grundsätzen der ungerechtfertigten Bereicherung 317

---

953 *Nicklisch/Weick*, § 2 Rn 82.
954 *Vygen*, a.a.O., S. 388.
955 *Werner/Pastor*, Rn 2499.
956 *Ingenstau/Korbion*, § 2 Rn 347.
957 OLG Frankfurt NJW-RR 1986, 247.
958 *Glatzel/Hofmann/Frikell*, S. 195.
959 *Glatzel/Hofmann/Frikell*, S. 175, 176.
960 *Ingenstau/Korbion*, § 2 Rn 322.

nach §§ 812 ff. BGB zu lösen. **Die Unterschiede zum „VOB/B-Bauvertrag" sind trotz der anderen Rechtsgrundlagen in den praktischen Konsequenzen allerdings gering**, da die Rechtsprechung dazu tendiert, über § 242 BGB die einschlägigen Regeln der VOB/B ihrem Sinngehalt entsprechend anzuwenden, da diese als in der Baubranche verkehrsüblich anzusehen sind.[961]

Die nachfolgende Darstellung kann sich daher darauf beschränken, kurz die für die einzelnen Fallgestaltungen einschlägigen Rechtsgrundlagen und die Unterschiede zum „VOB/B-Bauvertrag" aufzuzeigen. Im Übrigen gelten die unter vorstehender Ziffer 3. für den „VOB/B-Bauvertrag" aufgeführten Grundsätze auch für den „BGB-Bauvertrag".

b) Der Einheitspreisvertrag

aa) Geänderte und zusätzliche Leistungen

318 Da dem Auftraggeber auch beim „BGB-Bauvertrag" Eingriffs- und Änderungsbefugnisse entsprechend § 1 Nr. 3 und Nr. 4 VOB/B zustehen (siehe Rn 265, 266), muss auch hier eine entsprechende Anpassung der Vergütung erfolgen. Im Grundsatz ergibt sich die geänderte Vergütung aus § 632 Abs. 2 BGB. Hieraus folgt zunächst für eine zusätzliche Leistung, **dass es die in § 2 Nr. 6 VOB/B enthaltene Anspruchsvoraussetzung der Ankündigung nicht gibt**. Weiterhin folgt hieraus, dass bei Bestimmung eines neuen Preises eine Bindung an die bislang geltenden Preisermittlungsgrundlagen nicht besteht. Zu letzterem Gesichtspunkt ist allerdings anzumerken, dass in der Regel im Wege der Vertragsauslegung das Ergebnis erzielt werden wird, dass der „übliche Preis" i.S.d. § 632 Abs. 2 BGB unter Berücksichtigung der spezifischen Preisermittlungsgrundlagen des konkreten Bauvorhabens zu bilden ist.[962] Andernfalls würden die aus § 242 BGB abgeleiteten Änderungsrechte des Auftraggebers (entsprechend § 1 Nr. 3 und Nr. 4 VOB/B) faktisch entwertet, da der Vorteil der Fortschreibung des ursprünglichen Preisgefüges nicht bestünde und somit aktuelle Marktpreise anzusetzen wären. Die, im Vergleich zum „VOB/B-Bauvertrag" zwar nicht als Anspruchsvoraussetzung zu wertende, Ankündigung der beanspruchten zusätzlichen Vergütung **wird sich in der Regel als Nebenpflicht des Auftragnehmers aus § 242 BGB ableiten lassen**, so dass eine fehlende Ankündigung zwar den Anspruch nicht entfallen lässt, jedoch Anknüpfungspunkt für einen Schadensersatzanspruch des Auftraggebers sein kann.

bb) Selbstübernahme durch den Auftraggeber

319 In der Selbstübernahme durch den Auftraggeber wird in der Regel eine (Teil-)Kündigung des Bauvertrags zu sehen sein. Die Rechtsfolgen ergeben sich aus § 649 BGB, der inhaltlich § 8 Nr. 1 VOB/B, auf den § 2 Nr. 4 VOB/B im entsprechenden Fall beim „VOB/B-Bauvertrag" verweist, entspricht.

cc) Mengenänderungen

320 Eine Anpassung des Einheitspreises kommt bei Mengenänderungen nur über das Rechtsinstitut des Wegfalls der Geschäftsgrundlage in Betracht. Voraussetzung sind veränderte Umstände, die zu einer unzumutbaren Äquivalenzstörung geführt haben. Entscheidend ist somit, ab welcher Mengenänderung von einer relevanten Änderung auszugehen ist. Hier wird angenommen, die **10 %-Grenze des § 2 Nr. 3 VOB/B sei das in der Branche übliche Maß**,[963] so dass ab dieser Größenordnung eine Anpassung des Einheitspreises im Raum steht.

---

[961] *Vygen*, BauR 1979, 375, 375.
[962] *Lauer/Klein*, Privates Baurecht, 2000, S. 47.
[963] *Werner/Pastor*, Rn 2501.

dd) Auftragslose Leistungen

Für derartige Leistungen greifen beim „BGB-Bauvertrag" die Regelungen der Geschäftsführung ohne Auftrag. Nach §§ 683, 670 BGB steht dem Auftragnehmer ein Aufwendungsersatzanspruch zu, sofern die auftragslos erbrachte Bauleistung dem Interesse und dem wirklichen oder mutmaßlichen Willen des Auftraggebers entspricht. **Eine unverzügliche Anzeige, wie sie § 2 Nr. 8 Abs. 2 VOB/B als Anspruchsvoraussetzung normiert, gilt beim „BGB-Bauvertrag" nicht.**

Sind die Voraussetzungen eines Anspruches aus Geschäftsführung ohne Auftrag nicht gegeben, kommt für die auftragslos erbrachte Leistung ein Anspruch des Auftragnehmers gegen den Auftraggeber aus ungerechtfertigter Bereicherung nach §§ 812 ff. BGB in Betracht.

c) Der Pauschalvertrag

aa) Geänderte und zusätzliche Leistung

Es besteht der gleiche Unterschied zum Einheitspreisvertrag wie bei der Beurteilung im Rahmen des „VOB/B-Bauvertrags", so dass auf Rn 307–310 verwiesen werden kann.

bb) Selbstübernahme durch den Auftraggeber

Es gelten die gleichen Regeln wie beim Einheitspreisvertrag, so dass auf Rn 319 verwiesen werden kann.

cc) Mengenänderungen

Diese sind wie beim „VOB/B-Bauvertrag" grundsätzlich irrelevant. Eine Berücksichtigung kommt nur nach der Lehre des Wegfalls der Geschäftsgrundlage in Betracht. Insoweit gilt das Gleiche wie beim „VOB/B-Bauvertrag" (vgl. Rn 311–314).

dd) Auftragslose Leistung

Es gelten die Ausführungen zum Einheitspreisvertrag entsprechend, so dass auf Rn 321 verwiesen werden kann.

5. Handlungsoptionen des Auftragnehmers bei streitigen Nachträgen

a) Ausgangslage

Gängig ist die Konstellation, dass der Auftragnehmer Nachträge anmeldet, deren Beauftragung der Auftraggeber jedoch – oft mit recht pauschalen Begründungen – ablehnt. Der Auftragnehmer steht dann vor der schwierigen Entscheidung, die in Rede stehende Leistung gleichwohl zu erbringen oder zuzuwarten, bis das Thema mit dem Auftraggeber geklärt ist. Wählt der Auftragnehmer den ersten Weg, **erhöht er seine Vorleistung**. Hierdurch werden die Risiken aus einer möglichen Insolvenz des Auftraggebers größer. Darüber hinaus muss der Auftragnehmer die Nachtragsleistung, oft bis zu einer rechtskräftigen Entscheidung hierüber, vorfinanzieren. Der zweite Weg ist jedoch nur dann nicht ebenso gewagt, wenn einerseits die Nachtragsforderung berechtigt ist und andererseits aus der unterlassenen Beauftragung des streitigen Nachtrages durch den Auftraggeber ein Recht zur Zurückbehaltung für den Auftragnehmer erwächst. Andernfalls ist davon auszugehen, dass der Auftragnehmer für den aus seiner Arbeitseinstellung **resultierenden Verzug haftbar gemacht wird, ggf. die Arbeitseinstellung sogar für den Auftraggeber einen „wichtigen Grund" zur Kündigung des Bauvertrags darstellt**, woraus für den Auftragnehmer erhebliche nachteilige Konsequenzen resultieren können.

Natürlich sind auch die Belange des Auftraggebers zu beachten. Ihm ist nicht ohne weiteres zuzumuten, dass dem Auftragnehmer durch die Möglichkeit der Arbeitseinstellung ein Druckmittel an die

Hand gegeben wird, um unbegründete oder zumindest preislich überzogene Nachträge beauftragt zu erhalten.

b) Position der Rechtsprechung

327 Die Beurteilung dieses Themas durch die Rechtsprechung ist durchaus als auftraggeberfreundlich anzusehen. Kennzeichnend sind etwa folgende neuere Entscheidungen:

Der Auftraggeber ordnete eine zeitliche Verschiebung der Arbeiten an, lehnte jedoch den entsprechenden Nachtrag des Auftragnehmers insbesondere mit der Begründung ab, der Auftragnehmer habe sein Personal anderweitig einsetzen können. Die hierauf folgende Kündigung des Auftragnehmers hielt der BGH für eine unberechtigte Erfüllungsverweigerung, die den Auftraggeber seinerseits zur Kündigung aus wichtigem Grund berechtige.[964] Der BGH nahm an, der Auftragnehmer habe durch die Kündigung **gegen die die Partner eines Bauvertrags treffende Kooperationspflicht verstoßen**. Da der Auftraggeber eine Begründung für seine Ablehnung gegeben habe, hätte es dem Auftragnehmer oblegen, hierauf inhaltlich einzugehen anstatt zu kündigen.

In die gleiche Richtung geht eine Entscheidung des OLG Dresden.[965] In dem zugrunde liegenden Sachverhalt stellte sich nach Vertragsabschluss heraus, dass der Sanierungsumfang größer als vereinbart ausfiel. Über das entsprechende Nachtragsangebot des Auftragnehmers wurden Verhandlungen geführt, der Auftragnehmer stellte jedoch klar, dass er bis zu einer entsprechenden Beauftragung nicht arbeiten werde. Zu Recht, so das OLG Dresden, habe der Auftraggeber wegen dieses Verhaltens des Auftragnehmers den Bauvertrag aus wichtigem Grund gekündigt. Schuldhaftes Verhalten sei nämlich dem Auftraggeber nicht anzulasten. Er habe sich gegen die Nachtragsverhandlung nicht gesperrt, lediglich Anspruch darauf erhoben, dass ihm die geforderten Preise prüfbar dargelegt werden. Die Forderung des Auftragnehmers, **die Weiterarbeit von der Beauftragung der nicht prüfbar dargelegten Preise abhängig zu machen, sei für jeden Auftraggeber unzumutbar**.

Anders die Entscheidung des OLG Zweibrücken,[966] der ein Sachverhalt zugrunde lag, bei dem der Auftraggeber im Wege der Änderung einen Mehraufwand von 25 % auslöste. Die Weiterarbeit von der Beauftragung eines entsprechenden Nachtrages abhängig zu machen, hielt das OLG Zweibrücken für gerechtfertigt, wobei wesentlich für die Begründung der beträchtliche Änderungsumfang war. Hierdurch sei die Geschäftsgrundlage betroffen und es sei dem Auftragnehmer nicht zuzumuten, zum ursprünglichen Preis zu beginnen, um sich später darauf verweisen zu lassen, im Rechtsstreit eine höhere Vergütung zu erkämpfen.

Ein abweichender Begründungsansatz findet sich in Entscheidungen des OLG Frankfurt[967] und des OLG Düsseldorf.[968] **In der Weigerung des Auftraggebers, eine Einigung über den geltend gemachten Nachtrag herbeizuführen, sahen die OLG den Verstoß gegen Mitwirkungspflichten**, die den Auftragnehmer nach § 9 Nr. 1 a) VOB/B zur Kündigung berechtigten. Dabei gingen beide OLG in ihren Entscheidungen davon aus, dass der geltend gemachte Nachtrag berechtigt war. Es liegt nahe, im Wege eines „Erst-Recht-Schlusses" aus diesen Entscheidungen abzuleiten, dass der Auftragnehmer auch zur Arbeitseinstellung berechtigt gewesen wäre.

---

964 BauR 2000, 409.
965 BauR 1998, 565 ff.
966 BauR 1995, 251.
967 Sachverhalt und Entscheidung dargestellt in BauR 2000, 409.
968 BauR 1996, 115, 116.

c) Andere Lösungsansätze

In der Literatur werden weitergehende Möglichkeiten diskutiert. Einige Beispiele seien kurz dargestellt:

1. Lösungsansatz
Der Auftragnehmer habe ein Zurückbehaltungsrecht unter folgenden Voraussetzungen: Es liege eine nachtragsfähige Leistung vor und die Mehrkosten seien angemeldet, der Auftraggeber habe den Nachtrag prüfbar mit der Aufforderung zu Preisverhandlungen erhalten, bestätige aber gleichwohl die Vergütung nicht.[969]

2. Lösungsansatz
Die Nachtragsforderung sei mit der nächsten Abschlagsrechnung geltend zu machen. Leiste der Auftraggeber die Vergütung nicht, gelange man über § 16 Nr. 5 Abs. 3 S. 3 VOB/B zum Recht des Auftragnehmers, die Arbeiten einzustellen.[970]

3. Lösungsansatz
Der Auftragnehmer sei berechtigt, eine Sicherheitsleistung des Auftraggebers für die Nachtragsvergütung nach § 648 a BGB zu beanspruchen. Soweit diese nicht gestellt werde, greife die Rechtsfolge des § 648 a Abs. 5 BGB.[971]

4. Lösungsansatz
Es bestehe ein Anspruch des Auftragnehmers auf Sicherheitsleistung außerhalb des § 648 a BGB, der ja eine feststehende Vergütungshöhe voraussetze, aus einer Rechtsanalogie zu anderen anerkannten Instituten, die der vorläufigen Sicherung ungewisser Ansprüche dienen, wie z.B. der Gewährleistungssicherheit, da nicht feststeht, ob überhaupt Mängel während der Gewährleistungszeit auftreten werden; der vom Auftraggeber im Rahmen der Mangelbeseitigung in Höhe der „Sowieso-Kosten" zu stellenden Sicherheit; der Sicherheitsleistung, die eine vorläufige Vollstreckbarkeit nicht rechtskräftiger Urteile ermöglicht.

Alle vorskizzierten Ansätze und auch die zuvor zitierte Rechtsprechung sind nach diesseitiger Auffassung zutreffend, lösen allerdings den Kern des Problems nicht.

Zunächst ist festzuhalten, dass § 18 Nr. 4 VOB/B, wonach der Auftragnehmer im Streitfall nicht berechtigt ist, die Arbeiten einzustellen, einem Leistungsverweigerungsrecht des Auftragnehmers nicht entgegensteht. Zum einen unterliegt § 18 Nr. 4 VOB/B dem Grundsatz von Treu und Glauben, greift also insbesondere bei schweren Pflichtverletzungen des Auftraggebers nicht,[972] und außerdem gehen die hier relevanten Regelungen der §§ 16 Nr. 5 Abs. 3 S. 3, 9 Nr. 1 a VOB/B, § 648 a BGB dem § 18 Nr. 4 VOB/B als spezieller vor.

Gegen die vorzitierte Rechtsprechung (siehe Rn 327) ist allerdings einzuwenden, dass die Anknüpfung der Begründung an einen vorliegenden Mehraufwand von 25 % den Eindruck erwecken könnte, dass ein geringerer Mehraufwand die Leistungsverweigerung des Auftragnehmers nicht trage. Einem solchen Schluss könnte sicherlich nicht gefolgt werden. Regelmäßig erhält der Auftragnehmer im Wege von Abschlagszahlungen nur einen Teil der erbrachten Leistung vergütet (üblich sind etwa 90 % bis 95 %, siehe Rn 212), so dass ihm stets aus der Vorleistungspflicht ein erhebliches Risiko verbleibt. Angesichts der in der Baubranche üblichen Margen von deutlich unter 2 % darf dieses Risiko des Auftragnehmers nicht weiter vergrößert werden. Richtig ist daher gerade die umgekehrte Sicht, **dass ganz geringe Nachtragsleistungen ausnahmsweise nach Treu und Glauben die Leistungsverweigerung des Auftragnehmers nicht zulassen.**

---

969 *Leinemann*, Leistungsverweigerungsrecht des Bauunternehmers wegen fehlender Nachtragsbeauftragung?, NJW 1998, 3672, 3677.
970 *Leinemann*, a.a.O., S. 3676.
971 *Schulze-Hagen*, § 648 a BGB – eine Zwischenbilanz, BauR 2000, 28, 31, 32.
972 *Ingenstau/Korbion*, § 18 Rn 72.

Sicherlich ist es richtig, dass der Auftragnehmer seine Nachtragsforderungen prüfbar geltend machen muss. Die entscheidende und in den zitierten Urteilen nur rudimentär behandelte Frage ist daher, welchen Aufwand der Auftragnehmer hierzu betreiben muss und wie lange er zeitlich bis zu einer endgültigen Entscheidung des Auftraggebers zuzuwarten hat. Gerade bei Großprojekten werden heute ohne weiteres in 18 Monaten Bauzeit über 100.000.000 DM verbaut. Langwierige Verhandlungen über Nachträge führen also schnell dazu, dass der Auftragnehmer schon Leistungen in „Millionen-Höhe" erbracht hat, bis er dann ggf. vom Auftraggeber ein endgültiges „Nein" zu seinen Nachtragsforderungen erhält. **Ein zeitlich zu spät greifendes Leistungsverweigerungsrecht kann somit seine Funktion nicht mehr erfüllen.**

Entsprechende Schwierigkeiten tauchen bei der Lösung über § 16 Nr. 5 VOB/B bzw. über § 648 a BGB auf. Beide Normen setzen zur Anwendung voraus, dass der Vergütungsanspruch belegt ist. Welcher Anwalt will aber die Verantwortung übernehmen, dem Auftragnehmer in kurzer Zeit eine verlässliche Auskunft dazu zu geben, ob die Nachtragsforderung berechtigt sei und die Arbeiten daher eingestellt werden können? Angesichts der technisch oft sehr komplexen Sachverhalte und der mitunter anspruchsvollen baubetriebswirtschaftlichen Preisfindung scheint eine „schnelle Entscheidung" vielmehr regelmäßig illusorisch.

Charme weist der Vorschlag auf, stets den Auftraggeber für verpflichtet zu halten, in Höhe der geltend gemachten streitigen Nachtragsforderung vorläufige Sicherheit zu leisten. Von der Rechtsprechung wird die insoweit entwickelte „Analogie" aber in keiner Weise bestätigt.

Zutreffender praktikabler Ansatz kann es daher nur sein, **bereits im Bauvertrag für diese Fälle einen summarisch prüfenden Schlichter zu vereinbaren.** Dieser entscheidet vorläufig für beide Seiten verbindlich, ob eine Nachtragsforderung berechtigt erscheint und welche Höhe angemessen ist. In dieser Höhe hat der Auftraggeber dem Auftragnehmer Sicherheit zu leisten, andernfalls ist der Auftragnehmer zur Einstellung der Arbeiten berechtigt. Die vorläufige Entscheidung dieses Schlichters wird sodann endgültig durch eine spätere Einigung oder eine gerichtliche Entscheidung ersetzt.

Sicherlich mag gegen eine solche, für beide Seiten faire Regelung eingewandt werden, dass in den Vertragsverhandlungen insbesondere die insoweit aufgerufene Auftragnehmerseite ungern das Thema Nachträge anspricht. Erfahrene Auftraggeber wissen allerdings, dass Bauabwicklung ohne Nachtragsforderung Theorie ist und müssten gleichfalls an einer solchen Regelung interessiert sein, da die summarische Prüfung des Schlichters sie vor preislich überzogenen Nachträgen schützt und sie frühzeitig realistische Änderungen im Budget erfassen und entsprechend planen können.

Zukünftig wäre im Übrigen wünschenswert, dieses gewichtige Thema, an dem schon so mancher kleinerer Auftragnehmer endgültig „gestrandet" ist, in der VOB/B oder sogar dem BGB zu regeln. „VOB/B 2000" und das „Gesetz zur Beschleunigung fälliger Zahlungen" sind hierauf leider nicht eingegangen.

VI. Die Bauausführung

1. Grundsätzliches und Kooperationsgedanke

330 Die Erstellung des Werkes ist nicht allein Sache des Auftragnehmers, vielmehr setzt sie **eine enge Kooperation**[973] **der Vertragsparteien** voraus, die bereits vor dem eigentlichen Startschuss „Baubeginn" einsetzt. Den Auftraggeber treffen vielfältige Mitwirkungspflichten, ohne deren Erfüllung dem Auftragnehmer die Leistungserbringung gar nicht möglich wäre. Umgekehrt erfordert die effektive und ordnungsgemäße Mitwirkung des Auftraggebers wiederum bisweilen die Unterstützung

---

[973] BGH WM 2000, 730 f.

des Auftragnehmers. Als Beispiel kann etwa angeführt werden, dass bei mehreren auf der Baustelle parallel tätigen Unternehmen ein reibungsloser Bauablauf nur möglich ist, wenn einerseits der Auftraggeber ordnend und koordinierend steuert, auf der anderen Seite die betroffenen Auftragnehmer sich in die Steuerung des Auftraggebers konstruktiv dergestalt einbringen, dass sie z.B. an Abstimmungsgesprächen und Baustellenbegehungen teilnehmen.

In diesem Kapitel soll daher auf die wesentlichen Rechte und Pflichten der Vertragsparteien vor Baubeginn und während der eigentlichen Bauausführung unter dem einem Bauvertrag immanenten Gesichtspunkt der Kooperation – mithin außerhalb der klassischen allgemeinen werkvertraglichen Hauptpflichten – eingegangen werden. Mit §§ 3, 4 VOB/B sind hierzu für den „VOB/B-Bauvertrag" sehr detaillierte und praxisorientierte Regelungen vorhanden, die dem gesetzlichen Werkvertragsrecht fremd sind. **Über die §§ 642, 242 BGB sind jedoch die wesentlichen Aussagen der §§ 3, 4 VOB/B auch auf einen „BGB-Bauvertrag" anwendbar**, da sie letztendlich nur Konkretisierungen der in § 642 BGB angesprochenen Mitwirkungspflichten bzw. der aus Treu und Glauben abzuleitenden Nebenpflichten beinhalten.[974] Gleichwohl ist im Interesse der Rechtssicherheit bei Gestaltung eines „BGB-Bauvertrages" dazu zu raten, die wechselseitig gewünschten Mitwirkungspflichten, gegebenenfalls in Anlehnung an die Regelungen der §§ 3, 4 VOB/B auszuformulieren.

Da das Zusammenwirken der Parteien dazu dient, einen im Sinne der vertraglichen Abreden geordneten Bauablauf zu gewährleisten, ist zunächst zu klären, wie sich die Parteien die Bauabwicklung vorgestellt und sie geregelt haben. Dies drückt sich regelmäßig in den terminlichen Vereinbarungen aus, auf die somit zunächst eingegangen wird.

Schließlich kann es im Bauablauf zu Störungen kommen, die ihre Ursache sowohl in der Sphäre und dem Verantwortungsbereich eines Vertragspartners finden, als auch – für die Parteien nicht beherrschbar – von dritter Seite ausgelöst werden können. Hieraus können sich Änderungen des geplanten terminlichen Bauablaufes ebenso ergeben wie Schadensersatzansprüche und Kündigungsrechte, worauf abschließend eingegangen wird.

2. Termine und Terminänderungen

a) Die Ausführungsfristen

aa) Die Regelung der VOB/B

§ 5 Nr. 1 VOB/B legt fest, dass die Ausführung nach den verbindlichen Fristen (Vertragsfristen) zu beginnen, angemessen zu fördern und zu vollenden ist. Die Bezeichnung **„Ausführungsfrist" ist der Oberbegriff für verbindliche Vertragsfristen einerseits und andere Fristen andererseits**.[975] Die Ermittlung von verbindlichen Vertragsfristen ist, wenn eindeutige Abreden nicht getroffen worden sind, durch Auslegung vorzunehmen. Für verbindliche Fristen sprechen etwa folgende Formulierungen: „Ausführung vom 1.1. bis 30.6.", „Gesamtbauzeit zwölf Monate", „Fertigstellung drei Monate nach Baubeginn". Für andere, d.h. unverbindliche Fristen, sprechen demgegenüber Formulierungen wie „ca. Mai oder Juni", „voraussichtlich im Herbst" usw. Nach § 5 Nr. 1 Satz 2 VOB/B stellen Einzelfristen in einem Bauzeitenplan ohne anderweitige Vereinbarung keine Vertragsfristen, sondern unverbindliche Zeitangaben dar.

331

Die angeführten Beispiele zeigen, dass sich Fristen auf den **Leistungsbeginn, den Zeitpunkt der Fertigstellung und die Dauer der Ausführung beziehen können**. Daneben kommen noch Einzel- oder Zwischenfristen in Betracht, die Ausführungsfristen für Teilleistungen beinhalten. Diese können sich sowohl auf in sich abgeschlossene Teile der Leistung im Sinne des § 12 Nr. 2 VOB/B beziehen

---

[974] *Werner/Pastor*, Rn 1327.
[975] *Ingenstau/Korbion*, § 5 Rn 4.

(zum Begriff siehe Rn 514) als auch auf Zwischenstufen der Bauerrichtung.[976] Sie dienen dazu, einen technisch geordneten Bauablauf, bei dem auch wechselseitige Störungen verschiedener tätiger Unternehmen ausgeschlossen sind, sicherzustellen.

332 Bei größeren Bauvorhaben werden regelmäßig Terminpläne erstellt und diese als Anlage zum Bauvertrag genommen. Üblich ist auch, die im Bauzeitenplan enthaltenen Termine, zumindest einige für die Bauausführung wesentliche, als Vertragsfristen zu vereinbaren. **Eine terminlich untergliederte Bauausführung erleichtert dem Auftraggeber bei Abweichungen ein Eingreifen.** Er muss sich nämlich nicht in das „unsichere Fahrwasser" des Abhilfeverlangens nach § 5 Nr. 3 VOB/B begeben, sondern kann anhand der Einzelfristen leicht eine Verzögerung des Beginns bzw. einen Vollzug mit der Vollendung belegen (vgl. auch Rn 465, 466).

333 Denkbar ist die Konstellation, dass die Vertragsparteien bei Vertragsabschluss noch keine Vertragsfristen festgelegt haben und ihre Vereinbarungen vorsehen, dass der Auftraggeber berechtigt ist, diese „Lücke" später durch Aufstellung eines Bauzeitenplanes zu schließen. Macht der Auftraggeber sodann von dieser „Ermächtigung" Gebrauch, handelt es sich bei den insoweit bestimmten Fristen um Vertragsfristen, da die Grundlage hierfür bereits in den vertraglichen Vereinbarungen gelegt worden ist.[977] Selbstverständlich muss die Festlegung durch den Auftraggeber „billigem Ermessen" im Sinne des § 315 BGB entsprechen. Eine anhand dieses Maßstabes zu kurz bemessene Frist ist jedoch nicht unwirksam, sondern setzt eine längere, angemessene Frist in Gang.

334 In der Praxis geläufig ist eine Vereinbarung, die dem Auftraggeber ein „Abrufrecht" einräumt, d.h. ein einseitiges Bestimmungsrecht dahingehend, wann mit der Leistung zu beginnen ist. Gerade ein Generalunternehmer erhält durch eine solche Regelung die Möglichkeit, den Nachunternehmereinsatz flexibel dem Baufortschritt anzupassen, d.h. die Erstellung eines Folgegewerkes erst dann auszulösen, wenn der Vorunternehmer die benötigte Vorleistung erbracht hat. Auch die **Vereinbarung eines Abrufrechtes begründet eine Vertragsfrist**.[978] Gleichzeitig beinhaltet das Abrufrecht jedoch auch die Verpflichtung des Auftraggebers, den Abruf dann zu tätigen, wenn er fällig ist (Mitwirkungspflicht).[979]

Die Fälligkeit des Abrufes ist – fehlen ausdrückliche Regelungen – durch Auslegung aller maßgeblichen Umstände unter Beachtung der Gebote von Treu und Glauben zu ermitteln. Findet sich beispielsweise die Vereinbarung, dass Ausführungsbeginn November 2001 sei und der genaue Beginn auf Abruf festgelegt werde, so ist der Abruf spätestens am 30.11.2001 fällig.

Unterlässt der Auftraggeber den Abruf trotz Fälligkeit, hat der Auftragnehmer verschiedene Möglichkeiten: Er kann diesen weiter – gegebenenfalls gerichtlich – beanspruchen, er kann Ersatz seines Verzögerungsschadens geltend machen und schließlich auch den Vertrag nach § 9 Nr. 1 b) VOB/B kündigen. Übt der Auftraggeber das Abrufrecht aus, so hat er hierbei auch die Belange des Auftragnehmers angemessen zu berücksichtigen, d.h. **der Abruf darf nicht zur Unzeit erfolgen und dem Auftragnehmer ist ausreichend Zeit zur Vorbereitung zu lassen**.[980]

335 Relativ selten sind Vereinbarungen, die dem Auftragnehmer das Recht einräumen, die Ausführungsfrist zu bestimmen. Liegt eine solche Regelung vor, muss auch die Bestimmung der Leistungszeit durch den Auftragnehmer billigem Ermessen (§ 315 BGB) entsprechen. Überschreitet der Auftragnehmer diese Grenzen, steht dem Auftraggeber das Recht zu, den Fälligkeitszeitpunkt zu bestimmen,

---

976 *Nicklisch/Weick*, § 5 Rn 4.
977 *Nicklisch/Weick*, § 5 Rn 5.
978 *Heiermann/Riedl/Rusam*, § 5 Rn 9.
979 OLG Düsseldorf BauR 1996, 119 ff.
980 *Nicklisch/Weick*, § 5 Rn 8.

also seinerseits dem Auftragnehmer eine angemessene Frist für den Abschluss der Arbeiten zu setzen.[981]

Fehlt eine vertragliche Vereinbarung zu den Ausführungsfristen vollständig, greift § 5 Nr. 2 VOB/B. Nach dieser Norm hat der Auftragnehmer innerhalb von zwölf Werktagen nach Aufforderung mit der Leistung zu beginnen (Satz 2), wobei der Auftraggeber dem Auftragnehmer den voraussichtlichen Beginn auf Verlangen präzise mitzuteilen hat (Satz 1). Diese Mitteilung stellt eine Mitwirkungspflicht des Auftraggebers dar.[982] Der Auftragnehmer hat sodann dem Auftraggeber den Beginn der Arbeiten anzuzeigen.

336

bb) Die Regelung des BGB

Der VOB/B vergleichbar detaillierte Regelungen zu Fristen kennt das BGB nicht. §§ 636, 634 Abs. 1 Satz 2 BGB setzen jedoch terminliche Absprachen voraus, da sie Rechtsfolgen an die „nicht rechtzeitige Herstellung" bzw. den „Ablauf der für die Ablieferung bestimmten Frist" anknüpfen.

337

Im Wesentlichen können die vorstehenden Ausführungen zum „VOB/B-Bauvertrag" auf die Situation eines „BGB-Bauvertrages" übertragen werden. Unterschiede bestehen lediglich in zweierlei Hinsicht:

Zum einen kann auf die Auslegungsregel, dass die im Bauzeitenplan enthaltenen Einzelfristen keine Vertragsfristen sind, nicht zurückgegriffen werden. Es bedarf daher, sollen Unwägbarkeiten einer Auslegung vermieden werden, einer ausdrücklichen Regelung hierzu.

Zum anderen gilt § 5 Nr. 2 VOB/B nicht. Sind mithin bei einem „BGB-Bauvertrag" keine Vertragsfristen vereinbart, stellt sich die Rechtslage wie folgt dar: Nach dem **in § 271 BGB enthaltenen Rechtsgedanken**, wonach der Auftragnehmer grundsätzlich nach Vertragsabschluss mit der Leistung zu beginnen und sie zügig innerhalb der für die Ausführung benötigten Zeit fertig zu stellen hat, sind die Fristen unter Berücksichtigung aller Gesichtspunkte des Einzelfalles, wie Art und Umfang der Leistung, Verhältnisse vor Ort auf der Baustelle usw. zu ermitteln.[983]

cc) Gängige Klauseln

Der Auftraggeber ist häufig darum bemüht, sich erhebliche Gestaltungsspielräume bei der erst nach Vertragsabschluss von ihm vorzunehmenden Fristsetzung einzuräumen. Derartige Allgemeine Geschäftsbedingungen sind allerdings dann unwirksam, wenn sie nicht sicherstellen, dass sich der Auftraggeber in den Grenzen des „billigen Ermessens" (§ 315 BGB) zu bewegen hat.[984] Ebenso unwirksam sind Klauseln, die die Zustimmung des Auftragnehmers zu Terminänderungen fingieren, wenn dieser nicht innerhalb bestimmter Fristen widerspricht.[985] Die Zwölf-Werktage-Frist des § 5 Nr. 2 VOB/B kann schließlich als der Zeitraum angesehen werden, den ein Auftragnehmer regelmäßig für die Arbeitsvorbereitung beanspruchen darf. Eine Verkürzung dieser Frist, etwa auf vier Tage, ist daher grundsätzlich unwirksam.[986] Unbedenklich erscheint demgegenüber eine Regelung, die vorsieht, dass die im Bauzeitenplan enthaltenen Einzelfristen als Vertragsfristen gelten.

338

Klauseln der Auftragnehmerseite knüpfen häufig insbesondere daran an, aus bestimmten Gründen, die allerdings zum Risikobereich des Auftragnehmers selbst zu zählen sind, Terminverschiebungen vorzusehen, etwa dann, wenn in der Belieferung mit Materialien Verzögerungen entstehen. Derartige

339

---

981 *Ingenstau/Korbion*, § 5 Rn 6.
982 *Heiermann/Riedl/Rusam*, § 5 Rn 10.
983 *Erman*, § 636 BGB Rn 2; *Palandt*, § 636 BGB Rn 2.
984 *Ingenstau/Korbion*, § 5 Rn 12.
985 *Glatzel/Hofmann/Frikell*, S. 198.
986 *Glatzel/Hofmann/Frikell*, S. 198.

Regelungen, **die faktisch die vereinbarte Vertragsfrist zur Unverbindlichkeit degradieren**, sind gleichfalls unwirksam.[987]

b) Die Veränderung der Ausführungsfrist

aa) Allgemeines

340 Den Parteien steht es selbstverständlich frei, ihre terminlichen Abreden einvernehmlich zu ändern. In der Praxis resultieren jedoch Terminänderungen weit häufiger aus Umständen, die den Auftragnehmer in der Bauausführung behindern (zum Begriff siehe Rn 404). Soweit derartige Behinderungen aus dem Verantwortungsbereich des Auftragnehmers stammen, scheidet eine Verlängerung der Ausführungsfrist aus. Etwas anderes muss dann gelten, **wenn der Auftragnehmer die hindernden Umstände nicht beeinflussen kann, sie vielmehr aus der Sphäre des Auftraggebers resultieren**. Für derartige Konstellationen enthält die VOB/B in § 6 Nr. 2 bis 4 VOB/B detaillierte Vorgaben, in welchem Fall und für welchen Zeitraum die Ausführungsfristen verlängert werden und wie nach Fortfall der Behinderung die Arbeit fortzusetzen ist. Voraussetzung ist jedoch stets, dass die Vorgaben des § 6 Nr. 1 VOB/B beachtet worden sind, d.h. der Auftragnehmer **die Behinderung unverzüglich schriftlich angezeigt hat** oder diese für den Auftraggeber offenkundig war (vgl. Rn 412, 415).

341 Für einen „BGB-Bauvertrag" gelten die Regelungen des § 6 Nr. 2 bis 4 VOB/B entsprechend, da sie nichts anderes als Konkretisierungen des Gedankens von Treu und Glauben beinhalten. Eine Behinderungsanzeige durch den Auftragnehmer ist hier jedoch grundsätzlich zur Rechtswahrung nicht erforderlich (vgl. auch Rn 416).[988]

bb) Die fristverlängernden Gründe

342 § 6 Nr. 2 VOB/B nennt drei Fallgruppen, die eine Verlängerung der Ausführungsfrist bedingen können.

Die erste Variante sah hierbei bis zur Neufassung der VOB/B vor, dass die Behinderung durch „einen vom Auftraggeber zu vertretenden Umstand" verursacht sein musste. Trotz der verwendeten Vokabeln „zu vertreten" entsprach es der h.M., **dass ein Verschulden des Auftraggebers im Sinne der §§ 276, 278 BGB nicht zu fordern war**, es vielmehr ausreichte, dass die hindernden Umstände der Sphäre des Auftraggebers zuzurechnen waren.[989] Dieser Gedanke ist in die Neufassung der „VOB/B 2000" eingeflossen, wenn jetzt von einem „Umstand aus dem Risikobereich des Auftraggebers" gesprochen wird. Hiernach fallen unter diese erste Variante zunächst alle Umstände, die der Auftraggeber verschuldet hat, z.B. die Verletzung von Mitwirkungspflichten,[990] wie sie nachfolgend in Rn 354–364 ausführlich erläutert werden. Weiter fallen hierunter alle Umstände, die der Sphäre des Auftraggebers zugerechnet werden, wie z.B. geänderte Bodenverhältnisse, das Auftreten erheblicher Mengenerhöhungen[991] usw. Schließlich zählen hierzu auch Eingriffe des Auftraggebers in den Bauablauf, zu denen er vertraglich berechtigt ist, also z.B. die Anordnung von Leistungsänderungen oder zusätzlichen Leistungen im Sinne der §§ 1 Nr. 3 und 1 Nr. 4 VOB/B.[992]

343 Die zweite Variante, die in der Praxis eine untergeordnete Rolle spielt, eröffnet eine Verlängerung der Ausführungsfrist bei Streik und Aussperrung im Betrieb des Auftragnehmers oder einem unmittelbar für den Auftragnehmer arbeitenden Betrieb.

---

987 *Nicklisch/Weick*, § 5 Rn 13.
988 *Werner/Pastor*, Rn 1820.
989 *Ingenstau/Korbion*, § 6 Rn 31 ff.
990 *Heiermann/Riedl/Rusam*, § 6 Rn 12.
991 *Nicklisch/Weick*, § 6 Rn 25.
992 *Ingenstau/Korbion*, § 6 Rn 35.

Schließlich führen **Behinderungen durch höhere Gewalt oder andere für den Auftragnehmer nicht abwendbare Umstände zu einer Fristverlängerung (dritte Variante)**. Unter diesem Gesichtspunkt kommen insbesondere Naturkatastrophen und unerlaubte Handlungen Dritter, wie z.B. Diebstähle und Sachbeschädigungen, sowie besondere Witterungseinflüsse in Betracht.[993] Nicht hierzu gehört jedoch ein Umstand, der zum Risikobereich des Auftragnehmers zählt, etwa die Tatsache, dass dieser nicht rechtzeitig Nachunternehmer oder Lieferanten findet.[994]

344

Zu den Witterungsverhältnissen trifft § 6 Nr. 2 Abs. 2 VOB/B eine Sonderregelung dahingehend, dass Witterungseinflüsse, mit denen bei Abgabe des Angebotes gerechnet werden musste, nicht als Behinderung gelten, oder anders herum, dass **nur ungewöhnliche Witterungseinflüsse zu einer Fristverlängerung führen**. Der Auftragnehmer hat daher, will er wegen Witterungsverhältnissen eine Verlängerung der Ausführungsfrist erreichen, z.B. zu dokumentieren, mit wie vielen Tagen Frost, Schnee und Eis oder Sturm und Regen usw. während des Ausführungszeitraumes anhand des Verlaufes der letzten Jahre zu rechnen war und wie viele Tage „mehr" es zu den entsprechend negativen Witterungseinflüssen gekommen ist. Inwieweit Witterungseinflüssen hindernde Wirkung zukommt, richtet sich immer nach der auszuführenden Leistung. Auch ein unerwartet schöner und heißer April kann z.B. die auszuführenden Betonierarbeiten behindern, da der Beton bei den erhöhten Temperaturen schneller abbindet und somit kürzer verarbeitungsfähig bleibt.

§ 6 Nr. 3 VOB/B stellt klar, dass der Auftragnehmer auch während der Behinderung verpflichtet ist, alles ihm billigerweise Zumutbare zu unternehmen, um eine Weiterführung der Arbeiten zu ermöglichen. Bei einem etwaigen Stillstand der Arbeiten hat der Auftragnehmer unverzüglich und ohne besondere Aufforderung durch den Auftraggeber die Arbeiten wieder aufzunehmen und den Auftraggeber hiervon in Kenntnis zu setzen.

345

Schließlich legt § 6 Nr. 4 VOB/B fest, wie die neue Ausführungsfrist berechnet wird. Die ursprüngliche Frist wird zunächst verlängert um die Dauer der Behinderung. Sodann wird ein Zuschlag vorgenommen für die Zeit, die der Auftragnehmer einerseits dazu benötigt, die Arbeiten wieder aufzunehmen und die ihm andererseits einzuräumen ist, falls die Terminverschiebung ergibt, dass der Ausführungszeitraum insgesamt in eine ungünstigere Jahreszeit gerät.

346

cc) Gängige Regelungen

Zunächst bedarf eine Fristverlängerung als solche keiner Vereinbarung, vielmehr tritt diese bei Vorliegen der entsprechenden Umstände „automatisch" ein. Auch wenn sich die neuen Termine „theoretisch" anhand der Maßstäbe des § 6 Nr. 4 VOB/B errechnen lassen, ist stets zu empfehlen, nach Abschluss der Behinderung **die nunmehr geltenden Termine ausdrücklich zu vereinbaren**. Hierdurch werden zumindest zwei Vorteile erreicht.

347

Die Berechnung nach § 6 Nr. 4 VOB/B kann im Einzelfall viele Streitfragen aufwerfen, die sowohl die dem Auftragnehmer zu gewährenden „Zuschläge" (siehe Rn 346) als auch die Dauer der Behinderung betreffen. Letztgenannter Zeitraum lässt sich nämlich nur dann relativ leicht ermitteln, wenn es zu einem Stillstand der Arbeiten gekommen ist. Hat die Behinderung demgegenüber (nur) dazu geführt, dass die Arbeiten erschwert, also „schleppender" fortgeschritten sind, erscheint es als nahezu ausgeschlossen, dass beide Vertragsparteien im Rahmen des § 6 Nr. 4 VOB/B den gleichen Zeitraum für die Dauer der Behinderung ansetzen. Darüber hinaus ist denkbar, dass eine Mitverantwortlichkeit des Auftragnehmers im Raum steht, die dazu führt, dass ein (festzulegender) Teil des Behinderungszeitraumes zu Lasten des Auftragnehmers geht.[995]

---

[993] *Heiermann/Riedl/Rusam*, § 6 Rn 14.
[994] BGH BauR 1983, 73.
[995] *Nicklisch/Weick*, § 6 Rn 25.

Zum zweiten kann zweifelhaft sein, inwieweit die an die ursprünglich vereinbarten Termine anknüpfenden Rechtsfolgen, z.B. ein Vertragsstrafeversprechen, auch für die neuen Termine gelten. Zu diesem Aspekt greifen folgende Grundsätze: Kommt es zu einer **einschneidenden Veränderung im Bauablauf**, mit der bei Vertragsabschluss nicht zu rechnen war, wozu etwa umfangreiche Sonderwünsche des Auftraggebers, Unterbrechungen auf dessen Wunsch, verzögerte Erteilung von Genehmigungen, Erlass eines Baustopps durch die zuständige Behörde usw. zählen, gilt die ursprünglich vereinbarte Vertragsstrafe für den dann maßgeblichen neuen Fertigstellungstermin nicht mehr.[996] Halten sich die hindernden Umstände demgegenüber in einem für die Bauabwicklung **„üblichen Rahmen"**, gilt die vereinbarte Vertragsstrafe auch für den nach § 6 Nr. 4 VOB/B neu zu errechnenden Termin.[997] Diese Beispiele machen deutlich, dass zur Vermeidung von Unwägbarkeiten in der vorzunehmenden Abgrenzung (einschneidende / übliche Veränderung) eine ausdrückliche Regelung vonnöten ist. Die Verpflichtung, an einer solchen späteren Regelung mitzuwirken, kann schon in den Bauvertrag einfließen.

348 Im Rahmen größerer Bauvorhaben sind individuelle Vereinbarungen üblich, die regeln, wie viel etwaige „Behinderungstage" (z.B. infolge Schlechtwetters) den vereinbarten Fertigstellungstermin unberührt lassen. Im Grundsatz ist gegen eine solche Regelung nichts einzuwenden. Der Auftraggeber erhält hierdurch zusätzliche Terminsicherheit, und der Auftragnehmer kann die vorgesehenen „terminneutralen Behinderungstage" kalkulatorisch erfassen.

Zweckmäßig erscheint es auch, festzulegen, **wie Behinderungen und ihre Auswirkungen auf den Bauablauf dokumentiert werden**. Zum einen kommt das Führen eines Bautagebuches in Betracht (siehe Rn 351), in dem der Auftragnehmer die entsprechenden Geschehnisse festhält. Darüber hinaus ist bei komplexeren Bauvorhaben stets dazu zu raten, auf parallele baubetriebliche Unterstützung zurückzugreifen.

349 In Allgemeinen Geschäftsbedingungen finden sich bisweilen Regelungen, die bestimmte Ereignisse im Vorfeld als „terminneutral" festlegen. Gängige Klauseln sehen in diesem Zusammenhang etwa vor, dass Änderungen des Termins wegen Witterungseinflüssen, Mengenveränderungen, mangelhafter Vorunternehmerleistungen usw. ausgeschlossen sind. Derartige Allgemeine Geschäftsbedingungen des Auftraggebers sind unwirksam.[998] Zum einen übertragen sie dem Auftragnehmer **Risiken aus der Auftraggebersphäre**, woraus sich die unangemessene Benachteiligung im Sinne des § 9 AGBG ergibt. Zum anderen beinhalten diese Klauseln **eine Freizeichnung des Auftraggebers** hinsichtlich solcher hindernden Umstände, die er selbst steuern kann.[999]

Gleichfalls unwirksam sind auftraggeberseitige Allgemeine Geschäftsbedingungen, die vorsehen, dass der Auftragnehmer eine Terminverlängerung nur beanspruchen kann, wenn es zu einem Stillstand der Arbeiten kommt, der länger als z.B. 30 Tage andauert.[1000] Eine solche Vereinbarung wäre für den Auftragnehmer nicht kalkulierbar, insbesondere für den Fall nicht, dass es gar nicht zu einem Stillstand der Arbeiten infolge der Behinderung kommt, diese vielmehr fortgesetzt werden können, wenn auch erschwert und damit „schleppender".

Zu unbilligen Konsequenzen kann auch eine auftraggeberseitige Regelung führen, die vorsieht, dass die Fristverlängerung nur für die Dauer der Behinderung beansprucht werden kann, Zuschläge für die Wiederaufnahme der Arbeit und der etwaigen Verschiebung in eine ungünstigere Jahreszeit aber nicht vorgenommen werden. Zum einen zeichnet sich der Auftraggeber auch bei einer solchen Regelung von Umständen, die er beherrschen kann, frei. Zum anderen ist der Auftragnehmer im Interesse

---

996 BGH NJW 66, 971; OLG Düsseldorf BauR 1982, 582; a.A. *Börgers*, zur sogenannten „Hinfälligkeit" von Vertragsstrafenvereinbarungen, BauR 1997, 917, 921.
997 *Werner/Pastor*, Rn 2079.
998 *Heiermann/Riedl/Rusam*, § 6 Rn 24c.
999 *Glatzel/Hofmann/Frikell*, S. 207.
1000 *Ingenstau/Korbion*, § 6 Rn 27.

der Schadensminderung und damit im Interesse des Auftraggebers gehalten, bei Behinderungen sein nicht einsetzbares Personal/Gerät anderweitig auszulasten. Kann dann weitergearbeitet werden, hat der Auftragnehmer erneut seine Organisation umzustellen, wozu er naturgemäß Zeit benötigt.[1001]

3. Die Rechte und Pflichten der Vertragsparteien

a) Der Auftraggeber

aa) Rechte des Auftraggebers

(1) Das Überwachungsrecht

350 § 4 Nr. 1 Abs. 2 VOB/B räumt dem Auftraggeber das Recht ein, die vertragsgemäße Ausführung der Leistung zu überwachen. Außerhalb des Bauvertragsrechtes kennt der Werkvertrag ein solches Recht des Auftraggebers nicht, da es grundsätzlich Sache des Auftragnehmers ist, wie er sein Werk erstellt; die Kontrolle durch den Auftraggeber erfolgt dann bei Abnahme der Leistung. Für den Bauvertrag ist eine solche Regelung jedoch zweckmäßig, da sich **bei Abnahme der fertig gestellten Leistung Unzulänglichkeiten in der Ausführung oft nicht mehr feststellen oder korrigieren lassen**.

351 Inhaltlich ergibt sich die Grenze des Überwachungsrechtes aus der Eigenverantwortlichkeit des Auftragnehmers nach § 4 Nr. 2 VOB/B. **Wer Verantwortung trägt, dem muss selbstverständlich auch die entsprechende Handlungs- und Entscheidungsfreiheit eingeräumt werden**. Aus diesem Grunde beschränkt sich das Überwachungsrecht des Auftraggebers darauf, durch Beobachtungen und Prüfungen festzustellen, ob die vertraglich getroffenen Abreden auch umgesetzt werden.[1002] Glaubt der Auftraggeber hierbei Umstimmigkeiten festzustellen, kann er den Auftragnehmer hierauf hinweisen. Um dem Überwachungsrecht größtmögliche Effizienz zu verleihen, sehen die Sätze 2 und 3 des § 4 Nr. 1 Abs. 2 VOB/B Zutritts- und Auskunftsrechte für den Auftraggeber vor. Eine Pflicht des Auftraggebers, den Auftragnehmer zu überwachen, auf deren Nichteinhaltung letzterer sich gegebenenfalls berufen könnte, dies sei nochmals betont, besteht allerdings nicht.[1003]

Unter diesem Aspekt sind Vereinbarungen üblich, die dem Auftragnehmer die Pflicht auferlegen, ein so genanntes **Bautagebuch zu führen, in das alle wesentlichen Ereignisse einzutragen sind**, z.B. welche Materialien geliefert und verarbeitet wurden, mit wie viel Personal und Gerät die Baustelle bestückt ist, wie sich der Leistungsfortschritt darstellt, ob es Abweichungen von den vertraglichen Vereinbarungen gibt und was gegebenenfalls hierfür die Gründe sind, ob zeitliche Verzögerungen vorliegen und auf welchen Umständen diese beruhen usw. Auch der Auftragnehmer profitiert vom Führen eines Bautagebuches, da er dieses später als Grundlage nutzen kann, entlastende Umstände aufzuzeigen, z.B. schwierige Witterungsverhältnisse, unverschuldete Unfälle, rechtswidrige Eingriffe Dritter usw. Die Vereinbarung, ein Bautagebuch zu führen, ist daher stets, auch im Rahmen von Allgemeinen Geschäftsbedingungen, zulässig.[1004]

(2) Das Anordnungsrecht

(a) Allgemeines

352 § 4 Nr. 1 Abs. 3 VOB/B ermöglicht dem Auftraggeber, Anordnungen zu treffen, die zur vertragsgemäßen Ausführung der Leistung notwendig sind. Eine derartige Anordnung ist die eindeutig geäußerte Aufforderung, die Baumaßnahme in bestimmter Weise auszuführen.[1005] Dieses Recht greift

---

1001 *Ingenstau/Korbion*, § 6 Rn 80.
1002 *Heiermann/Riedl/Rusam*, § 4 Rn 13.
1003 *Nicklisch/Weick*, § 4 Rn 28.
1004 *Glatzel/Hofmann/Frikell*, S. 188.
1005 *Nicklisch/Weick*, § 4 Rn 31.

in die Freiheit des Auftragnehmers, Art und Weise der Leistungserbringung eigenverantwortlich zu bestimmen, noch stärker ein als das Überwachungsrecht. Daher ist das Anordnungsrecht zur Wahrung der Eigenverantwortlichkeit des Auftragnehmers wie folgt begrenzt:

Die Anordnung muss sich auf die beauftragte Leistung beziehen, mithin lediglich die Art und Weise der Durchführung betreffen. Leistungsänderungen oder zusätzliche Leistungen kann der Auftraggeber im Wege dieses Anordnungsrechtes somit nicht auslösen.[1006] Weiterhin muss die **Anordnung notwendig** sein, um zu verhindern, dass eine vertraglich nicht vorgesehene Leistung ausgeführt wird. Unter diesem Aspekt scheiden somit Anordnungen aus, die lediglich organisatorische Gesichtspunkte zum Gegenstand haben oder fachtechnische Gesichtspunkte der Ausführung betreffen.[1007] Dem Auftraggeber ist dringend zu raten, von diesem Anordnungsrecht nur nach sorgfältiger Überlegung Gebrauch zu machen, da andernfalls schnell (zumindest) seine Mitverantwortlichkeit (§ 254 BGB) im Raum steht.

(b) Besonderes

353 Ein besonders ausgestaltetes Anordnungsrecht räumt § 4 Nr. 6 VOB/B dem Auftraggeber ein. Hiernach kann dieser verlangen, dass der Auftragnehmer **Stoffe oder Bauteile, die dem Vertrag nicht entsprechen, innerhalb einer vom Auftraggeber bestimmten Frist von der Baustelle entfernt**. Andernfalls sieht diese Norm eine Befugnis des Auftraggebers vor, die Stoffe/Bauteile auf Kosten des Auftragnehmers zu entfernen oder sie für dessen Rechnung zu veräußern. Eine besondere Form ist für diese Anordnung nicht vorgesehen. Da sie jedoch der Vorbereitung des „Selbsthilferechtes" des Auftraggebers dient, sollte sie aus Beweisgründen stets schriftlich erfolgen. Zur Länge der zu setzenden Frist ist § 4 Nr. 6 VOB/B selbst keine Aussage zu entnehmen. Einigkeit besteht jedoch dahingehend, dass sie angemessen sein muss[1008] (zur Regelung des Merkmals „angemessen" vgl. Rn 467). Besteht zwischen den Vertragsparteien Streit über die Frage, ob der Stoff oder der Bauteil den vertraglichen Abreden entspricht, kann zu den Möglichkeiten einer zügigen Klärung auf die in Rn 557, 572 und 576 aufgezeigten Institute verwiesen werden.

bb) Pflichten des Auftraggebers

(1) Bereitstellung von Grundstück/Vorunternehmerleistung

354 Selbstverständlich ist es – mangels abweichender Vereinbarungen – ureigenste Aufgabe des Auftraggebers, dem Auftragnehmer das betroffene Grundstück bebauungsreif zur Verfügung zu stellen.[1009] Eine entsprechende Verpflichtung trifft den Auftraggeber hinsichtlich etwaiger Vorleistungen Dritter, die der Auftragnehmer zur Ausführung der ihm beauftragten Leistung benötigt (vgl. auch Rn 50 ff.). Diese hat der Auftraggeber dem Auftragnehmer termingerecht in einem für die auszuführende Leistung aufnahmebereiten und insoweit mangelfreien Zustand zur Verfügung zu stellen. Als Spezialregelung sieht § 3 Nr. 2 VOB/B weiter vor, dass es grundsätzlich Aufgabe des Auftraggebers ist, die Hauptachsen der baulichen Anlagen und die Grenzen des dem Auftragnehmer zur Leistungserbringung zur Verfügung gestellten Geländes abzustecken.

1006 *Heiermann/Riedl/Rusam*, § 4 Rn 18.
1007 *Ingenstau/Korbion*, § 4 Rn 73.
1008 *Heiermann/Riedl/Rusam*, § 4 Rn 75.
1009 *Ingenstau/Korbion*, § 3 Rn 23.

(2) Öffentlich-rechtliche Genehmigungen

§ 4 Nr. 1 Abs. 1 Satz 2 VOB/B legt dem Auftraggeber die Pflicht auf, **die für die Leistungserbringung erforderlichen öffentlich-rechtlichen Genehmigungen herbeizuführen**. Hierzu zählen neben der allgemeinen bauordnungsrechtlichen Genehmigung auch alle etwa relevanten Genehmigungen spezieller Art. Diese Genehmigungen hat der Auftraggeber so rechtzeitig zu erwirken, dass die vertraglich vereinbarten Termine nicht in Frage gestellt werden. Nicht von dieser Regelung umfasst sind Genehmigungen, die den Betrieb des Auftragnehmers betreffen und somit auch von diesem einzuholen sind. Als Beispiele hierfür seien etwa die gewerbeaufsichtsrechtliche Genehmigung sowie Genehmigungen für die Tätigkeit ausländischer Mitarbeiter und den Einsatz von Leiharbeitnehmern angeführt.[1010]

355

Gegen abweichende Vereinbarungen, etwa dergestalt, dass der Auftragnehmer das Erwirken dieser Genehmigungen übernimmt, bestehen grundsätzlich keine Bedenken. Derartige Vereinbarungen sind insbesondere im „Schlüsselfertigbau" oder bei Einsatz eines Generalübernehmers üblich. Bei einer solchen Regelung ist jedoch stets die Frage zu beachten, ob der Auftragnehmer formal überhaupt berechtigt ist, diesen Antrag zu stellen. Häufig ist hierzu nur der Grundstückseigentümer in der Lage, eine Rechtsposition, die dem Auftragnehmer regelmäßig nicht zukommt. Bei derartigen Konstellationen ist somit eine Bevollmächtigung des Auftragnehmers vonnöten bzw. eine Regelung dahingehend, dass der Auftragnehmer lediglich den Antrag erarbeitet, dieser jedoch formal vom Auftraggeber gestellt wird.

(3) Privatrechtliche Genehmigungen

Ausdrückliche Regelungen zu etwa erforderlichen privatrechtlichen Genehmigungen sind in der VOB/B nicht enthalten. Diese können jedoch aus einer Vielzahl von Gründen erforderlich sein. So kann das Nachbargrundstück aus rein logistischen Gründen für Lagerung, Zufahrt, Schwenken des Krans usw. benötigt werden. Gegebenenfalls ist ein weitergehender Zugriff auf das Nachbargrundstück aus technischen Gründen erforderlich, z.B. dem Setzen von Ankern. Einigkeit besteht dahingehend, dass es mangels abweichender Vereinbarungen Aufgabe des Auftraggebers ist, derartige Genehmigungen einzuholen.[1011]

356

(4) Ausführungsunterlagen

§ 3 Nr. 1 VOB/B legt fest, dass dem Auftragnehmer die für die Ausführung benötigten Unterlagen unentgeltlich und rechtzeitig zu übergeben sind. § 3 Nr. 3 Satz 1 VOB/B ergänzt hierzu, dass die so vom Auftraggeber übergebenen Unterlagen für die Ausführung maßgeblich sind. **Der Begriff der Ausführungsunterlagen ist sehr weit zu fassen**. Hierzu gehören neben der eigentlichen Baugenehmigung und etwa weiteren erforderlichen Genehmigungen auch die Ausführungspläne nach § 15 Abs. 1 Nr. 5 HOAI, etwa vorhandene Gutachten, Modelle, Proben, spezielle Anleitungen usw.[1012] Benötigt werden hiervon die Unterlagen, die nach den öffentlich-rechtlichen Vorschriften und dem Vertragsinhalt für eine sachgerechte Ausführung erforderlich sind. Wann die Übergabe dieser Unterlagen an den Auftragnehmer unter dem Aspekt der Rechtzeitigkeit zu erfolgen hat, richtet sich nach den vertraglich vereinbarten Ausführungsfristen. Zu berücksichtigen ist insoweit, dass dem Auftragnehmer nach Erhalt der Unterlagen vor Ausführungsbeginn ein angemessener Zeitraum zur Vorbereitung verbleiben muss.

357

Abweichende vertragliche Regelungen sind möglich, wie sich bereits dem Wortlaut des § 3 Nr. 5 VOB/B entnehmen lässt. Üblich sind solche abweichenden Regelungen insbesondere im „Schlüsselfertigbau" bzw. bei Einsatz eines Generalübernehmers oder Generalunternehmers. Häufig erstellt

358

1010 *Nicklisch/Weick*, § 4 Rn 17.
1011 *Heiermann/Riedl/Rusam*, § 4 Rn 8.
1012 *Ingenstau/Korbion*, § 3 Rn 9.

bei derartigen Konstellationen der Auftraggeber nur einen Teil der Ausführungsunterlagen, z.B. die Leistungen nach § 15 Abs. 1 Nr. 1 bis 4 HOAI, und den weitergehenden Teil übernimmt der Auftragnehmer. Vertragstechnisch ist dann auf eine **exakte Abgrenzung der jeweiligen Zuständigkeits- und Verantwortungsbereiche** zu achten. In einer Vertragsanlage kann beispielsweise enumerativ aufgezählt werden, welche Ausführungsunterlagen der Auftraggeber beistellt und dass die Erstellung aller darüber hinausgehenden Ausführungsunterlagen Sache des Auftragnehmers ist.

Wird die Planung bzw. auch nur ein Teil hiervon dem Auftragnehmer übertragen, ist weiter die Regelung des § 3 Nr. 6 VOB/B zu beachten. Hiernach dürfen insbesondere die vom Auftragnehmer erstellten Ausführungsunterlagen ohne dessen Genehmigung nicht veröffentlicht, vervielfältigt, geändert oder für andere Zwecke benutzt werden. Gerade die Beschränkung der Freiheit, Änderungen vorzunehmen, erweist sich für den Auftraggeber regelmäßig als hinderlich. Hierdurch könnten seine zukünftigen Pläne blockiert werden. Zulässig und aus Sicht des Auftraggebers zweckmäßig ist es daher, individuell eine andere Abrede zu treffen.[1013]

Mitunter sind die Ausführungsunterlagen bei Baubeginn nicht vollständig erstellt und werden daher parallel zur Bauausführung weiter erarbeitet. Diese so genannte **„baubegleitende Planung"** erfordert sehr detaillierte Regelungen zu den einzuhaltenden Abläufen, damit eine störungsfreie Bauausführung sichergestellt ist. Es empfiehlt sich beispielsweise, eine so genannte „Planvorlageliste" zu erarbeiten, aus der genau zu ersehen ist, wann welcher Plan benötigt wird, damit der Terminplan eingehalten werden kann. Zu berücksichtigen sind insoweit etwaige Zeiten, die dafür benötigt werden, dass der Plan vor seiner eigentlichen baulichen Umsetzung von einem Vertragspartner oder einem Dritten geprüft und freigegeben bzw. geändert werden kann. Eine solche **„Planvorlageliste" wäre dann als Anlage zum Bauvertrag zu nehmen.**

359 Allgemeine Geschäftsbedingungen der Auftraggeberseite, die zu Lasten des Auftragnehmers etwa Regelungen dahingehend enthalten, dass der Auftraggeber für die erstellten Ausführungsunterlagen keine Gewähr übernimmt, die Ausführungsunterlagen als vollständig und mängelfrei gelten, wenn der Auftragnehmer hiergegen nicht binnen einer Frist von z.B. drei Werktagen Widerspruch erhebt, oder der Auftragnehmer verpflichtet ist, fehlende Ausführungsunterlagen auf seine Kosten zu erstellen, verstoßen gegen § 9 AGBG und sind daher unwirksam.[1014]

(5) Beweissicherung

360 Nach § 3 Nr. 4 VOB/B ist, soweit notwendig, vor Beginn der Arbeiten von Auftraggeber und Auftragnehmer gemeinsam der Zustand der Straßen, Geländeoberflächen, baulichen Anlagen im Baubereich usw. in einer Niederschrift festzuhalten und anzuerkennen. Diese Regelung dient der Beweissicherung hinsichtlich der örtlichen Gegebenheiten, die von wesentlichem Einfluss auf die Baudurchführung sind.[1015] Da die Niederschrift von beiden Vertragsparteien anzuerkennen ist, hat jede Vertragspartei das Recht, eine etwa abweichende Auffassung in die Niederschrift einfließen zu lassen. Gehen allerdings die Meinungen der Parteien so weit auseinander, dass die **Niederschrift ihre Funktion als eindeutiges Beweismittel** nicht erfüllen kann, empfiehlt es sich, die Feststellungen durch einen neutralen Dritten treffen zu lassen. Hinsichtlich der in Betracht kommenden Möglichkeiten kann auf Rn 572, 576 verwiesen werden.

Aus der Formulierung „soweit notwendig" ergibt sich, dass die genannten Feststellungen nicht zwingend zu treffen sind. Bestehen zwischen den Vertragsparteien allerdings zur Frage der Notwendigkeit unterschiedliche Auffassungen, reicht es aus, wenn eine Partei die Beweissicherung nach § 3 Nr. 4 VOB/B verlangt.[1016]

1013 *Ingenstau/Korbion*, § 3 Rn 69.
1014 *Glatzel/Hofmann/Frikell*, S. 185, 186.
1015 *Nicklisch/Weick*, § 3 Rn 18.
1016 *Ingenstau/Korbion*, § 3 Rn 49.

(6) Versorgung

§ 4 Nr. 4 VOB/B legt fest, dass der Auftraggeber dem Auftragnehmer die notwendigen Lager- und Arbeitsplätze, die vorhandenen Zufahrtswege und die vorhandenen Anschlüsse für Wasser und Energie unentgeltlich zur Benutzung/Mitbenutzung zu überlassen hat. Bei Wasser und Energie bezieht sich die Unentgeltlichkeit **lediglich auf die Anschlüsse**, der Verbrauch wird dagegen von der Unentgeltlichkeit nicht erfasst. Diese Kosten hat vielmehr der Auftragnehmer – in der tatsächlich entstandenen Höhe – zu tragen.[1017] Auch bezieht sich der korrespondierende Anspruch des Auftragnehmers nur auf die vorhandenen Anschlüsse, der Auftraggeber ist nicht etwa verpflichtet, neue Anschlüsse zu schaffen.

361

Abweichende Vereinbarungen werden von der VOB/B ausdrücklich zugelassen. Unwirksam ist jedoch eine Klausel des Auftraggebers, die den Auftragnehmer verpflichtet, Versorgungseinrichtungen über die Bauzeit hinaus für andere Unternehmer unentgeltlich vorzuhalten oder die insoweit entstehenden Kosten unmittelbar mit diesen Unternehmen abzurechnen.[1018] Gerne verwenden Auftraggeber, insbesondere Generalunternehmer gegenüber ihren Nachunternehmern in diesem Zusammenhang so genannte „**Umlageklauseln**", wonach dem Auftragnehmer für die Baustellenver- und -entsorgung eine Pauschale von der Schlussrechnungssumme abgezogen wird. Die Wirksamkeit solcher Regelungen wird von der Rechtsprechung unterschiedlich beurteilt.[1019] Voraussetzung für die Wirksamkeit ist sicherlich, dass die Klausel klar und eindeutig erkennen lässt, wofür der Abzug erfolgt und ob die Höhe des Abzuges angemessen ist. Unter diesen Prämissen hat das OLG Karlsruhe einen pauschalen Abzug in Höhe von 1,4 % der Schlussrechnungssumme gebilligt.[1020] In einer neueren Entscheidung hat der BGH entschieden, dass einerseits die pauschale Kostenbeteiligung des Auftragnehmers an den Kosten der Bauwesenversicherung stets zulässig, andererseits ein Abzug für anteilige Baureinigung unwirksam sei.[1021] Zur Begründung hat der BGH darauf verwiesen, dass die **Beteiligung an den Kosten der Bauwesenversicherung gemäß § 8 AGBG nicht der richterlichen Inhaltskontrolle unterliege**, da es sich hierbei um eine gesonderte Entgeltsabrede handele. Demgegenüber ist die Baureinigung Angelegenheit des Auftragnehmers, und die Klausel stellt somit faktisch **eine Ersatzvornahme ohne vorherige angemessene Fristsetzung** dar bzw. belastet den Auftragnehmer dann, wenn er nicht Verursacher war oder sogar seinen Abfall beseitigt hat.

362

(7) Ordnung und Zusammenwirken

§ 4 Nr. 1 Abs. 1 Satz 1 VOB/B weist dem Auftraggeber schließlich die Pflicht zu, für die Aufrechterhaltung der allgemeinen Ordnung auf der Baustelle zu sorgen und das Zusammenwirken der verschiedenen Unternehmer zu regeln. Zur Baustelle zählen sowohl **das Gelände des eigentlichen Bauvorhabens als auch Flächen für Arbeitsvorbereitung, Lagerung von Materialien und Geräten sowie die Zufahrtswege**.[1022] Die allgemeine Ordnung auf der Baustelle ist dann gewährleistet, wenn es für die tätigen Auftragnehmer während der Bauausführung nicht zu unerwarteten Unzuträglichkeiten kommt. Zu solchen Unzuträglichkeiten zählt grundsätzlich auch eine den Bauablauf störende Verkehrsbehinderung.[1023] Nach einer neueren Entscheidung des LG Köln[1024] fallen dem Auftraggeber jedoch solche Hindernisse nicht zur Last, die sich daraus ergeben, dass er zwar im Rahmen von vorformulierten Vertragsbedingungen z.B. garantiert hat, die vorhandene Zufahrt sei für Fahrzeuge

363

1017 *Heiermann/Riedl/Rusam*, § 4 Rn 65.
1018 *Ingenstau/Korbion*, § 4 Rn 274.
1019 *Heiermann/Riedl/Rusam*, § 2 Rn 152.
1020 OLG Karlsruhe BauR 1995, 113 f.
1021 BGH NJW 2000, 3348.
1022 *Nicklisch/Weick*, § 4 Rn 15.
1023 *Ingenstau/Korbion*, § 4 Rn 8.
1024 LG Köln BauR 1999, 282.

bis 60 t befahrbar, diese Zufahrt jedoch dann unabhängig vom Gewicht aus anderen Gründen, nämlich z.B. der Zufahrtsbreite, dem Kurvenradius und dem Gefälle scheitert.

364 Der Aspekt der Regelung des Zusammenwirkens der auf der Baustelle tätigen Unternehmer zielt darauf hin, dass nur die Vorgabe und Umsetzung von räumlich, zeitlich und technisch sachgerechten Abläufen sicherstellt, dass wechselseitige Behinderungen vermieden werden. **Wie der Auftraggeber diese Verpflichtung erfüllt, steht in seinem Ermessen.**[1025] Er ist auch nicht daran gehindert, diese Pflichten auf den Auftragnehmer zu delegieren. Bei der Beauftragung eines Generalübernehmers oder eines Generalunternehmers erfolgt regelmäßig diese Übertragung vom Auftraggeber auf den Unternehmer. Eine Allgemeine Geschäftsbedingung des Auftraggebers, die diese Verpflichtungen einem Auftragnehmer ohne Anspruch auf zusätzliche Vergütung überträgt, ist allerdings unwirksam.[1026]

b) Der Auftragnehmer

aa) Rechte des Auftragnehmers

365 Der Auftragnehmer kann sicherlich erwarten, dass der Auftraggeber die unter Rn 354–364 dargestellten Mitwirkungspflichten erfüllt. Andernfalls kommen für den Auftragnehmer insbesondere Ansprüche auf Verlängerung der Ausführungsfristen (vgl. Rn 342), auf Ersatz etwaiger Schäden (vgl. Rn 404 ff.) und Kündigungsrechte in Betracht (vgl. Rn 489 ff., 499). Weitergehende Ansprüche des Auftragnehmers aus Gesichtspunkten des Schuldnerverzuges scheiden regelmäßig aus, weil es sich nach h.M. bei diesen Mitwirkungspflichten grundsätzlich **um Gläubiger-, nicht aber um Schuldnerpflichten des Auftraggebers handelt.**[1027]

bb) Pflichten des Auftragnehmers

(1) Die Generalklausel des § 4 Nr. 2 VOB/B

366 Die Eigenverantwortlichkeit des Auftragnehmers wird in § 4 Nr. 2 VOB/B durch die Regelung, dass er die Leistung **unter eigener Verantwortung** nach dem Vertrag auszuführen hat, festgeschrieben. Diese zunächst selbstverständlich und damit überflüssig erscheinende Regelung hat zwei Besonderheiten des Bauvorhabens vor Augen: Der Auftragnehmer einer Bauleistung führt die zu erbringenden Arbeiten nicht in seiner Fabrikationshalle, sondern auf Grund und Boden eines Dritten oder des Auftraggebers aus. Aus dieser Situation sowie den weit reichenden Eingriffsrechten des Auftraggebers (vgl. Rn 261 ff., 350 ff.) kann es durchaus im Einzelfall zweifelhaft erscheinen, ob der Auftragnehmer in seiner Entscheidung „frei" war und ihm somit die Verantwortung zugewiesen werden kann. Weiterhin sind bei der Bauausführung im öffentlichen Interesse eine Reihe von öffentlich-rechtlichen Vorschriften einzuhalten, auch dann, wenn diese in den konkreten Bauvertrag nicht ausdrücklich eingeflossen sind.

367 Aus dem in § 4 Nr. 2 VOB/B festgeschriebenen Grundsatz, dass der Auftragnehmer eine mangelfreie Bauleistung zu erbringen hat und eine Einschränkung seiner entsprechenden Verantwortlichkeit nur ausnahmsweise in Betracht kommt, folgt dreierlei:

Soweit es um die Einhaltung relevanter gesetzlicher oder behördlicher Bestimmungen geht, ist der Auftragnehmer stets verantwortlich. So weist § 4 Nr. 2 Abs. 1 Satz 2 Hs. 2 VOB/B ausdrücklich darauf hin, dass es **Sache des Auftragnehmers ist, die gesetzlichen und behördlichen Bestimmungen zu beachten.** Damit geht naturgemäß einher, dass es auch Sache des Auftragnehmers ist, sich

---

[1025] *Nicklisch/Weick*, § 4 Rn 19.
[1026] *Ingenstau/Korbion*, § 4 Rn 16.
[1027] *Palandt*, § 642 BGB Rn 1; *Erman*, § 642 BGB Rn 2; *Heiermann/Riedl/Rusam*, § 4 Rn 5 a).

von den für seine Leistung einschlägigen Normen Kenntnis zu verschaffen. Anordnungen des Auftraggebers, die gegen gesetzliche oder behördliche Bestimmungen verstoßen, hat der Auftragnehmer nicht auszuführen (vgl. § 4 Nr. 1 Abs. 4 Hs. 2 VOB/B).

Ist der Auftragnehmer in der Art und Weise seiner Leistungserbringung frei, kommt eine Einschränkung seiner Eigenverantwortlichkeit nicht in Betracht. Dies gilt beispielsweise auch dann, wenn er sich dazu entschließt, neuartige Stoffe, Materialien oder Verfahrensweisen einzusetzen bzw. anzuwenden. Es ist dann seine Sache, über die entsprechenden Kenntnisse und Fertigkeiten zu verfügen und beurteilen zu können, ob hierdurch der vertraglich geschuldete Erfolg bewirkt werden kann.[1028]

Vorgaben des Auftraggebers darf der Auftragnehmer nicht „blindlings" umsetzen, vielmehr hat er seine **eigene Fachkompetenz zur Prüfung zu nutzen**, ob diese Vorgaben geeignet sind, den angestrebten Erfolg zu erreichen.[1029] Fehler oder Zweifel hat der Auftragnehmer dem Auftraggeber so zeitgerecht mitzuteilen, dass eine Korrektur noch möglich ist. Dass diese Verpflichtung des Auftragnehmers dort besonders groß ist, wo es um Fragen der Ausführung und somit Bereiche seiner Fachkompetenz bzw. seiner Erfahrung geht, ist ebenso klar wie das Gegenteil, dass nämlich an den Auftragnehmer unter diesem Aspekt dort keine überzogenen Anforderungen gestellt werden dürfen, wo es um die dem Auftraggeber obliegende Planung bzw. außerhalb seiner eigentlichen Leistung liegende technische Spezialfragen geht. Die Einzelheiten hierzu sind nachfolgend im Rahmen der Prüf- und Hinweispflichten des Auftragnehmers behandelt.

(2) Die Prüf- und Hinweispflichten

Immer dort, wo der Auftraggeber eine Entscheidung trifft, sieht die VOB/B in unterschiedlicher Intensität vor, dass der Auftragnehmer seine Kompetenz zur Überprüfung einzusetzen hat. Eine entsprechende ausdrückliche Regelung findet sich in § 3 Nr. 3 Satz 2 VOB/B zu den vom Auftraggeber erstellten Ausführungsunterlagen, in § 4 Nr. 1 Abs. 4 VOB/B hinsichtlich der Anordnungen des Auftraggebers und schließlich in § 4 Nr. 3 VOB/B zur vorgesehenen Art der Ausführung, den vom Auftraggeber gelieferten Stoffen oder Bauteilen und den Leistungen anderer Unternehmer. Als Ausprägung des Grundsatzes von Treu und Glauben **gelten diese Regelungen für einen „BGB-Bauvertrag" entsprechend**.[1030]

368

In den Rechtsfolgen am weitreichendsten ist die Regelung des § 4 Nr. 3 VOB/B mit ihren drei genannten Fallvarianten. Bei Variante 1 („vorgesehene Art der Ausführung") umfasst die Pflicht zur Prüfung und die sich hieran anschließende Pflicht zur Mitteilung von Bedenken die Fragestellung, **ob die vom Auftraggeber stammende Planung geeignet ist, den vorgesehenen Leistungserfolg zu erreichen**. In diesem Zusammenhang sind vom Auftragnehmer etwa auch die Grundwasserverhältnisse, die Gründungsverhältnisse, die Genehmigungs- und Verwendungsfähigkeit vorgesehener Maßnahmen usw. zu prüfen.[1031] Es kann erforderlich sein, dass der Auftragnehmer Angaben des Auftraggebers unmittelbar vor Ort überprüft.[1032] Den vom Auftraggeber gelieferten Stoffen (Variante 2) stehen Stoffe gleich, die der Auftraggeber in der Leistungsbeschreibung als verbindlich vorgibt.[1033] Variante 3 meint schließlich nur solche Leistungen anderer Unternehmer, auf die der Auftragnehmer mit seiner Leistung unmittelbar aufbaut und die damit für die Frage, ob seine Leistung mangelfrei erstellt werden kann, relevant sind.[1034]

369

[1028] *Heiermann/Riedl/Rusam*, § 4 Rn 33.
[1029] *Ingenstau/Korbion*, § 4 Rn 113.
[1030] *Werner/Pastor*, Rn 1519.
[1031] *Heiermann/Riedl/Rusam*, § 4 Rn 51.
[1032] *Ingenstau/Korbion*, § 4 Rn 209.
[1033] *Ingenstau/Korbion*, § 4 Rn 225.
[1034] *Nicklisch/Weick*, § 4 Rn 62.

370 Umfang und Grenzen der Prüf- und Hinweispflichten des Auftragnehmers lassen sich im Vorfeld nicht abstrakt für alle denkbaren Konstellationen aufzeigen. Sie sind vielmehr **im Einzelfall anhand einer Gesamtschau aller Aspekte und unter Berücksichtigung von Treu und Glauben zu ermitteln**. Maßgeblich ist einerseits die Person des Auftragnehmers, der Umfang der ihm übertragenen Leistungsverpflichtung und das hierfür konkret vorauszusetzende Wissen. Andererseits kommt es auf die Person des Auftraggebers und die ihm zur Seite stehende Fachkompetenz an. Handelt es sich bei dem Auftraggeber um einen auf bautechnischem Gebiet unerfahrenen Laien, ist die Verantwortlichkeit des Auftragnehmers deutlich höher einzustufen als wenn der Auftraggeber selbst Fachmann (z.B. Architekt oder Ingenieur) ist bzw. über entsprechend kompetente Berater verfügt.[1035] Entspricht beispielsweise die von einem Spezialisten für den Auftraggeber erarbeitete Lösung den Regeln der Technik, scheidet eine weitergehende Pflicht zur Prüfung durch den Auftragnehmer aus.

371 Auf folgende neuere Entscheidungen sei hingewiesen: Nach Auffassung des BGH besteht ohne besondere Zusage eine Pflicht des Auftragnehmers, sich nach seitens des Auftraggebers veranlasster Anlieferung von Materialien davon zu überzeugen, ob diese zur Herstellung eines mangelfreien Werkes geeignet sind.[1036] Bedenken hat der Auftragnehmer nach einer Entscheidung des OLG Celle dann geltend zu machen, wenn der Auftraggeber eine Leistung verlangt, die den gültigen DIN-Vorschriften nicht entspricht.[1037] Hinweisen muss der Auftragnehmer, der Rohbau- und Entwässerungsarbeiten beauftragt erhalten hat, schließlich darauf, dass die erforderliche Drainage in den Bauplänen nicht enthalten ist.[1038]

372 Die anzumeldenden Bedenken muss der Auftragnehmer dem Auftraggeber **schriftlich und unverzüglich**, möglichst vor Beginn der Ausführung mitteilen. Allerdings ist dem Auftragnehmer eine angemessene Überlegungsfrist einzuräumen.[1039] Inhaltlich müssen die Bedenken vom Auftragnehmer zutreffend und eindeutig formuliert sein, damit der Auftraggeber in eine sachgerechte Überprüfung einsteigen kann. Wichtig ist auch, dem Auftraggeber die Relevanz der Bedenken vor Augen zu führen, damit dieser die „Abarbeitung" der angemeldeten Bedenken mit der angemessenen Priorität vornehmen bzw. veranlassen kann. **Einen eigenen Lösungsvorschlag muss der Auftragnehmer allerdings nicht unterbreiten.**

373 Bis zu einer Entscheidung durch den Auftraggeber ist der Auftragnehmer in der Regel berechtigt, die Arbeiten einstweilig einzustellen.[1040] Greift der Auftraggeber die Bedenken des Auftragnehmers auf und überarbeitet den entsprechenden Gesichtspunkt, **setzt die Prüf- und Hinweispflicht des Auftragnehmers anhand der aufgezeigten Maßstäbe für die jetzt geltende Lösung erneut ein**.[1041] Lehnt der Auftraggeber demgegenüber eine Änderung infolge der angemeldeten Bedenken ab, so ist der Auftragnehmer grundsätzlich zur weiteren Ausführung verpflichtet. Etwas anderes gilt nur dann, wenn die Ausführung gegen ein gesetzliches Verbot oder eine behördliche Auflage verstoßen würde oder sich aus Treu und Glauben ein Leistungsverweigerungsrecht des Auftragnehmers ergibt. Letzteres ist z.B. dann der Fall, wenn bei Ausführung der geforderten Leistung ein erheblicher Schaden eintreten würde. Greifen diese Ausnahmen nicht und führt der Auftragnehmer demgemäß die Leistung aus, ist der Auftraggeber für die sich hieraus ergebenden Risiken allein verantwortlich und kann später nicht etwa „Mangelbeseitigung" vom Auftragnehmer verlangen (vgl. § 13 Nr. 3 VOB/B).

374 Verletzt der Auftragnehmer demgegenüber die ihn treffende Prüf- und Hinweispflicht, bleibt er für den etwa eingetretenen Mangel verantwortlich. Ihm steht allerdings der Einwand offen, dem Auf-

---

1035 *Werner/Pastor*, Rn 1520, Beispiele Rn 1533.
1036 BGH BauR 2000, 262.
1037 OLG Celle BauR 2000, 580.
1038 OLG Frankfurt BauR 1999, 788.
1039 *Ingenstau/Korbion*, § 4 Rn 256.
1040 *Heiermann/Riedl/Rusam*, § 4 Rn 61.
1041 *Heiermann/Riedl/Rusam*, § 4 Rn 59a.

traggeber sei ein Mitverschulden anzulasten, wobei hinsichtlich der für die dann zu bildende Haftungsquote relevanten Frage des Verschuldens des Auftragnehmers danach zu differenzieren ist, ob er gar keinen Hinweis gegeben hat, der Hinweis etwa nur mündlich und damit nicht formgerecht erfolgt ist oder z.B. inhaltlich nicht vollständig gegeben worden ist. Für die Bildung dieser Haftungsquote muss sich der Auftraggeber nach einer neueren Entscheidung des OLG Düsseldorf die mitursächliche mangelhafte Vorunternehmerleistung zurechnen lassen.[1042] Weiterhin hat das OLG Düsseldorf entschieden, dass der Auftragnehmer, der in grober Weise gegen seine Pflichten aus § 4 Nr. 3 VOB/B verstößt, etwa indem er keinerlei Überprüfung der Vorunternehmerleistung vornimmt, sich nicht auf mitwirkendes Verschulden des Auftraggebers berufen kann.[1043] Zum Zusammentreffen eines Planungsfehlers mit einer Verletzung der Prüf- und Hinweispflicht vgl. Rn 58.

375 Allgemeine Geschäftsbedingungen der Auftraggeberseite, die vorsehen, dass der Auftragnehmer bei einer Verletzung der Prüf- und Hinweispflicht für alle Konsequenzen haftet, sind unwirksam.[1044] Die unangemessene Benachteiligung des Auftragnehmers liegt darin, dass gerade die Verletzung der Prüf- und Hinweispflicht in der Regel nur eine Mithaftung auslöst und diese Klausel somit eine Haftungsfreistellung des Auftraggebers für eigenes oder ihm zuzurechnendes Verschulden darstellt.

376 Eine sich mit dem Regelungsgehalt des § 4 Nr. 3 VOB/B inhaltlich teilweise deckende Vorgabe enthält § 3 Nr. 3 Satz 2 VOB/B. Hiernach hat der Auftragnehmer die erhaltenen Ausführungsunterlagen auf etwaige Unstimmigkeiten zu überprüfen und den Auftraggeber auf entdeckte oder vermutete Mängel hinzuweisen. Diese Pflicht des Auftragnehmers beginnt zeitlich mit dem Erhalt der Unterlagen. Ihr kommt neben dem § 4 Nr. 3 VOB/B eigenes Gewicht zu, da sie **im Sinne einer „Vorklärung" gewährleisten soll, dass der Auftraggeber frühzeitig Fehler aufgezeigt erhält und entsprechend reagieren kann.** Hierdurch soll der vorgesehene Bauablauf möglichst ohne zeitliche Verzögerungen erhalten bleiben. Anders als bei § 4 Nr. 3 VOB/B kann der Hinweis auch nur mündlich erfolgen. Ein unterlassener Hinweis begründet eine Haftung aus pFV.[1045] Ist der Auftragnehmer sicher, dass der erkannte Mangel vorhanden ist, besteht bis zu einer entsprechenden Entscheidung des Auftraggebers keine Pflicht zur Leistungserbringung. Vermutet der Auftragnehmer demgegenüber den mitgeteilten Mangel nur, hat er die Arbeiten bis zu einer Entscheidung des Auftraggebers fortzusetzen.[1046]

377 § 4 Nr. 1 Abs. 4 VOB/B sieht schließlich vor, dass der Auftragnehmer Bedenken geltend zu machen hat, wenn er **Anordnungen des Auftraggebers für unberechtigt oder unzweckmäßig hält**. Unberechtigt sind Anordnungen dann, wenn sie den vertraglichen Abreden nicht entsprechen, insbesondere über das Anordnungsrecht des Auftraggebers aus § 4 Nr. 1 Abs. 3 VOB/B (siehe Rn 352) hinausgehen. **Unzweckmäßig sind Anordnungen, gegen die fachtechnische Einwände bestehen**.[1047] Der Auftraggeber muss so vorgebrachte Bedenken prüfen. Eine Verpflichtung zur Ausführung besteht für den Auftragnehmer nur dann, wenn der Auftraggeber nach Prüfung bei seiner Anordnung verbleibt, es sei denn, diese verstößt gegen gesetzliche oder behördliche Bestimmungen, oder ein Leistungsverweigerungsrecht des Auftragnehmers folgt aus Treu und Glauben. Bei Ausführung der vom Auftraggeber nicht geänderten Anordnung ist der Auftragnehmer jedoch in zweierlei Hinsicht geschützt. Zum einen räumt ihm § 4 Nr. 1 Abs. 4 Satz 2 VOB/B einen Anspruch auf Ersatz der hierdurch adäquat kausal ausgelösten Mehrkosten ein. Zum anderen zählen derartige Anordnungen des Auftraggebers zur „Art der Ausführung" im Sinne des § 4 Nr. 3 VOB/B, so dass der Auftragnehmer schriftlich Bedenken anmelden kann und sodann von einer künftigen Verantwortlichkeit freigestellt ist.

1042 OLG Düsseldorf BauR 1999, 1309.
1043 OLG Düsseldorf BauR 2000, 421.
1044 *Glatzel/Hofmann/Frikell*, S. 195.
1045 *Nicklisch/Weick*, § 3 Rn 17.
1046 *Ingenstau/Korbion*, § 3 Rn 41.
1047 *Heiermann/Riedl/Rusam*, § 4 Rn 24.

(3) Schutzpflichten

378 § 4 Nr. 5 VOB/B legt dem Auftragnehmer schließlich die Pflicht auf, die Leistung bis zur Abnahme vor Beschädigung und Diebstahl zu schützen. Dies geht über die Gefahrtragungsregelungen (siehe Rn 519–522) hinaus, da hierdurch eine **Pflicht zur positiven Tätigkeit für den Auftragnehmer geschaffen wird**.[1048] Diebstahlschutz wird in der Regel durch ordnungsgemäßen Verschluss, Beaufsichtigung und Überwachung erreicht. Der Schutz vor Beschädigung umfasst, soweit mit dem Gedanken der Zumutbarkeit vereinbar, alle Maßnahmen, die geeignet sind, die Leistung vor schädigenden Ereignissen durch z.B. Witterungseinflüsse, Tiere (z.B. Tauben) oder auch menschliches Verhalten zu bewahren. Eine besondere Vergütung steht dem Auftragnehmer hierfür, soweit es um die eigene Leistung geht, nicht zu.[1049] Für besondere Maßnahmen im Sinne des Satzes 2 des § 4 Nr. 5 VOB/B sieht Satz 3 allerdings eine Vergütung des Auftragnehmers dann vor, wenn der Auftraggeber sie verlangt und der Auftragnehmer sie nach dem Vertrag nicht ohnehin schon schuldet.

Verletzt der Auftragnehmer diese Pflichten, **haftet er für etwaige Schäden aus pFV**.[1050] Nach einer neueren Entscheidung des LG Rostock zu § 4 Nr. 5 VOB/B muss der Auftragnehmer, der ein Wasserleitungssystem erstellt hat, dieses vor Befüllung mit Wasser noch einmal auf Dichtigkeit prüfen, auch wenn er eine solche Überprüfung nach Fertigstellung bereits vorgenommen hat, jedoch eine mittlerweile (und noch vor Abnahme) erfolgte Ausführung von Folgegewerken die Gefahr beinhaltet, dass es zu einer Beschädigung gekommen sein könnte.[1051]

c) Die Verkehrssicherungspflicht der Vertragsparteien

379 Anerkannter Rechtsgrundsatz ist, dass **derjenige, der eine Gefahrenquelle schafft, alle ihm zumutbaren Maßnahmen zum Schutze von Personen und Sachen treffen muss** und andernfalls schadensersatzpflichtig werden kann. Grundlage eines solchen Schadensersatzanspruches ist § 823 BGB, so dass inbesondere ein schuldhaftes Verhalten vorliegen muss, welches ursächlich für den sodann eingetretenen Schaden ist. Ausgelöst wird eine Baumaßnahme regelmäßig durch die entsprechende Entscheidung des Auftraggebers. Somit schafft dieser die Gefahrenquelle, woraus ohne weiteres folgt, dass zunächst ihm die Verkehrssicherungspflicht obliegt.[1052] Beauftragt der Auftraggeber jedoch mit den eigentlichen Arbeiten einen Auftragnehmer, so ändert sich die Sachlage wie folgt.

380 **Mit Baubeginn trifft die Verkehrssicherungspflicht jetzt primär den Auftragnehmer**. Dieser ist „Herr über das Geschehen", beherrscht somit die vom Bauablauf ausgehenden Gefahren und ist deshalb auch aufgerufen, hinreichend Vorsorge dafür zu tragen, dass kein Dritter Schaden erleidet.[1053] Welche konkreten Einzelmaßnahmen insoweit von ihm zu treffen sind, richtet sich nach den tatsächlichen Gegebenheiten, von regelmäßig fernliegenden Verhaltensweisen und hiermit verbundenen Gefahren muss der Auftragnehmer nicht ausgehen. In die konkret zu treffenden Sicherungsmaßnahmen einzubeziehen sind sowohl die eigenen Mitarbeiter als auch andere auf der Baustelle tätige Unternehmer und Lieferanten sowie Nachbarn und sonstige Dritte, wie z.B. Besucher, Spaziergänger, spielende Kinder usw.[1054]

Der Auftragnehmer kann die beauftragten Leistungen weiter delegieren, z.B. an einen Nachunternehmer oder auch an einen leitenden Mitarbeiter, wie z.B. den von ihm eingesetzten Bauleiter oder den Polier. Soweit diese faktisch das Baugeschehen beherrschen, **fällt ihnen die primäre Verkehrssicherungspflicht** zu.

1048 *Heiermann/Riedl/Rusam*, § 4 Rn 67.
1049 *Nicklisch/Weick*, § 4 Rn 78.
1050 *Ingenstau/Korbion*, § 4 Rn 290.
1051 LG Rostock BauR 2000, 105.
1052 *Werner/Pastor*, Rn 1852.
1053 *Palandt*, § 823 BGB Rn 76.
1054 *Ingenstau/Korbion*, § 10 Rn 106.

381 Mit Beauftragung eines zuverlässigen Unternehmers endet somit grundsätzlich die primäre Verkehrssicherungspflicht des Auftraggebers. Der Auftraggeber bleibt jedoch im Sinne einer **„Sekundärverantwortlichkeit"** weiterhin verkehrssicherungspflichtig. Ergeben sich für ihn etwa Zweifel daran, dass der Auftragnehmer die Verkehrssicherungspflicht ordnungsgemäß erfüllt, stellt er etwa entsprechende Mängel bei einer Baustellenbesichtigung fest, so muss er, will er weiterhin kein Haftungsrisiko eingehen, einschreiten.[1055] Dem Auftraggeber ist daher zwingend dazu zu raten, auch nach Baubeginn durch den beauftragten Auftragnehmer stichprobenartig regelmäßig entweder selbst oder durch einen kompetenten Fachmann zu prüfen, ob der Auftragnehmer seine entsprechenden Verpflichtungen erfüllt. Ist dies nicht der Fall, hat der Auftraggeber umgehend Abhilfe vom Auftragnehmer zu beanspruchen und auch zu überprüfen, ob der Auftragnehmer diese Aufforderung tatsächlich befolgt. Andernfalls – und natürlich auch in Angelegenheiten, die keinen Aufschub zulassen – ist der Auftraggeber selbst dazu verpflichtet, die erforderlichen Sicherungsmaßnahmen zu ergreifen. Entsprechende Grundsätze gelten selbstverständlich auch im Verhältnis des Auftragnehmers zu seinen Nachunternehmern oder bauleitenden Mitarbeitern.

382 Vorstehende Ausführungen zeigen, dass **bei einem Bauvorhaben eine Vielzahl Verkehrssicherungspflichtiger** in Betracht kommen, sei es als unmittelbar Handelnder (so genannter „Primärverantwortlicher") oder auch als lediglich Beauftragender (so genannter „Sekundärverantwortlicher"). Zur im Einzelfall vorzunehmenden Abgrenzung der Verantwortungsbereiche existiert eine umfangreiche Rechtsprechung.[1056] Folgende neuere Entscheidungen seien kurz angesprochen:

Ist eine Gefahrenquelle ohne weiteres erkennbar, bedarf es aus Gesichtspunkten der Verkehrssicherungspflicht keiner besonderen Schutzmaßnahmen.[1057] Der Bauherr einer Golfplatzanlage ist nach einer Entscheidung des OLG Koblenz verkehrssicherungspflichtig, wenn die vorzunehmenden Geländeveränderungen dazu führen können, dass starke Regenfälle das Nachbargrundstück beeinträchtigen.[1058] Das OLG Düsseldorf hat entschieden, dass die Beachtung der Unfallverhütungsvorschriften allein Sache des Unternehmers ist, den Bauherrn mithin insoweit keine Verkehrssicherungspflicht trifft.[1059] Sowohl der Unternehmer als auch der zur Überwachung eingesetzte Bauleiter haften nach Auffassung des OLG München schließlich wegen einer Verletzung der Verkehrssicherungspflicht, wenn das Tor zu einer noch nicht fertig gestellten Tiefgarage so weit offen steht, dass ein kleines Kind hineinlaufen kann und die ihm nachlaufende Mutter im Dunkeln in eine nicht abgesicherte Grube stürzt.[1060]

d) Der Bauleiter nach Landesbauordnung

383 Die Bauordnungen der Länder (vgl. §§ 47 BauO BW; 53 BauO Bln; 58 BauO Bra; 80 BauO Brem; 57 BauO Hmb; 59 BauO He; 58 BauO MeVo; 56 BauO NW; 56 BauO RhPf; 80 BauO Saar; 58 BauO Sa; 58 BauO SaAn; 57 BauO SH; 58 BauO Thü) sehen einen „Bauleiter" vor, der darüber zu wachen hat, **dass die Baumaßnahmen dem öffentlichen Recht entsprechen und hierzu die erforderlichen Weisungen zu erteilen berechtigt ist**. Organ der Bauaufsicht ist dieser „Bauleiter" nicht,[1061] vielmehr handelt es sich hierbei grundsätzlich um eine Bauherrenaufgabe. Der Bauherr ist allerdings berechtigt, diese Funktion auf einen Dritten zu delegieren, wobei dieser über die notwendige Sachkunde und Erfahrung verfügen muss. Häufig überträgt der Bauherr diese Funktion bei Einsatz eines Generalunternehmers auf diesen.

[1055] *Erman*, § 823 BGB Rn 92.
[1056] Übersicht bei *Werner/Pastor*, Rn 1851, 1857.
[1057] OLG Hamm BauR 1999, 1325.
[1058] OLG Koblenz BauR 2000, 907.
[1059] OLG Düsseldorf BauR 1999, 185.
[1060] OLG München BauR 1999, 1037.
[1061] *Allgeier/von Lutzau*, Die Bauordnung für Hessen, 5. Aufl., S. 319.

Befolgt ein Auftragnehmer die Weisungen des „Bauleiters" nicht oder trifft der Auftraggeber selbst eine Entscheidung, die den gesetzlichen Pflichten des „Bauleiters" zuwiderläuft, **muss dieser die Weiterarbeit unterbinden und notfalls die Hilfe der Bauaufsicht in Anspruch nehmen**, die dann mit einer Ordnungsverfügung entsprechend reagieren kann.[1062] Für den „Bauleiter" besteht Anwesenheitspflicht auf der Baustelle, soweit dies seine Überwachungspflicht erfordert. Erfüllt der „Bauleiter" die ihm obliegenden Pflichten nicht ordnungsgemäß, begeht er eine Ordnungswidrigkeit.[1063]

4. Störungen im Bauablauf

a) Einleitung

384 Die Grundlage für eine Abweichung des Bauverlaufes von den im Vertrag dokumentierten Vereinbarungen kann vielfältiger Natur sein. So kann sich beispielsweise bereits während der Bauausführung zeigen, dass der Auftragnehmer mangelhaft leistet. Die diesem Fall gleichsam vorgelagerte Konstellation, nämlich Mangelhaftigkeit der zur Verwendung vorgesehenen Stoffe oder Bauteile, ist bereits unter Rn 353 behandelt worden. Aus einer mangelhaften Leistung können sich weitere Störungen ergeben. Zum einen kann es zu zeitlichen Verzögerungen kommen und zum anderen können hierdurch insbesondere dritte Unternehmen in ihrer Leistungserbringung behindert werden. Auch außerhalb des Komplexes „Mängel" kann es zu Behinderungen bei der Bauausführung kommen. Ein Teilaspekt, nämlich die „terminändernde" Behinderung, wurde unter Rn 342 ff. behandelt. Schließlich kann es zu zeitlichen Verzögerungen in der Ausführungsphase kommen, die ihre Begründung weder in Mängeln noch in Behinderungen finden.

Die Konsequenzen derartiger Störungen und damit einhergehend die in Betracht kommenden Anspruchsinhalte reichen von „Mangelbeseitigung" über den „Ersatz etwaiger Schäden" bis zu „Kündigungsrechten". Nachfolgend werden zwei gängige Konstellationen angesprochen, nämlich die Konsequenzen etwaiger während der Bauausführung erkannter Mängel und etwaige Schadensersatzansprüche der Vertragsparteien beim Auftreten von Behinderungen. Das gewichtige Thema der verzögerten Fertigstellung ist in Abschnitt IX. ausführlich beleuchtet. Hinsichtlich der in Betracht kommenden Kündigungsmöglichkeiten wird insbesondere auf die Rn 465, 489, 499 verwiesen.

b) Mängel vor der Abnahme

aa) Die Regelung der VOB/B

385 Eine ausdrückliche Regelung zur Behandlung von Mängeln vor der Abnahme enthält § 4 Nr. 7 VOB/B (zum Mangelbegriff siehe Rn 634 ff.). Hiernach hat der Auftragnehmer Leistungen, die schon während der Ausführung als mangelhaft oder vertragswidrig erkannt werden, auf eigene Kosten durch mangelfreie zu ersetzen (Satz 1). Die Formulierung „während der Ausführung" meint hierbei den Zeitraum **von Baubeginn bis zur Erstellung einer abnahmereifen Leistung**.[1064] Nach diesem Zeitpunkt greift die Gewährleistungsregelung des § 13 VOB/B.

Die Beseitigungspflicht besteht, sobald der Mangel erkannt worden ist, d.h., sie greift auch dann, wenn der Auftragnehmer den Mangel lediglich bemerkt hat. Ein entsprechendes Mangelbeseitigungsverlangen des Auftraggebers ist somit nicht erforderlich.

Mangelbeseitigung kann in dieser Phase auch Neuherstellung bedeuten, etwa dann, wenn eine Ausbesserung keinen Erfolg verspricht.[1065] Die Einschränkung des § 13 Nr. 6 VOB/B, dass eine

---

1062 *Allgeier/von Lutzau*, a.a.O., S. 319.
1063 *Allgeier/von Lutzau*, a.a.O., S. 320.
1064 *Ingenstau/Korbion*, § 4 Rn 329.
1065 *Heiermann/Riedl/Rusam*, § 4 Rn 85.

Mangelbeseitigung vom Auftragnehmer nicht verlangt werden kann, wenn dieser einen unverhältnismäßig hohen Aufwand erfordern würde, gilt auch für § 4 Nr. 7 VOB/B.[1066] Zu den Möglichkeiten, streitige Fragen über das Bestehen oder Nichtbestehen eines Mangels zu klären, wird auf Rn 557, 572 und 576 verwiesen. Die Beweislast für die Mängelfreiheit trägt **vor der Abnahme der Auftragnehmer**.

(1) Die Ersatzvornahme

Kommt der Auftragnehmer seiner Mangelbeseitigungspflicht nicht nach, kann der Auftraggeber nach § 4 Nr. 7 Satz 3 VOB/B vorgehen, d.h., dem Auftragnehmer eine angemessene Frist zur Mangelbeseitigung setzen und erklären, dass er ihm nach fruchtlosem Ablauf der Frist den Auftrag entziehe. Nach fruchtlosem Ablauf der Frist kann der Auftraggeber den Auftrag kündigen, auch lediglich hinsichtlich eines selbstständigen Leistungsteils, und die Leistung durch einen Dritten auf Kosten des Auftragnehmers vollenden lassen (so genannte Ersatzvornahme, siehe hierzu auch Rn 736 ff.). Das Setzen einer der Kündigung vorausgehenden Nachfrist und der Kündigungsandrohung **ist entbehrlich, wenn der Auftragnehmer die Mangelbeseitigung ernsthaft und endgültig verweigert**.[1067]

386

Umstritten sind im Wesentlichen zwei Fragen: Zum einen, ob der der Kündigung vorausgehende fruchtlose Fristablauf vom Auftragnehmer verschuldet sein muss, und zum anderen, ob der Auftraggeber eine Ersatzvornahme auch dann durchführen kann, wenn er den Vertrag zuvor nicht gekündigt hat.

Zur ersten Frage wird die Auffassung, die einen schuldhaften Fristablauf voraussetzt, im Wesentlichen mit folgenden Argumenten begründet: § 4 Nr. 7 VOB/B sei § 326 BGB nachgebildet worden.[1068] Diese Norm setze für einen Rücktritt Verzug und somit Verschulden voraus, welches allerdings nach § 285 BGB vermutet werde. Weiter diene die Fristsetzung der Vorbereitung der Kündigung und die Kündigung der Vorbereitung der Ersatzvornahme. Für einen „BGB-Bauvertrag" sehe jedoch § 633 Abs. 3 BGB vor, dass eine Ersatzvornahme Verzug des Auftragnehmers voraussetze. Schließlich erscheine es als Wertungswiderspruch, wenn der Auftragnehmer bei bestimmten, nicht verschuldeten Behinderungen die Ausführungsfristen für die Gesamtleistung verlängert erhalte, bei der Mangelbeseitigung hinsichtlich einzelner Leistungsteile die „Uhr für ihn jedoch unaufhaltsam ticke".

387

Für die andere Auffassung, wonach es lediglich darauf ankommt, dass die gesetzte angemessene Frist zur Mangelbeseitigung abgelaufen ist, die Gründe für den fruchtlosen Fristablauf jedoch keine Rolle spielen, werden folgende Argumente angeführt: Im Rahmen eines Werkvertrages schulde der Auftragnehmer einen Erfolg und werde aus dieser Pflicht nicht wegen fehlenden Verschuldens entlassen (Garantiehaftung).[1069] Komme es für die Herstellung des mangelfreien Werkes nicht auf ein Verschulden an, so könne für den hier gegenständlichen Fristablauf nichts anderes gelten. Entsprechendes lasse sich auch aus einem Vergleich der Sätze 2 und 3 des § 4 Nr. 7 VOB/B ableiten. Satz 2 spreche ausdrücklich das Verschulden als Voraussetzung an, während es bei Satz 3 nicht erwähnt werde. Es müsse davon ausgegangen werden, dass diese unterschiedlichen Formulierungen bewusst gewählt worden seien und somit Satz 3 verschuldensunabhängig zum Tragen komme.[1070]

[1066] *Nicklisch/Weick*, § 4 Rn 99.
[1067] *Heiermann/Riedl/Rusam*, § 4 Rn 101.
[1068] *Ingenstau/Korbion*, § 4 Rn 378.
[1069] So die h.M., etwa *Heiermann/Riedl/Rusam*, § 4 Rn 102; *Schmitz*, Die Mangelbeseitigung vor der Abnahme nach dem BGB, BauR 1979, 195, 199.
[1070] *Nicklisch/Weick*, § 4 Rn 111.

Diesseits wird folgende Auffassung vertreten:

Auch für die angemessene Frist zur Mangelbeseitigung **kommt § 6 Nr. 1 bis 4 VOB/B zur Anwendung**. Dieser enthält nämlich Gedanken, die grundsätzlich für jede Frist, an die Rechtsnachteile geknüpft werden, nach Treu und Glauben Geltung beanspruchen, wenn nicht ausdrücklich etwas anderes vereinbart. Der Auftragnehmer hat daher die Möglichkeit, unter den in § 6 Nr. 2 VOB/B genannten Gründen eine Verlängerung der Frist zu erwirken, wenn er die nicht aus seiner Sphäre stammende Behinderung dem Auftraggeber unverzüglich nach § 6 Nr. 1 VOB/B anzeigt. Im Ergebnis ist mithin der ersten Meinung zu folgen, wonach den Auftragnehmer hinsichtlich des fruchtlosen Verstreichens der Frist Verschulden treffen muss.

388 Bei der Beurteilung der zweiten Frage steht die Rechtsprechung grundsätzlich auf dem Standpunkt, **§§ 4 Nr. 7, 8 Nr. 3 VOB/B stellten für einen „VOB/B-Bauvertrag" eine abschließende Regelung dar**, d.h. der Auftraggeber müsse, wolle er Ersatz der Fremdnachbesserungskosten beanspruchen, den Vertrag vor Beginn der Fremdnachbesserung zunächst kündigen.[1071] Begründet wird diese Auffassung im Wesentlichen damit, dass es andernfalls **zwangsläufig zu Streitigkeiten zwischen den dann drei Beteiligten** (Auftraggeber, Auftragnehmer, nachbessernder Auftragnehmer) über Art, Umfang und Erforderlichkeit der Mangelbeseitigung kommen würde. Dies wolle jedoch die Regelung der VOB/B im Interesse aller Beteiligten dadurch vermeiden, dass mit der Kündigung klare Verhältnisse geschaffen werden. Der Auftraggeber sei durch die Möglichkeit einer Teilkündigung hinreichend geschützt.[1072] Aus diesem Grunde sei es auch regelmäßig nicht treuwidrig, wenn sich ein Auftragnehmer auf die fehlende Kündigung berufe, da er damit lediglich auf Einhaltung der getroffenen Abreden poche.[1073] Schließlich führe eine endgültige Weigerung des Auftragnehmers, die Mangelbeseitigung durchzuführen, lediglich dazu, dass der Kündigung keine Fristsetzung vorausgehen müsse, die Kündigung vielmehr sofort ausgesprochen werden könne. Entbehrlich werde die Kündigung hierdurch jedoch nicht.[1074]

Insbesondere in der Literatur finden sich Stimmen, die eine Ersatzvornahme ohne Kündigung zulassen. Gegen den Begründungsansatz der Rechtsprechung wird zunächst eingewandt, dass die aufgezeigte Problematik durch eine Kündigung nicht zu vermeiden sei, da anerkanntermaßen auch hiernach der gekündigte Auftragnehmer zur Nachbesserung berechtigt und verpflichtet bleibe.[1075] Weiter wird vorgebracht, § 4 Nr. 7 VOB/B sei als „Kann-Vorschrift" ausgestaltet („..., so kann der Auftragnehmer ...") und beinhalte somit keine abschließende Regelung. Somit könnten die §§ 633 Abs. 3 BGB, 13 Nr. 5 VOB/B analog angewendet werden.[1076] Schließlich spreche **ein praktisches Bedürfnis für eine Ersatzvornahmemöglichkeit ohne Kündigung**. Andernfalls sei das Mangelbeseitigungsrecht des Auftraggebers faktisch entwertet, da er oft nicht zeitnah einen anderen Unternehmer finden werde, der die Arbeiten fortführe.

Der letztgenannten Auffassung ist insofern zuzustimmen, als in der Regel ein praktisches Bedürfnis für eine Ersatzvornahmemöglichkeit ohne Kündigung besteht. Die besseren Argumente sprechen allerdings für eine Auslegung des § 4 Nr. 7 VOB/B im Sinne der Rechtsprechung. Insbesondere hat sie den Wortlaut der Norm für sich, da die Formulierung „kann" lediglich klarstellt, dass der Auftraggeber in seiner Entscheidung frei ist, ob er den Status quo akzeptiert oder ob er fristgerechte Mangelbeseitigung verlangt, oder ob er sogar das Mangelbeseitigungsverlangen mit der Androhung verbindet, andernfalls den Vertrag zu kündigen. Eine Unverbindlichkeit im Sinne einer „Kann-Regelung" ist in § 4 Nr. 7 VOB/B insoweit sicherlich nicht zu sehen.

1071 BGH BauR 1997, 1027 ff.; OLG Düsseldorf BauR 1994, 369 f.
1072 OLG Düsseldorf, a.a.O., 370.
1073 OLG Düsseldorf, a.a.O., 370.
1074 *Nicklisch/Weick*, § 4 Rn 110.
1075 *Ingenstau/Korbion*, § 4 Rn 402.
1076 *Nicklisch/Weick*, § 4 Rn 113c.

Für die Vertragsgestaltung ist daher zu erwägen, in Abweichung von § 4 Nr. 7 VOB/B zu vereinbaren, **dass der Auftraggeber berechtigt ist, festgestellte Mängel durch einen Drittunternehmer bereits dann beseitigen zu lassen, wenn der Auftragnehmer einer entsprechenden schriftlichen Aufforderung innerhalb einer gesetzten angemessenen** Nachfrist nicht nachkommt. Eine solche Vereinbarung ist, auch als Allgemeine Geschäftsbedingung, unproblematisch wirksam.

In einer bemerkenswerten neueren Entscheidung hat der BGH aufgezeigt, wann eine Ersatzvornahme ohne eine Kündigung möglich ist.[1077] Der Entscheidung lag im Wesentlichen folgender Sachverhalt zugrunde: Der Auftragnehmer hatte im Zuge einer ihm beauftragten Sanierung eines größeren Anwesens die Außenputzarbeiten auszuführen. Diese Leistungen führte er aus, nachdem die Dachdecker- und Malerarbeiten fertig gestellt waren, wobei es ihm oblag, etwaige von ihm verursachte Verschmutzungen oder Beschädigungen an Leistungen anderer Unternehmen zu beseitigen. Letztgenannte Beseitigung von Verunreinigungen und Beschädigungen an anderen Gewerken lehnte der Auftragnehmer jedoch ab, so dass der Auftraggeber diese Arbeiten durch einen Dritten ausführen ließ, ohne dem Auftragnehmer zuvor den Auftrag zu entziehen. Im Rechtsstreit ging es um die Frage, ob der Auftraggeber dem Auftragnehmer die Kosten dieser Leistung auferlegen kann. Der BGH gibt dem Auftraggeber Recht und weist insoweit darauf hin, dass der Sachverhalt zwei Besonderheiten aufweise: Zum einen habe der Auftragnehmer **durch die Weigerung, die Leistung vertragsgemäß fertig zu stellen, sein Recht verloren, die Herstellung vorzunehmen**, und zum anderen könne es bei dieser Fallgestaltung nicht zu unklaren Verhältnissen in der weiteren Bauabwicklung zwischen den am Bau beteiligten Unternehmen kommen.[1078]

Die Begründung dieser Entscheidung, die im Ergebnis zutreffend ist, überrascht. Die Tatsache, dass der Auftragnehmer die Mangelbeseitigung endgültig verweigerte, kann sie sicherlich als Begründung nicht tragen. Hierzu hat der BGH nämlich bislang stets betont, dass ein solches Verhalten des Auftragnehmers nur die Fristsetzung entbehrlich mache, die Kündigung gleichwohl auszusprechen sei.[1079] Die Besonderheit sieht der BGH offensichtlich darin, dass der Auftragnehmer eindeutig erklärt hat, **keine, also überhaupt keine Leistungen mehr erbringen zu wollen, während ansonsten regelmäßig der Auftragnehmer nur die Beseitigung der geltend gemachten Mängel verweigert, im Übrigen aber zur Weiterarbeit bereit ist**. Bei dieser Ausgangssituation ist dann allerdings die Auffassung des BGH zutreffend, dass es in der weiteren Bauausführung zu Abgrenzungsschwierigkeiten mit anderen Unternehmen nicht mehr kommen kann. Das Recht zur Weiterarbeit hat der Auftragnehmer, so der BGH, mit der endgültigen Weigerung verloren. Die Pflicht zur Weiterarbeit ist mit der Entscheidung des Auftraggebers, einen dritten Unternehmer hiermit zu beauftragen, entfallen. Eine andere Frage ist daher, ob es bei dieser Konstellation im Interesse klarer Verhältnisse nicht besser wäre, zum formalen Abschluss der Leistungspflicht des Auftragnehmers eine sofort mögliche Kündigung des Auftraggebers aus wichtigem Grund zu fordern.

(2) Der Schadensersatz

§ 4 Nr. 7 Satz 2 VOB/B sieht vor, dass der Auftragnehmer, soweit er den Mangel oder die Vertragswidrigkeit zu vertreten hat, zum Ersatz des daraus entstandenen Schadens verpflichtet ist. Der Wortlaut dieser Schadensersatzverpflichtung scheint sehr weitgehend alle denkbaren Schäden zu umfassen, ist jedoch wie folgt einzuschränken:

Nicht unter den nach § 4 Nr. 7 Satz 2 VOB/B ersatzfähigen Schaden fallen grundsätzlich die Kosten der eigentlichen Mangelbeseitigung. Für diese gilt vielmehr allein der Weg über § 4 Nr. 7 Sätze 1 und 3 VOB/B, da selbstverständlich auch vor der Abnahme dem Auftragnehmer das „Nachbesserungsrecht" erhalten bleiben soll. Erstellt der Auftragnehmer beispielsweise vertragswidrig zu

---

1077 BGH WM 2000, 1899 f.
1078 BGH, a.a.O., 1900.
1079 BGH BauR 1997, 1027 ff.

niedrige Brüstungshöhen und kommen die Parteien sodann überein, diese nicht zu ändern, vielmehr einen entsprechenden Dispens bei der zuständigen Behörde zu erwirken, der allerdings nur mit der Maßgabe erteilt wird, dass die Fenster nicht geöffnet werden dürfen, so ist der „Mangel der Fenster" (keine Öffnungsmöglichkeit) kein nach § 4 Nr. 7 Satz 2 VOB/B ersatzfähiger Schaden, da der Auftraggeber ja auf Mangelbeseitigung (Änderung der Brüstungshöhe) hätte bestehen können.[1080]

393 Einen vollständigen Schadensersatzanspruch wegen Nichterfüllung gewährt § 4 Nr. 7 Satz 2 VOB/B in der Regel gleichfalls nicht.[1081] Im Falle der Kündigung nach §§ 4 Nr. 7 Satz 3, 8 Nr. 3 VOB/B setzt ein solcher Anspruch nämlich voraus, dass die Ausführung der Leistung für den Auftraggeber aus Gründen, die zur Kündigung geführt haben, kein Interesse mehr hat. Diese einschränkende Voraussetzung darf jedoch über § 4 Nr. 7 Satz 2 VOB/B nicht umgangen werden.

394 Erfasst sind somit von § 4 Nr. 7 Satz 2 VOB/B Schäden, **die dem Auftraggeber trotz Beseitigung des Mangels bzw. Behebung der Vertragswidrigkeit verbleiben**, mithin der gesamte Bereich der Mangelfolgeschäden, ohne dass es auf die Abgrenzung zwischen engeren und entfernteren Mangelfolgeschäden ankommt[1082] (siehe hierzu Rn 807). Weiterhin gilt § 4 Nr. 7 Satz 2 VOB/B für die Schäden, die dem Auftraggeber bei nicht gekündigtem Vertrag aus einer verspäteten Fertigstellung der Werkleistung entstehen, **wenn die Verspätung ihren Grund darin findet, dass eine mangelhafte oder vertragswidrige Leistung ersetzt werden muss**. In einer neueren Entscheidung hat der BGH betont, dass dies auch dann gilt, wenn die Verspätung darauf zurückzuführen ist, dass der Auftragnehmer vertragswidrig über einen bestimmten Zeitraum die Mangelbeseitigung nicht ausführt.[1083]

395 Zeitlich ist der Anspruch dadurch beschränkt, dass er nur **bis zur Abnahme geltend gemacht werden kann**. Endet der Vertrag allerdings vorzeitig durch eine Kündigung des Auftraggebers nach §§ 4 Nr. 7 Satz 3, 8 Nr. 3 VOB/B, bleiben diesem die Ansprüche aus § 4 Nr. 7 Satz 2 VOB/B erhalten. Eine weitere Ausnahme von diesem Grundsatz gilt im Übrigen dann, wenn der Mangel, der Grundlage für den geltend gemachten Schadensersatzanspruch ist, bis zur Abnahme vom Auftragnehmer beseitigt worden ist, der Schaden jedoch noch nicht ausgeglichen wurde.[1084] In diesem Fall bleibt Rechtsgrund für den weiterhin bestehenden Anspruch des Auftraggebers auf Schadensersatz § 4 Nr. 7 Satz 2 VOB/B, insbesondere erfolgt keine Umstellung der Anspruchsgrundlagen auf den „engeren" („wesentliche Mängel" und „qualifiziertes Verschulden") § 13 Nr. 7 VOB/B. Hinsichtlich der Verjährungsfrist gilt dann allerdings nicht der für § 4 Nr. 7 Satz 2 VOB/B einschlägige Zeitraum von 30 Jahren, sondern die kurze Verjährungsfrist des § 13 Nr. 4 VOB/B.[1085]

396 Selbstverständlich setzt der Schadensersatzanspruch sowohl Verschulden des Auftragnehmers als auch die Tatsache voraus, dass der geltend gemachte Anspruch adäquat kausal auf den Mangel bzw. die Vertragswidrigkeit zurückzuführen sein muss. Im Übrigen stellt § 4 Nr. 7 Satz 2 VOB/B eine Spezialvorschrift zu § 6 Nr. 6 VOB/B dar, d.h. die Beschränkungen des § 6 Nr. 6 VOB/B (entgangener Gewinn, wozu auch Mietausfall zählt, kann nur bei grober Fahrlässigkeit oder Vorsatz verlangt werden, vgl. auch Rn 407, 591) greifen nicht.[1086]

[1080] BGH WM 2000, 1899, 1900; *Kaiser*, Der Schadensersatzanspruch nach § 4 Nr. 7 Satz 2 VOB/B, BauR 1991, 391, 395; a.A. *Heiermann/Riedl/Rusam*, § 4 Rn 1307.
[1081] *Ingenstau/Korbion*, § 4 Rn 357.
[1082] BGH WM 2000, 1899 f.
[1083] BGH WM 2000, 1898 f.
[1084] *Kaiser*, a.a.O., S. 400.
[1085] *Ingenstau/Korbion*, § 4 Rn 373.
[1086] BGH WM 2000, 1898.

(3) Das Zurückbehaltungsrecht

Soweit die Leistungen des Auftragnehmers Mängel aufweisen, ergibt sich aus § 320 BGB ein Zurückbehaltungsrecht des Auftraggebers, d.h., dieser darf vor der Abnahme vorgesehene Abschlagszahlungen entsprechend kürzen. Anerkanntermaßen steht dem Auftraggeber insoweit die Möglichkeit eines so genannten „Druckzuschlages" offen, d.h., er darf nicht nur den Betrag, der zur Beseitigung der Mängel erforderlich ist, sondern abhängig vom Einzelfall das Zwei- bis Fünffache dieses Betrages einbehalten.[1087]

397

Dieses Thema ist im Rahmen des Gesetzes zur Beschleunigung fälliger Zahlungen einer Regelung zugeführt worden. Seit dem 1.5.2000 sieht § 641 Abs. 3 BGB vor, dass der Auftraggeber, soweit er die Beseitigung eines Mangels verlangen kann, nach der Abnahme die Zahlung eines angemessenen Teils der Vergütung, **mindestens jedoch in Höhe des Dreifachen des für die Mangelbeseitigung benötigten Betrages**, verweigern kann.

398

Diese gesetzliche Neuregelung wirft zunächst die Frage auf, ob dem Auftraggeber nunmehr vor der Abnahme kein Druckzuschlag mehr möglich sein soll. Hiervon wird diesseits allerdings nicht ausgegangen. Eine entsprechende Differenzierung zwischen den Zeiträumen vor und nach der Abnahme wäre nicht zu rechtfertigen und ist sicherlich vom Gesetzgeber auch nicht gewollt worden. Es verbleibt also für den Zeitraum vor der Abnahme bei der oben unter Rn 397 dargestellten Rechtsfolge.[1088]

Im Übrigen ist zur gesetzlichen Neuregelung anzumerken, **dass sie den Auftragnehmer schlechter stellt, als es bisher der Fall war**. Er muss jetzt einen Einbehalt in Höhe des dreifachen Wertes der Mangelbeseitigung stets hinnehmen. Ein größerer Einbehalt bleibt dem Auftraggeber allerdings möglich. Aus Sicht des Auftragnehmers hätte es daher einer gesetzlichen Fixierung der „Obergrenze" des möglichen Einbehaltes bedurft.

bb) Die Regelung des BGB

§ 633 Abs. 2 Satz 1 und Abs. 3 BGB sehen vor, dass der Auftraggeber die Beseitigung eines Mangels verlangen und den Mangel selbst auf Kosten des Auftragnehmers beseitigen lassen kann, wenn der Auftragnehmer insoweit in Verzug gerät. Aus § 634 Abs. 1 Satz 2 BGB folgt, dass der Auftraggeber diesen „Nachbesserungsanspruch" auch schon vor der Ablieferung des Werkes, mithin während der Bauausführung geltend machen kann.

399

Zum „VOB/B-Bauvertrag" bestehen drei Unterschiede: Zunächst **kennt das BGB eine Unterscheidung zwischen der Situation vor und nach der Abnahme nicht**.[1089] Weiter setzt die Beseitigungspflicht des Auftragnehmers ein entsprechendes Verlangen des Auftraggebers voraus, und schließlich kann der Auftraggeber eine Ersatzvornahme zu Lasten des Auftragnehmers ohne Kündigung des Vertrages durchführen, wenn der Auftragnehmer mit der ihn treffenden Beseitigungspflicht in Verzug gerät.

Wie beim „VOB/B-Bauvertrag" kann der Auftraggeber neben dieser Mangelbeseitigung auch Ersatz der ihm weiterhin entstehenden Mangelfolge-Verzögerungsschäden beanspruchen. Über dieses Ergebnis besteht zwischen Rechtsprechung und Literatur Einigkeit, streitig ist jedoch, welche Rechtsgrundlagen insoweit heranzuziehen sind. Für den Bereich der Mangelfolgeschäden halten Autoren § 635 BGB für anwendbar,[1090] während die Rechtsprechung diesen Themenkomplex **vollständig dem Bereich der pFV zuordnet, da § 635 BGB nach ihrer Ansicht während der Bauausführung bei weiterhin bestehendem Vertrag nicht greift**.[1091] Daneben kommen für Verzögerungsschäden

400

1087 *Heiermann/Riedl/Rusam*, § 16 Rn 11.
1088 *Stapenhorst*, DB 2000, 909, 911.
1089 *Schmitz*, Die Mangelbeseitigung vor der Abnahme nach dem BGB, BauR 1979, 195, 197.
1090 *Erman*, § 635 BGB Rn 5.
1091 *Palandt*, § 635 BGB Rn 4.

die Regeln des Verzuges zur Anwendung, da § 633 Abs. 3 BGB das Rechtsinstitut des Verzuges ausdrücklich anspricht.

401 Über § 634 Abs. 1 Satz 2 BGB kann sich der Auftraggeber auch vom Vertrag lösen, indem er dem Auftragnehmer eine Frist mit der Erklärung setzt, die Beseitigung des Mangels nach fruchtlosem Ablauf der Frist abzulehnen. Der Wortlaut dieser Vorschrift sieht vor, dass die Frist so bemessen sein muss, dass sie nicht vor dem Zeitpunkt endet, für den die Ablieferung des Werkes vereinbart ist. Anerkannt ist jedoch, **dass sich aus den Gesichtspunkten von Treu und Glauben im Interesse des Auftraggebers im Einzelfall auch ergeben kann, dass eine kürzere Frist ausreicht** bzw. das Erfordernis der Fristsetzung ganz entfällt[1092] (zu den möglichen Fallgestaltungen siehe Rn 469).

402 Auch im Rahmen des § 634 Abs. 1 Satz 2 BGB wird streitig diskutiert, ob der fruchtlose Fristablauf vom Auftragnehmer verschuldet sein muss (vgl. unter Rn 387). Aus einem Vergleich mit den Regelungen der §§ 633 Abs. 3 („Verzug"), 635 („zu vertreten") BGB lässt sich jedoch ableiten, dass **§ 634 Abs. 1 Satz 2 BGB kein Verschulden voraussetzt.**[1093] Diese – nach diesseitiger Auffassung – im Vergleich zu § 4 Nr. 7 VOB/B für den Auftragnehmer ungünstigere Regelung wird dadurch entschärft, dass eine Ersatzvornahme nach § 633 Abs. 3 BGB ohne Verschulden nicht möglich ist, während § 8 Nr. 3 Abs. 2 Satz 1 VOB/B insoweit kein Verschulden voraussetzt. Es versteht sich von selbst, dass dem Auftragnehmer aus dem fruchtlosen Fristablauf dann keine Nachteile erwachsen, wenn die Ursache hierfür der Auftraggeber gesetzt hat[1094] oder die Gebote von Treu und Glauben entgegenstehen. Letzteres ist bei einer nur geringfügigen Fristüberschreitung anzunehmen,[1095] so dass der streitigen Rechtsfrage faktisch nur Relevanz zukommt bei fruchtlosem Fristablauf infolge höherer Gewalt, die zumindest einen nicht unerheblichen Zeitraum andauert.

403 Zum Zurückbehaltungsrecht und dem so genannten „Druckzuschlag" gelten die Anmerkungen unter Rn 397, 398 auch für den „BGB-Bauvertrag".

c) Behinderungen

aa) Allgemeines

404 Treten während der Bauausführung Behinderungen ein, räumt bei einem „VOB/B-Bauvertrag" § 6 Nr. 6 VOB/B beiden Vertragspartnern einen Schadensersatzanspruch gegen den Vertragspartner ein, der die hindernden Umstände, die zu dem nachweislich eingetretenen Schaden geführt haben, zu vertreten hat.

Der Begriff der Behinderung ist hierbei ganz weit auszulegen. Umfasst sind alle Umstände, die den vorgesehenen Leistungsablauf in sachlicher, zeitlicher oder räumlicher Hinsicht hemmen oder verzögern.[1096] Die Frage, ob ein Vertragspartner diese Umstände zu vertreten hat, ist für den Begriff der Behinderung irrelevant. Eine Behinderung kann auch dann gegeben sein, wenn eine Vertragspartei nur die ihr vertraglich eingeräumten Rechte ausübt, z.B. der Auftraggeber nach § 1 Nr. 3 und Nr. 4 VOB/B Leistungsänderungen oder zusätzliche Leistungen veranlasst.

Neben den unter Rn 342 ff. dargestellten Umständen, die eine Verlängerung der Ausführungsfrist zu Gunsten des Auftragnehmers begründen, fallen also insbesondere alle Gesichtspunkte unter den Behinderungsbegriff, die der Sphäre des Auftragnehmers zuzuordnen sind, z.B. der Ausfall von Lieferanten und Nachunternehmern.

1092 *Palandt*, § 634 BGB Rn 4.
1093 *Schmitz*, a.a.O., S. 198, 199.
1094 *Erman*, § 634 BGB Rn 13.
1095 BGH NJW-RR 1992, 1141; *Heiermann/Riedl/Rusam*, § 4 Rn 98.
1096 *Ingenstau/Korbion*, § 6 Rn 2.

Auch Witterungseinflüsse, höhere Gewalt und sonstige unabwendbare Umstände unterfallen – hindernde Wirkung hinsichtlich der Bauausführung vorausgesetzt – dem Behinderungsbegriff unabhängig davon, ob mit ihnen bei Vertragsabschluss zu rechnen war oder nicht.

Den extremsten Fall einer Behinderung stellt eine so genannte Unterbrechung dar, d.h. ein vorübergehender Stillstand der Arbeiten.[1097] Selbstverständlich kann eine Behinderung jedoch auch dann vorliegen, wenn die Arbeiten kontinuierlich fortgesetzt werden können, nur eben langsamer als geplant.

405 Die Verpflichtung zur Schadensersatzleistung setzt voraus, dass die hindernden Umstände vom Schuldner zu vertreten sind. Mit dieser Formulierung **ist Verschulden im Sinne der §§ 276, 278 BGB gemeint**.[1098] Anders als bei § 6 Nr. 2 VOB/B reicht die Zurechnung zum Risikobereich hier nicht aus. Hinsichtlich der Rechtsfolge ist zwischen einfacher Fahrlässigkeit einerseits und grober Fahrlässigkeit bzw. Vorsatz andererseits zu unterscheiden. Nur im letztgenannten Fall ist der Schuldner auch zum Ersatz des entgangenen Gewinns verpflichtet. Insoweit beinhaltet § 6 Nr. 6 VOB/B für den Schuldner ein Haftungsprivileg. Im Rahmen der Verschuldensfrage ist auch ein etwa in Betracht kommendes Mitverschulden (§ 254 BGB) zu berücksichtigen.

406 Der Schaden ist anhand der so genannten **Differenzhypothese** zu ermitteln. Verglichen wird die Vermögenslage des Gläubigers, wie sie sich infolge des Schadensereignisses darstellt, mit der fiktiven Situation, wie sie sich ohne das Schadensereignis darstellen würde. Die Differenz ist der Schaden. Soweit der Auftragnehmer der Geschädigte ist, wird bei der Ermittlung der fiktiven schadensfreien Vermögenslage zu seinen Gunsten ohne Überprüfung unterstellt, dass er ohne Verzögerung sein Personal/Gerät nahtlos hätte anderweitig einsetzen können bzw. ihm ein entsprechender Folgeauftrag erteilt worden wäre.[1099]

407 Typische Schäden des Auftraggebers sind neben etwaigen Schäden an der Bauleistung selbst insbesondere Verzögerungsschäden wie Mehraufwand für Personal, Gerät und etwaige dritte Berater, Gutachterkosten, längere Nutzung eines Ausweichobjektes (z.B. Ersatzwohnung oder Hotelzimmer) und Finanzierungskosten, insbesondere Zinsaufwendungen.[1100] Zum Schaden des Auftragnehmers zählen Positionen wie Mehrkosten infolge der verlängerten Ausführung, besondere Aufwendungen für Stilllegung und Sicherung der Baustelle sowie das Wiederanfahren der Arbeiten, etwaige Beschleunigungskosten, um z.B. verlorene Zeit durch den Mehreinsatz von Personal und Gerät wieder wettzumachen, allgemeine Geschäftskosten usw.[1101]

Der entgangene Gewinn ist in § 252 Satz 2 BGB legal definiert. Hierbei handelt es sich um den vermögensmäßigen Überschuss, den die Vertragsparteien bei rechtzeitiger Fertigstellung des Bauvorhabens erzielt hätten. Klassischer entgangener Gewinn des Auftraggebers **sind die nicht erzielten Miet- bzw. Pachteinnahmen**[1102] (zur Abgrenzung Finanzierungskosten als Schaden und Mieteinnahmen als entgangener Gewinn vgl. Rn 591).

408 Der Schaden muss adäquat kausal auf die hindernden Umstände zurückgehen. Zwischen der Behinderung, der Verzögerung und dem Schaden muss ein Ursachenzusammenhang bestehen.[1103]

1097 *Nicklisch/Weick*, § 6 Rn 7.
1098 *Heiermann/Riedl/Rusam*, § 6 Rn 43.
1099 *Kapellmann/Schiffers*, Die Ermittlung der Ersatzansprüche des Auftragnehmers aus vom Bauherren zu vertretender Behinderung, BauR 1986, 615, 624.
1100 *Ingenstau/Korbion*, § 6 Rn 142; *Nicklisch/Weick*, § 6 Rn 64.
1101 *Werner/Pastor*, Rn 1832.
1102 *Heiermann/Riedl/Rusam*, § 6 Rn 51.
1103 *Nicklisch/Weick*, § 6 Rn 59.

409 Ein Schadensersatzanspruch des Auftragnehmers aus § 6 Nr. 6 VOB/B verjährt nach § 196 Abs. 1 Nr. 1, Abs. 2 BGB, wenn dieser Anspruch nur das Gegenstück für eine (zusätzlich) erbrachte Leistung ist, da ihm dann faktisch Vergütungscharakter zukommt, im Übrigen nach § 195 BGB. Ein etwaiger Schadensersatzanspruch des Auftraggebers aus § 6 Nr. 6 VOB/B verjährt entsprechend §§ 4 Nr. 7, 13 Nr. 7 VOB/B (vgl. Rn 395).[1104]

410 Im Grundsatz stellt § 6 Nr. 6 VOB/B für behinderungsbedingte Schäden **eine abschließende Regelung** dar. Unberührt bleibt allerdings ein etwaiger Anspruch nach § 4 Nr. 7 Satz 2 VOB/B (vgl. Rn 396). Schließlich ist im Falle einer endgültigen und ernsthaften Erfüllungsverweigerung einer Vertragspartei eine Haftungsprivilegierung (keine Ersatzpflicht bezüglich des entgangenen Gewinns) des Schuldners nicht geboten.[1105]

411 **Die Aussage des § 6 Nr. 6 VOB/B ist auf einen „BGB-Bauvertrag" übertragbar.** Die Unterscheidung des § 6 Nr. 6 VOB/B auf der Rechtsfolgenseite (Schaden/entgangener Gewinn) findet beim „BGB-Bauvertrag" allerdings keine Anwendung, sodass auch bei einfacher Fahrlässigkeit vollständiger Schadensersatz (unter Einschluss des entgangenen Gewinns) zu leisten ist.[1106]

bb) Besonderheiten beim Auftragnehmer

(1) Behinderungsanzeige

412 Nach § 6 Nr. 1 Satz 1 VOB/B hat der Auftragnehmer dem Auftraggeber **die Behinderung unverzüglich schriftlich anzuzeigen**, andernfalls (so Satz 2) hat er nur dann Anspruch auf Berücksichtigung der hindernden Umstände, wenn für den Auftraggeber die Tatsache offenkundig und ihm die hindernde Wirkung bekannt war. Hieraus folgt, dass der Auftragnehmer mit Ansprüchen auf Verlängerung der Ausführungsfristen nach § 6 Nr. 2 bis 4 VOB/B (vgl. Rn 340 ff.) und Schadensersatz nach § 6 Nr. 6 VOB/B grundsätzlich ausgeschlossen ist, wenn er die Anzeige der Behinderung versäumt hat. Diese aus Sicht des Auftragnehmers zunächst sehr hart scheinende Regelung unterstreicht einmal mehr den Kooperationscharakter des Bauvertrages. Der **Behinderungsanzeige kommt nämlich Warn- und Schutzfunktion zu Gunsten des Auftraggebers zu**, der hierdurch die Möglichkeit erhält, schnell zu reagieren und damit Schaden möglichst zu verhindern.

Einen Rechtsnachteil erleidet der Auftragnehmer bei versäumter Behinderungsanzeige im Übrigen nur dann, wenn er selbst Ansprüche aus § 6 Nr. 2 VOB/B oder § 6 Nr. 6 VOB/B geltend macht. Wird er demgegenüber vom Auftraggeber aus § 6 Nr. 6 VOB/B wegen eines Verzögerungsschadens oder aus einem Vertragsstrafeversprechen wegen verspäteter Fertigstellung in Anspruch genommen, verbleibt ihm auch ohne Behinderungsanzeige der Einwand, er habe die Verspätung nicht zu vertreten, da er behindert worden sei.[1107]

413 Die Behinderungsanzeige kann auch nur mündlich erklärt werden.[1108] Die vorgesehene Schriftform stellt keine Wirksamkeitsvoraussetzung dar, sondern dient nur der Beweissicherung (und sollte daher genau aus diesem Grunde vom Auftragnehmer auch stets beachtet werden!).

414 Aus der Warn- und Schutzfunktion der Behinderungsanzeige lassen sich auch der für die Erklärung relevante Zeitpunkt und der maßgebliche Inhalt ableiten. Die Behinderungsanzeige ist auszusprechen, wenn der Auftragnehmer den begründeten Verdacht hat, dass es zu einer Behinderung kommen könnte, also möglichst frühzeitig.[1109] Inhaltlich muss **die Behinderungsanzeige hinreichend klar erkennen lassen, durch welche Umstände eine Behinderung zu besorgen ist**, welche Arbeiten für

---

1104 *Ingenstau/Korbion*, § 6 Rn 152, 154.
1105 *Heiermann/Riedl/Rusam*, § 6 Rn 53.
1106 *Werner/Pastor*, Rn 1836.
1107 BGH BauR 1999, 645, 648.
1108 *Nicklisch/Weick*, § 6 Rn 19.
1109 *Ingenstau/Korbion*, § 6 Rn 11.

diesen Zeitraum im Bauablauf vorgesehen waren und wie sich die hindernden Umstände auf diese Arbeiten auswirken.[1110] Keine Angaben muss die Behinderungsanzeige demgegenüber zu den voraussichtlich durch die Behinderung entstehenden Kosten enthalten.[1111] Die gegenteilige Auffassung, die derartige Angaben im Interesse des Auftraggebers für erforderlich hält, damit dieser bei den zu treffenden Entscheidungen die zu beachtende Priorität richtig einschätzen kann, ist abzulehnen. Zum einen lassen sich die Kosten zu diesem Zeitpunkt oft nicht sicher fassen und zum anderen muss die Anzeige des Auftragnehmers für den Auftraggeber Grund genug sein, sich auf die geltend gemachte Behinderung bei seinen Dispositionen einzustellen. Unzureichend für eine ordnungsgemäße Behinderungsanzeige sind sehr vage gehaltene, unverbindliche Informationen bzw. lediglich Andeutungen.[1112] Im Übrigen ist dem Auftragnehmer bereits im eigenen Interesse dazu zu raten, die Behinderungsanzeige so konkret wie möglich zu fassen. Er erfüllt hiermit nämlich nicht nur eine „lästige Pflicht", sondern schafft hierdurch einen ersten wichtigen Baustein, um später die Behinderung, ihre Ursache und vor allem auch ihre Konsequenzen plausibel darlegen zu können.

Aus der Schutzfunktion der Behinderungsanzeige folgt auch die Beantwortung der Frage, wann sie entbehrlich ist, nämlich wenn dem Auftraggeber die hindernden Umstände und ihre Wirkung **offenkundig bekannt** sind. Dem Auftraggeber nämlich etwas mitteilen zu müssen, was dieser ohnehin schon sicher weiß, wäre bloßer Formalismus. Vom Vorliegen dieser Ausnahmesituation sollte allerdings nur sehr restriktiv ausgegangen werden. Dies ist etwa dann der Fall, wenn Tatsachen, wie Unwetter oder Streiks, auftreten, die der Auftraggeber entweder unmittelbar selbst vor Ort wahrnimmt oder die über gängige Medien wie Fernsehen, Rundfunk und Zeitungen so verbreitet werden, dass der Auftraggeber sie einerseits erfährt und zum anderen ihre hindernde Wirkung für die Bauausführung erkennt.[1113] Hiervon kann z.B. dann ausgegangen werden, wenn die Behinderung Gegenstand ausführlicher Besprechungen, an denen der Auftraggeber teilgenommen hat, auf der Baustelle gewesen ist, oder wenn der Auftraggeber z.B. selbst einen Baustopp angeordnet hat. Die Kenntnis des Architekten wird dem Auftraggeber hierbei zugerechnet.[1114] Keine Offenkundigkeit liegt demgegenüber vor, wenn es zu „normalen Verzögerungen" kommt, der Auftraggeber „übliche Zusatzleistungen" beauftragt, sich Mengenerhöhungen ergeben usw. Für den Auftragnehmer kann nur die Faustregel gelten: **„Im Zweifel immer Behinderung anmelden**, lieber einmal zu viel als einmal zu wenig!" 415

Bei einem „BGB-Bauvertrag" entfällt das Instrument der Behinderungsanzeige, einen entsprechenden „Anspruchsverlust" hat der Auftragnehmer mithin nicht zu fürchten. Gleichwohl resultiert auch bei einem „BGB-Bauvertrag **aus dem Kooperationsgedanken eine vertragliche Nebenpflicht des Auftragnehmers, dem Auftraggeber Behinderungen mitzuteilen**, damit dieser die Chance erhält, entsprechend zu reagieren.[1115] Eine Verletzung dieser Pflicht kann mithin unter dem Aspekt der pFV relevant sein. 416

(2) Einzelne Schadenspositionen und Kausalität

Auftragnehmern gelingt es in der Praxis selten, einen Anspruch nach § 6 Nr. 6 VOB/B schlüssig darzulegen. Die Gründe hierfür finden sich in der Regel in unzureichendem Vortrag zur Kausalität und zum Schaden. **Die Anforderungen, die die Rechtsprechung insoweit an die Auftragnehmerseite stellt, sind recht hoch**. Es reicht nicht, aus einer verlängerten Bauzeit auf eine Behinderung zu schließen und hierfür Mehrkosten zu beanspruchen. Eine verlängerte Bauzeit kann nämlich viele Gründe haben. Ebensowenig genügt der Vortrag, behindert worden zu sein. Keineswegs muss jede 417

1110 *Werner/Pastor*, Rn 1824.
1111 BGH BauR 1990, 210, 212.
1112 *Heiermann/Riedl/Rusam*, § 6 Rn 7.
1113 *Nicklisch/Weick*, § 6 Rn 20.
1114 *Ingenstau/Korbion*, § 6 Rn 22.
1115 *Werner/Pastor*, Rn 1836.

Behinderung zu einem Schaden führen, viele Behinderungen lassen sich vielmehr durch das Umstellen der Arbeiten, zum Beispiel das Vorziehen erst später vorgesehener Leistungen, auffangen.

Zur Verdeutlichung der im Rahmen des § 6 Nr. 6 VOB/B relevanten Themen seien nachfolgend zwei Entscheidungen dargestellt, denen typische Konstellationen zu Grunde liegen.

418 Eine relativ einfache Fallgestaltung hat das OLG Düsseldorf in einer älteren Entscheidung beurteilt.[1116] Nachbarn des Auftraggebers hatten gegen die erteilte Baugenehmigung einen Rechtsbehelf eingelegt. Die zuständige Behörde hatte den Auftraggeber daher gebeten, bis zur Klärung dieser Fragen nicht weiter zu bauen. Der Auftraggeber ordnete folglich die Stilllegung der Arbeiten an. Vierzig Tage später konnten die Arbeiten wieder aufgenommen werden. Für den Unterbrechungszeitraum machte der Auftragnehmer Schadensersatz geltend, nämlich Stillstandskosten für die Geräte, die er in diesem Zeitraum nicht anderweitig einsetzen konnte. Diesen Betrag erhöhte der Auftragnehmer um 11 % für allgemeine Geschäftskosten und versah den Gesamtbetrag schließlich mit der Umsatzsteuer. Das OLG Düsseldorf gab der Klage überwiegend statt und führte hierzu im Wesentlichen an:

Eine Behinderungsanzeige sei nicht erforderlich gewesen, **da der Auftraggeber die Einstellung der Arbeiten selbst angeordnet habe und die Behinderung somit für ihn offenkundig gewesen sei**. Der hindernde Umstand sei vom Auftraggeber zu vertreten, da es ihm obliege, die Baugenehmigung beizubringen und deren Vollziehbarkeit zu gewährleisten. Durch diese Behinderung sei als Schaden die Position „Vorhaltekosten" hinsichtlich der Maschinen kausal verursacht worden, die der Auftragnehmer nicht anderweitig einsetzen könne. Zur Schadenshöhe sei danach zu differenzieren, ob es sich um Eigen- oder um Fremdgeräte des Auftragnehmers handele. **Bei Fremdgeräten entspreche der Schaden der Höhe der zu zahlenden Miete. Bei Eigengeräten sei der Schaden demgegenüber nach § 287 ZPO zu schätzen.** Basis für die Schätzung sei die Baugeräteliste. Zum Schaden zähle schließlich auch die Position „allgemeine Geschäftskosten", soweit der Auftragnehmer diese während der vierzig Tage Stillstand bei anderen Aufträgen hätte erwirtschaften können. Umsatzsteuer stehe dem Auftragnehmer demgegenüber nicht zu. Diese falle nämlich nur auf Leistungen an, denen eine Gegenleistung gegenüberstehe, setze also einen Leistungsaustausch voraus. Das verlängerte Vorhalten der Geräte stelle eine solche Leistung jedoch gerade nicht dar, vielmehr bliebe die eigentliche Leistung des Auftragnehmers (Erstellung des Werks) trotz des Stillstandes gleich.

419 Nach diesseitigem Dafürhalten hat das OLG Düsseldorf alle Punkte zutreffend entschieden. Umstritten ist allerdings, **ob allgemeine Geschäftskosten einen ersatzfähigen Schaden darstellen**.[1117] Bei diesen ist zunächst danach zu differenzieren, ob es sich um zeitabhängige, der konkreten Baustelle zugeordnete Kosten handelt oder um solche, die sich einem Bauvorhaben nicht konkret zuordnen lassen. Hinsichtlich der ersten Gruppe dürfte kaum zu bestreiten sein, dass hierin ein ersatzfähiger Schaden liegt, da sich der Aufwand für den Auftragnehmer durch eine Verzögerung konkret erhöht. Bei der zweiten Gruppe ist zwar der Einwand zutreffend, dass die allgemeinen Geschäftskosten ohnehin entstanden wären, jedoch liegt der Schaden des Auftragnehmers in dem Verlust seiner Dispositionsfreiheit. Er wird nämlich länger als vertraglich fixiert an dieses Bauvorhaben gebunden.[1118] Schließlich ist auch umstritten, **ob auf den Schadensersatzanspruch nach § 6 Nr. 6 VOB/B Umsatzsteuer zu zahlen ist**. Gegen die insoweit zutreffende Auffassung des OLG Düsseldorf wird teilweise eingewandt, dass der Anspruch nach § 6 Nr. 6 VOB/B faktisch einem Vergütungsanspruch entspreche und ihm daher eine steuerbare Leistung zu Grunde liege.[1119]

1116 *OLG Düsseldorf* BauR 1988, 487 ff.
1117 *Kapellmann/Schiffers*, BauR 1986, 615, 623.
1118 *Ingenstau/Korbion*, § 6 Rn 145.
1119 *Heiermann/Riedl/Rusam*, § 6 Rn 52; *Werner/Pastor*, Rn 1835.

Ein erheblich komplexerer Sachverhalt ist vom BGH beurteilt worden.[1120] Der Auftragnehmer hatte Behinderung angemeldet, weil der Auftraggeber Pläne teilweise zu spät, teilweise nicht vollständig und teilweise inhaltlich fehlerhaft geliefert hatte, wodurch es zu Störungen im Bauablauf kam. Die vertraglich vereinbarte Bauzeit wurde allerdings eingehalten. Dies, so machte der Auftragnehmer geltend, sei nur durch einen verstärkten Einsatz möglich gewesen. Der Auftragnehmer beanspruchte daher Ersatz der so genannten Beschleunigungskosten (siehe Rn 423). Die Vorinstanz hatte dem Klagebegehren im Wesentlichen entsprochen und den Schaden abstrakt nach dem so genannten „**Äquivalenzkostenverfahren**" ermittelt. Dieses Verfahren untersucht zunächst den Kostenaufwand, der dem Auftragnehmer bei störungsfreiem Bauablauf nach seiner Kalkulation entstanden wäre (so genannter Soll-Bauablauf). Der Soll-Bauablauf wird gegenübergestellt dem (fiktiven) Aufwand des Auftragnehmers, den der störungsmodifizierte Soll-Bauablauf ausgelöst hat. Störungsmodifizierter Soll-Bauablauf meint hierbei eine (theoretische) Fortschreibung des Soll-Bauablaufs unter Berücksichtigung aller eingetretenen Behinderungen und weiter der Annahme, dass der Auftragnehmer auf diese mit „Dienst nach Vorschrift" reagiert hätte, also keinerlei Kompensationen erfolgt sind. Der Schaden des Auftragnehmers liegt dann in der Differenz zwischen Soll-Bauablauf und störungsmodifiziertem Soll-Bauablauf. 420

> *Beispiel*
> Soll-Bauablauf 10 Tage,
> störungsmodifizierter Soll-Bauablauf 20 Tage,
> Kosten pro Tag 1.000 DM,
> ergibt einen Schaden von 10.000 DM.

Keine Rolle für die Ermittlung des Schadens spielt der tatsächliche „Ist-Ablauf" der Baustelle. Der Auftragnehmer erhält somit im vorbeschriebenen Beispiel Schadensersatz in Höhe von 10.000 DM auch dann, wenn er tatsächlich nach 10 oder nach 15 oder auch nach 25 Tagen mit der Leistungserstellung fertiggeworden ist. Diese Betrachtung wird mit folgendem tragenden Gesichtspunkt begründet: Bei komplexeren Bauvorhaben ist der konkrete Schaden faktisch nicht zu ermitteln, es sei denn, es wird ein unwirtschaftlicher Aufwand betrieben. Darüber hinaus ist in anderen Rechtsbereichen eine abstrakte Schadensberechnung gängig.[1121]

In der Literatur hat diese Auffassung zum Teil positives Echo erfahren.[1122] **Der BGH hat diese Art der Schadensberechnung jedoch abgelehnt.** Hiergegen spreche zunächst der Wortlaut des § 6 Nr. 6 VOB/B, der mit der Formulierung „nachweislich entstandener Schaden" nur die konkreten Mehrkosten meinen könne. Darüber hinaus lasse sich auch bei Großbaustellen ein Behinderungsschaden konkret darlegen. Im Rahmen der Dokumentation des Bauablaufes könnten Behinderungen und die sich hieraus ergebenden Folgen festgeschrieben werden. Weiterhin komme dem Geschädigten im Rahmen der Darlegungslast und bei der Schadensberechnung die Möglichkeit der Schätzung nach § 287 ZPO zugute.[1123] 421

Rechtlich ist diese Entscheidung ohne Zweifel zutreffend.[1124] Schaden im Sinne des § 6 Nr. 6 VOB/B können nur die Mehrkosten des Auftragnehmers sein, die sich aus einer Gegenüberstellung der nach Fertigstellung bekannten „Ist-Kosten" mit den vor Baubeginn kalkulierten Kosten ergeben. Die These des BGH, der Auftragnehmer könne diese Mehrkosten im Rahmen der Dokumentation des Bauablaufes erfassen, ist – theoretisch – gleichfalls richtig, **geht allerdings an der Praxis vorbei**. Basis eines solchen Mehrkostennachweises müsste zunächst einmal die Ursprungskalkulation des 422

1120 BGH BauR 1986, 347 ff.
1121 *Grieger*, § 6 Nr. 6 VOB/B – Nachlese zum Urteil des BGH vom 20.02.1986, BauR 1987, 378, 382.
1122 *Grieger*, Endlich ein Urteil, das zur Art der Schadensberechnung nach § 6 Nr. 6 VOB/B Stellung nimmt, BauR 1985, 524 ff.
1123 BGH BauR 1986, 347, 349.
1124 *Kapellmann/Schiffers*, BauR 1986, 615 ff.; *Ingenstau/Korbion*, § 6 Rn 147.

Auftragnehmers sein. Der wirkliche Aussagewert solcher Ursprungskalkulationen geht jedoch häufig gegen Null. Angesichts der Wettbewerbs- und Preissituation, des immensen Kostenaufwandes, den eine detaillierte und daher aussagekräftige Kalkulation beanspruchen würde und der oft nur relativ geringen Auftragschance liegen der Urkalkulation oft ausschließlich Erfahrungswerte zu Grunde. Während der Bauausführung gilt sodann in der Regel das Hauptaugenmerk der Bauleitung der Terminschiene, da die Ausführungszeit häufig sehr knapp bemessen ist und erhebliche Sanktionen (z.B. Vertragsstrafe) bei einer Fristüberschreitung drohen. Dem Aspekt der Dokumentation kommt daher zunächst eine völlig untergeordnete Bedeutung zu, was bei einem Blick in die geführten Bautageberichte deutlich wird. Letztere werden oft erst nach Feierabend „in der dann gebotenen Kürze" erstellt. Auf der anderen Seite ist zu berücksichtigen, dass Auftraggeber mit der heute fast bei allen Großprojekten üblichen so genannten „baubegleitenden Planung" ein beträchtliches Potential für die gerade der dargestellten Entscheidung zugrunde liegende Behinderungsthematik schaffen. Es erscheint unbillig, die Risiken hieraus faktisch – zumindest teilweise – dem Auftragnehmer aufzubürden, da von ihm Dokumentation erwartet wird, die man leisten kann, von der jedoch jeder am Bau Beteiligte weiß, dass der Auftragnehmer sie nicht erstellen wird, da er sie sich regelmäßig zeitlich und finanziell nicht leisten kann. Es ist daher zumindest geboten, **dass die Gerichte an den zu fordernden Sachvortrag, der dann die Basis für die hinsichtlich Kausalität und Schaden vorzunehmende Schätzung bildet, keine zu hohen Anforderungen stellen.**

423 Abschließend sei noch auf folgende, häufig aufgeworfene Thematik eingegangen, nämlich die Frage, ob dem Auftragnehmer **Kostenersatz für Beschleunigungsmaßnahmen** zusteht, die er „aus eigenem Antrieb" vorgenommen hat, um eine vom Auftraggeber zu vertretende Behinderung zeitlich zu kompensieren. Als Beschleunigungsmaßnahmen kommen etwa in Betracht: Einsatz von mehr Personal; Umstellung auf „Zwei-Schichtbetrieb"; Einsatz von mehr Gerät, z.B. eines zweiten Krans; Auslobung von Prämien an Mitarbeiter, Nachunternehmer und Lieferanten; Erwerb teurer, aber dafür schneller zu liefernder Materialien usw.

Die Behandlung dieser Frage ist streitig. Zum Teil wird die Auffassung vertreten, dass sich ein Anspruch des Auftragnehmers aus dem Gedanken des § 254 BGB entnehmen lasse, da durch sein Verhalten ein Schaden vermieden oder zumindest reduziert worden sei.[1125] **Richtigerweise sind diese Fälle jedoch nach § 2 Nr. 8 VOB/B zu behandeln** (vgl. Rn 302–304). Es kann durchaus die Situation gegeben sein, dass der Auftraggeber an einer „Beschleunigung" kein Interesse hat, z.B. weil ihm aus einer Verspätung kein Nachteil erwächst oder er entsprechende Regressansprüche gegen Dritte, z.B. den schlecht planenden Architekten hat.[1126]

cc) Neuere Rechtsprechung und gängige Klauseln

424 Zu § 6 Nr. 6 VOB/B sind in letzter Zeit eine Reihe von wichtigen Entscheidungen ergangen, die teilweise bereits an anderer Stelle behandelt worden sind, auf die hier jedoch der Vollständigkeit halber nochmals hingewiesen werden soll.

Umstritten ist, **inwieweit der Vorunternehmer Erfüllungsgehilfe des Auftraggebers ist**, wenn der Folgeunternehmer durch verspätete oder mangelhafte Vorleistung behindert wird (vgl. die ausführliche Darstellung in Rn 50–54). Klargestellt hat der BGH mittlerweile, dass eine Vertragsstrafe, die der Auftraggeber etwa an den Bauherrn zahlen muss, **ersatzfähiger Schaden des Auftraggebers nach § 6 Nr. 6 VOB/B gegenüber seinem Auftragnehmer sein kann** (siehe Rn 46). Schafft ein Auftraggeber einen besonderen Hochwasserschutz, so kann er schutzwürdiges Vertrauen des Auftragnehmers erwecken, dass dieser Hochwasserschutz während der Zeit des Hochwassers erhalten

---

[1125] *Heiermann/Riedl/Rusam*, § 6 Rn 50.
[1126] *Kapellmann/Schiffers*, BauR 1986, 615, 629, 630.

bleibt. Gestattet der Auftraggeber dann die Beseitigung des Hochwasserschutzes, ohne die betroffenen Auftragnehmer hierüber zu informieren, kann er sich nach § 6 Nr. 6 VOB/B schadensersatzpflichtig machen.[1127] Kein Verschulden des Auftraggebers stellt es dar, wenn die zuständige Behörde die Straße, die der Auftragnehmer für die Abfuhr des Aushubs nutzt, sperrt, da sich die Anwohner über den vom Transport ausgehenden Lärm beschwert haben und ein zunächst vorgesehenes milderes Mittel, nämlich die Verhängung einer Geschwindigkeitsbeschränkung, erfolglos geblieben ist.[1128] Schließlich muss sich der Auftragnehmer, hat er für die Werkleistung eine Vorauszahlung erhalten, einen aus der Verzögerung resultierenden Zinsvorteil auf seinen Schadensersatzanspruch anrechnen lassen.[1129]

Klauselwerke der Auftraggeberseite sehen oft Regelungen vor, die Ansprüche des Auftragnehmers wegen Behinderung entweder vollständig ausschließen oder zumindest erschweren. Derartige Regelungen sind als Allgemeine Geschäftsbedingungen unwirksam. Dies gilt etwa für Formulierungen, wonach Behinderungen oder Unterbrechungen maximal die Ausführungsfristen verlängern, der Auftragnehmer sich jedoch grundsätzlich auf sie einzustellen hat und eine Mehrvergütung bzw. Schadensersatz auf jeden Fall ausgeschlossen ist.[1130] Keine Möglichkeit besteht für Auftraggeber, in diesem Zusammenhang ihre Haftung auf Vorsatz und grobe Fahrlässigkeit zu beschränken. Die Mitwirkungspflichten des Auftraggebers, bei deren Verletzung der Auftragnehmer regelmäßig behindert ist, **stellen nämlich „Kardinalpflichten" eines Bauvertrages dar**, für die die Haftung nicht eingeschränkt werden kann.[1131] 425

VII. Die Kündigung

1. Allgemeines

a) Begriff und Form

Der Begriff der Kündigung wird vom Werkvertragsrecht des BGB und der VOB/B nicht definiert, sondern vorausgesetzt. Unter einer Kündigung ist die **einseitige, empfangsbedürftige, rechtsgeschäftliche Willenserklärung einer Partei zu verstehen, die zur Beendigung des Schuldverhältnisses für die Zukunft führt**.[1132] Wirksam wird die Kündigung mit Zugang der Erklärung (§§ 130 ff. BGB). Die Kündigung eines Bauvertrags kann (nur) bis zum Zeitpunkt der Abnahme der Werkleistung ausgesprochen werden, nach Abnahme hingegen nicht mehr.[1133] 426

Der entsprechenden Erklärung muss der eindeutige Wille des Erklärenden zu entnehmen sein, das Vertragsverhältnis für die Zukunft zu beenden. Der Begriff „Kündigung" muss hierbei nicht verwendet werden.[1134] Gängig sind etwa Formulierungen wie: „Der Auftrag ist storniert", „Der Auftrag ist entzogen", „Der Vertrag ist annulliert". 427

Die Kündigung ist bedingungsfeindlich,[1135] d.h. eine Erklärung wie beispielsweise: „Wenn sie nicht bis zum Tag X mehr Leute einsetzen, ist der Vertrag für mich erledigt" kann niemals eine Kündigung sein, allenfalls kann hierin im Wege der Auslegung die Ankündigung einer Kündigung gesehen werden, die dann aber gesondert ausgesprochen werden muss.

1127 BGH BauR 1997, 1021 ff.
1128 OLG Düsseldorf BauR 1991, 337, 339, 340.
1129 OLG Bremen BauR 1999, 788.
1130 *Glatzel/Hofmann/Frikell*, S. 209.
1131 *Glatzel/Hofmann/Frikell*, S. 211.
1132 *Heiermann/Riedl/Rusam*, Einf. §§ 8, 9 Rn 17.
1133 *Werner/Pastor*, Rn 1291.
1134 *Ingenstau/Korbion*, vor §§ 8, 9 Rn 3.
1135 *Nicklisch/Weick*, vor §§ 8, 9 Rn 28.

Bei einem „VOB/B-Bauvertrag" hat die Kündigung schriftlich zu erfolgen (§§ 8 Nr. 5, 9 Nr. 2, 6 Nr. 7 VOB/B), andernfalls ist sie unwirksam. Der „BGB-Bauvertrag" kennt demgegenüber eine solche Formvorschrift nicht, sodass hier eine Kündigung auch mündlich erklärt werden kann,[1136] wovon jedoch aus Gesichtspunkten der späteren Beweisführung stets abzuraten ist.

Einer besonderen Begründung bedarf die Kündigung nicht,[1137] jedoch ist es ratsam, klarzustellen, auf welche Grundlage die Kündigung gestützt werden soll, insbesondere ob es sich – soweit der Auftraggeber kündigt – um eine „freie" Kündigung oder eine Kündigung aus „wichtigem Grund" (zu den Begriffen siehe Rn 436 ff., 457 ff.) handelt.

428 Eine inhaltliche Bestätigung der Kündigung durch die andere Vertragspartei ist naturgemäß nicht erforderlich. In der Praxis ist häufig die Situation anzutreffen, dass der Auftragnehmer, dem gegenüber die Kündigung ausgesprochen wurde, dieser vehement entgegentritt und meint, damit sei die Sache (nämlich die Kündigung) erledigt. **Mehr als den Empfang der Kündigung zu bestätigen hat er tatsächlich allerdings mit seinem Widerspruch nicht erreicht.** Führen die Parteien den Vertrag einvernehmlich nach einer Kündigung fort, so liegt hierin rechtlich der konkludente Abschluss eines neuen Bauvertrags zu alten Bedingungen.

429 Zu unterscheiden ist zwischen der so genannten „freien Kündigung", die nach § 649 BGB und nach § 8 Nr. 1 VOB/B nur dem Auftraggeber eingeräumt wird und der so genannten „Kündigung aus wichtigem Grund", zu der BGB und VOB/B für beide Vertragsseiten Möglichkeiten eröffnen. In der Ausgestaltung der Rechtsfolgen unterscheiden sich die „freie Kündigung", bei der der Auftragnehmer die Kündigungsursache nicht gesetzt hat, und die Kündigung aus „wichtigem Grund", bei der die Kündigungsursache aus der Sphäre des anderen Vertragspartners stammt, naturgemäß erheblich (siehe Rn 337 ff., 460). Eine besondere Gefahr liegt für den Auftraggeber darin, dass seine aus „wichtigem Grund" ausgesprochene Kündigung, stellt sich später heraus, dass der „wichtige Grund" nicht vorgelegen hat, nicht etwa unwirksam ist, **sondern nach § 140 BGB in eine jederzeit mögliche „freie Kündigung" umgedeutet wird**,[1138] jedenfalls dann, wenn der Auftragnehmer nicht einen Anspruch auf Vertragserfüllung verfolgt, sondern die erbrachte Leistung abrechnet. Vor diesem Hintergrund muss der Auftraggeber also sehr sorgfältig prüfen, ob die Voraussetzungen des von ihm angenommenen „wichtigen Kündigungsgrundes" wirklich gegeben sind, andernfalls wird er später auf der Rechtsfolgenseite eine höchst unangenehme Überraschung erleben. Selbstverständlich muss der Auftragnehmer bei der Entscheidung, ob er eine Kündigung ausspricht, ebenso sorgfältig vorgehen. Liegt bei einer von ihm ausgesprochenen Kündigung, nach der er die Arbeiten konsequenterweise einstellt, der angenommene Kündigungsgrund tatsächlich nicht vor, so stellt sein Verhalten eine ernsthafte und endgültige Erfüllungsverweigerung dar, die nunmehr den Auftraggeber zur Kündigung berechtigt.[1139]

430 Neben einer Kündigung des gesamten Auftrages ist auch **eine Teilkündigung hinsichtlich eines „in sich abgeschlossenen Leistungsteils" möglich**.[1140] Zur Frage, welche Anforderungen an die Annahme eines „in sich abgeschlossenen Leistungsteils" zu stellen sind, kann auf die Ausführungen zur Teilabnahme in Rn 514 verwiesen werden.

[1136] *Werner/Pastor*, Rn 1289.
[1137] *Ingenstau/Korbion*, § 8 Rn 3.
[1138] *Heiermann/Riedl/Rusam*, Einf. §§ 8, 9 Rn 18.
[1139] BGH BauR 2000, 409 ff.
[1140] *Werner/Pastor*, Rn 1291.

b) Wirkungen der Kündigung

Die Kündigung **wandelt das Vertragsverhältnis in ein Abrechnungsverhältnis** um.[1141] Der Auftragnehmer muss nicht mehr die ursprünglich vereinbarte Leistung erbringen, vielmehr stellt grundsätzlich das bei Kündigung vorhandene Werk seine Vertragsleistung dar. Abschlagszahlungen kann der Auftragnehmer jetzt nicht mehr verlangen, vielmehr hat er die ihm zustehende Vergütung unverzüglich prüfbar abzurechnen. Hierzu kann er vom Auftraggeber nach § 8 Nr. 6 VOB/B Aufmaß und Abnahme der von ihm ausgeführten Leistung verlangen. Es ist dem Auftragnehmer dringend zu raten, von dieser Möglichkeit Gebrauch zu machen, da sich andernfalls für ihn später in der Beweisführung Schwierigkeiten ergeben könnten. Einigkeit herrscht dahingehend, dass die Abnahme gemäß § 8 Nr. 6 VOB/B nach einer Kündigung nicht Fälligkeitsvoraussetzung für den Vergütungsanspruch des Auftragnehmers ist.[1142] Im Übrigen ist allerdings umstritten, ob die Abnahme nach § 8 Nr. 6 VOB/B eine solche im Sinne des § 12 VOB/B darstellt.[1143] Dies ist allerdings nicht der Fall. Man denke etwa an die Situation, dass der Auftraggeber über §§ 4 Nr. 7, 8 Nr. 3 VOB/B den Bauvertrag kündigt, weil der Auftragnehmer erkannte Mängel nicht beseitigt. Es wäre dann Fiktion, anzunehmen, dass der Auftraggeber dem Auftragnehmer bestätigt, die Leistungen seien im Wesentlichen vertragsgerecht erbracht worden.

431

Auch nach der Kündigung bleibt der Auftragnehmer in der Pflicht, vorhandene Mängel zu beseitigen. Umgekehrt lässt die Kündigung das Nachbesserungsrecht des Auftragnehmers unberührt.[1144] Beides bezieht sich auf die vorhandene Leistung, nicht etwa auf deren „Vervollständigung". Der Auftraggeber muss daher Mangelbeseitigung nach den allgemeinen Grundsätzen des Gewährleistungsrechtes beanspruchen (vgl. Rn 709 ff.). Aus diesem Grund ist der Auftraggeber auch berechtigt, eine etwa gestellte oder vereinbarte Sicherheit für die Gewährleistungsansprüche zunächst zu behalten bzw. diese zu fordern.[1145]

432

Nach § 667 BGB ist der Auftragnehmer verpflichtet, dem Auftraggeber die für die Ausführung übergebenen Ausführungsunterlagen zurückzugeben. Auch nach der Kündigung hat der Auftragnehmer eine Fürsorge- und Obhutspflicht dahingehend, dass das bis dahin erstellte Werk nicht beschädigt bzw. zerstört wird.[1146] Eine etwa wegen Verzug verwirkte Vertragsstrafe kann der Auftraggeber – was oftmals übersehen wird – nur bis zum Zeitpunkt der Kündigung geltend machen (vgl. § 8 Nr. 7 VOB/B).

433

c) Andere Formen der Vertragsbeendigung

Natürlich kann ein Bauvertrag nicht nur im Wege der Kündigung vorzeitig beendet werden. Zu denken ist weiterhin vielmehr insbesondere an die Möglichkeit der einvernehmlichen Vertragsaufhebung. Diese ist grundsätzlich formfrei möglich.[1147] Sie wird in der Regel auch dann angenommen, wenn ein „VOB/B-Bauvertrag" nur mündlich und damit formunwirksam gekündigt worden ist, sich jedoch die Parteien auf ein Ende des Bauvertrags eingestellt haben.[1148] **Zentrale Bedeutung kommt bei einer einvernehmlichen Vertragsaufhebung der Regelung der Rechtsfolgen zu.** Es gilt, besonderes Augenmerk darauf zu richten, dass vereinbart wird, welche Vergütung der Auftragnehmer erhält, ob sich diese etwa nur auf den ausgeführten oder auch den nicht ausgeführten Teil der Leistung bezieht, ob dem Auftragnehmer für den nicht ausgeführten Teil der Leistung eine zusätzliche

434

1141 *Heiermann/Riedl/Rusam*, Einf. §§ 8, 9 Rn 20.
1142 BGH BauR 1987, 95.
1143 *Nicklisch/Weick*, § 8 Rn 61.
1144 BGH BauR 1987, 689; BGH BauR 1989, 462.
1145 *Werner/Pastor*, Rn 1265.
1146 *Ingenstau/Korbion*, § 8 Rn 7.
1147 *Werner/Pastor*, Rn 1334.
1148 *Ingenstau/Korbion*, § 8 Rn 151.

„Kompensation" zugestanden wird, wie mit der Gewährleistung verfahren wird, ob dem Auftraggeber etwaige Gegenrechte zustehen, usw. Fehlt es, wie leider in der Praxis sehr häufig, an einer Vereinbarung zu den Rechtsfolgen, bleibt im Streitfall nur der Weg, abzuklären, ob der Vertragsaufhebung eine Situation zugrundelag, die eine Kündigung aus „wichtigem Grund" gerechtfertigt hätte oder nicht, und dann die anzuwendenden Rechtsfolgen an diesen hypothetischen Kündigungsgrund anzulehnen.[1149] Häufig resultiert hieraus das Ergebnis, die Rechtsfolgen § 649 BGB bzw. § 8 Nr. 1 VOB/B zu entnehmen.

435 Weiterhin sind die gesetzlichen **Bestimmungen über anfängliche und nachträgliche Unmöglichkeit der Leistung grundsätzlich auch auf den Bauvertrag, sowohl nach BGB als auch nach VOB/B, anwendbar.**[1150] Darüber hinaus kommen Anfechtung, Wandlung und Rücktritt in Betracht. Diese Rechtsinstitute unterscheiden sich allerdings von der Kündigung dahingehend, dass sie nicht nur für die Zukunft gelten, **sondern auf den Zeitpunkt des Vertragsabschlusses zurückwirken**,[1151] wonach die beiderseits erbrachten Leistungen rückabzuwickeln sind. Diese „Rückwirkung" passt jedoch grundsätzlich nicht zu dem „Langzeitcharakter" eines Bauvertrags. Demgemäß entspricht es der h.M., eine Rückwirkung insbesondere dann nicht anzunehmen, wenn hierdurch wirtschaftliche Werte zerstört werden würden, oder, anders herum, **eine Rückwirkung nur dann zuzulassen, wenn es hierdurch nicht zur Beschädigung von Werten kommt**, d.h. insbesondere noch keine Bauleistungen erbracht worden sind.[1152]

Bei vereinbarten Rücktrittsrechten, z.B. „Der Auftraggeber ist zum Rücktritt berechtigt, wenn er bis zum (Tag X) keinen Käufer gefunden hat", wird sich die Rückwirkung häufig dadurch umgehen lassen, dass die Vertragsauslegung ergibt, dass eigentlich ein Kündigungsrecht dem Willen der Parteien entsprochen hat und die Rechtsfolgen dementsprechend zu behandeln sind.

2. Die „freie" Kündigung des Auftraggebers

a) Voraussetzungen

436 § 649 BGB und § 8 Nr. 1 VOB/B räumen dem Auftraggeber eines Bauvertrags das Recht ein, den Vertrag jederzeit zu kündigen. Auch wenn der Wortlaut beider Vorschriften nicht exakt identisch ist, bestehen inhaltlich keine Unterschiede.[1153] **Die Kündigung steht somit im freien Ermessen des Auftraggebers.** Sie ist nicht an besondere Voraussetzungen gebunden, ebensowenig sind Fristen einzuhalten. In ihr kommt die Vorstellung zum Ausdruck, dass nur der Auftraggeber an der Erstellung des Werks Interesse hat und es ihm daher auch möglich sein muss, dieses Interesse wieder aufzugeben und die Bauleistung nicht mehr zu wollen. Den Belangen des Auftragnehmers wird durch die Ausgestaltung der Rechtsfolgen hinreichend Rechnung getragen.

b) Die Rechtsfolgen

437 § 649 S. 2 BGB und § 8 Nr. 1 Abs. 2 VOB/B sehen übereinstimmend vor, dass der Auftragnehmer die vereinbarte Vergütung für das gesamte Bauwerk, also auch für den aufgrund der Kündigung nicht erbrachten Teil erhält, sich jedoch das abziehen lassen muss, **was er an Kosten erspart bzw. infolge der Kündigung anderweitig erwirbt oder böswillig zu erwerben unterlässt**. Bevor auf die Einzelheiten dieser Regelung eingegangen wird, gilt es herauszustellen, dass hierin – ebenso wie im Bereich der Nachträge (siehe Rn 282, 290 und 293) – der Grundsatz ausgedrückt ist, wonach infolge der Kündigung keine Partei besser oder schlechter gestellt sein soll als sie es wäre, wenn der Vertrag

---

1149 *Nicklisch/Weick*, vor §§ 8, 9 Rn 41; *Werner/Pastor*, Rn 1335.
1150 *Heiermann/Riedl/Rusam*, Einf. §§ 8, 9 Rn 10 f.
1151 *Nicklisch/Weick*, vor §§ 8, 9 Rn 23.
1152 *Ingenstau/Korbion*, vor §§ 8, 9 Rn 25.
1153 *Ingenstau/Korbion*, § 8 Rn 12.

vollständig durchgeführt worden wäre.[1154] Einfacher ausgedrückt, der Auftragnehmer soll das – aber auch nur das – im Portemonnaie haben, was er haben würde, wenn der Vertrag durchgeführt worden wäre.

Die Abrechnung des gekündigten Bauvertrags selbst stellt den wohl schwierigsten Bereich der gesamten Kündigungsthematik dar. Nachfolgend werden die Grundsätze aufgezeigt. Strikt zu trennen ist zwischen der ausgeführten Leistung einerseits und der nicht ausgeführten Leistung andererseits.

aa) Ausgeführte Leistung

Die ausgeführte Leistung erhält der Auftragnehmer ohne Abzüge vergütet.

438

Die Vergütung für die ausgeführte Leistung ist beim Einheitspreisvertrag leicht zu ermitteln. Es gelten die allgemeinen Grundsätze, eine Anpassung des Einheitspreises wegen der Mengenreduzierungen erfolgt selbstverständlich nicht.[1155]

Beim Pauschalpreis hat demgegenüber die ausgeführte Teilleistung ihre Selbstständigkeit verloren. Der Auftragnehmer muss daher das Verhältnis der erbrachten Leistung zur vereinbarten Gesamtleistung und des Preisansatzes für diese erbrachte Leistung zum gesamten Pauschalpreis darstellen. Hat der Pauschale ein detailliertes Leistungsverzeichnis zugrunde gelegen, auf das sodann im Zug der Pauschalierung ein Nachlass gewährt worden ist, ist die Situation noch relativ einfach. Die ausgeführte Leistung wird wie beim Einheitspreisvertrag abgerechnet und zum Schluss der Nachlass abgezogen.[1156] Letzteres erscheint allerdings (jedenfalls in voller Höhe) oft nicht ganz zwingend, da dem „Nachlass" regelmäßig der Gedanke zugrunde liegt, den Abrechnungsaufwand (Erstellung des Aufmaßes) zu sparen, der jetzt aber wieder erforderlich wird.

Häufig liegt dem Nachlass oder besser der „Preisreduzierung" im Zug der Pauschalierung auch eine Leistungseinsparung zugrunde, dann ist diese selbstverständlich herauszurechnen, bevor der Nachlass ermittelt und abgezogen wird.

> *Beispiel*
> Der ursprüngliche Preis gemäß Leistungsverzeichnis betrug 110.000 DM. Beauftragt wurde ein Pauschalpreis von 100.000 DM. Der Nachlass beträgt somit rund 10 %. Wurde jedoch auch die Leistung „Teppichboden legen 5.000 DM" aus dem Leistungsumfang herausgenommen, macht der Nachlass nur rund 5 % aus.

Lag dem Pauschalpreis demgegenüber kein Leistungsverzeichnis zugrunde, ist der Auftrag sinnvoll in Einzelgewerke mit Einzelpreisen aufzuteilen, wobei nicht der Detaillierungsgrad eines Einheitspreisvertrages mit zugrunde liegendem Leistungsverzeichnis erreicht werden muss.[1157] Maßgeblich für den Grad der Detaillierung ist vielmehr **das berechtigte Interesse des Auftraggebers, die Aufteilung des Auftragnehmers nachvollziehen und prüfen zu können.**

> *Beispiel*
> Beauftragt sind 1.000 qm Ausbau einer Bürofläche zu DM 400.000 pauschal. Zum Innenausbau zählen „Teppichboden legen", „tapezieren und streichen", „abgehängte Decke einbringen", „Leuchten liefern und montieren".
>
> *Variante 1*
> Die Kündigung wird ausgesprochen, bevor die Leuchten installiert waren und das Tapezieren und Streichen erfolgte.

1154 BGH BauR 1981, 198.
1155 OLG Celle BauR 1995, 558.
1156 BGH BauR 1996, 846.
1157 BGH BauR 1999, 632, 634.

Variante 2
Wie Variante 1, jedoch waren bereits 100 Leuchten montiert.

Der Auftragnehmer trägt wie folgt vor:
Nach den einschlägigen DIN-Normen entspricht eine Leuchte pro 5 qm Fläche dem Üblichen. Eine Leuchte kostet DM 200, mithin umfasst die Position Leuchten insgesamt DM 40.000. Der Teppichboden kostet pro qm DM 70, mithin umfasst die Position Teppichboden insgesamt DM 70.000. Die abgehängte Decke kostet pro qm DM 250, mithin entfällt auf diese Position insgesamt der Betrag von DM 250.000. Der restliche Betrag in Höhe von DM 40.000 ist für das Tapezieren und Streichen vorgesehen.

Bei Variante 1 rechnet der Auftragnehmer die ausgeführte Leistung mit DM 320.000 ab. Bei Variante 2 berechnet er DM 340.000.

Diese Abrechnung des Auftragnehmers ist ausreichend. Sie genügt dem Informationsinteresse des Auftraggebers, da er prüfen kann, ob der Pauschalpreis vertretbar aufgeteilt worden ist und die einzelnen Positionen einerseits preislich zutreffend bewertet wurden, und andererseits die Relation der Positionen zueinander stimmt.

Nicht ausreichend wäre demgegenüber eine Abrechnung, wonach der ausgeführte Teil **unabhängig vom konkreten Vertrag** mit einem „üblichen" oder „angemessenen Preis" versehen bzw. lediglich pauschal auf einen bestimmten Prozentsatz verwiesen wird (z.B. „70 % sind abgearbeitet") oder nur auf den Zahlungsplan Bezug genommen wird. Der Zahlungsplan entspricht nämlich regelmäßig nicht dem konkreten Wert der erbrachten Leistung.[1158]

Nicht zur ausgeführten Leistung gehören Teile, die der Auftragnehmer zwar bereits auf die Baustelle verbracht hat, die jedoch noch nicht eingebaut worden sind.[1159]

bb) Nicht ausgeführte Leistung

439 Steht somit der Preisanteil für die ausgeführte Leistung fest, ist nunmehr der Preis für die noch nicht ausgeführte Leistung zu ermitteln.

Jetzt ist es beim Pauschalpreisvertrag einfacher, **weil es sich hierbei grundsätzlich um die Differenz zwischen dem Preisanteil für die ausgeführte Leistung und dem Vertragspreis handelt.** Beim Einheitspreisvertrag stehen demgegenüber die exakten Mengen des nicht ausgeführten Teils nicht fest. Es sind jetzt die Einheitspreise mit den voraussichtlichen Mengen zu multiplizieren.[1160]

Ist hiernach auch der Preis für die nicht ausgeführte Leistung ermittelt, gilt es diesen weiterhin darauf hin zu untersuchen, ob eine Ersparnis, ein anderweitiger Erwerb oder ein böswilliges Unterlassen eines anderweitigen Erwerbs in Betracht kommt. Hierzu ist der Preis für die nicht ausgeführte Leistung in seine einzelnen baubetrieblichen Elemente aufzuspalten, da insoweit jeweils Unterschiedliches gelten kann. Beim Einheitspreisvertrag ist jede Position isoliert zu betrachten.[1161]

Bevor die einzelnen Preiselemente anhand der aufgezeigten Kriterien bewertet werden, folgende Anmerkungen zu diesen Merkmalen selbst:

440 **Ersparter Aufwand** meint diejenigen Aufwendungen, die der Auftragnehmer bei Ausführung des Auftrages hätte machen müssen und die infolge der Kündigung ganz oder teilweise nicht mehr an-

---

[1158] BGH BauR 1996, 846.
[1159] BGH BauR 1995, 545.
[1160] *Heiermann/Riedl/Rusam*, § 8 Rn 3.
[1161] BGH BauR 1996, 382.

fallen.[1162] Umstritten ist, ob es auf den tatsächlichen oder den kalkulierten Aufwand ankommt.[1163] Zutreffenderweise ist von dem tatsächlichen Aufwand auszugehen. Hat also der Unternehmer für Fliesen einen Aufwand von DM 50.000 kalkuliert, beträgt aber infolge von Preisreduzierungen (hypothetisch) sein tatsächlicher Aufwand lediglich DM 30.000, so hat er auch nur DM 30.000 erspart. Muss der Auftragnehmer demgegenüber infolge Kostensteigerungen (hypothetisch) DM 70.000 aufwenden, so hat er auch DM 70.000 erspart. Die andere Auffassung hält dagegen, der Auftragnehmer könne unstreitig in der Position „kalkulierter Gewinn" keinen Aufwand ersparen. Dies würde jedoch automatisch dann erfolgen, wenn auf den tatsächlichen Aufwand abgestellt werde, da, erhöht sich dieser, der kalkulierte Gewinn faktisch entfallen bzw. kleiner ausfallen könnte.[1164] Hierzu ist anzumerken, dass sich zum einen weder in § 649 BGB noch in § 8 Nr. 1 VOB/B der Hinweis findet, dem Auftragnehmer solle der kalkulierte Gewinn erhalten bleiben. Darüber hinaus gilt als **oberster Grundsatz, dass das Preisgefüge durch die Kündigung nicht verändert werden darf**. Unterstellt, der Auftragnehmer habe zwei Reihenhäuser zu einem Preis von DM 1.000.000 zu erstellen gehabt. Bei jedem der beiden Häuser hat er einen Aufwand von insgesamt DM 450.000 und einen zusätzlichen Gewinn von jeweils DM 50.000 kalkuliert. Nach Erstellung des ersten Hauses wird der Vertrag gekündigt. Infolge eines gravierenden Kalkulationsfehlers hat der Auftragnehmer für die Erstellung dieses Hauses bereits DM 600.000 aufgewandt, also DM 100.000 „draufgelegt" und somit auch keinen Gewinn erhalten. Soll es jetzt dem Preisgefüge entsprechen, wenn der Auftragnehmer für das zweite Haus zumindest DM 50.000 ungekürzten kalkulierten Gewinn erhält?

Die Ersparnis ist kein Gegenrecht des Auftraggebers, vielmehr ist die Vergütung des Auftragnehmers von vornherein um diesen Anteil gekürzt. Zur Höhe der Ersparnis muss der Auftragnehmer vortragen, da nur er hierzu in der Lage ist. Um seinen Angaben Transparenz zu verleihen, muss er gegebenenfalls seine Kalkulation offen legen.[1165] Es ist dann Sache des Auftraggebers, darzulegen und zu beweisen, dass der Auftragnehmer höhere als die schlüssig bzw. prüfbar dargelegten ersparten Aufwendungen gehabt hat.

Da der ursprüngliche Bauvertrag infolge der Kündigung nicht mehr besteht, kann sich der Auftragnehmer anderweitig betätigen. Dieser Gedanke liegt der **Anrechnung des „anderweitigen Erwerbs"** zugrunde. Allerdings muss der Auftragnehmer ausschließlich durch die Kündigung in die Lage versetzt worden sein, einen weiteren Auftrag anzunehmen und abzuarbeiten.[1166] Hätte er diesen weiteren Auftrag demgegenüber auch ohne die erfolgte Kündigung übernommen, waren, was zugunsten des Auftragnehmers vermutet wird, seine Kapazitäten z.B. nicht ausgelastet, erfolgt keine Anrechnung.[1167] Findet (ausnahmsweise) eine Anrechnung „anderweitigen Erwerbes" statt, erfolgt dies dermaßen, dass der aus dem weiteren Auftrag erzielte Gewinn von der ermittelten Vergütung des gekündigten Auftrages abgezogen wird.

441

Schließlich wird auf die zu ermittelnde Vergütung des Auftragnehmers auch noch angerechnet, was dieser durch anderweitige Betätigung **zu erwerben böswillig unterlässt**. Unter Böswilligkeit ist hierbei die Absicht zu verstehen, den Auftraggeber zu schädigen.[1168]

442

Zur Ermittlung der Vergütung für den infolge der Kündigung nicht ausgeführten Leistungsteil sind anhand dieser Kriterien die einzelnen Preiselemente wie folgt einzustufen:

1162 *Heiermann/Riedl/Rusam*, § 8 Rn 5.
1163 BGH VII ZR 342/98; VII ZR 237/98.
1164 *Kapellmann/Schiffers*, Bd. 2, Rn 1350 ff.
1165 *Ingenstau/Korbion*, § 8 Rn 30.
1166 *Nicklisch/Weick*, § 8 Rn 9.
1167 *Werner/Pastor*, Rn 1293.
1168 *Heiermann/Riedl/Rusam*, § 8 Rn 7.

443 Zu den Einzelkosten der Teilleistung (Lohn/Material/Gerät) gilt:
Lohnkosten entfallen dann, wenn die Arbeiter kurzfristig gekündigt werden können oder ihr Einsatz auf einer anderen Baustelle möglich ist. Entscheidet sich der Auftragnehmer trotz dieser Möglichkeiten dazu, die Arbeiter nicht zu kündigen, weil er auch künftig auf ihre Mitarbeit bei anderen Aufträgen Wert legt, so geht dies selbstverständlich nicht zu Lasten des Auftraggebers.[1169] Materialkosten können in der Regel erspart werden, wenn das Material nicht mehr benötigt wird. Für etwa bereits bestelltes oder sogar schon geliefertes Material gilt dies natürlich nur dann, wenn eine Rückgabe an den Lieferanten ohne Schwierigkeiten möglich ist oder ein anderweitiger Einsatz bzw. eine anderweitige Verwendung in Betracht kommt. Als Faustregel gilt: **Je spezieller das Material für das konkrete Bauvorhaben hergestellt worden ist, desto geringer ist die Chance, die Lieferung/Bestellung rückgängig zu machen und damit Aufwand zu sparen.** Die eingesetzten Geräte/Maschinen können infolge der Kündigung (vorzeitig) abgebaut und anderweitig genutzt bzw., soweit sie gemietet sind, zurückgegeben werden. Insoweit kommt es bei einer Gerätemiete wesentlich auf die im Mietvertrag vereinbarten Konditionen an. In der Regel werden jedoch „Stillstandszeiten" preislich anders bewertet als „Einsatzzeiten", sodass selbst dann noch Einsparungen erzielt werden, wenn eine vorzeitige Rückgabe nach dem Mietvertrag nicht möglich ist. Zu berücksichtigen ist allerdings, dass häufig **gerade der Auf- und der Abbau besonders zeit- und kostenintensiv ist**. Beides fällt jedoch stets an, sodass diesbezüglich keine Einsparmöglichkeiten gegeben sind.

444 Bei der Position der so genannten Schlüsselumlagen (siehe Rn 293) ist wie folgt zu unterscheiden:

Sind Leistungen bereits erbracht, aber im Wege der „Umlage" in anderen Positionen enthalten, die über die gesamte Bauzeit verteilt sind, kommt eine Einsparung ersichtlich nicht mehr in Betracht. Es handelt sich vielmehr um eine Vergütung für eine bereits ausgeführte Leistung.

> *Beispiel*
> Die Leistung der Baugrubenumschließung mit Wasserhaltung ist bereits erstellt worden, preislich jedoch in der Position „Vorhalten der Baustelleneinrichtung" erfasst, die monatlich über die vorgesehene Bauzeit von 20 Monaten abgerechnet wird. Erfolgt die Kündigung nach 10 Monaten, fehlt dem Auftragnehmer somit die Hälfte der ihm zustehenden Vergütung.

Die Gehaltskosten der Bauleitung und der Bauaufsicht können grundsätzlich nur eingespart werden, wenn eine andere Einsatzmöglichkeit in Betracht kommt. Dies ist in der Regel nicht der Fall, jedenfalls nicht nahtlos an die Kündigung anknüpfend. Die kalkulierten **allgemeinen Geschäftskosten können nicht erspart werden**.[1170] Der Auftragnehmer hat seine „allgemeinen Betriebsmittel" endgültig diesem Auftrag und seiner Abwicklung zugewandt. Ganz ausnahmsweise mag dann etwas anderes gelten, wenn dem Auftragnehmer ein gleichwertiger Auftrag „in den Schoß fällt", den er ansonsten nicht erhalten hätte, bzw. den er andernfalls nicht hätte ausführen können. Ein Beispiel hierfür ist etwa, dass der Auftraggeber sein Baugrundstück veräußert und deshalb den Bauvertrag gekündigt hat. Der Grundstückserwerber erteilt jedoch dem Auftragnehmer den Auftrag, das begonnene Werk zu den Konditionen des Ausgangsvertrages fertig zu stellen. Faktisch ist bei dieser Konstellation nur ein Parteiwechsel auf der Auftraggeberseite erfolgt.

445 Bei der Position „Gewinn" besteht Einigkeit dahingehend, dass eine Ersparnis nicht in Betracht kommt. Umstritten ist dies allerdings bei der Position „Wagnis". Insoweit wird die Auffassung vertreten, dieser Aufwand sei immer erspart, **da sich infolge der Kündigung beim nicht ausgeführten Teil der Leistung kein Risiko mehr ergeben könne**.[1171] Dieser Auffassung ist jedoch nicht zu folgen, vielmehr ist richtigerweise zu differenzieren. Drückt die Position „Wagnis" nur das allgemeine Unternehmerwagnis, also das Risiko der unternehmerischen Betätigung aus, ist es keinem konkreten Risiko zugeordnet und es erfolgt keine Ersparnis. Diese Fälle sind in der Praxis die Regel. Das

---

1169 *Kapellmann/Schiffers*, a.a.O., Rn 1361.
1170 *Nicklisch/Weick*, § 8 Rn 8.
1171 *Werner/Pastor*, Rn 1295.

„Wagnis" ist hierbei lediglich Bestandteil der kalkulatorisch erfassten Chance auf Gewinn. Etwas anderes gilt demgegenüber dann, wenn in der Kalkulation eine bestimmte Zuordnung der Position „Wagnis" zu einzelnen Risiken erfolgt ist, z.B. zu besonderen Witterungsrisiken, Währungsrisiken, usw. Insoweit kann tatsächlich eine Ersparnis eintreten.

In der geläufigen Position „Nachunternehmerkosten" sind schließlich die gleichen Wertungen nochmals auf einer anderen vertragsrechtlichen Ebene vorzunehmen. Kann dem Nachunternehmer etwa folgenlos gekündigt werden, ist der Aufwand vollständig erspart. Muss gegenüber dem Nachunternehmer nach § 8 Nr. 1 VOB/B bzw. § 649 BGB vorgegangen werden, ist der Aufwand nur dann erspart, wenn dem Nachunternehmer sofort ein adäquater Ersatzauftrag übertragen werden kann. Scheidet dies aus, ist **der berechtigte Vergütungsanspruch des Nachunternehmers für den nicht ausgeführten Teil der Leistung an Aufwand nicht mehr einzusparen**. Zu diesem Komplex muss der Auftragnehmer zur vertraglichen Abrechnung mit dem Nachunternehmer detailliert vortragen. Das bloße Übersenden der Rechnung des Nachunternehmers reicht hierzu nicht aus.[1172]   446

Nach h.M. fällt schließlich Umsatzsteuer auf den nicht ausgeführten Teil der Leistung nicht an,[1173] da es an einem Leistungsaustausch fehlt.   447

c) Gängige Klauseln

Zunächst ist daran zu denken, die **Formerfordernisse der Kündigungserklärung zu verschärfen**. Für den „BGB-Bauvertrag" kommt also eine Regelung in Betracht, wonach die Kündigung schriftlich zu erklären ist. Diese Formvorschrift ist beiden Parteien aus Gründen der späteren Beweisführung zu empfehlen. Die Regelung ist auch im Rahmen von Allgemeinen Geschäftsbedingungen wirksam.[1174] Die Wirksamkeit der Kündigung weitergehend von einer Übersendung per Einschreiben abhängig zu machen, kann problemlos nur individuell vereinbart werden. Bei einer entsprechenden Regelung im Rahmen von Allgemeinen Geschäftsbedingungen liegt ein Verstoß gegen § 11 Nr. 16 AGBG vor, der allerdings im kaufmännischen Verkehr nicht gilt.[1175]   448

Auftragnehmer versuchen häufig, das **freie Kündigungsrecht des Auftraggebers auszuschließen**. Im Rahmen einer individuellen Vereinbarung ist dies sicherlich denkbar, im Rahmen von Allgemeinen Geschäftsbedingungen allerdings nicht möglich.[1176] Grundsätzlich muss dem Auftraggeber nämlich zugestanden werden, das Bauvorhaben jederzeit zu stoppen, sollen nicht völlig unsinnige Ergebnisse eintreten. Wie soll sich etwa der Generalunternehmer ohne Kündigungsmöglichkeit gegenüber dem Nachunternehmer verhalten, wenn der Bauherr den Vertrag mit dem Generalunternehmer gekündigt und dem Generalunternehmer das weitere Betreten des Baugrundstückes untersagt hat? Soll das Unternehmen X das geplante und beauftragte Bürogebäude in Bonn wirklich fertig bauen müssen, wenn die Geschäftsleitung entschieden hat, dass der Firmensitz nach Berlin verlegt wird und das Bürogebäude in Bonn somit ohne Nutzer wäre?   449

Die häufigsten auftraggeberseitigen Regelungen gehen dahin, entweder die **Kündigungsfolgen einzuschränken oder bestimmte Maßnahmen aus dem Anwendungsbereich der Regeln des freien Kündigungsrechtes herauszunehmen**, was faktisch das Gleiche ist. Geläufige Beispiele sind etwa, dass der Auftragnehmer im Falle der „freien" Kündigung nur den ausgeführten Teil der Leistung vergütet erhält, bzw. bestimmte vom Auftraggeber nachträglich vorgenommene Leistungsreduzierungen (faktisch zumeist Teilkündigungen) die Vergütung des Auftragnehmers um den dafür kalkulierten Betrag reduzieren (faktisch hierfür mithin die Regeln des § 649 BGB bzw. des § 8 Nr. 1   450

1172 *Kapellmann/Schiffers*, a.a.O., Rn 1365.
1173 BGH BauR 1986, 577; BGH BauR 1987, 234; *Heiermann/Riedl/Rusam*, § 8 Rn 5.
1174 *Glatzel/Hofmann/Frikell*, S. 219.
1175 *Glatzel/Hofmann/Frikell*, S. 219.
1176 BGH BauR 1999, 1294; *Heiermann/Riedl/Rusam*, § 8 Rn 2a); a.A. *Ingenstau/Korbion*, § 8 Rn 16.

VOB/B ausschließen). Das nachteilige Verändern der Kündigungsfolgen im Rahmen von Allgemeinen Geschäftsbedingungen **stellt einen Verstoß gegen § 9 Abs. 2 AGBG dar und ist daher unwirksam.**[1177] So sehr der Auftraggeber die Möglichkeit eines „freien" Kündigungsrechtes beim Bauvertrag benötigt, so sehr ist im Interesse der Ausgewogenheit eine angemessene Vergütungsregel für den Auftragnehmer erforderlich (Gedanke des § 10 Nr. 3 AGBG). Wirksam ist demgegenüber eine Klausel, die eine Vergütung des nicht ausgeführten Teils der Leistung für den Fall entfallen lässt, dass dem Auftragnehmer unverzüglich ein adäquater Ersatzauftrag erteilt wird, da diese Klausel nur die gesetzliche Regelung wiedergibt.[1178]

Durch individuelle Vereinbarungen lassen sich die Rechtsfolgen einer freien Kündigung abweichend von § 649 BGB bzw. § 8 Nr. 1 VOB/B ausgestalten. Niemand hindert den Auftragnehmer daran, „sehenden Auges" mit dem Auftraggeber eine Art Risikogemeinschaft dergestalt einzugehen, dass der Auftraggeber den Vertrag rechtsfolgenlos zu kündigen berechtigt ist, wenn er z.B. die beantragte Baugenehmigung nicht erhält, die Finanzierung nicht sichergestellt werden konnte, vorgesehene Mieter oder Investoren „abspringen", usw.

451 Auch die Auftragnehmerseite entwickelt bei der Ausgestaltung der Rechtsfolgenseite Regelungsphantasie. Gegenstand der Überlegungen sind zumeist **pauschale Abfindungsklauseln**, die den oft aufwendigen Weg der Einzelabrechnung ersparen sollen. Soweit derartige Regelungen als Allgemeine Geschäftsbedingungen ausgestaltet werden gibt es hierfür zwei Grenzen: Zum einen muss dem Auftraggeber die **Möglichkeit des Nachweises offen stehen, dass die Ersparnis höher ausgefallen ist** (vgl. § 11 Nr. 5 AGBG), und zum anderen **darf die Regelung nicht einseitig oder die Pauschale nicht unangemessen hoch sein** (vgl. § 10 Nr. 7 AGBG). Eine einseitige Regelung liegt z.B. dann vor, wenn nur die Ersparnis, nicht aber der anderweitige Erwerb abgezogen wird.[1179] Der Höhe nach angemessen ist eine Pauschale, die etwa 10 % der Vergütung des nicht ausgeführten Leistungsteils ausmacht.[1180] Ab einem entsprechenden Prozentsatz von 18 % dürfte die Höhe der angemessenen Dimension demgegenüber wohl überschritten sein, was bei einer Pauschale in Höhe von 25 % der für den nicht ausgeführten Teil der Leistung vorgesehenen Vergütung jedenfalls feststeht.[1181]

3. Die sonstigen Kündigungsmöglichkeiten des Auftraggebers

a) Verhältnis „BGB-Bauvertrag" zum „VOB/B-Bauvertrag"

452 Ausdrücklich enthält mit § 650 BGB der „BGB-Bauvertrag" nur eine „sonstige" Kündigungsmöglichkeit (bei nicht nur unwesentlicher Überschreitung des Kostenvoranschlages). Die Regelung des § 636 BGB verweist für den Fall der nicht rechtzeitigen Fertigstellung auf § 634 BGB, woraus eine Rücktrittsmöglichkeit folgt. Auf die Thematik der verspäteten Fertigstellung wird unter Rn 588–626 eingegangen. Darüber hinaus gilt die nicht ausdrücklich normierte, bei jedem Dauerschuldverhältnis gegebene Kündigungsmöglichkeit „aus wichtigem Grund".

Der „VOB/B-Bauvertrag" enthält demgegenüber in den §§ 8, 6 Nr. 7 VOB/B eine detaillierte Aufzählung von in Betracht kommenden Kündigungsmöglichkeiten. Allerdings ist diese Auflistung nicht abschließend, sodass auch für den „VOB/B-Bauvertrag" ergänzend § 650 BGB sowie die Kündigung aus „wichtigem Grund" in Betracht kommen. Hinsichtlich der Rechtsfolgen ist allerdings bei einer Kündigung „aus sonstigen (wichtigen) Gründen" bei einem „VOB/B-Bauvertrag" auf die entsprechende Regelung des § 8 Nr. 3 Abs. 2–4 VOB/B zurückzugreifen.

1177 BGH BauR 1990, 81; BGH BauR 1985, 77.
1178 *Glatzel/Hofmann/Frikell*, S. 224; *Ingenstau/Korbion*, § 8 Rn 37.
1179 BGH BauR 1997, 156; BGH BauR 1998, 866.
1180 *Werner/Pastor*, Rn 1299.
1181 BGH BauR 1985, 79, 82; *Heiermann/Riedl/Rusam*, § 8 Rn 9.

b) Die Regelungen des „BGB-Bauvertrags"

aa) Fehlerhafter Kostenanschlag

Nach § 650 BGB ist der Auftraggeber zur Kündigung berechtigt, wenn dem Vertrag ein unverbindlicher Kostenanschlag des Auftragnehmers zugrunde gelegen hat und sich zeigt, dass das Werk nicht unwesentlich teurer wird. Nach S. 2 dieser Vorschrift hat der Auftragnehmer dem Auftraggeber **unverzüglich anzuzeigen**, wenn eine derartige nicht unwesentliche Verteuerung eintritt. 453

Im Grundsatz kommt dieses Kündigungsrecht nur beim Einheitspreisvertrag in Betracht. Wird nämlich für das Werk ein Pauschalpreis vereinbart, so kann nicht von einem unverbindlichen Kostenanschlag gesprochen werden. Die Schutzfunktion dieser Kündigungsregelung soll weniger den Auftraggeber vor Teuerungen bewahren als vielmehr den Auftragnehmer davon abhalten, über zu niedrige Kostenanschläge Aufträge zu erhalten, die dann nach § 649 BGB mit der auftragnehmerfreundlichen Rechtsfolge zu kündigen wären.

Ein Kostenanschlag im Sinne des § 650 BGB ist ein vom Auftragnehmer erstellter Überblick über die voraussichtlich entstehenden Kosten, der von den Parteien **zur Grundlage des Vertrages gemacht wird**. Nicht ausreichend ist die lediglich interne Kostenberechnung des Auftragnehmers für die Vertragsverhandlungen.[1182] Der Begriff der wesentlichen Kostenüberschreitung lässt sich nicht abstrakt für alle Fälle definieren. Als Richtschnur mag insoweit dienen, dass die Wesentlichkeitsgrenze ab ca. 15 % Kostensteigerung erreicht und sodann überschritten wird.[1183] 454

Rechtsfolge einer nach § 650 BGB ausgesprochenen Kündigung ist, dass der Auftragnehmer **nur die ausgeführten Leistungen vergütet erhält** (§ 645 BGB). Der Auftraggeber kann dann entscheiden, die Erstellung des Werkes entweder nicht fortzusetzen oder einen anderen Unternehmer mit der Fertigstellung zu beauftragen. Oft wird dem Auftraggeber, will er nicht eine „Ruine" stehen lassen, nur der zweite Weg wirtschaftlich sinnvoll eröffnet sein. Die ihn dann im Ergebnis treffende Kostenerhöhung lässt sich in der Regel nicht vermeiden. Hierzu reicht nämlich oft nicht einmal ein etwaiger dem Grunde nach bestehender Schadensersatzanspruch gegen den Auftragnehmer, z.B. aus pFV oder cic, da das Werk durchaus den erhöhten Preis objektiv wert sein kann und dem Auftraggeber somit kein Schaden entstanden ist. 455

Damit der Auftraggeber sein Kündigungsrecht effektiv ausüben kann, ist der Auftragnehmer verpflichtet, **ihm unverzüglich eine zu erwartende wesentliche Kostenüberschreitung anzuzeigen**. Die Rechtsfolge, wenn der Auftragnehmer diese unverzügliche Anzeige unterlässt, ist umstritten.[1184] Einigkeit herrscht dahingehend, dass der Auftragnehmer zunächst Vergütung nur bis zu dem fiktiven Zeitpunkt verlangen kann, zu dem der Auftraggeber im Falle rechtzeitiger Information hätte kündigen können. Wegen der nach diesem Zeitpunkt weiterhin vom Auftragnehmer ausgeführten Leistungen hat der Auftraggeber die Wahl, ob er diese beseitigen lässt oder die Leistung behält. Wählt er allerdings den letzteren Weg, geht eine Meinung dahin, dass er dann die Leistung auch nach den Regeln der Vorteilsausgleichung zu vergüten hat,[1185] während die andere Auffassung davon ausgeht, dass der Auftragnehmer dann den Betrag des Kostenanschlages zuzüglich maximaler Toleranz (ca. 15 %) beanspruchen könne, nicht aber einen etwa darüber hinausgehenden objektiv bestehenden Wert.[1186] Letzterer Auffassung ist zuzustimmen. Der Auftragnehmer hat in diesem Fall bereits zwei Fehler gemacht, nämlich einmal die Kosten falsch ermittelt und zum anderen die unverzügliche Anzeige bezüglich der zu erwartenden Kostensteigerungen nicht erstattet. Es ist daher angezeigt, dieses Verhalten im Sinne der zweiten Auffassung streng zu sanktionieren, da andernfalls ein Anreiz für den 456

[1182] *Erman*, § 650 BGB Rn 5.
[1183] *Erman*, § 650 BGB Rn 7; *Palandt*, § 650 BGB Rn 2; *Werner/Pastor*, Rn 1307.
[1184] *Heiermann/Riedl/Rusam*, Einl. zu §§ 8, 9 Rn 5.
[1185] *Erman*, § 650 BGB Rn 8.
[1186] *Palandt*, § 650 BGB Rn 3.

Auftragnehmer geschaffen würde, die Anzeige zu unterlassen, fertig zu bauen und erst mit Erteilung der Schlussrechnung die eingetretene und nicht mehr zu vermeidende Kostensteigerung offen zu legen.

bb) Das Kündigungsrecht „aus wichtigem Grund"

457 Dieses aus § 242 BGB bzw. aus einer Analogie zu §§ 626, 723 BGB abgeleitete Kündigungsrecht trägt dem Umstand Rechnung, dass der Bauvertrag faktisch den Charakter eines Dauerschuldverhältnisses aufweist. **Dieses Kündigungsrecht kann nicht ausgeschlossen werden**[1187] und steht selbstverständlich beiden Vertragsseiten offen (für den Auftragnehmer vgl. Rn 496, 497). Ein wichtiger Grund ist immer dann gegeben, wenn das zu fordernde Vertrauensverhältnis durch das Verhalten des Vertragspartners so empfindlich gestört ist, dass dem kündigenden Teil eine Fortsetzung des Vertrages nicht zuzumuten ist.[1188] Ob diese Voraussetzungen gegeben sind, ist immer eine Frage des Einzelfalls.

458 Klar ist, dass „wichtige Gründe" aus dem Risiko- bzw. Verantwortungsbereich des Auftraggebers, mögen sie für ihn auch noch so wichtig sein, immer ausscheiden. Dies gilt etwa dann, wenn der Auftraggeber die Finanzierung nicht erhält, die von ihm beantragte Baugenehmigung abgelehnt wird, das Baugrundstück kontaminiert ist oder eine Gründung nur unter erheblichem zusätzlichem Aufwand möglich wäre, vorgesehene Mieter oder Käufer sich anderweitig entschließen, oder eine intern zur Realisierung erforderliche Genehmigung zuständiger Aufsichtsgremien wider Erwarten versagt wird.

459 Wichtige zur Kündigung berechtigende Gründe sind demgegenüber etwa in folgenden Fällen gegeben:

Der Auftragnehmer zahlt an Angestellte des Auftraggebers Schmiergelder; der Auftragnehmer ist nicht in die Handwerksrolle eingetragen, obwohl dies für die Durchführung der Arbeiten erforderlich ist; der Auftragnehmer täuscht eine im Leistungsverzeichnis geforderte Eignungsprüfung wider besseres Wissen vor; der Auftragnehmer betoniert die Bodenplatte auf nicht tragfähigem Boden, obwohl der Statiker eine andere Anweisung erteilt hatte; der Auftragnehmer verstößt fortgesetzt gegen gesetzliche Vorschriften, z.B. das Arbeitnehmerüberlassungsgesetz; der Auftragnehmer verweigert die Vertragserfüllung ernsthaft und endgültig (zum Thema „Arbeitseinstellung wegen Nichtbeauftragung eines Nachtrages" siehe Rn 327, 328).[1189]

460 Rechtsfolge einer derartigen Kündigung ist, dass der Auftragnehmer **nur die ausgeführte Leistung und auch nur insoweit, wie der Auftraggeber diese nutzen kann, vergütet erhält**.[1190] Auf die Frage hingegen, ob die ausgeführte Leistung tatsächlich vom Auftraggeber verwertet wird, was allein in seinem Ermessen liegt, kommt es nicht an. Auftraggeberseitige Allgemeine Geschäftsbedingungen, die eine derartige Regelung vorsehen, benachteiligen den Auftragnehmer unangemessen und sind daher unwirksam.[1191] Soweit der Auftragnehmer den wichtigen Grund **zu vertreten hat – was regelmäßig der Fall ist –, kommen weiterhin Schadensersatzansprüche des Auftraggebers in Betracht**. Schäden ergeben sich häufig insbesondere aus der infolge der Kündigung eintretenden zeitlichen Verzögerung der Bauabwicklung sowie aus Mehrkosten, die daraus entstehen, dass der mit der Fortführung der Arbeiten beauftragte Unternehmer andere (höhere) Preise beansprucht. Zur entsprechenden Schadensminderungspflicht des Auftraggebers vgl. Rn 473.

1187 Beispielsweise OLG Düsseldorf NJW-RR 1997, 625; *Werner/Pastor*, Rn 1314.
1188 BGH BauR 1996, 704; BGH NJW 2000, 2988 ff.
1189 OLG Köln NJW-RR 1994, 602; OLG Hamm BauR 1992, 516; *Heiermann/Riedl/Rusam*, Einf. §§ 8, 9 Rn 7; *Werner/Pastor*, Rn 1318.
1190 BGH NJW 1993, 1972; BGHZ 136, 33, 39; OLG Hamm BauR 1993, 482.
1191 *Werner/Pastor*, Rn 1317.

c) Die Regelungen des „VOB/B-Bauvertrags"

aa) Vertragsuntreue des Auftragnehmers

Die in der Praxis – insbesondere im Rahmen von Nachunternehmerverträgen – am häufigsten auftretende Kündigungsform ist in § 8 Nr. 3 VOB/B geregelt. In Abs. 1 S. 1 nennt diese Vorschrift seit In-Kraft-Treten der „VOB/B 2000" **drei Anwendungsfälle**, nämlich die den §§ 4 Nr. 7, 4 Nr. 8 Abs. 1 und 5 Nr. 4 VOB/B zugrunde liegenden Konstellationen, bei denen jeweils die vom Auftraggeber gesetzte Frist fruchtlos abgelaufen sein muss. 461

Als nicht geregelter weiterer Fall werden bei einem „VOB/B-Bauvertrag" alle sonstigen „Kündigungen aus wichtigem Grund" unter dieser Norm erfasst, soweit für einzelne „wichtige Gründe" nicht spezielle Regelungen, etwa in § 8 Nr. 2 bzw. Nr. 4 VOB/B, vorgesehen sind. Zur Frage, was als „wichtiger Grund" in Betracht kommt, kann auf die Rn 459 verwiesen werden. Die Rechtsfolge ergibt sich sodann aus den Erläuterungen in Rn 471 ff.

(1) Zu den tatbestandlichen Voraussetzungen

§ 4 Nr. 7 VOB/B enthält als Grundlage für eine Kündigung **vier Voraussetzungen**. Eine Leistung muss als mangelhaft oder vertragswidrig erkannt worden sein (erste Voraussetzung), der Auftragnehmer muss seiner Pflicht zur Beseitigung des Mangels oder der Vertragswidrigkeit nicht nachkommen (zweite Voraussetzung), der Auftraggeber muss zur Beseitigung des Mangels eine angemessene Frist mit der Erklärung gesetzt haben, dass er den Auftrag nach fruchtlosem Ablauf der Frist kündigen werde (dritte Voraussetzung), und schließlich muss die so gesetzte Frist fruchtlos verstreichen (vierte Voraussetzung). 462

Einzelheiten der Regelung des § 4 Nr. 7 VOB/B werden unter Rn 386–396 behandelt. Im Zusammenhang mit der Kündigung erscheint ergänzend folgendes wichtig: 463

Zum maßgeblichen Zeitpunkt, also vor Abnahme, trägt der Auftragnehmer die Beweislast für die Mängelfreiheit seiner Leistung. Gleichwohl ist der Auftraggeber gut beraten, seinerseits den geltend gemachten Mangel zu dokumentieren, um für nachfolgende Streitigkeiten zum Kündigungsgrund, zur Höhe der dem Auftragnehmer noch zustehenden Vergütung und zum Nachweis seiner zusätzlichen Aufwendungen präpariert zu sein. Hinsichtlich der in Betracht kommenden Möglichkeiten kann auf die Rn 557, 572 und 576 verwiesen werden.

Besondere Formvorschriften für die einzelnen einer Kündigung vorausgehenden Erklärungen des Auftraggebers sind in der VOB/B nicht enthalten. Ihm ist jedoch zu raten, zwei Schreiben mit Zugangsnachweis an den Auftragnehmer zu richten, die folgenden Inhalt haben: Das zeitlich erste Schreiben sollte die Regelung des § 4 Nr. 7 S. 1 VOB/B aufgreifen, dem Auftragnehmer somit den erkannten Mangel anzeigen und ihn – auch wenn dies die VOB/B nicht vorsieht – unter Fristsetzung zur Mangelbeseitigung auffordern. Nach fruchtlosem Ablauf dieser Frist sollte im Rahmen eines weiteren Schreibens nach § 4 Nr. 7 S. 3 VOB/B vorgegangen werden, d.h. dem Auftragnehmer erneut eine angemessene Frist zur Mangelbeseitigung gesetzt werden mit der Ankündigung, bei fruchtlosem Ablauf der Frist den Auftrag zu kündigen. Die eigentliche Kündigungserklärung ist dann (stets formbedürftig) nach Fristablauf Inhalt des dritten Schreibens.

Die Regelung des § 4 Nr. 8 Abs. 1 S. 3 VOB/B ist erstmalig im Rahmen der „VOB/B 2000" in den Text der VOB/B eingeflossen (vgl. auch Rn 39). Diese Norm enthält für die entsprechende Kündigung **drei Voraussetzungen**, nämlich, dass der Auftragnehmer gegen die Eigenleistungspflicht verstößt (erste Voraussetzung), der Auftraggeber sodann dem Auftragnehmer zur Leistungserbringung im eigenen Betrieb eine angemessene Frist mit der Ankündigung setzt, bei fruchtlosem Fristablauf den Auftrag zu kündigen (zweite Voraussetzung), und die Frist verstreicht, ohne dass der Auftragnehmer Abhilfe geschaffen hätte (dritte Voraussetzung). 464

465 **§ 5 Nr. 4 VOB/B regelt schließlich als erste Voraussetzung einer möglichen Kündigung drei Varianten.** Einmal kommt eine Verzögerung des Beginns der Ausführung, zum anderen Verzug mit der Vollendung, und schließlich die Möglichkeit in Betracht, dass der Auftragnehmer seiner Abhilfepflicht nach § 5 Nr. 3 VOB/B nicht nachkommt. Liegt eine dieser drei Varianten vor, erfordert eine Kündigung als zweite Voraussetzung, dass der Auftraggeber dem Auftragnehmer zur vertragsgerechten Erfüllung eine angemessene Frist mit der Ankündigung setzt, andernfalls den Vertrag zu kündigen. Läuft diese Frist fruchtlos ab (dritte Voraussetzung), ist das Kündigungsrecht entstanden. Neben der Kündigung eröffnet § 5 Nr. 4 VOB/B auch eine zweite mögliche Rechtsfolge, nämlich unter Aufrechterhaltung des Vertrages Schadensersatz nach § 6 Nr. 6 VOB/B zu beanspruchen (zu § 6 Nr. 6 VOB/B siehe Rn 404 ff.).

Hinsichtlich der ersten Kündigungsvoraussetzung lassen sich die Varianten „Verzögerung des Beginns" bzw. „Verzug mit der Vollendung" problemlos durch einen Rückgriff auf die Vereinbarungen zum terminlichen Bauablauf (vgl. Rn 331 ff.), gegebenenfalls unter Berücksichtigung etwaiger Fristverlängerungen nach § 6 Nr. 2 VOB/B (vgl. Rn 342 ff.) dokumentieren. Schwierig in der praktischen Handhabung gestaltet sich demgegenüber **die dritte Variante „Nichterfüllung der Abhilfepflicht" nach § 5 Nr. 3 VOB/B**.

466 Im Grundsatz ist es allein Sache des Auftragnehmers, zu entscheiden, wie er seine Leistungsverpflichtung erfüllt. Dies birgt allerdings für den Auftraggeber das unbefriedigende Ergebnis, nur den pünktlichen Beginn der Ausführung beeinflussen zu können, danach jedoch bis zum (überschrittenen) Fertigstellungstermin faktisch machtlos zu sein und somit „sehenden Auges" eine Terminüberschreitung hinnehmen zu müssen. Diese missliche Situation **verhindert § 5 Nr. 3 VOB/B dadurch, dass diese Norm den Auftragnehmer dazu verpflichtet, auf Verlangen des Auftraggebers unverzüglich Abhilfe zu schaffen**, wenn Arbeitsmittel, Geräte, Gerüste, Stoffe oder Bauteile so unzureichend sind, dass die Ausführungsfrist offenbar nicht eingehalten wird. Das für die Anwendung des § 5 Nr. 3 VOB/B somit wesentliche Merkmal „offenbar" ist dann gegeben, wenn der erreichte Bautenstand im Verhältnis zur verstrichenen Ausführungszeit **in einem derart krassen Missverhältnis steht, dass mit an Sicherheit grenzender Wahrscheinlichkeit die Fertigstellung bis zum Ablauf der Ausführungsfrist ohne eine Verstärkung des Einsatzes nicht zu erwarten ist**.[1192] Beispiele hierfür sind etwa, wenn erkennbar zu wenig Arbeiter eingesetzt werden, den eingesetzten Arbeitern die zu fordernde fachliche Qualifikation fehlt, zu wenig Maschinen eingesetzt werden, oder – und dies ist häufig das zuverlässigste Indiz –, deutlich hinter dem im Bauzeitenplan vorgesehenen Bautenstand zurückgeblieben wird.[1193] Da dieses Merkmal jedoch erhebliche Unsicherheiten in sich trägt, sollte eine Kündigung niemals vorschnell auf diesen Tatbestand gestützt, vielmehr im Zweifel zur Beurteilung der Voraussetzungen auf Sachverständigenhilfe zurückgegriffen werden. Das Abhilfeverlangen kann mündlich geäußert werden,[1194] jedoch ist aus Beweisgründen auch hier stets zur Schriftform zu raten.

Besonders unerfreulich wird die Situation, wenn der Auftragnehmer dem Abhilfeverlangen zunächst Folge leistet, z.B. einen Bagger und fünf Arbeiter mehr einsetzt, diese „zusätzlichen Maßnahmen" aber nach einiger Zeit wieder einstellt, sodass die Ausführungsfristen erneut gefährdet werden. Im Grundsatz ist hierzu festzuhalten, **dass das ursprüngliche Abhilfeverlangen erfüllt worden ist** und somit hierauf später auch nicht mehr als Voraussetzung für eine Kündigung zurückgegriffen werden kann. Es bedarf vielmehr eines neuen Abhilfeverlangens, um die Kündigung vorzubereiten. Derartige Konstellationen lassen sich im Vorfeld durch die Vereinbarung von Zwischenfristen (vgl. Rn 332) vermeiden, die den Rahmen für einen geordneten Bauablauf vorgeben. Ein Rückgriff auf § 5 Nr. 3 VOB/B ist nämlich dann überflüssig, da anhand der vereinbarten Zwischenfristen viel leichter eine „Verzögerung des Beginns" bzw. ein „Vollzug mit der Vollendung" hinsichtlich der

---

[1192] *Ingenstau/Korbion*, § 5 Rn 24.
[1193] *Nicklisch/Weick*, § 5 Rn 17.
[1194] *Ingenstau/Korbion*, § 5 Rn 25.

insoweit definierten Einzelgewerke bzw. Bauabschnitte als Basis einer Kündigung dokumentiert werden kann.

Gemeinsamkeit aller drei aufgezeigten Tatbestände ist, dass der Kündigung **eine angemessene Frist mit der Ankündigung, den Auftrag nach fruchtlosem Ablauf der Frist zu entziehen**, vorausgehen muss. Die häufig gestellte Frage, wie lang eine solche Frist bemessen sein muss, damit sie als angemessen angesehen werden kann, kann nicht abstrakt für alle denkbaren Fälle beantwortet werden. Zweck einer derartigen Fristsetzung ist es, dem Auftragnehmer nochmals die reelle Chance einzuräumen, sein vertragswidriges Verhalten abzustellen. Demgemäß ist die Länge der Frist daran zu orientieren, dass die entsprechende Zeit dem Auftragnehmer die Möglichkeit eröffnet, der Rüge abzuhelfen. Es kommt somit im Einzelfall darauf an, was vom Auftragnehmer erwartet wird und welche Zeit ein sorgfältiger Auftragnehmer hierfür regelmäßig beansprucht. Ist die gesetzte Frist zu kurz, so ist sie allerdings nicht unwirksam, sondern setzt eine angemessene längere Frist in Lauf.[1195] Wann allerdings in einem solchen Fall die angemessene Frist verstrichen und damit die Kündigung möglich ist, birgt für den Auftraggeber Unwägbarkeiten. Aus diesem Grunde ist stets dazu zu raten, die gesetzte Frist im Zweifel lieber etwas länger vorzusehen. **467**

Typische Klauseln der Auftraggeberseite sehen in diesem Zusammenhang vor, dass die Kündigung auch ohne Fristsetzung möglich ist. **Der Verzicht auf eine der Kündigung vorausgehende Fristsetzung stellt allerdings einen Verstoß gegen § 11 Nr. 4 AGBG dar**, der über § 9 AGBG auch im kaufmännischen Verkehr gilt und zur Unwirksamkeit der Klausel führt.[1196] Klauseln der Auftragnehmerseite, die, bevor der Auftraggeber zur Kündigung berechtigt ist, eine unangemessen lange Frist vorsehen, z.B., dass stets eine Nachfrist von acht Wochen zu setzen ist, verstoßen gegen § 10 Nr. 2 AGBG und sind ebenfalls unwirksam.[1197] **468**

Aus Sinn und Zweck der Fristsetzung ergibt sich auch deren Grenze. Eine Chance braucht derjenige nicht mehr, der eindeutig erklärt hat, dass er zu einer Abhilfe ohnehin nicht bereit ist. Demgemäß ist anerkannt, dass eine Fristsetzung nicht mehr erforderlich ist, **wenn der Auftragnehmer die Leistung endgültig und ernsthaft verweigert, wenn eine Abhilfe unmöglich ist, oder wenn das Vertrauen des Auftraggebers in die Leistung des Auftragnehmers so erschüttert ist, dass ihm eine Fortsetzung des Vertrages unter keinen Umständen zugemutet werden kann**.[1198] Terminüberschreitungen reichen allerdings isoliert für die Ausfüllung dieser Tatbestandsmerkmale nicht aus.[1199] Zu beachten ist, dass derartige Konstellationen insgesamt die Ausnahme darstellen und somit nur davor gewarnt werden kann, diese vorschnell anzunehmen und auf eine Fristsetzung mit Ablehnungsandrohung zu verzichten. **469**

Das Kündigungsrecht entsteht erst dann, wenn die mit der Ablehnungsandrohung gesetzte Frist abgelaufen ist.[1200] Aus diesem Grunde ist es nicht möglich, die Fristsetzung bereits mit der Kündigung zu verbinden (z.B. „vorsorglich kündige ich den Vertrag bereits heute für den Fall, dass die gesetzte Frist fruchtlos verstreicht" – zur Bedingungsfeindlichkeit einer Kündigung siehe Rn 427 –). Eine Teilkündigung ist nach § 8 Nr. 3 Abs. 1 Satz 2 VOB/B möglich. **470**

Ist das Kündigungsrecht entstanden, hat der Auftraggeber rasch zu entscheiden, ob er dieses ausübt. Verstreicht hiernach zu viel Zeit, so kann der Auftraggeber sein Kündigungsrecht verwirken. Dies hat die Rechtsprechung etwa dann angenommen, wenn der Auftraggeber nach Ablauf der gesetzten Frist noch Leistungen des Auftragnehmers angenommen hat.[1201]

1195 *Heiermann/Riedl/Rusam*, § 9 Rn 14.
1196 OLG Düsseldorf BauR 1985, 452 f.
1197 *Glatzel/Hofmann/Frikell*, S. 234.
1198 BGH BauR 1984, 450, 452.
1199 OLG Düsseldorf NJW-RR 1994, 194, 195; anders der Fall BGH NJW 2000, 2988 ff.
1200 *Heiermann/Riedl/Rusam*, § 5 Rn 24.
1201 OLG Düsseldorf NJW-RR 1994, 149 f.

(2) Rechtsfolgen

471 **§ 8 Nr. 3 VOB/B eröffnet hinsichtlich der Rechtsfolgen zwei Möglichkeiten.** Zum einen handelt es sich hierbei um die Regelung des Abs. 2 S. 2, die dem Auftraggeber den so genannten „großen Schadensersatz" ermöglicht, wenn er auf die weitere Ausführung der begonnenen Leistung verzichtet, da diese für ihn aus Gründen, die zur Entziehung des Auftrages geführt haben, kein Interesse mehr hat. In diesem Fall ist der Auftraggeber wirtschaftlich so zu stellen, als wenn der Vertrag ordnungsgemäß erfüllt worden wäre. Hierzu zählt etwa, dass die teilweise erstellten Baulichkeiten wieder entfernt werden müssen (z.B. halbfertiger Verkaufsstand für den Weihnachtsmarkt), der Auftragnehmer die „Standgebühren", die der Auftraggeber im genannten Beispiel gezahlt hat, erstattet, und weiterhin der Auftraggeber die voraussichtlich erzielten Einnahmen abzüglich der ersparten Aufwendungen, mithin den Gewinn vom Auftragnehmer erhält.

472 Weitaus häufiger sind allerdings die Fälle, bei denen die Arbeiten durch andere Unternehmen fortgeführt werden. Hierfür räumt § 8 Nr. 3 Abs. 2 Satz 1 VOB/B dem Auftraggeber einen Mehrkostenerstattungsanspruch ein, d.h. der Auftraggeber erhält vom gekündigten Auftragnehmer Erstattung der Differenz zwischen den Kosten der Fertigstellung des Werks nach dem ursprünglichen und gekündigten Auftrag einerseits und den tatsächlich vom Auftraggeber für die Fertigstellung aufgewandten Kosten andererseits. Nach einer neueren Entscheidung des BGH umfasst dieser Mehrkostenerstattungsanspruch auch Mehrkosten solcher Leistungen, die zwar im Zeitpunkt der Kündigung noch nicht vereinbart waren, **die der Auftragnehmer jedoch nach § 1 Nr. 3 und Nr. 4 VOB/B (eine entsprechende Anordnung des Auftraggebers vorausgesetzt) hätte ausführen müssen**.[1202] Der Auftraggeber kann hierbei den Folgeunternehmer bereits vor der Kündigung beauftragen. Seine Tätigkeit darf der Folgeunternehmer jedoch erst nach der Kündigung aufnehmen.[1203]

473 Hinsichtlich der notwendigen Dokumentation bereitet dieser Erstattungsanspruch erhebliche Anstrengungen. Der Auftraggeber trägt nämlich die Darlegungs- und Beweislast dafür, welche Kosten bei Durchführung des gekündigten Auftrages entstanden wären und wie hoch sich dem gegenüber die Mehrkosten belaufen. Dieser Nachweis ist in der Regel ohne Unterstützung durch einen Sachverständigen nicht zu führen, insbesondere dann, wenn es während der Fortführung der Arbeiten zu Änderungen bzw. Zusatzaufträgen kommt. Die hieraus entstehenden Mehrkosten (auf Basis des Vertragspreises), die es jedoch zunächst einmal herauszukristallisieren gilt, gehen als so genannte „Sowieso Kosten" zu Lasten des Auftraggebers.[1204] Weiterhin muss der Auftraggeber **die ihn treffende Schadensminderungspflicht beachten**.[1205] Er ist daher bei der Auswahl des die Arbeiten fortführenden Unternehmers gehalten, den Mehraufwand in vertretbaren Grenzen zu halten. Allerdings sind an dieses Merkmal keine zu strengen Anforderungen zu stellen. Hieraus ergibt sich insbesondere nicht die Verpflichtung, die fortzuführende Leistung völlig neu auszuschreiben bzw. den billigsten Anbieter zu beauftragen. Der Auftraggeber ist lediglich gehalten, nicht ohne sachlichen Grund den teuersten Anbieter zu beauftragen, wenn andere preisgünstigere und zuverlässige Unternehmen ebenso zur Verfügung stehen.[1206]

474 Nach § 8 Nr. 3 Abs. 3 VOB/B kann der Auftraggeber für die Fortführung der Arbeiten die Baustelleneinrichtung und die vom gekündigten Auftragnehmer gelieferten Stoffe und Materialien gegen angemessene Vergütung in Anspruch nehmen. Zweck dieser Vorschrift ist es, dem Auftraggeber die Möglichkeit zu eröffnen, **die Arbeiten möglichst nahtlos und ohne zeitliche Verzögerungen fortzusetzen**. Im Umkehrschluss folgt aus dieser Norm jedoch gleichfalls, dass der Auftraggeber nicht verpflichtet ist, vom Auftragnehmer bereits gelieferte Stoffe für die Fortsetzung der Arbeit zu

---

[1202] BGH WM 2000, 733 ff.
[1203] BGH BauR 1977, 422.
[1204] *Nicklisch/Weick*, § 8 Rn 27.
[1205] *Ingenstau/Korbion*, § 8 Rn 94.
[1206] *Heiermann/Riedl/Rusam*, § 8 Rn 29b).

verwenden. Etwas anderes ergibt sich aus den Gedanken von Treu und Glauben allerdings dann, wenn derartige Materialien uneingeschränkt tauglich sind, gegen ihre Verwendung aus Sicht des die Arbeiten fortführenden Unternehmers keine Bedenken bestehen und der gekündigte Auftragnehmer für diese nicht ohne weiteres eine andere Verwendungsmöglichkeit hat.[1207]

Neben diesen Ansprüchen, so stellt § 8 Nr. 3 Abs. 2 S. 1 letzter Hs. VOB/B klar, bleiben weitergehende Schadensersatzansprüche des Auftraggebers unberührt. Eine eigene Anspruchsgrundlage stellt dieser Hinweis allerdings nicht dar, der Anspruch muss sich vielmehr aus anderen Regelungen (z.B. aus § 4 Nr. 7 S. 2 VOB/B, siehe Rn 391 ff.) ergeben. 475

Nach § 8 Nr. 3 Abs. 4 VOB/B hat der Auftraggeber die ermittelten Mehrkosten und etwaige weitere Ansprüche binnen zwölf Werktagen nach Abrechnung mit dem die Arbeiten fortführenden Unternehmer prüfbar geltend zu machen. Um eine Ausschlussfrist handelt es sich hierbei allerdings nicht.[1208] Entsteht dem Auftragnehmer aus der verspäteten Geltendmachung ein Schaden, kann der Auftraggeber zum Ersatz verpflichtet sein. 476

Nicht geregelt ist in § 8 Nr. 3 VOB/B der Anspruch des Auftragnehmers. Dieser erhält **nur die ausgeführten Leistungen vergütet**, soweit sie objektiv für eine Fortführung der Arbeiten verwendbar sind.[1209] Der Auftraggeber kann hiergegen mit seinen vorstehend beschriebenen Ansprüchen aufrechnen. Ergibt sich ein positiver Saldo zugunsten des Auftraggebers, sind z.B. die Mehrkosten für die Fortführung der Leistungen höher als der Vergütungsanspruch des Auftragnehmers, so steht dem Auftraggeber **ein entsprechend vom Auftragnehmer auszuzahlender Vorschussanspruch zu**.[1210] 477

bb) Vermögensverfall des Auftragnehmers

In § 8 Nr. 2 „VOB/B 2000" sind die Konsequenzen aus der seit 1.1.1999 geltenden Insolvenzordnung eingearbeitet worden. Hiernach kann der Auftraggeber kündigen, wenn der Auftragnehmer seine Zahlungen einstellt, das Insolvenzverfahren bzw. ein vergleichbares gesetzliches Verfahren beantragt, oder ein derartiges Verfahren eröffnet bzw. die Eröffnung mangels Masse abgelehnt wird. Das Tatbestandsmerkmal der Zahlungseinstellung war auch in der VOB/B – Fassung 1996 – enthalten, die im Übrigen auf den Vergleichsantrag des Auftragnehmers bzw. die Konkurseröffnung[1211] abstellte. 478

(1) Zu den Voraussetzungen

Nach der Legaldefinition der Zahlungsunfähigkeit in § 17 InsO ist diese dann gegeben, wenn der Schuldner nicht in der Lage ist, **seine fälligen Zahlungsverpflichtungen zu erfüllen**, was insbesondere dann anzunehmen ist, wenn der Schuldner seine Zahlungen einstellt. Die Zahlungseinstellung nach § 8 Nr. 2 VOB/B bedeutet mithin, dass materiell ein Insolvenzgrund gegeben ist, den der Auftraggeber allerdings nachweisen muss. Indizien hierfür sind etwa, dass die Hausbank des Auftragnehmers die Kredite kündigt und ausgestellte Schecks als unbezahlt zurückreicht[1212] oder der Auftragnehmer ausdrücklich gegenüber einem Großgläubiger erklärt, er könne einen wesentlichen Teil der fälligen Verpflichtungen nicht erfüllen.[1213] Liegt allerdings eine klare Aussage zur Zahlungsunfähigkeit seitens des Auftragnehmers nicht vor, oder bestreitet er diese sogar, birgt dieser Kündigungsgrund im tatsächlichen Bereich für den Auftraggeber Unwägbarkeiten. 479

1207 *Ingenstau/Korbion*, § 8 Rn 94.
1208 *Nicklisch/Weick*, § 8 Rn 39a).
1209 *Niemöller*, Vergütungsansprüche nach Kündigung des Bauvertrages, BauR 1997, 539, 547.
1210 *Heiermann/Riedl/Rusam*, § 8 Rn 31.
1211 *Ingenstau/Korbion*, § 8 Rn 53, 55, 57.
1212 *Nicklisch/Weick*, § 8 Rn 13.
1213 *Heiermann/Riedl/Rusam*, § 8 Rn 12.

480 Wesentlich einfacher lässt sich der zweite mögliche Kündigungsgrund feststellen, nämlich dass der **Auftragnehmer selbst einen Insolvenzantrag gestellt hat**, was er bereits bei einer drohenden Zahlungsunfähigkeit gemäß § 18 InsO tun kann. Keine Aussagekraft kommt demgegenüber einem etwaigen Insolvenzantrag eines Dritten zu. Dann ist zunächst innerhalb des Verfahrens zu prüfen, ob überhaupt ein Eröffnungsgrund gegeben ist. Demgemäß setzt der dritte in § 8 Nr. 2 VOB/B enthaltene mögliche Kündigungsgrund voraus, dass das Insolvenzverfahren eröffnet oder die Eröffnung mangels Masse abgelehnt wird. Eine Ablehnung mangels Masse erfolgt nämlich immer nur, wenn ein Insolvenzgrund festgestellt worden ist (vgl. § 26 InsO).

481 Als nicht unkritisch ist das Verhältnis von § 8 Nr. 2 VOB/B zu § 119 InsO einzustufen. Nach § 119 InsO sind Vereinbarungen unwirksam, die im Vorfeld Möglichkeiten, die die §§ 103 bis 118 InsO eröffnen, ausschließen oder erschweren. § 103 InsO enthält für den Insolvenzverwalter ab Verfahrenseröffnung ein Wahlrecht, ob er bestehende Verträge erfüllen will oder nicht. Dieses Wahlrecht wird jedoch faktisch umgangen, wenn dem Vertragspartner über die Regelung des § 8 Nr. 2 VOB/B die Chance eingeräumt wird, sich seinerseits vom Vertrag durch Kündigung zu lösen.[1214]

Nach seinem Wortlaut **gilt § 103 InsO erst nach Verfahrenseröffnung**. Kündigungen vor diesem Zeitpunkt, etwa bei Zahlungseinstellung oder Insolvenzantrag des Auftragnehmers, sind ebensowenig erfasst wie Kündigungen, die auf die mangels Masse erfolgende Nichteröffnung des Verfahrens gestützt werden. Eine über den Wortlaut hinausgehende erweiternde Auslegung des § 103 InsO, dass zur Sicherung des Wahlrechtes des Involvenzverwalters auch diese Fälle erfasst sein sollen, ist vom Gesetzgeber ausdrücklich nicht gewollt worden.[1215] Es bleibt somit allein zweifelhaft, ob eine Kündigung gemäß § 8 Nr. 2 VOB/B nach Verfahrenseröffnung zulässig ist oder hierin ein Verstoß gegen § 119 InsO liegt. Diesseits wird die Auffassung vertreten, dass § 8 Nr. 2 VOB/B auch nach Verfahrenseröffnung mit § 119 InsO vereinbar ist. Die Besonderheit beim Bauvertrag liegt darin, dass dem Auftraggeber unabhängig von der Vermögenssituation des Auftragnehmers immer ein Kündigungsrecht zusteht, nämlich nach § 8 Nr. 1 VOB/B. Dieses Kündigungsrecht ist für den Bauvertrag erforderlich (siehe Rn 449) und hinsichtlich seiner Berechtigung wohl kaum von § 119 InsO infrage gestellt. Bei dieser Ausgangslage **schafft aber § 8 Nr. 2 VOB/B faktisch nur eine modifizierte Regelung der Rechtsfolge dergestalt**, dass die Rechtsfolge der Kündigung bei Vermögensverfall des Auftragnehmers nicht dem § 8 Nr. 1 VOB/B, sondern dem § 8 Nr. 2 VOB/B zu entnehmen ist. Die Regelung der Rechtsfolgen einer Kündigung ist jedoch vom Wortlaut des § 119 InsO nicht erfasst. Als weiteres Argument für die Zulässigkeit einer Kündigung gemäß § 8 Nr. 2 VOB/B nach Verfahrenseröffnung mag auch dienen, dass andernfalls die Rechtsfolgen einer Kündigung aus Sicht des Auftraggebers von Zufällen abhängig wären, die zu schaffen kaum Absicht der Insolvenzordnung gewesen sein kann. Ein sorgfältiger Auftragnehmer zeigt dem Auftraggeber die Zahlungsunfähigkeit an bzw. beantragt selbst das Insolvenzverfahren. Kündigt der Auftraggeber, gilt § 8 Nr. 2 VOB/B, da das Verfahren zu diesem Zeitpunkt noch nicht eröffnet ist. Soll etwas anderes dann gelten, wenn der Auftragnehmer den Insolvenzgrund bis zur Verfahrenseröffnung bestreitet, und soll der Auftraggeber dann (und nur dann) wieder den Genuss der Rechtsfolge des § 8 Nr. 2 VOB/B erhalten, wenn sich herausstellt, dass das Verfahren mangels Masse gar nicht eröffnet wird?

(2) Zur Rechtsfolge

482 Diesbezüglich regelt § 8 Nr. 2 Abs. 2 S. 1 VOB/B zunächst den Vergütungsanspruch des Auftragnehmers. Dieser erhält **die ausgeführte Leistung nach § 6 Nr. 5 VOB/B vergütet**. Die Bedeutung des Verweises auf § 6 Nr. 5 VOB/B ist allerdings umstritten.[1216] Eine Auffassung geht davon aus, auch

---

[1214] *Heidland*, Welche Änderungen ergeben sich für den Bauvertrag durch die Insolvenzordnung im Verhältnis zur bisherigen Rechtslage, BauR 1998, 643, 652.
[1215] *Heidland*, a.a.O., S. 655.
[1216] OLG Köln BauR 1996, 257 ff.; *Nicklisch/Weick*, § 8 Rn 16; a.A. *Ingenstau/Korbion*, § 8 Rn 62.

die dem Auftragnehmer bereits entstandenen Kosten, die in den Vertragspreisen des nicht ausgeführten Teils der Leistung enthalten sind, seien zu vergüten. Bei diesen Positionen handelt es sich z.B. um Planungsleistungen, Vorbereitungsmaßnahmen für die Ausführung, Materialbestellungen und Materialanfertigungen usw. Gegen diese Auffassung, der diesseits mit der h.M. nicht gefolgt wird, spricht zweierlei: Zum einen ist hiergegen der Wortlaut des § 8 Nr. 2 Abs. 2 VOB/B anzuführen, der nur von der „ausgeführten Leistung" spricht und nur insoweit auf § 6 Nr. 5 VOB/B verweist. Darüber hinaus ist die Interessenlage, die § 6 Nr. 5 VOB/B regelt, auch anders zu sehen als die Konstellation des § 8 Nr. 2 VOB/B. Der Regelung des § 6 Nr. 5 VOB/B liegt nämlich die Vorstellung zugrunde, dass der Vertrag später fortgeführt wird. Der Auftragnehmer ist für die eingetretene Unterbrechung nicht verantwortlich und soll daher nicht unnötig in eine Vorfinanzierungssituation geraten. Demgegenüber wird bei § 8 Nr. 2 VOB/B der Vertrag endgültig beendet und den Kündigungsgrund hat – nach der gesetzlichen Wertung des § 279 BGB – der Auftragnehmer zu vertreten.

Zugunsten des Auftraggebers sieht § 8 Nr. 2 Abs. 2 VOB/B einen Schadensersatzanspruch vor. Dieser betrifft grundsätzlich den zum Zeitpunkt der Kündigung noch nicht ausgeführten Teil der Leistung. In der Regel ergeben sich Schäden für den Auftraggeber daraus, dass der die Arbeiten fortführende Unternehmer eine gegenüber dem ursprünglichen Vertragspreis erhöhte Vergütung beansprucht und es zu zeitlichen Verzögerungen in der Baufertigstellung kommt. Vergütungsanspruch des Auftragnehmers und Schadensersatzanspruch des Auftraggebers stehen sich ab der Kündigung aufrechenbar gegenüber.[1217]

483

cc) Wettbewerbsbeschränkung

Nach § 8 Nr. 4 VOB/B kann der Auftraggeber kündigen, wenn der Auftragnehmer aus Anlass der Vergabe eine Abrede getroffen hat, die eine unzulässige Wettbewerbsbeschränkung darstellt. Das Zustandekommen einer derartigen Abrede ist im Zeitraum **von der Ausschreibung bis zum Zuschlag denkbar**.[1218] Inhalt der von § 8 Nr. 4 VOB/B sanktionierten Absprache, die in der Praxis zumeist den Preis betrifft, muss lediglich ein abgestimmtes gemeinsames Vorgehen sein. Es kommt also für eine hierauf gestützte Kündigung nicht darauf an, ob dem Auftraggeber durch die Absprache ein Schaden entsteht.

484

Wettbewerbsbeschränkenden Abreden vorzubeugen dienen sogenannte **Schadenspauschalierungsklauseln**. Zugunsten des Auftraggebers machen diese den – regelmäßig schwer zu führenden – Nachweis eines infolge der Abrede entstehenden Schadens – z.B. einen überhöhten Preis – entbehrlich.[1219] Derartige Klauseln sind von der Rechtsprechung, auch für den Bereich der Allgemeinen Geschäftsbedingungen, grundsätzlich als zulässig anerkannt worden, solange sie der Höhe nach angemessen bleiben (z.B. 3 % der Auftragssumme) und dem Auftragnehmer der Nachweis belassen bleibt, dass tatsächlich ein geringerer Schaden entstanden ist (§ 11 Nr. 5 b AGBG). Zu einem Ausschluss des Kündigungsrechtes führen derartige Klauseln allerdings nicht.

485

Die Kündigung ist innerhalb einer **Ausschlussfrist von 12 Tagen** nach positiver Kenntnis des Kündigungsgrundes zu erklären. Eine Teilkündigung ist nicht möglich, da dieser Kündigungsgrund die Vertrauensbasis insgesamt entfallen lässt. Die Rechtsfolge einer derartigen Kündigung ergibt sich aus § 8 Nr. 3 Abs. 2 bis 4 VOB/B, sodass insoweit auf die Rn 471 ff. verwiesen werden kann.

486

1217 *Ingenstau/Korbion*, § 8 Rn 73.
1218 *Nicklisch/Weick*, § 8 Rn 51.
1219 *Heiermann/Riedl/Rusam*, § 8 Rn 44.

dd) Unterbrechung „über drei Monate"

(1) Voraussetzungen

487 § 6 Nr. 7 VOB/B eröffnet eine Kündigungsmöglichkeit, wenn es im Bauablauf zu einer Unterbrechung gekommen ist, die länger als drei Monate andauert. Erfasst werden allerdings **nur Unterbrechungen, die Folge einer Behinderung sind** (zum Begriff siehe Rn 404), nicht etwa Konstellationen, die in die gesondert geregelten Bereiche der Unmöglichkeit, der Nichterfüllung oder der Schlechterfüllung des Vertrages fallen.[1220]

Da dieser Regelung der aus § 242 BGB zu entnehmende Gedanke der Unzumutbarkeit zugrunde liegt, setzt die Anwendung der Vorschrift folgendes voraus:

Die eingetretenen Unterbrechungen dürfen nicht schon bei Vertragsabschluss vorauszusehen gewesen sein.[1221] Weiter kann sich nur die Partei auf diesen Kündigungsgrund berufen, die sich selbst vertragstreu verhalten, also insbesondere nicht selbst die Ursache für die Unterbrechung gesetzt hat.[1222] Die Möglichkeit der Kündigung scheidet aus, wenn die Unterbrechung im Zeitpunkt der Kündigung nicht mehr besteht oder abzusehen ist, dass die Fortsetzung der Leistung in Kürze möglich ist.[1223] Ist von der Unterbrechung lediglich ein selbstständiger Leistungsteil betroffen, ist als „milderes Mittel" an eine Teilkündigung zu denken. § 6 Nr. 7 VOB/B erfasst schließlich auch den Fall, **dass drei Monate nach dem vereinbarten Ausführungsbeginn noch nicht mit der Leistung begonnen werden konnte.**[1224]

Etwa in Betracht kommende andere Kündigungsmöglichkeiten werden durch § 6 Nr. 7 VOB/B nicht ausgeschlossen.[1225]

(2) Rechtsfolge

488 Der Auftragnehmer erhält die ausgeführte Leistung vergütet. Darüber hinaus kann er Vergütung der Kosten beanspruchen, die ihm bereits entstanden, jedoch in den Vertragspreisen der noch nicht ausgeführten Leistung enthalten sind (ein Beispiel siehe in Rn 482). Hat der Auftragnehmer die Unterbrechung nicht zu vertreten, erhält er schließlich auch die Kosten der Baustellenräumung vergütet, soweit diese Kosten nicht bereits in die Vergütung für die ausgeführte Leistung eingeflossen sind. Hat der Auftragnehmer die Unterbrechung demgegenüber zu vertreten, kommt ein Schadensersatzanspruch des Auftraggebers nach § 6 Nr. 6 VOB/B in Betracht (siehe hierzu Rn 404 ff.).

4. Die Kündigungsmöglichkeiten des Auftragnehmers

a) Die Regelung des BGB

aa) Fehlende Mitwirkung des Auftraggebers

(1) Voraussetzungen

489 Nach §§ 642, 643 BGB steht dem Auftragnehmer bei einem „BGB-Bauvertrag" ein Kündigungsrecht zu, **wenn der Auftraggeber die ihn treffenden Mitwirkungspflichten verletzt.** § 642 S. 1 BGB sieht zunächst vor, dass der Auftragnehmer eine angemessene Entschädigung beanspruchen kann, wenn der Auftraggeber durch das Unterlassen einer Handlung in den Verzug der Annahme gerät. Hieran anknüpfend regelt § 643 BGB, dass der Auftragnehmer dem Auftraggeber zur Nachholung

---

[1220] *Ingenstau/Korbion*, § 8 Rn 102.
[1221] *Ingenstau/Korbion*, § 8 Rn 106.
[1222] *Nicklisch/Weick*, § 8 Rn 71.
[1223] *Nicklisch/Weick*, § 8 Rn 82.
[1224] *Heiermann/Riedl/Rusam*, § 8 Rn 57.
[1225] *Niemöller*, BauR 1997, 539, 550.

der im Sinne des § 642 BGB ausstehenden Handlung eine angemessene Frist mit der Erklärung setzen kann, den Vertrag nach fruchtlosem Ablauf der Frist zu kündigen.

Im Einzelnen setzt die Kündigung somit voraus:

Zunächst muss eine Handlung des Auftraggebers zur Werkerstellung durch den Auftragnehmer erforderlich sein (erste Voraussetzung). Zu den relevanten Mitwirkungspflichten des Auftraggebers kann auf die Ausführungen in Rn 354 ff. Bezug genommen werden.

490

Auf folgende Entscheidungen ist hinzuweisen:

Sieht der Bauvertrag einen Baubeginn „auf Abruf" vor, so ist nach den Umständen und den Grundsätzen von Treu und Glauben zu ermitteln, wann der Abruf spätestens zu erfolgen hat. Ist hiernach der Abruf fällig, steht dem Auftragnehmer die Möglichkeit der Kündigung offen, wenn der Auftraggeber nicht abruft[1226] (siehe auch Rn 334). Liegt eine mangelhafte Vorunternehmerleistung vor, rügt der Auftragnehmer diese und lässt der Auftraggeber den gerügten Mangel gleichwohl nicht nachbessern, besteht grundsätzlich eine Kündigungsmöglichkeit des Auftragnehmers nicht. Der Auftragnehmer ist nämlich hinreichend dadurch geschützt, dass er gemäß §§ 4 Nr. 3, 13 Nr. 3 VOB/B aus seiner Gewährleistungspflicht entlassen wird. Ein Anspruch auf „Nachbesserung" steht dem Auftragnehmer hinsichtlich der mangelhaften Vorunternehmerleistung gegenüber dem Auftraggeber grundsätzlich nicht zu.[1227] Anders ist allerdings dann zu entscheiden, wenn der Ausführung auf Basis der mangelhaften Vorunternehmerleistung gesetzliche Vorschriften entgegenstehen, oder zu besorgen ist, dass ein Dritter einen Schaden erleidet. **Die Enthaftung des Auftragnehmers nach §§ 4 Nr. 3, 13 Nr. 3 VOB/B schützt ihn nämlich nicht vor einer unmittelbaren Inanspruchnahme durch Dritte.**[1228] Der Meinungsstand zu der Thematik, ob dem Auftragnehmer ein Kündigungsrecht zusteht, wenn der Auftraggeber es ablehnt, über berechtigte Nachtragsforderungen zu verhandeln, wurde unter Rn 326 ff. behandelt.

Die Unterlassung der erforderlichen Mitwirkungshandlung muss ursächlich dafür sein, dass der Auftragnehmer die geschuldete Leistung nicht erbringen kann (zweite Voraussetzung). Weiterhin müssen die Voraussetzungen des Annahmeverzuges (§§ 293 ff. BGB) vorliegen (dritte Voraussetzung), d.h. der Auftragnehmer muss zur Leistung berechtigt, bereit und imstande sein und dem Auftraggeber seine Leistungen angeboten haben. Auf ein Verschulden des Auftraggebers kommt es demgegenüber nicht an.[1229] Sodann muss der Auftragnehmer dem Auftraggeber zur Nachholung der Handlung eine angemessene Frist mit der Ankündigung setzen, dass er den Vertrag kündige, wenn die ausstehende Handlung nicht bis zum Fristablauf erfolgt sei (vierte Voraussetzung). Zur Bestimmung der Angemessenheit der Frist und den Ausnahmesituationen, in denen eine Fristsetzung entbehrlich ist, kann auf die Rn 469 verwiesen werden.

491

(2) Rechtsfolge

Die Regelung in § 643 S. 2 BGB ist zunächst überraschend, **da trotz der erforderlichen Ankündigung nach S. 1, den Vertrag zu kündigen, eine Kündigung nicht erforderlich ist**, der Vertrag vielmehr mit fruchtlosem Fristablauf als aufgehoben gilt. Da die Parteien in der Baupraxis mit der Kündigung gerne drohen, ist dieser „Automatismus" nicht ungefährlich. Diskutiert wird daher die Frage, ob der Auftragnehmer innerhalb der laufenden Frist berechtigt ist, die gesetzte Kündigungsandrohung „zurückzunehmen". Einige Autoren bejahen diese Möglichkeit,[1230] nach h.M. ist es dem

492

1226 OLG Düsseldorf BauR 1996, 119 ff.
1227 OLG Düsseldorf BauR 1988, 478 ff.
1228 OLG Düsseldorf, a.a.O., 481.
1229 *Erman*, § 642 BGB Rn 4.
1230 Zum Meinungsstand *Niemöller*, BauR 1997, 539, 541; *Palandt*, § 643 BGB Rn 2.

Auftragnehmer jedoch **nicht mehr möglich, die Beendigung des Vertrages durch einseitige Erklärung zu stoppen**.[1231]

493 Mit fruchtlosem Ablauf ergeben sich die Rechtsfolgen der Kündigung aus §§ 642, 645 BGB. Zunächst kann der Auftragnehmer **einen der geleisteten Arbeit entsprechenden Teil der Vergütung beanspruchen und Ersatz der in der Vergütung nicht inbegriffenen Auslagen verlangen**. Es bedarf daher auch hier zur Abrechnung einer Aufspaltung des Vertrages hinsichtlich Leistungs- und Vergütungsseite in die ausgeführte Leistung einerseits und die nicht ausgeführte Leistung andererseits. Ein Unterschied bei dieser Aufteilung gegenüber den Grundsätzen bei § 8 Nr. 1 VOB/B, § 649 BGB besteht nicht,[1232] sodass auf die Ausführungen in Rn 437 ff. verwiesen werden kann. Zu den zu vergütenden Auslagen zählen Vorleistungen, die sich in der ausgeführten Leistung noch nicht widerspiegeln, z.B. Planung, Herstellung oder Bestellung von Materialien, Geräten, bauvorbereitende Maßnahmen wie Erstellen der Baustelleneinrichtung, usw.[1233] Entgangener Gewinn gehört jedoch nicht zu den Auslagen.

494 Schließlich erhält der Auftragnehmer eine **„angemessene Entschädigung"**, deren Höhe anhand von Kriterien wie Dauer des Verzuges, Höhe der vereinbarten Vergütung, erspartar Aufwendungen des Auftragnehmers, anderweitiger Erwerb des Auftragnehmers usw. im Einzelfall zu ermitteln ist. In Ansatz zu bringen sind insbesondere die entstandenen Kosten einer etwa infolge fehlender Mitwirkung verursachten verlängerten Ausführungszeit (Preissteigerungen); Vorhaltekosten für Personal und Gerät, die dem gekündigten Vertrag zugeordnet worden sind und jetzt nicht mehr anderweitig eingesetzt werden können; sonstige dem Auftragnehmer entstandene Selbstkosten, z.B. hinsichtlich der verlängerten Bewachung und Sicherung der Baustelle, sowie nach richtiger Auffassung auch der vom Auftragnehmer kalkulierte Gewinn.[1234] Bezugspunkt in preislicher Hinsicht ist bei der Bewertung dieser Positionen stets das dem Vertrag zugrunde liegende Preisgefüge.

Insgesamt ist zur Höhe der angemessenen Entschädigung folgendes anzumerken:

Im Grundsatz stellt es einen Wertungswiderspruch dar, wenn sich der Auftragnehmer im Falle einer Kündigung nach §§ 642, 643 BGB schlechter steht als wenn der Auftraggeber nach § 649 BGB bzw. § 8 Nr. 1 VOB/B gekündigt hätte. Andernfalls würde der Auftraggeber nämlich geradezu ermutigt, eine Kündigung des Auftragnehmers zu „provozieren", um die sonst erforderliche eigene „freie Kündigung" nicht aussprechen zu müssen. Es entspricht daher diesseitiger Auffassung, **dass bei der Definition des Begriffes „angemessene Entschädigung" im Sinne des § 642 BGB alle zu § 649 BGB entwickelten Grundsätze zu berücksichtigen sind** und nur in begründeten Ausnahmefällen ein Posten, den der Auftragnehmer nach § 649 BGB vergütet erhalten hätte, bei § 642 BGB nicht in Ansatz gebracht wird.[1235]

495 Etwaige ergänzende Schadensersatzansprüche des Auftragnehmers, z.B. aus Verzug oder pFV bleiben unberührt.

bb) Kündigung aus wichtigem Grund

496 Auch dem Auftragnehmer steht ein Kündigungsrecht aus wichtigem Grund zu.

Wichtige, die Kündigung rechtfertigende Gründe für den Auftragnehmer sind etwa:

Der Auftraggeber zeigt den Auftragnehmer unberechtigt an; der Auftraggeber zahlt fällige Forderungen mit ungedeckten Schecks; der Auftraggeber stellt Insolvenzantrag oder zeigt seine Zahlungs-

---

1231 *Erman*, § 643 BGB Rn 5.
1232 BGH BauR 1999, 632, 633.
1233 *Lenzen*, Ansprüche gegen den Besteller, dem Mitwirkungspflichten unmöglich werden, BauR 1997, 210, 215; *Niemöller*, a.a.O., S. 541.
1234 A.A. allerdings BGH WM 2000, 916, 918; *Niemöller*, a.a.O., S. 541.
1235 *Lenzen*, a.a.O., S. 213.

unfähigkeit an; der Auftraggeber besteht auf einer Ausführung, die Gefahren in sich birgt oder behördlichen Vorschriften bzw. gesetzlichen Vorgaben zuwiderläuft; der Auftraggeber setzt Personal des Auftragnehmers zur Schwarzarbeit ein.[1236] Zu letzterem Aspekt ist allerdings kritisch anzumerken, dass die maßgebliche Entscheidung darauf abstellt, die Schwarzarbeit sei während der regulären und vom Auftragnehmer bezahlten Arbeitszeit ausgeführt worden, Schwarzarbeit nach „Feierabend" begründe jedoch nur dann einen wichtigen Grund, wenn der Umfang wesentlich sei.[1237] Nach diesseitiger Auffassung begründet jedoch grundsätzlich jeder Einsatz von Arbeitnehmern des Auftragnehmers durch den Auftraggeber zur Schwarzarbeit, auch nach Feierabend und am Wochenende, einen wichtigen, die Kündigung rechtfertigenden Grund. Hierdurch wird nämlich nicht nur gegen ein gesetzliches Verbot verstoßen, vielmehr auch dem Auftragnehmer die Chance genommen, diese Arbeiten regulär im Rahmen eines ordentlichen Auftrages auszuführen. Darüber hinaus stiftet der Auftraggeber die Arbeitnehmer des Auftragnehmers auch zu gravierenden Verstößen gegen die arbeitsvertraglichen Abreden an.

Kein wichtiger Grund liegt demgegenüber vor, wenn der Auftraggeber in größerem Umfange Leistungsänderungen vornimmt und zusätzliche Leistungen beauftragt, jedenfalls solange er sich hierbei in den Grenzen des § 1 Nr. 3 und Nr. 4 VOB/B hält.[1238]

Die Rechtsfolge einer Kündigung aus wichtigem Grund geht dahin, dass der Auftragnehmer die erbrachten Leistungen vergütet erhält und ihm darüber hinaus ein Schadensersatzanspruch zusteht, wenn der Auftraggeber das Vorliegen des wichtigen Grundes zu vertreten hat.[1239]

497

cc) Fehlende Sicherheitsleistung
Eine Vertragsbeendigung kann auch über die Regelung des § 648 a BGB (vgl. Abs. 5) erfolgen. Insoweit wird auf Rn 877 ff. verwiesen.

498

b) Die Regelungen der VOB/B

aa) Fehlende Mitwirkung des Auftraggebers
§ 9 Nr. 1 a) VOB/B sieht ein den §§ 642, 643 BGB im Tatbestand entsprechendes Kündigungsrecht vor. Der Auftraggeber unterlässt eine ihm obliegende Mitwirkungshandlung und setzt den Auftragnehmer hiermit außer Stande, die Leistung auszuführen. Auf die Ausführungen in Rn 489 ff. kann mithin verwiesen werden.

499

Weiterhin setzt die Kündigung nach § 9 Nr. 2 VOB/B voraus, dass der Auftragnehmer dem Auftraggeber zuvor eine angemessene Frist zur Vertragserfüllung gesetzt hat mit der Erklärung, nach fruchtlosem Ablauf der Frist den Vertrag zu kündigen. Zur Fristsetzung gelten die Ausführungen in Rn 467–469 entsprechend.

Nach fruchtlosem Fristablauf, und hierin unterscheidet sich § 9 Nr. 1 a) VOB/B von § 643 BGB, **ist allerdings die Kündigung noch gesondert auszusprechen**.

Die Rechtsfolge der Kündigung ergibt sich aus § 9 Nr. 3 VOB/B. Hiernach erhält der Auftragnehmer die bisher ausgeführten Leistungen zu Vertragspreisen vergütet. Hierzu gehören auch die Kosten, die dem Auftragnehmer bereits entstanden, jedoch in den Vertragspreisen des nicht ausgeführten Teils der Leistung enthalten sind, sowie die Kosten der Baustellenräumung. Dies folgt daraus, dass der

500

1236 Allgemeiner Überblick bei *Werner/Pastor*, Rn 1331; *Heiermann/Riedl/Rusam*, § 9 Rn 3a).
1237 OLG Köln BauR 1993, 80 ff.
1238 BGH BauR 1997, 300.
1239 *Werner/Pastor*, Rn 1333.

Auftragnehmer bei einer Kündigung nach § 9 VOB/B nicht schlechter stehen darf als bei einer Kündigung nach § 6 Nr. 7 VOB/B. Schließlich steht dem Auftragnehmer eine angemessene Entschädigung nach § 642 BGB zu (siehe Rn 494) und etwaige weitergehende Schadenersatzansprüche bleiben ihm vorbehalten.

bb) Verzug des Auftraggebers

501 § 9 Nr. 1 b) VOB/B räumt dem Auftragnehmer weiterhin ein Kündigungsrecht bei Zahlungsverzug des Auftraggebers (erste Alternative) oder sonstigem Schuldnerverzug (zweite Alternative) ein. Hinsichtlich der ersten Alternative spricht § 9 Nr. 1 b) VOB/B zwar nur von „fälliger Zahlung", jedoch ergibt sich aus dem zweiten Halbsatz dieser Norm „oder sonst in Schuldnerverzug gerät", **dass diese Vorschrift Zahlungsverzug voraussetzt.**[1240]

Als „fällige Zahlungen" kommen vor allem Vorauszahlungen, Abschlagszahlungen, und Teilschlusszahlungen in Betracht (siehe hierzu Rn 188 ff.). Die Schlusszahlung selbst scheidet demgegenüber aus, da diese erst nach Abnahme fällig wird und zu diesem Zeitpunkt eine Kündigung nicht mehr möglich ist (siehe Rn 518 ff.). Neben den aufgezeigten Vergütungsansprüchen reicht zur Anwendung des § 9 Nr. 1 b) VOB/B allerdings auch ein Verzug mit etwaigen anderen Zahlungsverpflichtungen, z.B. Schadensersatz, aus.

502 Problematisch gestaltet sich in der Praxis oft die Feststellung eines Zahlungsverzuges. Nach § 16 Nr. 1 Abs. 2 VOB/B ist der Auftraggeber nämlich berechtigt, Gegenforderungen ebenso einzubehalten wie andere Einbehalte, insbesondere wegen vorhandener Mängel vorzunehmen. Der Auftragnehmer muss sich daher, will er den Weg der entsprechenden Kündigung gehen, sicher sein, dass er seine (fälligen) Forderungen prüfbar berechnet und dargelegt hat und keine Mängel an seiner Leistung vorhanden sind, bzw. er wegen etwaiger vorhandener Mängel einen ausreichender Abzug von seiner geltend gemachten Forderung vorgenommen hat.

503 Die Fälle des „sonstigen Schuldnerverzugs" erfassen **nur vertragliche Hauptpflichten des Auftraggebers**. Unter derartige Hauptpflichten des Auftraggebers fallen neben seinen Zahlungsverpflichtungen insbesondere die Verpflichtung zur Abnahme bzw. zur Teilabnahme. Die Mitwirkungspflichten des Auftraggebers, wie sie unter Rn 354 ff. beschrieben sind, stellen demgegenüber nach bestrittener, aber h.M. **lediglich Obliegenheiten dar, die nicht Grundlage eines Schuldnerverzuges sein können**.[1241] Selbstverständlich gilt anderes, wenn im Rahmen des konkreten Vertrages Mitwirkungspflichten des Auftraggebers zu vertraglichen Hauptpflichten vereinbart werden, z.B. der Auftraggeber es als Hauptpflicht übernimmt, Material, Geräte, bzw. sonstige Eigenleistungen zu stellen. Besonders häufig kommen derartige Vereinbarungen bei Spezialbauvorhaben vor, wo die Fachkompetenz des Auftraggebers für die Ausführung der Leistung oft unabdingbar ist.

Hinsichtlich der angemessenen Fristsetzung mit Kündigungsandrohung und der Rechtsfolgen gilt Rn 500 entsprechend.

cc) Kündigung aus wichtigem Grund

504 Auch beim „VOB/B-Bauvertrag" besteht die Möglichkeit der Kündigung aus wichtigem Grund. Insoweit kann inhaltlich auf die Rn 496, 497 verwiesen werden. Die Rechtsfolge einer Kündigung aus wichtigem Grund ist beim „VOB/B-Bauvertrag" der Regelung des § 9 Nr. 3 VOB/B zu entnehmen.

[1240] *Nicklisch/Weick*, § 9 Rn 12.
[1241] *Ingenstau/Korbion*, § 9 Rn 16; *Heiermann/Riedl/Rusam*, § 3 Rn 7; *Nicklisch/Weick*, § 4 Rn 12.

dd) Unterbrechung über drei Monate

Schließlich steht dem Auftragnehmer ebenso wie dem Auftraggeber das Kündigungsrecht aus § 6 Nr. 7 VOB/B zu. Die Anmerkungen der Rn 487 gelten hierzu entsprechend.

ee) Fehlende Sicherheitsleistung

Da von der Regelung des § 648 a BGB zu Lasten des Auftragnehmers nicht abgewichen werden darf (vgl. dessen Abs. 7), gilt auch für den „VOB/B-Bauvertrag" die sich hieraus ergebende Möglichkeit einer vorzeitigen Vertragsbeendigung (siehe Rn 877 ff.).

c) Gängige Klauseln

Die in § 9 VOB/B enthaltenen Kündigungsregelungen entsprechen inhaltlich weitgehend der gesetzlichen Regelung, sodass sie auch bei einer isolierten Vereinbarung den Kriterien des AGBG standhalten. Dem Auftragnehmer steht kein dem Auftraggeber vergleichbares freies Kündigungsrecht zu. Demgemäß sind Klauseln des Auftragnehmers im Rahmen von Allgemeinen Geschäftsbedingungen unwirksam, die diesem konsequenzenlos das Recht einräumen, den Vertrag aus solchen Gründen zu kündigen, die seiner eigenen Risikosphäre entstammen. Dies ist etwa entschieden worden für eine Regelung des Auftragnehmers, die diesen zu einer Kündigung berechtigt, falls er von seinem Lieferanten nicht rechtzeitig beliefert wird.[1242] Unwirksam sind weiterhin häufig vorkommende Klauseln des Auftragnehmers, die diesem ein Kündigungsrecht ohne das Erfordernis einer Nachfristsetzung einräumen.[1243]

Geläufige Allgemeine Geschäftsbedingungen des Auftraggebers versuchen zunächst, die Kündigungsgründe des Auftragnehmers einzuschränken. Eine entsprechende Regelung, wonach dem Auftragnehmer kein Kündigungsrecht erwächst, falls der Auftraggeber Mitwirkungspflichten nicht oder zumindest nicht rechtzeitig erfüllt, ist jedoch ebenso unwirksam wie eine Allgemeine Geschäftsbedingung, die bei Zahlungsverzug die Kündigung davon abhängig macht, dass zuvor eine unangemessen lange Nachfrist, z.B. von vier Wochen, einzuhalten ist. Entsprechendes gilt auch für die Kündigung aus wichtigem Grund, die durch Klauseln der Auftraggeberseite nicht von einer vorausgehenden Nachfristsetzung, die unangemessen lang ist, abhängig gemacht werden kann.[1244]

Das zweite Thema, welches die Regelungsphantasie der Auftraggeberseite beschäftigt, stellt die Ausgestaltung der Rechtsfolgenseite dar. Im Rahmen von Allgemeinen Geschäftsbedingungen gilt jedoch der Grundsatz, dass Klauseln, die die dargelegten Rechtsfolgen zu Lasten des Auftragnehmers verändern, insbesondere ihm Ansprüche für den nicht ausgeführten Teil der Leistung und etwaige erlittene Schäden nehmen, unwirksam sind.[1245]

VIII. Die Abnahme

1. Allgemeines

a) Zum Begriff

Sowohl beim „BGB-Bauvertrag" als auch beim „VOB/B-Bauvertrag" ist vorgesehen, dass der Auftraggeber die vertragsgemäße Leistung des Auftragnehmers abzunehmen hat. So spricht § 640 Abs. 1 S. 1, Hs. 1 BGB aus, dass der Besteller verpflichtet ist, das vertragsgemäß hergestellte Werk abzunehmen. Entsprechend sieht § 12 Nr. 1 VOB/B vor, dass der Auftraggeber die Abnahme durchzuführen hat, wenn der Auftragnehmer sie nach Fertigstellung verlangt.

1242 *Ingenstau/Korbion*, § 9 Rn 1.
1243 OLG Köln WM 1989, 526.
1244 *Ingenstau/Korbion*, § 9 Rn 38.
1245 *Glatzel/Hofmann/Frikell*, S. 235, 236.

Der Begriff „Abnahme" ist ein Rechtsbegriff, der aus zwei Teilen besteht. Zum einen muss das Werk rein körperlich übernommen werden und zum anderen muss der Auftraggeber ausdrücken, dass er das erstellte Werk als vertragsgerecht ansieht, es als die vertraglich geschuldete Leistung billigt.[1246] Letztgenannte einseitige Erklärung kann der Auftraggeber in unterschiedlicher Weise abgeben.

510 Zunächst soll an dieser Stelle die hinsichtlich der „Abnahme" bestehende Begriffsvielfalt „entwirrt" werden. So tauchen Begriffe wie „behördliche" oder „öffentlich-rechtliche" Abnahme, „technische" Abnahme, „Gesamtabnahme", „Schlussabnahme", „Teilabnahme", „Vorabnahme", „Nachabnahme", „förmliche" Abnahme, „schlüssige" oder „konkludente" Abnahme, „fiktive" Abnahme, „Abnahme durch Ingebrauchnahme" usw. auf und werden mitunter falsch angewandt, da ihr Bedeutungsgehalt und ihre Abgrenzung zu anderen Abnahmeformen unbekannt ist.

511 Bei der so genannten „öffentlich-rechtlichen" oder „behördlichen Abnahme" handelt es sich nicht **um eine hier relevante Abnahmeform durch den Auftraggeber**. Die zuständige Behörde stellt im Rahmen einer solchen Abnahme lediglich fest, dass das Werk in Einklang mit den Vorschriften des Bauordnungsrechtes bzw. sonstiger öffentlich-rechtlicher Vorschriften steht.

512 Gleichfalls keine „echte" Abnahme stellt die so genannte „technische Abnahme" dar, die in der VOB/B bis vor In-Kraft-Treten der „VOB/B 2000" in § 12 Nr. 2 b) VOB/B geregelt war und jetzt in der „VOB/B 2000" als Nr. 10 des § 4 VOB/B enthalten ist. Hiernach sind Teile der Leistung besonders abzunehmen, **wenn sie durch die weitere Ausführung der Prüfung und Feststellung entzogen werden**. Diese „Abnahme" dient lediglich der Vorbereitung der späteren eigentlichen rechtsgeschäftlichen Abnahme. Aus Zweckmäßigkeitsgründen erfolgt die Nachprüfung dieser Teile vorzeitig, da eine spätere Überprüfung mit sehr hohem Aufwand verbunden wäre.

Als Beispiele für eine solche „technische Abnahme" seien angeführt:

Überprüfung der Betondecken, bevor der Estrich und der Bodenbelag aufgebracht werden; Überprüfung der Dämmung, bevor die Fassade aufgebracht wird.

Konsequenz einer erfolgten „technischen Abnahme" ist lediglich, dass den Auftraggeber hiernach die Beweislast für geltend gemachte Mängel trifft.[1247] Im Übrigen treten die rechtlichen Wirkungen der rechtsgeschäftlichen Abnahme (vgl. hierzu nachfolgend b) bei der „technischen Abnahme" nicht ein.[1248]

513 Die Begriffe „Gesamtabnahme" und „Schlussabnahme" entsprechen sich. Unter beiden Begriffen wird die **rechtsgeschäftliche Abnahme des vollständigen Werkes verstanden**. Häufig wird von Schlussabnahme dann gesprochen, wenn der Abnahme des vollständigen Werkes Teilabnahmen (zum Begriff siehe Rn 514) einzelner Bereiche vorausgegangen sind, während die Bezeichnung Gesamtabnahme darauf hindeutet, dass zuvor keine Teilabnahmen durchgeführt worden sind.

514 „Teilabnahme" ist wie die Gesamt- oder Schlussabnahme eine rechtsgeschäftliche Abnahme, der die volle Abnahmewirkung zukommt, allerdings nicht für die Gesamt-, sondern nur für eine Teilleistung. Rechtsgrundlage für eine Teilabnahme ist beim „VOB/B-Bauvertrag" § 12 Nr. 2 a) VOB/B „alte Fassung" bzw. § 12 Nr. 2 „VOB/B 2000". Nach dieser Vorschrift sind **„in sich abgeschlossene Teile der Leistung auf Verlangen abzunehmen"**, d.h., es besteht ein Rechtsanspruch auf Teilabnahme. Der Begriff der „in sich abgeschlossenen Leistung" ist allerdings eng auszulegen, damit z.B. bei Gewährleistungsfragen keine Abgrenzungsprobleme entstehen. **In sich abgeschlossen sind daher**

1246 *Cuypers*, Die Abnahme beim Bauvertrag in Theorie und Praxis, BauR 1990, 537, 539.
1247 *Nicklisch/Weick*, § 12 Rn 558 (aber streitig).
1248 *Heiermann/Riedl/Rusam*, § 4 Rn 109.

nur solche Teile, die sich technisch und nutzungsspezifisch in ihrer Gebrauchsfähigkeit selbstständig beurteilen lassen.[1249] Klassisches Beispiel ist z.B. die Teilabnahme eines einzelnen Hauses im Rahmen der Erstellung einer größeren Wohnanlage, oder auch einer einzelnen Heizung im Zuge der Erstellung eines Hauses.[1250] Nicht in sich abgeschlossen und damit nicht teilabnahmefähig sind demgegenüber Teile einer Treppenkonstruktion oder einzelne Stockwerke eines Neubaus.[1251]

Das BGB erwähnt die Teilabnahme zwar in § 641 Abs. 1 S. 2 BGB, geht somit gleichfalls von ihrer Zulässigkeit aus, kennt jedoch **einen Anspruch auf Teilabnahme nicht**. Demgemäß muss beim „BGB-Bauvertrag" – falls gewünscht – eine Teilabnahme vereinbart werden, andernfalls erfolgt die Gesamtabnahme der vollständig erstellten Leistung.

Die Begriffe „ausdrückliche", „förmliche", „konkludente", „schlüssige", „fiktive", „infolge Gebrauchs" erklärte Abnahme stellen **auf die Art und Weise ab, wie die Abnahme erklärt wird**. Zu unterscheiden sind drei Gruppen, nämlich die ausdrücklich erklärte Abnahme, zu der auch die förmliche Abnahme gehört, die schlüssig oder konkludent erklärte Abnahme, zu der auch die Abnahme durch Gebrauch zählt, wenn aus dem Gebrauch der Werkleistung ein entsprechender Abnahmewille geschlossen werden kann, und schließlich die fiktive Abnahme, die für den „VOB/B-Bauvertrag" in § 12 Nr. 5 VOB/B geregelt ist, bei der unter bestimmten Voraussetzungen die rechtsgeschäftliche Erklärung der Abnahme durch den Auftraggeber als abgegeben gilt.

515

Die so genannte „Vor-" und „Nachabnahme" stellen demgegenüber keine Abnahmen im rechtsgeschäftlichen Sinne dar (Ausnahme: § 13 Nr. 5 Abs. 1 S. 3 VOB/B[1252]). Unter Vorabnahme wird in der Regel verstanden, dass vor dem eigentlichen Abnahmetermin **zu dessen Vorbereitung** eine „Begehung" durchgeführt wird, die dazu dienen soll, wesentliche Mängel aufzunehmen, damit der Auftragnehmer diese bis zur Abnahme gezielt beseitigen kann. Nachabnahme meint zumeist, dass hinsichtlich bei Abnahme vorbehaltener Mängel überprüft wird, ob diese nunmehr beseitigt sind. **Auch bei Abnahme vorbehaltene Mängel sind jedoch grundsätzlich von der Abnahmewirkung umfasst**, so dass ihre Beseitigung ausschließlich Bestandteil der nach Abnahme folgenden Gewährleistungsphase ist.

516

Schließlich erwähnt § 8 Nr. 6 VOB/B den Begriff der „Abnahme" im Zusammenhang mit der Kündigung des Bauvertrages. Hiernach kann der Auftragnehmer alsbald nach der Kündigung durch den Auftraggeber „Abnahme" der von ihm ausgeführten Leistungen verlangen. Ob es sich hierbei um eine rechtsgeschäftliche Abnahme im Sinne von § 12 VOB/B handelt, ist umstritten.[1253] Nach diesseitiger Auffassung dient diese „Abnahme" nur zur Feststellung der Beschaffenheit der bis zur Vertragskündigung ausgeführten Leistungen, etwaiger Mängel hieran bzw. etwaiger Abweichungen von den vertraglichen Vereinbarungen, um hiermit eine Grundlage für die Abrechnung und somit den Vergütungsanspruch des Auftragnehmers zu schaffen. Weitergehende Bedeutung kommt dieser „Abnahme" nicht zu.

517

b) Wirkungen der Abnahme

aa) Ende Vertragserfüllung/Beweislastumkehr/Beginn der Gewährleistungsfrist

Mit der Abnahme endet die Phase der Vertragserfüllung – auch bezüglich solcher Leistungsteile, hinsichtlich derer bei Abnahme Mängel gerügt worden sind – und die weitere Behandlung der erbrachten Bauleistung richtet sich ausschließlich nach den Regeln über die Gewährleistung.[1254]

518

1249 *Ingenstau/Korbion*, § 12 Rn 73.
1250 *Nicklisch/Weick*, § 12 Rn 51.
1251 *Heiermann/Riedl/Rusam*, § 12 Rn 28.
1252 *Nicklisch/Weick*, § 13 Rn 133.
1253 *Ingenstau/Korbion*, § 8 Rn 160; *Nicklisch/Weick*, § 8 Rn 61.
1254 *Werner/Pastor*, Rn 1342.

Hieraus folgt zunächst auch, dass die **Vorleistungspflicht des Auftragnehmers beendet** wird. Beim „BGB-Bauvertrag" wird nach § 641 BGB die Vergütung des Auftragnehmers fällig, beim „VOB/B-Bauvertrag" muss hierfür noch die prüffähige Schlussrechnung (vgl. § 16 Nr. 3 Abs. 1 VOB/B) hinzukommen. Weiterhin folgt hieraus, dass mit Abnahme die vertraglich vereinbarten Gewährleistungsfristen zu laufen beginnen. Schließlich ändert sich mit Abnahme auch die Beweislast. Bis zur Abnahme trägt der Auftragnehmer die Beweislast dafür, dass sein Werk vertragsgerecht erstellt worden ist, nach der Abnahme muss der Auftraggeber das Vorhandensein etwaiger geltend gemachter Mängel beweisen.[1255]

bb) Gefahrübergang

519 Mit der Abnahme gehen Leistungsgefahr und Vergütungs- oder Preisgefahr vom Auftragnehmer auf den Auftraggeber über.[1256]

Die Leistungsgefahr betrifft die Frage, ob und inwieweit der Auftragnehmer bei zufälligem Untergang oder zufälliger Verschlechterung der begonnenen Werkleistung noch einmal leisten muss. Spezielle Regelungen hierzu enthält weder das Werkvertragsrecht des BGB noch der VOB/B, sodass die allgemeinen Grundsätze, insbesondere die §§ 275, 279 BGB greifen.

Die Vergütungs- oder Preisgefahr betrifft demgegenüber die Frage, ob der Auftragnehmer für das teilweise erstellte Werk, das durch Zufall zerstört oder beschädigt wird, eine Vergütung erhält. Hierzu sind die Regelungen des BGB und der VOB/B nicht identisch.

520 Für den „BGB-Bauvertrag" gelten §§ 644, 645 BGB. Nach § 644 BGB geht die Vergütungsgefahr nur ausnahmsweise dann vor Abnahme auf den Auftraggeber über, **wenn er mit der Abnahme im Verzug war**. Erheblich weitergehend ist die Regelung des § 645 BGB, wonach die Vergütungsgefahr auch dann vor Abnahme auf den Auftraggeber übergeht, wenn Materialien oder Instruktionen des Bestellers (Auftraggebers) fehlerhaft waren. **Zugunsten des Auftragnehmers wird § 645 BGB analog angewandt**, wenn die Beschädigung des Werkes durch eine gefährliche, nicht gebotene Handlung des Auftraggebers erfolgt oder das Leistungsobjekt vor Übergabe an den Auftragnehmer zerstört wird.[1257] Klassisches Beispiel für die letztere Alternative ist z.B. die Überflutung des Baugrundstückes.[1258] Im Übrigen fallen unter diese analoge Anwendung des § 645 BGB Konstellationen wie die vorzeitige Benutzung des Werkes durch den Auftraggeber, dieser bringt etwa in die noch nicht abgenommene Scheune Heu ein, das sich entzündet und zum Abbrennen der Scheune führt,[1259] oder auch Weisungen des Auftraggebers an Folgeunternehmer, die durch die Ausführung der Weisung Leistungen des Auftragnehmers zerstören, sowie eigene Handlungen des Auftraggebers, die der Auftragnehmer nicht verhindern kann.[1260]

521 Für den „VOB/B-Bauvertrag" gilt § 12 Nr. 6 VOB/B, wonach die Vergütungsgefahr auf den Auftraggeber übergeht, **soweit er sie nicht bereits nach § 7 VOB/B trägt**. § 7 Nr. 1 VOB/B räumt dem Auftragnehmer einen Vergütungsanspruch nach § 6 Nr. 5 VOB/B ein, wenn die ausgeführte Leistung vor Abnahme durch „höhere Gewalt", „Krieg", „Aufruhr" oder **„andere objektiv unabwendbare Umstände"** beschädigt oder zerstört wird. Zum letztgenannten Tatbestandsmerkmal der „objektiv unabwendbaren Umstände" ist anzumerken, dass der Begriff „objektiv" erst im Rahmen der Neufassung der „VOB/B 2000" eingefügt worden ist. Hintergrund dieser Neuregelung sind die zahlreichen Entscheidungen zum so genannten „Schürmann-Bau" und die hierin von der Rechtsprechung

---

1255 *Marbach/Wolter*, Die Auswirkungen bei der förmlichen Abnahme erklärter Mängelvorbehalte auf die Beweislast, BauR 1998, 36, 39.
1256 *Ingenstau/Korbion*, § 12 Rn 26, 30; *Heiermann/Riedl/Rusam*, § 12 Rn 13, 13a), 13b).
1257 *Erman*, § 645 BGB Rn 10.
1258 *Palandt*, § 645 BGB Rn 9.
1259 *Heiermann/Riedl/Rusam*, § 7 Rn 9.
1260 *Ingenstau/Korbion*, § 7 Rn 9.

entwickelten Grundsätze. Ein „klassischer" Sachverhalt und die hierzu ergangene Entscheidung sei nachfolgend kurz skizziert:

Aufgabenstellung des vom Bauherren beauftragten Rohbauunternehmers war es, einen Hochwasserschutz auf der Rheinseite zu erstellen. Diesen Hochwasserschutz entfernte der Rohbauunternehmer an verschiedenen Stellen, wodurch es während des Hochwassers zu massiven Schäden kam. Unter anderem wurde die ausgeführte, aber noch nicht abgenommene Leistung eines mit Elektroarbeiten beauftragten Unternehmers beschädigt. Dieser machte gegen den Bauherren geltend, dass die Beseitigung des Hochwasserschutzes ein für ihn „unabwendbarer Umstand" gewesen sei. Der Bauherr hielt die Argumentation entgegen, es liege ein Fehler des Rohbauunternehmers vor, für den er nicht hafte.[1261]

Der BGH hat das Vorliegen der Voraussetzungen des § 7 Nr. 1 VOB/B abgelehnt. Der Umstand, dass das schädigende Ereignis für den betroffenen Unternehmer nicht abwendbar sei, reiche nämlich nicht aus. Erforderlich sei vielmehr, **dass das Ereignis objektiv unabhängig von der konkreten Situation des betroffenen Unternehmers unvorhersehbar und unvermeidbar war**. Hieran fehle es schon dann, wenn – wie hier – die Schädigung auf den Auftraggeber zurückzuführen sei,[1262] der den Rückbau des Hochwasserschutzes „geduldet" habe.

Dem betroffenen Unternehmer wurde vom BGH gleichwohl geholfen, weil weiter klargestellt wurde, dass § 645 BGB auch auf einen „VOB/B-Bauvertrag" anwendbar ist. Der Verweis auf § 7 VOB/B in § 12 Nr. 6 VOB/B sei somit nicht als abschließende Sonderregelung zu sehen.[1263] Weiterhin hat der BGH angenommen, dass die Voraussetzungen für eine analoge Anwendung des § 645 BGB gegeben sind. Der Bauherr habe nämlich das Risiko einer Überflutung dadurch zurechenbar herbeigeführt, dass er ursprünglich einen ausreichenden Hochwasserschutz (durch den von ihm beauftragten Rohbauunternehmer) ausgeführt habe und somit alle Beteiligten darauf vertrauen durften, dass er diesen aufrechterhalten werde.[1264]

Zur Auslegung des § 7 Nr. 1 VOB/B sei noch auf folgende neuere Entscheidungen hingewiesen: Nach Meinung des OLG Bremen sind Orkanböen in den Wintermonaten an der Nordseeküste weder höhere Gewalt noch unabwendbare Umstände, da diese zu dieser Zeit an diesen Orten bisweilen auftreten und somit mit ihnen zu rechnen ist.[1265] Nach Auffassung des OLG Frankfurt stellt die mutwillige Beschädigung der Leistung keinen unabwendbaren Umstand dar, wenn es nicht fern liegt, dass der unbekannt gebliebene Täter ein Erfüllungsgehilfe des Auftragnehmers war.[1266]

522

cc) Vorbehalte

Der Auftraggeber muss sich bestimmte Rechte, will er sie nicht verlieren, bei Abnahme vorbehalten. Nach § 640 Abs. 2 BGB, der auch für den „VOB/B-Bauvertrag" gilt, muss sich der Auftraggeber Mängel, die er kennt, bei Abnahme vorbehalten, sonst verliert er die Gewährleistungsansprüche aus §§ 633, 634 BGB bzw. § 13 Nr. 5 und Nr. 6 VOB/B. **„Kenntnis" heißt hier positives Wissen des Auftraggebers, nicht etwa lediglich „kennen müssen".**[1267] Entbehrlich ist der Vorbehalt, wenn über den geltend gemachten Mangel bereits ein Rechtsstreit oder ein selbstständiges Beweisverfahren anhängig ist.[1268] Bei einem fehlenden Vorbehalt umfasst der Anspruchsverlust nur Gewährleistungsansprüche des Auftraggebers, die unabhängig von einem Verschulden des Auftragnehmers be-

523

1261 BGH BauR 1997, 1021 ff.; BGH BauR 1997, 1019 ff.
1262 BGH, a.a.O., 1020.
1263 BGH, a.a.O., 1021, 1023.
1264 BGH, a.a.O., 1021, 1023.
1265 OLG Bremen BauR 1997, 854 f.
1266 OLG Frankfurt BauR 1996, 394 f.
1267 *Nicklisch/Weick*, § 12 Rn 29.
1268 *Ingenstau/Korbion*, § 12 Rn 34.

stehen. **Die verschuldensabhängigen Gewährleistungsansprüche aus § 635 BGB, pFV und § 13 Nr. 7 VOB/B bleiben demgegenüber auch bei fehlendem Vorbehalt bestehen.**[1269]

524 Schließlich muss der Auftraggeber sich bei Abnahme auch eine Vertragsstrafe, will er sie künftig geltend machen, vorbehalten. Für den „BGB-Bauvertrag" ergibt sich dies aus § 341 Abs. 3 BGB und für den „VOB/B-Bauvertrag" folgt entsprechendes aus § 11 Nr. 4 VOB/B.

2. Der Anspruch auf Abnahme

a) Voraussetzung: Fertigstellung „frei von wesentlichen Mängeln"

525 Der Auftragnehmer kann die Abnahme beanspruchen, wenn er das geschuldete Werk frei von wesentlichen Mängeln hergestellt hat. Die korrespondierende Abnahmeverpflichtung stellt eine vertragliche Hauptpflicht des Auftraggebers dar.

Seit dem 1.5.2000 bestehen insoweit zwischen „VOB/B-Bauvertrag" und „BGB-Bauvertrag" keine Unterschiede mehr, vielmehr entsprechen sich der neu geschaffene § 640 Abs. 1 S. 2 BGB und der § 12 Nr. 3 VOB/B inhaltlich. Auch die Beweislast ist bei beiden Bestimmungen gleichermaßen so ausgestaltet, dass der Auftragnehmer beweisen muss, dass keine wesentlichen Mängel bestehen. Der Tatsache, dass einmal positiv formuliert wird „die Abnahme darf wegen wesentlicher Mängel verweigert werden" (§ 12 Nr. 3 VOB/B) und einmal negativ „die Abnahme darf wegen unwesentlicher Mängel nicht verweigert werden" (§ 640 Abs. 1 S. 2 BGB), kommt kein Gewicht zu.[1270]

Vor dem 1.5.2000 kannte das BGB eine dem jetzigen § 640 Abs. 1 S. 2 BGB bzw. dem § 12 Nr. 3 VOB/B entsprechende Regelung nicht. Solange die Grenze des Rechtsmissbrauches nicht erreicht war, berechtigten daher beim „BGB-Bauvertrag" den Auftraggeber auch unwesentliche Mängel dazu, die Abnahme zu verweigern.[1271] Bei einem Bauwerk erscheint dies in aller Regel als nicht adäquat. Die gesetzliche Neuregelung ist daher zu begrüßen.

526 Zentrale Bedeutung kommt somit der Frage zu, welche Mängel (zum Mangelbegriff siehe Rn 634 ff.) als wesentlich einzuordnen sind. Diese Frage kann naturgemäß im Vorfeld nicht abstrakt für alle Einzelfälle einheitlich beurteilt werden. **Die Rechtsprechung wägt im Wege einer Gesamtschau alle relevanten Umstände unter Zumutbarkeitsgesichtspunkten ab.**[1272] Derartige Umstände sind z.B. Art, Umfang und Auswirkungen des Mangels, Dauer der Mangelbeseitigung, Höhe der Mangelbeseitigungskosten und Nutzungsbeeinträchtigungen durch die Mangelbeseitigung, im Vertrag ausgedrückte subjektive Vorstellungen der Parteien, usw.[1273] Maßgeblich für die Beurteilung ist der Zeitpunkt der Abnahme.[1274]

Als Leitfaden für die praktische Anwendung dieser Kriterien lassen sich **drei Fallgruppen** unterscheiden:

527 **Der einzelne Mangel ist dann wesentlich**, wenn er die Nutzung ausschließt, die Funktion maßgeblich beeinträchtigt oder dazu führt, dass das Bauwerk sicherheitsrelevanten Belangen nicht genügt. Letzteres wurde z.B. bei einem Mangel angenommen, bei dem nicht ausgeschlossen werden konnte, dass durch ihn die Standsicherheit des Gebäudes beeinträchtigt war.[1275] Weiterhin wurde als wesentlicher Mangel eingestuft, dass die Höhe/Stärke des Estrichs unterschiedlich war und somit die

---

[1269] *Heiermann/Riedl/Rusam*, § 12 Rn 14a).
[1270] *Hermann*, DB 2000, 909; *Heiermann/Riedl/Rusam*, § 12 Rn 30.
[1271] *Ingenstau/Korbion*, § 12 Rn 82.
[1272] BGH BauR 1981, 284, 286.
[1273] *Ingenstau/Korbion*, § 12 Rn 83.
[1274] BGH BauR 1992, 627, 629.
[1275] BGH, a.a.O., 628.

vorgesehenen Maschinen nicht aufgestellt werden konnten,[1276] aber auch die Tatsache, dass 16 % der aufgebrachten Fliesen erhebliche Farbunterschiede aufwiesen, reichte, um einen wesentlichen Mangel anzunehmen.[1277] Ein wesentlicher Mangel liegt schließlich dann vor, wenn bei einem Wohnhaus die verschließbare Eingangstür fehlt. Demgegenüber liegt kein wesentlicher Mangel vor, wenn lediglich einer von zehn Generalschlüsseln fehlt, oder ein Fenster in einer industriellen Produktionshalle „trüb" ist.[1278]

Bei der Konstellation, **dass dem Bauwerk eine zugesicherte Eigenschaft fehlt**, hat die Rechtsprechung offen gelassen, ob es sich hierbei stets um einen wesentlichen Mangel handelt. Zu § 13 Nr. 7 VOB/B ist allerdings entschieden worden, das Fehlen einer zugesicherten Eigenschaft begründe nicht zwangsläufig einen wesentlichen Mangel.[1279] Gleichwohl ist in der Regel davon auszugehen, dass durch eine Zusicherung – jedenfalls, wenn diese individuell vereinbart worden ist – der Wille der Parteien ausgedrückt wird, dass ein Umstand für die Vertragserfüllung von zentraler Bedeutung ist. Finden sich daher derartige Zusicherungen in einem Bauvertrag, spricht einiges dafür, dass ein wesentlicher Mangel vorliegt, wenn die Zusicherung nicht erfüllt worden ist. 528

Schließlich ist die Fallgruppe geläufig, dass eine **Vielzahl von kleinen Mängeln** (oft über 1000 Stück bei größeren Bauvorhaben) auftreten, die allerdings isoliert gesehen allesamt nicht wesentlich sind. Anerkanntermaßen kann sich aus einer **Gesamtschau derartiger Mängel ein zur Abnahmeverweigerung berechtigender wesentlicher Mangel ergeben**.[1280] Abstrakte Aussagen dazu, wann dies der Fall ist, lassen sich jedoch auch in diesem Bereich nicht treffen. Auf keinen Fall ist es etwa möglich, davon auszugehen, dass z.B. bei mehr als 100, 500 oder 1000 Mängeln, stets ein wesentlicher Mangel vorliegt. Es bedarf daher der Abwägung im Einzelfall, wie in Rn 526 beschrieben. 529

Ein Lösungsansatz in der Literatur (bezogen auf ein Bürogebäude) geht dahin, den Beseitigungsaufwand aller Mängel zu erfassen und durch die vorhandenen Räume insgesamt zu teilen. Ergebe sich hiernach ein Mangelbeseitigungsaufwand von über vier Stunden pro Raum, liege ein wesentlicher Mangel vor.[1281] Die Antwort allerdings, warum die Grenze gerade bei vier und nicht etwa bei acht, zwölf oder einer anderen Stundenzahl liegt, bleibt diese Auffassung ebenso schuldig, wie eine Aussage dazu, ob dies auch dann gelte, wenn 95 % der Räume mängelfrei nutzbar sind, 5 % jedoch so erhebliche Mängel aufweisen, dass das Mittel des Beseitigungsaufwandes sechs Stunden pro Raum ausmacht.

b) Zeitpunkt der Abnahme

Auch bei diesem Aspekt besteht nach diesseitiger Auffassung zwischen „VOB/B-Bauvertrag" und „BGB-Bauvertrag" kein Unterschied. § 12 Nr. 1 VOB/B sieht vor, dass die Abnahme binnen zwölf Werktagen nach dem entsprechenden Verlangen des Auftragnehmers durchzuführen ist, wobei der Auftragnehmer dieses Verlangen berechtigt erst dann stellt, wenn er seine Leistung fertig gestellt hat. Eine besondere Form für die Äußerung des Abnahmeverlangens ist nicht vorgesehen. 530

Vor dem 1.5.2000 kannte das BGB eine entsprechende Regelung nicht, so dass der Auftraggeber nach § 271 Abs. 1 BGB zur „sofortigen" Abnahme verpflichtet war. „Sofort" im Sinne des § 271 BGB meint hierbei „in angemessener Frist", zur Bestimmung der Angemessenheit konnte auf die „branchenübliche Frist" des § 12 Nr. 1 VOB/B zurückgegriffen werden. Seit dem 1.5.2000 knüpft der neu geschaffene § 640 Abs. 1 S. 3 BGB Rechtsfolgen daran, dass der Auftraggeber das Werk nicht innerhalb einer ihm vom Auftragnehmer gesetzten angemessenen Frist abnimmt. Hieraus lässt

---

1276 OLG Karlsruhe BauR 1995, 246.
1277 *Nicklisch/Weick*, § 12 Rn 57.
1278 *Motzko/Schreiber*, Verweigerung der Bauabnahme bei einer Vielzahl kleinerer Mängel, BauR 1999, 24, 26.
1279 BGH BauR 1981, 284, 286.
1280 *Werner/Pastor*, Rn 1383.
1281 *Motzko/Schreiber*, a.a.O., S. 27.

sich nunmehr ausdrücklich die Verpflichtung des Auftraggebers zur Abnahme in angemessener Frist entnehmen. Die Frage, was „angemessen" ist, dürfte in der Regel durch einen Rückgriff auf § 12 Nr. 1 VOB/B und die hierin vorgesehenen zwölf Werktage zu beantworten sein.

c) Kosten der Abnahme

531 Grundsätzlich trägt der Auftraggeber die Kosten, die im Rahmen der Abnahme entstehen, z.B. durch die Einschaltung von Gutachtern, Sachverständigen, Rechtsanwälten usw. selbst, **da er mit der Abnahme eine eigene vertragliche Pflicht erfüllt**. Etwas anderes gilt dann, wenn sich herausstellt, dass das vom Auftragnehmer erstellte Werk nicht abnahmereif ist und die Abnahme daher zu einem späteren Zeitpunkt erneut durchgeführt werden muss. In diesem Fall kann der Auftraggeber Ersatz des ihm entstandenen unnützen und zusätzlichen Aufwandes vom Auftragnehmer aus dem Gesichtspunkt der pFV beanspruchen[1282] (z.B. Anreisekosten und Stundensatz des beauftragten Sachverständigen für den ersten gescheiterten Abnahmetermin).

d) Die unberechtigt verweigerte Abnahme

532 Die vom Auftraggeber **unberechtigt verweigerte Abnahme entfaltet Abnahmewirkung**.[1283] Zum einen lässt sich dies aus der gesetzlichen Wertung des § 162 BGB entnehmen (eine Bedingung gilt als eingetreten, wenn die Partei, zu deren Nachteil sie gereichen würde, den Eintritt wider Treu und Glauben verhindert) und zum anderen ist dies nunmehr ausdrücklich im neu geschaffenen § 640 Abs. 1 S. 3 BGB festgeschrieben. Hieraus folgt, dass der Auftragnehmer bei unberechtigt verweigerter Abnahme auch ohne diese auf Zahlung seines Werklohnes klagen kann,[1284] seine Vorleistungspflicht somit erloschen ist und die Gewährleistungsfristen zu laufen beginnen.[1285]

Da die **Abnahme vertragliche Hauptpflicht des Auftraggebers** ist, gerät er, wenn er sie unberechtigt verweigert, in Gläubigerverzug. Somit geht nach § 644 Abs. 1 S. 2 BGB die Vergütungsgefahr auf ihn über (soweit er sie beim „VOB/B-Bauvertrag" nicht schon nach § 7 VOB/B trägt). Weiterhin greifen insbesondere die Regelungen der §§ 300, 304 BGB. Hiernach haftet der Auftragnehmer nur noch für Vorsatz und grobe Fahrlässigkeit und kann Ersatz bestimmter Mehrkosten verlangen, z.B. für die Durchführung eines verlängerten Schutzes des Werkes vor Diebstahl und Beschädigung.

Unter den einschlägigen weiteren Voraussetzungen gerät der Auftraggeber weiterhin in Schuldnerverzug.

3. Die Arten der Abnahmeerklärung

a) Ausdrückliche und förmliche Abnahme

aa) Ausdrückliche Abnahme

533 Sowohl beim „VOB/B-Bauvertrag" als auch beim „BGB-Bauvertrag" ist eine formlose, d.h. auch nur mündlich erfolgende, ausdrückliche Abnahme möglich.[1286] Der Begriff „Abnahme" muss hierbei nicht verwendet werden, da es sich bei diesem ohnehin um einen Rechtsbegriff handelt. Erforderlich und ausreichend ist vielmehr, **wenn aus den Umständen und den Erklärungen des Auftraggebers zweifelsfrei geschlossen werden kann, dass er das Werk des Auftragnehmers als vertragsgerecht billigt**. Beispiele hierfür sind etwa, dass der Auftraggeber die „hervorragende" Arbeit lobt oder dem Auftragnehmer als Zeichen der Anerkennung ein Geschenk überreicht, oder eine Flasche Sekt öffnet, um den Erfolg zu feiern bzw. den Auftragnehmer zum Essen einlädt, usw.

1282 *Nicklisch/Weick*, § 12 Rn 46.
1283 *Ingenstau/Korbion*, § 12 Rn 66.
1284 *Werner/Pastor*, Rn 1346.
1285 *Marbach/Wolter*, BauR 1998, 36, 47.
1286 *Heiermann/Riedl/Rusam*, § 1 Rn 22a).

bb) Förmliche Abnahme

(1) Die Regelung der VOB/B

In § 12 Nr. 4 VOB/B ist vorgesehen, dass jede Vertragspartei eine förmliche Abnahme beanspruchen kann. Hierbei handelt es sich um eine **spezielle Form der ausdrücklichen Abnahme**. Sinn der Regelung ist es, Auftraggeber und Auftragnehmer unmittelbar die entsprechenden Feststellungen treffen zu lassen, um möglichst sogleich eine Einigung über die Vertragsgemäßheit der Leistung und etwaige Mängel zu erreichen.

534

Verlangt eine Partei die förmliche Abnahme, wird der Termin durch den Auftraggeber festgelegt. Der Termin muss hierbei so bemessen sein, dass dem Auftragnehmer ausreichend Zeit zur Vorbereitung bleibt. Bestimmt der Auftraggeber keinen Termin, so kann der Auftragnehmer ihn entsprechend mahnen und dann eine angemessene Frist setzen. Bei fruchtlosem Ablauf der Frist tritt sodann Abnahmeverzug ein.[1287]

Zum eigentlichen Procedere der förmlichen Abnahme enthält § 12 Nr. 4 VOB/B wenig Aussagen. Vorgesehen ist lediglich, dass eine Niederschrift erstellt wird, in die einerseits die Vorbehalte des Auftraggebers wegen Mängeln und Vertragsstrafe und andererseits die Einwendungen des Auftragnehmers aufgenommen werden und die beide Seiten erhalten. Eine Unterzeichnung dieser Niederschrift durch die Parteien ist nach h.M. für die Wirksamkeit der Abnahme nicht erforderlich.[1288]

535

Wenn § 12 Nr. 4 VOB/B auch davon spricht, dass die Einwendungen des Auftragnehmers in die Niederschrift aufgenommen werden, so kann hieraus nicht etwa geschlossen werden, dass der Auftragnehmer, erhebt er keine Einwendungen, die Mängel bzw. die beanspruchte Vertragsstrafe anerkennt. **Das Protokoll bestätigt vielmehr lediglich, dass der Auftraggeber die entsprechenden Vorbehalte angemeldet hat und somit keine Rechtsverluste erleidet.**[1289] Von daher ist dem Auftragnehmer bei der Geltendmachung von Einwendungen stets zur Vorsicht zu raten. Bestreitet er nämlich nur einzelne vom Auftraggeber gerügte Mängel, provoziert er den späteren Vorwurf, die übrigen Mängel seien von ihm anerkannt worden. Bestreitet er die Mängel „zu heftig", wird ihm später möglicherweise vorgehalten, er habe die Beseitigung der Mängel endgültig abgelehnt und somit sein Nachbesserungsrecht verwirkt. Geschickt ist daher nach diesseitigem Dafürhalten, wenn der Auftragnehmer lediglich zusagt, dass er die erhobenen Mängelrügen inhaltlich prüfen werde. Allerdings kann auch bereits wegen dieser Aussage später die Fragestellung auftreten, ob dies zu einer Hemmung der Gewährleistungsfristen geführt habe (vgl. § 639 Abs. 2 BGB). **Weitere vertraglich relevante Erklärungen, z.B. Anerkenntnisse von Verspätungen, Schäden, Mängeln usw. haben grundsätzlich in einem Abnahmeprotokoll nichts zu suchen.** Auf die bisweilen von Auftraggebern geübte Praxis, anlässlich des Abnahmetermins gleich „einige Zugeständnisse" vom Auftragnehmer zu erhalten, sollte sich der Auftragnehmer daher nicht einlassen.

536

Häufig treffen die Parteien zum Inhalt des Protokolls über § 12 Nr. 4 VOB/B hinausgehend weitere Regelungen, z.B., dass Ort und Tag der Abnahme, Teilnehmer an der Abnahme sowie die Bezeichnung des Bauvorhabens aufzunehmen sind und das Protokoll von beiden Vertragsparteien zu unterzeichnen ist. Ein entsprechendes „Musterabnahmeprotokoll" findet sich im Teil B.

Die Parteien können auch bereits im Bauvertrag festlegen, dass die Abnahme förmlich durchgeführt werden soll. Durch eine solche Vereinbarung werden alle anderen Abnahmeformen (siehe Rn 515) ausgeschlossen.[1290] Problematisch gestaltet sich die Situation dann, wenn die Parteien nach Fertigstellung auf die vereinbarte förmliche Abnahme nicht zurückkommen, sei es, weil sie keiner verlangt, oder sie vergessen wird. Bei einer solchen Konstellation gilt es, folgende Fragen zu beantworten:

537

[1287] *Ingenstau/Korbion*, § 12 Rn 96.
[1288] *Ingenstau/Korbion*, § 12 Rn 104, aber streitig.
[1289] *Heiermann/Riedl/Rusam*, § 12 Rn 38b).
[1290] *Dähne*, Die „vergessene" förmliche Abnahme nach § 12 Nr. 4 VOB/B, BauR 1980, 223, 226.

Kann auf eine vereinbarte förmliche Abnahme konkludent verzichtet werden? Welche Abnahmeformen kommen nach einem etwaigen konkludenten Verzicht in Betracht? Gelten bei einer etwa dann auch möglichen fiktiven Abnahme die Fristen des § 12 Nr. 5 VOB/B?

538 Es entspricht ganz h.M., **dass auf eine vereinbarte förmliche Abnahme auch durch konkludentes Verhalten verzichtet werden kann**.[1291] Die Anforderungen daran, einen solchen Verzicht anzunehmen, sind jedoch nach einer neueren Entscheidung des OLG Düsseldorf[1292] recht hoch einzustufen. Zu fordern ist ein eindeutig zum Ausdruck kommender Verzichtswille, wozu die Aufforderung des Auftraggebers an den Auftragnehmer, die Schlussrechnung zu übersenden, ebensowenig ausreicht, wie die Ingebrauchnahme des Werks über einen Zeitraum von vier Monaten durch den Auftraggeber, wenn letzterer innerhalb dieses Zeitraumes mehrmals Mängelrügen erhebt.[1293] Ist dieser Verzichtswille jedoch einmal gegeben, geht die Rechtsprechung weiter davon aus, dass dann **alle anderen Abnahmeformen, mithin auch die fiktive Abnahme nach § 12 Nr. 5 VOB/B, in Betracht kommen**. Allerdings gelten in diesem Fall für die fiktive Abnahme nicht die kurzen Fristen des § 12 Nr. 5 Abs. 1 und Abs. 2 VOB/B, vielmehr läuft dann eine im Einzelfall nach Treu und Glauben zu ermittelnde längere Frist.[1294] In der Literatur finden sich demgegenüber Stimmen, die die Möglichkeit einer fiktiven Abnahme nach konkludenter Aufhebung einer förmlich vereinbarten Abnahme nicht für gegeben halten.[1295]

539 Im Grundsatz ist der Rechtsprechung zuzustimmen. Wird die vereinbarte förmliche Abnahme aufgegeben, ist nicht einzusehen, warum dann nicht auch wieder alle denkbaren Abnahmevarianten unter Einschluss der fiktiven Abnahme eröffnet sein sollten. Allerdings ist vor der nahe liegenden Gefahr zu warnen, allein durch Zeitablauf und somit letztlich anhand der Grundsätze von Treu und Glauben darauf zu schließen, sowohl die vereinbarte förmliche Abnahme sei aufgegeben worden als auch die Abnahme sei im Wege einer Fiktion erfolgt. Dies lässt sich jedoch mit der zutreffenden Rechtsprechung dadurch sicherstellen, dass nicht vorschnell eine konkludente Aufhebung der vereinbarten förmlichen Abnahme angenommen wird. Beide Parteien sind insoweit gehalten, darauf zu achten, dass nicht „ungewollt" der Eindruck entsteht, eine förmliche Abnahme werde von ihnen nicht mehr gewünscht. Der Auftraggeber ist nämlich insoweit mit dem Risiko belastet, sich dem späteren Vorwurf auszusetzen, die erforderlichen Vorbehalte zum fiktiv angesetzten Abnahmezeitpunkt nicht ausgesprochen zu haben, und für den Auftragnehmer könnte sich das unschöne Ergebnis einstellen, dass sein Werk auch nach erheblichem Zeitablauf noch nicht abgenommen ist, da ein entsprechender Verzichtswille hinsichtlich der förmlichen Abnahme beim Auftraggeber nicht feststellbar ist.

(2) Die Regelung des BGB

540 Das BGB kennt eine „förmliche Abnahme" nicht.[1296] Soll eine solche erfolgen, was gerade bei größeren Bauvorhaben zu empfehlen ist, **bedarf es einer entsprechenden vertraglichen Vereinbarung**. Die Anmerkungen zu Rn 534 ff. gelten dann entsprechend.

Da eine förmliche Abnahme alle anderen Formen der Abnahme ausschließt, ist ihre Vereinbarung im Rahmen von Allgemeinen Geschäftsbedingungen nur wirksam, wenn weiter vorgesehen ist, dass die förmliche Abnahme in angemessener Frist nach Fertigstellung der Leistung erfolgt.[1297]

1291 *Werner/Pastor*, Rn 1388.
1292 OLG Düsseldorf BauR 1999, 404 ff.; *Nicklisch/Weick*, § 12 Rn 67–69.
1293 OLG Düsseldorf, a.a.O., 405.
1294 OLG Düsseldorf BauR 1981, 294.
1295 *Dähne*, BauR 1980, 223, 226; *Werner/Pastor*, Rn 1388.
1296 *Ingenstau/Korbion*, § 12 Rn 89.
1297 BGH BauR 1996, 378.

b) Konkludente Abnahme

Sowohl beim „VOB/B-Bauvertrag" als auch beim „BGB-Bauvertrag" ist es auch möglich, dass die Abnahme vom Auftraggeber nicht ausdrücklich, **vielmehr lediglich durch konkludente Handlung erklärt wird**. Der Auftraggeber muss hierbei durch sein Verhalten eindeutig zum Ausdruck bringen, dass er die vom Auftragnehmer erbrachte Werkleistung als vertragsgerecht ansieht.[1298]

541

Bei dieser Abnahmeform stellen sich zwei Fragen, nämlich, welche Handlungen des Auftraggebers als konkludente Abnahme zu werten und wann die entsprechenden Vorbehalte zu erklären sind.

Die erste Frage lässt sich, wie jede Frage, bei der Kriterien der objektiven Auslegung von Verhaltensweisen und eine entsprechende Gesamtschau aller Umstände zu berücksichtigen sind, nicht abstrakt beantworten. Nachfolgend kann daher anhand von Einzelentscheidungen nur ein entsprechender „Orientierungsrahmen" aufgezeigt werden.

542

Die Annahme einer **konkludenten Abnahme scheidet regelmäßig dann aus**, wenn vertraglich eine ausdrückliche oder gar förmliche Abnahme vereinbart ist, wenn die Leistung nur teilweise und vertragswidrig ausgeführt worden ist, da dann keine Billigung des Auftraggebers angenommen werden kann,[1299] wenn eine Ingebrauchnahme der Leistung unter „Druck" erfolgt,[1300] d.h. man etwa nur deshalb in die neu erstellte Wohnung einzieht, weil die eigene (alte) Wohnung bereits geräumt wurde, oder die mangelhafte Heizung nur deshalb in Betrieb genommen wurde, um Schadensweiterungen ohne Beheizung zu vermeiden, oder die mangelhaft erstellte Fahrbahn nur deshalb genutzt wurde, weil andernfalls die vollständige Fortführung der Arbeiten blockiert wäre. Selbstverständlich scheidet die Annahme einer konkludenten Abnahme auch immer dann aus, wenn der Auftraggeber ausdrücklich die Abnahme verweigert hat.[1301]

Nicht ausreichend für eine konkludente Abnahme ist es, wenn lediglich gemeinsam das Aufmaß genommen wird, der Auftraggeber ankündigt, eine Ersatzvornahme durchzuführen oder Abschlagszahlungen geleistet wurden.[1302]

Starke Indizien für die Annahme einer konkludenten Abnahme sind demgegenüber gegeben, wenn der Auftraggeber die Schlusszahlung vorbehaltlos leistet, er die für die Vertragserfüllung gestellte Sicherheit zurückreicht, oder nur noch die Gewährleistungssicherheit einbehält, er zu Gunsten des Auftragnehmers eine Sicherungshypothek einträgt, oder das Werk ohne „Druck" unbeanstandet in Benutzung nimmt, z.B. in das fertig gestellte Haus oder die fertig gestellte Wohnung einzieht. Gleichfalls für eine konkludente Abnahme spricht, wenn der Auftraggeber das fertig gestellte Werk, z.B. die Wohnung, unter Hinweis auf die Benutzungsfertigkeit zum Verkauf anbietet.[1303]

Auch bei einer konkludenten Abnahme muss der Auftraggeber die Vorbehalte nach §§ 640 Abs. 2, 341 Abs. 3 BGB, bzw. § 11 Nr. 4 VOB/B in dem Moment der Abnahme erklären. Da jedoch eine ausdrückliche Abnahmeerklärung des Auftraggebers fehlt, ist der maßgebliche Moment häufig schwer feststellbar. Gerade bei der Ingebrauchnahme des Werkes räumt die Rechtsprechung dem Auftraggeber eine im Einzelfall zu bestimmende angemessene Prüfungszeit ein, soweit eine ausführliche Prüfung durch den Auftraggeber nicht schon zu einem früheren Zeitpunkt erfolgt ist.[1304] Mit Ablauf dieser Prüfungszeit ist die Abnahme erfolgt und mithin ist spätestens zu diesem Zeitpunkt der Vorbehalt anzumelden.

543

[1298] *Nicklisch/Weick*, § 12 Rn 41.
[1299] *Werner/Pastor*, Rn 1352.
[1300] OLG Koblenz BauR 1997, 482 f.
[1301] BGH BauR 1985, 200.
[1302] *Ingenstau/Korbion*, § 12 Rn 59.
[1303] *Ingenstau/Korbion*, § 12 Rn 56.
[1304] *Ingenstau/Korbion*, § 12 Rn 57.

c) Fiktive Abnahme

aa) Die Regelungen der VOB/B

544 Für den „VOB/B-Bauvertrag" enthält § 12 Nr. 5 Abs. 1 und Abs. 2 VOB/B zwei alternative Erscheinungsformen einer fiktiven Abnahme.

Nach Abs. 1 gilt die Leistung zwölf Werktage nach schriftlicher Mitteilung der Fertigstellung durch den Auftragnehmer als abgenommen, wenn keine Partei die Abnahme verlangt. Ungeschriebene Tatbestandsmerkmale des Abs. 1 sind insoweit, dass eine Abnahmeverweigerung des Auftraggebers nicht vorliegt und die Bauleistung im Wesentlichen fertig gestellt ist.[1305] Maßgeblich für den Beginn der Zwölf-Werktage-Frist ist der Zugang der Mitteilung über die Fertigstellung beim Auftraggeber. Für die Handhabung des § 12 Nr. 5 Abs. 1 VOB/B ist somit die Frage relevant, was als Mitteilung der Fertigstellung anzusehen ist. Einigkeit besteht dahingehend, dass der Begriff „Fertigstellung" nicht ausdrücklich verwendet werden muss. Als ausreichend wird angesehen, wenn der Auftragnehmer die Schlussrechnung übersendet oder mitteilt, dass er jetzt die Baustelle räumt.[1306]

545 § 12 Nr. 5 Abs. 2 S. 1 VOB/B nimmt dann eine fiktive Abnahme an, **wenn der Auftraggeber das erstellte Werk in Benutzung genommen hat und sechs Werktage nutzt.** Eine Benutzung liegt neben den Beispielen aus Rn 542 etwa vor, wenn eine Straße, eine Brücke oder ein Tunnel für den Verkehr freigegeben oder ein Ladenlokal eröffnet wird.

Zunächst ist diese Form der fiktiven Abnahme abzugrenzen von der konkludenten Abnahme durch Ingebrauchnahme des erstellten Werkes (siehe hierzu Rn 541). Bei der konkludenten Abnahme lässt sich aus dem Verhalten des Auftraggebers entnehmen, dass er bewusst erklärt, die Leistung abzunehmen, mithin ein entsprechender Wille bei ihm vorhanden ist. Bei der fiktiven Abnahme liegt demgegenüber ein solcher Abnahmewille des Auftraggebers gerade nicht vor.[1307]

Selbstverständlich setzt auch diese Form der Abnahme voraus, dass die Leistung im Wesentlichen vertragsgerecht erbracht ist, keine Partei eine Abnahme verlangt und eine Abnahmeverweigerung des Auftraggebers nicht gegeben ist. § 12 Nr. 5 Abs. 2 S. 2 VOB/B stellt schließlich klar, dass eine Benutzung eines Teils der Leistung zur Fortführung der Arbeiten nicht als Abnahme gilt.

546 Nach § 12 Nr. 5 Abs. 3 VOB/B **sind die Vorbehalte des Auftraggebers spätestens am letzten Tag der Frist zu erklären**, wobei für die Bestimmung der Frist §§ 187 ff. BGB einschlägig sind. Der Auftraggeber kann die Vorbehalte auch nur mündlich erklären,[1308] wovon jedoch unter Aspekten der Beweissicherung abzuraten ist.

Billigt der Auftraggeber während der laufenden Frist das Werk des Auftragnehmers ausdrücklich oder konkludent, so ist hiermit die Abnahme erfolgt. Auf den weiteren Fristablauf kommt es dann nicht mehr an.

bb) Die Regelung des BGB

547 Bis zum 30.4.2000 kannte das BGB eine fiktive Abnahme nicht. Infolge der seit dem 1.5.2000 geltenden Regelung des § 640 Abs. 1 S. 3 BGB steht es jedoch der Abnahme gleich, **wenn der Auftraggeber das Werk nicht innerhalb einer ihm vom Auftragnehmer gesetzten angemessenen Frist abnimmt, obwohl er dazu verpflichtet ist.** In dieser Norm könnte durchaus eine „fiktive Abnahme" gesehen werden, da die Abnahmewirkung unabhängig vom Willen des Auftraggebers eintritt, was typisches Kennzeichen einer fiktiven Abnahme ist.

[1305] *Nicklisch/Weick*, § 12 Rn 76.
[1306] *Heiermann/Riedl/Rusam*, § 12 Rn 43a).
[1307] *Nicklisch/Weick*, § 12 Rn 73.
[1308] *Ingenstau/Korbion*, § 12 Rn 130.

Hiergegen mag zunächst eingewandt werden, dass § 640 Abs. 1 S. 3 BGB lediglich davon spricht, „der Abnahme stehe es gleich", also zwischen der Abnahme selbst einerseits und der Abnahmewirkung andererseits unterscheidet. Die Abnahme fingiere diese Vorschrift nicht, lasse vielmehr lediglich die Abnahmewirkungen eintreten. Eine derartige Betrachtung ist allerdings nicht zutreffend. Hierdurch würde eine von § 640 Abs. 1 S. 3 BGB nicht gewollte künstliche Aufspaltung vorgenommen, für die keinerlei Notwendigkeit besteht. Immerhin ist die Abnahme kein Selbstzweck, sondern wird gerade wegen ihrer Wirkungen für erforderlich erachtet und sodann erklärt bzw. verweigert. Auch der mögliche Einwand, die fiktive Abnahme nach § 12 Nr. 5 VOB/B setze voraus, dass keine Partei die Abnahme verlange, während bei § 640 Abs. 1 S. 3 BGB der Auftragnehmer gerade den Auftraggeber zur Abnahme auffordere, spricht nicht gegen eine Einordnung als fiktive Abnahme. Der Schwerpunkt liegt nämlich nicht auf der Frage, ob eine Abnahme verlangt worden ist, sondern darauf, ob sie unabhängig vom zum Ausdruck kommenden Willen erfolgt.

Gleichwohl besteht nach diesseitiger Auffassung zwischen § 12 Nr. 5 VOB/B und § 640 Abs. 1 S. 3 BGB ein zentraler Unterschied, nämlich hinsichtlich der Beweislast für streitige Mängel.[1309] Die fiktive Abnahme des § 12 Nr. 5 VOB/B stellt eine „vollwertige" Abnahme dar, d.h., ist sie erfolgt, muss der Auftraggeber das Vorhandensein von Mängeln nachweisen. § 640 Abs. 1 S. 3 BGB ist jedoch so formuliert, **dass der Auftragnehmer in der Pflicht zum Nachweis bleibt, der Auftraggeber sei zur Abnahme verpflichtet gewesen**. Dem Auftraggeber steht nämlich nach der „Abnahme" noch der Einwand offen, er sei wegen wesentlicher Mängel nicht zur Abnahme verpflichtet gewesen. Daher wird diesseits davon ausgegangen, dass § 640 Abs. 1 S. 3 BGB keine gesetzliche Normierung einer fiktiven Abnahme beinhaltet.

Eine andere Sicht, dies sei an dieser Stelle nur kurz angedeutet, hätte weit reichende Konsequenzen für die Behandlung der Frage, inwieweit § 12 Nr. 5 VOB/B und sonstige Klauseln, die eine fiktive Abnahme enthalten, mit dem AGBG vereinbar ist (vgl. Rn 120, 587).[1310]

4. Dokumentation der Abnahmereife/Mängelfreiheit

a) Ausgangslage

Mit der „rechtlichen Wahrheit", dass bei einer unberechtigten Abnahmeverweigerung des Auftraggebers die Abnahmewirkungen eintreten, ist dem Auftragnehmer zunächst wenig geholfen. Bis rechtskräftig festgestellt ist, dass das Werk am Tag X tatsächlich zu Unrecht nicht abgenommen worden ist, vergeht erhebliche Zeit. Bis dahin bestehen zu dieser Frage gravierende Unsicherheiten, und zwar nicht nur dahingehend, ab wann die Abnahmewirkungen eingetreten sind und der Auftragnehmer seine Vergütung beanspruchen kann, sondern auch darüber, inwieweit der Auftragnehmer für eine Verspätung verantwortlich ist. Bei einer verspäteten Fertigstellung werden in der Baubranche üblicherweise nicht nur empfindliche Vertragsstrafen vereinbart, vielmehr drohen darüber hinaus oft beträchtliche Verzugsschäden. Man denke nur etwa an den Umzug des Rechenzentrums einer Großbank, wo eine verspätete Fertigstellung dazu führen könnte, dass die Bank über Tage nicht auf ihre Rechner zurückgreifen könnte. Dieser Schaden würde zweifelsohne „astronomische Dimensionen" annehmen. Im späteren Rechtsstreit steht in der Regel nur fest, dass das Werk jedenfalls jetzt fertig ist. Der Auftragnehmer trägt darüber hinaus vor, bereits am Tage X fertig gewesen zu sein und hiernach – wie üblich – nur noch Mängel beseitigt zu haben. Der Auftraggeber wird einwenden, der Auftragnehmer habe erst erheblich später ein abnahmefähiges Werk abgeliefert, am Tage X hätten jedenfalls noch gravierende Mängel bestanden.

Entscheidendes Gewicht kommt daher den Möglichkeiten zu, **schnell und im Ergebnis für einen etwaigen späteren Rechtsstreit verlässlich zu dokumentieren, zu welchem Zeitpunkt das ent-**

1309 *Heiermann/Riedl/Rusam*, § 12 Rn 46 einerseits und *Nicklisch/Weick*, § 12 Rn 87 andererseits.
1310 Im Ergebnis ebenso *Glatzel/Hofmann/Frikell*, S. 266.

sprechende Werk im Wesentlichen mängelfrei erstellt war. Bei streitigen Mängeln in der Gewährleistungsphase tauchen entsprechende Fragen auf, der Handlungsdruck insbesondere des Auftragnehmers ist dann jedoch trotz etwa herausgereichter Gewährleistungssicherheiten und etwaiger Einbehalte nebst Druckzuschlag regelmäßig nicht ganz so hoch.

Bis zum 30.4.2000 wurde in dieser Situation zumeist auf die Regelungen des selbstständigen Beweisverfahrens (§§ 485 ff. ZPO) zurückgegriffen. Daneben kamen insbesondere vertragliche Regelungen zu Schiedsgutachtern sowie der Einsatz von Privat- oder Parteigutachtern in Betracht. Seit dem 1.5.2000 gilt mit der Regelung des § 641 a BGB, der so genannten „Fertigstellungsbescheinigung", ein vollständig neues Verfahren zur Erwirkung der Abnahme, das an ein Schiedsgutachterverfahren erinnert, bislang aber sowohl im Werkvertragsrecht des BGB als auch der VOB/B ohne Vorbild ist. Es mag sein, dass hierdurch im Bereich der Abnahme das selbstständige Beweisverfahren, Vereinbarungen zu Schiedsgutachtern und der Privat – Parteigutachter an Bedeutung verlieren werden. Für die Gewährleistungsphase werden diese nachfolgend insgesamt dargestellten Institute jedenfalls ihre Bedeutung behalten.

b) Die Fertigstellungsbescheinigung

aa) Zum Regelungsinhalt des § 641 a BGB

550 Nach § 641 a BGB **steht es der Abnahme gleich**, wenn dem Unternehmer (Auftragnehmer) von einem Gutachter eine Bescheinigung (Fertigstellungsbescheinigung) erteilt wird, nach der das Werk frei von solchen Mängeln ist, die entweder der Besteller (Auftraggeber) gegenüber dem Gutachter behauptet, oder die für den Gutachter bei einer Besichtigung feststellbar sind. Von dieser Bescheinigung erhält der Besteller eine Abschrift. Wesentliche Rechtsfolgen der Abnahme treten erst mit Zugang dieser Bescheinigung beim Besteller ein.

Vorgenanntes gilt allerdings nicht, wenn das in § 641 a Abs. 2 – 4 BGB vorgesehene Verfahren nicht eingehalten worden ist oder die Voraussetzungen des § 640 Abs. 1 S. 1 und S. 2 BGB nicht gegeben waren, d.h. insbesondere das Werk noch wesentliche Mängel aufweist. Den entsprechenden Beweis muss im Streitfalle der Auftraggeber führen.

§ 640 Abs. 1 S. 2 BGB findet im Rahmen einer Fertigstellungsbescheinigung keine Anwendung.

Zum Verfahren enthalten die Abs. 2 – 4 dieser Vorschrift folgende wesentliche Vorgaben: Einigen sich die Parteien nicht auf den Gutachter, wird dieser auf Antrag des Unternehmers von der IHK, einer Handwerks-, Architekten- oder Ingenieurkammer bestimmt, wobei es sich um einen öffentlich bestellten und vereidigten Sachverständigen handeln muss. Beauftragt wird er vom Unternehmer, ist jedoch zu Unparteilichkeit verpflichtet und Unternehmer und Besteller gleichermaßen verantwortlich. Vor seiner Entscheidung hat der Gutachter mindestens einen Besichtigungstermin durchzuführen und hierzu auch den Besteller zu laden. Der Besteller hat die Untersuchung des Werkes zu gestatten, andernfalls wird die vertragsgemäße Erstellung vermutet und die Fertigstellungsbescheinigung erteilt. Die Frage, ob Mängel gegeben sind, beantwortet der Gutachter nach dem ihm vom Unternehmer zur Verfügung gestellten schriftlichen Vertrag. Vertragsänderungen hat der Gutachter nur zu beachten, wenn sie zwischen Besteller und Unternehmer unstreitig sind oder schriftlich vorliegen. Fehlen im Vertrag die maßgeblichen Angaben, hat der Gutachter von den allgemein anerkannten Regeln der Technik auszugehen.

bb) Zur Bewertung der Neuregelung

551 Der Ansatz des Gesetzgebers, dem Auftragnehmer mit dieser Vorschrift ein Instrument an die Hand zu geben, bei unberechtigter Abnahmeverweigerung durch den Auftraggeber seine Vergütungsansprüche zügig im Wege des Urkundsbeweises betreiben und ohne Sicherheitsleistung vorläufig vollstrecken zu können, ist zu begrüßen. Der Inhalt der gewählten Regelung wirft allerdings eine Vielzahl von Fragen auf, so dass man gespannt sein darf, ob ihr in Zukunft die angedachte Schlagkraft zukommt.

Einige Aspekte seien nachfolgend kurz angesprochen:

Zwingendes Recht stellt § 641 a BGB nicht dar, was sich aus einem Vergleich mit § 648 a BGB, insbesondere dessen Abs. 7 ableiten lässt. Somit kann § 641 a BGB vertraglich ausgeschlossen werden. Einiges spricht dafür, dass dieser Ausschluss auch durch Allgemeine Geschäftsbedingungen erfolgen kann, da § 641 a BGB wohl nicht Grundgedanke der gesetzlichen Regelung über das Werkvertragsrecht ist.[1311]

Nicht klar gestellt worden ist das **Verhältnis zum selbstständigen Beweisverfahren**. Es stellt sich inbesondere die Frage, ob § 641 a BGB ein „rechtliches Interesse" im Sinne des § 485 Abs. 2 ZPO entfallen lässt. Diesseits wird allerdings davon ausgegangen, dass neben § 641 a BGB ein selbstständiges Beweisverfahren möglich ist, da insbesondere **§ 641 a BGB eine dem § 493 Abs. 1 ZPO vergleichbare Regelung nicht enthält** und nur innerhalb des selbstständigen Beweisverfahrens eine Streitverkündung, für die ein erhebliches praktisches Bedürfnis besteht, möglich ist (vgl. Rn 569).

Keine Angaben enthält § 641 a BGB zur **Möglichkeit der Einbeziehung Dritter**. Hierfür besteht jedoch bei den oft „langen Vertragsketten" und der Vielzahl von Beteiligten an einem Bauvorhaben ein praktisches Bedürfnis, sollen widersprechende Entscheidungen verhindert werden. Wie soll sich etwa der Generalunternehmer gegenüber dem Bauherren absichern, wenn sein Nachunternehmer gegen ihn nach § 641 a BGB vorgeht?

Nicht frei von Widersprüchen erscheinen in § 641 a BGB die Anforderungen an den Grad der zu fordernden Mängelfreiheit.[1312] Abs. 1 Ziff. 2 ist zu entnehmen, dass das Werk **frei von Mängeln** sein muss, somit die Fertigstellungsbescheinigung nicht zu erteilen ist, wenn Mängel – auch unwesentliche – vorliegen. In diesem Punkt wird mithin die Gesetzeslage vor dem 1.5.2000 fortgeschrieben und inhaltlich von den Regelungen des neuen § 640 Abs. 1 S. 2 BGB abgewichen. Auf der anderen Seite formuliert § 641 a Abs. 1 S. 2 BGB, dass diese „Abnahmeform" entfällt, wenn der Besteller nachweist, dass wesentliche Mängel vorhanden waren. Hieraus folgt, dass bei unwesentlichen Mängeln eine Fertigstellungsbescheinigung zwar nicht erteilt werden darf, der Auftraggeber aber machtlos ist, wenn sie gleichwohl erteilt wird.

§ 640 Abs. 2 BGB ist bei Erteilung einer Fertigstellungsbescheinigung nicht anzuwenden. Dies ist zunächst konsequent, da eine Fertigstellungsbescheinigung nur erteilt werden soll, wenn keine Mängel vorliegen. Wegen des vorstehend aufgezeigten Widerspruches existieren jedoch Stimmen dahingehend, eine Fertigstellungsbescheinigung sei auch zu erteilen, wenn keine wesentlichen Mängel vorlägen, unwesentliche Mängel stünden mithin ihrer Erteilung nicht entgegen.[1313] Will man sich dieser Interpretation anschließen, folgen sodann die Fragen, ob weiterhin § 640 Abs. 2 BGB ausgeschlossen ist, ob es gegebenenfalls einen anderen, späteren Zeitpunkt gibt, zu dem die entsprechenden Vorbehalte angebracht werden müssen, und schließlich, was für die Vorbehalte gemäß § 341 Abs. 3 BGB bzw. § 11 Nr. 4 VOB/B gilt.

Auch hinsichtlich des Sachverständigen verbleiben Fragen, etwa, ob dieser verpflichtet ist, die Aufgabe zu übernehmen, wie er honoriert wird und unter welchen Voraussetzungen der Auftragnehmer diese Kosten vom Auftraggeber erstattet erhält, ob er auch gegenüber dem Auftraggeber bei einfacher Fahrlässigkeit haftet und **ob er von den Parteien wie ein Schiedsrichter nach § 1036 ZPO abgelehnt werden kann** oder, wofür wohl mehr spricht, wie bei einem Schiedsgutachter grundsätzlich kein Recht zur Ablehnung besteht.

[1311] A.A. *Glatzel/Hofmann/Frikell*, S. 275.
[1312] *Heiermann/Riedl/Rusam*, § 12 Rn 47; *Hermann*, DB 2000, 909, 912.
[1313] *Hermann*, a.a.O., S. 913; a.A. *Glatzel/Hofmann/Frikell*, S. 275.

555 Die dem Sachverständigen zugewiesene Aufgabe scheint fast unlösbar. Anhand „eines" schriftlichen Vertrages (das Gesetz wird hierbei wohl den Bauvertrag der Parteien meinen), hilfsweise anhand der allgemein anerkannten Regeln der Technik soll er entscheiden, ob ein Mangel vorliegt, also eine Abweichung der vertraglich festgelegten „Soll-Beschaffenheit" von der „Ist-Beschaffenheit". Wie kompliziert und zeitaufwendig es ist, die vertragliche „Soll-Beschaffenheit" zu ermitteln, zeigen plastisch die langen Verfahrensdauern von Bauprozessen, denen im Übrigen oft bereits genauso lange außergerichtliche Streitigkeiten der Parteien vorausgegangen sind. Der Rückgriff auf die allgemein anerkannten Regeln der Technik ist ebenfalls problematisch. Zum einen wird der Leistungsumfang und somit auch die überhaupt erst anwendbaren allgemein anerkannten Regeln der Technik durch den Vertrag definiert und zum anderen zeigen zahlreiche Entscheidungen, wie diffizil das Verhältnis des Mangelbegriffes zu den allgemein anerkannten Regeln der Technik ist. Bei den so genannten „Flachdachentscheidungen" (siehe hierzu Rn 653) wäre eine Fertigstellungsbescheinigung wohl zu erteilen gewesen.

556 Zu begrüßen ist die Regelung, wonach der **Besteller die Untersuchung des Werkes gestatten muss**, andernfalls die Fertigstellungsbescheinigung zu erteilen ist. Hierdurch werden entsprechende Schwierigkeiten des selbstständigen Beweisverfahrens (insbesondere in zeitlicher Hinsicht) angemessen gelöst (vgl. Rn 567). Problematisch bleibt jedoch die Situation, in der der Besteller nicht oder bei Begutachtung nicht mehr Besitzer des Werkes ist. Dann erscheint § 641 a BGB als Möglichkeit vollständig auszuscheiden.

c) Das selbstständige Beweisverfahren

aa) Ziel und Vorteile

557 Im Rahmen eines selbstständigen Beweisverfahrens können **Mängel, ihre Ursachen, mögliche Methoden der Beseitigung und die hierdurch ausgelösten Kosten festgestellt werden**. Ebenso kann in technischer Hinsicht die Frage geklärt werden, wer von vielen am Bauvorhaben Beteiligten die Verantwortung für den Mangel trägt.[1314] Gegenüber einem (Hauptsache-) Rechtsstreit bietet das selbstständige Beweisverfahren im Wesentlichen drei Vorteile:

Es kann erheblich schneller durchgeführt werden, da nach § 490 ZPO über den Antrag ohne mündliche Verhandlung entschieden werden kann. Gleichwohl kann das Ergebnis nach § 493 ZPO grundsätzlich in einem späteren Hauptsacheprozess verwendet werden. Schließlich ist es kostengünstig, da nur eine halbe Gerichtsgebühr anfällt und kein Anwaltszwang besteht (Nr. 1140 des Kostenverzeichnisses zum GKG und §§ 486 Abs. 4, 78 Abs. 3 ZPO, siehe aber Rn 563).

bb) Zulässigkeitsvoraussetzungen

558 Der praktisch relevanteste Fall ist in § 485 Abs. 2 ZPO geregelt. Hiernach kann eine Partei, wenn ein Rechtsstreit noch nicht anhängig ist, die schriftliche Begutachtung durch einen Sachverständigen beantragen, wenn sie ein **rechtliches Interesse** daran hat, dass der Zustand einer Person oder der Zustand oder der Wert einer Sache (Nr. 1), die Ursache eines Personenschadens, Sachschadens oder Sachmangels (Nr. 2), oder der Aufwand für die Beseitigung eines Personenschadens, Sachschadens oder Sachmangels (Nr. 3) festgestellt wird.

Der Zustand einer Sache beschränkt sich nicht auf die äußerlich erkennbaren Merkmale, vielmehr kann der Sachverständige auch Eingriffe in das Bauwerk vornehmen, wenn dadurch der Zustand der Sache umfassender festgestellt werden kann.[1315] Das Feststellen der Ursache des Mangels meint das Aufzeigen der hierfür **relevanten technischen Zusammenhänge, nicht etwa das Feststellen der rechtlichen Verantwortlichkeit**.[1316] Allerdings ist der Sachverständige nicht gehindert, den

---

[1314] Etwa *Lauer/Klein*, Privates Baurecht, 2000, § 13 Rn 2–5.
[1315] *Werner/Pastor*, Rn 28.
[1316] *Thomas/Putzo*, § 485 ZPO Rn 5–7.

Schaden/Mangel aus seiner Sicht einem Beteiligten zuzuordnen. Es ist jedoch Aufgabe des Richters, später diese technische Zuordnung rechtlich zu würdigen.

Das rechtliche Interesse sieht § 485 Abs. 2 Nr. 3 S. 2 ZPO immer dann als gegeben an, wenn die Feststellung **der Vermeidung eines Rechtsstreites dienen kann**. Strenge Voraussetzungen sind hieran nicht zu stellen.[1317] Das rechtliche Interesse ist auch dann gegeben, wenn eine Partei schon eindeutig erklärt hat, nicht zu einer Einigung bereit zu sein. Die vage Chance, dass dies nach durchgeführter Begutachtung anders sein könnte, reicht aus.

559

Bisweilen werden Zweifel am Bestehen eines rechtlichen Interesses dann erhoben, wenn im Bauvertrag eine Schiedsgutachterklausel enthalten ist.[1318] Derartige Bedenken werden sicherlich im Zusammenhang mit dem seit 1.5.2000 geltenden § 641 a BGB eher lauter, da der Auftragnehmer nunmehr im Zusammenhang mit der Abnahme über eine andere Möglichkeit verfügt, schnell und ohne gerichtliche Inanspruchnahme die einschlägige Frage klären zu lassen. Diesseits wird allerdings die Auffassung vertreten, dass **weder die Vereinbarung eines Schiedsgutachters noch die Fertigstellungsbescheinigung des § 641 a BGB das rechtliche Interesse im Sinne des § 485 Abs. 2 Nr. 3 Satz 2 ZPO entfallen lassen**, das selbstständige Beweisverfahren somit stets daneben anwendbar bleibt. Zum einen besteht nur beim selbstständigen Beweisverfahren über § 493 ZPO die Möglichkeit, die Ergebnisse in einem späteren Hauptsacheverfahren zu verwenden, und zum anderen wird nur hierdurch die Möglichkeit eröffnet, Dritte in den Streit mit einzubinden, wodurch widersprechende Entscheidungen verhindert werden.

Festgestellt werden können im Rahmen eines selbstständigen Beweisverfahrens **nur Tatsachen**, d.h. ein Antrag, der auf die Klärung reiner Rechtsfragen abzielt, ist unzulässig.[1319] Da im Gewährleistungsrecht die so genannte Symptomtheorie gilt, d.h. nur der äußerlich erkennbare Mangelbefund beschrieben werden muss, z.B. „die Wand ist an der Stelle X feucht" und hierdurch die gesamten dafür technisch verantwortlichen Gegebenheiten mit umfasst sind, lässt das selbstständige Beweisverfahren zwangsläufig, anders als sonst im Zivilprozess üblich, Ausforschung in gewissem Umfang zu.[1320] Zulässig ist daher z.B. im Rahmen eines selbstständigen Beweisverfahrens die Fragestellung „worauf ist die Feuchtigkeit an der Stelle X der Wand zurückzuführen".

560

Zwei weitere mögliche Fälle sind in § 485 Abs. 1 ZPO geregelt, nämlich, dass während oder außerhalb eines Rechtsstreites auf Antrag einer Partei die Einnahme des Augenscheins, die Vernehmung von Zeugen oder die Begutachtung durch einen Sachverständigen angeordnet werden kann, wenn **entweder der Gegner zustimmt oder zu besorgen ist, dass das Beweismittel verloren geht oder seine Benutzung erschwert wird**. Die erste Alternative, Zustimmung des Gegners, kommt in der Baupraxis faktisch nicht vor. Die zweite Alternative begründet sich in der Regel aus einem Fortschreiten der Bauarbeiten durch andere, nachfolgende Unternehmer (Stichwort: Veränderung durch Baufortschritt).

561

cc) Das Verfahren

Zunächst bedarf es nach § 486 Abs. 1 ZPO eines Antrages, der nach Abs. 4 auch vor der Geschäftsstelle zu Protokoll erklärt werden kann. Der Inhalt des Antrages ist in § 487 ZPO beschrieben. Hiernach sind der Verfahrensgegner und die Tatsachen, über die Beweis erhoben werden soll, zu bezeichnen, die Beweismittel sind zu benennen und die relevanten Tatsachen sind glaubhaft zu machen. Hinsichtlich der Person des Sachverständigen hat der Antragsteller allerdings nur ein Vorschlagsrecht, Auswahl und Ernennung erfolgt durch das Gericht.[1321] In der Praxis folgen allerdings die Gerichte

562

1317 *Zöller*, § 485 ZPO Rn 7a).
1318 *Lauer/Klein*, a.a.O., § 13 Rn 7.
1319 *Zöller*, § 485 ZPO Rn 9.
1320 *Zöller*, § 487 ZPO Rn 4.
1321 *Werner/Pastor*, Rn 59.

häufig dem Vorschlag des Antragstellers. Der Antragsgegner ist hinreichend dadurch geschützt, dass er den Sachverständigen nach §§ 406 Abs. 1, 42 Abs. 2 ZPO ablehnen kann, wenn ein Grund vorliegt, der geeignet ist, Misstrauen gegen die Unparteilichkeit zu rechtfertigen, was insbesondere dann in Betracht kommt, wenn der Sachverständige bereits als Parteigutachter für den Antragsteller tätig geworden ist. Zur Glaubhaftmachung kann sich der Antragsteller aller Beweismittel bedienen, insbesondere auch der Versicherung an Eides statt (§ 294 ZPO).

563 **Für den Antrag besteht kein Anwaltszwang.** Umstritten ist allerdings die Frage, ob für weitergehende Handlungen nach § 492 Abs. 2 ZPO, also z.B. nachträgliche Erörterung des Gutachtens mit dem Ziel einer vergleichsweisen Einigung, vor Landgerichten Anwaltszwang gegeben ist.[1322] Dies wird diesseits allerdings nicht angenommen. Es wäre sinnwidrig, lediglich die Antragstellung und die sich hieran anschließende Begutachtung vom Anwaltszwang auszunehmen und diesen, wenn sodann die wesentliche Arbeit getan ist, wieder vorzusehen. Hierdurch würden ohne Not Kosten für die Parteien ausgelöst, die sogar im Extremfall einem Vergleich entgegenstehen könnten. Die Konstellation nämlich, dass ein Vergleich an der Verteilung der außergerichtlichen Kosten zu scheitern droht, ist so selten nicht.

564 Der Antrag ist beim zuständigen Gericht zu stellen. Nach § 486 Abs. 1 und Abs. 2 ZPO handelt es sich hierbei **um das Gericht der Hauptsache**. Zu berücksichtigen sind daher etwaige Gerichtsstandsvereinbarungen, ansonsten hat der Antragsteller die Wahl zwischen dem allgemeinen Gerichtsstand des Antragsgegners und dem besonderen Gerichtsstand der „Baustelle" nach § 29 ZPO. Ob die Zuständigkeit des Amts- oder Landgerichtes gegeben ist, richtet sich nach der Wertgrenze des § 23 GVG, wobei **maßgebend der objektive Wert der geltendgemachten Mängel** ist. Richtet sich der Antrag gegen mehrere Beteiligte, z.B. Unternehmer, Architekt, Sonderfachmann, Projektsteuerer, für die ein einheitlicher Gerichtsstand nicht gegeben ist, so kann auf Antrag das zuständige Gericht entsprechend § 36 Nr. 3 ZPO am Ort eines möglichen Hauptsacheprozesses bestimmt werden.

565 Einen besonderen Gerichtsstand sieht § 486 Abs. 3 ZPO in Fällen dringender Gefahr vor. Dann entscheidet nämlich das Amtsgericht, in dessen Bezirk sich der Baumangel befindet. Derartige Konstellationen kommen allerdings kaum vor. Angesichts der modernen Kommunikationstechnologien lässt sich kaum ein Fall denken, in dem eine Beweisermittlung durch das zuständige Gericht nicht rechtzeitig erfolgen könnte. Dies ist aber gerade Voraussetzung für die Anwendung des § 486 Abs. 3 ZPO, die bloße Gefahr des Beweismittelverlustes reicht hingegen nicht aus.[1323]

566 Das zuständige **Gericht entscheidet durch Beschluss**. Eine mündliche Verhandlung bzw. eine Anhörung des Gegners ist grundsätzlich nicht erforderlich, beides steht vielmehr im Ermessen des Gerichts. Wegen der Eilbedürftigkeit sollte das Gericht von einer Anhörung des Gegners regelmäßig absehen, dessen Interessen können durch nachträgliche Gewährung des rechtlichen Gehörs noch hinreichend gewahrt werden. Leider ist vielfach gerade Gegenteiliges die Regel, was zu erheblichen zeitlichen Verzögerungen führt. Der dem Antrag **stattgebende Beschluss ist nach § 490 Abs. 2 S. 2 ZPO unanfechtbar**. Wird der Antrag ganz oder teilweise abgelehnt, kann der Antragsteller Beschwerde einlegen.

567 Für die Durchführung der Beweisaufnahme gelten keine Besonderheiten, vielmehr sind über § 492 ZPO die Regelungen der §§ 355 ff. ZPO anzuwenden. In der Regel nimmt der Sachverständige eine Ortsbesichtigung vor, zu der auch der Antragsgegner rechtzeitig zu laden ist, hört beide Parteien an und erstattet dann ein schriftliches Gutachten.

Problematisch gestaltet sich die Durchführung des selbstständigen Beweisverfahrens dann, wenn der Besitzer des Objektes, sei dies der Antragsgegner oder ein Dritter, die zur Begutachtung durch den Sachverständigen erforderliche Besichtigung nicht gestattet. **Willigt ein Dritter als Besitzer des**

[1322] *Zöller*, vor § 485 ZPO Rn 4.
[1323] *Thomas/Putzo*, § 486 ZPO Rn 6.

Objektes nicht ein, ist eine Begutachtung nicht durchführbar und das Verfahren daher beendet.[1324] Ist der Antragsgegner Besitzer, so ergibt sich aus dem Beweisbeschluss keine Verpflichtung, die Begutachtung zu dulden bzw. das Betreten des Grundstückes zu gestatten. Das Gericht kann jedoch das entsprechende Verhalten des Antragsgegners im etwaigen späteren Hauptsacheverfahren frei würdigen und gegebenenfalls nach den Gesichtspunkten der Beweisvereitelung den Beweis als erbracht ansehen.[1325] Materiell – rechtlich steht dem Antragsteller in der Regel ein Anspruch gegen den Antragsgegner auf Duldung der Begutachtung zu, z.B. aus §§ 809, 811 Abs. 3 BGB. Dieser Anspruch muss jedoch erst, gegebenenfalls im Rahmen einer einstweiligen Verfügung, durchgesetzt werden.

Liegt das Gutachten vor, erweist sich dieses jedoch als lückenhaft oder unklar, haben beide Parteien die Möglichkeit, die **mündliche Vernehmung des Sachverständigen durch das Gericht zu beantragen**. Selbstverständlich können derartige Klarstellungen auch im Wege des schriftlichen Verfahrens erreicht werden.

Der Antragsgegner hat die Möglichkeit einer Antragserwiderung. Er kann insbesondere Stellung beziehen zur Zuständigkeit des Gerichts, zu den Verfahrensvoraussetzungen, zum Inhalt der Anträge, zur Kompetenz und zur Unparteilichkeit des Gutachters, usw. Darüber hinaus hat der Antragsgegner nach überwiegender und zutreffender Rechtsprechung die **Möglichkeit, eigene Anträge zu stellen**, d.h. Fragen an den Sachverständigen zu formulieren, wenn der Antragsteller nicht alle Gesichtspunkte des gerügten Mangels berücksichtigt hat. Zu fordern ist lediglich, dass die ergänzenden Fragen zum Inhalt des Antrages einen sachlichen Zusammenhang aufweisen.[1326] 568

Nach der Rechtsprechung des BGH steht nunmehr fest, **dass eine Streitverkündung an Dritte zulässig ist**.[1327] Dies ist zu begrüßen, da hierdurch widersprechende Entscheidungen verhindert werden, und somit einem praktischen Bedürfnis, aber auch der Prozessökonomie Rechnung getragen wird. Sehr häufig haben nämlich Parteien eines selbständigen Beweisverfahrens mögliche Regressansprüche gegen Dritte, der Bauherr etwa gegen den Planer, Projektsteurer, Sonderfachmann und der Generalunternehmer gegen seine Nachunternehmer. Zu beachten ist in diesem Zusammenhang allerdings § 215 BGB, wonach eine Unterbrechung der Verjährung bei einer Streitverkündung als nicht erfolgt gilt, wenn nicht binnen sechs Monaten nach Verfahrensbeendigung Klage erhoben wird. 569

Die Kosten des selbstständigen Beweisverfahrens sind grundsätzlich Kosten des Hauptsacheverfahrens, so dass in diesem hierüber mit entschieden wird.[1328] Kommt es zu keinem Hauptsacheverfahren, sieht § 494 a ZPO den Antrag des Antragsgegners vor, dass dem Antragsteller eine angemessene Frist zur Klageerhebung gesetzt wird. Kommt der Antragsteller dieser Aufforderung nicht nach, so hat er dem Antragsgegner die Kosten zu erstatten. Entgegen dem Wortlaut ist diese Vorschrift nicht anzuwenden, wenn der Antragsgegner nach dem (verlorenen) Beweisverfahren die Mängel beseitigt.[1329] Dann entfällt naturgemäß jedes Bedürfnis für eine Klage. Wird Klage nur wegen eines Teils der im Beweisverfahren gerügten Mängel erhoben, ist streitig, ob hinsichtlich der nicht weiter verfolgten Mängel § 494 a ZPO zur Anwendung kommt.[1330] Diesseits wird die Auffassung vertreten, dass auch in diesem Fall im Hauptsacheverfahren über die vollständigen Kosten des selbstständigen Beweisverfahrens entschieden wird. Die andernfalls erforderliche Aufteilung in 570

1324 *Werner/Pastor*, Rn 90.
1325 *Werner/Pastor*, Rn 86.
1326 OLG Düsseldorf BauR 1995, 430; OLG Frankfurt BauR 1996, 585; OLG München, BauR 1996, 589.
1327 *Zöller*, § 487 ZPO Rn 3.
1328 *Thomas/Putzo*, § 494 a ZPO Rn 5.
1329 *Zöller*, § 494 a ZPO Rn 5.
1330 *Thomas/Putzo*, § 494 a ZPO Rn 5.

dd) Verjährungsunterbrechende Wirkung

571 Dem selbstständigen Beweisverfahren kommt bei Baumängeln sowohl beim „BGB-Bauvertrag" als auch beim „VOB/B-Bauvertrag" verjährungsunterbrechende Wirkung zu (vgl. §§ 639, 477, 478, 479 BGB). Umfasst von der Verjährungsunterbrechung sind selbstverständlich nur die Mängel, die Gegenstand des Beweisverfahrens sind.

Die Unterbrechung der Verjährungsfrist tritt mit Einreichung des Antrages, nicht etwa erst mit seiner Zustellung beim Antragsgegner ein.[1331] Nach § 217 BGB läuft die Verjährungsfrist erst mit Abschluss des selbstständigen Beweisverfahrens erneut an. **Abgeschlossen ist das selbstständige Beweisverfahren mit Zustellung des Gutachtens an die Parteien,** es sei denn, in engem zeitlichen Zusammenhang stellt eine Partei Antrag auf Erläuterung des Gutachtens. Im letztgenannten Fall ist das selbstständige Beweisverfahren erst beendet, wenn die Erläuterung erfolgt ist.[1332]

Die Unterbrechungswirkung entfällt nach § 212 BGB, wenn der Antrag zurückgenommen wird, es sei denn, dass binnen sechs Monaten ein neues Verfahren beantragt oder Klage erhoben wird.

d) Der Schiedsgutachter

572 Durch vertragliche Vereinbarung kann im Rahmen des Bauvertrages ein Schiedsgutachter vorgesehen werden, der im Streitfall für die Parteien verbindlich aufgrund seiner Sachkunde Tatsachen feststellt. **Klassischer Einsatzbereich eines solchen Schiedsgutachters sind Fragestellungen „rund um Mängel",** also, ob solche gegeben sind, welche Ursachen sie haben und wie und mit welchem Kostenaufwand sie erfolgreich zu beseitigen sind. Darüber hinaus kann dem Schiedsgutachter allerdings auch die rechtliche Bewertung der festgestellten Tatsachen übertragen werden,[1333] etwa also die Fragestellung, ob die festgestellten Mängel als wesentlich oder unwesentlich zu qualifizieren sind.

573 Zur Bestellung des Schiedsgutachters erscheint eine Regelung sinnvoll, wonach sich die Parteien entweder auf einen Sachverständigen einigen oder dieser auf Antrag einer Partei durch eine neutrale Stelle berufen wird. Bei der Ausgestaltung der Modalitäten – wie lange muss eine Einigung versucht werden, welche Überlegungs- und Stellungnahmefristen werden den Parteien eingeräumt – ist stets darauf zu achten, dass die Möglichkeit einer zügigen Bestellung gewährleistet wird.

Da die §§ 1025 ff. ZPO für den Schiedsgutachter nicht gelten, besteht ein Ablehnungsrecht, etwa wegen Befangenheit nur, wenn dies in vertraglichen Regelungen vorgesehen worden ist.[1334] Geregelt werden kann auch das vom Gutachter einzuhaltende Verfahren, ob und in welcher Frist beispielsweise die Parteien schriftlich oder mündlich zu hören sind, ob ein Ortstermin durchgeführt wird, welche Ladungsfristen hierzu bestehen, usw. Auch hierbei gilt jedoch, das besondere Augenmerk darauf zu richten, dass neben einem „fairen Verfahren" die getroffene Vereinbarung auch die Grundlage für eine schnelle Entscheidung darstellt.

574 **An die Tatsachenfeststellung des Schiedsgutachters ist ein später angerufenes Gericht gebunden,** es sei denn, das Schiedsgutachten ist offenbar unrichtig (§ 319 BGB).[1335] Maßgeblich ist insoweit der Sach- und Streitstand, der dem Schiedsgutachter vorgetragen wurde.

1331 *Lauer/Klein*, a.a.O., § 13 Rn 21.
1332 *Zöller*, § 492 ZPO Rn 4.
1333 *Werner/Pastor*, Rn 538.
1334 *Thomas/Putzo*, vor § 1029 ZPO Rn 4 ff.
1335 *Zöller*, § 1029 ZPO Rn 5.

Zu regeln ist schließlich auch, wer die Kosten des Schiedsgutachters trägt. Es empfiehlt sich, etwa eine hälftige Teilung vorzusehen, oder, analog zu §§ 91 ff. ZPO, eine Quote nach Obsiegen und Unterliegen zu bilden.

Anerkanntermaßen kann ein Schiedsgutachter, so dies entsprechend vereinbart ist, auch erheblich weiterreichende Rechtsfragen entscheiden, z.B. zur vertraglichen Leistungspflicht, zur Berechtigung streitiger Nachträge, hinsichtlich der Höhe des üblichen Werklohns, ja sogar bezüglich einer Anpassung des Vertrages an geänderte Umstände und auch zur Reduzierung einer vereinbarten Vertragsstrafe auf die angemessene Höhe.[1336] **Von einem so weit reichenden Einsatz eines Schiedsgutachters wird diesseits allerdings abgeraten.** Derartige Fragestellungen sind häufig weder technisch geprägt noch besonders eilbedürftig, so dass eine gerichtliche Entscheidung abgewartet werden kann. Es besteht daher kein Grund, sich den Rechtsschutz durch vertragliche Vereinbarung dadurch zu verkürzen, dass der Schiedsgutachterspruch nur noch bei „offenbarer Unrichtigkeit" korrigiert werden kann.

575

e) Das Parteigutachten

Als letzte Möglichkeit verbleibt den Parteien zur Beweissicherung die Einschaltung eines Partei- oder Privatgutachters, der dann Feststellungen zu etwaigen streitigen Mängeln und / oder der Abnahmefähigkeit des Werkes treffen kann, wenn z.B. § 641 a BGB ausgeschlossen wurde, eine Vereinbarung zu einem Schiedsgutachter im Vertrag nicht enthalten ist und das selbstständige Beweisverfahren im konkreten Fall als „zu langsam" erscheint. **Darüber hinaus kann ein solcher Gutachter häufig dafür benötigt werden, überhaupt den Sachverhalt so aufzubereiten, dass ein zutreffender und substantiierter Parteivortrag möglich ist.**

576

Auch wenn ein Parteigutachter im Auftrag einer Vertragspartei tätig wird und § 493 Abs. 1 ZPO für dieses Gutachten nicht gilt, darf seine Bedeutung im späteren Verfahren nicht unterschätzt werden. So hat die den Parteigutachter beauftragende Partei die Möglichkeit, den Gutachter später als „sachverständigen Zeugen" in den Prozess einzuführen, bzw. das Gutachten als Urkunde vorzulegen.[1337] Nach der Rechtsprechung des BGH **muss sich ein Gericht auch mit einem Parteigutachten sorgfältig auseinander setzen.**[1338]

Ganz entscheidende Bedeutung für den Wert eines Parteigutachtens kommt somit einerseits der Person des Gutachters und andererseits dem Inhalt seines Gutachtens zu. Den Parteien ist dringend zu raten, auf einen öffentlich bestellten und vereidigten Sachverständigen zurückzugreifen, zu dessen Fachgebiet die streitgegenständliche Fragestellung gehört. Eine wirtschaftliche oder persönliche Abhängigkeit des Gutachters zur beauftragenden Partei sollte möglichst vermieden werden, da sich andernfalls schnell der Eindruck eines „Gefälligkeitsgutachtens" aufdrängt. Der Gutachter sollte sich auf jeden Fall ein eigenes Bild vom Streitgegenstand verschaffen, etwa eine Ortsbesichtigung vornehmen und die maßgeblichen Unterlagen einsehen. Der Gutachter sollte in seinem Gutachten weiterhin nicht nur ein Ergebnis ausweisen, sondern dieses auch nachvollziehbar begründen.

577

Die Kosten des Parteigutachters trägt zunächst die beauftragende Partei. Ein materieller Erstattungsanspruch des Auftraggebers ergibt sich im Gewährleistungsbereich aus § 635 BGB bzw. § 13 Nr. 7 VOB/B,[1339] im Übrigen häufig aus den allgemeinen Vorschriften des Schuldnerverzugs.

578

1336 *Werner/Pastor*, Rn 538.
1337 *Thomas/Putzo*, vor § 402 ZPO Rn 5.
1338 BGH BauR 1993, 500.
1339 *Nicklisch/Weick*, § 13 Rn 249.

5. Möglichkeiten der vertraglichen Gestaltung

a) Zweckmäßige Regelungen

579 Nachfolgend finden sich einige Anregungen zu sich häufig als zweckmäßig erweisenden vertraglichen Vereinbarungen. Wichtig ist jedoch, dass die Wirksamkeit derartiger Regelungen regelmäßig eine individuelle Vereinbarung erfordert, das entsprechende Regelungspotential im Bereich der Allgemeinen Geschäftsbedingungen hingegen sehr eingeschränkt ist.

Zunächst sollte vor Vertragsabschluss die Frage entschieden werden, **ob Teilabnahmen erfolgen und gegebenenfalls welche selbstständigen Leistungsteile hiervon erfasst sein sollen** (z.B. Baugrubenumschließung und äußere Wasserhaltung/Gründung/Rohbau/Haustechnik). Üblich ist insoweit auch, bestimmte Leistungsteile, z.B. Außenanlagen und Anpflanzungen, aus witterungsbedingten Gründen erst zu einem späteren Zeitpunkt abzunehmen. Sollen keine Teilabnahmen erfolgen oder nicht alle teilabnahmefähigen Leistungen teilabgenommen werden, bedarf es beim „VOB/B-Bauvertrag" einer ausdrücklichen entsprechenden Regelung. Beim „BGB-Bauvertrag" müssen demgegenüber gerade umgekehrt gewünschte Teilabnahmen vereinbart werden.

580 Bei komplexeren Bauvorhaben empfiehlt es sich, das **Abnahmeprocedere näher auszugestalten**, etwa dahingehend, dass der Auftragnehmer die voraussichtliche Fertigstellung sechs Wochen vorher ankündigt und zwei Wochen vor dem eigentlichen Abnahmetermin eine Vorbegehung durchgeführt wird, bei der wesentliche Mängel, die der Auftragnehmer bis zur Abnahme noch zu beseitigen hat, dokumentiert werden.

Zweckmäßig ist weiterhin, als Abnahmeform eine **förmliche Abnahme vorzusehen** und – soweit dem Vertrag die VOB/B zugrundeliegt – die fiktive Abnahme auch für den Fall auszuschließen, dass durch konkludente Vereinbarung von der vorgesehenen förmlichen Abnahme wieder Abstand genommen wird (siehe Rn 537–539).

581 Mitunter möchte der Auftraggeber das Werk schon teilweise vor Abnahme dergestalt nutzen, dass er selbst oder ein künftiger Mieter spezielle Einbauten für die Nutzung einbringt. In derartigen Fällen empfiehlt sich eine Regelung, wonach für die betroffenen Räume/Flächen **vor der eigentlichen Abnahme mit Übergabe zum Ausbau an den Nutzer ein Zustandsprotokoll erstellt wird** und nachteilige Veränderungen des Zustandes grundsätzlich zu Lasten des Auftraggebers gehen.

582 Häufig hat der Auftraggeber ein berechtigtes Interesse daran, dass vor der Abnahme bestimmte Funktionsüberprüfungen, gerade bei technischen Komponenten, durchgeführt werden und bestimmte Unterlagen oder Nachweise vorliegen. Dies lässt sich als Abnahmevoraussetzung vereinbaren.

Kommt es dem Auftraggeber auf bestimmte Merkmale bzw. Eigenschaften des zu erstellenden Werkes besonders an, kann vertraglich klargestellt werden, dass eine Abnahme dann nicht erfolgt, wenn diese Merkmale nicht vorliegen bzw. diese Eigenschaften nicht vorhanden sind, so dass es auf die Frage, ob es sich hierbei um wesentliche Mängel handelt, nicht ankommt.

§ 640 Abs. 2 BGB kann mit der Konsequenz abbedungen werden, dass der Auftraggeber sämtliche Gewährleistungsansprüche wegen bekannter Mängel auch dann behält, wenn er eine entsprechende Mängelrüge bei Abnahme nicht ausgesprochen hat.

583 Zweckmäßig erscheint weiter, die **Beweislast hinsichtlich bei Abnahme gerügter Mängel dahingehend zu regeln, dass der Auftragnehmer nach ihrer Beseitigung beweisen muss, dass keine Mängel mehr vorliegen**. Nach h.M. trägt nämlich der Auftraggeber nach der Abnahme auch die Beweislast für das Bestehen bei Abnahme vorbehaltener Mängel.[1340] In diesem Zusammenhang lässt sich auch vorsehen, dass die Gewährleistungsfrist für vorbehaltene Mängel erst dann zu laufen beginnt, wenn diese beseitigt und als erledigt bestätigt worden sind.

1340 *Marbach/Wolter*, BauR 1998, 36, 39.

Schließlich kann zur umgehenden Erledigung von Streitfragen eine Vereinbarung zu einem Schiedsgutachter getroffen werden (siehe Rn 572–575).

b) Gängige Klauseln und ihre Wirksamkeit

Für die vorstehend aufgezeigten Möglichkeiten besteht allerdings durch Allgemeine Geschäftsbedingungen nur wenig Regelungsraum. Nachfolgend daher eine kurze Übersicht zur Wirksamkeit der geläufigsten Allgemeinen Geschäftsbedingungen: 584

Durch die in § 640 Abs. 1 S. 2 BGB enthaltene gesetzliche Neuregelung sind jetzt bei einem „BGB-Bauvertrag" **Klauseln unwirksam, die dem Auftraggeber eine Abnahmeverweigerungsmöglichkeit bei lediglich unwesentlichen Mängeln einräumen**, bzw. abstrakt vorsehen, dass eine Vielzahl von unwesentlichen Mängeln stets dazu berechtigt, die Abnahme zu verweigern. Es entspricht nämlich jetzt dem Grundgedanken der gesetzlichen Regelung im Sinne des § 9 AGBG, dass abzunehmen ist, wenn keine wesentlichen Mängel vorliegen.[1341]

Regelmäßig unwirksam sind Klauseln des Auftraggebers, die zu Lasten des Auftragnehmers den **Abnahmezeitpunkt unangemessen verschieben**, sei es zeitlich oder dadurch, dass hierfür die Erklärung Dritter, die der Auftragnehmer nicht beeinflussen kann, gefordert wird, z.B. die Übernahme des Werkes durch den Käufer des Auftraggebers oder eine Mängelfreiheitsbescheinigung des Mieters des Auftraggebers.[1342] Zur entsprechenden Thematik beim „durchgestellten Vertrag" siehe Rn 42.

Nichtig sind Regelungen, die besonders einzuhaltende Förmlichkeiten schaffen, wie z.B., dass die Abnahme schriftlich per Einschreiben zu beantragen ist[1343] oder nur schriftlich erfolgen kann,[1344] oder die konkludente Abnahme vollständig ausgeschlossen ist, auch wenn keine Partei in der vorgesehenen Frist auf die grundsätzlich vereinbarte förmliche Abnahme zurückkommt.[1345] Entsprechendes gilt für Klauseln, wonach als Abnahmevoraussetzungen vom Auftragnehmer „alle Unterlagen", „Revisions- und Bestandspläne", „behördliche Bescheinigungen" usw. vorzulegen sind.[1346] 585

Gegen das Transparenzgebot verstoßen unüberschaubare Kostenregelungen, wonach der Auftragnehmer etwa die Kosten und Gebühren aller vom Auftraggeber gewünschten Messungen, Prüfungen, besonderer Abnahmen, z.B. durch den TÜV usw. zu tragen bzw. solche Prüfungen zu veranlassen hat.[1347]

Regelmäßig unwirksam sind Klauseln, die **die Abnahmewirkung zu Lasten des Auftragnehmers verändern**, etwa dahingehend, dass die Gewährleistungsfrist erst nach Beseitigung aller bei Abnahme gerügter Mängel läuft,[1348] der Auftragnehmer die Vergütungsgefahr über den Abnahmezeitpunkt hinaus trägt, oder trotz Abnahme die Beweislast für die Mängelfreiheit beim Auftragnehmer verbleibt.[1349] 586

Nicht möglich ist es weiterhin, das Erfordernis der Vorbehalte nach § 640 Abs. 2 BGB[1350] bzw. § 341 Abs. 3 BGB und entsprechend § 11 Nr. 4 VOB/B wirksam abzubedingen. Bei der Vertragsstrafe ist es allerdings zulässig, vorzusehen, dass der Vorbehalt erst bei der Schlusszahlung erklärt werden

---

[1341] *Glatzel/Hofmann/Frikell*, S. 269.
[1342] *Heiermann/Riedl/Rusam*, § 12 Rn 16b).
[1343] *Ingenstau/Korbion*, § 12 Rn 49 f.
[1344] *Glatzel/Hofmann/Frikell*, S. 265.
[1345] BGH BauR 1997, 302.
[1346] *Glatzel/Hofmann/Frikell*, S. 268.
[1347] *Werner/Pastor*, Rn 1364.
[1348] *Werner/Pastor*, Rn 1362.
[1349] *Glatzel/Hofmann/Frikell*, S. 279.
[1350] KG BauR 1988, 230, 231.

muss, da der Auftraggeber häufig erst zu diesem Zeitpunkt erkennen kann, ob und inwieweit ihm ein Schaden entstanden ist (vgl. auch Rn 620).

587 Die Regelung der fiktiven Abnahme in § 12 Nr. 5 VOB/B ist nur dann wirksam, **wenn die VOB/B „im Ganzen" vereinbart ist**[1351] (zum Begriff vgl. Rn 121 ff.). Demgemäß sind Regelungen in einem „BGB-Bauvertrag", die die Abnahme fingieren, etwa dahingehend, dass das Werk mit Ingebrauchnahme als abgenommen gilt, unwirksam.[1352] Eine andere Beurteilung würde sich dann ergeben, wenn der neu geschaffene § 640 Abs. 1 Satz 3 BGB als „fiktive Abnahme" anzusehen ist und einen Grundgedanken der gesetzlichen Regelung im Sinne des § 9 AGBG darstellen würde. Dann wäre nicht nur die isoliert vereinbarte fiktive Abnahme wirksam, vielmehr wäre sogar zweifelhaft, ob ein Ausschluss der fiktiven Abnahme mit dem AGBG vereinbar wäre. Nach diesseits vertretener Auffassung handelt es sich jedoch bei § 640 Abs. 1 S. 3 BGB um keine (echte) fiktive Abnahme (siehe Rn 547, 548).

Schließlich ist die formularmäßige Vereinbarung eines Schiedsgutachters, wodurch der Rechtsschutz im Ergebnis verkürzt wird (vgl. Rn 572 ff.), unwirksam.[1353]

IX. Die verzögerte Fertigstellung

1. Allgemeines

588 Wird das dem Auftragnehmer beauftragte Werk nicht zum vertraglich vorgesehenen Termin fertig gestellt, kann dies eine Vielzahl von Ursachen haben. Neben einem Verschulden des Auftragnehmers kommen auch Gründe aus dem Verantwortungs- bzw. dem Risikobereich des Auftraggebers sowie Gesichtspunkte, die keine der Vertragsparteien beeinflussen kann, in Betracht. **Je nach Ursache differieren die möglichen Rechtsfolgen naturgemäß gravierend.**

In der bauvertraglichen Praxis stellen Streitigkeiten über Gründe und Konsequenzen einer verzögerten Fertigstellung einen Schwerpunkt dar. Zunächst wird daher ein Überblick über die verschiedenen Möglichkeiten der Vertragsparteien gegeben, die im Wesentlichen bereits an anderer Stelle ausführlich behandelt worden sind. Sodann wird auf die in diesem Zusammenhang regelmäßig „hart umkämpfte" Thematik der Vertragsstrafe eingegangen.

2. Die Möglichkeiten des Auftraggebers

a) Die Regelung des BGB

589 Im Grundsatz kommen für den Auftraggeber **zwei Zielrichtungen** in Betracht: Auf der einen Seite kann er an einer Fortsetzung des Vertrages unter gleichzeitiger Geltendmachung des ihm entstehenden Verzögerungsschadens interessiert sein, andererseits kann er auch eine Vertragsbeendigung anstreben.

aa) Aufrechterhaltung des Vertrags

590 Den ersten Weg eröffnen die §§ 631, 633 Abs. 1, 636 Abs. 1 S. 2, 286 Abs. 1 BGB. Voraussetzung für einen dem Auftraggeber **neben dem weiterhin bestehenden Erfüllungsanspruch zustehenden Schadensersatzanspruch ist hiernach Verzug des Auftragnehmers**. Ob und inwieweit die Leistung des Auftragnehmers fällig und eine Mahnung des Auftraggebers erforderlich bzw. entbehrlich ist, richtet sich in erster Linie nach den terminlichen Abreden der Parteien, insoweit kann auf Rn 331 ff. verwiesen werden. Schwierigkeiten ergeben sich bei der Prüfung der Fälligkeit häufig

---

1351 *Nicklisch/Weick*, § 12 Rn 90–93.
1352 *Ingenstau/Korbion*, § 12 Rn 119.
1353 *Werner/Pastor*, Rn 543.

dann, wenn es während der Bauausführung zu Behinderungen gekommen ist und demgemäß der neue Fertigstellungstermin nach § 6 Nr. 2 bis 4 VOB/B ermittelt wird (vgl. Rn 342 ff.) oder die Vereinbarung eines Fertigstellungstermins vollständig fehlt. Im letztgenannten Fall ist die Leistung vom Auftragnehmer entsprechend der Wertung des § 271 Abs. 1 BGB in angemessener Zeit zu erbringen,[1354] deren schnelle Ermittlung im Einzelfall schwierig sein kann. Der beanspruchte Verzögerungsschaden, für den die §§ 249 BGB gelten, muss im Grundsatz konkret nachgewiesen werden.[1355]

Häufig geltend gemachte Verzögerungsschäden sind entgangene Miete und Finanzierungskosten. In der Praxis lässt sich immer wieder feststellen, dass hierzu diverse Missverständnisse bestehen. Die zutreffenden Grundsätze hat der BGH wie folgt herausgearbeitet: 591

Als Schaden kann der Auftraggeber regelmäßig die Finanzierungskosten beanspruchen, maximal jedoch in Höhe der erzielbaren Mieteinnahmen. Alternativ hierzu kann er die um die den Auftraggeber als Vermieter treffenden Kosten bereinigte Miete (so genannte Netto-Miete) verlangen, den hierin etwa enthaltenen Gewinn jedoch nur, soweit dies nicht durch spezielle Regelungen (etwa § 6 Nr. 6 VOB/B) ausgeschlossen ist. Gewinn ist hierbei die um die Finanzierungskosten bereinigte Netto-Miete.[1356]

> *Zur Verdeutlichung folgendes Beispiel*
> Beauftragt ist ein kleines Geschäftshaus, Bauzeit zehn Monate, Gesamtpreis 1.000.000 DM, Abschlagszahlungen erfolgen monatlich in Höhe von 100.000 DM bei unterstellter linearer gleich bleibender Leistung. Der Auftraggeber hat das Gebäude zu 6.700 DM pro Monat nach Fertigstellung vermietet. 700 DM pro Monat sind vom Vermieter zu tragende Betriebskosten/Instandhaltungsrücklagen. Der Auftraggeber hat das Vorhaben zu einem Zinssatz von 6,5 % p.a. finanziert. Das Bauvorhaben wird drei Monate zu spät fertig, da es nach sieben planmäßig verlaufenen Baumonaten zu einer dreimonatigen Unterbrechung der Arbeiten gekommen ist. Nach dieser Unterbrechung ist das Bauvorhaben planmäßig fortgeführt und sodann fertig gestellt worden.

Die monatliche Netto-Miete beträgt 6.000 DM, mithin beläuft sich die entgangene Miete auf 18.000 DM (Betrag A). Bei den Finanzierungskosten wäre es verfehlt, 6,5 % Zinsen für drei Monate von 1.000.000 DM zu rechnen. Schaden ist nur der Finanzierungsmehraufwand. Da in den ersten sieben Monaten vertragsgemäß geleistet worden ist und in den Monaten elf bis dreizehn entsprechendes gilt, hat der Auftraggeber als Mehraufwand für die Monate acht bis zehn lediglich 6,5 % Zinsen aus 700.000 DM, also 11.375 DM zu zahlen (Betrag B). Die Differenz zwischen beiden Beträgen, also 6.625 DM ist entgangener Gewinn (Betrag C). Der Auftraggeber kann als Schaden zwischen Betrag A oder Betrag B + Betrag C wählen, erhält somit 18.000 DM. Eine Kumulation von Betrag A und Betrag B kommt nicht in Betracht. Liegt dem Vertrag die VOB/B zugrunde, erhält der Auftraggeber nach § 6 Nr. 6 VOB/B nur den Betrag B (oder den Betrag A abzüglich des Betrages C), da ihm der entgangene Gewinn grundsätzlich nicht zusteht.

> *Variante*
> Wie zuvor, jedoch beträgt der Zinssatz 8,5 % p.a. und der Auftraggeber hat den Werklohn vollständig vorausgezahlt.

Betrag A beläuft sich weiter auf 18.000 DM. Betrag B beträgt jetzt 21.250 DM, da der Auftraggeber als Finanzierungsmehraufwand 1.000.000 DM über drei Monate zu 8,5 % verzinsen muss. Betrag C ist negativ. Der Auftraggeber erhält entweder den Betrag A, oder den Betrag B, der Höhe nach jedoch durch den Betrag A begrenzt, also immer 18.000 DM. Dieser Betrag steht dem Auftraggeber

---

[1354] *Ingenstau/Korbion*, § 5 Rn 5.
[1355] *Palandt*, § 286 BGB Rn 5.
[1356] BGH BauR 1993, 600, 603.

auch im Rahmen eines „VOB/B-Bauvertrags" zu. Der Einwand, es handele sich um Miete und Miete sei entgangener Gewinn, ist hier falsch, da Gewinn gar nicht angefallen ist.

Ist von der Verzögerung kein Mietobjekt, sondern die vom Auftraggeber selbst genutzte Wohnung betroffen, lässt die Rechtsprechung eine abstrakte Schadensberechnung zu.[1357]

bb) Beendigung des Vertrags

592 Entscheidet sich der Auftraggeber für den Weg, das Vertragsverhältnis mit dem Auftragnehmer nicht fortzusetzen, bleiben ihm hierzu zwei Alternativen.

Zum einen kann er nach §§ 636 Abs. 1 S. 2, 326 Abs. 1 S. 2 BGB vorgehen. Tatbestandliche Voraussetzung hierfür ist zunächst Verzug des Auftragnehmers mit der Fertigstellung der Leistung (erste Voraussetzung), sodann das Setzen einer angemessenen Nachfrist mit der Ankündigung, nach fruchtlosem Ablauf der Frist die Annahme der Leistung zu verweigern (zweite Voraussetzung) und schließlich der fruchtlose Fristablauf (dritte Voraussetzung). Das Setzen einer mit Ablehnungsandrohung verbundenen Nachfrist ist ausnahmsweise entbehrlich, wenn eine ernsthafte und endgültige Erfüllungsverweigerung des Auftragnehmers vorliegt oder dies dem Auftraggeber aus anderen Gründen nach Treu und Glauben nicht zugemutet werden kann.[1358]

Auf der Rechtsfolgenseite hat der Auftraggeber sodann die Wahl zwischen Schadensersatz oder Rücktritt. In der Regel steht sich der Auftraggeber besser, wenn er Schadensersatz beansprucht, so dass dem Rücktritt in der Praxis keine große Bedeutung zukommt.

Beim Schadensersatz ist weiterhin zu unterscheiden zwischen dem so genannten „großen Schadensersatz", wenn der Auftraggeber kein Interesse an der erbrachten Leistung und deren Fertigstellung hat (vgl. §§ 326 Abs. 1 S. 3, 325 Abs. 1 S. 2 BGB) und dem so genannten „kleinen Schadensersatz", wonach der Auftraggeber das Werk durch einen Dritten fertig stellen lässt und Ersatz der ihm hierdurch entstehenden Mehrkosten sowie der etwa zusätzlich entstehenden Verzögerungskosten beansprucht. Die Geltendmachung des zuletzt genannten Anspruches stellt im Bauvertragsalltag die Regel dar. Dieser Anspruch unterliegt der 30jährigen Verjährung des § 195 BGB.[1359]

593 **Als zweite Möglichkeit kommt für den Auftraggeber der Weg über §§ 636 Abs. 1, 634 Abs. 1 – 3 BGB in Betracht, der ein Rücktrittsrecht eröffnet.** Voraussetzung ist zunächst, dass das Werk ganz oder teilweise nicht rechtzeitig hergestellt wird. Sodann kann der Auftraggeber zur Fertigstellung eine angemessene Frist setzen mit der Erklärung, dass er die weitere Fertigstellung durch den Auftragnehmer nach fruchtlosem Fristablauf ablehne. Läuft diese Frist dann fruchtlos ab, so ist der Rücktritt eröffnet. Auch bei dieser Norm ist umstritten, ob der fruchtlose Fristablauf aus Gründen erfolgen muss, die der Auftragnehmer zu vertreten hat oder ob die Frage seines Verschuldens irrelevant ist.[1360] Nach h.M. ist das Verschulden des Auftragnehmers nicht erforderlich (verschuldensunabhängiger Rücktritt)[1361], vgl. auch Rn 387, 402.

Die Rechtsfolge dieses Rücktrittsrechtes ergibt sich aus §§ 327, 346 – 356 BGB, d.h. es entsteht ein Rückgewährschuldverhältnis. In der Regel wird allerdings eine Rückgabe der (teilweise) erstellten Leistung an den Auftragnehmer ausscheiden, so dass sich der Rücktritt faktisch nur auf den noch nicht geleisteten Teil beziehen kann. Für den ausgeführten und nicht zurückgegebenen Teil der Leistung steht dem Auftragnehmer dann eine Vergütung nach § 346 S. 2 BGB zu.[1362]

1357 *Heiermann/Riedl/Rusam*, § 13 Rn 191.
1358 *Werner/Pastor*, Rn 1810.
1359 BGH BauR 1999, 761, 763.
1360 *Kreikenbohm*, Verzug des Unternehmers im Werkvertragsrecht, BauR 1993, 647, 652.
1361 *Erman*, § 634 BGB Rn 13; *Palandt*, § 634 BGB Rn 3.
1362 *Kreikenbohm*, a.a.O., S. 651 f.

Auffällig ist, dass der Auftraggeber sowohl zur Vorbereitung der Lösung über §§ 636 Abs. 1 S. 2, 326 BGB als auch des Rücktritts nach §§ 636 Abs. 1 S. 1, 634 Abs. 1 – 3 BGB dem Auftragnehmer eine angemessene Frist mit Ablehnungsandrohung zu setzen hat, **die erforderlichen materiellen Inhalte dieser Erklärung somit bei beiden Alternativen gleich sind**. Es kann daher zu Streitigkeiten bzw. Auslegungsschwierigkeiten darüber kommen, welche Richtung der Auftraggeber eingeschlagen hat. Relevanz kommt dieser Frage nicht nur wegen der unterschiedlichen Rechtsfolgen (Schadensersatz oder Rücktritt), sondern insbesondere auch **wegen der unterschiedlichen Verjährungsfristen zu**, da für den Weg über §§ 636 Abs. 1 S. 1, 634 Abs. 1 – 3 BGB die kurze Verjährung des § 638 BGB gilt.

Der BGH[1363] hat hierzu folgendes klargestellt:

Bis zur Abnahme gelten die allgemeinen Vorschriften der §§ 323 ff. BGB neben den Gewährleistungsansprüchen der §§ 634, 635 BGB. Setzt der Auftraggeber eine angemessene Nachfrist mit Ablehnungsandrohung, muss er sich in diesem Schreiben **nicht entscheiden**, ob er nach § 634 BGB zurücktritt oder nach § 326 BGB Schadensersatz beansprucht. Die Möglichkeit des § 326 BGB verliert der Auftraggeber vielmehr erst dann, wenn er sich mit dem Auftragnehmer hinsichtlich der Wandlung/Minderung im Sinne der §§ 634, 635 BGB geeinigt und diese damit vollzogen hat.

Allerdings kann der Auftraggeber auch vor der Abnahme auf seine Ansprüche aus §§ 326 ff. BGB verzichten und seine Rechte auf die §§ 634, 635 BGB beschränken. Hierfür ist allerdings eine entsprechende eindeutige Erklärung des Auftraggebers erforderlich. Der bloße Hinweis auf § 634 BGB in der Fristsetzung reicht für die Annahme eines solchen Verzichtswillens nicht aus.

b) Die Regelung der VOB/B

Auch bei einem „VOB/B-Bauvertrag" kann der Auftraggeber wählen, ob er den Vertrag fortsetzen oder ihn beenden will.

Die erste Alternative eröffnen die §§ 5 Nr. 4, 6 Nr. 6 VOB/B, wonach der Auftraggeber, soweit der Auftragnehmer mit der Vollendung der Leistung in Verzug gerät, unter Aufrechterhaltung des Vertrages Schadensersatz verlangen kann (zum Schadensersatz nach § 6 Nr. 6 VOB/B siehe Rn 404 ff.).

Die zweite Möglichkeit ist die Kündigung nach §§ 5 Nr. 4, 8 Nr. 3 VOB/B, die unter Rn 465 ff. ausführlich behandelt ist.

3. Die Möglichkeiten des Auftragnehmers

a) Die Regelung der VOB/B

Aus Sicht des Auftragnehmers sind grundsätzlich **drei unterschiedliche Rechtsfolgen** denkbar.

Zunächst kommt unter den Voraussetzungen des § 6 Nr. 2 VOB/B eine Verlängerung der Ausführungsfrist in Betracht (siehe Rn 342 ff.).

Resultiert die Verzögerung aus einer Leistungsänderung des Auftraggebers bzw. der Beauftragung einer zusätzlichen Leistung, kommen Vergütungsansprüche nach § 2 Nr. 5 VOB/B bzw. § 2 Nr. 6 VOB/B in Betracht (siehe Rn 279 ff., 284 ff.). Ähnlich ist die Situation für den Auftragnehmer, wenn die Verzögerung aus einer vom Auftraggeber zu vertretenden Behinderung folgt. Dem Auftragnehmer steht dann Schadensersatz nach § 6 Nr. 6 VOB/B zu (vgl. Rn 404).

Zweifelhaft kann bisweilen die Abgrenzung zwischen § 2 Nr. 5 VOB/B und § 6 Nr. 6 VOB/B sein. Soweit der Auftraggeber eine zeitliche Verschiebung der Arbeiten anordnet, stehen dem Auftragnehmer beide Möglichkeiten offen.[1364] Die Wahl hat der Auftragnehmer in erster Linie an Hand der ver-

---

1363 BGH BauR 1999, 760 ff.; OLG Düsseldorf BauR 1998, 341 ff.
1364 OLG Düsseldorf BauR 1995, 706, 707; Anmerkung zu OLG Düsseldorf BauR 1996, 119, 120; *Werner/Pastor*, Rn 1838.

traglich vereinbarten Preise zu treffen. Hat der Auftragnehmer einen „guten Preis" vereinbart, wird er sich für den Weg über § 2 Nr. 5 VOB/B entscheiden, der diesen guten Preis nebst dem darin enthaltenen Gewinn fortschreibt. Liegt der Preis demgegenüber z.B. unter den Selbstkosten, wird der Auftragnehmer Schadensersatz nach § 6 Nr. 6 VOB/B vorziehen. Folgt die zeitliche Verzögerung allein aus der Ausführung der angeordneten Leistungsänderung, deren Ausführung mehr Zeit beansprucht, wird die zeitliche Verzögerung von dem Anspruch nach § 2 Nr. 5 VOB/B mit umfasst, der insoweit dem § 6 Nr. 6 VOB/B vorgeht. Für Behinderungen, die nicht als Anordnungen des Auftraggebers zu werten sind, kommt demgegenüber allein § 6 Nr. 6 VOB/B zur Anwendung.

598 Resultiert schließlich die zeitliche Verzögerung daraus, dass der Auftraggeber die ihm obliegenden Mitwirkungspflichten nicht erfüllt, ist der Auftragnehmer (auch) zur Kündigung des Vertrages nach § 9 VOB/B berechtigt (vgl. Rn 499).

b) Die Regelung des BGB

599 Unterschiede zur Rechtslage nach VOB/B bestehen grundsätzlich nicht. Auch insoweit kommen einerseits verlängerte Ausführungsfristen (s. Rn 341), andererseits zusätzliche Vergütungs- bzw. Schadensersatzansprüche (vgl. Rn 318, 411) und schließlich die Möglichkeit der Kündigung – insbesondere über §§ 642, 643 BGB – in Betracht (vgl. Rn 489–494).

4. Die Vertragsstrafe

a) Begriff und Grundsätzliches

600 Unter Vertragsstrafe ist das Versprechen des Schuldners zu verstehen, dem Gläubiger dann eine Geldsumme zu zahlen, wenn er seine entsprechende Verbindlichkeit nicht oder nicht in gehöriger Weise erfüllt. Die Vertragsstrafe ist somit **akzessorisch zu der vom Schuldner zu erfüllenden Hauptverbindlichkeit**. Gibt es keine Hauptverbindlichkeit, entfällt diese z.B. später, existiert auch keine Vertragsstrafe.[1365]

Die Akzessorietät grenzt die Vertragsstrafe von dem Rechtsinstitut des selbstständigen Strafversprechens ab, bei dem der Schuldner bei einem bestimmten Verhalten Zahlung einer Strafe schuldet, ohne dass er jedoch zu einem entsprechenden bzw. gerade einem anderen Verhalten selbst verpflichtet wäre.[1366]

601 Mit der Vereinbarung einer Vertragsstrafe **wird ein doppelter Zweck verfolgt**. Zum einen gibt sie dem Auftraggeber ein Druckmittel gegen den Auftragnehmer in die Hand, das sicherstellen soll, dass letzterer seine Verpflichtungen ordnungsgemäß erfüllt. Zum anderen ermöglicht die Vertragsstrafe dem Auftraggeber, sich im Falle einer entsprechend sanktionierten Vertragsverletzung in vereinbarter Höhe beim Auftragnehmer schadlos zu halten, ohne einen Einzelnachweis zu den Fragen, ob überhaupt und gegebenenfalls in welcher Höhe ein Schaden entstanden ist, führen zu müssen.[1367] Die „Druckfunktion" unterscheidet die Vertragsstrafe von einer Schadenspauschalierung, die lediglich dem Gläubiger das Erfordernis des Schadensnachweises ersparen soll (z.B. einer Regelung, wonach dem Auftragnehmer im Falle der Vertragskündigung als Schadensersatz 40 % des Wertes der nicht ausgeführten Leistung zustehen).

602 Die rechtliche Grundlage ergibt sich beim „VOB/B-Bauvertrag" aus § 11 VOB/B, der allerdings in Nr. 1 auf die für den „BGB-Bauvertrag" geltenden Regelungen der §§ 339 bis 345 BGB verweist.

[1365] *Erman*, vor § 339 BGB Rn 4.
[1366] *Palandt*, vor § 339 BGB Rn 4.
[1367] *Nicklisch/Weick*, § 11 Rn 5.

Unterschiede zwischen beiden Regelungen ergeben sich nach § 11 Nr. 3 VOB/B nur bei einer vereinbarten Vertragsstrafe, die nach Tagen bemessen wird. Während dann nämlich bei einem „BGB-Bauvertrag" grundsätzlich auch Sonn- und Feiertage mitzählen (Ausnahme § 193 BGB), werden bei einem „VOB/B-Bauvertrag" nur Werktage (Montag bis Samstag) in Ansatz gebracht.

In §§ 340, 341 BGB wird zwischen zwei Formen der Vertragsstrafe unterschieden. § 340 BGB regelt die Fälle der nicht erstellten Bauleistung, d.h. der Auftragnehmer verweigert die Vertragserfüllung vor vollständiger oder teilweiser Fertigstellung der Leistung unberechtigterweise endgültig.[1368] Demgegenüber greift § 341 BGB die Fälle auf, dass der Auftragnehmer die beauftragte Leistung nicht in gehöriger Weise, insbesondere nicht in der vorgesehenen Zeit erbringt. **Das Tatbestandsmerkmal „nicht in gehöriger Weise" meint hiermit Schlechterfüllung infolge unvollständiger oder mangelhafter Leistungserbringung.** Die entsprechende Vertragsstrafenvereinbarung muss klar definieren, ob sie „nur" oder „auch" an eine unvollständige, mangelhafte oder verspätete Leistungserbringung anknüpft.

Die Abgrenzung zwischen mangelhafter und verspäteter Leistung ist anhand des Kriteriums „wesentlicher Mangel" (siehe Rn 526–529) festzumachen. Weist die Leistung des Auftragnehmers zum vereinbarten Fertigstellungstermin unwesentliche Mängel auf, die der Abnahme nicht entgegenstehen, kommt eine Vertragsstrafe wegen Verzögerung nicht in Betracht. Möglich bleibt in diesem Fall lediglich die Beanspruchung einer Vertragsstrafe wegen der mangelhaften Leistungserbringung. Ist die Leistung demgegenüber zum vereinbarten Fertigstellungstermin infolge wesentlicher Mängel nicht abnahmetauglich, so greift eine für eine Verzögerung vereinbarte Vertragsstrafe.[1369]

Beiden Formen der Vertragsstrafe ist gemein, **dass ihre Verwirkung Verzug des Auftragnehmers, mithin Verschulden voraussetzt (vgl. § 339 BGB).** Im Übrigen unterscheiden sich die Rechtsfolgen. Bei § 340 BGB kann der Gläubiger die Vertragsstrafe statt der Erfüllung beanspruchen. Solange er diese Wahl noch nicht getroffen hat, bleibt der Schuldner zur Leistung berechtigt und verpflichtet.[1370] § 341 BGB sieht demgegenüber vor, dass die Vertragsstrafe neben der weiteren Vertragserfüllung beansprucht wird. Sowohl bei § 340 BGB als auch bei § 341 BGB kann ein Schaden, der über die vereinbarte Vertragsstrafe hinausgeht, geltend gemacht werden, was anders herum bedeutet, **dass nach der gesetzlichen Regelung die Vertragsstrafe auf den Schadensersatzanspruch angerechnet wird.**

Für eine „unverhältnismäßig" hohe Vertragsstrafe eröffnet § 343 BGB dem Schuldner die Möglichkeit, auf Antrag eine Reduzierung auf einen angemessenen Betrag durch Urteil anzustreben. Grundlage einer derartigen richterlichen Entscheidung ist eine Interessenabwägung unter Berücksichtigung von Gesichtspunkten wie Schwere und Ausmaß der Vertragsverletzung, Verschuldensgrad und wirtschaftlicher Lage des Schuldners. Allerdings hat in eine solche Wertung auch maßgeblich der Aspekt einzugehen, **dass das Institut der Vertragsstrafe grundsätzlich im Interesse des Gläubigers geschaffen worden ist und dessen Belangen somit erhebliches Gewicht zukommt.**[1371] Für einen Kaufmann, der die Vertragsstrafe im Betrieb seines Handelsgewerbes verspricht, findet § 343 BGB keine Anwendung (vgl. § 348 HGB).

Als akzessorisches Recht unterliegt die Vertragsstrafe der gleichen Verjährungsfrist wie das Hauptrecht.[1372] Da sie in der Regel die Vertragserfüllung sichert, gilt für sie mithin zumeist die 30jährige Frist des § 195 BGB.

1368 *Heiermann/Riedl/Rusam*, § 11 Rn 17.
1369 KG BauR 1984, 529, 530; *Palandt*, § 340 BGB Rn 1.
1370 *Ingenstau/Korbion*, § 11 Rn 13.
1371 *Erman*, § 343 BGB Rn 3.
1372 *Heiermann/Riedl/Rusam*, § 11 Rn 23.

608 Sowohl beim „BGB-Bauvertrag" als auch beim „VOB/B-Bauvertrag" setzt eine Vertragsstrafe eine entsprechende vertragliche Regelung der Parteien voraus. Wegen der besonderen Bedeutung, die einer Vertragsstrafenregelung zukommt, muss die Vereinbarung **klar, eindeutig und unmissverständlich sein und sich im Bauvertrag an einer „nicht zu übersehenden Stelle" befinden**. Eine besondere Form ist für die Vertragsstrafenvereinbarung nicht vorgesehen.[1373] Aus Gründen der Beweissicherung ist jedoch stets zur Schriftform zu raten.

Mit Vertragsstrafe können unterschiedliche Konstellationen des nicht vertragsgerechten Handelns belegt werden. Auch die Sanktionierung von vertraglichen Nebenpflichten, z.B. der Verpflichtung zur Erstellung der Schlussrechnung,[1374] ist möglich.

609 In der Praxis kommt einer Vertragsstrafenvereinbarung, die an die verspätete Fertigstellung anknüpft, mithin einer Variante des § 341 BGB, die auch in § 11 Nr. 2 VOB/B ausdrücklich angesprochen wird, die größte Bedeutung zu. Für diese Form der Vertragsstrafe sind zwei weitere Besonderheiten zu beachten:

Zum einen kann sie nur geltend gemacht werden, **wenn der Auftraggeber sie sich bei Abnahme der Leistung vorbehält** (§ 341 Abs. 3 BGB, § 11 Nr. 4 VOB/B; siehe auch Rn 524). Eine Formvorschrift für den Vorbehalt existiert grundsätzlich nicht. Bei einer förmlichen Abnahme ist der Vorbehalt allerdings im Abnahmeprotokoll zu vermerken.[1375] Soweit der Auftraggeber die Erklärung des Vorbehalts versäumt, scheidet zwar ein Anspruch auf Vertragsstrafe aus, allerdings verbleibt ihm die Möglichkeit, einen Schadensersatzanspruch hinsichtlich des gleichen Sachverhalts, z.B. aus den Gesichtspunkten des Verzugs geltend zu machen. Zu der Frage, wann der Vorbehalt bei den unterschiedlichen Abnahmearten zu erklären ist, vgl. Rn 543, 546.

Weiterhin kann eine wegen Verzugs verwirkte Vertragsstrafe **im Falle der Vertragskündigung nur bis zum Tage der Kündigung geltend gemacht werden**. Für den „VOB/B-Bauvertrag" ergibt sich dies ausdrücklich aus § 8 Nr. 7 VOB/B, für den „BGB-Bauvertrag" gilt entsprechendes.[1376]

610 Der vertragsstrafenbewehrte Verzugszeitraum endet, soweit der Bauvertrag von Fertigstellung spricht, mit der Fertigstellung des Objektes,[1377] nicht etwa mit der (möglicherweise erst später erfolgenden) Anzeige der Fertigstellung durch den Auftragnehmer oder der Abnahme des Werkes durch den Auftraggeber.

Gegenstand der nachfolgenden Ausführungen ist die Vertragsstrafe wegen „verspäteter Fertigstellung". Ganz entscheidend kommt es im Bauvertragsalltag insoweit auf die Frage an, ob sich diese Vertragsstrafenvereinbarung in Allgemeinen Geschäftsbedingungen findet oder ob sie individuell ausgehandelt worden ist. Der zulässige Regelungsspielraum im Rahmen von Allgemeinen Geschäftsbedingungen ist sehr eingeschränkt. Die maßgeblichen Grundsätze werden oft nicht hinreichend beachtet, so dass in der Praxis viele Vertragsstrafenklauseln unwirksam sind.

b) Die Vertragsstrafe wegen verzögerter Fertigstellung

aa) Im Rahmen von Allgemeinen Geschäftsbedingungen

(1) Liegt eine Allgemeine Geschäftsbedingung vor?

611 Nicht immer liegt klar auf der Hand, ob die zu beurteilende Vertragsstrafenregelung überhaupt eine Allgemeine Geschäftsbedingung ist oder ob sie nicht vielmehr ausgehandelt und somit individuell

---

1373 *Nicklisch/Weick*, § 11 Rn 11.
1374 OLG Jena BauR 1999, 1333.
1375 *Heiermann/Riedl/Rusam*, § 11 Rn 29.
1376 *Werner/Pastor*, Rn 2084.
1377 BGH NJW 1999, 1108.

vereinbart wurde. Zweifel tauchen insbesondere dann auf, wenn nur der wesentliche Text der Klausel vorformuliert ist, dieser jedoch noch Lücken aufweist, die es zu schließen gilt.

> *Als Beispiel hierfür sei etwa folgende vorformulierte Klausel aufgezeigt:*
> „Der Auftragnehmer zahlt für jeden Tag der Verspätung eine Vertragsstrafe in Höhe von ... % der Auftragssumme, maximal ... % der Auftragssumme."

Nach einer neueren Entscheidung des OLG Frankfurt[1378] handelt es sich um eine Allgemeine Geschäftsbedingung, **wenn die Lücke handschriftlich geschlossen, nicht aber die ganze Klausel verhandelt worden ist**. Diese Auffassung ist nach diesseitigem Dafürhalten zutreffend (siehe auch Rn 113). Eine abweichende Meinung unterscheidet demgegenüber danach, ob die zu schließende Lücke den wesentlichen Vertragsinhalt darstellt (dann keine Allgemeine Geschäftsbedingung) oder nicht (dann Allgemeine Geschäftsbedingung). Für eine Vertragsstrafe stellt die Höhe das wesentliche Element dar, so dass diese Auffassung im Beispielsfall eine individuelle Vereinbarung annehmen würde.[1379]

612

(2) Erfordernis des Verschuldens

Dem gesetzlichen Leitbild (vgl. § 339 BGB) entspricht es, dass die Verwirkung der Vertragsstrafe ein Verschulden des Auftragnehmers voraussetzt. **Hiervon kann im Rahmen von Allgemeinen Geschäftsbedingungen grundsätzlich nicht abgewichen werden.**[1380] Hieraus folgt zunächst, dass eine Anknüpfung der Vertragsstrafe lediglich an Tatbestände wie „Überschreitung der Frist" oder „Verspätung" zur Unwirksamkeit der Regelung führt. Etwas anderes kann dann gelten, wenn der Kontext, in den die Regelung eingebunden ist, zweifelsfrei erkennen lässt, dass ergänzend § 11 VOB/B zur Anwendung kommt, der in Nr. 2 auf das Erfordernis des Verzugs hinweist. Dies ist etwa dann anzunehmen, wenn die Klausel unter der Überschrift „Vertragsstrafe nach § 11 VOB/B" steht.[1381] Nicht ausreichend ist nach diesseitiger (allerdings umstrittener[1382]) Auffassung demgegenüber der bloße an anderer Stelle im Bauvertrag enthaltene Hinweis „ergänzend gilt die VOB/B".

613

Zu einer Verschuldensunabhängigkeit und damit zur Unwirksamkeit führen auch Regelungen in Allgemeinen Geschäftsbedingungen, die vorsehen, dass der Auftragnehmer sich auf Umstände höherer Gewalt, Schlechtwetter usw. nicht berufen kann.[1383] **Der Auftragnehmer kann den Einwand, behindert worden zu sein, auch dann erheben, wenn er die Behinderung nicht angezeigt hat**[1384] (siehe auch Rn 412). Die gegenteilige Auffassung[1385] ist abzulehnen.

614

Ganz ausnahmsweise kann eine Vertragsstrafenvereinbarung auch verschuldensunabhängig ausgestaltet sein, wenn der Auftraggeber über einen entsprechenden rechtfertigenden Grund verfügt[1386] (z.B. wenn der Auftraggeber auf die unbedingte Einhaltung der Bauzeit aus für den Auftragnehmer erkennbaren zwingenden Gründen angewiesen ist).

1378 OLG Frankfurt BauR 1999, 51.
1379 *Glatzel/Hofmann/Frikell*, S. 21.
1380 *Ingenstau/Korbion*, § 11 Rn 6.
1381 OLG Frankfurt BauR 1999, 789; OLG Hamm BauR 1997, 663 ff.
1382 OLG Bamberg BauR 1990, 475, 477.
1383 *Glatzel/Hofmann/Frikell*, S. 255.
1384 BGH BauR 1999, 645 ff.
1385 *Heiermann/Riedl/Rusam*, § 11 Rn 25.
1386 OLG Hamm BauR 1997, 663, 664.

(3) Die relevanten Termine

615 Die Vertragsstrafe kann sowohl den **Endtermin als auch vertraglich vereinbarte Zwischentermine für den Fall des Verzugs sanktionieren**. Empfehlenswert ist es, im Bauvertrag zu definieren, dass relevant nur Arbeitstage sind, da nur von Montag bis Freitag (jedenfalls in der Regel) der Auftragnehmer die Chance hat, dem Verzug abzuhelfen, d.h. die Arbeiten fertig zu stellen.

Bei der Prüfung der Voraussetzungen des Verzuges erscheint oft zweifelhaft, ob eine Mahnung nach § 284 Abs. 2 BGB entbehrlich ist. Die Zeit der Leistung ist auch dann nach dem Kalender im Sinne des § 284 Abs. 2 BGB bestimmt, wenn der Bauvertrag lediglich für den Arbeitsbeginn einen Kalendertag vorsieht, an den sodann eine Fertigstellungsfrist mit einer exakt bestimmten Anzahl von Tagen anknüpft. Ist bei einem definierten Ausführungszeitraum allerdings der Baubeginn flexibel, sind die Voraussetzungen des § 284 Abs. 2 BGB nicht gegeben. Der Verzug setzt eine gesonderte Mahnung voraus.[1387]

Auf zwei weitere Besonderheiten ist hinzuweisen:

616 Theoretisch kann es bei einer Anknüpfung der Vertragsstrafe an Zwischentermine und den Endtermin zu einer **unbilligen Kumulation zu Lasten des Auftragnehmers kommen**. Überschreitet der Auftragnehmer z.B. die erste Zwischenfrist schuldhaft um zwei Tage und arbeitet dann planmäßig weiter, wird er auch die „Zwischenfristen zwei bis z.B. fünf" und den Endtermin um genau diese zwei Tage überschreiten. Somit würden im Extremfall (bei fünf Zwischenterminen) zwölf Tage zur Ermittlung der Höhe der Vertragsstrafe in Ansatz gebracht, obwohl der Auftragnehmer nur zwei Tage versäumt hat, dies allerdings im Beispiel bei sechs Vertragsfristen. Nach Auffassung des OLG Bremen[1388] muss diese Möglichkeit ausgeschlossen werden, etwa durch folgende „Dekumulierungsklausel":

„Tage, die bereits bei einer Zwischenfrist in Ansatz gebracht worden sind, werden bei weiteren Zwischenfristen und dem Endtermin nicht mehr berücksichtigt".

617 Es ist bereits in Zusammenhang mit den terminlichen Abreden darauf hingewiesen worden, **dass grundlegende Störungen des Bauablaufs, die eine wesentliche Neustrukturierung erfordern, dazu führen, dass die Vertragsstrafe für den dann zu ermittelnden Fertigstellungstermin nicht mehr gilt**, es sei denn, es wird ausdrücklich für diesen neuen Termin eine entsprechende Vertragsstrafe vereinbart (vgl. Rn 347). Diese herrschende, wenn auch nicht unbestrittene[1389] Auffassung führt auch dazu, dass auftraggeberseitige Klauseln unwirksam sind, die genau Gegenteiliges regeln, also z.B. vorsehen, dass die Vertragsstrafenvereinbarung nicht hinfällig wird, wenn infolge Störungen ein völlig neuer Zeitplan erarbeitet werden muss.[1390] Sind die Störungen des Bauablaufs **nicht derart grundlegender Natur, gilt die Vertragsstrafe auch für den sich nach § 6 Nr. 2 bis 4 VOB/B ergebenden neuen Termin**. In diesem Fall setzt Verzug des Auftragnehmers jedoch stets eine Mahnung des Auftraggebers voraus, da der neue Termin nicht die Voraussetzungen des § 284 Abs. 2 BGB erfüllt.[1391]

(4) Die Höhe der Vertragsstrafe

618 Es entspricht ständiger Rechtsprechung, dass eine Vertragsstrafe, die an die Auftrags- oder Abrechnungssumme anknüpft, **insgesamt der Höhe nach begrenzt sein (maximale Obergrenze) und auch der einzelne Tagessatz sich in angemessenem Rahmen bewegen muss**, damit gewährleistet ist, dass die maximale Obergrenze nicht so schnell erreicht werden kann, dass dem Auftragnehmer faktisch keine Möglichkeit der Abhilfe verbleibt.[1392]

1387 BGH BauR 1985, 576 ff.
1388 OLG Bremen NJW-RR 1987, 468 f.
1389 Etwa *Werner/Pastor*, Rn 2078 ff.; *Ingenstau/Korbion*, § 11 Rn 36; a.A. *Börgers*, BauR 1997, 917, 921.
1390 *Glatzel/Hofmann/Frikell*, S. 255.
1391 OLG Düsseldorf BauR 1982, 582, 585.
1392 BGH BB 2000, 1057, 1058.

Als maximale Obergrenze wurden 10 % anerkannt.[1393]

Hinsichtlich der zulässigen Tagessätze ist 0,3 % je Arbeitstag als in einem noch vertretbaren Rahmen beurteilt worden,[1394] 0,5 % je Arbeitstag wurden jedoch als unangemessen hoch abgelehnt.[1395] Noch keine Entscheidung des BGH liegt zu einem Tagessatz von 0,4 % vor. Das OLG Düsseldorf hat einen solchen Tagessatz, allerdings kombiniert mit einer maximalen Obergrenze von lediglich 7 %, als wirksam bestätigt.[1396]

Insgesamt lässt sich somit festhalten, **dass eine Vertragsstrafe im Spektrum von maximal 0,3 % pro Arbeitstag und insgesamt maximal 10 % der Auftragssumme wirksam ist, wenn sie sich ausschließlich auf den Endtermin bezieht**. Knüpft demgegenüber eine solche Vertragsstrafe auch an Zwischentermine an, ist sie nach Auffassung des OLG Hamm unwirksam, da trotz Einhaltung des Endtermins eine hohe Vertragsstrafe bei lediglich geringfügiger Überschreitung mehrerer Zwischentermine denkbar wäre.[1397] Dies lässt sich einerseits durch die vorgeschlagene „Dekumulierungsklausel" (siehe Rn 616) und andererseits anhand einer Regelung, wonach an Zwischenfristen anknüpfende Vertragsstrafen entfallen, wenn der Endtermin gehalten wird, vermeiden.

619

Will man bei der Vertragsstrafenvereinbarung im Interesse deren Wirksamkeit ganz vorsichtig vorgehen, ist nach einer im Vordringen befindlichen Auffassung zu raten, die Prozentsätze nicht auf die Auftrags- oder Abrechnungssumme zu beziehen, **sondern lediglich auf den Wert der im Verzugszeitraum noch nicht erbrachten Leistung**.[1398]

Fehlt ein Kriterium, z.B. die maximale Obergrenze, ist die Regelung stets insgesamt unwirksam. Eine Kompensation etwa dadurch, dass der andere Betrag, z.B. der Tagessatz, besonders moderat vereinbart worden ist, kommt nicht in Betracht. Unwirksam ist daher sowohl eine Kombination von lediglich 0,02 % pro Tag ohne Obergrenze als auch von 0,5 % pro Tag mit einer moderaten Obergrenze von 5 %.

(5) Abweichungen von sonstigen gesetzlichen Gedanken

Im Grundsatz lässt sich festhalten, dass es nicht möglich ist, im Rahmen von Allgemeinen Geschäftsbedingungen die Vertragsstrafe mit gesetzesfremdem Gehalt auszugestalten. Hinsichtlich des nach § 341 Abs. 3 BGB bzw. § 11 Nr. 4 VOB/B vorgesehenen Vorbehaltes ist ein gänzlicher Ausschluss unzulässig.[1399] Wirksam ist allerdings eine Regelung, **wonach der Vorbehalt bis zur Schlusszahlung** (richtigerweise bis zur Fälligkeit der Schlusszahlung, da eine Säumnis den Auftraggeber nicht begünstigen darf[1400]) **erklärt werden kann**, da der Auftraggeber häufig erst zu diesem Zeitpunkt erkennen kann, ob ihm ein Schaden entstanden ist[1401] (vgl. Rn 586). Keine Bedenken bestehen schließlich dagegen, den Vorbehalt bereits als Allgemeine Geschäftsbedingung in ein vorbereitetes Formular für die Protokollierung der Abnahme aufzunehmen.[1402]

620

§§ 340 Abs. 2, 341 Abs. 2 BGB sehen jeweils vor, dass die Vertragsstrafe als Mindestschaden auf einen etwaigen weitergehenden Schaden des Auftraggebers angerechnet werden muss. Eine Klausel,

---

1393 BGH BauR 1988, 86 ff.; BGH BauR 1987, 92.
1394 BGH BauR 1976, 279.
1395 BGH BB 2000, 1057, 1058.
1396 OLG Düsseldorf BauR 1992, 677.
1397 OLG Hamm BauR 2000, 1202.
1398 *Werner/Pastor*, Rn 2074.
1399 *Heiermann/Riedl/Rusam*, § 11 Rn 38.
1400 *Ingenstau/Korbion*, § 11 Rn 19.
1401 BGH NJW-RR 2000, 1468.
1402 BGH BauR 1987, 92 ff.

die von dieser Anrechenbarkeit abweicht und vorsieht, dass die Vertragsstrafe neben dem vollständigen Schadensersatz geltend gemacht werden kann (Kumulation), ist unwirksam.[1403]

(6) Besonderheit beim Auftraggeber, der der VOB/A unterliegt

621 § 12 Nr. 1 VOB/A bestimmt, dass eine Vertragsstrafe für das Überschreiten der Ausführungsfrist nur auszubedingen ist, wenn dem Auftraggeber durch die Fristüberschreitung **erhebliche Nachteile entstehen können**. Aus diesem Grundsatz hat das OLG Jena in einer neueren Entscheidung abgeleitet, dass ein Auftraggeber nach Treu und Glauben gehindert sein kann, sich auf eine Vertragsstrafenvereinbarung zu berufen, wenn ihm durch das Überschreiten der Vertragsfrist keine erheblichen Nachteile entstehen.[1404]

(7) Die Regelung des § 11 Nr. 6 AGBG

622 Regelmäßig wird die Vereinbarung einer Vertragsstrafe vom Auftraggeber gefordert, sodass dieser Adressat der vorbeschriebenen Regelungsgrenzen ist. Die Regelung des § 11 Nr. 6 AGBG erfasst demgegenüber Sachverhalte, denen denkbare Klauseln der Auftragnehmerseite zugrunde liegen. Hiernach sind solche Vertragsstrafenvereinbarungen unwirksam, **die für den Fall der Nichtabnahme oder verspäteten Abnahme, des Zahlungsverzugs oder der vorzeitigen Beendigung des Vertrages (etwa nach § 649 BGB, § 8 Nr. 1 VOB/B) versprochen werden**. Große praktische Relevanz kommt derartigen Klauseln im Bauvertragsalltag allerdings nicht zu. Geläufig sind demgegenüber entsprechende Regelungen im Bauträgervertrag.

bb) Als individuelle Vereinbarung

623 Im Rahmen der Grenzen der §§ 138, 242 BGB kann eine individuell vereinbarte Vertragsstrafe vom gesetzlichen Leitbild der §§ 339 bis 346 BGB abweichen. Die abweichende Vereinbarung muss klar und eindeutig formuliert sein. Abweichungen im Wege „großzügiger Auslegung" anzunehmen, kommt demgegenüber nicht in Betracht.

Typische Abweichungen stellen folgende Regelungen dar:

624 Bisweilen wird vorgesehen, **dass das Erfordernis des Vorbehalts der Vertragsstrafe bei Abnahme entfällt**. Eine derartige Vereinbarung kann allerdings nicht bereits darin gesehen werden, dass die Vertragsstrafe bei Fristüberschreitung „sofort fällig" ist.[1405] Die aus Sicht des Auftragnehmers schwerstwiegende – aber gleichfalls mögliche – Regelung stellt es dar, **wenn die Vertragsstrafe bei bloßer Fristüberschreitung verwirkt ist, ohne dass es auf sein Verschulden ankommt**. Hierdurch nimmt das Vertragsstrafeversprechen garantieähnliche Gestalt ein, da der Auftragnehmer für die Realisierung des Termins in jedem Falle einsteht. Auf der anderen Seite ist es den Vertragsparteien auch möglich, die Vertragsstrafe zu Gunsten des Auftragnehmers lediglich für qualifiziertes Verschulden (Vorsatz und grobe Fahrlässigkeit) vorzusehen.

Für die Höhe der Vertragsstrafe existieren keine gesonderten Beschränkungen, dies gilt sowohl für den Tagessatz als auch insbesondere dafür, dass eine maximale Obergrenze nicht vorgesehen sein muss.

Schließlich kann im Wege einer individuellen Vereinbarung auch geregelt werden, dass – abweichend von §§ 340 Abs. 2, 341 Abs. 2 BGB – **eine Anrechnung der Vertragsstrafe auf den weiterhin verfolgten Schadensersatz nicht erfolgt**, der Auftraggeber vielmehr beides kumulativ beanspruchen kann.

[1403] *Nicklisch/Weick*, § 11 Rn 43.
[1404] OLG Jena BauR 1998, 639.
[1405] *Palandt*, § 341 BGB Rn 4.

Eine Grenze findet der Gestaltungsspielraum in § 344 BGB, eine Regelung, die zwingendes Recht darstellt.[1406] Hiernach kann die Nichterfüllung einer getroffenen Vereinbarung, die gegen ein gesetzliches Verbot verstößt und somit unwirksam ist, nicht mit einer Vertragsstrafe sanktioniert werden.

cc) Beispiel zur Abgrenzung zwischen Allgemeinen Geschäftsbedingungen und Individualvereinbarungen

Die vom Auftraggeber verwendete Klausel sieht wie folgt aus: „Für jeden Tag der Fristüberschreitung zahlt der Auftragnehmer 1,5 % der Brutto-Abrechnungssumme, maximal 25 % der Brutto-Abrechnungssumme als Vertragsstrafe". In der Vertragsverhandlung beanstandet der Auftragnehmer diese Klausel, da sie einerseits zu hoch sei und er andererseits nicht bereit sei, unabhängig von seinem Verschulden zu haften. Nach langen Diskussionen einigt man sich schließlich auf folgende Regelung: „Für jeden Tag des Verzugs mit der Fertigstellung zahlt der Auftragnehmer 0,7 % der Brutto-Abrechnungssumme als Vertragsstrafe". Der Auftragnehmer gerät mit 35 Tagen in Verzug. Welchen Prozentsatz der Brutto-Abrechnungssumme schuldet er als Vertragsstrafe?

Die Lösung ist einfach. Der Auftragnehmer muss 24,5 % der Brutto-Abrechnungssumme als Vertragsstrafe zahlen. Die ursprüngliche Klausel war wegen Verstoßes gegen das AGBG unwirksam. Sie enthielt gleich mehrere die Nichtigkeit begründende Regelungen. Zum einen fehlte die Anknüpfung an ein Verschulden des Auftragnehmers und zum anderen waren Tagessatz und maximale Obergrenze unangemessen hoch (vgl. Rn 618, 619). Auch die Neuregelung würde gegen das AGBG verstoßen, da nicht nur der Tagessatz mit 0,7 % zu hoch ist, vielmehr auch eine maximale Obergrenze fehlt. Allerdings findet das AGBG gar keine Anwendung, da diese Klausel in der Vertragsverhandlung individuell vereinbart worden ist. Für einen Verstoß der Regelung gegen §§ 138, 242 BGB sind Anhaltspunkte nicht ersichtlich.

X. Die Gewährleistung

1. Allgemeines

Unter dem Begriff **„Gewährleistung" im weiteren Sinne** ist das Einstehenmüssen des Auftragnehmers für die ordnungsgemäße, mangelfreie und vertragsgerechte Erfüllung der Leistungspflichten aus dem Bauvertrag zu verstehen.[1407] Im eigentlichen, **engeren Sinne** bedeutet „Gewährleistung" jedoch, dass der Auftragnehmer für die vertragsgerechte Beschaffenheit im Zeitpunkt der Abnahme einzustehen hat.[1408] Unter den eingangs erwähnten Gewährleistungsbegriff im allgemeinen Sprachgebrauch fallen darüber hinaus auch die Ansprüche des Auftraggebers vor Abnahme, also beispielsweise die Nachbesserungspflicht nach § 4 Nr. 7 VOB/B. Das allgemeine Gewährleistungsrecht umfasst daher sämtliche Regeln, die die Rechte des Auftraggebers bei mangelhafter Herstellung des Werks festlegen und nicht schon gesetzliche Folge einer Nicht- oder Schlechterfüllung nach allgemeinem Recht sind.[1409]

Der Begriff der Gewährleistung ist streng von einer **Garantie** zu unterscheiden. Zwar wird der Begriff „Garantie" oft nicht als rechtlicher Terminus technicus gebraucht, sondern als Ersatzbegriff für die Gewährleistung. Hier ist jedoch stets der **wahre Wille der Parteien** zu erforschen, denn eine Garantie im eigentlichen Sinne geht weit über die herkömmlichen Gewährleistungspflichten des Auftragnehmers hinaus, so dass zweifelhaft sein kann, ob die Parteien dies wollten. Zu unterscheiden ist die **selbstständige** und die **unselbstständige Garantie**. Bei einer unselbstständigen Garantie haftet

---

1406 *Ingenstau/Korbion*, § 11 Rn 6.
1407 *Werner/Pastor*, Rn 1431; *Vygen*, Rn 420.
1408 *Werner/Pastor*, Rn 1431; ebenso *Locher*, Rn 149a, der die Abnahme der Bauleistung ausdrücklich als Voraussetzung für Gewährleistungsansprüche anführt.
1409 Beck'scher VOB-Kommentar – *Ganten* vor § 13 Rn 1; *Heiermann/Riedl/Rusam*, Einf. zu § 13 VOB/B Rn 1.

der Auftragnehmer für das Vorliegen etwaiger zugesicherter Eigenschaften unbedingt, d.h. er hat deren Fehlen auch **ohne Verschulden** zu vertreten. Die Folge ist also ein verschuldensunabhängiger Schadensersatzanspruch des Auftraggebers.[1410] Von einer selbstständigen Garantie spricht man, wenn der Auftragnehmer für einen über die Vertragsgemäßheit hinausgehenden, noch von anderen Faktoren abhängigen Erfolg einstehen will.[1411] Der Auftragnehmer übernimmt damit also ein vertragsfremdes Risiko. Auf eine solche selbstständige Garantie sind die Gewährleistungsvorschriften der §§ 633 ff. BGB, 13 VOB/B nicht anwendbar. Es besteht vielmehr ein Erfüllungsanspruch eigener Art aus dem Garantievertrag.[1412] Auch die Verjährungsvorschriften des Gewährleistungsrechts gelten hier nicht, der Anspruch aus eigenem selbstständigen Garantieversprechen **verjährt** vielmehr in **30 Jahren**.[1413] Eine echte selbstständige Garantie wird jedoch höchst selten vorliegen. Wird der Begriff „Garantie" im Bauvertrag verwendet, so wird zunächst an die Zusicherung einer bestimmten Eigenschaft zu denken sein, wenn nicht besondere Umstände dafür sprechen, dass sich der Auftragnehmer verschuldensunabhängig für den Eintritt eines bestimmten außervertraglichen Erfolg verwendet. Als selbstständige Garantie wurde beispielsweise die Zusage des Auftragnehmers gewertet, den Auftraggeber von Baukosten oberhalb eines bestimmten garantierten Betrags hinaus freizustellen.[1414] Auch die Zusage einer bestimmten Jahresmiete kann als Garantie gewertet werden.[1415] Vereinbaren die Bauvertragsparteien eine **„Garantie nach VOB/B"**, so liegt lediglich ein laienhafter Hinweis auf die Gewährleistungsvorschriften der VOB/B vor. Denn Garantien sind in der VOB/B nicht enthalten.[1416] Ob dies bei Vereinbarung einer „Garantie nach BGB" gleichermaßen gilt,[1417] erscheint zweifelhaft, da im gesamten BGB ungleich mehr Verpflichtungen denkbar sind als im Rahmen der VOB/B. Die Klausel dürfte jedoch mangels näherer Präzisierung wegen völliger Unbestimmtheit ohnehin unbeachtlich sein.

629 Der Auftragnehmer ist nach § 631 BGB verpflichtet, den werkvertraglichen Erfolg in Gestalt des Bauwerks zu erzielen. Zwar ist auch die Art und Weise der Tätigkeit wichtig und in der VOB/B eingehend geregelt. Entscheidend ist jedoch in erster Linie der Werkerfolg. Daher haftet der Auftragnehmer im Rahmen der Gewährleistung **ohne Verschulden** für die mangelfreie Errichtung des Bauwerks.

Nach § 13 Nr. 1 VOB/B übernimmt der Auftragnehmer die Gewähr, dass seine Leistung **zur Zeit der Abnahme mangelfrei** ist. Somit ist die Abnahme der entscheidende Zeitpunkt für die Beurteilung der Mangelhaftigkeit oder Mangelfreiheit der Bauleistung. Mit der Abnahme erfährt die Leistungspflicht des Auftragnehmers eine **Konkretisierung** auf das abgenommene Werk. Damit ist die Vertragserfüllungsphase grundsätzlich beendet, es **beginnt die Gewährleistungsphase**. Spätestens im Zeitpunkt der Abnahme muss also die Bauleistung die vertragsgemäße Beschaffenheit aufweisen. Aus diesem Grundsatz, insbesondere jedoch aus der eindeutigen Formulierung in § 13 Nr. 1 VOB/B folgt, dass die dort geregelten Ansprüche die Abnahme voraussetzen.[1418] Auch für § 633 Abs. 1 BGB ist die Abnahme entscheidend. Auch hier ist für die Beurteilung der Mangelfreiheit auf den Zeitpunkt der Abnahme abzustellen. Zwar ergibt sich dies nicht eindeutig aus dem Wortlaut des § 633 Abs. 1 BGB, da dort kein genauer Zeitpunkt genannt ist. Nach § 640 Abs. 1 S. 1 BGB ist jedoch der Besteller ausdrücklich verpflichtet, das vertragsgemäß hergestellte Werk abzunehmen. Umgekehrt ist der Auftragnehmer nach § 633 Abs. 1 BGB verpflichtet, die Leistung mangelfrei herzustellen. Ob er dieser

---

1410 MüKo – *Soergel*, § 635 BGB Rn 102.
1411 BGH BauR 1970, 107.
1412 *Kleine-Möller/Merl/Oelmaier*, § 12 Rn 170.
1413 *Ingenstau/Korbion*, § 13 VOB/B Rn 849.
1414 BGH NJW 1983, 109.
1415 BGH BauR 1973, 191.
1416 *Kleine-Möller/Merl/Oelmaier*, § 12 Rn 163.
1417 So *Vygen*, Rn 420.
1418 BGHZ 51, 275.

Verpflichtung ordnungsgemäß nachgekommen ist, lässt sich jedoch abschließend erst im Zeitpunkt der Abnahme beurteilen. Bis dahin muss dem Auftragnehmer ein gewisser Entscheidungsspielraum zugestanden werden, wann er bereits vor der Abnahme auftretende Mängel beseitigt.[1419] Dies bedeutet zwar nicht, dass der Auftraggeber nicht **bereits vor der Abnahme die Beseitigung von Mängeln** verlangen kann. Ein solcher Anspruch besteht sowohl im Rahmen von BGB-Bauverträgen (§ 634 Abs. 1 S. 2 BGB) als auch bei VOB-Bauverträgen (§ 4 Nr. 7 VOB/B). Dennoch entspricht es einem allgemeinen, das Werkvertragsrecht beherrschenden Grundsatz, dass die Abnahme der maßgebliche Zeitpunkt für die Erfüllung der vertraglichen Leistungspflicht ist.[1420]

Im Unterschied zum Werkvertragsrecht des BGB unterscheidet jedoch die **VOB/B** sehr genau zwischen mängelbedingten Ansprüchen vor und nach der Abnahme. Die Rechte des Auftraggebers vor Abnahme sind in § 4 Nr. 6 und Nr. 7 VOB/B geregelt. Ab dem Zeitpunkt der Abnahme ist hingegen nur noch § 13 VOB/B anwendbar. 630

Durch die Vereinbarung der VOB/B werden die gesetzlichen **Gewährleistungsregeln der §§ 633 ff. BGB grundsätzlich verdrängt.**[1421] Denn die VOB/B regelt die bauvertraglichen Gewährleistungsrechte und -pflichten so umfassend und speziell, dass sie im Zweifel Vorrang hat. Dies gilt nur insofern nicht, als die VOB/B erkennbar keine Abweichung von den gesetzlichen Regelungen festlegen soll. So gilt beispielsweise § 639 BGB, die Unterbrechung und Hemmung der Verjährung von Gewährleistungsansprüchen betreffend, auch im Rahmen von VOB/B-Bauverträgen.[1422] 631

Im Rahmen der VOB/B-Gewährleistungsregeln steht der **Nachbesserungsanspruch** deutlich mehr im **Vordergrund** als dies im BGB der Fall ist. Hintergrund hierfür ist die eindeutige Zielsetzung, dem Bauherrn zu einem vertragsgemäßen Werk und dem Bauunternehmer zur vertraglich geschuldeten Vergütung zu verhelfen und beides möglichst zu erhalten. Dieses Ziel ist am besten durch Mangelbeseitigung zu erreichen, nicht jedoch durch Minderung. Der Minderungsanspruch ist daher in § 13 Nr. 6 VOB/B an zusätzliche Voraussetzungen geknüpft. 632

Die **Wandlung** hingegen ist nahezu ausgeschlossen.[1423] Dies ergibt sich zunächst daraus, dass die VOB/B diesen im Gesetz vorgesehenen Anspruch nicht erwähnt, sondern lediglich Nachbesserung, Minderung, Ersatzvornahme und Schadensersatz regelt. Die Wandlung widerspricht auch per se dem eindeutigen Grundgedanken der VOB, der Mangelbeseitigung höchste Priorität einzuräumen und selbst Minderung und Schadensersatz nur nachrangig zuzulassen. Der Ausschluss der Wandlung ist zwar in Rechtsprechung und Literatur durchaus **umstritten**,[1424] wird jedoch von der h.M. zu Recht als grundlegender Bestandteil des VOB-Gewährleistungsrechts betrachtet. Der BGH hat sich zu dieser Frage bislang nicht abschließend geäußert.[1425] Im Bereich von BGB-Bauverträgen wurde die Wandlung jedenfalls im Hinblick auf Teilgewerke vereinzelt für zulässig erachtet.[1426] Insgesamt hat die Wandelung im Bauvertragsrecht jedoch kaum praktische Bedeutung, da dem Bauherrn in 633

[1419] MüKo – *Soergel*, § 633 BGB Rn 10.
[1420] BGH BauR 1974, 199; *Ingenstau/Korbion*, § 13 VOB/B Rn 4; *Vygen*, Rn 440; zum maßgeblichen Beurteilungszeitpunkt für die anerkannten Regeln der Technik siehe Rn 651 ff.
[1421] MüKo – *Soergel*, § 633 Rn 7; Beck'scher VOB-Kommentar – *Ganten* vor § 13 Rn 37.
[1422] BGH BauR 1977, 349.
[1423] *Vygen*, Rn 480; *Locher* Rn 149; *Heiermann/Riedl/Rusam*, § 13 VOB/B Rn 170; a.A. Beck'scher VOB-Kommentar – *Ganten*, § 13 Nr. 6 Rn 91; siehe hierzu unten Rn 811 ff.
[1424] Vgl. zum Meinungsstand Beck'scher VOB-Kommentar – *Ganten*, § 13 Nr. 6 Rn 83 allerdings mit dem unzutreffenden Hinweis auf OLG Hamm BauR 1984, 525 und OLG München BauR 1984, 637, die die Wandelung lediglich für BGB-Bauverträge zulassen. Auch das von *Ganten* zitierte OLG Köln, BauR 1986, 219, 221 lässt die Wandlung im Rahmen von VOB – Bauverträgen keineswegs zu, sondern geht ausdrücklich von einem „incidenter darin enthaltenen Ausschluss der Wandelung" aus.
[1425] BGHZ 42, 232.
[1426] OLG Hamm BauR 1984, 525 (Fenster); OLG München BauR 1984, 637 (Wärmepumpen-Heizanlage).

2. Der Mangelbegriff

a) Unterschiede BGB/VOB/B

634 Auf den ersten Blick enthalten § 633 Abs. 1 BGB und § 13 Nr. 1 VOB/B zwei unterschiedliche **Mangelbegriffe**. Nach § 633 Abs. 1 BGB liegt ein Mangel vor, wenn das Werk
- die zugesicherten Eigenschaften nicht hat oder
- mit Fehlern behaftet ist, die den Wert oder die Tauglichkeit zu dem gewöhnlichen oder dem nach dem Vertrag vorausgesetzten Gebrauch aufheben oder mindern.

§ 13 Nr. 1 VOB/B enthält darüber hinaus einen zusätzlichen Mangeltatbestand, nämlich den Verstoß gegen die **anerkannten Regeln der Technik**. Dies bedeutet jedoch nicht, dass die Mangelbegriffe unterschiedlich sind, insbesondere muss die Werkleistung nicht nur im Rahmen von VOB-Bauverträgen den anerkannten Regeln der Technik entsprechen. Es handelt sich bei diesem Mangeltatbestand lediglich um eine Klarstellung, dass es nicht ausreicht, dass das Werk die zugesicherten Eigenschaften aufweist und auch sonst fehlerfrei ist, sondern stets auch den anerkannten Regeln der Technik entsprechen muss. Dieser Klarstellung liegt der Gedanke zugrunde, dass jeder, der ein Gewerbe ausübt, auch die hierfür erforderlichen Kenntnisse und Kunstfertigkeiten vorzuweisen hat.[1428] Daraus folgt insgesamt, dass die Einhaltung der anerkannten Regeln der Technik **auch im Rahmen von BGB-Bauverträgen** als Voraussetzung für die Mangelfreiheit gilt. Dieser dritte Mangeltatbestand ist also auch in den Wortlaut von § 633 Abs. 1 BGB hineinzuinterpretieren.[1429]

b) Die einzelnen Mangeltatbestände

aa) Gleichrangigkeit der Tatbestände

635 Regelmäßig wird die Werkleistung, die die vertraglich zugesicherten Eigenschaften aufweist und darüber hinaus fehlerfrei ist, auch den anerkannten Regeln der Technik entsprechen und umgekehrt. Dies ist jedoch nicht zwingend der Fall. So sind durchaus Fälle denkbar, bei denen eine fehlerfreie Leistung vorliegt, die auch den anerkannten Regeln der Technik entspricht, die jedoch nicht über die vertraglich zugesicherten Eigenschaften verfügt. Sichert der Auftragnehmer beispielsweise eine besonders luxuriöse Ausstattung zu, baut allerdings unter Beachtung der anerkannten Regeln der Technik lediglich herkömmliche aber **absolut fehlerfreie Materialien** ein, so ist die Gebrauchstauglichkeit zwar nicht beeinträchtigt. **Dennoch fehlt** der Werkleistung **die zugesicherte Eigenschaft** „luxuriös", weshalb ein Mangel vorliegt. Auch umgekehrte Fälle sind denkbar. Eine Leistung kann nämlich durchaus sowohl den anerkannten Regeln der Technik im Zeitpunkt der Abnahme als auch den vertraglichen Zusicherungen entsprechen, aber **dennoch fehlerhaft** sein. Beispielsweise kann eine Spannbetonbrücke, deren Beton Risse aufweist, durchaus nach den zur Zeit der Abnahme anerkannten Regeln der Technik erbaut worden sein. Dennoch stellen die aufgetretenen Risse einen Fehler im Sinne von § 13 Nr. 1 VOB/B dar, da sie die Tauglichkeit der Brücke zu dem gewöhnlichen Gebrauch mindern. Somit liegt ein **Mangel** vor, **obwohl die anerkannten Regeln der Technik beachtet wurden**.[1430] Alle drei Mangeltatbestände stehen daher grundsätzlich **gleichrangig** nebeneinander. Es genügt für das Vorliegen eines Mangels, wenn einer dieser Tatbestände vorliegt. In den meisten Fällen wird ein Verstoß gegen die anerkannten Regeln der Technik auch zu einem Fehler im Sinne des § 13 Nr. 1 VOB/B führen. Entscheidend ist somit nicht die rechtliche Unterscheidung

---

1427 *Ingenstau/Korbion*, § 13 VOB/B Rn 658.
1428 *Ingenstau/Korbion*, § 13 VOB/B Rn 104.
1429 BGH BauR 1981, 579; *Vygen*, Rn 421; *Ingenstau/Korbion*, § 13 VOB/B, 104.
1430 OLG Frankfurt, BauR 1983, 156 („Blasbachtal-Urteil").

zwischen den drei Mangeltatbeständen, sondern die Frage, ob zumindest einer von ihnen vorliegt. Denn die Rechtsfolgen sind in allen drei Fällen grundsätzlich dieselben.

bb) Das Fehlen zugesicherter Eigenschaften

636 Sowohl § 633 Abs. 1 BGB als auch § 13 Nr. 1 VOB/B gehen davon aus, dass das Fehlen einer im Vertrag zugesicherten Eigenschaft einen Mangel darstellt, ohne dass es auf eine Wertminderung oder Tauglichkeitsbeeinträchtigung ankommt. Die Tatsache, dass **§ 633 Abs. 1 BGB** nur von „zugesicherten Eigenschaften" spricht, während **§ 13 Nr. 1 VOB/B** das Fehlen von „vertraglich zugesicherten Eigenschaften" voraussetzt, stellt keinen rechtlich bedeutsamen Unterschied dar. Vielmehr handelt es sich hierbei nur um eine Klarstellung, dass die Zusicherung im Vertrag erfolgt sein muss.[1431]

637 Als **Eigenschaft** kommt zunächst selbstverständlich die **physische Beschaffenheit** der Sache, insbesondere hinsichtlich der verwendeten Materialien in Betracht. Darüber hinaus kommen jedoch alle **tatsächlichen und rechtlichen Verhältnisse** in Betracht, welche die Beziehung der Sache zur Umwelt betreffen und die nach der Verkehrsauffassung einen Einfluss auf die Brauchbarkeit oder die Wertschätzung des Werks ausüben.[1432] Entscheidend ist, dass es für das Vorliegen eines Mangels ausreicht, wenn die Eigenschaft fehlt. Es kommt hier, anders als beim Fehlerbegriff, nicht darauf an, ob es sich um eine tatsächliche Gebrauchsbeeinträchtigung oder gar eine Wertminderung handelt. Vielmehr ist **allein das Nichtvorhandensein** der zugesicherten Eigenschaft ein Mangel im Sinne von § 13 Nr. 1 VOB/B.

638 Als Eigenschaft kommen zunächst solche Merkmale in Betracht, die über die Vertragsgemäßheit des Werks hinausgehen. Denn die **Zusicherung** allein, ein vertragsgemäßes Werk abzuliefern, ist noch keine Zusicherung von Eigenschaften im Sinne von § 13 Nr. 1 VOB/B. Das Versprechen, beste Qualität abzuliefern und ähnliche Anpreisungen stellen also für sich allein noch keine besondere Eigenschaft im Sinne des Gewährleistungsrechts dar.[1433] Eine zugesicherte Eigenschaft liegt daher regelmäßig erst dann vor, wenn der Auftragnehmer über die Vertragsgemäßheit hinaus bestimmte Merkmale besonders hervorhebt und diese unbedingt verspricht.[1434] Oft handelt es sich um bestimmte **wertbildende Merkmale**. Als besondere Eigenschaft wurde beispielsweise die „Unterhaltsfreiheit" einer Aluminiumfassade angesehen.[1435] Auch das Versprechen der Verwendung eines bestimmten hochwertigen Materials kann eine Eigenschaftszusicherung sein.[1436] Gleiches gilt für die Zusicherung einer konkreten Energieeinsparung von 12 %.[1437] Ausreichend kann es auch sein, wenn der Auftragnehmer zusagt, bestimmte technische Normen einzuhalten.[1438] Hingegen ist es nicht ausreichend, wenn im Leistungsverzeichnis lediglich eine bestimmte Ausführung beschrieben wird, die nach den anerkannten Regeln der Technik ohnehin geboten ist. Vielmehr muss der Auftragnehmer die Gewähr für das Vorhandensein eines bestimmten Merkmals übernehmen und für die Folgen erkennbar einstehen wollen.[1439] Die Zusicherung bezieht sich daher in der Regel auf einen über die bloße Vertragsmäßigkeit hinausgehenden Erfolg. Im Unterschied zur Einhaltung der technischen Ordnungsgemäßheit müssen **konkrete Qualitätsmerkmale** zugesagt worden sein. Hierbei handelt es sich oft um wertbildende Faktoren. Der **Preis** selbst ist jedoch keine Eigenschaft im Sinne von § 13 Nr. 1 VOB/B.[1440]

1431 *Heiermann/Riedl/Rusam*, § 13 VOB/B Rn 15; *Vygen*, Rn 422.
1432 BGH ZfBR 1981, 129; BGHZ 70, 48; *Ingenstau/Korbion*, § 13 VOB/B Rn 116.
1433 MüKo – *Soergel*, § 633 BGB Rn 29.
1434 Beck'scher VOB-Kommentar – *Ganten*, § 13 Nr. 1 Rn 84.
1435 BGH BauR 1976, 66.
1436 OLG Hamm BauR 1993, 478.
1437 BGH BauR 1981, 575.
1438 *Siegburg*, BauR 1985, 380.
1439 *Locher*, Rn 27, MüKo – *Soergel*, § 633 BGB Rn 30.
1440 *Ingenstau/Korbion*, § 13 VOB/B Rn 117; *Heiermann/Riedl/Rusam*, § 13 VOB/B Rn 16.

Sowohl das Nichtvorhandensein eines Fehlers als auch die Einhaltung einer bestimmten, konkret bezeichneten DIN-Vorschrift kann hier ausreichen, nicht jedoch der bloße Hinweis auf die VOB/C.[1441]

639 Die Eigenschaft muss jedoch darüber hinaus auch **vertraglich zugesichert** sein. Hierfür reichen bloße Anpreisungen der eigenen Werkleistung regelmäßig nicht aus.[1442] Die Zusicherung muss vielmehr vertraglich **vereinbart** sein. Hierfür muss zunächst der Auftraggeber eindeutig erkennen lassen, dass er ein besonderes Interesse am Vorhandensein der betreffenden Eigenschaft hat. Der Auftragnehmer wiederum muss eindeutig und bestimmt zusichern, dass die Werkleistung über die genannte Eigenschaft verfügt, er seine Zusicherung also **unbedingt einhalten** werde.[1443] Die Zusicherung kann grundsätzlich auch mündlich oder durch schlüssiges Verhalten erfolgen. Wichtig ist jedoch auch hier, dass der Auftragnehmer erkennbar für das Vorhandensein der Eigenschaft einstehen will. An die Annahme einer Zusicherung durch **schlüssiges Verhalten** sind jedoch strengere Anforderungen zu stellen als an ausdrückliche Erklärungen.[1444] Jedenfalls muss die Zusicherung sich eindeutig aus der vertraglichen Vereinbarung ergeben. **Bloße Erörterungen** über Eigenschaften während der Vertragsverhandlungen dürften daher nicht ausreichen.[1445]

640 Hinsichtlich des Fehlens einer zugesicherten Eigenschaft gelten die **allgemeinen Beweislastregeln**. Der Auftraggeber hat jedoch zunächst zu beweisen, dass überhaupt eine Eigenschaft zugesichert wurde und welchen Inhalt diese Zusicherung hatte.[1446]

cc) Verstoß gegen die anerkannten Regeln der Technik

641 Nach § 4 Nr. 2 Abs. 1 S. 2 VOB/B hat der Auftragnehmer die anerkannten Regeln der Technik zu beachten. Nach § 13 Nr. 1 VOB/B übernimmt er ferner die Gewähr, dass seine Leistung zur Zeit der Abnahme den anerkannten Regeln der Technik entspricht.

(1) Begriff

642 Der Begriff der anerkannten Regeln der Technik wird überwiegend als die Summe der im Bauwesen anerkannten wissenschaftlichen, technischen und handwerklichen Erfahrungen definiert, welche durchweg bekannt und als richtig und notwendig anerkannt sind.[1447] Diese Definition wurde bereits vom Reichsgericht im Rahmen der strafrechtlichen Beurteilung einer Baugefährdung entwickelt.[1448] Entscheidend für das Vorliegen einer anerkannten Regel der Technik ist, dass sie einerseits in der Wissenschaft als theoretisch **anerkannt** gelten, andererseits sich **in der Praxis durchgesetzt und bewährt** haben muss. Bereits an dieser Definition ist ersichtlich, dass es sich nicht um starre unveränderliche Ausführungsregeln handelt. Vielmehr ändern sich die verschiedenen anerkannten Regeln der Technik im Zuge der technischen Entwicklung.[1449] Vor diesem Hintergrund sind die anerkannten Regeln der Technik keineswegs mit technischen Regelwerken, insbesondere den **DIN-Normen der VOB/C** gleichzusetzen. Angesichts der Langwierigkeit entsprechender Reglementierungen kann es nämlich durchaus sein, dass eine DIN-Norm bereits vom technischen Fortschritt „überholt" ist und daher hinter dem gängigen Standard zurückbleibt.[1450] Beispielsweise entsprach die DIN 4109 von

---

1441 *Siegburg*, BauR 1985, 380; *Ingenstau/Korbion*, § 13 VOB/B Rn 118.
1442 *Vygen*, Rn 422.
1443 Beck'scher VOB-Kommentar – *Ganten*, § 13 Nr. 1 Rn 84; *Heiermann/Riedl/Rusam*, § 13 VOB/B Rn 17.
1444 *Heiermann/Riedl/Rusam*, § 13 VOB/B Rn 17.
1445 *Ingenstau/Korbion*, § 13 VOB/B Rn 124.
1446 BGHZ 42, 18.
1447 Statt aller *Werner/Pastor*, Rn 1459.
1448 RGSt 44, 76, 77.
1449 *Heinrich*, BauR 1982, 228.
1450 BGH BauR 1995, 231.

1962 bereits wenige Jahre nach ihrem In-Kraft-Treten nicht mehr den Anforderungen an den **Schallschutz** in Wohngebäuden.[1451] Die DIN-Vorschrift entsprach also bereits lange bevor sie außer Kraft trat nicht mehr den allgemein anerkannten Regeln der Technik. Allerdings spricht regelmäßig der Beweis des ersten Anscheins dafür, dass eine geltende DIN-Norm auch den Regeln der Technik entspricht.[1452] Die anerkannten Regeln der Technik gehen aber insgesamt den Vorschriften der VOB/C vor, auch wenn letzteren ein Hinweischarakter zugesprochen wird.[1453] Es ist im jeweiligen Einzelfall zu prüfen, ob die allgemein anerkannten Regeln der Technik eingehalten wurden und ob die DIN-Norm, auf die sich der Auftragnehmer beruft, noch diesem Standard entspricht. Die Vermutung, dass dies der Fall ist, kann vom Bauherrn – gegebenenfalls durch Sachverständigenbeweis – widerlegt werden.[1454]

Von den anerkannten Regeln der Technik ist der „**Stand der Technik**" zu unterscheiden. Die Anforderungen an diesen unbestimmten Rechtsbegriff sind höher als bei den „anerkannten Regeln der Technik". Nach der h.M. ist von einem **Stufenverhältnis** dieser Begriffe auszugehen.[1455] Auf der ersten Stufe stehen die allgemein anerkannten Regeln der Technik, deren theoretische Richtigkeit wissenschaftlich erwiesen ist und die sich in der Praxis durchweg als richtig bewährt haben. Die nächste Stufe, der „Stand der Technik", bildet insofern einen **strengeren Maßstab** als die allgemeine Anerkennung und die praktische Bewährung, die allein nicht ausschlaggebend sind. Es handelt sich vielmehr um einen **fortschrittlicheren Entwicklungsstand**, für den die praktische Erprobung und Bewährung nicht zwingend erforderlich ist. Hier reichen vielmehr experimentelle Tests aus.[1456] Hintergrund ist der bewusste Verzicht auf die oft langwierige Durchsetzung in der Praxis sowie auf die ausdrückliche Reglementierung in DIN-Normen. Hierdurch soll ein Hinterherhinken hinter einer aktuellen technischen Entwicklung und Forschung vermieden werden. Der Stand der Technik ist erreicht, wenn die Wirksamkeit fortschrittlicher, vergleichbarer Verfahren in der Betriebspraxis zuverlässig nachgewiesen werden kann.[1457] Eine ähnliche Definition dieses Begriffs findet sich in § 3 Abs. 6 BImSchG.

643

Da der „Stand der Technik" bedeutet, dass der technisch umsetzbare Kenntnisstand weiter ausgeschöpft werden soll, jedoch der Zeitraum zwischen einer technischen Neuentwicklung und ihrer gesicherten Durchsetzung in der Praxis oft erheblich ist, liegt der Schluss nahe, dass die **Risikofreiheit** des Verfahrens nicht den gleichen Grad erreicht wie bei den „anerkannten Regeln der Technik". Vor diesem Hintergrund wird allgemein kritisiert, dass eine präzise Definition dieses Begriffs fehlt.[1458] Während die „anerkannten Regeln der Technik" durch ihre ständige Übung und Bewährung in der Praxis sowie durch eine verbreitete Konkretisierung in Regelwerken noch als bestimmbar und damit für vertragliche Vereinbarungen geeignet gelten, wird der Begriff „Stand der Technik" als vertraglich nicht kontrollfähig angesehen.[1459] In der Tat ist dieser Begriff nur dann einer sicheren vertraglichen Regelung zugänglich, wenn er im Einzelfall genauestens vertraglich beschrieben wird.

644

Die **dritte Stufe** dieses begrifflichen Dreistufenverhältnisses[1460] stellt der Rechtsbegriff „**Stand der Wissenschaft und Technik**" dar. Dieser Begriff geht auf den „Kalkar-Beschluss" des Bundesverfassungsgerichts zurück, das für diesen Begriff gefordert hat, dass die rechtliche Regelung mit der wissenschaftlichen und technischen Entwicklung Schritt hält. Es müsse diejenige Vorsorge gegen

645

1451 OLG Stuttgart BauR 1977, 279; OLG Frankfurt, BauR 1980, 361.
1452 *Vygen*, Rn 428.
1453 *Heinrich*, BauR 1982 Rn 228.
1454 OLG Köln, BauR 1981, 475; *Werner/Pastor*, Rn 1469.
1455 *Siegburg*, BauR 1985, 372.
1456 *Siegburg*, BauR 1985, 375; *Heiermann/Riedl/Rusam*, § 4 VOB/B Rn 37d.
1457 *Obenhaus/Kuckuck*, DVBl 1980, 156; *Heiermann/Riedl/Rusam*, § 4 VOB/B Rn 37d.
1458 Beck'scher VOB-Kommentar – *Ganten*, § 4 Nr. 2 Rn 62.
1459 Beck'scher VOB-Kommentar – *Ganten*, § 4 Nr. 2 Rn 62.
1460 *Siegburg*, BauR 1985, 372.

Schäden getroffen werden, die nach den **neuesten wissenschaftlichen Erkenntnissen** für erforderlich gehalten wird. Die erforderliche Vorsorge werde daher nicht durch das technisch gegenwärtig Machbare begrenzt.[1461] Der Standard gemäß „Stand von Wissenschaft und Technik" verlangt daher nicht nur – wie beim „Stand der Technik" – die neuesten Erkenntnisse der Technik, sondern auch die Berücksichtigung der Forschungsergebnisse aller einschlägigen wissenschaftlichen Fachbereiche.[1462] Es muss sich daher um **technische Spitzenleistungen** handeln, die wissenschaftlich gesichert sind.[1463]

646 Die vertragliche Verwendung der beiden Begriffe „Stand der Technik" und „Stand von Wissenschaft und Technik" stellt für den Auftragnehmer ein **erhebliches Risiko** dar, da er trotz der hier noch nicht vorliegenden Durchsetzung in der Praxis gleichwohl grundsätzlich für den vereinbarten Leistungserfolg verantwortlich ist. Man kann aus der Vereinbarung einer der beiden vorgenannten Begriffe nicht schließen, dass der Auftraggeber die Risiken eines solchen noch nicht vollständig erprobten Verfahrens übernehmen will. Vielmehr muss der Auftragnehmer den Bauherrn nach § 4 Nr. 3 VOB/B auf **derartige Risiken hinweisen**. Tut er dies nicht und stellt sich hinterher ein Mangel heraus, so ist der Auftragnehmer hierfür verantwortlich. Dies folgt daraus, dass der Auftragnehmer eine besonders fortschrittliche Technologie versprochen hat, so dass er sich später nicht auf deren Schadensträchtigkeit berufen kann, wenn er nicht ausdrücklich hiervor gewarnt hat.[1464] Aus diesem Grunde und angesichts der Rechtsunsicherheit bei der Definition kann nur von der Vereinbarung der Begriffe „Stand der Technik" und „Stand von Wissenschaft und Technik" abgeraten werden. Ohne präzise Beschreibung der jeweiligen Inhalte sind beide als Vertragsbestandteil untauglich.[1465]

(2) Selbstständiger Mangeltatbestand

647 Wie bereits dargelegt, handelt es sich bei dem **Verstoß gegen die anerkannten Regeln der Technik** um einen **selbstständigen Mangeltatbestand**, der auch im Rahmen von **BGB-Bauverträgen** gilt, obwohl er in § 633 Abs. 1 BGB nicht ausdrücklich genannt ist.[1466] Dies ist jedoch **umstritten**. Im Schrifttum wird die Auffassung vertreten, gegen eine Anwendung dieses Mangeltatbestands spreche zunächst der Wortlaut des § 633 Abs. 1 BGB. Demnach soll das Werk im Rahmen von BGB-Bauverträgen mangelfrei sein, wenn kein Fehler vorliegt, mag der Auftragnehmer auch die allgemein anerkannten Regeln der Technik missachtet haben.[1467] Diese Auffassung wird weiterhin damit begründet, dass der Auftragnehmer den von ihm geschuldeten Erfolg, nämlich die Mangelfreiheit seiner Leistung, auch auf andere Weise herbeiführen könne. Allein die Abweichung von den Regeln der Technik könne keine Mangelhaftigkeit begründen, solange hierdurch kein besonderes Risiko für den Auftraggeber geschaffen werde.[1468] Da die Einhaltung der anerkannten Regeln der Technik kein Selbstzweck sei, könne unterstellt werden, dass der Auftraggeber nicht mehr als ein „völlig einwandfreies" Bauwerk haben wolle. Allerdings sei der Beweis einer dauerhaften Gebrauchstauglichkeit trotz Verstoßes gegen die anerkannten Regeln der Technik vom Auftragnehmer zu führen.[1469] Dieser Auffassung kann jedoch nicht gefolgt werden. Aus dem **Wortlaut des § 633 Abs. 1 BGB** kann allein nicht geschlossen werden, dass die dort nicht erwähnten anerkannten Regeln der Technik nicht trotzdem Bestandteil des Bauvertragsrechts sein sollen. Vielmehr ist der Grund für die unterbliebene Nennung dieses Mangeltatbestands darin zu sehen, dass § 633 Abs. 1 BGB für sämtliche

---

1461 BVerfG, NJW 1979, 362.
1462 *Siegburg*, BauR 1985, 376.
1463 *Weber*, ZfBR 1983, 154.
1464 *Ingenstau/Korbion*, § 4 VOB/B Rn 161; *Heiermann/Riedl/Rusam*, § 4 VOB/B Rn 37 f.
1465 ebenso Beck'scher VOB-Kommentar – *Ganten*, § 4 Nr. 2 Rn 64.
1466 *Ingenstau/Korbion*, § 13 VOB/B Rn 133; *Heinrich*, BauR 1982, 224; a.A. MüKo – *Soergel*, § 633 BGB Rn 34.
1467 MüKo – *Soergel*, § 633 BGB Rn 34, der hierin einen eindeutigen Unterschied zwischen BGB und VOB sieht.
1468 *Marburger*, Die Regeln der Technik im Recht, S. 501; MüKo – *Soergel*, a.a.O.; Beck'scher VOB-Kommentar – *Ganten*, § 13 Nr. 1 Rn 97.
1469 Beck'scher VOB-Kommentar – *Ganten*, § 13 Nr. 1 Rn 97; *Kleine-Möller/Merl/Oelmaier*, § 12 Rn 202.

Werkleistungen gilt, also nicht nur für Bauleistungen. Da es nicht in jedem Gewerbezweig Regeln der Technik gibt, sind diese in § 633 BGB nicht erwähnt. Dies kann jedoch nicht als Dogma für das gesamte Werkvertragsrecht gelten. Existieren Regeln der Technik, wie dies im Bauwesen unstreitig der Fall ist, so ist vielmehr die Pflicht zur Beachtung dieser Regeln in den Anwendungsbereich des § 633 Abs. 1 BGB hineinzuinterpretieren.[1470] Die Einhaltung der anerkannten Regeln der Technik ist im Übrigen als gewerbeüblich anzusehen.[1471] Vor diesem Hintergrund kann also entgegen der oben dargestellten Auffassung im Schrifttum durchaus von einem Selbstzweck dieser Regeln ausgegangen werden, da sie dem **Schutz des Auftraggebers** dienen. Das Risiko, dass sich später ein Mangel zeigt, kann nicht auf den Auftraggeber abgewälzt werden. Ob das auf den ersten Blick fehlerfreie Werk ein Schadensrisiko in sich birgt, ist nämlich oft schwer oder gar nicht feststellbar. Die Fälle, in denen das Schadensrisiko offensichtlich ist, spielen für die vorliegende Diskussion ohnehin keine Rolle, denn dann liegt meist eindeutig ein Mangel vor, da die Gebrauchstauglichkeit beeinträchtigt wäre. Ist dies jedoch nicht eindeutig der Fall, so kann es dem Auftraggeber nicht zugemutet werden, abzuwarten, bis sich ein **Schaden** zeigt.[1472] Es muss der Auffassung widersprochen werden, dass eine Verletzung der anerkannten Regeln der Technik nur dann einen Mangel darstelle, wenn die Werkleistung durch diesen Regelverstoß ein **Schadensrisiko** in sich birgt. Denn damit tritt eine Rechtsunsicherheit ein, die es gerade zu vermeiden gilt. Die als gewerbeüblich geltenden Regeln der Technik beinhalten vielmehr die nur in Ausnahmefällen **widerlegbare Vermutung**, dass ihre Beachtung zur Vermeidung von Mängeln beiträgt. Der Auftragnehmer muss sie daher beachten, will er nicht gegen den mutmaßlichen Willen des Auftraggebers verstoßen. Der Auftraggeber hat einen Anspruch auf die Einhaltung dieser Regeln. Daher muss es ihm zugestanden werden, sich nicht auf die Diskussion über das Vorliegen eines Schadensrisikos einzulassen. Auch der Verweis auf die Beweislast des Auftragnehmers löst das Problem des Auftraggebers nicht. Denn es trägt gerade nicht zum **Rechtsfrieden** bei, wenn der Auftragnehmer dazu ermuntert wird, seine unter Verstoß gegen die anerkannten Regeln der Technik erbrachte Bauleistung als dennoch mangelfrei zu rechtfertigen. Vielmehr muss der Auftragnehmer zur Einhaltung der gewerbeüblichen Regeln der Technik angehalten werden, um das streitgegenständliche Schadensrisiko gar nicht erst möglich zu machen. Der Streit hierüber kann nicht einer Risikobeurteilung durch Sachverständige überlassen bleiben, die möglicherweise Jahre später doch revidiert werden muss. Nach alledem ist also die Beachtung der anerkannten Regeln der Technik auch im Rahmen von BGB-Bauverträgen zu fordern. Ein Verstoß hiergegen begründet einen Mangel im Sinne von § 633 Abs. 1 BGB.

Dies muss erst recht im Rahmen von **VOB-Bauverträgen** gelten, da die anerkannten Regeln der Technik in § 13 Nr. 1 VOB/B ausdrücklich erwähnt werden.[1473] Auch dies wird jedoch von den Vertretern der oben dargestellten gegenteiligen Auffassung vereinzelt dann in Frage gestellt, wenn ein weiterer Mangel nicht vorliegt, also die Gebrauchstauglichkeit und die zugesicherte Eigenschaft unzweifelhaft vorhanden ist.[1474] Im Bereich der VOB kann einer derartigen Auslegung jedoch schon im Hinblick auf die in **§ 4 Nr. 2 Abs. 1 S. 2 VOB/B** ausdrücklich geregelte Pflicht des Auftragnehmers zur Beachtung der anerkannten Regeln der Technik keineswegs gefolgt werden. Hierdurch wird klargestellt, dass sich der Auftragnehmer nicht über die entsprechende Erwartung des Auftraggebers hinwegsetzen kann. Eine Aufweichung der in § 4 Nr. 2 Abs. 1 VOB/B genannten Pflicht zur Einhaltung der anerkannten Regeln der Technik hätte vermutlich verheerende Auswirkungen auf das Risikodenken der Bauwirtschaft sowie auf das vorhandene Streitpotential im Bauwesen. Die Parteien mögen eine solche Abweichung von §§ 4 Nr. 2, 13 Nr. 1 VOB/B ausdrücklich vereinbaren. Tun sie dies jedoch nicht, bleibt es bei der dort genannten Einhaltungspflicht.

648

1470 *Heinrich*, BauR 1982, 229.
1471 *Ingenstau/Korbion*, § 13 VOB/B Rn 133.
1472 BGH BauR 1981, 577, 579, für den Fall eines VOB-Bauvertrags, dessen Gewährleistung sich jedoch nach BGB richten sollte.
1473 *Ingenstau/Korbion*, § 13 VOB/B Rn 133, 136.
1474 Beck'scher VOB-Kommentar – *Ganten*, § 13 Nr. 1 Rn 97; *Kleine-Möller/Merl/Oelmaier*, § 12 Rn 202.

649 Festzustellen ist jedoch, dass bei einem Verstoß gegen die anerkannten Regeln der Technik regelmäßig auch ein Fehler vorliegt, der den Wert oder die Gebrauchstauglichkeit des Werks beeinträchtigt. Die praktische Bedeutung des zuvor dargestellten Meinungsstreits dürfte daher weder im BGB-Bauvertrag noch im VOB-Bauvertrag allzu groß sein.[1475]

650 Weitgehend unstreitig ist der umgekehrte Fall, nämlich dass ein Fehler vorliegt oder eine zugesicherte Eigenschaft fehlt und dies ohne Rücksicht auf die Einhaltung der anerkannten Regeln der Technik zu einem Mangel im Sinne von §§ 633 Abs. 1 BGB, 13 Nr. 1 VOB/B führt.[1476]

(3) Zeitpunkt der Beurteilung

651 Im Rahmen der Beurteilung, ob ein Werk den anerkannten Regeln der Technik entspricht, ist problematisch, in welchem **Zeitpunkt** dies der Fall sein muss. Grundsätzlich ist dies nach § 13 Nr. 1 VOB/B die **Abnahme**. Denn nach dieser Vorschrift übernimmt der Auftragnehmer „die Gewähr, dass seine Leistung zur Zeit der Abnahme (....) den anerkannten Regeln der Technik entspricht ....". Da die anerkannten Regeln der Technik, wie bereits dargelegt, einem Wandel unterliegen, entsteht für den Bauunternehmer ein gravierendes Problem, wenn er sich während der Bauphase nach den zu dieser Zeit geltenden Regeln der Technik richtet, diese sich jedoch aufgrund neuerer wissenschaftlicher Erkenntnisse **bis zur Abnahme ändern**. Insbesondere bei langfristigen Bauvorhaben kann eine rasante technische Entwicklung bei bestimmten Gewerken daher zur Folge haben, dass die Leistung des Auftragnehmers den Regeln der Technik zum Zeitpunkt des Vertragsschlusses entspricht, jedoch bei Abnahme bereits als technisch veraltet gilt. Vor dieser Schwierigkeit kann jedoch der Auftragnehmer nicht bewahrt werden. Es entspricht nämlich einem Wesensgrundsatz des gesetzlichen Werkvertragsrechts und auch der VOB/B, dass der Auftraggeber grundsätzlich nur ein mangelfreies Werk abnehmen muss (§§ 640 Abs. 1 BGB, 12 Nr. 1, Nr. 3 VOB/B). Zwar hindern unwesentliche Mängel die Abnahme nicht, doch betrifft dies nur die Frage der Abnahmefähigkeit, nicht der geschuldeten Mangelfreiheit. Auch bei unwesentlichen Mängeln behält der Auftraggeber vielmehr den Anspruch auf Mangelbeseitigung. Auch dieser Anspruch richtet sich indes erkennbar nach der Beurteilung im Zeitpunkt der Abnahme. Der Auftragnehmer schuldet also stets ein mangelfreies Werk, und zwar bei Abnahme, was sich ferner aus § 4 Nr. 7 VOB/B ergibt. Nach dieser Vorschrift hat der Auftraggeber nämlich einen Anspruch auf Mangelbeseitigung während der Ausführung.[1477]

652 Dem Auftragnehmer helfen also alle Billigkeitserwägungen nichts. Er kann sich vor einer Überalterung seiner Leistung während der Bauphase nur dadurch schützen, dass er sich über die aktuelle technische Entwicklung ständig auf dem Laufenden hält und seine Leistung – soweit möglich – dieser **Veränderung anpasst**.[1478] Fälle, in denen die Bauleistung noch vor Abnahme durch den Wandel der anerkannten Regeln der Technik „mangelhaft" wird, sind durchaus nicht selten. Insbesondere im Bereich der Schall- und Wärmedämmung, aber auch bei der Entwicklung neuer Materialien ist ein derartiger Entwicklungssprung leicht denkbar.

653 Für die Zeit vor Abnahme ist also die Rechtslage – zu Ungunsten des Auftragnehmers – eindeutig. Weiterhin wird jedoch in den letzten Jahren die Frage lebhaft diskutiert, ob sich die Haftung des Auftragnehmers für die Mangelfreiheit seines Werks nur auf den Zeitpunkt der Abnahme beschränkt oder ob diese **Einstandspflicht möglicherweise über den Zeitpunkt der Abnahme hinausgeht**.

1475 *Heinrich*, BauR 1982, 229; *Kleine-Möller/Merl/Oelmaier*, § 12 Rn 203.
1476 BGH BauR 1985, 567; BauR 1983, 156; BauR 1999, 37; Beck'scher VOB-Kommentar – *Ganten*, § 13 Nr. 1 Rn 95.
1477 Siehe hierzu Rn 385 ff.
1478 Zu pauschal weist *Vygen*, Rn 442, darauf hin, dass ein schriftlicher Hinweis des Auftragnehmers nach § 4 Nr. 3 VOB/B einen Nachtrag begründe, wenn der Auftraggeber diesem Hinweis folgt und eine Anpassung der Bauleistung an die anerkannten Regeln der Technik anordnet. Belasse es der Auftraggeber hingegen bei der bisherigen Ausführung, so sei der Unternehmer nach §§ 13 Nr. 3, 4 Nr. 3 VOB/B von der Gewährleistungspflicht befreit. Dies gilt selbstverständlich nur, soweit es sich um einen Planungsfehler des Auftraggebers handelt. Hingegen wird der Auftragnehmer nicht durch einen schriftlichen Hinweis von seiner Pflicht zur mangelfreien Leistung befreit.

Insbesondere bezüglich der Einhaltung der anerkannten Regeln der Technik hat sich dieser Meinungsstreit entzündet, wohl weil die beiden anderen Mangeltatbestände regelmäßig keinem zeitlichen Wandel unterworfen sind. Ausgangspunkt für diese Diskussion waren die beiden so genannten „**Flachdachurteile**" des Bundesgerichtshofs.[1479] In diesen Fällen war es jeweils nach der Abnahme zu Undichtigkeiten des Flachdachs gekommen, obwohl der Auftragnehmer unstreitig die im Zeitpunkt der Abnahme geltenden anerkannten Regeln der Technik beachtet hatte. Diese anerkannten Regeln der Technik waren jedoch im Zeitpunkt der Mängelrüge **während der Gewährleistungsfrist bereits überholt**. Der BGH entschied, dass die Flachdächer angesichts der Undichtigkeiten mangelhaft sind und zwar unabhängig von der Einhaltung der anerkannten Regeln der Technik zum Zeitpunkt der Abnahme.

Die anschließende Diskussion über den maßgeblichen Zeitpunkt für die Beurteilung der Mangelhaftigkeit erhielt sodann durch das so genannte „**Blasbachtal-Urteil**" des OLG Frankfurt[1480] neue Nahrung. Diesem Urteil lag ebenfalls eine nach den anerkannten Regeln der Technik zum Zeitpunkt der Abnahme hergestellte Werkleistung, nämlich eine Spannbetonbrücke, zugrunde. Diese Brücke zeigte, trotz Einhaltung der anerkannten Regeln der Technik, **nach der Abnahme** Rissbildungen im Beton. Das OLG Frankfurt entschied auch hier, dass ein Mangel vorliege, obwohl der Auftragnehmer diese Regeln eingehalten hatte. Zur Begründung wies das OLG zutreffend darauf hin, dass der Auftragnehmer eine mangelfreie Brücke ohne Risse schulde. Da die Risse einen **Fehler** im Sinne des § 13 Nr. 1 VOB/B darstellen, sei es gleichgültig, ob bei der Errichtung der Brücke die seinerzeit anerkannten Regeln der Technik beachtet wurden oder nicht. Das OLG wies zu Recht darauf hin, dass sich diese Schlussfolgerung bereits aus dem Umstand ergibt, dass die Mangeltatbestände des § 13 Nr. 1 VOB/B rechtlich selbstständig und gleichrangig nebeneinander stehen. Ist einer der dort genannten Tatbestände erfüllt, so kommt es eben nicht darauf an, ob der Auftragnehmer die übrigen technischen Bedingungen beachtet hat.

Einen weiteren Akzent setzte sodann das **Urteil des BGH vom 6.5.1985**.[1481] Hier hatte der BGH zu entscheiden, ob der Einbau der streitgegenständlichen **Aluminium-Heizkörper**, an denen nach der Abnahme erhebliche Korrosionsschäden auftraten, als mangelhaft gelten müsse, obwohl diese bei Abnahme den anerkannten Regeln der Technik entsprachen. Über Korrosionsfehler bei Aluminium-Heizkörpern war zum Zeitpunkt der Abnahme nichts bekannt. Erst später ergaben technische Erkenntnisse, dass die Metallpaarung Messing/Aluminium durch die Bildung galvanischer Elemente korrosionsanfällig ist und daher nicht an ein Brauchwassersystem angeschlossen werden darf. Auch hier entschied der BGH, dass es sich um einen **Mangel** handelt, und zwar **unabhängig davon, ob die anerkannten Regeln der Technik eingehalten wurden**. Ausschlaggebend sei allein, dass der Leistungsmangel den angestrebten Erfolg beeinträchtigt. Der Unternehmer habe für den Leistungserfolg einzustehen, der hier in der Auswahl geeigneter Heizkörper bestand. Da ihm dies jedoch unstreitig nicht gelang, war der Minderungsanspruch des Auftraggebers berechtigt.

Den vorläufigen Höhepunkt dieser Rechtsprechung stellte das **Urteil des OLG Köln vom 6.5.1991** dar.[1482] Diesem Urteil lag ein Fall zugrunde, bei dem beschichtete Spanplatten eingebaut wurden, die zu einer Konzentration von Formaldehyd in der Raumluft führten. Diese **Ausdünstungen** waren jedoch im Zeitpunkt der Abnahme noch nicht allgemein bekannt gewesen. Die eingebauten Spanplatten entsprachen vielmehr den Richtlinien zum Zeitpunkt der Abnahme. Erst später war die Problematik der Ausdünstungen von Formaldehyd, die durch das Zerschneiden der Platten verursacht wurden, bekannt geworden. In der dem Auftragnehmer, einem Schreinermeister, zugänglichen Literatur waren die fraglichen Probleme zum Zeitpunkt der Werkleistung noch nicht angesprochen worden. Dennoch entschied das OLG, dass zur Beurteilung der Frage, ob eine Werkleistung zum Zeitpunkt

---

1479 BGH NJW 1968, 42; BGH BauR 1971, 58.
1480 BauR 1983, 156.
1481 BauR 1985, 567.
1482 BauR 1991, 759.

der Abnahme mangelhaft ist, auch **neuere wissenschaftliche Erkenntnisse** herangezogen werden dürfen, selbst wenn diese erst **nach Abnahme bekannt** geworden sind.

657 Aus dieser Kette von Aufsehen erregenden Urteilen ist vereinzelt gefolgert worden, dass nunmehr nur noch darauf abzustellen sei, **ob der Mangel innerhalb der Gewährleistungsfrist auftrete**.[1483] Ferner wird aus der genannten Rechtsprechung der Schluss gezogen, der Auftragnehmer sei gewährleistungspflichtig, wenn sich innerhalb der Verjährungsfrist ein Mangel zeigt, so dass es sich hierbei um eine reine **Erfolgshaftung** des Auftragnehmers in Bezug auf die Gewährleistungsfrist handele.[1484] Darüber hinaus wird vereinzelt angenommen, dass die Leistungspflicht des Auftragnehmers im Hinblick auf die Fehlerfreiheit über die im Zeitpunkt der Abnahme geltenden anerkannten Regeln der Technik hinausgehe, weil der Auftragnehmer den unbedingten Erfolg des ihm gesteckten Leistungszieles schulde. Daher könne der Auftragnehmer auch für solche Mängel gewährleistungspflichtig sein, die sich erst nach der Abnahme herausstellen.[1485] Dies alles ist jedoch der geschilderten Rechtsprechung nicht derart pauschal zu entnehmen. Zwar hat sich insbesondere das OLG Köln insofern missverständlich ausgedrückt, als es darauf hinwies, dass „für die Bewertung der Ordnungsmäßigkeit der Werkleistung zum Zeitpunkt der Abnahme auch noch nachträglich erzielte neuere wissenschaftliche und / oder technische Erkenntnisse zu berücksichtigen" seien.[1486] Richtig ist jedoch, dass in den genannten Fällen nicht etwa eine spätere Änderung der anerkannten Regeln der Technik entscheidend für die Mangelhaftigkeit war. Vielmehr lag allen genannten Urteilen die Feststellung zugrunde, dass es sich bei den streitgegenständlichen Mängeln um einen **Fehler** handelt, der die Gebrauchstauglichkeit beeinträchtigt. Nur aus diesem Grunde war die Einhaltung der anerkannten Regeln der Technik im Zeitpunkt der Abnahme unbeachtlich. Zuzustimmen ist der Rechtsprechung insoweit, als der Auftragnehmer auch für solche Mängel haftet, die erst während der Gewährleistungsfrist auftreten. Das heißt jedoch nicht, dass diese Mängel erst nach Abnahme entstehen brauchen. Vielmehr lag in allen genannten Fällen der Mangel **bereits bei Abnahme** vor, zeigte sich jedoch erst später. Derartige Fälle sind jedoch ohnehin unproblematisch. Denn selbstverständlich hat der Auftragnehmer auch für versteckte Mängel einzustehen, die erst während der Gewährleistungsfrist auftreten, jedoch bereits bei Abnahme vorhanden sind.[1487] Da es sich, wie bereits dargelegt, bei den in §§ 633 Abs. 1 BGB, 13 Nr. 1 VOB/B genannten Mängeln um **drei eigenständige Tatbestände** handelt, kann jeder einzelne zu einem Mangel führen. Aus diesem Grunde kam es in den genannten Entscheidungen eben nicht darauf an, dass der Auftragnehmer die anerkannten Regeln der Technik zum Zeitpunkt der Abnahme eingehalten hatte. Entscheidend war vielmehr, dass es sich bei den aufgetretenen Schäden um Fehler im Sinne von §§ 633 Abs. 1 BGB, 13 Nr. 1 VOB/B handelte. Diese Fehler lagen allesamt bereits bei Abnahme vor, was nach dem damaligen Stand der Technik lediglich nicht erkennbar war. Der Mangel ist also keineswegs durch eine spätere Änderung der Regeln der Technik entstanden, er wurde lediglich später erkennbar, und zwar teilweise durch neue technische Erkenntnisse.

658 Nach alledem ist folgendes festzuhalten:

659 Aus der Eigenständigkeit der drei Mangeltatbestände der §§ 633 Abs. 1 BGB, 13 Nr. 1 VOB/B folgt, dass jeder einzelne von ihnen einen Mangel darstellt, auch wenn das Werk im Übrigen ordnungsgemäß erbracht wurde. Wurde das Werk hingegen bei Abnahme mangelfrei und insbesondere nach den anerkannten Regeln der Technik erbracht, so führen **Mängel, die erst später eintreten**, nicht nur erst später erkennbar werden, nicht nachträglich zu einem Mangel.[1488] Ist also nach den im Zeitpunkt der Abnahme geltenden anerkannten Regeln der Technik gebaut worden, so kann sich nicht aus einer

---

1483 *Werner/Pastor*, Rn 1467.
1484 *Heiermann/Riedl/Rusam*, § 13 VOB/B Rn 21.
1485 *Ingenstau/Korbion*, § 13 VOB/B Rn 109.
1486 OLG Köln, BauR 1991, 762.
1487 *Vygen*, Rn 445; Beck'scher VOB-Kommentar – *Ganten*, § 13 Nr. 1 Rn 80.
1488 Beck'scher VOB-Kommentar – *Ganten*, § 13 Nr. 1 Rn 77.

bloßen Änderung dieser Regeln nach Abnahme eine Gewährleistungspflicht des Unternehmers ergeben.[1489] Etwas anderes gilt hinsichtlich der Erkennbarkeit und der Beurteilungsmethode der Mängel nach Abnahme. Hier können und müssen selbstverständlich **neuere wissenschaftliche Erkenntnisse berücksichtigt** werden. Dies wird insbesondere am Urteil des OLG Köln vom 6.5.1991[1490] deutlich. Die zu einem Mangel führenden schädlichen Ausdünstungen der eingebauten Spanplatten existierten bereits bei Abnahme, waren allerdings nicht erkennbar. Sie entsprachen jedoch von Anfang an nicht den – neueren – Grenzwerten für eine Gesundheitsgefährdung nach der Gefahrstoffverordnung. Gleiches gilt für das **„Blasbachtal-Urteil"**.[1491] Auch hier war die Ursache für die Rissbildung im Beton bereits bei Abnahme vorhanden, weshalb ein Fehler vorlag, der die Gebrauchstauglichkeit beeinträchtigte. Dieser Fehler war durch die anerkannten Regeln der Technik im Zeitpunkt der Abnahme, die der Auftragnehmer unstreitig eingehalten hatte, nicht verhindert worden. Genau darauf kam es jedoch nicht an, da von den in §§ 633 Abs. 1 BGB, 13 Nr. 1 VOB/B genannten Mängeltatbeständen nur ein einziger vorliegen muss, um einen die Haftung auslösenden Mangel zu begründen. Treten Mängel erst nach der Abnahme auf, so begründen sie eine Gewährleistungsverpflichtung in der Regel deshalb, weil sie **bereits bei Abnahme** vorlagen. Ist dies jedoch eindeutig nicht der Fall, so scheidet eine Gewährleistungspflicht aus, auch wenn sich die anerkannten Regeln der Technik nach der Abnahme ändern. Etwas anderes gilt, **wenn sich bereits bei Abnahme andeutet, dass die noch gültigen Regeln der Technik in näherer Zukunft überholt sein werden**. Hier greift die Hinweispflicht nach § 4 Nr. 3 VOB/B.

dd) Fehlerhaftigkeit der Leistung

(1) Fehler

Als dritten Mangeltatbestand nennt § 13 Nr. 1 VOB/B einen Fehler, der den Wert oder die Tauglichkeit zu dem gewöhnlichen oder dem nach dem Vertrag vorausgesetzten Gebrauch aufhebt oder mindert. Der Wortlaut ist identisch mit § 633 Abs. 1 BGB. Auch hier ist erneut auf die Selbstständigkeit der drei Alternativen hinzuweisen. Selbst wenn die zugesicherten Eigenschaften vorliegen und die anerkannten Regeln der Technik beachtet wurden, kann die Werkleistung dennoch mangelhaft sein, nämlich wenn ein Fehler der vorgenannten Art vorliegt.

660

Als Fehler wird jede für den Auftraggeber ungünstige Abweichung der tatsächlichen **Beschaffenheit** des Werks von der nach dem Vertrag vorgesehenen oder – bei fehlender vertraglicher Festlegung – von der normalen, typischen Beschaffenheit bezeichnet.[1492] Die Fehlerbegriffe des Kaufrechts und des Werkvertragsrechts sind insofern identisch.[1493] Neben der Fehlerhaftigkeit muss ferner eine **Aufhebung oder Minderung des Wertes oder der Tauglichkeit** zu dem gewöhnlichen oder dem nach dem Vertrag vorausgesetzten Gebrauch vorliegen. Nach h.M. gilt in erster Linie der so genannte **subjektive oder konkrete Fehlerbegriff**. Nach diesem Fehlerbegriff ist zunächst entscheidend, ob die Beschaffenheit der Werkleistung von der vertraglich vereinbarten abweicht.[1494] Haben die Parteien also eine vertragliche Vereinbarung über die Qualität der Werkleistung getroffen, so ist zunächst nur diese maßgebend. Objektive Gesichtspunkte, insbesondere Üblichkeitserwägungen treten hinter die vertraglichen Anforderungen zurück und sind nur hilfsweise zu berücksichtigen. Hierbei ist nicht einmal entscheidend, ob die Parteien höhere Anforderungen an die Beschaffenheit der Leistung gestellt haben als dies üblich ist. Zwar ist meistens eine solche Qualitätssteigerung angestrebt,

661

1489 *Vygen,* Rn 443; *Kleine-Möller/Merl/Oelmaier,* § 12 Rn 216.
1490 BauR 1991, 760.
1491 OLG Frankfurt, BauR 1983, 156.
1492 *Kleine-Möller/Merl/Oelmaier,* § 12 Rn 173; *Heiermann/Riedl/Rusam,* § 13 VOB/B Rn 25; BGH BauR 1986, 723, st. Rspr.
1493 Kaiser, BauR 1983, 19.
1494 *Heiermann/Riedl/Rusam,* § 13 VOB/B Rn 25; *Kaiser,* BauR 1983, 20; *Kleine-Möller/Merl/Oelmaier,* § 12 Rn 173; MüKo – *Soergel,* § 633 BGB Rn 16; *Ingenstau/Korbion,* § 13 VOB/B Rn 138.

zwingend ist dies jedoch nicht. Haben sich die Parteien bewusst mit einem **niedrigeren Standard** als üblich zufrieden gegeben, so ist die Leistung fehlerfrei, wenn sie diesen Anforderungen genügt, auch wenn dies nicht der Üblichkeit entspricht.[1495] Nach dem herrschenden subjektiven Fehlerbegriff führt also allein die Abweichung von der individuell vertraglich vereinbarten Beschaffenheit der Leistung zu einem Fehler, während der **objektive Fehlerbegriff** auf die Abweichung vom gewöhnlichen Zustand einer derartigen Leistung abstellt. Nach diesem Fehlerbegriff muss das Werk – allerdings nur, wenn nichts Abweichendes vereinbart wurde – für den typischen oder gewöhnlichen Gebrauch geeignet sein und eine nach Art des Werkes angemessene Nutzungsdauer und Haltbarkeit aufweisen.[1496] Bevor jedoch nach rein objektiven Kriterien beurteilt wird, ob das Werk fehlerhaft ist, muss zunächst geprüft werden, ob nicht wenigstens eine konkludente, individuelle Vereinbarung über die Sollbeschaffenheit der Leistung vorliegt. So kann sich bereits aus dem **Verwendungszweck** des Bauwerks ergeben, dass die geschuldete Leistung bestimmten technischen Regeln entsprechen soll. Ist beispielsweise eine Luxuswohnung Gegenstand des Bauvertrags, so kann auf die konkludente Vereinbarung eines erhöhten Schallschutzes geschlossen werden.[1497] Auch die Vereinbarung einer **„schlüsselfertigen"** Erstellung des Bauwerks kann eine konkludente Vereinbarung bestimmter örtlich und sachlich üblicher Ausstattungsdetails beinhalten.[1498] An eine solche konkludente Vereinbarung sind jedoch hohe Anforderungen zu stellen. Bloß subjektive Wünsche und Vorstellungen des Auftraggebers sind unbeachtlich, wenn sie nicht vertraglich vereinbart wurden.[1499]

662 Wegen des Vorrangs der subjektiven Betrachtung kann auch eine **objektiv bessere Leistung** als vertraglich vereinbart unter Umständen als **mangelhaft** angesehen werden.[1500] Dies ist dann der Fall, wenn der Auftraggeber, wenn auch nur **aus subjektiven Gründen**, im Vertrag auf den Einbau eines bestimmten Materials bestanden hat. Wurde beispielsweise Buche vereinbart, so kann der Einbau von Mahagoni durchaus als Mangel gelten.

663 Liegt weder eine ausdrückliche noch eine konkludente Vereinbarung hinsichtlich der konkreten Beschaffenheit der Werkleistung vor, so kommt der **subsidiäre objektive Fehlerbegriff** zum Tragen. In diesem Fall ist die maßgebliche Beschaffenheit nach der objektiven Verkehrsanschauung zu beurteilen, wobei insbesondere die anerkannten Regeln der Technik eine maßgebliche Rolle spielen.[1501] Dabei ist unerheblich, ob der notwendige Rückgriff auf die Verkehrsanschauung und die übliche Sollbeschaffenheit auf einem versehentlichen oder einem absichtlichen Unterlassen der Leistungsbeschreibung beruht. Wichtig ist nur, dass vertraglich keine Vereinbarung getroffen wurde. Auch bei einer **unklaren oder widersprüchlichen Beschreibung** der Sollbeschaffenheit kommt daher die Hinzuziehung des objektiven Fehlerbegriffs in Betracht.

(2) Beeinträchtigung der Gebrauchstauglichkeit

664 Für einen Mangel im Sinne von §§ 633 Abs. 1 BGB, 13 Nr. 1 VOB/B reicht jedoch das Vorliegen eines Fehlers allein nicht aus. Vielmehr muss weiterhin die Gebrauchstauglichkeit oder der Wert beeinträchtigt sein. Nach dem Wortlaut der beiden Bestimmungen kommt erneut sowohl die gewöhnliche als auch die nach dem Vertrag vorausgesetzte Gebrauchstauglichkeit in Betracht.

665 Die gewöhnliche Gebrauchstauglichkeit im Sinne von §§ 633 Abs. 1 BGB, 13 Nr. 1 VOB/B ist **objektiv** unter Berücksichtigung der anerkannten Regeln der Technik und auch unter Hinzuziehung von **§ 243 BGB** zu beurteilen, wonach der Schuldner einer Gattung eine Sache von mittelbarer Art

---

[1495] *Kleine-Möller/Merl/Oelmaier*, § 12 Rn 181.
[1496] Kaiser, BauR 1983 Rn 22.
[1497] *Siegburg*, BauR 1985, 381.
[1498] BGH BauR 1984, 395.
[1499] *Siegburg*, BauR 1985, 381; *Heiermann/Riedl/Rusam*, § 13 VOB/B Rn 28a.
[1500] A.A. *Heiermann/Riedl/Rusam*, § 13 VOB/B Rn 36.
[1501] BGH BauR 1995, 231; *Siegburg*, BauR 1985, 381.

und Güte zu leisten hat. Hier ist auf die übliche Gebrauchstauglichkeit von Bauleistungen dieser bestimmten Art nach durchschnittlichen Maßstäben abzustellen.[1502]

Für den nach dem Vertrag vorausgesetzten Gebrauch sind wiederum, wie beim Fehlerbegriff, zunächst die **individuellen Vereinbarungen** der Parteien entscheidend, insbesondere bestimmte Zweckbestimmungen. Ferner sind auch hier bloße einseitige Wünsche des Auftraggebers unbeachtlich, wenn sie im Vertrag keinen Niederschlag gefunden haben.[1503] Als deutliche Vereinbarung eines bestimmten **Nutzungszwecks** ist beispielsweise die Beschreibung als Lager, Schulhaus oder Kaufhaus zu betrachten. Was für die eine Nutzungsart zweckdienlich ist, kann eine andere unmöglich machen. Zur Gebrauchstauglichkeit zählt auch die **Verkäuflichkeit des Bauwerks**.[1504]

Es ist jedoch nicht erforderlich, dass die Gebrauchstauglichkeit **erheblich beeinträchtigt** wird. Diese Voraussetzung ist nach § 13 Nr. 7 VOB/B lediglich für den Schadensersatzanspruch erforderlich, nicht jedoch für den Mangel an sich. Daher kann eine Tauglichkeitsminderung nur in besonderen Ausnahmefällen wegen **Geringfügigkeit** unbeachtlich sein. Dies kann nach Treu und Glauben (§ 242 BGB) nur dann der Fall sein, wenn es dem Auftraggeber tatsächlich zumutbar ist, eine solche absolut geringfügige Tauglichkeitsminderung hinzunehmen.[1505] Auch reine **Schönheitsfehler** sind indes regelmäßig Mängel.[1506] Denn auch bei optischen Mängeln kommt zumindest eine Wertminderung in Betracht.[1507]

Als **Wert der Bauleistung** ist stets deren objektiver Verkehrswert anzusehen. Hier sind sämtliche wertbildenden Faktoren maßgebend, insbesondere Haltbarkeit und Nutzungsdauer, Betriebs- und Instandhaltungskosten, aber auch das äußere Erscheinungsbild.[1508]

Kein Fehler, sondern eine Nichtleistung liegt vor, wenn der Auftragnehmer eine völlig andere als die geschuldete Bauleistung erbringt. Eine solche, auch als „aliud" bezeichnete Falschlieferung liegt jedoch nur dann vor, wenn sich die erbrachte Leistung von der geschuldeten tatsächlich gegenständlich so weit unterscheidet, dass sie nach der Verkehrsauffassung als eine andere Leistung anzusehen ist.[1509] Baut der Auftragnehmer beispielsweise eine Halle anstatt eines Wohnhauses, so hat er seine Leistungspflicht nicht mangelhaft, sondern gar nicht erfüllt. Es kommen daher nicht die Gewährleistungsansprüche der §§ 633 ff. BGB, 13 VOB/B zur Anwendung, sondern die **allgemeinen Vorschriften des BGB-Schuldrechts**. Insbesondere kann der Auftraggeber die Leistung ablehnen und unter den Voraussetzungen des **§ 326 BGB** Schadensersatz wegen Nichterfüllung verlangen.[1510] Nimmt der Auftraggeber jedoch die Leistung als Erfüllung an, so konkretisiert sich die Leistungspflicht des Auftragnehmers auf das abgenommene Werk. In diesem Fall stehen dem Auftraggeber die herkömmlichen Gewährleistungsansprüche zu. Ist die erbrachte Leistung von geringerem Wert als die vertraglich vorgesehene, so ist die Vergütung zu mindern.[1511] Hinsichtlich der Mangelhaftigkeit muss jedoch genau geprüft werden, ob es sich, bezogen auf die abgenommene Falschleistung, tatsächlich um einen **Mangel** handelt. Denn nach Abnahme des „aliuds" kann die ursprüngliche Leistungsbeschreibung nur beschränkt oder gar nicht mehr herangezogen werden.[1512] Bei Bauleistungen dürften jedoch Fälle dieser Art nur sehr selten vorliegen. Hier ist überwiegend von einem Mangel, nicht von einer Falschlieferung auszugehen.

1502 *Ingenstau/Korbion*, § 13 VOB/B Rn 145; *Kleine-Möller/Merl/Oelmaier*, § 12 Rn 200.
1503 BGH NJW 1955, 340; OLG Stuttgart BauR 1977, 129.
1504 BGH NJW 1971, 615.
1505 BGH NJW 1962, 1569; OLG Köln, BauR 1992, 635; *Ingenstau/Korbion*, § 13 VOB/B Rn 153.
1506 BGH BauR 1981, 577.
1507 OLG Hamm NJW-RR 1990, 523.
1508 *Kleine-Möller/Merl/Oelmaier*, § 12 Rn 198.
1509 BGH NJW 1984, 1955; *Ingenstau/Korbion*, § 13 VOB/B Rn 139.
1510 *Locher*, Rn 28; *Vygen*, Rn 434; *Ingenstau/Korbion*, § 13 VOB/B Rn 139.
1511 *Ingenstau/Korbion*, § 13 VOB/B Rn 139.
1512 *Kleine-Möller/Merl/Oelmaier*, § 12 Rn 226.

c) Besonderheit: Altbausanierung

670 Es leuchtet ein, dass eine völlige Neuherstellung anders zu beurteilen ist als ein Bauen im Bestand. Insbesondere die Sanierung von Altbauten stellt sich problematisch dar, da der Auftragnehmer hier keine völlig neuwertige Bauleistung abliefern kann. In den meisten Fällen ist es sogar unerwünscht, stilvolle Altbauten nach heutigen optischen Gesichtspunkten in neuartige Gebäude umzuwandeln. Daher sind die normalerweise geltenden allgemein **anerkannten Regeln der Technik** nicht in jedem Fall vollständig anwendbar.[1513] Die Schwierigkeit beginnt bereits bei Vertragsschluss, wenn es darum geht, den Sanierungserfolg exakt zu beschreiben. Zwar ist es selbstverständlich auch bei derartigen Baumaßnahmen möglich, ein Leistungsverzeichnis zu erstellen, das zumindest die tatsächliche Ausführung der Bauleistung präzise eingrenzt. Dennoch ist, insbesondere im Hinblick auf die zu übernehmenden **Gewährleistungspflichten** fraglich, für welchen Leistungserfolg der Auftragnehmer einstehen will.

671 Wie bereits dargelegt, wird bei derartigen Altbausanierungen der **heute übliche Standard** nicht immer erreichbar und ist im Übrigen meistens auch nicht gewollt.[1514] Dennoch kann sicherlich nicht jede Mängelrüge vom Auftragnehmer unter Hinweis auf die vorhandene Altbausubstanz zurückgewiesen werden. Auch beim „Bauen im Bestand" haftet der Auftragnehmer vielmehr für einen bestimmten **Werkerfolg**. Insbesondere die Bezeichnung **„Sanierung"** kann nicht ins Belieben des Auftragnehmers gestellt sein. Verspricht der Auftragnehmer die Sanierung eines Altbaus, so bedeutet dies mehr als nur die Beseitigung akuter Schäden. Vielmehr ist in diesen Fällen eine Überarbeitung sämtlicher schadensgeneigter oder wegen ihres Alters erfahrungsgemäß schadensanfälliger Bauteile geschuldet.[1515] Treffen die Vertragsparteien keine exakte Vereinbarung über die konkreten Sanierungsarbeiten, so kommt es entscheidend darauf an, welchen erkennbaren Zweck die Sanierung für den Auftraggeber haben soll. Da den Auftragnehmer eine eingehende **Prüf- und Hinweispflicht** nach § 4 Nr. 3 VOB/B trifft,[1516] die sich nach dem ausdrücklichen Wortlaut dieser Vorschrift auch auf die „vom Auftraggeber gelieferten Stoffe oder Bauteile" bezieht, muss er seine Fachkunde dazu verwenden, allgemein bekannte Gefahrenpotenziale zu untersuchen. Dies gilt insbesondere bei regional typischen Altbauten, die meistens über durchaus bekannte Schwachstellen (Sandstein, Fußbodendielen, Abwasserrohre etc.) verfügen. Denn zur Erbringung des Werkerfolgs „Sanierung" gehört zwangsläufig eine vorherige intensive **Untersuchung der bestehenden Bausubstanz**.[1517] Dies gilt erst recht, wenn die Sanierung nicht auf einem präzisen Leistungsverzeichnis beruht, sondern lediglich auf den Sanierungserfolg abstellt. Soll sich dieser nach Angaben des Auftragnehmers an einem bestimmten Qualitätsniveau orientieren oder das „nach der Bausubstanz Mögliche" gewährleisten, so sind an die Mangelfreiheit der Bauleistung erhöhte Anforderungen zu stellen.[1518]

672 Von dem Auftragnehmer als Fachmann ist also zu erwarten, dass er **typischerweise auftretende Sanierungsprobleme** kennt und entsprechend überprüft. Dies gilt insbesondere, wenn es sich um regional verbreitete oder einer bestimmten Stilepoche zuzuordnende Bauwerke handelt, deren Eigenarten bekanntermaßen erhöhte Sorgfalt verlangen. Hat der Auftragnehmer bereits nachweislich mehrere derartige Objekte saniert, so muss er sich diese Erfahrung zurechnen lassen, erst recht, wenn er im konkreten Fall oder ganz allgemein mit diesem **individuellen Erfahrungsschatz** wirbt.[1519] Wer wiederholt vergleichbare Gebäude saniert und hierbei vergleichbare Sachverhalte angetroffen

---

1513 BGH BauR 1975, 341.
1514 OLG Hamm ZfBR 1996, 96; Beck'scher VOB-Kommentar – *Ganten*, § 13 Nr. 1 Rn 49.
1515 *Heiermann/Riedl/Rusam*, § 13 VOB/B Rn 38.
1516 Siehe hierzu Rn 368.
1517 *Heiermann/Riedl/Rusam*, § 13 VOB/B Rn 38.
1518 A.A. Beck'scher VOB-Kommentar – *Ganten*, § 13 Nr. 1 Rn 49, der bei einer solchen Zusage davon ausgeht, dass der Auftragnehmer in der Regel nicht mehr als eine „an sich ordentliche Ausführung" liefern muss.
1519 Vgl. BGH BauR 1987, 439; BauR 1990, 612.

hat, kann sich nicht bei jedem weiteren Auftrag erneut auf die vorherige Unkenntnis von den entdeckten Schäden in der Altbausubstanz berufen. Vielmehr ist er verpflichtet, die zuvor gewonnenen Erfahrungswerte bei der Überprüfung der Bausubstanz einzusetzen. Die konkrete Haftung beurteilt sich nach den Besonderheiten des Einzelfalls. Hat der Auftraggeber selbst einen Fachplaner mit der Erkundung der Altbausubstanz beauftragt, so kann die Haftung des Bauunternehmers sich unter Umständen auf ein Mitverschulden beschränken. Nach § 13 Nr. 3 VOB/B ist der Auftragnehmer bei Mängeln, die auf die vom Auftraggeber bereitgestellte Altbausubstanz zurückzuführen sind, dann von der Gewährleistung befreit, wenn er nach **§ 4 Nr. 3 VOB/B** auf die zu befürchtenden Mängel **hingewiesen** hat. Zwar ist es bei umfangreichen Sanierungsmaßnahmen durchaus üblich, die Ausführungsplanung baubegleitend weiterzuentwickeln und anhand der auftretenden Substanzproblematik eine Konkretisierung des Leistungsumfangs vorzunehmen.[1520] Derartige Änderungen des ursprünglichen Leistungsumfangs können somit selbstverständlich auch zu Nachtragsforderungen des Auftragnehmers führen, wobei jedoch auch hier eine unterlassene Untersuchung zu seinen Lasten gehen kann. Hiervon zu trennen ist jedoch die Frage der Gewährleistung für später auftretende Mängel. Diese wird durch die vorgenannte Leistungskonkretisierung nicht berührt, da sich lediglich Einzelheiten der Leistungen ändern, nicht jedoch der angestrebte Leistungserfolg.

Es ist beiden Bauvertragsparteien dringend zu empfehlen, den **Leistungsinhalt** so präzise wie möglich festzulegen. Sofern und soweit dies nicht möglich ist, ist es zunächst Sache des Auftraggebers, den seinerseits gewünschten **Leistungserfolg**, insbesondere Verwendungszweck und Qualitätsniveau festzulegen. Hat der Auftragnehmer dann seinerseits Zweifel an der Erreichung dieses Werkerfolgs, so muss er den Auftraggeber hierauf hinweisen. Hierbei ist seine Fachkenntnis oder – mangels einer solchen – die Erkennbarkeit der Problematik unter Berücksichtigung der Ortsüblichkeit sowie eine erhöhte Sorgfaltspflicht bei der Untersuchung der bestehenden Bausubstanz zu berücksichtigen. Hat der Auftragnehmer eine Untersuchung der Altbausubstanz in angemessenem Umfang unterlassen, so kann er sich später nicht darauf berufen, etwa auftretende Mängel beruhten nicht auf seiner Leistung, sondern allein auf einem Mangel des vorhandenen Bestands.

673

d) Leistung nach Probe (§ 13 Nr. 2 VOB/B)

Nach § 13 Nr. 2 VOB/B gelten bei einer „Leistung nach Probe" die Eigenschaften dieser Probe als **zugesichert**, soweit nicht Abweichungen nach der Verkehrssitte als bedeutungslos anzusehen sind. Die Zusicherung gilt nach S. 2 dieser Vorschrift auch für Proben, die erst nach Vertragsabschluss als solche anerkannt sind. Die gesamte Regelung wurde an den Kauf nach Probe in § 494 BGB angelehnt. Wie § 13 Nr. 2 VOB/B ausdrücklich klarstellt, handelt es sich um einen **Unterfall der vertraglich zugesicherten Eigenschaft**.[1521] Die Problematik besteht darin, dass es sich nicht immer um eine ausdrückliche Zusicherung handelt, sondern meist um eine konkludente, nämlich durch Zugrundelegung der Probe. Daher muss zunächst durch Auslegung (§§ 133, 157 BGB) ermittelt werden, ob sämtliche oder nur einzelne Eigenschaften der Probe als zugesichert gelten sollen.

674

Zu berücksichtigen ist zunächst, dass nicht jedes Muster und **nicht jede Probe** eine Zusicherung im Sinne von § 13 Nr. 1, Nr. 2 VOB/B beinhaltet. Denn insbesondere im Vorfeld des Vertragsabschlusses kommt es nicht selten zu einer Vorlage von Mustern und Proben durch den Auftragnehmer, die teilweise nur dazu dienen, den Auftraggeber über die spätere Ausführungsweise zu informieren oder auch nur um das Interesse des Auftraggebers an einer Zusammenarbeit zu wecken.[1522] Aus dem Wortlaut des § 13 Nr. 2 S. 2 VOB/B geht eindeutig hervor, dass die Probe, soll sie als zugesichert gelten, als solche anerkannt sein muss. Dies ist gleichbedeutend mit einer Einigung darüber, dass die Probe hinsichtlich bestimmter Eigenschaften **für die spätere Ausführung unbedingt maßgeblich** sein soll und dass sich der Auftragnehmer bei der Ausführung unbedingt nach dieser Probe zu richten

675

1520 Beck'scher VOB-Kommentar – *Ganten*, § 13 Nr. 1 Rn 50.
1521 Siehe oben Rn 636 ff.
1522 *Kleine-Möller/Merl/Oelmaier*, § 12 Rn 156

hat.¹⁵²³ Hierbei ist sicherlich die Intensität der Behandlung der Probe sowohl bei den Vertragsverhandlungen als auch möglicherweise im Vertrag selbst, insbesondere in der Leistungsbeschreibung, entscheidend. Die Parteien müssen sich darüber einig sein, dass eine oder mehrere bestimmte Eigenschaften der Probe vollständig für das spätere Bauwerk gelten sollen. Sind im Vertrag nicht nur bestimmte einzelne Eigenschaften der Probe genannt, so ist davon auszugehen, dass **alle Eigenschaften der Probe** als zugesichert gelten.¹⁵²⁴

676 § 13 Nr. 2 VOB/B berücksichtigt ausdrücklich, dass in der Praxis Proben vielfach erst nach **Vertragsabschluss** vorgelegt werden, um sie für die Ausführung zugrunde zu legen. Nach S. 2 der Bestimmung gelten auch solche nachträglich vorgelegten Proben als Basis für eine Zusicherung. Die erforderliche Anerkennung spielt hierbei eine größere Rolle als bei von vornherein vertraglich vereinbarten Proben. Denn grundsätzlich können nur solche Muster und Proben Vertragsbestandteil werden, die bereits bei Vertragsabschluss einvernehmlich festgelegt wurden. Die **Anforderungen** an eine **nachträgliche** verbindliche Einbeziehung in den Vertrag sind daher etwas strenger. Dabei genügt es nicht, dass die Probe lediglich vorgelegt wird, sondern es muss ein Wille erkennbar sein, dass die Probe für die spätere Bauausführung **tatsächlich verbindlich** sein soll. In der Praxis wird dies jedoch meist der Fall sein, da andere Gründe für die Vorlage der Probe vom Auftragnehmer nur schwer darzulegen sein dürften. Dies kann jedoch anders sein, wenn der Auftraggeber seinen Entscheidungsprozess hinsichtlich des Musters nicht deutlich abgeschlossen hat.

677 § 13 Nr. 2 S. 1 VOB/B geht von einer üblicherweise bei Vertragsabschluss vereinbarten Eigenschaft aus. Die in S. 2 der Bestimmung erwähnte nachträgliche Zusicherung erfolgt üblicherweise **bis zu Beginn der Ausführung** der entsprechenden Leistung. Legt der Auftragnehmer seine Probe erst danach vor, so spricht vieles dafür, dass diese nur als Demonstrationsobjekt dient.¹⁵²⁵ Wird die Probe hingegen noch während der laufenden Ausführung vorgelegt, spricht dies eher dafür, dass die Parteien noch Einfluss auf die Beschaffenheit der Leistung nehmen wollen.

678 Liegt eine Leistung nach Probe im Sinne von § 13 Nr. 2 VOB/B vor, so ergeben sich für den Auftraggeber Mängelansprüche nach **§§ 4 Nr. 7, 13 VOB/B**, wenn die Bauleistung nicht über die Eigenschaften der Probe verfügt. Insoweit gilt das zur Zusicherung von Eigenschaften Ausgeführte entsprechend.¹⁵²⁶ Es handelt sich in diesem Fall um das Fehlen einer zugesicherten Eigenschaft, das für sich genommen bereits zu einem **Mangel** im Sinne von § 13 Nr. 1 VOB/B führt. Dies ist nach dem Wortlaut von § 13 Nr. 2 VOB/B allerdings nicht der Fall, soweit die **Abweichung von der Zusicherung nach der Verkehrssitte als bedeutungslos** anzusehen ist. Hintergrund für diese Regelung ist, dass eine **absolute Identität zwischen der Probe und dem späteren Bauwerk oft nicht erreichbar** ist.¹⁵²⁷ Zu beachten ist jedoch, dass § 13 Nr. 2 VOB/B nicht etwa unwesentliche Abweichungen nennt, sondern „bedeutungslose". Diese Wortwahl macht deutlich, dass hier nur derart geringe Abweichungen ausgeschlossen werden, die von niemandem ernsthaft gerügt werden können. Die Grenzen für die Annahme einer in der Tat „bedeutungslosen" Abweichung sind äußerst eng. In der Regel müssen selbst geringfügige Abweichungen von der Probe ausreichen, um als Mangel zu gelten. Denn schließlich haben die Parteien das Mittel der Probe gewählt, um deren Eigenschaften der Ausführung vertraglich bindend zu Grunde zu legen. Angesichts dieses Bindungswillens ist im Zweifel davon auszugehen, dass sich der Auftragnehmer an die Zusicherung auch zu halten hat.¹⁵²⁸

679 Für den Fall, dass bereits die **Probe einen Mangel aufweist**, die auch dem späteren Werk anhaftet, ist eine differenzierende Betrachtung erforderlich. Stammt die **Probe vom Auftraggeber**, so gelten

---

1523 *Ingenstau/Korbion*, § 13 VOB/B Rn 170; *Heiermann/Riedl/Rusam*, § 13 VOB/B Rn 45.
1524 *Ingenstau/Korbion*, § 13 VOB/B Rn 168.
1525 *Kleine-Möller/Merl/Oelmaier*, § 12 Rn 157.
1526 Siehe oben Rn 636 ff.
1527 *Nicklisch/Weick*, § 13 VOB/B Rn 39; *Heiermann/Riedl/Rusam*, § 13 VOB/B Rn 46.
1528 *Kleine-Möller/Merl/Oelmaier*, § 12 Rn 158; *Ingenstau/Korbion*, § 13 VOB/B Rn 171.

§§ 4 Nr. 3, 13 Nr. 3 VOB/B entsprechend, so dass der Auftragnehmer nur bei Verletzung seiner Prüf- und Hinweispflicht für den Mangel einzustehen hat.[1529] Stammt die Probe jedoch, wie üblich, **vom Auftragnehmer**, so bleibt er grundsätzlich gewährleistungspflichtig. Dies gilt nur dann nicht, wenn der Auftraggeber den Mangel erkannt hat. Die h.M. geht ferner davon aus, dass eine **Haftung** des Auftragnehmers auch dann **entfällt**, wenn der Auftraggeber den Mangel infolge grober Fahrlässigkeit nicht erkannt hat.[1530] Vereinzelt wird sogar die Auffassung vertreten, bei Mustern des Auftragnehmers reiche die Erkennbarkeit für den Auftraggeber aus, um den Auftragnehmer von Gewährleistungsansprüchen zu befreien.[1531] Beides ist jedoch abzulehnen. Die deutliche **Parallele zu § 640 Abs. 2 BGB** muss zu dem eindeutigen Schluss führen, dass auch die Hinnahme einer mangelhaften Probe durch den Auftraggeber nur dann zu einem Gewährleistungsausschluss führen kann, wenn er **positiv von dem Mangel wusste**. Fahrlässige Unkenntnis kann hierbei nicht ausreichen. Der h.M. ist im Übrigen entgegenzuhalten, dass sie andernfalls den Auftragnehmer im Falle einer eigenen Probe günstiger stellt als bei einer Vorlage durch den Auftraggeber. Denn im letzteren Fall wird unstreitig eine Prüf- und Hinweispflicht entsprechend § 4 Nr. 3 VOB/B angenommen. Dies muss jedoch erst recht bei einer eigenen Probe gelten, was von der h.M. übersehen wird. Die Erkennbarkeit für den Auftraggeber kann daher allein hier nicht ausreichen. Vielmehr ist vom Auftragnehmer zu verlangen, dass er den Auftraggeber über den Mangel aufklärt, wenn dieser den Mangel nicht kennt. Verletzt der Auftragnehmer hingegen diese Hinweispflicht, so muss er voll gewährleistungspflichtig bleiben, auch wenn der Mangel möglicherweise auch für den Auftraggeber erkennbar war. Auf grobe Fahrlässigkeit kann es hierbei nicht ankommen, da es sich um einen Mangel aus der Sphäre des Auftragnehmers handelt und sich daher jedes Verschuldensprinzip erübrigt.

e) Die Zurechenbarkeit des Mangels bei mehreren Mangelursachen

Grundsätzlich ist der Auftragnehmer nach § 633 ff. BGB, §§ 4, 13 VOB/B auch **ohne Verschulden** zur Gewährleistung verpflichtet. Dennoch kann dem Auftragnehmer die Verantwortung für einen Mangel nur dann zugeordnet werden, wenn der Mangel von ihm **verursacht** wurde und insgesamt in seinen Verantwortungsbereich fällt. Die Haftung kann jedoch eingeschränkt sein oder gänzlich entfallen, wenn der Mangel auf andere Umstände zurückzuführen ist. Problematisch ist die Gewährleistungspflicht des Auftragnehmers insbesondere, wenn der Mangel auf vertragswidrige Leistungen anderer Bauunternehmer oder auf eine Einflussnahme seitens des Auftraggebers im Sinne von § 13 Nr. 3 VOB/B zurückzuführen ist.

Es kommt unter Umständen vor, dass der Mangel nicht nur durch die Leistung des Auftragnehmers, sondern gleichzeitig auch durch **andere Ereignisse** oder durch **Bauleistungen Dritter** verursacht wurden. Hierbei gibt es mehrere Varianten:

Führen zwei Ursachen nur gemeinsam zu dem Mangel, kann also keine der beiden Ursachen hinweggedacht werden, ohne dass der Mangel ebenfalls entfiele, so wird allgemein von einer **„Gesamtursache"** gesprochen. In diesem Fall wird der Auftragnehmer einwenden, ohne den Beitrag des anderen Mitverursachers habe der Mangel nicht entstehen können. Aus diesem Grunde habe nicht er den Mangel verursacht. Ein typisches Beispiel für eine solche Gesamtursache ist das Zusammentreffen eines Planungsfehlers des Architekten mit einem Ausführungsfehler des Auftragnehmers. In diesen Fällen soll **nach h.M.** jeder der beiden Verursacher dem Auftraggeber **voll verantwortlich** sein.[1532] Im Falle der Haftung von **Auftragnehmer und Architekt** des Bauherrn handelt es sich um eine gesamtschuldnerische Haftung.[1533] Eine Entlastung des einzelnen Verursachers gegenüber dem Bau-

---

1529 *Ingenstau/Korbion*, § 13 VOB/B Rn 172.
1530 *Kleine-Möller/Merl/Oelmaier*, § 12 Rn 159; *Ingenstau/Korbion*, § 13 VOB/B Rn 172; BGH DB 1957, 66.
1531 *Heiermann/Riedl/Rusam*, § 13 VOB/B Rn 47; *Vygen*, Rn 437.
1532 *Heiermann/Riedl/Rusam*, § 13 VOB/B Rn 14; Beck'scher VOB-Kommentar – *Ganten* vor § 13 Rn 99, 114.
1533 Näheres hierzu oben Rn 55 ff.

herrn unter Hinweis auf die jeweils andere Mangelursache kommt daher nicht in Betracht.[1534] Etwas anderes gilt nur in Ausnahmefällen, falls beide Verursachungsbeiträge voneinander real abgrenzbar sind. In diesem Fall ist jeder „Schädiger" nur für seinen Verursachungsbeitrag verantwortlich, so dass eine Haftungsquote gebildet werden muss.[1535]

682 Wird ein Mangel von zwei selbstständigen Ursachen herbeigeführt, von denen jede für sich allein den Mangel ebenfalls herbeigeführt hätte, so spricht man von einer **„Doppelkausalität"**. Hier besteht erst recht kein Anlass, einen der beiden Verursacher wegen der jeweils anderen Ursache zu entlasten.[1536] Handelt es sich um die fehlerhafte Leistung von zwei Nebenunternehmern oder eines Vor- und eines Nachunternehmers, so haften beide indes **nicht als Gesamtschuldner**, da es an der erforderlichen Zweckgemeinschaft fehlt.[1537] Dies kann in Ausnahmefällen anders sein, wenn sich die beiden Leistungen derart überlagern, dass die Arbeitsabläufe nicht mehr exakt voneinander trennbar sind, so dass sich die Leistung beider Unternehmer praktisch auf die gesamte Leistung bezieht.[1538] Hinsichtlich des internen Ausgleichs zwischen den beiden Verursachern wird man dem in Anspruch genommenen Auftragnehmer einen Anspruch gegen den Auftraggeber auf Abtretung der Rechte gegen den Mitverursacher analog § 255 BGB zugestehen müssen.[1539]

683 Eine weitere Fallgruppe betrifft die so genannte **„alternative Kausalität"**. Hier steht nicht 100 %ig fest, welcher von mehreren Beteiligten den Mangel verursacht hat. Auch in diesen Fällen hat der BGH bereits mehrfach eine mögliche Verursachung des Mangels durch jeden einzelnen genügen lassen, wenn die nicht normgerechte Einzelleistung ein erhebliches Mangelrisiko beinhaltet.[1540] Hier wird man jedoch strenge Anforderungen an eine eindeutige Zurechnung stellen müssen, da ansonsten die Gefahr einer Haftung für vermutete Verursachung bestünde.[1541] Diese Fälle sind durchaus nicht selten. Es stellt sich in der Praxis sehr oft das Problem, dass eine eindeutige Klärung der Mangel- oder Schadensursache nicht möglich ist.

684 Schließlich gibt es noch die problematischste Fallgruppe, nämlich die so genannten **„Reserveursachen"**. Hierbei handelt es sich um Fälle, bei denen der aufgetretene Mangel durch eine andere Ursache **ohnehin eingetreten wäre**. Da diese „Reserveursache" jedoch nicht zum Tragen kam, handelt es sich um eine lediglich **hypothetische Kausalität**, die bereits bei der Sachverhaltsermittlung erhebliche Probleme bereitet. Denn regelmäßig ist es zunächst nur die Schutzbehauptung des den Mangel tatsächlich verursachenden Auftragnehmers, deren Wahrheitsgehalt zunächst fraglich ist. Stellt sich der Einwand indes als zutreffend heraus, bereitet die rechtliche Beurteilung dieser Fälle Schwierigkeiten. Eine einheitliche Beurteilung ist hier nicht möglich. Grundsätzlich ist jedoch davon auszugehen, dass eine nur hypothetische Kausalität keine Haftung begründet.[1542] Daher können derartige „Reserveursachen" auch nicht zu einer Entlastung des eigentlichen Verursachers führen. Dieser wird vielmehr regelmäßig voll haften.[1543] Nur in Ausnahmefällen kann die Ersatzpflicht des tatsächlichen Mangelverursachers eingeschränkt werden.

685 Nach der Rechtsprechung kommt eine solche **Haftungsbeschränkung** nur dann in Betracht, wenn die Sache mit einer Schadensanlage behaftet war, die sicher zu dem gleichen Mangel geführt

---

1534 BGH NJW 1990, 2882.
1535 Beck'scher VOB-Kommentar – *Ganten* vor § 13 Rn 99.
1536 Beck'scher VOB-Kommentar – *Ganten* vor § 13 Rn 115; *Heiermann/Riedl/Rusam*, § 13 VOB/B Rn 14.
1537 BGH BauR 1975, 130.
1538 OLG Hamm NJW-RR 1996, 273.
1539 *Locher*, Rn 102; *Ingenstau/Korbion*, § 4 VOB/B Rn 244.
1540 BGH BauR 1975, 130; BauR 1973, 51.
1541 Kritisch daher zu Recht Beck'scher VOB-Kommentar – *Ganten* vor § 13 Rn 105.
1542 Palandt vor § 249 BGB Rn 87.
1543 BGHZ 29, 215.

hätte.[1544] Der betroffene Gegenstand muss hierbei schon vorher durch die „Reserveursache" erkennbar bedroht gewesen sein. In diesen Fällen soll sich die Ersatzpflicht des tatsächlichen Verursachers auf die durch den tatsächlichen früheren Schadenseintritt bedingten Nachteile beschränken.[1545] Der tatsächliche Mangel soll hierbei um das Risiko der Zweitursache gemindert werden.[1546] Eine derartige Haftungsbeschränkung kann jedoch nur **äußerst kritisch** betrachtet werden. Es ist nicht einzusehen, weshalb der Schädiger unter Hinweis auf eine Ursache, die allerdings nicht zum Tragen kam, in den Genuss einer Haftungsbeschränkung kommen soll. Alle genannten Fälle mit „Reserveursache" haben die Tatsache gemein, dass die hypothetische Kausalität nur unterstellt werden kann. Führt die Zweitursache hingegen ebenfalls zu einem Mangel, handelt es sich um einen Fall mit **Doppelursache**. Wenn jedoch selbst in diesen Fällen für eine Begünstigung des tatsächlichen Schädigers kein Raum ist, so kann er erst recht nicht mit einem Hinweis auf ein nicht verwirklichtes Risiko gehört werden.

In allen Fällen mit mehreren Mangelverursachern muss eine **wertende Verhaltenszurechnung** erfolgen. Eine ausschließlich logische Betrachtung der einzelnen Ursachen steht hier nicht mehr im Mittelpunkt. Vielmehr handelt es sich um eine Risikozurechnung, die auf dem Verhalten der Beteiligten beruht.[1547]

686

f) Mitverursachung durch den Auftraggeber (§ 13 Nr. 3 VOB/B)

aa) Allgemeines

Nach § 13 Nr. 3 VOB/B ist der Auftragnehmer von der Gewährleistung frei, wenn der betreffende Mangel auf die Leistungsbeschreibung oder auf Anordnungen des Auftraggebers, auf die von diesem gelieferten oder vorgeschriebenen Stoffe oder Bauteile oder auf die Beschaffenheit der Vorleistung eines anderen Unternehmers zurückzuführen ist. Dieser Gewährleistungsausschluss greift allerdings nicht ein, wenn der Auftragnehmer die ihm nach § 4 Nr. 3 VOB/B obliegende Mitteilung über die zu befürchtenden Mängel unterlassen hat.

687

Der **Ausnahmetatbestand** des § 13 Nr. 3 VOB/B regelt einen Fall von unzulässiger Rechtsausübung (§ 242 BGB). Es würde gegen Treu und Glauben verstoßen, wenn der Auftraggeber Ansprüche wegen Mängeln herleiten würde, deren Ursache ausschließlich in seinem eigenen Risikobereich liegt.[1548] Aus diesem Grunde ist die Bestimmung entsprechend auf **BGB-Bauverträge** anzuwenden. Der hier geregelte Grundsatz ist im Zivilrecht fest verankert und besitzt daher Allgemeingültigkeit. Er ist daher nicht auf die VOB/B beschränkt.[1549] Dies gilt auch und insbesondere für die Prüf- und Hinweispflicht nach § 4 Nr. 3 VOB/B.[1550] **Nicht anwendbar** ist jedoch im Rahmen von BGB-Bauverträgen das **Schriftformerfordernis** des § 4 Nr. 3 VOB/B.[1551]

688

§ 13 Nr. 3 VOB/B beinhaltet eine Risikoverlagerung zu Lasten des Auftraggebers. Der Grundsatz, dass der Auftragnehmer verschuldensunabhängig für Mängel haftet, erfährt hier eine Ausnahme. Daher ist § 13 Nr. 3 VOB/B grundsätzlich eng auszulegen.[1552] Insbesondere ist die hier enthaltene Aufzählung der Anwendungsfälle abschließend.[1553] Aus dem Ausnahmecharakter der Vorschrift folgt ferner, dass dem Auftragnehmer die **Beweislast** obliegt, und zwar sowohl für die Kausalität zwischen

689

1544 BGHZ 20, 280.
1545 *Heiermann/Riedl/Rusam*, § 13 VOB/B Rn 14.
1546 OLG Saarbrücken BauR 1970, 109; BGH NJW 1985, 676.
1547 Beck'scher VOB-Kommentar – *Ganten* vor § 13 Rn 111.
1548 *Heiermann/Riedl/Rusam*, § 13 VOB/B Rn 49; *Vygen*, Rn 449.
1549 *Ingenstau/Korbion*, § 13 VOB/B Rn 179; BGH BauR 1987, 79.
1550 *Heiermann/Riedl/Rusam*, § 4 VOB/B Rn 46; *Ingenstau/Korbion*, § 4 VOB/B Rn 183.
1551 *Ingenstau/Korbion*, § 4 VOB/B Rn 183.
1552 BGH BauR 1975, 421.
1553 *Ingenstau/Korbion*, § 13 VOB/B Rn 176.

der Einwirkung durch den Auftraggeber und dem Mangel als auch für die Erfüllung der Prüf- und Hinweispflicht nach § 4 Nr. 3 VOB/B.[1554]

690 § 13 Nr. 3 VOB/B scheint nach seinem Wortlaut nur eine gänzliche Befreiung des Auftragnehmers von der Gewährleistungspflicht zu regeln. Handelt es sich jedoch um einen Fall, der sowohl auf einer mangelhaften Ausführung durch den Auftragnehmer als auch durch einen in § 13 Nr. 3 VOB/B genannten Umstand verursacht wurde, so kommt durchaus auch eine **Haftungsteilung nach § 254 BGB** in Betracht. In diesen Fällen ist eine Haftungsquote nach dem Grad der Mitverursachung festzulegen.[1555]

§ 13 Nr. 3 VOB/B regelt folgende vier Einzelfälle:

bb) Fehlerhafte Leistungsbeschreibung des Auftraggebers

691 Eine Befreiung von der Gewährleistungspflicht kommt nach § 13 Nr. 3 VOB/B zunächst dann in Betracht, wenn der Mangel auf die Leistungsbeschreibung des Auftraggebers zurückzuführen ist. Die Vorschrift ist also nur dann anwendbar, wenn die Leistungsbeschreibung vom Auftraggeber oder einem seiner Erfüllungsgehilfen, in der Regel vom Architekt, erstellt wurde. Hat der Auftragnehmer hingegen den mangelhaften Teil der Leistungsbeschreibung, beispielsweise das Leistungsverzeichnis, **selbst angefertigt** oder anfertigen lassen, **so haftet er voll**. Für diesen Fall ist § 13 Nr. 3 VOB/B nicht anwendbar.[1556] Dies gilt insbesondere bei einer Leistungsbeschreibung mit Leistungsprogramm nach § 9 Nr. 10 VOB/A und bei **Sondervorschlägen des Auftragnehmers**.[1557] Ferner tritt keine Haftungsbefreiung ein, wenn die Parteien die Leistungsbeschreibung gemeinsam erstellt haben.[1558] Auch eine gemeinsame Erörterung des späteren Leistungsinhalts reicht für eine Befreiung von der Gewährleistung nicht aus.[1559] Es muss sich vielmehr um eine **verbindliche Vorgabe des Auftraggebers** handeln, die keine Abweichungen zulässt. Unter dem Begriff „Leistungsbeschreibung" im Sinne von § 13 Nr. 3 VOB/B ist jede Beschreibung und Kennzeichnung von Beschaffenheit, Konstruktion, Funktion, Funktionsweise und sonstigen Sacheigenschaften der Leistung zu verstehen. Die Leistungsbeschreibung kann sich daher aus Plänen und technischen Berechnungen ebenso ergeben wie aus dem Leistungsverzeichnis und allgemeinen Baubeschreibungen.[1560] Aufgrund seiner Fachkunde ist der Auftragnehmer allerdings verpflichtet, sämtliche Bestandteile der Leistungsbeschreibung sorgfältig zu **überprüfen** und etwaige **Bedenken** unverzüglich dem Auftraggeber mitzuteilen.[1561]

cc) Fehlerhafte Anordnungen des Auftraggebers

692 Der Mangel kann ferner auf einer fehlerhaften Anordnung des Auftraggebers beruhen. Diese hat der Auftragnehmer nach § 4 Nr. 1 Abs. 3 VOB/B zu beachten. Nach § 4 Nr. 1 Abs. 4 VOB/B hat er Bedenken geltend zu machen, soweit er die Anordnungen für unberechtigt oder unzweckmäßig hält. Auf Verlangen des Auftraggebers hat er sie dennoch auszuführen, wenn nicht gesetzliche oder behördliche Bestimmungen entgegenstehen (§ 4 Nr. 1 Abs. 4 VOB/B).

693 Auch hier kommt eine Befreiung von der Gewährleistung nach § 13 Nr. 3 VOB/B nur dann in Betracht, wenn die Anordnung des Auftraggebers **eindeutig und zwingend** war.[1562] Bloße Anregun-

---

1554 BGH BauR 1975, 421; *Vygen*, Rn 450.
1555 OLG Hamm BauR 1988, 481; OLG Düsseldorf BauR 1979, 246.
1556 *Kleine-Möller/Merl/Oelmaier*, § 12 Rn 89.
1557 *Vygen*, Rn 451.
1558 *Kleine-Möller/Merl/Oelmaier*, § 12 Rn 89.
1559 *Ingenstau/Korbion*, § 13 VOB/B Rn 181.
1560 *Kleine-Möller/Merl/Oelmaier*, § 12 Rn 88; *Heiermann/Riedl/Rusam*, § 13 VOB/B Rn 51.
1561 Zur Prüf- und Hinweispflicht des Auftragnehmers siehe Rn 368 ff.
1562 BGH BauR 1975, 421.

gen, Wünsche oder das bloße Einverständnis des Auftraggebers sind nicht ausreichend.[1563] Auch hier würde es Treu und Glauben widersprechen, wenn der Auftraggeber durch seine Anordnungen, gegen die der Auftragnehmer Bedenken erhob, den Mangel der Werkleistung verursacht und später den Auftragnehmer dennoch auf Mangelbeseitigung in Anspruch nimmt.

Die **Anordnung** kann sich sowohl auf die Ausführung und Beschaffenheit der Leistung als auch beispielsweise auf die Beauftragung eines bestimmten, namentlich benannten Nachunternehmers beziehen.[1564] Auch die Anordnung, bei ungeeigneten Witterungsverhältnissen bestimmte hierfür nicht geeignete Leistungen vorzunehmen, stellt eine Anordnung im Sinne von § 13 Nr. 3 VOB/B dar.[1565] 694

Auch hinsichtlich der Anordnungen des Auftraggebers richtet sich das **Maß der Prüfungspflicht** des Auftragnehmers nach den Umständen des Einzelfalles. Hier ist einerseits die Fachkunde des Auftragnehmers und andererseits auch die Einschaltung von Sonderfachleuten durch den Auftraggeber zu berücksichtigen.[1566] 695

dd) Vom Auftraggeber gelieferte oder vorgeschriebene Stoffe und Bauteile

Auch wenn der Auftraggeber dem Auftragnehmer bestimmte Materialien und Bauteile vorschreibt, muss er grundsätzlich selbst für deren Beschaffenheit einstehen, soweit der Auftragnehmer seine Prüfungspflicht erfüllt hat. Der Auftragnehmer wird jedoch auch hier – wie bei den beiden vorgenannten Fallgruppen – nur dann von der Gewährleistung befreit, wenn eine **bindende Anordnung** des Auftraggebers vorliegt, entweder durch Bereitstellung oder durch das Vorschreiben dieser Stoffe oder Bauteile. Vor diesem Hintergrund leuchtet ein, dass eine Befreiung von der Gewährleistung nicht in Betracht kommt, wenn der Auftraggeber die Stoffe oder Bauteile zwar selbst kauft und anliefern lässt, diese jedoch vom Auftragnehmer vorgeschlagen wurden.[1567] 696

Auch inhaltlich muss das „**Vorschreiben**" durch den Auftraggeber bereits ausreichend konkretisiert sein. Die Anordnung, einen bestimmten Werkstoff zu verwenden, reicht grundsätzlich nicht, wenn dieser **nur der Gattung nach beschrieben** ist, beispielsweise ein bestimmter Beton, Hartfaserplatten, Naturholzfensterrahmen etc.[1568] Anders hingegen, wenn eine bestimmte Marke, ein Fabrikat oder ein bestimmter Lieferant vorgeschrieben wird. Auch hier reicht jedoch nicht der bloße Hinweis auf eine mögliche Bezugsquelle.[1569] 697

Schreibt der Auftraggeber die Verwendung bestimmter Baustoffe vor, so muss darüber hinaus auch **Kausalität** für den aufgetretenen Mangel vorliegen. Dies kann in zweierlei Hinsicht problematisch sein. Schreibt der Auftraggeber nur eine bestimmte Bezugsquelle vor, während der Auftragnehmer den Baustoff der Gattung nach bestimmt hat, so ist die Anordnung nicht ursächlich für den Mangel, wenn das Produkt grundsätzlich untauglich ist, also unabhängig von der vorgeschriebenen Bezugsquelle. Problematischer ist der umgekehrte Fall. Handelt es sich bei dem vorgeschriebenen Baustoff oder Bauteil um ein grundsätzlich geeignetes und bewährtes Produkt, liefert jedoch der vom Auftraggeber vorgeschriebene Lieferant **einzelne mangelhafte Exemplare**, so ist umstritten, ob ein derartiger „Ausreißer" bereits zu einer Haftungsfreistellung des Auftragnehmers führen kann. Der **BGH** hat hierzu früher die Auffassung vertreten, der Auftraggeber habe auch dann für seine Anordnung einzustehen, wenn es sich um ein mangelhaftes Einzelstück handelt, selbst wenn das Produkt grundsätzlich tauglich ist.[1570] Nunmehr hat der BGH jedoch seine Rechtsprechung diesbezüglich 698

1563 Beck'scher VOB-Kommentar – *Ganten*, § 13 Nr. 3 Rn 24; *Kleine-Möller/Merl/Oelmaier*, § 12 Rn 90.
1564 *Locher*, Rn 152; *Ingenstau/Korbion*, § 13 VOB/B Rn 185.
1565 *Vygen*, Rn 454.
1566 Zur Prüf- und Hinweispflicht siehe Rn 368 ff.
1567 *Kleine-Möller/Merl/Oelmaier*, § 12 Rn 91.
1568 *Heiermann/Riedl/Rusam*, § 13 VOB/B Rn 54; *Vygen*, Rn 456.
1569 *Nicklisch/Weick*, § 13 VOB/B Rn 56.
1570 BGH BauR 1973, 188, 190; OLG Stuttgart BauR 1989, 475.

aufgegeben. In seinem **Urteil vom 14.3.1996** hat er klargestellt, dass ein derartiger „Ausreißer" bei einem grundsätzlich geeigneten Produkt nicht per se zu einer Haftungsbefreiung des Auftragnehmers führt.[1571] Demnach soll die Risikoverlagerung zu Lasten des Auftraggebers nur eintreten, sofern und soweit seine Anordnung greift. Daraus ergibt sich eine Abstufung, je nachdem, ob der Auftraggeber eine **spezielle** oder eine nur **generelle Anordnung** trifft. Je spezieller die Anordnung, desto eher greift die Freistellung des Auftragnehmers nach § 13 Nr. 3 VOB/B. Sucht der Auftraggeber also von einem Baustoff oder Bauteil eine ganz bestimmte Partie aus, so hat er auch für deren konkrete Fehler einzustehen. Wählt er den Baustoff hingegen nur generell aus, so übernimmt er auch nur auf dieser allgemeineren Ebene das Risiko für die vorhandenen Mängel. Eine Freistellung des Auftragnehmers kommt in diesem Fall nur bei genereller Untauglichkeit in Betracht. Dieser zutreffenden Rechtsprechung hat sich auch das **Schrifttum** überwiegend angeschlossen.[1572] Eine solche Differenzierung entspricht in der Tat einer angemessenen Risikoverteilung. Die gegenteilige Ansicht[1573] verkennt, dass der Auftraggeber in den vorgenannten Fällen nur das Produkt oder die Bezugsquelle, nicht jedoch die verwendeten Einzelstücke ausgewählt hat. Diese Auswahl obliegt vielmehr dem fachkundigen Auftragnehmer, der hierfür auch das Risiko zu tragen hat.

ee) Fehlerhafte Vorleistungen anderer Unternehmer

699 Die vierte Alternative im Rahmen von § 13 Nr. 3 VOB/B ist die Verursachung des Mangels durch Vorleistungen eines anderen Unternehmers. Als „**Vorleistung**" kommen hier sowohl Arbeiten eines anderen an dem Bauwerk tätigen Unternehmers als auch Eigenleistungen des Auftraggebers in Betracht.[1574] Voraussetzung für eine Haftungsbefreiung nach § 13 Nr. 3 VOB/B ist zunächst jedoch ein **sachlicher Zusammenhang** zwischen der Vorleistung und der Leistung des Auftragnehmers. Die Vorleistung muss die technische Grundlage für die nachfolgende Auftragnehmerleistung sein. Dies ist dann der Fall, wenn die **Vorleistung mangelhaft** ist und dadurch auch die nachfolgende Leistung des Auftragnehmers mangelhaft wird.[1575] Beispiele für einen solchen Sachzusammenhang sind das Auftragen von Estrich auf eine nicht waagerechte Betondecke oder die Errichtung von Mauerwerk auf einem mangelhaften Betonfundament.

700 Auch hier kommt jedoch eine Befreiung von der Gewährleistungspflicht nur dann in Betracht, wenn der Auftragnehmer seiner **Prüf- und Hinweispflicht** nach § 4 Nr. 3 VOB/B nachgekommen ist. Der Auftragnehmer muss also in den vorgenannten Beispielen die Grundlage für seine Bauleistung, nämlich den mangelhaften Betonboden oder das Fundament auf seine Ordnungsgemäßheit überprüfen. Insbesondere muss er in dem für seine eigene Leistung maßgeblichen Rahmen prüfen, ob die vorgeschriebenen Toleranzen eingehalten wurden, und ob – im „Estrich-Fall" – die eigene Leistung haltbar aufgebracht werden kann. Gerade in dem vorgenannten Fall ist der Auftragnehmer verpflichtet und in der Lage, den Untergrund zu **untersuchen**. Tut er dies nicht und ist daraufhin seine eigene Leistung mangelhaft, weil der Untergrund uneben oder nicht waagerecht war, so kann er sich auf diese mangelhafte Vorleistung nicht berufen. Zwar dürfen an den Prüfaufwand keine übertriebenen

---

1571 BGH BauR 1996, 702.
1572 *Ingenstau/Korbion*, § 13 VOB/B Rn 193; *Vygen*, Rn 456; *Heiermann/Riedl/Rusam*, § 13 VOB/B Rn 54; a.A. *Kleine-Möller/Merl/Oelmaier*, § 12 Rn 93.
1573 *Kleine-Möller/Merl/Oelmaier*, § 12 Rn 93.
1574 *Heiermann/Riedl/Rusam*, § 13 VOB/B Rn 55.
1575 *Ingenstau/Korbion*, § 13 VOB/B Rn 195; *Vygen*, Rn 457; ebenso *Heiermann/Riedl/Rusam*, § 13 VOB/B Rn 55, die jedoch auch eine mangelfreie Vorleistung als ausreichend gelten lassen, wenn diese keine geeignete Grundlage für die mangelfreie Erbringung der nachfolgenden Leistung darstellt. In diesem Fall kommt jedoch eine Anwendung von § 13 Nr. 3 VOB/B nicht in Betracht, da der Auftraggeber bei einer mangelfreien Vorleistung nicht mit einer Haftungsbefreiung des Auftragnehmers belastet werden darf. Die Beurteilung der Geeignetheit obliegt in diesen Fällen vielmehr allein dem Auftragnehmer.

Anforderungen gestellt werden. Der Auftragnehmer muss also kein „Taschenlabor" mit sich führen.[1576] Dennoch sind Messungen und in angemessenem Umfang auch Materialprüfungen durchaus zu verlangen.[1577]

ff) Die Mitteilung nach § 4 Nr. 3 VOB/B

Die Haftungsbefreiung nach § 13 Nr. 3 VOB/B kommt nur dann in Betracht, wenn der Auftragnehmer bei Bedenken gegen die aus der Sphäre des Auftraggebers stammenden Einflüsse diesen hiervon informiert. Der Auftragnehmer hat seine **Bedenken vollständig und richtig mitzuteilen**. Er muss den Auftraggeber hinreichend deutlich über die Risiken der Situation informieren. Insbesondere muss der befürchtete Mangel konkret und vollständig beschrieben werden.[1578] Der Auftraggeber muss in die Lage versetzt werden, die Bedenken des Auftragnehmers zu prüfen und zu würdigen.[1579]

701

Die Mitteilung muss darüber hinaus **schriftlich und unverzüglich** erfolgen. Insbesondere die Beachtung der Schriftform ist Vertragspflicht, deren Verletzung dazu führt, dass ein Haftungsausschluss nach § 13 Nr. 3 VOB/B nicht in Betracht kommt.[1580] In besonderen Ausnahmefällen kann jedoch auch eine ausreichende, ernsthafte und zuverlässige mündliche Bedenkenäußerung Rechtswirkungen entfalten. Sie führt zwar nicht zu einem Haftungsausschluss, jedoch kann im Einzelfall ein Mitverschulden des Auftraggebers vorliegen, wenn dieser den deutlichen Hinweis des Auftragnehmers nicht befolgt. Es verbleibt jedoch auch in diesen Fällen eine Haftungsquote zu Lasten des Auftragnehmers.[1581]

702

Die Mitteilung muss darüber hinaus unverzüglich erfolgen, also ohne schuldhaftes Zögern (§ 121 Abs. 1 BGB). Um die schädlichen Folgen wirksam verhindern zu können, muss die Mitteilung jedenfalls **vor Beginn der Arbeiten** erfolgen. Dem Auftragnehmer ist zwar grundsätzlich eine Überlegungsfrist zuzubilligen, doch muss der Hinweis so frühzeitig erteilt werden, dass möglichst eine Verzögerung oder Störung des Bauablaufs vermieden wird.[1582]

703

Die Mitteilung nach § 4 Nr. 3 VOB/B muss gegenüber dem Auftraggeber selbst oder einem entsprechend Bevollmächtigten erfolgen. Hierzu gehört regelmäßig auch der bauleitende **Architekt**.[1583] Da dem Auftragnehmer jedoch die jeweilige Ermächtigung des Architekten oder Sonderfachmannes nicht bekannt sein wird, ist ihm dringend eine Mitteilung gegenüber dem Auftraggeber selbst zu empfehlen.

704

Hat der Auftragnehmer den Auftraggeber ordnungsgemäß über seine Bedenken informiert, so kann er zunächst abwarten, bis der Auftraggeber seine **Entscheidung über die weitere Vorgehensweise** fällt. Der Auftragnehmer hat daher nach Treu und Glauben ein Leistungsverweigerungsrecht. Verzögert der Auftraggeber daraufhin seine Entscheidung, so kommen Ansprüche des Auftragnehmers nach **§ 6 Nr. 6 VOB/B** in Betracht, falls es sich um eine **schuldhafte Verzögerung** handelt. Auch ein Kündigungsrecht nach § 9 Nr. 1 a) VOB/B steht ihm unter den dort genannten Voraussetzungen zu.[1584]

705

[1576] *Ingenstau/Korbion*, § 13 VOB/B Rn 189.
[1577] Zur Prüf- und Hinweispflicht des Auftragnehmers siehe Rn 368 ff.
[1578] Beck'scher VOB-Kommentar – *Ganten*, § 4 Nr. 3 Rn 43.
[1579] BGH BauR 1975, 278.
[1580] BGH BauR 1975, 278.
[1581] BGH BauR 1978, 139; BauR 1975, 278; a.A. Beck'scher VOB-Kommentar – *Ganten*, § 4 Nr. 3 Rn 45, der bei einer Zulassung auch mündlicher Hinweise eine verbleibende Haftung des Auftragnehmers für inkonsequent hält.
[1582] *Ingenstau/Korbion*, § 4 VOB/B Rn 256.
[1583] *Ingenstau/Korbion*, § 4 VOB/B Rn 258.
[1584] *Heiermann/Riedl/Rusam*, § 4 VOB/B Rn 61; *Ingenstau/Korbion*, § 4 VOB/B Rn 265.

706 Die Grundsätze der Auftagnehmerhaftung wegen Unterlassens der Prüf- und Hinweispflicht nach §§ 4 Nr. 3, 13 VOB/B gelten nach h.M. **auch im BGB-Bauvertrag**, da die Interessenlage identisch sei und auch dem Gedanken des § 242 BGB entspricht.[1585] Nur das Schriftformerfodernis gilt im BGB-Bauvertrag nicht.

g) Der Gewährleistungsausschluss nach § 640 Abs. 2 BGB

707 Nach § 640 Abs. 2 BGB, der auch im VOB-Bauvertrag anwendbar bleibt, entfallen die Ansprüche des Auftraggebers nach §§ 633, 634 BGB, wenn er sich seine Rechte wegen eines ihm bekannten Mangels nicht bei der Abnahme vorbehält.[1586] Maßgeblich ist hier allein das **positive Wissen** des Auftraggebers. Nicht ausreichend ist bloße fahrlässige Unkenntnis.[1587] **Die Beweislast** für diese positive Kenntnis des Auftraggebers trifft den Auftragnehmer. Der Vorbehalt muss **bei Abnahme** erklärt werden, ein vorher oder nachher erklärter Vorbehalt ist unbeachtlich. Etwas anderes gilt nur, wenn ein Prozess oder ein selbstständiges Beweisverfahren anhängig ist oder ein bereits vor der Abnahme erklärter Vorbehalt bei Abnahme erkennbar aufrecht erhalten wird.[1588]

708 Der unterlassene Vorbehalt bewirkt, dass die Ansprüche auf Nachbesserung und Minderung ausgeschlossen sind, jedoch nur bezüglich des nicht vorbehaltenen einzelnen Mangels. Schadensersatzansprüche bleiben hingegen erhalten, setzen jedoch, anders als die so genannten Gewährleistungsansprüche, Verschulden voraus.

3. Die einzelnen Gewährleistungsansprüche

a) Überblick

709 Zunächst ist zu beachten, dass die **VOB/B** eine klare Trennung zwischen Ansprüchen vor und nach der Abnahme vornimmt. Beim VOB-Bauvertrag erfolgt daher bei Abnahme eine entscheidende Zäsur. Vor der Abnahme richten sich die Ansprüche des Auftraggebers nach **§ 4 Nr. 7 VOB/B**. Nach dieser Vorschrift hat der Auftragnehmer solche Leistungen, die schon während der Ausführung als mangelhaft oder vertragswidrig erkannt werden, auf eigene Kosten durch mangelfreie zu ersetzen. Hat der Auftragnehmer den Mangel oder die Vertragswidrigkeit zu vertreten, so hat er auch daraus entstehenden Schaden zu ersetzen. Kommt der Auftragnehmer seiner Pflicht zur Mangelbeseitigung nicht nach, so kann ihm der Auftraggeber eine angemessene Frist hierfür setzen und erklären, dass er ihm nach fruchtlosem Ablauf der Frist nach § 8 Nr. 3 VOB/B den Auftrag entzieht.[1589]

710 Die nachfolgende Darstellung beschränkt sich auf die Gewährleistungsansprüche im engeren Sinne, d.h. die Mängelansprüche **nach Abnahme**.[1590] Hinsichtlich der **vor Abnahme** bestehenden Ansprüche nach § 4 Nr. 7 VOB/B wird auf die Ausführungen unter VI. 4. b) verwiesen.[1591]

711 Es wurde bereits dargelegt, dass der Mangelbegriff nach **BGB** und nach **VOB/B** von der h.M. als **überwiegend identisch** angesehen wird.[1592] Dies gilt indes nur für die Voraussetzungen des Mangelbegriffs, nicht jedoch für die **Rechtsfolgen**. Diese sind höchst unterschiedlich, je nachdem, ob es sich um einen BGB-Bauvertrag oder um einen VOB-Bauvertrag handelt.

712 Beim BGB-Bauvertrag stehen dem Auftraggeber folgende Ansprüche zu:
- Er kann zunächst nach § 633 Abs. 2 S. 1 BGB **Nachbesserung** verlangen.

1585 Beck'scher VOB-Kommentar – *Ganten*, § 4 Nr. 3 Rn 22.
1586 Siehe hierzu Rn 523.
1587 MüKo – *Soergel*, § 640 BGB Rn 18.
1588 *Ingenstau/Korbion*, § 12 VOB/B Rn 34; MüKo – *Soergel*, § 640 BGB Rn 19.
1589 Siehe hierzu Rn 385 ff., 462 ff.
1590 Vgl. *Werner/Pastor*, Rn 1431.
1591 Siehe Rn 385 ff., 462 ff.
1592 Siehe auch Rn 632.

- Ist der Auftragnehmer mit der Mangelbeseitigung in Verzug, so kann der Auftraggeber nach § 633 Abs. 3 BGB zur **Ersatzvornahme** übergehen und Ersatz der erforderlichen Aufwendungen verlangen.
- In Ansehung der vorgenannten Nachbesserungsmaßnahmen steht dem Auftraggeber ferner ein **Vorschussanspruch** bei Verzug des Auftragnehmers zu.
- Nach Fristsetzung und Ablehnungsandrohung kann der Auftraggeber **Wandelung** oder **Minderung** verlangen (§ 634 Abs. 1 S. 3 BGB).
- Beruht der Mangel auf einem Umstand, den der Auftragnehmer zu vertreten hat, so kann der Auftraggeber nach § 635 BGB statt Wandelung oder Minderung **Schadensersatz** wegen Nichterfüllung verlangen.
- Hinsichtlich etwaiger Mangelfolgeschäden kommt unter bestimmten Voraussetzungen, insbesondere Verschulden des Auftragnehmers, ein Schadensersatzanspruch wegen **pFV** in Betracht.

Im Rahmen eines VOB-Bauvertrags weichen die Gewährleistungsansprüche des Auftraggebers nach § 13 VOB/B teilweise erheblich von den vorgenannten BGB-Regelungen ab. Die Nachbesserung wird hier deutlich in den Vordergrund gerückt, die Wandelung hingegen ist gänzlich ausgeschlossen.[1593] Im Einzelnen ergeben sich im Rahmen eines **VOB-Bauvertrags** folgende Gewährleistungsansprüche des Auftraggebers:

713

- **Nachbesserungsanspruch** nach § 13 Nr. 5 Abs. 1 VOB/B.
- Nach Setzung einer angemessenen Frist besteht ein Anspruch nach § 13 Nr. 5 Abs. 2 VOB/B, die Mängel auf Kosten des Auftragnehmers im Wege der **Ersatzvornahme** beseitigen zu lassen.
- Auch im Rahmen eines VOB-Bauvertrags besteht ein Anspruch auf **Vorschuss** in Höhe der zu erwartenden Ersatzvornahmekosten.
- Der Auftraggeber hat einen Anspruch auf **Minderung**, wenn die Mangelbeseitigung unmöglich ist oder einen unverhältnismäßig hohen Aufwand erfordern würde und deshalb vom Auftragnehmer verweigert wird oder ausnahmsweise auch dann, wenn die Beseitigung des Mangels für den Auftraggeber unzumutbar ist (§ 13 Nr. 6 VOB/B).
- Der Auftraggeber hat darüber hinaus nach § 13 Nr. 7 Abs. 1 VOB/B einen Schadensersatzanspruch, wenn ein wesentlicher Mangel, der die Gebrauchsfähigkeit erheblich beeinträchtigt, auf ein Verschulden des Auftragnehmers zurückzuführen ist (so genannter „**kleiner Schadensersatz**").
- Ein darüberhinausgehender Schadensersatzanspruch besteht, wenn der Mangel auf Vorsatz, grober Fahrlässigkeit oder auf einem Verstoß gegen die anerkannten Regeln der Technik beruht, wenn der Mangel in dem Fehlen einer vertraglich zugesicherten Eigenschaft besteht oder soweit der Auftragnehmer den Schaden durch eine Haftpflichtversicherung gedeckt hat oder zu üblichen Konditionen hätte versichern können (so genannter „**großer Schadensersatz**").
- Darüber hinaus kann ein Schadensersatzanspruch aus **pFV** bestehen, wenn die Sorgfaltspflichtverletzung des Auftragnehmers nicht zu Mängeln der Bauleistung führt.

714

715

716

Die folgende Darstellung orientiert sich zunächst an den Gewährleistungsregeln der VOB/B. Die Unterschiede zum BGB-Bauvertrag werden jeweils im Anschluss erläutert.

717

b) Der Anspruch auf Nachbesserung

aa) Allgemeines

Wie bereits dargelegt, ist der **Mangelbeseitigungsanspruch** durch § 13 VOB/B deutlich gegenüber den sonstigen Gewährleistungsansprüchen **hervorgehoben**.[1594] Die Ansprüche auf Minderung und Schadensersatz sind nur unter strengeren Voraussetzungen gegeben (§ 13 Nr. 6, Nr. 7 VOB/B). Der

718

1593 Siehe hierzu Rn 811 ff.
1594 Siehe Rn 631.

Auftraggeber kann das Recht des Auftragnehmers, eine Nachbesserung vorzunehmen, nicht durch Fristsetzung mit Ablehnungsandrohung zum Erlöschen bringen, wie dies nach § 634 Abs. 1 BGB möglich ist. So lange eine Minderung nicht vollzogen ist, bleibt dem Auftraggeber das Recht auf Nachbesserung gemäß § 13 Nr. 5 VOB/B grundsätzlich erhalten. Minderung und Schadensersatz nach § 13 Nr. 6, Nr. 7 VOB/B können darüber hinaus nicht nur an Stelle der Mangelbeseitigung, sondern grundsätzlich auch neben dieser verlangt werden. Dies ist nach § 635 BGB nicht der Fall. Der Hintergrund für diese besondere Herausstellung des Nachbesserungsanspruchs in § 13 VOB/B ist das **Ziel des Bauvertrags**, nämlich das Bauwerk möglichst zu erhalten und andererseits dem Bauunternehmer den vollen Vergütungsanspruch zu belassen. Dies ist nur durch Nachbesserung zu erreichen, da beispielsweise die Minderung beide Zielsetzungen verfehlt.[1595]

719 Umstritten ist die **Rechtsnatur** des Nachbesserungsanspruchs. Die überwiegende Ansicht im Schrifttum geht davon aus, dass es sich um einen reinen Gewährleistungsanspruch handelt.[1596] In der Rechtsprechung wird hingegen überwiegend von einem allenfalls modifizierten Erfüllungsanspruch ausgegangen.[1597] Da der Mangelbeseitigungsanspruch nach § 13 Nr. 5 VOB/B erst nach Abnahme entsteht, muss es sich wegen dieser systematischen Stellung innerhalb der VOB/B jedoch richtigerweise um einen echten Gewährleistungsanspruch handeln. Dass unter Umständen auch im Rahmen der Nachbesserung eine nahezu vollständige Neuherstellung erforderlich sein kann, steht dem nicht entgegen, denn auch in diesem Fall bleibt es eine „Nachbesserung", die nicht mit einem Erfüllungsanspruch gleichzusetzen ist. Der Streit um die Rechtsnatur des Nachbesserungsanspruchs ist jedoch rein dogmatischer Art und dürfte daher keine praktischen Auswirkungen haben.[1598]

720 Zu beachten ist, dass dem Anspruch auf Mangelbeseitigung seitens des Auftraggebers umgekehrt auch das **Recht des Auftragnehmers** gegenübersteht, mit einer solchen Nachbesserung eine Minderung seiner Vergütung oder Schadensersatzforderungen des Auftraggebers zu verhindern. Dieses Recht zur Nachbesserung muss bei der Auslegung der Gewährleistungsansprüche beachtet werden.[1599] Der Auftraggeber muss also stets den Auftragnehmer zur Mangelbeseitigung auffordern. Beachtet er diese Mitwirkungspflicht nicht, sondern beseitigt den Mangel sofort selbst, so verhält er sich vertragswidrig und verliert unter Umständen seine Gewährleistungsansprüche aus diesem Mangel.

bb) Der Mangelbeseitigungsanspruch

721 Der konkrete Mangelbeseitigungsanspruch des Auftraggebers entsteht nach § 13 Nr. 5 Abs. 1 VOB/B durch ein **Verlangen** des Auftraggebers nach Beseitigung der aufgetretenen Mängel.[1600] Der Anspruch des Auftraggebers beinhaltet die Durchführung sämtlicher Arbeiten und Nebenleistungen, die zur **Beseitigung des Mangels notwendig** sind.[1601] Der Auftragnehmer muss also das Bauwerk in allen Einzelheiten und in seiner Gesamtheit in den Zustand versetzen, wie es nach dem Bauvertrag von ihm zu erwarten ist.[1602] Die Nachbesserungspflicht beinhaltet daher sämtliche Nebenarbeiten und Planungsmaßnahmen, die zur endgültigen Mangelbeseitigung erforderlich sind.[1603] Auch sämt-

---

[1595] *Ingenstau/Korbion*, § 13 VOB/B Rn 446, die es zutreffend als Ziel des Bauvertrags ansehen, „bleibende Werte zu schaffen und zu erhalten".
[1596] *Kleine-Möller/Merl/Oelmaier*, § 12 Rn 570; *Heiermann/Riedl/Rusam*, § 13 VOB/B Rn 104; *Werner/Pastor*, Rn 1622; a.A. *Ingenstau/Korbion*, § 13 VOB/B Rn 445, die davon ausgehen, dass es sich um einen besonderen vertraglichen Gewährleistungsanspruch neben dem ausnahmsweise fortbestehenden reinen Erfüllungsanspruch handelt.
[1597] BGH BauR 1986, 93.
[1598] *Vygen*, Rn 515.
[1599] *Ingenstau/Korbion*, § 13 VOB/B Rn 465.
[1600] BGH BauR 1990, 219.
[1601] BGH NJW 1986, 922.
[1602] *Ingenstau/Korbion*, § 13 VOB/B Rn 474.
[1603] BGH NJW 1963, 806.

liche Transportkosten und Folgearbeiten, wie die Reinigung und die Schuttbeseitigung sind in der Nachbesserungspflicht enthalten.[1604]

Entscheidend für Art und Umfang der dem Auftragnehmer obliegenden Nachbesserungsarbeiten ist allein die **Zweckerreichung**, nämlich die Beseitigung des konkreten Mangels. Für den Inhalt der erforderlichen Nachbesserungsarbeiten ist daher Art und Umfang der ursprünglich geschuldeten Arbeiten unerheblich. Auch gänzlich andere oder darüberhinausgehende Arbeiten sind daher im Rahmen der Nachbesserung geschuldet, wenn sich die Beseitigung des Mangels nur durch diese Maßnahme wirksam erreichen lässt. Dass diese im ursprünglichen Vertrag nicht vorgesehen waren, spielt dabei keine Rolle.[1605] Aus dem selben Grunde ist umgekehrt der Auftraggeber grundsätzlich nicht berechtigt, dem Auftragnehmer Vorschriften über die Art der Mangelbeseitigung zu machen.[1606] Der Auftragnehmer kann also die zum Erreichen der Mangelfreiheit erforderlichen Arbeiten inhaltlich in **eigener Verantwortung** bestimmen, da er auch das Risiko der erfolglosen Nachbesserung trägt. Etwas anderes gilt jedoch bei offenkundig untauglichen oder sehr riskanten Mangelbeseitigungsversuchen. Diese muss der Auftraggeber nicht hinnehmen.[1607] In diesen Fällen muss dem Auftraggeber vielmehr das Recht zugestanden werden, sachgerechte Anordnungen zu treffen.[1608] Hier sind allgemein die Gesichtspunkte von Treu und Glauben (§ 242 BGB) anzuwenden.[1609]

722

Der Auftragnehmer ist grundsätzlich so lange zur Nachbesserung verpflichtet, bis der Mangel endgültig beseitigt ist. Daraus folgt, dass der Auftraggeber auch die **Wiederholung eines misslungenen Nachbesserungsversuchs** verlangen kann. Dies folgt schon aus Wortlaut und Systematik des § 13 Nr. 5 Abs. 2 VOB/B. Hiernach kann der Auftraggeber zur Ersatzvornahme übergehen, er muss es jedoch nicht. Der Anspruch des Auftraggebers, die Nachbesserung selbst durchzuführen, schließt also keinesfalls den bestehenden Nachbesserunsanspruch aus.[1610] Es handelt sich vielmehr um einen zusätzlichen Anspruch des Auftraggebers, der neben den fortbestehenden Nachbesserungsanspruch nach § 13 Nr. 5 Abs. 1 VOB/B tritt. Fordert jedoch der Auftraggeber den Auftragnehmer nach Ablauf der in § 13 Nr. 5 Abs. 2 VOB/B genannten Frist erneut zur Nachbesserung auf, so muss er dem Auftragnehmer auch die Möglichkeit hierzu einräumen.[1611] Problematisch ist in der Praxis oft der Fall, dass der erste Nachbesserungsversuch des Auftragnehmers nicht oder nur zeitweise zum Erfolg führt. Hier stellt sich die Frage, ob der Auftragnehmer ein **Recht auf Wiederholung** des Nachbesserungsversuchs besitzt. Handelt es sich um einen ansonsten zuverlässigen Auftragnehmer, so wird man ihm auch einen erneuten Nachbesserungsversuch zugestehen müssen.[1612] Handelt es sich jedoch um einen bereits während der Ausführung unzuverlässigen Auftragnehmer, der nicht die gebotene Ernsthaftigkeit und Eile bei der Mangelbeseitigung erkennen lässt, so wird es dem Auftraggeber nach Treu und Glauben nicht zumutbar sein, einen erneuten Nachbesserungsversuch hinzunehmen.[1613]

723

cc) Vorteilsausgleich, Sowieso-Kosten

Nach § 13 Nr. 5 Abs. 1 VOB/B hat der Auftragnehmer die Mängel „auf seine Kosten zu beseitigen". Der Auftragnehmer hat daher sämtliche für die Mangelbeseitigung erforderlichen Aufwendungen selbst zu tragen, insbesondere seine Nachunternehmer und Lieferanten selbst zu bezahlen. Auch die Kosten für die oben genannten Nebenarbeiten und Vorbereitungen muss er selbst tragen. Hier kann

724

1604 *Heiermann/Riedl/Rusam*, § 13 Rn 132.
1605 *Kleine-Möller/Merl/Oelmaier*, § 12 Rn 579.
1606 BGH BauR 1976, 430.
1607 *Kleine-Möller/Merl/Oelmaier*, § 12 Rn 581.
1608 KG BauR 1981, 380.
1609 *Ingenstau/Korbion*, § 13 VOB/B Rn 475.
1610 OLG Düsseldorf BauR 1980, 75.
1611 *Heiermann/Riedl/Rusam*, § 13 VOB/B Rn 142.
1612 *Ingenstau/Korbion*, § 13 VOB/B Rn 469; *Heiermann/Riedl/Rusam*, § 13 VOB/B Rn 122; BGH BauR 1985, 84.
1613 *Ingenstau/Korbion*, § 13 VOB/B Rn 469.

sich jedoch unter bestimmten Voraussetzungen ein Anspruch des Auftragnehmers auf **Kostenbeteiligung durch den Auftraggeber** ergeben. Dies kann beispielsweise bei vorhandener Mitverantwortung des Auftraggebers für den entstandenen Mangel der Fall sein.[1614] In diesem Fall kommt nach § 254 BGB eine Haftungsquotierung in Betracht.[1615] Diese normalerweise nur im Schadensersatzrecht geltende Mitverschuldensregel gilt nach h.M. auch im Gewährleistungsrecht entsprechend, wenn der Auftraggeber oder einer seiner Erfüllungsgehilfen den Mangel mitverursacht haben.[1616]

725 Die Mitverantwortlichkeit des Auftraggebers für einen Mangel berührt jedoch die grundsätzlich bestehende Nachbesserungspflicht seitens des Auftragnehmers nicht. § 254 BGB führt allenfalls zu einer Kostenbeteiligung.[1617]

726 Eine Kostenbeteiligung des Auftraggebers kommt ferner in Betracht, wenn in den Kosten der Mangelbeseitigung so genannte **„Sowieso-Kosten"** enthalten sind. Auch im Gewährleistungsrecht gilt der aus Treu und Glauben folgende Grundsatz, dass der Geschädigte durch die Nachbesserung lediglich in den Genuss des vertragsgemäßen Zustands des Bauwerks gelangen soll. Er soll jedoch an der Mangelhaftigkeit und der darauf folgenden Nachbesserung nicht noch Profit schlagen. Vor diesem Hintergrund sind Kosten, die der Auftraggeber bei von vornherein ordnungsgemäßer Leistungserbringung ohnehin zu übernehmen gehabt hätte, nicht dem Auftragnehmer anzulasten. Leistungen, die inhaltlich **über den ursprünglichen Leistungsinhalt hinausgehen**, sollen nicht auf dem Umwege über die Mangelbeseitigung doch von ihm übernommen werden.[1618] Ob dies der Fall ist, muss jedoch in jedem Einzelfall genau geprüft werden. Denn ein Zuschuss des Auftraggebers zur Mangelbeseitigung kommt tatsächlich nur in Einzelfällen in Betracht. Es ist nämlich grundsätzlich das Risiko des Auftragnehmers, dass die Mangelbeseitigung aufwendiger ist als die von vorneherein zur ordnungsgemäßen Leistungserbringung notwendigen Arbeiten. Es ist daher zu ermitteln, ob es sich um Leistungen handelt, die im ursprünglichen Leistungsumfang nicht enthalten waren, so dass die richtige Ausführung von vorneherein Mehrkosten verursacht hätte. Zunächst ist also der **ursprüngliche Leistungsumfang** zu prüfen. Handelt es sich um einen Vertrag über die schlüsselfertige Erstellung eines Gebäudes oder liegt dem Vertrag eine andere **globale oder funktionale** Leistungsbeschreibung zugrunde, so dürfte es dem Auftragnehmer schwer fallen, hier „Sowieso-Kosten" geltend zu machen. Denn er schuldet im Rahmen dieses Vertrags unter Umständen sämtliche Leistungen, die zur Gewährleistung der Funktionen erforderlich sind. Handelt es sich hingegen um ein detailliertes Leistungsverzeichnis, so ist der Auftragnehmer grundsätzlich nur zur Erbringung der dort präzise beschriebenen Leistungen verpflichtet. Beinhaltet die Nachbesserung Leistungen, die in diesem Leistungsverzeichnis nicht enthalten sind und daher ohnehin zusätzlich vergütungspflichtig gewesen wären, so kann es sich hierbei um „Sowieso-Kosten" handeln. Daher kann beispielsweise der Einbau größerer Heizkörper als im Leistungsverzeichnis vorgesehen eine ohnehin zusätzliche Leistung darstellen und daher vergütungspflichtig sein.[1619] Erfolgt im Zuge der Mangelbeseitigung eine Sanierung auch anderer Gebäudeteile, die nicht im ursprünglichen Leistungsumfang erfasst war, so kann auch dies zu einer Zuschusspflicht seitens des Auftraggebers in Höhe der „Sowieso-Kosten" führen.[1620]

727 Bei der **Berechnung der Sowieso-Kosten** ist der Mehraufwand im **Zeitpunkt der ursprünglichen Ausführung** maßgeblich. Spätere Preiserhöhungen bleiben hingegen unbeachtlich.[1621]

1614 Siehe hierzu Rn 680 ff., 687 ff.
1615 BGH BauR 1981, 284.
1616 BGH BauR 1984, 397; *Heiermann/Riedl/Rusam*, § 13 VOB/B Rn 115.
1617 *Kleine-Möller/Merl/Oelmaier*, § 12 Rn 580.
1618 BGH BauR 1994, 776.
1619 Vgl. OLG Celle, BauR 1988, 613.
1620 Vgl. OLG Hamm BauR 1991, 756.
1621 *Ingenstau/Korbion*, § 13 VOB/B Rn 829.

728 Ein Zuschuss des Auftraggebers zu den effektiven Kosten der Nachbesserung soll ferner dann in Betracht kommen, wenn der im Schadensersatzrecht entwickelte Grundsatz des **„Vorteilsausgleichs"** dies gebietet. Dies soll nach h.M. dann möglich sein, wenn durch die Nachbesserung eine **längere Lebensdauer des Bauwerks** erreicht wird als nach dem Vertrag vorauszusetzen war.[1622] Dies kann jedoch nur in seltenen Ausnahmefällen in Betracht kommen. Denn grundsätzlich ist auch eine etwaige Verlängerung der Lebensdauer nur darauf zurückzuführen, dass der Auftragnehmer infolge seiner Schlechtleistung die vertragsgemäße Leistung zeitlich erst später abliefert. Auch eine erst am Ende der Gewährleistungsfrist stattfindende Nachbesserung, die somit möglicherweise zu einer erheblich längeren Lebensdauer führt, kann nicht zu einem Vorteilsausgleich führen, da dies allein durch die mangelhafte Leistung des Auftragnehmers verursacht wurde. Ein Vorteilsausgleich kommt daher insbesondere nicht Betracht, wenn die Verlängerung der Lebensdauer auf eine verzögerte Mangelbeseitigung seitens des Auftragnehmers zurückzuführen ist.[1623] Dies gilt selbst dann, wenn eine bereits 10 Jahre alte Bauleistung durch eine spätere Nachbesserung praktisch vollständig saniert wurde.[1624] Ein Vorteilsausgleich kommt ferner dann nicht in Betracht, wenn der durch die Nachbesserung entstandene objektive Vorteil vom Auftraggeber nicht genutzt und auch nicht benötigt wird. Die erhöhte Wärmedämmung einer ungeheizten Kfz-Halle führt daher nicht zu einem Anspruch des Auftragnehmers auf Kostenerstattung.[1625]

729 Aus den selben Gründen kommt auch ein Vorteilsausgleich unter dem Gesichtspunkt **„neu für alt"** in der Regel nicht in Betracht. Die hierzu im Schadensersatzrecht entwickelten Grundsätze können **nicht auf das Gewährleistungsrecht übertragen** werden, da sich die Schadensersatzpflicht nach §§ 823 ff. BGB regelmäßig ohnehin nur auf eine gebrauchte Sache bezieht, während im Rahmen des Werkvertrags die mangelfreie Neuherstellung geschuldet wird. Der Auftraggeber muss sich daher nicht vorwerfen lassen, dass er die mangelhafte Leistung längere Zeit genutzt hat. Denn auch hier ist diese Nutzung nur durch die Schlechtleistung des Auftragnehmers verursacht worden.[1626] Außerdem entsprach diese Nutzung bis zur Nachbesserung gerade nicht der vertraglich vereinbarten, so dass sie auch nicht auszugleichen ist.[1627]

730 Problematisch ist, ob im Rahmen der Mangelbeseitigung auch eine **Neuherstellung** verlangt werden kann. Grundsätzlich beinhaltet die Nachbesserung nur die Beseitigung des vorhandenen Mangels. Durch die Abnahme fand zuvor eine Konzentration der Leistungspflicht des Auftragnehmers auf die konkret erstellte Werkleistung statt. Da es sich also nicht mehr um den ursprünglichen Erfüllungsanspruch handelt, sondern lediglich um einen Gewährleistungsanspruch des Auftraggebers in Bezug auf das konkret abgelieferte Bauwerk, kommt eine vollständige Neuherstellung der Bauleistung nur dann in Betracht, wenn die Beseitigung des Mangels auf andere Weise nicht dauerhaft und sicher möglich ist. In diesen Fällen ist jedoch der Auftragnehmer im Zuge der Nachbesserung durchaus auch zu einer Neuherstellung verpflichtet. Bezüglich des Austauschs einzelner mangelhafter Teilleistungen leuchtet dies ohnehin ein.[1628] Unter Umständen ist jedoch der Auftragnehmer auch zu einer vollständigen Neuherstellung seiner Werkleistung verpflichtet. Insbesondere im Bereich von Nachunternehmer-Gewerken wird dies nicht selten der Fall sein. Für den Generalunternehmer oder Hauptauftragnehmer handelt es sich bei dem betroffenen Gewerk meist nur um eine Teilleistung. Wenn jedoch ein Nachunternehmer nur mit diesem Einzelgewerk beauftragt wurde, so stellt sich für ihn eine Nachbesserung, die das **gesamte Teilgewerk** betrifft, als für ihn vollständige Neuherstellung

---

1622 *Ingenstau/Korbion*, § 13 VOB/B Rn 828.
1623 BGH BauR 1984, 510.
1624 OLG Köln, NJW-RR 1993, 533 (Flachdach).
1625 OLG Düsseldorf NJW-RR 1994, 719; zust. *Kleine-Möller/Merl/Oelmaier*, § 12 Rn 597.
1626 *Heiermann/Riedl/Rusam*, § 13 VOB/B Rn 135.
1627 BGH BauR 1984, 510; *Ingenstau/Korbion*, § 13 VOB/B Rn 831.
1628 *Vygen*, Rn 530, der jedoch zu Recht darauf hinweist, dass es sich beim kompletten Austausch einer Teilleistung genau genommen nicht um eine Neuherstellung handelt.

dar. Im Hinblick auf den Begriff „Nachbesserung" bestehen hiergegen keine Bedenken, wenn diese nicht anders zu erreichen ist. Es mag teilweise sogar kostengünstiger sein, eine Neuherstellung vorzunehmen als eine komplizierte Nachbesserung durchzuführen.[1629] Demnach ist eine Neuherstellung auch im Rahmen der Gewährleistung geschuldet, wenn die **Schwere des Mangels** eine andere Sanierung nicht zulässt, eine Minderung des Werklohns ebenfalls keinen gerechten Interessenausgleich bietet und auch ein Schadensersatzanspruch nicht in Betracht kommt, weil etwa das Verschulden des Auftragnehmers nicht beweisbar ist.[1630] Die vorgenannten Grundsätze zur Neuherstellung im Rahmen der Nachbesserung **gelten sowohl im BGB-Bauvertrag als auch im VOB-Bauvertrag**.[1631]

dd) Das Nachbesserungsverlangen des Auftraggebers

731 Der Nachbesserungsanspruch aus § 13 Nr. 5 Abs. 1 VOB/B setzt ein Nachbesserungsverlangen seitens des Auftraggebers voraus. Erforderlich hierfür ist eine eindeutige und konkretisierte Mängelrüge. Der Auftraggeber muss den Mangel so **genau bezeichnen**, dass der Auftragnehmer weiß, was ihm vorgehalten wird und welchem Umstand er abhelfen soll.[1632] Der Auftraggeber ist jedoch nicht verpflichtet, **die Ursachen** des Mangels zu beschreiben, da ihm dies meist nicht möglich ist und angesichts der Erfolgsbezogenheit der werkvertraglichen Pflichten des Auftragnehmers ihn auch nicht interessieren muss.[1633] Es reicht vielmehr aus, wenn der Mangel seinem äußeren Erscheinungsbild nach hinreichend konkret bezeichnet wird. Auch die genaue Lage **der Mangelsymptome** muss der Auftraggeber angeben. Eine solche Mängelrüge erfasst dann sämtliche Ursachen für dieses äußere Erscheinungsbild.[1634] Werden vom Auftraggeber beispielsweise Risse in der Fassade gerügt, so erfasst diese Mängelrüge die vollständige Ursache für diese Risse. Dies gilt auch dann, wenn aufgrund der ersten Mängelrüge eine Beseitigung der Risse erfolgt, diese später jedoch erneut auftreten.[1635] Gleiches gilt, wenn der Auftraggeber nur eine bestimmte Feuchtigkeitserscheinung rügt und deren Ursache später zu weiteren Feuchtigkeitsflecken an anderen Stellen führt. Auch in diesem Fall ist der gesamte Mangel wirksam gerügt worden.[1636]

732 Der Auftraggeber ist auch nicht verpflichtet, genauere Angaben zu den erforderlichen Nachbesserungsmaßnahmen zu erteilen. Wie bereits dargelegt, ist er hierzu meist ohnehin nicht berechtigt, da die **Art und Weise der Mangelbeseitigung** alleinige Angelegenheit des Auftragnehmers ist.[1637] Auch an die genauere Lokalisierung des Mangels sind keine allzu strengen Anforderungen zu stellen. Der Auftraggeber muss allerdings die ihm erkennbare Mangelerscheinung präzise rügen. Es reicht daher nicht aus, die Bauleistung generell als mangelhaft zu bezeichnen.[1638] Handelt es sich beispielsweise um Mängel am Anstrich der Fenster, so soll der Auftraggeber verpflichtet sein, die einzelnen betroffenen Fenster genau anzugeben.[1639] Dies dürfte jedoch zu weit gehen. Der Hinweis, dass einige Fenster einen mangelhaften Anstrich besitzen, muss dem Auftragnehmer ausreichen, die betroffenen Fenster selbst zu ermitteln. Dies folgt schon daraus, dass bei mehreren betroffenen Fenstern ein Rückschluss auf die übrigen Fenster nicht auszuschließen ist und daher eine Überprüfung sämtlicher Fenster ohnehin erforderlich sein kann. Eine andere Betrachtungsweise kann sich dann

---

[1629] *Vygen*, Rn 530.
[1630] *Heiermann/Riedl/Rusam*, § 13 VOB/B Rn 140, die jedoch unzutreffenderweise den Anspruch auf Neuherstellung nur unter diesen Voraussetzungen zulassen wollen.
[1631] BGH BauR 1986, 93; *Ingenstau/Korbion*, § 13 VOB/B Rn 479.
[1632] BGH BauR 1980, 574.
[1633] BGH BauR 2000, 261.
[1634] *Vygen*, Rn 519; *Heiermann/Riedl/Rusam*, § 13 VOB/B Rn 125.
[1635] BGH BauR 1987, 207.
[1636] BGH BauR 1987, 84.
[1637] *Kleine-Möller/Merl/Oelmaier*, § 12 Rn 604.
[1638] *Ingenstau/Korbion*, § 13 VOB/B Rn 461.
[1639] *Kleine-Möller/Merl/Oelmaier*, § 12 Rn 605; *Ingenstau/Korbion*, § 13 VOB/B Rn 461.

ergeben, wenn es sich um eine sehr große Anzahl von Fenstern handelt und dem Auftraggeber die betroffenen Fenster genau bekannt sind.

Nach § 13 Nr. 5 Abs. 1 VOB/B muss die Mängelrüge ferner **schriftlich** erfolgen. Nach h.M. ist jedoch diese Schriftformerfordernis keine unabdingbare Voraussetzung für den Anspruch auf Mangelbeseitigung. Eine konkrete eindeutige mündliche Aufforderung zur Nachbesserung ist also keineswegs unbeachtlich.[1640] Es ist jedoch dem Auftraggeber aus zweierlei Gründen dringend eine schriftliche Mangelrüge zu empfehlen. Zum einen hat dies im Ernstfall eine entscheidende Beweisfunktion. Zum anderen führt erst die schriftliche Mangelbeseitigungsaufforderung dazu, dass die Gewährleistungsfrist für den bezeichneten Mangel erneut zu laufen beginnt (§ 13 Nr. 5 Abs. 1 S. 2 VOB/B).

733

ee) Berechtigte Verweigerung der Mangelbeseitigung

Nach § 633 Abs. 2 S. 3 BGB ist der Auftragnehmer berechtigt, die Mangelbeseitigung zu verweigern, wenn diese einen **unverhältnismäßigen Aufwand** erfordern würde. In § 13 Nr. 5 VOB/B ist dieses Recht nicht ausdrücklich erwähnt. Lediglich in § 13 Nr. 6 VOB/B wird darauf hingewiesen, dass ein solches Verweigerungsrecht zu einem Minderungsanspruch des Auftraggebers führt. Hieraus wird überwiegend der Schluss gezogen, dass auch in Bezug auf den Nachbesserungsanspruch nach § 13 Nr. 5 VOB/B ein Recht des Auftragnehmers zur Verweigerung der Mangelbeseitigung **in extremen Ausnahmefällen** bestehen muss.[1641] Von einem unverhältnismäßigen Aufwand kann jedoch nur gesprochen werden, wenn die Mangelbeseitigungskosten zu dem durch die Nachbesserung erzielbaren Erfolg in keinem vertretbaren Verhältnis stehen. Entscheidend ist also das **Verhältnis zwischen dem Aufwand und dem durch die Nachbesserung erzielten Erfolg**. Unerheblich ist hingegen das Verhältnis zwischen den Nachbesserungskosten und dem ursprünglich vereinbarten Werklohn.[1642] Eine Unverhältnismäßigkeit wird daher grundsätzlich nicht vorliegen, wenn die Mangelbeseitigung erst die Funktionsfähigkeit herbeiführt. An der Verhältnismäßigkeit einer Nachbesserung ändert auch die Tatsache nichts, dass dies einer **Neuherstellung** gleichkäme. Ist eine Mangelfreiheit auf andere Weise nicht zu erreichen, so muss der Auftragnehmer im Rahmen der Nachbesserung vielmehr auch eine Neuherstellung durchführen.[1643] Ein unverhältnismäßiger Aufwand kann daher grundsätzlich nur dann angenommen werden, wenn der Mangel die Funktionsfähigkeit des Bauwerks nicht oder nur unerheblich beeinträchtigt und die Nachbesserung darüber hinaus einen erheblichen Aufwand erfordern würde, der dem Auftragnehmer nicht zuzumuten ist. Als Beispiel hierfür werden vielfach bloße **Schönheitsfehler** genannt.[1644] Dies kann jedoch keinesfalls verallgemeinert werden. Zunächst ist zu beachten, dass Bauwerke auch in optischer Hinsicht einen nicht zu vernachlässigenden Funktionswert haben. Dies gilt sowohl für die Außenansicht als auch für die Innenräume. Gerade für bestimmte Einzelgewerke kann daher ein vom Auftragnehmer behaupteter unverhältnismäßiger Aufwand keinesfalls mit dem Hinweis auf bloße optische Beeinträchtigung begründet werden. Dies gilt insbesondere für die Außenfassade, Innenputz, Türen, Fenster, aber auch für Bodenbelagsarbeiten aller Art. Auch bei bloßen Schönheitsfehlern muss daher grundsätzlich nachgebessert werden, wenn dies der Auftraggeber verlangt. Hier besteht nur dann ein Verweigerungsrecht des Auftragnehmers, wenn die Funktionsfähigkeit so gut wie nicht beeinträchtigt wird und darüber hinaus die Mangelbeseitigung mit erheblichen Kosten verbunden wäre.[1645] Ob sich der Nachbesserungsaufwand ausnahmsweise als unverhältnismäßig darstellt, bleibt der Einzelfallbetrachtung vorbehalten. Eine allgemeine Betrachtung ist nicht möglich.

734

1640 BGH BauR 1972, 311; *Heiermann/Riedl/Rusam*, § 13 VOB/B Rn 126; *Vygen*, Rn 519; *Ingenstau/Korbion*, § 13 VOB/B Rn 493.
1641 *Vygen*, Rn 531.
1642 MüKo – *Soergel*, § 633 BGB Rn 136; *Vygen*, Rn 552; BGH BauR 1997, 638.
1643 MüKo – *Soergel*, § 633 BGB Rn 136.
1644 *Vygen*, Rn 551; *Heiermann/Riedl/Rusam*, § 13 VOB/B Rn 163.
1645 OLG Celle, BauR 1998, 401; OLG Düsseldorf BauR 1977, 419; *Vygen*, Rn 451.

ff) Unterschiede zum BGB-Bauvertrag

735 Der Mangelbeseitigungsanspruch des § 633 BGB nach Abnahme entspricht inhaltlich dem Anspruch aus § 13 Nr. 5 VOB/B. Unterschiede ergeben sich allerdings im Hinblick auf den Anspruch des Auftraggebers auf Ersatzvornahme.

c) Die Ersatzvornahme nach § 13 Nr. 5 Abs. 2 VOB/B

736 Nach § 13 Nr. 5 Abs. 2 VOB/B kann der Auftraggeber die Mängel auf Kosten des Auftragnehmers beseitigen lassen, wenn dieser der Aufforderung zur Mangelbeseitigung in einer vom Auftraggeber gesetzten angemessenen Frist nicht nachkommt. Zunächst müssen also sämtliche Voraussetzungen für den Anspruch auf Nachbesserung vorliegen (siehe oben unter b). Weiterhin muss der Auftraggeber dem Auftragnehmer eine angemessene Frist zur Mangelbeseitigung gesetzt haben, die dieser ungenutzt verstreichen lassen muss.

737 Die für den Nachbesserungsanspruch erforderliche Mängelrüge allein reicht für die Ersatzvornahme also nicht aus. Hinzu kommen muss vielmehr eine **angemessene Fristsetzung**. Welche Frist als angemessen gilt, ist jeweils anhand des Einzelfalls zu beurteilen. Die Angemessenheit richtet sich zunächst nach dem objektiv erforderlichen Zeitaufwand für die Mangelbeseitigung. Hierbei sind auch die notwendigen Vorbereitungsarbeiten zu berücksichtigen. Dabei ist allerdings zu beachten, dass von dem Auftragnehmer zu erwarten ist, dass er die Nachbesserungsarbeiten unverzüglich, also ohne schuldhaftes Zögern (§ 121 Abs. 1 BGB) in Angriff nimmt und zügig durchführt.[1646] Eine vor diesem Hintergrund unangemessene Frist macht indes weder die Mängelrüge noch die Fristsetzung an sich unwirksam. Vielmehr wird in diesem Fall eine objektiv angemessene Frist in Gang gesetzt. Die eigentlich unangemessene Frist verlängert sich also von selbst in angemessener Weise.[1647]

738 Da die Beseitigung des Mangels der eigentliche Zweck der Fristsetzung ist, muss sich diese in aller Regel auf die Beendigung der Nachbesserungsmaßnahme beziehen. Eine **Frist zur Aufnahme der Mangelbeseitigungsarbeiten** oder zur Erklärung der Nachbesserungsbereitschaft reicht also grundsätzlich nicht aus.[1648] Eine solche Aufforderung genügt nur in Ausnahmefällen den Ansprüchen des § 13 Nr. 5 Abs. 2 VOB/B. Handelt es sich beispielsweise um dringende und sehr umfangreiche Nachbesserungsarbeiten, deren Umfang und Dauer nur schwer abschätzbar sind und bestehen darüber hinaus konkrete Zweifel an der Bereitschaft des Auftragnehmers die Nachbesserung durchzuführen, so kann es zulässig sein, zunächst eine Frist für die Aufnahme der Arbeiten oder für die Erklärung der Nachbesserungsbereitschaft zu setzen.[1649] Denn in diesen Fällen ist dem Auftraggeber nicht zumutbar, die Frist nach dem ohnehin nicht zu erwartenden Nachbesserungsende zu bemessen. Es muss ihm vielmehr zugestanden werden, schnell Gewissheit über die Nachbesserungsbereitschaft des Auftragnehmers zu erlangen, um gegebenenfalls selbst den Mangel feststellen und beseitigen zu lassen.[1650]

739 Nach h.M. bedarf die Fristsetzung **keiner besonderen Form**. Darüber hinaus ist nicht erforderlich, dass die Fristsetzung unmittelbar mit der Mängelrüge verbunden ist. Die Fristsetzung kann also auch durchaus nachgeholt werden.[1651]

740 Eine Fristsetzung kann **ausnahmsweise entbehrlich** sein, wenn sich der Auftragnehmer eindeutig und endgültig weigert, die Nachbesserung durchzuführen.[1652] Auf die Gründe für die endgültige Verweigerung kommt es hierbei nicht an. Es ist also egal, ob es sich um ein Bestreiten des Mangels

---

[1646] *Ingenstau/Korbion*, § 13 VOB/B Rn 509.
[1647] *Kleine-Möller/Merl/Oelmaier*, § 12 Rn 607.
[1648] *Ingenstau/Korbion*, § 13 VOB/B Rn 508.
[1649] BGH BauR 1982, 496; BauR 1983, 73.
[1650] *Kleine-Möller/Merl/Oelmaier*, § 12 Rn 608.
[1651] *Ingenstau/Korbion*, § 13 VOB/B Rn 508; *Heiermann/Riedl/Rusam*, § 13 VOB/B Rn 144.
[1652] BGH BauR 1976, 283; BauR 1984, 450; st. Rspr.

schlechthin handelt oder ob die Nachbesserung lediglich von der Erfüllung unberechtigter Gegenforderungen abhängig gemacht wird.[1653] Eine Fristsetzung kann auch dann entbehrlich sein, wenn der Auftragnehmer bereits **mehrere ungeeignete Nachbesserungsversuche** unternommen hat oder solche anbietet.[1654] Auch bei Gefahr in Verzug kann auf eine Fristsetzung verzichtet werden. Dies gilt insbesondere, wenn ein erheblicher Schaden droht.[1655] Ein weiterer Fall, in dem eine Fristsetzung entbehrlich sein dürfte, ist die nachweisbare grobe **Unzuverlässigkeit** des Auftragnehmers. Es müsste sich hierbei jedoch um einen schwerwiegenden und schuldhaften Verstoß des Auftragnehmers handeln, der im Übrigen vom Auftraggeber nachgewiesen werden muss.[1656] Insgesamt muss anhand des jeweiligen Einzelfalles beurteilt werden, ob und wann eine Fristsetzung nicht mehr erforderlich ist. Grundsätzlich ist dies nur dann der Fall, wenn die Fristsetzung eine reine Förmlichkeit wäre.

741
Liegt keiner der vorgenannten Fälle vor, so ist eine Ersatzvornahme ohne Fristsetzung oder vor Ablauf der Frist nicht vertragsgemäß und ein Kostenerstattungsanspruch des Auftraggebers daher unberechtigt. Der Anspruch des Auftraggebers, eine für den Auftragnehmer kostenpflichtige Ersatzvornahme durchzuführen, setzt ferner voraus, dass die gesetzte **Frist ungenutzt verstrichen** ist. Dies ist der Fall, wenn der Mangel innerhalb der angemessenen Frist gar nicht, nur teilweise oder nicht dauerhaft beseitigt worden ist.[1657] Beim VOB-Bauvertrag kommt es nach § 13 Nr. 5 Abs. 2 VOB/B nicht darauf an, ob der Auftragnehmer die Frist **schuldhaft** versäumt hat. Im Unterschied hierzu ist im Rahmen eines **BGB-Bauvertrags** nach § 633 Abs. 3 BGB der **Verzug** des Auftragnehmers Voraussetzung für den Anspruch auf Ersatzvornahme. In der Praxis dürfte jedoch dieser Unterschied zwischen BGB-Bauvertrag und VOB-Bauvertrag zu vernachlässigen sein, da die Versäumung einer angemessenen Frist ein Verschulden des Auftragnehmers vermuten lässt. Dieser muss sich nach § 285 BGB entlasten, was ihm nur selten gelingen wird.

742
Hat der Auftragnehmer die angemessene Frist verstreichen lassen, ohne die Nachbesserung zu beenden, so erlischt sein Recht, die Mangelbeseitigung selbst vorzunehmen. Dies gilt auch dann, wenn der Auftragnehmer die **Nachbesserung zwar begonnen, aber nicht vollendet hat.**[1658] Nur in Ausnahmefällen kann dem Auftragnehmer noch eine Nachfrist zuzubilligen sein, beispielsweise wenn nur noch geringfügige Restarbeiten offen sind und der Auftragnehmer sich ernsthaft um die Nachbesserung bemüht hat.[1659]

aa) Inhalt des Ersatzvornahmeanspruchs

743
Liegen die Voraussetzungen für den Anspruch auf Durchführung der Ersatzvornahme nach § 13 Nr. 5 Abs. 2 VOB/B vor, so bleibt es dem Auftraggeber überlassen, ob er die Mängel **selbst beseitigt** oder von einem Drittunternehmer beseitigen lässt.

744
Handelt es sich beispielsweise um einen Auftraggeber, der selbst Auftragnehmer ist, beispielsweise einen Generalunternehmer, so wird er möglicherweise ein Interesse daran haben, die Nachbesserung selbst durchzuführen. In der Regel wird jedoch ein Drittunternehmen eingeschaltet. Beides ist zulässig.[1660]

[1653] *Heiermann/Riedl/Rusam*, § 13 VOB/B Rn 144a.
[1654] *Kleine-Möller/Merl/Oelmaier*, § 12 Rn 614.
[1655] *Ingenstau/Korbion*, § 13 VOB/B Rn 526; *Vygen*, Rn 537, der jedoch darauf hinweist, dass es regelmäßig möglich sein soll, dem Auftragnehmer zumindest eine kurze Frist per Telefax zu setzen. Dieser Ansicht ist jedoch nicht zu folgen. Bei Gefahr in Verzug ist in der Regel auch eine kurze per Telefax gesetzte Frist als reine Förmlichkeit zu betrachten und daher entbehrlich.
[1656] *Ingenstau/Korbion*, § 13 VOB/B Rn 525.
[1657] *Kleine-Möller/Merl/Oelmaier*, § 12 Rn 609.
[1658] *Ingenstau/Korbion*, § 13 VOB/B Rn 511.
[1659] *Kleine-Möller/Merl/Oelmaier*, § 12 Rn 611.
[1660] *Vygen*, Rn 538.

745 Zu beachten ist jedoch, dass der Auftraggeber auch nach Fristablauf grundsätzlich weiterhin die Nachbesserung verlangen kann. Sein Mangelbeseitigungsanspruch aus § 13 Nr. 5 Abs. 1 VOB/B bleibt also grundsätzlich unberührt. Fordert er jedoch nach Fristablauf den Auftragnehmer nochmals zur Mangelbeseitigung auf, so ist er zunächst verpflichtet, diese Maßnahmen zu dulden. Den Anspruch auf Ersatzvornahme hat er also **zunächst verwirkt**. Er muss daher erneut eine Frist zur Nachbesserung setzen, um nach dem Ablauf wieder zur Ersatzvornahme berechtigt zu sein.[1661]

746 Der Auftraggeber kann im Rahmen der Ersatzvornahme nach § 13 Nr. 5 Abs. 2 VOB/B sämtliche zur Mangelbeseitigung **notwendigen Maßnahmen** durchführen. Die Ersatzvornahme entspricht somit spiegelbildlich der vom Auftragnehmer geforderten Mangelbeseitigung. Es handelt sich hier um einen Behelfsanspruch zur Durchsetzung des primären Gewährleistungsanspruchs auf mangelfreie Herstellung des Bauwerks.[1662] Die Ersatzvornahme ist **kein Schadensersatzanspruch**. Vielmehr ist hier eine Parallelwertung zum Auftrags- und Geschäftsbesorgungsrecht nach §§ 675, 662 ff. BGB vorzunehmen.[1663] Erstattungsfähig sind daher diejenigen Aufwendungen, die der Auftraggeber für erforderlich halten durfte. Das Kriterium der **Erforderlichkeit** ergibt sich beim BGB-Bauvertrag aus dem Wortlaut des § 633 Abs. 3 BGB und gilt entsprechend für den VOB-Bauvertrag, auch wenn dort eine entsprechende ausdrückliche Regelung nicht enthalten ist.[1664] Wichtig ist, dass der Auftraggeber zwar gehalten ist, den Aufwand in gebotenen Grenzen zu halten. Eine rein objektive Betrachtung ist jedoch hier unangemessen. Vielmehr kommt es entscheidend auf die berechtigte Sicht des Auftraggebers an. Er hat die nach den Umständen angemessene Art der Mangelbeseitigung zu wählen und dabei – ebenfalls in angemessenem Umfang – auf den **Kostenaufwand** Rücksicht zu nehmen. Gegen eine streng objektive Betrachtungsweise spricht schon die Tatsache, dass sich der **Auftragnehmer doppelt vertragsuntreu** verhalten hat und daher keinen Schutz verdient. Denn einerseits hat er seine Leistung mangelhaft erbracht und darüber hinaus die von ihm geforderte Nachbesserung innerhalb der hierfür gesetzten Frist unterlassen. Der Auftragnehmer kann daher den Einwand der Kostenüberschreitung nur in ganz begrenztem Umfang vorbringen, da er es selbst in der Hand hatte, diese Kosten zu begrenzen.[1665]

747 Abzustellen ist also auf die Sicht eines vernünftigen, wirtschaftlich denkenden Auftraggebers mit sachkundiger Beratung.[1666] Der Auftraggeber ist daher nicht zu einer **Billiglösung** gezwungen. Bei mehreren in Frage kommenden Nachbesserungsmethoden hat er vielmehr das Recht, die sicherste zu wählen, auch wenn diese einen erhöhten Kostenaufwand nach sich zieht. Er muss daher insbesondere keine **unsicheren Versuche** der Mangelbeseitigung unternehmen. Entscheidend ist eine ex ante – Betrachtung aus der Sicht eines technisch und wirtschaftlich verständigen Auftraggebers im Zeitpunkt der tatsächlichen Mangelbeseitigung.[1667] Das Prognoserisiko im Hinblick auf eine möglicherweise genauso erfolgreiche, aber billigere Methode geht voll zu Lasten des Auftragnehmers.[1668]

748 Konkret bedeutet dies, dass der Auftraggeber grundsätzlich **keine Ausschreibung** durchführen muss. Er kann vielmehr den Auftragnehmer seines Vertrauens aussuchen, auch wenn dieser beispielsweise seinen Sitz nicht am Ort der Bauleistung hat. Der Auftraggeber ist auch nicht zwingend an Kostenschätzungen eines Sachverständigen gebunden, wenn er mit sachlichen Gründen darlegen kann, dass die erforderlichen Nachbesserungsarbeiten noch marktüblich sind.[1669] Andererseits kann

---

1661 *Kleine-Möller/Merl/Oelmaier*, § 12 Rn 612.
1662 Beck'scher VOB-Kommentar, § 13 Nr. 5 Rn 96.
1663 *Heiermann/Riedl/Rusam*, § 13 VOB/B Rn 150a.
1664 Beck'scher VOB-Kommentar – *Kohler*, § 13 Nr. 5 Rn 100; *Ingenstau/Korbion*, § 13 VOB/B Rn 539.
1665 *Ingenstau/Korbion*, § 13 VOB/B Rn 540.
1666 *Kleine-Möller/Merl/Oelmaier*, § 12 Rn 619.
1667 BGH BauR 1991, 330; *Kleine-Möller/Merl/Oelmaier*, § 12 Rn 619.
1668 Beck'scher VOB-Kommentar – *Kohler*, § 13 Nr. 5 Rn 102; *Kleine-Möller/Merl/Oelmaier*, § 12 Rn 618.
1669 *Ingenstau/Korbion*, § 13 VOB/B Rn 540.

dem Auftraggeber auch die Einholung von 2 bis 3 Kostenanschlägen bei sehr umfangreichen Nachbesserungsmaßnahmen zugemutet werden.[1670] Bei kleineren Nachbesserungsarbeiten kann jedoch von der Einholung von Kostenanschlägen gänzlich abgesehen werden.

Ein nachweislich **besonders teures Unternehmen** kann der Auftraggeber nur mit gewichtigen Gründen zu Lasten des Auftragnehmers beauftragen. Im Rahmen des dem Auftraggeber zustehenden Beurteilungsspielraums muss jedoch berücksichtigt werden, dass er angesichts der bereits einige Zeit zurückliegenden Fertigstellung des Gebäudes ein gewisses **Eilbedürfnis** hat. Darüber hinaus sind für den mit der Nachbesserung beauftragten Drittunternehmer die Beseitigungsarbeiten in Gestalt der Fertigstellung eines fremden Gewerks nicht ohne Risiko. Schon aus diesen Gründen wird eine Nachbesserung **regelmäßig teurer** sein als die im ursprünglichen Auftrag enthaltene Teilleistung.[1671]

749

Insgesamt muss also der Auftraggeber unter Berücksichtigung der vorgenannten Aspekte nur in zumutbaren Grenzen Rücksicht auf den entstehenden Kostenaufwand nehmen.

750

Inhaltlich sind in dem Ersatzvornahmeanspruch die auch vom Auftragnehmer verlangten Nachbesserungsarbeiten **einschließlich sämtlicher Vorbereitungs-, Nachbereitungs- und Nebenarbeiten enthalten**. Erfasst sind daher sämtliche Arbeiten, die untrennbar mit der Nachbesserung zusammenhängen.[1672] Hierzu gehören auch die **Planung** und Überwachung der Nachbesserung, unter Umständen auch Beratungskosten.[1673]

751

Umstritten ist, ob zu den nach § 13 Nr. 5 Abs. 2 VOB/B erstattungsfähigen Kosten auch die Kosten für die Einschaltung eines **Gutachters** oder **Rechtsanwalts** zählen. Dies wird vereinzelt mit der Begründung abgelehnt, es handele sich hierbei um Schadensersatz, der lediglich im Rahmen von § 13 Nr. 7 VOB/B erstattungsfähig sei.[1674] Dieser Ansicht kann jedoch nicht zugestimmt werden. Vielmehr sind sowohl Anwalts- als auch Gutachterkosten dann erstattungsfähig, wenn deren Beauftragung infolge der Nachbesserungsverweigerung des Unternehmers erforderlich und geboten waren. In diesen Fällen besteht kein Grund, danach zu differenzieren, ob es sich um die eigentlichen Kosten der Nachbesserung oder um damit verbundene Nebenkosten handelt. Waren letztere zur Durchsetzung des Nachbesserungsanspruchs notwendigerweise aufzuwenden, so sind sie über § 13 Nr. 5 Abs. 2 VOB/B erstattungsfähig.[1675]

752

Der Auftraggeber ist im Rahmen der Ersatzvornahme keineswegs gezwungen, einen Drittunternehmer zu beauftragen. Er kann vielmehr die Nachbesserung auch **selbst durchführen**. In diesem Fall steht ihm ein Anspruch auf Ersatz des angemessenen Personal- und Materialaufwands zu. Darüber hinaus kann er einen entsprechenden **Gemeinkostenzuschlag** in Ansatz bringen.[1676] Bei einer Selbstvornahme besteht jedoch kein Anspruch auf Ersatz des kalkulierten **Gewinnanteils**.[1677] Macht ein Generalunternehmer im Rahmen der Ersatzvornahme einen Kostenerstattungsanspruch geltend, so kann er auf die Rechnungen der von ihm beauftragten Unternehmer **keinen Generalunternehmerzuschlag** aufschlagen.[1678]

753

Problematisch ist der Anspruch des Auftraggebers auf Kostenerstattung bei einer erfolglosen Nachbesserung durch den Drittunternehmer. Ein solcher **fehlgeschlagener Nachbesserungsversuch** im

754

1670 Beck'scher VOB-Kommentar – *Kohler*, § 13 Nr. 5 Rn 104, der dies bereits bei „nicht geringfügigen Leistungen" für zumutbar hält, was jedoch abzulehnen ist.
1671 MüKo – *Soergel*, § 633 BGB Rn 151.
1672 *Heiermann/Riedl/Rusam*, § 13 VOB/B Rn 151.
1673 *Kleine-Möller/Merl/Oelmaier*, § 12 Rn 625.
1674 *Kleine-Möller/Merl/Oelmaier*, § 12 Rn 626; MüKo – *Soergel*, § 633 BGB Rn 154.
1675 *Vygen*, Rn 544; *Heiermann/Riedl/Rusam*, § 13 VOB/B Rn 152.
1676 *Locher*, Rn 155; *Kleine-Möller/Merl/Oelmaier*, § 12 Rn 627; *Ingenstau/Korbion*, § 13 VOB/B Rn 547.
1677 *Kleine-Möller/Merl/Oelmaier*, § 12 Rn 627; MüKo – *Soergel*, § 633 BGB Rn 153.
1678 *Kleine-Möller/Merl/Oelmaier*, § 12 Rn 625.

Rahmen der Ersatzvornahme stellt regelmäßig selbst eine **mangelhafte Leistung dieses Drittunternehmers** dar. Aus diesem Grunde muss sich der Auftraggeber zunächst an diesen halten und ihn gegebenenfalls unter Fristsetzung zur Erfüllung oder Mangelbeseitigung auffordern. Es kann vom Auftraggeber jedoch nicht verlangt werden, diesen Drittunternehmer zu verklagen und langwierige Prozesse zu führen. Hierbei ist zu berücksichtigen, dass die Ursache für diese fehlgeschlagene Nachbesserung und für den Streitfall mit dem Drittunternehmer allein in der ursprünglich mangelhaften Leistung des Erstunternehmers zu sehen ist. Daher wäre es unangemessen, das Risiko dieser vom Auftraggeber ursprünglich gar nicht gewollten Ersatzvornahme gänzlich bei ihm zu belassen. Seine **Haftung beschränkt sich daher nur auf die sorgfältige Auswahl des Drittunternehmers** im Rahmen der Ersatzvornahme.[1679] Führt die Aufforderung an den Drittunternehmer, die mangelhafte Nachbesserung zu vollenden, nicht zum Erfolg, so muss daher ein Erstattungsanspruch des Auftraggebers gegenüber dem ursprünglichen Auftragnehmer weiterhin bestehen. Dieser kann jedoch nur gegen Abtretung der Ansprüche gegenüber dem Drittunternehmer geltend gemacht werden.[1680]

755 Schuldet der Auftragnehmer im Rahmen des Nachbesserungsanspruchs eine **Neuherstellung**, weil anders die Mangelbeseitigung nicht sicher und dauerhaft möglich ist, so ist auch im Rahmen der **Ersatzvornahme** eine Nachbesserung im Wege der Neuherstellung zu Lasten des Auftragnehmers zulässig.[1681]

756 Eine nach § 13 Nr. 5 Abs. 2 VOB/B erstattungsfähige Ersatzvornahme liegt auch dann vor, wenn der Auftraggeber seinerseits von einem Dritten mit den Kosten der Nachbesserung belastet wird. Macht beispielsweise der Bauherr gegenüber dem Generalunternehmer einen Nachbesserungsanspruch geltend, den dieser wiederum gegenüber seinem Nachunternehmer einfordert, so ist die Ersatzvornahme des Bauherrn zu Lasten des Generalunternehmers von diesem gleichzeitig auch gegenüber dem Nachunternehmer nach § 13 Nr. 5 Abs. 2 VOB/B durchsetzbar und erstattungsfähig. Die **Ersatzvornahme des Bauherrn** ist somit **gleichzeitig als Ersatzvornahme des Generalunternehmers** gegenüber dem Nachunternehmer zu betrachten.[1682]

757 Da der Ersatzvornahmeanspruch unmittelbar auf dem Nachbesserungsanspruch nach § 13 Nr. 5 Abs. 1 VOB/B beruht, sind die dortigen Grundsätze über die Mitverantwortlichkeit des Auftraggebers, sowie über den **Vorteilsausgleich** und die Übernahme von **„Sowieso-Kosten"** hier entsprechend anwendbar.[1683] In diesen Fällen ist der Kostenerstattungsanspruch des Auftraggebers von vorneherein um die eigene Haftungsquote zu kürzen.

758 Für die **Beweislastverteilung** gilt folgendes:

759 Der Auftraggeber hat die Erforderlichkeit der Aufwendungen im Rahmen der Ersatzvornahme zu beweisen, da sie Voraussetzung für den geltend gemachten Anspruch ist. Sodann hat der Auftragnehmer die Beweislast für die von ihm behauptete Verletzung der Schadensminderungspflicht des Auftraggebers. Er muss also insbesondere darlegen, dass der Auftraggeber die angemessenen Kosten der Ersatzvornahme ohne sachlichen Grund überschritten hat.[1684] Gelingt dem Auftragnehmer dieser Beweis, so ist der vom Auftraggeber geltend gemachte Kostenerstattungsanspruch auf die nach den oben genannten Grundsätzen **angemessenen Kosten zu reduzieren**.[1685]

1679 *Heiermann/Riedl/Rusam*, § 13 VOB/B Rn 152; Beck'scher VOB-Kommentar – *Kohler*, § 13 Nr. 5 Rn 109.
1680 *Ingenstau/Korbion*, § 13 VOB/B Rn 550.
1681 *Heiermann/Riedl/Rusam*, § 13 VOB/B Rn 151; Beck'scher VOB-Kommentar – *Kohler*, § 13 Nr. 5 Rn 103.
1682 Beck'scher VOB-Kommentar – *Kohler*, § 13 Nr. 5 Rn 99.
1683 *Kleine-Möller/Merl/Oelmaier*, § 12 Rn 637; Beck'scher VOB-Kommentar – *Kohler*, § 13 Nr. 5 Rn 113.
1684 *Ingenstau/Korbion*, § 13 VOB/B Rn 542.
1685 Beck'scher VOB-Kommentar – *Kohler*, § 13 Nr. 5 Rn 105.

bb) Der Vorschussanspruch des Auftraggebers

Im Rahmen der Ersatzvornahme nach § 13 Nr. 5 Abs. 2 VOB/B hat der Auftraggeber die Wahl, ob er die erforderlichen Aufwendungen zunächst selbst trägt und hinterher beim Auftragnehmer einfordert, oder ob er bereits vor Beginn der Ersatzvornahme vom Auftragnehmer Vorschuss verlangt. Ein solcher Vorschussanspruch besteht nach h.M. sowohl im Rahmen von **VOB-Bauverträgen** als auch bei **BGB-Bauverträgen**.[1686] Dieser Vorschussanspruch ist von Rechtsprechung und Schrifttum aus dem Gebot der Billigkeit heraus entwickelt worden. Es würde den Grundsätzen von **Treu und Glauben (§ 242 BGB)** widersprechen, wenn der Auftraggeber, der möglicherweise über keine ausreichenden Mittel verfügt, die Ersatzvornahme aus finanziellen Gründen nicht durchführen kann, obwohl er hierzu gegenüber dem säumigen Auftragnehmer berechtigt wäre.

Voraussetzung für den Vorschussanspruch ist zunächst, dass der Auftraggeber auch tatsächlich die Durchführung der **Ersatzvornahme beabsichtigt**.[1687] Betreibt der Auftraggeber die Mangelbeseitigung nicht ernsthaft oder beabsichtigt er von vornherein eine Minderung der Vergütung oder die Geltendmachung eines Schadensersatzanspruchs, so ist ihm der Anspruch auf Vorschuss regelmäßig zu versagen.[1688] Der Auftraggeber ist verpflichtet, den erhaltenen Vorschuss für die Mangelbeseitigung zu verwenden. Tut er dies nicht innerhalb angemessener Frist, so ist unter Umständen der Vorschuss zurückzuzahlen.[1689]

Die Höhe des Vorschusses bemisst sich nach der voraussichtlichen Höhe der Nachbesserungskosten. Da der Vorschuss keine abschließende Zahlung darstellt, muss er nach Abschluss der Nachbesserungsmaßnahmen vom Auftraggeber **abgerechnet werden**. Hat der Auftraggeber den Vorschuss nicht zur Mangelbeseitigung verwendet, so hat der Auftragnehmer einen Rückzahlungsanspruch nach den Grundsätzen der ungerechtfertigten Bereicherung.[1690]

Nach h.M. kann der Auftraggeber mit seinem Vorschussanspruch gegenüber den Vergütungsansprüchen des Auftragnehmers aufrechnen.[1691]

Problematisch ist die **Verjährung** des Kostenerstattungs- und Vorschussanspruchs. Da der Kostenerstattungsanspruch auf dem Nachbesserungsanspruch beruht, verjährt er nach § 13 Nr. 4 VOB/B grundsätzlich innerhalb der dort genannten kurzen Verjährungsfrist. Gleiches gilt für den Kostenvorschussanspruch.[1692] Umstritten ist jedoch, ob die Verjährung des Kostenerstattungsanspruchs analog § 639 Abs. 2 BGB gehemmt wird, wenn dieser bis zum Ablauf der kurzen Verjährungsfrist noch nicht feststeht, weil die Nachbesserungsmaßnahme noch nicht abgerechnet ist.[1693] Diese Analogie wird jedoch von der h.M. aus dogmatischen Gründen abgelehnt, weil es an dem für § 639 Abs. 2 BGB erforderlichen freiwilligen Nachbesserungsversuch fehlt.[1694] Dem Auftraggeber bleibt also nur eine Feststellungsklage gegen den Auftragnehmer oder die Einleitung eines selbstständigen Beweisverfahrens, um die Verjährung zu unterbrechen.

1686 Beck'scher VOB-Kommentar – *Kohler*, § 13 Nr. 5 Rn 118; BGH NJW 1967, 1366, st. Rspr.
1687 BGH BauR 1984, 406.
1688 *Ingenstau/Korbion*, § 13 VOB/B Rn 555.
1689 OLG Köln, BauR 1988, 462; Beck'scher VOB-Kommentar – *Kohler*, § 13 Nr. 5 Rn 127.
1690 *Heiermann/Riedl/Rusam*, § 13 VOB/B Rn 156.
1691 BGH NJW 1970, 2020;: BGH BauR 1989, 200; *Ingenstau/Korbion*, § 13 VOB/B Rn 573; a.A. Beck'scher VOB-Kommentar – *Kohler*, § 13 Nr. 5 Rn 154.
1692 BGH BauR 1976, 205.
1693 So *Kaiser*, NJW 1973, 173 ff.
1694 *Ingenstau/Korbion*, § 13 VOB/B Rn 569; *Locher*, Rn 159.

cc) Unterschiede zum BGB-Bauvertrag

764 Da § 13 Nr. 5 Abs. 2 VOB/B dem gesetzlichen Leitbild des § 633 Abs. 3 BGB nachgebildet wurde, stimmen die Rechtsfolgen beider Regelungen überein. Die Voraussetzungen weisen jedoch geringfügig Unterschiede auf. § 633 Abs. 3 BGB setzt den Verzug des Unternehmers mit der Mangelbeseitigung voraus. Dies wiederum setzt eine Mahnung des Auftraggebers und Verschulden des Auftragnehmers voraus. Eine Fristsetzung ist hingegen nicht erforderlich. § 13 Nr. 5 Abs. 2 VOB/B hingegen setzt kein Verschulden voraus, jedoch eine Fristsetzung. Da es sich bei dem Nachbesserungsanspruch nicht um eine Geldforderung handelt, ist der neu eingefügte § 284 Abs. 3 BGB nicht anwendbar. Es bleibt vielmehr auch im BGB-Bauvertrag bei den bisherigen Verzugsvorschriften der § 284 Abs. 1 und Abs. 2 BGB.

d) Der Anspruch auf Minderung nach § 13 Nr. 6 VOB/B

765 Der Auftraggeber kann nach § 13 Nr. 6 VOB/B Minderung der Vergütung verlangen, wenn die Beseitigung des Mangels unmöglich ist oder einen unverhältnismäßig hohen Aufwand erfordern würde und daher vom Auftragnehmer verweigert wird sowie ausnahmsweise dann, wenn die Beseitigung des Mangels für den Auftraggeber unzumutbar ist. Wie bereits mehrfach dargelegt, herrscht im Rahmen der VOB/B der Vorrang des Nachbesserungsanspruchs vor allen anderen Gewährleistungsansprüchen. Daher ist der Minderungsanspruch nach § 13 Nr. 6 VOB/B an die vorgenannten zusätzlichen Voraussetzungen geknüpft. **§ 13 Nr. 6 VOB/B enthält eine abschließende Regelung** und ist daher einer Ausweitung nicht zugänglich.[1695]

aa) Unmöglichkeit der Mangelbeseitigung

766 Eine Minderung kommt nach § 13 Nr. 6 VOB/B nur bei **objektiver Unmöglichkeit** in Betracht. Nicht ausreichend ist die subjektive Unmöglichkeit. Vielmehr darf es weder dem Auftragnehmer noch irgend einem anderen Unternehmer möglich sein, den Mangel zu beseitigen.[1696] Es reicht also beispielsweise nicht aus, dass der Auftragnehmer die für die Mangelbeseitigung erforderlichen Spezialkenntnisse nicht besitzt. In diesem Fall muss er gegebenenfalls einen anderen Unternehmer mit der Nachbesserung beauftragen. Ebenfalls nicht ausreichend ist die **Insolvenz** des Auftragnehmers, da er grundsätzlich für seine finanzielle Leistungsfähigkeit einzustehen hat.[1697] Eine objektive Unmöglichkeit liegt ferner nicht deshalb vor, weil die Nachbesserung einen **wirtschaftlich unangemessenen Aufwand** erfordern würde, der kostenmäßig einer Neuherstellung gleichkäme.[1698] Da auch die Neuherstellung in diesem Fall nur eine Form der Mangelbeseitigung darstellt, ist sie nicht mit der Unmöglichkeit gleichzusetzen.[1699] Ein Beispiel für eine technisch objektive Unmöglichkeit der Nachbesserung ist die Errichtung eines Hauses mit 10 % geringerer Wohnfläche als geplant.[1700] Eine Beispiel für die rechtliche Unmöglichkeit liegt vor, wenn die erforderliche Baugenehmigung nicht erteilt werden kann.

767 Zwar wird vereinzelt die Auffassung vertreten, auch die **subjektive Unmöglichkeit** sei im Rahmen des § 13 Nr. 6 VOB/B als Minderungsvoraussetzung zuzulassen.[1701] Begründet wird diese Auffassung damit, die Grenze zwischen physikalischer objektiver Unmöglichkeit und einer mit Unmöglichkeit gleichzusetzenden Unverhältnismäßigkeit sei nur schwer zu ziehen. Darüber hinaus habe der Auftraggeber möglicherweise ein Interesse an der Minderung, wenn der Auftragnehmer die Nachbesserung zu Unrecht verweigere. Diesem wiederum geschehe kein Unrecht, da er ja nicht beseitigen

---

1695 *Locher*, Rn 160; *Vygen*, Rn 549; *Heiermann/Riedl/Rusam*, § 13 VOB/B Rn 161b.
1696 *Heiermann/Riedl/Rusam*, § 13 VOB/B Rn 162.
1697 BGH NJW 1989, 1278.
1698 OLG Düsseldorf BauR 1982, 587.
1699 BGH BauR 1986, 93.
1700 OLG Düsseldorf BauR 1981, 475.
1701 Beck'scher VOB-Kommentar – *Ganten*, § 13 Nr. 6 Rn 32.

will. Angesichts des eindeutigen Vorrangs der Nachbesserung im Rahmen der VOB/B muss jedoch eine Aufweichung des Begriffs „Unmöglichkeit" in § 13 Nr. 6 VOB/B abgelehnt werden. Andernfalls würde der Auftragnehmer, der die Minderung regelmäßig der Nachbesserung vorzieht, dazu verleitet, den Nachbesserungsanspruch faktisch leerlaufen zu lassen.

bb) Ablehnung der Nachbesserung durch den Auftragnehmer wegen unverhältnismäßig hohen Aufwandes

Bei dieser Alternative ist die Nachbesserung zwar grundsätzlich objektiv möglich, sie würde jedoch einen unverhältnismäßig hohen Aufwand erfordern, der den Auftragnehmer berechtigt, die Nachbesserung zu verweigern. Entscheidend ist hier allein das **Wertverhältnis** zwischen dem erforderlichen Nachbesserungsaufwand und dem Vorteil, den diese Nachbesserung für den Auftraggeber hätte. Das Verhältnis zwischen Nachbesserungsaufwand und dem ursprünglich geschuldeten Werklohn ist hingegen unbeachtlich.

768

Eine Unverhältnismäßigkeit in diesem Sinne kann daher vorliegen, wenn ein völlig untergeordneter reiner **Schönheitsfehler** nur mit erheblichen Kosten beseitigt werden kann, ohne dass der Unterschied erheblich wäre.[1702]

769

Der Auftragnehmer muss ferner die Nachbesserung unter Hinweis auf die genannte Unverhältnismäßigkeit eindeutig und bestimmt **verweigern**. Auch wenn die Regelung sprachlich nicht eindeutig ist, gilt nach richtiger Ansicht das Erfordernis der Verweigerung nur für die Alt. 2 in § 13 Nr. 6 VOB/B.[1703] Die Weigerung kann **formlos** erklärt werden, was jedoch aus Beweisgründen nicht zu empfehlen ist. Um den Minderungsanspruch auszulösen, muss die Erklärung des Auftragnehmers innerhalb der vom Auftraggeber nach § 13 Nr. 5 Abs. 2 VOB/B gesetzten angemessenen **Frist** erfolgen. Andernfalls ist der Auftraggeber berechtigt, die Kostenerstattung für die Ersatzvornahme zu verlangen.

770

cc) Unzumutbarkeit für den Auftraggeber

Nicht nur der Auftragnehmer kann die Nachbesserung unter den Voraussetzungen des § 13 Nr. 6 VOB/B verweigern und somit den Minderungsanspruch auslösen. Nach § 13 Nr. 6 S. 2 VOB/B kann dies „ausnahmsweise" auch der Auftraggeber, wenn die Beseitigung des Mangels für ihn unzumutbar ist. Es handelt sich hierbei um einen ausdrücklich als solchen bezeichneten **Ausnahmetatbestand**, an den **strenge Anforderungen** zu stellen sind. Die Regelung erfasst die Fälle, in denen die Nachbesserung weder objektiv unmöglich noch unverhältnismäßig im Sinne der zweiten Alternative ist, jedoch dem Auftraggeber dennoch nicht zugemutet werden kann. Hierfür ist erforderlich, dass sie dem Auftraggeber grundsätzlich nicht zumutbar ist, unabhängig davon, ob sie der Auftragnehmer oder ein Dritter durchführt.[1704] Zu berücksichtigen ist die berechtigte Interessenlage des Auftraggebers im Hinblick auf die anstehende Nachbesserung. Der Auftraggeber kann sich demnach auf die Unzumutbarkeit berufen, wenn ihm die Nachbesserung erhebliche persönliche oder finanzielle Opfer abverlangen würde.[1705] Dies kann der Fall sein, wenn die Belastbarkeit des Auftraggebers durch Krankheit oder hohes Alter etc. derart gering ist, dass beispielsweise die Lärm- und Staubentwicklung für ihn nicht hinnehmbar ist.[1706] Dies gilt insbesondere, wenn der Erfolg der Nachbesserung ungewiss ist. Denkbar ist ferner eine **Unzumutbarkeit für den Generalunternehmer** bezüglich der Nachbesserung durch seine Nachunternehmer, wenn der Bauherr selbst mit beachtlichen Gründen eine Mangelbeseitigung ablehnt.

771

1702 *Ingenstau/Korbion*, § 13 VOB/B Rn 623.
1703 *Ingenstau/Korbion*, § 13 VOB/B Rn 612.
1704 *Kleine-Möller/Merl/Oelmaier*, § 12 Rn 687.
1705 *Heiermann/Riedl/Rusam*, § 13 VOB/B Rn 164.
1706 *Vygen*, Rn 554.

dd) Die Durchführung der Minderung

772 Unter den Voraussetzungen des § 13 Nr. 6 VOB/B kann der Auftraggeber die Minderung der Vergütung verlangen. Es handelt sich bei diesem **Minderungsverlangen** um eine empfangsbedürftige Willenserklärung gegenüber dem Auftragnehmer. Ohne eine solche Erklärung kommt eine Minderung nicht in Betracht. Sie ist **formlos** möglich, kann also auch mündlich abgegeben werden.[1707] Das Minderungsverlangen kann nur vom Auftraggeber, nicht jedoch vom Auftragnehmer gestellt werden. Dieser kann nicht einseitig eine Minderung herbeiführen.

773 Nach § 13 Nr. 6 VOB/B erfolgt die Minderung ausdrücklich nach den entsprechenden kaufrechtlichen Vorschriften. Die Minderung ist demnach vollzogen, wenn sich der Auftragnehmer aufgrund des Verlangens des Auftraggebers mit der Minderung einverstanden erklärt (§ 465 BGB).[1708] Der Auftraggeber kann jedoch die aus der Minderung folgenden Ansprüche auch geltend machen, ohne die Zustimmung des Auftragnehmers einklagen zu müssen.[1709] Ist der Minderungsanspruch vom Auftraggeber berechtigterweise und erfolgreich geltend gemacht worden, so hat dies zur Folge, dass der Vergütungsanspruch in Höhe des Minderungsbetrags nicht entstanden ist. Falls der Auftraggeber in diesem Zeitpunkt bereits den Werklohn vollständig gezahlt hat, kann er auf **Rückzahlung** des Minderungsbetrags klagen.

774 Die **Höhe des Minderungsanspruchs** ist unter Berücksichtigung der theoretischen Kosten der Nachbesserung und eines merkantilen Minderwerts zu ermitteln.[1710] Nach § 13 Nr. 6 VOB/B i.V. m. § 472 BGB ist der Werklohn in dem Verhältnis herab zu setzen, in welchem der Wert der mangelfreien Werkleistung zum Wert der mangelhaften bei Abnahme steht. Es muss also zunächst festgestellt werden, welchen **Wert das Bauwerk** in mangelfreiem Zustand im Zeitpunkt der Abnahme gehabt hätte.[1711] Hierbei ist zunächst von objektiven Wertkriterien auszugehen. Maßgeblich ist der Zeitpunkt der Abnahme. Spätere Baukostensteigerungen werden nicht berücksichtigt.[1712]

775 **Deckt sich dieser Wert mit dem vereinbarten Werklohn**, so muss von diesem lediglich der Betrag abgezogen werden, der für eine Mangelbeseitigung aufgebracht werden müsste. Deckt sich der Wert der mangelfreien Bauleistung hingegen nicht mit dem Werklohn, so ist dieser zunächst zu korrigieren. Sodann ist der gesamte Aufwand für eine theoretische Mangelbeseitigung einschließlich etwaiger Abbruchkosten in Abzug zu bringen. Hinzu kommt ein Abzug für einen **merkantilen Minderwert**, der auch nach ordnungsgemäßer Nachbesserung verbleiben würde. Ein solcher Minderwert kommt in Betracht, wenn der Marktwert des Bauwerks geringer ist als ohne die Mängelproblematik. Ein merkantiler Minderwert kommt insbesondere im Falle eines Risikos verborgener Mängel oder späterer Mangelfolgen in Betracht.[1713] Bei Pauschalverträgen ist die gesamte Pauschalsumme im Verhältnis der Wertminderung herabzusetzen, nicht nur der Einzelpreis für die mangelhafte Leistung.[1714]

1707 *Ingenstau/Korbion*, § 13 VOB/B Rn 636.
1708 *Heiermann/Riedl/Rusam*, § 13 VOB/B Rn 166a; *Kleine-Möller/Merl/Oelmaier*, § 12 Rn 691; a.A. *Ingenstau/Korbion*, § 13 VOB/B Rn 640.
1709 *Heiermann/Riedl/Rusam*, § 13 VOB/B Rn 166a.
1710 *Werner/Pastor*, Rn 1667.
1711 *Locher*, Rn 164.
1712 *Werner/Pastor*, Rn 1666.
1713 *Kleine-Möller/Merl/Oelmaier*, § 12 Rn 698.
1714 *Heiermann/Riedl/Rusam*, § 13 VOB/B Rn 166d; *Locher*, Rn 164.

ee) Unterschiede zum BGB-Bauvertrag

Gegenüber den in § 634 BGB enthaltenen Minderungsbestimmungen schränkt § 13 Nr. 6 VOB/B das Minderungsrecht des Auftraggebers erheblich ein. Grund hierfür ist der **Schutz des Nachbesserungsrechts des Auftragnehmers**. Nach § 634 BGB hat der Auftraggeber die Möglichkeit, nach Fristsetzung mit Ablehnungsandrohung die Minderung zu verlangen. Die BGB-Regelung erleichtert also das Minderungsrecht bei einer Leistungsverweigerung des Auftragnehmers. Diese allein reicht für § 13 Nr. 6 VOB/B nicht aus. Hier ist vielmehr zusätzlich die objektive Unmöglichkeit oder ein unverhältnismäßig hoher Aufwand erforderlich. Ausnahmsweise kann darüber hinaus die Unzumutbarkeit für den Auftraggeber zu einem Minderungsanspruch führen (§ 13 Nr. 6 S. 2 VOB/B). Nach beiden Vorschriften ist jedoch das Minderungsrecht unabhängig vom Verschulden des Auftragnehmers.

Inhalt und Umfang des Minderungsanspruchs sind jedoch in BGB und VOB/B weitgehend identisch.[1715]

e) Der Schadensersatzanspruch nach § 13 Nr. 7 VOB/B

§ 13 Nr. 7 VOB/B enthält einen Anspruch auf Schadensersatz, der grundsätzlich **neben den Anspruch auf Nachbesserung** oder Minderung tritt. Es handelt sich hier also um einen zusätzlichen Gewährleistungsanspruch, der sich in zwei Tatbestände aufteilt. In Abs. 1 ist der so genannte „kleine Schadensersatzanspruch" geregelt, in Abs. 2 der „große Schadensersatzanspruch". Beide Ansprüche haben unterschiedliche Voraussetzungen sowie einen unterschiedlichen Haftungsumfang. Nach § 13 Nr. 7 Abs. 1 VOB/B hat der Auftragnehmer mangelbedingte Schäden des Bauwerks zu ersetzen. Nach § 13 Nr. 7 Abs. 2 VOB/B haftet der Auftragnehmer darüber hinaus auch für den außerhalb der baulichen Anlage auftretenden Schaden einschließlich des etwaigen Mangelfolgeschadens. Damit sind in § 13 Nr. 7 VOB/B insgesamt auch solche Schäden erfasst, die im Gewährleistungsrecht der §§ 633 ff. BGB nicht geregelt sind, sondern dort lediglich nach den Regeln über die pFV erfasst werden.

Der Schadensersatzanspruch aus **§ 13 Nr. 7 VOB/B** erfasst nur die Schadensersatzansprüche **nach der Abnahme**. Bis zur Abnahme gilt hingegen ausschließlich § 4 Nr. 7 VOB/B.[1716]

aa) Der „kleine Schadensersatzanspruch" nach § 13 Nr. 7 Abs. 1 VOB/B

Der Schadensersatzanspruch aus Abs. 1 erfasst grundsätzlich nur Schäden **„an der baulichen Anlage"**, also am Gesamtbauwerk.[1717] Diese bewusste Eingrenzung des gegenständlichen Anwendungsbereichs ist einer weitergehenden Ausdehnung nicht zugänglich.[1718] Der Schaden muss nicht an der eigenen Bauleistung des Auftragnehmers entstehen, sondern nur an der baulichen Anlage, in deren Bereich der Auftragnehmer die vertragliche Leistung ausgeführt hat. Gemeint sind also auch Schäden an Teilen des Gesamtbauwerks, in deren Bereich der Auftragnehmer nicht unmittelbar gearbeitet hat.[1719] Dies gilt beispielsweise für Risse am Bauwerk, die durch mangelhafte Erdarbeiten verursacht wurden.

Der in § 13 Nr. 7 Abs. 1 VOB/B geregelte „kleine Schadensersatz" setzt voraus, dass
- ein wesentlicher Mangel vorliegt,
- der die Gebrauchsfähigkeit des Bauwerks erheblich beeinträchtigt,
- auf ein Verschulden des Auftragnehmers zurück zu führen ist und
- einen Schaden an der baulichen Anlage verursacht hat.

1715 *Kleine-Möller/Merl/Oelmaier*, § 12 Rn 664; Beck'scher VOB-Kommentar – *Ganten*, § 13 Nr. 6 Rn 6.
1716 Siehe hierzu Rn 391 ff.
1717 *Werner/Pastor*, Rn 1729.
1718 *Ingenstau/Korbion*, § 13 VOB/B Rn 703.
1719 *Ingenstau/Korbion*, § 13 VOB/B Rn 704.

(1) Wesentlicher Mangel

782 Zunächst muss ein wesentlicher Mangel vorliegen. Neben dem herkömmlichen Mangelbegriff muss also noch ein zusätzliches Wesentlichkeitselement hinzutreten. Wesentlich ist ein Mangel, wenn er nach Art, Umfang und Auswirkung erheblich ins Gewicht fällt und nicht nur als unbedeutende Abweichung vom vertraglichen Leistungsziel angesehen werden kann. Der Mangel muss derart beachtlich sein, dass ein Ausgleich in Geld gerechtfertigt erscheint.[1720] Der Wesentlichkeitsbegriff hat ein **objektives und ein subjektives Merkmal**. Das objektive Merkmal wird durch die allgemeine Verkehrsauffassung geprägt. Hierbei kommt es darauf an, ob ein objektiver Dritter den Mangel als bedeutende Abweichung von der vertraglich vereinbarten Qualität bezeichnen würde. Das subjektive Wesentlichkeitselement berücksichtigt darüber hinaus das spezielle Interesse des Auftraggebers an der vertragsgerechten Leistung unter Einbeziehung des Verwendungszwecks.[1721] Besondere subjektive Interessen des Auftraggebers sind jedoch nur dann zu berücksichtigen, wenn sie dem Auftragnehmer spätestens bei der Durchführung der Bauleistung bekannt sein mussten.[1722]

783 Ob der Mangel wesentlich ist, lässt sich nicht pauschal beantworten, sonder muss im jeweiligen Einzelfall beurteilt werden. Regelmäßig wird jedoch das **Fehlen einer zugesicherten Eigenschaft** einen wesentlichen Mangel darstellen.[1723] Dies gilt jedoch nicht ausnahmslos. Es ist vielmehr im jeweiligen Einzelfall zu prüfen, ob die zugesicherte Eigenschaft im Hinblick auf den Vertragszweck eine derart gravierende Bedeutung hat, dass hier ein Schadensersatzanspruch gerechtfertigt erscheint. Beispielsweise hat der BGH die Verwendung einer anderen als der vertraglich zugesicherten Holzart als einen wesentlichen Mangel angesehen.[1724] Gleiches wird unzweifelhaft für jeden statischen Fehler gelten müssen.[1725]

(2) Erhebliche Beeinträchtigung der Gebrauchsfähigkeit

784 Der wesentliche Mangel muss ferner die Gebrauchsfähigkeit der Bauleistung **erheblich beeinträchtigen**. Auch hier sind zwei Gesichtspunkte zu beachten, nämlich die technische Verwendungsfähigkeit der Bauleistung und der mangelbedingte merkantile Minderwert.[1726] Hinsichtlich der Beeinträchtigung der Gebrauchsfähigkeit ist auf das zum Mangelbegriff Ausgeführte zu verweisen.[1727] Die Beeinträchtigung ist erheblich, wenn sie nach der allgemeinen Verkehrsauffassung als derart schwerwiegend anzusehen ist, dass die Ansprüche auf Mangelbeseitigung oder Minderung keinen angemessenen Ausgleich darstellen, sondern ein Schadensersatzanspruch geboten scheint.[1728] Neben der technischen Gebrauchsminderung kommt hier auch eine Minderung des wirtschaftlichen Wertes der Sache in Betracht, und zwar unabhängig davon, ob ein Verkauf oder eine Vermietung beabsichtigt ist.[1729] Auch hier ist der vom Auftraggeber verfolgte **Verwendungszweck** zu berücksichtigen, wenn sich der Auftragnehmer spätestens während der Ausführung der Leistungen darauf einstellen konnte. Dies ist nicht der Fall, wenn der Auftraggeber erst nach Ausführung des betroffenen Bauteils seine Nutzungsabsicht ändert.[1730]

Auch im Rahmen der **Erheblichkeit** der Gebrauchsbeeinträchtigung stellt das **Fehlen zugesicherter Eigenschaften** regelmäßig ein Indiz dar. Dies folgt daraus, dass der Auftraggeber auf eine solche

---

1720 BGH BauR 1970, 237; OLG Celle, BauR 1996, 263.
1721 *Ingenstau/Korbion*, § 13 VOB/B Rn 683; Beck'scher VOB-Kommentar – *Kohler*, § 13 Nr. 7 Rn 51.
1722 *Kaiser*, Mängelhaftung Rn 99.
1723 BGH NJW 1962, 1569.
1724 BGH NJW 1962, 1569.
1725 *Ingenstau/Korbion*, § 13 VOB/B Rn 686.
1726 *Heiermann/Riedl/Rusam*, § 13 VOB/B Rn 188.
1727 Siehe Rn 663.
1728 Beck'scher VOB-Kommentar – *Kohler*, § 13 Nr. 7 Rn 56.
1729 *Kleine-Möller/Merl/Oelmaier*, § 12 Rn 727; BGH BauR 1986, 103.
1730 *Kleine-Möller/Merl/Oelmaier*, § 12 Rn 728.

Zusicherung Wert gelegt hat und die Abweichung daher aus seiner Sicht wesentlich ist. Zwingend ist dies jedoch nicht, weshalb hier eine eingehende Einzelfallbetrachtung erforderlich ist.[1731] Die nur geringfügige Überschreitung von Maßtoleranzen stellt daher regelmäßig keine erhebliche Gebrauchsbeeinträchtigung dar.[1732]

(3) Verschulden des Auftragnehmers

Nach dem eindeutigen Wortlaut des § 13 Nr. 7 VOB/B muss der wesentliche Mangel darüber hinaus auch auf ein Verschulden des Auftragnehmers oder seiner Erfüllungsgehilfen zurückzuführen sein. Dies gilt auch beim Fehlen zugesicherter Eigenschaften.[1733] Das Verschuldensprinzip entspricht dem Wesen des Schadensersatzrechts. Gemeint ist Vorsatz und jede Art von Fahrlässigkeit. Da die Sorgfaltspflichten des Auftragnehmers **objektiv** zu beurteilen sind, wird ein Verstoß gegen die **anerkannten Regeln der Technik** regelmäßig ein schuldhaftes Verhalten darstellen, da diese Berufskenntnisse von einem Fachmann erwartet werden können.[1734] Der Auftragnehmer kann sich also nicht auf mangelnde Spezialkenntnisse berufen. Dies gilt regelmäßig auch bei einem Verstoß gegen einschlägige DIN-Normen.[1735] Als schuldhaftes Verhalten kommt ferner auch die Verletzung der Prüf- und Hinweispflicht nach § 4 Nr. 3 VOB/B in Betracht.

785

Der Auftragnehmer muss sich das Verschulden seiner **Erfüllungsgehilfen** zurechnen lassen. Insofern wiederholt § 13 Nr. 7 Abs. 1 VOB/B lediglich eine Selbstverständlichkeit. Hier kommen insbesondere Nachunternehmer in Betracht. Bei Baustofflieferanten muss eine Beurteilung des Einzelfalls erfolgen. Nicht jeder **Lieferant** ist Erfüllungsgehilfe im Sinne von § 13 Nr. 7 VOB/B.[1736] Anders hingegen, wenn die Lieferanten auf Anweisung des Auftragnehmers individuelle Bauteile für ein bestimmtes Bauvorhaben liefern oder vom Auftragnehmer bewusst in den Herstellungsprozess mit einbezogen wurden.[1737] Bei Lieferanten ist im Übrigen zu prüfen, ob nicht eine Verletzung der Prüfungspflicht des Auftragnehmers vorliegt und schon deshalb ein eigenes schuldhaftes Verhalten zu bejahen ist.

786

(4) Haftungsumfang nach § 13 Nr. 7 Abs. 1 VOB/B

Zunächst setzt die Schadensersatzpflicht nach § 13 Nr. 7 Abs. 1 VOB/B einen Schaden an der baulichen Anlage voraus, zu deren Herstellung, Instandhaltung oder Änderung die Leistung des Auftragnehmers dient. Als „bauliche Anlage" im Sinne von § 13 Nr. 7 gilt das betroffene Gesamtbauwerk. Der Schaden muss also nicht unbedingt an der eigenen Bauleistung eingetreten sein, es reicht vielmehr wenn die bauliche Anlage betroffen ist.

787

Hierbei wird nicht zwischen **unmittelbaren und mittelbaren** Ursachenzusammenhängen unterschieden. Vielmehr erfasst § 13 Nr. 7 Abs. 1 VOB/B sämtliche Schäden, die dem Werk anhaften sowie solche, die eng mit dem Werkmangel zusammenhängen.[1738] Es kommt also bei der Unterscheidung zwischen § 13 Nr. 7 Abs. 1 und Abs. 2 VOB/B nicht auf die Abgrenzung von unmittelbar oder mittelbar verursachten Schäden an. Vielmehr muss sich der Schaden – mittelbar oder unmittelbar – in irgendeiner Weise entweder an der Bauleistung des Auftragnehmers oder am **Gesamtbauwerk** zeigen.[1739] Darüber hinausgehende Schäden, die zwar ebenfalls Folge der mangelhaften Bauleistung

788

1731 Beck'scher VOB-Kommentar – *Kohler*, § 13 Nr. 7 Rn 56.
1732 *Ingenstau/Korbion*, § 13 VOB/B Rn 692.
1733 BGH NJW 1962, 1569.
1734 *Kleine-Möller/Merl/Oelmaier*, § 12 Rn 731.
1735 *Kleine-Möller/Merl/Oelmaier*, § 12 Rn 731.
1736 BGH NJW 1978, 1157.
1737 *Kleine-Möller/Merl/Oelmaier*, § 12 Rn 737.
1738 *Ingenstau/Korbion*, § 13 VOB/B Rn 706; *Nicklisch/Weick*, § 13 VOB/B Rn 240; BGH BauR 1972, 311.
1739 *Ingenstau/Korbion*, § 13 VOB/B Rn 704; *Werner/Pastor*, Rn 1729.

sind, sich jedoch nicht am Gesamtbauwerk zeigen, fallen nicht unter § 13 Nr. 7 Abs. 1 VOB/B, sondern unter den so genannten „großen Schadensersatz" nach Abs. 2.

789 Unter § 13 Nr. 7 Abs. 1 VOB/B fallen nach den vorgenannten Grundsätzen insbesondere die folgenden Schadensgruppen:

790 ■ sämtliche Kosten, die zur **Beseitigung der Schäden** am Gesamtbauwerk notwendig sind (Risse im Mauerwerk, Schwammbefall etc.),

791 ■ Ausgleich für technischen und merkantilen **Minderwert**. Auch dieser Schaden ist bauwerksbezogen und resultiert unmittelbar aus dem Substanzschaden,[1740]

792 ■ sämtliche Kosten, die für eine **Schadensminderung** aufgebracht werden müssen,[1741]

793 ■ **Nutzungsausfall** Verdienstausfall und Mietausfall, sofern diese Schäden Folge der Gebrauchsbeeinträchtigung sind und durch den Mangel verursacht wurden,[1742]

794 ■ **Gutachterkosten** wenn diese zur Feststellung von Schäden erforderlich sind.[1743] Auch diese sind Erscheinungsform des Mangels, da sie oftmals erst die Voraussetzung für die Schadensbehebung darstellen. Voraussetzung ist jedoch, dass die Kosten notwendig waren.[1744]

bb) Der „große Schadensersatzanspruch" nach § 13 Nr. 7 Abs. 2 VOB/B

795 § 13 Nr. 7 Abs. 2 VOB/B erfasst sämtliche durch den Mangel verursachten Schäden, die über den in Abs. 1 geregelten bauwerksbezogenen Schaden hinausgehen. Der Anwendungsbereich ist also umfangreicher als der des so genannten „kleinen Schadensersatzes" nach § 13 Nr. 7 Abs. 1 VOB/B. Nach Abs. 2 dieser Bestimmung ist der **„darüberhinausgehende Schaden"** zu ersetzen, wenn der Mangel auf Vorsatz, grober Fahrlässigkeit oder auf einem Verstoß gegen die anerkannten Regeln der Technik beruht, wenn der Mangel in dem Fehlen einer vertraglich zugesicherten Eigenschaft besteht oder soweit er durch eine Haftpflichtversicherung gedeckt ist.

796 Abs. 2 soll die Schäden abdecken, die zwar auf dem Mangel beruhen, sich jedoch **nicht am Bauwerk selbst zeigen**, sondern als entfernter Mangelfolgeschaden auftreten. Im Rahmen des Schadensersatzanspruchs nach § 13 Nr. 7 Abs. 2 VOB/B ist also kein Zusammenhang zwischen dem Schaden und der baulichen Anlage erforderlich.

(1) Vorsatz oder grobe Fahrlässigkeit

797 Bereits hier ist ein deutlicher Unterschied zu dem Anspruch aus § 13 Nr. 7 Abs. 1 VOB/B ersichtlich. Dort reicht jedes Verschulden des Auftragnehmers aus, also auch einfache Fahrlässigkeit. Für den in Abs. 2 geregelten entfernteren Mangelfolgeschaden muss hingegen ein schwerwiegenderes Verschulden vorliegen. Der Auftragnehmer muss hierbei die Sorgfaltspflicht in besonders schwerwiegender Weise verletzt haben und die Vorsicht außer Acht gelassen haben, die jedem als notwendig einleuchten muss.[1745]

(2) Verstoß gegen die anerkannten Regeln der Technik

798 Auch hier ist ein Verschulden erforderlich, jedoch reicht **leichte Fahrlässigkeit** aus.[1746]

[1740] BGH BauR 1971, 124; BauR 1986, 103.
[1741] BGH BauR 1992, 505.
[1742] BGH BauR 1995, 692; BauR 1992, 505; *Ingenstau/Korbion*, § 13 VOB/B Rn 707.
[1743] BGH BauR 1971, 51.
[1744] *Ingenstau/Korbion*, § 13 VOB/B Rn 715.
[1745] *Kleine-Möller/Merl/Oelmaier*, § 12 Rn 762.
[1746] *Heiermann/Riedl/Rusam*, § 13 Rn 198b; *Locher*, Rn 169; *Ingenstau/Korbion*, § 13 VOB/B Rn 740.

(3) Fehlen einer vertraglich zugesicherten Eigenschaft

Auch hier müssen zusätzlich die Voraussetzungen des § 13 Nr. 7 Abs. 1 VOB/B vorliegen. Der Auftragnehmer muss also schuldhaft gehandelt haben und einen wesentlichen Mangel verursacht haben, der die Gebrauchsfähigkeit erheblich beeinträchtigt.[1747]

799

(4) Versicherbares Risiko

Nach § 13 Nr. 7 Abs. 2 d) VOB/B sind ferner solche Schäden zu ersetzen, die der Auftragnehmer „durch **Versicherung seiner gesetzlichen Haftpflicht** gedeckt hat oder innerhalb der von der Versicherungsaufsichtsbehörde genehmigten allgemeinen Versicherungsbedingungen zu tarifmäßigen, nicht auf außergewöhnliche Verhältnisse abgestellten Prämien und Prämienzuschlägen bei einem im Inland zum Geschäftsbetrieb zugelassenen Versicherer **hätte decken können**." Gemeint sind zunächst Schäden, die tatsächlich durch eine Haftpflichtversicherung gedeckt sind. Hat der Auftragnehmer hingegen keine Versicherung abgeschlossen, so muss er für solche Schäden einstehen, die er zu üblichen Konditionen hätte versichern können. Hintergrund ist der erweiterte Schutz des Auftraggebers in den Fällen, in denen der Auftragnehmer seinerseits den Schaden ersetzt erhält. Besteht für den Schaden Versicherungsschutz, so kommt es nicht darauf an, ob der Auftragnehmer diesen möglicherweise durch überobligatorische Prämienzahlungen sicherstellt. Die Deckung allein ist entscheidend für den Schadensersatz. Umgekehrt kann sich der Auftragnehmer nicht auf **mangelnden Versicherungsschutz** berufen, wenn er es schuldhaft unterlassen hat, für diesen zu sorgen. In diesem Fall ist er so zu behandeln, als hätte er die Versicherung vertragsgemäß abgeschlossen.[1748]

800

Entscheidend ist, ob der Versicherungsschutz tatsächlich besteht. Die **Eintrittswilligkeit der Versicherung** ist insofern unerheblich. Der Schadensersatzanspruch besteht dennoch, so dass es das Risiko des Auftragnehmers ist, bei seinem Versicherer für eine Deckungszusage zu sorgen.[1749] Problematisch im Bereich des § 13 Nr. 7 Abs. 2 d) VOB/B ist, dass gemäß den allgemeinen Versicherungsbedingungen für Haftpflichtversicherungen (**AHB**) viele Schadensereignisse nicht versicherbar sind.[1750] Es ist daher im Einzelfall zu prüfen, ob der entstandene Schaden versichert oder zumindest versicherbar ist, so dass die Haftungserweiterung nach § 13 Nr. 7 Abs. 2 d VOB/B greift.

801

(5) Haftungsumfang nach § 13 Nr. 7 Abs. 2 VOB/B

Nach § 13 Nr. 7 Abs. 2 VOB/B ist grundsätzlich jeder Schaden zu ersetzen, der adäquat kausal auf die mangelhafte Leistung zurückzuführen ist. Insbesondere ist hier **kein Bezug zur baulichen Anlage** erforderlich, so dass sämtliche über den Anwendungsbereich von Abs. 1 hinausgehenden entfernteren Mangelfolgeschäden umfasst werden.[1751] Erfasst werden also insbesondere diejenigen **Vermögensschäden**, die mangels Bezug zum Bauwerk nicht nach § 13 Nr. 7 Abs. 1 VOB/B erstattungsfähig sind. Hierzu gehören insbesondere Zinsverluste, entgangener Gewinn, die Kosten eines selbstständigen Beweisverfahrens, etwaige Aufwendungen im Rahmen einer Zwischenfinanzierung sowie Schäden an Gegenständen außerhalb des Bauvorhabens sowie Schäden an Einrichtungsgegenständen.

802

Umstritten ist, ob auch **Gesundheitsschäden** des Auftraggebers zu den nach § 13 Nr. 7 Abs. 2 VOB/B erstattungsfähigen Kosten gehören. Dies ist mit der h.M. wohl zu bejahen. Ausreichend hierfür ist die adäquat kausale Verursachung eines Schadens durch den Baumangel, so dass kein Grund ersichtlich ist, weshalb nicht auch Gesundheitsschäden des Auftraggebers vom Schadensumfang des Abs. 2 umfasst sein sollen.[1752]

803

1747 BGH NJW 1962, 1569.
1748 *Heiermann/Riedl/Rusam*, § 13 VOB/B Rn 198b; *Kleine-Möller/Merl/Oelmaier*, § 12 Rn 766.
1749 *Kleine-Möller/Merl/Oelmaier*, § 12 Rn 767.
1750 Vgl. *Ingenstau/Korbion*, § 13 VOB/B Rn 745 ff.
1751 Beck'scher VOB-Kommentar – *Kohler*, § 13 Nr. 7 Rn 194.
1752 Ebenso *Locher*, Rn 169; *Heiermann/Riedl/Rusam*, § 13 VOB/B Rn 208.

f) Der Schadensersatz im BGB-Bauvertrag (§ 635 BGB)

804 Die Schadensersatzansprüche aus § 635 BGB und aus § 13 Nr. 7 VOB/B weisen **erhebliche Unterschiede** auf. Zunächst ist der Anspruch aus § 635 BGB lediglich an Stelle des Nachbesserungs- oder Minderungsanspruchs geltend zu machen. § 13 Nr. 7 VOB/B enthält hingegen einen zusätzlichen Anspruch des Auftraggebers, der neben die Ansprüche auf Nachbesserung (§ 13 Nr. 5 VOB/B) und Minderung (§ 13 Nr. 6 VOB/B) tritt.

805 Darüber hinaus setzt § 13 Nr. 7 VOB/B, anders als § 635 BGB, einen wesentlichen Mangel und eine erhebliche Beeinträchtigung der Gebrauchsfähigkeit voraus. Andererseits regelt § 635 BGB lediglich den so genannten unmittelbaren Mangelfolgeschaden. Darüberhinausgehende, so genannte entferntere Mangelfolgeschäden werden hingegen allein nach den Grundsätzen der pFV beurteilt.[1753]

806 Nach § 635 BGB kann der Auftraggeber **statt der Wandelung oder der Minderung** Schadensersatz wegen Nichterfüllung verlangen, wenn der Mangel des Werkes auf einem Umstand beruht, den der Auftragnehmer zu vertreten hat. Demnach müssen folgende Voraussetzungen vorliegen:
- ein Mangel der Werkleistung (§ 633 Abs. 1 BGB),
- Mängelrüge des Auftraggebers (§ 633 Abs. 2 BGB),
- Fristsetzung mit Ablehnungsandrohung (§ 634 Abs. 1 BGB),
- adäquat kausaler Schaden (§ 635 BGB).

807 Nach ständiger Rechtsprechung des BGH muss der **Anwendungsbereich** des § 635 BGB von den Grundsätzen der pFV wie folgt abgegrenzt werden: Unter § 635 BGB fallen zunächst nur die echten Mangelschäden, d.h. der Mangel selbst sowie diejenigen Mangelfolgeschäden, die in **engem und unmittelbarem Zusammenhang** mit dem Mangel stehen. Handelt es sich hingegen um einen nur mittelbaren entfernteren Folgeschaden, der zwar seine Ursache ebenfalls in dem Mangel hat, jedoch mit diesem Mangel nicht in einem engen unmittelbaren Zusammenhang steht, so ist § 635 BGB nicht einschlägig. In diesen Fällen greifen vielmehr die Grundsätze der **pFV**. Hintergrund ist die Annahme, dass der in § 635 BGB geregelte Anspruch auf Schadensersatz wegen Nichterfüllung seinem Wesen nach rein werkvertraglich begrenzt ist und daher nur auf die Regelung solcher Schäden ausgerichtet, die der mangelhaften Werkleistung unmittelbar anhaften, weil diese wegen des Mangel unbrauchbar oder minderwertig ist.[1754] Hierbei ist insbesondere die **Abgrenzung** zwischen Mangelschaden und Mangelfolgeschaden problematisch. Die Unterscheidung ist jedoch bedeutsam, weil der Schadensersatzanspruch nach § 635 BGB in 5 Jahren verjährt (§ 638 BGB), während der Anspruch aus pFV der 30-jährigen **Verjährungsfrist** unterliegt. Zu den nach § 635 BGB zu beurteilenden engen und unmittelbaren Mangelschäden gehören beispielsweise Mietausfälle,[1755] der merkantile und technische Minderwert,[1756] Mangelbeseitigungskosten sowie die Kosten für die Einholung eines Gutachtens über die Mängel.[1757] Als entferntere Mangelfolgeschäden, die nicht in den Anwendungsbereich von § 635 BGB fallen, gelten hingegen Unfallschäden, die auf dem Mangel beruhen,[1758] Kosten eines selbstständigen Beweisverfahrens,[1759] und Schäden an anderen Bauteilen, die durch den Mangel verursacht wurden.[1760]

1753 BGH NJW 1981, 2182; BGHZ 37, 341, st. Rspr.
1754 BGHZ 37, 343; MüKo – *Soergel*, § 635 BGB Rn 18.
1755 BGH BauR 1995, 692.
1756 *Werner/Pastor*, Rn 1691.
1757 BGH BauR 1971, 51.
1758 BGH NJW 1972, 626.
1759 *Werner/Pastor*, Rn 1692.
1760 BGH BauR 1972, 127; OLG Bamberg, BauR 1995, 394.

g) Der Schadensersatzanspruch aus pFV

Da im Rahmen von **VOB-Bauverträgen** auch entferntere Mangelfolgeschäden vom Anwendungsbereich des § 13 Nr. 7 Abs. 2 VOB/B erfasst werden, sind die Grundsätze der pFV lediglich auf die Verletzung vertraglicher Nebenpflichten und auf nicht mangelbedingte Schäden anwendbar.[1761] Handelt es sich hingegen um einen Schaden, der adäquat kausal durch einen Bauwerksmangel verursacht wurde, so gilt ausschließlich § 13 Nr. 7 VOB/B.

808

Abgesehen von der Verantwortung für die Erbringung einer mangelfreien Leistung treffen den Unternehmer im Rahmen eines Bauvorhabens zahlreiche **Nebenpflichten** gegenüber dem Bauherrn, deren Verletzung nach den Grundsätzen der pFV durchaus zum Schadensersatz verpflichten kann. Insbesondere die in § 4 Nr. 1, Nr. 5, Nr. 8 und Nr. 9 VOB/B geregelten Sorgfalts- und Schutzpflichten sind hier von Bedeutung. Die schuldhafte Verletzung dieser Sorgfaltspflichten kann auch im Rahmen von VOB-Bauverträgen zu einer Schadensersatzverpflichtung führen.[1762]

809

Wie bereits dargelegt, ist der Anwendungsbereich der pFV im Rahmen von **BGB-Bauverträgen** größer, da von § 635 BGB nur die eng und unmittelbar mit dem Mangel zusammenhängenden Mangelschäden erfasst werden und daher – anders als im VOB-Bauvertrag – hier auch mangelbedingte Schäden über die Grundsätze der pFV abgewickelt werden.[1763]

810

h) Die Wandelung im Bauvertrag

Ob im Rahmen von VOB-Bauverträgen ein Anspruch auf Wandelung nach § 634 Abs. 1 BGB besteht, ist umstritten. Die h.M. verneint dies zu Recht.[1764] Die VOB/B geht von dem Grundgedanken aus, dass schon die Minderung hinter den vorrangigen Nachbesserungsanspruch zurücktritt. Dies hat gute Gründe, da das Ziel des Bauvertrags stets die **Bauwerkserhaltung** sein muss. Aus diesem Grunde ist selbst die Minderung nach § 13 Nr. 6 VOB/B nur unter eingeschränkten Voraussetzungen durchsetzbar. Die VOB/B ist in erster Linie auf den Erhalt der geschaffenen Werte und nicht auf Minderung oder gar Zerstörung angelegt. Nichts anderes wäre die Wandelung jedoch. Die Zulässigkeit dieses Gewährleistungsanspruchs ist daher weder von den Bauvertragsparteien gewünscht noch besonders sinnvoll. Würde man die Parteien bei Vertragsschluss fragen, ob sie sich eine spätere Wandelung des Bauvertrags vorstellen können, würde man sicherlich eine ablehnende Antwort erhalten. Dies muss bei der Vertragsauslegung berücksichtigt werden.

811

Darüber hinaus ist der VOB/B ganz eindeutig ein Ausschluss der Wandelung zu entnehmen. Dem widerspricht nicht, dass die Wandelung im **Text der VOB/B** überhaupt nicht behandelt wird. Es leuchtet im Gegenteil ein, dass der einzige nicht geregelte Gewährleistungsanspruch nicht etwa übersehen oder ignoriert wurde, sondern bewusst nicht geregelt wurde. Sämtliche übrigen Gewährleistungsansprüche (Nachbesserung, Ersatzvornahme, Minderung, Schadensersatz) sind hingegen detailliert geregelt worden, die Wandelung jedoch nicht. Man mag sich bei kleineren Teilgewerken, insbesondere im Bereich der Haustechnik und sonstiger Installationen, darüber streiten, ob nicht in Ausnahmesituationen eine Wandelung durchaus sinnvoll sein kann.[1765] Da jedoch der VOB/B ein kategorischer Ausschluss der Wandelung zu entnehmen ist, ist bei **Einbeziehung der VOB/B** per Parteivereinbarung eine eindeutige Abbedingung dieses Gewährleistungsanspruchs anzunehmen.

812

[1761] *Werner/Pastor*, Rn 1758.
[1762] Vgl. *Werner/Pastor*, Rn 1771 ff. m.w.N.
[1763] *Vygen*, Rn 576; MüKo – *Soergel*, § 635 BGB Rn 19.
[1764] *Heiermann/Riedl/Rusam*, § 13 VOB/B Rn 170; *Werner/Pastor*, Rn 1701; *Ingenstau/Korbion*, § 13 Rn 657; *Locher*, Rn 165; *Vygen*, Rn 558; *Kleine-Möller/Merl/Oelmaier*, § 12 Rn 712; a.A. Beck'scher VOB-Kommentar – *Ganten*, § 13 Nr. 6 Rn 91, der das Recht auf Wandelung nicht völlig ausschließt, sondern immer dort zulassen will, wo erhebliche Mängel diesen Rechtsschutz für eine vollständige Rückabwicklung fordern und eine gegenständliche Rückgewähr nach dem Vorbild des Kaufrechts möglich ist.
[1765] So Beck'scher VOB-Kommentar – *Ganten*, § 13 Nr. 6 Rn 89.

Dem haben sich später die Parteien und auch die Rechtsprechung zu fügen. Sollte der Verdingungsausschuss dereinst erwägen, der Wandelung im Rahmen der VOB/B Geltung zu verschaffen, so mag zu gegebener Zeit über Sinn und Unsinn und insbesondere über die konkrete Ausgestaltung dieses Ausnahmetatbestands diskutiert werden. Bis dahin muss jedoch davon ausgegangen werden, dass weder ein ernsthaftes Bedürfnis nach einer derartigen Regelung noch genügend Anlass für einen dogmatischen Streit hierüber besteht.

813 Beim **BGB-Bauvertrag** verhält sich dies jedoch anders. Haben die Parteien eines solchen Vertrags die Wandelung nach § 634 Abs. 1 BGB nicht abbedungen, so muss sie grundsätzlich als zulässig erachtet werden. Handelt es sich jedoch um die Errichtung eines größeren Bauwerks, so wird die Wandelung in Gestalt eines Komplettabrisses nach Treu und Glauben (§ 242 BGB) nur selten in Betracht kommen. Im Wege der ergänzenden Vertragsauslegung (§§ 133, 157 BGB) wird man im Übrigen zu dem Schluss kommen müssen, dass es dem mutmaßlichen Willen der Parteien bei Vertragsschluss widerspräch, einen Abriss des Gebäudes gegen Rückzahlung des Werklohns vorzunehmen.

4. Die Gewährleistungsfristen

a) Allgemeines

814 Bei den im allgemeinen Sprachgebrauch als „Gewährleistungsfristen" bezeichneten Fristen handelt es sich genau genommen um **Verjährungsfristen für die Gewährleistungsansprüche**. Einer der Grundgedanken des Verjährungsrechts insgesamt ist die Herstellung von Rechtsfrieden und Rechtssicherheit.[1766] Im Gewährleistungsrecht kommt diesem Grundgedanken sicherlich eine besondere Funktion zu. Denn während der Gewährleistungsfrist herrscht in vielen Fällen ein gewisser Schwebezustand. Die Gewährleistungsansprüche bestehen zwar dem Grunde nach, müssen jedoch bei mangelfreier Leistung seitens des Auftragnehmers unter Umständen nicht geltend gemacht werden. Das Recht hierzu hat der Auftraggeber jedoch jahrelang. Während herkömmliche Leistungsansprüche üblicherweise fällig werden und sodann auch geltend gemacht werden, sind Gewährleistungsansprüche oftmals nur latent vorhanden, ohne jedoch ausgeübt zu werden. Dennoch muss sich der Auftragnehmer klar sein, dass er jahrelang in der Pflicht steht. Vor diesem Hintergrund ist der Ablauf der Verjährungsfrist für beide Parteien von besonderer Bedeutung. Der Auftragnehmer muss sich ab diesem Zeitpunkt nicht mehr länger um das Risiko einer Inanspruchnahme kümmern. Der Auftraggeber hingegen verliert seinen Mangelbeseitigungsanspruch und trägt von nun an das alleinige Mangelrisiko.

815 Der in der Verjährung liegende Grundgedanke, **Rechtsfrieden und Rechtssicherheit** herzustellen, wird in § 225 BGB nochmals betont. Nach dieser Regelung kann die Verjährung durch Rechtsgeschäft weder ausgeschlossen noch erschwert werden. Eine Erleichterung der Verjährung, insbesondere einer **Abkürzung der Verjährungsfrist**, ist hingegen zulässig. Dies ist in § 13 Nr. 4 VOB/B geschehen.

Nach § 222 Abs. 1 BGB ist der Verpflichtete nach Vollendung der Verjährung berechtigt, die Leistung zu verweigern. Hieraus folgt, dass der jeweilige Anspruch keineswegs untergegangen ist. Die Verjährung verhilft dem Schuldner vielmehr lediglich zu einer Einrede. Macht der Schuldner hiervon keinen Gebrauch, sondern erfüllt den verjährten Anspruch, so kann er nach § 222 Abs. 2 BGB das Geleistete nicht zurückfordern, auch wenn er die Leistung in Unkenntnis der Verjährung bewirkt haben sollte.

1766 BGHZ 59, 74.

b) Die Regelung der VOB/B

Die Gewährleistungsfristen, genauer gesagt die Verjährungsfristen für die Gewährleistungsansprüche, sind detailliert in **§ 13 Nr. 4 VOB/B** geregelt. Nach Abs. 1 dieser Bestimmung beträgt die Verjährungsfrist für Bauwerke und für Holzerkrankungen **2 Jahre**, für Arbeiten an einem Grundstück und für die vom Feuer berührten Teile von Feuerungsanlagen 1 Jahr, soweit keine abweichende Vereinbarung im Vertrag erfolgte. Nach Abs. 2 beträgt die Verjährungsfrist bei maschinellen und elektrotechnischen / elektronischen Anlagen oder Teilen davon, bei denen die Wartung Einfluss auf die Sicherheit und Funktionsfähigkeit hat, abweichend von Abs. 1 ein Jahr, wenn sich der Auftraggeber dafür entschieden hat, dem Auftragnehmer die Wartung für die Dauer der Verjährungsfrist nicht zu übertragen. Nach Abs. 3 beginnen beide Fristen mit der **Abnahme** der gesamten Leistung; nur für in sich abgeschlossene Teile der Leistung beginnt die Frist mit der Teilabnahme (§ 12 Nr. 2 VOB/B).

816

Die genannten Gewährleistungsfristen in § 13 Nr. 4 VOB/B stellen eine erhebliche Abweichung von der gesetzlichen Verjährungsregel dar. Nach **§ 638 BGB** verjährt nämlich der Anspruch des Bestellers auf Beseitigung eines Mangels sowie auf Wandelung, Minderung und Schadensersatz in 6 Monaten, bei Arbeiten an einem Grundstück in einem Jahr, **bei Bauwerken in 5 Jahren**. Für den Bauvertrag gilt also nach dieser Bestimmung grundsätzliche eine Verjährungsfrist von 5 Jahren.[1767] Handelt es sich hingegen um „**Arbeiten an einem Grundstück**", so gilt lediglich eine Verjährungsfrist von einem Jahr. Die Unterscheidung zwischen Grundstücksarbeiten und Bauwerksarbeiten ist also von entscheidender Bedeutung.[1768]

817

In § 13 Nr. 4 VOB/B ist die gesetzliche Fünfjahresfrist erheblich verkürzt worden. Für Bauwerke und für Holzerkrankungen beträgt sie zwei Jahre. Da § 225 BGB lediglich die Erschwerung der Verjährung verbietet, Erleichterungen hingegen ausdrücklich zulässt, bestehen also grundsätzlich keine Bedenken gegen die Fristenregelung der VOB/B. § 13 Nr. 4 Abs. 1 VOB/B lässt allerdings ausdrücklich auch andere **ergänzende vertragliche Vereinbarungen** zu. Die dort genannte zweijährige Verjährungsfrist gilt ausdrücklich nur, wenn „für die Gewährleistung keine Verjährungsfrist im Vertrag vereinbart" wurde. Da § 225 BGB Abkürzungen der Verjährungsfrist ausdrücklich zulässt und § 638 Abs. 2 BGB für das Werkvertragsrecht sogar eine Verlängerung der Verjährungsfrist, ist auf den ersten Blick also jede denkbare Frist zulässigerweise vereinbar.

818

Da **§ 638 BGB** grundsätzlich **abdingbar** ist, gilt er nur, wenn nichts anderes vereinbart ist. Dies ist beispielsweise bei **Einbeziehung der VOB/B** in den Bauvertrag der Fall, denn nach § 13 Nr. 4 VOB/B gelten die dort genannten kürzeren Fristen. Für Bauwerke und für Holzerkrankungen sieht § 13 Nr. 4 Abs. 1 VOB/B eine Verjährungsfrist von zwei Jahren vor. Für Arbeiten an einem Grundstück und für die vom Feuer berührten Teile von Feuerungsanlagen beträgt die Verjährungsfrist hingegen 1 Jahr. Der Begriff „**vom Feuer berührte Teile von Feuerungsanlagen**" meint in erster Linie Ofenwände, -rohre, -roste und andere Teile, die von Flammen oder von Glut betroffen sind.[1769] Die Formulierung macht deutlich, dass solche Teile von Feuerungsanlagen, die nicht mit dem Feuer in Berührung kommen, nicht der kurzen Verjährungsfrist unterliegen. Das hat zur Folge, dass unter Umständen innerhalb eines einzelnen Gewerks oder sogar eines einzelnen Aggregats unterschiedliche Verjährungsfristen laufen.

Bei **maschinellen** und elektrotechnischen / elektronischen Anlagen oder Teilen davon, bei denen die **Wartung** Einfluss auf die Sicherheit und Funktionsfähigkeit hat, beträgt die Verjährungsfrist nach § 13 Nr. 4 Abs. 2 VOB/B **ein Jahr**, wenn der Auftraggeber dem Auftragnehmer nicht die Wartung für die Dauer der Verjährungsfrist übertragen hat. Hintergrund dieser Regelung ist, dass die Funktionsfähigkeit der Anlage bei fehlender Wartung erheblich beeinträchtigt werden kann. Da bei den genannten Anlagen die Feststellung, ob der Mangel bei Abnahme bereits vorlag oder erst durch schlechte

819

1767 Zum Begriff „Bauwerksarbeiten" siehe bereits oben Rn 75 ff.
1768 Siehe Rn 820 ff.
1769 Beck'scher VOB-Kommentar – *Motzke*, § 13 Nr. 4 Rn 185; *Heiermann/Riedl/Rusam*, § 13 VOB/B Rn 78.

oder fehlende Wartung entstanden ist, oft sehr schwierig ist, soll § 13 Nr. 4 Abs. 2 VOB/B **schnellen Rechtsfrieden** schaffen. Daher ist es sinnvoll, die Wartung für die maschinellen oder elektrotechnischen / elektronischen Anlagen dem Auftragnehmer zu übertragen. Tut der Auftraggeber dies nicht, so verkürzt sich über § 13 Nr. 4 Abs. 2 VOB/B seine Gewährleistungsfrist.

c) Die AGB-Problematik des § 13 Nr. 4 VOB/B

820 Nach § 23 Abs. 2 Nr. 5 AGBG gilt im Bereich **der VOB/B** nicht das in **§ 11 Nr. 10 f AGBG** geregelte Verbot, die gesetzlichen Gewährleistungsfristen zu verkürzen. Demnach ist die Fristenregelungen in § 13 Nr. 4 VOB/B zulässig. Voraussetzung ist jedoch nach h.M., dass die VOB/B **als Ganzes** dem Bauvertrag zugrundegelegt wurde.[1770] Ist dies hingegen nicht der Fall, weil durch einen erheblichen Eingriff in das Regelungsgefüge der VOB/B deren Ausgeglichenheit nicht mehr gewährleistet ist, so ist die Verkürzung der gesetzlichen Gewährleistungsfrist durch § 13 Nr. 4 VOB/B unwirksam. Dies gilt grundsätzlich auch im kaufmännischen Bereich, da hier 9 AGBG anwendbar ist. In diesen Fällen gilt daher die 5jährige Verjährungsfrist nach § 638 BGB

821 Dies gilt grundsätzlich auch für den Fall, dass seitens des Bauunternehmers als Verwender der AGB im Rahmen eines **BGB-Bauvertrags** die gesetzliche Verjährungsfrist von 5 Jahren durch die Klausel „**Gewährleistung nach VOB**" auf 2 Jahre verkürzt werden soll. Denn die isolierte Vereinbarung des § 13 Nr. 4 VOB/B würde gegen § 11 Nr. 10 f AGBG verstoßen. Wirksam ist hingegen im Rahmen von **VOB-Bauverträgen** die **Verlängerung** der in § 13 Nr. 4 VOB/B enthaltenen Verjährungsfrist **auf bis zu 5 Jahre**.[1771] Eine solche Verlängerung ist in § 13 Nr. 4 Abs. 1 VOB/B ausdrücklich zugelassen worden. Nach dieser Regelung gilt nämlich die zweijährige Gewährleistungsfrist nur, wenn „keine Verjährungsfrist im Vertrag vereinbart" wurde. Da eine Verkürzung der Frist des § 638 BGB im Übrigen nicht vorliegt, sind auch §§ 9, 11 AGBG nicht berührt.

d) Die gesetzlichen Verjährungsfristen nach § 638 BGB

822 Nach § 638 BGB verjähren die dem Auftraggeber zustehenden Ansprüche auf Wandelung, Minderung und Schadensersatz in 6 Monaten, bei Arbeiten an einem Grundstück in einem Jahr und bei Bauwerken in 5 Jahren. Entscheidend ist also, ob es sich bei den vertraglichen Leistungen um Arbeiten handelt, die „**bei Bauwerken**" stattfinden, deren Gewährleistungsfrist 5 Jahre beträgt oder ob es sich um **Grundstücksarbeiten** handelt, für welche die Gewährleistungsfrist lediglich ein Jahr beträgt. Unter dem gesetzlichen Begriff „bei Bauwerken" sind zunächst alle Leistungen zu zählen, die zur Errichtung eines Bauwerks dienen. Der Begriff ist überwiegend identisch mit den Begriffen „Bauleistungen" oder „Bauarbeiten", die bereits für die Frage der Anwendbarkeit der VOB/B maßgeblich sind.[1772] Zwar ist der Begriff „Bauarbeiten" im Sinne von § 1 VOB/A etwas weiter auszulegen, so dass es theoretisch VOB-Verträge geben kann, deren Leistungen als **grundstücksbezogen** im Sinne von § 638 BGB gelten.[1773] Dies stellt jedoch die Ausnahme dar. Bei herkömmlichen Bauverträgen dürfte die Abgrenzung zu „Arbeiten an einem Grundstück" keine Schwierigkeiten bereiten. Letztere sind nur dann anzunehmen, wenn lediglich eine Einwirkung auf Grund und Boden vorgenommen wird. Hingegen sind bauhandwerkliche oder bauindustrielle Maßnahmen, mit denen Bauwerke unmittelbar geschaffen, verändert oder erhalten werden, stets als Bauarbeiten zu qualifizieren.

823 Grenzfälle, in denen eine eindeutige Abgrenzung problematisch ist, sind dennoch nicht selten. Der Begriff „**Bauwerk**" wird mitunter **weit ausgelegt**. Hierzu zählen selbstverständlich auch Brücken, Straßen und Baudenkmäler. Darüber hinaus wurde jedoch auch einer Kanalanlage,[1774] einem in den

---

1770 *Ingenstau/Korbion*, § 13 VOB/B Rn 233.
1771 BGH BauR 1989, 323.
1772 Zur Definition als „Bauleistung" siehe Rn 75 ff.
1773 *Ingenstau/Korbion*, § 1 VOB/A Rn 3.
1774 BGH NJW 1968, 35.

Boden eingelassenen Schwimmbecken,[1775] einem Rohrbrunnen[1776] und einer fundamentierten Hoftoranlage[1777] Bauwerksqualität zugesprochen. Insofern ist der Anwendungsbereich für den Begriff **„Arbeiten an einem Grundstück"** im Sinne von § 638 BGB von der Rechtsprechung erheblich eingeschränkt worden. Um solche Grundstücksarbeiten handelt es sich lediglich dann, wenn tatsächlich nur der Zustand des Bodens verändert wird, beispielsweise bei Erdbewegungen, reinen gartentechnischen Arbeiten oder Planierarbeiten. Schon das **Aufschütten von Dämmen** und Molen wird bereits den Bauwerksbegriff erfüllen.[1778] Gleiches gilt für **Erdaushubarbeiten**, wenn diese ausschließlich der Errichtung eines Bauwerks dienen.[1779] Zu den Arbeiten an einem Grundstück im Sinne von § 638 BGB können ferner solche Leistungen zählen, die zwar an einem Bauwerk ausgeführt werden, jedoch wegen ihrer unwesentlichen Einwirkung auf dieses lediglich als nebensächlich und daher nicht als Bauleistungen gewertet werden.[1780] Dies sind regelmäßig **bloße Schönheitsreparaturen**, aber auch für das Bauwerk unbedeutende Montagearbeiten. Zu Arbeiten an einem Grundstück im Sinne von § 638 BGB zählen daher unter Umständen Malerarbeiten im Bereich der Ausbesserung und Verschönerung[1781], reine Wartungsarbeiten, das lose Verlegen von Teppichboden[1782] oder auch der Anbau von unwesentlichen Aggregaten, wie beispielsweise eine Leuchtreklame an einem Ladengeschäft[1783] oder einer Markise.[1784] Für den Bauwerksbegriff ist nicht entscheidend, dass das Bauwerk als ganzes errichtet wird. Daher sind selbstverständlich auch Einzelgewerke und einzelne Bauteile unter diesen Begriff zu subsumieren. Auch die feste Verbindung mit dem Erdboden kann hier eine Rolle spielen, wobei die feste Verbindung von **wesentlichen Bestandteilen** im Sinne von § 94 BGB lediglich ein **Indiz** ist. Auch **Scheinbestandteile**, die nur zu einem vorübergehenden Zweck mit dem Grund und Boden verbunden sind (§ 95 BGB), können durchaus als Bauwerksarbeiten im Sinne von § 638 BGB gelten.[1785] Entscheidend ist eine wertende Betrachtung unter Berücksichtigung der allgemeinen Verkehrsauffassung. Allgemeine Einteilungsregeln sind hier nur schwer aufzustellen. Vielmehr muss anhand des jeweiligen **Einzelfalles** beurteilt werden, ob eine Leistung als Arbeit „an einem Grundstück" oder „bei einem Bauwerk" im Sinne von § 638 BGB gilt. Die Rechtsfolge der Eingruppierung ist erheblich. Nur der Auftraggeber von echten Bauwerksarbeiten genießt die längere Gewährleistungsfrist von 5 Jahren.

Zu beachten ist jedoch, dass § 638 BGB nicht nur körperliche, sondern auch geistige Leistungen erfasst. Daher fallen auch **Architekten- und Ingenieurleistungen**, die ihre spätere Verkörperung im Bauwerk finden, unter den Begriff der Bauwerksarbeiten im Sinne von § 638 BGB.[1786]

e) Sonderfall: Gewährleistungsfrist bei pFV

Der Verjährungsfrist des § 13 Nr. 4 VOB/B unterfallen sämtliche in § 13 Nr. 5 bis Nr. 7 VOB/B aufgeführten **Gewährleistungsansprüche** mit Ausnahme der in § 13 Nr. 5 Abs. 1 S. 2 und S. 3 sowie in Nr. 7 Abs. 3 VOB/B geregelten Fälle. Gemeint sind also die Mangelbeseitigung, die Minderung und der Schadensersatzanspruch nach § 13 Nr. 7 VOB/B. Auch Ansprüche, die bei Abnahme noch nicht

824

[1775] BGH BauR 1983, 64.
[1776] BGH BauR 1971, 259.
[1777] OLG Koblenz NJW-RR 1989, 336.
[1778] *Ingenstau/Korbion*, § 1 VOB/A Rn 23.
[1779] MüKo – *Soergel*, § 638 Rn 23.
[1780] MüKo – *Soergel*, § 638 Rn 21, 27.
[1781] BGH S-F-H Z.2.414.
[1782] *Ingenstau/Korbion*, § 1 VOB/A Rn 18.
[1783] OLG Hamm NJW-RR 1990, 789.
[1784] *Ingenstau/Korbion*, § 1 VOB/A Rn 18.
[1785] *Ingenstau/Korbion*, § 1 VOB/A Rn 17.
[1786] MüKo – *Soergel*, § 638 BGB Rn 24.

erledigt waren, beispielsweise aus **§ 4 Nr. 7 VOB/B**, wandeln sich mit der Abnahme in Gewährleistungsansprüche nach § 13 VOB/B um und verjähren damit ebenfalls nach Ablauf der Fristen des § 13 Nr. 4 VOB/B.[1787]

825 Nicht geregelt sind jedoch die Ansprüche aus pFV. Wie bereits dargelegt, spielt deren Einordnung insbesondere im Rahmen von **BGB-Bauverträgen** eine erhebliche Rolle. Dort fallen nur solche Mangelschäden und Mangelfolgeschäden in den Anwendungsbereich von § 635 BGB, die eng und unmittelbar mit dem Mangel zusammenhängen. Hingegen werden die so genannten entfernten Mangelfolgeschäden nur nach den Grundsätzen der pFV beurteilt.[1788] Die Einteilung orientiert sich also nach der kausalen Nähe und nach dem Erscheinungsbild des Schadens. Die Ansprüche aus pFV wegen **entfernterer Mangelfolgeschäden** unterliegen nach der Rechtsprechung der 30jährigen Verjährungsfrist des § 195 BGB.[1789] Die eng und unmittelbar mit dem Bauwerk zusammenhängenden Mangelschäden und Mangelfolgeschäden fallen hingegen in den Anwendungsbereich des § 635 BGB und verjähren daher nach § 638 BGB nach 5 Jahren.

826 Im Rahmen von **VOB-Bauverträgen** stellt sich die Rechtslage anders dar. Da § 13 Nr. 7 Abs. 2 VOB/B auch die vorgenannten entfernten Mangelfolgeschäden erfasst, bleibt hier für die Anwendung der Grundsätze über die positive Vertragsverletzung kein Raum. Die Ansprüche aus § 13 Nr. 7 VOB/B verjähren nach Ablauf der **in § 13 Nr. 4 VOB/B genannten Fristen**,[1790] also regelmäßig nach 2 Jahren. Nur die Verletzung von vertraglichen Nebenpflichten und die Verursachung nicht mangelbedingter Schäden kann also im Rahmen von VOB-Bauverträgen als pFV qualifiziert werden.[1791] Nur diese Ansprüche verjähren also gemäß § 195 BGB nach 30 Jahren.

827 Eine **Ausnahme** hiervon ist in **§ 13 Nr. 7 Abs. 3 VOB/B** geregelt. Nach dieser Bestimmung gelten die gesetzlichen Verjährungsfristen, soweit sich der Auftragnehmer im Hinblick auf den Schadensersatz nach § 13 Nr. 7 Abs. 2 VOB/B durch Versicherung geschützt hat oder hätte schützen können oder soweit ein besonderer **Versicherungsschutz** vereinbart ist. Dass die „gesetzlichen Verjährungsfristen" gelten sollen, heißt, dass je nach Rechtsnatur des jeweiligen Schadensersatzanspruchs die hierfür im BGB geregelte Verjährungsfrist gilt.[1792]

f) Arglistiges Verschweigen

828 Nach § 638 Abs. 1 BGB kommen die kurzen Verjährungsfristen nicht in Betracht, wenn der Auftragnehmer den Mangel arglistig verschwiegen hat. In diesem Fall gilt vielmehr § 195 BGB, so dass die Ansprüche wegen dieser arglistig verschwiegenen Mängel erst **nach 30 Jahren** verjähren. Dies gilt sowohl im BGB-Bauvertrag als **auch im VOB-Bauvertrag**. Zwar ist in § 13 Nr. 4 VOB/B diese Rechtsfolge nicht ausdrücklich vorgesehen. Da jedoch nach § 637 BGB Haftungserleichterungen nichtig sind, wenn der Mangel arglistig verschwiegen wird, muss dies auch für § 13 Nr. 4 VOB/B gelten, so dass es auf dessen Wortlaut nicht ankommt. Der Arglisteinwand gilt also auch im Rahmen von VOB-Bauverträgen.[1793]

829 **Arglistiges Verschweigen** im Sinne von § 638 BGB bedeutet, dass der Auftragnehmer den Mangel als solchen wahrgenommen hat, ihn aber dem Auftraggeber pflichtwidrig nicht mitgeteilt hat, obwohl ihm die Bedeutung des Mangels als erheblich für den Bestand oder die Benutzung des Bauwerks bewusst war.[1794] Voraussetzung ist die **sichere Kenntnis** des Mangels seitens des Unternehmers.

1787 BGH BauR 1982, 277.
1788 Siehe hierzu Rn 807.
1789 BGHZ 46, 238.
1790 BGH NJW 1972, 1280; Beck'scher VOB-Kommentar-*Motzke*, § 13 Nr. 4 Rn 6, 26.
1791 Beck'scher VOB-Kommentar – *Kohler*, § 13 Nr. 7 Rn 37.
1792 *Heiermann/Riedl/Rusam*, § 13 VOB/B Rn 213.
1793 BGH BauR 1981, 591; *Vygen*, Rn 598.
1794 BGH BauR 1986, 215.

Es reicht daher nicht aus, dass er den Mangel hätte erkennen müssen und können.[1795] Es ist jedoch nicht erforderlich, dass der Auftragnehmer mit Schädigungsabsicht gehandelt oder die Schäden auch nur in Kauf genommen hat.[1796] Gleichzusetzen mit dem arglistigen Verschweigen ist das arglistige Vorspiegeln der Abwesenheit eines Mangels, beispielsweise durch Vertuschungsversuche.[1797]

Für das Verhalten seiner **Erfüllungsgehilfen**, insbesondere seiner Nachunternehmer, hat der Auftragnehmer nach § 278 BGB ebenfalls einzustehen. Erfüllungsgehilfe im Sinne von § 638 Abs. 1 BGB ist jedoch **nicht jede Hilfsperson**, die im Rahmen der Leistungserbringung für den Auftragnehmer tätig wird. Um nicht eine uferlose Haftung für arglistiges Verhalten auf der Baustelle entstehen zu lassen, wurde vielmehr die Haftung für Erfüllungsgehilfen im Rahmen von § 638 BGB auf diejenigen Personen beschränkt, die für den Auftragnehmer im Zusammenhang mit der Abnahme tätig sind oder die mit der Prüfung des Werks auf seine Mangelfreiheit betraut worden sind.[1798] Dies trifft im Allgemeinen auf den Bauleiter zu. 830

Maßgeblicher Zeitpunkt für die Beurteilung der Arglist ist die **Abnahme**. Die **Beweislast** für das arglistige Verschweigen des Mangels obliegt dem Auftraggeber.

g) Sonderfall: 30jährige Verjährungsfrist bei Organisationsverschulden

Nach der **Leitentscheidung des BGH vom 12.3.1992**[1799] steht es einem arglistigen Verschweigen gleich, wenn der Auftragnehmer ein Bauwerk arbeitsteilig herstellen lässt und nicht die organisatorischen Voraussetzungen schafft, um sachgerecht beurteilen zu können, ob das Bauwerk bei der Abnahme mangelfrei ist. Auch in diesen Fällen haftet der Auftragnehmer nach § 195 BGB 30 Jahre für die vorhandenen Mängel. 831

Nach diesem Urteil, dem sich auch mehrere Oberlandesgerichte angeschlossen haben,[1800] muss der Auftragnehmer die organisatorischen Voraussetzungen dafür schaffen, dass er die Mangelfreiheit des Bauwerks überprüfen kann. In dem vom BGH entschiedenen Fall war eine aus Spannbetonfertigteilen errichtete 20 Jahre alte Scheune teilweise eingestürzt, weil die Pfetten des Flachdachs nicht korrekt auf den hierfür eingebauten Konsolen auflagen und weil darüber hinaus spezielle Eisenschlaufen an diesen Pfetten nicht die aus den Konsolen herausragenden Dorne erfassten. Nach Ansicht des BGH wäre dieser Mangel bei ordnungsgemäßer Organisation und hinreichender Überwachung erkennbar gewesen. Ein derart **auffälliger Mangel**, der für die Konstruktion von wesentlicher Bedeutung war, hätte also besser überprüft werden müssen. Demnach muss der Auftragnehmer durch **organisatorische Maßnahmen** dafür sorgen, dass er beurteilen kann, ob sein Werk bei Abnahme mangelfrei ist. Der Auftragnehmer kann sich also seiner Offenbarungspflicht nicht dadurch entziehen, dass er sich unwissend hält. 832

Zusammengefasst kann nach dieser neuesten Rechtsprechung zum Organisationsverschulden eine Verjährungsfrist von 30 Jahren dann in Betracht kommen, wenn es sich um einen **gravierenden Mangel** handelt, der **während der Bauphase erkennbar** war, dessen **Entdeckung** jedoch **durch organisatorische Fehler verhindert** wurde. Diese Voraussetzungen hat zwar der Auftraggeber zu beweisen, doch kann bereits die **Art und Schwere des Mangels ein deutliches Indiz** für ein Organisationsverschulden sein, so dass es eines Beweises nicht mehr bedarf.[1801] 833

1795 *Vygen,* Rn 598.
1796 BGH BauR 1970, 244.
1797 MüKo – *Soergel*, § 638 BGB Rn 33.
1798 BGHZ 62, 63.
1799 BauR 1992, 500.
1800 OLG Bamberg BauR 1995, 394; OLG Köln BauR 1995, 107; OLG Celle NJW-RR 1995, 1486.
1801 MüKo – *Soergel*, § 638 BGB Rn 37.

h) Der zeitliche Ablauf der Gewährleistungsfrist

aa) Beginn, Hemmung, Unterbrechung

834 Nach § 13 Nr. 4 Abs. 3 VOB/B beginnt die Gewährleistungsfrist mit der **Abnahme** der gesamten Leistung. Nur für in sich abgeschlossene Teile der Leistung beginnt sie mit der Teilabnahme (§ 12 Nr. 2 VOB/B). Auch im **BGB-Bauvertrag** gilt die Abnahme als Beginn der Verjährungsfrist (§ 638 Abs. 1 S. 2 BGB). Hat der Auftraggeber die Abnahme unberechtigterweise verweigert, so beginnt die Verjährung im dem Zeitpunkt, in dem er die Abnahme endgültig abgelehnt hat.[1802]

835 Wie jede andere Verjährungsfrist kann auch die Gewährleistungsfrist durch Hemmung und Unterbrechung verlängert werden. Es gelten hier die allgemeinen Regeln nach §§ 202 ff. BGB. Hinzu kommen jedoch einige Sondertatbestände.

836 Nach den allgemeinen Regelungen des BGB kommen für die **Hemmung** der Verjährungsfrist nach § 202 BGB zunächst die **Stundung** und das Leistungsverweigerungsrecht in Betracht. Hier gelten keine Besonderheiten. Stundet der Auftraggeber dem Auftragnehmer dessen Pflicht zur Nachbesserung, etwa weil die Jahreszeit eine ordnungsgemäße Mangelbeseitigung noch nicht zulässt oder weil noch ein Parteigutachten eingeholt werden soll, so ruht die Verjährungsfrist. Nach § 203 Abs. 2 BGB ist die Verjährung ferner gehemmt, solange der Auftraggeber durch **höhere Gewalt** an der Geltendmachung seiner Gewährleistungsansprüche gehindert ist. Da jedoch höhere Gewalt nur dann vorliegt, wenn auch bei Beachtung der äußersten Sorgfalt das Ereignis nicht verhindert werden konnte, wird diese Voraussetzung selten vorliegen. Schon das geringste eigene Verschulden schließt höhere Gewalt grundsätzlich aus.[1803]

837 Ein wichtiger allgemeiner Hemmungstatbestand, der auch im Rahmen von VOB-Bauverträgen gilt, ist in **§ 639 Abs. 2 BGB** geregelt. Nach dieser Bestimmung ist die Verjährung gehemmt, wenn sich der Auftragnehmer im Einverständnis mit dem Auftraggeber der Prüfung des Vorhandenseins des Mangels oder seiner Beseitigung unterzieht. Die Hemmung dauert an, bis der Auftragnehmer das Ergebnis der Prüfung dem Auftraggeber mitteilt, den Mangel für beseitigt erklärt oder die Fortsetzung der Mangelbeseitigung verweigert. Die Bestimmung soll verhindern, dass der Auftraggeber gezwungen ist, Klage zu erheben, obwohl der Auftragnehmer bereits die Angelegenheit prüft oder sogar schon mit der Nachbesserung beschäftigt ist. Die Hemmung setzt voraus, dass sich der Auftragnehmer um die **Prüfung des Mangels** bemüht. Unerheblich ist dabei, aus welchen Motiven er dies tut. Der Hinweis des Auftragnehmers, nur „aus Kulanz" zu handeln ist daher unschädlich. Nicht ausreichend ist hingegen, dass der Auftragnehmer lediglich an einem vom Auftraggeber anberaumten Ortstermin teilnimmt.[1804] Dies kann anders sein, wenn er ernsthafte Prüfungsbereitschaft erkennen lässt. Die Hemmung bezieht sich auf den **vollständigen Mangel**, nicht nur auf dessen äußeres Erscheinungsbild. Insofern gelten die gleichen Grundsätze wie hinsichtlich der Mängelrüge des Auftraggebers nach § 13 Nr. 5 Abs. 1 VOB/B. Prüft also der Auftragnehmer eine Mangelerscheinung, beispielsweise Feuchtigkeitsschäden oder Putzrisse, so wird die Gewährleistungsfrist **hinsichtlich sämtlicher Ursachen** für diese Schäden gehemmt. Daher ist es unschädlich, wenn die Prüfung des Auftragnehmers ergebnislos verläuft oder wenn der Nachbesserungsversuch des Auftragnehmers untauglich war.[1805] Eine Prüfung im Sinne von § 639 Abs. 2 BGB liegt auch in der Weiterleitung der Mängelanzeige des Auftraggebers an die Haftpflichtversicherung.[1806]

838 Die Hemmung nach § 639 Abs. 2 BGB setzt weiterhin ein **Einverständnis des Auftraggebers** mit der Prüfung des Mangels voraus. Dies wird jedoch in den meisten Fällen vorliegen. Ausreichend ist

---

1802 *Vygen*, Rn 600.
1803 *Vygen*, Rn 604.
1804 BGH NJW 1967, 340.
1805 *Ingenstau/Korbion*, § 13 VOB/B Rn 332.
1806 BGH ZfBR 1982, 255.

hierfür jedes schlüssige Verhalten des Auftraggebers aus dem sich die Billigung der Mangelprüfung ergibt.[1807]

839 Die Hemmung beginnt in dem **Zeitpunkt**, in dem der Auftragnehmer mit der Prüfung oder Beseitigung des Mangels beginnt und das Einverständnis des Auftraggebers ihm zugeht. Insbesondere letzteres ist meist nur schwer feststellbar. Daher muss im Zweifel auf den Beginn des Prüfungs- oder Beseitigungsvorgangs abgestellt werden, da dieser regelmäßig unter stillschweigender Billigung des Auftraggebers stattfindet.[1808]

840 Für das **Ende der Hemmung** der Verjährung sieht § 639 Abs. 2 BGB drei Möglichkeiten vor. Danach läuft die Verjährungsfrist weiter, wenn der Auftragnehmer dem Auftraggeber das Ergebnis der Prüfung mitteilt oder den Mangel für beseitigt erklärt oder die Fortsetzung der Mangelbeseitigung verweigert. Die Hemmung betrifft sämtliche Gewährleistungsansprüche aus dem aufgetretenen Mangel. Damit wird sowohl der Anspruch auf Nachbesserung und Minderung als auch der Schadensersatzanspruch erfasst. Dies gilt sowohl im BGB-Bauvertrag als auch im VOB-Bauvertrag.[1809]

841 Die Verjährung des Gewährleistungsanspruchs kann darüber hinaus auch unterbrochen werden. Diese **Unterbrechung** bewirkt nach § 217 BGB, dass die bis zur Unterbrechung verstrichene Zeit nicht berücksichtigt wird. Die Verjährungsfrist beginnt also nach Beendigung der Unterbrechung erneut zu laufen. In der Praxis bedeutsame Unterbrechungstatbestände sind das Anerkenntnis des Mangels nach § 208 BGB, das mit dem **Prüfungsvorgang nach § 639 Abs. 2 BGB** zusammentreffen kann. Die Abgrenzung ist hier oft schwierig. Prüft der Unternehmer lediglich das Vorhandensein des Mangels, so kommt nach § 639 Abs. 2 BGB nur eine Hemmung in Betracht. Beseitigt er jedoch daraufhin den Mangel, so dürfte darin ein Anerkenntnis nach § 208 BGB liegen.[1810]

Ein weiterer wichtiger Fall der Verjährungsunterbrechung ist die **gerichtliche Geltendmachung** von Gewährleistungsansprüchen nach § 209 BGB. Dies kann durch Klageerhebung, Mahnbescheid oder auch Streitverkündung erfolgen.

Die Verjährung wird darüber hinaus nach §§ 639 Abs. 1, 477 Abs. 2 BGB durch die Einleitung eines **selbstständigen Beweisverfahrens** nach §§ 485 ff. ZPO bewirkt.[1811] Nach § 217 BGB endet die Unterbrechung erst mit dem Abschluss des selbstständigen Beweisverfahrens. Dies ist dann der Fall, wenn die Beweisaufnahme beendet ist, d.h. wenn das Gutachten des Sachverständigen den Parteien zugeht oder wenn die mündliche Anhörung und Erörterung nach § 492 Abs. 3 ZPO abgeschlossen ist.[1812]

Sowohl die Unterbrechung nach § 208 BGB als auch die Hemmung nach § 639 Abs. 2 BGB können wiederholt erfolgen.

bb) „Quasi"-Unterbrechung der Gewährleistungsfrist durch die schriftliche Mängelrüge (§ 13 Nr. 5 Abs. 1 VOB/B)

842 Im Rahmen von VOB-Bauverträgen ergibt sich aus § 13 Nr. 5 Abs. 1 S. 2 VOB/B ein besonderer Unterbrechungstatbestand für die Verjährung der Gewährleistungsansprüche. Nach dieser Vorschrift verjährt der Anspruch auf Beseitigung des gerügten Mangels erst mit Ablauf der Regelfristen des § 13 Nr. 4 VOB/B, gerechnet vom Zugang des schriftlichen Beseitigungsverlangens an, jedoch nicht vor Ablauf der vereinbarten Frist.

1807 BGH ZfBR 1982, 254; *Heiermann/Riedl/Rusam*, § 13 VOB/B Rn 89d.
1808 *Ingenstau/Korbion*, § 13 VOB/B Rn 335.
1809 *Ingenstau/Korbion*, § 13 VOB/B Rn 329.
1810 MüKo – *Soergel*, § 639 BGB Rn 3a.
1811 Siehe hierzu Rn 557 ff.
1812 *Kleine-Möller/Merl/Oelmaier*, § 12 Rn 1000.

§ 13 Nr. 5 Abs. 1 S. 2 VOB/B spricht nicht ausdrücklich von einer Unterbrechung im Sinne von §§ 208 ff. BGB. Die Auswirkungen sind jedoch überwiegend die gleichen, weshalb hier meist von einer „Quasi-Unterbrechung" gesprochen wird. Diese „Quasi-Unterbrechung" der Verjährungsfrist durch Mängelrüge soll einen **Ausgleich** für die in der VOB vorgesehene kurze Verjährungsfrist schaffen.[1813]

843 Die Unterbrechung der Verjährung nach § 13 Nr. 5 Abs. 1 S. 2 VOB/B setzt eine wirksame **schriftliche Mängelrüge** innerhalb der Verjährungsfrist voraus. Die Schriftform ist hier Wirksamkeitsvoraussetzung. Wird sie missachtet, so gilt die Verjährung nicht als unterbrochen. Die Übersendung per Telefax ist ausreichend.[1814] Die Mängelrüge muss vor Ablauf der Verjährungsfrist erfolgen, wobei der Zugang beim Auftragnehmer entscheidend ist. Wird die Mängelrüge **vor Ablauf der Verjährungsfrist abgesandt**, geht sie dem Auftragnehmer jedoch erst nach deren Eintritt zu, so steht dem Auftraggeber trotz eingetretener Verjährung ein Zurückbehaltungsrecht zu und der Anspruch auf Aufrechnung gegenüber dem Vergütungsanspruch bleibt erhalten (§§ 478 Abs. 1, 639 Abs. 1 BGB).

844 Wichtig ist, dass die Verjährung hinsichtlich eines Mangels nur durch die erstmalige Mängelrüge unterbrochen wird. Anders als bei den übrigen Unterbrechungstatbeständen des BGB kann also die „Quasi-Unterbrechung" **nur einmalig** erfolgen. Andernfalls wäre es dem Auftraggeber möglich, durch ständig neue Mängelrügen die Verjährungsfrist nahezu unbegrenzt zu verlängern.[1815]

845 Die schriftliche Mängelrüge bewirkt, dass hinsichtlich des gerügten Mangels eine neue Verjährungsfrist läuft. Die Unterbrechung erfasst also nur die Verjährung des **konkret gerügten Mangels**. Dies führt zu einer Aufspaltung der ursprünglich für alle Ansprüche gleichmäßig laufenden Verjährungsfrist. Wichtig ist daher für den Auftraggeber, den betreffenden Mangel so konkret wie möglich zu rügen. Allgemeine Hinweise auf die Mangelhaftigkeit des Gesamtbauwerks reichen für eine Unterbrechung nach § 13 Nr. 5 VOB/B nicht aus.[1816] Nach dem Wortlaut der Bestimmung verjährt der Gewährleistungsanspruch hinsichtlich des gerügten Mangels mit Ablauf der Regelfristen des § 13 Nr. 4 VOB/B, gerechnet vom Zugang der Mängelrüge an, **nicht jedoch vor Ablauf der vereinbarten Frist**. Rügt also der Auftraggeber beispielsweise 1 Jahr nach Abnahme einen Mangel, so beginnt erneut die zweijährige Regelfrist des § 13 Nr. 4 Abs. 1 VOB/B zu laufen, so dass sich die Gewährleistungsfrist für den gerügten Mangel auf insgesamt 3 Jahre verlängern würde. Die Klarstellung, dass der Anspruch nicht vor Ablauf der vereinbarten Frist verjährt, bezieht sich auf abweichende Vereinbarungen hinsichtlich der Gewährleistungsfrist. Haben die Parteien nämlich, wie dies oft geschieht, statt der zweijährigen Gewährleistungsfrist der VOB/B eine Verjährungsfrist von 5 Jahren vereinbart, so sind zwei Möglichkeiten denkbar. Wird der Mangel beispielsweise erst am Ende der vereinbarten Fünfjahresfrist gerügt, so beginnt ab Zugang der Mängelrüge die **„Regelfrist" des § 13 Nr. 4 VOB/B** erneut zu laufen. Es wird also nicht noch einmal die vereinbarte fünfjährige Verjährung in Gang gesetzt, sondern ausdrücklich nur die „Regelfrist".[1817] Rügt der Auftraggeber den Mangel hingegen bereits 1 Jahr nach Abnahme, so tritt in dem vorgenannten Fall faktisch keine Unterbrechungswirkung ein, da die nun in Gang gesetzte „Regelfrist" von 2 Jahren durch die vereinbarte Fünfjahresfrist aufgezehrt wird. § 13 Nr. 5 Abs. 1 S. 2 VOB/B stellt allerdings klar, dass die Verjährung in diesen Fällen jedenfalls nicht vor Ablauf der vereinbarten, in diesem Fall fünfjährigen Frist stattfindet.

1813 *Heiermann/Riedl/Rusam*, § 13 VOB/B Rn 128a.
1814 *Kleine-Möller/Merl/Oelmaier*, § 12 Rn 105.
1815 *Heiermann/Riedl/Rusam*, § 13 VOB/B Rn 129.
1816 *Ingenstau/Korbion*, § 13 VOB/B Rn 405.
1817 *Ingenstau/Korbion*, § 13 VOB/B Rn 411.

i) Die Verjährung bei durchgeführten Mangelbeseitigungsleistungen

Nach § 13 Nr. 5 Abs. 1 S. 3 VOB/B beginnen nach Abnahme von Mangelbeseitungsleistungen die Regelfristen des § 13 Nr. 4 VOB/B erneut zu laufen. Grundsätzlich haftet also der Auftragnehmer für eine Nachbesserung wie für eine Neuherstellung, nämlich erneut für die Dauer der Regelfristen des § 13 Nr. 4 VOB/B. Nach Beendigung der Nachbesserung findet eine **Abnahme** dieser Mangelbeseitigung zwischen den Parteien statt. Diese kann förmlich oder **konkludent** erfolgen, beispielsweise durch rügelose Entgegennahme oder Weiterbenutzung der nachgebesserten Leistung. Mit Abnahme der Mangelbeseitigungsarbeiten beginnen **die Regelfristen** des § 13 Nr. 4 VOB/B bezüglich des **konkret nachgebesserten Mangels** erneut zu laufen, nicht jedoch die vereinbarte, möglicherweise längere Verjährungsfrist. 846

5. Gängige Klauseln

a) Verlängerung/Verkürzung der Gewährleistungsfristen

§ 638 Abs. 2 BGB lässt ausdrücklich eine **Verlängerung** der fünfjährigen Verjährungsfrist durch Vereinbarung zu. Eine Verlängerung ist jedoch nicht unbegrenzt möglich. Für zulässig wurde eine Verlängerung um 2 Jahre erachtet.[1818] **Unzulässig** soll jedoch eine pauschale Verlängerung der Gewährleistungsfrist auf **10 Jahre** sein.[1819] Hier muss jedoch differenziert werden, für welches Gewerk eine solche Verlängerung vereinbart wurde. Für besonders schadensträchtige Gewerke, wie beispielsweise Flachdacharbeiten, kann durchaus auch eine Verlängerung auf 10 Jahre zulässig sein, da sich hier Mängel oftmals erst sehr spät zeigen und darüber hinaus eine erhebliche Beeinträchtigung des Gebrauchs darstellen.[1820] 847

Nach § 11 Nr. 10 f AGBG ist **eine Verkürzung** der gesetzlichen Verjährungsfristen in AGB jedoch grundsätzlich unzulässig. Ist die VOB/B als Ganzes vereinbart, so ist die in § 13 Nr. 4 VOB/B vorgesehene kurze Verjährungsfrist allerdings durch **§ 23 Abs. 2 Nr. 5 AGBG** von diesem Verbot ausgenommen. Ist die VOB/B jedoch nicht als Ganzes vereinbart worden, so ist, wenn der Auftragnehmer Verwender ist, die in der VOB/B vorgesehene Verkürzung der Verjährungsfrist unzulässig. Erst recht gilt dies für eine isolierte Vereinbarung des § 13 Nr. 4 VOB/B oder andere Verkürzungen der Verjährungsfristen.[1821] 848

b) Verschieben des Gewährleistungsbeginns

Klauseln, die die Verjährung von Umständen abhängig machen, die sich **dem Einfluss des Auftragnehmers entziehen**, sind stets bedenklich. Dies gilt insbesondere für solche Klauseln, die den Verjährungsbeginn im Rahmen des Nachunternehmervertrags von der Abnahme zwischen Bauherrn und Generalunternehmer abhängig machen.[1822] 849

c) Umkehr der Beweislast

Sowohl im BGB-Bauvertrag als auch im VOB-Bauvertrag trägt der Auftraggeber ab dem Zeitpunkt der Abnahme die Beweislast für das Vorliegen von Mängeln. Daher sind Klauseln, die die Beweislast umkehren, regelmäßig unwirksam.[1823] Dies gilt nach **§ 11 Nr. 15 AGBG** im nichtkaufmännischen Verkehr. Die Klausel wird jedoch von der Rechtsprechung überwiegend auch im **kaufmännischen Geschäftsverkehr** für unwirksam gehalten (§ 9 AGBG). 850

1818 OLG Köln BauR 1989, 376.
1819 *Glatzel/Hofmann/Frikell*, Ziffer 2.13.1.1e).
1820 *Ingenstau/Korbion*, § 13 VOB/B Rn 237.
1821 *Ingenstau/Korbion*, § 13 VOB/B Rn 233.
1822 *Glatzel/Hofmann/Frikell*, 2.13.1.1g).
1823 BGH BauR 1991, 740.

d) Ausschluss des Nachbesserungsrechts

851 Das Recht des Auftragnehmers, eine Minderung des Werklohnes durch Nachbesserung abzuwenden, stellt ein Wesenselement der Gewährleistung dar.[1824] Daher sind Klauseln, die dieses Nachbesserungsrecht des Auftragnehmers beseitigen, regelmäßig unwirksam.[1825]

e) Einschränkung der Gewährleistung

852 Unwirksam sind gleichermaßen **Klauseln der Auftragnehmerseite**, die die Gewährleistungspflicht auf bedenkliche Weise einschränken. Dies gilt insbesondere für Klauseln, die den Auftraggeber auf den Nachbesserungsanspruch verweisen, selbst wenn die Nachbesserung fehlschlägt.[1826] Darüber hinaus sind Klauseln, die den Ausschluss von Schadensersatzansprüchen enthalten, nach § 9 AGBG unwirksam. Hier ist davon auszugehen, dass die in **§ 11 Nr. 10 AGBG** enthaltenen Ausschlussverbote über **§ 9 AGBG** auch im **kaufmännischen Geschäftsverkehr** gelten. Dies gilt insbesondere für die Beschränkung des Auftraggebers auf Nachbesserung und die Pflicht des Auftragnehmers, die für die Nachbesserung notwendigen Aufwendungen zu tragen.[1827]

XI. Sicherheiten

1. Allgemeines

853 Sicherheitsleistungen dienen in erster Linie der Absicherung der vertraglichen Leistungserfüllung einschließlich der Gewährleistung (§ 17 Nr. 1 Abs. 2 VOB/B). Insbesondere das **Risiko der Insolvenz** des Vertragspartners oder der Leistungsverweigerung soll hierdurch gemildert werden. Obwohl es kaum noch ein Bauvorhaben geben dürfte, das nicht von Sicherheitsleistungen zumindest der Auftragnehmerseite begleitet wird, kann keinesfalls von einer Verkehrssitte oder einem **Handelsbrauch** ausgegangen werden, Sicherheiten zu stellen.[1828] Daraus folgt, dass Sicherheitsleistungen grundsätzlich vereinbart werden müssen. Ist dies unterblieben, so besteht – abgesehen von den gesetzlich zwingend vorgesehenen Sicherheiten – kein Anspruch auf Sicherheitsleistung. Auch die **bloße Vereinbarung** der VOB/B reicht als solche nicht aus, um einen Anspruch auf Sicherheit zu begründen, denn die VOB/B regelt in § 17 VOB/B lediglich die Einzelheiten von ausdrücklich vereinbarten Sicherheiten. Einen originären Anspruch auf Sicherheitsleistung gewährt § 17 VOB/B jedoch nicht.[1829]

Nach § 17 Nr. 1 Abs. 2 VOB/B dient die Sicherheit dazu, die vertragsgemäße Ausführung der Leistung und die Gewährleistung sicherzustellen. Daraus folgt, dass § 17 VOB/B lediglich die **Sicherheit für den Auftraggeber** regelt. Eine Sicherheit für die Ansprüche des Auftragnehmers ist in der VOB/B nicht vorgesehen. Dies bedeutet jedoch nicht, dass derartige Sicherheiten ausgeschlossen sind. Die Parteien sind vielmehr frei, auch zu Gunsten des Auftragnehmers eine ausreichende Sicherheit zu vereinbaren.

854 § 17 Nr. 2 VOB/B sieht **drei Arten von Sicherheiten** vor, nämlich
- Einbehalt von Geld,
- Hinterlegung von Geld und
- Bürgschaft.

Auch hier sind jedoch die Vertragspartner nicht an die Festlegungen der VOB/B gebunden. Sie können vielmehr darüber hinaus auch andere Sicherheiten vereinbaren. Hierbei sind allerdings die

---

1824 *Ingenstau/Korbion*, § 13 VOB/B Rn 450.
1825 *Glatzel/Hofmann/Frikell*, Ziffer 2.13.1.4 m.w.N.
1826 OLG Saarbrücken NJW-RR 1995, 117.
1827 *Ingenstau/Korbion*, § 13 VOB/A Rn 16.
1828 *Vygen*, Rn 905.
1829 *Heiermann/Riedl/Rusam*, § 17 VOB/B Rn 1.

gesetzlichen Bestimmungen der §§ 232 ff. BGB zu beachten. Nach § 17 Nr. 3 VOB/B hat der Auftragnehmer die **Wahl** unter den verschiedenen Arten der Sicherheit. Er kann ferner eine Sicherheit durch eine andere **ersetzen**. Da die VOB/B nur die Sicherheitsleistung zu Gunsten des Auftraggebers regelt, kann das vorgenannte Wahlrecht auch nur für diese Sicherheiten gelten. Wird umgekehrt jedoch eine Sicherheit für den Auftragnehmer gestellt, so hat der Auftraggeber das Wahlrecht. Dieses liegt nämlich nach dem Sinn und Zweck des § 232 BGB grundsätzlich beim Sicherungsgeber, im letztgenannten Fall also beim Auftraggeber.[1830]

Das **Wahl- und Austauschrecht** des Auftragnehmers nach § 17 Nr. 3 VOB/B beinhaltet ferner das Recht, verschiedene **Sicherheitsarten zu kombinieren**, d.h. beispielsweise einen Teil der Sicherheit in Form einer Bürgschaft und den Rest als Sicherheitseinbehalt zu stellen.[1831] Im Rahmen seines Wahlrechts nach § 17 Nr. 3 VOB/B ist der Auftragnehmer allerdings an die in § 17 Nr. 2 VOB/B genannten Sicherheitsarten gebunden. Das Austauschrecht kann der Auftragnehmer beliebig oft geltend machen, es sei denn, die Parteien haben Abweichendes vereinbart.[1832] Die Parteien können dieses **Wahlrecht vertraglich ausschließen**, was jedoch im Rahmen von AGB problematisch sein kann. Das Austauschrecht nach § 17 Nr. 3 VOB/B ist allerdings nicht schon dadurch ausgeschlossen, dass die Parteien im Bauvertrag eine bestimmte Art der Sicherheitsleistung vereinbart haben.[1833] Ein Ausschluss muss sich vielmehr eindeutig aus dem Vertrag ergeben. Die Parteien sind also gehalten, hier eindeutige Formulierungen vorzusehen. Haben die Parteien eine **bestimmte Sicherheitsart vereinbart**, so ist durch diese Vereinbarung zunächst lediglich das ursprüngliche Wahlrecht des Auftragnehmers ausgeschlossen. Er hat also zunächst die vereinbarte Sicherheit zu leisten. Danach kann er jedoch sein Austauschrecht ausüben und die Sicherheit durch eine andere ersetzen.

855

Nach § 17 Nr. 7 VOB/B hat der Auftragnehmer die Sicherheit **binnen 18 Werktagen** nach Vertragsschluss zu leisten. Nach Ablauf dieser Frist hat der Auftraggeber das Recht, einen Betrag in Höhe der Sicherheit einzubehalten.

2. Sicherheiten zu Gunsten des Auftraggebers

a) Bürgschaft

Auch eine Bürgschaft schuldet der Auftragnehmer nur, wenn dies im Vertrag ausdrücklich geregelt ist. Die Vereinbarung der VOB/B allein begründet also noch keine Pflicht zur Sicherheitsleistung. § 17 Nr. 4 VOB/B stellt eine Abweichung von § 232 Abs. 2 BGB dar, der die Stellung einer Bürgschaft nur dann zulässt, wenn die Sicherheit nicht in anderer Weise geleistet werden kann. Diese abweichende Regelung in der VOB/B ist zulässig und bringt zum Ausdruck, dass Bürgschaften im Bauwesen als übliche Sicherungsmittel gelten.

856

aa) Übliche Bürgschaftsarten

Im Bauvertrag sind Vertragserfüllungsbürgschaften und Gewährleistungsbürgschaften üblich. In § 16 Nr. 1 Abs. 1 S. 3 VOB/B wird ferner die Abschlagszahlungsbürgschaft und in § 16 Nr. 2 Abs. 1 S. 1 VOB/B die Vorauszahlungsbürgschaft erwähnt. Diese kommen jedoch nicht annähernd so oft vor wie die beiden erstgenannten Arten. Weitere Formen der Bürgschaft können vereinbart werden. Während die **Vertragserfüllungsbürgschaft** die gesamte vertragliche Leistungspflicht des Auftragnehmers bis zur Abnahme abdeckt, soll die **Gewährleistungsbürgschaft** regelmäßig nur die Gewährleistungsansprüche nach Abnahme absichern.

857

1830 Vgl. *Locher*, Rn 428.
1831 Beck'scher VOB-Kommentar – *Jagenburg*, § 17 Nr. 3 Rn 2.
1832 *Heiermann/Riedl/Rusam*, § 17 VOB/B Rn 42.
1833 LG Stuttgart BauR 1983, 481.

Die Sicherheitsleistung durch Bürgschaft nach § 17 Nr. 4 VOB/B setzt voraus, dass der Auftraggeber **den Bürgen als tauglich anerkannt** hat. Nach § 17 Nr. 2 VOB/B ist diesbezüglich geregelt, dass hier eine Bürgschaft eines Kreditinstituts oder Kreditversicherers geleistet werden kann, sofern das Kreditinstitut oder der Kreditversicherer in der EU oder in einem Staat der Vertragsparteien des EWR-Abkommens oder in einem Staat der Vertragsparteien des WTO-Übereinkommens zugelassen ist. Ergänzt wird § 17 Nr. 2 VOB/B durch die in **§ 239 Abs. 1 BGB** zusätzlich verlangte Voraussetzung, dass der Bürge ein der Höhe der zu leistenden Sicherheit **angemessenes Vermögen** besitzen muss. Auf den ebenfalls in § 239 Abs. 1 BGB genannten allgemeinen Gerichtsstand im Inland wird es hingegen nicht ankommen, da insofern § 17 Nr. 2 VOB/B Vorrang hat und der dort im Bereich der EU zugelassene Bürge nicht immer einen allgemeinen Gerichtsstand im Inland haben wird.[1834]

Die **Anerkennung** als tauglicher Bürge muss sich nach objektiven Gesichtspunkten richten. Ist demnach die Tauglichkeit des Bürgen gegeben, so hat der Auftraggeber beispielsweise keinen Anspruch auf Auswahl eines bestimmten anderen Kreditinstituts, wenn dies nicht vereinbart wurde.[1835] **Konzernbürgschaften**, die insbesondere von großen Generalunternehmern bevorzugt werden, da hier nur geringe Avalzinsen anfallen, erfüllen grundsätzlich nicht den Tauglichkeitsbegriff des § 17 Nr. 2 VOB/B.

858 Neben der **Schriftlichkeit** der Bürgschaft muss nach § 17 Nr. 4 VOB/B stets eine **selbstschuldnerische** und zeitlich **unbefristete** Bürgschaft geleistet werden. Da die Parteien bei Vertragsabschluss und auch bei Übergabe der Bürgschaft nicht ausschließen können, dass die Baumaßnahme länger dauert oder die Gewährleistungsfrist durch Hemmung, Unterbrechung oder auch durch verspätete Abnahme verschoben werden kann, würde eine Befristung dem Sicherungszweck der Bürgschaft widersprechen. Statt dessen gilt § 17 Nr. 8 VOB/B, wonach eine nicht verwertete Sicherheit zum vereinbarten Zeitpunkt, spätestens jedoch nach Ablauf der Verjährungsfrist für die Gewährleistung zurückzugeben ist.

Der **Umfang** der zu sichernden Forderungen ergibt sich regelmäßig aus dem Sicherungszweck und aus der Bezeichnung als Gewährleistungsbürgschaft oder Vertragserfüllungsbürgschaft. Hier sind jedoch einige Anwendungsfälle problematisch. Beispielsweise sind **Rückzahlungsansprüche** wegen Überzahlung des Auftragnehmers nach vereinzelt vertretener Auffassung nicht in einer herkömmlichen **Vertragserfüllungsbürgschaft** enthalten.[1836] Dies scheint bedenklich, da eine Vertragserfüllungsbürgschaft den Zweck hat, sämtliche Ansprüche aus dem Vertrag abzusichern. Hierunter muss daher auch der Rückzahlungsanspruch fallen. Wenn dieser sich auch regelmäßig nicht auf den Vertrag stützt, sondern auf §§ 812 ff. BGB, so ist doch der enge Zusammenhang zwischen der Sicherheit für sämtliche Vertragspflichten und dem Überzahlungstatbestand nicht von der Hand zu weisen. Dies gilt insbesondere im Hinblick auf die Tatsache, dass die Rückzahlung aus der **Nichterbringung** vertraglicher Leistungen resultiert.[1837]

859 Abgedeckt von einer Vertragserfüllungsbürgschaft werden jedoch jedenfalls die Ansprüche des Auftraggebers auf Zahlung einer **Vertragsstrafe**.[1838] Fraglich ist hingegen, ob eine **Vertragserfüllungsbürgschaft** nach Abnahme auch noch für die **Gewährleistungsansprüche** in Anspruch genommen werden kann. Auch dies muss bejaht werden, da die Gewährleistung zu der in § 17 Nr. 1 Abs. 2

1834 *Heiermann/Riedl/Rusam*, § 17 VOB/B Rn 21.
1835 *Ingenstau/Korbion*, § 17 VOB/B Rn 32.
1836 Beck'scher VOB-Kommentar – *Jagenburg*, § 17 Nr. 2 Rn 9; *Heiermann/Riedl/Rusam*, § 14 VOB/A Rn 3b, die jedoch das dort zitierte Urteil des BGH BauR 1992, 632 zu Unrecht dahingehend auslegen, dass Rückzahlungsansprüche hier ausgeschlossen seien. Dieses Urteil des BGH bezieht sich vielmehr lediglich auf eine Abschlagszahlungsbürgschaft.
1837 Vgl. BGH BauR 1988, 220.
1838 BGH BauR 1982, 506.

VOB/B genannten vertragsgemäßen Ausführung der Leistung gehört. Die Leistungspflicht beinhaltet nämlich auch die Mangelfreiheit. Liegt diese nicht vor, so wurde der Vertrag nicht ordnungsgemäß erfüllt. Es ist daher kein Grund ersichtlich, die Gewährleistungsansprüche aus dem umfangreichen Anwendungsbereich der Vertragserfüllungsbürgschaft herauszunehmen. Dies muß jedenfalls für die **bei Abnahme festgestellten Mängel** gelten. Die **h.M.** geht jedoch davon aus, dass die Anwendbarkeit der Erfüllungsbürgschaft regelmäßig mit der Abnahme endet.[1839]

Die **Gewährleistungsbürgschaft** dient zwar in erster Linie der Absicherung der Gewährleistungsansprüche nach Abnahme, ist jedoch nicht auf diesen Zeitraum beschränkt. Vielmehr erfasst sie alle während der Gewährleistungsfrist vorhandenen Mängel, gleichgültig, ob diese **vor oder bei Abnahme** erkannt worden sind. Sie sichert daher auch die Ansprüche nach § 4 Nr. 7 VOB/B.[1840]

bb) Sonderfall: Bürgschaft auf erstes Anfordern

Bei einer Bürgschaft auf erstes Anfordern handelt es sich um ein inzwischen durchaus übliches Instrument der vertraglichen Absicherung. Eine solche Bürgschaft auf erstes Anfordern muss ausdrücklich zwischen den Parteien vereinbart werden. § 17 Nr. 4 VOB/B gewährt allein keinen Anspruch auf eine solche Bürgschaft.[1841]

Wie die Bezeichnung dieser Bürgschaft bereits verdeutlicht, verpflichtet sich der Bürge in einer solchen Bürgschaft, auf einfache Anforderung des Gläubigers unter einstweiligem Verzicht auf nahezu sämtliche Einwendungen Zahlung zu leisten. Das Grundprinzip der **Akzessorietät**, also der Abhängigkeit der Bürgschaft von der zu sichernden Grundforderung, wird demnach gelockert. Zwar ist auch hier die Bürgschaftsforderung abhängig vom Bestehen der Hauptforderung, so dass bei deren Nichtbestehen eine zu Unrecht erfolgte Zahlung des Bürgen zurückzuzahlen ist. Der Bürge verpflichtet sich jedoch hierbei, die Zahlung zunächst nicht von der genauen Prüfung des Anspruchs abhängig zu machen. Er verzichtet also vorläufig auf Einwendungen aus dem Grundverhältnis. Es bleibt jedoch dabei, dass es sich auch bei der Bürgschaft auf erstes Anfordern nur um eine Sicherheit handelt, so dass die Haftung des Bürgen nicht endgültig vom Bestehen der Hauptforderung gelöst ist.[1842] Andernfalls würde es sich um eine selbstständige Garantie handeln, die nur selten vorliegt und ausdrücklich als solche vereinbart werden muss. Einwendungen des Bürgen oder des Hauptschuldners gegen die Zahlungsanforderung sind allerdings erst in einem möglichen **Rückforderungsprozess** zwischen dem Bürgen und dem Gläubiger zu prüfen.[1843] Es findet hierbei jedoch **keine Umkehr der Beweislast** statt. Vielmehr hat der Gläubiger in diesem Rückforderungsprozess seine Berechtigung zur Zahlungsanforderung, also den vollständigen Anspruch zu beweisen.[1844] Diese Beweisführung wird bei der Bürgschaft auf erstes Anfordern also nur auf einen späteren Zeitpunkt verschoben, um dem Gläubiger einen schnellen Zugriff auf die Sicherheit zu ermöglichen. Die Bürgschaft auf erstes Anfordern dient damit in erster Linie dem Zweck, dem Gläubiger **schnell Liquidität** zuzuführen.

Um diesen Zweck wirksam zu erreichen, ist es notwendig, dass das Verfahren der Inanspruchnahme der Bürgschaft streng formalisiert wird. Materielle Anspruchsvoraussetzungen werden daher in diesem Zeitpunkt nicht geprüft. Der Gläubiger muss vielmehr die Zahlung aus der Bürgschaft lediglich anfordern. Die zugrunde liegende Forderung muss er **lediglich behaupten**. Eine schlüssige Darlegung ist nicht erforderlich.[1845] Dem Sicherungszweck dieser Bürgschaftsvariante entspricht es ferner, dass auch ein Antrag auf Erlass einer einstweiligen Verfügung in der Regel unzulässig ist.[1846] Auch

---

1839 *Ingenstau/Korbion*, § 17 VOB/B Rn 28; *Werner/Pastor*, Rn 1252.
1840 OLG Frankfurt BauR 1987, 101; *Ingenstau/Korbion*, § 17 VOB/B Rn 28; *Locher*, Rn 429b.
1841 *Kleine-Möller/Merl/Oelmaier*, § 2 Rn 564.
1842 MüKo – *Habersack*, § 765 Rn 99.
1843 BGHZ 74, 248.
1844 BGH NJW 1989, 1606.
1845 BGH NJW 1994, 381; OLG Köln BB 1998, 710; *Kleine-Möller/Merl/Oelmaier*, § 2 Rn 565, *Werner/Pastor*, Rn 1257.
1846 OLG Frankfurt BauR 1991, 506.

im Nachverfahren im Urkundsprozeß können Einwendungen gegen die Inanspruchnahme einer solchen Bürgschaft grundsätzlich nicht erhoben werden.[1847]

Dem Bürgen steht in Ansehung der Zahlungsaufforderung zunächst lediglich der **Einwand der missbräuchlichen Inanspruchnahme** zu. Dieser Einwand, der sich auf § 242 BGB stützt, greift jedoch nur dann, wenn es sich um einen evident oder zumindest liquide beweisbaren Mangel der Forderung handelt. Hierzu müsste im **Zeitpunkt** der Inanspruchnahme des Bürgen – ein Nachschieben von Gründen ist unzulässig[1848] – ganz offensichtlich sein, dass der Anspruch nicht besteht. Daher überwiegen solche Einwände, die aus der Bürgschaftsurkunde direkt hervorgehen. Zulässig ist also allenfalls der Einwand, dass die Bürgschaft nicht die behauptete Forderung des Gläubigers betrifft[1849] oder die Bürgschaft befristet ist. Denkbar wäre auch der Einwand, dass die Hauptforderung offensichtlich längst verjährt ist. Diese Einwände müssen jedoch ganz offensichtlich berechtigt sein, Zweifel allein reichen nicht aus.

Wegen der strikten Trennung zwischen dem Bürgschaftsverhältnis und dem zugrunde liegenden Hauptvertrag zwischen Auftragnehmer und Auftraggeber kann der Bürge gegenüber dem Gläubiger (Auftraggeber) nicht einwenden, der Hauptschuldner sei nicht verpflichtet gewesen, eine Bürgschaft auf erstes Anfordern zu stellen.[1850]

In seiner früheren Rechtsprechung ging der BGH davon aus, dass eine Bürgschaft auf erstes Anfordern wegen des in ihr enthaltenen Risikos allein den **Kreditinstituten** und Versicherungsgesellschaften vorbehalten sei.[1851] Diese Rechtsprechung hat der **BGH** jedoch in seinem **Urteil vom 2.4.1998** aufgegeben. Nunmehr können Bürgschaften auf erstes Anfordern auch von Unternehmen ausgetauscht werden, in deren Geschäftsbereich derartige Bürgschaften üblich sind.[1852] Dies ist im Bauwesen durchaus der Fall. Geschäftserfahrene Bauunternehmen sind daher grundsätzlich berechtigt, derartige Sicherheiten zu stellen.

862 Umstritten ist jedoch, ob die Verpflichtung zur Stellung einer Bürgschaft auf erstes Anfordern nach **§ 9 AGBG** unwirksam ist. Der **BGH** hat in seinem Urteil vom 5.6.1997[1853] eine Allgemeine Geschäftsbedingung für **unwirksam** erklärt, die einen Einbehalt von 5 % der Auftragssumme, ablösbar gegen eine **Gewährleistungsbürgschaft auf erstes Anfordern** vorsah. Auch von anderen Gerichten und Stimmen in der Literatur wird diese Auffassung vertreten.[1854] An anderer Stelle wird hingegen die Auffassung vertreten, derartige Bürgschaften auf erstes Anfordern seien in Allgemeinen Geschäftsbedingungen unter Kaufleuten wirksam vereinbar.[1855] Hierbei ist zunächst zu beachten, dass der BGH die Vereinbarung über eine Gewährleistungsbürgschaft auf erstes Anfordern nach § 9 AGBG bislang nur dann für unwirksam erklärt hat, wenn diese das Austauschrecht des Auftragnehmers nach § 17 VOB/B einschränkt. Diese Rechtsprechung ist daher nicht zu verallgemeinern. Keinesfalls kann davon ausgegangen werden, dass Bürgschaften auf erstes Anfordern im kaufmännischen Geschäftsverkehr grundsätzlich unwirksam sind. Denn es kann nicht außer acht gelassen werden, dass derartige Sicherheiten im Bauwesen inzwischen absolut üblich sind.[1856] Auch der BGH hat

---

1847 BGH NJW 1993, 380.
1848 MüKo – *Habersack*, vor § 765 BGB Rn 30.
1849 BGH NJW 1998, 2280.
1850 BGH ZfBR 2000, 260; unzutreffend daher *Heiermann/Riedl/Rusam*, § 17 VOB/B Rn 31, die wegen des missverständlichen Leitsatzes der vorgenannten Entscheidung von einem wirksamen Einwand des Bürgen ausgehen.
1851 BGH BauR 1990, 608.
1852 BGH IBR 1998, 328; OLG Hamm BauR 1998, 135.
1853 BauR 1997, 829.
1854 OLG Dresden BauR 1997, 671; OLG München BauR 1992, 234; *Kleine-Möller/Merl/Oelmaier*, § 2 Rn 566; *Ingenstau/Korbion*, § 17 Rn 46.
1855 OLG Hamburg IBR 1997, 367; OLG Oldenburg ZfBR 1997, 90; OLG Stuttgart BauR 1994, 376; wohl ebenso *Heiermann/Riedl/Rusam*, § 17 VOB/B Rn 31.
1856 Ebenso OLG München IBR 1995, 518; *Locher*, Rn 429b; Beck'scher VOB-Kommentar – *Jagenburg*, vor § 17 Rn 5.

durch seine neuere Rechtsprechung den Anwendungsbereich dieser Bürgschaftsform auf den kaufmännischen **Geschäftsverkehr außerhalb des Bank- und Versicherungswesens** ausgedehnt.[1857] Es ist in der Tat nicht einzusehen, weshalb erfahrene Baufirmen, die von der Üblichkeit dieses Sicherungsmittels wissen und das Risiko daher einschätzen können, diesbezüglich den Schutz des § 9 AGBG genießen sollen. Der Auftragnehmer behält schließlich auch bei einer Bürgschaft auf erstes Anfordern die Möglichkeit, seine Rückforderungsansprüche geltend zu machen. Dass er hierbei das Insolvenzrisiko des Auftraggebers trägt, kann allein noch nicht zur Unwirksamkeit nach § 9 AGBG führen. Denn dieses Risiko trägt er auch bei einem Einbehalt. Insbesondere Vertragserfüllungsbürgschaften und Vorauszahlungsbürgschaften auf erstes Anfordern sind daher zweifellos wirksam. Bei Gewährleistungsbürgschaften muss hingegen danach differenziert werden, ob **die gesamten Sicherheiten** des betreffenden Bauvortrags einschließlich des Einbehalts und etwaiger Austauschrechte zu einer unangemessenen Benachteiligung des Auftragnehmers führen. Dies kann nur im Einzelfall beurteilt werden und sicherlich muss auch die Höhe der Sicherheit in die Bewertung mit einbezogen werden. Eine generelle Unwirksamkeit von Bürgschaften auf erstes Anfordern ist jedoch abzulehnen. Es bleibt abzuwarten, ob der BGH dies für andere Bürgschaften außer der Gewährleistungsbürgschaft bestätigt. Angesichts der **Rechtsunsicherheit** durch den Meinungsstreit in Rechtsprechung und Literatur muss der Auftraggeberseite derzeit von einer Verwendung von Gewährleistungsbürgschaften auf erstes Anfordern abgeraten werden. Denn nach h.M. hat die Unwirksamkeit der Bürgschaftsklausel im Bauvertrag zur Folge, dass der Anspruch auf Stellung einer Bürgschaft vollständig **entfällt**.[1858] Dies wird sich regelmäßig aus dem Verbot der geltungserhaltenden Reduktion im Rahmen des AGBG ergeben. Keinesfalls ist jedoch die gesamte Sicherungsabrede zwingend unwirksam. Werden neben der Bürgschaft noch Einbehalte oder andere Sicherheiten vereinbart, so bleibt diese Vereinbarung wirksam, da regelmäßig eine inhaltliche Trennung der Klauseln bezüglich der einzelnen Sicherheiten möglich ist.[1859]

b) Der Bareinbehalt

aa) Der Sicherheitseinbehalt

863 Der in § 17 Nr. 6 VOB/B geregelte Einbehalt von Zahlungen stellt die wohl **häufigste Art der Sicherheitsleistung** im Rahmen von Bauverträgen dar. Bareinbehalte sind im Bauwesen inzwischen derart verbreitet und üblich, dass oft von beiden Parteien übersehen wird, dass auch diese Art der Sicherheitsleistung vertraglich vereinbart werden muss. Dies geht bereits aus dem eindeutigen Wortlaut des § 17 Nr. 6 Abs. 1 VOB/B hervor („Soll der Auftraggeber **vereinbarungsgemäß** die Sicherheit in Teilbeträgen von seinen Zahlungen einbehalten, so darf er ..."). Auch hier besteht also **kein Handelsbrauch** oder eine Verkehrssitte, die ohne besondere Vereinbarung zu einem Einbehalt berechtigen würde.

Durch die Vereinbarung eines Sicherheitseinbehalts wird die Fälligkeit der Vergütung hinausgeschoben und gleichzeitig für den Auftraggeber ein Zurückbehaltungsrecht vereinbart.[1860] Es liegt in diesem Fall jedoch **keine Stundung** i.S.d. § 641 Abs. 4 BGB vor, da die Stundung eine nachträgliche Abrede über das Hinausschieben der Fälligkeit darstellt.[1861]

864 Haben die Parteien keine Vereinbarung darüber getroffen, **von welchen Zahlungen** der Auftraggeber die Sicherheit einbehalten darf, so ist der Zweck der Sicherheit maßgeblich. Handelt es sich in erster Linie um eine **Gewährleistungssicherheit**, so kann der Auftraggeber den Einbehalt erst von der Schlusszahlung abziehen. Spricht hingegen mehr dafür, dass es sich um eine Sicherheit für die

---

[1857] BGH IBR 1998, 328.
[1858] Thode, ZfIR 2000, 168.
[1859] A.A. Thode, ZfIR 2000, 168.
[1860] BGH BauR 1979, 525.
[1861] *Kleine-Möller/Merl/Oelmaier*, § 2 Rn 541.

Vertragserfüllung handeln soll, so kann der Auftraggeber sie sofort einbehalten, d.h. bei der ersten Zahlung.[1862] Wurde zwar das Recht des Auftraggebers zum Sicherheitseinbehalt, nicht jedoch dessen **Höhe** vereinbart, so kann **§ 14 Nr. 2 VOB/A** herangezogen werden. Nach dieser Bestimmung soll die Sicherheit für die Erfüllung sämtlicher Verpflichtungen aus dem Vertrag 5 % der Auftragssumme nicht überschreiten. Die Sicherheit für die Gewährleistung soll nach dieser Regelung 3 % der Abrechnungssumme nicht überschreiten.

§ 17 Nr. 6 VOB/B gilt für den Fall, dass der Auftraggeber das vertragliche Recht hat, die Sicherheit in Teilbeträgen einzubehalten, ohne dass genauer bestimmt wurde, von welchen Zahlungen dies geschehen kann. In diesem Fall hat der Auftraggeber grundsätzlich ein Wahlrecht, von welchen Zahlungen er Einbehalte abzieht. Auch hier kann jedoch der Zweck der vereinbarten Sicherheitsleistung ergeben, dass der Einbehalt von einer bestimmten Zahlung abzuziehen ist, also beispielsweise von der Schlusszahlung, falls die Vertragserfüllungssicherheit im Vordergrund steht.[1863]

Soll der Auftraggeber tatsächlich vereinbarungsgemäß die Sicherheit in Teilbeträgen von seinen Zahlungen einbehalten, so darf er nach § 17 Nr. 6 Abs. 1 VOB/B jeweils die **Zahlung um höchstens 10 % kürzen**, bis die vereinbarte Sicherungssumme erreicht ist. Da es sich bei den Zahlungen des Auftraggebers in der Regel um Bruttobeträge handelt, ist der 10-%ige Sicherheitseinbehalt von diesen abzuziehen. Der Auftraggeber kann daher keinen zusätzlichen Sicherheitseinbehalt in Höhe der Umsatzsteuer absetzen.[1864]

865 Nach § 17 Nr. 6 Abs 1 S. 2 VOB/B ist der Auftraggeber verpflichtet, dem Auftragnehmer den jeweils einbehaltenen Betrag mitzuteilen und binnen **18 Werktagen** nach dieser Mitteilung auf ein **Sperrkonto** bei dem vereinbarten Geldinstitut einzuzahlen. Gleichzeitig muss der Auftraggeber veranlassen, dass dieses Geldinstitut den Auftragnehmer von der Einzahlung des Sicherheitsbetrags benachrichtigt. Da hier von „**dem vereinbarten Geldinstitut**" die Rede ist, müssen die Parteien eine solche Vereinbarung zunächst treffen. Der Auftraggeber kann also nicht eigenmächtig ein Geldinstitut auswählen.[1865] Bezüglich des Sperrkontos gilt § 17 Nr. 5 VOB/B entsprechend, so dass es sich auch bei Einzahlung des Einbehalts nach § 17 Nr. 6 VOB/B um ein Sperrkonto handeln muss, über das beide Parteien nur gemeinsam verfügen können. Daraus folgt, dass der Auftraggeber den Einbehalt als **Fremdgeld** behandeln soll, das er von seinem eigenen Vermögen zu trennen hat.[1866] Für **kleinere und kurzfristige Aufträge** regelt § 17 Nr. 6 Abs. 2 VOB/B, dass es zulässig ist, dass der Auftraggeber den einbehaltenen Sicherheitsbetrag erst bei der Schlusszahlung auf das Sperrkonto einzahlt. Hier ist davon auszugehen, dass diese Bestimmung tatsächlich nur für solche Kleinaufträge gilt, bei denen ein derartiger Verwaltungs- und Kostenaufwand möglichst vermieden werden soll. Nach h.M. soll dies nur für Aufträge in Höhe von lediglich mehreren Hundert DM gelten.[1867] Dies dürfte jedoch eine übertriebene Einschränkung sein, die dem Sinn und Zweck von § 17 Nr. 6 VOB/B nicht zu entnehmen ist. Im Bauwesen dürften vielmehr auch noch Aufträge bis zu einigen Tausend DM als Kleinaufträge gelten, bei denen der Verwaltungsaufwand für das Sperrkontoverfahren nach § 17 Nr. 6 Abs. 1 VOB/B zu groß wäre. Die Bedeutung dieser Vorschrift ist allerdings in der Praxis ohnehin gering.

866 Zahlt der Auftraggeber den einbehaltenen Betrag nicht innerhalb der Frist von 18 Werktagen (§ 17 Nr. 6 Abs. 1 S. 2 VOB/B) auf das Sperrkonto ein, so kann ihm der Auftragnehmer hierfür eine angemessene **Nachfrist** setzen. Lässt der Auftraggeber auch diese Nachfrist verstreichen, so kann der

---

1862 *Ingenstau/Korbion*, § 17 VOB/B Rn 79.
1863 *Ingenstau/Korbion*, § 17 VOB/B Rn 80.
1864 *Heiermann/Riedl/Rusam*, § 17 VOB/B Rn 35.
1865 *Ingenstau/Korbion*, § 17 VOB/B Rn 88.
1866 *Ingenstau/Korbion*, § 17 VOB/B Rn 85.
1867 *Heiermann/Riedl/Rusam*, § 17 VOB/B Rn 38; *Ingenstau/Korbion*, § 17 VOB/B Rn 90; Beck'scher VOB-Kommentar – *Jagenburg*, § 17 Nr. 6 Rn 26.

Auftragnehmer die sofortige Auszahlung des einbehaltenen Betrags verlangen und braucht dann keine Sicherheit mehr zu leisten (§ 17 Nr. 6 Abs. 3 VOB/B). Als angemessen dürfte hier eine Nachfrist von **1–2 Wochen** gelten.[1868] Die Befreiung von der Pflicht zur Sicherheitsleistung gilt jedoch nur anteilig für diejenigen Sicherheitsbeträge, die der Auftraggeber tatsächlich nicht eingezahlt hat. Hat er hingegen andere Beträge eingezahlt, so bleiben diese als Sicherheit auf dem Sperrkonto erhalten.[1869] Da § 17 Nr. 5 VOB/B ausdrücklich auch für den Fall des § 17 Nr. 6 VOB/B gilt (Satz 4), stehen die Zinsen des Sperrkontos auch hier dem Auftragnehmer zu.

Eine Ausnahmeregelung für **öffentliche Auftraggeber** enthält § 17 Nr. 6 Abs. 4 VOB/B. Diese sind demnach berechtigt, den als Sicherheit einbehaltenen Betrag auf ein eigenes Verwahrgeldkonto zu nehmen. Der Betrag wird nicht verzinst.

bb) Sonderfall: „Druckeinbehalt"

Der Auftraggeber kann bei einer mangelhaften Leistung des Auftragnehmers seine Gewährleistungsansprüche dadurch wahren, dass er die Bezahlung der fälligen Vergütung bis zur Beseitigung des Mangels verweigert. Es handelt sich hierbei um die **Einrede des nicht erfüllten Vertrags nach § 320 Abs. 1 BGB**.[1870] Dieses Leistungsverweigerungsrecht beschränkt sich jedoch nicht auf den tatsächlichen Betrag der Nachbesserungskosten. Der Auftraggeber ist vielmehr berechtigt, diesen Betrag zu erhöhen.

867

Der Auftragnehmer wird einen Abzug vom Werklohn in vielen Fällen einer Nachbesserung vorziehen, da er einerseits Personal- und Materialaufwand spart und andererseits bei einer endgültigen Minderung des Werklohns nicht nach § 13 Nr. 5 Abs. 1 VOB/B die Gewährleistungsfrist für den nachgebesserten Mangel erneut zu laufen beginnt. Da jedoch der **Auftraggeber einen** Nachbesserungsanspruch nach § 13 Nr. 5 Abs. 1 VOB/B, der grundsätzlich Vorrang vor einer Minderung und anderen Gewährleistungsansprüchen hat, muss es dem Auftraggeber auch möglich sein, diesen gegenüber dem Auftragnehmer **durchzusetzen**. Zwar steht ihm hier das Mittel der Ersatzvornahme nach § 13 Nr. 5 Abs. 2 VOB/B zur Verfügung, es besteht jedoch keine Verpflichtung dieses Mittel zu wählen. Es handelt sich hierbei lediglich um ein Wahlrecht, durch das der Auftraggeber seinen ursprünglichen Nachbesserungsanspruch nicht verliert.[1871] Der Auftraggeber behält vielmehr den Anspruch auf Nachbesserung gegen seinen Vertragspartner. Es muss ihm daher möglich sein, diesen Anspruch auch durchzusetzen. Vor diesem Hintergrund wäre es mit Treu und Glauben (§ 242 BGB) nicht zu vereinbaren, wenn der Auftragnehmer die Durchsetzung des Nachbesserungsanspruchs dadurch vereiteln könnte, dass er die Mangelbeseitigung verweigert und auf eine angemessene Minderung des Werklohns ohne Nachbesserungspflicht spekuliert. Ein Einbehalt nur in Höhe der Mangelbeseitigungskosten wird indes als Druckmittel seitens des Auftraggebers oftmals nicht ausreichen. In Rechtsprechung und Literatur war bisher ein Einbehalt in Höhe des **zwei- bis fünffachen Wertes** der Nachbesserungskosten als zulässig anerkannt, um hierdurch Druck auf den Auftragnehmer auszuüben.[1872] Nunmehr hat der Gesetzgeber durch das **Gesetz zur Beschleunigung fälliger Zahlungen in § 641 Abs. 3 BGB eine ausdrückliche Regelung** dieses „Druckeinbehalts" eingefügt. Nach § 641 Abs. 3 BGB kann der Besteller nach der Abnahme die Zahlung eines angemessenen Teils der Vergütung verweigern, mindestens in Höhe des Dreifachen der für die Beseitigung des Mangels erforderlichen Kosten. Diese Neuregelung hat im Schrifttum zu Recht erhebliche **Kritik** erfahren.[1873] Diese

---

[1868] *Ingenstau/Korbion*, § 17 VOB/B Rn 92 gehen von 8 bis 10 Werktagen aus; Beck'scher VOB-Kommentar – *Jagenburg*, § 17 Nr. 6 Rn 32 geht genau von der Hälfte der in Abs. 1 genannten 18 Werktagen aus.
[1869] Beck'scher VOB-Kommentar – *Jagenburg*, § 17 Nr. 6 Rn 37.
[1870] BGH BauR 1992, 401, 402; BauR 1982, 579.
[1871] *Kleine-Möller/Merl/Oelmaier*, § 12 Rn 612.
[1872] BGH BauR 1992, 402; BauR 1984, 166; OLG Düsseldorf BauR 1998, 126; OLG Frankfurt BauR 1982, 377; s. hierzu Rn 397 ff.
[1873] *Kniffka*, ZfBR 2000, 232; *Merkens*, BauR 2001, 519.

Bestimmung konkretisiert das Leistungsverweigerungsrecht nach § 320 BGB, beseitigt damit jedoch unnötigerweise die bisher von der Rechtsprechung angewandte flexible Lösung, die keine generelle Festlegung für die Höhe des Druckzuschlags vorsah, sondern unter Berücksichtigung von Treu und Glauben eine Beurteilung anhand des Einzelfalls vornahm. In vielen Fällen wurde auch das Zweifache der Nachbesserungskosten als ausreichend erachtet. In Einzelfällen wurde sogar ein Einbehalt nur in Höhe der Nachbesserungskosten als ausreichend empfunden.[1874] Die Neuregelung verschlechtert damit die Situation der Auftragnehmer, was sicherlich dem eigentlichen Zweck des Gesetzes widerspricht.[1875] Da nämlich das Gesetz eine starre Untergrenze festlegt, ist zu befürchten, dass der Auftraggeber in Zukunft diesen Faktor fast immer überschreiten wird. Der Wortlaut des Gesetzes („... mindestens in Höhe des dreifachen ...") gibt ihm hierbei Recht. Es wird in Zukunft nur schwer begründbar sein, dass die vom Gesetz genannte **absolute Untergrenze** den Regelfall darstellen soll.[1876] § 641 Abs. 3 BGB gilt, mangels anderweitiger Regelung, **auch für VOB/B-Bauverträge**.[1877]

Der „Druckeinbehalt" kann unabhängig von einem vereinbarten Sicherheitseinbehalt vorgenommen werden. In diesem Fall ist lediglich auf die Vermeidung einer **Übersicherung** zu achten. Der vertragliche Sicherheitseinbehalt ist daher bei der Bemessung der Höhe des „Druckzuschlags" durchaus zu berücksichtigen. Der Auftragnehmer kann jedoch nicht einwenden, das Leistungsverweigerungsrecht des Auftraggebers könne nur wegen eines den Sicherheitseinbehalt wertmäßig übersteigenden Nachbesserungsanspruchs geltend gemacht werden.[1878]

c) Hinterlegung von Geld (§ 17 Nr. 5 VOB/B)

868 Nach § 17 Nr. 5 VOB/B hat der Auftragnehmer im Fall einer vereinbarten Sicherheitsleistung durch Hinterlegung von Geld den entsprechenden Betrag bei einem zu vereinbarenden Geldinstitut auf ein **Sperrkonto** einzuzahlen, über das beide Parteien nur gemeinsam verfügen können. Etwaige Zinsen stehen dem Auftragnehmer zu. Auch hier wird vorausgesetzt, dass das **Geldinstitut** einvernehmlich festgelegt wird. Den Auftraggeber trifft insoweit eine Mitwirkungspflicht.[1879] Da jedoch eine nachträgliche Festlegung des Geldinstituts an einer Meinungsverschiedenheit der Parteien scheitern kann, ist es den Parteien zu empfehlen, das Geldinstitut bereits im Vertrag festzulegen, falls diese Art der Sicherheitsleistung gewollt ist.

Der in § 17 Nr. 5 S. 2 VOB/B festgelegte Zinsanspruch des Auftragnehmers kann nicht in **Allgemeinen Geschäftsbedingungen** des Auftraggebers ausgeschlossen werden. Eine solche Regelung wäre wegen Verstoßes gegen § 9 AGBG unwirksam.[1880]

d) Höhe der Sicherheit

869 Weder das BGB noch die VOB/B enthalten eine Regelung über die zulässige Höhe der vom Auftraggeber zu stellenden Sicherheit. § 17 Nr. 6 Abs. 1 VOB/B regelt lediglich den zulässigen Einbehalt von den jeweils betroffenen Zahlungen. Dieser darf 10 % nicht übersteigen. Zur absoluten Höhe der Sicherheit schweigt § 17 VOB/B jedoch. Normalerweise treffen die Parteien eine Vereinbarung über die Höhe der Sicherheit im Bauvertrag. Eine Sicherheit von 10 % der Auftragssumme für die Vertragserfüllung sowie 5 % Gewährleistungssicherheit dürften dem Üblichen entsprechen. Den Parteien ist hier dringend zu einer **präzisen Formulierung** im Bauvertrag zu raten. Insbesondere ist die Bezugsgröße exakt festzulegen. Üblicherweise wird die Sicherheit von der **Bruttoabrechnungssumme** oder von der Bruttoauftragssumme abgeleitet. Wird lediglich von der Auftrags- oder

---

1874 OLG Hamm OLGR 1994, 194.
1875 *Von Craushaar*, BauR 2001, 478.
1876 *Kniffka*, ZfBR 2000, 232.
1877 *Palandt – Sprau*, § 641 Rn 16.
1878 *Heiermann/Riedl/Rusam*, § 16 VOB/B Rn 11.
1879 *Ingenstau/Korbion*, § 17 VOB/B Rn 71.
1880 OLG Karlsruhe BauR 1989, 203.

Abrechnungssumme gesprochen, so ist stets von den **Bruttobeträgen** auszugehen.[1881] Bezieht sich die Sicherungsabrede auf die **„Bruttoabrechnungssumme"**, so ist fraglich, ob es sich hierbei um die Schlussrechnungssumme oder um den vom Auftraggeber nach Schlussrechnungsprüfung ermittelten Betrag handelt. Nach § 14 Nr. 1 Abs. 1 S. 1 VOB/B hat der Auftragnehmer „abzurechnen". Bei dem Begriff „Bruttoabrechnungssumme" handelt es sich also im Zweifel nicht um die vom Auftraggeber ermittelte Summe,[1882] sondern um die **vom Auftragnehmer ermittelte Schlussrechnungssumme**. Dies ist auch interessengerecht, da derjenige, der sich einer höheren Forderung berühmt, nicht in den Genuss einer geringeren Sicherungspflicht kommen sollte. Dies würde einen Fall widersprüchlichen Verhaltens darstellen (venire contra factum proprium). Im Übrigen spiegelt sich in der Schlussrechnungssumme auch das tatsächliche finanzielle Risiko des Auftraggebers wider, das einer entsprechenden Sicherheit bedarf.

Haben die Parteien **keine Vereinbarung** über die Höhe der Sicherheit getroffen und lässt sich diese auch nicht durch Auslegung ermitteln, so ist sie notfalls nach **§§ 315, 316 BGB** durch das Gericht zu bestimmen.[1883] Als Maßstab kann hier § 14 Nr. 2 VOB/A herangezogen werden, wonach die Sicherheit für die Erfüllung sämtlicher Verpflichtungen aus dem Vertrag 5 % der Auftragssumme nicht überschreiten soll. Die Sicherheit für die Gewährleistung soll nach dieser Vorschrift 3 % der Abrechnungssumme nicht überschreiten. Bei privaten Aufträgen sind inzwischen allerdings höhere Sätze üblich.

870

Im Rahmen von Individualvereinbarungen können die Parteien die Höhe der Sicherheit frei vereinbaren. Hierbei müssen lediglich gesetzliche Verbote (§ 134 BGB) und die guten Sitten (§ 138 BGB) beachtet werden. Im Rahmen von Allgemeinen Geschäftsbedingungen bestehen jedoch Grenzen. Hierbei ist stets die Gesamthöhe aller Sicherheiten zu berücksichtigen. Eine **10-%ige Gewährleistungssicherheit** dürfte im Rahmen von **Allgemeinen Geschäftsbedingungen** noch angemessen und daher wirksam sein.[1884] Im Rahmen der Vertragserfüllung dürfte die Grenze der Unangemessenheit noch etwas höher liegen. Grundsätzlich sind jedoch Sicherheiten von über 10 % der Abrechnungssumme zumindest bedenklich.[1885] Eine Ausführungsbürgschaft in Höhe von **25 %** der Auftragssumme dürfte im Rahmen von Allgemeinen Geschäftsbedingungen jedenfalls unangemessen und daher unwirksam sein.[1886] Unwirksam ist ferner eine Klausel, die neben einer 10-%igen Vertragserfüllungsbürgschaft zusätzlich einen Einbehalt von 10 % der Bruttoauftragssumme vorsieht.[1887] Umgekehrt ist ein Ausschluss von Einbehalten über 10 % des Rechnungswertes in Allgemeinen Geschäftsbedingungen der **Auftragnehmerseite** unwirksam, weil die Klausel damit auch die gesetzlichen Zurückbehaltungsrechte des Auftraggebers in unzulässiger Weise einschränkt.[1888]

Zu beachten ist jedoch, dass **Vorauszahlungsbürgschaften** (§ 16 Nr. 2 Abs. 1 VOB/B) und **Abschlagzahlungsbürgschaften** (§ 16 Nr. 1 Abs. 1 S. 3 VOB/B, § 632 a BGB) in der Regel in Höhe von **100 %** der betreffenden Zahlung zu leisten sind.[1889]

1881 *Heiermann/Riedl/Rusam*, § 17 VOB/B Rn 12; zur Annahme von Bruttobeträgen, wenn nichts anderes vereinbart ist, s. oben Rn 184.
1882 Unzutreffend daher *Heiermann/Riedl/Rusam*, § 17 VOB/B Rn 12; *Ingenstau/Korbion*, § 17 VOB/B Rn 14.
1883 *Werner/Pastor*, Rn 1262.
1884 OLG Frankfurt BauR 1993, 375.
1885 *Ingenstau/Korbion*, § 17 VOB/B Rn 19, die jedoch zu weitgehend eine strikte Unwirksamkeitsgrenze bei 10 % der Auftrags- oder Abrechnungssumme ziehen.
1886 *Glatzel/Hofmann/Frikell*, Ziffer 2.17.1i).
1887 *Ingenstau/Korbion*, § 14 VOB/A Rn 15; *Glatzel/Hofmann/Frikell*, Ziffer 2.17.1j).
1888 *Glatzel/Hofmann/Frikell*, Ziffer 2.17.2a).
1889 *Ingenstau/Korbion*, § 14 VOB/A Rn 13, § 17 VOB/B Rn 15.

e) Verwertung, Rückgabe

871 Für die Verwertung der Sicherheitsleistung gelten die Allgemeinen Bestimmungen des BGB. Grundsätzlich kann daher die Sicherheit verwertet werden, sobald der **Anspruch des Auftraggebers fällig** ist. Handelt es sich um eine Sicherheitsleistung durch Hinterlegung von Geld auf einem Sperrkonto nach § 17 Nr. 5 VOB/B, so kann die Verwertung zwar nur gemeinschaftlich erfolgen. Weigert sich jedoch der Auftragnehmer, die erforderliche Zustimmung zu erteilen, so kann diese Zustimmung eingeklagt werden.[1890] Handelt es sich um eine selbstschuldnerische Bürgschaft nach § 17 Nr. 4 VOB/B, so kann der Auftraggeber sogleich den Bürgen in Anspruch nehmen.

Zu beachten ist, dass der Auftragnehmer die Sicherheit im Fall einer Verwertung durch den Auftraggeber **wieder aufzufüllen** hat. Schuldet er nach dem Vertrag eine Sicherheit, so ist er verpflichtet, diese für die gesamte vereinbarte Dauer aufrecht zu erhalten. Er kann daher den Auftraggeber nicht auf den noch verbleibenden Restbetrag der Sicherheit verweisen. Dieser hat vielmehr Anspruch darauf, die **volle Sicherheit für die gesamte vereinbarte Dauer** zur Verfügung zu haben. Dies folgt auch aus § 240 BGB, der eine Nachschusspflicht bei unverschuldeter Reduzierung des Sicherheitswertes vorsieht. Erst Recht muss dies der Sicherheit bei einer Reduzierung durch berechtigte Verwertung gelten.

Nach § 17 Nr. 8 VOB/B hat der Auftraggeber eine **nicht verwertete** Sicherheit zum vereinbarten Zeitpunkt, spätestens jedoch nach Ablauf der Verjährungsfrist für die Gewährleistung **zurückzugeben**. Soweit jedoch zu diesem Zeitpunkt seine Ansprüche noch nicht erfüllt sind, darf er einen entsprechenden Teil der Sicherheit zurückbehalten. Eine Vertragserfüllungsbürgschaft ist grundsätzlich bei Abnahme zurückzugeben, da in diesem Zeitpunkt das Erfüllungsstadium endet. Etwas anderes gilt, wenn noch Ansprüche aus der Ausführungsphase offen sind, insbesondere im Falle von Mängeln, die bei Abnahme festgestellt werden.[1891]

872 Nach der Rechtsprechung des BGH steht dem **Zurückbehaltungsrecht des Auftraggebers nach § 17 Nr. 8 S. 2 VOB/B** nicht entgegen, dass zu dem Zeitpunkt, in dem die Sicherheit nach § 17 Nr. 8 S. 1 VOB/B herauszugeben ist, die Gewährleistungsansprüche bereits verjährt und damit eigentlich nicht mehr durchsetzbar sind. Dies ist vielmehr Voraussetzung für die Anwendung des § 17 Nr. 8 S. 2 VOB/B.[1892] Das Zurückbehaltungsrecht setzt allerdings voraus, dass der Auftraggeber die Mängel, auf denen die geltend gemachten Ansprüche beruhen, **in unverjährter Zeit geltend gemacht** hat. Dies gilt nach §§ 639 Abs. 1 i.V.m. 478 Abs. 1 BGB auch in Bezug auf die Zahlung des Werklohnes. Auch diese kann verweigert werden, wenn der Auftraggeber den Mangel vor Eintritt der Verjährung dem Auftragnehmer angezeigt oder die Anzeige an ihn abgesendet hat. Die vorgenannten Rechte des Auftraggebers beschränken sich nämlich keineswegs auf die bloße Zurückhaltung der Sicherheit. Der Auftraggeber ist vielmehr auch berechtigt, sie im Sicherungsfall zu verwerten.[1893] Das ergibt sich zwar nicht ausdrücklich aus § 17 Nr. 8 VOB/B, folgt jedoch aus dem mit dieser Regelung verfolgten Zweck, die ordnungsgemäße Herstellung des Werks sicherzustellen. Hierfür wäre eine bloße Zurückhaltung allein nicht ausreichend.

3. Sicherheiten zu Gunsten des Auftragnehmers

873 Wie bereits dargelegt, regelt § 17 VOB/B lediglich die Sicherheiten zu Gunsten des Auftraggebers. Sicherheiten zu Gunsten des Auftragnehmers sind jedoch dadurch nicht ausgeschlossen. In vielen Fällen ist es inzwischen sogar üblich, dass auch der Auftraggeber eine Vertragserfüllungsbürgschaft stellt.

1890 *Heiermann/Riedl/Rusam*, § 17 VOB/B Rn 46.
1891 Zur Geltung der Vertragserfüllungsbürgschaft für Gewährleistungsansprüche s. Rn 859.
1892 BGH BauR 1993, 335.
1893 BGH BauR 1993, 335, 336.

a) Sicherheit durch Bankbürgschaft

Hier ergeben sich keine Besonderheiten, es gilt das in Rn 856 ff. Ausgeführte entsprechend. Zu beachten ist allerdings, dass die Vereinbarung einer Sicherheit seitens des Auftraggebers noch präziser erfolgen muss, da § 17 VOB/B hierfür keine Regelungen zur Verfügung stellt. Die **Vereinbarung** sollte daher die genaue Höhe und Dauer der Sicherheitsleistung sowie den bezweckten Sicherungsumfang festlegen. Insbesondere muss eindeutig geregelt sein, ob sich die Bürgschaft nur auf die reinen Vergütungsansprüche oder auch auf Schadensersatz- und Entschädigungsansprüche bezieht. Für die weitere Abwicklung kann die entsprechende Anwendung der in § 17 VOB/B enthaltenen Regelungen vereinbart werden.[1894] Andernfalls gelten die §§ 232 ff. BGB.

Eine bloße **Finanzierungsbestätigung** des Kreditgebers stellt keine Bürgschaft i.S.d. §§ 765 ff. BGB dar. Durch eine solche Bestätigung wird dem Auftraggeber lediglich mitgeteilt, dass die Finanzierung des Bauvorhabens gesichert ist. Finanzierungsbestätigungen sind bei Auftraggebern sehr beliebt, weil sie meist ohne besondere Gebühr von Banken zur Vorlage beim Auftragnehmer erteilt werden. Derartige Bescheinigungen Dritter stellen dem Auftragnehmer jedoch regelmäßig keinen einklagbaren Anspruch gegen den Aussteller zur Verfügung. Denn es handelt sich im Zweifel lediglich um eine Bestätigung gegenüber dem Auftraggeber im Rahmen eines von ihm aufgenommenen Darlehens. Meistens wird lediglich die Kreditaufnahme durch den Auftraggeber und die dadurch finanziell gesicherte Baudurchführung bestätigt. Ein echter Anspruch des Auftragnehmers gegen den Kreditgeber ist hiermit jedoch nicht verbunden. Als Sicherheit sind derartige Bescheinigungen daher im Allgemeinen untauglich.

b) Bauhandwerkersicherheit nach § 648 a BGB

Nach § 648 a BGB kann der Unternehmer eines Bauwerks, einer Außenanlage oder eines Teils davon vom Auftraggeber Sicherheit für die von ihm zu erbringenden **Vorleistungen** einschließlich der dazugehörigen Nebenforderungen in der Weise verlangen, dass er dem Auftraggeber zur Leistung der Sicherheit eine angemessene Frist mit der Erklärung bestimmt, dass er nach Ablauf der Frist seine **Leistung verweigert**. Sicherheit kann nach dieser Bestimmung bis zur Höhe des voraussichtlichen Vergütungsanspruchs, wie er sich aus dem Vertrag ergibt, sowie wegen **Nebenforderungen** verlangt werden. Die Nebenforderungen sind nach § 648 a BGB mit 10 % des zu sichernden Vergütungsanspruchs anzusetzen. Der Auftragnehmer hat also Anspruch auf Sicherheit in Höhe von **110 %** des voraussichtlichen Vergütungsanspruchs. 874

Die Sicherheit nach § 648 a BGB wird regelmäßig in Form einer **Bürgschaft** geleistet, zwingend ist dies jedoch nicht. Nach § 648 a Abs. 2 BGB kann die Sicherheit auch durch eine Garantie oder ein sonstiges Zahlungsversprechen eines Kreditinstituts oder Kreditversicherers geleistet werden. Die Kosten der Sicherheitsleistung hat der Auftragnehmer dem Auftraggeber bis zur Höhe von 2 % pro Jahr zu erstatten (§ 648 a Abs. 3 BGB). 875

Im Gegensatz zu einer herkömmlichen Bürgschaft birgt die Sicherheit nach § 648 a BGB einige **Besonderheiten**. So ist die Sicherheit nach dem ausdrücklichen Wortlaut der Bestimmung auch dann als ausreichend anzusehen, wenn sich der Sicherungsgeber, also regelmäßig der Bürge, das Recht vorbehält, sein Versprechen im Fall einer wesentlichen Verschlechterung der Vermögensverhältnisse des Auftraggebers mit Wirkung für Vergütungsansprüche aus solchen Bauleistungen zu **widerrufen**, die der Auftragnehmer bei Zugang der Widerrufserklärung noch nicht erbracht hat (§ 648 a Abs. 1 S. 3 BGB). Darüber hinaus ist zu beachten, dass der Auftragnehmer nach dieser gesetzlichen Vorschrift **keinen einklagbaren Anspruch** auf Stellung dieser Sicherheit hat, sondern lediglich ein Leistungsverweigerungsrecht sowie ein Kündigungsrecht für den Fall, dass der Auftraggeber der Verpflichtung zur Sicherheitsleistung nicht nachkommt. 876

[1894] *Ingenstau/Korbion*, § 17 VOB/B Rn 8.

877 Leistet der Auftraggeber die Sicherheit nicht fristgemäß, so bestimmen sich die Rechte des Auftragnehmers nach §§ 643, 645 Abs. 1 BGB. Demnach kann der Auftragnehmer dem Auftraggeber zur Nachholung der Sicherheitsleistung eine angemessene Frist mit der Erklärung bestimmen, dass er den Vertrag kündige, wenn die Sicherheitsleistung nicht bis zum Ablauf der Frist vorgenommen wird. Den Ausspruch dieser **Kündigungsandrohung** sollte sich der Auftragnehmer jedoch sehr gut überlegen, denn der Vertrag gilt nach § 643 S. 2 BGB automatisch als aufgehoben, wenn nicht die Sicherheitsleistung bis zum Ablauf der Frist erfolgt. Die Kündigungserklärung wird also durch den Fristablauf fruchtlosen ersetzt. Der Auftragnehmer hat damit nach Fristablauf kein Wahlrecht mehr, ob er kündigen will oder nicht. Denn mit **Fristablauf ist der Vertrag aufgehoben**. Daher wird es sich in bestimmten Fällen empfehlen, zunächst nur eine Frist zu setzen, ohne sogleich die Kündigung anzudrohen. Nach dem Sinn und Zweck der Regelung kann jedoch der Auftragnehmer bis zum Ablauf der Frist die Kündigungsandrohung auch noch **zurücknehmen**. Hierfür ist der fristgemäße Zugang der Rücknahmeerklärung beim Auftraggeber entscheidend. Alternativ kann der Auftragnehmer zunächst die Sicherheit unter Fristsetzung aber ohne Kündigungsandrohung verlangen, so dass noch nicht die drastische Wirkung des § 643 BGB eintritt.

878 Gilt der Vertrag nach Ablauf der Frist als **aufgehoben**, so kann der Auftragnehmer nach § 645 Abs. 1 BGB einen der geleisteten Arbeit entsprechenden Teil der Vergütung und Ersatz der in der Vergütung nicht inbegriffenen Auslagen verlangen. Ferner kann der Auftragnehmer nach § 648 Abs. 5 S. 2 BGB Ersatz des **Schadens** verlangen, den er dadurch erleidet, dass er auf die Gültigkeit des Vertrags vertraut hat. Der Schadensersatz geht also auf das **positive Interesse** und enthält daher auch den entgangenen Gewinn. Durch das Gesetz zur Beschleunigung fälliger Zahlungen wurde § 648 a Abs. 5 BGB dahingehend ergänzt, dass vermutet wird, dass der Schaden **5 % der Vergütung** beträgt. Diese Pauschalierung wurde für notwendig gehalten, weil der Schadensersatz regelmäßig nur schwer darlegbar ist.[1895] Die Vermutung ist für beide Parteien widerleglich.[1896] Nach h.M. bezieht sich der Begriff „Vergütung" auf die Auftragssumme.[1897] Beim **Einheitspreisvertrag** ist auf den voraussichtlichen Vergütungsanspruch abzustellen, soweit dieser bereits absehbar ist, andernfalls auf die vorläufige Auftragssumme.

879 Die Schadensersatzregelung gilt nach dem nunmehr ergänzten § 648 a Abs. 5 BGB auch dann, wenn der Auftraggeber den Vertrag in zeitlichem Zusammenhang mit dem Sicherheitsverlangen des Auftragnehmers kündigt, es sei denn, die Kündigung ist nicht erfolgt, um der Stellung der Sicherheit zu entgehen. Hier wird – ebenfalls widerlegbar – vermutet, dass der Auftraggeber die Kündigung ausgesprochen hat, um dem Sicherheitsverlangen zu entgehen.

880 Nach § 648 a Abs. 7 BGB ist jegliche von den Vorschriften des § 648 a BGB **abweichende Vereinbarung unwirksam**.

881 Im Rahmen der Anwendbarkeit von § 648 a BGB ist seit seiner Einführung im Jahre 1993 vieles umstritten. Grund hierfür ist in erster Linie der ungenaue Gesetzeswortlaut. Problematisch ist insbesondere der Umfang des Sicherungsanspruchs. Der BGH hat nunmehr für die seit langem fällige Klarstellung einiger Streitpunkte gesorgt.[1898] Im Einzelnen waren bisher folgende Aspekte **umstritten**:

- Umstritten ist, ob auch **bereits erbrachte Leistungen** abzusichern sind oder ob die Sicherheitsleistung nur in Höhe der zukünftigen Leistungen zu erbringen ist, weil § 648 a BGB lediglich das

---

[1895] *Kniffka*, ZfBR 2000, 237.
[1896] *Von Craushaar*, BauR 2001, 480; *Kirberger*, BauR 2001, 500.
[1897] *Palandt*, § 648 a BGB Rn 18; *Kirberger*, BauR 2001, 500; *Kniffka*, ZfBR 2000, 237, der jedoch auf die Nettovergütung abstellt, da es sich hierbei um einen Schadensersatzanspruch handelt.
[1898] BGH ZfBR 2001, 75 (LS).

Vorleistungsrisiko des Auftragnehmers mildern soll. Die wohl h.M. geht davon aus, dass auch die bereits erbrachten Leistungen abzusichern sind.[1899]

Hier wird andererseits mit beachtlichen Gründen die Meinung vertreten, der Anspruch aus § 648 a BGB sei auf diejenigen Werklohnforderungen des Auftragnehmers zu beschränken, die sich auf noch nicht ausgeführte Werkleistungen beziehen. Angesichts des Gesetzeszwecks, allein die Vorleistungspflicht des Auftragnehmers abzusichern, bestehe kein Anspruch auf die Absicherung bereits erbrachter Leistungen, da sich das Vorleistungsrisiko hier bereits verwirklicht habe.[1900]

- Darüber hinaus ist die Einbeziehung von **Ansprüchen nach Kündigung** des Bauvertrags sowie von Forderungen aus **§ 6 Nr. 6 VOB/B** streitig. Die Einbeziehung dieser Ansprüche wird vereinzelt unter Hinweis auf den Wortlaut der Bestimmung verneint. Demnach soll § 648 a BGB lediglich **Vergütungsansprüche** absichern, nicht jedoch Schadensersatzansprüche.[1901] Die überwiegende Auffassung in der Literatur geht jedoch davon aus, dass diese Ansprüche auf Schadensersatz wegen Behinderung in den Sicherheitsanspruch mit einzurechnen sind.[1902] Zur Begründung wird darauf hingewiesen, dass die Ansprüche aus § 6 Nr. 6 VOB/B „vergütungsgleich" sind, da sie während der Abwicklung des Vertrags entstanden sind und in ihrer Auswirkung auf den Vergütungsbereich abzielen.[1903]

- Auch die Einbeziehung von Ansprüchen aus § 2 Nr. 8 Abs. 2 VOB/B für **Leistungen ohne Auftrag**, die der Auftragnehmer jedoch nachträglich anerkannt hat, ist streitig. Diese wird allerdings von der h.M. unter Hinweis auf den außervertraglichen Charakter dieser Ansprüche verneint.[1904]

- Umstritten ist ferner, ob Gegenrechte des Auftraggebers, insbesondere Ansprüche wegen vorhandener Mängel, den Anspruch des Auftragnehmers aus § 648 a BGB der Höhe nach einschränken.

Nach der überwiegenden Ansicht sollen Ansprüche des Auftraggebers aus vorhandenen Mängeln den Anspruch des Auftragnehmers aus § 648 a BGB **unberührt** lassen.[1905] Hier wird zu Recht auf den Wortlaut des § 648 a Abs. 1 BGB hingewiesen. Demnach ist Sicherheit „bis zur Höhe des voraussichtlichen **Vergütungsanspruchs**" zu leisten. Da der Auftragnehmer verpflichtet ist, die Mängel zu beseitigen, bleibt dieser Vergütungsanspruch für ihn **weiterhin erreichbar**. Etwas anderes gilt nur, wenn der Auftragnehmer die Beseitigung der Mängel ernsthaft ablehnt. In diesem Fall wird der Auftraggeber gezwungen sein, die Ersatzvornahme auf Kosten des Auftragnehmers nach § 13 Nr. 5 Abs. 2 VOB/B durchzuführen, was den Vergütungsanspruch endgültig schmälern würde. Nur in diesem Fall kann der Auftraggeber von vornherein die voraussichtlichen Mängelansprüche von der geforderten Sicherheit nach § 648 a BGB abziehen.

- Streitig ist darüber hinaus, ob der Auftragnehmer eine Sicherheit in Höhe des vollen Vergütungsanspruchs verlangen kann, obwohl er durch den bestehenden Anspruch auf **Abschlagszahlungen** im Rahmen eines VOB-Bauvertrags eigentlich kein Sicherheitsbedürfnis in voller Höhe hat. Vor diesem Hintergrund wird die Auffassung vertreten, die Sicherheit sei von vornherein auf die **Höhe der nächsten Abschlagszahlungen** zu begrenzen, da bei Nichtzahlung ein Leistungsverweigerungsrecht nach § 16 Nr. 5 Abs. 3 VOB/B und ggf. ein Kündigungsrecht nach § 9 Nr. 1 b

---

1899 *Werner/Pastor*, Rn 328; *Kleine-Möller/Merl/Oelmaier*, § 10 Rn 340; *Ingenstau/Korbion*, § 16 Rn 425.
1900 *Siegburg*, BauR 1997, 40.
1901 *Werner/Pastor*, Rn 330.
1902 MüKo – *Soergel*, § 648 a BGB Rn 30; Beck'scher VOB-Kommentar – *Jagenburg* vor § 2 Rn 450; *Ingenstau/Korbion*, § 16 VOB/B Rn 425; *Kleine-Möller/Merl/Oelmaier*, § 10 Rn 340.
1903 *Ingenstau/Korbion*, § 16 VOB/B Rn 425; MüKo – *Soergel*, § 648 a BGB Rn 30.
1904 MüKo – *Soergel*, a.a.O.; Beck'scher VOB-Kommentar – *Jagenburg* vor § 2 Rn 451.
1905 *Werner/Pastor*, Rn 329; Staudinger – *Peters*, § 648 a BGB Rn 9.

VOB/B besteht. Aus diesem Grund könne der Auftragnehmer seinen **Außenstand** auf andere Weise begrenzen, so dass nicht der volle Werklohn abzusichern sei.[1906] Nachdem nunmehr jedoch durch das Gesetz zur Beschleunigung fälliger Zahlungen für jeden Bauvertrag ein Anspruch auf Abschlagszahlung eingeführt wurde (**§ 632 a BGB**), kann diese Auffassung jedoch nicht mehr Bestand haben. Es kommt jetzt nämlich nicht mehr darauf an, ob der Auftragnehmer sich durch besondere Vereinbarungen, insbesondere durch Einbeziehung der VOB/B, einen Anspruch auf Abschlagszahlungen gesichert hat, der den Zweck des § 648 a BGB in den Hintergrund treten lässt. Vielmehr gewährt § 648 a BGB bewusst in jedem Fall einen Anspruch auf Sicherheit, obwohl nach § 632 a BGB inzwischen jeder Auftragnehmer durch Abschlagszahlungen eine zusätzliche Sicherheit erfahren kann.[1907] Abzuziehen sind daher lediglich tatsächlich erfolgte Abschlagszahlungen, der Anspruch allein ist noch unschädlich.

882 Der **BGH** hat nunmehr in seinem **Urteil vom 9.11.2000** die meisten der vorgenannten Streitfragen geklärt.[1908] Das Urteil schließt sich überwiegend der bisher h.M. an. Der BGH hat im Einzelnen folgendes klargestellt:
- Der Auftragnehmer ist auch dann berechtigt, Sicherheit in Höhe des gesamten Werklohns zu fordern, wenn er mit dem Auftraggeber Raten- oder **Abschlagszahlung** vereinbart hat.
- Der Unternehmer ist berechtigt, Sicherung für den Teil des Werklohns zu fordern, der **bereits erbrachten Leistungen** zuzuordnen ist.
- Solange der Unternehmer bereit und in der Lage ist, **Mängel** zu beseitigen, hat er vor Abnahme ein grundsätzlich schützenswertes Interesse an der Absicherung seines nach Mangelbeseitigung durchsetzbaren Vergütungsanspruchs.

Darüber hinaus hat der BGH zwei weitere Unsicherheiten der Vergangenheit geklärt, in dem er klargestellt hat, dass
- sich aus einer Garantie oder einem Zahlungsversprechen i.S.d. § 648 a Abs. 2 BGB ein unmittelbarer Zahlungsanspruch des Unternehmers gegen das Kreditinstitut oder den Kreditversicherer ergeben muss. Hierdurch ist eindeutig klargestellt, dass **bloße Finanzierungsvereinbarungen** nicht den Ansprüchen des § 648 a BGB entsprechen,
- der Besteller verpflichtet sein kann, auf ein **überhöhtes Sicherungsverlangen** des Auftragnehmers die nach § 648 a BGB forderbare Sicherheit zu leisten, wenn deren konkrete Höhe für ihn feststellbar ist. Hier handelt es sich nur um die Feststellung einer Selbstverständlichkeit. Unstreitige Ansprüche sind abzusichern. Ein überhöhtes Sicherungsverlangen beseitigt nicht den Anspruch aus § 648 a BGB, sondern reduziert ihn auf die tatsächliche Höhe.

883 Nach § 648 a Abs. 6 BGB besteht kein Anspruch auf Sicherheitsleistung, wenn der Auftraggeber eine **juristische Person des öffentlichen Rechts** oder ein öffentlich-rechtliches Sondervermögen oder eine natürliche Person ist, die die Bauarbeiten zur Herstellung oder Instandsetzung eines **Einfamilienhauses** mit oder ohne Einliegerwohnung ausführen lässt, es sei denn, dies geschieht unter Beteiligung eines Baubetreuers. Unter die erstgenannte Fallgruppe dürften nach dem Sinn und Zweck der Vorschrift über den Wortlaut hinaus auch diejenigen juristischen Personen des Privatrechts fallen, die überwiegend im Eigentum der öffentlichen Hand stehen, da hier das Insolvenzrisiko nahezu ausgeschlossen ist.[1909] Dies gilt für die Deutsche Post AG, die Deutsche Bahn AG und andere vollständig im Besitz des Bundes oder eines Landes stehenden Körperschaften. Hinsichtlich der zweiten Personengruppe, die das **„Häuslebauer"-Privileg** genießt, ist problematisch, ob hier auch **Eigentümergemeinschaften** nach WEG von der Sicherungspflicht befreit sind. Da diese Gemeinschaften kein „Einfamilienhaus" i.S.d. von § 648 a Abs. 6 BGB herstellen oder instandsetzen, dürfte hier eine Befreiung von der Pflicht zur Sicherheitsleistung bedenklich sein.

1906 *Kleine-Möller/Merl/Oelmaier*, § 10 Rn 340.
1907 *Ingenstau/Korbion*, § 16 VOB/B Rn 426; *Werner/Pastor*, Rn 328.
1908 BGH ZfBR 2001, 75 (Leitsätze).
1909 MüKo – *Soergel*, § 648 a BGB Rn 16.

c) Bauhandwerkersicherungshypothek (§ 648 BGB)

Nach § 648 BGB kann der Auftragnehmer eines Bauwerks oder eines einzelnen Teils eines Bauwerks für seine Forderungen aus dem Vertrag die Einräumung einer Sicherungshypothek an dem Baugrundstück des Auftraggebers verlangen. Ist das Werk noch nicht vollendet, so kann er die Einräumung der Sicherungshypothek für einen der geleisteten Arbeit entsprechenden Teil der Vergütung und für die in der Vergütung nicht inbegriffenen Auslagen verlangen. **884**

Der Schutz dieser Vorschrift ist dadurch eingeschränkt, dass der Auftragnehmer hier nur einen Anspruch für ganz oder teilweise **bereits erbrachte Leistungen** erhält. Darüber hinaus besteht der Anspruch nur dann, wenn der Auftraggeber auch **Eigentümer des Grundstücks** ist, was nicht immer der Fall sein wird. Besteht also keine Identität zwischen Besteller und Grundstückseigentümer, so besteht keinerlei Anspruch auf Eintragung einer Sicherungshypothek. Schließlich geht der Anspruch aus § 648 BGB auch deshalb oft ins Leere, weil das Baugrundstück bereits mit anderen Belastungen versehen und die Sicherungshypothek daher **nachrangig** ist. Zu beachten ist, dass ein Anspruch auf Eintragung einer Sicherungshypothek nicht besteht, soweit der Unternehmer für seinen Vergütungsanspruch eine Sicherheit nach **§ 648 a BGB** erlangt hat (§ 648 a Abs. 4 BGB). Anders als der Anspruch aus § 648 a BGB ist der Anspruch auf Eintragung einer Sicherungshypothek nach § 648 BGB durch Individualvereinbarung **abdingbar**.[1910] In **Allgemeinen Geschäftsbedingungen** dürfte ein vollständiger Ausschluss dieses Anspruchs ohne Einräumung einer anderen Sicherheit jedoch unwirksam sein.[1911] **885**

Der Anspruch aus § 648 BGB steht grundsätzlich jedem „**Unternehmer eines Bauwerks**" zu. Da die Vorschrift nur Verträge mit dem Bauherrn und Grundstückseigentümer betrifft, können **Subunternehmer** i.d.R. keinen Anspruch aus § 648 BGB geltend machen.[1912] Hingegen fallen Architekten, Statiker und sonstige Sonderfachleute in den Anwendungsbereich von § 648 BGB, soweit ihre Leistungen der Bauwerkserrichtung dienen und ein Vertrag mit dem Bauherrn und Grundstückseigentümer besteht.[1913] **886**

Auch in Bezug auf § 648 BGB ist umstritten, ob **Mängel** der Werkleistung den Anspruch auf die Sicherungshypothek beeinträchtigen. Nach h.M. ist der Anspruch auf Sicherheitsleistung nach § 648 BGB um den Wert der bestehenden Mängel zu **kürzen**.[1914] Dies ist zutreffend, denn der Auftragnehmer hat bei einer mangelhaften Leistung dem Grundstück auch nur einen entsprechend geringeren Wertzuwachs zugeführt. Nur in diesem Umfang will § 648 BGB den Auftragnehmer durch die Sicherungshypothek schützen. Der Bauherr hat ein schutzwürdiges Interesse daran, dass sein Grundstück nicht mit Sicherungshypotheken belastet wird, die angesichts der vorhandenen Mängel und des dadurch fehlenden Wertzuwachses des Grundstücks überhöht sind.[1915] Der Sicherungsanspruch setzt jedoch nicht zwingend die Fälligkeit des Vergütungsanspruchs voraus.[1916] **887**

Die Bestellung der Sicherungshypothek erfolgt durch **Einigung** der Parteien und Eintragung in das Grundbuch. Die Eintragung kann jedoch auch dadurch gesichert werden, dass der Auftragnehmer durch eine **einstweilige Verfügung** die Eintragung einer Vormerkung nach §§ 921, 935, 936, 941 ZPO, 885 BGB erwirkt.[1917] **888**

1910 *Locher*, Rn 432 a.
1911 BGHZ 91, 139.
1912 MüKo – *Soergel*, § 648 Rn 4.
1913 BGH NJW 1974, 898; *Werner/Pastor*, Rn 211.
1914 BGH BauR 1977, 208; MüKo – *Soergel*, § 648 Rn 20; *Werner/Pastor*, Rn 235.
1915 BGH BauR 1977, 208.
1916 *Palandt*, § 648 Rn 4.
1917 Siehe Muster XVIII.

d) Das Gesetz zur Sicherung von Bauforderungen

889 Nach § 1 Abs. 1 des Gesetzes über die Sicherung von Bauforderungen ist der **Empfänger von Baugeld** verpflichtet, dieses zur Befriedigung von Personen zu verwenden, die an der Herstellung des Baues aufgrund eines Werk-, Dienst- oder Lieferungsvertrags beteiligt sind. Baugeld im Sinne dieses Gesetzes sind **Fremdmittel zur Bestreitung der Baukosten**, die durch Eintragung einer Hypothek oder Grundschuld an dem Baugrundstück oder durch Übertragung des Eigentums hieran besonders gesichert sind. Der Empfänger von Baugeld hat bei Neu- und Umbauten ein „**Baubuch**" zu führen, aus dem sich die Vertragspartner, die Art der übertragenen Arbeiten und die vereinbarte Vergütung ergeben muss. Ferner sind hierin sämtliche auf die einzelnen Forderungen geleisteten Zahlungen mit Höhe und Datum einzutragen. Das Gesetz zur Sicherung von Bauforderungen enthält Strafvorschriften für die zweckwidrige Verwendung der Baugelder. Das Gesetz ist Schutzgesetz im Sinne von § 823 Abs. 2 BGB.[1918] Es hat jedoch wegen seines eingeschränkten Anwendungsbereichs nur wenig praktische Bedeutung.[1919]

B. Mustertexte

I. Einfacher Generalunternehmervertrag

890

Zwischen
der Bauherrengemeinschaft Schlossallee GmbH, Parkstraße 1, 50000 Musterhausen,
vertreten durch die Geschäftsführer, ebenda,

– nachfolgend **Auftraggeber** genannt –

und

der Arge Schlosshotel, bestehend aus den Firmen Waltraud Constructing AG (technischer Federführer) und Paula Holz AG, Bahnhofstraße 15, 50000 Musterhausen,
vertreten durch den technischen Federführer, dieser vertreten durch den Vorstand, ebenda,

– nachfolgend **Generalunternehmer** genannt –

wird folgender

Generalunternehmervertrag

für den Bau des Schlosshotels in Musterhausen geschlossen:

§ 1 Gegenstand des Vertrags

1. Der Auftraggeber ist Eigentümer des in Anlage 1 dargestellten Grundstücks. Auf diesem Grundstück beabsichtigt der Auftraggeber ein „Schlosshotel" zu errichten. Der Bereich des Gebäudekomplexes ist in Anlage 1 blau umrandet dargestellt. Der weitergehende Baubereich, insbesondere für die Baustelleneinrichtung, ist in Anlage 1 rot umrandet dargestellt. Dem Generalunternehmer ist dieses Grundstück, insbesondere seine Lage und die Nachbarbebauung bekannt. Der Generalunternehmer hat das Grundstück eingehend besichtigt.

2. Der Auftraggeber beauftragt den Generalunternehmer mit der schlüsselfertigen, betriebsbereiten und termingerechten Erstellung des Schlosshotels nach Maßgabe dieses Vertrags und seinen Anlagen.

1918 *Heiermann/Riedl/Rusam*, § 2 VOB/B Rn 55.
1919 *Heiermann/Riedl/Rusam*, § 17 VOB/B Rn 1a; vgl. hierzu *Locher*, Rn 440.

3. Maßgebend für die Leistungsverpflichtung des Generalunternehmers sind folgende Regelungen:
   a) Die Regelungen dieses Vertrags, nachrangig die Vorschriften der VOB/B in der bei Vertragsabschluss gültigen Fassung,
   b) ergänzend zu a) die gesetzlichen Regelungen, insbesondere die §§ 631 ff. BGB,
   c) die Baubeschreibung „Schlosshotel" (Anlage 2),
   d) die Baugenehmigung (Anlage 3),
   e) die vom Auftraggeber erstellte Planung, Leistungsphase 1 bis 4 der HOAI (Anlage 4),
   f) das Baugrund- und Gründungsgutachten (Anlage 5),
   g) der Terminplan (Anlage 6),
   h) der Zahlungsplan (Anlage 7).

4. Grundsätzlich ergänzen sich sämtliche in Ziffer 3 aufgeführten Regelungen. Im Fall von etwaigen Widersprüchen bestimmt die Reihenfolge die Rangfolge, d.h. Ziffer 3.a) geht Ziffer 3.b) vor, usw.

§ 2   Vertreter der Vertragsparteien

1. Der Auftraggeber benennt als seinen bevollmächtigten Vertreter für die Abwicklung dieses Vertrags Herrn Günter Wagner. Dieser ist zur umfassenden Vertretung des Auftraggebers berechtigt. Er ist jedoch nicht berechtigt, diesen Vertrag zu kündigen oder sonst vorzeitig zu beenden, Nachträge zu beauftragen oder Forderungen anzuerkennen, die betragsmäßig über 100.000 DM liegen, auf vom Generalunternehmer zu stellende Sicherheiten zu verzichten und die Gesamtleistung des Generalunternehmers abzunehmen. Der Auftraggeber behält sich vor, den bevollmächtigten Vertreter jederzeit abzuberufen und durch einen anderen Vertreter zu ersetzen bzw. den Umfang der Vollmacht zu ändern. Derartige Änderungen wirken gegenüber dem Generalunternehmer erst mit Zugang der entsprechenden Mitteilung.

2. Der Generalunternehmer benennt als seinen bevollmächtigten Vertreter Herrn Karl Schneider. Für den Umfang der Vollmacht und die Möglichkeit, den bevollmächtigten Vertreter zu wechseln, gelten die Regelungen in vorstehender Ziffer 1. entsprechend.

§ 3   Leistungen des Generalunternehmers

1. Die Leistungen des Generalunternehmers gliedern sich auf in Planungsleistungen (nachfolgend Ziffer 2.), Bauleistungen/Hauptpflichten (nachfolgend Ziffer 3.) und Ausführungs- und Nebenpflichten (nachfolgend Ziffer 4.).

2. Soweit für die Erstellung des Schlosshotels Architekten- und/oder Ingenieurleistungen erforderlich sein sollten, die über die vom Auftraggeber erstellten Planungsleistungen hinausgehen (vgl. insoweit Anlage 4), gehören diese zum Leistungsumfang des Generalunternehmers. Der Auftraggeber hat das Recht, derartige Leistungen des Generalunternehmers umfassend zu nutzen, zu ändern und auch an Dritte zu übertragen. Der Generalunternehmer gewährleistet insoweit, dass seine Leistungen frei von Schutzrechten Dritter sind.

3. Zu den vom Generalunternehmer auszuführenden Bauleistungen gehören alle tief- und hochbaulichen Bauleistungen und Baunebenleistungen, die zur schlüsselfertigen und betriebsbereiten Herstellung des Schlosshotels erforderlich sind. Zu den Hauptpflichten des Generalunternehmers zählt insbesondere auch:
   a) die Übernahme der Verkehrssicherungspflicht im gesamten Baubereich (vgl. Anlage 1) und der Bauherrenpflichten aus §§ 2, 3 der Baustellenverordnung,
   b) die Erstellung der Hausanschlüsse und das Klären der Brandschutzauflagen,
   c) die Erstellung monatlicher Baustandsberichte mit Zustandsfotografien,

d) die etwa erforderliche Beseitigung von Bodenverunreinigungen und Altlasten, soweit diese nicht aus den entsprechenden Gutachten (vgl. Anlage 5) zu ersehen sind, allerdings nur gegen zusätzliche angemessene Vergütung.

4. Zu den Ausführungs- und Nebenpflichten des Generalunternehmers zählen insbesondere:
    a) Der Generalunternehmer stellt den Bauleiter nach Landesbauordnung,
    b) der Generalunternehmer ist für die Ordnung auf der Baustelle verantwortlich. Er hat Abfall, Bauschutt, Unrat usw. umgehend zu beseitigen,
    c) die notwendigen Lager- und Arbeitsplätze schafft der Generalunternehmer selbst. Für die erforderliche Zufahrt zum Baubereich hat gleichfalls der Generalunternehmer Sorge zu tragen,
    d) der Generalunternehmer errichtet und unterhält die von ihm benötigten Anschlüsse für Wasser und Energie und etwaig andere benötigte Medien,
    e) es ist Aufgabe des Generalunternehmers, alle benötigten Fachabnahmen (z.B. durch die zuständige Baubehörde) zu beantragen und die entsprechenden Kosten zu übernehmen,
    f) der Generalunternehmer hat die Revisionspläne zu erstellen und dem Auftraggeber nebst den Bedienungsanleitungen für die technischen Gewerke zu übergeben.

§ 4   Leistungen des Auftraggebers

1. Der Auftraggeber verschafft dem Generalunternehmer den Besitz an dem in Anlage 1 dargestellten Baugrundstück.
2. Der Auftraggeber wird die ihm obliegenden Entscheidungen zügig treffen und den Generalunternehmer insoweit angemessen bei der Leistungserbringung unterstützen.

§ 5   Leistungsänderungen / Zusatzleistungen

1. Der Auftraggeber behält sich vor, die dem Generalunternehmer nach diesem Vertrag beauftragte Leistung zu ändern und im Vertrag nicht vorgesehene, zusätzliche Leistungen zu fordern. Macht der Auftraggeber von diesem Recht Gebrauch, wird der Generalunternehmer dem Auftraggeber unverzüglich für die geänderte/zusätzliche Leistung ein schriftliches Angebot unterbreiten. Den Preis wird der Generalunternehmer hierbei auf Basis der Kalkulation unter Berücksichtigung von entstehenden Mehr- und Minderkosten ermitteln und dem Auftraggeber anbieten. In dem Angebot hat der Generalunternehmer auch anzugeben, welche Auswirkungen die geänderte/zusätzliche Leistung in terminlicher Hinsicht hat. Grundsätzlich streben Auftraggeber und Generalunternehmer eine verbindliche Einigung über dieses Nachtragsangebot des Generalunternehmers an, bevor die geänderte/zusätzliche Leistung ausgeführt wird.
2. Einigen sich die Vertragsparteien über ein Nachtragsangebot des Generalunternehmers nicht, sei es, weil der Auftraggeber der Auffassung ist, dass eine geänderte/zusätzliche Leistung nicht vorliege, der angebotene Preis nicht angemessen sei oder die Auswirkungen auf die Termine vom Generalunternehmer falsch ermittelt worden seien, so ist der Generalunternehmer gleichwohl zur weiteren Ausführung verpflichtet. Der Generalunternehmer kann jedoch beanspruchen, dass die zwischen den Parteien streitigen Fragen vorläufig durch einen Bausachverständigen, den die Industrie- und Handelskammer auf seinen Antrag benennt, beurteilt werden. Stellt dieser Bausachverständige fest, dass der Nachtrag ganz oder teilweise berechtigt ist, so kann der Generalunternehmer vom Auftraggeber in der vom Bausachverständigen vorläufig festgelegten Höhe Sicherheit nach § 648 a BGB verlangen, bis die Angelegenheit endgültig geklärt ist. Stellt der Auftraggeber diese Sicherheit nicht binnen 14 Tagen nach Entscheidung des Bausachverständigen, ist der Generalunternehmer zur Einstellung der Arbeiten berechtigt. Die Kosten des Bausachverständigen tragen die Parteien im Verhältnis ihres Obsiegens bzw. Unterliegens.

§ 6 Nachunternehmerleistung

1. Der Generalunternehmer ist berechtigt, die ihm im Rahmen dieses Vertrags beauftragten Leistungen ganz oder teilweise an Dritte (Nachunternehmer) unterzuvergeben. Macht der Generalunternehmer von diesem Recht Gebrauch, hat er sicherzustellen, dass den Nachunternehmern für das ihnen jeweils beauftragte Gewerk die Regelungen dieses Vertrags, insbesondere zur Leistungserbringung, auferlegt werden.

2. Auf Verlangen des Auftraggebers hat der Generalunternehmer dem Auftraggeber die Namen der beauftragten Nachunternehmer bekannt zu geben. Für technische Gewerke dürfen nur Nachunternehmer beauftragt werden, die eine Wartung zu Marktpreisen anbieten.

§ 7 Fertigstellung

1. Der Generalunternehmer verpflichtet sich zur betriebsbereiten und schlüsselfertigen Fertigstellung des Schlosshotels bis zum 31.12.2002. Außenanlagen, die zu diesem Termin aus witterungstechnischen Gründen nicht erstellt sein können, werden spätestens am 1.5.2003 fertiggestellt sein. Der verkehrssichere Zugang ist jedoch jedenfalls zum 31.12.2002 sicherzustellen.

2. Folgende Zwischentermine werden als Vertragsfristen vereinbart:
   a) Baubeginn ist der 1.4.2001.
   b) Die Fertigstellung der Baugrube und der Wasserhaltung erfolgt zum 1.7.2001.
   c) Die Fertigstellung des Rohbaues (ohne Fassade) erfolgt zum 31.3.2002.

3. Der Fertigstellungstermin gemäß vorstehender Ziffer 1. und die Zwischentermine gemäß vorstehender Ziffer 2. verschieben sich bei
   a) geänderten/zusätzlichen Leistungen nach § 5 dieses Vertrags um die vereinbarte Zeit,
   b) Streik, behördlichen Verfügungen (z.B. Stillstand), höherer Gewalt, sonstigen vom Generalunternehmer nicht zu vertretenden Umständen um die Zeit, um die der Generalunternehmer an der Fortführung der Arbeiten behindert ist,
   c) ungünstigen Witterungsverhältnissen, allerdings erst ab dem elften Tag, d.h. zehn Schlechtwettertage sind als „üblich" i.S.d. § 6 Nr. 2 Abs. 2 VOB/B bereits im Ausführungszeitraum enthalten.

4. Gerät der Generalunternehmer mit dem Fertigstellungstermin gemäß vorstehender Ziffer 1. oder den Zwischenterminen gemäß vorstehender Ziffer 2. in Verzug, schuldet er dem Auftraggeber folgende Vertragsstrafe:
   a) Bei Überschreitung des Zwischentermins gemäß Ziffer 2.a) 0,1 % der Auftragssumme pro Arbeitstag,
   b) bei Überschreitung des Zwischentermins gemäß vorstehender Ziffer 2.b) 0,2 % der Auftragssumme pro Arbeitstag, wobei eine etwa bereits verwirkte Vertragsstrafe nach a) angerechnet wird,
   c) bei Überschreitung des Zwischentermins gemäß vorstehender Ziffer 2.c) 0,3 % der Auftragssumme pro Arbeitstag, wobei eine bereits nach b) verwirkte Vertragsstrafe angerechnet wird,
   d) bei Überschreitung des Fertigstellungstermins gemäß vorstehender Ziffer 1. 0,4 % der Abrechnungssumme pro Arbeitstag, wobei eine bereits nach c) verwirkte Vertragsstrafe angerechnet wird.
   Die Vertragsstrafe ist insgesamt auf 10 % der Abrechnungssumme begrenzt. Alle in dieser Ziffer aufgeführten Beträge verstehen sich „netto". Die Geltendmachung eines weitergehenden Schadens behält sich der Auftraggeber vor. Der Auftraggeber kann den Vorbehalt der Vertragsstrafe auch erst bei Fälligkeit der Schlusszahlung erheben und die verwirkte Vertragsstrafe dann von der Schlusszahlung abziehen.

§ 8 Abnahme

1. Die Abnahme findet statt, wenn der Generalunternehmer das Schlosshotel frei von wesentlichen Mängeln erstellt hat. Es findet eine förmliche Abnahme statt. Teilabnahmen sind ausgeschlossen.

2. Vier Wochen vor Abnahme findet eine gemeinsame Begehung statt. Hierüber wird ein schriftliches Protokoll (Begehungsprotokoll) erstellt, in das etwaige noch bis zur Abnahme zu beseitigende wesentliche Mängel aufgenommen werden.

3. Im eigentlichen Abnahmeprotokoll werden sodann alle etwa noch fehlenden Restarbeiten und noch bestehenden Mängel dokumentiert. Für diese läuft die Gewährleistungsfrist erst mit ihrer später separat erfolgenden Abnahme. Das Abnahmeprotokoll ist von beiden Parteien zu unterschreiben. In ihm sind Ort, Zeit und Teilnehmer der Abnahmeverhandlung anzugeben.

4. Zum Abnahmetermin hat der Generalunternehmer dem Auftraggeber zu übergeben:
   a) Nachweise darüber, dass alle Fachabnahmen durchgeführt worden sind,
   b) Nachweise darüber, dass der Generalunternehmer die Leistung seinerseits gegenüber den eingesetzten Nachunternehmern abgenommen hat,
   c) sämtliche Plan- und Bestandsunterlagen, die der Generalunternehmer nach diesem Vertrag zu erbringen hat.

   Fehlen diese Unterlagen zum Abnahmetermin, so kann der Auftraggeber entweder die Abnahme verweigern oder einen angemessenen Einbehalt von der Schlusszahlung vornehmen.

5. Der Generalunternehmer ist verpflichtet, alle im Abnahmeprotokoll enthaltenen Mängel binnen angemessener Frist zu beseitigen, andernfalls kann der Auftraggeber die Mängel auf Kosten des Generalunternehmers beseitigen lassen. Als angemessene Frist werden grundsätzlich zwei Monate vereinbart. Die Mangelbeseitigungsarbeiten sind förmlich abzunehmen.

6. § 640 Abs. 2 BGB wird ausgeschlossen.

§ 9 Vergütung

1. Für seine Leistungen nach diesem Vertrag erhält der Generalunternehmer einen Pauschalfestpreis in Höhe von 50.000.000 DM zuzüglich der gesetzlichen Umsatzsteuer.

2. Auf den Pauschalfestpreis erhält der Generalunternehmer Abschlagszahlungen nach dem leistungsbezogenen Zahlungsplan gemäß Anlage 7.

3. Die Zahlungen erfolgen bei Fälligkeit auf ein noch anzugebendes Konto des Generalunternehmers. Der Auftraggeber kann von der Schlusszahlung 5 % der Bruttoabrechnungssumme als Sicherheit für die Gewährleistungsansprüche einbehalten. Dieser Sicherheitseinbehalt kann vom Generalunternehmer durch eine Gewährleistungsbürgschaft nach § 10 Ziffer 2. dieses Vertrags abgelöst werden. Auf eine Hinterlegung des Sicherheitseinbehalts auf ein Sperrkonto verzichtet der Generalunternehmer schon heute.

§ 10 Sicherheitsleistung

1. Der Generalunternehmer übergibt dem Auftraggeber spätestens zehn Tage vor Baubeginn eine Vertragserfüllungsbürgschaft in Höhe von 10 % des Brutto-Pauschalfestpreises im Original. Bürge muss eine Bank oder Versicherungsgesellschaft sein, die in Musterhausen als Steuerbürge zugelassen ist. Die Bürgschaft muss unbedingt, auflagenfrei, unbefristet und selbstschuldnerisch sein.

2. Der Generalunternehmer ist berechtigt, den Sicherheitseinbehalt nach § 9 Ziffer 3. dieses Vertrags durch eine Gewährleistungsbürgschaft in Höhe von 5 % der Brutto-Abrechnungssumme abzu-

lösen. Hinsichtlich des Inhalts der Bürgschaft und der Person des Bürgen wird auf vorstehende Ziffer 1. verwiesen.

3. Den Parteien ist bekannt, dass der Generalunternehmer nach der nicht abdingbaren Vorschrift des § 648 a BGB Sicherheitsleistung beanspruchen kann. Angesichts der erstklassigen Bonität des Auftraggebers sieht der Generalunternehmer zunächst davon ab, eine derartige Sicherheit zu beanspruchen.

§ 11 Kündigung

1. Der Vertrag kann beiderseits nur aus wichtigem Grunde gekündigt werden. Das freie Kündigungsrecht des Auftraggebers (§ 8 Nr. 1 VOB/B, § 649 BGB) ist ausgeschlossen.

2. Der Kündigung hat eine schriftliche Abmahnung mit einer einmonatigen Frist vorauszugehen.

3. Die Kündigung hat stets schriftlich zu erfolgen.

§ 12 Versicherungen

1. Der Generalunternehmer hat folgende Versicherungen auf eigene Kosten abzuschließen und während der Bauzeit aufrecht zu erhalten:
   a) Bauleistungsversicherung,
   b) Gewässerschaden-Haftpflichtversicherung,
   c) Betriebshaftpflichtversicherung mit mindestens folgenden Deckungssummen:
      Personenschäden: 5.000.000 DM,
      Sachschäden: 2.000.000 DM,
      Vermögensschäden: 200.000 DM.

2. Den entsprechenden Versicherungsschutz hat der Generalunternehmer durch eine Bestätigung seines Versicherers nachzuweisen. In diesem Schreiben muss sich der Versicherer verpflichten, den Auftraggeber unmittelbar zu informieren, wenn der Versicherungsschutz nicht mehr oder nicht mehr in bestätigter Höhe besteht.

3. Erfüllt der Generalunternehmer die vorstehende Nachweispflicht nicht binnen zwei Wochen nach Baubeginn, kann der Auftraggeber diese Versicherungen zu Lasten des Generalunternehmers abschließen.

§ 13 Gewährleistung

1. Die Gewährleistungsansprüche verjähren fünf Jahre nach Abnahme. Auf § 8 Ziffer 3. S. 2 dieses Vertrags wird verwiesen.

2. Für die Dichtigkeit des Daches und der weißen Wanne leistet der Generalunternehmer zehn Jahre Gewähr.

3. Für die erbrachten Bauleistungen richtet sich die Gewährleistung im Übrigen nach der VOB/B, für die Planungsleistungen nach den Regeln des BGB.

4. Sollte der Generalunternehmer mit Nachunternehmern längere Gewährleistungsfristen vereinbaren, besteht zwischen den Parteien schon heute Einigkeit dahingehend, dass der Generalunternehmer diese Ansprüche zum Ende der eigenen Gewährleistungszeit an den Auftraggeber abtritt. Eine Haftung für Bestand und Durchsetzbarkeit dieser Ansprüche übernimmt der Generalunternehmer nicht.

§ 14   Schlussbestimmungen

1. Dieser Vertrag gibt die zwischen den Parteien getroffenen Abreden vollständig wieder. Mündliche Nebenabreden bestehen nicht. Änderungen dieses Vertrags bedürfen zu ihrer Wirksamkeit der Schriftform.

2. Als Erfüllungsort und Gerichtsstand wird – soweit gesetzlich zulässig – Musterhausen vereinbart.

3. Sollte eine Bestimmung dieses Vertrags unwirksam sein oder werden, oder sollte sich in diesem Vertrag eine Lücke erweisen, so soll der Vertrag gleichwohl wirksam sein. Die Parteien verpflichten sich für diesen Fall, die unwirksame Bestimmung durch eine Regelung zu ersetzen, die in rechtlich zulässiger Weise dem am nächsten kommt, was die Parteien gewollt haben. In entsprechender Weise werden die Parteien eine Lücke schließen.

Musterhausen, den 20.1.2001
Auftraggeber   Generalunternehmer

II. Kurz- Verhandlungsprotokoll

1. Allgemeines:
- a) Bauvorhaben: *Schlosshotel in Musterhausen*
- b) Gewerk: *Baugrube und Wasserhaltung*
- c) Ort: *Baustelle/Bauleitungsbüro*
- d) Tag: *17.1.2001*
- e) Zeit: *10:45 bis 12.05 Uhr*

2. Parteien:
- a) AG (Auftraggeber): *Arge Schlosshotel, vertreten durch Waltraud Constructing AG als technischem Federführer*
- b) NU (Nachunternehmer): *TOP Tiefbau GmbH, Badstraße 17b, 50000 Musterhausen vertreten durch den Geschäftsführer Klaus Baumann*
- c) Teilnehmer an der Verhandlung:
  - aa) AG: *Karl Schneider*
  - bb) NU: *Klaus Baumann*
- d) Projektbevollmächtigte:
  - aa) AG: *siehe c)*
  - bb) NU: *siehe c)*

3. Vertragsgrundlagen:
- a) Ausschreibung AG vom: *15.11.2000*
- b) Angebot NU vom: *17.12.2000*
- c) Sonstige: *entfällt*
- d) Die VOB/B, welche beigefügt ist / **dem NU bekannt ist.**

4. Vergütung:
- a) Einheitspreis   *entfällt*
  - aa) gemäß LV Angebot NU:
  - bb) Nachlass:
  - cc) Gesamt:

b) Pauschalpreis:
   aa) gemäß Angebot NU: *1.150.000 DM*
   bb) Nachlass   *160.000 DM*
   cc) Vereinbarte Pauschale: *990.000 DM*

c) Preisgleitklausel: *entfällt*
   aa) Lohn:
   bb) Material:

d) Stundenlohn: *entfällt*
   aa) Meister:
   bb) Facharbeiter:
   cc) Helfer:

e) Umsatzsteuer: *Alle aufgeführten Preise verstehen sich netto zuzüglich der gesetzlichen Umsatzsteuer.*

5. Fristen:
a) Beginn der Arbeiten: *1.4.2001*
b) Zwischenfristen: *nein*
c) Fertigstellung: *15.6.2001*

6. Vertragsstrafe (zu § 11 VOB/B):
Der NU zahlt bei Verzug pro
Kalendertag / Werktag / **Arbeitstag**
a) Bei folgender Zwischenfrist: *entfällt*
b) Dem Endtermin: *15.6.2001*

0,2 % der Nettoauftragssumme, maximal 5 % der Nettoauftragssumme, wobei eine etwa nach a) verwirkte Strafe auf die Strafe b) angerechnet wird.

7. Besonderheiten auf der Baustelle:
a) Zugangswege: *vorhanden, NU bekannt*
b) Lager- und Arbeitsplätze: *vorhanden, NU bekannt*
c) Strom- und Wasseranschlüsse: *siehe Ziffer 8*
d) Sonstiges: *entfällt*

8. Kostenbeteiligung NU für:
a) Baustrom: *ja*
b) Bauwasser: *ja*
c) Baureinigung: *ja*
d) Sanitäre Einrichtungen: *ja*
e) Bauleistungsversicherung: *ja*
f) Sonstiges: *nein*

Pauschal: *12.750 DM*
Prozent der Auftragssumme: *entfällt*

9. Rechnungsstellung/Zahlungen:
a) Rechnungsstellung erfolgt: *4fach*
b) Abschlagszahlungen: *ja, leistungsbezogen*
c) Zahlungsplan: *nein*
d) Zahlungsfristen: *18 Arbeitstage nach Rechnungsstellung*
e) Skonti: *2 % bei Zahlung innerhalb von einer Woche*

10. **Versicherungen:**
    a) Der NU ist betriebshaft-
       pflichtversichert bei: *T-Sicher-AG*
    b) Deckungssummen der
       Haftpflichtversicherung
       aa) Personenschäden: *5 Millionen DM*
       bb) Sachschäden: *5 Millionen DM*
       cc) Vermögensschäden: *0,5 Millionen DM*
    c) Bauleistungsversicherung: *siehe Ziffer 8.*

11. **Abnahme:**
    a) Teilabnahme: *nein*
    b) Förmliche Abnahme: *ja*
    c) Zu übergebende Unterlagen: *entfällt*

12. **Sicherheitsleistung:**
    a) Zugunsten AG:
       aa) Einbehalt: *10 % von jeder Zahlung*
       bb) Vertragserfüllungsbürgschaft: *nein*
       cc) Vorauszahlungsbürgschaft: *entfällt*
       dd) Gewährleistung: *5 % der Abrechnungssumme*
    b) Zugunsten NU: *entfällt*

13. **Gewährleistung:**
    a) Nach BGB / **nach VOB/B**
       Gewährleistungsfrist: *5 Jahre*
    c) Wartung: *entfällt*

14. **Sonstiges:** *entfällt*

15. **Gerichtsstand – soweit Vereinbarung gesetzlich zulässig**: *Musterhausen*

16. **Bindefrist:**
    Der NU hält sich an sein Angebot gebunden bis zum *25.1.2001.*

Musterhausen, den 17.1.2001.
Nachunternehmer   Auftraggeber

III. Zuschlag

892 TOP Tiefbau GmbH
Badstraße 17b

50000 Musterhausen

Schlosshotel Musterhausen
Baugrube und Wasserhaltung

Zuschlag

Sehr geehrte Damen und Herren,

auf Grundlage der Verhandlung vom 17.1.2001 erteilen wir Ihnen hiermit den Zuschlag für die Ausführung der Arbeiten „Baugrube und Wasserhaltung" beim Bauvorhaben Schlosshotel, Musterhausen. Die Konditionen des Auftrags ergeben sich im Einzelnen aus dem Verhandlungsprotokoll vom 17.1.2001. Der vereinbarte Pauschalfestpreis beträgt 990.000 DM netto, mithin 1.148.400 DM brutto. Als Ausführungsbeginn ist der 1.2.2001 vereinbart.

Bitte bestätigen Sie uns kurz Erhalt und Einverständnis zur Vervollständigung unserer Unterlagen.

In Erwartung einer erfolgreichen Zusammenarbeit verbleiben wir

mit freundlichen Grüßen

Musterhausen, den 22.1.2001.
Arge Schlosshotel,
Waltraud Constructing AG (technischer Federführer)

IV. Prüfungsschema für Allgemeine Geschäftsbedingungen

1. Wer ist Verwender der Regelung?

2. Handelt es sich bei der Regelung um eine Allgemeine Geschäftsbedingung?
- a) Allgemein § 1 AGBG
    - aa) Vorformulierte Vertragsbedingung?
    - bb) Vielzahl von Verträgen?
    - cc) Gestellt?
- b) Gegenüber einem Verbraucher § 24 a AGBG

3. Ist die Allgemeine Geschäftsbedingung wirksam in den Vertrag einbezogen worden?
- a) Allgemein § 2 AGBG
    - aa) Ausdrücklicher Hinweis
    - bb) Zumutbare Kenntnisnahme
- b) Gegenüber einem Kaufmann § 24 AGBG

4. Besonderheiten bei Allgemeinen Geschäftsbedingungen
- a) Allgemein
    - aa) Verbot überraschender Klauseln (§ 3 AGBG)
    - bb) Vorrang der Individualvereinbarung (§ 4 AGBG)
    - cc) Unklarheitenregel (§ 5 AGBG)
    - dd) Umgehungsverbot (§ 7 AGBG)
- b) Klauselverbote
    - aa) Gegenüber „jedermann" (§§ 11, 10, 9 AGBG)
    - bb) Gegenüber einem Kaufmann § 9 AGBG, aber auch § 24 S. 2 AGBG

5. Rechtsfolge einer unwirksamen Regelung
- a) Grundsatz § 6 AGBG
    - aa) Unwirksame Klausel wird durch gesetzliche Regelung ersetzt
    - bb) Vertrag bleibt im Übrigen wirksam
- b) Konsequenzen für VOB/B: nicht mehr „im Ganzen" vereinbart

6. Rechtsfolgen einer wirksamen Regelung
Prüfen, ob VOB/B noch „im Ganzen" vereinbart ist.

V. Vertragserfüllungsbürgschaft

Wir, das Bankhaus D.D. Trust & Investment, haben Kenntnis vom Generalunternehmervertrag zwischen der Bauherrengemeinschaft Schlossallee GmbH als Auftraggeber und der Arge Schlosshotel, bestehend aus den Firmen Waltraud Constructing AG und Paula Holz AG, als Auftragnehmer vom 20.1.2001. In diesem Generalunternehmervertrag hat sich der Auftragnehmer zur schlüsselfertigen Errichtung des Schlosshotels in Musterhausen zu einem Pauschalfestpreis von 50 Millionen DM zuzüglich gesetzlicher Umsatzsteuer verpflichtet. Nach § 10 Ziffer 1 dieses Generalunternehmervertrags hat der Auftragnehmer in Höhe von 10 % des Brutto-Pauschalfestpreises eine Vertragserfüllungsbürgschaft zu stellen.

Dies vorausgeschickt übernehmen wir hiermit gegenüber dem Auftraggeber die selbstschuldnerische Bürgschaft für die Erfüllung aller aus obigem Vertrag resultierenden Verpflichtungen des Auftragnehmers bis zu einem Betrag in Höhe von

5.800.000 DM
(in Worten: fünfmillionenachthunderttausend Deutsche Mark)

mit der Maßgabe, dass wir aus dieser Bürgschaft nur auf Zahlung von Geld in Anspruch genommen werden können.

Auf die Einrede der Vorausklage nach § 771 BGB verzichten wir. Die Bürgschaft steht nicht unter Auflagen und ist unbefristet. Unsere Verpflichtungen aus dieser Bürgschaft enden spätestens mit Rückgabe dieser Bürgschaftsurkunde an uns.

Musterhausen, den 15.3.2001
Bankhaus D.D. Trust & Investment

VI. Vorauszahlungsbürgschaft

895 Wir, das Bankhaus D.D. Trust & Investment, haben Kenntnis vom Generalunternehmervertrag zwischen der Bauherrengemeinschaft Schlossallee GmbH als Auftraggeber und der Arge Schlosshotel, bestehend aus den Firmen Waltraud Constructing AG und Paula Holz AG als Auftragnehmer vom 20.1.2001 und dem ersten Nachtrag hierzu vom 25.3.2001. In diesem Nachtrag hat sich der Auftraggeber verpflichtet, eine Vorauszahlung in Höhe von 10 Millionen DM zuzüglich Umsatzsteuer in gesetzlicher Höhe am 1.4.2001 zu leisten, Zug um Zug gegen Stellung einer Vorauszahlungsbürgschaft in entsprechender Höhe.

Dies vorausgeschickt übernehmen wir hiermit gegenüber dem Auftraggeber die selbstschuldnerische Bürgschaft für eine etwaige Rückzahlungsverpflichtung – gleich aus welchem Rechtsgrund – des Auftragnehmers gegenüber dem Auftraggeber hinsichtlich der geleisteten Vorauszahlung, mithin bis zu einem maximalen Betrag in Höhe von

11.600.000 DM
(in Worten: elfmillionensechshunderttausend Deutsche Mark)

mit der Maßgabe, dass wir aus dieser Bürgschaft nur auf Zahlung von Geld in Anspruch genommen werden können.

Unsere Verpflichtungen aus dieser Bürgschaft sind aufschiebend dergestalt bedingt, dass sie erst dann wirksam werden, wenn uns der Auftragnehmer bestätigt oder der Auftraggeber nachgewiesen hat, dass die Vorauszahlung in vorgenannter Höhe an den Auftragnehmer frei von Einwendungen und Einreden gezahlt worden ist.

Auf die Einreden nach §§ 768, 770, 771 BGB sowie auf das Recht nach § 776 BGB und das Recht der Hinterlegung verzichten wir. Wir werden aus dieser Bürgschaft auf erste schriftliche Anforderung des Auftraggebers Zahlung an den Auftraggeber leisten, jedoch vorausgesetzt, dass entweder der Rückzahlungsanspruch des Auftraggebers vom Auftragnehmer anerkannt worden ist, oder, soweit der Auftragnehmer den Rückzahlungsanspruch des Auftraggebers ganz oder teilweise bestreitet, der Auftraggeber in Höhe des streitigen Betrages Zug um Zug gegen Zahlung eine Bürgschaft zugunsten des Auftragnehmers nach § 648 a BGB stellt.

Auftraggeber und Auftragnehmer haben das Ingenieurbüro Herbert Schröder, Musterhausen, damit beauftragt, den vom Auftragnehmer vertragsgemäß erbrachten Leistungsstand monatlich mit bindender Wirkung für beide Parteien festzustellen und dem Bürgen eine Kopie des entsprechenden Schreibens zu übersenden. Unsere Verpflichtungen aus dieser Bürgschaft erlöschen daher in Höhe der vom Ingenieurbüro Herbert Schröder jeweils bestätigten Leistungsstände, spätestens jedoch mit Rückgabe dieser Bürgschaft an uns.

Musterhausen, den 26.3.2001
Bankhaus D.D. Trust & Investments

VII. Behinderungsanzeige

Bauherrengemeinschaft Schlossalle GmbH
z. Hd. Herrn Günter Wagner
Parkstraße 1

50000 Musterhausen

Bauvorhaben Schlosshotel
Generalunternehmervertrag vom 20.1.2001

Behinderungsanzeige

Sehr geehrte Damen und Herren,
sehr geehrter Herr Wagner,

gemäß § 6 Nr. 1 S. 1 VOB/B sind wir verpflichtet, Behinderungen unverzüglich anzuzeigen.

Heute morgen haben wir mit der vorgesehenen Mannschaft (ein Bauleiter, ein Polier, fünf Arbeiter und zwei Bagger nebst Baggerführern) mit dem Erdaushub begonnen. Gegen 10.00 Uhr sind wir im Erdreich auf einen metallenen Gegenstand gestoßen. Unsere ersten Überprüfungen ergaben, dass es sich hierbei vermutlich um eine Bombe – wahrscheinlich einen Blindgänger aus dem zweiten Weltkrieg – handelt. Wir haben sofort die Arbeiten gestoppt, die Baustelle gesichert und die zuständigen Behörden informiert. Seit 11.00 Uhr untersuchen von der zuständigen Behörde eingesetzte Sprengstoffexperten den Fund. Unsere Vermutung scheint sich zu bewahrheiten. Eine Entschärfung der Bombe, so die Mitteilung der Experten, wird etwa zwei Tage dauern. Auch ist abzuklären, ob auf der Baustelle weitere Bomben vorhanden sein könnten.

Eine Fortsetzung unserer Arbeiten ist daher zumindest für die nächsten zwei Tage nicht möglich. Die zum Einsatz vorgesehenen zwei Bagger, die auf der Baustelle vorhanden sind, können in dieser Zeit ebenso wenig eingesetzt werden wie die vorhandene Mannschaft.

Für diese zwei Tage melden wir daher infolge der eingetretenen Behinderung, Terminverlängerung und Mehrkosten an. Die Höhe der Mehrkosten werden wir Ihnen gesondert beziffern.

Bei einer Änderung der Situation, insbesondere einer Verlängerung der vorgesehenen Behinderung bzw. einer vorherigen Wiederaufnahme der Arbeiten werden wir Sie umgehend informieren.

Mit freundlichen Grüßen

Musterhausen, den 3.4.2001
Arge Schlosshotel,
Waltraud Constructing AG
(technischer Federführer)

VIII. Kündigungsandrohung nach § 5 Nr. 4 VOB/B

897 TOP Tiefbau GmbH
z. Hd. Herrn Klaus Baumann
Badstraße 17b

50000 Musterhausen
– vorab per Fax –

Bauvorhaben Schlosshotel
Gewerk: Baugrube und Wasserhaltung
NU-Vertrag vom 17.1.2001 / 22.1.2001
Kündigungsandrohung nach §§ 5 Nr. 4, 8 Nr. 3 VOB/B

Sehr geehrte Damen und Herren,
sehr geehrter Herr Baumann,

am 5.4.2001 war die gefundene Bombe entschärft und wieder Baufreiheit für Sie gegeben. Am gleichen Tag haben wir unmittelbar vor Ort über die Fortführung Ihrer Arbeiten gesprochen. Sie haben darum gebeten, die Arbeiten erst am 10.4.2001, morgens um 7.30 Uhr, fortsetzen zu dürfen, da Sie zur Zeit noch einen anderen Auftrag abarbeiten. Ihrem Wunsche folgend haben wir schriftlich vereinbart, dass Sie die Arbeiten am 10.4.2001 um 7.30 Uhr beginnen.

Heute, 12.4.2001, ist von Ihnen, Ihren Mitarbeitern, oder Ihrem Unternehmen noch nichts/niemand auf der Baustelle zu sehen. Sie befinden sich daher mit der Fortsetzung der Arbeiten im Verzug.

Wir setzen Ihnen hiermit zur Fortsetzung Ihrer Arbeiten eine Nachfrist bis zum 14.4.2001, 7.30 Uhr. Sollte diese Nachfrist fruchtlos verstreichen, werden wir Ihnen den Auftrag entziehen. Für die Konsequenzen werden wir Sie vollumfänglich haftbar machen.

Mit freundlichen Grüßen

Musterhausen, den 12.4.2001
Arge Schlossallee,
Waltraud Constructing AG
(technischer Federführer)

IX. Ankündigung einer geänderten/zusätzlichen Leistung

898 Arge Schlosshotel
Waltraud Constructing AG
(technischer Federführer)
– z. Hd. Herrn Karl Schneider –
Bahnhofstraße 15

50000 Musterhausen

Bauvorhaben Schlosshotel
Gewerk Baugrube und Wasserhaltung
NU-Vertrag vom 17.1.2001 / 22.1.2001
Nachtrag Nr. 153

Sehr geehrte Damen und Herren,
sehr geehrter Herr Schneider,

hiermit kündigen wir für geänderte/zusätzliche Leistungen, die von uns verlangt werden, Mehrkosten an.

In Ihrer Ausschreibung vom 15.11.2000, die nach Ziffer 3.a) des Verhandlungsprotokolls Vertragsbestandteil ist, ist unter Ziffer 12. auf Seite 5 vorgesehen, dass 5.000 Kubikmeter des ausgekofferten Bodens auf dem Baugrundstück wieder eingebaut werden sollen. Von dieser Möglichkeit sind wir im Rahmen unserer Kalkulation und somit unserer Preisbildung ausgegangen.

Auf der heutigen Baubesprechung haben Sie jedoch angeordnet, dass wir diesen Aushub auf eine 15 km entfernte Kippe fahren sollen. Diese bislang nicht vorgesehene Leistung löst naturgemäß beträchtliche Kosten aus.

Wir bieten Ihnen die auszuführende geänderte/zusätzliche Leistung mit pauschal 87.500 DM zuzüglich gesetzlicher Umsatzsteuer an und hoffen, Ihnen hiermit ein günstiges Angebot unterbreitet zu haben. Eine prüfbare Aufschlüsselung unseres Angebotes erhalten Sie gesondert.

Mit freundlichen Grüßen

Musterhausen, den 6.6.2001
TOP Tiefbau GmbH

X. Schlusszahlungserklärung

TOP Tiefbau GmbH
– Herrn Klaus Baumann –
Badstraße 17b

50000 Musterhausen

Bauvorhaben Schlosshotel
Gewerk Baugrube und Wasserhaltung
NU-Vertrag vom 17.1.2001 / 22.1.2001

Schlusszahlung

Sehr geehrte Damen und Herren,
sehr geehrter Herr Baumann,

wir haben mittlerweile die Prüfung Ihrer Schlussrechnung vom 30.6.2001 abgeschlossen. Hiernach steht Ihnen noch eine Schlusszahlung in Höhe von 89.471 DM zu. Diesen Betrag haben wir heute angewiesen. Damit sind Ihre Vergütungsansprüche erfüllt. Weitere Zahlungen werden wir nicht leisten.

Nach § 16 Nr. 3 VOB/B weisen wir Sie auf Folgendes hin:
Die vorbehaltlose Annahme der Schlusszahlung schließt Nachforderungen aus. Ein etwa von Ihnen beabsichtigter Vorbehalt ist innerhalb von 24 Werktagen nach Zugang dieses Schreibens zu erklären. Ein solcher Vorbehalt wird hinfällig, wenn er nicht innerhalb von weiteren 24 Werktagen eingehend begründet oder über die vorbehaltenen Forderungen eine prüfbare Rechnung eingereicht wird.

Mit freundlichen Grüßen

Musterhausen, den 15.8.2001
Arge Schlosshotel,
Waltraud Constructing AG
(technischer Federführer)

XI. Anmeldung eines Vorbehalts gegen die Schlusszahlung

900

Arge Schlosshotel
Waltraud Constructing AG
(technischer Federführer)
– z. Hd. Herrn Karl Schneider –
Bahnhofstraße 15

50000 Musterhausen

Bauvorhaben Schlosshotel
NU-Vertrag vom 17.1.2001 / 22.1.2001
Ihre Schlusszahlung vom 15.8.2001
Anmeldung eines Vorbehalts

Sehr geehrte Damen und Herren,
sehr geehrter Herr Schneider,

Ihr Schreiben vom 15.8.2001 und die hierin angekündigte Schlusszahlung über 89.471 DM haben wir erhalten.

Gegen die Schlusszahlung melden wir allerdings Vorbehalt an, den wir wie folgt begründen:

Zunächst haben Sie zu Unrecht 9.900 DM als „verwirkte Vertragsstrafe" in Abzug gebracht. Es ist zwar richtig, dass die Abnahme unserer Leistung erst am 20.6.2001 erfolgt ist, während im NU-Vertrag der 15.6.2001 als Fertigstellungstermin vereinbart wurde. Diese Verzögerung haben wir aber nicht zu vertreten, da bekanntlich die Arbeiten am 30.4.2001 wegen eines Bombenfundes gestoppt worden sind und frühestens am 10.4.2001 – also sieben Kalendertage später – wieder aufgenommen werden sollten. Im Übrigen haben Sie sich die Vertragsstrafe bei Abnahme nicht vorbehalten.

Zu Unrecht haben Sie unseren Nachtrag Nr. 153 aus der Schlussrechnung vollständig gestrichen. Die Hintergründe dieser Nachtragsleistung sind Ihnen aufgrund des geführten Schriftverkehrs, insbesondere unserem Schreiben vom 6.6.2001, hinlänglich bekannt. Der Höhe nach ist unsere Forderung von Ihnen bestätigt worden. Ihr Einwand, dass der Anspruch dem Grunde nach nicht bestehe, da im Rahmen eines Pauschalvertrags Nachträge erst zu vergüten seien, wenn sie 20 % der Pauschalsumme erreichen, ist nicht haltbar. Insoweit empfehlen wir eine genaue Lektüre des § 2 Nr. 7 Abs. 1 S. 4 VOB/B, der festschreibt, dass die Regelungen des § 2 Nr. 5 und Nr. 6 VOB/B auch auf einen Pauschalvertrag anwendbar sind.

Wir bestehen somit auf einer weiteren Zahlung in Höhe von insgesamt 97.400 DM zuzüglich der gesetzlichen Umsatzsteuer. Zur Zahlung setzen wir Ihnen eine letzte Frist bis zum 15.9.2001. Hiernach werden wir unsere berechtigte Forderung unter Inanspruchnahme gerichtlicher Hilfe durchsetzen.

Mit freundlichen Grüßen

Musterhausen, den 31.8.2001
TOP Tiefbau GmbH

XII. Mangelbeseitigungsverlangen vor der Abnahme

Arge Schlosshotel
Waltraud Constructing AG
(technischer Federführer)
Bahnhofstraße 15

50000 Musterhausen

Bauvorhaben Schlosshotel in Musterhausen
Generalunternehmervertrag vom 20.1.2001

Mangelbeseitigungsverlangen nach §§ 4 Nr. 7, 8 Nr. 3 VOB/B

Sehr geehrte Damen und Herren,

in der von Ihnen erstellten Tiefgarage zeigen sich weiterhin folgende Mängel:

An der nördlichen Wand auf der Parkebene 1 finden sich bei den Stellplätzen 4, 7 und 13 ungefähr in Augenhöhe (ca. 1,50 m) mehrere vertikal verlaufende Risse mit einer Länge von ca. 20 bis 30 cm.

Diese Mängel hatten wir Ihnen bereits am 12.4.2002 angezeigt und Sie zur Mangelbeseitigung bis zum 12.5.2002 aufgefordert.

Bedauerlicherweise sind Sie bislang Ihrer Mangelbeseitigungspflicht nicht nachgekommen. Hiermit fordern wir Sie letztmalig auf, diese Baumängel bis zum 15.6.2002 den vertraglichen Abreden und den Regeln der Technik entsprechend zu beseitigen. Sollte die Mangelbeseitigung bis zu diesem Datum nicht erfolgt sein, werden wir Ihnen den Auftrag entziehen. Für die Konsequenzen werden wir Sie haftbar machen.

Mit freundlichen Grüßen

Musterhausen, den 14.5.2002
Bauherrengemeinschaft Schlossallee GmbH

XIII. Abnahmeprotokoll

1. Allgemeines

    a) Bauvorhaben: *Schlosshotel Musterhausen*
    b) Leistung/Gewerk: *Gesamtleistung*
    c) Vertrag: *GU-Vertrag vom 20.1.2001*
    d) Tag der Abnahme: *5.1.2003*
    e) Ort der Abnahme: *Baustelle Schlosshotel*
    f) Zeit der Abnahme: *8.00 bis 17.25 Uhr*
    c) Teilnehmer:
        aa) Auftraggeber: *Bauherrengemeinschaft Schlossallee GmbH, Parkstraße 1, 50000 Musterhausen*
            Bevollmächtigter: *Günter Wagner*
        bb) Auftragnehmer: *Arge Schlosshotel, Waltraud Constructing AG (technischer Federführer), Bahnhofstraße 15, 50000 Musterhausen*
            Bevollmächtiger: *Karl Schneider*

2. Abnahmeerklärung

    a) Die Abnahme wurde erklärt: *ja*
    b) Die Abnahme wurde wegen wesentlicher Mängel verweigert: *nein*

§ 1 Der Bauvertrag

    c) Neuer Termin zur Abnahme: *entfällt*

3. Festgestellte Mängel / Restarbeiten
    a) Folgende Mängel wurden festgestellt: *Risse in der Tiefgarage, siehe Anlage 1.*
    b) Folgende Restarbeiten wurden festgestellt: *Außenanlagen fehlen, siehe Anlage 2, Baustelle ist noch zu räumen.*

4. Unterlagen
    a) Bei der Abnahme wurden folgende Unterlagen übergeben:
        - *Nachweise, dass AN gegenüber seinen NU abgenommen hat,*
        - *die vom AN zu erstellenden Pläne und Bestandsunterlagen.*
    b) Es fehlten:
        - *Behördliche Fachabnahmen.*

5. Vertragsstrafe
    a) Der AG behält sich die Vertragsstrafe vor: *ja*
    b) Die Vertragsstrafe wird nicht vorbehalten: *entfällt*

6. Einwendungen des Auftragnehmers zu Ziffern 2. bis 5.
    a) *Risse in der Tiefgarage sind keine Ausführungsfehler.*
    b) *Vertragsstrafe ist nicht verwirkt.*

7. Vereinbarungen zu Ziffern 2. bis 5.
    a) Beseitigung Mängel bis: *siehe Nr. 6.*
    b) Erledigung Restarbeiten bis: *Außenanlagen 1.5.2003,*
        Baustellenräumung 15.1.2003,
        Übergabenachweis bis 31.3.2003.,
        behördliche Fachabnahme bis 31.1.2003.

Das Abnahmeprotokoll besteht aus diesem Protokoll und den Anlagen 1 und 2. Beide Parteien erhalten eine Abschrift.

Musterhausen, den 5.1.2003
Auftraggeber   Auftragnehmer

XIV. Einfacher Antrag auf Durchführung eines selbstständigen Beweisverfahrens

903   Landgericht Musterhausen
        Gerichtsstraße 100

        50000 Musterhausen

Antrag auf Durchführung eines selbstständigen Beweisverfahrens,

der Bauherrengemeinschaft Schlossallee GmbH, Parkstraße 1, 50000 Musterhausen, vertreten durch die Geschäftsführer, ebenda,

                                                                  – Antragsteller –

                                         gegen

1. Die Firma Waltraud Constructing AG, vertreten durch den Vorstand und die Firma Paula Holz AG, vertreten durch den Vorstand, gemeinsam handelnd als Arge Schlosshotel, Bahnhofstraße 15, 50000 Musterhausen,

                                                             – Antragsgegner zu 1 –

2. Herrn Prof. Dr.-Ing. Gustav Umsicht, Opernplatz 1A, 50000 Musterhausen,

– Antragsgegner zu 2 –.

Der Antragsteller beantragt, ein schriftliches Sachverständigengutachten zu folgenden Fragen einzuholen:

Im Schlosshotel, Schlossalle 10 in 50000 Musterhausen, befinden sich in der Tiefgarage, Parkebene 1, an der nördlichen Wand, Stellplätze 1–7, 10–13 und 17–21, in Höhe von ca. 1,50 m mehrere vertikal verlaufende Risse mit einer Länge zwischen 20 und 30 cm. Der Sachverständige möge zu folgenden Fragen Stellung beziehen:

1. Auf welche Ursachen sind diese Risse zurückzuführen, insbesondere,
   a) liegt die Ursache darin begründet, dass der Antragsgegner zu 1) die beauftragte Leistung vertragswidrig oder gegen die Regeln der Technik erbracht hat, oder
   b) sind die Risse darauf zurückzuführen, dass das vertraglich zugrunde gelegte Baugrund- und Gründungsgutachten fehlerhaft war, insbesondere auf Seiten fünf und sechs des Gutachtens von einem fehlerhaften Grundwasserstand ausgegangen wurde?
2. Soweit die Ursache der Risse in Fehlern des Baugrund- und Gründungsgutachtens liegt, waren diese für den Antragsgegner zu 1) erkennbar oder konnte er diese Fehler nicht erkennen?
3. Welche Maßnahmen kommen in Betracht, um die Risse dauerhaft und den anerkannten Regeln der Technik entsprechend zu sanieren, inbesondere, ist das von dem Antragsgegner zu 1) vorgeschlagene Verfahren des so genannten „Verpressens" eine sachgerechte Mangelbeseitigung?
4. Welche Kosten werden für eine sachgerechte Mangelbeseitigung etwa aufzuwenden sein?

Es wird angeregt, zum Sachverständigen zu bestellen Herrn Prof. Dr.-Ing. Martin Weitblick, Lessingstraße 12, 50000 Musterhausen. Herr Prof. Weitblick ist Inhaber des Lehrstuhls für Bautechnik der Technischen Universität Musterhausen und in der gegenständlichen Thematik ein ausgewiesener Experte. Herr Prof. Weitblick hat dem Antragsteller auf telefonische Anfrage bestätigt, dass er bereit und in der Lage sei, die Aufgabe zu übernehmen und kurzfristig das Gutachten zu erstellen.

Begründung:

Der Antragsteller hat den Antragsgegner zu 1) durch Generalunternehmervertrag vom 20.1.2001 mit der schlüsselfertigen Erstellung des Schlosshotels in Musterhausen beauftragt.

Glaubhaftmachung:
Vorlage des Generalunternehmervertrags als Anlage 1.

Vertragsbestandteil des Generalunternehmervertrags (vgl. § 1 Nr. 3 f) ist das „Baugrund- und Gründungsgutachten". Dieses hat der Antragsgegner zu 2) im Auftrag des Antragstellers erarbeitet.

Glaubhaftmachung:
Auftrag Antragsteller an Antragsgegner zu 2) vom 31.8.2000 (Anlage 2a), Baugrund- und Gründungsgutachten (Anlage 2b).

Nach Erstellung der Tiefgarage durch den Antragsgegner zu 1) zeigten sich sehr schnell die im Antrag aufgezeigten Risse. Der Antragsteller hat daraufhin den Antragsgegner zu 1) unter dem 14.5.2002 zur Mangelbeseitigung aufgefordert.

Glaubhaftmachung:
Vorlage des Schreibens vom 14.5.2002 (Anlage 3)

Der Antragsgegner zu 1) hat daraufhin die Risse untersucht und mit Schreiben vom 15.9.2002 mitgeteilt, dass Ursache der Risse keine Ausführungsfehler, sondern vielmehr für ihn nicht erkennbare Fehler des „Baugrund- und Gründungsgutachtens" seien. Insbesondere sei der Grundwasserstand auf den bezeichneten Seiten fünf und sechs des Gutachtens falsch angegeben, hierdurch sei es zu geringfügigen, nicht erkennbaren Gebäudebewegungen gekommen, die die Risse ausgelöst hätten.

Glaubhaftmachung:
Vorlage des Schreibens des Antragsgegners zu 1) vom 15.9.2002 (Anlage 4).

Der Antragsteller hat sich daher an den Antragsgegner zu 2) mit der Bitte gewandt, zu den Rissen, den Ursachen und den Aussagen des Antragsgegners zu 1) Stellung zu beziehen.

Glaubhaftmachung:
Schreiben an den Antragsgegner zu 2) vom 20.9.2002 (Anlage 5).

Der Antragsgegner zu 2) hat seinerseits die Risse untersucht und mit Schreiben vom 11.11.2002 mitgeteilt, dass es sich bei den Rissen „ganz eindeutig um Ausführungsfehler des Antragsgegners zu 1) handele, Fehler seines Gutachtens hingegen nicht ersichtlich seien".

Glaubhaftmachung:
Schreiben des Antragsgegners vom 11.11.2002 (Anlage 6).

Mit dieser Auffassung konfrontiert hat der Antragsgegner zu 1) mitgeteilt, dass er die Meinung des Antragsgegners zu 2) nicht teile, vielmehr an seiner Auffassung festhalte, jedoch im Kulanzwege bereit sei, die Risse zu verpressen. Hierzu hat er hinsichtlich des beabsichtigten Verfahrens eine kurze Erläuterung beigefügt.

Glaubhaftmachung:
Schreiben des Antragsgegners zu 1) vom 20.12.2002 (Anlage 7), Erläuterung des beabsichtigten Verfahrens „Verpressen" (Anlage 8).

Der Antragsteller ist nach Rücksprache mit dem Antragsgegner zu 2) der Auffassung, dass dieses „Verpressen" keine geeignete Form der dauerhaften Sanierung ist. Am 5.1.2003 hat der Antragsteller die Leistungen des Antragsgegners zu 1) abgenommen, die im Antrag bezeichneten Mängel jedoch gerügt.

Glaubhaftmachung:
Vorlage des Abnahmeprotokolls vom 5.1.2003 (Anlage 9).

Zur weiteren Glaubhaftmachung bezieht sich der Antragsteller auf die Eidesstattliche Versicherung des Herrn Günter Wagner (Anlage 10), der das Bauvorhaben als Projektbevollmächtigter des Antragstellers begleitet hat.

Das rechtliche Interesse des Antragstellers ergibt sich daraus, dass durch dieses Verfahren ein Rechtsstreit vermieden werden kann. Es ist mit großer Wahrscheinlichkeit davon auszugehen, dass der Antragsgegner zu 1), sollten die Risse ihm anzulastende Ausführungsfehler sein, diese in einem vom Sachverständigen angeregten Verfahren sachgerecht beseitigen wird.

Die Kosten der Mangelbeseitigung werden deutlich über 10.000 DM liegen, sodass die Zuständigkeit des Landgerichtes gegeben ist.

Als Vorschuss für den Sachverständigen ist ein Verrechnungsscheck über 5.000 DM beigefügt.

Es wird um eine Entscheidung ohne mündliche Verhandlung gebeten (§ 490 Abs. 1 ZPO).

Musterhausen, den 15.2.2003
Bauherrengemeinschaft Schlossallee GmbH

XV. Mangelbeseitigungsverlangen nach der Abnahme

Arge Schlosshotel
Waltraud Constructing AG
(technischer Federführer)
Bahnhofstraße 15

50000 Musterhausen

Bauvorhaben Schlosshotel in Musterhausen
Generalunternehmervertrag vom 20.1.2001

Mangelbeseitigungsverlangen nach § 13 Nr. 5 VOB/B

Sehr geehrte Damen und Herren,

das selbstständige Beweisverfahren vor dem Landgericht Musterhausen ist nunmehr abgeschlossen. Der gerichtlich bestellte Sachverständige hat in seinem Gutachten und in der anschließend am 16.5.2003 hierzu durchgeführten mündlichen Verhandlung eindeutig dargestellt, dass die streitgegenständlichen Risse in der Tiefgarage auf von Ihnen zu vertretende Ausführungsfehler zurückgehen. Weiterhin hat der Sachverständige zwei mögliche Methoden einer den Regeln der Technik entsprechenden Sanierung aufgezeigt.

Nachdem wir bereits im Schreiben vom 14.5.2002, in der Anlage 1) des Abnahmeprotokolls vom 5.1.2003 und im Antrag auf Durchführung eines selbstständigen Beweisverfahrens vom 15.2.2003 die Mängel und ihre Lage ausführlich dargestellt haben, dürfen wir uns zur Meidung von Wiederholungen an dieser Stelle darauf beschränken, insoweit auf diese Unterlagen zu verweisen und Ihnen weiterhin mitzuteilen, dass sich gleichartige Risse jetzt auch bei den Stellplätzen 25, 26 und 28 zeigen.

Der Sachverständige hat als angemessene Zeit für eine Sanierung einen Zeitraum von ca. einem Monat veranschlagt.

Wir setzen Ihnen hiermit zur Mangelbeseitigung eine Frist bis zum 7.7.2003 und weisen darauf hin, dass wir, sollte eine fristgerechte Mangelbeseitigung durch Sie nicht erfolgen, die Mängel sodann durch ein drittes Unternehmen beseitigen lassen werden. Die uns hierdurch entstehenden Kosten werden wir Ihnen berechnen.

Mit freundlichen Grüßen

Musterhausen, den 20.5.2003
Bauherrengemeinschaft Schlossallee GmbH

XVI. Gewährleistungsbürgschaft

Wir, das Bankhaus G & R oHG, haben Kenntnis vom Generalunternehmervertrag vom 20.1.2001

zwischen der

Bauherrengemeinschaft Schlossallee GmbH

als Auftraggeber

und

der Rumpenheimer Bau-Union GmbH

als Auftragnehmer.

In diesem Generalunternehmervertrag hat sich der Auftragnehmer zur schlüsselfertigen Errichtung des Schlosshotels in Waldsolms zu einem Pauschalfestpreis von 50.000.000 DM zuzüglich gesetzlicher Umsatzsteuer verpflichtet.

Nach § 10 Ziffer 2 dieses Generalunternehmervertrags hat der Auftragnehmer gegenüber dem Auftraggeber eine Gewährleistungsbürgschaft in Höhe von 5 % der Brutto-Abrechnungssumme zu stellen.

Dies vorausgeschickt, übernehmen wir hiermit gegenüber dem Auftraggeber die selbstschuldnerische Bürgschaft für die Erfüllung der vom Auftragnehmer übernommenen Gewährleistungsverpflichtungen bis zu einem Betrag in Höhe von

2.500.000 DM
(in Worten: Zweimillionenfünfhunderttausend Deutsche Mark)

mit der Maßgabe, dass wir aus dieser Bürgschaft nur auf Zahlung von Geld in Anspruch genommen werden können.

Auf die Einreden der Anfechtung, der Aufrechnung und der Vorausklage gemäß §§ 770, 771 BGB wird verzichtet. Diese Bürgschaft steht nicht unter Auflagen und ist unbefristet. Unsere Verpflichtungen aus dieser Bürgschaft erlöschen mit Rückgabe dieser Bürgschaftsurkunde an uns. Eine Änderung der Rechtsform des Auftragnehmers berührt unsere Bürgschaftsverpflichtung nicht.

Frankfurt am Main, den 1.4.2001

XVII. Bürgschaft nach § 648 a BGB

Wir, das Bankhaus G & R oHG, haben Kenntnis vom Generalunternehmervertrag vom 20.1.2001

zwischen der

Bauherrengemeinschaft Schlossallee GmbH

als Auftraggeber

und

der Rumpenheimer Bau-Union GmbH

als Auftragnehmer.

In diesem Generalunternehmervertrag hat sich der Auftragnehmer zur schlüsselfertigen Errichtung des Schlosshotels in Waldsolms zu einem Pauschalfestpreis von 50.000.000 DM zuzüglich gesetzlicher Umsatzsteuer verpflichtet.

Nach § 10 Ziffer 3 des Generalunternehmervertrags vom 20.1.2001 kann der Auftragnehmer eine Sicherheitsleistung nach § 648 a BGB verlangen.

Dies vorausgeschickt, übernehmen wir hiermit gegenüber dem Auftragnehmer die Bürgschaft bis zu einem Höchstbetrag von

50.000.000 DM
(in Worten: Fünfzigmillionen Deutsche Mark)

für den Vergütungsanspruch und die Nebenforderungen des Auftragnehmers aus dem oben genannten Bauvorhaben. Wir werden Zahlungen nur leisten, soweit der Auftraggeber den Vergütungsanspruch des Auftragnehmers anerkennt oder durch vorläufig vollstreckbares Urteil zur Zahlung der Vergütung verurteilt worden ist und die Voraussetzungen vorliegen, unter denen die Zwangsvollstreckung begonnen werden darf.

Die Bürgschaftssumme reduziert sich im gleichen Verhältnis und in gleicher Höhe in der der Auftragnehmer weitere Abschlagszahlungen auf den noch offenen Werklohn vom Auftraggeber erhält.

Wir behalten uns das Recht vor, unser Sicherungsversprechen im Fall einer wesentlichen Verschlechterung der Vermögensverhältnisse des Auftraggebers mit Wirkung für Vergütungsansprüche aus Bauleistungen zu widerrufen, die der Auftragnehmer bei Zugang der Widerrufserklärung noch nicht erbracht hat.

Diese Bürgschaft ist unbefristet. Unsere Verpflichtungen aus dieser Bürgschaft enden mit Rückgabe dieser Bürgschaftsurkunde an uns.

Frankfurt, den 1.4.2001

XVIII. Antrag auf Erlass einer einstweiligen Verfügung zur Eintragung einer Vormerkung für eine Bauhandwerkersicherungshypothek

An das
Amtsgericht Offenbach
Kaiserstraße 16

63065 Offenbach am Main

Antrag auf Erlass einer einstweiligen Verfügung

In Sachen

Rumpenheimer Bau-Union GmbH, vertreten durch die Geschäftsführer Marc Mönikes und Yvonne Collet, Kurhessenstraße 222 a, 63075 Offenbach am Main

– Antragstellerin –

Prozessbevollmächtigter: RA Jens Passarge, Im Prüfling 40, 60389 Frankfurt am Main

gegen

Inkognito Bauträger GmbH, vertreten durch den Geschäftsführer Otto Bauer, Musterstraße 1, 60486 Frankfurt am Main

– Antragsgegnerin –

wegen: Eintragung einer Vormerkung für eine Bauhandwerkersicherungshypothek

beantragen wir wegen der Dringlichkeit der Sache ohne mündliche Verhandlung gemäß §§ 648, 885 BGB, 921, 935, 936, 937, 941, 942 ZPO folgende

Einstweilige Verfügung

zu erlassen:

1. Im Grundbuch von Offenbach, Gemarkung Rumpenheim, Flurstück Nr. 2208 / 6 (Pfaffenweg), Wohnungsgrundbücher Blatt – Nr.: 3113, 3115, 3116, 3118, 3119, 3120, 3123,

    Teileigentumgrundbücher, Blatt-Nr.: 3203, 3204, 3208, 3211, 3214, 3215, 3217

    wird zu Gunsten der Antragstellerin eine Vormerkung zur Sicherung des Anspruchs der Antragstellerin gegen die Antragsgegnerin auf Einräumung einer Sicherungsgesamthypothek für ihre Forderung aus dem Bauvertrag vom 11.11.1999 / 13.11.1999 in Höhe von 2.550.340 DM an nächstoffener Rangstelle eingetragen.

2. Das Grundbuchamt Offenbach wird gemäß § 941 ZPO ersucht, die Eintragung der Vormerkung vorzunehmen.

§ 1 Der Bauvertrag

Begründung:

1. Die Antragsgegnerin ist Eigentümerin der im Antrag genannten Wohnungseigentumseinheiten und Teileigentumseinheiten des Grundstücks Flurstück Nr. 2208 / 6, eingetragen im Grundbuch von Offenbach, beim Amtsgericht Offenbach.

    Glaubhaftmachung: in Kopie als Anlage 1

    beigefügte Grundbuchauszüge der im Antrag bezeichneten Teileigentums- und Wohnungseigentumsgrundbücher.

    Die Antragstellerin schloss mit der Antragsgegnerin am 11.11.1999 / 13.11.1999 einen Bauvertrag über die Errichtung eines Wohnparks mit 50 Wohneinheiten und Tiefgarage auf dem Grundstück Pfaffenweg 170a, eingetragen im Grundbuch von Offenbach, Flurstück Nr. 2208 / 6

    Glaubhaftmachung: in Kopie als Anlage 2 beigefügter Bauvertrag vom 11.11./13.11.1999.

Die Antragstellerin hat das nach dem vorgenannten Bauvertrag zu errichtende Bauvorhaben noch nicht fertig gestellt. Die Bauarbeiten wurden vielmehr eingestellt, nachdem die Antragsgegnerin dem mehrfachen Verlangen der Antragstellerin nach Sicherheitsleistung gemäß § 648 a BGB auch nach Fristsetzung und Androhung der Einstellung der Bauarbeiten nicht nachkam.

Glaubhaftmachung: in Kopie als **Anlage 3 und 4** beigefügte Schreiben der Antragstellerin vom 1.12.2000 und 15.12.2000 an die Antragsgegnerin.

Es handelt sich bei dem Bauvertrag um einen Pauschalpreisvertrag. Zur Ermittlung des in § 4 des Vertrags genannten Pauschalpreises lag der Antragstellerin allerdings ein Leistungsverzeichnis vor. Dieses Leistungsverzeichnis diente der Ermittlung des Pauschalpreises und der Feststellung des jeweiligen Bautenstandes.

Die von der Antragstellerin erbrachten Bauleistungen haben gemäß diesem Leistungsverzeichnis einen Wert von jedenfalls mehr als 4.000.000 DM zuzüglich Mehrwertsteuer, somit insgesamt 4.640.000 DM brutto.

Glaubhaftmachung:
als Anlage 5 und 6 beigefügte Eidesstattliche Versicherungen der Herren Müller und Meier vom 6.2.2001 sowie gutachterliche Stellungnahme des Sachverständigen Hoch vom 8.2.2001 als Anlage 7.

Die Antragsgegnerin hat bislang unstreitig Zahlungen in Höhe von 1.500.000 DM geleistet.

Glaubhaftmachung: als Anlage 5 und 6 beigefügte Eidesstattliche Versicherungen der Herren Müller und Meier vom 1.2.2001.

Sicherheiten wurden seitens der Antragsgegnerin nicht gestellt.

Glaubhaftmachung:
Eidesstattliche Versicherungen der Herren Müller und Meier.

In Anbetracht des erreichten Bautenstandes zum 1.2.2001 sowie der geleisteten Zahlungen verbleibt somit ein nicht gesicherter Anspruch der Antragstellerin der sich wie folgt berechnet:

Bautenstand (Wert der Bauleistungen)	4.640.000 DM
abzüglich geleisteter Zahlungen i.H.v.	**1.500.000 DM**
ungesicherter Anspruch insgesamt	3.140.000 DM

An den bisher von der Antragstellerin erbrachten Bauleistungen bestehen keine wesentlichen Mängel. Solche sind auch bisher nicht von der Antragsgegnerin gerügt worden.

Glaubhaftmachung:
Eidesstattliche Versicherung der Herren Müller und Meier sowie Stellungnahme des Sachverständigen Hoch als Anlagen 5, 6 und 7.

2. Aufgrund des vorstehend glaubhaft gemachten Sachverhalts hat die Antragstellerin einen Anspruch auf Eintragung einer Vormerkung zur Sicherung des Anspruchs auf Einräumung einer Bauhandwerkersicherungshypothek nach § 648 BGB. Zwar ist der nach dem Zahlungsplan erforderliche Bautenstand für die nächste Abschlagszahlung noch nicht ganz erreicht. Dies berührt jedoch den hier geltend gemachten Anspruch nicht, da die Fälligkeit der zu sichernden Forderung keine Voraussetzung für den Anspruch aus § 648 BGB ist (Palandt, § 648 Rn 4). Es kommt vielmehr allein auf den jeweiligen Leistungsstand an. Entscheidend ist die Höhe des auf die bereits erbrachten Leistungen entfallenden Anteils am Werklohn (Staudinger, § 648 BGB Rn 28). Nur eine solche, dem derzeitigen Leistungsstand der Antragstellerin entsprechende Werklohnforderung soll hier gesichert werden.

   Auch die Einstellung der Bauarbeiten steht dem Anspruch einer Sicherungshypothek nicht entgegen, da diese Einstellung der rechtmäßigen Ausübung des vertraglichen Zurückbehaltungsrechts nach § 648 a Abs. 1 S. 1 BGB entspricht. Der Unternehmer soll nach dieser Vorschrift zur Verweigerung einer Vorausleistung berechtigt sein. Aus diesem Grund spielt auch die Fälligkeit des Zahlungsanspruchs für die Rechte aus § 648 BGB keine Rolle. Andernfalls würde ein nach dem gesetzlichen Leitbild geschlossener reiner BGB-Werkvertrag mit Vorleistungspflicht des Unternehmers (§§ 641, 644 Abs. 1 BGB) die Anwendung des § 648 BGB ausschließen. Dies ist nicht der Fall. Der Auftragnehmer kann vielmehr stets Sicherheit in Höhe der bereits erbrachten Leistungen unabhängig von der Fälligkeit etwaiger Zahlungen verlangen. Die Regelung in § 648 Abs. 1 S. 2 BGB ist insoweit eindeutig.

3. Der Antragstellerin ist bekannt, dass die Antragsgegnerin beabsichtigt, die im Antrag genannten Teileigentumseinheiten und Wohnungseigentumseinheiten zu veräußern. Für einen erheblichen Teil der übrigen Wohnungs- und Teileigentumseinheiten des genannten Grundstücks sind bereits entsprechende Auflassungsvormerkungen eingetragen.

   Glaubhaftmachung:
   als Anlage 8 beigefügte Grundbuchauszüge der übrigen Wohnungseigentums- und Teileigentumgrundbücher für das Grundstück Gemarkung Offenbach, Flurstück Nr. 2208/6

   Es ist von dem Verkauf weiterer Teileigentumseinheiten und von der Eintragung weiterer Auflassungsvormerkungen durch die Antragsgegnerin auszugehen. In diesem Fall wäre es ungewiss, ob die Antragsgegnerin einen Teil des Verkaufserlöses an die Antragstellerin auskehren würde. Die Antragsgegnerin hat vielmehr ihre Zahlungsansprüche aus dem Verkauf der Wohnung nach Informationen der Antragstellerin bereits an das finanzierende Bankhaus Geldhai und Raffgier oHG abgetreten.

   Glaubhaftmachung: in Kopie als Anlage 9 beigefügter Auszug aus dem Wohnungskaufvertrag über das Wohnungseigentum, Wohnungsgrundbuch, Blatt Nr. 3111 und das Teileigentum, Teileigentumgrundbuch, Blatt Nr. 3211. Eidesstattliche Versicherung der Herren Müller und Meier.

   Auch die Ansprüche aus dem Generalunternehmervertrag zwischen den Parteien vom 11.11.1999 / 13.11.1999 hat die Antragsgegnerin bereits am 5.1.2002 an das vorgenannte Bankhaus abgetreten.

   Glaubhaftmachung: in Kopie als Anlage 10 beigefügte Abtretungserklärung vom 5.1.2000.

   Aus § 885 Abs. 1 S. 2 BGB ergibt sich, dass für den Erlass einer einstweiligen Verfügung es nicht erforderlich ist, dass eine Gefährdung des zu sichernden Anspruchs glaubhaft wird. Es ist jedoch über die bereits dargelegten besonderen Umstände hinaus darauf hinzuweisen, dass die Antragsgegnerin bisher ohne Grund die mehrfach geforderte Sicherheit nach § 648 a BGB nicht leistete und deshalb die Gefahr einer Zahlungsunfähigkeit oder zumindest der Zahlungsunwilligkeit gegeben ist. Dies gilt insbesondere im Hinblick auf die genannten Forderungsabtretungen.

Wir beantragen daher, wegen der Dringlichkeit die einstweilige Verfügung ohne mündliche Verhandlung zu erlassen.

4. Die örtliche und sachliche Zuständigkeit des Amtsgerichts Offenbach ergibt sich aus § 942 Abs. 2 ZPO ohne Rücksicht auf den Streitwert.

Der Antragstellerin steht hinsichtlich jeder einzelnen im Eigentum der Antragsgegnerin verbliebenen Teileigentums- und Wohnungseigentumseinheit ein Anspruch auf Eintragung einer Gesamthypothek in voller Höhe der noch offenen Werklohnforderung zu (OLG Frankfurt OLGZ 1985, 193; *Werner/Pastor*, Der Bauprozess, Rn 247).

Frankfurt am Main, 12.2.2001

XIX. Schutzschrift gegen den Erlass einer einstweiligen Verfügung

908 An das
Landgericht Frankfurt
Gerichtsstraße 2

60313 Frankfurt am Main

Schutzschrift

In Sachen

Inkognito Bauträger GmbH, vertreten durch den Geschäftsführer Otto Bauer, Musterstraße 1, 60486 Frankfurt am Main

– mögliche Antragstellerin –

gegen

Rumpenheimer Bau-Union GmbH, vertreten durch die Geschäftsführer Marc Mönikes und Yvonne Collet, Kurhessenstraße 222a, 63075 Offenbach am Main

– mögliche Antragsgegnerin –

wegen

Abwehr einer einstweiligen Verfügung,

reichen wir diese Schutzschrift ein, da den Umständen nach zu befürchten ist, dass die mögliche Antragstellerin versuchen wird, gegen uns eine einstweilige Verfügung ohne mündliche Verhandlung zu erwirken.

Wir beantragen,

1. einen etwaigen Antrag auf Erlass einer einstweiligen Verfügung abzuweisen,
2. hilfsweise: über einen etwaigen Antrag auf Erlass einer einstweiligen Verfügung nicht ohne vorherige mündliche Verhandlung zu entscheiden.

Begründung:

1. Die Parteien schlossen am 11.11. / 13.11.1999 einen Generalunternehmervertrag über das Bauvorhaben „Schlosshotel" in Frankfurt am Main. Das Bauvorhaben ist fertig gestellt und wurde am 1.3.2001 abgenommen. Insoweit ist der Sachverhalt unstreitig.

2. Nach § 10 Ziffer 4 des Generalunternehmervertrags **(Anlage 1)** war die mögliche Antragstellerin verpflichtet, eine Vertragserfüllungsbürgschaft in Höhe von 5.000.000 DM zu übergeben. Die mögliche Antragstellerin übergab uns daher eine Bürgschaft des Bankhauses Geldhai & Raffgier oHG in Höhe von 5.000.000 DM **(Anlage 2)** die zur Zahlung auf erstes schriftliches Anfordern verpflichtet.

Zwischen den möglichen Parteien besteht Streit über unsere Berechtigung als Auftragnehmer, die genannte Bürgschaft auf erstes Anfordern in Anspruch zu nehmen. Die mögliche Antragstellerin wurde von uns mehrfach unter Fristsetzung zur Zahlung des noch offenen Werklohnes aufgefordert. Die Inanspruchnahme der genannten Bürgschaft wurde für den Fall des fruchtlosen Fristablaufs angedroht. Es ist daher anzunehmen, dass die mögliche Antragstellerin versucht, sich im Wege einer einstweiligen Verfügung gegen die Inanspruchnahme der genannten Bürgschaft zu Wehr zu setzen.

3. Unter dem 30.12.2000 stellten wir eine Schlussrechnung über das Bauvorhaben in Höhe von 51.000.000 DM, (einschließlich Nachträge) die von der möglichen Antragstellerin geprüft und auf den Betrag von 50.000.000 DM gekürzt wurde **(Anlage 3)**. Gezahlt hat die mögliche Antragstellerin bislang 45.000.000 DM. Dieser Zahlungsstand ist ebenfalls unstreitig, was sich dem Prüfvermerk der möglichen Antragstellerin auf Anlage 3 ergibt.

Aus der Schlussrechnung ist daher derzeit noch ein Betrag in Höhe von 6.000.000 DM offen, gemäß dem Prüfvermerk der möglichen Antragstellerin jedenfalls unstreitig ein Betrag in Höhe von 5.000.000 DM.

4. Angesichts der vorgenannten Zahlungsrückstände der möglichen Antragstellerin haben wir ihr mehrfach angedroht, die oben genannte Vertragserfüllungsbürgschaft in Anspruch zu nehmen. Die mögliche Antragstellerin kündigte daraufhin an, sich gegen eine derartige Inanspruchnahme zur Wehr zu setzen. Da nicht auszuschließen ist, dass die mögliche Antragstellerin versucht, durch eine einstweilige Verfügung die Inanspruchnahme der Vertragserfüllungsbürgschaft zu verhindern, ist die vorliegende Schutzschrift geboten.

5. Bei einer Bürgschaft auf erstes Anfordern handelt es sich bekanntlich um ein Sicherungsmittel, das in erster Linie schnellen Zahlungsfluss gewährleisten soll. Aus diesem Grund sind sämtliche Streitfragen tatsächlicher und rechtlicher Art zwischen den Parteien allein im Rückforderungsprozess zu klären (BGH NJW 1988, 2610). Diesem Sicherungszweck würde es widersprechen, wenn die Inanspruchnahme der oben genannten Bürgschaft auf erstes Anfordern im Wege der einstweiligen Verfügung zu verhindern wäre. Eine derartige Vorgehensweise ist bei Bürgschaften auf erstes Anfordern grundsätzlich nicht möglich (OLG Frankfurt BauR 1991, 506). Selbst im Nachverfahren nach Vorbehaltsurteil im Urkundsprozess können Einwendungen gegen die Inanspruchnahme solcher Bürgschaften grundsätzlich nicht geltend gemacht werden (BGH NJW 1993, 380).

Im Falle einer Inanspruchnahme der genannten Bürgschaft auf erstes Anfordern durch die mögliche Antragsgegnerin mag die mögliche Antragstellerin den von ihr behaupteten Rückzahlungsanspruch im Nachhinein klageweise geltend machen. Ein Antrag auf einstweilige Verfügung ist hingegen unzulässig und daher abzuweisen.

XX. Einfache Schiedsgerichtsvereinbarung

909

Schiedsgerichtsvereinbarung

Zwischen

der Rumpenheimer Bau-Union GmbH

und

der Krauter Rohbau-GmbH

wird hiermit vereinbart, dass sämtliche Streitigkeiten aus oder im Zusammenhang mit dem Nachunternehmervertrag vom 25.3.2001 bezüglich des Bauvorhabens „Trinkhalle Westendplatz" und über die Rechtswirksamkeit dieses Vertrags unter Ausschluss des ordentlichen Rechtswegs durch ein Schiedsgericht nach der Schiedsgerichtsordnung für das Deutsche Bauwesen (einschließlich Anlagenbau) (SGO Bau), herausgegeben vom Deutschen Beton- und Bautechnik-Verein e.V. und der Deutschen Gesellschaft für Baurecht e.V. in der bei Einleitung des Schiedsverfahrens geltenden Fassung geklärt werden, soweit nicht nachstehend Abweichendes vereinbart wird.

1. Sollte ein ordentliches Gericht den Schiedsspruch aufheben, so kann der Vertragspartner, der einen Anspruch gegen den anderen Vertragspartner auch weiterhin geltend machen will, dies nur dadurch tun, dass er von neuem ein Schiedsgerichtsverfahren nach der Schiedsgerichtsordnung für das Bauwesen (SGO Bau) einleitet.

2. Für das neue Schiedsgerichtsverfahren gilt diese Vereinbarung entsprechend, jedoch mit der Maßgabe, dass die am ersten Schiedsgerichtsverfahren beteiligten Schiedsrichter im zweiten Schiedsgerichtsverfahren nicht mehr als Richter mitwirken dürfen.

3. Wird eine Gegenforderung, für die ein Schiedsgericht vereinbart ist, zur Aufrechnung gestellt, so entscheidet das Schiedsgericht zugleich über Forderung und Gegenforderung. Ist für die Gegenforderung kein Schiedsgericht vereinbart, so kann das Schiedsgericht seinen Schiedsspruch vorbehaltlich der Entscheidung des ordentlichen Gerichts über die Gegenforderung und die Aufrechnung fällen.

4. Als Gerichtsstand und Sitz des Schiedsgerichts wird Offenbach am Main vereinbart.

5. Der Vertragspartner, der das Schiedsverfahren einleiten will, hat eine den Vorschriften des § 253 ZPO entsprechende Klageschrift in zwei Ausfertigungen dem beklagten Vertragspartner per eingeschriebenem Brief zuzuleiten. Mit dem Zugang der vorgenannten Klageschrift beim Vertragspartner ist die Klage zugestellt. Der weitere Schriftverkehr im Rahmen des Schiedsgerichtsverfahrens erfolgt dergestalt, dass das Schiedsgericht die jeweiligen Schriftstücke dem Vertragspartner per Einschreiben/Rückschein zuleitet.

6. Die Vertragspartner werden sich durch Prozessbevollmächtigte vertreten lassen, die zur Rechtsanwaltschaft zugelassen sind.

§ 2 Bauträgerverträge und die Makler- und Bauträgerverordnung (MaBV)

Dr. Walrab von Buttlar
Thomas Schmidt

Inhalt

A. Einleitung	1
B. Die zwingende Geltung der MaBV	4
C. Die Bedeutung des AGB-Gesetzes	10
D. Die Fälligkeitsmodelle der MaBV	13
I. § 3 MaBV	15
1. Öffentlich-rechtliche Genehmigungen und Rücktrittsrecht	16
2. Die Auflassungsvormerkung und ihr Rang	20
3. Das Lastenfreistellungsversprechen	23
4. Die Baugenehmigung	33
5. Die Baufortschrittsraten	35
a) Ratenplan	36
b) Ratenhöhe beim Wegfall einzelner Leistungen	41
c) Fälligkeit der letzten Rate bei Mängeln	42
d) § 3 Abs. 2 MaBV	44
e) Verhältnis des § 3 MaBV zu § 632 a BGB	47
II. § 7 MaBV	49
1. Umfang der Besicherung	50
2. Bürgschaft und Baufortschritt	52
3. Der Austausch und die Vermischung der Sicherheiten	56
4. Bedingte Bürgschaft und Hinterlegungsbefugnis	60
III. Die Vollstreckungsunterwerfung wegen des Kaufpreisanspruchs	63
1. Fertigstellungsbescheinigung	65
2. Verjährung	66
3. Der Eintritt des Verzugs	67
a) § 284 Abs. 3 BGB	68
b) Fälligkeitszinsen	69
IV. Mängelgewährleistung	74
1. Allgemeines (es gibt kein Bauvorhaben ohne Mängel)	75
2. Mängel während der Errichtung des Bauvorhabens und Abnahmemängel	78
3. Versteckte Mängel (ein nicht auszurottender Irrtum)	79
4. Notwendige Regelungen, die in Bauträgerverträgen meist fehlen	81
a) Feuchtigkeit	83
b) Risse	84
c) Schallschutzmängel	85
d) Wärmeschutzmängel	86
5. Möglichkeiten zur Mangelvermeidung (Nachsorge ist teurer als Vorsorge)	89
6. Die Abnahme, ein Meilenstein	91
7. Der Gutachter	92
8. Umfang der Gewährleistungsverpflichtung	93
E. Prospekthaftung beim Bauträgervertrag	95
F. Die Besonderheiten des Wohnungseigentumsrechts	98
I. Der Vollzug der Teilung	99
II. Baufortschrittsraten	100
III. Gewährleistung	105
G. Die Besonderheiten der Altbaumodernisierung	108
I. Der Begriff des Bauvorhabens	109
II. Die entsprechende Anwendbarkeit von § 3 Abs. 2 S. 1 und 2 MaBV	112
III. Besonderheiten der Gewährleistung	118
H. Fazit	120

A. Einleitung

Im Bauträgervertrag verpflichtet sich der Unternehmer gegenüber dem Besteller typischerweise zur **Eigentumsübertragung an einem Grundstück** und zur **Herstellung eines Gebäudes**. 1

Geht es um **Wohnungseigentum**, so sind dessen **Errichtung und Übereignung** Vertragsgegenstand.

2 Maßgebliche Bestandteile des Bauträgervertrags sind also **Elemente des Kaufvertrags** einerseits und des **Werkvertrags** andererseits. Darüber hinaus können in die Vereinbarung auch ein **Auftrag** oder ein **Geschäftsbesorgungsverhältnis** mit einfließen.[1] Es handelt sich somit um einen Vertrag sui generis,[2] dessen einzelne Komponenten eng miteinander verbunden sind, so dass ein Rücktrittsrecht grundsätzlich nur einheitlich ausgeübt werden kann.[3]

3 Besonderheiten bestehen auch auf dem Gebiet des **Gewährleistungsrechts**. So gelten einerseits das Werkvertragsrecht mit seiner fünfjährigen Verjährungsfrist (§ 638 Abs. 1 BGB), wenn es um Sachmängel des Bauwerkes geht,[4] andererseits aber auch das Kaufvertragsrecht mit seiner nur einjährigen Verjährungsfrist (§ 477 BGB), wenn es um die kaufvertraglichen Elemente, also um die Eigentumsübertragung, geht.[5]

Die Verpflichtung des Bestellers besteht in der **Zahlung** der vertraglich vereinbarten Vergütung. Regelmäßig birgt diese Verpflichtung ein **nicht unerhebliches Risiko** für den Besteller, der oftmals einen Großteil seines Vermögens investieren wird. Um ihn zumindest finanziell weitestgehend abzusichern, sieht die Makler- und Bauträgerverordnung (MaBV) ein bestimmtes Reglement vor, um dessen Anwendungsmechanismus es im Folgenden gehen soll. Besonderes Augenmerk wird dabei den §§ 3 und 7 MaBV zuzuwenden sein.

B. Die zwingende Geltung der MaBV

4 Verkäufer sind nahezu immer Bauträger oder Baubetreuer, die eine gewerbliche Tätigkeit ausüben und die in § 34 c GewO genannte **Erlaubnis** besitzen. Die rechtliche Folge dieses Umstands ist vorgegeben: die Bestimmungen der MaBV sind zwingend. Denn der Gewerbetreibende „darf seine Verpflichtungen nach den §§ 2 bis 8 sowie die nach § 2 Abs. 1 zu sichernden Schadenersatzansprüche des Auftraggebers durch vertragliche Vereinbarung weder ausschließen noch beschränken" (§ 12 MaBV).

5 Das gilt übrigens auch für solche Verkäufer, die zwar eine Erlaubnis nach § 34 c GewO tatsächlich nicht besitzen, bei denen aber nach steuerrechtlichen Kriterien **Gewerblichkeit** vorliegt;[6] wer also beispielsweise innerhalb von 5 Jahren mehr als drei Eigentumswohnungen veräußert, wird den Regeln der MaBV gleichfalls nicht ausweichen können. Und selbst diejenigen Verkäufer, deren Geschäfte zweifelsfrei nicht gewerblicher Art sind, müssten wohl prüfen, ob nicht die „wesentlichen Grundgedanken" der MaBV auch von ihnen beachtet werden sollten: weil nämlich die Sachlage es nahe legen könnte, einerseits, und gegebenenfalls auch im Blick auf § 9 AGBG andererseits.

6 Um welche Art von Geschäften es bei der MaBV geht, bringt sie in § 1 nur indirekt zum Ausdruck: der dortige Verweis auf § 34 c Abs. 1 GewO führt zu der in dieser Bestimmung benannten **„Vorbereitung und Durchführung"** von Bauvorhaben. Erst § 3 MaBV kommt zum Kern dieser Voraussetzung, die die Neuerrichtung und die **„vollständige Fertigstellung"** von Wohn- und Gewerberaum zum Inhalt hat. Dass dabei auch die Instandsetzung und Modernisierung von Altbauten gemeint sein kann, ergibt sich aus dem letzten Satz von § 3 Abs. 2 Nr. 2 MaBV; es hatte ja diese Variante wegen der steuerlichen Abschreibungsmöglichkeiten des Fördergebietsgesetzes geraume Zeit besondere Konjunktur. Bauvorhaben im Sinne der Regeln der MaBV sind auch in anderen Gestaltungen

---

1 *Doerry*, WM 1991, Sonderbeilage Nr. 8, 3, 5.
2 BGH DNotZ 1986, 280; *Jagenburg*, NJW 1987, 3107 ff.
3 BGH NJW 1976, 1931; BGH WM 1976, 848.
4 BGH NJW 1973, 1235; BGH NJW 1979, 1406.
5 *Schulze-Hagen*, BauR 1992, 320 ff.
6 So BGHZ 78, 269 ff. in Hinsicht auf einen Makler.

vorstellbar, nicht zuletzt in der Weise, dass der Verkäufer die **Gebäudeherstellung** nur bis zu bestimmten **Ausbaustufen** schuldet, während die zur Fertigstellung noch fehlenden Leistungen vom Käufer selber erbracht werden müssen. Und selbst dann, wenn das Kaufgrundstück vom Veräußerer nur erschlossen werden muss, geht es um Werkleistungen, die unvermeidlich zur Anwendbarkeit der MaBV führen.

Die MaBV ist allein um des **Schutzes des Käufers** willen ergangen, aber sie garantiert nicht dessen Erfüllungsinteressen; vielmehr sucht sie ihn lediglich abzusichern für den Fall, dass der Bau stecken bleibt. Ist er daher fertig gestellt, muss sie nicht mehr beachtet werden; und wird vereinbart, dass der Verkäufer Leistungen des Erwerbers erst nach Fertigstellung erhält, so ist sie ohne Interesse.[7] Ob schon die **Bezugsfertigkeit** ausreicht, um die Geltung der MaBV entfallen zu lassen, ist seit jeher streitig. Die gewerberechtliche Literatur bejaht es,[8] die Notare hingegen, die sich dazu wissenschaftlich äußern, stellen darauf ab, dass auch danach noch Bauleistungen zu erbringen seien.[9] Zieht man in Betracht, dass die Neufassung der Makler- und Bauträgerverordnung vom 7.11.1990 an die Stelle des in § 7 Abs. 1 S. 3 MaBV enthaltenen Begriffs der Bezugsfertigkeit denjenigen der vollständigen Fertigstellung setzte, so wird man den letzteren Recht geben müssen: die Sicherung des Auftraggebers sollte offenbar auf diesen letzten Bauabschnitt ausgeweitet werden. Ob das auch rechtspolitisch unbedingt geboten gewesen wäre, steht auf einem anderen Blatt. 7

Schließlich geht die MaBV in § 3 davon aus, dass der Auftraggeber, also der Käufer des Bauträgervertrags, Eigentum an einem Grundstück oder einem Erbbaurecht erwirbt. Hat er somit diese rechtliche Position bereits inne, wenn der Vertrag geschlossen wird, oder erlangt er sie später, so gibt es in diesem jeweiligen Zeitpunkt für die Einschränkungen der MaBV keinen Bedarf mehr.[10] Denn die Baumaßnahmen kommen dann unmittelbar dem Auftraggeber zugute (§ 946 BGB), und es ist deshalb der Bauträger, der hier nicht mehr abgesichert wird. Er erkauft also die Befreiung von der MaBV mit einem erheblichen Risiko, ohne damit auch nur seiner schon nach dem BGB bestehenden Vorleistungspflicht ausweichen zu können – eine aus seiner Sicht in aller Regel höchst unattraktive Variante, deren Seltenheit deshalb kaum überrascht. 8

Der Versuch, die Beurkundungspflicht des Bauerrichtungsteils durch sogenannte **verdeckte Bauträgerverträge** zu umgehen, führt zu erheblichen Rechtsnachteilen für beide Vertragspartner. Grundsätzlich bedarf ein Bauwerksvertrag, der im Zusammenhang mit einem Grundstückskaufvertrag steht, regelmäßig der Beurkundung, so dass das Gesamtgeschäft dann als einheitlicher Bauträgervertrag anzusehen ist. Umgehungsversuche werden als sogenannte verdeckte Bauträgerverträge bezeichnet. Dies kann zu einer Nichtigkeit beider Verträge wegen **Verstoßes gegen § 313 BGB** führen. Erstmals wurde nun auch – in einer zwischenzeitlich rechtskräftigen Entscheidung des Landgerichts Chemnitz – ein **Schadenersatzanspruch gegen den Notar** festgestellt, der trotz Kenntnis des Zusammenhangs zwischen einem von ihm beurkundeten Kaufvertrag mit einem zuvor geschlossenen Bauvertrag zur Beitreibung des Kaufpreises eine vollstreckbare Ausfertigung des Kaufvertrags erteilt hatte. Neben der drohenden Unwirksamkeit beider Verträge besteht somit für den Verkäufer auch das Problem, dass er seine Zahlungsansprüche nicht durchzusetzen vermag. Wegen der Nichtigkeit der Verträge, die frühestens durch eine Eigentumsumschreibung im Grundbuch auf den Käufer geheilt wird, fehlt es an der Durchsetzbarkeit der vertraglichen Ansprüche für beide Parteien, was bei Leistungsstörungen jeder Art zu schwerwiegenden Problemen und erheblichen finanziellen Verlusten führen kann.[11] 9

---

7 *Marcks*, § 34 c GewO, Rn 42.
8 *Haegele/Schöner/Stöber*, Rn 3206; *Reithmann*, in: *Reithmann/Meichssner/v. Heymann*, B Rn 89.
9 *Marcks*, § 3 Rn 4.
10 *Marcks*, § 3 Rn 5.
11 LG Chemnitz BauR 2001, 405.

C. Die Bedeutung des AGB-Gesetzes

10 Kaum weniger wichtig für die Gestaltung von Bauträgerverträgen als die MaBV ist mittlerweile das AGB-Gesetz. Seine Geltung ist zumeist gleich doppelt begründet.

11 Zum einen geht es nahezu nie um einen Individualvertrag, den beide Seiten miteinander „ausgehandelt" hätten; denn dieser Begriff (§ 1 Abs. 2 AGBG) setzt ja voraus, dass der Bauträger seine Vorschläge ernsthaft zur Disposition stellt und dem Partner die reale Möglichkeit einräumt, den Inhalt der Vertragsbedingungen zu beeinflussen.[12] Dergleichen geschieht in der Praxis allenfalls bei einzelnen Klauseln. Zum anderen handelt es sich nahezu ausnahmslos auch um **Verbraucherverträge** nach § 24 a AGBG.

Dass notarielle Beurkundung stattfindet und stattfinden muss (§ 313 BGB), ändert daran nichts. Und selbst eine vom jeweiligen Notar angeregte Bestimmung, die eine Vertragspartei begünstigt, gilt dann als von dieser gestellt.[13] Hat der Notar den ganzen Vertrag vorformuliert und sich dabei mit dem Bauträger abgestimmt, wie es weithin üblich und de facto meistens unvermeidlich ist, so wird dieser als Verwender anzusehen sein.[14]

12 Das gilt auch dann, wenn die Vereinbarung auf einem vom Käufer unterbreiteten **Vertragsangebot** beruht, welches der Bauträger dann in gesonderter Urkunde annimmt;[15] denn nicht auf diese konkrete Abfolge, die bei getrennter Beurkundung von Angebot und Annahme im Hinblick auf § 17 Abs. 2 a BeurkG mittlerweile ohnehin vorgeschrieben ist, kommt es an, sondern auf die Vorformulierung des Vertragswortlauts durch einen unparteiischen Dritten und auf die tatsächliche Wahrung eines sachgerechten Interessenausgleichs.[16] Diese Voraussetzungen freilich werden in der Realität nicht oft erfüllt sein, und allenfalls massive Vertriebsprobleme des Bauträgers und eine sachkundige Wahrnehmung der eigenen Interessen des Käufers werden diesen in die Lage versetzen, ein **Gleichgewicht** herzustellen, das diesen Namen verdient.

Hält der Urkundsnotar eine Bestimmung wegen der **Klauselverbote** der §§ 8 bis 11 AGBG für unwirksam, so muss er die Beurkundung verweigern (§ 14 Abs. 2 BNotO, § 4 BeurkG). Bloße Zweifel hingegen hätten zu Belehrungen oder Hinweisen in der Niederschrift zu führen (§ 17 Abs. 2 BeurkG).

D. Die Fälligkeitsmodelle der MaBV

13 Die Grundidee der MaBV besteht darin, dem Bauträger, solange der Erwerber nicht ausreichend gesichert ist, die **Entgegennahme** der von diesem geschuldeten Vermögenswerte schlechthin zu **untersagen**. Das geschieht zivilrechtlich, indem jede hiervon **abweichende Vereinbarung unzulässig** ist (§ 12 MaBV) und zur Nichtigkeit führt. Und es hat zugleich eine bußgeldrechtliche Seite (§ 18 MaBV): wer Leistungen des Erwerbers dennoch annimmt, begeht eine Ordnungswidrigkeit. Eine Häufung solcher Fälle wird die Erlaubnis nach § 34 c GewO gefährden.

14 Die **Absicherung** des Erwerbers ist nun nach **zwei Grundmustern** möglich: Die Zahlung des Käufers erfolgt
- entweder nach § 3 MaBV
- oder, wenn der Eintritt der Fälligkeit zeitlich vorgezogen werden soll, nach § 7 MaBV.

---

[12] *Palandt/Heinrichs*, § 1 AGBG Rn 18.
[13] BT-Drucksache 13/4669.
[14] OLG Düsseldorf NJW 1997, 659, 660; *Heinrichs*, NJW 1998, 1447, 1448.
[15] BGH DNotZ 1984, 760 ff.
[16] Vgl. *MüKo/Kötz*, § 1 Rn 8; *Palandt/Heinrichs*, Anh. § 30 Rn 19.

Beide Regelungen bedürfen einer gründlichen Betrachtung. Ihr wechselseitiger Austausch ist erlaubt, ihre Vermischung hingegen ist es nicht. Auch darauf wird näher einzugehen sein.

I. § 3 MaBV

Das aus § 3 MaBV ersichtliche Fälligkeitsmodell setzt zunächst die **Rechtswirksamkeit** und die **Vollzugsfähigkeit** des Vertrags voraus. Das klingt selbstverständlich und eher banal, findet aber seine Berechtigung in dem Umstand, dass der – stets notarielle – Abschluss der Vereinbarung häufig noch die verschiedensten **Genehmigungen** erforderlich macht: die nach § 144 BauGB zum Beispiel, wenn ein Sanierungsvermerk im Grundbuch eingetragen ist, oder auch – bei einer Belegenheit in der früheren DDR einschließlich Ost-Berlins – diejenige nach der Grundstücksverkehrsordnung (wenngleich in diesen Fällen meist das Registerverfahrensbeschleunigungsgesetz vom 20.12.1993 eingreift, weil der Vorerwerb des Grundstücks durch den Bauträger selber bereits genehmigt worden ist, so dass eine abermalige Überprüfung und Gestattung durch das Vermögensamt entfallen kann).

1. Öffentlich-rechtliche Genehmigungen und Rücktrittsrecht

Besondere Vollzugsvoraussetzungen müssen hingegen meistens nicht erfüllt sein. Denn hier geht es nur um eine etwa erforderliche öffentlich-rechtliche Genehmigung wie jene nach den §§ 19, 22 BauGB oder dem Bauordnungsrecht des jeweiligen Bundeslandes, nicht aber um Erklärungen, die, wenngleich auch ihre Vorlage beim Grundbuchamt nötig ist, eine Genehmigung nicht enthalten. Bei der grunderwerbsteuerlichen **Unbedenklichkeitsbescheinigung**[17] leuchtet das auch ein, weil ihre Erteilung allein vom Erwerber abhängt, beim **Vorkaufsrechtszeugnis** der Gemeinde[18] hingegen beruht es ausschließlich auf dem Umstand, dass die Kommune ihre Rechte, soweit sie überhaupt bestehen, praktisch nie ausübt.

§ 3 Abs. 1 S. 1 Nr. 1 MaBV sieht weiter vor, dass der Urkundsnotar die beiden vorgenannten **Voraussetzungen** schriftlich **bestätigt**. Das könnte dahin missverstanden werden, dass hier ein autonomer Rechtsakt gesetzt wird, doch handelt es sich tatsächlich um eine **Bescheinigung**, deren unberechtigte Erteilung allenfalls eine Amtspflichtverletzung (§ 19 BNotO) darstellen würde: den Beteiligten wird also insoweit keine eigene rechtliche Verbindlichkeit geboten, sondern nur jenes Maß an faktischer Sicherheit, das aus einer im Eigeninteresse des Notars liegenden Prüfungspflicht erwächst.

Dass im Übrigen dem Bauträger kein vertragliches **Rücktrittsrecht** mehr vorbehalten sein darf, ist nur plausibel. Ein Gewerbetreibender, der sich durch eine einseitige Erklärung von allen seinen Verpflichtungen ohne weiteres wieder lösen könnte, wäre nicht berechtigt, Erwerberleistungen entgegenzunehmen. Das ist von zentraler Wichtigkeit auch deshalb, weil Gelder, die zunächst vereinnahmt werden durften, bei einem späteren Wegfall der dafür erforderlichen Voraussetzungen nicht an den Käufer zurückgewährt werden müssen.[19]

Im Übrigen wird es zur Vereinbarung eines solchen Rücktrittsrechts eines „sachlich gerechtfertigten und im Vertrag angegebenen Grundes" bedürfen, wie § 10 Nr. 3 AGBG ihn verlangt. Das mag beispielsweise der Fall sein, wenn der Verkäufer das Eigentum am veräußerten Grundstück selber noch nicht erlangt hat und gleichzeitig zum Erwerb Voraussetzungen zu erfüllen sind, die er nicht zu beeinflussen vermag. Und auch das **Vorkaufsrecht** eines Dritten wäre natürlich ein sachlich gerechtfertigter Grund, sich den deshalb etwa notwendig werdenden Ausstieg vertraglich vorzubehalten.

---

17 OLG Hamm DNotZ 1992, 821.
18 *Basty*, DNotZ 1991, 18, 23.
19 BGH DNotZ 1988, 692.

2. Die Auflassungsvormerkung und ihr Rang

20 Obligatorisch ist nach der MaBV die Eintragung einer **Auflassungsvormerkung** zugunsten des Käufers (§ 3 Abs. 1 S. 1 Nr. 2); denn anders bliebe das Grundstück, in das mit den Mitteln des Erwerbers investiert werden soll, den **Vollstreckungsmaßnahmen** der Gläubiger des eingetragenen Eigentümers jederzeit ungeschützt zugänglich. Der Verordnungsgeber hat hier einen beträchtlichen und ständig sich steigernden Rigorismus walten lassen. So wäre der **Verzicht** eines Käufers auf diese Absicherung **unzulässig**; selbst engste Verwandte oder Vertraute dürften ihn also nicht vereinbaren.[20] Und es genügte noch nicht einmal, dass der Notar nach Einsichtnahme ins Grundbuch und in die Grundakten die **rangrichtige Eintragung** bestätigt, um **Verzögerungen** im technischen Ablauf des grundbuchlichen Vollzugs abzuschneiden: auch das ist seit der Neufassung der MaBV im Jahre 1990 nicht mehr zulässig.

21 Möglich ist daher nur noch eine **Löschungserleichterung** für den Fall, dass der Verkäufer vom Vertrag zurücktritt. Er würde dann eine **Löschungsbewilligung** des Käufers benötigen, die er notfalls mühevoll einzuklagen hätte. Deshalb ist es weithin üblich, diese (bedingte) Bewilligung vom Erwerber von vornherein erklären zu lassen – und zwar entweder im Vertrag selber oder auch getrennt von ihm – oder aber insoweit den Verkäufer zu bevollmächtigen. An der unabdingbaren Notwendigkeit, die **Auflassungsvormerkung** zunächst einmal eintragen zu lassen, änderte sich dadurch allerdings nichts.

22 Zum **Rang der Auflassungsvormerkung** bestimmt § 3 Abs. 1 S. 1 Nr. 2 MaBV, dass sie „an der vereinbarten" Stelle eingetragen sein müsse. Dem ist nicht zu entnehmen, dass die den Rang betreffende Vereinbarung beliebig getroffen werden könnte. Vielmehr ist, was **Abt. II** des Grundbuchs betrifft, vor allem an **nicht wertmindernde Lasten** zu denken, die der Vormerkung vorgehen dürfen, typischerweise also an **Grunddienstbarkeiten** und **beschränkt persönliche Dienstbarkeiten**, die der **Erschließung** der Immobilie dienen oder, wie z.B. **Leitungsrechte**, überhaupt erst ihre Versorgung gewährleisten. Anders stünde es indessen mit einer **Auflassungsvormerkung** für einen Dritten; sie wäre wohl auch dann unannehmbar, wenn sie einen Erwerbsanspruch des Vormerkungsgläubigers nur für sehr unwahrscheinliche Fallgestaltungen besichern soll. Bei einem **Vorkaufsrecht** hingegen müsste der Vorrang vor einer Auflassungsvormerkung des Käufers nicht unbedingt inakzeptabel sein, doch wäre hier durch eine zusätzliche Klausel zu gewährleisten, dass der Verkäufer Zahlungen nur und frühestens dann entgegennehmen darf, wenn die Nichtausübung dieses Rechts durch den Berechtigten feststeht. Es kommt hier also stets auch auf die Ausgestaltung des Einzelfalls an.

3. Das Lastenfreistellungsversprechen

23 Die Freistellung des Vertragsobjekts von allen – nicht zu übernehmenden – **Grundpfandrechten**, die der Vormerkung im Rang vorgehen oder gleichstehen, muss hingegen unzweideutig gesichert sein, bevor der Kaufpreis zahlbar und fällig wird (§ 3 Abs. 1 S. 1 Nr. 3 MaBV). Und insoweit liefert die Verordnung in § 3 Abs. 1 S. 2 auch die Maßstäbe dieser **Absicherung**. Das **Pfandfreigabeversprechen** der vorrangig gesicherten Banken – zumeist handelt es sich um die den Bau finanzierende sogenannte **Globalgläubigerin** – muss diesem Mindestinhalt entsprechen.

24 Zu unterscheiden sind zwei Fälle:

- Wird das Bauvorhaben vollendet, so muss die Verpflichtung der **Globalgläubigerin** dahin lauten, die Freigabe „unverzüglich nach Zahlung der **geschuldeten** Vertragssumme" zu erklären. Damit schlägt das Verhältnis der Vertragsparteien auf die Ansprüche des Käufers gegenüber der Grundschuldgläubigerin unmittelbar durch: Ist beispielsweise der Erwerber wegen baulicher Mängel gegenüber dem Bauträger zur **Minderung** berechtigt, so wirkt dies auch gegenüber der Bank.

---

[20] Vgl. *Marcks*, § 3 Rn 10.

Sie hat die Freigabe dann auch bei Zahlung des rechtmäßig geminderten Kaufpreises vorzunehmen.

- Bleibt hingegen der Bau stecken, so kann die Bank vom Käufer nur den Teil der Vertragssumme fordern, den dieser dem Bauträger unter Berücksichtigung des erreichten Bautenstands schuldet; wird er gezahlt, so ist freizugeben. Es muss dann also erst einmal das Grundstück nebst unvollendetem Gebäude in dem Stadium bewertet werden, in dem es sich befindet; nicht aber würde es genügen, nur die Arbeiten zu bewerten, die nach Fälligkeit der letzten Baufortschrittsrate, wie § 3 Abs. 2 MaBV sie vorsieht, geleistet wurden. Im Übrigen ist auch der vereinbarte Kaufpreis zu berücksichtigen.[21] Überstieg er den Verkehrswert des vollständig zu errichtenden Bauwerks, so hat dieser Aufschlag proportional auch auf den Wert des nur teilweise erstellten Gebäudes zu erfolgen.

Allerdings könnte die Bank sich auch vorbehalten, anstelle der Freigabe alle vom Käufer nach der letztgenannten Bestimmung schon geleisteten Zahlungen bis zum anteiligen Wert des Vertragsobjekts zurückzuerstatten; Zinsen kämen dann nicht hinzu.

Die MaBV dient, wie schon festgestellt, dem Käuferschutz, weshalb eben auch die **Lastenfreistellung** des Kaufobjekts zwingend gesichert sein muss (§ 12 MaBV). Rechte des Bauträgers und der mit ihm verbundenen Globalgläubigerin hingegen können nachträglich beschränkt werden, so dass auch der vorstehend erörterte **Vorbehalt der Bank** von den Parteien des Kaufvertrags ausgeschlossen werden darf. Deshalb empfiehlt es sich, insoweit unzweideutig Klarheit zu schaffen. Soll also der Globalgläubigerin jener Vorbehalt gestattet sein, so wäre es gut, dies im Vertrag ausdrücklich festzuschreiben, am besten vielleicht durch eine **wörtliche Übernahme** der entsprechenden Passagen des § 3 Abs. 1 MaBV. Freilich müsste ein nur pauschaler Verweis auf die „Freistellungsverpflichtung gemäß § 3 MaBV" gleichfalls genügen,[22] da sie die Vorbehaltsregelung einschließt und „Zweifel der Auslegung", die dann allerdings nach § 5 AGBG zu Lasten des Bauträgers als des Verwenders gingen, letztlich nicht bestehen können.

Soll hingegen die Globalbank den Vorbehalt nicht machen dürfen, so wäre ein ausdrücklicher vertraglicher **Ausschluss** zumindest sehr wünschenswert. Immerhin ist recht deutlich, dass sie dem Käufer Schwierigkeiten und Nachteile verursachen kann, auf die vor allem Basty eingehend hingewiesen hat:[23] er nimmt Anstoß daran, dass die Bank nur die „vertragsgemäß im Rahmen des § 3 Abs. 2 MaBV" geflossenen Gelder zurückerstatten muss, wodurch z.B. zu früh erfolgte Überweisungen ausgeschlossen seien, und er nimmt ferner den Begriff der „geleisteten Zahlungen" ins Visier, der – wenn etwa der Käufer gerade nicht gezahlt, sondern durch Aufrechnung getilgt habe – jedweden Rückzahlungsanspruch entfallen lasse. Ein Käuferinteresse, diesen Bankvorbehalt nicht akzeptieren zu müssen, ist daher sehr wohl erkennbar, so dass der Urkundsnotar sorgsam darauf zu achten hätte, einen etwaigen Ausschluss dieser in § 3 MaBV zugelassenen Möglichkeit deutlich niederzulegen.

Das Lastenfreistellungsversprechen der Globalbank muss also zum einen den Erfordernissen der MaBV und zum anderen den konkreten Regelungen des Bauträgervertrags entsprechen. Das kann und wird im Einzelfall relativ oft zweifelhaft sein.

So wird die dem Kreditgeber vorbehaltene Möglichkeit, im Fall des **Steckenbleibens** des Baus anstelle der Freigabe alle schon geleisteten Zahlungen bis zum anteiligen Wert zurückzuerstatten, häufig mit dem Verlangen verbunden, dass der Käufer dann – Zug um Zug – für die Löschung seiner **Auflassungsvormerkung** und seiner **Finanzierungsgrundschuld** zu sorgen habe. Obwohl

---

21 *Marcks*, § 3 Rn 14.
22 *Reithmann/Meichssner/v. Heymann*, B Rn 101.
23 *Basty*, WM 1995, 1525.

der Wortlaut der MaBV diese Verknüpfung nicht vorsieht, wird sie ganz überwiegend für rechtmäßig gehalten.[24]

29 *Basty* freilich hält diese **Koppelung** – aus rechtsdogmatisch durchaus beachtlichen Gründen – schon deshalb für unzulässig, weil die Rückzahlung ja den Bauträgervertrag nicht aufheben und den Eigentumsverschaffungsanspruch des Käufers, den die Auflassungsvormerkung besichert, nicht beseitigen würde. Im Übrigen bekäme die Bank, müsste sie dieses Recht des Käufers und dessen Finanzierungsgrundschuld hinnehmen, dennoch Brot und nicht nur Steine, da sie die **Zwangsvollstreckung** aus ihrem Globalgrundpfandrecht jetzt betreiben könnte. Sie wäre allerdings daran gehindert, den Bauträger zum freihändigen Verkauf zu veranlassen, womit eine mutmaßlich bessere Verwertung sabotiert würde, doch hätte sie darauf in der Tat auch keinen Anspruch.

Bastys scharfsinnige Argumentation scheint freilich weitaus weniger zwingend im Lichte der komplementären Frage, welchen **Wert** denn eigentlich die **Vormerkung** für den Käufer noch hat, wenn der Bau stecken bleibt. Es könne ihm in der Zwangsversteigerung im Hinblick auf eigene Leistungen, die ihm im Rahmen des § 3 Abs. 1 S. 3 MaBV nicht zurückerstattet worden seien, ein Wertersatz nach § 92 ZVG zustehen, und es ist überdies auch eine so niedrig valutierende Globalgrundschuld denkbar, dass sogar deren **Ablösung** durch den Käufer selber in Frage kommt.

30 So recht überzeugend wirkt das letztlich nicht. Denn in der **Dreiecksbeziehung** des Bauträgers mit dem Käufer und der Globalbank, die die MaBV im Blick hat, ist der Auflassungsvormerkung diese spezielle Funktion, gegebenenfalls einen **Wertersatz** durchsetzbar zu machen, wohl nicht zugewiesen worden; und dass in der Lebenswirklichkeit eines stecken gebliebenen Bauvorhabens die Bank auf der Rückerstattung der vom Käufer geleisteten Zahlungen gemäß § 3 Abs. 1 S. 3 MaBV Zug um Zug gegen die Löschung der Auflassungsvormerkung des Käufers und seiner Finanzierungsgrundschuld auch dann bestehen würde, wenn dieser alle ihre Forderungen gegen den Bauträger ablösen will und kann, ist kaum ein glaubhaftes Szenario. Denn wozu sollte sie eine Verwertung der Immobilie anstreben, wenn sie ihr Geld jedenfalls früher und einfacher erlangen kann? Ein wirklich guter Grund, diese Zug um Zug Bedingung der Globalbank für unwirksam zu halten, ist daher unter dem Aspekt des Käuferschutzes kaum zu erkennen. Aber man könnte natürlich in dieser möglichen Streitfrage einen Anlass sehen, eine Klarstellung bei Vertragsschluss zu empfehlen: denn die ausdrückliche Zulassung dieses besonderen Bankvorbehalts würde gegen zwingende Bestimmungen der MaBV nicht verstoßen, und deren ausdrücklicher Ausschluss schon gar nicht.

31 Besondere **Klauseln**, die das **Freigabeversprechen** qualifizieren und einschränken, sind weit verbreitet, doch kann über ihre jeweilige Zulässigkeit stets nur im Einzelfall befunden werden. Die häufigsten hier aufzuzählen und zu kommentieren, würde den Rahmen dieser Darstellung sprengen, doch mag zumindest jene oftmals auftretende Bedingung erwähnt werden, die die **Pfandhaftentlassung** von der Vereinbarung eines bestimmten **Mindestpreises** für das Kaufobjekt abhängig macht: ein Freigabeversprechen mit diesem Vorbehalt wäre wirksam. Dass im Übrigen der Bauträgervertrag selber eine Kaufpreiszahlung vorsieht, die mit schuldbefreiender Wirkung nur auf ein bei der Globalbank bestehendes Baukonto erfolgen kann, entspricht regelmäßiger Handhabung und leuchtet ja auch ein; denn das Kreditinstitut hat sich die entsprechenden Ansprüche so gut wie immer vom Bauträger abtreten lassen.

Vor diesem Hintergrund wäre ein entsprechender Vorbehalt in der Freistellungsverpflichtung nicht problematisch, da sich die MaBV für die Frage, ob der Bauträger selber oder die Globalbank – als Zessionarin – das Geld entgegennimmt, nicht interessiert.

32 Befasst hat sich die MaBV hingegen mit dem formellen Aspekt der Erwähnung des **Freigabeversprechens** im Vertrag und seiner **Aushändigung** an den Käufer. Liegt es bei der notariellen Beurkundung schon vor – was freilich eher selten sein wird –, dann muss die Vereinbarung darauf

---

24 *Brych/Pause*, Rn 128, 134; *Basty*, DNotZ 1992, 131.

Bezug nehmen, und es ist zudem dem Käufer zu übergeben (§ 3 Abs. 1 S. 4 MaBV). Ist es jedoch in diesem Stadium noch nicht erteilt, so muss der Vertrag „einen ausdrücklichen Hinweis auf die Verpflichtung des Gewerbetreibenden" zu seiner Aushändigung und auch auf dessen notwendigen Inhalt enthalten (§ 3 Abs. 1 S. 5 MaBV). Das ist mehr als eine bloße Belehrung, aber weniger als eine volle Wiedergabe der Sätze 2 und 3 des § 3 Abs. 1 MaBV; doch dürfte das letztere zu empfehlen sein. Denn ohne einen ausreichenden Hinweis sowohl auf den notwendigen Inhalt als auch auf das Aushändigungserfordernis würde der Bauträger den Kaufpreis nicht entgegennehmen dürfen.[25]

4. Die Baugenehmigung

Nach § 3 Abs. 1 S. 1 Nr. 4 MaBV muss auch, soweit die jeweilige Landesbauordnung nicht etwas anderes bestimmt, die Baugenehmigung erteilt sein. Auf deren Rechtsbeständigkeit kommt es hingegen nicht an, zumal etwa Nachbarklagen bei unterlassener oder fehlerhafter Anhörung auch nach Bestandskraft noch möglich wären. 33

Marcks weist dazu ergänzend darauf hin, dass dort, wo das einschlägige Landesrecht eine Baugenehmigung gar nicht mehr fordert, die entsprechenden Surrogate dem Käufer ein erheblich geringeres Schutzniveau böten: es sei deshalb wenig sachgerecht, die Anforderungen bei Baugenehmigungen noch weiter zu steigern.[26] Ob eine solche Betrachtung sehr viel weiter führt, kann man bezweifeln, doch ist jedenfalls richtig, dass im Fall der Genehmigungsfreiheit § 3 Abs. 1 S. 1 Nr. 4 MaBV das unterschiedliche Landesrecht berücksichtigen will. Dabei soll in erster Linie von der zuständigen Behörde bestätigt werden, dass es einer Baugenehmigung nicht bedarf. Nur wenn eine solche **Bestätigung** nicht vorgesehen ist, genügt die **Darlegung** der Umstände, aus denen sich die **Genehmigungsfreiheit** ergibt, wie beispielsweise die Erläuterung, dass und warum etwa wegen des Ablaufs einer bestimmten Frist die Erteilung der Baugenehmigung nach geltendem Landesrecht fingiert wird (§ 3 Abs. 1 S. 1 Nr. 4 lit. b MaBV). Eine Erklärung dieser letzteren Art hat der Bauträger abzugeben und dem Käufer zuzustellen. Dessen Leistungen darf er erst nach Ablauf eines Monats seit Zustellung entgegennehmen. Der Käufer hat also die Möglichkeit, den Inhalt dieser Erklärung zu verifizieren. Ist sie schon im Kaufvertrag selber enthalten, kann die Kaufpreisfinanzierung frühestens einen Monat nach dessen Beurkundung eintreten. 34

5. Die Baufortschrittsraten

Die dritte Verordnung zur Änderung der MaBV vom 14.2.1997 (BGBl I 1997, 272), die am 1.6.1997 in Kraft getreten ist, bezweckte eine Flexibilisierung der bis dahin geltenden zu starren und unzeitgemäß gewordenen Baufortschrittsraten. Vorher hatte § 3 MaBV zwingend 6 Raten vorgesehen, in denen der Verkäufer Zahlungen entgegennehmen durfte; seither kann er die Ratenhöhe beliebig nach insgesamt 13 Bauabschnitten gestalten. Er muss sich allerdings für höchstens 7 Abschnitte entscheiden. 35

Da diese Teilzahlungsregelung den Schutz des Käufers bezweckt, darf sie natürlich unterschritten werden: geringere Prozentsätze als die festgelegten wären jederzeit erlaubt. Nur höher können sie rechtswirksam nicht vereinbart werden. Im Übrigen unterscheiden sich die Sätze danach, ob Eigentum übertragen, oder dem Erwerber ein Erbbaurecht bestellt werden soll.

---

[25] *Reithmann*, in: *Reithmann/Meichssner/v. Heymann*, B Rn 117.
[26] *Marcks*, § 3 Rn 22.

a) Ratenplan

36 Kontrovers diskutiert wird nach wie vor die Frage, ob man den Ratenplan, nachdem er nun also flexibel gestaltet werden kann, vertraglich festlegen muss,[27] wie etwa von *Marcks* gefordert, oder ob, wie vor allem *Basty* meint, dem Bauträger im Rahmen der von § 3 Abs. 2 MaBV eröffneten neuen Möglichkeiten ein Leistungsbestimmungsrecht eingeräumt werden darf; er wäre dann in der Lage, die Teilzahlungen entsprechend dem wirklichen Bauablauf je nach Bedarf fällig zu stellen.

37 Der Wortlaut der Verordnung liefert einen verlässlichen Auslegungsmaßstab nicht; er fordert keine zweiseitige Vereinbarung, lässt aber auch ein einseitiges Bestimmungsrecht nicht ausdrücklich zu. Die Begründung hingegen geht von einer vertraglichen Fixierung aus; und auch wenn man konzedieren muss, dass eine Leistungsbestimmung der so herbeigeführten Regelung nicht ihren vertraglichen Charakter nähme, so handelt es sich insoweit doch zweifelsfrei um einen einseitigen Akt, dem der Käufer sich – im weiten Rahmen des § 315 BGB – zu unterwerfen hat.

38 Ob die erwähnte Novellierung der MaBV zum 1.6.1997 eben dies ermöglichen wollte, erscheint eher zweifelhaft. Gewiss war, wie schon bemerkt, ein wesentliches Ziel die Flexibilisierung der Raten, doch muss das keineswegs heißen, dass sie gleich in doppelter Weise beabsichtigt war: nämlich durch die unbestreitbare Erweiterung der inhaltlichen Gestaltungsmöglichkeiten einerseits und durch die Verlagerung der Entscheidungsbefugnis allein auf den Bauträger andererseits. Wenn man überdies bedenkt, dass diese einseitige Leistungsbestimmung die Fälligkeitsentwicklung der einzelnen Abschlagszahlungen für jeden Käufer unkalkulierbar macht, weil er weder deren Umfang noch den jeweiligen Leistungszeitpunkt auch nur halbwegs verlässlich abschätzen kann, so liegt es nahe, eine unangemessene Benachteiligung gemäß § 9 AGBG in Betracht zu ziehen; denn dass der Bauträger seine jeweilige Entscheidung vom tatsächlichen Bauablauf abhängig machen wird, die nur er selber, nicht aber der Käufer beeinflussen kann, liegt auf der Hand.

39 Man wird daher im Ergebnis *Marcks*[28] gegen *Basty* recht geben müssen, zumal der letztere zu stark auf die **Interessenlage des Bauträgers** abstellt. Natürlich kann es sein, dass sich eine vertragliche Zusammenfassung bestimmter Raten später als unglücklich erweist, weil etwa der letzte zur Erreichung der festgelegten Rate erforderliche Bauhandwerker ausfällt, nachdem die vorausgehenden Abschnitte ordnungsgemäß erledigt sind, doch wiegen die Nachteile einer solchen Eventualität nicht die Belastung auf, die die generelle Unkalkulierbarkeit der Fälligkeiten für den Käufer mit sich bringt. Und es ist eben der Bauträger, der den Bau zu errichten hat: wenn es insoweit Probleme und Schwierigkeiten gibt, betreffen sie **seinen** Risikobereich, so dass ihre Folgen auch ihn und nicht den Käufer belasten sollten.

40 Das Fazit müsste also lauten: Wenn sich die Parteien darin einig sind, mag der Urkundsnotar trotz dieser Überlegungen ein Leistungsbestimmungsrecht des Bauträgers für möglich halten. Er könnte dann also protokollieren, dass die Höhe der vom Käufer zu zahlenden Raten entsprechend dem tatsächlichen Bauablauf vom Verkäufer „nach billigem Ermessen" (§ 315 BGB) zu treffen sei, wobei er sie jedoch nur nach den Prozentsätzen des § 3 Abs. 2 MaBV und höchstens in sieben Teilbeträgen zusammenfassen dürfe. Da aber zumindest Zweifel an der Wirksamkeit dieser Regelung angebracht wären, sollte der Notar – schon im eigenen Interesse – eine entsprechende Belehrung und die dazu abgegebenen Erklärungen der Parteien in die Niederschrift aufnehmen (§ 17 Abs. 2 BeurkG).

---

27 Zustimmend etwa *Eue*, MittBayNot 1998, 84; *Basty*, DNotZ 1997, 284; *Blank*, DNotZ 1999, 447; ablehnend etwa *Marcks*, § 3 Rn 23; *Locher*, NJW 1997, 1427.

28 *Marcks*, § 3 Rn 23.

b) Ratenhöhe beim Wegfall einzelner Leistungen

Neben all dem gibt es natürlich auch noch Einzelprobleme. Wenn etwa bei einem Neubau einzelne Leistungen, die mit den Baufortschrittsraten abgegolten werden sollen, gar nicht anfallen, weil beispielsweise der Käufer selber sie erbringen will, ist der sie jeweils betreffende Prozentsatz anteilig auf die übrigen Raten zu verteilen (§ 3 Abs. 2 S. 3 MaBV). Wie diese **Verteilung** zu erfolgen hat, sagt die Bestimmung mit letzter Klarheit nicht. Denkbar wäre es, den jeweiligen Prozentsatz auf alle übrigen Raten einschließlich der Baubeginnrate (§ 3 Abs. 2 Nr. 1 MaBV) umzulegen,[29] denkbar wäre aber auch, gerade diese letztgenannte Rate auszunehmen.[30] *Basty* verweist mit Recht darauf, dass unter Umständen sogar eine gleichmäßige – und nicht anteilige – Verteilung zulässig wäre. Denn wenn etwa als Folge von Eigenleistungen des Käufers der Bauträger bei Baubeginn weniger Geld entgegennähme als er eigentlich dürfte, so müsste etwa eine gleichmäßige Verteilung auf maximal sieben Raten keineswegs unbedingt eine Überschreitung der von der MaBV gestatteten Höchstsätze nach sich ziehen.

41

c) Fälligkeit der letzten Rate bei Mängeln

Ein Seitenblick ist auf die letzte Rate zu werfen, die mit 3,5 % der ganzen Vertragssumme „nach **vollständiger Fertigstellung**" des Bauvorhabens fällig wird. Weil nach Beendigung dieses letzten Abschnitts die Abnahme zu fordern und durchzuführen ist, § 641 Abs. 1 BGB, stellt sich die Frage, ob Mängel der Fälligkeit entgegenstehen.[31] Das ist dann, aber auch nur dann der Fall, wenn sie als **schwer wiegend** angesehen werden können; die Mindermeinung, die dem Käufer ein **Zurückbehaltungsrecht** so lange zugesteht, bis auch der letzte im Abnahmeprotokoll vermerkte Mangel beseitigt ist, geht zu weit. Mit den Raten des § 3 Abs. 2 will die MaBV dafür sorgen, dass der Bauträger Geld nur für schon **erreichte Baufortschritte** erhält, seine **Vorleistungspflicht** also festgeschrieben wird, nicht aber will sie dem Käufer generell einen besonderen Hebel zur Durchsetzung von Gewährleistungsansprüchen zur Verfügung stellen.[32] Und im Übrigen sollte man auch § 640 Abs. 1 S. 2 BGB in seiner seit der Novellierung vom 30.3.2000 geltenden Fassung nicht übersehen: denn diese Bestimmung verwirft die Vorstellung, dass die Abnahme wegen unwesentlicher Mängel verweigert werden könne, erstmals ausdrücklich und von Gesetzes wegen.

42

Dieser Sicht entspricht es, **kleinere Mängel** auch an den einzelnen Gewerken nicht als Hindernis für die Fälligkeit der jeweils ganzen Rate anzuerkennen.[33] Gewiss hat der Käufer das Recht, die eigentlich geschuldete Abschlagszahlung in Höhe eines angemessenen Betrages zurückzubehalten, wobei sich die Leistungsverweigerung gemäß § 320 BGB nicht auf die Kosten der Nachbesserung beschränken muss, sondern darüber hinaus die Funktion haben darf, den Bauträger wegen der Mängelbeseitigung unter Druck zu setzen; es ist deshalb erlaubt, die **Beseitigungskosten** bis zur dreifachen Höhe einzubehalten, solange die geschuldete Leistung nicht erbracht ist.[34] Aber es wäre eben nicht zulässig, die Zahlung der Rate im Ganzen zu verweigern und damit das hochdifferenzierte Baufortschrittssystem insgesamt für Gewährleistungszwecke einzuspannen. Das könnte vielmehr nur im Ausnahmefall in Betracht kommen: wenn nämlich eine **Nachbesserung** schlechthin nicht mehr möglich wäre. Dann allerdings würde dem Käufer die Beschränkung auf einen nur teilweisen Einbehalt wohl nicht zugemutet werden können, da eine **Rückabwicklung** des Vertrags ja zur **Rückerstattung** aller seiner Leistungen führen müsste.

43

---

29 *Eue*, MittBayNot 1998, 84.
30 *Marcks*, § 3 Rn 44.
31 Bzgl. der Mängelgewährleistung im Bauträgervertrag im Allgemeinen siehe unten Rn 74 ff.
32 Vgl. *Marcks*, § 3 Rn 43.
33 BGH NJW 1984, 725, 726; BGHZ 118, 229, 240 f.
34 BGHZ 118, 229, 241; BGH NJW 2000, 2818, 2819.

d) § 3 Abs. 2 MaBV

44 Die in § 3 Abs. 2 festgelegten Raten können – zugunsten des Bauträgers – auch dann nicht mehr abgeändert oder abbedungen werden, wenn sie den wirklichen Gegebenheiten nicht entsprechen, was selbstverständlich häufig der Fall ist. So geht der Verordnungsgeber beispielsweise davon aus, dass der **Wert des Grundstücks** 30 % der gesamten Vertragssumme ausmacht (§ 3 Abs. 2 Nr. 1 MaBV). Das mag einem **Durchschnittsprozentsatz** zumindest nahe kommen, kann im Einzelfall aber von der Realität auch drastisch abweichen, weil, wie etwa auf dem Höhepunkt des Wiedervereinigungsbooms im Berliner Stadtbezirk Mitte, Traumpreise gezahlt werden mussten, um die jeweils begehrte Immobilie erwerben zu können. Hätte demnach der vom Bauträger gezahlte Kaufpreis in Wahrheit 40 % der Vertragssumme ausgemacht, so wäre es dennoch unzulässig gewesen, eine höhere erste Rate als 30 % zu vereinbaren.

45 Gleichermaßen denkbar ist der umgekehrte Fall, in dem eine relativ **geringwertige** Immobilie mit 30 % einer relativ hohen Vertragssumme deutlich überzahlt wäre. Hier liegt der Nachteil beim Käufer, der bei einer Insolvenz des Bauträgers Gefahr liefe, der Differenz zum **tatsächlichen Verkehrswert** verlustig zu gehen. Die MaBV kann auch bei dieser Konstellation nicht helfen, wohl aber, soweit anwendbar, das AGBG: Da ein Käufer, dessen Ratenzahlung den Gegenwert übersteigt, praktisch eine ungesicherte Vorleistung erbringt, wird der wesentliche Grundgedanke des ganzen Werkvertragsrechts insoweit in sein Gegenteil verkehrt, so dass prinzipiell § 9 Abs. 2 AGBG eingreift.[35] Kleinere Abweichungen zu Lasten des Käufers wird man freilich tolerieren müssen.

46 Dass allerdings der Notar hier bei der Beurkundung schon einzugreifen hätte, stellte sicher eine Überspannung seiner aus § 17 Abs. 1 S. 1 BeurkG sich ergebenden Belehrungspflichten dar; denn er müsste ja, um die Abweichung im Beispielsfall zu erkennen, zumindest mit dem wahren Verkehrswert des Grundstücks vertraut sein und ihn selber verlässlich abschätzen können. Davon aber wird in aller Regel nicht die Rede sein, und selbst zur Zeit der Geltung des **Fördergebietsgesetzes**, in der wegen der **Sonder-AfA**, die auf die Bauleistungen zu gewähren war, der Grundstückspreis sehr oft in die Verträge aufgenommen wurde, war eine Kontrolle solcher Angaben kaum je möglich. Nur dort, wo die Abweichung von der vorgegebenen MaBV-Rate nennenswert und zugleich evident ist, wird auch ein Hinweis des Notars am Platze oder gar geboten sein.[36]

e) Verhältnis des § 3 MaBV zu § 632 a BGB

47 Am 22.12.2000 hat der Bauträgerverträge zuständige 7. Zivilsenat des BGH – VII. ZR 31/99 – ein Urteil[37] erlassen, dessen Tragweite zunächst einmal gar nicht erkennbar war. Denn der dort entschiedene Sachverhalt war durch eine der MaBV widersprechende **Fälligkeitsvereinbarung** für die Baubeginnrate des § 3 Abs. 2 Nr. 1 MaBV bestimmt gewesen, die das Gericht – insoweit durchaus plausibel – gemäß § 134 BGB für nichtig erklärte. Interessanter erschien schon die Folgerung, dass deshalb auch alle weiteren **Ratenabsprachen unwirksam** seien, und noch gewichtiger war der Schluss, dass an ihre Stelle keineswegs die in der MaBV vorgesehenen Raten zu treten hätten, da diese Verordnung eine rein **öffentlich-rechtliche** Regelung darstelle, sondern § 641 Abs. 1 BGB.

Aber selbst diese weiteren Folgen wären, wenngleich sie immerhin deutlich anfechtbar sein dürften, für sich allein genommen noch nicht geeignet gewesen, größeres Aufsehen zu erregen. Dafür sorgte *Reinhold Thode*, der stellvertretende Vorsitzende des 7. Senats, der zusätzlich – bereits vor dem Urteil – die Frage stellte, ob denn die MaBV dem neuen **gesetzlichen Leitbild**, wie es in § 632 a BGB niedergelegt sei, überhaupt noch entspreche.[38] *Thode* hat diese Frage klar verneint. Damit aber würde

---

35 *Basty*, DNotZ 1994, 15 ff.
36 OLG München MittBayNot 1998, 433.
37 BGH DNotZ 2001, 201 ff.
38 Vortrag im Rahmen des RWS-Forums Immobilienrecht 2000 am 16. und 17.11.2000 in Köln.

der **ganze Ratenplan** der MaBV gegen § 9 Abs. 2 Nr. 1 AGBG verstoßen; der Bauträgervertrag in seiner überkommenen Ausgestaltung wäre am Ende.

Die Aufregung, die diese teils offizielle, teils aber nur gleichsam offiziöse Rechtsprechung des höchsten deutschen Gerichts hervorgerufen hat, war und ist verständlich und dauerte bei Drucklegung dieses Aufsatzes noch an. Sie speist sich zunächst aus der wenig überzeugenden Rechtsauffassung *Thodes* selber; denn diese setzt ja voraus, dass **§ 632 a BGB** auch beim Bauträgervertrag zu den „**wesentlichen Grundgedanken der gesetzlichen Regelung**" gehört und demgemäß eine dieser Bestimmung **widersprechende Ratenvereinbarung** „den Vertragspartner des Bauträgers entgegen den Geboten von Treu und Glauben unangemessen benachteiligt" (vgl. § 9 Abs. 2 Nr. 1, Abs. 1 AGBG).

Beides wird man letztlich nicht bejahen können. § 632 a BGB bezweckt und bewirkt eine Stärkung und Verbesserung der rechtlichen Stellung des Unternehmers; denn die Vorschrift billigt ihm unter den dort genannten Bedingungen eine **Abweichung** von § 641 Abs. 1 BGB zu. Wenn das nun zum **Leitbild des Werkvertrags** gehören soll, wird man daraus folgern müssen, dass dem Unternehmer dann **mindestens** unter den Voraussetzungen des § 632 a BGB ein durch Allgemeine Geschäftsbedingungen des Auftraggebers nicht abdingbarer **Anspruch auf Abschlagszahlungen** zustehen soll.[39] Beim Bauträgervertrag, der stets mit **Ratenzahlungen** abgewickelt worden ist, sodass sie geradezu gewohnheitsrechtlichen Charakter erlangt haben, gab und gibt es ein ganz anderes Modell zur **Sicherheit** des Erwerbers, weshalb es eben nicht einleuchtet, ihm dieselben „Grundgedanken" als „wesentlich" zuzuordnen.[40] Und überdies war und ist der Ratenplan des § 3 MaBV stets auch **sachgerecht**, sodass man auch nicht von einer „entgegen den Geboten von Treu und Glauben" unangemessenen **Benachteiligung** des Erwerbers ernstlich nicht sprechen könne.

Hinzu kommt, dass auch der Gesetzgeber selber offensichtlich dieser Meinung ist, wie sich aus der Einfügung des § 27 a in das AGBG-Gesetz ergibt. Eben weil die nach § 632 a S. 3 BGB zulässigen **Sicherheitsleistungen** mit den **Sicherungsmodellen** der MaBV nicht übereinstimmen, ist das Bundesjustizministerium dort **ermächtigt** worden, in Zusammenarbeit mit dem Bundesministerium für Wirtschaft und Technologie für **Abschlagszahlungen** in Bauträgerverträgen eine von § 632 a BGB abweichende **Verordnung** zu erlassen, die sich an den Regelungen der MaBV orientieren soll. Entsprechende Entwürfe – etwa ein solcher der Notarkammer Berlin – liegen schon vor, doch wird man damit rechnen müssen, dass die notwendigen Abstimmungen erst im Jahr 2002 abgeschlossen sind.[41] Eine **Not- oder Eilverordnung**, die die Regelungen der MaBV für eine Übergangszeit zum geltenden Recht erklärte, würde fürs erste schon genügen.

Dass sie vorerst nicht ergangen ist, stellt den weiteren Grund für die fortdauernde Unruhe dar. Denn natürlich müssen sich vor allem die Notare fragen, wie eigentlich Bauträgerverträge, wenn überhaupt, künftig beurkundet werden können. Wahrscheinlich ist, wie meistens in solchen Fällen, Gelassenheit nicht nur nützlich, sondern auch in der Sache gerechtfertigt. Zwar kann man versuchen, den **Ratenplan** der MaBV in Form einer **Individualvereinbarung** zu gestalten, um ihn damit zu retten, doch würde man auf diese Art allenfalls den Ausweg des § 1 Abs. 2 AGBG erreichen, nicht aber der Wirkung des § 24 a AGBG entgehen können, der den hier einschlägigen **Verbraucherschutz** unausweichlich durchsetzt. Und man könnte vielleicht auch versuchen, zumindest den **Grundstücksteil** aus dem Bauträgervertrag gleichsam herauszulösen mit dem Ziel, dem Unternehmer wenigstens den im Gesamtpreis enthaltenen **Grundstückskaufpreis** schon vor Fertigstellung des Baus zu sichern. Dass aber auch das sowohl höchst umständlich als auch rechtlich anfechtbar sein könnte, liegt auf der Hand.

---

39 *Kanzleiter*, DNotZ 2001, 165, 167.
40 *Kanzleiter*, DNotZ 2001, 165, 167.
41 *Menzel* in einem Vortrag vor der Notarkammer-Versammlung Berlin am 28.3.2001.

Deshalb wird dem Urkundsnotar zur Zeit wohl nichts anderes übrig bleiben, als die bestehenden und gegenwärtig nicht völlig auszuräumenden **Zweifel** gemäß § 17 Abs. 2 BeurkG mit den Beteiligten zu **erörtern** und dies in der Niederschrift zu **vermerken**. Dass man ein Problem mit Belehrungen allein nicht lösen kann, bedarf keiner Betonung, doch muss der Bauträger wissen, dass er bei der **Ungewissheit**, die der 7. Zivilsenat des BGH und sein stellvertretender Vorsitzender geschaffen haben, die Fälligkeit seines Vergütungsanspruchs schlimmstenfalls erst bei **Abschluss** der Bauarbeiten herbeiführen kann. Nach der hier vertretenen Rechtsauffassung freilich und bei der Erwartung, die sich an den Gesetzgeber richtet, erscheint dieser Fall eher **unwahrscheinlich**, einer Belehrung bedarf es jedoch auf jeden Fall.

II. § 7 MaBV

49 Die **Sicherungspflichten** des Bauträgers sind in den §§ 2 bis 6 MaBV aufgelistet, mit der Kernbestimmung des § 3. Von ihnen allen kann er sich befreien, wenn er dem Käufer anderweitig Sicherheit leistet. Wie das zu geschehen hat, ergibt sich aus § 7 Abs. 1 S. 2 MaBV. In ihm wird u. a. auf § 2 Abs. 2 verwiesen, der die Beibringung einer **Bürgschaft** vorsieht. Diesen Ausweg allerdings muss sich der Bauträger vertraglich vorbehalten; tut er es nicht, ist zwingend das Sicherheitsmodell des § 3 MaBV einzuhalten.

1. Umfang der Besicherung

50 Die Bürgschaft muss „alle etwaigen Ansprüche des Auftraggebers auf Rückgewähr oder Auszahlung seiner Vermögenswerte im Sinne des § 2 Abs. 1 S. 1" besichern (§ 7 Abs. 1 S. 1 MaBV). Das ist einerseits umfassend, lässt aber andererseits weitere **Risiken des Käufers** unberücksichtigt. Denn dieser hat ja Leistungen nicht nur dem Bauträger zu erbringen, sondern zum Beispiel auch seiner den Kaufpreis finanzierenden Bank, ferner dem Grundbuchamt, dem Urkundsnotar und auch dem Finanzamt (mit den eingeschränkten Erstattungsmöglichkeiten des § 16 Grunderwerbsteuergesetz, wenn der Vertrag nicht durchgeführt wird). Und er hat zudem im Fall einer Rückabwicklung häufig weitere Einbußen erlitten wie etwa entgangene Nutzungen. All das kann selbstverständlich – ganz oder teilweise – von einer Bürgschaft mit abgesichert werden, doch wäre das stets nur Sache einer gesonderten Vereinbarung oder einer vielleicht auch erst nachträglichen Interpretation des Bürgschaftstextes im Streitfall; vorausgesetzt wird es hingegen in § 7 MaBV eindeutig nicht.

51 Das gilt mit gleicher Klarheit auch für etwaige **Gewährleistungsansprüche** des Käufers; auch sie zu besichern, ist im Grundsatz nicht Aufgabe und Ziel der MaBV. Immerhin bliebe der Fall der Wandlung des Vertrags gemäß § 634 BGB zu bedenken. Zwar wird dieses Recht in der Praxis des Bauträgervertrags zugunsten der Ansprüche auf Nachbesserung und Minderung fast immer zurückgedrängt, doch kann es nach der Rechtsprechung der Oberlandesgerichte[42] nicht völlig ausgeschlossen werden: weil nämlich der Bauträgervertrag kein Vertrag über Bauleistungen im Sinne von § 11 Nr. 9 AGBG sei. Deshalb muss dem Käufer das Recht zur Rückgängigmachung des Vertrags zumindest dann verbleiben, wenn die Mängel so gravierend sind, dass ihm die Benutzung des Kaufobjekts nicht zugemutet werden kann. Tritt dieser – sehr theoretische – Fall ein, so wären durch eine gemäß § 7 MaBV ausgereichte Bürgschaft wohl auch die sich daraus ergebenden Ansprüche auf Rückgewähr besichert.

---

42 Vgl. OLG Köln NJW 1986, 330 ff.

2. Bürgschaft und Baufortschritt

52 Nach wie vor kontrovers diskutiert wird die Frage, ob der Bauträger auch nach Beibringung der in § 7 MaBV vorgesehenen **Bürgschaft** Käuferleistungen nur nach Maßgabe der **Baufortschrittsraten** des § 3 MaBV entgegennehmen darf. Sie wird von einer beträchtlichen Anzahl wichtiger Kommentatoren bejaht,[43] zumeist mit der zentralen Begründung, dass das gesetzliche **Leitbild** die **Vorleistungspflicht** des Bauträgers statuiere. Deshalb sei § 3 MaBV auch im Rahmen des § 7 MaBV zu beachten, weil nur so eine unangemessene Benachteiligung im Sinne von § 9 Abs. 2 AGBG vermieden werde.

53 Diese feinsinnige Differenzierung zwischen den Regeln der MaBV, die nur unter dem Aspekt der gewerberechtlichen Zulässigkeit gesehen werden, und den angeblichen Geboten des Zivilrechts, die aus dem AGB-Gesetz erwüchsen, ist wenig befriedigend. Ob man sie unter Hinweis auf § 8 AGBG zurückweisen kann, um damit einer **Inhaltskontrolle** nach den §§ 9 bis 11 AGBG gänzlich und grundsätzlich auszuweichen, wie etwa *Marcks* und *Speck* es tun,[44] mag zweifelhaft sein. Eher schon überzeugt der Gedanke, dass eine durch Bürgschaft besicherte Vorleistung des Bestellers dem gesetzlichen Leitbild des Werkvertrags letztlich gar nicht widerspricht, denn es kann ja insoweit im Kern nicht um die zeitliche Reihenfolge von Werkleistung und deren Bezahlung um ihrer selbst willen gehen, sondern nur um die daraus sich ergebenden Risiken.

54 Dies räumt ein Autor wie *Basty*, der die fortgeltende **Anbindung** an den tatsächlichen **Bauablauf** auch im Rahmen des § 7 MaBV postuliert, indirekt ein, indem er neben der Bürgschaft zusätzlich eine **Fertigstellungsgarantie** verlangt: werde auch sie noch beigebracht, so wirke das Vorleistungsverbot des Werkvertragsrechts, das den Besteller schützen solle, nicht mehr.[45] Es geht also in der Tat – und durchaus zutreffend – nicht um die richtige **zeitliche Reihenfolge**, sondern um die **Sicherheit**. Dieser Grundsatz des Werkvertragsrechts jedoch sollte zugunsten des Käufers auch nicht überzogen werden (was *Basty* übrigens in aller Regel auch keineswegs tut), vielmehr wird man darauf beharren dürfen, dass § 7 MaBV genug Sicherheit bietet, um dem gesetzlichen Leitbild auch ohne die zusätzlichen Vorkehrungen des § 3 MaBV nicht zu widersprechen.

55 Schließlich muss erneut hervorgehoben werden, dass Motor gerade des Bauträgergeschäfts über lange Jahre hinweg die **Steuervorteile** des Fördergebietsgesetzes waren, die eine Vorauszahlung des Kaufpreises nahe legten oder geradezu verlangten; sie hätten, wäre es zusätzlich auf den tatsächlichen Baufortschritt nach § 3 MaBV angekommen, oftmals überhaupt nicht genutzt werden können. Dazu mag man feststellen, dass ja ein Bauträger, der für die **Bürgschaftserteilung** nach § 7 MaBV gesorgt habe, gewerberechtlich einen Kaufpreis entgegennehmen dürfe, der zivilrechtlich noch gar nicht geschuldet werde. Doch wäre das für den auf die **Sonder-AfA** abzielenden Käufer kein Trost gewesen: denn er konnte steuerlich nur solche Zahlungen absetzen, zu deren Leistung er rechtlich auch verpflichtet war. Dass indessen eine solche Rechtspflicht bestand, wenn lediglich Bürgschaften nach § 7 MaBV gestellt worden waren, ist, soweit ersichtlich, von den **Finanzämtern** niemals in **Zweifel gezogen** oder gar verneint worden; die Auswirkungen einer gegenteiligen Handhabung möchte man sich auch lieber nicht ausmalen.

---

[43] *Basty*, DNotZ 1994, 15; *Wolf*, in: *Wolf/Horn/Lindacher*, § 23 Rn 2968; OLG München MittBayNot 1998, 433; *Haegele/Schöner/Stöber*, Rn 3210, 3218; *Schmidt*, MittBayNot 1992, 114, 115; *ders.* DNotZ 1995, 171, 172.
[44] *Marcks*, § 7 Rn 3; *Speck*, MittRhNotK 1995, 117, 132.
[45] *Basty*, DNotZ 1994, 15; vgl. auch *Wolf*, in: *Wolf/Horn/Lindacher*, § 9 Rn 78.

3. Der Austausch und die Vermischung der Sicherheiten

56 Die Bürgschaftssumme muss nicht unbedingt dem kompletten Kaufpreis entsprechen; sie kann ihn auch **teilweise** besichern. Wird der Bauabschnitt, dessen Kostenanteil sie abdeckt, erreicht, so kann die Summe aufgestockt werden; es wäre dann aber ebenso möglich, jetzt – sobald dessen Voraussetzungen inzwischen erfüllt sind – auf das Sicherheitsmodell des § 3 MaBV überzuwechseln. Ein **Austausch der Sicherheiten** in **dieser** Richtung erschiene **unproblematisch**, so dass dessen Zulässigkeit nirgendwo bezweifelt wird.

57 Anders hingegen wird die sogenannte **Vermischung der Sicherheiten** beurteilt, die nach herrschender Meinung **nicht zulässig** ist. Dabei handelt es sich um das Verbot, Bürgschaften nachträglich zu reduzieren, sobald und soweit die Voraussetzungen des § 3 Abs. 1 und 2 MaBV erfüllt worden sind, oder aber – nachdem bis dahin stets erst diese Voraussetzungen geschaffen worden waren – wegen der **Restfertigstellung** eine Bürgschaft auszureichen, deren Summe nur auf den noch offenen Teil des Vertragspreises beschränkt wäre. Das soll schon wegen des Wortlauts von § 7 Abs. 1 S. 1 MaBV unzulässig sein, der auf die Sicherheit für **alle** etwaigen Ansprüche auf Rückgewähr abstellt. Das Gesetz, so heißt es, lasse danach nur einen kompletten und keinen nur teilweisen Austausch zu.[46]

58 Diese Betrachtungsweise ist zuletzt von *Boergen*[47] rundheraus abgelehnt worden. Er sieht – mit Recht –, dass die herrschende Lehre zu kumulierten Sicherheiten führt, für die ein Bedarf nicht recht erkennbar ist, zumal die dadurch erhöhten Kosten im Ergebnis auf den Käufer abgewälzt werden. Und er bestreitet vehement ein Hauptargument der Mehrheitsmeinung, dass nämlich die beiden Sicherheitsmodelle der MaBV unterschiedliche Zielrichtungen hätten: während die Sicherheiten des § 3 MaBV dem Bauträger die **Vollendung des Bauvorhabens** nahe legten, habe § 7 den **Abwicklungsfall** im Auge. Das letztere sei unzutreffend, da auch die Bürgschaft auf die Fertigstellung hinwirken solle und könne.[48] Der Begriff des „Austauschs" der Sicherungen, wie er in § 7 Abs. 1 S. 4 MaBV Verwendung finde, werde von der herrschenden Meinung unrichtig ausgelegt.

59 *Boergens* Argumente, deren Ausformung im Einzelnen hier nicht wiedergegeben werden kann, müssen wohl beachtlich genannt werden. Sie sind nicht zwingend, zeigen aber an, dass dies für die Sicht der weithin unangefochtenen Mehrheitsmeinung gleichermaßen gilt. Die Tendenz, eine teure und wirtschaftlich nicht gebotene **Übersicherung** des Käufers abzubauen, mag deshalb früher oder später zur Aufweichung oder auch zur Revision des **„Vermischungsverbots"** führen. Bis auf weiteres jedoch wird man dieses Verbot in der Praxis strikt beachten müssen.

4. Bedingte Bürgschaft und Hinterlegungsbefugnis

60 Der Wortlaut der Bürgschaftserklärungen bleibt stets sorgfältig zu prüfen. Enthält er z.B. die auflösende Bedingung, dass die Verpflichtung mit vollständiger Fertigstellung entfalle, so sind die Voraussetzungen von § 7 MaBV nicht erfüllt, denn es wäre ja durchaus möglich, dass zwar die **Bauleistungen** komplett erbracht sind, gleichzeitig aber die **Lastenfreistellung** – vielleicht wegen eines unzulänglichen Freigabeversprechens der Globalbank – **nicht gewährleistet** ist. Im übrigen müsste auch die **Hinterlegungsbefugnis** des Bürgen ausgeschlossen sein; denn nach § 2 Abs. 2, auf den § 7 Abs. 1 S. 2 MaBV verweist, kann Sicherheit „nur" durch die Stellung einer Bürgschaft geleistet werden und damit eben nicht durch Hinterlegung. Demgegenüber wird es jedoch zulässig sein, eine auflösende Bedingung vorzusehen für den Fall, dass die in § 3 MaBV vorgesehenen Sicherheiten geleistet worden sind: das nämlich liefe hinaus auf den Austausch der Sicherungen, den § 7 Abs. 1 S. 4 MaBV ausdrücklich erlaubt.

---

46 *Reithmann*, in: *Reithmann/Meichssner/v. Heymann*, B Rn 133; *Brych/Pause*, Rn 164; *Haegele/Schöner/Stöber*, Rn 3218; *Schulze-Hagen*, BauR 1992, 320, 325.
47 *Boergen*, NJW 2000, 251 ff.
48 *Boergen*, NJW 2000, 251, 253.

Die Bürgschaft nach § 7 MaBV hat häufig noch eine weitere Funktion. Schließlich wird sie vielfach nur deshalb ausgereicht, weil die **grundbuchlichen Voraussetzungen** des § 3 Abs. 1 S. 1 MaBV in kurzer Frist nicht zu erfüllen sind. Bei größeren Vorhaben beispielsweise muss das Grundstück, auf dem der Bau errichtet werden soll, oft wie ein **Flickenteppich** zusammengekauft werden mit der Folge, dass der eine oder andere der dazu erforderlichen Verträge noch nicht abgewickelt ist und die Eintragung der Auflassungsvormerkung für den Käufer schon deshalb auf sich warten lässt. Aus demselben Grund kann dann auch vorerst **keine Finanzierungsgrundschuld** eingetragen werden, so dass der Käufer in dieser Phase an sein Kreditinstitut nur die aus der Bürgschaft sich ergebenden Rechte abtreten kann.

61

Das stößt gelegentlich auf Schwierigkeiten, weil diese Sicherheit, insbesondere auch wegen des einschränkenden Wortlauts mancher Bürgschaftserklärungen, nicht als ausreichend angesehen wird. Helfen kann dann in der Regel eine Kaufvertragsbestimmung, die den Bauträger verpflichtet, eine Bürgschaft nach § 7 MaBV direkt gegenüber der Käuferbank zu übernehmen. Reicht auch das nicht aus, so wäre die Globalbank, an die der Kaufpreisanspruch abgetreten ist, zur Stellung einer das Darlehen des Käufers besichernden Bürgschaft zu veranlassen; diese würde neben der Bürgschaft nach § 7 MaBV erteilt werden und unter der auflösenden Bedingung der rangrichtigen Eintragung der Finanzierungsgrundschuld stehen. Die zusätzlichen Avalkosten wären solche der Fremdfinanzierung des Kaufpreises, müssten also sicher vom Käufer übernommen werden.

62

III. Die Vollstreckungsunterwerfung wegen des Kaufpreisanspruchs

Die **Vollstreckungsunterwerfung** des Immobilienkäufers wegen des Kaufpreisanspruchs ist weithin üblich, verbunden zumeist mit dem Zusatz, dass es für die Erteilung einer vollstreckbaren Ausfertigung des Nachweises der die Fälligkeit begründenden Tatsachen nicht bedürfe. Diese Handhabung war auch in Bauträgerverträgen gang und gäbe, ehe sie zunehmend auf Bedenken der Oberlandesgerichte stieß. Seit der Grundsatzentscheidung des BGH vom 20.10.1998 – VII ZR 99/97 – steht die Unzulässigkeit des Nachweisverzichts nunmehr fest.

63

Rechtssicherheit im Hinblick auf die Vollstreckungsklausel selber ist damit aber nicht eingetreten. Zwar dürfte sie dort unproblematisch sein, wo eine Bürgschaft nach § 7 MaBV gestellt wird – sofern man nicht der vorstehend erörterten Ansicht ist, dass Fälligkeit auch in diesem Rahmen nur eintritt, wenn zusätzlich die Voraussetzungen des § 3 Abs. 2 MaBV erfüllt sind. Wird indessen von vornherein das Sicherheitsmodell des § 3 MaBV gewählt mit der Folge, dass die Fälligkeit vom Baufortschritt abhängt, so führt die vom BGH festgestellte **Rechtswidrigkeit des Nachweisverzichts** dazu, dass eine Vollstreckungsunterwerfung des Käufers schlechthin unterbleiben muss, da der Eintritt von Baufortschritten durch öffentliche oder öffentlich beglaubigte Urkunden im Sinne von § 726 ZPO nicht nachgewiesen werden könnte.

64

1. Fertigstellungsbescheinigung

Vor diesem Hintergrund ist nun die Frage aufgeworfen worden, ob das Gesetz zur Beschleunigung fälliger Zahlungen vom 30.3.2000 (BGBl. I, 330) mit der Einführung einer **Fertigstellungsbescheinigung** nach § 641 a BGB eine taugliche **Nachweismöglichkeit** geschaffen habe: Kann ein Erwerber sich der sofortigen Zwangsvollstreckung in sein gesamtes Vermögen unterwerfen unter der Bedingung, dass eine solche Bescheinigung vorliegt?

65

Hertel hat das inzwischen bejaht[49], *Thode* hat es mit großer Klarheit verneint.[50] Die Fertigstellungsbescheinigung gewährleiste nicht, dass das geschuldete Werk vertragsgemäß erstellt sei. Die

---

49 *Hertel*, ZNotP 2000, 130, 146.
50 Vortrag im Rahmen eines MaBV-Seminars am 1.12.2000 in Frankfurt am Main.

Übertragung der vielfach schwierigen Vertragsauslegung und der Beurteilung der Mangelfreiheit auf einen dafür regelmäßig nicht qualifizierten technischen Sachverständigen begründe das Risiko, dass die Rechtsfrage falsch beurteilt und Fertigstellung sowie Mangelfreiheit bescheinigt würden, obwohl diese Voraussetzungen tatsächlich nicht vorgelegen hätten. *Thodes* Betrachtungsweise bestätigt die seit dem schon zitierten Urteil des BGH vom 22.10.1998 ohnehin unübersehbare Tendenz der höchstrichterlichen Rechtsprechung in dieser Frage: Wenn und soweit die Fälligkeit des Kaufpreises von Baufortschritten abhängt, haben **Unterwerfungsklauseln keinen Platz**. Es wäre zumindest sehr überraschend, wenn diese Denkrichtung *Thodes* sich nicht vollends durchsetzen sollte.

2. Verjährung

66 Es muss noch hinzugefügt werden, dass das Thema der **Zulässigkeit** von **Vollstreckungsklauseln** oftmals weniger interessant ist wegen der Möglichkeit, unverzüglich Vollstreckungsmaßnahmen zu ergreifen, als vielmehr wegen der **Verjährungsfrage**. Ist die Unterwerfungserklärung nämlich unwirksam, so kommt der Forderung, die sie titulieren soll, auch nicht das **Verjährungsprivileg** des § 218 BGB zu, mit der Folge, dass der Kaufpreisanspruch nicht in **dreißig**, sondern gemäß § 196 Abs. 1 Nrn. 1 und 7 BGB schon in **zwei Jahren** verjährt. Die Konsequenzen können im Einzelfall recht bizarr sein. Bauträger, die die Fertigstellung behaupteten und deshalb aus der notariellen Urkunde vollstreckten, müssen, wenn der Käufer sich mit der Vollstreckungsgegenklage nach § 767 ZPO wehrt, womöglich auf Gegenkurs gehen, nämlich dann, wenn im Fall der Richtigkeit ihrer Behauptung die kurze Verjährung schon eingetreten wäre.[51] Wie auch immer: An einer **Verlängerung** der gefährlich kurzen **Verjährungsfrist** wird auf seiten des Bauträgers vielfach ein legitimes Interesse bestehen. Wenn sie dann nicht einvernehmlich verabredet werden kann, wird die Einbeziehung einer Unterwerfungsklausel schon aus diesem Grund weiter gewünscht werden. Dann wird der Notar auf die Rechtswirksamkeit sehr sorgsam zu achten haben, und zugleich darauf, ob nicht in diesem Fall – wegen des aus § 9 AGBG abgeleiteten **Gebots der Waffengleichheit** – auch der Bauträger sich wegen seiner Bauerrichtungspflicht der Zwangsvollstreckung unterwerfen müsste; denn nach der Neufassung des § 794 Abs. 1 Nr. 5 ZPO durch die 2. Zwangsvollstreckungsnovelle vom 17.12.1997 (BGBl. I, 3039) ist ja eben dies möglich geworden. Wolfsteiner jedenfalls hält einen solchen Gleichklang der Unterwerfungserklärungen für unbedingt geboten.[52]

3. Der Eintritt des Verzugs

67 Zur Verzugsproblematik gehört auch eine kurze Betrachtung des seit dem 1.5.2000 geltenden § 284 Abs. 3 BGB. Da die neue Vorschrift nach ihrer Begründung ein gesetzliches Leitbild statuiert, kann sie, obwohl ansonsten durchaus dispositiven Rechts, in Bauträgerverträgen **nicht abbedungen** werden; denn diese sind, wie schon bemerkt, in aller Regel Formularverträge (§ 1 Abs. 1 AGBG) und Verbraucherverträge (§ 24 a AGBG) obendrein.

a) § 284 Abs. 3 BGB

68 Gem. des neuen § 284 Abs. 3 BGB kommt der Schuldner einer Geldforderung jetzt erst **30 Tage nach Fälligkeit und Zugang** einer Rechnung oder einer gleichwertigen Zahlungsaufforderung in Verzug; die bisherigen Möglichkeiten, den Verzug durch Mahnung (§ 284 Abs. 1 BGB) oder durch Kalenderbestimmung (§ 284 Abs. 2 BGB) auszulösen, bestehen insoweit nicht mehr. Dass dies nicht der „Beschleunigung fälliger Zahlungen" dient, wie das Gesetz sie verspricht, sondern in Tat und Wahrheit dem Schutz fauler Schuldner, ist offensichtlich und allenthalben mit gebührender Schärfe kommentiert worden; „gut gemeint" ist eben, wie Gottfried Benn gesagt hat, das Gegenteil von gut. An der großen Aufregung, die dieses Missgeschick in der Literatur ausgelöst hat, muss man sich

---

51 *Blomeyer*, NJW 1999, S. 472, 474.
52 Vortrag vor der Notarkammer Berlin am 22.11.2000.

dennoch nicht unbedingt beteiligen. Zwar bleiben die dogmatischen Rettungsversuche, mit denen die unerwünschten Wirkungen dieser Regelung vom Bauträgervertrag fern gehalten werden sollen, am Ende wohl erfolglos; denn *Hertels* Annahme, dass der MaBV selber eine **Leitbildfunktion** im Sinne der §§ 8 und 9 Abs. 2 Nr. 1 AGBG zukomme, die diejenige des § 284 Abs. 3 BGB in ihrem ureigensten Bereich gleichsam verdränge,[53] und *Brambrings* Gedanke, dass die Vermutung des § 9 Abs. 2 Nr. 1 AGBG widerlegt werden könne, weil eine unangemessene Benachteiligung des Verkäufers vorliege,[54] sind letztlich kaum tragfähig. Und im Übrigen streitet man sich ziemlich fruchtlos über die Frage, ob denn die **Fälligkeitsmitteilung**, die dem Notar in vielen Bauträgerverträgen aufgegeben ist, eine Zahlungsaufforderung im Sinne von § 284 Abs. 3 BGB darstelle oder nicht.

b) Fälligkeitszinsen

Ein wirksames Druckmittel, den Schuldner vor Ablauf der 30-Tage-Frist des § 284 Abs. 3 BGB zur Zahlung zu veranlassen, wäre die **Vereinbarung von Fälligkeitszinsen**, doch ist zweifelhaft, ob sie nicht gegen das AGBG verstieße. 69

Für generell zulässig wird die Vereinbarung von **Fälligkeitszinsen** bei solchen Forderungen gehalten, die aus **beiderseitigen Handelsgeschäften** stammen.[55] Für den nichtkaufmännischen Verkehr hingegen ist zu unterscheiden zwischen Individual- und Formularverträgen. Bei Abschluss eines Individualvertrags steht es den Parteien frei, wegen der Fälligkeitszinsen von § 452 BGB abweichende Vereinbarungen zu treffen. Beim **Bauträgervertrag** aber handelt es sich nun einmal um einen Formularvertrag, für den die Zulässigkeit der Vereinbarung von Fälligkeitszinsen **nicht unbestritten** ist. §§ 11 Nr. 4, 9 Abs. 2 Nr. 2 AGBG sollen dieser Möglichkeit entgegenstehen. 70

Dass die Vereinbarung von Fälligkeitszinsen zunächst gegen § 11 Nr. 4 AGBG verstoßen könnte, ist jedoch nicht recht einzusehen. Durch diese Bestimmung wird die Voraussetzung des § 284 Abs. 1 BGB, dass Verzug erst nach Mahnung eintritt, einer Änderung durch AGB entzogen.[56] Durch die Verzugsregelung wird die Haupt- oder Nebenleistungspflicht des Vertrags gesichert, wohingegen durch die Vereinbarung von Fälligkeitszinsen eine zusätzliche vertragliche Leistung begründet oder zumindest die vereinfachte Durchsetzung eines als bestehend vorausgesetzten Schadens geregelt wird.[57] Diese Definition der Fälligkeitszinsen steht einer Anwendung von § 11 Nr. 4 AGBG entgegen,[58] denn § 284 Abs. 3 BGB ändert an der jeweiligen Fälligkeit von Geldforderungen nichts. 71

Auch ein Verstoß gegen § 9 Abs. 2 Nr. 2 AGBG lässt sich wirklich überzeugend nicht begründen.[59] Im Rahmen eines Bauträgervertrags sind nicht nur die §§ 452, 641 Abs. 2 BGB als gesetzliches Leitbild heranzuziehen, sondern auch die MaBV zu berücksichtigen. Sie verbindet die Fälligkeit mit allgemeinen (§ 3 Abs. 1 MaBV) und besonderen **Fälligkeitsvoraussetzungen**, die sich aus dem jeweiligen **Bautenstand** ableiten lassen. Liegen sie vor, so sind einzelne Kaufpreisraten fällig. Die Übergabe erfolgt Zug um Zug gegen Zahlung der vorletzten Rate.[60] Somit begründet die MaBV **Vorleistungspflichten** des Erwerbers und setzt folglich das Synallagma, an das die §§ 452, 641 Abs. 2 BGB anknüpfen, außer Kraft. 72

Die Vereinbarung von Fälligkeitszinsen beim Bauträgervertrag widerspricht also dem gesetzlichen Leitbild nicht, so dass ein Verstoß gegen §§ 11 Nr. 4, 9 Abs. 2 Nr. 2 AGBG nicht anzunehmen ist. 73

---

53 Vgl. *Hertel*, ZNotP 2000, 130, 136.
54 *Brambring*, DNotZ 2000, 245, 253.
55 BGH DNotZ 1998, 367, 369.
56 *Palandt/Heinrichs*, § 11 AGBG, Rn 18; *Blank*, DNotZ 1998, 339, 340.
57 BGH DNotZ 1992, 659, 661.
58 *Basty*, Bauträgervertrag, Fn. 70; *Blank*, DNotZ 1998, 339, 340.
59 So aber BGH DNotZ 1998, 367, 369; *Basty*, Bauträgervertrag, Fn 70.
60 *Blank*, DNotZ 1998, 3 39, 342.

§ 2 Bauträgerverträge und die Makler- und Bauträgerverordnung (MaBV)

Sie würde sich deshalb nach der hier vertretenen Meinung durchaus als ein ebenso taugliches wie zulässiges Mittel zur Beschleunigung fälliger Zahlungen darstellen.

IV. Mängelgewährleistung

74 Im Folgenden soll auf die Mängelgewährleistung im Rahmen von Bauträgerverträgen näher eingegangen werden.

1. Allgemeines (es gibt kein Bauvorhaben ohne Mängel)

75 Im Gegensatz zu Industrieprodukten, bei denen eine umfassende Qualitätskontrolle stattfindet, mit der Mängel weitgehend ausgeschlossen werden können, ist wegen der verschiedenen Einflussfaktoren bei der Herstellung eines Bauvorhabens ein **Bau ohne Mängel** nahezu nicht denkbar.

Das **Bürgerliche Gesetzbuch** definiert einen Mangel nach zwei **Kriterien**: Es gibt
- **Fehler**, die den **Wert** oder die **Tauglichkeit** des Werks aufheben oder **mindern**, und es können
- **vertraglich zugesicherte Eigenschaften** tatsächlich nicht vorhanden sein.

Liegt ein **Verstoß gegen die allgemein anerkannten Regeln** der Technik vor, so wird von der Rechtsprechung das Vorliegen eines Mangels unterstellt.

76 Das BGB gibt dem Besteller eines Werkes das Recht, die Beseitigung des Mangels zu verlangen. Misslingt diese **Nachbesserung**, erweist sie sich als unmöglich oder wird sie vom Unternehmer nach ordnungsgemäßer Aufforderung und Fristsetzung nebst Ablehnungsankündigung **verweigert**, so knüpfen sich daran gemäß den §§ 634 und 635 BGB die Rechte auf Wandlung (Rückgängigmachung des Vertrags), auf **Minderung** (Herabsetzung der Vergütung) oder auch – unter besonderen Voraussetzungen – das Recht auf **Schadenersatz**.

77 Der Anspruch auf Gewährleistung ist ein **verschuldensunabhängiger** vertraglicher Anspruch des Bestellers; er besteht bei Bauwerken – insbesondere unter der Geltung der Makler- und Bauträgerverordnung – für die Dauer von fünf Jahren, beginnend mit der Abnahme des Werkes.

2. Mängel während der Errichtung des Bauvorhabens und Abnahmemängel

78 Stellen sich Mängel des Werks schon bei dessen Errichtung heraus, so ist der Besteller berechtigt, deren Beseitigung vom Unternehmer zu verlangen. Die Voraussetzungen der **Ersatzvornahme** und der Ablehnung der Mängelbeseitigung sind die gleichen wie bei den Gewährleistungsmängeln. Insoweit stehen dem Besteller **Erfüllungsansprüche** zu. Ähnliches gilt für Mängel, die bei der Abnahme des jeweiligen Gewerkes festgestellt werden und deren Beseitigung sich der Besteller vorbehalten hat. Erst mit der Abnahme erfolgt die sogenannte **Umkehr der Beweislast**, weil für einen bislang nicht gerügten Mangel den Beweis für dessen Bestehen der Käufer erbringen muss.

3. Versteckte Mängel (ein nicht auszurottender Irrtum)

79 Immer wieder trifft man auf die Vorstellung, dass die Gewährleistungsfrist für verdeckte oder versteckte Mängel erst dann zu laufen beginne, wenn der Mangel zu Tage getreten sei. Das ist grundsätzlich falsch. Auch für verdeckte Mängel beginnt die Verjährungsfrist mit der Abnahme. Eine Sonderregelung für verdeckte oder versteckte Mängel, d.h. eine Verlängerung der gesetzlichen Frist, die nach dem BGB 5 Jahre beträgt, gilt nur in seltenen und eng definierten Sonderfällen.

So muss der Unternehmer für Mängel seines Gewerkes 30 Jahre lang einstehen, wenn er einen Mangel entweder
- arglistig verschwiegen hat oder dieser
- auf ein Organisationsverschulden des Auftragnehmers zurückzuführen ist.

Im ersten Fall muss der Besteller bzw. der Käufer beweisen, dass dem Unternehmer, dem insoweit eine **Offenbarungspflicht** oblag, der Mangel bekannt war. Der zweite Fall war Gegenstand einer Entscheidung des Bundesgerichtshofes aus dem Jahre 1992. Das Gericht bejahte die Haftung eines Unternehmers für einen Mangel, der bei richtiger Organisation des Unternehmens sicher vermieden worden wäre. Im konkreten Fall hatte sich nach dem Einsturz eines Fertigteil-Betondaches herausgestellt, dass die Herstellung des Objektes so dilettantisch erfolgt war, dass bei einer auch nur ansatzweise sorgfältigen Überwachung der Ausführung und einer Überprüfung des Gewerkes der vorhandene Mangel zwingend hätte auffallen müssen. Die **Überwachung des Herstellungsprozesses** und die Prüfung des Werkes vor Abnahme waren nur völlig unzureichend erfolgt. Das stellte sich nach Ansicht des BGH als ein so **grober Verstoß** gegen die Pflichten des Unternehmers dar, dass der Unternehmer für die Folgen 30 Jahre zu haften hat.

4. Notwendige Regelungen, die in Bauträgerverträgen meist fehlen

Faire Vertragsregelungen, die die Positionen und Interessen beider Vertragspartner angemessen berücksichtigen, zahlen sich bei der Durchführung eines Bauvorhabens regelmäßig aus. Das Interesse des Verkäufers liegt darin, vor **unberechtigten Zurückbehaltungsrechten** des Käufers geschützt zu sein und nach sachgerechter und mängelfreier Fertigstellung des Objekts den vereinbarten Kaufpreis möglichst schnell und in voller Höhe zu erhalten.

Das Interesse des Käufers liegt darin, **Sicherheit** dafür zu erhalten, dass eventuell vorhandene **Mängel** des Bauwerkes innerhalb angemessener Fristen umfassend **beseitigt** werden und ihm hierdurch keine **zusätzlichen Kosten** und möglichst geringe zusätzliche Belastungen entstehen.

Es gibt eine Reihe **typischer Baumängel**, die in der einen oder anderen Form an nahezu jedem Bauvorhaben – einzeln wie auch kumuliert – auftreten.

a) Feuchtigkeit

Gerne redet man von den drei Feinden des Architekten, nämlich von dem Wasser von unten, dem Wasser von oben und dem Wasser von der Seite. Leicht könnte man einen vierten Feind hinzufügen: Tauwasser unbekannter Herkunft. **Wasser oder Feuchtigkeit** haben die unangenehme Eigenschaft, ihren Weg durch kleinste Ritzen und Undichtigkeiten zu finden, den Gesetzen der Schwerkraft scheinbar zu widerstehen, üblicherweise an Stellen auszutreten, die keinen Rückschluss auf ihre Herkunft zulassen und zielsicher selbst kleinste Ausführungsfehler aufzustöbern. Tauwasserbildung lässt sich zwar physikalisch einfach erklären, weist in der Praxis aber eine schier unermessliche Vielfalt von Erscheinungsformen auf, die die **Ursachenforschung** zu einer jahrelangen Detektivarbeit werden lassen kann.

So wurde in einem aufschlussreichen Beispielsfall aus jüngerer Zeit nach der Durchführung von drei separaten gerichtlichen Beweisverfahren mit unterschiedlichen Ansatzpunkten festgestellt, dass die seitliche Wärmedämmung eines Dachgeschosses in Hohlräumen zwischen Dachaußenwandverkleidung und Innenwand nur bruchstückhaft ausgeführt und überwiegend als Müllkippe für Reste verwendet worden war, so dass eine wirksame und insbesondere **gleichmäßige Isolierung** nicht gegeben war. Dieser Fehler wurde nur deshalb entdeckt, weil der Sachverständige die Blechverkleidung eines solchen Zwischenraumes öffnen musste, nachdem er dort einen handwerklichen Ausführungsfehler festgestellt hatte.

b) Risse

84 Risse sind besonders dann von Bedeutung, wenn zugleich eine Durchfeuchtung oder ein Wassereinbruch stattfindet. Risse einer bestimmten Breite können auf Probleme der Tragwerksplanung hindeuten. Hier muss im Zweifelsfall ein Sachverständiger eingeschaltet werden.

c) Schallschutzmängel

85 Insbesondere in Wohnhäusern, aber auch in Büroräumen, ist der Schallschutz von besonderer Bedeutung. Die Ursachen für Mängel des Schallschutzes sind vielfältig und von außen im Allgemeinen nicht zu erkennen. Ob die Schallschutzwerte eingehalten sind, lässt sich zumeist nur durch aufwendige **Schallschutzmessungen** durchführen. Gerade in Wohnhäusern ist der **Schallschutz von Fenstern** häufig Thema umfangreicher Auseinandersetzungen. Hier ist der Grund für vorhandene Mängel häufig nicht nur in der Fensterkonstruktion zu suchen, sondern ebenso in der Art und Weise des Einbaus.

d) Wärmeschutzmängel

86 Im Hinblick auf die **Wärmeschutzverordnung** und die Notwendigkeit von Energieeinsparungen gewinnt der Wärmeschutz zunehmend an Bedeutung. Anforderungen des Wärmeschutzes werden nicht nur bei der Dämmung der Gebäudeaußenhaut, sondern beispielsweise auch bei der Isolierung von Heizungs- und Warmwasserrohren zu berücksichtigen sein. Da es sich auch hier um Leistungen handelt, die bei Fertigstellung des Gebäudes verdeckt sind, lassen sich Mängel nur bei ordnungsgemäßer Dokumentation nachvollziehen. Bedeutsam in diesem Zusammenhang ist auch die Vorlage sogenannter Fachunternehmererklärungen, d.h. also eine Bestätigung des ausführenden Unternehmens dahin, dass die ihm übertragenen Leistungen nach dem Stand der Technik und der einzuhaltenden Vorschriften ausgeführt seien. Liegt ein grober Verstoß gegen diese Vorschriften vor, obwohl eine entsprechende **Fachunternehmererklärung** ausgestellt wurde, so kann dies im Einzelfall als arglistiges Verschweigen eines Mangels gewertet werden. Eine generelle Aussage hierzu ist jedoch kaum möglich.

87 Selbst wenn die Gewährleistungsfrist in solchen Fällen durch ein selbständiges Beweisverfahren oder ein Klageverfahren fristgerecht unterbrochen wurde, vergehen bis zur Feststellung und Beseitigung des Mangels oft Jahre, nach denen der verantwortliche Vertragspartner wirtschaftlich oft nicht mehr existiert. Ohne vertragliche Sicherheiten (insbesondere **Gewährleistungsbürgschaften**) hat der Käufer dann keinerlei Rückgriffsmöglichkeiten mehr.

88 Umgekehrt ist die Inanspruchnahme von Gewährleistungsbürgschaften bei seriösen Unternehmen relativ selten, so dass Versicherungsgesellschaften vielfach bereit sind, gegen Zahlung einer angemessenen Prämie Gewährleistungsbürgschaften für Unternehmen zu gewähren, ohne dass für die Dauer der Laufzeit dieser Bürgschaft der gesamte verbürgte Betrag kreditmäßig abgesichert wird.

Sind bei einem Bauvorhaben mehrere **Subunternehmer** beschäftigt, so bietet es sich an, die **Ansprüche** gegen diese Firmen sicherungshalber an den Erwerber **abzutreten**.[61]

---

61 Sicherungshalber tritt der Verkäufer die ihm gegen die am Bau beteiligten Architekten, Bauhandwerker, Zulieferer und alle sonst mit dem Bau befassten Dritten zustehenden Erfüllungs-, Gewährleistungs- und Schadenersatzansprüche an den Käufer ab. Die Ansprüche des Käufers gegen den Verkäufer werden von der Abtretung nicht berührt; insbesondere können sie auch ohne vorherige Geltendmachung der Ansprüche gegen die Dritten erhoben werden. Die Abtretungen werden erst wirksam, wenn der Verkäufer mit seinen entsprechenden Verpflichtungen in Verzug ist und sie trotz schriftlicher Aufforderung mit angemessener Fristsetzung nicht erfüllt oder die Ansprüche gegen den Verkäufer nicht mehr bestehen. Dieser bleibt berechtigt, die Ansprüche im eigenen Namen und auf eigene Kosten durchzusetzen.

5. Möglichkeiten zur Mangelvermeidung (Nachsorge ist teurer als Vorsorge)

Schließt man die optimale Handhabung, bei der ein unabhängiger **Sachverständiger** den gesamten Herstellungsprozess im Auftrag des Käufers begleitet und die Entstehung von Mängeln zu vermeiden sucht, aus Kostengründen aus, so wäre es aber zumindest hilfreich, die **Bauüberwachung** (Bauleitung) durch ein vom Bauträger **wirtschaftlich unabhängiges Ingenieurbüro** vornehmen zu lassen. Der Wunsch nach einer solchen Unabhängigkeit, der freilich meist ein frommer bleibt, bliebe gewährleistet.

Denkbar wäre es, wesentliche und sensible Zwischenstände des Baus im Zuge technischer **Teilabnahmen** überprüfen zu lassen und dies im einzelnen – unter anderem durch Fotos – zu dokumentieren.

Eine Mindestanforderung, die zur Vermeidung von Mängeln jedoch untauglich ist, wäre die Abnahme des fertigen Werkes durch einen unabhängigen Sachverständigen. Wesentlich für den Erfolg des Unterfangens sind die Kompetenz und Unabhängigkeit des gewählten Sachverständigen. Empfehlenswert wäre es, ihn in den Prozess der Herstellung – zumindest sporadisch – einzubeziehen.

6. Die Abnahme, ein Meilenstein

Hinsichtlich der Abnahme des Vertragsobjekts ist auf die oben an anderer Stelle gemachten Ausführungen zu verweisen.[62]

7. Der Gutachter

Für den Erwerber eines Bauträgerobjektes liegt die Schwierigkeit vielfach darin, dass er zwar den Mangel, nicht aber dessen **Ursache** und erst recht nicht die **Kosten von dessen Beseitigung** kennt. Die **Schätzungen** pflegen deshalb je nach Temperament entweder deutlich zu hoch oder viel zu niedrig auszufallen. Die Gemütslage beider Vertragsparteien ist bei Abschluss des Projektes häufig derart angespannt, dass sachgerechte Lösungen, wenn überhaupt, nur mit fremder Hilfe gefunden werden können. Enthielte der Vertrag für solche Fälle ein **objektives Instrumentarium** zur Abwicklung dieser vorhersehbaren Problemfälle, so könnten viele langwierige und kostenträchtige Verfahren vermieden werden. Im Ergebnis bedienen sich nämlich auch die Gerichte des Sachverstandes von Gutachtern, wobei wegen der formalen Anforderungen der Verfahren mindestens die Schnelligkeit der Lösung leidet. Hilfreich wäre hier ein **institutionalisiertes Schiedsgutachterverfahren**, das einer neutralen Person die Möglichkeit eröffnet, die Ursache eines gerügten Mangels entweder selbst oder durch Einschaltung spezialisierter Dritter zu untersuchen und gemeinsam mit dem ausführenden Unternehmer bzw. bei dessen Weigerung auf dessen Kosten die Mängelbeseitigung in die Wege zu leiten. Die gleiche Institution könnte für die **Bestimmung und Festsetzung von Minderungsansprüchen** zuständig sein.

8. Umfang der Gewährleistungsverpflichtung

Der Umfang der Gewährleistungsverpflichtung richtet sich nach dem Objekt und nach dem Vertrag und kann je nach konkreter Konstellation **sehr unterschiedlich** sein. Der Vertragsgegenstand und somit die Sollbeschaffenheit des Werkes wird in der Regel in der **Baubeschreibung** definiert. Je detaillierter und aussagekräftiger sie ist, desto klarer können **Abweichungen der Ist- von der Soll-Beschaffenheit** festgestellt werden. Neben der vertraglichen Festlegung können auch Angaben im **Verkaufsprospekt** über die Sollbeschaffenheit des Objektes Auskunft geben. Empfehlenswert ist es jedoch, sie möglichst im Vertrag selber festzuschreiben.

---

62 Siehe oben Rn 42.

94 Bei Bauträgerverträgen werden die werkvertraglichen Gewährleistungsregeln für Baumängel auch dann angewendet, wenn das Bauwerk bei Vertragsabschluss schon einige Zeit fertig gestellt war.[63] Der Bundesgerichtshof hat Werkvertragsrecht auf einen Sachverhalt angewandt, bei dem eine Wohnung bis zu ihrer Veräußerung zwei Jahre leergestanden hat.

E. Prospekthaftung beim Bauträgervertrag

95 In einer Entscheidung vom September 2000 – VII ZR 443/99 – hat der BGH einem Erwerber Schadenersatzansprüche wegen zweier Prospektfehler zugebilligt, nämlich wegen der überhöhten Angabe der **Wohnfläche** und wegen des fehlenden Hinweises auf eine **Vertriebsprovision**, die im **Gesamtaufwand** enthalten war. Dabei hat der Senat die zum **Bauherrenmodell** entwickelten Prospekthaftungsgrundsätze im engeren Sinne auch auf den Erwerb im **Bauträgermodell** angewendet. Er hat dies damit begründet, dass mit beiden Modellen steuerliche Zwecke verfolgt würden und die Realisierung auf vergleichbare Weise erreicht werde. Der potentielle Erwerber müsse mit einem **Treuhänder** einen Vertrag abschließen, der seinerseits die erforderlichen Verträge für die Erwerber abschließe. In beiden Fällen sei für die **Anlageentscheidung** des potentiellen Erwerbers die wichtigste Informationsquelle der **Prospekt**. Ein Durchgriff auf die „**Hintermänner**" des Projekts, seine **Initiatoren** also, müsse möglich sein, obwohl oder gerade weil sie vertragliche Beziehungen zum Erwerber nicht begründeten und einer vertraglichen Haftung deshalb nicht ausgesetzt seien. Der Prospekt einer Immobilienanlage müsse hinsichtlich des angebotenen Modells **vollständig** und **richtig** sein. Er müsse den potentiellen Erwerber über alle Umstände informieren, die für seine Entscheidung von Bedeutung seien. Diesen Anforderungen werde nicht genügt, wenn Wohnflächen nicht korrekt angegeben seien und die Abweichung erheblich sei. In dem betreffenden Fall war überdies eine Innenprovision, die an die **Vertriebsgesellschaften** gezahlt wurde, nicht ausgewiesen worden. Deshalb sei, so der BGH, durch die Gestaltung des Prospektes der Eindruck erweckt worden, als umfasse der **Gesamtaufwand** solche verdeckten **Innenprovisionen** nicht. Als Schadenersatz hat der Senat dem Erwerber nicht weniger als das Recht auf Rückabwicklung des Vertrags zugesprochen.

96 Der Prospekthaftungsanspruch verjährt frühestens nach fünf Jahren. Die zum Bauherrenmodell entwickelten Verjährungsgrundsätze sind auf das Bauträgermodell übertragbar, weil beide werkvertraglich geprägt sind.

97 Diese Entscheidung dürfte künftig von erheblicher **praktischer Bedeutung** sein, weil **Prospekte** von Bauträgermodellen die danach erforderliche Qualität oftmals nicht aufweisen; sie stellen vielmehr in der Praxis häufig kaum mehr dar als ein nur unwesentlich aufgewertetes Maklerexposé.

F. Die Besonderheiten des Wohnungseigentumsrechts

98 Die spezielle Bedeutung, die der Bauträgervertrag über Eigentumswohnungen erlangt hat, rechtfertigt es, auf einige Besonderheiten einzugehen.

I. Der Vollzug der Teilung

99 Die Errichtung etwa von Eigenheimen setzt vielfach die **Realteilung** des Grundbesitzes voraus, auf dem sie geplant sind, die Errichtung von Wohnungseigentum stets eine Teilung nach den §§ 3 oder 8 WEG. Doch nur im letzteren Fall muss auch der **Vollzug der Teilung** im Grundbuch bereits erfolgt sein, bevor der Bauträger – wenn er nicht eine Bürgschaft gemäß § 7 MaBV beibringen will – Kaufpreiszahlungen entgegennehmen darf (§ 3 Abs. 1 S. 2 Nr. 2 MaBV).

---

63 BGH NJW 1979, 1406 f.

Die MaBV folgt hier mit ihrer seit dem 1.3.1991 geltenden Fassung früher ergangenen obergerichtlichen Entscheidungen, die die Eintragung von **Auflassungsvormerkungen** am noch ungeteilten Grundstück allein nicht für ausreichend gehalten hatten. Zwar ist diese Methode, dem Erwerber einer Eigentumswohnung sehr rasch eine Absicherung einzuräumen, nach wie vor nicht sinnlos oder überflüssig, zumal sie eben im Augenblick des grundbuchlichen Vollzugs der Teilung die Voraussetzung des § 3 Abs. 1 S. 2 Nr. 2 MaBV erfüllt, doch wird sie wegen der durch sie ausgelösten zusätzlichen Gerichtskosten nur noch sehr selten gewählt. Statt dessen pflegt man die Eintragung der Vormerkung erst am noch zu bildenden Wohnungseigentum zu bewilligen und zusammen mit der Teilung zu beantragen. Dass das mit einer entsprechenden **Belehrung** durch den Urkundsnotar einhergehen sollte, versteht sich, dient aber – wie so oft – eher dessen vorweggenommener Exkulpation als einem wirklichen Schutz des Käufers, der die sofortige Eintragung schon im Stammgrundbuch im Allgemeinen weder durchsetzen kann noch will.

II. Baufortschrittsraten

Je nach Art und rechtlicher Gestaltung des Bauvorhabens können sowohl der **Beginn der Arbeiten** als auch ihr weiterer Ablauf im Sinn des § 3 Abs. 2 MaBV Anlass zu Zweifelsfragen geben. Wird also, um das Beispiel der auf selbständigen Grundstücken geplanten Eigenheime abermals aufzugreifen, zu deren Errichtung mit den **Erdarbeiten** begonnen, so kommt es auf den Beginn auf der jeweiligen Einzelfläche an. Liegt hingegen demselben Bauprojekt eine **Teilung nach WEG** zugrunde, so steht der Start auf einem Teil des Grundbesitzes dem Baubeginn für sämtliche Eigenheime gleich; es wird dies für Wohnungseigentumsanlagen generell gelten. Entsprechend wären auch die nachfolgenden **Bauabschnitte** zu würdigen wie etwa die **Rohbaufertigstellung**: bei selbständigen Eigenheimen kann nur das Einzelgebäude maßgeblich sein, bei einer WEG-Konstruktion hätte man auf alle Bauten abzustellen. 100

Ob das dann freilich noch sachgerecht wäre, ist eine ganz andere Frage. Deshalb muss man wissen, dass die MaBV insoweit keine zwingenden Regeln normiert. Geht es also um WEG-Anlagen mit mehreren Häusern, für die rechtlich auch eine **Parzellierung** des Grundbesitzes hätte vorgenommen werden können, so wird die Bildung von Wohnungseigentum eine weitgehende wirtschaftliche Selbständigkeit der einzelnen Bauwerke nicht ausschließen. Die Baufortschrittsraten der MaBV dann auf das jeweilige Haus zu beziehen, kann nicht nur sinnvoll und geboten erscheinen, sondern wäre rechtlich auch zulässig, müsste aber eben vertraglich eigens vereinbart werden. 101

Da der Schutz des Erwerbers stets gewährleistet bleiben muss, wird man sich allerdings **vor beliebigen Eingrenzungen** hüten müssen. So plausibel es deshalb wäre, die Erreichung eines **Bauabschnitts** vom **Innenausbau** benachbarter Häuser abzukoppeln, so unerlaubt müsste es sein, auch gemeinschaftliche Einrichtungen, etwa solche der Ver- und Entsorgung oder auch **Garagenanlagen**, außer Betracht zu lassen. 102

Dass es auch hier Grenzfälle geben wird, über die man streiten kann, liegt auf der Hand. Ein schönes Beispiel bietet die Frage, ob bei einer Vielzahl freistehender Bauwerke trotz der Geltung des Wohnungseigentumsgesetzes die vollständige Fertigstellung schon dann eintritt, wenn nur diejenigen **Außenanlagen** errichtet sind, die das unmittelbare Umfeld des jeweiligen Hauses bilden. *Friedrich Schmidt* sieht das so,[64] und *Basty*[65] meint, dass dem zumindest dann gefolgt werden könne, wenn an entsprechenden Teilen der Außenanlagen **Sondernutzungsrechte** des Erwerbers bestellt worden seien. So recht einzuleuchten vermag aber weder das eine noch das andere. Denn der **Wert** und die Lebensqualität von Immobilien und damit auch deren Verkäuflichkeit bestimmen sich ja eindeutig nicht nur nach dem individuellen Bauwerk, sondern auch nach der **Umgebung**, in der es errichtet worden ist, wobei dieses Umfeld gerade nicht ganz eng gezogen werden darf. Mit der weiteren Frage, 103

---

[64] *Schmidt*, Münchener Vertragshandbuch, S. 294 ff.
[65] Vortrag im Rahmen einer Praktikertagung am 21.9.2000 in Wiesbaden.

ob an einem Teil der das einzelne Haus umgebenden Fläche ein **Sondernutzungsrecht** besteht, hat dieser Umstand ersichtlich nichts zu tun; und dass die stärkere rechtliche Position eines Sondernutzungsberechtigten dazu führen soll, wegen der Außenanlagen vom Verkäufer weniger verlangen zu können als bei einfachen **Gemeinschaftsflächen**, ist schon gar nicht einzusehen. Das wirtschaftliche Interesse des Erwerbers reicht weiter als solche ihm zum alleinigen Gebrauch zugeordneten Flächen.

104 Wenn sich also der Ratenplan des § 3 Abs. 2 MaBV nur auf Teile einer umfassend geplanten Wohnungseigentumsanlage beziehen soll, was durchaus vernünftig sein kann, so wird man die **Errichtungsverpflichtung** des Bauträgers im Einzelfall auf diejenigen Bauabschnitte begrenzen müssen, die für den jeweiligen Käufer **wichtig** oder **unerlässlich** sind; risikoreiche Auseinandersetzungen über die Frage, welche Bestandteile der Gesamtanlage den geschuldeten Baufortschritt denn nun erreichen müssen oder nicht, werden auf diese Art am sichersten zu vermeiden sein.

III. Gewährleistung

105 Besonderheiten ergeben sich auch im Gewährleistungsrecht, da die **Mängelfreiheit** natürlich nicht nur beim **Sondereigentum**, sondern ebenso beim **Gemeinschaftseigentum** geschuldet wird. Dieses abzunehmen, wäre im Prinzip gleichfalls Sache eines jeden einzelnen Erwerbers, was sich aber vor allem bei größeren baulichen Anlagen und insbesondere dann, wenn auf der Käuferseite Kapitalanleger stehen, als ziemlich unpraktikabel darstellt. Deshalb empfiehlt sich zumindest in diesen Fällen, die Abnahme schon im Vertrag durch einen öffentlich bestellten und vereidigten Sachverständigen vorzusehen, wobei dessen Bestimmung – und erst recht natürlich seine Bezahlung – durchaus dem Bauträger zugewiesen werden kann. Wichtig ist nur, dass er den Gutachter weder persönlich noch sachlich beeinflussen kann.

106 Schwierig wird es, wenn das Gemeinschaftseigentum ordnungsgemäß abgenommen worden ist, die eine oder andere Wohnungseigentumseinheit jedoch erst wesentlich später verkauft wird. Denn dann könnte der aktuelle Erwerber alle Ansprüche wegen etwaiger Mängel ohne Rücksicht darauf geltend machen, ob sie in der Person früherer Käufer vielleicht schon verjährt sind. Oder anders ausgedrückt: Die 5jährige Gewährleistungsfrist des § 638 Abs. 1 BGB, die zu verkürzen die Rechtsprechung nicht zugelassen hat, kann sich bei einer solchen Entwicklung zu Lasten des Bauträgers faktisch erheblich verlängern.

107 Vor diesem Hintergrund hat man das Urteil des BGH vom 21.2.1985 – VII ZR 72/84 – dahin verstanden, dass zwar ein späterer Käufer die früher erfolgte Abnahme des Gemeinschaftseigentums nicht „ohne weiteres"[66] gegen sich gelten lassen müsse, andererseits aber eine individuelle Vereinbarung dahin, sie im Einzelfall doch als gültig zu akzeptieren, zulässig wäre. Dem wird man wohl zustimmen dürfen, auch wenn die Gewährleistungsfrist dann schon weitestgehend oder gar gänzlich abgelaufen sein könnte. Denn zumindest in diesem äußersten Fall würde man wohl die Grundannahme, dass eine völlig neue Eigentumswohnung verkauft wird und deshalb § 638 BGB Anwendung findet, aufgeben können. Daraus ergäbe sich die Folge, dass der Vertrag dann dem Kaufrecht und damit einer einjährigen Gewährleistungsfrist zu unterstellen wäre; diese aber begänne erst mit der Übergabe (§ 477 Abs. 1 S. 1 BGB).

G. Die Besonderheiten der Altbaumodernisierung

108 Schließlich ist auch noch ein kurzer Blick auf jene Besonderheiten zu werfen, die im Fall einer Altbaumodernisierung zu beachten sind. Denn dann gelten gemäß § 3 Abs. 2 S. 4 MaBV die Sätze 1

---

66 BGH NJW 1985, 1551, 1552.

I. Der Begriff des Bauvorhabens

Dass der Verkäufer eines Hauses oder einer Eigentumswohnung sich im Rahmen eines Veräußerungsvertrags dazu verpflichtet, vor Übergabe noch die eine oder andere Baumassnahme durchzuführen oder bestimmte **bauliche Mängel** zu beseitigen, vielleicht auch **Schönheitsreparaturen** durchzuführen, gehört zum Alltag solcher Geschäfte; zur Anwendbarkeit der MaBV führen solche Nebenabreden in aller Regel nicht. Die Grenze ist allerdings fließend, und die Versuche, sie zu befestigen, sind nicht eben befriedigend. **109**

Einigkeit besteht darin, dass bei nur geringfügigen Arbeiten von einem Bauvorhaben nicht gesprochen werden könne, doch sind verlässliche Kriterien dafür kaum zu erkennen. So greift man zu Erwägungen wie der, dass der Begriff des Bauvorhabens, wie er in § 3 Abs. 2 S. 4 MaBV verwendet wird, eine Baugenehmigung voraussetze,[67] was aber nicht unbedingt zutreffen muss, da es fraglos sehr umfangreiche Arbeiten geben kann, die keineswegs genehmigungspflichtig sind. Und auch der umgekehrte Fall ist natürlich denkbar: dass nämlich relativ unbedeutende bauliche Änderungen eine Genehmigung dennoch erfordern. **110**

Andere Abgrenzungsbemühungen verfangen eher noch weniger. Die Ansicht, dass die MaBV anwendbar sei, wenn nur die vereinbarten **Modernisierungsarbeiten** den einzelnen Baufortschritten des § 3 Abs. 2 subsumiert werden könnten, lässt Umfang und Bedeutung der jeweiligen Werkleistung völlig außer acht, und für die Differenzierung zwischen Arbeiten am **Grundstück**, die kein Bauvorhaben am Altbau sein sollen, und solchen am **Bauwerk**, die es notwendigerweise seien, gilt derselbe Einwand. Am Ende bleibt es bei der Frage, ob die vom Bauträger geschuldeten Leistungen bei einer **Gesamtwürdigung** eine wesentliche Bedeutung für die **Konstruktion**, den **Bestand**, die **Erhaltung** oder die **Erneuerung** des Grundstücks haben. Ist das nicht der Fall, so treten die werkvertraglichen Elemente gegenüber den kaufvertraglichen so weit zurück, dass die MaBV nicht berücksichtigt werden muss. Im Kern geht es also um das **relative** Gewicht der vereinbarten Baumaßnahmen. Die Entscheidung darüber wird man in jedem Einzelfall **abwägen** müssen und deshalb mitunter auch nur in anfechtbarer Weise beantworten können. **111**

II. Die entsprechende Anwendbarkeit von § 3 Abs. 2 S. 1 und 2 MaBV

Probleme kann auch die Frage bereiten, wie der Terminus der „entsprechenden" Anwendung zu verstehen ist. Sicher ist, dass es dabei vor allem um den Ratenplan geht, den § 3 Abs. 2 S. 2 MaBV aufstellt, doch fällt es nicht durchweg ganz leicht, ihn analog zum Neubau zugrunde zu legen. **112**

Prinzipiell findet eine **Orientierung** an den Bauabschnitten des § 3 Abs. 2 S. 2 MaBV statt. Soweit die entsprechenden Leistungen beim Altbau schon erbracht sind, kann der Bauträger die jeweiligen Teilbeträge – aber eben nicht mehr als sie und auch nicht geknüpft an andere Bauabschnitte – entgegennehmen. Soweit sie Gegenstand der Modernisierung erst noch werden sollen, ist die Erfüllung der jeweiligen Voraussetzungen abzuwarten. **113**

Die Konsequenzen liegen auf der Hand. So wird die Baubeginnrate des § 3 Abs. 2 S. 2 Nr. 1 MaBV zahlbar und fällig, wenn zum einen die Sicherungen des § 3 Abs. 1 gewährleistet und zum anderen die Erdarbeiten – etwa in Form der Verlegung einer neuen Kanalisation – in Angriff genommen worden sind. Sind Erdarbeiten aber gar nicht vorgesehen, so reichen die Sicherungen des § 3 Abs. 1 für den Eintritt der Fälligkeit aus. **114**

---

67 *Warda*, MittBayNot 1988, 1, 12.

115 Ganz unkompliziert und unbestritten ist das jedoch nicht. So wird die Ansicht vertreten, dass die Baubeginnrate mit Beginn der Modernisierungsarbeiten fällig werde auch dann, wenn diese keineswegs im Erdreich ihren Anfang nähmen, und *Basty* meint sogar, dass schon das bloße Vorhandensein einer gewissen Altbausubstanz notwendigerweise den Beginn des Bauvorhabens impliziere und zur Fälligkeit der ersten Rate grundsätzlich nur die Voraussetzungen des § 3 Abs. 1 MaBV erfüllt sein müssten.[68] Ohnehin betreffe diese **30 %-Zahlung** nicht so sehr Bauleistungen als vielmehr den **Wert des Grundstücks**.

116 Dieser Argumentation zu folgen, fällt ziemlich schwer. Sind Erdarbeiten irgendwelcher Art geschuldet, so kann die „entsprechende" Geltung letztlich nur bedeuten, dass eben mit ihnen begonnen worden sein muss. Und im Übrigen stimmt es zwar, dass mit der ersten Rate vor allem der Preis der Immobilie selber abgegolten werden soll, doch hat der Verordnungsgeber nun einmal die zusätzliche Bedingung gestellt, die Bauarbeiten müssten auch wirklich in Gang gesetzt worden sein. Der Wert dieser Bedingung für den Käufer mag nicht sehr hoch veranschlagt werden, nachdem der bloße Beginn der Maßnahmen ja noch keineswegs deren vertragsgemäßen Fortgang gewährleistet; er ist aber auch nicht ganz von der Hand zu weisen, da ein Arbeitsanfang ein bestimmtes Maß an Vorbereitungen in aller Regel voraussetzt. Aber wie auch immer: die MaBV zumindest geht von der autonomen Bedeutung eines solchen **faktischen Beginns** aus, und es ist deshalb kaum überzeugend, diesen Kerngedanken im Rahmen einer „entsprechenden" Anwendung beim Altbau schlicht zu eliminieren. Eine Dispositionsfreiheit der Parteien dahin, die erste Rate unabhängig vom Baubeginn fällig zu stellen, wird man daher entgegen *Bastys* Meinung nur dann für zulässig halten dürfen, wenn Erdarbeiten, welcher Art auch immer, überhaupt nicht geschuldet sind.

117 Diese Grundsätze der von der Verordnung geforderten Analogie gelten auch für die weiteren Bauabschnitte. So muss wegen der **Rohbaufertigstellung** geprüft werden, ob Arbeiten etwa an tragenden Teilen, Schornsteinen oder Brandwänden vorzunehmen sind etc. Die Fertigstellungsrate schließlich wird fällig, wenn alle geschuldeten Arbeiten abgeschlossen sind, und zwar unabhängig davon, ob sie einem der in § 3 Abs. 2 MaBV definierten Bauabschnitte zugeordnet werden können oder nicht.

III. Besonderheiten der Gewährleistung

118 Während eine Haftungsbeschränkung oder ein Gewährleistungsausschluss für neu vom Bauträger errichtete Bauten gesetzlich unzulässig sind, sind sie für eine **bestehende Altsubstanz** (modernisierter Altbau) möglich und üblich. Ist die Altbausubstanz jedoch in die vom Bauträger zu erbringende Leistung integriert wie etwa beim **Entkernen** eines Bestandsbaus, so muss die Gewährleistung für das hergestellte Objekt umfassend gelten. Der Altbau stellt in diesem Falle nicht mehr eine selbständige Leistung dar, auf die kaufvertragliche Regelungen anzuwenden wären.

119 Übernimmt der Bauträger jedoch nur **Verschönerungs- bzw. Renovierungsarbeiten** an der ansonsten unveränderten Altbausubstanz, so gilt für die letztere Kaufrecht und damit die vertraglich geregelte Haftungsbeschränkung. Zwischen diesen Extremen liegen diejenigen Fälle, in denen der Bauträger verspricht, alle notwendigen Arbeiten an der Altbausubstanz nach vorheriger **Prüfung** auszuführen, insbesondere wenn solche Überprüfungen und Ausbesserungsarbeiten in die Leistungsbeschreibung aufgenommen wurden. Verspricht der Bauträger also im Rahmen seines Vertrags die **Untersuchung** der Altbausubstanz auf ihre **Sanierungsbedürftigkeit**, so haftet er auch für diese Untersuchung und hierbei auftretende Versäumnisse. Es ist unschwer zu erkennen, dass Abgrenzungsfragen in der Praxis außerordentlich schwierig zu lösen sind; die genaue Formulierung des Vertrags, insbesondere im Hinblick auf die vom Bauträger übernommenen Verpflichtungen und auszuführenden Leistungen, ist gerade in solchen Fällen von nicht zu unterschätzendem Wert.

---

[68] *Basty*, Bauträgervertrag, Fn 223.

H. Fazit

Hauptzweck der MaBV ist der Käuferschutz. Vor diesem Hintergrund ist § 12 MaBV zu lesen, der die Lastenfreistellung des Kaufobjekts zwingend besichern soll. Demgegenüber können Rechte des Bauträgers und der mit ihm verbundenen Globalgläubiger auch nach Vertragsschluss noch wirksam beschränkt werden. Beim **Lastenfreistellungsversprechen** der Globalbank ist zu beachten, dass es sowohl den Erfordernissen der MaBV als auch den Regelungen des Bauträgervertrags entsprechen muss.

120

Die **Zahlungsverpflichtung** des Käufers kann auf zweierlei Weise fällig gestellt werden, nämlich nach § 3 MaBV oder, wenn der Eintritt der Fälligkeit zeitlich vorgezogen werden soll, nach § 7 MaBV.

121

Die **Sicherungspflichten** des Bauträgers sind in den §§ 2 bis 6 MaBV aufgelistet, mit § 3 MaBV als Kernbestimmung. Von ihnen kann er sich befreien, wenn er dem Käufer anderweitig Sicherheit leistet. Wie das zu geschehen hat, normiert § 7 Abs. 1 S. 2 MaBV. Dort wird u. a. auf § 2 Abs. 2 verwiesen, der die Beibringung einer Bürgschaft vorsieht. Diese Möglichkeit freilich muss sich der Bauträger vertraglich vorbehalten; tut er es nicht, gilt zwingend das Sicherheitsmodell des § 3 MaBV.

122

Die **Bürgschaftssumme** muss dem kompletten Kaufpreis nicht unbedingt entsprechen; sie kann ihn auch teilweise besichern. Wird der Bauabschnitt, dessen Kostenanteil sie abdeckt, erreicht, so kann sie **aufgestockt** werden; zugleich wäre es möglich, jetzt auf das Sicherungsmodell des § 3 MaBV überzuwechseln. Ein Austausch der Sicherheiten in diese Richtung wirft keine Probleme auf. Die sogenannte Vermischung von Sicherheiten wäre hingegen nach der herrschenden Meinung unzulässig. Kern des Verbots ist, Bürgschaften nachträglich zu reduzieren, sobald und soweit die Voraussetzungen des § 3 Abs. 1 und 2 MaBV erfüllt worden sind, oder aber wegen der Restfertigstellung eine Bürgschaft auszureichen, deren Summe nur auf den noch offenen Teil des Vertragspreises beschränkt wäre. Hervorzuheben ist allerdings, dass die Tendenz, eine teure und wirtschaftlich nicht gebotene **Übersicherung** des Käufers abzubauen, über kurz oder lang zur Relativierung, wenn nicht gar zur Abschaffung des **Vermischungsverbots** führen kann.

123

Im Rahmen der **Verzugsproblematik** ist anzumerken, dass § 284 Abs. 3 BGB nicht, wie beabsichtigt, der Beschleunigung fälliger Zahlungen dient, sondern eher dem zahlungsunwilligen Schuldner Schutz bietet. Um dieses Missgeschick zu umgehen, empfiehlt sich nach der hier vertretenen Meinung die **Vereinbarung von Fälligkeitszinsen**; denn § 284 Abs. 3 BGB ändert an der jeweiligen Fälligkeit von Geldforderungen nichts.

124

Bei **Altbaumodernisierungen** stellt sich oftmals die Frage, ob die geplanten Maßnahmen überhaupt als Bauvorhaben im Sinne der MaBV anzusehen sind. Die Antwort bestimmt sich nach dem relativen Gewicht der vereinbarten Modernisierung; sie hat sich stets am **Einzelfall** zu orientieren. Aus der entsprechenden Anwendung von § 3 Abs. 2 S. 1 und 2 MaBV folgt, dass dort, wo im Rahmen einer Altbaumodernisierung auch **Erdarbeiten** geschuldet werden, zur Fälligkeit der Rate des § 3 Abs. 2 S. 2 Nr. 1 MaBV mit diesen begonnen worden sein muss. Eine Dispositionsfreiheit der Parteien dahin, die erste Rate unabhängig vom Baubeginn fällig zu stellen, ist daher nur dann zulässig, wenn Erdarbeiten überhaupt nicht geschuldet sind.

125

§ 3 Architektenrecht

Cornelius Kessel
Dr. Roland Krüger

Inhalt

A. Der Architektenvertrag 1
  I. Rechtliche Qualifikation des Architektenvertrags 2
  II. Zustandekommen des Architektenvertrags 6
    1. Form des Architektenvertrags 9
    2. Vertragsschlussmöglichkeiten 14
    3. Abgrenzung zwischen Architektenvertrag und Akquisition 23
    4. Pflichten des Architekten vor dem Vertragsschluss, Vorvertragliches Vertrauensverhältnis . 27
    5. Nichtigkeit des Architektenvertrags, insbesondere Verstoß gegen das Kopplungsverbot 29
  III. Umfang des Architektenvertrags . 33
    1. Teil- oder Vollauftrag 34
    2. Besondere Vertragsgestaltungen . 35
    3. Vorprellen des Architekten . 39
    4. Die Vollmacht des Architekten . 41
    5. Die vertraglichen Verpflichtungen des Architekten . 46
      a) Allgemeine Einstandspflicht des Architekten für den Werkerfolg 47
      b) Koordinierungspflicht . . 48
      c) Beratungspflicht 50
      d) Sonstige Pflichten des Architekten 54
  IV. Beendigung des Architektenvertrags 56
    1. Ordentliche Kündigung (freies Kündigungsrecht des Auftraggebers) 57
    2. Außerordentliche Kündigung (Kündigung aus wichtigem Grund) 61
    3. Aufhebungsvertrag 68
  V. Das Urheberrecht des Architekten 69
B. Die Haftung des Architekten ... 83
  I. Grundlagen der Haftung 83
  II. Mängel des Architektenwerks .. 89
    1. Planungsfehler 95
      a) Allgemeine Anforderungen an die Planung 96
      b) Einhaltung der anerkannten Regeln der Technik . . . 99
      c) Genehmigungsfähigkeit der Planung 102
      d) Unvollständige Planung . 106
      e) Berücksichtigung der Boden- und Grundwasserverhältnisse 107
    2. Fehler bei der Objektüberwachung 111
    3. Fehler bei sonstigen Pflichten des Architekten 117
    4. Fehler bei der Beachtung wirtschaftlicher Gesichtspunkte (Bausummenüberschreitung) . 121
  III. Fristsetzung zur Nachbesserung mit Ablehnungsandrohung 137
  IV. Kausalität und Verschulden . . . 139
  V. Mitverschulden des Auftraggebers 141
  VI. Mitverschulden sonstiger am Bau Beteiligter (Gesamtschuld) ... 145
  VII. Schaden 151
  VIII. Haftungsbeschränkungen 153
    1. Individualvertragliche Haftungsbeschränkungen .. 154
    2. Haftungsbeschränkungen durch Allgemeine Geschäftsbedingungen ... 155
  IX. Architektenhaftung gegenüber Dritten 161
  X. Verjährung 168
C. Das Honorarrecht des Architekten 176
  I. Anwendungsbereich und Bedeutung der HOAI 177
  II. Grundzüge der Honorarabrechnung nach der HOAI 185
    1. Honorierung nach Leistungskategorien 186
      a) Grundleistungen 186
      b) Besondere Leistungen . . 188
    2. Das Leistungsbild des § 15 HOAI 192
      a) Leistungsphase 1 – Grundlagenermittlung . . 193
      b) Leistungsphase 2 – Vorplanung 199
      c) Leistungsphase 3 – Entwurfsplanung 212
      d) Leistungsphase 4 – Genehmigungsplanung . . 221

e)	Leistungsphase 5 – Ausführungsplanung	226
f)	Leistungsphase 6 – Vorbereitung der Vergabe	234
g)	Leistungsphase 7 – Mitwirkung bei der Vergabe	238
h)	Leistungsphase 8 – Objektüberwachung	247
i)	Leistungsphase 9 – Objektbetreuung und Dokumentation	263
3.	Die Parameter des Architektenhonorars	269
a)	Anrechenbare Kosten	271
	aa) Die Bedeutung der Kostenermittlungsverfahren	271
	bb) Die einzelnen Kostenermittlungsverfahren im Überblick	279
b)	Honorarzone	284
c)	Honorartafel	286
d)	Honorarsatz	289
e)	Honorar- und vom-Hundert-Satz aus dem Leistungsbild	290
4.	Rechnungen	291
a)	Rechnungsarten	291
b)	Bindungswirkung der Schlussrechnung	299
III.	Die Honorarvereinbarung	305
1.	Zulässigkeit, Form und Grenzen der Honorarvereinbarung	306
2.	Unterschreitung des Mindestsatzes – Überschreitung des Höchstsatzes	316
3.	Honorar bei gegen die HOAI verstoßenden Honorarvereinbarungen	324
IV.	Abrechnungsgrundsätze in Sonderfällen	325
1.	Berechnung des Honorars in den Fällen des § 5 HOAI	325
2.	Honorar bei Nichterbringung beauftragter Leistungen	331

A. Der Architektenvertrag

1 Der Architektenvertrag ist im BGB nicht besonders geregelt. Er muss folglich unter die vorhandenen Vertragstypen eingeordnet werden. Die Berufsaufgaben und damit mögliche Vertragspflichten des Architekten sind die gestaltende, technische, wirtschaftliche, ökologische und soziale Planung von Bauwerken,[1] die koordinierende Lenkung, Beratung und Interessenwahrung des Bauherrn in allen mit der Planung und Bauausführung zusammenhängenden Fragen sowie die Überwachung der Bauausführung.[2] Die rechtliche Einordnung des Architektenvertrags hat sich nach allgemeinen Kategorien an der Qualifizierung der vom Architekten gegenüber seinem Auftraggeber übernommenen Pflichten zu orientieren.

I. Rechtliche Qualifikation des Architektenvertrags

2 Die inzwischen gefestigte höchstrichterliche Rechtsprechung sieht den Architektenvertrag grundsätzlich als Werkvertrag und nicht als Dienstvertrag an. Nachdem die rechtliche Einordnung des Architektenvertrags lange Zeit umstritten war, sprach sich der BGH beim Vollarchitekturvertrag in einer Grundsatzentscheidung aus dem Jahr 1959 für die Qualifikation als Werkvertrag aus.[3] Dies begründete der BGH im Wesentlichen damit, dass die planende und bauleitende Tätigkeit des Architekten der Herbeiführung eines Erfolgs dient, nämlich der Erstellung eines Bauwerks. Zwar schuldet der Architekt nicht das Bauwerk selbst als körperliche Sache. Er muss nach der Rechtsprechung des BGH aber durch zahlreiche von ihm zu erbringende Einzelleistungen dafür sorgen, dass das Bauwerk plangerecht und frei von Mängeln entsteht und zur Vollendung kommt. Die einzelnen Tätigkeiten des Architekten dienen daher dem Zweck, den dem Bauherrn geschuldeten Erfolg, die mangelfreie

---

1 So z.B. § 1 Abs. 1 BauKaG NW.
2 *Locher*, Das private Baurecht, 6. Aufl., Rn 211.
3 BGHZ 31, 224.

Errichtung des geplanten Bauwerks, zu bewirken.[4] Diese Verpflichtung zur Herbeiführung eines bestimmten Arbeitsergebnisses (Erfolgs) ist wesentliches Merkmal des Werkvertrags.[5]

Der BGH hat die vorgenannte Rechtsprechung in der Folgezeit weiter entwickelt und über die Vollarchitekturfälle hinaus ausgedehnt. So hat der BGH auch Verträge, mit denen der Architekt nur Teilleistungen aus dem Leistungsbild des § 15 HOAI übernommen hatte, als Werkvertrag qualifiziert.[6] Zwar betreffen die einschlägigen Entscheidungen noch Architektenleistungen nach der GOA (Gebührenordnung für Architekten, die zum 1.1.1977 durch die HOAI abgelöst wurde), jedoch hat der BGH auch in neueren Entscheidungen ausgesprochen, dass nach seiner Ansicht auch die HOAI von der Anwendung von Werkvertragsrecht auf die Bauausführungstätigkeiten des Architekten ausgeht.[7] Man wird daher annehmen müssen, dass die höchstrichterliche Rechtsprechung – über die bisher entschiedenen Fälle hinaus – einen Architektenvertrag, der Planungsleistungen entsprechend den in § 15 HOAI genannten Leistungsbildern umfasst, als Werkvertrag qualifizieren wird. Auch die Instanzgerichte wenden weitgehend auf alle Phasen der Architektentätigkeit Werkvertragsrecht an. In der Rechtsprechung ist die Tendenz erkennbar, möglichst alle Bereiche des Architektenvertrags dem Werkvertragsrecht zu unterstellen.[8] Eine Ausnahme soll nach einem Urteil des OLG Hamm aber für den Fall gelten, dass ein Architekt nur Teile der Leistungsphase 9 des § 15 HOAI (Objektbetreuung) übernimmt. Hier soll nach Meinung des OLG Hamm Dienstvertragsrecht Anwendung finden.[9]

Im juristischen Schrifttum sind die Meinungen zur rechtlichen Einordnung des Architektenvertrags geteilt. Bei Vollarchitekturverträgen hat sich die Ansicht des BGH zur Qualifizierung als Werkvertrag als völlig herrschend durchgesetzt. Insbesondere bei der Übertragung von Teilarchitektur ist der Vertragscharakter der einzelnen Leistungsphasen aber weiter streitig. Die Werkvertragstheorie des BGH findet in der Literatur – bis heute – erhebliche Kritik.[10] Für die Praxis ist jedoch von der Rechtsprechung des BGH und damit von der grundsätzlichen Einordnung des Architektenvertrags als Werkvertrag auszugehen.

Die Qualifizierung des Architektenvertrags als Werkvertrag hat große praktische Bedeutung. Dies gilt sowohl für die (Honorar-) Ansprüche des Architekten gegen den Bauherrn als auch für die Ansprüche des Bauherrn gegen den Architekten. Hier sind insbesondere Erfüllungs-, Gewährleistungs- und Schadensersatzansprüche zu nennen. Auf diese und weitere, sich aus der Qualifizierung des Architektenvertrags ergebende Konsequenzen wird im Folgenden noch näher einzugehen sein.

II. Zustandekommen des Architektenvertrags

Ein Architektenvertrag kommt wie jeder andere Vertrag auch durch inhaltlich korrespondierende Willenserklärungen (Angebot und Annahme) von mindestens zwei Personen zustande. Beim Architektenvertrag ist entscheidend für den Vertragsschluss die Übereinstimmung von Auftraggeber und Architekt dahingehend, dass der Architekt bestimmte Leistungen übernimmt.[11]

Im Hinblick auf die Regelungen des § 632 BGB ist es für das Zustandekommen des Architektenvertrags ohne Bedeutung, ob sich Auftraggeber und Architekt auch darüber geeinigt haben, ob und

---

4 BGHZ 31, 224, 227 f.
5 *Palandt-Putzo*, BGB, 59. Aufl., Einl. v. § 631 Rn 1.
6 BGHZ 62, 204; BGH NJW 1982, 438.
7 BGH NJW 1982, 438, 440.
8 Vgl. OLG Stuttgart NJW-RR 1987, 913.
9 OLG Hamm NJW-RR 1995, 400.
10 Für eine zusammenfassende Darstellung des Streitstandes vgl. *Groscurth*, Handbuch des Architektenrechts, Band 1, Stand 5. Lieferung der 3. Aufl., II Rn 68 ff.
11 *Rauch*, Architektenrecht und privates Baurecht für Architekten, 2. Aufl., S. 39.

in welcher Höhe die vom Architekten übernommenen Leistungen vergütet werden. Denn der Vergütungsanspruch entsteht unabhängig davon mit Abschluss des Werkvertrags.[12] Gemäß § 632 Abs. 1 BGB gilt eine Vergütung als stillschweigend vereinbart, wenn die Herstellung des Werks den Umständen nach nur gegen eine Vergütung zu erwarten ist. Nach ständiger Rechtsprechung ist grundsätzlich davon auszugehen, dass ein Architekt nur entgeltlich tätig wird.[13] Daher ist eine Vergütung regelmäßig stillschweigend vereinbart.[14]

8 Hinsichtlich der Höhe der Vergütung gilt – bei fehlender oder unwirksamer Vereinbarung – § 632 Abs. 2 BGB. Die HOAI ist in dem hier zu behandelnden Rahmen nach h. M. die taxmäßige, übliche Vergütung im Sinne von § 632 Abs. 2 BGB.[15] Daher gilt die HOAI bei Fehlen einer Honorarvereinbarung kraft Gesetzes als vereinbart.

1. Form des Architektenvertrags

9 Der Architektenvertrag ist grundsätzlich nicht formbedürftig. Er kann insbesondere schriftlich, aber auch mündlich oder durch schlüssiges Verhalten zustande kommen.[16] Die wesentlichen Vertragsschlussmöglichkeiten werden im folgenden Abschnitt näher beleuchtet. Ungeachtet der grundsätzlich bestehenden Formfreiheit ist aber sowohl dem Auftraggeber als auch dem Architekten dringend zu raten, den Vertrag schriftlich abzuschließen. Dies dient der Herstellung möglichst klarer Verhältnisse (Beweisfunktion). In diesem Fall sind Vertragsabschluss, Inhalt und Umfang des Vertrags – insbesondere im Falle späterer streitiger Auseinandersetzungen zwischen den Parteien – sehr viel leichter zu beweisen als mündliche Absprachen.

10 Zu beachten ist ferner, dass die HOAI in verschiedenen Fällen Schriftform für bestimmte Vereinbarungen vorsieht, die zum Teil auch noch zu einem bestimmten Zeitpunkt, nämlich (spätestens) bei Auftragserteilung, erfüllt sein muss. Beispielhaft für das Erfordernis schriftlicher Vereinbarung sind die pauschale Abrechnung der Nebenkosten (§ 7 Abs. 3 HOAI), die Honorarvereinbarungen gem. § 4 Abs. 1 HOAI oder die Vereinbarung eines Zuschlags von mehr als 20 % bei Umbauten und Modernisierungen von Gebäuden (§ 24 Abs. 1 S. 4 HOAI) zu nennen. Zwar ist bei Nichterfüllung der Schriftform in diesen Fällen nicht der Architektenvertrag im Ganzen unwirksam. Die Nichtigkeit bezieht sich nur auf diejenigen Honorarbestandteile, die der Schriftform unterliegen. Im Übrigen gelten die Honorarmindestsätze (vgl. § 3 Rn 284 ff.). Es ist für den Architekten besonders schmerzlich, wenn er nachträglich feststellen muss, dass z.B. das ausgehandelte Pauschalhonorar mangels schriftlicher Vereinbarung bei Auftragserteilung nicht wirksam ausbedungen worden ist, er allerdings die Leistung vollumfänglich erbringen muss.

11 Von der grundsätzlichen Formfreiheit des Architektenvertrags bestehen darüber hinaus Ausnahmen nach allgemeinen Vorschriften. Von praktischer Bedeutung für den Architekten sind hier insbesondere die Schriftform- bzw. Vertretungsregelungen bei Verträgen mit der öffentlichen Hand. So bedürfen Erklärungen, durch die z.B. eine Gemeinde oder ein Kreis verpflichtet werden soll, der schriftlichen Form.[17] Sie sind zudem von jeweils gesetzlich bestimmten Personen zu unterzeichnen, ggf. unter Hinzufügung von Amtsbezeichnung und Dienstsiegel, um die Körperschaft wirksam zu binden. Im Einzelfall muss sich der Architekt daher rechtzeitig erkundigen und ggf. beraten lassen, welche Form- und Vertretungsregelungen bei Verträgen mit der jeweiligen Körperschaft einzuhalten sind.

---

12 *Palandt-Sprau*, BGB, 59. Aufl., § 632 Rn 1.
13 BGH BauR 1987, 455; OLG Hamm BauR 1990, 637.
14 Zu Ausnahmen s. § 3 Rn 23 ff.
15 MüKo-*Soergel*, BGB, 3. Aufl., § 632 Rn 17; *Palandt-Sprau*, BGB, 59. Aufl., § 632 Rn 7; *Rauch*, Architektenrecht und privates Baurecht für Architekten, 2. Aufl., S. 40.
16 Allgemeine Meinung, z.B. *Locher*, Das private Baurecht, 6. Aufl., Rn 212; *Groscurth*, in: Handbuch des Architektenrechts, Band 2, Stand 5. Lieferung der 3. Aufl., II Rn 34.
17 Z.B. § 64 Abs. 1 GO NW; § 43 Abs. 1 KrO NW.

Ein Formerfordernis kann darüber hinaus aber auch vertraglich vereinbart werden. Haben Auftraggeber und Architekt z.B. mündlich verabredet, dass der Architektenvertrag schriftlich abgeschlossen werden soll, führt nach § 154 Abs. 2 BGB im Zweifel die bloß mündlich erklärte Beauftragung des Architekten nicht zu einem Vertragsschluss. Von Bedeutung ist ein vereinbartes Schriftformerfordernis ferner bei Abschluss eines Vor- oder Rahmenvertrags, in dem vereinbart ist, dass ein späterer Architektenvertrag wirksam nur schriftlich abgeschlossen werden kann. Darüber hinaus sehen Architektenverträge im Falle der sogenannten gestuften Beauftragung regelmäßig vor, dass der Abruf einer Stufe durch den Auftraggeber schriftlich zu erfolgen hat. Auch in diesen Fällen ist im Zweifel anzunehmen, dass bei Nichtbeachtung der Form der Architektenvertrag bzw. der Auftrag über die weitere Stufe erst dann wirksam zustande gekommen ist, wenn die Schriftform gewahrt ist (§ 154 Abs. 2 BGB). In Architektenverträgen wird ferner häufig vorgesehen, dass Änderungen des schriftlichen Vertrags zu ihrer Wirksamkeit der Schriftform bedürfen. Häufig wird zusätzlich vereinbart, dass auch die Änderung des Schriftformerfordernisses einer schriftlichen Vereinbarung bedarf. In diesen Fällen ist bei einer lediglich mündlich getroffenen Vereinbarung über die Abänderung des Architektenvertrags im Zweifel ebenfalls anzunehmen, dass die mündliche Abrede gem. § 125 S. 2 BGB nichtig ist.

Allerdings ist darauf hinzuweisen, dass bei vertraglich vereinbarter Schriftform die Unwirksamkeit des ohne Beachtung der Form geschlossenen Vertrags nur „im Zweifel" anzunehmen ist. Es ist in solchen Fällen durch Auslegung zu ermitteln, welche Tragweite die vereinbarte Schriftform haben sollte. Soll die Formvorschrift lediglich der Beweissicherung oder der Klarstellung dienen, ist das Rechtsgeschäft auch bei Nichteinhaltung der Form wirksam.[18] Denkbar ist auch, dass die Parteien ein einmal vereinbartes Schriftformerfordernis wieder aufheben, was auch mündlich, jedenfalls bei einer einfachen Schriftformklausel, möglich ist.[19] Eine solche Aufhebung ist anzunehmen, wenn die Parteien die Maßgeblichkeit der mündlichen Vereinbarung übereinstimmend gewollt haben.[20] Nach der Rechtsprechung ist jedoch ferner erforderlich, dass die Parteien einen Aufhebungswillen hinsichtlich der Schriftformabrede hatten.[21] Diese feinen Unterschiede sind in der Praxis oft nicht zu belegen. Da die Beweislast für die Wirksamkeit eines Vertragsabschlusses oder einer Vertragsänderung, die gegen eine vereinbarte Schriftform verstößt, derjenige trägt, der sich auf den Abschluss des Vertrags oder die Vertragsänderung beruft und dieser Beweis in praxi nur schwer zu führen ist, ist dringend zu empfehlen, eine vereinbarte Schriftform bei Abschluss und auch bei Abänderungen des Vertrags zu beachten, um spätere Rechtsunsicherheiten und unnötige Streitigkeiten mit möglichen Beweisschwierigkeiten zu vermeiden.

2. Vertragsschlussmöglichkeiten

Mit der Erkenntnis, dass der Architektenvertrag durch Einigung zwischen Auftraggeber und Architekt über die Erbringung bestimmter Leistungen durch den Architekten zustande kommt und die Einigung grundsätzlich keiner Form bedarf, ist noch nicht gesagt, wie die Einigung im Einzelnen zustande gebracht und festgestellt werden kann.

Dies ist relativ einfach bei einem schriftlichen Architektenvertrag. Aber auch hier sind gewisse „Fallstricke" zu beachten. Soweit durch Gesetz oder HOAI schriftliche Form vorgeschrieben ist – dies ist im hier interessierenden Bereich, wie oben geschildert wurde, insbesondere für die Wirksamkeit bestimmter Honorarvereinbarungen nach der HOAI der Fall –, ist die Schriftform nur gewahrt, wenn der Vertrag von beiden Parteien auf derselben Urkunde eigenhändig durch Namensunterschrift unterzeichnet wird (§ 126 BGB). Werden über den Vertrag mehrere gleich lautende Urkunden erstellt, so

---

18 *Palandt-Heinrichs*, BGB, 59. Aufl., § 125 Rn 12.
19 BGHZ 66, 378, 380.
20 BGH NJW 1962, 1908.
21 BGH NJW-RR 1991, 1289; BFH NJW 1997, 1327.

genügt es ausnahmsweise, wenn jede Partei die für die andere Partei bestimmte Urkunde unterzeichnet. Ist die Schriftform nicht gesetzlich vorgeschrieben, wohl aber vertraglich vereinbart, gilt gem. § 127 BGB grundsätzlich dasselbe wie bei gesetzlicher Schriftform. Allerdings gibt es hier zusätzlich auch die Möglichkeit der telegraphischen Übermittlung oder des Briefwechsels zur Einhaltung der vereinbarten Schriftform.

16 In der Praxis ist heute die Übermittlung von Telefax-Schreiben üblich. Hier ist aber Vorsicht geboten. Nach einer im Schrifttum verbreiteten Meinung reicht es für die Wahrung der gesetzlichen Schriftform beim Vertragsschluss aus, wenn eine Partei das mit ihrer Namensunterschrift versehene Angebot per Telefax an die Gegenpartei übermittelt und die Gegenpartei das erhaltene Telefax unterzeichnet und dieses Telefax zurücksendet.[22] Diese Ansicht ist aber sehr umstritten.[23] Sie dürfte auch mit der Rechtsprechung nicht im Einklang stehen. Der BGH vertritt die Auffassung, dass es am Zugang eines formwirksamen, nämlich schriftlichen Angebots auf Abschluss eines Vertrags fehlt, wenn lediglich Telefaxkopien der im Original unterschriebenen Urkunde übermittelt werden, die Originalurkunde somit aber im Besitz des Antragenden bleibt. Die Übermittlung eines Telefaxes der im Original unterschriebenen Urkunde reicht hiernach nicht aus.[24] Da bei gesetzlicher Schriftform die Urkunde von beiden Parteien unterschrieben sein muss, reicht der Wechsel gesonderter Telefaxe über Angebot und Annahme für einen Vertragsschluss erst recht nicht aus.[25] Angesichts der für die Praxis maßgeblichen Meinung der Rechtsprechung ist daher davon abzuraten, Vereinbarungen, die gesetzlich oder nach der HOAI der Schriftform bedürfen, per Telefaxübermittlung zu schließen.

17 Anders ist die Rechtslage bei vereinbarter Schriftform zu beurteilen. Das Telefax kann hier einem schriftlich übermittelten Telegramm gleichgestellt werden und ist mithin nach inzwischen nahezu allgemein anerkannter Auffassung ausreichend zur Wahrung der vereinbarten Schriftform.[26]

18 Der **mündlich geschlossene Vertrag** ist im Verhältnis zwischen Architekt und Bauherr häufig zu finden. Er kommt z.B. dadurch zustande, dass der Auftraggeber den Architekten bittet, Vorschläge für die Bebauung eines Grundstücks zu erstellen oder Entwurfsskizzen für ein Gebäude zu fertigen und der Architekt daraufhin mitteilt, dass er dies tun werde.[27] Die Häufigkeit mündlicher Architektenverträge ist in der Praxis darin begründet, dass viele Architekten davor zurückscheuen, dem Auftraggeber schon vor Aufnahme ihrer Tätigkeit einen schriftlichen Architektenvertragsentwurf zu präsentieren. Auch Bauherren wollen sich oft nicht gleich durch einen schriftlichen Vertrag binden. Sie möchten zunächst durch Vorentwürfe des Architekten feststellen, ob der Architekt ihre Vorstellungen zu ihrer Zufriedenheit in entsprechende Planungen umsetzen kann. Dennoch kommt auch in diesen Fällen ein mündlicher Architektenvertrag mit dem zwischen Auftraggeber und Architekt besprochenen Leistungsumfang zustande. Der Architekt muss sich aber bei diesem Vorgehen bewusst sein, dass er hierdurch nicht nur Beweisprobleme verursacht, wenn er später für seine Leistungen Honorar fordern will. Gleichzeitig verhindert er eine Honorarvereinbarung oberhalb der Mindestsätze (vgl. § 4 Abs. 1 HOAI).

19 Um zumindest die Beweisschwierigkeiten zu vermindern – ein Honorar oberhalb der Mindestsätze ist grundsätzlich unheilbar verloren[28] – bietet sich beim mündlichen Vertragsschluss das sogenannte

---

22 *Locher/Koeble/Frik*, HOAI, 7. Aufl., § 4 Rn 29; *Hesse/Korbion/Mantscheff/Vygen*, HOAI, 4. Aufl., § 4 Rn 11; *Wirth/Theis*, Architekt und Bauherr, S. 140.
23 Andere Auffassung z.B. *Palandt-Heinrichs*, BGB, 59. Aufl., § 126 Rn 11.
24 BGH NJW 1997, 3169, 3170; ebenso MüKo-*Förschler*, BGB, 3. Aufl., § 126 Rn 16, 22; *Staudinger/Dilcher*, BGB, 12. Aufl., § 126 Rn 6 f.
25 So auch *Hesse/Korbion/Mantscheff/Vygen*, HOAI, 4. Aufl., § 4 Rn 11; *Wirth/Theis*, Architekt und Bauherr, S. 140.
26 BGH NJW-RR 1996, 866, 867 m.w.N.
27 Vgl. z.B. OLG Düsseldorf NJW-RR 1992, 1172; OLG Stuttgart NJW 1989, 2402.
28 *Neuenfeld*, in: Handbuch des Architektenrechts, Band 2, 5. Lieferung der 3. Aufl., HOAI § 4 Rn 1.

kaufmännische Bestätigungsschreiben an. Sinn des Bestätigungsschreibens ist es, spätere Streitigkeiten darüber zu vermeiden, ob überhaupt ein Vertrag geschlossen wurde und welche Vertragsbedingungen im Einzelnen vereinbart worden sind. Der im Bestätigungsschreiben niedergelegte Vertragsinhalt wird zwischen den Parteien verbindlich, wenn ein wirksames kaufmännisches Bestätigungsschreiben vorliegt und der Empfänger des Schreibens nicht unverzüglich widersprochen hat. Ein kaufmännisches Bestätigungsschreiben setzt voraus, dass Empfänger und Absender Kaufleute sind oder in erheblichem Umfang am Geschäftsleben teilnehmen, Vertragsverhandlungen vor Absendung des Schreibens unmittelbar vorausgegangen sind und das Schreiben den früheren, mündlichen Vertragsschluss unter Wiedergabe des wesentlichen Vertragsinhalts endgültig und eindeutig bestätigt.[29] Bei Abweichungen oder Ergänzungen des Bestätigungsschreibens von der mündlich getroffenen Vereinbarung kommt es darauf an, ob der Absender mit der Zustimmung des Empfängers nach Treu und Glauben mit Rücksicht auf die Verkehrssitte rechnen durfte.[30] Nun mag es verwundern, dass der Architekt als Angehöriger eines sogenannten freien Berufs auf die Grundsätze des kaufmännischen Bestätigungsschreibens zurückgreifen kann. Allerdings sind Architekturbüros heute ohnehin oft als Handelsgesellschaften (z.B. GmbH oder GmbH & Co. KG) organisiert und damit Kaufleute kraft Rechtsform (§ 6 HGB). Aber auch der Einzelarchitekt oder die Architektensozietät in der Rechtsform der GbR können sich nach der Rechtsprechung des BGH auf die Grundsätze des kaufmännischen Bestätigungsschreibens berufen und müssen andererseits diese Grundsätze gegen sich gelten lassen.[31] Es ist für den Architekten daher wichtig, das Instrument des kaufmännischen Bestätigungsschreibens zu kennen und mit seinen Möglichkeiten und Risiken sachgerecht umzugehen.

Als dritte Vertragsschlussmöglichkeit von praktischer Bedeutung ist der **konkludente Vertragsschluss** zu nennen. Ein Vertrag wird dann konkludent geschlossen, wenn das Verhalten der Parteien darauf schließen lässt, dass hierdurch inhaltlich korrespondierende Willenserklärungen manifestiert werden sollen. In welchem Verhalten konkret die Manifestation des rechtsgeschäftlichen Willens gesehen werden kann, ist im Einzelnen sehr zweifelhaft, insbesondere, weil es auf den jeweiligen Sachverhalt und dessen Auslegung ankommt (Tatfrage).

Für den Architektenvertrag gilt, dass sich aus dem Verhalten der Parteien die einvernehmliche Übernahme von Leistungen durch den Architekten ergeben muss. In der Literatur wird verbreitet die Auffassung vertreten, dass ein Architektenvertrag bereits dann zustande kommt, wenn der Architekt bestimmte Leistungen erbringt und der Auftraggeber durch deren Entgegennahme oder Verwertung schlüssig zu erkennen gibt, dass diese Architektenleistungen seinem Willen entsprechen.[32] Dies begegnet indessen Bedenken, soweit sich das Verhalten des Bauherrn auf die bloße Entgegennahme von Architektenleistungen beschränkt. Die bloße Entgegennahme von Plänen, auch zur Prüfung, kann einen konkludenten Vertragsabschluss noch nicht begründen. Hinzu kommen muss, dass der Bauherr die Leistungen auch verwertet.[33] So reicht es für den Abschluss eines Architektenvertrags nicht aus, wenn ein Architekt von sich aus einen Entwurf vorlegt und ein Interessierter sich darauf einlässt, diesen Entwurf mit dem Architekten zu erörtern.[34] Aus dem Tätigwerden des Architekten allein kann somit noch nicht der Abschluss eines Architektenvertrags hergeleitet werden.[35]

Anders kann der Sachverhalt zu bewerten sein, wenn der Architekt auf Initiative des Auftraggebers tätig wurde. Die Frage ist deshalb, worin die für den konkludenten Vertragsabschluss erforderliche Verwertung der Architektenleistungen gesehen werden kann. Die Auswertung der einschlägigen Rechtsprechung und Literatur gibt hierzu ein facettenreiches Bild, wobei darauf hinzuweisen ist, dass

---

29 BGHZ 54, 236, 239 ff.
30 BGHZ 61, 282, 286.
31 BGH WM 1973, 1376; BGH BauR 1975, 67, 68.
32 Z.B. *Locher/Koeble/Frik*, HOAI, 7. Aufl., Einl. Rn 25.
33 OLG München NJW-RR 1996, 342, 343; *Löffelmann/Fleischmann*, Architektenrecht, 4. Aufl., Rn 714.
34 OLG Oldenburg BauR 1988, 620.
35 BGH NJW 1997, 3017.

es sich hier lediglich um eine nicht abschließende Aufzählung von Beispielen handelt. Maßgeblich sind immer die Umstände des Einzelfalls.

22
- Eine Verwertung der Architektenleistungen wird angenommen, wenn der Bauherr die vom Architekten vorgelegten Ergebnisse für eine Bauvoranfrage oder für die Erstellung eines Genehmigungsantrags benutzt[36] bzw. der Bauherr die Planung für Verhandlungen mit Behörden oder Nachbarn zur Erlangung der Zustimmung verwendet.[37]
- Eine Verwertung ist ferner anzunehmen, wenn der Bauherr die Planung zu Werbe-, Vertriebs- oder Finanzierungszwecken (z.B. für Verhandlungen mit Banken oder zur Erlangung öffentlicher Mittel) nutzt,[38]
- ebenfalls, wenn der Auftraggeber die Ergebnisse der Architektenleistungen als Grundlage für seine Entscheidungen verwendet, z.B. er sich nach Vorliegen einer Kostenberechnung entschließt, das Objekt nicht zu bauen oder zu erwerben bzw. billiger oder anders zu bauen.[39]
- Die Erteilung eines Auftrags an den Architekten kann sich ferner aus der Ausstellung einer Vollmachtsurkunde ergeben. Denn wer eine Vollmacht erteilt, beauftragt den Bevollmächtigten zugleich mit der durch die Vollmachtsurkunde ausgewiesenen Tätigkeit, da ansonsten die Bevollmächtigung praktisch ohne Sinn bliebe.[40] Bei der Annahme eines Architektenvertrags lediglich im Hinblick auf eine Vollmachtserteilung ist jedoch Vorsicht geboten. Durch Auslegung der erteilten Vollmacht ist jeweils zu ermitteln, ob die Vollmacht nur der Legitimation des Architekten dient oder auch den Schluss zulässt, es solle eine entgeltpflichtige Architektentätigkeit entfaltet werden.[41] Ein solcher Architektenvertrag ist freilich auf die sich aus der Vollmachtsurkunde ergebende Tätigkeit beschränkt. Die Leistung von Zahlungen des Bauherrn an den Architekten wird ebenfalls als konkludenter Vertragsschluss gewertet.[42]

3. Abgrenzung zwischen Architektenvertrag und Akquisition

23 Wie die vorstehenden Ausführungen gezeigt haben, bereitet die Feststellung eines Architektenvertrags in der Praxis häufig Schwierigkeiten. Ein besonderes Problemfeld ist in diesem Zusammenhang die Abgrenzung zwischen den im Rahmen der Akquisition unentgeltlich und den aufgrund eines Vertrags erbrachten entgeltlichen Architektenleistungen.

24 Die Rechtsprechung geht dabei von dem Grundsatz aus, dass Architekten ihre Leistungen üblicherweise nur gegen Entgelt erbringen.[43] Beruft sich dem gegenüber der Auftraggeber darauf, dass die Parteien sich auf eine unentgeltliche Erbringung der Architektenleistungen geeinigt hätten, trägt er für diese von der gesetzlichen Regel des § 632 Abs. 1 BGB abweichende Behauptung die Beweislast.[44] Allerdings greift die Bestimmung des § 632 BGB wiederum nur dann ein, wenn Umstände vorliegen, die die Herstellung des Werks nur gegen Vergütung erwarten lassen. Für diese Umstände trägt der Architekt die Beweislast.[45] Gedanklich ist also zwischen zwei Fragen zu differenzieren. Zunächst ist zu prüfen, ob die Grenze zwischen unentgeltlicher Akquisitionstätigkeit und entgeltlichem Auftrag bereits überschritten wurde. Hierfür ist der Architekt darlegungs- und beweispflichtig. Ist diese erste Fragestellung zugunsten des Architekten im Sinne einer entgeltlichen Auftragserteilung

---

36 *Hesse/Korbion/Mantscheff/Vygen*, HOAI, 4. Aufl., § 1 Rn 8; *Locher/Koeble/Frik*, HOAI, 7. Aufl., Einl. Rn 25.
37 OLG Frankfurt NJW-RR 1987, 535.
38 *Hesse/Korbion/Mantscheff/Vygen*, HOAI, 4. Aufl., § 1 Rn 8; *Locher/Koeble/Frik*, HOAI, 7. Aufl., Einl. Rn 25.
39 *Locher/Koeble/Frik*, HOAI, 7. Aufl., Einl. Rn 25.
40 KG NJW-RR 1988, 21.
41 Vgl. OLG Hamm NJW-RR 1996, 83 f.; KG NJW-RR 1988, 21.
42 *Hesse/Korbion/Mantscheff/Vygen*, HOAI, 4. Aufl., § 1 Rn 8; *Locher/Koeble/Frik*, HOAI, 7. Aufl., Einl. Rn 25.
43 BGH NJW 1987, 2742, 2743.
44 BGH NJW 1987, 2742; *Glanzmann*, in: RGRK, BGB, 12. Aufl., § 632 Rn 3; *Baumgärtel*, Handbuch der Beweislast im Privatrecht, Band 1, BGB, § 632 Rn 2, 21.
45 OLG Hamm NJW-RR 1996, 83; *von Wiese-Ellermann*, in: Rechtshandbuch für Ingenieure und Architekten, A II Rn 12.

beantwortet, stellt sich die weitere Frage, ob Architekt und Auftraggeber die Unentgeltlichkeit der Leistung vereinbart haben. Für die Unentgeltlichkeit ist der Auftraggeber darlegungs- und beweispflichtig.[46]

25 Die **Grenze zwischen Auftrag und Akquisition** kann nicht generell festgelegt werden. Es bedarf hierzu im Einzelfall der Auslegung anhand der gesamten Umstände.[47] In dem Stadium der erst beginnenden Zusammenarbeit bei der Grundlagenermittlung will der Auftraggeber einen Architekten regelmäßig nicht mit solchen Leistungen beauftragen, die erst bei der Verwirklichung des Bauvorhabens anfallen und rechtlich notwendig sind.[48] Im Rahmen der Akquisition wird ein Architekt tätig, wenn er nur eine vorbereitende Tätigkeit hinsichtlich der Vorplanung in Ansehung eines von ihm erhofften umfassenden Architektenauftrags erbracht hat.[49] Besonders die Leistungen der Leistungsphasen 1 und 2 des § 15 HOAI werden häufig aus Gründen der Akquisition erbracht. Wie bereits dargelegt wurde, führt das Wollen der Leistungen durch den Bauherrn und deren schlichte Entgegennahme regelmäßig noch nicht zur Begründung eines Architektenvertrags.[50] Aber auch dies ist nicht zu verallgemeinern. Fordert der Bauherr nämlich einen Architekten auf, die Leistungsphasen 1 und 2 zu erbringen, damit er sich darüber klar werden kann, ob er das Gebäude errichtet, dann ist dies eine Beauftragung für die vorgenannten Leistungsphasen.[51] Je weitergehend die vom Architekten im Einverständnis mit dem Bauherrn erbrachten Architektenleistungen sind, desto eher ist vom Überschreiten der Grenze der bloßen Akquisitionstätigkeit auszugehen.[52] So hat der BGH eine entgeltliche Tätigkeit eines Architekten bejaht, wenn dieser Bestandspläne, ein Aufmaß des bestehenden Gebäudes, Vorplanungsleistungen, eine Baukostenermittlung und eine Wirtschaftlichkeitsberechnung erstellt hat.[53] Nach Auffassung des OLG Hamm ist die Grenze der Akquisition für jedermann erkennbar dort überschritten, wo der Architekt absprachegemäß in die konkrete Planung übergeht. An diesem Punkt greift nach Ansicht des OLG Hamm wieder der allgemeine Erfahrungssatz ein, dass der Architekt üblicherweise nur entgeltlich tätig wird.[54] In den Fällen, in denen der Architekt zunächst einzelne Architektenleistungen aus Gründen der Akquisition erbracht hat und er dann doch einen (weitergehenden) Planungsauftrag erhält, werden grundsätzlich auch die vorher akquisitorisch erbrachten Leistungen honorarpflichtig, wenn nicht etwas anderes vereinbart wurde.[55]

26 Ist die erste Fragestellung zugunsten des Architekten dahin beantwortet worden, dass ein Architektenvertrag geschlossen wurde, behauptet der Auftraggeber aber, es habe Einigkeit darüber bestanden, dass die Architektenleistungen unentgeltlich oder kostenlos erbracht werden sollten, so ist hierfür der Auftraggeber voll darlegungs- und beweispflichtig.[56] Überdies führt die Verwendung der Begriffe der Unverbindlichkeit oder Kostenlosigkeit in der Praxis zu erheblichen Auslegungsschwierigkeiten. Im Hinblick darauf sollten die Parteien diese Begriffe überhaupt vermeiden. Zunächst ist davon auszugehen, dass „unverbindlich" keineswegs mit „kostenlos" oder „unentgeltlich" gleich zu setzen ist.[57] So hat das OLG Düsseldorf entschieden, dass selbst wenn der Auftraggeber die Inanspruchnahme der Architektenleistungen als „unverbindlich" bezeichnet, er nicht davon ausgehen konnte, der Architekt werde diese Leistungen für ihn kostenlos erbringen. Aus der Vereinbarung der Unverbindlichkeit lässt sich nach dieser Entscheidung allenfalls auf den eingeschränkten Umfang der Beauftragung

---

46 *Wirth/Theis*, Architekt und Bauherr, S. 108 f.
47 *Locher/Koeble/Frik*, HOAI, 7. Aufl., Einl. Rn 26.
48 *von Wiese-Ellermann*, in: Rechtshandbuch für Ingenieure und Architekten, A II Rn 14.
49 KG BauR 1988, 621, 622.
50 BGH BauR 1997, 644.
51 Vgl. OLG München NJW-RR 1996, 341, 342.
52 *Locher/Koeble/Frik*, HOAI, 7. Aufl., Einl. Rn 31; *Hesse/Korbion/Mantscheff/Vygen*, HOAI, 4. Aufl., § 1 Rn 11.
53 BGH NJW 1987, 2742.
54 OLG Hamm NJW-RR 1990, 91.
55 BGH BauR 1985, 467; *Hesse/Korbion/Mantscheff/Vygen*, HOAI, 4. Aufl., § 1 Rn 11.
56 BGH NJW 1987, 2742, 2743; OLG Hamm NJW-RR 1990, 91.
57 *Hesse/Korbion/Mantscheff/Vygen*, HOAI, 4. Aufl., § 1 Rn 10.

schließen.[58] Ebenso hat das OLG Köln die Aufforderung des Bauherrn, der Architekt solle eine „unverbindliche, grobe Kostenschätzung" erstellen, als Beauftragung des Architekten mit der Vornahme der Grundleistungen der Leistungsphasen 1 und 2 des § 15 HOAI beurteilt. Ein unentgeltliches Tätigwerden des Architekten sei hierdurch nicht vereinbart worden.[59] Unverbindlich bedeutet daher im Regelfall nur, dass sich der Auftraggeber durch die Inanspruchnahme von einzelnen Leistungen des Architekten noch nicht hinsichtlich weiterer Architektenleistungen und im Hinblick auf die Durchführung des Bauvorhabens überhaupt endgültig binden will.[60] Bei besonderen Umständen kann allerdings auch mit der vereinbarten Unverbindlichkeit der Leistung die Unentgeltlichkeit oder Kostenlosigkeit gemeint sei.[61]

4. Pflichten des Architekten vor dem Vertragsschluss, Vorvertragliches Vertrauensverhältnis

27 Bereits im Stadium bis zum Abschluss des Architektenvertrags, also im vorvertraglichen Bereich, ist ein vertragsähnliches Vertrauensverhältnis zwischen Bauherrn und Architekt anzunehmen. Aus diesem Vertrauensverhältnis entstehen Sorgfalts-, Aufklärungs-, Beratungs- und Treuepflichten, die im Falle einer Verletzung durch den Architekten zu Schadensersatzansprüchen des Bauherrn gegen den Architekten unter dem Gesichtspunkt des Verschuldens bei Vertragsschluss führen können.[62]

28 Beispielsfälle, in denen Ansprüche aus einem vorvertraglichen Vertrauensverhältnis diskutiert wurden:
- In Rechtsprechung und Literatur wird angenommen, dass ein Auftragnehmer (Planer), der nach den jeweiligen landesrechtlichen Vorschriften zur Führung der Berufsbezeichnung „Architekt" nicht befugt ist, diesen Umstand dem künftigen Bauherrn schon bei den Vertragsverhandlungen, die der Beauftragung mit den Architektenleistungen vorausgehen, offenbaren und dessen Entscheidung abwarten muss, ob unter diesen Umständen dennoch ein Vertrag abgeschlossen werden soll.[63] Umstritten ist das Bestehen einer **Aufklärungspflicht über die fehlende Architekteneigenschaft** lediglich in den Fällen, in denen der Planer die materiellen Voraussetzungen für die Eintragung erfüllt und auch alsbald in die Architektenliste eingetragen wird. Bei einer solchen lediglich vorübergehenden Nichteintragung wurde das Bestehen einer Aufklärungspflicht vom OLG Düsseldorf abgelehnt.[64] Zur Vermeidung von Rechtsunsicherheiten ist es dem nicht in die Architektenliste eingetragenen Planer aber in jedem Fall zu empfehlen, diesen Umstand dem Bauherrn vor Vertragsschluss zu offenbaren. Denn wenn die Aufklärungspflicht verletzt ist, steht dem Bauherrn aus Verschulden bei Vertragsschluss ein Schadenersatzanspruch zu, der auf Herstellung des früheren, vor Vertragsschluss bestehenden Zustandes gerichtet ist und deshalb dem Vergütungsanspruch des Planers in vollem Umfang entgegensteht.[65] Außerdem steht dem Auftraggeber in diesem Fall auch ein Anfechtungsrecht bezüglich des abgeschlossenen Vertrags wegen arglistiger Täuschung gemäß § 123 BGB zu.[66]

- Des Weiteren wird der Architekt als verpflichtet angesehen, den Bauherrn vor Vertragsabschluss darauf hinzuweisen, wenn er für die gewünschte Bauaufgabe nicht die notwendigen **speziellen**

---

58 OLG Düsseldorf BauR 1993, 108, 109.
59 OLG Köln BauR 1993, 375, Ziff. 18.
60 *Hesse/Korbion/Mantscheff/Vygen*, HOAI, 4. Aufl., § 1 Rn 10.
61 *Neuenfeld*, in: Handbuch des Architektenrechts, Band 2, 5. Lieferung der 3. Aufl., HOAI § 4 Rn 18.
62 *Locher/Koeble/Frik*, HOAI, 7. Aufl., Einl. Rn 42; ausführlich *Weyer*, BauR 1987, 131, 136 ff.
63 OLG Düsseldorf, NJW-RR 1993, 1173, 1175; OLG Hamm BauR 1987, 582; *Weyer*, BauR 1987, 131, 137.
64 OLG Düsseldorf BauR 1982, 86, 87; ebenso OLG Köln BauR 1985, 338; *Weyer*, BauR 1987, 131, 137; a.A *Locher/Koeble/Frik*, HOAI, 7. Aufl., § 1 Rn 19.
65 OLG Düsseldorf NJW-RR 1993, 1173, 1175.
66 *Locher/Koeble/Frik*, HOAI, 7. Aufl., § 1 Rn 19.

Fachkenntnisse besitzt. Ebenso wird ein Architekt als verpflichtet angesehen, den Bauherrn darüber aufzuklären, dass er noch nie ein Objekt dieser Art und/oder Größenordnung durchgeführt hat.[67]

- Welchen Umfang Aufklärungs- bzw. Beratungspflichten des Architekten im Hinblick auf das durch seine Tätigkeit entstehende **Honorar** haben, ist bislang nicht eindeutig geklärt. In Rechtsprechung und Literatur ist umstritten, ob und unter welchen Voraussetzungen der Architekt verpflichtet ist, über die Höhe seines Honorars aufzuklären.[68] Unseres Erachtens ist eine Aufklärungspflicht des Architekten über die Höhe seines voraussichtlichen Honorars nur in eng begrenzten Ausnahmefällen anzunehmen, im Regelfall aber abzulehnen.[69] Eine Aufklärungspflicht wird etwa dann bestehen,
- wenn der Auftraggeber ausdrücklich nach den voraussichtlichen Kosten der Inanspruchnahme des Architekten fragt,
- er erkennbar völlig falsche Vorstellungen über die Höhe des anfallenden Honorars hat oder
- der Architekt um das Vorliegen eines besonders günstigen Konkurrenzangebots weiß.

Das OLG Stuttgart hat ferner eine Aufklärungspflicht des Architekten über die Höhe des voraussichtlichen Honorars angenommen, wenn der Auftraggeber, der zunächst ein kostenloses und unverbindliches Tätigwerden des Architekten gewünscht hatte, vom Architekten nicht darauf hingewiesen wird, in welcher Größenordnung Architektenhonorar anfallen wird.[70] Das OLG Stuttgart hat das vom Architekten beanspruchte Architektenhonorar wegen Nichterfüllung dieser Aufklärungspflicht unter dem Gesichtspunkt des Verschuldens bei Vertragsschluss unter Berücksichtigung eines angenommenen hälftigen Mitverschuldens des Bauherrn auf 50 % reduziert. Dies ist im Hinblick auf den Mindestpreischarakter der HOAI jedoch bedenklich. Ein Schaden kann dem Bauherrn bei pflichtwidriger Nichtaufklärung über die Höhe des Architektenhonorars grundsätzlich nur dann entstehen, wenn er darlegen kann, dass ein anderer Auftragnehmer ohne Verstoß gegen § 4 Abs. 2 HOAI ein niedrigeres Honorar geltend gemacht hätte.[71]

Fraglich ist ferner, ob den Architekten bei Abschluss einer unwirksamen Honorarvereinbarung, die die Mindestsätze der HOAI unterschreitet, eine Aufklärungspflicht im Hinblick auf die Unwirksamkeit der Honorarvereinbarung trifft.[72] Im Hinblick darauf, dass die h.M. dem Architekten als Ausfluss des Mindestpreischarakters den Mindestsatz der HOAI auch bei einer unwirksamen Honorarvereinbarung zugesteht,[73] hat die Verletzung einer derartigen Aufklärungspflicht bisher wenig praktische Relevanz erfahren. Denn ein ersatzfähiger Schaden wird dem Auftraggeber bei einer die Mindestsätze der HOAI unterschreitenden unwirksamen Honorarvereinbarung nur in Ausnahmefällen entstehen können, nämlich dann, wenn er nachweist, dass er die Leistungen von einem anderen Architekten ohne Verstoß gegen § 4 Abs. 2 HOAI unter den Mindestsätzen hätte erhalten können.[74]

- Des Weiteren können den Architekten im vorvertraglichen Bereich Pflichten zur **rechtlichen und wirtschaftlichen Beratung** des Bauherrn treffen. In Betracht kommt hier z.B. eine Beratung über Bedenken gegen die Bebaubarkeit des Grundstücks, die Genehmigungsfähigkeit des Vorhabens,

---

[67] *Weyer,* BauR 1987, 131, 138, m.w.N.
[68] Für eine zusammenfassende Darstellung des Meinungsstandes vgl. *Knacke,* BauR 1990, 395 ff.
[69] Ebenso z.B. OLG Köln NJW-RR 1994, 340; *Locher,* Das private Baurecht, 6. Aufl., Rn 246; *Jagenburg,* NJW 1985, 2797, 2802.
[70] OLG Stuttgart NJW 1989, 2402; ablehnend *Knacke,* BauR 1990, 395.
[71] *Locher/Koeble/Frik,* HOAI, 7. Aufl., Einl. Rn 42 unter Hinweis auf BGH NJW 1993, 661.
[72] So z.B. *Weyer,* BauR 1987, 131, 139; *Loritz,* BauR 1994, 38, 46; *Konrad,* BauR 1989, 653, 660 f.; OLG Oldenburg BauR 1984, 451, 452; offen gelassen von BGH NJW 1993, 661; einschränkend *Locher/Koeble/Frik,* HOAI, 7. Aufl., § 4 Rn 80; *Hesse/Korbion/Mantscheff/Vygen,* HOAI, 4. Aufl., § 4 Rn 95.
[73] Insoweit wird auf die Ausführungen zu § 3 Rn 324 verwiesen.
[74] Vgl. BGH NJW 1993, 661.

bei einer Grenzbebauung über die Erforderlichkeit der Zustimmung eines Nachbarn. Im vorvertraglichen Stadium muss es sich aber um offensichtliche Bedenken handeln, um eine Beratungspflicht auszulösen.[75]

5. Nichtigkeit des Architektenvertrags, insbesondere Verstoß gegen das Kopplungsverbot

29 Ein Architektenvertrag kann – wie jedes andere Rechtsgeschäft auch – aus ganz verschiedenen Gründen nichtig sein. Zu nennen sind hier nur beispielhaft Geschäftsunfähigkeit (§ 105 BGB), Anfechtung wegen Willensmängeln (§§ 119, 122, 123 BGB), die bereits angesprochene Nichtigkeit wegen Formmangels (§ 125 BGB) oder der Verstoß gegen ein gesetzliches Verbot (§ 134 BGB).

30 Der praktisch bedeutsamste Fall der Nichtigkeit des Architektenvertrags gemäß § 134 BGB ist der **Verstoß gegen das Kopplungsverbot**. Das Verbot der Architektenbindung ist in Art. 10 § 3 MRVG geregelt. Diese Bestimmung schreibt vor, dass eine Vereinbarung unwirksam ist, durch die sich der Erwerber eines Grundstücks im Zusammenhang mit dem Erwerb verpflichtet, bei Planung und Ausführung eines Bauwerks auf dem Grundstück die Leistungen eines bestimmten Architekten oder Ingenieurs in Anspruch zu nehmen. Nach der Rechtsprechung des BGH richtet sich das Kopplungsverbot gegen jegliche den Wettbewerb unter Ingenieuren und Architekten beeinträchtigende Bindungen des Bauherrn, soweit diese Bindungen mit dem Erwerb des Baugrundstücks im Zusammenhang stehen. Die Bestimmung ist daher bewusst weit gefasst, um jegliche Kopplung zwischen Grundstückserwerb und Architekten zu unterbinden.[76] Die unzulässige Verknüpfung von Architektenvertrag und Grundstückskaufvertrag setzt keine ausdrückliche Vereinbarung der Architektenbindung voraus. Die Kopplung der beiden Verträge kann auch stillschweigend erfolgen oder sich konkludent aus den Umständen der Vertragsverhandlungen ergeben.[77] Das Kopplungsverbot ist bereits dann erfüllt, wenn der Erwerber das Grundstück aus rechtlichen oder tatsächlichen Gründen nur unter der Voraussetzung erwerben konnte, dass er mit einem bestimmten Architekten einen Architektenvertrag abschließt.[78] Ein räumlicher, zeitlicher und/oder persönlicher Zusammenhang zwischen Grundstücksgeschäft und Architektenvertrag spricht im Zweifel für eine Kopplung.[79] Ergeben die objektiv erkennbaren Umstände, dass es wesentlich vom Architekten abhängt, wer ein bestimmtes Baugrundstück erwerben darf, so kommt es für die Annahme des Verstoßes gegen die Architektenbindung in der Regel nicht darauf an, ob der Architekt oder eine von ihm bestellte Person während der Erwerbsverhandlungen erklärt haben, das Grundstück werde ohne Architektenbindung verkauft.[80] Als solche objektiv erkennbaren Umstände hat der BGH beispielsweise ausreichen lassen, dass das Grundstück unter der Telefonnummer des Architekten angeboten war, die ersten Gespräche im Büro des Architekten stattgefunden haben und dabei für den Interessenten erkennbar geworden war, dass der Weg zu dem Verkäufer nur über den Architekten führe und der Interessent den Verkäufer erst nach Unterzeichnung des Architektenvertrags kennen gelernt hat sowie der Architekt bei der Beurkundung des Kaufvertrags zugegen war. Ein persönlicher Zusammenhang wurde von der Rechtsprechung des BGH ferner dann angenommen, wenn das zu veräußernde Grundstück der Ehefrau des Architekten gehört.[81]

31 Abschließend ist kurz auf die Rechtsfolgen hinzuweisen, die sich aus der Nichtigkeit des Architektenvertrags ergeben können. Die Nichtigkeit des Vertrags bedeutet zunächst, dass keine Partei aus

---

[75] *Weyer*, BauR 1987, 131, 141 m.w.N.
[76] BGHZ 64, 173, 175; BGH NJW 1978, 1434, 1435.
[77] BGH BauR 1978, 495; *Prinz*, in: Rechtshandbuch für Ingenieure und Architekten, A IV Rn 5.
[78] BGH ZfBR 1998, 186.
[79] *Prinz*, in: Rechtshandbuch für Ingenieure und Architekten, A IV Rn 6.
[80] BGH NJW 1981, 1840.
[81] BGH NJW 1978, 639.

dem Vertrag Rechte und Pflichten herleiten kann. Bei einer Nichtigkeit des Architektenvertrags wegen Verstoßes gegen das Kopplungsverbot bleibt der Grundstückskaufvertrag jedoch grundsätzlich wirksam.[82]

Ist der Architekt aufgrund des nichtigen Vertrags für den Bauherrn tätig geworden, fragt sich des Weiteren, ob dem Architekten – unabhängig von dem nichtigen Vertrag – gesetzliche Ansprüche zustehen, aus denen er ggf. einen Zahlungsanspruch gegen den Bauherrn für die erbrachten Leistungen herleiten kann. Insoweit kommen grundsätzlich Ansprüche aus Geschäftsführung ohne Auftrag oder aus ungerechtfertigter Bereicherung in Betracht.[83]

Ansprüche des Architekten aus **Geschäftsführung ohne Auftrag** setzen insbesondere voraus, dass die Übernahme der Leistungen durch den Architekten dem Interesse und dem wirklichen oder mutmaßlichen Willen des Bauherrn entsprach. Bei Vorliegen der Voraussetzungen der Geschäftsführung ohne Auftrag hat der Architekt Anspruch auf die sogenannte übliche Vergütung, wenn der Vertragspreis nicht niedriger ist. Die übliche Vergütung wird sich dabei regelmäßig nach den Mindestsätzen der HOAI richten.

Ansprüche des Architekten aus **ungerechtfertigter Bereicherung** setzen voraus, dass der Auftraggeber entsprechende Aufwendungen erspart hat. Mangels Bereicherung steht dem Architekten daher kein Bereicherungsanspruch zu, wenn die erbrachten Architektenleistungen vom Auftraggeber nicht verwertet wurden und dieser entsprechende Aufwendungen daher auch nicht erspart hat.[84] Sofern Ansprüche nach Bereicherungsrecht gegeben sind, hat der Auftraggeber den Wert der vom Architekten erbrachten Leistungen zu ersetzen. In der Regel ist hier wiederum von den Mindestsätzen der HOAI auszugehen.[85]

III. Umfang des Architektenvertrags

Die Tatsache, dass ein Architektenvertrag geschlossen wurde, sagt grundsätzlich noch nichts darüber aus, welchen Umfang die Beauftragung des Architekten hat. Nach der Rechtsprechung gibt es weder eine Vermutung noch einen ersten Anschein für die Beauftragung des Architekten mit dem gesamten Leistungsbild (sog. Vollarchitektur).[86] Infolgedessen muss der Umfang der Beauftragung bei nicht eindeutigen Formulierungen im schriftlichen Architektenvertrag und insbesondere bei mündlicher und konkludenter Beauftragung durch Auslegung ermittelt werden.[87] Hieraus folgt, dass die Beantwortung der Frage nach dem beauftragten Leistungsumfang grundsätzlich am Einzelfall ausgerichtet sein muss. Im Folgenden soll dennoch anhand von durch die Rechtsprechung bereits entschiedener Einzelfälle beispielhaft aufgezeigt werden, welcher Vertragsumfang bei „typischen Vertragsformulierungen" regelmäßig angenommen werden kann.

1. Teil- oder Vollauftrag

Wird ein Architekt beauftragt, die Ausnutzung eines Grundstücks zum Zwecke der Wohnbebauung planerisch zu untersuchen und alle erforderlichen Planungen soweit zu erarbeiten, dass danach eine Bauvoranfrage gestellt werden kann, so ist ihm nach Auffassung des OLG Düsseldorf auch die Vorplanung in Auftrag gegeben.[88]

---

82 BGH NJW 1978, 1434, 1435 (auch zur Nichtigkeit des Grundstückskaufvertrags bei Anwendung des § 139 BGB).
83 BGH NJW 1993, 3196; BGH BauR 1994, 651; OLG Düsseldorf NJW-RR 1993, 1173.
84 BGH BauR 1994, 651, 653.
85 *Prinz*, in: Rechtshandbuch für Ingenieure und Architekten, A IV Rn 16.
86 BGH NJW 1980, 122.
87 *Löffelmann/Fleischmann*, Architektenrecht, 4. Aufl., Rn 757.
88 OLG Düsseldorf NJW-RR 1995, 276.

Ebenso erstreckt sich der Auftrag des Bauherrn, „Verhandlungen mit einem Grundstücksnachbarn zu führen, um die Grenzbebauungsfähigkeit des Grundstücks zu klären und die hierfür erforderlichen Pläne zu zeichnen", auf die Leistungsphasen 1 und 2 des § 15 HOAI.[89]

Hat der Auftraggeber im Zeitpunkt der Unterzeichnung eines Architektenvertrags, der die Erbringung der Leistungsphasen 1 bis 8 des § 15 HOAI vorsieht, noch kein bebaubares Grundstück erworben, sondern stand er lediglich in entsprechenden Verhandlungen, was dem Architekten auch bekannt war, so erschöpft sich der Auftrag an den Architekten nach Auffassung des OLG Hamm in der Regel trotz des anders lautenden schriftlichen Architektenvertrags in der Grundlagenermittlung nach Leistungsphase 1. Soll der Architekt unabhängig vom beabsichtigten Grundstückserwerb seine Planung durchführen, so bedarf es hiernach einer klaren Willensäußerung des Auftraggebers.[90]

Wenn ein Auftraggeber ein Vermietungsangebot für ein neu zu errichtendes Zentrallager abgeben will und einen Architekten mit den dafür erforderlichen Architektenleistungen beauftragt, umfasst dieser Auftrag die Grundleistungen des § 15 Abs. 2 HOAI bis zur Vorplanung.[91]

Beauftragt der Bauherr den Architekten, „die zur Baugenehmigung notwendigen Architektenleistungen zu erbringen" oder „den Bauantrag zu stellen", umfasst der Auftrag in der Regel die Leistungsphasen 1 bis 4 des § 15 Abs. 2 HOAI.[92]

Ebenso ist ein Auftrag zur „Anfertigung der Genehmigungsplanung" zu beurteilen, da hiervon notwendigerweise auch die Phasen der Grundlagenermittlung, Vorplanung und Entwurfsplanung umfasst werden,[93] weil diese erbracht werden müssen, damit überhaupt eine Genehmigungsplanung erstellt werden kann.

Wird dem Architekten allgemein ein „Planungsauftrag" erteilt, sollen hiermit nach der Literatur die Leistungsphasen 1 bis 5 bzw. 1 bis 4 beauftragt worden sein.[94]

Dagegen umfasst ein „Planungsauftrag zur Klärung der Bebaubarkeit" lediglich die Leistungsphasen 1 und 2.[95]

Werden „Vergabeleistungen" beauftragt, so bezieht sich dies auf die Leistungsphasen 6 und 7.[96] Der Auftrag, „das Bauvorhaben durchzuführen", umfasst die Leistungsphasen 1 bis 9 des § 15 Abs. 2 HOAI.[97]

2. Besondere Vertragsgestaltungen

35   Im Hinblick darauf, dass insbesondere größere Bauvorhaben oft eine lange Vorbereitungs- und Durchführungsphase aufweisen, die tatsächliche Durchführung des Bauvorhabens am Anfang der Planungsphase oft nicht abschließend geklärt ist, ggf. Ungewissheit hinsichtlich Genehmigungsfähigkeit und Einwendungen aus der Nachbarschaft besteht, sich unabsehbare Änderungen des Leistungsprogramms ergeben können und auch die Leistungsfähigkeit des Architekten von dem Bauherrn

---

[89] OLG Frankfurt NJW-RR 1987, 535.
[90] OLG Hamm BauR 1987, 582.
[91] OLG Düsseldorf BauR 1998, 407, Ziff. 1.
[92] OLG Düsseldorf BauR 1981, 401; OLG Düsseldorf BauR 1982, 597.
[93] OLG Hamm NJW-RR 1990, 522.
[94] *Löffelmann/Fleischmann*, Architektenrecht, 4. Aufl., Rn 757; *Locher/Koeble/Frik*, HOAI, 7. Aufl., Einl. Rn 35; nach *Neuenfeld*, in: Handbuch des Architektenrechts, Band 2, 5. Lieferung der 3. Aufl., HOAI, § 15 Rn 58 soll der Auftrag zusätzlich auch die Leistungsphase 6 erfassen.
[95] OLG Frankfurt NJW-RR 1987, 535; *Jochem*, HOAI, 4. Aufl., § 15 Rn 2.
[96] *Löffelmann/Fleischmann*, Architektenrecht, 4. Aufl., Rn 757.
[97] *Löffelmann/Fleischmann*, a. a. O.

zunächst überprüft und nicht abschließend geklärt werden kann, haben sich in der Praxis sehr unterschiedliche Vertragsgestaltungen herausgebildet. Angesichts der Vielfalt dieser Vertragsgestaltungen und der Vielzahl der daraus resultierenden tatsächlichen und rechtlichen Problemstellungen ist es hier lediglich möglich, einige praktisch relevante Grundtypen kurz anzusprechen.

Optionsverträge haben in der Praxis eine nicht unerhebliche Bedeutung erlangt. Optionsverträge sind dadurch gekennzeichnet, dass der Architekt einen Auftrag über den gesamten Leistungsumfang erhält. Die Honorarvereinbarung wird für den gesamten Leistungsumfang ebenfalls im Vorhinein festgelegt. Des Weiteren enthält der Optionsvertrag eine Vereinbarung dahingehend, dass einzelne in dem Vertrag genannte Leistungen vom Bauherrn sukzessive abgerufen werden können (Option, Abrufen von Leistungsstufen).[98] 36

Durch den Abruf wird die Fälligkeit einzelner Leistungen vom Willen des Auftraggebers abhängig gemacht. Die Verträge sehen regelmäßig ein sogenanntes freies Optionsrecht des Auftraggebers vor, d.h. es ist allein vom Willen des Auftraggebers abhängig, ob er Architektenleistungen abruft und daher deren Fälligkeit herbeiführt. Für den Architekten bedeutet dies, dass er für die gesamte Vertragsdauer gebunden ist und zur Ausführung der Architektenleistung bei Ausübung der Option verpflichtet ist.[99] 37

Von solchen Optionsverträgen (Abrufen von Leistungsstufen) ist die sogenannte stufenweise oder **gestufte Beauftragung** zu unterscheiden. Da der Terminus der gestuften Beauftragung in der Praxis für eine Vielzahl von Vertragsinhalten verwendet wird, ohne dass eine eindeutige Begriffsbildung bisher erfolgt ist,[100] muss das jeweils Gewollte mittels konkreter rechtlicher Einordnung und Gestaltung präzisiert werden.[101] 38

Der BGH versteht unter einer stufenweisen Beauftragung den Fall, dass ein Architekt zunächst nur mit einem bestimmten Leistungsumfang in einem selbständigen Architektenvertrag beauftragt wird und er später den Auftrag zu weiteren Architektenleistungen erhält.[102] Hier liegen also rechtlich selbständige Einzelaufträge oder sukzessive Einzelaufträge vor. Je nach Gestaltung kommt aber auch eine rahmenvertragliche Abrufungsberechtigung in Betracht. In einem solchen Fall besteht (anders als beim Optionsvertrag) eine rechtliche Bindung der Vertragsparteien nur im Rahmen der jeweiligen Einzelverträge und grundsätzlich keine Verpflichtungen oder Ansprüche zur Durchführung der späteren Folgeaufträgen.[103] Außerdem sind die Verträge sowohl hinsichtlich der Leistungs- als auch der Gewährleistungspflichten grundsätzlich selbständig.[104] Dies bedeutet, dass der Architekt z.B. für die in einer Stufe mangelfrei erbrachten Architektenleistungen sein Honorar auch dann verlangen kann, wenn ihm bei Bearbeitung der weiteren Stufen Fehler unterlaufen.[105]

3. Vorprellen des Architekten

Es wurde bereits dargelegt, dass der Umfang des Architektenvertrags im Einzelfall durch Auslegung zu ermitteln ist. Ebenso wenig wie es eine Vermutung für den Abschluss eines Vertrags über alle Leistungsphasen gibt,[106] gibt es einen Erfahrungssatz, dass Architekten nur aufgrund eines erteilten 39

---

98 *Quack/Thode*, Vertragsrecht der Architekten- und Ingenieurverträge, Stand April 1999, S. 30.
99 *Quack/Thode*, Vertragsrecht der Architekten- und Ingenieurverträge, Stand April 1999, S. 30 f.
100 Z.B. *Rauch*, Architektenrecht und privates Baurecht für Architekten, 2. Aufl., S. 62; *Löffelmann/Fleischmann*, Architektenrecht, 4. Aufl., Rn 735; *Wirth/Theis*, Architekt und Bauherr, S. 500.
101 *Quack/Thode*, Vertragsrecht der Architekten- und Ingenieurverträge, Stand April 1999, S. 31.
102 BGH BauR 1997, 1065, 1066.
103 Bei einer zugrunde liegenden rahmenvertraglichen Verpflichtung können sich bei Verletzung des Rahmenvertrags jedoch Ansprüche aus positiver Vertragsverletzung ergeben, BGH NJW-RR 1992, 977.
104 *Quack/Thode*, Vertragsrecht der Architekten- und Ingenieurverträge, Stand April 1999, S. 31.
105 BGH BauR 1997, 1065, 1066.
106 Vgl. BGH NJW 1980, 122; OLG München NJW-RR 1996, 341, 343.

Auftrags tätig werden.[107] In der Praxis kommt es immer wieder vor, dass Architekten über den definierten Auftragsumfang hinaus Architektenleistungen erbringen. Der Architekt muss sich jedoch darüber klar sein, dass er diese Leistungen zunächst auf eigenes Risiko erbringt und eine Bezahlung vom Bauherrn grundsätzlich nicht verlangen kann.

40 Aber selbst wenn feststeht, dass bestimmte Architektenleistungen vom Vertrag erfasst sind, darf der Architekt nur soviel an Leistung erbringen, wie nach dem Stand des Bauvorhabens erforderlich ist.[108] Weiß der Architekt, dass z.B. die Finanzierung noch nicht feststeht und dass die von ihm zunächst geforderten Leistungen erst sicherstellen sollen, dass die Bank die Finanzierungen zusagt, darf er zunächst nur die hierfür erforderlichen Arbeiten verrichten.[109] Ist zweifelhaft, ob eine Baugenehmigung erteilt wird, ist der Architekt nach Auffassung des OLG Düsseldorf gehalten, in aller Regel zunächst eine Bauvoranfrage einzureichen, wenn hiermit die entscheidenden Fragen geklärt werden können.[110] Vor Abschluss der Genehmigungsplanung darf der Architekt nicht in der Weise vorprellen, dass er die Werkplanung vor Erteilung der Baugenehmigung erstellt.[111] Rechtsfolge ist in diesen Fällen regelmäßig, dass der Architekt für die von ihm im Rahmen des Vorprellens erbrachten Leistungen keinen Honoraranspruch hat. Dies gilt nur dann nicht, wenn der Auftraggeber das Vorziehen einer Leistungsphase ausdrücklich verlangt und das Risiko übernommen hat, dass diese vorgezogenen Leistungen später nicht benötigt werden.[112] Über dieses Risiko ist der Auftraggeber vom Architekten zudem noch vorab zu belehren.[113]

4. Die Vollmacht des Architekten

41 Der Architekt ist grundsätzlich nicht berechtigt, den Bauherrn zu vertreten. Eine „originäre" Architektenvollmacht, d.h. eine Vollmacht, die automatisch mit dem Architektenvertrag erteilt wird, gibt es nicht[114]. Dessen ungeachtet hat sich der Begriff der „originären" Vollmacht des Architekten im baurechtlichen Schrifttum etabliert und wird teilweise auch von der Rechtsprechung jedenfalls im Sinne einer Mindestvollmacht verwendet.[115] Rechtsdogmatisch ist die originäre Vollmacht des Architekten jedoch nicht zu begründen. Sie widerspricht der Weisungsbefugnis des Auftraggebers gegenüber dem Architekten und dem auf der Vertragsfreiheit beruhenden Erfordernis der rechtsgeschäftlichen Vollmacht[116]. Dem Architekten kann daher vom Bauherrn nur eine nach allgemeinen Grundsätzen zu beurteilende rechtsgeschäftliche Vollmacht erteilt werden. Diese Vollmacht kann sowohl bereits im Architektenvertrag enthalten sein als auch erst später erteilt werden. Dies muss zudem nicht ausdrücklich geschehen. Auch eine konkludente Vollmachtserteilung ist möglich.[117] So betraf das Urteil des BGH vom 15.2.1960, welches von den Befürworter einer sogenannten originären Vollmacht für ihre Meinung in Anspruch genommen wird, eine konkludent erteilte Vollmacht.[118]

---

107 BGH NJW 1997, 3017.
108 OLG Düsseldorf BauR 1986, 469; OLG Düsseldorf NJW-RR 1994, 858; OLG Hamm BauR 1987, 582; *Locher/Koeble/Frik*, HOAI, 7. Aufl., Einl. Rn 36.
109 *Motzke/Braun*, Baurecht/Architektenrecht, 10. Intensiv-Lehrgang, S. 385.
110 OLG Düsseldorf BauR 1986, 469.
111 OLG Düsseldorf NJW-RR 1994, 858.
112 OLG Hamm BauR 1987, 582.
113 OLG NJW-RR 1994, 858.
114 *Jagenburg/Sieber/Mantscheff*, Das private Baurecht im Spiegel der Rechtsprechung, 3. Aufl., M Rn 54; *Wirth/Theis*, Architekt und Bauherr, S. 187; *Quack*, BauR 1995, 441 f.; einschränkend *Werner/Pastor*, Der Bauprozess, 9. Aufl., Rn 1072 ff.
115 Z.B. OLG Stuttgart BauR 1994, 789.
116 *Quack/Thode*, Vertragsrecht der Architekten- und Ingenieurverträge, Stand April 1999, S. 24.
117 *Wirth/Theis*, Architekt und Bauherr, S. 187.
118 BGH NJW 1960, 859.

42 Wie jede rechtsgeschäftlich erteilte Vollmacht ist die dem Architekten vom Bauherrn erteilte Vollmacht jederzeit einseitig beschränkbar und widerruflich (§ 168 Abs. 1 BGB). Dies gilt auch, wenn die Vollmacht im Architektenvertrag selbst erteilt wurde.

43 Eine Vollmacht des Architekten kann sich ferner nach den allgemeinen Grundsätzen der Anscheins- und Duldungsvollmacht ergeben. Eine Anscheinsvollmacht liegt vor, wenn der Vertretene (Auftraggeber) das Handeln seines angeblichen Vertreters (Architekt) zwar nicht kennt, er es aber bei pflichtgemäßer Sorgfalt hätte erkennen und verhindern können und der andere Teil annehmen durfte, dass der angeblich Vertretene das Handeln des Vertreters dulde und billige.[119] Eine Duldungsvollmacht ist gegeben, wenn der Vertretene es wissentlich geschehen lässt, dass ein anderer für ihn wie ein Vertreter auftritt und der Geschäftsgegner dieses Dulden nach Treu und Glauben dahin versteht und auch verstehen darf, dass der als Vertreter handelnde bevollmächtigt ist.[120]

44 Der Umfang der Vollmacht des Architekten, auf welche Weise auch immer sie begründet sein mag, ist jeweils durch Auslegung zu ermitteln. Für rechtsgeschäftliche Erklärungen, die dem Bauherrn finanzielle Verpflichtungen auferlegen, z.B. Vertragsänderungen, ist eine Vollmacht des Architekten nur anzunehmen, wenn sich ein dahingehender Wille des Bauherrn aus seiner Erklärung nach den Umständen des Einzelfalls zweifelfrei ergibt.[121] Erst recht bedarf der Architekt zur Vergabe von Aufträgen einer besonderen Vollmacht. Selbst wenn der Architekt mit der Einholung eines Angebots beauftragt ist, folgt daraus nicht, dass der Architekt auch zur Vergabe dieses Auftrags bevollmächtigt ist.[122] Der Bauherr, der einen Architekten mit der Einholung eines Angebots beauftragt, setzt damit gegenüber dem anbietenden Unternehmer auch nicht im Sinne einer Anscheinsvollmacht den Rechtsschein, der Architekt sei zur späteren Auftragsvergabe bevollmächtigt.[123]

45 Die vorgenannten Grundsätze gelten sowohl für den planenden als auch für den objektüberwachenden Architekten.[124] Nach – äußerst zweifelhafter – Ansicht des OLG Düsseldorf soll der Architekt aber bevollmächtigt sein, namens des Bauherrn die Arbeiten in Auftrag zu geben, die baulich erforderlich sind, um eine mangelfreie Umsetzung der Planung zu ermöglichen. Dies soll sogar ohne Rücksprache mit dem Bauherrn möglich sein.[125] Bezüglich der Entgegennahme von Erklärungen ist grundsätzlich davon auszugehen, dass der Bauherr dem Architekten konkludent Empfangsvollmacht erteilt hat. Dies gilt z.B. für die Entgegennahme von Erklärungen nach § 4 Nr. 3 VOB/B (sofern nicht die Leistung des Architekten selbst betroffen ist) und nach § 4 Nr. 1 Abs. 4 VOB/B.[126] Auch zur Entgegennahme von Anzeigen nach § 2 Nr. 8 Abs. 2 VOB/B ist der Architekt jedenfalls als stillschweigend bevollmächtigt anzusehen.[127] Der objektüberwachende Architekt ist ferner bevollmächtigt, ein gemeinsames Aufmaß mit dem Bauunternehmer aufzustellen.[128] Im Rahmen der Rechnungsprüfung umfasst die Vollmacht des Architekten dagegen nicht die Abgabe rechtsgeschäftlicher Erklärungen.[129] Der Vermerk des Architekten, die Schlussrechnung sei sachlich und rechnerisch richtig, ist daher kein den Bauherrn bindendes Anerkenntnis, sondern beinhaltet lediglich den Nachweis der rechnerischen Prüfung der Schlussrechnung durch den Architekten.[130] Auch zur rechtsgeschäftlichen

---

119 *Palandt-Heinrichs*, BGB, 59. Aufl., § 173 Rn 14 m.w.N.
120 *Palandt-Heinrichs*, BGB 59. Aufl., § 173 Rn 11 m.w.N.
121 *Jagenburg/Sieber/Mantscheff*, Das private Baurecht im Spiegel der Rechtsprechung, 3. Aufl., M Rn 55.
122 OLG Köln BauR 1992, 812 f, Ziff. 7.
123 OLG Köln NJW-RR 1992, 915.
124 *Jagenburg/Sieber/Mantscheff*, Das private Baurecht im Spiegel der Rechtsprechung, 3. Aufl., M Rn 57.
125 OLG Düsseldorf BauR 1998, 1023, 1024.
126 *Werner/Pastor*, Der Bauprozess, 9. Aufl., Rn 1078.
127 OLG Hamm BauR 1978, 146.
128 OLG Oldenburg BauR 1997, 523 Ziff. 5; *Jagenburg/Sieber/Mantscheff*, Das private Baurecht im Spiegel der Rechtsprechung, 3. Aufl., M Rn 63; *Werner/Pastor*, Der Bauprozess, 9. Aufl. Rn 1078.
129 OLG Hamm BauR 1997, 656.
130 OLG Köln DB 1977, 1739.

Abnahme ist der Architekt ohne besondere Vollmacht grundsätzlich nicht befugt. Seine Tätigkeit beschränkt sich insoweit lediglich auf die technische Abnahme der Leistungen des Bauunternehmers.[131]

Schließlich ist der bauleitende Architekt befugt, den Bauunternehmern auf der Baustelle Weisungen zu erteilen und Mängel zu rügen.[132]

5. Die vertraglichen Verpflichtungen des Architekten

46 Die vertraglichen Verpflichtungen des Architekten richten sich in Ermangelung einer speziellen gesetzlichen Regelung des Architektenvertrags grundsätzlich nach dem einschlägigen Werkvertragsrecht (§§ 631 ff. BGB) und vorrangig insbesondere nach dem Inhalt der Parteivereinbarung.[133] Es ist also primär die Aufgabe der Vertragsparteien festzulegen, welche Leistungen der Architekt erbringen soll und welche nicht. Wie bereits oben dargelegt wurde, ist die Festlegung des Leistungsumfangs eine Frage der Vertragsauslegung. Im Rahmen des vom Architekten übernommenen Leistungsumfangs lassen sich verschiedene Vertragspflichten des Architekten herausarbeiten.

a) Allgemeine Einstandspflicht des Architekten für den Werkerfolg

47 Aus dem grundsätzlich werkvertraglichen Charakter des Architektenvertrags folgt, dass der Architekt als Werkunternehmer für den Leistungerfolg einzustehen hat.[134] Was dabei als Leistungserfolg (Werk) des Architekten gilt, ist durch Auslegung des jeweiligen Architektenvertrags zu ermitteln.[135] Gemäß § 633 BGB ist der Architekt dabei verpflichtet, das Werk so herzustellen, dass es die zugesicherten Eigenschaften hat und nicht mit Fehlern behaftet ist, die den Wert oder die Tauglichkeit zu dem gewöhnlichen oder nach dem Vertrag vorausgesetzten Gebrauch aufheben oder mindern.[136] Haben die Vertragsparteien eine ausdrückliche Vereinbarung über den vom Architekten zu erbringenden Leistungserfolg nicht getroffen, bestimmt sich der vom Architekten geschuldete Erfolg grundsätzlich nach den anerkannten Regeln der Baukunst und Technik.[137] Denn nach der Rechtsprechung kann der Bauherr erwarten, dass das Werk zum Zeitpunkt der Fertigstellung und Abnahme diejenigen Qualitäts- und Komfortstandards erfüllt, die auch vergleichbare andere zeitgleich fertig gestellte und abgenommene Bauwerke erfüllen. Der Architekt sichert hiernach üblicherweise stillschweigend bei Vertragsabschluss die Einhaltung dieses Standards zu.[138] Dabei ist zu betonen, dass der Architekt die Planung und – je nach Vertragsumfang – das Entstehenlassen des Bauwerks schuldet, nicht aber das Bauwerk selbst.[139] Aus dem werkvertraglichen Charakter des Architektenvertrags folgt ferner, dass der Architekt grundsätzlich verschuldensunabhängig für den geschuldeten Werkerfolg einzustehen hat.[140]

---

131 OLG Düsseldorf BauR 1997, 647, 648; *Werner/Pastor*, Der Bauprozess, 9. Aufl., Rn 1077.
132 *Werner/Pastor*, Der Bauprozess, 9. Aufl., Rn 1078.
133 *Locher*, Das private Baurecht, 6. Aufl., Rn 228; *Rauch*, Architektenrecht und privates Baurecht für Architekten, 2. Aufl., S. 86; *Groscurth*, in: Handbuch des Architektenrechts, Band 1, 5. Lieferung der 3. Aufl., II Rn 166.
134 *Löffelmann/Fleischmann*, Architektenrecht, 4. Aufl., Rn 57 n.
135 BGH BauR 1999, 37; BGH BauR 1995, 230 f.
136 BGH BauR 1998, 872, 873.
137 BGH BauR 1998, 872, 873; *Locher/Koeble/Frik*, HOAI, 7. Aufl., Einl. Rn 45.
138 BGH BauR 1995, 230; BGH BauR 1998, 872, 873.
139 *Groscurth*, in: Handbuch des Architektenrechts, Band 1, 5. Lieferung der 3. Aufl., II Rn 167.
140 *Locher/Koeble/Frik*, HOAI, 7. Aufl., Einl. Rn 46.

b) Koordinierungspflicht

Der Architekt kann ein Bauwerk nicht alleine entstehen lassen. Hierfür ist der Einsatz ganz verschiedener Beteiligter (z.B. Unternehmer, Sonderfachleute) erforderlich. Zu den wesentlichen Aufgaben des Architekten und damit zu seiner Hauptpflicht gehört es, den Einsatz der anderen an der Planung und bei weitergehender Beauftragung der am Bau Beteiligten zu koordinieren.[141]

48

Die Koordinierungspflicht des Architekten betrifft praktisch alle Phasen der Leistungserbringung. Schon bei der Grundlagenermittlung muss der Architekt prüfen, welche Sonderfachleute erforderlich sind und deren Aufgabenbereiche abgrenzen und abstimmen.[142] In der Vorplanung und in der Entwurfsplanung sind die Leistungen der anderen an der Planung fachlich Beteiligten zu integrieren und damit auch zu koordinieren.

49

Diese Beispiele ließen sich für die weiteren Planungsleistungen beliebig fortführen. Auch bei der Vergabe der Bauleistungen an einzelne Fachunternehmer muss der Architekt für einen koordinierten Arbeitsablauf sorgen. Ferner ist in der Ausführungsphase der Einsatz der Unternehmer so zu planen, dass ein reibungsloser Bauablauf gewährleistet ist.[143] Angesichts der ständig fortschreitenden Spezialisierung in der Planung und Bauausführung und des dadurch bedingten Anstiegs der Zahl der am Bau Beteiligten kann die Koordinierungspflicht des Architekten nicht hoch genug eingeschätzt werden. Sie ist für den störungsfreien, zeitgerechten und kostensparenden Ablauf des Baugeschehens von zentraler Bedeutung. Der Architekt ist gleichsam Koordinator der gesamten Planungs- und Bauabwicklung und hat wie der Dirigent eines Orchesters das reibungslose Zusammenwirken aller Beteiligten zu regeln.[144]

c) Beratungspflicht

Als Sachwalter des Bauherrn ist der Architekt zu einer umfassenden, den Bau begleitenden Beratung verpflichtet.[145] Die Beratungspflichten des Architekten bestehen hinsichtlich aller Phasen seiner Leistungserbringung. Auf den Umstand, dass der Architekt sogar schon vor Vertragsschluss zur Beratung bzw. Aufklärung des Bauherrn verpflichtet sein kann, wurde oben bereits hingewiesen (vgl. oben § 3 Rn 27 ff.).

50

In der Planungsphase sind regelmäßig die vom Bauherrn geäußerten Zielvorstellungen und Wünsche abzustimmen. Die vom Bauherrn geäußerten Wünsche darf der Architekt dabei allerdings nicht einfach übernehmen sondern er muss den Bauherrn über die Vor- und Nachteile, die mit der Ausführung der Zielvorstellungen bzw. Wünsche verbunden sein können, beraten.[146] Der Architekt muss den Bauherrn z.B. auch über das Risiko bei der Verwendung neuartiger und nicht erprobter Baustoffe beraten.[147] Die Beratungspflicht des Architekten erstreckt sich grundsätzlich nicht nur auf technische Belange. Er muss den Bauherrn auch hinsichtlich der Wirtschaftlichkeit beraten.[148] Der BGH hat den Architekten z.B. als verpflichtet angesehen, den Bauherrn darüber zu beraten, dass die Herstellung einer Halle aus Stahl im konkreten Fall billiger ist als die Ausführung in Stahlbeton.[149]

51

---

141 *Groscurth,* in: Handbuch des Architektenrechts, Band 1, 5. Lieferung der 3. Aufl., II Rn 232 m.w.N.
142 *Locher/Koeble/Frik,* HOAI, 7. Aufl., Rn 18.
143 *Jochem,* HOAI , 4. Aufl., § 15 Rn 64.
144 *Pott/Dahlhoff/Kniffka,* HOAI, 7. Aufl., § 15 Rn 9 b; *Bindhardt/Jagenburg,* Die Haftung des Architekten, 8. Aufl., § 6 Rn 94.
145 *Locher,* Das private Baurecht, 6. Aufl., Rn 293; ausführlich *Weyer,* BauR 1987, 131 ff.
146 OLG Köln BauR 1990, 103.
147 BGH BauR 1970, 177; BGH VersR 1971, 958.
148 *Locher,* Das private Baurecht, 6. Aufl., Rn 295.
149 BGH NJW 1962, 1764.

52 Der Architekt muss den Bauherrn ferner in gewissem Umfang sogar rechtlich beraten. So muss der Architekt den Bauherrn über eine günstige Vertragsgestaltung belehren und ihn auf die unterschiedlichen Regelungen der VOB/B und des BGB-Rechts hinweisen.[150] Der Architekt wird ferner als verpflichtet angesehen, den Bauherrn bei der Auswahl von Bauunternehmern oder Sonderfachleuten zu beraten. Er muss den Bauherrn beispielsweise unterrichten, wenn der Bauherr beabsichtigt, einen dem Architekten als unzuverlässig oder nicht leistungsfähig bekannten Unternehmer zu beauftragen.[151] Im Rahmen der Objektüberwachung muss der Architekt den Bauherrn auf festgestellte Fehler hinweisen und ihn über technische, wirtschaftliche und rechtliche Möglichkeiten zur Mängelbeseitigung beraten.[152] Bei der Abnahme hat der Architekt den Bauherrn über die Notwendigkeit des Vorbehalts bekannter Mängel und einer etwaigen Vertragsstrafe zu beraten.[153] Gerade die Verletzung von Beratungspflichten im Hinblick auf die Abnahme der Bauleistung und die dabei notwendigen Vorbehalte führen in der Praxis immer wieder zu Regressansprüchen des Auftraggebers gegenüber dem Architekten. Will der Architekt die vorgenannten Beratungspflichten ordnungsgemäß erfüllen, setzt dies nicht unerhebliche Kenntnisse des Werkvertragsrechts, des Bürgerlichen Gesetzbuchs und der entsprechenden Vorschriften der VOB/B voraus.[154] Allerdings dürfen die Anforderungen an die für die Architektentätigkeit zweifellos erforderlichen Rechtskenntnisse nicht überspannt werden.[155] Beratungspflicht kann unseres Erachtens nicht bedeuten, dass der Architekt für den Bauherrn schwierige Rechtsprobleme löst, er muss den Bauherrn lediglich auf rechtliche Probleme hinweisen und den Bauherrn über die Notwendigkeit der Einholung entsprechender Rechtsberatung informieren.[156]

53 Zu der bereits angesprochenen Beratungspflicht des Architekten in wirtschaftlicher Hinsicht kann eine Beratungspflicht in finanzieller Hinsicht hinzutreten, insbesondere wenn im Architektenvertrag die Mitwirkung bei der Finanzierung vereinbart ist. Auch bezüglich steuerlicher Gesichtspunkte kann sich im Einzelfall eine Beratungspflicht des Architekten ergeben. Zwar braucht der Architekt nach der Rechtsprechung grundsätzlich nicht von sich aus mit dem Bauherrn zu erörtern, ob dieser steuerliche Begünstigungen in Anspruch nehmen will. Weiß der Architekt aber, dass der Bauherr eine steuerliche Vergünstigung in Anspruch nehmen will, so muss der Architekt dafür sorgen, dass das Bauvorhaben den steuerlichen Anforderungen für die Vergünstigung genügt. Muss sich dem Architekten nach den gesamten Umständen die Erkenntnis aufdrängen, dass der Bauherr steuerliche Vergünstigungen erstrebt, muss der Architekt von sich aus den Bauherrn befragen, was er steuerlich will und sich dann danach richten.[157] Aber auch hier gilt ähnlich wie bei der zuvor angesprochenen Problematik der Rechtsberatung, dass der Architekt den Bauherrn auf mögliche Probleme hinweisen muss, wobei diesbezüglich an den Architekten keine zu hohen Anforderungen gestellt werden dürfen.[158] In jedem Fall muss er aber – wie bei der vorgenannten allgemeinen Rechtsberatung auch – bei Kenntnis der Probleme die Einschaltung von Fachleuten, z.B. eines Steuerberaters, empfehlen.

d) Sonstige Pflichten des Architekten

54 Aus dem Architektenvertrag ergeben sich ferner verschiedene andere (Neben-) Pflichten des Architekten. Der Architekt ist Sachwalter des Auftraggebers. Aus dieser Funktion kann eine Treuepflicht des Architekten abgeleitet werden.[159] Der Inhalt der Treuepflicht ist im jeweiligen Einzelfall unter

---

150 *Rauch*, Architektenrecht und privates Baurecht für Architekten, 2. Aufl., S. 114.
151 OLG Oldenburg BauR 1984, 539; *Locher*, Das private Baurecht, 6. Aufl., Rn 296, 298.
152 *Rauch*, Architektenrecht und privates Baurecht für Architekten, 2. Aufl., S. 115.
153 *Weyer*, BauR 1987, 131, 132.
154 Vgl. BGHZ 74, 235, 238.
155 *Ganten*, NJW 1979, 2513, 2514; *Vygen*, BauR 1984, 245, 255 f.
156 Ebenso *Locher*, Das private Baurecht, 6. Aufl., Rn 301.
157 BGH NJW 1973, 237.
158 OLG Düsseldorf BauR 1990, 493, 494.
159 *Locher*, Das private Baurecht, 6. Aufl., Rn 307; *Groscurth*, in: Handbuch des Architektenrechts, 5. Lieferung der 3. Aufl., II Rn 276, 278.

Berücksichtigung von Treu und Glauben unter Würdigung der primären Leistungspflichten des Architekten nach dem jeweiligen Architektenvertrag zu ermitteln. Letztlich geht es dabei immer darum, dass der Architekt die berechtigten Interessen des Auftraggebers so gut wie möglich zu wahren hat.

Des Weiteren ist der Architekt zur Verschwiegenheit über die ihm im Laufe der Planung und Bauausführung bekannt gewordenen Tatsachen und Umstände wirtschaftlicher oder privater Art seines Bauherrn verpflichtet.[160] Ferner trifft den Architekten eine Auskunfts- und Rechenschaftspflicht gegenüber dem Bauherrn. Sie verpflichtet den Architekten zur Übermittlung der erforderlichen Nachrichten über das Baugeschehen und auf Verlangen des Bauherrn zu allen Auskünften, die ein vernünftiger Bauherr zur Beurteilung des Baugeschehens benötigt.[161] Des Weiteren ist der Architekt verpflichtet, dem Bauherrn Einsicht in die Bauunterlagen, z.B. Pläne, Leistungsverzeichnisse, Mengen- und Kostenabrechnungen, Bautagebuch, behördliche Unterlagen etc. zu gewähren.[162] Darüber hinaus kann der Architekt zur Herausgabe von Unterlagen verpflichtet sein. Dies folgt bei Eigentum des Bauherrn an den Unterlagen aus § 985 BGB. Im Übrigen – insbesondere bei den vom Architekten erstellten Plänen, die nicht Eigentum des Bauherrn sind – kann sich die Herausgabepflicht als Nebenpflicht aus dem Architektenvertrag ergeben.[163] In schriftlichen Architektenverträgen finden sich vielfach auch ausdrückliche Regelungen über die Herausgabepflicht des Architekten. Mangels anderweitiger Vereinbarung braucht der Architekt die von ihm hergestellten Originalzeichnungen grundsätzlich nicht herauszugeben.[164] Der Bauherr hat insoweit nur Anspruch auf Lichtpausen oder Abzüge.[165] Schließlich hat der Architekt die Bauunterlagen zu verwahren.[166] Die Verwahrungspflicht endet mit der Verjährung des Herausgabeanspruchs des Bauherrn, also regelmäßig erst nach 30 Jahren (§ 195 BGB), sofern im Architektenvertrag nichts anderes vereinbart ist.

IV. Beendigung des Architektenvertrags

Der Architektenvertrag endet, wenn der Architekt seine Leistungen entsprechend den vertraglichen Vereinbarungen erbracht und der Auftraggeber das Architektenhonorar gezahlt hat, durch Erfüllung der jeweiligen Leistungspflichten (§ 362 BGB). In der Praxis kommt es jedoch häufig vor, dass der Vertrag aus vielfältigen Gründen nicht bis zu Ende durchgeführt wird. Praktisch wichtige Gründe der vorzeitigen Vertragsbeendigung werden im Folgenden erörtert.

1. Ordentliche Kündigung (freies Kündigungsrecht des Auftraggebers)

Der Architektenvertrag kann nach der Gesetzeslage nur vom Auftraggeber, nicht aber vom Architekten ordentlich gekündigt werden. Gemäß § 649 S. 1 BGB kann der Auftraggeber den Architektenvertrag bis zur Vollendung der Architektenleistungen jederzeit auch ohne Vorliegen von Gründen (ordentliche Kündigung) kündigen. Es bedarf also weder eines Kündigungsgrundes noch einer Kündigungsfrist. Entsprechend der Bedeutung des Architektenvertrags für beide Vertragsparteien wird diese freie Kündigungsmöglichkeit des Bauherrn in Architektenverträgen in der Regel ausgeschlossen und die Kündigung für beide Seiten auf wichtige Gründe (außerordentliche Kündigung)

---

160 *Locher*, Das private Baurecht, 6. Aufl., Rn 303; *Groscurth*, in: Handbuch des Architektenrechts, Band 1, 5. Lieferung der 3. Aufl., II Rn 280.
161 *Locher*, NJW 1968, 2324 ff.
162 *Groscurth*, in: Handbuch des Architektenrechts, Band 1, 5. Lieferung der 3. Aufl., II Rn 284.
163 *Locher*, Das private Baurecht, 6. Aufl., Rn 305.
164 OLG Köln BauR 1973, 251.
165 *Groscurth*, in: Handbuch des Architektenrechts, Band 1, 5. Lieferung der 3. Aufl., II Rn 285.
166 *Locher*, Das private Baurecht, 6. Aufl. Rn 306.

beschränkt.[167] Ob das Recht des Auftraggebers zur ordentlichen Kündigung auch in Allgemeinen Geschäftsbedingungen wirksam abbedungen und stattdessen ein Recht zur Kündigung nur aus wichtigem Grund vorgesehen werden darf, ist umstritten.[168] Nach Ansicht des BGH kann das freie Kündigungsrecht des Auftraggebers nicht durch Allgemeine Geschäftsbedingungen wirksam ausgeschlossen werden.[169]

58 Sofern der Auftraggeber den Architektenvertrag gemäß § 649 BGB kündigt, behält der Architekt für bereits erbrachte Leistungen seinen Anspruch auf die volle vertragliche (Teil-) Vergütung. Soweit der Architekt die Leistungen noch nicht erbracht hat, kann er vom Auftraggeber gemäß § 649 S. 2 BGB ebenfalls die vereinbarte Vergütung für diese Leistungen verlangen; er muss sich jedoch dasjenige anrechnen lassen, was er infolge der Aufhebung des Vertrags an Aufwendungen erspart oder durch anderweitige Verwendung seiner Arbeitskraft erwirbt oder – wie das Gesetz formuliert – zu erwerben böswillig unterlässt.

59 Die Berechnung des Vergütungsanspruchs für nicht erbrachte Leistungen abzüglich der ersparten Aufwendungen bereitet in der Praxis häufig Probleme. Denn der Architekt muss darlegen, wie er die einzelnen Leistungen auf der Grundlage des Vertrags bewertet hat, die erbrachten von den nicht erbrachten Leistungen genau trennen und auch seine Kalkulationsgrundlagen, insbesondere den kalkulierten Gewinn und die kalkulierten Aufwendungen, offen legen.[170] Bei der Berechnung des Anspruchs greifen Architekten häufig auf die sogenannte 40/60-Regel zurück. Hiermit kann der Architekt jedoch heute ohne weiteres keinen Erfolg mehr haben. Zwar hatte es der BGH in früheren Entscheidungen für die Abrechnung eines gekündigten Architektenvertrags genügen lassen, wenn lediglich ein Prozentsatz für ersparte Aufwendungen vorgetragen wurde, weil insoweit widerledglich vermutet wurde, dass die ersparten Aufwendungen 40 % betragen. Diese Rechtsprechung hat der BGH in letzter Zeit jedoch aufgegeben.

60 Der BGH nimmt heute an, dass bei den als erspart anzurechnenden Aufwendungen auch beim Architektenvertrag auf den konkreten Vertrag abzustellen ist. Welche ersparten Aufwendungen und welchen anderweitigen Erwerb sich der Architekt anrechnen lassen muss, hat hiernach der Architekt vorzutragen. Trägt er nur einen bestimmten Prozentsatz vor (z.B. 40 %), so genügt dies nach der Rechtsprechung des BGH nicht, weil nicht ersichtlich sei, wie der Architekt für den konkreten Vertrag gerade zu diesem Prozentsatz gekommen ist.[171] Aber auch für den Fall, dass die 40/60-Klausel in einem Architektenvertrag ausdrücklich vereinbart ist, nützt dies dem Architekten häufig wenig. Derartige Klauseln sind regelmäßig in den vom Architekten verwendeten Allgemeinen Geschäftsbedingungen enthalten. Sie verstoßen nach Ansicht des BGH jedoch sowohl im kaufmännischen als auch im nicht kaufmännischen Verkehr gegen die Bestimmungen des AGBG und sind deshalb unwirksam.[172] Dies gilt jedenfalls dann, wenn in den Klauseln eine Öffnungsmöglichkeit fehlt, also dem Vertragspartner des Architekten nicht die Möglichkeit eingeräumt wird, einen höheren Anteil an ersparten Aufwendungen nachzuweisen oder die Klauseln den anderweitigen Erwerb nicht berücksichtigen. Dem Architekten bleibt also auch in diesen Fällen nichts anderes übrig, als eine den Anforderungen der Rechtsprechung genügende Abrechnung der ersparten Aufwendungen und des anderweitigen Erwerbs zu erstellen.

---

167 *Quack/Thode*, Vertragsrecht der Architekten- und Ingenieurverträge, Stand April 1999, S. 43; Neuenfeld, Architekt und Bauherr, Rn 245.
168 Dafür z.B. *Löffelmann/Fleischmann*, Architektenrecht, 4. Aufl. Rn 1457; *Neuenfeld*, Architekt und Bauherr, Rn 245; a. A. OLG Hamburg BauR 1993, 123 Ziff. 4.
169 BGH DB 1999, 2307.
170 BGH DB 1999, 2307, 2308; *Wirth/Theis*, Architekt und Bauherr, S. 165.
171 BGH NJW 1996, 1751 f.
172 BGH NJW 1997, 259 f.; BGH BauR 1999, 167, 170 f.

Will der Architekt im Falle einer Kündigung nach der 40/60-Regel abrechnen, bleibt ihm nur die Möglichkeit, eine entsprechende Abrechnung mit dem Auftraggeber individualvertraglich zu vereinbaren, was in der Praxis jedoch kaum möglich sein dürfte. Die Vereinbarung einer 40/60-Regel, sei sie nun individualvertraglich oder in unwirksamer Form durch vom Architekten gestellte Allgemeine Geschäftsbedingungen vereinbart worden, führt ferner zu der für den Architekten nachteiligen Folge, dass er selbst dann nicht mehr als 60 % seines Honorars verlangen kann, wenn sich nach einer nach den Bestimmungen des § 649 S. 2 BGB erstellten Abrechnung ergeben würde, dass der Anspruch 60 % sogar übersteigen würde.[173]

2. Außerordentliche Kündigung (Kündigung aus wichtigem Grund)

Eine außerordentliche Kündigung des Architektenvertrags ist sowohl durch den Auftraggeber als auch durch den Architekten möglich. Die außerordentliche Kündigung des Architektenvertrags kann weder durch Allgemeine Geschäftsbedingungen noch individualvertraglich wirksam ausgeschlossen werden.[174] Eine außerordentliche Kündigung des Architektenvertrags setzt sowohl für den Bauherrn als auch für den Architekten einen sogenannten wichtigen Grund voraus. Ein wichtiger Grund liegt nach der Rechtsprechung des BGH beim Werkvertrag vor, wenn durch den Vertrauensverlust die Vertragsgrundlage zwischen den Vertragsparteien so erschüttert ist, dass von der kündigenden Partei ein Festhalten an dem Vertrag nicht verlangt werden kann.[175]

61

Die Rechtsprechung hat in einer Vielzahl von Einzelfallentscheidungen die vorgenannte Generalklausel konkretisiert. Ein Kündigungsrecht aus wichtigem Grund für den Auftraggeber wird hiernach regelmäßig dann bestehen, wenn der Architekt durch (schwerwiegende) Architektenfehler die Erreichung des Vertragszwecks gefährdet. Dies kann etwa dann angenommen werden, wenn die Leistungen des Architekten schwerwiegende Mängel aufweisen und praktisch wertlos sind, z.B.
- der Architekt fertigt zwei nicht genehmigungsfähige Entwürfe trotz eines ihm vorliegenden gegenteiligen Bauvorbescheids,
- die Planungen überschreiten erheblich die vom Bauherrn vorgegebenen Baukosten oder
- ein Leistungsverzeichnis weist zum wiederholten Male schwerwiegende Mängel auf und ist unbrauchbar.[176]
- Ein wichtiger Grund für den Bauherrn kann ferner gegeben sein, wenn der Architekt sich als dauernd unzuverlässig erweist und seine Versprechungen nicht einhält, wenn er die Weiterarbeit verweigert bzw. seinerseits unberechtigt kündigt.[177]

62

Allerdings ist zu beachten, dass nicht jeder Vertragsverstoß des Architekten, auch wenn er schwerwiegend ist, den Bauherrn gleich zur außerordentlichen Kündigung berechtigt. Denn zunächst ist der Architekt bei mangelhaften Leistungen grundsätzlich gemäß § 633 BGB zur Nachbesserung berechtigt. Sofern allerdings die Fehlleistung des Architekten derart gravierend ist, dass dem Bauherrn eine Weiterarbeit nicht zuzumuten ist, steht dem Architekten auch kein Nachbesserungsrecht zu und der Bauherr kann außerordentlich kündigen.[178]

63

Als wichtiger Grund für eine Kündigung des Architekten wird angesehen, wenn der Bauherr sich unberechtigt weigert, fällige Abschlagszahlungen zu erbringen, ehrverletzende Äußerungen über den Architekten abgibt, der Bauherr den Architekten zu rechtswidrigem Bauen ohne Baugenehmigung

---

[173] BGH NJW-RR 1998, 594 f.
[174] *Rauch*, Architektenrecht und privates Baurecht für Architekten, 2. Aufl., S. 66.
[175] BGH NJW 1993, 1973.
[176] OLG Düsseldorf BauR 1986, 472; OLG Hamm BauR 1987, 464; LG Aachen NJW-RR 1988, 1364 f.; *Groscurth*, in: Handbuch des Architektenrechts, Band 1, 5. Lieferung der 3. Aufl., II Rn 415.
[177] *Groscurth*, in: Handbuch des Architektenrechts, 5. Lieferung der 3. Aufl., II Rn 415 m.w.N.
[178] OLG Düsseldorf BauR 1988, 237; *Rauch*, Architektenrecht und privates Baurecht für Architekten, 2. Aufl., S. 67.

oder zur Mitwirkung bei strafbaren Handlungen veranlassen will, der Bauherr seinerseits unberechtigt fristlos kündigt oder der Architekt seine Leistungen nur unter Verletzung von Standespflichten erbringen könnte.[179]

64 Die vorgenannten Gründe sind lediglich als Beispiele zu verstehen. Ob eine außerordentliche Kündigung berechtigt ist oder nicht, ist stets anhand der Umstände des konkreten Einzelfalls zu untersuchen. Im Hinblick auf die anfangs genannte generalklauselartige Formulierung für einen wichtigen Grund ist es in der Praxis äußerst schwierig, vorab zu beurteilen, ob ein bestimmtes Verhalten des jeweiligen Vertragspartners oder ein sonstiger Umstand zur außerordentlichen Kündigung berechtigt. Da die außerordentliche Kündigung weit reichende Rechtsfolgen hat und – wie dargelegt – im Falle ihrer Unwirksamkeit selbst einen wichtigen Kündigungsgrund für die Gegenseite liefert, sollten vor Ausspruch einer außerordentlichen Kündigung sehr genau die Risiken eines solchen Vorgehens abgewogen werden.

65 Bezüglich der Rechtsfolgen einer außerordentlichen Kündigung ist wiederum zwischen der Kündigung durch den Bauherrn und der Kündigung durch den Architekten zu unterscheiden. Kündigt der Bauherr aus einem vom Architekten zu vertretenen wichtigen Grund, ist § 649 S. 2 BGB nach ständiger Rechtsprechung nicht anwendbar, so dass in einem solchen Fall der Architekt eine Vergütung für noch nicht erbrachte Leistungen nicht verlangen kann.[180] Wie allgemein, beschränkt sich die Wirkung einer solchen Kündigung jedoch auf die Zukunft. Dem Architekten bleibt daher grundsätzlich der Anspruch auf Vergütung für die erbrachten Leistungen erhalten.[181] Der Honoraranspruch für die erbrachten Leistungen kann allerdings wegen insoweit mangelhafter Werkleistung (bis auf null) gemindert sein oder durch Aufrechnung mit Schadenersatzansprüchen aus § 635 BGB oder aus positiver Vertragsverletzung zum Erlöschen gebracht werden.[182]

66 Es ist darauf hinzuweisen, dass die grundlose fristlose Kündigung des Architektenvertrags, sei es durch den Architekten oder durch den Bauherrn, ihrerseits eine positive Vertragsverletzung des Architektenvertrags darstellt und somit eine Schadensersatzpflicht der kündigenden Partei nach sich zieht (183).

67 Bei einer vom Bauherrn zu vertretenen außerordentlichen Kündigung des Architekten behält der Architekt für die erbrachten Leistungen seinen Vergütungsanspruch. Für noch nicht erbrachte Leistungen kann der Architekt kein Honorar verlangen.[183] Dem Architekten steht dafür allerdings gegen den Bauherrn ein Schadensersatzanspruch aus positiver Vertragsverletzung zu, der auf Ersatz des entgangenen Gewinns geht, wenn der zur Kündigung berechtigende Grund vom Auftraggeber verschuldet ist.[184]

3. Aufhebungsvertrag

68 Architekt und Bauherr können als Ausfluss der Vertragsfreiheit neben der einseitigen Vertragsbeendigung durch Kündigung jederzeit einvernehmlich die Aufhebung des Architektenvertrags durch einen Aufhebungsvertrag vereinbaren und die Bedingungen hierfür festlegen.[185] Es ist zu empfehlen, im Rahmen dieser Aufhebungsvereinbarung insbesondere festzulegen, für welchen Zeitpunkt die Vertragsaufhebung wirksam werden soll, was hinsichtlich der Vergütungs- und Gewährleistungsansprüche gelten soll und ob ggf. sonstige nachvertragliche Pflichten vereinbart werden sollen. Wird

---

179 *Löffelmann/Fleischmann*, Architektenrecht, 4. Aufl., Rn 1476; *Groscurth*, in: Handbuch des Architektenrechts, 5. Lieferung der 3. Aufl., II Rn 426, 428; *Rauch*, Architektenrecht und privates Baurecht für Architekten, 2. Aufl., S. 68.
180 BGH NJW 1993, 1972, 1973; *Palandt-Sprau*, BGB, 59. Aufl., § 649 Rn 4.
181 BGH NJW-RR 1990, 1109; OLG Düsseldorf BauR 1988, 237.
182 OLG Düsseldorf NJW-RR 1994, 19; OLG Hamm NJW-RR 1986, 764.
183 *Löffelmann/Fleischmann*, Architektenrecht, 4. Aufl., Rn 1479.
184 *Rauch*, Architektenrecht und privates Baurecht für Architekten, 2. Aufl., S. 71.
185 *Löffelmann/Fleischmann*, Architektenrecht, 4. Aufl., Rn 1484.

lediglich die Aufhebung des Vertrags ohne weitere Bedingung vereinbart, wirkt die Vertragsaufhebung nur für die Zukunft, die Vergütungs- und Gewährleistungsansprüche für die Vergangenheit bleiben unberührt. Ob dem Architekten auch der Vergütungsanspruch aus § 649 S. 2 BGB zustehen soll, ist durch Vertragsauslegung zu ermitteln. Hier ist von dem Grundsatz auszugehen, dass der Architekt diesen Anspruch nur verliert, wenn dies ausdrücklich bzw. den Umständen nach vereinbart wurde.[186]

V. Das Urheberrecht des Architekten

69 Das Urheberrecht des Architekten findet seine Rechtsgrundlage im Gesetz über Urheberrecht und verwandte Schutzrechte (UrhG).

Nach § 1 UrhG genießen Urheber von Werken der Kunst für ihre Werke Urheberrechtsschutz. Gemäß § 2 Abs. 1 Nr. 4 UrhG gehören zu den geschützten Werken solche der bildenden Künste „einschließlich der Werke der Baukunst". Nach § 2 Abs. 1 Nr. 7 UrhG zählen zu den geschützten Werken auch Darstellungen wissenschaftlicher oder technischer Art, wie Zeichnungen, Pläne etc. Allerdings genießen nicht alle Werke der Baukunst etc. Urheberrechtsschutz. Denn nach § 2 Abs. 2 UrhG sind Werke im Sinne des Urheberrechts „nur persönliche geistige Schöpfungen".

70 In der Praxis findet sich vielfach die Ansicht von Architekten, dass jede Planung urheberrechtsfähig sei. Dies ist nicht der Fall. Es stellt sich für den Urheberrechtsschutz zunächst immer die Frage, wann ein Werk eine **persönliche geistige Schöpfung** in dem vorgenannten Sinne darstellt. Hierbei handelt es sich um einen auslegungsbedürftigen Rechtsbegriff, der in Rechtsprechung und Literatur vielfältige Umschreibungen erfahren hat. Eine persönliche geistige Schöpfung erfordert zunächst eine menschlich-gestalterische Tätigkeit des Urhebers.[187] Für die Zuerkennung von Urheberrechtsschutz muss das Werk eine originelle eigenschöpferische Darstellungsweise erkennen lassen.[188] Nach *Locher* ist ein für den Architekten urheberrechtlich geschütztes Werk der Baukunst eine mit den Mitteln der Architektur verwirklichte Schöpfung, die Gestaltung und Individualität aufweist.[189] Der BGH hat es für den Urheberrechtsschutz als entscheidend angesehen, dass ein künstlerisches Schaffen vorliegt, dass sich im Bauwerk objektiviert hat. Der Niederschlag, den die künstlerische Leistung im Werk findet, bestimmt die Individualität, die für den urheberrechtlichen Schutz maßgebend ist; der Gebrauchszweck schließt den Urheberrechtsschutz eines Bauwerks nicht aus.[190] Somit können auch Zweckbauten, wie Wohnhäuser, Gemeinschaftsheime, Brücken etc. eine solche Gestaltungshöhe und Individualität aufweisen, dass sie persönliche geistige Schöpfungen im Sinne des Urhebergesetzes darstellen und Urheberrechtsschutz genießen.[191] Die vorgenannten Umschreibungen verdeutlichen, dass bei der Beurteilung der Frage, ob ein Architektenwerk Urheberrechtsschutz genießt, stets ein erheblicher Ermessensspielraum besteht, der im Streitfall vom Gericht, in der Regel nach Hinzuziehung eines Sachverständigen, auszufüllen ist.

71 Grundsätzlich können ganz verschiedene Elemente des Architektenwerks dazu führen, dass die für die Zuerkennung von Urheberrechtsschutz geforderte **„gewisse Gestaltungshöhe"** erreicht wird, so dass es sich nicht um ein „Dutzendwerk" handelt, sondern es sich hiervon durch Originalität und Form abhebt. So können zum Urheberrechtsschutz beispielsweise eine besondere Fassadengestaltung, die Wahl und Zuordnung der Baustoffe, die Farbgebung, die Einfügung des Baukörpers in die

---

186 BGH NJW 1974, 945 f.
187 *Neuenfeld*, in: Handbuch des Architektenrechts, Band 1, 5. Lieferung der 3. Aufl., III Rn 17 m.w.N.
188 *Rauch*, Architektenrecht und privates Baurecht für Architekten, 2. Aufl., S. 305.
189 *Locher*, Das private Baurecht, 6. Aufl., Rn 357.
190 Z.B. BGHZ 24, 55, 62.
191 BGHZ, 24, 55, 62 f.

Umgebung bzw. die Zuordnung der Baukörper zueinander, die Türen- und Fenstereinteilung, die Gestaltung des Innenraums, die Maßverhältnisse und Proportionen führen.[192]

72 Liegt ein geschütztes Werk vor, d.h. eine urheberrechtsfähige Architektenleistung, stellt sich die weitere Frage, wem der Urheberschutz zusteht. Nach § 1 UrhG genießt der Urheber des Werks den Urheberschutz. Nach § 7 UrhG ist Urheber „der Schöpfer des Werks". Schöpfer des Werks in diesem Sinne kann immer nur eine natürliche Person sein, nicht aber eine juristische Person.[193] Bei **Architektengesellschaften**, z.B. in der Rechtsform der GmbH, bedeutet dies, dass Urheber immer nur der das Werk schaffende (bei der Gesellschaft beschäftigte) Architekt sein kann.[194] Allerdings kann die Architektengesellschaft **Trägerin von Verwertungsrechten** (§§ 11, 12 ff., 15 ff. UrhG) sein.[195] § 43 UrhG bestätigt ausdrücklich, dass auch ein Angestellter oder ein freier Mitarbeiter, der das Werk in Erfüllung seiner Verpflichtungen aus dem Arbeits- oder Dienstverhältnis geschaffen hat, Urheber des Werks sein kann. Ein freischaffender Architekt und sein Angestellter bzw. freier Mitarbeiter können daher auch Miturheber im Sinne von § 8 UrhG sein, wenn sie ein Werk gemeinsam geschaffen haben.[196] Die in diesem Bereich möglichen Konflikte zwischen Urheberrecht und Arbeitsrecht sind unübersehbar. Es ist daher dringend zu empfehlen, dass in dem Anstellungsvertrag bzw. freien Dienstvertrag mit dem Architekten vereinbart wird, dass dieser alle etwa entstehenden materiellen Urheberverwertungsrechte dem Arbeitgeber/Auftraggeber überträgt. Das Urheberrecht selbst ist nicht übertragbar.

73 Grundlegend für den Inhalt des Urheberrechts ist **§ 11 UrhG**. Diese Vorschrift bestimmt, dass das Urheberherrecht den Urheber in seinen geistigen und persönlichen Beziehungen zum Werk und in der Nutzung des Werks schützt. Dies ist das Urheberrecht selbst. Die §§ 12 ff., 15 ff. und 31 ff. UrhG enthalten eine Vielzahl von Nutzungs- und Verwertungsrechten, die sich aus dem Urheberrecht ergeben. So beinhaltet § 12 UrhG das Veröffentlichungsrecht, § 14 das Recht, eine Entstellung oder andere Beeinträchtigung des Werks zu verbieten, § 16 UrhG das Vervielfältigungsrecht, § 17 UrhG das Verbreitungsrecht, § 18 UrhG das Ausstellungsrecht, § 31 UrhG das Rechts des Urhebers zur Einräumung von Nutzungsrechten. Im Rahmen der vorliegenden Darstellung kann auf die einzelnen Rechte nicht umfassend eingegangen werden. Im Folgenden sollen daher nur einige für den Architekten praxisrelevante Gesichtspunkte angesprochen werden.

74 Aus § 14 UrhG folgt das Recht des Architekten, eine Entstellung oder andere Beeinträchtigung seines Werks zu verbieten. Nach § 23 UrhG dürfen Bearbeitungen oder andere Umgestaltungen des Werks nur mit Einwilligung des Urhebers verwertet werden. Nach § 39 UrhG darf der Inhaber eines Nutzungsrechts das Werk grundsätzlich nicht ändern.

75 Die vorgenannten Rechte des Architekten sind für Eigentümer oder Nutzer des Bauwerks oft sehr hinderlich, da sie Umbaumaßnahmen grundsätzlich entgegenstehen. So sah es das LG Hamburg als Verstoß gegen § 14 UrhG an, dass der Eigentümer bei einem Mietwohnhaus, dessen Fassadengestaltung insbesondere durch die besonderen dreiflügeligen Fenster eine für das Urheberrecht erforderliche Gestaltungshöhe aufwies, diese Fenster auswechseln ließ und sie durch neue Fenster ersetzte, die einen „die Gesamtwirkung des Bauwerks in unangemessener Weise bestimmenden, nahezu die Grenze zum Erdrückenden erreichenden Eindruck" vermittelten.[197]

Dies zeigt, dass sich die Urheberrechte auch gegen den Eigentümer des Werkoriginals richten können. Dabei kann eine Beeinträchtigung des Urheberrechts auch dann vorliegen, wenn das Werk eine

---

192 *Rauch*, Architektenrecht und privates Baurecht für Architekten, 2. Aufl., S. 306 m.w.N.
193 *Neuenfeld*, in: Handbuch des Architektenrechts, 5. Lieferung der 3. Aufl., III Rn 37.
194 *Neuenfeld*, in: Handbuch des Architektenrechts, 5. Lieferung der 3. Aufl., III Rn 38; *Seewald/Freudling*, NJW 1986, 2688, 2690.
195 *Seewald/Freudling*, NJW 1986, 2688, 2690.
196 *Neuenfeld*, in: Handbuch des Architektenrechts, 5. Lieferung der 3. Aufl., Rn 39.
197 LG Hamburg BauR 1991, 645.

„Verbesserung" erfährt.[198] Denn der Schutz des Urhebers durch das urheberrechtliche Änderungsverbot richtet sich nicht nur gegen künstlerische Verschlechterungen, sondern auch gegen andere Verfälschungen der Wesenszüge des Werks. So kann eine Aufstockung eines Gebäudes, eine Änderung oder eine sonstige Umbaumaßnahme eine Verletzung des Urheberschutzes darstellen.

Die Rechte aus dem Urheberrecht sind jedoch **nicht grenzenlos**. Es sind auch die Interessen des Auftraggebers im Rahmen einer Interessenabwägung zu berücksichtigen. Die Abgrenzung zwischen den Interessen des Urhebers und des Auftraggebers/Eigentümers ist im Einzelfall schwierig zu treffen. Das Urheberrecht des Architekten darf das Gebäude vom technischen Fortschritt nicht ausschließen. Änderungen, die durch Gesetz, durch technische Entwicklung (z.B. Einbau/Änderung der Heizung, Entlüftung, Klimaanlagen) erforderlich sind, werden in der Literatur, wenn sie schonend erfolgen, als gerechtfertigt angesehen.[199] Ebenso sollen bei Zweckbauten funktionell notwendige Änderungen wie der Einbau von Rolltreppen, Schalterhallen, Einrichtungen für Immissions- und Schallschutz grundsätzlich zulässig sein.[200] So hat z.B. das OLG Hamm entschieden, dass das nachträgliche Anbringen von Sonnenjalousetten keine Verletzung des Änderungsverbots darstelle, wenn die sonnenbeschienenen Seiten des Gebäudes bei Sonneneinstrahlung derart stark aufgeheizt würden, dass die hierdurch entstehenden Raumtemperaturen von über 30° C die Nutzer des Gebäudes unzumutbar beeinträchtigen.[201] Das OLG Frankfurt hielt den Eigentümer für berechtigt, ein in erheblichem Umfang undichtes Flachdach eines Verwaltungsgebäudes durch eine flachgeneigte Dachkonstruktion mit Attika zu ersetzen, weil die Wasserschäden eine dauerhafte wirtschaftliche Lösung erfordern würden und der flachgeneigten Dachkonstruktion in der Flucht der Gebäudefassade auch nicht der Eigentümlichkeit des Gebäudes entgegenstehen würde.[202] Letztlich bewegen sich Eigentümer und Architekt bei derartigen Rechtsstreitigkeiten auf „dünnem Eis", da die vom Gericht in diesen Fällen vorzunehmende Interessenabwägung zwischen den Belangen des Eigentümers und des Urhebers schwer voraussehbar ist.

Umstritten ist, ob der Urheber bei einer Änderung oder Instandsetzung des Bauwerks ein Recht hat, zur Durchführung dieser Maßnahme herangezogen zu werden. Teilweise wird die Auffassung vertreten, der Urheber müsse mit der Durchführung der Änderung als Architekt beauftragt werden.[203] Überwiegend wird jedoch die gegenteilige Auffassung vertreten, die eine Pflicht, den Urheber mit der Durchführung der Baumaßnahme zu beauftragen, nur in besonderen Einzelfällen anerkennt, etwa dann, wenn es sich um ein besonders individuell geprägtes Bauwerk handelt und die Bausubstanz sowie die bisherige Gestaltung nur dann erhalten werden kann, wenn der erste Architekt zumindest beratend tätig wird. Dies wird jedoch nur in Ausnahmefällen angenommen, so dass grundsätzlich keine Pflicht besteht, den Urheber bei Änderungen oder Instandsetzungen hinzuzuziehen.[204]

Nach der Rechtsprechung verletzt die Zerstörung eines urheberrechtlich geschützten Werkes grundsätzlich nicht das Urheberrecht.[205] Dies bedeutet für den Architekten, dass dieser urheberrechtlich nicht verhindern kann, dass sein Bauwerk abgerissen wird.[206]

---

198 *Prinz,* in: Rechtshandbuch für Ingenieure und Architekten, A X Rn 21 ff.; BGH NJW 1999, 790, 791.
199 *Locher,* Das private Baurecht, 6. Aufl., Rn 359.
200 *Locher,* Das private Baurecht, 6. Aufl., Rn 359; *Hesse,* BauR 1971, 220.
201 OLG Hamm BauR 1984, 298.
202 OLG Frankfurt BauR 1986, 466.
203 So z.B. *Neuenfeld,* BauR 1975, 373 in Anlehnung an *Ulmer,* Der Architekt, 1969, 81; *Prinz,* in: Rechtshandbuch für Ingenieure und Architekten, A X Rn 31 f.
204 So z.B. *Locher,* Das private Baurecht, 6. Aufl., Rn 360; *Hesse,* BauR 1971, 209; *Werner/Pastor,* Der Bauprozess, 9. Aufl., Rn 1960; *Gerlach,* GRUR 1976, 613, 623 jeweils m.w.N.
205 Grundlegend RGZ 79, 397.
206 H.M. RGZ 79, 397; LG München I NJW 1982, 655; LG München I NJW 1983, 1205; *Neuenfeld,* in: Handbuch des Architektenrechts, 5. Lieferung der 3. Aufl., III Rn 94 m.w.N.; a.A. *Walchshöfer,* ZfBR 1988, 104, 106; *Prinz,* in: Rechtshandbuch für Ingenieure und Architekten, A X Rn 28 jeweils m.w.N.

79 Mit Abschluss des Architektenvertrags überträgt der Architekt in der Regel – vorbehaltlich weitergehender Vereinbarungen im Architektenvertrag – die urheberrechtlichen Nutzungsbefugnisse an seiner Planung auf den Bauherrn nur insoweit, als der Bauherr diese zur Errichtung des Bauwerks benötigt.[207] Dies gilt allerdings nur für die einmalige Errichtung des Bauwerks. Ein Nachbau durch den Bauherrn ist daher urheberrechtlich grundsätzlich nicht zulässig.[208]

80 Sofern eine Verletzung des Urheberrechts vorliegt, ergeben sich für den Architekten verschiedene Ansprüche. Der Architekt kann gemäß § 97 Abs. 1 S. 1 UrhG Beseitigung der Beeinträchtigung verlangen sowie bei Wiederholungsgefahr Unterlassung begehren. Wurde das Urheberrecht des Architekten vorsätzlich oder fahrlässig verletzt, hat der Architekt gemäß § 97 Abs. 1 S. 1 UrhG zudem Anspruch auf Schadensersatz. Anstelle des Schadensersatzes kann der Architekt nach § 97 Abs. 1 S. 2 UrhG die Herausgabe des Gewinns verlangen, den der Verletzer durch die Verletzung des Rechts erzielt hat.

81 Der Anspruch des Architekten auf Beseitigung der Beeinträchtigung kann bei einer urheberrechtlich unzulässigen Änderung des Bauwerks dahin gehen, dass der Verletzer verpflichtet ist, die ursprüngliche Gestaltung wieder herzustellen. Dies bedeutet regelmäßig den Rückbau der durchgeführten Veränderung. Für den Architekten bedeutsamer ist oft allerdings der Schadensersatzanspruch. Dafür gibt es drei Möglichkeiten der Schadensberechnung. Der Architekt kann einmal den ihm durch die Verletzung seiner Urheberrechte entgangenen Gewinn verlangen. Hierbei handelt es sich um das Architektenhonorar, dass der Architekt bei Beachtung seines Rechts verdient hätte. Alternativ kann der Architekt eine angemessene Lizenzgebühr verlangen, also die Gebühr, die ihm bei Einigung über die Urheberrechtsnutzung zugestanden hätte.[209] Die dritte Alternative gemäß § 97 Abs. 1 S. 2 UrhG, also die Herausgabe des durch die Urheberrechtsverletzung erzielten Gewinns, wird in dem hier interessierenden Bereich selten praktische Relevanz erhalten. Die Ermittlung des entgangenen Gewinns bzw. der angemessenen Lizenzgebühr stößt auf Schwierigkeiten. Nach Auffassung des OLG Köln ist der Architekt gemäß § 97 Urhebergesetz im Wege des Schadensersatzes so zu stellen, als wenn er nach den üblichen Bedingungen für seine Leistungen bezahlt worden wäre, abzüglich etwa ersparter Aufwendungen und abzüglich anderweitiger Verdienstmöglichkeiten in der ersparten Zeit.[210] Hierbei sind alle Leistungen zu berücksichtigen, die er erbracht hätte, wenn sein Urheberrecht nicht verletzt worden wäre.[211]

82 Die Fragen des Architektenurheberrechts werden in der Vertragspraxis meist durch Urheberrechtsklauseln „gelöst", die in den letzten Jahren immer urheberunfreundlicher geworden sind. *Neuenfeld* hat eine Vielzahl von Urheberrechtsklauseln zusammengestellt.[212] Die Vertragsklauseln sind dadurch gekennzeichnet, dass die Auftraggeber versuchen, eine möglichst weitgehende Übertragung der Nutzungsrechte zu erlangen, um z.B. Änderungen des Werks auch ohne irgendwelche Mitwirkung des Architekten durchführen zu können. Da das Urheberrecht bei Abschluss des Architektenvertrags selten eine besondere Rolle spielt, gelingt dem Auftrageber die Durchsetzung derartiger Klauseln in der Praxis häufig, was zu einer weitgehenden Aushöhlung des Urheberrechts führt. Wenn der Architekt in diesem Bereich mehr Wert auf die Vertragsgestaltung legen würde, schützte er sein Werk und legte nicht selten den Grundstein für eine spätere Honorarquelle.

---

207 BGH NJW 1984, 2818.
208 *Locher*, Das private Baurecht, 6. Aufl., Rn 361; *Rauch*, Architektenrecht und privates Baurecht für Architekten, 2. Aufl., S. 308.
209 *Locher*, Das private Baurecht, 6. Aufl., Rn 364.
210 OLG Köln BauR 1991, 674; ebenso LG Hamburg BauR 1991, 645, 646.
211 OLG Köln BauR 1991, 647; *Rauch*, Architektenrecht und privates Baurecht für Architekten, 2. Aufl., S. 310 f.; *Locher*, Das private Baurecht, 6. Aufl., Rn 364.
212 *Neuenfeld*, in: Handbuch des Architektenrechts, 5. Lieferung der 3. Aufl., III Rn 115.

B. Die Haftung des Architekten

I. Grundlagen der Haftung

Der Architektenvertrag ist grundsätzlich als Werkvertrag einzustufen.[213] Folglich richtet sich auch die Haftung des Architekten gegenüber seinem Auftraggeber primär nach den werkvertraglichen Vorschriften. Anspruchsgrundlage bei Schadensersatzansprüchen des Bauherrn ist § 635 BGB, wenn der Architekt von ihm vertraglich geschuldete Hauptpflichten verletzt.[214] § 635 BGB setzt das Vorliegen eines Mangels voraus. Ein Mangel liegt vor, wenn das Werk im Zeitpunkt der Abnahme entweder nicht die zugesicherten Eigenschaften hat oder mit einem Fehler behaftet ist, der den Wert oder die Gebrauchsfähigkeit herabsetzt.[215] Für die Beurteilung der Haftungsfrage kommt es, ausgehend von der vorgenannten Definition, entscheidend darauf an, welches Werk der Architekt schuldet. Es ist mit anderen Worten auch im Haftungsbereich zunächst der Inhalt und Umfang der nach dem Architektenvertrag von dem Architekten übernommenen Leistungen festzustellen. Die Klärung der Leistungspflichten ist damit zugleich Ausgangsgrundlage der Haftungsermittlung.[216] Daraus folgt, dass die oben genannten Gesichtspunkte zum Vertragsumfang und zu den vertraglichen Verpflichtungen des Architekten auch im Haftungsbereich von besonderer Bedeutung sind. 83

Neben dem Anspruch aus § 635 BGB können sich vertragliche Ansprüche des Bauherrn aus positiver Vertragsverletzung (pVV) ergeben. Der Schadensersatzanspruch aus pVV greift im Unterschied zu dem Anspruch aus § 635 BGB bei sogenannten entfernteren Mangelfolgeschäden ein. Hierbei handelt es sich um Schäden, die außerhalb der Werkleistung des Architekten, insbesondere an anderen Rechtsgütern des Auftraggebers, entstanden sind.[217] Ferner kommt eine Haftung aus pVV im Falle der Verletzung von Nebenpflichten aus dem Architektenvertrag in Betracht. Solche Nebenpflichten des Architekten wurden oben, insbesondere bei § 3 Rn 54 ff. bereits angesprochen. Zu nennen sind hier insbesondere die Hinweis- und Sorgfaltspflichten des Architekten, die außerhalb des Kernbereichs des Architektenwerks liegen.[218] Die Abgrenzung der Ansprüche aus § 635 BGB und aus pVV ist insbesondere deshalb von Bedeutung, weil erstere gemäß § 638 BGB in fünf Jahren verjähren, wohingegen für Ansprüche aus pVV die 30-jährige Verjährung gemäß § 195 BGB gilt. Ferner erfordert der Schadensersatzanspruch aus pVV, anders als der Schadensersatzanspruch nach § 635 BGB, bei mangelhaften Leistungen des Architekten, die noch nachgebessert werden können, keine Fristsetzung zur Mängelbeseitigung. 84

Wie oben dargelegt wurde,[219] treffen den Architekten bereits vor dem Abschluss des Architektenvertrags bestimmte Pflichten. Die Verletzung derartiger vorvertraglicher Pflichten kann zu einer Haftung des Architekten unter dem Gesichtspunkt des Verschuldens bei Vertragsschluss (culpa in contrahendo, c.i.c.) führen. 85

Schließlich sind sowohl seitens des Auftraggebers als auch von Seiten Dritter außervertragliche Schadensersatzansprüche gegen den Architekten denkbar. Hierbei handelt es sich im Wesentlichen um sogenannte deliktische Ansprüche, die unter § 3 Rn 166 f. noch näher erläutert werden. 86

Neben der eigentlichen Haftung des Architekten, die in diesem Kapitel behandelt wird, stehen die werkvertraglichen Gewährleistungsansprüche der Wandlung bzw. Minderung gemäß § 634 BGB. 87

---

213 Vgl. oben § 3 Rn 2 ff.
214 *Löffelmann/Fleischmann*, Architektenrecht, 4. Aufl., Rn 1498 m.w.N.
215 *Palandt-Sprau*, BGB, 59. Aufl., § 633 Rn 1.
216 *Wirth/Theis*, Architekt und Bauherr, S. 246.
217 BGHZ 37, 341, 343; *Palandt-Sprau*, BGB, 59. Aufl., Vorbem. v. § 633 Rn 23; BGH NJW 1991, 2419; OLG Hamm NJW-RR 1993, 594.
218 BGH BauR 1981, 482 f.; *Locher*, Das private Baurecht, 6. Aufl., Rn 302.
219 Vgl. § 3 Rn 27 ff.

Im Architektenrecht spielen diese Gewährleistungsansprüche nur eine völlig untergeordnete Rolle, weshalb sich ein näheres Eingehen auf diese Ansprüche hier erübrigt.

88 Die weitaus größte Bedeutung hat in der Praxis die Haftung des Architekten gemäß § 635 BGB. Daher wird auch diese Anspruchsgrundlage im Folgenden näher beleuchtet.

II. Mängel des Architektenwerks

89 Der von § 635 BGB vorausgesetzte „Mangel des Werkes" wurde oben bereits allgemein definiert. Gesetzlicher Anknüpfungspunkt für diese Definition sind §§ 634, 633 BGB. Gemäß § 633 Abs. 1 BGB ist der Unternehmer verpflichtet, das Werk so herzustellen, dass es die zugesicherten Eigenschaften hat und nicht mit Fehlern behaftet ist, die den Wert oder die Tauglichkeit zu dem gewöhnlichen oder nach dem Vertrag vorausgesetzten Gebrauch aufheben oder mindern. Ist das Werk nicht von dieser Beschaffenheit, ist es mangelhaft. Es kommt für die Bestimmung eines Werkmangels somit entscheidend darauf an, ob das Architektenwerk den vom Architekten werkvertraglich geschuldeten Leistungserfolg erreicht oder nicht. Ob der Architekt den von ihm geschuldeten Leistungserfolg erzielt hat, ist durch Auslegung des Vertrags zu ermitteln.

90 Dabei ist zunächst nochmals zu betonen, dass es sich bei der Architektenleistung regelmäßig um ein geistiges Werk handelt. Es wurde bereits betont, dass der Architekt nicht das mangelfreie Bauwerk schuldet, sondern das „Entstehenlassen" eines solchen mangelfreien Bauwerks. Ein Mangel des Bauwerks führt damit noch nicht automatisch zu einem Mangel der Architektenleistung. Ist dem Architekten vertraglich z.B. nur ein Planungsauftrag erteilt worden und tritt gleichwohl ein Mangel am Bauwerk auf, z.B. ein undichtes Dach, folgt daraus nicht automatisch, dass der Architekt für diesen Mangel haftet. Vielmehr muss für die Haftung des Architekten in seinem geistigen Werk, also in den Planungen selbst, ein Fehler liegen. Hat der Architekt z.B. eine zu geringe Dachneigung geplant und wurde das Gebäude nach diesen Vorgaben ausgeführt, wodurch nunmehr Wasser durch das Dach eindringt, liegt ein Mangel des Architektenwerks vor. Hat dagegen der Bauunternehmer die Planungen des Architekten nur handwerklich unzureichend umgesetzt und führt allein dies zu einer Undichtigkeit des Daches, ist der Architekt, der lediglich einen Planungsauftrag hatte, hierfür nicht verantwortlich. Denn sein Werk, nämlich die Architektenplanung, war mangelfrei.

91 Die für die Bestimmung eines Werkmangels zentrale Frage, nämlich was der Architekt im Einzelnen schuldet, ist – wie dargelegt – anhand der Vereinbarungen mit dem Bauherrn durch deren Auslegung festzustellen. Die Rechtsprechung geht in diesem Zusammenhang davon aus, dass die HOAI, insbesondere die dort geregelten Leistungsbilder (z.B. § 15 HOAI), zur Bestimmung der Leistungspflichten des Architekten grundsätzlich nicht geeignet sind. Nach der Rechtsprechung handelt es sich bei der HOAI nämlich um eine Honorarordnung, die keine unmittelbaren Leistungspflichten begründet. Nach der Rechtsprechung ist dasjenige, was ein Architekt vertraglich schuldet, allein aus dem geschlossenen Vertrag zu entnehmen. Der Inhalt des Architektenvertrags ist nach den allgemeinen Grundsätzen des bürgerlichen Vertragsrechts zu ermitteln. Die HOAI enthält nach dieser Rechtsprechung keine normativen Leitbilder für den Inhalt von Architektenverträgen. Die in der HOAI geregelten Leistungsbilder sind nach der Rechtsprechung allein Gebührentatbestände für die Berechnung des Honorars der Höhe nach.[220]

92 Da aufgrund der Vertragsfreiheit praktisch unbegrenzte Möglichkeiten für die Vertragsparteien bestehen, vertragliche Verpflichtungen zu begründen und den Leistungsumfang festzulegen, folgt daraus für die Feststellung eines Werkmangels, dass es selbst für den abgegrenzten Bereich des Architektenrechts über die vorgenannte allgemeine Definition des Mangels hinaus praktisch keine allgemein gültigen Vorgaben für das Vorliegen eines Werkmangels geben kann. Die nachfolgend aufgeführten Planungsfehler, Fehler bei der Objektüberwachung etc. sind daher auch lediglich als Beispiele zu

---

220 BGH BauR 1997, 154; BGH BauR 1999, 187.

verstehen. Diese entheben niemals von der Notwendigkeit einer Auslegung des Architektenvertrags im Einzelfall zur Feststellung eines Werkmangels.

Angesichts der im Baubereich immer weiter fortschreitenden technischen Entwicklung ist neben der Frage der sachlichen Bestimmung des Vorliegens eines Werkmangels von Bedeutung, zu welchem **Zeitpunkt** das Werk mangelfrei sein muss, damit der Architekt nicht in die Haftung gerät. 93

Nach allgemeinen Grundsätzen kommt es für das Vorliegen eines Mangels auf den Zeitpunkt der Abnahme (§ 640 BGB) an.[221] Diese Aussage ist zwar prinzipiell richtig, bedarf aber, insbesondere im Bau- und Architektenrecht, näherer Betrachtung. Denn nach der Rechtsprechung kann bereits eine Beschaffenheit, die das Werk wenigstens im Keim schon im Zeitpunkt der Abnahme hat, ein Gewährleistungsrecht begründen.[222] Dies bedeutet für den Architekten, dass ein Mangel seiner Leistung auch dann vorliegen kann, wenn sich ein Fehler erst aus neuen wissenschaftlichen oder technischen Erkenntnissen nach der Abnahme ergibt. So soll nach der Rechtsprechung eine objektive Pflichtverletzung vorliegen, wenn der Architekt zum Zeitpunkt der Erbringung der Architektenleistungen bzw. zur Zeit der Abnahme die Regeln der Baukunst und Technik beachtet, sich aber in Verbindung mit späteren Erkenntnissen herausstellt, dass Schäden am Bauwerk entstanden sind und objektiv die Architektenleistungen zum Zeitpunkt ihrer Erbringung mangelhaft waren.[223] Diese Linie hat der BGH in einer Reihe neuerer Entscheidungen zum Bauvertragsrecht bestätigt.[224] Man wird in diesen Fällen annehmen müssen, dass trotz der Einhaltung der allgemein anerkannten Regeln der Technik und Baukunst zur Zeit der Leistungserbringung die Architektenleistung bereits den „Keim der Mangelhaftigkeit" im Zeitpunkt der Abnahme in sich trug und daher jedenfalls objektiv ein, wenn auch z.Zt. der Abnahme nicht erkannter bzw. nicht erkennbarer, Mangel vorlag. 94

1. Planungsfehler

Dem Architekten können Planungsfehler sowohl in technischer Hinsicht als auch in wirtschaftlicher Hinsicht unterlaufen. Dieser Abschnitt beschäftigt sich mit dem technischen Leistungsbereich. 95

a) Allgemeine Anforderungen an die Planung

Die Planung muss technisch einwandfrei sein und deren Umsetzung zu einem mangelfreien Bauwerk führen.[225] Der Architekt darf bei seiner Planung dabei nur Konstruktionen vorsehen, von denen er völlig sicher ist, dass sie den an sie zu stellenden Anforderungen genügen.[226] Dem Architekten wird allerdings ein Planungsermessen eingeräumt.[227] Ein Planungsfehler liegt erst dann vor, wenn die Planung nicht mehr sachgerecht ist. Der Architekt schuldet mithin nicht die „beste Lösung".[228] Im Rahmen des Planungsermessens ist der Architekt jedoch nicht frei. Vielmehr muss er die behördlichen Vorgaben und die Vorgaben des Bauherrn beachten. Zu den Vorgaben des Bauherrn gehören auch die Zwecke, die dieser mit dem Bauvorhaben verfolgt. Soll der Architekt z.B. ein Bürogebäude planen, muss er berücksichtigen, welche Zwecke der Bauherr mit dem Bürogebäude verfolgt. Dies gilt nicht nur für die ausdrücklich vom Bauherrn geäußerten Vorgaben sondern auch für gleichsam 96

---

[221] *Palandt-Sprau*, BGB, 59. Aufl., § 633 Rn 1.
[222] BGH NJW 1994, 1659, 1660.
[223] BGH NJW 1968, 43; BGH BauR 1971, 58.
[224] Z.B. BGH BauR 1985, 567; BGH BauR 1987, 207.
[225] *Rauch*, Architektenrecht und privates Baurecht für Architekten, 2. Aufl., S. 137.
[226] BGH NJW 1981, 2243, 2244.
[227] OLG Hamm NJW-RR 1989, 470.
[228] *Wirth/Theis*, Architekt und Bauherr, S. 269; *Jagenburg/Sieber/Mantscheff*, Das private Baurecht im Spiegel der Rechtsprechung, 3. Aufl., N Rn 19.

stillschweigend vorausgesetzte Funktionen. So soll ein Planungsfehler dann vorliegen, wenn ein Bürogebäude nicht die vom Bauherrn vorausgesetzte Repräsentationsfunktion erfüllt.[229]

97 Bei der Planung muss der Architekt ferner die für eine angemessene Nutzbarkeit des Gebäudes zu schaffenden technischen Voraussetzungen beachten. So sind bei Bürogebäuden beispielsweise entsprechende Vorkehrungen für Computervernetzung, Telekommunikationseinrichtungen etc. zu berücksichtigen.[230] Zu den örtlichen Verhältnissen, die der Architekt bei seiner Planung berücksichtigen muss, gehören z.B. die Bodenverhältnisse, Grundwassereinwirkungen oder Immissionen.

98 Soweit es um die Vorgaben des Bauherrn geht, kann sich der Architekt hinsichtlich eines Planungsfehlers nicht ohne weiteres mit der Einlassung entlasten, der Bauherr habe genau diese Ausführung gefordert. Denn der Architekt begeht auch dann einen Planungsfehler, wenn er die Bauherrnwünsche nicht darauf hin überprüft, ob und inwieweit sie zu realisieren sind bzw. ob und inwieweit sie mit der bisherigen Planung vereinbar sind.[231]

b) Einhaltung der anerkannten Regeln der Technik

99 Der Architekt schuldet bei seinen Planungen grundsätzlich, dass sie den anerkannten Regeln der Technik entsprechen.[232] Die anerkannten Regeln der Technik müssen dabei nicht dem aktuellen Stand der Technik entsprechen. Denn die anerkannten Regeln der Technik setzen voraus, dass sie sich nicht nur in der Theorie sondern **auch in der Praxis bewährt** haben, sie also bereits eine gewisse Erprobungszeit hinter sich haben.[233]

100 Nach der Rechtsprechung handelt es sich bei den anerkannten Regeln der Technik um technische Regeln für den Entwurf und die Ausführung baulicher Anlagen, die in der Wissenschaft theoretisch als richtig erkannt sind und insbesondere in dem Kreis der für die Anwendung der betreffenden Regeln maßgeblichen, nach dem neuesten Erkenntnisstand vorgebildeten Techniker durchweg bekannt und aufgrund fortdauernder praktischer Erfahrung als technisch geeignet, angemessen und notwendig erkannt sind.[234] In der Praxis kommt es jedoch immer wieder vor, dass der Bauherr ausdrücklich die Abweichung der Planung von den anerkannten Regeln der Technik wünscht. So kann es z.B. sein, dass der Bauherr eines Bürogebäudes besonders innovative Lösungen, z.B. hinsichtlich des Raumklimas oder der Raumbelüftung, wünscht. Die Umsetzung neuer Erkenntnisse entspricht regelmäßig nicht den anerkannten Regeln der Technik, weil es notwendigerweise an der Erprobung in der Praxis fehlt. Dies bedeutet für den Architekten, dass er bei Umsetzung solcher innovativen Lösungen hinsichtlich seiner Haftung besondere Vorsicht walten lassen muss. Sofern der Bauherr ausdrücklich entsprechende – nicht den anerkannten Regeln der Technik folgende – technische Lösungen wünscht oder der Architekt solche vorschlägt, ist dem Architekten daher dringend anzuraten, den Bauherrn ausdrücklich – trotz Äußerung eines entsprechenden Wunsches des Bauherrn – auf die Abweichung von den anerkannten Regeln der Technik hinzuweisen und den Bauherrn über die Risiken, die durch die Abweichung bedingt sind, aufzuklären und zu informieren. Dies sollte – nicht zuletzt aus Gründen der Beweissicherung – auch schriftlich erfolgen.

101 Die DIN-Vorschriften liefern für den anerkannten Stand der Technik einen Anhalt, sind jedoch damit nicht gleich zu setzen.[235] Die allgemeinen, anerkannten Regeln der Bautechnik unterliegen einer stetigen Wandlung. Dies kann dazu führen, dass eine technische Vorschrift, wie eine DIN-Norm,

---

[229] OLG Hamm NJW-RR 1989, 470, 471.
[230] *Wirth/Theis*, Architekt und Bauherr, S. 269.
[231] BGH NJW 1981, 2243, 2244; *Jagenburg/Sieber/Mantscheff*, Das private Baurecht im Spiegel der Rechtsprechung, 3. Aufl., N Rn 20.
[232] OLG Düsseldorf NJW-RR 1996, 403, 404.
[233] *Niestrate*, Die Architektenhaftung, Rn 42.
[234] OLG Hamm BauR 1992, 262, 263.
[235] *Niestrate*, Die Architektenhaftung, Rn 43.

die einmal als ankerkannte Regel der Baukunst fixiert worden ist, ihre Gültigkeit verliert, weil sie durch die technische Entwicklung überholt wird. Gerade im Bereich des Wärme- und Schallschutzes erweisen sich DIN-Normen teilweise als überholt. In der Rechtsprechung finden sich immer wieder Entscheidungen, die belegen, dass DIN-Normen nicht (mehr) dem Stand der Technik, etwa im Hinblick auf moderne Wohnansprüche, entsprechen.[236]

c) Genehmigungsfähigkeit der Planung

Ebenso wie die Einhaltung der anerkannten Regeln der Technik ist die Erbringung einer genehmigungsfähigen Planung eine an die Architektenleistung zu stellende Grundanforderung. Der planende Architekt schuldet nach ständiger Rechtsprechung grundsätzlich einen Entwurf, der zu einer dauerhaften und nicht mehr rücknehmbaren Baugenehmigung führen kann.[237] Hierzu muss der Architekt die geltenden bauordnungs- und bauplanungsrechtlichen Vorschriften kennen und bei seiner Planung beachten.[238] Haftungsrechtlich vermag es den Architekten auch nicht zu entlasten, wenn die Genehmigungsbehörde eine rechtswidrigen Baugenehmigung erteilt.[239] Da der Architekt eine dauerhaft genehmigungsfähige Planung schuldet, liegt ein Planungsfehler auch dann vor, wenn die Baugenehmigung zu Unrecht erteilt wurde.

102

Problematisch ist der Fall, dass die Architektenplanung zwar objektiv genehmigungsfähig ist, die Behörde die Baugenehmigung jedoch zu Unrecht versagt. In der Literatur wird hierzu differenziert zwischen offensichtlich rechtswidrigen Behördenentscheidungen und zweifelhaften Behördenentscheidungen.[240] Liegt eine offensichtlich rechtswidrige Behördenentscheidung vor, so wird der Bauherr als verpflichtet angesehen, die Erteilung der Baugenehmigung unter Ausnutzung der ihm zur Verfügung stehenden Rechtsbehelfe und Rechtsmittel zu erstreiten. Tut er dies nicht, soll er sich nicht auf die Mangehaftigkeit des Architektenwerks berufen können.[241] Ist dagegen ein Fehler der Behördenentscheidung nicht ohne weiteres feststellbar, weil z.B. schwierige tatsächliche Fragen oder schwierige Rechtsfragen zu beurteilen sind, wird die Auffassung vertreten, dass dem Bauherrn nicht zuzumuten sei, die Baugenehmigung durch Einlegung von Rechtsbehelfen bzw. Rechtsmitteln zu erstreiten. Denn der Architekt schulde eine zweifelsfrei genehmigungsfähige Planung.[242] Da der Architekt stets den sicheren Weg gehen müsse, sei er dem Bauherrn in diesem Fall schadensersatzpflichtig.

103

Die vorgenannten Differenzierungen und Ergebnisse sind unseres Erachtens jedoch nicht zweifelsfrei. Zunächst wird sich in der Praxis oft nicht feststellen lassen, ob eine offensichtlich rechtswidrige Behördenentscheidung oder nur eine zweifelhafte Behördenentscheidung vorliegt. Die Grenze ist in diesem Bereich letztlich kaum zu ziehen. Auch ist nicht recht einzusehen, dass der Architekt für eine objektiv falsche Behördenentscheidung, durch die die Baugenehmigung zu Unrecht versagt oder rückgängig gemacht wird, einstehen soll. Ist die Planung objektiv genehmigungsfähig, ist eine Haftung des Architekten unseres Erachtens daher allenfalls dann anzunehmen, wenn der Architekt den Bauherrn nicht über Risiken hinsichtlich der Genehmigungserteilung aufgeklärt oder über von der Genehmigungsbehörde geäußerte Bedenken informiert hat und somit der Bauherr keine Möglichkeit hatte, den – unbegründeten – Einwänden der Behörde ggf. durch Planänderungen Rechnung zu tragen.[243]

104

---

236 Z.B. OLG Düsseldorf BauR 1993, 622; OLG Köln BauR 1981, 475.
237 OLG Düsseldorf NJW-RR 1996, 1234.
238 BGH NVwZ 1992, 911; OLG München NJW-RR 1992, 788.
239 *Niestrate*, Die Architektenhaftung, Rn 37.
240 *Maser*, BauR 1994, 180, 184; *Niestrate*, Die Architektenhaftung, Rn 276.
241 *Maser*, BauR 1994, 180, 184; *Locher*, Das private Baurecht, 6. Aufl., Rn 250.
242 *Wussow*, BauR 1970, 65, 71; *Bindhardt/Jagenburg*, Die Haftung des Architekten, 8. Aufl., § 6 Rn 77.
243 *Maser*, BauR 1994, 180, 185.

105 Nach der Rechtsprechung ist der Architekt grundsätzlich verpflichtet, so früh wie möglich die Durchführbarkeit des Bauvorhabens zu klären, um dem Bauherrn nutzlosen Aufwand zu ersparen. Bei Anlass zu Zweifeln in der Durchführbarkeit (Genehmigungsfähigkeit) muss er deshalb in der Regel eine Bauvoranfrage stellen.[244] In der Praxis kommt es jedoch immer wieder vor, dass der Bauherr mit gewissen Maximalvorstellungen (z.B. hinsichtlich des Bauvolumens) an den Architekten herantritt. Sind Architekt und Bauherr übereingekommen, die größtmögliche Bebauung eines Grundstücks anzustreben, die sich bei der Baubehörde und den Grundstücksnachbarn durchsetzen lässt, schuldet der Architekt nicht von vornherein ein genehmigungsfähiges Architektenwerk, sondern eine Planung, die im Rahmen des rechtlich Durchsetzbaren die Vorstellungen des Bauherrn möglichst weitgehend umsetzt. Ein entsprechender – so nicht genehmigungsfähiger – Plan kann vom Architekten in diesen Fällen grundsätzlich nachgebessert und an die Genehmigungsfähigkeit angepasst werden.[245] Auch die Pflicht zur Stellung einer Bauvoranfrage besteht nicht einschränkungslos. Sind Architekt und Bauherr überein gekommen, dass keine Bauvoranfrage gestellt werden soll, sondern gleich eine Baugnehmigung beantragt werden soll, kann dem Architekten die Unterlassung einer Bauvoranfrage nicht als Planungsfehler angelastet werden.[246] Dies zeigt wiederum, dass die Feststellung eines Planungsfehlers stets eine Frage des Einzelfalls und der Auslegung des jeweiligen Architektenvertrags ist.

d) Unvollständige Planung

106 Ein Planungsfehler liegt auch dann vor, wenn die erforderliche Architektenplanung ganz oder teilweise fehlt. Nach der Rechtsprechung des BGH erfordern wichtige Details der Ausführung eine entsprechende Detailplanung des Architekten.[247] Erstellt der Architekt einen (für die Ausführung) erforderlichen Plan nicht, ist die Architektenplanung mangelhaft. Nach Auffassung des OLG Köln soll es allerdings keinen Planungsfehler darstellen, wenn ein Architekt keine schriftlichen Detailpläne für den Aufbau einer Dachterrasse erstellt, weil beabsichtigt war, die erforderlichen planerischen Anweisungen den Handwerkern an Ort und Stelle mündlich zu erteilen (sogenannte planersetzende Bauleitung).[248] Unseres Erachtens sollte sich der Architekt auf diese Auffassung des OLG Köln jedoch nicht „verlassen". Eine planersetzende Bauleitung kommt unseres Erachtens allenfalls bei einfachen Gewerken in Betracht, bei denen davon ausgegangen werden kann, dass die ausführenden Handwerker die planerischen Anweisungen ohne schriftliche Pläne vor Ort auch umsetzen können, und dem Architekten die Objektüberwachung übertragen wurde.

e) Berücksichtigung der Boden- und Grundwasserverhältnisse

107 Besonders haftungsträchtig für den Architekten erweisen sich oft die Boden- und Grundwasserverhältnisse. Die Beratung des Bauherrn in Bezug auf die Notwendigkeit der Einholung eines Bodengutachtens ist eine Hauptpflicht des Architekten bereits in der Leistungsphase 1.[249] Dies gilt insbesondere dann, wenn der Architekt weiß, dass das Grundstück mit Bauschutt aufgefüllt worden ist. Denn die Errichtung eines Hauses auf derart angeschüttetem Boden ist hinsichtlich der Gründung ohne Kenntnis über die Zusammensetzung der Aufschüttung mit nicht abschätzbaren Risiken behaftet.[250]

108 Da der Architekt (nur) im Rahmen der gegenüber seinem Auftraggeber übernommenen vertraglichen Verpflichtungen haftet, hat der Architekt jedoch nicht für das fehlerhafte Bodengutachten eines Son-

---

244 *Jagenburg/Sieber/Mantscheff*, Das private Baurecht im Spiegel der Rechtsprechung, 3. Aufl., N Rn 21.
245 OLG Köln BauR 1993, 358.
246 OLG Köln BauR 1993, 358, 359.
247 BGH NJW-RR 1988, 275.
248 OLG Köln, *Schäfer/Finnern/Hochstein*, § 635 BGB Nr. 84.
249 *Jagenburg/Sieber/Mantscheff*, Das private Baurecht im Spiegel der Rechtsprechung, 3. Aufl., N Rn 34.
250 OLG Hamm NJW-RR 1997, 1310, 1311.

derfachmanns einzustehen, selbst wenn er den Bodengutachter im eigenen Namen beauftragt hat.[251] Dies ist selbstverständlich dann anders, wenn der Architekt nach dem Vertrag mit dem Bauherrn das Bodengutachten als eigene Leistung schuldet und sich hinsichtlich des Bodengutachtens eines Sonderfachmanns als seines (des Architekten) Erfüllungsgehilfen bedient. Denn für das Fehlverhalten seines Erfüllungsgehilfen hat der Architekt gemäß § 278 BGB einzustehen.

Ebenso wie die Klärung der Bodenverhältnisse ist auch die Klärung der Grundwasserverhältnisse eine grundlegende Pflicht des Architekten.[252] Der Architekt wird von der Rechtsprechung auch als verpflichtet angesehen, bei seinen Planungen den höchsten bekannten Grundwasserstand zuzüglich eines Sicherheitszuschlags von 0,30 m zu berücksichtigen, selbst wenn dieser seit Jahren nicht mehr erreicht worden sein sollte.[253] Im Hinblick auf die besonderen Gefahren, die von einer Grundwasserbelastung ausgehen können, hat der Architekt in grundwassergefährdeten Gebieten besondere Sorgfaltspflichten hinsichtlich Detailplanung oder planerischer Einzelanweisung, sowie Koordinierung der Planung anderer fachlich Beteiligter und bei der Beaufsichtigung des Bauunternehmers.[254]

109

Liegt ein hydrogeologisches Gutachten vor, darf der Architekt die dort von dem Sonderfachmann beschriebenen Grundwasserverhältnisse seiner Planung jedoch grundsätzlich zugrunde legen.[255] Selbstverständlich hat der Architekt bei seiner Planung eine wirksame Abdichtung des Gebäudes gegen Bodenfeuchte sowie gegen eindringendes Grundwasser vorzusehen.[256] Dabei ist der Architekt grundsätzlich verpflichtet, den sichersten Weg zu gehen.[257] Nachfolgend werden stichwortartig einige weitere Entscheidungen zu Planungsfehlern zusammengestellt:

110

- unzureichende Berücksichtigung des Schallschutzes,[258] auch bei Eigenleistung des Bauherrn,[259]
- Planung einer Drainage ohne ausreichendes Gefälle und ohne Einrichtung eines Übergabeschachtes,[260]
- unzureichende Wärmedämmung,[261]
- unzureichende lichte Höhe eines Wohnraums,[262]
- fehlerhafte Konstruktion eines Flachdachs,[263]
- Fehlen einer Dampfsperre,[264]
- unzureichende Drainage im Außenmauerwerk,[265]
- unzureichende Abdichtung gegen Bodenfeuchtigkeit,[266]
- falsche Auswahl der Baumaterialen,[267]
- Verbleib eines Restrisikos wegen unüblicher und außergewöhnlicher Baukonstruktion.[268]

---

251 BGH BauR 1997, 488.
252 *Jagenburg/Sieber/Mantscheff*, Das private Baurecht im Spiegel der Rechtsprechung, 3. Aufl., N Rn 36.
253 OLG Düsseldorf NJW-RR 1996, 1300.
254 OLG Düsseldorf BauR 1991, 791, 792.
255 OLG Köln NJW-RR 1998, 1476.
256 *Jagenburg/Sieber/Mantscheff*, Das private Baurecht im Spiegel der Rechtsprechung, 3. Aufl., N Rn 38.
257 OLG Hamm BauR 1997, 876.
258 OLG Düsseldorf BauR 1991, 752.
259 OLG Düsseldorf NJW-RR 1994, 88.
260 OLG Hamm BauR 1991, 788.
261 BGH BauR 1981, 395; OLG Düsseldorf NJW-RR 1998, 810; OLG Celle NJW-RR 1991, 1175.
262 OLG Hamm BauR 1993, 729.
263 OLG Frankfurt BauR 1987, 322.
264 OLG Koblenz BauR 1997, 502.
265 OLG Hamm BauR 1991, 788.
266 OLG Hamm BauR 1997, 876.
267 OLG Hamm NJW-RR 1990, 523; OLG München NJW-RR 1988, 85.
268 OLG Celle BauR 1990, 759.

2. Fehler bei der Objektüberwachung

111 Neben den Planungsfehlern ist in der Praxis die häufigste Quelle der Architektenhaftung das Vorliegen von Objektüberwachungsfehlern. Im Rahmen der Objektüberwachung ist es insbesondere die Aufgabe des Architekten, die Errichtung des Objekts in **Übereinstimmung mit der Baugenehmigung** bzw. den Plänen herbeizuführen und die entsprechenden Leistungen der verschiedenen Gewerke unter diesem Blickwinkel zu überwachen.[269] Der Umfang der Objektüberwachung lässt sich weder in zeitlicher noch in sachlicher Hinsicht allgemein bestimmen. Maßgeblich ist die Bedeutung und der Schwierigkeitsgrad der jeweiligen Arbeiten.[270]

112 Um die Anforderungen an eine ordnungsgemäße Objektüberwachung überhaupt erfüllen zu können, ist es grundlegende Voraussetzung, dass der objektüberwachende Architekt zunächst die ihm zur Verfügung gestellten Planungs- und Ausschreibungsunterlagen auf Fehler und Widersprüche überprüft.[271] Ebenso muss sich der bauleitende Architekt über die Baugenehmigung bzw. sonstigen für das mängelfreie Entstehenlassen des Bauwerks einschlägigen Vorschriften und Bestimmungen informieren. Ferner hat der Architekt zu überprüfen, ob bei Erstellung dieser Unterlagen von den gegebenen tatsächlichen Verhältnissen ausgegangen worden ist.[272]

113 Hat sich der Architekt dergestalt über die dem Bauvorhaben zugrunde liegenden Planungen etc. informiert, sind ferner die **Kriterien für die eigentliche Bauleitung** zu beachten. Hier haben sich in Rechtsprechung und Literatur verschiedene Grundsätze herauskristallisiert. Es wird allgemein hervorgehoben, dass sich Umfang und Intensität der Überwachungstätigkeit nach den konkreten Anforderungen der Baumaßnahme und den jeweiligen Umständen des Einzelfalls zu richten haben.[273] Es kann auch nicht allgemein gesagt werden, wann und wie oft der Architekt die Baustelle besuchen muss. Bei einfachen und gängigen Arbeiten muss der Architekt nicht ständig auf der Baustelle anwesend sein, um diese Arbeiten zu kontrollieren. Aber auch hier muss der Architekt während der Arbeiten Stichproben durchführen und die Arbeiten an deren Ende kontrollieren.[274] Hat der Architekt jedoch auch bei einfachen und gängigen Arbeiten Anhaltspunkte für das Vorliegen von Schwierigkeiten oder Schwächen bestimmter Unternehmer, darf er sich auf Stichproben und eine Endkontrolle nicht beschränken. Entsprechend der vom Bau ausgehenden Signale muss er seine Überwachungstätigkeit entsprechend intensivieren.[275]

114 Zu den Arbeiten, die mangels Vorliegen besonderer Anhaltspunkte das Durchführen von Stichproben und Endkontrolle ausreichen lassen, gehören insbesondere Innenputzarbeiten, Malerarbeiten, Verlegung von Platten, Hinterfüllungsarbeiten und Säuberungsarbeiten.[276]

115 Bei Bauabschnitten bzw. Bauleistungen, die besondere Gefahrenquellen mit sich bringen oder von denen das Gelingen des ganzen Bauwerks abhängt, besteht dagegen eine erhöhte Überwachungspflicht.[277] Derartige Arbeiten hat der Architekt grundsätzlich unmittelbar zu überwachen, sich aber mindestens sofort nach deren Ausführung von der Ordnungsmäßigkeit zu überzeugen. Dies gilt insbesondere dann, wenn die Leistungen nach deren Ausführung so zugedeckt werden, dass sie spä-

---

269 *Wirth/Theis*, Architekt und Bauherr, S. 287.
270 BGH BauR 1994, 392; OLG München NJW-RR 1988, 336.
271 OLG Hamm NJW-RR 1991, 410; OLG Düsseldorf BauR 1998, 200.
272 OLG Frankfurt NJW-RR 1990, 1496.
273 Z.B. *Kniffka/Koeble*, Kompendium des Baurechts, 9. Teil Rn 141.
274 *Kniffka/Koeble*, Kompendium des Baurechts, 9. Teil Rn 141; *Wirth/Theis*, Architekt und Bauherr, S. 287.
275 *Wirth/Theis*, Architekt und Bauherr, S. 287; *Niestrate*, Die Architektenhaftung, Rn 80; vgl. ebenfalls OLG Düsseldorf BauR 1998, 810, 811.
276 *Niestrate*, Die Architektenhaftung, Rn 81 m.w.N.
277 *Kniffka/Koeble*, Kompendium des Baurechts, 9. Teil Rn 141; BGH BauR 1986, 112; OLG Hamm BauR 1997, 876; OLG München NJW-RR 1988, 336.

ter nicht mehr überprüfbar sind.[278] Zu den Arbeiten, die eine besonders intensive Überwachung erfordern, gehören nach Rechtsprechung und Literatur insbesondere Abdichtungs-, Dämmungs- und Isolierarbeiten. Ebenso rechnen hierzu die Überwachung der Ausführung einer Drainage und die Ausführung eines Kellers als „Weiße Wanne".[279] Dies gilt auch, wenn z.B. eine bereits vorhandene Isolierung infolge eines nachträglich erfolgten Durchbruchs wieder ordnungsgemäß hergestellt werden muss.[280] Ebenso gehören zu den besonders überwachungsbedürftigen Gewerken Dach- und Sanierungsarbeiten, die Verarbeitung neuartiger Baustoffe, Betonierungsarbeiten einschließlich der Bewehrung, Ausschachtungsarbeiten, Abbruch- und Unterfangungsarbeiten.[281]

Die Pflicht zur Objektüberwachung und damit auch eine Haftung bei Pflichtverletzungen besteht für den Architekten nur **gegenüber seinem Auftraggeber**, nicht aber gegenüber den ausführenden Bauunternehmen.[282] Der ausführende Unternehmer muss seine Leistungen vielmehr in eigener Verantwortung erbringen und hat keinen Anspruch darauf, dass ihn der Architekt überwacht. Deshalb kann der Bauunternehmer dem Bauherrn einen etwaigen Objektüberwachungsfehler des Architekten – anders als Planungsfehler – nicht als Mitverschulden entgegenhalten.

116

Die Pflicht des Architekten zur Objektüberwachung bleibt allerdings auch dann bestehen, wenn sein Auftraggeber bestimmte Arbeiten in Eigenleistung durchführt.[283] Selbst wenn der Architekt nicht mit der Objektüberwachung beauftragt ist, kann er als sogenannter „faktischer Bauleiter" haftbar sein. Dies wird angenommen, wenn sich der Architekt anlässlich zahlreicher Baustellenbesuche in den Bauablauf einmischt.[284]

Zu den Pflichten des Architekten im Rahmen der Objektüberwachung gehört regelmäßig auch die technische Abnahme der Bauleistungen und die Rechnungsprüfung. Unterlaufen dem Architekten in diesen Bereichen Fehler, liegt hierin grundsätzlich ebenfalls ein die Haftung begründender Mangel der Architektenleistung.

3. Fehler bei sonstigen Pflichten des Architekten

Neben den oben genannten Planungs- und Objektüberwachungsfehlern sollen nachfolgend noch einige weitere Anknüpfungspunkte für die Architektenhaftung kurz vorgestellt werden:

117

Im Rahmen der Vorbereitung und Mitwirkung bei der Vergabe kann sich eine Haftung des Architekten ergeben, wenn die von ihm gefertigte **Leistungsbeschreibung unzureichend** ist, oder er die ausführende Firma nicht eingehend und nachdrücklich auf Risiken hingewiesen hat, wobei die bloße Bezugnahme auf DIN-Vorschriften grundsätzlich nicht genügen soll.[285] Sofern die VOB/A anzuwenden ist, muss der Architekt auch deren Vorschriften bei Erstellung der Ausschreibungsunterlagen beachten.[286] Ein Vergabefehler des Architekten liegt z.B. dann vor, wenn er eine andere, qualitativ schlechtere Ausführung in Auftrag gibt, als sie in der Baubeschreibung vorgesehen ist.[287]

118

---

278 *Wirth/Theis*, Architekt und Bauherr, S. 287; *Niestrate*, Die Architektenhaftung, Rn 82.
279 *Kniffka/Koeble*, Kompendium des Baurechts, 9. Teil Rn 141 m.w.N.
280 OLG Düsseldorf NJW-RR 1999, 244.
281 *Niestrate*, Die Architektenhaftung, Rn 83; *Locher/Koeble/Frik*, HOAI, 7. Aufl., § 15 Rn 204; *Werner/Pastor*, Der Bauprozess, 9. Aufl., Rn 1496 jeweils m.w.N.
282 *Jagenburg/Sieber/Mantscheff*, Das private Baurecht im Spiegel der Rechtsprechung, 3. Aufl., N Rn 56.
283 OLG Hamm OLGR 1969, 206.
284 *Kniffka/Koeble*, Kompendium des Baurechts, 9. Teil Rn 142.
285 *Jagenburg/Sieber/Mantscheff*, Das private Baurecht im Spiegel der Rechtsprechung, 3. Aufl., N Rn 16.
286 Vgl. OLG Koblenz NJW-RR 1998, 20.
287 OLG Hamm NJW-RR 1988, 1174.

119 Die **Koordination des Bauvorhabens** in technischer, wirtschaftlich-kostenmäßiger und zeitlicher Hinsicht gehört zu den wesentlichen Pflichten des Architekten.[288] Kommt es infolge von unzureichender Koordinierung zu zeitlichen Verzögerungen oder zu Mehrkosten des Bauherrn, z.B. wenn er wegen mangelnder Koordinierung des Architekten zwischen dem Planer der technischen Gebäudeausrüstung und dem Tragwerksplaner Umplanungskosten zu zahlen hat, ergibt sich auch hier ein Ansatzpunkt für die Architektenhaftung.[289] Eine Verletzung der Koordinierungspflicht liegt ferner dann vor, wenn der Architekt bereits vor Erteilung der Baugenehmigung den Bau ohne Aufklärung des Bauherrn über die damit verbundenen Risiken beginnen lässt. Ebenso liegt ein Koordinierungsfehler vor, wenn der Architekt bestimmte Arbeiten freigibt, bevor andere Arbeiten, die durch die freigegebenen Arbeiten zugedeckt oder sonst unmöglich gemacht würden, ausgeführt sind.[290]

120 Neben der Koordination hat der Architekt auch Beratungspflichten gegenüber dem Bauherrn, die oben bereits angesprochen wurden. Verletzt der Architekt seine ihm gegenüber dem Bauherrn obliegenden Beratungspflichten, stellt dies einen die Haftung gemäß § 635 BGB begründenden Architektenfehler dar.[291] Da die Beratung und Betreuung des Bauherrn zu den Hauptpflichten des Architekten gehört, fällt deren Verletzung also nicht in den Anwendungsbereich der pVV mit der Folge, dass hier ebenfalls die fünfjährige Verjährungsfrist des § 638 BGB und nicht die 30-jährige Verjährung für Ansprüche aus pVV gilt.

4. Fehler bei der Beachtung wirtschaftlicher Gesichtspunkte (Bausummenüberschreitung)

121 Die Mängelfreiheit des Architektenwerks erfordert nicht nur eine einwandfreie technische Leistung. Vielmehr hat der Architekt gleichermaßen wirtschaftliche Belange und Wünsche des Auftraggebers zu berücksichtigen. So kann ein Plan des Architekten technisch herausragend, aber unter Berücksichtigung der wirtschaftlichen Verhältnisse seines Auftraggebers mangelhaft sein.[292] Die Haftung des Architekten im Kostenbereich ist deshalb von besonderer Brisanz, weil Ansprüche wegen Schäden aus der Überschreitung ermittelter Kosten oder aus fehlerhaften Kostenermittlungen **von der Haftpflichtversicherung** des Architekten **nicht gedeckt** sind.

122 Der Architekt muss bereits bei der Planung den Kostenrahmen beachten, der ihm durch den Bauherrn für das Vorhaben genannt wird. Ist das vom Bauherrn gewünschte Vorhaben mit dem vorgegebenen Kostenrahmen nicht vereinbar, so hat der Architekt dies dem Bauherrn sofort mitzuteilen. Der Architekt ist also nicht berechtigt, losgelöst von den genannten Kosten einfach weiter zu planen.[293]

123 Im Rahmen eines Architektenvertrags schuldet der Architekt auf verschiedenen Leistungsstufen unterschiedliche Kostenermittlungen, die von der Kostenschätzung, der Kostenberechnung über den Kostenanschlag bis zur Kostenfeststellung reichen. In dieser Reihenfolge beinhalten die Kostenermittlungen einen immer konkreter werdenden und verfeinerten Aussagegehalt. Es versteht sich von selbst, dass der Architekt sämtliche Kostenermittlungen sorgfältig vornehmen muss. Allerdings sind Kostenermittlungen vor oder während der Planung mit einer gewissen Unsicherheit behaftet, weil keine sicheren Ausgangsdaten für die (weitere) Entwicklung der Bauplanung und Durchführung zur Verfügung stehen. Deshalb ist es äußerst schwierig festzustellen, ob der Architekt eine fahrlässig falsche Kostenermittlung angestellt hat und damit ein Mangel seines Architektenwerks vorliegt.[294]

---

288 *Niestrate*, Die Architektenhaftung, Rn 55; vgl. auch § 3 Rn 48 f.
289 *Niestrate*, Die Architektenhaftung, Rn 59.
290 *Jagenburg/Sieber/Mantscheff*, Das private Baurecht im Spiegel der Rechtsprechung, 3. Aufl., N Rn 54, 55.
291 BGHZ 74, 235, 238.
292 *Locher*, Das private Baurecht, 6. Aufl., Rn 271.
293 *Locher*, Das private Baurecht, 6. Aufl., Rn 272.
294 *Locher*, Das private Baurecht, 6. Aufl., Rn 276.

Die Rechtsprechung und die h.M. behelfen sich deshalb regelmäßig mit sogenannten **Toleranzrahmen**. Der BGH hat wiederholt ausgesprochen, dass dem Architekten bei seinen Kostenermittlungen ein gewisser Toleranzrahmen zuzugestehen sei.[295] Auch in der Literatur wird überwiegend vom Vorliegen eines Toleranzrahmens ausgegangen.[296] Die Höhe des Toleranzrahmens differriert dabei in Abhängigkeit von der Kostenermittlungsart und je nach Gericht bzw. Stellungnahme im Schrifttum.

124

Grundsätzlich wird der Toleranzrahmen mit fortschreitender Verfeinerung der Kostenermittlung geringer. Für die Kostenschätzung werden Toleranzrahmen zwischen 20 % und 40 % genannt, für die Kostenberechnung Toleranzrahmen zwischen 10 % und 25 % sowie für den Kostenanschlag zwischen 10 % und 15 %.[297] Eine Begründung für die Höhe der jeweiligen Toleranzrahmen wird dabei jedoch nicht gegeben. Es bleibt letztlich bei der Angabe der bloßen Zahlen.

Die Rechtsprechung des BGH lehnt eine absolute, von den Einzelheiten des Falles unabhängige Toleranzgrenze ab. Maßgeblich sind nach Auffassung des BGH vielmehr die vertraglichen Verpflichtungen aufgrund der jeweiligen konkreten Lage.[298] Aus der Rechtsprechung lassen sich folgende Einzelfälle nennen:

125

- Eine Überschreitung der vom Bauherrn vorgegebenen Bausumme um 16 % bedeutet nach Ansicht des BGH nicht ohne weiteres eine zur Ersatzpflicht führende Pflichtverletzung des Architekten.[299]
- Demgegenüber meinte der BGH in einer älteren Entscheidung, eine Fehlbeurteilung der Kosten von 58 % sei schon wegen ihres Ausmaßes als objektive Pflichtverletzung anzusehen.
- In einem anderen Fall sah der BGH eine Überschreitung um 104 % als objektive Pflichtverletzung an, ohne dass die Fehlbeurteilung des Architekten im Einzelnen aufgegliedert werden müsste.[300]
- Bei einer für den Bauherrn angestellten überschlägigen Schätzung der Kosten hat der BGH dem Architekten einen Toleranzrahmen von 27,7 % eingeräumt.[301]
- Nach Ansicht des OLG Zweibrücken ist eine Kostenüberschreitung von etwa 35 % gegenüber der von dem Architekten im Rahmen der Vorplanung aufgestellten Kostenschätzung bei einer Altbausanierung noch innerhalb des Toleranzrahmens.[302]
- Ebenso liegt nach Auffassung des OLG Hamm eine Baukostenüberschreitung von 14,86 % noch in der Toleranzgrenze.[303]
- Das OLG Stuttgart sah bei einer Kostenschätzung allein wegen der bloßen Höhe der Abweichung von 59 % zwischen der Kostenschätzung des Architekten und der des Sachverständigen eine Pflichtverletzung des Architekten.[304]

Die vorgenannten Einzelfälle sollten nicht dazu verleiten, sie zu verallgemeinern oder hieraus eine Regel ableiten zu wollen. Denn die Rechtsprechung des BGH hat in jüngster Zeit klargestellt, dass es gerade keine vom Einzelfall unabhängige Grenze gibt und immer die Lage des Einzelfalls zu

126

---

[295] BGH NJW 1994, 856, 857; BGH NJW-RR 1988, 1361.
[296] Z.B. *Locher/Koeble/Frik*, HOAI, 7. Aufl., Einl. Rn 59; *Löffelmann/Fleischmann*, Architektenrecht, 4. Aufl., Rn 1707; *Hesse/Korbion/Mantscheff/Vygen*, HOAI, 5. Aufl., § 15 Rn 71; *Bindhardt/Jagenburg*, Die Haftung des Architekten, 8. Aufl., § 6 Rn 183; *Lauer*, BauR 1991, 401, 403; a.A. *Wirth/Theis*, Architekt und Bauherr, S. 308; *Hartmann*, BauR 1995, 151 ff.
[297] Vgl. die Nachweise bei *Hartmann*, BauR 1995, 151, 152; *Löffelmann/Fleischmann*, Architektenrecht, 4. Aufl., Rn 1707, 1708.
[298] BGH NJW 1994, 856, 857.
[299] BGH NJW 1994, 856.
[300] BGH VersR 1971, 1041.
[301] BGH NJW-RR 1987, 337.
[302] OLG Zweibrücken BauR 1993, 375.
[303] OLG Hamm BauR 1991, 246.
[304] OLG Stuttgart BauR 1979, 174.

beurteilen sei. Hierzu wurden in der Literatur verschiedentlich Kriterien herausgearbeitet:[305] Hiernach ist zunächst zu untersuchen, mit welchem **Anspruch an Verbindlichkeit** sich der Architekt zu den voraussichtlichen Kosten geäußert hat.[306] Ferner kommt es wesentlich darauf an, zu welchem **Zeitpunkt** die Kostenermittlung erstellt wurde. Mit fortschreitendem Planungs- bzw. Baufortschritt muss auch die von dem Architekten aufgestellte Kostenermittlung an Genauigkeit gewinnen. Von Bedeutung ist ferner die **Art des Bauvorhabens**. Je größer und komplexer das Vorhaben ist, je höher soll auch der dem Architekten einzuräumende Toleranzrahmen sein. Außerdem wird bei Umbauten und Sanierungen eine Erweiterung des Toleranzrahmens befürwortet, da bei diesen Baumaßnahmen die Kostenvorhersagen besonders schwierig sind.[307] Von Bedeutung ist ferner, auf welchen **konkreten Umstand** die Kostenabweichung zurückgeführt werden kann. So sollen nach Ansicht des BGH bei groben Fehlern des Architekten, z.B. vergessene Mehrwertsteuer oder unrealistisch hohe Kubikmeterpreise, dem Architekten schon bei einer Kostenschätzung überhaupt kein Toleranzrahmen zugute kommen.[308] Weitere Pflichtwidrigkeiten, die zu einer fehlerhaften Kostenermittlung führen können, sind beispielsweise Fehler bei der Berechnung der Mengen, das Außerachtlassen einzelner Positionen in der Kostenermittlung sowie die Nichtberücksichtigung absehbarer Lohn- und Materialpreiserhöhungen.

127 Die vorstehenden Darlegungen betreffen den Fall, dass ein zwischen dem Architekten und dem Bauherrn nicht vereinbarter Kostenrahmen überschritten wurde. Anders verhält es sich jedoch bei der Überschreitung eines zwischen Architekt und Bauherrn vereinbarten Kostenlimits. In einem solchen Fall handelt es sich um eine Bausummenüberschreitung im engeren Sinne.

128 Die **Vereinbarung eines Baukostenlimits** kann auf verschiedene Weise geschehen. Sie ist sowohl mündlich als auch schriftlich möglich. Die Vereinbarung eines Baukostenlimits wird jedenfalls dann anzunehmen sein, wenn der Bauherr dem Architekten den Auftrag erteilt, ein Gebäude mit einer bestimmten Wohnfläche zu einem maximalen Preis zu planen und der Architekt sich hierauf einlässt.[309] Das Gleiche soll gelten, wenn es in dem Architektenvertrag heißt, dass dem Bauherrn „verfügbare Mittel für den Hausbau von DM X zur Verfügung stehen".[310] Nicht ausreichend für eine entsprechende Vereinbarung ist jedoch, wenn der Architekt dem Bauherrn lediglich einseitig eine bestimmte Bausumme nennt oder im Architektenvertrag lediglich ein ca.-Betrag genannt wird.[311]

Sofern Architekt und Bauherr eine bestimmte Bausumme als Kostenrahmen vereinbart haben, hat der Architekt diesen Rahmen einzuhalten. Wird der Rahmen überschritten, bedeutet dies einen Mangel des geschuldeten Architektenwerks.[312]

129 Bei einer vereinbarten Bausumme kommt nach der Rechtsprechung – anders als in der vorgenannten Fallgruppe – ein Toleranzrahmen nur in Betracht, wenn sich im Vertrag Anhaltspunkte dafür finden, dass die vereinbarte Bausumme keine strikte Grenze sein soll, sondern nur eine Größenordnung oder eine bloße Orientierung darstellen sollte.[313]

130 Die strengste Haftung trifft den Architekten im Kostenbereich, wenn er eine sogenannte **Bausummengarantie** gibt, die in der Literatur auch als „wirtschaftlicher Selbstmord" bezeichnet wird.[314]

---

305 Z.B. *Niestrate*, Die Architektenhaftung, Rn 333; *Wirth/Theis*, Architekt und Bauherr, S. 314; *Hartmann*, BauR 1995, 151, 158 f.
306 Vgl. *Werner/Pastor*, Der Bauprozess, 9. Aufl., Rn 1788.
307 *Löffelmann/Fleischmann*, Architektenrecht, 4. Aufl., Rn 1708.
308 BGH BauR 1997, 335.
309 *Werner/Pastor*, Der Bauprozess, 9. Aufl., Rn 1781.
310 *Niestrate*, Die Architektenhaftung, Rn 310.
311 *Niestrate*, Die Architektenhaftung, Rn 311.
312 BGH BauR 1997, 494, 495.
313 BGH BauR 1997, 494, 495.
314 *Wirth/Theis*, Architekt und Bauherr, S. 308.

Garantiert der Archtekt nämlich die Einhaltung einer bestimmten Bausumme, so hat er alle über diese Bausumme hinausgehenden Beträge selbst zu zahlen. Denn mit der Übernahme einer Bausummengarantie garantiert der Architekt als Garantiegeber ohne wenn und aber dafür einzustehen, dass ein bestimmter Betrag eingehalten wird. Letztlich handelt es sich bei dem Anspruch des Bauherrn gegen den Architekten aus einer Bausummengarantie gar nicht um einen Schadensersatzanspruch, sondern um einen Erfüllungsanspruch.[315]

Ob ein Garantievertrag vorliegt, ist eine Frage der Auslegung. Erforderlich ist, dass der Architekt gegenüber dem Bauherrn verspricht, für die Einhaltung einer bestimmten Bausumme einzustehen. Das Wort „Garantie" oder „Bausummengarantie" braucht dabei nicht verwendet zu werden. Nach der Rechtsprechung reicht es aus, wenn der Architekt in irgendeiner Form erklärt, dass er für den Fall der Kostenüberschreitung den Mehrbetrag übernehmen werde.[316] Ein echter Garantievertrag wird nach der Rechtsprechung aufgrund der damit für den Architekten verbundenen Risiken jedoch nur in seltenen Ausnahmefällen anzunehmen sein.[317] Die Erklärung des Architekten, für das Bauvorhaben werde ein bestimmter DM-Betrag ausreichen oder mit einem bestimmten Betrag könne das Bauvorhaben mit Sicherheit erstellt werden, reicht deshalb für die Annahme einer Bausummengarantie nicht aus.[318]

131

Hat der Architekt eine Bausummengarantie übernommen, ist ferner zu fragen, ob er eine sogenannte **totale** oder **beschränkte Bausummengarantie** übernommen hat. Im ersteren Fall garantiert der Architekt die Bausumme selbst im Falle atypischer Geschehensabläufe, im letzten Fall erstreckt sich die Bausummengarantie nur auf das typische Geschehen bei Durchführung der Baumaßnahme.[319]

132

Da sich die Bausummengarantie stets auf ein bestimmtes Bauvorhaben und ein bestimmtes Bauvolumen bezieht, kann der Architekt von dem Bauherrn dann nicht mehr aus der Garantie in Anspruch genommen werden, wenn die ursprüngliche Planung mit Wissen und Willen des Bauherrn grundlegend geändert wird, z.B. erhebliche Grundrissänderungen oder erhebliche Änderungen der Raumaufteilung vorgenommen werden.[320] Ansonsten haftet der Architekt bei einer Überschreitung der garantierten Baukosten in voller Höhe. Sollte das Bauvorhaben z.B. 500.000 DM kosten, betragen die tatsächlichen Kosten jedoch 700.000 DM, muss der Architekt die Differenz von 200.000 DM voll selbst tragen.

133

Abgesehen von dem vorgenannten Fall der Bausummengarantie ist die Berechnung des Schadens bei Überschreiten eines vereinbarten oder eines nicht vereinbarten Kostenrahmens jedoch äußerst problematisch. Selbst wenn eine Haftung des Architekten dem Grunde nach besteht, scheitern Klagen des Bauherrn in diesem Bereich oft an der Schadensberechnung bzw. am Fehlen eines Schadens überhaupt.

134

Ausgangspunkt für die **Schadensberechnung** ist der Betrag, um den die tatsächlichen Baukosten die vereinbarte Bausumme bzw. den von der Rechtsprechung anerkannten Toleranzrahmen überschreiten.[321] Im Rahmen der bei der Schadensberechnung vorzunehmenden Vorteilsausgleichung ist sodann zu prüfen, ob der zu Lasten des Bauherrn entstandene Mehraufwand zu einer Wertsteigerung des Objekts geführt hat.[322] Der Bauherr muss sich grundsätzlich alle Wertvorteile auf seinen Schaden anrechnen lassen, soweit sie für ihn einen echten Vorteil darstellen. Hierzu gehört insbesondere

135

---

315 BGH BauR 1987, 225, 226; *Wirth/Theis*, Architekt und Bauherr, S. 309, *Niestrate*, Die Architektenhaftung, Rn 304.
316 BGH BauR 1987, 225, 226.
317 OLG Hamm BauR 1993, 628.
318 *Werner/Pastor*, Der Bauprozess, 9. Aufl., Rn 1778.
319 Vgl. *Niestrate*, Die Architektenhaftung, Rn 303.
320 OLG Düsseldorf NJW-RR 1995, 1361.
321 *Werner/Pastor*, Der Bauprozess, 9. Aufl., Rn 1796.
322 BGH NJW-RR 1997, 402; *Werner/Pastor*, Der Bauprozess, 9. Aufl., Rn 1797 m.w.N.

die Steigerung des Verkehrswerts des Objekts. Verkehrswert ist in diesem Zusammenhang der Erlös, der bei einem Verkauf des Objekts unter normalen Umständen erzielt werden kann.[323] Neben der Differenz zwischen dem Verkehrswert ohne und mit Berücksichtigung der schadensrelevanten Überschreitung der Baukosten kann dem Bauherrn ein Schaden durch einen evtl. erhöhten Zinsdienst (also nicht erhöhte Tilgung) entstanden sein.[324] Allerdings ist auch bezüglich der Finanzierungskosten zu prüfen, ob dem zusätzlichen Aufwand Vorteile gegenüberstehen, die es ganz oder teilweise ausschließen, insoweit einen Schaden anzunehmen.[325]

136 Anders soll die Schadensberechnung dann vorzunehmen sein, wenn der Bauherr das Objekt aufgrund der Kostenüberschreitung verkaufen muss (Notverkauf). Im Fall des Notverkaufs oder der Zwangsversteigerung tritt anstelle des Verkehrswerts der tatsächlich erzielte Erlös, wobei der Bauherr zusätzlich den Ersatz der nutzlosen Aufwendungen verlangen kann.[326]

III. Fristsetzung zur Nachbesserung mit Ablehnungsandrohung

137 Der Schadensersatzanspruch gemäß § 635 BGB setzt nach § 634 Abs. 1 BGB grundsätzlich voraus, dass der Bauherr dem Architekten zur Beseitigung eines Mangels eine angemessene Frist mit der Erklärung setzt, dass er die Beseitigung des Mangels nach Ablauf der Frist ablehne. Mit dieser Bestimmung soll dem Architekten eine letzte Möglichkeit eingeräumt werden, das noch mit Mängeln behaftete Werk in einen vertragsgemäßen Zustand zu versetzen.[327] Unterlässt der Bauherr die Nachfristsetzung mit Abelehnungsandrohung, steht ihm grundsätzlich kein Schadenersatzanspruch zu.

138 Im Bereich der Architektenhaftung spielt die Nachbesserungsaufforderung mit Ablehnungsandrohung wegen § 634 Abs. 2 BGB allerdings eine eher geringe Rolle. Denn nach dieser Vorschrift bedarf es der Bestimmung einer Frist nicht, wenn die Beseitigung des Mangels unmöglich ist oder von dem Unternehmer verweigert wird. Im Architektenrecht ist primär die erste Alternative von Bedeutung. Zwar ist es z.B. bei einem Planungsfehler grundsätzlich möglich, den Fehler zu beseitigen, indem die Planung richtig gestellt wird. Damit ist dem Bauherrn aber nur dann geholfen, wenn nach der Planung noch nicht gebaut worden ist. Da der Architekt – wie bereits mehrfach betont – das Entstehenlassen eines mangelfreien Bauwerks schuldet, ist es nicht damit getan, dass er eine fehlerhafte Planung abändert. Das Interesse des Bauherrn wird nämlich durch eine derartige Nachbesserung regelmäßig nicht befriedigt. Deshalb hat der BGH bereits im Jahr 1981 entschieden, dass die Voraussetzung der Fristsetzung mit Ablehnungsandrohung für einen Schadensersatzanspruch gegen den Architekten nach § 635 BGB entfällt, wenn sich der Mangel „bereits im Bauwerk verkörpert" hat.[328] Dies gilt nicht nur für Planungsfehler sondern für sämtliche Mängel des Architektenwerks. Hat sich z.B. eine fehlerhafte Objektüberwachung bereits im Bauwerk dergestalt verkörpert, dass z.B. wegen eines Aufsichtsfehlers des Architekten ein Baumangel entstanden ist, dann kann der Architekt einen solchen Fehler bei der Objektüberwachung nicht nach der Errichtung des Bauwerks nachbessern. Eine Nachbesserung in Bezug auf einen Aufsichtsfehler des Architekten ist in diesen Fällen unmöglich.[329]

---

[323] Vgl. zu Einzelheiten *Niestrate*, Die Architektenhaftung, Rn 346.
[324] Z.B. OLG Köln NJW-RR 1994, 981.
[325] BGH BauR 1994, 268, 270.
[326] *Wirth/Theis*, Architekt und Bauherr, S. 316; *Niestrate*, Die Architektenhaftung, Rn 349.
[327] Vgl. BGH NJW-RR 1990, 786, 787.
[328] BGH BauR 1981, 395, 396; ebenso die einhellige Ansicht in der Literatur z.B. *Löffelmann/Fleischmann*, Architektenrecht, 4. Aufl., Rn 1505; *Palandt-Sprau*, BGB, 59. Aufl. § 633 Rn 7.
[329] OLG München NJW-RR 1988, 336, 338.

IV. Kausalität und Verschulden

Der Schadensersatzanspruch gemäß § 635 BGB setzt nach allgemeinen Grundsätzen des Schadensrechts Kausalität und Verschulden voraus. Kausalität bedeutet, dass durch den Mangel des Architektenwerks ein Schaden verursacht worden sein muss. An der erforderlichen Kausaliät fehlt es, sofern der Schaden nicht auf eine fehlerhafte Leistung des in Anspruch genommenen Architekten zurückgeführt werden kann.

Ferner muss den Architekten ein Verschulden an dem Werkmangel treffen. Das bedeutet, dass der Werkmangel zumindest auf leichter Fahrlässigkeit beruhen muss. Der anzulegende Sorgfaltsmaßstab ist dabei abstrakt und hat sich an den im Verkehr erforderlichen Notwendigkeiten zu orientieren. Jeder Architekt muss grundsätzlich die Gewähr dafür bieten, dass er die in seinem Fach erforderlichen Kenntnisse und Fähigkeiten besitzt. Übernimmt der Architekt eine Planungsaufgabe, für die die normalerweise zu erwartende Fachkunde nicht ausreicht, sondern die besondere Anforderungen stellt und besondere Kenntnisse, Fähigkeiten und Erfahrungen voraussetzt, bestimmen sich auch die Sorgfaltsanforderungen an den Architekten nach der Eigenart dieses Werks. Grundsätzlich handelt der Architekt fahrlässig, wenn er die in seinem Fachgebiet bestehenden Regeln der Technik und Baukunst nicht beachtet. An einem Verschulden kann es allerdings fehlen, wenn sich erst nach Abschluss der Leistungen des Architekten diese aufgrund erst später vorhandener Erkenntnisse als unzureichend erweisen.[330]

V. Mitverschulden des Auftraggebers

Sofern den Bauherrn ein Mitverschulden an dem Planungsfehler oder an der Schadensentstehung trifft, ist dieses nach § 254 BGB zu berücksichtigen. Ebenso ist dem Bauherrn das Verschulden seines **Erfüllungsgehilfen** nach § 278 BGB zurechenbar.

Ein dem Bauherrn zurechenbares Mitverschulden kann bei einer fehlerhaften Architektenplanung z.B. dann vorliegen, wenn der Bauherr sich mit der Planung und Ausführung ausdrücklich einverstanden erklärt hat. Dies setzt allerdings voraus, dass der Bauherr die Bedeutung und Tragweite der Fehlerhaftigkeit der Planung erkannt hat. Das kann regelmäßig nur dann angenommen werden, wenn der Architekt den Bauherrn hierüber aufgeklärt und belehrt hat.[331]

Ferner kann ein Mitverschulden des Bauherrn in Form eines Handels auf eigene Gefahr in Betracht kommen. **Ein Handeln auf eigene Gefahr** liegt vor, wenn der Bauherr sich in Kenntnis der Tragweite seiner Entscheidung – was wiederum grundsätzlich eine eingehende Aufklärung über alle wesentlichen Faktoren durch den Architekten voraussetzt – für eine bestimmte, mit Risiken behaftete Vorgehensweise entscheidet.[332] Ein solches Verhalten des Bauherrn kann z.B. vorliegen, wenn er eine besonders weitgehende und deshalb mit Genehmigungsrisiken behaftete Planung wünscht oder eine Bauausführung mit noch nicht hinreichend erprobten Baustoffen oder Bauweisen. In diesen Fällen kann eine Haftung des Architekten unter dem Gesichtspunkt eines stillschweigenden Haftungsverzichts des Bauherrn entfallen oder die Haftung kann ganz oder teilweise – je nach dem Grad des Mitverschuldens des Bauherrn und des eigenen Verschuldens des Architekten – nach § 254 BGB entfallen.[333]

Ein Mitverschulden des Bauherrn liegt jedoch nicht darin, dass er einen anderen als den vom Architekten vorgeschlagenen Bauunternehmer beauftragt, wenn der Architekt keine Bedenken gegen dessen Zuverlässigkeit äußert.[334]

---

330 *Löffelmann/Fleischmann*, Architektenrecht, 4. Aufl., Rn 1510.
331 BGH BauR 1998, 357.
332 *Niestrate*, Die Architektenhaftung, Rn 154.
333 Vgl. OLG Düsseldorf BauR 1986, 469, 471; BGH BauR 1998, 934, 936.
334 BGH NJW-RR 1999, 893.

VI. Mitverschulden sonstiger am Bau Beteiligter (Gesamtschuld)

145 Insbesondere beim Vorliegen von Baumängeln ist es häufig so, dass diese nicht allein auf einem Planungs- oder Objektüberwachungsfehler des Architekten beruhen. Vielmehr können solche Mängel auch in den Verantwortungsbereich des Bauunternehmers oder eines Sonderfachmanns fallen. Denkbar ist ferner, dass der Baumangel nicht nur auf das Verhalten eines am Bau Beteiligten zurückzuführen ist, sondern das **Verschulden mehrerer Beteiligter** den Baumangel verursacht hat.

146 Es ist in der Rechtsprechung seit langem geklärt, dass zwischen **Architekt und Unternehmer** ein sogenanntes **Gesamtschuldverhältnis** angenommen werden kann.[335] Charakteristisch für ein Gesamtschuldverhältnis ist, dass der Bauherr jeden der Gesamtschuldner in voller Höhe auf Ersatz des Schadens in Anspruch nehmen kann. Im Innenverhältnis der Gesamtschuldner untereinander besteht je nach dem Grad ihrer Verantwortung dann eine Ausgleichspflicht gemäß § 426 BGB. Die Rechtsprechung hat die gesamtschuldnerische Haftung von Architekt und Bauunternehmer damit begründet, dass das Ziel der Tätigkeit sowohl des Architekten als auch des Bauunternehmers die Errichtung eines mangelfreien Bauwerks sei. Hierzu würden beide eng zusammenarbeiten. Zwischen ihnen sei eine planmäßige Zweckgemeinschaft gegeben. Haben also sowohl Werkmängel des Architekten als auch des Bauunternehmers zu einem bestimmten Baumangel geführt, kann sich der Bauherr aussuchen, von wem und in welcher Höhe er den Schaden ersetzt verlangt. So hat der Bauherr insbesondere die Möglichkeit, sowohl den Architekten als auch Bauunternehmer in voller Höhe in Anspruch zu nehmen. Der Bauunternehmer kann dem Bauherrn allerdings schon im Außenverhältnis die anteilige, überwiegende oder alleinige Verantwortung des Architekten gemäß §§ 278, 254 BGB entgegenhalten, da der Architekt bezüglich Planungs-, Ausschreibungs- und Koordinierungsfehlern als Erfüllungsgehilfe des Bauherrn anzusehen ist.[336] Dies gilt allerdings nicht, wenn Ausführungsfehler des Unternehmers nur mit Fehlern des Architekten im Rahmen der Objektüberwachung zusammentreffen. Denn in diesem Bereich ist der Architekt nicht Erfüllungsgehilfe des Bauherrn.[337] Der Bauunternehmer hat nämlich keinen Anspruch gegenüber dem Bauherrn, dass die von ihm in eigener Verantwortung zu erbringende Werkleistung vom Bauherrn überwacht wird.

147 Der Architekt kann gegenüber dem Bauherrn allerdings weder bei einem Planungs-, Koordinierungs- oder Objektüberwachungsfehler einwenden, dass der Unternehmer mangelhaft gearbeitet hat. Denn dem Bauherrn obliegt gegenüber dem Architekten nicht die Verpflichtung, einen mangelfrei arbeitenden Unternehmer zu beauftragen.[338] Im Hinblick darauf ist der Bauherr gut beraten, den Architekten in Anspruch zu nehmen, wenn feststeht, dass entweder ein Planungs- oder Koordinierungsfehler des Architekten zumindest **mitursächlich** für den Baumangel war. Denn der Bauherr entgeht damit dem vorgenannten Problem, dass der Bauunternehmer den Einwand des Mitverschuldens des Architekten geltend macht. Ob und inwieweit der Architekt dann seinerseits beim Bauunternehmer unter dem vorgenannten Gesichtspunkt der Gesamtschuld Regress nehmen kann, was in der Praxis meist durch die Haftpflichtversicherung des Architekten vorgenommen wird, ist letztlich die Angelegenheit des Architekten und braucht den Bauherrn grundsätzlich nicht zu interessieren.

148 Für den internen Gesamtschuldnerausgleich zwischen Architekt und Bauunternehmer kommt es auf die sie treffenden jeweiligen **Haftungsquoten** an. Inwieweit den Unternehmer oder den Architekten im Innenverhältnis die Verantwortung für einen Mangel trifft, lässt sich nicht generell sagen. Dies hängt vielmehr von den Umständen des Einzelfalls ab. Die von der Rechtsprechung insoweit bereits entschiedenen Fälle sind daher kaum zu verallgemeinern. Im Grundsatz dürfte davon auszugehen

---

335 BGHZ 43, 227.
336 BGH NJW 1978, 2393; BGH BauR 1972, 112.
337 *Jagenburg/Sieber/Mantscheff*, Das private Baurecht im Spiegel der Rechtsprechung, 3. Aufl., N Rn 56.
338 *Rauch*, Architektenrecht und privates Baurecht für Architekten, 2. Aufl., S. 193.

sein, dass bei einem Zusammentreffen eines Planungsfehlers des Architekten und eines Ausführungsfehlers des Bauunternehmers die Haftungsquote des Architekten überwiegt, weil er die Hauptursache des Mangels gesetzt hat. Anders ist dies bei einem Zusammentreffen eines Objektüberwachtungsfehlers des Architekten mit einem Ausführungsfehler. Hier überwiegt regelmäßig der Haftungsanteil des Bauunternehmers. So soll nach Ansicht des OLG Stuttgart die Mithaftung des Bauunternehmers z.B. 1/4 betragen, wenn der Unternehmer den Planungsfehler des Architekten pflichtwidrig nicht erkannt und deshalb keine Bedenken angemeldet hat.[339]

Neben dem vorgenannten Mitverschulden zwischen Architekt und Bauunternehmer kommen weitere Konstellationen in Betracht. Dies gilt insbesondere für Fälle des Mitverschuldens eines vom Bauherrn beauftragten **Statikers** oder **anderer Sonderfachleute**, insbesondere auch für das Verhältnis zwischen **planendem und bauleitendem Architekt**. Auch hier kommt es auf die jeweilige Konstellation im Einzelfall an. So ist der Statiker dem Architekten grundsätzlich neben- und nicht untergeordnet, weshalb der Architekt in der Regel die Richtigkeit der statischen Berechnungen nicht überprüfen muss und folglich auch nicht für die Richtigkeit der statischen Berechnungen neben dem Statiker als Gesamtschuldner haftet. Etwas anderes gilt allerdings, wenn der Architekt Zweifel an der Richtigkeit der Statik hat oder diese mit offensichtlichen handgreiflichen Fehlern behaftet ist.[340] Deshalb muss der Architekt die Berechnungen und Pläne des Statikers einsehen und sich vergewissern, dass dieser von den richtigen tatsächlichen Voraussetzungen ausgegangen ist und er elementare Grundsätze beachtet hat.[341]

149

Ähnliche Probleme stellen sich auch im Verhältnis des Architekten zu anderen Sonderfachleuten. Hier gilt ebenso, dass der Architekt die Arbeit der vom Bauherrn beauftragten Sonderfachleute nicht im einzelnen überprüfen muss. Allerdings ist der Architekt verpflichtet, die Übereinstimmung mit seiner Planung zu prüfen und festzustellen, ob der Sonderfachmann von den richtigen Voraussetzungen ausgegangen ist und keine evidenten Fehler gemacht hat.[342] Die vom Bauherrn beauftragten Sonderfachleuchte sind gegenüber dem Architekten im Pflichtenkreis des Bauherrn tätig und sind damit seine Erfüllungsgehilfen im Verhältnis zum Architekten.[343] Der Bauherr muss sich deshalb im Verhältnis zum Architekten die Fehler der von ihm beauftragten Sonderfachleute als Mitverschulden zurechnen lassen.[344] Der bauüberwachende Architekt ist nach Auffassung des BGH im Verhältnis des Bauherrn zum planenden Architekten jedoch nicht Erfüllungsgehilfe des Bauherrn.[345]

150

VII. Schaden

Im Rahmen des Schadenersatzanspruchs nach § 635 BGB hat der Gläubiger grundsätzlich die Wahl zwischen dem sogenannten kleinen und großen Schadenersatzanspruch.[346]

151

Wählt der Bauherr den sogenannten **kleinen Schadenersatzanspruch**, kann er das Werk behalten und den durch die Mangelhaftigkeit verursachten Schaden ersetzt verlangen. Hierbei kann der Bauherr entweder den mangelbedingten Minderwert des Werks oder den Betrag geltend machen, der für die Beseitigung des Mangels erforderlich ist.[347] Beim sogenannten **großen Schadenersatzanspruch**

---

[339] OLG Stuttgart BauR 1992, 806.
[340] OLG Köln BauR 1986, 714.
[341] BGH BauR 1971, 265, 267; OLG Frankfurt NJW-RR 1990, 1496.
[342] Vgl. hierzu *Jagenburg/Sieber/Mantscheff*, Das private Baurecht im Spiegel der Rechtsprechung, 3. Aufl., N Rn 226 ff., 131 ff.
[343] Z.B. OLG Frankfurt NJW-RR 1990, 1496, 1497; OLG Celle BauR 1985, 244; *Werner/Pastor*, Der Bauprozess, 9. Aufl. Rn 2463.
[344] *Niestrate*, Die Architektenhaftung, Rn 162.
[345] BGH NJW-RR 1989, 86.
[346] *Palandt-Sprau*, BGB, 59. Aufl., § 635, Rn 7.
[347] BGH NJW-RR 1991, 1429.

kann der Bauherr das Werk zurückweisen und Ersatz des durch die Nichterfüllung des ganzen Vertrags verursachten Schadens fordern.[348] Da im Baurecht allgemein und auch im Architektenrecht die Rückgabe des Werks für den Bauherrn entweder kaum möglich oder nicht von Interesse ist, spielt der große Schadenersatzanspruch in der Praxis eine geringe Rolle. Von Bedeutung ist in erster Linie der sogenannte kleine Schadenersatzanspruch.[349]

152 Besondere Probleme bereiten in diesem Bereich die sogenannten **Sowieso-Kosten**. Nach den Grundsätzen der Vorteilsausgleichung hat der Bauherr nämlich Kosten für Leistungen selbst zu tragen, die der Architekt nach den vertraglichen Vereinbarungen nicht schuldet, dann aber, weil zur ordnungsgemäßen Ausführung erforderlich, zusätzlich doch erbracht werden müssen.[350] Der Schadenersatzanspruch des Bauherrn ist deshalb stets um die (Mehr-) Kosten zu kürzen, um die die Bauleistung bei einer ordnungsgemäßen Ausführung des Architektenwerks von vornherein teurer gewesen wäre.[351] Die Berechnung der Sowieso-Kosten und die Abgrenzung zum nach § 635 BGB zu ersetzenden Schaden ist im Einzelfall problematisch. Muss z.B. ein Werk neu hergestellt werden, so können zwar die Neuherstellungskosten als Sowieso-Kosten in die Abrechnung eingestellt werden, bei einer solchen Abrechnung müssen dann aber nutzlos gewordene Planungs- und Baukosten sowie Kosten für die Beseitigung des fehlerhaften Baukörpers als Schaden berücksichtigt werden.[352]

Als weitere ersatzfähige Schäden sind die Kosten der Schadensfeststellung, insbesondere die Kosten für die Einholung eines Privatgutachtens, zu nennen. Ein ersatzfähiger Schaden ist ferner der entgangene Gewinn. Dieser kann z.B. im Ausfall von Mietzinsansprüchen des Bauherrn bestehen.

VIII. Haftungsbeschränkungen

153 In der Vertragspraxis gelingt die Vereinbarung einer Haftungsbeschränkung zugunsten des Architekten in den seltensten Fällen. Bei größeren Bauvorhaben, insbesondere bei institutionellen Bauherren, kommt eine Haftungsbeschränkung zugunsten des Architekten so gut wie nicht in Betracht. Bei Vereinbarungen über Haftungsbeschränkungen ist zwischen zwei Grundfällen zu differenzieren, nämlich zwischen der individualvertraglichen Haftungsbeschränkung und Haftungsfreizeichnungsklauseln in AGB-/Formularverträgen.

1. Individualvertragliche Haftungsbeschränkungen

154 Individualvertragliche Haftungsbeschränkungen bereiten rechtlich kaum Schwierigkeiten. Grundsätzlich sind individualvertragliche Haftungsbeschränkungen zulässig. Ihre Grenze finden individualvertragliche Haftungsbeschränkungsvereinbarungen lediglich in den §§ 138, 242, 276 Abs. 2, 278 Abs. 2, 637, 826 BGB. Dies sind jedoch Ausnahmefälle ohne größere praktische Relevanz.

2. Haftungsbeschränkungen durch Allgemeine Geschäftsbedingungen

155 Die Haftungsfreizeichnungsklauseln in Formularverträgen unterliegen der Inhaltskontrolle nach dem AGBG. Hier ist zunächst § 11 Nr. 7 AGBG zu erwähnen. Nach dieser Vorschrift ist ein Ausschluss oder eine Begrenzung der Haftung für einen Schaden, der auf einer vorsätzlichen oder grob fahrlässigen Vertragsverletzung beruht, unwirksam. Gemäß § 24 S. 1 AGBG findet diese Vorschrift jedoch nicht Anwendung auf Allgemeine Geschäftsbedingungen, die gegenüber Unternehmen oder gegenüber juristischen Personen des öffentlichen Rechts verwendet werden. Allerdings wendet die

---

[348] *Palandt-Sprau*, BGB, 59. Aufl., § 635 Rn 6 a.
[349] *Löffelmann/Fleischmann*, Architektenrecht, 4. Aufl., Rn 1516.
[350] BGHZ 90, 344, 347; *Palandt-Sprau*, BGB, 59. Aufl., § 633 Rn 6.
[351] *Werner/Pastor*, Der Bauprozess, 9. Aufl., Rn 2474.
[352] *Werner/Pastor*, Der Bauprozess, 9. Aufl., Rn 2476.

herrschende Meinung den Gedanken des § 11 Nr. 7 AGBG über §§ 24 S. 2, 9 AGBG auch im kaufmännischen Verkehr an.[353] Der BGH geht davon aus, dass der Verwender Allgemeiner Geschäftsbedingungen sich auch gegenüber Unternehmen nicht vom groben Verschulden eines Erfüllungsgehilfen freizeichnen kann, soweit es sich um die Verletzung wesentlicher Pflichten handelt.[354] Für den Architekten bedeutet dies, dass eine formularmäßige Haftungsbeschränkung auf Vorsatz und grobe Fahrlässigkeit auch im kaufmännischen Verkehr regelmäßig ausscheiden wird, da die meist schadensträchtigen Planungs- bzw. Objektüberwachungsfehler regelmäßig Kardinalpflichten des Architekten betreffen.

Soweit eine Vertragsklausel in Formularverträgen die Haftung des Architekten auf den unmittelbaren Schaden beschränkt, ist sie ebenfalls gem. § 11 Nr. 7 AGBG unwirksam, soweit damit auch die Haftung für grobe Fahrlässigkeit ausgeschlossen werden soll.[355]

156 Nach § 11 Nr. 10 a) AGBG ist der Ausschluss sämtlicher Gewährleistungsansprüche einschließlich etwaiger Nachbesserungs- und Ersatzlieferungsansprüche bei neu hergestellten Leistungen unwirksam. Das Gleiche gilt gem. § 11 Nr. 10 b) AGBG, sofern Gewährleistungsansprüche gegen den Verwender insgesamt oder teilweise auf ein Recht zur Nachbesserung oder Ersatzlieferung beschränkt werden. Da nach § 11 Nr. 10 a) AGBG auch eine Klausel unwirksam ist, die Gewährleistungsansprüche von der vorherigen gerichtlichen Inanspruchnahme Dritter abhängig macht, ist es dem Architekten nicht mehr möglich, eine Subsidiärhaftung im Verhältnis zum falsch ausführenden Bauunternehmer in Allgemeinen Geschäftsbedingungen zu vereinbaren. Ebenso unwirksam ist eine Klausel, die den Bauherrn zwingt, den Unternehmer zunächst außergerichtlich in Anspruch zu nehmen.[356] Diese Grundsätze gelten über §§ 24 S. 2, 9 AGBG regelmäßig auch im Verkehr zwischen Unternehmen.[357]

157 Gemäß § 11 Nr. 10 c) AGBG ist eine Klausel unwirksam, durch die die Verpflichtung des gewährleistungspflichtigen Verwenders ausgeschlossen oder beschränkt wird, die Aufwendungen zum Zweck der Nachbesserung zu tragen. Diese Vorschrift ist auch im kaufmännischen Verkehr über § 9 AGBG anwendbar.[358] Nach § 11 Nr. 10 d) AGBG ist es zudem unzulässig, die Mängelbeseitigung von der vorherigen Zahlung des vollständigen Entgelts oder eines unter Berücksichtigung des Mangels unverhältnismäßig hohen Teils des Entgelts abhängig zu machen. Auch diese Vorschrift ist grundsätzlich im kaufmännischen Verkehr über §§ 24 S. 2, 9 AGBG anzuwenden.[359]

158 Eine Klausel, die die Haftung des Architekten für leichte Fahrlässigkeit auf von ihm **nachweislich schuldhaft** verursachte Schäden beschränkt oder die gesamte Gewährleistung, die nach §§ 633 ff. BGB kein Verschulden voraussetzt, von einem schuldhaften Handeln abhängig macht, verstößt gegen § 11 Nr. 10 a) AGBG.[360] Außerdem verstößt die Klausel gegen § 11 Nr. 15 AGBG. Nach dieser Bestimmung ist eine Klausel, durch die der Verwender die Beweislast zum Nachteil des anderen Vertragsteils ändert, unwirksam. Die vorgenannte Klausel verstößt gegen § 11 Nr. 15 AGBG, weil vor der Abnahme der Architekt die Mangelfreiheit beweisen muss.[361]

---

353 Z.B. OLG Hamm NJW-RR 1996, 969; OLG Frankfurt a.M. NJW 1993, 1681; *Ulmer/Brandner/Hensen*, AGB-Gesetz, 8. Aufl., § 11 Nr. 7 Rn 32.
354 BGHZ 89, 363; BGHZ 93, 29.
355 *Dohna*, in: *Neuenfeld/Baden/Dohna/Groscurth*, Handbuch des Architektenrechts, Band 1, 5. Lieferung der 3. Aufl., IV Rn 164.
356 *Dohna*, in: *Neuenfeld/Baden/Dohna/Groscurth*, Handbuch des Architektenrechts, 5. Lieferung der 3. Aufl., IV Rn 163 m.w.N.; OLG München NJW-RR 1988, 336, 338.
357 *Palandt-Heinrichs*, AGBG, 59. Aufl., § 11 Rn 55 m.w.N.; etwas anderes soll allerdings für die Schranke der gerichtlichen Inanspruchnahme gelten, vgl. *Ulmer/Brandner/Hensen*, AGB-Gesetz, 8. Aufl., § 11 Nr. 10 a) Rn 27.
358 BGH BauR 1981, 378.
359 *Ulmer/Brandner/Hensen*, AGB-Gesetz, 8. Aufl., § 11 Nr. 10 e) Rn 68.
360 *Bindhardt/Jagenburg*, Die Haftung des Architekten, 8. Aufl., § 2 Rn 32.
361 BGH BauR 1990, 488, 489.

159 Teilweise wird auch versucht, die Verjährungsfristen für Gewährleistungs- bzw. Schadensersatzansprüche im Werkvertragsrecht zu verkürzen. In Parallelität zur VOB/B wird versucht, eine Verjährung von 2 Jahren vorzusehen. Dies ist wegen § 11 Nr. 10 f. AGBG, der die Verkürzung der gesetzlichen Gewährleistungsfrist in Allgemeinen Geschäftsbedingungen für unwirksam erklärt, jedoch nur individualvertraglich möglich. Aus dem gleichen Grunde ist es in Allgemeinen Geschäftsbedingungen unwirksam, die Vorverlegung des Beginns der Verjährungsfrist vorzusehen, z.B. auf die zum Zeitpunkt der Ingebrauchnahme fingierte Abnahme.[362] Nach der Rechtsprechung des BGH kann die im Architektenrecht hauptsächlich einschlägige 5-jährige Verjährungsfrist des § 638 BGB auch im kaufmännischen Verkehr nicht verkürzt werden.[363]

160 Haftungsbegrenzungsklauseln, durch die die Haftung formularmäßig auf eine bestimmte Höhe beschränkt werden soll, sind nach dem AGBG begrenzt möglich. Die Grenzen der Zulässigkeit solcher Klauseln wird insbesondere durch § 11 Nr. 7 AGBG, der die bereits erörterte Haftung bei grobem Verschulden betrifft, sowie § 11 Nr. 11 AGBG (Haftung für zugesicherte Eigenschaften) abgesteckt. Formularmäßige Haftungsbeschränkungen bezüglich der Höhe sind danach auf die Fälle der Haftung wegen leichter Fahrlässigkeit begrenzt, da anderenfalls ein Verstoß gegen § 11 Nr. 7 AGBG vorliegen würde.[364] Die Wirksamkeit einer Haftungsbegrenzungsklausel für leichte Fahrlässigkeit richtet sich im Übrigen nach der Generalklausel des § 9 AGBG. Hier ist zu beachten, dass der Auftraggeber durch die Festlegung einer völlig unzureichenden Haftungssumme nicht praktisch schutzlos gestellt werden darf. Die Haftungshöchstsumme muss daher dem Umfang der Bauvorhaben angemessen sein und einem voraussehbaren Schaden entsprechen.[365] Der Einheitsarchitektenvertrag in der Fassung 1992 sah in § 5.3 Haftungsbeschränkungen der Höhe nach vor, die nach honorarfähigen Herstellungskosten und Schadensart abgestuft waren. Diese Klausel verstößt nach überwiegender Auffassung gegen das AGBG.[366]

IX. Architektenhaftung gegenüber Dritten

161 Neben den Ansprüchen des Bauherrn sind Schadensersatzansprüche Dritter gegenüber dem Architekten möglich. Hier sind zwei Konstellationen von praktischer Bedeutung. Zum einen sind Schadensersatzansprüche aus einem sogenannten Vertrag mit Schutzwirkung zugunsten Dritter zu beachten. Ferner kommen Ansprüche gegen den Architekten aus unerlaubter Handlung in Betracht.

162 Ein **Vertrag mit Schutzwirkung** zugunsten Dritter liegt vor, wenn sich durch Auslegung des Vertrags feststellen lässt, dass der Schuldner auch gegenüber einem Dritten bestimmte Schutzpflichten übernommen hat. Solche Schutzwirkungen zugunsten Dritter können sich aus schuldrechtlichen Verträgen jeder Art ergeben,[367] also auch aus Architektenverträgen. Der Drittschutz erstreckt sich dabei nicht nur auf Körperschäden, sondern auch auf Vermögensschäden.[368] Um die Haftung des Schuldners nicht uferlos auszudehnen, stellt die Rechtsprechung an die Einbeziehung von Dritten in den vertraglichen Schutzbereich grundsätzlich strenge Anforderungen. Es müssen folgende Voraussetzungen erfüllt sein: Der Dritte muss bestimmungsgemäß mit der Leistung des Schuldners in Berührung kommen und den Gefahren von Schutzpflichtverletzungen ebenso ausgesetzt sein wie der Gläubiger. Ferner muss der Gläubiger an der Einbeziehung des Dritten in den Schutzbereich des Vertrags ein besonderes Interesse haben und der Vertrag muss dahin ausgelegt werden können,

---

362 BGH BauR 1987, 113.
363 BGH NJW 1981, 1510.
364 *Niestrate*, Die Architektenhaftung, Rn 369.
365 *Niestrate*, Die Architektenhaftung, Rn 370.
366 *Dohna*, in: *Neuenfeld/Baden/Dohna/Groscurth*, Handbuch des Architektenrechts, Band 1, 5. Lieferung der 3. Aufl., IV Rn 206 m.w.N., dort sind auch weitere Haftungsbestimmungen in Musterverträgen besprochen.
367 *Palandt-Heinrichs*, BGB, 59. Aufl., § 328 Rn 15.
368 BGHZ 49, 350, 355.

dass der Vertragsschutz in Anerkennung dieses Interesses auf den Dritten ausgedehnt werden soll. Für den Schuldner muss die Drittbezogenheit der Leistung ferner erkennbar sein und der Dritte muss schutzbedürftig sein.[369]

163 Im Architektenbereich wurde die Annahme eines Vertrags mit Schutzwirkung zugunsten Dritter bei der Erstellung von Verkehrswertgutachten angenommen.[370] Der Auftrag zur Erstellung eines Gutachtens hat nach der Rechtsprechung Schutzwirkung für denjenigen Dritten, der für den Architekten erkennbar mit dem Gutachten geschäftlich in Kontakt kommen und es zur Grundlage eigener Entscheidungen machen könnte. Zu dem geschützten Personenkreis bei fehlerhaftem Wertgutachten zählen insbesondere Käufer, Kreditgeber oder Bürge.

164 Eine vergleichbare Situation wie beim Wertgutachten kann darüber hinaus bei sonstigen Begutachtungen z.B. über die Bausubstanz, Baumängel oder Bebaubarkeit von Grundstücken bestehen. Ähnliches gilt für die von einem Architekten z.B. im Auftrag des Bauträgers durchgeführte Zwischen- und Schlussabnahme von Wohnungen. Ein diesbezüglicher Architektenvertrag kann Schutzwirkungen zugunsten des Erwerbers des jeweiligen Objektes haben.[371]

165 Bei Architektenverträgen, zu denen die Objektüberwachung gehört, ist des Weiteren eine Einbeziehung der Familienangehörigen, Arbeitnehmer oder Mieter des Auftraggebers in den vertraglichen Schutzbereich anzunehmen, soweit diese in ähnlicher Weise wie der Auftraggeber mit den sich aus der Objektüberwachung ergebenden Verkehrssicherungspflichten des Architekten in Kontakt kommen.[372]

166 Schadensersatzansprüche des Architekten gegenüber Dritten können sich ferner aus **deliktischen Handlungen** ergeben.[373] Die deliktische Haftung des Architekten greift in der Praxis zumeist in den Fällen der Verletzung von Verkehrssicherungspflichten ein. Dabei sind die einschlägigen Verkehrssicherungspflichten nicht auf die Objektüberwachung beschränkt. Verkehrssicherungspflichten ergeben sich auch bei der Planung. Führt die Verkehrssicherungspflichtverletzung des Architekten dazu, dass ein durch § 823 Abs. 1 BGB geschütztes Rechtsgut, insbesondere Körper, Gesundheit oder Eigentum, verletzt wird, hat der Architekt bei Vorliegen von Verschulden dem Verletzten den entstehenden Schaden zu ersetzen. So haftet der Architekt beispielsweise, wenn aufgrund eines Planungs- oder Aufsichtsfehlers eine Dachkonstruktion oder Decke herabstürzt und die Gesundheit oder das Eigentum Dritter verletzt.[374]

167 Neben den Fällen einer Rechtsgutverletzung im Sinne von § 823 Abs. 1 BGB kann sich eine Architektenhaftung unter dem Gesichtspunkt der Verletzung von Schutzgesetzen nach § 823 Abs. 2 BGB ergeben. Als praktisch wichtiges Schutzgesetz ist hier § 909 BGB zu nennen. Nach dieser Bestimmung darf ein Grundstück nicht in der Weise vertieft werden, dass der Boden des Nachbargrundstückes die erforderliche Stütze verliert, es sei denn, dass für eine genügende anderweitige Befestigung gesorgt ist. § 909 BGB gilt für jeden, der ein Grundstück vertieft oder daran mitwirkt, also auch für den mit der Bauplanung oder Bauleitung beauftragten Architekten. Aufgrund seiner Fachkenntnisse trägt der Architekt zudem im besonderen Maße Verantwortung dafür, dass die nachbarrechtliche Verpflichtung aus § 909 BGB eingehalten wird. Verstößt der Architekt schuldhaft gegen

---

369 Vgl. zum Ganzen *Palandt-Heinrichs*, BGB, 59. Aufl., § 328 Rn 16 bis 18 m.w.N.
370 Z.B. OLG Frankfurt a. M. NJW-RR 1989, 337, 338.
371 Vgl. *Niestrate*, Die Architektenhaftung, Rn 211.
372 *Löffelmann/Fleischmann*, Architektenrecht, 4. Aufl., Rn 1650.
373 Zu beachten ist, dass selbstverständlich auch eine deliktische Haftung des Architekten gegenüber seinem Auftraggeber möglich ist. Diese spielt in der Praxis jedoch nur eine geringe Rolle, weil die vertraglichen Ansprüche für den Bauherrn zumeist günstiger sind als deliktische Ansprüche.
374 BGH BauR 1987, 116 ff.

diese gesetzliche Pflicht, so ergibt sich gem. § 823 Abs. 2 BGB in Verbindung mit § 909 BGB ein Schadensersatzanspruch gegen ihn.[375]

X. Verjährung

168 Beginn und Dauer der einschlägigen Verjährungsfristen hängen vom Rechtsgrund des jeweils geltend gemachten Anspruchs ab. Die für die Architektenhaftung praktisch wichtigste Verjährungsvorschrift ist § 638 BGB. Hiernach beträgt die Verjährungsfrist für Schadensersatzansprüche bei Bauwerken 5 Jahre. Bei Arbeiten an einem Grundstück ist die Verjährungsfrist 1 Jahr. Sofern der Architekt einen Mangel arglistig verschwiegen hat, haftet er 30 Jahre.

169 Da die Leistungen von Architekten im Regelfall als Arbeiten bei Bauwerken im Sinne des § 638 BGB anzusehen sind, gilt danach grundsätzlich die 5-jährige Verjährungsfrist.[376] Dies gilt auch, wenn der Architekt nur Planungsleistungen erbringt.[377]

170 Die Verjährung beginnt gem. § 638 Abs. 1 S. 2 BGB grundsätzlich mit der **Abnahme** oder, wenn eine solche ausgeschlossen ist, mit der **Vollendung des Architektenwerks**.[378] Zur abnahmefähigen Herstellung des Architektenwerks gehört die Vollendung aller vertraglich geschuldeten Leistungen.[379] Weder die Fertigstellung oder der Einzug des Auftraggebers in das vom Architekten geplante oder überwachte Objekt noch die Übergabe oder Unterzeichnung von Plänen des Architekten durch den Auftraggeber rechtfertigen allein die Abnahme.[380] Für die Abnahme ist erforderlich, dass der Auftraggeber die Architektenleistungen als im Wesentlichen vertragsgerecht billigt.

171 In der Praxis erweist es sich allerdings immer wieder als schwierig festzustellen, wann eine solche Billigung des Architektenwerks in Form der **Anerkennung** als eine **in der Hauptsache vertragsgemäße Erfüllung** gegeben ist. Diese Frage kann nur im jeweiligen Einzelfall gelöst werden. Da der Architekt die Abnahme beweisen muss, ist dem Architekt zu raten, in diesem Bereich klare Verhältnisse zu schaffen. Der Architekt sollte daher gegenüber dem Bauherrn nach Möglichkeit auf eine schriftliche Abnahmeerklärung hinwirken. Weigert sich der Bauherr, ein abnahmefähiges Architektenwerk abzunehmen, beginnt die Verjährung in dem Zeitpunkt zu laufen, zu dem der Bauherr dies erklärt.[381] Da auch durch die Weigerung des Bauherrn zur Abnahme – eine abnahmefähige Leistung des Architekten selbstverständlich vorausgesetzt – die Verjährungsfrist beginnt, empfiehlt sich unter diesem Gesichtspunkt für den Architekten ebenfalls, von dem Bauherrn eine klare schriftliche Erklärung über die Abnahme oder Abnahmeverweigerung zu verlangen. Neuerdings steht dem Architekten zur Herbeiführung der Abnahmewirkungen und damit auch zur Herbeiführung des Verjährungsbeginns § 641 a BGB zur Verfügung. Nach dieser Vorschrift steht es der Abnahme gleich, wenn dem Architekten von einem Gutachter eine Bescheinigung darüber erteilt wird, dass das versprochene Werk hergestellt ist und frei von Mängeln ist, die der Auftraggeber gegenüber dem Gutachter behauptet oder die für den Gutachter bei der Besichtigung feststellbar sind. Die weiteren Einzelheiten ergeben sich aus der gesetzlichen Regelung. Inwieweit § 641 a BGB in der Praxis Bedeutung erlangen wird, ist derzeit noch nicht absehbar.

172 Hinsichtlich der Verjährungsfrist ist für den Architekten bei **Übernahme der Vollarchitektur** zu beachten, dass der Architekt seine vertraglichen Leistungen erst nach **Abschluss der Leistungsphase 9** vollständig erbracht hat und damit Abnahmereife des Architektenwerks eingetreten ist. Dies bedeutet

---

375 BGH NJW 1987, 2809.
376 Vgl. BGHZ 32, 206.
377 BGH BauR 1979, 54, 55.
378 BGH BauR 1999, 934, 935.
379 BGH BauR 1994, 392, 394.
380 OLG Hamm MDR 1974, 313; BGH BauR 1999, 934, 935; *Wirth/Theis*, Architekt und Bauherr, S. 342.
381 BGH NJW 1971, 1840 f.

für den Architekten, dass – sofern nichts anderes im Architektenvertrag vereinbart worden ist – die Verjährungsfrist für seine gesamten Leistungen erst nach Abschluss der Bauzeit und nach Ablauf der Gewährleistungsfristen der Bauunternehmerleistungen eintreten kann. Es ist dem Architekten bei der Übernahme von Vollarchitekturverträgen daher dringend eine Vereinbarung dahingehend anzuraten, dass er jedenfalls nach Erbringung der Leistungen der Objektüberwachung einen Anspruch auf (Teil-)Abnahme der bis dahin erbrachten Architektenleistungen hat.

Anders als der Schadensersatzanspruch aus § 635 BGB verjährt der **Anspruch aus positiver Vertragsverletzung** in **30 Jahren** gem. § 195 BGB.   173

Deliktische Ansprüche gegen den Architekten, also insbesondere die Ansprüche Dritter, verjähren nach § 852 BGB in 3 Jahren von dem Zeitpunkt an, zu dem der Verletzte von dem Schaden und der Person des Ersatzpflichtigen Kenntnis erlangt hat, spätestens in 30 Jahren von der Begehung der Handlung an. Nach der Rechtsprechung gehört zur Kenntnis der Person des Ersatzpflichtigen auch die Kenntnis von Tatsachen, die auf ein schuldhaftes Verhalten des Schädigers hinweisen. Die Kenntnis muss soweit gehen, dass der Geschädigte in der Lage ist, eine Schadensersatzklage erfolgversprechend, wenn auch nicht risikolos zu begründen.[382] Das bloße Kennenmüssen des Geschädigten reicht nach der Rechtsprechung – von den Fällen des Rechtsmissbrauchs abgesehen – selbst dann für den Verjährungsbeginn nicht aus, wenn es auf grober Fahrlässigkeit beruht.[383]   174

Die oben angesprochenen **Ausgleichsansprüche unter Gesamtschuldnern** gem. § 426 BGB verjähren in **30 Jahren**.[384] Die kurze Verjährungsfrist des § 638 BGB kommt insoweit nicht zur Anwendung. Der Anspruch zwischen den Gesamtschuldnern verjährt selbst dann nicht, wenn z.B. Gewährleistungsansprüche gegen einen Gesamtschuldner bereits verjährt sind.[385]   175

C. Das Honorarrecht des Architekten

Das Honorarrecht des Architekten ist in der Honorarordnung für Architekten und Ingenieure (HOAI) geregelt. Rechtsgrundlage der HOAI ist das Gesetz zur Verbesserung des Mietrechts und zur Begrenzung des Mietanstiegs sowie zur Regelung von Ingenieur- und Architektenleistungen (MRVG) vom 4.11.1971. Gemäß Art. 10 § 2 MRVG[386] wird die Bundesregierung ermächtigt, durch Rechtsverordnung mit Zustimmung des Bundesrats eine Honorarordnung für Leistungen der Architekten zu erlassen. Die HOAI selbst trat zum 1.1.1977 in Kraft. Seitdem hat es 5 HOAI-Novellen gegeben, zuletzt die am 1.1.1996 in Kraft getretene 5. HOAI-Novelle.   176

I. Anwendungsbereich und Bedeutung der HOAI

Schon aus der Ermächtigung zum Erlass der HOAI in Art. 10 § 2 MRVG folgt, dass es sich bei der HOAI um Preisrecht handelt.[387] Die HOAI regelt, in welcher Höhe und nach welchen Gesichtspunkten Architekten und Ingenieure Honorare berechnen können bzw. müssen, wenn sie dem Grunde nach einen vertraglichen Honoraranspruch haben. Für andere, vor allem vertragsrechtliche Regelungen, fehlt es an einer Ermächtigung für den Verordnungsgeber. Ob und mit welchem Inhalt ein Architektenvertrag abgeschlossen wurde, ergibt sich nicht aus der HOAI sondern allein nach den Regeln des Bürgerlichen Gesetzbuchs.   177

---

382 BGH NJW 1999, 2734, 2735.
383 BGH NJW 1999, 2734, 2735.
384 BGH BauR 1972, 246.
385 BGH BauR 1972, 246.
386 Art. 10 § 3 MRVG enthält das oben schon erörterte Kopplungsverbot.
387 BGH BauR 1997, 154, 155; *Neuenfeld*, in: *Neuenfeld/Baden/Dohna/Groscurth/Schmitz*, Handbuch des Architektenrechts, Band 2, 3. Lieferung der 5. Aufl., HOAI, § 1 Rn 2; *Jochem*, HOAI, 4. Aufl., Vorbemerkungen Ziff. 2.

178 In der Literatur war lange umstritten, ob die HOAI neben ihrem preisrechtlichen Charakter auch normative Leitbilder für den Inhalt von Architekten- und Ingenieurverträgen enthält. Hiervon ist teilweise auch die Rechtsprechung der Oberlandesgerichte ausgegangen. In dem bereits zitierten grundlegenden Urteil des BGH vom 24.10.1996 hat der für das Baurecht zuständige VII. Zivilsenat diesen Auffassungen jedenfalls für die Praxis den Boden entzogen.[388] Der BGH hat klargestellt, dass die HOAI gerade **keine generelle vertragsrechtliche Leitbildfunktion** im Sinne der teilweise in der Literatur und obergerichtlichen Rechtsprechung vertretenen Auffassung hat. Die HOAI regelt nach der Rechtsprechung des BGH keine dispositiven Vertragsinhalte wie etwa das vertragliche Schuldrecht des BGB. Für die Frage, was der Architekt zu leisten hat, ist allein der geschlossene Werkvertrag nach Maßgabe der Regelungen des BGB und der dazu zwischen den Parteien im Einzelnen getroffenen Vereinbarungen von Bedeutung. Das Honorarrecht der HOAI kann nach Auffassung des BGH den Werkvertrag auch deshalb nicht regeln, weil sich ein werkvertraglicher Erfolg nicht als Summe von abschließend enumerativ aufgeführten Leistungen beschreiben lässt, als die sich die Beschreibung der Grundleistungen nach herrschender Meinung darstellt.[389] Nach der Rechtsprechung kommt auch der Unterscheidung zwischen Grundleistungen und Besonderen Leistungen nur honorarrechtliche und keine werkvertragsrechtliche Bedeutung zu. Ob ein Honoraranspruch dem Grunde nach gegeben ist oder nicht, lässt sich nicht aus den Gebührentatbeständen der HOAI ableiten. Hierfür ist allein der Umfang der Beauftragung des Architekten oder Ingenieurs maßgeblich.[390] An dieser Auffassung hat der BGH nach seinem Urteil vom 24.10.1996 auch in neueren Entscheidungen festgehalten.[391]

179 Der **sachliche Anwendungsbereich** der HOAI betrifft die Honorare für Architekten- und Ingenieurleistungen aller Art.[392] Dies gilt gem. § 1 HOAI freilich nur, soweit die Leistungen der Architekten und Ingenieure durch Leistungsbilder oder andere Bestimmungen der HOAI erfasst werden. Für andere Leistungen von Architekten und Ingenieuren gilt die HOAI folglich nicht. Solche Leistungen unterliegen deshalb auch nicht den in der HOAI festgelegten preisrechtlichen Beschränkungen und sonstigen Bestimmungen. Vielmehr kann insoweit eine Vergütung frei vereinbart werden.[393]

180 Da die HOAI – wie bereits dargelegt wurde – reines Preisrecht ist, können ihre Bestimmungen nicht als Anspruchsgrundlage für einen Vergütungsanspruch des Architekten herangezogen werden. Der Vergütungsanspruch findet seine Grundlage angesichts des Werkvertragscharakters des Architektenvertrags in § 631 Abs. 1 BGB.[394] § 631 Abs. 1 BGB enthält jedoch weder über die Art noch die Berechnung der Vergütung eine Regelung. Diese wird durch die HOAI als eine taxmäßige Vergütung im Sinne von § 632 Abs. 2 BGB getroffen.[395]

181 Die Frage des **persönlichen Anwendungsbereichs**, also die Frage, für welchen Personenkreis die HOAI verbindlich ist, wird von der HOAI nicht eindeutig und zweifelsfrei beantwortet. Einigkeit besteht jedoch darüber, dass die HOAI für alle Personen gilt, die nach den Landesgesetzen befugt sind, die Berufsbezeichnung Architekt oder Ingenieur zu tragen. Dies gilt unabhängig davon, ob die Architekten- oder Ingenieurtätigkeit freiberuflich, als Beamter oder Angestellter, haupt- oder nebenberuflich erbracht wird.[396]

---

388 Kritisch zu dieser Rechtsprechung z.B. *Neuenfeld*, in: *Neuenfeld/Baden/Dohna/Groscurth/Schmitz*, Handbuch des Architektenrechts, Band 2, 3. Lieferung zur 5. Aufl., HOAI, § 1 Rn 9 a.
389 BGH BauR 1997, 154, 155.
390 BGH BauR 1997, 154, 155.
391 Z.B. BGH BauR 1999, 187, 188.
392 *Locher/Koeble/Frik*, HOAI, 7. Aufl., § 1 Rn 2.
393 *Pott/Dahlhoff/Kniffka*, HOAI, 7. Aufl., § 1 Rn 1.
394 *Neuenfeld*, in: *Neuenfeld/Baden/Dohna/Groscurth/Schmitz*, Handbuch des Architektenrechts, Band 2, 5. Lieferung der 3. Aufl., § 1 Rn 8.
395 *Palandt-Sprau*, BGB, 59. Aufl., § 632 Rn 7.
396 *Pott/Dahlhoff/Kniffka*, HOAI, 7. Aufl., § 1 Rn 5.

Umstritten war lange Zeit, ob die HOAI auch für Nicht-Architekten oder Nicht-Ingenieure maßgeblich ist. Der BGH hat diese Frage nunmehr dahin entschieden, dass die HOAI grundsätzlich tätigkeitsbezogen und nicht berufs- oder personenbezogen anzuwenden sei. Sie gilt nach der Rechtsprechung des BGH regelmäßig für alle natürlichen und juristischen Personen, die Architekten- und Ingenieurleistungen erbringen.[397] Eine Ausnahme macht der BGH lediglich insoweit, als die HOAI nicht auf Anbieter anwendbar sein soll, die neben oder zusammen mit Bauleistungen auch Architekten- oder Ingenieurleistungen erbringen.[398] Dies betrifft insbesondere Bauträger und andere Anbieter kompletter Bauleistungen, die die dazu erforderlichen Ingenieur- und Architektenleistungen einschließen.

182

Ein besonderer Problemkreis ist die Anwendung der HOAI bei Verträgen unter Berufsangehörigen. Grundsätzlich ist davon auszugehen, dass die HOAI auch für Architekten- und Ingenieurverträge gilt, die ein Architekt mit einem anderen Architekten oder Ingenieur abschließt. Eine Ausnahme besteht jedoch hinsichtlich Arbeits- oder sonstigen arbeitnehmerähnlichen Dienstverhältnissen.[399] Die Grenze zwischen einem echten Sub-Unternehmervertrag und einem Arbeits- oder Dienstvertrag, insbesondere einem freien Mitarbeiterverhältnis, kann im Einzelfall schwierig sein und lässt sich nur von Fall zu Fall bestimmen. Hier sind die allgemeinen Kriterien zur Abgrenzung von Arbeitnehmern, freien Dienstverhältnissen und „echten" Selbständigen grundsätzlich heranzuziehen.

183

Ebenso wie der persönliche Anwendungsbereich ist auch der räumliche Geltungsbereich der HOAI nicht ausdrücklich geregelt.[400] Kein Problem bereitet die Anwendung der HOAI bei einem Bauvorhaben in der Bundesrepublik Deutschland, wenn der Auftraggeber in Deutschland ansässig ist und ein Planer mit Geschäftssitz in Deutschland beauftragt wird.[401] Bei Sachverhalten mit einer Verbindung zum Recht eines ausländischen Staates bestimmen die Vorschriften des internationalen Privatrechts, welche Rechtsordnung anzuwenden ist. Das internationale Privatrecht, welches in Deutschland im Wesentlichen im EGBGB geregelt ist, bestimmt somit auch über die Frage, ob und inwieweit die HOAI anwendbar ist.[402]

184

II. Grundzüge der Honorarabrechnung nach der HOAI

Die HOAI ist durch ihren Höchst- und Mindestpreischarakter geprägt, der insbesondere in § 4 HOAI Niederschlag gefunden hat. Wesentlich für die HOAI ist auch die Differenzierung zwischen Grundleistungen und Besonderen Leistungen, die in den jeweiligen Leistungsphasen getrennt ausgewiesen sind. Charakteristisch für die HOAI ist des Weiteren die Zusammenfassung von bestimmten Grundleistungen und Besonderen Leistungen in Leistungsphasen und die Zusammenstellung von Leistungsbildern für verschiedene Architekten- und Ingenieurleistungen. Im Rahmen der vorliegenden Untersuchung wird auf das Leistungsbild des § 15 HOAI betreffend die Objektplanung abgestellt. Wesentlich für die Honorarberechnung nach der HOAI sind ferner die sogenannten anrechenbaren Kosten. Die diesbezüglichen Regelungen finden sich in § 10 Abs. 2 ff. HOAI. § 10 Abs. 1 HOAI fasst die für den hier interessierenden Bereich maßgeblichen Grundlagen des Architektenhonorars zusammen. Hiernach richtet sich das Honorar für Grundleistungen bei Gebäuden nach den anrechenbaren Kosten des Objekts, nach der Honorarzone, der das Objekt angehört sowie nach der Honorartafel.

185

---

397 BGHZ 136, 1 ff.
398 BGHZ 136, 1, 6.
399 BGH BauR 1985, 582, 583; *Jochem*, HOAI, 4. Aufl., § 1 Rn 6 m.w.N.
400 Zum internationalen Anwendungsbereich der HOAI vgl. *Wenner*, BauR 1993, 257 ff. sowie ausführlich *Thode/Wenner*, Internationales Architekten- und Bauvertragsrecht, Köln 1998.
401 *Neuenfeld*, in: *Neuenfeld/Baden/Dohna/Groscurth/Schmitz*, Handbuch des Architektenrechts, Band 2, 5. Lieferung der 3. Aufl., § 1 Rn 14.
402 Vgl. dazu *Wenner*, BauR 1993, 257 ff.; *Pott/Dahlhoff/Kniffka*, HOAI, 7. Aufl., § 1 Rn 13 jeweils m.w.N.

1. Honorierung nach Leistungskategorien

a) Grundleistungen

186 Nach § 2 Abs. 1 HOAI gliedern sich die Leistungen des Architekten in Grundleistungen und Besondere Leistungen. Nach § 2 Abs. 2 HOAI umfassen Grundleistungen die Leistungen, die zur ordnungsgemäßen Erfüllung eines Auftrags im Allgemeinen erforderlich sind. Sachlich zusammengehörige Grundleistungen sind zu jeweils in sich abgeschlossenen Leistungsphasen zusammengefasst.

187 Grundleistungen können nur solche Leistungen sein, die in einem Leistungsbild ausdrücklich als solche bezeichnet sind.[403] Die Aufzählung der Grundleistungen in dem jeweiligen Leistungsbild ist abschließend. Dies bedeutet, dass eine Leistung, die die Parteien aufgrund ihrer Vertragsfreiheit als vom Architekten zu erbringen vereinbart haben, die aber nicht im Grundleistungskatalog aufgeführt ist, zwangsläufig als eine Besondere Leistung zu behandeln ist. Grundleistungen und Besondere Leistungen schließen sich nach der Definition in § 2 Abs. 2, Abs. 3 HOAI begrifflich grundsätzlich aus; Grundleistungen können daher keine Besonderen Leistungen sein.[404] Grundleistungen können auch nicht im Wege der Vereinbarung zu Besonderen Leistungen gemacht werden.[405] Eine Grundleistung, die in einem anderen Leistungsbild genannt ist und vom Architekten miterbracht wird, bleibt für ihn Grundleistung und wird nicht zu einer Besonderen Leistung.[406] Ebenso wird eine Grundleistung, die wiederholt oder mehrfach erbracht wird, deshalb nicht zu einer Besonderen Leistung.[407] Die Unterscheidung zwischen Besonderer Leistung und Grundleistung ist insbesondere deshalb von Bedeutung, weil für die Honorierung einer Besonderen Leistung gem. § 5 Abs. 4 HOAI, die zu einer Grundleistung hinzutritt, eine schriftliche Honorarvereinbarung erforderlich ist. Fehlt eine solche schriftliche Honorarvereinbarung, kommt es für den Honoraranspruch des Architekten somit maßgeblich darauf an, welcher Leistungskategorie die von ihm erbrachte Leistung zuzuordnen ist.

b) Besondere Leistungen

188 Der Begriff der Besonderen Leistung ist in **§ 2 Abs. 3 HOAI** definiert. Besondere Leistungen sind im Allgemeinen zur ordnungsgemäßen Erfüllung eines Auftrags nicht erforderlich, können jedoch dort, wo die Grundleistungen nicht ausreichen, einen bestimmten Auftrag vollständig zu erfüllen, notwendig werden.[408] Nach der Begriffsbestimmung des § 2 Abs. 3 HOAI haben Besondere Leistungen einen gewissen **Ausnahmecharakter**. Sie können zu den Grundleistungen hinzutreten oder Grundleistungen ersetzen, wenn besondere Anforderungen an die Ausführung des Auftrags gestellt werden, die über den Katalog der Grundleistungen hinausgehen oder diese ändern. Die Besonderen Leistungen sind in den Leistungsbildern nicht abschließend aufgeführt. Die Besonderen Leistungen eines bestimmten Leistungsbildes können auch in anderen Leistungsbildern oder Leistungsphasen vereinbart werden, in denen sie nicht aufgeführt sind. Dies gilt jedoch nur insoweit, als diese Leistungen in dem anderen Leistungsbild nicht Grundleistungen darstellen. Die HOAI bestätigt hier, dass sich Grundleistungen und Besondere Leistungen regelmäßig gegenseitig ausschließen.

189 Anders als die Grundleistungen, die in der HOAI abschließend aufgezählt sind, hat die Festlegung der Besonderen Leistungen lediglich beispielhaften Charakter.[409] Der **Katalog beispielhafter Aufzählungen** von Besonderen Leistungen in den einzelnen Leistungsbildern hat erhebliche Bedeutung auch bei der Auslegung von Grundleistungen. Die Anerkennung von bestimmten Leistungen als

---

[403] *Pott/Dahlhoff/Kniffka*, HOAI, 7. Aufl., § 2 Rn 3 a.
[404] *Locher/Koeble/Frik*, HOAI, 7. Aufl., § 2 Rn 13.
[405] *Pott/Dahlhoff/Kniffka*, HOAI, 7. Aufl., § 2 Rn 3 a.
[406] OLG Düsseldorf NJW-RR 1995, 1425.
[407] *Neuenfeld*, in: Neuenfeld/Baden/Dohna/Groscurth/Schmitz, Handbuch des Architektenrechts, Band 2, 5. Lieferung der 3. Aufl., § 2 Rn 7.
[408] *Locher/Koeble/Frik*, HOAI, 7. Aufl., § 2 Rn 4.
[409] *Locher/Koeble/Frik*, HOAI, 7. Aufl., § 2 Rn 5 b.

Besondere Leistungen begrenzt zugleich den Leistungsinhalt von Grundleistungen, was als Auslegungshilfe bei der Bestimmung des Leistungsinhalts der Grundleistungen nutzbar gemacht werden kann.[410]

Auch bei der Abgrenzung zwischen Grundleistungen und Besonderen Leistungen ist nochmals auf den lediglich gebührenrechtlichen Charakter der HOAI hinzuweisen. Die Unterscheidung zwischen Grundleistungen und Besonderen Leistungen sagt nach der Rechtsprechung des BGH nichts darüber aus, welche Leistungen der Architekt zur ordnungsgemäßen Erfüllung des jeweiligen Architektenvertrags erbringen muss. Mit der gebührenrechtlichen Unterscheidung zwischen Grundleistungen und Besonderen Leistungen wird nur geregelt, wann der Architekt sich mit dem Grundhonorar begnügen muss und wann er, wenn die vertraglichen Voraussetzungen dem Grunde nach erfüllt sind, zusätzliches Honorar berechnen darf. Normative Bedeutung für den Inhalt des Architektenvertrags kommt dieser Unterscheidung nach der Rechtsprechung des BGH jedoch nicht zu.[411]

190

Honorarrechtlich sind **drei Gruppen** von Besonderen Leistungen zu unterscheiden, für die verschiedene Vorschriften gelten:

191

- **"Ergänzende" Besondere Leistungen** sind solche, die zu den Grundleistungen hinzutreten. Für solche Besonderen Leistungen darf nach § 5 Abs. 4 HOAI ein Honorar nur berechnet werden, wenn die Leistungen im Verhältnis zu den Grundleistungen einen nicht unwesentlichen Arbeits- und Zeitaufwand verursachen und das Honorar schriftlich vereinbart worden ist. Das Honorar ist in angemessenem Verhältnis zu dem Honorar für die Grundleistung zu berechnen, mit der die Besondere Leistung nach Art und Umfang vergleichbar ist. Ist die Besondere Leistung nicht mit einer Grundleistung vergleichbar, so ist das Honorar als Zeithonorar nach § 6 HOAI zu berechnen.
- Neben den ergänzenden Besonderen Leistungen gibt es sogenannte **"ersetzende" Besondere Leistungen**, die in § 5 Abs. 5 HOAI geregelt sind. Für solche Besonderen Leistungen ist ein Honorar zu berechnen, das dem Honorar für die ersetzten Grundleistungen entspricht. Anders als bei den ergänzenden Besonderen Leistungen erfordern Grundleistungen ersetzende Besondere Leistungen nach § 5 Abs. 5 HOAI als Vergütungsvoraussetzung weder einen besonderen Umfang noch eine schriftliche Honorarvereinbarung.[412]
- Als dritte Kategorie der Besonderen Leistungen sind schließlich die **isoliert vergebenen bzw. ausgeführten Besonderen Leistungen** zu nennen. Hierbei handelt es sich um solche Leistungen, die ohne Grundleistungen in Auftrag gegeben werden.[413] Auch in diesen Fällen ist eine schriftliche Honorarvereinbarung oder ein besonderer Arbeits- und Zeitaufwand für die Honorierung nicht erforderlich. Das Honorar für solche isoliert in Auftrag gegebenen Besonderen Leistungen kann nach h.M. zudem frei vereinbart werden, da diese Leistungen von der HOAI nicht erfasst werden.[414]

2. Das Leistungsbild des § 15 HOAI

§ 15 HOAI enthält das Leistungsbild Objektplanung für Gebäude, Freianlagen und raumbildende Ausbauten.[415] Zu einer Honorarfestlegung gehört die genaue Beschreibung von Leistungen, die die HOAI mit einem Honorar versehen will. Dies ist die Aufgabe des § 15 HOAI, der das Leistungsbild

192

---

410 *Jochem*, HOAI, 4. Aufl., § 2 Rn 4.
411 BGH BauR 1997, 154 ff.
412 Vgl. dazu auch *Pott/Dahlhoff/Kniffka*, HOAI, 7. Aufl., § 5 Rn 20 m.w.N.
413 *Locher/Koeble/Frik*, HOAI, 7. Aufl., § 2 Rn 17.
414 Z.B. OLG Hamm BauR 1993, 761; *Hesse/Korbion/Mantscheff/Vygen*, 5. Aufl., § 2 Rn 10; *Werner/Pastor*, Der Bauprozess, 9. Aufl., Rn 898; a.A. Hartmann, HOAI, § 5 Rn 16.
415 § 3 Nr. 7 und Nr. 12 HOAI definiert die Begriffe raumbildende Ausbauten und Freianlagen. Die Vorschrift enthält darüber hinaus weitere wesentliche Begriffsbestimmungen der HOAI.

für typische Architektenleistungen regelt. § 15 HOAI gliedert die Architektenleistungen des Leistungsbilds Objektplanung in 9 Leistungsphasen. Innerhalb der einzelnen Leistungsphasen wird zwischen Grundleistungen und Besonderen Leistungen differenziert, die wiederum jeweils in einzelne Teilleistungen gegliedert sind. Im Folgenden werden die einzelnen Leistungsphasen und die Teilleistungen näher beleuchtet. Dabei wird der Schwerpunkt auf die Grundleistungen gelegt, da diese vom Architekten üblicherweise zu erbringen sind. Auf Besondere Leistungen wird nur eingegangen, soweit sie von erheblicher praktischer Relevanz sind.

a) Leistungsphase 1 – Grundlagenermittlung

193 Die Grundlagenermittlung betrifft nach § 15 Abs. 1 Nr. 1 HOAI das „Ermitteln der Voraussetzungen zur Lösung der Bauaufgabe durch die Planung". Das angestrebte Ergebnis dieser Leistungsphase ist es, die Bedingungen festzustellen, in deren Rahmen sich die Planungsaufgabe zu entwickeln hat.[416]

194 Die **erste Teilleistung** der Grundlagenermittlung gem. § 15 Abs. 2 Nr. 1 HOAI betrifft das **Klären der Aufgabenstellung**. Sie dient der Information des Architekten über die Bauwünsche des Auftraggebers und deren Klärung. Der Architekt muss prüfen, ob sich die Wünsche des Bauherrn mit den für das jeweilige Grundstück maßgeblichen bauplanungs- und bauordnungsrechtlichen Vorschriften vereinbaren lassen. Außerdem muss der Architekt bereits bei dieser Grundleistung – soweit es nach den ihm bekannten oder erkennbaren Umständen veranlasst ist – die finanziellen Möglichkeiten des Bauherrn ansprechen und klären, ob sich die vom Bauherrn geäußerten Vorstellungen und Wünsche mit den von ihm genannten finanziellen Mitteln überhaupt realisieren lassen können.[417]

195 Die **zweite Grundleistung** beinhaltet die **Beratung zum gesamten Leistungsbedarf**. Hier muss der Architekt feststellen, welche weiteren Baubeteiligten z.B. als Bauunternehmer, Handwerker, Sonderfachleute etc. zur Verwirklichung des Bauvorhabens erforderlich sind. Hierüber ist der Bauherr aufzuklären. Ferner ist der Bauherr darüber zu beraten, welche öffentlichen Stellen und Ämter einzuschalten sind.[418]

196 Die **dritte Grundleistung** ist das **Formulieren von Entscheidungshilfen für die Auswahl anderer an der Planung fachlich Beteiligter**. Diese Grundleistung baut auf der vorgenannten zweiten Grundleistung unmittelbar auf. Der Architekt muss den Bauherrn in die Lage versetzen, die später dem Bauherrn obliegende Auftragsvergabe an geeignete Sonderfachleute vornehmen zu können. Mit seiner Beratung hinsichtlich der Auswahl der einzuschaltenden Sonderfachleute hat der Architekt dem regelhaft insoweit unerfahrenen Auftraggeber alle erforderlichen und sachdienlichen Entscheidungshilfen für deren Auswahl und sachgerechte Beauftragung zu geben. Auch Angaben zur Person und zur Leistungsfähigkeit der Sonderfachleute sowie zum voraussichtlichen Umfang der von diesen zu erbringenden Leistungen und der hierfür regelmäßig zu erwartenden Honoraransprüche sind erforderlich.[419]

197 Als **letzte Grundleistung** muss der Architekt die **Ergebnisse aus den vorgenannten Grundleistungen zusammenfassen**. Eine bestimmte Form für die Zusammenfassung der Ergebnisse ist nicht vorgeschrieben. Sie kann deshalb auch mündlich erfolgen, was aber schon aus Beweisgründen nicht zu empfehlen ist.[420] Zutreffend wird ferner darauf hingewiesen, dass die Zusammenfassung der Ergebnisse auch deshalb von Bedeutung ist, weil sie gleichzeitig der Leistungsnachweis für das Teil-

---

[416] *Jochem*, HOAI, 4. Aufl., § 15 Rn 15.
[417] *Rauch*, Architektenrecht und privates Baurecht für Architekten, 2. Aufl., S. 88.
[418] *Pott/Dahlhoff/Kniffka*, HOAI, 7. Aufl., § 15 Rn 7 a.
[419] *Löffelmann/Fleischmann*, Architektenrecht, 4. Aufl., Rn 74.
[420] *Hesse/Korbion/Mantscheff/Vygen*, HOAI, 5. Aufl., § 15 Rn 35.

honorar der Leistungsphase 1 ist, und eine schriftliche Zusammenfassung mögliche Haftungsrisiken aus angeblich unterlassener oder fehlerhafter Beratung begrenzen helfen kann.[421]

Bezüglich der Besonderen Leistungen der Leistungsphase 1 seien hier das Aufstellen eines Raumprogramms und eines Funktionsprogramms genannt. Das Raumprogramm besteht in der Zusammenstellung der vorgesehenen Räumlichkeiten nach Anzahl, Größe und Zweckbestimmung. Das Funktionsprogramm stellt die Zusammenhänge der Räume nach ihrer Nutzungsart dar, es zeigt z.B. die Lage der Versorgungseinrichtungen, Treppenhäuser etc. zu den übrigen Räumlichkeiten.[422] Das Raumprogramm ist praktisch Voraussetzung für jede Planung. Insbesondere bei größeren Bauvorhaben wird das Raumprogramm häufig nicht mehr einseitig vom Bauherrn vorgegeben. Vielmehr wünscht der Bauherr auch hier die Beratung und Planung des Architekten als Besondere Leistung.

b) Leistungsphase 2 – Vorplanung

In der Vorplanung soll der Architekt die wesentlichen Teile einer Lösung der Planungsaufgabe erarbeiten (§ 15 Abs. 1 Nr. 2 HOAI). In der Vorplanung werden die in der Grundlagenermittlung gewonnenen Ergebnisse vom Architekten erstmals zeichnerisch umgesetzt. In dieser Phase wird über die Grundzüge der zu realisierenden Architektur entschieden. Gleichzeitig werden erste Festlegungen im Hinblick auf die Baukosten getroffen.[423]

Mit der in § 15 Abs. 2 Nr. 2 HOAI genannten **ersten Grundleistung**, nämlich der **Analyse der Grundlagen**, ist die Erfassung, Zergliederung und Einordnung aller in der Leistungsphase 1 erarbeiteten Ergebnisse gemeint.[424]

In der **zweiten Grundleistung** muss der Architekt die **Zielvorstellungen abstimmen**. Dies dient dazu, eine Entscheidung hinsichtlich der Aufgabenstellung zu treffen und sie mit den Vorstellungen aller von dem Vorhaben Betroffenen oder an ihm Beteiligten, z.B. Bauherr, Nutzer, Behörden, Finanzierungsträger etc. in Einklang zu bringen.[425] Die von dem Architekten hier geforderte Koordinierung hat insbesondere gestalterische, konstruktive, kostenmäßige, nutzungsbedingte und bauordnungs- sowie bauplanungsrechtliche Bedürfnisse, Vorgaben und Bedingungen zu einem brauchbaren Kompromiss zusammenzufügen.[426]

Das **Aufstellen eines planungsbezogenen Zielkatalogs** als **dritte Grundleistung** hat im Sinne eines Ausgangspunkts für die zeichnerische Darstellung alle Vorgaben für das Planungskonzept zusammenzustellen.[427] In der Literatur sind die konkreten Anforderungen an den Zielkatalog durchaus umstritten.[428] Letztlich wird man davon auszugehen haben, dass Form und Umfang des Zielkatalogs von der Art und Größe des Bauvorhabens abhängig zu machen sind. Der Zielkatalog muss als letzte Vorstufe zur Erarbeitung des eigentlichen Planungskonzepts für dessen sachgerechte Erstellung ausreichend sein.

Das **Erarbeiten des Planungskonzepts** in der **vierten Grundleistung** ist die zentrale Grundleistung der Vorplanung. Sie beinhaltet die eigentliche kreative und planerische Leistung des Architekten. Hier stellt der Architekt die Lösungsmöglichkeiten erstmals zeichnerisch dar. Dies beinhaltet auch

---

[421] *Pott/Dahlhoff/Kniffka*, HOAI, 7. Aufl., § 15 Rn 7 b.
[422] *Löffelmann/Fleischmann*, Architektenrecht, 4. Aufl., Rn 84 f.
[423] *Jochem*, HOAI, 4. Aufl., § 15 Rn 16.
[424] *Rauch*, Architektenrecht und privates Baurecht für Architekten, 2. Aufl., S. 89.
[425] *Neuenfeld*, in: *Neuenfeld/Baden/Dohna/Groscurth/Schmitz*, Handbuch des Architektenrechts, Band 2, 5. Lieferung der 3. Aufl., § 15 Rn 21.
[426] *Pott/Dahlhoff/Kniffka*, HOAI, 7. Aufl., § 15 Rn 9.
[427] *Löffelmann/Fleischmann*, Architektenrecht, 4. Aufl., Rn 107.
[428] Vgl. auch zum Streitstand *Neuenfeld*, in: *Neuenfeld/Baden/Dohna/Groscurth*, Handbuch des Architektenrechtes, Band 2, 5. Lieferung der 3. Aufl., § 15 Rn 22.

die Erstellung von alternativen Lösungsmöglichkeiten nach gleichen Anforderungen mit zeichnerischer Darstellung und Bewertung, z.B. versuchsweise zeichnerische Darstellungen, Strichskizzen, die erforderlichenfalls mit erläuternden Angaben zu versehen sind. Die zeichnerische Darstellung muss es dem Auftraggeber ermöglichen, die wesentlichen Elemente des Planungskonzepts abzulesen. Die zeichnerische Darstellung soll deshalb die wesentlichen Teile der Bauaufgabe erkennen lassen. Dies beinhaltet auch die Zeichnung entsprechender Grundrisse und Ansichten.[429] Ein bestimmter Maßstab und Maßeintragungen sind normalerweise nicht erforderlich.[430]

202 Probleme in der Praxis bereiten immer wieder die von dem Architekten zu liefernden **Varianten**. Hier kann auch die Abgrenzung zu § 20 HOAI problematisch sein. § 15 Abs. 2 Nr. 2 HOAI spricht von alternativen Lösungsmöglichkeiten „nach gleichen Anforderungen", während § 20 HOAI Vor- und Entwurfsplanungen „nach grundsätzlich verschiedenen Anforderungen" betrifft. Um Alternativen im Sinne von § 20 HOAI handelt es sich immer dann, wenn wesentliche Abweichungen im Raumprogramm oder Funktionsprogramm vorliegen oder wenn sich das Bauvolumen durch andere Anforderungen des Auftraggebers in erheblichem Umfang vergrößert oder verkleinert. Derartige Alternativen muss der Architekt im Rahmen der Grundleistung des § 15 Abs. 2 Nr. 2 HOAI nicht erbringen.[431] Eine von dem Architekten im Sinne von § 15 Abs. 2 Nr. 2 HOAI zu erbringende Variante wird dagegen in der Regel vorliegen, wenn sie unterschiedliche gestalterische, konstruktive, funktionale oder wirtschaftliche Merkmale aufweist, nicht jedoch wesentliche Änderungen des Volumens nach Rauminhalt oder Fläche, des Programms, oder andere Grundstücksverhältnisse betrifft.[432]

203 Regelmäßig wird davon auszugehen sein, dass **drei** vom Architekten zu erstellende **Varianten ausreichen**, um den Kreis potentieller Lösungen der gestellten Bauaufgabe zu ermitteln.[433] Probleme entstehen immer dann, wenn der Bauherr mit keiner der vom Architekten erarbeiteten Varianten einverstanden ist, und der Architekt damit keine Lösung der Bauaufgabe gefunden hat, die mit den Vorstellungen des Bauherrn in Einklang steht. In rechtlicher Hinsicht kann sich der Architekt in solchen Fällen regelmäßig auf den Standpunkt stellen, dass die Erfüllung dieser Teilleistung nicht von den subjektiven Vorstellungen des Bauherrn abhängig gemacht werden kann. Den mit der Leistungsphase 2 vom Architekten insoweit geschuldeten Erfolg hat er bereits dann erreicht, wenn er eine fehlerfreie Lösung der Planungsaufgabe erstellt hat, die alle Aspekte berücksichtigt, die Gegenstand der Zielsetzung des Bauherrn waren. Ob die vom Architekten gefundenen Lösungen in ästhetischer oder gestalterischer Hinsicht den Bauherrn zufrieden stellen, lässt sich nach objektiven Kriterien nicht messen und kann daher regelmäßig nicht zum Maßstab für die Erreichung des vom Architekten rechtlich geschuldeten Erfolgs herangezogen werden.[434]

204 Da der Bauherr einerseits allerdings nicht verpflichtet ist, einen Lösungsvorschlag des Architekten zu realisieren, den er aus gestalterischen oder sonstigen Gründen ablehnt, der Architekt andererseits aber auch nicht als verpflichtet angesehen werden kann, immer wieder neue Varianten zu produzieren, entstehen besondere Probleme ferner dann, wenn der Architektenvertrag nicht lediglich die Leistungsphasen 1 und 2 beinhaltet. Können Architekt und Bauherr wegen unterschiedlicher gestalterischer Vorstellungen zur weiteren Verwirklichung der Bauaufgabe nicht zusammenarbeiten, bleibt letztlich nur die Beendigung des Vertragsverhältnisses.[435]

Sofern Architekt und Bauherr sich nicht einvernehmlich im Sinne eines Aufhebungsvertrags über die Beendigung der Zusammenarbeit einigen können, stellt sich die weitergehende Frage, ob Architekt

---

429 *Jochem*, HOAI, 4. Aufl., § 15 Rn 19.
430 *Pott/Dahlhoff/Kniffka*, HOAI, 7. Aufl., § 15 Rn 9 a.
431 *Hesse/Korbion/Mantscheff/Vygen*, HOAI, 5. Aufl., § 15 Rn 47; *Locher/Koeble/Frik*, HOAI, 7. Aufl., § 15 Rn 37 m.w.N.
432 *Locher/Koeble/Frik*, HOAI, 7. Aufl., § 15 Rn 37.
433 *Jochem*, HOAI, 4. Aufl., § 15 Rn 19; dies ist aber nicht als starre Vorgabe zu sehen, entscheidend sind die Umstände und Anforderungen im Einzelfall.
434 *Jochem*, HOAI, 4. Aufl., § 15 Rn 19.
435 Vgl. dazu oben § 3 Rn 56 ff.

oder Bauherr einseitig zur ordentlichen oder außerordentlichen Kündigung des Architektenvertrags berechtigt sind und welche honorarrechtlichen Auswirkungen, insbesondere vor dem Hintergrund des Anspruchs aus § 649 BGB, sich aus einer Kündigung des Auftraggebers ergeben. *Jochem* vertritt hierzu die Auffassung, dass in diesen Fällen eine Kündigung des Architektenvertrags möglich sein soll, die vom Architekten zu vertreten sei, da er keine Lösung gefunden habe, der der Bauherr zugestimmt und die er abgenommen hat. Dem Architekten soll in diesen Fällen allerdings der Vergütungsanspruch für die erbrachten Leistungen erhalten bleiben, wenn er unter Beachtung objektiver Maßstäbe brauchbare Lösungsvorschläge geliefert hat. Ein Anspruch des Architekten aus § 649 BGB soll nach *Jochem* dagegen ausscheiden.[436]

Die **fünfte Grundleistung** betrifft das **Integrieren der Leistungen anderer an der Planung fachlich Beteiligter**. Dies bedeutet, dass der Architekt die Planungsbeiträge der eingeschalteten Sonderfachleute – sofern solche bereits zu diesem frühen Zeitpunkt tätig sind – zeitlich und fachlich in sein Planungskonzept einzuordnen und aufeinander abzustimmen hat mit dem Ziel der Vermeidung von Widersprüchen, Unvollständigkeiten und Überschneidungen. Diese Grundleistung ist für einen störungsfreien, termingerechten und kostensparenden Ablauf des Baugeschehens von zentraler Bedeutung.[437] In der Literatur wird in diesem Zusammenhang auch zutreffend darauf hingewiesen, dass Fehler bei der Integration der Leistungen anderer fachlich Beteiligter für den Architekten erhebliche Ersatzansprüche auslösen können.[438] Berücksichtigt der Architekt z.B. bei seinen Planungen nicht die Leistungen des Statikers oder des Haustechnikers und werden hierdurch später Umplanungen nötig, die beim Bauherrn zusätzliche Kosten verursachen, können hieraus Schadensersatzansprüche gegen den Architekten erwachsen.

205

Die **sechste Grundleistung** der Vorplanung betrifft das **Klären und Erläutern der wesentlichen städtebaulichen, gestalterischen, funktionalen, technischen, bauphysikalischen, wirtschaftlichen, energiewirtschaftlichen und landesökologischen Zusammenhänge, Vorgänge und Bedingungen sowie der Belastung und Empfindlichkeit der betroffenen Ökosysteme**. Inhalt und Umfang der vom Architekten insoweit geschuldeten Leistungen sind von dem jeweiligen Vorhaben abhängig und bestimmen sich nach den Anforderungen des Einzelfalls. Die Darstellung hat so zu erfolgen, dass die für die jeweilige Bauaufgabe wesentlichen Bezüge vollständig, sachlich richtig und verständlich so dargestellt werden, dass der Bauherr die notwendigen Informationen erhält, die für die weitere Planung und Durchführung des Projekts relevant sind.[439] Zwar ist für den Erläuterungsbericht Schriftform nicht vorgeschrieben. Sind jedoch mehrere der in dieser Grundleistung angesprochenen Aspekte für das geplante Bauvorhaben von Bedeutung, gebietet es der Zweck des Erläuterungsberichts, diesen schriftlich abzufassen, was auch aus Gründen der Beweissicherung im Interesse sowohl des Architekten als auch des Bauherrn liegen wird.[440]

206

Die **siebte Grundleistung** umfasst die **Vorverhandlungen mit Behörden und anderen an der Planung fachlich Beteiligten über die Genehmigungsfähigkeit**. Gefordert wird hier eine Vorabklärung der Genehmigungsprobleme mit den genannten Beteiligten. Sind Schwierigkeiten zu erwarten, kann der Architekt verpflichtet sein, die Durchführung einer förmlichen Bauvoranfrage vorzuschlagen, deren Erbringung dann als Besondere Leistung einzuordnen ist.[441]

207

Bei Freianlagen fordert die **achte Grundleistung** einen speziellen **Erläuterungsbericht**, der die gestellten Anforderungen für die spezifischen Bedürfnisse der Freianlagenplanung präzisiert.

208

---

436 *Jochem*, HOAI, 4. Aufl., § 15 Rn 19.
437 *Pott/Dahlhoff/Kniffka*, HOAI, 7. Aufl., § 15 Rn 9 b.
438 *Pott/Dahlhoff/Kniffka*, HOAI, 7. Aufl., § 15 Rn 9 b.
439 *Hesse/Korbion/Mantscheff/Vygen*, HOAI, 5. Aufl., § 15 Rn 43; *Locher/Koeble/Frik*, HOAI, 7. Aufl., § 15 Rn 41.
440 *Fleischmann/Löffelmann*, Architektenrecht, 4. Aufl., Rn 117; *Locher/Koeble/Frik*, HOAI, 7. Aufl., § 15 Rn 41; *Hesse/Korbion/Mantscheff/Vygen*, HOAI, 5. Aufl., § 15 Rn 54 fordern grundsätzlich einen schriftlichen Erläuterungsbericht.
441 *Pott/Dahlhoff/Kniffka*, HOAI, 7. Aufl., § 15 Rn 10 a.

209 Die **neunte Grundleistung**, nämlich die **Kostenschätzung** nach DIN 276 oder nach dem wohnungsrechtlichen Berechnungsrecht, ist eine Grundleistung von zentraler Bedeutung. Nach DIN 276 Teil 3 in der Fassung April 1981 dient die Kostenschätzung der überschlägigen Ermittlung der Gesamtkosten und ist vorläufige Grundlage für die Finanzierungsüberlegungen. Den gleichen Zweck verfolgt auch die Kostenschätzung nach dem wohnungsrechtlichen Berechnungsrecht.[442] Die Kostenschätzung dient somit dem Auftraggeber als Grundlage für seine Entscheidungen im Hinblick auf Umfang und Finanzierung der Baumaßnahme.[443] Sofern die Parteien des Architektenvertrags nichts anderes vereinbart haben, hat die Kostenschätzung entweder nach DIN 276 in der Fassung von April 1981 oder nach dem wohnungsrechtlichen Berechnungsrecht, letzterenfalls also nach der II. BV zu erfolgen. Die Parteien können allerdings auch die Anwendung der DIN 276 in der Fassung von Juni 1993 vereinbaren.[444] Für die Kostenschätzung genügt regelmäßig die Genauigkeit nach Spalte 1 der DIN 276. Im Architektenvertrag kann jedoch auch ein Genauigkeitsgrad nach Spalte 2 der Kostengruppen vereinbart werden.[445] Die Verwendung des Vordrucks „Kostenschätzung" nach DIN 276 ist zwar nicht ausdrücklich vorgeschrieben, dem Architekten aber dringend zu empfehlen. Wird eine Kostenschätzung nach DIN 276 (1993) im Architektenvertrag vereinbart, so ist diese gem. Ziff. 3.2.1 DIN 276 (1993) mindestens bis zur ersten Ebene der Kostengliederung zu erbringen.

210 Die **zehnte Grundleistung** ist das **Zusammenstellen aller Vorplanungsergebnisse** als Abschluss der Leistungsphase. Dies soll dem Auftraggeber die Übersicht über die Ergebnisse der bisher erbrachten Leistungen vermitteln. Schriftform ist wiederum nicht vorgeschrieben, aber empfehlenswert.[446]

211 Aus den Besonderen Leistungen der Leistungsphase 2 sei hier das Durchführen einer Bauvoranfrage angesprochen. Diese richtet sich nach den jeweils maßgeblichen landesrechtlichen Vorschriften. Wie bereits dargelegt wurde, muss der Architekt bereits im Rahmen der von ihm zu erbringenden Grundleistungen dieser Leistungsphase auf die Möglichkeit einer Bauvoranfrage hinweisen. Honorartechnisch muss der Architekt bei der Durchführung der Bauvoranfrage beachten, dass gem. § 5 Abs. 4 HOAI eine schriftliche Vereinbarung erforderlich ist, sofern diese Besondere Leistung zu Grundleistungen hinzutritt. Wird der Auftrag zur Durchführung der Bauvoranfrage dagegen isoliert, also nicht im Rahmen eines weitergehenden Architektenvertrags erteilt, dann ist die Schriftform zur Sicherung des Honoraranspruchs nicht Voraussetzung. Insoweit wird auf die vorgenannten Ausführungen zu § 3 Rn 188 ff. verwiesen. Auch bei isolierter Beauftragung ist Schriftform aus Beweisgründen aber empfehlenswert.[447]

c) Leistungsphase 3 – Entwurfsplanung

212 In der Leistungsphase 3 soll der Architekt in **Fortführung der in der Vorplanung erzielten Ergebnisse die endgültige** Lösung der Planungsaufgabe erarbeiten. Städtebauliche, gestalterische, funktionale, technische, bauphysikalische, wirtschaftliche, energiewirtschaftliche und landschaftsökologische Anforderungen sind dabei bis zum vollständigen Entwurf zu berücksichtigen. Hierbei geht es auch um die Integration der Beiträge anderer an der Planung fachlich Beteiligter zur Erstellung eines realisierbaren, endgültigen und vollständigen Gesamtplans. Bei der Entwurfsplanung handelt es sich um das Kernstück des gesamten Planungsprozesses, in dem die entscheidenden Weichenstellungen erfolgen müssen.[448] Dieser Bedeutung der Entwurfsplanung trägt auch die Bewertung der

---

[442] *Locher/Koeble/Frik*, HOAI, 7. Aufl., § 15 Rn 43.
[443] *Rauch*, Architektenrecht und privates Baurecht für Architekten, 2. Aufl., S. 90.
[444] *Pott/Dahlhoff/Kniffka*, HOAI, 7. Aufl., § 15 Rn 10 b, auch in diesem Fall ist die Kostenermittlung für die Honorarberechnung aber zwingend nach DIN 276 (1981) durchzuführen.
[445] *Locher/Koeble/Frik*, HOAI, 7. Aufl., § 15 Rn 44.
[446] *Rauch*, Architektenrecht und privates Baurecht für Architekten, 2. Aufl., S. 91.
[447] *Pott/Dahlhoff/Kniffka*, HOAI, 7. Aufl., § 15 Rn 11 b.
[448] *Pott/Dahlhoff/Kniffka*, HOAI, 7. Aufl., § 15 Rn 12.

Leistungsphase 3 mit 11 % der Honorare bei Gebäuden, 15 % bei Freianlagen und 14 % bei raumbildenden Ausbauten Rechnung.

Die **erste Grundleistung** betrifft das **stufenweise Durcharbeiten des bei der Vorplanung erstellten Planungskonzepts** als zeichnerische Lösung. Zur sachgerechten Berücksichtigung der zahlreichen in § 15 Abs. 2 Nr. 3 HOAI genannten Anforderungen muss der Architekt die jeweiligen Sonderfachleute beteiligen. Dies beinhaltet eine koordinierende Tätigkeit. Außerdem muss der Architekt die Belange und Wünsche seines Auftraggebers mit den anderen an der Planung fachlich Beteiligten in dem erforderlichen Umfang abstimmen und dabei auch die Kostenentwicklung beachten.[449]

213

Die in der **zweiten Grundleistung** erneut aufgegriffene **Integration der Leistungen anderer an der Planung fachlich Beteiligter**, die bereits in der ersten Grundleistung angesprochen ist, verdeutlicht, dass der Integrations- und Koordinationsaufgabe des Architekten besonderes Gewicht beizumessen ist.

214

Die **dritte Grundleistung** ist die **Objektbeschreibung**. Die Objektbeschreibung ist nicht identisch mit der Baubeschreibung im Sinne der bauordnungsrechtlichen Bestimmungen. Die Objektbeschreibung der Entwurfsplanung dient der Information des Auftraggebers und geht grundsätzlich über die bauaufsichtlichen Inhalte der Baubeschreibung hinaus.[450] Die HOAI verweist bezüglich der Objektbeschreibung nicht auf DIN 276. Damit obliegt es dem Auftragnehmer, die Objektbeschreibung so vorzunehmen, wie es für die Information des Auftraggebers zur Lösung der Bauaufgabe am sinnvollsten ist. Die Objektbeschreibung ist vom Architekten schriftlich abzufassen und soll insbesondere Auskunft über Art der Konstruktion, die Bauweise, die zum Einsatz kommenden Baustoffe und über Gestaltungsfragen geben, die sich insgesamt aus der Planung ansonsten nicht oder nicht klar genug ablesen lassen.[451]

215

Die **vierte Grundleistung** beinhaltet die **zeichnerische Darstellung des Gesamtentwurfs**. Diese Darstellung muss das Ergebnis aller vorausgegangenen Grundleistungen widerspiegeln.[452] Ein bestimmter Maßstab ist von der HOAI nur bei Freianlagen mit 1:500 bis 1:100 und bei raumbildenden Ausbauten mit 1:50 bis 1:20 vorgeschrieben. Ansonsten muss sich der Maßstab „nach Art und Größe des Bauvorhabens" richten und sich als „geeigneter" Maßstab erweisen.[453] Normalerweise wird der Entwurf bei Gebäuden im Maßstab 1:100, bei größeren Objekten auch im Maßstab 1:200 zu erbringen sein.[454] Einen kleineren Maßstab als 1:100 darf der Architekt ebenfalls wählen. Einen solchen Maßstab muss er wählen, soweit die Klarheit, Übersichtlichkeit und Handlichkeit der Pläne dies erfordert.[455] Der Entwurf muss nur die Hauptmaße enthalten, da er noch keine baureife Zeichnung darstellt.[456] Da die zeichnerische Darstellung des Gesamtentwurfs gefordert ist, muss er alle erforderlichen Grundrisse, Schnitte und Ansichten beinhalten.[457]

216

Die **fünfte Grundleistung** betrifft die **Verhandlungen mit Behörden und anderen an der Planung fachlich Beteiligten über die Genehmigungsfähigkeit**. Auch diese Grundleistung baut wiederum auf der Leistungsphase 2 auf, die – wie dargelegt wurde – bereits Vorverhandlungen mit Behörden etc. beinhaltete. Die Phase der bloßen Vorverhandlungen muss nun allerdings verlassen werden. In

217

---

[449] *Locher/Koeble/Frik*, HOAI, 7. Aufl., § 15 Rn 69.
[450] *Neuenfeld*, in: *Neuenfeld/Baden/Dohna/Groscurth/Schmitz*, Handbuch des Architektenrechts, Band 2, 5. Lieferung der 3. Aufl., § 15 Rn 37 b.
[451] *Jochem*, HOAI, 4. Aufl. § 15 Rn 32.
[452] *Locher/Koeble/Frik*, HOAI, 7. Aufl., § 15 Rn 71.
[453] *Löffelmann/Fleischmann*, Architektenrecht, 4. Aufl., Rn 172.
[454] *Locher/Koeble/Frik*, HOAI, 7. Aufl., § 15 Rn 71; *Pott/Dahlhoff/Kniffka*, HOAI, 7. Aufl., § 15 Rn 12 b.
[455] *Hesse/Korbion/Mantscheff/Vygen*, HOAI, 5. Aufl., § 15 Rn 82.
[456] *Locher/Koeble/Frik*, HOAI, 7. Aufl., § 15 Rn 71; *Jochem*, HOAI, 4. Aufl., § 15 Rn 31.
[457] *Locher/Koeble/Frik*, HOAI, 7. Aufl., § 15 Rn 71.

der Leistungsphase 3 geht es darum, in den Verhandlungen größtmögliche Sicherheit über die Genehmigungsfähigkeit der Planung für die Einleitung eines erfolgversprechenden Genehmigungsverfahrens zu bekommen.[458]

218 Als **sechste Grundleistung** fordert § 15 Abs. 2 Nr. 3 HOAI die **Aufstellung einer Kostenberechnung**. Diese muss ebenso wie die Kostenschätzung nach DIN 276 (1981) oder nach dem wohnungsrechtlichen Berechnungsrecht (II. BV) erfolgen. Zur Aufstellung der Kostenberechnung nach DIN 276 (1993) gelten die Ausführungen zur Kostenschätzung bei § 3 Rn 199 ff. zur Vorplanung entsprechend. Die Anforderungen an die Genauigkeit der Kostenberechnung sind naturgemäß größer als bei der Kostenschätzung. Die Kostenberechnung muss Angaben mindestens der Spalte 2 der Kostengliederung enthalten. Im Einzelfall kann bei einer entsprechend geforderten oder gebotenen Genauigkeit auch die weitere Verfeinerung der Spalte 3 herangezogen werden müssen.[459]

219 In engem Zusammenhang mit der Kostenberechnung ist die folgende Grundleistung, nämlich die **Kostenkontrolle** durch Vergleich der Kostenberechnung mit der Kostenschätzung zu sehen. Der von dem Architekten hier vorzunehmende Vergleich von Kostenberechnung und Kostenschätzung dient der Transparenz und Sicherheit über die voraussichtlichen Baukosten, um dem Bauherrn eine bessere Entscheidungsgrundlage für wirtschaftliches Bauen zu liefern.[460] Der Bauherr soll durch diese Grundleistung in die Lage versetzt werden, rechtzeitig Teuerungen erkennen zu können, damit er gegebenenfalls kostensparende Maßnahmen ergreifen kann. Ausgehend von diesem Zweck, muss der Architekt die Kostenkontrolle durch schriftliche Gegenüberstellung vornehmen und dabei im besonderen Maße auf die Vergleichbarkeit der jeweiligen Kostenermittlungen achten.[461]

220 Als achte und letzte Grundleistung muss der Architekt sodann alle **Entwurfsunterlagen geordnet zusammenfassen**. Notwendig ist hier eine geschlossene Vorlage der erarbeiteten Leistungen, also insbesondere des zeichnerischen Entwurfs, der Ergebnisse der Genehmigungsverhandlungen, der Objektbeschreibung, der Kostenberechnung und der Kostenkontrolle.[462]

d) Leistungsphase 4 – Genehmigungsplanung

221 Die Genehmigungsplanung ist auf das Ziel der Herbeiführung einer Baugenehmigung gerichtet. Der Architekt muss deshalb eine genehmigungsfähige Planung vorlegen.

222 Die **erste Grundleistung** der Genehmigungsplanung betrifft das **Erarbeiten der Vorlagen** für die nach den öffentlich-rechtlichen Vorschriften erforderlichen Genehmigungen oder Zustimmungen einschließlich der Anträge auf Ausnahmen und Befreiungen, unter Verwendung der Beiträge anderer an der Planung fachlich Beteiligter, sowie noch notwendige Verhandlungen mit Behörden.

Welche Vorlagen der Architekt insoweit konkret erarbeiten muss und wie diese auszusehen haben, um eine Baugenehmigung im Rahmen des Genehmigungsverfahrens herbeizuführen, regelt das öffentliche Recht, insbesondere die jeweiligen Landesbauordnungen und die in deren Ausführung ergangenen Rechtsverordnungen.[463] So sind z.B. nach § 1 Bauprüfungsverordnung NW dem Antrag auf Erteilung einer Baugenehmigung als Bauvorlagen beizufügen: der Lageplan, bei Vorhaben nach §§ 34 oder 35 BauGB ein Auszug aus der Liegenschaftskarte/Flurkarte und ein Auszug aus der Deutschen Grundkarte, die Bauzeichnungen, die Baubeschreibung und bei gewerblichen oder landwirtschaftlichen Betrieben die Betriebsbeschreibung, die bautechnischen Nachweise sowie bei Gebäuden

---

458 *Rauch*, Architektenrecht und privates Baurecht für Architekten, 2. Aufl., S. 92.
459 *Locher/Koeble/Frik*, HOAI, 7. Aufl., § 15 Rn 73; *Rauch*, Architektenrecht und privates Baurecht für Architekten, 2. Aufl., S. 92.
460 *Pott/Dahlhoff/Kniffka*, HOAI, 7. Aufl., § 15 Rn 12 d.
461 *Pott/Dahlhoff/Kniffka*, HOAI, 7. Aufl., § 15 Rn 12 d.
462 *Rauch*, Architektenrecht und privates Baurecht für Architekten, 2. Aufl., S. 93.
463 *Neuenfeld*, in: *Neuenfeld/Baden/Dohna/Groscurth/Schmitz*, Handbuch des Architektenrechts, Band 2, 5. Lieferung der 3. Aufl., § 15 Rn 44; *Hesse/Korbion/Mantscheff/Vygen*, HOAI, 5. Aufl., § 15 Rn 96 f.

eine nachprüfbare Berechnung des umbauten Raums. Wie die Bauvorlagen im Einzelnen auszusehen haben, regeln ebenfalls die jeweiligen landesrechtlichen Bestimmungen. Der Architekt muss nicht alle Bauvorlagen selbst erstellen. Wie § 15 Abs. 2 Nr. 4 HOAI verdeutlicht, muss und darf der Architekt die Beiträge anderer an der Planung fachlich Beteiligter verwenden. In diesem Zusammenhang hat er auch darauf hinzuwirken, dass die von anderen Planungsbeteiligten zu erstellenden Unterlagen erarbeitet werden. Denn letztlich trägt der Architekt als Objektplaner die Verantwortung dafür, dass alle zur Genehmigung benötigten Unterlagen vollständig und entsprechend den Anforderungen bei der zuständigen Stelle eingereicht werden.[464]

Die **zweite Grundleistung** der Genehmigungsplanung ist das **Einreichen aller zur Genehmigung erforderlichen Unterlagen**. 223

Die dritte Grundleistung beinhaltet das Vervollständigen und Anpassen der Planungsunterlagen. Eine Grundleistung liegt insoweit nur dann vor, wenn es sich um Änderungen als Voraussetzung für den Erhalt der Baugenehmigung handelt. Die Beschränkung auf behördlicherseits verlangte Anpassungen folgt aus dem Sachzusammenhang mit den vorausgegangenen Grundleistungen und insbesondere aus der Abgrenzung zu den Besonderen Leistungen dieser Leistungsphase.[465] Betreffen die notwendigen Anpassungen die Leistungen von Sonderfachleuten, so hat der Architekt diese an der Planung fachlich Beteiligten hierzu zu veranlassen und deren Beiträge zu verwenden.[466] 224

Bei Freianlagen und raumbildenden Ausbauten umfasst die **vierte Grundleistung** schließlich das **Prüfen auf notwendige Genehmigungen, das Einholen von Zustimmungen und Genehmigungen**. 225

e) Leistungsphase 5 – Ausführungsplanung

In der Ausführungsplanung hat der Architekt eine ausführungsreife Planlösung zu erarbeiten und darzustellen. Die Ausführungsplanung ist Grundlage für die spätere Bauausführung. Dies setzt eine exakte zeichnerische Beschreibung der Konstruktion und sonstiger Details voraus, wobei textliche Angaben die zeichnerische Darstellung zu ergänzen haben, wenn diese allein nicht genügend aussagekräftig ist.[467] 226

Die **erste Grundleistung** ist das **stufenweise Durcharbeiten und Fortentwickeln der Ergebnisse der Leistungsphasen 3 und 4 bis zur ausführungsreifen Lösung**. Hierbei muss der Architekt wiederum die Beiträge anderer fachlich Beteiligter koordinieren und in die von ihm zu leistende ausführungsreife Lösung integrieren. Die von dem Architekten geforderte ausführungsreife Lösung setzt voraus, dass alle im Einzelfall relevanten Einflussfaktoren, insbesondere in städtebaulicher, gestalterischer, funktionaler, technischer, bauphysikalischer und wirtschaftlicher Hinsicht berücksichtigt sind. Die Lösung muss derart sein, dass sie die vollständige und fachlich richtige Umsetzung aller mit der jeweiligen Bauaufgabe gestellten Anforderungen durch die Ausführungsbeteiligten ermöglicht.[468] 227

Als **zweite Grundleistung** hat der Architekt die **zeichnerische Darstellung des Objekts** mit allen für die Ausführung notwendigen Einzelangaben, z.B. endgültige, vollständige Ausführungs-, Detail- und Konstruktionszeichnungen im Maßstab 1:50 bis 1:1, bei Freianlagen je nach Art des Bauvorhabens im Maßstab 1:200 bis 1:50, dort insbesondere Bepflanzungspläne, mit den erforderlichen textlichen Ausführung zu erbringen. Der bei der Darstellung konkret anzuwendende Maßstab hängt 228

---

464 BGH BauR 1975, 67, 68; *Pott/Dahlhoff/Kniffka*, HOAI, 7. Aufl., § 15 Rn 14 a.
465 *Löffelmann/Fleischmann*, Architektenrecht, 4. Aufl., Rn 208.
466 *Locher/Koeble/Frik*, HOAI, 7. Aufl., § 15 Rn 112.
467 *Jochem*, HOAI, 4. Aufl., § 15 Rn 45.
468 *Pott/Dahlhoff/Kniffka*, HOAI, 7. Aufl., § 15 Rn 18.

von der jeweiligen Bauaufgabe ab, u.a. von der Größe des Objekts oder den Schwierigkeiten im Einzelfall. Hier sind die Ziele der hohen Planungsintensität und der Übersichtlichkeit in sachgerechter Weise in Einklang zu bringen.[469]

229 Bei raumbildenden Ausbauten ist als **dritte Grundleistung** die detaillierte Darstellung der Räume und Raumfolgen im Maßstab 1:25 bis 1:1 mit den erforderlichen textlichen Ausführungen und die Materialbestimmung zu erbringen.

230 Die **vierte Grundleistung** betrifft das **Erarbeiten der Grundlagen für die anderen an der Planung fachlich Beteiligten und die Integration ihrer Beiträge bis zur ausführungsreifen Lösung**. Hier sind letztlich drei Aufgaben des Architekten angesprochen, nämlich das Erarbeiten und zur Verfügung stellen der von den Sonderfachleuten für ihre jeweiligen Beiträge benötigten Vorgaben und Hinweise, die zeitliche Abstimmung der Tätigkeiten der Sonderfachleute und schließlich das Integrieren aller ausführungsreifen Beiträge in die damit ausführungsreife Gesamtplanung.[470] Sofern der Architekt von Fachbauunternehmen – also nicht von Sonderfachleuten – von diesen für ihre Gewerke angefertigte Ausführungszeichnungen übernimmt, trifft ihn eine vollinhaltliche Überprüfungspflicht. Die Sonderfachleute planen demgegenüber auf ihrem eigenen, vom Verantwortungsbereich des Architekten zu unterscheidenden Aufgabengebiet.[471] Allerdings darf der Architekt auch die Planung der Sonderfachleute nicht gleichsam blind übernehmen. Wie oben bereits dargestellt wurde, muss er auch die Leistungen der Fachplaner im Rahmen der von ihm zu erbringenden Integration in die Gesamtplanung im Hinblick darauf überprüfen, ob die Fachplaner von zutreffenden Voraussetzungen ausgegangen sind und keine evidenten Fehler begangen haben. Dabei hat der Architekt auch zu prüfen, ob die Leistungen der jeweiligen Fachplaner kohärent sind. So muss der Architekt z.B. darauf achten, dass die Schlitz- und Durchbruchpläne eines TGA-Fachplaners zu der Tragwerksplanung passen.

231 Im Hinblick darauf, dass die Ausführungsplanung fertigungsorientiert ist, muss der Architekt als **fünfte Grundleistung** die **Ausführungsplanung während der Objektausführung fortschreiben**. Sowohl in der einschlägigen Literatur als auch in der Baupraxis ist unklar, was genau unter Fortschreibung zu verstehen ist. Von der Auftraggeberseite wird oft versucht, unter den Begriff des Fortschreibens auch wesentliche Planungsänderungen zu subsumieren. Andererseits ist der Architekt daran interessiert, dass Änderungen in der Ausführungsplanung nicht von der Grundleistung umfasst sind, um gegebenenfalls höhere Honoraransprüche zu begründen. Unseres Erachtens kann von einer Fortschreibung der Ausführungsplanung nur dann gesprochen werden, wenn die bisherigen Planungsziele erhalten bleiben und die Planung in gestalterischer oder konstruktiver Hinsicht Ergänzungen oder kleinere Veränderungen erfährt.[472] Umfänglichere Änderungen der Planung können daher nicht unter das Fortschreiben der Planung subsumiert werden. Dabei soll nicht verkannt werden, dass die Abgrenzung im Einzelfall sehr schwierig sein kann. Angesichts der Vielgestaltigkeit des Baugeschehens wird jedoch eine wirklich eindeutige Definition letztlich kaum möglich sein.

232 Mit dem Begriff des Fortschreibens der Ausführungsplanung wird des Weiteren zum Ausdruck gebracht, dass die Ausführungsplanung nicht unbedingt bereits vor Beginn der Ausführung vollständig fertig gestellt sein muss. Es reicht aus, wenn die jeweils erforderlichen Ausführungsunterlagen dem ausführenden Unternehmen mit angemessener Vorlaufzeit schrittweise und rechtzeitig entsprechend dem Baufortschritt zur Verfügung gestellt werden.[473] Das Fortschreiben der Ausführungsplanung

---

469 *Locher/Koeble/Frik*, HOAI, 7. Aufl., § 15 Rn 128.
470 *Pott/Dahlhoff/Kniffka*, HOAI, 7. Aufl., § 15 Rn 18 b.
471 *Löffelmann/Fleischmann*, Architektenrecht, 4. Aufl., Rn 264.
472 Ebenso *Locher/Koeble/Frik*, HOAI, 7. Aufl., § 15 Rn 131; *Löffelmann/Fleischmann*, Architektenrecht, 7. Aufl., Rn 265; *Neuenfeld*, in: *Neuenfeld/Baden/Dohna/Groscurth/Schmitz*, Handbuch des Architektenrechts, Band 2, 5. Lieferung der 3. Aufl., § 15 Rn 53.
473 *Pott/Dahlhoff/Kniffka*, HOAI, 7. Aufl., § 15 Rn 18 c.

ermöglicht es dem Architekten zudem, erst nachträglich erkannte Umstände noch zu berücksichtigen und auch etwaige Planungsfehler zu korrigieren.[474] Der mit der Leistungsphase 5 beauftragte Architekt hat andererseits die Fortschreibung der Ausführungsplanung auch dann zu erbringen, wenn er mit weiteren Leistungsphasen, insbesondere der Leistungsphase 8, nicht beauftragt ist.[475]

Bei den Besonderen Leistungen der Leistungsphase 5 ist das Aufstellen einer detaillierten Objektbeschreibung als Baubuch oder als Raumbuch zur Grundlage der Leistungsbeschreibung mit Leistungsprogramm zu nennen. Eine solche Objektbeschreibung ist notwendig für die Ausschreibung der Bauleistungen nach § 9 Nr. 10 ff. VOB/A im Sinne einer funktionalen Leistungsbeschreibung. Die Objektbeschreibung muss daher unter Beachtung der in § 9 Nr. 10 ff. VOB/A aufgeführten Anforderungen die Nutzung, Funktion, Gestaltung und Baukonstruktion so eindeutig beschreiben, dass ein Bauunternehmer ohne weiteres ein Angebot abgeben kann.[476] Ein Baubuch behandelt das Gebäude in seiner Gesamtheit und gliedert das Gesamtobjekt nach den Kostengruppen der DIN 276, wohingegen das Raumbuch das Raumprogramm nach Zahl, Zuordnung, Ausbau, Funktion und Ausstattung beschreibt.[477] Das Aufstellen einer detaillierten Objektbeschreibung kann zusätzlich zu den für die Ausführungsplanung erforderlichen Grundleistungen erstellt werden. In diesem Fall ist es eine ergänzende besondere Leistung im Sinne von § 5 Abs. 4 HOAI, so dass eine schriftliche Honorarvereinbarung erforderlich ist. Sofern die detaillierte Objektbeschreibung bei einer Leistungsbeschreibung mit Leistungsprogramm im Sinne von § 9 Nr. 10 ff. VOB/A (funktionale Leistungsbeschreibung) die Grundleistungen der Ausführungsplanung ersetzt, bedarf es einer besonderen Honorarvereinbarung nach § 5 Abs. 4 HOAI insoweit nicht.[478] Vielmehr wird diese Besondere Leistung nach der amtlichen Anmerkung dann zur Grundleistung. In diesem Fall entfallen die entsprechenden Grundleistungen, soweit die Leistungsbeschreibung mit Leistungsprogramm angewandt wird.

f) Leistungsphase 6 – Vorbereitung der Vergabe

Die HOAI spaltet den Vergabevorgang honorartechnisch in zwei Leistungsphasen. Zur Leistungsphase 6 gehört dabei als **erste Grundleistung** das **Ermitteln und Zusammenstellen von Mengen als Grundlage für das Aufstellen von Leistungsbeschreibungen**. Hierbei muss der Architekt die bisherigen Planungsergebnisse auswerten und die Beiträge anderer an der Planung fachlich Beteiligter berücksichtigen. Der Architekt hat alle im Zuge der Bauwerkserrichtung relevanten Baustoffe, Bauteile etc. des Bauwerks zu erfassen.[479] Ein bestimmtes Mengenermittlungsverfahren ist von der HOAI nicht vorgeschrieben. Der Architekt kann sich insoweit zweckmäßigerweise an den Anforderungen, die die DIN 276 Anhang C zu Teil 3 an den Kostenanschlag stellt, orientieren.[480]

Die **zweite Grundleistung** betrifft das **Aufstellen von Leistungsbeschreibungen mit Leistungsverzeichnis nach Leistungsbereichen**. Im Falle einer Vergabe nach VOB hat der Architekt bei dieser Grundleistung die Vorschriften des § 9 Nr. 1 bis 9 VOB/A zu berücksichtigen.[481] Die Leistung ist nach § 9 Nr. 1 VOB/A eindeutig und so erschöpfend zu beschreiben, dass alle Bewerber die Beschreibung im gleichen Sinne verstehen müssen und ihre Preise sicher und ohne umfangreiche Vorarbeiten berechnen können. § 9 Nr. 6 VOB/A sieht vor, dass die Leistung in der Regel durch eine allgemeine Darstellung der Bauaufgabe und ein in Teilleistungen gegliedertes Leistungsverzeichnis beschrieben werden soll.[482] Eine ordnungsgemäße Erfüllung dieser Grundleistung setzt deshalb um-

---

[474] *Pott/Dahlhoff/Kniffka*, HOAI, 7. Aufl., § 15 Rn 18 c.
[475] *Löffelmann/Fleischmann*, Architektenrecht, 4. Aufl., Rn 269.
[476] *Jochem*, HOAI, 4. Aufl., § 15 Rn 48.
[477] *Pott/Dahlhoff/Kniffka*, HOAI, 7. Aufl., § 15 Rn 19.
[478] *Jochem*, HOAI, 4. Aufl., § 15 Rn 48.
[479] *Löffelmann/Fleischmann*, Architektenrecht, 4. Aufl., Rn 311.
[480] *Pott/Dahlhoff/Kniffka*, HOAI, 7. Aufl., § 15 Rn 20.
[481] *Pott/Dahlhoff/Kniffka*, HOAI, 7. Aufl., § 15 Rn 20 a.
[482] Wegen der Einzelheiten wird auf die einschlägigen Kommentierungen zur VOB/A sowie auf § 5 des vorliegenden Handbuchs verwiesen.

fassende Kenntnisse des Architekten sowohl der VOB/A und auch der VOB/C, aller einschlägigen DIN-Bestimmungen und Ausführungsbestimmungen sowie der Rechtsvorschriften der Landesbauordnungen und insgesamt der Regeln der Bautechnik voraus.[483]

236 Die letzte Grundleistung der Leistungsphase 6 umfasst das **Abstimmung und Koordinieren der Leistungsbeschreibungen der an der Planung fachlich Beteiligten**. Hier geht es im Wesentlichen um die Vermeidung und Beseitigung von Widersprüchen, Unvollständigkeiten und Überschneidungen.[484]

237 Bei den Besonderen Leistungen ist wiederum die Aufstellung des Baubuchs/Raumbuchs als Voraussetzung für die funktionale Leistungsbeschreibung in der Praxis von besonderer Bedeutung. Anhand dieser Bücher ist zur Vorbereitung der Vergabe eine Leistungsbeschreibung mit Leistungsprogramm zu fertigen, welche sehr arbeitsintensiv und umfänglich ist, da in Ermangelung von Detailplänen eine möglichst genaue verbale Beschreibung erfolgen muss.[485] Die Einordnung als Besondere Leistung setzt wiederum voraus, dass sie zusätzlich zu den Grundleistungen der Leistungsphase 6 hinzutritt. Sie wird ebenso wie das Aufstellen einer detaillierten Objektbeschreibung zur Grundleistung, sofern und soweit sie ihm Rahmen einer Leistungsbeschreibung mit Leistungsprogramm die entsprechenden Grundleistungen der Leistungsphase 6 ersetzt.

g) Leistungsphase 7 – Mitwirkung bei der Vergabe

238 Das Mitwirken des Architekten bei der Vergabe wird wesentlich durch das Vergabeverfahren, das vom Bauherrn festgelegt wird, bestimmt. Die Vergabe selbst ist Sache des Bauherrn. An der Vergabe hat der Architekt nur mitzuwirken, wie es der Verordnungstext zum Ausdruck bringt. Etwas anderes kann dann gelten, wenn dem Architekten ausnahmsweise eine Vergabe-Vollmacht erteilt wird.[486]

239 In der **ersten Grundleistung** muss der Architekt die **Verdingungsunterlagen für alle Leistungsbereiche zusammenstellen**. Hierbei handelt es sich um die Leistungsbeschreibungen und Leistungsverzeichnisse, die allgemeinen Vertragsbedingungen, etwaige zusätzliche Vertragsbedingungen, erläuternde Skizzen, Ausführungspläne, Bodengutachten, etwaige Materialproben, Terminpläne, Zahlungspläne etc..[487] Sofern die Ausschreibung nach den Bestimmungen der VOB/A erfolgt, müssen die vom Architekten zu erstellenden Verdingungsunterlagen den Forderungen der VOB gerecht werden.[488] Die Verdingungsunterlagen müssen dann so umfassend ausgestaltet sein, dass jeder Anbieter den Umfang seiner vertraglichen Leistungspflichten kennt und somit in die Lage versetzt wird, ein vollständiges Angebot abzugeben. Hierzu rechnen auch die Fragen der Gewährleistung, Sicherheitsleistung und etwa von der VOB/C abweichende besondere Ausführungsanforderungen in technischer Hinsicht.[489]

240 Die **zweite Grundleistung**, nämlich das **Einholen von Angeboten**, setzt die vorherige Festlegung der Vergabeart voraus. Honorarrechtlich ist eine bestimmte Vergabeart nicht vorgeschrieben.[490]

241 Im Anschluss an das Einholen der Angebote sind als **dritte Grundleistung** die eingegangenen **Angebote durch den Architekten zu prüfen und zu werten**. Der Architekt hat dabei einen Preisspiegel nach Teilleistungen unter Mitwirkung aller während der Leistungsphasen 6 und 7 fachlich Beteiligten

---

483 *Locher/Koeble/Frik*, HOAI, 7. Aufl., § 15 Rn 148.
484 *Pott/Dahlhoff/Kniffka*, HOAI, 7. Aufl., § 15 Rn 20 a.
485 *Jochem*, HOAI, 4. Aufl., § 15 Rn 52.
486 *Pott/Dahlhoff/Kniffka*, HOAI, 7. Aufl., § 15 Rn 22.
487 *Hesse/Korbion/Mantscheff/Vygen*, HOAI, 5. Aufl., § 15 Rn 137, 138.
488 *Neuenfeld*, in: *Neuenfeld/Baden/Dohna/Groscurth/Schmitz*, Handbuch des Architektenrechts, Band 2, 5. Lieferung der 3. Aufl., § 15 Rn 62.
489 *Jochem*, HOAI, 4. Aufl., § 15 Rn 55.
490 *Neuenfeld*, in: *Neuenfeld/Baden/Dohna/Groscurth/Schmitz*, Handbuch des Architektenrechts, Band 2, 5. Lieferung der 3. Aufl., § 15 Rn 62.

aufzustellen. Da der Architekt durch sein Prüfen und Werten der Angebote häufig maßgeblichen Einfluss auf die folgenden Vertragsabschlüsse nimmt, muss der Architekt diese verantwortungsvolle Aufgabe sehr genau nehmen. Hierzu gehört insbesondere die Überprüfung auf Rechtzeitigkeit, Vollständigkeit und Richtigkeit und die rechnerische, technische und wirtschaftliche Kontrolle.[491] Der Architekt darf sich dabei nicht darauf beschränken, bei seiner Wertung nur auf den Preis abzustellen. Wie sich aus § 25 VOB/A ergibt, ist neben dem Preis auch die Eignung der Bieter nach Fachkunde, Leistungsfähigkeit, Zuverlässigkeit sowie ausreichender technischer und wirtschaftlicher Mittel zu prüfen.[492] Diese Kriterien wird der Architekt auch unabhängig von der Geltung der VOB/A bei der von ihm vorzunehmenden Wertung der Angebote berücksichtigen müssen, da erst aufgrund einer Gesamtbetrachtung von Preis und Qualität das wirklich günstigste Angebot herausgefunden werden kann. Der vom Architekten aufzustellende Preisspiegel soll eine vergleichende Übersicht über die Angebote liefern, die auch Art und Umfang der Abweichungen aufzeigt.[493] Es reicht daher nicht aus, lediglich die Angebotsendpreise aufzulisten. Auch die einzelnen Leistungsbereiche sind als Aufstellung nach Teilleistungen gegenüberzustellen.[494]

242 Die **vierte Grundleistung** ist das **Abstimmen und Zusammenstellen der Leistungen der fachlich Beteiligten, die an der Vergabe mitgewirkt haben**. Ziel ist hier die abschließende Koordinierung der Leistungen der Sonderfachleute mit dem Ziel, etwaige Widersprüche, Lücken und Überschneidungen zu beseitigen. Der Architekt muss die von den Sonderfachleuten in selbständigen Ausschreibungen eingeholten Angebote zusammenstellen und mit den von ihm eingeholten Angeboten daraufhin überprüfen, ob die vorgesehenen Leistungen lückenlos und widerspruchsfrei zusammenpassen und das Entstehenlassen eines mängelfreien Bauwerks gewährleisten.

243 Die **Verhandlungen mit den Bietern** als **fünfte Grundleistung** hat unter Berücksichtigung von § 24 VOB/A zu erfolgen, soweit die VOB/A anzuwenden ist. Die Verhandlungen beschränken sich dann auf die technische und wirtschaftliche Leistungsfähigkeit des Bieters und die Qualität des Angebots. In den übrigen Fällen, also in der Regel bei privaten Auftraggebern, können (und sollen) auch Preisverhandlungen über die Angebote geführt werden, einschließlich des Übergangs von im Angebot vorgesehenen Einheitspreisen zu einem Pauschalpreis.[495]

244 Die **sechste Grundleistung** ist der **Kostenanschlag** nach DIN 276 aus Einheits- oder Pauschalpreisen der Angebote. Nach h.M. muss der Kostenanschlag – anders als Kostenschätzung, Kostenberechnung und Kostenfeststellung – nach DIN 276 in der Fassung vom April 1981 erfolgen.[496] *Jochem* vertritt demgegenüber die Auffassung, dass der Kostenanschlag nach dem System der DIN in der Fassung 1993 aufzustellen sei.[497] *Pott/Dahlhoff/Kniffka* sind der Ansicht, dass der Kostenanschlag stets nach DIN 276 in der Fassung 1981 zu erfolgen habe, die Vertragsparteien jedoch zum Zweck der Kostenkontrolle die Kostenermittlung nach DIN 276 vom Juni 1993 vereinbaren können.[498] Angesichts des klaren Wortlauts der HOAI ist unstreitig, dass der Kostenanschlag nach dem wohnungsrechtlichen Berechnungsrecht auf der Grundlage der II. BV unzulässig ist.

---

491 *Pott/Dahlhoff/Kniffka*, HOAI, 7. Aufl., § 15 Rn 23.
492 *Löffelmann/Fleischmann*, Architektenrecht, 3. Aufl., Rn 359.
493 *Rauch*, Architektenrecht und privates Baurecht für Architekten, 2. Aufl., S. 99.
494 *Hesse/Korbion/Mantscheff/Vygen*, HOAI, 5. Aufl., § 15 Rn 141.
495 *Rauch*, Architektenrecht und privates Baurecht für Architekten, 2. Aufl., S. 99; einschränkend z.B. *Pott/Dahlhoff/Kniffka*, HOAI, 7. Aufl., § 15 Rn 23 sowie *Neuenfeld*, in: *Neuenfeld/Baden/Dohna/Groscurth/Schmitz*, Handbuch des Architektenrechts, Band 2, 5. Lieferung der 3. Aufl., § 15 Rn 62 die dafür eintreten, dass auch dann, wenn keine Ausschreibung nach VOB/A erfolgt ist, die einschränkenden Grundsätze des § 24 VOB/A Beachtung finden sollten.
496 *Neuenfeld*, in: *Neuenfeld/Baden/Dohna/Groscurth/Schmitz*, Handbuch des Architektenrechts, Band 2, 5. Lieferung der 3. Aufl., § 15 Rn 63; *Hesse/Korbion/Mantscheff/Vygen*, HOAI, 5. Aufl., § 15 Rn 144; *Locher/Koeble/Frik*, HOAI, 7. Aufl., § 15 Rn 164.
497 *Jochem*, HOAI, 4. Aufl., § 15 Rn 57.
498 *Pott/Dahlhoff/Kniffka*, HOAI, 7. Aufl., § 15 Rn 23 a.

245 Die **siebte Grundleistung** ist die **Kostenkontrolle** durch Vergleich des Kostenanschlags mit der Kostenberechnung. Dem Bauherrn soll hierdurch die Kostenentwicklung vor Augen geführt werden. Die Kostenkontrolle ist in der Leistungsphase 7 von besonderer Bedeutung, weil mit der Vergabe die endgültigen finanziellen Weichen gestellt werden.[499] Mit der achten Grundleistung, nämlich dem Mitwirken bei der Auftragserteilung, ist die Leistungsphase 7 abgeschlossen. Der Architekt erteilt – ausser er ist hierzu ausdrücklich beauftragt und bevollmächtigt – die Aufträge nicht selbst. Dies ist Sache des Bauherrn.[500]

246 Die Besonderen Leistungen der Leistungsphase 7 beschränken sich im Wesentlichen auf das Prüfen und Werten der Angebote aus der Leistungsbeschreibung mit Leistungsprogramm einschließlich Preisspiegel. Dies ist letztlich eine Fortschreibung der Besonderen Leistungen in der Leistungsphase 6 und Leistungsphase 5. Diese Besondere Leistung kann ebenso wie in den Leistungsphasen 5 und 6 zur Grundleistung werden, wenn die Leistungsbeschreibung mit Leistungsprogramm Grundlage der Ausschreibung war.[501]

h) Leistungsphase 8 – Objektüberwachung

247 In der Leistungsphase 8 sind die Tätigkeiten des Architekten zusammengefasst, die zur baulichen Umsetzung der Planung erforderlich sind. Die Objektüberwachung ist mit 31 % die am höchsten honorierte Leistungsphase. Der Architekt hat hier im Wesentlichen dafür zu sorgen, dass das Bauwerk entsprechend der Planung und in Übereinstimmung mit der Baugenehmigung und den einschlägigen öffentlich-rechtlichen Vorschriften und den anerkannten Regeln der Technik mängelfrei entsteht.[502]

248 Die **erste Grundleistung** der Leistungsphase 8, also das **Überwachen der Ausführung des Objekts**, ist eine zentrale Grundleistung.[503] Der Architekt hat auch auf die Übereinstimmung mit der Baugenehmigung oder Zustimmung, den Ausführungsplänen und den Leistungsbeschreibungen sowie den allgemein anerkannten Regeln der Technik und den einschlägigen Vorschriften zu achten.

Die vom Architekten zu erbringende Überwachung erfasst die Ausführung aller von seinem Auftrag erfassten Bauarbeiten, also einschließlich der Spezialbaumassnahmen (Spezialgewerke), soweit nicht die Überwachung ausdrücklich aus dem Architektenvertrag ausgenommen ist.[504] Die nach dieser Grundleistung für die Spezialgewerke zu erbringende Überwachung beschränkt sich aber auf grundlegende einfache, allgemein-technische Belange, die das durch Ausbildung und Berufsbild begrenzte Fachwissen des Architekten nicht überfordern. Nicht erfasst ist deshalb die fachspezifische ingenieurtechnische Kontrolle in Fällen, die im Hinblick auf besondere Schwierigkeiten spezielle Fachkenntnisse erfordern.[505] Die Intensität der Überwachung richtet sich im Übrigen nach den Umständen des Einzelfalls. Insoweit kann auf die oben stehenden Ausführungen zur Haftung des Architekten im Rahmen der Objektüberwachung Bezug genommen werden. Im Wesentlichen gilt der Grundsatz, dass eine ständige Anwesenheit des Architekten auf der Baustelle nicht erforderlich ist. Einfache und gängige Arbeiten muss der Architekt nicht ständig überwachen. Es genügen insoweit Stichproben während der Ausführung und eine Überprüfung nach Fertigstellung der Arbeiten. Bei Bauleistungen, die besondere Gefahrenquellen mit sich bringen oder von denen das Gelingen des ganzen Bauwerks abhängt, muss der Architekt die Überwachung andererseits besonders intensiv durchführen. Hier wird oftmals auch eine unmittelbare Überwachung der Arbeiten während der Ausführung erforderlich sein.

---

499 *Pott/Dahlhoff/Kniffka*, HOAI, 7. Aufl., § 15 Rn 23 a.
500 *Rauch*, Architekten und privates Baurecht für Architekten, 2. Aufl., S. 100.
501 *Locher/Koeble/Frik*, HOAI, 7. Aufl., § 15 Rn 167.
502 BGHZ 31, 224, 227.
503 *Locher/Koeble/Frik*, HOAI, 7. Aufl., § 15 Rn 178.
504 *Pott/Dahlhoff/Kniffka*, HOAI, 7. Aufl., § 15 Rn 26.
505 ausführlich zu dieser Problematik auch Motzke, BauR 1988, 534 ff.

Soweit für den Architekten erkennbar wird, dass ihm für die Überwachung die erforderliche eigene Fachkenntnis fehlt, insbesondere bei Gewerken, deren Überwachung spezielle Kenntnisse erfordert, oder bei der Verwendung neuartiger, noch nicht abschließend erprobter Konstruktionen, trifft den Architekten eine Beratungs-, Belehrungs- und Bedenkenhinweispflicht dem Bauherrn gegenüber. In solchen Fällen muss der Architekt dem Bauherrn auch die Hinzuziehung des einschlägigen fachlich planungsbeteiligten Sonderfachmanns oder die sonstige Bestellung eines Spezialisten empfehlen.[506]

249 Die **zweite Grundleistung**, nämlich das **Überwachen der Ausführung von Tragwerken** nach § 63 Abs. 1 Nr. 1 und 2 HOAI auf Übereinstimmung mit dem Standsicherheitsnachweis, ist mit der HOAI-Novelle 1991 neu aufgenommen worden. Damit ist eine vormals reine Statikerleistung zur Architekten-Grundleistung geworden.[507] Bei dieser Grundleistung geht es zumeist um die Kontrolle der Bewehrung im Stahlbetonbau. Die HOAI stellt durch den Verweis auf Nr. 1 und Nr. 2 des § 63 Abs. 1 HOAI klar, dass der Architekt nur Tragwerke mit sehr geringem bzw. geringem Schwierigkeitsgrad zu überwachen hat. Ist das Tragwerk einer höheren Honorarzone zuzuordnen, dann handelt es sich bei der Überwachung der Ausführung des Tragwerks um eine ingenieurtechnische Kontrolle, die er nicht im Rahmen der Grundleistung zu erbringen hat. Hier muss der Architekt allerdings schon aus Haftungsgründen darauf achten, dass der Bauherr in solchen Fällen dem Tragwerksplaner die ingenieurtechnische Kontrolle der Ausführung des Tragwerks, die eine besondere Leistung im Leistungsbild der Tragwerksplanung gem. § 64 Abs. 2 Nr. 8 HOAI ist, überträgt.

250 Die **dritte Grundleistung** betrifft das **Koordinieren der an der Objektüberwachung fachlich Beteiligten**. Hierzu zählen die Fachplaner, denen für diesen Bereich Leistungen übertragen wurden, z.B. dem Tragwerksplaner in der vorgenannten Konstellation oder den Fachplanern für Gewerke, die die oben angesprochenen Spezialkenntnisse erfordern, z.B. Heizungsmontage oder Lüftungsmontage.

251 Als **vierte Grundleistung** ist die **Überwachung von Detailkorrekturen von Fertigteilen** genannt. Es ist umstritten, ob die Leistungspflicht neben der Überwachung an der Baustelle auch die Überwachung der Herstellung im Fertigungsbetrieb umfasst.[508]

252 Das **Aufstellen und Überwachen eines Zeitplans** (Balkendiagramm) ist als **fünfte Grundleistung** in das Leistungsbild einbezogen. In dem Balkendiagramm müssen die Ausführungsfristen der Unternehmer ebenso aufgeführt sein wie die der Planer. Ferner ist der Architekt verpflichtet, die Einhaltung des Zeitplans zu überwachen und fortzuschreiben bzw. nachzubessern, damit die im Balkendiagramm wiedergegebenen Fristen nicht überholt sind.[509]

253 Das als **sechste Grundleistung** vom Architekten zu führende **Bautagebuch** dient vor allem Beweiszwecken.[510] In ihm sind alle wesentlichen Vorgänge bei der Bauwerkserrichtung aufzuführen. Die Leistungen der Baubeteiligten, die Lieferungen, die Witterungsbedingungen und ggf. auch die Anwesenheit der Baubeteiligten sollten in dem Bautagebuch festgehalten werden.[511] Aus dem Führen des Bautagebuchs soll jedoch nicht die Verpflichtung des Architekten folgen, täglich auf der Baustelle zu sein, um das Bautagebuch fortzuschreiben.[512] Der Pflicht zur Führung des Bautagebuchs wird

---

506 *Pott/Dahlhoff/Kniffka*, HOAI, 7. Aufl., § 15 Rn 26 c, 26 f.
507 *Neuenfeld*, in: *Neuenfeld/Baden/Dohna/Groscurth/Schmitz*, Handbuch des Architektenrechts, Band 2, 5. Lieferung der 3. Aufl., § 15 Rn 72 e.
508 Dafür z.B. *Hesse/Korbion/Mantscheff/Vygen*, HOAI, 5. Aufl., § 15 Rn 173; *Locher/Koeble/Frik*, HOAI, 7. Aufl., § 15 Rn 182; *Neuenfeld*, in: *Neuenfeld/Baden/Dohna/Groscurth/Schmitz*, Handbuch des Architektenrechts, Band 2, 5. Lieferung der 3. Aufl., § 15 Rn 74; dagegen z.B. OLG Stuttgart NJW-RR 1989, 1428; *Pott/Dahlhoff/Kniffka*, HOAI, 7. Aufl., § 15 Rn 28 a.
509 *Jochem*, HOAI, 4. Aufl., § 15 Rn 66.
510 *Löffelmann/Fleischmann*, Architektenrecht, 4. Aufl., Rn 436.
511 *Locher/Koeble/Frik*, HOAI, 7. Aufl., § 15 Rn 184.
512 *Neuenfeld*, BauR 1981, 436, 437; *Pott/Dahlhoff/Kniffka*, HOAI, 7. Aufl., § 15 Rn 29.

genügt, wenn der Architekt seine Aufzeichnungen in dem Bautagebuch in dem Rhythmus durchführt, der sich anhand der zur Erfüllung der Überwachungspflicht ohnehin erforderlichen Baustellenbesuche ergibt.[513]

254 Das als **siebte Grundleistung** mit den bauausführenden Firmen zu erstellende gemeinsame **Aufmaß** dient dem Nachweis von Art und Umfang der erbrachten Leistungen.[514] Das Aufmaß spielt grundsätzlich nur bei Einheitspreisverträgen eine Rolle. Bei Pauschalpreisverträgen entfällt regelmäßig die Notwendigkeit eines Aufmaßes und damit auch seiner gemeinsamen Vornahme.[515] Die rechtliche Einordnung eines gemeinsamen Aufmaßes und seine rechtliche Bindungswirkung sind außerordentlich umstritten.[516] Es ist hier nicht der Ort, zu den damit verbundenen vielfältigen Problemen Stellung zu nehmen. Da ein gemeinsames Aufmaß aber jedenfalls eine erhebliche faktische Bindungswirkung für Bauunternehmer und Bauherrn erzeugt, handelt es sich hier um eine wichtige, wenn auch nicht um eine zentrale Leistung des Architekten.[517] Nicht zuletzt zur Vermeidung von Schadensersatzansprüchen des Bauherrn ihm gegenüber sollte der Architekt diese Leistung ernst nehmen und sorgfältig durchführen.[518]

255 Die **achte Grundleistung** ist die **Abnahme der Bauleistungen** unter Mitwirkung anderer an der Planung und Objektüberwachung fachlich Beteiligter unter Feststellung von Mängeln. Hiermit ist nicht die rechtsgeschäftliche Abnahme gemeint, zu der der Architekt üblicherweise nicht berechtigt ist.[519] Angesprochen ist hier die sogenannte technische Abnahme.[520] Es handelt sich dabei um eine tatsächliche Abnahme im Sinne einer Art von technischer Vorprüfung auf Abnahmefähigkeit.[521] Bei der Feststellung von Mängeln muss der Architekt auch eigene Planungs- und Aufsichtsfehler offenbaren.[522] Bei der Mängeluntersuchung wird vom Architekten nicht der Einsatz von Spezialgeräten oder die Aneignung von Spezialkenntnissen gefordert, wie sie nur Fachfirmen besitzen. Allerdings muss der Architekt seinen Auftraggeber erforderlichenfalls darauf hinweisen, dass ihm weitergehende Untersuchungen und damit auch eine abschließende Beurteilung einer Leistung im Hinblick auf die Mängelfeststellung nicht möglich ist.[523] Im Anschluss an die technische Abnahme hat der Architekt den Bauherrn über das Ergebnis zu informieren und zu beraten, ob die rechtsgeschäftliche Abnahme durchgeführt werden soll oder nicht. Hierzu gehört auch die Beratung, welche rechtlichen Folgen die Abnahme oder die Verweigerung der Abnahme haben bzw. welche Erklärungen der Bauherr bei den rechtsgeschäftlichen Abnahmeverhandlungen mit dem Unternehmer zweckmäßigerweise abgibt. Dies schließt die Belehrung über Vertragsstrafenvorbehalte ein.[524]

256 Die als **neunte Grundleistung** folgende **Rechnungsprüfung** ist eine zentrale Grundleistung. Unter der Rechnungsprüfung ist die fachtechnische und rechnerische Überprüfung aller Rechnungen von Bauunternehmen und Lieferanten aus dem Leistungsbereich des Architekten auf ihre Richtigkeit und Vertragsgemäßheit zu verstehen. Der Architekt muss auch die Rechnungen der beteiligten Sonderfachleute prüfen, soweit sie ihm der Auftraggeber übergibt. Das Ergebnis der Prüfung muss der

---

513 *Löffelmann/Fleischmann*, Architektenrecht, 4. Aufl., Rn 438; *Locher/Koeble/Frik*, HOAI, 7. Aufl., § 15 Rn 184.
514 *Pott/Dahlhoff/Kniffka*, HOAI, 7. Aufl., § 15 Rn 30.
515 *Löffelmann/Fleischmann*, Architektenrecht, 4. Aufl., Rn 441 f.
516 Vgl. dazu *Werner/Pastor*, Der Bauprozess, 9. Aufl., Rn 2033 ff.; *Ingenstau/Korbion*, VOB, 13. Aufl., B § 14 Nr. 2 Rn 35 ff. jeweils m.w.N.
517 *Locher/Koeble/Frik*, HOAI, 7. Aufl., § 15 Rn 186.
518 *Hesse/Korbion/Mantscheff/Vygen*, HOAI, 5. Aufl., § 15 Rn 174.
519 *Rauch*, Architektenrecht und privates Baurecht für Architekten, 2. Aufl., S. 103.
520 *Löffelmann/Fleischmann*, Architektenrecht, 4. Aufl., Rn 445.
521 *Neuenfeld*, in: Neuenfeld/Baden/Dohna/Groscurth/Schmitz, Handbuch des Architektenrechts, Band 2, 5. Lieferung der 3. Aufl., § 15 Rn 78.
522 BGHZ 92, 251, 258.
523 *Löffelmann/Fleischmann*, Architektenrecht, 4. Aufl., Rn 447.
524 *Rauch*, Architektenrecht und privates Baurecht für Architekten, 2. Aufl., S. 103 f.

Architekt seinem Auftraggeber mitteilen.[525] Die Durchführung der Rechnungsprüfung bestätigt der Architekt mit seinem Prüfvermerk unter den geprüften Rechnungen. Da die Rechnungsprüfung dem Architekten lediglich gegenüber seinem Auftraggeber obliegt, können Bauunternehmer aus dem Prüfvermerk des Architekten für sich keine Rechte gegenüber dem Bauherrn herleiten. Die Bestätigung der sachlichen und rechnerischen Richtigkeit der Rechnung im Prüfvermerk des Architekten bedeutet kein Anerkenntnis des Bauherrn im Verhältnis zum Unternehmer. Der Prüfvermerk ist lediglich eine Empfehlung des Architekten an seinen Bauherrn.[526]

257 Die **Kostenfeststellung** nach DIN 276 oder nach dem wohnungsrechtlichen Berechnungsrecht ist eine weitere zentrale Grundleistung. Sie dient der Zusammenstellung aller bei der Bauausführung tatsächlich entstandenen Kosten.

258 Die **elfte Grundleistung** ist der **Antrag auf behördliche Abnahmen und Teilnahme** daran. Hiermit sind alle nach den jeweiligen Landesbauordnungen erforderlichen Teil- und Schlussabnahmen, z.B. Rohbauabnahme, Gebrauchsabnahme etc. gemeint.[527]

259 Als **zwölfte Grundleistung** muss der Architekt das **Objekt übergeben** einschließlich der **Zusammenstellung und Übergabe der erforderlichen Unterlagen**, z.B. Bedienungsanleitungen und Prüfprotokolle. Diese Unterlagen sind nur beispielhaft genannt. Darüber hinaus sind Unterlagen zusammenzustellen und zu übergeben, die Auskunft über Ausbau und Verlauf wichtiger Konstruktionen und Anlagen geben, z.B. Verlegepläne für Installationen, Bewehrungen und Entwässerung, Abnahmeprotokolle etc..[528]

260 Die **dreizehnte Grundleistung** ist das **Auflisten der Gewährleistungsfristen**. Diese Grundleistung sollte vom Architekten wegen ihrer erheblichen Bedeutung auch für die eigene Haftung sehr ernst genommen werden. Der Architekt muss dem Bauherrn eine Gewährleistungsfristenliste übergeben, die dem Bauherrn zur Kontrolle dienen soll, innerhalb welcher Zeit er seine Rechte gegenüber den Unternehmern geltend machen muss, aber auch, wann einbehaltene Sicherheiten freigegeben werden müssen. Für den Architekten ist die Liste ferner deshalb von Bedeutung, weil sich aus ihr für die Leistungsphase 9 ablesen lässt, wann eine Begehung des Objekts durchgeführt werden muss, damit der Bauherr vor Verjährungseintritt mögliche Ansprüche gegen Unternehmer mit verjährungsunterbrechender Wirkung geltend machen kann.[529]

261 Als **vierzehnte Grundleistung** hat der Architekt die **Beseitigung der bei der Abnahme der Bauleistungen festgestellten Mängel zu überwachen**. Zur Abgabe rechtsgestaltender Erklärungen für den Auftraggeber ist der Architekt dabei grundsätzlich nicht berechtigt.[530] Erforderlich ist jedoch, dass der Architekt die betroffenen Beteiligten zur Mängelbeseitigung auffordert.[531]

262 Die **letzte** vom Architekten in der Leistungsphase 8 zu erbringende **Grundleistung** ist die **Kostenkontrolle**. Diese verlangt einen Vergleich der veranschlagten Baukosten im Kostenanschlag mit den tatsächlichen Baukosten. Die Nennung der Kostenkontrolle als letzte Grundleistung der Objektüberwachung darf jedoch nicht darüber hinwegtäuschen, dass die Kostenkontrolle nicht auf das Ende der Leistungsphase 8 beschränkt bleiben darf. Gemeint ist hier, dass der Architekt durch einen ständigen

---

525 *Locher/Koeble/Frik*, HOAI, 7. Aufl., § 15 Rn 190.
526 *Jochem*, HOAI, 4. Aufl., § 15 Rn 71; *Locher/Koeble/Frik*, HOAI, 7. Aufl., § 15 Rn 191; *Werner/Pastor*, Der Bauprozess, 9. Aufl., Rn 2032; OLG Hamm BauR 1996, 739.
527 *Jochem*, HOAI, 4. Aufl., § 15 Rn 73.
528 *Löffelmann/Fleischmann*, Architektenrecht, 4. Aufl., Rn 495.
529 *Neuenfeld*, in: *Neuenfeld/Baden/Dohna/Groscurth/Schmitz*, Handbuch des Architektenrechts, Band 2, 5. Lieferung der 3. Aufl., § 15 Rn 83.
530 *Locher/Koeble/Frik*, HOAI, 7. Aufl., § 15 Rn 198; *Hesse/Korbion/Mantscheff/Vygen*, HOAI, 5. Aufl., § 15 Rn 181.
531 Zu den Tätigkeitspflichten des Architekten bei Mängeln vgl. *Jagenburg*, BauR 1980, 406.

Vergleich der tatsächlich entstandenen Kosten mit denen des Kostenanschlags rechtzeitig Erkenntnisse gewinnt, wie sich das Baubudget entwickelt um gegebenenfalls die Notwendigkeit von Kosteneinsparungen zu erkennen.[532]

i) Leistungsphase 9 – Objektbetreuung und Dokumentation

263 Die Leistungsphase 9 betrifft Leistungen, die nach Fertigstellung des Objekts zu erbringen sind. Ziel ist es, dem Auftraggeber, über die eigentliche Planungs- und Ausführungsphase des Objekts hinaus, die Leistungen des Architekten zu sichern.[533]

264 Die **erste Grundleistung** ist die **Objektbegehung zur Mängelfeststellung** vor Ablauf der Verjährungsfristen der Gewährleistungsansprüche gegenüber den bauausführenden Unternehmen. Sofern die Verjährungsfristen unterschiedlich ablaufen, was vom Architekten zu überwachen ist, muss er gegebenenfalls für jeden einzelnen Unternehmer eine besondere Objektbegehung vornehmen.[534] Die vom Architekten vorzunehmende Objektbegehung hat so frühzeitig zu erfolgen, dass eine Unterbrechung der Verjährungsfristen bei der Entdeckung von Mängeln noch rechtzeitig möglich ist.[535] Das Ziel der Objektbegehung ist die Mängelfeststellung. Der Architekt darf es daher nicht bei einem bloßen Betreten des Objekts belassen. Vielmehr muss er die einzelnen Funktionen des Objekts und der eingebauten Gegenstände prüfen. Untersuchungen, die spezielle Untersuchungsgeräte oder Untersuchungsmethoden erfordern, muss der Architekt jedoch nicht durchführen. Hat er Indizien für das Vorliegen eines Mangels, den er nicht genauer untersuchen kann, ist er verpflichtet, dem Bauherrn die Einschaltung eines entsprechenden Sonderfachmanns zu empfehlen.[536]

265 Die zweite Teilleistung ist das **Überwachen der Beseitigung von Mängeln**, die innerhalb der Verjährungsfrist der Gewährleistungsansprüche, längstens jedoch bis zum Ablauf von 5 Jahren seit Abnahme der Bauleistungen auftreten. Hierzu hat der Architekt den Unternehmer zunächst zur Mängelbeseitigung aufzufordern.[537] Die Mängelbeseitigung selbst ist vom Architekten zu überwachen. Inhaltlich ist diese Leistung vergleichbar mit den Überwachungsleistungen der Leistungsphase 8.[538]

266 Das **Mitwirken bei der Freigabe von Sicherheitsleistungen** als dritte Teilleistung umfasst die Beratung des Bauherrn, ob und inwieweit er Sicherheitseinbehalte aufrechtzuerhalten bzw. die Sicherheit zurückgeben hat. Die Freigabe der Sicherheit selbst bleibt Sache des Bauherrn.[539]

267 Die letzte Grundleistung ist das **systematische Zusammenstellen der zeichnerischen Darstellungen und rechnerischen Ergebnisse des Objekts**. Hierbei wird vom Architekten grundsätzlich nicht die Erstellung neuer Dokumente verlangt. Leistungsgegenstand ist vielmehr das Erfassen und systematische Einordnen des vorhandenen Bestands.[540] Diese Dokumentation soll als Grundlage für die Gebäudeunterhaltung dienen und künftige Änderungen und Umplanungen des Objekts erleichtern.[541]

268 Aus den Besonderen Leistungen der Leistungsphase 9 soll hier das Erstellen von Bestandsplänen herausgehoben werden. Da die Ausführungszeichnungen nicht den genauen Ist-Zustand des Objekts wiedergeben, ist der Bauherr oft daran interessiert, diesen zu dokumentieren. Dieses Ziel wird durch

---

532 *Jochem*, HOAI, 4. Aufl., § 15 Rn 77.
533 *Locher/Koeble/Frik*, HOAI, 7. Aufl., § 15 Rn 222.
534 *Pott/Dahlhoff/Kniffka*, HOAI, 7. Aufl., § 15 Rn 39; *Neuenfeld*, BauR 1981, 436, 439.
535 *Locher/Koeble/Frik*, HOAI, 7. Aufl., § 15 Rn 223.
536 *Pott/Dahlhoff/Kniffka*, HOAI, 7. Aufl., § 15 Rn 39.
537 *Hesse/Korbion/Mantscheff/Vygen*, HOAI, 5. Aufl., § 15 Rn 99.
538 *Jochem*, HOAI, 4. Aufl., § 15 Rn 83.
539 *Rauch*, Architektenrecht und privates Baurecht für Architekten, 2. Aufl., S. 107.
540 *Pott/Dahlhoff/Kniffka*, HOAI, 7. Aufl., § 15 Rn 41 a.
541 *Jochem*, HOAI, 4. Aufl., § 15 Rn 85.

das Erstellen von Bestandsplänen verfolgt, die den tatsächlich hergestellten Zustand wiedergeben.[542] Die Bestandspläne werden in der Regel im Maßstab 1:100 gefertigt. Sie müssen alle Einbauten, den Verlauf von Installationen, Einzelheiten der Konstruktion, das verwendete Material etc. ausweisen.[543]

3. Die Parameter des Architektenhonorars

Der Architekt hat grundsätzlich nach dem durch die HOAI zur Verfügung gestellten Berechnungsschema abzurechnen. Von der Einhaltung der nach der HOAI vorgegebenen Berechnung hängt gem. § 8 Abs. 1 HOAI auch die Fälligkeit des Architektenhonorars ab. Denn nach dieser Vorschrift ist Voraussetzung der Fälligkeit

- neben der vertragsgemäßen Erbringung der Architektenleistungen
- das Überreichen einer prüffähigen Honorarschlussrechnung.

Prüffähigkeit bedeutet, dass für den Auftraggeber nachvollziehbar sein muss, für welche Leistungen im Einzelnen welches Honorar verlangt wird und wie sich das Honorar errechnet.[544] Der Architekt muss seine Schlussrechnung entsprechend den Bestimmungen der HOAI in der Weise aufschlüsseln, dass der Auftraggeber die Schlussrechnung auf ihre rechtliche und rechnerische Richtigkeit überprüfen kann. In welchem Umfang die Schlussrechnung aufgeschlüsselt werden muss, damit der Auftraggeber in der Lage ist, die Schlussrechnung in der gebotenen Weise zu überprüfen, ist nach der Rechtsprechung des BGH eine Frage des Einzelfalls, die vor allem von den Besonderheiten der Vertragsgestaltung und der Vertragsdurchführung abhängt.[545]

Zu den **Anforderungen an die Schlussrechnung** hat sich eine umfangreiche Rechtsprechung entwickelt.[546] In der Regel muss eine Rechnung folgende Mindestangaben enthalten:

- Die unter Beachtung der jeweiligen Kostenermittlungsart nachvollziehbare Ermittlung der anrechenbaren Kosten des Objekts (§ 10 HOAI)
- Die Feststellung der Honorarzone (§§ 11 ff. HOAI)
- Die Bestimmung der einschlägigen Honorartafel (bei Gebäuden § 16 HOAI, bei Freianlagen § 17 HOAI bzw. die bei den sonstigen Leistungsbildern jeweils angegebene Honorartafel)
- Die Aufstellung der in Rechnung gestellten Leistungsphasen nach Maßgabe des jeweiligen Leistungsbildes unter Angabe der jeweiligen v. H.-Sätze
- Die Aufführung des errechneten Gesamthonorars zuzüglich Nebenkosten
- Die Ausweisung der Umsatzsteuer (§ 9 HOAI)
- Die Berücksichtigung geleisteter Abschlagszahlungen.[547]

Die in § 10 Abs. 1 HOAI genannten Grundlagen des Architektenhonorars sollen im Folgenden näher beleuchtet werden.

---

542 *Jochem*, HOAI, 4. Aufl., § 15 Rn 86.
543 *Hesse/Korbion/Mantscheff/Vygen*, HOAI, 5. Aufl., § 15 Rn 206 f.; *Löffelmann/Fleischmann*, Architektenrecht, 4. Aufl., Rn 640.
544 *Pott/Dahlhoff/Kniffka*, HOAI, 7. Aufl., § 8 Rn 6 a.
545 BGH BauR 1994, 655, 656.
546 Vgl. *Werner/Pastor*, Der Bauprozess, 9. Aufl., Rn 967 ff. mit zahlreichen weiteren Nachweisen.
547 Vgl. ebenso das Schema bei *Pott/Dahlhoff/Kniffka*, HOAI, § 8 Rn 6 a und die dort im Anhang IV abgedruckten Beispiele zu prüffähigen Honorarabrechnungen.

a) Anrechenbare Kosten

aa) Die Bedeutung der Kostenermittlungsverfahren

271 Die Ermittlung der anrechenbaren Kosten ist unter zwei Gesichtspunkten von Bedeutung. Wie bei den Ausführungen zum Leistungsbild des § 15 HOAI bereits verdeutlicht wurde, sind Kostenermittlungen vom Architekten im Rahmen seiner Leistungserbringung an vielen Stellen erforderlich. Auch wenn man nach der Rechtsprechung des BGH den Leistungsbildern keine normative Leitbildwirkung zuspricht, wird man trotzdem die Kostenermittlungen regelmäßig als Teil der vom Architekten zu erfüllenden **Vertragspflichten** anzusehen haben.[548] Neben dem Bereich der Leistungserbringung sind die Kostenermittlungen auch maßgeblich für den hier interessierenden Bereich der Abrechnung des Architektenhonorars. § 10 Abs. 2 HOAI sieht je nach Leistungsphase **unterschiedliche Kostenermittlungsarten** vor. Der BGH geht davon aus, dass die Anforderungen an Kostenermittlungen als Anknüpfungstatbestand für die Berechnung des Architektenhonorars nicht unbedingt die gleichen sein müssen wie an die Kostenermittlungen im Rahmen der Leistungserbringung. Für die Kostenermittlungen im Zusammenhang mit der Rechnungsstellung kommt es darauf an, was die berechtigten Informationsinteressen des Auftraggebers an Umfang und Differenzierung der Angaben erfordern. Die Anforderungen an die Ermittlung der anrechenbaren Kosten dienen honorarrechtlich allein der Überprüfung der Rechnungsstellung.[549]

272 § 10 Abs. 2 HOAI schreibt für die (prüffähige) Honorarabrechnung zwingend vor, dass die anrechenbaren Kosten unter Zugrundelegung der jeweiligen Kostenermittlungsart nach DIN 276 in der Fassung von April 1981 zu ermitteln sind. Nach der Rechtsprechung des BGH ist die Verweisung in § 10 Abs. 2 HOAI auf die DIN 276 als statische Verweisung anzusehen.[550] Liegt einer Honorarrechnung die DIN 276 in der Fassung von 1993 zugrunde, ist sie deshalb in aller Regel nicht prüffähig.[551] Allerdings ist zu beachten, dass die Kostenermittlungen nach DIN 276 (1993) im Rahmen der Leistungsbilder zu erbringen sind und letztlich mangels anderweitiger vertraglicher Vereinbarung vom Architekten die Kostenermittlungen daher in zwei unterschiedlichen Fassungen geliefert werden müssen.

273 Wie § 10 Abs. 2 HOAI zu entnehmen ist, wird vom Architekten mit **fortschreitender Leistungsphase** auch jeweils eine **genauere Kostenermittlung** gefordert. Hiermit soll erreicht werden, dass eine jeweils zuverlässigere Grundlage für die Honorarberechnung herangezogen wird.[552] § 10 Abs. 2 HOAI unterscheidet zwischen vier Kostenermittlungsarten, nämlich der Kostenschätzung, der Kostenberechnung, dem Kostenanschlag und der Kostenfeststellung. Die Kostenermittlungsarten sind den verschiedenen Leistungsphasen zugeordnet. Eine prüffähige Abrechnung der Leistungsphasen 1 bis 4 erfordert somit grundsätzlich eine Kostenberechnung und solange diese nicht vorliegt, eine Kostenschätzung. Für die Leistungsphasen 5 bis 7 sind die anrechenbaren Kosten nach dem Kostenanschlag und solange dieser nicht vorliegt, nach der Kostenberechnung zu ermitteln. Für die Leistungsphasen 8 und 9 hat die Abrechnung schließlich nach der Kostenfeststellung zu erfolgen bzw. nach dem Kostenanschlag, solange die Kostenfeststellung noch nicht vorliegt.

274 Bei der Auslegung dieser Vorschrift bestehen nach wie vor zahlreiche Zweifelsfragen und unterschiedliche Auffassungen in Literatur und Rechtsprechung. Es geht dabei regelmäßig um die Frage, zu welchem Zeitpunkt eine bestimmte Kostenermittlung für die Prüffähigkeit der Honorarrechnung erforderlich oder ausreichend ist.

---

548 Vgl. BGH NJW-RR 1997, 850, 851.
549 BGH NJW 1998, 3123, 3124.
550 BGH NJW 1998, 1064.
551 BGH NJW 1998, 1064; *Locher/Koeble/Frik*, HOAI, 7. Aufl., § 10 Rn 12; *Jochem*, HOAI, 4. Aufl., § 10 Rn 1.
552 OLG Düsseldorf BauR 1996, 422.

Ist dem Architekten z.B. nur ein Auftrag in der Leistungsphase 1 erteilt worden, ist der Architekt nicht verpflichtet, überhaupt eine Kostenermittlung anzustellen. Es fragt sich daher, ob der Architekt für seine Honorarrechnung gem. § 10 Abs. 2 HOAI dennoch eine Kostenschätzung oder gar eine Kostenberechnung anstellen muss. In der Literatur wird die Auffassung vertreten, dass der Architekt bei einem derartigen Auftrag auch für seine Honorarabrechnung keine Kostenermittlung aufstellen müsse, sondern die Angabe grob geschätzter Kosten ausreichend sei.[553] Demgegenüber vertritt das OLG Hamm die Auffassung, dass auch bei einem Auftrag lediglich hinsichtlich der Leistungsphase 1 eine Kostenschätzung durch den Architekten für die Abrechnung zu verlangen sei.[554]

Sind nach dem Architektenvertrag dagegen die Leistungsphasen 1 bis 3 zu erbringen, hat der Architekt die Kostenberechnung jedoch nicht erstellt, dann kann er auch für seine Honorarberechnung nicht nach der Kostenschätzung abrechnen. Vielmehr muss der Architekt die Kostenberechnung nachholen, wenn er eine prüffähige Honorarrechnung aufstellen will.[555]

Wird ein Architektenvertrag nach Erbringung der Leistungsphasen 5 und 6, aber vor Abschluss der Leistungsphase 7 beendet oder war der Architektenvertrag von vornherein auf diese Leistungen begrenzt, dann braucht der Architekt den nach dem Architektenvertrag nicht geschuldeten Kostenanschlag auch für seine Honorarrechnung nicht zu erstellen. Er kann dann auf die Kostenberechnung zurückgreifen.[556]

Bei der Auslegung des § 10 Abs. 2 HOAI ist ferner zu berücksichtigen, dass die Kostenermittlung im Zusammenhang mit der Rechnungsstellung primär dazu dient, die berechtigten Informationsinteressen des Auftraggebers zu befriedigen.[557] Im Einklang damit hat das OLG Hamm entschieden, dass für die Abrechnung der Leistungsphasen 1 bis 4 ausnahmsweise auch eine Kostenschätzung ausreichen kann, wenn sie bereits so detailliert ausgearbeitet ist, dass sie im Wesentlichen den Anforderungen genügt, die an eine Kostenberechnung zu stellen sind und ein Sachverständiger die Richtigkeit der so ermittelten anrechenbaren Kosten bestätigt hat.[558]

Ebenso bedurfte es nach Auffassung des OLG Düsseldorf der Vorlage einer Kostenberechnung zur Prüffähigkeit des Honorars für die Leistungsphasen 1 bis 4 nicht, wenn diese zur weiteren Information des Auftraggebers nicht erforderlich ist, und die vorgelegte Kostenschätzung soweit differenziert ist, dass eine Beurteilung nach § 10 Abs. 4 HOAI möglich ist.[559]

bb) Die einzelnen Kostenermittlungsverfahren im Überblick

Die **Kostenschätzung** dient gem. DIN 276 (1981) Teil 3 der **überschlägigen Ermittlung der Gesamtkosten** und ist vorläufige Grundlage der Finanzierungsüberlegungen. Grundlagen für die Kostenschätzung sind möglichst genaue Bedarfsangaben, z.B. Flächen, Nutzungseinheiten und Rauminhalte. Ferner sind bei der Kostenschätzung die Planunterlagen, z.B. die versuchsweisen zeichnerischen Darstellungen und Strichskizzen sowie gegebenenfalls erläuternde Angaben zu berücksichtigen. In der Kostenschätzung wird nach DIN 276 (1981) Teil 3 das Bauvorhaben als eine geschlossene Einheit gesehen. Die einzelnen Kostengruppen werden je nach Art des Bauvorhabens höchstens bis zur Spalte 2 der Kostengliederung berücksichtigt. Bei der Kostenermittlung durch Kostenschätzung soll das Muster nach DIN 276 Teil 3 Anhang A, gegebenenfalls unter Benutzung von Erfahrungswerten, z.B. DM/m2, DM/Nutzungseinheit, DM/m3 verwendet werden. Die darin enthaltenen Spalten sind so vollständig auszufüllen, dass Prüfung und Vergleich sichergestellt werden.

---

553 Z.B. *Pott/Dahlhoff/Kniffka*, HOAI, 7. Aufl., § 10 Rn 12; *Locher/Koeble/Frik*, HOAI, 7. Aufl., § 10 Rn 49.
554 OLG Hamm IBR 1995, 484 mit kritischer Anmerkung *Arneburg*.
555 *Pott/Dahlhoff/Kniffka*, HOAI, 7. Aufl., § 10 Rn 12 m.w.N.
556 *Pott/Dahlhoff/Kniffka*, HOAI, 7. Aufl., § 10 Rn 12.
557 BGH NJW 1998, 3123.
558 OLG Hamm BauR 199, 578.
559 OLG Düsseldorf NJW-RR 1996, 535, 536.

280 Die Kostenberechnung dient nach DIN 276 (1981) Teil 3 Ziff. 2 zur Ermittlung der angenäherten Gesamtkosten und ist Voraussetzung für die Entscheidung, ob die Baumaßnahme wie geplant durchgeführt werden soll, sowie wiederum Grundlage für die Finanzierung. Grundlagen der Kostenberechnung sind die Bedarfsangaben sowie Planungsunterlagen, hier z.B. durchgearbeitete, vollständige Vorentwurfs- und/oder Entwurfszeichnungen, gegebenenfalls auch Detailpläne mehrfach wiederkehrender Raumgruppen. Außerdem sind der Kostenberechnung ausführliche Erläuterungen zugrundezulegen, z.B. eingehende Beschreibungen aller Einzelheiten, die sich aus den Zeichnungen und den Berechnungsunterlagen nicht ersehen lassen, aber für die Berechnung und Beurteilung der Kosten von Bedeutung sind. In der Kostenberechnung sollen die Leistungen nach der Art des Bauvorhabens innerhalb der Kostengruppen bis zur Spalte 3 der Kostengliederung erfasst und aufgegliedert werden.

281 Unter dem **Kostenanschlag** versteht die DIN 276 (1981) Teil 3 Ziff. 3 die **genaue Ermittlung der tatsächlich zu erwartenden Kosten** durch die Zusammenstellung von Auftragnehmerangeboten, Eigenberechnungen, Honorar- und Gebührenberechnungen und anderen für das Baugrundstück, die Erschließung und die vorausgehende Planung bereits entstandenen Kosten. Der Kostenanschlag kann auch ein Hilfsmittel zur Kostenkontrolle werden. Grundlagen des Kostenanschlags sind die genauen Bedarfsberechnungen, Planunterlagen sowie Erläuterungen zur Bauausführung. Im Kostenanschlag sind alle Leistungen in Leistungspositionen zu beschreiben und innerhalb der Kostengruppen, soweit möglich, in der Reihenfolge des Herstellungsvorgangs geordnet aufzuführen. Für die Kostenansätze können Einheitspreise aus Angeboten oder ortsübliche aus der Erfahrung gewonnene Preise angesetzt werden.

282 Die **Kostenfeststellung** bezweckt den **Nachweis der tatsächlich entstandenen Kosten** und ist Voraussetzung für Vergleiche und Dokumentationen. Grundlage der Kostenfeststellung sind die Nachweise, z.B. geprüfte Schlussrechnungen, Kostenbelege und Eigenleistungen sowie Planunterlagen, z.B. Ausführungszeichnungen sowie der Fertigstellungsbericht. Dies ist z.B. die Bestätigung, dass Planung und Ausführung übereinstimmen, die Begründung und Beschreibung von Änderungen oder nachträglichen bzw. zusätzlichen Leistungen gegenüber dem Kostenanschlag. Bei der Kostenfeststellung werden alle durch Baubuch, Bauausgabebuch, Haushaltsüberwachungsliste oder dergleichen nachgewiesene und durch Abrechnungsunterlagen belegte Kosten nach der Systematik der Kostengliederung der DIN 276 Teil 2, Anhang A geordnet bzw. zusammengefasst.

283 Die Absätze 3 bis 6 des § 10 HOAI enthalten nähere Angaben darüber, zu welchen Preisen die anrechenbaren Kosten zu bewerten sind. Ferner enthalten sie Vorschriften über die Berücksichtigung der vorhandenen Bausubstanz. Außerdem ist diesen Bestimmungen zu entnehmen, welche Kostengruppen für bestimmte Grundleistungen ganz oder teilweise bei den anrechenbaren Kosten berücksichtigt werden müssen bzw. nicht berücksichtigt werden dürfen. Diese Bestimmungen hat der Architekt bei der Kostenermittlung zu berücksichtigen.

b) Honorarzone

284 Im Anschluss an die Feststellung der anrechenbaren Kosten ist die Honorarzone zu bestimmen. Diese ergibt sich für den hier interessierenden Bereich aus §§ 11 und 12 HOAI. § 12 enthält eine Liste von Gebäuden, in die das zu planende Objekt eingeordnet werden muss. In § 12 Nr. 1 bis 5 HOAI sind die Bauwerke nach aufsteigender Honorarzone geordnet. Dabei gilt der Grundsatz, dass je anspruchsvoller ein Bauwerk ist, desto höher ist seine Einordnung in eine Honorarzone.[560] So sind z.B. Wohnhäuser, Wohnheime und Heime mit durchschnittlicher Ausstattung nach § 12 Nr. 3 HOAI der Honorarzone III zuzurechnen. Eine allein auf der Objektliste des § 12 HOAI beruhende Zurechnung zu einer bestimmten Honorarzone genügt den Anforderungen jedoch nicht. § 12 HOAI ermöglicht lediglich eine Vorauswahl für den Regelfall. Ob ein solcher Regelfall vorliegt oder nicht,

---

[560] *Wirth/Theis*, Architekt und Bauherr, S. 390.

bedarf der nachfolgenden Überprüfung nach Maßgabe der in § 11 HOAI genannten Merkmale.[561] Bei der Anwendung des § 11 HOAI ist zunächst eine Einordnung nach den in Abs. 1 genannten Kriterien vorzunehmen. Ergibt sich hiernach eine eindeutige und klare Einordnung, dann ist eine Anwendung der Abs. 2 und 3 des § 11 HOAI nicht erforderlich. Lässt sich nach Überprüfung des Abs. 1 jedoch keine klare Zuordnung feststellen, hat die endgültige Klärung nach den in § 11 Abs. 2 und Abs. 3 HOAI genannten Maßstäben zu erfolgen.[562] Ob und inwieweit der Architekt für die Aufstellung einer prüffähigen Schlussrechnung die Festlegung der Honorarzone in der Schlussrechnung begründen muss, ist im Einzelnen umstritten.[563]

Der Architekt sollte in diesem Punkt Diskussionen mit dem Bauherrn allerdings von vornherein dadurch vermeiden, dass er im Rahmen seiner Schlussrechnung auch die Honorarzone begründet. Dabei sollte er die angewendeten Vorschriften zur Festlegung der Honorarzone angeben. 285

Architekt und Bauherr haben die Möglichkeit, eine Honorarzone zu vereinbaren.[564] Allerdings wird eine solche Vereinbarung nur im Bereich der preisrechtlichen Regelungen der HOAI, d.h. innerhalb der Mindest- und Höchstsätze zulässig sein.[565]

c) Honorartafel

Bei Architektenleistungen für Gebäude ist die Honorartafel des § 16 HOAI maßgeblich. Sie gilt für anrechenbare Kosten zwischen 50.000 DM und 50 Mio. DM. Honorare für **anrechenbare Kosten**, die in der Honorartafel nicht ausgewiesen sind, sind nach § 5a HOAI durch lineare Interpolation festzulegen. Dies kann durch folgende Formel geschehen: a + (b x c / d). Dabei ist a das Honorar für die nächstniedrigere Stufe der anrechenbaren Kosten, b die Differenz zwischen den tatsächlich anrechenbaren Kosten und dem nächstniedrigeren in der Honorartafel genannten Betrag der anrechenbaren Kosten, c die Differenz der beiden Honorare für die nächstniedrigeren bzw. nächsthöheren in der Honorartafel genannten anrechenbaren Kosten und d die Differenz der in der Tabelle nacheinander genannten anrechenbaren Kosten.[566] 286

Gemäß § 16 Abs. 3 HOAI kann das Honorar für Gebäude, deren anrechenbare Kosten über DM 50 Mio. liegen, frei vereinbart werden. In diesen Fällen entfallen alle preisrechtlichen Beschränkungen einschließlich der Bindung an die Mindest- und Höchstsätze sowie die Einordnung in bestimmte Honorarzonen. Es ist auch nicht erforderlich, dass die Honorarvereinbarung schriftlich und (spätestens) bei Auftragserteilung erfolgt.[567] 287

Nach § 16 Abs. 2 HOAI kann das Honorar für Grundleistungen bei Gebäuden, deren anrechenbare Kosten unter 50.000 DM liegen, als Pauschalhonorar oder als Zeithonorar nach § 6 HOAI berechnet werden, höchstens jedoch bis zu den in der Honorartafel nach § 16 Abs. 1 HOAI für anrechenbare Kosten von 50.000 DM festgesetzten Höchstsätzen. Als Mindestsätze sind bei anrechenbaren Kosten unter 50.000 DM die Stundensätze nach § 6 Abs. 2 HOAI, höchstens jedoch die in der Honorartafel 288

---

561 *Pott/Dahlhoff/Kniffka*, HOAI, 7. Aufl., § 11/12 Rn 6; *Hesse/Korbion/Mantscheff/Vygen*, HOAI, 5. Aufl., § 11/12 Rn 5; a.A. *Jochem*, HOAI, 4. Aufl., § 12 Rn 1, der die Auffassung vertritt, dass sich normalerweise jede Diskussion über § 11 erübrige, wenn ein Objekt in der Objektliste des § 12 aufgeführt ist. Die Honorarzone ist nach *Jochem* dann bereits festgestellt.
562 *Pott/Dahlhoff/Kniffka*, HOAI, 7. Aufl., § 11/12 Rn 6.
563 Vgl. z.B. *Pott/Dahlhoff/Kniffka*, HOAI, 7. Aufl., § 8 Rn 6 a; *Locher/Koeble/Frik*, HOAI, 7. Aufl., § 8 Rn 26; *Jochem*, HOAI, 4. Aufl., § 8 Rn 4.
564 OLG Frankfurt a. M. BauR 1994, 657, 658.
565 *Wirth/Theis*, Architekt und Bauherr, S. 391; *Locher/Koeble/Frik*, HOAI, 7. Aufl., § 11 Rn 7.
566 *Rauch*, Architektenrecht und privates Baurecht für Architekten, 2. Aufl., S. 241 auch mit einem Berechnungsbeispiel; weitere Beispiele z.B. bei *Löffelmann/Fleischmann*, Architektenrecht, 4. Aufl., Rn 1248 ff.
567 *Pott/Dahlhoff/Kniffka*, HOAI, 7. Aufl., § 16 Rn 4; *Neuenfeld*, in: *Neuenfeld/Baden/Dohna/Groscurth/Schmitz*, Handbuch des Architektenrechts, Band 2, 5. Lieferung der 3. Aufl., § 16 Rn 9.

nach § 16 Abs. 1 HOAI für anrechenbare Kosten von 50.000 DM festgesetzten Mindestsätze einschlägig. Haben die Parteien bei anrechenbaren Kosten unter 50.000 DM keine Honorarvereinbarung getroffen oder ist sie wegen fehlender Schriftform unwirksam, gelten gem. § 4 Abs. 4 HOAI die Mindestsätze als vereinbart. Die Honorarberechnung hat also entsprechend dem nachgewiesenen Zeitbedarf nach den Mindestsätzen des § 6 Abs. 2 HOAI zu erfolgen, wobei der so errechnete Betrag den in der Honorartafel für die maßgebliche Honorarzone festgesetzten Mindestbetrag für anrechenbare Kosten von 50.000 DM nicht übersteigen darf.

d) Honorarsatz

289 Die Anwendung der Honorartafel erfordert die Festlegung eines Honorarsatzes. Das Honorar kann bis zum Höchstsatz frei vereinbart werden. Allerdings muss eine vom Mindestsatz nach oben abweichende Honorarvereinbarung bei Auftragserteilung schriftlich getroffen werden (§ 4 Abs. 1, Abs. 4 HOAI). Erfolgt keine Honorarvereinbarung oder ist diese unwirksam, gilt zwingend der Mindestsatz.

e) Honorar- und vom-Hundert-Satz aus dem Leistungsbild

290 Durch die Ermittlung der anrechenbaren Kosten, der Honorarzone und der Honorartafel lassen sich 100 % des Architektenhonorars berechnen. Wie viel der Architekt hiervon konkret als Honorar beanspruchen kann, bestimmt sich gem. § 5 Abs. 1 HOAI nach Maßgabe der vom-Hundert-Sätze der übertragenen und erbrachten Leistungsphasen des Leistungsbildes, beim Architekten also nach den im Leistungsbild des § 15 HOAI für die jeweiligen Leistungsphasen vorgesehenen Teilhonorare. Die 100 % Architektenhonorar werden nach § 15 Abs. 1 HOAI auf die einzelnen Leistungsphasen verteilt. Die Bewertung der jeweiligen Leistungsphase ist aus § 15 Abs. 1 Nr. 1 bis 9 HOAI zu entnehmen. Die Phasen 1 bis 9 ergeben zusammen 100 %. Gemäß § 10 Abs. 2 HOAI macht die Honorarermittlung für die einzelnen Phasen entsprechend der obigen Darstellungen den Ansatz unterschiedlicher anrechenbarer Kosten erforderlich.

4. Rechnungen

a) Rechnungsarten

291 § 8 HOAI unterscheidet drei verschiedene Rechnungsarten.
- Abs. 1 betrifft die Schlussrechnung.
- § 8 Abs. 2 HOAI regelt Abschlagsrechnungen.
- Nach § 8 Abs. 4 HOAI können auch andere Zahlungsweisen vereinbart werden.
- In der Praxis wichtig ist insbesondere die Vereinbarung von Teilschlussrechnungen und Zahlungsplänen.

292 Nach § 8 Abs. 1 HOAI ist die Fälligkeit des Honoraranspruchs für die **Schlussrechnung** mit drei Voraussetzungen verbunden. Der Architekt muss die nach dem Architektenvertrag geschuldeten Leistungen vertragsgemäß erbracht haben. Es muss eine prüffähige Schlussrechnung erstellt werden. Schließlich muss die prüffähige Schlussrechnung dem Auftraggeber überreicht werden.

293 Die HOAI meint mit der **vertragsgemäßen Erbringung** der Leistungen, dass der Architekt die ihm übertragenen **Arbeiten fertig gestellt** hat.[568] Das bedeutet bei der Übertragung aller Leistungsphasen, dass die Schlussrechnungsfähigkeit erst nach Erledigung auch der Leistungsphase 9 eintritt. Denn erst zu diesem Zeitpunkt hat der Architekt das von ihm geschuldete Architektenwerk vollständig erbracht.[569] Bei Abschluss eines Vollarchitekturvertrags kann sich daher die Fälligkeit des Architektenhonorars nach § 8 Abs. 1 HOAI auf einen kaum absehbaren Zeitraum hinauszögern.

---

568 *Locher/Koeble/Frik*, HOAI, 7. Aufl., § 8 Rn 8.
569 BGH BauR 1994, 392, 394.

Dieser misslichen Lage kann der Architekt allerdings durch eine entsprechende Vertragsgestaltung vorbeugen. Zunächst besteht natürlich die Möglichkeit, den Architektenvertrag von vornherein auf die Leistungsphasen 1 bis 8 zu beschränken. Sofern der Architekt auch die Leistungsphase 9 übernehmen will oder übernehmen muss, sollte hierüber ein besonderer, selbständiger Architektenvertrag abgeschlossen werden. Lässt sich dies in der Praxis nicht umsetzen, besteht nach § 8 Abs. 4 HOAI die Möglichkeit, die Erstellung einer Teilschlussrechnung nach Erbringung der Leistungsphase 8 zu vereinbaren. Hierbei ist jedoch auf die Einhaltung der Schriftform zu achten.

Mit der vertragsgemäßen Erbringung der Leistungen meint § 8 HOAI ferner, dass die Architektenleistungen **abnahmefähig sein** müssen.[570] Geringfügige Mängel, die der Abnahmefähigkeit des Architektenwerks nicht entgegenstehen, verhindern also den Eintritt der Fälligkeit nicht.[571] Hat der Auftraggeber die Architektenleistungen jedoch tatsächlich abgenommen, so ist der Honoraranspruch ungeachtet etwa vorhandener Mängel fällig.[572] Ebenso wird das Architektenhonorar bei Mängeln des Architektenwerks fällig, wenn eine Nachbesserung nicht (mehr) in Betracht kommt. Allerdings ist der Honoraranspruch des Architekten in einem solchen Fall mit Minderungs- oder Schadensersatzansprüchen und gegebenenfalls auch einem Zurückbehaltungsrecht belastet.[573] Etwaige Schadensersatzansprüche des Auftraggebers stehen also der Fälligkeit des Honoraranspruchs des Architekten nicht entgegen.[574]

294

Auf das Kriterium der **Prüffähigkeit der Schlussrechnung** wurde oben bereits eingegangen. Hierauf wird zur Vermeidung von Wiederholungen Bezug genommen. Ergänzend ist darauf hinzuweisen, dass die Prüffähigkeit einer Schlussrechnung nicht mit ihrer sachlichen und rechnerischen Richtigkeit verwechselt werden darf. Letzteres ist nämlich nicht Voraussetzung für die Prüffähigkeit der Schlussrechnung.[575] Erweist sich in einem Rechtsstreit auf Zahlung des Architektenhonorars die Schlussrechnung als nicht prüffähig, darf die Klage mangels Fälligkeit des Honorars nur als zur Zeit unbegründet abgewiesen werden.[576] Der Architekt kann daher eine neue prüffähige Schlussrechnung aufstellen und das Honorar erneut einklagen, ohne dass dem der Einwand entgegenstehender Rechtskraft entgegengehalten werden kann.

295

Schließlich muss die **Schlussrechnung** dem Auftraggeber „**überreicht**" werden. Dies ist der Fall, wenn die Schlussrechnung dem Auftraggeber zugegangen ist.[577] Eine Schlussrechnung kann dem Auftraggeber auch noch im Honorarprozess überreicht werden, was angezeigt sein kann, wenn der Architekt z.B. aufgrund eines Hinweises des Gerichts davon ausgehen muss, dass seine bisherige Schlussrechnung nicht prüffähig ist.

296

§ 8 Abs. 2 HOAI räumt dem Architekten die Möglichkeit ein, **Abschlagszahlungen** zu fordern. Abschlagszahlungen setzen nachgewiesene vertragsgemäße Leistungen voraus. Es müssen somit Leistungen vorliegen, die erbracht und belegt sind.[578] Nachgewiesen im Sinne von § 8 Abs. 2 HOAI ist eine Leistung, für die eine prüfbare Rechnung vorgelegt wird.[579] Die Anforderungen an die Prüf-

297

---

570 *Locher/Koeble/Frik*, HOAI, 7. Aufl., § 8 Rn 8; *Wirth/Theis*, Architekt und Bauherr, S. 415.
571 *Neuenfeld*, in: *Neuenfeld/Baden/Dohna/Groscurth/Schmitz*, Handbuch des Architektenrechts, Band 2, 5. Lieferung der 3. Aufl., § 8 Rn 8; BGH BauR 1972, 251, 253; *Pott/Dahlhoff/Kniffka*, HOAI, 7. Aufl., § 8 Rn 5.
572 *Löffelmann/Fleischmann*, Architektenrecht, 4. Aufl., Rn 1344.
573 *Locher/Koeble/Frik*, HOAI, 7. Aufl., § 8 Rn 11; *Neuenfeld*, in: *Neuenfeld/ Baden/Dohna/Groscurth/Schmitz*, Handbuch des Architektenrechts, Band 2, 5. Lieferung der 3. Aufl., § 8 Rn 8.
574 BGH NJW 1974, 367.
575 OLG Köln BauR 1992, 668; *Hesse/Korbion/Mantscheff/Vygen*, HOAI, 5. Aufl., § 8 Rn 41.
576 BGHZ 127, 254.
577 *Löffelmann/Fleischmann*, Architektenrecht, 4. Aufl., Rn 1346; *Hesse/Korbion/Mantscheff/Vygen*, HOAI, 5. Aufl., § 8 Rn 49.
578 *Pott/Dahlhoff/Kniffka*, HOAI, 7. Aufl., § 8 Rn 10 a.
579 *Locher/Koeble/Frik*, HOAI, 7. Aufl., § 8 Rn 60.

fähigkeit einer Abschlagsrechnung sind grundsätzlich dieselben wie bei einer Schlussrechnung.[580] Auch für eine Abschlagsrechnung ist erforderlich, dass die vom Architekten abgerechneten Leistungen vertragsgemäß erbracht worden sind. Hier gelten ebenfalls die gleichen Kriterien wie bei der Schlussrechnung.[581] Abschlagsrechnungen kommen ferner nur nach angemessenen zeitlichen Abständen in Betracht. Der Verordnungsgeber hat absichtlich offen gelassen, was angemessene zeitliche Abstände sind, um den jeweiligen Einzelfällen gerecht zu werden.[582] Von angemessenen zeitlichen Abständen wird auszugehen sein, wenn gegenüber der vorherigen Abschlagsrechnung ein nennenswerter weiterer Leistungsstand erreicht worden ist.[583]

298 § 8 Abs. 4 HOAI lässt die schriftliche Vereinbarung anderer Zahlungsweisen zu. In der Praxis werden als andere Zahlungsweisen häufig sogenannte Zahlungspläne vereinbart.[584] § 8 Abs. 4 HOAI wird ferner für die Vereinbarung der bereits angesprochenen Teilschlussrechnungsfähigkeit herangezogen. Die Möglichkeit der Vereinbarung einer Teilschlussrechnung bei einem Vollarchitekturauftrag nach Abschluss der Leistungsphase 8 ist grundsätzlich anerkannt.[585]

b) Bindungswirkung der Schlussrechnung

299 Bezüglich der Bindung des Architekten an eine einmal erteilte Schlussrechnung hat sich in jüngerer Zeit ein Wandel der Rechtsprechung ergeben. Nach früherer Rechtsprechung war der Architekt an seine Honorarschlussrechnung grundsätzlich gebunden.[586] Der Architekt konnte im Umfang der Bindungswirkung nach der Rechtsprechung keine Honorarnachforderungen stellen.

Mit Urteil vom 5.11.1992 hat der BGH diese Rechtsprechung zur **Bindung** des Architekten an seine Schlussrechnung **eingeschränkt**.[587] Der BGH hat damit auch auf Kritik des Schrifttums an seiner Rechtsprechung zur Bindung des Architekten an die Schlussrechnung reagiert. Der BGH stützt seine Auffassung über die Bindungswirkung der Schlussrechnung auf § 242 BGB. Nach seiner Ansicht liegt in der Erteilung der Schlussrechnung durch einen Architekten regelmäßig auch die Erklärung, dass der Architekt seine Leistung abschließend berechnet habe. Daraus ergebe sich häufig für den Auftraggeber ein entsprechender Vertrauenstatbestand.[588] Das Vertrauen des Auftraggebers sei jedoch nicht in jedem Fall schutzwürdig. So könne der Architekt gute Gründe für eine nachträgliche Änderung der Schlussrechnung haben. Nach der Rechtsprechung des BGH müssen deshalb in jedem Einzelfall die Interessen des Architekten und die des Auftraggebers umfassend geprüft und gegeneinander abgewogen werden. Die Schutzwürdigkeit des Auftraggebers kann sich insbesondere daraus ergeben, dass er auf eine abschließende Berechnung des Honorars vertrauen durfte und sich darauf eingerichtet hat, dass ihm eine Nachforderung nach Treu und Glauben nicht mehr zugemutet werden kann. Auf das Vertrauen soll sich der Auftraggeber allerdings im Regelfall insoweit nicht berufen können, als er selbst alsbald die mangelnde Prüffähigkeit der Schlussrechnung rügt, da er in diesem Fall auf die Schlussrechnung gerade nicht vertraut hat.[589]

---

580 *Löffelmann/Fleischmann*, Architektenrecht, 4. Aufl., Rn 1373; *Locher/Koeble/Frik*, HOAI, 7. Aufl., § 8 Rn 60.
581 *Pott/Dahlhoff/Kniffka*, HOAI, 7. Aufl., § 8 Rn 61.
582 Vgl. *Neuenfeld*, in: *Neuenfeld/Baden/Dohna/Groscurth/Schmitz*, Handbuch des Architektenrechts, Band 2, 5. Lieferung der 3. Aufl., § 8 Rn 21.
583 *Jochem*, HOAI, 4. Aufl., § 8 Rn 8.
584 *Jochem*, HOAI, 4. Aufl., § 8 Rn 10.
585 OLG Hamm BauR 1992, 123 (Nr. 18); *Pott/Dahlhoff/Kniffka*, HOAI, 7. Aufl., § 8 Rn 4 a.
586 BGH NJW-RR 1990, 725; BGH BauR 1985, 582.
587 BGH NJW 1993, 659.
588 BGH NJW 1993, 659, 660.
589 BGH NJW 1993, 659, 660.

300 Der Architekt kann den Wegfall des schutzwürdigen Vertrauens des Auftraggebers in die Richtigkeit der Schlussrechnung nach der Rechtsprechung des BGH allerdings nicht allein damit begründen, dass er in seiner Schlussrechnung die Mindestsätze der HOAI unterschritten hat.[590]

301 Nach Auffassung des OLG Düsseldorf erstreckt sich die Bindung des Architekten an seine Schlussrechnung nur auf solche Umstände, die ihm bei Erstellung der Honorarschlussrechnung bekannt waren.[591] Habe der Architekt keine positive Kenntnis davon, dass das vereinbarte Pauschalhonorar wegen Fehlens der Voraussetzungen des § 4 Abs. 2 HOAI die in der HOAI vorgeschriebenen Mindestsätze unterschreitet und dass deshalb die Honorarvereinbarung nichtig ist und die Mindestsätze gem. § 4 Abs. 4 HOAI als vereinbart gelten, so sei er an seine Honorarschlussrechnung in Höhe des Pauschalhonorars nicht gebunden.

302 In einer weiteren Entscheidung stellt das OLG Düsseldorf klar, dass die Rüge der fehlenden Prüffähigkeit der Rechnung durch den Auftraggeber nur ein Beispielsfall für das fehlende Vertrauen des Auftraggebers in die Richtigkeit der Schlussrechnung ist.[592] Ein schutzwürdiges Vertrauen des Auftraggebers auf die Schlussrechnung und eine damit verbundene Bindungswirkung der Schlussrechnung sei auch dann zu verneinen, wenn der Auftraggeber einer ihm übersandten Schlussrechnung widerspricht und damit klar zum Ausdruck bringt, dass er sich auf die Rechnung nicht einlassen will.[593]

303 In diesem Zusammenhang ist auch zu berücksichtigen, dass der Auftraggeber im Streitfall darlegen und beweisen muss, dass er auf die Schlussrechnung des Architekten vertraut und sich auf eine abschließende Berechnung eingerichtet hat.[594] An einem solchen Vertrauen fehlt es, wenn der Auftraggeber gegenüber dem Architekten erklärt, er könne mit der Rechnung „nichts anfangen" und wolle sie einer späteren Klärung zuführen.[595] Auch der Zeitraum zwischen der Erteilung der Schlussrechnung und der Neuberechnung kann für das schutzwürdige Vertrauen des Auftraggebers von Bedeutung sein. Je kürzer der Zeitraum ist, desto weniger wird man ein schutzwürdiges Vertrauen annehmen können.

So lag dem Urteil des BGH vom 5.11.1992 (NJW 1993, 659) ein Sachverhalt zugrunde, in dem zwischen der Schlussrechnung und der Berechnung der zusätzlichen Vergütung nur etwa ein Monat lag. Die Bindung des Architekten an eine erteilte Honorarschlussrechnung wurde auch in einem Fall verneint, in dem zwischen der Schlussrechnung und der Neuberechnung rund neun Monate lagen und die Neuberechnung nur um wenige tausend DM höher war als die Honorarschlussrechnung, wenn ansonsten keine Anhaltspunkte dafür bestehen, dass der Auftraggeber sich auf den Fortbestand der ursprünglichen Rechnung eingerichtet hat.[596] Auch ein vom Architekten in der Schlussrechnung erklärter (konkreter) Vorbehalt einer Nachberechnung kann für den Umfang der Bindungswirkung von Bedeutung sein.[597]

304 *Pott/Dahlhoff/Kniffka* weisen zu Recht darauf hin, dass die von der Rechtsprechung vorgenommene Lockerung der Bindungswirkung zu einer Vielzahl von Judikaten bezüglich der nunmehr geforderten Interessenabwägung im Einzelfall führen wird.[598] Die weitere Rechtsentwicklung in diesem Bereich bleibt daher abzuwarten.

---

590 BGH NJW 1993, 661 f.
591 OLG Düsseldorf BauR 1992, 272 (Nr. 18).
592 OLG Düsseldorf NJW-RR 1998, 454.
593 OLG Düsseldorf NJW-RR 1998, 454, 456.
594 OLG Frankfurt a.M. NJW-RR 1998, 374, 376.
595 OLG Frankfurt a.M. NJW-RR 1998, 374, 376.
596 OLG Düsseldorf NJW-RR 1996, 1421.
597 Vgl. OLG Karlsruhe BauR 1998, 171, 172.
598 *Pott/Dahlhoff/Kniffka*, HOAI, 7. Aufl., § 8 Rn 15 b.

III. Die Honorarvereinbarung

305 Nach § 4 Abs. 1 HOAI richtet sich das Honorar nach der **schriftlichen Vereinbarung**, die die Vertragsparteien bei Auftragserteilung im Rahmen der durch die HOAI festgesetzten Mindest- und Höchstsätze treffen. Treffen die Vertragsparteien bei Auftragserteilung keine schriftliche Honorarvereinbarung, gelten gem. § 4 Abs. 4 HOAI die **Mindestsätze** als vereinbart. Nach § 4 a HOAI können die Vertragsparteien abweichend von den in der HOAI vorgeschriebenen Honorarermittlungen schriftlich bei Auftragserteilung vereinbaren, dass das Honorar auf der Grundlage einer nachprüfbaren Ermittlung der voraussichtlichen Herstellungskosten nach Kostenberechnung oder nach Kostenanschlag berechnet wird. Die HOAI erkennt somit die Möglichkeit des Abschlusses von Honorarvereinbarungen ausdrücklich an.

1. Zulässigkeit, Form und Grenzen der Honorarvereinbarung

306 Der „Grundfall" der Honorarvereinbarung ist in § 4 Abs. 1 HOAI geregelt. Hiernach ist eine Honorarvereinbarung unter drei Voraussetzungen wirksam:
- die Honorarvereinbarung muss schriftlich getroffen werden,
- die Honorarvereinbarung muss (spätestens) bei Auftragserteilung geschlossen werden,
- die Honorarvereinbarung muss sich im Rahmen der durch die HOAI festgesetzten Mindest- und Höchstsätze halten.

307 Für alle Honorarvereinbarungen, die **vom Mindestsatz** nach oben oder nach unten **abweichen**, ist **Schriftform** erforderlich. Das Schriftformerfordernis betrifft lediglich die Honorarvereinbarung selbst. Der Architektenvertrag im Übrigen braucht nicht schriftlich abgeschlossen zu werden.[599] § 126 BGB enthält die einschlägigen Vorschriften für die gesetzliche Schriftform. Nach § 126 Abs. 1 BGB muss zur Einhaltung der Schriftform die Urkunde von dem Aussteller eigenhändig durch Namensunterschrift unterschrieben werden. Nach § 126 Abs. 2 BGB muss bei einem Vertrag – also auch bei einer Honorarvereinbarung nach der HOAI – die Unterzeichnung der Parteien auf derselben Urkunde erfolgen. Werden über den Vertrag mehrere gleich lautende Urkunden aufgenommen, so genügt es, wenn jede Partei die für die andere Partei bestimmte Urkunde unterzeichnet. Nach § 126 Abs. 3 BGB kann die schriftliche Form auch durch notarielle Beurkundung ersetzt werden, was bei Architektenverträgen regelmäßig jedoch ohne praktische Bedeutung ist.

308 Nach der gesetzlichen Bestimmung reicht es also für die Wahrung der Schriftform nicht aus, wenn eine Vertragspartei in Form einer Auftragsbestätigung oder auch in Form eines kaufmännischen Bestätigungsschreibens den Inhalt einer Besprechung und die dort getroffene Honorarvereinbarung schriftlich bestätigt.[600] Auch eine einseitige schriftliche Zusage eines Auftraggebers zur Zahlung eines bestimmten Honorars reicht für die Erfüllung der nach § 4 Abs. 1 HOAI vorgeschriebenen Schriftform nicht aus.[601] Angesichts des klaren Wortlauts des § 126 Abs. 2 BGB genügt es für die Schriftform ebenfalls nicht, dass wechselseitige schriftliche Bestätigungen erfolgen. Denn in einem solchen Fall wird die Vertragsurkunde – wie es erforderlich ist – eben nicht von beiden Vertragsparteien unterzeichnet.[602] Da es sich bei den Fragen der Einhaltung der gesetzlichen Schriftform nicht um ein baurechtsspezifisches Problem handelt, sondern um eine Frage des Allgemeinen Teils des BGB, kann diese Problematik hier nicht weiter vertieft werden. Auf die einschlägige Kommentarliteratur zu § 126 BGB wird insoweit verwiesen.

309 Die Honorarvereinbarung muss nach § 4 Abs. 1 HOAI ferner „**bei Auftragserteilung**" erfolgen. Die Rechtsprechung legt dieses Kriterium sehr restriktiv aus. Das allgemeine Schuldrecht kennt den

---

599 *Locher/Koeble/Frik*, HOAI, 7. Aufl., § 4 Rn 284; *Groß*, BauR 1980, 9 ff.
600 BGH NJW 1989, 786, 787.
601 *Locher/Koeble/Frik*, HOAI, 7. Aufl., § 4 Rn 28; *Weyer*, BauR 1995, 446, 447.
602 BGH BauR 1994, 131, 132; *Hesse/Korbion/Mantscheff/Vygen*, HOAI, 5. Aufl., § 4 Rn 21.

Begriff der Auftragserteilung nicht. Die Auslegung dieses Begriffs ist deshalb zweifelhaft.[603] Die Rechtsprechung legt den Begriff „bei Auftragserteilung" so aus, dass damit der Zeitpunkt des Abschlusses des Architektenvertrags gemeint ist.[604] Der Zeitpunkt des Vertragsschlusses ist dabei nach den allgemeinen Kriterien zu bestimmen. Insoweit wird auf die obigen Ausführungen unter § 3 Rn 6 ff. Bezug genommen. Ein Architektenvertrag kommt danach zustande, wenn sich Auftraggeber und Architekt einig sind, dass letzterer für ein bestimmtes Objekt Architektenleistungen erbringen soll. Dies hat zur Konsequenz, dass zum Zeitpunkt dieser Einigung bereits eine schriftliche Honorarvereinbarung erfolgen muss. Fehlt es hieran, ist eine spätere Honorarvereinbarung unwirksam und es gelten gem. § 4 Abs. 4 HOAI die Mindestsätze als vereinbart.

So hat das OLG Düsseldorf mit Urteil vom 22.7.1998 entschieden, dass eine Honorarvereinbarung „bei Auftragserteilung" nicht vorliegt, wenn die Parteien zu einem bestimmten Datum einen schriftlichen Architektenvertrag mit einer die Mindestsätze übersteigenden Honorarvereinbarung geschlossen haben, dem Architekten aber bereits zuvor mündlich ein Auftrag erteilt war.[605] Mangels wirksamer Honorarvereinbarung kann der Architekt in einem solchen Fall entgegen der getroffenen schriftlichen Honorarvereinbarung nur die Mindestsätze verlangen, weil die schriftliche Honorarvereinbarung nicht schon „bei Auftragserteilung" zum Zeitpunkt der mündlichen Einigung getroffen wurde.

310 Es wird in der Kommentarliteratur zwar zutreffend darauf hingewiesen, dass diese strenge Auslegung der Zeitkomponente „bei Auftragserteilung" den Gepflogenheiten und Erfordernissen in der Praxis kaum gerecht wird.[606] Angesichts der in dieser Frage zwischenzeitlich gefestigten Rechtsprechung müssen Architekt und Auftraggeber sich auf diese Auslegung allerdings einstellen und sie bei ihren rechtsgeschäftlichen Erklärungen berücksichtigen. Angesichts der Unsicherheiten bezüglich der Feststellung des genauen Zeitpunkts eines mündlich oder konkludent geschlossenen Architektenvertrags, insbesondere in Bezug auf die Abgrenzung zur Akquisitionsphase, werden in diesem Bereich jedoch stets Zweifelsfälle bleiben und eine zuverlässige Grenzziehung erschwert.

311 Außer im Fall des § 4 Abs. 1 HOAI gilt das **Erfordernis einer schriftlichen Honorarvereinbarung „bei Auftragserteilung" für folgende Fälle**: § 4 a S. 1 HOAI (abweichende Honorarermittlungs-Vereinbarung), § 7 Abs. 3 HOAI (pauschale Nebenkostenabrechnung), § 26 S. 2 HOAI (Pauschalhonorar für Leistungen bei Einrichtungsgegenständen und Werbeanlagen), § 28 Abs. 3 S. 2 HOAI (Pauschalhonorarvereinbarung für Planungs- und Überwachungsleistungen bei der Entwicklung und Herstellung von Fertigteilen), § 31 Abs. 2 HOAI (Honorarvereinbarung für Leistungen bei der Projektsteuerung), § 32 Abs. 3 S. 2 HOAI (Pauschalhonorarvereinbarung bei Leistungen für Winterbau), § 33 S. 2 HOAI (Honorarvereinbarung für Gutachten), § 36 S. 1 HOAI (Kosten von EDV-Leistungen bei städtebaulichen Leistungen).[607]

312 Dagegen ist für eine Honorarvereinbarung gem. § 4 a S. 3 HOAI bei verlängerter Planungs- und Bauzeit und für die Honorarvereinbarung für Besondere Leistungen gem. § 5 Abs. 4 S. 1 HOAI zwar erforderlich, dass sie schriftlich erfolgen. Jedoch ist in diesen Fällen nicht Voraussetzung für die Wirksamkeit, dass die Honorarvereinbarungen bereits bei Auftragserteilung geschlossen werden. Sie sind also auch später wirksam schriftlich möglich.

Als dritte Voraussetzung einer wirksamen Honorarvereinbarung ist zu nennen, dass sich das vereinbarte Honorar **innerhalb der Mindest- und Höchstsätze der HOAI** bewegen muss. Das vereinbarte Honorar darf also den hierdurch gezogenen Rahmen grundsätzlich nicht verlassen. Innerhalb der von

---

603 Vgl. *Jochem*, HOAI, 4. Aufl., § 4 Rn 7; *Pott/Dahlhoff/Kniffka*, HOAI, 7. Aufl., § 4 Rn 7.
604 BGH BauR 1985, 582, 583; OLG Stuttgart BauR 1995, 414; OLG Düsseldorf BauR 1988, 766 (Nr. 8); *Locher/Koeble/Frik*, HOAI, 7. Aufl., § 4 Rn 35.
605 OLG Düsseldorf BauR 1988, 766 (Nr. 8).
606 *Jochem*, HOAI, 4. Aufl., § 4 Rn 7.
607 Vgl. *Wirth/Theis*, Architekt und Bauherr, S. 446.

der HOAI vorgegebenen Grenzen können die Parteien die Wahl des Honorars jedoch völlig frei vereinbaren. Zulässig sind in diesem Rahmen auch Honorarvereinbarungen, die von den Abrechnungsgrundsätzen der HOAI abweichen.[608] Es kann also z.B. ein Pauschalhonorar, ein Zeithonorar oder eine ganz andere Berechnungsmethode gewählt werden.

313 Die Feststellung, ob das – wie auch immer – vereinbarte Honorar im Rahmen der Mindest- und Höchstsätze liegt, erfordert die Berechnung des von der HOAI vorgesehenen objektiv richtigen Honorarrahmens. Es muss also berechnet werden, innerhalb welcher Grenzen das Architektenhonorar nach der Berechnung der HOAI liegen würde. Die Wirksamkeit einer Honorarvereinbarung kann somit nur durch eine Vergleichsrechnung ermittelt werden.[609]

Da die anrechenbaren Kosten gem. § 10 Abs. 2 HOAI für die jeweiligen Leistungsphasen unterschiedlich ermittelt werden müssen, kann die Wirksamkeit einer Honorarvereinbarung oft erst nachträglich, d.h. nach Durchführung des Auftrags überprüft werden. Dies gilt – abgesehen von den Fällen des § 4 a HOAI – jedenfalls dann, wenn auch die Leistungsphasen 5 bis 9 beauftragt sind, bei denen die anrechenbaren Kosten bekanntlich unter Zugrundelegung des Kostenanschlags bzw. der Kostenfeststellung ermittelt werden müssen.

314 Bei der **Vergleichsrechnung** sind selbstverständlich auch die übrigen Parameter des Architektenhonorars heranzuziehen. So kann eine Pauschalhonorarvereinbarung z.B. auch deshalb den Rahmen der HOAI verlassen und damit unwirksam sein, weil die Parteien bei der Honorarvereinbarung von einer objektiv unrichtigen Honorarzone ausgegangen sind oder z.B. die vorhandene Bausubstanz nicht zutreffend berücksichtigt haben. Durch die – jedenfalls im Streitfall – erforderliche Berechnung des objektiv richtigen Honorarrahmens nach der HOAI werden die Vorteile einer Honorarvereinbarung oft zunichte gemacht. Architekten neigen manchmal zum Abschluss von Pauschalhonorarvereinbarungen, weil sie den Schwierigkeiten einer Abrechnung nach der HOAI entgehen wollen. Dies ist jedoch – wie oben dargelegt wurde – jedenfalls im Streitfall nicht zielführend, da für die Feststellung der Wirksamkeit einer Pauschalhonorarvereinbarung doch wiederum eine Berechnung nach der HOAI erforderlich ist.

315 Etwas anderes gilt nur, wenn die Parteien gem. § 4 a S. 1 HOAI wirksam eine **abweichende Honorarermittlung** vereinbaren. In den Fällen des § 4 a S. 1 HOAI ist sowohl eine Unterschreitung des Mindestsatzes als auch eine Überschreitung des fiktiv nach der HOAI berechneten Höchstsatzes zulässig.[610] Die Voraussetzungen für die Wirksamkeit einer Honorarvereinbarung nach § 4 a S. 1 HOAI sind, dass sie schriftlich bei Auftragserteilung getroffen sein muss und zwar auf der Basis einer „nachprüfbaren Ermittlung der voraussichtlichen Herstellungskosten nach Kostenberechnung oder nach Kostenanschlag".

2. Unterschreitung des Mindestsatzes – Überschreitung des Höchstsatzes

316 Die HOAI lässt neben § 4 a S. 1 auch in den Fällen des § 4 Abs. 2 und Abs. 3 **Ausnahmen** von dem vorgeschriebenen Rahmen der in der Verordnung festgesetzten Mindest- und Höchstsätze zu.

317 Nach § 4 Abs. 2 HOAI dürfen die festgesetzten Mindestsätze durch schriftliche Honorarvereinbarung in Ausnahmefällen unterschritten werden. Die HOAI sagt nicht, wann ein solcher Ausnahmefall vorliegt. Folglich werden zu dieser Frage zahlreiche unterschiedliche Meinungen vertreten.[611] Zusammenfassend lässt sich festhalten, dass ein Ausnahmefall dann zu bejahen sein wird, wenn persönliche, vor allem verwandtschaftliche Beziehungen zwischen Architekt und Auftraggeber bestehen, wenn die Leistungen bzw. der Aufwand des Architekten als besonders geringfügig einzustufen sind

---

608 *Locher/Koeble/Frik*, HOAI, 7. Aufl., § 4 Rn 11; *Hesse/Korbion/Mantscheff/Vygen*, HOAI, 5. Aufl., § 4 Rn 48.
609 *Rauch*, Architektenrecht und privates Baurecht für Architekten, 2. Aufl., S. 225.
610 *Locher/Koeble/Frik*, HOAI, 7. Aufl., § 4 a Rn 6.
611 Vgl. z.B. *Konrad*, BauR 1989, 653; Meyke BauR 1987, 513; Locher BauR 1986, 643.

oder ein erhebliches Missverhältnis zwischen Leistung und zulässigem Mindestsatz-Honorar vorliegt.[612] Insgesamt ist das Merkmal des Ausnahmefalls in § 4 Abs. 2 HOAI eng auszulegen.[613] Nach Auffassung des BGH dürfen die Ausnahmefälle einerseits nicht dazu führen, dass der Zweck der Mindestsatzregelung gefährdet wird, einen ruinösen Preiswettbewerb unter Architekten zu verhindern. Andererseits können solche Umstände eine Unterschreitung der Mindestsätze rechtfertigen, die das Vertragsverhältnis in dem Sinne deutlich von den üblichen Vertragsverhältnissen unterscheiden, dass ein unter den Mindestsätzen liegendes Honorar angemessen ist.[614]

Die Vertragsparteien müssen das Vorliegen eines Ausnahmefalls in der schriftlich abzuschließenden Honorarvereinbarung nicht fixieren oder begründen. Es genügt, wenn der Ausnahmefall tatsächlich gegeben ist und später bewiesen werden kann.[615] Die Beweislast für das Vorliegen eines Ausnahmefalls liegt grundsätzlich bei demjenigen, der ihn behauptet, denn er will damit eine für ihn günstige Rechtsfolge erreichen.[616]

318

Ergänzend ist in diesem Zusammenhang darauf hinzuweisen, dass die Vereinbarung der Unterschreitung der Mindestsätze unabhängig vom Vorliegen der Voraussetzungen des § 4 Abs. 2 HOAI möglich ist, wenn die **Vereinbarung** bei Erteilung der Schlussrechnung, also **nach vollständigem Abschluss der Tätigkeit** des Architekten erfolgt.[617] § 4 Abs. 1 und Abs. 4 HOAI gelten nämlich nur für noch nicht vollständig erledigte Aufträge, d.h. für solche, bei denen der Architekt die ihm obliegenden Leistungen noch nicht vollständig erfüllt hat.[618] Auch ein nach Beendigung der Tätigkeit des Architekten geschlossener Honorarvergleich fällt somit nicht unter den Anwendungsbereich des § 4 HOAI.[619]

319

Nach § 4 Abs. 3 HOAI dürfen die festgesetzten Höchstsätze nur bei **außergewöhnlichen oder ungewöhnlich lange dauernden Leistungen** durch schriftliche Vereinbarung überschritten werden. Dabei haben Umstände, soweit sie durch die Einordnung in Honorarzonen oder Schwierigkeitsstufen, für die Vereinbarung von Besonderen Leistungen oder für die Einordnung in den Rahmen der Mindestsätze- und Höchstsätze mitbestimmend gewesen sind, außer Betracht zu bleiben.

320

Neben den in § 4 Abs. 3 HOAI geregelten Fallgruppen, für die die HOAI eine Überschreitung der Höchstsätze zulässt, ist die Überschreitung der Höchstsätze auch durch weitere an unterschiedliche Voraussetzungen geknüpfte Honorarvereinbarungen erreichbar. Zu nennen sind hier insbesondere die Fälle, bei denen das Honorar frei vereinbart werden kann, weil die anrechenbaren Objektkosten, der Objektwert oder die sogenannten Honoraransätze nach Verrechnungseinheiten bzw. Flächengrößen die in den jeweiligen Honorartafeln angegebenen Höchstsätze übersteigen. Für Architektenleistungen ist hier insbesondere § 16 Abs. 3 HOAI von Bedeutung. Nach dieser Vorschrift kann das Honorar für Gebäude und raumbildende Ausbauten, deren anrechenbare Kosten über DM 50 Mio. liegen, frei vereinbart werden. Ferner sind die Fälle zu nennen, bei denen die Freistellung von der Preisbindung durch schriftliche Honorarvereinbarung bei Auftragserteilung möglich sind, z.B. die bereits oben angesprochenen Leistungen bei Einrichtungsgegenständen und Werbeanlagen (§ 26 S. 2 HOAI), Leistungen der Projektsteuerung (§ 31 Abs. 2 HOAI) oder Leistungen für Winterbau (§ 32 Abs. 3 S. 2 HOAI).[620]

321

---

612 *Rauch*, Architektenrecht und privates Baurecht für Architekten, 2. Aufl., Seite 225 m.w.N.
613 Ebenso *Rauch*, Architektenrecht und privates Baurecht für Architekten, 2. Aufl., S. 226.
614 BGH BauR 1997, 677, 679.
615 *Locher/Koeble/Frik*, HOAI, 7. Aufl., § 15 Rn 88.
616 *Hesse/Korbion/Mantscheff/Vygen*, HOAI, 5. Aufl., § 4 Rn 86; *Pott/Dahlhoff/Kniffka*, HOAI, 7. Aufl., § 4 Rn 17 c.
617 *Pott/Dahlhoff/Kniffka*, HOAI, 7. Aufl., § 17 d.
618 BGH BauR 1985, 582, 584.
619 BGH BauR 1987, 112, 113.
620 Weitere Beispiele bei *Pott/Dahlhoff/Kniffka*, HOAI, 7. Aufl., § 4 Rn 30 ff.

322 § 4 Abs. 3 **HOAI** selbst **regelt zwei Fallgruppen**. Hierbei handelt es sich einerseits um die Fallgruppe der außergewöhnlichen Leistungen sowie andererseits um die Fallgruppe der ungewöhnlich lange dauernden Leistung:

- **Außergewöhnliche Leistungen** sind überdurchschnittliche Leistungen, sei es auf künstlerischem, technischem oder wirtschaftlichem Gebiet.[621] Da der Schwierigkeitsgrad einer Planungsaufgabe zumeist bereits durch die Einordnung in eine Honorarzone erfasst wird, sind außergewöhnliche Leistungen im Sinne des § 4 Abs. 3 HOAI nur dann gegeben, wenn sie sich nicht bei der Einordnung in die Honorarzone erfassen lassen. Der Schwierigkeitsgrad muss also die für die Honorarzone V verlangten „sehr hohen" Anforderungen deutlich und nachvollziehbar übersteigen.[622] Dies kann z.B. gegeben sein, wenn der Architekt neue Technologien entwickelt, wozu auch neue Verfahren zur Kostensenkung gehören können. Die besondere Kreativität des Architekten soll damit im Interesse der Inovationsfreudigkeit zusätzlich über den Honorarrahmen hinaus honoriert werden können.[623]

- Von größerer praktischer Bedeutung als die erste Fallgruppe des § 4 Abs. 3 HOAI ist die zweite Fallkonstellation, nämlich die **ungewöhnlich lange dauernde Leistung**. Diese erfordert einen Zeitaufwand, der erheblich über das Normale hinausgeht.[624] Bei Auftragsübernahme ist meist nicht absehbar, in welcher Zeit der Architektenvertrag abgewickelt werden kann. Während der gesamten Zeit hat der Architekt jedoch Personal oder seine eigene Arbeitskraft vorzuhalten und damit Aufwendungen zu tragen, die insgesamt zu einem berechtigten Honorarverlangen führen können, das den Höchstsatz übersteigt.[625] Genaue Maßstäbe und Möglichkeiten zur Bestimmung der ungewöhnlich langen Dauer fehlen allerdings oft. Es wird daher empfohlen, bereits im Architektenvertrag eine Regelbauzeit aufzunehmen und dabei auch die honorarmäßigen Folgen der Überschreitung der Regelbauzeit festzulegen.[626] Allerdings rechtfertigt auch in solchen Fällen nicht jede Überschreitung der vereinbarten Regelbauzeit oder – mangels Vereinbarung einer Regelbauzeit im Architektenvertrag – der üblichen Bauzeit automatisch ein Mehrhonorar. Der BGH hat in einem Einzelfall die Überschreitung der Regelbauzeit von 60 bis 85 % als ungewöhnlich bezeichnet.[627] Ob auch bei geringeren Verlängerungen eine Überschreitung der Höchstsätze zulässig ist, kann dem Urteil nicht entnommen werden. In der Literatur wird die Auffassung vertreten, dass bei einer Zeitüberschreitung von 40 % ein zusätzlicher Anspruch gegeben sein kann.[628] Es ist aber nochmals hervorzuheben, dass § 4 Abs. 3 HOAI keinen Anspruch des Architekten begründet, bei ungewöhnlich lange dauernden Leistungen mehr Honorar zu erhalten.[629] Vielmehr kommt eine Überschreitung der Höchstsätze nach § 4 Abs. 3 HOAI nur dann in Betracht, wenn bei Auftragserteilung hierüber auch eine Vereinbarung zwischen dem Architekten und dem Auftraggeber zustande gekommen ist. Dies bedeutet, dass eine nachträgliche Honorarvereinbarung zur Erhöhung des Architektenhonorars bei ungewöhnlich lange dauernden Leistungen nicht möglich ist.[630]

---

621 *Jochem*, HOAI, 4. Aufl., § 4 Rn 17.
622 *Pott/Dahlhoff/Kniffka*, HOAI, 7. Aufl., § 4 Rn 21.
623 Vgl. *Hesse/Korbion/Mantscheff/Vygen*, HOAI, 5. Aufl., § 4 Rn 102; *Jochem*, HOAI, 4. Aufl., § 4 Rn 17.
624 *Locher/Koeble/Frik*, HOAI, 7. Aufl., § 4 Rn 101.
625 *Jochem*, HOAI, 4. Aufl., § 4 Rn 18.
626 *Locher/Koeble/Frik*, HOAI, 7. Aufl., § 4 Rn 101.
627 BGH *Schäfer/Finnern* Z 3.01 Bl. 311.
628 *Neuenfeld*, in: *Neuenfeld/Baden/Dohna/Groscurth/Schmitz*, Handbuch des Architektenrechts, Band 2, 5. Lieferung der 3. Aufl., § 4 Rn 10.
629 *Locher/Koeble/Frik*, HOAI, 7. Aufl., § 4 Rn 96; *Neuenfeld*, in: *Neuenfeld/Baden/Dohna/Groscurth/Schmitz*, Handbuch des Architektenrechts, Band 2, 5. Lieferung der 3. Aufl., § 4 Rn 10.
630 *Jochem*, HOAI, 4. Aufl., § 4 Rn 18.

§ 4 Abs. 3 HOAI betrifft sowohl die Planungsphase als auch die Leistungen bei der Objektüberwachung. Gerade im Rahmen der Objektüberwachung kann es aufgrund überlanger Bauzeit zu erheblichen Ausweitungen der Leistungszeit des Architekten kommen. Die HOAI bietet den Vertragsparteien jedoch keine Lösung an, einen angemessenen Honorarausgleich für überlange Bauzeit zu vereinbaren. Selbst wenn Einigkeit darüber besteht, dass der Mehraufwand des Architekten abgegolten werden soll, scheitert eine entsprechende Vereinbarung zumeist an § 4 Abs. 1 HOAI, also daran, dass die Vereinbarung bereits bei Vertragsschluss erfolgen muss. So hat das OLG Hamm zutreffend eine nachträgliche Honorarvereinbarung für eine überlange Bauzeit für unwirksam erklärt.[631] Daher besteht letztlich nur die Möglichkeit, dass die Parteien bereits bei Auftragserteilung eine vertragliche Vereinbarung treffen, wonach sich das Honorar für die Objektüberwachung erhöht, wenn die vereinbarte Bauzeit überschritten wird,[632] obwohl dies angesichts der heutigen Wettbewerbssituation wohl praktisch für den Architekten nur schwer durchzusetzen sein wird.

323

3. Honorar bei gegen die HOAI verstoßenden Honorarvereinbarungen

Verstößt eine Honorarvereinbarung gegen die Vorschriften der HOAI, berührt dies die Wirksamkeit des Architektenvertrags im Übrigen nicht.[633] Die Honorarvereinbarung als solche ist jedoch gem. § 134 BGB nichtig. An die Stelle der nichtigen Honorarvereinbarung tritt das preisrechtlich zulässige Honorar. Bei der Festlegung dieses Honorars ist zu differenzieren. Sofern § 4 Abs. 4 HOAI einschlägig ist, gelten die jeweiligen Mindestsätze als vereinbart. Dies ist jedenfalls dann der Fall, wenn ein Verstoß gegen die Erfordernisse der Schriftform bei Auftragserteilung gegeben ist. Haben die Parteien jedoch schriftlich bei Auftragserteilung ein Honorar vereinbart, liegt dieses jedoch nicht „im Rahmen der durch diese Verordnung festgesetzten Mindest- und Höchstsätze", wie es in § 4 Abs. 1 HOAI heißt, ist § 4 Abs. 4 HOAI nicht anwendbar. In diesen Fällen ist eine Umdeutung gem. § 140 BGB zulässig.[634] Diese wird bei einer schriftlich getroffenen Honorarvereinbarung, welche die in der HOAI festgelegten Höchstsätze überschreitet, ohne dass die erforderlichen Voraussetzungen des § 4 Abs. 3 HOAI vorliegen, dazu führen, dass der Architekt die Höchstsätze verlangen kann.[635] Bei einem Verstoß gegen § 4 Abs. 2 HOAI, also wenn die Mindestsätze unterschritten werden, ohne dass ein Ausnahmefall im Sinne der Vorschrift gegeben ist, gilt gem. § 4 Abs. 4 HOAI der Mindestsatz als vereinbart.

324

IV. Abrechnungsgrundsätze in Sonderfällen

1. Berechnung des Honorars in den Fällen des § 5 HOAI

§ 5 HOAI enthält zahlreiche Vorschriften für die Berechnung des Honorars in sog. besonderen Fällen. Diese Vorschriften stellen Ergänzungen zur Grundregelung des § 4 HOAI dar. Die Vorschriften des § 5 lassen sich im Wesentlichen in zwei Gruppen unterteilen.

325

Die Absätze 1 bis 3 betreffen Fälle, in denen der Architekt nicht mit allen Leistungen beauftragt ist. § 5 Abs. 1 HOAI regelt den Fall, dass dem Architekten nicht alle Leistungsphasen des Leistungsbildes übertragen werden. In einem solchen Fall darf der Architekt nur die für die übertragenen Phasen vorgesehenen Teilhonorare berechnen. Die jeweiligen Teilhonorare sind für das Leistungsbild des Architekten aus § 15 Abs. 1 HOAI zu entnehmen. Wie sich aus dem Wortlaut des § 5

326

---

631 OLG Hamm BauR 1986, 718, 719.
632 *Jochem*, HOAI, 4. Aufl., § 4 Rn 20 auch mit einem Klauselvorschlag.
633 OLG Düsseldorf BauR 1982, 597; OLG Stuttgart BauR 1981, 404; *Rauch*, Architektenrecht und privates Baurecht für Architekten, 2. Aufl., Seite 230; *Pott/Dahlhoff/Kniffka*, HOAI, 7. Aufl., § 4 Rn 36.
634 *Pott/Dahlhoff/Kniffka*, HOAI, 7. Aufl., § 4 Rn 36.
635 BGH BauR 1990, 239 ff.

Abs. 1 HOAI ergibt, betrifft die Vorschrift nur die Fälle, in denen dem Architekten nicht alle Leistungsphasen „übertragen" wurden. Daher gilt die Vorschrift nicht, wenn der Architekt trotz vollständiger Übertragung des Leistungsbilds einzelne Leistungsphasen nicht ausführt.[636] Wie solche Fälle zu lösen sind, wird unter § 3 Rn 331 ff. näher erläutert.

327 § 5 Abs. 2 HOAI regelt die Konstellation, dass nicht alle Grundleistungen einer Leistungsphase übertragen werden. In diesen Fällen darf nur für die übertragenen Grundleistungen ein Honorar berechnet werden, das dem Anteil der übertragenen Leistung an der gesamten Leistungsphase entspricht. Das Gleiche gilt nach § 5 Abs. 2 S. 2 HOAI, wenn wesentliche Teile von Grundleistungen dem Architekten nicht übertragen werden. In den Fällen des § 5 Abs. 2 HOAI obliegt es den Vertragsparteien, die übertragenen und nicht übertragenen Grundleistungen im Einzelfall sachgerecht zu bewerten. Dabei haben sie den Mindest- und Höchstpreischarakter der HOAI zu beachten.[637] Die Höhe des jeweiligen Abzugs für nicht beauftragte Grundleistungen oder von Teilen derselben lässt sich nicht generell festlegen. Den Vertragsparteien steht insoweit ein gewisser Bewertungsspielraum zu.[638] Die Praxis greift bei der Bewertung einzelner Grundleistungen auf Tabellen zurück, in denen die einzelnen Grundleistungen bewertet werden.[639] In den Tabellen sind jeweils Bandbreiten für die einzelnen Grundleistungen angegeben, die von den Parteien im Einzelfall konkretisiert werden müssen. Eine schematische Übernahme von Tabellenwerten ist im Hinblick auf das jeweilige Objekt oft nicht sachgerecht. Die Tabellen sind daher nur als Anhaltspunkt für eine Bewertung im Einzelfall heranzuziehen.

328 Anders als bei § 5 Abs. 1 HOAI ist in den Fällen des § 5 Abs. 2 HOAI gem. S. 3 dieser Vorschrift ein zusätzlicher Koordinierungs- und Einarbeitungsaufwand zugunsten des Architekten zu berücksichtigen. Der Koordinierungsaufwand betrifft den Aufwand, der dadurch entsteht, dass zwischen den beteiligten Architektenbüros, die mit den in Rede stehenden Architektenleistungen befasst sind, eine Abstimmung herbeigeführt werden muss. Einarbeitungsaufwand kann dadurch entstehen, dass der Architekt auf Vorleistungen anderer Architekten aufbauen muss und sich daher in deren Vorleistungen erst einzuarbeiten hat.[640] Der Koordinierungs- und Einarbeitungsaufwand ist nach § 5 Abs. 2 HOAI automatisch zu berücksichtigen, ohne dass es insoweit einer speziellen Vereinbarung bedarf.[641]

329 Ebenso wie § 5 Abs. 1 HOAI gilt auch Abs. 2 dieser Vorschrift nicht, wenn einzelne Grundleistungen dem Architekten zwar in Auftrag gegeben wurden, er sie trotz entsprechender Beauftragung jedoch nicht durchgeführt hat. Hierzu wird auf § 3 Rn 325 ff. verwiesen.

330 § 5 Abs. 3 HOAI regelt schließlich den Fall, dass Grundleistungen im Einvernehmen mit dem Auftraggeber insgesamt oder teilweise nicht vom Architekten, sondern von anderen an der Planung und Überwachung fachlich Beteiligten erbracht werden. In solchen Fällen darf der Architekt nur ein Honorar berechnen, das dem verminderten Leistungsumfang entspricht. Der Anwendungsbereich dieser Vorschrift ist unklar. Teilweise wird sie sogar als überflüssig angesehen.[642] Abs. 3 kann z.B. eingreifen, wenn Architekt und Bauherr wegen besonderer Leistungsanforderungen im Einzelfall eine Grundleistung oder einen wesentlichen Teil davon einem Sonderfachmann übertragen möchten. Die Vorschrift soll dann sicherstellen, dass jede Leistung nur einmal honoriert wird und Mehrfachbezahlungen durch den Bauherrn ausgeschlossen werden.[643]

---

636 *Pott/Dahlhoff/Kniffka*, HOAI, 7. Aufl., § 5 Rn 4.
637 *Locher/Koeble/Frik*, HOAI, 7. Aufl., § 5 Rn 4.
638 LG Nürnberg-Fürth BauR 1993, 105, 106; *Locher/Koeble/Frik*, HOAI, 7. Aufl., § 5 Rn 6.
639 *Pott/Dahlhoff/Kniffka*, HOAI, 7. Aufl., § 5 Rn 8 a, vgl. auch dort Anhang III, der eine Tabelle zur Bewertung von einzelnen Grundleistungen für Gebäude nach § 15 Abs. 2 HOAI enthält.
640 *Neuenfeld*, in: *Neuenfeld/Baden/Dohna/Groscurth/Schmitz*, Handbuch des Architektenrechts, 5. Lieferung der 3. Aufl., Band 2, HOAI, § 5 Rn 5 a.
641 *Locher/Koeble/Frik*, HOAI, 7. Aufl., § 5 Rn 9.
642 *Jochem*, HOAI, 4. Aufl., § 5 Rn 8.
643 *Pott/Dahlhoff/Kniffka*, HOAI, 7. Aufl., § 5 Rn 11, 11 a.

Die Absätze 4 bis 5 des § 5 HOAI betreffen die Honorierung Besonderer Leistungen. Insoweit kann auf die Ausführungen unter § 3 Rn 188 ff. verwiesen werden.

2. Honorar bei Nichterbringung beauftragter Leistungen

Wie oben dargelegt wurde, betreffen die Vorschriften des § 5 Abs. 1 bis 3 HOAI nicht die Fälle, in denen Leistungen zwar übertragen, aber seitens des Architekten dennoch nicht ausgeführt wurden. Die rechtliche Behandlung dieser Fallgruppe ist umstritten. Es ist hier insbesondere die Frage zu klären, ob und gegebenenfalls in welcher Höhe der Architekt Honorarkürzungen hinnehmen muss. Dieses Problem stellt sich in der Praxis häufig bezüglich der Nichterbringung einzelner Grundleistungen einer beauftragten Leistungsphase, selten bei der Nichterbringung ganzer Leistungsphasen.

331

Erbringt ein **Architekt eine ganze Leistungsphase nicht**, die er nach dem Vertrag schuldet, so nimmt die überwiegend vertretene Auffassung an, dass der Architekt eine Honorarkürzung hinnehmen muss.[644] Die Begründungen für die h.M. sind unterschiedlich. Teilweise wird eine entsprechende Anwendung von § 5 Abs. 1 HOAI befürwortet; teilweise wird die Ansicht auch auf das Synallagma des Werkvertrags gestützt, wonach die Gegenleistung des Architekten voll erbracht sein muss, wenn der Honoraranspruch in voller Höhe bestehen soll. Die Gegenauffassung stellt auch bei der Nichterbringung ganzer Leistungsphasen darauf ab, ob der vom Architekten werkvertraglich geschuldete Enderfolg eingetreten ist oder nicht. Ist z.B. bei einem Architektenvertrag, der die Architektenleistungen bis einschließlich der Genehmigungsplanung erfasst, die Leistungsphase 2 nicht erbracht worden, ist jedoch die Genehmigungsplanung nach den Entwürfen des Architekten entstanden, vom Bauherrn unterschrieben und als Baugesuch eingereicht worden, so soll es für den vollen Honoraranspruch nicht darauf ankommen, ob ein selbständiger Leistungserfolg im Rahmen der Leistungsphase 2 eingetreten ist.

Der BGH hat zu dieser Frage bisher nicht ausdrücklich Stellung genommen. Soweit sich die h.M. auf Urteile des BGH zu dieser Frage beruft, geschieht dies zu Unrecht, da diese Urteile jeweils andere Fallkonstellationen betreffen.[645] Unseres Erachtens sprechen gewichtige Gründe dafür, dem Architekten auch bei der Nichterbringung ganzer Leistungsphasen grundsätzlich den vollen Honoraranspruch zu belassen und etwaige Kürzungen des Honoraranspruchs nach Gewährleistungsgrundsätzen zu behandeln. Allerdings dürften die Fälle, in denen der Architekt bei Nichterbringung ganzer Leistungsphasen unter Gewährleistungsgesichtspunkten keine Honorarkürzung hinzunehmen hat, auf Ausnahmefälle beschränkt bleiben. Denn regelmäßig wird der Architekt nicht in der Lage sein, den vertraglich geschuldeten Werkerfolg zu erreichen, wenn er ganze Leistungsphasen nicht erbringt.

332

Von der vorgenannten Konstellation zu unterscheiden sind die Fälle, in denen der Architekt nicht **alle innerhalb einer Leistungsphase genannten** (Grund-)**Leistungen erbringt**, obwohl er die gesamte Leistungsphase in Auftrag hat. Auch in diesen Fällen ist umstritten, ob eine Kürzung des Architektenhonorars vorzunehmen ist. Im Wesentlichen werden hierzu drei unterschiedliche Meinungen vertreten.

333

Nach einer Ansicht soll ein Honorarabzug für jede einzelne in einem Leistungsbild aufgeführte und nicht erbrachte Teilleistung erfolgen. Die gegenteilige Ansicht will beim Weglassen von Teilleistungen bei insgesamt mangelfreier Arbeit des Architekten und damit bei Erreichung des Werkerfolgs keinerlei Honorarabzug vornehmen und das Problem bei Mängeln der Architektenleistungen über die Gewährleistungs- bzw. Schadensersatzansprüche des Auftraggebers lösen.[646] Die überwiegend

---

644 Z.B. *Locher/Koeble/Frik*, HOAI, 7. Aufl., § 5 Rn 12; *Pott/Dahlhoff/Kniffka*, HOAI, 7. Aufl., § 5 Rn 12; *Hesse/Korbion/Mantscheff/Vygen*, HOAI, 5. Aufl., § 5 Rn 22; a.A. *Löffelmann/Fleischmann*, Architektenrecht, 4. Aufl., Rn 687.
645 Vgl. BHGZ 45, 372 ff.; BGH NJW 1982, 1386 f.
646 So z.B. OLG Düsseldorf BauR 1982, 597; *Jochem*, HOAI, 4. Aufl., § 5 Rn 7; *Löffelmann/Fleischmann*, Architektenrecht, 4. Aufl., Rn 685, wohl auch *Kniffka*, BauR 1996, 773, 778.

vertretene Auffassung nimmt eine vermittelnde Position ein. Sie geht in der Regel wegen der Erfolgsorientierung des Werkvertrags davon aus, dass ein Honorarabzug bei Erreichen des Werkerfolgs trotz Nichterbringung einzelner Leistungen nicht gerechtfertigt ist, ein Abzug jedoch dann vorgenommen werden soll, wenn es sich um sog. zentrale oder wesentliche Leistungen handelt, die nicht erbracht wurden.[647]

334 Unseres Erachtens ist im Ergebnis der Auffassung zu folgen, die die Lösung allein auf werkvertraglicher Basis sucht. Der Architekt erhält sein Honorar nicht dafür, dass er einzelne Grundleistungen abarbeitet, sondern dass er den vertraglich übernommenen Erfolg erzielt. Hierfür spricht auch § 2 Abs. 2 HOAI, der davon ausgeht, dass die Grundleistungen die Leistungen umfassen, die zur ordnungsgemäßen Erfüllung eines Auftrags im Allgemeinen erforderlich sind. Die HOAI geht also nicht davon aus, dass der Architekt sämtliche Grundleistungen stets zu erbringen hat. Gegen die Differenzierung zwischen zentralen und nicht zentralen Grundleistungen spricht, dass eine solche Differenzierung der HOAI unbekannt ist. Auch lässt sich nicht im Vorhinein, losgelöst von der Vertragsgestaltung im Einzelfall, festlegen, welche Leistungen für den Auftraggeber in concreto wesentlich sind und welche nicht.[648] Den Interessen des Auftraggebers kann über die Gewährleistungs- und Schadensersatzansprüche ausreichend und sachgerecht Rechnung getragen werden. Denn nach diesen Vorschriften kann der Auftraggeber das Honorar bei einer für ihn ungünstigen Abweichung des Architektenwerks von der vertraglich geschuldeten Sollbeschaffenheit z.B. mindern und auf diese Weise eine Herabsetzung des Honorars erreichen. War für den Bauherrn aber z.B. die Erstellung einer Kostenschätzung bedeutungslos, ist nicht einzusehen, warum der Architekt eine Honorarminderung nur deshalb hinnehmen soll, weil er eine für seinen Auftraggeber irrelevante Kostenschätzung nicht erstellt hat. Letztlich wird die hier vertretene Auffassung auch der Rechtsprechung des BGH zum ausschließlich preisrechtlichen Charakter der HOAI am besten gerecht. Denn wenn sich aus den vertraglichen Vereinbarungen zwischen Architekt und Bauherr und nicht aus der HOAI das Leistungssoll des Architekten ergibt, lässt sich schwerlich begründen, dass der Architekt nicht das volle Honorar bei Erreichung des Werkerfolgs erhält, nur weil er eine (zentrale) Grundleistung, die aber für den Leistungserfolg ohne Bedeutung war, nicht erbracht hat.

---

647 Z.B. OLG Hamm BauR 1994, 793; *Locher/Koeble/Frik*, HOAI, 7. Aufl., § 5 Rn 18, 19; *Pott/Dahlhoff/Kniffka*, HOAI, 7. Aufl., § 5 Rn 12 b, 12 c.
648 Vgl. auch OLG Köln BauR 1994, 271, 272.

§ 4 Vergaberecht

Thomas Schabel

Inhalt

A. Einleitung 1
  I. Begriff und Geschichte des Vergaberechts 1
  II. Systematischer Aufbau des Vergaberechts 11
  III. Grundsätze des Vergaberechts . . 23
    1. Begriff des öffentlichen Auftraggebers und des öffentlichen Auftrags 23
    2. Wettbewerbsgrundsatz, Transparenzgebot und Gleichbehandlungsgebot . . 26
    3. Vergabefremde Aspekte und mittelständische Interessen, . 33
    4. Rechtsanspruch auf Einhaltung der Vergabebestimmungen . . 46
    5. Vergaberecht unterhalb der Schwellenwerte 53
  IV. Vorbemerkung 55

B. Entscheidungen vor Einleitung des Vergabeverfahrens (Weichenstellungen) 56
  I. Bedarfsermittlung, Bedarfsformulierung, finanzieller Rahmen 56
  II. Auftraggeberbegriff – § 98 GWB . 64
    1. Staatliche und kommunale Auftraggeber 66
    2. „Abgeleitete" Auftraggeber . 67
    3. Verbände 84
    4. Sektorenauftraggeber 85
    5. Sektorenspezifische Ausnahmen 94
    6. Auftraggeber öffentlich geförderter Vorhaben 101
    7. Baukonzessionen 103
    8. Allgemeine Ausnahmen vom EG-Vergaberecht 108
  III. Prüfung der Pflicht, ob auf das konkrete Projekt die VOB/A anzuwenden ist (sachlicher Anwendungsbereich) 109
    1. Liegt eine Bauleistung vor? . 109
    2. Überschneidungen mit Lieferungen oder Dienstleistungen . 119
    3. Schwellenwert 131
      a) Schätzung 133
      b) Loseinteilung 136
    4. Aufträge unterhalb der Schwellenwerte 147
  IV. Wahl des Vergabeverfahrens . . . 148
    1. Offenes Verfahren 157
    2. Nichtoffenes Verfahren . . . 158
    3. Beschleunigtes Verfahren als Variante des Nichtoffenen Verfahrens 169
    4. Verhandlungsverfahren nach öffentlicher Vergabebekanntmachung 172
    5. Verhandlungsverfahren ohne öffentliche Vergabebekanntmachung 175
    6. Baukonzession 181
    7. Künftige Regelungen für besonders komplexe öffentliche Aufträge 182
    8. Vergaben unterhalb der Schwellenwerte 184
    9. Übersicht 187
    10. Spezielle Vergabeverfahren der Sektorenauftraggeber 188
      a) Regelmäßige Bekanntmachung mit Wettbewerbsaufruf . . . 191
      b) Präqualifikationsverfahren („Prüfverfahren") . . . 194
      c) Rahmenvereinbarung . . 199
      d) Übersicht 202
  V. Vorinformation, Regelmäßige Bekanntmachung 203

C. Vorbereitung des beschlossenen Vergabeverfahrens 207
  I. Welche Personen dürfen auf AG-Seite beteiligt sein? 207
    1. Anti-Korruptionsrichtlinie . . 221
    2. Verpflichtung der Beauftragten nach Verpflichtungsgesetz . . 226
  II. Erstellung der Vergabeunterlagen . 228
    1. Aufforderung zur Angebotsabgabe und Bewerbungsbedingungen 229
      a) Bemessung der Zuschlags- und Bindefrist 230
      b) Änderungsvorschläge und Nebenangebote 235
      c) Leistungsverzeichnis-Kurztext 237
      d) Eignungsnachweise . . . 239
    2. Verdingungsunterlagen . . . 240
    3. Vertragsbedingungen 241

§ 4 Vergaberecht

- 4. Allgemeine Vertragsbedingungen – VOB/B ... 242
- 5. Zusätzliche und Besondere Vertragsbedingungen ... 243
- 6. Allgemeine, Zusätzliche und Besondere Technische Vertragsbedingungen ... 250
- 7. Leistungsverzeichnis ... 252
  - a) „Leitfabrikat" und „Gleichwertigkeit" ... 253
  - b) Ausnahme: nur ein Hersteller 256
  - c) Alternativpositionen, Bedarfspositionen; Eventualpositionen ... 257
  - d) Doppelausschreibung ... 260
  - e) Textliche Klarheit ... 261
- III. Ausschreibung mit Leistungsprogramm ... 263
- IV. Formulierung der Bekanntmachung 268
- V. Nichtoffenes und Verhandlungsverfahren ... 273

D. Bekanntmachung, Abgabe und Öffnung der Angebote ... 274
- I. Absendung der Bekanntmachung ... 275
- II. Offenes Verfahren ... 278
  1. Anforderung der Angebotsunterlagen ... 278
  2. Auskünfte während der Angebotsbearbeitung ... 282
  3. Ortsbesichtigung ... 283
  4. Einsichtnahme in Unterlagen ... 284
  5. Weitergabe später erlangter Informationen durch AG ... 285
  6. Verlängerung der Angebotsfrist 289
  7. Abgabe der Angebote ... 290
  8. Verwahrung, Geheimhaltung ... 291
  9. Submissionstermin ... 292
  10. Submissionstermin bei elektronischer Ausschreibung ... 295
- III. Kosten der Angebotsbearbeitung ... 300

E. Prüfung und Wertung der Angebote 301
- I. Formalien und negative Eignungsprüfung ... 304
  1. Formale Prüfung ... 304
  2. Negative Eignungsprüfung ... 308
  3. Positive Eignungsprüfung ... 313
- II. Prüfung der Angebote in rechnerischer, technischer und wirtschaftlicher Hinsicht ... 321
  1. Vollständigkeit ... 323
  2. Rechnerische Prüfung ... 328
  3. Wertung bei Vereinbarung von Preisgleitklauseln ... 329
  4. Informationspflicht nach der rechnerischen Prüfung der Angebote ... 332
  5. Spekulative Einzelpreise ... 333
  6. Aufklärung des Angebotsinhalts 334
  7. Dokumentation ... 336
- III. Beurteilung der Angemessenheit der Preise ... 337
- IV. Bildung einer engeren Wahl ... 342
  1. Wertung von Skonti und Nachlässen ... 342
  2. Wertung von Änderungsvorschlägen und Nebenangeboten ... 344
  3. Veränderungen des Bedarfs während des Vergabeverfahrens 348
  4. Anfechtung des Angebots durch den Bieter ... 351
  5. Verlängerung der Bindefrist ... 358
- V. Ermittlung des wirtschaftlichsten Angebots ... 360
- VI. Interne Entscheidung ... 368

F. Abschluss des Vergabeverfahrens 369
- I. Vorabinformation an nicht zu berücksichtigende Bieter ... 369
- II. Zuschlag, Vertragsabschluss ... 382
- III. Beendigung des Vergabeverfahrens ohne Zuschlag ... 389
- IV. Informationspflichten des Auftraggebers ... 395
- V. Vergabevermerk ... 402

G. Nachprüfungsverfahren nach §§ 107 ff. GWB ... 407
- I. Entwicklung des Vergaberechtsschutzes ... 407
  1. Grundzüge des Nachprüfungsverfahrens ... 417
  2. Nichtigkeit eines trotz Zuschlagsverbots geschlossenen Vertrags ... 437
- II. Nachprüfungsantrag an die Vergabekammer – Zulässigkeit ... 440
  1. Statthaftigkeit des Antrags ... 440
    - a) Vergabeverfahren eines öffentlichen Auftraggebers 441
    - b) Vergabeverfahren für einen öffentlichen Auftrag ... 443
  2. Antragsbefugnis: Interesse am Auftrag, Behauptung der Rechtsverletzung und des drohenden Schadens ... 447
    - a) Antragsbefugnis bei unterlassenem Vergabeverfahren 450
    - b) Antragsbefugnis eines branchenfremden Unternehmens ... 452
    - c) Antragsbefugnis ohne Angebotsabgabe ... 456
    - d) Antragsbefugnis nach Zuschlagserteilung ... 459

e) Antragsbefugnis nach Aufhebung eines Vergabeverfahrens ...	465
3. Zuständigkeit der Vergabekammer	473
4. Form und Frist des Nachprüfungsantrags; Gebührenvorschuss	477
5. Rüge	482
a) Rügefrist	484
b) Rüge eines Verstoßes in der Bekanntmachung	486
c) Rüge während eines Nachprüfungsverfahrens .	489
d) Abhilfe auf Rüge	492
6. Antragsbegründung	493
III. Verfahren vor der Vergabekammer	496
1. Vorprüfung und Zustellung des Antrags an die Vergabestelle .	497
2. Akteneinsicht und Geheimhaltung	498
3. Das Zuschlagsverbot und seine Verlängerung	501
4. Vorab-Gestattung des Zuschlags und Gegenantrag des Bieters .	509
5. Fortsetzungsfeststellung ...	515
6. Fünf-Wochen-Frist	517
7. Maßnahmen der Vergabekammer während des Nachprüfungsverfahrens	519
8. Entscheidung	520
9. Kosten	525
a) Kostenlast	525
b) Höhe der Kosten	527
c) Kosten eines eingeschalteten Rechtsanwalts	528
10. Vollstreckung	531
IV. Beschwerdeverfahren	533
1. Statthaftigkeit, Zulässigkeit, Zuständigkeit	534
2. Form, Frist, Vertretung ...	539
3. Aufschiebende Wirkung: Verlängerungsantrag des Bieters	542
4. Antrag der Vergabestelle auf Vorab-Gestattung des Zuschlags	544
5. Erstmalige Beiladung im Beschwerdeverfahren	546
6. Verfahren, Entscheidung ..	550
7. Kosten	551
V. Präjudizielle Wirkung für Schadensersatzansprüche der Beteiligten	553
VI. Korrekturmechanismus der EU-Kommission	557
VII. Bescheinigungsverfahren	560
VIII. Schlichtungsverfahren	562
IX. Vergabeprüfstellen	565
X. VOB-Stellen	567
XI. Interne Revision bzw. Rechnungsprüfung	568
XII. Rechts- und Fachaufsicht	569

H. Implizite Nachprüfung von Vergabeverfahren in anderen Rechtsbereichen

	570
I. Schadenersatzanspruch des benachteiligten Bewerbers oder Bieters	572
1. Unterlassene Ausschreibung .	575
2. Ausschreibung ohne Vergabeabsicht	576
3. Wahl des falschen Vergabeverfahrens	577
4. Mängel der Leistungsbeschreibung ...	578
5. Fehler bei der Auswahl unter den Bewerbern im Nichtoffenen Verfahren	582
6. Verfahrens- und Wertungsfehler	583
7. Aufhebung der Ausschreibung ohne Rechtfertigung	584
8. Rechtmäßiges Alternativverhalten	588
9. Mitverschulden	589
10. Verjährung	590
II. Haftung des Beraters oder Betreuers	591
III. Wettbewerbliche Unterlassungsansprüche mit vergaberechtlichen Implikationen	593
IV. Einhaltung der VOB/A als Kriterium der Kürzung oder Rückforderung von Zuwendungen	594

I. Schadenersatzansprüche des Auftraggebers

	598
I. Anfechtung des Angebots durch den Bieter und verweigerte Auftragsdurchführung	599
II. Missbrauch des Nachprüfungsverfahrens, ungerechtfertigte Maßnahmen nach § 115 Abs. 3 GWB ...	602
III. Ansprüche des Auftraggebers bei Preisabsprachen	606
1. Methodik, typische Abläufe .	608
2. Vertraglich vereinbarte Schadenspauschale	614
3. Nachweis einer Preisabsprache	620
4. Berechnungsmaßstab	627
5. Nachweis geringeren Schadens	632
6. Verjährung	637
7. Ansprüche gegen andere bei Preisabsprachen Beteiligte, gesamtschuldnerische Haftung	638

§ 4 Vergaberecht

A. Einleitung

I. Begriff und Geschichte des Vergaberechts

1 Die Art und Weise, wie öffentliche Auftraggeber für ihre Bauvorhaben, Beschaffungen und Dienstleistungsaufträge den richtigen Auftragnehmer finden und beauftragen, ist der Gegenstand des Vergaberechts. Öffentliche Aufträge spielten zwar stets eine wichtige Rolle im Wirtschaftsleben, ob das nun die kommunale Bautätigkeit war oder die Beschaffung von Rüstungsgütern. Rechtliche Auseinandersetzungen um die Auftragsvergabe waren aber sehr selten, so dass das Vergaberecht weder von der Justiz noch von der Rechtswissenschaft in größerem Umfang wahrgenommen wurde. So wenig wie gegenüber privaten Auftraggebern dachten die Bieter daran, einen Anspruch auf Beauftragung als Rechtsanspruch geltend zu machen, wenn nicht staatliche Richtlinien eine Bevorzugung bestimmter Personengruppen vorschrieben. Lediglich aus der Perspektive einer rechtswidrigen Benachteiligung durch Verfahrensverstöße erhoben übergangene Bieter hin und wieder Schadenersatzansprüche. Das änderte sich grundlegend durch die Politik der Europäischen Gemeinschaft.

2 Die Gestalt des heutigen Vergaberechts ist in den vergangenen 30 Jahren entscheidend von ihr geprägt worden. Das Bauen wurde 1971 mit der Baukoordinierungsrichtlinie[1] der erste Gegenstand der Politik der Gemeinschaft, mit der sie begann, die teilweise hermetisch abgeschlossenen nationalen Beschaffungsmärkte aufzubrechen, um grenzüberschreitenden Austausch nicht nur zu ermöglichen, sondern auch zu fördern. Öffentlichen Auftraggebern wurde nicht nur nahe gelegt, ausländische Bieter einzuladen, sondern ab 1971 wurde ihnen ausdrücklich verboten, Bieter aus anderen Mitgliedstaaten beim Zugang zu öffentlichen Aufträgen zu behindern. Die Bautätigkeit der öffentlichen Auftraggeber war damit Vorreiter der Regelung des Vergabewesens, dies nicht zuletzt, weil der Bereich überschaubar und für die internationale Öffnung geeignet schien.

3 Als viel komplizierter wurden die verbleibenden Bereiche der Lieferungen und der Dienstleistungen angesehen. 6 Jahre nach Erlass der Baukoordinierungsrichtlinie wurde der Lieferbereich durch die Lieferkoordinierungsrichtlinie[2] reguliert. Er ist quantitativ größer und hat sich zum Motor der Entwicklung des Vergaberechts gemacht. Lieferungen waren immer schon der eigentliche Brennpunkt der Frage grenzüberschreitender Wirtschaftsbetätigung gewesen, so dass das Vergaberecht hier nicht unmittelbar die Grenzen zu öffnen hatte, sondern nur die Türen der öffentlichen Auftraggeber, die bis dahin versucht hatten, das Wirtschaftsvolumen ihrer Beschaffungen möglichst im eigenen Mitgliedstaat zu behalten.

4 Auch Dienstleistungen waren neben den Lieferungen in den 70-er Jahren durchaus schon wichtige Exportartikel; das Bild dieses Marktsegments war allerdings so uneinheitlich, dass eine Regelung durch die Dienstleistungsrichtlinie[3] bis 1992 hinausgeschoben wurde; sie ist noch nicht vollständig, sondern nimmt weiter einen Teil dieses Marktsegments von der Anwendung aus.

5 Ein riesiger Wirtschaftsbereich, nämlich die privaten oder öffentlichen Unternehmen im Bereich der Wasser-, Energie-, Verkehrsversorgung und Telekombereich waren bis 1991 vom Vergaberecht freigestellt. Da diese „Sektorenunternehmen" in Wirtschaftsbereichen tätig sind, die im Kernbereich

---

[1] Jetzige Fassung: Richtlinie 93/37/EWG, ABl EG Nr. L 199 vom 9.8.1993, 54 ff., ber. durch ABl EG Nr. L 111 vom 30.4.1994, 115, geändert durch Richtlinie 97/52/EG vom 13.10.1997, ABl EG Nr. L 328 vom 28.11.1997, 1; abgedruckt bei: *Schabel/Ley*, Öffentliche Auftragsvergabe im Binnenmarkt, Stand Oktober 2000, Abschnitt B 2 – „BKR".

[2] Jetzige Fassung: Richtlinie des Rates vom 14.6.1993 über die Koordinierung der Verfahren zur Vergabe öffentlicher Lieferaufträge Nr. 93/36/EWG; ABl EG Nr. L 199 vom 9.8.1993, 1 ff., geändert durch Richtlinie 97/52/EG vom 13.10.1997, ABl EG Nr. L 328 vom 28.11.1997, 1; abgedruckt bei: *Schabel/Ley*, a.a.O., Abschnitt B 3 – „LKR".

[3] Jetzige Fassung: Richtlinie des Rates vom 18.6.1992 über die Koordinierung der Verfahren zur Vergabe öffentlicher Dienstleistungsaufträge 92/50/EWG, ABl EG Nr. L 209 vom 24.7.1992, 1 ff., geändert durch Richtlinie 97/52/EG vom 13.10.1997, ABl EG Nr. L 328 vom 28.11.1997, 1; abgedruckt bei: *Schabel/Ley*, a.a.O., Abschnitt B 5 – „DKR".

der öffentlichen Aufgaben liegen, schienen sie zunächst für die Marktöffnung und die Internationalisierung ihrer Beschaffungen nicht geeignet zu sein. Ein weiterer Grund, aus dem die Beschaffungsmärkte für die Sektoren trotz der erklärten Absicht der EWG-Verträge zunächst nicht geöffnet wurden, lag in der damals geltenden lokalen und rechtlichen Abgeschlossenheit. Beispielsweise bei der Energieversorgung waren damals noch Sonderrechte, ausschließliche Rechte oder Genehmigungen Voraussetzung und Grenze für die Bewirtschaftung bestimmter geographischer Gebiete. Daher wurden besondere Regeln für die Vergabeverfahren notwendig, mit denen die Sektoren möglichst große Flexibilität erhalten sollten. Sie sind in der Sektorenkoordinierungsrichtlinie[4] niedergelegt.

Der Wille der europäischen Gemeinschaft, die Beschaffungsmärkte zu öffnen, traf auf die traditionelle Struktur des sogenannten Verdingungswesens, das sich in der Bundesrepublik bis dahin vorwiegend nur im staatlichen Bereich durchgesetzt hatte. Die 1927 erlassene Verdingungsordnung für Bauleistungen sollte die staatliche und kommunale Vergabe von Bauaufträgen in verbindliche und nachvollziehbare Regeln fassen. In der Nachkriegswirtschaft bestand dieser Regelungsbedarf fort und entwickelte sich zu einem einigermaßen verlässlichen und nachprüfbaren Regelungssystem. 27 Paragraphen der VOB Teil A regeln das Vergabeverhalten staatlicher und anderer öffentlicher Auftraggeber, insbesondere der Kommunen.

In einem ersten Umsetzungsschritt der EG-Baukoordinierungsrichtlinie wurden Bestimmungen in die VOB/A aufgenommen, die regelten, wie eine Ausschreibung EG-weit zu gestalten sei; die dafür vorgesehenen Paragraphen sollten für alle öffentlichen Auftraggeber gelten. Diese Erkenntnis setzte sich allerdings sehr langsam durch, so dass die Marktöffnung im wichtigen nichtstaatlichen Baubereich nur sehr langsam vorankam.

Mit dem neuen Ansatz der EG-Kommission verdichtete sich das Netz der Bestimmungen für das öffentliche Auftragswesen. Die 1989 erheblich überarbeitete Baukoordinierungsrichtlinie wurde 1990 in ein erweitertes Vergabesystem, die VOB/A in Gestalt von vier verschiedenen Abschnitten für verschiedene Typen von Auftraggebern, umgesetzt. Alle öffentlichen Auftraggeber klassischen Zuschnitts von Gemeinden bis zum Staat selbst waren nun an die Einhaltung konkreter und bestimmter Vergabevorschriften gebunden, sobald ihre Bauvorhaben den Schwellenwert von 5 Mio. ECU überschritten. Zwar wurde die Verdingungsordnung für Bauleistungen weiterhin nicht als staatliche Verordnung oder als Gesetz erlassen, sondern war wie bisher Arbeitsergebnis des von den interessierten und betroffenen Kreisen besetzen Verdingungsausschusses für Bauleistungen; es bestand allerdings ein Konsens, dass diese nichtstaatliche Vergabeordnung die EG-Vorschriften in ausreichendem Maße umsetze. Diese Form genügte der EG-Kommission aber nicht, die zahlreiche Verstöße gegen Vergabebestimmungen aufgriff und erheblichen Druck auf die Mitgliedsstaaten ausübte, Bieterrechte zu schaffen, die gerichtlich durchgesetzt werden können.

Nach langen Auseinandersetzungen gestaltete die Bundesrepublik mit Wirkung zum 1.1.1999 ihr Vergaberechtssystem durch die Rahmenbestimmungen der §§ 97 bis 101 GWB und durch den Vergaberechtsschutz der §§ 102 ff. GWB um.

Widersprüche, Redundanz, Doppelregelungen bestehen weiter im Vergaberecht, in dem zwei sehr verschiedene Rechtssphären aufeinander treffen, nämlich das traditionelle deutsche Vergabewesen und die Vergaberechtspolitik der Europäischen Gemeinschaften. Gerade Umfang und Bedeutung der Rechtsprechung des EuGH zeigt den zunehmenden Einfluss der EU in diesem Rechtsgebiet, aber auch den Grad der Verflechtung des Rechts innerhalb der Gemeinschaft und damit auch der Integration der BRD in diese.

---

4 Jetzige Fassung: Richtlinie des Rates vom 14.6.1993 zur Koordinierung der Auftragsvergabe durch Auftraggeber im Bereich der Wasser-, Energie- und Verkehrsversorgung sowie im Telekommunikationssektor Nr. 93/38/EWG; ABl EG Nr. L 199 vom 9.8.1993, 84, geändert durch Richtlinie 98/4/EG vom 19.2.1998, ABl EG Nr. L 101 vom 1.4.1998, 1; abgedruckt bei: *Schabel/Ley*, a.a.O., Abschnitt B 4 – „SKR".

II. Systematischer Aufbau des Vergaberechts

11 Nachfolgend wird in einer Übersicht über die EG-Vergaberichtlinien und ihre Umsetzung in deutsches Recht gezeigt, wie das Vergaberecht aufgebaut ist:

12 (1) Zunächst ist nach der Art der geforderten Leistung zu unterscheiden:

Bauleistungen	Lieferungen	Dienstleistungen

13 (2) Nach dem Tätigkeitsfeld der Auftraggeber sind für die zwei bereits erwähnten, nach Aufgaben definierten Auftraggebertypen unterschiedliche Regeln nötig, nämlich für die „klassischen" öffentlichen Auftraggeber wie Staat, Länder oder Kommunen einerseits und die Unternehmen der Infrastruktur, unabhängig von ihrer Rechtsform oder den Besitzverhältnissen, die als „Sektorenunternehmen" bezeichnet wurden, also die Auftraggeber auf dem Gebiet der Wasser- und Energieversorgung sowie des Verkehrs- und (früher) des Fernmeldewesens.

Öffentliche Auftraggeber mit allgemeinen Aufgaben	Auftraggeber im Bereich der Wasser-, Energie-, Telekom- und Verkehrsversorgung (Sektoren)

14 (3) Das ergibt dann folgende sechs Fallgruppen:

Bauleistungen		Lieferungen		Dienstleistungen	
Öffentliche Auftraggeber mit allgemeinen Aufgaben [1]	Auftraggeber im Bereich der Wasser-, Energie-, Telekom- und Verkehrsversorgung (Sektoren) [2]	Öffentliche Auftraggeber mit allgemeinen Aufgaben [3]	Auftraggeber im Bereich der Wasser-, Energie-, Telekom- und Verkehrsversorgung (Sektoren) [4]	Öffentliche Auftraggeber mit allgemeinen Aufgaben [5]	Auftraggeber im Bereich der Wasser-, Energie-, Telekom- und Verkehrsversorgung (Sektoren) [6]

15 (4) Für diese wurden sukzessive vier Richtlinien erlassen:

drei für die klassischen öffentlichen Auftraggeber nach den Leistungsarten unterschieden (Fallgruppen [1], [3] und [5]) –

Baukoordinierungsrichtlinie (Richtlinie 93/37/EWG) BKR		Lieferkoordinierungsrichtlinie (Richtlinie 93/36/EWG) LKR		Dienstleistungskoordinierungsrichtlinie (Richtlinie 92/50/EWG) DKR	

sowie eine für die Sektorenauftraggeber, die alle drei Leistungsarten und damit die Fallgruppen [2], [4] und [6] umfasst, die Sektorenkoordinierungsrichtlinie (SKR):

	Richtlinie 93/38/EWG SKR		Richtlinie 93/38/EWG SKR		Richtlinie 93/38/EWG SKR

A. Einleitung § 4

(5) Das ergibt folgende Einteilung der Vergaberichtlinien der EU   16

Bauleistungen		Lieferungen		Dienstleistungen	
Öffentliche Auftraggeber mit allgemeinen Aufgaben	Auftraggeber im Bereich der Wasser-, Energie-, Telekom- und Verkehrsversorgung (Sektoren)	Öffentliche Auftraggeber mit allgemeinen Aufgaben	Auftraggeber im Bereich der Wasser-, Energie-, Telekom- und Verkehrsversorgung (Sektoren)	Öffentliche Auftraggeber mit allgemeinen Aufgaben	Auftraggeber im Bereich der Wasser-, Energie-, Telekom- und Verkehrsversorgung (Sektoren)
Richtlinie 93/37/EWG BKR	Richtlinie 93/38/EWG SKR	Richtlinie 93/36/EWG LKR	Richtlinie 93/38/EWG SKR	Richtlinie 92/50/EWG DKR	Richtlinie 93/38/EWG SKR

(6) Die vom EG-Vertrag vorgeschriebene Umsetzung in das deutsche Recht erfolgt durch §§ 97 ff. GWB in Verbindung mit der Vergabeverordnung. Es wurde nicht ein neues, selbständiges Gesetz geschaffen, sondern versucht, die neuen Vorschriften in das vorgegebene, traditionelle deutsche Vergaberecht zu integrieren. Das sind die beiden herkömmlichen Verdingungsordnungen: 17

Bauleistungen	Lieferungen	Dienstleistungen
VOB/A	VOL/A	

(7) Bei den Sektorenauftraggebern ist noch eine deutsche Besonderheit zu berücksichtigen. Insbesondere im kommunalen Bereich bestehen sogenannte „Regiebetriebe" oder „Eigenbetriebe", die rechtlich nicht selbständig, sondern mit gewissen Sonderrechten ausgestattete Bestandteile öffentlich-rechtlicher Körperschaften sind, die also zugleich dem Haushaltsrecht unterliegen. Anders die rein privaten Sektorenauftraggeber.   18

Daraus resultiert eine Zweiteilung des Sektorenbereichs in eine haushaltsrechtlich gebundene Gruppe und die rein privaten Versorger. Diese weitere Unterteilung ist bei den Verdingungsordnungen durch Schaffung der Abschnitte 3 für die haushaltsrechtlich gebundenen bzw. 4 für die privaten Versorger berücksichtigt worden: 19

Bauleistungen			Lieferungen			Dienstleistungen		
VOB/A Abschnitt 2 (a-§§)	VOB/A Abschnitt 3 (b-§§)	VOB/A Abschnitt 4 (SKR-§§)	VOL/A Abschnitt 2 (a-§§)	VOL/A Abschnitt 3 (b-§§)	VOL/A Abschnitt 4 (SKR §§)	VOL/A Abschnitt 2 (a-§§)	VOL/A Abschnitt 3 (b-§§)	VOL/A Abschnitt 4 (SKR-§§)

(8) Hinzu kommt eine (wenig plausible) Aufteilung der Dienstleistungen in gewerbliche Dienstleistungen und solche, die typischerweise von Freiberuflern erbracht werden und deren Leistungsinhalt nicht „eindeutig und erschöpfend beschreibbar" ist, also sogenannte intellektuelle Tätigkeiten. Diese Unterscheidung resultiert aus Art. 11 Abs. 2 Buchst. c DKR; der Zuordnung folgt die Möglichkeit, solche Aufträge im Verhandlungsverfahren zu vergeben. Für diese Vergaben besteht die „Verdingungsordnung für freiberufliche Dienstleistungen" (VOF), die aber wiederum nur für öffentliche Auftraggeber im Sinne von § 97 Nr. 1 bis 3 und 6 GWB gilt. Derartige freiberufliche Dienstleistungen, insbesondere die der Architekten und Ingenieure, sind aber für Sektorenauftraggeber nicht geregelt, da diese nach Art. 20 Abs. 1 SKR Wahlfreiheit für ihre Vergabeverfahren haben. Mangels einer deutschen Regelung ist insoweit die Sektorenrichtlinie unmittelbar anzuwenden ist.   20

§ 4 Vergaberecht

						Dienstleistungen		
						VOL/A Abschnitt 2 (a-§§) für alle Dienstleistungen – nur für freiberufliche, nicht beschreibbare gilt die VOF	VOL/A Abschnitt 3 (b-§§)	VOL/A Abschnitt 4 (SKR-§§)
							Für alle Dienstleistungen – nur für freiberufliche, nicht beschreibbare gilt die SKR unmittelbar	

21 (9) Nach der Neufassung der Vergabeverordnung gilt daher seit 1.2.2001 folgende Aufteilung:

Bauleistungen			Lieferungen			Dienstleistungen		
Öffentliche Auftraggeber mit allgemeinen Aufgaben	Auftraggeber im Bereich der Wasser-, Energie- und Verkehrsversorgung (Sektoren)		Öffentliche Auftraggeber mit allgemeinen Aufgaben	Auftraggeber im Bereich der Wasser-, Energie- und Verkehrsversorgung (Sektoren)		Öffentliche Auftraggeber mit allgemeinen Aufgaben	Auftraggeber im Bereich der Wasser-, Energie- und Verkehrsversorgung (Sektoren)	
Richtlinie 93/37/EWG BKR	Richtlinie 93/38/EWG SKR		Richtlinie 93/36/EWG LKR	Richtlinie 93/38/EWG SKR		Richtlinie 92/50/EWG DKR	Richtlinie 93/38/EWG SKR	
VOB/A Abschnitt 2 (a-§§)	VOB/A Abschnitt 3 (b-§§)	VOB/A Abschnitt 4 (SKR-§§)	VOL/A Abschnitt 2 (a-§§)	VOL/A Abschnitt 3 (b-§§)	VOL/A Abschnitt 4 (SKR-§§)	VOL/A Abschnitt 2 (a-§§) für alle Dienstleistungen – nur für freiberufliche, nicht beschreibbare gilt die VOF	VOL/A Abschnitt 3 (b-§§)	VOL/A Abschnitt 4 (SKR-§§)
							Für alle Dienstleistungen - nur für freiberufliche, nicht beschreibbare gilt die SKR unmittelbar	

22 In der Folgezeit wurde die Einbeziehung von Telekomunternehmen aufgrund der Öffnung des Wettbewerbs in diesem Bereich aufgegeben.

III. Grundsätze des Vergaberechts

1. Begriff des öffentlichen Auftraggebers und des öffentlichen Auftrags

23 § 97 Abs. 1 GWB verwendet allgemein den Begriff des „öffentlichen Auftraggebers" für alle nachfolgend in § 98 Nr. 1–6 aufgezählten Typen von Auftraggebern als Adressaten des Vergaberechts. Damit folgt der Gesetzgeber einerseits den Definitionen von Art. 1 b BKR, Art. 1 b LKR und Art. 1 e DKR. Wie oben (7) gezeigt, zwingt er damit aber andererseits die verschiedenen nichtstaatlichen Adressaten der Sektorenkoordinierungsrichtlinie, nämlich öffentliche Unternehmen (Art. 1 Nr. 2 SKR) und Auftraggeber, die nicht unter Art. 1 Nr. 1 oder Nr. 2 fallen, die die Sektorentätigkeiten auf der Grundlage von besonderen und ausschließlichen Rechten ausüben (Art. 2 Abs. 1 b SKR) unter diese Definition, ohne ihre Besonderheit zu berücksichtigen. Alle Formen öffentlicher Sektorenauftraggeber gelten damit nach § 97 Abs. 1 GWB gleichfalls als „öffentliche Auftraggeber".

24 Entgeltliche Bau-, Liefer- und Dienstleistungsaufträge dieser Auftraggeber sind öffentliche Aufträge im Sinne von § 99 Abs. 1 GWB.

Durch die Beschränkung auf die Gegenstände des Vergaberechts, nämlich Bau, Lieferungen und Dienstleistungen, ist die Abgrenzung zu sonstigen Verträgen wie Grundstückskauf oder –miete, Begründung von Arbeitsverhältnissen o.ä. klargestellt.

2. Wettbewerbsgrundsatz, Transparenzgebot und Gleichbehandlungsgebot

Die wesentlichen Grundgedanken des Vergaberechts sind in § 97 Abs. 1 GWB knapp zusammengefasst, nämlich
1) die Verpflichtung, bestimmte Verfahren einzuhalten,
2) das Wettbewerbsprinzip und
3) das Transparenzgebot.

Wichtigster Grundsatz des Vergaberechts ist die Beschaffung im Wettbewerb. Das ist die zentrale Forderung aller vier EG-Vergaberichtlinien. Der Gesetzgeber begründete das damit, dass die Organisation größtmöglichen Wettbewerbs breite Beteiligung der Wirtschaft an der Versorgung der öffentlichen Institutionen und Unternehmen gewährleiste. „Eine Vielzahl von Angeboten führt zur Zuschlagserteilung an Unternehmen, die jeweils Wirtschaftlichkeit und Leistungsfähigkeit unter Beweis zu stellen haben."[5]

Der Wettbewerb, der mit den traditionellen Vorschriften des Kartellrechts vorausgesetzt wird und geschützt werden soll, wird im öffentlichen Vergabewesen also kraft staatlichen Gestaltungsrechts diktiert. Dieses Diktat ersetzt nach der Absicht der Vergaberichtlinien der Europäischen Gemeinschaften den bei öffentlichen Auftraggebern fehlenden Anreiz der Gewinnerzielung. Dieser Anreiz stellt dagegen bei privaten Unternehmen das originäre Interesse an der preiswertesten Beschaffung ohne Rücksicht auf die vorhandenen politischen Grenzen hinweg dar. Anders dagegen ist es bei den öffentlichen Auftraggebern, deren Erfolgskriterium in der optimalen Erfüllung der ihnen zugewiesenen öffentlichen Aufgaben liegt.

Mit der „künstlichen" Herstellung von Wettbewerb auf der Bieterseite im Beschaffungsbereich öffentlicher Auftraggeber versteht sich damit das GWB jetzt nicht mehr nur restriktiv, also gegen Beschränkungen des vorgegebenen Wettbewerbs gerichtet. Gelegentlich wurde § 19 (bis 31.12.1998: § 26) GWB auch auf große öffentliche Auftraggeber oder Zusammenschlüsse von Auftraggebern als „marktbeherrschende Unternehmen" angewendet.[6] Nun hat das GWB eine gestaltende Funktion bekommen, indem es Wettbewerb in bisher vom Wettbewerbsrecht nicht berührten Bereichen schaffen soll.

Dass die Vergabeverfahren transparent sein müssen, entspricht gleichfalls den Vorgaben der EG-Vergaberichtlinien. „Transparenz" der Vergabeverfahren ist allerdings kein Selbstzweck, sondern das Mittel zur Durchsetzung des Gleichbehandlungsgrundsatzes. Transparenz bedeutet nicht nur, dass die beabsichtigten Vergaben überhaupt nach den entsprechenden Vorschriften im EG-Amtsblatt bekannt zu machen sind, sondern dass auch die Verfahren selbst verständlich, übersichtlich und nachvollziehbar ausgestaltet sein müssen. Auch dies ist im Wesentlichen durch die Bestimmungen der Richtlinien vorgegeben.

§ 97 Abs. 2 GWB schreibt als weiteren tragenden Grundsatz des Vergaberechts das Diskriminierungsverbot fest, das bisher nur z.B. in § 2 Nr. 2 VOB/A, § 2 Nr. 2 VOL/A oder in § 4 Abs. 2 VOF genannt war. Die Begründung dafür wird erstmals in Prinzipien des Gemeinschaftsrechts[7] und des nationalen Verfassungsrechts gesucht. Dem daraus folgenden Verbot einer Diskriminierung nach

---

[5] BT-Drucks 13/9340.
[6] Siehe zu Architektenaufträgen: *Lehmann*, BauR 1984, 97 ff.; bei Bauaufträgen: OLG Frankfurt BauR 1990, 91; WuW 1989, 752; KG EuZW 1995, 645.
[7] EuGH EuZW 1993, 607; EuGHE 1993, 3353 „Storebaelt".

Herkunft oder Staatsangehörigkeit ist im nationalen deutschen Vergaberecht dadurch Rechnung getragen, dass Angebote ausländischer Unternehmen ebenso behandelt werden müssen wie die Angebote deutscher Unternehmen.[8]

32 Der in § 97 Abs. 2 2. HS GWB aufgestellte Gesetzesvorbehalt für den Fall, dass eine Benachteiligung ausdrücklich geboten ist, bezieht sich auf das EG-Vergaberecht; als Beispiel erwähnt die Begründung zum Vergaberechtsänderungsgesetz Art. 36 SKR, nach dem ein Angebot für einen Lieferauftrag zurückgewiesen werden kann, wenn der Anteil der aus Drittländern stammenden Waren mehr als 50 % des Gesamtwertes der in dem Angebot enthaltenen Waren beträgt.

3. Vergabefremde Aspekte und mittelständische Interessen

33 Öffentliche Auftraggeber versuchen häufig, ihre Aufträge nach Gesichtspunkten der Ortsansässigkeit von Bewerbern, der Frauenförderung, der Förderung der Lehrlingsausbildung oder Beschäftigung Langzeitarbeitsloser zu vergeben. Begrifflich sind das vergabefremde Kriterien, da sie dem vergaberechtlichen Grundsatz „best value for the money" widersprechen. Die Zuschlagskriterien der Vergaberichtlinien sind vielmehr rein auftragsbezogen. § 97 Abs. 4 GWB schließt deshalb vergabefremde Kriterien aus. Aufträge dürfen nur an „fachkundige, leistungsfähige und zuverlässige Unternehmen" vergeben werden.

34 Ausnahmen von diesem Grundsatz sind aber möglich, wenn dies durch Bundesgesetz oder Landesgesetz vorgesehen ist; dann dürfen an die Bieter andere oder weitergehende Anforderungen gestellt werden.[9]

35 Bei „anderen oder weitergehenden Anforderungen" handelt es sich um alle diejenigen Vorteile, die ein Auftraggeber bei der Beschaffung erhält und die über die bloße Erfüllung des Vertrags und Anlieferung des Vertragsgegenstandes hinausgehen. Das Wort „vergabefremd" sieht also einen Vorgang, der für viele Auftraggeber eine organische Einheit darstellt, unter zwei Gesichtspunkten: Mit dem Auftrag wird nicht nur die Erfüllung der öffentlichen Aufgabe, zum Beispiel durch einen Schulneubau, gedient; zugleich werden weitere Interessen verfolgt, z.B. die Stärkung der örtlichen Wirtschaft, oder des örtlichen Gewerbesteueraufkommens oder die Vertiefung bestehender wirtschaftlicher Beziehungen. Die Bevorzugung ortsansässiger Bieter ist der klassische Zusatznutzen eines öffentlichen Auftrags. Die Diskussion über die Zulässigkeit dieser Kriterien wird schon seit langem kontrovers geführt.[10] Als „vergabefremder Aspekt" wurde sogar der Ausschluss solcher Firmen von der Ausschreibung, die an Preisabsprachen teilgenommen haben bezeichnet.[11]

36 In jüngster Zeit hat das Bundeskartellamt zum Beispiel die vom Land Berlin in seinen Ausschreibungen von Bauunternehmern verlangte Tariftreueerklärung als einen Verstoß gegen § 2 Nr. 1 S. 3 VOB/A und für kartellrechtswidrig erachtet.[12] Diese Verfügung wurde vom KG bestätigt. Auch der BGH hält das Berliner Vergabegesetz, wonach Bauaufträge nur noch an solche Bieter vergeben werden dürfen, die ihre Beschäftigten nach den jeweils in Berlin geltenden Tarifen entlohnen, für verfassungswidrig.[13]

37 Eben solche Traditionen zu beenden, also die Beschaffungsmärkte tatsächlich zu öffnen, war das wesentliche Ziel der Einführung des EG-Vergaberechts. Anders ausgedrückt: Das sogenannte „Hoflieferantentum" war der Kommission als versteckte Subventionierung ortsansässiger Unternehmen

---

8 A.a.O.
9 Das betrifft insbesondere die Forderung der Einhaltung der Tariftreue durch die Bieter, wie sie in den Bundesländern teilweise durch Gesetz oder Verordnung eingeführt ist; siehe BT-Drucks. 13/9340, Anlage 2.
10 Vgl. z.B. *Menzel*, BB 1981, 303 ff.; *Strohs*, BauR 1988, 144 ff.
11 *Mestmäcker/Bremer*, BB Beilage 1997 zu Heft 50.
12 KG, Beschl. v. 20.5.1998 Az. Kart 24/97.
13 BGH BB 2000, 432; DB 2000, 465; NZBau 2000, 189; WuW 2000, 327; ZIP 2000, 426.

ein Dorn im Auge. Die EG-Vergaberichtlinien wollten vergabefremde Kriterien aus dem Vergabeverfahren ausschließen, selbst wenn dies nicht explizit in einer Vorschrift zum Ausdruck gekommen ist, sondern sich nur aus den Richtlinienbegründungen ergibt.[14]

Die Erfüllung öffentlich-rechtlicher Bestimmungen, wie z.B. von umweltschützenden Vorschriften, ist allerdings von vergabefremden Kriterien abzugrenzen, soweit sie sich auf die Leistung selbst bezieht; hier handelt es sich meist um zulässige Details der Leistungsbeschreibung und nicht Anforderungen an die Bieter. 38

Genau gesehen stellt der 3. Absatz von § 97 GWB im vorausgehend entwickelten Sinne bereits einen vergabefremden Aspekt dar, der hier durch seine prominente Stellung ausdrücklich zum Maßstab von Vergabeentscheidungen gemacht wird. Die zwingende Berücksichtigung „mittelständischer Interessen". 39

Diese explizite Berücksichtigung mittelständischer Interessen im Vergaberecht beruht auf einem Wunsch des Bundestagsausschusses für Raumordnung, Bauwesen und Städtebau, der den Entwurf der Bundesregierung zum Vergaberechtsänderungsgesetz mitberaten hat. Sie entspricht der Tradition der beiden älteren Verdingungsordnungen VOB/A und VOL/A: § 4 Nr. 2 VOB/A empfiehlt, umfangreiche Bauleistungen möglichst in Lose geteilt und nach Losen zu vergeben. Nach § 4 Nr. 3 VOB/B sollen die Bauleistungen verschiedener Handwerks- oder Gewerbezweige ihrem Charakter entsprechend möglichst getrennt vergeben werden (Fachlose). 40

Die sprachliche Fassung von § 97 Abs. 3 ist allerdings nicht schlüssig. Mit der Formulierung, dass mittelständische Interessen „vornehmlich durch Teilung der Aufträge in Fach- und Teillose" angemessen zu berücksichtigen seien, könnte nach dem Wortlaut eine bedingte Methodenaussage gemeint sein in dem Sinne, dass mittelständische Interessen nicht generell zu berücksichtigen seien, sondern nur, wie dies zu geschehen habe, falls man sich überhaupt zu dieser Berücksichtigung entschlossen habe. 41

Ein Verweis auf die entsprechenden Absichten der Europäischen Union, kleine und mittlere Unternehmen zu fördern, kann diesen Widerspruch allerdings nicht rechtfertigen, da es sich bei der Strategie der Europäischen Union explizit um Wirtschaftspolitik handelt, nicht um einen Aspekt des Vergaberechts. Dass durch Förderungsmaßnahmen der EU die Position von kleinen und mittleren Unternehmen in den jeweiligen Ausschreibungen durch die Verbesserung ihres Zugangs zu Informationstechnologien, durch besondere Beratungsstellen usw. erleichtert werden soll, ändert daran nichts. Vergaberechtlich bleibt es nach den EU-Vergaberichtlinien bei den bekannten Zuschlagskriterien, die die kleinen und mittleren Unternehmen explizit nicht bevorzugen. 42

Implizit hat der EuGH in mehreren Entscheidungen vergabefremde Aspekte als vom Auftraggeber vorgeschriebene Bieterqualifikation für zulässig gehalten, nämlich z.B. das Erfordernis, dass die Bieter Langzeitarbeitslose zu beschäftigen hatten. Er prüfte in dieser Entscheidung allerdings nur die Frage, ob dieses Kriterium den Bietern schon in der Vergabebekanntmachung mitgeteilt worden war und ob durch das Kriterium ausländische Bieter benachteiligt wurden,[15] und bestätigte die Rechtmäßigkeit des Verfahrens. 43

Die Frage ist aus der Sicht der EG-Vergaberichtlinien also dahingehend zu beantworten, dass sich die Zulässigkeit vergabefremder Aspekte zunächst allein danach richtet, ob sie als Kriterien des Zuschlags den grenzüberschreitenden Wettbewerb behindern. Ist dies nicht der Fall, so wird weiter zu prüfen sein, ob eine versteckte und verbotene Subventionierung darin liegt, dass bestimmte Auftragnehmer gegenüber anderen bevorzugt werden (Art. 92 EG-Vertrag). Ist dies ebenfalls nicht der 44

---

14 *Martin-Ehlers*, Die Unzulässigkeit vergabefremder Kriterien, WuW 1999, 685 ff.
15 EuGHE 1988, 4635; NVwZ 1990, 353 „Beentjes".

Fall, so müssen weitere Kriterien unabhängig von ihrem Zusammenhang mit dem Vergabewesen als zulässig angesehen werden, wenn sie nur nicht ausländische Bieter diskriminieren.[16]

45 Unklar bleibt, welchen Rechtscharakter der in § 97 Abs. 3 GWB enthaltene Appell hat. Die – wohl beabsichtigte – Auslegung geht dahin, dass allgemein nach dieser Vorschrift mittelständische Interessen angemessen, also entsprechend ihrem Anteil am Sozialprodukt, zu berücksichtigen seien. Der Begriff der „Angemessenheit" enthält allerdings einen weiten Ermessensspielraum. Die Teilung der Aufträge in Fach- und Teillose stellt dabei eines von mehreren Mitteln dar, das aber „vornehmlich" anzuwenden ist, um mittelständische Interessen zu berücksichtigen. Ein Rechtsanspruch darf sich aus diesem Gebot der Berücksichtigung „mittelständischer Interessen" angesichts seiner offenen Gestaltung aber nicht ableiten lassen.

Die in § 97 Abs. 4 GWB aufgestellten drei Kriterien der Fachkunde, Leistungsfähigkeit und Zuverlässigkeit entscheiden über die Eignung der Bewerber und Bieter. Sie entsprechen dem bisherigen Vergaberecht, im Baubereich § 8 Nr. 3 Abs. 1 VOB/A.

4. Rechtsanspruch auf Einhaltung der Vergabebestimmungen

46 Die Europäischen Gemeinschaften gaben für die gerichtliche Nachprüfung der Vergabeverfahren 1989 die allgemeine Rechtsmittelrichtlinie[17] vor. 1992 wurde sie für den Sektorenbereich durch die Sektorenrechtsmittelrichtlinie ergänzt.[18] Die Umsetzung der EG-Vergabe-Rechtsmittelrichtlinien in deutsches Recht erfolgte durch die §§ 102 ff. GWB und die zum 1.2.2001 in Kraft getretenen §§ 17–22 VgV.[19]

47 Gemäß § 97 Abs. 7 GWB haben die an einem Vergabeverfahren beteiligten Unternehmen Anspruch darauf, dass der Auftraggeber die Bestimmungen über das Vergabeverfahren einhält.

48 Hier wird der Rechtsanspruch normiert, der die beteiligten Unternehmen vor Willkür eines öffentlichen Auftraggebers schützen soll. Das mit den §§ 102 ff. GWB ausgestaltete Nachprüfungsverfahren soll die Durchsetzung der Ansprüche der Betroffenen garantieren.

49 Umstritten ist noch, ob der Interessent, Bewerber oder Bieter einen einklagbaren Anspruch auf Einhaltung aller Vergabebestimmungen hat oder ob er sich nur auf solche berufen kann, die seine subjektive Rechtsposition schützen. Der Gesetzgeber wollte mit der grundsätzlichen Anerkennung von subjektiven Rechten für Teilnehmer an einem Vergabeverfahren der jüngeren Rechtsprechung des EuGH zum Vergaberecht Rechnung tragen.[20] Der Rechtsschutz kann jedoch nur soweit gehen, soweit eine bestimmte vergaberechtliche Vorschrift gerade auch den Schutz des potentiellen Auftragnehmers bezweckt. Auf die Einhaltung von Vorschriften, die anderen Zwecken dienen, z.B. von reinen Ordnungsvorschriften, sollen sich die Bieter nicht berufen können.

50 Die Verletzung eines Rechts i. S.v. § 97 Abs. 7 GWB liegt demnach vor, wenn die Vergabestelle bei der Auftragserteilung zugunsten eines Bewerbers die von ihr veröffentlichten Mindestbedingungen (Nachweis über die Bearbeitung entsprechender Aufgaben) nicht beachtet und der übergangene Bewerber seinerseits diese Voraussetzungen erfüllt.[21]

---

16 EuGH NJW 2000, 3629 „Pas-de-Calais".
17 Rechtsmittelrichtlinie – Richtlinie des Rates vom 21.12.1989 Nr. 89/665/EWG; ABl. Nr. L 395 vom 30.12.1989, S. 33 ff., geändert durch die Richtlinie des Rates 92/50/EWG vom 18.5.1992, ABl. Nr. L 209 vom 24.7.1992 – abgedruckt bei: Schabel/Ley, a.a.O. (o. Fußn. 1), Abschnitt B 6.
18 Sektorenrechtsmittelrichtlinie – Richtlinie des Rates vom 25.2.1992 Nr. 92/13/EWG; ABl. Nr. L 76 vom 23.3.1992, S. 14 ff., 1992 – abgedruckt bei: Schabel/Ley, a.a.O. (o. Fußn. 1), Abschnitt B 6/1.
19 BGBl I 2001, 110.
20 Z.B. EuGHE 1995 I, 2303 ff. – Kommission gegen Deutschland.
21 BayObLG BauR 2000, 557.

A. Einleitung § 4

Eine Begrenzung des Rechtsschutzes auf die Verfahrensvorgaben der EG-Vergaberichtlinien war nicht beabsichtigt. Allerdings enthält § 107 Abs. 2 S. 1 GWB ein entscheidendes Korrektiv: Ein Nachprüfungsantrag setzt voraus, dass der Antragsteller eine Verletzung „in seinen Rechten" geltend macht und darlegt, dass ihm durch sie „ein Schaden entstanden ist oder zu entstehen droht.[22]

51

Die Umsetzung der EG-Rechtsmittelrichtlinien in das deutsche Recht wird in der folgenden Übersicht dargestellt.

52

Rechtliche Kontrolle der Verfahren zur Vergabe von						
Bauleistungen		Lieferungen		Dienstleistungen		
Öffentliche Auftraggeber mit allgemeinen Aufgaben	Auftraggeber im Bereich der Wasser-, Energie- und Verkehrsversorgung (Sektoren)	Öffentliche Auftraggeber mit allgemeinen Aufgaben	Auftraggeber im Bereich der Wasser-, Energie- und Verkehrsversorgung (Sektoren)	Öffentliche Auftraggeber mit allgemeinen Aufgaben	Auftraggeber im Bereich der Wasser-, Energie- und Verkehrsversorgung (Sektoren)	
Rechtsmittelrichtlinie	Sektorenrechtsmittelrichtlinie	Rechtsmittelrichtlinie	Sektorenrechtsmittelrichtlinie	Rechtsmittelrichtlinie	Sektorenrechtsmittelrichtlinie	
Umsetzung der Rechtsmittelrichtlinien durch Nachprüfungsverfahren nach §§ 102 ff. GWB vor Vergabekammer und Oberlandesgericht (in Bayern: Bayerisches Oberstes Landesgericht) außerdem: Korrekturmechanismus der Europäischen Kommission, § 22 VgV Zusätzlich im Sektorenbereich:						
	Bescheinigungsverfahren, § 19 VgV, und Schlichtungsverfahren der Kommission, § 20 VgV		Bescheinigungsverfahren, § 19 VgV, und Schlichtungsverfahren der Kommission, § 20 VgV		Bescheinigungsverfahren, § 19 VgV, und Schlichtungsverfahren der Kommission, § 20 VgV	

5. Vergaberecht unterhalb der Schwellenwerte

Wie schon eingangs ausgeführt, trafen die vier Vergabe-Koordinierungsrichtlinien der EG in der Bundesrepublik auf das traditionelle Vergaberecht. Dies bestand in der 1927 eingeführten „Verdingungsordnung für Bauleistungen Teil A – Allgemeine Bestimmungen für Bauleistungen" und der für Lieferungen und Dienstleistungen seit 1936 bestehenden VOL/A. Da das EG-Vergaberecht nur oberhalb der Schwellenwerte anzuwenden ist, gelten diese beiden Verdingungsordnungen weiter. Ihre Vorschriften finden sich weiter als sogenannte „Basisparagraphen" in den jeweiligen Abschnitten 1 von VOB/A und VOL/A.

53

Die VOB/A Abschnitt 1 ist zwar teilweise sehr kompliziert, ausgreifend und detailorientiert. Andererseits stellt sie einen Grundbestand an Vergaberegeln dar, der sich im Kern über Jahrzehnte bewährt hat und dabei in Einzelfragen stetig weiterentwickelt wurde. Ihre Anwendung ist den staatlichen und kommunalen öffentlichen Auftraggebern durch Bestimmungen aufgegeben, die sich aus dem Haushaltsrecht ableiten und die an der wirtschaftlichen und sparsamen Haushaltsführung orientiert sind. Daneben gelten allerdings auch die Grundgebote des EG-Vertrags.

54

---

[22] Näher: *Erdl*: Vergaberecht 4/98, S. 27 ff.

	Bau	Lieferungen	Dienstleistungen	Rechtsmittel
Ebene der EG	EG-Vertrag			
	–	–	–	–
Verfassung	Grundgesetz/Länderverfassungen			
Gesetz	z.B. Bund: § 55 BHO z.B. Land: Art. 55 BayHO z.B.: § 31 Bay. Kommunale Haushaltsverordnung: Ausschreibungsprinzip; Staatl. Vergabegrundsätze			–
Verordnung	z.B. Ausführungsanweisungen an nachgeordnete Behörden oder Verwaltungsanordnungen für Gemeinden[23]			–
Verdingungsordnung	VOB/A Abschnitt 1	[in manchen Bundesländern VOL/A]	VOL/A (nicht für freiberufliche Dienstleistungen)	

IV. Vorbemerkung

55 In der nachfolgenden Darstellung des Vergaberechts wird der Schwerpunkt auf den EG-geprägten Vergabevorschriften liegen. Die Basisparagraphen gestalten aber die Verfahren gemäß der VOB/A Abschnitt 2 und 3 in wesentlicher Weise aus, so dass sie stets „begleitend" angesprochen werden, auch wenn ihre Verbindlichkeit für Auftraggeber außerhalb 98 Nr. 1 und 3 GWB, also haushaltsrechtlich nicht gebundene, fraglich sein mag. Die Reihenfolge der Darstellung richtet sich nach der Vorbereitung, Planung, Gestaltung und dem weiteren Ablauf eines Offenen Verfahrens nach Abschnitt 2 der VOB/A.

B. Entscheidungen vor Einleitung des Vergabeverfahrens (Weichenstellungen)

I. Bedarfsermittlung, Bedarfsformulierung, finanzieller Rahmen

56 Ausgangspunkt eines Vergabeverfahrens ist der Bedarf des Auftraggebers, den dieser als für die Erfüllung der ihm gestellten Aufgabe notwendig feststellt. Der Bedarf ist der Impuls, Überlegungen über ein Bauvorhaben oder die Beschaffung von Waren oder Dienstleistungen anzustellen. Im Bereich des Bauens unterliegt der Bedarf nicht einfachen, vorhersehbaren Zyklen. Bestandspflege und -erhaltung sind noch einfache Notwendigkeiten. Anders ist das, wenn sich die vorzuhaltenden Kapazitäten langfristig ausgedehnt haben, wie im Schul- oder Hochschulbau, oder wenn Vorhaben stark von politischen Vorgaben abhängen. Die Bedarfsermittlung und -formulierung, die auch als „Leistungsphase 0 des Architektenwerks" bezeichnet wird, ist der erste systematische Schritt, der getan sein muss, bevor ein Vergabeverfahren begonnen wird. Je genauer der Bedarf formuliert ist, desto besser kann ein Projekt realisiert werden.

57 Der nächste Schritt liegt darin, den nutzbaren öffentlich-rechtlichen Rahmen vorläufig zu sondieren, also z.B. die wasserrechtlichen Vorgaben für eine Kläranlage, die Streckengenehmigung für ein Straßenbahnprojekt oder der Flächennutzungsplan für Wohnbauten.

---

23 Bekanntmachung des Bay. Staatsministeriums des Innern vom 24.5.1996 (AllMBl, 506).

Parallel dazu muss die Mittelbeschaffung geklärt werden, zum Beispiel aus eigenen Haushaltmitteln oder aus Zuwendungen. Die Überlegungen zur Finanzierung können auch dazu führen, dass sich der Auftraggeber zur Vergabe einer Bau- oder Dienstleistungskonzession entschließt, womit bereits eine vergaberechtliche Weichenstellung vorläge. 58

Der finanzierbare und voraussichtlich genehmigungsfähige Bedarf stellt den Ausgangspunkt für die weiteren Schritte dar. 59

Allerdings sind auch öffentliche Auftraggeber der Gefahr ausgesetzt, dass sich der Bedarf nach Einleitung eines Vergabeverfahrens verändert, ganz wegfällt oder dass die Finanzierung nachträglich unmöglich wird. Dem ist nicht leicht zu begegnen. 60

Nur „schicksalhafte" Veränderungen, also vom Auftraggeber nicht beeinflussbare und beeinflusste Änderungen der Verhältnisse können dazu führen, dass die Bieter das Ausschreibungsrisiko tragen müssen.[24] Auch eine Ausschreibung „vorbehaltlich der Mittelbereitstellung" schützt den Auftraggeber nicht vor einem Schadensersatzanspruch der Bieter, die sich mit einem Angebot beteiligt haben, wenn eine Ausnahme von der Sollregelung des § 16 Nr. 1 VOB/A nicht hinreichend begründet ist.[25] Auch eine etwa notwendige Genehmigung muss bestandskräftig vorliegen, sobald ausgeschrieben wird.[26] 61

Denkbar wäre es, während des Schwebezustands eines laufenden Genehmigungsverfahrens den Auftrag aufschiebend bedingt zu erteilen.[27] Für die Vorhaltung der nötigen und schnell einsetzbaren Kapazitäten kann dann eine Pauschale vereinbart werden, die im Falle eines Scheiterns des Verfahrens zu zahlen ist. Das gilt ebenso bei einer noch nicht endgültig beigebrachten Finanzierung.[28] 62

Da selbst bei äußerster Dringlichkeit nach Abschluss eines langwierigen Genehmigungsverfahrens für die dann anstehende Vergabe noch eine Bekanntmachung im EG-Amtsblatt gefordert wird,[29] muss ein Auftraggeber, der ein für die Öffentlichkeit dringliches Projekt realisieren will, schon während eines schwebenden Genehmigungs- oder Mittelbewilligungsverfahrens die nötigen Vorbereitungen treffen, um nach Erteilung der Genehmigung oder der Finanzierungszusage sofort mit den Bauarbeiten oder der Beschaffung beginnen zu können. Die einzige Handlungsmöglichkeit, die im Einklang mit der Pflicht zur Bekanntmachung steht, besteht für ihn darin, den Schwebezustand des Genehmigungsverfahrens in der Ausschreibung zu offenbaren und die Bieter oder Bewerber schon im Stadium der Ausschreibung auf dieses Risiko hinzuweisen.[30] 63

II. Auftraggeberbegriff – § 98 GWB

Für die Anwendung des EG-Vergaberechts ist zunächst der persönliche Anwendungsbereich zu prüfen. Er richtet sich nach § 98 Nr. 1 bis 5 GWB. Daraus ergibt sich dann – je nach Charakterisierung der Leistung als Bauleistung, Lieferung oder Dienstleistung – die jeweilige Verdingungsordnung bzw. der in ihr anzuwendende Abschnitt. 64

---

24 OLG Zweibrücken BauR 1995, 95.
25 LG München I IBR 1997, 135.
26 So BGH DB 1999, 2565; WM 1999, 1637 für den Fall der genehmigungspflichtigen Bürgschaftsübernahme durch Gemeinde.
27 VÜA Bayern VergabeRReport 11/1998, 2, ZVgR 1999, 130.
28 OLG Düsseldorf *Schäfer/Finnern* Z. 2.1115.
29 EuGH EWS 1996, 181; EuZW 1996, 441 – genehmigungspflichtige Ausbaggerung der Unterems in Papenburg für die rechtzeitige Lieferung eines Schiffes.
30 So z.B. OLG Düsseldorf NJW 1977, 1064.

Anwendung der VOB/A Abschnitte 2, 3 u. 4	
Öffentlicher Auftraggeber im Sinn von § 98 GWB	Nach der Vergabeverordnung anzuwendende Vorschriften
Nr. 1 Gebietskörperschaften – Bund, Länder, Gemeinden usw. und ihre Sondervermögen	§ 6 S. 1 1. Hs. VgV: VOB/A Abschnitt 2
Nr. 2 Jur. Personen des öffentlichen oder privaten Rechts mit nicht gewerblichen Aufgaben im Allgemeininteresse, wenn eine Gebietskörperschaft i.s.v. Nr. 1 die Beteiligung an der jur. Person verwaltet, beaufsichtigt, sie finanziert oder die Geschäftsführung oder das Aufsichtsorgan bestimmt	
Nr. 3 Verbände des öffentlichen oder des privaten Rechts	
1. Unterfall: Tätigkeiten der in § 98 Nr. 1 bis 3 genannten Auftraggeber in der Trinkwasserversorgung oder als Hafenbetreiber oder als Verkehrsversorger	§ 7 Abs. 1 Nr. 2 VgV: VOB/A Abschnitt 3
2. Unterfall: Tätigkeiten der in § 98 Nr. 1 bis 3 genannten Auftraggeber in der Energie-, Wärmeversorgung und als Flughafenbetreiber	§ 7 Abs. 2 Nr. 2 VgV: VOB/A Abschnitt 4
Nr. 4 Private Unternehmen im Bereich der Wasser-, Energie-, Wärme- oder der Verkehrsversorgung	§ 7 Abs. 2 Nr. 2 VgV: VOB/A Abschnitt 4
Nr. 5 Verwender öffentlicher Mittel für bestimmte gemeinnützige Zwecke wenn mind. 50% öffentlich finanziert sind	§ 6 S. 1 1. Hs. VgV: VOB/A Abschnitt 2
Nr. 6 Baukonzessionäre	§ 6 S. 1 2. Hs., S 2 VgV: Konzessionsspezifische Vorschriften der VOB/A

65 Nachfolgend werden die Auftraggeber gemäß § 98 GWB im Einzelnen dargestellt:

1. Staatliche und kommunale Auftraggeber

66 § 98 Nr. 1 GWB bezeichnet als öffentliche Auftraggeber im Sinne des GWB „Gebietskörperschaften sowie deren Sondervermögen", also Bund, Länder,[31] Bezirke, Landkreise, Gemeinden[32] und ihre Sondervermögen.

2. „Abgeleitete" Auftraggeber

67 § 98 Nr. 2 GWB definiert eine Gruppe juristischer Personen des öffentlichen und des privaten Rechts als öffentliche Auftraggeber im Sinne des EG-Vergaberechts,
- wenn sie zu dem besonderen Zweck gegründet wurden, im Allgemeininteresse liegende Aufgaben nichtgewerblicher Art zu erfüllen,
- wenn Stellen, die unter Nummer 1 oder 3 fallen, sie einzeln oder gemeinsam durch Beteiligung oder auf sonstige Weise überwiegend finanzieren oder über ihre Leitung die Aufsicht ausüben oder mehr als die Hälfte der Mitglieder eines ihrer zur Geschäftsführung oder zur Aufsicht berufenen Organe bestimmt haben.

---

31 EuGH Urt. v.17.9.1998 Az. C-323/96 – bejahend bei einem föderalen Organ „Vlaamse Raad".
32 EuGH NVwZ 1990, 649; BauR 1990, 90; EuR 1990, 151 ff. – „Flli. Costanzo S.p.A. ./. Stadt Mailand".

- Das Gleiche gilt dann, wenn die Stelle, die einzeln oder gemeinsam mit anderen die überwiegende Finanzierung gewährt oder die Mehrheit der Mitglieder eines zur Geschäftsführung oder Aufsicht berufenen Organs bestellt hat, unter Satz 1 fällt.

Nach der Begründung des Vergaberechtsänderungsgesetzes kommt es darauf an, welche Aufgabenverteilung zwischen dem Staat und dem Unternehmen das Gesetz, insbesondere das Gesetz, auf dem Privatisierung und Neuordnung beruhen, vornimmt, welche Aufgaben dem Unternehmen nach dem jeweiligen Rechtsakt, auf dem die Privatisierung beruht, zukommen und wie der Unternehmensgegenstand und ein etwaiger Unternehmenszweck festgelegt sind.[33]

Diese Begriffe können anhand der BKR erschlossen werden, die in Art. 1 b auf Verzeichnisse ihres Anhangs I verweist. Die Verzeichnisse sind nicht abschließend, sondern nur „so vollständig wie möglich".

Das Verzeichnis für den Länderteil „Deutschland" enthält in seiner aktuellen Fassung
- die bundes-, landes- und gemeindeunmittelbaren Körperschaften, Anstalten und Stiftungen, des öffentlichen Rechts, Anstalten und Stiftungen rechtsfähige Bundesanstalten
- die der staatlichen Kontrolle unterliegenden und im Allgemeininteresse tätig werdenden Einrichtungen nichtgewerblicher Art
- die der staatlichen Kontrolle unterliegenden und im Allgemeininteresse tätig werdenden Einrichtungen nichtgewerblicher Art, einschließlich der kommunalen Versorgungsunternehmen:

Beispiele von Tätigkeitsfeldern und Auftraggebern, wenn sie rechtlich selbständig und öffentlich beherrscht oder finanziert sind:

Abfallbeseitigung
Abwasserbeseitigung
Altersheime
Apothekerkammern
Architektenkammern
Archive
Ärztekammern
Ausbildung für die Zusammenarbeit mit den Entwicklungsländern
Ausbildungseinrichtungen
berufsständische Vereinigungen
Bibliotheken
Bildungseinrichtungen
botanische Gärten
Bühnen
Bürgerhäuser
Zentrale Marketinggesellschaft der Landwirtschaft[34]
Einrichtungen im Gesundheitswesen

Entsorgungseinrichtungen
Entwicklungshilfe
Entwicklungsinstitute
Erholungseinrichtungen
Feuerwehren
Finanzierung der Zusammenarbeit mit den Entwicklungsländern
Flurbereinigungsdirektion[35]
Forschungsinstitute
Forstverwaltung[36]
Fortbildungseinrichtungen
Frauenhäuser
Freizeiteinrichtungen
Friedhofs- und Bestattungswesen
Gemeinschaftshäuser
Genossenschaften
Großforschungseinrichtungen
Handwerkerschaften
Handwerksinnungen

Handwerkskammern
Hilfsstiftungen
Industrie und Handelskammern
Jugendheime
Kassenärztliche Vereinigungen
Kindergärten
Kinderheime
Kindertagesheime
Krankenhäuser
Krankenkassen
Kultureinrichtungen
Kulturstiftungen
Kurmittelbetriebe
Landwirtschaftskammern
Lotterieverwaltung[37]
medizinische Forschungseinrichtungen
Messegesellschaften
Museen
Notarkammern

---

33 BT-Drucks 13/9340.
34 VK Bund NZBau 2000, 356; IBR 2000, 304.
35 EuGHE 1988, 4635, NVwZ 1990, 353 – „Beentjes".
36 EuGH VergabeR 4/98, 42 – „Connemara Machine Turf ./. Coillte Teoranta".
37 EuGH NVwZ 1994, 990 – „Gestion Hosteleria ./. Comunidad Autonoma des Canares".

Obdachlosenunterkünfte	Steuerberaterkammern	Wirtschaftsprüferkammern
Orchester	Straßenreinigung	wissenschaftliche Gesellschaften
Planungsgesellschaften, Planungsverbände	Studentenwerke	
	technische Zusammenarbeit mit den Entwicklungsländern	wissenschaftliche Hochschulen
Rechtsanwaltskammern		wissenschaftliche Vereine
Rentenversicherungsträger		Wissenschaftseinrichtungen
Rettungsdienste	Tierkörperbeseitigungsanstalten	Wissenschaftsförderung
Sanierungsgesellschaften	Umschulungseinrichtungen	Wohlfahrtsstiftungen
Schwimmbäder	Unfallversicherungsträger	Wohnraumvermittlung
Sicherheitseinrichtungen	Untersuchungsanstalten	Wohnungsunternehmen
Soziale Einrichtungen	Verbände	Wohnungswirtschaft
Sozialversicherungen	verfasste Studentenschaften	zoologische Gärten
Sportanlagen	Versorgungsanstalten	Zusammenarbeit mit den Entwicklungsländern
Sporteinrichtungen	Volksschulen	
Stadtentwicklung	Weiterbildungseinrichtungen	
Stadtplanung	Wirtschaftsförderungsgesellschaften	

72 In der Fachdiskussion über die Einordnung der Begriffe hat sich inzwischen eine relativ einheitliche Meinung dahingehend herausgebildet, dass der Begriff des „Allgemeininteresses" sich nicht mit dem „öffentlichen Interesse" des deutschen Verwaltungsrechts deckt, sondern unabhängig von diesem Begriff Aufgaben, Einrichtungen oder Tätigkeiten erfasst, die nicht nur Einzelnen, sondern eben der Allgemeinheit zugute kommen.

73 Auch der Begriff der „nicht gewerblichen" Art ist nicht aus dem deutschen Gewerberecht zu erschließen, so dass also die Form der GmbH oder AG nicht automatisch die Anwendungspflicht der Richtlinien ausschließt. Von der Anwendungsverpflichtung sind also nur solche privaten Unternehmen ausgeschlossen, bei denen es sich um rein gewerbliche, auf Gewinnmaximierung ausgerichtete Wirtschaftsunternehmen handelt.[38]

74 Zur Einordnung einer juristischen Person des Privatrechts als öffentlicher Auftraggeber genügt es, wenn sie neben ihrer Tätigkeit im Wettbewerb staatlich übertragene, im Allgemeininteresse liegende Aufgaben nichtgewerblicher Art versieht.

75 Die Rechtsprechung des Europäischen Gerichtshofs der letzten Jahre zeigt, dass immer wieder darüber gestritten wird, wie der Begriff „öffentlicher Auftraggeber" im Falle nichtstaatlicher Gesellschaften zu verstehen sei.

76 In einer Vorabentscheidung befasste sich der Gerichtshof mit der Frage, ob die österreichische Staatsdruckerei und demzufolge auch ihre Tochtergesellschaft als „öffentlicher Auftraggeber" anzusehen sind.[39] Nach Auffassung des Gerichtshofs kommt es dafür nicht darauf an, dass bzw. in welchem Umfang die Staatsdruckerei auch andere Druckerzeugnisse herstellt, „.... solange diese Einrichtung weiterhin die Aufgaben wahrnimmt, die sie als besondere Pflicht erfüllen muss". Für die Einordnung der Staatsdruckerei als öffentlicher Auftraggeber war es damit ohne Bedeutung, dass sie neben ihrem Auftrag, besondere, im Allgemeininteresse liegende Aufgaben nichtgewerblicher Art zu erfüllen, auch andere, rein gewerbliche Tätigkeiten ausübt, wie etwa Gesetzeskommentare herauszugeben.

77 Wenn dieses Unternehmen ein Tochterunternehmen gründet, um – auch – gewerbliche Tätigkeiten auszuüben, und mit Geldmitteln aus der Erfüllung seiner eigenen Aufgaben finanziert, wird letzteres nach der Auffassung des Gerichtshofs nicht allein dadurch selbst ein öffentlicher Auftraggeber. Nur

---

38 *Rusam* in: *Heiermann/Riedl/Rusam:* VOB, 9. Aufl. 2001, Vorb. zu Teil A Rn 26.
39 EuGH NJW 1998, 3261 ff.; EuZW 1998, 120 ff.; ZVgR 1998, 397 EuGHE 1998 I, 102 – „Österreichische Staatsdruckerei". (Mannesmann Anlagenbau Austria AG u. a. ./. Strohal Rotationsdruck GmbH).

wenn auch das Tochterunternehmen zu dem besonderen Zweck gegründet wird, im Allgemeininteresse liegende Aufgaben zu erfüllen, die nicht gewerblicher Art sind, also auch in ihr die normierten Kriterien des öffentlichen Auftraggebers komplett erfüllt sind, gilt es gleichfalls als öffentlicher Auftraggeber.

Wie zwischen den im Allgemeininteresse liegenden Aufgaben gewerblicher Art und solchen nichtgewerblicher Art zu unterscheiden ist, hat der Gerichtshof im Fall eines Gemeinschaftsunternehmens (Aktiengesellschaft) zweier holländischer Gemeinden klargestellt. Die Gemeinden übertrugen dieser AG als Konzession ihre eigenen Aufgaben der Abfallbeseitigung. Dieser Vorgang wurde von einem rein privaten Versorgungsunternehmen angegriffen, das darin einen ausschreibungspflichtigen Vorgang sah.

Nach der Auffassung des Gerichtshofs ist aber nur auf die Aufgaben abzustellen, die das Unternehmen zu erfüllen hat, nicht aber darauf, ob die jeweilige Aufgabe auch von Privatunternehmen erfüllt werden könnte.[40] Auch wenn ein Auftraggeber im Wettbewerb mit Privatunternehmen steht, kann er sich auch von anderen als wirtschaftlichen Überlegungen leiten lassen. Dass eine Aufgabe auch von Privaten erfüllt werden kann, spricht also nicht generell gegen das Vorliegen derartiger Aufgaben. Ein entwickelter Wettbewerb ist jedoch ein wichtiges Indiz gegen die Anwendbarkeit des Vergaberechts.

Auch ist die Eigenschaft als öffentlicher Auftraggeber nicht davon abhängig, welchen Anteil die Erfüllung von im Allgemeininteresse liegenden Aufgaben an der Tätigkeit der betreffenden Stelle ausmacht.

Eines formellen Gesetzes, einer verwaltungsrechtlichen Vorschrift, eines Verwaltungsaktes oder dergleichen, durch die die betreffende Stelle errichtet wurde und in denen die von ihr zu erfüllenden Aufgaben genannt sind, bedarf es dem Gerichtshof zufolge nicht. Der Begriff des öffentlichen Auftraggebers ist demnach im funktionellen Sinne[41] zu verstehen, „... um dem Grundsatz des freien Dienstleistungsverkehrs seine volle Wirksamkeit zu sichern".[42]

Privatrechtlich organisierte Wirtschaftsförderungsgesellschaften des Staates oder der Kommunen sind regelmäßig öffentliche Auftraggeber. Entscheidend ist der besondere Gründungszweck.[43]

Da sie dem Gestaltungsbereich des EG-Vertrags nicht unterliegen, sind Kirchen und kirchliche Einrichtungen, wie Orden, Stiftungen usw. trotz ihrer öffentlich-rechtlichen Verfassung oder ihrer Eigenschaft als Körperschaften öffentlichen Rechts und trotz ihrer teilweise staatlichen Finanzierung aufgrund von Konkordaten usw. keine Auftraggeber im Sinn des § 98 GWB. Anders ist dies, wenn sie für bestimmte Maßnahmen staatliche Mittel erhalten. Dann greift § 98 Nr. 5 GWB ein.

3. Verbände

Nach § 98 Nr. 3 GWB sind auch Verbände, deren Mitglieder unter Nummer 1 oder 2 fallen, öffentliche Auftraggeber im Sinn des EG-Vergaberechts. Dazu gehören z.B. Zweckverbände, etwa zur Abfallbeseitigung, zum Betrieb eines Krankenhauses oder zur Landesentwicklung.

---

40 EuGH, Urt. v. 10.11.1998 – Rs. C-360/96 DB 1998, 2362 ff.; NVwZ 1999, 397; EuZW 1999, 16 ff. mit Anmerkung *Sura* – WuW 99, 101 – „Gemeente Arnhem und Gemeente Rheden ./. BFI Holding BV".
41 Vgl. *Seidel*, Zur Wandlung des Begriffsinhaltes „öffentlicher Auftraggeber" im EG-Vergaberecht vom institutionellen zum funktionellen Begriff, sowie zu aktuellen Anwendungsfragen des erweiterten Begriffs, ZfBR 1995, 227 ff.
42 S.o. Fn 40.
43 VÜA Bayern IBR 2000, 207.

4. Sektorenauftraggeber

85 Nach § 98 GWB Nr. 4 sind
1) natürliche oder juristische Personen des privaten Rechts,
2) die auf dem Gebiet der Trinkwasser- oder Energieversorgung oder des Verkehrs oder der Telekommunikation[44] tätig sind,
3) wenn diese Tätigkeiten auf der Grundlage von besonderen oder ausschließlichen Rechten ausgeübt werden, die von einer zuständigen Behörde gewährt wurden, oder
4) wenn Auftraggeber, die unter Nummern 1 bis 3 fallen, auf diese Personen einzeln oder gemeinsam einen beherrschenden Einfluss ausüben können,

öffentliche Auftraggeber im Sinne des 4. Teils des GWB. Es handelt sich dabei um die oben (Rn 5) erwähnte Gruppe.

86 Die Bestimmung des § 98 Nr. 4 GWB fasst die bisherigen Nrn. 4 und 5 des § 57a Abs. 1 HGrG zusammen. Z. B. überregionale Wasserversorgungsunternehmen oder Kernkraftwerke, die sich in öffentlichem Besitz befinden, gehören zu diesen Auftraggebern ebenso wie rein privatrechtliche, soweit diese ihre Tätigkeiten „auf der Grundlage von besonderen oder ausschließlichen Rechten" ausüben, „die von einer zuständigen Behörde gewährt wurden". Als Tätigkeit im Sektorenbereich gilt nach § 8 VgV allerdings nicht mehr der Telekombereich, nachdem er aufgrund der Deregulierung im weitgehend freien Wettbewerb steht.

■ Sonderfall: öffentlich beherrschte Sektorenauftraggeber

87 Viele privatrechtlich organisierte Unternehmen auf dem Gebiet der Trinkwasser- oder Energieversorgung oder des Verkehrs- oder Fernmeldewesens werden teilweise oder ganz von öffentlichen Auftraggebern, die ihrerseits der Bau- und Lieferkoordinierungsrichtlinie unterworfen sind, finanziert oder beherrscht, wie beispielsweise die Deutsche Bahn AG und deren Tochtergesellschaften. Wenn solche Sektorenauftraggeber zugleich die Bedingungen des § 98 Nrn. 1 bis 3 und die der Nr. 4 erfüllen, kommen theoretisch sowohl die Vorschriften der Baukoordinierungsrichtlinie wie die der Sektorenrichtlinie in Betracht.[45] Diese bisherige Unterteilung der Sektorenauftraggeber in solche, die zugleich öffentliche Auftraggeber im Sinn von § 98 Nr. 1 bis 3 GWB sind und rein private wurde durch § 7 Abs. 1 VgV aufrecht erhalten. Das heißt, dass die öffentlich beherrschten Sektorenauftraggeber weiterhin an die Bestimmungen des dritten Abschnittes der VOB/A[46] gebunden sind. Insbesondere können sie die von Art. 20 Abs. 1 SKR bzw. § 101 Abs. 5 S. 2 GWB gewährte Wahlfreiheit hinsichtlich des Vergabeverfahrens nicht ausnutzen. Weiterhin sind diese Auftraggeber verpflichtet, die gesamten Basisparagraphen der VOB/A mit ihren Formalien einzuhalten, die das traditionelle Vergaberecht der Bundesrepublik ausmachen, und mit denen wiederum auch die Vertragsbestimmungen der VOB/ vorgeschrieben werden.

88 Aus der hier entscheidenden Perspektive der EG-Vorschriften ist diese doppelte Unterwerfung falsch. Die EG hat in den ersten beiden Vergaberichtlinien (BKR 1971,[47] LKR 1977[48]) sehr deutlich die Sektoren von der Anwendungspflicht ausgenommen und hätte in der zeitlich später (1990) erlassenen Sektorenrichtlinie[49] oder bei der Kodifikation 1993[50] Gelegenheit zu einer Sonderregelung gehabt. Nach der SKR galten aber von Anfang an auch solche Unternehmen als Auftraggeber in ihrem Sinn,

---

44 Auftraggeber im Bereich der Telekommunikation sind aufgrund § 8 VgV seit 1.2.2110 nicht mehr ins Vergaberegime einbezogen.
45 S. o. Tabelle „anzuwendende Vorschriften".
46 Im Lieferbereich entsprechend VOL/A Abschnitt 3.
47 Erste Fassung: Richtlinie 71/305/EWG, ABl EG Nr. L 185 vom 16.8.1971.
48 Erste Fassung: Richtlinie 77/62/EWG; ABl EG Nr. L 13 vom 15.1.1977.
49 Erste Fassung: Richtlinie 91/531/EWG; ABl EG Nr. L 297 vom 29.10.1990.
50 Siehe Fn 1–3.

die überwiegend staatlich finanziert sind. Damit ist klar, dass die EG den gleichen Ausgangssachverhalt – die Auftragsvergabe staatlich finanzierter Unternehmen – unterschiedlich, nämlich nach der Frage regeln wollte, ob diese eben auf dem Gebiet der Trinkwasser- oder Energie-Versorgung oder des Verkehrs- oder Fernmeldewesens tätig sind – dann gilt die SKR – oder nicht – dann gilt die BKR.

Die Sektoreneigenschaft war damit die entscheidende Definition eines Auftraggebers; eine Doppelbestimmung war von der EG nicht gewollt.[51] Damit kann für Sektorenunternehmen nicht „auch" das Vergaberecht der „klassischen" Auftraggeber, also der BKR und der LKR gelten, wovon § 101 Abs. 5 S. 2 GWB aber ausgeht. 89

Die doppelte Zuordnung müsste dann aber ihre Berechtigung in nationalen Vorschriften haben. Ob ihre Festlegung im GWB und in der VgV durch die verfassungsrechtliche Kompetenznorm des Art. 74 Nr. 11 GG, auf der das Vergaberecht in der Bundesrepublik zur Zeit aufbaut, gedeckt ist, ist äußerst zweifelhaft.[52] Bis auf weiteres wird ein im Sektorenbereich tätiger öffentlicher Auftraggeber allerdings mit dieser Verpflichtung konfrontiert sein. 90

Damit ist auch das Problem ungelöst, ob die öffentlich beherrschten oder finanzierten Sektorenauftraggeber überhaupt von der Ausnahme des § 9 Abs. 2 VgV, nach der das Vergaberegime nur auf Aufträge zum Zweck der Sektorenaufgabe anzuwenden ist, Gebrauch machen dürfen. Ist demnach die Errichtung eines Freibades im Geschäftsbereich eines kommunalen Versorgungsunternehmens ausschreibungsfrei oder nicht? Da der Sachverhalt nirgendwo anders so konkret wie in § 9 Abs. 2 VgV geregelt ist, ist die Ausnahme vom Vergaberecht stärker als eine sich aus der sonstigen Interpretation ergebende abweichende Lösung. 91

Die Verpflichtung öffentlicher Auftraggeber in ihrer Funktion als Sektorenauftraggeber, die Basisparagraphen einzuhalten, wie sie durch den dritten Abschnitt der VOB/A vorgeschrieben ist, gilt nicht für alle Sektorentätigkeiten, sondern nur für die in § 8 Nr. 1, Nr. 4 b und Nr. 4 c VgV genannten, also Trinkwasserversorgung, Betrieb von Häfen und Personennah- und Fernverkehr. 92

Die Sektorenauftraggeber, die zugleich unter § 98 Nr. 1 bis 3 GWB fallen, dürfen Abschnitt 4 der VOB/A anwenden, soweit sie im Bereich der Elektrizitäts- und Gasversorgung, der Wärmeversorgung und als Flughafenbetreiber tätig sind. Damit soll dem zunehmenden Wettbewerb in diesen Bereichen Rechnung getragen werden. 93

5. Sektorenspezifische Ausnahmen

Für Auftraggeber auf dem Gebiet der Trinkwasser- oder Energieversorgung oder des Verkehrswesens gelten nach § 9 Abs. 2 VgV die Vergabevorschriften nur, soweit es sich um Aufträge handelt, die den in § 8 VgV beschriebenen Tätigkeiten dienen. Damit ist klargestellt, dass nicht jeder denkbare Auftrag, den ein Sektorenunternehmen zu vergeben hat, nach den Bestimmungen der Richtlinie zu vergeben ist, sondern nur diejenigen, die ausschließlich zur Erfüllung der spezifischen Versorgungsaufgaben des Auftraggebers dienen. Wenn ein Sektorenunternehmen demnach allein zum Zweck der Kapitalanlage oder als Wohnungen für Mitarbeiter ein Bauwerk plant und errichtet, ist es keinen Bindungen nach der Richtlinie bzw. nach der Vergabeverordnung unterworfen. 94

Vergeben Sektorenauftraggeber Aufträge, um das Objekt an Dritte weiter zu veräußern oder zu vermieten, und besteht kein Monopol zum Verkauf oder zur Vermietung des Auftragsgegenstands, so müssen sie nach § 9 Abs. 4 VgV die Vergabevorschriften nicht anwenden. 95

---

51 So deutlich: EuGHE 1991 I-3659 „Flughafen Lissabon".
52 Kritisch *Gallwas*, Verfassungsrechtliche Kompetenzregelungen – Ungelöste Probleme des Vergaberechts, VergabeR 2001, 2.

96 Auftraggeber mit einer Konzession nach dem Bundesberggesetz brauchen nicht die Vergabevorschriften der VOB/A einzuhalten, müssen aber nach § 11 Abs. 1 S. 1 und 2 VgV bei ihrer Vergabepraxis (außer bei der Beschaffung von Energie, Satz 3) mindestens das Diskriminierungsverbot und den Grundsatz der wettbewerbsorientierten Vergabe einhalten, insbesondere interessierten Firmen ausreichende Informationen geben und den Auftrag nach objektiven Kriterien erteilen. Mit dieser eingeschränkten Bindung an die Mindestgebote der Vergaberichtlinien hat der Verordnungsgeber von der in Art. 3 SKR vorgesehenen Möglichkeit der Befreiung Gebrauch gemacht.

97 Wie bei der Baukoordinierungs- bzw. der Lieferkoordinierungsrichtlinie sind sicherheitsempfindliche Bereiche sowie solche, die gesonderten EWG-Verträgen unterworfen sind, von der Anwendung ausgenommen.

98 Aufträge aufgrund internationaler Abkommen mit abweichenden Vergaberegeln, geheim zu haltende, sicherheitsrelevante oder Aufträge nach Art. 223 Abs. 1 Buchst. b EG-Vertrag unterliegen nach § 100 GWB ebenfalls nicht den Vergabevorschriften.

99 Angesichts der Größe verschiedener Sektoren-Unternehmen stellte sich die Frage, ob gleichartige Beschaffungen eines Unternehmens zur Berechnung des Schwellenwertes zusammengerechnet werden müssen, wenn sie von getrennten, selbständig arbeitenden Dienststellen des Auftraggebers ausgeschrieben werden.

100 Die Kommission hat zu dieser Frage einen Entwurf für Leitlinien vom 20.1.1993 herausgegeben, der als eine Interpretationshilfe für die gestellte Frage gelten darf.[53] Danach müssen jeweils die Verhältnisse des Einzelfalls geprüft werden. Als Abgrenzungskriterium gilt das Maß an Unabhängigkeit, mit der die Dienststelle über die Auftragsvergabe entscheiden kann. Eine eigene betriebswirtschaftliche Gewinnberechnung spricht für die Möglichkeit, getrennt auszuschreiben. Umgekehrt darf der Schwellenwert nicht getrennt berechnet werden, wenn mit der getrennten Auftragsvergabe doch eine konzerneinheitliche Politik gegenüber Lieferanten verfolgt wird.

6. Auftraggeber öffentlich geförderter Vorhaben

101 Natürliche oder juristische Personen des privaten Rechts sind nach § 98 Nr. 5 GWB in den Fällen, in denen sie für die Durchführung bzw. Errichtung von:
1) Tiefbaumaßnahmen,
2) Krankenhäusern,
3) Sporteinrichtungen
4) Erholungseinrichtungen
5) Freizeiteinrichtungen,
6) Schulgebäuden
7) Hochschulgebäuden
8) Verwaltungsgebäuden
oder für damit in Verbindung stehende Dienstleistungen und Auslobungsverfahren von Stellen, die unter Nummern 1 bis 3 fallen, Mittel erhalten, mit denen diese Vorhaben zu mehr als 50 vom Hundert finanziert werden, öffentliche Auftraggeber im Sinne des 4. Teils des GWB.

102 Einer Auflage in einem Zuwendungsbescheid bedarf es für die Geltung der Vergabebestimmungen nicht, sie gelten qua lege.

---

[53] Leitlinien für Aufträge, die gemäß der Richtlinie 90/531/EWG (Sektorenrichtlinie) von getrennten Dienststellen eines öffentlichen Auftraggebers vergeben werden (Entwurf).

B. Entscheidungen vor Einleitung des Vergabeverfahrens (Weichenstellungen) § 4

7. Baukonzessionen

§ 98 GWB Nr. 6 definiert natürliche oder juristische Personen des privaten Rechts, die mit echten öffentlichen Auftraggebern im Sinn von § 98 Nr. 1 bis 3 einen Vertrag über die Erbringung von Bauleistungen abgeschlossen haben, bei dem die Gegenleistung für die Bauarbeiten statt in einer Vergütung in dem Recht auf Nutzung der baulichen Anlage, ggf. zuzüglich der Zahlung eines Preises besteht, hinsichtlich ihrer Aufträge an Dritte selbst als Öffentliche Auftraggeber.

Dafür ist folgende Überlegung maßgeblich:

Der Vorteil, den der Staat mit einer Konzession aus der Hand gibt, kann erst genutzt werden, wenn der Konzessionär die nötigen Einrichtungen geschaffen hat, also etwa eine Brücke, einen Flughafen, eine Autobahn, eine Kläranlage. Das Geld für diese Einrichtungen wird mit den künftigen Gebühren finanziert, die die Benutzer einst zahlen werden, die also ähnlich öffentlichen Charakter haben wie Steuern. Damit stellt die Baukonzession eine Art der Privatisierung dar mit der Folge, dass der Konzessionär doch in gewisser Weise an die Vergabevorschriften gebunden ist. Der Baukonzessionär ist aber nicht mit dem öffentlichen Auftraggeber z.B. über § 97 Nr. 3 GWB gleichzustellen.

Die Findung des Konzessionärs unterliegt den Grundsätzen des Vergaberechts – Transparenz und Gleichbehandlungsgebot müssen nach § 32 a Absatz 1 Nr. 2 VOB/A angewendet werden. Die einzige Formalie ist die Bewerbungsfrist von 52 Kalendertagen ab Absendung der Bekanntmachung, § 32 a Nr. 1 Absatz 4 VOB/A.

Der Baukonzessionär selbst muss das für den Bau einzusetzende Bauunternehmen nicht nach den §§ 1 bis 31 VOB/A aussuchen. Die Vergabe der Bauleistung soll frei erfolgen können und nur dann, wenn der Konzessionär Bauaufträge an Dritte vergeben will, muss er diese Absicht im EG-Amtsblatt bekannt geben, § 32 a Nr. 2 Absatz 1 VOB/A in Verbindung mit Anhang H.

8. Allgemeine Ausnahmen vom EG-Vergaberecht

Nach § 100 Abs. 2 GWB gilt das EG-geprägte Vergaberecht, also die Bestimmungen der §§ 97 bis 101 GWB, die a-Paragraphen der VOB/A und der Rechtsschutz der §§ 102 ff. GWB nicht für Arbeitsverträge und für Aufträge,

a) die auf Grund eines internationalen Abkommens im Zusammenhang mit der Stationierung von Truppen vergeben werden und für die besondere Verfahrensregeln gelten,
b) die auf Grund eines internationalen Abkommens zwischen der Bundesrepublik Deutschland und einem oder mehreren Staaten, die nicht Vertragsparteien des Übereinkommens über den Europäischen Wirtschaftsraum sind, für ein von den Unterzeichnerstaaten gemeinsam zu verwirklichendes und zu tragendes Projekt, für das andere Verfahrensregeln gelten, vergeben werden,
c) die auf Grund des besonderen Verfahrens einer internationalen Organisation vergeben werden
d) die in Übereinstimmung mit den Rechts- und Verwaltungsvorschriften in der Bundesrepublik Deutschland für geheim erklärt werden oder deren Ausführung nach diesen Vorschriften besondere Sicherheitsmaßnahmen erfordert oder der Schutz wesentlicher Interessen der Sicherheit des Staates gebietet;
e) die dem Anwendungsbereich des Artikels 223 Abs. 1 Buchstabe b des Vertrages zur Gründung der Europäischen Gemeinschaft unterliegen;
f) die von Auftraggebern, die auf dem Gebiet der Trink- oder Energieversorgung oder des Verkehrs oder der Telekommunikation tätig sind, nach Maßgabe näherer Bestimmungen durch Rechtsverordnung nach § 127 GWB auf dem Gebiet vergeben werden, auf dem sie selbst tätig sind,
g) die an eine Person vergeben werden, die ihrerseits Auftraggeber nach § 98 Nr. 1, 2 oder 3 GWB ist und ein auf Gesetz oder Verordnung beruhendes ausschließliches Recht zur Erbringung der Leistung hat;

h) über Erwerb oder Miete von oder Rechte an Grundstücken oder vorhandenen Gebäuden oder anderem unbeweglichen Vermögen ungeachtet ihrer Finanzierung;
i) über Dienstleistungen von verbundenen Unternehmen, die durch Rechtsverordnung nach § 127 GWB näher bestimmt werden, für Auftraggeber, die auf dem Gebiet der Trinkwasser- oder Energieversorgung oder des Verkehrs oder der Telekommunikation tätig sind;
j) über die Ausstrahlung von Sendungen;
k) über Fernsprechdienstleistungen, Telexdienst, den beweglichen Telefondienst, Funkrufdienst und die Satellitenkommunikation;
l) über Schiedsgerichts- und Schlichtungsleistungen;
m) über finanzielle Dienstleistungen im Zusammenhang mit Ausgabe, Verkauf, Ankauf oder Übertragung von Wertpapieren oder anderen Finanzierungsinstrumenten sowie Dienstleistungen der Zentralbanken;
n) über Forschungs- und Entwicklungsdienstleistungen, es sei denn, ihre Ergebnisse werden ausschließlich Eigentum des Auftraggebers für seinen Gebrauch bei der Ausübung seiner eigenen Tätigkeit und die Dienstleistung wird vollständig durch den Auftraggeber vergütet.

III. Prüfung der Pflicht, ob auf das konkrete Projekt die VOB/A anzuwenden ist (sachlicher Anwendungsbereich)

1. Liegt eine Bauleistung vor?

109 § 99 Abs. 3 GWB definiert Bauaufträge in drei Fallgruppen als Verträge entweder über
1) die Ausführung eines Bauvorhabens oder eines Bauwerks oder
2) die gleichzeitige Planung und Ausführung eines Bauvorhabens oder eines Bauwerks, oder
3) die Planung und Ausführung einer Bauleistung durch Dritte gemäß den vom Auftraggeber genannten Erfordernissen.

110 Das Bauvorhaben oder Bauwerk wird als „Ergebnis von Tief- oder Hochbauarbeiten" charakterisiert und soll auf die Erfüllung einer wirtschaftlichen oder technischen Funktion gerichtet sein.

111 Diese Begriffe stammen aus den EG-Richtlinien und können als Resultat eines sprachlichen Konsenses nicht weiter erschlossen werden. Wichtig sind diese Definitionen vor allem in zwei Richtungen: Mit der Einbeziehung der Baukonzession durch die dritte Fallgruppe des § 99 Abs. 3 GWB soll dem Ausweichen in den ausschreibungsfreien Dienstleistungskonzessionsbereich begegnet werden (hierzu weiter unten). Die andere Richtung ist die der Einbeziehung von Mischfällen, bei denen außer der Bauleistung auch Planungsleistungen erbracht werden.

112 Für die Abgrenzung von Bau- zu Planungsleistungen und Lieferungsleistungen können als Auslegungshilfe die bauspezifischen Bestimmungen des Werkvertragsrechts herangezogen werden. § 638 Abs. 1 S. 1 BGB spricht als Ausgangstatbestand für die 5-jährige Verjährung der Gewährleistungsansprüche von Arbeiten an einem „Bauwerk", ebenso § 648 BGB. Soweit nur Teilarbeiten beauftragt werden, wie beispielsweise die Einlegung eines Teppichbodens oder einer Alarmanlage, kommt es auf die feste Verbindung mit dem Bauwerk an. Kann im Sinn von § 94 BGB das einzubauende Teil nicht zerstörungsfrei vom Bauwerk getrennt werden, so ist es wesentlicher Bestandteil; die Arbeiten gelten als Bauarbeiten.

113 Der Bauwerksbegriff reicht aber wiederum nicht aus, wenn es sich beispielsweise um Straßenbahngleise oder Verkehrsampeln handelt.[54]

---

[54] BayObLG ZVgR 2000, 177, IBR 2000, 305 zu Verkehrsampeln; OLG Düsseldorf BauR 1999, 241, 1999, 160, ZVgR 1999: Straßenbäume sind Zubehör der Straße und damit Bauleistung.

B. Entscheidungen vor Einleitung des Vergabeverfahrens (Weichenstellungen) § 4

Wenn beispielsweise EDV-Anlagen installiert werden, die „fest" mit dem Bauwerk verbunden werden, z.B. das Kabelwerk, Leitungsführungen oder die gesamte Anlage, sind sie nicht „zerstörungsfrei abtrennbar" und gehören zum Bauwerk. **114**

Eine weitere Eingrenzung erfolgt durch die Reduzierung der reinen Bauarbeiten auf das Kriterium der Bauwerksfunktion. Die Frage, ob eine Bauleistung vorliegt, wird dabei danach entschieden, ob durch die zu prüfende Leistung das Gebäude eine (beliebige) Gebäudefunktion erhält. Damit sind aber lediglich die klassischen Ausbaugewerke erfasst. Alles, was einen spezifischen Zweck zu erreichen geeignet ist, wie also Heizkraftwerksanlagen, medizintechnische Einrichtungen oder anderes, gehört demnach nicht zu diesem relativ abstrakt gefassten Gebäudezweck und unterfällt damit, auch wenn es fest installiert wird oder nicht zerstörungsfrei abgetrennt werden kann, dem Lieferbereich. **115**

Eine weitere Auslegungshilfe gibt der Katalog der Tätigkeiten im Bauwesen, der der Sektorenkoordinierungsrichtlinie als Anhang XI beigegeben ist. In diesem befinden sich nahezu ausschließlich die sogenannten „klassischen" Gewerke, nicht aber irgendwelche zusätzlichen Einrichtungen für spezifische Nutzerzwecke (Ausnahme: Telefonanlagen als Erstausrüstung). **116**

Nach § 1 a Nr. 2 VOB/A sind die Bestimmungen der a-Paragraphen für die EU-weite Ausschreibung auch dann anzuwenden, wenn eine Baumaßnahme aus nur einem Bauauftrag mit einem Auftragswert von mind. 200.000 € ohne Umsatzsteuer besteht, „bei dem die Lieferung so überwiegt, dass das Verlegen und Anbringen lediglich eine Nebenarbeit darstellt". Das sind z.B. reine Montageleistungen, bei denen nach dem Gesamtbild der ausgeschriebenen Leistung die Lieferung so im Vordergrund steht, dass die darüber hinaus erforderlichen Arbeiten nur als „Nebenprodukt" oder „Anhängsel" erscheinen.[55] **117**

Bauleistungen und Lieferungen dürfen parallel ausgeschrieben werden, wenn dadurch für die Bieter kein unzumutbarer Arbeitsaufwand bei der Angebotsausarbeitung entsteht.[56] **118**

2. Überschneidungen mit Lieferungen oder Dienstleistungen

Es steht dem öffentlichen Auftraggeber frei, den Inhalt eines öffentlichen Auftrags nach seinen Bedürfnissen und seinem Ermessen zu gestalten. Entscheidend ist ein Bedarf. Ein Gebot, den Inhalt eines Auftrags schematisch und jeweils ausschließlich nach einer der drei Kategorien „Bauten", „Lieferungen" und „Dienstleistungen" auszurichten, besteht nicht. Die einzige Grenze besteht in dem allen EG-Vergaberichtlinien immanenten Umgehungsverbot. Das bedeutet, dass ein Auftrag nicht mit einem anderen allein zu dem Zweck zusammengefasst werden darf, um einen der beiden oder beide damit der Anwendung des Vergaberechts, also einzelner Richtlinien bzw. Verdingungsordnungen zu entziehen. **119**

Hat ein Auftraggeber einen Auftragsgegenstand zu vergeben, der Bauleistungen mit Dienstleistungen oder mit Lieferungen oder beidem verbindet, der also beispielsweise Planungs- und Bauleistungen oder z.B. im EDV-Bereich Beratung und Lieferung enthält, stellt sich die Frage der anzuwendenden Verdingungsordnung, ob also die VOB/A, die VOL/A oder die VOF oder mehrere nebeneinander gelten. **120**

Für den Fall, dass Dienstleistungen in einem Vertrag mit Bauleistungen oder Lieferungen verbunden werden, gilt, dass nur eine bestimmte Vergaberichtlinie und damit auch nur eine bestimmte Verdingungsordnung anzuwenden ist – es muss also zwischen VOB/A, VOL/A oder VOF eine Entscheidung getroffen werden. **121**

---

55 VK Südbayern IBR 1999, 508.
56 VÜA Bund WuW 97, 937.

122 Für die Zuordnung eines solchen einheitlichen Vertrags zu einem bestimmten Bereich – Bau, Lieferung oder Dienstleistung – enthalten die Richtlinien keine allgemeine Regelung, wohl aber Bestimmungen für einzelne Mischfälle.

123 Beispielsweise können nach Art. 1 a BKR öffentliche Bauaufträge neben den eigentlichen Bauleistungen auch gleichzeitig die Planung von Bauvorhaben – das ist eine Dienstleistung – zum Gegenstand haben.

124 Umgekehrt erlaubt die DLR, die durch die VOF in deutsches Recht umgesetzt wird, in ihrem 16. Erwägungsgrund, einen Dienstleistungsvertrag, der Bauleistungen von untergeordneter Bedeutung enthält, also z.B. einen facility-management-Vertrag, einheitlich als Dienstleistungsauftrag auszuschreiben.

125 Auch Art. 1 LKR berücksichtigt gemischte Verträge mit der Formulierung, dass Lieferungen „auch Nebenarbeiten wie das Verlegen und Anbringen" umfassen können.

126 Die Entscheidung für eine bestimmte Verdingungsordnung ist bei Fällen der Verbindung von Bauleistungen und Lieferungen in einem Auftrag nach dem Wert des Anteils, der überwiegt, zu treffen.

127 Dasselbe gilt für die Verbindung von Bau- und Dienstleistungen in einem Auftrag.
Die Verdingungsordnung für Leistungen (VOL Teil A) ist dementsprechend anzuwenden, wenn bei einem gemischten Vertrag der Wert der Dienstleistungen den Wert der in den Auftrag einbezogenen Bauleistungen nicht übersteigt. Die Montage am Bau ist durch § 1 a Nr. 2 VOB/A geregelt.

128 Kontrovers wird die Frage diskutiert, ob ein bestimmtes Verhältnis zwischen einer Dienstleistung und der Bauleistung erforderlich ist, um eine Konzession als Dienstleistungs- oder als Baukonzession einzuordnen. Das hat erhebliche Konsequenzen, weil nach herrschender Auffassung eine Dienstleistungskonzession nicht ausschreibungspflichtig ist.[57]

129 Es stehen sich zwei Auffassungen gegenüber: Nach der hier vertretenen Auffassung kommt es darauf an, wo der Schwerpunkt der Leistungen liegt, welcher Anteil also überwiegt. Das entspricht der Regelungsmechanik der EG-Vergaberichtlinien. Die andere Auffassung meint, wenn nur ein Teil des Konzessionsgegenstands die Bauleistung sei, sei sie bereits Baukonzession.[58] Dies wird ausschließlich damit begründet, dass der EuGH in einer Entscheidung[59] feststellte, ein bestimmter Auftrag sei deshalb nicht Baukonzession, weil die Bauleistung nur einen untergeordneten Teil des Konzessionsinhalts ausmache. Daraus wurde der falsche Schluss gezogen, wenn die Bauleistung einen nicht untergeordneten Teil ausmache, handle es sich bereits um eine Baukonzession. Dafür gibt es aber keinerlei weitere Begründung, so dass die Argumentation abzulehnen ist.

130 Auch für den Werklieferungsvertrag, der Elemente des Werk- und des Kaufvertrags vereinigt, gilt seine Zuordnung zu § 99 Abs. 3 GWB, wenn der Erfolg der Herstellung des Gesamtbauwerks mit den vom Auftraggeber gewünschten Funktionen im Vordergrund steht, auch wenn Planung, Ausführung und Inbetriebnahme eine komplexe Gesamtleistung darstellen.[60]

3. Schwellenwert

131 Nach § 100 Abs. 1 GWB sind die EG-geprägten Vergabebestimmungen (und in der Konsequenz auch das Nachprüfungsverfahren) nur für die Vergabe der Aufträge anzuwenden, welche die Schwellenwerte erreichen oder überschreiten

---

57 Differenzierend: *Ullrich*, Dienstleistungskonzessionen und europäisches Vergaberecht ZVgR 2000, 85.
58 Z.B. *Marx*, in: *Motzke/Pietzcker/Prieß*, Beck'scher VOB-Kommentar VOB Teil A, § 99 GWB Rn 28.
59 EuGHE 1994 I 1329, NVwZ 1994, 990, EuZW 1994, 349 „Gestion Hoteleria International".
60 OLG Düsseldorf NZ Bau 2001, 106.

B. Entscheidungen vor Einleitung des Vergabeverfahrens (Weichenstellungen) § 4

Folgende Werte (jeweils ohne Mehrwertsteuer) sind zu beachten: **132**

Verdingungsordnung	VOB/A Abschnitt 2	VOB/A Abschnitt 3 und 4
Vorinformation über Aufträge, die für eine Vergabe heranstehen bzw. im Sektorenbereich „Regelmäßige Bekanntmachung"	750 000 €	5 000 000 €
		wenn Auftrag überwiegenden Montageanteil hat:
		keine Hervorhebung
Schwellenwert für die EU-weite Ausschreibung	200 000 €	5 000 000 €
		wenn Auftrag überwiegenden Montageanteil hat:
		kein Betrag, nur Umgehungsverbot, § 1b Nr. 3 oder § 1 SKR Nr. 3
Anteil der ausschreibungsfreien Teillose bei Auftragsteilung	20 % der Gesamtmaßnahme	
Höchstgrenze ausschreibungsfreier Teillose	1 000 000 €	

a) Schätzung

133 Maßgebender Zeitpunkt für die Schätzung des Gesamtauftragswertes ist nach § 3 Abs. 10 VgV der Tag der Absendung der Bekanntmachung der beabsichtigten Auftragsvergabe „oder die sonstige Einleitung des Vergabeverfahrens.[61] „Sonstige Einleitung" in diesem Sinne wäre die interne Entscheidung der Vergabestelle: Hat diese sich entschlossen, eine Ausschreibung durchzuführen, so ist der Zeitpunkt gekommen, zum Zwecke der Feststellung der einzuhaltenden Vorschriften das Auftragsvolumen zu berechnen.

134 Auf den tatsächlichen Verlauf der Ausschreibung kann es daher nicht ankommen, insbesondere nicht auf die Frage, in welcher Höhe die Angebote abgegeben worden sind.[62] Eine einmal eingeleitete Ausschreibung im Grenzbereich des Schwellenwertes wird nicht nachträglich zur EG-weiten oder umgekehrt.

135 Nur eine augenscheinlich der Umgehung der EG-Ausschreibungspflicht dienende niedrige Schätzung des Schwellenwertes könnte von einem Bieter theoretisch mit dem Argument angegriffen werden, dass ihm aufgrund der Zuordnung des Auftrags unter den Schwellenwert schlechtere Bedingungen der Angebotsabgabe gestellt sind als nach dem EU-Vergaberecht. Diese Rüge müsste nach § 107 Abs. 3 S. 2 GWB bis zur Angebotsabgabe oder Bewerbung vorgetragen werden.

b) Loseinteilung

136 Für die Anwendung von EG-Vergaberecht kann es entscheidend sein, ob ein Vorhaben den Schwellenwert nach § 1 a Nr. 1 Abs. 1 VOB Teil A erreicht. Dies kann wiederum von der Losaufteilung abhängen; § 1 b Nr. 5 VOB Teil A verbietet daher ausdrücklich, eine bauliche Anlage aufzuteilen, um sie der Anwendung der EG-Vorschriften zu entziehen.

137 Die Losaufteilung muss daher mit sachlichen Kriterien begründet werden. In Betracht kommen unter diesem Aspekt beispielsweise
- die zeitliche und örtliche Unterteilbarkeit eines Auftrags;
- die Abgrenzung der Maßnahme für das öffentlich-rechtliche Genehmigungsverfahren;

---

61 So schon vor Inkrafttreten der VgV: BayObLG ZVgR 2000, 177.
62 OLG Koblenz VRReport 8/2000, 3.

- die Beschreibung des Vorhabens im Verfahren der Finanzierung oder der Mittelbereitstellung;
- der Inhalt der Beschlussfassung durch die zuständigen Gremien.

138 Nach § 4 Nr. 2 VOB/A sollen umfangreiche Bauleistungen möglichst in Lose aufgeteilt und dann als Lose vergeben werden. § 4 Nr. 3 VOB/A schreibt vor, dass Bauleistungen verschiedener Handwerks- oder Gewerbezweige „in der Regel" nach Fachgebieten oder Gewerbezweigen getrennt zu vergeben seien.[63] Auch § 97 Abs. 3 GWB versucht, die Teilung von Aufträgen in Fach- und Teillose zu fördern, wobei diese Bestimmung die mittelständischen Interessen im Auge hat.[64]

139 Maßstab für die Bildung von Fachlosen sind nicht zwingend die Allgemeinen Technischen Vertragsbedingungen (ATV) der VOB/C, die eine strenge Aufteilung in verschiedene Gewerke aufweist. Bei der Aufteilung kann es sich um andere, z.B. traditionelle und regional bedingte Formen handeln.

140 Der Deutsche Verdingungsausschuss fasste in einem Beispiel für die Losaufteilung anhand der ATVen 5 Leistungsgruppen zusammen, nämlich
Gruppe 1: Vorbereitende Arbeiten und Rohbauarbeiten für Gebäude
Gruppe 2: Ausbauarbeiten
Gruppe 3: Raumbildende Konstruktionen aus Stahl, Aluminium, Holz und Glas
Gruppe 4: Technische Ausrüstung
Gruppe 5: Außenanlagen

141 Innerhalb dieser 5 Gruppen werden dann Untergruppen gebildet, wie z.B. in der Gruppe 1: Hier sind zunächst Erdarbeiten, der Baugrubenverbau, Schlitzwände und Spritzbetonarbeiten enthalten, dann als weitere Untergruppe der Rohbau, der Putz, das Dach. Die Gruppe 2 – Ausbauarbeiten – enthält im Beispiel des DVA die Untergruppen Boden, Fenster, Türen, Trockenbau usw.

142 Die Untergruppe Boden fasst wiederum Estrich, Fliesen, Werkstein, Boden und Parkett zusammen; für diese Bestandteile der Untergruppe gelten insgesamt 8 ATVen.

143 Die Untergruppen werden als Module bezeichnet, die im Einzelfall auch kombinierbar sind. Der DVA schlägt alternativ die Vergabe nach Leistungspaketen vor, in denen Fachlose gebündelt werden. Dadurch sei es möglich, fachübergreifend anzubieten, den Koordinierungsaufwand des Bauherrn zu minimieren und Synergieeffekte zu nutzen. Leistungspakete könnten auch eine bessere Anpassung an die Anforderungen ermöglichen. Die Vergabe aller Fachlose an einen Generalunternehmer führt dagegen nach Auffassung des DVA zu wirtschaftlich weniger günstigen Ergebnissen als die Vergabe nach Fachlosen oder nach Leistungspaketen.

144 Auch aus Sicht der Europäischen Gemeinschaft ist es sinnvoll, nicht jeden Kleinauftrag eines größeren Bauvorhabens EG-weit auszuschreiben. Aus diesem Grund werden nach § 1 a Nr. 1 Abs. 2 VOB/A Kleinaufträge, die zu einer EG-ausschreibungspflichtigen Gesamtmaßnahme gehören, ausgenommen. Dies ist aber nur dann möglich, wenn sie nicht 20 % des Gesamtvolumens überschreiten und wenn diese Aufträge tatsächlich geringen Umfang haben, also nicht den geschätzten Auftragswert von 1 Mio. € oder mehr überschreiten.

145 Bei der Zuordnung der Aufträge, die zu einem Gesamtvorhaben gehören, zu den ausschreibungspflichtigen 80 % oder der Restgruppe von 20 % ist der Auftraggeber frei. Selbst wenn er „versehentlich" einen Auftrag mit geschätztem Auftragswert unter 1 Mio. € EG-weit ausschreibt, obwohl bereits 85 % der Gesamtbaumaßnahme ausgeschrieben sind, unterliegt dieser nicht der Nachprüfung nach dem GWB.[65]

146 Der Auftragnehmer muss also nicht zunächst das Potential der 80 % ausschreibungspflichtigen Teilaufträge ausfüllen, um zu den ausschreibungsfreien zu kommen, sondern kann dies entsprechend

---

63 BGH BauR 1999, 736; WuW 1999, 655; NJW 2000, 137.
64 S. o. Rn 8.
65 KG BauR 2000, 1620.

seinem Wunsch vornehmen. Denkbar ist sogar, dass er die Zuordnung zu den 20 % bei einem Auftrag unter dem Wert von 1 Mio. € noch im Nachprüfungsverfahren vornimmt.

4. Aufträge unterhalb der Schwellenwerte

Aufträge unterhalb der Schwellenwerte sind, wie oben ausgeführt, nach den jeweiligen haushaltsrechtlichen Bestimmungen des Auftraggebers, also Bundeshaushaltsordnung, Haushaltsordnungen- oder Gesetze der Länder oder Gemeindehaushaltsvorschriften, zu vergeben, die zumeist die Anwendung der VOB/A vorschreiben.[66] In Betracht kommt auch die Eigenverpflichtung von nichtstaatlichen Auftraggebern durch interne Verwaltungsanweisungen, die Basisparagraphen anzuwenden oder die Bestimmung einer entsprechenden Auflage in Zuwendungsbescheiden. Gemeinden müssen mindestens ausschreiben.[67]

IV. Wahl des Vergabeverfahrens

Nach § 101 Abs. 1 GWB erfolgt die Vergabe von öffentlichen Liefer-, Bau- und Dienstleistungsaufträgen im Wege von Offenen Verfahren, Nichtoffenen Verfahren oder Verhandlungsverfahren.

Diese drei Verfahrenstypen haben bestimmte Besonderheiten und Gemeinsamkeiten, die in der nachfolgenden Übersicht gezeigt werden:

Verfahrensart/ Schritt	Offenes Verfahren	Nichtoffenes Verfahren	Verhandlungsverfahren
1	Bedarfsermittlung, Willensbildung		
2	ggf. Vorinformation		
3	Vorbereitung der Verdingungsunterlagen		
4		Bekanntmachung im EG-Amtsblatt	
	als Aufforderung zur Angebotsabgabe	als Aufforderung zur Abgabe von Teilnahmeanträgen	
5	–	Abgabe von Teilnahmeanträgen = Bewerbungen	
6		Auswahl unter den Bietern	
7	Versendung der Angebotsunterlagen		keine Verfahrensvorschriften = freie Verhandlungen
8	Angebotsbearbeitung		
9	Angebotsabgabe = Submissionstermin		
10	Prüfung und Wertung der Angebote		
11	Vorabinformation		
12	Zuschlag		
12a	anderweitige Beendigung		
14	Mitteilungen/Informationen		

Die Übersicht zeigt, dass die Verfahrensschritte zu Beginn und am Ende aller 3 Vergabeverfahren gleich sind.

Die wichtigste Charakteristik des Offenen gegenüber den zwei übrigen Verfahren besteht darin, dass das offene Verfahren sofort zur Angebotsbearbeitung führt, während die beiden anderen Verfahren zunächst der Auswahl von Teilnehmern, also der Bewerbung dienen. Erst nach dieser Auswahl

---

66 Z.B. in Baden Württemberg: VGH Mannheim NJW-RR 1988, 1045 und Nichtannahmebeschluss BVerwG NVwZ-RR 1989, 377; im Einzelnen: *Burmeister*, Die Bindung der Gemeinden an die VOB, 1989.
67 OVG Lüneburg NVwZ 1999, 1128 zu § 32 NdsGemHVO.

werden im Nichtoffenen Verfahren die Angebotsunterlagen versandt; es folgt dann den gleichen Verfahrensschritten wie das offene Verfahren.

152 Vom Nichtoffenen Verfahren weicht das Verhandlungsverfahren lediglich in dem Punkt ab, dass keine förmliche Angebotsstufe mehr stattfindet, sondern freie Verhandlungen zwischen dem Auftraggeber und den ausgewählten Bewerbern. Diese Phase der Angebotsformulierung, der Abgabe und der Prüfung und Wertung ist formfrei und wird als die eigentliche „Verhandlung" bezeichnet.

153 Weiter unterscheiden sich die Verfahren in ihrem Zeitbedarf, da für die jeweiligen Verfahrensschritte verschiedene Mindestfristen eingehalten werden müssen.

154 Mindestfristen im Offenen und Nichtoffenen Verfahren, bemessen nach Kalendertagen

Verfahrensart/Schritt	Offenes Verfahren	Nichtoffenes und Verhandlungs-Verfahren	Beschleunigtes Verfahren (Variante des Nichtoffenen Verfahrens)
Bewerbungsfrist	(keine Bewerbungsstufe)	37	15
Angebotsfrist (Normalfall)	52	40	10
Angebotsfrist nach qualifizierter Vorinformation	generell 26 nicht unter 22	26	10

155 Das bedeutet, dass eine längerfristige Planung eines Vorhabens mit kürzeren Fristen begünstigt wird.

156 Im Verhandlungsverfahren mit vorheriger Vergabebekanntmachung ist nur die Bewerbungsfrist mit 37 bzw. (beschleunigt) 15 Kalendertagen, § 18 a Nr. 3 VOB/A.

1. Offenes Verfahren

157 Gemäß § 101 Abs. 2 GWB werden beim Offenen Verfahren eine unbeschränkte Anzahl von Unternehmen öffentlich zur Abgabe von Angeboten aufgefordert. Nach § 101 Abs. 5 S. 1 GWB müssen öffentliche Auftraggeber das Offene Verfahren anwenden,[68] es sei denn, einer der nachfolgend dargestellten Ausnahmetatbestände liegt vor.

2. Nichtoffenes Verfahren

158 Das Nichtoffene Verfahren ist gemäß § 101 Abs. 5 S. 1 GWB nur in Ausnahmen anzuwenden. Diese Rangfolge wird allerdings nicht von der EG-Baukoordinierungsrichtlinie vorgegeben; diese knüpft vielmehr lediglich in Art. 7 die Anwendung des Verhandlungsverfahrens – ob mit oder ohne Vergabebekanntmachung – an verschiedene, eng gefasste Ausnahmetatbestände.

159 Die Einschränkung der Wahlfreiheit zwischen Offenem und Nichtoffenen Verfahren durch § 101 Abs. 5 S. 1 GWB beruht daher nicht auf EG-Vergaberecht. Die Wirksamkeit der Einschränkung ist damit jedenfalls gegenüber nicht staatlichen Auftraggebern im Hinblick auf die Gesetzgebungskompetenz des Art. 74 Nr. 11 GG fraglich.

160 Nach § 3 a Nr. 3 VOB/A kann das Nichtoffene Verfahren nach Aufhebung eines Offenen oder Nichtoffenen Verfahrens angewendet werden, soweit nicht das Verhandlungsverfahren zulässig ist.

---

68 VÜA Bund WuW 1997, 937.

B. Entscheidungen vor Einleitung des Vergabeverfahrens (Weichenstellungen) § 4

Die folgenden Fallgestaltungen beruhen auf der Verweisung von § 3a Nr. 3 auf § 3 Nr. 3 VOB/A und regeln verschiedene Fälle des „klassischen" Vergaberechts: 161
1) Übermäßiger Aufwand einer öffentlichen Ausschreibung.
2) Eine öffentliche Ausschreibung hatte kein annehmbares Ergebnis und wurde deshalb aufgehoben.
3) Unzweckmäßigkeit der öffentlichen Ausschreibung z.B. wegen Dringlichkeit oder Geheimhaltung.
4) Beschränkter Kreis von befähigten Bietern.
5) Die Angebotsbearbeitung ist außergewöhnlich aufwendig.

Diese Fälle sind in § 3 Nr. 3 Abs. 1 und Abs. 2 VOB/A aufgeführt. Ihre Systematik deckt sich nicht mit dem EG-Vergaberecht und weist auch Brüche in Bezug auf die Basisparagraphen auf. Beispielsweise kann auf die beschränkte Ausschreibung zugegriffen werden, wenn eine öffentliche Ausschreibung „kein annehmbares Ergebnis" gehabt hat; das kann im Grunde nur bedeuten, dass die erste Ausschreibung aufgehoben worden ist; das Fehlen eines annehmbaren Angebots aber ist in § 26 VOB/A nicht als Aufhebungsgrund genannt. 162

Weiterhin enthält die Bestimmung in den Abs. 1 und 2 verschiedene Verfahren, nämlich die einfachere „beschränkte Ausschreibung" einerseits und andererseits die „beschränkte Ausschreibung nach öffentlichen Teilnahmewettbewerb". Das „Nichtoffene Verfahren" aber kann von seinem Aufbau nur dem letzteren gleichgestellt sein. 163

In der Praxis wird das Nichtoffene Verfahren dann gewählt, wenn die Vergabe dringlich geworden ist; dann kommt die unten ausgeführte beschleunigte Variante des Nichtoffenen Verfahrens in Betracht; ein weiterer Grund für die Anwendung des Nichtoffenen Verfahrens liegt für viele Auftraggeber darin, dass für bestimmte, hoch qualifizierte Leistungen nur ein kleinerer Kreis an Bietern in Betracht kommt, der im Teilnahmewettbewerb, also bei der Auswahl der Bewerber bereits vorgeprüft wird. 164

So können von vornherein solche Bewerber ausgefiltert werden, die die geforderten Mindestqualifikationen nicht vorweisen können. Ihnen wird zugleich der Aufwand eines aussichtslosen Angebots erspart.[69] Weiterhin kann bereits in diesem Stadium unter den Bewerbern ausgewählt werden. 165

Für die Auswahl unter den Bewerbern im Nichtoffenen Verfahren sieht das Gesetz ebensowenig wie die VOB/A Auswahlkriterien über die des § 8 VOB/A hinaus vor. Der als Bewerbungsverfahren vorgeschaltete öffentliche Teilnahmewettbewerb ist nicht Bestandteil des förmlichen Vergabeverfahrens, sondern dient vorrangig der Information des Auftraggebers über die Marktverhältnisse. Der Auftraggeber muss dann seine Auswahl nach pflichtgemäßem Ermessen vornehmen. Dabei darf er auch eigene negative Erfahrungen mit einem Bewerber einbeziehen, ebenso Hinweise von anderen öffentlichen Auftraggebern.[70] Bei dieser Auswahl darf auf Referenzen Bezug genommen werden; es darf auch bestimmt werden, dass jeder Bewerber nur eine gewisse Anzahl an Referenzen vorlegen darf.[71] 166

Die Vergabestelle ist nicht gezwungen, jeden geeigneten Bewerber zur Angebotsabgabe aufzufordern, wenn sie eine zulässige Begrenzung auf eine bestimmte Bewerberanzahl vorgenommen hat, kann es dazu kommen, dass Bewerber, die an sich geeignet sind, ausgeschieden bzw. nicht zur Angebotsabgabe aufgefordert werden. 167

Nach § 8a Nr. 2 S. 1 VOB/A müssen beim Nichtoffenen Verfahren mindestens 5 Bewerber zur Angebotsabgabe aufgefordert werden, wobei Voraussetzung ist, dass sich so viele Firmen gemeldet haben. 168

---

69 OLG Düsseldorf BauR 1990, 596: lässt der Auftraggeber einen aussichtslosen Bieter teilnehmen, schuldet er ihm Schadensersatz.
70 OLG Naumburg, Beschl. v. 10.8.2000, Az. 1 Verg 5/00.
71 OLG Celle, Beschl. v. 14.3. und 14.4.2000, Az. 13 Verg 2/00.

3. Beschleunigtes Verfahren als Variante des Nichtoffenen Verfahrens

169 Als Variante des Nichtoffenen ist das „beschleunigte" Verfahren im Sinne von § 18 a Nr. 2 Abs. 1 S. 1 2. Alt. bzw. Abs. 2 S. 1 2. Alt. VOB/A möglich. Die „besondere Dringlichkeit" ist hier nicht so streng wie beim Verhandlungsverfahren zu sehen.

170 Der Europäische Gerichtshof hat in zwei Vertragsverletzungsverfahren Anhaltspunkte dafür gegeben, dass er das beschleunigte Verfahren auch dann toleriert, wenn der Zeitdruck vom Auftraggeber vorhersehbar war. In den entschiedenen Fällen – Bau eines Universitätsgebäudes,[72] Lawinensicherung entlang der Brenner-Autobahn in Südtirol[73] – war der Zeitdruck durch zu späte Vorbereitung der Ausschreibung vom Auftraggeber verschuldet.

171 Die radikale Verkürzung der Mindestfrist im beschleunigten Verfahren sollte dennoch soweit möglich vermieden werden, da sie immer den Geruch der Manipulation mit sich bringt und ein Angebot möglichst nicht unter Zeitdruck kalkuliert und ausgearbeitet werden sollte.

4. Verhandlungsverfahren nach öffentlicher Vergabebekanntmachung

172 Verhandlungsverfahren sind Verfahren, bei denen sich der Auftraggeber mit oder ohne vorherige öffentliche Aufforderung zur Teilnahme an ausgewählte Unternehmen wendet, um mit einem oder mehreren über die Auftragsbedingungen zu verhandeln, § 101 Abs. 4 GWB.

173 Im Verhandlungsverfahren besteht für die Bieter Gelegenheit, ihr Angebot zu revidieren, neu durchzukalkulieren und – je nach ihren Möglichkeiten – an das ihrer Konkurrenten anzupassen. Dazu ist Voraussetzung, dass der Preis der Konkurrenten bekannt ist. Dementsprechend muss der Auftraggeber alle Bieter, die „noch im Rennen" sind, über die Preise der Konkurrenten informieren. Versäumt er dies gegenüber einem Bieter, verletzt er das Prinzip der Chancengleichheit.[74]

174 Will der öffentliche Auftraggeber im Anschluss an eine aufgehobene Ausschreibung ein Verhandlungsverfahren unter Berufung auf § 3 a Nr. 5 a VOB/A durchführen, so muss er im Streitfall darlegen und beweisen, dass die Voraussetzungen dieser Ausnahmevorschrift auch tatsächlich vorliegen.[75]

5. Verhandlungsverfahren ohne öffentliche Vergabebekanntmachung

175 Das Verhandlungsverfahren ohne öffentliche Vergabebekanntmachung ist völlig formlos und entspricht am ehesten der Praxis privater Unternehmen, die ihre Einkäufe ohne jedes Vergabeverfahren erledigen.

176 In diesem Verfahren hat der Bieter keinerlei Rechte außerhalb derer, die sich aus dem EG-Vertrag ergeben. Aus diesem Grund schränkt schon die Baukoordinierungsrichtlinie in Art. 7 Abs. 3 und in der Umsetzung § 3 a Nr. 5 VOB/A die Voraussetzungen für das Verhandlungsverfahren sehr stark ein. Es handelt sich um extreme Ausnahmen. Die ersten beiden beziehen sich auf vorausgegangene, aber gescheiterte Vergabeverfahren. Das erste gibt dem Auftraggeber die Möglichkeit, wenn kein annehmbares Angebot vorliegt, er die Verdingungsunterlagen unverändert belässt und mit allen Bietern des vorausgegangenen Verfahrens, die geeignet sind, verhandelt. Auch dieser Fall des Übergangs in ein anderes Verfahren ist in § 26 VOB/A nicht geregelt. Man könnte aus diesem Fehlen eines Tatbestands schließen, dass eine Regelungslücke besteht; ein anderer Schluss geht dahin, dass für diesen Übergang in das Verhandlungsverfahren eine Aufhebung gar nicht erforderlich ist.

---

72 EuGH EWS 1993, 333 ff. „Complutense"; hierzu: *Schabel*, BauR 1992, 574.
73 EuGHE 1993, 4655 „ d'Isarco"; zu streng *Müller-Wrede*, Kommentar zur VOF, § 14 Rn 6.
74 KG, Beschl. v. 31.5.2000, Az. KartVerg 1/00.
75 VK Sachsen-Anhalt, Beschl. v. 13.3.2000 – VK Hal 03/00.

Ein weiterer Ausnahmefall liegt vor, wenn die Bauarbeiten aus technischen oder künstlerischen Gründen oder aufgrund gewerblicher Schutzrechte nur von einem einzigen Unternehmer ausgeführt werden können. In einem solchen Fall ist eine Ausschreibung allerdings auch schon aus logischen Gründen ausgeschlossen.

177

Der Tatbestand der „Dringlichkeit der Leistung" als Motiv für den Verzicht auf eine Ausschreibung ist mit weiteren kumulativ zu prüfenden Voraussetzungen belastet: Die Dringlichkeit
- muss aus zwingenden Gründen entstanden sein;
- sie darf vom Auftraggeber nicht verursacht worden sein und
- sie durfte für ihn auch nicht vorhersehbar gewesen sein.

178

Drei weitere Ausnahmefälle betreffen Erweiterungen, Wiederholungen oder Zusatzleistungen eines bereits bestehenden Vertrags. Insbesondere Zusatzleistungen werden häufig an einen bestehenden Vertrag angehängt; beispielsweise wird einem Brückenbauwerk ein weiterer Treppenzugang angefügt, nachdem der Auftrag schon erteilt ist.

179

Im Bauvertrag wird eine solche Zusatzleistung als „Nachtrag" gemäß § 2 Nr. 5 und 6 VOB/B behandelt,[76] die Vergabe selbst ist im Verhandlungsverfahren dann zulässig, wenn die Leistung sich nicht vom Hauptauftrag abtrennen lässt und wenn sie nicht einen Umfang von mehr als 50 % des Hauptauftrages annimmt.

180

6. Baukonzession

Die Vergabe einer Baukonzession gibt dem Konzessionär das Recht, die von ihm in eigener Regie errichtete bauliche Anlage zu nutzen, das heißt, wie ein Eigentümer damit zu verfahren. Der Konzessionär kann also aus seiner Konzession heraus Gebühren oder Entgelte für die Benutzung verlangen. Diese Entgelte sind das Motiv des Konzessionärs, während er für die Errichtung des Bauwerks keine Gegenleistung erhält. Damit werden öffentliche Baukonzessionen anderen Vergabebedingungen als reine Bauaufträge unterworfen; nach §§ 32 und 32 a VOB/A gilt ein einfacheres Vergabeverfahren.

181

7. Künftige Regelungen für besonders komplexe öffentliche Aufträge

Die Europäische Kommission beabsichtigt, die drei EG-Vergaberichtlinien BKR, LKR und DKR zu einer einzigen Richtlinie zusammenzufassen. Aus diesem Anlass wird auch über ein weiteres Vergabeverfahren für komplexe öffentliche Aufträge nachgedacht. In der bisherigen Diskussion wurde dies als „wettbewerblicher Dialog" bezeichnet. Das Verfahren ist im Richtlinienvorschlag der Kommission[77] folgendermaßen ausgestaltet: Das Verfahren wird eingeleitet wie ein Nichtoffenes oder ein Verhandlungsverfahren mit Teilnahmeanträgen und einer Auswahl aus den Bewerbern. Mit den ausgewählten Bewerbern verhandelt der Auftraggeber über die Mittel und die Lösungen, mit denen seine Anforderungen erfüllt werden können. Erst nach dieser Diskussion werden die Verdingungsunterlagen erstellt und die Bewerber werden zur Angebotsabgabe aufgefordert. Damit werden die Leistungsanforderungen nicht vom Auftraggeber einseitig vor Einleitung des Vergabeverfahrens formuliert, sondern im Zwischenstadium zwischen dem Teilnahmewettbewerb und der Angebotsbearbeitung von allen Beteiligten gemeinsam.

182

Ob diese Arbeitsmethode bei Bauleistungen überhaupt in Betracht kommt, scheint fraglich, da Bauaufgaben in der Regel nicht zur Ausschreibung gelangen, wenn sie nicht auf bestehende Techniken zurückgreifen können, nach denen die Ausschreibung zu formulieren wäre. Gegen das Verfahren

183

---

76 Näher: *Schabel/Lehmann*, VOB/B leicht gemacht, 2. Aufl. 2000, Rn 367 ff.
77 Vorschlag für eine Richtlinie des Europäischen Parlamentes und des Rates für die Koordinierung der Verfahren zur Vergabe öffentlicher Lieferaufträge, Dienstleistungsaufträge und Bauaufträge vom 10.5.2000, KOM (2000) 275 endgültig 2000/0115 (COO).

werden außerdem erhebliche Bedenken geäußert, da die Teilnehmer gegenüber ihren Konkurrenten zur Offenlegung ihrer spezifischen Fähigkeiten, Rechte und Kapazitäten veranlasst sind.[78]

8. Vergaben unterhalb der Schwellenwerte

184 Für Auftragsvergaben unterhalb der Schwellenwerte bzw. solche Aufträge, die in das 20 % Potential nach § 1 a Nr. 1 Abs. 2 VOB/A fallen, gelten die Basisparagraphen. Sie stellen in Entsprechung zum Offenen, Nichtoffenen und Verhandlungsverfahren die öffentliche Ausschreibung, die beschränkte Ausschreibung und die freihändige Vergabe zur Verfügung. Darüber hinaus gibt es noch weitere Varianten aus dem traditionellen Verdingungswesen, nämlich die besonderen Vertragstypen des § 5 Nr. 2 und 3 VOB/A, also Stundenlohnvertrag, Selbstkostenerstattungsvertrag, sowie nach § 6 Nr. 2 das Aufgebots-/Abgebotsverfahren. Die beiden Vertragstypen des § 5 Nr. 2 und 3 werden sehr selten angewandt, insbesondere nach dem Wegfall der Baupreisverordnung.[79]

185 Im Auf- und Abgebotsverfahren erhalten die Anbieter eine Liste von möglicherweise anfallenden Leistungspositionen, also einen Katalog, der bereits mit Preisen versehen ist. Die Bieter können dann ihr Angebot mit einem Abschlag oder einem Aufschlag auf diese vorgegebenen Preise abgeben. Solche Verträge sollen zwar nur in Ausnahmefällen vereinbart werden, sind aber im Bereich von Instandsetzungs- und Unterhaltsarbeiten sehr häufig. Üblicherweise werden sie nach ihrem zeitlichen Zuschnitt als „Jahresverträge" bezeichnet.

186 In marginalen Bereichen können öffentliche Auftraggeber, die an die Einhaltung der VOB/A gebunden sind, Bauleistungen freihändig durch „Bestellschein", also ein einseitiges Auftragsschreiben, ohne weiteres Vergabeverfahren in Auftrag geben.

9. Übersicht

187 Es ergibt sich folgende Übersicht der Vergabeverfahren:

Norm	Auftragswert	Verfahren
oberhalb Schwellenwert		
Grundsatz, § 101 Abs. 5 S. 2 GWB= Regelverfahren	Wert der Gesamtmaßnahme oder des Einzelauftrags (**5 Mio. €**); wenn Gesamtmaßnahme über 5 Mio. € in Lose aufgeteilt: 1 Mio € pro Los oder jedes Los unter diesem Wert, soweit es im 80%-Potential liegt	Offenes Verfahren
Ausnahme, § 3a Nr. 3 VOB/A		Nichtoffenes Verfahren
Ausnahme, § 3a Nr. 3 VOB/A		Verhandlungsverfahren mit Vergabebekanntmachung
Ausnahme, § 3a Nr. 3 VOB/A		Verhandlungsverfahren ohne Vergabebekanntmachung
§ 32a VOB/A		Baukonzessionen
unterhalb der Schwellenwerte		
Regelverfahren § 3 Nr. 2 VOB/A	Wert unterhalb 5 Mio. €	Öffentliche Ausschreibung
§ 3 Nr. 3 Abs. 1 VOB/A	und, wenn Gesamtmaßnahme über 5 Mio. € Auftragswert hat: Teillose mit Wert unter 1 Mio. €, die im 20%-Potential liegen	Beschränkte Ausschreibung ohne Teilnahmewettbewerb
§ 3 Nr. 3 Abs. 2 VOB/A		Beschränkte Ausschreibung mit Teilnahmewettbewerb
§ 3 Nr. 4 VOB/A		Freihändige Vergabe
§ 5 Nr. 2 VOB/A		Stundenlohnvertrag
§ 5 Nr. 3 VOB/A		Selbstkostenerstattungsvertrag
§ 6 Nr. 2 VOB/A		Auf- und Abgebotsverfahren (z. B. „Jahresverträge")
§ 32 VOB/A		Baukonzessionen

---

[78] Näher: *Paetzold*, Der wettbewerbliche Dialog, ZVgR 2000, 191; *Rust*, Verhandlungsverfahren für komplexe Aufträge, AHO-Informationen 1/2001, 46.

[79] Verordnung PR Nr. 1/72, aufgehoben BGBl I 1999, 149.

B. Entscheidungen vor Einleitung des Vergabeverfahrens (Weichenstellungen) § 4

10. Spezielle Vergabeverfahren der Sektorenauftraggeber

Nach § 3 b und § 3 SKR VOB/A stehen Sektorenauftraggebern wie sonstigen öffentlichen Auftraggebern die drei „klassischen" Formen Offenes, Nichtoffenes und das Verhandlungsverfahren zur Verfügung. Eine Rangfolge unter diesen stellt die VOB/A im Abschnitt 4 nicht auf, so dass die Auftraggeber im Sinne von § 7 Abs. 2 VgV zwischen den Verfahren frei wählen können, wenn sie mindestens einen Wettbewerbsaufruf bekannt geben. 188

Dies ergibt sich aus § 101 Abs. 5 S. 2 GWB mit der Einschränkung, dass die drei Verfahren denjenigen Auftraggebern, „die nur unter § 98 Nr. 4 fallen", nach ihrer freien Wahl zur Verfügung stehen. 189

Für beide Gruppen der Sektorenauftraggebern, also auch die im Sinn von § 7 Abs. 1 VgV, gibt es aber weitere Vergabeformen. Das ist der Rahmenvertrag, der zwar ausgeschrieben werden muss, den Auftraggeber aber erst nach Abruf der einzelnen Teilleistungen verpflichtet, sowie zwei besondere Vorverfahren, durch die der geforderte Wettbewerbsaufruf erfüllt wird, mit dem dann aber bereits die europarechtlichen Vorgaben erfüllt sind, nämlich die Regelmäßige Bekanntmachung mit Wettbewerbsaufruf und das Präqualifikationsverfahren. 190

a) Regelmäßige Bekanntmachung mit Wettbewerbsaufruf

Eine wichtige Alternative zum terminlich und technisch schwierigen Offenen Verfahren ist der Wettbewerbsaufruf durch eine regelmäßige Bekanntmachung, § 17 b Nr. 3 bzw. § 8 SKR Nr. 3 VOB/A. Unabhängig von der konkreten Vergabe müssen Sektorenauftraggeber ohnehin ihre beabsichtigten Auftragsvergaben haushaltsjährlich als „regelmäßige Bekanntmachung" veröffentlichen. Diese entspricht der in § 17 a Abs. 1 VOB/A vorgeschriebenen „Vorinformation". Interessierte Unternehmen sollen so frühzeitig auf zu erwartende Aufträge bzw. Projekte hingewiesen werden, ohne dass damit bereits eine vertragliche Bindung eingegangen wird. 191

Diese regelmäßige Bekanntmachung kann mit dem Wettbewerbsaufruf verknüpft werden mit der Folge, dass ein weiterer Wettbewerbsaufruf entbehrlich ist und der öffentliche Auftraggeber unter verschiedenen Interessenten den ihm angenehmen Auftragnehmer heraussuchen kann. Damit bringt die regelmäßige Bekanntmachung als Wettbewerbsaufruf einen deutlichen verfahrenstechnischen Vorteil. Die zu beschaffenden Waren müssen bereits mit einiger Genauigkeit beschrieben werden, damit die Bekanntmachung als Wettbewerbsaufruf dienen kann. 192

Interessierte Firmen melden sich nach Veröffentlichung der Bekanntmachung beim Auftraggeber und bekunden ihr Interesse. Dieser hat die Meldungen entgegenzunehmen und zu registrieren. Bevor für die konkrete Auftragserteilung mit der Auswahl der Bieter oder Teilnehmer an der Verhandlung begonnen wird, muss der Auftraggeber auf der Grundlage genauerer Angaben über den Auftrag alle (registrierten) Bieter auffordern, ihr Interesse zu bestätigen, falls dieses fortbesteht, § 17 b Nr. 2 Abs. 3 c) und § 8 SKR Nr. 3 c) VOB/A. Diese Aufforderung muss spätestens innerhalb von zwölf Monaten nach der Veröffentlichung der Bekanntmachung erfolgen; wird diese Frist überschritten, ist die Wirkung der Bekanntmachung erloschen. Besteht die Vergabeabsicht weiter, muss dann das Verfahren neu aufgenommen oder die Vergabe in einer anderen Form durchgeführt werden. Ist die Jahresfrist dagegen eingehalten, so verläuft das weitere Vergabeverfahren als Nichtoffenes oder Verhandlungsverfahren ohne Wettbewerbsaufruf entsprechend den dafür geltenden Vorschriften. 193

b) Präqualifikationsverfahren („Prüfverfahren")

Eine weitere Abweichung zugunsten der Sektorenauftraggeber von den strengen Verfahrensvorschriften der Baukoordinierungsrichtlinie bzw. deren Umsetzung in die „A-Paragraphen" der VOB Teil A stellt das in § 8 b Nr. 5 VOB/A bzw. § 5 Nr. 5 SKR VOB/A grob umrissene Präqualifikationsverfahren dar. Dieses Verfahren soll der Vereinfachung und insbesondere Beschleunigung der Vergabeverfahrens für Sektoren-Auftraggeber dienen. 194

195 Die Eignungsprüfung der Bieter wird hier nicht auf die einzelne, sondern auf eine Vielzahl von Vergaben für einen längeren, vorher festgelegten Zeitraum ausgerichtet. Dadurch wird eine wesentliche Stufe im Vergabeverfahren eingespart; dennoch ist den Geboten des EWG-Vertrags bzw. der Sektorenrichtlinie – Transparenz, Abbau nationaler Beschränkungen, Förderung der Freizügigkeit und Niederlassungsfreiheit – dadurch Rechnung getragen, dass die Einleitung eines Präqualifikationsverfahrens durch eine besondere Bekanntmachung im EG-Amtsblatt veröffentlicht wird. Jedes interessierte Unternehmen aus einem Mitgliedsstaat der EG kann sich dann den angekündigten Prüfungen unterziehen; die erfolgreichen Unternehmen werden beim jeweiligen öffentlichen Auftraggeber in einer Liste geführt, auf die dieser in einem vereinfachten Vergabeverfahren zurückgreifen wird.

196 Das Präqualifikationsverfahren ist in § 8 b Nr. 5 ff. VOB/A bzw. § 5 SKR Nr. 5 VOB/A als ein „Prüfsystem" eingerichtet worden. Das Prüfsystem kann in verschiedenen Qualifikationsstufen bestehen. Die Kriterien müssen selbst zwar objektiv sein, können vom Auftraggeber aber unter verschiedenen denkbaren ausgewählt werden. Sie müssen jeweils in Bezug zu geeigneten europäischen Normen stehen, falls solche einschlägig sind; dieser Bezug ist jeweils zu aktualisieren. Den auszuwählenden Unternehmen müssen die gleichen administrativen, technischen und finanziellen Verpflichtungen auferlegt werden, wie dies bei anderen Auftragsvergaben gehandhabt wird, also keine strengeren Kriterien; „Doppelnachweise", also solche, die sich mit bereits vorliegenden objektiven Nachweisen überschneiden, dürfen ebenfalls nicht gefordert werden.

197 Das Verfahren der Präqualifikation beginnt mit der Bekanntmachung des Prüfsystems im Amtsblatt der Europäischen Gemeinschaft nach dem jeweils der VOB/A Abschnitt 3 und 4 angefügten Muster Anhang D. Die Qualifizierungsregeln und -kriterien (sowie später deren Fortschreibung) werden daraufhin den interessierten Unternehmern, die sich gemeldet haben, übermittelt. Diese reichen dann eine Präsentation ihrer Qualifikationen ein, die in der Folgezeit vom öffentlichen Auftraggeber geprüft werden. Diese Prüfung muss innerhalb einer angemessenen Frist stattfinden; das Ergebnis ist den Unternehmen mitzuteilen. Kann die Prüfung nicht innerhalb von sechs Monaten nach Eingang des Prüfungsantrags abgeschlossen werden, so muss bereits innerhalb von zwei Monaten danach auf die längere Bearbeitungsdauer hingewiesen werden. Erfüllen interessierte Unternehmen die Kriterien nicht, so werden sie ausgeschieden; die Ablehnungsentscheidung ist zu begründen und mitzuteilen.

198 Sodann ist eine Liste der als qualifiziert anerkannten Unternehmer aufzustellen, die gegebenenfalls nach Fachgebieten untergliedert werden kann. Soll später eine Qualifikation aufgrund neuer Informationen aberkannt werden, muss dem betroffenen Unternehmer im Voraus schriftlich unter Angabe der Gründe diese Absicht mitgeteilt werden.

c) Rahmenvereinbarung

199 Die „Rahmenvereinbarung" ist ein Vertrag zwischen einem Sektorenauftraggeber und einem oder mehreren Lieferanten oder Unternehmen, in dem die Bedingungen für künftige Aufträge während eines bestimmten Zeitraums festgelegt sind; dies soll insbesondere Preis und Auftragsumfang betreffen.

200 Für diese Rahmenvereinbarung bestehen besondere, in §§ 5 b VOB/A bzw. § 4 SKR VOB/A festgelegte Vergabebedingungen. Der Wettbewerb darf aber nicht durch die in Anspruchnahme der Rahmenübereinkünfte verhindert, eingeschränkt oder verfälscht werden.

201 Für den Abschluss einer Rahmenvereinbarung ist der gesamte Wert der mit Hilfe der Rahmenvereinbarung zu vergebenden Leistungen zur Berechnung des Schwellenwerts heranzuziehen. Sie sind in einem Verfahren nach § 3 b Nr. 1 VOB/A oder § 3 SKR Nr. 2 VOB/A auszuschreiben und abzuschließen. Erst danach kann der Einzelauftrag ohne weiteren Wettbewerbsaufruf frei vergeben werden.

B. Entscheidungen vor Einleitung des Vergabeverfahrens (Weichenstellungen) § 4

d) Übersicht

Es ergibt sich folgende Übersicht über Art und Ablauf der besonderen Vergabearten im Sektorenbereich: **202**

Schritt	Rahmenvereinbarung	Präqualifikationsverfahren	Regelmäßige Bekanntmachung mit Wettbewerbsaufruf
1	Bekanntmachung im EG-Amtsblatt		
	nach Muster A, B oder C	nach Muster D	nach Muster E
2	Meldung der		
	Bieter	Bewerber	Interessenten
3	Übersendung der		Registrierung der Interessenten beim Auftraggeber
	Vergabeunterlagen an die Bieter	Teilnahmekriterien an die Bewerber	
4	soweit Nichtoffenes oder Verhandlungsverfahren: Prüfung der Eignung	Prüfung der Qualifikation	Nachfrage zur Bestätigung des Interesses des Interessenten
	Bekanntmachung im EG-Amtsblatt		
5	Angebotsverfahren, Prüfung und Wertung Abschluss der Rahmenvereinbarung	Erstellung und Fortschreibung eines Verzeichnisses qualifizierter Teilnehmer	Liste der weiterhin interessierten Unternehmen
6	Vereinbarung der konkreten Leistung durch		
	Abruf einer Einzelleistung	Angebotseinholung und Vertragsschluss mit einem Teilnehmer	Angebotseinholung und Vertragsschluss mit einem Interessenten
	In der VOB/B keine Begrenzung	Höchstdauer 3 Jahre; Verlängerung möglich	Höchstdauer 1 Jahr

V. Vorinformation, Regelmäßige Bekanntmachung

Nach § 17 a Nr. 2 VOB/A sollen öffentliche Auftraggeber mindestens einmal jährlich globale Ankündigungen ihrer Beschaffungsvorhaben nach Muster Anhang D im EU-Amtsblatt veröffentlichen, wenn der voraussichtliche Auftragswert 750 000 € überschreitet. Diese Vorinformation dient der Europäischen Gemeinschaft für ihre statistischen Zwecke; zum anderen soll sie interessierte Anbieter auf die künftige Ausschreibung aufmerksam machen und diesen die Möglichkeit geben, sich auf diese vorzubereiten. **203**

Der Auftraggeber wird für die Vorinformation damit „belohnt", dass er die Angebotsfrist bis auf 22 Kalendertage verkürzen kann, wenn der Auftrag dann später ausgeschrieben wird. Dies steht aber unter der Voraussetzung, dass die Vorinformation qualifiziert im Sinn von § 18 a Nr. 1 und Nr. 2, jeweils Abs. 2 VOB/A ist, also schon alle Merkmale der späteren Ausschreibung erfüllt, dass sie im Ausschreibungsjahr und mindestens 52 Tage vor der Ausschreibung veröffentlicht worden ist. **204**

An einer durch Vorinformation angekündigten Beschaffung muss der Auftraggeber aber nicht festhalten, wenn sich in der Zwischenzeit die Verhältnisse geändert haben. Die Vorinformation ist im Übrigen nicht zwingend nötig; denkbar ist auch, dass ein Bedarf neu und zeitnah entsteht, ohne dass **205**

Schabel 529

der Vorlauf der Vorinformation den späteren Bietern noch etwas nutzen könnte. Die Fristenvergünstigung darf aber nicht ohne vorausgegangene Vorinformation in Anspruch genommen werden.[80]

206 Im Bereich der Sektorenauftraggeber wird die Vorinformation als „Regelmäßige Bekanntmachung" bezeichnet, § 17 b Nr. 2 Abs. 1 und 2, § 8 SKR Nr. Nr. 2 Abs. 1 und 2 VOB/A. Wird sie als qualifizierte Information innerhalb des vorgeschriebenen Zeitfensters – mindestens 52 Kalendertage, höchstens 1 Jahr vor der Ausschreibung – bekannt gemacht, darf der Auftraggeber die Angebotsfrist auf 36, minimal 22 Kalendertage verkürzen, § 18 b Nr. 1 Abs. 2 bzw. § 8 SKR Nr. 1 Abs. 2 VOB/A.

C. Vorbereitung des beschlossenen Vergabeverfahrens

I. Welche Personen dürfen auf AG-Seite beteiligt sein?

207 Gleichbehandlung im Sinn des § 97 Abs. 2 GWB heißt, dass einzelnen Bietern keine Vorteile gegenüber anderen eingeräumt werden dürfen. Ob auch die abstrakte Möglichkeit einer Bevorzugung genügt, oder ob die Gleichbehandlung nur an konkreten Handlungen des Ausschreibenden zu messen ist, wurde bisher unterschiedlich beurteilt.

208 Eine mögliche Bevorzugung einer Bieterin kann darin liegen, dass die Planung des Vorhabens von einer Planungsgesellschaft erarbeitet wird, die zugleich mit einer späteren Anbieterin der Bauleistungen desselben Vorhabens verbunden ist. Legt dieses Unternehmen im Wettbewerb einen planerisch vorteilhaften Sondervorschlag, der ihr zur günstigsten Position verhilft, vor, so liegt der Verdacht nahe, dass die Planungsgesellschaft ihr Wissen nicht voll in den Amtsvorschlag eingebracht hat, sondern der ihr verbundenen Baufirma zur Ausarbeitung des Sondervorschlags zu Verfügung gestellt hat. Diese technische Weichenstellung kann der Bieterin einen unzulässigen Wettbewerbsvorteil verschaffen.[81]

209 Auch wenn auf Seite eines Bieters eine Bank als Gesellschafterin beteiligt ist, deren Aufsichtsratsmitglied wiederum der Auftraggeberseite angehört, besteht die Möglichkeit einer Bevorzugung, ebenso, wenn ein Planungsbüro des Auftraggebers zugleich eine Bieterin berät.[82] Solche Verbindungen sind unzulässig; schon der „böse Schein möglicher Parteilichkeit" ist genügender Anlass zur Einleitung eines Nachprüfungsverfahrens.

210 Die vergaberechtliche Neutralitätspflicht ist aber ein wichtiges Moment eines fairen und ausschließlich wirtschaftliche Gesichtspunkte berücksichtigenden Wettbewerbs um öffentliche Aufträge.[83] Sie ist notwendige Voraussetzung der Transparenz des Vergabeverfahrens und der Sicherung der Gleichbehandlung aller Teilnehmer.

211 Wenn Beteiligte, zum Beispiel der Kreisbaumeister und der in der Landkreisverwaltung zuständige Sachgebietsleiter mit dem bevorzugten Bieter verwandt sind, und diese die Vergabe damit rechtfertigen, dass die Auftragsvergabe den Landkreis fördern solle, liegt die Bevorzugung auf der Hand.[84]

---

80 EuGH NJW 2000, 3629.
81 A. A. VÜA Bund IBR 1997, 2; ZVgR 1997, 136 – Die Verbindung zwischen Planer und Bieter wurde akzeptiert, da die Ausführungsplanung „inhaltlich neutral" sei.
82 OLG Brandenburg NVwZ 1999, 1143 ff.; BB 1999, 1940 ff.; ZVgR 1999, 207 ff.; NZBau 2000, 39 ff. – Konzessionsvergabe für den Flughafen Berlin-Schönefeld.
83 OLG Saarbrücken ZVgR 2000, 24 m. Anm. *Ax*.
84 BayObLG BauR 2000, 258; IBR 2000, 106.

C. Vorbereitung des beschlossenen Vergabeverfahrens

Als Rechtsgrundlage für den Ausschluss beteiligter Personen wurde bisher § 20 VerwVerfG in entsprechender Anwendung angesehen, da das Vergabeverfahren einem Verwaltungsverfahren ähnlich ist.[85]

212

Durch § 16 VgV ist nun eine allgemein gültige und rechtssichere Lösung des Ausschlusses von Personen von der Mitwirkung an einem Vergabeverfahren geschaffen worden.

213

Die gefährdeten Funktionen sind im Vergabeverfahren nach § 16 Abs. 1 VgV die Rolle natürlicher Personen als

214

- Organmitglied eines Auftraggebers
- Mitarbeiter eines Auftraggebers
- Beauftragter eines Auftraggebers
- Mitarbeiter eines Beauftragten eines Auftraggebers.

Diese Personen gelten nach § 16 Abs. 1 Nr. 1 bis 3 b VgV als voreingenommen und dürfen – soweit natürliche Personen – nicht an einem Vergabeverfahren mitwirken, soweit sie zugleich

- Bieter oder Bewerber sind (Nr. 1),
- einen Bieter oder Bewerber beraten oder sonst unterstützen (Nr. 2, 1. Fallgruppe) oder
- einen Bieter oder Bewerber gesetzlich oder nur in dem Vergabeverfahren vertreten (Nr. 2, 2. Fallgruppe),
- bei einem Bieter oder Bewerber gegen Entgelt beschäftigt sind (Nr. 3a, 1. Fallgruppe),
- bei einem Bieter oder Bewerber Mitglied des Vorstandes, Aufsichtsrates oder eines gleichartigen Organs sind (Nr. 3a, 2. Fallgruppe),
- für ein in das Vergabeverfahren eingeschaltetes Unternehmen tätig sind, wenn dieses Unternehmen zugleich geschäftliche Beziehungen zum Auftraggeber und zum Bieter oder Bewerber hat (Nr. 3b).

Bei den beiden letztgenannten Ausschlusstatbeständen ist allerdings der mögliche Interessenkonflikt konkret zu beurteilen. § 16 Abs. 1, 2. Halbsatz VgV eröffnet die Möglichkeit, die Vermutung der Voreingenommenheit mit zwei Argumenten zu widerlegen: besteht kein Interessenkonflikt oder wirken sich die Tätigkeiten der bestimmten Person nicht auf die Entscheidungen im Vergabeverfahren aus, so gibt es keinen Grund, sie auszuschließen.

215

§ 16 Abs. 1, 2. Halbsatz VgV könnte dahingehend verstanden werden, dass er sich auf alle vier in § 16 Abs. 1, 1. Halbsatz, aufgezählten Sachverhalte bezieht, also nicht nur auf Nr. 3, sondern auch auf Nr. 1 und Nr. 2.[86] Das widerspricht aber der Empfehlung der Bundesratsauschüsse vom 31.10.2000.[87] Dort bezieht sich der Halbsatz eindeutig nur auf die Nr. 3, während Nr. 4 zu streichen war, weil der Text in der neuen Nr. 3 b aufgeht. Durch die Änderung der in vier einzelne Ziffern gestalteten Entwurfsfassung vom 22.8.2000[88] wurde die Widerlegungsmöglichkeit auf die beiden in Ziffer 3 a und 3 b festgelegten Sachverhalte erweitert, nicht aber darüber hinaus.

216

§ 16 VgV definiert nicht nur die Rollen der im Vergabeverfahren Beteiligten, sondern beschreibt und erfasst auch das Beziehungsgeflecht der möglicherweise betroffenen Personen. Es handelt sich dabei um eine eigenständige Regelung, die nicht einfach aus der ZPO oder dem VwVfG entnommen ist.

217

Erstmals wird auch der Begriff des „Lebenspartners" verwendet. Ein Lebenspartner eines Beteiligten gilt bei Entscheidungen in einem Vergabeverfahren für einen Auftraggeber als voreingenommen. Ausgeschlossen sollen konsequenterweise auch Angehörige der als voreingenommen geltenden natürlichen Personen sein, also:

218

---

85 Z.B. *Kulartz/Niebuhr*, NZBau 2000, 6 ff.; *Quardt*, BB 1999, 1945 f.; *Heiermann*, ZVgR 1999, 218 f.; *Neßler*, NVwZ 1999, 1081 ff.
86 So *Gröning*, Die neue Vergabeverordnung, WRP 2001, 1 ff.
87 BT-Drucks 455/1/00.
88 BT-Drucks 455/00, S. 9.

1) Verlobte,
2) Ehegatten,
3) Lebenspartner,
4) Verwandte gerader Linie,
5) Verschwägerte gerader Linie,
6) Geschwister,
7) Kinder der Geschwister,
8) Ehegatten und Lebenspartner der Geschwister,
9) Geschwister der Ehegatten und Lebenspartner,
10) Geschwister der Eltern,
11) Pflegeeltern,
12) Pflegekinder.

219 Es ergibt sich aus dieser Definition folgende Übersicht:

		(5) Kinder, Enkel usw. des Ehegatten von P	(4) Kinder, Enkel usw. und (12) Pflegekinder von P	(7) Kinder der Geschwister von P	
(9) Geschwister der Ehegatten oder Lebenspartner von P	(1) Verlobte, (2) Ehegatten (3) Lebenspartner von P		**Betroffene Person** **P**	(6) Geschwister von P	(8) Ehegatten und Lebenspartner der Geschwister von P
		(5) Eltern, Großeltern usw. des Ehegatten von P	(4) Eltern von P und (11) Pflegeeltern von P	(10) Geschwister der Eltern von P	
			(4) weitere Verwandte in gerader Linie von P (Großeltern usw.)		

220 Diese strenge und extensive Fassung des Begriffs der möglicherweise voreingenommenen Personen dürfte die Forderung nach Gleichbehandlung aller Bieter und Sauberhaltung des Vergabeverfahrens erfüllen.

1. Anti-Korruptionsrichtlinie

221 Die Bundesregierung hat aus Anlass der zahlreichen Korruptionsfälle der 80-er und 90-er Jahre eine „Richtlinie zur Prävention für den Bereich der Bundesverwaltung" herausgegeben.[89] Das Vergabeverfahren ist ein klassisches „korruptionsgefährdetes Arbeitsgebiet" im Sinne dieser Richtlinie.

222 Sie gibt Techniken vor, mit denen auch im Vergabebereich Korruption mindestens erschwert wird.

223 Eines der wichtigsten Prinzipien für die Vergabeverfahren ist der Vorrang der öffentlichen Ausschreibung. Die Gründe für eine Abweichung von diesem Prinzip sollen nach Z. 14 der Richtlinien aktenkundig gemacht werden und ab einem bestimmten Betrag von einem Vorgesetzten oder von einer an der konkreten Beschaffung nicht beteiligten Organisationseinheit geprüft werden.

224 Im Vergabeverfahren selbst sind Planung und Vergabe zu trennen. Das bedeutet, dass mit dem Vergabeverfahren selbst nur Personen befasst sind, die nicht zugleich an der Planung teilgenommen haben (Z. 13). Weiterhin sind freiberufliche Auftragnehmer, die ein Bauvorhaben eines öffentlichen Auftraggebers als Architekten, Ingenieure oder sonstige Planer betreuen, nach dem Verpflichtungsgesetz auf die gewissenhafte Erfüllung ihrer Obliegenheiten aus dem Auftrag zu verpflichten. Schließlich ist für das Vergabeverfahren auch das Mehr-Augen-Prinzip einzuhalten, also die Beteiligung mehrerer Personen an den jeweiligen Vorgängen. Es soll eine „Mit-Prüfung" stattfinden.

225 Den gleichen Effekt soll die regelmäßige Rotation des befassten Personals bewirken.

---

[89] Bekanntmachung des Bundesministeriums des Innern, BAnz 1998, 9665.

2. Verpflichtung der Beauftragten nach Verpflichtungsgesetz

Planer eines Bauvorhabens – Projektsteuerer, Architekten, Ingenieure – haben bei Ausschreibung und Vergabe eine hohe Verantwortung, die auch unter strafrechtlichen Gesichtspunkten bewertet wird. Pflichtverletzungen werden nach

§ 133 Abs. 3 StGB	– Verwahrungsbruch
§ 201 Abs. 3 StGB	– Verletzung der Vertraulichkeit des Wortes
§ 203 Abs. 2, 4, 5 StGB	– Verletzung von Privatgeheimnissen
§ 204 StGB	– Verwertung fremder Geheimnisse
§ 331 StGB	– Vorteilsannahme
§ 332 StGB	– Bestechlichkeit
§ 335 b StGB	– Verletzung des Dienstgeheimnisses und einer besonderen Geheimhaltungspflicht

verfolgt, wenn sie von „Amtsträgern" im Sinn von § 11 Abs. 1 Nr. 2 StGB oder „besonders Verpflichteten" im Sinn von § 11 Abs. 1 Nr. 4 StGB begangen werden.

226

Das bedeutet, dass die Planer oder Betreuer gesondert „zur gewissenhaften Erfüllung von Obliegenheiten" nach dem Verpflichtungsgesetz[90] verpflichtet werden müssen. Dies erfolgt in einer Verhandlung, über die eine Niederschrift gefertigt wird und vom Verpflichteten unterschrieben wird.[91] Diese Verhandlung sollte mit der Unterzeichnung des jeweiligen Dienstleistungsauftrags verbunden werden.

227

II. Erstellung der Vergabeunterlagen

„Vergabeunterlagen" sind alle Texte und Pläne, mit denen ein Vergabeverfahren durchgeführt wird, also nicht nur die Bedingungen des späteren Auftrags, sondern auch die Anleitungen, Schreiben, Vorschriften usw., die zu diesem Auftrag hinführen:

228

Vergabeunterlagen im Sinne von § 10 VOB/A	
(1) Anschreiben = Aufforderung zur Angebotsabgabe § 10 Nr. 1 Abs. 1 a) VOB/A Inhalt: Liste des § 10 Nr. 5 Abs. 2 VOB/B (2) gegebenenfalls Bewerbungsbedingungen § 10 Nr. 5 VOB/A	Verdingungsunterlagen: § 10 Nr. 1 Abs. 1 b) VOB/A: (1) Allgemeine Vertragsbedingungen, = VOB/B (2) Zusätzliche Vertragsbedingungen § 10 Nr. 2 Abs. 1 VOB/A: (3) Besondere Vertragsbedingungen § 10 Nr. 2 Abs. 2 VOB/A: (4) Baubeschreibung § 9 Nr. 6 1. Alt. VOB/A (5) Leistungsverzeichnis § 9 Nr. 6 2. Alt. VOB/A

1. Aufforderung zur Angebotsabgabe und Bewerbungsbedingungen

Das Anschreiben des Auftraggebers, mit dem er die Bieter auffordert, ein Angebot abzugeben, muss wesentliche Aussagen zum Vergabeverfahren enthalten wie Bindefrist, Zulassung von Änderungsvorschlägen und Nebenangeboten und anderes. Damit sind in dieser Stufe aber auch schon weitere Entscheidungen zum Vergabeverfahren erforderlich.

229

---

90 Gesetz über die förmliche Verpflichtung nichtbeamteter Personen vom 2.3.1974, BGBl I, 547.
91 Näher z.B. Bekanntmachung der Obersten Baubehörde im Bay. Staatsministerium des Innern vom 17.6.1997, AllMBl 1997, 439.

a) Bemessung der Zuschlags- und Bindefrist

230 § 19 VOB/A fordert vom Auftraggeber, die „Zuschlagsfrist" so knapp zu gestalten, wie dies möglich ist. Als Höchstwert werden 30 Kalendertage angegeben. Zunächst zum Begriff: Die Trennung von Zuschlags- und Bindefrist stammt aus dem traditionellen Verdingungswesen und hat keine praktische Bedeutung, da mit dem Zuschlag zugleich der Auftrag erteilt wird und Zuschlags- und Bindefrist damit gleichzeitig erledigt werden.

231 Das Gebot der kurzen Ausgestaltung liegt im Interesse der Bieter, die möglichst bald Gewissheit haben wollen, ob sie für einen Auftrag, für den sie sich beworben haben, Kapazitäten vorhalten müssen oder nicht. Vereinzelt wurden Auftraggeber gerügt, die längere Bindefristen vorsahen.[92]

232 Eigengesetzlichkeiten des jeweiligen Auftraggebers wurden allerdings als Grund für die längere Ausgestaltung der Bindefrist akzeptiert, wie z.B. die Vorgabe, dass die Entscheidungsgremien einer Kommune nur in bestimmten Zyklen tagen.[93]

233 Die Lage hat sich durch die Einführung des Nachprüfungsverfahrens nach §§ 102 ff. GWB verändert. Wird ein Vergabeverfahren durch einen Nachprüfungsantrag angegriffen, so darf der Auftraggeber von der Zustellung des Antrags an den Auftrag nicht erteilen. Bei einer Verfahrensdauer von regelmäßig einigen Wochen, im Beschwerdefall sogar einiger Monate, kann damit die Lage eintreten, dass die Bindefristen ablaufen. Der Auftraggeber ist dann auf den guten Willen der Bieter angewiesen. Zieht sich eine solche Auseinandersetzung vor den Nachprüfungsinstanzen hin, so steht dem Auftraggeber aufgrund des Ablaufs der Bindefristen möglicherweise nur noch ein Bieter gegenüber, nämlich der, der den Angriff führt. Der Auftraggeber könnte sich in einem solchen Fall zwar auf die Rechtsprechung des EuGH berufen, der zufolge eine Ausschreibung aufgehoben werden darf, wenn nur ein Angebot vorliegt. Damit würde aber wiederum der Rechtsschutz des Bieters unterlaufen.

234 Während der Diskussion über die Ausgestaltung des Nachprüfungsverfahrens wurde überlegt, ob eine automatische Bindefristverlängerung normiert werden sollte. Ein solcher Eingriff in die Grundsätze des Zivilrechts wäre aber nicht möglich gewesen. Für die Auftraggeber heißt das, dass sie bei europaweiten Ausschreibungen möglichst lange Bindefristen vorgeben müssen.

b) Änderungsvorschläge und Nebenangebote

235 Dem Auftraggeber steht es frei, Änderungs- und Nebenangebote in der Ausschreibung zuzulassen. Größere Auftraggeber, die mit „Bewerbungsbedingungen" arbeiten, werden dort über die Zulassung von Änderungsvorschlägen oder Nebenangeboten Aussagen machen. Für den Auftraggeber sind im Bauwesen Änderungsvorschläge oder Nebenangebote über Zahlungsbedingungen oder Preisvorbehalte wenig interessant; schon der Vergleichbarkeit halber ist es deshalb üblich, diese nur in Verbindung mit einem Hauptangebot zuzulassen.

236 Anders bei Abweichungen technischer Art. Hier liegt es im natürlichen Interesse des Auftraggebers, neue Bauweisen oder Techniken zuzulassen, die er in seiner Planung nicht berücksichtigt hat. Gerade im Tiefbau sind die sogenannten „Sondervorschläge" häufig das Vehikel, mit dem technische Innovationen in die Wirklichkeit umgesetzt werden können.[94]

---

92 OLG Nürnberg S/F/H § 10 Nr. 3 AGBG Nr. 3; OLG Köln S/F/H § 19 VOB/A Nr. 4.
93 OLG Düsseldorf BauR 1980, 65; BGH BauR 1992, 221; OLG Hamm BauR 1996, 243.
94 Näher: *Hochmuth*, Zur Praxis der Risikoverteilung bei Tunnelarbeiten unter schwierigen Bedingungen, 1978.

c) Leistungsverzeichnis-Kurztext

Durch § 21 Nr. 3 Abs. 3 VOB/A ist klargestellt, dass der Auftraggeber für die konkrete Angebotsabgabe Kurzfassungen erlauben soll. Dafür werden die ausgegebenen Leistungsverzeichnisse („Langtext") auf Listen reduziert, die die Überschriften der einzelnen Positionen ohne den Beschrieb, die angebotenen Preise, die Multiplikation mit den Mengen und die Additionen enthalten. Sie bilden den zahlenmäßigen, der Langtext den materiellen Inhalt des späteren Vertrags. 237

In der Aufforderung zur Angebotsabgabe oder in den Bewerbungsbedingungen sind dazu Angaben zu machen. 238

d) Eignungsnachweise

In der Aufforderung zur Angebotsabgabe oder im Formularschreiben für das Angebot werden die wesentlichen Nachweise aufgelistet, die die Bieter mit ihrem Angebot vorzulegen haben: 239
- Erfüllung der Verpflichtung gegenüber der Sozialversicherung
- keine Verstöße gegen Schwarzarbeitsverbot
- gewerberechtliche Voraussetzungen
- Nachunternehmererklärung
- gegebenenfalls Tariftreueerklärung.

2. Verdingungsunterlagen

Die Verdingungsunterlagen stellen den Inhalt dessen dar, zu dem sich die Parteien verpflichten, also des späteren Vertrags. Er wird zweckmäßigerweise nach dem Grundsatz „vom Allgemeinen zum Konkreten" aufgebaut. In der gleichen Rangfolge wie die vertraglichen stehen die technischen Bedingungen; eine klare Trennung zwischen beiden Strängen ist nicht möglich, da die vertraglichen Regelungen tatsächliche Aussagen machen, die Einfluss auf die technische Seite des Bauvorhabens haben, die technischen Bestimmungen aber viele Aussagen enthalten, die rechtlichen Charakter haben, in dem sie den Leistungsinhalt oder die Abrechnungsweise bestimmen: 240

		Vertragliche Regeln	Technische Vorgaben
1	Allgemeine Ebene	VOB/B = Allgemeine Vertragsbedingungen für die Ausführung von Bauleistungen	ATV = VOB/C = DIN 18000 bis 18xxx
2		ZV-VOB – Zusätzliche Vertragsbedingungen	Zusätzliche Technische Vertragsbedingungen
3		Besondere Vertragsbedingungen	Besondere Technische Vertragsbedingungen
4		Ergänzungen der Verdingungsmuster für Einzelne Sachverhalte wie z.B. Lohn- oder Stoffgleitklausel; EDV-Anwendung; Bedingungen für Wartungs- und Instandhaltungsleistungen weitere Formblätter Erklärungen zur Tariftreue und zum Nachunternehmereinsatz	
5			Baubeschreibung/Örtliche Verhältnisse
6		Vertragliche Regelungen innerhalb des Leistungsverzeichnisses	Vorbemerkungen zu den Leistungsbeschreiben, zu den einzelnen Abschnitten
7	Konkrete Ebene	Leistungsbeschreibungen in den einzelnen Positionen	

3. Vertragsbedingungen

241 Entsprechend dem dargestellten Grundsatz gliedern sich die Vertragsbedingungen nach ihren Regelungsgegenständen in drei „Schichten" mit verschiedenen Regelungsgegenständen:

VOB/B: Allgemeine Vertragsbedingungen für die Ausführung von Bauleistungen	ZV-VOB: Zusätzliche Vertragsbedingungen zur VOB/B	BV: Besondere Vertragsbedingungen
§ 1 Art und Umfang der Leistung	z.B. Technische Vertragsbedingungen	Örtliche Bauführung
§ 2 Vergütung	Preisermittlung Beanspruchung erhöhter Vergütung Mengenansätze zu Stundenlohnarbeiten	Ggf. Lohn- oder Stoffpreisgleitklausel
§ 3 Nr. 5 und 6 Ausführungsunterlagen	Auftraggeber Auftragnehmer Veröffentlichungen	Übergabe, Form von Montageplänen Bauzeitenplan Terminüberwachung
§ 4 Ausführung	Bautagesberichte Sprache Schalungsgerüste Verkehrssicherungspflicht. Berufsgenossenschaft Umwelt-, Landschafts- und Gewässerschutz Werbung Nachunternehmer Arbeitsgemeinschaften	Zufahrtswege Arbeitsplätze Wasseranschlüsse Stromanschlüsse Sonstige Anschlüsse Kosten des Verbrauchs Baustellenausweise Unterkünfte Kantinen
§ 5 Ausführungsfristen	Baustellenräumung	Beginn Fertigstellung Einzelfristen
§ 6 Behinderung und Unterbrechung der Ausführung		
§ 7 Verteilung der Gefahr		
§ 8 Kündigung durch den Auftraggeber	Folgen von Wettbewerbsabsprachen (Kündigung, pauschalierter Schadenersatz)	
§ 9 Kündigung durch Auftragenhmer		
§ 10 Haftung der Vertragsparteien		
§ 11 Vertragsstrafe		für Endtermin für Einzelfristen Höchstgrenze
§ 12 Abnahme	Ausschluss der fiktiven Abnahme	
§ 13 Gewährleistung		Gewährleistungsfrist (ggf. für Teilleistungen)

C. Vorbereitung des beschlossenen Vergabeverfahrens § 4

VOB/B: Allgemeine Vertragsbedingungen für die Ausführung von Bauleistungen	ZV-VOB: Zusätzliche Vertragsbedingungen zur VOB/B	BV: Besondere Vertragsbedingungen
§ 14 Abrechnung	Gemeinsame Feststellungen Rechnungen Umsatzsteuer Elektronische Bauabrechnung	Adressat Gewichtsnachweise bei Baustofflieferungen, z.B. Baustahl
§ 15 Stundenlohnarbeiten		Form der Anordnung
§ 16 Zahlung	Zeitabstände d. Abschlagszahlungen Pauschalvergütungen Vorauszahlungen für noch nicht eingebaute Stoffe und Bauteile Teilschlussrechnungen Schlusszahlung Zahlungsweise Abtretung Erstattungen	Einreichungsstelle für Rechnungen Zahlungsstelle Verzinsung von Überzahlungen
§ 17 Sicherheitsleistung	Vereinbarung, dass Sicherheitsleistung zu stellen ist Art und Weise	Frist der Vorlage Text (Verweisung auf Formular)
§ 18 Streitigkeiten	Geschäftsbedingungen des Auftragnehmers; Vertragsänderungen; Verträge mit ausländischen Auftragnehmern	

4. Allgemeine Vertragsbedingungen – VOB/B

Nach § 10 Nr. 1 Abs. 2 S. 1 VOB/A muss der Auftraggeber in den Verdingungsunterlagen die Geltung der „Allgemeinen Vertragsbedingungen für die Ausführung von Bauleistungen", also die VOB Teil B, vorsehen. Die VOB/B ist keine gesetzliche Vorschrift, sondern eine „bereitliegende Vertragsordnung".[95] Die §§ 10 Nr. 5 und 11 Nr. 10 Buchst. f AGBG sind auf die VOB/B bereits nach § 23 Abs. 2 Nr. 5 AGBG nicht anzuwenden. Im Ganzen wird sie als ein Bedingungswerk angesehen, das nicht den Vorteil allein einer Vertragsseite verfolgt, sondern das zwischen den verschiedenen Interessen der Vertragspartner einen Ausgleich anstrebt. An ihrer Ausarbeitung und Fortschreibung sind Auftraggebervertreter ebenso wie solche der Auftragnehmerseite beteiligt. Bei der Ausgestaltung der weiteren Vertragsbestimmungen muss deshalb darauf geachtet werden, dass die VOB/B nicht „als Ganzes" beeinträchtigt ist. Andernfalls gehen die Privilegierungen verloren.

242

5. Zusätzliche und Besondere Vertragsbedingungen

Hier sind die konkreteren Leistungsumstände zu regeln wie sie aus der oben dargestellten Übersicht hervorgehen.

243

Die Bemessung der Ausführungsfristen liegt im Ermessen der Vergabestelle, ebenso wie die technischen Vorgaben und kann nicht zum Gegenstand eines Nachprüfungsverfahrens gemacht werden.[96]

---

95 BGH BauR 1983, 161; ZfBR 1983, 85.
96 A.A.: KG, Beschl. v. 5.1.2000, Az. KartVerg 11/99.

Vertragsstrafen haben sich an der Rechtsprechung zu Allgemeinen Geschäftsbedingungen zu orientieren, dürfen also nicht unangemessen hoch sein und müssen ihrem Gesamtbetrag nach begrenzt werden.

244 Die Vorgaben der VOB/A wollen der Klarheit und der möglichst leichten Vertragsabwicklung dienen. Hieraus folgt die Grundregel des § 15 VOB/A, der zufolge grundsätzlich feste Preise zu vereinbaren sind. Bei Bauvorhaben mit mehrjähriger Ausführungszeit wird das Risiko tariflicher Lohnerhöhungen schwer kalkulierbar. Dasselbe kann für Materialpreise gelten, wenn diese spürbaren Schwankungen ausgesetzt sind, wie dies beispielsweise beim Erdöl war, dessen Preis sich wiederum auf den Zementpreis auswirkte oder beim Baustahl, dessen Preis den Betonpreis bestimmt.

245 Diese Risiken können dadurch verringert werden, dass der Auftraggeber verspricht, einen Teil der möglichen Erhöhungsbeträge zu übernehmen. Der Bieter kann dann seine übrigen Preise sicherer und damit möglicherweise günstiger kalkulieren. Mit der Vereinbarung von Lohn- oder Stoffpreisgleitklauseln übernimmt der Auftraggeber einen Teil des Risikos künftiger wirtschaftlicher Entwicklungen. Weil der Inhalt der Vereinbarung – das Maß der Beteiligung des Auftraggebers an Erhöhungen – auf einer subjektiven Annahme des Bieters beruht, die zum Zeitpunkt der Angebotsprüfung nicht verifiziert werden kann, die sich aber finanziell ganz konkret auswirken wird, muss sich der Auftraggeber gegen spekulative Annahmen des Bieters schützen. Das geschieht dadurch, dass er den Betrag, den er nach den Vorgaben des Bieters und nach seiner eigenen Einschätzung später zu bezahlen hat, „dem Wettbewerb unterwirft", das heißt, die Auswirkung des vom Bieters angebotenen Erhöhungssatzes wird als Zusatzposition im Leistungsverzeichnis ausgeworfen. Dieser Betrag kann dann je nach seiner Höhe das gesamte Angebot belasten; verzichtet ein Bieter ganz auf die Erstattung von Mehrkosten, kann er das Angebot günstiger gestalten.

246 Zur Erstattung durch die Lohngleitklausel kommen tarifliche Löhne in Betracht, wenn sie in einem bestimmten zeitlichen Abstand zur Angebotsabgabe erhöht werden. Die Vereinbarung lautet bei der „Pfennigklausel" so, dass bei der Änderung des maßgebenden Tariflohns um einen Pfennig pro Stunde die Vergütung für die ab dem Änderungszeitpunkt zu erbringenden Leistung um einen vereinbarten Prozentsatz erhöht oder vermindert wird.

247 Es liegt damit eine automatische Preiserhöhung vor, deren Voraussetzungen genau nachgewiesen werden müssen. Weiterhin wird sie nach den üblichen Klauseln der öffentlichen Auftraggeber erst dann wirksam, wenn ein Bagatellbetrag bzw. Selbstbeteiligungsbetrag überschritten ist.

248 Durch eine Stoffpreisgleitklausel vereinbaren die Vertragsparteien die Beteiligung des Auftraggebers an Preiserhöhungen oder Preissenkungen; über die Verwendung der Stoffe, z.B. Baustahl, sind prüfbare Aufzeichnungen zu führen, aus denen die Mengen und der Zeitpunkt des Einbaus bzw. der Verwendung hervorgehen. Als Korrektiv wird eine Schwelle von 0,5 % der Abrechnungssumme vereinbart; der Auftragnehmer bleibt nach der üblichen Klausel mit 10 % der Mehraufwendungen beteiligt.

249 Gleitklauseln haben ähnlichen Charakter wie Wertsicherungsklauseln; verschiebt sich durch ihre Anwendung das Äquivalenzverhältnis, so sind sie nicht mehr genehmigungsfrei im Sinn von § 3 Abs. 2 Währungsgesetz.[97]

6. Allgemeine, Zusätzliche und Besondere Technische Vertragsbedingungen

250 Als Allgemeine Vertragsbedingungen werden die DIN-Normen 18000 bis 18 451 bezeichnet, die den Teil C der VOB bilden. Sie sind auf typische Gewerke eines Bauvorhabens von den Erdarbeiten bis zum Innenausbau zugeschnitten und stellen in ihrem Kernbereich Handlungsanweisungen für die Ausführenden dar. Im Einzelnen beinhalten sie

---

[97] OLG Köln, Fundstelle 1993, Rn 284.

- Hinweise für das Aufstellen der Leistungsbeschreibung (Abschnitt 0)
- die Definition ihres Geltungsbereichs (Abschnitt 1)
- eine Aufzählung der zu verwendenden Stoffe und Bauteile mit Verweisen auf die für diese geltenden technischen Standards (Abschnitt 2)
- detaillierte Angaben zur Ausführung, besonders in Problembereichen (Abschnitt 3)
- die Abgrenzung von Nebenleistungen, die mit den jeweiligen Einheitspreisen abgegolten sind, und Besonderen Leistungen, deren Ausführung vom Auftraggeber nicht als im Vertragsumfang enthalten gefordert werden kann (Abschnitt 4)
- Bestimmungen für Aufmaß und Abrechnung der Leistungen, z.B. Übermessungsregeln, Anrechnungstatbestände usw. (Abschnitt 5).

In § 9 Nr. 4 Abs. 2 zweiter Spiegelstrich VOB/A wird eine Abweichungsmöglichkeit von gemeinschaftsrechtlichen technischen Spezifikationen bei zu hohem Kostenaufwand zugelassen.

7. Leistungsverzeichnis

Beim Vollzug des Bauvertrags streitet man sich oft über die Auslegung einzelner Positionsbeschreibungen. An die Klarheit der Formulierungen ist allerdings nicht der Maßstab des ABGB anzulegen. Bietet ein Leistungsverzeichnis die Möglichkeit, es so auszulegen, dass es den Anforderungen des § 9 VOB/A entspricht, so darf es der Bieter in diesem Sinne verstehen.[98] Die Inhaltskontrolle der §§ 8, 9 ff. AGBG erstreckt sich ebenfalls nicht auf die Leistungsbeschreibung, sondern nur auf Vertragsbestimmungen, mit denen von echten Rechtsvorschriften abgewichen wird.[99]

a) „Leitfabrikat" und „Gleichwertigkeit"

Häufig werden Leistungspositionen, bei denen es auf das verwendete Material oder Fabrikat ankommt, zur Vereinfachung nicht abstrakt ausgeschrieben, beispielsweise nach chemischer Zusammensetzung, Konsistenz, physikalischen Verhalten usw., sondern mit Hilfe eines allen Bietern bekannten „Leitfabrikats", das ein bestimmter Hersteller auf dem Markt anbietet und dessen Qualitäten den Verarbeitern bekannt sind. § 9 Nr. 5 VOB/A verbietet, nur ein bestimmtes Fabrikat auszuschreiben.[100] Wegen der damit verbundenen Einschränkung der Wettbewerbsfreiheit, muss dem Bieter die Möglichkeit eröffnet werden, ein konkurrierendes Produkt anbieten zu dürfen. Dies wird mit dem Vermerk „oder gleichwertig" erreicht.[101] Das bedeutet, dass der Bieter auch ein ganz anderes Fabrikat zur Verlegung anbieten kann, das nur den Qualitätsanforderungen des erwähnten Markenprodukts erfüllen muss. Über die geforderte Gleichwertigkeit kann es leicht Streit geben.[102] Bei dieser Beurteilung hat aber der Auftraggeber einen Beurteilungsspielraum.[103] Erreicht ein vom Bieter angebotenes Material nicht die durch das Leitfabrikat geforderte Qualität, so kann es nicht nachträglich zum Nebenangebot oder Änderungsvorschlag umgedeutet werden.

Der Bieter ist darlegungs- und beweispflichtig dafür, dass ein verlangtes gleichwertiges Produkt tatsächlich gleichwertig ist. Der Auftraggeber muss nur prüfen, ob der Bieter den Nachweis der Gleichwertigkeit geführt hat.[104]

---

98 BGH ZVgR 1997, 169.
99 BGH BauR 1997, 123; BB 1996, 2535; NJW 1997, 135; ZfBR 1997, 33; ZIP 1997, 78.
100 Ebenso Art. 8 LKR; dazu z.B. EuGH EWS 1995, 114 Kommission./. Niederlande Fabrikat „UNIX".
101 VÜA Bayern ZVgR 1998, 346 „K1 multiplan oder gleichwertig".
102 S. z.B. OLG Düsseldorf BauR 1990, 349 „Mipolam oder gleichwertig"; VÜA Bayern ZVgR 1999, 137 „Bemoroof" ./. „Ribroof".
103 OLG Celle BauR 1986, 436.
104 OLG München OLGR 1997, 218; NJW-RR 1997, 1514.

255 Günstiger ist es für den Auftraggeber, die Anforderungen abstrakt zu beschreiben und dann bei der Auswahl das ihm zustehende Ermessen auszuüben.[105]

b) Ausnahme: nur ein Hersteller

256 Wird eine vom Auftraggeber – mit nachvollziehbaren Gründen – gewünschte Leistung nur von einem einzigen Hersteller angeboten, wie dies oft bei Natursteinen oder bei bestimmten Möbelsystemen der Fall ist, so bietet es sich ohnehin an, keine öffentliche Ausschreibung durchzuführen, sondern von der Ausnahme gemäß § 3 a Nr. 5 Buchst. c VOB/A Gebrauch zu machen.

c) Alternativpositionen, Bedarfspositionen, Eventualpositionen

257 Alternativ- oder Bedarfspositionen werden häufig benutzt, wenn die eigentlich erforderliche Planungstiefe noch nicht erreicht ist, wenn sich also der Auftraggeber bzw. sein Architekt oder Ingenieur noch letzte Entscheidungen über die Art der Ausführung offen halten will.

258 Bei der Formulierung der Leistungsverzeichnisse sollen Alternativ- oder Bedarfspositionen und angehängte Stundenlohnarbeiten im Leistungsverzeichnis nur noch ausnahmsweise verwendet werden, § 9 Nr. 1 S. 2 und 3 VOB/A. Dadurch soll Kalkulationssicherheit und bessere Vergleichbarkeit der Angebote erreicht werden. Minimale Indiskretionen, oft auch nur Vorkenntnisse einzelner Bieter wie z.B. über den Baugrund, können auf dem Weg über die Kalkulation dieser Positionen, die mit ihrem Wert nicht in die Angebotswertung eingehen, unzulässige Wettbewerbsvorteile ermöglichen.

259 Ein Abschnitt "Regieleistungen" im Leistungsverzeichnis stellt einen Katalog von Bedarfspositionen dar, aus dem der Auftraggeber im Einzelfall Leistungen abrufen darf, die sonst nicht im Leistungsverzeichnis enthalten sind.[106] Für Abruf, Bemessung und Vergütung gelten § 2 Nr. 10 und § 15 VOB/B.

d) Doppelausschreibung

260 Es verstößt gegen § 9 Nr. 1 VOB/A, wenn Dämmarbeiten sowohl beim Zimmerer- als auch beim Dachdeckergewerk ausgeschrieben werden, ohne sie in beiden Gewerken als Eventual- bzw. Wahlpositionen zu kennzeichnen.[107]

e) Textliche Klarheit

261 Massive Unklarheiten des Leistungsverzeichnisses können aber Anlass sein, auf den Nachprüfungsantrag eines Bieters das Vergabeverfahren schon im Stadium der Ausschreibung abzubrechen. Versteht ein Bieter eine grob missverständliche Formulierung falsch, kann er den Ausschluss seines Angebotes angreifen.[108] Unklare Formulierungen lösen außerdem, wenn nicht schon im Wettbewerb aufgedeckt, bei der Bauabwicklung Streit aus.[109]

262 Sammelpositionen und Mischpositionen stellen sich ebenfalls als ein Problem der Klarheit dar: sie umfassen zahlreiche Nebenleistungen und decken vielfältige Risiken ab; sie sind daher sehr schwer zu kalkulieren.

---

105 Z.B. OLG Koblenz NJW-RR 1999, 747 – Ausschreibung von „landschaftsgerechtem" Steinmaterial.
106 VÜA VBayern ZVgR 1998, 416.
107 OLG Koblenz OLGR 1997, 326; BauR 1998, 169; NJW-RR 1998, 21.
108 OLG Dresden BauR 2000, 1582.
109 Z.B. OLG Celle IBR 1998, 468.

III. Ausschreibung mit Leistungsprogramm

Die funktionale Ausschreibung gemäß § 9 Nr. 10 bis 12 VOB/A empfiehlt sich, wenn es schwierig ist, den geforderten Leistungsinhalt genügend zu konkretisieren. Das kann der Fall sein, wenn ein Bauvorhaben eine wichtige anlagentechnische Komponente hat, wie beispielsweise eine Kompostieranlage, eine Solaranlage oder ein Verkehrsleitsystem. 263

Das Wesen der funktionalen Ausschreibung besteht darin, dass der Auftraggeber von unternehmerischen „Know-how" profitiert, das etwa auf der Bieterseite besteht. Gleichzeitig wird mit der notwendigen verfahrenstechnischen Verantwortung und den implizierten Planungsleistungen ein hohes Risiko auf den Bieter verlagert.[110] Die Betreuung einer solchen Ausschreibungsform durch den Planer ist in § 15 Abs. 2 Nr. 5 und 6 HOAI als Besondere Leistung bezeichnet. 264

Die Formulierung des Leistungsziels, zu dem der später auf der Basis einer funktionalen Leistungsbeschreibung geschlossene Bauvertrag hinführen soll, muss dem Erfordernis von § 9 Nr. 10 VOB/A genügen, sie muss also eindeutig und erschöpfend sein. Der Auftraggeber kann nicht ohne jegliche Planungsvorgabe ausschreiben und diese, etwa um Kostenaufwand, Zeit und Personal zu sparen, den Bietern übertragen. Zumindest die Kriterien für die spätere Angebotswertung müssen feststehen und das Leistungsziel, die Rahmenbedingungen der Leistung und ihrer wesentlichen Einzelheiten bekannt sein und mitgeteilt werden. Bezüglich dieser Parameter darf mit Veränderungen nicht mehr gerechnet werden müssen.[111] Gerade die sogenannte „funktionale Leistungsbeschreibung" bindet den Auftragnehmer sehr stark an die Definition des Bedarfs des Auftraggebers; der Bieter geht damit das Risiko ein, den Umfang seiner Leistungen nicht genau kalkulieren zu können, an der Kalkulation aber im späteren Vollzug des Bauvertrags festgehalten zu werden.[112] 265

Die Frage, ob eine Ausschreibung mit Leistungsverzeichnis oder mit Leistungsprogramm formuliert wird, kann auch wettbewerbsrechtliche Aspekte haben: je globaler eine geforderte Bauleistung beschrieben wird, desto mehr muss ein Bieter das Vorhaben selbst durchdenken und durchplanen. Große Baufirmen, die eigene Planungskapazitäten haben, werden auf diese Weise bevorzugt; kleinere, mittelständisch strukturierte können dadurch wettbewerbswidrig benachteiligt sein.[113] 266

Hat sich ein Unternehmer aber dann auf eine Ausschreibung mit Leistungsprogramm eingelassen, so kann er sich im Vollzug des Bauvertrags nicht mehr darauf berufen, die damit verbundene Risikoverlagerung nicht erkannt zu haben. Der Unternehmer muss sich seine Sachkunde entgegenhalten lassen.[114] 267

IV. Formulierung der Bekanntmachung

Das offene Verfahren muss schließlich mit einer Bekanntmachung eingeleitet werden, deren Text sehr sorgfältig formuliert werden muss. Für die Form und die Themen der Bekanntmachung gibt das im Anhang B zur VOB/A, Abschnitt 2, abgedruckte Muster eine klare und einfache Struktur vor. § 17 a VOB/A nimmt deshalb auf das Muster Bezug. 268

Dieses schreibt folgende Angaben vor: 269
1) Name, Anschrift des Auftraggebers und die Telefon-, Telegrafen- und/oder Telefaxnummern der Vergabestelle.
2) Angabe des gewählten Vergabeverfahrens, also im Beispiel „Offenes Verfahren" und Angabe der Auftragsart, bei der Anwendung der VOB also „Bauvertrag".

---

110 OLG Düsseldorf, Beschl. v. 5.10.2000, Az. Verg 14/00.
111 OLG Düsseldorf, a.a.O.
112 BGH ZVgR 1997, 124; BGH BauR 1997, 464; NJW 1997, 1772.
113 LG Berlin BauR 1985, 600; WuW 1985, 243 m. Anm. *Erkelenz*.
114 BGH BauR 1997, 683; ZVgR 1997, 124 „Universitätsbibliothek"; BGH BauR 1988, 338; OLG Celle IBR 1998, 468.

3) Ort der Ausführung und nähere Angaben zu Art und Umfang der Leistung, ihren allgemeinen Merkmalen und gegebenenfalls von Optionsrechten. Die jetzt durch § 14 VgV vorgeschriebene Bezugnahme auf das common procurement vocabulary (CPV)[115] mag einerseits der leichten Auffindbarkeit von einschlägigen Beschaffungen in Amtsblatt und der einheitlichen Definition dienen, führt aber angesichts der Komplexität der Regelungen und ihrer teilweise Verwechselbarkeit möglicherweise auch zu Komplikationen.
Falls der Auftrag in einzelne Lose aufgeteilt ist, und diese getrennt oder verbunden angeboten werden dürfen, ist dies anzugeben.
Falls auch Planungsleistungen gefordert werden, sind Angaben über den Zweck der baulichen Anlage zu machen.
4) Ausführungsfrist
5) Falls Vergabeunterlagen oder zusätzliche Unterlagen angefordert und eingesehen werden können, ist dies anzugeben. Ebenso ein etwaiges Entgelt für diese Unterlagen.
6) Die Angebotsfrist ist zu benennen, die Adresse, an die die Angebote zu richten sind und die Sprache, in der sie abgefasst sein müssen.
7) Die Personen, die bei der Angebotseröffnung anwesend sein dürfen, sind zu nennen, ebenso Datum, Uhrzeit und Ort der Öffnung der Angebote.
8) Gegebenenfalls geforderte Sicherheiten sind anzugeben; dies betrifft zwar nach der Intention der zu Grunde liegenden BKR sogenannte „Bietesicherheiten"; zur Vermeidung von Missverständnissen sollen hier aber gegebenenfalls geforderte Ausführungs- oder Gewährleistungsbürgschaften genannt werden, da diese durch § 17 VOB/B nicht vereinbart sind, sondern nur durch ausdrückliche Erwähnung in den Verdingungsunterlagen, z.B. in den ZV/VOB oder den besonderen Vertragsbedingungen.
9) Wesentliche Zahlungsbedingungen sind zu benennen, was aber durch Bezugnahme auf die entsprechenden Vorschriften der VOB möglich ist, also auf § 16 VOB/B.
10) Eine etwa gewünschte besondere Rechtsform von Bietergemeinschaften soll hier angegeben werden; diese Zeile läuft aber ins Leere, da nach deutschem Recht Bietergemeinschaften jede zulässige Rechtsform annehmen können.
11) Nachweise für die Beurteilung der Eignung können hier entweder konkret aufgeführt werden oder durch Bezugnahme auf § 8 VOB/A.
12) Der Ablauf der Zuschlags- und Bindefrist ist mit einem konkreten Kalenderdatum anzugeben.
13) Die Kriterien für die Auftragserteilung, also die Auswahl des erfolgreichen Bieters sind dann anzugeben, wenn sie nicht in den Vergabeunterlagen genannt sind. Üblicherweise werden die Zuschlagskriterien in den Verdingungsunterlagen genannt, so dass hierauf pauschal Bezug genommen werden kann.
14) Falls Änderungsvorschläge oder Nebenangebote ausgeschlossen werden sollen, ist dies mitzuteilen. Hierzu gilt das oben unter Rn 235 f. Gesagte.
15) An dieser Stelle ist, wie es auch § 31 a VOB/A und – redundant – § 17 VgV vorschreiben, die Vergabekammer anzugeben, an die sich ein Bieter wenden kann, der sich in seinen Rechten beeinträchtigt sieht. [sonstige Angaben]
16) Falls eine Vorinformation veröffentlich worden ist, ist der Tag der Veröffentlichung anzugeben, falls nicht, ist dies zu erwähnen.
17) Tag der Absendung der Bekanntmachung.
18) Der Tag des Eingangs der Bekanntmachung beim Amt für amtliche Veröffentlichungen der Europäischen Gemeinschaften ist von diesem einzusetzen.
19) Wenn staatliche Stellen im Sinne des Beschaffungsübereinkommens (GPA) den Auftrag vergeben, muss dies genannt werden. Diese Stellen sind in der Fußnote zu § 1 a Nr. 2 VOB/A genannt, es handelt sich um die Bundesministerien.

---

[115] BAnz v. 15.4.1999.

Das dargestellte Muster hat den Vorzug der Einfachheit und der Klarheit; seine schematische Anwendung erleichtert Interessenten die Einschätzung, ob der Auftrag für sie in Frage kommt oder nicht.

Die nach § 9 Nr. 4 Abs. 3 VOB/A anzugebenden Gründe für eine etwa beabsichtigte Ausnahme von der Anwendung gemeinschaftsrechtlicher technischer Spezifikationen sind im Muster nicht erwähnt; falls solche Abweichungen beabsichtigt sind, können sie bei den vorstehend unter Ziff. 15 möglichen „sonstigen Angaben" genannt werden.

Die anderen zusätzlichen Angaben, die § 17 a Nr. 3 VOB/A aufgrund der BKR noch vorsieht, sind im Muster verarbeitet, so dass hier nur eine unnötige Doppelnennung vorliegt. Weiter fordert § 17 a Nr. 3 VOB/A, dass die Bekanntmachung nicht nur die Informationen des Musters enthalten müsse, sondern auch die „Angaben nach § 17 Nr. 1 Abs. 2 VOB/A". Diese Angaben decken sich zwar weitgehend mit denen des Musters, die doppelte Bezugnahme schafft aber unnötige Unsicherheit.

V. Nichtoffenes und Verhandlungsverfahren

Wie eingangs dargestellt, ist im Nichtoffenen und im Verhandlungsverfahren der Angebotsphase die Bewerbungsphase vorangestellt. Nach den Mustern Anhang C und D des Abschnitts 2 der VOB/A sind dafür die entsprechenden Angaben bekannt zu machen.

D. Bekanntmachung, Abgabe und Öffnung der Angebote

Im Nachfolgenden wird die Phase der Bearbeitung der Angebote bis zu ihrer Öffnung nur anhand des Offenen Verfahrens dargestellt. Beim Nichtoffenen geht der Angebotsstufe die Bewerbungsstufe voraus. Die wird wiederum auch beim Verhandlungsverfahren durchgeführt; dort ist aber die Angebotsstufe völlig formfrei.

I. Absendung der Bekanntmachung

Der Auftraggeber verschickt den vorbereiteten Text für die Bekanntmachung an das
   Amt für amtliche Veröffentlichungen der Europäischen Gemeinschaften
   2, rue Mercier
   L-2985 Luxemburg
   Telefax: 00352 490003

Aus mehreren Gründen bietet sich am ehesten die Telefax-Übermittlung an: Mit ihr kann der Tag der Absendung ohne weiteres nachgewiesen werden, wie dies durch § 17 a Nr. 2 Abs. 3 VOB/A vorgeschrieben ist; außerdem ist der Übermittlungsweg so kurz wie möglich, was bei kürzeren Fristen für die Angebotsbearbeitung oder die Bewerbung sinnvoll ist. Beim „beschleunigten Verfahren" im Rahmen eines Nichtoffenen Verfahrens ist es vorgeschrieben, die Bekanntmachung per Fernschreiben, Telegramm oder Telekopierer zu übermitteln.

Nach der Absendung der Bekanntmachung an das Amt für amtliche Veröffentlichungen dürfen und sollen die Bekanntmachungen auch mit gleichem Text inländisch veröffentlicht werden, z.B. im Bundesausschreibungsblatt, in den jeweiligen Staatsanzeigern, im Wirtschaftsteil von Tageszeitungen usw.

II. Offenes Verfahren

1. Anforderung der Angebotsunterlagen

278 Interessenten müssen sich nun beim Auftraggeber melden und die Angebotsunterlagen anfordern. Dies können sie in jeder Form tun, wie aus § 17 Nr. 3 VOB/A hervorgeht, der zwar von „Teilnahmeanträgen" spricht, aber alle Verfahren, auch das Offene, erfasst. Nach Eingang dieser Aufforderung verschickt der Auftraggeber die Unterlagen innerhalb von 6 Kalendertagen nach Eingang der Anforderung, § 17 a Nr. 5 VOB/A, wenn bzw. sobald die etwa verlangten Kosten für die Unterlagen einbezahlt sind. Der Nachweis durch Beifügung eines Verrechnungsschecks bei der Anforderung der Unterlagen durch den Interessenten muss genügen.

279 In den Vorschriften der VOB/A ist keine ausdrückliche „Abholfrist" für die Unterlagen vorgesehen; § 17 a Nr. 5 VOB/A spricht aber von einer „rechtzeitigen Anforderung". Das ist zusammen zu sehen mit Ziffer 5 des Anhangs B zur VOB/A, Abschnitt 2, wo ein „Termin, bis zu dem diese Unterlagen spätestens angefordert werden können" eingetragen werden soll. Das bedeutet, dass die Interessenten nicht „bis zum letzten Tag" Zeit haben, sondern nur bis zu der vom Auftraggeber in vernünftigem Rahmen bestimmten Frist.

280 Der Auftraggeber kann anbieten, dass die Verdingungsunterlagen und vor allem etwaige zusätzliche umfangreiche Unterlagen von den Bietern digital eingesehen werden können. Nach § 17 Nr. 1 Abs. 2 i) VOB/A soll dies schon in der Ausschreibung angegeben werden. Das setzt lediglich ein übliches Maß an EDV-Technik, also Computer, Modem Telefonanschluss, Internetzugang, Adresse und website voraus, beeinflusst aber nicht das Ausschreibungsverfahren selbst.

281 In § 20 Nr. 1 Abs. 1 VOB/A sind die Kopier- und Versandkosten für die Verdingungsunterlagen ausdrücklich als erstattungsfähig bezeichnet, der Auftraggeber kann die Bezahlung bei Abholung bzw. Versendung fordern.

2. Auskünfte während der Angebotsbearbeitung

282 Während der Bearbeitung der Angebote durch die Interessenten können Fragen auftauchen, diese soll der Auftraggeber schnell, spätestens 6 Kalendertage vor Ablauf der Angebotsfrist beantworten, § 17 a Nr. 6 VOB/A. Erkennt der Auftraggeber, dass die Antwort für alle Interessenten wichtig ist, so informiert er alle, die die Angebotsunterlagen abgeholt haben, im gleichen Zeitraum (§ 17 Nr. 7 Abs. 2 VOB/A).

3. Ortsbesichtigung

283 Eine Ortsbesichtigung sollte nicht stattfinden, da damit Interessenten erfahren, wer sich außer ihnen an der Ausschreibung beteiligt. Das widerspräche dem Gebot des § 17 Nr. 6 VOB/A, die Namen der Bewerber geheim zu halten. Nur wenn der Ort des Bauvorhabens nicht allgemein zugänglich ist, kommt ein Besichtigungstermin in Betracht.

4. Einsichtnahme in Unterlagen

284 Beispielsweise im Tiefbau kann die Angebotsbearbeitung von wissenschaftlichen Veröffentlichungen und Ähnlichem abhängen. Solche Unterlagen müssen nicht unbedingt mit den Verdingungsunterlagen ausgegeben werden, sondern können zur Einsichtnahme bereitliegen. Der schnellen Einsichtnahme durch die Interessenten wird es dienen, wenn der Auftraggeber diese Unterlagen digitalisiert und seine E-Mail Adresse zur Verfügung stellt.

D. Bekanntmachung, Abgabe und Öffnung der Angebote § 4

5. Weitergabe später erlangter Informationen durch AG

Ändern sich während der Zeit der Angebotsbearbeitung Umstände, die die Angebote beeinflussen können, so muss der Auftraggeber diese unverzüglich und allen Interessenten gleichzeitig mitteilen.[116]

Der Grundsatz des fairen Vergabeverfahrens beinhaltet die Pflicht der Vergabestelle, allen Bietern (unumgängliche) Änderungen der Vergabebedingungen mitzuteilen.[117] Auskünfte während der Angebotsbearbeitung oder zusätzliche Informationen müssen jedem der Bieter zur Verfügung gestellt werden.

Ändert der Ausschreibende noch während des Angebotsverfahrens seine Vergabeabsicht, z.B. in dem der Leistungsumfang um ein Teilgewerk gekürzt wird, so könnte es andernfalls zu Verschiebungen kommen, die diejenigen Bieter benachteiligen, die darüber nichts erfahren haben, da sie die Chance verpasst haben, anders zu kalkulieren.[118]

Wird in einer Ausschreibung ausdrücklich auf eine bestimmte Fassung der VOB/B Bezug genommen und unterbreitet der Bieter auf dieser Grundlage sein Angebot, so kommt der Vertrag mit dem Zuschlag zu eben diesen Bedingungen zustande, auch wenn zum Zeitpunkt des Zuschlags bereits eine andere Fassung der VOB gilt und die übergeordnete Verwaltungsbehörde die Anwendung der Neufassung bereits zwingend vorgeschrieben hat.[119]

6. Verlängerung der Angebotsfrist

Durch Rückfragen von Bietern oder durch andere Informationen kann es angezeigt sein, die Angebotsfrist zu verlängern. Das soll durch ein Schreiben an alle Interessenten geschehen, die die Verdingungsunterlagen angefordert und erhalten haben. Die Verlängerung ist allen Interessenten mitzuteilen.[120]

7. Abgabe der Angebote

Nach der Bearbeitung haben die Bieter ihr Angebot abzugeben. Dies geschieht mit einem Angebotsschreiben und dem ausgefüllten Leistungsverzeichnis, gegebenenfalls auch einem Kurz-Leistungsverzeichnis oder auch einer Diskette, auf der sich die Preise identifizierbar befinden.

Die Angebote werden zweckmäßigerweise durch Boten an der vorgesehenen Stelle abgeliefert; anders die elektronische Angebotsabgabe, bei der das Angebot nach § 21 Nr. 1 Abs. 1 VOB/A verschlüsselt übermittelt werden muss. Nebenangebote und Änderungsvorschläge sind an einer vom Auftraggeber in den Verdingungsunterlagen bezeichneten Stelle aufzuführen, ebenso Preisnachlässe, § 21 Nr. 3 u. 4 VOB/A.

Weiterhin muss eine Bietergemeinschaft eines ihrer Mitglieder als bevollmächtigten Vertreter für Abschluss und Durchführung des Vertrags benennen, § 21 Nr. 5 Abs. 1 VOB/A. Für diese Vertretung hat sich der Begriff der „technischen Geschäftsführung" einer Bietergemeinschaft eingebürgert.

---

[116] OLG Stuttgart NJW-RR 1997, 1241 – bevorstehende, vom Bieter einzukalkulierende Deponiegebührenerhöhung.
[117] VK Südbayern IBR 2000, 257.
[118] BGH BauR 1997, 636; BB 1997, 1608; NJW RR 1997, 1106; ZfBR 1997, 244.
[119] OLG Koblenz NJW-RR 1999, 748; BauR 1999, 1026.
[120] OLG Dresden BauR 2000, 1591.

8. Verwahrung, Geheimhaltung

291 Auf den Angebotsumschlägen ist, sobald sie eintreffen, der Eingangsvermerk – Datum und Uhrzeit – anzubringen. Die Angebote dürfen bis zum Submissionstermin nicht geöffnet werden und sind unter Verschluss zu halten, am besten werden sie der für die Abhaltung des Termins verantwortlichen Stelle zugeleitet, die sie zweckmäßigerweise nach der Reihenfolge des Eingangs durchnummeriert und eine Eingangsliste führt.

9. Submissionstermin

292 Der Eröffnungstermin wird sofort nach Ende der Angebotsfrist pünktlich entsprechend der Angabe in den Verdingungsunterlagen durchgeführt. Der Verantwortliche des Auftraggebers ist der „Verhandlungsleiter", auch wenn keine „Verhandlung" im Wortsinn stattfindet – der Begriff in § 22 Nr. 2 VOB/A soll nur die Formalisierung des Eröffnungstermins ausdrücken. Ein weiterer Vertreter des Auftraggebers, möglichst ein Protokollführer, hat teilzunehmen.

1) Der Verhandlungsleiter stellt nach der verbalen Eröffnung (Begrüßung der Teilnehmer) fest, ob die Angebote ordnungsgemäß verschlossen, äußerlich gekennzeichnet und fristgemäß eingegangen sind, § 22 Nr. 3 a und b VOB/A.
2) Er öffnet dann die Umschläge.
3) Danach werden die Angebote verlesen, und zwar die Namen der Bieter und die Angebotspreise. Nachdem die Bieter nach der Neufassung von § 21 Nr. 3 und 4 VOB/A die Zahl ihrer Nebenangebote und Änderungsvorschläge sowie etwa angebotene Nachlässe an einer festen, vom Auftraggeber dafür vorgesehenen Stelle des Angebots aufführen müssen, sind auch diese Angaben vorzulesen.
4) Sodann kennzeichnet der Verhandlungsleiter die wesentlichen Teile der Angebote, z.B. durch Perforieren mit einem Spezialgerät unter Angabe des aktuellen Datums oder durch Stempeln, Siegeln oder mit anderen Techniken. Damit kann verhindert werden, dass später einzelne Blätter durch gefälschte, an das Submissionsergebnis angepasste, ausgetauscht werden, was eine der „klassischen" Methoden des Submissionsbetrugs darstellte.
5) Der Protokollführer fertigt nach § 22 Nr. 4 VOB/A eine Niederschrift an, aus der die Bieter, die Angebotspreise, Preisnachlässe, Nebenangebote und Änderungsvorschläge hervorgehen. Sie ist von ihm, vom Verhandlungsleiter und von einem oder mehreren Bietern zu unterschreiben. Unterlässt der Verhandlungsleiter eine nach § 22 Abs. 4 VOB/A gebotene Protokollierung, ist es ihm im Verhältnis zu den Bietern verwehrt, sich auf die Unvollständigkeit des Protokolls zu berufen, wenn er diese nicht beweisen kann.[121]
6) Auch Angebote, die den Bedingungen des § 22 VOB/A widersprechen, sind ggf. mit Eingangszeit zu vermerken.
7) Nach § 22 Nr. 6 VOB/A müssen Angebote, die nachweislich rechtzeitig abgegeben worden waren, im Hause des Auftraggebers aber zunächst verloren waren und deshalb dem Verhandlungsleiter bei Submission nicht vorgelegen haben,[122] nach Wiederauffinden ins Verfahren einbezogen werden.

293 Verstößt der Auftraggeber gegen die oben (3) genannte Pflicht, die Abgabe von Nebenangeboten oder die Gewährung von Preisnachlässen im Eröffnungstermin mitzuteilen, verletzt er zwar keine wesentlichen Bieterrechte,[123] löst aber bei den anderen Bietern möglicherweise Misstrauen aus, wenn diese erst im Laufe des weiteren Verfahrens erkennen, dass ein besonders günstiges Angebot vorliegt, von dem sie im Eröffnungstermin nichts erfahren haben.

---

121 BGH BauR 2000, 254; DB 2000, 370; NJW 2000, 661; NZBau 2000, 35; ZfBR 2000, 113; WuW 2000, 215.
122 VÜA Bund WuW 1997, 935.
123 VÜA Bayern ZVgR 1998, 587, VRReport 10/1998, 1; strenger: OLG Nürnberg ZVgR 1997, 175 2. Leitsatz.

Mit der Neufassung des § 21 Nr. 3 und 5 VOB/A ist die Diskussion darüber nicht beendet, ob Sondervorschläge nicht auch mit ihrem Betrag bekannt gegeben werden sollen.[124] Den Gegnern dieser umfassenden Information war bisher zuzugestehen, dass im straffen Ablauf eines Eröffnungstermins Probleme auftreten könnten, wenn der Verhandlungsleiter aus den zahlreichen Angebotsunterlagen auch die Preise von Sondervorschlägen herauszusuchen hätte. Nachdem aber nun ein eindeutiger Platz für die entsprechenden Angaben vorgesehen ist, dürfte es keine Schwierigkeiten mehr bereiten, die Summen der Nebenangebote und Änderungsvorschläge schon im Termin bekannt zu geben.

10. Submissionstermin bei elektronischer Ausschreibung

Die Neufassung der VOB/A ermöglicht es den Auftraggebern, in ihren Vergabeverfahren neben der bisher allein zulässigen schriftlichen Form eine weitere Technik des Anbietens einzurichten, die denselben Fristen unterliegt und wie die schriftliche im gleichen Eröffnungstermin endet. Dieser Eröffnungstermin wird, lässt der Auftraggeber digitale Angebote zu, zwei Stränge haben:

Einerseits die klassische „papierförmige" Angebotsabgabe, nach der die Unversehrtheit der Angebotsumschläge geprüft und festgestellt und diese danach geöffnet werden; anschließend werden die Namen und Zahlen bekannt gegeben, in eine Liste eingetragen und die Angebote markiert.

Parallel werden die digitalen Angebote eröffnet: Hier muss der Leiter der Submissionsverhandlung in einem bereitgestellten PC die Angebote feststellen, entschlüsseln, die rechtzeitige Abgabe, die bisherige Geheimhaltung und ihre Unterschrift (Signatur) prüfen und dann Angebotssummen und Bieternamen verlesen. Diese hat er dann bekannt zu geben und wieder gegen nachträgliche Veränderungen abzusichern, § 22 Nr. 1 S. 2 Hs. 2 VOB/A.

Diese Methode wird nicht ohne weiteres die gleiche Überzeugungskraft entfalten wie die praktisch und visuell mitvollziehbare der Öffnung von Briefumschlägen und des Verlesens der Angebotssummen und der Kennzeichnung der Angebote mit Datumslochung. Man wird dem Auftraggeber deshalb empfehlen müssen, in der Submissionsverhandlung zuerst die elektronischen Angebote zu bearbeiten, also im Computer aufzusuchen, aufzuschließen und den Inhalt dann verbal bekannt zu geben. Höhere Transparenz könnte dieser Vorgang dadurch erhalten, dass er mit einem „beamer" an die Wand projiziert und damit für alle Teilnehmer des Termins nachvollziehbar gemacht wird.

Erst danach sollte zur Öffnung der traditionell in Schriftform eingereichten Angebote übergegangen werden.

III. Kosten der Angebotsbearbeitung

Wie im Wirtschaftsleben üblich, wird für die Bearbeitung des Angebots durch die Interessenten keine Entschädigung gewährt. Der Auftraggeber soll aber dann eine Vergütung vorsehen, wenn er von den Interessenten planerische Leistungen fordert, die zur Erstellung des Angebots und zur späteren Durchführung des Bauvorhabens nötig sind. Das ist vor allem bei der Ausschreibung mit Leistungsprogramm gemäß § 9 Nr. 10–12 VOB/A denkbar. Für die Bemessung ist nach einhelliger Auffassung[125] nicht die HOAI maßgeblich, sondern höchstens eine zeitabhängige Entschädigung unter dem Aspekt der Wettbewerbsteilnahme, also unter Berücksichtigung der Gewinnchance.

---

124 LG Arnsberg SFH § 22 VOB/A Nr. 1.
125 Z.B. *Ingenstau/Korbion-Kratzenberg*, VOB, 14. Aufl., Teil A § 20 Rn 16 ff.

E. Prüfung und Wertung der Angebote

301 Die Begriffe der „Prüfung und Wertung" der Angebote deuten bereits auf einen zweigegliederten Vorgang, dessen erste Stufe eher objektiven Charakter hat, während die zweite Stufe mehr subjektiven Kriterien folgt. Die Reihenfolge der Prüfung und Wertung ergibt sich weitgehend aus dem Aufbau des § 25 VOB/A, auch wenn dieser mit „Wertung der Angebote" überschrieben ist. Durch zahlreiche Rückverweisungen, insbesondere auf §§ 8, 21, 22 und 23 VOB/A wird das System jedoch transparent.

1) Der erste Schritt ist mit § 25 Nr. 1 VOB/A vorgegeben, demzufolge Angebote vom weiteren Verfahren ausgeschlossen werden müssen, die nicht oder nicht voll den Bedingungen entsprechen.
2) Der zweite Prüfungsschritt ist in § 25 Nr. 2 VOB/A dadurch bezeichnet, dass „zunächst" die Eignung der Bieter zu prüfen ist. Dafür gelten im Wesentlichen die Maßstäbe, die nach § 8 VOB/A an die Teilnehmer zu richten sind.
3) In einem dritten Schritt erfolgt die rechnerische, technische und wirtschaftliche Prüfung der Angebote gemäß § 23 Nr. 2 und 3 VOB/A.
4) Der vierte, mit dem dritten eng verbundene Schritt besteht darin, die Angebotspreise auf ihre Angemessenheit hin zu beurteilen, § 25 Nr. 3 Abs. 1 und 2 VOB/A.
5) Sodann ist als fünfter Schritt aus den verbliebenen Angeboten eine engere Wahl zu bilden, § 25 Nr. 3 Abs. 3 S. 1 VOB/A.
6) Aus dieser Gruppe wird in einem sechsten Schritt das erfolgreiche Angebot ausgewählt, § 25 Nr. 3 Abs. 3 VOB/A.

302 Es ergibt sich folgendes Prüfungsschema:

	Prüfung			Wertung		
	Schritt 1	Schritt 2	Schritt 3	Schritt 4	Schritt 5	Schritt 6
Inhalt	Formalien und negative Eignungsprüfung	Positive Eignungsprüfung	Rechnerische, technische und wirtschaftliche Prüfung	Beurteilung der Angemessenheit der Preise	Bildung einer engeren Wahl	Auswahl des Auftragnehmers
Vorschrift	§ 25 Nr. 1 Abs. 1 und Abs. 2 i.V.m. § 8 Nr. 5 VOB/A	§ 25 Nr. 2 VOB/A	§ 23 Nr. 2 und 3, § 24 VOB/A	§ 25 Nr. 3 Abs. 1 und 2 VOB/A	§ 25 Nr. 3 Abs. 3 S. 1 VOB/A	§ 25 Nr. 3 Abs. 3 S. 2 VOB/A

303 Eine präzise begriffliche Trennung der ersten drei Schritte im Verfahren ist nicht gefordert, sie können, falls möglich, auch in einem Prüfungsvorgang zusammengefasst werden. Ihr Ergebnis ist nach § 22 Nr. 7, § 33 a VOB/A zu dokumentieren. Dasselbe gilt für die weiteren Schritte der Wertungsphase.

I. Formalien und negative Eignungsprüfung

1. Formale Prüfung

304 Angebote, die:
- im Eröffnungstermin dem Verhandlungsleiter bei Öffnung des ersten Angebots nicht vorgelegen haben (ausgenommen nach § 22 Nr. 6 VOB/A nachträglich aufzugreifende Angebote)

und Angebote, die § 21 Nr. 1 Abs. 1 und 2 VOB/A nicht entsprechen, die also

- nicht ordnungsgemäß eingegangen sind,
- verspätet eingegangen sind,
- nicht unterschrieben sind,
- nicht nur die Preise und die geforderten Erklärungen enthalten oder,
- bei denen Änderungen des Bieters an seinen Eintragungen nicht zweifelsfrei sind, oder
- bei denen Änderungen und Ergänzungen an den Verdingungsunterlagen vorgenommen wurden,

müssen nach § 25 Nr. 1 Abs. 1 a) und b) VOB/A von vornherein ausgeschlossen werden.

Die Aussage von § 23 Nr. 1 VOB/A, dass diese Angebote nicht geprüft werden brauchen, ist damit eigentlich obsolet. „Verboten" ist die Prüfung aber nicht; sie wird dann sinnvoll, wenn sonst keine oder keine annehmbaren Angebote vorliegen und sich der Auftraggeber überlegt, nach § 3 a Nr. 4 a) oder Nr. 5 a) oder b) VOB/A zu einem Verhandlungsverfahren überzugehen. 305

Nach § 25 Nr. 1 Abs. 1 c) und d) VOB/A sind weiterhin Angebote auszuschließen, die 306
- auf einer Preisabsprache beruhen,
- Änderungsvorschläge oder Nebenangebote sind, die entgegen dem erklärten Willen des Auftraggebers abgegeben wurden.

Angebote, die § 21 Nr. 3 S. 2 VOB/A nicht entsprechen, also Änderungsvorschläge oder Nebenangebote, die nicht auf besonderer Anlage vorgelegt und deutlich gekennzeichnet wurden, können ausgeschlossen werden, da sie im Submissionstermin möglicherweise übersehen wurden und ihr Vorliegen dann eine Überraschung für die übrigen Bieter darstellt, die gegen den Grundsatz der Transparenz verstößt. 307

2. Negative Eignungsprüfung

Schließlich können Angebote ausgeschlossen werden, die von unzuverlässigen Bietern abgegeben wurden. Nach den Kriterien des § 8 Nr. 5 VOB/A können Bewerber ausgeschlossen werden, 308
- über deren Vermögen das Konkurs- oder das Vergleichsverfahren beantragt bzw. eröffnet worden ist,
- die sich in Liquidation befinden oder
- die Steuern, Abgaben sowie Sozialversicherungsbeiträge nicht ordnungsgemäß bezahlt haben.

Ebenso sind Bewerber auszuschließen, die
- an Submissionsabsprachen teilgenommen haben oder
- die im Vergabeverfahren vorsätzlich unzutreffende Erklärungen in Bezug auf ihre Fachkunde, Leistungsfähigkeit und Zuverlässigkeit abgegeben haben.

Die Vergabe- oder Auftragssperre i.S.d. § 8 Nr. 5 Abs. 1 c) VOB/A hat in den letzten zehn Jahren erheblich an Bedeutung gewonnen. Unternehmer können danach von der Teilnahme am Wettbewerb ausgeschlossen werden, wenn sie „nachweislich eine schwere Verfehlung begangen haben, die ihre Zuverlässigkeit als Bewerber in Frage stellt". Für den Nachweis der Verfehlung ist kein voller Beweis zu fordern; es müssen aber konkrete Anhaltspunkte vorliegen,[126] also staatsanwaltschaftliche Ermittlungsergebnisse wie z.B. Beschuldigtenvernehmungen von Beteiligten oder Anklageschriften. Eine rechtskräftige Verurteilung bzw. ein rechtskräftiger Bußgeldbescheid muss nicht abgewartet werden.[127] 309

Der Unternehmer, der an einer Preisabsprache teilgenommen hat, muss ausgeschlossen werden.[128] Nur wenn ganz wichtige Gründe gegen den Ausschluss sprechen und kein Zweifel bezüglich einer 310

---

126 *Heiermann/Riedl/Rusam*, VOB, 9. Aufl., A § 8 Rn 56.
127 *Quardt*, BB 1997, 477.
128 *Daub/Piel/Soergel*, Kommentar zur VOB Teil A, ErlZ. A 8.63.

ordnungsgemäßen und korrekten Vertragserfüllung mehr besteht, kann eine solche Firma doch in das Vergabeverfahren einbezogen werden.

311 Die Auftragssperre ist das einzige wirksame Mittel in der Hand der öffentlichen Auftraggeber, sich auch für die Zukunft gegen wettbewerbswidrige Praktiken zur Wehr zu setzen.[129] Die regelmäßigen Appelle[130] gegen Preisabsprachen haben nicht geholfen.

312 Auftragssperren, die über die Grenzen einzelner juristischer Personen hinweg von mehreren vereinbart werden, werden als „koordiniert" bezeichnet. Sie stellen zwar wettbewerbsrelevantes Verhalten dar. Die Auftraggeber wollen aber gerade den Wettbewerb schützen, indem sie denjenigen ausschließen, der sich nicht an dessen Regeln gehalten hat.[131] Mit dem, der im begründeten Verdacht steht, sich nicht an die Spielregeln des Wettbewerbs halten zu wollen, muss der öffentliche Auftraggeber keine Geschäfte machen.

3. Positive Eignungsprüfung

313 Die Bietereignung wird im Wesentlichen nach objektiven Gesichtspunkten geprüft werden; die Überlegungen zur Eignung von Bietern müssen nachvollziehbar und damit überprüfbar vorgenommen werden.[132] Dennoch verbleibt auch hier dem Auftraggeber ein Beurteilungsspielraum.[133]

314 Formalien müssen nicht eingehalten werden. Der Auftraggeber ist in der Entscheidung darüber, ob, in welcher Weise und mit Hilfe welcher Auskunftsmittel er sich Kenntnis von der Eignung der Bieter verschaffen will, weitgehend frei.[134] Diese Freiheit geht so weit, dass er bei Bewerbern, die ihm bekannt sind, von der Einreichung von Eignungsnachweisen ganz absehen kann.

315 Das Ergebnis seiner Ermittlungen muss der Auftraggeber dokumentieren.

316 Die Prüfung der finanziellen und wirtschaftlichen Leistungsfähigkeit erfolgt nach § 8 Nr. 3 Abs. 1 VOB/A anhand von Bankauskünften, Bilanzen oder Bilanzauszügen, Nachweisen über den Gesamtumsatz des Unternehmens in den letzten 3 Geschäftsjahren bzw. den Umsatz bei Leistungen, die mit der zu vergebenden Leistung vergleichbar sind .

317 Für die Prüfung der fachlichen und technischen Leistungsfähigkeit hat der Bewerber eine Liste erbrachter vergleichbarer wesentlicher Leistungen unter Angabe des Rechnungswertes und der Leistungszeit mit Bescheinigungen der öffentlichen Auftraggeber vorzulegen. Die technische Leitung ist zu benennen, die zuständige Qualitätskontrolle zu belegen. Formelhafte, unsubstantiierte Zusicherungen reichen zum Nachweis der Leistungsfähigkeit nicht aus.[135]

318 Die Anforderungen an Eignungsnachweise ausländischer Bieter müssen beispielsweise ohne Diskriminierung beurteilt werden, da sonst keine Chancengleichheit besteht.[136] Wenn z.B. ein Auszug aus dem deutschen Gewerbezentralregister gefordert wird und eine vergleichbare Einrichtung im Ausland nicht besteht, könnte ein ausländischer Bieter ausgeschlossen werden, da er eine gleichwertige Bescheinigung nicht vorlegen kann. Auszüge aus dem Handelsregister und Kopien der Gewerbeberechtigung, die ein ausländischer Bieter vorlegt, müssen deshalb auf Gleichwertigkeit geprüft

---

129 *Reimann/Schliepkorte*, ZfBR 1992, 251 ff.
130 Z.B. *Crome*, BB 1959, 832, der aus Anlass verschiedener Bauskandale in den 50er Jahren versuchte, die Ursachen der Kartellbildung aufzufinden und die „Krankheitsherde" zu beseitigen; er erhoffte sich damit, eine faire Gemeinschaftsarbeit von Auftraggebern und Auftragnehmern zu fördern.
131 OLG Frankfurt WRP 1997, 203; a.A. *Mestmäcker/Bremer*, BB 1995 Beilage 19, die Auftragssperren als „Instrumentalisierung des öffentlichen Auftrags zu ordnungspolitischen Zwecken" kritisieren.
132 VÜA Bund, ZVgR 1997, 306, 308.
133 VÜA Bund, S/F/H § 8 VOB/A 1973 Nr. 2; ZfBR 1996, 273; IBR 1996, 495.
134 ZfBR 1996, 273, S/F/H § 8 VOB/A Nr. 2; IBR 1996, 495.
135 VÜA Bund WuW 1998, 325.
136 VÜA Bund, Beschl. v. 16.12.1998, Az.: 1 VÜ 31/98.

werden. Das Beharren auf einem Gewerbezentralregisterauszug nach inländischem Vorbild ist ein klassischer Fall der Diskriminierung ausländischer Bieter.[137] Die Vergabestelle muss sich also konkret bemühen, die vorgelegten Nachweise zu prüfen und zu würdigen. Eine Pflicht, Unklarheiten in Gesprächen zu beseitigen oder Auskünfte einzuholen, ist zwar nicht normiert. Zur Vermeidung der Diskriminierung von Bietern kann dies aber durchaus angebracht sein.

Bei der Bewertung der Eignung der Bieter ist die Berücksichtigung von Umständen ausgeschlossen, die nicht auf einer gesicherten Erkenntnis des Ausschreibenden beruhen.[138]   319

Aus dem Grundgedanken der §§ 8, 8 a VOB/A folgt, dass bei Angebotsabgabe fehlende Leistungsnachweise nicht zwingend zum Ausschluss des Bieters führen müssen. Wenn die Ausschreibungsbedingungen die Vorlage von Nachweisen der Leistungsfähigkeit nicht explizit bei Angebotsabgabe fordern, kann die Vergabestelle von den Bietern auch noch nach Angebotsabgabe die erforderlichen Unterlagen verlangen.[139]   320

II. Prüfung der Angebote in rechnerischer, technischer und wirtschaftlicher Hinsicht

Die dritte Stufe der Angebotsprüfung ist nicht explizit in § 25 VOB/A angesprochen, sondern – ohne Benennung ihrer Stelle in der Prüfungsreihenfolge – in § 23 Nr. 2 und 3 sowie negativ in § 23 Nr. 1 VOB/A. Sie muss logisch einer Beurteilung der Angemessenheit der Preise (§ 25 Nr. 3 Abs. 1 und 2 VOB/A) und der Bildung einer engeren Wahl (§ 25 Nr. 3 Abs. 3 S. 1 VOB/A) vorausgehen; andererseits ist die Prüfung nach Formalien und Eignung des Bieters (§ 25 Nr. 1 Abs. 1 und 2 VOB/A) Voraussetzung für den Einstieg in die inhaltliche Prüfung.   321

Weitere Kriterien der formalen Angebotsprüfung nach § 23 Nr. 2 VOB/A sind die Vollständigkeit, die rechnerische und fachliche Richtigkeit.   322

1. Vollständigkeit

Fehlt bei einem – wie üblich – auf Einzelpositionen aufgebauten Angebot auch nur ein einziger Einheitspreis und das Ergebnis seiner Multiplikation mit der ausgeschriebenen Menge, so muss dieses gem. §§ 21 Nr. 1 Abs. 1, 25 Nr. 1 Abs. 1 b VOB/A als unvollständig ausgeschieden werden. Eine Wertung als Nebenangebot ist gleichfalls unzulässig.[140]   323

§ 21 Nr. 1 Abs. 1 S. 1 VOB/A ist im Gegensatz zu den Sätzen 2 und 3 als Sollvorschrift formuliert. Das bedeutet, dass der Auftraggeber nicht gezwungen ist, ein Angebot aufgrund des Fehlens eines im Leistungsverzeichnis geforderten Nachweises auszuschließen. Selbst wenn er dies in den Verdingungsunterlagen ohne Einschränkung androht, bleibt ihm bei der letztlichen Entscheidung ein Beurteilungsspielraum.[141] Damit kann sich auch der Konkurrent nicht auf einen Verstoß gegen die Bestimmung berufen. Entscheidend ist, ob die fehlende Erklärung konstitutiv für die Prüfung und Wertung des Angebotes ist.   324

Zur Rationalisierung der Vergabevorgänge haben viele öffentlichen Auftraggeber für ihre Beschaffungsstellen einheitliche Vergabehandbücher herausgegeben. Mit den dort enthaltenen Handlungsanweisungen und Formblättern kann das Vergabeverfahren rationaler und zeitsparender, dazu rechtssicherer abgewickelt werden. Die einheitliche Handhabung ermöglicht es auf der anderen Seite den Bietern, das Verhalten der Auftraggeber genauer einzuschätzen.   325

---

137 EuGHE 1982, 417 SA Transporoute ./. Ministère des Travaux Publics, besprochen in BauR 1993, 557.
138 BGH BauR 2000, 254; DB 2000, 370; NJW 2000, 661; NZBau 2000, 35; ZfBR 2000, 113; WuW 2000, 215.
139 VÜA Bund WuW 1998, 327.
140 VÜA Bayern, Beschl. v. 12.5.1999 – VÜA 12/98.
141 OLG Bremen, Beschl. v. 20.7.2000, Az. Verg 1/00.

326 Die Formblätter der Vergabehandbücher haben nicht alle konstitutiven Inhalt, wenn sich das Vergabehandbuch insoweit auch nicht eindeutig ausspricht. So enthält beispielsweise das einheitliche Formblatt „Preis" den unklaren Vermerk, dass die Nichtabgabe des Formblatts dazu führen „kann", dass das Angebot nicht berücksichtigt würde. Andererseits soll das Formblatt lediglich die Kalkulationsweise des Bieters darstellen und wird nicht Vertragsbestandteil werden, wenn es zum Zuschlag kommt. Damit ist klar, dass ein Bieter, der das Formblatt vergessen hat, nicht vom Wettbewerb ausgeschlossen werden kann.[142] Anders ist dies beispielsweise mit dem Bauzeitenplan, wenn dieser Vertragsbestandteil werden soll und sich aus diesem die mit Vertragsstrafen bewehrten Termine ergeben. In diesem Fall kann das Angebot ausgeschlossen werden, wenn der Bauzeitenplan fehlt.[143]

327 Das Fehlen der Urkalkulation führt nicht zwingend zum Ausschluss des Angebots, auch wenn ihre Abgabe vorgeschrieben wurde.[144]

2. Rechnerische Prüfung

328 Für die rechnerische Prüfung gibt § 23 Nr. 3 VOB/A eine Methode vor, bei kleinen Widersprüchen, Unklarheiten oder Lücken den tatsächlich gemeinten Preis zu ermitteln. Diese bauspezifische Regel trägt dem Interesse an einem vernünftigeren, nicht zu stark formalisierten Vergabeverfahren Rechnung. Eine auffällig große Zahl von Rechenfehlern im Angebot bewirkt allerdings, dass der betreffende Bieter als unzuverlässig eingeschätzt werden muss.[145]

3. Wertung bei Vereinbarung von Preisgleitklauseln

329 Wertungsprobleme ergeben sich oft daraus, dass Bieter die „Mechanik" der Lohngleitklauseln nicht verstanden haben, sei es, weil sie das erste Mal einen Erhöhungswert anbieten, sei es, weil die Klauseltexte sich geändert haben und eine alte Fassung unterstellt wurde. Das kann sich in einem unwahrscheinlich hohen Satz zeigen, aber auch an einem Angebot mit „Null".

330 Nach allgemeiner Auffassung ist nur der letztere Fall „heilbar", wenn der Bieter im Rahmen der Aufklärung des Angebotsinhalts erklärt, eben auf einen Beitrag zu den Erhöhungskosten verzichten zu wollen und seine Kalkulation unter ihrem Einschluss aufgebaut zu haben.

331 Im ersten Fall ist das Angebot als solches nicht annehmbar;[146] eine Anfechtung kommt nach allgemeinen Grundsätzen nicht in Frage.[147]

4. Informationspflicht nach der rechnerischen Prüfung der Angebote

332 Seine Position im Wettbewerb soll der Bieter nach der Neuregelung des § 22 Nr. 7 S. 1 VOB/A besser einschätzen können: Geschah es bisher freiwillig, wenn ein Auftraggeber den Bietern mit der Niederschrift über den Eröffnungstermin auch die Namen der Konkurrenten und die Höhe der Angebote mitteilte, so ist dies jetzt auf Antrag unverzüglich zu erledigen, und zwar nach der rechnerischen Prüfung, das heißt, möglicherweise nach einer oder zwei Wochen. Nach § 23 Nr. 4 VOB/A müssen die aufgrund der rechnerischen Prüfung festgestellten Angebotsendsummen im Protokoll des Eröffnungstermins vermerkt werden. Damit hat ein Bieter einen erheblich exakteren Wissensstand; Angriffe auf das Vergabeverfahren werden aus dieser Position heraus sicher besser gezielt werden können; Anträge ins Blaue werden eher unterlassen.

---

142 OLG Celle BauR 1986, 436.
143 OLG Düsseldorf BauR 1983, 377.
144 VÜA Hessen IBR 1999, 453.
145 VÜA Niedersachsen WuW 1997, 1045.
146 VÜA Bund Beschl. v. 25.10.1995 – Az. 1 VÜ 4/95.
147 Siehe unten Rn 360.

5. Spekulative Einzelpreise

Einzelpreise unterliegen nicht der Beurteilung der Angemessenheit, sondern nur der Gesamtpreis eines Angebots. Sie können aber dennoch so auffällig vom Durchschnitt oder vom bekannten Standard abweichen, dass sie Fragen nach der Struktur und der Qualität des Angebots aufwerfen. Beispielsweise bei Tiefbauten ist das Risiko des Auftraggebers höher, mit der Leistungsbeschreibung nicht richtig zu liegen; insbesondere das Bodenrisiko oder das Grundwasserrisiko führen oft zu Unwägbarkeiten. Hier kann es aber auch sein, dass ein Bieter über besseres Wissen als der Auftraggeber verfügt und beispielsweise die Wasserhaltung einer Baugrube extrem billig anbietet. Legt der Bieter bei der Aufklärung des Angebotsinhalts diese Gründe offen und sind sie plausibel, so steht der Annahme des Angebots nichts im Wege.

333

6. Aufklärung des Angebotsinhalts

Verhandlungen mit Bietern sind nicht zulässig, § 24 VOB/A. Lediglich zur Behebung von Zweifeln über die Angebote oder die Bieter darf „verhandelt" werden; mit dem Bieter des wirtschaftlichsten Angebots über notwendige technische Änderungen geringen Umfangs; dies nur bei Nebenangeboten und Änderungsvorschlägen oder bei einem Angebot aufgrund funktionaler Leistungsbeschreibung i.S.d. § 8 Nr. 2 Abs. 1 Buchst. a VOB/A; Grund und Ergebnis solcher Verhandlungen sind vertraulich zu behandeln und schriftlich niederzulegen, § 24 Nr. 3 VOB/A.

334

Verweigert ein Bieter im Rahmen der Angebotswertung vom Auftraggeber geforderte technische Auskünfte, kann sein Angebot unberücksichtigt bleiben. Selbst geringfügige Änderungen am Leistungsverzeichnis durch den Bieter können aber nicht durch eine „Aufklärung" des Angebotsinhalts ausgeräumt werden.[148]

335

7. Dokumentation

Die Gesichtspunkte für die Beurteilung der Wirtschaftlichkeit und ihre Bewertung sind schriftlich festzuhalten. Über das Prüfungsergebnis wird ein weiterer Aktenvermerk erstellt, der in den Vergabevermerk eingeht.

336

III. Beurteilung der Angemessenheit der Preise

Ein im Vergleich zu anderen Bietern auffallend günstiges Angebot ist allein noch kein ausreichendes Merkmal für das Vorliegen eines unangemessen niedrigen Preises i.S.d. § 25 Nr. 3 Abs. 1 VOB/A. Es beinhaltet lediglich einen Anlass für die Überlegung des Auftraggebers, ob die vertragsgemäße Leistungserbringung denn gewährleistet ist. Die Vergabestelle muss dem Bieter Gelegenheit geben,[149] negative Momente zu widerlegen.

337

Nach den Hinweisen zur Prüfung und Wertung von Angeboten der Vergabehandbücher soll bei einer Preisdifferenz von 10 % und mehr zwischen dem günstigsten Angebot und den Preisvorstellungen des Auftraggebers oder dem nächst höheren Angebot in die Beurteilung der Angemessenheit des Preises eingestiegen werden. Damit ist für den Impuls eine schematische, nicht zwingende Marge vorgegeben.

338

Bei der Beurteilung wird es darauf ankommen, welche Argumente der Bieter des billigsten Angebots auf seiner Seite hat. Auch eine Differenz von 45 % bzw. nach Prüfung 33 % zum Nächstbieter muss nicht zwingend zum Ausscheiden des Angebots führen.[150]

339

---

148 OLG Düsseldorf VRReport 12/2000, 1.
149 VÜA Bund IBR 1998, 136.
150 VK Bund VRReport 10/2000; VK Thüringen VRReport 11/1999.

340 Zu Gunsten des herausragend billigen Angebots kann nämlich berücksichtigt werden, dass der Bieter eine besondere Herstellungstechnik vorweisen kann, dass das von ihm gewählte Bauverfahren besonders wirtschaftlich ist, oder dass die von ihm gewählten technischen Lösungen oder sonstigen Ausführungsbedingungen besonders günstig sind. Auch die erklärte Absicht, mit einem besonders günstigen Angebot auf den Markt zu kommen, darf zu Gunsten des Bieters berücksichtigt werden. Ob ein Angebot schon bei einem Abstand von ca. 8 % auszuschliessen ist, wenn der Bieter die Abweichung von den übrigen Angebotspreisen nicht aufklärt,[151] darf bezweifelt werden.

341 Die Vergabestelle ist in jedem Fall verpflichtet, die in § 25 Nr. 3 Abs. 2 S. 1 VOB/A vorgesehene Aufklärung einzuholen, wenn sie ungewöhnlich niedrige Angebote ablehnen will.[152] Schematische Ausschlußregeln sind unzulässig.[153]

IV. Bildung einer engeren Wahl

1. Wertung von Skonti und Nachlässen

342 Skontoangebote dürfen grundsätzlich gewertet werden, sofern sie rechtzeitig, d.h. bei Öffnung des ersten Angebots im Eröffnungstermin, vorliegen. Das Skonto ist bei der Bestimmung der Angebotssumme i.S.d. § 25 VOB/A zu berücksichtigen, wenn seine Bedingungen eindeutig und vom Auftraggeber bei der späteren Vertragsabwicklung erfüllbar sind[154] und wenn sie für alle Zahlungen gelten sollen. Ist dagegen eine einzuhaltende Zahlungsfrist nicht genannt, so ist das Angebot eines Skonto unvollständig und unklar und darf bei der Wertung nicht berücksichtigt werden.[155] Wenn das angebotene Skonto bei Einhaltung der Fristen des § 16 VOB/B abgezogen werden soll, darf sich der Auftraggeber nicht darauf berufen, er könne diese Zahlungsfristen nicht einhalten.[156]

343 Preisnachlässe werden vom Bieter nach Fertigstellung seiner Kalkulation und Ausfüllen des Leistungsverzeichnisses ermittelt und dann in einem Begleitschreiben zum Angebotsinhalt gemacht. § 21 Nr. 4 VOB/A schreibt vor, dass der Bieter sie an einer vom Auftraggeber dafür in den Verdingungsunterlagen vorgesehenen bestimmten Stelle anbieten muss. Andernfalls darf der Nachlass nach § 25 Nr. 5 S. 2 VOB/A nicht gewertet werden.

2. Wertung von Änderungsvorschlägen und Nebenangeboten

344 Zunächst hat der Auftraggeber zu prüfen, ob Änderungsvorschläge und Nebenangebote überhaupt zugelassen wurden und ob sie ggf. mit einem Hauptangebot verbunden sind, dies insbesondere, wenn sie nicht technischer Art sind. Weiterhin müssen die Änderungsvorschläge und Nebenangebote die formalen Bedingungen erfüllen, insbesondere klare Bezugnahmen auf das Leistungsverzeichnis aufweisen. Die Haftung für die Ausführbarkeit einer neuen Technik muss klar vom Bieter übernommen worden sein. In die Wertung gehen dann alle Umstände ein, die mit dem Änderungsvorschlag oder Nebenangebot verbunden sind, also auch z.B. die weniger verkehrsbeeinflussende Ausführung oder kürzere Ausführungsfristen § 25 Nr. 5 S. 1 VOB/A.

345 Maßgeblich für die Bewertung eines Änderungsvorschlags oder Nebenangebots sind die Anforderungen, die sich aus den Vergabeunterlagen ergeben, vor allem aber der Ausschreibungsentwurf. Die Beschreibung eines technischen Nebenangebots muss den Auftraggeber in die Lage versetzen, dieses

---

[151] OLG Köln NJW-RR 1999, 316.
[152] EuGH WuW 98, 109.
[153] EuGH NVwZ 1990, 649; EuR 1990, 151; *Schabel*, BauR 1990, 90: Costanzo ./. Stadt Mailand.
[154] *Schelle/Erkelenz*, VOB/A, 1983, Kap. 22.5.
[155] *Schelle*, Praktikerkommentar zur VOB 1990, § 25 Rn 47.
[156] *Rusam*, in: *Heiermann/Riedl/Rusam*, Handkommentar zur VOB, 9. Aufl., § 25 Rn 175.

mit dem Ausschreibungsentwurf zu vergleichen sowie die relativen Vor- und Nachteile in technischer, wirtschaftlicher, gestalterischer und terminlicher Hinsicht zu bewerten.[157] Dazu gehört auch eine vollständige, übersichtliche und nachvollziehbare Präsentation der Sondervorschläge durch die Bieter, unter Berücksichtigung der speziellen subjektiven Anforderungen und vorhersehbaren möglichen Bedenken des Auftraggebers.[158]

Ist ein Nebenangebot als technisch gleichwertig wie der „Amtsvorschlag", also das Hauptangebot, akzeptiert worden, so kommt es bei der Wertung nur noch auf den Preis an, sofern kein anderes Vergabekriterium bekannt gemacht worden ist.[159] 346

Hat der Auftraggeber in den Verdingungsunterlagen solche Angebote ausdrücklich ausgeschlossen, ist er daran auch gebunden, wenn er nach Submission feststellt, dass ein gleichwohl abgegebenes Nebenangebot vorteilhafter wäre.[160] 347

3. Veränderungen des Bedarfs während des Vergabeverfahrens

Der Bedarf des Ausschreibenden ist für die Durchführung und den Auftrag wesentlich. Ein Auftraggeber kann nicht gezwungen werden, eine Beschaffung zu tätigen, für die er keinen Bedarf mehr hat. 348

Dennoch dürfen nachträgliche Veränderungen des Bedarfs nicht in das einmal begonnene Vergabeverfahren einbezogen werden.[161] Die Korrektur von Mengenangaben gegenüber der Ausschreibung kann zwar im Einzelfall sachlich gerechtfertigt sein. Wird sie aber bei der Prüfung und Wertung der Angebote berücksichtigt, so kann sie zu Verschiebungen der Bieterreihenfolge führen. Das würde dem Grundsatz der Transparenz widersprechen. Der Auftraggeber ist in solchen Fällen an die in den Verdingungsunterlagen gemachten Vorgaben gebunden und muss dem wirtschaftlichsten Angebot den Zuschlag erteilen. In Betracht kommt aber auch die Aufhebung der Ausschreibung wegen der Notwendigkeit, die Ausschreibungsunterlagen grundlegend zu ändern, § 26 Nr. 1 b) VOB/A. 349

Korrekturen sind im Nachhinein nur nach § 2 Nr. 3 bis 8 VOB/B möglich, also als Mengenänderung, Anordnung des Auftraggebers oder Teilkündigung. 350

4. Anfechtung des Angebots durch den Bieter

Im Submissionstermin erfährt der Bieter, wie sein Angebot im Wettbewerb liegt. Das kann für ihn Anlass sein, zu versuchen, das Angebot zu korrigieren oder ganz zurückzuziehen. 351

Dies wird immer wieder im Wege der Anfechtung i.S.d. § 119 BGB versucht. Soweit aber das Angebot nicht über § 23 Nr. 3 VOB/A bezüglich einzelner Zahlenansätze „geheilt" werden kann, scheiden Anfechtungsmöglichkeiten aus. 352

Nur in den seltensten Fällen kann ein Bieter einen echten Erklärungsirrtum nachweisen (Beispiel: Es gibt eine gleich lautende Bezeichnung für zwei verschiedene Dinge). Was häufig als „Kalkulationsirrtum" bezeichnet wird, ist in der Regel ein Motivirrtum i.S.d. § 119 BGB, der nach allgemeiner Auffassung unbeachtlich ist, denn alles, was sich der Bieter zur Preisbildung überlegt hat, stellt lediglich sein Motiv für die Abgabe des Angebots dar. Dieses Motiv wird nicht geäußert und ist nicht 353

---

157 Grundlegend *Hofmann*, Vergaberechtliche und vertragsrechtliche Fragen bei Nebenangeboten im Bauwesen, ZfBR 1984, 259 ff.
158 OLG Naumburg IBR 2000, 104.
159 BayObLG VRReport 10/2000.
160 VÜA Bayern IBR 1999, 197.
161 Vk Rheinland Pfalz IBR 2000, 358.

Bestandteil des Angebots. Dieses kann nicht durch Anfechtung verändert oder beseitigt werden, denn der Bieter trägt stets das Risiko dafür, dass seine Kalkulation auskömmlich ist.

354 Auch die Verpflichtung, die dem Ausschreibenden nach den §§ 24 und 25 VOB/A obliegt, das Angebot in rechnerischer Hinsicht zu prüfen, ändert an diesem Risiko des Bieters nichts. Die Vorschriften der VOB/A zur Aufklärung des Angebotsinhalts, Prüfung und Wertung, sollen nicht den Bieter vor den Folgen seines Angebots schützen,[162] sondern dienen dem Interesse des Auftraggebers an einer sachgemäßen Vergabe. Unterläuft dem Auftraggeber bei der Angebotsprüfung ein Fehler, übersieht er also einen Kalkulationsirrtum des Bieters, so kann dieser hieraus keine Ansprüche herleiten. Jedenfalls in den Fällen, in denen der Auftraggeber einen etwaigen Kalkulationsirrtum nicht erkennt, bleibt es bei der vertraglichen Bindung.

355 Nur wenn der Auftraggeber positiv einen Fehler erkennt, muss er diesem nachgehen. Dann darf er den Bieter nicht an einem gravierenden Rechenfehler festhalten, aufgrund dessen der Angebotspreis unangemessen niedrig ist. Ein Zuschlag auf das unveränderte Angebot wäre in diesem Fall zwar wirksam, hätte aber einen Schadenersatzanspruch des Bieters zur Folge.[163] Der Bieter ist nur dann an den Vertrag nicht gebunden, wenn ein offensichtliches Unterangebot vorliegt und der Auftraggeber dieses trotz Kenntnis des Irrtums annimmt.[164]

356 Der Auftraggeber steht in Fällen der versuchten Anfechtung eines Angebots häufig in einer schwierigen Situation, da er die „unwillige" Baufirma aufgrund ihres Verhaltens dann nicht als Auftragnehmer haben will. Wenn er die Baufirma aus dem (unwirksam angefochtenen) preisgünstigsten Angebot entlässt und die Anfechtung akzeptiert, muss er den nächsten, teureren Bieter beauftragen. Er hat aber keinen vollen Schadensersatzanspruch gegen den ausscheidenden Bieter, da dieser nach herrschender Auffassung nur auf das negative Interesse haftet, § 121 BGB.

357 Damit bleibt für den Auftraggeber nur der eher beschwerliche Weg als Alternative offen, dem wankelmütigen Bieter den Auftrag zu erteilen, § 28 Nr. 2 Abs. 1 VOB/A, und den geschlossenen Vertrag im Fall, dass dieser sich weiterhin weigert, ihn auszuführen, zu kündigen. Wenn der dann durch eine neue Ausschreibung entstehende Zeitverlust nicht hingenommen werden kann, kommt eine freihändige Vergabe an den bisherigen Zweitbieter in Betracht, § 3 a Nr. 5 d) VOB/A, vorausgesetzt, dieser stünde noch zu seinem Angebot.

5. Verlängerung der Bindefrist

358 Wenn die Prüfung und Wertung der Angebote mehr Zeit als vorgesehen in Anspruch nimmt, kann die Gefahr entstehen, dass die Bindefrist abläuft, bevor ein Zuschlag erteilt ist. Der Auftraggeber könnte dann den Zuschlag nicht mehr einseitig durch Zusendung des Auftragsschreibens an den günstigsten Bieter erteilen, sondern wäre von dessen freier Zustimmung abhängig, § 28 Nr. 2 VOB/A. Dasselbe kann passieren, wenn ein Konkurrent ein Nachprüfungsverfahren beginnt: dann ist die Erteilung des Zuschlags mit Zustellung seines Antrags an den Auftraggeber verboten, § 115 GWB.

359 Das Vergabeverfahren kann auch nach Ablauf der Zuschlagsfrist fortgesetzt werden, wenn der Auftraggeber alle für die Vergabe noch in Betracht kommenden Unternehmen auffordert, der Verlängerung der Zuschlags- und Bindefrist zuzustimmen. Es genügt dann, wenn mit den weiterhin am Zuschlag interessierten Bietern eine Verlängerung vereinbart und der Zuschlag innerhalb dieser Frist erteilt wird.[165]

---

162 BGH NJW 1980, 180; BauR 1980, 63; DB 1980, 826.
163 OLG Köln NJW 1985, 1475.
164 OLG Frankfurt OLGR 1998, 38.
165 BayObLG BB 1999, 1893; WuW 1999, 1037; NZBau 2000, 49; BayObLGR 1999, 88.

V. Ermittlung des wirtschaftlichsten Angebots

Aus den in die engere Wahl gelangten Angeboten ist der Zuschlag auf das wirtschaftlichste Angebot zu erteilen, § 97 Abs. 5 GWB i.V.m. § 25 Nr. 3 S. 2 VOB/A. Der niedrigste Preis ist aber nicht das alleinige oder entscheidende Kriterium, vielmehr hat der Auftraggeber nach ständiger Rechtsprechung einen Beurteilungsspielraum bei seiner Entscheidung.

360

Die meisten öffentlichen Auftraggeber geben keine besonderen Zuschlagskriterien bekannt, sondern stützen sich lediglich auf die Bestimmung des § 25 Nr. 3 Abs. 3 S. 2 VOB/A. Besondere Zuschlagskriterien müssen aber schon vorher bekannt gegeben werden; die nicht angekündigte Einbeziehung von Eignungskriterien in die Zuschlagsentscheidung soll danach unzulässig sein.[166] Fachkunde, Leistungsfähigkeit und Zuverlässigkeit stellen aber nur die „Eintrittskarten" zum Vergabeverfahren überhaupt dar. Bei der Erfüllung der Mindestvoraussetzungen bleibt es deshalb dabei, dass Qualität und Grad der Eignung bei den Bietern doch unterschiedlich sind. Sie sind unterschiedlich strukturiert, unterschiedlich alt, die Besetzung ist unterschiedlich, es bestehen unterschiedliche Erfahrungen usw.[167] § 97 Abs. 4 und 5 GWB erlaubt es mit dem weiten Begriff der „Wirtschaftlichkeit" als Zuschlagskriterium, alle Umstände einzubeziehen, die eben diesen Begriff der Wirtschaftlichkeit ausfüllen. Das entspricht dem Grundsatz der Rechtssicherheit. Die Auftraggeber haben bei der Entscheidung über den Zuschlag einen unbestimmten Rechtsbegriff anzuwenden, nämlich den des unter Berücksichtigung aller Gesichtspunkte wirtschaftlichsten Angebots, § 25 Nr. 3 Abs. 3, S. 2 VOB/A. Diese nach der Nomenklatur des öffentlichen Rechts als „unbestimmt" zu kennzeichnenden Begriffe öffnen einen weiten Beurteilungsspielraum, der alle die Kategorien einschließt, die bereits Voraussetzung für das Bestehen der Eignungsprüfung durch den Bieter sind. Im Wissen um diesen Beurteilungsspielraum treten die Bieter an und geben ihr Angebot ab. In jedem Fall haben sie deshalb mit einem Vergleich ihrer Qualifikationen zu rechnen, der die Entscheidung des Auftraggebers nicht ohne weiteres vorhersehbar macht. Entscheidend ist die Frage, wofür die Eignungskriterien nützlich sind.

361

Nach dem Willen der EG-Vergaberichtlinien stellen sie nichts anderes als „k.o."-Kriterien dar; beispielsweise die Baukoordinierungsrichtlinie listet in Art. 24 zunächst negative Kriterien auf; Art. 25 lässt als Eignungskriterium die Eintragung in ein Gewerberegister zu; auch die weiteren Kriterien für die finanzielle, wirtschaftliche und technische Leistungsfähigkeit eines Unternehmens gemäß Art. 26 und 27 sind so angelegt, dass sie nur den Eintritt ins Verfahren eröffnen sollen. Wenn beispielsweise in Art. 27 Abs. 1 b eine „Liste der in den letzten 5 Jahren erbrachten Bauleistungen" gefordert wird, „der Bescheinigungen über die ordnungsgemäße Ausführung für die wichtigsten Bauleistungen beizufügen sind", so wird der unterschiedliche Gehalt solcher Listen, die verschiedenen Bietern vorliegen, durch ihre Verwendung beim Eignungsnachweis nicht gegenstandslos.

362

Der materielle Gehalt macht ja durchaus Aussagen über die besondere Situation des Bieters, die wiederum das – nach Art. 30 BKR zulässige – Kriterium des „wirtschaftlich günstigsten Angebots" ausfüllen werden, das ja ausdrücklich den „technischen Wert" als Vergabekriterium ansieht.

363

Wenn in der Wertung der Angebote dann eine höhere technische Qualifikation des Bieters berücksichtigt wird und sein Angebot daher „wirtschaftlicher" erscheint, so ist dies keine Frage der Eignung des Bieters für das Vergabeverfahren mehr. Diese wurde schon in der entsprechenden Vorstufe geprüft und bejaht; für die Eignung gibt es keine differenzierte Antwort, sondern nur ein „ja" oder ein „nein".[168]

364

---

166 BGH WM 1998, 2385; ZVgR 1998, 574.
167 So auch *Marx*, Ist das Verbot, die „Mehreignung" eines Bieters bei der Zuschlagsentscheidung zu berücksichtigen, einem wirtschaftlich verstandenen Vergaberecht wirklich angemessen?, AHO-Mitteilungen Juni 1999.
168 So richtig OLG München NJW-RR 1995, 1235 oder VÜA Bayern ZVgR 1998, 363.

365 Der Versuch, in der Wertungsphase die Qualitäten des Angebots von denen des Anbieters zu trennen, und letztere damit in den Eignungsbereich zu verweisen, wo sie auf einer früheren Stufe der Prüfung und Wertung verbraucht sein sollen, ist deshalb entgegen der herrschenden Meinung abzulehnen.

366 Die Entscheidung nach § 25 Nr. 3 Abs. 3 VOB/A kann nach der Auffassung des X. Zivilsenats des BGH nur auf diejenigen Kriterien gestützt werden, die bei der Aufforderung zur Abgabe von Angeboten als Vergabekriterien bekannt gemacht worden sind.[169] Wenn nicht schon in den Verdingungsunterlagen weitere Wertungskriterien für das wirtschaftlich günstigste Angebot genannt sind, und alle in Frage kommenden Bieter die Prüfung der Eignung bestanden haben, gelten sie nach der herrschenden Meinung als gleichwertig; der öffentliche Auftraggeber kann dann den Zuschlag nach § 25 Nr. 3 Abs. 3 S. 2 VOB/A allein nach dem niedrigsten Preis erteilen.[170] Vom Auftraggeber wird gefordert, dass er nachvollziehbar darlegen kann, wenn er von diesem Grundsatz abweicht.[171]

367 Auch nach der Aufteilung in Teillose sind die Aufträge an die Bieter mit dem günstigsten und damit wirtschaftlichsten Angebot zu vergeben.[172] Die Sorgfaltspflicht des Auftraggebers bei der Angebotswertung ist begrenzt durch die Erkenntnismöglichkeiten und zeitlichen Möglichkeiten während der Zuschlagsfrist.[173]

VI. Interne Entscheidung

368 Die Gründe für die jeweiligen Entscheidungen an den dargestellten Stufen der Prüfung und der Wertung der Angebote sind für den Vergabevermerk festzuhalten. Soweit es die internen Vorschriften des jeweiligen öffentlichen Auftragtraggebers vorschreiben, also z.B. die Geschäftsordnung einer Kommune, muss über den Vergabevorschlag der Vergabestelle das zuständige Gremium, also beispielsweise der Bauausschuss, entscheiden. Damit ist aber noch kein „Zuschlag" erteilt; ein Vertrag ist noch nicht wirksam zustande gekommen.

F. Abschluss des Vergabeverfahrens

I. Vorabinformation an nicht zu berücksichtigende Bieter

369 § 13 VgV schreibt vor, noch während des Vergabeverfahrens die nicht für den Zuschlag ausgewählten Bieter vorab über den Namen des erfolgreichen Bieters und den Grund seiner Bevorzugung zu informieren. Diese Information ist „spätestens 14 Kalendertage vor dem Vertragsabschluss" abzugeben. Ein unter Missachtung dieser Informationspflicht geschlossener Vertrag wäre nichtig.

370 Diese Vorab-Informationspflicht ist Resultat der Überlegungen, den Rechtsschutz der Bieter im Vergabeverfahren möglichst vollständig auszugestalten. Das frühere Nachprüfungsverfahren nach den §§ 57 b und c Haushaltsgrundsätzegesetz und der Nachprüfungsverordnung war ohnehin nicht geeignet, einen Anspruch eines Bieters auf die Auftragserteilung gegen den unwilligen Auftraggeber durchzusetzen. Es diente lediglich der nachträglichen rechtlichen Beurteilung, ob das Verhalten des Auftraggebers rechtmäßig war oder nicht. Ein solcher Befund konnte dann ggf. für ein Schadenersatzverfahren genutzt werden.

371 Auch das ab 1.1.1999 in den §§ 102 ff. GWB ausgestaltete Nachprüfungsverfahren zeigte aus Sicht der Bieter eine charakteristische Schwäche: Häufig erfuhren sie erst post festum, dass ihre Rechte

---

169 BGH BauR 1999, 736; WuW 1999, 655.
170 BGH BauR 2000, 254; DB 2000, 370; NJW 2000, 661; NZBau 2000, 35; ZfBR 2000, 113; WuW 2000, 215.
171 Vgl. OLG München NJW-RR 1995, 1235; VÜA Sachsen-Anhalt WuW/E Verg 1996.
172 BGH BauR 1999, 736; WuW 1999, 655; NJW 2000, 137.
173 OLG München OLGR 1997, 218; NJW-RR 1997, 1514.

missachtet worden waren; der Auftrag war dann aber oft schon vergeben, so dass das Nachprüfungsverfahren nach den §§ 102 ff. GWB gar nicht zulässig war. Es kann nämlich nur dann durchgeführt werden, wenn der Auftrag noch nicht vergeben ist. Bereits im April 1999 kritisierte die 1. Vergabekammer des Bundes in ihrer „Münzplättchen"-Entscheidung diese Lücke des Primärrechtsschutzes;[174] ein Urteil des EuGH vom 20.10.1999 bestätigte diese Kritik in einem österreichischen Fall.[175]

Der Gesetzgeber nahm dies zum Anlass, eine besondere Informationspflicht ins Vergabeverfahren einzufügen. Sie wurde äußerst kontrovers diskutiert; die Regelung ist sicher auch noch nicht vollständig. 372

Problematisch ist zunächst der Fristbeginn. Kann er durch gleichzeitige Versendung der Information an alle Bieter per Telefax ausgelöst werden oder muss der Nachweis später durch die üblichen Mittel, also insbesondere den Rückschein beim Einschreiben, geführt werden? Nach dem Wortlaut von § 13 VgV kann die „Abgabe" mit der Absendung gleichgesetzt werden, so dass hier eine Ausnahme vom Zugangsprinzip zu machen ist. Das heißt, dass die 14-tägige Frist ab Absendung der Vorab-Information gerechnet wird. So sieht es auch die Begründung der Verordnung: 373

„Für den Beginn der Frist kommt es nicht auf den Zugang der Information beim Bieter, sondern auf den Tag der Absendung der Information durch den öffentlichen Auftraggeber an."[176]

Eine weitere Frage ist die der Begründung der Auswahl der Angebote durch den Auftraggeber. Müssen Details der Angebote verglichen werden, müssen Preise genannt werden? Hierzu ebenfalls die Verordnungsbegründung: 374

„Die Information enthält den Namen des Bieters, dessen Angebot angenommen werden soll und den Grund für die Ablehnung des Angebots. Die Information kann auch durch einen Standardtext erfolgen, der die jeweilige für den Einzelfall tragende Begründung enthalten muss."[177]

Das deutet darauf hin, dass eine stark schematisierte Begründung, wie sie bereits die Vergabehandbüchern mit Formblättern vorsehen, zulässig ist. Der Auftraggeber ist nicht verpflichtet, in diesem Verfahrensstadium sämtliche Überlegungen zur Auftragsvergabe offen zu legen. Bei inhaltlich gleichrangigen Angeboten kann daher mitgeteilt werden, an welcher Stelle das betreffende Angebot nach der Prüfung liege. 375

An dieser Problematik zeigt sich der Konflikt zwischen den Interessenlagen der Auftraggeber und der Bieter: erstere müssen ihre Vergabeverfahren – und insbesondere ihre damit befassten Mitarbeiter – vor der „natürlichen" Neugierde der Bieter schützen und damit Interventionen auf verschiedenen Ebenen wie Verwaltung, aber auch politischen Gremien während des Verfahrens vorbeugen. Diese Abschirmung widerspricht aber dem Transparenzgebot, das einen effektiven Rechtsschutz des eventuell benachteiligten Bieters im Auge hat. 376

Derjenige Bieter, der den Auftrag erhalten soll, muss nach dem Wortlaut von § 13 VgV nicht informiert werden; häufig ergibt sich dies für ihn aber schon aus dem Verlauf der geführten Verhandlungen. So auch die Begründung: 377

„Der Festlegung einer gesetzlichen Pflicht für den öffentlichen Auftraggeber, auch den Bieter zu informieren, dessen Angebot den Zuschlag erhalten soll, bedarf es nicht. Es liegt im ureigensten Interesse des Auftraggebers, dies auch zu tun."[178]

---

[174] VRReport 5/99; 1, ZVgR 1999, 70; NZBau 2000, 53.
[175] EuGHE 1998 I 102; EuZW 1998, 120; NJW 1998, 3261; BB 1998, 1604; ZVgR 1999, 58.
[176] Begründung zu § 13 VgV.
[177] Ebenda.
[178] Beschlussempfehlung der Ausschüsse des Bundesrats vom 31.10.2000, BR-Drucks 455/1/00.

378 Verstößt der Auftraggeber gegen die jetzt normierte Vorab-Informationspflicht, so darf er den beabsichtigten Vertrag mit dem ins Auge gefassten Bieter nicht abschließen; ein dennoch geschlossener Vertrag ist nichtig. In der Begründung ist die Nichtigkeit des geschlossenen Vertrags mit § 134 BGB erläutert. Nach dieser Bestimmung ist ein Vertrag dann nichtig, wenn er gegen ein gesetzliches Verbot verstößt. Anders als bei der Problematik des § 115 GWB, dem zufolge ein während des vor der Vergabekammer laufenden Nachprüfungsverfahrens geschlossener Vertrag nichtig sei, ist hier die Formulierung und die Begründung der Verordnung völlig eindeutig. Klar ist weiterhin, dass die Nichtigkeit auch schon dann eintritt, wenn auch nur ein Bieter nicht vorab informiert worden ist.

379 Mit dieser Auslegung werden die Grenzen sinnvollen Verwaltungshandelns erreicht: viele Bieter werden keinerlei Interesse mehr für das Vergabeverfahren haben, wenn sie im Submissionstermin erfahren, dass sie an abgeschlagener Stelle liegen. Sie legen die Unterlagen ab und wenden sich der nächsten Ausschreibung zu. Ob diese vom Submissionstermin an völlig uninteressierten Bieter nun die Vorab-Information bekommen oder nicht, macht materiell keinerlei Unterschied. Dennoch müssen sie nach dem Wortlaut des § 13 VgV ebenfalls informiert werden.

380 Eine weitere Problematik ergibt sich daraus, dass die Versäumung der Vorab-Informationspflicht gegenüber einem oder mehreren Bietern gerade im Fall eines desinteressierten Bieters möglicherweise zunächst nicht bemerkt wird und der beabsichtigte Vertrag abgeschlossen wird. Dieser ist, wieder nach dem Wortlaut von § 13 VgV, nichtig. Viele Auftraggeber haben nun die Sorge, dass sich in einem solchen Fall ein Vertragspartner nach längerer Zeit, möglicherweise sogar nach dem Vollzug des Vertrags auf diese Nichtigkeit berufen und so versuchen könnte, einen vom Vertrag abweichenden und diesen übersteigenden Werklohn zu erhalten. Hierfür gibt § 812 BGB den rechtlichen Anspruch. Nach der Rechtsprechung beispielsweise zur Nichtigkeit des Bauvertrags wegen Schwarzgeldabrede oder aus anderen Gründen sind die Vertragsleistungen rückabzuwickeln. Das kann dem Auftragnehmer Vorteile bringen, wenn er eine schlechte Ausgangskalkulation hat und viele Nachtragsleistungen abrechnen möchte.

381 In diesem Fall könnte er sich auf Nichtigkeit wegen Verletzung der Vorab-Informationspflicht berufen. Ihm wird allerdings der Einwand des „venire contra factum proprium", also des selbstwidersprüchlichen Handelns entgegenzuhalten sein, da er sich durch die Unterschrift unter den (unerkannt nichtigen) Vertrag willentlich auf den Vertragsinhalt eingelassen und diesen vollzogen hat.

II. Zuschlag, Vertragsabschluss

382 Der Begriff des Zuschlags stimmt mit den zivilrechtlichen Begriffen des deutschen Rechts nicht überein, sondern kommt aus den Traditionen des „Verdingungswesens" und erweckt den Eindruck einer einseitigen, nahezu öffentlich rechtlichen Erklärung des Auftraggebers. Für diese Betrachtung spricht bei öffentlichen Auftraggebern eine häufig vorkommende zeitliche Trennung ihrer eigenen noch internen Entscheidung über die Auftragserteilung von dem tatsächlichen, zivilrechtlich wirksamen Akt der Angebotsannahme. Häufig haben Gremien oder Leiter bestimmter Entscheidungsebenen darüber zu befinden, wer den Auftrag erhalten soll. Dieser Entschluss könnte als „Zuschlag" gesehen werden.

383 Das stimmt aber nicht mit dem zivilrechtlichen Aspekt überein. Der Zuschlag ist ganz eindeutig die Annahme des Angebots. Nachdem das Vergaberecht auch für zahlreiche juristische Personen des privaten Rechts gilt, kann das Modell der zweistufigen Auftragserteilung durch Zuschlag und Annahme des Angebots ohnehin nicht aufrecht erhalten werden. Damit bleibt es bei einer Willenserklärung im Sinn des BGB, die zugleich einen traditionellen, nicht der Begrifflichkeit des BGB entsprechenden Namen hat. § 28 Nr. 2 Abs. 1 VOB/A drückt dies klar aus.

384 Anders ist dies in den romanisch-rechtlichen Ländern: Dort ist die öffentliche Auftragsvergabe ohnehin dem öffentlichen Recht zugeordnet und in ähnlicher Weise wie etwa im deutschen Subventions-

recht zweistufig gegliedert: Die Entscheidung über das „ob" folgt öffentlichem Recht, die Regelung des „wie" dem Zivilrecht.

Für den häufigeren Fall, dass das Angebot des Bieters nicht einfach so angenommen wird, wie es im Submissionstermin abgegeben wurde, sondern dass über Einzelheiten gesprochen, diese geklärt und möglicherweise zur Vermeidung von Unsicherheiten oder auch bei echten Abweichungen schriftlich festgehalten werden, liegt in der entsprechenden Erklärung des Auftraggebers nicht die bloße Annahme des ursprünglichen Angebots des Bieters, sondern eine Abweichung von diesem. Diese ist nach § 150 Abs. 2 BGB als neues Angebot zu werten. Damit steht es dem Bieter frei, ein solches erstmaliges Angebot des Auftraggebers anzunehmen. Natürlicherweise wird er daran interessiert sein, so dass sich hieraus Probleme an sich nicht ergeben. Seltene Ausnahme ist, wenn zwei Konzern-Schwesterfirmen an erster und zweiter Stelle liegen und die erste versucht, zu Gunsten der zweiten aus der Angebotsbindung zu kommen. Hier hilft nur die unveränderte Angebotsannahme innerhalb der Bindefrist. 385

Läuft die Bindefrist ab, ohne verlängert worden zu sein, so hängt die Fortdauer des Vergabeverfahrens von der Bereitschaft der Bieter ab, die Bindefrist zu verlängern bzw. eine verspätete Annahme des Angebots durch den Auftraggeber zu akzeptieren. § 28 Nr. 2 Alt. 2 VOB/A ermöglicht es dem Auftraggeber, auch nach Ablauf der Bindefrist an seiner Vergabeabsicht festzuhalten. Allerdings liegt es in der Hand des Bieters „sich unverzüglich über die Annahme zu erklären", also die Annahme des neuen Vertragsangebots zu erklären. Aus dieser „Sanierungsmöglichkeit" ist zu schließen, dass nach dem Normzweck der VOB/A das Vergabeverfahren nicht mit Ablauf der Bindefrist endet, sondern erst mit dieser Erklärung des Bieters. 386

Auch wenn ein Vertrag i.S.d. § 158 Abs. 1 BGB aufschiebend bedingt geschlossen ist, ist die Vergabe vollzogen. Daher kann sie nicht mehr ausgesetzt werden. Das gilt auch für einen Abrufvertrag, nicht aber für einen Optionsvertrag.[179] 387

Ob ein Zuschlag erst durch Erteilung einer besonderen Vertragsurkunde i.S.d. § 29 VOB/A zustande kommt, richtet sich danach, ob die Beurkundung lediglich Beweiszwecken dienen soll oder ob sie nach den Ausschreibungsbedingungen Wirksamkeitsvoraussetzung ist.[180] Letzteres wird selten praktiziert. 388

III. Beendigung des Vergabeverfahrens ohne Zuschlag

Das Vergabeverfahren kann, wie die §§ 26, 26 a und 28 Nr. 2 S. 2 VOB/A erkennen lassen, nicht nur durch den Zuschlag, also den angestrebten Vertragsabschluss, enden, sondern auch durch Entschluss des Auftraggebers. Weiter haben auch die Nachprüfungsinstanzen, Vergabekammer und Vergabesenat, im Rahmen ihrer Endentscheidung die Möglichkeit, ein Vergabeverfahren zu beenden. Schließlich endet ein Vergabeverfahren „automatisch", wenn der Auftraggeber verfahrensgestaltenden Anweisungen des Vergabesenats nicht nachkommt. 389

Nur in eng begrenzten Ausnahmefällen ist es durch § 26 Nr. 1 VOB/A gedeckt, wenn der Auftraggeber die Ausschreibung aufhebt: 390
- Kein Angebot entspricht den Ausschreibungsbedingungen.
- Die Verdingungsunterlagen müssen grundlegend geändert werden.
- Andere schwerwiegende Gründe liegen vor.

Implizit ergeben sich aus § 3 a Nr. 4 und Nr. 5 VOB/A noch weitere Gründe für die Aufhebung eines Vergabeverfahrens, allerdings nur unter dem Aspekt seiner Weiterführung als Verhandlungsverfahren: 391

---

179 VÜA Bayern IBR 1999, 147.
180 VK Baden-Württemberg IBR 2000, 3.

- Kein annehmbares Angebot ist abgegeben worden, § 3 a Nr. 4 c) und Nr. 5 a) VOB/A.
- Keine Angebote sind abgegeben worden, § 3 a Nr. 5 b) Alt. 1 VOB/A. Dieser Fall ist kongruent mit § 26 Nr. 1 a) VOB/A.
- Nur nach § 25 Nr. 1 VOB/A auszuschließende Angebote sind abgegeben worden, § 3 a Nr. Nr. 5 b) VOB/A. Auch dieser Fall deckt sich mit dem Aufhebungsgrund des § 26 Nr. 1 a) VOB/A

392 Damit besteht neben dem Katalog des § 26 Nr. 1 VOB/A jedenfalls im Bereich der a-Paragraphen, also des EG-Vergaberechts, die Möglichkeit, von einem Vergabeverfahren Abstand zu nehmen und in ein neues (Verhandlungs-)Verfahren überzugehen, wenn kein annehmbares Angebot vorliegt. Rechtstechnisch kann das unter § 26 Nr. 1 c) VOB/A subsumiert werden. Diese Vorschrift gehört aber dem nationalen Vergaberecht an, während § 3 a Nr. 4 c) und Nr. 5 a) VOB/A aber die Art. 7 Abs. 2 a) und Abs. 3 a) BKR umsetzt. Damit stellt die „Unannehmbarkeit" einen selbstständigen Beendigungsgrund dar. Die herrschende Meinung ignoriert diese Möglichkeit, ein Vergabeverfahren zu beenden, und sieht es nicht als „schwerwiegenden Grund" i.S.d. §§ 26 bzw. 26 a VOB/A für eine Aufhebung der Ausschreibung an, wenn beispielsweise die Kostenermittlung des Auftraggebers sehr niedrig ist und sich in der Submission deutlich höhere Preise ergeben, die er nicht finanzieren kann.[181] Korrektiv wird das Verschulden sein.

393 Ob eine durch Vorschriften des Vergaberechts nicht gerechtfertigte Aufhebung im Verfahren nach den §§ 102 ff. GWB nachprüfbar und ihrerseits aufhebbar ist („Aufhebung der Aufhebung"), wird äußerst kontrovers diskutiert.[182] Hier muss aber die dienende Funktion des Vergaberechts, das kein Selbstzweck ist, gesehen werden: ein Auftraggeber kann nicht durch Bestimmungen der VOB/A an einer Vergabe festgehalten werden, die er nicht finanzieren kann oder die zu einem Resultat führt, das er nicht brauchen kann. Das Bieterinteresse wird in einem solchen Fall durch einen Schadenersatzanspruch geschützt.[183]

394 Verfahrenstechnisch ist es allerdings auch denkbar, ohne förmliche Mitteilung an Beteiligte ein Vergabeverfahren „auslaufen" zu lassen, also ohne positive Entscheidung über den Zuschlag oder eine Aufhebung von der Vergabeabsicht Abstand zu nehmen. Auch der Ablauf der Bindefristen ohne Zuschlag oder die Verweigerung der Bieter, die Frist zu verlängern, beendet das Vergabeverfahren.

IV. Informationspflichten des Auftraggebers

395 Der Auftraggeber hat nach Abschluss des Vergabeverfahrens zahlreiche Informationspflichten sowohl gegenüber den Bewerbern und Bietern wie auch gegenüber der interessierten Öffentlichkeit, die durch das EG-Amtsblatt hergestellt wird, und schließlich der EG-Kommission als „Wächterin" über die Einhaltung der EG-Vergaberichtlinien.

396 § 27 a VOB/A schreibt dem Auftraggeber vor, nicht berücksichtigten Bewerbern oder Bietern auf deren Antrag innerhalb einer Frist von 15 Kalendertagen die Gründe für ihren Misserfolg mitzuteilen. Haben Bieter kein ordnungsgemäßes Angebot eingereicht, so reicht diese Mitteilung, im anderen Fall müssen auch die Merkmale und Vorteile des Angebots des erfolgreichen Bieters und dessen Name schriftlich mitgeteilt werden, es sei denn, schwerwiegende Gründe im Sinn von § 27 a Nr. 1 Abs. 2 VOB/A stünden dem entgegen. Beim Verhandlungsverfahren mit vorheriger Vergabebekanntmachung gilt nach § 27 a Nr. 4 VOB/A dasselbe.

397 Die Information über die Aufhebung einer Ausschreibung muss auch im Nichtoffenen Verfahren gegenüber Bewerbern abgegeben werden, die nicht zur Angebotsabgabe aufgefordert worden sind; dies hat in Schriftform zu erfolgen, § 26 Nr. 2 VOB/A.

---

[181] OLG Düsseldorf BauR 1999, 741.
[182] Siehe zum Streitstand unten Rn 465.
[183] BGH DB 1998, 2259; WM 1998, 2379; BGH DB 2365; WM 1998, 2388; BauR 1999, 250.

F. Abschluss des Vergabeverfahrens § 4

Erfolglose Bieter erhalten eine Nachricht, §§ 27 Nr. 1 und 27 a VOB/A, ggf. mit der Begründung der Ablehnung ihres Angebots und dem Namen des erfolgreichen Bieters, §§ 27 Nr. 2 und 27 a VOB/A. Schriftform soll auch für den Antrag des Bewerbers bzw. Bieters nach § 27 Nr. 2 VOB/A und die entsprechende Mitteilung der Vergabestelle gelten. 398

Der Fall, dass ein Vergabeverfahren bei der Nachprüfung aufgrund der Entscheidung eines Vergabesenats nach § 122 GWB „automatisch" beendet wird, unterliegt ebenfalls den Mitteilungspflichten. Der Beschluss einer Vergabekammer oder eines -senats, ein Vergabeverfahren als beendet zu erklären, muss nicht veröffentlicht werden. 399

Bei europaweiten Ausschreibungen ist die Auftragserteilung nach § 28 a VOB/A nach dem in Anhang E enthaltenen Muster im Amtsblatt der EG zu veröffentlichen. Die Bekanntmachung soll spätestens 48 Kalendertage nach Auftragserteilung versandt werden. 400

Auch die Kommission der Europäischen Gemeinschaften hat schließlich Anspruch auf detaillierte Informationen über das Vergabeverfahren und seine Beendigung, § 33 a VOB/A. 401

Übersicht über die verschiedenen Informationspflichten des Auftraggebers nach Beendigung des Vergabeverfahrens

	Adressat			
	Bieter/Bewerber		EG-weite Öffentlichkeit (Amt für amtl. Veröffentlichungen)	EG-Kommission
Bereich Sachverhalt:	Basis-§§	a-§§	a-§§	a-§§
(1) Aufhebung der Ausschreibung	§ 26 Nr. 2: Angabe der Gründe, auf Wunsch schriftlich	§ 26 a Nr. 1: Angabe der Gründe, auf Wunsch schriftlich	§ 26 a Nr. 3	–
(2) ggf. Absicht, ein neues Vergabeverfahren einzuleiten	s.o.	s.o.	–	–
(3) Beendigung des Vergabeverfahrens nach § 122 GWB	–	s.o.	§ 26 a Nr. 3	–
(4) Ausschluss von Angeboten nach § 25 Nr. 1	§ 27 Nr. 1 1. Alt.: so bald wie möglich		–	–
(5) Ausscheiden von Angeboten vor der engeren Wahl	§ 27 Nr. 1 2. Alt.: so bald wie möglich		–	–
(6) nicht berücksichtigte Bewerber	§ 27 Nr. 2: 15 Tage nach schriftlichem Antrag: Gründe für Nichtberücksichtigung	§ 27 a Nr. 1: 15 Tage nach schriftlichem Antrag: Gründe für Nichtberücksichtigung	–	–

	Adressat		
	Bieter/Bewerber	EG-weite Öffentlichkeit (Amt für amtl. Veröffentlichungen)	EG-Kommission
(7) nicht berücksichtigte Bieter	§ 27 Nr. 1 S. 2: sobald Zuschlag erteilt; § 27 Nr. 2: 15 Tage nach schriftlichem Antrag: Gründe für Nichtberücksichtigung und Name des AN	§ 27 Nr. 2: 15 Tage nach schriftlichem Antrag: Gründe für Nichtberücksichtigung Vorzüge des Angebots des AN und Name des AN	–	–
(8) Auftragserteilung			§ 28a: innerhalb von 48 Tagen Bekanntmachung nach Muster E	§ 33a: auf Verlangen der Komm. Angaben aus dem Vergabevermerk

V. Vergabevermerk

402 § 30 VOB/A schreibt den Auftraggebern vor, über „die Vergabe" einen Vermerk zu fertigen, der die einzelnen Stufen des Verfahrens, die maßgeblichen Feststellungen sowie die Begründung der einzelnen Entscheidungen enthält.

403 Unter Vergabe ist nach dem Wortlaut die konkrete Auftragserteilung zu verstehen, so dass bisher lediglich nach erfolgter Vergabe ein solcher Vermerk fertig gestellt wurde. Der Vergabevermerk spielt aber im Zeichen des durch §§ 102 ff. GWB ausgestalteten Rechtsschutzes eine neue Rolle: Nach Auffassung der befassten Vergabesenate stellt er das „Fenster" für den in seinem Anspruch auf den Zuschlag bedrohten Bieter dar, durch das er erkennen kann, welches Verhalten des Auftraggebers die Auftragserteilung an ihn gefährdet. Zum Rechtsschutz im Sinne der Rechtsmittelrichtlinie gehört deshalb nach inzwischen wohl herrschender Auffassung auch das Recht des Bieters, den Vergabevermerk einsehen zu dürfen und der Anspruch, dass der Vermerk essentielle Informationen über das Vergabeverfahren wiedergibt.[184] Erst die dadurch möglichen Erkenntnisse erlauben es ihm, zu beurteilen, ob er in seiner Position rechtswidrig beeinträchtigt ist oder nicht. Diese Auffassung geht so weit, dass schon das Fehlen eines Vergabevermerks oder dessen ungenügende Gestaltung einen Nachprüfungsantrag begründet machen kann.

404 Jedenfalls kann sich nach dieser Auffassung der Auftraggeber nicht auf Umstände des Vergabeverfahrens berufen, die er nicht protokolliert hat.[185]

405 Als notwendiger Inhalt des Vergabevermerks sind aus dieser Perspektive und im Rückschluss aus dem Informationskatalog des § 33 a Nr. 1 VOB/A für die Kommission folgende Angaben anzusehen:
- Vergabestelle mit Namen und Anschrift,
- Beteiligte am Verfahren, z. b. Architektur- oder Projektsteuerungsbüro,
- Objekt (Art und Umfang der Leistung),
- Wert des Auftrags,
- Gründe für die Wahl des Vergabeverfahrens,

---

184 So BayObLG IBR 2000, 583.
185 BGH BauR 2000, 254; WM 2000, 86; VRReport 1/2000, 1; NZBau 2000, 35 (4. LS).

- ggf. Gründe für eine etwaige Ausnahme von der Anwendung gemeinschaftsrechtlicher technischer Spezifikationen,
- Inhalt der Niederschrift über den Submissionstermin,
- Gründe für das Ausscheiden von Bietern und deren Namen,
- Argumente und Ergebnisse der Prüfung und Wertung der Angebote,
- Durchführung der Vorab-Information,
- Name des erfolgreichen Bieters,
- Ggf. Anteil der beabsichtigten Nachunternehmerleistungen,
- etwaige Gründe für die Aufhebung der Ausschreibung.

Mit der Fertigung des Vergabevermerks nach § 30 VOB/A ist das Vergabeverfahren abgeschlossen. 406

G. Nachprüfungsverfahren nach §§ 107 ff. GWB

I. Entwicklung des Vergaberechtsschutzes

Bis 1994 gab es in der Bundesrepublik keine Möglichkeit für Bieter, die Teilnahme an einer konkreten Ausschreibung oder gar die Erteilung des Zuschlags durch den Auftraggeber mit Hilfe der Gerichte zu erzwingen. Der sogenannte primäre, auf das Vergabeverfahren unmittelbar bezogene Rechtsschutz fehlte. Nur ganz vereinzelt wurden Verstöße öffentlicher Auftraggeber gegen den Gleichbehandlungsgrundsatz im Vergabeverfahren unter dem Gesichtspunkt des Wettbewerbsrechts nachgeprüft. Entscheidungen wie beispielsweise die des BGH,[186] des LG Köln[187] oder des LG Koblenz[188] blieben die absolute Ausnahme. Lediglich vereinzelte Entscheidungen sind bekannt geworden, die gegenüber solchen Auftraggebern, die in bestimmten Bereichen als marktstarke Nachfrager den Bindungen des § 26 a. F. GWB[189] unterlagen, einen Anspruch von Interessenten an einem Vergabeverfahren nach VOB/A oder an einer freihändigen Auftragsvergabe feststellten. 407

Ausgangspunkt war dabei aber nicht das formalisierte Vergabeverfahren als Gegenstand von Rechtsansprüchen, sondern die Nachfragemacht öffentlicher Auftraggeber im Einzelnen betroffenen Wirtschaftssektor, beispielsweise im Berliner Baumarkt,[190] bei Flugzeugbetankungsanlagen der Bundeswehr[191] oder der Deutschen Bundespost bezüglich der Planungsleistungen für Bauten des Fernmeldewesens.[192] 408

Die Europäische Gemeinschaft, die den Effekt ihrer legislativen und beschließenden Tätigkeit stets zu kontrollieren versucht, kam in den 80-er Jahren zum Ergebnis, dass die Marktöffnung im Beschaffungsbereich nicht funktionierte. Diese Frustration führte zu einem neuen Ansatz, dem die heutige Gestalt des Vergaberechts im Liefer- und Dienstleistungsbereich geschuldet ist. Eine wichtige Erkenntnis war es, dass die Durchsetzungsmittel für das Vergaberecht gestärkt werden mussten. Hatte die Kommission bisher schon stets das Mittel der Klage gegen einen Mitgliedstaat wegen fehlender 409

---

[186] NJW 1984, 1118 – Künstlerwettbewerb.
[187] Einstweilige Verfügung vom 20.6.1979, Az. 5 O 219/79 (Vorläufiges Verbot der Auftragserteilung an Konkurrenten des Antragstellers), nicht veröffentlicht.
[188] BauR 1980, 478 – in den Urteilsgründen wurde der Antrag auf Erlass einer einstweiligen Verfügung auf Zulassung zum Architektenwettbewerb für zulässig gehalten.
[189] Jetzt § 33 GWB.
[190] BauR 1990, 596 – obwohl eine Ausschreibung mit Leistungsverzeichnis möglich war, schrieb der Auftraggeber mit Leistungsprogramm aus und bevorzugte dadurch unzulässigerweise Generalunternehmer.
[191] BauR 1990, 91 ff. – bei der Beschaffung von Flugzeugbetankungsanlagen bevorzugte die Bundeswehr einen bestimmten Anbieter.
[192] OLG Düsseldorf NJW 1981, 585.

Umsetzung oder sonst vertragswidrigen Verhaltens (Vertragsverletzungsverfahren)[193] gebraucht, so wurde eine Besonderheit des hier einschlägigen Wettbewerbsrechts genutzt, nämlich das Eigeninteresse der Wirtschaftsteilnehmer. In einer hochentwickelten und weit verzweigten Rechtsprechung haben sie im nationalen Recht die Möglichkeit, Wettbewerbsverstöße den Gerichten anzuzeigen und mit deren Hilfe zu verhindern. In gleicher Weise sollten sie im Vergaberecht die Möglichkeit erhalten, Vergabeverstöße öffentlicher Auftraggeber zu rügen und dann im Verfahren so gestellt zu werden, dass der Verstoß rückgängig gemacht und ihre Chance auf den öffentlichen Auftrag nicht beeinträchtigt würde. Als Weg dazu wurde die Rechtsmittelrichtlinie[194] geschaffen. Sie hatte die unmittelbare Nachprüfung von Vergabeverfahren und den konkreten Schutz der Bieter bei ihrem Anspruch auf den Zuschlag zum Ziel. Für den Sektorenbereich folgte 1992 die weitgehend entsprechende Sektorenrechtsmittelrichtlinie,[195] die allerdings noch mit weiteren, stärker auf eine außergerichtliche Konfliktlösung zielenden Mechanismen ausgestattet ist.

410 Aufgrund der widerstreitenden Interessen wurde der Umsetzungszeitpunkt von der Bundesrepublik weit überzogen. Erst im Herbst 1994 trat die Neuregelung des Rechtsschutzes als Ergänzung des Haushaltsgrundsätzegesetzes, §§ 57 b und c, in Kraft.[196] Mit diesen beiden Vorschriften und der auf ihrer Grundlage erlassenen Nachprüfungsverordnung[197] wurde ein Rechtsweg geschaffen, der die Bieterrechte stärken sollte, ohne das traditionelle Vergabewesen zu gefährden.

411 Vor einer ersten, in die Verwaltung integrierten Instanz, der Vergabeprüfstelle, konnte ein Bieter einen Verstoß eines öffentlichen Auftraggebers im Vergabeverfahren rügen; die Vergabeprüfstelle hatte das Recht, das Vergabeverfahren zu unterbrechen und seine weitere Ausgestaltung vorzuschreiben. Gegen einen Bescheid der Vergabeprüfstelle hatte die Vergabestelle, also der öffentliche Auftraggeber kein Rechtsmittel. War der Bescheid der Vergabeprüfstelle für den Bieter negativ, konnte dieser den Vergabeüberwachungsausschuss anrufen, der in zweiter Instanz die Vorentscheidung nachprüfte. Vergabeprüfstelle und Vergabeüberwachungsausschüsse wurden von allen Bundesländern sowie von der Bundesrepublik selbst für ihren Vergabebereich eingerichtet und in zunehmenden Maße in Anspruch genommen. Durch umfassende Publikation der Entscheidung der Vergabeüberwachungsausschüsse verdichtete sich das Netz der vergaberechtlichen Präjudizien. Teilweise erwiesen sich die Angriffe der Bieter als willkürlich, teilweise hatten die Vergabeüberwachungsausschüsse massiv rechtswidrige Praktiken der Auftraggeber zu kritisieren.

412 1995 versuchte die amerikanische Firma General Electric in verschiedenen Verfahren gegen den ostdeutschen Stromversorger VEAG, die Vergabe eines Großauftrags an eine Konkurrentin anzugreifen. Die Rechtsmittel wurden sowohl von der Vergabeprüfstelle wie auch vom Vergabeüberwachungsausschuss[198] des Bundes zurückgewiesen. Auch das Landgericht Berlin und das Kammergericht[199] gaben auf parallele, auf das Wettbewerbsrecht gestützte Angriffe der Bieterin hin gleichfalls nicht Recht. Das führte zu einer massiven Kampagne der Vereinigten Staaten gegen das deutsche Nachprüfungsrecht auf politischem Feld.

413 Auch interne Kritik wurde laut; es war nicht einzusehen, aus welchem Grunde nichtstaatliche Auftraggeber, also beispielsweise Gemeinden oder andere Körperschaften des öffentlichen Rechts gegen für sie negative Entscheidungen der Vergabeprüfstelle kein Rechtsmittel haben sollten.

---

193 Art. 177 EGV, jetzt Art. 234.
194 S.o. Fn 17.
195 S.o. Fn 18.
196 BGBl I, 1928.
197 BGBl I, 324.
198 VÜA Bund WuW/E Verg 27; ZVgR 1997, 25.
199 EuZW 1995, 645; WiB 1995, 881 mit Anmerkung *Horn*.

In verschiedenen Einzelfällen hielten sich außerdem Verwaltungsgerichte auf Anrufung sowohl von Auftraggebern[200] wie auch Interessenten bzw. Bewerbern[201] durchaus für entscheidungsbefugt. Zusätzlich wandten sich Bieter, die ihre Interessen bei der Vergabeprüfstelle nicht hinreichend gewahrt sahen, an die Zivilgerichte und erhielten dort einstweiligen Rechtsschutz.[202] So drohte langfristig ein Durcheinander der Rechtswege und Unklarheit über die Durchsetzbarkeit der Bieterrechte. 414

Auch die Europäische Kommission war mit der Ausgestaltung des Vergabewesens in Deutschland nicht einverstanden. In zwei Vertragsverletzungsverfahren verurteilte der EuGH die Bundesrepublik wegen mangelhafter Umsetzung der Bau- und Liefer-[203] sowie der Dienstleistungskoordinierungsrichtlinie.[204] Diese Urteile sind zwar nicht vollstreckbar, stellten aber für die Position der Bundesrepublik innerhalb der Europäischen Gemeinschaften eine erhebliche Belastung dar, die behoben werden sollte. 415

In dieser Situation entschied sich die Bundesregierung für die Abkehr von der verwaltungsinternen Lösung des Rechtsschutzes hin zu einem echten Rechtsweg. In Anlehnung an die kartellrechtlichen Rechtsmittel wurde das Vergaberecht als §§ 97 ff. in das GWB eingefügt. Dort sind die Grundsätze des Vergaberechts dargestellt. In den §§ 102 ff. GWB ist das Nachprüfungsverfahren geregelt. Die Regelungen traten zum 1.1.1999 in Kraft.[205] 416

1. Grundzüge des Nachprüfungsverfahrens

Das neue Verfahren stellt einen Kompromiss zwischen der bisherigen Lösung und einem rein gerichtsförmigen Verfahren dar: In einer ersten Instanz, im Verfahren vor der immer noch in die Verwaltung integrierten Vergabekammer, gelten noch die Grundsätze des Verwaltungsverfahrens. Die Instanz befindet sich weiterhin in der öffentlichen Verwaltung und stellt einen Teil dieser dar. Erst die zweite Instanz, der beim zuständigen Oberlandesgericht zu bildende Vergabesenat, ist eine echte Gerichtsinstanz. In Bayern ist dieser Vergabesenat beim Bayerischen Obersten Landesgericht gebildet worden. 417

Unter der Prämisse, dass die Bieter nun im Vergabeverfahren echte subjektive Rechte haben, musste das Nachprüfungsverfahren wie bisher den Konflikt zwischen den Bieterinteressen und dem Interesse der öffentlichen Auftraggeber an der Erfüllung ihrer Aufgaben durch zügige und rechtssichere Vergabeverfahren lösen. Das Resultat der §§ 102 ff. GWB ist ein äußerst komplizierter Kompromiss. 418

Die Nachprüfung vor der Vergabekammer findet nur bei Vergabeverfahren statt, auf die der 6. Teil des Gesetzes gegen Wettbewerbsbeschränkungen anzuwenden ist, also die durch die EG-Vergaberichtlinien gestalteten Vergaben. Es muss sich also um einen Auftrag eines öffentlichen Auftraggebers i.S.d. §§ 97 Abs. 1, 98 GWB handeln; das fragliche Vergabeverfahren muss zu einem öffentlichen Auftrag im Sinn von § 99 GWB führen. Weiterhin muss der Schwellenwert des EG-Vergaberechts erreicht oder überschritten sein (§ 100 Abs. 1 GWB) und es darf kein Ausnahmefall im Sinn von § 100 Abs. 2 GWB vorliegen. 419

Um Bieterrechte effektiv zu schützen, musste verhindert werden, dass der Auftraggeber das Nachprüfungsverfahren dadurch unterläuft, dass er bei Kenntnis des Angriffs seitens eines Bieters den Auftrag schnellstmöglich an den von ihm bevorzugten Konkurrenten vergibt. Das wurde durch das 420

---

200 VG Koblenz, Urt. v.8.7.1997 Az. 2 K 2971/96. KO, nicht veröffentlicht, und OVG Koblenz IBR 1998, 326 .
201 VG Regensburg VergabeR 1997/1, 47; ZVgR 1998, 337; a.A. VG Chemnitz ZVgR 1997, 63.
202 Z.B. LG Hannover EuZW 1997, 638.
203 EuGHE 1995, 2203; EuZW 1996, 575.
204 EWS 1996, 209.
205 Gesetz zur Änderung der Rechtsgrundlagen für die Vergabe öffentlicher Aufträge (Vergaberechtsänderungsgesetz – VgRÄG) vom 26.8.1998, BGBl I, 2512.

Zuschlagsverbot erreicht, das eingreift, sobald dem Auftraggeber der bei der Vergabekammer gestellte Nachprüfungsantrag zugestellt wird. Dieses Zuschlagsverbot kann mit dem Suspensiveffekt im Verwaltungsrecht[206] verglichen werden. Ein entgegen § 115 Abs. 1 GWB erteilter Zuschlag würde nach allgemeiner Auffassung gegen ein gesetzliches Verbot verstoßen und wäre damit nach § 134 BGB nichtig.

421 Die damit verbundene Behinderung des Vergabeverfahrens soll durch die Beschleunigungsmaxime kompensiert werden: Die Vergabekammer ist durch § 113 Abs. 1 S. 1 GWB gehalten, innerhalb einer Frist von 5 Wochen ab Eingang des Antrags bei ihr zu entscheiden. Hält sich die Kammer nicht an diese Frist bzw. verlängert sie sie nicht ausdrücklich, so kann der dadurch in Ungewissheit gehaltene Bieter eine Untätigkeitsbeschwerde nach § 116 Abs. 2 GWB zum Vergabesenat einlegen. Nach § 116 Abs. 2, 2. Hs. GWB gilt der Antrag bei Fristüberschreitung als abgelehnt.

422 Die Vorschriften über die Akteneinsicht (§ 111 GWB), die Beiladung betroffener Dritter (§ 109 GWB) und die Verhandlung in Abwesenheit von Beteiligten (§ 112 Abs. 2 GWB) zeigen den eher öffentlich rechtlichen Charakter des Verfahrens vor der Vergabekammer.

423 Voraussetzung für die Zulässigkeit eines Nachprüfungsantrags ist, dass der Bieter den von ihm behaupteten Verstoß zunächst bei der Vergabestelle unverzüglich rügt. Dies soll einen weiteren Schutz des Vergabeverfahrens bewirken, da damit die Vergabestelle Gelegenheit hat, ihre Handhabung nochmals zu überdenken und gegebenenfalls zu korrigieren. Meint der Bieter, Mängel des Vergabeverfahrens schon in der Vergabebekanntmachung erkennen zu können, so muss er diese bis spätestens zum Ablauf der Angebotsfrist rügen.

424 Eine Verlängerung der Angebotsfrist durch die Vergabestelle ändert daran nichts.[207] In der Tat geht es nur um die in der Bekanntmachung genannten Frist.

425 Weiterhin ist ein Antrag nur dann zulässig, wenn ein Bieter geltend machen kann, durch den Verstoß in seinen konkreten Rechten betroffen zu sein. Wesentlich dafür ist das konkrete Interesse am Auftrag, § 117 Abs. 2 S. 1 GWB. Weiterhin muss der Antragsteller eines Nachprüfungsverfahrens nach § 107 Abs. 2 S. 1 GWB eine objektive Rechtsverletzung behaupten. Eine solche liegt im Sinn von § 97 Abs. 7 GWB vor, wenn die Vergabestelle gegen eine bieterschützende Norm des Vergabeverfahrens verstoßen hat.

426 Schließlich muss der Antragsteller vortragen können, dass ihm durch die behauptete Verletzung der Vergabevorschrift ein Schaden entstanden ist oder zu entstehen droht, § 107 Abs. 2 S. 2 GWB. Dieser Schaden wird in der Regel im Verlust des erwarteten Auftrags liegen.

427 Im Nachprüfungsverfahren kann der Auftraggeber beantragen, dass ihm vorab doch bereits gestattet wird, den Zuschlag zu erteilen, § 114 Abs. 2 S. 1 GWB. Über einen solchen Antrag muss die Vergabekammer unter Berücksichtigung aller möglicherweise geschädigten Interessen sowie des Interesses der Allgemeinheit an einem raschen Abschluss des Vergabeverfahrens entscheiden. Wenn die nachteiligen Folgen einer Verzögerung der Vergabe bis zum Abschluss der Nachprüfung die damit verbundenen Vorteile überwiegen, hat die Vergabekammer den Zuschlag zu gestatten. Gegen eine ablehnende Entscheidung der Kammer hat die Vergabestelle die Möglichkeit der Beschwerde zum Vergabesenat.

428 Über den Nachprüfungsantrag hat die Vergabekammer in der Regel nach mündlicher Verhandlung zu entscheiden.

429 Die Zustellung der Entscheidung löst die 14-tägige Beschwerdefrist aus; der Unterlegene – ob Bieter, Beigeladener oder Auftraggeber – kann zum jeweils zuständigen Vergabesenat Beschwerde einlegen.

---

206 § 80 Abs. 1 S. 1 VwGO.
207 KG BauR 2000,1620.

Dies muss durch einen Rechtsanwalt oder im Falle größerer öffentlich Auftraggeber durch einen für diesen tätigen Volljuristen geschehen.

Statthaft ist auch die Anschlussbeschwerde des Beschwerdegegners. Der Vergabesenat hat keine der 5-Wochenfrist des § 113 Abs. 1 S. 1 GWB vergleichbare Entscheidungsfrist; allerdings bleibt die aufschiebende Wirkung der Anrufung der Vergabekammer nach § 115 Abs. 1 GWB auch bei der Beschwerde zum OLG noch zwei Wochen nach Ablauf der Beschwerdefrist erhalten. Geht es dem Antragsteller weiterhin um den Zuschlag, so muss er vor Ablauf dieser 2-Wochenfrist des § 118 Abs. 1 S. 1 GWB die Verlängerung der aufschiebenden Wirkung beantragen, § 118 Abs. 1 S. 2 GWB. **430**

Die Beschwerde muss zugleich mit ihrer Einlegung begründet werden. Der Vergabesenat soll dann eine mündliche Verhandlung durchführen und in dieser den Beteiligten Gelegenheit zur Stellungnahme geben. Erweist sich die Beschwerde als begründet, so hebt er die Entscheidung der Vergabekammer auf und entscheidet entweder selbst oder verweist die Sache zurück. **431**

Er kann aber auch Anweisung geben, wie das Vergabeverfahren fortzusetzen ist, in besonders schweren Fällen kann er es als beendet erklären und eine neue Ausschreibung anordnen. **432**

Gegen die Entscheidung des Vergabesenats gibt es kein weiteres Rechtsmittel. **433**

Übersicht über das Verfahren vor der Vergabekammer

1	Antrag des Bieters (=Antragstellers)			
2	Zustellung (mit Zustellung des Antrags darf der Auftraggeber den Zuschlag nicht erteilen)			
3	Erwiderung des Auftraggebers (=Antragsgegners)			
3a		ggf. Antrag des Auftraggebers auf Vorab-Gestattung des Zuschlags		
3b		Entscheidung der Vk positiv für AG:		Entscheidung der Vk negativ für AG:
3c		Beschwerde des Bieters zum Vergabesenat, § 115 Abs. 2 S.		Beschwerde des Auftraggebers zum Vergabesenat, § 115 Abs. 2 S. 3
3d		Entscheidung des Vergabesenats		Entscheidung des Vergabesenats
		positiv für Bieter:	negativ für Bieter:	positiv für AG:	negativ für AG:
3e		Zuschlag darf nicht erteilt werden	Zuschlag kann erteilt werden; wenn dies geschieht, ist das Verfahren erledigt; evtl. Antrag des Bieters nach § 114 Abs. 2 S. 2 GWB („Fortsetzungsfeststellung")	Zuschlag darf nicht erteilt werden	
4	Weiteres Verfahren der Vergabekammer			
5	Mündliche Verhandlung, Beschluß der Vergabekammer			
5a	Variante: keine Entscheidung der Vergabekammer innerhalb der Fünfwochenfrist und kein Verlängerungsbeschluß			

Übersicht über das Verfahren vor dem Vergabesenat

1	wenn Entscheidung für den Bieter positiv: sofortige Beschwerde des Auftraggebers und ggf. des ihn unterstützenden Beigeladenen		wenn Entscheidung für den Bieter negativ oder keine fristgerechte Entscheidung ergangen: sofortige Beschwerde des Bieters und ggf. des ihn unterstützenden Beigeladenen	
2a	wenn Vk Zuschlagsverbot ausgesprochen hat, bleibt dieses aufrechterhalten, § 118 Abs. 3 GWB		automatische Verlängerung des Zuschlagsverbots um 14 Tage ab Ablauf der Beschwerdefrist, § 118 Abs. 2 S. 2 GWB	
2b	evtl Antrag des AG/Beigeladenen auf Aufhebung des Zuschlagsverbots, § 121 GWB		evtl. Antrag des Bieters auf Verlängerung des Zuschlagsverbots, § 118 Abs. 1 S. 3 GWB	
2c	Entscheidung des Vergabesenats für AG positiv:	Entscheidung des Vergabesenats für AG negativ:	Entscheidung des Vergabesenats für Bieter positiv:	Entscheidung des Vergabesenats für Bieter negativ:
2d	Zuschlag kann erteilt werden; wenn dies geschieht, ist das Verfahren erledigt	Zuschlagsverbot bleibt bis zur Hauptsacheentscheidung bestehen [Sonderfall: wenn AG etwaige Anweisungen des Vergabesenats nicht befolgt, automatisches Ende des Vergabeverfahrens, § 122 GWB]		Zuschlag kann erteilt werden; wenn dies geschieht, ist das Verfahren erledigt
2e	evtl. Antrag des Bieters nach §§ 123 S. 2 iVm 114 Abs. 2 S. 2 GWB („Fortsetzungsfeststellung")			evtl. Antrag des Bieters nach §§123 S. 2 iVm §§ 114 Abs. 2 S. 2 GWB („Fortsetzungsfeststellung")
3	Weiteres Verfahren des Vergabesenats, Akteneinsicht für die Parteien und die Beteiligten, ggf. erstmalige Beiladung; mündliche Verhandlung			
4	Entscheidung des Vergabesenats			

434 Die Entscheidung der Vergabekammer oder des Vergabesenats bindet dasjenige Gericht inhaltlich, das später von einem übergangenen Bieter wegen eines etwaigen Schadenersatzanspruches angerufen wird, § 124 Abs. 1 GWB.

435 Neben dem Nachprüfungsverfahren nach §§ 112 ff. GWB gibt es für Vergabeverfahren über Auftragswerte, die oberhalb der Schwellenwerte liegen oder als Teillose EG-weit ausgeschrieben werden müssen, kein sonstiges Rechtsmittel.

436 Überblickt man die zwei Jahre seit Einführung des neuen Nachprüfungsverfahrens, so kann ohne Einschränkung von einem Erfolg gesprochen werden. Die Regelung hat nicht zu einer Prozeßlawine geführt; auf der anderen Seite wird sie doch häufig in Anspruch genommen und hat zu zahlreichen, sorgfältig begründeten Entscheidungen der Vergabesenate geführt, die inzwischen das Vergaberecht sehr deutlich mit beeinflussen. Wenn sie auch immer wieder übertrieben formal zu Lasten der Auftraggeber entscheiden, so zeigt sich auf der anderen Seite, dass noch viele Praktiken herrschen, die dem Vergaberecht nicht entsprechen und die unter dem Druck des Nachprüfungsverfahrens wohl schrittweise bereinigt werden.

2. Nichtigkeit eines trotz Zuschlagsverbots geschlossenen Vertrags

437 Im früheren Nachprüfungsverfahren gemäß den §§ 57 b und 57 c HGrG in Verbindung mit der Nachprüfungsverordnung durfte zwar die Vergabeprüfstelle der Vergabestelle den Zuschlag verbieten, § 57 b Abs. 4 S. 4 HGrG. Rechtstechnisch war dies allerdings nur möglich, sofern die Vergabeprüfstelle zugleich Teil der Behörde war, zu der die Vergabestelle gehörte, also zugleich über letztere die Dienstaufsicht ausüben konnte. Gegenüber fremden Auftraggebern konnte dieses Zuschlagsverbot nicht durchgesetzt werden.

438 Die Vergabeprüfstellen machten, soweit ersichtlich, auch nur im geringsten Umfang von dieser Möglichkeit Gebrauch. Umgekehrt unterliefen die Auftraggeber immer wieder die Nachprüfungsverfahren, indem sie ohne Rücksicht auf deren Einleitung, Verlauf oder Ergebnis, den Zuschlag an den ihnen genehmen Bieter erteilten.

G. Nachprüfungsverfahren nach §§ 107 ff. GWB § 4

Das hat sich durch das neue Vergabenachprüfungsverfahren nach §§ 102 ff. GWB grundlegend geändert. Sobald die Vergabekammer den bei ihr eingegangenen Nachprüfungsantrag der Vergabestelle zugestellt hat, darf diese nach § 115 Abs. 1 GWB den Zuschlag nicht mehr erteilen. Damit haben die Nachprüfungsverfahren erheblich mehr Risikopotential für die Vergabestellen bekommen; die Nachprüfungsverfahren werden im Wortsinne „sperrig", da der ausgeschriebene Auftrag eine Zeitlang nicht erteilt werden kann. Dies macht dem Auftraggeber besonders dann Schwierigkeiten, wenn das der Nachprüfung ausgesetzte Gewerk auf dem kritischen Weg seines gesamten Bauvorhabens liegt oder wenn von der zeitgerechten Vergabe und Durchführung Fördergelder abhängen.

439

II. Nachprüfungsantrag an die Vergabekammer – Zulässigkeit

1. Statthaftigkeit des Antrags

Der Nachprüfungsantrag ist statthaft, wenn er gegen einen öffentlichen Auftraggeber im Sinn von § 98 GWB gerichtet wird und wenn es um die Vergabe eines öffentlichen Auftrags im Sinn von §§ 99 und 100 GWB geht.

440

a) Vergabeverfahren eines öffentlichen Auftraggebers

Die erste Voraussetzung für einen Nachprüfungsantrag ist es, dass die Vergabestelle, die die nachzuprüfende Ausschreibung veranstaltet, ein „öffentlicher Auftraggeber" im Sinn von § 98 GWB ist. Das ist ohne weiteres klar bei den Auftraggebern nach § 98 Nr. 1 GWB, also den Gebietskörperschaften.[208] Schwierig kann die Zuordnung bei den Auftraggebern nach § 98 Nr. 2 ff. GWB sein, also den juristischen Personen des öffentlichen und vor allem des Privatrechts. Auch wenn die Ausschreibung nach den A-Paragraphen durchgeführt wird und sogar wenn in der Ausschreibung gemäß § 31 a VOB/A als Nachprüfungsinstanz die jeweilige Vergabekammer genannt ist, muss die Eigenschaft als öffentlicher Auftraggeber gesondert geprüft werden.

441

Falls es sich um eine juristische Person des Privatrechts handelt, wird dem Antragsteller zu empfehlen sein, zur Beschleunigung der Prüfung beim Handelsregister einen Registerauszug und eine Gesellschafterliste der Vergabestelle einzuholen. „Ins Blaue" muss der Antragsteller möglicherweise agieren, wenn er im Fall des § 98 Nr. 5 GWB nicht sicher weiß, woher die Finanzierung für einen bestimmten ausgeschriebenen Auftrag, an dessen Vergabeverfahren er teilgenommen hat, stammt.

442

b) Vergabeverfahren für einen öffentlichen Auftrag

„Öffentliche Aufträge" sind nach § 99 Abs. 1 GWB „entgeltliche Verträge zwischen öffentlichen Auftraggebern und Unternehmen" über Bauleistungen, Lieferungen oder Dienstleistungen.[209] Der Anwendungsbereich der Nachprüfungsvorschriften ergibt sich positiv und negativ aus § 100 GWB.

443

Die positive Bestimmung ist die des § 100 Abs. 1 GWB: der Vierte Teil des GWB ist auf Auftragsvergaben anzuwenden, die die Auftragswerte überschreiten, die in einer Rechtsverordnung nach § 127 GWB festgelegt sind. Das ist die Vergabeverordnung, nach der für Bauarbeiten drei Schwellenwerte[210] in Betracht kommen:

444

(1) Beträgt der voraussichtliche Auftragswert 5 Mio. € oder mehr, ist die Einordnung als öffentlicher Auftrag selbstverständlich.

(2) Überschreitet das Gesamtvorhaben den Auftragswert von 5 Mio. €, ist ein Teilauftrag mit einem Wert von 1 Mio. € und mehr ebenfalls öffentlicher Auftrag.

---

208 S. u. Rn 66.
209 Zur Abgrenzung der Bauleistungen von den übrigen Bereichen siehe oben Rn 109 ff.
210 S. o. Rn 131 ff.

(3) Aufträge unter diesem Wert können dann „öffentliche Aufträge" im Sinn des § 100 Abs. 1 GWB sein, wenn sie dem 80-%-Potential des § 1 a Nr. 1 Abs. 2 VOB/A zugeordnet sind. Dafür ist die Entscheidung des Auftraggebers maßgeblich, die für den Streitfall nachvollziehbar dokumentiert sein muss. Indiz ist in der Regel die EG-weite Ausschreibung des Auftrags, die Anwendung der A-Paragraphen und der Hinweis auf die Vergabekammer gemäß § 31 a VOB/A. Dennoch kann der Auftraggeber nicht von sich aus bestimmen, dass ein Auftrag der Nachprüfung unterworfen wird, wenn er das 80 %-Potential bereits ausgeschöpft hat.[211] Er ist nicht „Herr" des Rechtswegs, die Vergabekammer bzw. der Vergabesenat können von sich aus ihre Zuständigkeit prüfen und gegebenenfalls ablehnen.

445 Ob der Auftraggeber einen EG-weit ausgeschriebenen Teilauftrag, der unter 1 Mio. € liegt, der Nachprüfung dadurch entziehen kann, dass er ihn nachträglich zum Bestandteil des 20-%-Potentials erklärt, erscheint dagegen möglich. Das 80-%-Potential muss dann aber später ausgefüllt werden.

446 Negative Voraussetzung für die Nachprüfung ist, dass kein Ausnahmefall des § 100 Abs. 2 GWB vorliegt.[212]

2. Antragsbefugnis: Interesse am Auftrag, Behauptung der Rechtsverletzung und des drohenden Schadens

447 Nach § 117 Abs. 2 S. 1 GWB ist ein Interesse am Auftrag zwingende Voraussetzung der Antragsbefugnis. Dieses Interesse muss konkret vorgetragen werden; es kann sich nicht um ein abstraktes, in der Wirklichkeit unrealistisches Interesse handeln. Anträge von Verbänden, Interessenvereinigungen, Maklern usw. sind damit unzulässig.

448 Der Antragsteller muss außerdem vortragen, durch den Auftraggeber – entweder schon durch einen bestimmten Inhalt der Bekanntmachung oder durch ein Verhalten im Vergabeverfahren – in seinen durch Vergabevorschriften gegebenen Rechten im Sinn von § 97 Abs. 7 GWB konkret verletzt zu sein, § 107 Abs. 2 S. 1 GWB.

449 Nach § 107 Abs. 2 S. 2 GWB muss der Antragsteller darlegen, dass ihm durch die behauptete Verletzung der Vergabevorschriften ein Schaden entstanden ist oder zu entstehen droht.

a) Antragsbefugnis bei unterlassenem Vergabeverfahren

450 Die Bezeichnung „die Unternehmen" in § 107 Abs. 2 S. 1 GWB lässt offen, ob nur Unternehmen gemeint sind, die sich bereits an einem begonnenen Vergabeverfahren beteiligen, oder ob Unternehmen auch in solchen Fällen Teilhabeansprüche erheben können, in denen ein öffentlicher Auftraggeber es von vornherein unterlässt, ein an sich vorgeschriebenes Vergabeverfahren durchzuführen. Der Wortlaut spricht für die erste Auslegung, da es nur um die Einhaltung der Bestimmungen darüber geht, wie das Vergabeverfahren auszugestalten ist, nicht aber um die Frage, ob überhaupt ein Vergabeverfahren durchgeführt werden muss.

451 Nach der Gesetzesbegründung kann eine Rechtsverletzung aber auch darin bestehen, dass die Ausschreibung einer Vergabe rechtswidrig unterblieb;[213] man wollte damit die Vollständigkeit des Rechtsschutzes erreichen. Wenn etwa ein Bauunternehmer und eine Gemeinde einen Exklusivvertrag über die Vergabe künftiger Bauleistungen abschließen, so verstößt dies nicht nur gegen die haushaltsrechtliche Pflicht zur Wirtschaftlichkeit und Sparsamkeit. Ein solcher Vertrag ist nach § 138 BGB nichtig, auch wenn die Vereinbarung mit Wissen und Billigung beider Vertragspartner getroffen

---

211 KG BauR 2000, 1620.
212 S. oben Rn 108.
213 Zu Art. 1, 2. Abschnitt, II. zu § 117.

wird. Ein Konkurrent kann dagegen aus Wettbewerbsrecht vorgehen,[214] nicht aber auch nach den §§ 107 ff. GWB.[215] Deren Anwendung impliziert vielmehr ein konkretes, mit einer Ausschreibung eingeleitetes Vergabeverfahren.

b) Antragsbefugnis eines branchenfremden Unternehmens

Fraglich ist weiter, ob ein Interessent, der von den seinen Voraussetzungen her gar nicht am nachzuprüfenden Vergabeverfahren teilnehmen könnte, Anspruch auf die Nachprüfung durch die Vergabekammer hat. Das kann ein möglicher Zulieferer oder Subunternehmer sein oder eine Firma, die durch den Zuschnitt eines Auftrags – beispielsweise als Generalunternehmer-Auftrag – gehindert ist, sich an dem so begonnenen Wettbewerb überhaupt zu beteiligen.

452

Diese Frage stellte sich, wenn öffentliche Auftraggeber aus Eilbedürfnis die Vergabe von Autobahnteilstücken an Generalunternehmer durchführen wollten, so dass beispielsweise die dazu gehörende Teilleistung „Leitplanken" nicht getrennt ausgeschrieben wurde. Mittelständische Leitplankenhersteller konnten sich nun nicht mehr an der Ausschreibung beteiligen. Ihren Nachprüfungsanträgen wurde aus einem weit gespannten Rechtsschutzverständnis heraus teilweise recht gegeben.[216]

453

Das Problem ist aus der Rechtsmittelrichtlinie heraus zu klären. Nach Art. 1 Abs. 3 dieser Richtlinie steht das Nachprüfungsverfahren jedem zur Verfügung, der „ein Interesse an einem bestimmten öffentlichen Liefer- oder Bauauftrag hat oder hatte und dem durch einen behaupteten Rechtsverstoß ein Schaden entstanden ist bzw. zu entstehen droht." Die klare Definition, dass es sich um einen bestimmten, also den bereits festgelegten Auftrag handeln muss, zeigt, dass der Zuschnitt des Auftrags hingenommen werden muss – das Interesse muss sich auf den Auftrag richten, wie er ausgeschrieben wird. Ein Interessent kann also nicht gelten machen, der Auftrag hätte anders zusammengesetzt oder geteilt werden müssen.

454

Der Begriff des „Vergabeverfahrens" im Sinne von § 97 Abs. 7 GWB umfasst daher nicht die Frage, ob ein Auftraggeber überhaupt ein Verfahren für einen bestimmten Auftrag einleiten muss. Dem möglichen Vertragspartner eines nicht berücksichtigten Bieters fehlt also im Nachprüfungsverfahren die Antragsbefugnis, da er lediglich ein mittelbares Interesse an dem ausgeschriebenen Auftrag hat.[217]

455

c) Antragsbefugnis ohne Angebotsabgabe

Die Rechtsmittelrichtlinie[218] sieht Eingriffsmöglichkeiten der Nachprüfungsinstanzen ins Vergabeverfahren vor, die nicht auf die Frage des Zuschlags beschränkt sind, sondern auch die Angebotsunterlagen oder andere Aspekte des Vergabeverfahrens betreffen. Das ist allerdings in den §§ 102 ff. GWB nicht geregelt. Erkennt ein Bieter während der Angebotsbearbeitung Normverstöße, logische Fehler oder missverständliche Formulierungen, so hat er nach § 107 Abs. 2 GWB das Erkannte spätestens bis zum Ablauf der Angebotsfrist zu rügen. Geht der Auftraggeber allerdings auf die Rüge nicht ein, so sieht sich der Bieter in der Zwangslage, auf unklare oder falsche Verdingungsunterlagen ein Angebot abgeben zu müssen. Tut er dies nicht, so ist er am Vergabeverfahren nicht beteiligt und genießt – prima facie – nicht den Rechtsschutz der §§ 102 ff. GWB.[219] Die Zulässigkeitsvoraussetzung des § 107 GWB, der zufolge der Antragsteller „ein Interesse am Auftrag" haben muss, schließt aber begrifflich nicht aus, dass eine Firma einen Nachprüfungsantrag stellt, auch wenn sie selbst gar

456

---

214 OLG Dresden IBR 2000, 55.
215 A. A. OLG Jena VergabeR 2001, 52; VRReport 3/2001, 2.
216 VÜA Bayern BauR 1997, 115.
217 OLG Rostock IBR 2000, 254; OLG Brandenburg BauR 2001, 455 (LS); a. A. OLG Düsseldorf BauR 1999, 751.
218 S.o. Fn 17.
219 KG, Beschl. v. 25.7.2000, Az. Verg. 11/00.

kein Angebot in einem bestimmten Vergabeverfahren abgegeben hat, wenn sie nur an dem konkreten Auftrag interessiert ist.

457 Trotz augenscheinlich unzulässiger Bestimmungen der Ausschreibung ein Angebot abgeben zu müssen – ob dies nun Eignungskriterien seien oder technische Bestimmungen- kann wiederum nicht gefordert werden. Sieht sich also der Interessent durch solche Bestimmungen an der Abgabe eines Angebots gehindert, muss ihm nach dem klaren Wortlauf von Art. 2 der Rechtsmittelrichtlinie und dem Sinn der Rechtsschutzbestimmungen der §§ 107 ff. GWB Rechtsschutz gewährt werden.[220]

458 Dies kommt dann in Betracht, wenn die Vergabestelle die Leistungsanforderungen an eine Ausrüstung zwar scheinbar abstrakt und allgemein gültig formuliert, diese Parameter aber zwingend auf ein bestimmtes Fabrikat hinführen. Hat der Verstoß gegen Vergabevorschriften nicht die Kalkulation eines Angebots vollständig unmöglich gemacht, so muss der Antragsteller in seiner Antragsbegründung (also vor Kenntnis der Akten) vortragen, wie er sein Angebot ausgestaltet hätte.[221]

d) Antragsbefugnis nach Zuschlagserteilung

459 Nach §§ 107 Abs. 2 S. 1 und 114 Abs. 2 S. 2 GWB ist jedes Unternehmen antragsbefugt, das ein Interesse am Auftrag hat. Damit ist der Fall nicht erfasst, dass ein Unternehmen, das ein Interesse hatte, dem der Auftrag also schon entgangen ist, die Nachprüfung verlangen kann. Die Präsensform „hat" zeigt, dass ein Auftrag noch möglich sein muss; anderenfalls wäre in den Gesetzestext eine Ergänzung „oder hatte" aufgenommen worden.[222] Auch aus der Gesetzesbegründung[223] ergibt sich das; Gegenstand der Nachprüfung soll nur das noch nicht abgeschlossene Vergabeverfahren sein.

460 Die nachträgliche Feststellung einer Rechtsverletzung durch die Vergabekammer ist nur dann möglich, wenn sich „das begonnene Nachprüfungsverfahren durch die Erteilung des Zuschlags, durch Aufhebung oder durch Einstellung des Vergabeverfahrens oder in sonstiger Weise erledigt" hat.[224] Voraussetzung ist eindeutig ein begonnenes Nachprüfungsverfahren. Daraus ist der Rückschluss zu ziehen, dass ein Nachprüfungsantrag nach Zuschlagserteilung unzulässig ist.

461 Diese Auffassung wurde mit dem Argument kritisiert, effektiver Rechtsschutz im Sinn von Art. 19 Abs. 4 GG sei bei dieser Beschränkung nicht gegeben.[225] Die Bestimmungen der §§ 114 und 107 GWB eröffneten eine erweiternde Auslegung.[226]

462 Das überzeugt nicht. Gestaltungsfreiheit des Gesetzgebers stellt es in sein Ermessen, den Rechtsschutz weiter oder enger zu gestalten. Das Vergaberechtsänderungsgesetz ist systematisch auf die Möglichkeit zugeschnitten, dem Antragsteller den Zuschlag noch zu ermöglichen, nicht aber, die Voraussetzungen eines späteren, dann aber vielleicht gar nicht mehr gewollten Schadenersatzprozesses zu schaffen. Nachdem das europäische Recht – die Rechtsmittelrichtlinie – zu einer nachträglichen Überprüfung eines Zuschlags nichts aussagt,[227] durfte das deutsche Recht das Problem nach Gutdünken regeln.[228]

463 Ein Schadenersatzprozess könnte zwar tatsächlich leichter geführt werden, wenn der Geschädigte vorher die Möglichkeiten der Akteneinsicht gemäß § 111 GWB nutzen konnte. Dieser Vorzug reicht

---

220 OLG Stuttgart BauR 2001, 98.
221 OLG Koblenz ZVgR 2000, 167.
222 BayObLG BB 2000, 484.
223 BT- Drucks 13/9340, 17.
224 OLG Düsseldorf BB 1999, 1078 mit Anmerkung *Noch*; BauR 1999, 751.
225 VK Bund BauR 1999, 1284.
226 *Meyer*, Vergaberechtsschutz nach Erteilung des Zuschlags, WuW 1999, 567.
227 S. oben Fn 17.
228 So jetzt auch BGH VergabeR 2001, 71; IBR 2001, 141 auf Divergenzvorlage KG NZBau 2000, 530; IBR 2000, 521.

nicht aus, ein „Fortsetzungsfeststellungsinteresse" in Analogie zu § 113 Abs. 1 S. 4 VwGO anzunehmen. Vergleicht man die beiden denkbaren Situationen eines zivilrechtlichen Schadenersatzprozesses ohne oder mit dem Informationsstand nach Akteneinsicht, so stellt sich der Unterschied lediglich als graduell dar.

Der übergangene Bieter ist damit ausschließlich auf den im Zivilrechtsweg geltend zu machenden Schadenersatzanspruch nach § 126 GWB bzw. culpa in contrahendo verwiesen. 464

e) Antragsbefugnis nach Aufhebung eines Vergabeverfahrens

Ob Bieter eines Vergabeverfahrens im Nachprüfungsverfahren Schutz dagegen begehren können, dass der Auftraggeber von seiner Vergabeabsicht Abstand nimmt und die Ausschreibung aufhebt – sei es aus welchem Grund – wird sehr kontrovers diskutiert. 465

Für den Rechtsschutz in solchen Situationen wird ins Feld geführt, dass der von der EG-Rechtsmittelrichtlinie intendierte Schutz vollständig sein muss, dass sich der Auftraggeber nicht mit einem „Trick" aus dem Vergabeverfahren entfernen darf. Der sekundäre Anspruch, also der Schadensersatzanspruch beteiligter Bieter, sei viel schwächer als ein etwaiger Primäranspruch, mit dem das Verhalten des Ausschreibenden noch konkret gelenkt werden könnte. Die Situation sei ähnlich wie die derjenigen Bieter im Nachprüfungsverfahren, denen der Auftrag (nach früherem Recht ohne Vorabinformation) quasi „vor der Nase" wegvergeben und damit verloren gegangen ist und die deshalb keinen Rechtsschutz hätten. Auftraggeber könnten nach einem misslungenen Vergabeverfahren die „Flucht in die Aufhebung" antreten, dies insbesondere nach Erhebung einer Verfahrensrüge durch einen Bieter nach § 107 Abs. 2 GWB.[229] 466

Der Wortlaut der Nachprüfungsbestimmungen des § 107 ff. GWB spricht aber klar gegen eine solche Einschränkung der Handlungsfreiheit des Auftraggebers. Das „Interesse am Auftrag" bezieht sich, so wie es auch die Rechtsmittelrichtlinie formuliert, auf einen „bestimmten Auftrag". Dieser muss als Möglichkeit noch bestehen. Die Auftragserteilung darf nicht entweder bereits geschehen oder durch Aufhebung des Vergabeverfahrens unmöglich sein. 467

Die Autonomie des Auftraggebers gebietet, dass er selbst bestimmt, ob er einen Bedarf hat und wie er diesen befriedigen will. Das bedeutet, dass er auch von diesem Bedarf Abstand nehmen darf. Er riskiert dann vielleicht, sich sekundären Bieteransprüchen, insbesondere einem Schadenersatzanspruch auszusetzen. Für die Aufhebung einer Ausschreibung können viele Gründe in Betracht kommen. Ein Beispiel ist die nachträglich wegfallende Finanzierungsmöglichkeit,[230] das Misslingen eines Genehmigungsverfahrens oder dessen Aufschub, neue Erkenntnisse über die Bedarfssituation, beispielsweise demografische Änderungen, neue Verfahren, überraschende wissenschaftliche Erkenntnisse, die Einführung neuer Normen für Geräte oder andere Änderungen. 468

Alle Aufhebungsgründe sind nämlich nicht in § 26 Nr. 1 VOB/A erfasst. Diese Vorschrift hat keinen Ausschließlichkeitscharakter, sondern beschreibt nur Fälle der zulässigen Aufhebung von Ausschreibungen. Vielmehr ist ein Auftraggeber in der Bestimmung und Behandlung seines Bedarfs frei und darf von einem formulierten und beschlossenen Bedarf also stets wieder abweichen. Insoweit können dem öffentlichen Auftraggeber keine schärferen Bindungen auferlegt werden als einem privaten Bauherrn. § 3 a Nr. 4 a) und Nr. 5 a) VOB/A zeigen außerdem, dass es noch eine weitere Fallgruppe der zulässigen Aufgabe eines Vergabeverfahrens gibt, nämlich, wenn nur unannehmbare Angebote abgegeben wurden. 469

Ein Auftraggeber kann schließlich nicht zur Durchführung eines Bauvorhabens gezwungen werden, mit dem er nichts mehr anfangen will. Im Vertragsteil der VOB kommt dies darin zum Ausdruck, 470

---

229 *Byok*, Rechtsschutz gegen die Aufhebung einer Ausschreibung, WuW 2000, 718.
230 BGH WM 1998, 2393; BauR 1999, 250; DB 1998, 2365 (Aufhebung einer Ausschreibung wegen des Wegfalls der Finanzierungsmittel).

dass er jederzeit den geschlossenen Vertrag kündigen kann, § 8 Nr. 1 VOB/B bzw. § 649 BGB. Die Rechtsfolge ist ähnlich der bei einer freien Aufgabe des Vergabeverfahrens. In letzterem Fall hat der aussichtsreichste Bieter Anspruch auf entgangenen Gewinn, im ersteren kann der Auftragnehmer die Vergütung abzüglich ersparter Aufwendungen verlangen. Wirtschaftlich ist das ein vergleichbares Resultat.

471 Auch die begriffliche Betrachtung eines Vergabeverfahrens zeigt die Richtigkeit dieses Standpunkts: Eingeleitet wird ein Vergabeverfahren durch die Ausschreibung; es endet entweder mit dem Zuschlag oder mit dem Wegfall des Vergabewillens des Auftraggebers, ob sich dies nun in der Versäumung der Zuschlagsfrist äußert, in einer Abkehr vom Bedarf, in einer förmlichen Aufhebung im Sinn von § 26 VOB/A oder im beschriebenen Wechsel zu einem Verhandlungsverfahren nach § 3 a Nr. 4 a) und Nr. 5 a) VOB/A.

472 Ein Nachprüfungsantrag mit dem Ziel, eine Aufhebung des Ausschreibungsverfahrens rückgängig zu machen und eine Fortführung des Vergabeverfahrens zu erreichen, ist also unzulässig. Dies gilt ohnehin, wenn vor Antragstellung die Bindefrist schon abgelaufen war.[231]

3. Zuständigkeit der Vergabekammer

473 Für einen Antrag auf Nachprüfung eines Vergabeverfahrens kommen jeweils zwei Vergabekammern in Betracht, nämlich die des Bundes oder des Landes, in dem der Auftraggeber seinen Sitz hat. Im früheren § 57 c HGrG waren die Vergabeüberwachungsausschüsse des Bundes und der Länder „zur Überwachung des Vergabewesens ihres Bereichs" eingerichtet. Dieser „Bereich" war für die Nachprüfung für Vergaben unproblematisch, da die Länderbehörden die Rechtsaufsicht über diese ausüben. Dennoch blieb der Begriff unbestimmt. Nach § 104 Abs. 1 GWB sind die Vergabekammern des Bundes für die dem Bund zuzurechnenden Aufträge, die Vergabekammern der Länder für die diesen zuzurechnenden Aufträge zuständig.

474 § 18 VgV regelt jetzt die Zuständigkeit der Vergabekammern des Bundes und – teilweise – der Länder. Das Gewicht der Beteiligung, Finanzierung oder Aufsicht zieht bei Auftraggebern im Sinn von § 98 Nr. 2, Nr. 4 und Nr. 5 GWB die Zuständigkeit der Vergabekammer nach sich. Allerdings lässt der 2. Hs. von § 18 Abs. 1 S. 2 VgV erkennen, dass eine Einigung der „Beteiligten" auf die Zuständigkeit einer anderen Vergabekammer möglich ist; Beteiligte in diesem Sinn sind nicht die Verfahrensbeteiligten des Nachprüfungsverfahrens, sondern die an einem Auftraggeber rechtlich oder wirtschaftlich Beteiligten.

---

231 OLG Naumburg IBR 2000, 253.

Übersicht:

§ 18 VgV	Sachverhalt	Kriterium	Zuständigkeit der Vk des Bundes	Zuständigkeit der Vk der Länder
Abs. 1 S.1 Fall 1	Bund (Auftraggeber im Sinn des § 98 Nr. 1 GWB)	–	X	§ 18 Abs. 7 VgV: wenn bei Anwendung der Kriterien der Absätze 1 bis 6 der Auftraggeber einem Land zuzuordnen ist, Vk des Landes zuständig
Abs. 1 S.1 Fall 2	Auftraggeber im Sinn des § 98 Nr. 2 GWB	Verwaltung der Beteiligung	X	
Abs. 1 S.1 Fall 3		Überwiegend Finanzierung gewährt	X	
Abs. 1 S.1 Fall 4		Aufsicht über die Leitung oder Bestimmung der Geschäftsführung	X	
Abs. 1 S. 2	Auftraggeber im Sinn von § 98 Abs. 2 GWB bei Beteiligung mehrerer Körperschaften öffentlichen Rechts	Überwiegende Beteiligung	X	
Abs. 1 S. 2 Letzte Alt.		oder Einigung über Zuständigkeit	X	
Abs. 2 S. 1	Auftraggeber im Sinn des § 98 Nr. 4 GWB	Beherrschender Einfluß i.S.v. § 18 Abs. 2 S. 2 VgV	X	
Abs. 2 S. 2	Auftraggeber im Sinn des § 98 Nr. 4 GWB bei Beteiligung mehrerer Körperschaften öfftl. Rechts	Überwiegender beherrschender Einfluß i.S.v. § 18 Abs. 2 S. 2 VgV	X	
Abs. 3	bei Auftraggebern im Sinn von § 98 Nr. 5 GWB.	Alleinige oder überwiegende Mittelbewilligung	X	
Abs. 4	Baukonzessionen im Sinn von § 98 Nr. 6 GWB	Zuordnung der „Stelle, die unter § 98 Nr. 1 bis 3 GWB fällt"	X	
Abs. 5	Organleihe für den Bund		X	
Abs. 6	Auftragsverwaltung durch Länder für den Bund			X

Die Formulierung in § 18 Abs. 8 VgV, derzufolge in allen übrigen Fällen der Sitz des Auftraggebers die Zuständigkeit der Vergabekammer nach sich ziehe, ist unklar, da dies sowohl zur Zuständigkeit der Vergabekammer des Bundes, wie auch der eines Bundeslands führen könnte. Interpretiert man § 18 Abs. 1 bis Abs. 5 VgV als abschließende Regelung für die Vergabekammern des Bundes, so kann § 18 Abs. 8 VgV dahingehend verstanden werden, dass die Vergabekammern der Länder gemeint sind.

Das bedeutet, dass die Vergabeverfahren von Sektorenauftraggebern, die sich in Privatbesitz befinden, vor den jeweils örtlich zuständigen Vergabekammern der Ländern nachzuprüfen sind.

4. Form und Frist des Nachprüfungsantrags; Gebührenvorschuss

Für den Antrag auf Nachprüfung eines Vergabeverfahrens ist nach § 108 Abs. 1 S. 1 GWB die Schriftform vorgeschrieben. Anwaltszwang besteht nicht. Ein ausländisches Unternehmen muss nach § 108 Abs. 1 S. 3 GWB einen im Land wohnenden Bevollmächtigten benennen, dem die Vergabekammer Schriftsätze, Fristsetzungen und Entscheidungen zustellen kann. Der Antrag kann auch zur Fristwahrung als Telefax eingereicht werden, muss dann aber parallel per Briefpost geschickt werden.

Als Sollvorschrift hat § 108 Abs. 1 S. 2 GWB festgelegt, dass der Antrag ein „bestimmtes Begehren" enthalten soll. Dieses ist am möglichen Entscheidungsinhalt der Vergabekammer zu orientieren. Dabei ist auf das Ziel der Nachprüfung zu achten: nicht immer wird das Vergabeverfahren so weit gediehen sein, dass dem Antragsteller der Zuschlag schon erteilt werden könnte; in der Regel wird es um die Korrektur oder die Wiederholung vorausgehender Verfahrensschritte, wie der Verwendung unzulässiger Leistungsbeschreibungen oder einer falschen Eignungsprüfung gehen.

479 Die §§ 102 ff. GWB enthalten keine vom Antragsteller einzuhaltenden Fristen. Dabei wird unterstellt, dass ein Unternehmen selbst an der schnellen Nachprüfung interessiert ist. Nach Kenntnis eines Verstoßes längere Zeit mit dem Nachprüfungsantrag zu warten, widerspricht der Pflicht, den Fortgang des Verfahrens zu fördern, die auch dem Bieter obliegt. Ein lange, z.B. mehrere Monate nach dem behaupteten Verstoß eingereichter Nachprüfungsantrag ist deshalb wegen Verwirkung des Nachprüfungsrechtes unzulässig.

480 Allerdings enthält § 107 Abs. 3 GWB Ausschlussvorschriften, die ähnlich wie Fristen wirken. Der Bieter muss nämlich den behaupteten Verstoß nach Erkennen rügen. Dies hat unverzüglich zu geschehen. Handelt es sich um einen möglichen Fehler der Ausschreibung selbst, also der Bekanntmachung oder der Vergabeunterlagen, so ist er spätestens bis zum Ende der Angebotsfrist zu rügen. Der Antragsteller muss in seinem Antrag ausführen, dass er den behaupteten Verstoß rechtzeitig gerügt hat.

481 Nach den Geschäftsordnungen des Bundes[232] und verschiedener Bundesländer für die Vergabekammern wird die Zustellung des Nachprüfungsantrags an die Vergabestelle davon abhängig gemacht, ob der Antragsteller die Mindestgebühr gemäß § 128 Abs. 2 GWB von 5000 DM als Gebührenvorschuss eingezahlt hat und dies nachweist.

5. Rüge

482 Der Antrag zur Vergabekammer ist nur zulässig, wenn der Antragsteller Verstöße gegen Vergabevorschriften, auf die er später seinen Antrag stützen will, bereits im Vergabeverfahren gegenüber dem Auftraggeber unverzüglich gerügt hat, § 107 Abs. 3 S. 1 GWB.

483 Mit der Qualifizierung der Rüge als Zulässigkeitsvoraussetzung für den Nachprüfungsantrag soll das begonnene Vergabeverfahren vor solchen Anträgen geschützt werden, die nicht unmittelbar an der erlebten Rechtsverletzung ansetzen, sondern noch spekulativ vom Bieter zurückgehalten und dann zur Unzeit ausgespielt werden.

a) Rügefrist

484 „Unverzüglich" bedeutet, dass die Rüge „ohne schuldhaftes Verzögern" im Sinn von § 121 Abs. 2 S. 1 BGB nach Erkennen oder Erkennbarkeit des Verstoßes an den Auftraggeber zu richten ist. Als Auslöser der Rügefrist wird nach § 107 Abs. 3 S. 1 GWB das Erkennen eines Verstoßes bezeichnet. Diese Erkenntnis muss positiv vorliegen. Als subjektive („innere") Tatsache wird sie einem Antragsteller im Streitfall von seinen Gegnern nur schwer nachgewiesen werden können, bei objektiv klaren Rechtsverstößen wird dies leichter sein.

485 Der Begriff der „unverzüglichen" Rüge wird von der Rechtsprechung uneinheitlich ausgelegt. Einige Vergabesenate sehen einen Zeitraum von zwei Wochen nach Erkennen des Verfahrensverstoßes als akzeptabel an.[233] Das führt aber zu einer gewissen Unschärfe: dauert die Überlegungsfrist nur einen Tag länger, also 15 Tage, kann der Antrag eigentlich nicht schon unverzüglich und damit unzulässig sein. Diesem Widerspruch setzt sich die strengere Auffassung nicht aus, der zufolge als „unverzüglich" ein Zeitraum von 1 bis 3 Tagen anzusehen ist.[234] Die Beurteilung der Frist hängt auch davon ab, wie schwierig die Sach- und Rechtslage ist, ob fachkundige Unterstützung erforderlich ist und ob der Antragsteller alles unternommen hat, die Rüge möglichst bald anzubringen. Da die Rüge Voraussetzung des Nachprüfungsantrags ist, kann sie bis zu dessen Einreichung, also nahezu synchron, erhoben werden.

---

[232] BAnz vom 12.1.1999, 252.
[233] OLG Düsseldorf BauR 1999, 751.
[234] OLG Koblenz ZVgR 2000, 167.

b) Rüge eines Verstoßes in der Bekanntmachung

Verstöße gegen Vergabevorschriften, die schon in der Bekanntmachung erkennbar sind, muss ein Antragsteller spätestens bis zum Ablauf der Angebotsfrist oder der Bewerbungsfrist gegenüber dem Auftraggeber rügen. Gibt er das Angebot oder die Bewerbung rügelos ab, ist ein späterer, auf diese Gründe gestützter Antrag unzulässig, § 107 Abs. 3 S. 2 GWB.

486

Ein Beispiel für einen sofort aus der Bekanntmachung erkennbaren Fehler ist die regelwidrig kurze Bemessung der Angebotsfrist, beispielsweise im offenen Verfahren mit 40 statt 52 Kalendertagen. Ähnlich die Wahl einer „falschen", also möglicherweise für die anstehende Vergabe unzulässigen Verfahrensart, falls der Bieter daraus Rechte ableiten will.[235] Solche Fehler müssen nach § 107 Abs. 2 GWB spätestens bis zur Angebotsabgabe gerügt werden.[236] Ebenso sind fehlerhafte Ausschreibungsbestimmungen, insbesondere im Bereich der Leistungsbeschreibung oder der technischen Normen, aber auch angekündigte Zuschlagskriterien, Eignungsmaßstäbe oder sonstige Angebotsbedingungen bis zum Ablauf der Angebotsfrist zu rügen. Es gilt die ausgeschriebene Frist; eine etwaige Verlängerung verlängert diese Rügefrist nicht.

487

Der Bieter kann sich auch nicht darauf berufen, einen Vergabeverstoß in der Leistungsbeschreibung erst nach Durcharbeitung der Unterlagen mit einem Rechtsanwalt erkannt zu haben. Eine solche Rüge wäre verspätet.[237]

488

c) Rüge während eines Nachprüfungsverfahrens

Der Bieter, der ein Nachprüfungsverfahren eingeleitet hat, erhält in dessen Verlauf Akteneinsicht. Wenn er bei der Prüfung der Akten weitere rügefähige Sachverhalte erkennt, so muss ihm Gelegenheit gegeben werden, auch diese Verstöße zu rügen. Dies gilt auch im Beschwerdeverfahren, wenn dort eine weitergehende Akteneinsicht als im Verfahren vor der Vergabekammer gewährt wird.[238]

489

Auch für den Bieter, der durch die Beiladung in das Nachprüfungsverfahren einbezogen wird, kann sich ein Verstoß erstmalig aus den Schriftsätzen oder der Akteneinsicht ergeben, so dass seine Rüge nicht wegen Verspätung zurückgewiesen werden kann.[239]

490

§ 107 Abs. 3 GWB darf aber bei einer derartigen Konstellation nicht dadurch unterlaufen werden, dass nachträgliche Verstöße einbezogen werden, die schon zuvor erkennbar waren.

491

d) Abhilfe auf Rüge

Mit der Vorschaltung der Rügepflicht als Voraussetzung eines Nachprüfungsverfahrens ist eine Möglichkeit geschaffen worden, noch vor dem eigentlichen Nachprüfungsverfahren zu einer Befriedung zu kommen: Hält der Auftraggeber eine erhobene Rüge für begründet, kann er ihr abhelfen und damit ein Nachprüfungsverfahren entbehrlich machen. Ein etwa doch schon eingeleitetes Verfahren ist mit der Abhilfe erledigt; über die Veranlassung zur Einleitung wäre im Rahmen der Kostenverteilung zu entscheiden.

492

6. Antragsbegründung

Nach § 118 Abs. 1 S. 1 GWB muss der Antrag „unverzüglich" begründet werden. Auch diese Bestimmung soll den Auftraggeber davor schützen, mit Anträgen behelligt zu werden, hinter denen keine Argumente stehen. Der Antragsteller wird auch im Hinblick auf die Fünf-Wochen-Frist für die

493

---

235 OLG Düsseldorf VergabeR 2001, 59.
236 OLG Stuttgart BauR 2001, 94.
237 OLG Saarbrücken, Beschl. v. 26.9.2000, Az. 5 Verg 1/00.
238 OLG Jena BauR 2000, 396; OLG Celle ZVgR 1999, 158.
239 BayObLG EWiR 2000, 579.

Entscheidung der Vergabekammer die Begründung möglichst sofort mit der Antragsschrift vorlegen. Weiter muss er den Antragsgegner, also den angegriffenen öffentlichen Auftraggeber als Vergabestelle bezeichnen.

494 Die Arbeit der Vergabekammer ist wie die Tätigkeit der Verwaltungsgerichte vom Untersuchungsgrundsatz geprägt, § 120 GWB. Aus diesem Grund sind keine zu strengen Anforderungen an den Inhalt der Begründung zu stellen.

495 Die behauptete Rechtsverletzung ist mit dem zugrunde liegenden Sachverhalt zu beschreiben und unter Beweis zu stellen. Etwa bekannte sonstige Beteiligte, also in Betracht kommende Konkurrenten sind zu benennen.

III. Verfahren vor der Vergabekammer

496 Das Verfahren der Vergabekammer richtet sich nach den §§ 107 bis 116 GWB. Aufgrund der Verweisung in § 110 Abs. 2 S. 4 GWB sind weiter die §§ 57 bis 59 GWB über Ermittlungen, Beweiserhebung, Beschlagnahme und Auskunftsverlangen anzuwenden. Bezüglich der Vollstreckung verweist § 114 Abs. 3 S. 3 auf § 61 GWB. Die Qualifizierung der Kammerentscheidung als Verwaltungsakt durch § 114 Abs. 3 S. 1 GWB bezieht die Vorschriften des Verwaltungsverfahrensrechts ein.[240]

1. Vorprüfung und Zustellung des Antrags an die Vergabestelle

497 Ist der Antrag nicht unzulässig oder offensichtlich unbegründet im Sinn von § 112 Abs. 2 bzw. § 107 Abs. 3 GWB, so tritt die Vergabekammer in das Verfahren ein und stellt den Antrag der Vergabestelle zu. Wie das zu geschehen hat, richtet sich nach den einschlägigen Gesetzen des Bundes und der Länder über die Verwaltungszustellung. Einige Länder haben spezialgesetzlich geregelt, dass dies durch Übermittlung eines Telefax-Schreibens erfolgen kann.[241] Die Vergabestelle erhält eine Frist zur Stellungnahme auf den Nachprüfungsantrag. Wer durch das Verfahren in seinen Rechten betroffen werden kann, ist als Beteiligter beizuladen.

2. Akteneinsicht und Geheimhaltung

498 Nach § 111 GWB kann der Antragsteller die Akten der Vergabestelle einschließlich des Angebots des oder der Konkurrenten einsehen. Offenheit und Transparenz des Vergabeprüfverfahrens rechtfertigen es, dass der sich benachteiligt fühlende Bieter aufgrund der ihm gewährten umfassenden Akteneinsicht die Entscheidung der Vergabestelle nachvollziehen können muss.

499 Nach § 111 Abs. 2 und Abs. 3 GWB kann ein Verfahrensbeteiligter die Überlassung von solchen Aktenteilen verhindern, die entweder dem Geheimschutz unterliegen oder Fabrikations-, Betriebs- oder Geschäftsgeheimnisse enthalten. Hat ein Bieter in seinem Angebot solche Angaben gemacht, aber nicht beantragt, dass diese Geheimnisse geschützt bleiben sollen, kann die Vergabekammer nach § 111 Abs. 3 S. 2 GWB von seiner Zustimmung zur Einsichtnahme durch andere ausgehen.

500 Akteneinsicht kann nur verwehrt werden, wenn die Interessenabwägung mit eindeutigem Übergewicht zugunsten des persönlichen oder betrieblichen Geheimschutzes endet.[242]

---

[240] §§ 35 ff. der jeweiligen Verwaltungsverfahrensgesetze des Bundes und der Länder.
[241] OLG Schleswig NVwZ 2000, 232; NZBau 2000, 96.
[242] OLG Jena BauR 2000, 95.

3. Das Zuschlagsverbot und seine Verlängerung

Nach § 115 Abs. 1 GWB gilt von der Zustellung eines Nachprüfungsantrags an das Zuschlagsverbot zu Lasten des Auftraggebers. 501

Die Vergabeprüfungsinstanzen haben keine Befugnis, einen wirksam geschlossenen Vertrag aufzuheben. Dabei macht es keinen Unterschied, ob der Vertragsschluss durch Zuschlagserteilung im Vergabeverfahren oder durch unmittelbare Beauftragung ohne die vorherige, an sich erforderliche Durchführung eines Vergabeverfahrens zustande gekommen ist.[243] Ein Zuschlag ist demnach immer wirksam, wenn er vor Zustellung des Nachprüfungsantrags erteilt wird. Die Übermittlung des Nachprüfungsantrags an den Auftraggeber per Telefax wird teilweise nicht für eine wirksame Zustellung gehalten.[244] 502

Hält der Auftraggeber sich nicht an das Zuschlagsverbot und erteilt er dennoch den Auftrag an einen Konkurrenten des Antragstellers, so soll dieser Bauvertrag als Verstoß gegen ein gesetzliches Verbot nach § 134 BGB nichtig sein. Die Frage ist in der Gesetzesbegründung ausgesprochen worden: 503

„Mit Einleitung des Nachprüfungsverfahrens durch den Antragsteller wird das Vergabeverfahren zunächst insoweit angehalten, als der Auftraggeber den Zuschlag nicht erteilen darf. ... Ein dennoch erteilter Zuschlag ist als Verstoß gegen ein gesetzliches Verbot nach § 134 BGB nichtig."[245]

Ob ein Gesetz ein Rechtsgeschäft verbietet, muss aber erst durch Auslegung ermittelt werden.[246] 504

Wenn sich das Verbot gegen beide Teile richtet, kann in der Regel angenommen werden, dass das Rechtsgeschäft nichtig sein soll; ist es nur für einen Teil verboten, ist das verbotswidrige Rechtsgeschäft in der Regel gültig.[247] In der Tat richtet sich das Verbot des § 115 Abs. 1 GWB nur gegen eine Seite, nämlich den öffentlichen Auftraggeber. Die Gegenseite, der anbietende Unternehmer, ist seinerseits in keiner Weise an die §§ 102 ff. GWB gebunden. 505

Entscheidend ist also, ob das Gesetz sich nicht nur gegen den Abschluss des Rechtsgeschäfts wendet, sondern auch gegen seine privatrechtliche Wirksamkeit und damit gegen seinen wirtschaftlichen Erfolg.[248] So macht z.B. die fehlende Eintragung des Unternehmers in die HandwO einen Werkvertrag, den dieser schließt, nicht nach § 134 BGB ungültig,[249] eine Schwarzgeldabrede nicht den Architektenvertrag.[250] Auch § 1 UWG richtet sich sich nur an einen Vertragspartner. 506

Eine Einbeziehung des einen verbotswidrigen Zuschlag annehmenden Auftragnehmers als Normadressat in die Verbotsnorm ist bei § 115 Abs. 1 GWB nicht erkennbar. Die Vorschrift muss daher als Ordnungsvorschrift für das Vergabeverfahren gesehen werden, die sich einseitig an den Auftraggeber richtet[251] und damit nicht zur automatischen Nichtigkeit eines Vertrags führt, der diesem Verbot zuwider abgeschlossen worden ist. 507

Auch aus der Rechtsmittelrichtlinie[252] ergibt sich nichts anderes. Sie sieht keinen automatischen Suspensiveffekt vor, der zur Nichtigkeit entgegenstehender Aktivitäten des Auftraggebers führen würde. 508

---

243 OLG Düsseldorf IBR 2000, 201, 202.
244 OLG Schleswig WuW 99, 1259; NVwZ 2000, 232; NZBau 2000, 96.
245 BT-Drucks 13/9340 vom 3.12.1997, zu § 125 Abs. 1, 20.
246 Münchner Kommentar zum BGB/*Mayer-Maly*, 3. Aufl., § 134 Rn 38.
247 *Palandt-Heinrichs*, 59. Aufl., § 134 Rn 7 ff.
248 BGH NJW 1999, 51.
249 BGHZ 88, 240; 110, 156, 174; 131, 385.
250 BGH ZfBR 2001, 175.
251 *Vill*, Das vorläufige Verbot der Zuschlagserteilung gem. § 115 Abs. 1 GBW ein Verbotsgesetz im Sinn von § 134 BGB? BauR 1999, 971 ff.
252 Siehe oben Fn 17.

4. Vorab-Gestattung des Zuschlags und Gegenantrag des Bieters

509 Das Vergabeinteresse des Auftraggebers soll durch die Möglichkeit, von der Vergabekammer die Gestattung des Zuschlags zu erhalten, geschützt werden, § 115 Abs. 2 S. 1 GWB. Über einen solchen Antrag muss die Vergabekammer „unter Berücksichtigung aller möglicherweise geschädigten Interessen sowie des Interesses der Allgemeinheit an einem raschen Abschluss des Vergabeverfahrens" entscheiden; sie hat den Zuschlag dann zu gestatten, wenn „die nachteiligen Folgen einer Verzögerung der Vergabe bis zum Abschluss der Nachprüfung die damit verbundenen Vorteile überwiegen."

510 Es kann aber auch darauf ankommen, wie gut die Aussichten des Nachprüfungsantrags sind. Nach dem Wortlaut von § 115 Abs. 2 S. 1 GWB bleiben zwar die Erfolgsaussichten unberücksichtigt. Auch der Termindruck, unter dem die Vergabekammer während des Verfahrens steht, spricht dafür, ihr nicht zuzumuten, in diesem zusätzlichen Verfahren auch noch die Aussichten der gesamten Beschwerde zu prüfen. Eine erfahrene Vergabekammer kann aber oft schnell beurteilen, ob ein Nachprüfungsantrag Aussichten auf Erfolg hat oder nicht. Diese Erkenntnis sollte keinesfalls nur deswegen ausgeschlossen bleiben, weil die Prüfung der Erfolgsaussichten nicht ausdrücklich in § 115 Abs. 2 S. 1 GWB erwähnt ist.

511 Ein Beispiel für das Überwiegen des Interesses des Auftraggebers an der schnellen Erteilung des Zuschlags kann es sein, wenn durch die Verzögerung des Vergabeverfahrens der Verlust von Fördermitteln droht.[253]

512 Lehnt die Vergabekammer den Antrag des Auftraggebers auf Vorab-Gestattung des Zuschlags ab, kann er sich nach § 115 Abs. 2 S. 3 GWB an das Beschwerdegericht, also den Vergabesenat des zuständigen Oberlandesgerichts, wenden, der nach den gleichen Gesichtspunkten eine Interessenabwägung treffen muss. Gegen dessen Entscheidung gibt es kein Rechtsmittel.

513 Allerdings kann sich auch der angreifende Antragsteller gegen eine etwaige Gestattung des Zuschlags durch die Vergabekammer wehren, § 115 Abs. 2 S. 2 GWB. Kommt dieser Antrag bzw. die Entscheidung des Vergabesenats allerdings zu spät und ist der Zuschlag schon erteilt worden, so bleibt er wirksam.

514 Bei der Beurteilung der Erfolgsaussichten eines Antrags auf Verlängerung der aufschiebenden Wirkung der sofortigen Beschwerde im Nachprüfungsverfahren braucht der Vergabesenat im Rahmen einer summarischen Prüfung anhand vorliegender oder kurzfristig verfügbarer Beweismittel lediglich darauf abzustellen, ob der Erfolg des Rechtsmittels möglich ist.[254]

5. Fortsetzungsfeststellung

515 Ist der Zuschlag während des Nachprüfungsverfahrens erteilt worden, so kann das Ziel dieses Verfahrens, die „Primärrechte" des Antragstellers durchzusetzen, nicht mehr erreicht werden. Da sich die Vergabekammer aber schon mit dem Fall befasst hat, soll sie dem benachteiligten Bieter wenigstens ihre Rechtsauffassung mitteilen. Der Betroffene kann dazu beantragen, dass festgestellt wird, ob eine Rechtsverletzung vorgelegen hat.

516 Dieser Feststellungsantrag kann nach § 114 Abs. 2 GWB aber nur gestellt werden, wenn das Nachprüfungsverfahren schon in zulässiger Weise eingeleitet worden ist, der Auftrag also im Zeitpunkt der Antragstellung noch nicht erteilt war. Hier wird zwar von manchen Meinungen eine Lücke im Rechtsschutz gesehen, da die Vergabekammer zur Beurteilung von Vergabeverfahren geschaffen

---

253 VK Sachsen VRReport 12/2000, 2.
254 BayObLG BauR 2000, 258; NZBau 2000, 94.

worden sei.[255] Allerdings hat der übergangene Bieter keinen Anspruch auf einen bestimmten Rechtsschutz; wenn er Schadensersatzansprüche geltend machen will, so kann er dies schließlich weiter vor den Zivilgerichten beantragen.[256] So ist auch ein nachträglicher Antrag auf Feststellung der Nichtigkeit eines bereits erteilten Zuschlags unzulässig.[257]

6. Fünf-Wochen-Frist

Nach § 113 Abs. 1 S. 1 GWB muss die Vergabekammer innerhalb von fünf Wochen nach Eingang des Nachprüfungsantrags über diesen entscheiden und den gefassten Beschluss begründen. Anderenfalls gilt er als abgelehnt, § 116 Abs. 2 GWB. Dieser Handlungszwang zu Lasten der Vergabekammer soll „Investitionsblockaden" verhindern.[258] Nur bei besonderen rechtlichen oder tatsächlichen Schwierigkeiten kann der Kammervorsitzende die Frist durch schriftliche und begründete Verfügung verlängern, § 113 Abs. 1 S. 2 und 3 GWB. 517

Für die Fortsetzungsfeststellung nach § 114 Abs. 2 GWB gilt die Fünf-Wochen-Frist nicht. 518

7. Maßnahmen der Vergabekammer während des Nachprüfungsverfahrens

Sind Rechte des Antragstellers aus § 97 Abs. 7 GWB oder sonstige Rechte wie diejenigen aus §§ 20 Abs. 1 GWB, 1 ff. UWG oder 823 BGB im Vergabeverfahren auf andere Weise als durch den drohenden Zuschlag gefährdet, so kann die Kammer auf besonderen Antrag nach einer Interessenabwägung im Sinn von § 115 Abs. 2 S. 1 GWB mit weiteren vorläufigen Maßnahmen in das Vergabeverfahren eingreifen. Nach der Gesetzesbegründung soll dies bis zur Anordnung des „Ruhens" des Vergabeverfahrens gehen können.[259] Da solche Entscheidungen nach § 115 Abs. 3 S. 2 GWB aber nicht selbständig anfechtbar sind, kann es sich nur um ein „Minus" im Verhältnis zur verfahrensbeendenden Entscheidung nach § 114 Abs. 1 GWB handeln. Der Eingriff darf also nicht das gesamte Vergabeverfahren betreffen. In Betracht kommen Zwischenmaßnahmen, die Klarheit herstellen und weitere Nachprüfungen entbehrlich machen; die Verlängerung der Fünf-Wochen-Frist zu ihrer Ausführung ist möglich. 519

8. Entscheidung

Nach § 114 Abs. 1 GWB entscheidet die Vergabekammer, ob der Antragsteller in seinen Rechten verletzt ist oder nicht. Stellt sie eine Rechtsverletzung fest, so gibt sie gleichzeitig an, wie diese zu beheben ist. Das wird in der Regel die Wiederholung eines falschen Vergabeschrittes beinhalten, insbesondere durch erneute Einbeziehung eines rechtswidrig ausgeschiedenen Angebots[260] oder durch die nochmalige Wertung der Angebote unter Berücksichtigung der Rechtsauffassung der Kammer. 520

Wenn solche Verfahrensschritte nicht besonders zeitaufwendig sind, sollte die Kammer allerdings erwägen, sie als Zwischenmaßnahme vor der Endentscheidung erledigen zu lassen. So können weitere Auseinandersetzungen entbehrlich gemacht werden. 521

Nach herrschender Meinung soll die Vergabekammer sogar berechtigt sein, ein Vergabeverfahren aufzuheben. Diese Auffassung ist aber logisch und systematisch falsch, denn das Nachprüfungsverfahren soll lediglich Rechtsverletzungen des Bieters im Vergabeverfahren beheben. Hebt aber die 522

---

255 KG Beschl. IBR 2000, 521 (Vorlagebeschluß zum BGH wegen Divergenz zu OLG Düsseldorf NZBau 2000, 306; IBR 2000, 251 und Bay ObLG BB 2000, 484; IBR2000, 57; entschieden durch BGH VergabeR 2001, 71; IBR 2001, 141).
256 Siehe auch unten Ziffer 7.1.
257 OLG Naumburg, Beschl. v. 20.9.1999 Az. 10 Verg 1/99.
258 BT-Drucks 13/9340 zu § 123 Abs. 1.
259 BT-Drucks 13/9340 zu § 125 Abs. 3.
260 Z.B. OLG Brandenburg NVwZ 1999, 1143; BB 1999, 1940; ZVgR 1999, 207.

Kammer gleich die begonnene Ausschreibung auf, so löst dieser Spruch das zwischen Auftraggeber und Bieter bestehende Rechtsverhältnis auf. Weitergehende Verfahrensrechte als Schadenersatzansprüche bleiben dem Bieter nach Beendigung des Vergabeverfahrens nicht übrig, so dass er nach einer rechtswirksamen Aufhebung keine Primärrechte mehr hat. Um diese geht es aber im Vergabeverfahren. Außerdem muss die Kammer diejenige Handlungsvariante wählen, die die Interessen aller Beteiligten am wenigsten beeinträchtigt. Es gilt das Gebot der Verhältnismäßigkeit.[261]

523 An die Anträge der Beteiligten ist die Kammer nicht gebunden, § 114 Abs. 1 S. 2 GWB; die Kammer kann also auch „Gelegenheitsfunde" zum Entscheidungsinhalt machen, wenn diese Sachverhalte die Rechte von Bietern beeinträchtigen.

524 Die Entscheidung ergeht als Beschluss, der von sämtlichen Kammermitgliedern zu unterschreiben[262] ist und der mit einer Rechtsmittelbelehrung versehen den Beteiligten zugestellt werden muss. Einige Vergabekammern informieren die Beteiligten vorab per Telefax über den voraussichtlichen Beschlussinhalt. Das ist jedoch keine Zustellung.[263]

9. Kosten

a) Kostenlast

525 In ähnlicher Weise wie im Zivilprozess (§ 91 ZPO) regelt § 128 GWB die Verteilung der entstandenen Kosten zwischen den Beteiligten danach, wieweit ein Beteiligter im Verfahren unterlegen ist; mehrere Kostenschuldner haften als Gesamtschuldner. Soweit der Antrag an die Vergabekammer erfolgreich war, findet eine Erstattung der zur zweckentsprechenden Rechtsverfolgung notwendigen Aufwendungen statt.

526 Als entsprechend heranzuziehende Vorschriften, nach denen die Kostenentscheidung zu treffen ist, kommt § 161 Abs. 2 VwGO in Betracht. § 91 a ZPO ist entsprechend anzuwenden, wenn das Nachprüfungsverfahren durch Heilung eines Mangels nach Rüge erledigt ist.[264]

b) Höhe der Kosten

527 Nach § 128 GWB bestimmt sich die Höhe der Gebühren nach dem personellen und sachlichen Aufwand der Vergabekammer unter Berücksichtigung der wirtschaftlichen Bedeutung des Gegenstands des Nachprüfungsverfahrens. Sie ist von der Kammer festzusetzen, der Mindestbetrag von 5.000 DM kann aus Gründen der Billigkeit bis auf ein Zehntel ermäßigt werden. 50.000 DM sollen nicht überschritten werden. Im Einzelfall, wenn der Aufwand oder die wirtschaftliche Bedeutung außergewöhnlich hoch sind, kann sie aber bis zu einem Betrag von 100.000 DM erhöht werden.

c) Kosten eines eingeschalteten Rechtsanwalts

528 Nach § 128 Abs. 4 S. 2 GWB hat der unterliegende Beteiligte die zur zweckentsprechenden Rechtsverfolgung oder -verteidigung notwendigen Auslagen des obsiegenden Beteiligten zu erstatten. Zu diesen Auslagen können Anwaltskosten gehören, wenn sie in diesem Sinn „notwendig" waren.

529 Ein Bieter darf für das komplizierte, unter hohem Zeitdruck stehende Nachprüfungsverfahren einen Rechtsanwalt einschalten, dessen Kosten er im Falle des Obsiegens von der Gegenseite erstattet bekommt. Strittig ist dies auf der Seite des angegriffenen Auftraggebers, der – jedenfalls im staatlichen

---

261 OLG Düsseldorf VRReport 12/2000, 3.
262 BayObLG, Beschl. v. 30.3.2001, Az. Verg 03/01.
263 OLG Stuttgart BauR 2001, 98; BayObLG VergabeR 2001, 55.
264 KG IBR 2000, 213.

und häufig auch im kommunalen Bereich – über eigene Juristen verfügt. Hier richtet sich die Entscheidung nach der Kompliziertheit des Falls. Von den Vergabestellen wird erwartet, dass ihre Mitarbeiter die maßgeblichen Rechtsvorschriften kennen und die mit einer Auftragsvergabe verbundenen Rechtsfragen lösen können. Erst wenn das Nachprüfungsverfahren ungewöhnlich umfangreich oder kompliziert ist, wird die Hinzuziehung eines Rechtsanwalts ausnahmsweise notwendig.[265] Die Anforderungen der §§ 107 und 108 GWB sind das „Nadelöhr" des Nachprüfungsverfahrens; die sich daraus ergebenden Vortragspflichten träfen ausschließlich das antragstellende Unternehmen.[266]

Der Gegenstandswert zur Berechnung der Anwaltsgebühren richtet sich – wie nach § 12 a GKG beim Vergabesenat nach dem fiktiven Gewinnanteil von 5 % des Auftragswerts.[267] **530**

10. Vollstreckung

Nach § 114 Abs. 3 S. 2 GWB richtet sich die Vollstreckung nach den Verwaltungsvollstreckungsgesetzen des Bundes und der Länder. Entgegen dem sonstigen Prinzip des Verwaltungsrechts (§ 17 VwVfG), das Kollisionen verschiedener Hoheitsträger vermeiden will, darf auch gegen eine solchen vollstreckt werden. Nachdem die Anrufung der Vergabekammer durch den Antragsgegner oder den ihn unterstützenden Beigeladenen im Fall des Unterliegens der Vergabestelle aber zu deren Gunsten die Bestandskraft des Beschlusses der Vergabekammer verhindert, ist eine Vollstreckung gegen die Vergabestelle erst nach Beendigung des Beschwerdeverfahrens möglich. **531**

Die Vollstreckung erfolgt nach §§ 9 Abs. 1, 11, 13 VwVG durch Androhung und gegebenenfalls Festsetzung eines Zwangsgeldes.[268] Vollzugsbehörde ist die Behörde, der die Vergabekammer angehört. **532**

IV. Beschwerdeverfahren

Alle Beteiligten, also Antragsteller, Antragsgegner und Beigeladene,[269] können im Falle einer für sie negativen Entscheidung der angegangenen Vergabekammer Beschwerde zum Vergabesenat des jeweils zuständigen Oberlandesgerichts einlegen. **533**

1. Statthaftigkeit, Zulässigkeit, Zuständigkeit

Die sofortige Beschwerde gemäß § 116 GWB ist nur gegen Endentscheidungen möglich, nicht gegen Zwischenentscheidungen[270] der Vergabekammer. **534**

Im Rahmen der Prüfung der Zulässigkeit der Beschwerde zum Vergabesenat muss dieser von neuem untersuchen, ob das zu überprüfende Vergabeverfahren nach den §§ 97 ff. GWB überhaupt der Nachprüfung im Sinn von §§ 107 ff. GWB unterlag, insbesondere ob ein „öffentlicher Auftrag" im Sinne von § 99 GWB vergeben werden soll.[271] Auch wenn der Auftraggeber sich freiwillig den Vergabevorschriften der A-Paragraphen der VOB unterworfen und seine Ausschreibung nach diesen Bestimmungen ausgestaltet hat, bleibt ein Nachprüfungsverfahren unzulässig.[272] Die Anwendung der verfahrensrechtlichen Vorschriften steht nicht zur Disposition der Auftraggeber. **535**

---

265 OLG Düsseldorf BauR 2000, 1626.
266 OLG Koblenz, Beschl. v. 21.9.2000, Az. 1 Verg 3/00.
267 BayObLG IBR 2000, 2.
268 OLG Düsseldorf VergabeR 2001, 62 m. Anm. *Leinemann*; IBR 2001, 83.
269 OLG Dresden VergabeR 2001, 41.
270 OLG Düsseldorf IBR 2000, 154.
271 OLG Naumburg, Beschl. v. 19.10.2000, Az. 1 Verg 9/00.
272 KG BauR 2000, 1620.

536 Nach allgemeiner Auffassung kann eine Partei des Nachprüfungsverfahrens die Kostenentscheidung selbständig anfechten.[273] Dagegen spricht aber die Regelung der übrigen Prozessordnungen, die die zweite Instanz von solchen „Schattenverfahren" freihalten wollen.

537 Die Entscheidung einer Vergabekammer hat doppelseitigen Effekt, wenn sie teilweise dem Antragsteller, teilweise dem Antragsgegner Recht gibt. Beispielsweise wird dem Auftraggeber gestattet, das Vergabeverfahren weiterzuführen; einzelne Punkte des bisherigen Verfahrens werden aber kritisiert. In einem solchen Fall wird der Auftraggeber keine eigene Beschwerde einlegen. Tut dies der betroffene Bieter, so kann sich der Auftraggeber unabhängig von Fristlauf mit einer unselbständigen Anschlussbeschwerde im Sinn der §§ 120 Abs. 2, 73 GWB, § 577 a ZPO am Beschwerdeverfahren beteiligen und die für ihn ungünstigen Aussagen des Beschlusses der Vergabekammer zur Überprüfung stellen.[274]

538 In einigen Bundesländern mit mehreren Oberlandesgerichten ist der Vergabesenat nur bei einem OLG gebildet worden;[275] dieser ist für alle Vergabekammern des Bundeslands zuständig. Für die Nachprüfung von Vergabeverfahren des Bundes ist das OLG Düsseldorf zuständig, da das Bundeskartellamt seinen Sitz im Bereich des Vergabesenats dieses Gerichts hat.

2. Form, Frist, Vertretung

539 Die Beschwerde ist innerhalb einer Notfrist von 2 Wochen ab Zustellung der Entscheidung einzulegen; handelt es sich um eine Untätigkeitsbeschwerde, so beginnt die Frist mit dem Ablauf der 5-wöchigen Bearbeitungsfrist der Vergabekammer, die wiederum mit der Zustellung des Antrags an den Auftraggeber zu laufen beginnt. Diesen Fristbeginn muss der Antragsteller selbst ermitteln.

540 Für die Antragsteller, also Interessenten an einem Auftrag, Bewerber oder Bieter, gilt Anwaltszwang. Jeder in der Bundesrepublik zugelassene Anwalt kann tätig werden. Öffentliche Auftraggeber können die Beschwerde auch durch einen eigenen Mitarbeiter einlegen, soweit dieser nach den internen Vorschriften dazu befugt ist. Bei den weiteren Tätigkeiten vor dem Beschwerdegericht muss das aber jedenfalls ein Beamter oder Angestellter mit Befähigung zum Richteramt sein, § 120 Abs. 1 S. 2 GWB.

541 Die Beschwerde muss zugleich mit ihrer Einlegung begründet werden und ähnlich wie die Berufungsschrift im Zivilprozess die Erklärung enthalten, inwieweit die angegriffene Entscheidung angefochten und eine abweichende Entscheidung beantragt wird.

3. Aufschiebende Wirkung: Verlängerungsantrag des Bieters

542 Die durch die Anrufung der Vergabekammer gemäß § 115 Abs. 1 GWB gegebene aufschiebende Wirkung bleibt bei Einlegung der Beschwerde zum Vergabesenat nur noch zwei Wochen nach Ablauf der 2-wöchigen Beschwerdefrist erhalten. Wenn es dem Antragsteller – so wohl der Regelfall – weiterhin um den Zuschlag geht, muss er vor Ablauf dieser weiteren 2-Wochen-Frist die Verlängerung der aufschiebenden Wirkung beantragen, § 118 Abs. 1 S. 3 GWB. Unterlässt er dies, entfällt die aufschiebende Wirkung ohne weiteres, § 118 Abs. 1 S. 2 GWB.

543 Bei der Entscheidung ist das Gebot des effektiven Rechtsschutzes gegenüber dem gesetzlichen Beschleunigungsgebot abzuwägen. Manche Vergabesenate sind der Auffassung, bis zur abschließenden Feststellung der Korrektheit des Vergabeverfahrens durch das Beschwerdegericht müsse der Zu-

---

273 OLG Düsseldorf BauR 2000, 1626; OLG Frankfurt BauR 2000, 1595; BayObLG IBR 2000, 2.
274 OLG Jena BauR 2000, 1629; OLG Rostock, Beschl. v. 18.10.2000, Az. Verg 4/00.
275 Baden-Württemberg: OLG Stuttgart; Bayern: Bayerisches Oberstes Landesgericht (BayObLG); Nordrhein-Westfalen: OLG Düsseldorf; Niedersachsen: OLG Celle.

schlag „grundsätzlich" unterbleiben.[276] Das ist aber angesichts des klaren Wortlauts des § 118 Abs. 1 GWB falsch. Die aufschiebende Wirkung kann aber mindestens vorläufig verlängert werden, z.B. bis zum Eingang der Beschwerdeerwiderung.[277]

4. Antrag der Vergabestelle auf Vorab-Gestattung des Zuschlags

Nach § 121 Abs. 1 GWB kann der Vergabesenat auf Antrag des Auftraggebers im Falle einer für ihn negativen Entscheidung der Vergabekammer diesem gestatten, das Vergabeverfahren weiterzuführen und den Zuschlag zu erteilen. Dazu muss er nach § 121 Abs. 1 S. 1 GWB unter Darlegung der Interessen der Beteiligten einen gesonderten Gestattungsantrag stellen. Der Vergabesenat hat bei seiner Prüfung die Erfolgsaussichten der sofortigen Beschwerde zu berücksichtigen.[278] Die Zuschlagerteilung darf auch dann gestattet werden, wenn „unter Berücksichtigung aller möglicherweise geschädigten Interessen sowie des Interesses der Allgemeinheit an einem raschen Abschluss des Vergabeverfahrens die nachteiligen Folgen einer Verzögerung der Vergabe bis zur Entscheidung über die Beschwerde die damit verbundenen Vorteile überwiegen". Der schriftliche Antrag auf Vorab-Gestattung ist vom Auftraggeber gleichzeitig unter Tatsachenvortrag zu begründen. Der Grund für die Eilbedürftigkeit muss glaubhaft gemacht werden. Bis zur Entscheidung über den Antrag kann das Verfahren über die Beschwerde ausgesetzt werden. 544

Der Auftraggeber geht aber das Risiko ein, unwillkommene detaillierte Anweisungen für das weitere Vorgehen vom Beschwerdegericht zu erhalten. Befolgt der Auftraggeber diese nicht innerhalb von 10 Tagen nach Zustellung der Entscheidung des Vergabesenats, gilt sein Vergabeverfahren nach § 122 GWB als beendet. Gegen die Entscheidung des Vergabesenats in diesem „Eilverfahren" bestehen keine Rechtsmittel. 545

5. Erstmalige Beiladung im Beschwerdeverfahren

Wenn ein Konkurrent begründete Aussichten hat, den Zuschlag erteilt zu bekommen, und diese Position durch das Nachprüfungsverfahren gefährdet werden könnte, ist er nach § 109 GWB von der Vergabekammer beizuladen. Ist dies nicht geschehen, muss das im Beschwerdeverfahren vor dem OLG nachgeholt werden. 546

Zwar sieht § 119 GWB explizit eine solche Möglichkeit des Vergabesenats nicht vor, sondern bezeichnet lediglich „die an dem Verfahren vor der Vergabekammer Beteiligten" als diejenigen, die auch an dem Verfahren vor dem Beschwerdegericht beteiligt sind. Aus dieser Formulierung könnte man den Schluss ziehen, dass der Vergabesenat nicht zu einer eigenen Entscheidung über die Beiladung im Sinn des § 109 GWB befugt wäre. 547

Eine solche Interpretation des § 119 GWB ist allerdings zu weitgehend. Die Bestimmung enthält keine explizite Aussage über eine etwaige Begrenzung der Zahl der beteiligten Personen auf diejenigen, die bereits im Verfahren vor der Vergabekammer beteiligt waren. Die Bestimmung kann vielmehr so gelesen werden, dass lediglich die Beteiligtenfunktion von der ersten in die zweite Instanz weitergezogen wird; einen „numerus clausus" enthält § 119 GWB jedoch nicht. Dem Vergabesenat kann es nicht verwehrt werden, eine als rechtsfehlerhaft erkannte, im Nachprüfungsverfahren vor der Vergabekammer unterbliebene Beiladung nachzuholen oder eine solche vorzunehmen, die sich aufgrund einer veränderten Sachlage erstmals aufdrängt.[279] 548

---

276 So z.B. OLG Jena BauR 2000, 95.
277 KG NVwZ 2000, 114.
278 KG, Beschl. v. 4.11.1999 Az. 1 Verg 1/99; BayObLG BauR 2000, 258.
279 *Niebuhr/Kulartz/Kus/Portz*, Kommentar zum Vergaberecht, § 119 Rn 4.

549 Das ergibt sich aus dem Grundsatz des rechtlichen Gehörs. Außerdem entspricht eine solche Beiladung dem das gesamte Nachprüfungsverfahren prägenden Beschleunigungsgrundsatz, da ja der nicht beigeladene Konkurrent im Falle einer für ihn negativen Entscheidung eventuell wieder ein Nachprüfungsverfahren einleiten könnte.

6. Verfahren, Entscheidung

550 Der Vergabesenat soll eine mündliche Verhandlung durchführen und in dieser den Beteiligten Gelegenheit zur Stellungnahme geben. Erweist sich die Beschwerde als begründet, so hebt er die Entscheidung der Vergabekammer auf und entscheidet entweder selbst oder verweist die Sache zurück; auf Antrag kann es nach Erteilung des Zuschlags aber auch feststellen, ob der Antragsteller durch den Auftraggeber in seinen Rechten verletzt ist.

Gemäß § 123 S. 1 GWB entscheidet der Vergabesenat, ob die Beschwerde begründet ist. In diesem Fall hebt er den angegriffenen Beschluss der Vergabekammer auf. Der Senat hat dann die Möglichkeit, in der Sache selbst zu entscheiden, was sich angesichts der prinzipiellen Eilbedürftigkeit von Vergaben empfiehlt. Der Beschlussinhalt entspricht dann den Möglichkeiten der Kammer gemäß § 114 Abs. 1 GWB.[280]

Der Senat kann aber auch die Sache zur erneuten Entscheidung unter Berücksichtigung seiner Rechtsauffassung an die Vergabekammer zurückgeben. Eine der Fünf-Wochen-Frist des § 113 Abs. 1 S. 1 GWB vergleichbare Entscheidungsfrist muss der Vergabesenat nicht beachten.

7. Kosten

551 Im Verfahren vor dem Vergabesenat des Oberlandesgerichts gelten die selben Grundsätze wie vor der Vergabekammer. Eine Vorschrift über die Kostenverteilung fehlt aber, so dass § 91 ZPO analog angewendet werden muss.

552 Der Gegenstandswert des Verfahrens bestimmt sich gemäß § 12 a GKG aus 5 % der Angebotssumme.

V. Präjudizielle Wirkung für Schadenersatzansprüche der Beteiligten

553 Der Rechtsweg von Interessenten, Bewerbern oder Bietern zu den Zivilgerichten ist im Vergaberecht auf das Nachprüfungsverfahren nach §§ 102 ff. GWB beschränkt,[281] soweit nicht Schadenersatz beansprucht wird, § 104 Abs. 2 S. 2 GWB. Anders als nach früherem Recht bindet eine Entscheidung der Vergabekammer oder des Vergabesenats nach § 124 Abs. 1. GWB dasjenige Gericht inhaltlich, das wegen eines etwaigen Schadenersatzanspruches des Interessenten bzw. Bewerbers bzw. Bieters angerufen wird.

554 Nachdem bei Divergenzen der Rechtsprechung der Oberlandesgerichte auch der Bundesgerichtshof tätig werden kann,[282] gilt auch seine etwaige Entscheidung als Präjudiz für den Schadenersatzanspruch.

555 Diese Ansprüche sind in § 126 GWB mit dem negativen Interesse, also den Angebots- und Teilnahmekosten, in Satz 1 angesprochen; in Satz 2 bleiben aber weiterreichende Ansprüche ausdrücklich unberührt. Die zugrunde liegende Rechtsfigur ist wie bisher der Gesichtspunkt der culpa in contrahendo und wird je nach der Bieterposition im Ausschreibungsverfahren entweder das erwähnte „negative" Interesse beinhalten. In Ausnahmefällen kann der Bieter das „positive" Interesse, also

---

[280] S. oben Rn 520.
[281] OLG Schleswig BauR 2000, 1046.
[282] Beispiel: BGH VergabeR 2001, 71.

den entgangenen Gewinn fordern. Als Anspruchsvoraussetzung für den letzteren muss der Bieter allerdings mit quasi naturwissenschaftlicher Logik nachweisen, dass er den Auftrag erhalten hätte. Das wird angesichts der sich verstärkenden Tendenz der Rechtsprechung, dem Auftraggeber bei der Angebotswertung nach § 25 VOB/A bzw. in den vergleichbaren Vorschriften der VOL und der VOF einen erheblichen Ermessensspielraum einzuräumen, sehr schwer werden.

Entsprechend der Vorschrift des § 945 ZPO knüpft § 125 GWB an die missbräuchliche Inanspruchnahme des Nachprüfungsverfahrens durch Interessenten bzw. Bewerber bzw. Bieter einen Schadenersatzanspruch des Auftraggebers an. Voraussetzung dafür ist allerdings der Nachweis des Missbrauchs, für den vorsätzlich oder falsch oder grob fahrlässig vorgetragene falsche Angaben, das Ziel des Antragstellers, das Verfahren zu behindern oder Konkurrenten zu schädigen oder eine Absicht der Vorteilserlangung nachgewiesen werden müssen. Das wird selten gelingen. Auch im Falle einer ungerechtfertigten Eilentscheidung nach § 115 Abs. 3 GWB kann der Auftraggeber einen Schadenersatzanspruch herleiten, § 125 Abs. 3 GWB. 556

VI. Korrekturmechanismus der EU-Kommission

Art. 3 Rechtsmittelrichtlinie (RMR)[283] und Art. 8 Sektorenrechtsmittelrichtlinie (SRMR)[284] ermöglichen es der EU-Kommission, auf Initiative eines Betroffenen, aber auch eines Verbandes oder sonstigen Dritten nach ihrem Ermessen einen „Korrekturmechanismus" durchzuführen. Das setzt einen klaren und eindeutigen Verstoß gegen Vergabebestimmungen voraus. 557

Gemäß der Ermächtigung des § 127 Nr. 7 GWB ist dieses Verfahren in § 21 VgV ausgestaltet worden. Auf Initiative der Kommission muss die Bundesregierung den Auftraggeber über die Vermutung eines Verstoßes informieren. Dieser hat drei Reaktionsmöglichkeiten, über deren Gebrauch er innerhalb von 14 Tagen der Bundesregierung berichten muss: 558
- Beseitigung des Verstoßes,
- Begründete Zurückweisung der Kritik, dies gegebenenfalls auch dann, wenn bereits ein Nachprüfungsverfahren eingeleitet wurde,
- Aussetzung des Vergabeverfahrens.

Die Bundesregierung gibt diese Mitteilung innerhalb von 21 Tagen nach Eingang der Rüge der Kommission an diese weiter. 559

VII. Bescheinigungsverfahren

Kapitel 2 SRMR beschreibt das Bescheinigungsverfahren, in dem Sektorenauftraggeber regelmäßig von unabhängigen und qualifizierten Prüfern auf Übereinstimmung ihrer Vergabeverfahren mit den einschlägigen Normen geprüft werden. Nach Erstellung eines Prüfberichts soll die jeweilige „Bescheinigung" mit den Ausschreibungen dieser Auftraggeber im Amtsblatt der EG bekannt gegeben werden. Gemäß § 127 Nr. 6 GWB sind die Grundzüge dieses Verfahrens in § 19 VgV wiedergegeben. Mit der Akkreditierung der Prüfer soll eine Behörde im Bereich des Bundesministeriums für Wirtschaft und Technologie beauftragt werden. 560

Entgegen früheren Absichten ersetzt das Bescheinigungsverfahren nicht das Nachprüfungsverfahren bei Sektorenauftraggebern, so dass ihm kaum ein Entlastungseffekt zukommen wird. Es wird eher als „vertrauensbildende Maßnahme" zu bewerten sein. 561

---

283 S. oben Fn 17.
284 S. oben Fn 18.

VIII. Schlichtungsverfahren

562 Kapitel 4 SRMR sieht bei Vergaben von Sektorenauftraggebern ein Schlichtungsverfahren vor, dessen Einleitung ein Bieter bei der EG-Kommission oder beim Bundesministerium für Wirtschaft beantragen kann. Gemäß § 127 Nr. 7 GWB ist dieses Verfahrens in § 20 VgV dargestellt. Seine Durchführung ist jedoch von der Zustimmung des Auftraggebers abhängig. Wird sie gegeben, schlägt die Kommission einen Schlichter vor; weitere Schlichter sind von den Parteien zu bestimmen.

563 Das Verfahren ist subsidiär zu anderen Rechtsbehelfen und beeinflusst nicht ein Vertragsverletzungsverfahren oder den Korrekturmechanismus. In jeder Stufe des Verfahrens können es die Parteien beendigen. Leitet ein Beteiligter parallel ein Nachprüfungsverfahren ein, kann diesem der Beitritt zum Schlichtungsverfahren angeboten werden; dieses kann nach Ermessen der Schlichter beendet werden.

564 Sollte sich in Zukunft die Schlichtung als schnell und effektiv erweisen, könnte sie sich – zunächst im Sektorenbereich – zu einer vernünftigen Alternative zum aufwendigen und riskanten Nachprüfungsverfahren nach §§ 107 ff. GWB entwickeln.

IX. Vergabeprüfstellen

565 Nach § 103 Abs. 2 S. 1 GWB kann die Einhaltung der Vergabevorschriften durch öffentliche Auftraggeber im Sinn von § 98 Nr. 1 bis 3 GWB nicht nur von den Vergabekammern, sondern wie bisher auch vor Vergabeprüfstellen geltend gemacht werden, soweit der Bund bzw. das jeweilige Bundesland diese beibehalten hat.[285]

566 Die Frage stellt sich, welche Einrichtung zuerst angerufen werden muss, wenn die Vergabeprüfstelle in Anspruch genommen werden soll: Die Vergabekammer oder die Vergabeprüfstelle? Das Verhältnis zwischen beiden ist durch die §§ 103 und 104 GWB nicht vollständig geklärt. Sicher ist, dass ein betroffenes Unternehmen beide Wege beschreiten kann. Auch wenn bereits ein Verfahren vor der Vergabeprüfstelle – nach § 103 Abs. 2 S. 1 auf Antrag oder von Amts wegen – eingeleitet worden ist, ist die Anrufung der Vergabekammer möglich; die Vergabeprüfstelle kann also auch parallel zu einem Antrag gemäß § 107 GWB befasst werden.[286] Angesichts der Stringenz des Nachprüfungsverfahrens wird sie allerdings eher ihre Bearbeitung aussetzen. Gegen ihre Entscheidung kann zwar die Vergabekammer angerufen werden; ihre Funktion wird aber in der Streitschlichtung liegen.

X. VOB-Stellen

567 Die traditionellen VOB-Stellen, die bei den Mittelbehörden vieler Bundesländer bestehen, versehen ihre Aufgabe als Berater und Streitschlichter weiterhin. Sie werden auf Anrufung durch einen der Beteiligten tätig, ohne eigene Rechte zu haben. Ihre Meinung genießt aber in den befassten Kreisen Respekt und dient zum Beispiel häufig als Präjudiz für die verwaltungsinterne Prüfung der VOB-Praxis von Zuwendungsempfängern.

---

[285] Sie bestehen noch im Bereich der Bundesministerien für Wirtschaft und Technologie, für wirtschaftliche Zusammenarbeit und für Verkehr, Bau- und Wohnungswesen sowie in den Bundesländern Rheinland-Pfalz, Schleswig-Holstein und (dort abhängig von der Entscheidung des jeweils zuständigen Ministeriums) Brandenburg.

[286] BT-Drucks 13/9340 – Begründung zum Vergaberechtsänderungsgesetz, § 113.

XI. Interne Revision bzw. Rechnungsprüfung

Verschiedene öffentliche Auftraggeber sind entweder durch Kommunalverfassungsrecht oder durch andere Vorschriften der internen oder externen Prüfung unterworfen.[287] Diese Instanzen prüfen auch die Einhaltung der Vergabevorschriften, allerdings nicht im Interesse von Dritten, sondern als Thema der Wirtschaftlichkeit und Sparsamkeit der Haushaltsführung, also im weitesten Sinn im öffentlichen Interesse.

568

XII. Rechts- und Fachaufsicht

Das Einschreiten der Aufsichtsbehörden liegt in deren Ermessen; ein Anspruch des betroffenen Interessenten, Bewerbers oder Bieters auf Tätigwerden oder gar Entscheidung in einem bestimmten Sinn besteht nicht.[288] Z. 10 der Antikorruptionsrichtlinien[289] bezeichnet immerhin die konsequent durchgeführte Rechts- und Fachaufsicht als wichtiges Organ der Kontrolle der Vergabeverfahren.

569

H. Implizite Nachprüfung von Vergabeverfahren in anderen Rechtsbereichen

Die korrekte Durchführung der Vergabeverfahren wird in zunehmendem Maße auch aus Perspektiven betrachtet, die nicht zum Vergaberecht gehören, sondern in denen es nur mittelbar Gegenstand der Prüfung ist.

570

Zwar bestand schon immer Einigkeit darüber, dass das Verhältnis zwischen den Bietern und den Ausschreibenden mit den Begriffen des vorvertraglichen Vertrauensverhältnisses beiderseitige Pflichten entfaltet, deren Verletzung Schadensersatzansprüche auslösen kann. Eine weitere Folge von Verstößen war die Rückforderung von Zuwendungen, wenn die Zuwendungsbescheide die Einhaltung der VOB/A forderten. Eine ähnliche, mittelbare Kontrolle der Vergabeverfahren ist die Prüfung der Festsetzung von Kommunalabgaben darauf hin, ob bei der Vergabe der zugrunde liegenden Bauarbeiten korrekt nach VOB/A verfahren worden ist. Auch die Rechtsprechung zur Haftung des Architekten oder Ingenieurs, der den Auftraggeber bei der Durchführung der Vergabeverfahren berät, hat sich erst in den letzten Jahren entwickelt.

571

I. Schadenersatzanspruch des benachteiligten Bewerbers oder Bieters

Schon lange vor der Einführung des Vergaberechtsschutzes war es anerkannt, dass die Ausschreibung eines Auftrags zwischen der Vergabestelle und den Bewerbern oder Bietern eine vertragsähnliche Beziehung herstellt, die für die Beteiligten verschiedene Pflichten auslöst – Gleichbehandlungs- Fürsorge- und Informationspflichten. Die Verletzung solcher Pflichten gibt dem Betroffenen Schadenersatzansprüche aus enttäuschtem Vertrauen in die korrekte Durchführung eines Vergabeverfahrens.[290] Rechtsgrundlage ist die Haftung des Ausschreibenden aus culpa in contrahendo. Für diese Rechtsfigur ist durch § 126 GWB für die Vergabeverfahren im Sinn des Vierten Teils des GWB eine explizite gesetzliche Grundlage geschaffen worden: danach erhält ein Unternehmen Schadenersatz für die Kosten der Vorbereitung des Angebots oder der Teilnahme an einem Vergabeverfahren, wenn der Auftraggeber gegen eine Vorschrift im Sinn von § 97 Abs. 7 GWB verstoßen hat und der Unternehmer eine echte Chance gehabt hätte, den Zuschlag zu erhalten.

572

---

287 Z.B. in Bayern: Art. 103 GO für die örtliche, Art. 104 GO für die überörtliche Prüfung.
288 VGH Mannheim IBR 1998, 465.
289 Oben Rn 221 ff.
290 Zuletzt BGH BauR 2000, 254 m.w.N.

573 Nach Satz 2 bleiben „weiterreichende Ansprüche auf Schadenersatz" unberührt. Das sind Ansprüche, die über das dargestellte Interesse hinausgehen: wenn der Bieter mit naturwissenschaftlicher Sicherheit sagen kann, dass er den Auftrag erhalten hätte, ist er so zu stellen, wie wenn dies geschehen und er den Auftrag abgewickelt hätte. Sein Interesse ist dann „positiv", es richtet sich auf den entgangenen Gewinn. Voraussetzung dafür ist aber, dass das Bauprojekt auch tatsächlich verwirklicht wurde.[291] Unterhalb der Schwellenwerte des § 100 Abs. 1 GWB gelten dieselben Grundsätze, allerdings ohne die explizite Festlegung in § 126 GWB.

574 In den nachfolgend dargestellten Situationen sind derartige Ansprüche des Bewerbers oder Bieters zu prüfen.

1. Unterlassene Ausschreibung

575 Die Vergabe eines ausschreibungspflichtigen Auftrags ohne Bekanntmachung kann nicht zu einem Schaden eines Interessenten führen. Die bloße Möglichkeit, an einer Ausschreibung teilzunehmen, stellt nämlich keinen selbständigen Vermögenswert dar; die bloße Chance der Wettbewerbsteilnahme ist nicht kommerzialisierbar. Der Interessent kommt nicht in die Stellung eines „Beteiligten".[292]

2. Ausschreibung ohne Vergabeabsicht

576 Nach § 16 VOB/A soll der Auftraggeber erst ausschreiben, wenn die Voraussetzungen für die Vergabe vorliegen, also die Verdingungsunterlagen fertig formuliert sind und innerhalb der angegebenen Fristen mit der Ausführung begonnen werden kann. Hier können gegebenenfalls alle Bieter, die sich beteiligt haben, Ansprüche erheben.

3. Wahl des falschen Vergabeverfahrens

577 Die Art des ausgewählten Vergabeverfahrens betrifft nicht die konkreten Erfolgsaussichten eines Bewerbers oder Bieters, so dass er aus der Wahl des falschen Vergabeverfahrens keine Rechte herleiten kann. Führt der Auftraggeber im Verhandlungsverfahren keine Bekanntmachung durch, entspricht die Situation der unterlassenen Ausschreibung.

4. Mängel der Leistungsbeschreibung

578 Aus der Perspektive eines Schadenersatzanspruches wird immer wieder diskutiert, ob ein Auftragnehmer nach geschlossenem Bauvertrag Schadenersatzansprüche gegen den Auftraggeber hat, wenn dieser in den Verdingungsunterlagen die Leistung nicht vollständig, missverständlich oder lückenhaft beschrieben hat, dem Auftragnehmer aber kein Anspruch auf Mehrvergütung für etwaige Zusatzleistungen zusteht.

579 Für den Ausfall von Vergütungsansprüchen kann es formale Gründe geben, wie die Nichtanmeldung eines Anspruchs im Sinne von § 2 Nr. 5 VOB/B oder ungenügende Nachweise bei Stundenlohnarbeiten, § 2 Nr. 10 i.V.m. § 15 VOB/B. Fehlen diese Anspruchsvoraussetzungen, kommt ein Schadenersatzanspruch des Auftragnehmers ohnehin nicht in Betracht.

580 Wenn ein Bieter sich auf dürftige oder fehlende Angaben zu wichtigen Leistungsumständen, beispielsweise die Bodenbeschreibung, im Leistungsverzeichnis eingelassen hat, also ein Angebot abgegeben und den Auftrag angenommen hat,[293] so handelt er auf eigenes Risiko und hat nur die vertraglichen Möglichkeiten einer Anpassung der Vergütung.

---

291 BGH ZVgR 1998, 578; WM 1998, 2388; JZ 1999, 253.
292 Beck'scher VOB-Kommentar-*Motzke*, Teil A Syst V Rn 75.
293 BauR 1988, 338.

§ 4 H. Implizite Nachprüfung von Vergabeverfahren in anderen Rechtsbereichen

Die Rechtsprechung hält eine Korrektur allerdings dann für möglich, wenn der Bieter die Lücke nicht erkennen konnte oder musste.[294] Diese Haftung wird im vorvertraglichen Vertrauensverhältnis begründet, das Pflichten des Ausschreibenden nach § 9 VOB/A beinhalte, nämlich insbesondere die Leistung möglichst eindeutig und erschöpfend zu beschreiben. Wenn diese Pflicht verletzt sei, ein Vergütungsanspruch aber nicht bestehe, greife die Rechtsfigur der Haftung für enttäuschtes Vertrauen ein, aus der der spätere Auftragnehmer einen Schadenersatzanspruch habe. Die Rechtsfigur verkennt allerdings die Struktur des VOB/B-Vertrags: Er hat kooperativen Charakter[295] und gibt deshalb beiden Seiten gegenüber dem gesetzlichen Werkvertragsrecht zusätzliche Rechte, verlangt von ihnen aber auch an anderen Punkten Opfer.[296] Findet sich demnach in den Vorschriften der VOB/B und des BGB kein Vergütungsanspruch für zusätzliche Aufwendungen des Auftragnehmers, so muss er dies im Sinne eines solchen „Opfers" hinnehmen.[297] Wenn etwa der Bieter und spätere Auftragnehmer gehofft hat, weitgehend Großflächenschalungen verwenden zu können, und dies angesichts der – vertragsgemäß – nach Auftragserteilung vorgelegten Bewehrungspläne sich als unmöglich erweist, hat er gleichfalls keinen Schadenersatzanspruch.[298] Es gibt aber kein Vertrauen in eine perfekte Leistungsbeschreibung; wo aber kein enttäuschtes Vertrauen vorliegt, scheidet auch ein Schadenersatzanspruch als letzte Vergütungsmöglichkeit aus.[299]

581

5. Fehler bei der Auswahl unter den Bewerbern im Nichtoffenen Verfahren

Scheidet der Auftraggeber eine Bewerbung im Nichtoffenen Verfahren ungerechtfertigt aus, so liegt der Schaden des Bewerbers in den nutzlos aufgewendeten Kosten der Vorbereitung und Versendung seiner Bewerbung.

582

6. Verfahrens- und Wertungsfehler

Der übergangene Bieter hat einen Schadensersatzanspruch in Höhe des entgangenen Gewinns, wenn der Auftrag an einen Wettbewerber vergeben wurde, jedoch bei rechtmäßiger Handhabung des Verfahrens allein dem übergangenen Bieter der Auftrag hätte erteilt werden können und dürfen.[300] Das kann sich aus zwei Richtungen ergeben: wenn das Angebot des betroffenen Bieters unzulässigerweise ausgeschieden oder falsch gewertet worden ist, haftet der Auftraggeber; aber auch in der ungerechtfertigen Auswahl und Beauftragung eines Konkurrenzangebots, das die Bedingungen nicht oder schlechter erfüllt, kann der Vergabeverstoß liegen.

583

7. Aufhebung der Ausschreibung ohne Rechtfertigung

Bei Vorliegen eines der Gründe, die § 26 Nr. 1 VOB/A aufzählt, löst die Aufhebung einer Ausschreibung keine Ersatzansprüche der Bieter aus; sie wird als rechtmäßig angesehen.[301] Zeigt sich nach Abgabe der Angebote, dass das vom öffentlichen Auftraggeber vorgesehene Budget nicht ausreicht, so stellt dies nicht immer einen zulässigen „schwerwiegenden" Grund zur Aufhebung der Ausschreibung nach § 26 Nr. 1 c VOB/A dar; wenn die fehlende Finanzierung daraus resultiert, dass der Auftraggeber mit schuldhaft falsch ermittelten Kosten das Vergabeverfahren begonnen hat. Auch

584

---

294 So BGH NJW 1966, 498.
295 BGH, BauR 2000, 409; DB 2000, 471; NJW 2000, 807; ZfBR 2000, 170.
296 BGH a.a.O.
297 A. A. *Wettke*, Die Haftung des Auftraggebers bei lückenhafter Leistungsbeschreibung, BauR 1989, 292.
298 BauR 1987, 683.
299 OLG Bamberg OLG-Report 2000, 270.
300 BGH BauR 2000, 254; DB 2000, 370; NJW 2000, 661; NZBau 2000, 35; ZfBR 2000, 113; WuW 2000, 215.
301 BGH ZVgR 1998, 565.

wenn die Finanzierung durch Umschichtungen im Haushalt des öffentlichen Auftraggebers nachträglich und unvorhergesehen wegfällt, so liegt das in seinem Verantwortungsbereich; die Aufhebung ist rechtlich zwar zulässig, aber nicht durch § 26 Nr. 1 c VOB/A gedeckt.[302]

585 Wenn ein Auftraggeber das Vergabeverfahren ohne einen rechtfertigenden Grund im Sinne von § 26 Nr. 1 VOB/A aufgehoben hat, fordert der aussichtsreichste Bieter des Vergabeverfahrens Ersatz seines positiven Interesses. Nach § 249 BGB ist er so zu stellen, wie wenn das schädigende Ereignis nicht eingetreten wäre, die Ausschreibung also nicht aufgehoben worden wäre und er den Auftrag erhalten und das Vorhaben hätte errichten dürfen. Der durch die unbegründete Aufhebung um den Auftrag gebrachte Bieter hat dann einen auf das positive Interesse gerichteten Schadensersatzanspruch.[303]

586 Wird das Vorhaben aber nicht gebaut, beispielsweise wegen eines nicht vorhersehbaren Wegfalls der Finanzmittel, so bedeutet die „Naturalrestitution" des § 249 BGB, dass das schädigende Ereignis nicht mehr in der Aufhebung außerhalb § 26 VOB/A liegt, sondern in der Durchführung der Ausschreibung überhaupt. Der Bieter ist auf das negative Interesse im Sinn von § 121 BGB beschränkt.[304]

587 Fordert ein übergangener Bieter Schadenersatz, so ist auch die Kausalität zwischen der etwa fehlerhaften Ausschreibung und dem Auftragsverlust zu prüfen.[305]

8. Rechtmäßiges Alternativverhalten

588 Weiterhin kann der Auftraggeber gegenüber dem Schadenersatzbegehren des übergangenen Bieters gegebenenfalls einwenden, dass dieser den Auftrag auch dann nicht erhalten hätte, wenn sich der Auftraggeber rechtmäßig verhalten hätte,[306] beispielsweise im Fall einer begründeten Aufhebung. In diesem Falle würde es an der Zurechenbarkeit des Schadens fehlen.

9. Mitverschulden

589 Nach § 254 BGB muss sich der Anspruchsteller ein etwaiges Mitverschulden entgegenhalten lassen. Im Rahmen der Anwendung des § 126 GWB, also bei Auftragsvergaben über den Schwellenwerten, ist zu prüfen, ob er den Schaden durch eine rechtzeitige Rüge im Sinn von § 107 Abs. 3 GWB hätte abwenden können.

10. Verjährung

590 Ansprüche von Bewerbern oder Bietern, die sich auf das negative Interesse richten, verjähren nach der allgemeinen Regel des § 195 BGB in 30 Jahren. Wird ausnahmsweise das positive Interesse gefordert, das den Bieter so stellen soll, als ob der Vertrag erfüllt worden wäre, so ist die Verjährung des Erfüllungsanspruchs maßgeblich. Dieser entspricht dem Vergütungsanspruch,[307] der nach § 196 Abs. 1 Nr. 1 BGB in zwei bzw. nach § 196 Abs. 2 BGB in vier Jahren verjährt.

---

302 BGH WM 1998, 2388; ZVgR 1998, 578; JZ 1999, 253; IBR 1998, 461.
303 OLG Düsseldorf BauR 1999, 741.
304 BGH ZVgR 1998, 578.
305 BGH BB 1997, 1608; NJW-RR 1997, 1106; ZVgR 1997, 301.
306 BGH BauR 1997, 636; BauR 1993, 214; NJW 1993, 520.
307 BGH NJW 1968, 547.

II. Haftung des Beraters oder Betreuers

591 Für die Folgen eines Verstoßes gegen Vergabebestimmungen haftet, wie oben unter 7.1 dargestellt, der Ausschreibende bzw. Auftraggeber dem übergangenen bzw. benachteiligten Bieter. Dies gilt unabhängig davon, ob die Vergabestelle selbst gehandelt hat oder ob sie das Vergabeverfahren in die Hände von Beratern, insbesondere Architekten oder Ingenieuren gegeben hat. Diese Dritten sind im Verhältnis zu geschädigten Bietern oder Bewerbern Erfüllungsgehilfen der Vergabestelle. Sie muss nach § 278 BGB für deren Verschulden einstehen. Dies gilt einerseits für unmittelbare Verstöße gegen Vergabebestimmungen, andererseits aber auch bei Fehler im Vorfeld des Vergabeverfahrens, nämlich bei der Vorbereitung eines Projekts und insbesondere der Kostenermittlung und der Formulierung der Leistungsverzeichnisse.[308]

592 In der Regel ermittelt der Auftraggeber vor Einleitung eines Vergabeverfahrens die zu erwartenden Kosten. Eine fehlerhafte Kostenermittlung kann den Auftraggeber nach Vorlage der Angebote zwingen, das Vorhaben und das zu diesem führende Vergabeverfahren ganz aufzugeben. Er haftet dann den Bietern auf Schadenersatz; stammt die Kostenermittlung von seinem Architekten oder Ingenieur, kann sich der Auftraggeber gegenüber den Bietern nicht entlasten.[309] Eine falsche Betreuung durch den Architekten oder Ingenieur während des Vergabeverfahrens kann auch dazu führen, dass zwar aus der Vergabe kein unmittelbarer wirtschaftlicher Schaden entsteht, die für das Vorhaben gewährte Zuwendung aber zurückgefordert wird. Auch in diesem Fall haftet der betreuende Architekt bzw. Ingenieur.[310]

III. Wettbewerbliche Unterlassungsansprüche bei vergaberechtlichen Implikationen

593 Nach § 104 Abs. 2 S. 1 GWB können Rechte aus § 97 Abs. 7 GWB sowie sonstige Ansprüche gegen öffentliche Auftraggeber, die auf die Vornahme oder das Unterlassen einer Handlung in einem Vergabeverfahren gerichtet sind, außer vor den Vergabeprüfstellen nur vor den Vergabekammern und dem Beschwerdegericht geltend gemacht werden. Damit sind wettbewerbsrechtliche Unterlassungsansprüche im Sinn von § 33 GWB[311] – weder als Klagen noch als Anträge auf einstweilige Verfügung – vor den Zivilgericht nicht mehr zulässig, ebensowenig „vorbeugende Unterlassungsklagen" in analoger Anwendung der §§ 1004, 823 ff. BGB.[312] Anders mag dies noch bei Ansprüchen aus Vergabeverfahren unterhalb der Schwellenwerte, für die also nach § 100 Abs. 1 GWB das Nachprüfungsverfahren der §§ 102 ff. GWB nicht eingreift, sein.[313]

IV. Einhaltung der VOB/A als Kriterium der Kürzung oder Rückforderung von Zuwendungen

594 Wenn ein Begünstigter bei der Verwirklichung einer geförderten Maßnahme gegen die VOB/A verstößt, wird die Zuwendung ganz oder teilweise widerrufen.[314] Für die Rückforderung von Zuwendungen ist der Verwaltungsrechtsweg gegeben.[315]

---

308 Näher: *Schmidt*, Welche Folgen haben Ausschreibungsfehler des Architekten oder Ingenieurs? BauR 2000, 1266 ff.
309 BGH DB 1998, 2259; WM 1998, 2379.
310 LG München II, Urt. v. 15.10.1996 Az. 3 O 3050/96; LG Traunstein BauR 1997, 828.
311 Wie z.B. OLG Düsseldorf NJW 1981, 585; LG Berlin BauR 1985, 600; WuW/E 1985, 243 m. Anm. *Erkelenz*.
312 OLG Schleswig BauR 2000, 1046; ZVgR 1999, 249.
313 Einzelfall: LG Hannover WiB 1997, 944; ZVgR 1997, 131; EuZW 1997, 638.
314 BayVGH NJW 1997, 2255; VG Regensburg VRReport 4/1999, 2.
315 BGHZ 57, 130 – Spielfilmprämie.

595 Eine wichtige Einwendung eines Betroffenen ist die Frage der Einhaltung der Jahresfrist zur Rücknahme eines Zuwendungsbescheides nach § 48 Abs. 4 VerwVerfG. Sie wird nicht in Lauf gesetzt, wenn die Behörde im Rahmen des ihr zustehenden Aufklärungsermessens selbst oder durch einen Dritten (hier ein Ministerium) prüfen lässt, ob durch eine Nachbewilligung von Fördermitteln bzw. eine Ausnahmegenehmigung die Voraussetzungen für die Rücknahme eines Zuwendungsbescheides entfallen könnte.[316]

596 7.5. Überprüfung der Berechnung öffentlicher Abgaben auf Einhaltung der VOB/A bei der Vergabe der zu finanzierenden Bauleistungen

597 Werden Gebührenbescheide der verwaltungsgerichtlichen Nachprüfung unterzogen, so kann es auf die Korrektheit der Vergabeverfahren ankommen, mit denen die vereinnahmten Beträge verausgabt wurden. Ein Vergabeverstoß führt aber nicht zwingend zur Rechtswidrigkeit der Gebührenbemessung, solange die Höhe den Leitsätzen für die Preisermittlung auf Grund von Selbstkosten[317] entspricht.[318] Nur wenn ein Vergabeverstoß konkret und kausal zu erhöhten Kosten geführt hat, ist der diese Kosten verteilende Bescheid rechtswidrig.

I. Schadenersatzansprüche des Auftraggebers

598 Das Vertrauensverhältnis, das durch eine öffentliche Ausschreibung zwischen dem Auftraggeber einerseits und Bietern und Bewerbern andererseits entsteht, löst nicht nur für ersteren Pflichten aus, sondern auch für die sich beteiligenden Unternehmen.

I. Anfechtung des Angebots durch den Bieter und verweigerte Auftragsdurchführung

599 Der Auftraggeber kommt in eine schwierige Situation, wenn der Bieter des wirtschaftlichsten Angebots dieses anficht. Wie er diesen Vorgang bezeichnet, bleibt gleichgültig, ob als „Widerruf" oder als „Zurückziehen". Wie oben Ziffer 4.5.4 ausgeführt, ist eine Anfechtung nur ganz selten wegen Erklärungsirrtum möglich. Wegen eines Kalkulationsirrtums oder anderen Irrtümern im Motiv der Angebotsformulierung kann der Bieter aber nicht anfechten.

600 Entlässt der Auftraggeber dennoch den Bieter aus dem Angebot, um keine störungsanfällige Vertragsabwicklung zu riskieren, so bestimmen sich seine Ansprüche nach § 121 BGB. Der Bieter muss dem Auftraggeber den Schaden ersetzen, den dieser dadurch erleidet, dass er auf die Gültigkeit der Erklärung vertraute, also auf die Wirksamkeit des abgegebenen Angebots. Hätte der Auftraggeber nicht fälschlich an die Wirksamkeit geglaubt, hätte er dieses Angebot ausgeschieden und wäre sofort zum nächsten übergegangen. Der kann sich somit nur im unnötigen Prüfungsaufwand für das angefochtene Angebot bestehen. In engen Ausnahmefällen, wenn also beispielsweise die Bindungsfrist der weiteren Angebote wegen langer Verhandlungen mit dem später Anfechtenden abgelaufen ist, können möglicherweise auch die Kosten einer Neuausschreibung oder einer teureren Beauftragung ersatzfähig sein.

601 Hält der Auftraggeber an dem angefochtenen Angebot im Wissen fest, dass die Anfechtung nicht begründet ist, so wird er auf dieses, wenn es das günstigste ist, den Zuschlag erteilen. Weigert sich der nunmehrige Auftragnehmer, den Vertrag durchzuführen, so wird der Auftraggeber nach § 8 Nr. 3 VOB/B den Vertrag kündigen und kann dann die dort in § 8 Nr. 3 Abs. 2 VOB/B festgelegten Schadenersatzansprüche geltend machen. Sie können sich aus einer Verteuerung ergeben, die aus

---

316 OVG Magdeburg NVwZ 1999, 1120.
317 Anlage zur Verordnung PR 30/53 vom 21.11.1953 BAnz Nr. 244 v. 18.12.1953.
318 OVG Lüneburg, Urt. v. 24.6.1998, Az.: 9 L 2504/96.

einem Vergleich der tatsächlichen Abrechnung mit einer fiktiven Abrechnung zu den Preisen des angefochtenen Angebots zu ermitteln ist. Weiter sind die eventuell zu bezahlenden Mehrkosten aufgrund Bauzeitverzögerung oder für Beschleunigungsmaßnahmen an den Ersatzunternehmer, aber auch Kosten wegen Behinderung der Folgegewerke als Schaden anzusehen.

II. Missbrauch des Nachprüfungsverfahrens, ungerechtfertigte Maßnahmen nach § 115 Abs. 3 GWB

Nach § 125 Abs. 1 u. 2 GWB hat der Auftraggeber einen Schadenersatzanspruch gegen den Antragsteller oder Beschwerdeführer eines Nachprüfungsverfahrens, wenn das Antrags- oder Beschwerderecht missbraucht wurde. 602

Für diese offene Formulierung hat § 125 Abs. 2 drei Fallgruppen dargestellt, die weitgehend im subjektiven Bereich des Angreifers liegen: Das ist zunächst der vorsätzliche oder grob fahrlässig falsche Vortrag. Das wird noch leichter nachzuweisen sein, als der Tatbestand der nächsten Fallgruppe, nämlich das Ziel des Antragstellers, das Vergabeverfahren zu behindern oder Konkurrenten zu schädigen. Diese völlig subjektive Motivation wird nur selten nachzuweisen sein. Dasselbe gilt für die 3. Fallgruppe, nämlich die Absicht des Antragstellers, sich den Antrag vom Auftraggeber oder Konkurrenten „abkaufen" zu lassen. 603

Der von subjektiven Momenten unabhängige Tatbestand des § 25 Abs. 3 GWB als Grundlage für einen Schadenersatzanspruch entspricht dem Schadenersatzanspruch des betroffenen Antragsgegners im Verfahren über eine einstweilige Verfügung gemäß § 945 ZPO.[319] 604

Hier kommen Fälle in Betracht, in denen die Vergabekammer die Notwendigkeit von Verfahrenskorrekturen außerhalb der Endentscheidung rechtlich verkennt und zu Lasten des Auftraggebers Eingriffe vornimmt, die diesem zum Schaden gereichen. Auch hier kommen Verzögerungen der Vergabe mit den entsprechenden Schadensfolgen in Betracht, ebenso aber auch Mehraufwand aufgrund der Neuformulierung von Vertragsbedingungen und anderes. Verschulden des Antragstellers ist keine Anspruchsvoraussetzung. 605

III. Ansprüche des Auftraggebers bei Preisabsprachen

Preisabsprachen werden getroffen, um für ein Bauvorhaben einen höheren Preis als den sonst erzielbaren Marktpreis durchsetzen zu können und um für die am Kartell beteiligten Unternehmen eine langfristig Perspektive der Beschäftigung zu schaffen. Werden die Angebotspreise der an einer Ausschreibung beteiligten Wettbewerber abgesprochen, so kennt der Bieter die Preise seiner Konkurrenten. Damit entfällt der normalerweise bei Unkenntnis der Konkurrenzangebote bestehende Druck, scharf zu kalkulieren und bereits deshalb besonders niedrige Preise anzubieten, um die Konkurrenten zu unterbieten. Der mit Preisabsprachen verbundene Wegfall der Geheimhaltung führt daher im Regelfall ohne weiteres zu erhöhten Preisen.[320] 606

Nach Ansicht der Experten besteht in der Bundesrepublik ein „vermutlich gewaltiges Dunkelfeld von Untreue und Betrug am Bau".[321] Das betrifft viele Bereiche wie Kanalbau, Rohrleitungsbau, Betonsanierung, U-Bahn-Bau oder Straßenbau. In Zyklen werden lokale regionale oder überregionale Absprachesysteme aufgedeckt. Die Auftraggeber bezahlen angesichts der Ausschaltung des Marktmechanismus höhere als die bei freier Konkurrenz erzielbaren Preise; ihnen stehen deshalb aus Verschulden beim Vertragsabschluss (culpa in contrahendo) bzw. positiver Vertragsverletzung, aber auch §§ 33 GWB, 823 ff. BGB Schadenersatzansprüche zu. 607

---

319 BT-Drucks 13/9340, S. 22 zu § 134.
320 OLG München NJW 1995, 733.
321 *Broß/Thode*, Untreue und Betrug am Bau – und deren Bewältigung durch Teile der Justiz, NStZ 1993, 369.

1. Methodik, typische Abläufe

608 Allen Fällen ist gemeinsam, dass die einzelnen Interessenten für eine Baumaßnahme vor der Submission durch Vermittlung einer zentralen Stelle gegenseitig miteinander bekannt wurden. Die Bieter vereinbaren gemeinsam das Preisniveau der einzelnen Preisangebote, billigen einem Interessenten das Recht zur Abgabe des billigsten abgesprochenen Preises zu und legen die Reihenfolge der anderen, schützenden Mitbewerber fest.[322] Das geschieht häufig im sogenannten „Mittelpreisverfahren": die am Absprachekartell beteiligten Firmen kalkulieren ihre jeweiligen Angebote zunächst unabhängig voneinander nach Marktbedingungen und bringen diese Preise in die Kartellsitzung ein. Aus diesen „normal" kalkulierten Preisen wird das arithmetische Mittel gebildet. Mit diesem Betrag wird die für den Auftrag vorgesehene, die „herausgestellte" Firma in der späteren Echt-Submission als scheinbar billigste anbieten. Die übrigen Mitbieter liegen in der Vorsubmission mit ihrem Preis entweder schon über diesem Betrag und geben deshalb wie kalkuliert ab oder bekommen, wenn ihr Angebot darunter lag, Zahlen genannt, mit denen sie über dem Mittelpreis anzubieten haben. Diese Firmen „bieten Schutz". Häufig werden die Preise im selben Abstand zur Mittellinie höher fixiert, um den sie vorher unter ihr lagen („Spiegelung"). In Fällen besonders schlechter oder überhitzter Konjunktur auf dem Baumarkt wird das Preisraster insgesamt nach dieser Preisfindung manchmal noch gesenkt oder angehoben.

609 Auch in der Art und Weise der Registrierung der Schutzansprüche bzw. der „Guthaben", also der Ansprüche der Beteiligten auf einen Auftrag und Schutzgewährung durch die übrigen, unterscheiden sich die Verfahren und Systeme, wie z.B. das „Punkt-System", das „Gutschein-System" und das „Kontokorrent-System".[323]

610 Den Preisbildungs- und Verteilungstechniken liegt der Gedanke zugrunde, dass die abgesprochenen Aufträge über einen längeren Zeitraum „gerecht" und transparent unter den Kartellmitgliedern verteilt werden, um ein Höchstmaß an Solidarität zu schaffen.

611 Neben der Überteuerung gehört es zur Technik und zum Ablauf der Submissionsabsprachen, dem Auftraggeber-Nachfrager einen funktionierenden Wettbewerb vorzutäuschen und den Irrtum zu erwecken oder zu bestätigen, der durch die Ausschreibung ermittelte Preis sei marktgerecht kalkuliert und aus der freien Konkurrenz der Anbieter heraus entstanden.[324]

612 Der billigste Angebotspreis, der bei einer Submissionsabsprache von einem der Kartellmitglieder angeboten wird und auf den der Zuschlag erteilt wird, entspricht deshalb nicht dem Wert der angebotenen Leistung. Dabei kann ein „Marktpreis", also der in freier Konkurrenz von Angeboten entstehende Preis, nicht als Maßstab herangezogen werden, da die Ausschaltung der Konkurrenz ja eben die Bildung eines solchen Marktpreises verhindert.

613 Der Beurteilungsmaßstab ist demnach nur ein hypothetischer Marktpreis, also der „gedachte" Preis, der bei funktionierendem Wettbewerb entstanden wäre. Dieser Maßstab ist naturgemäß schwer auszufüllen, solange nicht zufällig Kalkulationsunterlagen oder Vorsubmissions-Angebote aufgefunden werden, die noch „frei" kalkuliert worden sind. Allerdings liefern oft die Aussagen von Teilnehmern an den Absprachen Anhaltspunkte zur Rekonstruktion der Preisbildung.[325]

---

322 *Crome*, Ursachen der Kartellbildung in der Bauwirtschaft und Möglichkeiten zu ihrer Beseitigung, BB 1959, 832.
323 *Crome*, a.a.O.
324 *Schmid*, Schadenersatzansprüche des Bauherrn bei Submissionsabsprachen, ZIP 1983, 652 ff.
325 OLG Frankfurt NJW 1990, 1057; BGH NJW 1992, 921.

2. Vertraglich vereinbarte Schadenspauschale

Viele öffentliche Auftraggeber versuchen, sich mit der Vereinbarung von Schadenspauschalen in ihren zusätzlichen Vertragsbedingungen zur VOB/B vor Submissionsabsprachen zu schützen. Solche Pauschalen sollen auch abschreckende Wirkung haben.

Die Rechtsprechung kritisierte häufig verschieden Formulierungen der von öffentlichen Auftraggebern für Fälle von Wettbewerbsabsprachen verwendeten pauschalierten Schadensersatzklauseln wegen Verstößen gegen das AGBG. Vor allem wurde gerügt, dass den betroffenen Unternehmen nicht der Nachweis eines niederen Schadens des Auftraggebers erlaubt war. Dies ist nach der nachfolgenden, vom BGH schließlich die für zulässig gehaltenen Klausel möglich:[326]

„Wenn der Auftragnehmer oder die von ihm beauftragten oder für ihn tätigen Personen aus Anlass der Vergabe nachweislich eine Abrede getroffen haben, die eine unzulässige Wettbewerbsbeschränkung darstellt, hat er als Schadensersatz 3 % der Auftragssumme an den Auftraggeber zu zahlen, es sei denn, dass ein höherer Schaden nachgewiesen wird."

Für eine zulässige Höhe der Pauschale von 3 bis 5 % spricht das Ergebnis der statistischen Untersuchungen des Bundeskartellamts, wonach bei Submissionsabsprachen im Baubereich von einem durchschnittlichen Mehrerlös von etwa 13 % auszugehen ist.[327]

Die dennoch bestehende Schwierigkeit, den Schaden im konkreten Einzelfall nachzuweisen, begründet aber keinen beachtlichen Einwand gegen die Schadenspauschalierung, weil sie eine typische Besonderheit der wettbewerbswidrigen Preisabsprachen ist.[328]

Der Begriff „Auftragssumme" der Pauschalierungsklausel bezieht sich nicht lediglich auf die Angebotssumme der Submission, sondern auf diejenige Summe, die aufgrund sämtlicher in Auftrag gegebener Leistungen zu entrichten ist; sämtliche Nachträge sind einzubeziehen, da ihre Preise sich aus den verfälschten des ursprünglichen Angebots ableiten, § 2 Nr. 3, 5 ff. VOB/B. Nach diesen Bestimmungen werden die neuen Preise für Mengenmehrungen, Zusatz- oder geänderte Leistungen auf der Grundlage der Preiselemente des Vertrags gebildet.

3. Nachweis einer Preisabsprache

Submissionskartelle würden nicht gebildet, wenn sie ihren Kartellmitgliedern keine höheren als die sonst erzielbaren Marktpreise brächten; Unternehmen kalkulieren unter dem Druck des Wettbewerbs schärfer. Sie bieten Leistungen zu niedrigeren Preisen an als dann, wenn sie mit keinem Konkurrenzangebot zu rechnen haben. Ziel einer Kartellvereinbarung ist es, durch die Absprache einen den Marktpreis übersteigenden Preis zu erlangen.

Gerade wenn Zahlungen an andere Kartellmitglieder und sogenannte Außenseiter vorgesehen und geleistet werden („Schutzgelder"), ist das ein sicheres Indiz dafür, dass Kartellmitglieder das Ziel höherer Preise weiter verfolgen und auch erreichen. Schwierigkeiten des Auftraggebers, die Schadenshöhe nachzuweisen, sind kein Einwand gegen die Einstufung eines Kartells als betrügerisch.[329] Es genügt, auf Erkenntnisse der jeweiligen Kartellbehörde Bezug zu nehmen.[330]

Submissionskartelle werden selbstverständlich geheim gehalten. Informationen über Absprachen wird der Auftraggeber daher auch grundsätzlich auch nicht von Mitbewerbern bekommen, die den

---

[326] NJW 1996, 1209.
[327] BT-Drucks 10/3550, S. 95.
[328] NJW 1996, 1209 ff.
[329] BGH NJW 1995, 737.
[330] Vgl. BGH WM 1985, 736.

Auftrag nicht erhalten haben. Auf vorhandene Beweismaterialien, insbesondere Urkunden, wie Protokolle von Absprachesitzungen, sog. Null-Listen und Aufzeichnungen über Kartellkonten können in der Regel nur Ermittlungsbehörden zugreifen. Eine Bezugnahme des Auftraggeber auf solche Unterlagen löst für den Auftragnehmer die Pflicht aus, eine substantiierte, konkrete und detaillierte Gegendarstellung abzugeben, wenn er den Vorwurf der Submissionsabsprache bestreiten will.[331]

623 Die Beweisnot des zunächst darlegungs- und beweisbelasteten Auftraggebers ist dadurch verursacht, dass er außerhalb des maßgeblichen Geschehensablaufs steht. Daher muss sich die Gegenpartei in zumutbarer Weise an der Aufklärung des Sachverhalts beteiligen und darf sich nicht auf das bloße Bestreiten zurückziehen.[332] Auch die Behauptung, es seien nicht auskömmliche Preise vereinbart worden, reicht nicht aus.[333]

624 Damit ist bei festgestellten Absprachen von einem Anscheinsbeweis dafür auszugehen, dass der Preis bei unbeschränktem Wettbewerb noch unter dem niedrigsten Preis der Vollkalkulationen gelegen hätte. Aus der bloßen Tatsache, dass die Unternehmen eine Preisabsprache für nötig gehalten haben, ergibt sich, dass sie diesen Preis bei freiem Wettbewerb selbst nicht für durchsetzbar hielten.[334]

625 Nach der Auffassung des BGH entspricht es dem typischen Verlauf, dass gezahltes Schmiergeld oder Schutzgeld auf den von Auftragnehmern kalkulierten Angebotspreis zum Nachteil des Auftraggebers aufgeschlagen werden und dass daher dieser Betrag als Mindestschaden der Auftraggeberin anzusehen ist.[335] Nach der Lebenserfahrung ist es typisch, dass dem Auftraggeber, wenn ein redlicher Vertreter für ihn gehandelt hätte, wertmäßig mindestens der dem unredlichen Vertreter heimlich gewährte Vorteil als Gegenleistung angeboten worden wäre.[336] Im Rahmen der Schadensschätzung gemäß § 287 ZPO ist von einem Mindestschaden in Höhe der Schmiergeld-, Schutzgeld- oder sonstigen Abstandszahlungen auszugehen.[337] Bei kartellinternen Vorsubmissionen ist zu vermuten, dass der Bauherr sein Bauvorhaben zu dem dabei ermittelten günstigsten Preis hätte durchführen können.[338]

626 Aufgrund Einsichtnahme in die Strafakten (vgl. Nr. 185 Abs. 4 RiStBV) oder die Akten der Kartellbehörde, kann der Bauherr die für eine Schadensschätzung nach § 287 ZPO erforderlichen Anhaltspunkte vortragen. Dabei kommt es nicht auf den – hypothetischen und ohnehin kaum zu führenden – Nachweis an, ob der Vertragsgegner sich mit einem Vertragsschluss zu einer niedrigeren Vergütung auch einverstanden erklärt hätte. Für den Schadenersatzanspruch kommt es vielmehr darauf an, wie sich der Besteller bei Kenntnis der ihm verheimlichten Umstände verhalten hätte. Der Bauherr würde jedenfalls bei Kenntnis des Umstands, dass bezahltes Schmiergeld bzw. Schutzgeld im Angebotspreis einkalkuliert war, den Vertrag so nicht abschließen. Verbleibende Unklarheiten gehen zu Lasten des aufklärungspflichtigen Unternehmers.[339]

---

331 OLG Düsseldorf, Urt. v. 6.5.1993, Az.: 5 U 160/92.
332 LG Berlin BauR 1996, 245.
333 *Thomas/Putzo*, ZPO, 21. Aufl., vor § 284 Rn 37.
334 OLG Bremen WuW/E OLG 4425.
335 LG München I, Urt. v. 9.10.1991, Az.: 11 O 15669/91, IBR 1996.
336 BGH NJW 1962, 1099.
337 BGH NJW 1983, 998.
338 *Volhard*, Schadensbezifferung und Schadensbeweis bei Submissionskartellen, Festschrift für Oppenhoff, München, 1985, 509 ff.
339 BGH NJW 1991, 1819.

4. Berechnungsmaßstab

Der Schaden ist insoweit ersatzfähig, als die Werkleistung zu teuer bezahlt worden ist. 627

Der dem Auftraggeber entstandene und auf die unzulässige Submissionsabsprache zurückzuführende Schaden ist nach § 249 BGB zu ermitteln. Das erfolgt nach der Differenzhypothese: der (gedachte) Zustand, wie er ohne die Submissionsabsprache bestünde, wird mit dem tatsächlichen, d.h. dem durch die Absprachen erstrebten und durch die Erteilung des Auftrags an den „herausgestellten" Bieter erreichten Zustand, verglichen. 628

Die Vorschriften für die Ermittlung des Mehrerlöses nach § 34 GWB sind heranzuziehen,[340] insbesondere wenn es darum geht, die Höhe eines Schadens nach § 287 ZPO zu schätzen.[341] Der Auftraggeber hat einen Vermögensschaden erlitten, wenn er ohne die Absprache für die gleiche Leistung einen niedrigeren Preis hätte zahlen müssen. Zum Nachweis des Schadens ist die Aufklärung und Beweiswürdigung des Sachverhalts erforderlich, wobei die vom Tatrichter auf der Grundlage von Indizien gewonnene Überzeugung ausreicht.[342] 629

Aus statistischen Untersuchungen ergeben sich Durchschnittswerte für durch Preisabsprachen von Bauunternehmen erzielte Mehrerlöse gegenüber hypothetischen Wettbewerbspreisen, in Höhe von rund 10 %.[343] Dieser Wert kann gleichbedeutend mit dem Schaden des Auftraggebers sein. Die konkrete Höhe der Schadensersatzforderung ist schließlich anhand der jeweiligen Schlussabrechnungsbeträge zu ermitteln. Unerheblich ist dabei, ob die Angebotssumme niedriger oder höher als die in den Schlussabrechnungen genannten Beträge ist. 630

Der Schaden ist mit der jeweiligen Zahlung eingetreten, also bereits mit den ersten Abschlagszahlungen, spätestens mit der Schlusszahlung. Der Verlust der entsprechenden Geldmittel wirkt sich unmittelbar auf den Haushalt des betroffenen öffentlichen Auftraggebers aus. Ob er seine Tätigkeiten mit Krediten oder aus Überschüssen finanziert, ist ohne Einfluss auf die Tatsache, dass er sofort Zinsschaden hat – entweder muss er mehr Kredit in Anspruch nehmen oder kann weniger Überschüsse zinsbringend anlegen. Auf Verzug des Unternehmens kommt es daher nicht an. 631

5. Nachweis geringeren Schadens

Preisabsprachen führen zu einem Schaden des Auftraggebers, weil sie den Wettbewerb beschränken und dem begünstigten Bieter die Möglichkeit geben, seine Preise nicht so knapp zu kalkulieren, wie dies wirtschaftlich vertretbar wäre. 632

Will der betroffene Auftragnehmer einen geringeren Schaden des Auftraggebers, als er mit einer Schadenspauschale von 3 oder 5 % vereinbart oder mit anderen Mitteln nachgewiesen ist, belegen, so muss er dafür seine Kalkulation offen legen und beweisen, dass er den tatsächlich vereinbarten (abgesprochenen) Preis auch im Falle eines ehrlichen Angebots nicht mehr hätte reduzieren können und dennoch den Auftrag erhalten hätte. Der Auftragnehmer müsste also mit dem abgesprochenen Preis an der untersten Grenze des Möglichen angeboten haben. Er muss für einen schlüssigen Gegenbeweis außerdem nachweisen, dass die Schutzgeber ebenso knapp kalkuliert hätten, dass die Absprache also keinen Schaden verursacht hätte.[344] 633

---

340 WuW/E BGH 2718.
341 *Volhard*, Schadenersatz bei Preisabsprachen in der neueren Rechtsprechung, Festschrift Gaedertz, 1993, S. 483 ff.
342 *Riedl*, in: Heiermann/Riedl/Rusam, VOB, 8. Aufl., Teil B, § 2 Rn 19.
343 Vgl. *Schmid*, ZIP 1983, 652 ff.; *Diehl*, BauR 1993, 1 ff. unter Hinweis u. a. auf die auch vom BGH in seinem Urt. v. 8.1.1992, Az. 2 StR 102/91, NJW 1992, 921 herangezogene Studie der Prognos AG: *Bühlow*, Forschungsreihe der Bauindustrie, 1977, Band 39.
344 OLG München VRReport 99/4, 1.

634 Wenn die Kalkulation des Auftragnehmers einen geringen oder gar keinen Ansatz für Wagnis und Gewinn enthält, oder wenn sich ein erheblicher Verlust ergibt, ist dieser Nachweis noch nicht geführt, da es nicht um die interne ökonomische Lage des Auftragnehmers geht, sondern um die Verhinderung der Bildung eines Marktpreises. Die Nachkalkulation stellt außerdem nur eine ex-nunc-Betrachtung dar und sagt nichts über die Bedingungen des abzugebenden Angebots aus. Dieser Nachweis muss auch für das Angebot der Firmen geführt werden, die „Schutz gegeben" haben, die also zugunsten der im Zuge der Preisabsprache „herausgestellten" Firma ein höheres als das ihnen eigentlich mögliche Angebot abgegeben haben.

635 Das Argument, die nach Preisabsprache angebotenen Preise hätten „an der untersten Grenze der üblichen und angemessenen Preise" gelegen, wird also nicht gehört. Die Einholung eines Sachverständigengutachtens zu der Frage, ob die Preise der absprechenden Firma an der untersten Grenze lagen, ist deshalb nicht geeignet, die Nichtentstehung eines Schadens zu belegen.

636 Eine nachträgliche Feststellung, welche Angebote durch weitere Firmen abgegeben worden wären, falls die wettbewerbswidrigen Absprachen nicht getroffen worden wären, ist auch einem Sachverständigen nicht möglich. Er könnte daher allenfalls eine Preisberechnung unter Zugrundelegung der wettbewerbswidrig abgegebenen Angebote prüfen und danach feststellen, ob das Angebot der Beklagten an der untersten Grenze läge. Ob das Angebot wirtschaftlich vernünftig ist oder nicht und ob es einen „objektiven Preis" beinhaltete, ist irrelevant.[345]

6. Verjährung

637 Die Ansprüche des Auftraggebers sind keine Vergütungs- oder Gewährleistungsansprüche, sondern solche aus verletztem Vertrauen beim Vertragsabschluss bzw. durch den Vollzug des abgesprochenen Angebots im Vertrag aus positiver Vertragsverletzung. Sie verjähren deshalb in der gesetzlichen Frist des § 195 BGB nach dreißig Jahren.[346]

7. Ansprüche gegen andere bei Preisabsprachen Beteiligte, gesamtschuldnerische Haftung

638 Mit den auf Firmenseite tätigen Personen, aber auch mit den schutzgebenden Firmen hat der geschädigte Auftraggeber keinen Vertrag geschlossen. Sie haften für den Schaden aus unerlaubter Handlung, § 823 BGB und gemeinsam mit anderen Beteiligten als Gesamtschuldner gemäß §§ 830, 840 BGB.

639 Nach § 852 Abs. 1 BGB beträgt die Verjährungsfrist drei Jahre, gerechnet von dem Zeitpunkt an, in dem der geschädigte Auftraggeber konkrete Kenntnis vom Sachverhalt, vom Schaden und von der Person des Schädigers erhalten hat. Verhandlungen zwischen den Parteien über den Schadenersatz hemmen die Verjährung, § 852 Abs. 2 BGB.

---

345 LG München I, Urt. v. 2.7.1992, Az.: 7 O 18308/91.
346 LG Berlin BauR 1996, 245.

§ 5 Bautechnik und Baumängel

Wolf Ackermann

Inhalt

A. Planungsgrundlagen	1
I. Fachbegriffe zum Planungs- und Genehmigungsverfahren	3
II. Fachbegriffe zur Planungsdarstellung als Bauzeichnungen	8
III. Schadensrisiken	18
IV. Schadensvermeidung	20
B. Maßordnung	21
I. Maßeinheiten	22
II. Maßbegriffe	23
III. Maßtoleranzen	24
IV. Messgeräte	25
V. Schadensrisiken	26
VI. Schadensvermeidung	27
C. Tragwerke	29
I. Fachbegriffe zu den Tragwerken	30
II. Fachbegriffe zu den Beanspruchungsarten	31
III. Fachbegriffe zur Belastung	32
IV. Übersicht zum Tragverhalten	33
V. Beanspruchungsarten und ihre Verformungen	38
D. Baustoffe	44
I. Mauersteine	46
II. Beton	47
III. Mörtel	48
IV. Kunststoffe	49
V. Sonstige Baustoffe	50
VI. Schadensrisiken	54
VII. Schadensvermeidung	55
E. Mauerwerksbau	56
I. Natursteinmauerwerk	58
II. Mauerwerk aus künstlichen Steinen	59
III. Maurerwerkzeug	60
IV. Schadensrisiken	61
V. Schadensvermeidung	62
F. Holzbau	63
I. Allgemeine Fachbegriffe	64
II. Fachwerkbauweise	65
III. Ingenieurholzbau	66
IV. Schadensrisiken	67
V. Schadensvermeidung	68
G. Stahlbau	69
I. Profilerzeugnisse	70
II. Verbindungsmittel	71
III. Schadensrisiken	72
IV. Schadensvermeidung	73
H. Stahlbetonbau	74
I. Bemessungszustände	75
II. Bewehrung	76
III. Schalung	77
IV. Schadensrisiken	78
V. Schadensvermeidung	79
I. Spannbetonbau	82
I. Fachbegriffe	83
II. Schadensrisiken	84
III. Schadensvermeidung	85
J. Gründungen	86
I. Bodenarten	87
II. Bodenverbesserungen	88
III. Flachgründungen	89
IV. Tiefgründungen	90
V. Unterfangungen	91
VI. Schutz von Sparten	92
VII. Versagensarten	93
VIII. Schadensrisiken	94
IX. Schadensvermeidung	95
K. Baugruben	96
I. Bodenklassen	97
II. Schnurgerüst	98
III. Wasserhaltung	99
IV. Stützwände	100
V. Schadensrisiken	101
VI. Schadensvermeidung	102
L. Wände	104
I. Außen- und Innenwände	105
II. Statische Funktion	106
III. Bauphysikalische Funktionachbegriffe	107
IV. Baustoffwahl	108
V. Aussteifungsbauteile	109
VI. Zweischalige Außenwände	110
VII. Außenwandbekleidungen	111
VIII. Schadensrisiken	112
IX. Schadensvermeidung	113
M. Deckenkonstruktionen	114
I. Bezeichnungen von Decken	115
1. Deckenbezeichnungen nach der Lage	116
2. Deckenbezeichnungen nach der Bauart	117
3. Deckenbezeichnungen nach den Hauptbaustoffen	118
4. Deckenbezeichnungen nach der statisch-konstruktiven Bauweise	119
5. Deckenbezeichnungen nach den statischen Systemen	120

6. Bauteile, die unmittelbar an Decken angeschlossen sind .	121
II. Schadensrisiken	122
III. Schadensvermeidung	123
N. Dachkonstruktionen	124
I. Geneigte Dächer	125
II. Dachtragwerke	126
III. Dachdeckungen	127
IV. Dachentwässerung	128
V. Flachdächer	129
VI. Umkehrdach	131
VII. Schadensrisiken	132
VIII. Schadensvermeidung	133
O. Fußbodenkonstruktionen	134
I. Fachbegriffe zum Schichtenaufbau	135
II. Estriche	136
III. Schadensrisiken	137
IV. Schadensvermeidung	138
P. Unterdeckenkonstruktionen . . .	139
I. Funktionen von abgehängten Decken	140
II. Schadensrisiken	141
III. Schadensvermeidung	142
Q. Treppen	143
I. Fachbegriffe	144
II. Planungsregeln	145
III. Schadensrisiken	146
IV. Schadensvermeidung	147
R. Abdichtungen	148
I. Definitionen gemäß DIN 18 195 .	149
II. Dränung zum Schutz baulicher Anlagen gemäß DIN 4 095 . . .	150
III. Schadensrisiken	151
IV. Schadensvermeidung	153
S. Wärmeschutz	155
I. Fachbegriffe	157
II. Schadensrisiken	158
III. Schadensvermeidung	159
T. Feuchteschutz	160
I. Fachbegriffe zum Tauwasserschutz	161
II. Fachbegriffe zum Schlagregenschutz (gemäß DIN 4108, Teil 3) . . .	162
III. Schadensrisiken	163
IV. Schadensvermeidung	164
U. Schallschutz	165
I. Schall	166
II. Fachbegriffe in der Akustik . . .	170
III. Schadensrisiken	171
IV. Schadensvermeidung	172
V. Brandschutz	173
I. Fachbegriffe	175
II. Bauliche Brandschutzmaßnahmen .	177
III. Besondere Anforderungen . . .	178
IV. Schadensrisiken	179
V. Schadensvermeidung	180
W. Befestigungstechnik	182
I. Bezeichnungen und Fachbegriffe zur Befestigungstechnik	183
II. Regelwerke	184
III. Schadensrisiken	185
IV. Schadensvermeidung	186
X. Haustechnik	187
I. Haustechnische Räume	188
II. Trinkwasserversorgung	189
III. Entwässerung	190
IV. Energieversorgung	191
V. Schadensrisiken	192
VI. Schadensvermeidung	193

A. Planungsgrundlagen

1 Die **Bauplanung** ist eine komplexe Aufgabe, die folgende Kenntnisse voraussetzt:
- Methodisches Wissen,
- das Wissen über die allgemeinen Abläufe und Strukturen,
- Informationen über Rahmenbedingungen wie Gesetze, Verordnungen, Richtlinien, Technische Regeln und Normen.

Planen bedeutet auch **Informationsumsatz**:
- Informationsgewinnung,
- Informationsverarbeitung,
- Informationsausgabe zur Durchführung.

2 Die HOAI (Honorarordnung für Architekten und Ingenieure), § 15, Abschnitt (2), beschreibt in 9 Leistungsphasen die **Grundleistungen** und **Besonderen Leistungen** zur Planung und Überwachung eines Objektes. Im Abschnitt (1) des § 15 werden die Honoraranteile in % für die verschiedenen Grundleistungen angegeben:

A. Planungsgrundlagen § 5

	Leistungsphase	Gebäude	Freianlagen	Ausbauten
1.	Grundlagenermittlung,	3 %	3 %	3 %
2.	Vorplanung,	7 %	10 %	7 %
3.	Entwurfsplanung,	11 %	15 %	14 %
4.	Genehmigungsplanung,	6 %	6 %	2 %
5.	Ausführungsplanung,	25 %	24 %	30 %
6.	Vorbereitung der Vergabe,	10 %	7 %	7 %
7.	Mitwirkung bei der Vergabe,	4 %	3 %	3 %
8.	Objektüberwachung,	31 %	29 %	31 %
9.	Objektbetreuung u. Dokument.	3 %	3 %	3 %

Aus den %-Anteilen der einzelnen Leistungsphasen lässt sich deutlich der erforderliche Arbeitsaufwand ablesen. Der Honoraranteil der Leistungsphasen 5 bis 8 für Gebäude beträgt 70 % des Gesamthonorars.

I. Fachbegriffe zum Planungs- und Genehmigungsverfahren

Im Rahmen der Planungstätigkeit und des Baugenehmigungsverfahrens gibt es folgende Begriffe und Bezeichnungen für die am Planen und Bauen beteiligten Personen und den verschiedenen Berechnungsgrundlagen:

■ **Aufenthaltsräume**

An Aufenthaltsräume wird in den verschiedenen Landesbauordnungen eine Reihe von Mindestanforderungen gestellt, um Sicherheit und Gesundheit der dort lebenden und arbeitenden Menschen zu gewährleisten. Dies betrifft u. a. Raumgröße, Raumhöhe, Belichtung, Belüftung, Lage zur Geländeoberfläche.

■ **Bauantrag**

Antrag auf Genehmigung genehmigungspflichtiger Bauvorhaben. Er wird an die Gemeinde gestellt (siehe Landesbauordnungen). Dem Bauantrag sind **Bauvorlagen** beizufügen.

■ **Bauherr**

Der Bauherr ist der Veranlasser einer Baumassnahme (siehe Landesbauordnungen). Er ist verantwortlich dafür, dass die Baumassnahme dem **öffentlichen Baurecht** entspricht. Er bestellt bzw. beauftragt **Entwurfsverfasser (Planer, Architekt), Bauleiter** und **Unternehmer**. Er kann deren Tätigkeit übernehmen, wenn er den Anforderungen genügt, die an sie nach dem **Bauordnungsrecht** gestellt werden.

■ **Bauleiter**

(Siehe Landesbauordungen). Bei umfangreichen oder technisch schwierigen Baumaßnahmen kann die Bauaufsichtsbehörde verlangen, dass der **Bauherr** einen Bauleiter bestellt, der darüber wacht, dass die Arbeiten dem **öffentlichen Baurecht** entsprechend durchgeführt werden.

■ **Baumassenzahl**

Die Baumassenzahl (**BMZ**) ist das Verhältnis des umbauten Raumes in m^3 zur Grundstücksfläche in m^2 (BauNVO § 21).

■ **Baunutzungsverordnung**

Die Baunutzungsverordnung (**BauNVO**) enthält die planungsrechtlichen Grundlagen für die Darstellung in den Flächennutzungsplänen und die Festsetzungen in den Bebauungsplänen. Die Vorschriften sind an die Gemeinden als Träger der städtebaulichen Planung gerichtet und bindend für die Planung. Die BauNVO regelt die Art und das **Maß der baulichen Nutzung**, die **Bauweise** und die Überbaubarkeit der Grundstücksfläche.

§ 5 Bautechnik und Baumängel

■ **Bauphysiker**
Bauphysiker sind Sonderfachleute für Brandschutz, Feuchteschutz, Schallschutz und Wärmeschutz. Sie werden nach Erfordernissen vom Bauherrn, evtl. auf Empfehlung des Entwurfsverfassers (Planer, Architekt), bestellt.

■ **Baurecht, öffentliches**
1. **Planungsrecht** (städtebauliches) ist nach Art. 74 des Grundgesetzes Gegenstand der konkurrierenden Gesetzgebung. Der Bund hat seine Gesetzgebungskompetenz mit dem **Baugesetzbuch (BauGB)**, der **Baunutzungsverordnung (BauNVO)** und der **Planzeichenverordnung (PlanzV)** ausgeschöpft.
2. Das **Bauordnungsrecht** fällt in die Gesetzgebungskompetenz der Bundesländer.
3. Zum öffentlichen Baurecht gehören Vorschriften aufgrund der vorgenannten Gesetze und sonstigen Vorschriften des öffentlichen Rechts, die Anforderungen an bauliche Anlagen oder Baumaßnahmen stellen oder die Brauchbarkeit von Grundstücken regeln. Man rechnet auch Gesetze über Spielplätze und Denkmalschutzgesetze dazu.

■ **Bauvoranfrage**
Für eine Baumassnahme ist auf Antrag (Bauvoranfrage, Bauvorbescheid) über einzelne Fragen zu entscheiden, über die im Baugenehmigungsverfahren zu entscheiden wäre und die selbständig beurteilt werden können (siehe Landesbauordnungen).

■ **Bauvorlagen**
Bauvorlagen sind Unterlagen, die zu einem Bauantrag gehören. Die Bauvorlageverordnungen der Bundesländer enthalten Verordnungen über Art und Umfang der Bauvorlagen und der darin enthaltenen Darstellungen. In der Regel sind einem Bauantrag folgende Unterlagen beizufügen:
1. Der Lageplan.
2. Die Bauzeichnungen.
3. Die Baubeschreibung.
4. Der Standsicherheitsnachweis (statische Berechnung, Statik) und andere technische Nachweise.
5. Die Grundstücksentwässerung.

■ **Bodengutachter**
Der Bodengutachter ist ein Sonderfachmann für die Untersuchung des anstehenden Baugrundes, auf dem eine Baumassnahme durchgeführt werden soll. Er wird nach Erfordernissen vom Bauherrn, evtl. auf Empfehlung des Entwurfsverfassers (Planer, Architekt), bestellt.

■ **Brandabschnitt**
Ein Brandabschnitt ist ein nach brandschutztechnischen Gesichtspunkten in sich abgeschlossener Teil eines Gebäudes. Besondere Anforderungen werden in den **Landesbauordnungen** an die Bauteile (z. B. Wände und Decken) eines Brandabschnittes gestellt, die an andere Brandabschnitte oder Gebäude angrenzen oder ihnen benachbart sind. Grenzen zwei Brandabschnitte aneinander, so ist dort eine **Brandwand** erforderlich. Brandabschnitte dürfen in der Regel eine Längsausdehnung von höchstens 40 m haben (Grundfläche also 1600 m^2), es sei denn, die Nutzung erfordere größere Abmessungen.

■ **Brandwände**
Brandwände sollen die Übertragung von Feuer und Rauch auf andere Gebäude, Gebäudeteile oder Bauteile verhindern. Sie müssen in der Regel ohne Unterbrechung und Öffnungen in der Feuerwiderstandsklasse F 90-A ausgeführt werden. Die Anforderungen werden in den **Landesbauordnungen** formuliert.

■ **Entwurfsverfasser**
Der Entwurfsverfasser ist nach den **Landesbauordnungen** der Fachmann, der aufgrund seiner speziellen Qualifikation bauvorlageberechtigt ist. Er ist dafür verantwortlich, dass der Entwurf dem **öf-

A. Planungsgrundlagen § 5

fentlichen **Baurecht** entspricht. In der Regel ist die Bauvorlageberechtigung an Personen gebunden, die die Berufsbezeichnung „Architekt" oder „Ingenieur" tragen. Die Berufsbezeichnung „Architekt" ist in den Bundesländern durch entsprechende Architektengesetze geschützt. Architektenkammern fassen alle Architekten zusammen und sorgen für die Einhaltung der Architektengesetze. (Siehe auch Musterbauordnung, MBO).

■ Geschossfläche
Die Bruttogeschossfläche wird nach den Außenmaßen der Gebäude in allen **Vollgeschossen** ermittelt. Balkone sowie bauliche Nebenanlagen und Garagen bleiben bei der Ermittlung unberücksichtigt (BauNVO, § 20).

■ Geschossflächenzahl
Die Geschossflächenzahl (GFZ) ist das Verhältnis der Bruttogeschossfläche zur Grundstücksgröße bzw. zum Nettowohnbauland (BauNVO, § 20).

■ Grenzabstände
Grenzabstände sind Abstände (Abstandsflächen), die Gebäude zu Baugrundstücksgrenzen und Gebäuden einhalten müssen.

■ Grundfläche
Die Grundfläche ist die Fläche, die innerhalb der überbaubaren **Grundstücksfläche** maximal von der baulichen Anlage bedeckt werden darf. Für ihre Ermittlung ist die im Bebauungsplan ausgewiesene Grundflächenzahl maßgebend.

■ Grundflächenzahl
Die Grundflächenzahl (GRZ) ist das Verhältnis der Gebäudegrundfläche in m^2 zur Grundstücksfläche in m^2. Die GRZ gibt keine Hinweise auf die Lage der überbaubaren Fläche. Es kann aufgrund baurechtlicher Bestimmungen, die die überbaubare Grundstücksfläche festlegen (**Baulinie**, **Baugrenze**, **Bebauungstiefe**, **Bauwich**), sogar möglich sein, dass die zulässige GRZ nicht erreicht wird (BauNVO, § 19).

■ Grundstücksfläche
Die überbaubare Grundstücksfläche wird durch die Festsetzung von **Baulinien**, **Baugrenzen** oder **Bebauungstiefen** bestimmt.

■ Hochhaus
Als Hochhäuser bezeichnet man im allgemeinen Gebäude, bei denen der Fußboden mindestens eines **Aufenthaltsraumes** wenigstens 22 m über dem Gelände liegt. An Hochhäusern werden insbesondere hinsichtlich des Brandschutzes in den **Landesbauordnungen** besondere Anforderungen gestellt.

■ Landesbauordnung
Die Landesbauordnungen sind Gesetze der Bundesländer. Sie sind weitgehend auf der Basis der **Musterbauordnung** vereinheitlicht.

■ Leistungsverzeichnis
Das Leistungsverzeichnis (LV) ist ein Verzeichnis, geordnet nach **Leistungspositionen** (z. B. Ziffern oder Kombinationen), mit den Beschreibungen aller Teilleistungen, die für die Ausführung eines Auftrages vom Auftragnehmer zu erbringen sind. Es dient in der Regel als Grundlage für die Abgabe eines Preisangebotes.

■ Maß der baulichen Nutzung
Das Maß der baulichen Nutzung wird dargestellt durch die Ausnutzungsziffern **Grundflächenzahl** und **Geschossflächenzahl** oder **Baumassenzahl**.

§ 5 Bautechnik und Baumängel

■ **Musterbauordnung**
Die Musterbauordnung (MBO) ist ein Musterentwurf zur Vereinheitlichung der dem Landesbaurecht unterliegenden **Landesbauordnungen**. Sie wurde von einer eigens zur Erarbeitung eingesetzten Kommission 1959 verabschiedet und seitdem ständig aktualisiert.

■ **Normen**
Ergebnis der von den interessierten Kreisen des Deutschen Instituts für Normung (DIN) durchgeführten Vereinheitlichungsbemühungen mit den Zielen der Rationalisierung, Qualitätsverbesserung und Erhöhung der Sicherheit. Normen werden auf der Basis des Standes der Wissenschaft und Technik erarbeitet und beschreiben zum Zeitpunkt ihres Erscheinens den Stand der Technik und sollen sich zwanglos als **anerkannte Regel der Technik** einführen. Eine Anwendungspflicht kann sich aus Rechts- oder Verwaltungsvorschriften, Verträgen oder anderen Rechtsgrundlagen ergeben. Bei Veränderungen des Standes der Technik werden Normen ggf. überarbeitet und zunächst als Entwurf („Gelbdruck") der Öffentlichkeit vorgestellt, um sie dann später als Neuausgaben herauszugeben und die alten Fassungen zurückzuziehen. Der Teil der wichtigen Normen im Bauwesen, – insbesondere die Bemessungs- und Ausführungsnormen –, der Fragen der öffentlichen Sicherheit und Ordnung berührt, wird von den obersten Bauaufsichtsbehörden der Bundesländer als **Technische Baubestimmung** eingeführt. Hieraus ergibt sich für diesen Teil eine Anwendungspflicht. Eingeführte Normen werden zusammen mit dem Einführungserlass amtlich veröffentlicht. Die **Technischen Baubestimmungen** werden als ein amtliches Verzeichnis geführt.

6 ■ **Prüfzeichen**
Bestimmte in Verordnungen genannte, werksmäßig hergestellte Baustoffe, Bauteile und andere technische Einrichtungen benötigen als **Brauchbarkeitsnachweis ein Prüfzeichen**, das vom **Institut für Bautechnik, Berlin**, auf Antrag verliehen wird. Das Prüfzeichen ist, soweit möglich, auf den Baustoffen usw. anzubringen, oder es erscheint auf der Verpackung oder dem Lieferschein. Eine allgemeine **bauaufsichtliche Zulassung** ist einem Prüfzeichen gleichwertig. Im zugehörigen **Prüfbescheid** werden alle Auflagen für die Herstellung und Verwendung, den Einsatzbereich und ggf. die Überwachung dargestellt.

■ **Regeln der Technik, allgemein anerkannte**
Nach dem allgemeinen Rechtsverständnis sind technische Baubestimmungen ein wesentlicher Teil der allgemein anerkannten Regeln der Technik. DIN-Normen bergen die Vermutung in sich, allgemein anerkannte Regeln der Technik zu sein. Darüber hinaus gehören aber auch bewährte Baukonstruktionen und Bauverfahren sowie anerkannte Fachliteratur dazu.

■ **Standardleistungsbuch**
Das Standardleistungsbuch (StLB) für das Bauwesen stellt eine Sammlung standardisierter Texte mit einer Variantenvielfalt bereit, die das Baugeschehen vom Kleinauftrag bis zum Großbauvorhaben abdeckt. Mit den **Standardleistungsnummern** eignet sich das StLB besonders für die EDV zur Erstellung von **Leistungsverzeichnissen**. Im StLB ist insbesondere der jeweils aktuelle Stand der Regelwerke eingearbeitet. Es bietet ein hohes Maß an Rechtssicherheit.

■ **Standsicherheitsnachweis, Statische Berechnung**
Der Standsicherheitsnachweis (oft kurz **Statik** genannt) enthält alle erforderlichen rechnerischen Nachweise, die den ausreichenden Sicherheitsabstand zum **Versagensfall** belegen. Er besteht im Regelfall aus dem Berechnungsteil und den **Positionsplänen**. Die Positionspläne sind Grundriss- und Schnittzeichnungen, in die die einzelnen Bauteile mit Positionsbezeichnungen, (z. B. Ziffern) eingetragen sind.

■ **Tragwerksplaner**
Der Tragwerksplaner (veraltete Bezeichnung: Statiker) ist ein Sonderfachmann, der im Regelfall immer zur Erstellung der **statischen Berechnung** hinzugezogen wird. Er wird normalerweise gesondert vom Bauherrn, evtl. auf Empfehlung des Entwurfsverfassers (Planer, Architekt), beauftragt.

A. Planungsgrundlagen § 5

■ **Unternehmer**
(Siehe **Landesbauordnungen**) Er führt die vom Bauherrn bestellten Arbeiten aus und ist dafür verantwortlich, dass seine Arbeiten dem **öffentlichen Baurecht** entsprechen.

■ **Verantwortliche Personen**
Nach den **Landesbauordnungen** sind dies Personen, die für eine Baumassnahme verantwortlich sind. Es sind dies: der **Bauherr**, der **Entwurfsverfasser**, der **Unternehmer**, der **Bauleiter** und sonstige Personen, die Verfügungsrecht über eine bauliche Anlage oder ein Grundstück ausüben.

■ **Verdingungsordnung für Bauleistungen**
Die Verdingungsordnung für Bauleistungen (VOB) ist ein vom Deutschen Verdingungsausschuss für Bauleistungen erarbeitete und vom Deutschen Institut für Normung herausgegebene Regelung. **Teil A** regelt das Verfahren für die Vergabe von Bauleistungen und ist bei öffentlichen oder überwiegend mit öffentlichen Mitteln finanzierten Bauvorhaben anzuwenden. **Teil B** ergänzt das Werkvertragsrecht des Bürgerlichen Gesetzbuches (BGB) durch spezielle, auf die Besonderheiten des Bauens abgestellte Regelungen. **Teil C** ist eine Zusammenfassung von technischen Vertragsbedingungen (Allgemeine Technische Vertragsbedingungen für Bauleistungen, ATV), gegliedert nach Leistungsbereichen (Gewerken), die jeweils bestimmten Bauarbeiten oder Gewerbezweigen entsprechen.

■ **Vollgeschoss**
Bestandteile für ein Vollgeschoss sind die mittlere Raumhöhe (lichte Raumhöhe) oder die mittlere Mindestgeschosshöhe, das Größenverhältnis zu ggf. darunterliegenden Vollgeschossen und die Lage zur Geländeoberfläche. Der Begriff des Vollgeschosses hat Bedeutung bei der Ermittlung von Geschoßzahlen und Geschoßflächenzahlen und bei der Einstufung von Gebäuden hinsichtlich der Anforderungen des Brandschutzes und der Anforderungen an Treppen, Treppenräume und Aufzuganlagen. Die Definition für das Vollgeschoss unterscheidet sich in den Bauordnungen der einzelnen Bundesländer.

II. Fachbegriffe zur Planungsdarstellung als Bauzeichnungen

Die Zeichnungen für eine geplante Baumassnahme stellen eine der wichtigsten Planungsunterlagen dar, um eine fehlerfreie und reibungslose Ausführung zu gewährleisten.

Die gängigen Maßstäbe sind:
- Lagepläne, Übersichtszeichnungen: 1:200 – 1:1000
- Genehmigungspläne: 1:100
- Ausführungspläne: 1:50, 1:25, 1:20
- Detailzeichnungen: 1:20, 1:10, 1:5

Folgende Fachbegriffe sind in der Praxis üblich:

■ **Ansicht**
Bei Ansichtszeichnungen liegt die Darstellungsebene parallel zur betrachteten Seite des Bauwerkes oder Bauteiles. Man unterscheidet: Vorderansicht (Hauptansicht, Straßenansicht), Rückansicht (Hinteransicht, Gartenansicht), Draufsicht (Ansicht von oben).

■ **Bewehrungsplan**
Bewehrungszeichnungen enthalten die Lage und Mengen der Betonstahlbewehrung in den Stahlbetonbauteilen eines Bauwerkes. Der sog. **Stahlauszug** enthält Stückzahl, Längen und Durchmesser. Die sich daraus ergebenden Gewichte der gesamten Bewehrung werden in der Regel als Tabelle den einzelnen Bewehrungsplänen zugeordnet. Bei der Verwendung von Baustahlgewebematten (BStG) werden sog. **Schneideskizzen** erstellt, die Stückzahl, Mattenart und Schneidemaße enthalten. Die

sich daraus ergebenden Gewichte werden für die Abrechnung verwandt. Auf den einzelnen Schneideskizzen werden die Nummern der zugehörigen Bewehrungszeichnungen vermerkt.

12 ■ **Detailzeichnungen**
Detailzeichnungen zeigen ein kompliziertes Bauteil oder Teile von einem Bauteil in einer Ansichts-, Grundriss- oder Schnittdarstellung, wobei alle erforderlichen Maße und Abmessungen eingetragen sind. Zur besseren Darstellung werden große Maßstäbe, wie 1:20, 1:10 oder auch 1:5 und 1:2 verwandt.

13 ■ **Freiflächenplan**
Der Freiflächenplan ist ein Lageplan, in den neben dem Bauwerk auch die Gestaltung der Freiflächen, Gartenanlage, Fahrwege usw. eingetragen sind.

14 ■ **Grundrißplan**
Grundrisszeichnungen sind die zeichnerische Darstellung des **waagerechten** Schnittes durch ein Gebäude oder Bauteil. Die Schnittebene bei Geschossgrundrissen liegt üblicherweise in der Höhe der Fenster- und Türöffnungen. In die Grundrisszeichnungen werden die Horizontalmaße eingetragen.

■ **Lageplan**
Der Lageplan für ein geplantes Gebäude (Bauantrag) wird aus den Katasterkarten (Flurkarten) herauskopiert. Hier sind alle Grundstücke hinsichtlich Lage und Größe eingetragen.

15 ■ **Positionsplan**
Die Positionspläne werden aus den Grundriss- und Schnittzeichnungen entwickelt. In sie werden die einzelnen Bauteile mit Positionsbezeichnungen, (z. B. Ziffern) eingetragen, die unter dieser Bezeichnung in der statischen Berechnung nachgewiesen sind. Eine Besonderheit der Darstellung besteht bei den Grundrisszeichnungen der einzelnen Geschosse: Sie zeigen die Abtragung und Konstruktion der Geschossdecken **über** der horizontalen Schnittebene. So zeigt z. B. der Positionsplan für die Erdgeschossdecke den Erdgeschossgrundriss mit der Deckenkonstruktion **über** dem Erdgeschoss.

16 ■ **Schalplan**
Schalpläne enthalten die exakten Abmessungen der Schalungskörper für die Bauteile aus Stahlbeton. Der Schalplan ist in der Regel eine Grundrisszeichnung, die den Blick von oben auf die fertige Schalungsfläche wiedergibt, bevor die Bewehrung und der Beton eingebaut werden. Durch ergänzende vertikal geführte Detailschnittzeichnungen werden die senkrechten Abmessungen der einzelnen Bauteile angegeben. Wichtig ist, dass alle für die genaue Herstellung der Schalung erforderlichen Abmessungen eingetragen werden.

17 ■ **Schnittzeichnungen**
Bei Schnittzeichnungen verläuft die Schnittebene **senkrecht** und steht rechtwinklig oder parallel zu den Außenflächen des Bauwerkes oder Bauteiles. Bei großen und komplizierten Bauwerken sind mehrere Schnittführungen erforderlich. Die Lage der Schnittführung wird in die Grundrisszeichnungen eingetragen. Die Schnittzeichnungen werden mit den Vertikalabmessungen des Bauwerkes versehen.

III. Schadensrisiken

18 Mit einer fehlerhaften, unzureichenden oder gar völlig fehlenden Planung steigt das Risiko, dass die erstellten Bauwerke mangelbehaftet sind, enorm an. Die Entstehung von erheblichen Bauschäden ist in solchen Fällen entsprechend vorprogrammiert. Es ist teilweise erschreckend, wie völlig unqualifizierte Personen mit nur geringem Fachwissen im privaten Wohnungsbau große Investitionssummen umsetzen.

Die folgende Aufstellung zeigt häufig vorkommende Planungsfehler:

A. Planungsgrundlagen § 5

- Im schlüsselfertigen Wohnungsbau wird die Planung der Gebäude oft nur bis zur Genehmigungsplanung (Leistungsphase 4 der HOAI) bearbeitet, um die Baugenehmigung zu erhalten. Auf die Ausführungsplanung, Vorbereitung und Mitwirkung bei der Vergabe und der Objektüberwachung (Leistungsphase 5 bis 8 der HOAI) wird verzichtet. In diesen Fällen werden die einzelnen Leistungen als Pauschalaufträge an die Unternehmer vergeben. Durch die fehlende Überwachung wird den Unternehmern weitgehend die Ausführung nach unzureichenden oder völlig fehlenden Planungsunterlagen überlassen. Das Motiv für diese Vorgehensweise ist praktisch immer die Einsparung der hierfür erforderlichen Planungskosten (70 % des Gesamthonorars für die Leistungsphasen 5 bis 8 der HOAI).

- Durch eine Fehleinschätzung der Aufgabenstellung und Unkenntnis über die aktuellen Regelwerke werden wichtige bauphysikalische Teilplanungen nur unzureichend oder falsch durchgeführt. An die Hinzuziehung von Sonderfachleuten wird entweder gar nicht gedacht oder dies ebenfalls aus Kostengründen unterlassen. Viele Architekten (Entwurfsverfasser) scheuen sich auch ihrem Auftraggeber (Bauherrn) die Beauftragung von Sonderfachleuten zu empfehlen, weil sie meinen, sich damit selbst zu disqualifizieren oder dem Bauherrn damit Kosten einzusparen.

- Eine ebenfalls häufige Fehleinschätzung des verantwortlichen Planers (Architekt, Entwurfsverfasser) besteht darin, dass bei unklaren Baugrundverhältnissen keine Bodenuntersuchung **vor** Beginn der Planungstätigkeit durchgeführt wird. Eine Baugrunduntersuchung gibt nicht nur Aufschluss über die zulässigen Bodenpressungen, sondern auch über setzungsempfindliche Schichten, Grundwasserverhältnisse, Schichtenwasser, Dränfähigkeit des anstehenden Bodens usw. Erst bei Kenntnis dieser örtlichen Umstände kann eine angemessene Planung des Bauwerkes erfolgen und über die entsprechenden Erfordernisse, wie Fundamentierung, Abdichtung, Dränage usw. verantwortungsvoll entschieden werden.

- Ohne korrekte Pläne ist eine ordnungsgemäße Objektüberwachung kaum möglich. Eine Überprüfung der Unternehmerleistungen kann nicht stattfinden, da der sonst übliche Soll-Ist-Vergleich zwischen Planung und Ausführung unmöglich ist. Die Fehlerhaftigkeit der bereits fertig gestellten Bauteile wird erst später bei den Folgearbeiten erkannt und führt zu weiteren Mängeln.

Aus diesen und anderen Gründen sind durch eine mangelhafte Planung Streitigkeiten schon vor Beginn der eigentlichen Bauausführung vorprogrammiert. Nicht zuletzt führen fehlende Planungsunterlagen auch oft zu Abrechnungsstreitigkeiten, weil auf der Grundlage der fehlenden Ausführungszeichnungen und dem nicht vorhandenen Leistungsverzeichnis nach Beendigung der Bauarbeiten nur unvollständige Aufmaßunterlagen zur Verfügung stehen.

IV. Schadensvermeidung

Die Vermeidung von Schäden lässt sich direkt aus den vorstehenden Ausführungen ableiten. Im einzelnen lässt sich folgendes zusammenfassen:

- Gerade im schlüsselfertigen Wohnungsbau muss darauf geachtet werden, dass qualifizierte Architekten und Bauingenieure mit den Leistungen der Phasen 5 bis 8 der HOAI nach der Genehmigung des Objektes beauftragt werden. Es sollte der Grundsatz Beachtung finden, dass die Qualifikation der Arbeitskräfte bei der Ausführung an der Baustelle umgekehrt proportional zum Aufwand der Bauüberwachung steht; d. h. je geringer die Fachkenntnisse auf Seiten der Bauausführung einzuschätzen sind, um so größer ist ein hoher Überwachungseinsatz zu erwarten, wenn das Entstehen von Schäden und Mängeln minimiert bzw. gering gehalten werden soll.

- Die korrekte Erfüllung einer Planungsaufgabe setzt die Kenntnis und Umsetzung der im speziellen Fall anzuwendenden Regelwerke voraus. Wie sich in der Praxis zeigt, kommt es immer wieder vor, dass neben der Unkenntnis von Richtlinien und DIN-Vorschriften auch die Aktualisierungen von Regelwerken nicht geläufig sind. So gibt es heute noch Textpassagen in Leistungsverzeichnissen, die nicht die Bezeichnung „WU-Beton", sondern den Begriff „Sperrbeton" enthalten, der sich noch auf die seit 1983 nicht mehr gültige DIN 4117, Abs. 3.1.1.6., bezieht.

- Viele Unternehmer sind sich nicht bewusst, dass sie mit einer eigenmächtig vorgenommenen, selbst vorgeschlagenen oder auf Wunsch des Bauherrn durchgeführten Änderung der Bauausführung auch die Planungsverantwortlichkeit übernommen haben.

Ein häufig vorkommender Fall aus der Praxis: Die vorgesehene Gebäudeplanung sieht ein gemauertes Kellergeschoss mit 40 cm hohen Streifenfundamenten und einer 15 cm dicken Bodenplatte vor. Nach dem Aushub der Baugrube stellt sich heraus, dass die Bodenverhältnisse schlechter als erwartet sind und Baugrundsatzungen nicht ausgeschlossen werden können. Der Rohbauunternehmer empfiehlt die Gründung des Gebäudes auf einer durchgehenden, bewehrten, 25 cm dicken Bodenplatte. Diese Planungsänderung ist konstruktiv falsch, da die durchgehende Bodenplatte biegeweicher ist als die höheren Streifenfundamente. Da die im Verhältnis jetzt sehr viel biegesteiferen gemauerten Kellerwände nun noch größere Lastumlagerungen an sich ziehen, ist die Gefahr der Rissbildungen hier sehr viel größer als nach der ursprünglichen Planungsvorgabe. Den Unternehmer trifft beim Auftreten von Risseschäden die Verantwortung für einen Planungsfehler.

- Der verantwortliche Planer sollte sich bei der Weigerung des Bauherrn, eine ausreichende Budgetierung für dringend erforderliche Baugrunduntersuchungen bereitzustellen, ausreichend absichern, um später nicht einer Verletzung der Beratungsverpflichtung ausgesetzt zu werden.

Ein häufig vorkommender Fall aus der Praxis: Bei sog. „weißen Wannen" ist die Höhe des Wasserstandes eine wichtige Grundlage für den Ansatz der Wasserdruckkräfte auf Bodenplatte und Wände, sowie für die Nachweise der Auftriebssicherheiten im Bau- und Endzustand. Es ist unbedingt erforderlich, dass der verantwortliche Planer dieses Maß über ein qualifiziertes Bodengutachten ermitteln lässt. Für den Fall, dass er selbst diese wichtige Maßvorgabe festlegt, trifft ihn die Verantwortung, wenn sich später ein höherer Grund- bzw. Hochwasserstand einstellt und das Bauwerk aus dieser Ursächlichkeit mit einem Mangel behaftet ist oder gar geschädigt wird.

B. Maßordnung

21 Die Maß- und Modulordnung ist eine wichtige Grundlage für die Entwurfs- und Konstruktionssystematik und für die Planung, Ausführung und Fertigung von Bauteilen und Bauwerken unverzichtbar. Den Maßangaben liegt das Dezimalsystem zugrunde.

I. Maßeinheiten

22 Das metrische Maßsystem basiert auf dem **Längenmaß Meter**, Einheitszeichen „m,,. Diese SI-Basiseinheit der Länge (SI = Système International d'Unités) wurde auf der Generalkonferenz für Maß und Gewicht (1960) definiert als das 1 650 763,73-fache der Wellenlänge der von Atomen des Nuklids 86 Kr (Krypton) ausgesandten, sich im Vakuum ausbreitenden Strahlung. Zuvor wurde das sog. „Urmeter", ein x-förmiger Platinstab von 20 x 20 mm, auf der ersten Generalkonferenz für Maß und Gewicht am 26.09.1889 als Meterprototyp gewählt. Es sollte den 40-millionsten Teil des Erdmeridians darstellen.

B. Maßordnung § 5

■ Längenmaß m

1,0 Mikrometer (1 mü)	= 1 µm	= 10^{-6} m	= 0,001 mm
1,0 Millimeter	= 1 mm	= 10^{-3} m	= 0,001 m
1,0 Zentimeter	= 1 cm	= 10^{-2} m	= 0,01 m
1,0 Dezimeter	= 1 dm	= 10^{-1} m	= 0,1 m
1,0 Kilometer	= 1 km	= 10^{3} m	= 1 000 m

■ Flächenmaß m²

1 Quadratmillimeter	= 1 mm²	= 10^{-6} m²	
1 Quadratzentimeter	= 1 cm²	= 10^{-4} m²	= 0,0001 m²
1 Quadratdezimeter	= 1 dm²	= 10^{-2} m²	= 0,01 m²
1 Quadratkilometer	= 1 km²	= 10^{6} m²	= 1 Mio. m²
100 Quadratmeter	= 1 Ar	= 1 a	= 0,01 ha
10 000 Quadratmeter	= 1 Hektar	= 1 ha	= 100 a
		= 1 ha	= 0,01 km²

■ Raummaß m³

1 Kubikmillimeter	= 1 mm³	= 10^{-9} m³	
1 Kubikzentimeter	= 1 cm³	= 10^{-6} m³	
1 Kubikdezimeter	= 1 dm³	= 10^{-3} m³	= 1 Liter
1 Kubikmeter	= 1 m³	= 1 000 Liter	

■ Winkelmaß

Grad: °,   Vollkreis: 360°,   Halbkreis: 180°,
(Altgrad)   Rechter Winkel: 90°

Gon: ^{g},   Vollkreis: 400^g,   Halbkreis: 200^g,
(Neugrad)   Rechter Winkel: 100^g

■ Gefälle (Steigung)

Das Gefälle (Steigung) wird nach der Winkelfunktion Tangens
(tan = Gegenkathete zur Ankathete) in % angegeben.

1 %	= 1 : 100 =	1,0 cm je 1,00 m	ca. 0,6°
3 %	= 3 : 100 =	3,0 cm je 1,00 m	ca. 1,7°
5 %	= 5 : 100 =	5,0 cm je 1,00 m	ca. 2,9°
10 %	= 10 : 100 =	10,0 cm je 1,00 m	ca. 5,7°

■ Altes Längenmaß
1 Zoll   = 1″   = 25,4 mm

■ Zoll (Engl. Zoll)
1 Zoll entspricht dem englischen inch.

Mit dem Maß Zoll werden heute noch Rohrleitungsdurchmesser angegeben:

1/4″	= 6,35 mm,	1/2″	=	12,70 mm,
3/4″	= 19,05 mm,	1,0″	=	25,40 mm,
1 1/4″	= 31,75 mm,	1 1/2″	=	38,10 mm,
1 3/4″	= 44,45 mm,	2,0″	=	50,80 mm

Ackermann 613

Rastermaße

Der „Achtelmeter" mit 12,5 cm bildet ein oft verwandtes Grundmaß für die Gliederung von Gebäudemaßen. Aus diesem Maß leiten sich die Rastermaße der Achsabmessungen von Gebäudegrundrissen ab, die z. B. wie folgt lauten:
25,0 cm; 62,5 cm; 75,0 cm; 1,25 m; 2,50 m usw.

Mauersteinmaße

Das Breitenmaß von Mauersteinen, früher nur Ziegelsteine, betrug entsprechend dem Greifmaß der Hand regional unterschiedlich 10 bis 15 cm. Unter Berücksichtigung der erforderlichen Mörtelfugen bildet auch hier das Grundmaß von 12,5 cm die Maßsprünge für die Abmessungen von Wanddicken, Pfeilerbreiten, Wandöffnungen usw.

Folgende Nennmaße sind festgelegt:
Längen bzw. Breiten: 115, 175, 240, 300, 365, 490 mm
Höhen: 52 mm (DF, „Dünnformat")
                          71 mm (NF, „Normalformat")

Damit ergeben sich folgende Steinmaße: (Einige Beispiele)

Steinformat Kurzzeichen	Länge	Breite	Höhe
DF	240 mm	115 mm	52 mm
NF	240 mm	115 mm	71 mm
2 DF	240 mm	115 mm	113 mm
3 DF	240 mm	175 mm	113 mm
16 DF	490 mm	240 mm	238 mm
20 DF	490 mm	300 mm	238 mm

Längenmaße von gemauerten Wänden

Mit dem Stoßfugenmaß von 10 mm = 1,0 cm ergeben sich die folgenden Längenmaße von gemauerten Wänden:

Außenmaße: 0,240 m,   0,365 m,   0,490 m,   0,615 m,
             0,740 m,   0,865 m,   0,990 m,   1,115 m
             1,240 m,   1,365 m,   usw.

Pfeilermaße: 0,250 m,   0,375 m,   0,500 m,   0,625 m,
             0,750 m,   0,875 m,   1,000 m,   1,125 m
             1,250 m,   1,375 m,   usw.

Öffnungs-   0,260 m,   0,385 m,   0,510 m,   0,635 m,
maße: 0,760 m,   0,885 m,   1,010 m,   1,135 m
             1,260 m,   1,385 m,   usw.

Schichtmaße von gemauerten Wänden

Mit dem Lagerfugenmaß von 12,3 mm = 1,23 cm für das Steinformat NF und von 12,0 mm = 1,20 cm für das Steinformat DF:

Steinhöhe,   8 Schichten: 8 x 0,0625 = 0,50 m
h = 52 mm: 16 Schichten: 16 x 0,0625 = 1,00 m

Steinhöhe,   6 Schichten: 6 x 0,0833 = 0,50 m
h = 71 mm: 16 Schichten: 12 x 0,0833 = 1,00 m

Steinhöhe,	4 Schichten:	4 x 0,1250 = 0,50 m
h = 11,3 mm:	8 Schichten:	8 x 0,1250 = 1,00 m
Steinhöhe,	2 Schichten:	2 x 0,2500 = 0,50 m
h = 23,8 mm:	4 Schichten:	4 x 0,2500 = 1,00 m

II. Maßbegriffe

Folgende Maßbegriffe werden im Hochbau häufig verwandt:

- **Geschoßhöhe**

Höhenmaß der Geschosse eines Gebäudes, das immer von der gleichen Ebene gemessen wird, wie z. B. von Oberkante roher (oder fertiger) Fußboden zum nächst höheren Geschoss.

- **Lichte Raumhöhe**

Die lichte Raumhöhe wird zwischen der Fußbodenoberfläche und der Deckenuntersicht gemessen. Dieses Höhenmaß kann für den Rohbau und für den fertigen Ausbau angegeben bzw. gemessen werden.
Lichte Raumhöhe im Rohbau + Deckendicke = Geschoßhöhe
Lichte Raumhöhe im Ausbau + Deckendicke + Fußbodenaufbau+ evtl. Höhe der abgehängten Decke = Geschoßhöhe

- **OKRF**

Ober**k**ante **r**oher **F**ußboden ist eine Höhenangabe, die sich z. B. auf die Fußbodenhöhe im Erdgeschoss bezieht.
Beispiel: + 2,75 m OKRF im 1. Obergeschoss bedeutet:
  Der rohe Fußboden im 1. Obergeschoss liegt 2,75 m über dem Erdgeschossfußboden.

- **OKFF**

Ober**k**ante **f**ertiger **F**ußboden ist eine Höhenangabe, die sich z. B. auf die Fußbodenhöhe im Erdgeschoss bezieht.
Beispiel: + 2,85 m OKFF im 1. Obergeschoss bedeutet:
  Der fertige Fußboden im 1. Obergeschoss liegt 2,85 m über dem Erdgeschossfußboden.

III. Maßtoleranzen

Bei der handwerklichen Ausführung von Bauteilen und Bauwerken kommt es immer wieder zu Abweichungen von den bei der Planung festgelegten Längen-, Höhen-, Winkelmaßen usw. Ebenso treten in den Wand-, Boden- und Deckenflächen Unebenheiten auf. Wenn diese Maßabweichungen gering sind, besteht keine Einschränkung für die Funktion oder Gestaltung der Gebäude.
In welchem Umfang derartige Abweichungen von den Sollmaßen akzeptiert werden können, – und damit kein Mangel vorliegt –, wird in der DIN 18 201 und DIN 18 202 geregelt. Dabei werden folgende Begriffe benutzt:

- **Nennmaß**

Maßangabe aus der Planung, Planmaß.

- **Istmaß**

Vorhandenes Maß am ausgeführten Bauwerk.

- **Istabmaß**

Maßabweichung als Differenz zwischen Nennmaß und Istmaß.

- **Grenzabmaß**

Höchstes zulässiges Abmaß je nach den Anforderungen der betroffenen DIN-Vorschrift.

- **Kleinstmaß**
Das kleinste noch zulässige Bauteilmaß: Nennmaß minus Grenzabmaß.

- **Größtmaß**
Das größte noch zulässige Bauteilmaß: Nennmaß plus Grenzabmaß.

- **Stichmaß**
Hilfsmaß zur Ermittlung der Ebenheit zwischen zwei Meßpunkten oder von Winkelabweichungen.

IV. Messgeräte

25 Folgende, häufig eingesetzte Messgeräte sind an Baustellen in Gebrauch:

- **Längenmeßgeräte**
Zollstock, Messlatte, Bandmaß.

- **Wasserwaage**
Gerät zur Kontrolle der waagerechten und senkrechten Lage von Kanten, Boden- und Wandflächen. Eine Wasserwaage „wechselt", wenn die Libelle im gebogenen Schauglas beim Wenden der Wasserwaage um 180° verschiedene Positionen einnimmt. In dieser Weise wird auch die korrekte Funktion einer Wasserwaage überprüft.

- **Schlauchwaage**
An einem Wasserschlauch befinden sich an beiden Enden Glasröhrchen. Dieser Schlauch wird mit Wasser gefüllt. An den Glasröhrchen kann nun nach dem Prinzip der kommunizierenden Röhren die gleiche Höhe abgelesen werden. Mit dieser Messmethode können in Wohngeschossebenen gleiche Höhenkoten (z. B. Metermarken) angetragen werden.

- **Senklot**
Eisenkegel mit Spitze an einer Schnur zur Bestimmung der Senkrechten, z. B. einer Mauerecke bzw. -kante.

- **Nivelliergerät**
Mit einem Fernrohr, dessen optische Achse genau horizontal ausgerichtet ist, werden die Höhenunterschiede eines Geländes oder einer Bodenfläche über die Ablesung an der **Nivellierlatte** gemessen.

- **Theodolit**
Optisches Messgerät zum Messen von Horizontal- und Vertikalwinkeln.

V. Schadensrisiken

26 Die Risiken für das Auftreten von Maßfehlern liegen vor allem in einer unzureichenden, fehlerhaften oder sogar völlig fehlenden Planung. Maßfehler sind besonders in Maßketten möglich, insbesondere dann, wenn häufige Änderungen in den Plänen vorgenommen werden.

Sehr kostenintensiv können sich Maßfehler bei der Herstellung von Fertigteilen auswirken.

Besonders sorgfältig müssen die Bodenhöhen am Übergang der Geschossebenen zu den Treppen geplant werden. Durch die unterschiedlichen Höhen des Belagsaufbaues auf den Geschossebenen (z. B. mit Fußbodenheizung) und auf den Treppenstufen ergeben sich am Treppenantritt und am Treppenaustritt im Rohbau unterschiedliche Stufenhöhen.

Maßabweichungen, die die zulässigen Abmaße überschreiten, liegen fast immer im Verantwortungsbereich der Ausführung.

VI. Schadensvermeidung

Da die Beseitigung von Maßfehlern sehr hohe Kosten erfordern kann oder mit einem hohen Wertminderungsbetrag abgegolten wird, sollten die notwendigen Prüfungs-, Kontroll- und Überwachungsmaßnahmen konsequent durchgeführt werden. Dabei spielt in der Baupraxis der rigorose Termindruck oft eine so entscheidende Rolle, dass wichtige Kontrollmechanismen ausgelassen werden. Deshalb sollten entsprechende Strategien zur Verfügung stehen, damit insbesondere bei Planungsänderungen auch mögliche Maßänderungen nicht übersehen werden. Es muss der Grundsatz gelten, dass bei häufigen Änderungen der Planungsunterlagen der Kontrolle von Gebäude- und Bauteilabmessungen in den Ausführungszeichnungen deutlich größere Aufmerksamkeit zukommen muss, als bei der Beibehaltung des ursprünglichen Gebäude- bzw. Anlagenentwurfes.

Eine besonders sorgfältige Kontrolle muss für die Maßangaben erfolgen, die bei der Umsetzung der Planung in die Wirklichkeit, – also in das ausgeführte Bauwerk –, mit weit reichenden Konsequenzen befrachtet sind. So muss bei der Einmessung des Gebäudes auf dem Baugrundstück außerordentlich umsichtig vorgegangen werden. Wenn sich hierbei unbemerkt ein Messfehler einstellt, wird auf dieser Basis das gesamte Gebäude errichtet. Dieser Mangel kann praktisch nur durch eine nachträgliche Veränderung der Grundstücksgrenzen ausgeglichen werden.

C. Tragwerke

Unter dem Begriff „**Tragwerk**" wird im Bauwesen in der Regel ein vielteiliges räumliches Gebilde verstanden, dessen einzelne Elemente sich durch besondere geometrische Eigenschaften auszeichnen. Die Aufgabenstellung der Tragwerksplanung ist es, den Weg der Last innerhalb der tragenden Konstruktion von ihrem Entstehungsort sicher bis in den Baugrund zu verfolgen und die Beanspruchungen der Einzelbauteile zu überprüfen.

Zu den verschiedenen Sachbereichen sind folgende Fachbegriffe gebräuchlich:

I. Fachbegriffe zu den Tragwerken

■ **Balken**
Stabförmiger Träger beliebigen Querschnittes, überwiegend auf Biegung beansprucht. **Holzbalken**, **Holzbalkendecke**.

■ **Binder**
Weit gespannte Trägerkonstruktion, evtl. aus Einzelbauteilen zusammengesetzt, überwiegend auf Biegung beansprucht. **Dachbinder**, **Fachwerkbinder**, **Holzbinder**, **Bretterbinder**, **Nagelbinder**, **Stahlbinder**, **Stahlbetonbinder**, **Spannbetonbinder**.

■ **Bogen**
Gewölbtes Tragwerk, das eine Öffnung überspannt. Tragweise nach dem Prinzip der Gewölbetragwirkung. Fast ausschließlich Druckbeanspruchung, deshalb gemauerte Bauweise möglich. **Scheitrechter Bogen** (flach gewölbter, gemauerter Sturzbogen über einer Öffnung), **Korbbogen** (eine aus Kreisbogen mit verschiedenen Durchmessern zusammengesetzte elliptische Bogenform), **Bogenbrücke**.

■ **Fachwerkträger**
Aus Stäben zusammengesetztes Tragwerk. Die einzelnen **Fachwerkstäbe** werden überwiegend mit Normalkräften (Druck und Zug) beansprucht. Die Gesamtkonstruktion wird überwiegend auf Bie-

gung beansprucht. Die Fachwerkstäbe bestehen je nach Konstruktionsart aus Holz, Stahl, Aluminium. Fachwerkkonstruktionen werden auch angewandt für: Brücken, Maste, Türme, Kuppeln.

- **Faltwerk**

Räumliches Flächentragwerk, das aus ebenen, kraftschlüssig miteinander verbundenen Scheiben (Platten) besteht. In Wohngebäuden bilden die Lauf- und Podestplatten der Geschosstreppen ein Faltwerk.

- **Gewölbe**

Nach oben gebogene, massive Raumüberdeckung, die ihre Last als **Gewölbeschub** auf die **Kämpfer** (Widerlager) überträgt. Die ideale Gewölbeform ist bei gleichmäßiger Belastung eine quadratische Parabel, wobei die **Gewölbeschale** nur auf Druck beansprucht wird. Die obere Gewölbemitte heißt **Scheitel**. **Tonnengewölbe** (halber Zylinder), **Kappengewölbe** (flach gewölbte Schale), **Kreuzgewölbe**, **Klostergewölbe**. (Andere Anwendungen der Gewölbetragwirkung: Gewölbe- oder Bogenstaumauern.)

- **Platte**

Flächentragwerk, die Belastung wirkt senkrecht auf die Plattenebene, Beanspruchung fast ausschließlich auf Biegung. **Plattentragwirkung** (Biegetragwirkung der Platte), **Stahlbetonplatte**, **Deckenplatte**.

- **Rahmen**

Konstruktion (**Einfeldrahmen**) aus zwei Stützen (**Rahmenstiele**) und einem Träger (**Rahmenriegel**) mit biegesteifen Ecken (**Rahmenecken**). Die Rahmenstiele werden neben Druckkräften auch auf Biegung beansprucht. **Mehrfeldrahmen** (mehrere Einfeldrahmen nebeneinander), **Stockwerksrahmen** (mehrere Einfeldrahmen aufeinander). Die Baustoffe sind Holz, Stahl, Stahlbeton.

- **Scheibe**

Flächentragwerk, Geometrie einer Platte, die Belastung wirkt parallel zur Plattenebene. Die **Scheibentragwirkung** zeichnet sich durch eine erhebliche Fähigkeit der Lastverteilung in der Plattenebene aus. Jede massive (Stahlbeton) Deckenplatte trägt mit ihrer Scheibentragwirkung besonders wirkungsvoll zur Gebäudeaussteifung bei. **Mauerwerksscheibe**, **Stahlbeton-Wandscheibe**.

- **Stütze**

Senkrecht stehendes Bauteil mit kleinen Querschnittsabmessungen gegenüber der Länge. Beanspruchung überwiegend auf Druck (Knicken!). **Rahmenstütze**, **Stahlstützen**, **Pfosten** (Holzpfosten), **Stahlbetonstütze**, **Pfeiler** (Mauerpfeiler).

II. Fachbegriffe zu den Beanspruchungsarten

31 - **Spannung**

ist eine flächenbezogene Kraft, **Druckspannung**, **Zugspannung**, **Längsspannung** (Druck- und Zugspannungen längs zur Bauteilachse), **Biegedruckspannung**, **Biegezugspannung**, **Schubspannung**, **Scherspannung**, **zulässige Spannung**, **Bruchspannung**.

- **Normalkraft**

Druckkräfte und **Zugkräfte**, sie wirken senkrecht auf die Querschnittsfläche eines Bauteiles. (Die Normale ist eine senkrecht auf einer Ebene stehende Gerade.)

- **Biegung**

erzeugt in einem Bauteilquerschnitt unterschiedliche Längsspannungen. Die verschiedenen Dehnungen im Querschnitt führen zur Verbiegung.

- **Schubkräfte**
Scherkräfte, **Querkräfte** wirken **quer** zur Bauteilachse und beanspruchen eine Querschnittsfläche parallel zu ihrer Ebene.

- **Torsion**
verdreht ein Bauteil in der Längsachse.

III. Fachbegriffe zur Belastung

- **Eigenlast**
ist das **Eigengewicht** eines Bauteiles.

- **Verkehrslast**
ist eine veränderliche oder bewegliche Belastung, die auf ein Bauteil einwirkt. Gebräuchlich ist auch der Begriff **Nutzlast**.

- **Windlast**
ist die Kraft, die der **Staudruck** auf die Windangriffsflächen eines Gebäudes ausübt.

- **Schneelast**
ist das Gewicht des Schnees, der auf der Dachfläche liegen bleibt.

- **Erddrucklast**
seitlicher Erddruck, der auf eine abstützende Wand drückt. **Aktiver** Erddruck, **Passiver** Erddruck, **Erdruhedruck**.

- **Wasserdruck**
ist die allseitig wirkende Kraft im Wasser, die von der Höhe der Wassersäule abhängig ist.

IV. Übersicht zum Tragverhalten

Die folgende Erläuterung soll einen Überblick über das Tragverhalten von Tragwerken geben:

- **Entwurf des Tragsystems, statische Berechnung**
Der Tragwerksplaner (Statiker, Konstrukteur) entwirft entsprechend dem Entwurf des Architekten das **Tragwerk** eines Gebäudes. Das **statische System** eines Tragwerkes hat die Funktion, alle Lasten sicher in den Baugrund zu leiten. Dabei wird oft unterschätzt oder gar vergessen, dass der Baugrund auch zum Tragwerk eines Gebäudes gehört.

Der Tragwerksplaner entwickelt aus den Grundrissplänen und Schnittzeichnungen der Bauantragspläne des Architekten **Positionspläne,** in die alle nachzuweisenden Einzelbauteile als **statische Positionen** eingetragen werden.

Die statische Berechnung (Statik, Standsicherheitsnachweis) enthält streng genommen nur die rechnerischen Nachweise, die den ausreichenden Sicherheitsabstand zum **Versagensfall** belegen.

Der Tragwerksentwurf umfasst die gesamten Planungsgrundlagen, die zur Erstellung der **Ausführungszeichnungen** erforderlich sind.

- **Belastungen abtragen**
Die Belastungen aus DIN 1055 (Lastannahmen für Bauten) werden nach Eigengewicht und Nutzlasten geordnet.

Eigenlasten, Verkehrslasten, Windlasten, Schneelasten, Erddrucklasten, Wasserdrucklasten usw.

Die Nutzlasten für Wohnräume betragen: 1,5 kN/m² und für Versammlungsräume: 5,0 kN/m. Für ein Wohnzimmer von 5,00 × 4,00 m = 20,00 m² beträgt die gesamte Nutzlast: 20,00 × 1,5 = 30,0 kN, oder: 3 000 kp = 3,0 Tonnen, oder: 60 Ztr = ca. 40 Personen.

Für einen Versammlungsraum mit 200 m² beträgt die gesamte Nutzlast 200 m² × 5,0 kN/m² = 1 000,0 kN oder: 100 000 kp = 100 Tonnen.

36 ■ Kräfte berechnen
Prinzip: AKTIONSKRÄFTE = REAKTIONSKRÄFTE

Die agierenden Kräfte (Belastungen) müssen mit den reagierenden Kräften (Stützkräften) ins Gleichgewicht gebracht werden.

Die Gleichgewichtskontrollen sind wichtige Überprüfungen in der statischen Berechnung.
>   In der Ebene: 3 Gleichgewichtsbedingungen
>   Im Raum: 6 Gleichgewichtsbedingungen

37 ■ Bemessung vornehmen
Bestimmte Querschnitte der Bauteile werden mit den ermittelten Kräften **bemessen**. Dabei sind die verschiedenen Festigkeiten der eingesetzten Baustoffe zu berücksichtigen.

Stahl, Aluminium, Holz, Mauerwerk, Beton, Erde, Glas, Kunststoffe.

■ **Beanspruchungsarten**
Druck, Zug, Biegung, Abscheren, Querkraft, Torsion.

■ **Bemessen**
Querschnittsgrößen festlegen unter Berücksichtigung von:
Statischem System (z. B. Stabilitätsversagen, Knicken).
Lastfall (Hauptlasten, Zusatzlasten).
Baustoff (bevorzugte Tragfähigkeit).
DIN-Vorschrift (zul. Beanspruchung, z. B. zulässige Spannungen).
Architektonische Vorgaben.

V. Beanspruchungsarten und ihre Verformungen

38 ■ Normalkräfte, Längskräfte
Normalkräfte wirken **normal**, also senkrecht zur beanspruchten Querschnittsfläche eines Bauteiles. Es sind Druckkräfte und Zugkräfte, die das Bauteil stauchen bzw. längen.

- ■ **Tragverhalten:** Normalkraft – Druck
- **Bauteile:** Stützen, Pfeiler, Pfosten, Säulen, Wände, Fachwerkstäbe, Druckstäbe, Scheiben, lokale Krafteinleitungszonen, Fundamente, Baugrund, Erdschichten.

- **Verformung:** Bei gedrungenen Baukörpern, wie Stützen und Pfeilern, sind die Stauchungsverformungen in der Praxis vernachlässigbar klein. Bei Fachwerkstäben und den Biegedruckzonen von Biegebauteilen bestimmen die Stauchungen (Verkürzungen) zusammen mit den Zuglängungen die Gesamtverformung.

- **Schadensrisiko:** Je nach der elastischen Eigenschaft des Baustoffes tritt das Versagen mit oder ohne Vorankündigung ein. Bei schlanken Bauteilen besteht die Gefahr des Knickens, das als Stabilitätsversagen ohne Vorankündigung eintritt.

- ■ **Tragverhalten:** Normalkraft – Zug
- **Bauteile:** Zugpfosten, Zugbänder von Unterspannkonstruktionen, Bogen- und Rahmenkonstruktionen, Windrispenbänder, Fachwerk-Zugstäbe, Zugstangen, lokale Bereiche in Scheiben (Spaltzugkräfte), Verbindungsbauteile, wie z. B. Schrauben.

- **Verformung:** Durch die volle Ausnutzung des Querschnittes sowie hoher Zugspannungen, – z. B. beim Stahl –, treten große Verformungen (Längungen) auf, die konstruktiv berücksichtigt werden müssen. Bei Fachwerkstäben und den Biegezugzonen von Biegebauteilen bestimmen die Längungen zusammen mit den Druckstauchungen die Gesamtverformung
- **Schadensrisiko:** Je nach der elastischen Eigenschaft des Baustoffes tritt das Versagen mit oder ohne Vorankündigung ein.

■ **Biegemomente** 39

Die Beanspruchung aus Biegung erzeugt im Bauteilquerschnitt unterschiedliche Längsspannungen, die durch das unterschiedliche Dehnverhalten der einzelnen „Fasern" eine Verkrümmung der Bauteilachse bewirken.

Die Biegeverformung ist als Abweichung von der ursprünglich, unbeanspruchten Bauteilachse zu verstehen. Sie wird als Biegelinie bezeichnet und ist bei den Tragsystemen die größte Verformungsart.

Oft sind Biegeverformungen Bemessungskriterien für die Dimensionierung von Bauteilen und Tragwerken, z. B. als Durchbiegungsbeschränkungen für Holzbalken oder Massivplatten.

Beispiele für biegebeanspruchte Bauteile: Balken, Träger, Platten, Rahmenriegel, Rahmenstiele, Stützen, Wände.

■ **Tragverhalten:** Biegung
- **Bauteile:** Balken, Träger, Platten, Rahmenriegel, Rahmenstiele, Stützen, Aussteifungsstützen Wände.
- **Verformung:** Biegelinien mit Abweichungen von den Systemachsen. Durchbiegungen und Verbiegungen sind in der Praxis sehr bedeutsam. Sie sind ggf. konstruktiv zu berücksichtigen, z. B. mit Durchbiegungsbeschränkungen.
- **Schadensrisiko:** Biegeverformungen können anschließende Bauteile beeinträchtigen. Es ist unter Umständen wichtig, die Verformungsverträglichkeit zu überprüfen.
Vorteil: Die Biegeverformungen können Beanspruchungen aus Zwangskräften abbauen. Der Versagensfall tritt durch große Verformungen mit Vorankündigung ein.

■ **Querkräfte, Scherkräfte und Schubkräfte** 40

Querkräfte wirken **quer** zur Bauteilachse und beanspruchen eine Querschnittsfläche parallel zu ihrer Ebene. Querkräfte treten immer da auf, wo größere Einzelkräfte oder Einzellasten quer zur Bauteilachse in ein Tragwerk eingeleitet werden.

Beispiele für Quer- und Scherkraftwirkung: Balkenauflager, Konsolen, Schrauben, Niete.

Bei der querkraftbeanspruchten Biegung tritt im Bauteil die sog. **Schubbeanspruchung** auf. Diese im Biegebauteil wirkenden Schubkräfte sind Bindekräfte zwischen den unterschiedlich unter Biegespannungen beanspruchten Querschnittsflächen längs der Bauteilachse.

Beispiel: Der verdübelte Holzbalken.

■ **Tragverhalten:** Schub und Abscheren
- **Bauteile:** Konsolen, Kragarme, Kragträger, Balken und Platten mit hochgezogenen Auflagern, Rahmen, Scheiben.
- **Verformung:** In der Praxis können die Verformungen aus Schubbeanspruchungen in der Regel vernachlässigt werden, da sie im Vergleich zu den Biegeverformungen sehr klein sind.
- **Schadensrisiko:** Der Versagensfall tritt ohne Vorankündigung ein, da keine erkennbare Verformung vorausgeht.

41 ■ **Torsionsmomente**

Die Torsionsbeanspruchung verdreht das Bauteil in der Längsachse. Die Verformung wird als Winkelverdrehung gemessen. Auch durch kleinere Verdrehungen können an den angeschlossenen Bauteilen große Verformungen auftreten (Strahlensatz).

Torsion tritt immer dann auf, wenn Kräfte exzentrisch zur Achse eines Bauteiles einwirken.

Beispiel: Der geknickte oder gekrümmte Kragarm.

- **Tragverhalten:** Torsion
- **Bauteile:** Balken, Träger und Rahmen, die durch exzentrisch wirkende Kräfte beansprucht werden.
- **Verformung:** Die Verformungen hängen erheblich von der Torsionssteifigkeit des Querschnittes ab. Sog. „Offene Profile" sind ungeeignet, denn sie rufen große Verformungen (Verdrehungen) hervor.
- **Schadensrisiko:** Die Torsionsverformungen können anschließende Bauteile beeinträchtigen. Deshalb muss die Verformungsverträglichkeit beachtet werden. Das Versagen tritt oft mit Vorankündigung, also großen Verformungen, ein.

42 ■ **Tragverhalten von Balken, Platten und Scheiben**

■ Balken

Balken sind Bauteile, die bei großer Stützweite eine kleine Breite und Höhe haben. Sie werden senkrecht zu ihrer Bauteilachse belastet und in der statischen Berechnung mit angenommenen Einzel- und Streckenlasten nach der Biegetheorie berechnet. Dabei werden die Gleichgewichtsbedingungen der Ebene zugrunde gelegt. Diese Berechnungsart wird allgemein als **Balkentheorie** bezeichnet.

■ Platten

Platten sind Bauteile, die bei großer Stützweite und großer Breite eine kleine Höhe haben. Sie werden senkrecht zu ihrer Plattenfläche belastet und in der statischen Berechnung mit angenommenen Einzel- und Flächenlasten nach der Biegetheorie berechnet. Im Regelfall werden einachsig gespannte Platten als 1,00 m breite Plattenstreifen wie Balken statisch nachgewiesen. Dabei werden die Gleichgewichtsbedingungen der Ebene zugrunde gelegt.

Mit Hilfe von EDV-Programmen können Platten als Flächentragwerke genauer berechnet werden.

■ Scheiben

Scheiben sind Bauteile, die bei großer Stützweite und Höhe eine nur kleine Breite haben. Ihre sog. **Scheibentragwirkung** nimmt Kräfte und Belastungen auf, die in der Scheibenebene wirken. Während die Berechnung der Balken nach der **Biegetheorie** erfolgt, werden Scheiben nach der **Scheibentheorie** berechnet. Dabei werden aus den Belastungen sog. **Hauptspannungen** ermittelt, die sich als sog. **Spannungstrajektorien** darstellen lassen.

43 ■ **Stabilitätsversagen**

Das Versagen eines Tragwerkes tritt immer dann ein, wenn Bauteile, die entscheidend am Tragverhalten der Gesamtkonstruktion beteiligt sind, bis zu ihrer Materialerschöpfung (Bruch) beansprucht werden. Es gibt jedoch Versagensarten, bei denen dem eigentlichen Bruch des Bauteiles ein Ereignis vorausgeht, das eine **sprunghafte** Erhöhung der Beanspruchung hervorruft. Da hierbei die Stabilität der Konstruktion gestört wird, fasst man diese Versagensarten unter dem Begriff **Stabilitätsversagen** zusammen. Sie treten ohne Vorankündigung ein und sind deshalb sehr gefährlich. In der Stabilitätstheorie werden 3 verschiedene Versagensarten unterschieden, die jedoch alle auf den **Knickvorgang** zurückzuführen sind:

Knicken

Unter dem Knicken versteht man das seitliche Ausbiegen eines Stabes unter der Druckkraft, die längs der Stabachse (Normalkraft) wirkt. Die schnelle Vergrößerung der **Biegeknickbeanspruchung** wird durch die zunehmende Auslenkung der gebogenen Stabachse von der ursprünglichen geraden hervorgerufen. Der Bruch tritt dann durch die hohe Verbiegung ein. Die kritische Last wird **Knicklast** genannt. Als **freie Knicklänge** bezeichnet man die Ersatzstablänge zur Berechnung von langen, schlanken Stäben. Die **Knicksicherheit** ist der Abstand zwischen der Knicklast und der vorhandenen Last: Knicksicherheit = Knicklast definiert durch die rechnerisch maximal vorhandene Last.

Z. B.: Knicklast = 100 Tonnen,

– Vorh. Last = 50 Tonnen,

– Knicksicherheit: 100 / 50 = 2,0

Kippen

Als Kippen versteht man in der Stabilitätstheorie das seitliche Ausweichen (besser: Ausknicken) des unter Biegedruck belasteten Gurtes eines weit gespannten Binders mit hohem Querschnitt bei schmaler Gurtbreite.

Beulen

Unter Beulen versteht man in der Stabilitätstheorie das Ausweichen (auch hier: Ausknicken) einer unter Druckspannungen stehenden dünnen Platte aus einem elastischen Material (z. B. Stahl). Die Ausbeulung ist ein „Ausknicken" der gesamten Plattenfläche. Die Blechtafel in einem Vollwandbinder aus Stahl beult bei Schubbeanspruchung in 2 Flächenbereichen aus.

D. Baustoffe

Baustoffe ist der Sammelbegriff für Stoffe zur Fertigung von Bauteilen und Bauwerken. Nach der Art des Grundstoffes unterscheidet man:
- metallische, nichtmetallisch-anorganische und organische Baustoffe,
- nach der Dichte (Rohdichte), leichte und schwere Baustoffe,
- nach dem inneren Aufbau, einphasige (homogene) oder mehrphasige (inhomogene) Baustoffe (Verbundbaustoffe),
- nach der Entstehung, künstliche Baustoffe oder Naturbaustoffe.

Nach diesen Kriterien ergibt sich folgender Überblick:

Metallische Baustoffe

werden meist aus Gusseisen oder Stahl (Baustahl, Betonstahl, Spannstahl), sowie aus **Nichteisenmetallen** (Leichtmetall, Schwermetall) hergestellt.

Nichtmetallisch-anorganische Baustoffe

sind Naturstein, Mörtel und Beton aus anorganischem Zuschlag und Bindemittel, Glas und Keramik.

Organische Baustoffe

umfassen Holzwerkstoffe, bituminöse Stoffe (Bitumen, Teer, Asphalt) und Kunststoffe.

Leichtbaustoffe

mit vergleichsweise niedriger Rohdichte (Dichte) sind z. B. Leichtmörtel, Leichtbeton, Leichtziegel, Leichtmetall (Aluminium), Schaumstoff.

§ 5 Bautechnik und Baumängel

■ **Schwere Baustoffe**

mit vergleichsweise hoher Dichte (Rohdichte) sind Schwerbeton, Schwerzuschlag, Schwermetalle (Blei, Kupfer, Zink).

■ **Verbundbaustoffe**

werden zur Erzielung besonderer Eigenschaften wie hoher Tragfähigkeit oder Wärmedämmung aus mehreren Stoffen zusammengesetzt. Bewehrte Verbundbaustoffe mit Bewehrung in Form von Stäben oder Fasern sind z. B. Stahlbeton, Spannbeton, Faserbeton, faserverstärkter Kunststoff, Faserzement oder Asbestzement. Als geschichteter Verbundbaustoff können mehrschaliges Mauerwerk, Sandwichplatten usw. gelten.

■ **Künstliche Baustoffe**

werden aus Rohstoffen durch Wärme- oder chemische Behandlung hergestellt. Hierzu gehören z. B. Stahl, Zement, Glas und Keramik.

■ **Natürliche Baustoffe**

werden aus natürlichen Vorkommen, oft unter mechanischer Bearbeitung gewonnen, u. a. Bauholz, Kies, Kiessand, Sand, Naturstein, Lehm (Erdbaustoffe).

■ **Grundbaustoffe**

sind die Ausgangsstoffe für Baustoffe, die erst auf der Baustelle hergestellt werden.

■ **Kunstbaustoffe**

sind künstlich hergestellte Baustoffe, die den natürlichen Baustoffen nachempfunden sind, z. B. Kunstmarmor, Kunststein, Kunstholz.

Aus der Sicht der Herstellung von Bauteilen und Bauwerken sind Baustoffe eher als Grundbaustoffe zu verstehen, die im Rahmen der Bautätigkeit **ver**arbeitet werden. Die Auswahl der Baustoffe für die verschiedenen Baukonstruktionen ist eine planerische Aufgabe, bei der insbesondere deren Eigenschaften zu berücksichtigen sind. Dies erfordert einschlägige Kenntnisse und Erfahrungen über die Baustoffe selbst, aber auch Kenntnisse und Erfahrungen über die Anforderungen, die die Bauteile und Bauwerke später an die Baustoffe stellen. Diese komplexe Planungsaufgabe wird nicht zuletzt auch durch die Baukosten erschwert.

I. Mauersteine

46 Sammelbegriff für die zum Mauern von Wänden usw. bestimmten natürlichen oder künstlich hergestellten Bauelemente:

■ **Natursteine**

bilden die feste Erdkruste. Sie sind primär durch Abkühlung des Magmas (Gesteinsschmelze) entstanden.

Sie werden u. a. verwendet als Zuschläge für Mörtel und Beton, als Naturwerkstein für Massiv- und Verblendmauerwerk, für Fassadenbekleidungen, Bodenbeläge, Fensterbänke. Im Straßenbau als Schotter, Splitt und Mineralbeton (abgestuftes Korngemisch aus gebrochenem Gestein ohne Bindemittel). Im Eisenbahnbau als Gleisbettungsstoff (Schotterbett). Als Ausgangsmaterial für die Herstellung anderer Baustoffe, wie z. B. Zement, Kalk, Gips, Ton für Ziegel und andere keramische Erzeugnisse.

Es werden unterschieden: Tiefengesteine: z. B. Granit, Syenit, Dorit Gabbro; alte Ergußgesteine: z. B. Quarzporphyr, Diabas; junge Ergußgesteine: z. B. Basalt, Trachyt (Traß ist ein Trachyttuff), Naturbims; Ganggesteine: z. B. Granitporphyr; verfestigte Sedimentgesteine: z. B. Sandstein, Tonschiefer; Tuffgesteine: z. B. Travertin.

■ **Mauerziegel**
werden aus Ton, Lehm oder tonigen Massen mit oder ohne Zusatz von porenbildenden Stoffen geformt und gebrannt. Ziegelarten: Vollziegel (Mz Kurzzeichen), Vormauervollziegel (VMz), Hochlochziegel (HLz), Leichthochlochziegel (LLz).

■ **Klinker**
sind bis zur Sinterung (Schmelzen) der Oberfläche gebrannte Mauerziegel hoher Festigkeitsklasse. Sie sind frostbeständig. Noch höhere Anforderungen werden an Keramikklinker gestellt. Klinkerarten: Vollklinker (KMz), Hochlochklinker (KHLz), Keramikhochlochklinker (KHK),

■ **Kalksandsteine**
(Ks) sind Mauersteine aus Kalk als Bindemittel und überwiegend quarzhaltigen Zuschlagstoffen, die nach Mischen und Pressen unter Dampfdruck gehärtet werden. Steinarten: Vollsteine, Lochsteine Blocksteine, Hohlblocksteine, KS-Vormauersteine, KS-Verblender.

II. Beton

Beton ist ein künstlicher Stein, der aus einem Gemisch von Zement, Zuschlag (Kies u. Sand) und Wasser besteht. Verschiedene Zementarten und Zusatzmittel können den Abbindeprozess (Hydratation) verzögern oder beschleunigen. Der Zementleim (Zement + Wasser) setzt die Hydratation in Gang, eine chemische und physikalische Reaktion, bei der Hydratationswärme entsteht und die zur Zementsteinbildung führt. Der noch verarbeitbare Beton wird Frischbeton, der nur mehrere Tage alte Beton wird Jungbeton und der vollkommen erhärtete Beton wird Festbeton genannt. Folgende Betonarten werden unterschieden:

■ **Normalbeton**
Rohdichte 2,0 t/m^3 bis 2,8 t/m^3. In allen Fällen, wo keine Verwechslung mit Leicht- oder Schwerbeton möglich ist, wird er als Beton bezeichnet.

■ **Leichtbeton**
Rohdichte bis 2,0 t/m^3. Durch Leichtzuschlagstoffe, z. B. Bims (Naturbims, Hüttenbims) wird das Betongewicht reduziert.

■ **Schwerbeton**
Rohdichte über 2,8 t/m^3. Durch schwere Zuschlagstoffe wird das Betongewicht erhöht.

■ **Beton B I**
Kurzbezeichnung für Beton der Festigkeitsklasse B 5 bis B 25, wobei die Zahl die Nenndruckfestigkeit in N/mm^2 angibt.

■ **Beton B II**
Kurzbezeichnung für Beton der Festigkeitsklasse B 35 bis B 55. In der Regel ein Beton mit besonderen Eigenschaften, der umfangreichere Prüfverfahren an der Baustelle erfordert.

■ **Baustellenbeton**
Beton der an der Baustelle gemischt wird.

■ **Transportbeton**
auch **Lieferbeton** genannt, wird außerhalb der Baustelle in einem Transport- bzw. Lieferbetonwerk gemischt und in speziellen Transportbetonfahrzeugen an die Baustellen geliefert. Transportbeton ist heute die verbreitetste Herstellungsart.

■ **Frischbeton**
heißt der Beton, solange er noch verarbeitet werden kann.

■ **Festbeton**
wird der erhärtete Beton genannt.

■ **Ortbeton**
wird der Beton genannt, der an der Baustelle vor Ort als Frischbeton in seine endgültige Lage gebracht wird. Das Gegenstück ist der Fertigteilbeton, der im Fertigteilwerk als Frischbeton eingebaut, das Fertigteil nach dem Erhärten des Betons noch zur Baustelle gebracht wird.

■ **WU-Beton**
ist die Abkürzung für wasserundurchlässigen Beton, an dem als Beton mit besonderen Eigenschaften (B II) verschiedene Prüfverfahren durchgeführt werden.

■ **Spritzbeton**
ist ein Beton, der in einer geschlossenen, überdruckfesten Schlauch- und/oder Rohrleitung zur Einbaustelle gefördert wird und dort durch Spritzen aufgetragen und dabei verdichtet wird.

■ **Stahlbeton**
ist ein Verbundbaustoff aus Beton und Stahl (Betonstahl). Bauteile aus Stahlbeton sind in der Lage, durch das Zusammenwirken von Beton (Druckkraftaufnahme) und dem Bewehrungsstahl (Zugkraftaufnahme) große Biegebeanspruchungen aufzunehmen. Durch den nahezu gleichen Wärmeausdehnungskoeffizienten „vertragen" sich beide Baustoffe in nahezu idealer Weise. Allerdings ändert der Zementstein durch die Einwirkung von Wasser und Kohlensäure aus der Luft seine Schutzwirkung gegen die Korrosion des Bewehrungsstahles (Karbonatisierung), so dass bei zu geringen Betonüberdeckungen die Stahleinlagen bald zu rosten beginnen.

■ **Spannbeton**
ist ein Beton, der durch die Eintragung von Druckkräften in einen Druckspannungszustand versetzt wird, der die Zugspannungen im Bauteilquerschnitt aus äußeren Belastungen, Temperatureinwirkungen usw. in einem bestimmten Umfang aufhebt. Damit ist der Spannbeton in der Lage, größere Zugspannungen aufzunehmen, als sog. schlaff bewehrter Beton. Zur Erzeugung der Druckkräfte werden die Spannstahleinlagen vorgespannt und gegen den Beton verankert.

■ **Faserbeton**
ist ein Beton, in den Stahl-, Glas- oder Kunststofffasern eingearbeitet werden, um das Riss- und Bruchverhalten zu verbessern. Die Fasern wirken als Bewehrung.

■ **Fließbeton**
ist ein Beton, dem Fließmittel (FM) zugesetzt werden, um seine Konsistenz zu verflüssigen, d. h. ihn besser verarbeitbar zu machen.

■ **Vakuumbeton**
ist ein Beton, dem unmittelbar nach dem Einbau überschüssiges Anmachwasser und Luft durch Unterdruck entzogen werden.

■ **Porenbeton**
ist ein Beton, in dem durch Treibmittel bei der Herstellung künstliche Poren erzeugt werden. (Gasbeton)

■ **Gasbeton**
dampfgehärtet, ist ein feinporiger Beton, der aus Zement und/oder Kalk als Bindemittel und fein gemahlenen oder feinkörnigen, kieselsäurehaltigen Stoffen unter Verwendung von gasbildenden Zusätzen und Wasser in gespanntem Dampf gehärtet wird. Aus Gasbeton (neuere Bezeichnung Porenbeton) werden Blocksteine, Plansteine, Wandplatten und Deckenplatten hergestellt. Dach- und Deckenplatten werden mit Stahleinlagen bewehrt. Bekannte Hersteller sind Hebel und Yton.

- **Zuschlag**

wird das Gesteinsgemenge genannt, das dem Beton zusammen mit Zement und Wasser beigemischt wird.

- **Zement**

ist ein fein gemahlenes hydraulisches Bindemittel für Mörtel und Beton. Zement erhärtet, mit Wasser angemacht, sowohl an der Luft als auch unter Wasser und bleibt auch unter Wasser fest. Je nach den mineralischen Anteilen wird zwischen verschiedenen Zementarten unterschieden: Portlandzement, Eisenportlandzement, Hochofenzement, Trasszement. Aus Naturzement (Kalkmergel) haben bereits die Römer betonartigen Kunststein hergestellt.

III. Mörtel

Mörtel sind Gemische aus mineralischen Bindemitteln (z. B. Zement, Baukalk, Baugips, Anhydritbinder) oder mehreren miteinander verträglichen mineralischen Bindemitteln und mineralischen Zuschlägen von bis zu 4 mm Korngröße, die mit Wasser angemacht werden und dann erhärten. Baugipse und Anhydritbinder können auch ohne Zuschläge verarbeitet werden. Mörtel für Oberputz kann je nach der gewünschten Oberfläche auch gröberes Korn enthalten.

- **Trockenmörtel**

ist ein Gemisch eines oder mehrerer Bindemittel mit Zuschlägen **ohne** Anmachwasser.

- **Frischmörtel**

ist ein verarbeitbarer, noch nicht erstarrter Mörtel.

- **Zementmörtel**

Mörtel mit Zement als Bindemittel.

- **Kalkmörtel**

Mörtel aus Baukalk mit natürlichen oder künstlichen Sanden als Mauer- und Putzmörtel.

- **Kalkzementmörtel**

Mörtel mit Kalk und Zement als Bindemittel.

- **Spritzmörtel**

ist ein Zementmörtel mit Zuschlag bis höchstens 4 mm, der wie Spritzbeton hergestellt und verarbeitet wird.

- **Mauersand**

ist ein von abschlämmbaren Bestandteilen weitgehend freier Sand der Kornklasse 0–3 mm, der als Gerüstbildner (tragendes Korngerüst nach dem Erstarren) und als Magerungsmittel bei der Mörtelherstellung verwendet wird. (Bei zu viel Bindemittel spricht man von einem zu „fetten" Mörtel)

- **Mischbinder**

ist ein hydraulisches Bindemittel, das durch gemeinsames werkmäßiges Feinmahlen von vorwiegend mineralischen Stoffen hergestellt wird. Der mit einem Mischbinder und Wasser angemachte Mörtel erhärtet sowohl an der Luft als auch unter Wasser und bleibt auch unter Wasser fest.

- **Anhydritbinder**

sind nichthydraulische Bindemittel (Luftmörtelbinder), die fabrikmäßig durch gemeinsames Vermahlen von natürlichen oder künstlichem Anhydrit (wasserfreier Gips, $CaSO_4$) und Anregern (Abbindebeschleunigern) hergestellt werden. Anhydritbaustoffe dürfen keiner ständigen Feuchtigkeitseinwirkung ausgesetzt werden.

■ **Baugips**

Baugipse sind anorganisch-mineralische Stoffe (Gips = $CaSO_4 \bullet 2H_2O$ = kristallwasserhaltiges Calciumsulfat = schwefelsaurer Kalk). Baugips erhärtet nach dem Anmachen mit Wasser und wird je nach Anwendung bezeichnet mit: Ansetzgips, Putzgips, Maschinenputzgips, Fertigputzgips, Spachtelgips, Stuckgips. Gipsbaustoffe dürfen keiner ständigen Feuchtigkeitseinwirkung ausgesetzt werden.

IV. Kunststoffe

49 Kunststoffe sind Materialien, deren wesentliche Bestandteile aus makromolekularen organischen Verbindungen bestehen und die synthetisch oder durch Abwandlung von Naturprodukten entstehen. Nach ihrer Bildungsweise unterscheidet man abgewandelte Naturstoffe, Polykondensate, Polymerisate und Polyaddukte. Hinsichtlich ihres physikalischen Verhaltens werden sie in Thermoplaste und Duroplaste sowie Elastomere eingeteilt.

■ **Acrylharze PMMA**

PMMA (Acrylglas), Polymethylmethacrylester ist mit $\rho = 1,18$ g/cm^3 halb so schwer wie Fensterglas, ist glasklar, hochglänzend und ziemlich hart, aber nicht kratzfest wie Mineralglas. Es altert nicht. Verwendung: Lichtdurchlässige, auch farbige Platten, Stegdoppelplatten, Wellplatten, splittersichere auch schusssichere Scheiben, Lichtkuppeln, Badewannen, Waschbecken, Reaktionsharzbeton und -mörtel. Handelsnamen sind: Plexiglas (Röhm), Resarit (Resart), Deglas, Degalan (Degussa).

■ **Glasfaserverstärkte Kunststoffe GFK**

Durch die Einbettung von Glasfasern lassen sich die mechanischen Eigenschaften von Kunststoffen verbessern, insbesondere die Festigkeit steigern. Von bautechnischem Interesse und großer wirtschaftlicher Bedeutung ist die Glasfaserverstärkung von Polyesterharzen (UP-GF) und auch von Epoxidharzen (EP-GK).

■ **Epoxidharze EP**

haben relativ große Härte und Abriebfestigkeit und haften gut auf fast allen Untergründen. Sie werden im Bauwesen als Lack- und Gießharze, als Injektionsharz zum kraftschlüssigen Verpressen von Rissen, als Bindemittel für Beschichtungen und zur Herstellung von Kunstharzbeton und Kunstharzmörtel verwandt. Bei Sanierungsarbeiten an geschädigten Betonteilen erfüllt der ECC (Epoxid-Cement-Concrete) hohe Anforderungen an den Haftverbund zum Altbeton. Handelsnamen sind: Lekutherm (Bayer), Epocast, Araldit (Ciba-Geigy), Epikote (Shell); Klebstoff: Uhu-Plus (Uhu-Werk); Pattex Stabilit (Henkel); Injektionsharze: Krylon VI (Caramba), Erolan-FK Injekt (Deitermann).

■ **Instandsetzungsmörtel**

kommen zur Sicherung des Korrosionsschutzes insbesondere auf der Basis von kunststoffmodifizierten Zementmörteln zum Einsatz.

PCC: polymer cement concrete
SPCC: Spritzfähiger PCC

■ **Kunstharze**

sind durch Polymerisation, Polyaddition oder Polykondensation gewonnene Harze, die ggf. durch Naturstoffe (fette Öle, Naturharze u. ä.) modifiziert sind. Unter Kunstharzen versteht man auch durch chemische Umsetzung (Veresterung, Verseifung u. a.) veränderte Naturharze. Im Gegensatz zu den Naturharzen kann ein großer Teil der Kunstharze durch Vernetzung in Duroplaste übergeführt werden.

■ **Polyethylen PE**

wird aus Ethylengas durch Polymerisation hergestellt. Es ist als Folie transparent bis milchig durchscheinend und hat eine wachsartige Oberflächenbeschaffenheit. Verwendung als Folien (PE-

Folien), Dichtungsbahnen, Rohre, Beschichtungen anderer Werkstoffe. Handelsnamen sind: Hostalen (Hoechst), Vestolen A (Hüls).

■ Polystyrol PS

ist glasklar mit Oberflächenglanz, relativ hart, aber nicht kratzfest und spröde. Polystyrol-Hartschaum (PS-Schaum) wird zunächst als treibmittelhaltiges Granulat vorgeschäumt und in einer zweiten Stufe unter Dampfeinwirkung in Formen oberflächlich erweicht und weiter aufgebläht, so dass ein zusammenhängender Partikelschaumstoff mit überwiegend geschlossener, zähharter Zellstruktur entsteht.

Die Rohdichten liegen bei ρ = 15 kg/m^3 bis 40 kg/m^3. Die Verwendung erfolgt als Dämmstoffe für die Wärmedämmung und für die Trittschalldämmung bei schwimmenden Estrichen, für Dränplatten, zur Herstellung von Aussparungen in Betonbauteilen, für Verbundplatten, als Verpackungsmaterial u. a. m. Handelsnamen sind: Styropor (BASF), Styrodur (BASF), Styrofoam (Dow Chemical). Speziell für Zwecke der Bodenauflockerung gibt es Hartschaumflocken unter dem Handelsnamen Styromull (BASF).

■ Polyurethane PUR

sind Polyadditionsprodukte, die je nach Vernetzungsgrad hart- oder gummielastisches Verhalten aufweisen, das über größere Temperaturbereiche wenig verändert bleibt. Die Harze haften gut auf verschiedenen Untergründen. Sie finden Verwendung als Gießharze, Streich- und Spachtelmassen, als Hart- und Weichschaumstoffe, z. B. Moltopren (Bayer), als Blöcke und Platten, als Rohrisolierung, in der Wärme- und Kältetechnik, als Zweikomponenten-Fugendichtstoff (2K) für die Abdichtung von Dehnungs- und Anschlußfugen. Auf der Basis von Polyurethan-Teer ist es ein Dichtstoff mit guter Flankenhaftung in Betonfugen und -rissen, mit Druckwasserstabilität und Resistenz gegen chemische Beanspruchungen.

■ Polyvinylchlorid PVC

ist ein hochmolekularer thermoplastischer Kunststoff.

Das nicht weich gemachte **PVC hart** lässt sich gut schweißen, einfärben, in der Wärme leicht verformen und auch spanend bearbeiten. Verwendung als Rohre und Formstücke für die Wasserversorgung und Entwässerung, Gasversorgung, Dränrohre, Profile, Fassadenbekleidungen, Folien, Behälter, Dachrinnen u. a. m. Handelsnamen sind: Hostalit (Hoechst), Vinnol (Wacker), Vinoflex (BASF), Trosiplast (Dynamit Nobel).

PVC weich wird durch sog. Weichmacher weich eingestellt, so dass es sich bei Gebrauchstemperaturen im thermoplastischen Zustand befindet. Verwendung als Schläuche, Folien, Abdichtungsbahnen, Profile, Fugenbänder, Isolierbänder, Blechbeschichtungen, Fußbodenbeläge, Weichschaumstoff u. a. m. Handelsnamen sind: Trocal (Dynamit AG), Delifol (DLW), Rhenofol (Braas).

PVC-Brandgase haben eine schädigende Auswirkung auf den ungeschützten Stahl in Baukonstruktionen. Bei Temperaturen von über 120 °C wird gasförmiger Chlorwasserstoff abgegeben, der in Verbindung mit feuchter Luft einen Salzsäurenebel bildet. Bei größeren Konzentrationen dringen Chloridionen in den Beton ein und lösen an den Bewehrungsstäben Lochfraßkorrosion aus.

V. Sonstige Baustoffe

Weitere wichtige Baustoffe sind in alphabetischer Reihenfolge aufgeführt:

■ Asbest

ist ein Magnesium-Hydrosilikat, das durch Umwandlung aus silikatischen Gesteinen entstanden ist. Anwendungsbereiche sind: Bautafeln und -platten und Rohre aus Asbestzement, Hitzeschutzbekleidung, Dichtungen, Brems- und Kupplungsbeläge u. a. Asbest ist ein nichtbrennbarer Baustoff der Klasse A 1 und hitzebeständig bis 300 °C, kurzzeitig bis 400 °C.

Gesundheitsschädlich sind Asbestose und Feinstaubfasern mit weniger als 3 µm Durchmesser und 5 bis 500 µm Länge, die beim Einatmen in die Lunge gelangen und, durch die ständige Reizung, Lungenkrebs erzeugen können. Die Gefährdung geht **nicht vom Bauteil**, sondern von dem Fasergehalt in der Luft aus, der früher in der verarbeitenden Industrie bei 200 Faser/cm^3 und höher lag. Seit 1982 ist als Technische Richtkonzentration (TRK) 1 Faser/cm^3 Luft festgelegt. Bei der Herstellung von Asbestzement sind inzwischen ausreichende Schutzmaßnahmen zur Einhaltung der TRK getroffen worden. Beim Verarbeiten und Sanieren von Asbestzement auf der Baustelle sind die Unfallverhütungsvorschriften „Schutz gegen gesundheitsgefährlichen mineralischen Staub" (VBG 119) zu beachten. Es dürfen nur zugelassene Arbeitsgeräte verwendet werden, die keinen Feinstaub erzeugen (z. B. keine Trennschleifer). Eine Umweltbelastung durch abgewitterte Asbestfasern ist nicht festgestellt worden.

■ Asphalt
ist ein Gemisch von Bitumen und Mineralstoffen. Asphalte werden vorwiegend technisch hergestellt und für Straßenbauzwecke verwendet. Solche Asphalte sind Sandasphalt, Asphaltbeton, Gussasphalt, Asphaltmakadam, Asphaltmastix.

■ Bauglas
Sammelbegriff für alle im Bauwesen verwendeten Glaserzeugnisse (früher „Tafelglas"). **Flachglas** ist die Bezeichnung für alle in Tafelform hergestellten Gläser.

■ Baukalk
ist ein aus Kalkstein, Dolomitstein oder Kalkmergelstein gebrannter und gelöschter Kalk. Baukalke werden vorwiegend zur Zubereitung von Mauer- und Putzmörtel verwendet.

■ Bauschnittholz
nennt man Erzeugnisse, die durch das Aufschneiden des Rundholzes entstehen: Bohle, Brett, Latte, Kantholz.

■ Baustahl
Allgemeine Baustähle sind unlegierte und niedriglegierte Stähle, die üblicherweise in warmverformtem Zustand, auch nach einem Normalglühen oder nach einer Kaltverformung im Wesentlichen aufgrund ihrer Zugfestigkeit und Streckgrenze im Hochbau, Tiefbau, Brückenbau, Wasserbau, Behälterbau usw. verwendet werden.

■ Betonstahl
Betonstahl oder Bewehrungsstahl ist ein Stabstahl mit kreisförmigem oder nahezu kreisförmigem Querschnitt, der zur Bewehrung von Beton (Stahlbeton) geeignet ist. Er nimmt im Stahlbetonbauteil die Zug- Scher- und Biegezugspannungen auf und trägt bei hochbelasteten Querschnitten auch zur Erhöhung der Druck-Tragfähigkeit bei. Zur Herstellung eines guten Haftverbundes mit dem Beton ist die Oberfläche mit Rippen oder Schrägrippen profiliert. Betonstahlarten sind: Rundstahl (glatte Oberfläche), Rippenstahl (gerippte Oberfläche).

■ Betonstahlmatte
Betonstahlmatten, Bewehrungsmatten, „Baustahlgewebe"-Matten (Herstellerbezeichnung der Baustahlgewebe GmbH), sind werkmäßig vorgefertigte Bewehrungselemente aus sich kreuzenden gerippten Bewehrungsstäben, die an den Kreuzungsstellen durch Widerstands-Punktschweißung scherfest miteinander verbunden sind.

Lagermatten werden auf Lager gehalten und haben festgelegte Stahlquerschnitte. Die Mattenabmessungen betragen 5,00 x 2,15 m bzw. 6,00 x 2,15 m.

Q-Matten haben in der Längs- und in der Querrichtung den gleichen Stahlquerschnitt. Der Stababstand beträgt 150 mm. Die Bezeichnungen lauten Q131, Q188, Q221, Q257, Q377, Q513. Q steht für **Q**uadrat, die Zahl gibt den Stahlquerschnitt in mm^2 je Meter Mattenbreite an.

R-Matten sind für einachsige Bewehrungen vorgesehen. Die Längsstäbe haben einen Abstand von 150 mm, die Querstäbe einen von 250 mm. Die Bezeichnungen lauten R131, R188, R221, R257, R317, R377, R443, R513, R589. R steht für **R**echteck, die Zahl gibt den Stahlquerschnitt in mm^2 je Meter Mattenbreite für die Längs- (Trag-) richtung an.

Listenmatten haben einen speziellen Aufbau und werden auf Bestellung im Werk nach Baumass gefertigt. Die Mattenabmessungen betragen bis zu 12,00 m Länge und bis zu 2,45 m Breite (Straßentransport).

■ Bitumen und Steinkohlenteerpech

sind die bei der Aufbereitung von Erdölen (Bitumen) bzw. von Steinkohle gewonnenen dunkelfarbigen, halbfesten bis harten, schmelzbaren, hochmolekularen Kohlenwasserstoffgemische und die in Schwefelkohlenstoff löslichen Anteile der Naturasphalte. Im heißflüssigen Zustand benetzen sie gut Gesteinskörner (Mineralstoffe), Metalle, organische Fasern und andere Stoffe. Beim Abkühlen nehmen sie ihre ursprüngliche Beschaffenheit wieder an, wobei die Haftung mit den vorher benetzten Stoffen (Adhäsion) erhalten bleibt. Deshalb werden sie auch als Bindemittel bezeichnet. Die Verklebung und die Unlöslichkeit in Wasser wird im Bauwesen vielfältig genutzt. Allgemeine Bezeichnung: Bituminöse Stoffe. Verwendung im Straßenbau: Bitumenkies, Asphalt, Teerasphaltbeton, Teerbeton, zur Herstellung von Tragschichten. Verwendung in der Abdichtungstechnik: Bitumenpappe, Bitumendachpappe, Teerpappe, Teerdachpappe, Bitumenanstrichmittel.

■ Dispersionen

sind Verteilungen eines festen Stoffes in einer Flüssigkeit bis zu einer Teilchengröße von 1 μm. (Eine Verteilung mit geringerer Teilchengröße als 1 μm zählt bereits zu den **kolloiden Lösungen**, einer Verteilung die bis zu Molekülkomplexen geht.) Im Bauwesen werden Kunststoffdispersionen und Pigmente als Anstrichstoffe verwendet, z. B. Kunststoffdispersionsfarben (im Sprachgebrauch auch **Dispersionsfarben** oder **Binderfarben** genannt).

■ Dünnbettmörtel

sind Zementmörtel mit Sand bis 1 mm Korngröße sowie Zusätzen, wobei der Anteil organischer Stoffe auf 2 Massen-% begrenzt ist. Die Zusätze haben u. a. die Aufgabe dafür zu sorgen, dass dem Zement das zur Hydratation notwendige Wasser nicht vorzeitig aus dem Mörtel entzogen wird. Sie werden als Werk-Trockenmörtel geliefert und wegen dünner Fugen zum Mauern von Plansteinen mit geringen Maßtoleranzen verwendet.

■ Eisen und Stahl

Eisen wird im Bauwesen als Gusseisen, Stahlguss und Walz- und Schmiedestahl verwendet, wobei der Walzstahl den Hauptanteil darstellt. Gusseisen und Stahlguss werden unter dem Oberbegriff Gusswerkstoffe zusammengefasst. Gusseisen zeichnet sich gegenüber Stahl und Stahlguss durch seine geringere Korrosionsempfindlichkeit, gute Bearbeitbarkeit und praktisch beliebige Umrissgestaltbarkeit aus.

■ Emulsionen

sind feine Verteilungen eines flüssigen Stoffes in einer anderen Flüssigkeit, ohne in dieser löslich zu sein. Die Grenze zwischen einer kolloiden Lösung und einer Emulsion liegt, wie bei den Dispersionen, bei einer Teilchengröße von 1 μm. Das natürliche Vorbild für eine beständige Emulsion ist die Milch. Emulsionen werden im Bauwesen vielfach angewendet, z. B. wässerige **Bitumen-** oder **Teeremulsionen**; **Emulsionsfarben**, aus einer Bindemittelemulsion und Pigmenten bzw. aus Füllstoffen hergestellter Anstrichstoff.

■ Estrich

ist ein fugenloser Bodenbelag aus Bindemitteln und Zuschlägen. Je nach Art des Bindemittels gibt es Zementestrich (ZE), Anhydritestrich (AE), Magnesiaestrich (ME). Nach der Einbauart werden unterschieden: Schwimmender Estrich: auf Dämmstoffen aufgebrachter Estrich. Verbundestrich: mit dem tragenden Untergrund, z. B. Betonrohplatte, verbundener Estrich. Estrich auf Trennschicht: auf einer dünnen Trennschicht (Folie) vom tragenden Untergrund aufgebrachter Estrich.

53 ■ **Gipskartonplatten**
sind Platten aus modifiziertem Stuckgips, die mit Karton ummantelt sind und ab 12,5 mm Dicke hergestellt werden. Gipskarton-Bauplatten B (GKB): Wand- und Deckenbekleidungen auf Unterkonstruktionen und als Ansetzbauweise. Gipskarton-Bauplatten F (GKF): Feuerschutzplatten. Gipskarton-Bauplatten B imprägniert (GKBI), Gipskarton-Bauplatten F imprägniert (GKFI): wasserabweisend imprägnierte Platten, erkennbar an der grünlichen Farbe des Kartons. Hersteller sind: Rigips-Baustoffwerke, Westdeutsche Gipswerke Gebr. Knauf.

■ **Glaswolle**
wird als nicht verspinnbare Glasfasern nach dem Trommelzieh-, Schleuder- oder Düsenblasverfahren hergestellt. Sie wird hauptsächlich für die Wärme- und Schalldämmung verwendet. Glaswolle selbst ist nicht brennbar, doch bewirken Kunstharzbinder oder Papierkaschierungen die Einordnung in die Baustoffklassen A2 oder B1.

■ **Glasfaser, Schaumglas**
ist eine bei 1000 °C erhitzte Glasmasse besonderer Zusammensetzung, die eine geschlossene Zellstruktur ohne kapillare Verbindungen bildet. Als chemikalienbeständiger Wärmedämmstoff ist er unbrennbar (Baustoffklasse A1), von -260 bis +430 °C anwendbar, feuchtigkeitsbeständig und wasserdampfdiffusionsundurchlässig. Herstellerprodukte sind: Foamglas, Coriglas.

■ **Haftbrücke**
ist eine Schicht, die die Haftung eines Putzes, Estrichs oder einer Beschichtung auf dem Untergrund verbessern soll.

■ **Suspension**
ist ein disperses (fein verteiltes) System aus unlöslichen kleinen Feststoffteilchen oberhalb kolloidaler Größe, die in der Flüssigkeit unter dem Einfluss der Schwerkkraft allmählich zu Boden sinken (z. B. Kalkmilch). Das Suspendieren geschieht in Rührwerken oder auch durch Aufschlämmen (Ton).

VI. Schadensrisiken

54 Die Schadensrisiken bestehen insbesondere in der falschen Auswahl der vorgesehenen Baustoffe, der fehlerhaften Verarbeitung und einer nicht vorgesehenen Beanspruchung. Die Fehlermöglichkeiten im Planungs- und Ausführungsbereich sind deshalb entsprechend vielfältig.

Eine häufige Schadensursache ist die Nichtbeachtung von unterschiedlichem Dehnungs- und Schwindverhalten verschiedener Baustoffe.

Allgemeines zum Schwindvorgang von bindemittelgebundenen Baustoffen

Als sog. **Schwinden** wird die Volumenverkleinerung eines Baustoffes während seiner Austrocknung bezeichnet. Allgemein bekannt ist das Schwinden von Holz, das durch seine verhältnismäßig starke Verkürzung quer zur Faserrichtung zu starken Längsrissen neigt.

Auch **bindemittelgebundene Baustoffe** wie Beton, Zement- und Kalkmörtel, Beton-, Bims- und Kalksandsteine sind je nach Herstellungsbedingungen einem mehr oder weniger großen Schwindprozess ausgesetzt. Dies ist immer mit Verkürzungen des betreffenden Bauteiles verbunden, wobei sich bei Balken, Stützen usw. die Verkürzung geometrisch in der Bauteillänge und bei Platten und Wänden in der Fläche, also in Länge und Breite bzw. Länge und Höhe, auswirkt.

Das Schwinden ist ein langwieriger Vorgang, dessen zeitlicher Verlauf sehr stark von der wirksamen Bauteildicke und den Kapillarporen beeinflusst wird. Bei üblichen Bauteildicken ist der größte Teil des Schwindens nach etwa 2 bis 3 Jahren abgeschlossen; bei dickeren Bauteilen erst nach längerer Zeit.

Grundsätzlich verläuft die Schwindverformung eigenspannungsfrei ab, wenn sich das betroffene Bauteil **unbehindert** verkürzen kann. In der Praxis ist dies jedoch selten der Fall, oder es muss schon bei der Planung vorgesehen werden, z. B. durch die Anordnung von Dehnfugen, Gleitlagern, Gleitfolien usw., wobei eine Behinderung aufgehoben oder erheblich herabgesetzt wird.

Wenn die Schwindverkürzung behindert wird – dies kann z. B. durch den kraftschlüssigen Verbund mit anderen Bauteilen geschehen – so wird das betroffene Bauteil unter Zugspannungen gesetzt. An der Stelle, an der diese Zugspannung die Zugfestigkeit des Baustoffes zuerst erreicht, entsteht ein Riss, und die Zugspannungen in dem Bauteil bauen sich wieder ab.

VII. Schadensvermeidung

Die Vielfältigkeit der Schadensrisiken stellt an die verantwortlichen Planer und die an der Bauausführung beteiligten Unternehmer hohe Anforderungen im Hinblick auf die Kenntnisse der zum Einsatz kommenden Baustoffe. Die Praxis zeigt, dass die am Planungs- und Ausführungsprozess Beteiligten oft unzureichende theoretische Kenntnisse und Praxiserfahrungen aufweisen, selbst wenn es sich um altbewährte, bekannte Baustoffe handelt, wie z. B. Beton oder andere bindemittelgebundene Baustoffe. 55

Es ist leider der Fall, dass die Ausbildungsgrundlagen von Architektur- und Bauingenieurstudiengängen nicht ausreichen, um die komplexen Eigenspannungszustände zu erfassen, die durch Schwind-, Kriech- und Temperaturdehnungen in den einzelnen Bauteilen auftreten können und durch die statisch-konstruktiven und festigkeitstechnischen Nachweise i. d. R. nicht erfasst werden.

Das vom Tragwerksplaner aus dem Architektenentwurf entwickelte lastabtragende statische System soll dem tatsächlichen Tragverhalten des Bauwerks weitgehendst entsprechen. Bei ungenügender Beachtung von Verformungsverträglichkeiten zwischen den einzelnen Bauteilen können durch sog. „Zwangkräfte" Schäden auftreten.

Es ist deshalb unumgänglich, dass sich die in der Praxis stehenden Planer der verschiedenen Disziplinen ständig in qualifizierten Seminaren der beruflichen Weiterbildung und im Erfahrungsaustausch mit anderen Fachleuten die entsprechenden Praxiskenntnisse aneignen und weiterentwickeln.

E. Mauerwerksbau

Als Mauerwerk werden alle Bauteile bezeichnet, die aus natürlichen oder künstlichen Steinen hergestellt werden. Aus Mauerwerk führt man vorzugsweise Wände aus. In Sonderfällen auch Deckenkonstruktionen, z. B. als Gewölbe, Stahlsteindecken usw. Überbrückungen von Öffnungen in Wänden sind durch gemauerte Bogenkonstruktionen möglich. Mauerwerk kann grundsätzlich nur Druckkräfte aufnehmen. Alle Konstruktionsarten werden so ausgelegt, dass sie nur Druckkräfte erhalten. Dies ist besonders bei Gewölbe- und Bogenkonstruktionen wichtig. 56

Das Tragverhalten von Mauerwerk wird wesentlich durch den **Mauerverband** geprägt. Nur wenn die einzelnen Mauersteine sich gegenseitig übergreifen, kann sich die Last nach unten ausbreiten und so die Bauwerkslasten möglichst gleichmäßig auf die unteren Wandabschnitte verteilen. Die Übergreifung der Steine muss in der Längsrichtung aber auch in der Querrichtung, also in die Richtung der Wanddicke, erfolgen. Die lange historische Tradition des Maurerhandwerkes hat viele Mauerver- 57 bände entwickelt, die immer den Zweck der Lastausbreitung verfolgen, aber auch als sog. **Zierverbände** für Sichtmauerwerk gestalterische Ziele haben.

Die schwächsten Glieder innerhalb einer Mauerwerkskonstruktion sind die Fugen und hier insbesondere die **Lagerfugen**, die die vertikalen Lasten nach unten weiterleiten und allein die Lagerungsposition der Steine gewährleisten. Altes Mauerwerk hat oft nur deshalb seine Stabilität so lange erhalten können, weil es ohne Fugenmörtel erstellt wurde (z. B. das Zyklopenmauerwerk der Inkas).

I. Natursteinmauerwerk

58 Beim Mauerwerk aus natürlichen Steinen müssen die Grundsätze der Verbandsstruktur ebenfalls beachtet werden. Dies ist hier deshalb schwieriger als beim Mauerwerk aus künstlichen Steinen, da die natürlichen Steine in der Regel kein gleich bleibendes Steinformat aufweisen.

- **Trockenmauerwerk**

Bruchsteine werden ohne Verwendung von Mörtel in richtigem Verband so ineinander gefügt, dass möglichst enge Fugen und kleine Hohlräume entstehen.

- **Bruchsteinmauerwerk, Zyklopenmauerwerk**

Es werden wenig bearbeitete Bruchsteine im ganzen Mauerwerk im Verband satt in Mörtel verlegt.

- **Hammergerechtes Schichtenmauerwerk**

Die Steine erhalten auf mindestens 12 cm Tiefe bearbeitete Lager- und Stoßfugen, die ungefähr rechtwinkelig zueinander stehen.

- **Unregelmäßiges Schichtenmauerwerk**

Die Steine erhalten auf mindestens 15 cm Tiefe bearbeitete Lager- und Stoßfugen, die zueinander und zur Oberfläche senkrecht stehen.

- **Regelmäßiges Schichtenmauerwerk**

Die Steine erhalten auf mindestens 15 cm Tiefe bearbeitete Lager- und Stoßfugen, die zueinander und zur Oberfläche senkrecht stehen. Allerdings darf innerhalb einer Schicht die Höhe der Steine nicht wechseln.

- **Quadermauerwerk**

Die Steine sind genau nach den angegebenen Maßen behauen. Lager- und Stoßfugen sind auf der ganzen Tiefe bearbeitet.

II. Mauerwerk aus künstlichen Steinen

59 Beim Mauerwerk aus künstlichen Steinen sind die Grundsätze der Verbandsstruktur einfacher einzuhalten als bei der Herstellung von Natursteinmauerwerk. Die Steinformate sind nach einem Rastermaßsystem von 6,25 cm ausgerichtet (Siehe Maßordnung). Die zulässige Druckfestigkeit des Mauerwerks richtet sich nach der **Steinfestigkeitsklasse** und der **Mörtelgruppe**.

- **Binderschicht**

Mauerschicht, die nur aus Bindersteinen besteht.

- **Bindersteine**

kurz **Binder** genannt, sind Mauersteine, die senkrecht zur Mauerflucht liegen, – im Gegensatz zum Läuferstein. Sie binden durch die Mauer durch und geben dem Mauerverband in der Querrichtung Halt.

- **Fugen**

Lagerfuge: Waagerechte Fuge zwischen zwei übereinander gemauerten Steinen.

Stoßfuge: Senkrechte Fuge zwischen zwei nebeneinander gemauerten Steinen einer Schicht.

- **Kopf**

Stirnfläche eines Mauersteins. Er ist in der Mauerfläche beim Binderstein sichtbar.

- **Läuferschicht**

Mauerschicht, die nur aus Läufersteinen besteht.

- **Läufersteine**

kurz **Läufer** genannt, sind Mauersteine, die parallel zur Mauerflucht liegen.

- **Mauerverbände**

Die Mauerverbände unterscheiden sich durch die Art des Steinversatzes der verschiedenen Mauerschichten. Übliche Verbände sind: Läuferverband, Binderverband, Blockverband, Kreuzverband, Holländischer Verband, Gotischer Verband, Märkischer Verband.

- **Rollschicht**

Mauerschicht aus Mauersteinen, die mit der schmalen Seitenfläche nach oben stehen.

- **Steinschichten**

Horizontale Steinreihen eines Mauerverbandes.

- **Überbindemaß**

ist das Versatzmaß, um das die Stoßfugen bzw. die Längsfugen von übereinander liegenden Schichten versetzt sein müssen. Es soll nach DIN 1053, Abschnitt 9.3, mindestens 45 mm oder das 0,4-fache der Steinhöhe betragen.

III. Maurerwerkzeug

Folgende Werzeuge werden auf Baustellen mit Maurerarbeiten verwandt, wobei die folgenden Begriffe teilweise auch im handwerklichen Sprachgebrauch zu verstehen sind.

- **Fäustel**

Schwerer Hammer zum Stemmen mit dem Meißel.

- **Fugeisen, Fugenkelle**

Werkzeug aus Stahl mit Holzgriff zum Einbringen und Glattziehen des Fugenmörtels beim Ausfugen der Fugen von Sichtmauerwerk.

- **Glättkelle**

Viereckige Blechtafel mit Handgriff zum Glätten von Putz-, Estrich- oder Betonflächen.

- **Lehre**

Eine Lehre ist im weitesten Sinne eine Vorrichtung (ähnlich wie eine Schablone) aus Holz, Blech usw., die das Einhalten bestimmter Maße ermöglicht, z. B. beim Mauern von Wandöffnungen, beim Abziehen von Putzflächen. Für die Unterstützung einer Bogenmauerung spricht man von einem **Lehrbogen** oder einem **Lehrgerüst** (Schalungsgerüst).

- **Maurerhammer**

wird zum Hacken der Mauersteine in halbe Steine und Viertelsteine benutzt.

- **Maurerkelle**

wird zum Auftragen und Verteilen des Mörtels verwandt. Man unterscheidet Dreieckskelle, Viereckskelle, Spitzkelle.

- **Mauerschnur**
oder **Fluchtschnur** wird straff gespannt als Vorgabelinie für eine Mauerschicht verwandt.

- **Meißel**
Flachmeißel und Spitzmeißel werden zusammen mit dem Fäustel zum Stemmen von Löchern benutzt.

- **Quast**
Breiter, dicker Pinsel zum Aufspritzen (Vornässen) von Steinen, Mauerflächen usw.

- **Reibebrett, Filzbrett**
Sie werden zum Verteilen, Filzen und Abreiben von Putzflächen verwandt.

- **Senklot, Senkblei**
Eisenkegel mit Spitze an einer Schnur zur Bestimmung bzw. Kontrolle der Senkrechten.

- **Wasserwaage**
Gerät zur Bestimmung bzw. Kontrolle der Waagerechten und der Senkrechten.

- **Zollstock**
Zusammenklappbarer Maßstab von insgesamt 2,00 m Länge.

IV. Schadensrisiken

61 Die Schadensrisiken liegen im Bereich der fehlerhaften Planung (Wahl falscher Baustoffe) und der fehlerhaften handwerklichen Ausführung des Mauerwerks. Witterungseinflüsse, wie z. B. große Hitze (frühzeitiges Austrocknen) oder Frost können den Abbindeprozess des Mörtels beeinträchtigen, so dass das Mauerwerk die geforderte Druckfestigkeit nicht erreicht.

V. Schadensvermeidung

62 Die Planung von Mauerwerkskonstruktionen erfordert qualifizierte statische, baustofftechnische und bauphysikalische Kenntnisse:

- **Statik**
Beim Ansatz von Erddruckkräften auf Mauerwerk wird oft mit dem Ansatz des aktiven Erddruckes eine zu geringe Belastung berücksichtigt. Der aktive Erddruck setzt eine Bewegung des Stützbauwerkes, – hier die gemauerte erdberührte Außenwand –, voraus, die nicht gegeben ist. Deshalb muss der sog. Erdruhedruck bei der Belastung von erdberührten Außenwänden berücksichtigt werden.

- **Baustoff**
Bindemittelgebundener Wandbaustoff schwindet und bewirkt Bauteilverkürzungen. Gebrannter Wandbaustoff ist dagegen völlig formstabil. Bei der Kombination dieser beiden Baustoffe in einem Bauwerk entstehen durch das unterschiedliche Verformungsverhalten Risseschäden. Deshalb sind bei der Planung von Mauerwerksbauten die Schwindeigenschaften der Wandbaustoffe zu beachten.

- **Bauphysik**
Die klimatischen Einwirkungen von direkt der Witterung ausgesetzten Außenwänden und vorgesetzten Schalen aus Sichtmauerwerk können zu höheren Beanspruchungen führen, als die statischen Belastungen. Falsch oder unzureichend eingeschätzte Auswirkungen von Schlagregen und Temperaturunterschieden können zu erheblichen Feuchte- und Risseschäden führen. Nur bei Beachtung der hier ablaufenden Vorgänge kann eine fehlerfreie Planungsvorgabe entwickelt werden.

Im Rahmen der Ausführung setzen mängelfreie Maurerarbeiten fachlich qualifizierte Kenntnisse, sowie handwerkliches und manuelles Geschick der Fachkräfte voraus. Dies ist i. d. R. nur durch eine solide Ausbildung zu gewährleisten. Deshalb muss bei der Ausführung von Maurerarbeiten auf den Ausbildungsstand der Arbeitskräfte geachtet werden. In anderen Fachbereichen, – z. B. in der Betoninstandsetzung –, stellen die entsprechenden Ausbildungsnachweise des Fachpersonals ein wichtiges Vergabekriterium dar.

F. Holzbau

Unter dem Begriff „**Holzbau**" werden Planung, Berechnung und Ausführung von Bauwerken aus Holz zusammengefasst. Während der herkömmliche **Fachwerkbau** die Bauteilabmessungen, Holzquerschnitte, Holzverbindungen, Aussteifungsverbände usw. noch weitgehend aus Erfahrungswerten festgelegt hatte, werden beim modernen **Ingenieurholzbau** diese Konstruktionsteile berechnet und gemäß den auftretenden Beanspruchungen bemessen.

I. Allgemeine Fachbegriffe

Folgende Fachbegriffe werden im Holzbau verwandt:

- **Balken**

Kantholz, dessen größte Querschnittsseite mindestens 200 mm breit ist.

- **Baumkante**

Abgerundete Kante bei einem Schnittholz, deren Rundung der ursprünglichen Stammoberfläche entspricht.

- **Bohle**

Schnittholz mit einer Dicke $d \geq 4$ cm; die große Querschnittsseite ist mindestens doppelt so groß wie die kleine. Die üblichen Bohlen auf Baustellen sind 5 cm dick und 25 oder 30 cm breit.

- **Brett**

Schnittholz mit einer Dicke von $0,8 \leq d < 4$ cm und einer Breite $b \geq 8$ cm.

- **Brettschichtholz**

Durch beidseitiges Verleimen von faserparallel laufenden Brettern hergestellte Balken. Durch die mittels Keilzinkung gestoßenen Bretter ergeben sich Endloslamellen, die zu geraden und gekrümmten Balken verleimt werden können. Brettschichtholz dürfen in Deutschland nur Firmen herstellen, die über eine behördliche **Leimgenehmigung** verfügen. Gebräuchlich für Brettschichtholz ist auch die Bezeichnung **Leimholz**.

- **Drehwuchs**

Abweichung der Faserrichtung von der Stammachse. Die **Faserneigung** zeigt sich beim Schnittholz als Abweichung zu den Längskanten. Der Drehwuchs ist bei Schnittholz auch am Verlauf der oberflächlichen Schwindrisse meist gut zu erkennen.

- **Faserrichtung, $\perp$ und $\parallel$**

Man unterscheidet parallel ($\parallel$) und senkrecht ($\perp$) zur Holzfaser als Richtungsangabe für den Kraftangriff, die Druck- oder Zugspannung.

- **fehlkantig**

Bei der Schnittklasse B von Bauschnittholz darf die Breite der Baumkante 1/3 der größten Querschnittsabmessung nicht überschreiten, wobei jede Querschnittsseite mindestens 1/3 frei von der Baumkante sein muss.

- **frisch**

Bauholz gilt als frisch, wenn sein Feuchtegehalt höher liegt als bei halbtrockenem Bauholz.

§ 5 Bautechnik und Baumängel

- **Frühholz**
Der im lebenden Baum während des Frühjahres gebildete Holzmantel, der sich später mit dem Spätholz als Jahresring zeigt.

- **Gleichgewichtsfeuchte**
Der Feuchtegehalt des Holzes, der mit einem bestimmten Umgebungsklima im Gleichgewicht steht.

- **halbtrocken**
Bauholz gilt als halbtrocken, wenn es einen mittleren Feuchtegehalt von höchstens 30 %, bei Querschnitten von über 200 cm^2 von höchstens 35 % hat.

- **Jahresring, Jahrring**
Die gesamte Zuwachsschicht eines Baumes während eines Jahres, die am Querschnitt als Ring erscheint. Ein Jahresring besteht aus dem gut wasserleitenden Frühholz und dem meist dichteren und festeren Spätholz. Diese Dichteunterschiede bewirken deutliche Jahresringgrenzen bei Nadelhölzern und ringporigen Laubhölzern. Je nach dem Jahresniederschlag ergeben sich unterschiedlich dicke Jahresringe, deren charakteristische Folge, – ähnlich wie bei einem Fingerabdruck –, eine Altersbestimmung ermöglicht, wenn Vergleichshölzer vorliegen.

- **Kantholz**
Schnittholz von quadratischem oder rechteckigem Querschnitt mit einer Seitenlänge von mindestens 60 mm. Die große Querschnittsseite ist höchstens dreimal so groß wie die kleine. Kanthölzer, deren größte Querschnittsseite 20 cm und mehr beträgt, werden auch als Balken bezeichnet.

- **Kern, Kernholz**
Innerer Teil des Stammes, der sich durch eine dunklere Färbung, geringeren Wassergehalt, größere Dichte, höhere Festigkeit und natürliche Dauerhaftigkeit von den jüngeren äußeren Schichten (Splint) unterscheidet.

- **Latten (= Leiste)**
Schnittholz mit einer Querschnittsfläche von $A \leq 32$ cm^2 und einer Breite $b \leq 8$ cm.

- **Laubholz**
Holz von Laubbäumen. Es ist strukturell weiterentwickelt als Nadelholz. Die Variation der Laubhölzer bezüglich Zellaufbau, Aussehen, Farbe und Rohdichte (Bereich 0,1 bis 1,2 g/cm^3) ist wesentlich größer als die der Nadelhölzer.

- **Nadelholz**
Holz von Nadelbäumen. Nadelholz ist relativ einfach aufgebaut: Es besteht weitgehend aus gleichartigen Zellen, den Tracheiden. Nadelhölzer kommen in dem Rohdichtebereich von etwa 0,3 bis 0,7 g/cm^3 vor.

- **Ringschäle, Ringrisse**
Ringschäligkeit ist der fehlende Zusammenhalt zwischen zwei Zuwachszonen des Holzes. Die Ringrisse folgen den Jahresringen, treten bereits beim stehenden Stamm auf und können sich im Laufe der Trocknung erweitern.

- **Rundholz**
Rundholz ist ein unentrindeter, entrindeter oder rundgeschälter Stamm bzw. Stammabschnitt.

- **Schnittholz**
Schnittholz wird durch Sägen von Rundholz parallel zur Stammachse hergestellt. Die Einteilung des Bauschnittholzes in Schnittklassen erfolgt anhand der Größe der verbleibenden Baumkante.

■ **Schnittklassen**
Es werden nach DIN 4074, Teil 1, bei geschnittenem Bauholz (Schnittholz) folgende Schnittklassen unterschieden: **S**, scharfkantig; **A**, vollkantig; **B**, fehlkantig und **C**, sägegestreift.

■ **Spätholz**
Der im lebenden Baum gebildete Holzmantel.

■ **Splint, Splintholz**
Im Stamm der äußere, etwa 5 bis 8 cm breite Holzmantel, der im lebenden Baum zur Wasserversorgung der Krone dient.

■ **trocken**
Bauholz gilt als trocken, wenn es einen mittleren Feuchtegehalt von höchstens 20 % hat.

■ **Vollholz**
Entrindetes Rund- oder Schnittholz in seiner unveränderten, gewachsenen Struktur.

II. Fachwerkbauweise

Die Fachwerkbauweise ist eine Skelettbauart, bei der alle Lasten durch Pfosten, Stützen, Streben, Balken usw. aus Holz in den Baugrund übertragen werden. Die Zwischenräume in den Wänden werden durch Ausfachungen verschlossen. Aus der historischen Entwicklung sind z. B. alemannisches, fränkisches und niedersächsisches Fachwerk entstanden. Im Fachwerkbau haben sich zahlreiche Holzverbindungen entwickelt, die dem kraftschlüssigen Zusammenfügen der einzelnen Tragglieder dienen, wie z. B. Blatt-, Kamm-, Zapfen-, Klauen- und Versatzverbindungen.

III. Ingenieurholzbau

Der heutige zimmermannsmäßige Holzbau und der moderne Ingenieurholzbau sind nicht mehr genau abgrenzbar. In beiden Fachbereichen werden die Holzkonstruktionen und Holzverbindungen ingenieurmäßig entworfen, statisch berechnet und bemessen.

■ **Abbund**
Der Abbund oder das Abbinden ist die zimmermannsmäßige Bearbeitung von Bauschnitthölzern auf dem Zimmerplatz oder der Abbundhalle und umfasst sämtliche Arbeitsgänge, vom Aufreißen bis zur einbaufähigen Herstellung der einzelnen Hölzer eines Holzbauwerkes.

■ **Bolzenverbindungen**
Ein Bolzen ist ein Rundstahl mit einem Kopf an einem Ende und einem Gewinde mit Mutter am anderen Ende oder mit Gewinde und Mutter an beiden Enden. Sie werden im Holzbau als Verbindungsmittel eingesetzt, z. B. auch zusammen mit Dübelverbindungen.

■ **Dübelverbindungen**
Im Holzbau wird zwischen **Stabdübeln** und **Einlaß-** oder **Einpreßdübeln** unterschieden. Sie werden an Knotenpunkten zur Kraftübertragung (Scherkräfte) von einem Holzteil auf ein anderes eingebaut.

Stabdübel wirken im Prinzip wie ein Nagel, der beide Holzteile so zusammen spannt, dass sie sich nicht gegeneinander verschieben können. Im historischen Fachwerkbau bestehen sie aus Hartholz.

Einpreßdübel sind runde oder rechteckige Scheiben aus Stahl mit zahn- oder krallenartigen Stiften, die durch eine zentrische Bolzenverbindung beide Holzteile zusammendrücken, wobei die scharfen Krallen in beide Hölzer eingepresst werden und so eine feste, verformungsarme Verbindung entsteht.

Einlaßdübel haben unterschiedliche Formen und werden in vorbereitete Vertiefungen der beiden zu verbindenden Holzteile eingelegt und mit Schraubbolzen oder Klemmbolzen verspannt. Für die verschiedenen Dübelarten liegen in der Regel bauaufsichtliche Zulassungen vor.

- **Holzverbinder**

Holzverbinder sind Stahlblechkonstruktionen, die mit Löchern versehen sind. Sie haben die unterschiedlichsten Formen, um je nach der Verbindungsart die verschiedensten Holzbauteile zu verbinden. Sie werden in der Regel mittels Kammnägeln mit den Holzteilen vernagelt. Für die verschiedenen Holzverbinder liegen in der Regel bauaufsichtliche Zulassungen vor, wobei jeder Kammnagel eine zulässige Kraft aufnehmen darf.

- **Knagge**

Eine Knagge ist eine konsolartige Verstärkung einer Eck- oder Strebenverbindung, die zur Vergrößerung der Anschlussfläche von zwei Holzteilen eingebaut wird.

- **Kopfband**

Ein Kopfband ist eine strebenartige Verstärkung einer Eckverbindung, die vorwiegend am oberen Ende eines Pfostens angebracht wird, um den Anschluss zum horizontalen Balken zu verbessern bzw. biegesteifer zu machen und auch, um damit die Längsaussteifung einer Holzkonstruktion zu verbessern.

- **Kammnagel**

Ein Kammnagel oder Rillennagel ist ein Nagel mit schuppenartigen Rillen, die eine bessere Verzahnung mit dem Holz gegen Herausziehen erzeugen. Es werden auch Kammnägel angeboten, die verharzt sind, um die Verhaftung mit dem Holz noch zu verbessern. Kammnägel werden bei der Befestigung von Holzverbindern verwandt.

- **Nagel**

Drahtstück mit rundem oder auch eckigem Querschnitt, das an einem Ende eine Spitze, am anderen Ende einen Kopf hat. Er dient zur Verbindung von Holzteilen, meistens Bretter.

- **Nagelplatte**

Eine Nagelplatte ist eine Stahlblechplatte, aus der nagelartige Stifte herausgestanzt und rechtwinkelig abgebogen sind. Nagelplatten werden in der Regel bereits im Werk mit Hilfe von Pressvorrichtungen in die zu verbindenden Hölzer – z. B. von einem Bretterbinder – eingepresst.

IV. Schadensrisiken

67 Die Schadensrisiken liegen im Bereich der fehlerhaften Planung, der fehlerhaften handwerklichen Ausführung und dem Einbau von schadhaftem Holz.

V. Schadensvermeidung

68 Die Planung von Dachkonstruktionen im üblichen Wohn- und Geschäftshausbau setzt grundlegende Kenntnisse des handwerklichen Holzbaues voraus und wird i. d. R. von den Zimmereien beherrscht, wenn die Fachkräfte über einen soliden Ausbildungsstand verfügen.

Für die Planung von komplizierten Holzkonstruktionen, insbes. als Tragwerke aus Brettschichtholz (Leimholz), bedarf es i. d. R. Sonderfachleuten aus dem Ingenieurholzbau. Es ist zweckmäßig, die Tragwerksplanung entweder von speziellen Büros für Ingenieurholzbau bearbeiten zu lassen, oder die ausführenden Fachbetriebe übernehmen diese Leistungen selbst, da auch fertigungstechnische Belange die Bauart der Holzkonstruktionen bestimmen. Nicht zuletzt wird der Planungs- und Ausführungsentwurf auch vom Wettbewerb der Fachbetriebe beeinflusst, wobei allerdings auf eine entsprechende fachliche Qualifikation der Anbieter zu achten ist.

Wie in anderen Fachbereichen werden Schäden und Mängel an Holzbauwerken grundsätzlich durch die Kompetenz der beauftragten Ingenieure, ein hohes Ausbildungsniveau im Ausführungsbereich und eine umsichtige, fachübergreifende und konsequente Bauüberwachung minimiert.

G. Stahlbau

„Stahlbau" ist die Bauart, bei der das Bauwerk aus gewalzten Profilstählen und Blechen aus Stahl durch Verschraubungen, Vernietungen, Verschweißungen oder Verklebungen zusammengefügt ist. Der Stahlbau umfasst den Stahlhochbau, Stahlbrückenbau, Stahlwasserbau, Stahlbehälterbau, Stahl-Anlagenbau usw. 69

I. Profilerzeugnisse

Die Formgebung des Stahls erfolgt im Walzwerk. Dabei wird unterschieden zwischen Profilerzeugnissen, Flacherzeugnissen und kaltprofilierten Erzeugnissen für den Stahlleichtbau. Die folgenden Fachbegriffe erläutern die gebräuchlichsten Walzerzeugnisse für den Stahlhochbau. 70

- **Stabstahl**

Als Stabstahl bezeichnet man Erzeugnisse mit vollem und profiliertem Querschnitt, z. B. Rundstahl, Flachstahl (auf allen vier Seiten gewalzt), [-Profile (gesprochen: „U"-Profile) bis zu einer Höhe von weniger als 80 mm, gleichschenklige und ungleichschenklige Winkelprofile und T-Profile. Außerdem gibt es Profile mit Z-förmigem Querschnitt, I-Profile mit Steghöhen unter 80 mm und scharfkantige L-, [- und T-Profile.

- **Formstahl**

Zum Formstahl zählen warmgewalzte I- und [-Profile, deren Steghöhe 80 mm und mehr beträgt.

- **Rohre, Hohlprofile**

Rohre und Hohlprofile gibt es in nahtloser und geschweißter Ausführung.

- **Breitflachstahl**

Breitflachstahl ist scharfkantiger Flachstahl, der auf allen 4 Seiten gewalzt wird. Er hat eine Breite von mindestens 150 mm und eine Dicke von über 4 mm.

- **Bleche**

Bleche werden in zwei Richtungen gewalzt und nach ihrer Dicke unterteilt in:
- Grobblech, Dicke: $\geq 3{,}0$ mm,
- Feinblech, Dicke: $\geq 0{,}5$ mm und $< 3{,}0$ mm,
- Feinstblech, Dicke: $< 0{,}5$ mm.

- **I-Profile**

I-Stahl, I-Träger, (gesprochen „Doppel-T-Profil", „Doppel-T-Stahl" oder „Doppel-T-Träger"), sind schmale I-Profile mit geneigter innerer Flanschfläche. Die Trägerhöhen sind h = 80–600 mm. Die Bezeichnung I 240 bedeutet: „Doppel-T-Träger mit 240 mm Höhe".

- **IPB-Profile**

sind breite I-Träger mit parallelen Flanschflächen und Trägerhöhen von h = 100–1000 mm. Bis zur Profilhöhe von 300 mm beträgt die Profilbreite (= Flanschbreite) ebenfalls 300 mm. Diese Flanschbreite wid bis zum IPB 1000 beibehalten. Die Bezeichnung IPB 240 bedeutet: „Breitflanschträger mit 240 mm Höhe und 240 mm Flanschbreite". (Im Sprachgebrauch der Bauarbeiter wird diese Trägerprofil auch „Peiner" genannt, nach der niedersächsischen Stadt Peine, wo offenbar die ersten Träger mit diesem Profil gewalzt wurden.)

Ackermann

§ 5 Bautechnik und Baumängel

■ **IPBl- und IPBv-Profile**

wurden aus den Trägern der IPB-Reihe entwickelt. Die leichten Profile (IPBl) haben dünnere Flansche und die verstärkten Profile (IPBv) haben dickere Flansche. Sie werden deshalb auch „leichte bzw. verstärkte Breitflanschträger" genannt.

■ **IPE-Profile**

sind mittelbreite I-Träger mit parallelen Flanschflächen und den Trägerhöhen von h = 80–600 mm. Der Buchstabe „E" wurde mit Bezug zu Europa gewählt, so dass auf der Baustelle die Bezeichnung „Europa-Peiner" gebräuchlich ist.

■ **[-Profile, U-Profile**

sind C-förmige Walzprofile, die „U-Profil" gesprochen werden. Sie sind rundkantig und haben geneigte innere Flanschflächen. Die Profilhöhen sind h = 30–400 mm.

■ **L-Profile**

gibt es gleichschenklig und ungleichschenklig. Sie sind rundkantig und werden bevorzugt als Fachwerkstäbe eingesetzt.

■ **T-Profile**

gibt es als hochstegige und als breitfüßige T-Stahl-Profile. Sie werden z. B. als Fenstersprossen für Kittverglasungen verwandt.

■ **Z-Profile**

werden oft als Stahl-Pfetten bei flach geneigten Dächern im Industriebau eingesetzt.

■ **Hohlprofile**

werden als Rohre, quadratische und rechteckige Hohlprofile mit scharfen und abgerundeten Ecken hergestellt. Gebräuchlich sind auch die Bezeichnungen: Vierkantrohr oder Quadratrohr. Sie sind besonders torsionssteif und stabil gegen Knickbeanspruchungen und werden deshalb auch als „Geschlossene Profile" bezeichnet.

■ **Offene Profile**

Sog. „Offene Profile" sind alle Stahlprofile, die **keine** Hohlprofile sind. Diese Unterscheidung hat sich aus dem Umstand ergeben, dass offene Profile im Gegensatz zu den geschlossenen Profilen eine sehr geringe Torsionssteifigkeit haben, sie lassen sich leicht um die Längsachse verdrehen.

II. Verbindungsmittel

71 Verbindungsmittel werden im Stahlbau benötigt, um erstens mehrere Einzelquerschnitte zu einem gemeinsamen Querschnitt zusammenzufassen (z. B. Kastenträger aus mehreren Blechen oder ein Fachwerkstab aus zwei Winkelprofilen), und zweitens, um die einzelnen Tragglieder zu einer Gesamtkonstruktion zu verbinden. Sie müssen so beschaffen sein, dass sie die auftretenden Kräfte sicher übertragen können. Es wird unterschieden zwischen lösbaren und unlösbaren Verbindungen. Unlösbare Verbindungen entstehen durch Schweißnähte oder Niete, lösbare durch Schrauben und Bolzen. Klebeverbindungen befinden sich im Versuchsstadium.

■ **Nietverbindungen**

Nietverbindungen sind im modernen Stahlbau nur noch von untergeordneter Bedeutung. An ihre Stelle sind die Schweißverbindungen, die Verbindungen mit Paßschrauben und die gleitfesten Verbindungen mit hochfesten Schrauben getreten. Der Niet besteht aus einem zylindrischen Bolzen (Nietschaft) und einem angestauchten Kopf (Setzkopf). Bei der Herstellung von Nietverbindungen wird der rotwarme Niet in das vorbereitete Bohrloch eingesetzt und durch Druck oder Schlag aufgestaucht. Die Formung des Schließkopfes erfolgt mit einem „Döpper". Der so geschlagene Niet füllt das Bohrloch satt aus. Beim Erkalten des Nietes entsteht durch die Schaftverkürzung zusätzlich eine

Klemmwirkung, die jedoch rechnerisch unberücksichtigt bleibt. Der richtige Sitz des Nietes wird durch Abklopfen (heller Klang) geprüft.

■ **Schraubenverbindungen**

Schraubenverbindungen sind lösbare Verbindungen. Sie sind besonders für Montageanschlüsse auf der Baustelle geeignet. Es gibt 4 verschiedene Schraubenarten, 3 Festigkeitsklassen und 6 Typen von Schraubenverbindungen:

Schraubenarten
- Rohe Schrauben   (R)
- Paßschrauben   (P)
- Hochfeste Schrauben   (HR)
- Hochfeste Paßschrauben (HP)

Festigkeitsklassen
- Zugfestigkeit   400 N/mm² für R- und P-Schrauben
- Zugfestigkeit   500 N/mm² für R- und P-Schrauben
- Zugfestigkeit 1000 N/mm² für HR- und HP-Schrauben

Schraubenverbindungen
- Scher-Lochleibungs-Verbindung mit Lochspiel   (SL-Verbindung)
- Scher-Lochleibungs-Verbindung ohne Lochspiel   (SLP-Verbindung)
- Gleitfeste-Vorgespannte-Verbindung mit Lochspiel   (GV-Verbindung)
- Gleitfeste-Vorgespannte-Verbindung ohne Lochspiel   (GVP-Verbindung)
- Zugfeste-Verbindungohne Vorspannung   (Z-Verbindung)
- Zugfeste-Verbindungmit Vorspannung   (ZV-Verbindung)

■ **Lochleibung**

Die Flächenpressung, die der Niet- oder Schraubenschaft auf die Lochwandung im Stahlbauteil ausübt, wird Lochleibungsspannung, Lochleibungsdruck oder kurz Lochleibung genannt.

■ **Abscheren**

Niet- und Schraubenschafte werden durch die quer zur Niet- bzw. Schraubenachse wirkende Kraft (Scherkraft) auf Abscheren beansprucht.

■ **Schweißverbindungen**

Schweißverbindungen sind unlösbare Verbindungen. Sie eignen sich gut für Werkstattfertigungen, sind aber für Baustellenverbindungen (Montageanschlüsse) weniger geeignet. Der passgenaue Zusammenbau einzelner Bauteile ist in einer geschraubten Konstruktion durch die Bohrlöcher für die Schrauben an den Anschlußstellen zwangsläufig erfüllt, eine derartige Montagehilfe gibt es bei Schweißverbindungen nicht.

■ **Schweißverfahren**

Die Metallschweißverfahren lassen sich in die beiden Hauptgruppen **Pressschweißen** und **Schmelzschweißen** einteilen.

Beim **Pressschweißen** werden die Werkstücke nur so weit erwärmt, dass sie teigig werden. Die Verschweißung erfolgt dann durch das Zusammenpressen der Teile ohne Verwendung von Zusätzen. Für kraftschlüssige Stahlbauanschlüsse ist das Pressschweißen ungeeignet.

Beim **Schmelzschweißen** werden die Werkstücke bis zum Übergang in den flüssigen Zustand erwärmt und durch Zugabe von ebenfalls geschmolzenem Schweißmaterial miteinander verschweißt. Nach dem Abkühlen entsteht dann eine kraftschlüssige, tragfähige Verbindung. Das im Stahlbau gebräuchlichste Schmelzschweißverfahren ist das **Lichtbogenschweißen**. Hierbei wird die für den Schmelzvorgang notwendige Wärme von ca. 4000 °C durch einen elektrischen Lichtbogen erzeugt, der sich zwischen dem Werkstück und der Schweißelektrode bildet. Das Lichtbogenschweißen wird meistens von Hand mit umhüllter Stabelektrode durchgeführt. Der Lichtbogen zwischen Werkstück und Elektrode schmilzt die Elektrode ab, und Metallschmelze der Elektrode verbindet sich mit der Metallschmelze des Werkstückes. Die Elektrodenumhüllung bildet während des Schweißvorganges um die Schweißstelle eine schützende Gasglocke und überzieht die Schweißnaht mit einer Schlackenschicht. Durch die Gasglocke wird der Lichtbogen infolge Ionisierung stabilisiert und das Schmelzbad vor Sauerstoffzutritt aus der Luft geschützt. Die Schlackenschicht wird anschließend mit einem Schlackenhammer entfernt.

■ **Schweißnähte**
Die Schweißnaht ist die Verbindung der Teile am Schweißstoß und umfasst die Werkstoffbereiche, die durch den Schweißvorgang unmittelbar beeinflusst wurden. Die Schweißnähte lassen sich in zwei Hauptgruppen einteilen: Die **Stumpfnähte** und die **Kehlnähte**.

Stumpfnähte verbinden Werkstücke, die in einer Ebene liegen und an ihren Kanten (stumpf) aneinander stoßen. Typische Nahtformen sind die I-, U-, V-, X- und Y-Naht.

Kehlnähte verbinden Werkstücke, die winkelig zueinander stehen oder deren Kanten gegeneinander versetzt sind. Je nach äußerer Nahtform unterscheidet man Hohlnaht, Falchnaht und Wölbnaht.

Dicke Schweißnähte müssen in mehreren Lagen geschweißt werden. Die untere Lage ist die **Wurzellage**. Es folgen die **Füllagen** und die **Decklage** als oberer Abschluss.

III. Schadensrisiken

72   Die Schadensrisiken im Stahlbau sind im Vergleich mit anderen Bauweisen eher als gering einzuschätzen, da die Erstellung von Stahlkonstruktionen präzise Berechnungen und Ausführungsplanungen erfordern. Bei den Bauteilen sind Schadensrisiken insbesondere beim Stabilitätsversagen (Knicken und Beulen) möglich. Im Bereich der Verbindungsmittel kann das Versagen von Schweißnähten durch Schlackeneinschlüsse zu Schäden führen.

IV. Schadensvermeidung

73   Bedingt durch die hohe Ausnutzung des Werkstoffes Stahl sind die Konstruktionen in dieser Bauart im Vergleich zu anderen Bauelementen besonders grazil und schlank. Deshalb werden für die statischen, stabilitäts- und verformungstechnischen Nachweise an die Ingenieurleistungen spezielle Anforderungen gestellt. Zur Vermeidung von Mängeln im Bereich der Planung von Stahlbauwerken ist deshalb auf die besondere Kompetenz der mit diesen Arbeiten beauftragten Ingenieure zu achten.

Da zur Bearbeitung und Herrichtung von Stahl- und Eisenprofilen spezielle Gerätschaften und Maschinen erforderlich sind, können sich für diesen Fachbereich nur entsprechend ausgestattete Unternehmen qualifizieren. Wenn bei der Vergabe von Stahlbauleistungen auf diese Besonderheit und einen entsprechenden Ausbildungsstand der Belegschaft geachtet wird, sind Ausführungsmängel eher unwahrscheinlich.

Durch die Art der Verbindungstechnik wird bei der Planung, den Werkstattarbeiten und der Montage an der Baustelle eine besonders hohe Präzision gefordert. Dies setzt voraus, dass alle Bauteile maßgenau geplant, hergerichtet und montiert werden. Deshalb ist die **Prüfung der Vermaßung** in den Werkplänen und Ausführungszeichnungen wichtig, um Mängel zu vermeiden, bzw. die Passgenauigkeit zu gewährleisten. Dies gilt auch für die Maßhaltigkeit der Bauteile und Einrichtungen an der Baustelle, an die die Stahlkonstruktionselemente angeschlossen werden.

H. Stahlbetonbau

Unter dem Begriff „**Stahlbetonbau**" wird im Bauwesen die Planung und Ausführung von Bauwerken zusammengefasst, die ausschließlich oder überwiegend aus Stahlbeton bestehen.

Das Zusammenwirken von Beton und Stahl im Verbundbaustoff Stahlbeton ist nur möglich, weil folgende Voraussetzungen gegeben sind:
- Stahl und Beton haben in den praktisch vorkommenden Temperaturbereichen annähernd die gleichen linearen Wärmedehnzahlen von $\alpha_T = 10^{-5}$ K^{-1}. Deshalb treten bei Temperaturänderungen keine Zwängungen zwischen Beton und Stahl auf. Es würde sonst nämlich zu hohen Zwangspannungen und den daraus entstehenden Zermürbungen an den Kontaktflächen des Betons zum Bewehrungsstahl kommen.
- Der Beton sichert durch seine Alkalität (basische Umgebung, pH-Wert = 12,6) bei sachgerechter Planung und Ausführung einen ausreichenden Korrosionsschutz für die Stahleinlagen.
- Zwischen den Oberflächen der Stahleinlagen und dem Beton kommt es zu einem innigen Verbund, so dass die Übertragung der Kräfte aus dem einen Material in das andere gewährleistet ist. Der Verbund zwischen Stahl und Beton ist ein komplexer Zustand, der sich zusammensetzt aus:
- dem Haftverbund, einer Klebewirkung zwischen Stahl und Zementstein;
- dem Reibungsverbund, der allerdings nur bei planmäßig erzeugter Querpressung auftritt;
- dem Scherverbund, der wirksamsten und zuverlässigsten Verbundart.

Die wichtigsten Fachbegriffe im Stahlbetonbau sind folgende:

I. Bemessungszustände

Der geringen Zugfestigkeit des Betons entspricht eine zugehörige, ebenfalls geringe Zugbruchdehnung. Der in den Beton eingebundene Bewehrungsstahl kann das Erreichen der Zugbruchdehnung des umgebenden Betons nicht verhindern, er kann aber dafür sorgen, dass sich die auftretenden Risse möglichst fein verteilen.

Bemessung
Mit Bemessung bezeichnet man im Stahlbetonbau das Bestimmen (Dimensionieren) der Querschnittsabmessungen eines Bauteiles. Dies betrifft sowohl die Betonabmessung des Bauteilquerschnittes selbst, als auch die Stahlquerschnitte der Bewehrungseinlagen. Der Bemessung geht die Ermittlung bzw. Berechnung der auftretenden Kräfte in den Bauteilquerschnitten voraus.

Zustand I
Bei dem Bemessungszustand I, kurz Zustand I genannt, geht man davon aus, dass der Beton auch in den unter Zugspannungen stehenden Querschnittsbereichen **nicht** gerissen ist. Der Beton beteiligt sich also an der Übertragung von Zugspannungen.
Zustand I = ungerissener Beton.

Zustand II
Der Bemessungszustand II, kurz Zustand II, geht davon aus, dass der Beton in den zugbeanspruchten Querschnittsbereichen gerissen ist. Hier wird eine Mitwirkung des Betons in der Zugzone vernachlässigt. Bei biegebeanspruchten Bauteilen spricht man deshalb von der sog. „gerissenen Biegezugzone".
Zustand II = gerissener Beton.

II. Bewehrung

76 Als Bewehrung bezeichnet man die Stahleinlagen im Stahlbeton. Sie hat die Aufgabe die Zugkräfte im Stahlbetonquerschnitt aufzunehmen.

- **Längsbewehrung**

Die Längsbewehrung (Längsstäbe, Längseisen) verlaufen in einem Bauteil in der Richtung der Hauptzugkräfte (deshalb ist auch der Begriff Hauptbewehrung in Gebrauch). In biegebeanspruchten Bauteilen wird sie auch Biegezugbewehrung genannt. Bei einem Stahlbetonbalken verläuft sie z. B. parallel zur Balkenachse (horizontal), bei einer Stahlbetonstütze parallel zur Stützenachse (vertikal). Die Längsbewehrung besteht immer aus Beton-Rundstahl. Bewehrungsstöße können als Überlappungs- oder Übergreifungsstöße hergestellt werden, wobei diese mit geraden Stabenden, Haken, Winkelhaken oder Schlaufen ausgebildet werden können. Dabei müssen sog. Übergreifungslängen eingehalten werden. Es sind auch verschraubte oder geschweißte Stöße möglich. Zwischen den einzelnen Bewehrungsstäben müssen sog. Stababstände eingehalten werden, um damit eine Umhüllung der Stäbe mit Beton zu ermöglichen.

- **Querbewehrung**

Die Querbewehrung verläuft grundsätzlich rechtwinklig zur Längs- bzw. Hauptbewehrung. Sie dient dazu eine Querverteilung der Biegebeanspruchung bei plattenartigen Bauteilen sicherzustellen. Bei der Einleitung von großen Druckkräften in einen Bauteilquerschnitt übernimmt die Querbewehrung die sog. Lastausbreitung von einer kleinen, konzentrierten Kontaktfläche zu der gesamten Querschnittsfläche. In diesem Lasteinleitungsbereich wirken die sich ausbreitenden großen Druckkräfte wie eine Auffächerung, die den Beton aufspalten wollen und deshalb Spaltzugkräfte genannt werden. Die Querbewehrung, die diese Spaltzugkräfte aufnimmt wird deshalb auch Spaltzugbewehrung genannt.

- **Bügelbewehrung**

Die Bügelbewehrung, kurz die Bügel genannt, umschließen die Hauptbewehrung (Längsbewehrung) in einem Balken oder einer Stütze.

Im biegebeanspruchten Balken übernehmen sie (hier auch Schubbügel genannt) die sog. Schubkräfte, die zwischen der Biegedruckzone und der Biegezugzone wirken. Sie stellen gewissermaßen eine „Verklammerung" der Balkenseiten dar, ähnlich wie Dübel zwischen den oberen und unteren Teilen des verdübelten Holzbalkens. In den druckbeanspruchten Stahlbetonstützen sichern die Bügel die Längsstäbe gegen das Ausknicken. Besonders hoch belastete Stahlbetonsäulen erhalten eine sog. Wendelbewehrung, die einem spiralförmig gebogenen runden Bügel entspricht. Diese hochbelasteten runden Säulen werden umschnürte Säulen genannt.

Bei torsionsbeanspruchten Stützen und Balken übernehmen die Bügel die Torsionskräfte im Bauteilquerschnitt.

- **Aufgebogene Bewehrung**

Zur Aufnahme der Verbindungskräfte zwischen der Biegedruckzone und der Biegezugzone werden in Stahlbetonbalken auch aufgebogene Bewehrungsstäbe eingebaut. Sie werden auch Schrägstäbe, Schrägeisen oder aufgebogene Eisen genannt.

- **Betondeckung**

Die Betondeckung, auch Betonüberdeckung genannt, ist das Maß zwischen der Schalungsfläche, – der späteren Betonoberfläche –. Sie bietet den Bewehrungsstäben Schutz vor der feuchten Außenluft und sorgt für die alkalische Umhüllung, die den Stahl vor Korrosion schützt. Die Einhaltung der Betonüberdeckung beim Einbau der Bewehrung in die Schalungskörper ist besonders wichtig. Hier liegt eines der größten Schadensrisiken bei der Ausführung von Stahlbetonbauwerken. Zur Fixierung (Positionssicherung) der Bewehrung werden sog. Abstandhalter zusammen mit den Bewehrungsstäben eingebaut, die einen gleich bleibenden Abstand zwischen der Bewehrung und der Schalungsoberfläche sicherstellen. Sog. Stützbügel, Abstandhalterkörbe oder Stützböcke (kurz Böcke) sind zur Fixierung von Mattenbewehrungen (z. B. Baustahlgewebematte als obere Bewehrung in Platten) vorgesehen.

- **Bewehrungskorb**

Ein Bewehrungskorb ist das Geflecht der gesamten Bewehrung für ein Stahlbetonbauteil (z. B. einen Balken oder eine Stütze), das manchmal auch außerhalb des Schalungskörpers geflochten und dann als ganzer, ausreichend stabiler Korb in die Schalung gehoben wird.

III. Schalung

Unter der Schalung versteht man im Stahlbetonbau die Form in die der Frischbeton eingebracht und verdichtet wird. Die Schalungsflächen bestehen aus Brettern, Schaltafeln aus Holz, Stahlblech (Stahlschalung) oder Kunststoff. Die Schalungskörper und die Gerüste (Schalungsgerüst, Lehrgerüst) müssen stabil sein und dürfen sich unter der Frischbetonlast nicht verformen. Bei großen Schalungskörpern müssen u. U. auch statische Berechnungen angefertigt werden, um die großen Betonierlasten sicher abzutragen. So sind z. B. bei Brückenbauwerken die Lehrgerüste eigene Bauwerke für die auch Konstruktionszeichnungen angefertigt werden.

- **Abstandhalter**

dienen dazu, die vorgesehene Lage der Bewehrungsstäbe, insbesondere ihren Abstand zur Schalungsoberfläche zu sichern. Sie werden aus Beton oder Kunststoff hergestellt. Unterstützungsböcke oder -körbe aus Rundstahl haben an den Füßen Kunststoffkappen, da sie unmittelbar auf den Schalungsflächen stehen und dort Rostflecke hinterlassen könnten.

- **Aussparungen**

Aussparungen in Stahlbetonbauteilen (z. B. in Decken und Wänden) sind Öffnungen, um dort später einzubauende Installationsleitungen hindurch zu führen. Sie sind bei sorgfältiger Planung **vor** der Bauausführung leicht herzustellen, indem entsprechend geformte Hartschaumblöcke innerhalb der Schalung befestigt werden und nach dem Erhärten des Betons und dem Ausschalen der Hartschaumstoff herausgebrochen wird.

- **Flaschenrüttler**

Ein Flaschenrüttler ist ein Innenrüttler, der aus einem flaschenartigen Metallzylinder besteht, in dem mittels einer rotierenden Unwucht Vibrationen erzeugt werden. In den Frischbeton eingetaucht wird dieser in Schwingungen versetzt, dass die Reibung zwischen den Zuschlagkörnern weitgehend aufgehoben wird und sich der Beton durch sein Eigengewicht verdichtet.

- **Schalplan**

Schalpläne enthalten die exakten Abmessungen der Schalungskörper für die Bauteile aus Stahlbeton. Der Schalplan ist in der Regel eine Grundrisszeichnung, die den Blick von oben auf die fertige Schalungsfläche wiedergibt, bevor die Bewehrung und der Beton eingebaut werden. Durch ergänzende vertikal geführte Detailschnittzeichnungen werden die senkrechten Abmessungen der einzelnen Bauteile angegeben. Wichtig ist, dass alle für die genaue Herstellung der Schalung erforderlichen Abmessungen eingetragen werden.

- **Schalungsdruck**

Der Schalungsdruck ist der Seitendruck des Frischbetons auf die Schalung. Dieser Druck übt beim Verdichten bzw. Rütteln des Betons ähnlich wie Wasser allseitige Druckkräfte aus, die sich aus der Rohdichte des Frischbetons multipliziert mit der Schütthöhe errechnen.

- **Schalungselemente**

Vorgefertigte Schalungselemente aus Holz und aus Stahl werden überwiegend für großflächige Decken und Wände angeboten. Die verschiedenen Schalungssysteme bestehen aus bausatzähnlichen

Elementen, die leicht zusammen- und abzubauen sind und stabile Schalungsträger, Streben und Stützen enthalten.

- **Schalungsöl, Schalöl**

Schalungsöle sind wässrige Emulsionen, die auf die Schalungsflächen aufgestrichen werden, um später das Ausschalen bzw. Entfernen der Schalung zu erleichtern.

- **Schalungsrüttler**

Ein Schalungsrüttler ist ein Rüttelgerät, das an der Schalung befestigt wird, diese in Schwingungen versetzt und so den eingebrachten Frischbeton verdichtet.

- **Sichtbeton**

Sichtbeton ist ein Beton, dessen Oberfläche in der Regel vollkommen glatt ist. Es kann auch durch die Verwendung von bestimmten Schalungsoberflächen eine Oberflächenstruktur auf der fertigen Betonfläche erzeugt werden.

- **Verdichten**

Das Verdichten des Betons wird durch Stampfen (Stampfbeton), Rütteln (Flaschenrüttler im Frischbeton) und Klopfen auf die Schalung bewirkt.

- **Waschbeton**

Eine Waschbetonoberfläche entsteht dann, wenn nach dem Erhärtungsbeginn die oberen Zuschlagkörner freigewaschen werden, um so eine kieselsteinartige Struktur zu erzeugen. Dabei werden meist grobkörnige Zuschläge in die frische Oberfläche eingebracht. Diese nachträgliche Oberflächenbearbeitung eignet sich nur für waagerechte Flächen. Deshalb wird diese Bearbeitungstechnik fast ausschließlich bei Fertigteilplatten (z. B. Wandelemente) angewandt, die liegend hergestellt werden.

IV. Schadensrisiken

78 Die Schadensrisiken liegen hauptsächlich im Ausführungsbereich. Dabei steht der fehlerhafte Einbau der Bewehrung, insbesondere zu geringe Betonüberdeckungen im Vordergrund. Ein gewisses Schadensrisiko liegt aber auch im Bereich der Planung, wenn nämlich die Zwangspannungen aus Schwindverkürzungen und Temperaturverformungen ungenügend berücksichtigt werden.

V. Schadensvermeidung

79 Um bereits im Entwurfsstadium an Beton- und Stahlbetonkonstruktionen später auftretende Schäden zu vermeiden, wird von den Planern ein hohes Maß an Spezialkenntnissen über die Eigenschaften (z. B. Schwinden und Kriechen) des Baustoffes Beton gefordert. Bei komplizierten Gebäudekonstruktionen ist die Hinzuziehung von Betontechnologen zu empfehlen, um mit der Rezeptur (Zementart, Zusatzmittel) des Betons Einfluss auf die Verformungseigenschaften beim Abbinden und Austrocknen zu nehmen.

Weiterhin bedarf die Planung von Tragwerken aus dem Verbundbaustoff Stahlbeton besonderer Kenntnisse in der Beurteilung von Kräften, die innerhalb der Konstruktionen auftreten, also unabhängig von den äußeren Belastungen. Je nach dem inneren Verbund (statische Unbestimmtheit) der Einzelbauteile untereinander, entsteht aus Temperaturveränderungen, Schwinden und Kriechen des Betons und anderen lastunabhängigen Einflüssen u. U. das Mehrfache der statischen Beanspruchungen, die in der statischen Berechnung erfasst wird. Es kann z. B. erforderlich sein, große Gebäude in einzelne Abschnitte zu unterteilen, um unkontrollierbare Zwangzugkräfte aus diesen vorgenannten Verkürzungsprozessen zu vermeiden.

Die ungeschützte Betonoberfläche ist durch Lunker und Poren für die Kohlensäure und den Wasserdampf der Luft diffusionsoffen, so dass der Beton von außen nach innen durchkarbonatisiert. Deshalb ist es erforderlich, neben der Planung von korrekten Betonüberdeckungen die bewitterten Oberflächen von Stahlbetonbauteilen mit einem geeigneten Schutzsystem zu beschichten, um die Dauerhaftigkeit dieser Gebäude zu gewährleisten.

80

Die umfangreichen Schäden an Stahlbetonbauteilen, die durch Karbonatisierungsvorgänge des Betons ausgelöst wurden, sind ausschließlich durch eine Fehleinschätzung des Baustoffes Beton eingetreten. Die unzureichende Betonüberdeckung und das Gestaltungsbestreben der Planer, den Beton „so wie er aus der Schalung kommt" – also ungeschützt – zu belassen, haben dazu geführt, dass jährlich Milliarden DM aufgewandt werden müssen, um die geschädigten Gebäude in stand zu setzen, um so ihre Werterhaltung zu sichern.

Die Vermeidung von Schäden im Ausführungsbereich setzt zunächst korrekt durchdachte und angemessen detaillierte Planungsvorgaben voraus. Qualifiziertes Baustellenpersonal gewährleistet die Umsetzung der Planung in die Bauwerksrealität, wobei eine umsichtige und konsequente Bauüberwachung das Entstehen von Ausführungsfehlern minimiert. Als besondere Schwachpunkte sind zu nennen:

81

- Die Schalungskonstruktionen müssen standsicher und formstabil sein, um die hohen Druckkräfte aus dem Frischbeton aufzunehmen, der beim Verdichten entsteht. U. U. kann es erforderlich sein, für die Schalung und das Gerüst eine gesonderte statische Berechnung aufzustellen.
- Die in die Schalungskörper eingebaute Bewehrung muss verrutschungssicher fixiert werden, damit sie beim Betoniervorgang ihre korrekte Lage beibehält.
- Es ist darauf zu achten, dass die vorgesehenen Betonüberdeckungen (Abstand zwischen äußeren Bewehrungsstäben und der Innenseite der Schalung) konsequent eingehalten werden.

I. Spannbetonbau

Unter dem Begriff „**Spannbetonbau**" wird im Bauwesen die Planung und Ausführung von Bauwerken zusammengefasst, die aus vorgespannten Stahlbetonbauteilen bestehen. Bei dieser Bauweise wird die relativ geringe Zugfestigkeit des Betons durch die sog. Vorspannung in einem bestimmten Umfang ausgeglichen. Alle Querschnittsbereiche, die bei der späteren Nutzung Zugkräfte erhalten, werden mit Spannstählen unter Druckspannungen gesetzt. Dies erzeugt einen Eigenspannungszustand, der unabhängig von den äußeren Lasten bestehen bleibt. Die Spannbetontechnik findet ihre überwiegende Anwendung im Brückenbau (Spannbetonbrücken) und bei der Konstruktion von weit gespannten Hallentragwerken (Spannbetonbinder, Spannbetonschalen). Durch eine teilweise Vorspannung (beschränkte Vorspannung) können Behälter, Wannen usw. so weit vorgespannt werden, dass sie rissefrei und dicht bleiben.

82

Vorgespannte Konstruktionen kommen auch in anderen Bereichen der Technik vor:
- Die Manteldecke des Autoreifens ist durch eingeschlossene Luft ebenfalls vorgespannt und erlaubt, dass sich die Radlasten wie in einem umgestülpten Gewölbe abtragen. Solange die „Gewölbedruckkraft" im Reifenmantel nicht größer wird als die Vorspannung aus dem Reifen-Luftdruck, bleibt der Reifen tragfähig und bis auf die elastischen Verformungen stabil.
- Die Folie einer Traglufthalle steht ebenfalls durch den Innendruck unter Vorspannung und kann ihr eigenes Gewicht wie ein Gewölbe abtragen.
- Bei einem Speichenrad werden die Speichen angespannt und setzen die Felge unter eine Druckvorspannung, die das gesamte Rad stabil und tragfähig macht.

I. Fachbegriffe

83 In der Spannbetontechnik sind folgende Fachbegriffe gebräuchlich:

■ Schlaffe Bewehrung
Als schlaffe Bewehrung wird im Gegensatz zu den vorgespannten Spanngliedern die übrige, **nicht** vorgespannte, normale Stahlbetonbewehrung bezeichnet.

■ Spannglieder
Die Spannglieder sind die Spannstahllitzen oder -stäbe, die aus hochwertigem Stahl bestehen und zur Erzeugung der Vorspannung dienen. Die Spannglieder können gerade gespannt im sog. Spannbett eingebaut werden oder in sog. Spannkanälen (einbetonierte Hüllrohre) mit nachträglichem Verbund (Auspressung mit Zementmörtel) auch schwach gekrümmte Spanngliedführungen erhalten.

■ Spanngliedführung
Mit der Führung des Spanngliedes im Spannbetonbauteil können die unterschiedlichen Zugzonen erfasst werden. Dies wird durch die Lage des Hüllrohres vorgegeben, das zusammen mit der schlaffen Bewehrung in den Schalungskörper eingebaut wird.

■ Spanngliedkoppelungen
Bei der Herstellung von einzelnen vorgespannten Bauabschnitten werden die Spannglieder durch Koppelungen miteinander verbunden, um so die Vorspannungskräfte auch in die folgenden Bauabschnitte weiterleiten zu können. Diese Bauweise ist insbesondere im Spannbetonbrückenbau üblich. Die Kontaktflächen von zwei benachbarten Bauabschnitten bilden die sog. **Koppelfuge**. An solchen Koppelfugen besteht die große Gefahr, dass durch eindringendes Wasser und Streusalz Korrosionsschäden an den Spanngliedern entstehen, die die Standsicherheit des Brückenbauwerkes beeinträchtigen.

■ Vorgedrückte Zugzone
Die vorgedrückte Zugzone (Biegezugzone) ist der Querschnittsbereich, der bei der Aufbringung der äußeren Belastungen Zugspannungen entstehen lässt. Durch die (Druck-) Vorspannung können hier vom Beton Zugspannungen „aufgenommen" werden, indem die Vorspannungs-Druckspannungen von den Lastzugspannungen „aufgezehrt" werden.

■ Vorspannung mit sofortigem Verbund
Bei dieser Vorspanntechnik werden die Spannglieder im Spannbett (= Schalungskörper) vorgespannt, der Frischbeton eingebracht und nach dem Erhärten des Betons die Spannkraft auf das Bauteil übertragen, indem die Spanngliedverankerung von der äußeren Spannbettkonstruktion gelöst wird.

■ Vorspannung mit nachträglichem Verbund
Bei dieser Technik werden zunächst die Betonbauteile hergestellt, wobei sich in den Querschnitten bereits Hüllrohre befinden. Die Spannglieder werden dann in die Hüllrohre eingezogen und gegen den erhärteten Beton verspannt. Der sog. nachträgliche Verbund wird dann durch das Auspressen der Spannkanäle (= Hüllrohre mit den gespannten Spanngliedern) mit Zementmörtel erreicht.

■ Vorspannung ohne Verbund
Bei der Vorspannung ohne Verbund liegen die Spannglieder außerhalb des Betonquerschnittes (z. B. unterspannte Konstruktionen) oder ohne (kraftschlüssigen) Verbund mit dem Beton innerhalb des Betonquerschnittes.

■ Vorspannungsarten
Volle Vorspannung
Bei der vollen Vorspannung sind im Beton unter Gebrauchslast keine Zugspannungen zulässig.

Beschränkte Vorspannung
Bei der beschränkten Vorspannung sind im Gebrauchszustand begrenzte Zugspannungen zulässig.

II. Schadensrisiken

Die Schadensrisiken liegen bei dem sog. **Spannkraftverlust**, der durch das Kriechen des Betons entsteht (Kriechen des Betons = Bleibende Stauchverformung, Verkürzung, bei andauernder hoher Druckbeanspruchung). Der Spannkraftverlust verringert die (Druck-) Vorspannung auf den Beton so weit, dass in den vorgedrückten Zugzonen Zugspannungen und damit Risse im Beton auftreten. Weiterhin sind Spannbetonkonstruktionen besonders anfällig gegen Temperatur-, Schwind- und Kriechverformungen. Die Planung und Berechnung von Spannbetonkonstruktionen erfordert viel Erfahrung, die auch die verschiedenen Ausführungstechniken beinhaltet. **84**

Im Spannbetonbrückenbau sind Korrosionsschäden im Bereich der Koppelfugen aufgetreten, die kostenintensive Sanierungen erforderlich machten. Ursache hierfür waren eine Fehleinschätzung der großen Eigenspannungszustände zusammen mit den oben erwähnten Verformungen aus Temperatur-, Schwind- und Kriechverformungen über längere Standzeiten.

III. Schadensvermeidung

Der Spannbetonbau ist eine Spezialbauweise, die im Planungsbereich Sonderfachleute erfordert, die über ein entsprechendes Ausbildungs- und Erfahrungspotential verfügen müssen. Die beabsichtigten Eigenspannungszustände, die durch das Vorspannen in die Bauteilquerschnitte eingebracht werden, müssen korrekt dimensioniert werden, um neben den äußeren Belastungen auch die lastunabhängigen Beanspruchungen, – z. B. aus Schwind-, Kriech- und Temperaturverformungen –, standsicher und schadensfrei aufnehmen zu können. **85**

Der Ausbildungsstand des Baustellenpersonals entspricht dem der Stahlbetonbaustellen, wobei noch die Besonderheiten der Spannbetontechnik spezielle Zusatzkenntnisse erfordern. Unentbehrlich ist eine umsichtige und konsequente Bauüberwachung, die durch erfahrene Ingenieure erfolgen sollte.

J. Gründungen

Unter dem Begriff „**Gründung**" versteht man die kraftschlüssige Verbindung eines Bauwerkes mit dem Baugrund. Grundsätzlich kann der Baugrund nicht so hoch (konzentriert) belastet werden, wie das Material der tragenden Bauteile eines Gebäudes. Deshalb kennzeichnet die Gründungskonstruktion, – das **Fundament** –, eines Bauwerkes die Lastausbreitung auf eine größere Aufstandsfläche in Höhe der Gründungssohle. Bei schlechten Bodenverhältnissen kann die Fundamentkonstruktion sehr aufwendig sein, um die Bauwerkslasten auf eine große Sohlfläche zu verteilen, damit die Sohlpressung in der Bodenfuge möglichst gering ist. Bei sehr schlechten Baugrundverhältnissen wird eine Gründungskonstruktion erforderlich, die bis zur tiefer liegenden tragfähigen Bodenschicht reicht (sog. Tiefgründung). **86**

Grundsätzlich gehört der anstehende Baugrund, auf dem ein Bauwerk errichtet werden soll, zur tragenden Konstruktion eines Gebäudes. Wenn zu befürchten ist, dass die anstehenden Bodenschichten keine ausreichende Tragfähigkeit haben und/oder hohe Bauwerkslasten abzutragen sind, ist eine Baugrunduntersuchung (Bodenuntersuchung) unumgänglich. Nur durch entsprechende Sondierungsbohrungen können die wichtigen Erkenntnisse über Beschaffenheit, Tragfähigkeit, Grundwasserverhältnisse usw. von unmittelbar angeschnittenen Bodenschichten (durch die Baugrube) ermittelt werden, aber auch von Bodenschichten, die tiefer als die Gründungssohle liegen und von der Baumassnahme überhaupt nicht berührt werden.

§ 5 Bautechnik und Baumängel

I. Bodenarten

87 Die Böden sind sehr verschieden zusammengesetzt. Hauptbestandteile sind anorganische Stoffe, wie Ton, Kalk, Quarzmehl, Löß, aber auch organische Stoffe, wie Humus, Torf, Faulschlamm und Schlick. Eine wichtige Klassifizierung der Böden wird nach den Korngrößen vorgenommen und in der sog. Kornverteilung dargestellt.

■ Bindiger Boden
Bindige Böden (z. B. Ton und Lehm) sind Böden mit einem Korndurchmesser kleiner (<) 0,06 mm. Durch Wasseraufnahme (Quellen) und Austrocknen (Schwinden) zeigen sie ein grundsätzlich anderes Verhalten als Böden mit größeren Korndurchmessern. In gequollenem Zustand sind bindige Böden weitgehend wasserundurchlässig.

■ Nichtbindige Böden
Nichtbindige Böden mit Korngrößen größer (>) 0,06 mm sind ein loses und nichtplastisches Haufwerk. Hierzu gehören Sand und Kiese. Sie verändern ihr Volumen bei der Aufnahme und Abgabe von Wasser nicht. Die Hohlräume zwischen den Steinkörnern (Poren) bleiben offen und sind wasserdurchlässig.

■ Gemischte Böden
Bindige und nichtbindige Böden kommen oft in Mischungen vor. Man spricht dann je nach der Größe der Anteile z. B. von schluffigem Sand, tonigem Sand, sandigem Ton usw.

■ Lagerungsdichte
Nichtbindige Böden sind unterschiedlich dicht gelagert. Je nach der Größe des sog. Porenraumes spricht man lockerer, mitteldichter und dichter Lagerung.

■ Innere Reibung und Kohäsion
Nichtbindige Böden bilden ein loses Körnerhaufwerk bei dem die gegenseitige Haftung der Körner untereinander, – der sog. **Kohäsion** –, vernachlässigbar klein ist. Zwischen den Körnern treten Reibungskräfte auf, die mit dem sog. Reibungswinkel φ beschrieben werden.

Die feinen Körner der bindigen Böden leisten einen Widerstand gegen Abheben und Verschieben, was sich wie eine „Verklebung" auswirkt und **Kohäsion** genannt wird.

■ Steifemodul
Der Steifemodul beschreibt die plastischen und elastischen Verformungseigenschaften eines Bodens, also die Zusammendrückbarkeit bei einer bestimmten Druckbelastung. Mit Hilfe der Steifemoduli können Setzungsberechnungen erstellt werden, um damit die Auswirkungen auf die Bauwerke beurteilen zu können.

■ Proctordichte
Der sog. Proctorversuch ist ein genormtes Verfahren zur Bestimmung der Lagerungsdichte eines Bodens. Sie wird in % angegeben und bezieht sich auf 100 % Proctordichte, die bei dem genormten Verdichtungsverfahren im sog. Proctortopf erreicht wird.

■ Plattendruckversuch
Der Plattendruckversuch, – auch Lastplattendruckversuch genannt –, ist ein Feldversuch, der in der DIN 18134, vom 01.93, – Baugrund; Versuche und Versuchsgeräte; Plattendruckversuch –, geregelt wird. Er dient zur Kontrolle der Zusammendrückbarkeit und damit der Tragfähigkeit und Verdichtung eines Planums, z. B. im Straßen- und Flugplatzbau.

■ Durchlässigkeit
Die Durchlässigkeit eines Bodens ist abhängig von der Kornzusammensetzung. Sie wird ausgedrückt durch die Durchlässigkeitszahl k_f in m/s, ist also eine Geschwindigkeitsgröße.

■ Kapillarität

Die Kapillarität, oder Haarröhrchenwirkung, entsteht bei feinen Poren im Boden, wenn sich aus der Oberflächenspannung an der Grenze Wasser/Luft ein Unterdruck bildet, der das Wasser über den freien Grundwasserspiegel hinaushebt. Das Hubmaß ist die kapillare Steighöhe. Der gesamte von Kapillarwasser angefüllte Bodenkörper über dem Grundwasserspiegel wird Kapillarsaum genannt. Die kapillare Steighöhe beträgt bei Mittelstand 20–40 cm, bei Feinsand 40–80 cm, bei Lehm und Löß 1,00 bis mehrere Meter und bei Ton über 100 m.

■ Frostempfindlichkeit

Frost ist nur durch Eisbildung im Porenwasser wegen der dann 9 %-igen Volumenvergrößerung des Wassers von Bedeutung. Sandböden d > 0,05 mm gefrieren ohne Volumenveränderung, wenn das von oben nach unten gefrierende Wasser das darunter befindliche Wasser in freie Porenräume verdrängen kann. Dann treten keine Frosthebungen auf, der Boden ist frostsicher.

Bei Feinböden (Ton, Lehm) treten jedoch Volumenvergrößerungen auf, die Frosthebungen durch linsenförmige Eisschichten entstehen lassen. Diese Böden sind frostgefährdet. Beim Auftauen bewirkt der u. U. angesaugte Wasserüberschuss die Bildung eines Bodenbreis. Die Frostgefährdung liegt also nicht nur in der Hebung des Bodens, sondern auch in der Änderung der Zustandsform beim Auftauen, die plastisch und damit wenig tragfähig wird.

II. Bodenverbesserungen

Wenn unzureichend tragfähige Böden anstehen, kann es vorteilhaft sein, diese Bodenschichten zu verbessern, anstatt eine Tiefgründung vorzunehmen.

■ Bodenaustausch

Die einfachste und sicherste Art der Bodenverbesserung ist der Bodenaustausch. Dabei wird der ungeeignete Boden (z. B. Torf oder Schluff) ausgebaut und durch einen nichtbindigen, gut zu verdichtenden Boden ersetzt.

■ Verdichtung

Die unzureichende Lagerungsdichte von ungestörten, nichtbindigen Böden kann durch Rütteldruckverdichtung verbessert werden. Dabei wird ein zylindrischer Tiefenrüttler unter Wasserabgabe in den Baugrund versenkt, der beim langsamen Ziehen des Rüttlers den umliegenden Boden durch die Vibrationen verdichtet.

■ Injektionen

Die Tragfähigkeit von klüftigem Fels und nichtbindigem Boden lässt sich durch Injektionen mit Zementsuspensionen für Fels oder gelierte Lösungen (Kieselsäuregel) für quarzhaltige Böden erhöhen. Unter hohem Druck werden die Flüssigkeiten durch 4 bis 5 m lange Lanzen in die Hohlräume des Bodens gepresst.

■ Hochdruckinjektionen

Die Hochdruckinjektion ist eine Weiterentwicklung des Injektionsverfahrens für nicht bindige Böden. Dabei wird der anstehende Boden durch einen scharfen Schneidestrahl aus Wasser gelöst, als Zuschlag zusammen mit der Zementsuspension vermischt und zu einem Frischbeton aufbereitet. Erst nach Erhärtung dieses Betons ist die so hergestellte Säule tragfähig.

III. Flachgründungen

Bei der Flachgründung wird das Bauwerk unmittelbar auf einer oberflächennahen, tragfähigen Bodenschicht gegründet. Die Gründungstiefe muss üblicherweise aber wenigstens 80–120 cm betragen, um Frosteinwirkungen auszuschließen.

■ **Einzelfundamente**
Aus der Verbreiterung der Aufstandsfläche von Stützen, die meist in einem größeren Abstand zum nächsten Bauteil stehen, ergeben sich isoliert stehende Einzelfundamente.

■ **Frostschürzen**
Frostschürzen sind schmale, hohe Fundamentplatten oder -streifen, die auch als Fertigteile vorgefertigt werden können. Sie dienen z. B. bei Hallenbauten dazu, die Bodenplatten zur offenen Seite so zu schützen, dass kein Wasser und Frost in den Unterbau gelangen können.

■ **Fundamentplatte**
Zur Übertragung von großen Gebäudelasten (z. B. bei Hochhäusern, Türmen usw.) wird das gesamte Gebäude auf eine durchgehende Bodenplatte gestellt (Plattengründung). Zur Verringerung der Bodenpressung werden auch bei normalen Gebäuden Plattengründungen vorgenommen.

■ **Köcherfundamente**
Köcher- oder Becherfundamente sind Einzelfundamentplatten mit einem daraufstehenden, in der Regel quadratischen Köcher oder Becher. Köcherfundamente werden z. B. bei Hallenbauten aus Fertigteilen als Gründungskörper für die Fertigteilstützen verwandt. In die Köcher werden die Fertigteilstützen hineingestellt, ausgerichtet und der umliegende Hohlraum ausbetoniert.

■ **Streifenfundamente**
Streifenfundamente werden in der Regel unter den tragenden Wänden (Kellerwänden) angeordnet, um die Aufstandsfläche zu verbreitern.

■ **Zerrbalken**
Zur besseren Stabilisierung der für sich stehenden Einzelfundamente werden diese mit schmalen, aber möglichst hohen Streifenfundamenten verbunden. Da sie durch die möglichen Verschiebungen der Einzelfundamente „gezerrt" werden, nennt man sie Zerrbalken.

IV. Tiefgründungen

90 Tiefgründungen sind dann erforderlich, wenn eine Flachgründung wegen schlechter Bodenverhältnisse nicht möglich ist und weder ein Bodenaustausch noch eine Bodenverfestigung, – z. B. wegen zu großer Tiefe –, unwirtschaftlich ist. Die Tiefgründung hat die Aufgabe die Bauwerkslasten in tiefere, tragfähige Bodenschichten zu leiten. Ihre Tragfähigkeit setzt sich zusammen aus der sog. Spitzendruck am Pfahlfuß und der sog. Mantelreibung an der Oberfläche des Pfahlschaftes. Eine sog. stehende Pfahlgründung wird allein durch den Spitzendruck des Pfahlfußes in der tragfähigen Schicht abgetragen. Eine sog. schwebende Pfahlgründung trägt sich allein durch die Mantelreibung des Pfahlschaftes ab.

■ **Pfahlgründungen**
Die klassische Form der Tiefgründung ist die Pfahlgründung. Hierbei steht das Bauwerk auf Pfählen, die bis in die tiefer liegende, tragfähige Bodenschicht reichen. Zwischen folgenden Pfahlarten wird unterschieden:

■ **Rammpfähle**
Die älteste Form der Tiefgründung ist die Gründung mit Rammpfählen, die früher ausschließlich aus Holz waren. Heute bestehen diese aus Stahlbeton oder Stahl.

■ **Bohrpfähle**
Die Technik der Bohrpfahlgründung ist erschütterungsfreier als das Einrammen von Pfählen. Dabei wird zunächst ein Loch in den Boden gebohrt und ein Rohrmantel in dem Boden belassen. Nach dem Einbau eines Bewehrungskorbes wird Frischbeton eingefüllt und mit dem Verdichten des Betons der Rohrmantel herausgezogen, wobei sich der Beton mit dem umgebenden Boden gut verzahnt. Diese Art Bohrpfähle werden auch **Ortbetonpfähle** genannt.

■ **Schottersäulen**

Schottersäulen oder Rüttelpfähle bestehen aus Schotterschüttungen, bei denen mit einem spitzen, meißelartigen Gerät der Schotter in das Bohrloch gestopft wird. Die Schottersteine bilden zusammen mit dem anstehenden Boden durch die Verdrängungsverdichtung eine stabile, tragfähige Säule.

■ **Brunnengründungen**

Wie beim Brunnenbau werden übereinandergesetzte Brunnen- oder Schachtringe in den Boden gegraben und nach dem Erreichen der Gründungssohle mit Beton ausgefüllt.

■ **Caissongründungen**

Caisson- oder Senkkastengründungen werden angewandt, wenn sich die Gründungssohle im Grundwasser oder einem Flussbett befindet. Dabei wird der Arbeitsraum im Caisson unter Druckluft gesetzt, der dem Wasserdruck das Gleichgewicht hält. Die sog. Caissonkrankheit (Taucherkrankheit) entsteht bei den Arbeitern dann, wenn die Dekompressionszeit (Rücknahme des Überdrucks, Ausschleusungsvorgang) nicht lange genug andauert.

V. Unterfangungen

Als Unterfangungen bezeichnet man die Tieferlegung eines vorhandenen Fundamentes. Sie wird bei instabilen Gründungen von älteren Gebäuden auch als **Nachgründung** bezeichnet.

Eine Unterfangung ist erforderlich, wenn ein unmittelbar angrenzender Neubau tiefer gegründet werden soll, als die Fundamente des nachbarlichen Altbaues liegen. Unterfangungen sind in der Regel abschnittsweise vorzunehmen und nur mit größter Sorgfalt und Umsicht durchzuführen, wobei die DIN 4123, Gebäudesicherung im Bereich von Ausschachtungen, Gründungen und Unterfangungen, zu beachten ist.

VI. Schutz von Sparten

Beim Eingriff in den Baugrund muss zuvor überprüft werden, ob sich dort Versorgungsleitungen, Abwasserleitungen, Kabel oder andere „Sparten" befinden. Hierzu sind unbedingt die Lagepläne der Versorgungsunternehmen und anderer Betreiber einzusehen.

Besonders wichtig ist die Überprüfung, ob sich in dem Baugrund, der z. B. für eine Bohrpfahlgründung angebohrt werden soll, Bomben aus dem letzten Weltkrieg befinden könnten, die nicht explodiert sind. Dies trifft insbesondere für Baustellen in Großstädten zu, deren Bauaufsichtsbehörden inzwischen Luftaufnahmen der Alliierten zur Verfügung haben, um diese Gefahr besser einschätzen zu können. Bei dem geringsten Verdacht muss der betroffene Baugrundbereich mit Metallsuchgeräten überprüft werden.

VII. Versagensarten

Bedingt durch mögliche Fehleinschätzungen der anstehenden Bodenarten können bestimmte Versagensarten des Bodens eintreten, die u. U. die Standsicherheit des gesamten betroffenen Gebäudes beeinträchtigen können.

■ **Grundbruch**

Ein Grundbruch kann durch Gleiten des Erdkörpers unter einem flach gegründeten Fundament eintreten. Dabei wird durch die Fundamentlast der Boden unter dem Fundament auf einer gekrümmten Gleitfläche zur Seite herausgedrückt und eine Schiefstellung des Fundamentkörpers hervorgerufen.

- **Böschungsbruch**

Als Böschungsbruch bezeichnet man das Abrutschen einer Böschung, wenn der Hang mit einem zu steilen Böschungswinkel angeschüttet war. Ein Böschungsbruch kann z. B. dann entstehen, wenn eine Sickerwasserströmung die innere Reibung und die Kohäsion des Bodens herabsetzt.

- **Geländebruch**

Unter einem Geländebruch versteht man das Abrutschen eines großen Erdkörpers an einem Hang oder einer Böschung, einschließlich eines Stützbauwerkes (z. B. eine Stützmauer). Bei einem Geländebruch entsteht eine ausgeprägte Gleitfläche, die bis unter den Fußpunkt des Hanges reicht.

- **Gleiten und Kippen**

Stützbauwerke (Stützmauern oder Stützwände), die an einem Geländevorsprung den Erddruck aufzunehmen haben, erhalten hohe Horizontalkräfte, die das Stützbauwerk in der Bodenfuge zum Gleiten bringen oder es um die vordere Kante kippen lassen können.

- **Auftrieb**

Auf einen Baukörper, der im Grundwasser steht, wirkt eine Auftriebskraft (senkrecht nach oben gerichtet), die dem Gewicht der verdrängten Wassermasse entspricht. Dieser Auftriebskraft wirkt nur das Eigengewicht des Baukörpers entgegen. Insbesondere bei Zwischenbauzuständen, z. B. dann, wenn zunächst nur das Kellergeschoss fertig gestellt ist, ist die Bauwerkslast noch zu gering, um beim Anstieg des Grundwasserstandes der Auftriebskraft das Gleichgewicht zu halten. In einem solchen Falle schwimmt der Baukörper auf und verliert den stabilen Verbindungskontakt zum Baugrund. Außerdem kann der Baukörper beim Aufschwimmen auseinander brechen.

VIII. Schadensrisiken

94   Die Schadensrisiken im Bereich der Gründungen liegen insbesondere dann vor, wenn bei unklaren Bodenverhältnissen kein Bodengutachten in Auftrag gegeben wurde und sich die Planung und Ausführung der Gründung allein auf Vermutungen oder ähnliche Bauvorhaben stützen. Eine Bodenuntersuchung liefert nicht nur Angaben zu den zulässigen Bodenpressungen oder dem Steifemodul des anstehenden Bodens, sondern ermöglicht auch wichtige Informationen zu den Grundwasserverhältnissen, der Wasserdurchlässigkeit usw.

Die vorstehenden Versagensarten treten dann ein, wenn im Planungsbereich fehlerhaft gearbeitet wurde oder diese Standsicherheitsrisiken schlicht übersehen oder nicht beachtet wurden.

IX. Schadensvermeidung

95   Eine der wichtigsten Voraussetzungen zur Vermeidung von Planungsfehlern und damit Schäden an den Gebäudekonstruktionen ist die Erstellung von sachgerechten Bodengutachten, die alle erforderlichen Fragen zum anstehenden Baugrund beantworten. Zur Planung, Berechnung und Bemessung der Gründungskonstruktion eines Gebäudes sind sowohl statische Kenntnisse über Baukonstruktionen, als auch bodenmechanische und erdstatische Kenntnisse über die verschiedenen Bodenmaterialien erforderlich.

Bei schwierigen Baugrundsituationen ist es zweckmäßig Sonderfachleute aus dem Fachbereich des Spezialtiefbaues hinzuzuziehen. Dies sollte insbesondere dann erfolgen, wenn die Herstellung der Gründungskonstruktionen durch ausführungstechnische Besonderheiten bestimmt wird, wie z. B. bei Tiefgründungen.

Die Gründungen im üblichen Hochbau erfolgen weitgehend mit Bauteilen aus Beton- und Stahlbeton. Die Maßnahmen zur Vermeidung von Schäden in der Planung und der Ausführung entsprechen deshalb vornehmlich den im Fachbereich Stahlbetonbau vorgetragenen Ausführungen.

K. Baugruben

Eine Baugrube ist eine Vertiefung in der Geländeoberfläche, die zur Freilegung des tragfähigen Baugrundes oder zur Gründung eines Gebäudes, Verlegung eines Kanals, einer Rohrleitung usw. im tragfähigen oder frostfreien Erdreich erforderlich ist. Die Baugrubenseiten können als frei stehende Böschungen oder mit künstlichen Umschließungen hergestellt werden. Senkrechte Baugrubenwände dürfen in der Regel bis zu 1,25 m, mit einer oberen Abböschung nur bis zu 1,75 m unverbaut stehen bleiben. Bedingt durch die beschränkten Platzverhältnisse in den Baugebieten werden die seitlichen Wände von tiefen Baugruben durch einen Verbau gesichert. Für Leitungsgräben wurden spezielle Verbauverfahren (Grabenverbau) entwickelt.

Der Grundwasserspiegel sollte tiefer als 0,50 m unterhalb der Baugrubensohle anstehen. Andernfalls ist eine Grundwasserabsenkung vorzunehmen.

Die Aushubarbeiten dürfen zu keiner Auflockerung des Baugrundes unterhalb der Baugrubensohle führen. So sollte z. B. bei rolligen, nichtbindigen Böden das Planum vor dem Betonieren von Fundamenten und Sohlplatten zunächst mit einem Oberflächenrüttler verdichtet werden.

I. Bodenklassen

Nach DIN 18 300, *Erdarbeiten*, VOB/C, ATV, werden nach Abschnitt 2.3 Boden und Fels entsprechend ihrem Zustand beim Lösen in folgende Klassen eingeteilt:

- **Klasse 1:**
Oberboden = Mutterboden. Oberboden ist die oberste Schicht des Bodens, die neben anorganischen Stoffen, z. B. Kies-, Sand-, Schluff- und Tongemische, auch Humus und Bodenlebewesen enthält. (Mutterboden = abgeleitet aus dem niederdeutschen Moder-Boden = belebter Boden)

- **Klasse 2:**
Fließende Bodenarten haben eine flüssige bis breiige Beschaffenheit und geben das Wasser schwer ab.

- **Klasse 3:**
Leicht lösbare Bodenarten sind nichtbindige bis schwachbindige Sand- und Kiesgemische mit Beimengungen aus Schluff und Ton, sowie organische Bodenarten mit geringem Wassergehalt (z. B. Torf).

- **Klasse 4:**
Mittelschwer lösbare Bodenarten sind Gemische von Sand, Kies, Schluff und Ton und bindige Bodenarten von leichter bis mittlerer Plastizität.

- **Klasse 5:**
Schwer lösbare Bodenarten sind Bodenarten nach den Klassen 3 und 4 mit einem größeren Anteil (> 30 %) an Steinen von über 63 mm Korngröße, sowie ausgeprägt plastische Tone, die je nach Wassergehalt weich bis halbfest sind.

- **Klasse 6:**
Leicht lösbarer Fels und vergleichbare Bodenarten sind Felsarten, die einen inneren, mineralisch gebundenen Zusammenhalt haben, jedoch stark klüftig, brüchig, bröckelig, schiefrig, weich und verwittert sind, sowie vergleichbare verfestigte, nichtbindige und bindige Bodenarten.

- **Klasse 7:**
Schwer lösbarer Fels: Hierzu gehören Felsarten, die einen inneren, mineralisch gebundenen Zusammenhalt und hohe Gefügefestigkeit haben und die nur wenig klüftig oder verwittert sind.

II. Schnurgerüst

98 Das Schnurgerüst dient zur Übertragung der Bauwerksabmessungen in das Gelände bzw. in die Baugrube. Es besteht aus je zwei horizontalen Bohlen für jede Gebäudeecke, die horizontal ausgerichtet sind und auf denen die wichtigsten Gebäudeabmessungen eingemessen sind. Über die Fluchtschnüre können dann mittels Senklot die Hausecken auf die Gründungssohle übertragen werden.

III. Wasserhaltung

99 Als Wasserhaltung bezeichnet man die gesamten Einrichtungen, die dazu dienen, das im Baugrund vorhandene und beim Aushub zu Tage tretende Grundwasser von der Baugrube fern zu halten, die Baugrubensohle trockenzulegen und trockenzuhalten.

- **Offene Wasserhaltung (OWH)**

Bei einer offenen Wasserhaltung wird das Wasser in offenen Gräben innerhalb der Baugrube gesammelt und in einen Pumpensumpf geleitet, von wo es abgepumpt wird. Die offene Wasserhaltung kann nur durchgeführt werden, wenn der Grundwasserspiegel nur geringfügig über der Baugrubensohle liegt und der Boden fest gelagert ist. Durch die Wasserströmung dürfen die Grubenwände bzw. -böschungen nicht in ihrer Standsicherheit (Ausspülungen) gefährdet werden.

- **Grundwasserabsenkung (GWH)**

Bei einer Grundwasserabsenkung (auch geschlossene Wasserhaltung genannt) werden rund um die Baugrube, – oder auch innerhalb der Baugrube –, perforierte Rohre (Brunnen) in den Baugrund gebracht, die an eine Ringleitung an Pumpen angeschlossen sind. Es ist auch möglich, dass jeder Brunnen mit einer Tauchpumpe ausgerüstet ist. Durch das Abpumpen pegelt sich eine gewölbte Wasserabsenkung ein, die immer unterhalb der Baugrubensohle gehalten werden muss. In der Schnittdarstellung wird diese Linie Absenkkurve genannt. Eine Grundwasserabsenkung verändert das Bodengewicht, das durch den fehlenden Auftrieb schwerer wird, und tiefer liegende, setzungsempfindliche Bodenschichten mehr zusammendrückt. Dies führt zu Mitnahmesetzungen, die bei den Gebäuden, die im Einzugsbereich der Absenkkurve liegen, Setzungen und Risse verursachen können.

IV. Stützwände

100 Wenn die Baugruben seitlich nicht geböscht werden können, müssen die meist senkrechten Grubenwände durch eine **Baugrubenumschließung** (auch **Baugrubenverbau**) gesichert werden. Die Stützwände der Baugrubenumschließung haben die Aufgabe, die horizontalen Erddrücke des Bodens möglichst verformungsfrei aufzunehmen. Das Erdreich hinter den Stützwänden darf nicht aufgelockert werden, insbesondere dann, wenn sich dicht an der Baugrube Gebäude befinden. Bei tiefen Baugruben müssen die Stützwände durch zusätzliche horizontale Gurtaussteifungen abgestützt werden. Da schräge Abspießungen die Bauarbeiten erheblich behindern, werden hohe Stützwände mit sog. **Rückverankerungen** mittels **Erdanker** oder **Verpreßanker** rückverankert.

- **Spundwände**

Die heute am häufigsten zur Anwendung kommenden Spundwände bestehen aus gewalzten Stahlprofilen. Man unterscheidet flache Bohlen, sog. **Kanaldielen** ohne Schloss für Tiefen bis ca. 3,00 m, und Bohlen (**Spundbohlen**) mit Schloss für Tiefen bis ca. 25 m. Das Schloss einer Spundbohle ist ein seitlich durchgehender Falz, in den sich die nächste Bohle mit ihrem Schloss hineinschiebt. Die Schlösser dienen zum einen als Führung beim Einschlagen der Bohlen und zum zweiten dichten sie die gesamte Spundwand gegen eindringendes Wasser aus dem Bodenbereich ab. Durch ihre Profilierung sind die Spundbohlen sehr biegesteif und können bis zu einer bestimmten Wandhöhe als in den Boden eingespannte Spundwände frei stehen. Spundwände werden als Doppelbohlen durch Rammen in den Boden geschlagen. Bei entsprechenden Bodenverhältnissen können sie auch durch Vibrationsenergie in den Boden getrieben werden.

■ **Trägerbohlwände**
Trägerbohlwände (auch **Berliner Verbau** genannt) bestehen aus eingerammten Stahlprofilen (I-Breitflanschträger), zwischen deren Flansche Holzbohlen, Kanthölzer oder Rundhölzer eingeschoben und verkeilt werden. Dabei werden zunächst die Stahlträger eingeschlagen (evtl. in vorgebohrte Löcher, die mit Sand verfüllt werden) und dann mit dem Aushub die horizontalen Hölzer eingebaut.

■ **Bohrpfahlwände**
Eine Bohrpfahlwand entsteht durch so dichtes Setzen von Pfählen, dass sich diese teilweise überschneiden. Sie kann als tragende Wand in den zu erstellenden Neubau einbezogen werden.

■ **Schlitzwände**
Beim Schlitzwandverfahren wird zwischen zwei zuvor betonierten Leitwänden aus Beton mit einem schmalen Grabengreifer ein Schlitz gegraben. Der Schlitz wird während des Aushubes mit einer thixotropen Flüssigkeit (Bentonit-Suspension = „Bentonit" benannt nach einem Tonvorkommen in der Nähe von Fort Benton im US-Bundesstaat Montana) stets bis zum Rand gefüllt. Die Bentonit-Suspension hat etwa die gleiche Dichte wie der Boden, so dass sie die Grabenwände stützt und ihr Einfallen verhindert. (Thixotrope Flüssigkeiten haben die Eigenschaft sich nur bei Bewegung zu verflüssigen. In ruhendem Zustand verfestigen sie sich.) Wenn die erforderliche Schlitzwandtiefe erreicht ist, wird ein vorgefertigter Bewehrungskorb in den Graben gehoben und die Schlitzwand ausbetoniert. Der Betoniervorgang wird so durchgeführt, dass der von unten über ein Füllrohr mit Trichteraufsatz eingefüllte Frischbeton die Bentonit-Suspension nach oben verdrängt, die dann oben abgepumpt wird (Contractor-Verfahren).

V. Schadensrisiken

Die Schadensrisiken bei der Herstellung von Baugruben liegen insbesondere in der Beeinträchtigung der Nachbarbebauung. Bei großen Baugruben greifen die Maßnahmen zur Herstellung der Baugrubenumschließungen (z. B. Rückverankerungen mit Verpreßankern) und der Trockenlegung der Baugrubensohle (Grundwasserabsenkung) immer in die Grundstücke der Anlieger ein. Hierdurch können Risseschäden an den Nachbargebäuden entstehen.

VI. Schadensvermeidung

Wie für die Bauwerksgründungen ist es für die Herstellung von Baugruben und deren Abstützungseinrichtungen (Baugrubenumschließungen) wichtig, die anstehenden Bodenverhältnisse möglichst genau zu kennen. Deshalb ist es für die Arbeitsvorbereitung zur Herstellung von kleineren Baugruben erforderlich, zuvor z. B. mittels Schürfgruben das vor Ort vorhandene Bodenmaterial zu erkunden.

Bei größeren Baumaßnahmen kann vorausgesetzt werden, dass zur Gebäudegründung ein Bodengutachten angefertigt wurde. Es sollten deshalb im Rahmen dieser Bodenbegutachtung auch alle bodenmechanischen und erdstatischen Fragestellungen zur Planung, Bemessung und Ausführung von Baugrubenumschließungen in Auftrag gegeben werden.

Bei schwierigen Baugrundsituationen und/oder dem Erfordernis von großräumigen und tiefen Baugruben mit aufwendigen Umschließungskonstruktionen ist es zweckmäßig Sonderfachleute aus dem Fachbereich des Spezialtiefbaues hinzuzuziehen. Dies sollte insbesondere dann erfolgen, wenn die Herstellung des Baugrubenverbaus durch ausführungstechnische Besonderheiten bestimmt wird, wie z. B. bei Bohrpfahlwänden, Schlitzwänden u. a.

103 Als besondere Schwachpunkte bei der Herstellung von Baugruben sind zu nennen:
- Vor Beginn der Aushubarbeiten ist zu überprüfen, ob sich innerhalb der vorgesehenen Baugrube Leitungen, sog. „Sparten", befinden. Besonders wichtig ist die Überprüfungsverpflichtung im Hinblick auf das Vorhandensein von Fliegerbomben-Blindgängern aus dem 2. Weltkrieg, insbesondere auf Baustellen in Großstädten und Ballungszentren.
- Bei der Tiefergründung von Neubauten sind im Bereich von Grenzbebauungen Unterfangungen an dem höher gegründeten, benachbarten Altbau erforderlich, wobei die Vorgaben der DIN 4123 unbedingt zu beachten sind.
- Erforderliche Baugrubenumschließungen sind gemäß DIN 4124 zu planen und auszuführen, wobei zu große Verformungen der Stützwandkonstruktionen zu Schäden an der vorhandenen Nachbarbebauung führen können.
- Bei der Rückverankerung von Baugrubenumschließungen mittels Injektionsankern dürfen keine Schäden an den Fundamentierungen von Nachbargebäuden entstehen.
- Grundwasserabsenkungen können durch die Gewichtsveränderungen im Boden zu Mitnahmesetzungen und damit zu Schäden an den Nachbargebäuden führen.

Bedingt durch die sich ständig verändernde Sachlage bei der Herstellung von Baugruben ist eine umsichtige, fachübergreifende und konsequente Bauüberwachung unumgänglich und eine wesentliche Voraussetzung, um mögliche, sehr kostenträchtige Schäden zu verhindern oder zumindest weitgehend auszuschließen.

L. Wände

104 Wände haben raumabschließende und tragende Funktionen. Sie stehen senkrecht und werden überwiegend aus mehr oder weniger kleinformatigen, vorgefertigten und künstlichen Steinen oder Natursteinen zu **Mauern** zusammengefügt. Vergleichbar mit der uralten Lehmbauweise werden heute weitgehend fugenlose **Betonwände** aus dem ungeformten Baustoff Beton hergestellt. Weiterhin werden Wände in Kombination von verschiedenen Materialien hergestellt, z. B. künstliche Steine, Beton, Holz, Metall, Glas, Kunststoffe usw., vielfach in Verbindung mit Wärmedämmstoffen.

I. Außen- und Innenwände

105 Nach ihrer Lage im Gebäudegrundriss wird zwischen Außen- und Innenwänden unterschieden. Während Außenwände neben der statischen und raumabschließenden Funktion noch bauphysikalische Aufgaben zu übernehmen haben (Witterungs-, Wärme-, Schall- und Brandschutz), werden Innenwände überwiegend für statische und raumabschließende Zwecke benötigt.

II. Statische Funktion

106 Nach ihrer statischen Funktion werden Wände eingeteilt in:

- **Tragende Wände**
Tragende Wände sind überwiegend auf Druck beanspruchte, scheibenartige Bauteile zur Aufnahme von überwiegend vertikalen, untergeordnet auch horizontalen Lasten. Die Tragfähigkeitskriterien sind die Druckspannungen des gesamten Wandquerschnittes und die Sicherheit gegen das Stabilitätsversagen **Knicken** oder Ausknicken. (Bei der Beanspruchung auf Druck ist bei schlanken Bauteilen immer die Knicksicherheit zu beachten.)

- **Aussteifende Wände**
Aussteifende Wände sind stets auch tragende Wände. Ihre statische Hauptfunktion besteht darin, andere tragende Wände räumlich zu stabilisieren, im Regelfall diese gegen Ausknicken zu sichern.

Diese Tragfunktion fordert besonders das Scheibentragverhalten, wobei insbesondere auch horizontale Kräfte (Stabilisierungskräfte) abgeleitet werden müssen. Die Aussteifung und Definition der Knicklängen von Wänden wird in der DIN 1053, Teil 1, Abschnitt 6.6 geregelt.

■ **Nichttragende Wände**
Nichttragende Wände haben allein raumabschließende Funktion. Sie werden überwiegend oder ausschließlich durch ihr Eigengewicht beansprucht. Sie dürfen rechnerisch nicht zur Lastabtragung oder Gebäudeaussteifung herangezogen werden. Praktisch ist es natürlich nicht zu vermeiden, dass nichttragende Wände doch ungewollt Kräfte aus der tragenden Konstruktion aufnehmen.

III. Bauphysikalische Funktionachbegriffe

Nach ihren bauphysikalischen Funktionen werden Wände wie folgt unterschieden:

107

■ **Wärmeschutzfunktion**
Als Umfassungswände haben Außenwände einen wesentlichen Anteil an der Wärmedämmung eines Gebäudes. Grundsätzlich gilt: Ein schwerer Wandbaustoff hat schlechte, ein leichter gute Wärmedämmeigenschaften. Bei Innenwänden ist eine Wärmeschutzforderung nur dann gegeben, wenn zwischen zwei Räumen unterschiedliche Gebrauchstemperaturen bestehen.

■ **Schallschutzfunktion**
Als Abgrenzung zum Außenbereich haben Außenwände die Aufgabe die Schallwirkung von Lärmquellen (Straßenlärm usw.) so weit herabzusetzen, dass ein behagliches Wohnen und Arbeiten möglich ist. Grundsätzlich gilt: Ein schwerer Wandbaustoff hat gute, ein leichter schlechte Schallschutzeigenschaften. Bei Innenwänden sind zwischen verschiedenen Wohnungen, Wohnungen zum Treppenhaus und Aufzugschächten usw. bestimmte Schallschutzmaßnahmen erforderlich.

■ **Brandschutzfunktion**
Außenwände und Trennwände im Innenbereich müssen fast immer auch Forderungen des Brandschutzes genügen. Dies trifft insbesondere für die Trennwände zwischen Häusern, Wohnungen und Brandabschnitten, aber auch den Trenn- und Umfassungswänden von Heizräumen, Treppenhäusern, Aufzügen usw. zu.

■ **Schlagregenschutzfunktion**
Außenwände von Gebäuden, die dem dauernden Aufenthalt von Menschen dienen, müssen ausreichend gegen Schlagregen geschützt werden. Durch die Kapillarwirkung des Wandbaustoffes und den Staudruck des Windes kann bei Regen (Schlagregen) Feuchtigkeit in eine Außenwandkonstruktion eindringen. Die Anforderungen an den Schlagregenschutz sind in der DIN 4108, Teil 3, festgelegt.

IV. Baustoffwahl

Bei der Auswahl der Wandbaustoffe oder der Kombinationen verschiedener Baustoffe sind Oberflächengestaltung, Dampfdurchlässigkeit, Gewicht, Herstellungs- bzw. Montagemöglichkeiten und nicht zuletzt die Kosten zu berücksichtigen.

108

V. Aussteifungsbauteile

Wände aus Mauerwerk können nur bedingt Zugkräfte aufnehmen. Zur Erfüllung der Scheibentragwirkung von Wänden, die wesentlich zur räumlichen Aussteifung von Gebäuden beitragen, ist die Aufnahme und Weiterleitung von Horizontalkräften erforderlich. An den Übergängen zu den Deckenkonstruktionen können aus diesen Beanspruchungen in den Wänden Zugkräfte entstehen, die der Mauerwerksverband alleine nicht rissefrei aufnehmen kann. Deshalb gibt es einige zusätzliche Ergänzungen zu Wandkonstruktionen aus Mauerwerk:

109

- **Ringbalken**

Ringbalken sind horizontale, biegesteife Balken, meist aus Stahlbeton, die horizontale Kräfte aufnehmen können, die **senkrecht** zur Wandebene wirken. Sie sind immer dann erforderlich, wenn keine horizontale Halterung für die tragenden Wände, z. B. durch Deckenscheiben, vorhanden sind (z. B. bei Holzbalkendecken).

- **Ringanker**

Ringanker sind im Gegensatz zu den auf Biegung beanspruchten Ringbalken Zugglieder, die horizontale Kräfte **parallel** zur Wandebene aufnehmen und in diese einleiten. Ein Ringbalken erfüllt somit auch immer die Funktion eines Ringankers. Die Erfordernisse zur Anordnung von Ringankern und Ringbalken sind in der DIN 1053, Teil 1, Abschnitt 8.2 geregelt.

- **Aussteifungsstützen**

Aussteifungsstützen aus Stahlbeton oder Profilstahlträgern werden dann in tragenden Wänden angeordnet, wenn aussteifende Querwände nicht oder nicht in ausreichender Anzahl vorhanden sind. Sie dienen, wie Querwände, zur Sicherung gegen Ausknicken.

VI. Zweischalige Außenwände

110 Bedingt durch die erhöhten bauphysikalischen Anforderungen wurden zweischalige Außenwandkonstruktionen entwickelt. Bei diesen Wänden wird unterschieden zwischen der nichttragenden (= nur ihr Eigengewicht) **Außenschale**, auch **Verblendschale** genannt, und der tragenden **Innenschale**. Beide Mauerwerksschalen sind durch Drahtanker zu verbinden (in der Regel 5 je m^2). Die Konstruktionen von ein- und zweischaligen Außenwänden sind in der DIN 1053, Teil 1, Abschnitt 8.4 geregelt.

- **Zweischalige Außenwände mit Luftschicht**

Zweischalige Außenwände mit Luftschicht bestehen aus einer nichttragenden Verblend-Außenschale und einer tragenden Innenschale. Zwischen beiden Schalen befindet sich eine Luftschicht, die mindestens 60 mm und höchstens 150 mm dick sein darf.

- **Zweischalige Außenwände mit Luftschicht und Wärmedämmung**

Zweischalige Außenwände mit Luftschicht und Wärmedämmung bestehen ebenfalls aus einer nichttragenden Verblend-Außenschale und einer tragenden Innenschale. Auch hier darf der lichte Abstand zwischen den Mauerwerksschalen 150 mm nicht überschreiten. Die Dämmplattendicke ist so zu wählen, dass die Luftschichtdicke mindestens 40 mm beträgt.

- **Zweischalige Außenwände mit Kerndämmung**

Zweischalige Außenwände mit Kerndämmung bestehen aus einer nichttragenden Verblend-Außenschale und einer tragenden Innenschale. Wie zuvor darf der lichte Abstand zwischen den Mauerwerksschalen 150 mm nicht überschreiten. Der Hohlraum zwischen den Mauerwerksschalen darf ohne verbleibende Luftschicht verfüllt werden, wobei nur Wärmedämmstoffe verwendet werden dürfen, die für diesen Anwendungsbereich genormt oder zugelassen sind.

VII. Außenwandbekleidungen

111 Zur Verblendung von Außenwänden gibt es Außenwandbekleidungen aus den unterschiedlichsten Materialien. Sie sind ein bevorzugtes Gestaltungsmittel und dienen außerdem als dauerhafter Schutz der Außenflächen gegen Witterungseinflüsse, insbesondere gegen Schlagregen.

- **Angemörtelte Außenwandbekleidungen**

Für angemörtelte Außenwandbekleidungen kommen als keramische Wandfliesen, Spaltplatten und Spaltziegelplatten in Frage. Die Platten können direkt in Mörtel auf das Mauerwerk gesetzt oder auf eine bewehrte Unterputzschale aufgebracht werden, die evtl. mit einer Wärmedämmung zur Wand versehen ist und punktweise mit Stahlankern im Mauerwerk befestigt ist. (Außenwandfliesen, die direkt auf das Mauerwerk aufgemörtelt wurden, können durch Temperaturverformungen so große Spannungen erfahren, dass Ablösungen von ganzen Fliesenschalen entstehen können.)

- **Hinterlüftete Außenwandbekleidungen**

Hinterlüftete Außenwandbekleidungen werden an gesonderten Trage- und Halteankern oder an Tragrosten befestigt. Als Fassadenelemente kommen Natursteinplatten, Keramikplatten, Faserzementplatten, Metallbekleidungen, Holzbekleidungen und auch Glas in Frage. Zur Verbesserung der Wärmedämmung können direkt auf der Außenwand Dämmplatten aufgebracht werden, wobei sich die Hinterlüftung dann zwischen der Dämmung und der Rückseite der Fassadenplatten befindet.

VIII. Schadensrisiken

Die Schadensrisiken liegen im Bereich der fehlerhaften Planung (Wahl falscher Baustoffe), einer fehlerhaften Einschätzung der Bewitterungsbeanspruchung und der fehlerhaften handwerklichen Ausführung des Mauerwerks. Besonders die starken Temperaturschwankungen im Außenbereich, wobei hier die Himmelsrichtungen bei der Besonnung (Süd und Südwestseite) zu beachten sind, werden oft in ihren Auswirkungen auf die Dehnbewegungen der Baustoffe unterschätzt.

IX. Schadensvermeidung

Die Planung von Wänden im üblichen Hochbau setzt grundlegende Kenntnisse in baustofftechnischer, bauphysikalischer, statisch-konstruktiver und handwerklicher Hinsicht voraus. Insbesondere bei der Planung von ein- und mehrschaligen Außenwandkonstruktionen sind Bewitterung, Temperaturänderungen und statische Beanspruchungen (Windlasten) zu beachten.

Voraussetzung für eine mangelfreie Ausführung von Innen- und Außenwänden sind die bereits bei den Maurerarbeiten genannten fachlich qualifizierten Kenntnisse und das handwerkliche und manuelle Geschick der Fachkräfte. Bei der Herstellung von Sichtmauerwerk sollte unbedingt auf einen hohen Ausbildungsstand und eine solide handwerkliche Erfahrung der mit der Ausführung betrauten Arbeitskräfte geachtet werden.

M. Deckenkonstruktionen

Deckenkonstruktionen haben die Aufgabe Räume nach oben abzuschließen und die einzelnen Geschosse zu trennen. Sie bilden zugleich den Rohfußboden der darüberliegenden Räume eines Geschosses. Deckenkonstruktionen sind Flächentragwerke, die senkrecht zur Plattenebene belastet und deshalb auf Biegung beansprucht werden. Als aussteifende Bauteile sind Massivplatten als horizontale Scheiben wichtige Elemente der räumlichen Stabilisierung von Gebäuden.

I. Bezeichnungen von Decken

Die gebräuchlichen Fachbegriffe für Decken werden nach verschiedenen Einteilungen vorgenommen:

1. Deckenbezeichnungen nach der Lage

Folgende Bezeichnungen von Decken bilden Wortkombinationen, die ihre Lage genauer definieren, wobei immer die Decke **über** dem jeweiligen Geschoss gemeint ist:

- **Geschossdecken**: Decken über den einzelnen Geschossen.
- **Kellerdecke**: Decke über dem Kellergeschoss.
- **Erdgeschossdecke**: Decke über dem Erdgeschoss.
- **Obergeschoßdecken**: (OG-Decken) Decken über den Obergeschossen.
- **1. (2. usw.) OG-Decke**: Decke über dem 1., 2., 3. usw. Obergeschoss.
- **Dachdecke**: Decke über dem Dachgeschoss (Flachdach).

2. Deckenbezeichnungen nach der Bauart

117 Deckenkonstruktionen werden grob nach der Bauart unterschieden:

- **Gewölbe**

Gewölbedecken stellen die älteste steinerne Deckenform dar. Sie bilden mit den Gebäudemauern ein festes Gefüge.

- **Massivdecken**

Als Massivdecken bezeichnet man alle Deckenkonstruktionen, die aus massiven Baustoffen, Beton und/oder Steinen vorwiegend an der Baustelle hergestellt werden.

- **Holzbalkendecken**

Holzbalkendecken waren vor der Einführung der Massivdecken die häufigste Bauart von Geschossdecken in Wohngebäuden.

3. Deckenbezeichnungen nach den Hauptbaustoffen

118 Zu unterscheiden sind Deckenkonstruktionen nach den jeweiligen Hauptbaustoffen:

Decken aus ...
- **natürlichen Steinen**

Meist Gewölbe aus Bruchsteinmauerwerk.

- **künstlichen Steinen**

Gewölbe aus Ziegelsteinen, Decken aus Formsteinen mit ausbetonierten, bewehrten Rippen.

- **aus Stahl**

Stahlträger mit Ausfachungen aus Holz oder Beton.

- **aus Holz**

Holzbalken mit Ausfachungen aus Holz, Schlacke, Sand, Bimskies, Leichtbeton, Strohlehm usw., dem sog. **Einschub** (**Einschubdecken**).

- **aus Beton**

Genauer: Stahlbetondecken. Sie sind heute die häufigste Bauart von Geschossdecken im Hochbau.

4. Deckenbezeichnungen nach der statisch-konstruktiven Bauweise

119 Folgende Begriffe beschreiben Deckenkonstruktionen nach ihren verschiedenen statisch-konstruktiven Bauweisen:

- **Plattendecken**

Hiermit sind in der Regel Stahlbeton-Vollplatten gemeint. Sie werden als Ortbeton-Platten aus Normal- oder Leichtbeton auf Holz- oder Stahltafelschalung hergestellt und sind mit Rundstahl oder mit Betonstahlmatten bewehrt.

M. Deckenkonstruktionen § 5

■ Elementdecken
Unter Elementdecken versteht man Deckensysteme, die aus vorgefertigten ca. 4,5 bis 5,5 cm dicken Deckenelementplatten bestehen, in die die untere Tragbewehrung der späteren Vollplatte und eine Trägerbewehrung einbetoniert werden. Die Trägerbewehrung dient zum einen als Transporthilfe, zum anderen als Schubbewehrung für den späteren Verbund zwischen den Elementplatten und dem Ortbeton. Auf diese Weise wirkt die so zusammengesetzte Vollplattendecke wie eine homogene Massivplatte. Der Vorteil liegt vor allem in der Einsparung der sonst aufwendigen Bereitstellung der Deckenschalung.

■ Stahlsteindecken
Stahlsteindecken sind Plattendecken deren Ziegelhohlsteine in der Biegedruckzone auf Druck belastet werden und damit am Biegetragverhalten der Deckenkonstruktion beteiligt sind (im Gegensatz zu anderen Hohlsteinkörpern, die nicht am Tragverhalten beteiligt sind). Die auf Biegung tragenden, bewehrten Rippen werden durch die Zwischenräume der einzelnen Ziegelhohlkörper gebildet und beim Herstellungsvorgang auf der Baustelle mit Ortbeton vergossen.

■ Rippendecken
Stahlbeton-Rippendecken bestehen aus einer Druckplatte und hohen, bewehrten Rippen. Die Hohlräume zwischen den Rippen (Gewichtseinsparung) können durch spezielle Schalungskörper als wieder verwendbare oder als „verlorene" (in den Rippendecken verbleibende) Schalung gebildet werden. Rippendecken tragen sich in einer bevorzugten Richtung (Spannrichtung) ab.

■ Kassettendecken
Eine Kassettendecke ist eine Rippendecke, die sich in zwei, rechtwinklig zueinander ausgerichteten Spannrichtungen abträgt.

■ Balkendecken
Eine Balkendecke besteht aus vorgefertigten, selbsttragenden Fertigteilbalken, die beim Verlegen nach unten verschlossene Zwischenräume bilden und an der Einbaustelle vergossen werden. Der Vorteil dieser Bauweise liegt darin, dass kein Lehrgerüst bzw. keine Deckenschalung benötigt wird, und die Decken gleich nach dem Verlegen tragfähig sind.

■ Plattenbalkendecken
Plattenbalkendecken bestehen aus Vollplatten, die durch Plattenbalken statt durch Wände gestützt werden. Die Plattenbalken bilden mit den Massivplatten eine Einheit, wobei die Platte im Feldbereich (positive Biegemomentenbeanspruchung) als Biegedruckzone wirkt.

■ Pilzdecken
Pilzdecken sind Plattendecken, die durch Stützen punktförmig gestützt werden. Die Stützen werden oft mit pilzkopfartigen Verstärkungen am Übergang zu den Platten ausgeführt, um die konzentrierte Einleitung der Stützkräfte in die Platte zu verbessern.

■ Trapezstahldecken
Stahltrapezdecken sind Beton-Massivdecken, die als verlorene Schalung und Tragelemente auf Trapezbleche aufgebracht werden. Ein Deckensystem von Trapezblechdecken, zusammen mit Stahlträgern, die über aufgeschweißte Bolzen einen Schubverbund mit dem Beton eingehen, wird **Verbunddecke** genannt.

5. Deckenbezeichnungen nach den statischen Systemen

Folgende Begriffe beschreiben die statischen Systeme von Deckenkonstruktionen:

■ Deckenfeld
Mit dem Decken- oder Plattenfeld ist der Deckenbereich gemeint, der einen Raum frei überspannt. Hier biegt sich die Deckenplatte nach **unten** durch. Die Biegebeanspruchung ist positiv (+), dass

heißt, die Biegedruckseite ist **oben**, die Biegezugseite ist **unten**. Wenn man von einem sog. Feldmoment spricht, ist also immer ein positives Biegemoment einer Massivplatte gemeint.

- **Stütze**

Mit der Stütze ist das Deckenauflager auf einer Wand, einem Unterzug oder einem Plattenbalken gemeint. Hier biegt sich die Deckenplatte nach oben durch. Die Biegebeanspruchung ist negativ (-), dass heißt, die Biegedruckseite ist **unten**, die Biegezugseite ist **oben**. Wenn man von einem sog. Stützmoment spricht, ist also immer ein negatives Biegemoment einer Massivplatte gemeint. Es wird zwischen Endstützen, am Ende der Platte, und Mittelstützen, im Innenbereich von Mehrfeldplatten unterschieden.

- **Einfeldplatte**

Eine Einfeldplatte ist eine Platte die auf zwei Stützen (zwei Endstützen, bzw. Endauflager) aufliegt.

- **Mehrfeldplatte**

Eine Mehrfeldplatte ist eine Platte mit mehreren Feldern, bzw. die auf mehr als 2 Stützen liegt. Die Randstützen sind Endstützen; dazwischen befinden sich die Mittelstützen. Die Endfelder liegen jeweils zwischen einer Endstütze und den ersten Mittelstützen. Die Mittel- oder Innenfelder liegen zwischen den Mittelstützen.

- **Biegelinie**

Die Biegelinie eines Deckensystems zeigt den Verlauf der Deckendurch- bzw. verbiegungen. In den Feldern biegt sich eine Decke nach unten durch, hier verläuft die Biegelinie konkav (nach unten gewölbt) . Über den Stützen verläuft die Biegelinie konvex (nach oben gewölbt).

- **Durchbiegungsbeschränkung**

Zur Begrenzung der Deckendurchbiegung wird in der DIN 1045, Abschnitt 17.7, die Beschränkung der Durchbiegung unter Gebrauchslast geregelt. Dabei wird die sog. Biegeschlankheit, das Verhältnis Stützweite l zur statischen Höhe h (h = Dicke der Decke – Betondeckung) der Decke (l/h) auf ein bestimmtes Verhältnis begrenzt.

6. Bauteile, die unmittelbar an Decken angeschlossen sind

121 Folgende Bauteile stehen mit Deckenkonstruktionen im unmittelbaren Zusammenhang:

- **Sturzbalken**

Sturzbalken sind Balken, die über Tür- und Fensteröffnungen (Tür- und Fensterstürze) verlegt werden, um hier die Geschossdecken zu unterstützen. Sie werden im Regelfall als Stahlbetonbalken ausgebildet und zusammen mit den Geschossdecken gegossen.

- **Unterzug**

Ein Unterzug ist ein Stahlbetonbalken, der **unterhalb** einer Geschossdecke liegt und diese an Stelle einer Wand abträgt. Im Gegensatz zum Plattenbalken hat der Unterzug keine Verbindung mit der Deckenplatte.

- **Überzug**

Ein Überzug ragt nach **oben** aus einer Geschossdecke heraus und trägt diese nach oben hängend ab. Ein Überzug wird immer dann angeordnet, wenn die Deckenuntersicht der Geschossdecke eben bleiben soll, also ein Unterzug unerwünscht ist. Allerdings kann im Bereich des Überzuges kein Türdurchgang angeordnet werden.

- **Deckengleicher Balken**

Ein deckengleicher Balken ist ein stark bewehrter Stahlbetonstreifen innerhalb einer Massivdecke, mit dem sich die Deckenplatte über einer größeren Wandöffnung abträgt. Ein deckengleicher Balken kann auch durch einen einbetonierten Profilstahlträger gebildet werden. Da sich der deckengleiche Balken fast ebenso wie die Deckenplatte selbst durchbiegt, sind die konstruktiven Möglichkeiten dieser Bauart beschränkt.

■ **Voute**
Eine Voute ist eine Verstärkung einer Platte oder eines Balkens durch die Vergrößerung seiner Höhe oder Breite (nur beim Balken).

II. Schadensrisiken

Die Schadensrisiken in Form von Rissbildungen anschließender Bauteile und Überbeanspruchungen der Deckensysteme selbst liegen ...   122
1. bei der Annahme von falschen statischen Systemen, die wesentlich von dem wirklichen Tragverhalten der Deckensysteme abweichen;
2. in fehlerhaften bzw. zu geringen Lastannahmen für die Nutzlasten;
3. bei den Verformungsunverträglichkeiten der biegebeanspruchten Deckenkonstruktionen und den im Vergleich sehr starren Wandscheiben aus Mauerwerk und anderen Wandbaustoffen mit kleinem Bruchdehnverhalten;
4. bei einer ungenügenden Berücksichtigung von Zwangkräften aus Schwindverkürzungen und Temperaturverformungen.

III. Schadensvermeidung

Wie bei allen tragenden Bauteilen erfordern insbesondere der Entwurf, die Planung und die Entwicklung der Ausführungskonzeption von Deckenkonstruktionen ein hohes Maß an baustatischen, festigkeitstechnischen, baustofftechnischen und bauphysikalischen Kenntnissen. I. d. R. reicht das beim Fach- oder Hochschulstudium erworbene Wissen nicht aus, um auch praxisorientierte und ausführungstechnische Erfordernisse zu berücksichtigen. Insbesondere die heute übliche Nachweispraxis, die statischen Beanspruchungen und die baustoffbezogenen Bemessungen mittels EDV-gestützten Rechenprogrammen durchzuführen, verleitet dazu das solide konstruktive Ingenieurdenken zu vernachlässigen oder ganz zu unterlassen. Deshalb sind an den Tragwerksplaner im Hinblick auf das theoretische Fachwissen und eine verlässliche Praxiserfahrung die entsprechenden Anforderungen zu stellen.   123

Bei der Beurteilung des Trag- und Verformungsverhaltens von Deckenkonstruktionen sind die unter den vorgenannten Schadensrisiken aufgeführten Besonderheiten in der Entwurfs- und Planungsarbeit zu beachten.

N. Dachkonstruktionen

Das Dach bildet den oberen Abschluss eines Gebäudes und besteht aus dem Tragwerk und der Dachdeckung (Dachhaut). Es ist zu unterscheiden zwischen einem **geneigten Dach** und einem **Flachdach** (Neigung < 5°).   124

I. Geneigte Dächer

Zur eindeutigen Kennzeichnung eines geneigten Daches gehören Angaben über Dachform, Dachgrundriss, Dachtragwerk, Dachneigung, Dachdeckungsmaterial und Dachdeckungsart. Zu unterscheiden sind Dächer mit ebenen und gekrümmten Dachflächen. Wenn der Grundriss nur **aus**springende Ecken hat, ist er mit einem **einfachen** Dach zu überdecken, andernfalls, also bei wenigstens einer **ein**springenden Ecke, entstehen **zusammengesetzte** Dachformen.   125

§ 5 Bautechnik und Baumängel

■ **Dachformen**

Dachform, Dachneigung und Dachüberstände mit Ortgang- und Traufausbildung haben entscheidenden Einfluss auf die äußere Gesamtwirkung eines Bauwerks.

Folgende Grundformen von Dächern gibt es: Pultdach, Satteldach, Walmdach, Satteldach mit Krüppelwalm, Zeltdach, Mansarddach, Sheddach.

■ **Bezeichnung der Dachteile**
■ **First**

Der First oder die Firstlinie ist die obere, waagerechte Begrenzung der Dachfläche oder die Schnittlinie zweier Dachflächen, deren Traufen parallel sind.

■ **Giebel**

Die Giebel sind die, meist dreieckigen, Abschlusswände der Schmal-(Stirn-)seiten des Satteldaches.

■ **Grat**

Der Grat ist die Schnittlinie zweier Dach- oder Gewölbeflächen. Beim Walmdach sind es die vom First an den Gebäudeecken verlaufenden Schnittlinien zweier Dachflächen.

■ **Kehle**

Die Kehle oder Dachkehle ist die Schnittlinie zweier Dachflächen an einer einspringenden Ecke.

■ **Kniestock**

Der Kniestock oder Drempel entsteht durch die Anhebung des Dachfußes auf der obersten Geschossdecke. Er dient zur Vergrößerung des Dachraumes.

■ **Ortgang**

Der Ortgang ist bei Sattel- und Pultdächern die schräge Unterseite des Dachüberstandes am Giebel.

■ **Traufe**

Die Traufe (Dachtraufe, Trauflinie, Traufkante) ist die untere waagerechte Kante der geneigten Dachfläche.

■ **Dachflächenfenster**

Das Dachflächenfenster wird, im Gegensatz zum senkrecht stehenden Gaupenfenster, in der Dachebene angeordnet, also zwischen den Sparren.

■ **Dachgaupen**

Dachgaupen (auch Dachgauben) sind Dachaufbauten in den schrägen Dachflächen für senkrecht stehende Dachfenster.

Es werden unterschieden: Giebelgaupe (stehende Gaupe), Walmgaupe, Schleppgaupe, Fledermausgaupe.

II. Dachtragwerke

126 Die üblichen Dachtragwerke aus Holz werden als Zimmermannskonstruktionen erstellt. Früher wurden die Holzquerschnitte aus den Erfahrungswerten der Zimmerleute dimensioniert, wobei oft die Verbindungen die Dicke der Holzbalken bestimmten. Heute werden die Dachkonstruktionen und deren Einzelbauteile nach statisch-konstruktiven Kriterien berechnet und bemessen.

■ **Sparrendach**

Beim Sparrendach tragen die im Dreieck stehenden Sparren, ähnlich wie eine Stehleiter, die Dachlasten ab. Dabei müssen die Sparren auf der Geschossdecke nach außen unverschieblich gehalten werden. Der Vorteil des Sparrendaches ist ein stützenfreier Dachraum.

■ Kehlbalkendach
Das Kehlbalkendach entspricht dem Tragverhalten des Sparrendaches, wobei in ca. halber Höhe eine horizontale Balkenlage, die sog. Kehlbalken, kraftschlüssig (zug- und druckfest) mit den Sparren verbunden sind. Auch bei dieser Konstruktionsart ist der Dachraum unterhalb der Kehlbalken stützenfrei.

■ Pfettendach
Beim Pfettendach werden die Dachlasten senkrecht abgetragen. Die Sparren liegen auf den Pfetten auf, die wiederum von Stützen (Dachpfosten) abgetragen werden.

■ Dachstuhl
Als Dachstuhl bezeichnet man bei einem Pfettendach die tragende Konstruktion ohne die Sparren, also nur die Pfetten und Dachpfosten.

■ Dachlatten
Dachlatten sind Schnitthölzer mit einem Querschnitt von maximal 32 cm^2 und einem Seitenverhältnis von höchstens 1:2. Die Dachlatten werden auf die Sparren aufgenagelt und tragen die Dachziegel, Dachpfannen, Betondachsteine usw., wobei die vorstehenden Wulste oder Dorne an der Dachlatte angehakt werden, damit die Ziegel nicht abrutschen.

■ Sparren
Die Sparren sind Dachbalken, die schräg in der Falllinie vom First bis zur Traufe reichen und die Dachdeckung mit Lattung (Dachlatten) oder Schalung tragen. Der Sparren, der längs zu einem Grat an einem Walmdach liegt, heißt **Gratsparren**; der Sparren, der in einer Dachkehle liegt, heißt **Kehlsparren**.

■ Pfetten
Die Pfetten sind Balken, die parallel zum First oder zur Traufe liegen und die Sparren abtragen. Je nach Lage wird zwischen **Firstpfette**, **Mittelpfette** und **Fußpfette** unterschieden. Die First- und Mittelpfetten werden durch Dachpfosten abgetragen.

■ Aufschiebling
Der Aufschiebling besteht aus einem Kantholz oder einem Bohlenstück, das den Übergang zwischen dem überstehenden Deckenbalken der letzten Geschossdecke (eine Holzbalkendecke) und dem Dachsparren ausgleicht. Dies ist nur bei Sparren oder Kehlbalkendächern erforderlich und zeigt sich von außen als ein Knick im unteren Bereich der Dachfläche dicht über der Traufe.

■ Windrispen
Windrispen sind Zugglieder, die zur Aussteifung der Dachkonstruktion eingebaut werden. Sie bilden zusammen mit den Sparren einen Dreiecksverband, der das Dach in der Längsrichtung aussteift. Windrispen können als Bretter aus Holz oder als Windrispenbänder aus gelochtem Blechband unter die Sparren genagelt werden.

III. Dachdeckungen

Die Dachdeckung bei geneigten Dächern hat die Aufgabe, Niederschlagswasser sicher abzuleiten und eine ausreichende Sicherheit gegen das Eindringen von Wasser durch Winddruck oder Flugschnee zu gewährleisten. Die üblichen Dacheindeckungen erfüllen dabei ohne besondere Vorkehrungen die Forderung nach Durchlüftung des Dachraumes und damit die Ableitung von Wasserdampf.

Dachräume werden sehr oft intensiv genutzt, deshalb sind an die Dachdeckungen von ausgebauten Dachgeschossen hohe bauphysikalische Anforderungen zu stellen.

Nach den Grundregeln des Dachdeckerhandwerks sind Dächer von 5° (etwa 9 %) Dachneigung und darüber zu **decken** und solche mit einem Neigungswinkel unter 5° **abzudichten**. Zu unterscheiden sind Dachdeckungen nach den Deckungsmaterialien wie: Dachziegel, Dachsteine (Betondachsteine), Schieferplatten, Faserzementplatten, glatte und profilierte Metallbleche, Holzschindeln, Bitumendachbahnen, Kunststoffbahnen, Reet, bzw. Ried (Schilfrohr) und Stroh.

Auf den First und den Grat werden sog. First- bzw. Gratziegel, First- bzw. Grathauben oder First- bzw. Gratkappen verlegt.

Die Belüftung der Dächer von ausgebauten Dachgeschossen erfolgt zwischen der Wärmedämmung und der **Unterspannbahn**.

IV. Dachentwässerung

128 Das Niederschlagswasser läuft von den geneigten Dachflächen ab, wird durch **Regenrinnen** aufgefangen und über die **Regenfallrohre** in die Grundleitungen geführt. Dachrinnen werden freivorhängend, verkleidet oder innenliegend eingebaut. Die Form ist halbrund, kasten- oder keilförmig und besteht aus verzinktem Stahl, Aluminium, Titanzink, Kupfer, Edelstahl oder Kunststoff. Das **Traufblech** überdeckt den Spalt zwischen dem hinteren Rinnenrand und dem Dachdeckungsfußpunkt. Es liegt unter den Dachziegeln und hängt in die Dachrinne hinein. Zum Schutz vor abrutschenden Schnee- und Eismassen werden im Bereich von Balkonen, Hauseingängen, Gehwegen und Abstellplätzen verschiedene Schneefanggitter, Schneefangprofile oder Schneefangbügel auf den Dachflächen eingebaut.

V. Flachdächer

129 Flachdächer sind Dachkonstruktionen, deren Neigung im Gegensatz zu den geneigten Dächern ein Gefälle von 0° bis 20° haben und deren Wetterhaut mit Dachdichtungsmaterialien und nicht mit Dachdeckungsmaterialien ausgeführt wird.

Es wird unterschieden zwischen:
- dem **einschaligen, nichtdurchlüfteten Flachdach**, (Überholte Bezeichnung „Warmdach") und
- dem **zweischaligen, durchlüfteten Flachdach**, (Überholte Bezeichnung „Kaltdach")

Hinsichtlich der **Beanspruchung** von Oberflächen flacher Dächer wird unterschieden zwischen:
- **Nicht genutzten Dachflächen**: Sie können lediglich für Kontroll- und Instandhaltungszwecke betreten werden.
  und
- **Genutzten Dachflächen:** Sie können begangen, durch Befahren unterschiedlich belastet oder für eine Bepflanzung vorgesehen werden.

130 In verschiedenen Regelwerken für die Planung und Ausführung von Flachdachkonstruktionen werden folgende Fachbegriffe verwandt:

- **Dachabdichtung**

Die Dachabdichtung (Dachhaut) ist eine flächige, wasserundurchlässige Bauteilschicht als Schutz gegen Niederschlagswasser über einer Dachfläche. Zu ihr gehören Anschlüsse, Abschlüsse, Fugenausbildungen und Durchdringungen.

- **Unterlage der Dachabdichtung**

Die Unterlage der Dachabdichtung ist ein flächiges Bauteil, auf das eine Dachabdichtung aufgebracht wird. Eine Unterlage kann beispielsweise eine Dämmschicht, eine Holzschalung oder eine tragende Unterkonstruktion sein.

- **Dachdurchdringungen**
Dachdurchdringungen sind ein die Dachabdichtung durchdringendes Bauteil, wie z. B. Regenwasserabläufe, Geländerstützen, Rohrleitungen oder Antennenmasten. Dachabdichtungen sind an durchdringende Bauteile anzuschließen.

- **Anschluss**
Ein Anschluss ist die Verbindung einer Dachabdichtung mit aufgehenden oder sie durchdringenden Bauteilen. Zu unterscheiden sind starre und bewegliche Anschlüsse. Bewegliche Anschlüsse treten im Zusammenhang mit Bewegungsfugen auf.

- **Abschluss**
Ein Abschluss ist die Dachrandausbildung einer Dachabdichtung. Abschlüsse können sehr niedrig gehalten oder bis in die Form hoher Aufkantungen (Attiken) ausgebildet werden.

- **Trennschicht**
Eine Trennschicht ist eine flächige Schicht zur Trennung (ggf. auch zum gleichzeitigen Schutz) einer Dachabdichtung von angrenzenden Bauteilen oder Schichten. Sie kann z. B. aus speziellen Papieren, Glasvlies, Kunststoffbahnen oder Dachbahnen bestehen.

- **Oberflächenschutz**
Der Oberflächenschutz ist die Abdeckung einer Dachabdichtung (Dachhaut) zum Schutz gegen mechanische Beanspruchung und Bewitterung. Auflasten für lose verlegte Dachabdichtungen und/oder Nutzschichten einer begehbaren bzw. befahrbaren Dachfläche gelten gleichzeitig als Oberflächenschutz.

- **Einschalig**
Als einschalig werden jene Flachdachkonstruktionen bezeichnet, deren notwendige Konstruktionsschichten **ohne** Abstände **unmittelbar** aufeinander folgen.

- **Zweischalig**
Als zweischalig werden jene Flachdachkonstruktionen bezeichnet, deren notwendige Konstruktionsschichten von **durchlüfteten Abständen** in mehreren Schalen getrennt sind.

- **Dampfsperre**
Die Dampfsperre oder Dampfbremse soll verhindern, dass diffundierender Wasserdampf aus darunterliegenden Bauteilen bzw. Räumen in die Wärmedämmung eintreten können. Die Dampfsperre muss also immer (von innen nach außen) **vor** der Wärmedämmung angeordnet werden. Wenn nämlich Wasserdampf in die Wärmedämmung eindringen könnte, würde dieser abkühlen und beim Unterschreiten der Taupunkttemperatur Tauwasser kondensieren. Dies würde die Wärmedämmung durchfeuchten und ihre Wirksamkeit erheblich mindern oder gar aufheben.

- **Wärmedämmung**
Die Wärmedämmung eines Flachdaches hat die Aufgabe die Wärmeverluste eines Gebäudes und Temperaturschwankungen in seinen Bauteilen zu mindern und Tauwasserausfälle zusammen mit der Dampfsperre zu verhindern.

- **Dampfdruckausgleichsschicht**
Die Dampfdruckausgleichsschicht wird beim **nicht** belüfteten Flachdach zwischen der massiven, tragenden Schale und der Dampfsperre oder aber unter der Dachabdichtung eingebaut. Sie bildet eine zusammenhängende (horizontale) Luftschicht und hat die Aufgabe, den örtlichen Dampfdruck, der aus eingeschlossener (eingebauter) oder eingewanderter Feuchtigkeit entsteht, zu verteilen und zu entspannen. Außerdem soll die Eigenbeweglichkeit der Dachabdichtung bei Temperaturschwankungen ermöglicht und die Übertragung von Bewegungen und Spannungen aus den darunter liegenden Schichten vermindert werden.

VI. Umkehrdach

131 Das Umkehrdach ist eine Sonderkonstruktion bei dem im Gegensatz zum herkömmlichen nicht-durchlüfteten Flachdach die Wärmedämmung **auf** der Abdichtung, also im bewitterten und direkt beregneten Bereich, liegt (deshalb **Umkehr**dach). Es werden unverottbare, trittfeste, form- und frostbeständige Dämmplatten mit Auflast auf der Abdichtung verlegt. Diese Dämmstoffeigenschaften lassen sich derzeit nur mit extrudierten (stranggepreßten) Polystyrolhartschaumplatten erfüllen. Umkehrdächer sind ein wesentlicher Beitrag zur Sicherheit von Flachdächern, weil die unverottbaren Dämmplatten die wichtigste Konstruktionsschicht, die Abdichtung, besonders schützt.

VII. Schadensrisiken

132 Bei geneigten Dächern sind Schadensrisiken in nur geringem Umfang vorhanden. Sie liegen insbesondere bei der fehlerhaften oder gar fehlenden Planung von komplizierten Detailpunkten und möglichen Fehleinschätzungen bei den Lastannahmen und den Biegeverformungen der tragenden Konstruktion. Grundsätzlich sind an geneigten Dächern mit Dacheindeckungen beschädigte Dachziegel, Dachpfannen usw. von außen gut erkennbar und bei erkannten Undichtigkeiten kann in der Regel direkt auf die Schadstelle geschlossen werden.

Dies ist bei Flachdächern nicht der Fall. Hier liegt ein relativ großes Schadenspotential im Bereich von Planungs- und Ausführungsfehlern. Von einer Durchfeuchtung im Innenbereich kann nur selten auf eine direkte Lokalisierung der Schadstelle geschlossen werden. Eine Feuchtstelle im Innenbereich ist zunächst nicht eindeutig einer Undichtigkeit an der Dachabdichtung oder einem Tauwasserausfall im Schichtenaufbau zuzuordnen. So kann sich z. B. die unzureichende Durchlüftung eines zweischaligen Flachdaches erst bei ungünstigen Wetterlagen (Windstille, Kälte oder Regen) als Durchfeuchtungsschaden im Innenbereich zeigen.

Langzeituntersuchungen an Umkehrdächern haben gezeigt, dass diese Konstruktion gegenüber dem klassischen einschaligen Flachdach relativ robust ist und auch bei Abweichungen vom korrekten Schichtenaufbau schadensunanfällig ist. Man kann sagen, dass im Vergleich zu den „anfälligen" ein- und zweischaligen Flachdächern das Umkehrdach als „gutmütige" Konstruktion zu bezeichnen ist.

VIII. Schadensvermeidung

133 Der Entwurf von Dachkonstruktionen stellt an den bzw. die Planer spezielle Anforderungen, die verschiedenen Fachgebieten zuzuordnen sind:
- Die Planung der tragenden Bauteile eines Daches erfordert eingehende Kenntnisse im statisch-konstruktiven Fachbereich und wird i. d. R. durch den Fachbereich des Tragwerksplaners abgedeckt.
- Die Bestimmung der Dachabdichtungsart wird in üblichen Fällen vom Planer des Bauwerks (Architekt) getroffen, wobei auch die Planung aller Detailpunkte ausgearbeitet werden muss. Bei komplizierten Konstruktionen ist es angebracht, Sonderfachleute für das Abdichtungsgewerk hinzuzuziehen.
- Die konstruktiven Bauteile zum Schall-, Wärme- und Feuchteschutz werden bei üblichen Dächern ebenfalls vom Planer des gesamten Bauwerks geplant. Bei komplizierten Sachlagen sollten Sonderfachleute für die entsprechenden Gebiete der Bauphysik die Planungsarbeit des Architekten begleitend unterstützen.

Wie in anderen Fachbereichen werden Schäden und Mängel an Dachkonstruktionen durch eine umsichtige, fachübergreifende und konsequente Bauüberwachung minimiert.

O. Fußbodenkonstruktionen

Die Herstellung von Fußbodenkonstruktionen gehört in die Ausbauphase der Erstellung eines Gebäudes. Zum Fußbodenaufbau gehören alle Schichten zwischen der zum Rohbau gehörenden **Unterkonstruktion** (Decken, Sohlplatten) und der obersten Verschleißschicht des Bodenbelages einschließlich der Anschlüsse an andere Bauteile. Fußbodenarbeiten werden, sofern Putzarbeiten zur Ausführung kommen, **nach** diesen durchgeführt. Die Auswahl der Fußbodenkonstruktion und der oberen Beläge müssen unter Beachtung von baukonstruktiven, bauphysikalischen, wirtschaftlichen und raumgestalterischen Kriterien ausgewählt werden.

134

I. Fachbegriffe zum Schichtenaufbau

Folgende Fachbegriffe sind zur Fußbodentechnik zu nennen:

135

- **Tragschicht**

Die Tragschicht wird durch die Rohplatte gebildet. Dies kann eine **Bodenplatte** gegen den Baugrund (an das Erdreich grenzend) sein, oder eine **Geschossdecke** (freitragende Deckenkonstruktion), in Form einer Massivdecke oder einer Holzbalkendecke.

- **Zwischenschichten**

Die Zwischenschichten (Unterbodenkonstruktion) werden nach DIN 4109 (Schallschutz) als **Deckenauflage** bezeichnet. Entsprechend den jeweiligen Anforderungen, die an eine Fußbodenkonstruktion gestellt werden, können folgende Einzelschichten (Hauptgruppen) erforderlich sein:

- **Glätte- und Ausgleichsschichten**

Fertigungsbedingte und ggf. unzulässige Unebenheiten auf den Rohbetonplatten bzw. -decken müssen vor dem Aufbringen weiterer Fußbodenschichten ausgeglichen werden. Hierzu dienen Spachtel- und Ausgleichsmassen (kleine Unebenheiten) oder Verbundestriche bzw. Trockenschüttungen (größere Niveauunterschiede ab ca. 20 mm).

- **Gefälleschichten**

Sie sind erforderlich, um bei größerem Brauch- und Nutzwasseranfall in Naßräumen eine rasche Abführung des Oberflächenwassers zum Bodenablauf zu ermöglichen. Sie werden in der Regel als Verbundestrich (im Verbund mit dem Rohboden) in einem Arbeitsgang mit der Ausgleichsschicht aufgebracht.

- **Abdichtungen gegen Feuchtigkeit**

Die Lage der Dichtungsschichten innerhalb eines Fußbodenaufbaues hängt u. a. davon ab, ob die Feuchtigkeit von unten, von oben, von der Seite oder von mehreren Richtungen zu erwarten ist. Besonders sorgfältig sind beispielsweise Dämmschichten unter Estrichen, Unterböden aus Holzspanplatten oder Gipskartonplatten zu schützen.

- **Wärme- und Schalldämmschichten**

Wärmedämmschichten sind nach DIN 4108 und der jeweils gültigen Wärmeschutzverordnung, Schalldämmschichten nach DIN 4109 zu bemessen. Ihre Anordnung sowie konstruktive Ausbildung innerhalb eines Fußbodens richten sich nach den jeweiligen Anforderungen, die an eine Decken- bzw. Fußbodenkonstruktion **insgesamt** gestellt werden.

- **Abdeckung**

Dämmschichten müssen mit geeigneten Bitumen- oder Folienbahnen abgedeckt werden, um das Eindringen der im Nassestrich enthaltenen Feuchtigkeit in die darunter liegenden Dämmschichten während des Estricheinbaues zu verhindern. Diese Abdeckung ist jedoch **nicht** als Abdichtungsmaßnahme im Sinne der DIN 18195 zu verstehen.

- **Trennschichten (hafthindernde Trennlagen)**
Trennschichten werden überall dort verlegt, wo direkt übereinander liegende Schichten **keine** innige, kraftschlüssige Verbindung eingehen dürfen. Verwendet werden vor allem Bitumen- und Folienbahnen, jeweils zweilagig verlegt. Auch diese Trennschichten sind **keine** Abdichtung im Sinne der DIN 18195.

- **Lastverteilende Schichten**
Zum Schutz von druckempfindlichen Zwischenschichten (z. B. Trittschall- und Wärmedämmplatten) gegenüber größeren Lasteinwirkungen muss darüber eine lastverteilende Schicht in Form eines Estriches oder eines Fertigteilestriches (vorgefertigte Plattenelemente) aufgebracht werden.

- **Nutzschicht (Bodenbelag)**
Bei keinem Bauteil wird die oberste Schicht derart stark und vielseitig beansprucht wie beim Fußboden. Um diesem Anspruch zu genügen, kann der Bodenbelag aus ganz verschiedenen Materialien hergestellt werden. Im Wesentlichen unterscheidet man:
  - Naturwerkstein-Fußbodenbeläge
  - Keramische Fußbodenbeläge
  - Fußbodenbeläge aus zement- und bitumengebundenen Bestandteilen
  - Holzfußbodenbeläge
  - Elastische Fußbodenbeläge
  - Fußbodenbeläge aus kunstharzgebundenen Bestandteilen
  - Textile Fußbodenbeläge

II. Estriche

136 Estriche sind auf der Baustelle eingebaute Bodenschichten. Sie müssen die auf sie wirkenden Verkehrslasten tragen und auf die Unterkonstruktion möglichst verformungsfrei abtragen. Man unterscheidet Bezeichnungen für Estriche nach ihrer Konstruktionsart, den verwendeten Materialien und ihrer besonderen Funktionsart:

- **Verbundestrich**
Verbundestriche (Kurzzeichen „V") wurden mit einem festen Haftverbund auf den tragenden Untergrund aufgebracht. Der Haftverbund behindert die Verformungsfähigkeit des Estrichs.

- **Estriche auf Trennschichten**
Ist ein kraftschlüssiger Verbund zwischen Estrich und Unterkonstruktion unerwünscht oder nicht erreichbar, so wird der Estrich auf einer Trennschicht hergestellt.

- **Schwimmender Estrich**
Bei schwimmenden Estrichen (Kurzzeichen „S") ist der Estrichkörper durch Dämmschichten völlig von den anderen Bauteilen getrennt. Der starre Kontakt zu anderen Bauteilen muss unbedingt vermieden werden, damit es beim Verformen der Estrichschale nicht zu Zwängungen kommt und dass vor allem keine Schallbrücken entstehen und so der Trittschallschutz gemindert oder gar verloren geht. In schwimmenden Estrichkonstruktionen werden die Rohre bzw. Kunststoffschläuche für die Fußbodenheizung untergebracht.

- **Estrichmaterialien**
Folgende Estricharten im Hinblick auf die Materialien gibt es:
  - **Anhydritestrich** (Kurzzeichen „AE")
  - **Gußasphaltestrich** (Kurzzeichen „GE")
  - **Magnesiaestrich** (Kurzzeichen „ME")
  - **Zementestrich** (Kurzzeichen „ZE")

- **Estrichfunktionen**
Folgende Bezeichnungen für Estriche im Hinblick auf ihre besonderen Funktionsarten gibt es:
  - **Hartstoffestrich**: Ein besonders verschleißfester Estrich mit Hartstoffzuschlägen
  - **Heizestrich**: Estriche, in oder unter dem Fußbodenheizungssysteme untergebracht sind

III. Schadensrisiken

Die Schadensrisiken bei Fußbodenkonstruktionen liegen unter anderem beim unterschiedlichen Verformungsverhalten von Bodenschichten verschiedener Baustoffe, insbesondere dann, wenn diese Schichten kraftschlüssig verbunden sind. So kann sich z. B. ein Estrich, auf den Keramikfliesen verklebt wurden, aufwölben, wenn der Estrich Verkürzungen aus dem Restschwinden ausführt und die Keramikschale diese Verformung behindert. 137

Bei Belägen mit Fußbodenheizungen besteht ein zusätzliches Schadensrisiko von umfangreichen Durchfeuchtungen, wenn die Heizschlangen undicht werden.

Bei Parkettböden muss besonders darauf geachtet werden, dass der Estrich, auf den die Parkettstäbe verklebt werden sollen, ausreichend trocken ist. Restfeuchte aus dem Unterbau kann den Parkettboden zum Quellen bringen.

IV. Schadensvermeidung

Im Planungsbereich werden Bodenbelagsarbeiten oft nur als Leistungsziel beschrieben und ohne detaillierte Konstruktionsvorgaben vergeben, z. B. Schwimmender Estrich, Verbundestrich o. ä. Dies ist im schlüsselfertigen Wohnungsbau üblich und ist dann nicht zu beanstanden, wenn der Fachunternehmer korrekt und sachgerecht arbeitet. Bei dieser Vorgehensweise wird jedoch oft auch die Bauüberwachung nur unzulänglich oder gar nicht durchgeführt, so dass sich Mängel oder Schäden erst später nach der Fertigstellung und mit dem Nutzungsbeginn zeigen. 138

Zur Vermeidung von Mängeln sollte der verantwortliche Planer jedoch klare Vorgaben zum Belagsaufbau angeben und mit Hilfe von zeichnerische Darstellungen, – z. B. durch Schnittzeichnungen mit den einzelnen Belagsschichten und ihren Abmessungen –, den Vertragsgegenstand für den beauftragten Fachunternehmer präzisieren. Insbesondere die Konstruktionsvorgaben zum Wärme- und Trittschallschutz sind in der Planungstätigkeit sorgfältig auszuarbeiten. Dabei müssen z. B. am Übergang zu anderen Bauteilen entsprechende Detaillösungen entwickelt werden, um Schall- und Wärmebrückenwirkungen auszuschließen.

Eine umsichtige, baubegleitende und sorgfältige Überwachung ist unerlässlich, um bei der Herstellung von Bodenbelägen später auftretende Mängel und Schäden zu vermeiden. Dabei sollten z. B. erforderliche Feuchtemessungen an und in Bauteilen und das erste Hochfahren von Fußbodenheizungen protokolliert werden, um evtl. später auf diese Unterlagen zurückgreifen zu können.

P. Unterdeckenkonstruktionen

Unterdecken (Deckenbekleidungen) werden in der Regel direkt an den tragenden Deckenkonstruktionen befestigt. Grundsätzlich gibt es zwei Konstruktionsarten: 139
1. Unmittelbar an die tragende Decke wird eine Grundlattung befestigt (angedübelt), an die dann die Deckenbekleidung (Holzschalung, Gipskartonplatten usw.) angenagelt oder angeschraubt wird.
2. An die tragende Decke werden höhenverstellbare Abhänger befestigt (angedübelt), an die ein Tragrost aus Haupt- und Zwischenträgern angehängt wird. Hier wird dann die Deckenbekleidung

in der Form von leichten Platten angebracht. Im Zwischenraum dieser **abgehängten Decken** können Installationsleitungen untergebracht werden.

I. Funktionen von abgehängten Decken

140 Unterdecken bzw. abgehängte Decken können unterschiedliche Funktionen erfüllen:

- **Gestaltung**

Zur Gestaltung der oberen Raumbegrenzung werden Unterdecken und abgehängte Decken eingebaut, um die Rohdeckenuntersicht und/oder die Installationsleitungen zu verdecken.

- **Luftschall, Akustik**

Unterdecken werden angebracht, um den Luftschallschutz zu sichern, unerwünschte Schallreflexionen zu vermeiden (Luftschallabsorption), gezielte oder diffuse Schallreflexionen zu erreichen (Luftschallenkung) usw.

- **Brandschutz**

Brandschutzdecken werden angebracht, um bestimmte Auflagen des vorbeugenden bzw. baulichen Brandschutzes zu erfüllen und auch Sprinklerleitungen mit den Düsenköpfen unterzubringen.

- **Installationstechnik**

In Licht- und Klimadecken können Beleuchtungskörper, Lüftungselemente und andere Installationsleitungen integriert werden. Es kann auch ein hermetisch luftdicht abgeschlossener Unter- und Überdruckraum hergestellt werden, um Lüftungs- und Klimaanlagen wirkungsvoll einsetzen zu können.

- **Flexibler Innenausbau**

Abgehängte Decken können zusammen mit einem Trennwandsystem ein Ausbauraster zum leichten Umbau der Innenraumaufteilung bilden.

II. Schadensrisiken

141 Die Schadensrisiken bei Unterdecken bestehen darin, dass die Befestigungskonstruktionen zu schwach sind oder langfristig ihre Festigkeit verlieren. In der Praxis hat sich gezeigt, dass für viele abgehängte Deckenkonstruktionen keine hinreichenden Planungsvorgaben erstellt und die Ausführung allein dem Unternehmer überlassen wurden. In der DIN 18 168 sind ausreichende Angaben für die Planung und Ausführung von leichten Deckenbekleidungen und Unterdecken aufgeführt.

III. Schadensvermeidung

142 Um bei der Herstellung und Montage von Unterdecken eine ausreichende Stabilität mit der erforderlichen langfristigen Dauerhaftigkeit der Gesamtkonstruktion zu gewährleisten, ist eine sorgfältige Planung unumgänglich. Dabei ist darauf zu achten, dass Träger- und Abhängersysteme bauaufsichtliche Zulassungen erfordern, wenn ein gesonderter Standsicherheitsnachweis nicht vorliegt.

Es ist zu befürchten, dass es einen relativ hohen Anteil von nicht ausreichend standsicheren abgehängten Deckenkonstruktionen gibt. Für dieses Gewerk werden Aufträge oft ohne ausreichende Planungsvorgaben vergeben. Eine unzureichende oder fehlende Bauüberwachung und die nach der Fertigstellung geschlossene Untersicht führen dazu, dass mangelhafte Tragkonstruktionen nicht erkennbar werden.

Zur Schadensvermeidung ist deshalb eine umsichtige und fachübergreifende Bauüberwachung mit definierten Zwischenabnahmen unerlässlich.

Q. Treppen

Treppen sind Bauteile zur Überwindung von Höhenunterschieden und bestehen aus mindestens drei aufeinander folgenden Stufen. Sie können durch eine Folge von Treppenarmen und Treppenpodesten gebildet werden und dienen zur Verbindung von verschiedenen Nutzungsebenen. **Geschosstreppen** verbinden zwei Vollgeschosse miteinander. **Ausgleichstreppen** verbinden Höhenunterschiede innerhalb eines Geschosses.

143

Die gebräuchlichen Begriffe für Treppen werden in der DIN 18 064 definiert. Die DIN 18 065 regelt die Sollmaße in und an Gebäuden, soweit keine Sondervorschriften bestehen. Die Definitionen, die sich auf die Blickrichtung beziehen, wie z. B. links und rechts, Antritt und Austritt usw., werden immer treppenaufwärts gerichtet beschrieben, also in aufsteigender Richtung.

I. Fachbegriffe

Folgende Definitionen bzw. Fachbegriffe werden bei Treppen angewandt:

144

- **Treppenan- und -austritt**

Der Treppenantritt ist die erste Stufe (Treppenantrittsstufe) einer Treppe beim Hinaufgehen. Der Treppenaustritt ist die letzte Stufe beim „Heraustreten" aus dem Treppenlauf.

- **Treppenarm**

Ein Treppenarm ist der Abschnitt eines Treppenlaufes zwischen zwei Treppenpodesten (Treppenabsätzen).

- **Treppenarmlänge**

Die Treppenarmlänge wird von der Vorderkante der Antrittsstufe bis zur Vorderkante der Austrittsstufe im Grundriss an der Lauflinie gemessen.

- **Treppenarten**

Die Treppenarten werden nach Form und Anordnung der Läufe und Arme beschrieben, wobei immer von der aufsteigenden Blickrichtung ausgegangen wird.

- **Treppenauftritt**

Der Treppenauftritt (Auftrittsbreite) ist das waagerechte Maß von der Vorderkante einer Treppenstufe bis zur Vorderkante der folgenden Treppenstufe, in der Laufrichtung gemessen.

- **Treppenauge**

Das Treppenauge ist der vom Treppenlauf umschlossene freie Luftraum.

- **Treppendurchgangshöhe**

Die lichte Treppendurchgangshöhe (Kopfhöhe) ist die senkrechte Mindesthöhe über einer Neigungsfläche einer Treppe, die durch die Vorderkanten der Treppenstufen gebildet wird.

- **Treppengeländer**

Das Treppengeländer (Umwehrung, Brüstung) an den Treppenläufen und -podesten dient zur Vermeidung des Absturzes von Personen.

- **Treppenhandlauf**

Der Treppenhandlauf ist der obere Abschluss des Geländers oder ein an der Treppenhauswand angebrachtes, zu greifendes Bauteil.

- **Treppenhaus**

Das Treppenhaus ist der für die Treppe vorgesehene Raum. (Z. B. erfordet ein **Sicherheitstreppenhaus** Brandschutzauflagen)

■ **Treppenhöhe**
Die Treppenhöhe ist die Summe aller Steigungen einer Treppe.

■ **Treppenlauf**
Der Treppenlauf ist die Gesamtlänge der Treppe zwischen zwei Geschossen. Er kann aus Armen und Treppenpodesten bestehen und wird im Grundriss durch die Lauflinie dargestellt.

■ **Treppenlaufbreite**
Die Treppenlaufbreite ist das Grundrißmaß der Konstruktionsbreite einer Treppe. Bei seitlich eingebundenen Läufen rechnen die Oberflächen der Rohbauwände (begrenzende Konstruktionsteile) als Begrenzung.

Die **nutzbare Treppenlaufbreite** ist das lichte Maß in Handlaufhöhe zwischen Wandoberfläche (Putzoberfläche, Bekleidung usw.) und der Innenkante des Handlaufes bzw. zwischen den Handläufen.

■ **Treppenlauflinie**
Die Treppenlauflinie ist die gedachte stetige Linie, in der das zulässige Steigungsverhältnis gemessen werden muss.

■ **Treppenöffnung**
Die Terppenöffnung (Treppenloch) ist die Aussparung in den Geschossdecken für die Treppen.

■ **Treppenpodest**
Ein Treppenpodest ist der Treppenabsatz in einem Treppenlauf zwischen zwei Treppenarmen oder Teil der Geschossdecke am Ende eines Treppenlaufes. Ein **Zwischenpodest** ist ein Treppenabsatz zwischen zwei Geschossen bzw. zwischen den beiden Treppenarmen, die jeweils zu den Geschossabsätzen führen.

■ **Treppenpodesttiefe**
Die **nutzbare Treppenpodesttiefe** ist das Maß zwischen der letzten Stufenvorderkante und dem gegenüberliegenden begrenzenden Bauteil.

■ **Treppenspindel**
Die Treppenspindel ist der Kern in der Mitte einer Wendeltreppe.

■ **Treppensteigung**
Die Treppensteigung (Steigungshöhe) ist das senkrechte Maß von der Auftrittsfläche einer Stufe zur Auftrittsfläche der folgenden Stufe.

■ **Treppensteigungsverhältnis**
Das Treppensteigungsverhältnis (Neigung) ist das Verhältnis von Steigung zum Auftritt. Es wird das Verhältnis der Maße in cm zueinander angegeben.
Beispiel: 17,5 / 28 cm.

■ **Treppenstufe**
Eine Treppenstufe ist ein Bauteil zur Überwindung von Höhenunterschieden, das mit einem Schritt begangen werden kann.

II. Planungsregeln

145 Bei der Planung einer Treppe sind die Abmessungen der Treppenläufe und -podeste sowie die lichte Treppendurchgangshöhe ausreichend festzulegen. Treppen mit geradem Lauf sind bei günstigem Steigungsverhältnis am bequemsten zu begehen. Nicht immer ist jedoch der Raum für die Lauflänge einschl. Podesttiefe hierfür ausreichend. Durch die **Wendelung** eines Teiles der Stufen kann Raum gespart werden, wobei in diesem **gewendelten** Bereich die Stufen **verzogen** (Keilstufen) werden müssen.

Nach der DIN 18 065 werden bestimmte **Gehbereiche** definiert, für die bei gewendelten Treppen die geforderten Steigungsverhältnisse und Auftrittsbreiten einzuhalten sind.

Das Steigungsverhältnis der Treppenstufen richtet sich nach dem Schrittmaß des Menschen. Folgende Maßregeln sind für die Planung der Steigungsverhältnisse, Steigungshöhen und Auftrittsbreiten zu berücksichtigen:

Schrittmaßregel: $2 \times s + a = 59 \ldots 65\ \text{cm}$ (ideal: 63 cm)
s = Steigungshöhe, a = Auftrittsbreite
Sicherheitsregel: $s + a \leq 46\ \text{cm}$
Bequemlichkeitsregel: $a - s \leq 12\ \text{cm}$

III. Schadensrisiken

Die möglichen Schadensrisiken liegen überwiegend im Planungsbereich. Bei Maßfehlern und zu gering vorgesehenen Raumverhältnissen können sich nach der Ausführung Unterschreitungen der erforderlichen lichten Treppendurchgangshöhen, der nutzbaren Treppenlaufbreiten, der nutzbaren Podesttiefen oder nach der Aufbringung des Treppenbelages zu ungünstige Steigungsverhältnisse herausstellen. Besondere Anforderungen an den Schallschutz (DIN 4109) werden an die Treppenhäuser in Mehrfamilienwohnhäusern gestellt, die in der Planung oft nicht ausreichend berücksichtigt werden.

IV. Schadensvermeidung

Zur Vermeidung von Mängeln an Treppenanlagen ist eine angemessene Planungsaufwendung unerlässlich. Insbesondere bei gewendelten Treppenführungen sind zeichnerische Ausarbeitungen erforderlich, um unzureichende oder unzulässige Abmessungen, z. B. Kopfhöhen, Auftrittsbreiten, Nutzbreiten usw., zu vermeiden. Die unterschiedliche Belagshöhe auf den Treppenstufen und den Podest- und Geschossflächen erfordern unterschiedliche Höhenmaße der Rohbaugewerke. Nicht selten ergeben sich infolge unzureichender Planung nach Abschluss der Ausbauarbeiten „zufällige" Treppenabmessungen, wie z. B. zu niedrige Kopfhöhen.

Eine umsichtige Überwachungstätigkeit während der Bauausführung sollte die Arbeiten an der Baustelle kontrollieren und kann dazu beitragen, mögliche Planungsfehler frühzeitig zu erkennen.

R. Abdichtungen

Unter dem Begriff „**Abdichtung**" wird im Bauwesen der Schutz von Bauwerken und Bauteilen vor dem Eindringen von Wasser verstanden. (Fälschlicherweise wird noch die Bezeichnung „Isolieren", – z. B. „eine Wand gegen Feuchtigkeit isolieren" –, für die Ausführung einer Abdichtungsmaßnahme verwandt. Isolieren ist der Elektrotechnik vorbehalten und bedeutet: Die Sicherung gegen unerwünschtes Abwandern und Hinzutreten von elektrischer Energie.)

Abdichtungen müssen in der Regel auf Dauer beständig sein, da sie häufig nach Fertigstellung des Bauwerkes nicht mehr zugänglich sind. Nachträglich lassen sich Reparaturen nur sehr schwer oder überhaupt nicht mehr vornehmen. Bei Abdichtungssystemen wird zwischen Bitumen-, Kunststoff- und Metalldichtungen unterschieden.

Ackermann

Grundsätzlich gibt es zwei Bauarten:
1. Abdichtungen durch **zusätzlich** auf die zu schützenden Bauteile aufgebrachte besondere Abdichtungs-**Baustoffe**.
2. Abdichtungen durch wasserundurchlässige **Bauteile**. So ist es z. B. mit der Entwicklung von hochwertigen Betonen möglich, dass die Konstruktionselemente Bodenplatte und Wände eines im Grundwasser befindlichen Bauwerks neben der statischen Funktion auch die abdichtungstechnische Aufgabe übernehmen können. Diese Konstruktionen werden im bautechnischen Sprachgebrauch „Weiße Wanne" genannt (zum Unterschied zur sog. „Schwarzen Wanne", die aus bituminösen Abdichtungsmaterialien hergestellt werden).

Für die erforderlichen Schutzmaßnahmen werden in der DIN 18 195, Teil 1 bis 10, Hinweise und Konstruktionsregeln vorgegeben, die allerdings nur wenig verbindliche, zeichnerisch festgelegte Lösungsvorschläge enthalten. Hier ist der Fachplaner gefordert, je nach den Anforderungen entsprechende Lösungen zu entwickeln.

I. Definitionen gemäß DIN 18 195

■ **Abdichtung gegen Bodenfeuchtigkeit**
Diese Abdichtungsqualität wird im Teil 4 der DIN 18 195 behandelt und betrifft die Abdichtung gegen im Boden vorhandenes, kapillargebundenes und durch Kapillarkräfte auch entgegen der Schwerkraft fortleitbares Wasser (Bodenfeuchtigkeit, Saugwasser, Haftwasser, Kapillarwasser).

■ **Abdichtung gegen nichtdrückendes Wasser**
Diese Abdichtungsqualität wird im Teil 5 der DIN 18 195 behandelt und betrifft die Abdichtung gegen Wasser in tropfbar-flüssiger Form, z. B. Niederschlags-, Sicker- oder Brauchwasser, das auf die Abdichtung keinen oder nur vorübergehend einen geringfügigen hydrostatischen Druck ausübt.

■ **Abdichtung gegen drückendes Wasser**
Diese Abdichtungsqualität wird im Teil 6 der DIN 18 195 behandelt und betrifft die Abdichtung gegen Wasser, das von außen auf die Abdichtung einen hydrostatischen Druck ausübt (Stauwasser, Grundwasser).

■ **Abdichtung gegen von innen drückendes Wasser**
Diese Abdichtungsqualität wird im Teil 7 der DIN 18 195 behandelt und betrifft die Abdichtung gegen Wasser, das von innen auf die Abdichtung einen hydrostatischen Druck ausübt, z. B. bei Trinkwasserbehältern, Wasserspeicherbecken, Schwimmbecken, Regenrückhaltebecken usw. (Sammelbegriff: „Behälter").

■ **Abdichtungen über Bewegungsfugen**
Die Abdichtung von Fugen wird im Teil 8 der DIN 18 195 behandelt und betrifft die Abdichtung gegen Feuchtigkeit und Wasser in bzw. über Fugen in Bauwerken, die aus konstruktiven (Bewegungsfugen) und ausführungstechnischen (Arbeitsfugen) Gründen erforderlich sind. Man unterscheidet außenliegende und innenliegende Fugenbänder.

■ **Abdichtung an Durchdringungen**
Die Abdichtung an Durchdringungen, Übergängen und Abschlüssen werden im Teil 9 der DIN 18 195 behandelt.

■ **Waagerechte Abdichtung**
Waagerechte Abdichtungen in den Lagerfugen des Mauerwerks und auf Fußbodenflächen schützen die Bauteile bzw. Bauwerke vor **aufsteigender Feuchtigkeit**.

■ **Senkrechte Abdichtung**
Senkrechte Abdichtungen an den Wandflächen schützen die Bauteile bzw. Bauwerke vor dem Eindringen von Feuchtigkeit oder Wasser aus dem erdberührten Bereich.

II. Dränung zum Schutz baulicher Anlagen gemäß DIN 4 095

Durch Dränung sollen Bodenschichten so entwässert werden, dass erdberührte Bauteile nicht durch drückendes Wasser beansprucht werden. Damit sind Dränmaßnahmen als Teil eines Abdichtungssystems zu verstehen. Das als Sickerwasser aus den angrenzenden Geländeoberflächen oder wasserführenden Bodenschichten anfallende Wasser wird in einen **Vorfluter** (allgemein **Vorflut**, z. B. offener Wasserlauf) oder in wasseraufnahmefähige Bodenschichten durch Sickerschächte abgeleitet. Die Einleitung in öffentliche Entsorgungsleitungen (Kanal) ist in der Regel nicht erlaubt. 150

■ **Dränanlage**
Eine Dränanlage besteht aus Drän-, Kontroll- und Spüleinrichtungen sowie Ableitungen.

■ **Dränleitung**
Eine Dränleitung (Drän, Dräneinrichtung) ist die Leitung zur Aufnahme und Ableitung des aus den übrigen Dränbauteilen (Dränschicht, Filterschicht, Sickerschicht usw.) anfallenden Dränwassers.

■ **Filtereinrichtungen**
Filterschichten, Stufenfilter und Mischfilter sind Einrichtungen der Dränschicht, die das Einschwemmen von feinen Bodenteilchen in die Dränleitung verhindern. Sie bestehen aus Gewebevliesen oder abgestuften Körnungen unterschiedlicher Durchlässigkeit.

■ **Kontrollschacht**
Kontroll- und Reinigungs- oder Spülschächte (Spülrohre) werden an den Ecken von Ringleitungen eingebaut, um die Funktion der Dränageleitungen überprüfen und Versandungen der Rohrleitungen freispülen zu können.

■ **Regelausführung**
Die Regelausführung von Dränanlagen nach DIN 4095, Abschnitt 4.2, ist bei überschaubaren Anforderungen (Richtwerte) ohne besondere Nachweise anwendbar.

■ **Sonderausführung**
Die Sonderausführung von Dränanlagen nach DIN 4095, Abschnitt 4.3, ist bei örtlichen Bedingungen erforderlich, die von den im Abschnitt 4.2 aufgeführten Richtwerten abweichen. Hierzu gehören: Hanglage des Baugrundstückes, undurchlässiger Boden (bindiger Boden) u. a.

■ **Sickerschacht**
Ein Sickerschacht ist ein mit grobem Kies aufgefüllter Hohlraum im Erdreich, der das zugeführte Wasser (z. B. Dränwasser) so lange speichert, bis es nach unten abgesickert ist. Es sind auch Schächte aus Betonringen möglich, die unten offen sind und über der Versickerungsfläche mit einem abgestuften Sand-Kiesgemisch nach Filterbauart abgedeckt sind.

III. Schadensrisiken

Die Schadensrisiken an Abdichtungen sind oft mit erheblichen Nebenkosten verbunden, die ein Vielfaches der eigentlichen Reparaturarbeiten an der Abdichtung selbst betragen. So können die Arbeiten zum Freilegen von erdberührten Außenwänden an einem normalen Wohnhaus über 1000,00 DM je Meter Außenwandabwicklung betragen, wenn noch die Wiederherstellung eines bereits angelegten Gartens erforderlich ist. 151

Im Bereich der Planung von Abdichtungen an erdberührten Bauteilen liegen die häufigsten Risiken bei unzureichenden Kenntnissen über die Bodenbeschaffenheit, Wasserführung, Grundwasserverhältnisse usw. des anstehenden Baugrundes, weil keine Baugrunduntersuchung durchgeführt wurde.

Im Bereich der Ausführung von Abdichtungen ist eine besonders sorgfältige Überwachung notwendig, die häufig nur unzureichend oder gar nicht gegeben ist. Es ist unbedingt notwendig für ein- 152 zelne Bauzustände Zwischenabnahmen durchzuführen, da mit fortschreitendem Bauablauf frühere Arbeitsfelder verdeckt oder nicht mehr zugänglich sind. Häufig sind die Leistungsbeschreibungen für die Auftragnehmer so mangelhaft oder nicht anwendbar, dass die Ausführung von Abdichtungen im erdberührten Bereich einfach den Unternehmern überlassen wird. Deshalb ist eine hohe „Dunkelziffer" denkbar, bei der es zwar an unzureichend oder falsch ausgeführten Abdichtungen noch nicht zu Schäden gekommen ist, aber dennoch diese nicht erkannten Mängel vorliegen.

IV. Schadensvermeidung

153 Bei der Planung von Abdichtungen ist zu bedenken, dass sich dieses Gewerk an bzw. in einem Gebäude auf verschiedene Bauteile bezieht:

- Der Dachabdichtung kommt als für jedermann erkennbarer Schutz vor Regenwasser ein entsprechender Planungsvorrang zu. Durch die relativ einfache Zugänglichkeit von schadhaften Flächenbereichen sind Nachbesserungen gezielt möglich. Allerdings kann die Schadstellensuche bei Flachdächern durch die Flächengröße, Dachbegrünung, Kiesschüttung und die nicht deckungsgleiche Austrittsstelle im Gebäudeinneren Probleme bereiten.

- Der Abdichtung von erdberührten Bauteilflächen kommt in der Planung oft eine nur untergeordnete Bedeutung zu. Häufig wird die Wasserbelastung unterschätzt, so dass sich beim Auftreten von Stau- und Druckwasser die vorhandene Abdichtung als völlig unzureichend erweist. Bei der Ausführung von Abdichtungen werden oft nur ungelernte Hilfskräfte eingesetzt, die zudem unzureichend oder gar nicht beaufsichtigt werden. Durchfeuchtungen oder gar Wassereinbrüche in Untergeschoss- und Kellerräume schädigen eine erhebliche Anzahl von anderen Bauteilen des Roh- und Innenausbaues. Die Beseitigung von Mängeln an Abdichtungen, z. B. auf erdberührten Kelleraußenwänden, ist mit erheblichen Kostenaufwendungen verbunden. Die durch eine fehlerhafte Planung nicht ausreichend berücksichtigte Druckwasserbelastung auf die Bodenplatte und die Kellerwände eines Gebäudes ist möglicherweise nicht nachzubessern, oder nur mit Aufwendungen zu beheben, die an die Größenordnung der Neubaukosten heranreichen.

- Die Abdichtungen im Innenbereich (Bäder, Küchen usw.) von Gebäuden sind dadurch gekennzeichnet, dass sie unter aufwendigen Ausbauflächen, z. B. Keramikfliesenbelägen, liegen und deshalb nicht unmittelbar zugänglich sind. Fehlstellen werden oft nur zeitverzögert bemerkt und sind meistens mit umfangreichen Feuchte- und Nässeschäden verbunden. Die Schadstellensuche und Mängelbeseitigung kann aufwendig sein und beeinträchtigt die Nutzung der betroffenen Räume und Gebäudeteile.

154 Mit dem Bewusstsein dieser vorgenannten Umstände muss die Planung, Ausführung und Überwachung von Abdichtungen und Abdichtungsarbeiten betrieben werden. Deshalb sind zur Vermeidung von Schäden und Mängeln an Abdichtungen fachliche Kompetenz der beauftragten Ingenieure, hohes Ausbildungsniveau im Ausführungsbereich und umsichtige, fachübergreifende und konsequente Bauüberwachung unumgänglich.

S. Wärmeschutz

155 Unter dem Begriff „**Wärmeschutz**" werden in der Bauphysik alle Maßnahmen verstanden, die eine Verringerung der Wärmeübertragung zwischen Räumen und der Außenluft und zwischen Räumen mit verschiedenen Temperaturen herbeiführen. Die wärmeschutztechnischen Konstruktionen von Gebäuden und Bauteilen werden z. Z. wesentlich von der **Wärmeschutzverordnung zum Energieeinsparungsgesetz** (EnEG, letzte Fassung vom 16.08.94, gültig ab 01.01.1995) und von der **DIN 4108 „Wärmeschutz im Hochbau"** sowie deren Ergänzungen bestimmt. Es wird zwischen dem winterlichen und dem sommerlichen Wärmeschutz unterschieden. Grundlegend sind folgende Ziele

zu nennen, die den Schutz vor Wärmeverlusten (im Winter) und auch übermäßigem Wärmezufluss (im Sommer) bestimmen:
- Sichern von bestimmten wohnklimatischen Verhältnissen zum Schutz der Gesundheit der Bewohner,
- Verhindern von unkontrollierten Abflüssen von Heizenergie (Heizleistung), um Heizkosten einzusparen und auch die Forderungen des Energieeinsparungsgesetzes zu erfüllen. Darüber hinaus dient die Einsparung der Verbrauchsminderung fossiler Brennstoffe und der Vermeidung von Umweltschäden,
- Vermeiden von Überhitzung im Sommer zur Einsparung von Energie für Klimatisierung (Kühlung),
- Schutz des Gebäudes vor Schäden durch klimatische Einflüsse (thermische Spannungen, Feuchtigkeit, Frost, Fäulnis, Korrosion usw.),

Die Schutzmaßnahmen betreffen im wesentlichen Wände, Decken, Dächer, Fußböden, Fenster und Türen. Dabei werden Wärmedurchgang, Luftdurchlässigkeit und Wärmespeichervermögen bewertet. In der Planungsphase wird deshalb ein Wärmeschutznachweis erstellt, bei dem der gesamte Wärmedurchgang aller einzelnen Bauteile den Forderungen der Wärmeschutzverordnung gegenübergestellt wird. Dabei gehen in die Rechenverfahren die einzelnen Bauteile mit unterschiedlichen Gewichtungen ein, um so Besonderheiten der Bauteile, der Gebäudeform usw. zu berücksichtigen. Die Entwurfsarbeit des Planers besteht darin, die einzelnen Außenbauteile mit ihrer Wärmedämmeigenschaft so auszustatten, dass zum einen sie selbst einen bestimmten Wärmedurchgangswert nicht überschreiten und zum anderen das Gebäude als Ganzes einen mittleren Wärmedurchgangswert einhält. Nach der neuen Wärmeschutzverordnung von 1995 werden die Anforderungen nicht mehr allein an den baulichen Wärmeschutz gestellt, sondern es werden Faktoren berücksichtigt, die den Energiehaushalt des Gebäudes beschreiben. Hierzu gehören der Transmissionswärmebedarf (entspricht dem ehemaligen Wärmedurchgangsverlust), der Lüftungswärmebedarf (Energieverlust durch Luftaustausch = Lüften) und solare und interne Wärmegewinne (z. B. Sonneneinstrahlung über die Fenster). Dies führt dann zu einem Jahres-Heizwärmebedarf, der einen, in Abhängigkeit von der Gebäudegeometrie (Verhältnis der Umfassungswände A zum Volumen V = A/V), errechneten Grenzwert nicht überschreiten darf.

I. Fachbegriffe

In der folgenden Aufstellung werden einige wichtige Fachbegriffe zum Wärmeschutz erläutert:

- **Wärmebrücke**

Eine Wärmebrücke ist ein Bauteil, mit einem hohen Wärmedurchgang, z. B. eine Stahlbetonstütze in einer Wand mit sonst guten Wärmedämmeigenschaften. Der Bezeichnung **Wärme**brücke liegt der Vorgang des Energieverlustes (**Wärme**verlustes) zugrunde. Die Bezeichnung **Kälte**brücke ist physikalisch falsch, da Kälte keine Energieform darstellt, sondern eben nur weniger Wärmeenergie bedeutet. Die Bezeichnung Kältebrücke ist auf die subjektive Temperaturempfindung zurückzuführen, weil eine Wärmebrücke eine herabgesetzte **Oberflächentemperatur** auf der Bauteilinnenseite innerhalb eines beheizten Raumes hat.

- **Wärmedurchgang**

Der Wärmedurchgang gibt die Wärmeübertragung eines Bauteiles an. Der sog. **Wärmedurchgangskoeffizient** „k" eines Bauteiles gibt die Wärmemenge in Watt an, die stündlich durch 1 m² des Bauteiles übertragen wird, wenn zwischen der beiderseits angrenzenden Luft eine Temperaturdifferenz von 1°K (1°Kelvin entspricht 1°C) herrscht. (**k** in W/m² K)

- **Wärmedurchgangswiderstand**

Der Wärmedurchgangswiderstand ist das Gegenteil des Wärmedurchganges, der dem Kehrwert des Wärmedurchgangskoeffizienten „**1/k**" entspricht.

■ **Wärmeleitfähigkeit**
Die Wärmeleitfähigkeit (Wärmeleitzahl) „λ" ist eine Stoffeigenschaft, die bestimmt, wie groß in einem gegebenen Temperaturfeld (Temperaturgefälle) der Wärmestrom (Wärmeenergie in Watt) ist. (λ in W/m K)

II. Schadensrisiken

158 Die Schadensrisiken liegen vor allem im Bereich von Wärmebrückenwirkungen, die entweder durch eine unvollständige Planungen oder durch Fehler bei der Bauausführung entstanden sind. Dabei wirkt sich insbesondere eine fehlende Detailplanung so aus, dass es dem Unternehmer überlassen bleibt, wie er Problempunkte mit einem Wärmebrückenrisiko ausführt.

Im ersten Jahr nach der Neuherstellung überlagern sich die Schadensfälle (Kondensatbildungen auf den Wandinnenseiten) aus möglichen baulich bedingten Wärmebrücken und der unzureichend abgelüfteten Neubaufeuchte innerhalb des Gebäudes.

III. Schadensvermeidung

159 Der Entwurf von Bauteilen mit Kontakt zur Außenluft erfordert von den Planern spezielle Kenntnisse zu den bauphysikalischen Vorgängen des Wärmeschutzes. Bei Gebäuden des Hochbaues werden die Außenbauteile mit üblichem Schichtenaufbau vom Planer des gesamten Bauwerks geplant. Bei komplizierten Sachlagen sollten Sonderfachleute für den Fachbereich Wärmeschutz die Planungsarbeit des Architekten begleitend unterstützen. Die Ausführung von Arbeiten zur Wärmedämmung ist durch eine umsichtige, fachübergreifende und konsequente Bauüberwachung zu kontrollieren.

T. Feuchteschutz

160 Unter dem Begriff „**Feuchteschutz**" werden in der Bauphysik alle Maßnahmen zum Schutz von Bauwerken und Bauteilen gegen Wasser, Bodenfeuchtigkeit, Raumfeuchtigkeit und Witterungseinflüsse verstanden, die z. B. durch den Einbau von Abdichtungen, Sperrschichten, Dampfsperren, Verkleidungen usw. entstehen. Während die direkte Beanspruchung mit flüssigem Wasser dem Bereich der Abdichtungen zuzuordnen ist, befasst sich der Feuchteschutz mit dem Entstehen von Feuchte und dem Feuchtetransport innerhalb der Bauteile und der Bauteilschichten.

In der DIN 4108, Teil 3, wird der „Klimabedingte Feuchteschutz" behandelt, der sich dort mit dem Tauwasserschutz auf den Oberflächen und im Innern von Bauteilen, sowie mit dem Schlagregenschutz von Wänden befasst.

I. Fachbegriffe zum Tauwasserschutz

161 ■ **Dampfbremse**
Eine Dampfbremse ist eine Dampfsperre mit geringeren Sperreigenschaften. Eine Dampfbremse wirkt deshalb lediglich bremsend und regulierend und wird bei belüfteten Dachkonstruktionen eingesetzt.

■ **Dampfsperre**
Eine Dampfsperre ist eine wasserdampfdichte Zwischenschicht im Schichtenaufbau einer Wand, Decke oder eines Daches, die das Durchtreten (Durchdiffundieren) von Wasserdampf verhindert. Zum Nachweis der Dampfsperrwirkung wird die Dampfsperrenschicht mit der sog. diffusionsäquivalenten Luftschichtdicke verglichen.

T. Feuchteschutz § 5

■ Taupunkt
Als Taupunkt bezeichnet man die Temperatur, bei welcher der vorhandene (absolute) Feuchtigkeitsgehalt der Luft bei Abkühlung zum Sättigungsgehalt wird. Dieser ist dann gleichzusetzen mit dem Feuchtigkeitsgrad oder der relativen Luftfeuchtigkeit von 100 %. Wird die Luft unter den Taupunkt abgekühlt, so scheidet sie Wasser in Tropfenform aus (Tau, Wasserdampf-Niederschlag).

■ Tauwasser
Unter Tauwasser (Kondenswasser) versteht man die Feuchtigkeit, die sich aus der Luft an Bauteilen niederschlägt, wenn sich die Luft unter ihren Taupunkt abkühlt. Auch im Inneren von unsachgemäß aufgebauten Bauteilen kann Tauwasser auftreten, besonders dann, wenn sie mehrschichtig und die Schichten unzweckmäßig hintereinander angeordnet sind. Hier bildet sich Tauwasser, wenn Wasserdampf aus den Aufenthaltsräumen in das Innere dieser Bauteile gelangt und dabei auf Schichten stößt, deren Temperatur unterhalb des Taupunktes liegt. Dies kann durch Diffusion und Kapillarwirkung, jedoch auch durch Risse und Fugen geschehen. Derartiges Tauwasser kann den Wärmedurchgangswiderstand der Bauteile bedeutend herabsetzen und außerdem Durchfeuchtungsschäden verursachen.

■ Wasserdampfdiffusion
Unter der Wasserdampfdiffusion versteht man die Bewegung des Wasserdampfes innerhalb eines Bauteiles oder dessen Schichten. Der Wasserdampf wandert immer von den Stellen mit höherem zu solchen mit niedrigerem Dampfdruck, also von feuchten, wärmeren Räumen zu trockeneren, kühleren Stellen, auch innerhalb von Bauteilen.

■ Wasserdampfdiffusionsäquivalente Luftschichtdicke
Die wasserdampfdiffusionsäquivalente Luftschichtdicke s_d ist eine Zahl, die in Metern angegeben wird und sich aus dem Produkt der Diffusionswiderstandszahl und der Schichtdicke der Dampfsperre errechnet:

s_d = Diffusionswiderstandszahl μ x Schichtdicke s

Die Zahl s_d gibt die vergleichbare (äquivalente) Luftschichtdicke in Metern an, die dem Wasserdampf den gleichen Widerstand entgegensetzen würde wie die Dampfsperre mit der Schichtdicke s und dem Material mit der Diffusionswiderstandszahl μ.

■ Wasserdampfdiffusionswiderstandszahl
Die Wasserdampfdiffusionswiderstandszahl (auch Diffusionswiderstandszahl genannt) ist eine Materialgröße, die angibt, wievielmal **schlechter** eine Baustoffschicht den Wasserdampf leitet als eine **gleichdicke** (ruhende) Luftschicht:
$\mu = \delta_{Luft} / \delta_{Baustoff}$ (dimensionslos),
δ = Wasserdampfleitfähigkeit
Erst die Multiplikation von μ mit der Schichtdicke s ergibt den Wert s_d in Metern, der eine Aussage über die Dampfsperrwirkung erlaubt.

■ Beispiele
Betonwand, s = 25 cm: μ = 70 / 150, im Mittel ca. 110, $s_d = \mu$ x s = 110 x 0,25 m = **27,50 m**

Mauerwerk aus Leichtbetonhohlblocksteinen, d = 25 cm, Leichtbeton, s = 25 cm: μ = 5 / 10, im Mittel ca. 8, $s_d = \mu$ x s = 8 x 0,25 m = **2,00 m**

Polyethylenfolie, s = 1,0 mm: μ = 100 000, $s_d = \mu$ x s = 100 000 x 0,001 m = **100,00 m**

Ackermann

II. Fachbegriffe zum Schlagregenschutz (gemäß DIN 4108, Teil 3)

162
- **Beanspruchungsgruppen**
- **Beanspruchungsgruppe I**

Geringe Schlagregenbeanspruchung: Gebiete mit Jahresniederschlagsmengen unter 600 mm.

- **Beanspruchungsgruppe II**

Mittlere Schlagregenbeanspruchung: Gebiete mit Jahresniederschlagsmengen von 600 bis 800 mm.

- **Beanspruchungsgruppe III**

Starke Schlagregenbeanspruchung: Gebiete mit Jahresniederschlagsmengen über 800 mm sowie windreiche Gebiete auch mit geringeren Niederschlagsmengen (z. B. Küstengebiete, Mittel- und Hochgebirgslagen, Alpenvorland).

Nach Tabelle 1 der DIN 4108, Teil 3, werden den Beanspruchungsgruppen genormte Wandbauarten zugeordnet.

III. Schadensrisiken

163 Die Schadensrisiken liegen hier vor allem im Planungsbereich, bei fehlerhaft angeordnetem Schichtenaufbau von Bauteilen, einer Fehleinschätzung der Diffusionsverhältnisse in den Bauteilen und unzureichenden oder fehlenden Detailplanungen. Im Ausführungsbereich können fehlerhafte Arbeiten ebenfalls zu Schäden führen. Besonders schwierig sind die Schadensfälle zu beurteilen, bei denen nur bei bestimmten Wetterlagen zu Feuchteprobleme auftreten. So kann z. B. der Schlagregen aus einer bestimmten Richtung nur gelegentlich zu Feuchteschäden führen oder länger andauernde Windstille in belüfteten Dachkonstruktionen Tauwasserausfälle verursachen, wenn die Lüftungsquerschnitte zu knapp bemessen oder teilweise versperrt sind.

IV. Schadensvermeidung

164 Der Feuchteschutz ist eng mit der Planung der Wärmeschutzmaßnahmen verbunden. Deshalb gelten für die Vermeidung von Feuchteschäden im Schichtenaufbau von Außenbauteilen die gleichen Maßnahmen wie im vorstehenden Abschnitt beim Wärmeschutz.

Der Schlagregenschutz erfordert im Planungsbereich Kenntnisse und Praxiserfahrungen im Mauerwerksbau und bei der Beurteilung von fassadentechnischen Bauteilen. Bei schwierigen Umständen und komplizierten Fassadengestaltungen ist die Hinzuziehung eines Fachplaners für Fassadentechnik anzuraten. Zur Vermeidung von Feuchteschäden infolge eines unzureichenden Schlagregenschutzes an Außenwänden ist eine umsichtige, fachübergreifende und konsequente Bauüberwachung erforderlich.

U. Schallschutz

165 Unter dem Begriff „**Schallschutz**" versteht man in der Bauphysik alle Maßnahmen, die die Schallübertragung von einer Schallquelle zum Hörer vermindern. Sind Schallquelle und Hörer in verschiedenen Räumen, so geschieht dies hauptsächlich durch **Schalldämmung**, sind sie in dem gleichen Raum, so geschieht dies durch **Schallschluckung** (**Schallabsorption**).

I. Schall

Unter Schall versteht man mechanische Schwingungen und Wellen eines elastischen Mediums, insbesondere im Frequenzbereich des menschlichen Hörens von ca. 16 bis 20 000 Hertz (Hertz = Hz: Einheit der Frequenz, 1 Hz = Schwingung je Sekunde). Wenn sich die Schwingungen in der Luft fortpflanzen, spricht man von **Luftschall**. Bei Schwingungen in festen Körpern, z. B. im Mauerwerk eines Hauses, spricht man von **Körperschall**.

Man unterscheidet zwischen Tönen, Klängen und Geräuschen. Beim **Ton** verläuft die Schwingung in Abhängigkeit von der Zeit sinusförmig, die in Hertz gemessen wird. Die bei Wohngeräuschen hauptsächlich interessierenden Frequenzen liegen etwa zwischen 100 und 3000 Hz. Ein **Klang** entsteht durch das Zusammenklingen von mehreren Tönen. Dabei bestimmt der tiefste Teilton (Grundton) die subjektiv empfundene Klanghöhe. Die Frequenzen der höheren Teiltöne (harm. Töne, Obertöne) sind ganzzahlige Vielfache des Grundtones. Bei **Geräuschen** liegen mehrere – meist sehr viele – Teiltöne vor, deren Frequenzen in keinem einfachen Zahlenverhältnis zueinander stehen.

Die Stärke des Schalls wird durch den Wechseldruck (Druckschwankungen) gekennzeichnet, der sich dem atmosphärischen Druck der Luft überlagert. Dieser Wechseldruck wird als **Schalldruck** bezeichnet. Er kann mit Hilfe von Mikrofonen gemessen werden. Die im täglichen Leben auftretenden Schalldrücke unterscheiden sich bis zu 5 Zehnerpotenzen (10^{-4} bis 10 N/m², N/m² = Pascal = Pa). Deshalb wird für den **Schallpegel „L"** ein logarithmisches Maß verwendet:

$$L = 20 \times \lg(p/p_o) \ [dB]$$

Dabei ist p_o ein Bezugswert, nämlich der bei 1000 Hz gerade mit dem Ohr noch wahrnehmbaren Schalldruck von 2×10^{-5} N/m². Die Einheit wird Dezibel, abgekürzt dB, bezeichnet (nach dem Erfinder des elektromagnetischen Telefons, Graham Bell). Der Vorsatz „dezi" besagt, dass 1/10 der Einheit „Bel" vorliegt. Das menschliche Ohr empfindet zwei Töne, die denselben Schallpegel besitzen, unter Umständen verschieden laut, wenn sie verschiedene Frequenzen besitzen.

Man hat deshalb neben dem physikalischen Maß des Schallpegels noch ein zweites Maß – die **Lautstärke** – eingeführt, die das Lautstärkeempfinden des menschlichen Ohrs kennzeichnen soll. Die Einheit ist das **Phon**. Definitionsgemäß ist die Lautstärke eines 1000 Hz-Tones zahlenmäßig gleichgroß wie der Schallpegel in dB. Für tiefe Töne ist das Ohr weniger empfindlich als für mittlere Frequenzen. Dies gilt vor allem für kleine Lautstärken.

Die Lautstärke eines Geräusches hängt in sehr komplizierter Weise von der Frequenzverteilung des Geräusches und anderer Einflussgrößen ab, so dass eine unmittelbare Messung nur mit größerem Aufwand möglich ist.

Man hat deshalb als Näherungswert für das menschliche Gehörempfinden einen sog. A-Schallpegel eingeführt, bei dem die verschiedenen Frequenzanteile eines Geräusches nach der sog. A-Frequenzbewertungskurve bewertet werden. Diese Werte können an einem Schallpegelmesser unmittelbar in dB(A) abgelesen werden. Dies bedeutet: Geräusche werden einigermaßen – jedoch nicht völlig – gehörsrichtig durch den sog. A-Schallpegel in dB(A) gemessen und abgegeben.

Die Lautstärkeskala (phon) bzw. der A-Schallpegel sind nicht streng proportional dem Lautstärkeempfinden. Ein Geräusch, dessen Schallpegel um 10 dB(A), z. B. von 60 dB(A) auf 70 dB(A) erhöht wird, empfindet der Mensch doppelt so laut wie das ursprüngliche Geräusch. Bei leisen Geräuschen, wie sie z. B. beim Durchhören von Sprache oder Musik durch Decken und Wände auftreten, genügen sogar wesentlich geringere Steigerungen des Schallpegels, um das Gefühl der Verdoppelung hervorzurufen. Nahe der Hörbarkeitsgrenze, bei einem Geräusch von ca. 10 bis 20 dB(A), genügt eine Steigerung des Schallpegels um etwa 3 dB(A), damit der Eindruck der doppelt so großen Lautheit auftritt. Werden statt einer Schallquelle zwei Schallquellen von gleicher Einzellautstärke und gleichem Klangcharakter betrieben, dann erhöht sich der Schallpegel um 3 dB(A).

II. Fachbegriffe in der Akustik

170 Die folgende Aufstellung erläutert die wichtigsten Fachbegriffe in der Akustik: (Akustik = Lehre vom Schall)

- **Frequenz**

Die Frequenz (Schwingungszahl) ist die Anzahl der Schwingungen je Sekunde; sie wird in Hertz (Hz) gemessen. Mit zunehmender Frequenz nimmt die Tonhöhe zu. Eine Verdoppelung der Frequenz entspricht einer Oktave. In der Bauakustik betrachtet man vorwiegend einen Bereich von 5 Oktaven, nämlich die Frequenzen von 100 bis 3200 Hz.

- **Lautstärke**

Die Lautstärke ist die Schallempfindung des menschlichen Ohres. Die Empfindung eines Tones ist dem Logarithmus der Schallstärke etwa proportional. Außerdem hängt die Lautstärke eines Tones von der Frequenz ab; bei gleicher Schallstärke werden tiefe Töne nicht so laut empfunden wie höhere. Die Lautstärke wird in Phon (phon) angegeben. Die Phonskala reicht von 0 phon (Hörschwelle) bis etwa 130 phon (Schmerzgrenze). Nur beim Normalton (reiner Ton der Frequenz 1000 Hz, mit konstanter Amplitude) stimmen die Zahlenwerte des Schallpegels in dB und der Lautstärke in phon überein.

- **Körperschall**

Der Körperschall ist der sich in festen Stoffen ausbreitende Schall.

- **Luftschall**

Der Luftschall ist der sich in der Luft ausbreitende Schall.

- **Schallabsorption**

Unter Schallabsorption (Schallschluckung) versteht man die Abnahme der Schallenergie wegen innerer Reibung und Wärmeleitung bei der Schallausbreitung und ihre Umwandlung, meist in Wärmeenergie.

- **Schallbrücke**

Unter einer Schallbrücke versteht man bei einer zweischaligen Konstruktion die Unterbrechung der elastischen Zwischenschicht durch eine starre Verbindung. Über diese Verbindung, – die Schallbrücke –, findet eine Übertragung durch Körperschall statt, die um ein Vielfaches größer ist als der Flächenanteil der Schallbrücke an der Gesamtkonstruktion ausmacht.

- **Schalldämmung**

Bei der Schalldämmung wird je nach Art des Störschalles zwischen Luftschalldämmung und Trittschalldämmung unterschieden. Zur Bewertung der Schalldämmung von Bauteilen dienen Sollkurven, das Schallschutzmaß und das Verbesserungsmaß.

- **Schalldruck**

Der Schalldruck ist der durch die Schallschwingungen hervorgerufene Wechseldruck, der sich dem statischen Luftdruck überlagert.

- **Schalldruckpegel**

Der Schalldruckpegel (Schallpegel) beträgt: $\mathbf{L = 20 \times lg\ (p/p_o)\ [dB]}$
Der Bezugswert p_o ist der gerade noch mit dem Ohr wahrnehmbare Schalldruck von 2×10^{-5} N/m² bei 1000 Hz. Die Einheit wird mit Dezibel, abgekürzt dB, bezeichnet.

- **Schallgeschwindigkeit**

Die Schallgeschwindigkeit ist die Ausbreitungsgeschwindigkeit einer Schallwelle. Für Luft beträgt sie ca. 340 m/s.

- **Trittschall**

Der Trittschall ist der Schall, der beim Begehen und ähnlichen Anregungen einer Decke als Körperschall entsteht und teilweise als Luftschall abgestrahlt wird.

III. Schadensrisiken

Das Schadensrisiko liegt vor allem im Planungsbereich, wenn nämlich keine genügenden Detailplanungen vorliegen, die den Schallschutz entsprechend berücksichtigen. Dies trifft insbesondere für Mehrfamilienhäuser zu, wo zwischen den einzelnen Wohnungen bestimmte Schallschutzforderungen einzuhalten sind.

Bei der Ausführung müssen die Schalldämmassnahmen zwischen den einzelnen Bauteilen sorgfältig ausgeführt werden, um Schallbrückenwirkungen zu vermeiden. Dies trifft z. B. bei Treppenanlagen in Mehrfamilienwohnhäusern und den doppelten Trennwänden von Reihen- oder Doppelhäusern zu.

IV. Schadensvermeidung

Die Planung von Schallschutzmaßnahmen ist für Gebäude mit unterschiedlichen, bzw. abgegrenzten Nutzungsbereichen erforderlich. Dies erfordert von den Planern spezielle Kenntnisse zu den bauphysikalischen Vorgängen der Übertragung des Körper- und des Luftschalles. Nachbesserungen des unzureichenden Schallschutzes in Gebäuden sind nur mit großem Kosten- und Maßnahmenaufwand möglich.

Bei einem geringen Anforderungsniveau an den Schallschutz mit den üblichen doppelten Trennwänden von Reihenhäusern, Abkoppelungen von Einzelbauteilen in Mehrfamilienwohnhäusern, Schichtenaufbau von Bodenbelägen usw. werden diese Schutzmaßnahmen vom Planer des gesamten Bauwerks geplant. Bei aufwendigeren Anforderungen und komplizierten Sachlagen sollten Sonderfachleute für den Fachbereich Schallschutz die Planungsarbeit des Architekten begleitend unterstützen. Die Ausführung von Arbeiten zur Schallschutzdämmung ist durch eine umsichtige, fachübergreifende und konsequente Bauüberwachung zu kontrollieren.

V. Brandschutz

Unter dem Begriff „**baulicher Brandschutz**" (auch vorbeugender Brandschutz genannt) werden die gesamten Maßnahmen verstanden, die zur Abwehr von Brandschadenseinwirkungen auf Gebäude und der sich darin aufhaltenden Menschen gehören.

In den Landesbauordnungen der einzelnen Bundesländer und den dazugehörigen Durchführungsverordnungen sind Bestimmungen über den vorbeugenden Brandschutz enthalten. Zwar bestehen zwischen den verschiedenen Bauordnungen Unterschiede in den Einzelvorschriften, doch gilt allgemein der in der Musterbauordnung (MBO) § 19 formulierte Grundsatz: „Bauliche Anlagen sind so anzuordnen, zu errichten und zu unterhalten, dass der Entstehung und der Ausbreitung von Schadenfeuer vorgebeugt wird und bei einem Brand wirksame Löscharbeiten und die Rettung von Menschen und Tieren möglich sind."

Beim baulichen Brandschutz wird unterschieden zwischen:

- **Planerischen Maßnahmen**, z. B. Planung von ausreichend bemessenen Fluchtwegen und von Zugängen und Zufahrten für die Feuerwehr, sowie die Aufteilung von Gebäuden in vertikale und horizontale Brandabschnitte.

§ 5 Bautechnik und Baumängel

- **Technischen Vorkehrungen**, z. B. Einbau von Feuerwarn- und Meldeeinrichtungen, von Feuerlöscheinrichtungen (Löschwasserleitungen, Hydranten, Feuerlöscher, automatische Feuerlöschanlagen, z. B. „Sprinkleranlagen"), Einbau von Qualm- und Rauchabzugsanlagen, Brandschutzklappen in Schächten o. ä.

- **Konstruktiven Maßnahmen**, z. B. Auswahl geeigneter Baustoffe und Bausysteme, Schutzmaßnahmen für gefährdete Bauteile.

Neben den Einzelvorschriften der Landesbauordnungen gelten dabei besondere Bestimmungen u. a. für Hochhäuser, Versammlungsräume, Schulen und im Industriebau.

Die technischen Vorschriften für den baulichen Brandschutz sind in der DIN 4102 zusammengefasst.

I. Fachbegriffe

175 Die Grundlage für die Planung des baulichen Brandschutzes ist die Einordnung von **Baustoffen** und **Bauteilen** hinsichtlich ihres Brandverhaltens. Grundlage hierfür ist die DIN 4102, Teil 1 bis 9 und 11 bis 18.

Baustoffe werden wie folgt unterteilt:

- **Brennbarkeitsklassen**
- **A   nicht brennbare Baustoffe**
- A1   ohne oder fast ohne organische Bestandteile
- A2   oft mit organischen Bestandteilen

- **B   brennbare Baustoffe**
- B1   schwer entflammbar
- B2   normal entflammbar
- B3   leicht entflammbar

Die Einreihung der Baustoffe erfolgt auf Grund genormter Prüfverfahren. Für alle am Bau verwendeten Baustoffe besteht Kennzeichnungspflicht hinsichtlich der Brennbarkeitsklasse gemäß DIN 4102, Teil 1.

176 **Bauteile** wie z. B. Wände, Decken, Stützen, Unterzüge, Treppen usw. werden nach DIN 4102, Teil 2, hinsichtlich ihres Brandverhaltens auf Grund genormter Brandversuche eingeteilt in **Feuerwiderstandsklassen**. In der DIN 4102, Teil 4, sind alle wichtigen Baustoffe und Bauteile in die jeweils zutreffenden Brennbarkeits- bzw. Feuerwiderstandsklassen eingeordnet.

Wenn eine günstigere Beurteilung im Einzelfall möglich erscheint, neuere Erkenntnisse vorliegen oder wenn nicht genormte Teile verwendet werden sollen, ist eine Prüfung des Brandverhaltens gemäß DIN 4102, Teil 1, 2, 3, 5, 6 und 7 erforderlich.

Die Prüfungen für die Einordnung von Bauteilen in bestimmte Feuerwiderstandsklassen erstrecken sich jeweils auf:
- Temperaturmessungen an dem Prüfkörper und hinter ihm, auf der feuerabgewandten Seite,
- die Prüfung der Rauch- und Qualmdichtigkeit,
- die statische Standsicherheit,
- das Verhalten beim Auftreffen von Löschwasser,
- die Entwicklung giftiger Gase.

**Feuerwider-
standsklassen, F**
(allgemeine Festsetzung)

Feuerwider- standsklasse	Feuerwiderstands- dauer in Minuten
F 30	$\geq$ 30 Min.
F 60	$\geq$ 60 Min.
F 90	$\geq$ 90 Min.
F 120	$\geq$ 120 Min.
F 180	$\geq$ 180 Min.

II. Bauliche Brandschutzmaßnahmen

■ Brandabschnitte
Ein Brandabschnitt ist der Teil eines Gebäudes, der von Bauteilen umschlossen ist, die den Anforderungen seiner Brandschutzklasse für Brandabschnitte genügen.

■ Brandlast
Die Brandlast eines Brandabschnittes entspricht der Wärmemenge sämtlicher brennbarer Stoffe in einem Brandabschnitt, bezogen auf die rechnerische Brandabschnittsfläche (in kWh/m^2).

■ Brandschutzklasse
Mit der Brandschutzklasse wird ein Brandabschnitt nach der Höhe der rechnerischen Brandbelastung eingestuft.

■ Brandschutzverglasung
Brandschutzverglasungen bestehen aus speziellen Gläsern, die auf Grund besonderer Zulassungen zusammen mit entsprechenden Rahmenkonstruktionen in die Feuerwiderstandsklassen G 30 bis G 120 eingeordnet werden. („G" steht für Glas, DIN 4102, Teil 5)

■ Brandversuch
Mit dem Brandversuch wird bei der Baustoffprüfung das Verhalten von Baustoffen und Bauteilen bei Feuereinwirkung erkundet.

■ Brandwand
Brandwände (Brandmauern) sind Wände in solcher Ausführung, dass sie beim Brand auch unter außermittiger Belastung und unter Stoßbeanspruchung ihre Standsicherheit bewahren und als Raumabschluss wirksam bleiben. Brandwände sollen die Verbreitung von Feuer auf andere Gebäude oder Gebäudeabschnitte verhindern.

■ Feuerschutzanstrich
Feuerschutzanstriche sind Anstriche, durch die bei brennbaren Baustoffen der Entflammungszeitpunkt hinausgeschoben wird. Es gibt auch Anstriche, die bei einer Brandbelastung aufschäumen und so noch einen zusätzlichen Schutz bieten.

■ Feuerschutztüren
Feuerschutztüren sind doppelwandige Stahltüren mit Dämmstoffeinlage (z. B. Mineralfaser-Matten), die unter bestimmten Voraussetzungen als feuerbeständige bzw. feuerhemmende Raumabschlüsse verwendet werden dürfen. Hierzu können auch Holztüren gehören.

■ Feuertreppe
Eine Feuertreppe oder Nottreppe ist eine zusätzliche Treppe als Fluchtweg oder zur Rettung von Menschen.

III. Besondere Anforderungen

178 Verschärfte Anforderungen an den Brandschutz gelten für Gebäude, die durch ihre Nutzung (z. B. Geschäftshäuser, Lager, Schulen, Altersheime, Krankenhäuser usw.) oder durch ihre Bauweise besondere Vorkehrungen für die Brandbekämpfung und für Rettungsmaßnahmen nötig machen.

- **Hochhäuser**

Hochhäuser sind Gebäude, bei denen der Fußboden mindestens eines Aufenthaltsraumes mehr als 22 m über der Geländeoberfläche liegt (Hessische Hochhausrichtlinien). Hier müssen alle wesentlichen tragenden Bauteile die Feuerwiderstandsklasse F 90 aufweisen. Weiterhin gelten besondere Anforderungen für Treppenhäuser, Flure mit selbstschließenden Brandschutztüren (T 90, DIN 4102, Teil 5), Rauchabzugsanlagen, Feuerlösch- und Rettungseinrichtungen usw.

- **Stahlbauteile**

Stahlbauteile sind zwar nicht brennbar, sie verformen sich aber erheblich bei den Temperaturen, die bei Bränden meist auftreten. Deshalb müssen Stahlbauteile (Stützen, Träger usw.) **ummantelt** werden. Hierfür gibt es neben Verkleidungen (Feuerschutzplatten) auch Spritzputze oder Betonummantelungen. Hohlprofile können in Sonderfällen durch Wasserkühlung brandgeschützt werden.

- **Stahlbetonbauteile**

Stahlbetonbauteile sind im Wesentlichen dadurch gefährdet, dass infolge der hohen Umgebungstemperaturen die überdeckenden Betonschichten (Betonüberdeckungen) abplatzen. Dadurch sind die Stahlbewehrungen direkt dem Feuer ausgesetzt und das Tragverhalten der Stahlbetonbauteile wird gemindert oder geht vollständig verloren. Deshalb werden die erreichbaren Feuerwiderstandsklassen bei Stahlbetonbauteilen vor allem durch die Dicke der Bauteile und die Betonüberdeckung bestimmt.

- **Bauteile aus Holz**

Bauteile aus Holz können durch dämmschichtbildende Dispersionsanstriche oder durch Verkleidungen mit Brandschutzplatten gemäß DIN 4102, Teil 4, Abschnitt 5 geschützt werden. Unbekleidete Vollholzbalken oder Brettschichtträger werden je nach Querschnitt in die Feuerwiderstandsklassen F 30-B bzw. F 60-B eingeordnet.

- **Rohr- und Kabeldurchführungen**

Besondere Vorkehrungen sind zu treffen, wenn Kabel, Rohrleitungen oder Lüftungsschächte durch Brandwände, Decken oder andere Bauteile mit Brandschutzanforderungen hindurchgeführt werden müssen. Neben der Verwendung von Spezialkabeln mit nichtbrennbaren Umhüllungen müssen die Kabeldurchlässe mit nichtbrennbaren Spezialmassen abgedichtet werden. Eine Ausführungsmöglichkeit für Kabel und Rohrdurchführungen sind feuerfest verschraubte Bauelemente.

- **Sprinkleranlagen**

Sprinkleranlagen sind selbsttätig wirkende, unter Druck stehende Feuerlöscheinrichtungen. Aus einem Wasserleitungsrohrsystem an der Decke der zu schützenden Räume werden beim Übersteigen einer gewissen Temperatur Düsenöffnungen freigegeben, die **nur** die betroffene Brandstelle beregnen. Man unterscheidet zwischen Ampullen- und Schmelzsprinklern als Düsenverschluss.

IV. Schadensrisiken

179 Bauliche Brandschutzmaßnahmen können Planungen in erheblicher Weise beeinflussen. Sie müssen daher in jedem Fall rechtzeitig mit den Brandschutzbehörden abgestimmt werden.

Die umfangreichen Auflagen und Nachweise, die große Vielfalt der Baustoffe und die notwendigen intensiven Überwachungsmaßnahmen enthalten zahlreiche Schadensrisiken. Deshalb ist in diesem Tätigkeitsfeld eine umsichtige und verantwortungsvolle Planungsarbeit unumgänglich.

Außerdem ist es unbedingt erforderlich, dass Gebäude, in denen besondere Brandschutz- und Brandbekämpfungseinrichtungen installiert sind, regelmäßig überprüft werden und dort ggf. möglichst realistische Brandschutzübungen abgehalten werden. Nur so können Unzulänglichkeiten in den Schutz- und Rettungssystemen **vor** dem immer möglichen Ernstfall erkannt und behoben werden.

V. Schadensvermeidung

Die Planung von Maßnahmen für den vorbeugenden, baulichen Brandschutz ist je nach der vorgesehenen Nutzung der betroffenen Gebäude mit unterschiedlichen Auflagen notwendig. Dies erfordert von den Planern spezielle Kenntnisse zur brandschutztechnischen Formgebung und Querschnittsbemessung der tragenden Bauteile, sowie besonderer technischer Einrichtungen. Die baulichen Erfordernisse sind in der DIN 4102 geregelt und werden in diesem Umfang i. d. R. nur von Fachplanern beherrscht, die sich häufig mit solchen Planungsaufgaben befassen. Zu beachten ist auch, dass sich einzelne bauaufsichtliche Anforderungen von Bundesland zu Bundesland unterscheiden können und bei zeitlich länger andauernden Planungen (z. B. von Krankenhäusern) die brandschutztechnischen Auflagen verändern können.

180

Nur bei einem geringen Anforderungsniveau an den baulichen Brandschutz, z. B. bei Reihenhäusern, Doppelhäusern, Mehrfamilienwohnhäusern, üblichen Geschäftshäusern usw., werden diese baulichen Besonderheiten vom Planer des gesamten Bauwerks geplant. Bei höheren Anforderungen an den Brandschutz, z. B. bei öffentlichen Gebäuden, Krankenhäusern, Hotels, Fabrikanlagen mit hohen Brandlasten usw., sollten Sonderfachleute eingeschaltet werden, um die Planungsarbeit entsprechend zu unterstützen.

181

Für diesen Fachbereich kommt der Bauüberwachung, den systematischen Zwischenabnahmen und ausführlichen Endabnahmen eine besondere Bedeutung zu. Es ist durchaus denkbar, dass eine Endabnahme mit einer der Gebäudenutzung angepassten Ernstfallübung kombiniert wird. Hierzu könnte von den Brandschutzplanern die erforderlichen Prüf- und Kontrollvorgänge in den Übungsablauf eingearbeitet werden. Leider haben sich allzu oft Mängel an Brandschutz-, Alarm-, Rettungs- und Brandbekämpfungseinrichtungen, die durch schlampige Bauüberwachungen und Abnahmen übersehen wurden, erst im Ernstfall mit Verlusten von Menschenleben und hohen Sachwertschäden gezeigt.

W. Befestigungstechnik

Unter dem Begriff „**Befestigungstechnik**" wird die gesamte nachträgliche Verbindung bzw. Befestigung von Anbauteilen mittels Dübel, Anker und Ankerschienen zusammengefasst.

182

I. Bezeichnungen und Fachbegriffe zur Befestigungstechnik

Grundsätzlich werden in der Befestigungstechnik folgende Bauarten unterschieden:

183

- Nach dem **Traggrund**
Mauerwerk und **Beton**

- Nach dem **Dübelmaterial**
Kunststoff und **Metall** (Stahl, rostfreier Stahl). Das Dübelmaterial für weniger beanspruchte Verbindungen besteht aus Kunststoff. Für schwere Befestigungen werden Schwerlastdübel aus Metall verwandt.

Ackermann 693

- Nach der **Befestigungsart**

Spreizdübel erzeugen ihre Haltekraft aus der Reibung im Dübelloch, die durch das Auseinanderspreizen des Dübelkopfes im Traggrund erzeugt wird. Hier werden auf den Traggrundbaustoff große Druckkräfte ausgeübt. Deshalb sind Mindestabstände zum Rand und zum nächsten Dübel einzuhalten.

Verbundanker erzeugen ihre Haltekraft aus der Verklebung eines zweikomponentigen Kunststoffklebers im Dübelloch. Hier treten **keine** Spreizkräfte im Traggrund auf.

Injektionsanker erzeugen ihre Haltekraft aus einem in den Traggrund aufgeweiteten Ankerloch, das mit einem injizierten Mörtel ausgefüllt wird. Auch hier treten **keine** Spreizkräfte im Traggrund auf. Bei Mauerwerk aus Lochsteinen wird die Ausbreitung des Injektionsmörtels mit einem Kunststoffnetz begrenzt.

- Für **spezielle** Verwendungen

werden **Sonderdübel** für bestimmte Verankerungen angeboten, wie z. B. Spezialdübel in **Gasbeton**, Spezialdübel zur Verankerung von **Drahtankern für zweischaliges Mauerwerk**, Spezialdübel für die Befestigung von Wärmedämmverbundsysteme (WDVS).

- Die sog. **Setzbolzen**

werden bei der sog. **Direktmontage** in das Bauteil geschossen. Dabei wird der Bolzen durch die Kartuschenenergie in den Ankergrund eingetrieben, ähnlich wie ein Nagel in Holz. Ein Gewinde am Bolzenkopf, das nach dem Setzen aus dem Bauteil hervorsteht, dient dann zur Befestigung von Anbauteilen. Setzbolzen kommen für die Befestigung in Beton und Stahl zum Einsatz.

- Die **Ankerschienen**

werden bereits beim Betonieren von Betonbauteilen mit in die Schalung eingebaut und sind so fest mit dem Beton verbunden. Sie bestehen aus einem U-förmigen Stahlprofil mit angeschweißten Kopfbolzen, das zunächst ausgeschäumt ist, damit beim Betonieren kein Beton hineinlaufen kann. An der Ankerschiene, die in die Betonoberfläche eingelassen ist, werden dann mit sog. **Hammerkopf-** oder **Hakenkopfschrauben** die Anbauteile befestigt.

II. Regelwerke

184 Da es für die Bemessung und Berechnung von Dübelverankerungen noch keine Normen oder Richtlinien gibt, bedarf es bei deren Verwendung einer allgemeinen bauaufsichtlichen Zulassung. Für tragende Verbindungen, bei deren Versagen eine Gefährdung der öffentlichen Sicherheit und Ordnung, insbesondere von Leben und Gesundheit, möglich ist, wird deshalb ein **Zulassungsbescheid** vom **Deutschen Institut für Bautechnik** (Berlin) verlangt. Dieser Zulassungsbescheid wird befristet erteilt und enthält folgende Angaben:
- Zulassungsgegenstand: z. B. Schwerlastdübel, genannt „Ultra-Anker-Plus"
- Antragsteller: z. B. Fa. Sowieso, in 12345 X-Stadt
- Geltungsdauer bis: z. B. 30. September 2001
- Zulassungsnummer: z. B. Z-21.1–123

Die mehrseitige Zulassung enthält Angaben über: Bohrlochdurchmesser und -tiefe, Verankerungstiefe des Dübels, Randabstände, Dübelabstände von Dübelgruppen sowie die Mindestabmessungen der Bauteile an die die Dübel angebracht werden sollen.

III. Schadensrisiken

185 Der häufigste Ausführungsfehler entsteht dann, wenn die erforderlichen Randabstände nicht eingehalten werden, weil entweder keine Planungsvorgabe vorliegt oder nicht beachtet wird und der Ausführende nach „Gutdünken" die Dübel platziert. Eine immer wieder vorkommende fehlerhafte Dübelbefestigung ist der Anschluss von Balkongeländerpfosten an den **Stirnseiten** der Balkonplatten. Hier werden fast immer die zulässigen Randabstände unterschritten und es kommt zu Ausplatzungen an den Kanten.

IV. Schadensvermeidung

186 Die Planung von Befestigungseinrichtungen fallen in das Tätigkeitsfeld des Tragwerksplaners. Die Berechnung und Bemessung von Dübelverbindungen, Ankerschienen und anderen Bauelementen des Fachbereiches der Befestigungstechnik werden fast ausschließlich durch die Vorgaben der Hersteller bestimmt, die durch das Institut für Bautechnik entsprechende bauaufsichtliche Genehmigungen in der Form von Zulassungen erhalten. Neben den Bauelementen selbst muss der Traggrund, – also das Mauerwerk oder der Beton –, bestimmte Festigkeitsvoraussetzungen aufweisen, die ebenfalls in die Bemessungsberechnung eingehen. Deshalb erfordert die Planung von Befestigungsverbindungen entsprechende fachliche Kenntnisse des Tragwerksplaners.

Als Nachweis für die korrekte Ausführung der Befestigungskonstruktionen ist die Zulassung der eingebauten Bauelemente den Planungsunterlagen beizufügen. In bestimmten Fällen sind Probebelastungen am Objekt durchzuführen und zu protokollieren. Auch diese Protokolle sind als Nachweis des korrekten Einbaues im Zuge einer ordnungsgemäßen Bauüberwachung den Planungsunterlagen beizufügen.

X. Haustechnik

187 Unter dem Begriff „**Haustechnik**" werden alle technischen Aus- und Zurüstungen von Gebäuden verstanden, die der Arbeitserleichterung, der Körper-, Wäsche und Raumpflege, der Herstellung eines behaglichen und gesunden Raumklimas, der Erhöhung der Sicherheit im Haus und der Zubereitung und Erhaltung von Lebensmitteln dienen. Die Haustechnik umfasst alle Bemühungen, die verschiedenen Leistungen am Bau schon vor der Ausführungsplanung zu koordinieren, die unterschiedlichen technischen Einrichtungen sinnvoll und arbeitssparend in das Gebäude einzufügen und sie einander funktionell zuzuordnen.

I. Haustechnische Räume

■ **Wirtschaftsräume**

188 Dazu gehören: Küche (Arbeitsküche, Eßküche), Speisekammer, Kühlraum, Hausarbeitsraum, Waschküche und Trockenraum.

■ **Sanitärräume**

Sanitärräume sind: WC, Waschraum, Bad, Dusche, Hausschwimmbad, Sauna, Solarium und Gymnastikraum.

■ **Sonderräume**

Sonderräume sind: hausanschlussraum, Heizraum, Brennstofflagerraum und Hausschutzraum.

II. Trinkwasserversorgung

189 ■ **Anschlussleitung**

Die Anschlussleitung wird von der Versorgungsleitung im öffentlichen Straßenbereich in den hausanschlussraum geführt. Eine Wasserzählanlage (Wasseruhr) registriert den Wasserverbrauch.

■ **Verbrauchsleitungen**

Die Verbrauchsleitungen sind die hauseigenen Innenleitungen. Sie bestehen aus den Verteilungsleitungen im Kellergeschoss, den Steigleitungen und den Stockwerksleitungen, sowie den Einzelleitungen und den Zirkulationsleitungen.

III. Entwässerung

190 ■ **Abwasserarten**

Abwasserarten sind: Regenwasser, Schmutzwasser (häusliches und gewerbliches Schmutzwasser)

■ **Mischverfahren**

Beim Mischverfahren oder Mischsystem werden Regenwasser und Schmutzwasser in eine gemeinsame Kanalleitung abgeführt. Sie stellt heute noch das häufigste öffentliche Kanalsystem dar.

■ **Trennverfahren**

Beim Trennverfahren oder Trennsystem werden Regenwasser und Schmutzwasser getrennt, in zwei verschiedenen Kanalleitungen, abgeführt.

■ **Abwasserleitungen**

Bei den Abwasserleitungen wird unterschieden zwischen: Anschlusskanal, Grundleitung, Sammelleitung, Fallleitung und Lüftungsleitung.

■ **Lüftungssysteme**

Lüftungsleitungen haben die Aufgabe einzelne oder mehrere zusammengefasste Fallleitungen so zu entlüften, dass beim Betrieb des Entwässerungssystems kein Unterdruck entsteht. Ein Unterdruck kann die Syphons leer saugen, so dass Luft und übel riechende und auch schädliche Gase aus dem Kanalsystem in die Hausräume gelangen. Die Entlüftungsleitungen werden in der Regel bis über das Dach geführt.

■ **Syphon, Geruchverschluß**

Ein Syphon ist ein S-förmiges gekrümmtes, lotrecht stehendes Rohrstück, das immer mit Wasser gefüllt sein muss, um den Zutritt von Luft und Gasen aus dem Entwässerungsnetz zu verhindern. Syphons werden immer an den Ablaufstellen eingebaut. Der Flaschengeruchverschluss besteht aus einem Tauchrohr, das in ein geschlossenes Unterteil eintaucht.

■ **Reinigungsöffnungen**

Reinigungsöffnungen dienen dazu Grund- und Sammelleitungen ggf. von Verstopfungen zu reinigen. Sie werden abwassergasdicht verschlossen.

■ **Revisionsschächte**

Revisionsschächte werden aus Betonringen hergestellt und sind in der Regel besteigbar. Sie werden kurz vor dem Einlauf der Grundleitung in den Straßenkanal, meist vor dem Haus, angeordnet.

■ **Rückstauverschlüsse**

Rückstauverschlüsse verhindern, dass aus dem öffentlichen Kanalnetz Wasser in die häuslichen Grundleitungen zurückstaut und bei entsprechendem Druck (z. B. infolge starker Regenfälle) über die Bodenabläufe, Waschbecken usw. im Kellergeschoss in das Haus eindringt. Sie sind erforderlich, wenn Abflusseinrichtungen unterhalb der sog. Rückstauebene liegen (z. B. Bodenabläufe im Kellergeschoss).

■ Rückstauebene
Die Rückstauebene wird im Allgemeinen durch die Straßenoberfläche gebildet. Entwässerungseinrichtungen, die sich unterhalb der Rückstauebene befinden, sind durch Rückstauverschlüsse zu sichern.

■ Abwasserhebeanlagen
Abwasserhebeanlagen werden dann notwendig, wenn tiefer liegende Kellerräume nicht mehr mit normalem Fließgefälle in das Kanalnetz entwässert werden können.

■ Abscheideanlagen
Abscheideanlagen sind Entwässerungseinrichtungen, die bestimmte Fremdstoffe im Schmutzwasser abscheiden, also zurückhalten. Z. B. Benzinabscheider, Ölabscheider und Fettabscheider.

IV. Energieversorgung

Zur Versorgung der Heizungsanlage, Warmwasseraufbereitung und elektrischen Einrichtungen werden entsprechende Installationen innerhalb eines Gebäudes geplant und ausgeführt. Die haustechnischen Erfordernisse zu diesen Einrichtungen sind vielfältig und gehören speziellen Fachbereichen an, die nicht unmittelbar zur Bautechnik zu rechnen sind. 191

V. Schadensrisiken

Die Schadensrisiken liegen im Planungs- und Ausführungsbereich. Nicht immer wird in der Planung der Einbau eines Rückstauverschlusses vorgesehen. In vielen Städten und Gemeinden kommt es bei starken Regenfällen immer wieder zu Überlastungen des Kanalnetzes. Hierdurch werden durch den Rückstau die Kellerräume von Gebäuden überflutet, deren Grundleitungen nicht mit Rückstauverschlüssen ausgestattet sind. 192

VI. Schadensvermeidung

Die Planung von haustechnischen Anlagen wird im üblichen Hochbau bei einfachen Wohn- und Geschäftshäusern vom Architekten, der die Gesamtbaumassnahme plant, mit übernommen werden. Bei höheren Anforderungen und insbesondere größeren Objekten, wie z. B. großen Mehrfamilienwohnhäusern, Geschäftshäusern, Krankenhäusern, Hotels, Industriegebäuden mit besonderen Ausstattungen (Laboratorien, Fertigungsstraßen) usw., ist die **Hinzuziehung von Sonderfachleuten** für Haustechnik unumgänglich. Bereits im frühen Planungsstadium sollten die Leitungsführungen der haustechnischen Einrichtungen in die Entwurfsarbeit einbezogen werden, um rechtzeitig Energiekanäle, Decken- und Wanddurchbrüche usw. berücksichtigen zu können. 193

Bedingt durch den Umfang, die Vielfältigkeit und die Einbeziehung der Haustechnik auf das gesamte Gebäude ist bei der Ausführung der Installations- und Montagearbeiten eine umsichtige, fachübergreifende und konsequente Bauüberwachung mit angemessenen Zwischenabnahmen und umfassenden Endabnahmen unerlässlich.

§ 6 Gebäudetechnik

Lutz Lehmann

Literatur

Bottke, Mayer, Krankmachende Bauprodukte: Produkthaftung aus zivil- und strafrechtlicher Sicht unter besonderer Berücksichtigung krankmachender Gebäude, in: Sick Building Syndrome, Sanieren? Abreißen? Neubauen?, Gesellschaft für Europäische Wirtschaftsinformations-GmbH, S. 57, 1992; **Bundesminister für Raumordnung, Bauwesen und Städtebau**, Bericht über Schäden am Bau, 1984, 1988, 1993; **Dompke, Mayer, Kruppa**, Sick Building Syndrome II, 1. Aufl. 1996; **Gruen**, Befeuchterfieber – Die Montagskrankheit durch Klimaanlagen, in: Klima-Kälte-Heizung (KI), 1981, Heft 3, 1025; **Hissnauer, Kornadt, Lehmann, Sehnert**, Praxisgerechte Methoden zur Reduktion von Schadstoffen in Innenräumen, Bauphysik Dez. 1999, 21. Jg., 255; **dies.**, Gebäude-Diagnostik, Sanierung und Prophylaxe Philipp Holzmann AG, Forschungsbericht 1998; **Philipp Holzmann AG**, Das Gebäude von Morgen, Forschungsbericht, diverse Autoren, Projektleiter: **Dr. rer. nat.** Oliver **Kornadt**, Beton-Verlag Düsseldorf 1997; **Recknagel, Sprenger, Schramek**, Taschenbuch für Heizung + Klima Technik 2000, 69. Aufl. 1999; **Zwiener**, Handbuch Gebäude-Schadstoffe Schadstoffe 1, 1. Aufl. Köln 1997; **ders.**, Materialwahl unter ökologischen Aspekten, in: Das Bauzentrum, 43. Jg. 1995, H 8, 5; **ders.**, Ökologischer Baustoff, Baustoffauswahl, Lexikon, 1. Aufl. 1994.

Inhalt

A. Anforderungen und Zielsetzungen an ein Gebäude 1	**C. Rechtslage, Schäden und ihre Ursachen** 19
B. Aufgaben und Ziele der Gebäudetechnik 3	I. Anforderungen der Nutzer und Investoren an die Innenraumluftqualität (nach den geltenden Regeln der Technik) 19
I. Fachbereiche der Gebäudetechnik 3	II. Rechtslage 22
II. Gebäudetechnik in Verbindung mit Bauwerk, Ausbau und Fassade . . 7	**D. Lösungswege** 28
III. Einflussfaktoren auf die Behaglichkeit, Schnittstellenprobleme und daraus resultierende Schäden . . 12	I. Ganzheitliches Denken 28
	II. Lebenszyklus einer Immobilie . . 31
IV. Ökonomische und volkswirtschaftliche Aspekte 17	**E. Fazit** 33

A. Anforderungen und Zielsetzungen an ein Gebäude

Hochbauten werden mit dem Ziel geplant und erstellt, sie möglichst intensiv und optimal für Wohn-, Verwaltungs-, Produktions-, Erholungszwecke etc. zu nutzen. Die Wünsche der Bauherren, Investoren und Mieter nach höherer Qualität, Ausstattung und Behaglichkeit steigen weiter. **Hygiene** und **Umweltschutz** sind wesentliche Maßnahmen, um die Nutzungsqualität zu verbessern.

Gewöhnlich bezeichnet man es als Aufgabe der Gebäudetechnik, den Aufenthaltsraum für Menschen physiologisch behaglich zu gestalten. Aber wann fühlt sich der Mensch behaglich? Wie kann man Behaglichkeit definieren? Architekten entwerfen Gebäude, um einen Wettbewerb zu gewinnen. Was sind die Beurteilungskriterien einer Fachjury? Hat das Planungsteam heute noch das Bewusstsein, dass ein Gebäude für Menschen errichtet wird? Steht der Mensch mit seinen Ansprüchen an die

- thermische Behaglichkeit,
- visuelle Behaglichkeit,
- akustische Behaglichkeit,
- hygienische Behaglichkeit,

noch im Mittelpunkt der Betrachtungen, oder sind Designer-, Rentabilitäts- und Kostenfragen wichtiger?

2   Es gibt nur noch selten den traditionellen Bauherrn, der für sich selbst baut. An seine Stelle ist der **Investor** getreten, der eine marktgerechte Rendite erwirtschaften muss, oft ein Gebäude entwickelt bevor es an Mieter vermarktet wird und unter Umständen nach 10 Jahren wieder veräußert.

Der Nutzer macht verstärkt seinen Anspruch darauf geltend, ein in seiner gesamten Nutzungsperiode hygienisch einwandfreies Produkt zu erhalten. Die Umwelt und die Gesundheit der Mitarbeiter sollten deshalb nicht durch schadstoffbelastende Baustoffe und Bauteile gefährdet werden. Das Gebäude muss heute den rechtlichen Qualitätsanforderungen und den vertraglich geschuldeten Leistungen auch im Hinblick auf Umwelt, Hygiene und Gesundheit entsprechen.

B. Aufgaben und Ziele der Gebäudetechnik

I. Fachbereiche der Gebäudetechnik

3   Die Gebäudetechnik hat sich in den letzten Jahrzehnten rasant fortentwickelt und wurde entsprechend dem Trend der Zeit auch aufgegliedert. So gibt es nun in der Gebäudetechnik diverse Studiengänge mit entsprechenden Vertiefungsfächern und darüber hinaus sogar Fachbereiche, die durch Studiengänge zur Zeit gar nicht oder nicht ausreichend abgedeckt werden, wie z. B. MSR-, Feuerlösch-, Sprinkler-, Brandschutz-, Förder-, Schwachstromsysteme, Sicherheitstechnik, etc. Hier helfen dann nur langjährige Erfahrungen, eine fachliche Spezialisierung und lebenslange Weiterbildung.

4   Die Gebäudetechnik wird heute durch 3 bis 6 unterschiedliche bzw. sich auch überschneidende Studiengänge bzw. spätere Spezialisierungen abgedeckt, wie z. B.:
- Heizung, Raumlufttechnische Anlagen (RLT);
- Heizung, Sanitär, Sprinkler, Feuerlöschsysteme;
- Raumlufttechnische Anlagen (RLT), Klima, Mess- , Steuer- und Regelungstechnik (MSR) mit Gebäudeleittechnik (GLT);
- Wärmeversorgungstechnik; Kraft- und Wärmetechnik; Ver- und Entsorgungstechnik;
- Elektro- Technik mit Stark- und Schwachstrom, Sicherheitstechnik, Fördertechnik (Aufzüge, Fahrsteige, Rolltreppen) etc.;
- Mess-, Steuer- und Regelungstechnik; MSR- Technik, (ist kein Studiengang);

5   Es wird immer noch von dem Fachbereich Gebäudetechnik in der singularen Form gesprochen, so dass oft angenommen wird, es handelt sich nur um eine Fach-Disziplin, wie z. B. die unterschiedlichen Bezeichnungen Haustechnik, Fachtechnik, Gesundheitstechnik, TGA, HLS-Technik (Heizung, Lüftung, Sanitär), Technische Anlagen, etc. zeigen.

6   Der Gebäudetechnik wird die Aufgabe zugewiesen – etwas vereinfacht dargestellt – den Aufenthaltsraum des Menschen physiologisch behaglich so zu gestalten, dass die thermische, visuelle, akustische und hygienische Behaglichkeit zur Zufriedenheit des Nutzers integriert wird. Aber die Vorgaben, wie z. B. die Größe der Fensterflächen, die Fassade, die Masse des Baukörpers und vor allem die Qualität der Ausbaumaterialien bestimmen im Wesentlichen die Qualität der Raum-Hygiene und Behaglichkeit, für die in ihrer Gesamtheit dann am Ende die Gebäudetechnik eine Garantie übernehmen soll. Hier gibt es oft viele fachliche Missverständnisse.

II. Gebäudetechnik in Verbindung mit Bauwerk, Ausbau und Fassade

7   Bis etwa Mitte der 70er Jahre waren Gebäudeschadstoffe kein Thema, dem man große Bedeutung beimaß. Die Brisanz der ungehemmten Verwendung von Stoffen wie Asbest, Holzschutzmittel, Formaldehyd, PCB oder künstlichen Mineralfasern wurde erst nach und nach deutlich.[1] Schadstoff-

---

1 *Zwiener*, Handbuch Gebäude-Schadstoffe Schadstoffe 1, 1997.

B. Aufgaben und Ziele der Gebäudetechnik § 6

konzentrationen und Gesundheitsbeschwerden der Gebäudenutzer wurden durch hohe Luftwechselraten, Raumlufttechnische Anlagen, Gebäudeundichtigkeiten, undichte Fenster, etc. minimiert. Die Außenluftrate der RLT-Anlagen lagen damals bei ca. 170 m^3/h, Person. Die Energiekrise 1973 / 74 reduzierte die Luftmengen drastisch bis heute auf etwa 30m^3/h, Person, um Betriebs- und Energiekosten und damit die 2. Miete zu reduzieren. Gleichzeitig wurden durch die Wärmeschutzverordnungen die Gebäudedichtigkeit auf fast 100 % erhöht. Dadurch können sich Schadstoffe im Raum zu Konzentrationen anreichern, die toxisch auf den Menschen wirken. „Gebäude machen Menschen krank" – so lauten die Schlagzeilen auch in Fachzeitschriften. „Klimaanlagen" wurden über Jahrzehnte in den Medien als Verursacher von Unzufriedenheit und Krankheiten in Gebäuden angeprangert und das SBS – als Problem der Gebäudetechnik dargestellt.

Die Gebäudetechnik mit Ihren Fachbereichen Heizung, Lüftung, Sanitär, sowie Elektrotechnik für Stark- und Schwachstrom haben ganz unterschiedlichen Anteil an der Schadstoffbelastung von Gebäuden. 8

Raumlufttechnische Anlagen, wie überhaupt alle gebäudetechnischen Anlagen, sollten regelmäßig gewartet werden, was aber wiederum höhere Betriebskosten verursacht. Die technischen wie auch die hygienischen Anforderungen von RLT-Anlagen sind durch DIN 1946 sowie die VDI 6022 festgelegt. Im Rahmen der VDI 6022 ist eine Hygieneschulung zur Qualifizierung des Personals für Betriebs- und Instandhaltungsmaßnahmen festgelegt.

Eine mangelhafte Wartung der Klimageräte, aber auch der Kanalsysteme fördert das Bakterien- und Pilzwachstum. Die mikrobielle Kontamination des Befeuchterwassers stellt ein Risikofaktor dar, der vor allem im Krankenhauswesen nicht vernachlässigbar ist. 9

Durch die Zuluft gelangen die Pilzsporen und andere Schadstoffe sowie organische Substanzen und Stäube in die Atemluft der Menschen, die langfristig zu allergischen Reaktionen führen können. Charakteristisch für eine allergische Reaktion ist das sog. „Befeuchterfieber", oder auch „Montagsfieber" genannt. Symptome wie Abgeschlagenheit, Fieber, Kopfschmerzen, Übelkeit treten meist am 1. Arbeitstag nach einem Wochenende oder Urlaub auf.[2]

Gleichzeitig sind in den letzten Jahrzehnten die Komfortansprüche der Mieter erheblich gestiegen. Durch mechanische Lüftungsanlagen, aber auch durch Fensterlüftung werden Schadgase wie CO, CO_2, SO_2, NO_X usw. eingetragen, ferner Gerüche, Mikroorganismen (Bakterien, Schimmelpilze, Allergene) und Staub.

Bei unsachgemäßer Handhabung von Bioziden im Befeuchterwasser kann es ebenfalls zu allergischen Beschwerden kommen.

Trinkwasser ist ein wichtiges Lebensmittel, deshalb ist die richtige Materialwahl für Rohrleitungen bedeutend. Neueste Untersuchungen an Trinkwasserinstallationen zeigten, dass bei Verwendung von fabrikneuen verzinkten Stahlrohren im Vergleich zu Kupferrohren und Edelstahlrohren der Nitrit-Grenzwert während der Stagnationsphase um ein Vielfaches überschritten wird.[3] In Anwesenheit von sekundären Aminen kann Nitrit zu Nitrosamin umgesetzt werden, die als krebserregende Substanz bekannt ist.[4] Ein weiteres Gesundheitsrisiko besteht in der durch Nitrit verursachten Hemmung des Sauerstofftransportes im Blut.[5] 10

Große Fensterflächen sorgen im Sommer für einen hohen solaren Eintrag, der die Behaglichkeit des Nutzers stark beeinträchtigt. Geringe Speichermassen eines Gebäudes können so ein Barackenklima entstehen lassen. 11

---

[2] *Gruen*, Befeuchterfieber – Die Montagskrankheit durch Klimaanlagen, in: Klima – Kälte – Heizung (KI), 1981, Heft 3, 1025.
[3] *Hautmann*, 1998.
[4] *Bliefert*, 1994.
[5] *Von Mühlendahl*, 1995.

Körper- und Luftschallübertragungen von gebäudetechnischen Aggregaten sorgen für niederfrequente (10–100 Hz) Geräuschbelastungen.

Schlechte oder oft nicht flimmerfreie Beleuchtung ohne Tageslichtspektrum erhöhen die visuelle Belastung auf den Mieter.

III. Einflussfaktoren auf die Behaglichkeit, Schnittstellenprobleme und daraus resultierende Schäden

12 In der folgenden Abbildung werden verschiedene Einflussfaktoren graphisch dargestellt, die die
- **thermische**,
- **hygienische**,
- **optische** und
- **akustische** Behaglichkeit

beeinträchtigen können. Wie bereits dargelegt, müssen diese vier Komponenten von allen Planungsbeteiligten so integriert und optimiert werden, dass für den Nutzer keine gesundheitlichen Gefahren oder Beeinträchtigungen entstehen, die auf den Aufenthalt im Gebäude zurückzuführen sind.

13 Die einzelnen „Bausteine" der Behaglichkeit sind oft nicht voneinander zu trennen, da sie in jedem Raum nebeneinander vorkommen. Nicht nur **eine** Substanz (Schadstoffe aus Baumaterialien und RLT-Anlagen) bzw. **ein** Faktor (akustischer Einfluss von RLT-Anlagen, Beleuchtungseffekte, Strahlungswärmen etc.) sind für eine gesundheitliche Beeinträchtigung verantwortlich. Wichtig ist das Gefahrenpotential insgesamt zu berücksichtigen, dass von den synergetischen Effekten der einzelnen Elementen ausgeht.

14 Des Weiteren ist zu berücksichtigen, ob die Substanz sofort oder erst nach längerer Zeit, in ihrer ursprünglichen Identität oder eventuell durch Umwandlungsprodukte Auswirkungen auf den Menschen hat und seine Gesundheit gefährdet. Ein wesentlicher Aspekt stellt die Ablagerung von flüchtigen organischen Substanzen an Hausstaub dar, die über direkten Hautkontakt mit dem Nutzer in Wechselwirkung treten können. Dieser Synergismus erschwert die Bewertung von Gebäude-Schadstoffen durch zulässige Grenzwerte.

15 Jedes Bauwerk ist ein Unikat und besitzt hinsichtlich der Hygiene unterschiedliche Ansprüche (vgl. Bürogebäude, Krankenhaus, Wohnhaus etc.), weshalb die Auswirkungen von Synergien in jedem Projekt neu zu erarbeiten sind. Die große Produktvielfalt von Baustoffen, mangelnden Langzeituntersuchungen hinsichtlich den gesundheitlichen Auswirkungen auf den Menschen, und die Vielzahl an technischem Ausstattungsmaterial stellen zunehmend ein Problem in der aktuellen Beurteilung dar. Baustoffe, die heute als Gefahrenpotential erkannt werden, verschwinden morgen vom Markt, um danach in anderer Zusammensetzung unter neuem Namen wieder zu erscheinen – so die Aussage von *Zwiener* nach Veröffentlichung seines Baustofflexikons. Die Bauwirtschaft sollte um eine Schadenverhütung intensiv bemüht sein.

16 Die Ursachen der Bauschäden wurden in den Bauschadensberichten der BRD [6] ausreichend dokumentiert. Eine **Analyse der Bauschadensberichte** zeigt uns die gemachten Fehler auf. Im Wesentlichen handelt es sich um folgende Punkte, die bereits im frühen Planungsstadium verursacht werden:
- fehlende Qualifikation, Erfahrung und mangelhafte Sorgfalt in der Planung, Kostenermittlung und Ausführung;
- Verstöße gegen die allgemein anerkannten Regeln der Technik, einschließlich Bauphysik und Bauchemie;
- mangelhafte Ausschreibungen und Vergabe von Bauarbeiten;

---

6 Bundesminister für Raumordnung, Bauwesen und Städtebau: Berichte über Schäden am Bau, Bonn 1984, 1988, 1993.

- eine oft unzureichende Ausbildung;
- Abweichung von den Bauplänen bei der Ausführung;
- Überlastung / Überforderung von Bauleitern und Polieren durch überhöhte Qualitätsanforderungen an die Bauleistungen (Vorschriften!);
- Mangel an Fachpersonal;
- falsche Zielvorstellungen;
- keine eindeutige Regelung der Verantwortlichkeiten;
- ungenügende wissenschaftliche Untersuchung und Erprobung der Eignung von neuen Baustoffen, Bauteilen und technischen Verfahren; sowie fehlende Kenntnisse des Langzeitverhaltens.

Daraus entwickeln sich finanzielle Belastungen für das Gesundheitssystem, sowie Ausfalls- und Produktionsverlustkosten für die Industrie, die im Zusammenhang mit dem **„Sick – Building – Syndrome" (SBS)** stehen.

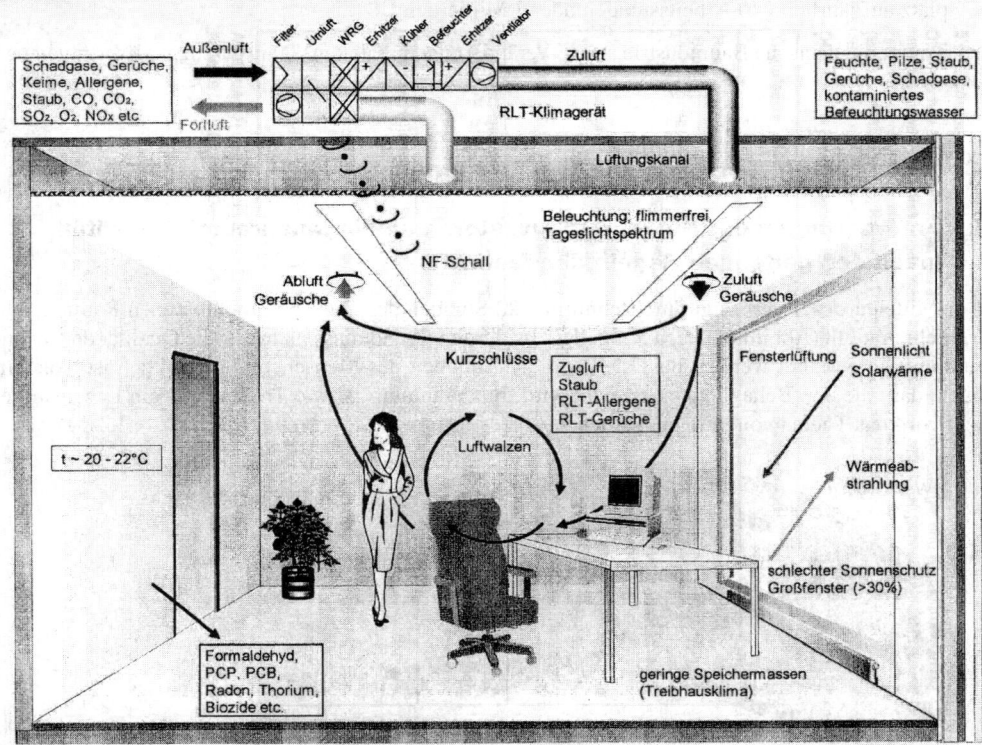

Einflussfaktoren auf die Behaglichkeit und daraus resultierende Befindlichkeitsstörungen.
Probleme einer Raumklimatisierung

IV. Ökonomische und volkswirtschaftliche Aspekte

Laut der Tageszeitung „Die Welt" vom 16.8.1997 wird der „Pfusch" am Bau von der Fachwelt auf 20 Milliarden DM jährlich geschätzt.

In den Mitteilungen des „Deutsches Instituts für Bautechnik" vom 25.8.1997 spricht man von vielen Millionen, die für Sanierungsmaßnahmen in den letzten 20 Jahren ausgegeben wurden. Das für Sanierungsmaßnahmen ausgegebene Geld muss am Neubauvolumen eingespart werden.

Die Schäden im Neubaubereich (Planungs-, Ausführungs- und Materialschäden) werden jährlich mit rund 2,5 bis 3 Milliarden DM abgeschätzt.

In der Fachzeitschrift „Das Bauzentrum" von 6/98 werden die Professoren *Hausladen* und *Gareis* zum Thema „Lüftung und Schimmelpilzbildung" zitiert: „Zudem verursacht Schimmel einen nicht unerheblichen volkswirtschaftlichen Schaden: 420 Millionen DM jährlich kostet unsere Volkswirtschaft nach den Bauschadensberichten der Bundesrepublik Deutschland der Pilzbefall in renovierten Altbauten".

18 Untersuchungen in Deutschland und USA kommen auf folgende Ergebnisse:[7]
- je nach Erhebung sind 20 % bis 60 % der Mitarbeiter in Büros unzufrieden, unabhängig davon ob das Gebäude klimatisiert ist oder nicht; 5 % -10 % der Arbeitszeit sind daraus resultierende Fehlzeiten.
- In den USA schätzt man den Produktivitätsverlust durch Befindlichkeitsstörungen am Arbeitsplatz auf jährlich 240 Arbeitsstunden oder 3 Milliarden US $.

Hier muss die deutsche Bauindustrie starke Veränderungen einleiten, Transparenz und Vertrauen neu erwerben.

C. Rechtslage, Schäden und ihre Ursachen

I. Anforderungen der Nutzer und Investoren an die Innenraumluftqualität (nach den geltenden Regeln der Technik)

19 Der Mitteleuropäer verbringt durchschnittlich 22 Stunden des Tages in geschlossenen Räumen und Verkehrsmitteln (Abbildung nach Sundell). Aus diesem Grund muss nicht nur die Qualität der Innenraumluft so gestaltet werden, dass sie für die Gesundheit des Menschen unbedenklich ist, sondern auch, dass die o.g. Behaglichkeit erreicht wird. Innenraumluft ist wie Trinkwasser ein Lebensmittel und wird das Thema von morgen werden.

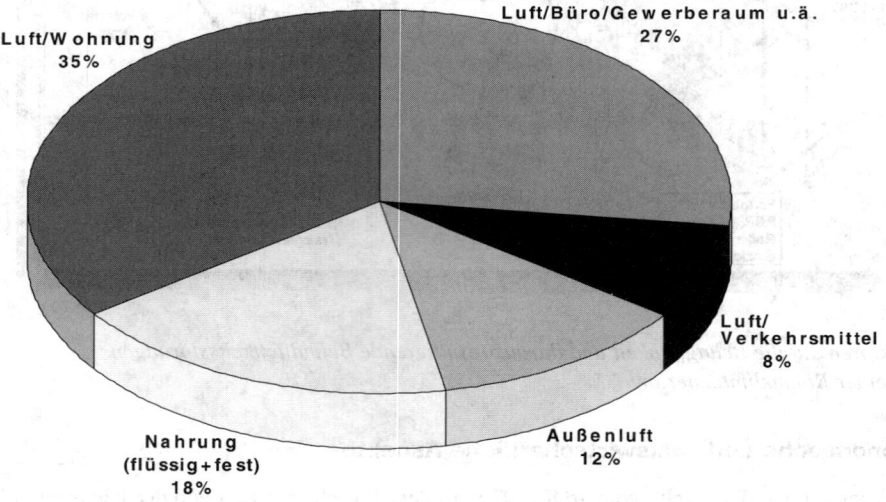

Atemluft, Essen, Trinken; Orale Aufnahme einer Person. Rechengröße: kg, Lebenszeitexposition

---

[7] *Dompke/Mayer/Kruppa*, Sick Building Syndrome II, 1996.

Die rechtlichen Anforderungen an **Hygiene, Gesundheit und Umweltschutz** sind den klassischen bauaufsichtlichen Anforderungen, wie **Standsicherheit und Brandschutz**, gleichgestellt. Unterstützung finden diese Ansprüche in der europäischen und deutschen Gesetzgebung, in der Musterbauordnung (MBO) und den geltenden Landesbauordnungen (LBO). Trotz Vorliegen von Richtlinien und Normen wird diese Gleichstellung in der Baupraxis oft nicht ausreichend berücksichtigt bzw. realisiert.

Dies dokumentieren auch die seit 1984 verfassten Bauschadensberichte der Bundesregierung, wo fehlende Qualifikationen in der Planung und Ausführung, Verstöße gegen die allgemein anerkannten Regeln der Technik, wie z. B. fehlende Langzeitstudien neuer Baustoffe zur Bewertung hinsichtlich ihrer Toxizität, die hauptsächlichen Unzulänglichkeiten in der Bauwirtschaft darstellen. Wie begegnen wir diesen Vorwürfen?

II. Rechtslage

Die Qualität der Außenluft wird international durch gesetzlich festgelegte Immissions- Grenzwerte nach Art und Umfang eindeutig geregelt (TA Luft). Der Umgang von Gefahrstoffen wird gesetzlich durch die Gefahrstoffverordnung festgelegt. Für Arbeitsplätze, an denen die Beschäftigten Umgang mit Gefahrstoffen haben, wurden Grenzwerte für zulässige Schadstoff – Konzentrationen, sog. MAK – Werte (Maximale – Arbeitsplatz – Konzentration) festgelegt.

Für den „Umweltbereich" Innenraumluft, in dem der Gebäudenutzer 8 Stunden und länger ohne sein Zutun den Emissionen aus Baustoffen und Einrichtungsgegenständen ausgesetzt ist, existieren in Deutschland bisher keine gesetzlich geregelten Grenzwerte. Eine öffentlich-rechtliche Regelung bedingt eine genormte Vorgehensweise zur Analyse und Bewertung der Innenraumluft. Die gibt es noch nicht. Einzig für Perchlorethylen, bekannter Einsatzstoff in „chemischen Reinigungen", existiert ein gesetzlich bindender Grenzwert.

Eine Bewertung der Innenraumluftqualität kann lediglich anhand von Richt – bzw. Orientierungswerten erfolgen, die von MAK-Werten abgeleitet wurden, oder von Empfehlungen verschiedener Behörden und Institute, wie z. B. der Richt- und Orientierungswerte des Bundesgesundheitsamtes (BGA).

Von der Kommission „Reinhaltung der Luft" werden nach VDI und DIN erstellte „Maximale – Immissions – Konzentrationen" (MIK-Werte) veröffentlicht. MIK-Werte sind Außenluft-Richtwerte auf der Grundlage des Immissionsschutzgesetzes. Bisher stehen solche MIK-Werte für Ozon, Schwefeldioxid, Stickstoffoxid, und Staub zur Verfügung. MIK-Werte werden auch für den Innenbereich herangezogen. Ein solcher MIK-Wert existiert z. B. zur Bestimmung der Konzentration von Formaldehyd im Innenraum (VDI-Richtlinie 2306). Der Kurzzeitwert liegt bei 0.058 ppm. Vom BGA wurde 1977 ein Orientierungswert für Formaldehyd für Innenräume von 0.1 ppm festgelegt. Damit liegt er unter dem geltenden Arbeitsplatz MAK-Wert von 0.5 ppm (s. TRGS 500), der 1987 von 1 ppm herabgesetzt wurde. Die Höhe des BGA-Richtwertes für Innenraumluft blieb trotz aller Kenntnisse, dass empfindliche Personen bereits ab 0.05 ppm eine gesundheitliche Beeinträchtigung erfahren, unverändert. Eine Formaldehydkonzentration < 0.05 ppm ist auch das Qualitätsziel, dass bei Sanierungsmaßnahmen formaldehydbelasteter Gebäude über den gesamten Nutzungszeitraum herrschen soll. Es sei noch angemerkt, dass der Formaldehyd-Grenzwert für Außenluft in Ballungsgebieten nur bei 0.001 ppm liegen darf!

Dass gesundheitsschädliche Stoffe in Bauprodukten zu verhindern bzw. zu beschränken sind, hat die Asbest- und PCB-Problematik der Vergangenheit eindeutig gezeigt. Das Vertrauen in die Bauproduktwirtschaft wurde geschwächt und auch die moderne Technologie synthetisch hergestellter Bauprodukte angezweifelt. Durch ausreichende Information und Beratung von Investoren und Nutzern über Risiken von Baustoffen und möglichen „Alternativstoffen" sollte dieses Vertrauen zurückgewonnen werden.

In den letzten Jahren ist bereits zu erkennen, dass Genehmigungs- und Zulassungsbehörden und nicht zuletzt auch die Bauherren und ausschreibenden Planer immer mehr die Aspekte des Umwelt- und Gesundheitsschutzes beachten.

26 Wie jedoch bereits dargestellt wurde, fehlt die gesetzliche Regelung einer glaubwürdigen Produktbewertung bzw. genormte, nachvollziehbare Bewertungsverfahren für Bauprodukte, um die Schadstoffkonzentrationen der Innenraumluft zu bewerten. Die öffentlich geführten Diskussionen um Schadstoffe in Bauprodukten haben dazu geführt, dass die Zuständigkeiten für diese Thematik zwischen den einzelnen Rechtsbereichen ängstlich hin und her geschoben werden, weil sich jeder dieses unliebsamen Themas zu entledigen versucht.

Die Forderungen an Bauprodukte hinsichtlich ihrer Umwelt- und Gesundheitsverträglichkeit sind baurechtlich in den national geltenden Landesbauordnungen (LBO) bzw. der zugrunde liegenden Musterbauordnung (MBO), und der EG-Bauproduktenrichtlinie 89/106/EWG von 1988 verankert. Die EG-Bauproduktenrichtlinie wurde 1992 in Deutschland als Bauproduktengesetz in nationales Recht umgesetzt, wobei in § 5 die „Brauchbarkeit eines Bauproduktes" definiert wird.

Zitat: „Ein Bauprodukt ist brauchbar, wenn es solche Merkmale aufweist, dass die bauliche Anlage, für die es verwendet werden soll, die wesentlichen Anforderungen der mechanischen Festigkeit und Standsicherheit, des Brandschutzes, der Hygiene, Gesundheit und des Umweltschutzes, der Nutzungssicherheit, des Schallschutzes sowie der Energieeinsparung und des Wärmeschutzes erfüllt."

27 1990 trat ein Gesetz in Kraft, dass die Haftung für fehlerhafte Produkte (Produkthaftungsgesetz, ProdHaftGes) regeln sollte. Haftungsvoraussetzung ist nach § 1 ProdHaftG, dass durch den Fehler eines Produktes jemand getötet oder seine Gesundheit verletzt oder eine Sache beschädigt wird. Produkte i. S. des ProdHaftG sind alle beweglichen Sachen, d. h. auch unbewegliche Sache (Bauprodukte, die zur Errichtung eines Hauses ein Teil eines Gebäudes geworden sind). Diese Regelung ist speziell deshalb getroffen worden, um eine Herstellerhaftung für fehlerhafte Baumaterialien begründen zu können.

Zu beachten ist § 4 Abs. 3 ProdHaftG. Danach gilt jeder Verwender eines fehlerhaften Produktes als Hersteller, wenn er dem Geschädigten nicht binnen eines Monats nach Aufforderung mitteilen kann, wer das Produkt hergestellt oder geliefert hat. Problematisch kann dies bei No-Name-Produkten werden, deren Herkunft ungewiss ist.

Für fehlerhafte, krankmachende Gebäude d. h. für unbewegliche Sachen, bleibt es nach deutschem Zivilrecht bei der Produkthaftung nach allgemeinem Deliktrecht.[8]

D. Lösungswege

I. Ganzheitliches Denken

28 Die berufliche Spezialisierung ließ in der Vergangenheit Ausbildungsgänge entstehen, die wenig Berührungspunkte zu Nachbardisziplinen aufweisen. Es wurden verstärkt Detaillisten ausgebildet. Die Konsequenz daraus ist: Jeder plant nur noch was er versteht, ohne die Nachbardisziplin bei sich zu integrieren. Es haben sich individuelle Berührungsängste im Laufe der Jahre heraus gebildet, die überwunden werden müssen. So passiert es z. B., dass der Fachbereich Heizung, zwar für die

---

[8] *Bottke/Mayer*, Krankmachende Bauprodukte – Produkthaftung aus zivil- und strafrechtlicher Sicht unter besonderer Berücksichtigung krankmachender Gebäude, in: Sick Building Syndrome – Sanieren? Abreißen? Neubauen?, Gesellschaft für Europäische Wirtschaftsinformations-GmbH, 1992, S. 57.

Raumtemperatur – man meint das sei schon die Behaglichkeit – zuständig ist, und insbesondere die Fachbereiche für Fassadentechnik, Roh- und Ausbau sich dafür nicht mehr zuständig fühlen bzw. das Empfinden für ihre Zuständigkeiten verloren haben. Die Gebäudetechnik kann diese komplexen und interdisziplinären Anforderungen nicht alleine lösen. Es fehlt der kompetente Generalist – der Baumeister – der alle Fachdisziplinen qualifiziert koordiniert, um die Voraussetzungen zu schaffen, das mögliche Schadenspotential zu erkennen, mögliche Schäden zu verhindern, abzuwenden bzw. zu begrenzen.

Dieses Schadens- und Risikopotential wird m. E. zur Zeit kaum bewertet. 29

Die o.g. Erkenntnisse der Bauschadensberichte in Verbindung mit dem Sick Building Syndrom (SBS) müssen nun in der Praxis durch umfangreiche Schulungen, an den Universitäten und Fachhochschulen aufgearbeitet werden. Die Ausbildungswege wenden sich heute schon ab vom Detaillisten und wieder verstärkt dem Generalisten zu. Einer der Gründe ist das derzeitige hohe Schadenspotential, das dem Neubauvolumen bzw. den Firmen, den Krankenkassen und Rentenversicherungen dadurch jährlich verloren gehen.

Ein weiterer Grund warum dieses Thema hier auch angesprochen wird, sind die kommenden erhöhten Anforderungen der Investoren an die Planer als Team und die daraus resultierenden Kostenverschiebungen und Belastungen auch innerhalb verschiedener Gewerke; so z.B. von der Gebäudetechnik zur Fassadentechnik bei Ganzglasfassaden, etc. Der Mensch sollte im Mittelpunkt der Planung und Betrachtungen bei der Gestaltung des Innenklimas stehen, um eine Behaglichkeit zu erreichen. Die **thermischen, hygienischen, optischen und akustischen** Ansprüche müssen dazu in harmonischem Einklang mit den Wünschen der Nutzer und der Investoren gebracht werden. 30

II. Lebenszyklus einer Immobilie

Mit der Ölkrise 1973/74 erwachte das Bewusstsein der Investoren und Mieter Betriebskosten zu sparen und es entwickelte sich das Facility- Management (FM). Das FM brachte ganz neue Denkansätze; es betrachtet nicht nur die Erstellungskosten eines Gebäudes sondern vor allem auch die Lebensdauer und Nutzungszyklen eines Gebäudes mit seiner gesamten Gebäudetechnik und vor allem auch seinen Nutzern. Alle Neben- und Betriebskosten werden als 2. Miete bewertet und gehen in die Renditeberechnung der Kunden mit ein. Diese ganzheitliche Sichtweise erfasst in den Betriebskosten auch die Kosten von Folgeschäden (gem. Bauschadensberichten der BRD), die oft auch Resultate von Sparmaßnahmen und Fehler während der Bauphase waren, sowie insbesondere auch die Kundenzufriedenheit. Der Mensch bzw. Mieter wird wieder in das Bewusstsein und den Mittelpunkt der Betrachtung gerückt, nicht zuletzt deswegen, weil der Kunde heute wieder den Mietpreis bestimmt und der Wert der Human Resources von manchen Bauherren wieder neu entdeckt wurde. 31

Die Lebensdauer eines Gebäudes beträgt (ohne GT) über 50 Jahre und liegt in der Regel um ein Mehrfaches über seiner sinnvollen Nutzungsdauer. Die technische Nutzungsdauer von Investitionsgütern wird aber immer kürzer (z. B. Extremfall: Computerbranche). Die Abschreibungsdauer von Maschinen z. B. der Gebäudetechnik orientiert sich an ihrer sinnvollen Nutzung und beträgt selten mehr als 10 Jahre. Die sinnvolle Nutzungsdauer wird immer kürzer, aber man kann die Immobilie nicht nach 8, 10 oder 15 Jahren abbrechen oder an einer anderen Stelle transportieren. 32

Jeder Investor eines Gebäudes weiß heute, dass er im Laufe der Jahre, die Gebäude neuen Nutzungen oder veränderten Nutzergewohnheiten anpassen muss.

E. Fazit

33 Der geringe Anteil der Investitionskosten bezogen auf die Lebenszykluskosten einer 30-jährigen Immobilienlebenszeit, wird die gesamten Kostenansätze langfristig verändern. Architekten, Ingenieure, Generalisten und Detailisten werden den gesamten Lebenszyklus einer Immobilie und seiner technischen Anlagen zum Gegenstand einer ganzheitlichen Planung, Beratung und Denkweise machen müssen, die auf den Kunden (Nutzer) ausgerichtet ist. Ansonsten laufen Projektentwickler am Bedarf des Marktes vorbei. Wichtig wird es, dass bereits in der Planungsphase nicht nur die Belange der späteren Nutzung und möglichen Nutzungsänderungen berücksichtigt werden, sondern auch die Entsorgungskosten einer Immobilie, wie sie z.T. in anderen Ländern (z. B. Schweiz) und anderen Branchen (z. B. Automobilindustrie) bereits schon praktiziert werden.

Eine effektive Gebäudenutzung beginnt deshalb bereits bei der Integrierten Planung und dem ganzheitlichen Denken!

§ 7 Schäden an Fassaden

Wolfgang vom Berg

Inhalt

A. Wärmedämmverbundsystem, Klebemängel 1
    I. Schadenbeschreibung 1
    II. Untersuchung der Ursache ... 2
    III. Vermeidung von Schäden der vorliegenden Art 3
B. Fensterbankanschluss an Putz . 4
    I. Schadenbeschreibung 4
    II. Untersuchung der Ursache ... 5
    III. Vermeidung von Schäden der vorliegenden Art 6
C. Betonschäden durch chemische Auftaumittel 7
    I. Schadenbeschreibung 7
    II. Untersuchung der Ursache ... 8
    III. Vermeidung von Schäden der vorliegenden Art 9

A. Wärmedämmverbundsystem, Klebemängel

I. Schadenbeschreibung

Bei der Abnahme eines Wärmedämm-Verbundsystems in Ausführung mit einer Lamellenplatte ohne Verdübelung an einem Verwaltungsgebäude wurde durch Beklopfen der Oberfläche unterschiedlicher „Klang" festgestellt. Weiterhin federte die Putzfläche an den Flächen mit dunklerem Klangbild deutlich tiefer ein als bei Flächen mit hellem Klangbild. Aufgrund dieser markanten Unterschiede wurde eine mindere oder nicht vollständige Verklebung vermutet. Gemäß bauaufsichtlicher Zulassung muss die Haftzugfestigkeit zum Untergrund eines Wärmedämm-Verbundsystems bei Gebäudehöhen über 20 m in geklebter Ausführung ≥ 80 KN/m² betragen. **1**

II. Untersuchung der Ursache

Im Einvernehmen mit allen Beteiligten erfolgte in den fraglichen Bereichen eine Begutachtung mit Probenentnahme. **2**

Mit einer Handsäge wurde ein Quadrat der Kantenlänge $L_{Kante} = 20$ cm ausgeschnitten, um daran durch Anbau einer Verankerung die Abreißkraft zu ermitteln. Schon beim Herausschneiden der Probe mit dem Sägeblatt wurden unterschiedliche Eintauchtiefen des Sägeblattes festgestellt, wodurch unmittelbar zu schließen war, dass es sich hierbei nicht um ein gleichmäßig aufgetragenes Mörtelbett handelt. Der ausgeschnittene Probekörper löste sich sodann fast von selbst vom Untergrund. Die Situation ist im folgenden Bild dargestellt.

Ansicht des angetroffenen Zustandes nach Öffnung des Wärmedämmverbundsystems

- Der Kleber ist nicht wie im System gefordert mit einem Zahnspachtel aufgetragen.
- Die Kleberdicke ist mit $d_{Kleber} = 20$ mm zu dick aufgetragen.
- Der Untergrund aus Beton wurde vorher nicht auf seine Oberflächenbeschaffenheit geprüft, wodurch die in diesem Fall anzuwendende Untergrundimprägnierung nicht erfolgte.
- Die ungenügende Untergrundvorbehandlung führte dazu, dass die Schwindkräfte des abbindenden Klebers durch ungenügende Haftung nicht in den Beton übertragen wurden. Durch diesen Effekt kam es durch das Aufsägen zum flächenmäßigen Abriss in der Klebeverbindung.
- Klebeflächen, die sich noch nicht vom Baukörper gelöst haben, können somit durch leichtes Anschlagen oder durch Erschütterungen schlagartig versagen.

III. Vermeidung von Schäden der vorliegenden Art

3
- Bei Anwendung eines derartigen Putzsystems müssen dem Verarbeiter und der örtlichen Fachbauleitung alle Herstellerrichtlinien sowie die Zulassungsbescheide vorliegen.
- Die Anwendung der einzelnen Systemkomponenten auf der Baustelle muss nachprüfbar sein.
- Der Verarbeiter hat den Untergrund verantwortlich zu prüfen, um Unebenheiten, die durch das System selbst nicht ausgeglichen werden können, bauseits, das heißt, durch die Bauleitung beseitigen zu lassen.
- Je nach Untergrundbeschaffenheit sind Probeklebungen vorzunehmen.
- Vor Ausführung eines weiteren in sich geschlossenen Arbeitsganges ist die vorherige Leistung verantwortlich durch den Verarbeiter und der Fachbauleitung zu prüfen und protokollarisch zu dokumentieren. Mit dieser Maßnahme wird vermieden, dass bei späteren Mängelrügen Informationsdefizite bezüglich der ausgeführten Leistung bestehen.

B. Fensterbankanschluss an Putz

I. Schadenbeschreibung

4   Nach Ablauf eines Jahres zeigten sich an zahlreichen Fensterbänken eines Seniorenheimes senkrechte schwarze Ablaufspuren, ausgehend vom unteren Profilrand der Fensterbank-Endprofile, deren

Ursache gutachterlich untersucht werden sollte. Als Besonderheit waren die vertikalen äußeren Fensterlaibungen in Form einer vorgebauten stützenartigen Lisene ausgeführt. Durch diese Detaillierung musste die Fensterbank seitlich in gesamter Breite vor der Stützenlaibung angeschlossen werden, wodurch die allgemeine Forderung einer ordnungsgemäß auskragenden Fensterbank in diesem Anschlussbereich nicht erfüllt wurde. Die Ablaufspuren zeigten sich intensiv an den Fensterbänken der Wetterseite des Gebäudes, vornehmlich an der Fensterbankendung, die direkt der Schlagregenbelastung ausgesetzt war.

II. Untersuchung der Ursache

Zur Klärung der Ursache wurde an den Fensterbänken der waagerechte Einbau und die Einhaltung eines ordnungsgemäßen Gefälles nach vorne untersucht. Die Untersuchung ergab, dass die Fensterbank ein ordnungsgemäßes Gefälle nach vorne besaß und exakt waagerecht eingebaut war. Eine testmäßige Benetzung der Fensterbank mit Wasser unter Zuhilfenahme einer Sprüheinrichtung ergab, dass die Feuchtigkeit im Mittenbereich der Fensterbank ordnungsgemäß nach vorne und über die nach unten abgewinkelte Tropfkante abgeleitet wurde. Ein völlig anderes Entwässerungsverhalten zeigte sich im Anbindungsbereich der Fensterbank an die Stützenlaibung. In diesem Bereich sorgte die kapillare Verbindung der vertikal am Putz ablaufenden Feuchtigkeit dafür, dass Wasser von der Fensterbank mitgerissen wurde, wodurch an dieser Stelle keine Tropfenbildung entstand. Der Kapillareffekt verstärkte sich im Rahmen der Nutzung durch Anlagerung von Schmutzpartikeln derart, dass die Entwässerung der Fensterbank bis zu einer Länge von

$$L_{Kapillareinflussbereich} = 40 \text{ cm}$$

ausschließlich in die Laibung erfolgte. Die Situation ist im folgenden Bild dargestellt:

Ansicht des angetroffenen Zustandes der Fensteranbindung an die stützenartige Fensterlaibung

§ 7 Schäden an Fassaden

- Die Ablaufspuren unterhalb der Fensterbankanbindung markieren sich stark durch Schmutzrückstände.
- Zwischen Fensterlaibung und Fensterbankende wird die Anforderung einer freien Fensterbankauskragung nicht erfüllt.
- Durch die feste Anbindung wird durch Windbeaufschlagung Feuchtigkeit vermehrt gegen das Ende der Fensterbank geleitet, um sodann am angrenzenden Laibungsputz nach unten herab zu laufen.
- Durch normale Regenbeaufschlagung ohne höheren Windeinfluss gelangt durch kapillare Saugeffekte Feuchtigkeit von der Abtropfkante der Fensterbank unmittelbar an die Putzlaibung, um dort herabzulaufen.

III. Vermeidung von Schäden der vorliegenden Art

6   Schon beim Entwurf musste dem planenden Architekten auffallen, dass eine derartige Fensterbankausführung nicht den einschlägigen Richtlinien entspricht.

Beim Einbau der Fensterbänke hätte der Fensterbauer bemerken müssen, dass der unabdingbaren Forderung einer frei abtropfenden Fensterbank an dieser Stelle nicht entsprochen wurde. Spätestens zu diesem Zeitpunkt musste der erfahrene Fensterbauer Bedenken anmelden.

Im Rahmen der Gesamtabnahme des Bauwerkes hätte dieser Mangel der Fachbauleitung ebenfalls auffallen müssen, da diese letztendlich ein mangelfreies Gebäude zu übergeben hat.

Bei ordnungsgemäßer Planung und rechtzeitiger Erkenntnis wäre der vorliegende Mangel nicht entstanden. Die Kapillarwege und Abtropfebenen wären durch Abstufungen im Endprofil der Fensterbank und in einer kegelförmigen Kopierung am unteren Ende der Fensterbankabkantung ohne großen Aufwand herzustellen gewesen, ohne das architektonische Konzept abzuändern. Somit liegt die Haftung zur Beseitigung des Mangels beim Architekten, der Bauleitung und den ausführenden Firmen.

C. Betonschäden durch chemische Auftaumittel

I. Schadenbeschreibung

7   An einem Studentenwohnheim wurde die Wohnflächennutzung durch Anbau äußerer zur Erschließung dienende fassadenartige Betonlaubengänge und dadurch für Wohnzwecke frei werdende innere Flurflächen optimiert. Schon in der ersten Winterperiode nach Fertigstellung des Gebäudes stellte sich für den Betreiber die Frage, wie die Verkehrsflächen im winterlichen Vereisungsfall abgestumpft werden könnten. Die Anwendung von Tausalz fiel von vornherein aus Umweltschutzgründen aus. Auf eine Anwendung von Granulat oder Split musste ebenfalls verzichtet werden, weil hierdurch die Oberflächenbeschichtung des Betons zerstört wurde. Auf der Suche nach einer anwendbaren Abstumpfungsmöglichkeit wurde dem Betreiber des Gebäudes ein chemisches Auftaumittel angeboten, welches nach den Prospektunterlagen eine hervorragende Alternative zu Streusalz darstellte. Die Wirkung der Chemikalie beruht auf bei der Vermischung mit Wasser entstehende Wärmeentwicklung, wodurch Eis und Schnee aufgetaut werden sollten. Hierbei kann das Mittel direkt auf die vereisten Flächen gestreut werden oder aufgesprüht mittels einer Sprühkanne nach vorheriger Auflösung in Wasser. Durch die Reaktion mit Wasser entstehen nach Angabe Temperaturen bis zu

$$\vartheta \text{ Auftaumittel} \approx 50° C.$$

Nach mehrjähriger Anwendung dieses Mittels zeigten sich an den Laubengängen sowie an den tragenden Stahlkonstruktionen starke Korrosionserscheinungen in Form von Abplatzungen am Beton und starken Rostbildungen an den angrenzenden Stahlteilen. Aufgrund der Schäden durchgeführte

Begutachtungen stellten schließlich einen direkten Zusammenhang zwischen der Anwendung des Auftaumittels und den vorliegenden Schäden dar.

II. Untersuchung der Ursache

Am schadhaft gewordenen Beton wurden zahlreiche Proben entnommen und labortechnisch untersucht. Weiterhin wurde die zum Auftaumittel gehörende Produktinformation – die dem Anwender bisher nicht vorlag – mit zur Schadensbestimmung herangezogen. Nach Durchsicht der technischen Unterlagen ergab sich, dass die Bestandteile des Auftaumittels aus über 90 % Calciumchlorid bestehen, das wie Natriumchlorid (Kochsalz) den Salzen der Chlorwasserstoffsäure HCl (Salzsäure) zuzuordnen ist. Die Situation ist im folgenden Bild dargestellt:

Ansicht einer angehobenen Betonplatte

- Die Betonoberfläche – es handelt sich hier um die der Schalung abgewandte Seite – wurde nach ordnungsgemäßer Aufarbeitung mit einem offenporigen Acrylanstrich versehen.
- Die Platten wurden nicht in Gefälle verlegt. Da sich überfrierende Regenfeuchtigkeit und Reifglätte auch auf abgeschrägten Flächen bildet, wurde auf den Einbau eines Gefälles verzichtet.
- Durch die notwendige offenporige Beschichtung des Gehbelages gelangt nicht nur Feuchtigkeit an die Betonoberfläche, sondern auch das zur Eisfreihaltung aufgebrachte Auftaumittel. Hierdurch kommt es zu einer Aufkonzentration unterhalb der Acrylbeschichtung, wodurch der Grundstoff Calziumchlorid des Auftaumittels zu Schäden in Form der vorliegenden Abplatzung am Beton führt.

III. Vermeidung von Schäden der vorliegenden Art

9   Bei Anwendung eines chemischen Auftaumittels auf Gehwegen und Zufahrten außerhalb eines Gebäudes aus Beton besteht in der Regel keine Gefahr für die eisfrei zu haltenden Oberflächen, da Regen und Schnee ständig zu einer Verdünnung der aufgebrachten Chemikalienmenge führen.

Bei Anwendung eines derartigen Mittels im Bereich überdachter Flächen ist eine normale witterungsbedingte Verdünnung nicht gegeben, wodurch schließlich eine ständige Aufkonzentration des Auftaumittels erfolgt. Auch wenn im Laufe der Zeit die chemische Reaktion nachlässt, so ist die Verweildauer des Mittels durch ständigen Nachschub um ein Vielfaches höher als bei frei bewitterten Flächen. Entsprechend ist auch die Material-Beanspruchung überdachter Flächen in diesem Falle um ein Vielfaches höher.

10 Die Gefährdung durch Auftaumittel wurde übrigens insbesondere an Brückenbauteilen erkannt, an denen ständig automatisch Auftaumittel über Dosiereinrichtungen auf den Fahrbahnbelag gespritzt werden. Dies hatte in der Vergangenheit zur Folge, dass Autobahnbrücken weit vor Ablauf ihrer angesetzten Nutzungsdauer grundlegend kostspielig saniert werden mussten.

Der Schaden verdeutlicht, dass bezüglich der Anwendung chemischer Auftaumittel ein großes Informationsdefizit besteht. In diesem Zusammenhang ist besonders die chemische Industrie anzusprechen, die derartige Mittel werbemäßig so aufbaut, dass dem Anwender suggeriert wird, ein problemloses umweltverträgliches Mittel anzuwenden.

11 Eine Alternative zur Eisfreihaltung von überdachten Laubengängen ohne Folgekosten sind selbstdrainierende Gummiläufer mit stehenden Noppen, die im Bedarfsfall im Winter ausgerollt werden können beziehungsweise in der Winterperiode auszubringen sind.

Die Beantwortung der Haftungsfrage ist in diesem Fall derzeit noch offen. Es kann jedoch davon ausgegangen werden, dass letztendlich der Anwender die Kosten der Sanierung trägt, da dieser in jedem Fall die Sorgfaltspflicht für ein gekauftes und durch ihn angewendetes Material selbst trägt.

§ 8 Haftung und Versicherung

Ruth Wahner

Literatur

Biedermann/Möller, Handbuch des Personalrechts für den Baubetrieb, 10. Aufl. 1999; **Englert/Grauvogl/Maurer**, Handbuch des Baugrund- und Tiefbaurechts, 2. Aufl. 1999; **Eschenbruch**, Recht der Projektsteuerung, 1. Aufl. 1999; **Fischer**, Architektenrecht, 1. Aufl. 1999; **Jebe/Vygen**, Der Bauingenieur in seiner rechtlichen Verantwortung, 1. Aufl. 1981; **Ingenstau/Korbion**, Kommentar zur VOB; **Kapellmann/Vygen**, Jahrbuch Baurecht 1998; **Kleine-Möller/Merl/Oelmaier**, Handbuch des privaten Baurechts, 2. Aufl. 1997; **Locher**, Das private Baurecht, 5. Aufl. 1993; **Schill**, Der Projektsteuerungsvertrag, 1. Aufl. 2000; **Schmalzl**, Die Berufshaftpflichtversicherung des Architekten und des Bauunternehmers, 1989; **Werner/Pastor**, Der Bauprozess, 8. Aufl. 1996; **Graf v. Westphalen**, Produkthaftungshandbuch, Band I und II, 2. Aufl. 2000; **Waninger u.a.**, Praxis für den SiGe-Koordinator, 1. Ausg. 2000.

Kommentare

Gieseke/Wiedemann/Czychowski, Wasserhaushaltsgesetz (WHG), 6. Aufl. 1992; **Ingenstau/Korbion**, VOB-Kommentar, 14. Aufl. 2001; **Jarass**, Bundesimmissionsschutzgesetz (BImSchG), 2. Aufl. 1993; **Kollmer**, Baustellenverordnung, 1. Aufl. 2000; **Palandt/Thomas**, Bürgerliches Gesetzbuch, 59. Aufl. 2000; **Prölss**, Versicherungsaufsichtsgesetz, 11. Aufl. 1997; **Prölss/Martin**, Versicherungsvertragsgesetz, 26. Aufl. 1998; **Römer/Langheid**, Versicherungsvertragsgesetz, VVG, 1997; **Späte**, Haftpflichtversicherung, AHB-Kommentar, 1993; **Vogel/Stockmeier**, Umwelthaftpflichtversicherung, 1. Aufl. 1997.

Aufsätze

Anker/Adler, Die echte Bausummenüberschreitung als Problem des Schadensrechts, BauR 1998, 465; **Drewenkamp**, Die allgemein anerkannten Regeln der Technik am Beispiel des Schallschutzes, BauR 1999, 479; **Endisch/Jacob/Stuhr**, Erkennen und vermeiden von finanzwirtschaftlichen Auslandsrisiken im Stahl- und Anlagenbau, Stahlbau 2000, 534 ff.; **Herber**, Die Neuregelung des deutschen Transportrechts, NJW 1998, 3297 ff.; **Hornik**, Der Baukoordinator auf Baustellen, DAB 1999, 44; **Jaeger**, Die Fertigstellungsbescheinigung gemäß § 641a BGB – kurzer Prozess im Baurecht, BB 2000, 1102; **Jani**, Neuregelung des Zahlungsverzuges und des Werkvertragsrechts durch „Gesetz zur Beschleunigung fälliger Zahlungen" vom 30.3.2000, BauR 2000, 949; **Kalusche**, Der Architekt als Projektsteuerer, DAB 1996, 1967; **Kiesel**, Das Gesetz zur Beschleunigung fälliger Zahlungen, NJW 2000, 1673; **Kniffka**, Das Gesetz zur Beschleunigung fälliger Zahlungen – Neuregelung des Bauvertragsrechts und seine Folgen – ZfBR 2000, 227; **Kollmer**, Die neue Baustellenverordnung, NJW 1998, 2634; **Lauer**, Zur Haftung des Architekten Bausummenüberschreitungen, BauR 1991, 401 ff.; **Löffelmann**, Baustellenverordnung und Sicherheitskoordinator: Zusätzliche Haftung für den Architekten?, DAB 2000, 42; **Looschelder**, Der Schuldnerverzug bei Geldforderungen nach In-Kraft-Treten des Gesetzes zur Beschleunigung fälliger Zahlungen, VersR 2000, 1049 ff.; **Martell**, Das neue Güterkraftverkehrsgesetz, „Grundgesetz des Straßengüterverkehrs", NJW 1999, 193 ff.; **Moog**, Von Risiken und Nebenwirkungen der Baustellenverordnung (BaustellV), BauR 1999, 795; **Nickel/Kassel**, Produktsicherheit und Produzentenhaftung, VersR 1998, 948, 952; **Ortloff/Rabb**, Genehmigungsfreies Bauen: Neue Haftungsrisiken für Bauherren und Architekten, NJW 1996, 2346; **Peters**, Das Gesetz zur Beschleunigung fälliger Zahlungen, NZBau 2000, 169; **Risse**, Verzug nach 30 Tagen – Neuregelung in § 284 Abs. 3 BGB, BB 2000, 1050; **Schmidt**, Welche Folgen haben Ausschreibungsfehler des Architekten und Ingenieurs?, BauR 2000, 66 ff.; **Schnorbus**, Der Schadenersatzanspruch des Bieters bei der fehlerhaften Vergabe öffentlicher Aufträge, BauR 1999, 1977; **Bernd Schulte**, Bundeswidrige Baugenehmigungsfreistellung von Wohngebäuden durch Landesverordnungen?, BauR 1995, 174; **Stephan Schulte**, Die erweiterte Haftung für Architekten durch die Entwicklung des Bauordnungsrechts, BauR 1996, 599; **Thume**, Die Haftung des ausführenden Frachtführers nach § 437 HGB, VersR 2000, 1071 ff.; **Vens-Capell/Wolf**, Zur haftungs- und versicherungsrechtlichen Problematik des § 10 Nr. 2 Abs. 2 VOB/B, BauR 1993, 275; **Volkmann**, Die Abgrenzung von § 635 BGB zur positiven Vertragsverletzung in der Rechtsprechung des BGH, BauR 1998, 963; **Wlotzke**, Fünf Verordnungen zum Arbeitsschutzgesetz, NJW 1997, 1469; **Wolf-Hegerbekermeier**, Das neue Gesetz zur Beschleunigung fälliger Zahlungen – ein Überblick, BB 2000, 786.

§ 8 Haftung und Versicherung

Inhalt

Teil 1: Gesetzliche Haftungsgrundlagen der am Bau Beteiligten 1
A. Die Haftung des Bauunternehmers 1
  I. Einleitung 1
  II. Die werkvertragliche Haftung des Bauunternehmers 2
    1. Allgemeines 2
    2. Schadenersatz wegen Nichterfüllung (§ 635 BGB) . 3
      a) Anspruchsvoraussetzungen 3
      b) Rechtliche Einordnung und Abgrenzung des Anspruchs 5
      c) Umfang des Schadenersatzes nach § 635 BGB 6
        aa) Kleiner Schadenersatz 7
        bb) Großer Schadenersatz 8
      d) Verjährung 9
    3. Exkurs: Verschulden 10
    4. Schadenersatz wegen positiver Vertragsverletzung des Werkvertrags (pVV) 12
      a) Rechtliche Einordnung und Anspruchsvoraussetzungen 12
      b) Fallgruppen 13
        aa) Schäden durch Verletzung vertraglicher Nebenpflichten ... 14
        bb) Entfernte Mangelfolgeschäden . 15
      c) Verjährung 16
    5. Abgrenzung der Ansprüche aus § 635 BGB und pVV 17
    6. Schadenersatz von entfernten Mangelfolgeschäden nach § 13 VOB/B 18
      a) „Kleiner Schadenersatzanspruch" nach § 13 Nr. 7 Abs. 1 VOB/B 19
      b) „Großer Schadenersatzanspruch" nach § 13 Nr. 7 Abs. 2 VOB/B 21
    7. Abgrenzung von pVV und Schadenersatz nach § 13 Nr. 7 Abs. 2 VOB/B 23
  III. Die Deliktshaftung 24
    1. Haftung aus unerlaubter Handlung (§ 823 Abs. 1 BGB) 25
      a) Anspruchsvoraussetzungen 25
        aa) Rechtsgutsverletzung . 25
        bb) Kausalität (Zurechnungszusammenhang) ... 27
        cc) Rechtswidrigkeit .. 28
        dd) Verschulden 29

      b) Eingriff in den eingerichteten und ausgeübten Gewerbebetrieb ... 30
    2. Die Verkehrssicherungspflicht des Bauunternehmers ... 31
    3. Schadenersatz wegen Verletzung eines Schutzgesetzes (§ 823 Abs. 2 BGB) 38
      a) Grundstücksvertiefung (§ 909 BGB) 40
      b) Verstoß gegen die Baustellenverordnung (BaustellV) 44
    4. Verjährung 45
  IV. Haftung wegen Umwelteinwirkungen 47
    1. Haftung nach § 22 Abs. 1 WHG (Handlungshaftung) 47
    2. Haftung nach § 22 Abs. 2 WHG (Inhaberhaftung) 51
    3. Anlagenhaftung bei Umwelteinwirkungen – Haftung nach dem Umwelthaftungsgesetz (UHG) 54
    4. Haftung wegen schädlicher Bodenveränderungen (§ 4 BBodSchG) 55
    5. Haftung nach § 14 S. 2 BImSchG 56
  V. Produkthaftung 57
    1. Die Haftung des Herstellers . 58
      a) Die vertragliche Haftung . 58
        aa) Fehlen zugesicherter Eigenschaften, Nichterfüllung ... 59
        bb) pVV des Kaufvertrages 61
      b) Delikthaftung 63
        aa) Haftung aus unerlaubter Handlung (§ 823 Abs. 1 BGB) 63
        bb) Die Haftung wegen Verletzung eines Schutzgesetzes (§ 823 Abs. 2 BGB) 64
      c) Die Haftung nach dem Produkthaftungsgesetz (ProdHG) 65
    2. Die Haftung von Händlern und Importeuren 66
  VI. Haftung des Bauunternehmers für Handlungen Dritter 67
    1. Haftung für Erfüllungsgehilfen (§ 278 BGB) 67
    2. Deliktische Haftung für Dritte – Haftung für den

Inhalt

Verrichtungsgehilfen (§ 831 BGB)	69
3. Verhältnis von § 278 BGB und § 831 BGB	71
VII. Haftung des Bauunternehmers als Arbeitgeber	72
B. Die Haftung des Architekten bzw. Bauingenieurs	**73**
I. Grundsätzliches zur Haftung des Architekten bzw. Bauingenieurs	73
II. Die Vertragshaftung	75
1. Schadenersatz wegen Nichterfüllung (§ 635 BGB)	76
2. Positive Vertragsverletzung (pVV) des Architekten-/Ingenieurvertrags	79
a) Schäden durch Verletzung vertraglicher Nebenpflichten	80
b) Entfernte Mangelfolgeschäden	81
3. Verschulden bei Vertragsschluss	83
4. Verjährung der Schadenersatzansprüche	84
5. Besondere Haftungstatbestände	86
a) Ein besonderer Risikobereich: Die Planung	86
aa) Die genehmigungsfähige Planung	87
bb) Baugrund und Grundwasserverhältnisse	89
b) Fehler bei Ausschreibung und Vergabe	92
c) Die Risiken der Objektüberwachung	93
aa) Drainage und Abdichtung	100
bb) Einmessung	101
6. Die Haftung des Architekten wegen Baukostenüberschreitung	102
a) Allgemeines	102
b) Die Bausummengarantie	103
c) Haftung für Bausummenüberschreitung	106
aa) Die Bausummenüberschreitung	107
bb) Fehler bei der Kostenermittlung (Kostenschätzung, Kostenberechnung, Kostenanschlag) nach DIN 276	108
cc) Pflichtverletzung bei der Kostenkontrolle	111
dd) Grundsatz der Wirtschaftlichkeit	112
d) Schadenberechnung	113
III. Deliktshaftung	115
1. Die Verkehrssicherungspflicht des Architekten bzw. Bauingenieurs (§ 823 BGB)	115
2. Schadenersatz wegen Verletzung eines Schutzgesetzes (§ 823 Abs. 2 BGB)	119
3. Haftung wegen Amtspflichtverletzung (§ 839 BGB)	121
IV. Haftung für Handlungen Dritter	122
1. Erfüllungsgehilfen (§ 278 BGB)	122
2. Haftung für Verrichtungsgehilfen (§ 831 BGB)	123
V. Die Haftung des Projektsteuerers, Projektcontrollers, Projektmanagers	124
C. Die Haftung des Bauherrn	**126**
I. Haftung wegen fehlerhafter Vergabe	126
1. Verschulden bei Vertragsschluss	127
2. Schadenersatz nach § 126 GWB	129
3. Deliktshaftung wegen Verletzung eines Schutzgesetzes (§ 823 Abs. 2 BGB i.V.m. Vergabevorschriften)	130
4. Umfang des Schadenersatzes	131
II. Deliktshaftung	133
1. Die Verkehrssicherungspflicht des Bauherrn	133
2. Verkehrssicherungspflicht bei Beauftragung eines Bauunternehmers	134
3. Koordinierungspflicht des Bauherrn	138
4. Schadenersatz wegen Verletzung eines Schutzgesetzes (§ 823 Abs. 2 BGB)	141
a) Schutzgesetze im Bereich des Bauherrn	141
b) Immissionen (§ 906 BGB)	142
c) Gefahrdrohende Anlagen (§ 907 BGB)	146
d) Grundstücksvertiefung (§ 909 BGB)	147
e) Überbau (§ 912 BGB)	148
f) Schädliche Umwelteinwirkung (§ 22 Abs. 1 Nr. 1 und 2 BImSchG)	149
5. Haftung bei Einsturz eines Gebäudes (§ 836 BGB)	150
III. Sonstige umweltrechtliche Haftung	152
1. Haftung nach § 22 Abs. 1 WHG (Handlungshaftung)	152
2. Haftung nach § 22 Abs. 2 WHG (Inhaberhaftung)	153
3. Schädliche Bodenveränderungen (§ 4 BBodSchG)	154

Wahner 717

§ 8 Haftung und Versicherung

4. Haftung gemäß § 14 S. 2 BImSchG 155
IV. Haftung für Handeln Dritter ... 156
  1. Haftung für Erfüllungsgehilfen (§ 278 BGB) ... 156
  2. Haftung für Verrichtungsgehilfen (§ 831 BGB) ... 157

D. Die gesamtschuldnerische Haftung der Baubeteiligten ... 159
  I. Die gesamtschuldnerische Haftung ... 159
    1. Das Gesamtschuldverhältnis – Grundsatz ... 159
    2. Die Ausgleichspflicht der Gesamtschuldner (§ 426 BGB) ... 161
    3. Die Höhe des Ausgleichsanspruchs ... 162
      a) Einwand des Mitverschuldens des Auftraggebers (§ 254 BGB) ... 162
      b) Die Sowieso-Kosten ... 164
  II. Gesamtschuldverhältnisse der am Bau Beteiligten ... 165
    1. Gesamtschuldverhältnis aller am Bau beteiligten Bauunternehmer ... 165
    2. Das Gesamtschuldverhältnis zwischen Unternehmer und Architekt/Bauingenieur ... 166
      a) Die Rechtsprechung des BGH ... 167
      b) Die Haftungsquote ... 169
  III. Der Gesamtschuldnerausgleich beim VOB-Vertrag ... 172
  IV. Die Gesamtschuldnerhaftung nach § 840 BGB ... 174

E. Transportrecht – Haftung für Transportschäden ... 175
  I. Die rechtlichen Grundlagen ... 175
    1. Das Transportrecht (Rechte – Pflichten – Haftung) ... 176
    2. Gesetze zur Wettbewerbsordnung ... 177
  II. Die Entwicklung des Transportrechts – Das Transportrechtsreformgesetz ... 178
    1. Rechtslage vor dem 1.7.1998 ... 179
      a) Deutsche Rechtsordnung ... 179
      b) Internationale Übereinkommen ... 180
    2. Rechtslage ab dem 1.7.1998 ... 181
      a) Deutsche Rechtsordnung ... 181
      b) Internationale Übereinkommen ... 182
  III. Erläuterungen zum Güterkraftverkehrsgesetz (GüKG) ... 185
    1. Aufbau des GüKG ... 186
    2. Die Erlaubnispflicht ... 187
    3. Die Versicherungspflicht ... 188

Teil 2: Versicherungen – Grundsätzliches ... 190
  I. Sinn und Zweck der Versicherung ... 190
  II. Was kann versichert werden? ... 194
  III. Die rechtlichen Grundlagen des Versicherungsvertrages ... 195
    1. Das Versicherungsvertragsgesetz ... 196
    2. Die Allgemeinen Versicherungsbedingungen ... 197
    3. Die Besonderen Bedingungen und Risikobeschreibungen (BBR) ... 199
    4. Vertragsklauseln ... 200
    5. Besondere Vertragsbestimmungen ... 201
  IV. Grundsätze der Beitrags- bzw. Prämienzahlung ... 202
  V. Versicherungsmöglichkeiten ... 207
    1. Jahresversicherung, Jahresdurchlaufversicherung ... 207
    2. (Einzel-) Objektversicherung ... 208
    3. Multiline- und Multiyear-Policen ... 209

Teil 3: Versicherungen für den Bauunternehmer ... 211
A. Die Bau-Betriebs-Haftpflichtversicherung (Bau-BHV) ... 211
  I. Gegenstand der Bau-BHV ... 212
    1. Risikobeschreibung ... 214
    2. Die gesetzliche Haftpflicht ... 215
    3. Schadenarten ... 216
    4. Versicherungsfall ... 217
  II. Die Leistungspflicht des Versicherers ... 218
    1. Ersatz- und Befreiungsanspruch, Rechtsschutz ... 218
    2. Begrenzung der Leistungspflicht ... 221
    3. Serienschaden ... 222
    4. Selbstbehalt ... 223
  III. Mitversicherte Personen ... 224
    1. Betriebsangehörige ... 224
    2. Im Betrieb eingegliederte Personen ... 225
  IV. Besonders zu versichernde Haftpflichtgefahren ... 226
    1. Schäden durch selbstfahrende Arbeitsmaschinen ... 227
    2. Bearbeitungs- oder Tätigkeitsschäden ... 228
    3. Leitungs- und Leitungsfolgeschäden ... 230
    4. Unterfangung, Unterfahrung ... 231
  V. Beispiele typischer Bau-Risiken ... 232
    1. Senkungsschäden ... 233
    2. Erschütterungsschäden ... 234
    3. Allmählichkeitsschäden ... 235
    4. Abbruch-, Einreißarbeiten, Sprengschäden ... 236
  VI. Ausschlüsse ... 237

1. Haftpflichtansprüche über dem gesetzlichen Umfang	238	
2. Auslandsschäden	239	
3. Vorsätzlich herbeigeführte Schäden	240	
4. Unvermeidbare Schäden	241	
5. Strafen	242	
6. Schäden aus dem typischen Kfz-Risiko („Benzinklausel")	243	
VII. Abgrenzung zur gesetzlichen Unfallversicherung	244	
VIII. Sondertatbestände	245	
1. Arbeitsgemeinschaften	245	
2. Subunternehmer	246	
IX. Wahl der Deckungssummen	247	
X. Objektbezogene Sonderregelung	249	
XI. Architekten- und Ingenieurtätigkeiten	250	
XII. Versicherung von Auslandsrisiken	251	
XIII. Meldung neuer Risiken	252	
XIV. Nachhaftungsversicherung	255	
XV. Beitragsberechnung	256	
XVI. Checkliste über die abzudeckenden Haftpflichtrisiken	257	

B. Versicherung des Produkt-Haftpflichtrisikos – Die Produkt-Haftpflichtversicherung ... 267
   I. Allgemeines ... 267
   II. Gegenstand der Versicherung ... 269
   III. Deckungselemente ... 270
   IV. Risikoabgrenzung ... 272

C. Die Umwelt-Haftpflichtversicherung 273
   I. Ausschlussklausel § 4 Ziff. I 8 AHB ... 275
   II. Geschäftsplanmäßige Erklärung zu § 4 Ziff. I 8 AHB ... 276
   III. Das Umwelt-Haftpflicht-Modell ... 277
     1. Versicherte Risiken ... 277
     2. Der Versicherungsfall ... 279
   IV. Die Umwelt-Haftpflichtbasisversicherung ... 280

D. Bauleistungsversicherung und Baugeräteversicherung ... 281
   I. Die Bauleistungsversicherung ... 281
     1. Risikobeschreibung ... 281
     2. Versicherte Sachen ... 285
     3. Versicherte Gefahren ... 289
     4. Versicherte Interessen ... 293
     5. Versicherter Zeitraum und Ort ... 297
     6. Ersatzleistungen des Versicherers ... 301
   II. Die Baugeräteversicherung ... 304
     1. Allgemeines ... 304
     2. Versicherte Sachen ... 308
     3. Versicherte Gefahren ... 313
        a) Kaskoversicherung ... 314
        b) Maschinen- und Kaskoversicherung ... 315
        c) Sonderrisiken ... 316
     4. Versicherte Interessen ... 317

     5. Versicherter Zeitraum und Ort ... 319
     6. Ersatzleistungen des Versicherers ... 322
     7. Ersatzleistungen beim Teilschaden ... 324
     8. Ersatzleistung beim Totalschaden ... 325
     9. Unterversicherung ... 326
     10. Selbstbeteiligung ... 327
   III. Gestaltung der Bauleistungsversicherung ... 328
     1. Prüfung der bauvertraglichen Risikoverteilung ... 333
     2. Baustellen mit Sonderrisiken ... 335
     3. Festlegung der Selbstbeteiligung ... 337
     4. Konditionsdifferenzversicherung ... 339
     5. Prämienberechnung ... 340
   IV. Gestaltung der Baugeräteversicherung ... 341
     1. Laufzeit des Versicherungsvertrages ... 345
     2. Auswahl der zu versichernden Geräte ... 347
     3. Meldeverfahren bei Jahresversicherungen ... 348
     4. Festlegung der Selbstbeteiligung ... 349
     5. Beitragsberechnung ... 350

E. Sachversicherung ... 352
   I. Allgemeine Ausführungen ... 352
   II. Grundsätze/Besonderheiten ... 353
   III. Sachversicherungen für den Bauunternehmer ... 360

F. Transportversicherung ... 367

G. Die Baugewährleistungs-Versicherung ... 369
   I. Einführung ... 369
   II. Gegenstand der Baugewährleistungs-Versicherung ... 371
   III. Versicherungsumfang und Risikoabgrenzung ... 372
   IV. Der Versicherungsfall ... 375
   V. Der Leistungsumfang ... 376
     1. Die Leistungspflicht des Versicherers ... 376
     2. Begrenzung der Entschädigungsleistung ... 377
     3. Umfang der Entschädigungsleistung ... 378
   VI. Direktzugriff des Bauherrn auf den Versicherer ... 379
   VII. Teilnahme an Arbeitsgemeinschaften ... 380
   VIII. Nicht versicherte Tatbestände ... 381
   IX. Pflichten und Obliegenheiten des Versicherungsnehmers ... 382
     1. Vor Baubeginn (Jahresversicherung) ... 382
     2. Während der Bauausführung ... 383
     3. Im Versicherungsfall ... 384
   X. Beitragsberechnung ... 385

§ 8 Haftung und Versicherung

- **H. Die Kautionsversicherung – Liquiditätssicherung durch Bürgschaftsmodelle – Moderne Finanzierung und Sicherung in der Bauwirtschaft** 386
  - I. Einführung 386
  - II. Die Kreditversicherung 388
    1. Die Warenkredit-Versicherung 390
       - a) Versicherungsfall 392
       - b) Entschädigungsleistung 393
    2. Forderungsausfallversicherung für Betriebe der Bauwirtschaft 394
  - III. Die Sicherheitsleistung nach § 17 VOB/B 395
  - IV. Die Bürgschaft 396
  - V. Das Wahlrecht der Sicherheiten gemäß § 17 VOB/B 402
- **I. Die Rechtsschutzversicherung** 403
  - I. Einleitung 403
  - II. Die einzelnen Risiken 405
    1. Verkehrs-Rechtsschutz 406
    2. Privat-Rechtsschutz 407
    3. Berufs-Rechtsschutz für Selbständige/Rechtsschutz für Firmen 408
    4. Wohnungs- und Grundstücks-Rechtsschutz 409
  - III. Beschreibung der verschiedenen Leistungsarten im Rechtsschutz 410
    1. Straf-Rechtsschutz 410
    2. Ordnungswidrigkeiten-Rechtsschutz 411
    3. Verwaltungs-Rechtsschutz in Verkehrssachen 412
    4. Schadenersatz-Rechtsschutz 413
    5. Rechtsschutz im Vertrags- und Sachenrecht 414
    6. Arbeits-Rechtsschutz als Arbeitgeber 415
    7. Disziplinar- und Standes-Rechtsschutz 416
    8. Wohnungs- und Grundstücks-Rechtsschutz 417
    9. Sozialgerichts-Rechtsschutz 418
    10. Steuer-Rechtsschutz 419
    11. Beratungs-Rechtsschutz 420
  - IV. Leistungsumfang 421
  - V. Örtlicher Geltungsbereich 422
  - VI. Ausschlüsse 423
  - VII. Die strafrechtliche Verantwortung eines Bauunternehmers und des freiberuflichen Architekten/Bauingenieurs 426

Teil 4: Versicherungen für den Architekten 431
- **A. Die Berufs-Haftpflichtversicherung des Architekten** 431
  - I. Gegenstand der Berufs-Haftpflichtversicherung 431
    1. Risikobeschreibung 431
    2. Versicherte Tätigkeiten 433
    3. Gesetzliche Haftpflicht 434
  - II. Leistungsumfang 435
    1. Die Leistungspflicht des Versicherers, Begrenzung der Leistungspflicht 435
    2. Serienschaden 436
    3. Wahl der Deckungssummen 437
    4. Deckungssummenmaximierung 439
    5. Selbstbeteiligung 440
  - III. Besonderheiten der Berufs-Haftpflichtversicherung 441
    1. Versicherungsfall in der Berufs-Haftpflichtversicherung: Das Verstoßprinzip 442
       - a) Begriffserläuterung 443
       - b) Zeitpunkt des Verstoßes 444
    2. Rückwärts-Versicherung 445
    3. Nachhaftung des Versicherers („Nachmeldefrist") 447
  - IV. Nicht versicherbare bzw. nicht ohne weiteres versicherte Risiken bzw. Schäden 449
    1. Leistungen außerhalb des Berufsbildes des Architekten/Bauingenieurs 450
    2. Interessenkollision bei verwandtschaftlichen Beziehungen und wirtschaftlicher Verbundenheit 454
    3. Haftungsvereinbarungen über dem gesetzlichen Umfang 455
    4. Vorsätzlich herbeigeführte Schäden 456
    5. Überschreitung der Bauzeit sowie von Fristen und Terminen 457
    6. Überschreitung von Vor- und Kostenanschlägen 459
    7. Verletzung von gewerblichen Schutz- und Urheberrechten, Vergabe von Lizenzen 462
    8. Abhandenkommen von Sachen einschließlich Geld, Wertpapieren und Wertsachen 463
    9. Auslandsschäden 464
    10. Vermittlung von Geld-, Kredit-, Grundstücks- oder ähnlichen Geschäften 465
    11. Fehlbeträge bei der Kassenführung und Verstöße bei einem Zahlungsakt 466
    12. Veruntreuung 467
    13. Schäden von juristischen oder natürlichen Personen, die am

Versicherungsnehmer beteiligt sind	468
V. Mitversicherte Personen	469
1. Betriebsangehörige	469
2. Im Betrieb eingegliederte Personen und freie Mitarbeiter	470
a) Eingegliederte Personen	470
b) Freie Mitarbeiter	471
VI. Kooperationsformen	473
1. Arbeitsgemeinschaften (Argen)	473
2. Planungsringe	475
3. Generalplaner	476
4. Partnerschaftsgesellschaft	480
5. Juristische Personen des Privatrechts	481
VII. Sondertatbestände	482
1. Umwelthaftpflichtrisiko	482
a) Umweltschäden durch Arbeiten oder sonstige Leistungen	482
b) Umwelthaftpflicht-Basisversicherung	484
c) Umweltschäden durch umweltrelevante Anlagen des Architekten	485
2. Strahlenrisiko	486
VIII. Beitragsberechnung	487
IX. Schiedsgerichtsvereinbarung, Schlichtungsverfahren	491
1. Schiedsgerichtsvereinbarung	491
2. Schlichtungsverfahren	494
B. Die Berufs-Haftpflichtversicherung für Projektsteuerer	496
C. Rechtsschutzversicherung für Architekten/Bauingenieure	498
D. Sachversicherungen für Architekten/Bauingenieure	499
I. Inhaltsversicherung	500
II. Elektronikversicherung	501
III. Datenträgerversicherung	506
IV. Softwareversicherung	508
V. Mehrkostenversicherung	509
VI. Elektronik-Betriebsunterbrechungs-Versicherung	510
VII. Auslandsdeckung von Sachrisiken – örtlicher Geltungsbereich	512
Teil 5: Versicherungen für den Bauherrn	513
A. Bauherren-Haftpflichtversicherung	513
I. Die Risikosituation des Bauherrn	513
II. Gegenstand der Bauherren-Haftpflichtversicherung	514
III. Der Leistungsumfang der Bauherren-Haftpflichtversicherung	516
IV. Beitragsberechnung	518
B. Sachversicherungen für den Bauherrn	519
I. Die Bauleistungsversicherung	519
II. Die Feuer-Rohbau-Versicherung	520
III. Die Gebäudeversicherung	523
C. Die Unfallversicherung	532
I. Abgrenzung der gesetzlichen zur privaten Unfallversicherung	533
II. Der Leistungsumfang der gesetzlichen Unfallversicherung	534
III. Leistungsarten der privaten Unfallversicherung	535
1. Invalidität	535
2. Übergangsleistung	539
3. Tagegeld	540
4. Krankenhaustagegeld	541
5. Genesungsgeld	542
6. Todesfallleistung	543
IV. Versicherungssummen in der privaten Unfallversicherung	544
V. Die Beitragsberechnung	547
VI. Geltungsbereich der privaten Unfallversicherung	549
VII. Besonderheiten der Bauhelfer-Unfallversicherung	550
VIII. Unfallversicherung für gewerblich am Bau tätige Personen	551
Teil 6: Gesetzliche Neuerungen	552
A. Exkurs: Die Baustellenverordnung (BaustellV)	552
I. Grundlagen der Baustellenverordnung	552
II. Die Verantwortung des Bauherrn	554
III. Die Verantwortung des Architekten	556
IV. Die Verantwortung des Bauunternehmers	557
V. Die strafrechtliche Verantwortung der SiGe-Koordinatoren	558
B. Exkurs: Die Fertigstellungsbescheinigung (§ 641 a BGB)	559
I. Das Gesetz zur Beschleunigung fälliger Zahlungen	559
II. Die Fertigstellungsbescheinigung (§ 641 a BGB)	560
III. Die Haftung für eine fehlerhafte Fertigstellungsbescheinigung	563
IV. Praxisprobleme	564
V. Die Deckung des Risikos aus der Erstellung von Fertigstellungsbescheinigung im Rahmen der Haftpflichtversicherung	565
1. Berufs-Haftpflichtversicherung von Architekten, Bauingenieuren und Beratenden Ingenieuren	565
2. Bau-Betriebs-Haftpflichtversicherung	566
Anhang: Merkblatt für das Verhalten im Schadenfall	567
1. Anzeigepflicht	568

§ 8 Haftung und Versicherung

2. Schadenminderungspflicht, Aufklärungs- und Beweissicherungspflicht . . . 569
3. Prozessführung durch den Versicherer 570
4. Mitwirkung des Versicherungsnehmers . . . 571
5. Kein Schuldanerkenntnis abgeben 572
6. Rechtsfolgen von Obliegenheitspflichtverletzungen 573
7. Besonderheiten in der Bauleistungs- und Baugeräteversicherung . . . 574
8. Besonderheiten bei der Rechtsschutzversicherung . . 575

Teil 1: Gesetzliche Haftungsgrundlagen der am Bau Beteiligten

A. Die Haftung des Bauunternehmers

I. Einleitung

1 Im Rahmen des Kapitels sollen die Haftungstatbestände aufgezeigt werden, die den bauausführenden Unternehmer aufgrund schuldhaften Handelns oder Gefährdung zum Schadenersatz verpflichten. Es ist zu unterscheiden zwischen der (werk-)vertraglichen Haftung und der außervertraglichen Haftung bzw. Deliktshaftung. Die werkvertragliche Haftung trifft den Bauunternehmer gegenüber seinem Auftraggeber, in der Regel dem Bauherrn. Die außervertragliche Haftung bzw. Deliktshaftung besteht nicht nur gegenüber dem Bauherrn, sondern gegenüber jedermann, der durch das Verhalten des Bauunternehmers einen Schaden erleidet. Das Verständnis der wesentlichen Haftpflichtgefahren des Bauunternehmers dient zur besseren Verdeutlichung des Wesens und der Aufgabe der Bau-Betriebs-Haftpflichtversicherung (S. § 8 Rn 211 ff.).

II. Die werkvertragliche Haftung des Bauunternehmers

1. Allgemeines

2 Eine Vertragshaftung besteht nur dann, wenn zwischen dem Bauunternehmer und dem Geschädigten vertragliche Beziehungen bestehen. Der Vertrag über die Ausführung der Bauleistung zwischen Auftraggeber (Bauherr) und Auftragnehmer (Bauunternehmer) ist ein Werkvertrag, auf den die Vorschriften über den Werkvertrag (§§ 631 ff. BGB) oder – je nach vertraglicher Vereinbarung – die VOB/B Anwendung finden. Der Bauunternehmer/Auftragnehmer hat die vertragliche Verpflichtung, die übernommenen Leistungen ordnungsgemäß zu erbringen; er schuldet einen Leistungserfolg. Die Vertragshaftung bezieht sich dementsprechend auf Schäden oder Mängel an der eigenen Leistung des Bauunternehmers. Es gelten die Vorschriften über die Mängelbeseitigung bzw. Nachbesserung (§ 633 BGB; § 13 VOB/B) oder Gewährleistungsrecht (§§ 634, 635 BGB bzw. § 13 VOB/B) Anwendung (Einzelheiten zur Gewährleistung im Werkvertragsrecht vgl. § 1 Der Bauvertrag).

2. Schadenersatz wegen Nichterfüllung (§ 635 BGB)

a) Anspruchsvoraussetzungen

3 Der Auftraggeber/Bauherr kann Schadenersatz wegen Nichterfüllung (§ 635 BGB) verlangen, wenn der Bauunternehmer schuldhaft einen Schaden verursacht, der dem geschuldeten Werk unmittelbar anhaftet oder außerhalb der Bauleistung eintritt, jedoch **eng** und **unmittelbar** mit dem Mangel zusammenhängt (enger Mangelfolgeschaden).[1] Ein Schaden, der sich als entfernte Folge eines Man-

---

[1] *Locher*, Das private Baurecht, 5. Aufl. 1993, Rn 45.

gels darstellt und außerhalb der Werkleistung eintritt, ist nicht nach § 635 BGB, sondern nach den Grundsätzen der positiven Vertragsverletzung (pVV) zu ersetzen.

Beispiele für enge Mangelfolgeschäden:[2]
- Gutachterkosten zur Klärung von Mangel und Verantwortlichkeit.[3]
- Miet- und Nutzungsentgang infolge eines Baumangels.[4]
- Bauherr kann wegen eines Baumangels sein Haus weder vermieten noch es selbst bewohnen; er muss eine Ersatzwohnung anmieten.[5]

b) Rechtliche Einordnung und Abgrenzung des Anspruchs

Bei dem Anspruch auf Schadenersatz wegen Nichterfüllung gemäß § 635 BGB handelt es sich nach der Gesetzessystematik des BGB um ein Gewährleistungsrecht, das **statt** des Nachbesserungsanspruchs und der weiteren Gewährleistungsrechte, Wandelung oder Minderung (§§ 633, 634 BGB), geltend gemacht werden kann. Im Unterschied zu diesen Gewährleistungsrechten setzt der Schadenersatzanspruch wegen Nichterfüllung nach § 635 BGB keine vorhergehende Fristsetzung mit Ablehnungsandrohung voraus. Erforderlich ist jedoch eine **schuldhafte** Verursachung des Mangels sowie Kausalität zwischen Mangel und Schaden. Der Anspruch kann **unabhängig** von der Abnahme geltend gemacht werden.[6] Die Wirksamkeit des Werkvertrages selbst bleibt von der Geltendmachung dieses Anspruchs unberührt.

c) Umfang des Schadenersatzes nach § 635 BGB

Der Schadenersatzanspruch ist auf Geldersatz gerichtet und umfasst die tatsächlichen Mängelbeseitigungskosten einschließlich der unmittelbaren Mangelfolgeschäden, wie z.B. den technischen und merkantilen Minderwert, die Kosten für Privatgutachten und entgangenen Gewinn.[7] Der Auftraggeber kann zwischen kleinem und großem Schadenersatz wählen:[8]

aa) Kleiner Schadenersatz

Der Auftraggeber kann das Werk behalten und den durch seine Mangelhaftigkeit verursachten Schaden ersetzt verlangen.

bb) Großer Schadenersatz

Der Auftraggeber kann das Werk zurückweisen und den durch die Nichterfüllung des ganzen Vertrags verursachten Schaden ersetzt verlangen.

d) Verjährung

Der Schadenersatzanspruch nach § 635 BGB verjährt grundsätzlich in 6 Monaten, bei Bauwerken in fünf Jahren und bei Arbeiten an einem Grundstück in einem Jahr (§ 638 BGB). Diese Frist beginnt mit der Abnahme oder, soweit eine Abnahme ausgeschlossen ist, mit Vollendung des Werkes zu laufen (§ 646 BGB). Ansonsten gilt die dreißigjährige Verjährungsfrist (§ 195 BGB).

---

2 Weitere Beispiele für enge Mangelfolgeschäden: *Werner/Pastor*, Der Bauprozess, 8. Aufl. 1996, Rn 1691; *Kleine-Möller/Merl/Ölmaier*, Handbuch des privaten Baurechts, 1. Aufl. 1997, § 12 Rn 462, 463.
3 BGH NJW 1991, 1604; OLG Celle BauR 1996, 263.
4 BGH BauR 1995, 692.
5 BGH VersR 1967, 160.
6 BGH BauR 1996, 306; BauR 2000, 218; BGH ZfBR 2000, 97; a.A.: *Palandt-Thomas*, BGB, § 635 Rn 5; Schäden vorher sind nach pVV zu ersetzen: BGH NJW 1969, 838.
7 BGH BauR 1994, 106.
8 *Palandt-Thomas*, BGB, § 635 Rn 6.

3. Exkurs: Verschulden

10 Schadenersatzansprüche setzten in der Regel ein schuldhaftes Handeln – „Verschulden" voraus (Ausnahme: Gefährdungshaftungstatbestände, vertragliche Haftungsvereinbarungen ohne Verschulden). Verschulden bedeutet vorsätzliches oder fahrlässiges Handeln (§ 276 BGB). Keine schuldhafte Handlung liegt bei höherer Gewalt oder Zufall vor.

Vorsatz ist das Wissen und Wollen des rechtswidrigen Erfolges der Handlung.

Fahrlässigkeit ist ein Begriff, der sowohl im bürgerlichen Recht als auch im Strafrecht verwandt wird.

- Leichte (einfache) Fahrlässigkeit: Außerachtlassen der verkehrsüblichen Sorgfalt.
- Grobe Fahrlässigkeit: Die verkehrsübliche Sorgfalt wurde in besonderes schwerem Maße verletzt.

Die Abgrenzung zwischen leichter und grober Fahrlässigkeit ist im Einzelfall schwierig und richtet sich nach dem Grad der (objektiv) gebotenen Sorgfalt.

11 Ferner wird unterschieden zwischen:
- unbewußter Fahrlässigkeit: Der Handelnde hat den möglichen Eintritt eines Schadens zwar nicht erkannt, hätte ihn aber bei gehöriger Sorgfalt voraussehen und verhindern können.
- bewusster Fahrlässigkeit: Der Handelnde rechnet zwar mit dem möglichen Eintritt eines Schadens, vertraut aber darauf, dass der Schaden nicht eintritt.

4. Schadenersatz wegen positiver Vertragsverletzung des Werkvertrages (pVV)

a) Rechtliche Einordnung und Anspruchsvoraussetzungen

12 Bei dem Schadenersatzanspruch aus positiver Vertragsverletzung (pVV) handelt es sich um eine nicht im Gesetz geregelte, sondern von der Rechtsprechung entwickelte Anspruchsgrundlage im vertraglichen Schadenersatzrecht[9]. Die Haftung aus positiver Vertragsverletzung beruht auf einer schuldhaften Verletzung der jedem Vertragspartner im Rahmen von Schuldverhältnissen, wie z.B. Werk-, Dienst- oder Kaufverträgen, neben seiner Erfüllungs-/ Leistungspflicht obliegenden Sorgfaltspflicht, alles zu unterlassen, das den anderen Vertragspartner schädigen könnte. Der Anspruch setzt voraus, dass die Pflichtverletzung keine Rechtsfolgen wie Unmöglichkeit oder Verzug bewirkt oder Gewährleistungsrechte auslöst.[10]

b) Fallgruppen

13 Der Anspruch aus pVV setzt eine objektive Pflichtverletzung voraus, die entweder in der Verletzung vertraglicher Nebenpflichten oder der Verursachung eines entfernten Mangelfolgeschadens bestehen kann.

---

[9] Rechtsgrundlagen: §§ 280, 286, 325, 326 BGB analog; inzwischen Gewohnheitsrecht.

[10] PVV bei Verträgen mit Schutzwirkung für Dritte: Ausnahmsweise ist es auch möglich, daß nicht nur der Vertragspartner, sondern ein Dritter, der am Vertragsabschluß selbst nicht beteiligt war, einen Schadensersatzanspruch aus pVV geltend machen kann. Dies ist dann der Fall, wenn dieser Dritte für den Schuldner erkennbar in den Schutzbereich des Vertrages fällt. Ein solcher Vertrag mit Schutzwirkung für Dritte setzt allerdings voraus, daß der Bauunternehmer einem Dritten aufgrund der Eigenart des Vertrages die gleichen Sorgfaltspflichten schuldet wie dem Vertragspartner selbst.

aa) Schäden durch Verletzung vertraglicher Nebenpflichten

Ansprüche aus pVV stehen dem Auftraggeber im Falle der schuldhaften Verletzung von vertraglichen Nebenpflichten zu. Vertragliche Nebenpflichten sind Pflichten, die außerhalb bzw. neben der konkreten (Haupt-) Leistungsverpflichtung stehen. Zu den Hauptleistungspflichten des Werkvertrages (§§ 631 ff. BGB) gehören die Erstellung des Werkes durch den Auftragnehmer und die Zahlung des Werklohns durch den Auftraggeber. Zu den Nebenpflichten zählen u. a. Sorgfalts-, Schutz-, Anzeige-, Hinweis-, Auskunfts- oder Obhutspflichten.[11] Im Gegensatz zu vertraglichen Hauptpflichten sind Nebenpflichten als solche nicht einklagbar.

> *Beispiel*
> Ein Schadenersatzanspruch nach pVV kommt in Betracht, wenn der Auftraggeber dadurch einen Schaden erleidet, dass der Bauunternehmer dem Auftraggeber Bedenken gegen die Leistungen des Vorgängers verschweigt und damit die ihm obliegende Hinweispflicht verletzt.[12]
> Einem Dachdecker, der aufgrund eines selbst ausgearbeiteten Angebots ein vorhandenes Flachdach abreißt und das Dach neu eindeckt, obliegt die Pflicht, das Haus vor eindringender Feuchtigkeit nach Entfernen des alten Daches zu schützen.[13]

bb) Entfernte Mangelfolgeschäden

Der Ersatz von mittelbaren bzw. entfernten Mangelfolgeschäden ist gesetzlich nicht geregelt und wird nach den Grundsätzen der positiven Vertragsverletzung beurteilt. Es handelt sich um Schäden, die außerhalb der Werkleistung und ohne einen engen Zusammenhang zu dieser Werkleistung eintreten. Sie entstehen zwar an der Bauausführung, haften jedoch der geschuldeten Werkleistung nicht unmittelbar an.[14]

> *Beispiel*
> Ein Heizkörper wird fehlerhaft montiert und bricht durch. Durch austretendes Wasser entsteht ein Wasserschaden am Mobiliar des Auftraggebers.

c) Verjährung

Ansprüche aus pVV des Werkvertrages verjähren in 30 Jahren (§ 195 BGB).

5. Abgrenzung der Ansprüche aus § 635 BGB und pVV

Im Einzelfall kann bei einem Schaden, der infolge des Werkmangels auftritt und mit diesem zusammenhängt (Mangelfolgeschaden), die Abgrenzung zwischen engem und entfernten Mangelfolgeschaden problematisch sein. Diese Abgrenzung bzw. Zuordnung ist erforderlich, um die Anspruchsnorm für den Schadenersatz (§ 635 BGB oder pVV) zu bestimmen. Bei Schäden, die infolge des Mangels eines Werkes auftreten, also mit diesem zusammenhängen (Mangelfolgeschäden), kann im Einzelfall problematisch sein, ob der Anspruch auf der Grundlage des § 635 BGB oder aber aus pVV geltend gemacht wird.[15] Die praktische Bedeutung einer genauen Unterscheidung zeigt sich u.a. auf der Rechtsfolgenseite: Ansprüche aus pVV verjähren in 30 Jahren, während Ansprüche nach § 635 BGB unter den Voraussetzungen des § 638 BGB schon nach max. 5 Jahren verjähren. Allerdings kommen bei einem Anspruch aus pVV auch nicht die Hemmungs- und Unterbrechungstatbestände des Gewährleistungsrechts (§ 639 BGB, § 13 Nr. 5 Abs. 1 S. 2 VOB/B) zur Anwendung. Außerdem

---

11 Umfang der Obhuts- und Beratungspflichten im Werkvertrag BGH NJW 2000, 2102.
12 *Kleine-Möller*, a.a.O., § 12 Rn 879, *Werner/Pastor*, a.a.O., Rn 1692.
13 OLG Düsseldorf BauR 2000, 1134.
14 BGH NJW 1969, 838.
15 Vgl. Zusammenfassung der st. Rspr. des BGH NJW 1982, 2244; *Volkmann*, BauR 1998, 963 ff.

können Ansprüche aus pVV auch neben der Wandelung und Minderung (§ 634 BGB) geltend gemacht werden.[16]

6. Schadenersatz von entfernten Mangelfolgeschäden nach § 13 VOB/B

18 Wenn der Bauherr und der Bauunternehmer die VOB/B vereinbart haben, gilt für Schadenersatzansprüche die Vorschrift des § 13 Nr. 7 VOB/B:

a) „Kleiner Schadenersatzanspruch" nach § 13 Nr. 7 Abs. 1 VOB/B

19 Nach § 13 Nr. 7 Abs. 1 VOB/B kann Schadenersatz nur verlangt werden, wenn ein (verschuldeter) wesentlicher Mangel vorliegt, der die Gebrauchsfähigkeit des Werkes erheblich beeinträchtigt. In diesem Fall hat der Auftragnehmer den Schaden an der baulichen Anlage zu ersetzen, zu deren Herstellung, Instandhaltung oder Änderung die Leistung dient. Das ist z.B. der Schaden, den ein Mangel im eigenen Leistungsbereich an den übrigen Teilen einer baulichen Anlage, also auch an den Leistungen anderer Unternehmer, hervorruft.[17]

Zu den nach § 13 Nr. 7 Abs. 1 VOB/B zu ersetzenden Schäden gehört z.B. auch
- der technische oder merkantile Minderwert,
- ein Mietaufwand (für Geräte bzw. eine andere Wohnung, Betriebsstätte),
- der entgangene Gewinn (Mietausfall, Produktionsausfall),
- die Kosten eines Sachverständigengutachtens,
- Nutzungsausfall.[18]

20 Auch die Mangelbeseitigungskosten selbst können Gegenstand des Schadenersatzanspruchs sein. Das ist aber nur der Fall, wenn der Auftraggeber zuvor vergeblich nach § 13 Nr. 5 VOB/B vorgegangen ist und dem Auftragnehmer eine Frist zur Mangelbeseitigung gesetzt hat. Bei den anderen Schäden, die ihrer Natur nach einer Nachbesserung nicht zugänglich sind (Gewinnentgang, Sachverständigenkosten), ist eine vorherige Fristsetzung nicht erforderlich.

b) „Großer Schadenersatzanspruch" nach § 13 Nr. 7 Abs. 2 VOB/B

21 Nach § 13 Nr. 7 Abs. 2 VOB muss der Auftragnehmer auch den darüber hinausgehenden Schaden (also den Schaden, der über den an der baulichen Anlage entstandenen hinausgeht) ersetzen. Dies ist aber nur der Fall,
- wenn der Mangel auf Vorsatz oder grober Fahrlässigkeit beruht,
- wenn der Mangel auf einem Verstoß gegen die anerkannten Regeln der Technik beruht,
- wenn der Mangel in dem Fehlen einer vertraglich zugesicherten Eigenschaft besteht, oder
- wenn der Mangel versicherungsfähig ist.

22 Zu dieser Kategorie weiterer Mängel gehören z.B. Wasserschäden an Möbeln und Teppichen oder Personenschäden als Folge einer mangelhaften Treppenanlage.

Die Schadenersatzansprüche beim VOB-Vertrag verjähren gemäß § 13 Nr. 4 VOB/B. Für Bauwerke beträgt die Verjährungsfrist zwei Jahre ab Abnahme.[19]

---

16 *Kleine-Möller*, a.a.O., § 12 Rn 882, 883.
17 *Ingenstau/Korbion*, VOB-Kommentar, 14. Aufl. 2001, B § 13 Rn 662–799.
18 BGH BauR 1987, 312.
19 *Ingenstau/Korbion*, a.a.O., B § 13 Rn 803–810.

7. Abgrenzung von pVV und Schadenersatz nach § 13 Nr. 7 Abs. 2 VOB/B

Die mangelbedingten Schadenersatzansprüche aus pVV sind in erster Linie im Rahmen des BGB-Vertrages von Bedeutung. Bei vereinbarter VOB/B bleibt jedenfalls für die Sachmängelhaftung des Auftragnehmers wenig Raum. Entfernte Mangelfolgeschäden werden von der VOB/B (§§ 4 Nr. 7 S. 2, 13 Nr. 7 VOB/B) erfasst. Demgemäß kommt ein Anspruch aus pVV bei vereinbarter VOB/B in Betracht, wenn die Vertragsverletzung des Bauunternehmers nicht zu einem Sachmangel führt.[20]

III. Die Deliktshaftung

Die Deliktshaftung, geregelt in den §§ 823 ff. BGB bzw. Spezialgesetzen, besteht neben bzw. unabhängig von einer vertraglichen Haftung.

1. Haftung aus unerlaubter Handlung (§ 823 Abs. 1 BGB)

a) Anspruchsvoraussetzungen

aa) Rechtsgutsverletzung

Der Anspruch setzt voraus, dass durch eine Handlung (Tun oder Unterlassen) eines der in § 823 Abs. 1 BGB aufgeführten Rechtsgüter, wie das Leben, der Körper, die Gesundheit, die Freiheit, das Eigentum oder ein sonstiges Recht einer anderen Person (z.B. Erbbaurechte, Dienstbarkeiten, Urheberrechte, Recht auf Einrichtung und Ausübung eines Gewerbebetriebes, berechtigter und nutzungsbefugter Besitz) schuldhaft und widerrechtlich verletzt wurde. Dabei gehört das Vermögen als solches nicht zu den geschützten Rechtsgütern;[21] anders jedoch der Vermögensfolgeschaden, d. h. der Vermögensschaden, der als Folge eines Sach- oder Personenschadens eintritt.

> *Beispiel*
> Wenn der Bauunternehmer Sachen eines Dritten beschädigt, haftet er wegen Eigentumsverletzung. Dies gilt auch, wenn der Schaden die Folge eines Mangels ist, beispielsweise Einrichtungsgegenstände durch Feuchtigkeit beschädigt werden.
> Eine Eigentumsverletzung an bisher unversehrten Teile des Bauwerks liegt auch dann vor, wenn in das Bauwerk mangelhafte Teile eingefügt werden.[22]

Ein besonderer Fall der Eigentumsverletzung ist der sogenannte „**weiterfressende Mangel**". Hierbei handelt es sich um einen Fehler, der erst durch Hinzutreten weiterer Umstände (z.B. Gebrauch, Witterungseinflüsse) auf zuvor mangelfreie Teile übergreift. Der weiterfressende Mangel setzt eine Einwirkung auf eine Sachsubstanz voraus, z.B. durch Beschädigung oder Zerstörung. Hier ist der Mangel zunächst begrenzt und ggf. einfach zu reparieren. Die Eigentumsverletzung tritt erst später durch das „Weiterfressen" des Mangels ein.[23]

bb) Kausalität (Zurechnungszusammenhang)

Zwischen der Verletzung des Rechtsguts und dem eingetretenen Schaden muß ein Ursachenzusammenhang (Kausalität) bestehen.

> *Beispiel*
> Der Bauunternehmer deckt einen Bodenschacht nicht ausreichend ab. Ein Baustellenbesucher bricht ein und erleidet eine Körperverletzung.

---

20 *Kleine-Möller*, a.a.O., § 12 Rn 879; BGH BauR 1972, 311.
21 *Palandt-Thomas, BGB*, § 823 Rn 31; Ersatzpflicht nach §§ 823 Abs. 2, 824, 826, 839 BGB.
22 BGH BauR 1992, 388, 392, siehe auch Produkthaftung.
23 BGH BauR 1992, 388.

cc) Rechtswidrigkeit

28 Rechtswidrig handelt in der Regel jeder, der ein in § 823 Abs. 1 BGB genanntes Recht oder Rechtsgut (aktiv) verletzt. Bei einem Handeln durch Unterlassen (rein passives Verhalten) liegt Rechtswidrigkeit nur vor, wenn eine Rechtspflicht zum Handeln bestand, wie z.B. die Verkehrssicherungspflicht.

dd) Verschulden

29 Die Schadenersatzpflicht setzt eine schuldhafte, d.h. vorsätzliche oder fahrlässige Verletzung der Rechtsgüter voraus (s. Rn 10 f.).

b) Eingriff in den eingerichteten und ausgeübten Gewerbebetrieb

30 Der sog. Eingriff in den eingerichteten und ausgeübten Gewerbebetrieb ist nicht ausdrücklich im Gesetz geregelt, jedoch als Rechtsgut i.S.d. § 823 BGB („sonstiges Recht") anerkannt. Es soll dem Schutz von Unternehmen in seinem Bestand dienen.[24] Der Eingriff muss betriebsbezogen sein und sich unmittelbar gegen den Gewerbebetrieb als solchen richten und nicht gegen Rechtsgüter, die auch Privatpersonen zustehen können. Der Betrieb muss zum Erliegen kommen.

> *Beispiel*
> Bagger beschädigt Stromkabel. In einem benachbarten Betrieb fällt der Strom aus, die Produktion steht still. Hier liegt kein unmittelbarer Eingriff in den eingerichteten und ausgeübten Gewerbebetrieb vor, sondern nur ein mittelbarer Eingriff. Ein Schadenersatzanspruch aus unerlaubter Handlung besteht nicht.

2. Die Verkehrssicherungspflicht des Bauunternehmers

31 Die für den Bauunternehmer bedeutsame Verkehrssicherungspflicht ist von der Rechtsprechung aus der Generalklausel der unerlaubten Handlung (§ 823 Abs. 1 BGB) hergeleitet worden. Danach muss derjenige, welcher eine Gefahrenquelle für andere schafft und unterhält, also einen Zustand, durch den Schäden entstehen können, die erforderlichen und zumutbaren Sicherungsmaßnahmen zum Schutz anderer Personen treffen.

32 Der Bauunternehmer eröffnet normalerweise den Verkehr auf der Baustelle und schafft dadurch eine besondere Gefahrenquelle. Zwar obliegen die Verkehrssicherungspflichten im Ausgangspunkt dem Bauherrn, mit der Beauftragung der Bauleistungen gehen diese jedoch auf den Bauunternehmer über (s. § 8 Rn 133). Die Verkehrssicherungspflicht verbleibt dagegen beim Bauherrn, wenn er in Eigenregie baut. Der Bauunternehmer ist dem Bauherrn nicht nur vertragsrechtlich verpflichtet, ihn vor etwaigen Schäden durch das Werk zu bewahren, sondern er ist deliktsrechtlich auch zur Verkehrssicherung gegenüber Dritten verpflichtet, die vorhersehbar mit den Gefahren der baulichen Anlage in Berührung kommen und dadurch Schaden erleiden können.[25] Auch wenn der Auftraggeber einen Architekten beauftragt hat, ist in erster Linie nur der Unternehmer verkehrssicherungspflichtig.[26] Bei der vertraglichen Übertragung der Verkehrssicherungspflicht des Generalunternehmers auf den Subunternehmer wird der Generalunternehmer nicht befreit, sondern er behält Auswahl-, Kontroll- und Überwachungspflichten.

33 Das Ausmaß der Verkehrssicherungspflicht richtet sich nach den konkreten örtlichen Verhältnissen, nach dem Baustellenverkehr und nach den typischen Gefahren, die von der Baustelle ausgehen. Sie

---

24 *Palandt-Thomas*, BGB, § 823 Rn 19 ff.
25 BGH NJW 1997, 582, 583.
26 OLG Stuttgart IBR 1999, 420.

besteht gegenüber allen Personen, bei denen es nicht ganz fern liegt, dass sie den Baustellenbereich benutzen, also nicht nur gegenüber Betriebsangehörigen, anderen Bauhandwerkern sowie Baustofflieferanten, sondern auch gegenüber Anliegern, Nachbarn, Hausbewohnern, Erwerbsinteressenten und künftigen Nutzern des Bauwerkes, Kindern und Baustellenbesuchern. Wenn der Bauunternehmer Nachbargrundstücke oder öffentliche Verkehrswege in seine Bauarbeiten einbezieht, erweitert sich seine Verantwortung entsprechend. Allein die Benutzung einer Straße zum Be- und Entladen von Fahrzeugen begründet jedoch noch keine Verkehrssicherungspflicht des Bauunternehmers.

Der Unternehmer hat insbesondere die Unfallverhütungsvorschriften, die öffentlich-rechtlichen Vorschriften sowie die anerkannten Regeln der Technik zu beachten. Bei Verletzung solcher Regeln spricht bereits der Anscheinsbeweis für eine Schadenverursachung durch den Bauunternehmer. 34

Die Verkehrssicherungspflicht geht nicht soweit, dass Dritte auch vor äußerst fernliegenden Gefahren geschützt werden müssen, die sich nur unter besonderen Umständen verwirklichen. Die hierdurch verursachten Schäden fallen in das vom Geschädigten zu tragende allgemeine Lebensrisiko.[27] Allerdings ist der Bauunternehmer auch bei zweckwidriger oder unbefugter Benutzung verkehrssicherungspflichtig, da diese als nahe liegende Möglichkeit in Betracht zu ziehen ist;[28] so z.B. auch bei Kindern, die sich unbefugt auf der Baustelle aufhalten.[29] 35

Die Verkehrssicherungspflicht des Unternehmers endet mit dem Räumen der Baustelle, es sein denn, er hat sie in verkehrsunsicherem Zustand zurückgelassen.[30] 36

Beispielsfälle aus der Rechtsprechung

- **Verkehrssicherung bei Straßenbauarbeiten**: Kennzeichnung der Baustelle nur mit Flatterband ist keine Verletzung der Verkehrssicherungspflicht.[31] Niveauunterschiede von 4–5 cm im Bereich von Baustellen liegen im Bereich des Zumutbaren.[32] Die Verkehrssicherungspflicht obliegt dem Bauunternehmer neben dem Straßenbaulastträger, wenn der Unternehmer die Beschilderung und Reinigung des Baustellenbereichs vertraglich übernommen hat. Geringfügige Fahrbahnverschmutzungen sind von den Verkehrsteilnehmern hinzunehmen.[33] Es ist hinzunehmen, dass Straßenbahnschienen den Straßenbelag um 4 cm überragen.[34] 37
- **Verantwortlichkeit des Bauunternehmers bei Gerüstunfällen**: Auch der Handwerker, der das Gerüst zuletzt benutzt hat, haftet, wenn für ihn die mangelnde Verkehrssicherung des Gerüstes erkennbar war.[35]
- **Erdarbeiten/Verlegung von Versorgungsleitungen**: Besondere Sorgfalt ist bei Tiefbauarbeiten erforderlich, wenn unterirdische Leitungen vorhanden sind oder vorhanden sein können.[36] Bei Kenntnis des Bauunternehmers von Versorgungsleitungen, insbesondere auch Fernmeldekabeln, muss er sich über deren genaue Lage und Tiefe Gewissheit verschaffen.[37]

---

27 BGH VersR 1975, 812.
28 BGH NJW 1978, 1629; VersR 1965, 515; VersR 1995, 672; OLG Frankfurt/Main VersR 1992, 1240.
29 OLG Hamm VersR 1992, 629; OLG Düsseldorf BauR 1999,1037.
30 OLG Hamburg BauR 1992, 658, OLG Hamm VersR 1993, 491.
31 OLG Düsseldorf VersR 1996, 1166.
32 OLG Düsseldorf VersR 1983, 349; LG Heidelberg VersR 1984, 1177.
33 OLG Köln VersR 1992, 335.
34 OLG München VersR 1992, 336.
35 OLG Köln VersR 1996, 1518.
36 OLG Brandenburg BauR 1990, 1041.
37 OLG Köln VersR 1995, 1456.

3. Schadenersatz wegen Verletzung eines Schutzgesetzes (§ 823 Abs. 2 BGB)

38 Der Bauunternehmer haftet auch nach den Grundsätzen der unerlaubten Handlung, wenn er vorsätzlich oder fahrlässig (schuldhaft) gegen ein Gesetz verstößt, das den Schutz eines anderen jedoch nicht der Allgemeinheit bezweckt (Schutzgesetz), und dadurch einen Schaden verursacht. Für die Haftung des Bauunternehmers können u.a. folgende Schutzgesetze von Bedeutung sein:
- Vorschriften der Landesbauordnungen über Abstandsflächen[38]
- GaragenVO[39]
- § 8 WHG i.V.m. den Wassergesetzen der Länder hinsichtlich Stützverlusts eines Nachbargrundstücks durch Grundwasserabsenkung[40]
- fehlerhafte Abfallbeseitigung, § 10 Abs. 4 KrW-/ AbfG
- Nachbarrechtliche Schutzbestimmungen: Grundstücksvertiefung[41]
- Baustellenverordnung
- im Strafgesetzbuch verankerte Schutzgesetze: § 323 StGB (Baugefährdung), § 222 StGB (Fahrlässige Tötung), § 230 StGB (Fahrlässige Körperverletzung).

39 Bei den Kabelschutzanweisungen der Deutschen Bundespost handelt es sich nicht um Schutzgesetze i.S.d. § 823 Abs. 2 BGB.[42] Ebenfalls keine Schutzgesetze sind die Unfallverhütungsvorschriften der Berufsgenossenschaften.[43]

a) Grundstücksvertiefung (§ 909 BGB)

40 Schäden an der Nachbarbebauung stellen für den Bauunternehmer ein nicht unbeachtliches Risikopotential dar. Nach § 909 BGB darf ein Grundstück nicht in der Weise vertieft werden, dass der Boden des Nachbargrundstücks die erforderliche Stütze verliert, es sei denn, für eine genügende anderweitige Befestigung ist gesorgt.

41 Unter „Vertiefung" versteht man jede Senkung der Oberfläche, auch wenn diese künstlich erhöht war. Es genügt jede Einwirkung auf das Grundstück, die zur Folge hat, dass der Boden des Nachbargrundstücks in der Senkrechten den Halt verliert oder die Festigkeit der unteren Schichten waagerecht beeinträchtigt wird. Das Vertiefungsverbot besteht auch dann, wenn sich das Nachbargrundstück in einem schlechten Zustand befindet (s. § 8 Rn 147).

42 Das in § 909 BGB formulierte Verbot richtet sich gegen jeden, der an der Vertiefung mitwirkt, also auch gegen den Bauunternehmer, der bei einem Bauvorhaben neben dem Eigentümer/Besitzer, Bauherrn, Architekten oder Statiker als möglicher Störer in Betracht kommt.

43 Der Bauunternehmer hat also seine Grab-, Bohr-, Unterfangungs- und Ausschachtungsarbeiten so einzurichten, dass für das Nachbargrundstück nicht die Gefahr entsteht, die Stütze zu verlieren. Der Bauunternehmer haftet z.B., wenn er es versäumt, die Baugrube durch abstützende Vorkehrungen zu sichern.[44] Ebenso, wenn er voraussehen konnte, dass der Boden des Nachbargrundstücks die erforderliche Stütze verlieren wird.[45] Der Unternehmer soll sich dabei weder auf die Statik[46] noch auf die Weisung des Architekten verlassen dürfen.

---

38 BGH NJW 1979, 1408.
39 BGH VersR 1987, 1014.
40 BGH NJW 1977, 763.
41 § 909 BGB.
42 LG Bremen VersR 1959, 219.
43 BGH VersR 1969, 827.
44 BGH BauR 1996, 877.
45 BGH NJW 1981, 50.
46 OLG Köln BauR 1987, 472.

b) Verstoß gegen die Baustellenverordnung (BaustellV)

Die Baustellenverordnung[47] gilt ebenfalls als Schutzgesetz i.S.d. § 823 Abs. 2 BGB. Gemäß § 3 BaustellV sind für Baustellen, auf denen Beschäftigte mehrerer Arbeitgeber tätig werden, ein oder mehrere geeignete (Sicherheits- und Gesundheitsschutz-)Koordinatoren zu bestellen. Die Verpflichtung trifft originär den Bauherrn, der sie aber auf einen Dritten delegieren kann (§ 4 BaustellVO), z.B. einen Bauunternehmer oder Architekten/Bauingenieur (s. § 8 Rn 552 ff.).

4. Verjährung

Die Schadenersatzansprüche wegen unerlaubter Handlung und Verletzung von Schutzgesetzen (§ 823 BGB), wegen Haftung für Verrichtungsgehilfen (§ 831 BGB) sowie der Anspruch auf Schmerzensgeld (§ 847 BGB) verjähren grundsätzlich in drei Jahren (§ 852 Abs. 1 BGB).[48]

Die Verjährung beginnt mit dem Zeitpunkt, in welchem der Geschädigte von dem Schaden und der Person des Schädigers/Ersatzpflichtigen Kenntnis erlangt. Ohne Rücksicht auf diese Kenntnis verjähren die Schadenersatzansprüche in dreißig Jahren von Begehung der Handlung an.

IV. Haftung wegen Umwelteinwirkungen[49]

1. Haftung nach § 22 Abs. 1 WHG (Handlungshaftung)[50]

§ 22 WHG enthält für zwei verschiedene Sachverhalte eine Haftungsregelung für den Fall, dass Grundwasser verunreinigt wird.[51] Während § 22 Abs. 1 WHG eine Handlungshaftung begründet, enthält § 22 Abs. 2 WHG eine Anlagenhaftung. Ziel des WHG ist, eine geordnete Bewirtschaftung des ober- und unterirdischen Wassers herbeizuführen und Gewässerverunreinigungen vorzubeugen.

Wer in ein Gewässer Stoffe einbringt oder einleitet oder auf ein Gewässer derart einwirkt, dass die physikalische, chemische oder biologische Beschaffenheit des Wassers verändert wird, ist zum Ersatz des daraus einem anderen entstehenden Schadens verpflichtet. Haben mehrere die Einwirkung vorgenommen, so haften sie als Gesamtschuldner (§ 22 Abs. 1 WHG).

Die Ersatzpflicht ergibt sich für Schäden durch Stoffe, die aus einer Anlage in ein Gewässer gelangen. Unter Anlage ist eine Einrichtung zu verstehen, die der Herstellung, Verarbeitung, Lagerung, Ablagerung oder Wegleitung wassergefährdender Stoffe dient. Von einer Anlage ist auch dann auszugehen, wenn es sich um eine Einrichtung auf dem Betriebsgrundstück handelt, die bestimmte Stoffe aufnehmen soll, die für die Produktion benötigt werden.

Es haftet derjenige, der zielgerichtet Stoffe in Gewässer einbringt, einleitet oder auf Gewässer derart einwirkt, dass eine Änderung der Wasserbeschaffenheit eintritt und ein anderer dadurch einen Schaden (Personen-, Sach- oder Vermögensschaden) erleidet. Verantwortlich ist neben dem Grundstückseigentümer auch der Inhaber der tatsächlichen Verfügungsgewalt, z.B. ein Pächter. Sie haften als Gesamtschuldner. Für eine Änderung der Gewässerbeschaffenheit genügt jede irgendwie geartete Verschlechterung der natürlichen Eigenschaft eines Gewässers, wobei eine Vorbelastung des Gewässers durch Schadstoffe keine Rolle spielt. Eine bereits vorhandene ungünstige Wasserqualität kann also noch weiter verschlechtert werden. Die Haftungsnorm des § 22 WHG erfasst oberirdische Gewässer,

---

47 BaustellV vom 10.6.1998, BGBl 1998 I, 1283; *Moog*, BauR 1999, 795; Einzelheiten: *Kollmer*, Baustellenverordnung, 1. Aufl. 2000.
48 Ausnahme z.B. BGH MDR 2000, 58.
49 Weitere Haftungsnormen: §§ 1–3 HPflG, § 25 AtomG, § 32 GentechG, §§ 114–120 BBergG, § 24 BBodSchG, etc.
50 Gleich lautend: § 65 BremWG, § 64 NdsWG.
51 BGH VP 2000, 159; *Gieseke/Wiedemann/Czychowski*, Wasserhaushaltsgesetz (WHG), 6. Aufl. 1992, § 22 Rn 6 ff.

Küstengewässer und das Grundwasser (§ 1 WHG). Auf ein Verschulden kommt es nicht an, da es sich bei § 22 Abs. 1 und 2 WHG um **Gefährdungshaftungstatbestände** handelt.

2. Haftung nach § 22 Abs. 2 WHG (Inhaberhaftung)

51 Gelangen aus einer Anlage, die bestimmt ist, Stoffe herzustellen, zu verarbeiten, zu lagern, abzulagern, zu befördern oder wegzuleiten, derartige Stoffe in ein Gewässer, ohne in dieses eingebracht oder eingeleitet worden zu sein, so ist der Inhaber der Anlage zum Ersatz des daraus einem anderen entstehenden Schadens verpflichtet (§ 22 Abs. 2 WHG).

52 Die Haftung nach § 22 Abs. 2 WHG richtet sich an den Inhaber einer Anlage, die dazu bestimmt ist, gewässerschädliche Stoffe herzustellen, zu verarbeiten, zu lagern, abzulagern, zu befördern oder weiterzuleiten, sofern diese Stoffe ungewollt in ein Gewässer gelangen und nicht gewollt eingeleitet oder eingebracht worden sind, und ein anderer dadurch einen Schaden (Personen-, Sach- oder Vermögensschaden) erlitten hat.[52]

53 **Inhaber** einer Anlage ist derjenige, in dessen Namen und auf dessen Rechnung die Anlage betrieben wird und der den wirtschaftlichen Nutzen aus dem Betrieb der Anlage zieht. Nicht nur der Eigentümer kann Anlageninhaber sein, sondern jeder, der die tatsächliche Herrschaft über die Anlage ausübt. Dies kann neben dem Eigentümer auch der Mieter oder Pächter sein. Neben dem Ersatz der reinen Vermögensschäden sind bei der Haftung nach § 22 WHG auch die sog. „Rettungskosten" zu ersetzen, wenn die Beeinträchtigung der Wasserbeschaffenheit bereits eingetreten ist oder sicher bevorsteht.[53] Rettungskosten sind Kosten, die der Abwendung und Minderung eines Schadens dienen.

3. Anlagenhaftung bei Umwelteinwirkungen – Haftung nach dem Umwelthaftungsgesetz (UHG)

54 Das UHG ist eines der jüngsten zivilrechtlichen Haftungsregelungen für Umweltschäden und das Ergebnis des insbesondere in den 80er Jahren gewachsenen Umweltbewusstseins. Die Haftung nach dem UHG ist unabhängig von Verschulden (Gefährdungshaftung) und Rechtswidrigkeit. Wird durch eine Umwelteinwirkung, die von einer der in Anhang 1 des UHG genannten Anlagen ausgeht, jemand getötet, sein Körper oder seine Gesundheit verletzt oder eine Sache beschädigt, so ist der Inhaber dieser Anlage verpflichtet, dem Geschädigten den daraus entstandenen Schaden zu ersetzen. Die Haftung des § 1 UHG knüpft an eine tatbestandlich beschriebene gefährliche Unternehmung an, für die immer zu haften ist, wenn sich spezifische Risiken verwirklichen und ein Schaden entsteht. Der Anspruch richtet sich gemäß § 1 UHG gegen den Inhaber der Anlage. Die Definition des Inhabers erfolgt mangels gesetzlicher Vorgabe in Anlehnung an § 22 Abs. 2 WHG. Demnach haftet derjenige, unter dessen Verantwortung oder in dessen Interesse das gefährliche Unternehmen insgesamt betrieben wird. Der Schaden muss durch eine Umwelteinwirkung i.S.d. § 3 UHG verursacht worden sein. Eine Umwelteinwirkung gemäß § 3 UHG liegt vor, wenn sich Stoffe, Erschütterungen, Geräusche, Druck, Strahlen, Gase, Dämpfe, Wärme und sonstige Erscheinungen im Boden, Luft oder Wasser ausgebreitet haben. Mögliche Schäden durch elektrische Kabel, magnetische und elektromagnetische Felder sind als durch Umwelteinwirkung entstanden anzusehen (26. Bundesimissionsschutzverordnung).

---

[52] Gieseke/Wiedemann/Czychowski, a.a.O., Rn 43 ff.
[53] BGH VersR 1981, 458.

4. Haftung wegen schädlicher Bodenveränderungen (§ 4 BBodSchG)

§ 4 Bundesbodenschutzgesetz (BBodSchG) legt zunächst eine allgemeine Verhaltenspflicht fest: Jeder, der auf den Boden einwirkt, hat sich so zu verhalten, dass schädliche Bodenveränderungen nicht hervorgerufen werden.

55

Das Gesetz greift sowohl bei neuen schädlichen Veränderungen wie auch bei bestehenden Altlasten ein. Maßnahmen, die bei Verstoß gegen die Grundpflicht des § 4 Abs. 1 BBodSchG zur Beseitigung von Bodenverschmutzungen und zur Altlastensanierung erforderlich werden, sind aufgrund der § 4 Abs. 2 bis 6 BBodSchG zu ergreifen. Das Gesetz verpflichtet zunächst den Grundstückseigentümer und -besitzer sowie den Verursacher einer schädlichen Bodenveränderung, also auch den Bauunternehmer, wenn er unmittelbar handelt.

5. Haftung nach § 14 S. 2 BImSchG

Der Grundstücksnachbar kann die Einstellung des Betriebes einer unanfechtbar genehmigten Anlage, die nachteilig auf sein Grundstück einwirkt, zwar nicht auf der Grundlage des § 14 S. 2 BImSchG geltend machen. Er kann jedoch Vorkehrungen verlangen, welche die benachteiligende Wirkung ausschließen („Anspruch auf Schutzvorkehrungen"). Soweit solche Vorkehrungen nach dem Stand der Technik undurchführbar oder wirtschaftlich nicht vertretbar sind, sieht die Vorschrift einen Anspruch auf Schadenersatz vor.[54] Der Anspruch richtet sich gegen den Betreiber der emittierenden Anlage, da dieser von der Duldungspflicht gemäß § 14 S. 1 BImSchG begünstigt wird. § 14 S. 2 BImSchG setzt voraus, dass es sich um eine Anlage handelt, die nach §§ 4 ff. BImSchG genehmigungspflichtig ist.

56

V. Produkthaftung

Die Produkthaftpflicht beinhaltet die Verpflichtung von Hersteller und Händler, für Schäden aus der Benutzung von Produkten haften zu müssen. Auch bei der Produkthaftung ist zwischen vertraglicher und außervertraglicher/deliktischer Haftung zu unterscheiden.

57

1. Die Haftung des Herstellers

a) Die vertragliche Haftung

Während die Produkthaftung die Folgen aus der Lieferung fehlerhafte Produkte, die sogenannten Mangelfolgeschäden regelt, befasst sich das vertragliche Gewährleistungsrecht mit den Fehlern des Produktes selbst und den aus diesen Mangelschäden resultierenden Ansprüchen. Damit betrifft die Gewährleistung die vertragsgerechte Erfüllung von Verträgen, mithin das Recht des Käufers bzw. Auftragnehmers für seinen Kaufpreis bzw. Werklohn eine mangelfreie Ware bzw. Werkleistung zu erhalten.

58

aa) Fehlen zugesicherter Eigenschaften, Nichterfüllung

Die vertragliche Haftung des Herstellers eines Produktes folgt aus der zwischen Hersteller und Käufer geschlossenen vertraglichen Vereinbarung. Im Bereich der Produkthaftung sind dies fast ausschließlich Kaufverträge, Werkverträge oder Werklieferungsverträge, so dass entweder Kaufvertragsrecht (§§ 433 ff. BGB) oder Werkvertragsrecht (§§ 633 ff BGB) Anwendung findet.[55] Wenn zwischen Hersteller und Käufer ein Kaufvertrag abgeschlossen wurde, gelten für Mängel die Gewährleistungsrechte des Kaufvertrags (§§ 459 ff. BGB). Der Hersteller/Verkäufer hat dafür einzustehen,

59

---

[54] *Jarass*, Bundesimmissionsschutzgesetz (BImSchG, 2. Aufl. 1993, § 14 Rn 21 ff.).
[55] Werkvertragsrecht (vgl. § 8 Rn 2 ff.); hier Darstellung des Kaufvertragsrechts, da dies den Schwerpunkt der Herstellerhaftung im Baubereich darstellt.

daß die verkaufte Sache zur Zeit des Gefahrübergangs frei von Mängeln ist und die zugesicherte Eigenschaft aufweist (§ 459 ff. BGB). Ist die Sache mangelhaft oder fehlen die zugesicherten Eigenschaften, so gewährt das Gesetz einen Anspruch auf Wandelung oder Minderung oder beim Fehlen der zugesicherten Eigenschaften auch einen (verschuldensunabhängigen) Anspruch auf Schadenersatz wegen Nichterfüllung (§§ 462, 463, 480 BGB). Im Kaufvertragsrecht muß die zugesicherte Eigenschaft ausdrücklich oder stillschweigen vereinbart worden sein. Keine zugesicherte Eigenschaft stellen in diesem Zusammenhang die Verpflichtung der Einhaltung von DIN-Vorschriften dar.[56]

Die Ansprüche verjähren innerhalb von 6 Monaten (§ 477 BGB) von der Ablieferung an. Die Verjährungsfrist kann durch Vertrag verlängert werden.

■ Untersuchungs- und Rügepflicht gemäß §§ 377, 378 HGB

60 Liegt ein Handelskauf (§ 373 HGB) vor, d. h., sind beide Vertragspartner Kaufleute, muss der Käufer das Produkt unverzüglich nach der Ablieferung durch den Verkäufer, soweit dies im Rahmen des ordnungsgemäßen Geschäftsganges tunlich ist, untersuchen und hat, wenn sich ein Mangel zeigt, diesen dem Verkäufer unverzüglich anzuzeigen (§ 377 HGB). Unterlässt der Käufer diese Anzeige, gilt die Ware als genehmigt, d. h. der Käufer ist von allen Gewährleistungsrechten ausgeschlossen. Dies gilt nur dann nicht, wenn der Mangel nicht erkennbar, also versteckt war oder vom Verkäufer arglistig verschwiegen worden ist, was der Käufer zu beweisen hat. Das Merkmal der Unverzüglichkeit des § 377 HGB ist nach höchstrichterlichen Rechtsprechung streng zu handhaben. Schon eine geringe Nachlässigkeit führt zum Verlust der Gewährleistungsansprüche.

bb) pVV des Kaufvertrages

61 Die Gewährleistungsregeln enthalten Sonderbestimmungen und verdrängen innerhalb ihres Anwendungsbereiches die Ansprüche aus pVV[57] Ansprüche aus pVV bestehen bei der Verletzung einer vertraglichen Nebenpflicht (z.B. Beratungs-, Aufklärungs- oder Untersuchungs-, Auskunftspflicht), bei Schlechtleistung und bei Ersatz von Mangelfolgeschäden, die nicht durch Gewährleistungsansprüche, Verzugsvorschriften erfasst werden.

> *Beispiele*
> Der Käufer eines Baugerätes verletzt sich aufgrund unzureichender Bedienungsausweisungen erheblich.
> Baustoffproduzent B verkauft und liefert Pflastersteine an Bauunternehmer U. Bauunternehmer U baut diese Pflastersteine beim Bauvorhaben des Bauherrn C ein. Die Pflastersteine weisen keine ausreichenden Druckfestigkeit auf, sie sind mangelhaft. Bauherr C rügt diesen Mangel und verlangt vom Bauunternehmer U Nachbesserung seiner Werkleistung, d. h. Ausbau der fehlerhaften Steine und Einbau der fehlerfreien Steine. Bauunternehmer U macht die ihm für die Nachbesserung entstandenen Aufwendungen (Vermögensschäden) gegenüber dem Baustoffproduzenten B geltend. Die Nachlieferung neuer, mangelfreier Steine erfolgt nach kaufvertraglichem Gewährleistungsrecht. Für die darüber hinausgehenden Aus- und Einbaukosten sowie sonstigen Nachbesserungsaufwendungen steht ihm eine Schadenersatzanspruch aus pVV des Kaufvertrages zu.

62 Insbesondere im Bereich der Produkthaftung hängt das Bestehen von begründeten Schadenersatzansprüchen von der Länge der Vertragskette und der jeweiligen Ausgestaltung der Vertragsbedingungen ab. Besteht eine Vertragskette z.B. aus einem Produzenten, einem Händler, einem Bauunternehmer und einem Bauherrn, kann eine sach- und interessengerechte Risikoverteilung in der Regel nur im Rahmen der jeweiligen vertraglichen Vereinbarungen geregelt werden.

---

[56] BGH NJW 1996, 836; im Werkvertragsrecht können Schadenersatzansprüche wegen Fehlen der zugesicherten Eigenschaft hingegen nur gemäß § 635 BGB (verschuldensabhängig) geltend gemacht werden.
[57] *Graf v. Westphalen,* Produkthaftungshandbuch, Band I, 2. Aufl. 2000, § 4 Rn 2.

Der Schadenersatzanspruch aus pVV des Kaufvertrages verjährt grundsätzlich zugleich mit dem Gewährleistungsanspruch, d. h., unabhängig vom Zeitpunkt der Deckung bzw. Entdeckbarkeit des Mangels oder Mangelfolgeschadens nach sechs Monaten ab Ablieferung des Vertragsgegenstandes (§ 477 BGB). Etwas anderes gilt nur, wenn der Mangel arglistig verschwiegen wurde. Dann gilt die 30-jährige Verjährungsfrist gem. § 195 BGB.

b) Deliktshaftung

aa) Haftung aus unerlaubter Handlung (§ 823 Abs. 1 BGB)

Die Haftung besteht unter dem Gesichtspunkt der Verletzung der Verkehrssicherungspflicht. Die haftungsbegründende Handlung des Herstellers ist das Inverkehrbringen des fehlerhaften bzw. gefährlichen Produktes. Anspruchsberechtigt ist jeder Geschädigte, also der Abnehmer des Produktes, ein sonstiger Benutzer oder auch ein unbeteiligter Dritter. Dem Hersteller eines Produktes obliegen besondere Organisations-, Instruktions- und Produktbeobachtungspflichten.[58]

63

bb) Die Haftung wegen Verletzung eines Schutzgesetzes (§ 823 Abs. 2 BGB)

Als Schutzgesetz kommen z.B. das Gesetz über technische Arbeitsmittel, das Gerätesicherheitsgesetz sowie §§ 4 und 5 i.V.m. § 6 ProdSG in Betracht.[59]

64

c) Die Haftung nach dem Produkthaftungsgesetz (ProdHG)

Das Produkt-Haftungsgesetz sieht für das Inverkehrbringen fehlerhafter Produkte eine Haftung unabhängig vom Verschulden (Gefährdungshaftung) vor. Produkt im Sinne des Gesetzes ist jede bewegliche Sache, auch wenn sie einen Teil einer unbeweglichen Sache bildet.

65

Die sich aus dem Produkt-HG ergebende Gefährdungshaftung kann den Bauunternehmer treffen, wenn er im Rahmen der Vorfertigung auf seinem Betriebshof z.B. Betonfertigteile (Wand-oder Deckenelemente) herstellt (Herstellerhaftung), aber auch dann, wenn er die von ihm eingebauten Baustoffe und Baumaterialien von anderen Produzenten bezieht (Lieferantenhaftung). Bei der letzten Fallgruppe kommt für den Bauunternehmer die Gefährdungshaftung nur zum Zuge, wenn der Produzent oder Vorlieferant nicht mehr feststellbar ist. Der Bauunternehmer kann sich durch Benennung des Produzenten oder Vorlieferanten entlasten; hierfür verbleibt ihm jedoch nur eine Frist von 1 Monat. Das ProdHG erfasst weder Vermögensschäden noch Schmerzensgeld. Sachschäden werden ab einer Schadenhöhe von 1.125 DM ersetzt. Das Gesetz zielt in erster Linie auf den Schutz des privaten Endverbrauchers ab. Gewerbliche Unternehmen fallen nicht in den Schutzbereich dieses Gesetzes.

In der Praxis der Betriebs- bzw. Produkt-Haftpflichtversicherung von Bauunternehmen und Baustoffproduzenten spielen Ansprüche aus § 823 Abs. 1 BGB und aus dem Produkthaftungsgesetz eine eher untergeordnete Rolle.

2. Die Haftung von Händlern und Importeuren

Wenn die Ursache für den eingetretenen Produktschaden im Einwirkungsbereich eines Händlers oder Importeurs liegt, sind diese, wenn die entsprechenden Anspruchsvoraussetzungen vorliegen, nach den Grundsätzen der pVV bzw. unerlaubten Handlung (§ 823 BGB) zum Schadenersatz verpflichtet. Händler und Importeure haften – von den speziellen Vorschriften des Produkthaftungsgesetzes

66

---

[58] Einzelheiten siehe *Palandt-Thomas*, BGB, § 823 Rn 201–220; BGH VersR 1967, 1199; Hühnerpesturteil BGH NJW 1969, 269; Spannkupplungsurteil BGH BB 1975, 1031; Feuerwerkskörperurteil BGH VersR 1983, 862; Erdbeerpflanzenurteil BGH DB 1977, 1695; Hondaurteil VersR 1987, 312; Schwimmschalterurteil BGH VersR 1977, 358; Gaszugurteil BGH NBB 1983, 462; Limonadenflaschenurteil BGH NJW 1988, 2611.
[59] *Nickel/Kassel/Kaufmann*, VersR 1998, 948, 952.

abgesehen – nicht grundsätzlich für Produktschäden durch Mängel, die bereits im Risikobereich des Herstellers entstanden sind. Sie können also z.B. nicht wie ein Hersteller für die Verletzung von Sorgfaltspflichten bei der Konstruktion oder Fabrikation eines Erzeugnisses in Anspruch genommen werden. Sie haften aber dann für Produktschäden, wenn sie diese schuldhaft verursacht oder mitverursacht haben. Sie haften ferner für Folgeschäden aus dem Fehlen zugesicherter Eigenschaften, wenn sie beim Verkauf der Ware ausdrücklich oder stillschweigend Eigenschaften zugesichert haben.

VI. Haftung des Bauunternehmers für Handlungen Dritter

1. Haftung für Erfüllungsgehilfen (§ 278 BGB)

67 Der Bauunternehmer haftet auch für Schäden, die seine Mitarbeiter (Erfüllungsgehilfen) in Ausführung einer vertraglichen Leistung, z.B. eines Werkvertrages, dem Bauherrn oder einer sonstigen in den vertraglichen Schutzbereich einbezogenen Person schuldhaft zufügen. Erfüllungsgehilfe ist grundsätzlich derjenige, der mit Wissen und Wollen im Pflichtenkreis des Schuldners tätig wird. Auf ein eigenes Verschulden des Bauunternehmers kommt es dabei nicht an. Der Bauunternehmer kann sich auch nicht damit entlasten, dass er für die durchzuführenden Arbeiten geeignete und bewährte Mitarbeiter ausgewählt und diese ordnungsgemäß überwacht hat. Haftungsrechtlich wird der Bauunternehmer in einem solchen Fall so gestellt, als ob er sich selbst schuldhaft verhalten und dadurch den Schaden herbeigeführt hat. Erfüllungsgehilfen des Auftragnehmers sind auch die von ihm beauftragten Nachunternehmer.[60]

68 Verletzt ein Subunternehmer des Auftragnehmers im Zuge der Bauausführung das Eigentum des Auftraggebers, haftet der Auftragnehmer dem Auftraggeber aus den Grundsätzen des Vertrages mit Schutzwirkung zugunsten Dritter in Verbindung mit § 278 BGB. Eigentümer des Baugrundstückes sind hinsichtlich vertraglicher Schutz- und Nebenpflichten in den Werkvertrag einbezogen und zwar auch in den zwischen Haupt- und Subunternehmer bestehenden Vertrag.[61]

2. Deliktische Haftung für Dritte – Haftung für den Verrichtungsgehilfen (§ 831 BGB)

69 Der Bauunternehmer haftet auch für einen von seinem Mitarbeiter in Ausführung der dienstlichen Verrichtung verursachten Schaden. Die Haftung gründet sich auf die Vermutung des Verschuldens des Geschäftsherrn/Bauunternehmers bei der Auswahl oder Leitung der Hilfsperson (Verrichtungsgehilfen). Voraussetzung ist, dass der Schaden von einem Verrichtungsgehilfen zugefügt wurde. Verrichtungsgehilfe ist, wer eine Tätigkeit im Interesse des Geschäftsherrn mit dessen Wissen und Wollen bei Weisungsgebundenheit ausübt.

> *Beispiel*
> Vermietet ein Unternehmen Bagger samt Baggerführer an einen anderen Unternehmer, so ist während des Einsatzes dort der Baggerführer Verrichtungsgehilfe des mietenden Unternehmers und nicht des Vermieters.[62]

Keine Verrichtungsgehilfen sind selbständige Bauunternehmer, Handwerksmeister und Subunternehmer. Eine Ausnahme besteht dann, wenn der selbständige Bauunternehmer oder Subunternehmer den Anweisungen zu folgen hat, also Weisungsgebundenheit besteht (Bauunternehmer kann für Subunternehmer als Verrichtungsgehilfen gemäß § 831 BGB haften[63]).

---

60 *Kleine-Möller*, a.a.O., § 12 Rn 441 m.w.N.
61 OLG Celle BauR 2000, 580.
62 OLG Düsseldorf VersR 1979, 674.
63 OLG Koblenz BauR 1989, 637, 638.

Ferner muss eine unerlaubte Handlung i.S.v. § 823 BGB vorliegen, und zwar unabhängig davon, ob den Mitarbeiter (Verrichtungsgehilfen) ein Verschulden trifft oder nicht, da die Haftung für vermutetes Eigenverschulden des Geschäftsherrn besteht. Die Besonderheit der Haftung für den Verrichtungsgehilfen besteht in der Möglichkeit des Geschäftsherrn, den Entlastungsbeweis zu führen. Dazu muss er darlegen und beweisen, dass ihn kein Auswahl-, Leitungs- und Überwachungsverschulden trifft. Neben dem Entlastungsbeweis kann er auch beweisen, dass es an der Ursächlichkeit der Sorgfaltspflichtverletzung für den Schaden fehlt. Der Entlastungsbeweis wird in der Praxis jedoch kaum mit Erfolg geführt. An die Auswahl und Überwachung der Verrichtungsgehilfen werden hohe Anforderungen gestellt. Eine Verletzung einer erhöhten Sorgfaltspflicht ist anzunehmen, wenn der Bauführer ohne Einblick in Verlegungspläne von Elektrokabeln arbeitet.[64]

3. Verhältnis von § 278 BGB und § 831 BGB

- Nach § 278 BGB haftet der Geschäftsherr für fremdes Verschulden ohne Rücksicht auf sein eigenes Verhalten.
- § 278 BGB regelt die Haftung für Erfüllungsgehilfen innerhalb eines bestehenden Schuldverhältnisses. Die Haftung nach § 831 BGB betrifft die Haftung außerhalb eines solchen Schuldverhältnisses.
- Nach § 278 BGB ist kein Entlastungsbeweis möglich.

VII. Haftung des Bauunternehmers als Arbeitgeber

Pflichten des Bauunternehmers als Arbeitgeber ergeben sich aus allgemeinen arbeits-, sozial- und unfallversicherungsrechtlichen Gesetzen, Verordnungen und Regelungen, wie z.B. der Unfallverhütungsvorschriften (UVV), der Arbeitsstättenverordnung, der Baustellenverordnung etc.

Für Arbeitsunfälle im Betrieb ist die Berufsgenossenschaft (BG) zuständig. Der verletzte Mitarbeiter, seine Angehörigen und Hinterbliebenen sind zunächst, auch wenn der Unternehmer oder seine Mitarbeiter den Arbeitsunfall verschuldet haben, grundsätzlich auf die Leistungen der Berufsgenossenschaft beschränkt. Bei vorsätzlich oder grobfahrlässig herbeigeführten Unfällen kann die BG gem. § 110 SGB VII gegenüber dem Unfallverursacher bzw. verantwortlichen Unternehmensleiter Regress nehmen.[65]

B. Die Haftung des Architekten bzw. Bauingenieurs

I. Grundsätzliches zur Haftung des Architekten bzw. Bauingenieurs

Die vertragliche Haftung des Architekten bzw. Bauingenieurs folgt aus dem Architekten- bzw. Ingenieurvertrag. Der Architektenvertrag ist ein Werkvertrag[66], auf den die Vorschriften des Werkvertragsrecht (§§ 631 ff. BGB) Anwendung finden. Die werkvertragliche Haftung trifft den Architekten gegenüber seinem Auftraggeber, in der Regel dem Bauherrn.[67] Die außervertragliche Haftung/Deliktshaftung besteht nicht nur gegenüber dem Bauherrn, sondern gegenüber jedermann, der durch das Verhalten des Architekten einen Schaden erleidet.[68] Der Leistungsumfang und -inhalt eines Architekten- bzw. Ingenieurvertrages wird durch die individuellen Vertragsvereinbarungen nach

---

64 OLG Braunschweig VersR 1999, 502.
65 *Biedermann/Möller*, Handbuch des Personalrechts für den Baubetrieb, 10. Aufl. 1999, S. 145 ff.
66 BGH NJW 1960, 431.
67 Haftung aufgrund individualvertraglicher Vereinbarung, Vertrag zugunsten Dritter bzw. Vertrag mit Schutzwirkung zugunsten Dritter werden nicht näher dargestellt, z.B. OLG Köln BauR 1998, 585.
68 *Fischer*, Architektenrecht, 1. Aufl. 1999, 173.

Maßgabe der Regelungen des BGB bestimmt. Die HOAI beinhaltet keine Vorgaben für den Inhalt von Architekten- bzw. Ingenieurverträgen, sondern sie enthält öffentliches Preisrecht, d.h. in welcher Höhe und nach welchen Gesichtspunkten Ingenieure und Architekten Honorare berechnen können bzw. müssen.[69]

74 Zum Werk des Architekten/Bauingenieurs zählt dabei nicht die körperliche Erstellung des Bauwerks – diese Leistung wird vom Bauunternehmer geschuldet – sondern das Entstehenlassen des Bauwerks. Der Architekt/Bauingenieur hat also mit seiner Leistung dafür zu sorgen, dass der Bauunternehmer nach technisch einwandfreien, vollständigen und unmissverständlichen Plänen ein mangelfreies Bauwerk errichten, nach vollständigen Leistungsbeschreibungen umfassend anbieten und unter der kritischen und sachkundigen Überwachung das dreidimensionale Werk vollenden kann.

II. Die Vertragshaftung

75 Der umfassend beauftragte Architekt/Bauingenieur hat als Werkerfolg die mangelfreie Errichtung des geplanten Bauwerks zu bewirken. Er hat für Mängel seines Werkes nach den §§ 633 ff. BGB einzustehen. Ist die fehlerhafte Planung noch nicht im Bauwerk umgesetzt worden, so kann sie nachgebessert werden. In diesem Fall hat der Architekt einen Anspruch darauf, dass ihm zunächst gestattet wird, die fehlerhafte Planung zu bearbeiten und den Fehler zu beseitigen.[70] Bei einer mangelhaften Bauüberwachung ist eine Nachbesserung – da unmöglich – grundsätzlich ausgeschlossen. Nachbesserung kann in Form der Überwachung der Nachbesserungsarbeiten des Unternehmers geleistet werden.[71] Wenn sich ein Mangel seiner Planung oder seiner Bauaufsicht im Bauwerk verwirklicht hat und damit eine Nachbesserung nicht in Betracht kommt, kann der Besteller Gewährleistungsansprüche gemäß §§ 634, 635 BGB (Wandelung, Minderung) geltend machen.[72] Ein Schadenersatz nach § 635 BGB des Auftraggebers/Bauherrn kommt dann in Betracht, wenn ein nicht mehr nachbesserungsfähiger Mangel eines Architektenwerkes vorliegt.[73] Diese Gewährleistungsansprüche setzen eine Abnahme nicht voraus.[74]

1. Schadenersatz wegen Nichterfüllung (§ 635 BGB)

76 Im Zentrum der vertraglichen Schadenersatzpflicht des Architekten / Bauingenieurs steht der Anspruch des Bauherrn auf Schadenersatz wegen Nichterfüllung gemäß § 635 BGB (Grundlagen und Abgrenzung zu pVV s. § 8 Rn 17 ff.).

77 Der Architekt/Bauingenieur ist bei einer schuldhaften Verletzung seiner vertraglichen Leistungspflichten für einen dadurch seinem Vertragspartner (Bauherrn) entstandenen Schaden aufgrund des § 635 BGB ersatzpflichtig. Voraussetzung ist ein Schaden, der dem geschuldeten Werk unmittelbar anhaftet oder außerhalb der Werkleistung eintritt, jedoch eng und unmittelbar mit dem Mangel zusammenhängt (enger Mangelfolgeschaden). Ein enger Mangelfolgeschaden liegt vor, wenn das unkörperliche Werk (z.B. die Planung des Architekten) darauf gerichtet ist, in der Hand des Bestellers (Bauherrn) eine Verkörperung in einem weiteren Werk (Bauwerk) zu finden, so dass sich Fehler des ersten Werks erst beim weiteren Werk mehr oder weniger zwangsläufig z.B. in Form eines Bauwerkmangelschadens auswirken.[75] Auch wenn der auf einer fehlerhaften Architekten-/Ingenieurleistung

---

[69] BGH BauR 1997, 154.
[70] BGH BauR 1989, 1997, 100.
[71] OLG Celle BauR 1999, 676 – hier vertraglich geregelt; Nachbesserung soll in diesem Fall Schadenersatz in Form der Naturalrestitution sein: LG Kiel BauR 1999, 427; OLG Frankfurt IBR 1999, 542.
[72] BGH VersR 1963, 881.
[73] BGH ZfBR 2000, 97.
[74] BGH BauR 1999, 760; BauR 2000, 128, 129.
[75] BGH NJW 1993, 923.

beruhende Schaden am Bauwerk sich nur in Form eines merkantilen Minderwertes äußert, handelt es sich um einen unmittelbaren Mangelfolgeschaden.

Beispiel
Entstehen bei der Änderung der bereits genehmigten Bauplanung Mehrkosten, weil öffentlich-rechtliche Abstandsvorschriften nicht eingehalten werden, ist der Architekt, der die Baugenehmigung fehlerhaft erstellt hat, seinem Auftraggeber gemäß § 635 BGB schadensersatzpflichtig.[76]

2. Positive Vertragsverletzung (pVV) des Architekten-/Ingenieurvertrags

Der Anspruch aus pVV setzt eine objektive Pflichtverletzung voraus, die entweder in der Verletzung vertraglicher Nebenpflichten oder der Verursachung eines entfernten Mangelfolgeschadens bestehen kann. Außerdem bestehen Ansprüche nach pVV bei Pflichtverletzungen, die bei im Übrigen mangelfreier Leistung nicht zu Schäden am Bauwerk, sondern zu Schäden am sonstigen Vermögen des Bauherrn führen (Anspruchsvoraussetzungen und rechtliche Einordnung s. § 8 Rn 12 ff.).

a) Schäden durch Verletzung vertraglicher Nebenpflichten

Zu den vertraglichen Nebenpflichten des Architekten gehören insbesondere Beratungs-, Aufklärungs- und Hinweispflichten. Die rechtssystematische Einordnung der Beratungspflichten als Haupt- oder Nebenpflichten ist weitgehend ungeklärt.[77] Dies hat vor allem Auswirkung auf die Verjährung. Im Allgemeinen werden jedoch die Beratungspflichten den Nebenleistungspflichten zugeordnet.

Beispiele
Architekt unterlässt den Hinweis, dass eine Vertragsstrafe bei Abnahme vorbehalten werden muss, wenn der Bauherr dieses Recht nicht verlieren will.[78]

Der Architekt verletzt die ihm obliegende Aufklärungs- und Beratungspflicht hinsichtlich solcher Baumängel, deren Entstehung er selbst verschuldet hat, so dass die gegen ihn gerichteten Gewährleistungsansprüche seines Bauherrn verjähren.[79]

Der Architekt erfährt vor Ablauf der Verjährungsfrist von einem gegenüber dem Bauunternehmer zu rügenden Mangel und versäumt es, den Bauherrn unverzüglich aufzuklären.

Der Architekt muß den Bauherrn auch auf eigene Planungsfehler hinweisen.[80]

Der Architekt hat den Bauherrn darauf hinzuweisen, wenn auf ein Bauvorhaben die Baustellenverordnung Anwendung findet. Der Bauherr ist dann verpflichtet, die in der BaustellV vorgesehenen Maßnahmen zu ergreifen, wie z.B. die Bestellung eines Sicherheits- und Gesundheitsschutz (= SiGe)-Koordinators oder Erstellung einer Voranmeldung, wenn er nicht riskieren will, dass die Baustelle stillgelegt wird.

---

[76] OLG Hamm NZBau 2000, 434; fehlerhafte Wohnflächenberechnung: OLG Celle BauR 2000, 1082.
[77] *Locher*, a.a.O., Rn 302; Nebenpflicht: OLG Brandenburg BauR 1999, 1202; Hauptpflicht: *Werner/Pastor*, a.a.O., Rn 1775; OLG Düsseldorf bei Verletzung der Aufklärungspflicht gegenüber dem Bauherrn: Anspruch § 635 BGB, BauR 2000, 1515.
[78] BGH BauR 1979, 345.
[79] BGH BauR 1986, 112.
[80] BGH BauR 1986, 112; BGH BauR 1996, 418.

b) Entfernte Mangelfolgeschäden

81 Hierzu zählen Körperverletzungen des Bauherrn oder der in den vertraglichen Schutzbereich einbezogenen Personen als Folge einer fehlerhaften Planung oder Bauüberwachung:

> *Beispiel*
> Der Architekt zeigt dem Bauherrn die Baustelle und dieser stürzt in einen nicht abgedeckten Treppenschacht.

Aber auch Eigentumsschäden des Bauherrn, die an anderen Sachen als dem Bauwerk selbst auftreten, gehören hierzu:

> *Beispiele*
> Möbel und Teppiche verschimmeln, weil aufgrund eines Planungsfehlers Wohnräume mangelhaft isoliert worden sind.
> Der mit der Ersellung eines Wertermittlungsgutachtens über ein Einfamilienhaus beauftragte Architekt versäumte, das fehlende Abwassersystem des Objektes zu berücksichtigen.

82 Der Schaden lag hier nicht im Werk des Architekten, also dem Wertgutachten selbst, und stand zu diesem auch in keinem engem und unmittelbaren Zusammenhang. Der Schaden trat erst aufgrund weiterer Schritte – hier Kaufpreisverhandlungen – im Vermögen des Auftraggebers ein.[81]

Zur Abgrenzung zwischen Ansprüchen aus § 635 BGB und aus pVV s. § 8 Rn 12 ff.

3. Verschulden bei Vertragsschluss

83 Bei der Haftung aus Verschulden bei Vertragsschluss handelt es sich um einen von der Rechtsprechung entwickelten Anspruch, der darauf beruht, dass die dem Vertragsabschluss regelmäßig vorausgehenden Handlungen bereits ein vertragsähnliches Vertrauensverhältnis begründen, das den Parteien gewisse Sorgfalts- und Aufklärungspflichten auferlegt, deren Verletzung Schadenersatzansprüche auslöst. Es handelt sich somit um eine Haftung für das Fehlverhalten des Architekten/Bauingenieurs während der Vertragsverhandlungen. Der Schadenersatz umfasst das sogenannte negative Interesse oder auch Vertrauensinteresse, d.h. der Anspruchsteller ist so zu stellen, wie er stehen würde, wenn er nicht auf die Gültigkeit des Geschäfts vertraut hätte.

> *Beispiel*
> Ingenieur für Tiefbau verschweigt fehlende Architekteneigenschaft.[82]

4. Verjährung der Schadenersatzansprüche

84 Schadenersatzansprüche nach § 635 BGB verjähren bei Bauwerken in fünf Jahren (§ 638 Abs. 1 S. 1 BGB). Diese Frist beginnt mit der Abnahme oder, soweit eine Abnahme ausgeschlossen ist, mit Vollendung des Werkes zu laufen (§ 646 BGB). Beim Architektenvertrag ist eine Abnahme regelmäßig nicht ausgeschlossen, da Architektenleistungen jedenfalls ganz überwiegend billigungsfähig sind.[83] Die Verjährung kann nach ständiger Rechtsprechung des BGH nicht nur mit der Abnahme oder der Vollendung, sondern auch mit der ernsthaften und endgültigen Ablehnung der Abnahme durch den Besteller beginnen. Dies gilt auch, wenn die Abnahme zu Recht verweigert wird.[84] Die Abnahme setzt voraus, dass der Architekt alle vertraglich geschuldeten Leistungen erbracht hat.

---

81 OLG Köln, Urt. v. 6.8.1999, Az. 10 U 8/98.
82 OLG Düsseldorf BauR 1973, 329.
83 BGH BauR 1992, 794.
84 BGH BauR 1987, 201.

Wenn eine Abnahme des Architekten-/ Ingenieurwerks nicht stattgefunden hat, verjähren die Ansprüche in 30 Jahren ab Entstehung des Anspruchs.[85]

Ist dem Architekten ein Vollauftrag erteilt (Leistungsphasen 1 bis 9 § 15 HOAI), dann kann die Abnahme seiner Leistungen erst 5 Jahre nach der Abnahme der Bauunternehmerleistungen erfolgen. Die Objektbetreuung endet nämlich regelmäßig mit der Verjährung der Gewährleistungsansprüche gegen die Bauunternehmer.[86]

5. Besondere Haftungstatbestände[87]

a) Ein besonderer Risikobereich: Die Planung

Ein Planungsfehler liegt vor, wenn die geplante Ausführung des Bauwerks zu einem Mangel geführt hat. Für einen Planungsfehler haftet der Architekt stets. Deshalb spielt die Haftung für Planungsfehler auch eine besondere Rolle bei der Berufs-Haftpflichtversicherung von Architekten und Bauingenieuren. Unter Haftungsgesichtspunkten zeigen sich bestimmte Bereiche als besonders risikoanfällig, wie z.B. die Planung der Abdichtung- und Isolierung, die Klärung der Boden- und Grundwasserverhältnisse sowie das „Umfeld" der Baugenehmigung.

aa) Die genehmigungsfähige Planung

Im Rahmen seiner werkvertraglichen Verpflichtung schuldet der Architekt grundsätzlich den Erfolg seiner Planung, nicht nur die reine Erbringung der Leistung selbst. Zu dem geschuldeten Erfolg einer Architekten- /Ingenieurplanung gehört z.B. die dauerhafte Genehmigungsfähigkeit der Pläne.[88] Von der Rechtsprechung werden die Anforderungen an die Genehmigungsfähigkeit der Architektenplanung zunehmend verschärft. Eine dauerhaft genehmigungsfähige Planung und damit ein Erfolg des Werkes liegt nicht vor, wenn die angestrebte Baugenehmigung zunächst erteilt, später jedoch von Dritten erfolgreich angefochten wird.[89] Allerdings haftet der Architekt nicht wegen fehlender Genehmigungsfähigkeit eines Bauvorhabens, wenn dessen Beurteilung schwierige Rechtsfragen aufwirft, da er kein Rechtsberater des Bauherrn ist.[90]

Wenn keine Baugenehmigung erforderlich ist (Kenntnisgabeverfahren, genehmigungsfreies Vorhaben), schuldet der Architekt eine dauerhaft baurechtlich zulässige Planung. Die Pläne müssen neben den anerkannten Regeln der Technik auch den geltenden bauordnungsrechtlichen Vorschriften entsprechen.[91] Hierfür werden vom Architekten umfassende bauordnungsrechtliche Kenntnisse verlangt.[92] Dieser muss auch in der Lage sein, die zeichnerischen Vorgaben des Bebauungsplans zu verstehen, um seine grundstücksbezogene Planung hieran zu orientieren.[93] Er muss außerdem die Grundzüge des Bauplanungsrechts kennen, um die grundsätzliche Zulässigkeit des Bauvorhabens zu beurteilen.[94] Allerdings kann von ihm nicht die Lösung komplizierter Probleme im Zusammenhang mit der Befreiung von planerischen Festsetzungen oder der Einfügungen im nichtgeplanten Bereich gefordert werden.

---

85 BGH BauR 2000, 128.
86 BGH BauR 1994, 392.
87 Übersicht nach Leistungsphasen: *Kniffka/Koeble*, Kompendium des Baurechts, 1. Aufl. 2000, Rn 132 – 143.
88 BGH BauR 1998, 579; BGH BauR 1999, 1195; anders: KG BauR 1999, 1474.
89 BGH NJW 1999, 2112; BGH BauR 1999, 934.
90 OLG Zweibrücken BauR 1998, 1036.
91 OLG München BauR 1992, 534; *Drewenkamp*, BauR 1999, 479 ff.; *Schulte*, BauR 1995, 174 ff.; *Schulte*, BauR 1996, 599 ff.; *Ortloff/Rabb*, NJW 1996, 2346 ff.
92 BGH VersR 1983, 89.
93 BGH NJW 1980, 2578.
94 OLG Köln BauR 1993, 358.

bb) Baugrund und Grundwasserverhältnisse

89 Die Baugrundverhältnisse, d.h. Grundwasserhöhe, Grundwasserfluss sowie Tragfähigkeit des Baugrundes und evtl. Kontaminierungen haben entscheidenden Einfluss auf Gründungsart, Gründungstiefe und Grundwasserhaltung. Die Kenntnisse des Baugrundes sind deshalb von wesentlicher Bedeutung; entsprechend hoch sind die Haftungsrisiken. Das Risiko für einen ungeeigneten Baugrund trägt grundsätzlich der Bauherr, da der Baugrund ein vom Bauherrn gestellter Baustoff ist. Der Bauherr veranlasst, dass dem Planer die erforderlichen Informationen zum Baugrund übermittelt werden. Die Untersuchung der Baugrundverhältnisse ist in erster Linie Sache des Architekten; eine Abwälzung auf den Tragwerksplaner ist dabei zunächst nicht möglich.[95] Die Beratung des Bauherrn in Bezug auf die Notwendigkeit der Einholung eines Bodengutachtens gehört zu den Pflichten des Architekten.[96] Wenn der Architekt selbst sachkundig ist, kann er die erforderlichen Bodenkennwerte ermitteln und seiner Planung zugrunde legen. Wenn der Planer nicht die erforderliche Sachkunde besitzt, muss er den Bauherrn auf die Notwendigkeit, den Baugrund erforschen zu lassen, hinweisen.

Er muß bei der Auswahl des Baugrundgutachters durch Informationen mitwirken. Unterlässt der Bauherr die Einholung eines Bodengutachtens trotz Hinweis des Architekten, können ihm Schäden, die auf die Baugrundverhältnisse zurückzuführen sind nicht angelastet werden.

90 Der Planer kann sich auf die Angaben des Baugrundgutachters verlassen, solange Fehler der Begutachtung für ihn nicht erkennbar sind. Für fehlerhafte Planungsunterlagen eines vom Architekten eingeschalteten Sonderfachmannes haftet der Architekt nicht, wenn der Fehler weder auf unzureichenden Vorgaben beruht noch der Mangel nach dem von ihm zu erwartenden Fachwissen erkennbar und der Fachmann zuverlässig war.[97] Der Bodengutachter hat sich die erforderlichen Informationen selbst zu beschaffen und darf sich nicht darauf verlassen, dass der Auftraggeber oder dessen Architekt ihn auf alle wesentlichen Punkte der Boden- und Grundwasserverhältnisse hingewiesen haben.[98] Umgekehrt ist der Architekt nicht für die Fehler des vom Bauherrn beauftragten Bodengutachters verantwortlich, wenn dieser sein Gutachten schuldhaft falsch erstellt. Der Bodengutachter ist hier Erfüllungsgehilfe des Bauherrn; der Bauherr muss sich also dessen schuldhaftes Handeln zurechnen lassen.

91 Der Statiker kann im Regelfall von normalen Bodenverhältnissen ausgehen. Liegen ihm aber Unterlagen vor, nach denen besondere Bodenverhältnisse gegeben sind, dann muss er seine Planung darauf ausrichten. Der Statiker haftet nicht für ein mangelhaftes Baugutachten des Geologen, es sei denn, die Fehler sind offenkundig. Der Statiker kann sich auf die Richtigkeit der Angaben des Architekten verlassen, solange für ihn nicht erkennbar ist, dass die Angaben tatsächlich falsch sind.

Der Berücksichtigung der Grundwasserverhältnisse kommt ebenfalls zentrale Bedeutung zu.[99] Der Architekt ist bei Planung eines Bauvorhabens verpflichtet, sich Klarheit über die Grundwasserverhältnisse zu verschaffen, wenn insoweit aufgrund der örtlichen Verhältnisse mit Problemen zu rechnen ist. Er hat seine Planung nach dem höchsten, aufgrund langjähriger Beobachtung bekannten Grundwasserstand auszurichten, auch wenn dieser seit Jahren nicht mehr erreicht worden ist.[100]

---

95 *Englert/Grauvogl/Maurer*, Handbuch des Baugrund- und Tiefbaurechts, 2. Aufl. 1999, Rn 33.
96 OLG München NJW-RR 1988, 85.
97 BGH BauR 1997, 488; BGH BauR 1996, 404; BGH VersR 1996, 1108.
98 OLG Köln BauR 1998, 812, *Locher*, a.a.O., Rn 375; BGH VersR 1996, 1108; BauR 1981, 399; zur Haftung des Bodengutachters: OLG Köln, BauR 1998, 812.
99 OLG Köln BauR 1993, 757.
100 OLG Düsseldorf BauR L 2000, 384.

b) Fehler bei Ausschreibung und Vergabe

Die Ausschreibung als Vorbereitung der Vergabe beinhaltet die Zusammenstellung aller zu Ausschreibung erforderlichen Unterlagen. Das Ermitteln und Zusammenstellen von Mengen, das Aufstellen von Leistungsbeschreibung mit Leistungsverzeichnis, geordnet nach Leistungsbereichen, sowie die Abstimmung und Koordinierung der Leistungsbeschreibungen der fachlich Beteiligten sind beispielhaft in § 15 Lph. 6 HOAI als Grundleistungen beschrieben. Der Architekt ist verpflichtet, die Leistungen vollständig und zutreffend auszuschreiben und den Bauherrn bei der Auftragserteilung gegenüber dem Bauunternehmer zu unterstützen. Ein lückenhaftes Leistungsverzeichnis ist mangelhaft und nicht als funktionale Leistungsbeschreibung anzusehen, wenn dem Unternehmen kein Planungsfreiraum überlassen bzw. die Planung teilweise übertragen wurde.[101] Bei der Vergabe zählt neben der Zusammenstellung der Verdingungsunterlagen und der Einholung der Angebote die Prüfung und Wertung der Angebote zu den zentralen und haftungsträchtigen Bereichen. Der Architekt haftet gegenüber dem Bauherrn, wenn er übersieht, dass die Vergabe der Bauarbeiten an einen ungeeigneten Unternehmer erfolgt, der nicht ausreichend fachkundig, leistungsfähig und zuverlässig ist. Voraussetzung ist, dass der Bauherr seinerseits von dem „übergangenen" Bieter schadensersatzpflichtig gemacht wurde und hierdurch einen Vermögensschaden erlitten hat.[102] Bei der Erstellung des Leistungsverzeichnisses sind außerdem die Vorgaben des Bauherrn in Bezug auf Vertragsstrafen, Sicherheitsvorkehrungen etc. zu beachten.[103]

c) Die Risiken der Objektüberwachung

Die Objektüberwachung (Bauüberwachung) wird in § 15 Abs. 2 Lph. 8 HOAI insgesamt mit dem höchsten Prozentsatz honoriert. Sie umfasst den wesentlichen Teil der Bauphase und birgt, neben der Planungsphase, die höchsten Haftungsrisiken. Die Objektüberwachung beinhaltet zunächst die Überwachung der Ausführung des Objekts auf Übereinstimmung mit der Baugenehmigung, den Ausführungsplänen, den Leistungsbeschreibungen sowie den allgemein anerkannten Regeln der Technik und den einschlägigen Vorschriften. Dabei ist der Architekt nicht zu einer lückenlosen Überwachung der Bauarbeiten verpflichtet. Die Bauleistung der bauausführenden Unternehmen und Handwerker muss er grundsätzlich nicht überprüfen, es sei denn, der Bauunternehmer erscheint dem Architekten ungeeignet.[104]

Schadenträchtige, technisch aufwendige Bauabschnitte beanspruchen eine erhöhte Aufmerksamkeit des Objektüberwachers.[105] Bei Umbauten und Modernisierungen eines Gebäudes hat sich die Bauaufsicht an den Besonderheiten der Altbausanierung zu orientieren.[106] Abdichtungs- und Isolierarbeiten geben z.B. besonderen Anlass zur Kontrolle und erfordern ein hohes Maß an Überwachung. Ein hohes Mangelrisiko besteht ebenfalls, wenn der Objektüberwacher weder die Möglichkeit hat, auf die Beauftragung eines bestimmten, den Qualitätsanforderungen genügenden Bauunternehmers Einfluss zu nehmen, noch Kenntnis hat, ob alle im Leistungsverzeichnis beschriebenen Arbeiten auch ausgeführt werden sollen.[107]

Wenn Ausführungsplanung und Objektüberwachung von verschiedenen Architekten durchgeführt werden, ist der mit der Objektüberwachung beauftragte Architekt verpflichtet, die zur Verfügung gestellte Ausführungsplanung eines anderen Architekten auf ihre Übereinstimmung mit den anerkannten Regeln der Technik zu überprüfen. Er haftet für einen Mangel, der durch die erkennbar fehlerhafte und im Rahmen der Objektüberwachung nicht korrigierte Ausführungsplanung entstanden

---

101 OLG Dresden BauR 2000, 1341.
102 *Schnorbus*, BauR 1999, 1977 ff.; *Schmidt*, BauR 2000, 66 ff.
103 BGH BauR 1983, 168.
104 BGH BauR 1978, 60.
105 OLG Hamm BauR 1997, 876; BGH BauR 1986, 112; OLG Oldenburg BauR 1992, 258: Abbrucharbeiten.
106 BGH NZBau 2000, 386.
107 BGH, Urt. v. 9.11.2000, VII ZR 362/99.

ist, gesamtschuldnerisch mit dem bauplanenden Architekten. Dabei kann der objektüberwachende Architekt den Planungsmangel dem Bauherrn nicht haftungsmindernd gemäß §§ 254, 278 BGB entgegenhalten.[108]

96 In der kalten Jahreszeit hat der Architekt für entsprechende Winterschutzmaßnahmen zu sorgen und die ausreichende Frostsicherheit ggf. durch mehrere Kontrollgänge des Gebäudes zu prüfen. Er kann sich z.B. nicht allein darauf verlassen, dass die vor Ort tätigen ausführenden Unternehmen den Haupthahn abdrehen.[109]

97 Die Koordinierung der am Bau Beteiligten ist ebenfalls Aufgabe des Objektüberwachers. Der Architekt hat sowohl für die planmäßige Durchführung als auch das reibungslose Zusammenwirken und Ineinandergreifen der Arbeiten Sorge zu tragen.[110] Der koordinierungspflichtige Architekt muss sich ggf. eine Mitverursachungsquote wegen unterlassener Koordinierung der Arbeiten anrechnen lassen, wenn ein Bauunternehmer seine Leistung ausführt und dadurch – zwangsläufig – die Leistung eines anderen Bauunternehmers beschädigt.

> *Beispiel*
> Bauunternehmer führt Dehnungsfugenschnitte in Kenntnis von einer darunter verlegten Fußbodenheizung aus und beschädigt dadurch die Fußbodenheizung.[111]

98 Die Rechnungsprüfung gehört ebenfalls zu den Berufspflichten des Architekten[112] im Rahmen der Objektüberwachung. Abschlagsrechnungen der Bauunternehmer hat er darauf zu überprüfen, ob sie der vertraglichen Vereinbarung entsprechen, fachtechnisch und rechnerisch richtig sind und ob die zugrunde gelegten Leistungen erbracht werden.[113]

99 Die Pflicht eines Architekten zur Objektüberwachung endet nicht ohne weiteres mit der Inbetriebnahme einer von ihm geplanten Anlage, sondern ggf. erst mit dem abschließenden Einbau fehlender Teile, die nachgeliefert worden sind.[114]

aa) Drainage und Abdichtung

100 Die Bereiche Drainage und Abdichtung sind ebenfalls äußerst sensibel und schadenträchtig. Der Architekt ist verpflichtet, eine wirksame Abdichtung wegen Bodenfeuchte oder eindringendem Wasser zu planen.[115] Dabei ist er grundsätzlich gehalten, den sichersten Weg zu gehen. Bei der Abdichtung eines Kellers in Hanglage müssen die Abdichtungsmaßnahmen für ein Bauwerk gemäß DIN 18195 in Verbindung mit DIN 4095 vom Architekten genau geplant werden. Ein bloßer Hinweis auf diese Regelwerke reicht nicht aus.[116] Außerdem muss der mit der Planung beauftragte Architekt dem bauausführenden Unternehmer besonders schadenträchtige Details einer Abdichtung gegen drückendes Wasser verdeutlichen und zwar in einer Weise, die jedes Risiko ausschließt.[117]

---

108 OLG Köln BauR 1997, 505; ebenso OLG Düsseldorf BauR 1998, 582.
109 Fehlerhafte Winterschutzmaßnahmen: OLG Hamm BauR 1991, 788.
110 BGH VersR 1961, 751; BGH VersR 1962, 762.
111 OLG Köln BauR 1999, 768.
112 OLG Köln VersR 1997, 1345.
113 BGH BauR 1998, 869.
114 OLG Celle OLGR 1998, 201.
115 OLG Hamm BauR 1997, 876.
116 OLG Celle BauR 1992, 801.
117 BGH NJW 2000, 2991; fehlerhafte Drainage: BauR 1991, 788, 789; BGH BauR 1986, 112; OLG Düsseldorf BauR 1998, 1118 L; OLG Hamm BauR 1998 1119 L.

bb) Einmessung

Die Einmessung des Gebäudes stellt die wesentliche Grundlage für die anschließende plangerechte Bauausführung dar. Auch die Überprüfung des Schnurgerüstes für die Einmessung und Nivellierung des Baugrundstückes samt darauf geplantem Gebäude gehört zu den Leistungspflichten des Architekten.[118] Ein Architekt, dem bei einem Bauvorhaben die Planung und Bauüberwachung übertragen worden ist, ist nicht nur verpflichtet, die Bauausführung ordnungsgemäß zu planen, sondern muss sie auch in technischer Hinsicht sorgfältig überwachen. Zur fehlerfreien Herstellung des Bauwerks gehört auch die Berücksichtigung der Höhenlage sowie die Einmessung der Baugrube in Relation zu den Grundstücksgrenzen.[119]

101

6. Die Haftung des Architekten wegen Baukostenüberschreitung

a) Allgemeines

Die Haftung des Architekten wegen Überschreitung der Baukosten bzw. Bausumme ist im Gesetz weder normiert noch definiert. Die meisten Ansprüche des Bauherrn bzw. des Auftraggebers wegen Bausummenüberschreitung scheitern daran, dass dem Bauherrn kein Schaden entstanden ist, weil er die erhöhten Baukosten als wirtschaftlichen Wert verkörpert in dem Bauvorhaben erhält.[120]

102

Für die rechtliche Einordnung einer Bausummenüberschreitung sind zunächst die vertraglichen Vereinbarungen maßgebend.[121]

b) Die Bausummengarantie

Wenn der Architekt gegenüber seinem Auftraggeber eine bestimmte Bausumme in Form eines Garantieversprechens zugesagt hat, haftet er für die Einhaltung der Garantie verschuldensunabhängig. Der Auftraggeber hat keinen Schadenersatzanspruch, sondern einen Erfüllungsanspruch gegen den Garantierenden (Garantiehaftung). Der Architekt muss hier den Entlastungsbeweis führen.[122] Die Bausummengarantie erfordert eine klare und unmissverständliche Vereinbarung der Vertragsparteien. Es ist zwischen der totalen und beschränkten Bausummengarantie zu unterscheiden:

103

Bei der **totalen Bausummengarantie**[123] verpflichtet sich der Architekt, dass selbst bei atypischen Geschehensabläufen die genannte Bausumme nicht überschritten wird. Hier trägt der Architekt auch das Risiko möglicher Preissteigerungen und der Notwendigkeit abweichender Bauausführung aus baurechtlichen und bautechnischen Gründen.

104

Bei der **beschränkten Bausummengarantie**[124] sichert der Architekt die Bausumme für typische Geschehensabläufe zu. Es ist zu prüfen, ob das geänderte Bauobjekt noch identisch mit dem Bauvorhaben ist, auf das sich die Garantie bezog. Notwendige und nicht voraussehbare Änderungen sind nicht mehr von der Garantie umfasst. Der Architekt muss für normale Preissteigerungen einstehen, nicht jedoch für unvorhergesehene Steigerungen der Gründungskosten oder Mehraufwendungen infolge zeitlich geänderter Bebauungspläne.

105

---

118 OLG Nürnberg BauR 1997, 874.
119 BGH VersR 1961, 459.
120 *Fischer*, a.a.O., 185.
121 *Anker/Adler*, BauR 1998, 465.
122 Beweislastumkehr; OLG Celle BauR 1997, 494.
123 *Locher*, a.a.O., Rn 274.
124 *Locher*, a.a.O., Rn 274.

c) Haftung für Bausummenüberschreitung

106 Die Bausummengarantie, als vertraglich geschuldeter Erfüllungsanspruch, ist von der sogenannten Bausummenüberschreitung strikt zu unterscheiden.

aa) Die Bausummenüberschreitung

107 Eine Bausummenüberschreitung setzt voraus, dass die Vertragsparteien (Architekt und Bauherr) einen verbindlichen Planungsrahmen als vertraglich geschuldete Beschaffenheit vereinbart haben.[125] In diesem Fall bedeutet jede Überschreitung dieses verbindlich vereinbarten Kostenrahmens einen Mangel des geschuldeten Architektenwerks. Die in den Vertragsverhandlungen genannte Vorstellung des Bauherrn, während der Planung ausgesprochene Wünsche, die Kostenangabe in einer vorläufigen Honorarvereinbarung sowie die Angabe der voraussichtlichen Baukosten im Bauantrag stellen noch keinen Kostenrahmen dar.[126] Ist ein Kostenrahmen vereinbart worden, so bedeutet dessen Überschreitung nur dann und nur insoweit keine Schlechterfüllung, als sich im Vertrag Anhaltspunkte dafür finden, dass der Architekt einen gewissen Spielraum (Toleranz) haben soll. Bisher hat der BGH in einer Entscheidung[127] geurteilt, dass die Überschreitung einer vom Bauherrn vorgegebenen Bausumme um 16 % nicht ohne weiteres eine zur Ersatzpflicht führende Pflichtverletzung des Architekten bedeutet. Es kommt nach der Rechtsprechung des BGH immer auf die Umstände des Einzelfalls an.

Es ist zu unterscheiden zwischen der echten und unechten Bausummenüberschreitung:
- **Echte Bausummenüberschreitung**: Die Kosten der Herstellung eines Bauwerks übersteigen entgegen der Prognose das vertraglich vereinbarte Kostenlimit bzw. Kostenrahmen, werden jedoch durch den Wert des Gebäudes aufgefangen. Die Pflichtverletzung besteht hier allein in der fehlerhaften Prognose der später anfallenden Kosten.
- **Unechte Bausummenüberschreitung**: Die Kostensteigerung durch eine sonstige Verpflichtverletzung, z.B. Verwendung eines falschen Aufmaßes, eine fehlerhafte Rechnungsprüfung, eine unterlassene oder fehlerhafte Kostenverfolgung oder eine unterlassene Beantragung von Fördermitteln.[128] Wesentlich ist, dass der Gesichtspunkt des „Wertausgleichs durch das erstellte Bauwerk" bei der unechten Bausummenüberschreitung keine Rolle spielt.[129]

Ohne die Vereinbarung eines Kostenrahmens bzw. -limits, die in der Praxis oftmals fehlt, schuldet der Architekt die Einhaltung bestimmter Kosten nicht, sondern nur die Ermittlung der Kosten.

bb) Fehler bei der Kostenermittlung (Kostenschätzung, Kostenberechnung, Kostenanschlag) nach DIN 276

108 Die kalkulierte Bausumme kann durch Fehler in der Kostenschätzung, Kostenberechnung oder einem fehlerhaften Kostenanschlag überschritten werden. Die Baukostenplanung erfolgt nach den Kostenermittlungsarten, die in DIN 276 näher beschrieben werden. In § 15 Abs. 2 HOAI wird auf DIN 276 verwiesen und die verschiedenen Kostenermittlungsstufen den einzelnen Leistungsphasen zugeordnet:

- Vorplanung　　　　　　　　　Kostenschätzung　　　(Lph.2)
- Entwurfsplanung　　　　　　　Kostenberechnung　　　(Lph.3)
- Mitwirkung bei der Vergabe　　Kostenanschlag　　　　(Lph.7)
- Bauüberwachung　　　　　　　Kostenfeststellung　　　(Lph.8)

---

[125] BGH BauR 1997, 494.
[126] BGH BauR 1997, 494.
[127] BGH BauR 1994, 268.
[128] BGH BauR 1996, 570.
[129] *Lauer*, BauR 1991, 401; *Locher*, NJW 1965, 1996.

109 Nicht in jeder Leistungsphase ist also eine Kostenermittlung vorgesehen. Die Praxis zeigt jedoch, dass z.B. die Leistungsphasen 5, 6, 7 und 8 nicht nacheinander verlaufen, sondern sich überschneiden.

Allerdings können bei Fehlen der erforderlichen Kostenermittlungen nach DIN 276 Baukostenangaben im Baugesuch auch nicht hilfsweise als Kostenschätzungen nach § 15 Abs. 2 Lph. 2 HOAI betrachtet werden.[130]

110 Bei schuldhafter falscher Kostenschätzung, Kostenberechnung oder unrichtigem Kostenanschlag besteht ein Schadenersatzanspruch nach § 635 BGB oder pVV.[131]

Mögliche Fehlerquellen bei der Kostenermittlung:
- Anwendung ungeeigneter Kostenermittlungsmethoden
- Vergessen oder Verzicht auf Kostenermittlungsstufe
- Kostenermittlung zum falschen Zeitpunkt
- Unvollständige, lückenhafte oder fehlende Kostendokumentation

cc) Pflichtverletzung bei der Kostenkontrolle

111 Wenn zwischen Architekt und Bauherr kein verbindlicher Kostenrahmen vereinbart wurde, gehört die laufende Kostenkontrolle und entsprechende Beratung des Bauherrn zu den Pflichten des Architekten. In Literatur und Rechtsprechung ist umstritten, ob die laufende Kostenkontrolle und die entsprechende Beratung zu den vertraglichen Nebenpflichten[132] oder aber zu den Hauptpflichten[133] des Architekten gehören.

dd) Grundsatz der Wirtschaftlichkeit

112 Bereits in der Grundlagenermittlung sind die wirtschaftlichen Möglichkeiten und Vorstellungen des Bauherrn vom Architekten zu klären und zu überprüfen, ob beides in Einklang zu bringen ist. Er hat den Bauherrn umfassend und richtig über die Kosten zu beraten. Andernfalls macht er sich gemäß § 635 BGB schadensersatzpflichtig.[134] Der Architekt hat neben der Kostensicherheit auch den Grundsatz der Wirtschaftlichkeit, d.h. die günstige Relation zwischen dem verfolgten Zweck und den einzusetzenden Mitteln anzustreben. Die Baukostenüberschreitung ist nur ein möglicher Fehler bei der Kostenermittlung neben der Haftung für unwirtschaftliche Planung.[135] Zur Wahrung der wirtschaftlichen Interessen hat der Architekt ferner dem Bauherrn ggf. zu empfehlen, mehrere Angebote einzuholen; anschließend muss er einen Preisspiegel erstellen.

d) Schadenberechnung

113 Der Schadenersatzanspruch umfasst nur den Ersatz des durch die Pflichtverletzung entstandenen Schadens.[136] Kein Schaden liegt vor, wenn dem Mehraufwand ein entsprechender Wertzuwachs des errichteten Gebäudes gegenübersteht. Beim selbstgenutzten Objekt findet das Sachwertverfahren Anwendung; beim gewerblich genutzten oder Renditeobjekt das Ertragswertverfahren. Dabei ist als Zeitpunkt der Wertberechnung die letzte mündliche Verhandlung in der Tatsacheninstanz maßgebend. Eine Prozessverzögerung vermindert regelmäßig den Schaden, da der Wert des Gebäudes steigt. Bei Notverkauf oder Zwangsversteigerung mit Verlust stellen die Zinsen für den zusätzlichen

---

130 OLG Stuttgart BauR 2000, 1893, 1894.
131 *Locher*, a.a.O., Rn 276 m.w.N.
132 Brandenburgisches OLG BauR 1999, 1202; OLG Stuttgart BauR 2000, 1893, 1895.
133 *Werner/Pastor*, a.a.O., Rn 1775.
134 OLG München IBR 2000, 512.
135 BGH NJW 1998, 1064.
136 BGH BauR 1997, 1067.

Kapitalaufwand (unter Abzug von Steuervorteilen und Mieterträgen) einen weiteren Schaden dar, wenn der erhöhten Zinslast keine entsprechenden Vorteile für den Bauherrn gegenüberstehen.[137]

114 Bei vereinbartem Kostenrahmen ist der Schaden zunächst in der Differenz zwischen dem vereinbarten Kostenrahmen und den festgestellten Kosten zu sehen. Die jüngere Rechtsprechung lässt den so festgestellten Schaden im Normalfall aber durch die Anwendung des Instituts der Vorteilsausgleichung[138] wieder entfallen: Führt der dem Architekten angelastete Mehraufwand zu einer entsprechenden Wertsteigerung des Bauobjekts, liegt kein Schaden vor.[139] Wenn das erstellte Werk trotz seiner erhöhten Kosten in seinem Verkehrswert den aufgewandten Kosten entspricht, erhält der Bauherr für die zusätzlich aufgewandten Kosten einen Gegenwert. Es ist zu prüfen, ob die Steigerung der Baukosten auf sonstige Pflichtverletzungen des Architekten zurückzuführen ist, ob also eine unechte Bausummenüberschreitung nachweisbar ist, oder ob die tatsächlichen Baukosten aus dem vereinbarten Kostenlimit herausgefallen sind. Diese Fälle sind strikt zu unterscheiden.

III. Deliktshaftung

1. Die Verkehrssicherungspflicht des Architekten bzw. Bauingenieurs (§ 823 BGB)

115 Der Architekt eröffnet zunächst keinen Verkehr auf der Baustelle mit besonderen Risiken. Er hat nur sehr beschränkt die tatsächliche Verfügungsgewalt, die zur Beherrschbarkeit der Baustellenrisiken erforderlich ist.[140]

116 Grundsätzlich kann jedoch nicht angenommen werden, dass in erster Linie der Bauunternehmer und erst danach – in zweiter Linie – der Architekt/Bauingenieur verkehrssicherungspflichtig ist. Die Beurteilung der Art und des Grades der Verkehrssicherungspflicht hängt von dem jeweiligen Einzelfall ab. Verkehrssicherungspflichtig ist dabei naturgemäß der bauüberwachende Architekt/Bauingenieur. Die Wahrnehmungs- und Verkehrssicherungspflicht des Architekten besteht jedoch nur dort, wo es um die Einhaltung der für die Herstellung des Bauwerks maßgeblichen Regeln und Vorschriften geht.[141] Den mit der Bauüberwachung betrauten Architekten treffen Verkehrssicherungspflichten, wenn er gefahrträchtige Maßnahmen veranlasst; außerdem muss er aufgrund seiner Verkehrssicherungspflicht erkannte oder erkennbare baustellentypische Gefahrenstellen beseitigen.[142]

> *Beispiele*
> Entfernen Bauarbeiter beim Ausbau eines Dachgeschosses in Kenntnis der Gefährlichkeit, aber auf Weisung des bauüberwachenden Architekten/Bauingenieurs die Abluftrohre der Gasheizungs- und Warmwasserthermen für die darunter befindlichen Mietwohnungen, sind sie für einen Schaden, der durch die Entfernung der Rohre entsteht, nicht persönlich verantwortlich, wenn sie davon ausgehen durften, dass sich die Bauleitung anschließend um die erforderlichen Sicherungsmaßnahmen kümmert.[143]
>
> Ist bei einem Café der Baustellenbereich durch eine Staubwand von dem weiterhin in Betrieb befindlichen Teil abgetrennt, so ist der bauüberwachende Architekt nicht verpflichtet, den hinter der Staubwand liegenden Teil regelmäßig zu kontrollieren; er braucht nicht damit zu rechnen, dass ein Bauhandwerker ein Stromkabel unter der Staubwand hindurch lose auf den Boden des

---

137 BGH BauR 1994, 268.
138 BGH BauR 1994, 268.
139 OLG Celle IBR 1998, 352.
140 *Locher*, a.a.O., Rn 451.
141 *Locher*, a.a.O., Rn 452.
142 BGH NJW 1984, 360.
143 OLG Hamm BauR 1999, 60.

von den Mitarbeitern des Café begangenen Bereichs verlegt, soweit im Baustellenbereich ausreichende Stromquellen zur Verfügung stehen.[144]

Von besonderer Bedeutung ist, dass auch in der Ausführung einer mangelhaften Bauleistung oder einem pflichtwidrigen Übersehen eines Baumangels durch den Bauüberwacher eine Verletzung der Verkehrssicherungspflicht liegen kann, wenn infolge des Mangels andere Sachen des Bauherrn oder dritter Personen beeinträchtigt werden oder ein Personenschaden eintritt. Der Bauüberwacher des Auftraggebers hat nämlich ebenso wie der Bauunternehmer nicht nur vertragliche Pflichten gegenüber dem Bauherrn zu erfüllen, sondern im Zusammenhang mit der Errichtung des Bauwerkes auch Verkehrssicherungspflichten gegenüber allen, die mit dem Bauwerk bestimmungsgemäß in Berührung kommen, wahrzunehmen.

Beispiel
Ein Architekt überwacht im Rahmen der ihm übertragenen Bauaufsicht die Ausführung gefahrträchtiger Isolierarbeiten pflichtwidrig nicht hinreichend. Die eingebrachten Sachen des Mieters kommen infolge der Mängel des Bauwerkes zu Schaden.[145]

Der Bauleiter ist im Rahmen der Bauaufsicht auch zum Schutz künftiger Mieter des Bauherrn verpflichtet, die ordnungsgemäße Ausführung von Isolierungsarbeiten zu überwachen.[146]

Die Verkehrssicherungspflicht trifft auch den Architekten/Bauingenieur, der mit der verantwortlichen Bauleitung nach dem jeweiligen Landesrecht beauftragt ist. Dabei besteht kein Unterschied, ob der Architekt bzw. Bauingenieur die Bauüberwachung privatrechtlich oder öffentlich-rechtlich ausübt. Die Verkehrssicherungspflichten beider Bereiche sind insoweit deckungsgleich.[147] Wenn ein Architekt die örtliche Bauleitung übernimmt sowie die Stellung des verantwortlichen Bauleiters, übernimmt er damit zugleich die Pflicht, nicht nur seinen Auftraggeber, sondern auch Dritte vor solchen Schäden zu bewahren, die im Zusammenhang mit der Errichtung des Bauwerkes entstehen können.[148]

Beispiel
Der mit der örtlichen Bauüberwachung und der Bauleitung nach der Landesbauordnung beauftragte Architekt haftet wegen Verletzung seiner Verkehrssicherungspflicht auf Schadenersatz, wenn ein Bauhandwerker von einem Gerüst stürzt, weil ein Querholm des Gerüstgeländers unsachgemäß nur mit einem Kabelbinder befestigt war. Dies läßt den Rückschluss darauf zu, dass er das Gerüst nicht ausreichend auf seine Betriebssicherheit untersucht hat.[149]

2. Schadenersatz wegen Verletzung eines Schutzgesetzes (§ 823 Abs. 2 BGB)

Nach § 823 Abs. 2 BGB haftet der Architekt auch nach den Grundsätzen der unerlaubten Handlung, wenn er vorsätzlich oder fahrlässig gegen ein Gesetz verstößt, das den Schutz eines anderen bezweckt (Schutzgesetz), und dadurch einen Schaden verursacht (§ 8 Rn. 38 ff.).

Die Baustellenverordnung gilt ebenfalls als Schutzgesetz i.S.d. § 823 Abs. 2 BGB (siehe § 8 Rn 552 ff. Exkurs. Baustellenverordnung).

Auch die Vorschriften über die Gefährdung der Sicherheit der Hypothek bzw. des Grundpfandrechts infolge einer Verschlechterung des Grundstücks können zu einer Haftung des Architekten gegenüber

---

144 OLG Düsseldorf BauR 1996, 731.
145 Hier: Rostschäden an gelagerten Maschinen, BGH BauR 1991, 111.
146 BGH BauR 1987, 116; BauR 1991, 111.
147 *Schmalzl*, Die Berufshaftpflichtversicherung des Architekten und des Bauunternehmers, 1989, Rn 260.
148 BGH NJW 1977, 898; NJW 1997, 582.
149 OLG Frankfurt BauR 1998, 152.

dem geschädigten Hypotheken- bzw. Grundpfandrechtsgläubiger wegen Verletzung eines Schutzgesetzes gemäß § 823 Abs. 2 BGB i.V.m. §§ 1133 und 1192 BGB führen. Zum Beispiel, wenn er es unterlässt, vor Inangriffnahme von Abbruch- und Umbauarbeiten für die Einholung der Zustimmung des Grundpfandrechtsgläubigers (Bank) zu sorgen, wodurch die Sicherheit der auf dem Baugrundstück lastenden Grundpfandrechte gefährdet wird.

3. Haftung wegen Amtspflichtverletzung (§ 839 BGB)

121 Ein Schadenersatzanspruch nach den Grundsätzen der Amtshaftung kommt dann in Betracht, wenn der Architekt/Bauingenieur als beliehener Unternehmer hoheitliche Aufgaben wahrnimmt und dabei einen Schaden verursacht. Hoheitlich handelt z.B. ein Prüfingenieur, der im Genehmigungsverfahren von der Bauaufsichtsbehörde beauftragt wird, den Standsicherheitsnachweis und andere bautechnische Nachweise zu erbringen. Der Schadenersatzanspruch richtet sich dann gegen den Träger der Behörde, die den Architekt/Bauingenieur beauftragt hat. Bei fahrlässiger Schadenverursachung kommt ein Anspruch nur dann in Frage, wenn der Verletzte nicht auf andere Weise Ersatz verlangen kann.[150]

IV. Haftung für Handlungen Dritter

1. Erfüllungsgehilfen (§ 278 BGB)

122 Der Architekt/Bauingenieur haftet wie der Bauunternehmer für Schäden, die sein Mitarbeiter (Erfüllungsgehilfe) in Ausführung einer vertraglichen Leistung dem Bauherrn (oder einer sonstigen in den vertraglichen Schutzbereich einbezogenen Person) schuldhaft zufügt.

2. Haftung für Verrichtungsgehilfen (§ 831 BGB)

123 Der Architekt haftet auch für einen von seinem Mitarbeiter in Ausführung der dienstlichen Verrichtung verursachten Schaden, und zwar unabhängig davon, ob den Mitarbeiter ein Verschulden trifft oder nicht. Das Gesetz vermutet in diesem Fall ein Verschulden des Architekten. Entlastungsbeweis ist möglich, sofern kein Auswahl-, Leitungs- und Überwachungsverschulden vorliegt. Er wird in der Praxis jedoch kaum mit Erfolg geführt.

V. Die Haftung des Projektsteuerers, Projektcontrollers, Projektmanagers

124 Für Projektsteuerer, Projektcontroller, Projektmanager gelten die Haftungsgrundsätze wie für den Architekt/Bauingenieur. Es ist zu unterscheiden zwischen
- den Haftungsbereichen der vertraglichen Haftung gegenüber dem Auftraggeber bzw. im Einzelfall die in den Schutzbereich des Vertrages eingeschlossenen Dritten und
- der außervertraglichen und deliktischen Haftung, die gegenüber jeder anderen Person besteht.

125 Für den Bereich der vertraglichen Haftung kommt es zunächst auf den Inhalt der vertraglichen Vereinbarung an. Nach gefestigter Rechtsprechung gilt der Architekten-/ Ingenieurvertrag als Werkvertrag.[151] Für die Verträge der Projektsteuerungs-/ Projektmanagement oder -controllingtätigkeit besteht eine derart eindeutige und höchstrichterlich bestätigte Zuordnung zum Werkvertragsrecht nicht. Welches Recht auf einen Projektsteuerungsvertrag anzuwenden ist, z.B. das Recht des Werk-

---

150 *Palandt-Thomas, BGB*, § 839 Rn 1 ff.
151 BGH NJW 1960, 431.

oder Dienstvertrags, ergibt die Auslegung der jeweiligen vertraglichen Vereinbarung.[152] Die Tätigkeit der Projektsteuerer, Projektcontroller, Projektmanager wird in verschiedenen Modellen von Leistungsbildern detailliert beschrieben. Nach diesen Leistungsbildern gliedert sich die Tätigkeit in vier bzw. fünf Leistungsphasen. Zu den wesentlichen Pflichten gehören nach allen Modellen Kontroll-, Koordinierungs-, Dokumentations-, Informations- und Beratungspflichten.[153] Der Abgrenzung zu anderen Berufsbildern, wie z.B. Architekten (Objektüberwachung) oder Baubetreuung kommt im Einzelfall besondere Bedeutung zu. Die Haftungsschwerpunkte liegen bei der Kostenplanung- und -kontrolle (Bausummenüberschreitung) sowie bei der Einhaltung von Fristen und Terminen. Ergibt die einzelvertragliche Auslegung die Anwendung der werkvertraglichen Vorschriften, gelten die Haftungsgrundsätze der Architekten/Bauingenieure. Findet hingegen Dienstvertragsrecht (§§ 611 ff. BGB) Anwendung, kommen z.B. bei Verletzung vertraglicher Nebenpflichten Schadenersatzansprüche nach den Grundsätzen der pVV des Dienstvertrages in Betracht.

C. Die Haftung des Bauherrn

I. Haftung wegen fehlerhafter Vergabe

Sowohl öffentliche als auch – bei Erreichen der Schwellenwerte des Europäischen Vergaberechts – private Auftraggeber sind an die Beachtung der Vergabevorschriften gemäß VOB/A bzw. GWB gebunden. Eine Verpflichtung zur Beachtung der Vergabevorschriften besteht im privaten Baubereich insbesondere dann, wenn der Auftraggeber sie freiwillig zum Gegenstand der Ausschreibung gemacht hat.

126

1. Verschulden bei Vertragsschluss

Verstößt der Bauherr schuldhaft im Vergabeverfahren gegen die Vergabevorschriften, haftet er gegenüber dem Bieter auf Schadenersatz wegen Verschulden bei Vertragsverhandlungen (culpa in contrahendo). Die Kausalität des Vergabeverstoßes für den Schaden hat der Bieter zu beweisen.[154] Dem Auftraggeber steht der Einwand offen, der Bieter hätte auch bei rechtmäßigem Alternativverhalten den Auftrag nicht erhalten.[155]

127

> *Beispiele*
> Unberechtigte Nichtberücksichtigung eines Angebots. Erteilung des Zuschlags auf ein Angebot, dessen Preis in offenbarem Missverhältnis zur Leistung steht.[156] Fehlerhafte Ausschreibung unter Verletzung der Grundsätze des § 9 VOB/A, z.B. bei unvollständigen, missverständlichen oder unklaren Planungsunterlagen.

Der Bauherr kann den ihm gegenüber geltend gemachten Schadenersatz gegenüber dem von ihm beauftragten Architekten regressieren, wenn die Pflichtverletzung, derentwegen er vom Bieter in Anspruch genommen wurde, tatsächlich durch eine schuldhafte Pflichtverletzung des Architekten/Bauingenieurs zurückzuführen ist.

128

---

152 BGH BB 1999, 1728; NJW 1999, 3118: Dienstvertrag: OLG Düsseldorf NJW 1999, 3129.
153 *Eschenbruch*, Recht der Projektsteuerung, 1. Aufl. 1999, Rn 77; *Schill*, Der Projektsteuerungsvertrag, 1. Aufl. 2000, S. 92–108.
154 BGH BauR 1993, 214.
155 BGH BauR 1993, 214; *Werner/Pastor*, a.a.O., Rn 1886.
156 OLG Celle BauR 2000, 405.

2. Schadenersatz nach § 126 GWB

129 Die Vergabe von öffentlichen Aufträgen erfolgt nach den §§ 98 ff. GWB. Der Bieter kann gegenüber dem Bauherrn unter den Voraussetzungen des § 126 GWB einen Anspruch auf Ersatz des Vertrauensschadens geltend machen.

3. Deliktshaftung wegen Verletzung eines Schutzgesetzes (§ 823 Abs. 2 BGB i.V.m. Vergabevorschriften)

130 Bei Vergaben außerhalb der Schwellenwerte des Europäischen Rechts kommen auch Schadensersatzansprüche aus § 823 Abs. 2 BGB wegen Verletzung eines Schutzgesetzes in Betracht; in diesem Bereich haben die Vergabevorschriften Rechtssatzqualität.[157]

4. Umfang des Schadenersatzes

131 Regelmäßig richtet sich der Anspruch nur auf Ersatz des sogenannten „negativen Interesses": Der übergangene Bieter ist so zu stellen, wie er stünde, wenn er sich nicht am Vergabeverfahren beteiligt hätte.

132 Ausnahmsweise umfasst der Schadenersatz das sogenannte „positive Interesse", also den entgangenen Gewinn, und zwar dann, wenn der Bieter beweist, dass ohne den Vergabeverstoß er den Auftrag hätte erhalten müssen und ein Zuschlag tatsächlich erteilt worden wäre.[158]

II. Deliktshaftung

1. Die Verkehrssicherungspflicht des Bauherrn

133 Als Veranlasser der Baumaßnahme obliegt die Verkehrssicherungspflicht originär dem Bauherrn. Bei einer Bauträgermaßnahme ist das der Bauträger.[159] Geschützt sind insbesondere alle Personen, die befugt die Baustelle betreten, wie Architekten, Lieferanten, Beamte kontrollierender Behörden, Besucher, bei einer Bauträgermaßnahme Erwerbsinteressenten[160] sowie die am Bau tätigen Unternehmer.[161] Zu den geschützten Personen gehören hingegen nicht die Arbeitnehmer der am Bau tätigen Unternehmer;[162] gegenüber Kindern besteht die Verkehrssicherungspflicht auch, soweit sie sich unbefugt an der Baustelle aufhalten.[163] Die Verkehrssicherungspflicht besteht auch zugunsten von Nachbarn.[164] Wenn der Bauherr in eigener Regie baut, trifft ihn die Verkehrssicherungspflicht uneingeschränkt. Die Verkehrssicherungspflicht dauert solange an, wie ein gefahrdrohender Zustand besteht, was auch bei einem im Wesentlichen fertiggestellten Gebäude der Fall sein kann.

---

157 Für die VOL/A: BGH BauR 1998, 1246; für die VOB/A: OLG Düsseldorf BauR 1999, 241; Schleswig-Holsteinisches OLG BauR 2000, 1046.
158 BGH BauR 1993, 214; BGH BauR 1998, 1232; OLG Düsseldorf BauR 1999, 741; OLG Düsseldorf BauR 1999, 790; LG Mühlhausen BauR 1999, 281.
159 OLG Düsseldorf BauR 1999, 1037.
160 OLG Düsseldorf BauR 1999, 1037, 1038.
161 *Palandt-Thomas*, BGB, § 823 Rn 76.
162 OLG Düsseldorf NJW-RR 1993, 309; für deren Schutz ist nach Maßgabe der Arbeitsschutzbestimmungen, insbesondere der Unfallverhütungsvorschriften, der jeweilige Arbeitgeber zuständig. Bei Baustellen, auf welche die BaustellV Anwendung findet, wird dem Bauherrn eine Verkehrssicherungspflicht für die auf der Baustelle tätigen Bauunternehmer bzw. deren Arbeitnehmer auferlegt, da die SiGe-Koordination in erster Linie Aufgabe des Bauherrn ist (str.).
163 OLG Hamm VersR 1992, 629; OLG Düsseldorf BauR 1999, 1037.
164 OLG Düsseldorf NJW 1965, 1278; BauR 1973, 395.

2. Verkehrssicherungspflicht bei Beauftragung eines Bauunternehmers

Der Bauherr wird von der Verkehrssicherungspflicht im Wesentlichen frei, wenn er einen als zuverlässig geltenden und sachkundigen Bauunternehmer beauftragt (s. § 8 Rn 31 ff.).[165] Dabei kommt es nicht darauf an, ob der Bauunternehmer tatsächlich zuverlässig ist, sondern ob er als zuverlässig bekannt ist.[166] Besondere „Absprachen" sind dazu nicht erforderlich. In der Beauftragung mit Bauarbeiten liegt die Übertragung der Verkehrssicherungspflicht. Der Bauherr braucht die Baustelle nicht laufend darauf zu kontrollieren, ob der Bauunternehmer der ihm übertragenden Pflicht nachkommt.[167]

Durch die Beauftragung eines Bauunternehmers oder Architekten allein wird der Bauherr jedoch nicht von seiner Verantwortung befreit. Bei der Übertragung der Verkehrssicherungspflichten auf Dritte ist der Verkehrssicherungspflichtige zur Überwachung und Kontrolle des Dritten verpflichtet.[168] Besondere Umstände können es erfordern, dass er die Arbeiten zu überwachen und notfalls selbst einzugreifen hat. Diese Pflicht besteht für den Bauherren insbesondere, wenn ihm Zweifel kommen müssen, ob der Bauunternehmer oder Architekt, dem die Bauaufsicht obliegt, den Sicherheitsbedürfnissen ausreichend Rechnung trägt.[169] Eines besonderen Einsatzes des Bauherrn bedarf es, wenn dieser baufremden Personen Zugang zur Baustelle eröffnet. Die Überwachungspflicht des Bauherrn umfasst also den Bereich, in dem er ohne spezielle baufachliche Kenntnisse drohende Gefahren hätte erkennen und abstellen können.[170]

Die Verkehrssicherungspflicht des Bauherrn besteht trotz Beauftragung eines Bauunternehmers weiter, wenn er Gefahren sieht oder hätte sehen müssen. Damit sind Fälle gemeint, in denen der Bauherr ohne spezifische baufachliche Kenntnisse drohende Gefahren kannte – etwa aufgrund entsprechender Belehrungen durch den Architekten[171] – oder hätte erkennen und abstellen können.[172]

> *Beispiel*
> Ein offener Spalt vor der Eingangstür;[173] ein nicht abgedeckter Schacht.[174]

Ferner besteht eine Verkehrssicherungspflicht, wenn die Tätigkeit des vom Bauherrn beauftragten Bauunternehmers mit besonderen Gefahren verbunden ist, die auch von ihm, dem Auftraggeber, erkannt und durch eigene Anweisungen abgestellt werden können,[175] z.B. bei Unterfangungsarbeiten.[176]

3. Koordinierungspflicht des Bauherrn

Der Bauherr ist verpflichtet, die Arbeiten mehrerer an einem Bauvorhaben tätiger Unternehmen im Hinblick auf die zur Unfallverhütung erforderlichen Vorkehrungen zu koordinieren.[177] Die Sicherung

---

165 BGH VersR 1959, 908, 909; BGH VersR 1960, 134, 136; BGH VersR 1964, 412, 413; BGH BauR 1982, 399.
166 BGH BauR 1982, 399, 400; BGH NJW 1969, 2140, 2141.
167 *Werner/Pastor*, a.a.O., Rn 1853.
168 Schleswig-Holsteinisches OLG ZfS 2000, 7.
169 BGH VersR 1959, 98, 99; BGH VersR 1964, 431; OLG Karlsruhe VersR 1976, 837; OLG Koblenz BauR 2000, 907.
170 BGH VersR 1982, 595.
171 BGH NJW 1958, 627, 629.
172 *Locher*, a.a.O., Rn 442; OLG Düsseldorf BauR 1973, 395, 396.
173 OLG Karlsruhe VersR 1979, 1128, 1129.
174 OLG Hamm BauR 1992, 658.
175 BGH BauR 1982, 399, 400.
176 BGH NJW 1960, 375; bei anderen Leistungen BGH VersR 1966, 145, 146.
177 OLG Düsseldorf BauR 1999, 185; IBR 1999, 482.

der Gefahrquelle aus den Arbeiten an der Baustelle selbst trifft zunächst die ausführenden Unternehmen, die für die Sicherheit ihrer Mitarbeiter zu sorgen haben; die Unfallverhütungsvorschriften richten sich allein gegen den jeweiligen Unternehmer.

139 Die Baustellenverordnung (§ 8 Rn 552 ff.), die nicht auf Kleinbaustellen anzuwenden ist, begründet nur die Verpflichtungen des Bauherrn zur Koordination mehrerer an der Baustelle tätiger Unternehmer entweder selbst oder durch einen Dritten, z.B. durch einen Architekten oder Bauingenieur.

140 Ein Bauherr genügt seiner Koordinierungspflicht, wenn er zwei Handwerker unterschiedlicher Gewerke zusammenführt und sich beide untereinander hinsichtlich der Ausführung ihrer Arbeiten absprechen können. Wenn sich die Auftragnehmer nicht an diese Absprache halten und es deshalb zu einem Unfall kommt, z.B. Verpuffung von leicht entflammbaren Gasen, kann dies nicht dem Auftraggeber angelastet werden.[178]

4. Schadenersatz wegen Verletzung eines Schutzgesetzes (§ 823 Abs. 2 BGB)

a) Schutzgesetze im Bereich des Bauherrn

141
- Vorschriften der Landesbauordnungen über Abstandsflächen[179]
- GaragenVO [180]
- § 8 WHG i.V.m. den Wassergesetzen der Länder hinsichtlich Stützverlusts eines Nachbargrundstücks durch Grundwasserabsenkung[181]
- fehlerhafte Abfallbeseitigung, § 10 Abs. 4 KrW-/ AbfG
- Nachbarrechtliche Schutzbestimmungen: §§ 906, 907, 909, 912 BGB
- Baustellenverordnung
- Schädliche Umwelteinwirkung (§ 22 Abs. 1 Nr. 1 und 2 BImSchG)
- Im Strafgesetzbuch verankerte Schutzgesetze: § 323 StGB (Baugefährdung), § 222 StGB (Fahrlässige Tötung), § 230 StGB (Fahrlässige Körperverletzung)

b) Immissionen (§ 906 BGB)

142 Nach § 906 BGB hat der Eigentümer eines Grundstücks eine wesentliche Beeinträchtigung durch eine ortsübliche Benutzung eines anderen Grundstücks zu dulden, wenn diese Beeinträchtigung nicht durch Maßnahmen verhindert werden kann, die Benutzern dieser Art wirtschaftlich zumutbar sind. Bei Bauarbeiten sind Immissionen, wie z.B. Lärm, Erschütterungen, Staubentwicklung unvermeidbar.

143 Anspruchsberechtigt sind Eigentümer, dinglich Nutzungsberechtigte oder Besitzer des Nachbargrundstücks, nicht sonstiger Nutzer. Der Anspruch dient ausschließlich dem Schutz des Nachbarn; für Ferneinwirkungen kann ein Ausgleich nicht verlangt werden.

144 Anspruchsverpflichtet ist der Benutzer des emittierenden Grundstücks. Das ist in aller Regel der Eigentümer, also der Bauherr, nicht jedenfalls der von ihm beauftragte Bauunternehmer[182] oder Architekt.[183] Für diese Beeinträchtigung sieht § 906 Abs. 2 S. 2 BGB einen angemessenen Ausgleich in Geld für den betroffenen Eigentümer vor. Es handelt sich dabei primär um einen verschuldensunabhängigen Geldausgleich für die vom Nachbargrundstück ausgehenden Immissionen, nicht je-

---

178 OLG Hamm VersR 2000, 768.
179 BGH NJW 1979, 1408.
180 BGH VersR 1987, 1014.
181 BGH NJW 1977, 763.
182 BGHZ 72, 289.
183 BGHZ 85, 375.

doch um einen Schadenersatzanspruch. Schadenersatzansprüche gegen den Bauherrn, Bauunternehmer und Architekten erfolgen aus § 823 Abs. 1 bzw. Abs. 2 i.V.m. § 906 BGB.[184]

145 Zum Ausgleich können auch immaterielle Einwirkungen, wie unzumutbarer Lärm verpflichten.[185] Folgeschäden umfasst der Anspruch allenfalls, wenn und soweit sich diese aus der Beeinträchtigung der Substanz oder Nutzung des betroffenen Grundstücks selbst entwickeln.[186]

c) Gefahrdrohende Anlagen (§ 907 BGB)

146 Der Eigentümer eines Grundstücks kann verlangen, dass auf dem Nachbargrundstück nicht Anlagen hergestellt oder gehalten werden, von denen mit Sicherheit vorauszusehen ist, dass ihr Bestand oder ihre Benutzung eine unzulässige Einwirkung auf sein Grundstück zur Folge hat.

Die praktische Bedeutung der Vorschrift ist gering, weil der Eigentumsschutz schon durch die §§ 1004, 823 Abs. 1 BGB gewährleistet ist.

d) Grundstücksvertiefung (§ 909 BGB)

147 Auch der Bauherr bzw. Bauträger als Eigentümer eines Grundstücks zählt zu den möglichen Anspruchsgegnern gegenüber dem unmittelbaren Grundstücksnachbarn, wenn eine Grundstücksvertiefung i.S.d. § 909 BGB vorliegt. Bei Ausschachtungsarbeiten sind an die Sorgfaltspflicht des Grundstückseigentümers gegenüber dem Nachbarn hohe Anforderungen zu stellen; beauftragt er Fachleute mit den Arbeiten, trifft ihn nur dann kein Verschulden, wenn er sie sorgfältig auswählt, informiert und sich von der Beachtung der Verpflichtungen aus § 909 BGB vergewissert.[187] Wenn der Grundstückseigentümer die Tätigkeit der beauftragten Sonderfachleute, Bauunternehmer und Architekten selbst koordiniert und diese jeweils mit beschränkten Aufgabenkreisen einsetzt, hat er für Koordinations- und Informationsmängel auch selbst einzustehen; das gilt insbesondere bei unzureichender Feststellung der Gründungsverhältnisse sowie der Standfestigkeit der Grenzwand und des Nachbargrundstücks.[188] Wer als Bauherr (Bauunternehmer oder Architekt) die Mauer des Nachbargrundstücks unterfängt, handelt schuldhaft, wenn er sich nicht das Einverständnis des Nachbarn einholt (s. Teil 1: A.III.3.a).[189] Die Zustimmung des Nachbarn wird in einem öffentlich-rechtlichen Verfahren abgegeben; die Baugenehmigung lässt das Zivilrecht unberührt. Der Architekt hat die Pflicht, den Auftraggeber über die mit der Vertiefung verbundenen Gefahrenquellen zu belehren und zweckdienliche Maßnahmen zur Vermeidung von Gefahren vorzuschlagen und ggf. durchzuführen.[190]

e) Überbau (§ 912 BGB)

148 Erfolgt der Überbau schuldlos oder nur leicht fahrlässig und widerspricht der Nachbar nicht rechtzeitig, so muss er den Überbau dulden, hat aber einen Anspruch auf Entschädigung in Form einer Geldrente (§ 912 BGB). Der Anspruch richtet sich gegen den Eigentümer, z.B. Bauherrn bzw. Bauträger. Bei der Bebauung durch einen „Baubetreuer" soll es darauf ankommen, in wessen Namen dieser nach außen auftritt.[191] Widerspricht der Nachbar rechtzeitig, so muss der Überbau unterbleiben bzw. ein schon begonnener Überbau wieder beseitigt werden, auch wenn er schuldlos erfolgt ist (§ 1004 Abs. 1 BGB).

---

184 OLG Frankfurt IBR 1999, 217; OLG Koblenz BauR 2000, 120.
185 Ständige Rechtsprechung seit BGHZ 64, 220.
186 BGH JZ 1984, 1106.
187 *Werner/Pastor*, a.a.O., Rn. 2113.
188 OLG Düsseldorf BauR 1996, 881; BGH BauR 1996, 877; OLG Düsseldorf BauR 1996, 881.
189 Z.B. BGH NJW 1997, 2595.
190 Zu den Pflichten des Bauherrn bei Vertiefung seines Grundstücks s. auch OLG Bamberg VersR 1984, 337.
191 Vgl. BGH NJW 1983, 2022, 2024.

Die Haftung wegen Überbaus nach § 912 Abs. 1 BGB erfasst nur den Zeitpunkt der „Errichtung des Gebäudes", nicht den Zeitpunkt des nachträglichen Anbaus eines Gebäudeteiles wie z.B. eines Erkers.[192]

f) Schädliche Umwelteinwirkung (§ 22 Abs. 1 Nr. 1 und 2 BImSchG)

149 Nach dieser Bestimmung sind nicht genehmigungsbedürftige Anlagen so zu errichten und betreiben, dass:

1. schädliche Umwelteinwirkungen verhindert werden, die nach dem Stand der Technik vermeidbar sind,
2. nach dem Stand der Technik unvermeidbare schädliche Umwelteinwirkungen auf ein Mindestmaß beschränkt werden.

Darunter fallen auch bewegliche Anlagen, wie Baumaschinen und -geräte. Schädliche Umwelteinwirkungen sind Luftverunreinigungen, die die Werte der TA Luft überschreiten, Lärm – auch Baustellenlärm –, der die Werte der TA Lärm überschreitet, soweit nicht Spezialvorschriften bestehen oder Erschütterungen; die DIN 4150 „Erschütterungen im Bauwesen" soll nicht maßgebend sein. Zu den ortsfesten Anlagen, die unter die Bestimmung fallen, zählen z.B. auch offene Kamine, Aufzüge oder Wärmepumpen.

5. Haftung bei Einsturz eines Gebäudes (§ 836 BGB)

150 Die Haftung trifft neben dem Besitzer auch den Gebäudeunterhaltspflichtigen (§ 838 BGB), z.B. den Verwalter nach WEG.[193] Auch der Nichtfachmann ist unter den selben Voraussetzungen wie bei der Verkehrssicherungspflicht zum Eingreifen verpflichtet.[194]

151 Fehlerfrei errichtet ist ein Gebäude, wenn es so ausgeführt ist, dass es weder während der Bauausführung noch im fertigen Zustand zusammenstürzt oder sich Teile davon ablösen.[195]

Ein mit dem Grundstück verbundenes Werk ist auch das Baugerüst.[196]

III. Sonstige umweltrechtliche Haftung

1. Haftung nach § 22 Abs. 1 WHG (Handlungshaftung)

152 Auch der Bauherr kann aus § 22 Abs. 1 WHG auf Schadenersatz in Anspruch genommen werden (Einzelheiten s. § 8 Rn 47 ff.). Für unsachgemäßes Verhalten des beauftragten Unternehmers haftet der Bauherr nicht, wenn ihn kein eigenes Verschulden trifft.

2. Haftung nach § 22 Abs. 2 WHG (Inhaberhaftung)

153 Da der Anspruch sich gegen den Inhaber der Anlage richtet, kann der Bauherr regelmäßig nur bei Baubestandteilen wie Abwasserkanälen, Öltanks o.ä. haften. Hat der Bauherr z.B. einen Container angemietet und bereitgestellt, gilt er als Inhaber im Sinn der Vorschrift. Missbrauch durch Dritte ist keine höhere Gewalt, die den Anspruch ausschließt.

---

192 *Palandt-Bassenge*, BGB § 912 Rn 7.
193 BGH NJW 1993, 1782.
194 BGH NJW 1956, 506; BGH a.a.O.
195 Ständige Rechtsprechung BGH VersR 1962, 1105; BGH NJW 1979, 309.
196 *Ingenstau/Korbion*, § 10 VOB/B Rn 98.

3. Schädliche Bodenveränderungen (§ 4 BBodSchG)

In § 4 Bundesbodenschutzgesetz (BBodSchG) ist zunächst eine allgemeine Verhaltenspflicht festgelegt: Jeder, der auf den Boden einwirkt, hat sich so zu verhalten, dass schädliche Bodenveränderungen nicht hervorgerufen werden. 154

Das Gesetz greift sowohl bei neuen schädlichen Veränderungen wie auch bei bestehenden Altlasten ein. Maßnahmen, die bei Verstoß gegen die Grundpflicht des § 4 Abs. 1 BBodSchG zur Beseitigung von Bodenverschmutzungen und zur Altlastensanierung erforderlich werden, sind aufgrund der § 4 Abs. 2 bis 6 BBodSchG zu ergreifen. Das Gesetz verpflichtet zunächst den Grundstückseigentümer und -besitzer.

4. Haftung gemäß § 14 S. 2 BImSchG

Eine Haftung nach dieser Vorschrift betrifft in erster Linie Bauherren von Industrie- und Produktionsanlagen im Sinne des § 4 BImSchG. Recycling- und Brecheranlagen an der Baustelle fallen nicht darunter (Anhang Nr. 2, Spalte 2.2 zu 4. Bundesimmissionsschutzverordnung (BImSchV) (§ 8 Rn 56). 155

IV. Haftung für Handeln Dritter

1. Haftung für Erfüllungsgehilfen (§ 278 BGB)

Der vom Bauherrn beauftragte Architekt tritt gegenüber den Bauunternehmern als Erfüllungsgehilfe auf. Handlungen, insbesondere Pflichtverletzungen des Architekten muss sich der Bauherr anrechnen lassen (siehe Gesamtschuldnerausgleich). Gleiches gilt für andere Sonderfachleute und auch im Verhältnis von Haupt- und Subunternehmern (Einzelheiten: § 8 Rn 67 A.VI.1). Der Statiker ist dann Erfüllungsgehilfe des Bauherrn, wenn es sich um ein größeres Bauvorhaben handelt und die Ingenieurleistungen nicht vom Architekten mit erbracht werden sollen.[197] 156

2. Haftung für Verrichtungsgehilfen (§ 831 BGB)

Eine Haftung des Bauherrn für Verrichtungsgehilfen besteht dann, wenn er den Entlastungsbeweis nicht führen, d.h. nicht nachweisen kann, dass er bei der Auswahl der bestellten Person die im Verkehr erforderliche Sorgfalt beobachtet hat (Einzelheiten: § 8 Rn 69). 157

Der Bauherr haftet jedoch nicht für die von ihm beauftragten selbständigen Bauunternehmer gemäß § 831 BGB.[198] Die mit der Bauausführung beauftragten Personen sind keine Verrichtungsgehilfen, sondern führen die Bauarbeit selbständig aus. Daran ändert sich auch nichts, wenn sich der Auftraggeber die Erteilung von Weisungen vorbehält. Die Heranziehung von Hilfspersonen modifiziert die Verkehrssicherungspflichten des Bauherrn zu Organisations-, Anweisungs- und Überwachungspflichten.[199] 158

---

[197] OLG Oldenburg BauR 1981, 399.
[198] BGH VersR 1994, 2756; BGH VersR 1964, 46, 47.
[199] OLG Hamm VersR 1997, 124.

D. Die gesamtschuldnerische Haftung der Baubeteiligten

I. Die gesamtschuldnerische Haftung

1. Das Gesamtschuldverhältnis – Grundsatz

159 Gesamtschuldverhältnisse bestehen kraft Gesetzes, z.B. §§ 427, 431, 840 BGB. Ein Gesamtschuldverhältnis ist gekennzeichnet durch eine Schuldnermehrheit, z.B. Architekt, Sonderfachmann, Bauunternehmer. Jeder schuldet die Leistung insgesamt; der Gläubiger, i.d.R. der Bauherr, kann die Leistung nur einmal fordern. Ein Gesamtschuldverhältnis setzt einen inneren Zusammenhang der Verpflichtung i.S.e. Zweckgemeinschaft voraus. Ein Gesamtschuldverhältnis besteht unabhängig von der „Art" bzw. rechtlichen Einordnung des zugrunde liegenden Ersatzanspruchs. Auch wenn dem Bauherrn oder Dritten gegenüber dem einen Gesamtschuldner Schadenersatzansprüche, gegenüber dem anderen Gewährleistungsansprüche zustehen, kann ein Gesamtschuldverhältnis gegeben sein.

160 Tragen mehrere Baubeteiligte zum Entstehen eines Mangels bei, ist zu prüfen, ob zwischen ihnen im Hinblick auf Mangelbeseitigungs- und Gewährleistungsansprüche des Auftraggebers ein Gesamtschuldverhältnis besteht. Jeder von ihnen muss dann für den gesamten Schaden einstehen, der Auftraggeber kann die Ersatzleistung insgesamt aber nur einmal verlangen (§ 421 BGB).

2. Die Ausgleichspflicht der Gesamtschuldner (§ 426 BGB)

161 Der Auftraggeber ist berechtigt – ganz nach seinem Belieben – jeden einzelnen der Gesamtschuldner in voller Höhe oder teilweise in Anspruch zu nehmen. Nimmt der Auftraggeber einen Gesamtschuldner in Anspruch, so kann der in Anspruch genommene Gesamtschuldner von dem oder den anderen Gesamtschuldnern (Innenverhältnis) einen Ausgleich in Höhe des jeweiligen Verursachungsbeitrags bzw. der Mithaftungsquote verlangen. Ausgleichungspflichtig sind die Aufwendungen des in Anspruch genommenen Gesamtschuldners, die deshalb getätigt werden, weil der andere Gesamtschuldner seine Leistungspflicht nicht erfüllt.[200] Bei dem Ausgleichsanspruch zwischen den Gesamtschuldnern handelt es sich um einen eigenständigen Anspruch, der in 30 Jahren verjährt (§ 195 BGB). Deshalb kann der Architekt/Bauingenieur, der auf vollen Schadenersatz in Anspruch genommen wird, auch dann noch im Regressweg einen Ausgleichsanspruch gegen den gesamtschuldnerisch mithaftenden Bauunternehmer durchsetzen, wenn der Gewährleistungsanspruch des Bauherrn gegen den Bauunternehmer bereits verjährt ist. Umgekehrt gilt das gleiche: Eine im Architekten-/Ingenieurvertrag vereinbarte Haftungsbeschränkung ist einem Ausgleichsanspruch des Bauunternehmers gegenüber ohne Wirkung. Denn solche vertraglichen Abreden wirken nur zwischen den an der Absprache Beteiligten.

3. Die Höhe des Ausgleichsanspruchs

a) Einwand des Mitverschuldens des Auftraggebers (§ 254 BGB)

162 Grundsätzlich sind die Gesamtschuldner im Verhältnis zueinander zu gleichen Anteilen verpflichtet, soweit nicht ein anderes bestimmt ist (§ 426 Abs. 1 BGB). Eine anderweitige Bestimmung kann sich auch aus dem Gesetz ergeben, wie z.B. der Einwand des Mitverschuldens nach § 254 BGB. Der Auftraggeber muss eine Herabsetzung des Schadenersatzanspruches hinnehmen, wenn sich der Auftragnehmer auf ein Mitverschulden berufen kann. Die Bemessung der Höhe des Ausgleichsanspruchs richtet sich dann nach dem Gewicht der jeweiligen Verursachungsbeiträge. Hat der Bauherr die Leistungen einem Generalunternehmer übertragen und dieser einen Subunternehmer eingeschaltet,

---

200 OLG Hamm IBR 1999, 570.

schlägt ein Planungsmangel des vom Bauherrn beauftragten Architekten über den Generalunternehmer bis auf den Subunternehmer durch. Das bedeutet, dass dieser sich gegenüber einem Gewährleistungsanspruch des Generalunternehmers auf das Mitverschulden mit der Begründung berufen kann, der ihm vorgeworfene Ausführungsmangel beruhe (auch) auf einem Planungsfehler des Architekten des Bauherrn.[201] Der Verursachungs- und Verschuldensbeitrag des Auftraggebers kann derart überwiegen, dass der Architekt/Ingenieur, wären die Anspruchsvoraussetzungen für eine Schadenersatzpflicht ansonsten erfüllt, haftungsfrei bleibt.

> *Beispiel*
> Unter bestimmten Umständen kann das Vertrauen in die Richtigkeit der Bewertung des Sachverständigen im Rahmen eines Wertermittlungsgutachtens nicht gerechtfertigt sein. In diesem besonderen Fall überwiegt dann das Mitverschulden des Auftraggebers derart, dass ein Schadenersatzanspruch ausgeschlossen ist.[202]

Die Durchsetzung des Mitverschuldenseinwandes ist problematisch, wenn der Auftragnehmer seiner Pflicht zur Beseitigung des Mangels nachkommt. In diesem Fall lässt sich das Mitverschulden des Auftraggebers nur dadurch berücksichtigen, dass sich der Auftraggeber an den Nachbesserungskosten des Auftragnehmers mit einem Zuschussbetrag beteiligt, der seiner Mithaftungsquote entspricht. **163**

b) Die Sowieso-Kosten

Der Schadenersatzanspruch wird ebenfalls herabgesetzt, wenn der Auftraggeber sogenannte Sowieso-Kosten zu tragen hat. Das ist regelmäßig der Fall, wenn bei der Beseitigung eines Mangels zusätzliche Maßnahmen erforderlich sind, die ursprünglich nicht vorgesehen waren, bei korrekter Planung aber hätten berücksichtigt werden müssen. Bei den Sowieso-Kosten handelt es sich um Kosten, die auch („ohnehin" bzw. „sowieso") angefallen wären, wenn der Architekt/Bauingenieur sein Werk von vornherein mangelfrei erbracht hätte und die nunmehr im Wege der Schadenbehebung nachgeholt werden. Sowieso-Kosten stellen keinen mangelbedingten Schaden dar, so dass hier auch keine Schadenersatzpflicht des Architekten/Bauingenieurs besteht. Vielmehr handelt es sich um eine Wertverbesserung, die den Schadenersatzanspruch des Auftraggebers begrenzt. Der Auftraggeber soll durch den Schadeneintritt und den daraus resultierenden Schadenersatzanspruch nicht besser gestellt werden, als er vor oder ohne dessen Eintritt gestanden hätte. **164**

> *Beispiel*
> Erfordert eine einwandfreie Mangelbeseitigung die Anbringung einer zusätzlichen Abdichtung, muss der Auftraggeber die hierfür anfallenden Kosten, die bei von vornherein ordnungsgemäßer Planung sowieso erwachsen wären, auch jetzt übernehmen. Der Auftragnehmer darf nicht mit Kosten für Maßnahmen belastet werden, die er nach dem Vertrag gar nicht zu erbringen hatte und um die das Werk bei ordnungsgemäßer Ausführung von vornherein teurer gewesen wäre.[203]

II. Gesamtschuldverhältnisse der am Bau Beteiligten

1. Gesamtschuldverhältnis aller am Bau beteiligten Bauunternehmer

Ein Gesamtschuldverhältnis ist dann anzunehmen, wenn mehrere Unternehmer zur Herstellung einer einheitlichen Leistung verpflichtet sind. Im Übrigen liegt ein Gesamtschuldverhältnis aller am Bau beteiligten Unternehmer nicht vor. Auftragnehmer, die aufgrund getrennter Verträge jeweils voneinander abgrenzbare Arbeiten ausführen, verbindet keine ein Gesamtschuldverhältnis begründende **165**

---

201 BGH BauR 1997, 86.
202 OLG Köln, Urt. v. 6.8.1997, Az. 13 U 10/97.
203 BGH BauR 1991, 756.

Zweckgemeinschaft.[204] Dies gilt auch dann, wenn Vorunternehmer und Nachfolgeunternehmer gemeinsam für einen Mangel verantwortlich sind, z.B. weil der Mangel auf dem fehlerhaften Werk des Vorunternehmers beruht und der Auftragnehmer wegen unterlassenen Hinweises haftet.[205]

2. Das Gesamtschuldverhältnis zwischen Unternehmer und Architekt/Bauingenieur

166 Auf dem Bausektor gibt es vielfältige Überschneidungen der Verantwortungsbereiche, insbesondere zwischen Architekt/Bauingenieur, Statiker und Bauunternehmer.

a) Die Rechtsprechung des BGH

167 Der Bundesgerichtshof vertritt die Auffassung, dass zwischen planendem bzw. überwachendem Architekt/Bauingenieur und ausführendem Bauunternehmer ein Gesamtschuldverhältnis besteht, wenn beide für einen Mangel einzustehen haben, auch, wenn der Architekt auf Schadensersatz und der Unternehmer auf Nachbesserung haftet.[206]

168 Der BGH sieht eine Zweckgemeinschaft darin, dass jeder auf seine Art für die Beseitigung des Vermögensnachteils einzustehen hat, den der Bauherr durch den Mangel erleidet. Die Einordnung als Gesamtschuldverhältnis erfolgt unabhängig davon,
- dass der Unternehmer zunächst auf Mangelbeseitigung, der Architekt/Bauingenieur dagegen in der Regel auf Schadenersatz haftet,
- welchen Anspruch (auf Mangelbeseitigung, Minderung oder Schadenersatz) der Bauherr tatsächlich gegen den ausführenden Unternehmer geltend gemacht hat,
- ob hier mit dem Unternehmer ein BGB-Vertrag geschlossen ist oder die Geltung der VOB/B vereinbart wurde.

b) Die Haftungsquote

169 In welcher Höhe bzw. mit welcher Quote der Architekt/Bauingenieur bzw. bauausführende Unternehmer im Rahmen des Gesamtschuldverhältnisses dem Auftraggeber haften, richtet sich nach der jeweiligen Mangelursache. Beruht ein Mangel sowohl auf einer fehlerhaften Ausführungsleistung des Unternehmers als auch auf einem davon verschiedenen Planungsmangel des Architekten, so ist im (Außen-)Verhältnis zum Bauherrn (wie auch im Innenverhältnis von Architekt und Unternehmer) eine Haftungsquote entsprechend dem jeweiligen Verursachungs- und Verschuldensmaß zu finden. Ist eine Aufteilung nach Verursachungs- und Verschuldensbeiträgen im Außenverhältnis nicht möglich, so haften Architekten/Unternehmer dem Bauherren in vollem Umfang als Gesamtschuldner.

170 Der Auftragnehmer (z.B. Bauunternehmer) kann dem Bauherrn entsprechend §§ 254, 278 BGB das Planungs-, Anordnungs- oder Koordinierungsverschulden des Architekten/Ingenieurs entgegenhalten.[207] Die Haftung des ausführenden Unternehmers ist daher auf eine bestimmte Haftungsquote begrenzt, soweit sie nicht im Einzelfall zurücktritt oder ganz entfällt. Der Auftraggeber (Bauherr) kann bei einem Planungs-, Anordnungs- oder Koordinierungsverschulden des Architekten den ausführenden Unternehmer nur in Höhe der im jeweiligen Einzelfall zu bestimmenden Haftungsquote in Anspruch nehmen.[208]

171 Ist ein Mangel auf einen Ausführungsfehler des Unternehmers zurückzuführen, für den der Architekt aufgrund unzureichender Überwachung einzustehen hat, so kann der Bauherr/Auftraggeber beide

---

204 BGH BauR 1975, 130.
205 OLG Hamm BauR 1992, 519.
206 BGH BauR 1995, 231, 232.
207 BGH NJW 1985, 2475.
208 BGH BauR 1984, 395.

als Gesamtschuldner in vollem Umfang in Anspruch nehmen. Dem Bauherrn steht es frei, welchen der Gesamtschuldner er in Anspruch nimmt. Eine subsidiäre Haftung des Architekten kommt nur bei entsprechender Vereinbarung im Architektenvertrag in Betracht. Lehnt der Bauherr allerdings grundlos eine vom Unternehmer angebotene Mangelbeseitigung ab, so verstößt er gegen seine Schadenminderungspflicht. Architekt und Bauingenieur können den Bauherrn darauf verweisen, zunächst die angebotene Mängelbeseitigung des ausführenden Unternehmers anzunehmen.[209]

> *Beispiel*
> Beim Zusammentreffen eines Planungsfehlers des Architekten und der Nichtanmeldung von Bedenken durch den Bauunternehmer nach § 4 Nr. 3 VOB/B erscheint eine Quotierung von 2/3 zu Lasten des Architekten und 1/3 zu Lasten des Bauunternehmers angemessen.[210]
>
> Ein Bauunternehmen trifft eine Mithaftung, wenn der Planungsfehler bei der Bauausführung pflichtwidrig nicht erkannt wurde. Quote: 1/4 zu Lasten des Bauunternehmers, 3/4 zu Lasten des Architekten.[211]

III. Der Gesamtschuldnerausgleich beim VOB-Vertrag

Soweit der Schaden des Dritten nur die Folge einer Maßnahme ist, die der Auftraggeber in dieser Form angeordnet hat, trägt er gemäß § 10 Nr. 2 Abs. 1 VOB/B den Schaden allein, wenn ihn der Auftragnehmer auf die mit der angeordneten Ausführung verbundene Gefahr nach § 4 Nr. 3 VOB/B hingewiesen hat. Das ist kein Unterschied zur Rechtslage nach BGB. **172**

Beim VOB-Vertrag trägt jedoch gemäß § 10 Nr. 2 Abs. 2 VOB/B der Auftragnehmer den Schaden allein, soweit er ihn durch Versicherung seiner gesetzlichen Haftpflicht gedeckt hat oder zu üblichen tariflichen Bedingungen hätte decken können. Diese Bestimmung greift auch dann ein, wenn auch der Auftraggeber den Schaden verschuldet hat.[212] **173**

IV. Die Gesamtschuldnerhaftung nach § 840 BGB

Wenn für den aus Deliktsrecht, z.B. einer unerlaubten Handlung, entstehenden Schaden, mehrere nebeneinander verantwortlich sind, so haften sie als Gesamtschuldner nach § 840 BGB. **174**

Die Bestimmung gilt entsprechend bei der Gefährdungshaftung, aber auch dann, wenn ein Schuldner aus Deliktsrecht, der andere aus nachbarrechtlichem Ausgleichsanspruch haftet. Die Gesamtschuld setzt nicht voraus, dass beide Forderungen auf demselben Rechtsgrund beruhen. Es reicht aus, dass mehrere Schuldner für dieselbe Schuld gleichrangig haften. Gesamtschuld besteht daher auch dann, wenn mehrere Schuldner aus verschiedenen Verträgen für dasselbe Anspruchsziel haften oder, wenn einer von ihnen aus Vertrag, der andere aus Delikt haftet.[213] Eine andere als die kopfzahlmäßige Aufteilung kann sich aus dem Rechtsverhältnis der beiden Gesamtschuldner oder auch aus der Natur der Sache ergeben.[214]

---

209 *Kleine-Möller*, a.a.O., § 12 Rn 815.
210 OLG Hamm BauR 1994, 145 L; IBR 1993, 419 L.
211 OLG Stuttgart BauR 1992, 806.
212 *Vens-Capell/Wolf*, BauR 1993, 275 ff.
213 BGH NJW 1991, 1683, 1685.
214 BGH NJW 1992, 2288.

E. Transportrecht – Haftung für Transportschäden

I. Die rechtlichen Grundlagen

175 Der Transportmarkt ist gekennzeichnet von unzähligen Verordnungen und Vorschriften, die insbesondere durch das Recht der Europäischen Union erlassen wurden.

Beim Transportrecht des Güterverkehrs sind zwei maßgebliche Bereiche zu unterscheiden:

1. Das Transportrecht (Rechte – Pflichten – Haftung)

176 National:
Es gelten die Haftungsgrundlagen im Handelsgesetzbuch (HGB).

International:
- Per LKW: Regelungen nach CMR
- per Eisenbahn – Regelung nach CEM/COTIF
- per Flug – Regelung nach dem Warschauer Abkommen

2. Gesetze zur Wettbewerbsordnung

177 Zentrale Bedeutung kommt hier dem Güterkraftverkehrsgesetz (GüKG) zu. Geregelt werden die Zugangsvoraussetzungen, die Versicherungspflicht (§ 7 a GüKG) und die Meldepflicht.

II. Die Entwicklung des Transportrechts – Das Transportrechtsreformgesetz[215]

178 Vor dem 1.7.1998 waren für das Transportrecht zahlreiche Verordnungen, Gesetze und Geschäftsbedingungen maßgeblich. Für den grenzüberschreitenden Güterverkehr gab und gibt es weiterhin zahlreiche internationale Übereinkommen. Mit dem Transportrechts-Reformgesetz, welches am 1.7.1998 in Kraft getreten ist, wurden die deutschen Gesetze und Verordnungen zum einem außer Kraft gesetzt und zum anderen im Handelsgesetzbuch (HGB) in reformierter Form festgeschrieben. Das Handelsgesetzbuch, welchem in diesem Bereich vor der Reform nur eine geringe Bedeutung zukam, ist nunmehr für die Haftungsgrundlagen im Transportrecht maßgeblich.

1. Rechtslage vor dem 1.7.1998

a) Deutsche Rechtsordnung

179 Beispielhaft: KVO, EVO, GüKUMB, HGB, Luftverkehrsgesetz, BSCHG, ADSP, AGNB.

b) Internationale Übereinkommen:

180 CMR, WA, CIM, Seerecht.

2. Rechtslage ab dem 1.7.1998

a) Deutsche Rechtsordnung

181 §§ 407 bis 475 h HGB.

---

[215] BGBl 1998 I, 1588.

b) Internationale Übereinkommen

Unverändert: CMR, WA, CIM, Seerecht.

Mit dem neuen Regelwerk im Handelsgesetzbuch sind die wesentlichen und notwendigen Haftungsnormen, Rechte und Pflichten zwischen Absender und Frachtführer festgeschrieben.

Die §§ 407 ff. HGB stellen das Gerüst dar, an welches sich Allgemeine Geschäftsbedingungen anlehnen können, wie z.B. Vertragsbedingungen für Güterkraftverkehrs- und Logistikunternehmer (VBGL), Allgemeine Deutsche Spediteurbedingungen (ADSP 98), Allgemeine Leistungsbedingungen der Bahnen (ALB), AGB Post etc.

Um zu vermeiden, dass mit den Geschäftsbedingungen die Rechtsvorschriften des HGB unterlaufen werden, wurde mit den §§ 449, 451 h, 452 d und 466 HGB festgelegt, dass die Bestimmungen grundsätzlich dispositiv sind, allerdings nicht bzw. nur in bestimmtem Umfang im Zuge von Allgemeinen Geschäftsbedingungen geändert werden können („AGB fest").

Das Handelsgesetzbuch, insbesondere das **4. Buch des HGB**, ist durch das Transportrechtsreformgesetz – TRG vom 25.6.1998[216] neu gefasst worden und nunmehr wie folgt gegliedert:[217]

- 4. Abschnitt:
  Frachtgeschäft: Frachtvertrag allgemein §§ 407 ff.,[218]
  Umzugsvertrag §§ 451 ff.,
  verschiedenartige Beförderungsmittel, §§ 452 ff.;
- 5. Abschnitt:
  Speditionsgeschäft: Speditionsvertrag §§ 453 ff.;
- 6. Abschnitt:
  Lagergeschäft: Lagervertrag §§ 467 ff. HGB.

III. Erläuterungen zum Güterkraftverkehrsgesetz (GüKG)

Das Güterkraftverkehrsgesetz (GüKG) ist gleichzeitig zum Transportrechtsreformgesetz novelliert worden und in der neuen Fassung ebenfalls am 1.7.1998 in Kraft getreten.[219]

1. Aufbau des GüKG

Das GüKG unterscheidet zwischen Werkverkehr (eigenes Fahrzeug/ eigene Güter) und dem gewerblichen Güterkraftverkehr. Alle anderen Konstellationen gelten als gewerblicher Güterkraftverkehr.

Der Werkverkehr ist beim Bundesamt für Güterverkehr zu melden (Meldepflicht). Es besteht Erlaubnis- und Versicherungsfreiheit nach § 9 GüKG.

Bei dem nicht dem Werkverkehr zuzuordnenden Güterverkehr handelt es sich um gewerblichen Güterkraftverkehr (§ 1 Abs. 4 GüKG). Es besteht Erlaubnispflicht und Versicherungspflicht gemäß § 7 a GüKG.

---

[216] BGBl I 1998, 1588.
[217] *Herber*, NJW 1998, 3297 ff.
[218] *Thume*, VersR 2000, 1071 ff.
[219] BGBl I 1998, 1485 ff.

2. Die Erlaubnispflicht

187 Der Unternehmer hat einen Rechtsanspruch auf Erteilung der Erlaubnis für Transporte im innerdeutschen Verkehr, wenn er seinen Geschäftssitz in der Bundesrepublik Deutschland hat und die subjektiven Zugangsvoraussetzungen (persönliche Zuverlässigkeit, finanzielle Leistungsfähigkeit, fachliche Eignung) erfüllt.

3. Die Versicherungspflicht

188 In § 7 a GüKG wird verlangt, dass der Unternehmer bei Inlandtransporten gegen alle Schäden nach dem 4. Abschnitt des HGB eine Versicherung abzuschließen hat. Höhere Haftungssummen, welche das HGB durchaus zulässt, fallen nach heutiger Interpretation ebensowenig unter die Pflichtversicherung wie Vermögensschäden nach § 433 HGB. **Die Bestätigung des Versicherers zum Bestehen einer entsprechenden Police ist im Fahrzeug mitzuführen.**

189 Voraussetzung für die Versicherungspflicht ist, dass sich ein Unternehmer bei geschäftsmäßiger oder entgeltlicher Beförderung von Gütern mit Kraftfahrzeugen, deren zulässiges Höchstgewicht 3,5 t übersteigt und der im Inland be- und entlädt, gegen alle die Schäden versichern muss, für die er gemäß des 4. Abschnitts des Handelsgesetzbuches in Verbindung mit dem Frachtvertrag haftet. Die gesetzliche Verpflichtung trifft diejenigen Versicherungsnehmer, die für Dritte oder im Rahmen des Konzernverkehrs für andere Verbundunternehmen Beförderungen ausführen, die dem Güterkraftverkehr zuzuordnen sind.

Teil 2: Versicherungen – Grundsätzliches

I. Sinn und Zweck der Versicherung

190 Das Wesen der Versicherung liegt in dem Zusammenschluss gleichartig Gefährdeter zu einer Gefahrengemeinschaft zwecks gemeinsamer Gefahrtragung bzw. Risikoverteilung. Dieser Grundgedanke basiert auf der Erkenntnis, dass eine Gefahr in der Regel viele bedroht, aber immer nur wenige von Schäden betroffen werden. Fasst man die bedrohten Einzelwirtschaften zusammen und legt man den zum Ausgleich der anfallenden Schäden erforderlichen Geldaufwand um, dann entsteht für den einzelnen eine relativ geringe Belastung, obgleich der jeweilige Schaden so groß sein kann, dass der Betroffene wirtschaftlich ruiniert wäre, wenn er ihn allein tragen müsste.

191 Das Versicherungsgeschäft kann wirtschaftlich als Risikotransfer gegen Beitrags- bzw. Prämienzahlung verstanden werden; kurz und prägnant ist der Begriff Versicherung wie folgt zu definieren:

Versicherung ist Deckung eines im Einzelnen ungewissen, insgesamt geschätzten Mittelbedarfs auf der Grundlage des Risikoausgleichs im Kollektiv und in der Zeit.

192 Die Aufgabe der Versicherung besteht darin, die Versicherten vor finanziellen Belastungen, die eintretende Schäden zur Folge haben, zu schützen und somit zur Erhaltung der Existenz bzw. des Lebensstandards beizutragen. Durch den Abschluss von Versicherungen kann z.B. der Bauunternehmer das für ihn unüberschaubare Schadenrisiko in kalkulierbare Kosten umwandeln und, da er von umfangreichen Rückstellungen bzw. Rücklagen für mögliche Schäden absehen kann, die Liquidität seines Unternehmens erhöhen.

- „Haftung ist nicht gleich Deckung"

193 Grundsätzlich gilt – und dies ist insbesondere für den Bereich der Haftpflichtversicherung zu beachten – das sogenannte Trennungsprinzip. Nach dem Trennungsprinzip ist zwischen der deckungsrechtlichen und der haftungsrechtlichen Beurteilung eines Versicherungsfalls zu unterscheiden („zu trennen"). Wenn ein Schaden in den Deckungsbereich der Versicherung fällt, bedeutet das nicht gleichzeitig, dass der Versicherungsnehmer auch tatsächlich für den Schaden einzustehen hat, also haftet. Umgekehrt kann ein gegen den Versicherungsnehmer gerichteter Schadenersatzanspruch begründet sein (der VN haftet), für den jedoch – aus subjektiven oder objektiven Gründen – keine Deckung besteht. Bestimmte Haftpflichtrisiken können aus den oben geschilderten Gründen nicht versichert werden; nicht jedes Haftpflichtrisiko ist gleichzeitig ein zu deckendes Versicherungsrisiko.

II. Was kann versichert werden?

Versicherbar sind grundsätzlich nur Risiken. Unter Risiko ist eine Gefahr zu verstehen, mit welcher der Einzelne rechnen muss, von der er aber nicht weiß, ob und wann sie ihn trifft. Das Ereignis, dessen Zeitpunkt und Umfang schon vorher bekannt ist, kann nie Gegenstand einer Versicherung sein. Der Versicherer befasst sich nur mit dem unvorhergesehenen Ereignis. In den Bereichen, in denen der Eintritt des versicherten Ereignisses gewiss ist, wie beispielsweise in der Lebensversicherung die Gewissheit, dass der Versicherte irgendwann einmal sterben muss, beruht der Versicherungsgedanke darin, dass der Zeitpunkt seines Todes ungewiss ist.

194

Bestimmte Risiken sind von ihrer Größenordnung her so hoch, dass sie nach ihrer Höhe nicht versicherbar sind. Auch die Kapazität des internationalen Versicherungs- und Rückversicherungsmarktes hat ihre Grenzen.

III. Die rechtlichen Grundlagen des Versicherungsvertrages

Der wirksame Abschluss einer Versicherung setzt voraus, dass dem Versicherten neben dem Versicherungsschein die vereinbarten Bedingungswerke, Klauseln und sonstigen Vertragsbedingungen – das sogenannte „Kleingedruckte" des Versicherers –, aus denen er die vertraglichen Vereinbarungen im Einzelnen entnehmen kann, zur Verfügung gestellt werden.[220] Auf einen Versicherungsvertrag finden folgende Gesetze und Vertragsbedingungen Anwendung:

195

- das Versicherungsvertragsgesetz (VVG)
- die Allgemeinen Versicherungsbedingungen (spartenbezogen), z.B. Allgemeine Versicherungsbedingungen für die Haftpflichtversicherung (AHB), Allgemeine Versicherungsbedingungen für die Kraftfahrtversicherung (AKB), Allgemeine Bedingungen für die Rechtsschutz-Versicherung (ARB) etc.[221]
- die Besonderen Bedingungen und Risikobeschreibungen (BBR)
- Klauseln (im Einzelfall)
- Individuelle Vertragsvereinbarungen (im Einzelfall)

1. Das Versicherungsvertragsgesetz

Das Versicherungsvertragsgesetz (VVG) gilt – „automatisch" – ohne besondere Vereinbarung für alle Versicherungsverträge. Das VVG regelt die Grundzüge und wesentlichen Gestaltungsmerkmale des Versicherungsvertrages, wie z.B. bestimmte Obliegenheiten, Prämienzahlung, Vertragsbeendigung. Ferner gibt es die Grundzüge einzelner Versicherungssparten vor, wie z.B. der Feuerversicherung, Tierversicherung, Haftpflichtversicherung, Rechtsschutzversicherung. Es handelt sich um zwingende Bestimmungen, die nur im Einzelfall und nicht zum Nachteil des Versicherungsnehmers abgeändert oder ausgeschlossen werden dürfen.

196

---

220 Bis dahin steht dem Versicherten ein Widerrufsrecht zu: § 5 a VVG.
221 Die teilweise hinter den Bedingungen vermerkten Zahlen, wie z.B. ARB 94, VGB 88, bezeichnen das Jahr der Genehmigung durch das Bundesaufsichtsamt für das Versicherungswesen (BAV) bzw. das Jahr der Bedingungsänderung oder Neufassung für Bedingungen, die nicht mehr genehmigungspflichtig sind.

2. Die Allgemeinen Versicherungsbedingungen

197 Die nähere Ausgestaltung des Versicherungsvertrages erfolgt zunächst durch Allgemeine Versicherungsbedingungen, welche die Besonderheiten der jeweiligen Versicherungssparte berücksichtigen, wie für den Bereich der Haftpflichtversicherung die Allgemeinen Bedingungen für die Haftpflichtversicherung (AHB), für die private Unfallversicherung die Allgemeine Unfallversicherungsbedingungen (AUB), für die Rechtsschutz-Versicherung die Allgemeine Bedingungen für die Rechtsschutz-Versicherung (ARB) etc. Die Allgemeinen Versicherungsbedingungen sind die AGB der Versicherer, auf der Grundlage des VVG und des AGB-Gesetzes. Sie werden einer Vielzahl von Versicherungsverträgen ohne Rücksicht auf individuelle Verschiedenheiten der einzelnen Wagnisse/Einzelrisiken zugrunde gelegt.

Exkurs:

198 Die Rechtsangleichung innerhalb der Europäischen Gemeinschaft führte bei der Einführung der Dienstleistungsfreiheit bei der Ausgestaltung der Allgemeinen Versicherungsbedingungen zu einer Aufhebung der Genehmigungspflicht durch das BAV seit dem 1.7.1994. Derzeit besteht optional die Möglichkeit für die Versicherer, die Allgemeinen Versicherungsbedingungen vom BAV genehmigen zu lassen. Bei den Pflichtversicherungen i.S.d. Pflichtversicherungsgesetzes besteht nach wie vor die Genehmigungspflicht von Bedingungsänderungen durch das BAV (§ 13 d VAG, §§ 158 b, 158 c VVG). Die Genehmigungspflicht dient vor allem dem Schutz des Versicherten. Seit Wegfall der Genehmigungspflicht finden vielfältige Bedingungsausgestaltungen zu den jeweiligen Versicherungssparten auf dem Markt Verwendung. Zur Gewährleistung einer einheitlichen Grundlage erarbeiten themenbezogene Arbeitsgruppen der Versicherer beim GDV Bedingungen, die sogenannten Verbands-Modelle, die den Mitgliedsunternehmen – nahezu alle Versicherungsunternehmen in Deutschland – zur Verwendung empfohlen werden.

3. Die Besonderen Bedingungen und Risikobeschreibungen (BBR)

199 Die Besonderen Bedingungen und Risikobeschreibungen werden zusätzlich und auf der Grundlage der Allgemeinen Versicherungsbedingungen vereinbart. Sie sind auf bestimmte Risiken zugeschnitten und beschreiben den speziellen Versicherungsumfang. Sie gehen den Allgemeinen Versicherungsbedingungen als „Spezialbedingungen" vor, z.B. Besondere Bedingungen und Risikobeschreibungen für die Berufs-Haftpflichtversicherung von Architekten, Bauingenieuren und Beratenden Ingenieuren.

4. Vertragsklauseln

200 Je nach individueller Risikosituation wird der Versicherungsumfang durch zusätzliche individuell ausgehandelte Vertragsklauseln ergänzt.

5. Besondere Vertragsbestimmungen

201 Auf bestimmte, individuelle Risiken, insbesondere im gewerblichen Bereich, lassen sich die standardisierten Allgemeinen Versicherungsbedingungen und Besonderen Bedingungen und Risikobeschreibungen (BBR) nicht anwenden. Hier werden individuelle Vereinbarungen geschlossen.

IV. Grundsätze der Beitrags- bzw. Prämienzahlung

202 Um den Versicherungsschutz nicht zu gefährden, sind die Versicherungsbeiträge – bei Versicherungs-Aktiengesellschaften auch Versicherungsprämien genannt – rechtzeitig an den Versicherer zu zahlen. Dies gilt insbesondere für den ersten Beitrag einer neu abgeschlossenen Versicherung.

Man unterscheidet zwischen dem formellen, technischen und materiellen Versicherungsbeginn: 203
- formeller Versicherungsbeginn: Zeitpunkt, an dem der Versicherungsvertrag zustande gekommen ist;
- technischer Versicherungsbeginn: Zeitpunkt, an dem der Versicherer berechtigt sein soll, die Prämie zu berechnen;
- materieller Versicherungsbeginn: Beginn des Versicherungsschutzes.

Der eigentliche Beginn des Versicherungsschutzes, der sogenannte materielle Versicherungsbeginn 204
fällt nämlich grundsätzlich mit dem Zeitpunkt der Zahlung des ersten oder einmaligen Beitrages (Erstbeitrag) zusammen. Hinsichtlich des Prämienverzuges des Versicherungsnehmers ist zwischen der Erst- bzw. Einmalprämie und den Folgeprämien zu unterscheiden. Nach § 38 VVG bzw. den Allgemeinen Versicherungsbedingungen ist der Versicherer von der Verpflichtung zur Leistung frei, wenn zur Zeit des Eintritts des Versicherungsfalles der Erstbeitrag noch nicht gezahlt ist (sog. Einlösungsprinzip).[222] In der Praxis wird der Erstbeitrag/die Erstprämie mit der Übersendung des Versicherungsscheines angefordert. Dies geschieht häufig nach dem als Beginn der Versicherung festgesetzten Zeitpunkt, dem sogenannten technischen Versicherungsbeginn. Wird in diesen Fällen der Beitrag unverzüglich bzw. innerhalb der im Versicherungsschein genannten Frist gezahlt, so beginnt der Versicherungsschutz rückwirkend mit dem vereinbarten Zeitpunkt, ansonsten erst mit dem Zeitpunkt der Zahlung.

Zahlt der Versicherungsnehmer den **Erstbeitrag nicht** rechtzeitig, so ist der Versicherer, solange 205
die Zahlung nicht erfolgt ist, berechtigt, vom Vertrag zurückzutreten. Es gilt als Rücktritt, wenn der Erstbeitrag nicht innerhalb von drei Monaten vom Fälligkeitstag an gerichtlich geltend gemacht wird. Die rechtlichen Folgen der verspäteten Zahlung der Erst- bzw. Einmalprämie setzen nicht voraus, dass der Versicherungsnehmer mit der Prämienzahlung in Verzug ist.[223]

Wird ein **Folgebeitrag**, der nach dem Erstbeitrag während der Laufzeit der Versicherung fällig ist, 206
etwa für die nächste Versicherungsperiode oder für eine Deckungserweiterung nicht rechtzeitig gezahlt, so kann der Versicherer dem Versicherungsnehmer auf dessen Kosten unter den besonderen Voraussetzungen und Fristen des § 39 VVG mahnen, indem er ihn in schriftlicher Form mit einer Frist von mindestens 2 Wochen nochmals zur Zahlung auffordert. Hierbei sind die Verzugsfolgen nach Fristablauf klar und deutlich zu nennen. Die Verzugsfolgen sind:
- die Befreiung des Versicherers von seiner Leistungspflicht bezüglich solcher Schäden, die nach Fristablauf bis zur erfolgten Zahlung eintreten,
- die Möglichkeit einer fristlosen Kündigung.

Beachtenswert ist noch, dass bei einer fristlosen Kündigung wegen nicht rechtzeitiger Zahlung der Prämie der Versicherer den Anspruch auf den vollen Beitrag für die laufende Versicherungsperiode behält (§ 40 Abs. 2 S. 1 VVG).

V. Versicherungsmöglichkeiten

1. Jahresversicherung, Jahresdurchlaufversicherung

Der Versicherungsschutz besteht für ein Jahr und verlängert sich „automatisch", wenn der Versi- 207
cherungsvertrag nicht vom Versicherer oder Versicherungsnehmer gekündigt wird. Bei bausummen- oder honorarsummenbezogenen Jahresversicherungen sind die Bausummen- bzw. Honorarsummen dem Versicherer jährlich zur Beitrags- bzw. Prämienkalkulation bekannt zugeben.

---

[222] Die AVB enthalten oftmals sogenannte erweiterte Einlösungsklauseln, welche die Leistungsfreiheit von zusätzlichen Voraussetzungen abhängig machen.
[223] *Looschelder,* VersR 2000, 1049 ff.

Bei einer Jahresexzedentenversicherung wird für alle Projekte die Deckungssumme des Basisvertrages aufgestockt.

2. (Einzel-)Objektversicherung

208 Versicherungsschutz besteht für einzelne Bauobjekte. Die (Einzel-)Objektversicherung kommt z.B. dann in Betracht,
- wenn der Versicherungsnehmer nur in geringem Umfang tätig wird,
- wenn aufgrund der Besonderheiten und der Größenordnung des Bauvorhabens besondere Bedingungen und Deckungssummen zugrunde gelegt werden sollen,
- für eine Arge bei Bauvorhaben ab einer bestimmten Größenordnung.

Bei einer Objektexzedentenversicherung kann für ein einzelnes Bauprojekt die Deckungssumme des Basisvertrages aufgestockt werden.

3. Multiline- und Multiyear-Policen

209 Die verschiedenen Risiken werden in „Risikogattungen" unterteilt und nach dem Gegenstand des Versicherungsschutzes den einzelnen Versicherungssparten zugeordnet,[224] z.B. Kfz-Versicherung, Rechtsschutzversicherung, Transportversicherung, Lebensversicherung, Krankenversicherung. In der Versicherungspraxis führt dies dazu, dass für jede Risikogattung ein separater Versicherungsvertrag abgeschlossen werden muss.

210 Am Markt werden Versicherungsprodukte angeboten, die mehrere Versicherungssparten in einer Versicherungspolice zusammenfassen, z.B. können innerhalb einer Versicherungspolice für den Bauunternehmer die Betriebs-Haftpflichtversicherung, Bauleistungs- und Baugeräteversicherung, Transportversicherung, Kautionsversicherung, Rechtsschutzversicherung, verschiedene Sachversicherungen, gebündelt werden. Diese gebündelten bzw. verbundenen Versicherungssparten werden in unterschiedlichen Formen am Markt angeboten und vielfach als Multiline- oder Multiyear-Policen bezeichnet.

Sie sind gekennzeichnet durch
- die Zusammenfassung mehrerer Versicherungssparten,
- ein zusammengefasstes, einheitliches Bedingungswerk,
- Ausweisung einer Einheitsprämie für alle Sparten in einer Police,
- einheitliche Bemessungsgrundlage für alle Versicherungssparten,
- ggf. gemeinsamer Selbstbehalt und gemeinsame Deckungssummenmaximierung über alle Sparten.

Multiline- oder Multiyear-Policen sind zu unterscheiden von Bausteinkonzepten. Hierbei handelt es sich um einzelne Risikobausteine innerhalb einer Versicherungssparte.

---

[224] *Prölss-Schmidt*, VAG, § 8 Rn 5.

Teil 3: Versicherungen für den Bauunternehmer

A. Die Bau-Betriebs-Haftpflichtversicherung (Bau-BHV)

Die Aufgabe der Bau-BHV ist es, den Bauunternehmer gegen finanzielle Nachteile zu schützen, die ihm durch seine mit dem Betreiben bzw. Unterhalten eines Baubetriebes verbundene gesetzliche Haftpflicht erwachsen. 211

I. Gegenstand der Bau-BHV

Der Versicherer gewährt dem Bauunternehmer Versicherungsschutz für den Fall, dass er von einem Dritten wegen eines Personen-, Sach- oder Vermögensschadens auf Schadenersatz in Anspruch genommen wird, und zwar aufgrund gesetzlicher Haftpflichtbestimmungen privatrechtlichen Inhalts. Haftpflichtansprüche, soweit sie aufgrund eines Vertrages oder besonderer Zusagen über den Umfang der gesetzlichen Haftpflicht hinausgehen, sind nicht mitversichert (§ 4 Abs. 1 Ziff. 1 AHB). 212

Unter „Haftpflicht" versteht man die Verpflichtung zum Ersatz eines Schadens, der einem anderen zugefügt wird. Der Eigenschaden fällt nicht unter den Versicherungsschutz. Weitere Voraussetzung ist, dass wegen des Drittschadens Schadenersatzansprüche erhoben werden. 213

Vertragliche Erfüllungs- sowie Gewährleistungsansprüche z.B. wegen eines Schadens an der eigenen Bauleistung werden deshalb von der Betriebs-Haftpflichtversicherung nicht gedeckt. Schäden an der eigenen Bauleistung, die auf eine in der Herstellung oder Lieferung liegenden Ursache zurückzuführen sind, sind ebenfalls vom Versicherungsschutz ausgeschlossen.

1. Risikobeschreibung

Die Einordnung des versicherten Risikos eines Bauunternehmers richtet sich nach der jeweiligen Beschreibung des Betriebs bzw. der betrieblichen Tätigkeit des baugewerblichen Betriebsunternehmers im Versicherungsantrag. Es wird zwischen Bauhauptgewerbe (Hochbau, Ingenieurbau, Straßenbau und Tiefbau) und Baunebengewerbe (Bauhandwerk) unterschieden. Die Risikobeschreibung im Baunebengewerbe erfolgt zusätzlich unter Berücksichtigung des § 5 HandwO (Arbeiten in anderen Handwerken). Die Betriebs-Haftpflichtversicherung für das Baunebengewerbe ist entweder im Rahmen der Bau-BHV mitversichert oder wird als besonderes Deckungskonzept angeboten. Der wesentliche Unterschied zum Deckungsumfang des Bauhauptgewerbes besteht in der Mitversicherung von Mängelbeseitigungsnebenkosten, d.h. Kosten, die erforderlich sind, um eine mangelhafte Werkleistung zum Zwecke der Schadenbeseitigung zugänglich zu machen und den vorherigen Zustand wieder herzustellen. Dabei sind die Kosten, die nur zur Nachbesserung aufgewendet werden, ohne dass ein Folgeschaden vorliegt, sowie die Kosten für die Beseitigung des Mangels an der Werkleistung selbst, nicht gedeckt. 214

2. Die gesetzliche Haftpflicht

Unter „Haftpflichtbestimmungen" sind solche Rechtsnormen zu verstehen, die unabhängig vom Willen der beteiligten Parteien an die Verwirklichung eines unter § 1 Nr. 1 AHB fallenden Ereignisses Rechtsfolgen knüpfen.[225] Gesetzliche Haftpflichtbestimmungen sind in Teil 1: „Haftung" exemplarisch dargestellt, wie z.B. Schadenersatzansprüche gemäß §§ 635, 823 BGB. Die Eingrenzung auf privatrechtliche Ansprüche grenzt öffentlich-rechtliche, insbesondere verwaltungsrechtliche oder 215

---

[225] BGH NJW 1971, 429.

strafrechtliche Ansprüche aus. Zu den gesetzlichen Haftpflichtansprüchen im Sinne der Haftpflichtversicherung gehören auch nachbarrechtliche Ausgleichs- und Beseitigungsansprüche.[226]

Haftpflichtansprüche, die aufgrund Vertrags oder besonderer Zusagen über den Umfang der gesetzlichen Haftpflicht hinausgehen, sind nicht versichert.

3. Schadenarten

216 Die Grunddeckung der Allgemeinen Versicherungsbedingung für die Haftpflichtversicherung umfasst in erster Linie Personen- und Sachschäden. Die Mitversicherung von Vermögensschäden ist optional vorgesehen (§ 1 Ziff. 3 AHB). Die meisten marktüblichen Bedingungen sehen er Einschluß von Vermögensschaden im Rahmen der BauGHV, ggf. durch BBR, vor.

Die einzelnen Schadenarten werden in den Versicherungsbedingungen wie folgt beschrieben:
- **Personenschäden:** Tötung, Verletzung oder Gesundheitsschädigung von Menschen.
- **Sachschäden:** Beschädigung, Verderben, Vernichtung sowie Abhandekommen von Sachen.
- **Vermögensschäden:** Schäden, die weder Personenschäden noch Sachschäden sind, noch sich aus solchen Schäden herleiten.
- **Vermögensfolgeschäden**: War der Personen- oder Sachschaden ursächlich bzw. kausal für den Vermögensschaden, so liegt ein unechter Vermögensschaden oder auch Vermögensfolgeschaden vor.

4. Versicherungsfall

217 Versicherungsfall in der Bau-BHV ist das Schadenereignis, das Haftpflicht- bzw. Schadenersatzansprüche gegenüber dem Versicherten zur Folge haben könnte. Das Schadenereignis ist der während der Wirksamkeit der Versicherung eingetretene Personen-, Sach- oder Vermögensschaden, der weder vorhersehbar noch vermeidbar war.

II. Die Leistungspflicht des Versicherers

1. Ersatz- und Befreiungsanspruch, Rechtsschutz

218 Die Haftpflichtversicherung ist eine Art der Schadenversicherung. Im Gegensatz zur Kraftfahrzeug-Haftpflichtversicherung ist die Bau-Betriebs-Haftpflichtversicherung keine Pflichtversicherung. Dem Anspruchsteller/Geschädigten steht grundsätzlich kein Direktanspruch gegen den Versicherer, sondern nur gegen den Schädiger zu.[227] Der Haftpflichtanspruch des Versicherungsnehmers richtet sich also grundsätzlich nicht auf Zahlung, sondern auf Befreiung von Ansprüchen des geschädigten Dritten (sogenannter Freistellungs- oder Befreiungsanspruch, § 149 VVG).[228]

219 Die Leistungspflicht des Versicherers umfaßt
- die Prüfung der Haftpflichtfrage sowohl dem Grunde als auch der Höhe nach,
- die Abwehr unberechtigter oder übersetzter Ansprüche sowie
- den Ersatz der Entschädigung, welche der Versicherungsnehmer aufgrund eines von dem Versicherer abgegebenen oder genehmigten Anerkenntnisses, eines von ihm abgeschlossenen oder genehmigten Vergleichs oder einer richterlichen Entscheidung zu zahlen hat.

---

[226] BGH NJW 2000, 1194 ff.; BGH, Urt. v. 8.12.1999, MDR 2000, 393.

[227] Ausnahme: Im Falle der Insolvenz des Versicherungsnehmers steht dem Anspruchsteller ein Absonderungsrecht zu. Entsprechend den pfandrechtlichen Vorschriften erwirbt der Anspruchsteller ein Einziehungsrecht unmittelbar gegen den Versicherer, sobald der Anspruch fällig geworden ist (§ 157 BGB, § 1282 BGB analog).

[228] *Späte*, a.a.O., § 3 Rn 20.

Der Versicherer übernimmt die Kosten (auch als Regulierungskosten bezeichnet) 220
- des Haftpflichtprozesses (Anwalts-, Gutachter- und Gerichtskosten sowie Zeugengelder),
- des Strafverteidigers. Diese Kosten werden vom Versicherer jedoch nur in Ausnahmefällen übernommen (§ 3 II Ziff. 1 Abs. 2 AHB, „Kann-Bestimmung").

Die Aufwendungen des Versicherers für die Kosten werden nicht als Leistungen auf die Versicherungssumme angerechnet.

2. Begrenzung der Leistungspflicht

Die Leistungspflicht des Versicherers wird durch die vereinbarten Deckungssummen begrenzt (§ 3 II 2 AHB). Diese stellen die Höchstersatzleistung des Versicherers je Schadenereignis dar. 221

Grundsätzlich werden für Personenschäden und sonstige Schäden (Sach- und Vermögensschäden) getrennte Deckungssummen vereinbart.

3. Serienschaden

Die Deckungssummen stehen nur **einmal zur** Verfügung bei mehreren entschädigungspflichtigen Personen. 222

Als **ein** Schadenereignis gelten
- mehrere zeitlich zusammenhängende Schäden aus derselben Ursache oder
- mehrere Schäden aus der Lieferung gleicher mangelhafter Waren (sowie teilweise aus der gleichen mangelhaften Arbeit oder Erzeugnissen).

Auch in diesem Fall steht die Deckungssumme nur einmal zur Verfügung.

Im Einzelfall kann eine Deckungssummen-Maximierung vereinbart werden, indem die Höchstersatzleistung des Versicherers für alle Versicherungsfälle eines Jahres auf das Ein- oder Mehrfache der vereinbarten Deckungssumme begrenzt wird.

4. Selbstbehalt

Es kann vereinbart werden, dass sich der Versicherungsnehmer bei jedem Schadenereignis mit einem im Versicherungsschein festgelegten Betrag an einer Schadenersatzleistung beteiligt (Selbstbehalt). In Höhe des vertraglich vereinbarten Selbstbehaltes besteht kein Versicherungsschutz. 223

III. Mitversicherte Personen

1. Betriebsangehörige

Nach der Rechtsordnung kann neben dem Bauunternehmer auch der schadenverursachende Betriebsangehörige für Schäden Dritter ersatzpflichtig gemacht werden. 224

Die Bau-BHV schützt daher nicht nur den Versicherungsnehmer, also den Bauunternehmer, sondern gewährt auch Versicherungsschutz für die persönliche Haftpflicht seiner Angestellten und Arbeiter aus Schäden, die sie bei Ausübung ihrer dienstlichen Verrichtung einem Dritten zufügen.

2. Im Betrieb eingegliederte Personen

225 Wird eine betriebsfremde Person vorübergehend in dem versicherten Betrieb des Bauunternehmers in der Art eines eigenen Mitarbeiters eingegliedert, so gehört sie ebenfalls zu dem Kreis der mitversicherten Personen.

IV. Besonders zu versichernde Haftpflichtgefahren

226 Der Umfang des Versicherungsschutzes wird durch die sogenannten Ausschlussbestimmungen in den Versicherungsbedingungen abgegrenzt. Ein Teil der vom Versicherungsschutz ausgeschlossenen Gefahren kann jedoch aufgrund besonderer Vereinbarungen mitversichert werden, wie z.B.:

1. Schäden durch selbstfahrende Arbeitsmaschinen

227 Das Haftpflichtrisiko aus der Haltung, Verwendung bzw. dem Gebrauch von selbstfahrenden Arbeitsmaschinen wird grundsätzlich über die Betriebs-Haftpflichtversicherung in Form einer Einzelvereinbarung oder Pauschalversicherung abgedeckt. Bei selbstfahrenden Arbeitsmaschinen mit einer Höchstgeschwindigkeit von über 20 km/h erfolgt teils eine Abdeckung des gesamten Haftpflicht-Risikos über die Kfz.-Haftpflichtversicherung, teils wird eine Risikoteilung vorgenommen, in dem nur das Bewegungs- bzw. Verkehrsrisiko über die Kfz-Haftpflichtversicherung abgedeckt, das Arbeitsrisiko über die Bau-BHV versichert wird.

2. Bearbeitungs- oder Tätigkeitsschäden

228 Unter Bearbeitungsschäden sind Schäden an Sachen zu verstehen, die sich im Arbeits- bzw. Einwirkungsbereich des Versicherungsnehmers oder seiner Mitarbeiter befinden und die infolge der beruflichen Tätigkeit der Versicherten besonders schadensgefährdet sind. Insbesondere fallen unter diese Schadensgruppe Schäden an fremden Sachen, die von den versicherten Personen aus Anlass ihrer beruflichen Tätigkeit bearbeitet, repariert, befördert, geprüft oder benutzt werden. Die Ausschlussklausel für Bearbeitungsschäden hat ihren Sinn darin, dass der Unternehmer nicht für seine eigene mangelhafte Arbeit versichert sein soll; für Leistungsmängel muss er selbst einstehen. Kommt es dagegen bei der Ausführung der Arbeiten zu Schäden an solchen Sachen, die nicht Gegenstand der Bearbeitung sind, soll dafür die Haftpflichtversicherung eintreten.

229 Trotz deutlicher Formulierung der Bearbeitungsschadenklausel ließen sich unterschiedliche Auslegungen nicht vermeiden, die gerichtlich geklärt werden mussten. Insbesondere bereitet die Definition des „konkreten Gegenstands der Bearbeitung" im Einzelfall Abgrenzungsprobleme. Risikoausschlussklauseln, wie die Bearbeitungsschadenklausel, sind eng und nicht weiter auszulegen, als es ihr Sinn unter Beachtung ihres wirtschaftlichen Zwecks und der gewählten Ausdrucksweise erfordert.[229] Seit 1956 sind mehr als 25 Urteile des BGH zur Tätigkeitsschadenklausel ergangen. Wichtige Merksätze hieraus sind:[230]
- Eine Tätigkeit ist jede bewusste oder gewollte Einwirkung auf eine fremde Sache.[231]
- Die subjektive Vorstellung über die Einwirkung auf eine fremde Sache (z.B. Unterlassen oder ungenügende Abdeckung) ist unerheblich.[232]

---

229 BGH VersR 1999, 748.
230 *Heimbücher*, VW 1999, 794, 795.
231 BGH VersR 1961, 601.
232 BGH VersR 1970, 610.

- Die Bearbeitungsschadenklausel schließt nur den unmittelbaren Sachschaden von der Leistungspflicht aus, nicht jedoch den Folgeschaden.[233]
- Tätigkeit – an oder mit einer Sache – ist nicht die konkrete Schadenverursachung. Ausgeschlossen bleiben die Gefahren aus der auftragsgemäßen Tätigkeit – an oder mit fremden Sachen – insgesamt.[234]
- Andere Sachen, mit denen der Versicherungsnehmer notwendig in Berührung kommt, sind vom Ausschluss nicht betroffen.[235]

3. Leitungs- und Leitungsfolgeschäden

Im Rahmen einer Zusatzdeckung können Schäden an Erdleitungen (Kabel, unterirdische Kanäle, Wasserleitungen, Gasrohre und andere Leitungen) sowie Frei- und/oder Oberleitungen können diese Schäden und die sich daraus ergebenden Vermögensschäden mitversichert werden. Der Einwand des Bearbeitungsschadens entfällt bei dieser Zusatzdeckung. 230

4. Unterfangung, Unterfahrung

Eingeschlossen werden kann die gesetzliche Haftpflicht wegen Sachschäden an den zu unterfangenden und unterfahrenden Grundstücken, Gebäuden, Gebäudeteilen und Anlagen und alle sich daraus ergebenden Vermögensschäden. 231

V. Beispiele typischer Bau-Risiken

Hier einige Beispiele von Haftpflichttatbeständen, für die im Rahmen einer Bau-Betriebs-Haftpflichtversicherung zweckmäßigerweise Versicherungsschutz bestehen sollte: 232

1. Senkungsschäden

Hierbei handelt es sich um Sachschäden durch Senkung von Grundstücken und/oder den darauf befindlichen Gebäuden oder Anlagen, z.B. infolge von Unterfangungen oder Unterfahrungen sowie Grundwasserabsenkungen. 233

2. Erschütterungsschäden

Durch die insbesondere bei Kanalisationsarbeiten sehr häufig notwendigen Rammarbeiten können durch die sich im Boden schnell fortpflanzenden Erschütterungswellen je nach Art der Rammgeräte und der Bodenzusammensetzung erhebliche Gebäudeschäden verursacht werden. 234

---

233 VersR 1984, 252; BGH R+S 1999, 192; in den vom GDV zur Verwendung empfohlenen AHB umfasst die Bearbeitungsschadenklausel durch Vermögensfolgeschäden, § 4 Abs. 1 Ziff. 6 b AHB.
234 BGH VersR 1998, 228.
235 Auswahl jüngerer Rspr. zur Bearbeitungsschadenklausel: BGH VP 1999, 123; Gabelstapler-Urteil BGH VersR 1984, 252; OLG Koblenz VersR 2000, 94; BGH VersR 1985, 1153; BGH VersR 1981, 771; BGH VersR 1971, 807; auch wenn Schutzmaßnahmen vorgenommen oder unterlassen LG Mannheim VersR 1995, 826; OLG Hamm VersR 1995, 161; OLG Koblenz IBR 1998, 549; OLG Bremen VersR 1997, 178; OLG Naumburg VersR 1997, 179; BGH VersR 1966, 625; BGH BauR 1998, 187; BGH VersR 2000, 963.

3. Allmählichkeitsschäden

235 Hierbei geht es um Sachschäden, die durch allmähliche Einwirkung der Temperatur, von Gasen, Dämpfen, Feuchtigkeit oder Niederschlägen (Rauch, Ruß, Staub etc.) entstehen.

4. Abbruch-, Einreißarbeiten, Sprengschäden

236 Mitversichert werden können Haftpflichtansprüche aus Anlass von Abbruch- und Einreißarbeiten an Bauwerken sowie von Sprengungen. Die Gefahr von Sprengschäden ist z.B. bei Lockerungssprengungen im Zuge von Tiefbauarbeiten je nach den örtlichen Verhältnissen von mehr oder weniger großer Bedeutung.

VI. Ausschlüsse

237 Der Haftpflichtversicherer kann sich aus grundsätzlichen versicherungsrechtlichen und -technischen Erwägungen u.a. mit folgenden Schäden bzw. Risiken nicht befassen:

1. Haftpflichtansprüche über dem gesetzlichen Umfang

238 Nicht versichert sind Haftpflichtansprüche, die aufgrund Vertrags oder besonderer Zusagen über den Umfang der gesetzlichen Haftpflicht des Versicherungsnehmers hinausgehen. Vereinbart der Versicherungsnehmer Haftungstatbestände, die dem Anspruchsteller weitergehende Schadenersatzansprüche zubilligen, als gesetzlich vorgesehen sind, sind diese nicht mehr von der Haftpflichtversicherung gedeckt. Hierdurch entsteht eine zusätzliche, nicht mehr kalkulierbare Risikosituation.

2. Auslandsschäden

239 Haftpflichtansprüche aus im Ausland vorkommenden Schadenereignissen sind zunächst vom Risiko ausgeschlossen (s. § 8 Rn 251).

3. Vorsätzlich herbeigeführte Schäden

240 Versicherungsansprüche aller Personen, die den Schaden vorsätzlich herbeigeführt haben, bleiben vom Versicherungsschutz ausgeschlossen (§ 152 VVG). Unter Vorsatz ist das Wissen und Wollen des rechtswidrigen Erfolgs zu verstehen. Ob der Vorsatz sich auf den Eintritt der Tatsache beziehen, oder aber auch die Schadenfolgen umfassen muss, wird uneinheitlich beurteilt.[236] In einigen Allgemeinen Versicherungsbedingungen ist die Vorsatzausschlussklausel teilweise abweichend von § 152 VVG ausgestaltet. So z.B. in § 4 Abs. 2 S. 1 AHB, demgemäß sich der Vorsatz sich nur auf die Herbeiführung des Schadens beziehen muss.

4. Unvermeidbare Schäden

241 Wenn bei der Art der beabsichtigten Bauausführung der Schaden objektiv vorauszusehen ist und/oder sich als unvermeidbare Folge der Durchführung der Bauarbeiten ergibt, so kann hiermit die Gefahrengemeinschaft nicht belastet werden, d.h., es besteht dafür kein Versicherungsschutz.

---

236 Bejahend: *Prölls/Voit*, a.a.O., § 152 Rn 5.

5. Strafen

Die Folgen einer strafbaren Handlung bzw. Unterlassung, wie Gefängnis- oder Geldstrafen, können durch eine Versicherung nicht abgedeckt werden, weil sonst dem Sühnezweck des Strafrechts widersprochen würde.

6. Schäden aus dem typischen Kfz-Risiko („Benzinklausel")

Die unterschiedlichen Deckungsbereiche zwischen der Allgemeinen Haftpflichtversicherung und der Kfz-Haftpflichtversicherung sind abzugrenzen. Über die Kfz.-Haftpflichtversicherung werden alle zulassungs- bzw. versicherungspflichtigen Kraftfahrzeuge abgedeckt.

VII. Abgrenzung zur gesetzlichen Unfallversicherung

Bei Arbeitsunfällen i.S.v. Betriebsunfällen, z.B. auf dem Betriebsgelände oder auf der Baustelle, ist der baugewerbliche Unternehmer gemäß § 104 SGB VII zwar grundsätzlich von einer Haftung hinsichtlich des Personenschadens befreit. Dem Verletzten stehen wegen des Personenschadens neben der Entschädigung durch die Berufsgenossenschaft (§§ 26 ff. SGB VII) Ansprüche gegen den in demselben Betrieb tätigen Schädiger nicht zu (§§ 104–106 SGB VII). Die Berufsgenossenschaft oder andere Sozialversicherungsträger können bei Vorsatz oder grober Fahrlässigkeit die geleistete Entschädigung gegenüber dem Schadenverursacher zurückfordern (§ 110 SGB VII). Das gilt, wenn das Unfallopfer derselben Firma angehört wie der Schädiger und sich der Unfall bei der betrieblichen Tätigkeit ereignete (§§ 104–106 SGB VII). Für die vorsätzliche Verursachung durch Unternehmensangehörige besteht im Rahmen der Bau-BHV kein Versicherungsschutz (§ 4 Ziff. II 1 AHB). Die grob fahrlässige Herbeiführung, die insbesondere im Baugewerbe eine Rolle spielt, ist hingegen versichert.

VIII. Sondertatbestände

1. Arbeitsgemeinschaften

Beteiligt sich ein Bauunternehmer an einer Arbeitsgemeinschaft (Arge), so hat er im Rahmen seiner abgeschlossenen Bau-BHV – ohne dass es einer besonderen Vereinbarung bedarf – auch Versicherungsschutz für Haftpflichtansprüche aus der Teilnahme an der Arge. Jeder Arge-Partner ist bezüglich seines Anteils an der Arge bis zur Höhe der zu seinem Betriebs-Haftpflichtversicherungsvertrag vereinbarten Deckungssummen versichert. Dabei ist es unerheblich, welcher Partnerfirma die schadenverursachenden Personen oder Sachen angehören.

Ist zum Zeitpunkt des Schadeneintritts der Betriebs-Haftpflichtversicherungsschutz eines Arge-Partners nicht gegeben, so bleibt ein Teil des von der Arge bzw. den Partnern zu vertretenden Schadens ungedeckt.

2. Subunternehmer

Im Verhältnis zum Bauherrn ist der Subunternehmer als Erfüllungsgehilfe des Generalunternehmers zu betrachten, d.h., dieser hat dem Bauherrn gegenüber für ein Verschulden des Subunternehmers einzustehen. Das Haftpflichtrisiko des Generalunternehmers aus der Beauftragung von Subunternehmern ist grundsätzlich über seine Bau-BHV mitversichert. Der Subunternehmer und seine Mitarbeiter gehören aus Sicht der Bau-BHV des Generalunternehmers nicht zu den Mitversicherten, so dass der Subunternehmer eine eigene Bau-BHV benötigt.

IX. Wahl der Deckungssummen

247 Die wichtige Entscheidung über die Höhe der zu vereinbarenden Deckungssumme kann dem Unternehmer nicht abgenommen werden. Er selbst muss anhand der Art seiner speziellen Bautätigkeit abschätzen, wie hoch die daraus evtl. resultierenden Haftpflichtschäden sein können. Die Deckungssumme in der Bau-BHV setzt sich aus einer Deckungssumme für Personenschäden und einer Deckungssumme für Sach- und sonstige Schäden zusammen. Diese Deckungssummen werden i.d.R. in unterschiedlicher Höhe vereinbart, wobei die Deckungssumme für Personenschäden meist höher liegt als die Deckungssumme für Sach- und sonstige Schäden. Dies resultiert aus den erheblich höheren Schadenaufwendungen z.B. durch Rentenzahlungen und Verdienstausfall, die bei einem Personenschaden anfallen können.

248 In Höhe der Deckungssumme für Sach- bzw. sonstige Schäden sollten auch Leitungs- und Leitungsfolgeschäden, d.h. Schäden an Erdleitungen (Kabel, unterirdische Kanäle, Wasserleitungen, Gasrohre und andere Leitungen) sowie an Frei- und Oberleitungen einschließlich der sich daraus ergebenden Folgeschäden, mitversichert sein. In gewissen Zeitabständen sollte immer wieder überprüft werden, ob die Deckungssummen noch zeitgemäß sind.

X. Objektbezogene Sonderregelung

249 Die besondere Risikosituation einer technisch komplizierten Einzelbaumaßnahme mit Ausstrahlung auf bereits vorhandene Bauwerke sowie die Auflagen des Bauherrn z.B. bezüglich des Nachweises sehr hoher Deckungssummen kann eine objektbezogene Sonderregelung notwendig machen. Wichtig ist, dass der Haftpflichtversicherer möglichst früh über das anstehende Sonderproblem informiert wird, damit ausreichend Zeit für die erforderliche Wagnisprüfung und notwendige Abstimmungsgespräche mit dem Versicherungsnehmer und ggf. den Rückversicherern vorhanden ist.

XI. Architekten- und Ingenieurtätigkeiten

250 Unterhält der Bauunternehmer neben dem eigentlichen Baubetrieb noch ein technisches Büro, in dem Architekten-/Bauingenieurtätigkeiten erbracht werden, wie Planungen, konstruktive Bearbeitungen, statische Berechnungen, Bauüberwachungen usw., so sollte beachtet werden, dass versicherungstechnisch bzw. -rechtlich zwischen folgenden Fallgruppen unterschieden wird:
- Der Bauunternehmer übernimmt für ein bestimmtes Bauvorhaben sowohl die Bauausführung als auch Architekten-/Bauingenieurtätigkeiten. In diesem Fall besteht i.d.R. über die Bau-Betriebs-Haftpflichtversicherung auch Versicherungsschutz, falls der Bauunternehmer wegen Schäden, die aus einer fehlerhaften Architekten-/Ingenieurtätigkeit resultieren, schadenersatzpflichtig gemacht wird. Dagegen sind Ansprüche wegen Schäden bzw. Mängeln an der vom Versicherungsnehmer, also dem Bauunternehmer selbst zu erbringenden Bauleistung (Erfüllungs- u. Gewährleistungsansprüche) durch die Bau-BHV nicht gedeckt.
- Der Bauunternehmer wird wie ein freischaffender Architekt/Bauingenieur tätig. Das heißt, dass er z.B. Planungsaufgaben und/oder statische Berechnungen o.ä. übernommen hat, also nicht mit der Ausführung (körperlichen Erstellung) des Bauvorhabens beauftragt wird. Da bei dieser Fallgestaltung die Planungsaufgaben, statischen Berechnungen usw. losgelöst sind von der bauunternehmerischen Tätigkeit, hat der Bauunternehmer hierfür grundsätzlich keinen Versicherungsschutz über die für seinen Baubetrieb abgeschlossene Betriebs-Haftpflichtversicherung. Für solche Fälle kann jedoch eine Berufs-Haftpflichtversicherung für Architekten bzw. Bauingenieure abgeschlossen werden.

XII. Versicherung von Auslandsrisiken

Nach den Allgemeinen Versicherungsbedingungen ist der örtliche Geltungsbereich auf die Bundesrepublik Deutschland beschränkt. Deckungsmodelle am Markt sehen bereits Deckungen für Auslandsrisiken vor. Insbesondere im gewerblichen Bereich werden im Einzelfall individuelle Deckungen erarbeitet, welche das spezifische Auslandsrisiko des einzelnen Unternehmers berücksichtigen. In bestimmten Ländern sind Pflichtversicherungen zu beachten, wie z.B. in Frankreich die Baugewährleistungs-Versicherung (Décennale), die nur bei bestimmten Versicherern in Frankreich abgeschlossen werden kann. Ferner gelten Besonderheiten für die Versicherung von Risiken in den USA und Kanada sowie in den Staaten, in denen common law gilt. Bei einer Tätigkeit im Ausland sollte in jedem Fall der Versicherungsschutz unter Berücksichtigung der jeweiligen Haftungssituation des Landes geklärt und ggf. individuell vereinbart werden. Diese Grundsätze gelten insbesondere auch für das Umwelthaftungs- sowie für das Produktrisiko.

XIII. Meldung neuer Risiken

Bei neu entstehenden Risiken, etwa bei Aufnahme einer neuen Bausparte, sollte dem Versicherer im Interesse eines möglichst weitgehenden Versicherungsschutzes eine solche Änderung der Betriebsart nicht erst auf Anforderung, sondern unverzüglich angezeigt werden, weil die meisten Versicherer für neu hinzukommende Risiken im Rahmen der sogenannten Vorsorge-Versicherung (§ 2 AHB) nur verhältnismäßig niedrige Deckungssummen zur Verfügung stellen.

Diese Regelung gilt auch bei neu erworbenen Baugeräten, wie Bagger, Planierraupen, Turmdrehkränen usw., sofern die selbstfahrenden Arbeitsmaschinen nicht durch eine Pauschalregelung ohne Einzelanmeldung mitversichert sind.

Eine unverzügliche Kontaktaufnahme mit dem Betriebs-Haftpflichtversicherer ist immer dann angezeigt, wenn auf den Unternehmer Risiken zukommen, die vom Versicherungsschutz seiner Betriebs-Haftpflicht ausdrücklich ausgeschlossen sind. In diesen Fällen kommt nämlich die Schutzfunktion der Vorsorge-Versicherung nicht zum Zuge.

Zu diesen Sonderfällen gehören beispielsweise
- Stollen-, Tunnel- und Untergrundbahn-Bauvorhaben (auch bei offener Bauweise).
- Betreiben einer Deponie (Ablagerung von Bauschutt oder sonstigen Stoffen), die auch anderen Personen bzw. Firmen zur Verfügung steht.
- Die Übernahme einer umweltgefährlichen Anlage, z.B.
- im Sinne des Umwelthaftungs-Gesetzes (wie Aufbereitungsanlagen für bituminöse Straßenbaustoffe etc.)
- im Sinne des Wasserhaushaltsgesetzes (wie stationäre Öl- oder Benzintanks o.ä.)
- die nach dem Bundesimmissionsschutzgesetz genehmigungsbedürftig ist (z.B. Steinbrüche, in denen Sprengstoff oder Flammstrahler verwendet werden).

XIV. Nachhaftungsversicherung

In Fällen des vollständigen oder dauerhaften Wegfalls versicherter Risiken (z.B. Betriebsaufgabe) besteht die Möglichkeit der Vereinbarung einer Nachhaftungsversicherung. Diese umfasst auch die nach Beendigung des Vertrages eintretenden Versicherungsfälle, die durch eine betriebliche Tätigkeit vor diesem Zeitpunkt herbeigeführt wurden. Es gelten die zum Vertrag vereinbarten Bedingungen und Versicherungssummen.

XV. Beitragsberechnung

256 In der Bau-BHV wird der Beitrag entweder nach der Jahreslohn- und -gehaltssumme oder auf der Basis des Jahresumsatzes (Bauhauptgewerbe) berechnet, die der zuständigen Berufsgenossenschaft zu melden sind. Die Höhe des Beitragssatzes ist dabei in erster Linie von der Art des Baubetriebes und dem damit verbundenen statistisch ermittelten Haftpflichtgefahrenpotential, den vereinbarten Deckungssummen, Selbstbehalt sowie besonderen Deckungserweiterungen abhängig.

Soweit der Versicherungsnehmer sich an Argen beteiligt, ist die bei der Arge anfallende Jahreslohn- und -gehaltssumme entsprechend seiner Beteiligungsquote mit zur Beitragsberechnung anzugeben.

XVI. Checkliste über die abzudeckenden Haftpflichtrisiken

257 Der Versicherungsschutz der Bau-BHV ist auf folgende bauspezifische Haftpflicht-Gefahren zu erstrecken, die nach den Normativbedingungen (AHB) nicht ohne weiteres gedeckt sind:[237]

258 1. Sachschäden, die durch allmähliche Einwirkung
- der Temperatur,
- von Gasen, Dämpfen oder Feuchtigkeit,
- von Niederschlägen (Rauch, Ruß, Staub etc.)

entstehen.

259 2. Sachschäden durch
- Abwässer,
- Senkungen von Grundstücken, auch eines darauf errichteten Werkes oder eines Teiles davon, z.B. infolge Unterspülung, Unterfangung oder Unterfahrung,
- Erdrutsche,
- Erschütterungen infolge von Rammarbeiten,
- Überschwemmungen stehender oder fließender Gewässer.

260 3. Schäden im Ausland aus Anlass von Geschäftsreisen (z.B. Messebesuch oder Informationsreisen).

261 4. In einer Bau-BHV sollten folgende Schäden mitversichert sein:
- durch Abbruch- und Einreißarbeiten an Bauwerken sowie durch Sprengungen,
- durch Laser- und Maserstrahlen (z.B. beim Einsatz von Messgeräten),
- aus der Tätigkeit der Versicherten als (verantwortliche) Bauleiter im Sinne der Landesbauordnungen,
- als unmittelbare oder mittelbare Folge von Veränderungen der physikalischen, chemischen oder biologischen Beschaffenheit eines Gewässers sowie des Grundwassers (einschließlich Anlagen- und Regressrisiko),
- durch Schwammbildungen,
- aus der Teilnahme an Arbeitsgemeinschaften einschließlich des erhöhten Haftpflichtrisikos, das durch die Insolvenz eines Arge-Partners entstehen kann,
- aus der Beauftragung von Subunternehmern,
- aus dem sozialen Bereich – z.B. Betriebskantine oder Betriebssportgemeinschaft,
- durch unsachgemäße Veränderung der Grundwasserverhältnisse (z.B. durch fehlerhafte Anordnung der Absenkbrunnen),

---

[237] Auf den Baubereich spezialisierte Versicherer bieten speziell auf die Bedürfnisse von bauhaupt- und baunebengewerblichen Betriebe zugeschnittene Deckungskonzepte an, welche die besondere Risikosituation dieser Betriebe umfassend berücksichtigen, z.B. VHV.

- die sich die Betriebsangehörigen aus Anlass ihrer betrieblichen Tätigkeit untereinander an ihren Sachen zufügen,
- durch Abhandenkommen von Sachen der Betriebsangehörigen und Besucher,
- für die der Versicherungsnehmer als Bauherr betrieblicher Bauvorhaben auf Schadenersatz in Anspruch genommen wird.

5. Der Versicherungsschatz der Bau-BHV sollte auch ausgedehnt sein auf Schäden:
- an fremden Sachen durch eine gewerbliche oder berufliche Tätigkeit an oder mit diesen (Bearbeitungs- bzw. Tätigkeitsschäden),
- aus der Haltung, Führung und Verwendung von nicht versicherungspflichtigen eigenen oder gemieteten bzw. geliehenen Kraftfahrzeugen aller Art einschließlich selbstfahrende Arbeitsmaschinen sowie von Wasserkraftfahrzeugen (für versicherungspflichtige Kraftfahrzeuge ist eine Kfz.-Haftpflichtversicherung abzuschließen),
- an Erdleitungen (Kabel, unterirdische Kanäle, Wasserleitungen, Gasrohre und andere Leitungen) sowie an Frei- und Oberleitungen einschließlich der sich daraus ergebenden Folgeschäden,
- an fremden Land- und Wasserfahrzeugen durch Be- und Entladen derselben,
- Vermögensschäden.

6. Um einen möglichst weitgehenden Versicherungsschutz zu erreichen, sollte im Rahmen der Bau-BHV folgendes beachtet werden:
- Schäden an zu unterfangenden oder zu unterfahrenden Gebäuden sollten bis zur vollen Sachschaden-Deckungssumme mitversichert sein.
- Der Versicherungsschutz für Sachschäden an einem Grundstück und/oder den darauf befindlichen Gebäuden oder Anlagen durch Grundstückssenkung, Erdrutsche oder Erschütterungen infolge von Rammarbeiten sollten auch das Baugrundstück selbst erfassen.

7. Soweit aufgrund der betrieblichen Aktivitäten erforderlich, sollte Haftpflichtversicherungsschutz auch für folgende Schäden bestehen:
- durch Stollen-, Tunnel- und Untergrundbahn-Bau, auch soweit es sich um offene Bauweise handelt,
- im Ausland aufgrund ausführender oder überwachender beruflicher bzw. gewerblicher Tätigkeit sowie durch im Ausland gelegene ständige Betriebseinrichtungen (z.B. Produktions- oder Vertriebsniederlassungen etc.),
- die der Versicherungsnehmer in seiner Eigenschaft als planender oder bauüberwachender Architekt/Bauingenieur für Bauvorhaben, deren Ausführung ihm nicht obliegt, zu vertreten hat (hierfür ist ggf. der Abschluss einer gesonderten Berufs-Haftpflichtversicherung für Architekten und Bauingenieure erforderlich).

8. Eine sinnvolle Abrundung des Versicherungsschutzes der Bau-BHV ist gegeben, wenn auch folgende Rand- bzw. Privatrisiken mitversichert sind:
- Haftpflichtansprüche, die gegen den Unternehmer als Privatperson, Familien- oder Haushaltsvorstand erhoben werden,
- die gesetzliche Haftpflicht aus der Haltung zahmer Tiere,
- der Besitz von Gebäuden und Grundstücken, auch soweit diese weder Betriebszwecken noch dem eigenen Gebrauch dienen.

9. Bei Tätigkeit als Generalunternehmer/Bauträger bzw. Generalübernehmer/Bauträger sollten folgende Risiken mitversichert sein:
- Haftpflicht aus der Tätigkeit als Planer und Bauleiter,
- als Eigentümer von unbebauten Grundstücken, Wohngebäuden, die für Begründung von Wohnungseigentum vorgesehen sind, Einfamilienhäuser und Eigentumswohnungen, Gemeinschaftsflächen sowie von Straßen und Wegen,

- die Haftpflicht aus dem Besitz, der Unterhaltung und der Vorführung von Musterhäusern und -wohnungen und Gestattung von Grundstücksbesichtigungen sowie aus der Verwaltung von gemeinschaftlichem Wohnungseigentum und aus dem Eigentum vermieteter Häuser und Wohnungen.

B. Versicherung des Produkt-Haftpflichtrisikos – Die Produkt-Haftpflichtversicherung

I. Allgemeines

267 Die Produkt-Haftpflichtversicherung kann als eigenständige Deckung oder als Baustein in Ergänzung zu einer bestehenden Bau-BHV vereinbart werden.[238] Das im Rahmen des Produkthaftpflicht-Modells gedeckte Produkthaftpflichtrisiko schließt an den durch die Bau-DHV gedeckten Riskobereich an und enthält spezifische Regelungen sowie obligatorische bzw. fakultative Erweiterungen. Das Produkthaftpflicht-Modell enthält gegenüber der Deckung, wie sie im Rahmen der Bau-BHV geboten wird, eine Reihe von obligatorischen und fakultativen Erweiterungen, die für die meisten Unternehmen, je nach Produktions- und Tätigkeitsprogramm in unterschiedlichem Ausmaß, eine nicht unerhebliche Verbesserung des Versicherungsschutzes bedeuten. Insbesondere für Baustoffproduzenten sowie für Bauunternehmer, die Produkte, wie Betonfertigteile, Transportbeton o.ä., herstellen und damit andere Unternehmer beliefern, verarbeiten oder auch warten, empfiehlt sich die zusätzliche Vereinbarung der Produkt-Haftpflichtversicherung.

268 Da sich der Versicherungsschutz auf den in der Betriebsbeschreibung genannten Produktions- und Tätigkeitsumfang bezieht, ist die Risikodeklaration von besonderer Bedeutung. Die Versicherung des Produkt-HVrisikos im Rahmen eines gesonderten Vertrages oder Bausteins zur Bau-BHV bedarf einer Abgrenzung zu den allgemeinen betrieblichen Risiken bzw. zum allgemeinen Betriebsrisiko. Abgrenzungskriterium ist der Zeitpunkt des Schadeneintritts. Versicherungsfall im Rahmen der Produkt-Haftpflichtversicherung ist das Schadenereignis. Schäden, die entstehen, nachdem der Versicherungsnehmer seine Leistung erbracht hat, fallen in den Deckungsbereich der Produkt-HV. Schäden, die vor diesem Zeitpunkt eintreten, fallen in den Deckungsbereich der Bau-BHV.

> *Beispiele*
> Ein Monteur verursacht während der Ausführung von Schweißarbeiten einen Brand: Betriebsstättenrisiko.
>
> Ein Elektromonteur isoliert eine Leitung nicht ordnungsgemäß. Einige Tage nach Beendigung der Arbeit führt ein Kurzschluss zu einem Brand: Produkthaftungsrisiko.

II. Gegenstand der Versicherung

269 Die Produkt-HV bietet Versicherungsschutz für Personen-, Sach- und daraus entstandene weitere Schäden, soweit diese durch vom Versicherungsnehmer
- hergestellte oder gelieferte Erzeugnisse,
- erbrachte Arbeiten oder sonstige Leistungen

verursacht wurden.

---

[238] Versicherungsbedingungen zur Produkt-Haftpflichtversicherung basieren auf besonderen Bedingungen und Risikobeschreibungen für die Produkt-Haftpflichtversicherung von Industrie- u. Handelsbetrieben (Produkt-Haftpflichtmodell) in der vom GDV empfohlenen Fassung (Rundschreiben H15/2000 M).

III. Deckungselemente

Das Produkt-HVmodell sieht folgende wesentliche Deckungselemente vor:
- Bearbeitungs- und Tätigkeitsschäden sowie die daraus entstehenden Vermögensschäden, die nach Abschluss der Arbeiten oder Ausführung der sonstigen Leistungen eintreten
- Im Rahmen des Betriebsrisikos Ansprüche aus der Vergabe von Leistungen an Dritte (Subunternehmer). Nicht versichert bleibt die Haftpflicht der Subunternehmer selbst und deren Betriebsangehörige.
- Personen- und Sachschäden infolge Fehlens zugesicherter Eigenschaften
- Schäden durch Verbindung, Vermischung oder Verarbeitung der gelieferten Erzeugnisse mit anderen Produkten
- Vermögensschäden infolge Weiterverarbeitung oder -bearbeitung mangelhaft hergestellter oder gelieferter Erzeugnisse
- Aus- und (Wieder-) Einbaukosten, die einem Dritten wegen des Ausbaus mangelfreier Erzeugnisse entstehen.
- Ersatzmaßnahmen (z.B. Nachbesserung anstelle Aus-/Einbau)

Das Risiko aus der Herstellung, Lieferung, Einbau sowie auch des Vertriebs und der Beratung eines Produkts werden ebenfalls durch die Produkt-HV abgedeckt.

Risikobausteine, die fakultativ vereinbart werden können sind:
- Prüf- und Sortierkosten,
- Schäden durch mangelhafte Maschinen,
- die Rückrufkostendeckung,
- Auslandsdeckung.

IV. Risikoabgrenzung

Nicht versichert sind u. a. die vertraglichen Erfüllungs- und Gewährleistungsansprüche wie Ansprüche wegen Nichterfüllung, Wandlung, Nachbesserung, Minderung sowie Neu- und Ersatzlieferung der Erzeugnisse des Versicherungsnehmers, soweit diese nicht ausdrücklich mitversichert sind. Ansprüche aus Verzug, der gesetzlichen Gefahrtragung (zufälliger Untergang oder zufällige Verschlechterung) sind ebenfalls nicht Gegenstand der Deckung.

C. Die Umwelt-Haftpflichtversicherung

Zum allgemeinen Umweltrisiko des Bauunternehmers zählen z.B. Staubentwicklungen bei Baumaßnahmen sowie Ruß- oder Schadstoffausbreitungen im Zusammenhang mit einem Brand auf dem Betriebs- oder Baugrundstück.

Das Umwelt-Haftpflichtmodell[239] ist wie folgt untergliedert:
1. Ausschlussklausel § 4 Ziff. I 8 AHB
2. Geschäftsplanmäßige Erklärung zu § 4 Ziff. I 8 AHB
3. Besondere Bedingungen und Risikobeschreibungen für die Versicherung der Haftpflicht wegen Schäden durch Umwelteinwirkung (Umwelt-Haftpflichtmodell)
4. Besondere Bedingungen und Risikobeschreibungen für die Versicherung der Haftpflicht wegen Schäden durch Umwelteinwirkung im Rahmen der Betriebs- und Berufshaftpflichtversicherung (Umwelt-Haftpflicht-Basisversicherung).

---

[239] Vom früheren HUK-Verband und jetzigem GDV gemäß GDV-Empfehlung in Rundschreiben vom 21.12.1992 H33/92M bzw. Rundschreiben H24/98 M vom 1.6.1998.

Das Umwelt-Haftpflichtmodell, das seit 1992 von den Versicherern am Markt in unterschiedlicher Form angeboten wird, beinhaltet eine Vielzahl von Risikobausteinen und ermöglicht so einen auf das individuelle Haftungsrisiko abgestellten Versicherungsschutz.

I. Ausschlussklausel § 4 Ziff. I 8 AHB

275 Die Umwelt-Haftpflichtversicherung basiert auf einem AHB-Ausschlußtatbestand für Haftpflichtansprüche wegen Schäden durch Umwelteinwirkungen und allein sich daraus ergebenden weiteren Schäden.

II. Geschäftsplanmäßige Erklärung zu § 4 Ziff. I 8 AHB[240]

276 Durch diese Erklärung wird klargestellt, dass die Ausschlussklausel § 4 Ziff. I 8 AHB keine Anwendung findet hinsichtlich
- des Produkt-Haftpflicht-Risikos, soweit es sich nicht um das anlagespezifische Umwelt-Produktrisiko handelt,
- privater Risiken.

Die Deckung für gewerbliche Unternehmen wie Bauunternehmen, Bauträger, Wohnungsbaugesellschaften usw. ist grundsätzlich nicht dem Privatsektor in diesem Sinn zuzuordnen. Auf jeden Fall ist das Haus- und Grundbesitzerrisiko sowie das Bauherrenrisiko nicht mehr als privat anzusehen, wenn diese Risikobereiche im Rahmen einer Betriebs- oder Berufs-Haftpflichtversicherung mitversichert sind.

III. Das Umwelt-Haftpflicht-Modell

1. Versicherte Risiken

277 Das Umwelt-Haftpflicht-Modell enthält im Wesentlichen die Deckung des Anlagerisikos (z.B. Umwelt-HG-Anlagen, WHG-Anlagen), daneben auch des Umweltanlagenregresses und des Basisrisikos. Das Umwelt-Haftpflicht-Modell ist so ausgestaltet worden, dass es als separater Vertrag oder als Baustein zur Bau-BHV vereinbart werden kann. Versichert ist die gesetzliche Haftpflicht privatrechtlichen Inhalts wegen Schäden durch Umwelteinwirkung. Das Vorliegen einer Umwelteinwirkung grenzt die Risikobereiche der reinen Bau-BHV und Umwelt-HV ab. Liegt eine Umwelteinwirkung vor, greift der Risikoausschluss in § 4 Ziff. I 8 AHB. Die Definition der Umwelteinwirkung erfolgt nach der „Umwelteinwirkung" in § 3 UHG (§ 8 Rn 54).

> *Beispiel*
> Farbnebel, die durch den Wind weitergetragen werden, verursachen in einiger Entfernung Lackschäden an mehreren Pkw: Umwelteinwirkung.[241]

Liegt keine Umwelteinwirkung vor und greift die geschäftsplanmäßige Erklärung zu § 4 I 8 AHB ein, erfolgt die Deckung über die Bau-BHV.

278 Es werden die im Versicherungsschein oder in einer Anlage zum Versicherungsschein aufgeführten Risiken versichert. Eine genaue Beschreibung, z.B. die Art und Anzahl von Anlagen und Stoffen, insbesondere die exakte Beschreibung des Versicherungsortes (Gemeinde, Grundstück, Grund-

---

[240] Geschäftsplanmäßige Erklärungen hat der Versicherer gegenüber dem Bundesaufsichtsamt für das Versicherungswesen abzugeben. Sie sind keine Allgemeinen Versicherungsbedingungen und gewähren dem Versicherungsnehmer keine unmittelbaren Rechte. Sie bleiben auch bei der Auslegung der Allgemeinen Versicherungsbedingungen außer Betracht.
[241] OLG Köln r+s 1995, 248 ff.

stücksteil), ist von besonderer Bedeutung für die Risikoanalyse. Ziel der Einheitskonzeption ist es, grundsätzlich alle umweltrelevanten Risiken in einem Vertrag zusammenzufassen.

2. Der Versicherungsfall

In der Umwelt-Haftpflichtversicherung gilt ein eigener Versicherungsfallbegriff. Danach liegt ein Versicherungsfall vor bei der „nachprüfbaren ersten Feststellung des Personen- oder mitversicherten Vermögensschadens". Erforderlich ist die Entdeckung des Schadens, also die Schadenfeststellung. Nicht ausreichend ist die bloße Manifestation, d.h. das Sichtbar werden eines Schadens.[242]

Der Versicherungsschutz umfasst auch vorgezogene Rettungskosten, die nach Störung des Betriebes oder aufgrund behördlicher Anordnungen zur Abwendung oder Minderung eines sonst unvermeidbar eintretenden Personen-, Sach- oder Vermögensschadens erforderlich sind.

Nicht versichert sind dagegen Ansprüche wegen Schäden, die durch betriebsbedingt unvermeidbare, notwendige oder in Kauf genommene Umwelteinwirkungen entstehen.

IV. Die Umwelt-Haftpflichtbasisversicherung

Die Umwelt-Haftpflichtbasisversicherung, die das allgemeine Umweltrisiko und fakultativ auch das anlagenspezifische Umwelt-Produkthaftpflichtrisiko abdeckt, ist den Regelungen des Umwelt-Haftpflicht-Modells direkt nachgebildet. Die Umwelt-Haftpflichtbasisversicherung soll grundsätzlich als Annex zur Berufs- und Betriebs-Haftpflichtversicherung vereinbart werden.

D. Bauleistungsversicherung und Baugeräteversicherung

I. Die Bauleistungsversicherung

1. Risikobeschreibung

Für die Bauleistungsversicherung stehen zwei am Markt übliche Bedingungswerke zur Verfügung:
- Allgemeine Bedingungen für die Bauwesenversicherung von Unternehmerleistungen (ABU),
- Allgemeine Bedingungen für die Bauwesenversicherung von Gebäudeneubauten durch Auftraggeber (ABN).

Die ABU finden Anwendung im gesamten Bereich des Rohbaus, Tief- und Ingenieurbaus und sind in erster Linie auf die Interessen des Unternehmers ausgerichtet.

Die ABN wurden speziell für die Versicherungsbedürfnisse im Gebäudeneubau entwickelt und erfassen von vornherein die Interessen aller Bauvertragsparteien, also des Bauherrn, der Bauunternehmer und aller Subunternehmer und Ausbauhandwerker.

Das Risiko unvorhergesehener Beschädigungen oder Zerstörungen der erstellten Bauleistungen verteilt sich während der Bauzeit je nach Gestaltung des Bauvertrages unterschiedlich auf die beiden Bauvertragsparteien, also den Bauherrn und den Bauunternehmer. Dabei hat der Unternehmer regelmäßig das weitaus größere Risiko zu tragen.

Aufgabe der Bauleistungsversicherung von Unternehmerleistungen ist es, dieses Risiko dem Bauunternehmer weitestmöglich abzunehmen.

---

242 *Vogel/Stockmeier*, Umwelthaftpflichtversicherung, 1. Aufl. 1997, 348 ff.

284 Durch den Abschluss einer Bauleistungsversicherung überträgt der Unternehmer die Risiken unerwartet eintretender Schäden an der Bauleistung auf einen professionellen Risikoträger und führt die als Gegenleistung zu entrichtende Prämie als Kalkulationsgröße in seine Preisermittlung ein.

Je nach Interessenlage kann auch bei der Unternehmerversicherung ABU das Risiko des Bauherrn gegen Zulageprämie mitversichert werden, während bei den ABN das Bauherrenrisiko von vornherein mitversichert ist.

2. Versicherte Sachen

285 Die Bauleistungsversicherung gehört zu den Sachversicherungen. Sie deckt ausschließlich Sachschäden. Gegenstand der Versicherung sind in erster Linie die Bauleistungen, nach den ABN auch alle Ausbauleistungen.

286 Baustoffe und Bauteile sind ab Eintreffen auf der Baustelle vom Versicherungsschutz erfasst. Vom Bauherrn beigestellte Stoffe sind mit ihren Neuwerten bei der Bildung der Versicherungssumme dem Bau-Auftragswert hinzuzurechnen.

Hilfsbauten und Bauhilfsstoffe sind bei der Unternehmerversicherung (ABU) generell mitversichert, während ihre Mitversicherung bei den ABN besonders vereinbart werden muss. Grundsätzlich ist aber der Neuwert der Hilfsbauten und Bauhilfsstoffe zur Bildung der Versicherungssumme mit hinzuzurechnen.

287 Baugrund und Bodenmassen sind mitversichert soweit es sich um Bauleistungen handelt (Bodenaushub). Darüber hinaus kann für umgebenden Baugrund und Bodenmassen eine „Versicherung auf erstes Risiko" vereinbart werden.

Altbauten sollten durch besondere Vereinbarung in den Versicherungsschutz einbezogen werden, wenn sie durch die Bauarbeiten gefährdet werden (z.B. Unterfangungen, Umbau), weil nicht in jedem Falle die Haftpflichtversicherungen zum Zuge kommen können (z.B. fehlendes Verschulden).

288 Nicht Gegenstand der Bauleistungsversicherung sind:
- Baugeräte einschließlich Zusatzeinrichtungen,
- Kleingeräte u. Handwerkzeuge usw.,
- Vermessungs-, Prüf-, Funkgeräte usw.,
- Stahlrohrgerüste, Spezialgerüste, Spezialschalung usw.,
- Baubuden, Container, Bauwagen usw.

Für einige dieser Sachen können besondere Baugeräteversicherungen abgeschlossen werden (s. § 8 Rn 304 ff.).

3. Versicherte Gefahren

289 Die Bauleistungsversicherung ist dem Wesen nach eine Allgefahrenversicherung, bei der die Abgrenzung des Deckungsumfanges über einzelne Ausschlusstatbestände geregelt ist. Soweit es sich dabei um abdingbare Ausschlüsse handelt, kann der Deckungsumfang durch besondere Vereinbarungen der individuellen Risikosituation des Unternehmens oder eines Einzelobjektes zweckmäßig angepasst werden (s. § 8 Rn 333).

Entschädigung wird geleistet für unvorhergesehen eintretende Schäden an Bauleistungen oder sonstigen versicherten Sachen.

290 Entschädigung wird nicht geleistet für
- Leistungsmängel,
- Verluste durch Diebstahl oder Abhandenkommen von Sachen (außer ABN, s. unten),

- Schäden an Glas-, Metall- oder Kunststoffoberflächen durch Tätigkeiten daran,
- Schäden durch normale Witterungseinflüsse,
- Schäden durch nicht zugelassene oder vorschriftswidrig nicht geprüfte Baustoffe,
- Schäden durch Kriegsereignisse, Bürgerkrieg, Beschlagnahme oder sonstige hoheitliche Eingriffe,
- Schäden durch Kernenergie.

Bei Verstoß gegen anerkannte Regeln der Technik oder Fehlen notwendiger und zumutbarer Schutzmaßnahmen wird ferner Entschädigung nicht geleistet für Schäden durch:
- Frost,
- Gründungsmaßnahmen, Grundwasser, Eigenschaften oder Veränderungen des Baugrundes,
- Ausfall der Wasserhaltung, insbesondere bei fehlenden Reserven,
- gänzliche Unterbrechung der Bauarbeiten.

Nur auf besondere Vereinbarung wird Entschädigung geleistet für:
- Schäden durch Brand, Blitzschlag oder Explosion (Feuerrisiko),
- Schäden durch Gewässer oder durch Grundwasser, das durch Gewässer beeinflusst wird (Gewässerrisiko gemäß Klausel 60),
- Diebstahl fest eingebauter Gebäudebestandteile (nur nach den ABN),
- innere Unruhen, Streik, Aussperrung.

4. Versicherte Interessen

Während die Versicherung für Gebäudeneubauten (ABN) die Interessen aller Bauparteien von vornherein erfasst, ist nach den ABU zunächst nur das Interesse der Unternehmer versichert.

Nach den ABU wird Entschädigung nur geleistet für Schäden, die nach der VOB/B zu Lasten des Unternehmers (Versicherungsnehmers) gehen, und zwar gleichgültig, ob die beschädigte Leistung von ihm selbst oder von Subunternehmern ausgeführt wurde. Die Grunddeckung der ABU richtet sich also nach der Gefahrtragung eines VOB-Vertrages (s. § 1 Der Bauvertrag).

Danach besteht für das Risiko des Bauherrn für Schäden an der Bauleistung durch die Unternehmerversicherung kein Versicherungsschutz. Für den Bauunternehmer als Versicherungsnehmer besteht hieran zunächst auch kein Interesse, denn für Schäden, die der Bauherr zu vertreten hat, steht dem Bauunternehmer ein Vergütungsanspruch zu. Der Unternehmer wird nicht ohne Not das Interesse eines Dritten auf seine Kosten mitversichern. Bei Zugrundeliegen der VOB/B ohne gefahrenverschiebende Veränderung und der klassischen Aufgabenverteilung lässt sich das „Bauherrenrisiko" im Sinne der Bauleistungsversicherung folgendermaßen grob umreißen:

Bauherren-Risiko nach VOB:
- Schäden durch unbekannte Gefahren des Baugrundes (Baugrundrisiko),
- Schäden durch fehlerhafte Planung oder Anweisungen des Bauherrn oder seiner Erfüllungsgehilfen, z.B. Architekt, Statiker, Baugrundsachverständiger usw. (Planungsrisiko),
- Schäden durch höhere Gewalt, Krieg, Aufruhr oder andere unabwendbare vom Auftragnehmer nicht zu vertretende Umstände (§ 7 VOB/B).

Das Bauherrenrisiko ist generell nach die ABN und durch besondere Vereinbarung nach den ABU versichert. Dabei bleiben Schäden durch Kriegsereignisse, Bürgerkrieg, Beschlagnahme oder sonstige hoheitliche Eingriffe (§ 8 Rn 289) in jedem Fall ausgeschlossen.

Nach § 645 BGB hat der Auftraggeber auch für Schäden einzutreten, die durch von ihm bereitgestellte fehlerhafte Baustoffe verursacht wurden, soweit der Unternehmer diese Fehlerhaftigkeit nicht hatte erkennen können. Alle anderen Schäden würden nach der VOB-Regelung zu Lasten des Unternehmers gehen und wären gedeckt, soweit nicht einer der vorgenannten Ausschlusstatbestände eingreift.

296 Für die Subunternehmer ergibt sich die Besonderheit, dass der Bauleistungsversicherer nach den ABU bei ihnen Regress nehmen kann, wenn:
- der Schaden zwar für den Versicherungsnehmer, nicht aber für den Subunternehmer unvorhergesehen war,
- der Schaden von einem Subunternehmer an einer nicht von ihm erstellten Leistung schuldhaft verursacht wurde (Haftpflichtschaden).

Auf Vereinbarung kann der Versicherer auf die zweite Regressmöglichkeit verzichten, soweit **keine** Haftpflichtversicherung Deckung gewährt.

5. Versicherter Zeitraum und Ort

297 Die Haftung des Versicherers beginnt mit dem vereinbarten Zeitpunkt, für das einzelne Bauvorhaben in der Regel mit Baubeginn. Sie endet mit dem vereinbarten Zeitpunkt, der naturgemäß auf den geplanten Fertigstellungstermin gelegt wird. Verlängerungen können nach Bedarf beantragt werden. Der Versicherer ist verpflichtet, den Versicherungsnehmer rechtzeitig durch eine Ablaufanfrage auf den bevorstehenden Ablauf hinzuweisen. Nach der Unternehmerversicherung (ABU) endet die Haftung des Versicherers für die Bauleistungen jedoch spätestens mit dem Zeitpunkt, in dem sie abgenommen werden oder gemäß § 12 Nr. 5 VOB/B als abgenommen gelten.

298 Bei Gebäudeneubauten genießt der Auftraggeber weiterhin Versicherungsschutz für Schäden, die zu seinen Lasten gehen, und zwar endet der Versicherungsschutz für den Auftraggeber nach den ABN:
- mit der Bezugsfertigkeit oder
- nach Ablauf von 6 Werktagen seit Beginn der Benutzung oder
- mit dem Tag der behördlichen Gebrauchsabnahme.

Maßgebend ist der früheste dieser Zeitpunkte.

Für Baustoffe und Bauteile sowie für Hilfsbauten und Bauhilfsstoffe endet der Versicherungsschutz spätestens einen Monat nach der Haftung für die zugehörige Bauleistung.

299 Versicherungsort ist die Baustelle. Schäden, die außerhalb versicherter Baustellen eintreten, sind nicht gedeckt, es sei denn, dass durch besondere Vereinbarung auch Transportwege zwischen verschiedenen Baustellen oder zwischen Lagerplätzen und Baustellen oder Fertigungsplätzen in den Versicherungsort einbezogen wurden.

300 Liegt der Versicherungsort im Ausland, ist es empfehlenswert, den Versicherungsschutz zu überprüfen, denn die Bauleistungsversicherung entspricht in Deutschland den gesetzlichen Anforderungen und Rahmenbedingungen und ist auf ausländische Märkte nicht immer ohne weiteres übertragbar. Häufig wird im Ausland von den ausschreibenden Stellen die Contractors-All-Risks (CAR)-Police als Vertragsgrundlage für die Bauleistungsversicherung vorgeschrieben.

6. Ersatzleistungen des Versicherers

301 Als Ersatzleistung werden die Selbstkosten des Geschädigten für die Wiederherstellung des Zustandes vor Schadeneintritt erstattet. Die Kosten für Aufräumung oder Trümmerbeseitigung werden ebenfalls ersetzt. Die Grenze der Ersatzleistung liegt je nach Schadenfall beim Auftragswert zuzüglich evtl. vereinbarter Erstrisikosummen.

Eine Selbstbehaltregelung sieht in der Bauleistungsversicherung bedingungsgemäß eine Kombination aus prozentualer Selbstbeteiligung von 20 % bei den ABU und 10 % bei den ABN sowie einer Mindestselbstbeteiligung von 500,- DM je Schaden vor.

Wer den Selbstbehalt zu tragen hat und wie hoch jeweils die ersatzpflichtigen Kosten sind, richtet sich danach, wer von den Vertragsparteien (Bauherr, Unternehmer, Subunternehmer) der Geschädigte ist, d. h., wer den Schaden zu tragen hat.

Keine Entschädigung wird geleistet für:
- Vermögensschäden durch Bauzeitverzögerungen, Stillstandskosten, Vertragsstrafen usw.,
- Schadensuchkosten, soweit hierfür nicht eine Erstrisikosumme besonders vereinbart wurde,
- Mehrkosten durch Änderung der Bauweise oder Verbesserung der Baumethode oder provisorische Reparaturen,
- Mangelbeseitigung.

Führt jedoch ein Mangel zu einem entschädigungspflichtigen Schaden, so leistet der Versicherer Ersatz unter Abzug der zur Vermeidung dieses Mangels bei der Sanierung zusätzlich aufgewandten Kosten.

II. Die Baugeräteversicherung

1. Allgemeines

Für die Baugeräteversicherung stehen drei am Markt übliche Bedingungswerke zur Verfügung:
- Allgemeine Bedingungen für die Kaskoversicherung von Baugeräten (ABG),
- Allgemeine Bedingungen für die Maschinen- und Kaskoversicherung von fahrbaren Geräten (ABMG),
- Allgemeine Bedingungen für die Maschinen- und Kaskoversicherung von fahrbaren oder transportablen Geräten (ABMG 92).

Während mit der ersten Form Versicherungsschutz für die versicherten Geräte gegen Unfallschäden (Schäden durch ein unmittelbar von außen her plötzlich und unvorhergesehen einwirkendes Ereignis) gewährt wird, können durch die zweite Versicherungsart darüber hinaus auch Betriebsschäden und insbesondere „innere Betriebsschäden" mitversichert werden.

Mit Hilfe der Baugeräteversicherung kann der Unternehmer dieses spezielle Risiko in einer überschaubaren Größenordnung halten. Hat er für die Anschaffung einer neuen Baumaschine einen Kredit aufgenommen oder ein Gerät geleast, so wird er in aller Regel von dem Kreditinstitut oder dem Leasinggeber zum Abschluss einer Geräteversicherung verpflichtet. Durch einen vom Versicherer auszustellenden Sicherungsschein stellt der Kredit- oder Leasinggeber sein Interesse an dem Gerät sicher.

Die ABMG 92 vereinen die beiden zuerst genannten Versicherungsarten in einem Bedingungswerk. Dabei ist das Grundbedingungswerk der ABMG 92 hinsichtlich des Versicherungsumfanges vergleichbar mit den ABMG. Durch Einschluss der Klausel 052 kann der Umfang des Versicherungsschutzes jedoch eingeschränkt werden auf den der ABG. Diesen Umstand sollte der Bauunternehmer bei Abschluss eines Versicherungsvertrages besonders beachten.

Die im Folgenden getroffenen Aussagen sind daher allgemein gültig verfasst und beziehen sich entweder auf die Kaskoversicherung (ABG, ABMG 92 incl. Klausel 052) oder die Maschinen- und Kaskoversicherung (ABMG, ABMG 92 ohne Klausel 052).

2. Versicherte Sachen

308 In einem dem Versicherungsschein beigefügten Verzeichnis werden die versicherten Geräte mit Fabrikat, Typenbezeichnung, Fahrgestellnummer, Baujahr und Listenpreis (Neuwert) eingetragen.

309 Zubehör, Zusatzgeräte und Ersatzteile sind nur versichert, wenn sie in diesem Verzeichnis einzeln mit ihren Versicherungssummen aufgeführt sind. Sollen später hinzukommende Zusatzgeräte mitversichert werden, so ist darauf zu achten, dass sie nachträglich angemeldet und dokumentiert werden.

Die angegebenen Versicherungssummen müssen zur Vermeidung von Unterversicherung den Versicherungswerten in Höhe der Listenpreise (Neuwert) zuzüglich der Bezugskosten (Fracht, Zölle usw.) sowie Kosten für Erstmontage entsprechen. Rabatte und Preiszugeständnisse bleiben unberücksichtigt.

Bei Gebrauchtgeräten ist ebenfalls der jeweilige Neuwert anzugeben (nicht Kaufpreis).

310 Nach der Kaskoversicherung sowie der Maschinen- und Kaskoversicherung können versichert werden:
- Baugeräte,
- Zusatzgeräte, Zubehör und Ersatzteile,
- sonstige fahrbare und transportable Sachen.

311 Darüber hinaus können in der Kaskoversicherung versichert werden:
- Stahlrohr- und Spezialgerüste, Stahlschalungen, Schalwagen und Vorbaugeräte,
- Baubüros, Baubuden, Baubaracken, Werkstätten, Magazine, Labors und Gerätewagen, jedoch ohne Einrichtungen und ohne Eigentum der Arbeitnehmer.

312 Nicht versichert sind:
- Fahrzeuge, die ausschließlich der Beförderung von Gütern oder Personen dienen,
- Wasser- und Luftfahrzeuge sowie schwimmende Geräte,
- Betriebs- und Hilfsstoffe wie Brennstoffe, Chemikalien, Filtermassen, Kühlmittel, Reinigungs- und Schmiermittel.

Für Werkzeuge wie Bohrer, Messer, Zähne usw. oder für Verschleißteile wie Transportbänder, Ketten, Schläuche, Kabel, Seile, Bereifungen usw. wird Entschädigung nur geleistet, wenn sie infolge eines entschädigungspflichtigen Schadens an anderen Teilen der versicherten Sache beschädigt werden.

3. Versicherte Gefahren

313 Entschädigung wird geleistet für Schäden, die eintreten während:
- des Arbeitseinsatzes,
- einer Montage oder Demontage,
- eines Verladevorganges,
- der Dauer von Transporten, sofern der Versicherungsort (bei Jahresverträgen i.d.R. die Bundesrepublik Deutschland) auch die Transportwege erfasst (nicht jedoch Seetransporte).

a) Kaskoversicherung

314 Naturgemäß sind durch die Kaskoversicherung Unfallschäden gedeckt, die unvorhergesehen eintreten können durch:
- Naturgewalten: Erdbeben, Erdsenkungen, Erdrutsch, Steinschlag, Sturm usw.,
- Feuer: Brand, Blitzschlag, Explosion sowie durch Löscharbeiten (nicht bei Baubüros, Baubuden usw.),
- Absturz, Umsturz, Zusammenstoß,
- mutwillige Beschädigung durch Fremde (z.B. auch bei Brandstiftung).

b) Maschinen- und Kaskoversicherung

Zusätzlich zu den o.g. Gefahren sind durch die Maschinen- und Kaskoversicherung auch Betriebsschäden gedeckt: Sachschäden durch
- Bedienungsfehler, Ungeschicklichkeit, Fahrlässigkeit, Böswilligkeit,
- Konstruktions-, Material- und Ausführungsfehler,
- Kurzschluss, Überstrom oder Überspannung,
- Versagen von Mess-, Regel- oder Sicherheitseinrichtungen,
- Wasser-, Öl- oder Schmiermittelmangel.

c) Sonderrisiken

Als Sonderrisiken sind im Wesentlichen besonders zu vereinbaren:
- der Einsatz von Baumaschinen bei Tunnelarbeiten oder Arbeiten unter Tage,
- das Versaufen und Verschlammen infolge der besonderen Gefahren des Einsatzes auf Wasserbaustellen,
- Diebstahl.

Entschädigung wird ohne Rücksicht auf mitwirkende Ursachen nicht geleistet für Schäden durch:
- Einsatz erkennbar mangelhafter oder reparaturbedürftiger Sachen,
- Krieg, Bürgerkrieg,
- Kernenergie (ist nach dem Atomgesetz geregelt),
- betriebsbedingte Abnutzung,
- übermäßiger Ansatz von Kesselstein, Schlamm oder sonstigen Ablagerungen.

4. Versicherte Interessen

Beim Abschluss einer Geräteversicherung spielt es zunächst keine Rolle, ob der Versicherungsnehmer Eigentümer des Gerätes ist oder nicht. Handelt es sich um ein Mietgerät, das der Unternehmer versichern will, so ist darauf zu achten, dass auch das Interesse des Vermieters mitversichert ist.

Nachteilig ist beim Abschluss der Versicherung durch den Mieter, dass bei kurzen Mietzeiten ein höherer Kurztarif bei der Prämienbemessung zugrunde gelegt wird.

Schwierig ist auch die Abgrenzung zwischen Altschäden und Schäden, die tatsächlich erst während der Mietzeit (Versicherungszeit) eingetreten sind, zumal häufig bei der Geräteübernahme der Gerätezustand nicht sorgfältig genug protokolliert wird.

Der Unternehmer sollte daher nur Geräte mieten, die durch den Vermieter selbst versichert sind, in ausreichendem Deckungsumfang, mit vernünftiger Selbstbeteiligung und in diesem Falle unter Einschluss seines Mieterinteresses, damit eine Regressnahme des fremden Geräteversicherers ausgeschlossen ist.

Der Mietpreis erhöht sich dann um den erheblich günstigeren Versicherungsbeitrag der durchlaufenden Jahresversicherung des Vermieters. Insbesondere bei sehr kurzen Mietzeiten ist dies praktisch die einzig praktikable Lösung, da es dem Mieter gar nicht möglich ist, so kurzfristig den Versicherungsschutz zu besorgen. Es ist darauf zu achten, dass bei fremdfinanzierten oder geleasten Geräten das Diebstahlrisiko besonders vereinbart werden muss.

5. Versicherter Zeitraum und Ort

Die Haftung des Versicherers beginnt mit dem vereinbarten Zeitpunkt, frühestens mit dem Eingang des Antrages beim Versicherer. Sie endet ebenfalls mit dem vereinbarten Zeitpunkt. Jahresversicherungen verlängern sich jeweils um ein Jahr, wenn sie nicht einen Monat vor Ablauf des Versicherungsjahres durch eine Partei schriftlich gekündigt werden.

§ 8 Haftung und Versicherung

Nach dem Eintritt eines Versicherungsfalles (Schaden) können beide Parteien den Versicherungsvertrag mit Monatsfrist schriftlich kündigen.

320 Für einzelne Geräte kann die Versicherung auch mit dem Fortfall des Versicherungsinteresses des Versicherungsnehmers enden, z.B. wenn das Gerät verschrottet wird. Wird das Gerät dagegen veräußert, erfolgt nach § 69 VVG ein Übergang des Versicherungsverhältnisses auf den Erwerber, der allerdings die Versicherung sofort kündigen kann.

321 Als Versicherungsort kann eine einzelne Baustelle, ein bestimmtes Betriebsgrundstück oder die gesamte Bundesrepublik Deutschland vereinbart werden. Auch bei den durchlaufenden Jahresversicherungen, bei denen normalerweise als Versicherungsort die Bundesrepublik gilt, kann bei stationärem Geräteeinsatz durch besondere Vereinbarung der Versicherungsschutz, z.B. auf eine Baustelle, begrenzt werden, wodurch wegen des Fortfalls des Transportrisikos mit Auf- und Abladevorgängen ein günstigerer Tarif bei der Prämienbemessung zur Anwendung kommt.

Für Fahrzeuge, die ausschließlich der Beförderung dienen, sind öffentliche Straßen grundsätzlich nicht Teil des Versicherungsortes. (Dieses Risiko müsste durch eine zusätzliche Kfz-Kaskoversicherung abgedeckt werden.)

Arbeitet ein Unternehmen mit seinen Geräten grenzüberschreitend auch in den benachbarten EU-Ländern oder im sonstigen Ausland, so ist durch besondere Vereinbarungen der Versicherungsort auch auf diese Bereiche auszudehnen.

6. Ersatzleistungen des Versicherers

322 Bei der Ersatzleistung ist grundsätzlich zu unterscheiden, ob es sich um einen Teilschaden oder um einen Totalschaden handelt.

Ein Teilschaden liegt vor, wenn die Kosten zur Wiederherstellung des früheren betriebsfähigen Zustandes (Wiederherstellungskosten) zuzüglich des Wertes des Altmaterials nicht den des Gerätes unmittelbar vor Schadeneintritt (Zeitwert) übersteigen.

323 Zu den Wiederherstellungskosten gehören die Kosten für:
- Ersatzteile, Reparaturstoffe,
- Lohnkosten und lohnabhängige Kosten einschl. aller Tarifzuschläge,
- Demontage u. Remontage,
- Transportkosten,
- Bergung und Aufräumung für die versicherte Sache,
- Sonstige Kosten (z.B. für die Wiederherstellung notwendige Reisekosten).

Übersteigen die Wiederherstellungskosten zuzüglich der Altmaterialwerte den Zeitwert (Erlöswert), so ist Totalschaden gegeben.

7. Ersatzleistungen im Teilschaden

324 Beim Teilschaden werden die notwendigerweise angefallenen Wiederherstellungskosten abzüglich des Altmaterialwertes und abzüglich des vertraglich vereinbarten Selbstbehaltes vom Versicherer ersetzt.

Die Bergungskosten werden bis zum Erreichen des Totalschadens im Rahmen der Wiederherstellungskosten mitersetzt.

Kein Ersatz wird geleistet für Verschleißschäden sowie für Ausfallkosten oder die Mietkosten für ein Ersatzgerät während der Reparatur.

8. Ersatzleistung beim Totalschaden

Liegt ein Totalschaden vor, so ist für die Entschädigung der Zeitwert des Gerätes unmittelbar vor Schadeneintritt abzüglich des Geräterestwertes maßgebend.

325

9. Unterversicherung

Wird im Schadenfall festgestellt, dass die Versicherungssumme niedriger ist als der Versicherungswert, so wird der ermittelte Entschädigungsbetrag im Verhältnis dieser beiden Zahlen gekürzt. Um während der Laufzeit der Versicherung das Entstehen einer Unterversicherung durch die normale Teuerungsrate bei den Geräten zu vermeiden, sehen die Versicherungsbedingungen eine automatische Anpassung unter Zugrundelegung der für Baumaschinen vom Statistischen Bundesamt veröffentlichten Indizes vor, was auch eine entsprechende Prämienanpassung zur Folge hat.

326

10. Selbstbeteiligung

Üblicherweise wird eine Kombination von prozentualem Selbstbehalt und Mindestselbstbehalt vertraglich vereinbart. Der als ersatzpflichtig festgestellte Betrag wird je Versicherungsfall um den vereinbarten Selbstbehalt gekürzt.

327

Gegen entsprechenden Prämienzuschlag kann die prozentuale Selbstbeteiligung abbedungen werden. Dieser Zuschlag lässt sich dadurch wieder reduzieren, dass gleichzeitig der Mindestselbstbehalt angehoben wird.

III. Gestaltung der Bauleistungsversicherung

Die erste Entscheidung, die der Unternehmer im Hinblick auf die Bauleistungsversicherung zu treffen hat, ist die Festlegung der Vertragsform. Dabei stehen drei Möglichkeiten zur Auswahl:
- Objektversicherung,
- Rahmenversicherungsvertrag,
- Jahresversicherungen.

328

Mit dem Abschluss einer **Objektversicherung** vereinbart der Unternehmer den Versicherungsschutz für eine Einzelbaumaßnahme. Deckungsumfang, Prämie und alle sonstigen Vertragsbedingungen sind dann für jeden Einzelfall gesondert zu vereinbaren und richten sich ganz nach den individuellen Besonderheiten der zu versichernden Baumaßnahme.

329

Einige Unternehmen schließen zur Vereinfachung eine **Rahmenvereinbarung** mit einem Versicherer ihres Vertrauens und legen gemeinsam den Deckungsumfang einheitlich für alle denkbaren Bauaufgaben fest, die bei einem solchen Rahmenversicherungsvertrag nach Auswahl des Unternehmers zur Anmeldung kommen sollen. Es werden dabei für die verschiedenen Bausparten Risikogruppen mit festen Prämiensätzen vereinbart. Diese Vorgehensweise hat neben der Vereinfachung den Vorteil, dass auch bei schwierigsten Objekten nur ein für die betreffende Risikogruppe gemittelter Prämiensatz zur Anwendung kommt und der Kalkulator schon bei der Ermittlung des Angebotspreises ohne weitere Nachfrage beim Versicherer eine verbindliche Prämie für die Bauleistungsversicherung einsetzen kann. Bei beiden Vertragsarten bleibt aber die Verantwortung für die Auswahl der zu versichernden Objekte beim Unternehmer oder seinen Mitarbeitern mit der Möglichkeit von Fehleinschätzungen.

330

Aus diesen Gründen bietet sich zumindest für mittelständische und kleinere Unternehmen die **Jahresversicherung** der Bauleistungen an, bei der sämtliche Bauleistungen des Unternehmens, auch soweit Bauleistungen in Arbeitsgemeinschaften erbracht werden, ohne besondere Einzelanmeldungen versichert sind.

§ 8 Haftung und Versicherung

331 Je nach Umsatzverteilung kann entweder ein einheitlicher oder für die verschiedenen Bausparten unterschiedlicher Prämiensatz vereinbart werden. Allerdings wird es bei den Jahresversicherungen immer eine Reihe von Sonderrisiken, wie z.B. das Gewässerrisiko (s. § 8 Rn 335) geben, die gesondert für Einzelbauvorhaben anzumelden sind, da der generelle Einschluss aller nur denkbarer Gefahren wegen der sich daraus ergebenden Prämienhöhe wirtschaftlich nicht vertretbar wäre.

332 Abweichend vom „Jahresvertrag für die Bauwesenversicherung von Unternehmerleistungen (ABU)" (Zusatzbedingung 62 zu den ABU) wird beim „Jahresvertrag für die Bauwesenversicherung von Gebäudeneubauten durch Auftraggeber (ABN)" (Zusatzbedingung 67 zu den ABN) die einzelne Anmeldung aller in Deutschland durchgeführten Bauten verlangt. Bei dieser Versicherungsform, die für Generalunternehmer im Schlüsselfertigen Gebäudebau gedacht ist, kann die Mitversicherung von Sonderrisiken, wie Spezialgründungen, Wasserhaltung, druckwasserhaltende Dichtungen, Gewässerrisiko, Feuerrisiko usw., jeweils bei den Anmeldungen besonders beantragt werden.

1. Prüfung der bauvertraglichen Risikoverteilung

333 Abgesehen von Verträgen nach den ABN (Versicherung für Gebäudeneubauten) ist zu prüfen, wie jeweils die Risikoverteilung zwischen Auftragnehmer und Auftraggeber bauvertraglich geregelt ist, um ggf. den Versicherungsschutz durch besondere Vereinbarungen anzupassen. Liegt z.B. dem Bauvertrag nicht die VOB/B zugrunde, so trägt der Unternehmer automatisch nach Werkvertragsrecht (§ 644 BGB) auch das Risiko von Schäden an der Bauleistung durch höhere Gewalt oder andere für ihn unabwendbare Umstände, so dass eine entsprechende Anpassung des Deckungsumfanges sinnvoll erscheint. Häufig werden auch trotz Bestehens eines VOB-Vertrages einzelne Risikotatbestände abweichend davon auf den Unternehmer abgewälzt.

Da mit einer solchen Regelung sich eindeutig die Risikoverteilung gegenüber der Gefahrtragungsregelung des § 7 VOB/B zuungunsten des Unternehmers verschiebt, ist eine Anpassung des Versicherungsvertrages vorzunehmen.

334 Gelegentlich wird den Unternehmern auch bauvertraglich das gesamte Baugrundrisiko aufgebürdet, was einer Risikoverlagerung zuungunsten des Unternehmers sogar nach den gesetzlichen Regelungen des Werkvertragsrechtes gleichkommt.

Solche Risikoabwälzungen sind zu unterscheiden von einer bauvertraglichen Forderung, die den Unternehmer verpflichtet, das Auftraggeberrisiko im Rahmen seiner Bauleistungsversicherung mitzuversichern. In diesen Fällen wird die Deckungserweiterung nicht im eigenen Interesse, sondern im sogenannten „Drittinteresse" vorgenommen. Versäumt der Unternehmer diese Vertragspflicht, so wird er im Falle eines „Bauherrnschadens" aus Vertragsverletzung schadenersatzpflichtig und muss für den Schaden eintreten, ohne selbst hierfür Versicherungsschutz zu erhalten.

2. Baustellen mit Sonderrisiken

335 Es wurde bereits darauf hingewiesen, dass es für die Mitversicherung des Gewässerrisikos einer besonderen Vereinbarung bedarf. Nach § 2 Ziff. 6 ABU bzw. § 2 Ziff. 7 ABN wird für Schäden durch Gewässer oder durch Grundwasser, das durch Gewässer beeinflusst wird, Entschädigung ohne Rücksicht auf mitwirkende Ursachen nur nach Maßgabe der Klausel 60 „Baustellen im Bereich von Gewässern oder in Bereichen, in denen das Grundwasser durch Gewässer beeinflusst wird" geleistet.

Dieses „Gewässerrisiko" umfasst also nicht nur die besonderen Gefahren einer reinen Wasserbaustelle, sondern schließt auch das Überflutungsrisiko und das Risiko aus schwankenden Grundwasserständen auf Baustellen im Bereich von Gewässern ein. Dass dabei Schäden durch normale Wasserstände, mit denen in der jeweiligen Jahreszeit gerechnet werden muss, nicht versichert werden können, muss nicht besonders erwähnt werden.

Hierauf hat sich der Unternehmer mit geeigneten Schutzmaßnahmen einzurichten. Erst ungewöhnlich hohe Wasserstände lösen die Ersatzpflicht aus. Schäden infolge außergewöhnlichen Hochwassers, das als unabwendbarer Umstand im Sinne des § 7 VOB/B anzusehen ist, wären selbst bei Vereinbarung der Klausel 60 nur gedeckt, wenn auch das Auftraggeberrisiko insoweit mitversichert wurde.

Bei Tunnelbaustellen sollte darauf geachtet werden, dass für Schäden am umgebenden Baugrund (umgebendes Gebirge) eine ausreichend hohe Erstrisikosumme gewählt wird, damit im Falle eines Firsteinbruchs oder eines Einbruchs der Ortsbrust eine ausreichende Deckung für die hohen Aufwendungen zur Stabilisierung des beschädigten Gebirges zur Verfügung steht. 336

Dagegen sind Abweichungen von der Soll-Linie (gilt auch im Rohrvortrieb) oder versehentlicher Mehrausbruch kein Schaden an der Bauleistung oder an Baugrund und Bodenmassen.

Bei Bauwerken, bei denen Auftriebsgefahr besteht, ist darauf zu achten, dass die Bauleistungen solange durch ausreichende und funktionsfähige Flutungsmöglichkeiten oder durch Ballast gesichert sind, wie die Gefahr des Aufschwimmens besteht.

3. Festlegung der Selbstbeteiligung

Von den Regel-Selbstbeteiligungen 20 %, wenigstens 500 DM bei den ABU bzw. 10 %, wenigstens 500 DM bei den ABN, kann durch besondere Vereinbarung abgewichen werden. Bei dieser Entscheidung sollte sich der Unternehmer bewusst machen, dass die Mindestselbstbeteiligung zur Vermeidung unnötigen Verwaltungsaufwandes auch im eigenen Unternehmen Bagatellschäden ausschließen soll. 337

Wie der einzelne Unternehmer diese Bagatellschadengrenze definiert, wird im Wesentlichen von der Art und Größe des Betriebes abhängen. Während bei den ABN 500 DM je Schaden unter dem Gesichtspunkt der mitversicherten Ausbauhandwerker und der Gefahr einer größeren Zahl von Einzelschadenereignissen eine sinnvolle Mindestselbstbeteiligung darstellt, kann für ein Unternehmen, das im Rohbau, Ingenieurbau oder Tiefbau tätig ist, ein Mindestselbstbehalt zwischen 1.000 DM bis 5.000 DM zweckmäßig sein. Die Anhebung des Mindestselbstbehaltes wird vom Versicherer durch eine Beitragsermäßigung honoriert. Andererseits kann bei der Gefahr von Großschäden die prozentuale Selbstbeteiligung insbesondere bei den ABU mit 20 % ein Problem darstellen, weil diese Selbstbeteiligung nach oben nicht begrenzt ist. Deshalb ist hier im Einzelfall an eine Reduzierung der prozentualen Selbstbeteiligung zu denken. 338

4. Konditionsdifferenzversicherung

Für Unternehmen, die eine Jahresversicherung der Bauleistungen (ABU) unterhalten, ergibt sich häufig das Problem, dass sie bauvertraglich verpflichtet werden, sich an einer vom Bauherrn, Generalunternehmer oder von einer Arbeitsgemeinschaft abgeschlossenen Objektversicherung zu beteiligen. Zur Vermeidung von Doppelversicherungen mit entsprechend doppelter Entrichtung von Prämien für dasselbe Risiko, sehen die Jahresverträge daher vor, dass Versicherungsschutz in solchen Fällen insoweit nicht gegeben ist, wie Versicherungsschutz bereits durch die andere Versicherung besteht. Nur soweit der Versicherungsschutz des eigenen Jahresvertrages weitergehend ist, bleibt die Deckung bestehen, und es ist nur eine dieser Deckungsdifferenz (Konditionsdifferenz) entsprechend reduzierte Prämie für das zu bezeichnende Objekt zu entrichten. 339

5. Prämienberechnung

340 Die Prämie oder auch der Beitrag berechnet sich bei den Objektversicherungen nach den gemäß § 5 ABU bzw. ABN zu bildenden Versicherungssummen. Das sind im Wesentlichen der Nettoauftragswert zuzüglich der Neuwerte für Hilfsbauten, Bauhilfsstoffe und für die vom Bauherrn gelieferten Stoffe. Die Gesamtsumme wird mit dem nach Risikoart, Deckungsumfang, Selbstbehalt und Bauzeit ermittelten Prämiensatz multipliziert.

Die so ermittelte Gesamtprämie ist als vorläufige Prämie im Voraus für die gesamte Bauzeit zu entrichten. Kommt es zu Bauzeitverlängerungen, so werden in aller Regel Verlängerungsprämien fällig. Nach Fertigstellung der Baumaßnahme wird auf der Basis der Endabrechnung für das Bauwerk die endgültige Prämie berechnet, wobei zu viel gezahlte Beiträge zurückgezahlt bzw. bei Auftragserweiterungen Beiträge nacherhoben werden.

Bei den Jahresversicherungen der Unternehmerleistungen nach den ABU richtet sich die vorläufige Prämie für ein Versicherungsjahr nach dem Umsatz des vorausgegangenen Versicherungsjahres. Eine entsprechende Prämienkorrektur wird jeweils nach Ablauf des Versicherungsjahres aufgrund der tatsächlich erreichten Umsätze vorgenommen.

IV. Gestaltung der Baugeräteversicherung

341 Ob für die Versicherung der Baugeräte die Kaskoversicherung als ausreichend angesehen werden kann, oder ob man der wesentlich teureren Maschinen- und Kaskoversicherung den Vorzug geben sollte, hängt u.a. von Geräteart, Größe, Gerätealter und nicht zuletzt von der Qualität der Geräteführer ab. Es spricht auch nichts dagegen, unterschiedliche Geräte unterschiedlich zu versichern. Grundsätzlich wichtig ist in jedem Falle, dass alle Totalschadenrisiken durch den Versicherungsschutz erfasst werden, was durch die Kaskoversicherung bei Einschluss des Diebstahlrisikos erreicht wird. Dagegen wäre eine Teilkaskoversicherung, wie sie in der Kraftfahrzeugversicherung angeboten wird, für Baugeräte ungeeignet, weil dort die typischen Arbeitsrisiken wie Absturz, Umsturz, Zusammenstoß sowie Beschädigungen durch Fremde (Vandalismusschäden) nicht gedeckt wären.

342 Sehr teure Geräte mit aufwendiger Aggregateausstattung oder Gerätearten, bei denen die Eintrittswahrscheinlichkeit von Betriebsschäden sehr hoch ist, sollten zweckmäßigerweise mit der weiterreichenden Maschinen- und Kaskoversicherung versichert werden, wie z.B. Turmdrehkrane, Autokrane oder Tunnelvortriebsmaschinen.

343 Unabhängig von der Wahl der Vertragsform (Kasko- oder Maschinen- und Kaskoversicherung) sind, wie bereits unter Ziff. D.II.4 erläutert wurde, Sonderrisiken, wie z.B. der Einsatz von Baumaschinen bei Tunnelarbeiten oder Arbeiten unter Tage oder das Versaufen und Verschlammen infolge der besonderen Gefahren des Einsatzes auf Wasserbaustellen, nur durch besondere Vereinbarung versichert, was bei Abschluss von Geräteversicherungen für Einzelbaustellen wegen der Kenntnis dieser Gefahren unproblematisch ist.

Bei Jahresverträgen hingegen wird es sich nur in seltenen Fällen anbieten, diese Gefahren, die einen erheblichen Prämienzuschlag erfordern, durchlaufend mitzuversichern.

Hier wird es in der Regel notwendig sein, dass diese Zusatzvereinbarungen im Einzelfall baustellenbezogen getroffen werden. Die für den Geräteeinsatz verantwortlichen Mitarbeiter sollten hierüber informiert sein, damit diese Meldungen nicht versäumt werden.

344 Ist eine Erstrisikosumme für Aufräumungs- und Bergungskosten im Totalschadenfall im laufenden Jahresvertrag nicht generell vorgesehen, so sollte spätestens bei Baustellen mit den genannten Sonderrisiken die Notwendigkeit einer solchen Zusatzvereinbarung überprüft werden.

D. Bauleistungsversicherung und Baugeräteversicherung §8

1. Laufzeit des Versicherungsvertrages

Zwar lässt sich u.U. Prämie sparen, wenn die Baumaschinen jeweils nur für die Zeit ihres unmittelbaren Baustelleneinsatzes versichert werden und als Versicherungsort die betreffende Baustelle vereinbart wird, jedoch bleiben dann auch Eigentransporte und die Einlagerungszeit auf dem Bauhof unversichert. Außerdem ist die Gefahr sehr groß, dass bei erneutem Einsatz des Gerätes die Wiederanmeldung versäumt oder nicht rechtzeitig vorgenommen wird, so dass gerade das risikoreiche Auf- und Abladen, Transportieren und ggf. Aufbauen auf der Baustelle unversichert bleiben. So ist z.B. festzustellen, dass bei den Turmdrehkranen am häufigsten Schäden beim Auf- oder Abbauen eintreten, wobei es sich dann meistens um Totalschäden handelt.

Aus diesen Gründen bietet sich auch bei den Geräteversicherungen normalerweise die Jahresversicherung mit durchlaufendem Versicherungsschutz als geeigneteste Vertragsform an. Bei der Bemessung der Jahresprämie wird von den Versicherern berücksichtigt, dass die Baugeräte nicht das ganze Jahr über im Einsatz sind, was durch entsprechende Prämienerhöhung für kurzfristig versicherte Geräte (Kurztarif) deutlich wird.

Bis zu welchem Alter ein Baugerät versichert bleiben sollte, hängt im Wesentlichen von seiner Zeitwertentwicklung ab, die vom Gerätetyp, dem Wartungszustand und den Marktverhältnissen beeinflusst wird. Hier gilt es, den Zeitpunkt festzustellen, bei dem das Gerät selbst bei bestem Wartungszustand seine Versicherungswürdigkeit verliert, da im Totalschadenfall nur der Zeitwert ersetzt wird.

2. Auswahl der zu versichernden Geräte

Zunächst wird sich bei der Auswahl der Blick auf alle Geräte richten, die ein für das jeweilige Unternehmen beachtlichen Vermögenswert darstellen. Das sind mit Sicherheit alle größeren, neuwertigen Geräte. Daneben spielt bei der Entscheidung eine wichtige Rolle, wie groß die Eintrittswahrscheinlichkeit eines Groß- oder Totalschadens ist. Dabei sind Geräte ins Auge zufassen, die einem erhöhten Brandrisiko unterliegen (z.B. Hydraulikbagger, Lader), bei denen das Diebstahlrisiko im Vordergrund steht (z.B. Kompressoren, Minibagger) oder die durch ein erhöhtes Umsturzrisiko geprägt sind (z.B. Turmdrehkräne, Rammen).

3. Meldeverfahren bei Jahresversicherungen

Wird für eine bestimmte Gerätegruppe eine Jahresversicherung abgeschlossen, so werden die Einzelgeräte und Zusatzgeräte mit ihren Initialen und den Versicherungssummen, die bedingungsgemäß mit entsprechenden Summenfaktoren einheitlich auf den Wert März 1971 (3/71) heruntergerechnet wurden, in einem Maschinenverzeichnis erfasst. Abgänge und Zugänge während der Vertragslaufzeit müssen gemeldet und dokumentiert werden. Kommt es zu einem Geräteaustausch, so muss ebenfalls das abgehende Gerät und das neu hinzukommende Gerät, dieses unter Angabe des Neuwertes in Höhe des ungekürzten Listenpreises, beim Versicherer gemeldet werden, damit ein entsprechendes Dokument als Nachtrag zum Versicherungsschein ausgestellt werden kann. Kommt ein Gerät während der Laufzeit der Versicherung auf einer Baustelle mit Sonderrisiko zum Einsatz, so ist rechtzeitig vorher beim Versicherer für die Dauer dieses Einsatzes hierfür Versicherungsschutz zu beantragen.

4. Festlegung der Selbstbeteiligung

Die Überlegungen zur Festlegung eines Selbstbehaltes sind ganz ähnlich wie bei den Bauleistungsversicherungen (§ 8 Rn 337), allerdings bleibt hinsichtlich der prozentualen Selbstbeteiligung der Maximalschaden überschaubar, da er keinesfalls mehr als den vereinbarten %-Satz des Gerätezeitwertes ausmachen kann, so dass in der Geräteversicherung die Ablösung des prozentualen Selbstbehaltes normalerweise nur bei sehr teueren Maschinen wie Autokranen oder großen Schildvortriebsmaschinen in Erwägung zu ziehen ist.

5. Beitragsberechnung

350 Der im Versicherungsvertrag vereinbarte Beitragssatz berücksichtigt Geräteart, Deckungsumfang, Selbstbehalt und Art des Einsatzes (stationär oder mobil, Einschicht- oder Mehrschichtbetrieb).

Bei Jahresversicherungen mit Anpassungsklausel wird der für ein Jahr bestimmte Beitragssatz mit der Versicherungssumme 3/71 multipliziert. Der sich so ergebende Beitrag 3/71 wird mit dem Prämienfaktor multipliziert, der für jedes Kalenderjahr nach den vom Statistischen Bundesamt veröffentlichten Indexzahlen neu ermittelt wird. Bei Vertragsabschluss über 5 Jahre wird ein Mehrjährigkeitsnachlass von 10 % gewährt.

351 Je nach Anzahl der versicherten Geräte einer Gerätegruppe wird ein Mehrheitsnachlass gewährt.

Bei Verträgen mit kürzeren Laufzeiten als einem Jahr wird der Beitrag mit einem besonders gestaffelten Kurztarif ermittelt und zu Beginn der Versicherung zuzüglich Versicherungssteuer erhoben.

E. Sachversicherung

I. Allgemeine Ausführungen

352 Die Sachversicherungen schützen Sachwerte, wie z.B. Wohn- und Betriebsgebäude, kaufmännische Betriebseinrichtungen, technische Anlagen und Gebäude, die sich im Bau befinden. Je nach Branche und Objekt unterscheiden sich die jeweiligen Versicherungsbedürfnisse. Hierfür gibt es in der Versicherungswirtschaft entsprechende Deckungsmodelle.

II. Grundsätze / Besonderheiten

353 Vor einem Schadenfall kann grundsätzlich nicht exakt abgeschätzt werden, wie hoch die in einem Schadenfall aufzuwendende Entschädigung sein wird. Deshalb werden viele Versicherungen über Indizierungen berechnet, um für den Versicherungsnehmer im Schadenfall eine ausreichende Versicherungssumme zur Verfügung stellen zu können.

354 Grundsätzlich werden versicherte Sachwerte mit ihrem Neuwert oder Wiederbeschaffungswert versichert. Unter **Neuwert** sind die Wiederbeschaffungskosten einer neuen Sache gleicher Art, Güte und Funktion ohne Abzug neu für alt zu verstehen.[243] Aber auch andere Deckungen sind möglich, jedoch in der Praxis eher unbedeutend, wie z.B. Zeitwertdeckungen, d.h. es wird ein Abzug „Neu für Alt" vorgenommen oder Deckungen zum Gemeinen Wert (erzielbarer Verkaufspreis bei Veräußerung, z.B. bei zum Abbruch bestimmter Gebäude oder nicht mehr brauchbare Einrichtungsgegenstände). Ein objektiver Versicherungsvergleich kann lediglich an einem Versicherungsort bei gleichartigen Risiken vorgenommen werden, da in der Versicherungswirtschaft mit Statistiken gearbeitet wird, die regionale Besonderheiten berücksichtigen, wie z.B. Sturmhäufigkeit, aggressives Leitungswasser oder Einbruchhäufigkeit.

355 Eine besondere Versicherungsform stellt bei Gebäuden die **Gleitende Neuwertversicherung** dar. Die gleitende Neuwertversicherung bietet die Möglichkeit, nach einem Schadenfall das Gebäude im neuwertigen Zustand wiederherzustellen. Die Leistung aus der Gleitenden Neuwertversicherung

---

[243] *Prölss/Martin/Kollhosser,* a.a.O., § 52 Rn 13.

passt sich ständig den steigenden Baukosten an, so dass eine Unterversicherung aufgrund von steigenden Preisen ausgeschlossen wird. Die Gleitende Neuwertversicherung findet Anwendung bei der Versicherung von Wohngebäuden, gewerblich und landwirtschaftlich genutzten Gebäuden.

Grundlage der Gleitenden Neuwertversicherung ist der Versicherungswert 1914, der durch Indizierungen ermittelt wird. Der Versicherungswert 1914 ist der ortsübliche Neubauwert des Gebäudes entsprechend seiner Größe und Ausstattung sowie seines Ausbaues nach Preisen des Jahres 1914 (inkl. Architektengebühren und sonstige Konstruktions- und Planungskosten). Die Versicherungssumme 1914 ist der theoretischen Betrag, der im Jahr 1914 für den (Wiederauf-) Bau eines Gebäudes hätte gezahlt werden müssen.

Grundsätzlich gibt es marktüblich drei Möglichkeiten, in der Wohngebäudeversicherung den **Neubauwert 1914** und damit die Versicherungssumme 1914 zu ermitteln: 356
- Schätzung eines Bausachverständigen (Kosten trägt der Versicherungsnehmer);
- Umrechnung des Gebäudewertes mit dem Baupreisindex;
- Ermittlung nach Größe, Ausbau und Ausstattung des Gebäudes (Berechnung nach Wohnfläche oder umbauten Raum).

Eine besondere Versicherungsform in der Sachversicherung für gewerbliche Gebäude und Betriebseinrichtungen stellt die **Wertzuschlagsversicherung** (Wertzuschlagsklausel) dar, die für industrielle und großgewerbliche Risiken Wert- und Bestandserhöhungen auffangen soll. Als Versicherungssumme wird dabei eine nach den Werten meist des Jahres 1970 oder 1980 gebildete Grundsumme zuzüglich eines Wertzuschlages für Preissteigerungen zugrunde gelegt. 357

Für die Richtigkeit der Grundsumme und des jährlich anzupassenden Wertzuschlages ist dabei der Versicherungsnehmer verantwortlich.

Eine sogenannte Unterversicherung bei Gebäuden liegt vor, wenn die mit dem Versicherer vereinbarte Versicherungssumme nicht dem tatsächlichen Wert des Gebäudes entspricht, sondern zu niedrig angesetzt ist. Das Gleiche gilt, wenn nachträglich An-, Um- oder Ausbauten am Gebäude, durch die der Wert erhöht wird, dem Versicherer nicht gemeldet werden. Eventuelle Schäden werden dann nur anteilig ersetzt. 358

Eine eventuelle Unterversicherung wird dann nicht angerechnet, wenn ein sogenannter **Unterversicherungsverzicht** vereinbart wird. Jeder Schaden wird dann im Rahmen der Versicherungssumme voll entschädigt. Eine Überprüfung des Versicherungswertes der versicherten und vom Schaden nicht betroffenen Sachen findet nicht mehrt statt. Die Entschädigung ist jedoch durch die Versicherungssumme, die Entschädigungsgrenzen und die Höhe des Schadens begrenzt. 359

Eine Unterversicherung ist auch bei den anderen Sachversicherungen möglich (z.B. Versicherungen von Betriebseinrichtungen).

III. Sachversicherungen für den Bauunternehmer

Der Bauunternehmer trägt **vor der Abnahme** für eine Anzahl von Gefahren, für eine Beschädigung oder Zerstörung der erbrachten Bauleistungen, das Risiko. Dieses Risiko kann durch eine **Bauleistungsversicherung** abgedeckt werden (s. § 8 Rn 281 ff.). Neben der Bauleistung können auch die Baustelleneinrichtung und die Baugeräte durch unvorhergesehene Ereignisse beschädigt oder zerstört werden. Soweit es sich um Baracken, Gerüste, Baugeräte und Baumaschinen handelt, kann dafür eine Baugeräteversicherung abgeschlossen werden (§ 8 Rn 304 ff.). 360

Für die betrieblichen Gebäude und die Betriebseinrichtung auf dem Firmengrundstück des Bauunternehmens werden unterschiedliche Sachversicherungen angeboten. Dabei richtet sich ein bedarfsgerechter Versicherungsschutz nach der jeweiligen Betriebstätigkeit (z.B. Fertigbauhersteller, Fertigteilehersteller, Bauunternehmer). 361

362 Ein Industriebetrieb, wie z.B. Fertighaus und Fertigteilehersteller, sollte sowohl eine **Feuer-Industrie-Versicherung** mit einer Extended-Coverage-Deckung und einer entsprechenden Betriebsunterbrechungs-Versicherung, auch Ertragsausfallversicherung genannt, abschließen. Bei der **Betriebsunterbrechungsversicherung** handelt es sich um eine Vermögensversicherung gegen Ertragsausfälle, wenn durch den Eintritt eines Sachschadens – entsprechend der Definition der jeweils zugrunde liegenden Versicherungsbedingungen – Gewinne und laufende Kosten nicht mehr durch den Betrieb erwirtschaftet werden können.

363 Bauunternehmer unterhalten in der Regel Bauhöfe bzw. Büros. Hier bestehen entsprechende Deckungserfordernisse, die durch eine gebündelte Sachversicherung gegen die **Gefahren Feuer, Leitungswasser, Sturm** (s. § 8 Rn 523), **Einbruchdiebstahl/Raub** und jeweils der sogenannten **Klein-Betriebsunterbrechungs-Versicherung** oder der sog. Mittleren Betriebsunterbrechungs-Versicherung, versichert werden können. Bei Bedarf kann diese Deckung um die erweiterte Elementardeckung ergänzt werden.

364 Für den Bürobereich kommt der **Elektronik-Versicherung** besondere Bedeutung zu. Diese beinhaltet einen weitgehenden Versicherungsschutz für alle EDV-Bereiche einschließlich Bürotechnik. Die Deckung der Elektronik-Versicherung ist sehr weitgehend und stellt im Wesentlichen eine All-risk-Deckung dar (s. § 8 Rn 501).
- **Optionale Deckungselemente**
Individuelle Erweiterungen des Versicherungsschutzes sind möglich.

365 ■ **Beitragsberechnung**
Der Beitrag richtet sich marktüblich nach der Versicherungssumme der Gebäude (s. Rn 356) und der Betriebseinrichtung. In der Betriebsunterbrechung bedient man sich einer einfachen Versicherungssummenermittlung anhand der Betriebseinrichtung (Klein-Betriebsunterbrechungs-Versicherung) und der differenzierten Ermittlung aus versicherten Gewinnen und Kosten (Feuer-Betriebsunterbrechungs-Versicherung).

366 ■ **Besonderheiten**
In der Betriebsunterbrechungsversicherung beträgt die Haftzeit des Versicherers ab Eintritt des Sachschadens üblicherweise 12 Monate. Unterjährige oder überjährige Haftzeiten können vereinbart werden.

F. Transportversicherung

367 Die Transportversicherung schützt alle Güter eines Kunden, die sich außerhalb des Versicherungsortes befinden, d.h. solange sie transportiert werden, solange sie sich im Zwischenlager befinden oder, wenn sie in das Ausland transportiert werden, in einem sogenannten Zoll-Lager.

Für den Bauunternehmer sind besonders die Transportversicherungen mit eigenen Fahrzeugen, der sogenannten Werkverkehrs- oder der sogenannten Autoinhaltsversicherung von Belang.

Der Bauunternehmer transportiert in der Regel eigenes Material mit eigenen Fahrzeugen, z.B. Fertigungsbetriebe, die Waren ausliefern und Rohstoffe abholen. In diesem Falle schützt ihn eine Werkverkehrsversicherung bei einem Verunfallen des Fahrzeuges vor den materiellen Folgen des Verlustes der Ladung.

368 Ein weiteres Kapitel nimmt die Autoinhaltsversicherung ein, die besonders z.B. für SHK-Betriebe Deckung bietet, in dem Montagewagen mit ihrem oft wertvollen Inhalt versichert werden können. Versichert ist der Verlust oder die Beschädigung an versicherten Gütern durch Höhere Gewalt und Unfall des Kraftfahrzeuges, Brand, Blitzschlag und Explosion, Einbruchdiebstahl, Raub und räuberischer Erpressung sowie Diebstahl und Unterschlagung des ganzen Fahrzeuges.

Transportiert der Bauunternehmer seine Waren oder Güter, wie z.B. Bagger oder andere Baumaschinen mit einem Transportunternehmer, so ist die Verkehrshaftung nach § 7 a GüKG zu beachten. Gleiches gilt, wenn der Bauunternehmer Waren oder Güter dritter Personen transportiert.

G. Die Baugewährleistungs-Versicherung

I. Einführung

In Frankreich ist der Gewährleistungsbereich bereits seit 1978 durch die sogenannte „Decénnale-Versicherung" – eine Pflichtversicherung" – abgedeckt. Die EU-Kommission beschäftigte sich bereits vor Jahren ebenfalls mit der Frage, ob eine Harmonisierung für den Bausektor über eine spezielle Richtlinie erforderlich und realisierbar ist. Die dafür einberufene „GAIPEC-Kommission" sollte Vorschläge für die Bereiche Haftung, Abnahme und Gewährleistung erarbeiten. Eine entsprechende Richtlinie ist jedoch bis heute nicht ergangen.

Die Baugewährleistungs-Versicherung stellt eine Neuigkeit auf dem deutschen Versicherungsmarkt dar. Mit ihr wurde eine neue Art der Versicherungsform konzipiert, mit der eine bisherige Deckungslücke, der Gewährleistungsbereich, versicherbar gemacht wird und mit dem den Bauunternehmen Spitzenrisiken abgenommen werden sollen (Darstellung auf der Grundlage des Konzeptes der VHV Vereinigte Haftpflichtversicherung V.a. G.).

Im Gegensatz zur Bürgschaft werden dem Bauunternehmer die Aufwendungen für geltend gemachte Gewährleistungsansprüche im versicherten Umfang erstattet. Die Bürgschaft dient der Sicherstellung der vertragsgemäßen Leistung für den Fall, dass der Auftragnehmer/Bauunternehmer nicht gewillt oder in der Lage ist, die Ansprüche des Bauherrn zu erfüllen. Die Bürgschaft ist folglich ein Sicherungsinstrument zu Gunsten des Bauherrn. Leistet der Bürgschaftsgeber aus der Bürgschaft, wird er den ausgekehrten Betrag beim Bauunternehmer regressieren. Das unternehmerische Risiko wird dem einzelnen Bauunternehmer nicht abgenommen. Die Baugewährleistungs-Versicherung sichert nicht nur die Durchführung der (berechtigten) Gewährleistungsansprüche des Bauherren, sondern entlastet den Bauunternehmer auch im Umfang der berechtigten Gewährleistungsansprüche vom unternehmerischen Risiko.[244]

II. Gegenstand der Baugewährleistungs-Versicherung

Auch bei einer besonders sorgfältig durchgeführten Bauabnahme können nicht immer alle vorhandenen Mängel erkannt werden. Oft treten diese erst nach der Abnahme hervor und lösen für den Bauunternehmer Gewährleistungsverpflichtungen (gegenüber dem Bauherrn) aus.

Die Baugewährleistungs-Versicherung bietet Versicherungsschutz für die finanziellen Folgen, die mit Gewährleistungsansprüchen – je nach vertraglicher Vereinbarung – auf der Grundlage eines BGB- oder VOB-Vertrages verbunden sind. Maßgeblich für den Versicherungsschutz ist, dass der Mangel erst nach der Abnahme auftritt. Nicht von der Baugewährleistungs-Versicherung umfasst sind Mängel, die bereits vor der Abnahme bekannt waren und bei denen es der Bauunternehmer schuldhaft unterlassen hat, diese innerhalb einer ihm gesetzten angemessenen Frist zu beseitigen.

---

[244] Vgl. *Ingenstau/Korbion*, a.a.O., B § 13 Rn 745 a.

III. Versicherungsumfang und Risikoabgrenzung

372 Versichert sind Gewährleistungsansprüche, je nach vertraglicher Vereinbarung (Nachbesserung § 633 BGB, § 13 Nr. 5 VOB/B; Minderung § 634 BGB, § 13 Nr. 6 VOB/B) gemäß BGB und/oder VOB, auf die erforderliche Beseitigung des Mangels, der erstmals nach der Abnahme an der Bauleistung hervortritt.

373 Die Deckung umfasst:
- die Kosten, die für die erforderliche Mangelbeseitigung aufgewendet werden müssen sowie
- die engen Mangelfolgeschäden nach § 635 BGB (s. § 8 Rn 3 ff.); nicht jedoch die entfernten Mangelfolgeschäden.

Weitergehende Ansprüche bzw. Schadenersatzansprüche, wie z.B. der Anspruch auf entgangenen Gewinn, sind nicht versichert.

374 Ein angemessener Minderungsbetrag wird dann erstattet, wenn die Mangelbeseitigung unmöglich bzw. unverhältnismäßig ist. Ansprüche auf Wandelung sind nicht Gegenstand der Versicherung.

Versichert sind Gewährleistungsansprüche, die innerhalb einer Frist bis zu maximal 5 Jahren nach Abnahme geltend gemacht werden.

> *Beispiel*
> Eine Dachdeckerfirma hat mangelhaft gearbeitet. Die Mängel wurden bei der Abnahme nicht bemerkt. Nach der Abnahme kommt es zu Wassereinbrüchen in darunterliegenden Räumen. Die BGV erstattet die Kosten für die Nachbesserung an der mangelhaften Dachdeckerleistung. Die zusätzlich anfallenden Malerkosten sowie evtl. Mietausfallschäden stellen entfernte Mangelfolgeschäden dar, die durch die BGV nicht gedeckt sind. Dieses Risiko fällt unter die Betriebs-Haftpflichtversicherung.

Der Versicherungsschutz bezieht sich auf Bauvorhaben in Deutschland.

IV. Der Versicherungsfall

375 Im Gegensatz zur Betriebs-Haftpflichtversicherung, in der das Schadenereignis maßgebend ist, wird bei der Baugewährleistungs-Versicherung auf die Geltendmachung von Gewährleistungsansprüchen gegen den Versicherungsnehmer (Anspruchserhebungsprinzip) abgestellt. Es kommt also darauf an, ob der Bauherr während der Dauer der Versicherung Ansprüche gegenüber dem Bauunternehmer geltend macht.

V. Der Leistungsumfang

1. Die Leistungspflicht des Versicherers

376 Die Leistungspflicht des Versicherers umfasst
- die Prüfung des Versicherungsfalls, d.h. ob und in welchem Umfang begründete Gewährleistungsansprüche geltend gemacht werden;
- die Abwehr unbegründeter oder übersetzter Gewährleistungsansprüche, einschließlich der Übernahme evtl. anfallender Gerichts-, Anwalts- und Sachverständigenkosten.
- die Befriedigung der berechtigten Gewährleistungsansprüche durch Zahlung der Aufwendungen, die für die Nachbesserung oder Minderung anfallen.

2. Begrenzung der Entschädigungsleistung

Die Entschädigungsleistung wird begrenzt durch: 377
- die Deckungssumme je Versicherungsfall
- die dreifache Maximierung der Deckungssumme pro Versicherungsjahr bei der Jahresversicherung (Einfachmaximierung bei der Objektversicherung).

3. Umfang der Entschädigungsleistung

Die Entschädigungsleistung erfolgt auf Selbstkostenbasis. Nicht ersetzt werden: 378
- Wagnis und Gewinn
- Vermögensfolgeschäden (z.B. Mietausfälle)
- „Sowiesokosten"

Beispiel
Hat der Bauherr in seiner Leistungsbeschreibung Kellerwände ohne die notwendige Feuchtigkeitsisolierung aufgeführt und der Auftragnehmer dementsprechend die Leistung erbracht, stellen die Aufwendungen für die nachträgliche Isolierung Sowiesokosten dar.

VI. Direktzugriff des Bauherrn auf den Versicherer

Der Bauherr ist im Rahmen des Versicherungsvertrages berechtigt, Ansprüche gegen den Versicherungsnehmer auf Ersatz von Mängelbeseitigungskosten bzw. auf Erstattung des Minderungsbetrages unmittelbar gegenüber dem Versicherer geltend zu machen, wenn die Erfüllung dieser Gewährleistungspflichten durch den Versicherungsnehmer infolge von Insolvenz (Eröffnung des Konkurs- oder Vergleichsverfahrens oder deren Ablehnung mangels Masse) nicht mehr möglich ist. 379

VII. Teilnahme an Arbeitsgemeinschaften

Die Gesellschafter einer Arge haften gegenüber dem Bauherrn als Gesamtschuldner. Der Bauherr kann bei einem Mangel also jeden Arge-Partner – auch wenn er einen Mangel nicht selbst verursacht hat – auf volle Ersatz- bzw. Nachbesserungsleistung in Anspruch nehmen. Der Ausgleich der Gesamtschuldner untereinander, also im Innenverhältnis, erfolgt auf der Grundlage der zwischen den Arge-Partnern getroffenen vertraglichen Vereinbarungen ab. 380

Für Gewährleistungsansprüche aus der Teilnahme an Arbeitsgemeinschaften, bei denen die Aufgaben im Innenverhältnis nach Fachgebieten, Teilleistungen oder Bauabschnitten aufgeteilt sind, bleibt die Ersatzpflicht des Versicherers auf die vom Versicherungsnehmer übernommene Aufgaben beschränkt.

VIII. Nicht versicherte Tatbestände

Die Baugewährleistungs-Versicherung bezieht sich aufgrund ihrer Konzeption auf einen bestimmten, auch gegenüber anderen Versicherungsarten abgrenzbaren, Risikobereich. Bestimmte Risiken sollen daher nicht von der Baugewährleistungs-Versicherung umfasst sein: Optische Mängel ab einem bestimmten Wert, Mangelfolgeschäden, Ansprüche aus der Nichteinhaltung von selbständigen Garantiezusagen, Mängel der Raumakustik (Luftschall), Ansprüche aus Wartungsverträgen, Ansprüche wegen Mängeln an Bepflanzung und Aussaat, Ansprüche aufgrund Rechtsmängel an gelieferten Sachen, bewusstes Abweichen von geltenden Vorschriften. 381

IX. Pflichten und Obliegenheiten des Versicherungsnehmers

1. Vor Baubeginn (Jahrsversicherung)

382 Bauleistungen, die im Rahmen einer Jahresversicherung 25 % der gesamten Jahresbausumme, mindestens 1 Million DM übersteigen, sind dem Versicherer rechtzeitig vor Beginn der Ausführung mitzuteilen. Auf Aufforderung des Versicherers sind folgende Unterlagen zur Prüfung vorzulegen:
- Der Bauvertrag
- Die verfügbaren Baupläne
- Die Leistungsbeschreibung

In Einzelfällen besteht die Möglichkeit einer baubegleitenden Kontrolle durch einen Sachverständigen. Sobald eine Bauleistung 25 % der Jahresbausumme, mindestens 1 Million DM übersteigt, muss der Versicherungsnehmer die Bauunterlagen vorlegen, damit entschieden werden kann, ob eine baubegleitende Kontrolle durchgeführt wird.

2. Während der Bauausführung

383 Auch nachdem eine Bauleistung die unter Ziff. 1 genannte Bausumme erreicht und der Versicherer Unterlagen erhalten hat, kann es immer vorkommen, dass z.B. die Nutzung des Bauvorhabens oder die Baupläne im Laufe des Bauvorhabens geändert werden. Entsprechend kann sich auch das Risikobild einer Bauleistung erheblich ändern. Der Versicherungsnehmer ist daher verpflichtet, dem Versicherer Änderungen unverzüglich mitzuteilen.

Findet eine baubegleitende Kontrolle statt, ist der Versicherungsnehmer – im Rahmen seiner Möglichkeiten – aufgefordert, dem Sachverständigen die Durchführung seiner notwendigen Arbeiten zu gestatten.

3. Im Versicherungsfall

384 Wenn Gewährleistungsansprüche geltend gemacht werden, hat der Versicherungsnehmer dies dem Versicherer unverzüglich innerhalb von zwei Wochen zu melden.

Bei einer förmlichen Abnahme ist das Abnahmeprotokoll an den Versicherer zu senden.

Wenn keine förmliche Abnahme und auch keine Prüfung durch einen Sachverständigen stattgefunden hat, müssen der Abnahmezeitpunkt sowie etwaige Mängelvorbehalte nachgewiesen werden.

X. Beitragsberechnung

385 Die Beitragsberechnung erfolgt bei der Jahresversicherung auf Umsatzsummenbasis, bei der Objektversicherung auf Bausummenbasis und ist gewerkespezifisch aufgeteilt.

H. Die Kautionsversicherung, moderne Finanzierung und Sicherung in der Bauwirtschaft, Liquiditätssicherung durch Bürgschaftsmodelle[245]

I. Einführung

386 Die Sicherung der Liquidität in einem Unternehmen der Bauwirtschaft – egal welcher Größenordnung – gehört zu den zentralen Führungsaufgaben der Entscheidungsträger. Verstärkt wird diese

---

[245] Darstellung bezieht sich auf den Geltungsbereich Deutschland. Zu finanzwirtschaftlichen Auslandsrisiken s. vertiefend *Endisch/Jacob/Stuhr*, Stahlbau 2000, 534.

Aussage durch ein Faktum, welches zur Zeit sehr stark bemüht wird: Liquidität geht vor Rentabilität.

Die Sicherung bzw. Steigerung der Liquidität durchzieht als roter Faden sämtliche entscheidungsorientierten Handlungsmaßnahmen.

Bei Betrachtung der Beziehung zwischen Liquiditätssteigerung und Bürgschaftsmodellen liegt der Ansatz nahe, die Ursachen bzw. Felder näher zu analysieren. Nach den Maßgaben der VOB/B kann das Thema auch unter die Überschrift „Maßnahmen zur Liquiditätssteigerung beim Bauvertrag, speziell die Kredit-/Kautionsversicherung als Sicherheitsleistung nach § 17 VOB/B", gestellt werden. 387

II. Die Kreditversicherung

Die Kreditversicherung kann als Oberbegriff für sämtliche Versicherungszweige bezeichnet werden, die sich zum Ziel gesetzt haben, für einen Gläubiger drohende Verlustgefahren im Wege einer Versicherung auszuschließen oder zu vermindern. Gegenstand der Kreditversicherung ist die Abwendung der Gefahr, die dem Kreditgeber durch Ausfall der Leistung des Kreditnehmers in Form eines Vermögensschadens droht. 388

Die im Baubereich in der Regel bekannteste Form der Kreditversicherung ist die **Warenkreditversicherung**, bei der Versicherungsnehmer seine kurzfristigen gegen seine Kunden gerichteten Forderungen innerhalb eines sogenannten Mantelvertrages versichert. 389

Die Kautionsversicherung unterscheidet sich von der Kreditversicherung nur dadurch, dass bei ersterer der Versicherungsnehmer Schuldner und nicht Gläubiger der Forderung ist.

1. Die Warenkredit-Versicherung

Fällige, aber unbezahlte Rechnungen können gerade für Unternehmen der Bauwirtschaft ein die Existenz bedrohendes Risiko darstellen. Außenstände wirken sich negativ auf die wirtschaftliche Lage aus und belasten im starken Maße die Produktivität der Unternehmen. 390

Im Rahmen der Warenkredit-Versicherung werden Ausfälle an Forderungen aus der nach Vertragsbeginn erbrachten Warenlieferung und Dienstleistungen ersetzt, die dadurch entstehen, dass versicherte Kunden des Versicherungsnehmers während der Laufzeit des Versicherungsvertrages zahlungsunfähig werden. Unter Forderungen aus Dienstleistungen sind jedoch keine Forderungen aus Gebrauch- und Nutzungsüberlassung, wie z.B. Vermietung, Verpachtung, Mietkauf, Leasing, Franchisegebühren, Lizenzforderungen sowie Provisionsforderungen. Der Versicherungsschutz umfasst dabei vertraglich begründete und einredefreie Forderungen des Geschäftsfelds des Versicherungsnehmers. Das Geschäftsfeld muss der Versicherungsnehmer im Antrag genau prüfen. Die Forderungen müssen innerhalb der im Versicherungsschein genannten Frist fällig werden. 391

Nicht ersetzt werden Forderungsausfälle, bei denen der Versicherer nachweist, dass diese durch Krieg, kriegerische Ereignisse, innere Unruhen, Streik, Beschlagnahme, Behinderung des Waren- und Zahlungsverkehrs von hoher Hand, Naturkatastrophen oder durch Kernenergie nach den Vorschriften des Atomgesetzes verursacht wurden.

a) Versicherungsfall

Der Versicherungsfall tritt ein, wenn der Kunde zahlungsunfähig ist. Zahlungsunfähigkeit liegt vor, wenn 392

- das Insolvenzverfahren eröffnet oder dessen Eröffnung vom Gericht mangels Masse abgelehnt worden ist oder
- die Annahme eines Schuldenbereinigungsplanes vom Gericht festgestellt worden ist oder

- mit sämtlichen Gläubigern und im Einvernehmen mit dem Versicherer ein außergerichtlicher Liquidations- oder Quotenvergleich zustande gekommen ist oder
- eine vom Versicherungsnehmer durchgeführte Zwangsvollstreckung in das Schuldnervermögen zu keiner bzw. nicht zur vollen Befriedigung geführt hat und die Fruchtlosigkeit belegt wird.

b) Entschädigungsleistung

393 Zur Berechnung des versicherten Ausfalls werden von den bei Eintritt des Versicherungsfalles bestehenden Forderungen abgesetzt:
- nicht versicherte Forderungen oder Forderungsteile,
- aufrechenbare Forderungen,
- Erlöse aus Eigentumsvorbehalten und sonstigen Rechten oder Sicherheiten,
- alle Zahlungen ab Eintritt des Versicherungsfalles einschl. Quotenzahlungen.

2. Forderungsausfallversicherung für Betriebe der Bauwirtschaft

394 Versicherer am Markt bieten ein Sonderdeckungskonzept der Warenkreditversicherung an, das den Besonderheiten der Bauwirtschaft Rechnung trägt. Grundlage des Konzepts sind die Bedingungen der Warenkreditversicherung. Der Versicherungsschutz umfasst zusätzlich Forderungen aus nach Vertragsbeginn erbrachten Werkleistungen sowie Forderungen wegen bereits erbrachter, halbfertiger Leistungen am Bau. Wenn ein Schuldner eine versicherte Forderung teilweise, z.B. der Höhe nach bestreitet, so erfolgt eine vorläufige Entschädigung des unbestrittenen Forderungsanteils, soweit die bestrittene Forderung vom unbestrittenen Forderungsteil klar abgrenzbar ist. Der unbestrittene Forderungsanteil ist vom Versicherungsnehmer, entweder durch Beibringungen eines unbedingten Schuldanerkenntnisses oder durch den Spruch eines Schiedsgerichtes im Sinne des 10. Buches der ZPO nachzuweisen.

III. Die Sicherheitsleistung nach § 17 VOB/B

395 Bei der **Sicherheitsleistung** nach § 17 VOB/B handelt es sich um ein Mittel zur Abwendung der Gefahr künftiger Rechtsverletzungen oder Benachteiligungen im vertraglichen Verhältnis zwischen Auftraggeber und Auftragnehmer. Es werden nur die Ansprüche des Auftraggebers gegenüber dem Auftragnehmer, nicht aber etwaige Ansprüche im umgekehrten Verhältnis betrachtet.

Insbesondere bringt § 17 Nr. 1 Abs. 2 VOB/B zum Ausdruck, dass die Sicherheit dazu dient, die vertragsgemäße Ausführung und die Gewährleistung sicherzustellen.

Gegenstand dieser Regelung ist die Absicherung der vertraglichen Interessen des Auftraggebers gegenüber dem Auftragnehmer mit dem Ziel der ordnungsgemäßen Erfüllung dessen, was nach dem Bauvertrag als Leistungspflicht des Auftragnehmers anzusehen ist, einschließlich der Verpflichtungen aus der Gewährleistung.

IV. Die Bürgschaft

396 Die Bürgschaft ist ein im BGB geregeltes Vertragsverhältnis (§ 765 BGB). Wie jeder Vertrag kommt auch die Bürgschaft durch Angebot und Annahme zustande (§§ 145 ff. BGB). Durch den Bürgschaftsvertrag verpflichtet sich der Bürge gegenüber dem Gläubiger eines Dritten, für die Erfüllung der Verbindlichkeit des Dritten einzustehen (§ 765 Abs. 1 BGB). Die Bürgschaft kann auch für eine künftige oder bedingte Verbindlichkeit übernommen werden (§ 765 BGB).

Bereits in den Ausschreibungen werden in Anlehnung an die VOB immer häufiger im Rahmen gesonderter Vereinbarungen u.a. Ausführungs-, Gewährleistungs- oder Vertragserfüllungsbürgschaften gefordert.

H. Die Kautionsversicherung § 8

Während die **Ausführungsbürgschaft** grundsätzlich die Erfüllungspflicht des Auftragnehmers bis zur Abnahme der Bauleistung abdeckt, dient die **Gewährleistungsbürgschaft** regelmäßig zur Absicherung von Gewährleistungsansprüchen des Auftraggebers nach der Abnahme. D.h. der Auftragnehmer übernimmt die Gewähr, dass seine Leistung zur Zeit der Abnahme die vertraglich zugesicherten Eigenschaften hat, den anerkannten Regeln der Technik entspricht und nicht mit Fehlern behaftet ist, die den Wert oder die Tauglichkeit zu dem gewöhnlichen oder dem nach dem Vertrag vorausgesetzten Gebrauch aufheben oder mindern (§ 13 Abs. 1 VOB/B). 397

Die **Vertragserfüllungsbürgschaft** dient dazu, die Ausführung und die Gewährleistung sicherzustellen. Diese Bürgschaftsarten beziehen sich auf den Arbeitsprozess und/oder das Ergebnis. 398

Die sogenannte **Vorauszahlungsbürgschaft** – auch Zahlungsbürgschaft genannt – sichert dagegen die bereits geflossenen Abschlags- oder Vorauszahlungen ab. Das bedeutet, dass vor Beginn der Bauleistung ein Großteil bzw. der komplette Betrag dem Auftragnehmer durch den Auftraggeber zur Verfügung gestellt wird. Der Bürge haftet für die Rückzahlung bei einer Leistungsstörung.

Besonders zu beachten sind die in § 17 Nr. 4 der VOB/B geregelten Punkte: 399

Bei Sicherheitsleistung durch Bürgschaft ist Voraussetzung, dass der Bürge als tauglich vom Auftraggeber anerkannt wird, wobei nach § 17 Nr. 2 VOB/B nur EU-zugelassene Kreditinstitute oder Kreditversicherer/Kautionsversicherungen in Frage kommen. Bis vor einigen Jahrzehnten war die Bereitstellung von Bürgschaften für die Ablösung von Sicherheitseinbehalten eine Domäne der Banken, dies hat sich gerade in den letzten Jahren stark geändert. Hintergrund hierfür sind in erster Linie die immer stärker werdenden Restriktionen aus dem Kreditwesengesetz (KWG), die sich auf die Auftragnehmerseite/die Bauwirtschaft immer belastender auswirken sowie die spezifisch auf die Bauwirtschaft entwickelten Konzepte der Kautionsversicherer.

Nach § 17 Nr. 4 VOB/B muss die Bürgschaft unter Verzicht auf die Einrede der Vorausklage (§ 771 BGB) und nicht auf bestimmte Zeit begrenzt ausgestellt sein, was unter dem bekannten Gesichtspunkt der Akzessorietät aus betriebswirtschaftlichen bzw. versicherungstechnischen Gesichtspunkten weitestgehend unproblematisch ist.

Anders sieht es mit einem weiteren Erfordernis aus: die Bürgschaft muss nach Vorschrift des Auftraggebers ausgestellt sein, da dies erhebliche Auswirkungen für die Kalkulation einer Bürgschaft haben kann, was sich wiederum liquiditätseinschränkend für den Bauunternehmer – insbesondere für den mittelständischen Bauunternehmer – auswirkt. 400

Hintergrund dieser Regelung sollte sein, dass weder dem Bürgen noch dem Auftragnehmer freie Hand bei der Formulierung des Bürgschaftstextes gelassen wird. Allerdings sollte sich der Auftraggeber ausschließlich in einem dem Sicherungszweck dienenden Bereich bewegen und der Auftragnehmer/der Bauunternehmer nicht unzumutbar belastet werden. Wie in der Praxis festgestellt werden kann, scheinen dem Erfindungsreichtum der Auftraggeberseite kaum Grenzen gesetzt zu sein.

Wird die Bürgschaft mit der Klausel „Zahlung auf erstes Anfordern" verbunden mit der Forderung, auf die Einreden nach § 768 BGB zu verzichten, hält der Auftraggeber quasi einen Bar-Scheck in den Händen. Dies ist mit dem Nachteil für den Bürgen verbunden, keine Einwendungen vortragen zu können, die dem Auftragnehmer als Hauptschuldner zustehen, ohne dass dieser solche schon vorgetragen haben muss, auch wenn keine offensichtlich rechtsmissbräuchliche Inanspruchnahme unterstellt wird. 401

Bei konsequenter Weiterbetrachtung befindet man sich hier in einem garantieähnlichen Bereich, der zumindest von der VOB nicht gewollt sein kann.

§ 8 Haftung und Versicherung

V. Das Wahlrecht der Sicherheiten gemäß § 17 VOB/B

402 In Anlehnung an § 17 Nr. 3 VOB/B hat der Auftragnehmer die Möglichkeit, unter den verschiedenen Sicherheiten zu wählen (Einbehalt/Hinterlegung von Geld oder Bürgschaft). Unter Bezugnahme auf die bereits gemachten Ausführungen entscheiden sich immer mehr Auftragnehmer/Bauunternehmer für Bürgschaften eines Kautionsversicherers (in Deutschland sind derzeit ca. acht Gesellschaften als Kautionsversicherer tätig).

Es scheint mittlerweile schon eine Selbstverständlichkeit für ein Bauunternehmen zu sein, für einen Großteil der zu erbringenden Bauleistungen Sicherheitseinbehalte vereinbaren zu müssen und dies nicht nur – wie vor Jahren noch üblich – fast ausschließlich im bauindustriellen, sondern nunmehr auch im mittelständischen und sogar im bauhandwerklichen Bereich.

Auf Auftragnehmerseite wird dabei immer häufiger nicht vom Bürgschaftswesen, sondern vom „Bürgschaftsunwesen" gesprochen; letzteres insbesondere aufgrund der enormen Belastungen, die sich wegen des ständig steigenden Sicherheitsbedürfnisses ergeben.

Die Forderung nach Bürgschaften ist nicht unbedingt als etwas Ungewöhnliches zu betrachten, aber sie führt immerhin gerade bei kleineren und mittleren Unternehmen zu Konsequenzen, welche die Finanzstruktur wesentlich beeinflussen können.

Wird ein in Anspruch genommenes Bürgschaftsvolumen teilweise oder ganz auf das Kreditobligo und damit auf den Kreditrahmen anrechenbar, ist eine Unterlegung mit Sicherheiten unabdingbar, wie es das Kreditwesengesetz (KWG) für Bankbürgschaften fordert. Dies kann wesentliche Auswirkungen auf die notwendige Unternehmensfinanzierung haben. In erster Linie betrifft dies die Investitionstätigkeit des Unternehmens oder die werkvertraglich bedingten Vorleistungsverpflichtungen in der Auftragsfinanzierung. Gerade ein mittelständisches Bauunternehmen wäre hier besonders betroffen, da die Beschaffung einer Bürgschaft Teil der Auftragsfinanzierung werden würde. Diese Mittel muss das Unternehmen zusätzlich zur Auftragsfinanzierung aufwenden, die andererseits wiederum für die Unternehmensfinanzierung fehlen könnten.

I. Die Rechtsschutzversicherung

I. Einleitung

403 Kein Unternehmer und kein freiberuflich Tätiger ist vor einem Rechtsstreit sicher, sei es bei der Geltendmachung von Ersatzansprüchen, der Verteidigung gegen den Vorwurf fahrlässiger Verletzung einer Strafvorschrift oder bei sozial- und arbeitsgerichtlichen Auseinandersetzungen. Oft muss ein Gericht entscheiden, was Recht ist. Bis dahin ist es vielfach ein langer, zeitraubender und teurer Weg. Ohne fachlichen Beistand verliert das Unternehmen kostbare Arbeitszeit und Geld. Der unternehmerische Freiraum ist eingeschränkt.

Die Rechtsschutzversicherung ist eine Versicherung zum Abdecken der Kosten eines Rechtsstreits. Sie sorgt dafür, dass rechtliche Interessen wahrgenommen werden können, ohne dass finanzielle Risiken eingegangen werden müssen.

404 Selbständige und freiberuflich Tätige sowie Gewerbetreibende, speziell das Bauhaupt- und Baunebengewerbe, können den Berufs- bzw. Firmen-Rechtsschutz – ohne Firmen-Vertrags-Rechtsschutz – abschließen. Soll der Privat-Rechtsschutz-Bereich mitversichert werden, gibt es hierfür ein Kombinationspaket, der sogenannte Privat-, Berufs- u. Verkehrs-Rechtsschutz für Selbständige (§ 28 ARB). Die Risiken, die in dem Kombinationspaket Privat-, Berufs- und Verkehrs-Rechtsschutz für Selbständige (§ 28 ARB) angeboten werden, können auch als Einzelrisiken versichert werden können, bis auf den Wohnungs- und Grundstück-Rechtsschutz (§ 29 ARB).

Dieses Kombinationspaket ist insbesondere auf Klein- bis Mittelstandsbetriebe ausgerichtet.

II. Die einzelnen Risiken

Der Privat-, Berufs- und Verkehrs-Rechtsschutz (§ 28 ARB) kann folgende Risiken mit entsprechenden Leistungsarten beinhalten: 405

1. Verkehrs-Rechtsschutz

für alle auf den Versicherungsnehmer und die im Privat-Rechtsschutz genannten Personen zugelassenen Fahrzeuge zu Lande sowie Anhänger und **alle** auf den Ehegatten/Lebenspartner, die minderjährigen und volljährigen, unverheirateten Kinder, jedoch längstens bis zu dem Zeitpunkt, in dem sie eine auf Dauer angelegte berufliche Tätigkeit ausüben und hierfür ein leistungsbezogenes Entgelt erhalten, zugelassenen privat genutzten Fahrzeuge zu Lande und Anhänger. 406

Leistungsarten:
- Schadenersatz-Rechtsschutz
- Rechtsschutz im Vertrags- und Sachenrecht
- Steuer-Rechtsschutz vor Gerichten
- Verwaltungs-Rechtsschutz in Verkehrssachen
- Straf-Rechtsschutz
- Ordnungswidrigkeiten-Rechtsschutz

2. Privat-Rechtsschutz

für den (einen) Inhaber bzw. Geschäftsführer. Der eheliche Lebenspartner oder im Versicherungsschein genannten nichtehelichen Lebenspartner sind mitversichert, sowie die minderjährigen Kinder, volljährige, unverheiratete Kinder, jedoch längstens bis zu dem Zeitpunkt, in dem sie erstmalig eine auf Dauer angelegt berufliche Tätigkeit ausüben und hierfür ein leistungsbezogenes Entgelt beziehen. 407

Leistungsarten:
- Schadenersatz-Rechtsschutz
- Arbeits-Rechtsschutz
- Rechtsschutz im Vertrags- und Sachenrecht
- Steuer-Rechtsschutz vor Gerichten
- Sozialgerichts-Rechtsschutz
- Disziplinar- und Standes-Rechtsschutz
- Ordnungswidrigkeiten-Rechtsschutz
- Straf-Rechtsschutz
- Beratungs-Rechtsschutz im Familien- und Erbrecht

3. Berufs-Rechtsschutz für Selbständige/Rechtsschutz für Firmen

Versichert ist der Versicherungsnehmer im beruflichen Bereich, sowie die vom Versicherungsnehmer beschäftigten Personen in Ausübung ihrer beruflichen Tätigkeit für den Versicherungsnehmer. 408

Leistungsarten:
- Schadenersatz-Rechtsschutz
- Arbeits-Rechtsschutz (nur für den Versicherungsnehmer)
- Sozialgerichts-Rechtsschutz
- Disziplinar- und Standes-Rechtsschutz

- Straf-Rechtsschutz
- Ordnungswidrigkeiten-Rechtsschutz

4. Wohnungs- und Grundstücks-Rechtsschutz

409 für ein gewerblich selbstgenutztes Objekt und für eine selbstgenutzte Wohnung bzw. ein Einfamilienhaus des Geschäftsführers bzw. Inhabers.

Leistungsarten:
- Wohnungs- u. Grundstücks-Rechtsschutz
- Steuer-Rechtsschutz vor Gerichten

III. Beschreibung der verschiedenen Leistungsarten im Rechtsschutz

1. Straf-Rechtsschutz

410 Versicherungsschutz für die Verteidigung gegen den Vorwurf, Vorschriften des Strafrechtes fahrlässig verletzt zu haben, z.B. für die Verteidigung in Strafverfahren gegen den Vorwurf der fahrlässigen Körperverletzung, der fahrlässigen Brandstiftung und der fahrlässigen Umweltgefährdung.

2. Ordnungswidrigkeiten-Rechtsschutz

411 Versicherungsschutz für die Verteidigung gegen den Vorwurf, Vorschriften des Ordnungswidrigkeitenrechts verletzt zu haben, z.B. wegen Geschwindigkeitsüberschreitung oder im Privatbereich bei Verletzung der Aufsichtspflicht oder Fehlverhalten als Fußgänger, Radfahrer oder Freizeitsportler.

3. Verwaltungs-Rechtsschutz in Verkehrssachen

412 Versicherungsschutz für verkehrsrechtliche Verwaltungsverfahren, z.B. Einschränkung, Entzug oder Wiedererlangung der Fahrerlaubnis, Fahrtenbuchauflage aufgrund wiederholter Eintragung in die Verkehrszentralregister.

4. Schadenersatz-Rechtsschutz

413 Versicherungsschutz für die Geltendmachung von Schadenersatzansprüchen aufgrund gesetzlicher Haftpflichtbestimmungen. Es handelt sich um Ansprüche des versicherten Personenkreises wegen erlittener Personen-, Sach- und Vermögensschäden durch ein Verschulden anderer, z.B. Schadenersatzansprüche gegen Dritte wegen Beschädigung von Waren und Betriebseinrichtungen, Durchsetzung von Schadenersatzforderungen infolge eines Verkehrsunfalls.

5. Rechtsschutz im Vertrags- und Sachenrecht

414 Im privaten Bereich bezieht sich der Versicherungsschutz auf die Wahrnehmung rechtlicher Interessen aus schuldrechtlichen Verträgen des täglichen Lebens und gesetzlichen Schuldverhältnissen, z.B. bei Streitigkeiten aus Kauf-, Reparatur- und Dienstleistungsverträgen oder Versicherungsverträgen. Die Wahrnehmung rechtlicher Interessen aus schuldrechtlichen Verträgen im Zusammenhang mit der selbständigen bzw. freiberuflichen Tätigkeit ist nicht versichert.

6. Arbeits-Rechtsschutz als Arbeitgeber

Versicherungsschutz für die Geltendmachung und Abwehr von Forderungen, die sich aus Arbeitsverhältnissen ergeben können, z.B. Auseinandersetzungen mit Arbeitnehmern wegen Kündigung, Entlohnung, Urlaub.   415

7. Disziplinar- und Standes-Rechtsschutz

Versicherungsschutz für die Verteidigung in Disziplinar- und Standesrechtsverfahren, z.B. wegen Dienstpflichtverletzung.   416

8. Wohnungs- und Grundstücks-Rechtsschutz

Versicherungsschutz für die Wahrnehmung rechtlicher Interessen aus Miet- und Pachtverträgen über Grundstücke, Gebäude oder Gebäudeteile und aus ähnlichen Rechten (auch Nachbarrecht), z.B. nachbarrechtliche Streitigkeiten als Eigentümer der Betriebsräume oder Streitigkeiten aus Miet- und Pachtverhältnissen über die Betriebsräume.   417

9. Sozialgerichts-Rechtsschutz

Versicherungsschutz für alle Verfahren vor deutschen Sozialgerichten. Gerichtliche Auseinandersetzungen, z.B. wegen Anerkennung eines Berufs-Unfalles, wegen vorzeitiger Rentenfälle, bei behaupteter falscher Berechnung des Krankengeldes.   418

10. Steuer-Rechtsschutz

Versicherungsschutz für die Interessenvertretung vor Finanz- und Verwaltungsgerichten innerhalb Deutschlands (Kein Rechtsschutz für die Steuerberatung oder die Steuererklärung).   419

11. Beratungs-Rechtsschutz

Übernahme von Kosten, die dem Versicherungsnehmer entstehen, wenn er sich in familien- und erbrechtlichen Angelegenheiten nach veränderter Rechtslage durch einen Anwalt beraten lässt.   420

IV. Leistungsumfang

Der Rechtsschutzversicherer sorgt dafür, dass der Versicherungsnehmer seine rechtlichen Interessen wahrnehmen kann, und trägt die für die Interessenwahrnehmung erforderlichen Kosten (vgl. § 1 ARB). Die Rechtsschutzversicherung leistet Kostenvorschüsse, die zur Wahrnehmung der rechtlichen Interessen notwendig sind. Die sind: 421

- Gesetzliche Anwaltsvergütung bei freier Wahl des Anwaltes
- Gerichtskosten
- Zeugen-Gebühren
- Kosten der Gegenseite
- Kosten des gerichtlich bestellten Gutachters
- Kosten eines öffentlich bestellten technischen Sachverständigen
- Kosten der Zwangsvollstreckung
- Kautionsstellung

Geldstrafen und Bußgelder selbst sind grundsätzlich über die Rechtsschutzversicherung nicht versicherbar.

Die Leistungspflicht des Rechtsschutzversicherers ist begrenzt auf die vertraglich vereinbarte Deckungssumme. Unterhalb des vertraglich vereinbarten Selbstbehaltes besteht kein Versicherungsschutz.

V. Örtlicher Geltungsbereich

422 Rechtsschutz besteht, soweit die Wahrnehmung rechtlicher Interessen in Europa, den Anliegerstaaten des Mittelmeeres, auf den Kanarischen Inseln, den Azoren oder auf Madeira erfolgt und ein Gericht oder eine Behörde in diesem Bereich gesetzlich zuständig wäre, wenn ein gerichtliches oder behördliches Verfahren eingeleitet werden würde (§ 6 Abs. 1 ARB). Es besteht die Möglichkeit, Weltdeckung zu vereinbaren.

VI. Ausschlüsse

423 Ausgeschlossene Rechtsangelegenheiten sind in den Allgemeinen Bedingungen für die Rechtsschutzversicherung (§ 3 ARB) abschließend aufgeführt.

Vom Versicherungsschutz ausgeschlossen werden schwere oder nicht abschätzbare Risiken sowie rechtliche Randgebiete, die nur für eine Minderheit von Interesse sind, wie z.B.
- Streitigkeiten vor internationalen Gerichtshöfen,
- Insolvenz,
- Wettbewerbsrichtlinien.

424 Grundsätzlich nicht versicherbar sind ferner alle Verfahren wegen vorsätzlicher Straftaten (z.B. wegen Beleidigung, Diebstahl oder Betrug). Im Straßenverkehrsrecht gilt die besondere Regelung, dass Rechtsschutz gewährt wird, sofern kein rechtskräftiges Urteil wegen Vorsatzes ergangen ist. Bei Bußgeldverfahren tritt die Versicherung ohne Rücksicht auf Vorsatz oder Fahrlässigkeit ein.

425 Rechtsschutz besteht nicht für die Wahrnehmung rechtlicher Interessen im ursächlichen Zusammenhang mit dem Erwerb oder der Veräußerung eines zu Bauzwecken bestimmten Grundstücks, der Planung oder Errichtung eines Gebäudes oder Gebäudeteils, das sich im Eigentum oder Besitz des Versicherungsnehmers befindet oder das dieser zu erwerben oder in Besitz zu nehmen beabsichtigt, oder der Finanzierung eines der o.g. Vorhaben (§ 3 Abs. 1 d Ziffer aa – dd ARB).

VII. Die strafrechtliche Verantwortung eines Bauunternehmers und des freiberuflichen Architekten/Bauingenieurs[246]

426 Grundsätzlich kann jede natürliche Person straffällig werden. Insbesondere im Baubereich sind fahrlässige Verstöße gegen das Strafgesetzbuch sowie Gesetze, die Schutzbestimmungen beinhalten möglich, z.B.:
- § 222 StGB Fahrlässige Tötung
- § 229 StGB Fahrlässige Körperverletzung
- § 323 StGB Baugefährdung
- § 324 StGB Verunreinigung eines Gewässers
- § 326 StGB Umweltgefährdende Abfallbeseitigung
- Ordnungswidrigkeiten, z.B. § 7 Baustellenverordnung.

---

[246] Straf-Rechtsschutz Spezial, Deckung, die von bestimmten Anbietern am Markt speziell für das Bauhaupt- und Baunebengewerbe angeboten wird.

I. Die Rechtsschutzversicherung § 8

Beispiel Bauunternehmer
Starke Regenfälle haben einen Erdrutsch in einer Baugrube ausgelöst und einen Arbeiter in die Tiefe gerissen. Die Staatsanwaltschaft leitet ein Strafverfahren gegen Mitarbeiter des Bauunternehmens wegen fahrlässiger Tötung ein.

Ein Bagger überrollt bei Arbeiten am Fahrbahnrand ein 10-jähriges Kind. Gegen den Baggerführer, die Baufirma und den Polier wird ein Strafverfahren wegen fahrlässiger Tötung anhängig.

Beispiel Architekten
Durch einen Planungsfehler konnte die in einem Mühlenbetrieb eingebaute Entstaubungsanlage nicht funktionsgerecht arbeiten. Es sammelte sich nach kurzer Inbetriebnahme Mehlstaub in der Luft, so dass ein explosives Staub-Luftgemisch entstand, das durch einen elektrischen Funken in einem Schalter zur Detonation gebracht wurde. Neben einem erheblichen Sachschaden wurde ein Mitarbeiter des Mühlenbetriebes schwer verletzt. Die Ermittlungen der Staatsanwaltschaft richten sich nach kurzer Voruntersuchung in erster Linie gegen den Architekten.

Für den Versicherungsschutz im Straf- und Ordnungswidrigkeiten-Rechtsschutz in Ausübung gewerblicher, freiberuflicher oder sonstiger selbständiger Tätigkeiten gelten folgende Besonderheiten: 427

Der Versicherungsschutz umfasst auch Vergehen, deren vorsätzliche wie auch fahrlässige Begehung strafbar ist. Vergehen, die nur vorsätzlich begangen werden können, sind vom Versicherungsschutz umfasst, wenn die versicherten Inhaber selbst betroffen sind oder der Rechtsschutzgewährung zustimmen. Versicherungsschutz wird gewährt, solange keine rechtskräftige Verurteilung wegen Vorsatzes erfolgt. Bei Ordnungswidrigkeiten (Bußgeldbescheiden) ist vorsätzliches Handeln mitversichert.

Als Rechtsschutzfall im Straf- und Ordnungswidrigkeiten-Rechtsschutz gilt die Einleitung eines Ermittlungsverfahrens gegen den Versicherten. Ein Ermittlungsverfahren gilt als eingeleitet, wenn es bei der zuständigen Behörde als solches verfügt ist.

Erstattet werden Reisekosten des Prozessbevollmächtigten an den Ort des zuständigen Gerichts oder den Sitz der Ermittlungsbehörde. 428

Die angemessenen Kosten der vom Versicherten für die Verteidigung in Auftrag gegebenen erforderlichen Sachverständigenkosten.

Abweichend von der gesetzlichen Vergütung gemäß BRAGO auch die angemessenen Kosten aufgrund einer Honorarvereinbarung mit dem Rechtsanwalt. 429

Für die versicherten Inhaber die Beistandsleistung durch den Rechtsanwalt (Zeugenbeistand), wenn sie als Zeuge vernommen werden und die Gefahr einer Selbstbelastung besteht. Als Rechtsschutzfall für den Zeugenbeistand gilt die mündliche oder schriftliche Aufforderung an die Versicherten zur Zeugenaussage.

Für die versicherten Inhaber die Tätigkeit des Rechtsanwalts auf dem Gebiet des Verwaltungsrechts. Diese muss den Zweck haben, die Versicherten in eingeleiteten Straf- und Ordnungswidrigkeitenverfahren zu unterstützen. 430

Eine Straf-Rechtsschutzversicherung ist eine sinnvolle Ergänzung zur Betriebs-Haftpflichtversicherung bzw. bei Architekten/Bauingenieuren zur Berufs-Haftpflichtversicherung.

Teil 4: Versicherungen für den Architekten

A. Die Berufs-Haftpflichtversicherung des Architekten

I. Gegenstand der Berufs-Haftpflichtversicherung[247]

1. Risikobeschreibung

431 Die Berufs-Haftpflichtversicherung schützt den Architekten/Bauingenieur gegen finanzielle Nachteile, die ihm dadurch erwachsen, dass er wegen eines bei der Ausübung seiner freiberuflichen, d.h. selbständigen Tätigkeit begangenen Verstoßes für die Folgen dieses Verstoßes aufgrund gesetzlicher Haftpflichtbestimmungen privatrechtlichen Inhalts von einem Dritten schadenersatzpflichtig gemacht wird.

432 Unter den Versicherungsschutz fällt danach der einem Dritten entstandene Schaden, also nicht der Eigenschaden.

Erfüllungs-, Nachbesserungs- bzw. Mängelbeseitigungsansprüche sowie Ansprüche aus der gesetzlichen Gefahrtragung wegen eines Schadens an der eigenen Leistung (z.B. Planungsunterlagen) des Architekten/Bauingenieurs werden von der Berufs-Haftpflichtversicherung nicht umfasst.

2. Versicherte Tätigkeiten

433 Als freiberufliche Tätigkeit im Sinne der primären Risikobeschreibung gilt außer der Tätigkeit des Freiberuflichen/Freischaffenden auch die entsprechende Nebentätigkeit des beamteten oder angestellten Architekten bzw. Bauingenieurs sowie die entsprechende Tätigkeit des (bau-)gewerblichen Architekten, soweit dieser nicht mit der Bauausführung am selbem Objekt betraut ist oder nicht sonstige Ausschlussgründe vorliegen.

3. Gesetzliche Haftpflicht

434 Versichert sind gegen den Architekten/Bauingenieur erhobene Schadenersatzansprüche Dritter, wenn sie auf gesetzliche Haftpflichtbestimmungen privatrechtlichen Inhalts gestützt werden. Hierdurch wird deutlich, dass öffentlich-rechtliche, insbesondere verwaltungsrechtliche oder strafrechtliche Verpflichtungen des Versicherungsnehmers nicht unter den Haftpflichtversicherungsschutz fallen, weil sie nicht privatrechtlichen Inhalts sind. Die für den Architekten/Bauingenieur wesentlichen versicherten gesetzlichen Haftpflichtbestimmungen sind in Teil 1.B exemplarisch dargestellt.[248]

II. Leistungsumfang

1. Die Leistungspflicht des Versicherers, Begrenzung der Leistungspflicht

435 (S. Ausführungen § 8 Rn 218 f.)

---

[247] BBR/Arch. in der Fassung der Empfehlung des GDV vom 12.4.1996 GDV-Rundschreiben H 14/96 M.
[248] Die Abgrenzung zwischen Schadenersatzansprüchen aus pVV und § 635 BGB kann nicht für die versicherungstechnische Abgrenzung zwischen gedeckten und nicht versichertem Erfüllungsbereich herangezogen werden. BGH NJW 1981, 1780 „Statiker-Urteil".

2. Serienschaden

Die Deckungssummen stehen bei einem Serienschaden nur einmal zur Verfügung, 436

a) Wenn mehrere gleiche oder gleichartige Verstöße, die unmittelbar auf demselben Fehler beruhen
- zu Schäden an einem Bauwerk oder mehreren Bauwerken führen, auch wenn diese Bauwerke nicht zum selben Bauvorhaben gehören und/oder
- zu Schäden durch eine oder mehrere Umwelteinwirkung führen;

b) wenn mehrere Verstößen, zu einem einheitlichen Schaden führen;

c) gegenüber mehreren entschädigungspflichtigen Personen, auf die sich der Versicherungsschutz bezieht.

3. Wahl der Deckungssummen

Für Personenschäden und sonstige Schäden (Sach- und Vermögensschäden) werden getrennte Deckungssummen vereinbart. 437

Die Höhe der Deckungssumme hat der Architekt/Bauingenieur selbst zutreffen. Verbindliche Grundsätze, Maßstäbe oder Empfehlungen zur Bestimmung der „richtigen" Höhe der Deckungssumme gibt es nicht. Die Deckungssummen sollte bei einem Architektur-/Ingenieurbüro, das beispielsweise überwiegend Großprojekte oder größere Bauvorhaben mit Bausummen von einigen Millionen DM bearbeitet, wesentlich höher festgelegt werden als bei einem Architekten, der nur für Ein- oder Zweifamilienhäuser tätig wird.

Als unverbindliche Faustregel wird bei der Wahl der Deckungssumme für sonstige Schäden (Sach- und Vermögensschäden) eine Größenordnung von 20 % – 25 % der Bausumme der größten Einzelbaumaßnahme genannt. 438

Die Deckungssumme für Personenschäden sollte ebenfalls ausreichend bemessen werden. Aufgrund der Größenordnung von Personenschäden, die mit sehr hohen Entschädigungsleistungen verbunden sein können, sollte die Deckungssumme für Personenschäden mind. 3 Mio. DM betragen.

In gewissen Zeitabständen sollte immer wieder überprüft werden, ob die vereinbarten Deckungssummen noch zeitgemäß sind.

4. Deckungssummenmaximierung

Im Übrigen wird eine Deckungssummenmaximierung festgelegt, indem die Höchstersatzleistung des Versicherers für alle Versicherungsfälle eines Jahres auf das ein- oder mehrfache der vereinbarten Deckungssummen begrenzt wird. 439

Im Regelfall beträgt die Deckungssummenmaximierung das Zwei- oder Dreifache der vereinbarten Deckungssummen. Abweichend hiervon kann für bestimmte Projekte/Auftraggeber eine Sonderregelung vereinbart werden.

5. Selbstbeteiligung

Sinn dieser Selbstbeteiligungen ist es, den Versicherer von Bagatellschäden zu entlasten und das Interesse des Versicherungsnehmers an Schadenverhütung bzw. Schadenminderung zu verbessern. Außerdem beeinflusst die Höhe der Selbstbeteiligung die Höhe des Versicherungsbeitrags/-prämie. 440

Grundsätzlich liegen nahezu allen Berufs-Haftpflichtversicherungsverträgen Selbstbeteiligungsvereinbarungen für Sach- und Vermögensschäden zugrunde. Die Regelungsinhalte dieser Selbstbeteiligungsvereinbarungen sind allerdings unterschiedlich. So gibt es prozentuale Selbstbeteiligungen, bei denen sich der Versicherungsnehmer an jedem Sach- und Vermögensschaden mit 10 %, mindestens jedoch mit einem Betrag von z.B. 3.000 DM, zu beteiligen hat. Gleichzeitig wird eine Obergrenze der Selbstbeteiligung des Versicherungsnehmers festgelegt, z.B. 10.000 DM. In anderen Fällen sieht die Selbstbeteiligungsregelung einen festen Betrag (z.B. 5.000 DM) vor. Dieser Betrag ist dann gleichzeitig Mindestselbstbeteiligung, d.h. bis zu diesem Betrag hat der Versicherungsnehmer den Schaden selbst zu tragen.

III. Besonderheiten der Berufs-Haftpflichtversicherung

441 Im Vergleich zur Betriebs-Haftpflichtversicherung eines Bauunternehmers oder einer Haus- und Grundstück-Haftpflichtversicherung gelten für die Berufs-Haftpflichtversicherung des Architekten folgende versicherungstechnischen Besonderheiten:

1. Versicherungsfall in der Berufs-Haftpflichtversicherung: Das Verstoßprinzip

442 Im Gegensatz zur Betriebs-Haftpflichtversicherung, für die das Schadenereignisprinzip maßgebend ist, gilt für die Berufs-Haftpflichtversicherung das Verstoßprinzip, d.h., bei der Versicherungsschutzgewährung wird nicht auf das Schadenereignis, sondern auf den Verstoß abgestellt, für dessen Folgen ein Dritter den Versicherungsnehmer in Anspruch nimmt.

a) Begriffserläuterung

443 Maßgeblicher „Verstoß" i.S.d. Berufs-Haftpflichtversicherung ist stets das erste fehlerhafte Verhalten (Tun oder Unterlassen) des Versicherungsnehmers, das in unmittelbarer Kausalkette den Schaden herbeigeführt hat. Dabei bleibt es auch dann, wenn der Versicherungsnehmer die Möglichkeit und die Rechtspflicht hatte, ihn im weiteren Verlauf zu berichtigen und damit seine schädlichen Auswirkungen abzuwenden.[249] Ein Verstoß kann z.B. die Erstellung des fehlerhaften Planes sein, der sich als Ereignis in Form eines konkreten Schadens am Bauwerk auswirken kann.

b) Zeitpunkt des Verstoßes

444 Für die Frage, ob für einen gegen den Architekten erhobenen Schadenersatzanspruch Versicherungsschutz besteht oder nicht, ist der Zeitpunkt, in dem die Ursache für den eingetretenen Schaden (z.B. Planungsfehler oder sonstige Pflichtverletzung) gesetzt wurde von größter Wichtigkeit. Der Verstoßzeitpunkt muß im versicherten Zeitraum liegen. Es gelten die Vertragsbedingungen, insbesondere Selbstbehalte, Deckungssummen, Versicherungsbedingungen des Verstoßzeitpunktes.

> *Beispiel*
> Wenn die erste Ursachenkomponente für den zum Schaden führenden Planungsfehler bereits im Rahmen der Vorplanung gesetzt wurde und sich in den folgenden aufeinander aufbauenden Planungsstufen (Entwurfsplanung, Genehmigungs- und Ausführungsplanung) zur unmittelbaren Ursache lediglich verdichtet hat, so fällt der für die Versicherungsschutzgewährung maßgebliche Verstoß zeitlich in die Vorplanung.

2. Rückwärts-Versicherung

445 Nach dem Verstoßprinzip muss die Ursache (Verstoß) des Schadens, der zu Schadenersatzansprüchen führt, zwischen Beginn und Ablauf des Versicherungsvertrages begangen worden sein. Um insbesondere für junge Architekten, die sich gerade selbständig gemacht haben, den Versicherungsschutz zu erweitern, wurde eine einjährige Rückwärts-Versicherung vorgesehen. Diese Rückwärtsdeckung gilt allerdings nur für den erstmaligen Abschluss einer Berufs-Haftpflichtversicherung und erstreckt

---

249 OLG Nürnberg BauR 1995, 137 L; VersR 1994, 1462.

sich auf solche Verstöße, die im Zeitraum eines Jahres vor dem Beginn des Versicherungsvertrages begangen wurden.

Versichert werden solche Verstöße, die dem Versicherungsnehmer bis zum Abschluss des Vertrages nicht bekannt geworden sind. Als bekannt gilt ein Verstoß auch dann, wenn ein Vorkommnis vom Versicherungsnehmer als objektiv fehlerhaft erkannt oder ihm als objektiv fehlerhaft bezeichnet worden ist, auch wenn Schadenersatzansprüche weder erhoben noch angedroht, noch befürchtet worden sind.

Ferner besteht bei verschiedenen Bedingungskonzepten die Möglichkeit, eine Rückwärtsdeckung auch für den Fall zu vereinbaren, dass ein Architekt seinen Berufs-Haftpflichtversicherer wechselt. Der Versicherungsschutz erstreckt sich in solchen Fällen auch auf Verstöße, die innerhalb der Versicherungsdauer der Vorversicherung begangen wurden und die bzw. deren Folgen dem Versicherungsnehmer erst nach Ablauf der fünfjährigen Nachhaftung bekannt geworden und über die Vorversicherung nicht mehr gedeckt sind. Dabei ist zu klären, ob die Deckungssummen der Vorversicherung oder die Deckungssummen des neuen Vertrages gelten. 446

3. Nachhaftung des Versicherers („Nachmeldefrist")

Der Haftpflichtversicherer hat auch nach Vertragsende für alle Schäden aufzukommen, die der Versicherte während der Dauer der Vertragszeit verursacht hat („Verstoß liegt im versicherten Zeitraum"), von denen er jedoch erst nach Beendigung der Versicherung Kenntnis erlangt. Die Anzeigepflichten gemäß §§ 6, 12 VVG sind auch im Nachhaftungszeitraum zu beachten. Die Nachhaftung des Versicherers in der Berufs-Haftpflichtversicherung von Architekten/Bauingenieuren endet in der Regel in fünf Jahren nach Ablauf der Versicherung. Ersatzansprüche, die bis dahin nicht gegen den Versicherten geltend gemacht worden sind und somit dem Versicherer nicht innerhalb des fünfjährigen Nachhaftungszeitraums gemeldet werden, sind von der Versicherung nicht mehr gedeckt. 447

Zwischen Verstoßzeitpunkt, Schadeneintritt und Schadenmeldung können erfahrungsgemäß sehr lange Laufzeiten liegen, die schnell 10 Jahre und mehr betragen können. Einzelne Schadenersatzansprüche, z.B. aus positiver Vertragsverletzung, unterliegen der 30-jährigen Verjährung. Versicherungskonzepte bieten zur Vermeidung einer Deckungslücke eine Versicherung dieses Spätschadenrisikos an, indem sie dem Architekten die Möglichkeit bieten, für den Fall der Beendigung seiner beruflichen Tätigkeit eine Verlängerung der Nachhaftung des Versicherers von 5 Jahren bis auf 30 Jahre gegen Entrichtung eines angemessenen Beitrages zu vereinbaren. 448

IV. Nicht versicherbare bzw. nicht ohne weiteres versicherte Risiken bzw. Schäden

In der Berufs-Haftpflichtversicherung gilt auch das Prinzip der universellen Deckung, d.h., der Versicherungsschutz umfasst, soweit nicht eine besondere Ausschlussklausel entgegensteht, sämtliche nach der primären Risikobeschreibung gedeckten Haftpflichtansprüche. 449

1. Leistungen außerhalb des Berufsbildes des Architekten/Bauingenieurs

Tätigkeiten/Leistungen außerhalb des Berufsbildes eines Architekten gehören nicht zum versicherten Risiko. Mit dem Berufsbild nicht vereinbar und somit nicht versichert sind z.B.: das Veräußern und Vermitteln von Grundstücken, das Vermitteln von Mietern oder das Verwalten von Häusern und Wohnungen. Diese Risiken können über eigene Versicherungskonzepte (wie z.B. die Vermögensschaden-Haftpflichtversicherung von Grundstücks- und Hypothekenmaklern, Vermögensschaden-Haftpflichtversicherung von Haus- und Grundstücksverwaltern) versichert werden. 450

Zur Klarstellung werden in den BBR Fallgruppen aufgeführt, bei denen davon ausgegangen wird, dass das normale Berufsbild eines Architekten überschritten ist. Diese Fallgruppen sind:
- Der Architekt/Bauingenieur lässt Bauten ganz oder teilweise
- im eigenen Namen und für eigene Rechnung
- im eigenen Namen für fremde Rechnung
- im fremden Namen für eigene Rechnung

erstellen.

451
- Der Architekt/Bauingenieur erbringt selbst Bauleistungen oder liefert Baustoffe.

452 Sobald die vorerwähnten Voraussetzungen erfüllt sind, besteht grundsätzlich auch für die vom Versicherungsnehmer unter Umständen mitübernommene Architekten- und/oder Ingenieurleistung kein Versicherungsschutz, und zwar weder für Objektschäden noch für Drittschäden. Sind die Voraussetzungen jedoch nur bei einem einzelnen Bauvorhaben gegeben, so besteht der Versicherungsschutz hinsichtlich der für andere Bauvorhaben zu erbringenden Architektenleistungen fort.

453 Mit den Formulierungen der ersten Fallgruppe sollen insbesondere alle denkbaren Konstellationen von Bauherrenmodellen erfasst werden. Maßgeblich für diesen Risikoausschluss ist allein die Übernahme des Haftpflichtrisikos aus unternehmerischer Tätigkeit.

Das gilt auch für sonstige Fälle, in denen Architektenleistungen mit Ausführungs-, Herstellungs-, Liefer- und sonstigen wirtschaftlichen Interessen zusammenfallen, auch wenn diese Interessen bei wirtschaftlich verbundenen Personen oder Unternehmen liegen.

Für den Sonderfall, dass der Architekt für sein eigenes Bauvorhaben oder das seiner Ehefrau plant bzw. die Bauüberwachung übernimmt, sehen die erweiterten BBR bereits folgende Regelung vor:

2. Interessenkollision bei verwandtschaftlichen Beziehungen und wirtschaftlicher Verbundenheit

454 Bei verwandtschaftlichen Beziehungen und bei Personen, die Gesellschafter oder Geschäftsführer des Versicherungsnehmers sind, besteht die Gefahr der Interessenkollision. Die unter Ziff. 1 aufgezeigte Risikobegrenzung gilt auch dann, wenn die genannten Voraussetzungen gegeben sind:
- in der Person eines mit dem Versicherungsnehmer in häuslicher Gemeinschaft lebenden Angehörigen oder
- in der Person eines Geschäftsführers oder Gesellschafters des Versicherungsnehmers oder
- bei Unternehmen, die vom Versicherungsnehmer oder einem Angehörigen im Sinne von a), Geschäftsführern oder Gesellschaftern des Versicherungsnehmers geleitet werden, die ihnen gehören oder an denen sie beteiligt sind.

Derartige Fallgruppen liegen z.B. vor, wenn das Kind oder die Ehefrau des Versicherungsnehmers, der Geschäftsführer oder Gesellschafter des Versicherungsnehmers bei einem Bauvorhaben, für das der Versicherungsnehmer als Architekt tätig ist, gleichzeitig als Bauherr auftritt, Baustoffe liefert oder Bauleistungen erbringt.

3. Haftungsvereinbarungen über dem gesetzlichen Umfang

455 Für Ansprüche, die auf über den Umfang der gesetzlichen Haftung hinausgehenden Haftungsvereinbarungen beruhen, besteht kein Versicherungsschutz z.B. Garantiezusagen (z.B. Termin- bzw. Kostengarantie).

A. Die Berufs-Haftpflichtversicherung des Architekten § 8

4. Vorsätzlich herbeigeführte Schäden

Versicherungsansprüche aller Personen, die den Schaden vorsätzlich herbeigeführt haben, bleiben vom Versicherungsschutz ausgeschlossen (§ 152 VVG). Unter Vorsatz ist das Wissen und Wollen des rechtswidrigen Erfolgs zu verstehen. Ob der Vorsatz sich auf den Eintritt der Tatsache beziehen muss, oder aber der Vorsatz auch die Schadenfolgen umfasst, wird uneinheitlich beurteilt.[250] In einigen Allgemeinen Versicherungsbedingungen ist die Vorsatzausschlussklausel teilweise abweichend von § 152 VVG ausgestaltet. Gemäß Ziff. 4.8 BBR/Arch. sind Ansprüche wegen Schäden, die der Versicherungsnehmer oder ein Mitversicherter durch ein bewusst gesetz-, vorschrifts- oder sonst pflichtwidriges Verhalten verursacht hat, vom Versicherungsschutz ausgeschlossen.

456

> *Beispiele*
> Baubeginn vor Erteilung der Baugenehmigung.
> Bauwerk wird ein Stockwerk höher erstellt als nach dem Bebauungsplan erlaubt.

5. Überschreitung der Bauzeit sowie von Fristen und Terminen

Der Ausschluss bezieht sich auf Ansprüche, die ein Dritter (z.B. der Bauherr) gegen den Architekten daraus herleitet, dass die vertraglich vom Architekten/Bauingenieur zugesagte Bauzeit oder eine vertraglich vereinbarte sonstige Frist nicht eingehalten worden und hierdurch ein Schaden – grundsätzlich handelt es sich dabei um Vermögensschäden – entstanden ist. Dabei ist es unerheblich, ob die Ursache der Zeitüberschreitung im subjektiven Bereich liegt – z.B. liefert der Architekt erst verspätet seine Pläne bzw. bewertet die Bauzeit viel zu knapp – oder aus einem vom Architekten nicht zu vertretenen Ereignis besteht, wie Streik, Finanzierungsprobleme usw., für deren Folgen er unter Umständen aufgrund einer Garantieerklärung dennoch zu haften hat.

457

Nicht von diesem Ausschluss erfasst sind Zeitüberschreitungen als Folge von Bauwerksmängeln oder -schäden. Dabei spielt es keine Rolle, ob diese Mängel oder Schäden durch einen Planungs-, Koordinations-, Überwachungs- oder sonstigen Fehler des Versicherten entstanden sind.

458

> *Beispiel*
> Durch einen Planungsfehler werden an dem bereits ganz oder zum Teil erstellten Bauwerk Änderungsarbeiten erforderlich, so dass dadurch der vorgesehene Fertigstellungstermin nicht eingehalten werden kann und dem Bauherrn deswegen ein Nutzungsausfall entsteht. In diesem Fall erstreckt sich der Versicherungsschutz nicht nur auf den Anspruch des Bauherrn hinsichtlich der Kosten für die Mangelbeseitigungsarbeiten, sondern auch auf den weitergehenden Schaden, der sich aus der nicht rechtzeitigen Nutzbarkeit des Bauwerks ergibt.

6. Überschreitung von Vor- und Kostenanschlägen

Mit der sogenannten Kostenklausel wollen die Versicherer den Manipulationsgefahren begegnen, die im kalkulatorischen Bereich liegen.

459

Vermögensschäden aus der Überschreitung ermittelter Kosten werden ausgeschlossen, auch wenn diese die Folge einer fehlerhaften Massenermittlung sind. Die Klausel (Ziff. IV 2 BBR/Arch.) erfasst die Kostenermittlungen insbesondere der drei Leistungsabschnitte der HOAI (d.h. die Kostenschätzung im Vorplanungsstadium, die Kostenberechnung im Entwurfsplanungsstadium und der Kostenanschlag im Vergabestadium), wobei es nicht darauf ankommt, in welcher Leistungsphase der Fehler unterläuft.

---

250 Bejahend: *Prölls/Voit*, a.a.O., § 152 Rn 5.

Der Architekt ist für Fehlleistungen bei der Kostenkontrolle sowie für Schäden aus der Überschreitung von Vor- und Kostenanschlägen nicht haftpflichtversichert.[251]

460 Vom Versicherungsschutz ausgeschlossen bleiben somit u.a. folgende Vermögensschäden:
- Mehrkosten als Folge einer Überschreitung der vom Architekten durchgeführten Kostenermittlung, und zwar unabhängig davon, ob mit dem Bauherrn ein Festpreis vereinbart wurde oder nicht.
- Hierdurch ausgelöste Folgeschäden, wie z.B. zusätzliche Baufinanzierungskosten (Bauherr muss wegen Überschreitung der ermittelten Kosten zusätzlich eine teure Zweithypothek aufnehmen).
- Verkaufsverluste, die z.B. ein Bauträger dadurch erleidet, dass er dem Käufer gegenüber an einen zu niedrig kalkulierten Festpreis gebunden ist, weil der in seinem Auftrag tätige Architekt zu geringe Kosten ermittelt hat.
- Vermögenseinbußen, weil das Bauvorhaben als Folge der Überschreitung der Kostenschätzung/Kostenberechnung in der ursprünglichen Form nicht mehr zur Ausführung kommt, beispielsweise unnütz gezahlte Genehmigungsgebühr an die Baubehörde oder unnötige Kosten für inzwischen ausgeführte, nicht mehr erforderliche statische Berechnungen.

461 Nach wie vor sind vom Regelungsgehalt der Kostenklausel nicht berührt:
- Ansprüche wegen Bauwerksmängeln/-schäden,
- Ansprüche wegen fehlerhafter Kostenfeststellung/Rechnungsprüfung.

7. Verletzung von gewerblichen Schutz- und Urheberrechten, Vergabe von Lizenzen

462 Wenn der Architekt/Bauingenieur die urheberrechtsfähige Planung eines anderen Architekten übernimmt, die als dessen persönliche geistige Schöpfung zu den urheberrechtlich geschützten Werken gehört (§ 2 Urheberrechtsgesetz), werden hieraus resultierende Schadenersatzansprüche nicht gedeckt.

Auch das Risiko aus der Vergabe von Lizenzen wird von den Versicherern als schlecht übersehbar bezeichnet. Es ist deshalb nach den BBR/Arch. ebenfalls ausgeschlossen und wird nur nach besonderer Prüfung und Vereinbarung versichert.

8. Abhandenkommen von Sachen einschließlich Geld, Wertpapiere und Wertsachen

463 Die in den BBR enthaltene Klausel, nach der Ansprüche wegen Schäden aus dem Abhandenkommen von Sachen einschließlich Geld, Wertpapieren und Wertsachen vom Versicherungsschutz ausgeschlossen sind, hat lediglich deklaratorische Bedeutung, da bereits nach § 1 Ziff. 3 AHB das Abhandenkommen von Sachen grundsätzlich nicht unter den Versicherungsschutz fällt. Hiernach sind z.B. Schlüsselverluste nicht versichert.

9. Auslandsschäden

464 Für Haftpflichtansprüche wegen Schäden im Ausland besteht unabhängig davon, ob die Ursache für diesen Schaden im Inland – der Architekt hat nur die Planung übernommen und wird selbst im Ausland nicht tätig – oder Ausland gesetzt wurde, grundsätzlich keine Deckung. Dies gilt auch für den Fall, dass der Architekt für deutsche Auftraggeber Leistungen für Projekte erbringt, die im Ausland verwirklicht werden.

---

[251] BGH VersR 1986, 857.

Die vom deutschen Schadenersatzrecht völlig abweichenden Ansprüche auf Entschädigung mit Strafcharakter, insbesondere „punitive" oder „exemplary damages", sowie Ansprüche nach den Artikeln 1792 ff. und 2270 des französischen Code Civil oder gleichartigen landesrechtlichen Bestimmungen bleiben vom Versicherungsschutz ausgeschlossen. Bei letzterem handelt es sich u.a. um eine 10-jährige Pflichtversicherung, die ausschließlich von französischen Versicherern gezeichnet wird (Decennale).

10. Vermittlung von Geld-, Kredit-, Grundstücks- oder ähnlichen Geschäften

Dieses Risiko folgt aus einer Tätigkeit, die nicht unter das eigentliche Berufsbild des Architekten fällt. Ausgeschlossen sind auch Ansprüche wegen Schäden aus der Vertretung bei solchen Geschäften. **465**

Die Bedeutung dieses Ausschlusses lässt sich am folgenden Beispiel ermessen: Das vermittelte Grundstück besitzt, wie sich nachträglich herausstellt, nicht die vom Auftraggeber gewünschten Eigenschaften, so dass es nicht in der beabsichtigten Weise genutzt werden kann, wodurch dem Auftraggeber ein Vermögensschaden entsteht.

11. Fehlbeträge bei der Kassenführung und Verstöße bei einem Zahlungsakt

Unter diesen Ausschluss fallen Überzahlungen beim Bargeldverkehr und bargeldlosen Zahlungsverkehr sowie Zahlungen an einen falschen Empfänger. **466**

Ist die Überzahlung allerdings die Folge einer mangelhaften Rechnungsprüfung oder einer fehlerhaften Abschlagszahlung, so besteht Versicherungsschutz, falls der Bauherr Schadenersatzansprüche erhebt, wenn er den überzahlten Betrag infolge von Zahlungsschwierigkeiten des betreffenden Unternehmers nicht zurückerhalten kann.

12. Veruntreuung

Hier handelt es sich um den im StGB (§ 266) mit Geldstrafe oder Freiheitsstrafe – in besonders schweren Fällen bis zu 10 Jahren – belegten Tatbestand der Untreue (= vorsätzliche Verletzung der Pflicht zur Betreuung fremder Vermögensinteressen durch Benachteiligung des Treugebers). **467**

13. Schäden von juristischen oder natürlichen Personen, die am Versicherungsnehmer beteiligt sind

Dieser Ausschluss bezieht sich auf solche Fälle, in denen der Versicherungsnehmer der Berufs-Haftpflichtversicherung keine natürliche Person, sondern eine Gesellschaft oder juristische Person ist. Durch diesen Ausschluss sollen die Fälle erfasst werden, wo eine kapitalmäßige Verflechtung zwischen Geschädigtem und Schädiger besteht, so dass kein echter Drittschaden mehr vorliegt und mit einer Interessenkollision zu rechnen ist. **468**

V. Mitversicherte Personen

1. Betriebsangehörige

Die Berufs-Haftpflichtversicherung schützt daher nicht nur den Versicherungsnehmer, also den Architekten/Bauingenieur, sondern gewährt auch Versicherungsschutz für die persönliche Haftpflicht seiner Angestellten aus Schäden, die sie bei Ausübung ihrer dienstlichen Verrichtung dem Bauherrn oder einem sonstigen Dritten zufügen. **469**

2. Im Betrieb eingegliederte Personen und freie Mitarbeiter

a) Eingegliederte Personen

470 Wird eine betriebsfremde Person, die z.B. von einem befreundeten Architekturbüro im Rahmen einer Arbeitnehmerüberlassungsvereinbarung abgestellt wird, vorübergehend in dem versicherten Büro des „entleihenden" Architekten eingegliedert, indem dieser sie nach eigenen betrieblichen Erfordernissen wie eigene Arbeitnehmer einsetzt, so gehört sie ebenfalls zu dem Kreis der mitversicherten Personen.

Auch für den „entleihenden" Architekten besteht Versicherungsschutz, wenn er selbst für einen durch die abgestellte Arbeitskraft verursachten Schaden auf Schadenersatz in Anspruch genommen wird.

b) Freie Mitarbeiter

471 In diesem Zusammenhang sind auch die freien Mitarbeiter zu nennen, die selbständig, d.h. auf eigene Rechnung und Gefahr, entweder aufgrund eines Dienst- oder Werkvertrages arbeiten, ohne dabei ein Arbeitsverhältnis zu begründen, und die geschuldeten Leistungen persönlich, also ohne Einsatz von eigenen Mitarbeitern, erbringen.

Grundsätzlich werden die freien Mitarbeiter versicherungstechnisch den angestellten Mitarbeitern gleichgestellt. Das bedeutet, dass die persönliche gesetzliche Haftpflicht der freien Mitarbeiter, soweit sie sich aus Tätigkeiten für den Versicherungsnehmer herleitet, mitversichert ist.

472 Von der versicherungstechnischen Regelung des Einsatzes freier Mitarbeiter ist zu unterscheiden die Einschaltung bzw. Beauftragung selbständiger Architekten-/Ingenieurbüros, an die Teile der vom Architekten übernommenen Vertragsleistungen im Rahmen eines Werkvertrages weitervergeben werden. Diese Büros gehören, von besonders vereinbarten Ausnahmeregelungen abgesehen, nicht zum Kreis der Mitversicherten; sie müssen deshalb eine eigene Berufs-Haftpflichtversicherung abschließen.

VI. Kooperationsformen

1. Arbeitsgemeinschaften (Argen)

473 Für das Risiko der Tätigkeit eines Architekten/Bauingenieurs in einer Arbeitsgemeinschaft (Los- oder Quoten-Arge), wird in der sogenannten Arge-Klausel der BBR/Arch. ein passender Versicherungsschutz geboten:
- Bei Los-Argen beschränkt sich der Versicherungsschutz auf das Haftpflichtrisiko aus der dem Architekten/Bauingenieur zugeteilten Aufgabe bis zur Höhe der vereinbarten Versicherungssummen.
- Bei Quoten-Argen wird die Ersatzpflicht des Versicherers und die Versicherungssumme auf die Quote begrenzt, mit welcher der Versicherungsnehmer an der Arge beteiligt ist.

Zu beachten ist, dass alle an der Arge beteiligten Gesellschafter mit ausreichend hohen Deckungssummen berufshaftpflichtversichert sind.

474 Ansprüche der Partner der Arbeitsgemeinschaft untereinander sowie Ansprüche der Arbeitsgemeinschaft gegen die Partner oder umgekehrt wegen solcher Schäden, die ein Partner oder die Arbeitsgemeinschaft unmittelbar erlitten hat (z.B. Beschädigung einer Zeichenmaschine durch einen Partner), sind vom Versicherungsschutz ausdrücklich ausgeschlossen.

2. Planungsringe

Die versicherungstechnische Regelung ist die gleiche wie bei der Arge, so dass der Einfachheit halber auf die Ausführungen oben verwiesen werden kann.

3. Generalplaner

Um den Wunsch der Auftraggeber nach Kosten- und Terminsicherheit einerseits und Optimierung der Planung, bezogen auf die Gestaltung, Funktionalität, Umweltverträglichkeit sowie wirtschaftliche Nutzbarkeit, andererseits nachzukommen, bieten Architekten den fachübergreifenden Zusammenschluss aller zur Realisierung erforderlichen Planungsleistungen (=umfassendes Baumanagement) als Generalplaner an. Damit kommt der Generalplaner dem allgemeinen Trend zur „Dienstleistung aus einer Hand" entgegen. Der Generalplaner verpflichtet sich gegenüber dem Bauherrn im Rahmen eines Generalplanervertrages zur umfassenden Übernahme aller Planungs- und Überwachungsleistungen. Ein Teil der von ihm als Generalplaner übernommenen Leistungen überträgt der Architekt häufig per Werkvertrag auf andere Architekten- oder Ingenieurbüros (Unterbeauftragte). Der Generalplaner erbringt folglich Leistungen aus mehreren Fachdisziplinen als alleiniger Gesamtverantwortlicher. Im Verhältnis zum Bauherrn ist der Unterbeauftragte als Erfüllungsgehilfe des Generalplaners zu betrachten, d.h. dieser hat dem Bauherrn gegenüber für ein Verschulden des Unterbeauftragten bzw. dessen Mitarbeiter einzustehen. Dieses Haftpflichtrisiko des Generalplaners ist grundsätzlich über seine Berufs-Haftpflichtversicherung mitversichert. Der Unterbeauftragte – der kein freier Mitarbeiter ist – und seine Mitarbeiter gehören aber aus der Sicht der Berufs-Haftpflichtversicherung des Generalplaners nicht zu den Mitversicherten, so dass der Unterbeauftragte eine eigene Berufs-Haftpflichtversicherung benötigt.

Der Versicherer des Generalplaners muss also ggf. für seinen Versicherungsnehmer einen Schaden abwickeln, der durch den Unterbeauftragten bzw. dessen Mitarbeiter dem Bauherrn zugefügt wurde. Er kann jedoch anschließend bei diesem bzw. dessen Berufs-Haftpflichtversicherer Regress nehmen, weil im Innenverhältnis grundsätzlich der Unterbeauftragte für einen solchen Schaden allein verantwortlich ist.

Je nach vertraglichen Vorgaben des Auftraggebers bzgl. des Versicherungsschutzes bzw. der jeweiligen Auftragssituation kommen folgende Deckungsvarianten in Betracht:
- Eigene Haftpflichtversicherung der Unterbeauftragten
  Der Versicherungsnehmer als Generalplaner verlangt von den Unterbeauftragten den Nachweis einer entsprechenden Haftpflichtversicherung.
- Objektbezogene Exzedentendeckung
  Die Unterbeauftragten verfügen über eine eigene Haftpflichtversicherung. Die in diesen Basisverträgen vereinbarten Deckungssummen reichen jedoch für das Bauvorhaben nicht aus. Diese „Deckungssummenlücke" (Differenz) sollte über eine objektbezogene Exzedentendeckung im Rahmen des bestehenden Berufs-Haftpflichtversicherungsvertrages des Versicherungsnehmers geschlossen werden.
- Separate Objektdeckung
  Der Versicherungsnehmer schließt eine separate Objektdeckung für das Bauvorhaben ab, welche die Berufs-Haftpflicht der Unterbeauftragten mit umfasst. Die Berufs-Haftpflichtversicherungsverträge der Unterbeauftragten bestehen hiervon unabhängig. Für diese Objektverträge gelten eigene (separate) Deckungssummen.

Übernimmt der Architekt als Generalplaner berufsfremde Leistungen in der Absicht, diese an Sonderfachleute weiterzuvergeben, so sollte er mit seinem Versicherer **möglichst unverzüglich** abklären, ob und inwieweit solche Leistungen außerhalb des versicherten Risikos bzw. der versicherten Tätigkeit liegen und demzufolge ggf. eine zusätzliche Vereinbarung mit dem Versicherer erforderlich ist, damit die gesetzliche Haftpflicht als Generalplaner auch in einem solchen Falle versichert ist.

4. Partnerschaftsgesellschaft

480 Versicherungstechnisch bieten sich bei der Gründung einer Partnerschaftsgesellschaft zwei Lösungsmöglichkeiten an.
- Auf den Namen der Partnerschaftsgesellschaft wird eine Berufs-Haftpflichtversicherung eingerichtet, die auch das Haftpflichtrisiko der einzelnen Partner mit umfasst. Bei dieser Lösung sind die Partnerschaft und die einzelnen Partner als Versicherungsnehmer zu betrachten. Sie bietet sich an, wenn die Partner bislang selbst noch nicht berufs-haftpflichtversichert gewesen sind und ihre Berufstätigkeit ausschließlich im Rahmen der Partnerschaft erbringen wollen.
- Im Rahmen der Berufs-Haftpflichtversicherungen der einzelnen Partner wird in analoger Anwendung der *Arge*-Klausel auch das Haftpflichtrisiko aus der Beteiligung an einer Partnerschaft mitversichert. Dieser Lösungsweg ist sinnvoll, wenn die Partner zum Zeitpunkt der Gründung bereits berufs-haftpflichtversichert sind.

5. Juristische Personen des Privatrechts

481 Versicherungstechnisch zweckmäßig ist es, für juristische Personen des Privatrechts, wie z.B. eine GmbH oder AG etc. eine eigene Berufs-Haftpflichtversicherung abzuschließen. Versicherungsnehmer ist dann die juristische Person, also z.B. die GmbH.

VII. Sondertatbestände

1. Umwelthaftpflichtrisiko

a) Umweltschäden durch Arbeiten oder sonstige Leistungen

482 Die gesetzliche Haftpflicht wegen Schäden durch Umwelteinwirkung auf Boden, Luft oder Wasser (einschließlich Gewässer) durch vom Versicherungsnehmer erbrachte Arbeiten und sonstige Leistungen ist – abweichend von § 4 Ziff. I 8 AHB – in den Versicherungsschutz der BBR/Arch. eingeschlossen (A.Ziff. I.1 Abs. 2 BBR/Arch.). Umweltschäden liegen vor, wenn ein Dritter den Versicherungsnehmer für Schäden in Anspruch nimmt, die als Folge von Beschaffenheitsveränderungen des Bodens und der Luft oder des Wassers oder infolge von Geräuschen eingetreten sind. Diese Umwelthaftpflichtdeckung erfolgt auf Verstoßbasis. Dies ist deshalb zu erwähnen, da bei der sonst üblichen Umwelthaftpflichtdeckung (§ 8 Rn 279) die Manifestationstheorie gilt, d.h. der Versicherungsfall gilt als eingetreten bei der ersten nachprüfbaren Feststellung des Schadens.

> *Beispiel*
> Architekt plant fehlerhaft eine Asbest-Sanierung. Maßgebend ist der Zeitpunkt der Planung; nicht der Zeitpunkt, in dem der Schaden festgestellt wird.

483 Mitabgedeckt wird auch das Regressrisiko aus der Planung von umweltrelevanten Anlagen, wie z.B.
- Anlagen gemäß Anhang 1 oder 2 zum Umwelthaftungsgesetz,
- Anlagen zur Herstellung, Verarbeitung, Lagerung, Ablagerung, Beförderung oder Wegleitung gewässerschädlicher Stoffe,
- Abwasseranlagen,
- Anlagen, die nach dem Umweltschutz dienenden Bestimmungen einer Genehmigungs- oder Anzeigepflicht unterliegen oder
- von Teilen, die für solche Anlagen bestimmt sind.

b) Umwelthaftpflicht-Basisversicherung

In Teil C der BBR/Arch. wurde eine gesonderte Versicherung vom Umweltschäden etabliert, die Umwelthaftpflichtbasisversicherung. Die Deckung von Umweltschäden bezieht sich auf die beruflichen Gefahren von Architekten/Bauingenieuren, wie z.B. Schäden durch Umwelteinwirkung bei Teilnahme am allgemeinen Straßenverkehr oder aus dem Unterhalten einer Betriebsstätte (Büro). Ferner ist auch das sog. Zufallsrisiko gedeckt, z.B. Architekt stößt auf der Baustelle ein Ölfass um. 484

Ferner umfasst die Umweltbasisdeckung die Haftung aus der Lagerung von Kleingebinden, wassergefährlichen Stoffen sowie das Haus- und Grundstücksrisiko des Architekten/Bauingenieurs.

Nicht versichert sind dagegen Ansprüche wegen Schäden, die durch betriebsbedingt unvermeidbare, notwendige oder in Kauf genommene Umwelteinwirkungen entstehen.

c) Umweltschäden durch umweltrelevante Anlagen des Architekten

Die Anlagenrisiken (WHG-Anlagen, Anlagen nach dem Umwelthaftungsgesetz) gehören zu den Hauptrisiken in der Umwelthaftpflichtversicherung. Das Anlagenrisiko ist für Architekten/Bauingenieuren von untergeordneter Bedeutung, da sie selbst nicht Inhaber oder Betreiber von derartigen umweltrelevanten Anlagen sind. Das Anlagenrisiko ist in der Berufs-Haftpflichtversicherung von Architekten/Bauingenieuren nicht vorgesehen. Es kann auf Nachfrage eingeschlossen werden. 485

Abgedeckt ist Regressrisiko für die fehlerhafte Planung von umweltrelevanten Anlagen.

2. Strahlenrisiko

Es besteht die Möglichkeit der Mitversicherung des Strahlenrisikos. Hierdurch besteht für den Architekten/Bauingenieur auch Versicherungsschutz hinsichtlich seiner gesetzlichen Haftpflicht aus dem Besitz und der Verwendung von Röntgeneinrichtungen zu Untersuchungs- und Prüfungszwecken sowie von Laser- und Maseranlagen. 486

Vom Versicherungsschutz ausgeschlossen sind genetische Schäden sowie Personenschäden von Mitarbeitern, die bei ihrer Tätigkeit die von energiereichen ionisierenden Strahlen oder Laserstrahlen ausgehenden Gefahren in Kauf zu nehmen haben.

VIII. Beitragsberechnung

Als Gegenleistung für den Versicherungsschutz hat der Architekt/Bauingenieur einen Beitrag – bei Versicherungsaktiengesellschaften auch Prämie genannt – im Voraus jeder Versicherungsperiode an den Berufs-Haftpflichtversicherer zu zahlen. Die Beiträge/Prämien werden unter Beachtung verschiedener Kalkulationselemente, insbesondere des statistisch ermittelten Schadenbedarfs festgelegt. Die Art der Beitragsberechnung hängt davon ab, ob die Berufs-Haftpflichtversicherung in Form einer 487

- objektbezogenen Deckung (Objektversicherung) oder
- durchlaufenden Deckung, die alle vom Versicherungsnehmer innerhalb des Versicherungszeitraumes als Architekt bearbeiteten Baumaßnahmen umfasst,

abgeschlossen wird.

Bei der Objektversicherung ist üblicherweise Grundlage der Beitragsberechnung die Bausumme des betreffenden Objektes. Soweit der Architekt/Bauingenieur lediglich Teilleistungen erbringt, sind dem geringeren Haftpflichtrisiko angemessene Beitragsnachlässe möglich. 488

Der weitüberwiegende Teil der Berufs-Haftpflichtversicherungen wird als durchlaufende Deckung abgeschlossen. In diesen Fällen wird der Beitrag regelmäßig nach der Anzahl der Inhaber des Architekturbüros und der Jahresgehalts- und -lohnsumme für die beschäftigten eigenen Mitarbeiter sowie 489 der Entgelt- bzw. Honorarsumme für mitversicherte freie Mitarbeiter berechnet. Für die Mitversicherung der sogenannten Durchgangshaftung, die sich aus der Weitervergabe von Aufträgen an selbständige Architekten-/Ingenieurbüros ergibt, wird ebenfalls ein diesem Risiko angemessener Beitrag erhoben, der nach der an derartige Büros gezahlten Honorarsumme berechnet wird.

490 Neben diesem Beitrags-/Prämien-Berechnungssystem wird die Berufs-Haftpflichtversicherung auch zu honorarsummenbezogenen Beitragssätzen angeboten. Des Weiteren ist die Höhe der Beiträge/Prämien in erster Linie von den vereinbarten Deckungssummen und Selbstbeteiligungsvarianten abhängig.

IX. Schiedsgerichtsvereinbarung, Schlichtungsverfahren

1. Schiedsgerichtsvereinbarung

491 Beim Abschluss eines Architekten-Vertrages taucht häufig die Frage auf, ob zwischen Bauherrn und Architekt zusätzlich noch ein Schiedsvertrag abgeschlossen werden soll, in dem ausschließlich nur solche Vereinbarungen schriftlich festgehalten werden, die sich auf das schiedsrichterliche Verfahren beziehen.

492 Ein solcher Schiedsvertrag bewirkt, dass z.B. zwischen dem Bauherrn und dem Architekten auftretende Haftungsfragen, die unterschiedlich beurteilt werden, von einem Schiedsgericht, das anstelle der staatlichen Gerichte tritt, zu entscheiden sind.

Das in §§ 1025 – 1048 r Zivilprozessordnung (ZPO) geregelte schiedsgerichtliche Verfahren, kann mit einem Schiedsspruch oder Schiedsvergleich abschließen. Der Schiedsspruch ist die endgültige Entscheidung über den Anspruch **des Bauherrn**. Er wird schriftlich abgefasst und wirkt unter den Parteien wie ein rechtskräftiges gerichtliches Urteil. Auch der Schiedsvergleich, ein privatrechtlicher Vergleich, kann wie ein Schiedsspruch für vollstreckbar erklärt werden, wenn sich der Schuldner in ihm der sofortigen Zwangsvollstreckung unterworfen hat.

493 Zu diesem Themenkreis kann abschließend jedem Architekten/Bauingenieur nur der Rat erteilt werden, sich im Falle einer anstehenden Schiedsgerichtsvereinbarung vorher mit seinem Berufs-Haftpflichtversicherer über die damit zusammenhängenden versicherungsrechtlichen Auswirkungen abzustimmen und eine sinnvolle, für beide Parteien akzeptable Versicherungslösung zu vereinbaren.

2. Schlichtungsverfahren

494 Für den Architekten und Bauherrn besteht auch die Möglichkeit, sich bei einem evtl. Streit über Haftungsfragen einem Schlichtungsverfahren zu unterwerfen. Eine Schlichtungsstelle kann von einer berufsständischen Vertretung eingerichtet werden. Viele Architekten- und Ingenieurkammern verfügen bereits über eine Schlichtungsstelle. Das Schlichtungsverfahren wird in einer von der Kammer beschlossenen Satzung geregelt, der sogenannten Schlichtungsordnung. In dieser Schlichtungsordnung wird in der Regel ein Schlichtungsausschuss eingerichtet, der die Aufgabe wahrnimmt, die aus der Berufsausübung resultierenden Streitigkeiten zwischen Architekten untereinander oder mit Dritten (z.B. dem Bauherrn) im Einvernehmen mit diesen Parteien gütlich beizulegen.

495 Gegenstand eines solchen Schlichtungsverfahrens könnten selbstverständlich auch unter den Versicherungsschutz der Berufs-Haftpflichtversicherung fallende Schadenersatzansprüche des Bauherrn sein. Für den Berufs-Haftpflichtversicherer, dem im Versicherungsfall bedingungsgemäß die Prozessführung obliegt, kann ein solches Verfahren interessant sein. An dem Schlichtungsverfahren können nämlich auch rechtskundige Vertreter des jeweiligen Versicherers teilnehmen, und zwar entweder als Vertreter des in Anspruch genommenen Architekten oder als dessen Beistand. Sinn des Schlichtungsverfahrens ist es, in verhältnismäßig kurzer Zeit einen von beiden Parteien, also auch

von dem Berufs-Haftpflichtversicherer, mitgetragenen Vergleich zustande zu bringen. Im Rahmen dieses kostengünstigen Verfahrens hat der Versicherer immer noch die Möglichkeit, auf ein ordentliches Gerichtsverfahren überzugehen, indem er den nicht in seinem Sinne liegenden Vergleichsvorschlag des Vorsitzenden des Schlichtungsausschusses ablehnt.

Diese Verfahren sind im Rahmen des Rechtsschutzes nicht abgedeckt. Derzeit gibt es am Markt keine Standardbedingungen, die Versicherungsschutz für schiedsgerichtliche Verfahren bzw. Schlichtungsverfahren anbieten.

B. Die Berufs-Haftpflichtversicherung für Projektsteuerer

Der Projektsteuerung kommt, insbesondere bei größeren Bauvorhaben, zunehmende Bedeutung zu.[252] 496

Im Hinblick auf die Besonderheiten des Tätigkeits- und Leistungsbildes der Projektsteuerer hat der Gesamtverband der deutschen Versicherungswirtschaft (GDV) Besondere Bedingungen und Risikobeschreibungen für die Berufs-Haftpflichtversicherung für Projektsteuerer[253] erarbeitet und zur Verwendung empfohlen. Nach diesem BBR ist die gesetzliche Haftpflicht aus der Tätigkeit als Projektsteuerer/Projektcontroller für die Erstellung von Bauwerken, insbesondere Beratungs-, Koordinations-, Dokumentations-, Informations- und Kontrollleistungen versichert. 497

Bei der Versicherung der Risiken aus der Tätigkeit als Projektsteuerer sollte insbesondere auf die Höhe der Deckungssummen geachtet werden. Diese sollte deutlich höher sein, als in der klassischen Berufs-Haftpflichtversicherung, da es sich in der Regel um größere Bauprojekte handelt.

C. Rechtsschutzversicherung für Architekten/Bauingenieure

(S. § 8 Rn 403 ff.) 498

D. Sachversicherungen für Architekten/Bauingenieure

Architekten und Bauingenieure besitzen in der Regel Bürobetriebe. Neben der kaufmännischen Betriebseinrichtung stellen elektronische Anlagen und Geräte ein unverzichtbares Arbeitsmittel dar. Eine Zerstörung, Beschädigung oder das Abhandenkommen der Betriebseinrichtung bzw. der Ausfall von Geräten oder ein Verlust von gespeicherten Daten und Programmen beeinträchtigt den Ablauf des Betriebes. Die Folge sind Einnahmeausfälle und zusätzliche Kosten. 499

Zunächst muss der Architekt/Bauingenieur von sich aus ein besonderes Interesse haben, die Wahrscheinlichkeit von Schäden so weit wie möglich zu minimieren. Hierzu zählen Maßnahmen wie
- mechanische oder elektronische Einbruchdiebstahlsicherungen,
- Überspannungsschutzmaßnahmen,
- Brandmeldeeinrichtungen,
- Brandbekämpfungseinrichtungen,
- Datensicherungen.

Auch durch diese Maßnahmen lassen sich jedoch Schäden nicht vollständig vermeiden.

---

[252] *Kalusche*, DAB 1996, 1667 ff.; BGH BB 1999, 17, 28; *Eschenbruch*, Recht der Projektsteuerung 1. Aufl. 1999, Rn 699.
[253] Rundschreiben 8/99 M vom 26.1.1999.

§ 8 Haftung und Versicherung

I. Inhaltsversicherung

500 Eine Grunddeckung gegen genau definierte Gefahren bietet die **Inhaltsversicherung**. Versichert ist die technische und kaufmännische Betriebseinrichtung und die gesamten Vorräte am Versicherungsort zum Neuwert gegen Zerstörung, Beschädigung und Abhandenkommen.

Deckungsbausteine sind hierbei die Gefahren
- Feuer
- Einbruchdiebstahl / Vandalismus
- Leitungswasser
- Sturm / Hagel
- Betriebsunterbrechung (je vorgenannter Gefahr).

Eine mögliche Erweiterung stellt die „Erweiterte Elementarversicherung" dar, in der Schäden durch Erdbeben, Überschwemmung, Erdsenkung, Erdrutsch, Schneedruck und Lawinen versicherbar sind (Ausschluß einzelner Gefahren ist nicht möglich).

Bei der Inhaltsversicherung handelt es sich um eine Vollwertversicherung, d.h. die Betriebseinrichtung und Vorräte sind mit ihrem vollen Wert (Versicherungswert) zu versichern. Ist die Versicherungssumme niedriger als der Versicherungswert zur Zeit des Eintrittes des Versicherungsfalles, besteht Unterversicherung.

Als Vertragsgrundlage gelten üblicherweise die Allgemeinen Bedingungen für die Feuerversicherung (AFB), die Allgemeinen Bedingungen für die Einbruchdiebstahl- und Raubversicherung (AERB), die Allgemeinen Bedingungen für die Leitungswasserversicherung (AWB), die Allgemeinen Bedingungen für die Sturmversicherung (AStB) und die Besonderen Bedingungen für die Versicherung weiterer Elementarschäden bei gewerblichen Risiken (BEG) oder unternehmensindividuelle Nachfolgebedingungen.

II. Elektronikversicherung

501 Darüber hinaus ist die **Elektronikversicherung** ein wichtiger Bestandteil der Risiko-Vorsorge.

502 Die Elektronikversicherung stellt eine sogenannte „Allgefahrendeckung" dar. Ihr Versicherungsschutz erstreckt sich nicht nur auf definierte Einzelgefahren, sondern umfasst jede Zerstörung oder Beschädigung von Anlagen und Geräten durch nicht rechtzeitig vorhersehbare Ereignisse. Hierzu zählen z.B.
- Bedienungsfehler, Ungeschicklichkeit, Fahrlässigkeit,
- Überspannung, Induktion, Kurzschluss,
- Brand, Blitzschlag, Explosion oder Implosion,
- Wasser, Feuchtigkeit, Überschwemmung,
- Vorsatz Dritter, Sabotage, Vandalismus,
- höhere Gewalt,
- Konstruktions-, Material- oder Ausführungsfehler.

Vertragsgrundlage sind die Allgemeinen Bedingungen für die Elektronikversicherung (ABE) oder eine unternehmensindividuelle Nachfolgefassung.

503 Zu den Ausschlusstatbeständen zählen z.B.
- Vorsatz des Versicherungsnehmers oder dessen Repräsentanten,
- Krieg, Bürgerkrieg,
- innere Unruhen,
- betriebsbedingte Abnutzung oder Alterung.

D. Sachversicherungen für Architekten/Bauingenieure § 8

Maßgeblich für die Bildung einer Versicherungssumme sind gemäß der ABE der jeweils gültige 504 Listenpreis der versicherten Sache zuzüglich der Kosten für Fracht und Montage. Rabatte oder sonstige Preiszugeständnisse des Händlers bleiben bei der Versicherungssummenermittlung unberücksichtigt.

Eine nicht korrekte Ermittlung der Versicherungssumme führt ggf. zu einer Unterversicherung und somit im Schadenfall zu einer Kürzung der Entschädigung.

■ **Beitragsberechnung**

Die Beitragsberechnung erfolgt durch Zuordnung der Geräte zu Gruppen von Anlagenarten und 505 individuellen Beitragssätzen.

Zunehmend setzen sich sogenannte Pauschale Versicherungsformen am Markt durch. Hierbei handelt es sich um eine vereinfachte Form der Versicherungssummenermittlung mit einem einheitlichen Beitragssatz.

Im Schadenfall werden die Reparaturkosten ersetzt bzw. die Wiederbeschaffungskosten bei einem Totalschaden.

Bis auf wenige Ausnahmen erfolgt die Ersatzleistung zum Neuwert der Anlage.

Die Kosten für die Entsorgung des Elektronikschrottes nach einem Schadenfall können mitversichert werden, ebenso wie die Kosten für die Bereitstellung von Ersatzgeräten für die Dauer der Reparatur.

Besonderheiten:

Eine Besonderheit stellen Software-Lizenzen dar, die in sogenannten Dongles gespeichert sind. Bei 511 einem Verlust dieser Dongles ist gleichzeitig auch die Lizenz zu erneuern, was einen erheblichen Kostenfaktor darstellt. Diese Kosten können sowohl in der Inhalts- als auch in der Softwareversicherung gesondert mitversichert werden (unternehmensindividuell geregelt).

Für gemietete Anlagen mit einer sogenannten „Haftungsfreistellung" im Mietvertrag ist kein zusätzlicher Versicherungsschutz notwendig, da der Hersteller bereits eine Elektronikversicherung abgeschlossen hat.

Für geleaste Geräte muss in aller Regel jedoch der Leasingnehmer eine entsprechende Elektronikversicherung nachweisen.

Eine Ergänzung zur Elektronikversicherung stellen die Datenträger-, Software-, Mehrkosten- und Elektronik-Betriebsunterbrechungsversicherung dar.

III. Datenträgerversicherung

Während bei der Inhaltsversicherung grundsätzlich lediglich der reine Materialwert der Datenträger 506 versicherbar ist, können die Daten und Software selbst nur durch eine Datenträgerversicherung versichert werden.

Voraussetzung für eine Entschädigung ist die Beschädigung, Zerstörung oder Entwendung des Datenträgers (Sachschaden).

Versichert ist der Materialwert der auswechselbaren Datenträger und die Rekonstruktion der Daten- und Programmbestände.

Vertragsgrundlage sind üblicherweise die ABE und eine „Datenklausel".

Es ist eine separate Versicherungssumme zu ermitteln, die die potentiellen Wiederherstellungskosten 507 für Daten- und Programmbestände berücksichtigt. Auf die Anrechnung einer Unterversicherung wird verzichtet, da die Ermittlung einer Versicherungssumme in der Praxis schwierig ist. Im Schadenfall entschädigt der Versicherer maximal die vereinbarte Versicherungssumme.

IV. Softwareversicherung

508 Die Softwareversicherung ist eine Erweiterung der Datenträgerversicherung.

Neben dem Versicherungsumfang der Datenträgerversicherung besteht Versicherungsschutz auch bei Verlust oder Veränderung der Daten durch:
- Störung oder Ausfall der Datenverarbeitungsanlage, der Datenfernübertragungseinrichtungen und -leitungen, der Stromversorgung oder Klimaanlage;
- Bedienungsfehler;
- Computerviren;
- Programm- und Datenmanipulation Dritter in schädigender Absicht (Vorsatz);
- Über- oder Unterspannung;
- elektrostatische Aufladung, elektromagnetische Störung;
- höhere Gewalt.

Versichert sind die Kosten der Wiederherstellung verloren gegangener oder veränderter Daten- und Programmbestände.

Vertragsgrundlage sind marktüblich die ABE und eine „Software-Klausel".

Auf den Einwand der Unterversicherung wird ebenfalls wie bei der Datenträgerversicherung verzichtet.

V. Mehrkostenversicherung

509 Sind die elektronischen Anlagen durch einen größeren Schaden nicht nutzbar, kann ggf. die Beschaffung von Ausweichkapazität erforderlich werden. Dieses können sein:
- Anmietung von Ersatzsystemen;
- Anmietung von Räumen;
- Infrastruktur;
- Datenfernübertragungskosten;
- zusätzliche Personalkosten;
- Transporte;
- Programmanpassungen.

Diese schadenbedingten Kosten sind solange zu tragen, bis die beschädigten Anlagen wieder funktionsfähig sind (die maximale Haftzeit des Versicherers beträgt marktüblich 1 Jahr).

Vertragsgrundlage sind die ABE und eine „Mehrkostenklausel".

Der Versicherer verzichtet auch bei der Mehrkostenversicherung auf den Einwand der Unterversicherung.

VI. Elektronik-Betriebsunterbrechungs-Versicherung

510 Die Elektronik-Betriebsunterbrechungs-Versicherung versichert, wie auch die Mehrkostenversicherung den Folgeschaden eines schadenbedingten Ausfalls der elektronischen Anlagen. Darüber hinaus leistet sie für den entgangenen Betriebsgewinn und die fortlaufenden Kosten, die trotz Unterbrechung des Betriebes anfallen (z.B. Personalkosten, Mieten) Ersatz.

Vertragsgrundlage sind die Allgemeinen Bedingungen für die Elektronik-Betriebsunterbrechungs-Versicherung (ABEBU) oder unternehmensindividuelle Nachfolgebedingungen.

VII. Auslandsdeckung von Sachrisiken – örtlicher Geltungsbereich

Die Sachversicherung gilt zunächst in Deutschland. Optional kann nach den jeweiligen Bedürfnissen das Auslandsrisiko gedeckt werden. Hierfür stehen am Markt unterschiedliche Deckungsmodelle zur Verfügung.

Teil 5: Versicherungen für den Bauherrn

A. Bauherren-Haftpflichtversicherung

I. Die Risikosituation des Bauherrn

Eine Baustelle birgt viele Gefahren für ihre nähere Umgebung. Auch wenn andere (z.B. Architekt, Bauunternehmer) mit der Bauleitung und -ausführung beauftragt sind, hat der Bauherr während der gesamten Bauzeit eigene Sorgfaltspflichten zu erfüllen, denen er sich nicht entziehen kann:
- die Verkehrssicherungspflicht;
- die Überwachungspflicht;
- Koordinierungspflicht;
- die richtige Auswahl der am Bau beteiligten Personen (§ 8 Rn 126 ff.).

II. Gegenstand der Bauherren-Haftpflichtversicherung

Versichert ist die gesetzliche Haftpflicht als Haus- und Grundstücksbesitzer für das zu bebauende Grundstück und das zu errichtende Bauwerk. Der Versicherungsschutz wird nur geboten, wenn Planung, Bauleitung und Bauausführung (Ausnahme: Bauen in eigener Regie) an einen Dritten, z.B. Bauunternehmer, Architekt vergeben sind.

Die Bauherren-Haftpflichtversicherung deckt die Risiken der oben genannten Haftpflichtgefahren. Bei schuldhafter Verletzung dieser Pflichten tritt die Bauherren-Haftpflichtversicherung ein. Sie deckt Personen- sowie Sach- und Vermögensschäden. Besonders wichtig ist sie, wenn der Bauherr „in eigener Regie" baut, d.h. ohne einen Architekten oder Bauleiter zu beschäftigen, denn dann trägt er das gesamte Risiko allein.

In den meisten Fällen ist der Bauherr nicht allein an einem Schaden beteiligt. Oft sind auch der Architekt, Bauleiter, ein Bauunternehmer oder Bauhandwerker mit verantwortlich. Allerdings haften sie alle gesamtschuldnerisch, d.h. jeder, der für den Schaden mitverantwortlich ist, kann zunächst auf Ersatz des gesamten Schadens in Anspruch genommen werden (§ 8 Rn 165 ff.). Eine Bauherren-Haftpflichtversicherung bietet auch für diesen Fall Versicherungsschutz. Den Regress gegenüber den weiteren Gesamtschuldnern führt der Bauherren-Haftpflichtversicherer.

> *Beispiel*
> Ein Bauherr ist mit einer Mithaftungsquote von 20 % an einem Schaden beteiligt. Der Geschädigte kann den Bauherrn dennoch als Gesamtschuldner auf Leistung des Schadenersatzes in voller Höhe in Anspruch nehmen. Wenn der Anspruch berechtigt ist, muss der Bauherr bezahlen. Er kann sich jedoch die nicht seinem Mitverantwortungsanteil entsprechende, von ihm also zu viel bezahlte Entschädigung von den anderen beteiligten Gesamtschuldnern zurückholen („regressieren").

Die Versicherung endet mit Beendigung der Bauarbeiten, spätestens zwei Jahre nach Versicherungsbeginn.

Nicht versichert sind Haftpflichtansprüche aus dem Verändern der Grundwasserverhältnisse.

III. Der Leistungsumfang der Bauherren-Haftpflichtversicherung

516 Die Leistungspflicht des Versicherers umfasst
- die Prüfung der Haftpflichtfrage sowohl dem Grunde als auch der Höhe nach,
- die Befriedigung der berechtigten Ansprüche durch Zahlung einer Entschädigung,
- die Gewährung von Rechtsschutz in Form der Abwehr unberechtigter oder übersetzter Ansprüche

und die Übernahme der Kosten
- des Haftpflichtprozesses (Anwalts-, Gutachter- und Gerichtskosten sowie Zeugengelder) und
- des Strafverteidigers. Diese Kosten werden vom Versicherer jedoch nur in Ausnahmefällen übernommen (§ 3 II Ziff. 1 Abs. 2 AHB, „Kann-Bestimmung")

517 Im Rahmen der Bauherren-Haftpflichtversicherung ist auch Versicherungsschutz für das Risiko des zu bebauenden Grundstücks gegeben. Ab Beginn der Bauherren-Haftpflichtversicherung kann daher eine eventuell bestehende Haus- und Grundbesitzer-Haftpflichtversicherung entfallen.

IV. Beitragsberechnung

518 Berechnungsgrundlage für den Beitrag ist die Gesamtbausumme (die vertragliche Bruttobausumme zuzüglich bewertete Eigenleistungen). Dazu gehören die tatsächlichen Aufwendungen für die Bauausführung, Kosten für die Aushebung von Grund und Boden und Aufwendungen für das Einbauen von Maschinen (nicht die Kosten für die Maschinen selbst). Nicht dazu gehören: Grundstückskosten, Gebühren für Behördenleistungen, Maklergebühren, Bauzinsen, Geldbeschaffungskosten. Erbringt der Bauherr Eigenleistungen evtl. auch in Nachbarschaftshilfe (bewertete Eigenleistungen), so wird für den entsprechenden Teil der Bausumme ein Beitragszuschlag erhoben. Ebenso ist ein Beitragszuschlag zu leisten, falls der Bauherr selbst die Planung, Bauleitung und -ausführung übernimmt (Bauen in eigener Regie). Die Vertragsdauer ist in der Regel auf zwei Jahre begrenzt, der Beitrag ein Einmalbeitrag.

Zusätzlich kann der Einsatz von Baugeräten (z.B. Kräne, Bagger u.ä mit mehr als 20 km/h) durch den Versicherungsnehmer selbst gegen Beitragszuschlag versichert werden. Schäden durch Arbeitsgeräte, die sich nicht aus eigener Kraft fortbewegen können (z.B. Betonmischer, Kompressoren) sind jedoch gegen Beitragszuschlag mitversichert.

Für den Bauherren ist ferner der Abschluss einer **Bauleistungsversicherung** sinnvoll.

B. Sachversicherungen für den Bauherrn

I. Die Bauleistungsversicherung

519 Der Bauherr steht in der Situation ein Bauwerk errichten zu wollen. Dabei kann er seine Risiken aus möglichen Beschädigungen der Bauleistung über eine Bauleistungsversicherung abdecken.[254]

---

254 Nähere Ausführungen zu Umfang und Gegenstand des Versicherungsschutzes in der Bauleistungsversicherung s. § 8 Rn 281.

II. Die Feuer-Rohbau-Versicherung

Im Rahmen der regulären Wohngebäudeversicherung wird marktüblich eine sogenannte **Feuer-Rohbau-Versicherung** (meist **kostenfrei**) für den Bauherrn angeboten. In diesem Fall ist der Einschluss des Feuer-Risikos in die Bauleistungsversicherung nicht erforderlich.

520

Bei gewerblichen Gebäuden wird marktüblich für die Bauphase ein Beitrag erhoben.

Hypothekengläubiger fordern in der Regel vor Auszahlung der Hypothek einen Nachweis über den Bestand einer Gebäudeversicherung, in der auch eine Feuer-Rohbau-Deckung enthalten ist.

Die Feuer-Rohbau-Versicherung deckt Schäden durch **Brand, Blitzschlag, Explosion und Absturz von Luftfahrzeugen** an Wohngebäuden (Anteil der gewerblichen Nutzung bis 50 % ist möglich) oder Betriebsgebäuden (Anteil gewerbliche Nutzung mind. 50 %) vom Baubeginn bis zur Bezugsfertigkeit entsprechend dem Baufortschritt. Bezugsfertig ist ein Gebäude, wenn es für die Bewohnbarkeit bzw. Nutzbarkeit nur noch an den üblichen beweglichen Einrichtungsgegenständen fehlt. Versichert sind auch die auf dem Versicherungsgrundstück befindlichen Baustoffe des Bauherren, die für den späteren Einbau vorgesehen sind. Baustoffe oder Bauteile, die Bauhandwerker auf ihre Gefahr hin auf dem Versicherungsgrundstück lagern, sind jedoch ausgeschlossen.

521

Vertragsgrundlage sind die Allgemeinen Wohngebäude-Versicherungsbedingungen (VGB) bzw. die Allgemeinen Bedingungen für die Feuerversicherung (AFB) oder eine unternehmensspezifische Nachfolgefassung.

Gebäude im Rohbau werden zum Neuwert versichert.

Sofern nach Fertigstellung des Gebäudes die Versicherungssumme von der bei Baubeginn ermittelten abweichend ist, erfolgt eine nachträgliche Berichtigung der Versicherungssumme.

Eine Besonderheit besteht bei der Feuer-Rohbauversicherung in der zeitlichen Begrenzung des Versicherungsschutzes. Marktüblich ist in der Wohngebäudeversicherung ein Zeitraum von 6–24 Monaten. Der Versicherungsschutz kann jedoch auf Antrag verlängert werden.

522

Versicherungsschutz für die Gefahr Leitungswasser oder Sturm/Hagel besteht während der Bauphase nicht über die Gebäudeversicherung. Eine Absicherung dieser Gefahren ist nur im Rahmen der Bauleistungsversicherung möglich.

III. Die Gebäudeversicherung

Im Anschluss an die Feuer-Rohbau-Deckung beginnt die eigentliche **Gebäudeversicherung**.

523

Die Wohn- und Gewerbliche Gebäudeversicherung decken Schäden durch Brand, Blitzschlag, Explosion, Luftfahrzeugabsturz, Leitungswasser, Rohrbruch, Frost und Sturm/Hagel. Bei Bedarf kann auch die Erweiterte Elementarschadendeckung gewählt werden, in der Erdbeben, Überschwemmung, Erdsenkung, Erdrutsch, Schneedruck und Lawinen versichert sind (Ausschluss einzelner Gefahren ist nicht möglich).

Bei industriellen Risiken (ab einer Versicherungssumme von üblicherweise 5 oder 10 Mio. DM Gebäudeneuwert – je nach Definition der Versicherungsgesellschaft) erlaubt neben der Feuerversicherung eine EC-Versicherung (Extended-Coverage-Versicherung) auch die Versicherung zusätzlicher Gefahren. Wahlweise sind folgende Gefahrengruppen versicherbar:

524

- Politische Risiken (Innere Unruhen, böswillige Beschädigung, Streik, Aussperrung),
- Fahrzeuganprall, Rauch, Überschallknall,
- Sprinkler-Leckage,
- Leitungswasser,
- Sturm,
- Hagel.

525 Vertragsgrundlage sind bei Wohngebäuden die Allgemeinen Wohngebäude-Versicherungsbedingungen (VGB) sowie ggf. die Besonderen Bedingungen für die Versicherung weiterer Elementarschäden in der Wohngebäudeversicherung (BEW) und bei gewerblich genutzten Gebäuden die Allgemeinen Bedingungen für die Feuerversicherung (AFB), die Allgemeinen Bedingungen für die Leitungswasserversicherung (AWB), die Allgemeinen Bedingungen für die Sturmversicherung (AStB) sowie ggf. die Gleitenden Neuwertbedingungen (SGlN) und Besonderen Bedingungen für die Versicherer weiterer Elementarschäden bei gewerblichen Risiken (BEG) oder unternehmensspezifische Nachfolgebedingungen.

526 Vertragsgrundlage für Versicherungen industrieller Risiken sind die Allgemeinen Feuerversicherungsbedingungen (AFB) und die Bedingungen für die Versicherung zusätzlicher Gefahren zur Feuerversicherung für Industrie- und Handelsbetriebe (ECB) oder unternehmensspezifische Nachfolgebedingungen.

527 ■ **Besonderheiten:**
Eine Besonderheit besteht durch den Einschluss des Gebäudezubehörs in der Gebäudeversicherung, insbesondere bei Einfamilienhäusern. Gebäudezubehör, das der Gebäudeinstandhaltung oder Wohnzwecken dient, ist sowohl über die Wohngebäude- als auch über die Hausratversicherung des Gebäudeeigentümers oder Mieters versichert (Doppelversicherung).

Demgegenüber sind Mietereinbauten, also Sachen, die der Mieter auf seine Kosten beschafft oder übernommen hat und für die er die Gefahr trägt, nicht in der Gebäudeversicherung mitversichert (Berücksichtigung in der Hausratversicherung des Mieters erforderlich).

528 Grundsätzlich wird die Wohngebäudeversicherung von der Hausratversicherung des privaten Bauherrn durch die „mobilen Teile" abgegrenzt: Veränderliche Teile werden durch die Hausratversicherung gedeckt; die mit dem Gebäude festverbundenen Teile werden über die Wohngebäudeversicherung mitversichert.

529 Zu klären ist in diesem Zusammenhang die versicherungstechnische Behandlung der sogenannten Einbauküche, die in manchen Gebieten Deutschlands zum Gebäude, in anderen Gebieten regelmäßig zum Hausrat hinzugezählt wird. Hier kann es ggf. zu Deckungslücken kommen, da bei der Einbruchdiebstahlversicherung Vandalismus mitversichert ist, was in der Gebäudeversicherung zu einem Mangel an Versicherungsschutz führen würde.

Ähnliche Abgrenzungsschwierigkeiten zwischen Gebäudebestandteilen und Betriebseinrichtung können auch bei gewerblichen Gebäuden auftreten.

530 ■ **Optionale Deckungselemente:**
Durch Klauseln können bei der Wohngebäude-, Gewerblichen Gebäude und Industriellen Gebäudeversicherung vielfältige Erweiterungen des Standard-Versicherungsschutzes vorgenommen werden (z.B. Überspannungsschäden durch Blitz; Klima-, Wärmepumpen- und Solarheizungsanlagen; Gebäudebeschädigungen durch unbefugte Dritte).

531 ■ **Beitragberechnung:**
Der Beitragssatz in der Wohngebäudeversicherung richtet sich nach der Bauartklasse des Gebäudes, der Tarifzoneneinteilung nach Postleitzahlen und ggf. Zuschlägen für gefahrerhöhende Umstände und Deckungserweiterungen.

In der gewerblichen Gebäudeversicherung resultiert der Beitrag im Wesentlichen auf der Einschätzung der Betriebsart und der Bauartklasse unter Berücksichtigung von Zuschlägen bei Gefahrerhöhungen oder Zusatzeinschlüssen.

Die industrielle Feuerversicherung kennt ein besonders differenziertes System der Risikoermittlung und Tarifierung, die jedes Versicherungsunternehmen individuell anwendet.

C. Die Unfallversicherung

Um den Folgen von Unfällen am Bau Beteiligter vorzubeugen, kann eine Unfallversicherung abgeschlossen werden. **532**

I. Abgrenzung der gesetzlichen zur privaten Unfallversicherung

Die gesetzliche Unfallversicherung bietet Schutz gegen die Folgen von Arbeits- und Wegeunfällen. Pflichtversichert sind alle aufgrund eines Arbeits-, Dienst- oder Ausbildungsverhältnisses Beschäftigten. Es besteht die Möglichkeit der freiwilligen Versicherung. Während die gesetzliche Unfallversicherung auf den Bereich der Arbeitsunfälle beschränkt ist, bietet die private Unfallversicherung Versicherungsschutz gegen finanziellen Mehrbedarf infolge von Gesundheitsschädigungen des Versicherten durch Unfall. Eine private Unfallversicherung kommt als zusätzliche Absicherung in Betracht für den Fall, dass der Umfang der gesetzlichen Unfallversicherung nicht ausreicht, um den entstandenen Schaden auszugleichen. **533**

Der private Bauherr kann für sich und seine Ehefrau wählen, ob er sich in der gesetzlichen Unfallversicherung freiwillig versichert oder eine private Unfallversicherung abschließt. Beschäftigt der private Bauherr Bauhelfer, wie z.B. Freunde, Verwandte etc., stellt sich die Frage nicht. Diese müssen in der gesetzlichen Unfallversicherung (Bau-Berufsgenossenschaft des jeweiligen Ortes) versichert werden.

II. Der Leistungsumfang der gesetzlichen Unfallversicherung

(Darstellung erfolgt auf der Grundlage der Allgemeinen Unfallversicherungsbedingungen (AUB)) **534**

Zu den Leistungen der gesetzlichen Unfallversicherung gehören:
- Heilbehandlungskosten
- Verletztengeld
- Übergangsgeld
- Verletztenrente
- Rehabilitation
- Umschulungsmaßnahmen
- Sterbegeld
- Hinterbliebenenrente.

III. Leistungsarten der privaten Unfallversicherung

1. Invalidität

Kernstück der Unfallversicherung ist die Versicherungsleistung bei Invalidität infolge eines Unfalls. **535**

Ein Unfall im Sinne der privaten Unfallversicherung hat sich ereignet, wenn der Versicherte durch ein plötzlich von außen auf seinen Körper einwirkendes Ereignis unfreiwillig eine Gesundheitsschädigung erleidet. Selbsttötung und Selbstverstümmelung sind demnach keine Unfälle, da es an der Unfreiwilligkeit fehlt.

Invalidität ist die **dauernde Beeinträchtigung** der **körperlichen** oder **geistigen Leistungsfähigkeit**. Führt ein Unfall zu Invalidität, hat der Versicherte Anspruch auf eine Kapitalleistung bzw. ab Vollendung des 65. Lebensjahres auf eine Rentenzahlung. Die Invalidität muss innerhalb eines Jahres nach dem Unfall eingetreten und spätestens nach drei weiteren Monaten ärztlich festgestellt und geltend **536** gemacht worden sein. Insoweit handelt es sich hierbei um eine Ausschlussfrist, nach deren Ablauf keine Anspruchstellung mehr möglich ist.

537 Die Höhe der Invaliditätsleistung richtet sich nach der vereinbarten Versicherungssumme (= Höchstsumme bei Vollinvalidität) und dem Invaliditätsgrad in Prozent. Der Invaliditätsgrad wird bei Verlust der Gebrauchsfähigkeit von Gliedmaßen und Sinnesorganen nach der in den AUB festgelegten Gliedertaxe bestimmt. Die Gliedertaxe wird auch dann angewandt, wenn andere Prozent-Sätze z.B. vom Versorgungsamt festgestellt wurden. Im Falle eines Teilverlusts oder einer Funktionsbeeinträchtigung, wird der entsprechende Teil des Prozentsatzes der Gliedertaxe angenommen. Werden durch den Unfall Körperteile oder Sinnesorgane betroffen, die nicht in der Gliedertaxe genannt sind, ist maßgebend, inwieweit die normale Leistungsfähigkeit unter ausschließlicher Berücksichtigung medizinischer Gesichtspunkte beeinträchtigt ist.

Bei Beeinträchtigung mehrerer körperlicher oder geistiger Funktionen, werden die entsprechenden Prozent-Sätze maximal bis zum Erreichen der 100 %-Grenze addiert. Liegt bereits eine Vorinvalidität vor, wird ein Abzug in entsprechender Höhe nach der Gliedertaxe vorgenommen.

538 Stirbt der Versicherte innerhalb eines Jahres an den Unfallfolgen, besteht kein Anspruch auf Invaliditätsleistung. Daraus ergibt sich, dass vor Ablauf eines Jahres keine Invaliditätsleistung ausgezahlt wird, auch wenn bereits feststeht, wie hoch der Grad der Invalidität ist, da der Versicherte noch an den Unfallfolgen sterben könnte. Es kann jedoch, wenn vereinbart, die Todesfallleistung als Vorschuss auf die zu erwartende Individualitätsleistung ausgezahlt werden.

Stirbt der Versicherte innerhalb eines Jahres aus unfallfremder Ursache oder aber später als ein Jahr, gleichgültig aus welcher Ursache, und war ein Anspruch auf Invaliditätsleistung entstanden, wird entsprechend dem Invaliditätsgrad geleistet, der aufgrund ärztlicher Untersuchungen anzunehmen gewesen wäre.

2. Übergangsleistung

539 Die Übergangsleistung soll helfen, einen langwierigen Heilungsprozess zu überbrücken. Sie wird gezahlt, wenn sechs Monate seit dem Eintritt des Unfalls ohne Mitwirkung von Krankheiten oder anderer Gebrechen noch eine unfallbedingte Beeinträchtigung der körperlichen und geistigen Leistungsfähigkeit von mehr als 50 % besteht und bis dahin ununterbrochen bestanden hat. Der Versicherungsnehmer muss den Anspruch auf Übergangsleistung spätestens innerhalb von sieben Monaten nach Eintritt des Unfalls geltend machen. Der Anspruch setzt die Vorlage eines ärztlichen Attests voraus.

3. Tagegeld

540 Das Tagegeld ist insbesondere für Selbständige wichtig, um ihren Verdienstausfall ab dem 1. Tag nach einem Unfall auszugleichen. Außer für Selbständige kann die Tagegeldversicherung ab dem 8. Tag nur noch für Hausfrauen und Ärzte vereinbart werden. Für gesetzlich Krankenversicherte besteht die Möglichkeit, Tagegeld ab dem 43. Tag nach einem Unfall (Ende der vollen Lohnfortzahlung) zu versichern.

Führt ein Unfall zu einer Beeinträchtigung der Arbeitsfähigkeit (hier: nicht Leistungsfähigkeit!), wird für die Dauer der ärztlichen Behandlung Tagegeld geleistet. Die Höhe des Tagegeldes richtet sich nach dem Grad der Arbeitsunfähigkeit sowie der Art der Berufstätigkeit des Versicherten. Das Tagegeld wird vom Unfalltag an für längstens ein Jahr bezahlt.

4. Krankenhaustagegeld

Das Krankenhaustagegeld dient zur Finanzierung der Kosten, die durch einen unfallbedingten Krankenhausaufenthalt entstehen. 541

Das Krankenhaustagegeld wird für jeden Kalendertag gezahlt, an dem sich der Versicherte unfallbedingt in vollstationärer Heilbehandlung im Krankenhaus befindet, längstens jedoch für zwei Jahre vom Unfalltag an gerechnet. Es wird nicht gezahlt für den Aufenthalt in Sanatorien, Erholungsheimen und Kuranstalten.

5. Genesungsgeld

Das Genesungsgeld dient dazu, Erholungszeiten nach einem unfallbedingten Krankenhausaufenthalt zu finanzieren. Es kann nur in Verbindung mit dem Krankenhaustagegeld vereinbart werden und auch nur in gleicher Höhe. Es wird für die gleiche Anzahl Tage gezahlt, für die auch Krankenhaustagegeld gezahlt wurde, längstens jedoch für 100 Tage und gestaffelt. 542

6. Todesfallleistung

Führt ein Unfall innerhalb eines Jahres zum Tod des Versicherten, entsteht ein Anspruch auf die für den Todesfall versicherte Summe. Die Todesfallleistung dient eigentlich der Absicherung von finanziellen Belastungen der Hinterbliebenen. Sie ist aber auch wichtig, damit eine Anzahlung auf die Invaliditätsleistung schon vor Ablauf eines Jahres geleistet werden kann. 543

Nicht zu den Leistungen gemäß AUB gehörend, aber dennoch immer beitragsfrei versichert sind Bergungskosten.

IV. Versicherungssummen in der privaten Unfallversicherung

Sie sind für die einzelnen Leistungsarten frei wählbar, wobei gewisse Summenrelationen zu beachten sind, z.B. darf die Todesfallsumme nicht höher als die Invaliditätssumme sein. Wichtig ist auch evtl. eine Dynamik oder eine progressive Invaliditätsstaffel zu vereinbaren. 544

- **Dynamik** 545
  Um die gewählten Versicherungssummen ständig dem steigenden Lebensstandard anzupassen, kann vereinbart werden, dass sie sich jährlich um einen festen Prozent-Satz erhöhen. Der Beitrag steigt ebenfalls entsprechend.

- **Progressive Invaliditätsstaffel** 546
  Der Invaliditätsgrad kann maximal 100 % betragen. Die Höchstleistung des Versicherers ist die für den Fall der Invalidität vereinbarte Versicherungssumme (§ 7 AUB). Da jedoch bei besonders schweren Verletzungen der Kapitalbedarf überproportional steigt, besteht die Möglichkeit, gegen einen Mehrbeitrag eine progressive Invaliditätsstaffel zu vereinbaren. Dadurch erhöht sich bei hohen Invaliditätsgraden die Leistung proportional. Hierfür gibt es verschiedene Modelle am Markt.

V. Die Beitragsberechnung

Der Beitrag der gesetzlichen Unfallversicherung richtet sich nach der Höhe der Lohnsumme. Zahlt der Bauherr keinen Lohn, weil es sich um Gefälligkeiten handelt, wird eine pauschale Lohnsumme zur Beitragsberechnung festgelegt. Maßgeblich für die gesetzliche Unfallversicherung ist das Siebte Buch Sozialgesetzbuch (SGB VII). 547

Bei der privaten Unfallversicherung handelt es sich um einen freiwilligen privatrechtlichen Vertrag, der bei bestimmten Versicherungsunternehmen am Markt entweder als reine Bauhelfer-Unfallversicherung abgeschlossen wird, die nur während der Tätigkeit auf dem Bau gilt oder aber als private Unfallversicherung mit 24-Stunden-Volldeckung. Es gelten die jeweiligen Versicherungsbedingungen des Versicherers.

548 Sowohl für die private Unfallversicherung als auch für die Bauhelfer-Unfallversicherung gilt als Grundrisiko die Absicherung der Invalidität. Diese Leistungsart muss versichert werden. Alle anderen Leistungsarten wie z.B. Tod oder Krankenhaustagegeld, Übergangsleistung, Tagegeld etc. können versichert werden, wobei bei der Bauhelfer-Unfallversicherung Invalidität und Todesfallleistung als Paket und ohne weitere Leistungsarten angeboten werden.

Die Berechnung des Beitrages richtet sich bei der privaten bzw. Bauhelfer-Unfallversicherung nach der Höhe der Versicherungssummen, den gewünschten Leistungsarten und der Gefahrengruppe, für Bauhelfer grundsätzlich Gefahrengruppe ‚B' (körperliche Tätigkeit).

VI. Geltungsbereich der privaten Unfallversicherung

549 Die private Unfallversicherung gilt weltweit 24 Stunden am Tag.

VII. Besonderheiten der Bauhelfer-Unfallversicherung

550 Versicherungsschutz wird nur während der Tätigkeit auf dem Bau und nur für private Bauhelfer geboten. Hin- und Rückweg zur Baustelle sind nicht versichert. Der Beitrag richtet sich nach der Anzahl der gemeldeten Personen.

VIII. Unfallversicherung für gewerblich am Bau tätige Personen

551 Auch ein Bauunternehmer kann seine Mitarbeiter zusätzlich zur gesetzlichen Unfallversicherung versichern. Dies geschieht in Form eines Gruppenvertrages, in dem alle versicherten Personen aufgeführt sind.

Teil 6: Gesetzliche Neuerungen

A. Exkurs: Die Baustellenverordnung (BaustellV)

I. Grundlagen der Baustellenverordnung

552 Für Baustellen, die ab dem 1.7.1998 begonnen wurden, gilt die Baustellenverordnung.[255] Die Verordnung beruht auf dem Arbeitsschutzgesetz und zielt auf die Verbesserung der Sicherheit und des Gesundheitsschutzes auf größeren Baustellen. Sie sieht die Bestellung sogenannter Sicherheits- und Gesundheitsschutz-(=SiGe)-Koordinatoren, auch Baukoordinatoren genannt, durch den Bauherrn auf Baustellen vor, auf denen Beschäftigte mehrerer Unternehmen gleichzeitig tätig sind. Diese Koordinatoren sollen in der Planungsphase einen Sicherheits- und Gesundheitsschutzplan ausarbeiten und bei der Ausführung des Bauvorhabens die Einhaltung der Arbeitsschutzvorschriften überwachen und die Tätigkeiten der einzelnen Unternehmen auf der Baustelle zwecks Vermeidung von Arbeitsunfällen koordinieren.

---

255 BGBl I 1998, 1283.

A. Exkurs: Die Baustellenverordnung (BaustellV) § 8

Für jede Baustelle, bei der die voraussichtliche Dauer der Arbeiten mehr als 30 Arbeitstage beträgt und auf der mehr als 20 Beschäftigte gleichzeitig tätig werden oder der Umfang der Arbeiten voraussichtlich 500 Personentage überschreitet, ist der zuständigen Behörde spätestens zwei Wochen vor Einrichtung der Baustelle eine Vorankündigung zu übermitteln, in der auch der SiGe-Koordinator zu benennen ist. **553**

Für eine anzeigepflichtige Baustelle, auf der Beschäftigte mehrerer Arbeitgeber tätig oder besonders gefährliche Arbeiten (Anhang II BaustellV, wie z.B. Arbeiten, die mit Explosions-, Strahlen- und ähnlichen Gefahren verbunden sind) ausgeführt werden, ist vor Errichtung der Baustelle ein Sicherheits- und Gesundheitsschutzplan zu erstellen, aus dem die für die betreffende Baustelle anzuwendenden Arbeitsschutzbestimmungen und Maßnahmen für die besonders gefährlichen Arbeiten ersichtlich sind.

II. Die Verantwortung des Bauherrn

Den Bauherrn treffen originäre baustellenverordnungsrechtliche Arbeitsschutzpflichten bei der Planung der Ausführung des Bauvorhabens sowie Pflichten zur Koordinierung des Bauausführungsgeschehens im Falle mehrerer Arbeitgeber. Dem Bauherrn bleibt es unbenommen, die Planung der Ausführung des Bauvorhabens und dessen Koordinierung im Sinne der Baustellenverordnung selbst in die Hand zu nehmen. § 3 Abs. 1 S. 2 BaustellV bestätigt dies sogar ausdrücklich. Im Regelfall wird es aber zu einem Auseinanderfallen von Sachkunde im Sinne des Arbeitsschutzrechts und der Bauherreneigenschaft kommen. **554**

Der Bauherr hat keine arbeitsschutzrechtliche Verantwortung im Sinne der Baustellenverordnung mehr, wenn er einen Dritten beauftragt, die eigentlich ihm obliegende Maßnahme in eigener Verantwortung zu treffen. Mit dieser Aufgabendelegation tritt die Rechtsfolge ein, dass ausschließlich der Dritte für die Pflichten verantwortlich wird. Die Vorschrift trägt damit u.a. auch der Tatsache Rechnung, dass in der Praxis viele Bauherren sogenannte Baubetreuungsverträge mit Unternehmen abschließen. **555**

III. Die Verantwortung des Architekten

Der Architekt – hier variieren die Aufgaben je nach Vertragsinhalt – ist für die Grundlagenermittlung und Vorplanung verantwortlich. Ihm obliegt die Entwurfs-, Genehmigungs- und Ausführungsplanung, er wirkt bei der Vergabe mit und vollzieht die Objektüberwachung, d.h. die Ausführung des Objektes auf Übereinstimmung mit der Baugenehmigung, den Ausführungsplänen und der Leistungsbeschreibung usw. Er hat die Objektbetreuung inne, d.h. die Mängelfeststellung etc. und haftet aus Verkehrssicherungspflicht. **556**

Den Architekten trifft gegenüber dem Bauherrn eine Beratungspflicht, wenn dieser, insbesondere im Hinblick auf baurelevante Rechtsvorschriften, nicht über die notwendige Sachkunde verfügt. Dazu gehört auch der Hinweis auf die Pflichten nach der Baustellenverordnung, die zweckmäßigerweise schriftlich erfolgen sollte. Unterbleibt diese und kommt es deswegen zu Verzögerungen im Bauablauf, z.B. weil aufgrund eines konkreten Gefährdungstatbestandes auf der Baustelle wegen fehlenden SiGe-Plans das Gewerbeaufsichtsamt (Amt für Arbeitssicherheit) die Baustelle einstellt, so haftet der Architekt für die damit verbundenen Baustillstandskosten.

IV. Die Verantwortung des Bauunternehmers

Der Bauunternehmer schuldet den materiellen Beitrag zur Verwirklichung des Bauplanes, die Ausführung des geplanten Bauvorhabens, muss öffentlich-rechtliche Vorschriften beachten und für den sicheren Betrieb seiner Baustelle sorgen. Ihm obliegt die Verkehrssicherungspflicht. **557**

Wahner 837

V. Die strafrechtliche Verantwortung der SiGe-Koordinatoren

558 Neben der etwaigen zivilrechtlichen Verantwortung des SiGe-Koordinators oder des ihn beschäftigenden Bauunternehmens besteht eine erhöhte mögliche strafrechtliche Verantwortung der Person, die diese Aufgaben wahrnimmt. Zumindest die Arbeitsunfälle auf einer Baustelle, bei denen die Unfallbeteiligten – Schädiger und Geschädigte – verschiedenen Unternehmen angehören, können strafrechtliche Verfahren gegen den SiGe-Koordinator zur Folge haben.

B. Exkurs: Die Fertigstellungsbescheinigung (§ 641 a BGB)[256]

I. Das Gesetz zur Beschleunigung fälliger Zahlungen[257]

559 Das Gesetz zur Beschleunigung fälliger Zahlungen wurde mit der Maßgabe beschlossen, die Zahlungsmoral im Allgemeinen zu verbessern, insbesondere aber, um den Liquiditätsschwierigkeiten der Bauwirtschaft entgegen zu wirken sowie eine Beeinträchtigung der Rentabilität und eine Gefährdung der Wettbewerbsfähigkeit des Bauunternehmers zu vermeiden. Das Gesetz zur Beschleunigung fälliger Zahlungen regelt den Zahlungsverzug des Schuldners kraft Gesetzes neu sowie die Einführung der Abschlagszahlung, der Abnahmefiktion und der Fertigstellungsbescheinigung im Werkvertragsrecht (§§ 284, 288 und 631 ff. BGB).

II. Die Fertigstellungsbescheinigung (§ 641 a BGB)

560 Im Mittelpunkt des Gesetzes steht die Einführung einer „Abnahmefiktion". Nach der neuen Regelung des § 641 a BGB steht der Abnahme nunmehr gleich, wenn dem Unternehmer von einem Gutachter eine Bescheinigung darüber erteilt wird, dass das versprochene Werk hergestellt, und frei von Mängeln ist (sog. „Fertigstellungsbescheinigung"). Die Fertigstellungsbescheinigung darf nur dann erteilt werden, wenn das Werk mängelfrei, d. h. frei von unwesentlichen Mängeln hergestellt worden ist **und** das gesetzlich vorgesehene Verfahren nach § 641 a Abs. 2 bis 4 BGB eingehalten wurde.

561 Die Fertigstellungsbescheinigung wird von einem Gutachter erteilt. Das Gesetz regelt, wer als Gutachter für die Erteilung der Fertigstellungsbescheinigung in Frage kommt:
- ein Sachverständiger, auf den sich Unternehmer und Besteller verständigt haben (§ 641 a Abs. 2 Nr. 1 BGB) oder
- ein auf Antrag des Unternehmers durch eine Industrie- und Handelskammer, eine Handwerkskammer, eine Architektenkammer oder eine Ingenieurkammer bestimmter öffentlich bestellter und vereidigter Sachverständiger (§ 641 a Abs. 2 Nr. 2 BGB).

Wenn die Fertigstellungsbescheinigung erteilt wird, treten auch die sonstigen Abnahmewirkungen ein. Nicht anwendbar ist jedoch § 640 Abs. 2 BGB, d. h. der Auftraggeber verliert seine Gewährleistungsansprüche, wenn er sich im Verfahren zur Erteilung der Fertigstellungsbescheinigung wegen bekannter Mängel nicht seine Rechte vorbehält.

---

256 Schrifttum: *Kiesel*, Das Gesetz zur Beschleunigung fälliger Zahlungen, NJW 2000, 1673 ff.; *Kniffka*, Das Gesetz zur Beschleunigung fälliger Zahlungen – Neuregelung des Bauvertragsrechts und seine Folgen, ZfBR 2000, 227 ff.; *Peters*, Das Gesetz zur Beschleunigung fälliger Zahlungen NZBau, 2000, 169 ff.; Verzugsregln keine Erleichterung der Gläubiger, Handelsblatt vom 26.4.2000, 55; *Risse*, Verzug nach 30 Tagen – Neuregelung in § 284 Abs. 3 BGB, BB 2000, 1050 ff.; *Jani*, Neuregelung des Zahlungsverzuges und des Werkvertragsrecht durch „Gesetz zur Beschleunigung fälliger Zahlungen" vom 30.3.2000, BauR 2000, 949 ff.; *Jaeger*, Die Fertigstellungsbescheinigung gemäß § 641 a BGB – kurzer Prozess im Baurecht, BB 2000, 1102 ff.; *Motzke*, Abschlagszahlung, Abnahme und Gutachterverfahren nach dem Beschleunigungsgesetz, NZBau 2000, 489; *Wolf-Hegerbekermeier*, Das neue Gesetz zur Beschleunigung fälliger Zahlungen – ein Überblick, BB 2000, 786.

257 Vom 30.3.2000, Inkraftgetreten am 1.5.2000, BGBl I 2000, 330.

B. Exkurs: Die Fertigstellungsbescheinigung (§ 641 a BGB)

Die Erteilung der Fertigstellungsbescheinigung setzt die Herstellung des versprochenen Werks voraus. Es ist hergestellt, wenn die vertragliche Leistung fertig gestellt ist. Das Werk muss frei von Mängeln sein. Ob das Werk frei von Mängeln ist, beurteilt der Gutachter nach einem schriftlichen Vertrag, den ihm der Unternehmer vorzulegen hat (§ 641 a Abs. 3 BGB). Änderungen dieses Vertrages sind dabei nur zu berücksichtigen, wenn sie schriftlich vereinbart sind oder von den Vertragsteilnehmern übereinstimmend gegenüber dem Gutachter vorgebracht werden. Die Frage, ob ein Mangel vorliegt, ist zunächst eine Rechtsfrage. Es geht darum, ob die vorhandene Bauleistung von der geschuldeten Bauleistung abweicht. Die Beurteilung kann einfach sein oder sich in einer technischen Bewertung erschöpfen. In besonderen Fällen bedarf es zur Klärung dieser Frage einer Vertragsauslegung, die im Einzelfall kompliziert sein kann.

Zielsetzung der Regelung des § 641 a BGB ist die Vermeidung von Streitigkeiten um die Abnahmefähigkeit des Werkes. Der Auftragnehmer (Bauunternehmer) erhält nach der Vorstellung des Gesetzgebers durch diese Bescheinigung ein Mittel, im Urkundenprozess den Anspruch auf Vergütung zügig durchzusetzen. Damit soll den Schwierigkeiten begegnet werden, die dadurch entstehen, dass der Auftragnehmer in einem langwierigen Prozess jeden behaupteten Mangel durch u. U. kostspielige Sachverständigengutachten widerlegen muss.

III. Die Haftung für eine fehlerhafte Fertigstellungsbescheinigung

Der Gutachter bzw. Sachverständige, der die Fertigstellungsbescheinigung erstellt, haftet für die Erteilung einer fehlerhaften Bescheinigung in gleicher Weise wie für die Erstattung eines fehlerhaften Gutachtens bei Privatauftrag. Die Erstellung eines Gutachtens wird regelmäßig als Werkvertrag angesehen. In Betracht kommen also Ansprüche aus dem Werkvertragsrecht, Schadenersatz wegen Nichterfüllung nach § 635 BGB sowie die Haftung aus pVV bei schuldhafter Verletzung von (werk-)vertraglichen Nebenpflichten.

IV. Praxisprobleme

Das Gesetz wirft in der Praxis zahlreiche Probleme auf, da es zahlreiche unbestimmte Rechtsbegriffe enthält: Abgrenzungsprobleme ergeben sich insbesondere bei der Definition des „unwesentlichen Mangels" oder der Abgrenzung des technischen Bereichs zur rein juristischen Vertragsauslegung durch den Sachverständigen. Die juristisch schwierige Vertragsauslegung kann durch Sachverständige in der Regel nicht geleistet werden. Sollte er aufgrund einer falschen Vertragsauslegung unberechtigterweise eine Fertigstellungsbescheinigung ausstellen oder nicht ausstellen, so kann dies zu einer Haftung des Sachverständigen führen. Bei schwierigen juristischen Fragen wird eine Hinweispflicht gegenüber dem Bauherrn bzw. dem Auftraggeber bestehen, einen Juristen einzuschalten.

Ferner sind die Anforderungen und der Umfang an die Besichtigung durch den Gutachter ungeklärt. Auch hier entstehen durch die fehlende Definition des Prüfungsumfangs haftungsrechtliche Risiken.

V. Die Deckung des Risikos aus der Erstellung von Fertigstellungsbescheinigung im Rahmen der Haftpflichtversicherung

1. Berufs-Haftpflichtversicherung von Architekten, Bauingenieuren und Beratenden Ingenieuren

Eine gesetzliche Verpflichtung zum Abschluss einer Berufs-Haftpflichtversicherung besteht für den Gutachter, der Fertigstellungsbescheinigungen nach § 641 a BGB ausstellt, nicht.

Die Tätigkeit als Sachverständiger gehört zum Berufsbild des Architekten/Bauingenieurs und Beratenden Ingenieurs und ist damit im Rahmen der Berufs-Haftpflichtversicherung von Architekten, Bauingenieuren und Beratenden Ingenieuren mitversichert. Entsprechend ist das Risiko aus der Tätigkeit als Sachverständiger gemäß § 641 a BGB im Deckungsumfang der Berufs-Haftpflichtversicherung von Architekten, Bauingenieuren und Bertenden Ingenieuren enthalten. Ebenso besteht Versicherungsschutz im Rahmen der Berufs-Haftpflichtversicherung für Gutachter und Sachverständige.

2. Bau-Betriebs-Haftpflichtversicherung

566 Die Regelung des neu eingeführten § 641 a BGB betrifft das gesamte Werkvertragsrecht, also auch den werkvertraglichen Leistungsbereich von Handwerkern, z.B. Zimmermeistern, Dachdeckern etc.

Im Rahmen der Bau-Betriebs-Haftpflichtversicherung werden am Markt Versicherungsprodukte angeboten, die bereits das Risiko aus der Sachverständigen- und Gutachtertätigkeit des Unternehmers auf bestimmte, seinem Fachbereich zuzuordnenden Tätigkeiten versichern. Eine zusätzliche Berufs-Haftpflichtversicherung muss dann nicht mehr abgeschlossen werden. Bei den aus einem fehlerhaften Gutachten resultierenden Schäden handelt es sich in der Regel um reine Vermögensschäden. Es ist darauf zu achten, dass reine Vermögensschäden im Rahmen der Bau-BetriebsHaftpflichtversicherung mitversichert sind.

Sowohl für die Berufs-Haftpflichtversicherung als auch die Bau-Betriebs-Haftpflichtversicherung gilt, dass der Umfang des Versicherungsschutzes in jedem Fall im Vorfeld mit dem Versicherer bzw. Fachmakler geklärt werden sollte.

Anhang: Merkblatt für das Verhalten im Schadenfall[258]

567 Zur ordnungsgemäßen Erfüllung seiner vertraglichen Leistungspflichten benötigt der Versicherer möglichst schnell genaue Kenntnisse über Art, Hergang und Umfang eines Schadens. Hierzu ist die Unterstützung des Versicherungsnehmers erforderlich. Der Versicherungsnehmer hat deshalb im Schadenfall folgende Pflichten – auch Obliegenheiten genannt – zu erfüllen, die Voraussetzungen für die Erhaltung des Anspruchs aus dem Versicherungsvertrags sind:

Folgende Darstellung der Obliegenheiten im Schadenfall gilt für die Allgemeine Haftpflichtversicherung (Bau-Betriebs-Haftpflichtversicherung. Berufs-Haftpflichtversicherung, etc.). Die Grundsätze lassen sich jedoch auch auf andere Versicherungssparten übertragen. Die Obliegenheitspflichten in Ziff. 3, 4, und 5 gelten nicht für die Bauleistungsversicherung, Baugeräteversicherung sowie Sachversicherung. Besonderheiten der Sparten werden in gesonderten Ziffern aufgeführt.

1. Anzeigepflicht

568 Jeder Versicherungsfall ist dem Versicherer unverzüglich, spätestens innerhalb einer Woche, schriftlich anzuzeigen. Die Verpflichtung zur Anzeige besteht bereits dann, wenn bereits die Möglichkeit eines unter den Versicherungsschutz fallenden Tatbestandes vorliegt. Der Versicherer muss so früh wie möglich die Gelegenheit haben, in die Abwicklung einzugreifen um Nachteile für den Versicherten und den Versicherer zu vermeiden.

---

[258] Darstellung der Obliegenheitspflichten des Versicherungsnehmers im Schadenfall gemäß §§ 5, 6 AHB.

Anhang: Merkblatt für das Verhalten im Schadenfall[258] § 8

Wird ein Ermittlungsverfahren eingeleitet oder ein Strafbefehl oder ein Mahnbescheid erlassen, so hat der VN dem Versicherer unverzügliche Anzeige zu erstatten, auch wenn er den Versicherungsfall selbst bereits angezeigt hat.

Macht der Geschädigte seinen Anspruch gegenüber dem Versicherungsnehmer geltend, so ist dieser zur Anzeige innerhalb einer Woche nach Erhebung des Anspruchs verpflichtet.

Wird gegen den Versicherungsnehmer ein Anspruch gerichtlich geltend gemacht, Prozesskostenhilfe beantragt oder wird ihm der Streit verkündet, so hat er unverzüglich Anzeige zu erstatten. Das Gleiche gilt im Falle eines Regresses, einer einstweiligen Verfügung oder eines selbständigen Beweisverfahrens.

2. Schadenminderungspflicht, Aufklärungs- und Beweissicherungspflicht

Der Versicherungsnehmer ist verpflichtet, unter Beachtung der Weisungen des Versicherers nach Möglichkeit für die Abwendung und Minderung des Schadens zu sorgen und alles zu tun, was zur Klarstellung des Schadenfalles dient, sofern ihm nichts unbilliges zugemutet wird. Er hat den Versicherer bei der Abwehr des Schadens sowie bei der Schadenermittlung und -regulierung zu unterstützen, ihm ausführliche und wahrheitsgemäße Schadenberichte zu erstatten, alle Tatumstände, welche auf den Schadenfall Bezug haben, mitzuteilen und alle nach Ansicht des Versicherers für die Beurteilung des Schadenfalles erheblichen Schriftstücke einzusenden. **569**

3. Prozessführung durch den Versicherer

Kommt es zu einem Prozess über den Haftpflichtanspruch, so hat der Versicherungsnehmer die Prozessführung dem Versicherer zu überlassen, dem von dem Versicherer bestellten oder bezeichneten Anwalt Vollmacht und alle von diesem oder dem Versicherer für nötig erachteten Aufklärungen zu geben. **570**

4. Mitwirkung des Versicherungsnehmers

Gegen Mahnbescheide oder Verfügungen von Verwaltungsbehörden auf Schadenersatz hat er, ohne die Weisung des Versicherers abzuwarten, fristgemäß Widerspruch zu erheben oder die erforderlichen Rechtsbehelfe zu ergreifen. **571**

5. Kein Schuldanerkenntnis abgeben

Der Versicherungsnehmer ist nicht berechtigt, ohne vorherige Zustimmung des Versicherers einen Haftpflichtanspruch ganz oder zum Teil oder vergleichsweise anzuerkennen oder zu befriedigen. Bei Zuwiderhandlung ist der Versicherer von der Verpflichtung zur Leistung frei, es sei denn, dass der Versicherungsnehmer nach den Umständen die Befriedigung oder Anerkennung nicht ohne offenbare Unbilligkeit verweigern konnte. **572**

6. Rechtsfolgen von Obliegenheitspflichtverletzungen

Wird eine Obliegenheit verletzt, die dem Versicherer gegenüber zu erfüllen ist, so ist der Versicherer von der Verpflichtung zur Leistung frei, es sei denn, dass die Verletzung weder auf Vorsatz noch auf grober Fahrlässigkeit beruht. Bei grob fahrlässiger Verletzung bleibt der Versicherer insoweit zur Leistung verpflichtet, als die Verletzung weder Einfluss auf die Feststellungen des Versicherungsfalles noch auf die Feststellungen oder den Umfang dem Versicherer obliegender Leistungen gehabt hat. Handelt es sich hierbei um die Verletzung von Obliegenheiten zwecks Abwendung oder Minderung des Schadens, so bleibt der Versicherer bei grob fahrlässiger Verletzung zur Leistung insoweit **573** verpflichtet, als der Umfang des Schadens auch bei gehöriger Erfüllung der Obliegenheiten nicht geringer gewesen wäre.[259]

7. Besonderheiten in der Bauleistungs- und Baugeräteversicherung

574 Für die Bauleistungs- und Baugeräteversicherung gilt zusätzlich folgendes:

Im Schadenfall hat der Versicherungsnehmer in Bezug auf die Bauleistungsversicherung bzw. Baugeräteversicherung folgende Pflichten zu erfüllen:

Bei Schäden infolge von Straftaten (Diebstahl, Vandalismus) ist unverzüglich Anzeige bei der zuständigen Polizeidienststelle zu erstatten.

Das Schadenbild ist nach Möglichkeit durch Lichtbildaufnahmen festzuhalten.

Das Schadenbild ist bis zur Besichtigung durch den Beauftragten des Versicherers nicht zu verändern. Ein Eingriff darf vorher nur vorgenommen werden, wenn
- Sicherheitsgründe es erfordern,
- der Schaden durch den Eingriff gemindert wird,
- die Genehmigung des Versicherers dazu vorliegt oder
- die Besichtigung 5 Tage nach Eingang der Schadenmeldung noch nicht stattgefunden hat.

Beschädigte oder ausgewechselte Teile sind für den Versicherer zur Besichtigung aufzubewahren.

Dem Beauftragten des Versicherers sind alle Auskünfte zu geben, die der Feststellung des Schadenherganges sowie der Schadenhöhe dienen.

Der Kostenaufstellung sind ordnungsgemäße Belege beizufügen.

8. Besonderheiten bei der Rechtsschutzversicherung

575 Bei der Schadenmeldung sollte besonders bei der Rechtsschutzversicherung die Einhaltung von Fristen beachtet werden:

Dies gilt für alle gerichtlichen Verfahren und insbesondere für Strafbefehle, Bußgeldbescheide, Kündigungsschutzklagen vor dem Arbeitsgericht, sozialgerichtliche Klagen, Mahn- und Vollstreckungsbescheide sowie alle Rechtsmittel. Es ist daher von besonderer Bedeutung, alle gerichtlichen oder behördlichen Bescheide, die dem Versicherungsnehmer zugehen, genau durchzulesen und zunächst selbst das zur Einhaltung der Frist Erforderliche zu veranlassen, soweit nicht bereits ein Anwalt eingeschaltet ist.

---

[259] Vgl. OLG Saarbrücken BauR 1991, 494.

Teil II: Die betriebswirtschaftlichen und rechtlichen Rahmenbedingungen des Bauens

§ 9 Gesellschaftsrecht am Bau

Prof. Dr. Gerhard Ring

Inhalt

A. Der einzelgewerbetreibende Unternehmer 1
B. Personengesellschaften 4
   I. Die BGB-Gesellschaft (§§ 705 ff. BGB) 4
     1. Haftung 7
     2. Steuern 8
  II. Die Offene Handelsgesellschaft (§§ 105 ff. HGB) 10
     1. Haftung 15
     2. Steuern 19
  III. Die Kommanditgesellschaft (§§ 161 ff. HGB) 20
     1. Haftung 22
     2. Steuern 27
  IV. Insbesondere: Spezialausprägungen 28
     1. Die GmbH und Co KG ... 28
     2. Kommanditgesellschaft auf Aktien (§§ 278 bis 290 AktG) 31
C. Die stille Gesellschaft (§§ 230 bis 236 HGB) 32
D. Die Partnerschaftsgesellschaft ... 34
   I. Haftung 37
   II. Steuern 41
E. Kapitalgesellschaften 42
   I. Die Gesellschaft mit beschränkter Haftung 42
     1. Haftung 48
     2. Steuern 49
  II. Die Aktiengesellschaft 50
     1. Haftung 53
     2. Steuern 54
F. Die Europäische Wirtschaftliche Interessenvereinigung 55
   I. Haftung 57
   II. Steuern 58

Die nachstehende Darstellung skizziert einige für das Baugewerbe bzw. auch in diesem Bereich tätige Freiberufler taugliche Gesellschaftsformen – vornehmlich unter den Aspekten Haftung und Möglichkeiten ihrer Begrenzung sowie Steuern.

A. Der einzelgewerbetreibende Unternehmer

Der **einzelgewerbetreibende Unternehmer** haftet selbst, unmittelbar und unbeschränkt mit seinem Unternehmens- oder gesamten Privatvermögen für Verbindlichkeiten, die im Rahmen des Gewerbebetriebs begründet worden sind. Eine Haftungsbeschränkung lässt sich allein auf privatautonomer Grundlage (durch ausdrückliche Vereinbarung bzw. Verwendung von entsprechenden Allgemeinen Geschäftsbedingungen mit dem Vertragspartner – hinsichtlich letzterer allerdings Vorsicht: ggf. überraschende Klausel i.S.v. § 3 AGBG) auf das den Gewerbebetrieb ausmachende Vermögen herbeiführen.   **1**

Der Einzelgewerbetreibende kann **Kaufmann**[1] sein, wenn er ein Handelsgewerbe betreibt (§ 1 Abs. 1 HGB). „Handelsgewerbe" ist nach der Handelsrechtsreform 1998[2] jeder Gewerbebetrieb, es sei denn, dass das Unternehmen eines nach Art oder Umfang in kaufmännischer Weise eingerichteten   **2**

---

[1] Dazu Kommentierung der §§ 1 bis 6 HGB in *Baumbach/Hopt*, Handelsgesetzbuch, 30. Aufl. 2000; *Ernsthaler*, Gemeinschaftskommentar HGB, 6. Aufl. 1999; Heidelberger Kommentar zum HGB, 5. Aufl. 1999; *Koller/Roth/Morck*, Handelsgesetzbuch, 2. Aufl. 1999. Zudem *K. Schmidt*, Handelsrecht, 5. Aufl. 1999.
[2] *Ring*, Das neue Handelsrecht, 1999.

Geschäftsbetriebs nicht bedarf (§ 1 Abs. 2 HGB). Damit erfolgt nach der Novelle keine Differenzierung mehr zwischen Voll- und Minderkaufleuten. Ein Gewerbetreibender ist nunmehr entweder Kaufmann **oder** BGB-Bürger.

3 Ein Gewerbetreibender, dessen Unternehmen **nicht** einen nach Art oder Umfang in kaufmännischer Weise eingerichteten Geschäftsbetrieb erfordert, kann jedoch den Status eines Kaufmanns durch Eintragung der Firma seines Unternehmens ins Handelsregister erlangen (sog. **Kannkaufmann**). Dann **gilt** (gesetzliche Fiktion) sein Unternehmen als Handelsgewerbe (§ 2 S. 1 HGB). Der Unternehmer ist nach § 2 S. 2 HGB berechtigt, aber nicht verpflichtet, die Eintragung nach den für die Eintragung kaufmännischer Firmen geltenden Vorschriften herbeizuführen. Ist eine Eintragung im Handelsregister einmal erfolgt, so findet gemäß § 2 S. 3 HGB eine Löschung der Firma auch auf Antrag des Unternehmers statt. Eine Löschung ist nur dann nicht mehr statthaft, wenn das Unternehmen zwischenzeitlich nach Art oder Umfang einen in kaufmännischer Weise eingerichteten Geschäftsbetrieb i. S. von § 1 Abs. 2 HGB erfordert.

Mit der Handelsrechtsreform ist die alte Diskussion um die sog. Grundhandelsgewerbe obsolet geworden, nach der die reinen Bauunternehmer und alle Bauhandwerker (bei denen die Werkleistung im Vordergrund steht) nicht als Kaufleute i. S. von § 1 Abs. 2 Nr. 1 HGB a.F. qualifiziert wurden.[3]

B. Personengesellschaften

I. Die BGB-Gesellschaft (§§ 705 ff. BGB)

4 Die Gesellschaft bürgerlichen Rechts[4] (GbR) als organisatorischer Grundtyp aller Personengesellschaften zeichnet sich nach § 705 BGB dadurch aus, dass sich mindestens zwei Gesellschafter durch den Gesellschaftsvertrag gegenseitig verpflichten, die Erreichung eines **gemeinsamen Zwecks** (der nicht im Betrieb eines Handelsgewerbes i. S. der §§ 105 bzw. 161 HGB bestehen darf) in der durch den Vertrag bestimmten Weise zu fördern (insbesondere die vereinbarten Beiträge zu erbringen). Gesellschafter können sowohl natürliche als auch juristische Personen, im Übrigen aber auch nicht rechtsfähige Personenvereinigungen (wie eine andere GbR) sein.

5 Die GbR führt als nicht-kaufmännisches Unternehmen keine Firma (§ 17 HGB), sondern wird durch die Namen der Gesellschafter gekennzeichnet – ggf. kann sie aber auch eine (nicht-firmenähnliche) Geschäftsbezeichnung haben.

6 Die GbR wurde auch bisher schon als scheck- und wechselfähig sowie im Übrigen als insolvenzfähig (§ 11 Abs. 2 Nr. 1 InSO) angesehen. Mit seinem Grundlagenurteil vom 29.1.2001[5] hat der BGH jedoch nunmehr auch klargestellt, daß die (Außen-)GbR – im konkret entschiedenen Fall eine Bau-Arbeitsgemeinschaft (ARGE) – Rechtsfähigkeit besitzt, soweit sie durch Teilnahme am Rechtsverkehr eigene Rechte und Pflichten begründet. In diesem Rahmen ist die GbR zugleich im Rechtsverkehr aktiv und passiv parteifähig. Soweit die Gesellschafter für Verbindlichkeiten der GbR persönlich haften, entspricht das Verhältnis zwischen der Verbindlichkeit der Gesellschaft und der Haftung des Gesellschafters derjenigen bei der OHG (Akzessorietät – Rn 15).[6] Diese lange erwarteten Feststellungen waren durch die Entscheidungen zur Scheck- und Wechselfähigkeit[7] sowie zur Fähigkeit, daß eine GbR sich als Gründerin und Gesellschafterin an einer Genossenschaft, Handelsgesellschaft

---

3 BGHZ 59, 179 (182); 61, 59 (62); 73, 217 (220); *K. Schmidt*, JuS 1973, 83 (86).
4 Dazu die Kommentierungen der §§ 705 ff. BGB: etwa *Ulmer*, in: Münchener Kommentar zum BGB, 3. Aufl. 1997; vgl. zudem *Sudhoff*, Personengesellschaften, 7. Aufl. 1999; *Westermann*, Handbuch des Personengesellschaften, 4. Aufl. 1994 ff.
5 NJW 2001, 1056 – dazu *K. Schmidt*, NJW 2001, 993.
6 Fortführung von BGHZ 142, 315 = NJW 1999, 3483.
7 BGHZ 136, 254 = NJW 1997, 2754.

oder einer anderen GbR beteiligen könne,[8] vorbereitet worden. Als Außengesellschaft können etwa Arbeitsgemeinschaften im Baugewerbe, Baukonsortien aber auch Kartelle oder Sozietäten von Freiberuflern (bspw. Architekten) sich in dieser Rechtsform etablieren.

1. Haftung

Für Verbindlichkeiten der GbR haftet den Gläubigern sowohl das Gesellschaftsvermögen (§ 718 BGB) als auch das Privatvermögen eines jeden einzelnen Gesellschafters (§§ 722 Abs. 1, 735 S. 1 BGB) unbeschränkt und grundsätzlich unbeschränkbar (eine Haftungsbeschränkung ist allein auf individualvertraglicher Abrede mit dem Gläubiger möglich – das Konstrukt einer „GbR m.b.H." vermag eine Haftungsrestriktion auf das Gesellschaftsvermögen jedenfalls nicht herbeizuführen)[9] sowie unmittelbar. D.h., die Einrede der Vorausklage (gegen die GbR) ist dem in Anspruch genommenen GbR-Gesellschafter gegenüber dem Gläubiger verwehrt. Untereinander haften die GbR-Gesellschafter gesamtschuldnerisch (§ 421 Abs. 1 S. 1 BGB). Eine ggf. vereinbarte Haftungsfreistellung einzelner Gesellschafter nach dem Gesellschaftsvertrag im Innenverhältnis zeitigt keine Außenwirkung gegenüber den Gläubigern. In das Gesellschaftsvermögen kann der Gläubiger nach § 736 ZPO vollstrecken.

7

2. Steuern

Als Personengesellschaft unterliegt die GbR nicht selbst der Einkommensteuer. Einkommensteuerschuldner ist jeder einzelne Gesellschafter, dessen Besteuerung sich nach der Einkunftsart seines Tätigwerdens in der Gesellschaft richtet:
- § 15 Abs. 1 Nr. 2 EStG bei Tätigkeit im Gewerbebetrieb (Gewinnanteile der Gesellschafter einer anderen Gesellschaft, bei der der Gesellschafter als Unternehmer [Mitunternehmer] des Betriebs anzusehen ist) bzw.
- § 18 Abs. 1 Nr. 1 EStG bei freiberuflicher Tätigkeit (mit Definition „freiberuflicher Tätigkeit").

8

Allerdings wird die GbR steuerrechtlich als halbrechtsfähige Personengesellschaft und damit als „Unternehmen" i. S. von § 2 UStG (verstanden als Ausübung einer selbständigen, gewerblichen oder beruflichen Tätigkeit) qualifiziert. Gleichermaßen kann sie der Gewerbe-, Grund- und Grunderwerbssteuer unterfallen.

9

II. Die Offene Handelsgesellschaft (§§ 105 ff. HGB)

Eine Gesellschaft, deren Zweck auf den **Betrieb eines Handelsgewerbes unter gemeinschaftlicher Firma** gerichtet ist, ist nach § 105 Abs. 1 HGB Offene Handelsgesellschaft[10] (OHG), wenn bei keinem der Gesellschafter die Haftung gegenüber den Gesellschaftsgläubigern beschränkt ist. Die OHG als Personenhandelsgesellschaft unterscheidet sich damit einerseits von der GbR (Rn 4), andererseits

10

---

8 BGHZ 78, 311 = NJW 1981, 682; BGHZ 116, 86 = NJW 1992, 499; BGHZ 118, 83 = NJW 1992, 2222; BGH NJW 1998, 376.
9 BGHZ 142, 315: Für die im Namen einer GbR begründeten Verbindlichkeiten haften die Gesellschafter kraft Gesetzes persönlich. Diese Haftung kann nicht durch einen Namenszusatz oder einen anderen, den Willen, nur beschränkt für diese Verpflichtungen einzustehen, verdeutlichenden Hinweis beschränkt werden, sondern nur durch eine individualvertragliche Vereinbarung ausgeschlossen werden.
10 Dazu *Happ/Brunkhorst*, in: *Riegger/Weipert* (Hrsg.), Münchener Handbuch des Gesellschaftsrechts, Bd. 1, 1995, §§ 40 ff.; *Hueck*, Das Recht der offenen Handelsgesellschaft, 4. Aufl. 1971; *K. Schmidt*, Zur Stellung der OHG im System der Handelsgesellschaften, 1972; *Sudhoff*, Personengesellschaften, 7. Aufl. 1999; *Westermann*, Personengesellschaftsrecht, 5. Aufl. 1984; *ders.*, Handbuch der Personengesellschaften, 1. Teil, 4. Aufl. 1994; sowie Kommentierungen der §§ 104 ff. HGB in den HGB-Kommentaren (vorstehende Fn 1).

von der Kommanditgesellschaft (KG): Bei der GbR (als bloßer Personengesellschaft) wird ein beliebiger Zweck verfolgt, der sich nur nicht auf den Betrieb eines Handelsgewebes unter gemeinschaftlicher Firma richten darf. Die KG betreibt zwar ein Handelsgewerbe – allerdings ist bei ihr die Haftung von einem oder von einigen der Gesellschafter gegenüber den Gesellschaftsgläubigern auf eine bestimmte Vermögenseinlage beschränkt (Kommanditist), während der bzw. die anderen Gesellschafter (persönlich haftende Gesellschafter/Komplementäre) wie OHG-Gesellschafter haften (§ 161 Abs. 1 HGB).

11 Gemäß § 105 Abs. 2 S. 1 HGB kann im Übrigen auch eine Gesellschaft, die ein Kleingewerbe betreibt (deren Gewerbebetrieb also nicht schon nach § 1 Abs. 2 HGB Handelsgewerbe ist – dazu vorstehende Rn 3) oder eine solche, die nur eigenes Vermögen verwaltet (reine **Vermögensverwaltungsgesellschaft**) OHG sein, wenn die Firma des Unternehmens in das Handelsregister eingetragen ist.

12 Bedeutsam ist in diesem Zusammenhang, dass eine GbR, die ein Handelsgewerbe (d.h. einen beliebigen Gewerbebetrieb – § 1 Abs. 2 HGB) betreibt und deren Unternehmen nach Art oder Umfang einen in kaufmännischer Weise eingerichteten Geschäftsbetrieb erfordert, automatisch zur OHG wird und damit in vollem Umfang dem Sonderprivatrecht der Kaufleute unterworfen ist. Der noch fehlenden Handelsristereintragung kommt nämlich keine konstitutive Bedeutung zu. Die Eintragung ist deklaratorischer Natur: Die Gesellschaft ist zwar verpflichtet (§ 29 HGB), die Eintragung zum Handelsregister zu betreiben. Tut sie dies nicht, obgleich sie die materiellen Voraussetzungen einer OHG erfüllt, ändert dies allerdings nichts an ihrem OHG-Status.

13 Auf die OHG findet – soweit in den §§ 105 bis 160 HGB nichts anderes vorgeschrieben ist – das Recht der BGB-Gesellschaft (mithin die §§ 705 ff. BGB) Anwendung (§ 105 Abs. 3 HGB).

Die OHG ist als Personenhandelsgesellschaft Kaufmann nach § 6 Abs. 1 HGB. Sie trägt daher eine Firma als Namen, unter dem sie ihre Geschäfte betreibt, klagt oder verklagt werden kann (§ 17 HGB). Die Firma der OHG muss nach § 19 Abs. 1 Nr. 2 HGB (auch wenn sie nach den §§ 21, 22 bzw. 24 HGB oder nach anderen gesetzlichen Vorschriften fortgeführt wird) die Bezeichnung „offene Handelsgesellschaft" oder eine allgemein verständliche Abkürzung (etwa „oHG" oder „OHG") dieser Bezeichnung enthalten.

14 Die OHG ist zwar keine juristische Person. Allerdings ist sie einer solchen aufgrund der ausdrücklichen gesetzlichen Vorgabe in § 124 Abs. 1 HGB (Teilrechtsfähigkeit) weitgehend angenähert: Sie kann unter ihrer Firma Rechte erwerben und Verbindlichkeiten eingehen, Eigentum und andere dingliche Rechte an Grundstücken erwerben, vor Gericht klagen und verklagt werden. Sie ist im Übrigen analog § 31 BGB deliktsfähig und haftet für unerlaubte Handlungen ihrer Gesellschafter.

1. Haftung

15 Für Verbindlichkeiten der OHG haftet den Gläubigern der Gesellschaft sowohl das Gesellschaftsvermögen als auch jeder einzelne Gesellschafter mit seinem gesamten Privatvermögen persönlich. Eine Haftungsbeschränkungsmöglichkeit gegenüber den Gesellschaftsgläubigern besteht nicht (es sei denn, eine solche wäre ausdrücklich individualvertraglich mit dem Gläubiger vereinbart worden). Zur Zwangsvollstreckung in das Gesellschaftsvermögen ist nach § 124 Abs. 2 HGB ein gegen die Gesellschaft gerichteter vollstreckbarer Schuldtitel erforderlich. Die persönliche Eigenhaftung eines jeden OHG-Gesellschafters statuiert § 128 HGB. Danach haften die Gesellschafter für die Verbindlichkeiten der Gesellschaft den Gläubigern als Gesamtschuldner persönlich (sog. **akzessorische Gesellschafterhaftung**). Der Gläubiger kann jeden der Gesellschafter unmittelbar ganz oder teilweise auf die Gesellschaftsverbindlichkeit in Anspruch nehmen, ohne dies zuvor bei der OHG versucht zu haben (keine Einrede der Vorausklage). Eine entgegenstehende Vereinbarung (im Innenverhältnis der Gesellschafter untereinander – etwa in Gestalt einer Freistellungserklärung der OHG-Gesellschafter

zugunsten eines Mitgesellschafters) ist Dritten (d.h. dem Gläubiger) gegenüber unwirksam. § 129 HGB normiert allerdings wegen der Akzessorietät der Haftung von OHG und Gesellschaftern die Möglichkeit zugunsten der letzteren, sich auf Einwendungen zu berufen, falls der Gesellschaft entsprechende Gegenansprüche zustehen, diese von ihr aber (noch) nicht geltend gemacht worden sind. Aus einem gegen die Gesellschaft gerichteten vollstreckbaren Schuldtitel findet die Zwangsvollstreckung gegen die Gesellschafter nicht statt (§ 129 Abs. 4 HGB).

Auch der neu in eine bestehende OHG eintretende Gesellschafter haftet nach § 130 HGB (**Eintritts-** 16 **haftung**) gleich den anderen Gesellschaftern nach Maßgabe der §§ 128 und 129 HGB für die vor seinem Eintritt begründeten Verbindlichkeiten der Gesellschaft (ohne Unterschied, ob die Firma eine Änderung erfährt oder nicht). Eine entgegenstehende Vereinbarung (Freistellung im Innenverhältnis) ist Dritten gegenüber unwirksam.

Nach seinem Ausscheiden haftet ein früherer OHG-Gesellschafter gemäß § 160 HGB für die von der 17 Gesellschaft bis zu seinem Ausscheiden begründeten Verbindlichkeiten, wenn diese vor Ablauf von fünf Jahren nach dem Ausscheiden fällig und daraus Ansprüche gegen ihn geltend gemacht werden (**Nachhaftung**).

§ 28 HGB regelt den Fall der Haftung bei Eintritt in das Geschäft eines Einzelkaufmanns: Tritt 18 jemand als persönlich haftender (mithin als OHG-) Gesellschafter (oder als Kommanditist) in das Geschäft eines Einzelkaufmanns ein, so haftet die (damit entstandene) **Gesellschaft** (d.h. die OHG und damit über die Vorgabe des § 128 HGB auch der eintretende OHG-Gesellschafter [bei der KG hingegen nicht der eingetretene Kommanditist]), selbst wenn sie die frühere Firma nicht fortführt, für alle im Betriebe des Geschäfts entstandenen Verbindlichkeiten des früheren Geschäftsinhabers. Eine abweichende Vereinbarung ist Dritten gegenüber nur wirksam, wenn sie in das Handelsregister eingetragen und bekannt gemacht bzw. von einem Gesellschafter dem Dritten mitgeteilt worden ist.

2. Steuern

Die OHG unterliegt nicht selbst der Einkommensteuer. Einkommensteuerpflichtig sind vielmehr die 19 einzelnen OHG-Gesellschafter. Allerdings wird der Gewinn der OHG bei dieser nach den §§ 179, 180 AO (gesonderte Feststellung von Besteuerungsgrundlagen) einheitlich und gesondert festgestellt. Der einzelne OHG-Gesellschafter einer gewerblich tätigen Gesellschaft bezieht Einkünfte aus Gewerbebetrieb i. S. von § 15 Abs. 1 Nr. 2 EStG. Betätigt sich OHG gewerblich, so ist sie selbst gewerbesteuerpflichtig – als Unternehmerin i. S. des § 2 UStG unterliegt sie auch der Umsatzsteuer.

III. Die Kommanditgesellschaft (§§ 161 ff. HGB)

Eine Gesellschaft, deren Zweck (wie jener der OHG) auf den Betrieb eines Handelsgewerbes unter 20 gemeinschaftlicher Firma gerichtet ist, ist gemäß § 161 Abs. 1 HGB dann Kommanditgesellschaft[11] (KG), wenn bei einem oder einigen der Gesellschafter die Haftung gegenüber den Gesellschaftsgläubigern auf den Betrag einer bestimmten Vermögenseinlage beschränkt ist (Kommanditisten), während bei dem anderen Teile der Gesellschafter eine Beschränkung der Haftung nicht stattfindet (persönlich haftende Gesellschafter/Komplementäre). Soweit in den §§ 161 bis 177 a HGB nicht ein anderes vorgeschrieben ist, findet auf die KG das auf die OHG geltende Recht (§§ 105 ff. HGB) Anwendung (§ 161 Abs. 2 HGB) – damit mittelbar über § 105 Abs. 3 HGB auch das Recht der GbR (mithin die §§ 705 ff. BGB).

---

11 Dazu die Kommentierungen der HGB-Kommentare zu §§ 161 ff. HGB.

21 Die KG kann personalistisch (etwa als Familien-KG) oder auch kapitalistisch (Publikumsgesellschaft) strukturiert sein. Über § 161 Abs. 2 i.V.m. § 105 Abs. 2 S. 1 HGB besteht auch die Möglichkeit der Errichtung einer Vermögensverwaltungs-KG (dazu bereits vorstehende Rn 11).
Die Firma der KG – als Personenhandelsgesellschaft Kaufmann nach § 6 Abs. 1 HGB – muss (auch wenn sie nach den §§ 21, 22, 24 HGB oder nach anderen gesetzlichen Vorschriften fortgeführt wird) die Bezeichnung „Kommanditgesellschaft" bzw. eine allgemein verständliche Abkürzung dieser („KG") als zwingenden Firmenzusatz enthalten (§ 19 Abs. 1 Nr. 3 HGB).

1. Haftung

22 Den Gläubigern haftet sowohl das Gesellschaftsvermögen (§ 161 Abs. 2 i.V.m. § 124 HGB) als auch der **Komplementär** (der wie ein OHG-Gesellschafter persönlich haftende KG-Gesellschafter – § 161 Abs. 2 i.V.m. § 128 HGB) persönlich mit seinem gesamten Privatvermögen.

23 Besonderheiten bestehen hinsichtlich der Haftung des **Kommanditisten** (der im Übrigen auch weder geschäftsführungs- noch vertretungsbefugt ist – §§ 164, 170 HGB): Nach § 171 Abs. 1 HGB haftet der Kommanditist den Gläubigern der KG bis zur Höhe seiner (Haft-) Einlage (Haftsumme, d.h. jener Geldbetrag, den der Kommanditist im Zuge der Handelsregistereintragung als Höchstbetrag seiner Haftung gegenüber Dritten angegeben hat) unmittelbar. Die Hafteinlage begrenzt damit bereits schon den Umfang der Kommanditistenhaftung im Außenverhältnis. Die Haftung des Kommanditisten ist aber gänzlich ausgeschlossen, sobald er seine Einlage geleistet hat und die Haftsumme somit dem Gesellschaftsvermögen zur Verfügung steht, auf das die Gläubiger Zugriff nehmen können. Soweit die Einlage dem Kommanditisten aber wieder zurückbezahlt wird, gilt sie den Gläubigern gegenüber nach § 172 Abs. 4 HGB als nicht geleistet. D.h., er kann bis zum Betrag der Haftsumme persönlich von den Gläubigern in Anspruch genommen werden. Dies gilt gleichermaßen, soweit ein Kommanditist Gewinnanteile entnimmt, während sein Gewinnanteil durch Verlust unter den Betrag der geleisteten Einlage herabgemindert ist, oder soweit durch die Entnahme der Kapitalanteil unter den bezeichneten Betrag herabgemindert wird.

24 Wer als Kommanditist in eine bestehende Handelsgesellschaft eintritt, haftet gemäß § 173 HGB nach Maßgabe der §§ 171 und 172 HGB für die vor seinem Eintritt begründeten Verbindlichkeiten der Gesellschaft, ohne Unterschied, ob die Firma eine Änderung erleidet oder nicht (**Eintrittshaftung**). Eine entgegenstehende Vereinbarung (im Innenverhältnis mit den Mitgesellschaftern) ist im Außenverhältnis Dritten gegenüber unwirksam.

25 Hat die Gesellschaft ihre Geschäfte begonnen bevor sie ins Handelsregister des Gerichts, in dessen Bezirk sie ihren Sitz hat, eingetragen ist, haftet nach § 176 HGB jeder Kommanditist, der dem Geschäftsbeginn zugestimmt hat, für die bis zur Eintragung der KG begründeten Verbindlichkeiten gleich einem persönlich haftenden Gesellschafter (§ 161 Abs. 2 i.V.m. § 128 HGB), es sei denn, dass eine Beteiligung als Kommanditist dem Gläubiger bekannt war. Die Regelung gelangt jedoch dann nicht zur Anwendung, soweit sich aus § 2 HGB (vorstehende Rn 3) oder § 105 Abs. 2 HGB (Rn 11) ein anderes ergibt.

26 Tritt ein Kommanditist nach § 173 HGB in eine bestehende Handelsgesellschaft ein, findet § 176 Abs. 1 S. 1 HGB für die in der Zeit zwischen seinem Eintritt und dessen Eintragung im Handelsregister begründeten KG-Verbindlichkeiten entsprechende Anwendung.
Zur Kommanditisten-Haftung beim Eintritt in das Geschäft eines Einzelkaufmanns bzw. zur Haftung des Einzelkaufmanns, falls dieser Kommanditistenstatus erlangt, näher § 28 HGB (vorstehende Rn 18).

2. Steuern

Einkommensteuerrechtlich ist die KG der OHG gleichgestellt (vorstehende Rn 19). Die Gesellschaft ist also nicht einkommensteuerpflichtig. Zur Einkommensteuer herangezogen werden die

- Komplementäre (nach § 15 Abs. 1 Nr. 2 EStG – Einkünfte aus Gewerbebetrieb) und gleichermaßen die
- Kommanditisten, sofern ihre Tätigkeit in der KG als Mitunternehmerschaft qualifiziert werden kann. Dies ist dann der Fall, wenn auch sie in der KG ein unternehmerisches Risiko tragen bzw. eine unternehmerische Initiative ergreifen.

Allerdings ist (wie bei der OHG) die KG selbst gewerbesteuerpflichtig und „Unternehmerin" i. S. von § 2 UStG, mithin umsatzsteuerpflichtig.

IV. Insbesondere: Spezialausprägungen

1. Die GmbH und Co KG[12]

Rechtsträgerin einer GmbH und Co KG ist die KG, deren (regelmäßig) einzige persönlich haftende Gesellschafterin (Komplementärin) eine Kapitalgesellschaft, mithin eine juristische Person (nämlich eine GmbH) ist. Die Gründe für diese Entwicklung einer Typenmischung (Personenhandelsgesellschaft mit Kapitalgesellschaft) bestehen in folgendem: Haftungsbeschränkung, Steuerersparnis (zwischenzeitlich jedoch erheblich relativiert) und erleichterte Nachfolgeregelung.

Vor allem die Möglichkeit einer Haftungsbeschränkung – persönlich haftende Gesellschafterin ist eine GmbH und diese haftet nur mit ihrem (Mindest-) Gesellschaftsvermögen – machen das Konstrukt gerade auch für mittelständische Familienunternehmen attraktiv. Im Übrigen besteht hier (im Unterschied zu den Personenhandelsgesellschaften in Reinform, die dem Grundsatz der Selbstorganschaft folgen) die Möglichkeit der **Fremdorganschaft**, d.h. eine Außenvertretung und Geschäftsführung durch Nicht-Gesellschafter (d.h. ggf. Nicht-Familienangehörige). Da in der KG allein der persönlich haftende Gesellschafter zur Geschäftsführung und Vertretung befugt ist (arg. e contrario §§ 164, 170 HGB), nimmt diese Funktion bei der GmbH und Co KG die Komplementär-GmbH wahr. Diese wiederum wird durch ihr Organ, den Geschäftsführer (§ 35 GmbHG), der nicht notwendigerweise Gesellschafter der KG bzw. der GmbH sein muss, vertreten. Der Geschäftsführer einer GmbH und Co KG übt demnach zwei Funktionen aus: Zum einen ist er der Geschäftsführer der GmbH, zum anderen führt er aber auch für die KG als Repräsentant der GmbH die Geschäfte.

Haftungsgrundlage der Gläubiger einer GmbH und Co KG sind gesamtschuldnerisch das
- Gesellschaftsvermögen der GmbH und Co KG sowie das
- Vermögen der Komplementär-GmbH (nach § 161 Abs. 2 i.V.m. § 128 HGB), das persönlich, unbeschränkt und unmittelbar haftet.

Hinsichtlich der Kommanditistenhaftung ergeben sich keine Unterschiede zur KG (dazu vorstehende Rn 23).
Die Firma einer GmbH und Co KG muss als Kommanditgesellschaft, sofern keine natürliche Person persönlich haftet, nach § 19 Abs. 2 HGB in ihrer Firma (auch wenn sie nach den §§ 21, 22, 24 HGB oder nach anderen gesetzlichen Vorschriften fortgeführt wird) eine Bezeichnung enthalten, welche die Haftungsbeschränkung kennzeichnet.

---

[12] *Binz*, GmbH & Co, 8. Aufl. 1992; *Brönner/Rux/Wagner*, Die GmbH & Co KG, 8. Aufl. 1998; *Hesselmann/Tillmann*, Handbuch der GmbH & Co KG, 18. Aufl. 1997; *Klamroth*, Die GmbH & Co KG, 8. Aufl. 1998; *Priester*, Vertragsgestaltung bei der GmbH & Co KG, 2. Aufl. 1991; *Schulze zur Wiesche*, GmbH & Co KG, 2. Aufl. 1991; *Sommer*, Die Gesellschaftsverträge der GmbH & Co KG, 2. Aufl. 1997; *Sudhoff/Sudhoff*, Der Gesellschaftsvertrag der GmbH & Co KG, 8. Aufl. 1992; *dies.*, Rechte und Pflichten des Geschäftsführers einer GmbH und einer GmbH & Co KG, 14. Aufl. 1994.

2. Kommanditgesellschaft auf Aktien (§§ 278 bis 290 AktG)

31 Die in der Praxis nicht weit verbreitete Kommanditgesellschaft auf Aktien[13] (KGaA) ist als Typenmischung zwischen Personenhandels- und Kapitalgesellschaft nach § 278 Abs. 1 AktG eine Gesellschaft mit eigener Rechtspersönlichkeit, mithin juristische Person, bei der mindestens ein Gesellschafter den Gesellschaftsgläubigern unbeschränkt haftet (persönlich haftender Gesellschafter/Komplementär) und die übrigen an dem in Aktien zerteilten Grundkapital beteiligt sind, ohne für die Verbindlichkeiten der Gesellschaft zu haften (Kommanditaktionäre).

C. Die stille Gesellschaft[14] (§§ 230 bis 236 HGB)

32 Wer sich als stiller Gesellschafter am Handelsgewerbe, das ein anderer betreibt, (nur) mit einer Vermögenseinlage beteiligt (etwa an einer OHG, KG oder auch einer GmbH – „GmbH und Still"), hat nach § 230 HGB die Einlage so zu leisten, dass sie in das Vermögen des Inhabers des Handelsgeschäfts übergeht. Allein der Inhaber wird aus den im Betrieb geschlossenen Geschäften berechtigt und verpflichtet. Die stille Gesellschaft als reine Innengesellschaft ist **keine Handelsgesellschaft**. Still trifft im Außenverhältnis keine Haftung gegenüber den Gläubigern. Für die Gewinne, die der Geschäftsinhaber erzielt, ist dieser einkommensteuerpflichtig nach § 15 Abs. 1 Nr. 2 EstG (Einkünfte aus Gewerbebetrieb).

33 Der typische stille Gesellschafter (allerdings ist auch eine Art atypische stille Gesellschaft als Sonderform möglich, bei der auf der Grundlage der Vertragsfreiheit dem stillen Gesellschafter Beteiligungsrechte am Vermögen des Geschäftsinhabers bzw. Beteiligungsrechte an der Geschäftsführung eingeräumt werden, womit Still Mitunternehmer [§ 15 Abs. 1 Nr. 2 EstG] wird) ist nach § 20 Abs. 1 Nr. 4 EstG einkommensteuerpflichtig hinsichtlich der Gewinnanteile (letztere sind für den Betriebsinhaber abzugfähige Betriebsausgaben) als Einkünfte aus Kapitalvermögen. Verluste des Stillen, für die er Aufwendungen zu treffen hat, sind für diesen Werbungskosten. Wegen des Charakters einer reinen Innengesellschaft ist der stille Gesellschafter auch nicht umsatzsteuerpflichtig, da Nicht-"Unternehmer" i. S. von § 2 UStG.

D. Die Partnerschaftsgesellschaft[15]

34 Das Gesetz über Partnerschaftsgesellschaften Angehöriger freier Berufe (Partnerschaftsgesellschaftsgesetz – PartGG) vom 25. Juni 1994[16] bietet den Angehörigen freier Berufe (etwa Architekten oder Beratenden Ingenieuren), sofern sie kein Gewerbe i. S. des Handelsrechts betreiben und für sie daher die Personenhandelsgesellschaften OHG und KG verschlossen bleiben sollten, die Möglichkeit der

---

13 Dazu *Claussen*, Perspektiven für die Kommanditgesellschaft auf Aktien, in: Festschrift für *Heinsius*, 1991, S. 61; *Kallmeyer*, Die Kommanditgesellschaft auf Aktien – eine Rechtsformalternative für den Mittelstand, DStR 1994, 977. Zudem Kommentierung der §§ 278 ff. AktG in den AktG-Kommentaren.

14 Dazu *Albrecht*, Die stille Gesellschaft im Recht der Publikumsgesellschaften, 1990; *Bezzenberger*, in: *Riegger/Weipert*, Münchener Handbuch des Gesellschaftsrechts, Bd. 2, 1991; *Paulick/Blaurock*, Handbuch der stillen Gesellschaft, 5. Aufl. 1998; *Post/Hoffmann*, Die stille Beteiligung am Unternehmen der Kapitalgesellschaft, 3. Aufl. 1999; *Reusch*, Die stille Gesellschaft als Publikumspersonengesellschaft, 1989; *Schulze zur Wiesche*, Die GmbH und Still, 3. Aufl. 1997; *Schewedhelm*, Die GmbH und Still als Mitunternehmerschaft, 1987; *Stüttgen*, Die stille Beteiligung an der gewerblichen Familien-GmbH, 1988. Zudem die Kommentierungen zu §§ 230 ff. HGB in den HGB-Kommentaren.

15 *Feddersen/Meyer-Landrut*, PartGG, 1995; *Henssler*, PartGG, 1997; *Meilicke/v. Westphalen/Hoffmann/Lenz*, PartGG, 1995; *Michalski/Römermann*, PartGG, 2. Aufl. 1999; *Ring*, Partnerschaftsgesellschaft, 1997; *Seibert*, Die Partnerschaft, eine neue Rechtsform für die freien Berufe, 1994.

16 BGBl I, 1744.

D. Die Partnerschaftsgesellschaft[15]

Wahl einer eigenständigen Gesellschaftsform: Nach § 1 Abs. 1 S. 1 PartGG ist die Partnerschaftsgesellschaft eine (Personen-) Gesellschaft, in der sich Angehörige freier Berufe (als natürliche Personen) zur Ausübung ihres Berufs zusammenschließen.

Die Gesellschaftsform erfreut sich bislang allerdings keiner allzu regen Nachfrage. Dies liegt offensichtlich darin begründet, dass zunächst die Rechtsprechung (bspw. zugunsten einer Zahnärzte-GmbH[17] bzw. einer Anwalts-GmbH[18]) und später auch der Gesetzgeber (etwa mit dem durch Gesetz vom 31. August 1998 eingeführten neuen Abschnitt über Rechtsanwaltsgesellschaften in der BRAO – §§ 59c bis 59m) den Angehörigen freier Berufe auch die Möglichkeit der Gründung einer GmbH (dazu noch nächststehende Rn 42 ff.) eröffnet hat:

Das Recht der GbR (§§ 705 ff. BGB) ist auf die Partnerschaftsgesellschaft als Gesamthandgemeinschaft anwendbar (§ 1 Abs. 4 PartGG), sofern nicht in den einzelnen Vorschriften des PartGG auf OHG-Recht (§§ 105 ff. HGB) verwiesen wird. Die Partnerschaftsgesellschaft ist zwar keine juristische Person, rechtlich aber verselbständigt (d.h. teilrechtsfähig). Nach § 7 Abs. 2 PartGG findet § 124 HGB entsprechende Anwendung mit der Folge, dass die Partnerschaftsgesellschaft unter ihrem Namen Rechte erwerben, Verbindlichkeiten eingehen, Eigentum und andere dingliche Rechte erwerben und vor Gericht klagen und verklagt werden kann. Sie ist im Übrigen nach § 11 Abs. 2 Nr. 1 InsO auch insolvenzfähig. Gemäß § 2 PartGG ist die Partnerschaftsgesellschaft namensfähig: Der Name der Partnerschaftsgesellschaft muss den Namen mindestens eines Partners, den Zusatz „und Partner" oder „Partnerschaft" sowie die Berufsbezeichnungen aller in der Partnerschaft vertretenen freien Berufe enthalten.

I. Haftung

Den Gläubigern haftet für Verbindlichkeiten der Partnerschaft nach § 8 Abs. 1 S. 1 PartGG sowohl das Vermögen der Gesellschaft als auch das jedes einzelnen Partners gesamtschuldnerisch. Dabei findet § 129 HGB (über Einwendungen des Gesellschafters) entsprechende Anwendung.

§ 8 Abs. 2 PartGG normiert eine **Haftungskonzentration** auf tatsächlich tätig gewordene Partner: Waren nur einzelne Partner mit der Bearbeitung eines Auftrags befasst, so haften gemäß § 8 Abs. 2 Hs. 1 PartGG[19] **nur diese** nach § 8 Abs. 1 S. 1 PartGG (neben der Partnerschaftsgesellschaft) für berufliche Fehler. Ausgenommen sind Bearbeitungsbeiträge von untergeordneter Bedeutung (§ 8 Abs. 2 Hs. 2 PartGG).

In § 8 Abs. 3 PartGG trifft das Gesetz eine Haftungsbeschränkung auf einen Höchstbetrag (**Haftungsdeckelung**): Durch Gesetz kann für einzelne freie Berufe eine Beschränkung der Haftung für Ansprüche aus Schäden wegen fehlerhafter Berufsausübung auf einen bestimmten Höchstbetrag zugelassen werden, wenn zugleich eine Pflicht zum Abschluss einer Berufshaftpflichtversicherung der Partner oder der Partnerschaft begründet wird.

Neu in eine Partnerschaft eintretende Partner haften nach § 8 Abs. 1 S. 2 PartGG i.V.m. § 130 HGB auch bereits für vor ihrem Eintritt begründete Verbindlichkeiten der Gesellschaft (**Eintrittshaftung**). Scheidet ein Partner aus einer Partnerschaft aus, haftet er nach § 10 Abs. 2 PartGG i.V.m. §§ 159, 160 HGB für die während seiner Zugehörigkeit zur Gesellschaft begründeten Verbindlichkeiten, sofern diese innerhalb von fünf Jahren gegen ihn geltend gemacht werden (**Nachhaftung**).

---

17 BGHZ 124, 224 – dazu *Ring*, Werberecht der Ärzte, 2000, Rn 420 ff.
18 BayObLG NJW 1995, 1999 – dazu *Ring*, Die Partnerschaftsgesellschaft, 1997, Einl. Rn 37 ff.
19 § 8 Abs. 2 PartGG wurde neu gefasst durch Gesetz vom 22.7.1998 (BGBl I, 1878, 1881).

II. Steuern

41 Als freiberufliche (und damit kein Gewerbe betreibende) Personengesellschaft ist die Partnerschaft weder körperschaftssteuer- noch gewerbesteuerpflichtig.
Die Einkommensteuerpflicht trifft nicht die Partnerschaft, sondern den einzelnen Partner, der gemäß § 18 Abs. 1 Nr. 1 EStG Einkünfte aus selbständiger Tätigkeit erzielt.
Die Partnerschaft ist allerdings umsatzsteuerpflichtig.

E. Kapitalgesellschaften

I. Die Gesellschaft mit beschränkter Haftung

42 Eine Gesellschaft mit beschränkter Haftung[20] (GmbH) kann nach Maßgabe der Bestimmungen des Gesetzes über die Gesellschaften mit beschränkter Haftung vom 20.4.1892[21] (GmbHG) zu jedem gesetzlich zulässigen Zweck durch eine (sog. Einmann-GmbH) oder mehrere Personen errichtet werden.

43 Die GmbH ist **Kapitalgesellschaft** und **juristische Person**: Nach § 13 Abs. 1 GmbHG ist sie selbständige Trägerin von Rechten und Pflichten. Sie kann Eigentum und andere dingliche Rechte an Grundstücken erwerben, vor Gericht klagen und verklagt werden. Die Gesellschaft ist als Handelsgesellschaft Kaufmann nach § 6 Abs. 1 HGB und Formkaufmann gemäß § 6 Abs. 2 HGB (§ 13 Abs. 3 GmbHG). Die GmbH entsteht als juristische Person mit Eintragung in das Handelsregister (arg. e contrario § 11 Abs. 1 GmbHG – vor der Eintragung in das Handelsregister des Sitzes der Gesellschaft besteht eine GmbH als solche nicht – wohl aber als Vorgesellschaft oder Vorgründungsgesellschaft).

44 Die **Firmenbildung** vollzieht sich nach § 4 GmbHG: Die Firma der Gesellschaft muss (auch wenn sie nach § 22 HGB oder nach anderen gesetzlichen Vorschriften fortgeführt wird) die Bezeichnung „Gesellschaft mit beschränkter Haftung" oder eine allgemein verständliche Abkürzung dieser Bezeichnung enthalten. Die GmbH handelt als juristische Person durch ihre **Organe**. Zwingend vorgeschrieben sind lediglich die Gesellschafterversammlung (§§ 48 ff. GmbHG) sowie der/die Geschäftsführer (§§ 6, 35 ff. GmbHG).

45 Die GmbH benötigt ein **Stammkapital**, das nach § 5 Abs 1 GmbHG mindestens 25.000 Euro betragen muss. Die Stammeinlage eines jeden Gesellschafters muss mindestens 100 Euro betragen. Sollen **Sacheinlagen** geleistet werden, müssen der Gegenstand der Sacheinlage und der Betrag der Stammeinlage, auf die sich die Sacheinlage bezieht, im Gesellschaftsvertrag festgesetzt werden. Die Gesellschafter haben in einem Sachgründungsbericht die für die Angemessenheit der Leistungen für Sacheinlagen wesentlichen Umstände darzulegen und beim Übergang eines Unternehmens auf die Gesellschaft die Jahresergebnisse der beiden letzten Geschäftsjahre anzugeben (§ 5 Abs. 4 GmbHG).

---

[20] Dazu die GmbH-Kommentare von *Baumbach/Hueck*, 16. Aufl. 1996; *Lutter/Hommelhoff*, 14. Aufl. 1995; *Hachenburg*, Großkommentar, 8. Aufl. 1989 ff.; *Scholz*, 8. Aufl., Bd. 1 1993, Bd. 2 1995; *Roth/Altmeppen*, 3. Aufl. 1997; *Roweder*, 3. Aufl. 1997. Im übrigen *Bartl/Fichtelmann/Henkes/Schlarp/Schulze*, GmbH-Recht, 4. Aufl. 1998; *Goette*, Die GmbH nach der BGH-Rechtsprechung, 1997; *Henze*, Höchstrichterliche Rechtsprechung zum Recht der GmbH, 1993; *Hoffmann/Liebs*, Der GmbH-Geschäftsführer, 1995; *Klauss/Birle*, Die GmbH, 5. Aufl. 1992; Münchener Handbuch des Gesellschaftsrechts, Bd. 3, Gesellschaft mit beschränkter Haftung (hrsg. von *Priester* und *Mayer*), 1996; *Reichert*, Der GmbH-Vertrag, 2. Aufl. 1994; *Stehle*, Die GmbH, Unternehmensform mit Zukunft für mittelständische Betriebe, 9. Aufl. 1995; *Sudhoff/Sudhoff*, Der Gesellschaftsvertrag der GmbH, 8. Aufl. 1992; *dies.*, Rechte und Pflichten des Geschäftsführers einer GmbH und einer GmbH & Co KG, 14. Aufl. 1994; *Tillmann*, Der Geschäftsführervertrag der GmbH und GmbH & Co KG, 6. Aufl. 1995;

[21] RGBl., S. 477.

Die GmbH erfreut sich bei kleinen und mittleren Unternehmen, die sich als Kapitalgesellschaft strukturieren wollen, großer Beliebtheit – insbesondere wegen der Möglichkeit der Haftungsbegrenzung (ggf. auch kombiniert mit der Gestaltungsform einer Einmann-GmbH). Im Unterschied zur Aktiengesellschaft ist das Gesellschaftsrecht der GmbH flexibler und damit hinsichtlich privatautonom regelbarer Wünsche im Gesellschaftsvertrag gestaltungsfreundlicher. Schon die Gründung einer GmbH gestaltet sich einfacher, vor allem auch billiger als jene einer Aktiengesellschaft. Die GmbH als Gesellschaftsform für Familienunternehmen ist aus diesen Gründen personalisierbar. Ausdruck dafür ist auch die erschwerte Möglichkeit einer Übertragbarkeit von GmbH-Anteilen nach § 15 GmbHG (im Vergleich zur Veräußerung von Aktien). Im Übrigen eignet sich die GmbH aber auch als Holding. 46

Des Weiteren hat zunächst die Rechtsprechung (später auch der Gesetzgeber) das Berufsrecht freier Professionen insoweit geöffnet, dass dieses die GmbH als Zusammenschlussform auch für freiberufliche Berufsausübungsgesellschaften (teilweise) geöffnet hat (dazu bereits vorstehende Rn 35). 47

1. Haftung

Für die Verbindlichkeiten der Gesellschaft haftet den Gläubigern der GmbH nach § 13 Abs. 2 GmbHG nur das Gesellschaftsvermögen. D. h., eine persönliche Haftung der Gesellschafter mit ihrem Privatvermögen ist grundsätzlich (sieht man einmal von eng begrenzten Fällen einer sog. Durchgriffshaftung ab) ausgeschlossen. 48

Ist vor der Eintragung der GmbH im Handelsregister bereits gehandelt worden, so haften die Handelnden gemäß § 11 Abs. 2 GmbHG persönlich und solidarisch. Die Handelndenhaftung erlischt jedoch mit der Eintragung der Gesellschaft in das Handelsregister. Die Haftung des Geschäftsführers gegenüber der Gesellschaft ist in § 43 GmbHG geregelt.

2. Steuern

Als juristische Person ist die GmbH selbständiges Steuersubjekt. Damit ist sie 49
- körperschaftssteuerpflichtig (nach § 1 Abs. 1 Nr. 1 KStG),
- kapitalertragssteuerpflichtig (§§ 43 ff. EStG),
- gewerbesteuerpflichtig (§ 2 Abs. 2 GewStG) sowie
- (als Unternehmer nach § 2 UStG) umsatzsteuerpflichtig.

II. Die Aktiengesellschaft

Die Aktiengesellschaft[22] (AG) ist nach § 1 Abs. 1 des Aktiengesetzes vom 6.9.1965 (AktG) eine Gesellschaft mit eigener Rechtspersönlichkeit, d. h. juristische Person. Für Verbindlichkeiten der Gesellschaft haftet den Gläubigern nur das Gesellschaftsvermögen. Die AG hat ein in Aktien zerlegtes Grundkapital (§ 1 Abs. 2 AktG), dessen Mindestnennbetrag nach § 7 AktG 50.000 Euro betragen muss. Sie gilt nach § 3 Abs. 1 AktG als Handelsgesellschaft, auch wenn der Gegenstand des Unternehmens nicht im Betrieb eines Handelsgewerbes bestehen sollte (Formkaufmann gemäß § 6 Abs. 2 HGB). Zudem ist die AG als Handelsgesellschaft nach § 6 Abs. 1 HGB Kaufmann. 50

---

[22] Dazu die Kommentare zum Aktiengesetz von *Baumbach/Hueck*, 13. Aufl. 1968; *Geßler/Hefermehl/Eckardt/Kropff*, 1973 ff.; *Godin/Wilhelmi*, 4. Aufl. 1971; Großkommentar zum AktG (hrsg. von *Hopt/Wiedemann*), 4. Aufl. 1992 ff.; Kölner Kommentar zum AktG (hrsg. von *Zöllner*), 2. Aufl. 1986 ff. Zudem *Balser/Bokelmann/Piorreck*, Die Aktiengesellschaft, 2. Aufl. 1992; *Henn*, Handbuch des Aktienrechts, 5. Aufl. 1994; *Henze*, Höchstrichterliche Rechtsprechung zum Aktienrecht, 3. Aufl. 1997; Münchener Handbuch des Gesellschaftsrechts, Bd. 4, Aktiengesellschaft, 1988; *Nirk/Brenzing/Bächle*, Handbuch der Aktiengesellschaft, 2. Aufl. 1992.

Ring 853

51 Die Firma einer AG muss (auch wenn sie nach § 22 HGB oder nach anderen gesetzlichen Vorschriften fortgeführt wird) die Bezeichnung „Aktiengesellschaft" oder eine allgemein verständliche Abkürzung dieser Bezeichnung enthalten.

52 Wesentliche Bedeutung kommt der AG einerseits bei der Akkumulation von Unternehmenskapital zu. Andererseits hat ein Anleger die Möglichkeit, börsennotierte Aktien-Beteiligungen rasch zu erwerben und auch wieder veräußern zu können. Neben Publikumsaktiengesellschaften existieren allerdings auch eine Vielzahl von Familiengesellschaften oder gar Einmann-Aktiengesellschaften. Bei letzteren hält eine Person nach den §§ 2, 42 AktG alle Aktien der AG. Im Unterschied zur GmbH gestaltet sich eine AG-Gründung jedoch aufwendiger und teurer. Das erforderliche Grundkapital ist bei der AG doppelt so hoch wie bei der GmbH. Im Übrigen kommt zu den GmbH-vergleichbaren Organen Vorstand (§§ 74 bis 94 AktG) und Hauptversammlung (§§ 118 bis 147 AktG) zwingend ein drittes, nämlich der Aufsichtsrat (§§ 95 bis 116 AktG) hinzu (der bei der GmbH nur bei einer Arbeitnehmerzahl von über 500 obligatorisch ist – wegen der Mitbestimmung gemäß § 77 BetrVG 1952).

1. Haftung

53 Den Gläubigern der AG haftet nur das Vermögen der juristischen Person (§ 1 Abs. 1 S. 2 AktG). Eine persönliche Haftung der Anteilseigner (Aktionäre) ist damit grundsätzlich ausgeschlossen.

2. Steuern

54 Die AG ist als Kapitalgesellschaft nach § 1 Abs. 1 Nr. 1 KStG körperschaftssteuerpflichtig. Erträge der Aktionäre aus den Aktien unterliegen gemäß § 20 Abs. 1 EStG der Einkommensteuer. Dabei erfolgt nach § 43 Abs. 1 EStG bereits ein Einzug der Kapitalertragsteuer bei der Dividendenauszahlung. Nach § 2 Abs. 2. GewStG ist die AG gewerbesteuerpflichtig und nach § 2 Abs. 1 UStG umsatzsteuerpflichtig.

F. Die Europäische Wirtschaftliche Interessenvereinigung

55 Nach dem Gesetz über die Europäische Wirtschaftliche Interessenvereinigung (EWIVG) vom 14.4.1988[23] verfolgt die Europäische Wirtschaftliche Interessenvereinigung[24] (EWIV) das Ziel, wirtschaftliche Kooperationen über die nationalen Grenzen hinweg in der EG zu erleichtern und zu fördern. Nach Art. 3 Abs. 1 der EG-Verordnung 2137/85 vom 25.7.1985 (EWIV-VO)[25] soll die EWIV keine Gewinne für sich selbst erwirtschaften. Sie soll vielmehr die Gewinne ihrer Mitglieder steigern. Mitglieder (mindestens zwei und zwar in unterschiedlichen EU-Staaten – Erfordernis einer grenzüberschreitenden Tätigkeit) können natürliche Personen (die eine gewerbliche, kaufmännische, handwerkliche oder freiberufliche Tätigkeit in der EU ausüben oder Dienstleistungen erbringen) sowie juristische Personen und sonstige Gesellschaften (mit Sitz und Hauptverwaltung in der EU) sein (Art. 4 Abs. 1 EWIV-VO). Nach § 1 EWIVG sind auf die EWIV ergänzend die OHG-Regelungen (§§ 105 ff. HGB – vorstehende Rn 10 ff.) anwendbar.

---

[23] BGBl I, 514.
[24] Dazu *Autenrieth*, Die EWIV, 1994; *Ganske*, Das Recht der EWIV, 1988; *Hatzig*, Die Europäische wirtschaftliche Interessenvereinigung, 1990; *Lentner*, Das Gesellschaftsrecht der Europäischen wirtschaftlichen Interessenvereinigung (EWIV), 1994; *Meyer-Landrut*, Die Europäische Wirtschaftliche Interessenvereinigung, 1988; *Neye* (Hrsg.), Die EWIV in Europa, 1995; *Scriba*, Die Europäische wirtschaftliche Interessenvereinigung, 1988; *Selbherr* (Hrsg.), Kommentar zur Europäischen Wirtschaftlichen Interessenvereinigung, 1995.
[25] ABl L 199.

Die EWIV ist nach ihrer Eintragung im Handelsregister Trägerin eigener Rechte und Pflichten. Sie kann Verträge abschließen und andere Rechtshandlungen vornehmen, klagen und verklagt werden – sie ist mithin (wie die OHG) partei- und (teil-) rechtsfähig (Art. 1 Abs. 2 EWIV-VO, § 1 EWIVG i.V.m. § 124 HGB). Darüber hinaus ist sie nach § 11 Abs. 2 Nr. 1 InsO auch insolvenzfähig. Im Außenverhältnis wird sie durch einen Geschäftsführer (Art. 20 EWIV-VO) vertreten.

Die EWIV führt ihre Firma, die die vor- oder nachgestellten Worte „Europäische Wirtschaftliche Interessenvereinigung" bzw. die Abkürzung „EWIV" enthalten muss (Art. 5 a EWIV-VO, § 2 EWIVG).

I. Haftung

Hinsichtlich der Haftung gegenüber Gläubigern ist zwischen einer solchen der EWIV als Gesellschaft und einer solchen ihrer Gesellschafter zu unterscheiden: Die EWIV haftet nach Art. 1 Abs. 2 EWIV-VO uneingeschränkt mit ihrem gesamten Gesellschaftsvermögen. Die Gesellschafter haften als Gesamtschuldner neben der EWIV nach Art. 24 Abs. 1 EWIV-VO persönlich und unbeschränkt – allerdings nur subsidiär, da der Gläubiger vorab die EWIV auffordern und eine angemessene Zahlungsfrist abwarten muss, bevor er die Gesellschafter in Anspruch nimmt (Art. 24 Abs. 2 EWIV-VO). Insoweit eröffnet die EWIV letztlich keine tatsächliche Haftungsbeschränkungsmöglichkeit. Ausscheidende Gesellschafter haften nach Art. 34 und 37 EWIV-VO grundsätzlich noch fünf Jahre weiter (**Nachhaftung**). Neu eintretende Gesellschafter haften für die vor ihrem Eintritt begründeten Verbindlichkeiten der EWIV (Altschulden) gemäß Art. 26 Abs. 2 EWIV-VO (**Eintrittshaftung**).

II. Steuern

Da die EWIV nicht selbst auf die Erzielung von Gewinnen ausgerichtet ist, sondern jene ihrer Mitglieder steigern soll (Art. 3 Abs. 1 EWIV-VO), erfolgt keine Besteuerung der EWIV selbst. Vielmehr werden die einzelnen Mitglieder gemäß Art. 40 EWIV-VO nach dem jeweils einschlägigen nationalen Recht besteuert.

§ 10 Die Arbeitsgemeinschaft (ARGE)[*]

Hans-Peter Burchardt

Literatur
Burchardt/Pfülb, ARGE-Kommentar, 3. Aufl. 1998; **Haller/Mielicki**, Auseinandersetzungsbilanz bei ARGEN, Bauwirtschaft 1997, 6 ff. und 1998, 9 ff.; **Ingenstau/Korbion**, 14. Aufl., Anhang I, Rn 15 ff.; **Lindken/Mielicki**, Buchhaltung, Zwischenabschlüsse und Schlussbilanz der Bau-Arbeitsgemeinschaften, 4. Aufl. 1996; **Wallau/Kayser/Stephan**, Die Dach-Arbeitsgemeinschaft für mittelständische Bauunternehmen, 1999.

Inhalt

	Rn
A. Vorbemerkung: Aktuelle Gründe für eine ARGE-Bildung	1
B. Rechtsgrundlagen zur ARGE	3
I. Die gesellschaftsrechtlichen Kooperationsformen bei der Bauausführung	3
1. Die Arbeitsgemeinschaft (ARGE)	4
2. Die Dach-/Los-Arbeitsgemeinschaft (Dach-/Los-ARGE)	5
3. Die Beihilfegemeinschaft (Beige, BEGE)	6
4. Das Konsortium	7
5. Die Bietergemeinschaft	8
6. Die Bietergemeinschaft im öffentlichen Vergaberecht	9
II. Die Rechtsfähigkeit der ARGE	10
III. Die handelsrechtliche Beurteilung der ARGE	11
C. Die Gründung der ARGE	13
I. Zeitpunkt der Gründung	13
II. Abschluss des ARGE-Vertrages	14
D. Die Organe der ARGE	15
E. Die Geschäftsführung und Vertretung der ARGE	17
I. Geschäftsführung – Vertretung	17
II. Umfang der Geschäftsführung	18
III. Verbot des Selbstkontrahierens	21
IV. Entlastungsrecht; Auskunfts- und Rechnungslegungspflichten	22
V. Abgrenzung Geschäftsführung – Aufsichtsstelle	23
VI. Abgrenzung zwischen Technischer und Kaufmännischer Geschäftsführung	24
VII. Haftung der Geschäftsführung aus positiver Vertragsverletzung	25
VIII. Entzug der Geschäftsführungsbefugnis; Ausschluss aus der ARGE	26
IX. Die Vergütung der Geschäftsführung	27
F. Die Aufsichtsstelle	28
I. Rechtsstellung der Aufsichtsstelle	28
II. Voraussetzungen der Beschlussfassung	29
1. Form der Beschlussfassung	29
2. Stimmabgabe	30
3. Das Einberufungsverfahren zur Aufsichtsstellensitzung	31
III. Grundsatz der Einstimmigkeit; Mehrheitsbeschlüsse	32
1. Jeder ARGE-Gesellschafter hat eine Stimme	32
2. Fälle von Mehrheitsentscheidungen	33
3. Ausschluss eines Mitgesellschafters	34
IV. Stimmpflicht	35
G. Die Bauleitung	36
I. Gesellschaftsrechtliche Stellung der Bauleitung	36
II. Geschäftsführungsbefugnis	37
III. Vertretungsbefugnis	38
H. Die Gesellschafterleistungen (Beistellungen)	39
I. Ausgangslage zur Beitragspflicht	39
II. Grundsatz der reinen Kostenerstattung	42
III. Die einzelnen Leistungspflichten	44
1. Generalklausel	44
2. Gleichstellungsprinzip/Gleichbehandlungsgebot	45
3. Geldmittel/Bürgschaften	46
4. Personal	47
a) Abordnung	48

---

[*] Benutzerhinweis: Die nachfolgenden Ausführungen berücksichtigen die Muster-Verträge „Arbeitsgemeinschaftsvertrag", Fassung 2000, „Dach-Arbeitsgemeinschaftsvertrag", Fassung 1998, sowie „Bietergemeinschaftsvertrag", Fassung 1997, herausgegeben vom Hauptverband der Deutschen Bauindustrie. Paragraphen-Angaben ohne Zusatz beziehen sich auf die jeweiligen vorgenannten Musterverträge.

	b) Freistellung	49
	c) Fremdes Personal	50
5.	Stoffe	51
6.	Geräte	52
7.	Verletzung der Beistellungspflicht	53

I. Die Dach-ARGE 54
   I. Die wichtigsten Grundsätze zur Dach-ARGE 54
     1. Fortbestand der gesamtschuldnerischen Haftung im Außenverhältnis 54
     2. Keine selbständige Gewinnrealisierung einer Dach-ARGE 55
     3. Keine Beistellungen von Sachmitteln und Personal . . 56
     4. Eigenverantwortlichkeit der Bauausführung beim Einzel-Los 57
     5. Leistungs- und Vergütungsrisiko beim Einzel-Los 58
     6. Identität der bauvertraglichen Inhalte von Hauptauftrag und Nachunternehmervertrag . . 59
     7. Synchrone Rechnungsstellung im Innen- und Außenverhältnis 60
     8. Durchleitung aller eingehenden Auftraggeberzahlungen . . . 61
     9. Gleichstellung zwischen Gesellschafter und Nachunternehmer 62
     10. Kein Haftungsprivileg 63
     11. Variables Beteiligungsverhältnis 64
     12. Bestätigung durch die Rechtsprechung 65

II. „Mittelstands-ARGE" 66
   1. Interessenlage 66
   2. Vertragliche Möglichkeiten zur Einschränkung der Gesamtschuld 67
     a) Ausführungs- und Gewährleistungshaftung . . . 68
     b) Getrennte Abschlagszahlungen/Teil-Schlusszahlungen 69
     c) Getrenntes Vergütungsrisiko 70
     d) Partner-Bürgschaften . . 71
     e) Teil-Abnahmen 72
   3. Schlussbemerkung zur „Mittelstands-ARGE" 73

A. Vorbemerkung: Aktuelle Gründe für eine ARGE-Bildung

1 Die Arbeitsgemeinschaft (ARGE) ist in der Bauwirtschaft seit nun schon Jahrzehnten die wichtigste und am meisten verbreitete sowie bewährteste Kooperationsform für die gemeinschaftliche Ausführung eines Bauauftrages durch mehrere Bauunternehmen.

Die häufigsten Gründe für die Bildung einer ARGE sind:

2 ■ **Gleichmäßigere Kapazitätsauslastung**
Beteiligt sich ein Bauunternehmen regelmäßig an ARGEN, so findet eine gleichmäßigere und kontinuierlichere Kapazitätsauslastung statt, als bei der Ausführung von Bauaufträgen als Alleinunternehmen mit den dort vom Bauablauf abhängigen und unvermeidbaren Schwankungen in der Kapazitätsauslastung.

■ **Risikoverteilung**
Als Alleinauftragnehmer trägt das Bauunternehmen zu 100 % das gesamte technische und wirtschaftliche Ausführungsrisiko für den konkreten Bauauftrag. Als ARGE-Gesellschafter reduzieren sich diese Risiken auf die Höhe der Beteiligungsquote in der ARGE.

■ **Erweiterter Zugang zu Groß- und Referenzobjekten**
Die Beteiligung an der ARGE eröffnet einer Bauunternehmung die Chance, an der Ausführung von Bauprojekten mitzuwirken, welche durch ihre Größenordnung, technische Schwierigkeit oder ihren Prestige-Charakter einen hohen Referenzwert haben.

■ **Know-How-Transfer und Vermarktung von technischem Spezialwissen**
Bauunternehmen mit technischem Spezialwissen (z. B. Spezialtiefbau) erhalten durch die Möglichkeit einer ARGE-Beteiligung erweiterte Zugangsmöglichkeiten zu Bauaufträgen. Andererseits kann ein Bauunternehmen durch eine Bauausführung gemeinsam mit anderen Baufirmen in einer ARGE Know-how sammeln und damit die eigene Leistungsfähigkeit steigern.

- **Vermeidung von Subunternehmer-Verträgen**
  Gerade bei gewerkeübergreifenden Bauaufträgen (z. B. Stahlbetonbau und reiner Stahlbau) eröffnet die ARGE-Bildung die Möglichkeit, die andernfalls nötige, meist aber unerwünschte Subunternehmer-Beauftragung des Fremdgewerks zu vermeiden.

- **Kooperation statt Konkurrenz**
  Ohne dass hierdurch eine unzulässige Wettbewerbsbeschränkung stattfinden muss, bietet die ARGE-Bildung die Möglichkeit, durch rechtzeitige Kooperation eine gemeinschaftliche Stärkung der Leistungsfähigkeit als Anbieter und späterer Ausführender herbeizuführen. Zur kartellrechtlichen Zulässigkeit einer ARGE-Bildung gilt unverändert die Grundsatzentscheidung des BGH,[1] wonach der Abschluss von Bietergemeinschafts- und ARGE-Verträgen wettbewerbsrechtlich dann zulässig ist, wenn die Beteiligten gemeinsam zur Auffassung gelangen, unter Berücksichtigung des Vorliegens wirtschaftlich zweckmäßiger und kaufmännisch vernünftiger Erwägungen den Zusammenschluss für sinnvoll zu halten.

- **Bewertungsspielräume beim Betriebsergebnis**
  Während das Bauunternehmen bei Einzelaufträgen während der Bauausführung das bewertete Baustellenergebnis zum jeweiligen Bilanzstichtag ausweisen muss, fließt das laufende Ergebnis aus der Beteiligung an einer typischen Bau-ARGE in das Umlaufvermögen ein. Auf diese Weise hat das Bauunternehmen einen größeren Ermessensspielraum im Bilanzausweis eines lediglich in ARGE-Beteiligung ausgeführten Bauauftrages.

B. Rechtsgrundlagen zur ARGE

I. Die gesellschaftsrechtlichen Kooperationsformen bei der Bauausführung

Die wichtigsten Kooperationsformen sind: 3

1. Die Arbeitsgemeinschaft (ARGE)

Unter einer Arbeitsgemeinschaft (ARGE) versteht man einen Zusammenschluss von zwei oder mehreren selbständigen Bauunternehmen, die sich gegenseitig verpflichten, einen erteilten Bauauftrag gemeinsam auszuführen und die zur Erreichung dieses gemeinsamen Zwecks vereinbarten Beistellungen und Leistungen in der vertraglich bestimmten Quantität und Qualität termingerecht zu erbringen. Dieser Zusammenschluss lässt eine **Gesellschaft bürgerlichen Rechts nach §§ 705 ff. BGB in der Form der Außengesellschaft mit Gesamthandsvermögen** entstehen. Die Gesellschafter haften gegenüber dem Auftraggeber für die Erfüllung des Bauvertrages **gesamtschuldnerisch**. 4

Der Zusammenschluss zur ARGE erfolgt im Bauindustrie- und Baugewerbebereich nahezu seit Jahrzehnten ausnahmslos auf der Grundlage des vom **Hauptverband der Deutschen Bauindustrie** sowie dem **Zentralverband des Deutschen Baugewerbes** herausgegebenen Muster-Vertrages „**Arbeitsgemeinschaftsvertrag**", derzeit **Fassung 2000**.

Die **fortgesetzte ARGE** oder **Dauer-ARGE** führt nach dem ersten erteilten Auftrag zusammenhängend anschließend weitere neue Aufträge aus. Diese Gestaltung hat den Nachteil, dass insbesondere Erleichterungen und Vereinfachungsmöglichkeiten aus dem Steuerrecht, Handelsrecht sowie dem Recht der Arbeitnehmerüberlassung zwar für die normale ARGE gelten, die nur **einen** Auftrag ausführt, nicht aber für eine fortgesetzte ARGE.

Bei der **vertikalen ARGE** führen die Gesellschafter nach Sparten verschiedene Arbeiten eines Auftrages eigenständig als **Gesellschafter**-Leistung aus. Diese lediglich im **Innenverhältnis** der ARGE

---

[1] BB 1984, 364, 365.

stattfindende Aufteilung ist von der Dach-/Los-ARGE zu unterscheiden, bei welcher die Aufteilung mit Rechtswirkung für das **Außenverhältnis** stattfindet.

2. Die Dach-/Los-Arbeitsgemeinschaft (Dach-/Los-ARGE)

5 In der Dach-ARGE wird der an die ARGE erteilte Auftrag in einzelne Leistungsbereiche (Lose) aufgeteilt. Diese werden von der ARGE an ihre eigenen Gesellschafter im Rahmen **selbständiger Nachunternehmerverträge** weitervergeben. Als ARGE-Gesellschafter ist das Bauunternehmen gegenüber dem Auftraggeber für den Gesamtauftrag jedoch weiterhin gesamtschuldnerisch verpflichtet, gleichzeitig als Subunternehmen alleinverantwortlich gegenüber der Dach-ARGE für das eigene, im Nachunternehmerverhältnis ausgeführte Los.

Der Abschluss des Dach-ARGE-Vertrages erfolgt üblicherweise auf der Grundlage des vom **Hauptverband der Deutschen Bauindustrie** herausgegebenen Muster-Vertrages „**Dach-Arbeitsgemeinschaftsvertrag**", derzeit **Fassung 1998**. In diesem Vertrag ist sowohl der Zusammenschluss zur ARGE enthalten als auch der Abschluss der jeweiligen Nachunternehmerverträge bereits integriert.

3. Die Beihilfegemeinschaft (Beige, BEGE)

6 Die Beihilfegemeinschaft ist im Regelfall ebenfalls eine BGB-Gesellschaft. Da die Beihilfepartner gegenüber dem Auftraggeber jedoch nicht in Erscheinung treten, handelt es sich um eine **reine Innengesellschaft ohne Gesamthandsvermögen**. Als nach außen handelnder Auftragnehmer des Auftraggebers kann ein Alleinauftragnehmer auftreten, welcher mit seinen Innengesellschaftern die BEGE bildet. Ebenso kann aber auch eine ARGE als Auftragnehmerin nach außen auftreten, die sich im Innenverhältnis mit den Beihilfegesellschaftern zur Beihilfegemeinschaft (Beige) zusammenschließt. Die ARGE als Auftragnehmerin ist somit zugleich Gesellschafterin der Beige, so dass sich eine zweistufige gesellschaftsrechtliche Verbindung ergibt.

4. Das Konsortium

7 Das Konsortium ist grundsätzlich auch eine **BGB-Gesellschaft**. Die Begriffsbildung entstammt dem Auslandsgeschäft vor allem im Anlagenbau. Fälschlicherweise wird dem Konsortium häufig die Eigenschaft zugesprochen, anders als bei der ARGE würden die Konsorten nur in Höhe ihres Konsortialanteils haften. Da es sich beim Konsortium aber um eine BGB-Gesellschaft handelt, tritt diese Haftungsbeschränkung (= Ausschluss der gesamtschuldnerischen Haftung) nur ein, wenn dies mit dem Gläubiger, vor allem also Auftraggeber, wirksam individuell vereinbart ist.

5. Die Bietergemeinschaft

8 Die Bietergemeinschaft ist der Zusammenschluss mehrerer Baufirmen mit dem Zweck, gemeinsam ein Angebot auszuarbeiten und hierauf den Zuschlag oder Auftrag durch den Auftraggeber zu erhalten. Auch die Bietergemeinschaft ist eine **BGB-Gesellschaft**. Die Bietergemeinschaft wird kraft Gesetzes (§ 726 BGB) aufgelöst, wenn die Zweckerreichung endgültig unmöglich geworden ist, d. h., wenn der Auftrag an einen anderen Bewerber/Bieter erteilt worden ist. Ebenso wird die Bietergemeinschaft gem. § 726 BGB durch Zweckerreichung aufgelöst, wenn der Zuschlag an die Bietergemeinschaft erteilt wird. Es muss dann zur gemeinschaftlichen Ausführung des erteilten Bauauftrages noch der Arbeitsgemeinschaftsvertrag abgeschlossen werden. Bei der Bietergemeinschaft und der anschließenden ARGE handelt es sich somit um zwei voneinander getrennte BGB-Gesellschaften, die zeitlich aufeinander folgen.

Für den Vertragsabschluss wird zunehmend der vom **Hauptverband der Deutschen Bauindustrie** herausgegebene Mustervertrag „**Bietergemeinschaftsvertrag**", derzeit **Fassung 1997**, verwendet. Er hat u. a. den Vorteil, dass bei Auftragserteilung gewissermaßen „automatisch" der anschließende ARGE-Vertrag auf der Grundlage des Mustervertrages rechtswirksam zustandekommt (§ 4.1, § 4.11, § 4.2 Bietergemeinschaftsvertrag).

6. Die Bietergemeinschaft im öffentlichen Vergaberecht

Gemäß § 21 Nr. 4 VOB/A i.V.m. § 8 VOB/A sind Bietergemeinschaften grundsätzlich dem Einzelbieter gleichzustellen. Dies gilt bei der Angebotswertung gemäß § 25 Nr. 6 VOB/A jedoch nur dann, wenn die Arbeiten im eigenen Betrieb oder in den Betrieben der Mitglieder ausgeführt werden. Es ist darauf zu achten, dass bei Angebotsabgabe die von § 21 Nr. 4 VOB/A vorgesehene „**Bietergemeinschaftserklärung**" abgegeben wird. Hierdurch bestätigen die Mitglieder der Bietergemeinschaft gegenüber dem Auftraggeber ihre gesamtschuldnerische Haftung und benennen gegenüber dem Auftraggeber ferner den als uneingeschränkt bevollmächtigt geltenden Vertreter.

II. Die Rechtsfähigkeit der ARGE

Die Frage nach der Rechtsfähigkeit der ARGE als Gesellschaft bürgerlichen Rechts (GbR) war lange Zeit umstritten. In der Literatur bestand seit längerem darüber Einigkeit, dass die GbR zumindest eine **Teilrechtsfähigkeit** erhalten müsse.[2] Dem gegenüber hielt der BGH lange daran fest, dass nur die gesamthänderisch verbundenen Gesellschafter Träger von Rechten und Pflichten sein können.[3] Später gestand der BGH der GbR zumindest eine Teilrechtsfähigkeit zu.[4] Speziell für die ARGE wurde z. B. die Scheck- und Wechselfähigkeit bejaht.[5] Durch das **Grundsatzurteil des BGH** vom 29.1.2001 – Az: II ZR 331/00 – wird nunmehr die **Rechtsfähigkeit** der ARGE insoweit bejaht, „soweit sie durch Teilnahme am Rechtsverkehr eigene Rechte und Pflichten begründen kann". Diesem Grundsatzurteil zeitlich vorangegangen war mit dem In-Kraft-Treten der **Insolvenzordnung** die dort in § 11 Abs. 2 Nr. 1 enthaltene Neuregelung, wonach die GbR selbständig **insolvenzfähig** ist. Auch **§ 191 Abs. 2 Nr. 1 Umwandlungsgesetz** hatte zuvor durch die Umwandlungsmöglichkeit in eine GbR mittelbar die Rechtsfähigkeit der GbR unterstellt.

Für die Baupraxis hat die vom BGH bestätigte Rechtsfähigkeit der ARGE weit reichende Bedeutung: Nicht nur, dass nunmehr die ARGE klagen und verklagt werden kann, bei allen Rechtsgeschäften, bei welchen bislang der persönliche Gesellschaftsbestand Träger der Rechte und Pflichten war oder sein musste, kann nunmehr ohne Rücksicht auf die jeweilige persönliche Zusammensetzung der ARGE diese unmittelbar als Rechtsträgerin behandelt werden, z. B. bei sämtlichen Vertragsabschlüssen.

III. Die handelsrechtliche Beurteilung der ARGE

Das **Handelsrechtsreformgesetz** vom 22.6.1998 hat u. a. auch die Systematik des **Kaufmannsbegriffs** umfassend geändert. Nach § 1 Abs. 2 HGB ist grundsätzlich jeder **Gewerbetreibende** ohne Rücksicht auf die Branche Kaufmann, – ausgenommen nur die Kleingewerbetreibenden. Grundvoraussetzung von § 1 Abs. 2 HGB ist auch weiterhin, dass ein **Gewerbe** betrieben wird. Nur wenn dies der Fall ist, kommt es noch auf das in § 1 Abs. 2 HGB genannte weitere Merkmal an, ob das Unternehmen nach Art und Umfang einen in kaufmännischer Weise eingerichteten Geschäftsbetrieb erfordert.

---

2 Münchner Kommentar – *Ulmer*, zu § 705 BGB, Rn 134.
3 BGHZ 59, 179, 184.
4 BGHZ 72, 367, 371; BGHZ 79, 375, 378; BGHZ 116, 87, 89.
5 BGHZ 126, 255, 257.

12 Das Handelsrechtsreformgesetz hat am Gewerbebegriff nichts geändert. Auch weiterhin gilt daher, dass eine ARGE, die nur **einen Bau**auftrag ausführt, **mangels beabsichtigter Dauerhaftigkeit der Ausübung der Tätigkeit** kein Gewerbe ausübt. Hierbei kommt es nur auf den **Bauauftrag als Hauptvertrag** an. Die von der ARGE hierzu abzuschließenden weiteren Verträge mit z. B. Baustofflieferanten, Subunternehmern, Geräteverleihern usw. bleiben unberücksichtigt. Auch nach § 1 Abs. 2 HGB bleibt die normale ARGE somit GbR. Hingegen wird z. B. eine **Dauer-ARGE** oder **fortgesetzte ARGE** als **oHG** anzusehen sein. Im Übrigen geht auch der BGH in seinem oben erwähnten Grundsatzurteil vom 29.1.2001 zur Rechtsfähigkeit der ARGE davon aus, dass diese grundsätzlich eine GbR, nicht aber kraft Gesetzes eine oHG ist.

C. Die Gründung der ARGE

I. Zeitpunkt der Gründung

13 Der Zeitpunkt des **Vertragsabschlusses** ist von demjenigen des **Beginns der ARGE** (= "Invollzugsetzung") zu unterscheiden. Der ARGE-Vertrag ist im Zeitpunkt der Einigung sämtlicher ARGE-Gesellschafter über die von ihnen als wesentlich angesehenen Punkte zustandegekommen. Durch § 22 wird bestimmt, dass ungeachtet des Zeitpunkts des Vertragsabschlusses die ARGE erst dann in Vollzug gesetzt wird, wenn die gemeinsame Geschäftstätigkeit tatsächlich aufgenommen wird, z. B. durch Eröffnung des gemeinsamen ARGE-Bankkontos. Die ARGE wird spätestens jedoch mit Rechtswirkung in Vollzug gesetzt, wenn der Bauvertrag zustandekommt (§ 22).

II. Abschluss des ARGE-Vertrages

14 Der Abschluss des ARGE-Vertrages kann grundsätzlich **formfrei** erfolgen (schlüssiges Verhalten reicht bereits aus). Nebenabreden **anlässlich** des Vertragsabschlusses können auch dann wirksam sein, wenn sie nur mündlich getroffen wurden, jedoch kann dies zu Beweisschwierigkeiten führen.

Nachträgliche Änderungen und Ergänzungen des abgeschlossenen ARGE-Vertrages unterliegen der Formvorschrift von § 6.8. Das dortige Schriftformerfordernis bedeutet, dass die schriftliche Zustimmung aller Gesellschafter für die von § 6.8 erfassten Fallgruppen erforderlich ist. Zu beachten ist, dass schriftliche, auch unterzeichnete Protokolle von Aufsichtsstellensitzungen nicht ausreichen, um das Schriftformerfordernis zu erfüllen (§ 6.8 Abs. 2).

Die in § 8.47 vorgesehene „Ausfertigung" des ARGE-Vertrages bedeutet lediglich das Erstellen einer vollständigen Vertragsurkunde mit dem vollständigen Vertragsinhalt samt anschließender Versendung an sämtliche Gesellschafter.

D. Die Organe der ARGE

15 Die ARGE hat gemäß § 5 vier Organe:
- Aufsichtsstelle (Gesellschafterversammlung)
- Technische Geschäftsführung
- Kaufmännische Geschäftsführung
- Bauleitung

16 Die ARGE als BGB-Gesellschaft setzt zur Vertretung die Technische Geschäftsführung (§ 7.1) und die Kaufmännische Geschäftsführung (§ 8.1) ein. Gesellschaftsrechtlich kommt es somit zur organschaftlichen Vertretung der BGB-Gesellschaft durch die hierfür eingesetzten geschäftsführenden Gesellschafter. Die Organstellung für die Geschäftsführung und Vertretung ist nach den gesellschafts-

rechtlichen Grundsätzen der Selbstorganschaft bei BGB-Gesellschaften grundsätzlich auf Mitglieder der Gesellschaft beschränkt. Anders als beispielsweise bei juristischen Personen können somit nur einzelne Gesellschafter der ARGE die Geschäftsführungsfunktion übertragen erhalten. Ist die Technische oder Kaufmännische Geschäftsführung ihrerseits eine juristische Person, wie dies bei Bauunternehmen in der Regel der Fall ist, so handelt diese wiederum nach ihrer eigenen organschaftlichen Struktur durch die hierzu berufenen natürlichen Personen.

E. Die Geschäftsführung und Vertretung der ARGE

I. Geschäftsführung – Vertretung

Durch die Technische und Kaufmännische Geschäftsführung wird die ARGE als BGB-Gesellschaft im Rechtsverkehr handlungsfähig. Für Technische und Kaufmännische Geschäftsführung bedarf es dazu der **Geschäftsführungsbefugnis**, die das Verhältnis der ARGE-Gesellschafter untereinander betrifft (= **Innenverhältnis**), und der **Vertretungsmacht**, um die Geschäftsführung für die ARGE gegenüber Dritten rechtswirksam werden zu lassen (= **Außenverhältnis**). 17

II. Umfang der Geschäftsführung

Obgleich die ARGE die Technische und Kaufmännische Geschäftsführung einsetzt, hat die Aufsichtsstelle die vorrangige Entscheidungskompetenz auch in Geschäftsführungsangelegenheiten. Die Aufgaben der **Aufsichtsstelle als Gesellschafterversammlung** betreffen nicht nur die **gesellschaftsvertraglichen Grundlagen**, sondern auch reine **Geschäftsführungstätigkeiten = Doppelfunktion der Aufsichtsstelle** (Beispiele: §§ 6.41 Abs. 1, 6.8 Abs. 2, 7.1, 7.45 Abs. 1, 7.45 Abs. 2, 7.46, 7,48, 8.1, 8.43 Abs. 1 i.V.m. 11.8, 8.49, 8.6 Abs. 2, 9.11, 10.17, 10.231, 10.331, 10.431, 10.62, 11.8, 12.1 Abs. 1, 12.1 Abs. 2, 12.11, 12.14, 12.23, 12.311, 12.374, 13.211 Abs. 1, 13.211 Abs. 2, 14.21, 14.22, 14.24, 14.32 Abs. 2, 14.61, 14.71 Abs. 2, 15.33, 16.41, 21). 18

Durch die **Generalklausel** von § 7.1 und § 8.1 wird der Technischen und Kaufmännischen Geschäftsführung unabhängig von den Entscheidungskompetenzen der Aufsichtsstelle eine **umfassende Geschäftsführungs-Verantwortlichkeit** zugewiesen. Diese Verantwortlichkeit im gesamten technischen und kaufmännischen Bereich der ARGE ist jedoch nicht mit einer dazu gehörenden Entscheidungskompetenz gleichzusetzen. Es ist also zu unterscheiden: Ausnahmslos haben Technische und Kaufmännische Geschäftsführung die Verantwortlichkeit, dass die ARGE den erteilten Bauauftrag in technischer und wirtschaftlicher Hinsicht ordnungsgemäß erfüllen kann, jedoch ist mit dieser Aufgabenzuordnung nicht eine deckungsgleiche Entscheidungskompetenz verbunden. Bei der ARGE gilt vielmehr, dass die Entscheidungskompetenz für alle wesentlichen Geschäftsführungsangelegenheiten der Aufsichtsstelle vorbehalten ist, so dass technische und kaufmännische Geschäftsführung keine eigenständige Entscheidungskompetenz haben. Dies wird auch durch die in § 6.41 enthaltene Grundsatzfestlegung zur Entscheidungskompetenz der Aufsichtsstelle verdeutlicht. 19

Obwohl zwei Geschäftsführungen eingesetzt sind, haben diese gegeneinander nicht das Widerspruchsrecht gemäß § 711 BGB, da durch die Aufteilung in Technische und Kaufmännische Geschäftsführung ein Ausschluss der Geschäftsführungsbefugnis vom Sachgebiet des anderen Geschäftsführers erfolgt. 20

Durch die **Bauleitung** wird eine weitere Einrichtung geschaffen, die mit einzelnen Geschäftsführungsaufgaben betraut ist. Der Bauleitung obliegt nach § 9 die Durchführung des Bauauftrages, d. h., im Ablauf der ARGE liegt die Hauptlast der Veranlassung der Baudurchführung bei der Bauleitung. Die Bauleitung hat in beschränktem Umfang auch die Berechtigung zur Vertretung der ARGE. Die Bauleitung untersteht von Fall zu Fall entweder der jeweils fachlich zuständigen Geschäftsführung oder in jedem Fall der Aufsichtsstelle.

III. Verbot des Selbstkontrahierens

21 Das Verbot für die Technische und Kaufmännische Geschäftsführung, bei einem Rechtsgeschäft gleichzeitig auf der einen Vertragsseite als Vertreter der ARGE aufzutreten und auf der anderen für sich selbst zu handeln (= § 181 BGB), gilt uneingeschränkt auch für die ARGE. Dieses Verbot des Selbstkontrahierens kann durch vorherige oder nachträgliche Genehmigung der Aufsichtsstelle aufgehoben werden.

IV. Entlastungsrecht; Auskunfts- und Rechnungslegungspflichten

22 Der ARGE-Vertrag enthält keine periodische Beschlussfassung über die Entlastung der Geschäftsführungen. Die Geschäftsführung kann jederzeit von sich aus ein Entlastungsrecht geltend machen.

Technische und Kaufmännische Geschäftsführung sind umfassenden Auskunfts- und Rechnungslegungspflichten ausgesetzt. Den ARGE-Gesellschaftern stehen vor allem die in §§ 7.5, 7.6, 8.6 und 8.9 festgelegten Auskunftsrechte zu, die durch die allgemeinen gesetzlichen Kontrollrechte nach §§ 713, 666 BGB ergänzt werden. Darüber hinaus steht jedem einzelnen ARGE-Gesellschafter das Kontrollrecht gemäß § 716 BGB zu, das durch § 19.1 weitergeführt wird. Die Auskunfts- und Rechnungslegungspflichten verjähren grundsätzlich in 30 Jahren, sofern sie nicht bereits vorher verwirkt werden.

V. Abgrenzung Geschäftsführung – Aufsichtsstelle

23 Wie ausgeführt, hat die Aufsichtsstelle eine **Doppelfunktion** dahingehend, sowohl über alle **gesellschaftsvertraglichen Grundlagen** entscheiden zu können, als aber auch über **Geschäftsführungsangelegenheiten**. Die Technische und Kaufmännische Geschäftsführung sind somit in ihrem jeweiligen Geschäftsführungsbereich gegenüber der Aufsichtsstelle **weisungsabhängig** (§ 7.1 und § 8.1). Durch den Grundsatz der Einstimmigkeit der Beschlüsse in der Aufsichtsstelle (§ 6.6) ist bei Aufsichtsstellenbeschlüssen auch die Zustimmung der betroffenen Geschäftsführung erforderlich, – ausgenommen, es greift der allgemeine Grundsatz des Stimmrechtsausschlusses wegen Interessenkollision. Soweit die Aufsichtsstelle in reinen Geschäftsführungsangelegenheiten die Entscheidungszuständigkeiten an sich zieht, ist die jeweilige Geschäftsführung von ihrer durch § 7.1 und § 8.1 festgelegten Alleinverantwortlichkeit (und damit Haftung) befreit.

VI. Abgrenzung zwischen Technischer und Kaufmännischer Geschäftsführung

24 Bei der Aufteilung in Technische und Kaufmännische Geschäftsführung handelt es sich nicht nur um eine reine Geschäftsverteilung, sondern um eine rechtliche **Beschränkung der Geschäftsführungsbefugnis** auf einen **technischen** und einen **kaufmännischen** Sachbereich. Durch die Aufteilung in technische und kaufmännische Sachgebiete erfolgt ein Ausschluss der Geschäftsführungsbefugnis vom jeweiligen Sachgebiet des Mitgeschäftsführers. Deshalb steht den Geschäftsführungen gegeneinander kein Widerspruchsrecht nach § 711 BGB zu. In der Praxis hat eine etwaige Meinungsverschiedenheit zwischen Technischer und Kaufmännischer Geschäftsführung geringe Bedeutung, da im Zweifel die Aufsichtsstelle nach § 6.4 entscheidet und gegenüber der Geschäftsführung weisungsbefugt ist.

VII. Haftung der Geschäftsführung aus positiver Vertragsverletzung

Die schuldhafte Verletzung von Geschäftsführungsverpflichtungen macht die Geschäftsführung nach den Grundsätzen über die positive Vertragsverletzung gegenüber der ARGE schadenersatzpflichtig. In der Praxis hat dies jedoch geringe Bedeutung, da die in der Präambel des ARGE-Vertrages enthaltene **Haftungsbeschränkung** gilt. Hierdurch haften die Gesellschafter und auch die Geschäftsführungen im Innenverhältnis nur unter **Ausschluss der leichten Fahrlässigkeit**.

VIII. Entzug der Geschäftsführungsbefugnis; Ausschluss aus der ARGE

Eine schuldhafte Geschäftsführungspflichtverletzung kann nicht nur zu Schadenersatzansprüchen der ARGE führen, statt dessen oder zusätzlich kann in schweren Fällen die Geschäftsführungsbefugnis entzogen werden (§ 6.8), oder die Geschäftsführung kann als äußerstes und schärfstes Mittel aus der ARGE ausgeschlossen werden (§ 23.41).

IX. Die Vergütung der Geschäftsführung

Technische und Kaufmännische Geschäftsführung erhalten für die Erfüllung ihrer Geschäftsführungsaufgaben eine Vergütung, deren Einzelheiten in § 10.1 geregelt sind. Nach § 10.11 und § 10.12 wird die Vergütung für die Gesamtheit aller übertragenen und auch ausgeübten Geschäftsführungstätigkeiten mit einem zu vereinbarenden **festen Prozentsatz** des Umsatzes der ARGE i. S.v. § 10.91 vereinbart. Es findet somit eine **pauschale Gesamtabgeltung** statt. Da es sich um eine Pauschalvergütung handelt, bleibt die vereinbarte Höhe des Vergütungssatzes für die Dauer der ARGE unverändert. Ein nachträglicher Anpassungsanspruch kommt nur unter den Voraussetzungen eines nachträglichen Wegfalls der Geschäftsgrundlage in Betracht. Dies wird nur in Ausnahmefällen gegeben sein.

§ 10.2 bis § 10.7 enthält Sonderleistungen, die jedem der Gesellschafter, also auch einer Geschäftsführung, übertragen werden können. Die Vergütung kann entweder als Pauschalvergütung oder als aufwandsbezogene Vergütung auf Nachweis vereinbart werden. Es ist darauf zu achten, dass es sich bei der Ausführung von Geschäftsführungsleistungen um echte gesellschaftsrechtliche Beitragsleistungen handelt, insoweit also keine Umsatzsteuerpflicht für die dort vereinbarte Vergütung besteht. Dagegen sind die nicht geschäftsführungsbezogenen Sonderleistungen aus § 10, insbesondere die Arbeiten nach § 10.6, umsatzsteuerpflichtige Sonderleistungen, die ihren Ursprung nicht in der Funktion als Geschäftsführer haben.

Für die Geschäftsführungsvergütung gilt, dass lediglich eine Kostenerstattung stattfinden soll. Bei der Vereinbarung der Höhe bleiben somit sowohl die allgemeinen Geschäftskosten (§ 10.8) als auch Zuschläge für Wagnis und Gewinn unberücksichtigt. Gleiches gilt auch für die übrigen Sonderleistungen nach § 10.

F. Die Aufsichtsstelle

I. Rechtsstellung der Aufsichtsstelle

Die Aufsichtsstelle ist die **Gesellschafterversammlung** der ARGE (§ 5). In ihr muss jeder Gesellschafter vertreten sein. Die Gesamtheit der Gesellschafter ist Trägerin aller Rechte und Pflichten der ARGE (§ 6.4; „Oberstes Organ der ARGE"). Die Aufsichtsstelle kann daher über **jede** ARGE-Angelegenheit entscheiden, auch wenn sie in den Zuständigkeitsbereich von technischen und kaufmännischen Geschäftsführern fällt (§ 6.41). Die Entscheidungsbefugnis der Aufsichtsstelle umfasst folglich sämtliche Geschäftsführungsmaßnahmen und sämtliche Angelegenheiten, die das Verhältnis der ARGE-Gesellschafter zueinander und den ARGE-Vertrag betreffen. Die umfassende Entscheidungsbefugnis wird durch Beschlussfassung ausgeübt.

II. Voraussetzungen der Beschlussfassung

1. Form der Beschlussfassung

29   Da die Gesamtheit der ARGE-Gesellschafter Rechtsträger der ARGE ist, sind zwingend auch alle ARGE-Gesellschafter zur Beschlussfassung berufen (vgl. § 6.1). Die Beschlussfassung kann in der Aufsichtsstellensitzung (mit den dann zu beachtenden Förmlichkeiten), oder außerhalb der Versammlung in brieflichem, (fern-)mündlichem oder fernschriftlichem Wege erfolgen, wobei gleichzeitig oder nacheinander abgestimmt werden kann (die Erklärung ist dem technischen Geschäftsführer gegenüber abzugeben). Diese Befugnis besteht nicht nur in eiligen Fällen (§ 6.6, letzter Satz), sondern immer dann, wenn sämtliche ARGE-Gesellschafter mit der jeweiligen Art der Beschlussfassung einverstanden sind.

2. Stimmabgabe

30   Die Stimmabgabe hat durch eine Person zu erfolgen, die den ARGE-Gesellschafter rechtswirksam vertreten kann. Erfolgt die Beschlussfassung in einer Aufsichtsstellensitzung, so gilt jeder der dort erschienenen Personen für den ARGE-Gesellschafter unwiderlegbar als uneingeschränkt vertretungsbefugt, § 6.3. Es ist Sache des ARGE-Gesellschafters, die in die Aufsichtsstellensitzung entsandte Person über den Umfang der Stimmbefugnis zu unterweisen. Eine solche interne Bindung hat bei Überschreitung gegenüber den übrigen ARGE-Gesellschaftern jedoch keine Wirkung. Die Fiktion der uneingeschränkten Vertretungsbefugnis bei der Stimmabgabe gilt jedoch nur für in einer ordentlichen Aufsichtsstellensitzung gefasste Beschlüsse, nicht für solche, die in anderem Wege zustande gekommen sind.

3. Das Einberufungsverfahren zur Aufsichtsstellensitzung

31
- Initiativrecht durch sämtliche ARGE-Gesellschafter (§ 6.5); gegenüber dem technischen Geschäftsführer geltend zu machen;
- Einberufung durch den technischen Geschäftsführer (§ 6.5); bei Weigerung auch durch den kaufmännischen Geschäftsführer:
- Ladung unter Angabe der Tagesordnung, Zeit und Ort mit Frist von mindestens 8 Kalendertagen (§ 6.42), die bei jedem ARGE-Gesellschafter eingehalten sein muss (z. B. Zugang der Ladung bis spätestens 5.11., wenn Sitzung am 14.11.); Abkürzung der Ladungsfrist in dringenden Fällen möglich; Heilung von Ladungsfehlern tritt bei rügeloser Verhandlung ein;
- Beschlussfähigkeit nur bei Anwesenheit **aller** ARGE-Gesellschafter (§ 6.42); wird Beschlussfähigkeit nicht erreicht, so ist diese festzustellen, und eine zweite Sitzung entsprechend c) einzuberufen, die stets beschlussfähig ist.

III. Grundsatz der Einstimmigkeit; Mehrheitsbeschlüsse

1. Jeder ARGE-Gesellschafter hat eine Stimme

32   Obwohl § 3 grundsätzlich für alle Beteiligungsrechte eine prozentuale Beteiligung vorsieht, gilt für das Stimmrecht die Abstimmung nach Köpfen ohne Rücksicht auf die Größe des Kapitalanteils.

2. Fälle von Mehrheitsentscheidungen

§ 6.6 fordert grundsätzlich Einstimmigkeit aller Beschlüsse. Dennoch gibt es zahlreiche Fallgruppen, die das Prinzip der Einstimmigkeit von allen ARGE-Gesellschaftern durchbrechen:

- Wird bei gegebener Beschlussfähigkeit keine Einstimmigkeit erzielt, so kann in unaufschiebbaren Fällen in einer frühestens am nächsten Tag einzuberufenden zweiten Sitzung mit der einfachen Mehrheit der erschienenen Gesellschafter beschlossen werden (§ 6.6). In der Praxis dürften Beschlussnotwendigkeiten nur außergewöhnlich selten **„unaufschiebbar"** i. S.v. § 6.6 sein. Ausnahmslos ist die Zustimmung **aller** Gesellschafter, – also ohne Rücksicht auf die Beschlussfähigkeit gem. § 6.4 –, in folgenden Fällen erforderlich:
- Alle Angelegenheiten, die eine Änderung der gesellschaftsrechtlichen Grundlagen betreffen, also nachträgliche Änderungen oder Ergänzungen des ARGE-Vertrages (§ 6.8);
- das Betreiben gerichtlicher Verfahren (§ 6.8);
- die Aufnahme von Bankkrediten sowie Wechselgeschäfte (§ 11.5);
- die Abtretung von Forderungen (§ 20.2);
- Entzug der Geschäftsführungs- und Vertretungsbefugnis (§ 6.8);
- zwangsweise Änderung des Beteiligungsverhältnisses (§ 4.3);
- Ausschluss eines Gesellschafters (§ 23.41);
- Entscheidung über die Fortsetzung der ARGE mit Erben eines verstorbenen ARGE-Gesellschafters (Einzel-Unternehmen) gemäß § 23.2.
- Ausnahmsweise wird für den Ausschließungsbeschluss nach § 23.5 eine einfache Mehrheitsentscheidung zugelassen (s. unten F III 2 d).
- Einstimmigkeit ist dort nicht zu erzielen, wo ein ARGE-Gesellschafter bei einer einzelnen Abstimmung durch Interessenkollision vom Stimmrecht ausgeschlossen ist. Dies tritt stets dann ein, wenn private Sonderinteressen mit dem Gesellschaftsinteresse notwendigerweise erheblich kollidieren müssen; z. B. eigene Geschäftsführungsentlastung, Befreiung von eigener Verbindlichkeit gegenüber der ARGE; Durchsetzung von ARGE-Ansprüchen gegen den einzelnen Gesellschafter; fraglich jedoch bei Geschäften zwischen ARGE und ARGE-Gesellschafter.

3. Ausschluss eines Mitgesellschafters

Hat eine ARGE nur 2 Gesellschafter, so wird die Beschlussfassung in den Fällen, in denen der Mitgesellschafter von der Abstimmung ausgeschlossen ist, durch einseitige Erklärung ausgeübt.

IV. Stimmpflicht

Dem Stimmrecht steht die **Stimmpflicht** gegenüber. Die Stimmabgabe hat unter Berücksichtigung der gesellschaftsrechtlichen Treuepflicht zu erfolgen.

Es ist gesellschaftswidrig, sich bei Beschlussfassungen der Stimme zu enthalten.

Die Stimmpflicht bedeutet nicht gleichzeitig Pflicht zur Zustimmung. Die Zustimmung darf jedoch nicht gesellschaftswidrig verweigert werden. Eine treuwidrige Verweigerung liegt vor, wenn die Pflicht, den Gesellschaftszweck gemeinsam zu fördern, verletzt wird, z. B. durch eigennütziges Verhalten zu Lasten der ARGE.

G. Die Bauleitung

I. Gesellschaftsrechtliche Stellung der Bauleitung

36 Der Bauleitung obliegt nach § 9 im Wesentlichen die tatsächliche Ausführung des Bauauftrages auf der Baustelle. Die „Bauleitung" ist jedoch gesellschaftsrechtlich kein selbständiges Organ der ARGE. Der in der Bauleitung tätige **Bauleiter** und **Baukaufmann** sind jeweils einzeln Bevollmächtigte. Die Bevollmächtigung leitet sich von den Geschäftsführern ab, – dann Untervollmacht; oder von der Aufsichtsstelle, – dann Spezialvollmacht.

II. Geschäftsführungsbefugnis

37 Bauleiter und technischer Kaufmann sind gegenüber Aufsichtsstelle und Geschäftsführung uneingeschränkt **weisungsabhängig**. Ein eigener Entscheidungsspielraum ist lediglich in § 9.11 S. 2 und 3 vorgesehen. Die übrigen im ARGE-Mustervertrag ausdrücklich angeführten Aufgaben betreffen reine Verwaltungstätigkeit (§§ 9.12, 9.13, 12.14, 12.16, 8.44, 8.45, 8.5).

Die vorzeitige Abberufungsmöglichkeit gilt nach § 6.8 nicht nur für den Bauleiter, sondern auch für den Baukaufmann.

III. Vertretungsbefugnis

38 Die Bauleitung erhält durch § 9.11 eine eingeschränkte Verhandlungsvollmacht gegenüber „Organen des Auftraggebers" für „Fragen örtlichen Charakters" und eine auf unwesentliche Erweiterungen des Bauauftrages gerichtete Abschlussvollmacht. Jede darüber hinausgehende Vertretung bedarf einer gesonderten und ausdrücklichen Bevollmächtigung durch die Aufsichtsstelle oder die zuständigen Geschäftsführer.

Gemäß § 9.3 besteht Gesamtvertretung.

Soweit die Bauleitung ihre Vertretungsbefugnis überschreitet, wird die ARGE nur dann aus dem Rechtsgeschäft verpflichtet und berechtigt, wenn die nachträgliche Zustimmung erklärt wird oder die Grundsätze der Anscheins- oder Duldungsvollmacht eingreifen.

H. Die Gesellschafterleistungen (Beistellungen)

I. Ausgangslage zur Beitragspflicht

39 Wesentlichste Gesellschafterpflicht in einer BGB-Gesellschaft ist die Beitragspflicht. Durch die Erfüllung dieser Beitragspflicht soll der vereinbarte Gesellschaftszweck erreicht werden können. Nach der gesetzlichen Ausgangslage haben die Gesellschafter nur die vereinbarten Beiträge zu leisten, eine Nachschusspflicht besteht somit nicht. Auf der Grundlage des ARGE-Vertrages wird diese Systematik der Beitragspflichten im Rahmen der Vertragsfreiheit ganz erheblich geändert:

Die Konzeption des ARGE-Vertrages besteht darin, dass nur die wenigsten Leistungen echte gesellschaftsrechtliche Beitragsleistungen sind. Eine derartige gesellschaftsrechtliche Beitragsleistung besteht beispielsweise in der Wahrnehmung der technischen und kaufmännischen Geschäftsführung nach § 7.1 und § 8.1 Diese echten gesellschaftsrechtlichen Beitragsleistungen stellen Leistungen der Gesellschafter **an** die ARGE dar und unterliegen nicht der Umsatzsteuer, da keine steuerbaren Umsätze zwischen Gesellschaft und Gesellschafter stattfinden (§ 17.5). § 4.1 legt fest, dass die Gesellschafter zur Erreichung des Gesellschaftszweckes im Verhältnis ihrer Beteiligung (§ 3) **Beiträge und Leistungen** zu erbringen haben. Hierdurch wird verdeutlicht, dass die Gesellschafter grundsätzlich zwei unterschiedliche Arten von Leistungen erbringen, nämlich

- echte gesellschaftsvertragliche Beitragsleistungen **an die ARGE**, und
- sog. Drittleistungen zwischen Gesellschafter und ARGE, die entgeltlich erbracht werden und als steuerbare Umsätze nach § 17.5 umsatzsteuerpflichtig sind.

In § 4.1 werden die insoweit zu erbringenden Beiträge und Leistungen nicht abschließend aufgezählt. Nur als **Beispiel** wird auf die Gestellung von Geldmitteln, Bürgschaften, Geräten, Stoffen und Personal hingewiesen. Diese Aufzählung ist jedoch nicht erschöpfend, sondern es ergibt sich aus den konkreten Notwendigkeiten der Abwicklung des Bauauftrages, dessen Erfüllung nach § 2.3 Zweck der ARGE ist, welche Leistungen und Beiträge nötig sind.

Die weitere gesellschaftsrechtliche Besonderheit der ARGE auf der Grundlage des ARGE-Vertrages besteht darin, dass die in § 4.1 genannten Beistellungen auf der Grundlage zweiseitiger schuldrechtlicher Rechtsgeschäfte, d. h. als sog. **Drittleistung**, der Gesellschafter **an** die Gesellschaft stattfinden. Diese schuldrechtlichen Vertragsbeziehungen bestehen u. a. aus einzelnen Bauverträgen bei Stoffen (vgl. § 13), Mietverträgen bei Geräten (vgl. § 14) sowie nichtgewerblichen Personalüberlassungen gegen Kostenerstattung bei abgeordnetem Personal (vgl. § 12), – jeweils durch die bereits im ARGE-Vertrag diesbezüglich vereinbarten Konditionen. Hieraus folgt, dass der ganz überwiegende Anteil der Gesellschafterleistungen, nämlich die Bereiche Personal, Stoffe und Geräte, nicht als gesellschaftsrechtliche Beitragsleistung, sondern als sog. **Drittleistung** erbracht werden. Auf der Grundlage des ARGE-Vertrages sind somit diese **Beistellungen** gesellschaftsrechtlich **nicht** nach den Grundsätzen der Beitragspflicht gemäß den §§ 705 ff. BGB zu beurteilen. Statt dessen gelten die jeweils maßgeblichen schuldrechtlichen Bestimmungen für den jeweiligen Vertragstyp, z. B. Kauf oder Miete. Die Besonderheit des ARGE-Vertrages liegt insoweit darin, dass bereits in seinem Inhalt die einzelnen Vertragsmodalitäten für z. B. Kauf oder Miete eingehend festgelegt sind, – insbesondere hinsichtlich der Vergütung.

Die im ARGE-Vertrag enthaltenen Verpflichtungen zur Beistellung bedeuten vertragsrechtlich, dass die Gesellschafter verpflichtet sind, die Beistellungen nach den im ARGE-Vertrag enthaltenen Regelungen für den jeweiligen Vertragstyp, beispielsweise den Kauf oder die Miete, durchzuführen. Die Leistungsverpflichtung ist insoweit allerdings nur **dem Grunde nach** vereinbart, nicht aber dem Zeitpunkt und der Höhe nach. Dies bedeutet, dass die Beistellungspflicht in rechtlicher Hinsicht erst noch der **Konkretisierung** sowohl in zeitlicher als auch umfangmäßiger Hinsicht bedarf. In der Regel geschieht dies durch Aufsichtsstellenbeschluss (z. B. § 14.21).

II. Grundsatz der reinen Kostenerstattung

Nach ARGE-Vertrag wird der Gewinn oder der Verlust der ARGE erst im Rahmen der endgültigen Schlussbilanz nach § 8.6 ermittelt. Während der Dauer der ARGE werden deshalb nur vorläufige Ergebnisübersichten erstellt, die keine Bilanzwirkung haben. Ebenso entfällt der jährliche Abschluss mit Gewinn- und Verlustermittlung gemäß den Grundsätzen des Steuer- oder Handelsrechts. Soweit die Gesellschafter während der Dauer der ARGE Ausschüttungen erhalten, handelt es sich lediglich um **vorläufige Ausschüttungen** nach § 11.25.

Die Gewinnrealisierung in der ARGE soll gemäß obigen Grundsätzen erst nach Abschluss der ARGE erfolgen. Dies bedeutet gleichzeitig, dass die Gesellschafterleistungen während der Laufzeit der ARGE **keine** Gewinnrealisierung enthalten sollen und dürfen. Für sämtliche Beistellungen erhalten die Gesellschafter während der Dauer der ARGE deshalb zwar eine Vergütung, jedoch beruht diese auf einem reinen **Kostendeckungsprinzip**. Nach § 10.8, der nicht nur für die Sonderleistungen nach § 10 gilt, sondern für **alle** Gesellschafterleistungen aus § 4.1, dürfen noch nicht einmal die allgemeinen Geschäftskosten in die Kostenerstattung miteinbezogen werden. Auf keinen Fall dürfen deshalb Zuschläge für Wagnis und Gewinn in die Kostenerstattung eingerechnet sein.

III. Die einzelnen Leistungspflichten

1. Generalklausel

44 § 4.1 enthält die **Generalklausel** zum Umgriff der Gesellschafterleistungen im Bereich der Beiträge und Beistellungen. Eine gegenständliche Begrenzung liegt nicht vor, ebenso wenig eine Begrenzung dem Zeitpunkt und der Höhe nach. Da die Leistungspflicht somit nur dem Grunde nach vereinbart ist, nicht aber dem Zeitpunkt und der Höhe nach, kann es bei einer ARGE auch zu keiner **Nachschusspflicht** gemäß § 707 BGB kommen. Bei sämtlichen, sich im Laufe der ARGE als notwendig herausstellenden Leistungen handelt es sich jeweils um bereits von vorne herein dem Grunde nach vereinbarte Leistungen, die erst später inhaltlich und zeitlich konkretisiert werden.

2. Gleichstellungsprinzip/Gleichbehandlungsgebot

45 Die Gesellschafterleistungen aus § 4.1 sind in allen Bereichen in Höhe des Beteiligungsverhältnisses nach § 3 durch alle Gesellschafter zu erbringen. Im Rahmen der Beistellungspflicht und des Beistellungsrechts besteht somit ein Gleichstellungsprinzip für alle Arten der Gesellschafterleistungen (Sonderleistungen nach § 10 ausgenommen), sowie ein Gleichbehandlungsgebot in Bezug auf die Notwendigkeit der grundsätzlich durchgängigen Beibehaltung des Beteiligungsverhältnisses in allen Arten der Beistellung.

3. Geldmittel/Bürgschaften

46 Die ARGE kann sich entweder mit **Eigenkapital** oder mit **Fremdmitteln** finanzieren. Die Festlegung, ob eine Finanzierung durch Eigen- oder Fremdkapital stattfinden soll, ist durch die Aufsichtsstelle zu treffen. Allerdings hat die Kaufmännische Geschäftsführung gemäß § 11.1 das Recht, in Bezug auf erforderliche Geldmittel eine **rechtsverbindliche Konkretisierung** der Leistungspflicht gegenüber allen Gesellschaftern vorzunehmen. Mit der Anforderung zur Beistellung konkreter Geldmittel gemäß § 11.1 entsteht deshalb eine insoweit fällige Leistungspflicht gegenüber jedem Gesellschafter.

Inhaber des **ARGE-Bankkontos** ist nach § 11.6 jeder Gesellschafter der ARGE, allerdings in gesamthänderischer Verbundenheit. Das Bankguthaben auf dem ARGE-Konto stellt somit Gesamthandsvermögen dar. Verbindlichkeiten auf dem ARGE-Konto sind Schulden der ARGE, für welche die Gesellschafter als Gesamtschuldner haften.Bei Bürgschaften ist zu unterscheiden:
- Enthält der Bauvertrag (§ 2.3) zwingende Verpflichtungen der ARGE als Auftragnehmer zur Stellung von Bürgschaften, so ist insoweit die Konkretisierung der Beitragspflicht für diese dortige Bürgschaft erfolgt, ohne dass es noch eines Beschlusses der Gesellschafter hierzu bedarf (z. B. Vertragserfüllungsbürgschaft, Abschlagszahlungsbürgschaft, Gewährleistungsbürgschaft).
- Liegt keine zwingende Verpflichtung zur Bürgschaftsstellung vor, sondern besteht hierüber ein Entscheidungsrecht der ARGE als Auftragnehmer, so bedarf es zunächst des Aufsichtsstellenbeschlusses, um eine Verpflichtung zur Bürgschaftsstellung zu konkretisieren, d. h. rechtsverbindlich entstehen zu lassen.

H. Die Gesellschafterleistungen (Beistellungen) § 10

> *Beispiel*
> Nach bauvertraglicher Abnahme kann der als Bareinbehalt vereinbarte Gewährleistungseinbehalt **nach Wahl** des Auftragnehmers durch Bankbürgschaft abgelöst werden. Dieses Wahlrecht kann nur durch Aufsichtsstellenbeschluss ausgeübt werden. Erst wenn sich hiernach alle Gesellschafter für die Ablösung durch Bürgschaft entscheiden, entsteht insoweit auch die Leistungspflicht zur Stellung dieser Bürgschaft.

- Eine Ausnahme enthält § 11.25: Stellt auch nur **ein** Gesellschafter den Antrag, dass für vorläufige Ausschüttungen Bürgschaften durch alle Gesellschafter zu stellen sind, so tritt hierdurch die rechtsverbindliche Leistungspflicht gegenüber allen Gesellschaftern ein.

4. Personal

Personal wird auf zwei grundsätzlich verschiedene Arten abgestellt: 47

a) Abordnung

Hier bleibt der Mitarbeiter arbeitsvertraglich ausschließlich Arbeitnehmer der Stammfirma. Diese überträgt lediglich den Anspruch auf Arbeitsleistung sowie das arbeitsvertragliche Direktionsrecht für die Dauer der Abordnung auf die ARGE. 48

b) Freistellung

Bei der Freistellung entsteht für deren Dauer ein weiteres, unmittelbares Arbeitsverhältnis zwischen ARGE und Arbeitnehmer; das Arbeitsverhältnis zwischen Stammfirma und Arbeitnehmer ruht während der Freistellung als lediglich mittelbares Arbeitsverhältnis. 49

c) Fremdes Personal

Die ARGE kann auch fremdes Personal in Arbeitgebereigenschaft selbst einstellen. 50

Eindeutig vorherrschend ist die Abstellung durch **Abordnung**.

Das abgeordnete Personal wird in folgender Weise verrechnet: Auf die gezahlten Löhne und Gehälter werden für die Dauer der Abordnung die nach Arbeitsvertrag zu vereinbarenden Zuschläge hinzugesetzt, um hierdurch die lohngebundenen und lohnabhängigen Kosten der Stammfirma zu erfassen. Insgesamt soll also durch diese Verrechnung eine Kostenerstattung des abordnenden Gesellschafters erreicht werden.

Bei der Freistellung erhält der Mitarbeiter seine bisherigen Bezüge nunmehr durch die ARGE gezahlt, die insoweit alle Arbeitgeberpflichten übernimmt. Der Aufwand geht zu Lasten des ARGE-Ergebnisses.

5. Stoffe

Bei Stoffen wird unterschieden zwischen 51
- Verbrauchsstoffen (§ 13.1)
- Gebrauchsstoffen (Vorhaltestoffen) (§ 13.12)

Verbrauchsstoffe werden grundsätzlich durch **Kauf von Dritten** beschafft (§ 13.211). Ein Kauf von Gesellschaftern kommt nur dann in Betracht, wenn diese im Rahmen des Wettbewerbs günstiger eingekauft werden können.

Bei der Beschaffung von **Gebrauchsstoffen** ist in erster Linie auf die **gebrauchten Bestände der Gesellschafter** zurückzugreifen. Soweit dies nicht möglich ist, ist von der günstigsten Bezugsquelle zu kaufen. Von Gesellschaftern erfolgt der Kauf nur dann, wenn diese entsprechend günstige Konkurrenzpreise anbieten können.

Gebrauchsstoffe werden von den Gesellschaftern zu **fest vereinbarten Prozentsätzen** des Neuwerts **gekauft** und nach Gebrauch von der ARGE an die Gesellschafter **zurückverkauft** (§ 13.31). Als Bemessungsgrundlage dient die Baustellenausstattungs- und Werkzeugliste (BAL) (§ 13.32).

6. Geräte

52 Geräte werden grundsätzlich durch Anmietung von den Gesellschaftern beschafft. Die Festlegung der Leistungspflicht trifft die Aufsichtsstelle (§ 14.21). Nur im Ausnahmefall findet ein Ankauf und Verkauf von ARGE-Geräten statt (§ 14.24).

Die Berechnung der Gerätemiete erfolgt gemäß § 14.32 nach den in der Baugeräteliste (BGL) aufgeführten monatlichen Beträgen für Abschreibung, Verzinsung und Reparatur. Auch hier gilt der Grundsatz der reinen Kostenerstattung. Gemäß § 14.4 können die Gesellschafter bei Abschluss des ARGE-Vertrages bestimmte Prozentsätze des BGL-Wertes vereinbaren.

7. Verletzung der Beistellungspflicht

53 Der Umfang der Beitragspflicht wird in der Regel durch Aufsichtsstellenbeschluss festgelegt. Für einzelne Beitragsarten ist diese ausdrücklich festgelegt: Für Geldmittel hat § 11.1 der kaufmännischen Geschäftsführung die Kompetenz und Ermächtigung gegeben, rechtsverbindlich die Beitragspflicht festzulegen; in § 12.1 für Personal; in § 13.2 für Großabschlüsse über Stoffe; in § 14.21 für Geräte. Sofern alle ARGE-Gesellschafter dies hinnehmen, kann die Festlegung des konkreten Beitragsumfangs auch durch technischen oder kaufmännischen Geschäftsführer erfolgen. In jedem Fall sind die Geschäftsführer in ihrem jeweiligen Fachbereich dafür verantwortlich, dass die beschlossene Beitragsleistung termingerecht von den ARGE-Gesellschaftern erbracht wird. Leistet ein ARGE-Gesellschafter zum festgelegten Termin nicht oder nicht vollständig, so gilt folgendes:

- Säumnisfolgen können nur dann eintreten, wenn an den ARGE-Gesellschafter ein nach Umfang und Zeitpunkt bestimmtes oder eindeutig bestimmbares Leistungsgebot ergangen ist (Beweisfrage!).
- Ist die Beitragsverpflichtung bei Fälligkeit nicht erfüllt worden, so sieht der ARGE-Vertrag als Sanktionen vor:
- Den Anspruch auf Ausgleichszahlung nach § 4.2,
- die Herabsetzung des Beteiligungsverhältnisses nach § 4.3,
- den Ausschluss aus der ARGE gemäß § 23.41.

Daneben besteht theoretisch die Möglichkeit, die nicht erfüllte Beitragsverpflichtung einzuklagen. Hiermit ist der ARGE in der Regel jedoch wenig gedient; zu erwägen ist dies allenfalls bei reinen Zahlungspflichten.

Zusätzlich zu den genannten Sanktionsmöglichkeiten kann die ARGE von dem säumigen ARGE-Gesellschafter Schadenersatz aus positiver Vertragsverletzung fordern (vgl. § 4.2 letzter Satz und § 4.3).

Der Schaden kann z. B. in erhöhten Aufwendungen für anderweitige Beschaffung oder verursachte Kreditkosten bestehen. Zu beachten ist, dass – entgegen der Regelung in § 4.2 – Verschulden erforderlich ist (jedoch Entlastungspflicht beim säumigen Gesellschafter!) und hierüber das Haftungsprivileg der Präambel gilt.

- Um gegen die Verletzung von Beitragspflichten ein wirksameres Mittel zu haben, ist in § 4.2 eine Ausgleichszahlungsregelung eingeführt, die in ihrer wirtschaftlichen Bedeutung einer Vertragsstrafe gleichkommt. Die Pflicht zur Ausgleichszahlung erstreckt sich auf Beistellungen an Geldmitteln (§ 4.21), Bürgschaften (§ 4.22), Personal (§ 4.23) und Geräten (§ 4.24); es werden sowohl die echten gesellschaftsrechtlichen Beitragsleistungen als auch Drittleistungen der ARGE-Gesellschafter erfasst.

In § 4.2 handelt es sich um keine Vertragsstrafenvereinbarung im Sinne von § 339 BGB, da auf die Voraussetzung des Verschuldens ausdrücklich verzichtet wird. Es liegt daher rechtlich eine Art Garantieversprechen vor.

I. Die Dach-ARGE

I. Die wichtigsten Grundsätze zur Dach-ARGE

1. Fortbestand der gesamtschuldnerischen Haftung im Außenverhältnis

Ungeachtet der Aufteilung der Leistungs-, Verantwortungs- und Risikobereiche auf die einzelnen Lose verbleibt es gegenüber dem Auftraggeber und auch anderen Dritten (= Außenverhältnis) bei der **gesamtschuldnerischen Haftung** aller Gesellschafter. 54

2. Keine selbständige Gewinnrealisierung einer Dach-ARGE

Die Dach-ARGE arbeitet grundsätzlich **ergebnisneutral**. Sie hat nur die Funktion einer Durchgangsstation für die Zahlungen des Auftraggebers an die einzelnen Lose. Bei der Dach-ARGE erfolgt die Gewinnrealisierung innerhalb der Abwicklung der Nachunternehmer-Verträge zwischen Dach-ARGE und Los. 55

3. Keine Beistellungen von Sachmitteln und Personal

Die Dach-ARGE erbringt die dem Auftraggeber geschuldete Bauleistung nicht durch eine „gemeinschaftliche Bauausführung" aller Gesellschafter wie bei der normalen ARGE, sondern der Bauauftrag wird in einzelne Lose aufgeteilt, die alsdann im Rahmen selbständiger Nachunternehmerverträge an die Einzel-Lose vergeben werden. 56

4. Eigenverantwortlichkeit der Bauausführung beim Einzel-Los

Bei der Übertragung der Bauarbeiten im Rahmen selbständiger Nachunternehmerverträge haben die Gesellschafter der Dach-ARGE zusätzlich die Funktion von Nachunternehmern. Dort können und müssen sie die Eigenverantwortlichkeit der werkvertraglichen Bauausführung wahrnehmen. 57

5. Leistungs- und Vergütungsrisiko beim Einzel-Los

Die Funktion als Nachunternehmer hat für den Gesellschafter zur Folge, dass er im Rahmen seines Nachunternehmervertrages das werkvertragliche Leistungs- und Vergütungsrisiko alleine trägt. 58

6. Identität der bauvertraglichen Inhalte von Hauptauftrag und Nachunternehmervertrag

Da die Dach-ARGE grundsätzlich gewinnneutral arbeiten soll und den einzelnen Losen im Rahmen des dort liegenden Leistungs- und Vergütungsrisikos Gewinn und Verlust der jeweils übertragenen Bauarbeiten verbleiben, darf keine bauvertragliche Ausgangslage entstehen, bei welcher abwei- 59 chende Abrechnungsgrundlagen im Hauptauftrag sowie in den einzelnen Nachunternehmerverträgen bestehen.

7. Synchrone Rechnungsstellung im Innen- und Außenverhältnis

60 Der Grundsatz der Identität der bauvertraglichen Inhalte von Hauptauftrag und Nachunternehmerverträgen muss grundsätzlich zu sowohl dem Grunde als auch der Höhe nach identischen Vergütungsansprüchen sowohl bei der Dach-ARGE gegenüber dem Auftraggeber als auch bei den Einzel-Losen gegenüber der Dach-ARGE führen. Dies setzt inhaltlich gleich lautende Rechnungsstellungen voraus.

8. Durchleitung aller eingehenden Auftraggeberzahlungen

61 Die Forderung, dass Gewinn und Verlust ausschließlich innerhalb desjenigen einzelnen Loses realisiert werden, dessen Vertragsleistungen betroffen sind, kann auf der Grundlage der Grundsätze zur Identität der bauvertraglichen Inhalte sowie der synchronen Rechnungsstellung nur verwirklicht werden, wenn auch alle eingehenden Auftraggeberzahlungen von der Dach-ARGE umgehend und in voller Höhe an die einzelnen Lose weitergeleitet werden.

9. Gleichstellung zwischen Gesellschafter und Nachunternehmer

62 Die oben bereits angesprochenen Grundsätze der ergebnisneutralen Tätigkeit der Dach-ARGE, der Identität der Bauvertragsinhalte, der synchronen Rechnungsstellung sowie der Durchleitung aller Auftraggeberzahlungen führen zu dem weiteren Grundsatz, dass der Gesellschafter in seiner Position als Nachunternehmer im Ergebnis nicht mehr und nicht weniger Rechte und Pflichten haben darf, als die im Rahmen der Dach-ARGE und der dort bestehenden Ausgangslage gegenüber dem Hauptauftraggeber. Der Gesellschafter kann als Nachunternehmer deshalb nur diejenigen Positionen einnehmen und beanspruchen, die er im Rahmen der Dach-ARGE erhält oder hinnehmen muss.

10. Kein Haftungsprivileg

63 Auf der Ebene der Dach-ARGE besteht weiterhin das aus dem normalen ARGE-Vertrag bekannte Haftungsprivileg (= Haftung nach § 276 BGB unter Ausschluss der leichten Fahrlässigkeit). Dieses Haftungsprivileg gilt aber nur im Innenverhältnis der Dach-ARGE, nicht aber im Vertragsverhältnis zwischen Dach-ARGE und den einzelnen Losen in den jeweiligen Nachunternehmer-Vertragsverhältnissen. Bei letzteren gilt die uneingeschränkte Haftung nach § 276 BGB. Haftungsmäßig sind die Gesellschafter in deren Eigenschaft als Nachunternehmer somit den gleichen Haftungsrisiken ausgesetzt wie ein fremder Nachunternehmer.

11. Variables Beteiligungsverhältnis

64 Bei der Dach-ARGE findet keine gemeinschaftliche Bauausführung statt, sondern das tatsächliche Baustellenergebnis verwirklicht sich anteilig innerhalb der einzelnen Lose entsprechend dem dort ausgeführten Leistungsinhalt. Da die Leistungs- und Vergütungsgefahr grundsätzlich beim Einzel-Los liegt, findet auch dort die Gewinn- und Verlustrealisierung statt. Da das Beteiligungsverhältnis das wirtschaftliche Gewicht der Leistungen der Gesellschafter an der ARGE widerspiegeln soll, muss bei der Dach-ARGE unterschieden werden: Das wirtschaftliche Gewicht ergibt sich aus der Abrechnungssumme der Einzel-Lose. Dieses steht erst nach Schlussrechnungsabwicklung fest. Deshalb ist zwischen einem vorläufigen und dem endgültigen Beteiligungsverhältnis zu unterscheiden.

12. Bestätigung durch die Rechtsprechung

Das **OLG Hamm** hat in seinem **Urteil vom 11.5.2000** – Az: 27 U 94/99 –,[6] bestätigt, dass die Gesellschafter einer Dach-ARGE die in Lose aufgeteilten Bauarbeiten auf der Grundlage gesonderter Werkverträge erbringen. Ferner hat das OLG Hamm bestätigt, dass die Dach-ARGE ein variables Beteiligungsverhältnis aufweist, welches vom Abrechnungswert der einzelnen Lose abhängt.

II. „Mittelstands-ARGE"

1. Interessenlage

Für den Auftraggeber lassen sich die Vorteile einer **Einzelvergabe** mit denjenigen eines **GU-Modells** kombinieren, ohne die jeweiligen Nachteile in Kauf nehmen zu müssen. Bei der Parallel-Ausschreibung, – ebenso aber auch bei der losweisen Ausschreibung, wird es dem Wettbewerb überlassen, ob jeweils die Einzelbieter das wirtschaftlichste Angebot abgeben oder gewerkeübergreifend eine Teil-GU- oder GU-Lösung entsteht. Die losweise Ausschreibung sowie die Parallel-Ausschreibung ermöglichen es, dass im jeweiligen Los der Auftragnehmer die Eigenausführung der Bauleistung anbieten kann. Im einzelnen Gewerk ist das Unternehmen somit nicht darauf verwiesen, nur als Nachunternehmer beteiligt sein zu können. Für den Auftraggeber hat dies wiederum den Vorteil, dass er Bauleistungen nur von solchen Auftragnehmern erhält, deren Beauftragung er durch die Zuschlagserteilung selbst vorgenommen hat. Bei gewerkübergreifenden Bauleistungen wird es einem einzelnen Unternehmen in der Regel nicht möglich sein, alle zu vergebenden Leistungen im eigenen Betrieb auszuführen. Dies führt zur Notwendigkeit der Hinzuziehung von Nachunternehmern. Schließen sich hingegen Unternehmen zur Bietergemeinschaft zusammen, die in ihrer Gesamtheit sämtliche der ausgeschriebenen Leistungen im jeweils eigenen Betrieb ausführen können, so entsteht die vorgenannte Ausgangslage, wonach ein direktes Auftragsverhältnis zwischen Auftraggeber und jeweiligem Unternehmen des Einzelgewerks zustande kommt. **In der Praxis scheitert ein Zusammenschluss im vorgenannten Sinne häufig daran, dass die Risiken aus der alsdann entstehenden Gesamtschuld nicht übernommen werden können.** Dies führt zur Forderung einer „ARGE (Dach-ARGE) mit eingeschränkter Gesamtschuld". Diese ist vor allem erforderlich, wenn aufgrund der beteiligten Unternehmen von einer **„Mittelstands-ARGE"** ausgegangen werden kann.

2. Vertragliche Möglichkeiten zur Einschränkung der Gesamtschuld

Für die „Mittelstands-ARGE" bietet sich statt der normalen ARGE die Dach-ARGE an. Hier tragen die Gesellschafter jedenfalls im **Innenverhältnis** das alleinige Leistungs- und Ausführungsrisiko, da für die einzelnen Lose getrennte Nachunternehmerverträge abgeschlossen werden. Für das **Außenverhältnis**, also vor allem für das **Bauvertragsverhältnis zum Auftraggeber** bedarf es vertraglich zu vereinbarender **Einschränkungen der Gesamtschuld**. Folgende Regelungsbereiche kommen in Betracht:

a) Ausführungs- und Gewährleistungshaftung

Eine gesamtschuldnerische Haftung für fremde Gewerke kann das einzelne Unternehmen bei der Mittelstands-ARGE in der Regel nicht übernehmen. Andererseits aber besteht die Interessenlage des Auftraggebers, zumindest das **Schnittstellenrisiko** auf Auftragnehmerseite zu belassen. Somit kann der einzelne Gesellschafter von der gesamtschuldnerischen Ausführungs- und Gewährleistungshaftung für die Arbeiten der jeweils anderen Einzel-Lose befreit werden, jedoch bleibt die gesamtschuldnerische Haftung für die vollständige und rechtzeitige, fachliche, inhaltliche, terminliche und

---

6 BauR 2001, 28.

bauablaufmäßige Koordinierung aller Bauarbeiten, insbesondere in Bezug auf die Schnittstellen der Gewerke, bestehen.

b) Getrennte Abschlagszahlungen/Teil-Schlusszahlungen

69 Es kommt in Betracht, dass der Auftraggeber Abschlagszahlungen direkt an die Einzel-Lose zahlt. Ebenso können Teil-Schlusszahlungen vereinbart werden.

c) Getrenntes Vergütungsrisiko

70 Da die jeweiligen Einzelgewerke getrennt kalkulieren und anbieten, entstehen unterschiedliche Preisgrundlagen für die einzelnen Lose. Hierzu bedarf es jedoch gesonderter Vereinbarungen. Darüber hinaus ist daran zu denken, dass Mehrungen und Minderungen zwischen den einzelnen Losen nicht miteinander zu verrechnen sind. Gleiches gilt für den Ausschluss des anderweitigen Ausgleichs nach § 2 Nr. 3 VOB/B.

d) Partner-Bürgschaften

71 In allen Fällen der Sicherheitsleistung sollten Partner-Bürgschaften als Einzel-Bürgschaften, bezogen auf das jeweilige Lose, zugelassen werden.

e) Teil-Abnahmen

72 Mit Blickrichtung auf die losbezogene Ausführungshaftung samt Berechtigung zur Teil-Schlussrechnung ist es notwendig, auch Teil-Abnahmen zuzulassen.

3. Schlussbemerkung zur „Mittelstands-ARGE"

73 Die „Mittelstands-ARGE" bietet sich als Unternehmereinsatzform zur Mittelstandsförderung an, die vom Gesetzgeber ausdrücklich in § 97 Abs. 3 GWB als übergeordneter allgemeiner Vergabegrundsatz gesetzlich festgeschrieben wurde. Es ist darauf hinzuweisen, dass das Modell der ARGE mit eingeschränkter Gesamtschuld mehrfach bei Großprojekten erfolgreich eingesetzt wurde. Hierzu rechnet auch die vom Bundeswirtschaftsministerium initiierte mittelständische Arbeitsgemeinschaft für den Erweiterungsbau des Bundeswirtschaftsministeriums in Berlin.

§ 11 Arbeitsrecht am Bau

Prof. Dr. Gerhard Ring
Andreas Biedermann

Teil 1: Allgemeine Grundzüge des Arbeitsrechts am Bau

Prof. Dr. Gerhard Ring

Literatur

Kasseler Handbuch zum Arbeitsrecht, 2. Aufl., 2000; **Lieb**, Arbeitsrecht, 7. Aufl. 2000; **Münchener Handbuch** zum Arbeitsrecht, 2. Aufl. 2000; **Ring**, Arbeitsrecht, 1998; **Schaub**, Arbeitsrechts-Handbuch, 9. Aufl. 2000.

(Hinweis: Wegen der überblicksmäßigen allgemeinen Gesamtdarstellung des gesamten relevanten allgemeinen Individualarbeitsrechts am Bau musste auf weiterführende Literatur und Judikatur aus Platzgründen verzichtet werden. Die Besonderheiten der Baubranche werden noch detailliert in der nachstehenden Darstellung von Biedermann erörtert.)

Inhalt

A. Einleitung ... 1	cc) Begrenzte Effektivklauseln ... 50
I. Grundbegriffe des Arbeitsrechts . 1	dd) Verdienstsicherungsklauseln ... 51
1. Der Begriff des „Arbeitnehmers" 1	ee) Exkurs: Organisations- und Differenzierungsklauseln 52
a) Der Arbeitnehmer ... 1	ff) Weiterer Exkurs: Tarifausschluss- und Spannensicherungsklauseln ... 53
b) Arbeiter und Angestellte . 7	c) Mehrheit von Tarifverträgen (Tarifkonkurrenz und Tarifpluralität) ... 54
c) Die arbeitnehmerähnliche Person ... 11	6. Normen der Betriebsvereinbarung ... 56
d) Auszubildende ... 13	a) Normativer und schuldrechtlicher Teil einer Betriebsvereinbarung 56
2. Der Begriff des „Arbeitgebers" 15	b) Das Zustandekommen einer Betriebsvereinbarung ... 57
3. Betrieb und Unternehmen ... 16	c) Geltungsbereich und Dauer einer Betriebsvereinbarung ... 59
4. Das Arbeitsverhältnis ... 17	d) Erzwingbare und freiwillige Betriebsvereinbarungen . 61
a) Das Gruppenarbeitsverhältnis 18	e) Regelungsgehalt einer Betriebsvereinbarung .. 62
b) Das Leiharbeitsverhältnis 22	f) Rechts- und Billigkeitskontrolle ... 64
c) Das Probearbeitsverhältnis 25	g) Exkurs: Betriebsabsprachen 65
II. Grundstrukturen des Arbeitsrechts 26	7. Der Arbeitsvertrag ... 66
1. Allgemeine und besondere Regeln des Völkerrechts ... 27	8. Vertragliche Einheitsregelungen 67
2. Europarecht ... 28	9. Die betriebliche Übung ... 68
a) Primäres Gemeinschaftsrecht 29	10. Weisungen des Arbeitgebers . 72
b) Sekundäres Gemeinschaftsrecht ... 30	
aa) EG-Verordnungen .. 31	
bb) (Arbeitnehmerschutz-) Richtlinien der EG . 32	
3. Grundgesetz ... 34	
4. Einfache Gesetze ... 35	
5. Normen des Tarifvertrags ... 37	
a) Ansprüche aus einem Tarifvertrag ... 38	
b) Abweichende Abmachungen vom Tarifvertrag ... 45	
aa) Anrechnungsklauseln . 48	
bb) Effektivklauseln ... 49	

Ring 877

§ 11 Arbeitsrecht am Bau – Teil 1: Allgemeine Grundzüge

11. Der allgemeine betriebliche Gleichbehandlungsgrundsatz . . 74
B. Das Individualarbeitsrecht . . . 77
   I. Die Begründung des Arbeitsverhältnisses 78
     1. Die Arbeitsvermittlung . . . 81
     2. Die Ausschreibung 82
     3. Offenbarungspflichten des Arbeitnehmers und Fragerecht des Arbeitgebers 85
       a) Verstoß gegen die Offenbarungspflicht . . . 87
       b) Zulässige Fragen . . . 88
       c) Unzulässige Fragen . . . 89
     4. Personalfragebögen, psychologische Tests und graphologische Gutachten . . 90
     5. Verfahrensfragen im Zusammenhang mit der Vorstellung 91
     6. Die Beteiligung des Betriebsrats bei der Einstellung 92
     7. Der Arbeitsvertragsabschluss . 95
       a) Die Abschlussfreiheit . . 96
       b) Abschlussverbote und Jugendarbeitsschutz . . . 99
       c) Doppelarbeitsverhältnisse und Wettbewerbsverbote . 100
       d) Beschäftigungsverbote . . 101
  II. Die Beendigung des Arbeitsverhältnisses 102
     1. Die Nichtigkeit des Arbeitsvertrages 102
     2. Die Anfechtung des Arbeitsvertrages 104
       a) Die Anfechtung nach § 119 Abs. 2 BGB 105
       b) Die Anfechtung nach § 123 BGB 106
       c) Wirkungen der Anfechtung und Nichtigkeit (fehlerhaftes Arbeitsverhältnis) 107
     3. Die einvernehmliche Aufhebung des Arbeitsvertrags durch Arbeitnehmer und Arbeitgeber (Aufhebungsvertrag) 109
     4. Einseitige Lossagung 110
     5. Die ordentliche Kündigung . 111
       a) Kündigungsfristen . . . 117
       b) Allgemeine Nichtigkeitsgründe . . . 120
       c) Ausschluss der ordentlichen Kündigung? 121
       d) Zustimmungs- bzw. Anzeigebedürftigkeit (besonderer Kündigungsschutz) . . 123
       e) Anhörung des Betriebsrats nach § 102 Abs. 1 BetrVG 124
         aa) Anforderungen an die Mitteilungspflicht des Arbeitgebers 125
         bb) Die Anhörung des Betriebsrats 126
         cc) Das Widerspruchsrecht des Betriebsrats . . . 127
         dd) Kündigung des Arbeitgebers trotz Widerspruchs des Betriebsrats 130
       f) Soziale Rechtfertigung der Kündigung nach dem Kündigungsschutzgesetz (allgemeiner Kündigungsschutz nach den §§ 1, 2 KSchG) 132
         aa) Anwendbarkeit des Kündigungsschutzgesetzes (§§ 1 Abs. 1, 14, 23 KSchG) 133
         bb) Die soziale Rechtfertigung der Kündigung (§ 1 Abs. 2 KSchG) 136
         cc) Personenbedingte Kündigung 139
         dd) Verhaltensbedingte Kündigung 142
         ee) Betriebsbedingte Kündigung 145
         ff) Sozialwidrigkeit trotz Vorliegens eines Kündigungsgrundes nach § 1 Abs. 2 S. 1 KSchG 148
       g) Die Notwendigkeit, Kündigungsschutzklage zu erheben 150
       h) Besonderheit: Auflösungsurteil nach § 9 KSchG (Abfindung) . 151
       i) Insbesondere: Verzicht auf den Kündigungsschutz und Ausgleichsquittung . . . 152
     6. Die außerordentliche (fristlose) Kündigung 153
       a) Außerordentliche Kündigung und Kündigungsschutzgesetz (§ 13 Abs. 1 S. 2 i.V.m. § 4 S. 1 KSchG) 163
       b) Die Umdeutung einer unwirksamen außerordentlichen Kündigung . . . 165
     7. Die Änderungskündigung . . 166

8. Befristung und Bedingung im Arbeitsverhältnis 168
III. Nachwirkende Pflichten bei der Beendigung des Arbeitsverhältnisses 169
    1. Bezahlte Freizeit zur Stellensuche 170
    2. Zeugniserteilung 171
    3. Aushändigung von Arbeitspapieren 173
    4. Nachwirkende Pflichten auf Arbeitnehmerseite 174
IV. Der Betriebsübergang nach § 613 a BGB 175
V. Die Haftung des Arbeitnehmers (Leistungsstörungen im Arbeitsverhältnis) 180
    1. Schadensersatzanspruch des Arbeitgebers bei Nichterfüllung der Arbeitspflicht 179
    2. Schadensersatzpflicht des Arbeitnehmers bei Schlechterfüllung der Arbeitsleistung 180
      a) Ansprüche des Arbeitgebers 181
        aa) pVV des Arbeitsvertrages ... 182
        bb) Grundsätze des innerbetrieblichen Schadensausgleichs . 183
      b) Ansprüche der Arbeitskollegen ... 185
        aa) Ansprüche gegen den schädigenden Arbeitnehmer 186
        bb) Ansprüche gegen den Arbeitgeber 189
VI. Rechte und Pflichten aus dem Arbeitsverhältnis 197
    1. Die Arbeitspflicht des Arbeitnehmers 198
      a) Die Arbeitsverweigerung . 199
        aa) Leistungsklage ... 200
        bb) Außerordentliche Kündigung 201
        cc) Schadensersatzansprüche 202
        dd) Insbesondere: Vertragsstrafeversprechen 203
      b) Der Fixschuldcharakter der Arbeitspflicht 204
    2. Der Beschäftigungsanspruch . 205
      a) Der allgemeine Beschäftigungsanspruch . 205
      b) Der Weiterbeschäftigungsanspruch 206
    3. Der Anspruch auf das Arbeitsentgelt 207
      a) Die Lohnhöhe 208
      b) Besondere Entgeltformen 209
      c) Arbeitsentgelt bei tatsächlich geleisteter Arbeit (§ 611 BGB i.V.m. Arbeitsvertrag) 210
      d) Arbeitsentgeltanspruch trotz Ausfalls der Arbeit ... 211
        aa) Vom Arbeitgeber zu vertretende Unmöglichkeit der Arbeitsleistung (§ 324 Abs. 1 BGB) 212
        bb) Annahmeverzug des Arbeitgebers (§ 615 BGB) 213
        cc) Sphärentheorie / Betriebsrisikolehre (unverschuldete Betriebsstörungen – § 615 BGB analog) . 214
        dd) § 616 BGB (Sonderurlaub) ... 217
        ee) Lohnfortzahlung auf der Grundlage des Entgeltfortzahlungsgesetzes 218
        ff) Urlaubsentgelt und Urlaubsgeld 224
        gg) Bildungsurlaub (Ländergesetze) ... 225
        hh) § 37 BetrVG (Betriebsratstätigkeit) 226
        ii) § 11 ArbeitsplatzschutzG (Wehrübung) 227
      e) Pfändung des Arbeitseinkommens ... 228
      f) Aufrechnung (§§ 387 ff. BGB) mit dem Arbeitsentgelt ... 230
      g) Die Abtretung von Lohnansprüchen 231
      h) Die Verpfändung von Lohnansprüchen 232
      i) Das Arbeitsentgelt in der Insolvenz 233
    4. Der Urlaubsanspruch des Arbeitnehmers 234
    5. Sonderfall: Bildungsurlaub (Urlaub nach den Arbeitnehmerweiterbildungsgesetzen der Länder und nach § 37 Abs. 6 und 7 BetrVG) 239
    6. Unbezahlte Freizeit 240
    7. Die Pflicht des Arbeitnehmers zur Rücksichtnahme als Korrelat der Fürsorgepflicht des Arbeitgebers 241

8.	Die Fürsorgepflicht des Arbeitgebers (allgemeines Arbeitsschutzrecht) . . .	242	IX. Sonstige Rechte und Verpflichtungen des Arbeitnehmers aus dem Arbeitsverhältnis	255
	a) Sonderregelungen zur Fürsorgepflicht	243	1. Die Gehorsamspflicht . . . 2. Die Verschwiegenheitspflicht .	256 257
	b) Verstöße des Arbeitgebers gegen die Fürsorgepflicht	244	3. Das Verbot der Annahme von Schmiergeldern	259
9.	Besonderer Arbeitnehmerschutz für Schwerbehinderte	245	4. Weitere Rücksichtnahmepflichten 5. Nebentätigkeiten des	260
VII.	Die Arbeitszeit	247	Arbeitnehmers	261
VIII.	Wettbewerbsverbote	253	6. Exkurs: Die Arbeitnehmererfindung . . . 7. Weiterer Exkurs: Betriebsbußen	262 263

A. Einleitung

I. Grundbegriffe des Arbeitsrechts

1. Der Begriff des „Arbeitnehmers"

a) Der Arbeitnehmer

1 **Arbeitnehmer** ist, wer persönlich aufgrund eines privatrechtlichen Vertrages (Arbeitsvertrag als Sonderform des Dienstvertrags nach § 611 BGB) gegen Entgelt (Lohnzahlung) für einen anderen (den Arbeitgeber) eine Arbeitsleistung erbringt und dabei (persönlich abhängig) in die betriebliche Organisation des Arbeitgebers eingebunden, mithin (im Hinblick auf Zeit, Dauer und Ort der zu erbringenden Arbeitsleistung) weisungsgebunden ist. Der Arbeitserfolg selbst kommt dem Arbeitgeber zugute.

2 Im Zusammenhang mit der **Arbeitsleistung von Ehegatten oder Kindern** (für die eine gesetzliche Mitarbeitsverpflichtung besteht [§§ 1353 bzw. 1619 BGB]) muss geprüft werden, ob nicht ausnahmsweise (stillschweigend) ein Arbeitsvertrag abgeschlossen wurde, weil die zu verrichtende Arbeit über die familienrechtliche Verpflichtung zur Mitarbeit hinausgeht.

3 Ein **Gesellschaftsvertrag** begründet grundsätzlich kein Arbeitsverhältnis. Ein (BGB-, OHG- bzw. KG-) **Gesellschafter** (dessen nach [§ 105 Abs. 2 bzw. § 161 Abs. 2 HGB i.V.m.] § 705 BGB zur Erreichung des Gesellschaftszwecks zu erbringender Beitrag auch in einer Arbeitsleistung bestehen kann) ist daher grundsätzlich nicht ohne weiteres Arbeitnehmer. Etwas anderes gilt dann, wenn ein Gesellschafter bei Erbringung seiner Dienste sich dem Willen der anderen Gesellschafter unterordnet bzw. wenn mit ihm neben dem Gesellschaftsvertrag zugleich auch ein Arbeitsverhältnis begründet wird.

4 Entsprechend dem Rechtsgedanken des § 84 Abs. 1 S. 2 HGB ist **Selbständiger**, wer im wesentlichen frei seine Tätigkeit gestalten und seine Arbeitszeit bestimmen kann. Letztlich entscheidet über die Frage der Selbständigkeit jedoch eine wertende Würdigung aller Umstände des konkreten Einzelfalles unter Berücksichtigung der Verkehrsauffassung. Vgl. zudem § 7 Abs. 1 und 4 SGB IV zur Problematik der **„Scheinselbständigkeit"** (eingeführt durch das Gesetz zur Förderung der Selbständigkeit vom 20.12.1999).

5 Der **Arbeitsvertrag** ist abzugrenzen vom selbständigen Dienstvertrag (§ 611 BGB). Tätigkeiten aufgrund eines Gesellschaftsvertrags sind regelmäßig eigen- und nicht (wie beim Arbeitsvertrag) fremdbestimmt. Im Unterschied zum Werkvertrag (§ 631 BGB), bei dem der Unternehmer die Erstellung eines Werks als Erfolg schuldet, verpflichtet der Arbeits- als Sonderfall eines Dienstvertrags lediglich zu einem Tätigwerden.

Hinsichtlich der ausgeübten Tätigkeit kann zwischen **gewerblichen und kaufmännischen Arbeitnehmern** unterschieden werden. Für in Gewerbebetrieben beschäftigte Arbeitnehmer gelten (zusätzlich) die §§ 105 ff. GewO, im kaufmännischen Bereich die §§ 59 ff. HGB.

b) Arbeiter und Angestellte

Nach tradiertem Verständnis ist innerhalb des Arbeitnehmerbegriffs zwischen Arbeitern und Angestellten zu differenzieren, obgleich die Unterschiede durch Vereinheitlichung (z. B. der Kündigungsfrist bei ordentlicher Kündigung durch **Neufassung** des § 622 BGB) immer mehr an Bedeutung verlieren. Gleichwohl definiert § 622 Abs. 1 BGB „Arbeitnehmer" immer noch durch eine Unterscheidung in Arbeiter und Angestellte. Wer Arbeiter oder Angestellter ist, vermag der Berufsgruppenkatalog des § 133 Abs. 2 SGB VI zu vermitteln. Hilfsweise ist auf die allgemeinen Anschauungen des Verkehrs (Angestellter ist i.d.R., wer kaufmännische oder büromäßige Arbeit leistet oder wer überwiegend eine leitende, beaufsichtigende oder eine vergleichbare Tätigkeit ausübt) abzustellen. Reichen diese Maßstäbe für eine Eingruppierung nicht aus, ist nach veraltetem Verständnis auf das Gesamtbild der zu verrichtenden Tätigkeit abzustellen.

Arbeiter ist, wer überwiegend körperliche Arbeit verrichtet hat. Im betriebsverfassungsrechtlichen Sinne sind Arbeiter solche Arbeitnehmer einschließlich der zu ihrer Berufsausbildung Beschäftigten, die eine arbeitnehmerversicherungsrechtliche Beschäftigung ausüben, auch wenn sie nicht versicherungspflichtig sind (§ 6 Abs. 1 BetrVG), darüber hinaus auch die in Heimarbeit Beschäftigten, die in der Hauptsache für einen Betrieb arbeiten.

Angestellte werden überwiegend mit geistiger Tätigkeit beschäftigt. Angestellte im betriebsverfassungsrechtlichen Sinne sind Arbeitnehmer, die eine nach SGB VI als Angestelltentätigkeit bezeichnete Beschäftigung ausüben, selbst wenn sie nicht versicherungspflichtig sind (§ 6 Abs. 2 BetrVG), darüber hinaus auch Beschäftigte, die sich in Ausbildung zu einem Angestelltenberuf befinden, sowie in Heimarbeit Beschäftigte, die in der Hauptsache für einen Betrieb Angestelltentätigkeit verrichten.

Innerhalb der Gruppe der Angestellten differenziert das BetrVG in § 5 Abs. 3 nochmals zwischen **leitenden Angestellten**, die in gewissem Umfang typische Arbeitgeberfunktionen wahrnehmen, und sonstigen (einfachen) Angestellten. Das BetrVG findet nach § 5 Abs. 3 S. 1, soweit in ihm nicht ausdrücklich etwas anderes bestimmt ist, auf leitende Angestellte keine Anwendung. Nach dem Sprecherausschussgesetz (SprAuG) haben leitende Angestellte die Möglichkeit, ein eigenes Vertretungsorgan – den Sprecherausschuss der leitenden Angestellten – zu wählen. Der erste Abschnitt des KSchG (allgemeiner Kündigungsschutz) findet nach dessen § 14 Abs. 2 auf Geschäftsführer, Betriebsleiter und ähnliche leitende Angestellte, soweit diese zur selbständigen Einstellung oder Entlassung von Arbeitnehmern berechtigt sind, mit Ausnahme des § 3 KSchG (Möglichkeit des Kündigungseinspruchs) **Anwendung**. § 9 Abs. 1 S. 2 KSchG (Auflösung des Arbeitsverhältnisses durch Urteil des Gerichts auf Antrag des Arbeitgebers) findet mit der Maßgabe Anwendung, dass der Antrag des Arbeitgebers keiner Begründung bedarf. Nach § 18 Abs. 1 Nr. 1 ArbZG findet dieses Gesetz auf leitende Angestellte im Sinne des § 5 Abs. 3 BetrVG **keine Anwendung**.

c) Die arbeitnehmerähnliche Person

Das Arbeitsrecht als Arbeitnehmerschutzrecht gilt grundsätzlich **nicht** für „arbeitnehmerähnliche Personen". Nach § 12 a Abs. 1 TVG gelten die Vorschriften des Tarifvertragsgesetzes aber entsprechend **auch** für Personen, die wirtschaftlich abhängig und vergleichbar einem Arbeitnehmer sozial schutzbedürftig sind, wenn sie aufgrund von (selbständigen) Dienst- oder Werkverträgen für andere Personen tätig werden, die geschuldeten Leistungen persönlich und im wesentlichen ohne Mitarbeit von Arbeitnehmern erbringen und überwiegend für eine Person tätig sind oder ihnen von einer Person im Durchschnitt mehr als die Hälfte des Entgelts zugewendet wird, das ihnen für ihre Erwerbstätigkeit insgesamt zusteht. Dieser Definitionsansatz einer „arbeitnehmerähnlichen Person" ist jedoch allein auf das TVG **beschränkt**. Im übrigen Arbeitsrecht ist nach der **Verkehrsauffassung** zu bestimmen, ob ein Selbständiger als arbeitnehmeränliche Person anzusehen ist. Davon hängt ab, inwieweit **arbeitsrechtliche Schutzgesetze** auf diese Person anwendbar sind oder nicht.

12 Die **arbeitnehmerähnliche Person** ist zwar selbständig, steht also in keinem **persönlichen** Abhängigkeitsverhältnis zu einem Arbeitgeber. Aufgrund ihrer **wirtschaftlichen Abhängigkeit** ist sie vergleichbar einem Arbeitnehmer aber sozial schutzbedürftig.

Nach § 2 S. 1 HS. 1 BUrlG gelten als Arbeitnehmer auch Personen, die wegen ihrer wirtschaftlichen Unselbständigkeit als „arbeitnehmerähnliche Personen" anzusehen sind. Nach § 5 Abs. 1 S. 1 ArbGG sind auch sonstige Personen, die wegen ihrer wirtschaftlichen Unselbständigkeit als arbeitnehmerähnliche Personen anzusehen sind, „Arbeitnehmer" mit der Folge, dass für bürgerliche Rechtsstreitigkeiten i. S. von § 2 Abs. 1 Nr. 3, 4, 5 oder 9 ArbGG die Arbeitsgerichte mit den damit korrespondierenden prozesskostenrechtlichen Vorteilen (nach den §§ 11 a, 12 und 12 a ArbGG) ausschließlich zuständig sind.

d) Auszubildende

13 Auszubildende sind zur Berufsausbildung Beschäftigte und solche, die eingestellt werden, ohne dass es sich um eine Berufsausbildung i. S. des BBiG handelt (z. B. Praktikanten und Volontäre).

Aufgrund eines Berufsausbildungsverhältnisses als besonderem Arbeitsverhältnis sind Auszubildende (i.e.S.) zur Arbeitsleistung gegen Entgeltzahlung verpflichtet. Vorrangiges Ziel ist jedoch die **Berufsausbildung**. Nach § 1 Abs. 2 BBiG hat die Berufsausbildung (als erstmaliger Erwerb eines anerkannten Lehrberufes) eine breit angelegte berufliche Grundbildung und die für die Ausübung einer qualifizierten beruflichen Tätigkeit notwendigen fachlichen Fertigkeiten und Kenntnisse in einem geordneten Ausbildungsgang zu vermitteln und zudem den Erwerb der erforderlichen Berufserfahrungen zu ermöglichen. Auf das Ausbildungsverhältnis finden die allgemeinen arbeitsrechtlichen Grundsätze Anwendung, sofern das BBiG in den §§ 4 ff. keine Sonderregelungen trifft.

14 Der **Ausbildende** (§ 3 Abs. 1 BBiG) hat dafür zu sorgen, dass dem Auszubildenden die Fertigkeiten und Kenntnisse vermittelt werden, die zum Erreichen des Ausbildungszieles erforderlich sind, und die Berufsausbildung in einer durch ihren Zweck gebotenen Form planmäßig, zeitlich und sachlich gegliedert so durchzuführen, dass das Ausbildungsziel in der vorgesehenen Ausbildungszeit erreicht werden kann (§ 6 Abs. 1 Nr. 1 BBiG).

Auf Arbeitsverhältnisse, die berufliche Kenntnisse, Fertigkeiten oder Erfahrungen vermitteln sollen, **ohne** dass es sich um eine Berufsausbildung i. S. des BBiG handelt, finden nach dessen § 19 die §§ 3 bis 18 (mit leichten Modifikationen) gleichermaßen Anwendung.

2. Der Begriff des „Arbeitgebers"

15 Arbeitgeber ist jeder, der mindestens einen anderen in einem Arbeitsverhältnis als Arbeitnehmer beschäftigt, gleichgültig ob es sich dabei um eine natürliche oder eine juristische Person bzw. eine Personenhandelsgesellschaft handelt. Entgegen der h.M., die auch Organen juristischer Personen sowie vertretungsberechtigten Gesellschaftern von Personenhandelsgesellschaften (wegen ihrer Weisungsbefugnis) Arbeitgebereigenschaft zubilligt, ist strikt zwischen der Organstellung und der Arbeitgebereigenschaft zu differenzieren.

3. Betrieb und Unternehmen

Es ist zwischen „Betrieb" (bedeutsam etwa für § 613a Abs. 1 BGB) und „Unternehmen" (bspw. für § 47 Abs. 1 BetrVG) zu unterscheiden. **Betrieb** ist die organisatorische Einheit, innerhalb der ein Unternehmer allein oder in Gemeinschaft mit seinen Mitarbeitern durch sachliche und/oder immaterielle Mittel bestimmte arbeitstechnische Zwecke fortgesetzt verfolgt, sofern sich dies nicht in der Befriedigung des Eigenbedarfs erschöpft. **Unternehmen** ist die organisatorische Einheit, innerhalb der ein Unternehmer allein oder in Gemeinschaft mit seinen Mitarbeitern durch sachliche und/oder immaterielle Mittel einen über einen arbeitstechnischen Zweck hinausgehenden wirtschaftlichen Zweck fortgesetzt verfolgt. Das Unternehmen wird durch den wirtschaftlichen bzw. ideellen Zweck bestimmt, dem ein Betrieb oder mehrere organisatorisch verbundene Betriebe desselben Unternehmens dienen. Ein Unternehmen kann aus mehreren Betrieben bestehen – umgekehrt können jedoch grundsätzlich nicht mehrere Unternehmen einen Betrieb besitzen.

4. Das Arbeitsverhältnis

Arbeitsverhältnis ist das aufgrund des Arbeitsvertrages besonders ausgestaltete Dienstverhältnis (§ 611 BGB) als Dauerschuldverhältnis zwischen Arbeitnehmer und Arbeitgeber. Als personenrechtliches Gemeinschaftsverhältnis ist es durch die Verpflichtung des Arbeitnehmers zur Rücksichtnahme (früher Treuepflicht) sowie die Fürsorgepflicht des Arbeitgebers gekennzeichnet. Wesentliches Merkmal des Arbeitsverhältnisses ist die persönliche Abhängigkeit des Arbeitnehmers vom Arbeitgeber (vor allem im Hinblick auf die Arbeitszeit) bei der Arbeitsleistung. Besondere Formen des Arbeitsverhältnisses sind:

a) Das Gruppenarbeitsverhältnis

Ein Gruppenarbeitsverhältnis ist anzunehmen, wenn mehrere Arbeitnehmer zum Zwecke der gemeinsamen Arbeitsleistung bei demselben Arbeitgeber innerhalb des gleichen Zeitraumes in einem Arbeitsverhältnis stehen. Es liegen mehrere Arbeitsverhältnisse vor, die nur deshalb miteinander im Zusammenhang stehen, weil die Entlohnung sich aus der gemeinsamen Arbeit errechnet. Gruppenarbeitsverhältnisse können unterschiedlich ausgestaltet sein:

Die **Eigengruppe** geht auf die Initiative der Arbeitnehmer zurück, die ihre Arbeitsleistung (ggf. als GbR) einem Arbeitgeber anbieten. Der Arbeitsvertrag wird mit der Gruppe abgeschlossen. Eine gegenseitige Vertretung der Gruppenmitglieder ist dem Arbeitgeber gegenüber nur statthaft, wenn dieser mit den einzelnen Mitgliedern einen entsprechenden gesonderten Vertrag abgeschlossen hat.

Betriebsgruppe ist eine aus betriebsorganisatorischen Gründen vom Arbeitgeber gebildete Gemeinschaft von Arbeitnehmern (etwa eine Maurerkolonne). Die so zusammengefassten Arbeitnehmer stehen im Hinblick auf ihre Arbeitsverhältnisse in keinerlei rechtlichen Beziehungen zueinander.

Vereinbart der Arbeitgeber mit zwei oder mehr Arbeitnehmern, dass diese sich die Arbeitszeit an einem Arbeitsplatz teilen (**Arbeitsplatzteilung – Job-Sharing**), so sind bei Ausfall eines Arbeitnehmers die anderen in die Arbeitsplatzteilung mit einbezogenen Arbeitnehmer zu seiner Vertretung nur aufgrund einer für den einzelnen Vertretungsfall geschlossenen Vereinbarung verpflichtet. Eine Pflicht zur Vertretung kann auch vorab für den Fall eines dringenden betrieblichen Erfordernisses vereinbart werden. Doch ist ein Arbeitnehmer zur Vertretung nur verpflichtet, soweit sie ihm im Einzelfall zumutbar ist. Die Kündigung des Arbeitsverhältnisses eines Arbeitnehmers durch den Arbeitgeber wegen des Ausscheidens eines anderen Arbeitnehmers aus der Arbeitsplatzteilung ist unwirksam. Vgl. nunmehr auch die ausdrückliche Regelung in § 13 des Gesetzes über Teilzeitarbeit und befristete Arbeitsverträge (TzBfG) vom 21. 12. 2000.

b) Das Leiharbeitsverhältnis

22 **Beim drittbezogenen Personaleinsatz** aufgrund eines Werk- oder Dienstvertrags organisiert der Unternehmer (Arbeitgeber) die zur Erreichung eines wirtschaftlichen Erfolges notwendigen Handlungen selbst und bedient sich dabei seiner Arbeitnehmer als Erfüllungsgehilfen. Er allein bleibt jedoch zur Erfüllung der im Vertrag mit dem Dritten eingegangenen Dienste (oder für die Herstellung des dem Dritten vertraglich geschuldeten Werkes) verantwortlich. Davon zu unterscheiden ist die **Arbeitnehmerüberlassung**. Diese liegt dann vor, wenn der Arbeitgeber dem Dritten geeignete Arbeitskräfte überlässt, die der Dritte nach eigenen betrieblichen Erfordernissen in seinem Betrieb nach seinen Weisungen einsetzt. Über die rechtliche Qualifizierung eines Vertrages als Arbeitnehmerüberlassungsvertrag oder als Werk- bzw. Dienstvertrag entscheidet der Geschäftsinhalt und nicht die von den Vertragsparteien gewünschte Rechtsfolge oder eine Bezeichnung, die dem tatsächlichen Geschäftsinhalt nicht entspricht. Aufgrund eines Leiharbeitsverhältnisses ist ein Leiharbeitnehmer verpflichtet, seine Arbeitskraft seinem Arbeitgeber (dem Verleiher als selbständigem Unternehmer) dergestalt zur Verfügung zu stellen, dass er bei einem Dritten (dem Entleiher) in dessen Betrieb und auf dessen Weisung arbeitet.

23 Die Form einer gewerbsmäßigen Arbeitnehmerüberlassung (**unechte Leiharbeit** im Unterschied zum gesetzlich nicht geregelten **echten Leiharbeitsverhältnis**, bei dem ein Arbeitnehmer nur sporadisch und vorübergehend beim Entleiher arbeitet, ansonsten aber beim Verleiher beschäftigt bleibt) ist im Gesetz zur Regelung der gewerbsmäßigen Arbeitnehmerüberlassung (Arbeitnehmerüberlassungsgesetz – AÜG) und zur Änderung anderer Gesetze i.d.F. des Arbeitsförderungs-Reformgesetzes (AFRG) vom 24.3.1997 geregelt. Nach dessen § 1 Abs. 1 bedürfen Arbeitgeber (Verleiher), die als Verleiher Dritten (Entleihern) Arbeitnehmer (Leiharbeitnehmer) gewerbsmäßig (und als Hauptzweck ihres Unternehmens) zur Arbeitsleistung überlassen wollen (ohne damit Arbeitsvermittlung im Sinne des § 291 Abs. 1 SGB III zu betreiben), der **Erlaubnis**. Die Abordnung von Arbeitnehmern zu einer zur Herstellung eines Werkes gebildeten Arbeitsgemeinschaft ist **keine** Arbeitnehmerüberlassung, wenn der Arbeitgeber Mitglied der Arbeitsgemeinschaft ist, für alle Mitglieder der Arbeitsgemeinschaft Tarifverträge desselben Wirtschaftszweiges gelten und alle Mitglieder aufgrund des Arbeitsgemeinschaftsvertrages zur selbständigen Erbringung von Vertragsleistungen verpflichtet sind. Nach § 1 b AÜG bestehen Einschränkungen im Baugewerbe. Gewerbsmäßige Arbeitnehmerüberlassung in Betrieben des Baugewerbes für Arbeiten, die üblicherweise von Arbeitern verrichtet werden, ist unzulässig. Sie ist nur zwischen Betrieben des Baugewerbes gestattet, wenn diese Betriebe von denselben Rahmen- und Sozialkassentarifverträgen oder von deren Allgemeinverbindlichkeit erfasst werden.

24 Allein der Verleiher ist Vertragspartner und damit Arbeitgeber des Leiharbeitnehmers. Etwas anderes gilt nach § 10 Abs. 1 S. 1 AÜG nur für den Fall, dass der Vertrag zwischen Verleiher und Entleiher bzw. zwischen Verleiher und Leiharbeitnehmer wegen Fehlens der erforderlichen Erlaubnis nach § 1 AÜG unwirksam ist (§ 9 Nr. 1 AÜG): Dann **gilt** (Fiktion) ein Arbeitsverhältnis zwischen Entleiher und Leiharbeitnehmer zu dem zwischen dem Entleiher und dem Verleiher für den Beginn der Tätigkeit vorgesehenen Zeitpunkt als zustande gekommen. Ein kraft gesetzlicher Fiktion nach § 10 Abs. 1 AÜG zwischen dem Leiharbeitnehmer und dem Entleiher zustandegekommenes Arbeitsverhältnis steht einem gesetzlich begründeten Arbeitsverhältnis gleich und kann, wenn es unbefristet ist, nur durch Kündigung oder durch Aufhebungsvertrag beendet werden. Der Leiharbeitnehmer kann im Falle der Unwirksamkeit seines Vertrages mit dem Verleiher von diesem Ersatz des Schadens verlangen, den er deshalb erleidet, weil er auf die Gültigkeit des Vertrages vertraute (§ 10 Abs. 2 S. 1 AÜG). Der Leiharbeitnehmer bleibt nach § 14 Abs. 1 AÜG auch während der Zeit seiner Arbeitsleistung beim Entleiher betriebsverfassungsrechtlich Angehöriger des entsendenden Betriebs des Verleihers.

c) Das Probearbeitsverhältnis

Das Probearbeitsverhältnis soll sowohl dem Arbeitgeber als auch dem Arbeitnehmer ermöglichen, Aufschluss darüber zu erlangen, ob der Arbeitnehmer in bezug auf einen bestimmten Arbeitsplatz überhaupt geeignet ist. Beim Ausbildungsverhältnis ist im Gesetz zwingend eine Probezeit vorgeschrieben, während der gemäß §§ 13 und 15 Abs. 1 BBiG jederzeit und ohne Einhaltung einer Kündigungsfrist gekündigt werden kann. Ein Probearbeitsverhältnis kann rechtlich unterschiedlich ausgestaltet werden: Einerseits dadurch, dass ein Arbeitsverhältnis zur Probe befristet wird (befristetes Probearbeitsverhältnis – Arbeitsvertrag und § 620 Abs. 1 i.V.m. §§ 163, 158 Abs. 2 BGB). § 14 Abs. 1 Nr. 5 TzBfG qualifiziert nunmehr erstmals ausdrücklich die Befristung zur Erprobung als „sachlichen Grund", der die Befristung eines Arbeitsvertrages rechtfertigt. Es endet automatisch mit Zeitablauf. Vorher ist nur eine außerordentliche Kündigung aus wichtigem Grund (§ 626 BGB) statthaft. Andererseits kann auch ein unbefristetes Arbeitsverhältnis mit anfänglicher Probezeit eingegangen werden. Dann kann die anfängliche Probezeit als Mindestvertragszeit (womit eine ordentliche Kündigung während dieser Zeit ausgeschlossen wird) oder als echte Erprobungszeit vereinbart werden.

II. Grundstrukturen des Arbeitsrechts

Ausgangspunkt ist der Einzelarbeitsvertrag, aus dem sich im Regelfalle ergibt, welche Rechtsquellen in bezug auf einen bestimmten Arbeitnehmer anwendbar sein sollen. Im Hinblick auf das Verhältnis der Rangfolge möglicher anwendbarer Rechtsquellen im nationalen Recht gelten folgende Prinzipien:
- **Rangprinzip**: Das ranghöhere zwingende Recht geht dem rangniedrigeren Recht vor.
- **Günstigkeitsprinzip**: Ausnahmsweise geht die Regelung einer niedrigeren Rangstufe dem höherrangigen Recht vor, sofern sie für den Arbeitnehmer günstiger ist.

Innerhalb einer Rangstufe gelten für verschiedene Rechtsquellen zwei Grundsätze: Das
- **Ordnungsprinzip**, wonach eine später erlassene Rechtsnorm eine zu einem früheren Zeitpunkt Erlassene ablöst (sog. Zeitkollisionsregel).
- **Spezialitätsprinzip**, wonach eine speziellere Regelung eine generellere (allgemeine) Regelung verdrängt.

1. Allgemeine und besondere Regeln des Völkerrechts

Im internationalen Recht gelten die Übereinkommen der Internationalen Arbeitsorganisation (ILO). Einem **ILO-Abkommen** kommt jedoch nur die Bedeutung eines von den ILO-Mitgliedsstaaten umzusetzenden Gesetzesvorschlags zu. Obgleich die Bundesrepublik eine Reihe von ILO-Abkommen bereits ratifiziert hat, begründen diese für den einzelnen Arbeitnehmer keine unmittelbaren subjektiven Rechte (str.).

2. Europarecht

Der EuGH geht von einem Vorrang des Gemeinschaftsrechts aus. Das BVerfG akzeptiert diesen Vorrang, macht aber einen Prüfungsvorbehalt (an tragenden Verfassungsprinzipien und Grundrechten) geltend (Solange-Beschlüsse), „solange" ein wirksamer Grundrechtsschutz durch das Gemeinschaftsrecht noch nicht gewährleistet ist. Im Maastricht-Urteil hat es den Anwendungsvorrang auf einen ungeschriebenen Rechtssatz des Gemeinschaftsrechts gestützt (gemeinschaftskonforme Auslegung aller Normen des nationalen Rechts), dem durch die Zustimmungsgesetze zu den Gemeinschaftsgesetzen nationale Geltung verliehen wurde. Es ist zwischen primärem und sekundärem Gemeinschaftsrecht zu differenzieren.

a) Primäres Gemeinschaftsrecht

29 Im EWGV vom 25.3.1957 i.d.F. des Vertrags über die Europäische Union vom 7.2.1992 als primärem Gemeinschaftsrecht selbst werden eine Reihe von für das Arbeitsrecht relevanten und verbindlichen Normen getroffen:

- Art. 39 ff. EGV neu (**Freizügigkeit** der Arbeitnehmer in den Mitgliedsstaaten und Grundsatz der Inländergleichbehandlung). Nach der Bosman-Entscheidung des EuGH entfaltet Art. 39 EGV sogar unmittelbare Drittwirkung gegenüber Privatrechtssubjekten. Die Freizügigkeit umfasst nach Art. 39 Abs. 2 EGV neu die Abschaffung jeder auf der Staatsangehörigkeit beruhenden unterschiedlichen Behandlung der Arbeitnehmer der Mitgliedsstaaten in bezug auf Beschäftigung, Entlohnung und sonstige Arbeitsbedingungen (Grundsatz der Inländergleichbehandlung).
- Art. 136 f. EGV neu (Verbesserung der Lebens- und Arbeitsbedingungen der Arbeitskräfte und Zusammenarbeit in sozialen Fragen).
- Art. 138 f. EGV neu (Harmonisierung arbeitsschutzrechtlicher Fragen und Dialog zwischen den Sozialpartnern).
- Art. 141 EGV neu (Grundsatz des gleichen Entgelts für Männer und Frauen).

Die genannten Regelungen sind aufgrund der Ratifikation des EGV als einfaches Gesetz in das Recht der Bundesrepublik transformiert worden und damit unmittelbar geltendes Recht (Art. 23 Abs. 1 i.V.m. Art. 59 Abs. 2 GG).

b) Sekundäres Gemeinschaftsrecht

30 Sekundäres Gemeinschaftsrecht sind all jene Rechtsvorschriften, die von EG-Organen nach Maßgabe des Art. 249 EGV neu auf der Grundlage der Gründungsverträge geschaffen wurden. Dabei ist (nach dem Grad der Verbindlichkeit) zwischen Verordnungen und Richtlinien zu differenzieren:

aa) EG-Verordnungen

31 Nach § 249 S. 2 und 3 EGV neu hat eine Verordnung – etwa die VO (EWG) Nr. 1612/68 über die Freizügigkeit der Arbeitnehmer in der Gemeinschaft vom 15.10.1968 oder die VO (EWG) Nr. 1251/70 über das Recht der Arbeitnehmer, nach Beendigung einer Beschäftigung im Hoheitsgebiet eines Mitgliedsstaats zu verbleiben, vom 29.6.1970 – allgemeine Geltung. Sie ist in all ihren Teilen verbindlich und gilt in jedem Mitgliedstaat.

bb) (Arbeitnehmerschutz-) Richtlinien der EG

32 Eine Richtlinie ist nach Art. 249 S. 4 EGV neu zwar für jeden Mitgliedstaat hinsichtlich des zu erreichenden Ziels verbindlich. Sie überlässt jedoch den innerstaatlichen Stellen die Wahl der Form und der Mittel. Einer EG-Richtlinie kommt daher gegenüber einem einzelnen Arbeitnehmer grundsätzlich keine unmittelbare Rechtswirkung zu. Die Mitgliedsstaaten sind aber verpflichtet, den Richtlinieninhalt in nationales Recht umzusetzen (sog. Transformation). Beispielsweise bestehen folgende Arbeitnehmerschutzrichtlinien:

- Lohngleichheitsrichtlinie (Richtlinie 75/117/EWG vom 10.2.1975);
- Massenentlassungsrichtlinie (Richtlinie 75/129/EWG vom 17.2.1975);
- Insolvenzrichtlinie (Richtlinie 80/987/EWG vom 20.10.1980) zur Sicherung von Arbeitnehmeransprüchen bei Zahlungsunfähigkeit des Arbeitgebers außerhalb des Konkursverfahrens;
- Mutterschutzrichtlinie (Richtlinie 92/85/EWG vom 19.10.1992);
- Richtlinie 76/207/EWG vom 9.2.1976 zur Verwirklichung der Gleichbehandlung von Männern und Frauen hinsichtlich des Zugangs zur Beschäftigung, Berufsbildung und zum beruflichen Aufstieg sowie in bezug auf die Arbeitsbedingungen;
- Richtlinie 79/7/EWG vom 19.12.1978 zur Gleichbehandlung von Männern und Frauen auf dem Gebiet der sozialen Sicherheit.

A. Einleitung § 11

33 Der einzelne Arbeitnehmer kann sich jedoch bei einer nicht rechtzeitigen oder nicht ordnungsgemäß erfolgten innerstaatlichen Umsetzung einer EG-Richtlinie auf eindeutig eingeräumte Rechte aus der Richtlinie berufen. Der EuGH hat die unmittelbare Wirkung von Richtlinien bestätigt, falls diese inhaltlich unbedingt sind und hinreichend genaue Regelungen enthalten. Für diesen Fall entfaltet eine Richtlinie jedoch nur Wirkung im Verhältnis Bürger – Staat, nicht hingegen im Verhältnis der Bürger untereinander (etwa zwischen Arbeitgeber und Arbeitnehmer).

3. Grundgesetz

34 Nach der Lehre **von der mittelbaren Drittwirkung der Grundrechte** können diese als subjektive öffentliche Rechte nicht als gesetzliche Verbote oder Schutzgesetze in das Privatrecht übernommen werden: Die Grundrechte als Abwehrrechte des Individuums gegen den Staat. Die Grundrechte wirken aber, wie auch die objektive Wertordnung des Grundgesetzes insgesamt, durch **Auslegung** und über die **Generalklauseln** (mittelbar) auf das Privatrecht ein. Ausfüllungsbedürftige (d. h. offene Rechtsbegriffe) sind das „Einfallstor" im Privatrecht, um grundrechtliche Wertungen in die Auslegung privatrechtlicher Normen einfließen zu lassen. Die Grundrechte entfalten mithin als Ordnungsgrundsätze des sozialen Lebens eine Ausstrahlungswirkung auch auf das Arbeitsverhältnis. **Unmittelbare Drittwirkung** entfaltet (kraft ausdrücklicher Anordnung) allein Art. 9 Abs. 3 S. 2 GG.

4. Einfache Gesetze

35 Das Arbeitsrecht unterfällt der konkurrierenden Gesetzgebungsbefugnis zwischen Bund und Ländern (Art. 72, 74 Nr. 12 GG). Grundsätzlich hat der Bund von dieser Kompetenz durch den Erlass arbeitsrechtlicher Gesetze oder Verordnungen (auf der Grundlage des Art. 80 GG) Gebrauch gemacht. Die wesentlichen arbeitsrechtlichen Regelungen finden sich immer noch im BGB selbst, weil daraus sowohl
- die allgemeinen Vorgaben über das Zustandekommen und die Wirksamkeit eines Arbeitsvertrags (§§ 104 ff., 130 ff. BGB) als auch die
- Vorschriften über den Dienstvertrag (§§ 611 ff. BGB – etwa die Grundpflichten und die Vergütung, das Benachteiligungsverbot [§ 611 a BGB], die Fürsorgepflicht des Arbeitgebers [§ 618 BGB], der Betriebsübergang [§ 613 a BGB], die Grundregeln über die Kündigung [§§ 622 und 626 BGB] bzw. die Zeugniserteilung [§ 630 BGB])

resultieren. Das HGB enthält neben Regeln für kaufmännische Angestellte in den §§ 60, 74 ff. auch allgemeine Grundsätze über die Verbindlichkeit eines Wettbewerbsverbots. In der GewO finden sich noch Arbeitszeitbestimmungen für gewerbliche Arbeitnehmer. Daneben hat der Gesetzgeber eine Fülle arbeitnehmerschutzrechtlicher Gesetze erlassen, die entweder **alle Arbeitnehmer** oder doch **bestimmte Arbeitnehmergruppen** erfassen. Weite Bereiche des **kollektiven Arbeitsrechts** (etwa das Recht der Koalitionen und der Arbeitskampf) basieren nicht auf gesetzlichen Vorgaben. Auf der Grundlage des Art. 9 Abs. 3 GG herrscht hier Richterrecht.

36 Regelmäßig sind arbeitnehmerschutzrechtliche Vorschriften einseitig zwingende Normen, von denen der Arbeitgeber nicht zu Ungunsten des Arbeitnehmers abweichen darf. Werden in einer Norm zugleich auch Interessen der Allgemeinheit mit geregelt, kann diese auch zweiseitig (d. h. sowohl den Arbeitgeber als auch den Arbeitnehmer betreffend) zwingend ausgestaltet sein. Daneben existieren jedoch auch eine Reihe von dispositiven Vorschriften, von denen durch anderweitige Regelungen im Arbeitsvertrag oder durch Verzicht des Arbeitnehmers abgewichen werden kann. Zu erwähnen bleibt noch die sog. Tarifdispositivität bestimmter gesetzlicher Regelungen (etwa § 4 Abs. 4 EntFG oder § 13 Abs. 1 S. 1 BUrlG), von deren Regelungsgehalt durch Tarifvertrag auch zu Ungunsten der Arbeitnehmer abgewichen werden kann.

Ring 887

5. Normen des Tarifvertrags

37 Ein zwischen einer Gewerkschaft und einem Arbeitgeberverband (**Verbandstarifvertrag**) oder zwischen einer Gewerkschaft und einem einzelnen Arbeitgeber (**Firmentarifvertrag**) abgeschlossener Tarifvertrag regelt nach § 1 Abs. 2 TVG zweierlei: Rechte und Pflichten der Tarifvertragsparteien (nach § 2 Abs. 1 TVG Gewerkschaften, einzelner Arbeitgeber sowie Vereinigungen von Arbeitgebern) zueinander (**schuldrechtlicher Teil des Tarifvertrags**) einerseits. Andererseits Rechtsnormen, die den Inhalt (Inhaltsnormen), Abschluss (Abschlussnormen) und die Beendigung von Arbeitsverhältnissen (Beendigungsnormen) sowie betriebliche (Betriebsnormen) und betriebsverfassungsrechtliche Fragen (betriebsverfassungsrechtliche Normen) ordnen können (**normativer Teil eines Tarifvertrags**). Zudem können im Tarifvertrag Regelungen über gemeinsame Einrichtungen der Tarifvertragsparteien (etwa Lohnausgleichskassen, Urlaubskassen usw.) vorgesehen und geregelt werden (§ 4 Abs. 2 TVG). Der normative Teil des Tarifvertrags gilt unmittelbar und zwingend (gesetzesgleich – § 4 Abs. 1 TVG) zwischen den nach § 3 TVG tarifgebundenen Arbeitnehmern und Arbeitgebern.

a) Ansprüche aus einem Tarifvertrag

38 Ein tarifgebundener Arbeitnehmer (d. h. ein solcher, der Mitglied der tarifvertragsschließenden Gewerkschaft ist – § 3 Abs. 1 i.V.m. § 2 Abs. 1 TVG) kann bei einem bestehenden Arbeitsvertrag mit seinem gleichfalls tarifgebundenen Arbeitgeber aus dem geltenden Tarifvertrag (Anspruchsgrundlage ist **§ 611 BGB i.V.m. dem (Individual-) Arbeitsvertrag und dem einschlägigen Tarifvertrag**) unter folgenden Voraussetzungen Ansprüche geltend machen:

39 Ein Tarifvertrag i. S. des § 1 Abs. 1 TVG muss nach Maßgabe der §§ 145 ff. BGB zustande gekommen sein. Tarifverträge bedürfen nach § 1 Abs. 2 TVG der Schriftform als Wirksamkeitsvoraussetzung. **Tariffähig** sind nach § 2 Abs. 1 TVG Gewerkschaften, einzelne Arbeitgeber sowie Vereinigungen von Arbeitgebern:
- Der einzelne Arbeitgeber ist nach § 2 Abs. 1 TVG im Hinblick auf den Abschluss eines **Firmentarifvertrags** (Haustarifvertrag) tariffähig.
- Vereinigungen von Arbeitgebern sind zum Abschluss von **Verbandstarifverträgen** befugt.
- Gewerkschaften (§ 2 Abs. 1 TVG).
- Besonderheiten: Innungen und Landesinnungsverbände sind nach § 54 Abs. 3 Nr. 1 bzw. § 82 S. 2 Nr. 3 HandwO tariffähig.
- Spitzenorganisationen, d. h. Zusammenschlüsse von Gewerkschaften oder Vereinigungen von Arbeitgebern, können nach § 2 Abs. 2 TVG im Namen der ihnen angeschlossenen Verbände Tarifverträge abschließen, wenn sie eine entsprechende Vollmacht haben. Sie können auch selbst Partei eines Tarifvertrags sein, wenn der Abschluss von Tarifverträgen zu ihren satzungsgemäßen Aufgaben zählt (§ 2 Abs. 3 TVG).

40 Die **Tarifzuständigkeit** einer Tarifvertragspartei richtet sich allein nach der autonom gesetzten Satzung des in Rede stehenden Verbandes. Nach § 3 Abs. 1 TVG besteht eine **Tarifbindung**, wenn sowohl der Arbeitgeber als auch der Arbeitnehmer Mitglied des tarifschließenden Verbandes ist (Grundsatz der **beidseitigen Tarifbindung**). Tarifgebunden ist aber auch der Arbeitgeber, der mit der zuständigen Gewerkschaft einen Firmentarifvertrag abschließt. Die Tarifbindung beginnt mit dem Eintritt in die Gewerkschaft bzw. den Arbeitgeberverband. Sie endet aber nicht etwa bereits schon mit dem Verbandsaustritt. Die Tarifgebundenheit bleibt vielmehr bestehen, bis der Tarifvertrag endet. Dies gilt selbst für den Fall, dass ein Arbeitnehmer erst nach dem Verbandsaustritt seines Arbeitgebers der tarifvertragsschließenden Gewerkschaft beitritt.

41 Im Hinblick auf die normative Wirkung von betriebs- und betriebsverfassungsrechtlichen Normen reicht nach § 4 Abs. 1 S. 2 und 3 sowie Abs. 2 TVG eine **einseitige Tarifbindung** des Arbeitgebers aus, um eine einheitliche Anwendung dieser Regelungen im Betrieb zu gewährleisten.

Nicht-verbandsangehörige Arbeitnehmer oder Arbeitgeber, mithin solche, die nicht tarifgebunden sind, werden als sog. **Außenseiter** bezeichnet. Auf sie kann ein Tarifvertrag nur in folgenden Fällen zur Anwendung gelangen:
- Durch **Allgemeinverbindlichkeitserklärung** (Hoheitsakt) des Bundesministers für Arbeit und Sozialordnung – im Einvernehmen mit einem aus je drei Vertretern der Spitzenorganisationen der Arbeitgeber und der Arbeitnehmer bestehenden Ausschuss – kann beim Vorliegen bestimmter Voraussetzungen (§ 5 Abs. 1 bis 3 TVG) die normative Wirkung eines Tarifvertrags nach § 5 Abs. 4 TVG auch auf die bisher nicht tarifgebundenen Arbeitgeber und Arbeitnehmer in seinem Geltungsbereich erstreckt werden.
- Durch die Bezugnahme im Arbeitsvertrag eines Außenseiters (**schuldrechtliche Einbeziehung eines Tarifvertrags in einen Individualarbeitsvertrag**).
- **Gleichbehandlungsgrundsatz**.
- Im übrigen können gemäß § 613a Abs. 1 S. 2 BGB auch im Zusammenhang mit einem **Betriebsübergang** tarifvertragliche Normen zum schuldrechtlichen Inhalt eines Arbeitsvertrags werden.

Das Arbeitsverhältnis des Arbeitnehmers muss vom „Geltungsbereich des Tarifvertrags" erfasst werden (§ 4 Abs. 1 TVG), den die Tarifvertragsparteien bei Abschluss des Tarifvertrags im Rahmen ihrer Tarifzuständigkeit festlegen. Dabei ist zwischen dem räumlichen, fachlichen und zeitlichen Geltungsbereich zu unterscheiden: Nur das Arbeitsverhältnis in einem Unternehmen, das in der im Tarifvertrag bezeichneten Region angesiedelt ist, unterfällt dem räumlichen Geltungsbereich des betreffenden Tarifvertrags. Der fachliche Geltungsbereich stellt einerseits auf die Branche (i.d.R. den Wirtschaftszweig – etwa die Metallindustrie – **branchenmäßig-betrieblicher Geltungsbereich**), andererseits auf die Zugehörigkeit (Eingruppierung) zu einer bestimmten Arbeitnehmergruppe (**fachlich-persönlicher Geltungsbereich**) ab. Dergestalt von einem Tarifvertrag nicht erfasst werden die sog. AT- (d. h. „außertariflich" entlohnten) Angestellten. Mit Abschluss des Tarifvertrags treten (vorbehaltlich einer anderweitigen Regelung im Vertrag selbst) dessen Wirkungen ein. Eine **Rückwirkung** des Tarifvertrags oder von Teilen desselben ist grundsätzlich möglich. Seine Wirkungen enden, falls der Tarifvertrag nach § 158 BGB befristet abgeschlossen wurde, mit Zeitablauf – anderenfalls durch Kündigung, Aufhebungsvertrag oder Abschluss eines neuen Tarifvertrags (§ 305 BGB). 42

Eine **tarifliche Nachwirkung** regelt § 4 Abs. 5 TVG: Nach Ablauf eines Tarifvertrags gelten seine Rechtsnormen weiter, bis sie durch eine andere Abmachung ersetzt werden. Dies bedeutet, dass die Normen im Interesse der Vermeidung eines regelungslosen Zustandes zwar ihre Gültigkeit behalten, ihre Rechtsqualität aber insoweit verändern, als sie dispositiv werden, weshalb nach Ablauf des Tarifvertrags von den Normen auch durch einzelvertragliche Abrede abgewichen werden kann. 43

Die Regelung eines Tarifvertrags entfaltet gegenüber einem Arbeitnehmer als Anspruchssteller nur nach Maßgabe des § 4 Abs. 1 TVG normative Wirkungen. Voraussetzung für eine unmittelbare und zwingende Geltung der Rechtsnormen eines Tarifvertrags ist, dass der Arbeitnehmer als Tarifgebundener unter den Geltungsbereich des Tarifvertrags fällt. Vorrangig ist jedoch zu prüfen, ob die in Rede stehende Norm überhaupt eine durch Tarifvertrag regelbare Angelegenheit enthält, die nicht gegen höherrangiges Recht verstößt – mithin ist zunächst die Frage nach der **Normsetzungsbefugnis** durch einen Tarifvertrag zu beantworten. 44

b) Abweichende Abmachungen vom Tarifvertrag

Abweichende Abmachungen vom Tarifvertrag zwischen Arbeitgeber und Arbeitnehmer – mithin die Möglichkeit nachgiebiger Tarifnormen – sind nach § 4 Abs. 3 TVG unter zweierlei Gesichtspunkten statthaft: 45
- Zu Lasten des Arbeitnehmers, „soweit sie durch den Tarifvertrag gestattet sind" (d. h. durch eine sog. ausdrückliche oder konkludente **Zulassungs- oder Öffnungsklausel** im Tarifvertrag);

- Zu Gunsten des Arbeitnehmers (**Günstigkeitsprinzip**). Abmachungen zwischen Arbeitgeber und Arbeitnehmer, die für den Arbeitnehmer objektiv günstiger sind, behalten ihre Wirksamkeit. Dabei ist ein **Gruppenvergleich** anzustellen. Alle Bestimmungen (im Tarifvertrag wie im Einzelarbeitsvertrag), die nach ihrem Sinn in einem inneren Zusammenhang stehen, müssen miteinander verglichen werden.

46 Vom Günstigkeitsprinzip strikt zu unterscheiden ist das sog. **Ordnungsprinzip**. Letzteres regelt das Verhältnis ranggleicher Bestimmungen zueinander: (Spätere) Normen des aktuellen Tarifvertrags gehen etwa früheren Normen des alten Tarifvertrags vor. Das Günstigkeitsprinzip trifft hingegen Vorgaben für das Verhältnis von Bestimmungen unterschiedlicher Ranges: Eine speziellere Regelung des Arbeitsvertrages geht dann einer generellen Regelung des Tarifvertrags vor, falls sie sich für den Arbeitnehmer günstiger darstellt.

47 Im Zusammenhang mit dem Abschluss neuer Tarifverträge sind Gewerkschaften oft bemüht, Besitzstände auch für die Zukunft fortzuschreiben – etwa eine bislang gewährte **übertarifliche** Leistung bei Verbesserung der tariflichen Leistungen in einem neuen Tarifvertrag **anzurechnen** (Verrechnung von in der Vergangenheit gewährten übertariflichen Lohnbestandteilen mit aktuellen Tariflohnerhöhungen). Insoweit tritt dann ein Problem auf, wenn der Tariflohn durch den Tarifvertrag zwar erhöht wird, der Arbeitnehmer aber bereits bisher kraft einzelvertraglicher Abrede einen höheren Lohn bezogen hat (Zusammenhang von Effektivlohn und Tariflohnerhöhung). Kommt es in diesem Falle zu einer (weiteren) **Aufstockung** des Effektivlohns – oder aber zu einer **Aufsaugung** der Tariflohnerhöhung? Der Tarifvertrag regelt **Mindestarbeitsbedingungen**, nicht jedoch Höchstarbeitsbedingungen. Dies hat zur Folge, dass etwa die Festsetzung eines Maximallohnes gemäß § 134 BGB i.V.m. § 4 Abs. 3 TVG nichtig wäre.

aa) Anrechnungsklauseln

48 **Anrechnungsklauseln** verstoßen nach Auffassung der Judikatur gegen das Günstigkeitsprinzip: Der Tarifvertrag soll allein Mindestarbeitsbedingungen regeln. Eine Anrechnungsklausel würde jedoch Höchstarbeitsbedingungen festlegen.

bb) Effektivklauseln

49 Dasselbe gilt für **Effektivklauseln**. Da bislang bezahlte übertarifliche Leistungen durch einen neuen verbesserten Tarifvertrag grundsätzlich „aufgesogen" werden, sehen entsprechende Klauseln vor, dass der künftig vom Arbeitgeber effektiv zu zahlende Lohn um die Differenz zwischen dem bisherigen und dem neuen Tariflohn aufgestockt werden soll. **Effektivgarantieklauseln** im Sinne, dass der aufgestockte Effektivlohn als unabdingbarer Tariflohn zu zahlen ist, sind unzulässig, da auch hierin der Versuch liegt, in Arbeitsverträgen individuell vereinbarte Löhne als Mindestlöhne auszuweisen.

cc) Begrenzte Effektivklauseln

50 Von **begrenzten Effektivklauseln** spricht man dann, wenn der Tarifvertrag zwar die Aufstockung vorsieht, den Arbeitsvertragsparteien jedoch die Möglichkeit eingeräumt bleibt, den übertariflichen Lohn wieder auf das Niveau des tariflichen abzubauen. Die Judikatur hält auch solche Klauseln für unzulässig, weil die Tarifvertragsparteien dadurch in unzulässiger Weise in die Gestaltungsfreiheit der Arbeitsvertragsparteien eingreifen.

dd) Verdienstsicherungsklauseln

Von den genannten Effektivklauseln zu unterscheiden sind **Verdienstsicherungsklauseln**. Mit deren Hilfe soll vor allem älteren Arbeitnehmern, deren Arbeitsfähigkeit abnimmt, im Falle einer Umsetzung auf einen anderen Arbeitsplatz (mit geringerer Entlohnung) das bislang gewährte Arbeitsentgelt (einschließlich etwaiger übertariflicher Zulagen) gesichert werden. Das BAG erachtet solche Klauseln für statthaft.

ee) Exkurs: Organisations- und Differenzierungsklauseln

Tarifvertragliche **Organisationsklauseln**, die es einem Arbeitgeber verbieten, nicht gewerkschaftlich organisierte Arbeitnehmer bzw. solche, die einer anderen als der tarifvertragsschließenden Gewerkschaft angehören, zu beschäftigen, sind **rechtswidrig**, da sie gegen die negative Koalitionsfreiheit des Außenseiters nach Art. 9 Abs. 3 GG bzw. die positive Koalitionsfreiheit des Andersorganisierten verstoßen (**Verbot** des sog. **closed shop**).

Eine unterschiedliche Behandlung von Organisierten und Außenseitern kann auch im Rahmen von **Differenzierungsklauseln** erfolgen, die von der Rechtsprechung wegen Verstoßes gegen die negative Koalitionsfreiheit des Außenseiters für rechtswidrig erachtet werden.

ff) Weiterer Exkurs: Tarifausschluss- und Spannensicherungsklauseln

Tarifausschlussklauseln verbieten etwa einem Arbeitgeber, auch Außenseitern tarifliche Leistungen (auf die letztere wegen fehlender Tarifbindung nach § 3 Abs. 1 TVG keinen Anspruch haben) zu gewähren. **Spannensicherungsklauseln** verpflichten den Arbeitgeber, einem organisierten Arbeitnehmer eine tariflich vorgesehene Leistung zusätzlich zu gewähren, um diesem jeweils einen Vorrang vor Nichtorganisierten zu garantieren. Auch diese Gestaltungsformen begegnen denselben Bedenken, die bereits vorab dargestellt wurden.

c) Mehrheit von Tarifverträgen (Tarifkonkurrenz und Tarifpluralität)

Es sind Konstellationen denkbar, dass ein Betrieb in den Geltungsbereich verschiedener Tarifverträge fällt (Nebeneinander mehrerer Tarifverträge).

Von **Tarifkonkurrenz** spricht man dann, wenn ein Arbeitsverhältnis von den Normen verschiedener Tarifverträge erfasst wird. Entsprechende Konstellationen sind zwar wegen der Geltung des Industrieverbandssystems selten. Treten sie dennoch auf, stellt sich die Frage, welcher Tarifvertrag anwendbar ist. Da den Tarifverträgen gleicher Rang zukommt, ist vorrangig
- der **Wille der Tarifvertragsparteien** maßgeblich, ansonsten findet das
- **Spezialitätsprinzip** Anwendung (mit der Folge, dass der Tarifvertrag anzuwenden ist, der dem Betrieb am nächsten steht – Prinzip der Sachnähe).

Tarifpluralität ist dadurch gekennzeichnet, dass der Betrieb des Arbeitgebers vom Geltungsbereich mehrerer Tarifverträge erfasst wird – doch nur der Arbeitgeber tarifgebunden ist, während auf die einzelnen Arbeitnehmer (je nach Tarifbindung) nur jeweils ein Tarifvertrag anwendbar ist. Hier gilt nach dem Spezialitätsprinzip einheitlich der Tarifvertrag, der dem Betrieb räumlich, fachlich und persönlich am nächsten steht.

6. Normen der Betriebsvereinbarung

a) Normativer und schuldrechtlicher Teil einer Betriebsvereinbarung

Die Betriebsvereinbarung (§ 77 BetrVG) ist im Hinblick auf ihren **normativen Teil** privatrechtlicher Normenvertrag („Gesetz des Betriebes") und damit Parallelinstitut zum Tarifvertrag auf Betriebsebene. Dadurch gilt sie unmittelbar und zwingend zwischen Arbeitnehmern und dem Arbeitgeber eines bestimmten Betriebs (§ 77 Abs. 4 S. 1 BetrVG). Sie wirkt von außen auf das Arbeitsverhältnis ein, ohne Inhalt des Arbeitsvertrages zu werden. Abweichende einzelvertragliche Abreden sind und bleiben unzulässig. Werden Arbeitnehmern durch eine Betriebsvereinbarung Rechte eingeräumt, so ist ein **Verzicht** auf sie nur mit Zustimmung des Betriebsrats zulässig (§ 77 Abs. 4 S. 2 BetrVG). Auch eine **Verwirkung** solcher Rechte ist nach § 77 Abs. 4 S. 3 BetrVG ausgeschlossen. Ausschlussfristen für ihre Geltendmachung sind nur zulässig, wenn sie in einem Tarifvertrag oder in einer Betriebsvereinbarung vereinbart werden – dasselbe gilt für die Abkürzung von Verjährungsfristen (§ 77 Abs. 4 S. 4 BetrVG).

Der **schuldrechtliche Teil** einer Betriebsvereinbarung verpflichtet Arbeitgeber (§ 77 Abs. 1 S. 1 BetrVG) wie Betriebsrat die Betriebsvereinbarung durchzuführen.

b) Das Zustandekommen einer Betriebsvereinbarung

57 Eine Betriebsvereinbarung kommt entweder durch schriftliche Vereinbarung (Einigung) zwischen den Betriebsverfassungsorganen (Betriebspartnern) Arbeitgeber und Betriebsrat (§ 77 Abs. 2 S. 1 und 2 BetrVG) oder durch verbindlichen Spruch der Einigungsstelle (§ 77 Abs. 1 und 2 i.V.m. § 76 Abs. 5 und 6 BetrVG) zustande.

58 Die Nichteinhaltung des Schriftformerfordernisses hat entsprechend § 125 S. 1 BGB Nichtigkeit der Betriebsvereinbarung zur Folge. Die Vereinbarung kann dann als **formlose Regelungsabrede** weitergelten, der jedoch keine normative Wirkung zukommt. Auch bei der Betriebsvereinbarung gehen günstigere Regelungen (zugunsten eines Arbeitnehmers) in einem Einzelarbeitsvertrag der Betriebsvereinbarung vor (analog § 4 Abs. 3 TVG). Der Arbeitgeber ist nach § 77 Abs. 2 S. 3 BetrVG verpflichtet, die Betriebsvereinbarung an geeigneter Stelle im Betrieb durch Auslegung bekannt zu machen. Die Bekanntgabe stellt jedoch keine Wirksamkeitsvoraussetzung dar.

c) Geltungsbereich und Dauer einer Betriebsvereinbarung

59 Eine Betriebsvereinbarung erfasst räumlich den Betrieb, für den sie abgeschlossen wird. Persönlich werden **alle** Arbeitnehmer dieses Betriebs (mit Ausnahme der leitenden Angestellten) erfasst, auch jene, mit denen erst nach Abschluss der Betriebsvereinbarung ein Arbeitsverhältnis eingegangen wird.

60 Betriebsvereinbarungen können, soweit nichts anderes vereinbart ist, nach § 77 Abs. 5 BetrVG mit einer Frist von drei Monaten gekündigt werden. Nach Ablauf einer Betriebsvereinbarung (im Bereich der zwingenden Mitbestimmung) gelten deren Regelungen nach § 77 Abs. 6 BetrVG weiter (**Nachwirkung der Betriebsvereinbarung**), bis sie durch eine andere Abmachung ersetzt werden.

d) Erzwingbare und freiwillige Betriebsvereinbarungen

61 Es ist zwischen erzwingbaren und freiwilligen Betriebsvereinbarungen zu unterscheiden: In allen Angelegenheiten, in denen dem Betriebsrat nach § 87 Abs. 1 Nr. 1 bis 12 BetrVG ein (erzwingbares) Mitbestimmungsrecht zusteht, soweit keine gesetzliche oder tarifliche Regelung besteht, und in denen der Spruch der Einigungsstelle die fehlende Einigung zwischen Arbeitgeber und Betriebsrat gemäß § 87 Abs. 2 i.V.m. § 76 Abs. 5 BetrVG ersetzt, kann der Betriebsrat vom Arbeitgeber auch den Abschluss einer diese Angelegenheit auf Betriebsebene abschließend regelnden (erzwingbaren) Betriebsvereinbarung verlangen. Darüber hinaus können nach § 88 BetrVG auch (freiwillige) Betriebsvereinbarungen abgeschlossen werden.

e) Regelungsgehalt einer Betriebsvereinbarung

62 Die Betriebsvereinbarung ist inhaltlich also durch die Legitimation der Betriebspartner begrenzt. Arbeitsentgelte und sonstige Arbeitsbedingungen, die durch Tarifvertrag geregelt sind oder üblicherweise geregelt werden, können nach § 77 Abs. 3 S. 1 BetrVG nicht Gegenstand einer Betriebsvereinbarung sein (**Sperrwirkung des Tarifvertrags**), es sei denn, der Tarifvertrag lässt den Abschluss

A. Einleitung §11

ergänzender Betriebsvereinbarungen ausdrücklich zu (sog. **Tariföffnungsklausel** – § 77 Abs. 3 S. 2 BetrVG).

Problematisch ist der Umfang der Regelungssperre nach § 77 Abs. 3 BetrVG und ihr Verhältnis zu § 87 Abs. 1 BetrVG. Die Regelung des § 77 Abs. 3 S. 1 BetrVG schließt (umstr.) keine Betriebsvereinbarungen in Angelegenheiten aus, in denen dem Betriebsrat ein erzwingbares Mitbestimmungsrecht nach § 87 Abs. 1 BetrVG zusteht. Dies wird damit begründet, dass § 87 Abs. 1 BetrVG seinem Normzweck nach als speziellere Regelung dem § 77 Abs. 3 S. 1 BetrVG vorgeht. Betriebsvereinbarungen in den in § 87 Abs. 1 BetrVG genannten Angelegenheiten sind jedoch nur unzulässig, falls und soweit **tatsächlich** eine entsprechende tarifliche Regelung besteht. 63

f) Rechts- und Billigkeitskontrolle

Betriebsvereinbarungen unterliegen wegen der §§ 75 Abs. 1 und 76 Abs. 5 S. 3 BetrVG sowohl einer **Rechtskontrolle** als auch einer **allgemeinen Billigkeitskontrolle** nach §§ 315, 319 BGB. 64

g) Exkurs: Betriebsabsprachen

Von der förmlichen Betriebsvereinbarung zu unterscheiden sind (formlose) **Betriebsabsprachen** (Regelungsabreden), die lediglich als schuldrechtliche Verträge ohne normative Wirkung zu qualifizieren sind. Sie begründen nur Rechte und Pflichten zwischen den Betriebspartnern (Arbeitgeber und Betriebsrat), entfalten aber keine Wirkungen im Verhältnis zu den Arbeitnehmern des Betriebs. 65

7. Der Arbeitsvertrag

Arbeitnehmer und Arbeitgeber steht es auf der Grundlage der Privatautonomie (**Grundsatz der Vertragsfreiheit** – §§ 305, 241 BGB) grundsätzlich frei, ob sie einen Vertrag abschließen (**Abschlussfreiheit**) und wie dieser inhaltlich (**Inhaltsfreiheit**) auszugestalten ist, wenn und soweit der Arbeitsvertrag nicht gegen zwingendes höherrangiges Recht verstößt. Die Abschlussfreiheit erfährt eine gewisse Einschränkung durch Abschlussgebote sowie Abschlussverbote: **Abschlussgebote** können aus Gesetz, Kollektivvereinbarung (Tarifvertrag oder Betriebsvereinbarung) bzw. einem Einzelarbeitsvertrag resultieren. Auch die **Inhaltsfreiheit** des Arbeitsvertrags findet ihre Grenze an Beschränkungen, die sich aus Gesetz, Tarifvertrag oder Betriebsvereinbarung ergeben können. Im Regelfall werden die Vertragsbedingungen eines Arbeitsvertrags nicht einzeln ausgehandelt. Vielmehr legt der Arbeitgeber dem Bewerber bei Vertragsabschluss vorformulierte allgemeine Arbeitsbedingungen (**vertragliche Einheitsregelungen**) vor. 66

8. Vertragliche Einheitsregelungen

Unter vertraglichen Einheitsregelungen (Allgemeinen Arbeitsbedingungen) können die folgenden verstanden werden: 67

- Formularmäßige (standardisierte) Einheitsarbeitsverträge (**Formulararbeitsverträge** oder auch **Allgemeine Arbeitsbedingungen**), die einheitlich für alle oder bestimmte Gruppen von Arbeitnehmern eines Betriebs gelten. Obgleich Allgemeine Arbeitsbedingungen den AGBs gleichen, findet im Hinblick auf ihre Inhaltskontrolle kein Rückgriff auf das AGBG statt. Nach § 23 Abs. 1 AGBG findet das Gesetz nämlich u. a. keine Anwendung bei Verträgen auf dem Gebiet des Arbeitsrechts. Eine Billigkeitskontrolle ist nach §§ 315, 242 BGB möglich.
- **Gesamtzusagen des Arbeitgebers** (bspw. am Aushang). Eine Gesamtzusage des Arbeitgebers (als Angebot i.S.d. § 145 BGB) gegenüber allen/einem Teil der Arbeitnehmer des Betriebs kann der einzelne Arbeitnehmer stillschweigend gemäß § 151 S. 1 BGB annehmen.

Ring 893

9. Die betriebliche Übung

68 Unter einer betrieblichen Übung wird die regelmäßige Wiederholung bestimmter Verhaltensweisen oder Leistungen (insbesondere freiwillige Zuwendungen, etwa Urlaubsgeld oder Weihnachtsgratifikationen) durch den Arbeitgeber (im Sinne einer Erneuerung seines Versprechens) verstanden, aus denen die Arbeitnehmer schließen können, ihnen solle die Vergünstigung auf Dauer gewährt werden (Vertrauenstatbestand). Das Arbeitgeberverhalten muss dessen Einverständnis mit einer entsprechenden Rechtsbindung erkennen oder wenigstens vermuten lassen. Zu berücksichtigen ist, dass **auch** nachteilige Verhaltensweisen durch betriebliche Übung verbindlich gemacht werden können. Aufgrund einer entsprechenden, als Willenserklärung des Arbeitgebers zu qualifizierenden Verhaltensweise, die von den Arbeitnehmern stillschweigend angenommen wird (§ 151 BGB – Vertragstheorie), erwachsen vertragliche Ansprüche auf die üblich gewordenen Vergünstigungen. Die betriebliche Übung begründet damit einen schuldrechtlichen Verpflichtungstatbestand.

69 Nach ständiger Judikatur wird durch eine mindestens dreimalige vorbehaltslose Gewährung einer Gratifikation, wenn nicht die Umstände des konkreten Falles eine andere Auslegung bedingen, eine Verpflichtung des Arbeitgebers unter dem Gesichtspunkt der betrieblichen Übung begründet. Er kann sich von dieser Verpflichtung auch nicht mehr durch einseitigen Widerruf wieder lossagen.

70 Der Arbeitgeber kann jedoch die Entstehung einer betrieblichen Übung dadurch ausschließen, dass er von vornherein eine Leistung lediglich unter Vorbehalt gewährt, bzw. sich einen späteren Widerruf vorbehält. Die Verpflichtung des Arbeitgebers besteht auch gegenüber neu in den Betrieb eintretenden Arbeitnehmern (sofern der Arbeitgeber – was zulässig ist – diesen gegenüber keine einseitige Lossagung für die Zukunft erklärt).

71 Der vom Arbeitgeber aufgrund betrieblicher Übung geschuldete Anspruch auf die üblich gewordene Vergünstigung kann jedoch durch Vereinbarung zwischen Arbeitgeber und Arbeitnehmer auch wieder abgeändert oder aufgehoben werden (Änderungs-/Aufhebungsvertrag – § 305 BGB). Zudem besteht die Möglichkeit einer Änderungskündigung (§ 2 KSchG) durch den Arbeitgeber. Auch ein nachträglich abgeschlossener Tarifvertrag setzt eine weitergehende betriebliche Übung ggf. außer Kraft.

10. Weisungen des Arbeitgebers

72 Der Arbeitgeber ist im Rahmen eines bestehenden wirksamen Arbeitsvertrages berechtigt, die Arbeitspflicht des Arbeitnehmers in bezug auf das Was und das Wie der Leistungserbringung, mithin nach Zeit, Art und Ort zu konkretisieren und dem Arbeitnehmer dabei bestimmte Aufgaben bzw. Arbeiten (einseitig bestimmend) zuzuweisen (**Direktions- bzw. Weisungsrecht des Arbeitgebers**).

73 Das Recht auf einseitige Festlegung der Arbeitskonditionen erfasst nicht den Umfang der Arbeits- oder der Vergütungspflicht. Das Direktionsrecht muss sich im Einklang mit den gesetzlichen Vorgaben, jenen des Tarifvertrags, der Betriebsvereinbarung oder des Einzelarbeitsvertrags halten und darf im übrigen auch nur nach billigem Ermessen ausgeübt werden. Eine einseitige Änderung der **vertraglich geschuldeten Leistung** durch den Arbeitgeber – etwa einen Wechsel der Beschäftigungsart gegen den Willen des Arbeitnehmers bzw. durch Anordnung von Mehrarbeit oder Herabsetzung der Wochenarbeitszeit – ist nicht möglich. Hierzu wäre eine Vertragsänderung erforderlich, die ggf. seitens des Arbeitgebers mittels einer Änderungskündigung nach § 2 KSchG durchgesetzt werden kann. Allein in Notfällen kann einem Arbeitnehmer (aufgrund seiner Schadensabwendungspflicht) aufgegeben werden, kurzfristig andere Arbeiten oder eine Mehrarbeit zu verrichten. Die Mitbestimmungsrechte des Betriebsrats (etwa nach § 87 Abs. 1 Nr. 2 BetrVG) sind zu beachten.

11. Der allgemeine betriebliche Gleichbehandlungsgrundsatz

Der allgemeine arbeitsrechtliche Gleichbehandlungsgrundsatz verpflichtet den Arbeitgeber in bezug auf Maßnahmen, die seiner einseitigen Gestaltungsmacht unterworfen sind und die generell im Unternehmen durchgeführt werden, alle Arbeitnehmer gleich zu behandeln. **74**

Letztlich basiert der Gleichbehandlungsgrundsatz auf der Fürsorgepflicht des Arbeitgebers. Dies bedeutet, dass er Differenzierungen (Schlechterstellungen) hinsichtlich einzelner Arbeitnehmer (die sich gruppenmäßig in einer vergleichbaren Lage befinden) nicht willkürlich (sachfremd), sondern nur aus sachgerechten Gründen vornehmen darf (Benachteiligungsverbot einzelner Arbeitnehmer [oder einer Arbeitnehmergruppe] bei freiwilligen Sozialleistungen im Sinne einer sachfremden Durchbrechung gruppenbezogener Regelungen). Nicht verboten ist hingegen eine (wenn auch willkürliche) Besserstellung einzelner Arbeitnehmer (**erlaubte Begünstigung**). Dem Gleichbehandlungsgrundsatz kommt auch **anspruchsbegründende Wirkung** zu (Erfüllungsanspruch). **75**

Eine Spezialausprägung findet der allgemeine Gleichbehandlungsgrundsatz im Verbot einer geschlechtsspezifischen Diskriminierung nach Art. 141 EGV neu bzw. in **76**
- § 611 a BGB (Gleichbehandlung von Frauen und Männern)
- § 611 b BGB (geschlechtsneutrale Ausschreibung von Arbeitsplätzen)
- § 612 Abs. 3 BGB (gleicher Lohn bei gleicher Arbeit)

B. Das Individualarbeitsrecht

Das Individualarbeitsrecht regelt die individualvertraglichen Beziehungen zwischen Arbeitnehmer und Arbeitgeber. **77**

I. Die Begründung des Arbeitsverhältnisses

Der Begründung eines Arbeitsverhältnisses geht regelmäßig eine Arbeitsvermittlung bzw. eine Ausschreibung voraus. Im übrigen kommt ein Arbeitsvertrag durch Angebot und Annahme (§§ 145 ff. BGB) zustande (**Vertragstheorie**). Aktualisiert wird das Arbeitsverhältnis durch die tatsächliche Arbeitsaufnahme. **78**

Der Arbeitsvertrag ist grundsätzlich formfrei – er kann also auch durch konkludentes Handeln zustande kommen bzw. geändert werden. So bestimmt bspw. § 17 BBiG (Weiterarbeit), dass, falls der Auszubildende im Anschluss an das Berufsausbildungsverhältnis weiter beschäftigt wird, ohne dass hierüber ausdrücklich etwas vereinbart worden ist, ein Arbeitsverhältnis auf unbestimmte Zeit als begründet **gilt** (gesetzliche Fiktion). Eine vergleichbare Regelung trifft § 15 Abs. 5 TzBfG. Danach gilt ein Arbeitsverhältnis, das nach dem Ablauf der vereinbarten Arbeitszeit vom Arbeitnehmer als Verpflichtetem mit Wissen des Arbeitgebers fortgesetzt wird, als auf unbestimmte Zeit verlängert, sofern der Arbeitgeber nicht unverzüglich widerspricht. Eine Ausnahme vom Grundsatz der Formfreiheit ist dann anzunehmen, wenn bei einer entsprechenden Tarifbindung ein Tarifvertrag konstitutive Schriftform (§ 127 i.V.m. § 126 BGB) vorsieht. Andererseits begründet jedoch ein schriftlich zustande gekommener Arbeitsvertrag die **Vermutung der Richtigkeit und Vollständigkeit**. Auch § 2 Abs. 1 NachweisG stellt kein Schriftformerfordernis auf, sondern verschafft dem Arbeitnehmer lediglich einen Anspruch gegen den Arbeitgeber auf Erteilung einer schriftlichen Bescheinigung über die wesentlichen Vertragsbedingungen. Dies gilt auch für die korrespondierende Regelung in § 4 BBiG (Vertragsniederschrift) in bezug auf Berufsausbildungsverhältnisse. **79**

Der Vertragsabschluss setzt grundsätzlich voraus, dass Arbeitgeber und Arbeitnehmer geschäftsfähig sind. Ein Minderjähriger bedarf daher nach § 107 BGB zu einer Willenserklärung, durch die er nicht lediglich einen rechtlichen Vorteil erlangt, grundsätzlich der Einwilligung (§ 183 BGB) seines ge- **80** setzlichen Vertreters. Schließt er einen Arbeitsvertrag ohne die erforderliche Einwilligung des gesetzlichen Vertreters ab, so hängt die Wirksamkeit des Vertrags nach § 108 Abs. 1 BGB von der Genehmigung (§ 184 Abs. 1 BGB) des Vertreters ab. Für das Arbeitsverhältnis relevante Sonderregelungen enthalten die §§ 113 (**Arbeitsmündigkeit**) und 112 BGB (**Geschäftsmündigkeit**).

1. Die Arbeitsvermittlung

81 Nach den §§ 291 ff. SGB III (Arbeitsförderung) ist die Ausbildungsvermittlung und Arbeitsvermittlung nur mit Erlaubnis durch das zuständige Landesarbeitsamt zulässig. Die Vermittlung für eine Beschäftigung im Ausland außerhalb der EG oder eines anderen EWR-Vertragsstaates sowie aus diesem Ausland für eine Beschäftigung im Inland (Auslandsvermittlung) darf nur von der BfA durchgeführt werden (§ 292 Abs. 1 SGB III – Monopol). Von der Arbeitsvermittlung strikt zu unterscheiden ist die gewerbliche Arbeitnehmerüberlassung nach dem AÜG.

2. Die Ausschreibung

82 Die Ausschreibung eines Arbeitsplatzes (die im Rahmen des § 92 BetrVG unter Berücksichtigung der Informations-, Beratungs- und Vorschlagsrechte des Betriebsrats vorzunehmen ist) ist als bloße invitatio ad offerendum zu qualifizieren. Nach § 93 BetrVG kann der Betriebsrat verlangen, dass Arbeitsplätze, die besetzt werden sollen, allgemein oder für bestimmte Arten von Tätigkeiten vor ihrer Besetzung innerhalb des Betriebs ausgeschrieben werden. Der Betriebsrat kann nicht verlangen, dass der Arbeitgeber erst dann externe Bewerber sucht und einstellt, falls intern keine geeignete Person zur Verfügung steht (**Verbot des closed-shop**). Kommt der Arbeitgeber dem Verlangen des Betriebsrats nicht oder nicht ordnungsgemäß nach, zu besetzende Arbeitsplätze auszuschreiben, kann der Betriebsrat später gemäß § 99 Abs. 2 Nr. 5 BetrVG seine Zustimmung zu einer vom Arbeitgeber vorgeschlagenen Einstellung verweigern.

83 Nach § 95 Abs. 1 BetrVG bedürfen **Auswahlrichtlinien** der Zustimmung des Betriebsrats. Bei fehlender Einigung entscheidet auf Antrag des Arbeitgebers die Einigungsstelle, deren Spruch die Einigung zwischen Arbeitgeber und Betriebsrat ersetzt. In größeren Betrieben – mit mehr als 1.000 Arbeitnehmern – kann der Betriebsrat sogar die Aufstellung von Auswahlrichtlinien verlangen (§ 95 Abs. 2 BetrVG).

84 Im übrigen normiert § 611 b BGB ein Verbot geschlechtsspezifischer Ausschreibung. Es obliegt dem Betriebsrat nach § 80 Abs. 1 Nr. 1 BetrVG, die Einhaltung des § 611 b BGB durch den Arbeitgeber zu überwachen. Der Verstoß eines Arbeitgebers gegen die Vorgabe des § 611 b BGB zeitigt jedoch keine unmittelbaren rechtlichen Konsequenzen, da die Regelung selbst keine Sanktionsmöglichkeit statuiert. Allenfalls kann infolge einer Verletzung im Rahmen des § 611 a Abs. 1 S. 3 BGB eine gewollte Benachteiligung glaubhaft gemacht werden.

3. Offenbarungspflichten des Arbeitnehmers und Fragerecht des Arbeitgebers

85 Das Bewerbungsschreiben eines Stellenbewerbers auf eine Ausschreibung begründet ein **Vertragsanbahnungsverhältnis**. Der **Bewerber** ist daher (von sich aus) verpflichtet, sich dem künftigen Arbeitgeber gegenüber im Hinblick auf alle für das in Aussicht genommene Arbeitsverhältnis relevanten Umstände, die ihn für eine entsprechende Tätigkeit als ungeeignet erscheinen lassen und die für die Erfüllbarkeit der arbeitsvertraglichen Leistungspflicht wesentlich sind, zu offenbaren (**Offenbarungspflicht**), soweit diese Umstände für den Arbeitgeber nicht ohne weiteres erkennbar sind. Umgekehrt ist aber auch der **Arbeitgeber** verpflichtet, den Bewerber auf mit dem Arbeitsplatz verbundene Risiken (bspw. für dessen Gesundheit) aufmerksam zu machen.

Bei Begründung des Arbeitsverhältnisses steht dem Arbeitgeber im Rahmen des Vorstellungsgespräches kein **uneingeschränktes Fragerecht** (über die Offenbarungspflicht des Bewerbers hinaus) zu. Vielmehr hat er die grundrechtlich verbürgte Intimsphäre des Arbeitnehmers zu respektieren. Fragen sind dann statthaft, wenn ein konkreter Bezug zum zu besetzenden Arbeitsplatz besteht, sie mithin durch legitime Interessen des Arbeitgebers hinsichtlich der konkret zu besetzenden Stelle gerechtfertigt sind. Der Arbeitnehmer ist verpflichtet, zulässige Fragen wahrheitsgemäß zu beantworten. Im Hinblick auf unerlaubte Fragen hat der Arbeitnehmer aber ein „Recht auf Lüge". 86

a) Verstoß gegen die Offenbarungspflicht

Ein (auch nur fahrlässiger) **Verstoß gegen die Offenbarungspflicht** kann sowohl zugunsten des Arbeitgebers wie auch des Arbeitnehmers (je nachdem, ob ein Arbeitsvertrag später zustande kommt oder nicht) einen Schadensersatzanspruch aus culpa in contrahendo bzw. aus positiver Vertragsverletzung begründen. Ein Schadensersatzanspruch des Arbeitgebers (etwa wegen entstandener Inseratskosten) kann jedoch unter dem Aspekt der überholenden Kausalität bzw. eines rechtmäßigen Alternativverhaltens wieder entfallen. Dem Arbeitgeber kann zudem aus einer unterlassenen Unterrichtung ein Anfechtungsrecht nach § 119 bzw. § 123 BGB erwachsen. 87

b) Zulässige Fragen

Ein Arbeitgeber ist zum einen zu solchen Fragen berechtigt (Fragerecht des Arbeitgebers mit korrespondierender Antwortspflicht des Arbeitnehmers), deren Inhalt der Arbeitnehmer bereits im Rahmen seiner Offenbarungspflichten hätte darlegen müssen. Im übrigen kann er aber auch Fragen stellen, die im **sachlichen Zusammenhang** mit dem Arbeitsverhältnis stehen. 88
- Bestehen einer Schwerbehinderung oder Körperbehinderung (ja)
- Erkrankungen (ja) (insbesondere auch AIDS-Erkrankung)
- arbeitsplatzspezifische Vorstrafen (ja)

c) Unzulässige Fragen

Grundsätzlich unzulässig sind nach h.M. **Fragen nach einer Schwangerschaft**, selbst dann, wenn sich **nur** Frauen um einen Arbeitsplatz beworben haben (Verstoß gegen das Diskriminierungsverbot nach § 611 a BGB). 89

Unzulässig sind im jeden Falle auch Fragen des Arbeitgebers nach der persönlichen Lebensführung (etwa Heiratsabsicht oder Kinderwunsch) bzw. solche nach dem Wehrdienst, einer Gewerkschaftsmitgliedschaft bzw. einer Partei- oder Religionszugehörigkeit des Bewerbers, wobei Ausnahmen allein bei sog. Tendenzbetrieben sowie kirchlichen Einrichtungen zu machen sind.

4. Personalfragebögen, psychologische Tests und graphologische Gutachten

Personalfragebögen bedürfen nach § 94 Abs. 1 BetrVG der Zustimmung des Betriebsrats. Kommt eine Einigung über ihren Inhalt nicht zustande, so entscheidet die Einigungsstelle, deren Spruch die fehlende Einigung zwischen Arbeitgeber und Betriebsrat ersetzt (§ 76 Abs. 5 BetrVG). **Graphologische Gutachten** bedürfen der Zustimmung des Bewerbers. Die Verwendung **psychologischer Tests** ist in jedem Falle – auch bei Zustimmung des unmittelbar davon betroffenen Bewerbers – problematisch. 90

5. Verfahrensfragen im Zusammenhang mit der Vorstellung

91 Ein Bewerber, der zu einem Vorstellungsgespräch eingeladen wird, kann nach § 670 BGB (unabhängig davon, ob letztlich eine Einstellung erfolgt oder nicht) die notwendigen Kosten ersetzt verlangen, es sei denn, dass eine Kostenerstattung ausdrücklich ausgeschlossen wurde. **Eingereichte Bewerbungsunterlagen** sind zurückzureichen (Anspruch des Bewerbers aus § 985 BGB). Der Arbeitnehmer hat nach § 629 BGB gegen seinen Arbeitgeber im Falle einer Kündigung auch einen Anspruch auf Freizeit zur Stellensuche.

6. Die Beteiligung des Betriebsrats bei der Einstellung

92 In Betrieben mit in der Regel mehr als 20 wahlberechtigten Arbeitnehmern hat der Arbeitgeber nach § 99 Abs. 1 BetrVG den Betriebsrat **vor** jeder personellen Einzelmaßnahme (wie etwa auch einer Einstellung) zu unterrichten, ihm die erforderlichen Bewerbungsunterlagen vorzulegen und Auskunft über die Person der Beteiligten zu geben. Er hat dem Betriebsrat unter Vorlage der erforderlichen Unterlagen Auskunft über die Auswirkungen der geplanten Maßnahme zu geben und die **Zustimmung des Betriebsrats** dazu einzuholen. Der Betriebsrat kann die beantragte Zustimmung nur bei Vorliegen bestimmter Voraussetzungen nach § 99 Abs. 2 BetrVG **verweigern**.

93 **Verweigert** der Betriebsrat seine Zustimmung, so hat er dies unter Angabe von Gründen innerhalb einer Woche nach Unterrichtung durch den Arbeitgeber diesem schriftlich mitzuteilen. Teilt der Betriebsrat dem Arbeitgeber die Verweigerung seiner Zustimmung nicht innerhalb dieser Frist schriftlich mit, so **gilt** (gesetzliche Fiktion) die Zustimmung als erteilt (§ 99 Abs. 2 BetrVG). Verweigert der Betriebsrat seine Zustimmung, so kann der Arbeitgeber aber gemäß § 99 Abs. 4 BetrVG beim Arbeitsgericht beantragen, die verweigerte Zustimmung zu ersetzen. Der Arbeitgeber kann zudem nach § 100 BetrVG, wenn dies aus dringenden sachlichen Gründen erforderlich ist, die personelle Maßnahme, nachdem er den Bewerber über die Sach- und Rechtslage aufgeklärt hat, auch vorläufig vornehmen. Darüber hat er jedoch den Betriebsrat unverzüglich zu unterrichten. Bestreitet letzterer, dass die Maßnahme aus sachlichen Gründen dringend erforderlich ist, so hat er dieses dem Arbeitgeber unverzüglich mitzuteilen. Für diesen Fall darf der Arbeitgeber die vorläufige personelle Maßnahme nur aufrechterhalten, wenn er innerhalb von drei Tagen beim Arbeitsgericht die Ersetzung der Zustimmung des Betriebsrats (§ 99 Abs. 4 BetrVG) **und** die Feststellung beantragt, dass die Maßnahme aus sachlichen Gründen dringend erforderlich war. Lehnt das Gericht durch rechtskräftige Entscheidung die Ersetzung der Zustimmung des Betriebsrats ab, oder stellt es rechtskräftig fest, dass die Maßnahme aus sachlichen Gründen offensichtlich nicht dringend erforderlich war, so endet die vorläufige personelle Maßnahme mit Ablauf von zwei Wochen nach Rechtskraft der Entscheidung. Von diesem Zeitpunkt an darf die personelle Maßnahme nicht mehr länger aufrecht erhalten werden.

94 Führt ein Arbeitgeber eine personelle Einzelmaßnahme ohne Zustimmung des Betriebsrats durch oder hält er eine vorläufige personelle Maßnahme entgegen § 100 BetrVG aufrecht, so kann der Betriebsrat nach § 101 BetrVG beim Arbeitsgericht beantragen, dem Arbeitgeber aufzugeben, die personelle Maßnahme aufzuheben. Hebt der Arbeitgeber entgegen einer rechtskräftigen gerichtlichen Entscheidung die personelle Maßnahme nicht auf, so ist auf Antrag des Betriebsrats vom Arbeitsgericht zu erkennen, dass der Arbeitgeber zur Aufhebung der Maßnahme durch Zwangsgeld anzuhalten ist, dessen Höchstmaß für jeden Tag der Zuwiderhandlung 500 DM beträgt.

7. Der Arbeitsvertragsabschluss

Die Begründung des Arbeitsverhältnisses erfolgt durch den Abschluss eines Arbeitsvertrages. Ausnahmsweise kann ein Arbeitsvertrag aber auch aufgrund einer **gesetzlichen Fiktion** zustandekommen: Nach § 17 BBiG gilt ein Arbeitsverhältnis als auf unbestimmte Zeit begründet, falls der Auszubildende im Anschluss an das Berufsausbildungsverhältnis weiterbeschäftigt wird (vgl. zudem § 15 Abs. 5 TzBfG). Auf der Grundlage der Privatautonomie (**Vertragsfreiheit**) steht es Arbeitgeber und Arbeitnehmer grundsätzlich frei, **ob** sie überhaupt miteinander einen Arbeitsvertrag abschließen (**Abschlussfreiheit**) und ggf. **wie** dieser inhaltlich ausgestaltet sein soll (**Inhaltsfreiheit**).

a) Die Abschlussfreiheit

Die Abschlussfreiheit ist im Arbeitsrecht weitgehend anerkannt. Von wenigen Ausnahmen abgesehen gibt es keinen gesetzlichen Einstellungsanspruch des Arbeitnehmers. **Einstellungsansprüche** können allein aus folgenden ausdrücklichen gesetzlichen Vorgaben resultieren:
- Nach § 78 a Abs. 2 S. 1 BetrVG **gilt**, falls ein Auszubildender, der Mitglied der Jugend- und Auszubildendenvertretung, des Betriebsrats o.ä. ist, innerhalb der letzten drei Monate vor Beendigung des Berufsausbildungsverhältnisses schriftlich vom Arbeitgeber die Weiterbeschäftigung verlangt, im Anschluss an das Berufsausbildungsverhältnis ein Arbeitsverhältnis auf unbestimmte Zeit als begründet.
- Nach § 2 Abs. 5 S. 1 ArbPlSchG darf der Ausbildende (Arbeitgeber) die Übernahme eines Auszubildenden in ein Arbeitsverhältnis auf unbestimmte Zeit nach Beendigung des Berufsausbildungsverhältnisses nicht aus Anlass des Wehrdienstes ablehnen.
- Schwerbehinderte, denen lediglich aus Anlass eines Streiks oder einer Aussperrung gekündigt worden ist, sind gemäß § 21 Abs. 6 SchwbG nach Beendigung des Arbeitskampfes wieder einzustellen.

Weiterhin vermag auch ein **Vorvertrag**, ein Kollektivvertrag (etwa ein Tarifvertrag) bzw. die **nachwirkende Fürsorgepflicht** des Arbeitgebers im Falle einer betriebsbedingten Kündigung, falls während der Kündigungsfrist ein anderer Arbeitsplatz frei wird, einen (Wieder-) Einstellungsanspruch des Arbeitnehmers zu begründen. Gleiches gilt für den Fall einer sog. Verdachtskündigung, falls sich unmittelbar im Anschluss an die ausgesprochene Kündigung die Unschuld des Arbeitnehmers herausstellt.

Die Nichtbeschäftigung einer hinreichend großen Zahl an Schwerbehinderten – § 5 Abs. 1 SchwbG verpflichtet Arbeitgeber, die über mindestens 16 Arbeitsplätze verfügen, auf wenigstens 6 % der Arbeitsplätze Schwerbehinderte zu beschäftigen – führt zu keinem individuellen Beschäftigungsanspruch eines schwer behinderten Arbeitnehmers gegen den die Quote missachtenden Arbeitgeber. Der Arbeitgeber ist lediglich zur Entrichtung einer **Ausgleichsabgabe** nach § 11 SchwbG verpflichtet. Bei schuldhaftem Verstoß gegen § 5 Abs. 1 SchwbG begeht der Arbeitgeber ggf. eine Ordnungswidrigkeit (§ 68 Abs. 1 Nr. 1 SchwbG).

b) Abschlussverbote und Jugendarbeitsschutz

Gesetzlich normierte Abschlussverbote finden sich im Jugendarbeitsschutzgesetz (JArbSchG): Nach dessen § 5 Abs. 1 ist die Beschäftigung von **Kindern** grundsätzlich (d. h. mit Ausnahmen nach § 5 Abs. 2 bis 4 JArbSchG) verboten. Kind im Sinne des Jugendarbeitsschutzgesetzes ist zum einen nach § 2 Abs. 1, wer noch nicht 14 Jahre alt ist. Darüber hinaus gelten aber auch Jugendliche, die der Vollzeitschulpflicht unterliegen, als Kinder im Sinne dieses Gesetzes (§ 2 Abs. 3 JArbSchG). Darüber hinaus statuiert § 7 JArbSchG ein **Mindestalter für die Beschäftigung**: So ist die Beschäftigung Jugendlicher unter 15 Jahren verboten. Jugendliche, die der Vollzeitschulpflicht nicht mehr unterliegen, aber noch nicht 15 Jahre alt sind, dürfen im Berufsausbildungsverhältnis bzw. außerhalb eines Berufsausbildungsverhältnisses nur mit leichten und für sie geeigneten Tätigkeiten bis zu 7

Stunden täglich und 35 Stunden wöchentlich beschäftigt werden. Ein Arbeitsvertrag, der gegen die vorgenannten gesetzlichen Verbote verstößt, ist nach § 134 BGB **nichtig**.

c) Doppelarbeitsverhältnisse und Wettbewerbsverbote

100 Ein bereits bestehendes Arbeitsverhältnis mit einem anderen Arbeitgeber bzw. ein arbeitsvertragliches Wettbewerbsverbot begründen kein Abschlußverbot: Die Rechtswirksamkeit des abgeschlossenen weiteren Arbeitsvertrags wird dadurch nicht berührt. Unabhängig davon ist allerdings die Frage zu beantworten, welche rechtlichen Konsequenzen der Arbeitgeber als Vertragspartner des zuerst eingegangenen Arbeitsverhältnisses aus dem Arbeitsvertrag unter dem Gesichtspunkt der Erfüllbarkeit ggf. wegen Verletzung des Arbeitsvertrages (Schadensersatz) gegen den Arbeitnehmer geltend machen kann. Zudem kann eine Kündigung des Arbeitsverhältnisses durch einen der beiden Arbeitgeber in Betracht kommen.

d) Beschäftigungsverbote

101 Von den vorgenannten Abschlußverboten sind die sog. schlichten Beschäftigungsverbote zu unterscheiden. Nach § 284 Abs. 1 SGB III dürfen Ausländer bspw. eine Beschäftigung nur mit Genehmigung des Arbeitsamtes ausüben und von Arbeitgebern nur beschäftigt werden, wenn sie eine solche Genehmigung besitzen. Keiner Genehmigung bedürfen Ausländer, denen nach den Rechtsvorschriften der EG oder nach dem EWR-Abkommen Freizügigkeit zu gewähren ist; Ausländer, die im Bundesgebiet geboren sind und eine unbefristete Aufenthaltserlaubnis besitzen, oder Ausländer, die eine Aufenthaltserlaubnis besitzen, und andere Ausländer, wenn dies in zwischenstaatlichen Vereinbarungen, aufgrund eines Gesetzes oder durch Rechtsverordnung bestimmt ist. Die Genehmigung wird nach § 285 Abs. 3 SGB III als **Arbeitserlaubnis** (§ 285 SGB III) erteilt, wenn kein Anspruch auf Erteilung als Arbeitsberechtigung (§ 286 SGB III) besteht. Das Beschäftigungsverhältnis mit einem ausländischen Arbeitnehmer, der nicht um eine Arbeitserlaubnis nachgekommen ist, soll gleichwohl nach § 134 BGB nicht nichtig sein, mit der Folge, dass dem Arbeitnehmer die vertraglich vereinbarten Lohnansprüche unmittelbar zustehen.

II. Die Beendigung des Arbeitsverhältnisses

1. Die Nichtigkeit des Arbeitsvertrages

102 Grundsätzlich entfaltet ein etwa nach den §§ 105 ff. (Geschäftsfähigkeit bzw. beschränkte Geschäftsfähigkeit), 116 S. 2 (geheimer Vorbehalt), 117 Abs. 1 (Scheingeschäft), 118 (Mangel der Ernstlichkeit), 134 (Verstoß gegen ein gesetzliches Verbot – beispielsweise i.V.m. §§ 2, 5, 7 JArbSchG oder §§ 3, 4, 6, 8 MuSchG), 138 (Sittenwidrigkeit), 142 (Anfechtung), 177 ff. (fehlende Vertretungsmacht) bzw. 306 BGB (objektive Unmöglichkeit) oder ein wegen eines Formmangels nichtiger Arbeitsvertrag (§ 125 BGB) keine Rechtswirkungen.

103 Wird das auf einem nichtigen Arbeitsvertrag beruhende Arbeitsverhältnis gleichwohl in Vollzug gesetzt, so ist dieses aber zunächst als wirksam anzusehen (sog. **fehlerhaftes Arbeitsverhältnis**). Das Arbeitsverhältnis kann jedoch sowohl vom Arbeitgeber als auch vom Arbeitnehmer jederzeit mit Wirkung für die Zukunft (ex-nunc-Wirkung) durch einseitige Erklärung wieder beendet werden, da die Vertragsgrundlage mangelhaft ist. Ist nur ein Teil des Arbeitsvertrags nichtig, so bestimmt § 139 BGB (**Teilnichtigkeit**), dass das ganze Rechtsgeschäft nichtig ist (sog. Totalnichtigkeit), wenn nicht anzunehmen ist, dass es auch ohne den nichtigen Teil vorgenommen sein würde. Beim **„Lohnwucher"** ist beispielsweise nur die Vereinbarung eines „Hungerlohns" nach den §§ 134 oder 138 Abs. 2 BGB nichtig. § 139 BGB wird nicht herangezogen. Die Vergütung bestimmt sich nach § 612 Abs. 2 BGB.

2. Die Anfechtung des Arbeitsvertrages

Die Anfechtung wird nicht durch das Recht zur außerordentlichen (oder ordentlichen) Kündigung verdrängt. Der Arbeitgeber kann seine den Arbeitsvertragsabschluss herbeiführende Willenserklärung nach § 123 bzw. § 119 BGB wegen Willensmängeln anfechten, falls der Arbeitnehmer bspw. seine Offenbarungspflicht verletzt oder im Rahmen des Einstellungsgesprächs eine ihm gestellte zulässige Frage (bewusst) falsch beantwortet hat. Voraussetzung für eine wirksame Anfechtung ist jedoch, dass die Frage – für den Bewerber erkennbar – als für den Arbeitgeber wesentlich zu qualifizieren war und bei einer richtigen (wahrheitsgemäßen) Beantwortung der Frage eine Einstellung nicht erfolgt wäre. Die Anfechtung erfährt weder durch die im Recht der Kündigung zu berücksichtigenden Arbeitnehmerschutzvorschriften noch durch eine Beteiligung des Betriebsrats nach § 102 BetrVG Einschränkungen. Eine Anfechtung scheidet ggf. aber dann aus, wenn das Arbeitsverhältnis über einen längeren Zeitraum hinweg Bestand hatte und sich der verschwiegene Umstand nicht weiter negativ auf die Vertragsbeziehung ausgewirkt hat. Eine gleichwohl erfolgte Anfechtung kann dann ggf. gegen Treu und Glauben (§ 242 BGB) verstoßen und deshalb unbeachtlich sein.

a) Die Anfechtung nach § 119 Abs. 2 BGB

Der Eigenschaftsirrtum als ausnahmsweise beachtlicher Motivirrtum erfasst Irrtümer über prägende Merkmale tatsächlicher oder rechtlicher Art einer Person, die in der Person selbst begründet sind und eine gewisse Beständigkeit (Dauerhaftigkeit) aufweisen – etwa Vorstrafen (wobei jedoch § 51 Abs. 1 BZRG zu beachten ist), Farbblindheit (bei Berufskraftfahrern) und sonstige Gesundheitsmängel (Krankheiten, Leiden; falls dem Arbeitnehmer wegen eines nicht nur kurzfristigen Leidens [z. B. Epilepsie] die notwendige Fähigkeit fehlt oder erheblich beeinträchtigt ist, die vertraglich übernommene Arbeit auszuführen) bzw. Vorbildung oder Zuverlässigkeit eines Bewerbers. **Keine** Eigenschaft ist hingegen regelmäßig etwa das Bestehen einer Schwangerschaft (ebenso wie eine kürzere Erkrankung), da dieser Zustand nur vorübergehend ist.

b) Die Anfechtung nach § 123 BGB

Unter einer **arglistigen Täuschung** versteht man ein bewusstes, d. h. vorsätzliches Erregen oder Aufrechterhalten eines Irrtums durch Vorspiegeln falscher oder Unterdrücken wahrer Tatsachen (etwa das Verschweigen offenbarungspflichtiger Tatsachen), um den Getäuschten vorsätzlich zur Abgabe einer bestimmten Willenserklärung zu veranlassen. Eine Anfechtung durch den Arbeitgeber wegen arglistiger Täuschung wegen bewusst falscher Angaben durch den Arbeitnehmer scheidet aber dann aus, wenn der Arbeitgeber eine unzulässige Frage gestellt hatte, da eine Täuschung des Arbeitgebers durch den Arbeitnehmer in einem solchen Falle nicht arglistig (bzw. nicht rechtswidrig) erfolgte. Die unrichtige Beantwortung der Frage des Arbeitgebers nach einer Körperbehinderung durch einen Stellenbewerber kann nur dann eine Anfechtung wegen arglistiger Täuschung rechtfertigen, wenn die verschwiegene Schwerbehinderung erfahrungsgemäß die Eignung des Arbeitnehmers für die vorgesehene Tätigkeit beeinträchtigt.

c) Wirkungen der Anfechtung und Nichtigkeit (fehlerhaftes Arbeitsverhältnis)

War das Arbeitsverhältnis noch nicht in Vollzug gesetzt, hatte der Arbeitnehmer also noch nicht seine Arbeit aufgenommen, bleibt es bei den allgemeinen Wirkungen einer Anfechtung nach § 142 Abs. 1 BGB. Wird ein anfechtbares Rechtsgeschäft angefochten, so ist es als von Anfang an nichtig anzusehen (ex-tunc-Nichtigkeit): Der Arbeitsvertrag ist von Anfang an nichtig. Schadensersatzpflichten können sich aus den §§ 122, 183 oder 826 BGB bzw. aus den Rechtsgrundsätzen eines Verschuldens bei Vertragsschluss ergeben.

War das Arbeitsverhältnis hingegen bereits (einvernehmlich) in Vollzug gesetzt worden, hatte der Arbeitnehmer also bereits mit Wissen und Wollen des Arbeitgebers Arbeitsleistungen erbracht, nimmt die h.M. zunächst das Bestehen eines **fehlerhaften Arbeitsverhältnisses** an, das grundsätzlich nicht mehr rückwirkend beseitigt werden kann. Für die Vergangenheit ist ein entsprechendes fehlerhaftes Arbeitsverhältnis wie ein fehlerfrei zustande gekommenes zu behandeln. Die Nichtigkeit des Arbeitsverhältnisses – für die Zukunft – kann jedoch jederzeit durch einseitige Erklärung des Arbeitgebers herbeigeführt werden (ohne dass etwaige Kündigungsschutzbeschränkungen dem entgegenstehen). Eine Anfechtungserklärung des Arbeitgebers führt also lediglich zur ex-nunc-Nichtigkeit des Arbeitsvertrags. Der Anfechtung kommen somit im Arbeitsrecht dieselben Wirkungen wie einer außerordentlichen Kündigung nach § 626 BGB zu mit dem Unterschied, dass die besonderen Vorgaben des Kündigungsschutzrechts (etwa die Beteiligung des Betriebsrats nach § 102 BetrVG) nicht beachtet werden müssen. Die Annahme eines fehlerhaften Arbeitsverhältnisses kommt nicht in Betracht, falls überwiegende Interessen der Allgemeinheit bzw. einzelner schutzwürdiger Personen dem entgegenstehen. Insoweit bestehen Besonderheiten bei einem fehlerhaften Arbeitsverhältnis infolge Minderjährigkeit eines Arbeitnehmers.

3. Die einvernehmliche Aufhebung des Arbeitsvertrags durch Arbeitnehmer und Arbeitgeber (Aufhebungsvertrag)

109 Arbeitnehmer und Arbeitgeber können (ohne Beachtung der Restriktionen der arbeitsrechtlichen Kündigungsvorgaben) auf der Grundlage der Vertragsfreiheit einvernehmlich durch Aufhebung des Vertrags (§§ 241, 305 BGB) einen wirksam abgeschlossenen Arbeitsvertrag jederzeit auch wieder beenden. Der Auflösungsvertrag bedarf nach § 623 BGB der Schriftform. Der Aufhebungsvertrag führt im Falle einer daraus resultierenden Arbeitslosigkeit des Arbeitnehmers dazu, dass dieser für die Dauer von zwölf Wochen vom Bezug des Arbeitslosengeldes gesperrt ist. Der Aufhebungsvertrag muss allerdings frei von Willensmängeln zustandegekommen sein. So kann ein Arbeitnehmer etwa einen Aufhebungsvertrag nach § 123 BGB anfechten, falls der Arbeitgeber den Entschluss zum Vertragsabschluss durch Drohung mit einer Kündigung herbeiführte, die ein verständiger Arbeitgeber nicht in Betracht gezogen hätte.

4. Einseitige Lossagung

110 Bei Vorliegen eines fehlerhaften Arbeitsverhältnisses können Arbeitgeber oder Arbeitnehmer sich durch einseitige Erklärung für die Zukunft vom Arbeitsverhältnis lossagen.

5. Die ordentliche Kündigung

111 Das grundsätzliche Kündigungsrecht des Arbeitgebers – die **Kündigungsfreiheit** – erfährt im Arbeitnehmerinteresse eine Reihe von Restriktionen, vor allem durch die Anwendung des KSchG. Neben diesem **allgemeinen Kündigungsschutz** steht bestimmten Arbeitnehmergruppen auch noch ein **besonderer Kündigungsschutz** (etwa werdenden Müttern oder Schwerbehinderten bzw. Betriebsratsmitgliedern) zu.

Die ordentliche Kündigung (§§ 620 Abs. 2, 622 BGB) ermöglicht es, das in der Regel auf unbestimmte Zeit und ohne besondere Zweckbindung abgeschlossene Arbeitsverhältnis zu beenden.

112 Nicht erforderlich ist eine ausdrückliche Bezeichnung der Erklärung als „Kündigung". Vielmehr kann sich auch aus dem gesamten Verhalten des Kündigenden unter verständiger Würdigung und unter Berücksichtigung von Treu und Glauben sowie der Verkehrssitte (§ 242 BGB) ergeben, dass dieser das Arbeitsverhältnis beenden möchte. Ausreichend aber auch erforderlich ist somit allein, dass der Wille zur Beendigung des Arbeitsverhältnisses (**Beendigungswille**) hinreichend deutlich zum Ausdruck kommt. Die Benennung eines Beendigungszeitpunktes ist bei der ordentlichen Kündigung dann entbehrlich, wenn sich ein solcher bereits aus dem Arbeitsvertrag, dem Tarifvertrag oder unmittelbar aus dem Gesetz (§ 622 BGB) ergibt. Erforderlich ist jedoch, dass der Kündigende deutlich macht, das Arbeitsverhältnis zu einem bestimmten Zeitpunkt (fristgerecht – und nicht aus

„wichtigem Grund") beendigen zu wollen. Als empfangsbedürftige Willenserklärung wird die Kündigungserklärung nach § 130 Abs. 1 S. 1 BGB mit Zugang beim Erklärungsempfänger – dem zu Kündigenden – wirksam, selbst wenn der Empfänger sich nicht zu Hause sondern etwa im Urlaub (bzw. im Krankenhaus oder in Haft) befinden sollte und dem Erklärenden dies auch bekannt war. Der **Zeitpunkt des Zugangs** ist etwa bedeutsam für den Beginn und den Lauf der Kündigungsfrist nach § 622 BGB, die Frist nach § 4 Abs. 1 KSchG (innerhalb der zwecks Vermeidung der Präklusionsfolge nach § 7 KSchG die Rechtsunwirksamkeit einer sozial ungerechtfertigten Kündigung geltend gemacht werden muss) bzw. den Zeitpunkt einer Betriebsratsbeteiligung durch den Arbeitgeber nach § 102 Abs. 2 S. 1 BetrVG. Im Hinblick auf den Zugang einer Kündigungserklärung gilt im einzelnen folgendes:

Unter **Abwesenden** geht eine Kündigungserklärung erst dann zu, wenn sie dergestalt in den Machtbereich des Empfängers gelangt, dass regelmäßig mit deren Kenntnisnahme gerechnet werden kann (**Empfangstheorie**). Ein Kündigungsschreiben, das mit der Post versandt wird, geht mit der Zustellung im Briefkasten bzw. an einen geeigneten Empfangsboten (etwa einen Familienangehörigen) zu. Verweigert ein Empfangsbote die Annahme des Kündigungsschreibens, nachdem der zu Kündigende auf diese Annahmeverweigerung Einfluss genommen hat, **gilt** die Erklärung dem Adressaten als zugegangen. Wird die Entgegennahme eines Kündigungsschreibens ohne triftigen Grund verweigert, verstößt eine Berufung auf den Nichtzugang regelmäßig gegen Treu und Glauben (§ 242 BGB – **Zugangsvereitelung**). Bei Einschreibebriefen ist in der Regel auf den Zeitpunkt der Abholung beim Postamt abzustellen. Ist bei urlaubs-/krankheitsbedingter Abwesenheit die Frist des § 4 S. 1 KSchG verstrichen, besteht die Möglichkeit, nach § 5 KSchG eine nachträgliche Zulassung der Kündigungsschutzklage zu beantragen.

113

Die Kündigungserklärung kann nach § 130 Abs. 1 S. 2 BGB nur solange zurückgenommen werden, als sie dem zu Kündigenden noch nicht zugegangen ist bzw. diesem mit der Kündigung **zeitgleich** ein Widerruf zugeht. Ist die Kündigungserklärung erst einmal nach § 130 Abs. 1 S. 1 BGB zugegangen, kann eine gleichwohl erklärte „Rücknahmeerklärung" (auch noch im Kündigungsschutzprozess) nur noch als ein Angebot angesehen werden, ein neues Arbeitsverhältnis (zu den alten Konditionen) zu begründen bzw. das alte Arbeitsverhältnis fortzusetzen, was der Gekündigte ausdrücklich oder stillschweigend (etwa durch Wiederaufnahme bzw. Fortsetzung der Arbeit) annehmen kann. Als einseitiges Gestaltungsrecht ist die Kündigung bedingungsfeindlich. Statthaft ist allein eine Potestativbedingung, deren Eintritt einzig vom Willen des Kündigungsempfängers abhängig ist. Damit wird jede Unsicherheit (jeder Schwebezustand) hinsichtlich des Wirksamwerdens einer Kündigung vermieden. Die Beendigung von Arbeitsverhältnissen bedarf zu ihrer Wirksamkeit der **Schriftform** (§ 623 BGB). Ein Verstoß gegen das Schriftformerfordernis begründet nach § 125 S. 1 BGB die Nichtigkeit der Kündigung wegen Formmangels.

114

Die Kündigung eines Berufsausbildungsverhältnisses, das nach der Probezeit seitens des Arbeitgebers im übrigen auch nur noch aus wichtigem Grund gekündigt werden kann, bedarf auch der Schriftform (§ 15 Abs. 3 BBiG).

115

Die Wirksamkeit einer ordentlichen Kündigung durch den Arbeitgeber ist vom Vorliegen besonderer Gründe (§ 1 KSchG) abhängig. Es ist also zwischen dem Vorliegen von Kündigungsgründen und dem Erfordernis einer Angabe derselben zu unterscheiden. Nach § 15 Abs. 3 BBiG gilt eine Ausnahme für die Kündigung von Berufsausbildungsverhältnissen – hier ist eine Angabe der Kündigungsgründe (durch den Arbeitgeber) erforderlich. Weiterhin kann sich eine Begründungspflicht der Kündigung auch aus einem Tarif- bzw. dem Individualarbeitsvertrag ergeben (vgl. auch die Begründungspflicht nach § 626 Abs. 2 S. 3 BGB). Im übrigen kann allerdings der Arbeitgeber auf Verlangen des Arbeitnehmers auf der Grundlage des Arbeitsvertrags i.V.m. § 242 BGB bzw. nach § 1 Abs. 3 S. 1 2. HS KSchG verpflichtet sein, diesem den Kündigungsgrund mitzuteilen, wenn er sich nicht nach pVV schadensersatzpflichtig machen will.

116

a) Kündigungsfristen

117 Es gilt grundsätzlich die Regelung des § 622 Abs. 1 BGB: Vier-Wochen-Frist zum Fünfzehnten oder zum Ende eines Kalendermonats (**Grundkündigungsfrist**). Im Arbeitnehmerschutzinteresse normiert § 622 Abs. 2 S. 1 BGB aber bei einer längeren Betriebszugehörigkeit des Arbeitnehmers (Arbeiter oder Angestellter) bei Arbeitgeberkündigungen darüber hinausgehend stufenweise verlängerte Kündigungsfristen. Bei der Berechnung der Beschäftigungsdauer werden Zeiten, die vor Vollendung des 25. Lebensjahres des Arbeitnehmers liegen, nach § 622 Abs. 2 S. 2 BGB nicht berücksichtigt.

118 Besondere Kündigungsfristen bestehen für bestimmte Arbeitnehmergruppen: Während einer **Probezeit** (längstens aber für die Dauer von sechs Monaten) kann das Arbeitsverhältnis nach § 622 Abs. 3 BGB mit einer Frist von zwei Wochen gekündigt werden. Ist eine längere Probezeit vereinbart, gilt nach Ablauf des sechsten Monats die Grundkündigungsfrist des § 622 Abs. 1 BGB. Ein **Berufsausbildungsverhältnis** kann während der Probezeit jederzeit und ohne Einhaltung einer Kündigungsfrist (von beiden Vertragspartnern) ordentlich gekündigt werden (§ 15 Abs. 1 BBiG – entfristete ordentliche Kündigung). Nach der Probezeit ist eine ordentliche Kündigung allein durch den Auszubildenden mit einer Frist von vier Wochen möglich (§ 15 Abs. 2 Nr. 2 BBiG). **Schwerbehinderten** kann nach § 16 SchwbG mit einer Mindestfrist von vier Wochen gekündigt werden. Diese Frist gewinnt gegenüber der gleichfalls vierwöchigen Grundkündigungsfrist des § 622 Abs. 1 BGB nur dann an Bedeutung, falls letztere zulässigerweise tarif- oder individualarbeitsvertraglich verkürzt worden ist.

119 Gemäß § 622 Abs. 4 BGB sind die gesetzlichen Kündigungsfristen (d. h. die Grundkündigungsfrist wie auch die verlängerten Kündigungsfristen) des § 622 Abs. 1 bis 4 BGB **tarifdispositiv**: Abweichende Regelungen (d. h. längere oder auch kürzere Kündigungsfristen, andere Kündigungstermine bzw. andere Zeiten der Betriebszugehörigkeit) können durch Tarifvertrag (nicht hingegen durch Betriebsvereinbarung) vereinbart werden. Durch **Individualarbeitsvertrag** kann hingegen nach § 622 Abs. 5 S. 1 BGB eine **kürzere** als die in § 622 Abs. 1 BGB genannte Grundkündigungsfrist nur vereinbart werden, wenn ein Arbeitnehmer zur vorübergehenden Aushilfe (weniger als drei Monate – **Aushilfsarbeitsverhältnis**) eingestellt wird (Nr. 1); bzw. wenn ein Arbeitgeber (Unternehmen) in der Regel nicht mehr als zwanzig Arbeitnehmer (ausschließlich der zu ihrer Berufsausbildung Beschäftigten) beschäftigt und die Kündigungsfrist vier Wochen (Mindestfrist) nicht unterschritten wird (**Kleinbetriebsklausel** – Nr. 2). Die einzelarbeitsvertragliche Vereinbarung von **längeren** als den in § 622 Abs. 1 bis 3 BGB genannten Kündigungsfristen bleibt hiervon unberührt (§ 622 Abs. 5 S. 2 BGB). In jedem Falle darf jedoch für die Kündigung des Arbeitsverhältnisses durch den Arbeitnehmer keine längere Frist vereinbart werden als für die Kündigung durch den Arbeitgeber (so § 622 Abs. 6 BGB – **Benachteiligungsverbot des Arbeitnehmers**).

b) Allgemeine Nichtigkeitsgründe

120 Wie alle Rechtsgeschäfte unterliegt auch die Kündigung den Vorgaben der §§ 134 bzw. 138 BGB. Einen besonderen Nichtigkeitsgrund im Sinne eines eigenständigen Kündigungsverbots im Sinne von § 13 Abs. 3 KSchG normiert § 613 a Abs. 4 S. 1 BGB: Die Kündigung des Arbeitsverhältnisses eines Arbeitnehmers durch den bisherigen Arbeitgeber oder durch den neuen Inhaber wegen des Übergangs eines Betriebs oder Betriebsteils ist unwirksam, wenn der Betriebsübergang „wesentlicher Sachgrund" für die Kündigung war.

c) Ausschluss der ordentlichen Kündigung?

121 Besonderheiten im Zusammenhang mit der grundsätzlichen Möglichkeit des Arbeitgebers, eine ordentliche Kündigung auszusprechen (Kündigungsfreiheit), bestehen im folgenden Fällen einer **Unkündbarkeit**:

- § 15 BBiG (Auszubildende)
- Mitglieder der Betriebsvertretung (§ 15 KSchG)
- § 2 ArbPlSchG (Wehr- und Zivildienstpflichtige)

Eine ordentliche Kündigung kann auch auf der Grundlage eines Individualarbeitsvertrags (etwa bei Abschluss eines befristeten Arbeitsvertrages) bzw. aufgrund Betriebsvereinbarung (§§ 77 Abs. 3, 95, 102 Abs. 3 Nr. 2 BetrVG, § 1 Abs. 2 S. 2 Nr. 1 a KSchG) oder durch Tarifvertrag (§ 4 Abs. 1 TVG – etwa § 53 Abs. 3 BAT) ausgeschlossen sein. Insoweit ist jedoch anzumerken, dass im Falle einer **Insolvenz** nach § 113 InsO i.V.m. Art. 6 des arbeitsrechtlichen Arbeitsförderungsgesetzes 1996 auch ordentlich nicht kündbare Arbeitsverhältnisse ordentlich gekündigt werden können.

d) Zustimmungs- bzw. Anzeigebedürftigkeit (besonderer Kündigungsschutz)

Die besonderen Kündigungsschutzgründe bewirken, dass sie nach § 13 Abs. 3 KSchG als „sonstige Unwirksamkeitsgründe" zu qualifizieren sind, auf die die Präklusionsfrist des § 4 S. 1 KSchG mithin keine Anwendung findet. Sie können also ohne die Gefahr eines Rechtsverlusts auch noch nach der Drei-Wochen-Frist im Rahmen der Kündigungsschutzklage geltend gemacht werden.
- § 9 MuSchG (Kündigungsschutz gegenüber Schwangeren)
- § 15 SchwbG (ordentliche Kündigung schwer behinderter Arbeitnehmer)
- § 17 KSchG (Anzeigepflicht bei Massenentlassungen)

e) Anhörung des Betriebsrats nach § 102 Abs. 1 BetrVG

Vor **jeder** Kündigung (ordentlicher wie außerordentlicher) eines Arbeitnehmers hat – soweit in einem Betrieb ein Betriebsrat besteht – nach § 102 Abs. 1 S. 1 BetrVG eine **ordnungsgemäße Anhörung** des Betriebsrats zu erfolgen. Das Beteiligungsrecht des Betriebsrats ist **bloßes Mitwirkungsrecht** – Wirksamkeitsvoraussetzung einer Kündigung ist also allein eine Anhörung des Betriebsrats, nicht jedoch dessen Zustimmung zur Kündigung. Die Anhörung bedarf keiner besonderen Form. Der Arbeitgeber hat dem Betriebsrat jedoch den Namen des für eine Kündigung in Aussicht genommenen Arbeitnehmers, dessen wesentliche Sozialdaten, die Art der beabsichtigten Kündigung (ordentliche oder außerordentliche Kündigung), den Kündigungstermin sowie die maßgeblichen Gründe für die Kündigung mitzuteilen. Die Mitteilungspflicht erstreckt sich im Zusammenhang mit den Kündigungsgründen auf alle Tatsachen und Umstände, die den Arbeitgeber zur Kündigung veranlassen. Die Mitteilung muss so umfänglich sein, dass der Betriebsrat ohne eigene Recherche allein aufgrund der Begründung des Arbeitgebers seine Entscheidung treffen kann. Mitzuteilen sind etwa bei einer
- **personenbedingten Kündigung** Fehlzeiten und die Umstände, die eine Negativprognose nahe legen (so eine krankheitsbedingte Kündigung beabsichtigt ist);
- **verhaltensbedingten Kündigung** einschlägige Abmahnungen und Vertragspflichtverletzungen des Arbeitnehmers, für die Beweis anzubieten ist;
- **betriebsbedingten Kündigung** die tragenden Erwägungen des Arbeitgebers im Hinblick auf die von ihm getroffene Sozialauswahl.

aa) Anforderungen an die Mitteilungspflicht des Arbeitgebers

Der Arbeitgeber genügt der Mitteilungspflicht nach § 102 Abs. 1 S. 2 BetrVG dadurch, dass er den Betriebsratsvorsitzenden (bzw. im Verhinderungsfalle dessen Stellvertreter) unterrichtet (§ 26 Abs. 3 S. 2 BetrVG). Gibt der Arbeitgeber die Information lediglich an ein einfaches Betriebsratsmitglied weiter, wird dieses nur als sein Erklärungsbote tätig mit der Folge, dass der Betriebsrat erst zu dem Zeitpunkt Kenntnis von der Mitteilung des Arbeitgebers erlangt, zu dem das Mitglied den Betriebsratsvorsitzenden unterrichtet.

bb) Die Anhörung des Betriebsrats

126 Eine Beteiligung des Betriebsrats ist bei leitenden Angestellten (§ 5 Abs. 3 BetrVG) entbehrlich, da auf diese das BetrVG grundsätzlich keine Anwendung findet. Bei der Kündigung eines leitenden Angestellten ist der Betriebsrat nach § 105 BetrVG lediglich zu informieren. Im Falle des Bestehens eines Sprecherausschusses ist dieser zu hören (§ 31 Abs. 2 SprAuG), da auch jede ohne Anhörung des Sprecherausschusses ausgesprochene Kündigung unwirksam ist. Die Beratung über die Kündigung erfolgt durch den Betriebsrat als Gremium. Treten dabei Fehler in der Willensbildung des Gremiums auf, obgleich der Arbeitgeber selbst seiner Verpflichtung zur Anhörung ordnungsgemäß nachgekommen ist, fallen diese allein in die Sphäre des Betriebsrats und sind demzufolge dem Arbeitgeber auch nicht zuzurechnen – letztlich bleiben sie also **unbeachtlich**. Eine ohne ordnungsgemäße (weil unzureichende oder gänzlich fehlende) Anhörung des Betriebsrats ausgesprochene Kündigung ist bereits nach § 102 Abs. 1 S. 3 BetrVG unheilbar unwirksam, **ohne** dass es noch auf das Vorliegen eines Kündigungsgrundes ankommt.

cc) Das Widerspruchsrecht des Betriebsrats

127 Hat der Betriebsrat gegen eine ordentliche Kündigung Bedenken, so muss er diese nach § 102 Abs. 2 S. 1 BetrVG unter Angabe der Gründe dem Arbeitgeber spätestens innerhalb einer Woche (**Anhörungsfrist**) schriftlich mitteilen. Er soll, soweit dies erforderlich erscheint, vor seiner Stellungnahme auch den betroffenen Arbeitnehmer hören (§ 102 Abs. 2 S. 4 BetrVG). Innerhalb der genannten Frist kann der Betriebsrat gemäß § 102 Abs. 3 Nr. 1 bis 5 BetrVG aufgrund der dort enumerativ genannten Gründe einer ordentlichen Kündigung widersprechen (**förmlicher Widerspruch**). Ein ordnungsgemäßer Widerspruch durch den Betriebsrat setzt voraus, dass dieser schriftlich fixiert und unter Angabe von Tatsachen erfolgt.

128 Die Möglichkeiten des Betriebsrats, auf eine Kündigung zu reagieren, zeitigen jedoch unterschiedliche rechtliche Konsequenzen, je nachdem, ob er
- (bloß) formlos Bedenken erhoben hat (§ 102 Abs. 2 S. 1 BetrVG – diese haben auf die Kündigung grundsätzlich keinen weitergehenden Einfluss, falls der Arbeitgeber auf der Kündigung besteht – § 102 Abs. 5 BetrVG, § 1 Abs. 2 S. 2 KSchG); oder aber
- frist- und formgerecht Widerspruch eingelegt hat (§ 102 Abs. 3 Nr. 1 bis 5 BetrVG – was im Kündigungsschutzprozess für die Frage der Sozialwidrigkeit einer Kündigung [§ 1 Abs. 2 S. 2 KSchG] Bedeutung erlangt).

129 Äußert sich der Betriebsrat **nicht** innerhalb der Anhörungsfrist von einer Woche, so **gilt** seine Zustimmung als erteilt (§ 102 Abs. 2 S. 2 BetrVG – gesetzlich geregelter Fall einer Fiktion, nach der Schweigen als Zustimmung zu qualifizieren ist).

dd) Kündigung des Arbeitgebers trotz Widerspruchs des Betriebsrats

130 Kündigt ein Arbeitgeber, obwohl der Betriebsrat der beabsichtigten Kündigung aus einem der in § 102 Abs. 3 Nr. 1 bis 5 BetrVG genannten Gründe widersprochen hat, so muss er dem zu kündigenden Arbeitnehmer mit der Kündigung eine Abschrift der schriftlich abzufassenden Stellungnahme des Betriebsrats zuleiten (§ 102 Abs. 4 BetrVG). Die Kündigung ist in diesem Falle nach § 1 Abs. 2 S. 2 KSchG sozial **ungerechtfertigt**, wenn der Betriebsrat ihr innerhalb der Frist des § 102 Abs. 2 S. 1 BetrVG schriftlich widersprochen hat, weil sie
- gegen eine Auswahlrichtlinie nach § 95 BetrVG verstößt (§ 102 Abs. 3 Nr. 2 BetrVG) oder weil
- der Arbeitnehmer an einem anderen Arbeitsplatz in demselben Betrieb oder in einem anderen Betrieb des Unternehmens weiterbeschäftigt werden kann (§ 102 Abs. 3 Nr. 3 BetrVG).

131 In den genannten Fällen besteht ein **absoluter Sozialwidrigkeitsgrund**. Hat der Betriebsrat einer ordentlichen Kündigung frist- und ordnungsgemäß widersprochen und hat der Arbeitnehmer nach dem Kündigungsschutzgesetz Klage auf Feststellung erhoben, dass sein Arbeitsverhältnis durch die

Kündigung nicht aufgelöst ist (Kündigungsschutzklage – § 4 S. 1 KSchG), so muss der Arbeitgeber nach § 102 Abs. 5 BetrVG auf Verlangen des Arbeitnehmers diesen nach Ablauf der Kündigungsfrist bis zum rechtskräftigen Abschluss des Rechtsstreits bei unveränderten Arbeitsbedingungen weiterbeschäftigen (**kündigungsschutzrechtlicher Weiterbeschäftigungsanspruch des Arbeitnehmers**).

f) Soziale Rechtfertigung der Kündigung nach dem Kündigungsschutzgesetz (allgemeiner Kündigungsschutz nach den §§ 1, 2 KSchG)

Nach § 1 Abs. 1 KSchG ist eine „sozial nicht gerechtfertigte Kündigung" unwirksam. Die fehlende soziale Rechtfertigung einer Kündigung kann der Arbeitnehmer gemäß §§ 4, 7 KSchG im Klagewege geltend machen. Diese Regelungen kommen dann zum Tragen, wenn das KSchG überhaupt zur Anwendung gelangt. 132

aa) Anwendbarkeit des Kündigungsschutzgesetzes (§§ 1 Abs. 1, 14, 23 KSchG)

Das KSchG erfasst nur die **ordentliche Kündigung** des Arbeitnehmers. Nach § 13 Abs. 1 KSchG untersteht die außerordentliche Kündigung allein in verfahrensrechtlicher Hinsicht dem KSchG. Das KSchG ist auf alle Arbeitnehmer – selbst auf die leitenden Angestellten (so § 14 Abs. 2 KSchG) – anwendbar. Auf leitende Angestellte findet lediglich der Kündigungseinspruch beim Betriebsrat nach § 3 KSchG keine Anwendung und § 9 Abs. 1 S. 2 KSchG gilt mit der Maßgabe, dass der Antrag des Arbeitgebers auf Auflösung des Arbeitsverhältnisses keiner Begründung bedarf. Kündigungen als Arbeitskampfmaßnahmen fallen gem. § 25 KSchG nicht unter das KSchG. 133

(a) Der persönliche Anwendungsbereich

Nach § 1 Abs. 1 KSchG muss das Arbeitsverhältnis des in Rede stehenden Arbeitnehmers in demselben Betrieb oder Unternehmen ohne Unterbrechung länger als sechs Monate (maßgeblich ist der rechtlich vereinbarte Beginn des Arbeitsverhältnisses) bestanden haben (Warte- oder gesetzliche Probezeit). Während dieser Zeitspanne kann der Arbeitgeber kündigen, ohne dass die Kündigung einer sozialen Rechtfertigung bedürfte. Für die Berechnung der Sechs-Monats-Dauer kommt es auf den Zeitpunkt des Zugangs der Kündigung an. Das BAG rechnet selbst Beschäftigungszeiten aus einem früheren Arbeitsverhältnis auf diese Wartezeit an, wenn die Unterbrechung verhältnismäßig kurz war und zwischen dem früheren und dem jetzigen Arbeitsverhältnis ein sachlicher Zusammenhang besteht. 134

(b) Der betriebliche Anwendungsbereich

§ 23 Abs. 1 S. 1 KSchG erklärt die Vorschriften des Ersten (Allgemeiner Kündigungsschutz) und des Zweiten Abschnitts (Kündigungsschutz im Rahmen der Betriebsverfassung und der Personalvertretung) grundsätzlich auf alle Betriebe und Verwaltungen des privaten und des öffentlichen Rechts für anwendbar. Gemäß § 23 Abs. 1 S. 2 KSchG werden im Hinblick auf den allgemeinen Kündigungsschutz jedoch solche Betriebe und Verwaltungen ausgenommen, in denen regelmäßig fünf oder weniger Arbeitnehmer (ausschließlich der zu ihrer Berufsausbildung Beschäftigten) beschäftigt sind (**Kleinbetriebe**). 135

bb) Die soziale Rechtfertigung der Kündigung (§ 1 Abs. 2 KSchG)

Die Kündigung eines Arbeitsverhältnisses gegenüber einem Arbeitnehmer ist nach § 1 Abs. 1 KSchG **rechtsunwirksam**, wenn sie „sozial ungerechtfertigt" (sozialwidrig) ist. 136

(a) Allgemeine Sozialwidrigkeit

137 Eine Kündigung ist nach § 1 Abs. 2 S. 1 KSchG dann **sozial ungerechtfertigt**, wenn sie nicht durch Gründe, die in der Person oder dem Verhalten des Arbeitnehmers liegen, oder durch dringende betriebliche Erfordernisse, die einer Weiterbeschäftigung des Arbeitnehmers in diesem Betrieb entgegenstehen, bedingt ist. Die Zulässigkeit einer ordentlichen Kündigung muss „an sich" entweder durch personenbedingte oder verhaltensbedingte bzw. betriebsbedingte Gründe gerechtfertigt sein. Diesen Gründen muss in ihrer Tragweite eine so große Bedeutung zukommen, dass dem Arbeitgeber eine Weiterbeschäftigung des Arbeitnehmers **nach** Ablauf der Kündigungsfrist nicht zuzumuten ist (Unzumutbarkeit einer Weiterbeschäftigung). Letzteres ist im Rahmen einer **umfassenden Interessenabwägung** festzustellen – ist die Kündigung im Einzelfall aus der verobjektivierten Sicht eines verständigen Arbeitgebers angemessen und billigenswert. Dabei ist zu berücksichtigen, dass eine Kündigung nur ultima-ratio sein kann, weshalb der Arbeitgeber vor dem Ausspruch einer Kündigung immer zu prüfen hat, ob keine ihm zumutbaren milderen Mittel die Probleme des gestörten Arbeitsverhältnisses zu lösen vermögen. Insoweit muss der Arbeitgeber etwa prüfen, ob er den Arbeitnehmer, von dem er sich eigentlich trennen wollte, nicht an anderer Stelle seines Unternehmens auf einem freien Arbeitsplatz ggf. selbst zu verschlechterten Konditionen weiterbeschäftigen kann. Dies lässt sich allein im Wege einer **Änderungskündigung** (§ 2 KSchG) bewerkstelligen.

(b) Besondere Sozialwidrigkeit

138 **Neben** den Gründen einer sozial ungerechtfertigten Kündigung (allgemeine Sozialwidrigkeit) bestehen nach § 1 Abs. 2 S. 2 Nr. 1 und 2 sowie Abs. 2 S. 1 KSchG eine Reihe weiterer Gründe, die eine Kündigung ausschließen. „Sozial ungerechtfertigt" ist eine Kündigung auch, wenn in Betrieben des privaten Rechts die Kündigung gegen eine Richtlinie nach § 95 BetrVG (Auswahlrichtlinie) verstößt bzw. der Arbeitnehmer an einem anderen Arbeitsplatz in demselben Betrieb oder in einem anderen Betrieb desselben Unternehmens weiterbeschäftigt werden kann **und** der Betriebsrat aus einem dieser Gründe der Kündigung innerhalb der Frist des § 102 Abs. 2 S. 1 BetrVG schriftlich widersprochen hat (§ 1 Abs. 2 S. 2 Nr. 1 KSchG).

Darüber hinaus ist eine Kündigung nach § 1 Abs. 2 S. 3 KSchG „sozial ungerechtfertigt", wenn die Weiterbeschäftigung des Arbeitnehmers nach zumutbaren Umschulungs- oder Fortbildungsmaßnahmen bzw. unter geänderten Arbeitsbedingungen möglich ist und der Arbeitnehmer sein Einverständnis hiermit erklärt hat.

cc) Personenbedingte Kündigung

139 Eine Kündigung ist sozial ungerechtfertigt, wenn sie nicht durch Gründe, die in der Person des Arbeitnehmers (etwa persönliche Fähigkeiten und Eigenschaften) liegen, bedingt ist. Personenbedingt sind Gründe, auf Grund derer der Arbeitnehmer auf Dauer nicht mehr in der Lage ist, die von ihm geschuldete Arbeitsleistung zu erbringen, womit der Austauschcharakter des Arbeitsverhältnisses nachteilig gestört wird. Eine personenbedingte Kündigung kommt somit bspw. vor allem in folgenden Fällen in Betracht: Krankheit (einschließlich suchtbedingten Erkrankungen), mangelnde geistige oder körperliche Eignung, Straf- oder Untersuchungshaft des Arbeitnehmers, fehlende persönliche Voraussetzungen des Arbeitnehmers für eine bestimmte Tätigkeit (bspw. Führerscheinentzug eines Kraftfahrers) oder altersbedingter Leistungsabfall. Das Erlangen eines Anspruchs auf Altersrente nach § 41 Abs. 4 S. 1 SGB VI stellt hingegen keinen entsprechenden Kündigungsgrund dar.

140 Eine personenbedingte **Kündigung wegen Krankheit** kommt bei häufigen Kurzerkrankungen, bei lang andauernder Erkrankung (Langzeiterkrankungen) sowie bei dauernder Leistungsunfähigkeit oder in Fällen erheblicher krankheitsbedingter Leistungsminderung in Betracht. Bei Prüfung der Frage, ob eine entsprechende krankheitsbedingte Kündigung „sozial gerechtfertigt" ist, muss folgendes berücksichtigt werden:

- **Negativprognose**: Aufgrund objektiver Tatsachen steht zu erwarten, dass der bereits seit langem erkrankte Arbeitnehmer in absehbarer Zeit nicht wieder genesen bzw. auch künftig weiter häufig erkranken wird (**negative Zukunftsprognose**). Dem Arbeitgeber ist es jedoch grundsätzlich verwehrt, aus **einer** Erkrankung, die aus einem Betriebsunfall resultiert, mithin singulär blieb, bzw. die bereits ausgeheilt ist, eine Negativprognose zu stellen.
- Werden **erhebliche betriebliche Interessen** (Störungen des Betriebsablaufs) durch (bereits entstandene oder künftig zu erwartende) Fehlzeiten des Arbeitnehmers erheblich beeinträchtigt? Eine entsprechende erhebliche betriebliche Beeinträchtigung kann sowohl in einer ausfallbedingten Ablaufstörung bestehen als auch in einer außergewöhnlich hohen wirtschaftlichen Beeinträchtigung, die ihren konkreten Niederschlag in der Entgeltfortzahlung im Krankheitsfall, mithin in den auftretenden Kosten des individuell in Rede stehenden Arbeitsverhältnisses, findet. Dies ist etwa dann der Fall, wenn der Arbeitnehmer in den vergangenen drei Jahren im Durchschnitt mehr als sechs Wochen im Jahr gefehlt hat, an denen der Arbeitgeber zur Entgeltfortzahlung verpflichtet war (wirtschaftliche Belastungen).
- Führt die erhebliche Beeinträchtigung der betrieblichen und wirtschaftlichen Interessen zu einer unzumutbaren weil erheblichen und billigerweise nicht mehr hinnehmbaren Beeinträchtigung des Betriebs des Arbeitgebers (**Interessenabwägung** [Kündigungsinteresse des Arbeitgebers einerseits, Bestandsschutzinteresse des Arbeitnehmers am Erhalt seines Arbeitsplatzes andererseits] **unter Berücksichtigung des Verhältnismäßigkeitsgrundsatzes**)?

In Bezug auf die Interessenabwägung muss der Arbeitgeber auch eine anderweitige Beschäftigungsmöglichkeit für den erkrankten Arbeitnehmer (ggf. selbst zu schlechteren Konditionen im Zusammenhang mit einer Änderungskündigung nach § 2 KSchG) in seinem Betrieb suchen. Allerdings ist der Arbeitgeber weder zur Schaffung eines gänzlich neuen Arbeitsplatzes noch zu einem Arbeitsplatztausch verpflichtet.

dd) Verhaltensbedingte Kündigung

Eine Kündigung ist auch dann sozial ungerechtfertigt, wenn sie nicht durch Gründe, die im **Verhalten des Arbeitnehmers** liegen, bedingt ist. Umgekehrt ist eine verhaltensbedingte Kündigung durch den Arbeitgeber dann statthaft, wenn bei objektiver Beurteilung der Sachlage und der Abwägung der beidseitigen Interessen von Arbeitgeber und Arbeitnehmer ein bestimmtes in Rede stehendes schuldhaftes Fehlverhalten des Arbeitnehmers den Kündigungsausspruch als angemessen und billig erscheinen lässt. Eine verhaltensbedingte Kündigung kommt vorrangig in Fällen eines vertragswidrigen Verhaltens des Arbeitnehmers (d. h. bei schuldhafter Verletzung seiner arbeitsvertraglichen Pflichten oder Nebenpflichten, etwa durch Schlechtleistung oder durch Verstöße gegen die betriebliche Ordnung) in Betracht, deren Gewicht noch nicht die Bedeutung eines „wichtigen Grundes" im Sinne des § 626 Abs. 1 BGB erlangt haben: Bspw. wiederholtes unentschuldigtes Fehlen, Beleidigung von Kollegen und des Arbeitgebers, sexuelle Belästigung und Trunkenheit am Arbeitsplatz, Verstöße gegen die Betriebsordnung bzw. eine Arbeitsverweigerung. Ein **außerbetriebliches Verhalten** vermag eine verhaltensbedingte Kündigung nur dann zu rechtfertigen, wenn das Arbeitsverhältnis dadurch konkret tangiert wird.

Das Verhältnismäßigkeitsprinzip gebietet es im Hinblick auf eine beabsichtigte verhaltensbedingte Kündigung, dass der Arbeitgeber zunächst zum milderen Mittel einer einschlägigen **Abmahnung** (als Vorstufe der Kündigung) greift. Erst im Wiederholungsfall kann dann gekündigt werden. Der Abmahnung als Ausübung eines vertraglichen Rügerechts kommt sowohl eine Hinweis- und Beanstandungs-, als auch eine Warn- und Dokumentationsfunktion zu. Zugleich bewirkt sie (zunächst) einen Kündigungsverbrauch – d. h., der Arbeitgeber kann aktuell auf den konkret abgemahnten Sachverhalt nicht sofort eine einschlägige Kündigung stützen. Dem Arbeitnehmer muss aus der formlos erklärbaren, aber zugangsbedürftigen, Abmahnung klar erkennbar werden, wie er sich künftig zu verhalten hat, und dass ein weiteres Fehlverhalten gravierende Konsequenzen nach sich ziehen wird. Auch einer früheren (unwirksamen) Kündigung kann eine Abmahnfunktion zukommen. Zur Abmah-

nung sind neben den zur Kündigung selbst berechtigten Personen auch all jene befugt, die in Bezug auf die vom Arbeitnehmer zu erbringende Arbeit Weisungen erteilen dürfen. Eine Beteiligung des Betriebsrats ist vor Ausspruch der Abmahnung selbst dann nicht erforderlich, wenn diese der Vorbereitung einer Kündigung dienen soll. Eine Abmahnung ist bei einer verhaltensbedingten Kündigung unter dem ultima-ratio-Grundsatz allein dann **entbehrlich**, wenn
- gegenüber demselben Arbeitnehmer bei vergleichbarem Sachverhalt bereits eine (unwirksame) Kündigung ausgesprochen worden war;
- der Arbeitnehmer einen gravierenden Verstoß im Vertrauensbereich des Arbeitgebers sich hat zu Schulden kommen lassen (eine Wiederherstellung der Vertrauensbeziehung mithin zwecklos wäre);
- der Arbeitnehmer bei einer besonders schweren Pflichtverletzung unter keinen Umständen mit einer Duldung des Arbeitgebers rechnen durfte, vielmehr auf einen Arbeitsplatzverlust bei Aufdeckung gefasst sein musste.

144 Eine Abmahnung ist in die Personalakte aufzunehmen. Dem Arbeitnehmer verbleibt jedoch die Möglichkeit, von seinem Gegendarstellungsrecht (§ 83 Abs. 2 BetrVG) Gebrauch zu machen. Eine wirksam erklärte Abmahnung kann durch bloßen Zeitablauf aber dann wirkungslos werden, wenn der Arbeitnehmer sein Fehlverhalten endgültig einstellt. Ist die Abmahnung in die Personalakte des Arbeitnehmers eingegangen, kann dieser nach Ablauf einer gewissen Zeit aufgrund der konkreten Umstände des Einzelfalls **Bereinigung** seiner Personalakte verlangen. Diese vollzieht sich dadurch, dass die Abmahnung aus der Personalakte getilgt wird. Dies gilt gleichermaßen für eine zu Unrecht erklärte Abmahnung.

ee) Betriebsbedingte Kündigung

145 Eine Kündigung ist auch sozial gerechtfertigt, wenn sie durch „dringende (inner- wie außer-) betriebliche Gründe" (Erfordernisse) bedingt ist, die einer Weiterbeschäftigung des Arbeitnehmers im Betrieb entgegenstehen. Als Gründe für eine betriebsbedingte Kündigung kommen etwa die folgenden in Betracht: Betriebsschließungen, Betriebseinschränkungen oder Betriebsumstellungen, Rationalisierungsmaßnahmen, Auftragsmangel oder Umsatzrückgang. Diese betrieblich bedingten Gründe müssen „dringend" sein. Dies ist nur dann der Fall, wenn die Kündigung des Arbeitnehmers im Interesse des Unternehmens tatsächlich erforderlich ist. Eine solche Konstellation ist allein dann gegeben, wenn die Gründe „einer Weiterbeschäftigung des Arbeitnehmers in diesem Betrieb entgegenstehen" (so § 1 Abs. 2 S. 1 KSchG), mithin für den speziell in Rede stehenden Arbeitnehmer kein anderer zumutbarer und vakanter Arbeitsplatz (im Unternehmensbereich) zur Verfügung steht, die Entlassung also nicht durch anders geartete technische, organisatorische oder wirtschaftliche Maßnahmen abgewendet werden kann. Auch hier ist der ultima-ratio-Grundsatz zu beachten: Der Arbeitgeber muss, soweit zumutbar, versuchen, die Kündigung durch andere Maßnahmen (technischer, organisatorischer oder wirtschaftlicher Art) zu vermeiden (etwa Umsetzung auf einen anderen Arbeitsplatz mit ggf. auch schlechteren Arbeitskonditionen [Vorrang der Änderungskündigung nach § 2 KSchG], Überstundenabbau, Einführung von Kurzarbeit usw.).

146 Betriebsbedingte Gründe basieren zumeist auf einer freien unternehmerischen Entscheidung, die einer gerichtlichen Überprüfung nur beschränkt (nämlich bei reiner Willkür, Rechtsmißbrauch, offensichtlich unsachlichen oder unvernünftigen Erwägungen des Arbeitgebers, **nicht** hingegen bei Unzweckmäßigkeit oder fehlender Notwendigkeit) zugänglich sind. Gleichwohl bedarf es bei betriebsbedingten Kündigungen bei der Auswahl des zu kündigenden einzelnen Arbeitnehmers einer besonderen Prüfung anhand der Regelung des § 1 Abs. 3 KSchG (**Sozialauswahl**): Eine aus betrieblichen Erfordernissen ausgesprochene Kündigung kann nämlich gleichwohl sozial ungerechtfertigt sein, wenn der Arbeitgeber bei der **Auswahl** des zu kündigenden Arbeitnehmers soziale Gründe – wie die Dauer der Betriebszugehörigkeit, das Lebensalter und die Unterhaltspflichten – nicht oder nicht ausreichend berücksichtigt hat. Der Arbeitgeber hat nach § 1 Abs. 3 S. 1 HS. 1 KSchG bei mehreren vergleichbaren Arbeitnehmern anhand der genannten Kriterien im Rahmen einer Sozialauswahl zu

entscheiden, wem von ihnen gekündigt werden soll. Die Entscheidung hat sich daran zu orientieren, wen unter den funktional austauschbar Beschäftigten eines Betriebs die auszusprechende Kündigung (relativ betrachtet) am wenigsten stark belastet. Die Entscheidung des Arbeitgebers hat sich im Rahmen der Sozialauswahl dabei an folgenden Punkten zu orientieren:
- Welche Arbeitnehmer sind – weil ihre Tätigkeit horizontal vergleichbar ist – (überhaupt) in die Sozialauswahl mit einzubeziehen?
- Welche Kriterien lassen jeden Einzelnen von ihnen als sozial schutzwürdig erscheinen?
- Liegen bei einigen dieser Arbeitnehmer ggf. Gründe i.S.d. § 1 Abs. 3 S. 2 KSchG vor, die mit zu berücksichtigen sind? In die soziale Auswahl sind nämlich solche Arbeitnehmer nicht mit einzubeziehen, deren Weiterbeschäftigung insbesondere wegen ihrer Kenntnisse, Fähigkeiten und Leistungen oder zur Sicherung einer ausgewogenen Personalstruktur des Betriebs im **berechtigten betrieblichen Interesse** liegt, mithin bei Nichtberücksichtigung dieses Aspekts eine betriebliche Zwangslage eintreten würde.

Dabei sind bei der Auswahlentscheidung – die dem Arbeitgeber einen Beurteilungsspielraum einräumt – folgende Kriterien durch den Arbeitgeber mit in Rechnung zu stellen: Die Dauer der Betriebszugehörigkeit als wichtigstes Kriterium, das Lebensalter des Arbeitnehmers sowie dessen aktuell bestehenden gesetzlichen Unterhaltspflichten, darüber hinaus aber auch Aspekte wie Vermögen und Schulden des Arbeitnehmers, dessen projezierbaren Arbeitsmarktchancen nach einer Kündigung oder der Umstand, dass auch der Ehegatte berufstätig ist („Doppelverdiener"). Die Sozialauswahl darf der Arbeitgeber nicht schematisch, sondern nur anhand einer individuellen Einzelfallprüfung vornehmen. Sie kann vom Arbeitsgericht weitgehend überprüft werden und ist an arbeitsplatzbezogenen Merkmalen zu orientieren. Die Gesichtspunkte des zu kündigenden Arbeitnehmers müssen in Vergleich gesetzt werden mit denen anderer Arbeitnehmer desselben Betriebs. Auf Verlangen des Arbeitnehmers hat der Arbeitgeber nach § 1 Abs. 3 S. 1 HS. 2 KSchG ersterem die Gründe anzugeben, die zu der von ihm getroffenen Sozialauswahl geführt haben.

ff) Sozialwidrigkeit trotz Vorliegens eines Kündigungsgrundes nach § 1 Abs. 2 S. 1 KSchG

Eine Kündigung ist dennoch **unwirksam (besondere Sozialwidrigkeit)** – so § 1 Abs. 2 S. 2 Nr. 1 a KSchG – , obgleich ein Kündigungsgrund nach § 1 Abs. 2 S. 1 KSchG vorliegt, falls sie
- gegen eine Auswahlrichtlinie im Sinne von § 95 BetrVG verstößt **und** (kumulativ)
- der Betriebsrat ihr **deswegen** nach § 102 Abs. 3 Nr. 2 BetrVG form- und fristgerecht widersprochen hat.

Entsprechende Konstellationen **absoluter Sozialwidrigkeit** (d. h. solche ohne erforderliche Interessenabwägung) liegen bei einem ordnungsgemäß erhobenen Widerspruch des Betriebsrats auch in folgenden Fällen vor:
- § 1 Abs. 2 S. 2 Nr. 1 b KSchG (Weiterbeschäftigungsmöglichkeit des Arbeitnehmers an einem anderen Arbeitsplatz im selben Betrieb oder Unternehmen zu unveränderten Arbeitsbedingungen)
- § 1 Abs. 2 S. 3 KSchG (Weiterbeschäftigungsmöglichkeit des Arbeitnehmers nach zumutbarer Umschulungs- oder Fortbildungsmaßnahme usw.)

g) Die Notwendigkeit, Kündigungsschutzklage zu erheben

Der Arbeitnehmer kann die Wirksamkeit einer vom Arbeitgeber ausgesprochenen Kündigung im Urteilsverfahren vom Arbeitsgericht überprüfen lassen (§ 2 Abs. 2 Nr. 3 b ArbGG). Will der Arbeitnehmer bei einer ordentlichen Kündigung geltend machen, dass die Kündigung sozial ungerechtfertigt i.S.d. § 1 Abs. 2 KSchG ist, so muss er gemäß § 4 S. 1 KSchG innerhalb von drei Wochen nach Zugang der Kündigung Klage beim Arbeitsgericht auf Feststellung erheben, dass das Arbeitsverhältnis durch die Kündigung nicht aufgelöst ist. Wird die Rechtsunwirksamkeit einer sozial ungerechtfertigten Kündigung nicht rechtzeitig geltend gemacht, so **gilt** nach § 7 KSchG die Kündigung (wenn sie nicht aus anderen Gründen bereits rechtsunwirksam ist – § 13 Abs. 3 KSchG) als von Anfang an rechtswirksam (**gesetzliche Fiktion**). Die Unwirksamkeit einer Kündigung kann dann nicht mehr mit ihrer Sozialwidrigkeit im Sinne von § 1 Abs. 2 S. 1 KSchG begründet werden. Ist die Kündigung hingegen aus anderen als den in § 1 Abs. 2 und 3 KSchG genannten Gründen unwirksam – etwa wegen fehlender Beteiligung des Betriebsrats nach § 102 BetrVG –, muss der Arbeitnehmer die Drei-Wochen-Frist des § 4 KSchG nach § 13 Abs. 3 KSchG **nicht** einhalten. Im Fall einer **Fristversäumung** durch den Arbeitnehmer (etwa wegen krankheits- bzw. urlaubsbedingter Abwesenheit) besteht nach § 5 Abs. 1 KSchG die Möglichkeit der **Zulassung** einer **verspäteten Klage**.

Gibt das Arbeitsgericht der Kündigungsschutzklage des Arbeitnehmers statt, stellt es fest, dass das Arbeitsverhältnis durch die Kündigung nicht beendet wurde. Für diesen Fall befand sich der Arbeitgeber, falls er den gekündigten Arbeitnehmer nicht weiter beschäftigt hatte, in Annahmeverzug (§§ 293 ff. BGB) – er sieht sich einem Lohnfortzahlungsanspruch des Arbeitnehmers nach § 615 BGB ausgesetzt. Bei seiner Entscheidung hat das Arbeitsgericht die Tatsachen- und Rechtslage im Hinblick auf die soziale Rechtfertigung im **Zeitpunkt des Zugangs der Kündigungserklärung** zugrunde zu legen. Dies bedeutet, dass der Arbeitgeber beispielsweise nicht unbeschränkt Kündigungsgründe **nachschieben** kann. Ein Nachschieben von Kündigungsgründen ist nur statthaft, sofern diese bereits bei Ausspruch der Kündigung vorlagen und weder verfristet (etwa nach § 626 Abs. 2 BGB) noch erst im Nachgang zum Kündigungsausspruch überhaupt erst bekannt geworden sind. Im übrigen sind – bei bestehendem Betriebsrat – dessen Beteiligungsrechte zu berücksichtigen: Hat der Arbeitgeber **ihm selbst bekannte Kündigungsgründe** bei der Anhörung des Betriebsrats nach § 102 BetrVG diesem nicht mitgeteilt, können sie auch im Kündigungsschutzprozess nicht nachgeschoben werden, selbst wenn der Betriebsrat der Kündigung (nachträglich) zugestimmt hat (Mangel der Beratungsgrundlage des Betriebsrats). Eine nachträgliche Anhörung des Betriebsrats wegen dieser Gründe scheidet aus. War dem Arbeitgeber hingegen ein – jetzt nachgeschobener – Kündigungsgrund im Zeitpunkt des Ausspruchs der Kündigung (noch) **nicht** bekannt, so schließt dies ein Nachschieben nicht grundsätzlich aus.

h) Besonderheit: Auflösungsurteil nach § 9 KSchG (Abfindung)

151 Stellt das Arbeitsgericht im Zuge der Kündigungsschutzklage fest, dass das Arbeitsverhältnis durch die ordentliche Kündigung **nicht** aufgelöst worden ist (allein weil die Kündigung nicht im Sinne des § 1 Abs. 2 KSchG sozial gerechtfertigt war [nicht aber aus sonstigen Gründen – etwa wegen einer unterlassenen Betriebsratsanhörung nach § 102 BetrVG]), so kann das Arbeitsgericht nach § 9 Abs. 1 S. 1 KSchG auf **Antrag des Arbeitnehmers** oder des **Arbeitgebers** das Arbeitsverhältnis durch Gestaltungsurteil auflösen und den Arbeitgeber zur Zahlung einer angemessenen **Abfindung** verurteilen. **Auflösungsgrund** für den Arbeitnehmer ist, dass ihm die Fortsetzung des Arbeitsverhältnisses (mithin die weitere Zusammenarbeit mit dem Arbeitgeber auf unbestimmte Zeit) nicht zuzumuten ist (§ 9 Abs. 1 S. 1 KSchG), für den Arbeitgeber, dass eine weitere betriebsdienliche Zusammenarbeit mit dem Arbeitnehmer nicht zu erwarten steht (§ 9 Abs. 1 S. 2 KSchG). Im Hinblick auf die **Höhe der Abfindung** gilt § 10 KSchG. Danach ist als Abfindung ein Betrag von bis zu zwölf Monatsverdiensten festzusetzen. Als Monatsverdienst gilt, was der Arbeitnehmer bei der für ihn maßgebenden regelmäßigen Arbeitszeit in dem Monat, in dem das Arbeitsverhältnis im Sinne des § 9 Abs. 2 KSchG endet, an Geld und Sachbezügen zusteht. In der Praxis wird etwa ein Monatsverdienst je Beschäftigungsjahr festgesetzt.

i) Insbesondere: Verzicht auf den Kündigungsschutz und Ausgleichsquittung

Die Kündigungsschutzvorschriften haben im Arbeitnehmerschutzinteresse zwingenden Charakter. Der Arbeitnehmer kann also auf sie nicht im **voraus** verzichten. Etwas anderes gilt nach Ausspruch der Kündigung, da es dem Arbeitnehmer freisteht, ob er die Kündigung akzeptiert oder Kündigungsschutzklage erhebt. Insoweit besteht auch die Möglichkeit, durch eine entsprechende, aber ausdrückliche Erklärung in einer sog. **Ausgleichsquittung** – die regelmäßig eine Erklärung des Arbeitnehmers beinhaltet, dass keine Ansprüche aus dem Arbeitsverhältnis sowie solche im Zusammenhang mit seiner Beendigung gegen den Arbeitgeber mehr bestehen – den Verzicht auf die Erhebung einer Kündigungsschutzklage zu erklären. 152

6. Die außerordentliche (fristlose) Kündigung

Im Unterschied zur ordentlichen Kündigung setzt eine außerordentliche (fristlose, weil auf die sofortige Beendigung eines Arbeitsverhältnisses gerichtete) Kündigung nach § 626 Abs. 1 BGB das Vorliegen eines **„wichtigen Grundes"** voraus. Dann kann sowohl ein unbefristetes als auch ein befristetes Arbeitsverhältnis von jedem Vertragsteil ohne Einhaltung einer Kündigungsfrist gekündigt werden. Es müssen Tatsachen vorliegen, aufgrund derer dem Kündigenden unter Berücksichtigung aller Umstände des Einzelfalles und unter Abwägung der Interessen beider Vertragsteile die Fortsetzung des Arbeitsverhältnisses bis zum Ablauf der Kündigungsfrist (§ 622 BGB) bzw. bis zur vereinbarten Beendigung des Arbeitsverhältnisses nicht zugemutet werden kann. Liegen die genannten Voraussetzungen vor, muss die außerordentliche Kündigung innerhalb der **Kündigungserklärungsfrist** des § 626 Abs. 2 BGB ausgesprochen werden. Es gibt aber auch die Möglichkeit einer befristeten außerordentlichen Kündigung, mithin einer solchen, die mit einer „sozialen Auslauffrist" verbunden wird. Der Kündigende muss in einem solchen Fall allerdings klar zum Ausdruck bringen, dass er keine ordentliche, sondern eine (befristete) außerordentliche Kündigung aussprechen möchte. 153

Auch im Rahmen einer außerordentlichen Kündigung nach § 626 Abs. 1 BGB gilt es eine Reihe von Zustimmungserfordernissen zu beachten: 154
- Betriebsratsmitglieder (§ 15 KSchG i.V.m. § 103 BetrVG)
- Schwangere und Frauen im Erziehungsurlaub (§ 9 MuSchG, § 18 BErzGG)
- schwerbehinderte Arbeitnehmer (§ 21 SchwbG)

Im Zusammenhang mit dem Erfordernis der Anhörung des Betriebsrats gibt es bei der außerordentlichen Kündigung eine Reihe von Besonderheiten, die zu berücksichtigen sind: Wie im Fall der ordentlichen Kündigung ist auch bei der außerordentlichen Kündigung eine **vorherige Beteiligung des Betriebsrats** nach § 102 Abs. 1 BetrVG erforderlich. Besonderheiten ergeben sich bei der außerordentlichen Kündigung nur insoweit, als die Anhörungsfrist nach § 102 Abs. 2 S. 3 BetrVG lediglich drei Tage beträgt und ein Schweigen des Betriebsrats nach h.A. nicht als Zustimmung qualifiziert werden kann: Anders als bei der ordentlichen Kündigung (§ 102 Abs. 3 BetrVG) hat der Betriebsrat bei der außerordentlichen Kündigung nämlich kein förmliches Widerspruchsrecht. Hat der Betriebsrat gegen eine außerordentliche Kündigung Bedenken, so hat er diese unter Angabe der Gründe dem Arbeitgeber unverzüglich, spätestens jedoch innerhalb von drei Tagen, schriftlich mitzuteilen. Der betriebsverfassungsrechtliche Weiterbeschäftigungsanspruch besteht nach § 102 Abs. 5 BetrVG bei außerordentlichen Kündigungen nicht. Auch die außerordentliche Kündigung leitender Angestellter (§ 5 Abs. 3 BetrVG) vollzieht sich ohne eine Beteiligung des Betriebsrats – bei Bestehen eines Sprecherausschusses ist dieser jedoch zu hören (§ 32 Abs. 2 S. 1 SprAuG). Der Sprecherausschuss kann nach § 31 Abs. 2 S. 3 und 4 SprAuG in gleicherweise wie der Betriebsrat seine Bedenken geltend machen. Eine ohne Anhörung des Sprecherausschusses ausgesprochene Kündigung ist unwirksam (§ 31 Abs. 2 S. 2 SprAuG). 155

Die außerordentliche Kündigung (§ 626 BGB) von Mitgliedern des Betriebsrats (der Jugend- und Auszubildendenvertretung, der Bordvertretung und des Seebetriebsrats, des Wahlvorstands sowie 156 von Wahlbewerbern) bedarf nicht lediglich einer Anhörung, sondern nach § 103 Abs. 1 BetrVG der **Zustimmung** des Betriebsrats. Das Zustimmungsverfahren wird durch einen Antrag des Arbeitgebers beim Betriebsrat eingeleitet. Letzterer muss analog § 102 Abs. 2 S. 3 BetrVG dem Arbeitgeber unverzüglich – spätestens jedoch innerhalb von drei Tagen – seine Entscheidung mitteilen. Der Betriebsrat hat im Rahmen des Zustimmungsverfahrens nach § 103 BetrVG keinen Ermessensspielraum. Er muss die beantragte Zustimmung erteilen, falls ein „wichtiger Grund" im Sinne des § 626 Abs. 1 BGB vorliegt. Äußert sich der Betriebsrat nicht innerhalb der vorgenannten Frist, so wird im Unterschied zu § 102 Abs. 2 S. 2 BetrVG sein Schweigen jedoch **nicht** als Zustimmung fingiert. Vielmehr gilt dann sein Schweigen als Zustimmungsverweigerung. Im Unterschied zum Anhörungsverfahren nach § 102 BetrVG führen Fehler im Zustimmungsverfahren nach § 103 BetrVG (unabhängig davon, wessen Sphäre sie zuzurechnen sind) grundsätzlich zur Nichtigkeit der außerordentlichen Kündigung des Mitglieds der Betriebsvertretung. Die Zustimmung ist Wirksamkeitsvoraussetzung für die auszusprechende Kündigung. Eine ohne Zustimmung des Betriebsrats (bzw. deren rechtskräftige Ersetzung durch das Arbeitsgericht) erfolgte außerordentliche Kündigung eines Mitglieds der Betriebsvertretung ist im Interesse eines Schutzes der betriebsverfassungsrechtlichen Funktionsträger **unheilbar nichtig**. Verweigert der Betriebsrat seine Zustimmung, so kann das Arbeitsgericht sie auf Antrag des Arbeitgebers (der den Ersetzungsantrag noch innerhalb der Kündigungserklärungsfrist des § 626 Abs. 2 BGB beim Arbeitsgericht zu stellen hat) gemäß § 103 Abs. 2 S. 1 BetrVG im Beschlussverfahren nach § 2 a Abs. 1 Nr. 1 und Abs. 2 ArbGG ersetzen, wenn die außerordentliche Kündigung unter Berücksichtigung aller Umstände gerechtfertigt ist. Das Arbeitsgericht hat die vom Betriebsrat verweigerte Zustimmung zu ersetzen, falls für die geplante Kündigung ein „wichtiger Grund" vorliegt. Ersetzt das Gericht die Zustimmung rechtskräftig, steht damit zugleich fest, dass ein wichtiger Grund für die außerordentliche Kündigung durch den Arbeitgeber im Entscheidungszeitpunkt vorlag. Nach Rechtskraft der ersetzten Zustimmung kann der Arbeitgeber dem Betriebsratsmitglied alsdann außerordentlich kündigen – dies muss, falls zwischenzeitlich die Frist des § 626 Abs. 2 BGB verstrichen ist, unverzüglich erfolgen.

157 Ein „wichtiger Grund" ist nach § 626 Abs. 1 BGB dann gegeben, wenn Tatsachen vorliegen, aufgrund derer dem Kündigenden die Fortsetzung des Arbeitsverhältnisses unter Berücksichtigung aller Umstände des Einzelfalls und unter Abwägung der beiderseitigen Interessen der Arbeitsvertragsparteien bis zum Ablauf der ordentlichen Kündigungsfrist (§ 622 BGB) bzw. bis zur vereinbarten Beendigung des „befristeten" Arbeitsverhältnisses nicht zugemutet werden kann. Bei der Prüfung der Frage, ob ein „wichtiger Grund" im Sinne von § 626 Abs. 1 BGB vorliegt, bedarf es im Rahmen einer **zweistufigen Prüfung** zunächst der Feststellung, ob ein bestimmter Sachverhalt „an sich" (generell) geeignet ist, einen wichtigen Grund abzugeben. Dies ist dann anzunehmen, wenn im maßgeblichen Zeitpunkt (d.h. bei Zugang der Kündigungserklärung) objektiv eine besonders schwere Vertragsverletzung vorliegt (unabhängig davon, ob diese dem Kündigenden bekannt ist), die dem Kündigenden die Fortsetzung des Arbeitsverhältnisses unzumutbar macht.

Als **„an sich geeignete" Gründe** können etwa die folgenden Gründe (personen-, verhaltens- oder betriebsbedingter Natur) in Betracht kommen:
- Verschulden bei Vertragsschluss (etwa Täuschung, bspw. Anstellungsbetrug).
- Verletzung von Hauptpflichten (arbeitsvertragliche Leistungspflichten – etwa beharrliche Arbeitsverweigerung, rechtswidriger Streik, eigenmächtiger Urlaubsantritt, vorgetäuschte Krankheit, wiederholte Unpünktlichkeiten).
- Verletzung von Neben- und Treuepflichten des Arbeitnehmers (arbeitsvertragliche Verhaltenspflichten – etwa Annahme von Schmiergeldern, Nebentätigkeit während einer ärztlich attestierten Arbeitsunfähigkeit) oder beharrliche Verstöße gegen betriebliche Alkohol- und Rauchverbote.
- Strafbare Handlungen (etwa Diebstahl [auch geringwertiger Sachen und auch außerhalb der Arbeitszeit], Spesenbetrug, Schlägereien, private Trunkenheitsfahrt eines Berufskraftfahrers).
- Gefährdung von Mitarbeitern.
- Ehrverletzungen mit korrespondierender Störung des Betriebsfriedens.

- (Ausnahmsweise) Krankheit (falls dadurch der Vertragszweck gefährdet wird [in jedem Fall aber Drohung mit Krankheit, um dadurch eine Urlaubsverlängerung zu erlangen]).
- (Ausnahmsweise) Betriebseinstellung oder -einschränkung (obgleich es sich dabei um betriebsbedingte Gründe handelt, die den Arbeitgeber in der Regel nur zur ordentlichen Kündigung berechtigen). Hier kann **ausnahmsweise** eine außerordentliche Kündigung dann statthaft sein, falls eine ordentliche Kündigung (mit Auslauffrist) vertraglich ausgeschlossen ist, etwa bei einer Anstellung auf Lebenszeit. In einem solchen Fall kommt jedoch ggf. eine außerordentliche Änderungskündigung nach § 2 KSchG in Betracht.
- Den Betriebsfrieden störende Betätigungen des Arbeitnehmers (etwa in einer politischen Partei).

Alsdann bedarf es – in einem zweiten Schritt – nach Maßgabe des ultima-ratio-Prinzips der Feststellung, ob bei einer Abwägung aller Umstände des Einzelfalls (Interessenabwägung – zu berücksichtigen sind die Art und die Schwere des Fehlverhaltens, insbesondere auch der Grad des Verschuldens und die Auswirkungen auf das Arbeitsverhältnis, ggf. auch bereits vorangegangene einschlägige Abmahnungen) die außerordentliche Kündigung als gerechtfertigt angesehen werden kann – ob und inwieweit also dem Kündigenden eine Fortsetzung des Arbeitsverhältnisses bis zum Ablauf der ordentlichen Kündigungsfrist (bzw. bis zum Ende des befristeten Arbeitsverhältnisses) zugemutet werden kann. Dabei müssen im Hinblick auf die **Zumutbarkeit einer Fortsetzung eines Arbeitsverhältnisses** auch für die Zukunft konkrete Störungen zu befürchten sein, die eine Störung des Betriebsfriedens erwarten lassen.

Alle zumutbaren milderen Mittel müssen vor Ausspruch der Kündigung ausgeschöpft worden sein. Dies folgt unmittelbar aus dem ultima-ratio-Prinzip: Die außerordentliche Kündigung kann nur das letzte Mittel sein, Störungen im Arbeitsverhältnis abzustellen. Insoweit ist es regelmäßig **vor** Ausspruch der außerordentlichen Kündigung erforderlich, dass der Arbeitgeber den Arbeitnehmer **abmahnt**, um ihm vor Augen zu führen, dass er nicht länger bereit ist, eine bestimmte Verhaltensweise des Arbeitnehmers zu akzeptieren, und um den Arbeitnehmer damit zugleich auf die Konsequenzen, die dieses Verhalten zeitigen kann, aufmerksam zu machen. Eine Abmahnung ist allerdings dann **entbehrlich**, wenn feststeht, dass sie keinen Erfolg zeitigen wird, weil der Arbeitnehmer angekündigt hat, sein Fehlverhalten gleichwohl fortzusetzen bzw., wenn der Vertrauensbereich zwischen Arbeitgeber und Arbeitnehmer durch das Fehlverhalten erschüttert wurde.

Gemäß der **Kündigungserklärungsfrist** des § 626 Abs. 2 BGB kann die Kündigung nur innerhalb von zwei Wochen erfolgen (S. 1 – vergleiche auch § 15 Abs. 4 BBiG). Die Frist beginnt mit dem Zeitpunkt, in dem der Kündigungsberechtigte von den für die Kündigung maßgebenden Tatsachen positive (d.h. vollständige und sichere) Kenntnis erlangt (S. 2). Wartet der Kündigungsberechtigte eine weitere Zeit zu, gibt er damit konkludent zu erkennen, dass ihm eine Fortsetzung des Arbeitsverhältnisses (bis zum Ablauf der Kündigungsfrist nach § 622 BGB bzw. bis zur vereinbarten Beendigung des Arbeitsverhältnisses) doch zugemutet werden kann.

Bedarf die Kündigung der **Zustimmung** von dritter Seite – etwa der Hauptfürsorgestelle bei Schwerbehinderten (§§ 21, 15 SchwbG) oder des Betriebsrats bei der Kündigung eines Betriebsratsmitglieds (§ 15 KSchG, § 103 BetrVG) – so muss der Antrag auf Erteilung der Zustimmung bzw. deren Ersetzung durch arbeitsgerichtliche Entscheidung innerhalb der Zwei-Wochen-Frist des § 626 Abs. 2 BGB gestellt werden (§ 21 Abs. 5 SchwbG analog). Dies bedeutet, dass lediglich die Einleitung der entsprechenden Zustimmungsverfahren innerhalb der Zwei-Wochen-Frist des § 626 Abs. 2 BGB zu erfolgen hat. Nach Zugang der behördlichen Zulässigkeitserklärung hat der Arbeitgeber die außerordentliche Kündigung dann unverzüglich auszusprechen.

Die Frist wird auch **nicht** durch das grundsätzliche Erfordernis, dass der Arbeitgeber den Betriebsrat bei jeder Kündigung zu beteiligen hat, nach § 102 Abs. 1 BetrVG gehemmt. Vielmehr muss der Arbeitgeber den Betriebsrat so rechtzeitig informieren, dass dessen Drei-Tage-Frist zur Stellungnahme

(**Überlegungsfrist**) bei einer außerordentlichen Kündigung nach § 102 Abs. 2 S. 1 BetrVG innerhalb der großen Zwei-Wochen-Frist des § 626 Abs. 2 BGB abläuft, damit er auch innerhalb dieses Fristablaufs die außerordentliche Kündigung noch erklären kann. Dies bedeutet, dass – falls bei bestehendem Betriebsrat dieser zu beteiligen ist – sich die Kündigungserklärungsfrist von zwei Wochen tatsächlich um diese drei Tage reduziert.

162 Auf Verlangen ist der Kündigende nach § 626 Abs. 2 S. 3 BGB verpflichtet, dem anderen Teil den Kündigungsgrund unverzüglich schriftlich mitzuteilen, um letzterem die Möglichkeit zu verschaffen, die Berechtigung der außerordentlichen Kündigung zu prüfen. Eine Verletzung dieser Mitwirkungspflicht kann zu einem Schadensersatzanspruch des Gekündigten gegenüber dem Kündigenden aus pVV führen. Nach Ablauf der Kündigungserklärungsfrist als (unabdingbare und zwingende materiell-rechtliche) Ausschlussfrist wird unwiderruflich vermutet, dass ein an sich gegebener „wichtiger Grund" nicht mehr geeignet ist, die Unzumutbarkeit der Vertragsfortsetzung bis zum Ablauf der Kündigungsfrist zu begründen.

a) Außerordentliche Kündigung und Kündigungsschutzgesetz (§ 13 Abs. 1 S. 2 i.V.m. § 4 S. 1 KSchG)

163 Grundsätzlich werden durch das Kündigungsschutzgesetz nach dessen § 13 Abs. 1 S. 1 die Vorschriften über das Recht zur außerordentlichen Kündigung eines Arbeitsverhältnisses nicht berührt. Gemäß § 13 Abs. 1 S. 2 KSchG kann der Arbeitnehmer die Rechtsunwirksamkeit einer außerordentlichen Kündigung **jedoch** nur nach Maßgabe des § 4 S. 1 und der §§ 5 bis 7 KSchG geltend machen. Dies bedeutet, dass der Arbeitnehmer, sofern das Kündigungsschutzgesetz auf ihn in persönlicher wie sachlicher Hinsicht überhaupt anwendbar ist (falls eine ordentliche Kündigung in Rede stünde), innerhalb der Drei-Wochen-Frist des § 4 S. 1 KSchG Kündigungsschutzklage erheben muss. Nach Ablauf der Klagefrist des § 4 S. 1 KSchG ist er präkludiert, d.h., er wird weder mit dem Einwand gehört, es habe

- überhaupt kein „wichtiger Grund" im Sinne des § 626 Abs. 1 BGB vorgelegen. Noch vermag er die
- Nichteinhaltung der Kündigungserklärungsfrist nach § 626 Abs. 2 BGB durch den Arbeitgeber zu rügen.

Es wird vielmehr das Vorliegen eines eine außerordentliche Kündigung rechtfertigenden Grundes unterstellt (§ 13 Abs. 1 S. 2 i.V.m. §§ 7, 4 KSchG).

164 Die Drei-Wochen-Frist (des § 4 S. 1 KSchG) braucht nach § 13 Abs. 3 KSchG allein dann nicht eingehalten zu werden, falls der Arbeitnehmer geltend macht, dass die außerordentliche Kündigung bereits aus anderen Gründen als dem Fehlen eines „wichtigen Grundes" im Sinne des § 626 Abs. 1 BGB (etwa wegen fehlender Betriebsratsbeteiligung nach § 102 BetrVG) unwirksam ist.

b) Die Umdeutung einer unwirksamen außerordentlichen Kündigung

165 Ist eine außerordentliche Kündigung unwirksam, kann diese nach § 140 BGB in eine ordentliche Kündigung zum nächst möglichen Kündigungstermin umgedeutet werden, sofern im Zeitpunkt des Zugangs der Kündigung auch eine ordentliche Kündigung vom hypothetischen Willen des Kündigenden mit umfasst war und der Gekündigte dies auch erkennen konnte, etwa weil der Kündigende sich auf jeden Fall vom zu Kündigenden trennen wollte und die Voraussetzungen für eine ordentliche Kündigung vorliegen. Probleme im Zusammenhang mit einer Umdeutung können jedoch wegen des Erfordernisses der Betriebsratsbeteiligung nach § 102 BetrVG auftreten: Eine Umdeutung ist nämlich dann **nicht** möglich, wenn der Arbeitgeber beispielsweise den Betriebsrat nur wegen einer außerordentlichen Kündigung beteiligt hat – nicht jedoch (und sei es auch nur hilfsweise) auch wegen einer ordentlichen Kündigung. Eine Betriebsratsbeteiligung zur außerordentlichen Kündigung beinhaltet nämlich nicht inzident zugleich eine solche zu einer ordentlichen Kündigung. Etwas anderes soll nur für den Fall gelten, dass der Betriebsrat einer unwirksamen außerordentlichen Kündigung vorbehalt-

los zugestimmt hat. Wiederum etwas anderes gilt für den Fall, dass neben einer außerordentlichen Kündigung **hilfsweise** (vorsorglich) eine ordentliche Kündigung erklärt worden ist: Dann liegen zwei zu unterscheidende Kündigungen vor, die jeweils auf ihre rechtliche Wirksamkeit hin zu überprüfen sind.

7. Die Änderungskündigung

Ein Sonderfall der ordentlichen bzw. außerordentlichen Kündigung ist die Änderungskündigung: Kündigt der Arbeitgeber das Arbeitsverhältnis und bietet er dem Arbeitnehmer im Zusammenhang mit der Kündigung die Fortsetzung des Arbeitsverhältnisses zu geänderten Arbeitsbedingungen an, so kann der Arbeitnehmer dieses Angebot nach § 2 KSchG unter dem Vorbehalt annehmen, dass die Änderung der Arbeitsbedingungen nicht im Sinne des § 1 Abs. 2 S. 1 bis 3 sowie Abs. 3 S. 1 und 2 KSchG sozial ungerechtfertigt ist. Die Änderungskündigung ist also in erster Linie nicht auf eine endgültige Beendigung des Arbeitsverhältnisses gerichtet, sondern zielt auf eine **Änderung der Arbeitsbedingungen**. Ihre rechtliche Zulässigkeit bemisst sich nach Maßgabe der Voraussetzungen der zugrunde liegenden Kündigung, da die Änderungskündigung letztlich als echte Kündigung zu qualifizieren ist. Dies bedeutet, dass eine ordentliche Änderungskündigung unter Zugrundelegung des Kündigungsschutzgesetzes nur aus dringenden betrieblichen, personen- oder verhaltensbedingten Gründen ausgesprochen werden kann. Das Arbeitsgericht hat letztlich zu prüfen, ob die Änderung der Arbeitsbedingungen nach § 2 KSchG sozial gerechtfertigt ist (§ 4 S. 2 KSchG), mithin über eine Interessenabwägung zu entscheiden. Überwiegen bei Abwägung die Interessen des Kündigenden an einer Änderung der Arbeitsbedingungen oder sind die Interessen des Arbeitnehmers an einer Beibehaltung der bisherigen Konditionen billigenswerter?

166

Von der Änderungskündigung ist die sog. **Teilkündigung** zu unterscheiden, die nur eine einzelne Bestimmung des Arbeitsvertrages (nicht jedoch den Vertrag in Gänze) zum Erlöschen bringen soll. Sie ist wegen Umgehung der Kündigungsschutzvorschriften gegenüber dem Arbeitnehmer grundsätzlich **unzulässig**. Statthaft kann hingegen die Vereinbarung eines **Widerrufsvorbehalts** wegen einer einzelnen Vertragsbedingung im Arbeitsvertrag sein, falls und soweit dies nicht zu einer Umgehung des Kündigungsschutzes führt.

167

8. Befristung und Bedingung im Arbeitsverhältnis

Nach § 620 Abs. 1 BGB endet ein Dienstverhältnis mit dem Ablauf der Zeit, für die es abgeschlossen wurde (Beendigung durch Zeitablauf). Die Befristung eines Arbeitsverhältnisses (§ 163 BGB) ist grundsätzlich **statthaft**, falls die Voraussetzungen des Gesetzes über Teilzeitarbeit und befristete Arbeitsverträge (TzBfG) vom 21.12.2000 vorliegen (so § 620 Abs. 3). Dessen § 14 normiert beispielhaft „sachliche Gründe", bei deren Vorliegen eine Befristung statthaft ist. Ohne Vorliegen eines sachlichen Grundes ist eine Befristung bis zur Dauer von zwei Jahren zulässig – bis zu dieser Gesamtdauer ist auch eine höchstens dreimalige Verlängerung eines kalendermäßig befristeten Arbeitsvertrages statthaft. Eine Befristung bedarf grundsätzlich keines sachlichen Grundes bei Arbeitnehmern, die das 58. Lebensjahr vollendet haben. Die Befristungsabrede bedarf zu ihrer Wirksamkeit der Schriftform. Bei rechtsunwirksamer Befristung gilt der befristete Arbeitsvertrag als auf unbestimmte Zeit geschlossen (§ 16 TzBfG). Auflösend bedingte Arbeitsverträge werden in § 21 TzBfG geregelt.

168

III. Nachwirkende Pflichten bei der Beendigung des Arbeitsverhältnisses

Endet das Arbeitsverhältnis, führt dies zwar grundsätzlich zu einem Erlöschen der beidseitigen arbeitsvertraglichen Verpflichtungen. Gleichwohl kann aber die Beendigung auch eine Reihe nachwirkender Verpflichtungen mit sich bringen.

169

§ 11 Arbeitsrecht am Bau – Teil 1: Allgemeine Grundzüge

1. Bezahlte Freizeit zur Stellensuche

170 Der Arbeitgeber hat dem Arbeitnehmer gemäß § 629 BGB nach der Kündigung auf dessen Verlangen eine angemessene Zeit zur Stellensuche zu gewähren. Insoweit hat der Arbeitnehmer auch nach § 616 BGB einen Anspruch auf Entgeltfortzahlung.

2. Zeugniserteilung

171 § 630 BGB statuiert einen Anspruch des Arbeitnehmers auf Zeugniserteilung. Danach kann bei der Beendigung des Arbeitsverhältnisses der Arbeitnehmer vom Arbeitgeber ein schriftliches Zeugnis über das Arbeitsverhältnis (Art der ausgeübten Tätigkeit) und dessen Dauer verlangen (**einfaches Zeugnis** – § 630 S. 1 BGB, § 113 Abs. 1 GewO, § 73 S. 1 HGB). Das Zeugnis ist auf Verlangen des Arbeitnehmers auf Angaben über dessen Leistungen und dessen Führung während der Dauer des Arbeitsverhältnisses zu erstrecken (**qualifiziertes Zeugnis** – § 630 S. 2 BGB, § 113 Abs. 2 GewO, § 73 S. 2 HGB). Aus dem qualifizierten Zeugnis müssen sich alle wesentlichen Tatsachen und Beurteilungen ergeben, die für eine Gesamtbeurteilung des Arbeitnehmers notwendig sind. Dies ermöglicht eine genaue Einschätzung der Person des Arbeitnehmers durch einen neuen Arbeitgeber. Das Zeugnis hat dem **Wahrheitsgebot** zu entsprechen, widrigenfalls sich aus einer unrichtigen Zeugniserteilung ggf. sogar Schadensersatzansprüche des Arbeitnehmers (bzw. des neuen Arbeitgebers) aus einem vertragsähnlichen Vertrauensverhältnis oder nach § 826 BGB ergeben können. Zwar ist dem Arbeitnehmer grundsätzlich im Zusammenhang mit einem qualifizierten Zeugnis ein **Anspruch auf eine wohlwollende Beurteilung** durch den Arbeitgeber zuzubilligen. Dies schließt – falls der Arbeitnehmer ein entsprechendes (und nicht lediglich ein einfaches) Zeugnis verlangt – es aber nicht aus, dass Arbeitgeber auch kritische Hinweise und Beurteilungen abgibt.

172 Wünscht der Arbeitnehmer, dass der alte gegenüber dem neuen Arbeitgeber **Auskünfte** über seine Person gibt, so kann ein entsprechender Anspruch (als nachwirkende Nebenpflicht) auf den früheren Arbeitsvertrag i.V.m. § 242 BGB gestützt werden.

3. Aushändigung von Arbeitspapieren

173 Der Arbeitgeber ist verpflichtet, dem Arbeitnehmer mit Beendigung des Arbeitsverhältnisses die Arbeitspapiere (insbesondere die Arbeitsbescheinigung nach § 312 SGB III, die Lohnsteuerkarte, die Versicherungskarte und Entgeltbescheinigung), aber auch das Arbeitszeugnis bzw. eine Urlaubsbescheinigung auszuhändigen.

4. Nachwirkende Pflichten auf Arbeitnehmerseite

174 Als nachwirkende Pflichten aus dem Arbeitsverhältnis auf Arbeitnehmerseite sind dessen Verpflichtung auf Rückgabe von Arbeitsmitteln sowie ggf. ein (nachwirkendes) vertragliches Wettbewerbsverbot bei korrespondierendem Anspruch auf eine Karenzentschädigung zu nennen.

IV. Der Betriebsübergang nach § 613 a BGB

175 § 613 a BGB regelt allein die arbeitsrechtlichen Konsequenzen eines Betriebsübergangs, mithin die Auswirkungen des rechtsgeschäftlichen Betriebsübergangs auf die Arbeitsverhältnisse. Unter einem „Betriebsübergang" ist die Übertragung einer wirtschaftlichen Einheit sächlicher und/oder immaterieller Betriebsmittel zu verstehen, mit denen der Erwerber den bisherigen Betriebszweck fortsetzen will. Erforderlich ist eine tatsächliche Übernahme und Fortführung im eigenen Namen. Der EuGH hat diese Auffassung erweitert: Ausreichend aber auch erforderlich sei, dass eine vom unternehmerischen Betriebszweck **unabhängige Dienstleistung** (im konkret entschiedenen Fall eine Reinigungsdienstleistung), die bislang von betriebseigenen Arbeitskräften verrichtet wurde, ohne

Übertragung eines Betriebsteils bei einem Drittunternehmen in Auftrag gegeben wird (Outsourcing). Ein Übergang der Arbeitsverhältnisse tritt also bereits dann ein, wenn eine Organisationseinheit zur Fortführung des damit verfolgten wirtschaftlichen Zwecks übernommen wird. Der bloße Wegfall von Arbeitsplätzen im auftragvergebenden Betrieb ist dafür nicht ausreichend.

176 Sind die Rechte und Pflichten im Sinne des § 613 a BGB durch Rechtsnormen eines Tarifvertrags (§§ 4 Abs. 1, 3 Abs. 1 TVG) oder durch eine Betriebsvereinbarung (§ 77 Abs. 4 BetrVG) geregelt, so werden sie grundsätzlich unmittelbar Inhalt des Arbeitsverhältnisses zwischen dem neuen Inhaber und dem Arbeitnehmer und dürfen nicht vor Ablauf eines Jahres nach dem Zeitpunkt des Übergangs zum Nachteil des Arbeitnehmers geändert werden (§ 613 a Abs. 1 S. 1 und 2 BGB). Das Verbot einer Änderung zum Nachteil des Arbeitnehmers gilt nicht, wenn die Rechte und Pflichten bei dem neuen Betriebsinhaber durch Rechtsnormen eines anderen Tarifvertrags oder durch eine andere Betriebsvereinbarung geregelt werden (§ 613 a Abs. 1 S. 3 BGB). Vor Ablauf der Ein-Jahres-Frist des § 613 a Abs. 1 S. 2 BGB können die Rechte und Pflichten aber nach § 613 a Abs. 1 S. 4 BGB dann geändert werden, wenn der Tarifvertrag oder die Betriebsvereinbarung nicht mehr gilt oder bei fehlender beidseitiger Tarifgebundenheit im Geltungsbereich eines anderen Tarifvertrags dessen Anwendung zwischen dem neuen Inhaber und dem Arbeitnehmer vereinbart wird. Der Erwerber hat also die in einem Kollektivvertrag vereinbarten Arbeitsbedingungen bis zu deren Kündigung oder Ablauf bzw. bis zum Inkrafttreten eines neuen Kollektivvertrags aufrecht zu erhalten. Die Funktion der Betriebsvertretung soll erhalten bleiben.

177 Der bisherige Arbeitgeber **haftet** gemäß § 613 a Abs. 2 BGB neben dem neuen Inhaber für die Verpflichtungen aus den Arbeitsverhältnissen, soweit diese vor dem Zeitpunkt des Übergangs entstanden sind und vor Ablauf von einem Jahr nach diesem Zeitpunkt fällig werden, als Gesamtschuldner. Die **Kündigung** des Arbeitsverhältnisses eines Arbeitnehmers durch den bisherigen Arbeitgeber oder durch den neuen Inhaber wegen des Übergangs des Betriebs(-teils) ist nach § 613 a Abs. 4 BGB unwirksam. Das Recht zur Kündigung des Arbeitsverhältnisses aus anderen Gründen bleibt hiervon jedoch unberührt. Die Regelung des § 613 a Abs. 4 S. 1 BGB enthält ein eigenständiges **Kündigungsverbot** im Sinne des § 13 Abs. 3 KSchG bzw. § 134 BGB und stellt nicht lediglich die Sozialwidrigkeit einer eventuellen Kündigung klar, die nach dem Maßstab von § 1 KSchG zu beurteilen ist.

178 Voraussetzung eines Betriebsübergangs nach § 613 a BGB ist in jedem Fall eine rechtsgeschäftliche Übertragung des Betriebs(-teils). Allein ein rechtzeitiger **Widerspruch** des betroffenen Arbeitnehmers hindert den Übergang seines Arbeitsverhältnisses. Im Fall des Widerspruchs eines Arbeitnehmers besteht das Arbeitsverhältnis mit dem alten Inhaber fort – letzterer kann dem Arbeitnehmer dann ggf. aber aus betriebsbedingten Gründen nach § 1 Abs. 2 S. 1 KSchG kündigen. Einer entsprechenden Kündigung steht in einem solchen Fall auch § 613 a Abs. 4 S. 1 BGB nicht entgegen, da – lässt man den Widerspruch unberücksichtigt – allein wegen des Betriebsübergangs nicht gekündigt worden ist. Widerspricht der Arbeitnehmer dem Übergang seines Arbeitsverhältnisses, so kann er sich auf eine fehlerhafte Sozialauswahl nach § 1 Abs. 3 KSchG aber nur berufen, wenn für den Widerspruch ein sachlicher Grund vorliegt. Hingegen setzt der Eintritt des Betriebserwerbers in die Rechte und Pflichten aus den zum Zeitpunkt des Betriebsübergangs bestehenden Arbeitsverhältnissen nicht die Einwilligung des Arbeitnehmers voraus.

179 § 613 a BGB zielt darauf ab, bestehende Arbeitsplätze zu erhalten, die Kontinuität des amtierenden Betriebsrats zu gewährleisten und die Haftungsmodalitäten zwischen dem alten und dem neuen Arbeitgeber festzulegen. Den früheren Inhaber trifft eine gesamtschuldnerische Mithaftung (§§ 420 ff. BGB) für **vor** dem Übergang entstandene und vor Ablauf eines Jahres seit dem Übergang fällig werdende Ansprüche (§§ 614, 271 BGB) des Arbeitnehmers (§ 613 a Abs. 2 S. 1 BGB). Aus § 613 a Abs. 2 S. 2 BGB resultiert eine anteilige Haftung des früheren Inhabers für nach dem Übergang fällig gewordene Ansprüche. Ansprüche, die erst **nach** dem Übergang entstanden sind, treffen den alten

Inhaber jedoch nicht mehr. Die Regelung des § 613 a BGB ist wegen ihres Schutzcharakters zwingendes Recht und somit weder durch den Erwerber noch durch den Veräußerer abdingbar.

V. Die Haftung des Arbeitnehmers (Leistungsstörungen im Arbeitsverhältnis)

1. Schadensersatzanspruch des Arbeitgebers bei Nichterfüllung der Arbeitspflicht
(dazu unter Rn 198 ff.)

2. Schadensersatzpflicht des Arbeitnehmers bei Schlechterfüllung der Arbeitsleistung

180 Im Arbeitsrecht ist der Arbeitnehmer zur Erbringung einer „ordentlichen" Arbeitsleistung als solcher verpflichtet, nicht jedoch zur Herbeiführung eines Arbeitserfolges (anders als beim Werkvertrag, bei dem der Werkunternehmer nach § 631 BGB den Leistungs**erfolg** schuldet).

a) Ansprüche des Arbeitgebers

181 Der Arbeitnehmer hat dem Arbeitgeber für jeden Schaden, den er bei Ausführung seiner Arbeit (Schlechtleistung) tatbestandsmäßig infolge positiver Vertragsverletzung (pVV) bzw. durch eine unerlaubte Handlung (§ 823 Abs. 1 BGB – etwa durch eine Beschädigung des Eigentums des Arbeitgebers) schuldhaft verursacht, **(allerdings unter Berücksichtigung der von der Judikatur entwickelten Grundsätze über den innerbetrieblichen Schadensausgleich** – Rn 183 ff.) einzustehen. Der Arbeitgeber hat aufgrund dieser Schadensersatzansprüche alsdann allerdings die Möglichkeit, diese unter Berücksichtigung der Pfändungsfreigrenzen (§ 850 c ZPO i.V.m. § 394 BGB) gegen den Lohnanspruch des Arbeitnehmers aufzurechnen (nach §§ 387 ff. BGB). Die Aufrechnung bewirkt nach § 389 BGB, dass die Forderungen, soweit sie sich decken, als in dem Zeitpunkt erloschen gelten, in welchem sie zur Aufrechnung geeignet gegenüber getreten sind. Der Schadensersatzanspruch des Arbeitgebers ist ggf. wegen seines eigenen Mitverschuldens (§ 254 BGB) zu reduzieren.

aa) pVV des Arbeitsvertrages

182 Nach h.M. ist eine uneingeschränkte Anwendung der zivilrechtlichen Haftungsprinzipien (§ 276 BGB – d. h. eine generelle Haftung des Arbeitnehmers für alle Schäden, die durch eine betriebliche Tätigkeit – und sei es aufgrund leichtester Fahrlässigkeit – veranlaßt wurden) auf die Arbeitnehmerhaftung gegenüber seinem Arbeitgeber inadäquat, weil sie den Arbeitnehmer oftmals übermäßig und unbillig belasten würde. Eine angemessene Verteilung des Betriebsrisikos (analog § 254 BGB) gebietet eine **Haftungsbeschränkung** (Beschränkung der Arbeitnehmerhaftung), da insbesondere bei längerer Arbeitsleistung und ggf. zudem monotonen Tätigkeiten selbst dem sorgfältigsten Arbeitnehmer bei auch nur leichtesten Sorgfaltsverstößen ein unverhältnismäßig hoher Schaden erwachsen kann, der außer Relation zum Arbeitslohn steht und daher bei einer Geltendmachung des Schadensersatzanspruchs die Existenzgrundlage des Arbeitnehmers in erheblichem Umfang beeinträchtigen kann. Der Arbeitnehmer ist weisungsgebunden und in den organisatorischen Arbeitsablauf des Betriebs eingebunden. Der Arbeitgeber hat demhingegen infolge seiner Organisationsmacht die Möglichkeit, Schadensrisiken durch Sicherheitsvorkehrungen sowie ggf. durch den Abschluss entsprechender Versicherungen abzuwehren oder zumindest abzumildern.

bb) Grundsätze des innerbetrieblichen Schadensausgleichs

183 Die h.M. ist im Laufe der Zeit von der Frage einer typisierenden bzw. situationsbezogenen Betrachtung der „Gefahrgeneigtheit (Schadensgeneigtheit)" einer Arbeit, mithin ob eine bestimmte Tätigkeit des Arbeitnehmers nun gefahr- (schadens-) geneigt ist oder nicht, abgerückt. Die Gefahrgeneigtheit (Schadensgeneigtheit) einer Arbeit ist nicht mehr Voraussetzung einer Beschränkung der Arbeitnehmerhaftung. Heute ist das Vorliegen einer **„betrieblich veranlassten Tätigkeit des Arbeitnehmers"**

ausreichend aber auch erforderlich: Der Arbeitnehmer haftet grundsätzlich für alle Schäden, die er in Ausübung einer betrieblich veranlassten (d. h. Tätigkeiten, die ihm für den Betrieb übertragen wurden bzw. die er im Interesse des Betriebs ausführt) oder aufgrund des Arbeitsverhältnisses geleisteten Tätigkeit verursacht. Liegt eine betrieblich veranlasste Tätigkeit des Arbeitnehmers vor, so beurteilt sich die Arbeitnehmerhaftung für Schäden, die im Rahmen dieser Tätigkeit von diesem verursacht werden, **aber** in Abweichung von der gesetzlichen Vorgabe des § 276 BGB (wonach der Arbeitnehmer außer für Vorsatz auch für jeden [mithin auch den leichtesten] Grad von Fahrlässigkeit haften müßte) nach Maßgabe des folgenden Verschuldensmaßstabes (sog. **Grundsätze des innerbetrieblichen Schadensausgleiches**):

- Bei Vorsatz des Arbeitnehmers (§ 276 Abs. 1 BGB): **Unbeschränkte Arbeitnehmerhaftung**.
- Bei grober Fahrlässigkeit: Grundsätzlich **unbeschränkte Haftung** des Arbeitnehmers, wobei ausnahmsweise dann eine Beschränkung (mit der Folge einer Schadensteilung Arbeitnehmer-Arbeitgeber – „**Quotelung**") in Betracht kommen kann, falls eine deutliche Disparität zwischen dem Lohn des Arbeitnehmers und dem Schadensrisiko der Tätigkeit besteht und im übrigen das Arbeitnehmerverschulden gegenüber dem Betriebsrisiko des Arbeitgebers nicht sonderlich schwer ins Gewicht fällt.
- Bei mittlerer normaler Fahrlässigkeit: **Schadensteilung** zwischen Arbeitgeber und Arbeitnehmer unter besonderer Berücksichtigung aller Umstände des konkreten Schadensfalls.
- Leichteste Fahrlässigkeit: **Keine Haftung des Arbeitnehmers** (den Arbeitgeber trifft hier aufgrund des Betriebsrisikos die volle Last des Schadens).

Die vorstehenden Grundsätze gelten sowohl für Schadensersatzansprüche des Arbeitgebers gegen den Arbeitnehmer aus pVV des Arbeitsvertrages als auch für sonstige auf gesetzlicher Grundlage beruhende Ansprüche (§§ 823 ff. BGB). Im konkreten Fall sind die Gesamtumstände (Schadensanlaß, Risiken, Schadensgeneigtheit der zu verrichtenden Tätigkeit, Verschuldensgrad, bestehende Unternehmensversicherungen durch den Arbeitgeber, Schadenszufügung, Lohnhöhe des Arbeitnehmers [Gewährung eines besonderen Risikozuschlags], sonstige persönliche Umstände des Arbeitnehmers [Dauer der Betriebszugehörigkeit, bisheriges Verhalten, ggf. weitere bereits verursachte Schäden usw.]) in eine **Gesamtabwägung** einzustellen, in der Billigkeits- und Zumutbarkeitsgesichtspunkte mit Berücksichtigung finden. Die Grundsätze des betrieblichen Schadensausgleichs gelangen jedoch dann nicht zur Anwendung, falls zugunsten des Arbeitnehmers eine Haftpflichtversicherung besteht, da er dann dieses sozialen Schutzes nicht bedarf.

b) Ansprüche der Arbeitskollegen

Für Schäden, die Arbeitskollegen im Zuge einer schuldhaften Ausübung der betrieblichen Tätigkeit durch einen anderen Arbeitnehmer erleiden, hat sowohl der schädigende Arbeitnehmer als auch der Arbeitgeber einzustehen.

aa) Ansprüche gegen den schädigenden Arbeitnehmer

Ansprüche des geschädigten Arbeitskollegen können sich im Rahmen der Grenzen der Haftungsrestriktion des innerbetrieblichen Schadensausgleichs sowohl im Hinblick auf einen Ersatz von Sach- als auch von Personenschäden (einschließlich Schmerzensgeld [§ 847 BGB]) ergeben. Da zwischen den einzelnen Arbeitnehmern keine vertraglichen Beziehungen bestehen, kommen allein gesetzliche Schadensersatzansprüche in Betracht.

(a) Ersatz des Sachschadens

Hat der schädigende Arbeitnehmer vorsätzlich oder fahrlässig das Eigentum seines Arbeitskollegen in widerrechtlicher Weise verletzt, so ist er diesem nach **§ 823 Abs. 1 BGB** zum Ersatze des daraus resultierenden Schadens verpflichtet. Ein weiterer Schadensersatzanspruch wegen des Sachschadens kann aus § 823 Abs. 2 BGB resultieren, falls der Schädiger vorsätzlich das Eigentum des Geschädigten verletzt hat und damit gegen das Schutzgesetz des § 303 StGB verstoßen hat. Die §§ 105 f. SGB

VII statuieren allein einen **Haftungsausschluss für Personenschäden**. Doch hat der schädigende Arbeitnehmer ggf. (falls er weder vorsätzlich noch grob fahrlässig gehandelt hat) gegen seinen Arbeitgeber einen **Freistellungsanspruch** nach Maßgabe der Grundsätze über den innerbetrieblichen Schadensausgleich.

(b) Ersatz des Personenschadens

188 Ein Schadensersatzanspruch wegen Personenschäden kann wiederum aus **§ 823 Abs. 1 BGB** resultieren: Ggf. besteht auch ein Schadensersatzanspruch wegen Verletzung eines Schutzgesetzes nach § 823 Abs. 2 BGB i.V.m. § 223 StGB. In entsprechenden Konstellationen besteht nach den §§ 847 Abs. 1, 823 Abs. 1 BGB regelmäßig auch ein Schmerzensgeldanspruch. Aufgrund der Grundsätze des innerbetrieblichen Schadensausgleichs hätte der schädigende Arbeitnehmer – soweit er nicht vorsätzlich oder grob fahrlässig gehandelt hat – jedoch einen **Freistellungsanspruch** gegen seinen Arbeitgeber. Da der Arbeitgeber aber nach § 104 SGB VII für Personenschäden grundsätzlich nicht einzustehen hat (**Haftungsprivileg des Arbeitgebers**), hat der Gesetzgeber die entstehende Problematik durch die Regelung der §§ 105 f. SGB VII einer Lösung zugeführt. Nach den §§ 105 f. SGB VII besteht ein **Haftungsausschluss** – der schädigende Arbeitnehmer ist nicht zum Schadensersatz wegen des Personenschadens (gleiches gilt für den Schmerzensgeldanspruch nach § 847 BGB) verpflichtet (**Haftungspriviligierung**): Nach den genannten Regelungen gilt § 104 SGB VII (Haftungsausschluss des Arbeitgebers) bei Arbeitsunfällen entsprechend für die Haftung der Arbeitnehmer und anderer in demselben Betrieb tätiger Personen, wenn diese einen Arbeitsunfall durch eine betriebliche Tätigkeit verursachen. Erfasst werden – entgegen dem missverständlichen Wortlaut des § 105 Abs. 1 S. 1 SGB VII („Versicherte desselben Betriebs") – aber auch (schädigende) betriebsfremde Personen (d. h. Arbeitnehmer anderer Unternehmen), falls sie bei der Schadensverursachung im Betrieb tätig waren, in dem der Arbeitsunfall geschah. Dies bedeutet, dass der Schädiger nur bei Vorsatz bzw. im Falle, dass der Unfall auf einem nach § 8 Abs. 2 Nr. 1 bis 4 SGB VII versicherten Weg (sog. **Wegeunfall**) erfolgte, haftet.

bb) Ansprüche gegen den Arbeitgeber

189 Der geschädigte Arbeitnehmer kann wegen seiner Sach- und Personenschäden auch Schadensersatzansprüche (sowohl [wegen des bestehenden Arbeitsvertrags] auf vertraglicher als auch auf gesetzlicher Grundlage) gegen seinen Arbeitgeber geltend machen.

(a) Ersatz der Sachschäden

190 Ein Anspruch auf Ersatz der Sachschäden kommt zum einen wegen **pVV des Arbeitsvertrages** des geschädigten Arbeitnehmers in Betracht. Dabei hat der Arbeitgeber nach § 278 S. 1 BGB das Verschulden des schädigenden Arbeitnehmers als Erfüllungsgehilfe in gleichem Umfang zu vertreten wie ein eigenes Verschulden. Darüber hinaus besteht ggf. auch ein gesetzlicher Schadensersatzanspruch nach **§ 831 Abs. 1 S. 1 BGB**. Der Haftungsausschluss nach § 104 SGB VII erfasst **nicht** die Haftung des Arbeitgebers für Sachschäden des Arbeitnehmers.

(b) Ersatz der Personenschäden

191 Ein Ersatz der dem geschädigten Arbeitnehmer entstandenen Personenschäden ist grundsätzlich gleichermaßen auf der Basis von **pVV des Arbeitsvertrages i.V.m. § 278 BGB** sowie **§ 831 Abs. 1 BGB** (mit der Möglichkeit einer Exculpation nach § 831 Abs. 1 S. 2 BGB) möglich. Zudem besteht ggf. auch ein Schmerzensgeldanspruch gemäß §§ 847 Abs. 1, 831 Abs. 1 BGB. Dabei ist jedoch zu berücksichtigen, dass wegen der Personenschäden § 104 SGB VII zugunsten des Arbeitgebers einen **Haftungsausschluss** statuiert, weil dieser allein nach § 150 SGB VII die Beiträge für die Unfallversicherung trägt. Im Falle eines Arbeitsunfalls gewährt die zuständige Berufsgenossenschaft als Trägerin der gesetzlichen Unfallversicherung nach § 7 Abs. 2 SGB VII dem Arbeitnehmer (und seiner Familie) einen Schadensausgleich, und zwar unabhängig davon, ob der Unfall unverschuldet, auf-

grund eigener oder aber auch infolge fremder Fahrlässigkeit eingetreten ist. Nach den §§ 26 ff. SGB VII werden etwa die Heilbehandlungskosten übernommen oder Verletzten- bzw. ggf. auch Hinterbliebenenrenten gezahlt. Die Unfallversicherung übernimmt jedoch keinen Ersatz für Sachschäden. Es erfolgt auch keine Zahlung von Schmerzensgeld (§ 847 BGB). Der Unternehmer ist den in seinem Unternehmen tätigen Versicherten (sowie deren Angehörigen und Hinterbliebenen) zum Ersatz des Personenschadens, der durch einen Arbeitsunfall verursacht wurde, nur dann verpflichtet, wenn er (d. h. der Arbeitgeber selbst) den Arbeitsunfall vorsätzlich herbeigeführt hat, oder wenn der Arbeitsunfall nicht auf einem nach § 8 Abs. 2 Nr. 1 bis 4 SGB VII versicherten Weg (Wegeunfall) eingetreten ist. In den beiden genannten Fällen einer ausschließlichen Arbeitnehmerhaftung reduziert sich der Schadensersatzanspruch des versicherten Arbeitnehmers jedoch um die Leistungen, die er nach Gesetz oder Satzung infolge des Versicherungsfalles erhält (§ 104 Abs. 4 SGB VII). Der Haftungsausschluss des § 104 SGB VII erfasst **alle Personenschäden** (einschließlich Schmerzensgeld [§§ 847 Abs. 1, 823 Abs. 1 BGB] und Beerdigungskosten). Bei einem Arbeitsunfall erhält der Arbeitnehmer mithin weder von seinem Arbeitgeber noch von der gesetzlichen Unfallversicherung einen Ersatz seines immateriellen Schadens (§ 253 BGB).

(c) Ansprüche betriebsfremder Dritter (sog. Drittschädigung)

Ein geschädigter betriebsfremder Dritter kann gegen den schädigenden Arbeitnehmer Ansprüche nach allgemeinen Grundsätzen geltend machen, etwa § 823 BGB (ggf. i.V.m. § 847 BGB). Der Arbeitgeber haftet nach § 831 Abs. 1 BGB (für seinen Arbeitnehmer als „Verrichtungsgehilfen" – mit Exculpationsmöglichkeit), ggf., falls Vertragsbeziehungen des Arbeitgebers zum Geschädigten bestehen, auch auf vertraglicher Grundlage (etwa wegen pVV i.V.m. § 278 BGB). Im Rahmen dieser Haftung von Schädiger (Arbeitnehmer) und Arbeitgeber besteht gegenüber dem Geschädigten nicht die Möglichkeit der Berufung auf eine im Innenverhältnis bestehende Haftungsbeschränkung nach den Grundsätzen des innerbetrieblichen Schadensausgleichs. Doch besteht ggf. die Möglichkeit, dass der durch den Geschädigten in Anspruch genommene Arbeitnehmer (als Schädiger) selbst wieder Ansprüche gegen seinen Arbeitgeber (**Freistellungsanspruch**) geltend machen kann.

192

(d) Anspruch des schädigenden Arbeitnehmers gegen seinen Arbeitgeber

War die Tätigkeit des schädigenden Arbeitnehmers jedoch **betrieblich veranlaßt**, so hat er bei einer Inanspruchnahme durch seinen geschädigten Arbeitskollegen bzw. durch einen betriebsfremden Dritten (Fall einer Drittschädigung) und einer Inadäquanz des Schadens (d. h. falls der Schädiger im Rahmen des innerbetrieblichen Schadensausgleichs diesen nicht bzw. nur in beschränktem Umfang zu ersetzen hat) gegen seinen Arbeitgeber ggf. einen Anspruch auf Freistellung bzw. Erstattung **analog §§ 670, 675 BGB bzw. auf der Grundlage des Arbeitsvertrags (§ 611 i.V.m. § 242 BGB)**: Der Arbeitgeber hat den Arbeitnehmer von dessen Außenhaftung insoweit freizustellen (**Freistellungsanspruch**), als der Arbeitnehmer dem Arbeitgeber gegenüber nicht zu haften bräuchte, wäre der Arbeitgeber geschädigt worden. Dieser Freistellungsanspruch kann an den Geschädigten abgetreten (§§ 398 ff. BGB) und von diesem auch gepfändet werden (§§ 829, 835 ZPO).

193

(e) Die Gefährdungshaftung des Arbeitgebers

Im „Ameisen-Säure-Fall" hat das BAG einen verschuldensunabhängigen Ersatzanspruch (**Erstattungsanspruch**) des Arbeitnehmers gegen seinen Arbeitgeber für **Sachschäden** analog § 670 BGB anerkannt, falls der Schaden außergewöhnlich ist und unverschuldet im Zusammenhang mit einer gefährlichen betrieblichen Tätigkeit entsteht (**arbeitsinadäquate Schäden**) und der Arbeitnehmer seitens des Arbeitgebers keinen sonstigen Ausgleich für die Übernahme der mit dieser (gefährlichen betrieblichen) Tätigkeit verbundenen Risiken erhält. Die Rechtsprechung hat eine entsprechende Gefährdungshaftung des Arbeitgebers vor allem in zwei Fällen anerkannt:

194

- Bei außergewöhnlichen Schäden des Arbeitnehmers in Vollzug einer gefährlichen Arbeit (mit denen der Arbeitnehmer sowohl nach dem Zuschnitt des Betriebs als auch nach der Natur der Arbeit nicht zu rechnen braucht).
- Bei Unfallschäden im Falle einer Benutzung des Privat-PKWs durch den Arbeitnehmer mit Billigung des Arbeitgebers bzw. bei betrieblicher Notwendigkeit, es sei denn, dass der Arbeitgeber seine Haftung durch die vertraglich vereinbarte Zahlung einer Kfz-Pauschale ausgeschlossen hat.

195 Davon zu unterscheiden sind bloße **„arbeitsadäquate Schäden"**, mit denen der Arbeitnehmer zu rechnen hat und die mit dem Arbeitsentgelt (bzw. durch die Gewährung einer besonderen Zulage des Arbeitgebers) als mit abgegolten gelten.

(f) Exkurs: Mankohaftung

196 Der Arbeitnehmer kann im Rahmen einer arbeitsvertraglichen Nebenabrede (§§ 305, 241 BGB – **Mankoabrede**) verpflichtet sein, für Fehlbestände in seiner ihm anvertrauten Kasse oder in seinem Warenlager einstehen zu müssen. Eine entsprechende Vereinbarung ist entweder als vertragliche **Beweislastverteilung** oder als **verschuldensunabhängige Haftung** zu qualifizieren. Als Beweislastverteilung ist sie nur statthaft, wenn letztere sinnvoll und den betrieblichen Eigenarten sowie der Beschäftigung des Arbeitnehmers angepasst ist. Ausgestaltet als verschuldensunabhängige Haftung (d. h. als verschuldensunabhängiges Einstehenmüssen des Arbeitnehmers für Fehlbeträge bzw. Fehlbestände in seinem Arbeits- und Kontrollbereich) ist eine Mankohaftung nur zulässig, falls der Arbeitgeber dem Arbeitnehmer eine angemessene wirtschaftliche Kompensation, das **Mankogeld**, gewährt. Entsprechende Nebenvereinbarungen, die eine verschuldensunabhängige Mankohaftung begründen, finden ihre Grenzen beispielsweise in § 138 BGB, falls kein Mankogeld vorgesehen ist und dem Arbeitnehmer keine hinreichenden Kontrollmöglichkeiten eingeräumt werden. Im übrigen können auch auf die Mankohaftung regelmäßig die Grundsätze des innerbetrieblichen Schadensausgleichs Anwendung finden.

VI. Rechte und Pflichten aus dem Arbeitsverhältnis

197 Auf den Arbeitsvertrag finden grundsätzlich die Regelungen über Leistungsstörungen Anwendung: Hat der Arbeitnehmer eine Leistungsstörung nicht zu vertreten, wird er von seiner Verpflichtung zur Arbeitsleistung nach § 275 BGB frei. Im Hinblick auf die Entgeltzahlung gelten die §§ 323 ff. BGB, die jedoch im Arbeitsrecht eine Reihe von Modifikationen, insbesondere im Hinblick auf den Grundsatz „Ohne Arbeit keinen Lohn" erfahren.

1. Die Arbeitspflicht des Arbeitnehmers

198 Dem Arbeitnehmer obliegt als Hauptpflicht aus dem Arbeitsverhältnis die Arbeitspflicht. Sie findet ihre Rechtsgrundlage im **§ 611 BGB i.V.m. dem Arbeitsvertrag** und wird ggf. durch arbeitsrechtliche Schutzgesetze, Tarifvertrag, Betriebsvereinbarung bzw. das Direktionsrecht des Arbeitgebers konkretisiert. Die Arbeitspflicht des Arbeitnehmers steht im Gegenseitigkeitsverhältnis (Synallagma) mit der Vergütungspflicht des Arbeitgebers i. S. der §§ 320 ff. BGB. Nach § 614 BGB ist der Arbeitnehmer grundsätzlich (d. h. bei Fehlen einer anderweitigen Vereinbarung) vorleistungspflichtig. Die Erbringung der Arbeitsleistung stellt im Regelfalle nach § 613 S. 1 BGB eine höchstpersönliche Verpflichtung dar. Die Verpflichtung zur Arbeitsleistung erlischt daher auch mit dem Tod des Arbeitnehmers. Der Anspruch auf die Arbeitsleistung ist im übrigen auch grundsätzlich („im Zweifel") nicht übertragbar (§ 613 S. 2 BGB) – im Falle des Todes des Arbeitgebers geht ein Arbeitsverhältnis jedoch im Rahmen der Universalsukzession auf dessen Erben über (§ 1922 BGB) und erlischt nicht automatisch.

a) Die Arbeitsverweigerung

Im Falle einer (beharrlichen) **Arbeitsverweigerung** durch den Arbeitnehmer (der bei schuldhafter und unberechtigter Erfüllungsverweigerung wegen des Fixschuldcharakters der Arbeitsleistung auch seines Entgeltanspruchs verlustig geht) hat der Arbeitgeber folgende Möglichkeiten zu reagieren:

aa) Leistungsklage

Im arbeitsgerichtlichen Verfahren (§§ 2 Abs. 1 Nr. 3 a, 2 Abs. 5, 46 ff. ArbGG i.V.m. § 13 GVG) kann der Arbeitgeber auf der Grundlage des § 611 BGB i.V.m. dem (Einzel-) Arbeitsvertrag den Arbeitnehmer auf Erbringung der geschuldeten Arbeitsleistung in Anspruch nehmen (**Klage auf Erfüllung der Arbeitsleistung**). Ein entsprechendes Urteil zugunsten des Arbeitgebers ist jedoch nach § 62 Abs. 2 ArbGG i.V.m. § 888 Abs. 2 ZPO gegen den Arbeitnehmer **nicht** vollstreckbar. Die Möglichkeit, im Rahmen des vorläufigen Rechtsschutzes durch eine einstweilige Verfügung nach § 62 Abs. 2 ArbGG i.V.m. §§ 935 ff. ZPO den Arbeitnehmer zur Erbringung der Arbeitsleistung zu verpflichten (summarisches Eilverfahren), ist umstritten.

bb) Außerordentliche Kündigung

Der Arbeitgeber kann dem Arbeitnehmer im Falle einer beharrlichen Arbeitsverweigerung nach vorheriger Abmahnung auch aus wichtigem Grund nach § 626 BGB außerordentlich (fristlos) kündigen, da ihm regelmäßig die Fortsetzung des Arbeitsverhältnisses bis zum Ablauf der ordentlichen Kündigungsfrist nicht zugemutet werden kann.

cc) Schadensersatzansprüche

Der Arbeitgeber kann im Falle einer Arbeitsverweigerung den Arbeitnehmer ggf. auf Schadensersatz in Anspruch nehmen, falls ihm wegen der schuldhaften Nichterbringung der Arbeitsleistung ein Schaden entstanden ist. Als Anspruchsgrundlagen für einen solchen Schadensersatzanspruch kommen entweder § 325 Abs. 1 BGB (bei fortbestehendem Arbeitsverhältnis), § 628 Abs. 2 BGB (bei beendetem Arbeitsverhältnis) bzw. pVV des Arbeitsvertrages (falls der Arbeitnehmer sich bereits vor Arbeitsaufnahme vom Vertrag lossagt) in Betracht. Im übrigen kann ein pauschalierter Schadensersatz nach § 61 Abs. 2 S. 1 ArbGG in Betracht kommen.

dd) Insbesondere: Vertragsstrafeversprechen

Im Arbeitsvertrag kann für den Fall einer Nichtleistung (Vertragsbruch) durch den Arbeitnehmer auch ein Vertragsstrafeversprechen vereinbart werden: Verspricht der Schuldner (Arbeitnehmer) dem Gläubiger (Arbeitgeber) für den Fall, dass er seiner Verbindlichkeit (Arbeitsleistung) nicht oder nicht in gehöriger Weise nachkommt, die Zahlung einer Geldsumme als Strafe, so ist die Strafe verwirkt, wenn er in Verzug kommt (§ 339 S. 1 BGB). Auch die formularmäßige Vereinbarung eines Vertragsstrafeversprechens in einem Arbeitsvertrag ist grundsätzlich statthaft, da ein entsprechendes Klauselverbot nach § 11 Nr. 6 AGBG im Arbeitsrecht nicht zur Anwendung gelangt (§ 23 Abs. 1 AGBGB). Ein Vertragsstrafeversprechen vermag das nicht vollstreckbare Erfüllungsinteresse des Arbeitgebers nach den §§ 888 Abs. 2 ZPO und 61 Abs. 2 ArbGG zu sichern. Im übrigen erleichtert es den konkreten Schadensnachweis. In jedem Falle ist die Rechtmäßigkeit des Vertragsstrafeversprechens zu prüfen, insbesondere ob die Vereinbarung etwa gegen die guten Sitten gem. § 138 Abs. 1 BGB bzw. gegen ein gesetzliches Verbot nach § 134 BGB verstößt und damit nichtig ist. Hat ein Arbeitnehmer verwirkt, ist die verwirkte Strafe aber unverhältnismäßig hoch, so kann die Vertragsstrafe nach § 343 Abs. 1 BGB auf Antrag des Arbeitnehmers vom Arbeitsgericht durch Urteil auf den angemessenen Teil herabgesetzt werden. Bei der Beurteilung der Angemessenheit ist jedes berechtigte Interesse des Arbeitgebers, nicht bloß dessen Vermögensinteresse, in Betracht zu ziehen.

b) Der Fixschuldcharakter der Arbeitspflicht

204 Der Arbeitspflicht kommt **Fixschuldcharakter** im Sinne des § 361 BGB zu. Dies bedeutet, dass ausgefallene Arbeit grundsätzlich nicht nachholbar ist. Der bloße Umstand der Nicht-Arbeit mit korrespondierendem Ablauf der Arbeitszeit führt zur **Unmöglichkeit** im Sinne des § 275 BGB. Der Arbeitnehmer verliert daher im Regelfalle nach § 323 Abs. 1 BGB seinen Entgeltanspruch, es sei denn, dass eine der Sondervorschriften dennoch eine Entgeltzahlung ohne Arbeitsleistung vorsieht.

2. Der Beschäftigungsanspruch

a) Der allgemeine Beschäftigungsanspruch

205 Korrespondierende Verpflichtung des Arbeitnehmers auf Erbringung der Arbeitsleistung ist sein Anspruch **auf (tatsächliche) Beschäftigung** (Beschäftigungspflicht des Arbeitgebers) im bestehenden Arbeitsverhältnis. Der Beschäftigungsanspruch findet seine Grenze an der Zumutbarkeit, d. h. einer Abwägung der legitimen Arbeitnehmer-(Beschäftigungs-) und Arbeitgeberinteressen (an einer Nichtbeschäftigung). Der Arbeitnehmer kann seinen Beschäftigungsanspruch auch im Klagewege durchsetzen und vollstrecken lassen (§ 888 Abs. 1 ZPO). Einstweiliger Rechtsschutz ist über § 62 Abs. 2 ArbGG i.V.m. §§ 935, 940 ZPO möglich. § 613 BGB ordnet insoweit eine höchstpersönliche Verpflichtung und Berechtigung an: Der Arbeitnehmer hat die Arbeit im Zweifel in Person zu leisten. Der Arbeitgeber kann daher einen Arbeitnehmer auch nicht ohne besonderen Grund aufgrund einseitiger Gestaltungsmacht von seiner Arbeitspflicht suspendieren. Der Beschäftigungsanspruch entfällt – unbeschadet der Frage einer (ggf. gleichwohl fortbestehenden) Lohnzahlungspflicht des Arbeitgebers – bei einer Unmöglichkeit (§ 275 BGB) bzw. einer Unzumutbarkeit (bspw. wegen der Gefährlichkeit der zu verrichtenden Arbeit) der Beschäftigung des Arbeitnehmers.

b) Der Weiterbeschäftigungsanspruch

206 Der Arbeitnehmer hat nach Ausspruch einer Kündigung während der Kündigungsfrist grundsätzlich noch einen **Weiterbeschäftigungsanspruch**, da das Arbeitsverhältnis weiter fortbesteht, es sei denn, dass in besonders gelagerten Ausnahmefällen schutzwürdige Interessen des Arbeitgebers dem entgegenstehen. Im übrigen besteht nach § 102 Abs. 5 S. 1 BetrVG bei einem entsprechenden Verlangen des Arbeitnehmers ein besonderer betriebsverfassungsrechtlicher Weiterbeschäftigungsanspruch bis zum Abschluss des Kündigungsschutzprozesses, falls der Betriebsrat einer ordentlichen Kündigung frist- und ordnungsgemäß (d. h. aus den in § 102 Abs. 3 Nr. 1 bis 5 BetrVG genannten Gründen) widersprochen hat, und der Arbeitnehmer nach dem KSchG Klage auf Feststellung erhoben hat, dass das Arbeitsverhältnis durch die Kündigung nicht aufgelöst worden ist.

3. Der Anspruch auf das Arbeitsentgelt

207 Mit der Arbeitspflicht des Arbeitnehmers korrespondiert beim Arbeitsvertrag die Verpflichtung des Arbeitgebers auf Entgeltzahlung (§ 320 BGB). Die Vergütungspflicht ist die Hauptpflicht des Arbeitgebers aus dem Arbeitsverhältnis. Der Anspruch des Arbeitnehmers auf Entgeltzahlung (wobei das Arbeitsentgelt für Arbeiter als „Lohn", für Angestellte als „Gehalt" bezeichnet wird) basiert auf **§ 611 BGB i.V.m. dem Arbeitsvertrag (Grundlohnanspruch)**. Der Arbeitnehmer ist grundsätzlich nach § 614 BGB vorleistungspflichtig, d. h. die Fälligkeit des Lohnanspruchs nach § 271 BGB tritt erst **nach** Erbringung der Arbeitsleistung ein. Das Arbeitsentgelt ist als Nettolohn (d. h. Bruttolohn als „Vergütung" im Sinne von § 611 Abs. 1 BGB abzüglich der Lohnsteuer sowie des Anteils des Arbeitnehmers an den Sozialversicherungsbeiträgen), falls eine anderweitige ausdrückliche Regelung fehlt, unter Berücksichtigung der Verkehrssitte in der Regel auf ein Konto des Arbeitnehmers zu überweisen oder ihm am Sitz des Betriebs auszuzahlen (Zahlungsort – § 269 Abs. 1 i.V.m. § 270 Abs. 4 BGB). Die **Wegezeit** eines Arbeitnehmers von seiner Wohnung zum Arbeitsplatz ist im Re-

gelfalle nicht als Arbeitszeit zu vergüten. Etwas anderes gilt regelmäßig für die Wegezeit von der Betriebsstätte zu einem außerhalb derselben gelegenen Arbeitsplatz.

a) Die Lohnhöhe

Die **Lohnhöhe** bemisst sich wie folgt: Einerseits nach zwingenden arbeitsschutzrechtlichen Vorgaben, andererseits aufgrund einer (ausdrücklichen bzw. konkludenten) Vergütungsvereinbarung im Arbeitsvertrag. Dabei gilt der Grundsatz der Privatautonomie. Der privatautonomen Vergütungsvereinbarung zwischen Arbeitgeber und Arbeitnehmer sind jedoch eine Reihe von Grenzen gesetzt: 208

- Die Beschäftigung eines Arbeitnehmers zu unangemessen niedrigem Lohn kann Wucher im Sinne des § 302 a Abs. 1 S. 1 Nr. 3 StGB sein. Ist eine vereinbarte Vergütung als „Lohnwucher" (§ 138 Abs. 1 BGB) zu qualifizieren, bemessen sich sie Ansprüche des Arbeitnehmers unmittelbar nach § 612 Abs. 2 BGB.
- § 4 Abs. 3 TVG (normative Wirkung eines tariflichen Mindestlohns bei beidseitiger Tarifgebundenheit nach § 4 Abs. 1 TVG).
- Eine vertragliche Bezugnahme im Individualarbeitsvertrag auf den tariflichen Mindestlohn in einem Tarifvertrag ist statthaft.
- (ggf.) Gleichbehandlungsgrundsatz
- § 612 Abs. 3 BGB (Verbot der Geschlechterdiskriminierung bei der Entlohnung)
- § 4 TzBfG (Diskriminierungsverbot für Teilzeitbeschäftigte und befristet beschäftigte Arbeitnehmer)

b) Besondere Entgeltformen

Als **Sonderformen des Lohnes** kommen folgende in Betracht: 209

- **Vermögenswirksame Leistungen** (neben den staatlichen Förderungsmöglichkeiten zur Vermögensbildung in Arbeitnehmerhand können solche nach § 88 Nr. 3 BetrVG durch freiwillige Betriebsvereinbarung geregelt werden).
- **Lohnzuschläge** (für Feiertags-, Sonn- oder Nachtarbeit – ggf. auf der Grundlage eines Tarifvertrags bzw. einer individualarbeitsrechtlichen Bezugnahme auf einen solchen).
- **Prämien**: Eine „Prämie" ist eine zusätzliche Vergütung, die der Arbeitgeber einem oder mehreren Arbeitnehmern zahlt, um eine besonders zufrieden stellende Erfüllung der Arbeitsleistungen (überdurchschnittliche Leistungen) zu belohnen. Setzt sich das Gehalt eines Arbeitnehmers aus mehreren Einzelfaktoren zusammen – etwa Grundvergütung, Mehrarbeitspauschale und Prämie –, so kann arbeitsvertraglich vereinbart werden, dass dem Arbeitgeber das Recht zustehen soll, die Prämie in angemessenen Zeitabständen zu ändern. Dabei hat die Festsetzung bzw. Herabsetzung einer entsprechenden Prämie nach billigem Ermessen (§ 315 BGB) zu erfolgen.
- **Gewinnbeteiligungen (Tantiemen)**: Eine „Gewinnbeteiligung" (etwa prozentual am Nettojahresgewinn eines Unternehmens) stellt eine **zusätzliche** Arbeitsvergütung für einzelne Arbeitnehmer dar. Sie kann dem Arbeitnehmer arbeitsvertraglich oder aufgrund Betriebsvereinbarung eingeräumt werden. Für diesen Fall ist der Arbeitgeber verpflichtet, dem Arbeitnehmer die Auskünfte zu erteilen, die letzterem eine Nachprüfung im Hinblick auf die Höhe des Gewinnbeteiligungsanspruchs gestatten (Auskunftspflicht des Arbeitgebers und Prüfungsrecht des Arbeitnehmers).
- **Provisionen**: Unter einer „Provision" versteht man eine leistungsabhängige Arbeitsvergütung, die als einzige Vergütung oder auch neben einem festen Gehalt gezahlt werden kann. Sie ist bspw. typisch für Handelsvertreter im Sinne der §§ 84 ff. HGB, kann aber auch Handlungsgehilfen (§§ 59 ff. HGB) oder anderen Arbeitnehmern gewährt werden.
- **Gratifikationen**: Eine „Gratifikation" stellt eine Sonderzuwendung des Arbeitgebers dar, die dieser aus bestimmten Anlässen (etwa an Weihnachten) neben der eigentlichen Arbeitsvergütung zumindest auch als Vergütung für eine bereits erbrachte oder in Erwartung einer noch zu erbringenden **Betriebstreue** gewährt. Insoweit kann die Gratifikation sowohl als Anerkennung für bereits

in der Vergangenheit geleistete Arbeit als auch als Anreiz für eine weitere Arbeitsleistung durch den Arbeitnehmer qualifiziert werden. Gewährt ein Arbeitgeber „unter Vorbehalt der Freiwilligkeit" bzw. „ohne Rechtsanspruch" für ein bestimmtes Jahr eine Gratifikation, so werden durch die Gratifikationszusage für dieses Jahr gleichwohl Rechtsansprüche der Arbeitnehmer begründet. Der entsprechende Vorbehalt räumt dem Arbeitgeber nur die Möglichkeit ein, in späteren Jahren von der Gewährung einer Gratifikation wieder Abstand zu nehmen. Im Hinblick auf Gratifikationen ist folgendes zu beachten:

- Eine drei Jahre hintereinander vorbehaltlos gewährte Gratifikation begründet als **betriebliche Übung** einen Anspruch auf Weitergewährung auch in den Folgejahren. Dem Arbeitnehmer steht ein Anspruch zu, wenn er im Zeitpunkt ihrer Gewährung noch in einem Arbeitsverhältnis zum Arbeitgeber steht **und** zudem während eines gewissen **Bindungszeitraums** aus diesem auch nicht ausscheidet. Ansonsten ist der Arbeitnehmer ggf. zur Rückzahlung der Gratifikation verpflichtet.
- **Rückzahlungsvereinbarungen** begegnen sowohl im Hinblick auf die Freiheit des Arbeitnehmers auf Arbeitsplatzwechsel als auch auf Kündigung Bedenken (wegen § 138 Abs. 1 [Knebelung] bzw. § 242 BGB). Die Rechtsprechung hat für eine Zulässigkeit entsprechender Klauseln wegen des Zeitfaktors (nach §§ 305, 158 Abs. 2 BGB) eine Reihe von Kriterien unter Berücksichtigung der Höhe der Gratifikation aufgestellt:
  – Bei Gratifikationen bis zu 200,- DM ist eine Rückzahlungklausel unzulässig.
  – Bei Gratifikationen von mehr als 200,- DM (aber weniger als einem Monatslohn) kann Rückzahlung aufgrund einer entsprechenden Klausel nur bis zum 31. März des Folgejahres verlangt werden. Scheidet der Arbeitnehmer zum 31. März des Folgejahres (oder später) aus, darf er die volle Gratifikation behalten.
  – Bei Gratifikationen von einem Monatslohn verliert ein Arbeitnehmer diese, wenn er bis zum 31. März des folgenden Jahres nur **eine** Kündigungsmöglichkeit hat und diese wahrnimmt. Eine längere Bindung ist unzulässig.
  – Gratifikationen in Höhe von mehr als einem Monatslohn können eine über den 31. März hinausreichende Bindung bewirken, jedoch längstens bis zum 30. September des Folgejahres.
- **Insbesondere: Stichtagsregelungen** Eine Vereinbarung von Stichtagsregelungen (die Gratifikation wird **nur** gewährt, wenn der jeweilige Arbeitnehmer bis zu einem bestimmten Datum in einem – auch seitens des Arbeitgebers – ungekündigten Arbeitsverhältnis zum Arbeitgeber steht) sind sowohl auf der Grundlage von Tarifverträgen als auch von Betriebsvereinbarungen bzw. von Einzelarbeitsverträgen statthaft. Die Problematik dieser Regelungen liegt darin, dass die Gratifikationsleistung des Arbeitgebers von einem Umstand abhängig gemacht wird, der (zumindest teilweise – nämlich im Falle einer arbeitgeberseitig erklärten Kündigung) außerhalb der Möglichkeiten des Arbeitnehmers liegt, ihn zu beeinflussen.

c) Arbeitsentgelt bei tatsächlich geleisteter Arbeit (§ 611 BGB i.V.m. dem Arbeitsvertrag)

210 Bei tatsächlich geleisteter Arbeit resultiert der Anspruch auf das Arbeitsentgelt aus § 611 BGB i.V.m. dem individuell zwischen Arbeitgeber und Arbeitnehmer ausgehandelten Arbeitsvertrag.

d) Arbeitsentgeltanspruch trotz Ausfalls der Arbeit

211 Aufgrund des Fixschuldcharakters der Arbeitsleistung folgt, dass bei Nicht-Arbeit (Unmöglichkeit) der Arbeitnehmer grundsätzlich seinen Lohnanspruch aus dem Arbeitsvertrag als gegenseitigem Vertrag (§§ 320 ff. BGB) verliert (§ 323 Abs. 1 BGB). Es gilt der Grundsatz: „Ohne Arbeit kein Lohn". Der Grundsatz „Ohne Arbeit kein Lohn" erfährt jedoch eine Vielzahl von Durchbrechungen (Rechtsgrundlagen für „Lohn ohne Arbeit"):

aa) Vom Arbeitgeber zu vertretende Unmöglichkeit der Arbeitsleistung (§ 324 Abs. 1 BGB)

Der Lohnanspruch des Arbeitnehmers bleibt bestehen, wenn der Arbeitsausfall auf einer vom Arbeitgeber nach § 324 Abs. 1 S. 1 BGB zu vertretenden Unmöglichkeit der Arbeitsleistung beruht.

bb) Annahmeverzug des Arbeitgebers (§ 615 BGB)

Kommt der Arbeitgeber mit der Annahme der ihm ordnungsgemäß durch den Arbeitnehmer angebotenen Arbeitsleistung in Verzug (§§ 293, 294 BGB – obgleich diese noch erbracht werden kann), so hat nach § 615 BGB der Verpflichtete (d. h. der Arbeitnehmer) das Recht, für die infolge des Verzugs nicht geleistete Arbeit die vereinbarte (Brutto-) Vergütung zu verlangen (ohne zur Nachleistung verpflichtet zu sein).

cc) Sphärentheorie/Betriebsrisikolehre (unverschuldete Betriebsstörungen – § 615 BGB analog)

Dem Arbeitnehmer ist aufgrund einer Betriebsstörung die Erbringung der eigentlich geschuldeten Arbeitsleistung nicht möglich. Seine Arbeitsleistung wird unmöglich. Gleichwohl bleibt sein Lohnanspruch analog § 615 BGB (entgegen § 323 Abs. 1 BGB) dann bestehen, wenn dem Arbeitgeber diese Unmöglichkeit (unverschuldet) zuzurechnen ist.

(a) Das Betriebsrisiko

Unter „Betriebsrisiko" ist das Risiko zu verstehen, dass es dem Arbeitgeber aus objektiven, d. h. aus seinem Betrieb selbst herrührenden, von ihm aber nicht zu vertretenden Umständen unmöglich ist, seine Arbeitnehmer weiter zu beschäftigen (Betriebsstörung aus der Sphäre des Arbeitgebers – etwa Fälle einer Stromunterbrechung, eines Brandes, Maschinenschäden, Produktionsverbote, Ausfall von benötigten Zulieferteilen oder Fehlorganisation des Betriebsablaufs). Das Betriebsrisiko trägt grundsätzlich der Arbeitgeber, da er nach den Grundsätzen der Wirtschaftsverfassung den Betrieb organisiert und leitet. Er trägt die unternehmerische Verantwortung. Die Erträge fließen ihm zu (Unternehmerwagnis). Der Arbeitgeber allein ist in der Lage, entsprechende Risiken versicherungsmäßig abzusichern bzw. in seine Preisgestaltung mit einzubeziehen und sie dergestalt auf die Verbraucher weiter abzuwälzen. Er ist daher auch zur Entgeltfortzahlung während der Dauer der Nichtbeschäftigung verpflichtet. Davon gibt es zwei Ausnahmen:
- Existenzgefährdung des Betriebs.
- Störungen, die (ausschließlich) aus der Sphäre der Arbeitnehmer herrühren (insbesondere Arbeitskampffolgen).

(b) Das Wirtschaftsrisiko

Vom Betriebsrisiko zu unterscheiden ist das „**Wirtschaftsrisiko**". Die technisch zwar mögliche Arbeit (bei technischen Störungen ansonsten Betriebsrisiko) ist aus wirtschaftlichen Gründen nicht sinnvoll, etwa aufgrund Auftragsmangels bzw. infolge verlustreicher Produktion. Das Wirtschaftsrisiko trägt gleichfalls der Arbeitgeber. Er bleibt zur Entgeltfortzahlung verpflichtet. Dies basiert auf der Überlegung, dass jeder für seine Leistungsfähigkeit einzustehen hat (arg. § 279 BGB).

dd) § 616 BGB (Sonderurlaub)

Nach § 616 BGB (vergleiche zudem § 12 Abs. 1 Nr. 2 b BBiG als Sonderregelung für Auszubildende) hat ein Arbeitnehmer ggf. bei **persönlicher Leistungsverhinderung** (etwa notwendige Arztbesuche und Behördengänge, Familienfeierlichkeiten, schwere Krankheiten von Familienangehörigen, Geburten oder Todesfällen naher Angehöriger – nicht hingegen bei objektiven Hinderungsgründen – wobei es ausreichend aber auch erforderlich ist, dass dem Arbeitnehmer unter Berücksichtigung der Treuepflicht die Erbringung der Arbeitsleistung nicht zugemutet werden kann – mit

Ausnahme solcher, die krankheitsbedingt sind und für die daher die Regelungen des EntFG als Sonderregelungen vorgehen) einen Anspruch auf Lohnfortzahlung. Grundsätzlich ist ein Arbeitnehmer auf Grund der Treuepflicht zwar verpflichtet, in den vorgenannten Fällen persönlicher Leistungsverhinderung diese möglichst außerhalb der Arbeitszeit zu erledigen. Ist dies jedoch nicht möglich und die Dauer der Verhinderung nur verhältnismäßig kurz, hat er einen Anspruch auf bezahlte Arbeitsfreistellung. Der Fall der notwendigen Betreuung erkrankter Kinder hat eine Spezialregelung in § 45 SGB V erfahren.

ee) Lohnfortzahlung auf der Grundlage des Entgeltfortzahlungsgesetzes

218 Ein Arbeitnehmer, der wegen Erkrankung arbeitsunfähig geworden ist, wird nach § 275 BGB von seiner Arbeitspflicht frei. Sein Vergütungsanspruch richtet sich nach dem EntFG, weil nach der allgemeinen Regel des § 323 Abs. 1 BGB ohne eine Sonderregelung sein Lohnanspruch entfallen würde. Das EntFG regelt nach dessen § 1 Abs. 1 die Zahlung des Arbeitsentgelts an gesetzlichen Feiertagen (§ 2 EntFG) und im Krankheitsfall (§ 3 EntFG).

219 An **gesetzlichen Feiertagen** (an denen gemäß Art. 140 GG i.V.m. Art. 139 WRV, § 9 Abs. 1 ArbZG – mit Ausnahmen nach §§ 10 ff. ArbZG – ein grundsätzliches Beschäftigungsverbot besteht) haben die Arbeitnehmer nach § 2 EntFG für die ausfallende Arbeitszeit nach dem **Lohnausfallprinzip** einen Anspruch auf Entgeltfortzahlung, der jedoch entfällt, falls der jeweilige Arbeitnehmer am letzten Arbeitstag vor oder am ersten Arbeitstag nach dem Feiertag der Arbeit unentschuldigt fernbleibt.

220 Nach § 3 EntFG hat ein Arbeitnehmer, der durch Arbeitsunfähigkeit infolge Krankheit an seiner Arbeitsleistung verhindert ist, ohne dass ihn ein Verschulden trifft, einen Anspruch auf **Entgeltfortzahlung im Krankheitsfall** durch den Arbeitgeber für die Zeit der Arbeitsunfähigkeit bis zur Dauer von sechs Wochen. Dieser Anspruch **entsteht** nach vierwöchiger ununterbrochener Dauer des Arbeitsverhältnisses. Die krankheitsbedingte Arbeitsunfähigkeit muss die alleinige Ursache für den Ausfall der Arbeitsleistung sein. Wird der Arbeitnehmer infolge derselben Krankheit (demselben Grundleiden) **erneut arbeitsunfähig** (**Fortsetzungskrankheit**), so verliert er wegen der erneuten Arbeitsunfähigkeit den vorgenannten Anspruch für einen weiteren Zeitraum von höchstens sechs Wochen nicht, wenn er vor der erneuten Arbeitsunfähigkeit mindestens sechs Monate nicht infolge derselben Krankheit arbeitsunfähig war oder seit Beginn der ersten Arbeitsunfähigkeit infolge derselben Krankheit eine Frist von zwölf Monaten abgelaufen ist. Unter „**Krankheit**" ist ein regelwidriger Körper- oder Geisteszustand zu verstehen, der der Heilbehandlung bedarf. Eine Entgeltfortzahlung erfolgt nur bei „unverschuldeter" Erkrankung. Unter „**Verschulden**" ist ein **Verschulden des Arbeitnehmers gegen sich selbst** zu verstehen. Ein Verschulden gegen sich selbst ist dann anzunehmen, wenn ein Arbeitnehmer gröblichst gegen das von verständigen Menschen im eigenen Interesse zu erwartende Verhalten verstößt, was der Arbeitgeber zu beweisen hat. Die Verschuldensfrage kann in folgenden Fällen Probleme aufwerfen:

- **Sportunfälle:** Bei Sportunfällen kann grundsätzlich nicht ohne weiteres davon ausgegangen werden, dass dem Arbeitnehmer dabei ein Verschulden gegen sich selbst zum Vorwurf zu machen ist (sogar bei gefährlichen Sportarten – wie etwa dem Drachenfliegen). Etwas anderes gilt nur für den Fall, dass in persönlicher Hinsicht der Sportler den Unfall wegen mangelnden Trainings bzw. weil er für die entsprechende Sportart selbst körperlich ungeeignet ist, erlitten hat.
- **Sucht-, insbesondere Alkoholabhängigkeit:** Eine Suchterkrankung ist nicht in jedem Falle selbstverschuldet – die Rechtsprechung legt als Maßstab eine Beurteilung des Einzelfalles zugrunde.
- **Betriebs- und Verkehrsunfälle** sind dann durch den Arbeitnehmer selbst verschuldet, falls er die einschlägigen Unfallverhütungsvorschriften bzw. Verkehrsvorschriften gröblichst verletzt, etwa in alkoholisiertem Zustand Auto fährt bzw. den Sicherheitsgurt nicht anlegt.

■ **Sterilisation und Schwangerschaftsabbruch:** § 3 Abs. 2 S. 1 EntfG fingiert als unverschuldete Arbeitsunfähigkeit auch eine Arbeitsverhinderung, die infolge einer nicht rechtswidrigen Sterilisation oder eines nicht rechtswidrigen Schwangerschaftsabbruchs eintritt.

Für den in § 3 EntfG bezeichneten Zeitraum ist dem Arbeitnehmer das ihm bei der für ihn maßgebenden regelmäßigen Arbeitszeit zustehende Arbeitsentgelt fortzuzahlen. Der Anspruch auf Entgeltfortzahlung ist nach § 12 EntfG grundsätzlich unabdingbar. Durch Tarifvertrag besteht aber die Möglichkeit, die Bemessungsgrundlage des fortzuzahlenden Arbeitsentgelts abweichend von den gesetzlichen Vorgaben festzulegen (§ 4 Abs. 4 EntfG [sog. Tarifdispositivität]). Der Anspruch auf Fortzahlung des Arbeitsentgelts endet grundsätzlich mit der Beendigung des Arbeitsverhältnisses. Er wird jedoch nach § 8 Abs. 1 EntfG nicht dadurch berührt, dass der Arbeitgeber das Arbeitsverhältnis anlässlich der Arbeitsunfähigkeit des Arbeitnehmers kündigt. Das gleiche gilt, wenn der Arbeitnehmer das Arbeitsverhältnis aus einem vom Arbeitgeber zu vertretenden Grunde kündigt, der den Arbeitnehmer zur Kündigung aus wichtigem Grund ohne Einhaltung einer Kündigungsfrist (§ 626 Abs. 1 BGB) berechtigt.

221

Der Arbeitnehmer ist im Krankheitsfalle nach § 5 Abs. 1 EntfG verpflichtet, dem Arbeitgeber die Arbeitsunfähigkeit und deren voraussichtliche Dauer unverzüglich anzuzeigen. Dauert die Arbeitsunfähigkeit länger als drei Kalendertage, muss er eine ärztliche Bescheinigung über das Bestehen der Arbeitsunfähigkeit (**Arbeitsunfähigkeitsbescheinigung**) sowie deren voraussichtliche Dauer spätestens am darauffolgenden Arbeitstag vorlegen. Der Arbeitgeber kann jedoch auch verlangen, dass ihm die ärztliche Bescheinigung früher vorgelegt wird. Dauert die Arbeitsunfähigkeit länger als in der Bescheinigung angegeben, muss der Arbeitnehmer eine neue ärztliche Bescheinigung vorlegen. Hält sich der Arbeitnehmer bei Beginn der Arbeitsunfähigkeit im Ausland auf, muss er seinem Arbeitgeber nach § 5 Abs. 2 EntfG die Arbeitsunfähigkeit, deren voraussichtliche Dauer und seine Adresse am Aufenthaltsort in der schnellstmöglichen Art der Übermittlung mitteilen. Die daraus entstehenden Kosten hat der Arbeitgeber zu tragen. Solange der Arbeitnehmer diesen ihm nach § 5 EntfG obliegenden Verpflichtungen schuldhaft nicht nachkommt, ist der Arbeitgeber gemäß § 7 Abs. 1 Nr. 1 i.V.m. Abs. 2 EntfG berechtigt, die Fortzahlung des Arbeitsentgelts vorübergehend zu verweigern.

222

Steht dem Arbeitnehmer aufgrund gesetzlicher Vorschriften (pVV bzw. §§ 823 ff. BGB) gegen einen Dritten ein Schadensersatzanspruch wegen seines Verdienstausfalls zu, der ihm durch die Arbeitsunfähigkeit entstanden ist, so geht dieser Anspruch nach § 6 Abs. 1 EntfG insoweit auf den Arbeitgeber über, als dieser dem Arbeitnehmer nach dem EntfG Arbeitsentgelt fortzahlt und darauf entfallende, nur vom Arbeitgeber zu tragende Beiträge zur Bundesanstalt für Arbeit, Arbeitgeberanteile zur Sozialversicherung oder zur Pflegeversicherung sowie zu Einrichtungen der zusätzlichen Alters- und Hinterbliebenenversorgung abgeführt hat. Nach § 116 SGB X gelangt auch ein gesetzlicher Forderungsübergang zugunsten der Krankenkassen zur Entstehung, falls und soweit diese Leistungen für Krankheiten des Arbeitnehmers erbringen, die auf Fremdverschulden zurückzuführen sind.

223

ff) Urlaubsentgelt und Urlaubsgeld

Nach § 1 BUrlG hat jeder Arbeitnehmer in jedem Kalenderjahr einen gesetzlichen Anspruch auf bezahlten Erholungsurlaub. Das **Urlaubsentgelt**, das vor Antritt des Urlaubs auszuzahlen ist, bemisst sich gemäß § 11 BUrlG nach dem durchschnittlichen Arbeitsverdienst, das der Arbeitnehmer in den letzten 13 Wochen vor dem Beginn des Urlaubs erhalten hat (**Referenzprinzip**). Unberücksichtigt bleiben dabei nach § 11 Abs. 1 BUrlG zusätzlich für Überstunden gezahlte Beträge. Verdienstkürzungen, die im Berechnungszeitraum infolge von Kurzarbeit, Arbeitsausfällen oder unverschuldeter Arbeitsversäumnis eintreten, bleiben für die Berechnung des Urlaubsentgelts außer Betracht. Das Arbeitsentgelt ist vor Antritt des Urlaubs auszuzahlen. Vom Urlaubsentgelt nach § 11 BUrlG strikt zu trennen ist ein ggf. zusätzlich seitens des Arbeitgebers auf tarifvertraglicher oder freiwilliger Grundlage gewährtes **Urlaubsgeld**.

224

gg) Bildungsurlaub (Ländergesetze)

225 Nach den Weiterbildungsgesetzen der Länder hat der Arbeitnehmer gegen seinen Arbeitgeber für die Zeit einer Arbeitnehmerweiterbildung einen Anspruch auf Fortzahlung des Arbeitsentgelts.

hh) § 37 BetrVG (Betriebsratstätigkeit)

226 Betriebsratsmitglieder sind nach § 37 Abs. 2 BetrVG von ihrer beruflichen Tätigkeit **ohne Minderung ihres Arbeitsentgeltes** zu befreien, wenn und soweit es nach Umfang und Art des Betriebs zur ordnungsgemäßen Durchführung ihrer Aufgaben erforderlich ist. Zum Ausgleich für eine Betriebsratstätigkeit, die aus betriebsbedingten Gründen (ausnahmsweise) außerhalb der Arbeitszeit durchzuführen ist, hat das Betriebsratsmitglied gemäß § 37 Abs. 3 BetrVG Anspruch auf eine entsprechende Dienstbefreiung unter **Fortzahlung des Arbeitsentgelts**.

ii) § 11 ArbeitsplatzschutzG (Wehrübung)

227 Wird ein Arbeitnehmer zu einer Wehrübung von nicht länger als drei Tagen einberufen, so ist er nach § 11 Abs. 1 S. 1 ArbeitsplatzschutzG während des Wehrdienstes unter Weitergewährung des Arbeitsentgeltes durch den Arbeitgeber von der Arbeitsleistung freigestellt. Dies gilt nach § 78 ZivildienstG gleichermaßen für Zivildienstleistende.

e) Pfändung des Arbeitseinkommens

228 Das Arbeitseinkommen ist nach Maßgabe der §§ 850 ff. ZPO durch den Gläubiger des Arbeitnehmers nur beschränkt nach den §§ 829, 835 ZPO (durch Pfändungs- und Überweisungsbeschluß) pfändbar (**Lohnschutz**). Es genießt in erheblichem Umfang **Pfändungsschutz**. Die Pfändungsverbote sollen den Lebensunterhalt des Arbeitnehmers schützen und letztlich die Allgemeinheit vor Sozialhilfeansprüchen bewahren. Das Gesetz differenziert zwischen
- **unpfändbaren Bezügen** (§ 850 a ZPO); und
- **bedingt pfändbaren Bezügen** (§ 850 b ZPO).

229 Darüber hinaus ist das Arbeitseinkommen auch nur im begrenzten Umfang pfändbar: § 850 c ZPO normiert **Pfändungsgrenzen**. § 850 e ZPO bestimmt, wie das pfändbare Einkommen zu berechnen ist. § 851 ZPO lässt eine Pfändbarkeit zudem nur insoweit zu, als eine Forderung abtretbar ist.

f) Aufrechnung (§§ 387 ff. BGB) mit dem Arbeitsentgelt

230 Soweit der Lohnanspruch des Arbeitnehmers nach den §§ 850 ff. ZPO der Pfändung nicht unterworfen ist, findet nach § 394 S. 1 BGB auch eine Aufrechnung gegen diese Forderung nicht statt. Der Arbeitgeber kann also insoweit einen fälligen Anspruch gegen den Arbeitnehmer nicht mit dessen Lohnanspruch aufrechnen.

g) Die Abtretung von Lohnansprüchen

231 Die Abtretung eines Lohnanspruchs kann zum einen nach § 399 Alt. 2 BGB aufgrund einer Vereinbarung zwischen Arbeitgeber und Arbeitnehmer (pactum de non cedendo) ausgeschlossen werden. Im Falle des Verstoßes gegen eine solche Vereinbarung ist eine absolute Unwirksamkeit der Abtretung anzunehmen. Zum anderen kann nach § 400 BGB eine Lohnforderung auch insoweit nicht abgetreten werden, als sie der Pfändung nach den §§ 850 ff. ZPO nicht unterworfen ist. Der Verstoß gegen ein Pfändungsverbot führt gleichermaßen zur Nichtigkeit der Abtretung.

h) Die Verpfändung von Lohnansprüchen

Soweit ein Recht nicht übertragbar ist, kann an ihm nach § 1274 Abs. 2 BGB auch kein Pfandrecht bestellt werden. Ein nach § 399 Alt. 2 BGB bzw. § 400 BGB i.V.m. §§ 850 ff. ZPO nicht übertragbarer Lohnanspruch kann somit auch nicht verpfändet werden.

232

i) Das Arbeitsentgelt in der Insolvenz

Nach § 183 Abs. 1 SGB III haben Arbeitnehmer Anspruch auf Insolvenzgeld, wenn sie bei Eröffnung des Insolvenzverfahrens über das Vermögen ihres Arbeitgebers, Abweisung des Antrags auf Eröffnung des Insolvenzverfahrens mangels Masse oder vollständiger Beendigung der Betriebstätigkeit im Inland (**Insolvenzereignis**) für die vorausgegangenen drei Monate des Arbeitsverhältnisses noch Ansprüche auf Arbeitsentgelt haben. § 184 SGB III (Anspruchsausschluß) regelt Fälle, in denen kein Anspruch auf Insolvenzgeld besteht. Das Insolvenzgeld wird in Höhe des Nettoarbeitsentgelts geleistet, das sich ergibt, wenn das Arbeitsentgelt um die gesetzlichen Abzüge vermindert wird (§ 185 Abs. 1 SGB III). § 187 SGB III normiert einen gesetzlichen Forderungsübergang: Die Ansprüche auf Arbeitsentgelt, die den Anspruch auf Insolvenzgeld begründen, gehen (abweichend von § 115 SGB X bereits) mit der Stellung des Antrags auf Insolvenzgeld durch den Arbeitnehmer auf die Bundesanstalt für Arbeit über. Die gegen den Arbeitnehmer begründete Anfechtung nach der Insolvenzordnung findet gegen die Bundesanstalt statt.

233

4. Der Urlaubsanspruch des Arbeitnehmers

Das Mindesturlaubsgesetz für Arbeitnehmer (BUrlG) gewährt in seinem § 1 jedem Arbeitnehmer in jedem Kalenderjahr einen Anspruch auf bezahlten Erholungsurlaub. Es statuiert allein Mindestbedingungen mit der Folge, dass sich im Rahmen tarif- bzw. einzelvertraglicher Regelungen unter Berücksichtigung des Günstigkeitsprinzips ein weitergehender Urlaubsanspruch ergeben kann. Zu berücksichtigen bleibt in diesem Zusammenhang jedoch, dass nach § 13 Abs. 1 S. 1 BUrlG die Vorgaben der §§ 1 (Urlaubsanspruch), 2 (Geltungsbereich) und 3 Abs. 1 BUrlG (Mindestdauer des Urlaubs) **nicht** tarifdispositiv (mithin einer Verschlechterung zu Lasten der Arbeitnehmer nicht zugänglich) sind. Von allen übrigen Regelungen des Bundesurlaubsgesetzes kann jedoch auch zu Ungunsten der Arbeitnehmer im Rahmen von Tarifverträgen **abgewichen** werden (Grundsatz des **tariflichen Vorrangprinzips**). Entsprechende abweichende Bestimmungen haben gemäß § 13 Abs. 1 S. 2 BUrlG auch gegenüber nicht tarifgebundenen Arbeitnehmern und Arbeitgebern Geltung, wenn zwischen diesen die Anwendung der einschlägigen tariflichen Urlaubsregelung vereinbart ist (etwa bei vertraglicher Bezugnahme auf den Tarifvertrag im Einzelarbeitsvertrag). Im übrigen, d. h. abgesehen von der Möglichkeit einer tarifvertraglichen Modifikation, kann grundsätzlich (mit Ausnahme von § 7 Abs. 2 S. 2 BUrlG) von den Bestimmungen des Bundesurlaubsgesetzes nicht zu Ungunsten des Arbeitnehmers abgewichen werden (§ 13 Abs. 1 S. 3 BUrlG – **Grundsatz der Unabdingbarkeit**) – etwa durch einzelvertragliche Vereinbarung.

234

Der Urlaubsanspruch steht als höchstpersönlicher Anspruch nach § 1 BUrlG jedem Arbeitnehmer (auch arbeitnehmerähnlichen Personen – § 2 BUrlG) zu, der die **Wartezeit** nach § 4 BUrlG erfüllt: Der volle Urlaubsanspruch wird erstmals nach einem sechsmonatigem Bestehen des Arbeitsverhältnisses erworben, ohne dass es darauf ankommt, ob der Arbeitnehmer während dieser Zeitspanne tatsächlich gearbeitet hat. Erfüllt der Arbeitnehmer (noch) nicht diese Wartezeit, hat er nach § 5 BUrlG einen Anspruch auf **Teilurlaub**.

235

Die Dauer des Urlaubs beträgt für alle Arbeitnehmer jährlich **mindestens** 24 Werktage (**Mindesturlaub** – § 3 BUrlG), wobei als Werktage alle Kalendertage gelten, die nicht Sonn- oder gesetzliche Feiertage sind. Besonderheiten im Hinblick auf den Mindesturlaub gelten für Minderjährige und Schwerbehinderte (§ 19 JArbSchG bzw. § 47 S. 1 SchwbG). Der Arbeitnehmer hat **keinen** Urlaubsanspruch, soweit ihm für das laufende Arbeitsjahr bereits von seinem früheren Arbeitgeber Urlaub

236

gewährt worden ist (§ 6 Abs. 1 BUrlG). Um Doppelansprüche des Arbeitnehmers auszuschließen, ist nach § 6 Abs. 2 BUrlG der frühere Arbeitgeber verpflichtet, dem Arbeitnehmer bei Beendigung des Arbeitsverhältnisses eine Bescheinigung (**Urlaubsbescheinigung**) auszuhändigen, die Aufschluss gibt über den ihm im laufenden Kalenderjahr bereits gewährten oder abgegoltenen Urlaub. Der Arbeitgeber hat nach § 7 Abs. 1 S. 1 BUrlG bei der zeitlichen Festlegung des Urlaubs die Urlaubswünsche des Arbeitnehmers zu berücksichtigen, es sei denn, dass ihrer Berücksichtigung dringende betriebliche Belange oder Urlaubswünsche anderer Arbeitnehmer, die unter sozialen Gesichtspunkten den Vorrang verdienen, entgegenstehen. Der Betriebsrat hat – vorbehaltlich einer gesetzlichen oder tarifvertraglichen Regelung – nach § 87 Abs. 1 Nr. 5 BetrVG bei der Aufstellung allgemeiner Urlaubsgrundsätze und des Urlaubsplans sowie der Festsetzung der zeitlichen Lage des Urlaubs für einzelne Arbeitnehmer mitzubestimmen, falls zwischen Arbeitgeber und den beteiligten Arbeitnehmern kein Einverständnis erzielt wird. Die Gewährung des Urlaubs durch den Arbeitgeber erfolgt als einseitig erklärte Freistellung des Arbeitnehmers von der Arbeitspflicht, die nach Abgabe grundsätzlich nicht mehr einseitig widerrufen werden kann – Ausnahmen erkennt das BAG nur in gravierenden Notfällen an, wenn dem Arbeitnehmer aufgrund der ihm obliegenden Pflicht zur Rücksichtnahme ein Beharren auf Antritt bzw. Fortsetzung des Urlaubs verweigert werden kann.

237 Der Urlaub ist zur **Sicherung des Erholungszwecks** im Regelfalle zusammenhängend zu gewähren (§ 7 Abs. 2 BUrlG), es sei denn, dass dringende betriebliche oder in der Person des Arbeitnehmers liegende Gründe eine Teilung des Urlaubs erforderlich machen. Der Urlaub muss nach § 12 Abs. 3 BUrlG grundsätzlich im laufenden Kalenderjahr gewährt und genommen werden (absolute Fixschuld – **Urlaubsjahrgebundenheit**). Eine Übertragung des Urlaubs auf das nächste Urlaubsjahr ist nur statthaft, wenn dringende betriebliche (Unabkömmlichkeit) oder in der Person des Arbeitnehmers liegende Gründe (etwa Krankheit) dies rechtfertigen. Im zuletzt genannten Falle muss der Urlaub dann jedoch in den ersten drei Monaten (im ersten Quartal) des folgenden Kalenderjahres gewährt und genommen werden. Kann der Arbeitnehmer den übertragenen Urlaub im ersten Quartal aus Gründen, die er selbst nicht zu vertreten hat, nicht antreten, so ist sein Urlaubsanspruch zwar verfallen – ggf. hat er aber, falls der Verfall auf Gründen beruht, die sein Arbeitgeber zu vertreten hat, einen Schadensersatzanspruch gegen diesen nach § 280 BGB. Dieser kann im Rahmen einer Naturalrestitution nach § 249 BGB auf Freistellung des Arbeitnehmers von der Arbeitspflicht für eine nach dem ursprünglichen Urlaubsanspruch zu bemessende Zeitspanne (Ersatzurlaub) oder aber auf Geldersatz (§ 251 BGB) gehen. Kann der Urlaub wegen Beendigung des Arbeitsverhältnisses ganz oder teilweise nicht gewährt werden, so ist er gemäß § 7 Abs. 4 BUrlG abzugelten (**Urlaubsabgeltung**).

238 Dem Arbeitnehmer ist es nach § 8 BUrlG verwehrt, während des Urlaubs eine dem Urlaubszweck widersprechende Erwerbstätigkeit auszuüben, da dies dem Zweck des Erholungsurlaubs widerspräche. **Erkrankt** der Arbeitnehmer während des Urlaubs, so werden nach § 9 BUrlG die durch ein ärztliches Zeugnis (Attest) nachgewiesenen Tage der Arbeitsunfähigkeit auf den Urlaub nicht angerechnet. Doch kann der Arbeitnehmer seinen Urlaub nicht eigenmächtig um die Krankheitstage verlängern. Er muss vielmehr um eine Urlaubsneubewilligung durch den Arbeitgeber nachsuchen. Die **Urlaubsvergütung** für den Erholungsurlaub regelt § 11 BUrlG.

5. Sonderfall: Bildungsurlaub (Urlaub nach den Arbeitnehmerweiterbildungsgesetzen der Länder und nach § 37 Abs. 6 und 7 BetrVG)

239 Vom Erholungsurlaub ist der **Bildungsurlaub** zu unterscheiden. Bildungsurlaub wird landesrechtlich nach den Arbeitnehmerweiterbildungsgesetzen bzw. nach § 37 Abs. 6 und 7 BetrVG gewährt. Darüber hinaus kann sich ein Anspruch auf Bildungsurlaub auch aus Tarifverträgen oder Betriebsvereinbarungen ergeben.

6. Unbezahlte Freizeit

Der Arbeitnehmer hat gegen seinen Arbeitgeber grundsätzlich keinen allgemeinen Anspruch auf unbezahlte Freizeit (**Sabattjahr**), es sei denn, dass dies einzel- oder kollektivvertraglich vereinbart worden ist.

7. Die Pflicht des Arbeitnehmers zur Rücksichtnahme als Korrelat der Fürsorgepflicht des Arbeitgebers

Die Fürsorgepflicht des Arbeitgebers ist Korrelat der Pflicht des Arbeitnehmers zur Rücksichtnahme (früher Treuepflicht) und damit eine aus dem Grundsatz von Treu und Glauben abgeleitete Nebenpflicht. Anspruchsgrundlage ist der **Arbeitsvertrag i.V.m. § 242 BGB**. Während der Arbeitnehmer etwa zur Wahrung der Arbeitgeberinteressen (bspw. der Übernahme von zusätzlich anfallender Arbeit in Notfällen), Schadensabwendung (Schutz anvertrauter Vermögenswerte, Warnung des Arbeitgebers vor drohenden Schäden), Unterrichtung über eine Nichtaufnahme der Arbeit, Nichtwahrnehmung einer konkurrierenden Nebentätigkeit (die das Geschäftsinteresse des Arbeitgebers zu beeinträchtigen geeignet ist), Beachtung von Wettbewerbsverboten oder Nichtannahme von Schmiergeldern verpflichtet ist, obliegt dem Arbeitgeber die Verpflichtung, Fürsorge gegenüber seinen Arbeitnehmern (**Fürsorgepflicht**) walten zu lassen.

8. Die Fürsorgepflicht des Arbeitgebers (allgemeines Arbeitsschutzrecht)

Die Fürsorgepflicht fasst die arbeitsvertraglichen Nebenpflichten des Arbeitgebers zusammen, die durch das Arbeitsverhältnis ihre konkrete Ausprägung erfahren. Dabei ist zwischen Nebenleistungs- und Schutzpflichten des Arbeitgebers zu unterscheiden. Als Nebenleistungspflicht obliegt ihm etwa nach § 630 BGB die Ausstellung eines Arbeitszeugnisses. Die eigentlichen Schutzpflichten resultieren aus den einschlägigen Normen des grundsätzlich nicht dispositiven Arbeitnehmerschutzrechtes. Bereits dem BGB lassen sich in den §§ 617 ff. eine Reihe entsprechender Vorschriften auf gesundheitsgerechte Gestaltung von Arbeitsplatz, Arbeitsablauf sowie Arbeitsumgebung entnehmen: § 617 BGB (Übernahme der Kosten bei Erkrankung des Arbeitnehmers); § 618 BGB (Pflicht des Arbeitgebers zu Schutzmaßnahmen) bzw. § 619 BGB (Unabdingbarkeit der Fürsorgepflichten). Die dem Arbeitgeber nach den §§ 617 f. BGB obliegenden Verpflichtungen können nicht im voraus durch Vertrag aufgehoben oder beschränkt werden.

a) Sonderregelungen zur Fürsorgepflicht

Sonderbestimmungen für bestimmte Arbeitnehmergruppen resultieren aus den §§ 2 ff. MuschG (Arbeitsplatzgestaltung und Beschäftigungsverbote für Schwangere), §§ 7, 22 ff., 28, 31 JArbSchG (Beschäftigung Jugendlicher, Beschäftigungsverbote und -beschränkungen, Gestaltung der Arbeit, Züchtigungsverbot, Verbot der Abgabe von Alkohol und Tabak an Jugendliche) bzw. § 14 Abs. 3 SchwbG (Arbeitsplatzgestaltung bei Schwerbehinderten). Nach den §§ 2 ff. ArbSchG hat der Arbeitgeber (auf seine Kosten) die bei ihm beschäftigten Arbeitnehmer vor Sicherheits- und Gesundheitsgefahren bei der Arbeit durch geeignete Organisationsmaßnahmen zu schützen. Der Arbeitgeber hat in diesem Zusammenhang zudem (unter Beteiligung des Beriebsrats) Sicherheitsbeauftragte (§ 22 SGB VII) sowie nach § 1 ArbSichG Betriebsärzte und Fachkräfte für Arbeitssicherheit zu bestellen (weitere Beauftragte sind nach § 36 BDSG etwa auch für den Datenschutz bzw. nach den §§ 29 ff. StrahlenschutzVO für den Strahlenschutz zu bestimmen).

Bestimmte öffentlich-rechtliche Verpflichtungen des Arbeitgebers (etwa die Vorschriften der Gefahrstoffverordnung, des Gerätesicherheitsgesetzes oder des vorerwähnten Arbeitsschutzgesetzes) wirken auf den Arbeitsvertrag als privatrechtliche Nebenpflichten ein (Anspruchsgrundlage ist der **Arbeitsvertrag i.V.m. § 242 BGB**, falls die jeweilige Norm auch den Schutz des einzelnen Arbeitnehmers bezweckt) – so bspw. Schutzpflichten des Arbeitgebers nach den §§ 120 b ff. GewO, für Sitte und Anstand im Betrieb Sorge zu tragen und die erforderlichen Umkleide-, Wasch- und Toilettenräume sowie Gemeinschaftsunterkünfte zur Verfügung zu stellen.

b) Verstöße des Arbeitgebers gegen die Fürsorgepflicht

244 Ein Verstoß des Arbeitgebers gegen Vorgaben des Arbeitnehmerschutzrechts kann Aufsichtsmaßnahmen der zuständigen Behörden (etwa Verbotsverfügungen) auslösen. Ggf. begeht der Arbeitgeber bei entsprechenden Verstößen zugleich eine Ordnungswidrigkeit oder einen Straftatbestand (vergleiche etwa die §§ 21 MuSchG, 58 f. JArbSchG bzw. 25 f. ArbSchG). Verletzt der Arbeitgeber Vorgaben des Arbeitsschutzrechts, so hat der Arbeitnehmer darüber hinaus das Recht, nach § 273 BGB seine **Arbeitsleistung zurückzubehalten**, ohne seines Vergütungsanspruchs verlustig zu gehen (§ 615 BGB bzw. § 324 BGB). Bringt die Verletzung zugleich auch einen Schaden mit sich, hat der Arbeitnehmer gegen den Arbeitgeber ggf. auch einen Anspruch auf Schadensersatz wegen positiver Vertragsverletzung (pVV) des Arbeitsvertrages (bzw. wegen § 823 Abs. 1 oder § 823 Abs. 2 i.V.m. der Verletzung eines Schutzgesetzes [Arbeitnehmerschutzvorschriften; Unfallverhütungsvorschriften sind nach h.A. hingegen **nicht** als Schutzgesetze zu qualifizieren, da ihr Zweck nicht auf einen Individualschutz, sondern auf die Vermeidung von Arbeitsunfällen gerichtet ist]). Dabei ist jedoch zu berücksichtigen, dass eine Schadensersatzpflicht (ebenso wie ein Schmerzensgeldanspruch nach § 847 BGB) des Arbeitgebers für Körperschäden nach den §§ 104 ff. SGB VII dann ausgeschlossen ist, falls der Schaden infolge eines Arbeitsunfalls eingetreten ist.

9. Besonderer Arbeitnehmerschutz für Schwerbehinderte

245 Ein besonderer Arbeitnehmerschutz (neben dem eigentlichen Arbeits- und Gefahrenschutz [nach BGB, GewO, ArbeitsschutzG, JArbSchG, ArbSichG, GerätesicherheitsG, ChemikalienG, GefahrstoffVO, StrahlenschutzVO, ArbeitsstättenVO, ArbeitsstoffVO, BildschirmarbeitsVO usw.) besteht für Jugendliche sowie für Schwangere und Schwerbehinderte.

246 Das Gesetz zur Sicherung der Eingliederung Schwerbehinderter in Arbeit, Beruf und Gesellschaft (SchwbG) begründet neben einer Beschäftigungspflicht des Arbeitgebers nach § 5 mit korrespondierender Ausgleichsabgabe bei Nichtbeschäftigung (§ 11) besondere Pflichten des Arbeitgebers gegenüber Schwerbehinderten (mithin Personen mit einem Grad der Behinderung von wenigstens 50 % [so § 1 SchwbG], sofern sie ihren Wohnsitz, ihren gewöhnlichen Aufenthalt oder ihre Beschäftigung auf einem Arbeitsplatz im Sinne des § 7 Abs. 1 SchwbG rechtmäßig im Geltungsbereich des Schwerbehindertengesetzes haben) sowie diesen Gleichgestellten nach § 2 SchwbG. Gemäß § 14 Abs. 1 SchwbG sind Arbeitgeber verpflichtet, zu prüfen, ob freie Arbeitsplätze mit Schwerbehinderten, insbesondere mit beim Arbeitsamt gemeldeten Schwerbehinderten, besetzt werden können. Dabei entbinden Verpflichtungen zur bevorzugten Einstellung und Beschäftigung bestimmter Personenkreise nach anderen Gesetzen den Arbeitgeber nicht von der Verpflichtung zur Beschäftigung von Schwerbehinderten (so § 44 SchwbG – **Vorrang der Schwerbehindertenbeschäftigung**). **Bewerbungen** von Schwerbehinderten sind mit der Schwerbehindertenvertretung (§ 25 SchwbG) zu erörtern und mit deren Stellungnahme dem Betriebs- oder Personalrat mitzuteilen. Die Arbeitgeber sind zudem nach § 14 Abs. 2 SchwbG verpflichtet, Schwerbehinderte so zu beschäftigen, dass diese ihre Fähigkeiten und Kenntnisse möglichst voll verwerten und weiterentwickeln können. Die Arbeitgeber sind auch verpflichtet, die Arbeitsräume, Betriebsvorrichtungen, Maschinen und Gerätschaften unter besonderer Berücksichtigung der Unfallgefahr so einzurichten und zu unterhalten und den Betrieb so zu regeln, dass wenigstens die vorgeschriebene Zahl Schwerbehinderter in ihren Betrieben dauerhafte Beschäftigung finden kann (§ 14 Abs. 3 SchwbG). Die Einrichtung von Teilzeitarbeitsplätzen ist zu fördern. Die Arbeitgeber sind außerdem verpflichtet, den Arbeitsplatz mit den erforderlichen technischen Arbeitshilfen auszustatten. Die beiden letztgenannten Verpflichtungen bestehen nur dann nicht, soweit ihre Durchführung für den Arbeitgeber unzumutbar mit unverhältnismäßigen Aufwendungen verbunden wäre oder soweit die staatlichen bzw. berufsgenossenschaftlichen Arbeitsschutzvorschriften dem entgegenstehen. Schwerbehinderte genießen nach den §§ 15 bis 22 SchwbG einen **besonderen Kündigungsschutz**. Nach § 24 SchwbG sind Schwerbehinderte auf ihr Verlangen hin von Mehrarbeit freizustellen. Sie haben einen Anspruch auf einen bezahlten zusätzlichen Urlaub von fünf Arbeitstagen im Urlaubsjahr (§ 25 SchwbG).

VII. Die Arbeitszeit

Unter der **Arbeitszeit** ist nach § 2 Abs. 1 ArbZG die Zeit vom Beginn bis zum Ende der Arbeit ohne die Ruhepausen zu verstehen. Die werktägliche Arbeitszeit der Arbeitnehmer i. S. des § 2 Abs. 2 ArbZG darf acht Stunden nicht überschreiten (§ 3 ArbZG – **erlaubte Arbeitszeit**). Sie kann bis auf zehn Stunden nur **verlängert** werden, wenn innerhalb von sechs Kalendermonaten oder innerhalb von 24 Wochen im Durchschnitt acht Stunden werktäglich nicht überschritten werden. Darüber hinaus besteht nach § 7 Abs. 1 bzw. § 12 ArbZG die Möglichkeit, in einem Tarifvertrag oder auf der Grundlage eines Tarifvertrags in einer Betriebsvereinbarung abweichende Regelungen zu treffen. Sonderregelungen gelten nach § 18 Abs. 1 Nr. 1 ArbZG für leitende Angestellte i. S. des § 5 Abs. 3 BetrVG sowie für Arbeitnehmer, die das 18. Lebensjahr noch nicht vollendet haben (§ 18 Abs. 2 ArbZG). Auf letztere findet das Jugendarbeitsschutzgesetz (JArbG) Anwendung. 247

Die Arbeitszeit der **Nacht- und Schichtarbeitnehmer** (Nacharbeitnehmer sind Arbeitnehmer, die aufgrund ihrer Arbeitszeitgestaltung normalerweise Nachtarbeit in Wechselschicht zu leisten haben bzw. **Nachtarbeit** [d. h. eine solche, die mehr als zwei Stunden der **Nachtzeit** i. S. des § 2 Abs. 3 ArbZG] an mindestens 48 Tagen im Kalenderjahr leisten – § 2 Abs. 5 ArbZG) ist gemäß § 6 Abs. 1 ArbZG nach den gesicherten arbeitswissenschaftlichen Erkenntnissen über die menschengerechte Gestaltung der Arbeit festzulegen. Sie findet eine eingehende Regelung in § 6 Abs. 2 bis 6 ArbZG. 248

Die Arbeit ist nach § 4 ArbZG durch im voraus feststehende **Ruhepausen** von mindestens 30 Minuten bei einer Arbeitszeit von mehr als sechs bis neun Stunden und 45 Minuten bei einer Arbeitszeit von mehr als neun Stunden insgesamt zu unterbrechen. Im übrigen müssen die Arbeitnehmer nach Beendigung der täglichen Arbeitszeit eine ununterbrochene **Ruhezeit** von mindestens 11 Stunden haben (§ 5 Abs. 1 ArbZG). 249

Sonderregelungen über die erlaubte Arbeitszeit für bestimmte Arbeitnehmergruppen werden in den §§ 8 ff. JArbSchG (für Jugendliche), § 8 MuSchG (für Schwangere) sowie in § 46 SchwbG (für Schwerbehinderte) getroffen. 250

Verstöße gegen die Vorgaben des Arbeitszeitgesetzes führen über § 134 BGB zur Nichtigkeit entsprechender Abreden.

Die von einem Arbeitnehmer konkret zu erbringende Arbeitszeit richtet sich nach seinem Arbeitsvertrag, der das Arbeitszeitgesetz und ggf. tarifliche Vorgaben (etwa die 38,5 Stunden-Woche) bzw. Betriebsvereinbarungen (§ 77 BetrVG) zu berücksichtigen hat. Der Arbeitgeber ist berechtigt, im Rahmen seines Weisungsrechts die Arbeitszeit und deren Länge zu konkretisieren, wobei ggf. das Mitbestimmungsrecht des Betriebsrats nach § 87 Abs. 1 Nr. 2 BetrVG mit zu berücksichtigen ist. Der Arbeitnehmer ist zur Verrichtung von **Mehrarbeit** (d. h. Überschreiten der höchstzulässigen gesetzlichen Arbeitszeit) bzw. von **Überstunden** (Überschreiten der betriebsüblichen Arbeitszeit) gegen zusätzliche Vergütung grundsätzlich **nicht** verpflichtet, es sei denn, in seinem Arbeitsvertrag wäre eine anderweitige individualvertragliche Regelung getroffen worden oder aber es läge ein Notfall vor. 251

Die Einführung von **Kurzarbeit** (d. h. die vorübergehende Verkürzung der vereinbarten Arbeitszeit beim Vorliegen einer besonderen Rechtsgrundlage) bedarf ebenso wie eine Verlängerung der betriebsüblichen Arbeitszeit der Mitbestimmung des Betriebsrats nach § 87 Abs. 1 Nr. 3 BetrVG. Besteht kein Betriebsrat, kann der Arbeitgeber grundsätzlich nicht einseitig Kurzarbeit anordnen. 252

Ring 937

Vielmehr muss er vorab entweder eine entsprechende Vereinbarung mit jedem einzelnen Arbeitnehmer treffen oder aber eine Änderungskündigung (§ 2 KSchG) aussprechen. Dem Betriebsrat steht ein **Mitbestimmungsrecht** zu im Hinblick auf die Verteilung der wöchentlichen Arbeitszeit auf die einzelnen Wochentage wie auch hinsichtlich der Bestimmung von Beginn und Ende der täglichen Arbeitszeit (§ 87 Abs. 1 Nr. 2 BetrVG) und somit auch bei der Einführung von

- **gleitender Arbeitszeit** (d. h. in bezug auf eine Arbeitszeitregelung, bei der unter Vorgabe der zu leistenden Wochenarbeitszeit und unter Festlegung von Kernzeiten einer Anwesenheit der Arbeitnehmer diese selbst hinsichtlich Arbeitsbeginn und -ende frei und variabel gestalten kann) bzw. von
- **Schichtarbeit** (d. h. einer Regelung, nach der auf der Grundlage eines Schichtplans ein Teil der Arbeitnehmer eines Betriebs arbeitet, während er an anderen Tagen arbeitsfrei hat).

VIII. Wettbewerbsverbote

253 Die §§ 60 und 61 HGB statuieren ein ausdrückliches gesetzliches Wettbewerbsverbot für Handlungsgehilfen während der Dauer ihres Arbeitsverhältnisses. Nach h.M. ist dieses gesetzliche Wettbewerbsverbot auf andere Arbeitnehmer **nicht** uneingeschränkt **analog anwendbar**. Doch resultiert aus dem allgemeinen auch den Arbeitsvertrag beherrschenden Grundsatz von Treu und Glauben (§ 242 BGB) unter Berücksichtigung der Rücksichtnahmepflicht des Arbeitnehmers eine Verpflichtung desselben, während der Dauer eines Arbeitsverhältnisses nicht in Wettbewerb zum geschäftlichen Bereich seines Arbeitgebers zu treten.

254 Nach § 74 HGB (vgl. zudem § 133 f. GewO) bedarf eine Vereinbarung zwischen dem Prinzipal und dem Handlungsgehilfen, die den Gehilfen für die Zeit **nach** Beendigung des Dienstverhältnisses in seiner gewerblichen Tätigkeit beschränkt (**nachvertragliches Wettbewerbsverbot**), der Schriftform (§ 126 BGB) und der Aushändigung einer vom Prinzipal unterzeichneten, die vereinbarten Bestimmungen enthaltenden Urkunde an den Gehilfen. Dieses Wettbewerbsverbot ist nur verbindlich, wenn sich der Prinzipal verpflichtet, für die Dauer des Verbots eine **Entschädigung** (Karenzentschädigung) zu zahlen. Fehlt die Vereinbarung einer Karenzentschädigung, ist das Wettbewerbsverbot für den Arbeitnehmer unverbindlich. Ein nachvertragliches Wettbewerbsverbot im Berufsausbildungsverhältnis ist nach § 5 Abs. 1 S. 1 BBiG nicht statthaft.

IX. Sonstige Rechte und Verpflichtungen des Arbeitnehmers aus dem Arbeitsverhältnis

255 Aus der arbeitsrechtlichen Pflicht des Arbeitnehmers zur Rücksichtnahme auf die berechtigten Interessen des Arbeitgebers (früher Treuepflicht), die aus dem Individualarbeitsvertrag i.V.m. § 242 BGB hergeleitet werden und sowohl zu einem positiven Tun als auch zu einem Unterlassen verpflichten kann, resultieren einige weitere Verpflichtungen des Arbeitnehmers:

1. Die Gehorsamspflicht

256 Der Arbeitnehmer ist verpflichtet, rechtmäßigen Weisungen des Arbeitgebers im Rahmen seiner Direktionsbefugnis Folge zu leisten.

2. Die Verschwiegenheitspflicht

257 Nach § 17 Abs. 1 UWG macht sich ein Arbeitnehmer strafbar, der ein Geschäfts- oder Betriebsgeheimnis, das ihm im Rahmen seines Arbeitsverhältnisses anvertraut oder zugänglich geworden ist, während der Geltungsdauer des Arbeitsverhältnisses unbefugt an jemand zu Zwecken des Wettbe-

werbs, aus Eigennutz, zugunsten eines Dritten oder in der Absicht, dem Inhaber des Geschäftsbetriebs Schaden zuzufügen, mitteilt.

Neben dieser besonderen strafbewehrten Verschwiegenheitspflicht resultiert aus jedem **Individualarbeitsvertrag i.V.m.** § 242 BGB jedoch auch eine allgemeine Verschwiegenheitspflicht des Arbeitnehmers, die es ihm verbietet, nach außen hin geschäftliche Angelegenheiten seines Arbeitgebers zu offenbaren, falls dessen Interessen dadurch negativ betroffen werden und der Arbeitnehmer selbst kein überwiegendes Interesse an einer Information der Öffentlichkeit geltend zu machen vermag. Auch **nach** Beendigung des Arbeitsverhältnisses kann eine Geheimhaltungsverpflichtung und ein damit korrespondierendes Verwertungsverbot bestehen, etwa auf vertraglicher Basis (Wettbewerbsverbot gemäß §§ 74, 74a, 90 HGB) oder aber in dem Fall, dass der Arbeitnehmer sich seine Kenntnis während seiner Betriebszugehörigkeit in unlauterer Weise nach § 17 Abs. 2 UWG verschafft hat.

Unabhängig von dieser Verschwiegenheitsverpflichtung aller Arbeitnehmer im Hinblick auf Betriebs- und Geschäftsgeheimnisse trifft nach § 79 Abs. 1 BetrVG auch die Mitglieder und Ersatzmitglieder des Betriebsrats eine Verpflichtung zur Geheimhaltung von Betriebs- und Geschäftsgeheimnissen, die ihnen wegen ihrer Zugehörigkeit zum Betriebsrat bekannt geworden und vom Arbeitgeber ausdrücklich als geheimhaltungsbedürftig bezeichnet worden sind. 258

3. Das Verbot der Annahme von Schmiergeldern

§ 12 Abs. 2 UWG begründet ein **Verbot der passiven Bestechung**. Darüber hinaus verbietet aber auch jedes **Individualarbeitsverhältnis i.V.m.** § 242 BGB generell jede Schmiergeldannahme. Von Schmiergeldern abzugrenzen sind **Gelegenheitsgeschenke**, die der Arbeitnehmer anzunehmen berechtigt ist. Der Arbeitgeber hat nach §§ 687 Abs. 2, 681, 667 BGB gegen seinen bestochenen Arbeitnehmer einen Anspruch auf **Herausgabe des Schmiergelds**. 259

4. Weitere Rücksichtnahmepflichten

Den Arbeitnehmer trifft eine **Schadensabwendungspflicht**, die es ihm in Notfällen im Rahmen der Zumutbarkeit auch aufgibt, über die arbeitsvertraglich vereinbarten Konditionen hinaus (vorübergehend) eine zeitlich längere oder auch sachlich andere Arbeit (als wie im Arbeitsvertrag vereinbart) zu verrichten. Gleichermaßen trifft den Arbeitnehmer, jedenfalls innerhalb seines Wirkungskreises, eine **Mitteilungs- und Anzeigepflicht** gegenüber dem Arbeitgeber im Hinblick auf drohende bzw. bereits entstandene Schäden. 260

5. Nebentätigkeiten des Arbeitnehmers

Dem Arbeitnehmer sind Nebentätigkeiten (bei denen er nicht seine gesamte Arbeitskraft einsetzt) auf der Grundlage des Grundrechts der Berufsfreiheit insoweit gestattet, als dadurch seine Verpflichtung zur Arbeitsleistung im Rahmen seiner Haupterwerbstätigkeit nicht beeinträchtigt und er dabei auch nicht in Wettbewerb zum geschäftlichen Bereich seines Arbeitgebers tritt. Weitere Beschränkungen resultieren aus spezifischen arbeitnehmerschutzrechtlichen Bestimmungen: So darf ein Arbeitnehmer etwa nach § 8 BUrlG nicht im Urlaub arbeiten. Auch eine Überschreitung der höchstzulässigen Arbeitszeit nach den §§ 3 ff. ArbZG ist nicht statthaft. Im übrigen gilt das allgemeine Verbot der Aufnahme einer Schwarzarbeit nach den §§ 1 und 2 SchwarzarbeitsG. 261

6. Exkurs: Die Arbeitnehmererfindung

262 Ein spezielles Gesetz über Arbeitnehmererfindungen (ArbNErfG) regelt nach dessen § 1 Erfindungen (d. h. im Sinne des Gesetzes nach § 2 nur solche, die patent- oder gebrauchsmusterfähig sind) und technische Verbesserungsvorschläge (Vorschläge für sonstige technische Neuerungen, die nicht patent- oder gebrauchsmusterfähig sind – § 3) von Arbeitnehmern. Im Hinblick auf Arbeitnehmererfindungen ist zwischen **gebundenen und freien Erfindungen** zu unterscheiden. Gebundene Erfindungen (Diensterfindungen) sind die während der Dauer des Arbeitsverhältnisses gemachten Erfindungen, die entweder aus der dem Arbeitnehmer im Betrieb obliegenden Tätigkeit entstanden sind oder maßgeblich auf Erfahrungen oder Arbeiten des Betriebs beruhen (§ 4 Abs. 2 ArbNErfG). Sonstige Erfindungen von Arbeitnehmern sind nach § 4 Abs. 3 S. 1 ArbNErfG freie Erfindungen. Den Arbeitnehmer trifft im Falle einer Dienstverpflichtung nach § 5 ArbNErfG eine **Meldepflicht**. Der Arbeitgeber kann eine Diensterfindung unbeschränkt oder beschränkt in Anspruch nehmen (§ 6 Abs. 1 ArbNErfG) mit korrespondierender Vergütungspflicht nach § 9 bzw. § 10 ArbNErfG. Im Falle freier Erfindungen besteht nach § 18 ArbNErfG eine **Mitteilungs-** bzw. gemäß § 19 ArbNErfG eine **Anbietungspflicht**.

7. Weiterer Exkurs: Betriebsbußen

263 In der Praxis ist man dazu übergegangen, Verstöße gegen die betriebliche Ordnung betriebsintern durch eine Verhängung von in einem gerichtsähnlichen Verfahren (was rechtsstaatlichen Anforderungen genügen muss) auszusprechender Betriebsbußen (etwa mündliche Verwarnungen, schriftliche Verweise oder Geldbußen) nach Maßgabe einer besonderen Betriebsbußenordnung (die als Betriebsvereinbarung zwischen Arbeitgeber und Betriebsrat gemäß § 87 Abs. 1 Nr. 2 und Abs. 2 i.V.m. §§ 77, 76 Abs. 5 BetrVG erlassen werden kann) zu sanktionieren. Das Mitbestimmungsrecht des Betriebsrats erstreckt sich über den Erlass der Betriebsbußenordnung hinaus aber auch auf die Verhängung einer jeden Betriebsbuße im Einzelfall durch sog. Betriebsgerichte (d. h. Ausschüsse im Sinne von § 28 Abs. 3 BetrVG, die von Arbeitgeberseite und Betriebsrat paritätisch zu besetzen sind). Der „abgestrafte" Arbeitnehmer kann die Zulässigkeit (Ordnungs- wie Angemessenheit) der gegen ihn verhängten Betriebsbuße (einschließlich der Betriebsbußenordnung als solcher) in vollem Umfang arbeitsgerichtlich überprüfen lassen. Diese Form einer „Betriebsgerichtsbarkeit" ist nicht unproblematisch. Die Betriebsbuße ist strikt von einer individualvertraglich vereinbarten Vertragsstrafe zu unterscheiden.

§ 11

Teil 2: Bautarifrecht

Andreas Biedermann

Inhalt

A. Übersicht über das Bautarifwesen	264
I. Entgelttarifverträge	266
II. Rahmentarifverträge	267
III. Sozialkassentarifverträge	269
IV. Verfahrenstarifverträge	270
B. Begründung des Arbeitsverhältnisses	272
C. Ausschlussfristen	276
D. Arbeitszeitregelungen im Baugewerbe (§ 3 BRTV, § 3 RTV-Angestellte)	281
I. Gewerbliche Arbeitnehmer	282
1. Verteilung der Arbeitszeit	286
2. Ausgestaltung der Arbeitszeitflexibilisierung im Betrieb	287
3. Umfang der Arbeitszeitgestaltung	288
4. Monatslohn	291
5. Arbeitszeit- und Entgeltkonto (Ausgleichskonto)	295
a) Entrichtung und Zweck des Ausgleichskontos	295
b) Volumen des Ausgleichskontos/Überstundenzuschläge	296
c) Auszahlung aus dem Ausgleichskonto	298
d) Mitteilung über den Stand des Ausgleichskontos	299
e) Behandlung des Ausgleichskontos am Ende des Ausgleichszeitraumes	300
6. Absicherung des Guthabens auf dem Ausgleichskonto	303
a) Grundsatz	303
b) Umfang der Absicherung	304
c) Form der Absicherung	305
d) Nachweis der Absicherung	306
II. Arbeitszeit für Angestellte/Poliere	308
E. Urlaub in der Bauwirtschaft (§ 8 BRTV, § 10 RTV Angestellte, Tarifvertrag über das Sozialkassenverfahren im Baugewerbe – VTV)	310
I. Gewerbliche Arbeitnehmer	310
1. Urlaubsdauer	312
2. Urlaubsvergütung	316
3. Zusätzliches Urlaubsgeld	323
4. Urlaubsabgeltung/Entschädigung	324
II. Urlaub für jugendliche Arbeitnehmer	330
III. Angestellte und Poliere	335
F. Kündigung	338
I. Gewerbliche Arbeitnehmer	338
II. Angestellte und Poliere	342
G. Winterregelung für das Baugewerbe	344
I. Die 1.-30. witterungsbedingte Ausfallstunde	349
1. Betriebe mit Arbeitszeitflexibilisierung	351
2. Betriebe ohne Arbeitszeitflexibilisierung	352
a) Durch Vorarbeit	353
b) Durch Abtretung des Urlaubs-Entschädigungsanspruches	357
c) Durch Einsatz von Urlaub	360
d) Durch Vorleistung des Arbeitgebers	361
II. Die 31.-100. witterungsbedingte Ausfallstunde	362
1. Betriebe mit Arbeitszeitflexibilisierung	365
2. Betriebe ohne Arbeitszeitflexibilisierung	369
III. Ab der 101. witterungsbedingten Ausfallstunde	370
H. 13. Monatseinkommen	377
I. Höhe	378
II. Anspruchsminderung	381
I. Arbeitsgemeinschaften (ARGEN)	393
J. Arbeitnehmer-Entsendegesetz	398
I. Anwendungsvoraussetzungen	399
II. Mindestlohn	406
III. Verpflichtung zur Gewährung von Urlaub und zur Zahlung von Urlaubskassenbeiträgen	409
IV. Durchgriffshaftung	416
V. Verjährung der Ansprüche	431
K. Sozialkassenverfahren, Sozialkassenbeitrag	432
L. Arbeitnehmerüberlassung	447
I. Begriff	447
II. Zulässige Formen der Zusammenarbeit	449
1. Die erlaubnispflichtige Arbeitnehmerüberlassung in der Bauwirtschaft	449
2. Entfallen der Erlaubnispflicht	452

3. Arbeitnehmerüberlassung im Konzern 453	VII. Problem Scheinfirma 466
4. Die Arbeitnehmerüberlassung in Unternehmen außerhalb der Bauwirtschaft 454	1. Maßnahmekatalog zur Abgrenzung von Scheinfirmen 466
	a) Subunternehmer mit Sitz im Inland 466
III. Strafandrohung bei Regelverletzung 455	b) Subunternehmer mit Sitz im Ausland 460
IV. Abgrenzung zwischen Werkvertrag und Arbeitnehmerüberlassung . . 457	2. Merkmale, die für eine Scheinfirma sprechen können 467
V. Werkverträge mit Subunternehmern aus EU-Staaten 463	M. Arbeitsschutz 468
VI. Werkverträge mit Subunternehmern aus MOE-Staaten 464	

A. Übersicht über das Bautarifwesen

264 Die Tarifvertragsparteien des Baugewerbes[1] haben ca. 40 Tarifverträge abgeschlossen, um für die Arbeitsverhältnisse der gewerblichen Arbeitnehmer, Poliere/Schachtmeister, technischen und kaufmännischen Angestellten sowie Auszubildenden, die in den mehr als 75.000 Baubetrieben beschäftigt sind, Mindestnormen zu schaffen.[2]

265 Das Bautarifwerk besteht aus einem System von 4 großen Gruppen:
- Entgelttarifverträge
- Rahmentarifverträge
- Sozialkassentarifverträge
- Verfahrenstarifverträge

I. Entgelttarifverträge

266 Die Entgelttarifverträge enthalten die Lohn- und Gehaltssätze (regionale Lohntabellen) für die verschiedenen Berufsgruppen.

Zu den Entgelttarifverträgen im Baugewerbe gehören auch:
- Tarifverträge über die Gewährung eines 13. Monatseinkommens im Baugewerbe.
- Tarifverträge über die Auslösungssätze bei auswärtiger Beschäftigung der Bauarbeitnehmer; diese werden jährlich mit Wirkung zum 1.4. aktualisiert.
- Der Tarifvertrag zur Regelung eines Mindestlohns im Baugewerbe im Gebiet der Bundesrepublik Deutschland (allgemeinverbindlich).
- Tarifverträge über die Gewährung vermögenswirksamer Leistungen.

II. Rahmentarifverträge

267 Die Rahmentarifverträge enthalten Bestimmungen über:
- die Berufsgruppeneinteilungen
- die werktägliche und wöchentliche Arbeitszeit und deren Flexibilisierungsmöglichkeit,
- Regelungen zur Mehrarbeit, Nacht- und Feiertagszuschläge bzw. Erschwerniszuschläge,
- Entgeltfortzahlung im Krankheitsfall
- Freistellungsansprüche,
- die Winterregelung,

---

[1] Hauptverband der Deutschen Bauindustrie, Zentralverband des Deutschen Baugewerbes, Industriegewerkschaft Bauen-Agrar-Umwelt.
[2] Tarifsammlung für die Bauwirtschaft 2000/2001, S. 2000.

- Fragen der tariflichen Eingruppierung,
- Auswärtsbeschäftigung,
- Urlaub,
- den Einsatz bei Arbeitsgemeinschaften,
- Kündigung,
- Ausschlussfristen,
- die Möglichkeit der Inanspruchnahme von Altersteilzeit.

Für die einzelnen Arbeitnehmergruppen gelten verschiedene Rahmentarifverträge:
- Für die gewerblichen Arbeitnehmer der Bundesrahmentarifvertrag (BRTV) / allgemeinverbindlich.
- Für die Angestellten/Poliere der RTV Angestellte.
- Für die Berufsbildung für Auszubildende der TV Berufsbildung (allgemeinverbindlich).

Der Bundesrahmentarifvertrag wird ergänzt durch spezielle Regelungen z. B. für das Isoliergewerbe oder für die leistungsabhängige Entlohnung.

III. Sozialkassentarifverträge

Die Sozialkassentarifverträge regeln Ansprüche auf die von den Sozialkassen an die Arbeitnehmer dieses Wirtschaftszweiges gewährten Leistungen (z. B. Urlaubsentgelt, zusätzliches Urlaubsgeld, zusätzliche Altersversorgung, Lohnausgleich, Rentenbeihilfen) und die von den Sozialkassen an die Baubetriebe erstatteten Leistungen (z. B. Kosten der Berufsausbildung).

Bei den Sozialkassen handelt es sich um gemeinsame Einrichtungen der Tarifvertragsparteien des Baugewerbes, die bereits in den 50er Jahren gegründet wurden und den besonderen Arbeitsbedingungen des Wirtschaftszweiges Rechnung tragen. Das Sozialkassenverfahren (Beitragseinzug und Erstattung von Leistungen) ist in Verfahrenstarifverträgen geregelt. Die Beiträge zur Finanzierung der von den Sozialkassen des Baugewerbes zu erbringenden Leistungen werden von den Arbeitgebern aufgebracht.

IV. Verfahrenstarifverträge

Die Verfahrenstarifverträge regeln insbesondere:
- die Ausfüllung der Meldescheine,
- der Versicherungshefte,
- der Wartezeitnachweise,
- der Anerkennungs- sowie Erstattungsanträge,
- die Abgabe der laufenden Meldungen wie z. B. für die Bruttolohnsumme,
- die Erstattung der verauslagten Leistungen,
- die Direktauszahlung der Arbeitnehmer im Rahmen der Zusatzversorgung,
- Sozialkassenbeiträge.

Diverse Tarifverträge sind für allgemeinverbindlich erklärt worden. Eine Übersicht über die für allgemeinverbindlich erklärten Bautarifverträge enthält die Tarifsammlung für die Bauwirtschaft.[3]

---

[3] Tarifsammlung für die Bauwirtschaft 2000/2001, S. 520 ff.

B. Begründung des Arbeitsverhältnisses

272 Im Baugewerbe ist der Arbeitgeber darauf angewiesen, seine Arbeitskräfte regelmäßig oder häufig auf ständig wechselnden Produktionsstätten einzusetzen. Die Tarifvertragsparteien des Baugewerbes haben dieser Besonderheit durch tarifliche Erweiterung des Direktionsrechts des Arbeitgebers Rechnung getragen. Danach ist der Arbeitgeber berechtigt, den Arbeitsort zu bestimmen und den Arbeitnehmer auf allen Bau- oder Arbeitsstellen des Betriebes einzusetzen, und zwar auch auf solchen, die von seiner Wohnung aus nicht an jedem Arbeitstag erreichbar sind (vgl. § 2 Nr. 1 BRTV, § 7 Nr. 1 RTV Angestellte).

273 § 2 Nr. 3 Satz 1 BRTV wurde den Anforderungen des Nachweisgesetzes dahingehend angepasst, dass der Arbeitgeber verpflichtet ist, spätestens einen Monat nach dem vereinbarten Beginn des Arbeitsverhältnisses die wesentlichen Vertragsbedingungen schriftlich niederzulegen, die Niederschrift zu unterzeichnen und dem Arbeitnehmer auszuhändigen.

274 In Nr. 3 dieser Bestimmung sind die wesentlichen Vertragsbedingungen, die zum Mindestinhalt der Niederschrift gehören, aufgeführt. Für die Niederschrift soll der als Anhang zu § 2 BRTV angefügte Einstellungsbogen verwendet werden. Betriebsindividuelle Ergänzungen, die seinen anwendungspraktischen Wert erhöhen, sind zulässig. Die Umsetzung in ein den EDV-Belangen genügendes Formular bleibt ebenfalls der Betriebspraxis überlassen; ggf. ist § 94 BetrVG zu beachten.

275 Soweit in den Einstellungsbogen weitere Angaben (Arbeitszeit, Urlaub, Kündigungsfristen) nicht ausdrücklich aufgenommen worden sind, werden diese durch den darin vorgesehenen allgemeinen Hinweis auf die einschlägigen Tarifverträge und Betriebsvereinbarungen ersetzt (§ 2 Abs. 3 NachwG). Die Verweisung kann in dynamischer Form ("... in ihrer jeweils gültigen Fassung.") vorgenommen werden. Nicht notwendig ist die genaue Bezeichnung der jeweiligen Regelungswerke oder der Einzelbestimmungen.[4]

C. Ausschlussfristen

276 Ansprüche aus dem Arbeitsverhältnis sind innerhalb der tariflichen Ausschlussfristen geltend zu machen.

Unter Ausschlussfristen versteht man solche Fristen, innerhalb derer ein fälliger Anspruch gegenüber dem Anspruchsgegner geltend zu machen ist, so dass mit Ablauf der Frist das Recht erlischt, dessen Erlöschen von Amts wegen zu berücksichtigen ist.

277 § 16 BRTV stellt die zentrale Regelung aller für das Baugewerbe geltenden tariflichen Ausschlussfristen dar. Die hierzu ergangene Rechtsprechung ist grundsätzlich auch auf die anderen Ausschlussklauseln der Bautarifverträge anwendbar.[5]

Die Bestimmung enthält eine sog. zweistufige Ausschlussklausel. Danach verfallen alle gegenseitigen Ansprüche aus dem Arbeitsverhältnis und solche, die mit dem Arbeitsverhältnis in Verbindung stehen, wenn sie nicht innerhalb von 2 Monaten nach Fälligkeit gegenüber der anderen Vertragspartei schriftlich erhoben werden – 1. Stufe –. Lehnt die Gegenseite den Anspruch ab oder erklärt sie sich hierzu nicht innerhalb von 2 Wochen nach der Geltendmachung des Anspruchs, so verfällt dieser, wenn er nicht innerhalb von 2 Monaten gerichtlich geltend gemacht wird – 2. Stufe –.

---

[4] Biedermann/Möller, Handbuch des Personalrechts für den Baubetrieb, 10. Aufl. 1999, S. 154.
[5] Vgl. Karthaus/Müller, Bundesrahmentarifvertrag für das Baugewerbe, Text und Erläuterung, 5. Aufl., 1998, S. 424 ff.

278 Die Geltendmachung von Ansprüchen kann rechtswirksam auch vorzeitig, d. h. vor der Fälligkeit erfolgen. Die nach Nr. 2 vorgesehene 2wöchige Bedenkzeit des Schuldners beginnt aber erst mit dem Eintritt der Fälligkeit und nicht schon mit der vorzeitigen Geltendmachung. Die 2. Stufe der Ausschlussfrist, nach der innerhalb von 2 Monaten Klage zu erheben ist, beginnt dementsprechend auch erst nach Ablauf der 2wöchigen Bedenkzeit. Bei vorzeitiger Geltendmachung des Anspruchs ergibt sich damit aber ab dem Zeitpunkt der Fälligkeit eine maximale Klagefrist von 2 Monaten und 2 Wochen.[6]

279 Die tarifliche Regelung zur 2. Stufe gilt nicht nur für Zahlungsansprüche des Arbeitnehmers, sondern auch für die gesetzlichen (z. B. Schadensersatzansprüche) und einzelvertragliche Ansprüche. Sie gilt z. B. auch für die Rückzahlung überzahlter Lohnbeträge,[7] Ansprüche des Arbeitnehmers auf eine Abfindung[8] und z. B. aus unerlaubter Handlung (z. B. Veruntreuung von Baustoffen).[9]
Zur Frage der Ausschlussfristen bei Bestandsstreitigkeiten, vgl. BAG,[10] Urt. v. 8.8.2000.

280 **Übersicht über die tariflichen Ausschlussfristen im Baugewerbe:**

Ansprüche	Ausschlussfrist	tarifliche Regelung
alle Ansprüche aus dem Arbeitsverhältnis	2 Monate nach Fälligkeit	§ 16 BRTV/§ 13 RTV Angestellte/Poliere
Ausnahmen: – Urlaubsansprüche und Urlaubsabgeltungsansprüche der gewerblichen Arbeitnehmer	31.12. d.J., das auf das Jahr der Entstehung der Ansprüche folgt	§ 8 Nr. 7 BRTV
– Entschädigung der Urlaubsansprüche	31.12. des Folgejahres	§ 8 Nr. 8 BRTV
– Lohnausgleich	31.3.	§ 10 TV Lohnausgleich
– Übergangsbeihilfe	31.5.	§ 10 TV Lohnausgleich
alle Ansprüche aus dem Ausbildungsverhältnis	3 Monate nach Beendigung des Ausbildungsverhältnisses	§ 16 TV Berufsbildung
Ausnahme: – Urlaubsabgeltungsansprüche	30.9. des auf das Auslernjahr folgenden Jahres	§ 16 TV Berufsbildung
Ansprüche der ZVK/ULAK gegenüber dem Arbeitgeber	4 Jahre seit Fälligkeit	§ 25 Abs. 1 VTV

---

6 BAG BB 1996, 2302.
7 BAG DB 1978, 2035.
8 BAG DB 1983, 1147.
9 BAG BB 1981, 2006.
10 BAG NZA 2000, 1236.

Ansprüche	Ausschlussfrist	tarifliche Regelung
Ansprüche des Arbeitgebers gegenüber der ULAK:		
– Erstattung der Urlaubsvergütung	30.9. des Jahres nach dem Jahr, in dem der Erstattungsanspruch entstanden ist	§ 25 Abs. 2 a) VTV
– Erstattung der Urlaubsvergütung bei Beendigung des Arbeitsverhältnisses	15. des zweiten auf den Monat der Beendigung des Arbeitsverhältnisses folgenden Monat	§ 25 Abs. 2 b) VTV
– Erstattung des Lohnausgleichs	31.5.	§ 25 Abs. 2 b) VTV § 31 Abs. 2 TV Berufsbildung
– Erstattung der Ausbildungsvergütung	31.12. des zweiten Jahres nach dem Jahr, in dem der Erstattungsanspruch entstanden ist	

D. Arbeitszeitregelungen im Baugewerbe (§ 3 BRTV, § 3 RTV Angestellte)

281 Die durchschnittliche regelmäßige Wochenarbeitszeit im Kalenderjahr beträgt im Baugewerbe 39 Stunden. Sie wird in eine Winterarbeitszeit und in eine Sommerarbeitszeit unterteilt. In der Winterarbeitszeit, die von der 1.-12. Kalenderwoche sowie von der 44. bis zum Jahresende läuft, beträgt die wöchentliche Arbeitszeit 37,5 Stunden. In der Sommerarbeitszeit, von der 13.-43. Kalenderwoche, beträgt die wöchentliche Arbeitszeit 40 Stunden (§ 3 Nr. 1.2 BRTV).

I. Gewerbliche Arbeitnehmer

282 Während der Winterarbeitszeit beträgt die regelmäßige werktägliche Arbeitszeit ausschließlich der Ruhepausen Montags bis Freitags 7,5 Stunden und während der Sommerarbeitszeit Montags bis Freitags jeweils 8 Stunden.

283 Die tarifliche Verteilung der 37,5 bzw. 40 Wochenstunden gilt immer dann zwingend, wenn die tarifliche Wochenarbeitszeit betrieblich nicht anderweitig verteilt wird. Die tarifvertragliche Regelung eröffnet hierfür 2 Gestaltungsmöglichkeiten, nämlich den Arbeitszeitausgleich innerhalb von 2 Wochen sowie die betriebliche Arbeitszeitverteilung in einem 12monatigen Ausgleichszeitraum – (vgl. § 3 Nr. 1.3 und 1.4 BRTV, sog. große Flexibilisierung).

284 Die nach betrieblicher Regelung an einzelnen Werktagen ausfallende Arbeitszeit kann durch Verlängerung der Arbeitszeit ohne Mehrarbeitszuschlag an anderen Werktagen innerhalb von einer oder zwei Kalenderwochen ausgeglichen werden.

285 Bei Flexibilisierung der Arbeitszeit über einen 12monatigen Ausgleichszeitraum sind die nachfolgenden Eckpunkte zu beachten (vgl. § 3 Nr. 1.4 BRTV):

D. Arbeitszeitregelungen im Baugewerbe (§ 3 BRTV, § 3 RTV Angestellte) § 11

1. Verteilung der Arbeitszeit

Innerhalb eines 12monatigen Ausgleichszeitraums kann die Arbeitszeit durch Betriebsvereinbarung oder, wenn kein Betriebsrat besteht, durch einzelvertragliche Vereinbarung abweichend auf die Werktage[11] des Ausgleichszeitraums verteilt werden. Eine Abkürzung des Ausgleichszeitraums von 12 Monaten ist grundsätzlich nicht möglich. 286

2. Ausgestaltung der Arbeitszeitflexibilisierung im Betrieb

Durch Betriebsvereinbarung bzw., sofern kein Betriebsrat besteht, durch einzelvertragliche Vereinbarung können geregelt werden: 287
- der Beginn des 12monatigen Ausgleichszeitraumes,
- die Verteilung der Arbeitszeit auf die einzelnen Werktage,
- die Frage, ob die Arbeitszeitflexibilisierung mit einer Frist eingeführt wird und wenn ja, mit welcher Frist,
- ggf. die Aufstellung eines Arbeitszeitplanes und
- Fristen und Verfahren bei Änderung der betrieblich vereinbarten Arbeitszeit.

3. Umfang der Arbeitszeitgestaltung

Innerhalb des 12monatigen Ausgleichszeitraumes können bis zu 150 Arbeitsstunden vor und bis zu 30 Arbeitsstunden nachgearbeitet werden. 288

Das Recht des Arbeitgebers, innerhalb der Arbeitszeitflexibilisierung das Volumen an Vor- und Nacharbeit auszuschöpfen, d.h. bis zu 150 Stunden vor- und bis zu 30 Stunden nacharbeiten zu lassen, ist mitbestimmungsfrei[12] Der Arbeitgeber muss dieses Volumen nutzen können, um die Voraussetzungen für die Zahlung eines konstanten Monatslohnes und einer Winterausfallgeld-Vorausleistung für die Arbeitnehmer zu gewährleisten. 289

Die Verteilung der Vor- bzw. Nacharbeitsstunden auf die einzelnen Werktage ist dagegen mangels einer abschließenden Regelung im Tarifvertrag mitbestimmungspflichtig bzw. – sofern kein Betriebsrat besteht – im Einvernehmen mit den Arbeitnehmern zu regeln[13].

Hinsichtlich der Ausgestaltung der täglichen, wöchentlichen oder monatlichen Arbeitszeit enthält der Tarifvertrag keine Beschränkungen. Es ist daher möglich, sowohl für einen Arbeitstag als auch für eine Woche und unter Ausnutzung des Vor- und Nacharbeitsvolumens sogar für einen Monat die Arbeitszeit auf bis zu 0 Stunden herabzusetzen. Die zulässige Höchstarbeitszeit wird durch das Arbeitszeitgesetz begrenzt. 290

4. Monatslohn

Während der Laufzeit der Arbeitszeitflexibilisierung ist für jeden Monat ein verstetigtes Einkommen in Form eines Monatslohnes an den Arbeitnehmer zu bezahlen. Der Monatslohn beträgt in den Monaten April bis Oktober 174 Gesamttarifstundenlöhne und in den Monaten November bis März 162 Gesamttarifstundenlöhne. 291

Der Monatslohn setzt sich zusammen aus der Vergütung für alle im Monat geleisteten Arbeitsstunden und mindert sich um die im Monat ausgefallenen Arbeitszeiten. Ausfallzeiten aufgrund von Urlaub, Krankheit, Kurzarbeit, Zeiten ohne Entgeltfortzahlung, Zeiten unbezahlter Freistellung, Zeiten 292

---

11 Werktage sind auch Samstage, vgl. *Biedermann/Möller*, a. a. O., S. 172.
12 *Biedermann/Möller*, a. a. O., S. 167.
13 *Biedermann/Möller*, a. a. O., S. 167.

unentschuldigten Fehlens oder aus zwingenden Witterungsgründen führen zu einer Minderung des Monatslohnes nach dem sog. Lohnausfallprinzip, d. h. es werden die konkret ausgefallenen Arbeitsstunden berücksichtigt.

293 *Beispiel*
Aufgrund der betrieblichen Arbeitszeitverteilung soll der Arbeitnehmer von Montag bis Donnerstag jeweils 10 Stunden und am Freitag 5 Stunden arbeiten. Sofern der Arbeitnehmer in dieser Woche erkrankt, erhält er Anspruch auf Entgeltfortzahlung nach dem Lohnausfallprinzip für die Tage von Montag bis Donnerstag in Höhe von 10 Stundenlöhnen und für Freitag in Höhe von 5 Stundenlöhnen.

294 Soweit für die Ausfallzeiten eine Lohnersatzleistung gewährt wird (z. B. Entgeltfortzahlung, Urlaubsvergütung etc.), wird diese neben dem verminderten Monatslohn ausbezahlt.

Davon abweichend werden bei Ausfallzeiten wegen gesetzlicher Wochenfeiertage und wegen tariflicher Freistellungstage pauschal 8 Gesamttarifstundenlöhne in der Sommerarbeitszeit und 7,5 Gesamttarifstundenlöhne in der Winterarbeitszeit vergütet.

5. Arbeitszeit- und Entgeltkonto (Ausgleichskonto)

a) Entrichtung und Zweck des Ausgleichskontos

295 Für jeden Arbeitnehmer ist ein Ausgleichskonto zu führen. Auf dem Ausgleichskonto ist monatlich die Differenz zwischen dem Lohn für die tatsächlich geleisteten Arbeitsstunden und dem errechneten Monatslohn (unter Abzug aller aufgeführten Minderungsstunden) festzuhalten. Auf dem Ausgleichskonto dürfen danach nur Arbeitsstunden und der Lohn für diese Arbeitsstunden, nicht dagegen Ausfallstunden und Lohnersatzleistungen für die Ausfallstunden zurückgestellt werden.

b) Volumen des Ausgleichskontos / Überstundenzuschläge

296 Auf dem Ausgleichskonto können bis zu 150 Stundenlöhne als Guthaben angespart werden. Sofern eine über den monatlichen Auszahlungsbetrag hinausgehende betriebliche Arbeitszeit vereinbart wird, obwohl das Ausgleichskonto schon mit 150 Stundenlöhnen gefüllt ist, ist für die weiteren Vorarbeitsstunden der Lohnanspruch incl. des Überstundenzuschlages mit der nächsten Lohnabrechnung auszubezahlen. Ein Anspruch auf Überstundenzuschläge für die bis zum vorzeitigen Ausscheiden nicht ausgeglichenen Arbeitsstunden besteht nur, wenn dem Arbeitnehmer betriebsbedingt gekündigt wurde oder ein befristetes Arbeitsverhältnis nicht verlängert wurde.

297 Schließlich kann vereinbart werden, dass das Guthaben aus dem Ausgleichskonto während des 12monatigen Ausgleichszeitraumes mehrmals auf bis zu maximal 150 Stunden auf- und wieder abgebaut werden kann. Für diesen Fall bleiben allerdings ebenfalls nur die ersten 150 Stunden, die auf dem Ausgleichskonto zurückgestellt wurden, zuschlagsfrei. Soweit durch einen mehrmaligen Auf- und Abbau des Ausgleichskontos insgesamt mehr als 150 Stunden auf diesem Konto zurückgestellt wurden, sind für alle zurückgestellten Stunden ab der 151. Stunde die Überstundenzuschläge sofort auszubezahlen. Sofern diese Vorarbeitsstunden bis zum Ende des Ausgleichszeitraumes nicht wieder abgebaut werden, ist darüber hinaus kein weiterer Überstundenzuschlag fällig.

c) Auszahlung aus dem Ausgleichskonto

298 Ein auf dem Ausgleichskonto angesammeltes Guthaben darf nur zu folgenden Zwecken eingesetzt werden:
- zum Ausgleich für die Zahlung des Monatslohnes, d. h. vor allem zum Ausgleich von Beschäftigungsschwankungen,

D. Arbeitszeitregelungen im Baugewerbe (§ 3 BRTV, § 3 RTV Angestellte) § 11

- als Winterausfallgeld-Vorausleistung für bis zu 100 witterungsbedingte Ausfallstunden in der Schlechtwetterzeit,
- bei witterungsbedingtem Arbeitsausfall außerhalb der Schlechtwetterzeit,
- am Ende des Ausgleichszeitraumes oder bei Ausscheiden des Arbeitnehmers bzw. im Todesfall.

d) Mitteilung über den Stand des Ausgleichskontos

Mit der jeweiligen Lohnabrechnung sind dem Arbeitnehmer mitzuteilen: 299
- ggf. die auf dem Ausgleichskonto im jeweiligen Lohnabrechnungszeitraum gutgeschriebenen Arbeitsstunden und der dafür einbehaltene Lohn,
- ggf. die auf seinem Ausgleichskonto im jeweiligen Lohnabrechnungszeitraum belasteten Arbeitsstunden und der dafür gezahlte Lohn (Vorschuss),
- der aktuelle Stand des Ausgleichskontos,
- die Summe der seit Beginn des Ausgleichszeitraumes gutgeschriebenen Arbeitsstunden.

e) Behandlung des Ausgleichkontos am Ende des Ausgleichszeitraumes

Es besteht keine Verpflichtung, den Ausgleichszeitraum so zu gestalten, dass die Arbeitszeit am Ende des Ausgleichszeitraumes ausgeglichen ist. 300

Verbleibt ein Guthaben auf dem Ausgleichskonto, so bestehen folgende Möglichkeiten: 301
- Das Guthaben wird (zusammen mit anfallenden Überstundenzuschlägen) an den Arbeitnehmer ausgezahlt.
- Alternativ kann vereinbart werden, dass das Guthaben auf den nächsten Ausgleichszeitraum übertragen wird. Dies kann durch freiwillige Betriebsvereinbarungen oder einzelvertragliche Vereinbarungen geschehen, in dem die dem Guthaben zugrunde liegenden Vorarbeitsstunden und das dafür gutgeschriebene Arbeitsentgelt unter Anrechnung auf das zuschlagsfreie Vorarbeitsvolumen des neuen Ausgleichszeitraumes ganz oder teilweise in diesen übertragen werden. Allerdings muss dem Arbeitnehmer in der Betriebsvereinbarung ein Anspruch auf Auszahlung seines Guthabens ausgeräumt werden. Sofern der Arbeitnehmer einer Übertragung nicht zustimmen will, muss er dies bis zum Ende des laufenden Ausgleichszeitraumes schriftlich geltend gemacht haben.

Eine verbleibende Zeitschuld (Vorschuss des Arbeitgebers) ist in den nächsten Ausgleichszeitraum zu übertragen. 302

Sofern der Arbeitnehmer vor Beendigung des Ausgleichszeitraumes aus dem Arbeitsverhältnis ausscheidet, kann der als Vorschuss des Arbeitgebers gewährte Lohn mit ausstehenden Lohnansprüchen des Arbeitnehmers verrechnet werden.

6. Absicherung des Guthabens auf dem Ausgleichskonto

a) Grundsatz

Durch den Tarifvertrag ist festgelegt, dass die bestimmungsgemäße Auszahlung des Guthabens sicherzustellen ist (§ 3 Nr. 1.44 BRTV). Das Guthaben ist daher gegen Insolvenz und Zahlungsschwierigkeiten abzusichern. 303

b) Umfang der Absicherung

Das Guthaben ist in Höhe des Nettolohnes abzusichern, falls die Rückstellung auf dem Ausgleichskonto nach Abzug von Steuern und Sozialaufwand als Nettobetrag erfolgt. 304

Biedermann 949

Das Guthaben ist in Höhe des Bruttolohnes und 45 % Sozialaufwand (Arbeitgeberanteil incl. des ZVK-Beitrages) abzusichern, falls die Rückstellung auf dem Ausgleichskonto als Bruttobetrag erfolgt.

c) Form der Absicherung

305 Der Arbeitgeber kann die Form der Absicherung wählen. In Betracht kommen z. B. Bankbürgschaften, ein Konto mit Pfandrechten oder Sicherheitsabtretungen zugunsten der einzelnen Arbeitnehmer, welches einem Treuhänder (z. B. dem Steuerberater oder dem Betriebsrat) zur Verwaltung obliegt, damit nicht für jeden einzelnen Arbeitnehmer ein eigenes Konto errichtet werden muss, die Hinterlegung des Guthabens bei der Urlaubs- und Lohnausgleichskasse (ULAK) oder versicherungsrechtliche Möglichkeiten (Ausfallbürgschaften). Darüber hinaus sind weitere wirksame Formen der Absicherung möglich.

d) Nachweis der Absicherung

306 Der Nachweis der Absicherung auf dem Ausgleichskonto ist nur für den Fall erforderlich, dass er von einer der Landesorganisationen der Tarifvertragsparteien verlangt wird. Sofern der Nachweis nicht erbracht werden kann, tritt die Vereinbarung über die betriebliche Arbeitszeitverteilung außer Kraft, und das Guthaben ist an den Arbeitnehmer auszuzahlen.

307 Unabhängig von der Flexibilisierungsregelung können aus Witterungsgründen ausgefallene Arbeitsstunden ganzjährig innerhalb der (dem letzten Ausfalltag) folgenden 24 Werktage (24-Tage-Regelung) nachgearbeitet werden. Kommt es beispielsweise in der letzten Aprilwoche zu einem Arbeitsausfall wegen schlechten Wetters, so können diese Ausfallstunden im Mai zusammen mit Ausfallstunden aus der vorausgegangenen Schlechtwetterzeit bis zu der nach dem Arbeitszeitgesetz zulässigen Höchstgrenze (60 Wochenstunden) nachgearbeitet werden.

Die Arbeitszeit beginnt und endet mit der Baustelle, sofern zwischen Arbeitgeber und Arbeitnehmer keine andere Vereinbarung getroffen wird. Bei Baustellen von größerer Ausdehnung beginnt und endet die Arbeitszeit an der festgelegten Sammelstelle (§ 3 Nr. 1.5 BRTV).

II. Arbeitszeit für Angestellte/Poliere

308 Die tarifvertraglichen Regelungen zur Arbeitszeit für die technischen und kaufmännischen Angestellten bzw. Poliere entsprechen weitgehend denjenigen für die gewerblichen Arbeitnehmer. Für Poliere und für das technische Baustellenpersonal gilt ebenfalls die Sommer- bzw. Winterarbeitszeit als tarifliche Regelarbeitszeit (§ 3 Nr. 1.1 Abs. 2 RTV Angestellte). Durch Vereinbarung kann allerdings die „regelmäßige" tarifliche Arbeitszeit (Montags bis Donnerstags 8 Stunden, Freitags 7 Stunden) auch für diese Angestellten vereinbart werden.

309 Auch Poliere sowie Baustellenangestellte können in die Arbeitszeitregelung für gewerbliche Arbeitnehmer nach § 3 Nr. 1.4 BRTV (betriebliche Arbeitszeitverteilung in einem 12monatigen Ausgleichszeitraum) einbezogen werden. Im Gegensatz zu gewerblichen Arbeitnehmern kann der Arbeitgeber für Poliere sowie für Baustellenangestellte bis zu 50 Stunden in Vorschuss treten. Poliere und Baustellenangestellte erhalten nämlich kein Winterausfallgeld, so dass die Änderung der gesetzlichen Winterbauförderung, wonach die Winterausfallgeld-Vorausleistung von 50 auf 30 Stunden reduziert wurde, für diese Arbeitnehmergruppen keine Auswirkungen hatte (vgl. im Einzelnen § 3 Nr. 1.3 RTV Angestellte).

Neben den tarifvertraglichen Regelungen sind die gesetzlichen Vorschriften zu beachten.[14]

---

14 *Biedermann/Möller*, a. a. O., S. 172.

E. Urlaub in der Bauwirtschaft (§ 8 BRTV, § 10 RTV Angestellte, Tarifvertrag über das Sozialkassenverfahren im Baugewerbe – VTV)

I. Gewerbliche Arbeitnehmer

Mit dem für den Bereich der gewerblichen Arbeitnehmer geltenden Urlaubskassenverfahren haben die Tarifvertragsparteien des Baugewerbes die Öffnungsklausel des § 13 Abs. 2 BUrlG ausgeschöpft. Die Urlaubsregelung in § 8 BRTV tritt unter Berücksichtigung bauspezifischer Besonderheiten an die Stelle des Bundesurlaubsgesetzes. Die als gemeinsame Einrichtung der Tarifvertragsparteien gemäß § 4 Abs. 2 TVG bestehende „Urlaubs- und Lohnausgleichskasse der Bauwirtschaft" hat u. a. die Aufgabe, die Auszahlung des Urlaubsentgelts und des zusätzlichen Urlaubsgeldes zu sichern. Die Arbeitgeber haben die hierfür erforderlichen Mittel im Rahmen des Sozialkassenbeitrags aufzubringen.

310

Der Urlaubsanspruch beträgt 30 Arbeitstage (Samstage gelten bei der Urlaubsberechnung gem. § 8 Nr. 1.3 BRTV nicht als Arbeitstage).

311

1. Urlaubsdauer

Die Urlaubsdauer im Einzelfall richtet sich allein nach der Zahl der in Betrieben des Baugewerbes zurückgelegten Beschäftigungstage. Als Beschäftigungstage zählen alle Kalendertage, an denen Arbeitsverhältnisse in Baubetrieben bestanden haben. Nicht mitgerechnet werden Tage, an denen der Arbeitnehmer der Arbeit unentschuldigt ferngeblieben ist, an denen der Arbeitnehmer unbezahlten Urlaub erhielt, wenn dieser länger als 14 Kalendertage dauerte, für die ein arbeitsunfähig erkrankter Arbeitnehmer weder Arbeitsentgelt noch Ausgleichsbeträge erhalten hat (vgl. § 8 Nr. 2.1 BRTV).

312

Volle Beschäftigungsmonate werden zu 30 Beschäftigungstagen gezählt. Beschäftigungstage eines angefangenen Beschäftigungsmonats sind auszuzählen und hinzuzurechnen. Der Arbeitnehmer erwirbt nach jeweils 12 (als Schwerbehinderter nach jeweils 10,4) Beschäftigungstagen Anspruch auf einen Tag Urlaub.

313

Zur Berechnung des Freizeitanspruchs ist die Gesamtzahl der ermittelten Beschäftigungstage durch die für den Arbeitnehmer zutreffende Zahl der einen Urlaubstag begründenden Beschäftigungstage zu teilen, also z. B. durch 12 oder 10,4. Das Ergebnis ist die dem Arbeitnehmer zustehende Anzahl von Urlaubstagen. Bruchteile von Urlaubstagen sind auf volle Urlaubstage kaufmännisch zu runden.

314

> *Beispiel*
> Ein vorher noch nicht im Baugewerbe beschäftigter Arbeitnehmer wird am 20.2. eingestellt. Am 5.11. will er Urlaub antreten.
>
> Beschäftigungsmonate: (20.2. bis 4.11.)
> 20.2. – 19.10. = 8 Monate à 30 Tage　　　　　　　　　　　　　= 240 Tage
> 20.10. – 4.11.　　　　　　　　　　　　　　　　　　　　　　　= **16 Tage**
> 　　　　　　　　　　　　　　　　　　　　　　　　　　　　　　256 Tage
>
> 256 Beschäftigungstage : 12 = 21,3　　　　　　　　　　　　= 21 Tage Urlaub

> Für die 21 Tage Urlaub werden 252 Beschäftigungstage benötigt. Die für die Errechnung der Urlaubstage nicht benötigten 4 Beschäftigungstage gehen nicht verloren; sie werden bei der nächsten Urlaubsberechnung berücksichtigt (kaufmännisch runden).

315 Der Anspruch auf einen vollen Urlaub entsteht nach 12 Monaten Beschäftigung im Baugewerbe. Nimmt der Arbeitnehmer Urlaub, so ist zunächst der aus dem Vorjahr übertragene Resturlaub zu gewähren. Bei Urlaubsantritt wird der Anspruch auf die Urlaubsvergütung fällig. Bei der Urlaubsgewährung darf keine Teilung des Urlaubs erfolgen, die den Urlaubszweck gefährdet (§ 8 Nr. 3.1 BRTV).

2. Urlaubsvergütung

316 Der Arbeitnehmer erhält für den Urlaub gemäß § 8 Nr. 4 BRTV eine Urlaubsvergütung. Die Urlaubsvergütung beträgt für den nach dem 31.12.2000 entstehenden Urlaub 14,82 v.H., bei Schwerbehinderten i. S.d. gesetzlichen Bestimmungen 17,29 v.H. des Bruttolohnes. Die Urlaubsvergütung besteht aus dem Urlaubsentgelt i.H.v. 11,4 v.H. – bei Schwerbehinderten i.H.v. 13,3 v.H. – des Bruttolohnes und dem zusätzlichen Urlaubsgeld. Das zusätzliche Urlaubsgeld beträgt 30 v.H. des Urlaubsentgelts. Es kann auf betrieblich gewährtes zusätzliches Urlaubsgeld angerechnet werden. Zu der Urlaubsvergütung gehören auch die Ausgleichsbeträge gem. § 8 Nr. 5 BRTV.

317 Bruttolohn ist
- der für die Berechnung der Lohnsteuer zugrunde zu legende und in die Lohnsteuerkarte oder die Lohnsteuerbescheinigung einzutragene Bruttoarbeitslohn einschließlich der Sachbezüge, die nicht pauschal nach § 40 EStG versteuert werden,
- der nach §§ 40 a und 40 b EStG pauschal zu versteuernde Bruttoarbeitslohn mit Ausnahme des Beitrags für die tarifliche Zusatzversorgung der Arbeitnehmer (§ 24 Abs. 1 Satz 2, § 26 Abs. 1 des Tarifvertrages über das Sozialkassenverfahren im Baugewerbe) sowie des Beitrags zu einer Gruppen-Unfallversicherung,
- der nach § 3 Nr. 39 EStG bei geringfügiger Beschäftigung steuerfreie Bruttoarbeitslohn.

Zum Bruttolohn gehören nicht das tarifliche 13. Monatseinkommen oder betriebliche Zahlungen mit gleichem Charakter (wie z. B. Weihnachtsgeld, Jahressonderzahlung), Urlaubsabgeltung gem. § 8 Nr. 6 BRTV und Abfindungen i. S.v. § 3 Nr. 9 EStG).

318 Für Arbeitnehmer, die nicht dem deutschen Lohnsteuerrecht unterliegen, wird der Berechnung der Urlaubsvergütung der Lohn einschließlich der Sachbezüge zugrunde gelegt, der nach Satz 1 bei Geltung des deutschen Steuerrechts unter Berücksichtigung von Satz 2 den Bruttolohn bildet.

319 Wird nur ein Teil des Urlaubs geltend gemacht, so ist die Urlaubsvergütung durch die Gesamtzahl der Urlaubstage zu teilen und das Ergebnis mit der Anzahl der beanspruchten Urlaubstage zu vervielfachen.

320 Erkrankt der Arbeitnehmer während des Urlaubs, so werden die durch ärztliches Zeugnis nachgewiesenen Tage der Arbeitsunfähigkeit auf den Urlaub nicht angerechnet. Der Arbeitnehmer hat sich jedoch nach terminmäßigem Ablauf seines Urlaubs oder, falls die Krankheit länger dauert, nach deren Beendigung zunächst dem Betrieb zur Arbeitsleistung zur Verfügung zu stellen. Der Antritt des restlichen Urlaubs ist neu festzulegen (§ 8 Nr. 3.1 BRTV). Der Urlaub verlängert sich also nicht automatisch.

321 Durch die Neuregelung der Urlaubsausgleichsbeträge in § 8 Nr. 5 BRTV ist das bisherige System der Gewährung von Urlaubsausgleichsbeträgen dahingehend vereinfacht, dass Ausgleichsbeträge für jede Ausfallstunde für die der Lohnausfall nicht vergütet worden ist, höchstens jedoch für insgesamt 1.200 Ausfallstunden im Urlaubsjahr bezahlt werden. Durch die Ausgleichsbeträge soll die eingetretene Verminderung des lohnsteuerpflichtigen Bruttolohnes, die ansonsten zu einer Verminderung der

Urlaubsvergütung einschließlich des zusätzlichen Urlaubsgeldes führen würde, ausgeglichen werden.

Im Einzelnen sind Ausgleichsbeträge vorgesehen für Zeiten: 322
- unverschuldeter Arbeitsunfähigkeit infolge von Krankheit bis zu dem Beginn des Bezuges von Arbeitslosengeld nach § 125 Abs. 1 SGB III. Der Anspruch entsteht demnach während der ersten 4 Wochen der Begründung eines Arbeitsverhältnisses bzw. ab der 7. Krankheitswoche, also für Zeiten, für die dem Arbeitnehmer keine Entgeltfortzahlung im Krankheitsfall zusteht.
- einer Wehrübung, hierzu zählt nicht der Grundwehrdienst.
- witterungsbedingten Arbeitsausfalls in der Zeit vom 1.11.-31.3.
- vorübergehenden Arbeitsausfall infolge von Kurzarbeit.

Der Ausgleich beträgt ab 1.1.2001 für jede in die Zeit nach dem 31.12.2000 fallende Ausfallstunde 3,25 DM, höchstens jedoch 127 DM je Kalenderwoche.

3. Zusätzliches Urlaubsgeld

Das zusätzliche Urlaubsentgelt gem. § 8 Nr. 4 BRTV beträgt 30 v.H. des Urlaubsentgelts. Das zusätzliche Urlaubsgeld kann auf betrieblich gewährtes zusätzliches Urlaubsgeld angerechnet werden. 323

4. Urlaubsabgeltung/Entschädigung

Anspruch auf Urlaubsabgeltung durch Auszahlung des Urlaubsentgelts und des zusätzlichen Urlaubsgeldes besteht nur in den in § 8 Nr. 6.1 BRTV abschließend aufgeführten Fällen. 324

Urlaubsabgeltung ist möglich, wenn der Arbeitnehmer **länger als 3 Monate** nicht mehr in einem Arbeitsverhältnis zu einem von diesem Tarifvertrag erfassten Betrieb gestanden hat, ohne arbeitslos zu sein. Damit wird die Geltendmachung der Urlaubsabgeltung gegenüber der bisherigen Rechtslage, nach der der Arbeitnehmer bei einem Ausscheiden aus einem Baubetrieb, das nicht aufgrund dauernder Erwerbsunfähigkeit, Rentenbezugs oder Auswanderung ins Ausland verursacht war, nur dann einen Abgeltungsanspruch hatte, wenn er länger als 3 Monate in einem nicht von diesem Tarifvertrag erfassten Betrieb beschäftigt gewesen war. 325

Arbeitslosigkeit ist kein Abgeltungsgrund. 326

Zur Auszahlung ist der Arbeitgeber verpflichtet, bei dem der Arbeitnehmer zuletzt gewerblich beschäftigt war. Soweit dem Arbeitgeber die Voraussetzungen für einen tariflichen Abgeltungsfall nicht schon bekannt sind, muss sie der Arbeitnehmer nachweisen. 327

Aus gewährten Abgeltungsbeträgen entsteht kein neuer Anspruch auf Urlaubsentgelt und zusätzliches Urlaubsgeld. 328

Soweit Urlaubsansprüche oder Urlaubsentgeltansprüche verfallen sind, hat der Arbeitnehmer innerhalb eines weiteren Kalenderjahres Anspruch auf Entschädigung durch die Kasse in Höhe des Urlaubsentgelts und des zusätzlichen Urlaubsgeldes (§ 8 Nr. 8 BRTV). 329

II. Urlaub für jugendliche Arbeitnehmer

Der Urlaub für jugendliche Arbeitnehmer, d. h. für Arbeitnehmer, die am 1.1. des Urlaubsjahres das 18. Lebensjahr noch nicht vollendet haben, beträgt 30 Arbeitstage. 330

Das Urlaubsentgelt des jugendlichen Arbeitnehmers bemisst sich nach dem durchschnittlichen Arbeitsverdienst, den der jugendliche Arbeitnehmer in den letzten 13 Wochen vor Beginn des Urlaubs erzielt hat. 331

332 Verdienstkürzungen, die im Berechnungszeitraum infolge von Kurzarbeit, Arbeitsausfällen oder unverschuldeter Arbeitsversäumnis eintreten, bleiben bei der Berechnung des Urlaubsentgelts außer Betracht. Deshalb erhalten jugendliche Arbeitnehmer für Zeiten der Krankheit, Kurzarbeit usw. keine Ausgleichsbeträge.

333 Obwohl die Dauer des Urlaubs für Jugendliche nach Werktagen (also auch Samstage) bemessen ist, sind für die Berechnung des Urlaubsentgelts nur die Arbeitstage (also ohne Samstage) in dem 13-Wochen-Zeitraum heranzuziehen. Der Bruttolohn der letzten 13 Wochen wird durch die Zahl der lohnzahlungspflichtigen Tage (einschl. der bezahlten Feiertage) geteilt; das Ergebnis ist das Urlaubsentgelt für einen Arbeitstag; Samstage bleiben urlaubsentgeltfrei.

334 Jugendliche Arbeitnehmer erhalten, wie gewerbliche Arbeitnehmer über 18 Jahre, ein zusätzliches Urlaubsgeld in Höhe von 30 v.H. des Urlaubsentgelts.

III. Angestellte und Poliere

335 Die tarifliche Urlaubsregelung für die technischen und kaufmännischen Angestellten sowie die Poliere ist nicht in das baugewerbliche Urlaubskassenverfahren einbezogen. Es gilt daher grundsätzlich das BUrlG. Auch für diesen Arbeitnehmerbereich ist ein Urlaubsjahr das Kalenderjahr.

336 Abweichend von der Urlaubsregelung für die gewerblichen Arbeitnehmer wird der volle Urlaubsanspruch der Angestellten und Poliere erstmalig nach 6-monatigem Bestehen des Arbeitsverhältnisses erworben (Wartezeit, § 10 Nr. 1.2 RTV Angestellte, § 4 BUrlG). Dies gilt auch für den Fall, dass der Arbeitnehmer im ersten Urlaubsjahr nicht ganzjährig beschäftigt war (Beispiel: Bei einem Eintritt zum 1.6. ist die Wartezeit am 30.11. erfüllt und der volle Anspruch gegeben). Die Wartezeiten sind bei der Urlaubsberechnung einzubeziehen. Der Ablauf der Wartezeiten richtet sich nach der rechtlichen Existenz des Arbeitsverhältnisses. Die Wartezeit ist eine Frist i. S.d. §§ 187 ff. BGB. Maßgeblich für den Beginn der Wartezeit ist der Tag, an dem das Arbeitsverhältnis begonnen werden soll. Sie endet im Regelfall mit dem Ablauf desjenigen Tages des letzten Monats, welcher dem Tag vorhergeht, der durch seine Zahl dem Anfangstage der Wartezeit entspricht. Beginnt das Arbeitsverhältnis also am 1.4., endet die Wartezeit mit Ablauf des 30.9. Ist der Arbeitnehmer am Tage der vertraglich vorgesehenen Arbeitsaufnahme durch Krankheit usw. verhindert, beginnt gleichwohl das Arbeitsverhältnis; diese Fehlzeit ist als Wartezeit anzurechnen. Die Wartezeit kann auch an einem Sonn- oder Feiertag beginnen (z. B. Vertragsabschluss zum 1.1.).

337 Das Urlaubsentgelt bemisst sich nach dem durchschnittlichen Arbeitsverdienst, den der Angestellte in den letzten 3 Kalendermonaten (= 13 Wochen) vor dem Beginn des Urlaubs erhalten hat, mit Ausnahme des zusätzlich für Urlaubsstunden gezahlten Arbeitsverdienstes (§ 11 Abs. 1 BUrlG bzw. § 10 Nr. 5.1 Satz 1 RTV Angestellte). Als Überstundenvergütungen sind auch die nach § 3 Nr. 3.11 RTV Angestellte möglichen pauschalen Beträge zu werten. Maßgeblich sind die in diesem Berechnungszeitraum ausgezahlten Beträge.[15] Es ergibt sich dann folgende Berechnungsformel:

$$\frac{\text{(Brutto-) Arbeitsverdienst der letzten 3 Monate}}{\text{(3 Wochen x 5 Arbeitstage)}} = \text{tägl. Arbeitsverdienst}$$

---

15 BAG NZA 1992, 284.

F. Kündigung

I. Gewerbliche Arbeitnehmer

338 Gem. § 12 Nr. 1.1 BRTV kann das Arbeitsverhältnis eines gewerblichen Arbeitnehmers beiderseitig unter Einhaltung einer Frist von 6 Werktagen, nach 6-monatiger Dauer von 12 Werktagen gekündigt werden. Werktage sind alle Kalendertage, die nicht Sonn- oder gesetzliche Feiertage sind, also auch Samstage.

Für ältere Arbeitnehmer mit längerer Betriebszugehörigkeit enthält der BRTV verlängerte Fristen (§ 12 Nr. 1.2 BRTV). Die Kündigungsfrist für den Arbeitgeber erhöht sich, wenn das Arbeitsverhältnis in demselben Betrieb oder Unternehmen

- 3 Jahre bestanden hat: auf 1 Monat zum Monatsende
- 5 Jahre bestanden hat: auf 2 Monate zum Monatsende
- 8 Jahre bestanden hat: auf 3 Monate zum Monatsende
- 10 Jahre bestanden hat: auf 4 Monate zum Monatsende
- 15 Jahre bestanden hat: auf 5 Monate zum Monatsende
- 20 Jahre bestanden hat: auf 7 Monate zum Monatsende.

339 So lange der Arbeitnehmer das 25. Lebensjahr nicht vollendet hat, werden für die Berechnung des Bestehens des Arbeitsverhältnisses Beschäftigungszeiten auch bei demselben Arbeitgeber nicht berücksichtigt. Dies führt praktisch dazu, dass die erste Verlängerung gem. § 12 Nr. 1.2 BRTV nicht vor Vollendung des 28. Lebensjahres eintritt.

340 Die Verlängerung der Kündigungsfristen tritt ein, sobald die betreffende Anzahl der Jahre abgelaufen ist, so dass für eine am letzten Tag der Bestandsdauer zugegangene Kündigung (§ 130 BGB) noch die frühere Kündigungsfrist gilt. Da Kündigungstermin das Monatsende ist und die Monatsfrist gilt, sind § 187 Abs. 1, § 188 Abs. 2, 3 BGB anzuwenden, so dass die Kündigung spätestens am letzten Tag des betreffenden Monats zugehen muss.

341 Das Arbeitsverhältnis kann in der Zeit vom 1.11. bis 31.3. (Schlechtwetterzeit) nicht aus Witterungsgründen gekündigt werden (§ 12 Nr. 2 BRTV).

II. Angestellte und Poliere

342 Nach den tarifvertraglichen Bestimmungen für Angestellte und Poliere (§ 11 Nr. 1.1 RTV Angestellte) des Baugewerbes richten sich die Kündigungsfristen „nach den gesetzlichen Vorschriften". Die Verweisungen stellen nicht auf eine konkrete Gesetzeslage ab, sondern erfassen im Sinne einer dynamischen Klausel die jeweils geltenden gesetzlichen Vorschriften, also auch diejenigen, die an die Stelle bisheriger Vorschriften treten (sog. neutrale Regel). Somit sind für die Angestellten und Poliere die Kündigungsfristen gem. § 622 Abs. 1 und 2 BGB in der neuen Fassung maßgebend.

343 Während der Probezeit kann das Arbeitsverhältnis tarifvertraglich mit 2wöchiger Frist gekündigt werden (§ 11 Nr. 1.2 RTV Angestellte). Die Kündigung muss innerhalb der Probezeit zugegangen sein. Der Zeitpunkt des Ablaufs der Kündigungsfrist kann außerhalb der Probezeit liegen. Eine Beendigung des Probearbeitsverhältnisses aus wichtigem Grund gem. § 626 BGB bleibt von der tariflichen Regelung unberührt.

Hinweis: Eine tabellarische Übersicht über die Kündigungsfristen im Baugewerbe für gewerbliche Arbeitnehmer bzw. Angestellte/Poliere befindet sich im Handbuch des Personalrechts für den Baubetrieb.[16]

---

16 *Biedermann/Möller*, a. a. O., S. 512 f.

G. Winterregelung für das Baugewerbe

344 Im Baugewerbe ist die Möglichkeit der Erbringung der Arbeitsleistung naturgemäß abhängig von der Witterung. Gem. § 4 Nr. 5.1 BRTV entfällt daher der Lohnanspruch, wenn die Arbeitsleistung ausschließlich durch zwingende Witterungsgründe unmöglich wird. Zwingende Witterungsgründe i. S.d. Vorschrift liegen gem. § 4 Nr. 5.2 BRTV vor, wenn atmosphärische Einwirkungen (insbesondere Regen, Schnee, Frost) oder deren Folgewirkungen so stark und so nachhaltig sind, dass trotz einfacher Schutzvorkehrungen (insbesondere Tragen von Schutzkleidung, Abdichten der Fenster und Türöffnungen, Abdecken von Baumaterialien und Baugeräten) die Fortführung der Bauarbeiten technisch unmöglich oder wirtschaftlich unvertretbar ist oder den Arbeitnehmern nicht zugemutet werden kann. Der Arbeitsausfall ist nicht ausschließlich durch zwingende Witterungsgründe verursacht, wenn er durch Beachtung der besonderen arbeitsschutzrechtlichen Anforderungen an witterungsabhängigen Arbeitsplätzen auf Baustellen vermieden werden kann.

345 Die einschlägigen gesetzlichen und tariflichen Regelungen sind:
- §§ 147 b, 209–216, 323–327, 354–357 des Dritten Buches Sozialgesetzbuch (SGB III);
- die Verordnung über die Betriebe des Baugewerbes, in denen die ganzjährige Beschäftigung zu fördern ist (Baubetriebe-Verordnung) vom 28.10.1980 (BGBl. I., S. 2033) i.d.F. v. 23.11.1999 (BGBl. I., S. 2230);
- die Verordnung über die Umlage zur Aufbringung der Mittel für die Produktive Winterbauförderung (Winterbau-Umlageverordnung) vom 13.7.1972 (BGBl. I., S. 1201) i.d.F. v. 24.7.2000 (BGBl. I., S. 1130);
- die Verordnung über besondere Arbeitsschutzanforderungen bei Arbeiten im Freien in der Zeit vom 1.11.-31.3. (Arbeitsschutz-Verordnung für Winterbaustellen) vom 1.8.1968 (BGBl. I., S. 901) i.d.F. der Änderungsverordnung vom 23.7.1974 (BGBl. I., S. 1569) vom 20.3.1975 (BGBl. I., S. 729) und vom 10.6.1992 (BGBl. I., S. 1019);
- der Lohnausgleich-Tarifvertrag vom 20.12.1999; der Bundesrahmentarifvertrag für das Baugewerbe vom 3.2.1981 i.d.F. v. 2.6.2000 (BRTV).

346 Die ganzjährige Beschäftigung wurde früher gesetzlich durch Leistungen der Produktiven Winterbauförderung (Investitions- und Mehrkostenzuschüsse für Bauunternehmen und Wintergeld für Arbeitnehmer) sowie das Schlechtwettergeld gefördert. Durch das „Zweite Gesetz zur Änderung des Arbeitsförderungsgesetzes im Bereich des Baugewerbes" vom 15.12.1995 (BGBl. I, 1809), das am 1.1.1996 in Kraft getreten ist, wurde die Förderung der ganzjährigen Beschäftigung in der Bauwirtschaft rechtlich neu geregelt. Insbesondere entfielen das Schlechtwettergeld und die Produktive Winterbauförderung. Das Wintergeld hatte eine erweiterte Funktion erhalten. Das Winterausfallgeld wurde damals als neue Leistung in das damals geltende AFG aufgenommen. Mit dem „Gesetz zur Förderung der ganzjährigen Beschäftigung im Baugewerbe" vom 22.10.1997 (BGBl. I, 2486) wurden die einschlägigen gesetzlichen Regelungen mit Wirkung vom 1.11.1997 erneut geändert.
Mit dem „Gesetz zur Neuregelung der Förderung der ganzjährigen Beschäftigung in der Bauwirtschaft" (vom 23.11.1999) (BGBl. I, 2230) wurde eine Korrektur der gesetzlichen Regelungen vom 1.11.1997 vorgenommen. Insbesondere wurde die Anzahl der Winterausfallgeld-Vorausleistungs-Stunden, d. h. derjenigen Stunden, für die kein Anspruch auf Winterausfallgeld besteht, von bisher 50 auf nunmehr 30 Stunden reduziert.

347 Der Ausgleich des Witterungsrisikos zwischen Arbeitnehmer und Arbeitgeber ist durch komplexe gesetzliche bzw. tarifliche Vorschriften geregelt. Die gesetzlichen und tarifvertraglichen Neuregelungen bei Arbeitsausfall infolge zwingender Witterungsgründe während der Schlechtwetterzeit haben im Wesentlichen folgenden Inhalt:

348 Die Schlechtwetterzeit, in der grundsätzlich Anspruch auf Winterausfallgeld besteht, erstreckt sich vom 1.11. bis zum 31.3. des Folgejahres. Die Förderzeit, in der Anspruch auf Wintergeld besteht, erstreckt sich vom 15.12. bis zum letzten Tag des Monats Februar des Folgejahres (vgl. §§ 211 ff. SGB III).

Im Einzelnen gelten folgende Regelungen:[17]

I. Die 1.-30. witterungsbedingte Ausfallstunde

Die ersten 30 witterungsbedingten Ausfallstunden sind als Winterausfallgeld-Vorausleistung betrieblich aufzubringen, d. h. es ist kein Rückgriff auf eine solidarische umlagefinanzierte bzw. staatliche Leistung möglich. 349

Für die Finanzierung der ersten 30 witterungsbedingten Ausfallstunden stehen folgende Möglichkeiten zur Verfügung: 350

1. Betriebe mit Arbeitszeitflexibilisierung

Betriebe, die die Arbeitszeit innerhalb der betrieblichen Arbeitszeitverteilung (12monatiger Ausgleichszeitraum) flexibilisieren, können bis zu 150 Arbeitsstunden vorarbeiten lassen und den Lohn dafür auf einem Ausgleichskonto des Arbeitnehmers zurückstellen, um von diesem Guthaben (zunächst) die ersten 30 witterungsbedingten Ausfallstunden auszugleichen. 351

Sofern für den einzelnen Arbeitnehmer kein ausreichendes Guthaben angesammelt wurde, muss der Arbeitgeber mit bis zu 30 Gesamttarifstundenlöhnen in Vorschuss treten. Der Arbeitnehmer ist verpflichtet, den Vorschuss durch (vergütungsfreie) Nacharbeit auszugleichen.

Alternativ kann vereinbart werden, dass ein Arbeitnehmer, der kein Guthaben auf seinem Ausgleichskonto angesammelt hat, zum Ausgleich der ersten 30 witterungsbedingten Ausfallstunden Urlaub einsetzt.

2. Betriebe ohne Arbeitszeitflexibilisierung

Betriebe, die die Arbeitszeit nicht flexibilisieren, haben verschiedene Möglichkeiten, die Finanzierung der ersten 30 witterungsbedingten Ausfallstunden zu erbringen: 352

a) Durch Vorarbeit

Auch Betriebe, die die Arbeitszeit nicht innerhalb eines 12monatigen Ausgleichszeitraumes betrieblich anders verteilen, können bis zu 30 Stunden vorarbeiten lassen und den Lohn zum Zwecke des Ausgleichs der ersten 30 witterungsbedingten Ausfallstunden auf einem Ansparkonto gutschreiben. Wie bei der Arbeitszeitflexibilisierung hat der Arbeitgeber das mitbestimmungsfreie Recht, das Volumen der Vorarbeit auszuschöpfen, d. h. in diesem Fall bis zu 30 Vorarbeitsstunden anzubieten. Lediglich die Lage und Verteilung der Vorarbeitsstunden ist im Einvernehmen mit dem Betriebsrat oder, sofern kein Betriebsrat besteht, mit den einzelnen Arbeitnehmern zu vereinbaren. 353

Im Gegensatz zur Arbeitszeitflexibilisierung werden die 30 Vorarbeitszeitstunden allerdings zusätzlich zur tariflichen Arbeitszeit geleistet mit der Folge, dass für jede Vorarbeitsstunde der Mehrarbeitszuschlag zu zahlen ist. Bei Fehlen einer betrieblichen Arbeitszeitverteilung sind nämlich alle Stunden zuschlagspflichtig, die die tägliche betriebliche Arbeitszeit überschreiten. Der Arbeitgeber kann dafür mit seinem Betriebsrat bzw. mit den Arbeitnehmern vereinbaren, dass der Überstundenzuschlag nicht ausbezahlt, sondern auch auf dem Ansparkonto zurückgestellt wird. 354

---

[17] Vgl. *Biedermann/Möller*, a. a. O., S. 759.

Für diesen Fall wird jede Vorarbeitsstunde mit 1,25 Stundenlöhnen gutgeschrieben. Der Betrieb erreicht so den Lohn für 30 witterungsbedingte Ausfallstunden schon mit insgesamt 24 Vorarbeitsstunden.

355 Eine Absicherung des Guthabens auf dem Ansparkonto ist nicht erforderlich. Der Arbeitnehmer kann jedoch verlangen, dass die Rückstellung des Guthabens auf dem Ansparkonto als Nettolohn erfolgt.

356 Mit der jeweiligen Lohnabrechnung sind dem Arbeitnehmer mitzuteilen:
- die auf dem Ansparkonto im jeweiligen Lohnabrechnungszeitraum gutgeschriebenen Arbeitsstunden und der dafür einbehaltene Lohn,
- die auf dem Ansparkonto im jeweiligen Lohnabrechnungszeitraum belasteten Arbeitsstunden und der dafür gezahlte Lohn (Vorschuss),
- der aktuelle Stand des Ansparkontos,
- durch Abtretung des Urlaubs-Entschädigungsanspruches.

b) Durch Abtretung des Urlaubs-Entschädigungsanspruches

357 Sofern für den Arbeitnehmer kein Guthaben besteht, ist er verpflichtet, zum Ausgleich des vom Arbeitgeber vorfinanzierten Gesamttarifstundenlohnes für die ersten 30 witterungsbedingten Ausfallstunden, zunächst – sofern vorhanden – seinen gegenüber der Urlaubskasse bestehenden Urlaubs-Entschädigungsanspruch in entsprechender Höhe an den Arbeitgeber abzutreten.

358 Als Urlaubs-Entschädigungsanspruch wird der Urlaubsanspruch bezeichnet, der gegenüber dem Arbeitgeber nach Ablauf von 2 Jahren verfallen ist, jedoch noch innerhalb eines weiteren Kalenderjahres gegenüber der Urlaubskasse geltend gemacht werden kann (§ 8 Nrn. 8 und 9 BRTV).

359 Aus der Abtretungserklärung müssen sich die Zahl der witterungsbedingten Ausfallstunden und die vom Arbeitgeber gewährte Leistung, d. h. der Gesamttarifstundenlohn für die witterungsbedingten Ausfallstunden, ergeben. Die Urlaubskasse zahlt den Entschädigungsanspruch in Höhe des vom Arbeitgeber vorfinanzierten Gesamttarifstundenlohnes an den Arbeitgeber aus.

c) Durch Einsatz von Urlaub

360 Der Arbeitgeber kann darüber hinaus, sofern der Arbeitnehmer weder über ein Guthaben durch Vorarbeit noch über einen Urlaubs-Entschädigungsanspruch verfügt, zum Ausgleich für die ersten 30 witterungsbedingten Ausfallstunden den Einsatz von Urlaubstagen des Arbeitnehmers als Winterausfallgeld-Vorausleistung verlangen. Soweit aus diesem Grund Urlaub in Anspruch genommen werden soll, ist zunächst der Restjahresurlaub, dann der Jahresurlaub einzusetzen. Ein Urlaubstag wird dabei mit 10 Ausfallstunden berücksichtigt, d. h. die Urlaubsvergütung für einen Urlaubstag gleicht die Vergütung für 10 witterungsbedingte Ausfallstunden aus.

> *Berechnungsmethode*
> Ein durchschnittlicher Urlaubstag = 7,8 Stunden x 1,30 Urlaubsvergütung inklusive des zusätzlichen Urlaubsgeldes = Lohn für 10 Stunden.
>
> Soweit weniger als 10 Ausfallstunden auszugleichen sind, kann dennoch ein Urlaubstag eingesetzt werden. In diesem Fall wird die Urlaubsvergütung anteilig (ein Zehntel pro Ausfallstunde) an den Arbeitnehmer ausbezahlt und der Rest für die Abdeckung weiterer witterungsbedingter Ausfallstunden bis zur 30. Ausfallstunde auf dem Ansparkonto des Arbeitnehmers gutgeschrieben.

G. Winterregelung für das Baugewerbe §11

d) Durch Vorleistung des Arbeitgebers

Hilfsweise, sofern keine der zuvor geschilderten Maßnahmen möglich ist, ist der Arbeitgeber verpflichtet, durch Zahlung des Gesamttarifstundenlohnes für bis zu 30 witterungsbedingte Ausfallstunden in Vorleistung zu treten. Der Arbeitnehmer ist für diesen Fall verpflichtet, die durch den Arbeitgeber vorfinanzierten Ausfallstunden nachzuarbeiten. Für die Nacharbeitsstunden erhält der Arbeitnehmer keinen nochmaligen Lohnanspruch. — 361

II. Die 31.-100. witterungsbedingte Ausfallstunde

Zwischen der 31. und der 100. witterungsbedingten Ausfallstunde erhält der Arbeitnehmer **Winterausfallgeld**, welches aus der von den Arbeitgebern finanzierten Winterbau-Umlage gezahlt wird. — 362

Das Winterausfallgeld beträgt 67 bzw. 60 v.H. des Nettolohnes des Arbeitnehmers und wird seit 1998 anhand einer Soll/Ist-Entgeltbetrachtung errechnet. Das umlagefinanzierte Winterausfallgeld wird gegenüber den Arbeitsämtern beantragt und von diesen erstattet. — 363

Gleichzeitig sieht die Neufassung der gesetzlichen Winterbauförderung vor, dass für diese Ausfallstunden der gesamte Sozialversicherungsaufwand (Beiträge zur Kranken-, Renten- und Pflegeversicherung) über die Umlage erstattet wird. Damit verursachen diese witterungsbedingten Ausfallstunden dem Arbeitgeber – mit Ausnahme der von allen Arbeitgebern zu tragenden Umlage – keine weiteren Kosten. Die Umlage zur Finanzierung des Winterausfallgeldes (Winterbau-Umlage) zwischen der 31. und 100. witterungsbedingten Ausfallstunde beträgt 1.0 v.H. der Bruttolohnsumme. Die Umlage wird von der Zusatzversorgungskasse des Baugewerbes erhoben und an die Bundesanstalt für Arbeit überwiesen. — 364

1. Betriebe mit Arbeitszeitflexibilisierung

Sofern allerdings bei Anwendung der Bestimmungen über Arbeitszeitflexibilisierung ein über 30 Stunden hinausgehendes Guthaben auf dem Ausgleichskonto des Arbeitnehmers vorhanden ist, ist dieses Guthaben vor Inanspruchnahme von Winterausfallgeld gleichwohl einzusetzen. Dies gilt auch für ein (tarifwidrig) angespartes, d. h. über 30 Stunden hinausgehendes Guthaben nach § 4 Nr. 5.4 BRTV, wenn im Betrieb keine Arbeitszeitflexibilisierung i. S.v. § 3 Nr. 1.4 BRTV vereinbart wurde. — 365

Ausnahmsweise braucht ein im Rahmen der Arbeitszeitflexibilisierung über 30 Stunden hinaus bestehendes Guthaben nicht zur Vermeidung von Winterausfallgeld eingesetzt werden, wenn der Betrieb mittels einer Arbeitszeitplanung nachweisen kann, dass er dieses Guthaben zum Ausgleich von Arbeitszeitschwankungen verwenden will (**sog. geschütztes Guthaben**). Sofern sich allerdings im Nachhinein herausstellt, dass ein geschütztes Guthaben nicht – wie in dem dem Arbeitsamt mitgeteilten Arbeitszeitplan vorgesehen – verwandt wird, ist das Arbeitsamt berechtigt, zu Unrecht ausgezahltes Winterausfallgeld zurückzufordern. — 366

Betriebe, die die Arbeitszeit innerhalb des 12monatigen Ausgleichszeitraumes flexibilisiert haben, können auf diese Weise bis zu 150 Vorarbeitsstunden inklusive des dazugehörigen Lohnes als Guthaben des Arbeitnehmers auf einem Ausgleichskonto zurückstellen. Bei witterungsbedingtem Arbeitsausfall muss ein vorhandenes Guthaben bis zur Höhe von 100 Stundenlöhnen als Winterausfallgeld-Vorausleistung eingesetzt werden. — 367

Zum Nachweis des Einsatzes von Guthaben als Winterausfallgeld-Vorausleistung sind in der Lohnabrechnung die seit Beginn der Schlechtwetterzeit insgesamt, d. h. von der 1. Stunde an, erbrachten Winterausfallgeld-Vorausleistungen gesondert auszuweisen. — 368

Biedermann 959

2. Betriebe ohne Arbeitszeitflexibilisierung

369 Ein Betrieb, der die Arbeitszeit nicht flexibilisiert hat, kann für seine Arbeitnehmer nicht mehr als 30 Vorarbeitsstunden ansparen. Ab der 31. witterungsbedingten Ausfallstunde kann dieser Betrieb für seine Arbeitnehmer das umlagefinanzierte Winterausfallgeld beantragen.

III. Ab der 101. witterungsbedingten Ausfallstunde

370 Für alle witterungsbedingten Ausfallstunden ab der 101. Stunde wird durch die Arbeitsverwaltung Winterausfallgeld i.H.v. 67 v.H. bzw. 60 v.H. des Nettolohnes des Arbeitnehmers gewährt. Allerdings werden bei Leistung des aus Beitragsmitteln finanzierten Winterausfallgeldes durch die Bundesanstalt die von dem Arbeitgeber zu tragenden Sozialversicherungsbeiträge nicht erstattet. Je nach Höhe des Winterausfallgeldes muss der Arbeitgeber demnach ab der 101. witterungsbedingten Ausfallstunde für jeden Arbeitnehmer einen Eigenanteil von ca. DM 7 bis DM 8 pro Ausfallstunde tragen.

371 Die Gewährung von Wintergeld erfolgt wie bisher, d. h. für jede Arbeitsstunde (mit Ausnahme der Überstunden) in der Zeit vom 15.12. bis zum letzten Tag des Monats Februar werden dem Arbeitnehmer DM 2 netto durch die Arbeitsverwaltung aus den Umlagemitteln heraus erstattet.

372 Neben der Zahlung von Wintergeld für Arbeitsstunden wird als Anreiz zur Nutzung von Ausgleichskonten für jede Guthabenstunde oberhalb des Eigenbeitrags der Arbeitnehmer (30 Stunden), die für eine witterungsbedingte Ausfallstunde innerhalb der Schlechtwetterzeit eingesetzt wird, Wintergeld i.H.v. DM 2 als Nettoleistung gewährt.

373 Die Bundesanstalt geht dabei davon aus, dass die Erstattung von DM 2 Wintergeld für jede eingesetzte Guthabenstunde auch für Guthabenstunden, die ab der 101. witterungsbedingten Ausfallstunde eingesetzt werden, geleistet werden kann.

374 Mit dieser Neuregelung soll für die Arbeitnehmer ein Anreiz geschaffen werden, mehr als 30 Stunden vorzuarbeiten, also eine betriebliche Arbeitszeitregelung mit Monatslohn und 12monatigem Ausgleichszeitraum (Arbeitszeitflexibilisierung) zu akzeptieren. Das Wintergeld i.H.v. DM 2 netto wird für jede über 30 Stunden hinaus angesparte und an Stelle der Inanspruchnahme von Winterausfallgeld eingesetzte Guthabenstunde so gezahlt, als ob die Stunden im Schlechtwetterzeitraum gearbeitet worden wären. Die Regelung gilt für den gesamten Schlechtwetterzeitraum, nicht nur für den Zeitraum vom 15.12. bis Ende Februar, der für das Wintergeld für tatsächlich gearbeitete Stunden maßgeblich ist. In dem Umfang, wie das Wintergeld für Guthabenstunden nach dieser neuen Regelung gezahlt wird, entfällt das Winterausfallgeld und mindert sich dementsprechend der Umlagebedarf für dieses.

375 Nach § 12 Nr. 2 BRTV kann das Arbeitsverhältnis in der Schlechtwetterzeit vom 1.11.–31.3. des Folgejahres nicht aus Witterungsgründen gekündigt werden. Verstößt ein Arbeitgeber gleichwohl gegen diese Vorschrift und erstattet die Bundesanstalt für Arbeit Arbeitslosengeld an den gekündigten Arbeitnehmer, so hat sie künftig für diese Aufwendungen analog § 147 b SGB III einen Erstattungsanspruch gegen den Arbeitgeber. Allerdings tritt die Erstattungsverpflichtung des Arbeitgebers nur ein, wenn er den Arbeitnehmer aus witterungsbedingten Gründen kündigt. Weiterhin zulässig bleibt eine Kündigung aus betriebsbedingten Gründen, etwa wenn die Auftragslage eine Weiterbeschäftigung nicht ermöglicht.

376 Das Nähere dazu regeln die Weisungen der Bundesanstalt für Arbeit. Eine ausführliche Zusammenstellung befindet sich auch in dem Winterbau-Merkblatt des Zentralverbandes des Deutschen Baugewerbes (ZDB).[18]

---

18 ZDB, Kronenstraße 55–58, 10117 Berlin.

H. 13. Monatseinkommen

Der Bezugszeitraum umfasst die Zeit vom 1.12.–30.11. des Folgejahres (Stichtag). **377**

I. Höhe

Das 13. Monatseinkommen für gewerbliche Arbeitnehmer entspricht dem 93fachen ihres in der Lohntabelle ausgewiesenen Gesamttarifstundenlohnes und für Angestellte sowie Poliere 55 v.H. ihres Tarifgehaltes. Für Angestellte und Poliere ist das 13. Monatseinkommen kaufmännisch auf einen durch 5 teilbaren DM-Betrag auf- oder abzurunden. Für Auszubildende beträgt das 13. Monatseinkommen einheitlich 590 DM. **378**

Ausschlaggebend ist der Gesamttarifstundenlohn bzw. das Tarifgehalt, welcher bzw. welches der Eingruppierung des Arbeitnehmers am jeweiligen Stichtag entspricht. **379**

Das 13. Monatseinkommen ist sowohl für die gewerblichen Arbeitnehmer als auch für die Angestellten/Poliere weiterhin je zur Hälfte mit dem Lohn- bzw. Gehaltsanspruch für den Monat November und mit dem Lohn- bzw. Gehaltsanspruch für den Monat April des Folgejahres fällig. Gegen eine abweichende Vereinbarung, die das 13. Monatseinkommen in einer Summe mit den Lohn- bzw. Gehaltsansprüchen für den November fällig stellt, um etwa die steuerlichen und sozialversicherungsrechtlichen Vorteile einer Direktversicherung umfassend zu nutzen, bestehen wegen des Günstigkeitsprinzips keine Bedenken. **380**

II. Anspruchsminderung

Das 13. Monatseinkommen für **gewerbliche Arbeitnehmer** (93 Gesamttarifstundenlöhne als Vollanspruch) mindert sich für die ersten 3 krankheitsbedingten Ausfalltage eines Krankheitsfalles und für jeden krankheitsbedingten Ausfalltag mit Anspruch auf Entgeltfortzahlung ab der 4. Woche der Erkrankung sowie für jeden unentschuldigten Fehltag um je 2 Gesamttarifstundenlöhne. Der Abzug ist auf höchstens 28 Gesamttarifstundenlöhne im Bezugszeitraum begrenzt. **381**

Die Minderung ist auch für krankheitsbedingte Ausfalltage während einer Maßnahme der medizinischen Vorsorge oder Rehabilitation (Kur) möglich, dagegen nicht für krankheitsbedingte Ausfalltage, die auf einen Arbeitsunfall zurückzuführen sind. **382**

Mit den Änderungstarifverträgen vom 23.6.1995, deren Wortlaut in die Tarifverträge vom 21.5.1997 unverändert übernommen worden ist, wurden Voraussetzungen und Höhe des 13. Monatseinkommens bei langanhaltender Erkrankung und der Inanspruchnahme von Erziehungsurlaub auf der Grundlage des vom BAG[19] (10 AZR 427/91, Urt. v. 17.12.1992) eingeräumten Gestaltungsspielraums neu geregelt. Danach haben die gewerblichen Arbeitnehmer sowie die Angestellten, Poliere und Auszubildenden nur dann einen Anspruch auf Gewährung eines (anteiligen) 13. Monatseinkommens, wenn sie im Bezugszeitraum eine Arbeitsleistung von mindestens 10 Arbeitstagen erbracht haben. Durch ausdrückliche Normierung einer Mindestarbeitsleistung als Anspruchsvoraussetzung wurde der Rechtszustand entsprechend der früheren Rechtsprechung des BAG wiederhergestellt. **383**

Der Erbringung der 10tägigen Mindestarbeitsleistung sind Zeiten gleichgestellt, in denen wegen witterungsbedingten Arbeitsausfalls, kurzarbeitsbedingten Arbeitsausfalls, angeordneter Arbeitsruhe im Ausgleichszeitraum (§ 3 TV Lohnausgleich) oder krankheitsbedingter Arbeitsunfähigkeit, die auf einen Arbeitsunfall bei der beruflichen Tätigkeit zurückzuführen ist, im Bezugszeitraum keine Arbeitsleistung erbracht werden konnte. Mit Ausnahme des Arbeitsunfalls waren diese Ausfallzeiten von der Rechtsprechung bereits als anrechnungsfähige Zeiten anerkannt worden. **384**

---

19 BAG BB 1993, 791.

385 In den Fällen, in denen das Arbeitsverhältnis am 30.11. die ununterbrochene Dauer von 12 Monaten nicht erreicht oder das Arbeitsverhältnis vor dem 30.11. endet, sehen die Tarifverträge unter bestimmten Voraussetzungen Teilleistungen nach dem Pro-rata-temporis-Prinzip vor.

386 Bei der Ermittlung der Antwartschaftszeiten und der Bemessung von Teilansprüchen ist stets von vollen Beschäftigungsmonaten und nicht von Kalendermonaten auszugehen (s. § 2 Abs. 3 Satz 3 TV 13. Monnatseink./Arb., § 2 Abs. 2, 3 TV 13. Monatseink./Ang/Pol).

387 Besteht das Arbeitsverhältnis am 30.11. des laufenden Kalenderjahres noch nicht 12 Monate, jedoch mindestens 3 Monate ununterbrochen, so ist für jeden vollen Beschäftigungsmonat, der bis zum 30.11. ununterbrochen zurückgelegt worden ist, Anspruch auf ein Zwölftel des vollen Betrages, mindestens auf ein Zwölftel des Mindestbetrages, gegeben.

388 **Gewerbliche Arbeitnehmer**, deren Arbeitsverhältnis mindestens 3 Monate ununterbrochen bestanden hat und vor dem 30.11. endet, haben Anspruch auf ein anteiliges 13. Monatseinkommen, wenn das Arbeitsverhältnis durch ordentliche Kündigung des Arbeitgebers, Fristablauf, einvernehmliche Aufhebung oder durch Kündigung des Arbeitnehmers, mit der er die Voraussetzungen für den Rentenbezug schaffen will, endet. Er besteht nicht in sonstigen Fällen der Kündigung durch den Arbeitnehmer oder bei Vertragsbruch.

389 **Angestellte und Poliere** haben den Teilanspruch bei vorzeitiger Beendigung des Arbeitsverhältnisses, wenn dieses durch ordentliche Kündigung des Arbeitgebers, Fristablauf, einvernehmliche Aufhebung sowie ordentliche oder außerordentliche Kündigung des Arbeitnehmers endet. Er besteht nicht, wenn das Arbeitsverhältnis durch außerordentliche Kündigung des Arbeitgebers endet, oder wenn der Arbeitnehmer ohne wichtigen Grund und Einhaltung der Kündigungsfrist aus dem nicht einvernehmlich aufgehobenen Arbeitsverhältnis ausgeschieden ist (Vertragsbruch).

390 In den Tarifverträgen über die Gewährung eines 13. Monatseinkommens im Baugewerbe sind die Ansprüche bei Eigenkündigung unterschiedlich geregelt. Das BAG hat in seiner Entscheidung vom 18.10.2000 – 10 AZR 503/99 –[20] die Wirksamkeit der (unterschiedlichen) tariflichen Regelung bestätigt und festgestellt, dass die Tarifvertragsparteien des Baugewerbes ihren Gestaltungsspielraum bei Abschluss der Tarifverträge das 13. Monatseinkommen nicht überschritten haben. Den gewerblichen Arbeitnehmern des Baugewerbes braucht somit bei Eigenkündigung kein anteiliges 13. Monatseinkommen gewährt werden.

391 Als Sonderregelung werden bei den gewerblichen Arbeitnehmern Teilbeschäftigungszeiten innerhalb der letzten 12 Monate vor dem 30.11. des laufenden Kalenderjahres zusammengerechnet, wenn die jeweilige Unterbrechung nicht länger als 6 Monate gedauert hat. Eine Zusammenrechnung kommt jedoch nur dann in Betracht, wenn am 30.11. oder im Zeitpunkt des Ausscheidens eine ununterbrochene Beschäftigungszeit von weniger als 3 Monaten gegeben ist. Hat das Beschäftigungsverhältnis mindestens 3 Monate ununterbrochen bestanden, richten sich Teilansprüche ausschließlich nach § 2 Abs. 3 und 4 TV 13. Monatseink./Arb.

392 Der Teil eines 13. Monatseinkommens, auf den Arbeitnehmer oder Auszubildende Anspruch haben, kann auf betrieblich gewährtes Weihnachtsgeld, 13. Monatseinkommen oder Zahlungen, die diesen Charakter tragen, angerechnet werden. Eine aufgrund betrieblicher Übung einmal jährlich zu zahlende Treueprämie, deren Höhe sich nach der Dauer der Betriebszugehörigkeit richtet, stellt eine solche anrechenbare Leistung dar. Das Günstigkeitsprinzip steht der Anrechnung nicht entgegen (BAG, Urt. v. 3.3.1993 – 10 AZR 42/92 -).[21] Dagegen kann ein anlässlich der Vollendung einer Betriebszugehörigkeit von 10 Jahren einmalig gezahltes betriebliches Treuegeld nicht angerechnet werden (BAG, Urt. v. 10.2.1993 – 10 AZR 207/91 -).[22]

---

20 EzA, § 611 BGB Gratifikation, Prämie Nr. 161.
21 BAG NZA 1998, 805.
22 BAG DB 1993, 1291.

I. Arbeitsgemeinschaften (ARGEN)

(§ 9 BRTV, § 8 RTV Angestellte, § 1 Abs. 1. S. 2 AÜG)

Die Arbeitsgemeinschaft (ARGE) ist ein vertraglicher Zusammenschluss mehrerer Unternehmen mit gemeinsamer Ziel- und Zwecksetzung. In der Regel wird die ARGE als Gesellschaft des Bürgerlichen Rechts (§§ 705 ff. BGB) gebildet. Nach dem vom Hauptverband der Deutschen Bauindustrie und dem Zentralverband des Deutschen Baugewerbes herausgegebenen Mustervertrag (Fassung 2000) sind die Gesellschafter verpflichtet, dass für die Durchführung der Arbeiten benötigte Personal der ARGE zur Verfügung zu stellen.

393

Die Rahmentarifverträge für gewerbliche Arbeitnehmer, Angestellte und Poliere enthalten gleich lautende Vorschriften über die Voraussetzungen und Folgen der Abstellung von Arbeitskräften, die dort als **Freistellung** bezeichnet wird (§ 9 BRTV, § 8 RTV Angestellte). Die Freistellung vollzieht sich in zwei Stufen:
- Eingeleitet wird sie durch die Freistellung des Arbeitnehmers für eine Tätigkeit in der ARGE.
- Vollzogen wird sie mit der Begründung eines neuen Arbeitsverhältnisses zwischen der ARGE und dem freigestellten Arbeitnehmer.

394

Die Pflicht zur Bereitstellung von Personal begründet zunächst nur rechtliche Wirkungen im Verhältnis der Gesellschafter zueinander. Für die freizustellenden Arbeitnehmer nimmt sie rechtliche Bedeutung erst an, wenn der Arbeitnehmer der Freistellung zustimmt. Die Zustimmung kann nicht durch eine einseitige Anordnung des Arbeitgebers ersetzt werden. Auch das Direktionsrecht gibt dem Arbeitgeber keine einseitige Freistellungsbefugnis. Die notwendige Zustimmung braucht jedoch nicht ausdrücklich erklärt zu werden; es genügt, wenn der Arbeitnehmer durch schlüssiges Handeln zu erkennen gibt, dass er mit der Freistellung einverstanden ist.

395

Eine zweite Form der Abstellung von Arbeitnehmern wird übereinstimmend mit der Regelung des Mustervertrages als **Abordnung** bezeichnet. Sie begründet im Gegensatz zur Freistellung keine zusätzlichen arbeitsvertraglichen Beziehungen des Arbeitnehmers zur ARGE, sondern vollzieht sich im Rahmen eines Leiharbeitsverhältnisses, ist also Arbeitnehmerüberlassung. § 1 Abs. 1 S. 2 AÜG bestimmt jedoch, dass die Abordnung von Arbeitnehmern zu einer ARGE unter bestimmten Voraussetzungen keine Arbeitnehmerüberlassung ist. Voraussetzung hierfür ist, dass die Arbeitsgemeinschaft zur Herstellung eines konkreten Werkes gebildet worden ist, der Arbeitgeber Mitglied der ARGE ist, für alle Mitglieder der ARGE Tarifverträge desselben Wirtschaftszweiges gelten und alle Mitglieder aufgrund des ARGE-Vertrages zur selbständigen Erbringung von Vertragsleistungen verpflichtet sind. Alle Voraussetzungen müssen gemeinsam vorliegen.[23]

396

Freigestellte Arbeitnehmer sind arbeitsvertraglich sowohl mit der ARGE als auch mit dem Stammarbeitgeber verbunden. Während das Arbeitsverhältnis zum Stammarbeitgeber für die Dauer der Freistellung ruht, besteht zur ARGE ein normales Arbeitsverhältnis. Während dessen ist die Entgeltzahlungspflicht des Stammarbeitgebers aufgehoben. Mit der Beendigung des Arbeitsverhältnisses zur ARGE lebt das Arbeitsverhältnis zum Stammarbeitgeber wieder auf. Diese Folge tritt mit sofortiger Wirkung ein, nachdem der Beendigungsgrund wirksam geworden ist. Der Arbeitnehmer ist verpflichtet, seine Dienste dem Stammarbeitgeber wieder zur Verfügung zustellen.

397

Zu Einzelfragen (13. Monatseinkommen, krankheitsbedingte Arbeitsunfähigkeit, Kündigung des ARGE-Arbeitnehmers, Fahrtkostenabgeltung und Auslösungsfragen vgl. BRTV Kommentar).[24]

---

23 Vgl. *Biedermann/Möller*, a. a. O., S. 98 ff.
24 *Karthaus/Müller*, a. a. O., S. 382 ff.

J. Arbeitnehmer-Entsendegesetz

398 Mit dem Arbeitnehmer-Entsendegesetz (AEntG) sind die baugewerblichen Tarifverträge über den Urlaub, das Urlaubsverfahren und den Mindestlohn auch auf einen Arbeitgeber mit einem ausländischen Betriebssitz anzuwenden, wenn dieser Arbeitnehmer für die Durchführung baugewerblicher Tätigkeiten nach Deutschland entsendet. Das Arbeitnehmer-Entsendegesetz ist im Vorgriff auf die europäische Entsende-Richtlinie vom 16.12.1996, die die Entsendung von Arbeitnehmern im Rahmen der Erbringung von Dienstleistungen regelt, erlassen worden.

I. Anwendungsvoraussetzungen

399 Damit das Arbeitnehmer-Entsendegesetz zur Anwendung kommt, müssen folgende Voraussetzungen kumulativ vorliegen:[25]

400 ■ Es muss eine Baustelle auf dem Gebiet der Bundesrepublik Deutschland vorhanden sein. Sofern ein Unternehmen mit Sitz im Ausland einen Bauauftrag in Deutschland durchführt, gelten für die Zuordnung zum betrieblichen Geltungsbereich eines Tarifvertrages die vom Arbeitgeber nach Deutschland entsandten Arbeitnehmer in ihrer Gesamtheit als Betrieb (§ 1 Abs. 4 AEntG). Die Baustelle selbst gilt als Geschäftsraum i. S.d. Gesetzes (§ 4 AEntG). Unerheblich ist es also, ob der ausländische Arbeitgeber die gesamte Verwaltung – wie z. B. die Lohnbuchhaltung – am Sitz seines Betriebes im Ausland vornehmen lässt; die in Deutschland gelegene Baustelle wird gleichwohl arbeitsrechtlich wie ein eigener Betrieb bewertet.[26]

401 ■ Es müssen gewerbliche Arbeitnehmer zur Verrichtung von Bauarbeiten entsandt werden.

402 ■ Der Betrieb, d. h. die nach Deutschland entsandten Arbeitnehmer, müssen überwiegend bauliche Leistungen i. S.d. § 211 Abs. 1 SGB III erbringen (§ 1 Abs. 1 AEntG). Damit werden alle Leistungen erfasst, die der Herstellung, Instandsetzung, Instandhaltung, Änderung oder Beseitigung von Bauwerken dienen (vgl. auch Definition des betrieblichen Geltungsbereiches § 1 Abs. 2 BRTV). Für die Ausführung der baulichen Tätigkeiten müssen mehr als 50 v.H. der Gesamtarbeitszeit aufgewandt werden.

403 ■ Bauliche Tätigkeiten verrichten zunächst alle Arbeitnehmer, die auf der Baustelle entweder mit eigener Muskelkraft und/oder unter Einsatz von Baumaschinen oder technischen Geräten baugewerbliche Arbeiten ausführen. Unter diese Bestimmung fallen allerdings auch Arbeitnehmer, die für Reinigungsarbeiten auf der Baustelle eingesetzt werden. Ausgenommen vom Geltungsbereich des Arbeitnehmer-Entsendegesetzes sind dagegen nicht-gewerbliche Arbeitnehmer, also z. B. Angestellte, oder sonstiges Personal wie z. B. Wachpersonal, Küchenpersonal oder Putzkräfte, die nicht die Baustelle, sondern lediglich Büroräume reinigen. Um nicht-gewerbliche Arbeitnehmer handelt es sich auch bei solchen Mitarbeitern, denen die Bauaufsicht übertragen wurde, sofern die eigene körperliche Mitarbeit auf der Baustelle ausgeschlossen ist. Gleiches gilt für Arbeitnehmer, die Planungs-, Verwaltungs- und Büroarbeiten ausführen.[27]

404 ■ In den geschützten Personenkreis des Gesetzes mit gesetzlichem Anspruch auf ein Mindestentgelt fallen alle (inländischen wie ausländischen) Arbeitnehmer einer Firma des Bauhaupt- und Baunebengewerbes. Die Baubetriebe-Verordnung vom 28.10.1980 muss für die entsprechende Klassifizierung herangezogen werden. Die Abgrenzung der einzelnen beauftragten Gewerke zu den in der Baubetriebe-VO nicht erfassten Betrieben (vgl. dort § 2 Baubetriebe-VO) kann im Einzelfall sehr schwierig sein. Die meisten Bauverträge stellen in ihrer Leistungsbeschreibung eher auf die werkvertragliche Erfüllung an sich ab, als dass sie Rücksicht nehmen auf den Katalog i. S.d. Baubetriebe-VO.

---

[25] *Biedermann/Möller*, a. a. O., S. 67 ff.; *Werner*, Die gewerbliche Unternehmerhaftung nach § 1 a AEntG – Ihre Auswirkungen auf die Baupraxis, NZ Bau 2000, S. 225.

[26] Vgl. Merkblatt für Arbeitgeber mit Sitz im Ausland, Bundesanstalt für Arbeit, Nürnberg.

[27] *Biedermann/Möller*, a. a. O., S. 68.

■ Führt ein ausländischer Betrieb Bauarbeiten in Deutschland durch und entsendet er dafür Arbeitnehmer, so sind diesen bei Vorliegen der o.g. Voraussetzungen bestimmte Mindestarbeitsbedingungen zu gewähren, sofern diese in allgemeinverbindlich erklärten Tarifverträgen niedergelegt sind. 405

II. Mindestlohn

Der Mindestlohn beträgt ab 1.9.2000: 406

	Gesamttarifstundenlohn (GTL) in DM
a) im Gebiet der Bundesrepublik Deutschland, ausgenommen die Gebiete der Länder Brandenburg, Mecklenburg-Vorpommern, Sachsen, Sachsen-Anhalt und Thüringen	18,87
b) im Gebiet der Länder Brandenburg, Mecklenburg-Vorpommern, Sachsen, Sachsen-Anhalt und Thüringen	16,60

Die Tarifvertragsparteien haben darüber hinaus bereits vereinbart, dass sich der Mindestlohn mit Wirkung vom 1.9.2001 wie folgt erhöht: 407

	Gesamttarifstundenlohn (GTL) in DM
a) im Gebiet der Bundesrepublik Deutschland, ausgenommen die Gebiete der Länder Brandenburg, Mecklenburg-Vorpommern, Sachsen, Sachsen-Anhalt und Thüringen	19,17
b) im Gebiet der Länder Brandenburg, Mecklenburg-Vorpommern, Sachsen, Sachsen-Anhalt und Thüringen	16,87

Der Tarifvertrag Mindestlohn ist durch Rechtsverordnung des Ministers für Arbeit und Sozialordnung vom 17.8.2000 für allgemeinverbindlich erklärt worden.[28] 408
Die Rechtmäßigkeit der Rechtsverordnungsermächtigung des § 1 Abs. 3 a AEntG wurde durch das Bundesverfassungsgericht feststellt.[29]
Mindestlöhne sind grundsätzlich auch mit dem Europäischen Recht vereinbar. Dies stellte der Europäische Gerichtshof fest.[30]

---

28 BGBl I 2000, 1290.
29 Beschluss v. 18.7.2000 (1 BvR 948/00), NZA 2000, 948 ff.; Beschluss vom 24.7.2000 (1 BvQ 18/00).
30 EuGH, Entscheidung vom 23.3.1999 (C – 369/96 u. 376/96).

III. Verpflichtung zur Gewährung von Urlaub und zur Zahlung von Urlaubskassenbeiträgen

409 Neben der Verpflichtung zur Zahlung eines Mindestlohnes besteht nach dem Arbeitnehmer-Entsendegesetz die Verpflichtung zur Gewährung von Urlaub und zur Zahlung von Urlaubskassenbeiträgen für entsandte Arbeitnehmer (vgl. § 1 a AEntG, da die vorgenannte Vorschrift neben der Haftung zur Zahlung des Mindestentgelts auch die Haftung für die Zahlung von Beiträgen an eine gemeinsame Einrichtung der Tarifvertragsparteien nach § 1 Abs. 1 Satz 2 und 3, Abs. 2 a, 3 Satz 2 und 3 oder Abs. 3 a Satz 4 und 5 vorsieht. Bei der Urlaubs- und Lohnausgleichskasse des Baugewerbes handelt es sich um eine derartige Einrichtung der Tarifvertragsparteien). Der entsprechende allgemeinverbindlich erklärte BRTV i.d.F. v. 26.5.1999 regelt das Urlaubskassenverfahren in § 8 BRTV. Die Durchführungsbestimmungen sind im Verfahrenstarifvertrag (VTV) i.d.F. v. 20.12.1999 (§§ 13 ff.) geregelt.

410 Zunächst beträgt gem. § 8 Nr. 1.1 BRTV die jährliche Urlaubsdauer 30 Arbeitstage. Weiter ist der Urlaubskassenbeitrag, der für nach Deutschland entsandte Arbeitnehmer an die Urlaubskasse abzuführen ist, gem. TV Aufteilung auf 14,25 v.H. der Bruttolohnsumme festgelegt.

Mit dem Beitrag werden sowohl das Urlaubsgeld als auch das zusätzliche Urlaubsgeld erfasst.

411 Die Urlaubsvergütung wird bei Urlaubsgewährung oder nach Beendigung der Entsendung und Rückkehr des Arbeitnehmers in sein Heimatland von der Urlaubskasse an den Arbeitnehmer selbst ausbezahlt. Ein Anspruch auf Urlaubsabgeltung entsteht bei Arbeitnehmern, die von Arbeitgebern mit Sitz im Ausland auf eine Baustelle nach Deutschland entsandt worden sind, wenn der Arbeitnehmer seine baugewerbliche Tätigkeit in Deutschland beendet und für länger als 3 Monate entweder Deutschland verlassen hat oder bei einem Betrieb außerhalb des Baugewerbes tätig war.

412 Der Urlaubsanspruch des entsandten Arbeitnehmers wird auf Grundlage von 30 Tagen berechnet. Allerdings kann dem entsandten Arbeitnehmer bereits im Heimatland für Zeiten der Entsendung gewährter Urlaub angerechnet werden (§ 1 Abs. 3 Nr. 2 AEntG bzw. § 8 Nr. 13 BRTV). Bei dieser Anrechnung bleibt ein Zwölftel des Jahresurlaubes für jeden vor der Entsendung liegenden vollen Beschäftigungsmonat des laufenden Kalenderjahres unberücksichtigt. Von den darüber hinaus gewährten Urlaubstagen wird für jeden vollen Beschäftigungsmonat während der Entsendezeit bis zum Anrechnungszeitpunkt ein Zwölftel des Jahresurlaubes angerechnet. Urlaubsvergütungen werden angerechnet, soweit sie anteilig für die angerechneten Urlaubstage gezahlt worden sind.

413 Grundsätzlich sind alle ausländischen Arbeitgeber, die Arbeitnehmer zur Verrichtung von Bautätigkeiten nach Deutschland entsenden, zur Teilnahme am Urlaubskassenverfahren verpflichtet. Eine Ausnahme besteht gem. § 1 Abs. 3 Nr. 1 AEntG bzw. nach § 15 Nr. 2 BRTV für solche Arbeitgeber, die nachweisen können, dass für die nach Deutschland entsandten Arbeitnehmer auch während der Dauer der Entsendung Beiträge zu einer vergleichbaren Urlaubskasse im Heimatstaat entrichtet werden. Vergleichbare Urlaubskassen bestehen z. B. in Italien.

414 In 2 Urteilen des LAG Frankfurt vom 10.4.2000 – 16 Sa 1858/99 – und – 16 Sa 1860/99 – (beide nicht rechtskräftig) hat das LAG erstmals festgestellt, dass eine Verpflichtung der ausländischen Betriebe besteht, mit ihren zur vorübergehenden Arbeitsleistung nach Deutschland entsandten Arbeitnehmern an dem Urlaubskassenverfahren teilzunehmen.

415 Bei Fragen, ob eine im Entsendestaat existierende Urlaubskasse als „vergleichbare Einrichtung" i. S.d. Arbeitnehmer-Entsendegesetzes anzusehen ist, mit der Folge, dass eine Teilnahme am deutschen Urlaubskassenverfahren entfällt, empfiehlt es sich zur Sicherheit, eine Auskunft von der Urlaubs- und Lohnausgleichskasse der Bauwirtschaft in Wiesbaden einzuholen. Dort können auch die näheren Einzelheiten des tariflichen Urlaubskassenverfahrens anhand einer Broschüre mit dem

Titel „Urlaubskassenverfahren bei Entsendung auf Baustellen in Deutschland" (Neuauflage 1999) bezogen werden.[31]

IV. Durchgriffshaftung

Mit der Neufassung des Arbeitnehmer-Entsendegesetzes ist zum 1.1.1999 mit § 1 a die Haftung des Unternehmers für die Erfüllung der Verpflichtungen aus diesem Gesetz durch einen Nachunternehmer eingeführt worden (sog. Durchgriffshaftung). Es gelten dabei die folgenden Voraussetzungen:

416

Von der Haftung betroffen ist grundsätzlich jeder Unternehmer, der einen anderen Unternehmer (Nachunternehmer) mit der Erbringung von Bauleistungen beauftragt. Die Haftung beschränkt sich nicht auf Bauunternehmen, die Nachunternehmerleistungen in Auftrag geben. Vielmehr trifft die Haftung des § 1 a AEntG jedes Wirtschaftsunternehmen, das als Bauherr bzw. Auftraggeber in Erscheinung tritt. Erfasst werden damit auch die staatlich beherrschten – jedoch formal privatrechtlich organisierten Unternehmen, wie die DB AG oder kommunale Gesellschaften. Die Haftung trifft jedoch **nicht** die unmittelbare Staatsverwaltung (Bund, Länder und Gemeinden sowie den privaten Bauherrn).

Bauvorhaben, die vor dem 1.1.1999 begonnen, jedoch noch nicht abgewickelt worden sind, sind nicht von der Haftung des § 1 a AEntG ausgenommen. Eine Haftung kann sich jedoch nur im Hinblick auf die nach dem 1.1.1999 fällig gewordenen Mindestlohnansprüche und Urlaubsbeiträge ergeben. Nach dem Wortlaut des Gesetzes haftet der Unternehmer für die Verpflichtungen „zur Zahlung des Mindestentgelts an einen Arbeitnehmer oder zur Zahlung von Beiträgen an eine gemeinsame Einrichtung der Tarifvertragsparteien". Damit ist – trotz des missverständlichen Wortlautes – gemeint, dass den Unternehmer eine kumulative Haftung im Hinblick auf beide Leistungspflichten trifft. Einer Inanspruchnahme aus § 1 a AEntG auf Entrichtung des Mindestentgelts kann somit nicht entgegengehalten werden, dass die Urlaubsbeiträge abgeführt worden sind.

417

Die Haftung für den Mindestlohn beschränkt sich nach § 1 a Satz 2 AEntG allerdings auf den auszubezahlenden Nettobetrag. Zu beachten ist in diesem Zusammenhang, dass es neben dem Mindestlohn im Baugewerbe auch weitere Mindestlöhne gibt, die ebenfalls unter das Arbeitnehmer-Entsendegesetz fallen. Dabei handelt es sich z. B. um den Mindestlohn für das Elektrohandwerk.

418

Neben dem Bauhauptgewerbe gibt es Urlaubskassen i. S.d. Arbeitnehmer-Entsendegesetzes auch für das Gerüstbaugewerbe, das Maler- und Lackiererhandwerk sowie in Berlin auch für das Steinmetz- und Steinbildhauerhandwerk.

419

Die Reichweite der Haftung eines Unternehmers beschränkt sich nicht auf die Mindestentgelt- und Urlaubskassenbeitragsverpflichtung seines unmittelbaren Vertragspartners. Nach dem Wortlaut des Gesetzes haftet er darüber hinaus für die Verpflichtungen jedes Nachunternehmers.

420

Erfasst werden damit auch sog. Nachunternehmerketten mit der Folge, dass ein Unternehmen als Bürge nicht nur von den Arbeitnehmern des von ihm beauftragten Unternehmens in Anspruch genommen werden kann, sondern auch von den Arbeitnehmern der eingesetzten Nachunternehmer.

421

---

31 Urlaubs- und Lohnausgleichskasse der Bauwirtschaft, Wettiner Straße 7, 69189 Wiesbaden.

> *Beispiel*
> Ein gewerblicher Bauherr beauftragt einen Generalunternehmer, der seinerseits einen Nachunternehmer A beauftragt. Nachunternehmer A beauftragt wiederum einen (Nach-) Nachunternehmer B. Sofern der Nachunternehmer B seinen Arbeitnehmern nicht den Mindestlohn zahlt oder keine Urlaubskassenbeiträge für die von ihm eingesetzten Arbeitnehmer abführt, können seine Arbeitnehmer bzw. die Urlaubskasse sowohl den Nachunternehmer A, als auch den Generalunternehmer oder den gewerblichen Bauherrn auf Zahlung des Mindestlohnes bzw. Abführung des Urlaubskassenbeitrages in Anspruch nehmen.

Dabei gewährt das Arbeitnehmer-Entsendegesetz den Anspruchstellern ein Wahlrecht, welchen „Schuldner" sie belangen wollen.

422 Zu beachten ist allerdings, dass die Haftung nur innerhalb der Auftragskette greift. Beauftragt etwa ein Generalunternehmen die Nachunternehmen A und B mit verschiedenen Bauleistungen, so können Arbeitnehmer des Nachunternehmens A nicht Rückgriff auf das Nachunternehmen B nehmen, weil zwischen Nachunternehmen A und B keine Beauftragung mit Bauleistungen vorliegt.

423 Die Durchgriffshaftung besteht darüber hinaus bei wirksamer Arbeitnehmerüberlassung i. S.d. Arbeitnehmerüberlassungsgesetzes für die Verpflichtung des Verleihers zur Zahlung des Mindestentgelts und der Urlaubskassenbeiträge.

424 Die Haftung aus § 1 a AEntG greift nicht nur bei bewusster Zahlungsverweigerung des beauftragten Unternehmers, sondern auch im Insolvenzfall ein. Gem. § 183 SGB III haben Arbeitnehmer bei Eröffnung des Insolvenzverfahrens Anspruch auf Insolvenzgeld, wenn sie für die vorausgehenden 3 Monate des Arbeitsverhältnisses noch Lohn beanspruchen können. Insolvenzgeld wird nach § 185 SGB III in Höhe des Nettoarbeitsentgelts gewährt.

425 Entscheidend für die Bürgenhaftung aus § 1 a AEntG bei Insolvenz ist, dass nach § 187 SGB III die Ansprüche auf Arbeitsentgelt, für die Insolvenzgeld bezahlt wurde, auf die Bundesanstalt für Arbeit übergehen. Damit verbunden ist auch der Übergang sämtlicher Sicherungsrechte, hier der gesetzlich angeordneten Bürgenhaftung (§§ 401, 412 BGB). Dies bedeutet, dass nach Insolvenz eines Unternehmens und der Zahlung von Insolvenzgeld auch die Bundesanstalt für Arbeit im Hinblick auf den nicht bezahlten Mindestlohn aus § 1 a AEntG vorgehen kann.

426 Für die Haftung auf Zahlung des Mindestlohnes bzw. auf Abführung der Urlaubskassenbeiträge kann sich der in Anspruch genommene Unternehmer nicht freizeichnen. Gem. § 1 a AEntG haftet er wie ein Bürge, der auf die Einrede der Vorausklage verzichtet hat. Dies bedeutet, dass der betroffene Unternehmer die Arbeitnehmer und die Sozialkassen nicht darauf verweisen kann, die ausstehenden Beträge müssten zunächst beim Arbeitgeber bzw. beim Beitragspflichtigen eingeklagt werden. Arbeitnehmer und Sozialkassen können sich vielmehr direkt an das von der Bürgenhaftung erfasste Unternehmen wenden. Dadurch wird der eigentliche Schuldner jedoch nicht von seinen Verpflichtungen frei. Soweit der Bürge die Forderung erfüllt, geht diese auf ihn über und er kann Rückgriff beim Entgelt- und Beitragspflichtigen nehmen. Diese Regressmöglichkeit ist jedoch wirtschaftlich wertlos, wenn der eigentliche Schuldner mittlerweile in Insolvenz gefallen ist.

427 Bei der Haftung aus dem Arbeitnehmer-Entsendegesetz handelt es sich um eine Gefährdungshaftung, für die es keine Ausschlussmöglichkeit gibt. Der Auftraggeber kann jedoch versuchen, über Sicherheiten (Bürgschaften oder Einbehalte von Werklohnforderungen) Vorsorge zu treffen, dass er für den Fall der Haftung einen Regressanspruch auch durchsetzen kann. Dabei ist allerdings zu beachten, dass die Dauer der Sicherheitsstellung durch ein beauftragtes Unternehmen auch die Zeit der möglichen Verjährung der Ansprüche abdeckt.

428 Als weitere Sicherheit kommt ggf. eine unterzeichnete Erklärung der Arbeitnehmer des beauftragten Nachunternehmers in Betracht, in der diese versichern, den Mindestlohn erhalten zu haben. Auch diese Erklärung kann das beauftragende Unternehmen nicht aus der Haftung befreien. Sie kann

vielmehr in einem Prozess nur ein Indiz für die ordnungsgemäße Zahlung des Mindestlohns durch den beauftragten Nachunternehmer darstellen.

Zur Reduzierung des Haftungsrisikos empfiehlt es sich, von dem beauftragten Nachunternehmer eine Einverständniserklärung dahingehend einzuholen, dass Auskünfte gegenüber der Urlaubskasse nach dem Stand der Einzahlung der Urlaubskassenbeiträge für die vom Nachunternehmer eingesetzten Arbeitnehmer zulässig sind.[32]

429

Von Bedeutung ist in diesem Zusammenhang der neu ins Arbeitnehmer-Entsendegesetz aufgenommene § 8, wonach dem entsandten Arbeitnehmer für seine Ansprüche auf Mindestlohn der Klageweg vor deutschen Arbeitsgerichten ermöglicht wird. Mit der Aufnahme dieser Bestimmung in das Arbeitnehmer-Entsendegesetz und mit dessen unbefristeter Geltungsdauer ist die Entsende-Richtlinie nunmehr endgültig durch das deutsche Arbeitnehmer-Entsendegesetz in nationales Recht umgesetzt worden.

430

V. Verjährung der Ansprüche

Ansprüche der Arbeitnehmer und der Sozialkassen auf Zahlung des Mindestentgelts bzw. Abführung der Urlaubskassenbeiträge verjähren wie folgt:

431

- Hinsichtlich der Ansprüche inländischer Arbeitnehmer im Bauhauptgewerbe gegen ihre Arbeitgeber auf Zahlung von Mindestentgelt gilt die 2-monatige tarifliche Ausschlussfrist von § 16 BRTV.
- Die Ansprüche ausländischer Arbeitnehmer auf den Mindestlohn verjähren aufgrund der allgemeinen Vorschrift des § 196 Abs. 1 Nr. 8 BGB nach 2 Jahren. Für solche Arbeitnehmer ist die kurze tarifliche Ausschlussfrist des § 16 BRTV mangels Betriebssitz des Arbeitgebers im Geltungsbereich des BRTV nicht anwendbar. Hier greift vielmehr die allgemeine Verjährungsvorschrift nach deutschem Recht, da über das Arbeitnehmer-Entsendegesetz das ausländische Arbeitsverhältnis im Hinblick auf die Mindestlohnbestimmung zwingend dem deutschen Recht unterworfen wird (Art. 34 Einführungsgesetz zum BGB).
- Hinsichtlich der Ansprüche der Sozialkassen gelten die tariflichen Verfallfristen. Für das Bauhauptgewerbe gilt gem. § 25 VTV eine Frist von 4 Jahren seit Fälligkeit.

K. Sozialkassenverfahren, Sozialkassenbeitrag

Die Sozialkassen der Bauwirtschaft sind Einrichtungen, die von den Tarifvertragsparteien der Branche

432

- dem Zentralverband des Deutschen Baugewerbes e.V.
- dem Hauptverband der Deutschen Bauindustrie e.V. und der
- Industriegewerkschaft Bauen-Agrar-Umwelt

zu dem Zweck gegründet wurden, den Arbeitnehmern dieses Wirtschaftszweiges einen Ausgleich für eine Reihe von strukturbedingten Benachteiligungen zu bieten.

Folgende Institutionen werden unter dem Begriff „Sozialkassen" zusammengefasst:

433

- Urlaubs- und Lohnausgleichskasse der Bauwirtschaft (ULAK), Wettinerstraße 7, 65189 Wiesbaden
- Zusatzversorgungskasse des Baugewerbes VVaG (ZVK-Bau), Wettinerstraße 7, 65189 Wiesbaden
- Gemeinnützige Urlaubskasse des Bayerischen Baugewerbes (UKB) in München.
- Sozialkasse des Berliner Baugewerbes in Berlin.

---

[32] Biedermann/Möller, a. a. O., S. 75.

434 Jede dieser Kassen hat bestimmte Aufgaben, die im wesentlichen darin bestehen, eine Reihe von tarifvertraglich vereinbarten Zahlungen (Urlaubsvergütungen, Lohnausgleichszahlungen, Ausbildungsvergütungen, Rentenbeihilfen) an die Arbeitnehmer der Bauwirtschaft sicherzustellen. Dabei wird – i. S. eines solidarischen Ausgleichs der damit verbundenen Belastungen – nach folgendem Prinzip vorgegangen: Alle Betriebe führen monatlich bestimmte, von den Tarifvertragsparteien nach einem einheitlichen Schlüssel festgelegte Beiträge an die Kassen ab. Dafür erstatten die Kassen den Betrieben die tatsächlich geleisteten Zahlungen bzw. zahlen direkt an ehemalige Arbeitnehmer und Hinterbliebene.

435 Welche Unternehmen im einzelnen Beiträge an die Kassen abführen müssen und welche Arbeitnehmer Kassenleistungen in Anspruch nehmen können, ist in verschiedenen Tarifverträgen geregelt. Dabei ist jeweils auch festgelegt, wo und für wen diese Tarifverträge gelten, d. h. welchen „räumlichen", „betrieblichen" und „persönlichen" Geltungsbereich die Tarifverträge haben.

436 ■ **Der räumliche Geltungsbereich** erstreckt sich grundsätzlich auf das Gebiet der alten Bundesländer der Bundesrepublik Deutschland. Für Berlin gelten einige Besonderheiten. In den neuen Bundesländern wurden 1991 die Sozialkassenverfahren für Berufsbildung und Lohnausgleich eingeführt, ab dem 1.1.1993 wurde das Urlaubsverfahren übernommen. Bei Tätigkeiten eines Unternehmens im Ausland gelten Sonderregelungen.
Für Arbeitsverhältnisse zwischen einem Arbeitgeber mit Sitz im Ausland und seinem im räumlichen Geltungsbereich der Tarifverträge beschäftigten Arbeitnehmer gelten die Bestimmungen des Arbeitnehmer-Entsendegesetzes.

437 ■ **Zum betrieblichen Geltungsbereich** zählen die Betriebe des Baugewerbes, z. B. Hoch-, Tief- und Straßenbauer, Maurer, Verputzer, Fliesenleger, Stuckateure und Zimmerer. Ebenfalls miteingeschlossen sind die Betriebe des Betonsteingewerbes in Nordwestdeutschland und im ehemaligen West-Berlin, deren Arbeitnehmer allerdings nur Anspruch auf Beihilfen zu Renten aus der gesetzlichen Sozialversicherung haben.

438 ■ **Der persönliche Geltungsbereich** erstreckt sich grundsätzlich auf alle Arbeitnehmer in den Baubetrieben. (Ausgenommen sind lediglich einige zahlenmäßig kleinere Gruppen, z. B. leitende Angestellte.) Dabei sind die vereinbarten Leistungen und Beiträge für einzelne Gruppen von Arbeitnehmern (gewerbliche Arbeitnehmer, Angestellte, Auszubildende usw.) unterschiedlich.

439 ■ **Allgemeinverbindlichkeit:** Regelmäßig werden die Sozialkassentarifverträge des Baugewerbes durch den Bundesminister für Arbeit und Sozialordnung für „allgemeinverbindlich" erklärt. Sie gelten damit im festgelegten Geltungsbereich der Verträge für alle Arbeitgeber und Arbeitnehmer wie gesetzliche Vorschriften.

Die Aufgaben im einzelnen:

440 ■ **Urlaub**
Seit dem Urlaubsjahr 2000 wurde das Lohnnachweiskartenverfahren durch das arbeitnehmerbezogene Meldeverfahren ersetzt. Der Arbeitgeber gibt eine Monatsmeldung für jeden einzelnen Arbeitnehmer ab. Er meldet den jeweiligen Bruttolohn sowie ggf. Ausfallstunden, gewährte Urlaubstage und die Urlaubsvergütung an die Urlaubs- und Lohnausgleichskasse (ULAK).
Aufgrund dieser gemeldeten Daten berechnet die ULAK monatlich den Urlaubsanspruch eines jeden Arbeitnehmers.
Mit dem Abschluss des jeweiligen Urlaubsjahres erstellt die ULAK einen Arbeitnehmerkontoauszug, auf dem sämtliche gemeldeten Beschäftigungsdaten des Arbeitnehmers dokumentiert sind. Der Arbeitnehmerkontoauszug ist dem Arbeitnehmer umgehend von seinem Arbeitgeber auszuhändigen. Aus dem Arbeitnehmerkontoauszug kann der Arbeitnehmer alle für seinen Urlaubsanspruch wichtigen Einzelheiten (Arbeitgeber, Dauer der Beschäftigung, Beschäftigungs-

tage, Bruttolohn, Urlaubsansprüche u. a.) ablesen. Außerdem sind die tatsächlich gewährten Leistungen (Freizeit, Urlaubsvergütung, Abgeltung) dargestellt. Auf alle bestehenden Ansprüche des Arbeitnehmers wird speziell hingewiesen (z. B. auf Resturlaub und Entschädigungsanspruch).

- **Lohnausgleich** 441
  Die ULAK erstattet dem Baubetrieb die von ihm vorgelegten Lohnausgleichsbeträge als Pauschalbeträge für den tariflichen Ausgleichszeitraum.

- **Berufsausbildung** 442
  Die ULAK erstattet den Baubetrieben, die Lehrlinge ausbilden, einen wesentlichen Teil der betrieblichen und überbetrieblichen Ausbildungskosten (§§ 19 ff. BBTV).

- **Zusatzversorgung** 443
  In der Zusatzversorgungskasse sind die in Baubetrieben beschäftigten gewerblichen Arbeitnehmer, Angestellten und Poliere versichert. Die Zusatzversorgungskasse gewährt zusätzliche tarifliche Leistungen zu den Leistungen der gesetzlichen Rentenversicherung in Form von Beihilfen zum Altersruhegeld sowie zur Berufs- und Erwerbsunfähigkeitsrente und Beihilfen zur Witwenrente.

Die Tarifverträge über die Zusatzversorgung im Baugewerbe gelten noch nicht in den neuen Bundesländern.

Seit Juni 1999 ist es den Betrieben möglich, am sog. Spitzenausgleichsverfahren mit den Sozialkassen des Baugewerbes teilzunehmen. Bei Teilnahme am Spitzenausgleichsverfahren erfolgt nicht mehr eine monatliche Abrechnung von Beitragsansprüchen der Sozialkassen auf der einen Seite und Erstattungsansprüchen des Arbeitgebers (z. B. Urlaubsvergütung oder Ausbildungsvergütung) auf der anderen Seite. Vielmehr wird ein 4–6-monatiger Ausgleichszeitraum gewählt, bei dem die gegenseitigen Beitrags- und Erstattungsansprüche gegeneinander saldiert werden mit der Folge, dass die Differenz lediglich am Ende des Ausgleichszeitraumes auszugleichen ist. An dem Verfahren können Betriebe teilnehmen, deren Beitragsmeldungen und Beitragszahlungen der letzten 12 Monate vollständig und fristgerecht an die ZVK-Bau erbracht wurden (§ 23 VTV). Das Spitzenausgleichsintervall beträgt grundsätzlich 4 Monate. 444

Seit 2000 sind die Betriebe frei, den Beginn des 4-monatigen Spitzenausgleichs zu bestimmen. Sofern der Betrieb den Spitzenausgleichsintervall auf 6 Monate ausdehnen will, muss er gegenüber der ZVK eine selbstschuldnerische Bankbürgschaft oder eine gleichwertige Sicherheit i.H.d. Sozialkassenbeitrags für 2 Abrechnungszeiträume stellen (§ 23 Abs. 6 VTV). Nimmt ein Betrieb am Spitzenausgleichsverfahren teil, werden sämtliche Sozialkassenverfahren mit in die Berechnung einbezogen. Auch die Winterbau-Umlage, die lediglich an die Sozialkassen zur Weiterleitung an die Arbeitsverwaltung abgeführt wird, wird in das Spitzenausgleichsverfahren mit einbezogen. Ebenso wird der für Angestellte zu zahlende ZVK-Beitrag in das Spitzenausgleichsverfahren mit einbezogen. 445

Der Gesamtsozialkassenbeitrag ist im Tarifvertrag über die Aufteilung des an die tariflichen Sozialkassen des Baugewerbes abzuführenden Gesamtbetrages festgelegt. 446

Für das Jahr 2001 gelten die nachstehenden Sozialkassenbeiträge:

Sozialkassenbeiträge 2001	alte Bundesländer 2001	neue Bundesländer 2001	Berlin West	Berlin Ost
Urlaub	14,25	14,25	14,25	14,25
Lohnausgleich	1,40	1,40	1,40	1,40
Berufsbildung	2,10	2,10	2,10	2,10

Sozialkassenbeiträge 2001	alte Bundesländer 2001	neue Bundesländer 2001	Berlin West	Berlin Ost
Sozialaufwandserstattung	– –	– –	5,95	5,95
	17,75	17,75	23,70	23,70
Zusatzversorgung	1,65	– –	1,65	– –
Gesamt	19,40	17,75	25,35	23,70

L. Arbeitnehmerüberlassung

I. Begriff

447 Arbeitnehmerüberlassung liegt vor, wenn ein Arbeitgeber (Verleiher) einem Dritten (Entleiher) aufgrund einer zumindest konkludent getroffenen Vereinbarung vorübergehend geeignete, bei ihm angestellte Arbeitskräfte (Leiharbeitnehmer) zur Verfügung stellt, die dieser nach seinen Vorstellungen und Zielen in seinem Betrieb wie seine eigenen Arbeitnehmer zur Förderung seiner Betriebszwecke einsetzt.[33]
Ein Arbeitnehmer wird nicht bereits dann einem Dritten zur Arbeitsleistung „überlassen", wenn er aufgrund seines Arbeitsvertrages Weisungen des Dritten zu befolgen hat. Erforderlich ist vielmehr, dass er bei vollständiger Eingliederung in den Betrieb des Dritten für diesen und nicht weiterhin allein für seinen Arbeitgeber tätig wird. I.S.v. § 1 Abs. 1 AÜG wird ein Arbeitnehmer nicht bereits dann einem Dritten zu Arbeitsleistungen „überlassen", wenn er aufgrund seines Arbeitsvertrages Weisungen des Dritten zu befolgen hat, sondern erst dann, wenn er innerhalb der Betriebsorganisation des Dritten für diesen und nicht weiterhin allein für seinen Arbeitgeber tätig sein wird.[34]

448 Nach dem Arbeitnehmerüberlassungsvertrag verpflichtet sich der Verleiher, dem Entleiher vorübergehend die Arbeitsleistung eines leistungsbereiten und leistungsfähigen Arbeitnehmers zu verschaffen, ohne dass der Entleiher Arbeitgeber dieses Arbeitnehmers wird. Die Arbeitnehmerüberlassung ist im Arbeitnehmerüberlassungsgesetz (AÜG) geregelt.

Durch das Verbot der gewerbsmäßigen Arbeitnehmerüberlassung im Baugewerbe werden sowohl der Einsatz fremden Personals im einzelnen Baubetrieb als auch der Personalaustausch zwischen mehreren Baubetrieben erschwert.[35]

---

[33] BAG NJW 1984, 2912.
[34] *Kokemoor*, Arbeitnehmerüberlassung im Arbeitnehmerinteresse, NZA 2000, 1079.
[35] Vgl. *Hammacher*, Der Einsatz von Fremdfirmen, BB 1997, 1686 ff.; *Biedermann/Möller*, a. a. O., S. 76 ff.

L. Arbeitnehmerüberlassung § 11

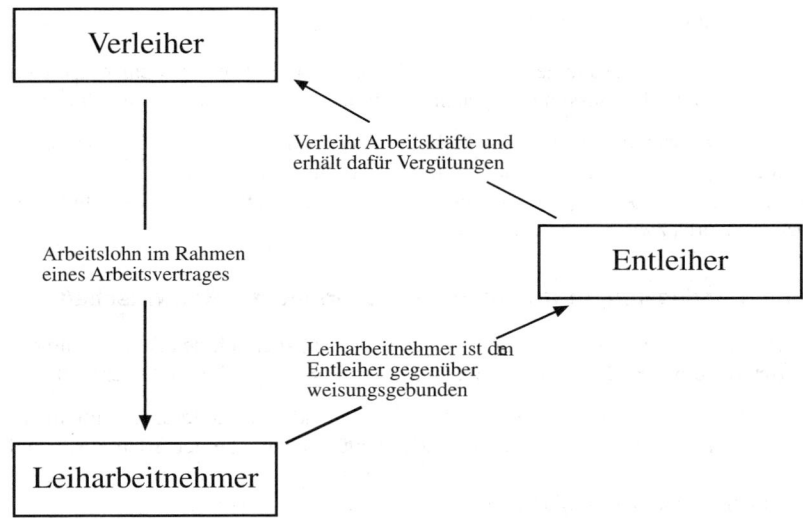

Im Nachfolgenden sollen die Risiken, Möglichkeiten und Grenzen, die sich aus den gesetzlichen Bestimmungen für den Einsatz betriebsfremden Personals ergeben, erläutert werden.

II. Zulässige Formen der Zusammenarbeit

1. Die erlaubnispflichtige Arbeitnehmerüberlassung in der Bauwirtschaft

Nach Art. 1, § 1 b S. 1 des AÜG ist die „gewerbsmäßige Arbeitnehmerüberlassung in Betrieben des Baugewerbes für Arbeiten, die üblicherweise von Arbeitern verrichtet werden, ... unzulässig"; wobei eine Abordnung zu ARGEN gem. Art. 1, § 1 (1) S. 2 keine Arbeitnehmerüberlassung ist. **449**

Arbeitnehmerüberlassung ist jedoch gem. Art. 1 § 1 b S. 2 dann gestattet, wenn sowohl der überlassende als auch der übernehmende Betrieb: **450**
- dem Baugewerbe angehören und
- wenn sie von denselben Rahmen- und Sozialkassentarifverträgen erfasst werden
- und der Betrieb eine Verleiherlaubnis hat, die schriftlich beim zuständigen Landesarbeitsamt zu beantragen ist.

Die Kosten für die Erteilung der Erlaubnis ergeben sich aus der Arbeitnehmerüberlassungs-KostenVO. Für die befristete Erlaubnis ist ab 1.1.2001 eine Gebühr i.H.v. 1.250 DM und ab 1.1.2003 von 1.500 DM zu zahlen. **451**

Die Gebühr für die unbefristete Erlaubnis beträgt ab 1.1.2001 3.500 DM und ab 1.1.2003 4.000 DM.

2. Entfallen der Erlaubnispflicht

Bei Vorliegen der Voraussetzung nach Art. 1 § 1 a (1) AÜG (weniger als 50 Beschäftigte, zur Vermeidung von Kurzarbeit oder Entlassung, Höchstdauer 12 Monate) – sog. Kollegenhilfe – entfällt die Erlaubnispflicht, es genügt dann eine schriftliche Anzeige an das zuständig Landesarbeitsamt. **452**

Biedermann 973

3. Arbeitnehmerüberlassung im Konzern

453 Das Erfordernis der Verleiherlaubnis besteht gem. AÜG § 1 (3) Nr. 2 ebenfalls nicht, wenn es sich um eine vorübergehende Arbeitnehmerüberlassung zwischen Angehörigen eines Konzerns handelt.[36]

Die anderen Zulässigkeitsvoraussetzungen für Arbeitnehmerüberlassung in Baubetriebe, die Zugehörigkeit von Ver- und Entleiher zum Baugewerbe und die Verbindlichkeit derselben Rahmen- und Sozialkassentarifverträge für beide, können niemals entfallen. Sie haben auch zwischen Unternehmen ein und desselben Konzerns zwingenden Charakter.

4. Die Arbeitnehmerüberlassung in Unternehmen außerhalb der Bauwirtschaft

454 Die Arbeitnehmerüberlassung in Unternehmen, die nicht dem Geltungsbereich des Bundesrahmentarifvertrages für das Baugewerbe (BRTV) unterfallen, ist im Art. 1, §§ 1 und 1 a AÜG geregelt.

Sie bedarf grundsätzlich der Erlaubnis und ist regelmäßig beim zuständigen Landesarbeitsamt anzuzeigen. Ausnahme: Betriebe mit weniger als 50 Beschäftigten bedürfen dann keiner Erlaubnis, wenn sie:
- zur Vermeidung von Kurzarbeit oder Entlassungen erforderlich ist und
- die Dauer von 12 Monaten nicht überschreitet.

In diesem Fall ist nur die Anzeige beim zuständigen Landesarbeitsamt erforderlich.

III. Strafandrohung bei Regelverletzung

455 Die Nichtbeachtung dieser Auflagen, z. B. das Nichtvorliegen der Verleiherlaubnis, ist nach Art. 1, § 16 (1) AÜG eine Ordnungswidrigkeit sowohl des Verleihers (Nr. 1) als auch des Entleihers (Nr. 1 a).

Art. 1 § 16 (1) Nr. 1 b AÜG behandelt Verstöße gegen das generelle Überlassungsverbot im Baugewerbe (Art. 1, § 1 b Satz 1) ebenfalls als Ordnungswidrigkeiten.

In beiden Fällen können Geldbußen bis zu maximal 50.000 DM verhängt werden. **Zusätzlich** kann der wirtschaftliche Vorteil der Ordnungswidrigkeit – der wirtschaftliche Vorteil der verbotenen Arbeitnehmerüberlassung – im Wege der Verfassungsanordnung vollständig abgeschöpft werden (sog. Verfall i. S.v. § 19 OwiG).

456 Im Falle einer illegalen Arbeitnehmerüberlassung z. B. grundsätzlich wegen Fehlens der Verleiherlaubnis des **Verleihers** gilt ein Arbeitsverhältnis mit allen Konsequenzen – z. B. Kündigungsschutz – zwischen dem Leiharbeitnehmer und dem **Entleiher** als zustande gekommen (§§ 9 und 10 AÜG). Im Falle eines solchen „**fiktiven Arbeitsverhältnisses**" treffen den Entleiher alle Arbeitgeberpflichten gegenüber dem Leiharbeitnehmer: Lohn, Lohnnebenkosten, Sozialabgaben usw.

IV. Abgrenzung zwischen Werkvertrag und Arbeitnehmerüberlassung

457 Die Arbeitnehmerüberlassung ist insbesondere vom Werkvertrag zu unterscheiden. Den Werkvertragsvorschriften des Bürgerlichen Gesetzbuches und der ständigen Rechtsprechung des Bundesarbeitsgerichtes sind die Maßstäbe für die Abgrenzung zwischen Werkvertrag und Arbeitnehmerüberlassung zu entnehmen.[37] Hiernach sprechen **gegen** das Vorliegen von Arbeitnehmerüberlassung folgende Kriterien:

---

36 *Biedermann/Möller*, a. a. O., S. 82 ff.
37 BAG, AP Nr. 2 zu § 1 AÜG; BAG NJW 1984, 2912 m.w.N.

- Vereinbarung und Erstellung einer genau beschriebenen Werkleistung, deren Ergebnis dem Werkunternehmer zugeordnet werden kann.
- Unternehmerische Dispositionsfreiheit des Werkunternehmers gegenüber dem Besteller. Hierzu gehören insbesondere:
- Entscheidung über Auswahl der eingesetzten Arbeitnehmer (Zahl, Qualifikation und Personal),
- Ausbildung und Einarbeitung,
- Regelung der Arbeitszeit und Anordnung von Überstunden,
- Gewährung von Urlaub und Freizeit,
- Überwachung der Ordnungsmäßigkeit der Arbeitsabläufe.
- Weisungsrecht des Werkunternehmers gegenüber seinen im Betrieb des Bestellers tätigen Arbeitnehmern, wenn das Werk dort zu erstellen ist. Nicht ausgeschlossen ist jedoch, dass der Werkbesteller betriebsspezifische Hinweise oder Anweisungen gibt.
- Außerdem kann der Werkbesteller gegenüber dem Werkunternehmer ein vertraglich ausbedungenes (An-)Weisungsrecht haben (vgl. § 645 BGB). Es kann auch gegenüber dem entsandten Erfüllungsgehilfen (Repräsentanten) des Werkunternehmers bestehen. Sein Umfang ist auf projektbezogene Ausführungsanweisungen und damit gegenständlich auf die Herstellung des jeweils geschuldeten Werkes, also auf das Arbeitsergebnis (auch Sachfortschrittskontrolle) beschränkt.
- Tragen des Unternehmerrisikos insbesondere der Gewährleistung, durch den Werkunternehmer.
- Erfolgsorientierte Abrechnung der Werkleistung z. B. nach Material und Zeitaufwand, Aufmaß. Dies schließt die Abrechnung nach Stundensätzen in bestimmten Fällen nicht aus, z. B. wenn im Rahmen von Regelungswerken (z. B. VOB, Baupreisverordnung) die Abrechnung nach Stundensätzen zugelassen wird. Insbesondere ist der Stundenlohnvertrag i. S. d. § 5 Nr. 2 VOB/A und § 15 VOB/B als Werkvertrag zu qualifizieren, sofern die vorstehend genannten Voraussetzungen erfüllt sind.

Es ist eine auf jeden Einzelfall anwendbare schematische Abgrenzung zwischen Arbeitnehmerüberlassung und Werkvertrag nicht möglich.[38] Über die rechtliche Zuordnung eines Vertrages als Arbeitnehmerüberlassungsvertrag oder als Werkvertrag entscheidet der Geschäftsinhalt und nicht die von den Vertragsparteien gewünschte Rechtsfolge oder eine Bezeichnung, die dem tatsächlichen Geschäftsinhalt nicht entspricht. Dieser kann sich sowohl aus den ausdrücklichen Vereinbarungen der Vertragsparteien als auch aus der praktischen Durchführung des Vertrages ergeben, widersprechen sich beide, so ist die tatsächliche Durchführung des Vertrages maßgebend, sofern die auf Seiten der Vertragsparteien zum Vertragsabschluss berechtigten Personen die abweichende Vertragsabwicklung kannten und sie zumindest geduldet haben (BAG, Urt. v. 30.1.1991 – Az: 7 AZR 497/89 –,[39] Urt. v. 31.3.1993 – Az: 7 AZR 338/92 –.[40]

Für alle in diesem Abschnitt beschriebenen Vertragsverhältnisse gilt die neue **verschuldensunabhängige** Durchgriffshaftung jedes gewerblichen Bauauftraggebers – auch bei längeren Nachunternehmerketten – für die Zahlung des Mindestlohnes und die Abführung der Sozialkassenbeiträge für das Urlaubsverfahren durch seine Nachunternehmer. Eine Abgrenzungshilfe gibt das Merkblatt der Bundesanstalt für Arbeit.[41]

Wenn die Prüfer der Ermittlungsbehörden bei ihren Recherchen (Razzien) auf Unstimmigkeiten oder unterschiedliche Aussagen betroffener Arbeitnehmer stoßen, werden sie nach einem bestimmten

---

38 Vgl. *Biedermann/Möller*, a. a. O., S. 85 ff.
39 BB 1991, 2375; NZA 1992, 19.
40 BB 1993, 1880; DB 1993, 2337; NZA 1993, 1078.
41 Merkblatt zur Abgrenzung zwischen Arbeitnehmerüberlassung und Entsendung von Arbeitnehmern im Rahmen von Werk- und selbständigen Dienstverträgen sowie andere Formen drittbezogenen Personaleinsatzes, Bundesanstalt für Arbeit, Nürnberg.

Raster prüfen, ob nun tatsächlich ein Werkvertrag vorliegt oder ein Leiharbeitsvertrag mit den dann eintretenden Konsequenzen.

461 Wie bereits dargestellt, wird bei einem Werkvertrag ein bestimmter Erfolg geschuldet, der in eigener Regie und auf eigenes Risiko des Subunternehmers ausgeführt wird. Bei einer Arbeitnehmerüberlassung hingegen hat das zur Verfügung gestellte Personal in der Regel den Anweisungen des Auftraggebers zu folgen. Es wird also kein Erfolg geschuldet, sondern lediglich die Beschaffung von Arbeitskräften.

Weisen mehrere Indizien auf das Vorliegen eines bloßen Verleihs hin, müssen die Prüfer im Einzelfall entscheiden, ob es sich um einen Werkvertrag oder einen unerlaubten Verleih handelt. Hier wird nochmals darauf hingewiesen, dass nicht die Papierform des Werkvertrages entscheidend ist, sondern die tatsächliche Ausführung vor Ort.

462 Keine Arbeitnehmerüberlassung liegt im Falle **von Überlassung von Maschinen mit Bedienpersonal**, wenn die Personalgestellung als eine vertragliche Nebenleistung im Rahmen eines Kauf,- Miet- oder Leasingvertrages anzusehen ist. In derartigen Fällen liegen sog. gemischte Vertragsverhältnisse vor. Maßgebend für die Rechtsnatur ist der Vertragstyp, der dem Rechtsgeschäft das Gepräge gibt. Dabei ist mit Hilfe wirtschaftlicher Kriterien zu prüfen, ob die Personalgestellung Nebenleistungscharakter hat, mit anderen Worten der wirtschaftliche Wert der Maschinennutzung eindeutig über dem der Personalüberlassung liegt.[42]

V. Werkverträge mit Subunternehmern aus EU-Staaten

463 Beim Abschluss eines Werkvertrages mit Subunternehmern aus der Europäischen Union, muss dieses Vertragswerk von keiner deutschen Behörde überprüft bzw. genehmigt werden. Die einzige Verpflichtung ist, dass der Subunternehmer mit Sitz im Ausland vor Beginn der Werkvertragsarbeiten auf deutschen Baustellen seine Arbeitnehmer nach den Vorschriften des Arbeitnehmer-Entsendegesetzes bei dem jeweiligen Landesarbeitsamt anmeldet.[43] Setzt dieser Subunternehmer Arbeitskräfte ein, die aus den EU/EWR-Staaten kommen, muss dafür keine Arbeitserlaubnis beim Arbeitsamt eingeholt werden.[44]

VI. Werkverträge mit Subunternehmern aus MOE-Staaten

464 Zwischenstaatliche Vereinbarungen mit mittel- und osteuropäischen Staaten ermöglichen den Einsatz von Arbeitnehmern aus diesen Ländern auf der Grundlage von Werkverträgen. Die Vereinbarungen wurden notwendig, weil die Einreise ausländischer Arbeitnehmer seit 1991 durch den gesetzlichen Anwerbestopp geregelt bzw. verboten wurden.

465 Der Subunternehmer muss sich insoweit seinen Werkvertrag beim Arbeitsamt genehmigen lassen, zum anderen muss er Gebühren für die Aufenthaltsgenehmigung des eingesetzten Personals bezahlen.

Für die Zulassung ausländischer Werkvertragsunternehmer aus den mittel- und osteuropäischen Staaten sind je nach Modalität bestimmte Arbeitsämter zuständig:

---

42 Vgl. *Biedermann/Möller*, a. a. O., S. 82; OLG München BB 1997, 1918.
43 § 3 Abs. 1 AEntG.
44 § 284 Abs. 1 S. 2 SGB III.

Nationalität	Arbeitsamt	Landesarbeitsamt
Polen	Duisburg	Nordrhein-Westfalen
Ungarn	Frankfurt	Hessen
Rumänien	Wiesbaden	Hessen
Bulgarien	Ludwigsburg	Baden-Württemberg
Jugoslawien	Stuttgart	Baden-Württemberg
Kroatien	Stuttgart	Baden-Württemberg
Slowenien	Stuttgart	Baden-Württemberg
Bosnien-Herzeg.	Stuttgart	Baden-Württemberg
Mazedonien	Stuttgart	Baden-Württemberg
Türkei	Traustein	Südbayern
CSFR	Deggendorf	Südbayern
Russland	Berlin	Berlin-Brandenburg
Litauen	Berlin	Berlin-Brandenburg
Lettland	Berlin	Berlin-Brandenburg

VII. Problem Scheinfirma

Wenn sich herausstellt, dass der vermeintliche Werkunternehmer eine Scheinfirma ist, im Ausland also keine geschäftliche Aktivität entfaltet und eigentlich nur die tatsächlichen Hintermänner abschirmen soll, drohen folgende Konsequenzen: 466
- Der Werkvertrag ist unwirksam, weil die Scheinfirma als nicht rechtsfähiges Gebilde aus Sicht der Behörden kein Vertragspartner sein kann.
- Die Nichtigkeit führt dazu, dass eine illegale Arbeitnehmerüberlassung vorliegt.

1. Maßnahmekatalog zur Abgrenzung von Scheinfirmen

a) Subunternehmer mit Sitz im Inland

Maßnahme	Begründung
1. Vorlage eines **Identitätsnachweises** (Personalausweis, Reisepass) und Anfertigung einer Kopie; Vorlage und Einbehalt eines beglaubigten aktuellen **Registerauszuges** (Handelsregisterauszug)	Die für das Subunternehmen handelnde Person (Geschäftsführer, Prokurist, Bevollmächtigter) muss eindeutig identifiziert werden und gem. Registerauszug zur Vertretung befugt sein. Es besteht zwar keine Rechtspflicht, Privatpersonen den Ausweis zu zeigen; wer jedoch an einem Auftrag interessiert ist, wird sich identifizieren lassen.
2. **Zahlungen** für erbrachte Subunternehmerleistungen grundsätzlich **durch Überweisung** (kein Bargeld, keine Schecks) auf das Konto des Subunternehmers; Einholung einer Bescheinigung der Empfängerbank über die **Bezeichnung/Identität des Kontos**	Es muss sichergestellt sein, dass das Leistungsentgelt nicht direkt an Dritte fließt.

Maßnahme	Begründung
3. Vorlage und Einbehalt einer inländischen **Auskunft in Steuersachen** (vormals: steuerliche Unbedenklichkeitsbescheinigung) im Original Ggf. Überprüfung der angegebenen Steuernummer beim Finanzamt (Einverständnis des Subunternehmers erforderlich)	Bei Aufnahme der Zusammenarbeit mit dem Subunternehmer muss sichergestellt sein, dass der Subunternehmer steuerlich geführt wird. **Achtung:** Eine Auskunft, die sich nur auf die persönlichen Steuerverhältnisse z. B. des Geschäftsführers der Subunternehmer-GmbH bezieht, reicht nicht aus.
4. Keine Auszahlung der Umsatzsteuer aus der Subunternehmerrechnung bis zum Vorliegen der Bescheinigung zu Ziff. 3; statt dessen **Zahlung der Umsatzsteuer** durch den Hauptunternehmer auf das Steuerkonto des Subunternehmers bei dessen Finanzamt.	Mit diesem Quasi-Abzugsverfahren soll sichergestellt werden, dass das Finanzamt die Steuer erhält, die anschließend als Vorsteuer geltend gemacht wird. Bei Neuanmeldungen besteht die Möglichkeit, sich eine vorläufige Steuernummer geben zu lassen.
5. Ggf. Vorlage und Einbehalt folgender **weiterer Unterlagen:** – Gewerbeanmeldung – Nachweis über die Eintragung in die Handwerksrolle/Bescheinigung der Industrie- und Handwerkskammer – Unbedenklichkeitsbescheinigung der Krankenkasse – Unbedenklichkeitsbescheinigung der Berufsgenossenschaft.	Durch die Einbehaltung dieser Unterlagen kann im nachhinein dokumentiert werden, dass die Auswahl des Subunternehmers mit größtmöglicher Sorgfalt erfolgt ist. Ausreichende Sicherheit gegenüber der Finanzverwaltung und in einem finanzgerichtlichen Verfahren gewähren diese Unterlagen jedoch nicht.

b) Subunternehmer mit Sitz im Ausland

Maßnahme	Begründung
1. Vorlage eines **Identitätsnachweises** (Reisepass) und Anfertigung einer Kopie; Vorlage und Einbehalt eines beglaubigten aktuellen **Registerauszuges** nebst beglaubigter Übersetzung	Die Existenz des ausländischen Subunternehmers muss durch die Bescheinigung einer ausländischen Registerbehörde, hilfsweise durch ein Ersatzdokument der Kammer oder Berufsverbände, nachgewiesen werden. Die Bescheinigung muss Angaben über die handelnde Person enthalten, deren persönliche Identität wiederum durch Pass etc. kontrolliert werden muss.

Maßnahme	Begründung
2. **Zahlungen** für erbrachte Subunternehmerleistungen grundsätzlich **durch Überweisung** (kein Bargeld, keine Schecks) Einholung einer Bescheinigung der Empfängerbank über die **Bezeichnung/ Identität des Kontos**	Es muss sichergestellt sein, dass das Leistungsentgelt nicht direkt an Dritte fließt.
3. Vorlage und Einbehalt einer ausländischen **Auskunft in Steuersachen** im Original – Für Unternehmen **aus EU-Ländern** Vorlage einer entsprechenden Umsatzsteuer-ID-Nummer und Überprüfung. – Für Unternehmen aus **Drittländern** Vorlage einer entsprechenden Bescheinigung der ausländischen Finanzverwaltung.	Bei Aufnahme der Zusammenarbeit mit dem Subunternehmer muss sichergestellt sein, dass der Subunternehmer im Ausland steuerlich geführt wird. Eine Auskunft, die sich nur auf die persönlichen Steuerverhältnisse z. B. des Geschäftsführers der Subunternehmer-GmbH bezieht, reicht nicht aus.
4. Anwendung der **Nullregelung** oder eines **Abzugsverfahrens**. Bei Sitz des Unternehmens in einem **Niedrigsteuerland** (z. B. Schweiz) Konsulation der Steuerabteilung bzw. des Steuerberaters.	Die Nullregelung ist im Hinblick auf das BFH-Urt. v. 11.12.1997, V R 28/97, dem Abzugsverfahren vorzuziehen.

Von einem Subunternehmervertrag kann nur dann ausgegangen werden, wenn es sich bei der erbrachten Leistung um eine abgrenzbare Werkleistung gegenüber derjenigen des Generalunternehmers handelt. Der vorstehende Maßnahmekatalog wurde zwischen dem Verband der Bauindustrie für Niedersachsen[45] und der Niedersächsischen Finanzverwaltung erarbeitet. Der Maßnahmekatalog wurde auch der Arbeitsverwaltung zugeleitet. Der Maßnahmekatalog kann keine Unbedenklichkeitsbescheinigung ersetzen, möglicherweise jedoch für erhöhte Rechtssicherheit sorgen.

Hinzuweisen ist noch darauf, dass im Falle des Vorliegens einer Scheinfirma steuerrechtliche Konsequenzen entstehen.

2. Merkmale, die für eine Scheinfirma sprechen können[46]

- Der Gründungsstaat des ausländischen Anbieters ist eine Steueroase (kaum nennenswerte Steuerbelastungen)
- Die Firma hat im Ausland keine eigenen Geschäftsräume (c/o Adressen).
- Der ausländische Werkvertragsunternehmer wird in seinem Gründungsstaat nicht tätig (ausländische Bilanzen einsehen).

---

45 Eichstraße 19, 30161 Hannover.
46 Vgl. Köster, *Der ausländische Subunternehmer, Teil 1, Scheinfirmen*, 2000, S. 16 ff.

- Im Ausland beschäftigt die Firma kein eigenes Personal.
- Der Geschäftsführer ist branchenfremd (nur Strohmann).
- Die Firma hat ein unüblich niedriges Stammkapital.

M. Arbeitsschutz

468 Da die Unfallhäufigkeit auf Baustellen in Deutschland immer noch mehr als doppelt so hoch wie im Durchschnitt der gewerblichen Wirtschaft ist und auch die Schwere der Unfälle vor dem Hintergrund der besonderen Baustellenbedingungen erheblicher ist, als im sonstigen Vergleich, spielen die Arbeitsschutzbestimmungen im Baugewerbe eine erhebliche Rolle. Von besonderer Bedeutung ist in diesem Zusammenhang die im Jahr 1998 in Kraft getretene Baustellenverordnung, die insbesondere mit den neuen Instrumenten Vorankündigung, Sicherheits- und Gesundheitsschutzplan und Koordinierung die Voraussetzung für eine Verbesserung von Sicherheit und Gesundheitsschutz der Beschäftigten auf Baustellen schaffen soll. Die Baustellenverordnung ist im Zusammenhang mit den sonstigen Bestimmungen des Arbeitsschutzgesetzes anzuwenden.[47]

469 Die Verordnung über Sicherheit und Gesundheitsschutz auf Baustellen gem. Richtlinie 92–57 EWG ist seit 1.7.1998 in Kraft und wurde auf Grund des § 19 des Arbeitsschutzgesetzes (ArbSchG) von der Bundesregierung erlassen. Aus der Verknüpfung der Baustellenverordnung mit dem Arbeitsschutzgesetz folgt auch, dass die Überwachung der Einhaltung der Vorschriften nach der Baustellenverordnung grundsätzlich den staatlichen Arbeitsschutzbehörden obliegt. Die regionale Überwachung liegt also bei den je nach Bundesland „Amt für Arbeitsschutz" oder „Gewerbeaufsichtsamt" genannten Behörden.

Ziel der Verordnung ist es, durch besondere Maßnahmen zu einer wesentlichen Verbesserung von Sicherheit und Gesundheitsschutz der Beschäftigten auf Baustellen beizutragen.

470 Die Baustellenverordnung sieht insbesondere die Stellung sog. Sicherheits- und Gesundheitsschutzkoordinatoren (SiGe-Koordinatoren) als Baukoordinatoren auf den Baustellen vor, auf denen mehrere Unternehmen gleichzeitig tätig sind. Zuständig für die Bestellung ist der Bauherr. Die Koordinatoren sollen in der Planungsphase einen Sicherheits- und Gesundheitsschutzplan ausarbeiten und bei der Ausführung des Bauvorhabens die Einhaltung der Arbeitsschutzvorschriften überwachen und die Tätigkeiten der einzelnen Unternehmen auf der Baustelle zwecks Vermeidung von Arbeitsunfällen koordinieren.

471 Für jede Baustelle bei der die voraussichtliche Dauer der Arbeiten mehr als 30 Arbeitstage beträgt und auf der mehr als 20 Beschäftigte gleichzeitig tätig werden oder der Umfang der Arbeiten voraussichtlich 500 Personentage überschreitet, ist der zuständigen Behörde spätestens 2 Wochen vor Einrichtung der Baustelle eine **Vorankündigung** zu übermitteln, in der auch der Baukoordinator zu benennen ist.

472 Ist für eine Baustelle, auf der Beschäftigte mehrerer Arbeitgeber tätig werden, eine Vorankündigung zu übermitteln, oder werden auf einer Baustelle, auf der mehrere Arbeitgeber tätig werden besonders gefährliche Arbeiten ausgeführt, so ist dafür zu sorgen, dass vor Einrichtung der Baustelle ein Sicherheits- und Gesundheitsschutzplan erstellt wird. Besonders gefährliche Arbeiten i. S.d. Baustellenverordnung sind nach dem gemeinsamen Standpunkt einer Arbeitsgruppe zur Baustellenverordnung:
- Arbeiten, bei denen die Beschäftigten der Gefahr des Versinkens, des Verschüttetwerdens in Baugruben oder in Gräben mit einer Tiefe von mehr als 5 Metern oder des Absturzes aus einer Höhe von mehr als 7 Metern ausgesetzt sind,

---

[47] *Biedermann/Möller*, Aushangpflichtige Arbeitsschutzgesetze Bau 2000, S. 129.

- Arbeiten, bei denen die Beschäftigten explosionsgefährlichen, hochentzündlichen, krebserzeugenden (Kategorie 1 oder 2), erbgutverändernden, fortpflanzungsgefährdenden oder sehr giftigen Stoffen und Zubereitungen i. S.d. Gefahrstoffverordnung oder biologischen Arbeitsstoffen der Risikogruppen 3 und 4 i. S.d. Richtlinie 90–679-EWG des Rates vom 26.11.1990 über den Schutz der Arbeitnehmer gegen Gefährdung durch biologische Arbeitsstoffe bei der Arbeit ausgesetzt sind,
- Arbeiten mit ionisierenden Strahlungen, die die Festlegung von Kontroll- oder Überwachungsarbeiten i. S.d. Strahlenschutz- sowie i. S.d. Röntgenverordnung erfordern,
- Arbeiten in einem geringeren Abstand als 5 Meter von Hochspannungsleitungen,
- Arbeiten, bei denen die unmittelbare Gefahr des Ertrinkens besteht,
- Brunnenbau, unterirdische Erdarbeiten und Tunnelbau,
- Arbeiten mit Tauchgeräten,
- Arbeiten in einer Druckluftkammer,
- Arbeiten, bei denen Sprengstoff oder Sprengschnüre eingesetzt werden,
- Aufbau oder Abbau von Massivbauelementen, mit mehr als 10 t Einzelgewicht.

Im Sicherheits- und Gesundheitsschutzplan sind die notwendigen Einrichtungen und Maßnahmen zur Erfüllung der Arbeitsschutzbestimmungen zeitlich und in ihrer Ausführung darzustellen.

§ 12 Internationales Privatrecht am Bau

Prof. Dr. Gerhard Ring

Literatur

Kommentierungen zu Art. 27 bis 30 EGBGB in: **Münchener Kommentar, Staudinger, Soergel, Palandt** sowie **Erman**.

Im Einzelnen zu **Werk-, Bau- und Anlagenverträgen**:
Aicher-Korinek, Rechtsfragen des nationalen und internationalen Industrieanlagenbaus, 1991; **Böckstiegel** (Hrsg.), Vertragsgestaltung und Streiterledigung in der Bauindustrie und im Anlagenbau, 1984; **Dünnweber**, Vertrag zur Errichtung einer schlüsselfertigen Industrieanlage im internationalen Wirtschaftsverkehr, 1984; **Nicklisch** (Hrsg.), Bau- und Anlagenverträge, 1984; **ders.** (Hrsg.), Leistungsstörungen bei Bau- und Anlagenverträgen, 1985; **ders.** (Hrsg.), Der Subunternehmer bei Bau- und Anlagenverträgen im In- und Auslandsgeschäft, 1986; **Schrödermeier**, Sonderprivatrecht für internationale Wirtschaftsverträge, 1989.

Im Einzelnen zum **Internationalen Arbeitsrecht**:
Banck, Zur rechtlichen Lage ausländischer Arbeitnehmer, 3. Aufl. 1987; **Becker-Braasch**, Recht der ausländischen Arbeitnehmer, 3. Aufl. 1986; **Eser**, Das Arbeitsverhältnis in Multinationalen Unternehmen, 1996; **Gutmann** (Hrsg.), Arbeiten im Ausland, 1994; **Heilmann**, Das Arbeitsvertragsstatut, 1991; **Köbele** (Hersg.), Europäische Union – Arbeitnehmerentsendung im Baugewerbe, 1994; **Krause**, Beschäftigung von ausländischen Arbeitnehmern, 3. Aufl. 1995; **Krebber**, Internationales Privatrecht des Kündigungsschutzes bei Arbeitsverhältnissen, 1997; **Kronke**, Rechtstatsachen, kollisionsrechtliche Methodenentfaltung und Arbeitnehmerschutz im internationalen Arbeitsrecht, 1980; **Oberklus**, Die rechtlichen Beziehungen des zu einem Tochterunternehmen im Ausland entsandten Mitarbeiters zum Stammunternehmen, 1991; **Schlunck**, Die Grenzen der Privatautonomie im internationalen Arbeitsrecht, 1990.

Im Einzelnen zum **Europäischen Arbeitsrecht**:
Münchener Handbuch zum Arbeitsrecht/**Birk**, Das Arbeitsrecht der Europäischen Gemeinschaft, Bd. 1, § 18, 2. Aufl. 2000; **Egger**, Das Arbeits- und Sozialrecht der EG, 1993; **Eichenhofer** in: Dauses (Hrsg.), Handbuch des EG-Wirtschaftsrechts, 1993, D III Arbeitsrecht; **Krimphove**, Europäisches Arbeitsrecht, 1996.

Inhalt

A. Grundsatz der freien Rechtswahl	2
B. Das mangels Rechtswahl anzuwendende Recht	3
C. Insbesondere: Bauvertragsrecht	4
I. Werkverträge	4
II. Bauverträge	5
III. Subunternehmerverträge	6
IV. Anlagenbauverträge	7
V. Formularbedingungen	8
D. Exkurs: Internationales Arbeitsrecht	9
I. Anknüpfungspunkt	10
II. Das Arbeitnehmer-Entsendegesetz	12

Die Normen des Internationalen Privatrechts (IPR) entscheiden die Frage, welches nationale Recht bei grenzüberschreitenden Sachverhalten zur Abwicklung und Entscheidung eines Einzelfalls anzuwenden ist, sofern die Regelungsmaterie keinem zwischenstaatlichen Vertrag oder Abkommen unterworfen ist. Das deutsche IPR als Teil der nationalen Rechtsordnung ist in den Art. 3 bis 46 des Einführungsgesetzes zum Bürgerlichen Gesetzbuch (EGBGB) i.d.F. der Bekanntmachung vom 21.9.1994[1] geregelt.[2]

Nachstehend sollen zunächst die Grundzüge des IPR (Schuldrecht), mithin der Grundsatz der freien Rechtswahl (nachstehende Rn 2) skizziert sowie ein Überblick über das mangels Rechtswahl anzuwendende Recht (Rn 3) gegeben werden. Dem schließt sich eine Kurzdarstellung des einschlägigen

---

[1] BGBl I, 2494, ber. 1997 I, 1061 – Neubekanntmachung des EGBGB vom 18.8.1896 (RGBl, 604) in der ab 1.10.1994 geltenden Fassung.

[2] Zuletzt geändert durch Art. 2 des Gesetzes zur Beschleunigung fälliger Zahlungen vom 30.3.2000 (BGBl I, 330) und Art. 2 Abs. 2 des Gesetzes über Fernabsatzverträge und andere Fragen des Verbraucherrechts sowie zur Umstellung von Vorschriften auf Euro vom 27.6.2000 (BGBl I, 897).

Bauvertragsrechts aus international-privatrechtlicher Sichtweise an (Rn 4 ff.), bevor im Rahmen eines kurzen Exkurses noch das Internationale Arbeitsrecht gestreift werden soll (Rn 9 ff.).

A. Grundsatz der freien Rechtswahl

2   Art. 27 EGBGB statuiert den **Grundsatz der freien Rechtswahl**. Danach unterliegt ein Vertrag dem von den Parteien gewählten Recht. Die Rechtswahl muss ausdrücklich sein oder sich mit hinreichender Sicherheit aus den Bestimmungen des Vertrags oder aus den Umständen des Falles ergeben (Art. 27 Abs. 1 EGBGB).

Eine **Änderung der** einmal getroffenen **Rechtswahl** ist statthaft. Die Vertragsparteien können gemäß Art. 27 Abs. 2 EGBGB jederzeit vereinbaren, dass der Vertrag einem anderen Recht unterliegen soll als dem, das zuvor aufgrund einer früheren Rechtswahl oder aufgrund anderer Vorschriften des Unterabschnitts „Vertragliche Schuldverhältnisse" (Art. 27 bis 37 EGBGB) für ihn maßgebend war. Die Formgültigkeit des Vertrags nach Art. 11 EGBGB und Rechte Dritter werden durch eine Änderung der Bestimmung des anzuwendenden Rechts nach Vertragsabschluss nicht berührt.

Hinsichtlich **zwingender Vorschriften** gilt folgendes: Ist der sonstige Sachverhalt im Zeitpunkt der Rechtswahl nur mit einem Staat verbunden, so kann nach Art. 27 Abs. 3 EGBGB die Wahl des Rechts eines anderen Staates – auch wenn sie durch die Vereinbarung der Zuständigkeit eines Gerichts eines anderen Staates ergänzt ist – die Bestimmungen nicht berühren, von denen nach dem Recht jenes Staates durch Vertrag nicht abgewichen werden kann.

B. Das mangels Rechtswahl anzuwendende Recht

3   Art. 28 EGBGB bestimmt das mangels Rechtswahl anzuwendende Recht. Danach gilt folgendes: Soweit das auf den Vertrag anzuwendende Recht **nicht** nach Art. 27 EGBGB vereinbart worden ist, unterliegt der Vertrag gemäß Art. 28 Abs. 1 EGBGB dem Recht des Staates, mit dem er die **engsten Verbindungen** aufweist. Lässt sich jedoch ein Teil des Vertrages von dem Rest des Vertrages trennen und weist dieser Teil eine engere Verbindung mit einem anderen Staat auf, so kann auf ihn ausnahmsweise das Recht dieses anderen Staates angewendet werden.

Hinsichtlich der „engsten Verbindungen" stellt Art. 28 Abs. 2 EGBGB eine **Vermutungsregel** auf: Danach wird vermutet, dass ein Vertrag die engsten Verbindungen mit dem Staat aufweist, in dem die Partei, welche die charakteristische Leistung zu erbringen hat, im Zeitpunkt des Vertragsabschlusses ihren **gewöhnlichen Aufenthalt** oder, wenn es sich um eine Gesellschaft, einen Verein oder eine juristische Person handelt, ihre **Hauptverwaltung** hat. Ist der Vertrag jedoch in Ausübung einer beruflichen oder gewerblichen Tätigkeit dieser Partei geschlossen worden, so wird vermutet, dass er die engsten Verbindungen zu dem Staat aufweist, in dem sich deren Hauptniederlassung befindet oder in dem, wenn die Leistung nach dem Vertrag von einer anderen als der Hauptniederlassung zu erbringen ist, sich die andere Niederlassung befindet. Diese Vorgaben finden keine Anwendung, wenn sich die charakteristische Leistung nicht bestimmen lässt.

Soweit der Vertrag ein **dingliches Recht** an einem Grundstück oder ein **Recht zur Nutzung eines Grundstücks** zum Gegenstand hat, wird nach Art. 28 Abs. 3 EGBGB vermutet, dass er die „engsten Verbindungen" zu dem Staat aufweist, in dem das Grundstück belegen ist.

Die Vermutungen der Abs. 2 und 3 des Art. 28 EGBGB gelten nach dessen Abs. 5 dann nicht, wenn sich aus der Gesamtheit der Umstände ergibt, dass der Vertrag engere Verbindungen mit einem anderen Staat aufweist.

C. Insbesondere: Bauvertragsrecht

I. Werkverträge

Hinsichtlich Werkverträgen gilt bei fehlender Rechtswahl (und soweit Art. 28 Abs. 5 EGBGB nicht zur Anwendung gelangt) das Recht am
- gewöhnlichen Aufenthalt bzw.
- Niederlassungsort

des Werkunternehmers (da dieser die charakteristische Leistung erbringt)[3] – bspw. Verträge mit Architekten[4] und solche für Bauarbeiten. Allerdings unterliegen Verträge des Werkunternehmers mit Dritten ihrem eigenen Recht.[5] Da die (Hand-)Werk(s)leistung auch eine Dienstleistung sein kann, ist für den Verbrauchervertrag zudem Art. 29 EGBGB zu berücksichtigen.[6] *Martiny*[7] ist der Auffassung, dass die Honorarordnung für Architekten und Ingenieure (HOAI) nur dann zur Anwendung gelangen kann, wenn Vertragsstatut deutsches Recht ist.[8]

II. Bauverträge

Die Regelvermutung des Art. 28 Abs. 2 EGBGB (vorstehende Rn 3) gilt gleichermaßen auch für internationale Bauverträge.[9] Danach ist das Recht des Staates anzuwenden, in welchem die Partei ihren Sitz hat, welche die charakteristische Leistung des Vertrags zu erbringen hat. Der Bau- als Werkvertrag wird wie bspw. der Dienstvertrag[10] nicht durch die Geldleistung des Auftraggebers, sondern durch die Leistung des Auftragnehmers charakterisiert. Das führt regelmäßig zum Recht des Ortes der Niederlassung des Werkunternehmers. Die Baustelle ist für sich genommen kein hinreichender Umstand, der abweichend von der Vermutung des Art. 28 Abs. 2 EGBGB eine engere Verbindung im Sinne des Art. 28 Abs. 5 EGBGB begründen könnte.[11] Der Erfüllungsort der Werklohnforderung ist nach deutschem Recht, wenn die Parteien keine Erfüllungsortvereinbarung getroffen haben, der Ort des Bauwerks.[12]

Allerdings besteht die Möglichkeit, dass aus einer Vereinbarung der VOB auf eine Rechtswahl im Sinne von Art. 27 Abs. 1 S. 2 EGBGB geschlossen wird,[13] mithin auf eine stillschweigende Wahl deutschen Rechts.

Regelt der Vertrag die Errichtung eines Werks (z.B. einer Industrieanlage) auf einem Grundstück, finden (mangels Parteiabrede) die Werkvertragsvorschriften der lex rei sitae keine Anwendung. Hier

---

3 OLG Schleswig NJW-RR 1993, 314 = IPRax 1993, 95; OLG Nürnberg CR 1993, 553; LG Berlin IPRax 1996, 416; LG Köln RIW 1979, 128; AG Mainz IPRax 1983, 299 – LS; LG Kaiserslautern NJW 1988, 652 = IPRax 1987, 368; v. BAR, Internationales Privatrecht, Bd. 2, Rn 496; MüKomm-*Martiny*, Art. 28 EGBGB Rn 139; *Soergel-v. Hoffmann*, Art. 28 EGBGB Rn 204.
4 LG Kaiserslautern NJW 1988, 652 = IPRax 1987, 368.
5 MüKomm-*Martiny*, Art. 28 EGGBG Rn 139.
6 *Soergel-v. Hoffmann*, Art. 28 EGBGB Rn 214.
7 In MüKomm, Art. 28 EGBGB Rn 139.
8 A.A. *Wenner*, Internationale Architektenverträge, insbesondere das Verhältnis Schuldstatut – HOAI, BauR 1993, 257 (263 ff.): Die HOAI stelle zwingendes Preisrecht dar.
9 BGB NJW 1999, 2442; *Soergel-v. Hoffmann*, Art. 28 EGBGB Rn 209.
10 BGHZ 128, 41 (48).
11 BGB NJW 1999, 2442 (2443) unter Bezugnahme auf MüKomm-*Martiny*, Internationales Privatrecht, 3. Aufl. Rn 141 f.; *Thode/Wenner*, Internationales Architekten- und Bauvertragsrecht, Rn 280 ff.; *Schröder/Wenner*, Internationales Vertragsrecht, 2. Aufl., Rn 408 f.
12 BGH NJW 1986, 935.
13 *Nicklisch*, Internationale Zuständigkeit bei vereinbarten Standardvertragsbedingungen (VOB/B), IPRax 1987, 286 (287); BGHZ 94, 156: § 18 Nr. 1 VOB/B als Regelung der örtlichen (nicht der internationalen) Zuständigkeit.

geht die „charakteristische Leistung" nach Art. 28 Abs. 2 EGBGB vor.[14] Art. 28 Abs. 3 EGBGB gelangt nicht zur Anwendung, weil allein die schuldrechtlichen Fragestellungen der Werkleistung in Rede stehen.

III. Subunternehmerverträge

6 Auch hinsichtlich des Subunternehmervertrags ist die Regelanknüpfung nach Art. 28 Abs. 2 EGBGB maßgeblich – es sei denn, durch
- Rechtswahl bzw.
- Art. 28 Abs. 5 EGBGB

untersteht der Subunternehmervertrag dem Recht des Hauptunternehmervertrags.[15] Ist keine Rechtswahl getroffen, unterfällt der Vertrag gemäß Art. 28 Abs. 2 EGBGB dem Recht am Niederlassungsort des Subunternehmers. Art. 28 Abs. 3 EGBGB findet keine Anwendung.[16]

IV. Anlagenbauverträge

7 Auf Anlagenbauverträge, d.h. Verträge über die Errichtung von Bau-, Industrie- oder vergleichbaren komplexen Anlagen (ggf. sogar schlüsselfertig, d.h. einschließlich Entwurf und Inbetriebnahme) findet Art. 28 Abs. 2 EGBGB hingegen keine Anwendung, da die Regelanknüpfung nicht passt.[17] Der Schwerpunkt der Anknüpfung liegt nämlich bei entsprechenden Verträgen nicht am Ort der Hauptniederlassung des Auftragnehmers, sondern am **Errichtungsort**.[18]

In der **Praxis** wird die Anknüpfungsproblematik jedoch regelmäßig durch eine ausdrückliche Rechtswahl der Parteien (Art. 27 Abs. 1 EGBGB) gelöst.[19]

V. Formularbedingungen

8 Im Übrigen sind die vom Baugewerbe aufgestellten Internationalen Vertragsformularbedingungen für Ingenieurarbeiten[20] zu berücksichtigen (FIDIC-Conditions).[21]

---

14 MüKomm-*Martiny*, Art. 28 EGBGB Rn 141; *Soergel-v. Hoffmann*; Art. 28 EGBGB Rn 212.

15 In diesem Sinne *Erman-Hohloch*, Art. 28 EGBGB Rn 39; *Vetter*, Akzessorische Anknüpfung von Subunternehmerverträgen bei internationalen Bau- und Industrieanlagen-Projekten?, NJW 1987, 2124; a.A. *Jayme*, Subunternehmervertrag und Europäisches Gerichtsstands- und Vollstreckungsübereinkommen (EuGVÜ), in: FS für *Pleyer*, 1986, S. 371 (377), der für eine akzessorische Anknüpfung nach Maßgabe des Statuts des Hauptvertrags plädiert; a.A. auch MüKomm-*Martiny*, Art. 28 EGBGB Rn 140.

16 MüKomm-*Martiny*, Art. 28 EGBGB Rn 140.

17 So *Erman-Hohloch*, vorstehende Fn 15, a. a. O.

18 *Reethmann/Martiny*, Internationales Vertragsrecht, Rn 493.

19 Dazu näher *Goedel*, Die FIDIC-Bauvertragsbedingungen im internationalen Baurecht, RIW 1982, 81; *ders.*, Aspekte der Streiterledigung bei internationalen Bauverträgen und das Arbitral-Referee-Verfahren, in: *Böckstiegel* (Hrsg.), Vertragsgestaltung und Streiterledigung in der Bauindustrie und im Anlagenbau, 1984; *Wiegand*, RIW 1981, 738.

20 Dazu näher *Goedel*, Die FIDIC-Bauvertragsbedingungen im internationalen Bauvertragsrecht, RIW 1982, 81; *ders.*, Aspekte der Streiterledigung bei internationalen Bauverträgen und das Arbitral-Referee-Verfahren, in: *Böckstiegel* (Hrsg.), Vertragsgestaltung und Streiterledigung in der Bauindustrie und im Anlagenbau, 1984, S. 33.

21 Conditions of Contract (International) for Works of Civil Engineering Constructions. Dazu näher *Nicklisch*, Aktuelle Entwicklungen der internationalen Schiedsgerichtsbarkeit für Bau-, Anlagen- und Konsortialverträge, BB 2001, 789 – FIDC, Conditions of Contract for Construction for Building and Engineering Works Designed by the Employer, First. Ed. 1999 („Red Book"); FIDC, Conditions of Contract for Plant and Design-Build for Electrical and Mechanical Plant, and for Building and Engineering Works Designed by the Contractor, First. Ed. 1999 („Yellow Book"); FIDC, Conditions of Contract for EPC/Turnkey Projects, First. Ed. 1999 („Silver Book").

D. Exkurs: Internationales Arbeitsrecht

Das Internationale Arbeitsrecht als nationales deutsches Recht ist ein Aspekt des deutschen IPR. Es beantwortet die Frage, welche nationale arbeitsrechtliche Regelung auf Fälle mit Auslandsberührung Anwendung findet.[22] Kollisionsnormen regeln – ohne materielle Sachregelung – welches Recht überhaupt im konkret zu beurteilenden Anwendungsfall zur Lösung einer arbeitsrechtlichen Problematik zur Anwendung gelangt.

I. Anknüpfungspunkt

Anknüpfungspunkt für das anwendbare materielle Recht ist nach Art. 27 Abs. 1 EGBGB (dazu bereits Rn 2) primär die Parteivereinbarung (Grundsatz der Vertragsfreiheit – freie Rechtswahl): Der Vertrag unterliegt dem von den Parteien gewählten Recht. Die Rechtswahl muss ausdrücklich sein oder sich mit hinreichender Sicherheit aus den Bestimmungen des Vertrages oder aus den Umständen des Falles ergeben. Die Parteien können die Rechtswahl für den ganzen Arbeitsvertrag oder nur für einen Teil desselben treffen. Der Grundsatz der freien Rechtswahl findet seine Grenzen allein am
- ordre public (Art. 6 EGBGB), an
- zwingenden Arbeitnehmerschutzvorschriften des ohne Rechtswahl maßgeblichen Rechts (Art. 30 Abs. 1 EGBGB). Danach darf bei Arbeitsverträgen und Arbeitsverhältnissen die Rechtswahl der Parteien nicht dazu führen, dass dem Arbeitnehmer der Schutz entzogen wird, der ihm durch die zwingenden Bestimmungen des Rechts gewährt wird, das nach Art. 30 Abs. 2 EGBGB mangels einer Rechtswahl anzuwenden wäre. Sowie an
- zwingenden Vorschriften des nationalen deutschen Rechts (Art. 34 EGBGB).

Fehlt eine **Parteivereinbarung**, gelten als sekundäre Anknüpfungspunkte für die Rechtswahl
- der **gewöhnliche Erfüllungsort** (Art. 30 Abs. 2 Nr. 1 EGBGB). Dies ist der Arbeitsort. Anwendung findet mithin das Recht des Staates, in dem der Arbeitnehmer in Erfüllung des Vertrages gewöhnlich seine Arbeit verrichtet, selbst wenn er vorübergehend in einen anderen Staat entsandt wird. Fehlt ein gewöhnlicher Erfüllungsort, ist
- der **Ort der Niederlassung des Arbeitgebers** (Art. 30 Abs. 2 Nr. 2 EGBGB) maßgeblich. Dann gilt das Recht des Staates, in dem sich die Niederlassung befindet, die den Arbeitnehmer eingestellt hat, sofern dieser seine Arbeit gewöhnlich nicht in ein und demselben Staat verrichtet.

Etwas anderes gilt nur dann, wenn sich aus der Gesamtheit der Umstände ergibt, dass der Arbeitsvertrag oder das Arbeitsverhältnis engere Verbindungen zu einem anderen Staat aufweist. In diesem Fall ist das Recht dieses anderen Staates anzuwenden.

II. Das Arbeitnehmer-Entsendegesetz

Besonderheiten gelten nach Maßgabe des Gesetzes über zwingende Arbeitsbedingungen bei grenzüberschreitenden Dienstleistungen (Arbeitnehmer-Entsendegesetzes) vom 26.2.1996,[23] das zum 1.3.1996 in Kraft getreten ist und auf der Richtlinie 96/71/EG beruht. Danach gilt, dass für allgemeinverbindlich erklärte tarifvertragliche Regelungen über Entgelt und Urlaub auf Arbeitsverhältnisse

---

[22] *Birk*, Die Bedeutung der Privatautonomie im internationalen Arbeitsrecht, RdA 1989, 201; *Däubler*, Wahl des anwendbaren Arbeitsrechts durch Tarifvertrag? NZA 1990, 673; *ders.*, Das neue Internationale Arbeitsrecht, RIW 1987, 249; *Gamillscheg*, Internationales Arbeitsrecht, 1985; *Hickl*, Arbeitsverhältnisse mit Auslandsberührung, NZA 1987, Beilage 1, 10; *ders.*, Die Neuregelung des internationalen Privatrechts aus arbeitsrechtlicher Sicht, NZA 1988, 113; *Junker*, Internationales Arbeitsrecht im Konzern, 1992; *Kraushaar*, Die Auslandsberührungen des deutschen Arbeitsrechts, BB 1989, 2121; *Krebber*, Internationales Privatrecht des Kündigungsschutzes bei Arbeitsverhältnissen, 1997; *Lorenz*, Das objektive Arbeitsstatut und das Gesetz zur Neuregelung des Internationalen Privatrechts, RdA 1989, 220.

[23] BGBl I, 227.

zwischen Arbeitgebern mit Sitz im Ausland und in Deutschland tätigen Arbeitnehmern zwingend anzuwenden sind, auch wenn das Arbeitsverhältnis selbst ausländischem Recht unterliegt.[24]

---

[24] *Gamillscheg*, Kollektives Arbeitsrecht I, S. 490; *Kretz*, Arbeitnehmer-Entsendegesetz, 1996; *Kober/Sahn/Hold*, Arbeitnehmerentsendegesetz, 1997; *Lorenz*, Arbeitnehmer-Entsendegesetz, 1996; *Müller*, Die Entsendung von Arbeitnehmern von der Europäischen Union, 1997; *Plestrminks*, Entsenderegelungen nach nationalem und europäischem Recht, 1998; *Däubler*, Ein Antidumping-Gesetz für die Bauwirtschaft, DB 1995, 726; *Hoppe*, Die Entsendung von Arbeitnehmern ins Ausland, Kollisionsrechtliche Probleme und internationale Zuständigkeit, 1999; *Faist*, Ausland und Inland. Die Beschäftigung von Werkvertragsarbeitnehmern in der Bundesrepublik Deutschland, 1999; *Bichmann*, Dienstleistungsfreiheit und grenzüberschreitende Entsendung von Arbeitnehmern, 1999.

§ 13 Baukalkulation

Dieter Jacob
Christoph Winter
Constanze Stuhr

Inhalt

A. Einleitung	1
B. Wichtige betriebswirtschaftliche Kostenbegriffe	2
I. Einzelkosten – Gemeinkosten	2
II. Zeitvariable – zeitfixe Kosten	3
III. Unternehmensbezogene – projektbezogene Kosten	7
IV. Liquiditätswirksame – nicht liquiditätswirksame Kosten	10
V. Kosten des Kapitals und WACC (Weighted Average Cost of Capital)	11
VI. Risiken und deren kostenrechnerische Bewertung	13
VII. Kostenarten und Verrechnung über Kostenstellen auf Kostenträger	22
VIII. Abgrenzung Aufwand und Kosten	27
C. Übliches deutsches Baukalkulationsschema (Kalkulation über die Angebotssumme) mit ausgewählten Sonderfällen der Kalkulation	29
I. Kalkulation über die Angebotssumme	29
1. Erläuterung der Kalkulationsart	29
2. Kalkulationsbeispiel	31
a) Leistungsverzeichnis	31
b) Ermittlung der Einzelkosten der Teilleistungen	32
c) Berechnung des Mittellohnes	33
d) Ermittlung der Gemeinkosten der Teilleistungen	34
aa) Gerätekosten der Baustelle	35
bb) Zeitvariable Kosten der Baustelle	36
cc) Zeitfixe Kosten der Baustelle (einmalige Kosten)	37
dd) Zusammenstellung	38
e) Ermittlung der Herstellkosten	39
f) Ermittlung des Zuschlagssatzes für allgemeine Geschäftskosten, Wagnis und Gewinn	40
g) Ermittlung der Angebotssumme	40
h) Ermittlung des Kalkulationslohnes	41
i) Berechnung der Einheitspreise	42
j) Berechnung des Angebotspreises	43
II. Ausgewählte Sonderfälle der Kalkulation mit Beispiel	44
1. Änderung des Einheitspreises bei Mehrmengen	44
2. Änderung des Einheitspreises bei Mindermengen	45
3. Beispiel für eine geänderte Leistung aufgrund einer Anordnung des Bauherrn	46
a) Mehrkosten aufgrund der Änderung	48
b) Minderkosten aufgrund der Änderung	49
c) Veränderungen bei den Gemeinkosten der Teilleistungen	50
d) Gesamtmehrkosten	51
4. Beispiel für eine Behinderung aus der Sphäre des Auftraggebers	52
a) Mehrkosten aufgrund der Verlängerung der Bauzeit	54
b) Stillstandskosten der Kolonne	55
c) Gesamtmehrkosten	56
5. Kündigung einer Teilleistung ohne Grund	57
6. Kündigung einer Teilleistung mit wichtigem Grund	58
7. Kalkulationsbeispiel Beschleunigungskosten	59
a) Vertragsinhalt	59
b) Terminvereinbarungen	61
c) Vertraglicher Soll-Bauablauf	62
d) Gewählte Beschleunigungsmaßnahmen	63
e) Ermittlung der Bauzeitverkürzung	66
f) Ermittlung der Beschleunigungskosten	69
g) Zusammenstellung der Beschleunigungskosten	83

D. Weitere im Baubereich angewandte Kalkulationsverfahren	85
I. Kalkulationsschema der Zuschlagskalkulation der stationären Industrie	85
II. Maschinenstundenkalkulation	86
III. Ertragswertverfahren	94
IV. Handelskalkulation	95
V. Sonderfall Auslandsbau	98
E. Die Kalkulation im angelsächsischen Raum	103
I. Einleitung	103
1. Bauverträge und (Vor)-Kalkulation	103
a) Wettbewerbliche Vergabe	104
b) Verhandlungsverfahren	108
c) Vollständigkeit der Planung	112
2. Die baubetriebliche Vorkalkulation	113
II. Die Bedeutung der Kalkulation	115
III. Der Prozess der Angebotserstellung	119
1. Entscheidung zur Angebotsabgabe	120
2. Planung des Kalkulationsprozesses	124
3. Projektanalyse	125
a) Phase 1	126
b) Phase 2	128
4. Kalkulation der direkten und indirekten Kosten der Teilleistungen	129
a) Kalkulation der Einheitskosten	133
b) Maschinenstundenkalkulation	134
c) Positionskostenschätzung	135
5. Abschließende Angebotsberatung	136
a) Vornahme von Korrekturen und Festlegung der Zuschläge	138
b) Cashflow und Preispolitik	145
6. Auspreisen des Leistungsverzeichnisses	151
7. Die Beurteilung des Angebotes durch den Auftraggeber	152
F. Weiterentwicklung des üblichen deutschen Baukalkulationsschemas	154
I. Größere Genauigkeit der Vorkalkulation und Auftrags-Vorauswahl	154
II. Kapitalkosten	156
III. Risikozuschläge	160
IV. Saisonabhängigkeit	161
G. Der Unterschied zwischen Angebots-, Auftrags-, Arbeits-, fortgeschriebener Arbeits- und Nachkalkulation	162
H. Die fortgeschriebene Arbeitskalkulation als Datenlieferant für die verlustfreie Bewertung unfertiger Bauten	166

A. Einleitung[1]

1 Das vorliegende Kapitel über Baukalkulation will zum einen Baukaufleute über eine zeitgemäße Kalkulation informieren, die in das betriebliche Rechnungswesen eingebunden ist. Zum anderen sollen sich Juristen Kenntnisse über die Kalkulation aneignen können, die möglicherweise in einem Bauprozess gebraucht werden. Um beiden Zielsetzungen gerecht zu werden, wurde folgender Kapitelaufbau gewählt:

- In einer Grundlegung werden wichtige Kostenbegriffe der Betriebswirtschaftslehre nach derzeitigem Stand dargestellt (Kapitel B).
- Sodann wird das traditionell angewandte deutsche Baukalkulationsschema in der Form der Kalkulation über die Angebotssumme erläutert. Mit dieser üblichen Methode werden auch die in Bauprozessen benötigten Sonderfälle der Kalkulation bei Mengenabweichungen, geänderten Leistungen, Behinderungen, Kündigungen sowie Beschleunigungsmaßnahmen anhand von Beispielen erörtert (Kapitel C).

---

[1] Für die Durchsicht des Kapitels B sowie wertvolle Anregungen danken wir Frau Prof. Dr. Rogler, Lehrstuhl für Allgemeine BWL, speziell Rechnungswesen und Controlling der TU Bergakademie Freiberg. Für die kritische Durchsicht der Rechenbeispiele in Kapitel C danken wir Herrn Dipl.-Ing. Wolfram Marten, Sachverständiger für Baupreisermittlung und Abrechnung im Hoch- und Ingenieurbau.

- Dem Leser soll nicht vorenthalten werden, dass in einzelnen Bausparten auch andere Kalkulationsverfahren wie das der stationären Industrie (z. B. im Stahlbau), der Maschinenstundenkalkulation (z. B. im Spezialtiefbau), das Ertragswertverfahren (z. B. in der Projektentwicklung) sowie die Handelskalkulation (z. B. bei Generalübernehmern) angewandt werden. Auch im Auslandsbau sind Sonderaspekte der Exportkalkulation zu beachten (Kapitel D).
- Auch die im angelsächsischen Raum übliche Vorgehensweise der primär wettbewerblichen Kalkulation soll einbezogen werden, da diese Denkweise in einem stärker europäischen Baumarkt an Bedeutung gewinnen wird (Kapitel E).
- Aus dieser Denkweise wird abgeleitet, wie sich auch das übliche deutsche Baukalkulationsschema, das seine Wurzeln noch in Baupreisregulierungen wie den LSP[2] hat, in dem jetzt stärker werdenden dynamischen EU-Konkurrenzumfeld weiterentwickeln muss (Kapitel F).
- Weiterhin soll noch der Zusammenhang zwischen den verschiedenen Zeitpunkten der Kalkulation von der Vorkalkulation bis zur Nachkalkulation hergestellt werden. Die Kalkulation sieht sich damit verstärkt in den Regelkreis des gesamten Rechnungswesens eingebettet (Kapitel G).
- Dem Baukaufmann soll abschließend aufgezeigt werden, dass die fortgeschriebene Arbeitskalkulation auch ein ganz wichtiger Datenlieferant für die Bilanzierung ist, nämlich wenn es um die verlustfreie Bewertung unfertiger Bauten im Jahresabschluss geht (Kapitel H).

Großer Wert wurde auf verbale Beschreibungen und Analysen gelegt, die Zahl und Komplexität der Beispiele ist auf das nötige Mindestmaß begrenzt. So soll erreicht werden, dass der Leser nicht durch zu viele Zahlenbeispiele abgelenkt wird und besser erkennen kann, worauf es methodisch ankommt. Mit guter Methodik kann jeder interessierte Leser beliebige Rechenbeispiele sachgerecht nachvollziehen.

B. Wichtige betriebswirtschaftliche Kostenbegriffe

I. Einzelkosten – Gemeinkosten

Für die baubetriebliche Kalkulation ist insbesondere die Unterscheidung der Kosten nach ihrer Zurechenbarkeit von Bedeutung. Demnach wird zwischen Einzel- und Gemeinkosten differenziert. Zu den Einzelkosten gehören diejenigen Kostenarten, die einer Bezugsgröße direkt, also ohne irgendeine Schlüsselung, zugerechnet werden können. Einzelkosten werden also aus der Kostenartenrechnung übernommen und auf die Kostenträger kalkuliert. Eine Verrechnung über die Kostenstellen findet nicht statt. Als Gemeinkosten werden dahingegen diejenigen Kostenarten bezeichnet, die einer Bezugsgröße lediglich indirekt mittels Verrechnungsbasen bzw. Verteilungsschlüsseln zugerechnet werden können. Einen Sonderfall bilden die unechten Gemeinkosten. Sie sind den Leistungen zwar theoretisch direkt zurechenbar, werden aber aus Gründen der Vereinfachung wie Gemeinkosten behandelt. Beispiele können Kleinmaterialien wie Schrauben, Lacke oder Leim sein.[3]

---

[2] Leitsätze für die Preisermittlung auf Grund von Selbstkosten (Anlage zur Verordnung über die Preise bei öffentlichen Aufträgen).

[3] Vgl. *Haberstock*, Einzel- und Gemeinkosten, in: *Busse von Colbe/Pellens* (Hrsg.), Lexikon des Rechnungswesens – Handbuch der Bilanzierung und Prüfung, der Erlös-, Finanz-, Investitions- und Kostenrechnung, 4. überarb. und erw. Aufl. 1998, S. 211 f.

II. Zeitvariable – zeitfixe Kosten

3   Im Zusammenhang mit der Kostenermittlung eines Bauvorhabens ist es notwendig, die voraussichtlich anfallenden Kosten nach ihrem zeitlichen Verhalten zu differenzieren. Während sich einige Kostenarten in Abhängigkeit von der zeitlichen Dauer der Baudurchführung verändern, fallen andere lediglich einmal an und verändern sich nicht bei einer Änderung der Bauzeit. Demzufolge kann eine Einteilung in zeitvariable und zeitfixe Kosten vorgenommen werden. Die Tabellen 1 und 2 enthalten eine Aufstellung über verschiedene zeitvariable und zeitfixe Kostenarten der Baustelle. Eine Unterscheidung der Kosten nach ihrem zeitlichen Verhalten ist ebenfalls im Hinblick auf die Kalkulation von Sonderfällen, also im Falle von Änderungen des Bausolls nach Vertragsabschluss und Störungen des Bauablaufes, erforderlich.

Tabelle 1: Zeitvariable Kosten der Baustelle (In Anlehnung an *Drees/Paul*, Kalkulation von Baupreisen – Hochbau, Tiefbau, Schlüsselfertiges Bauen mit kompletten Berechnungsbeispielen, 6. erw. und aktual. Aufl. 2000, S. 90.)

4

Zeitvariable Kosten	
Vorhaltekosten[4]	■ Geräte ■ besondere Anlagen ■ Baracken, Container, Bauwagen ■ Fahrzeuge ■ Einrichtungsgegenstände, Büroausstattung ■ Rüst-, Schal- und Verbaustoffe, Außen- und Schutzgerüste ■ Sicherungseinrichtungen und Verkehrssignalanlagen
Betriebskosten	■ Geräte ■ besondere Anlagen ■ Baracken, Unterkünfte ■ Fahrzeuge
Kosten der örtlichen Bauleitung (Bauüberwachung und -koordination)[5]	■ Gehälter ■ Telefon, Porto, Büromaterial ■ PKW- und Reisekosten ■ Bewirtung und Werbung
allgemeine Baukosten	■ Hilfslöhne (z. B. für Wachpersonal, Vermessungsgehilfen) ■ Transportkosten zur Versorgung der Baustelle ■ Instandhaltungskosten der Wege, Plätze, Straßen und Zäune ■ Pachten und Mieten (z. B. für Unterkünfte, Büros, Baustelleneinrichtungsgelände)

---

[4] Bei einer längeren Bauzeit muss dem Bauvorhaben ein höherer Anteil an Vorhaltekosten für die eingesetzten Betriebsmittel zugerechnet werden.

[5] Bei einer Bauzeitverlängerung muss die Baustelle mit einem höheren Anteil an Personalkosten belastet werden.

Tabelle 2: Zeitfixe Kosten der Baustelle (In Anlehnung an *Drees/Paul*, a.a.O., S. 90.)

Zeitfixe Kosten	
zeitfixe Kosten der Baustelleneinrichtung	▪ Ladekosten ▪ Frachtkosten ▪ Auf-, Um- und Abbaukosten für Geräte; Baracken, Bauwagen, Container; Wasserversorgung, Energieversorgung, Telefonanschluss; Zufahrten, Wege, Zäune, Lager- und Werkplätze; Gerüste aller Art; Sicherungseinrichtungen und Verkehrssignalanlagen
Kosten der Baustellenausstattung	▪ Hilfsstoffe ▪ Werkzeuge und Kleingeräte ▪ Ausstattung für Büros, Unterkünfte, Sanitäranlagen, soweit nicht unter Vorhaltekosten erfasst
technische Bearbeitung und Kontrolle	▪ konstruktive Bearbeitung ▪ Arbeitsvorbereitung ▪ Baustoffprüfung, Bodenuntersuchung
Bauwagnisse	▪ Sonderwagnisse der Bauausführung, die auf das Bauobjekt beschränkt sind (z. B. Schlechtwetter, Hoch- und Niedrigwasser, knappe Bauzeit und daraus resultierende Terminüberschreitungen und Vertragsstrafen, Anwendung eines neuartigen Bauverfahrens) ▪ Versicherungen, die spezielle Risiken des Bauvorhabens während der Bauausführung abdecken
Sonderkosten	▪ Lizenzgebühren ▪ Arge-Kosten für kaufmännische und technische Federführung ▪ Winterbaumaßnahmen ▪ sonstige einmalige Kosten
Beseitigung der Bauabfälle (Baureststoffe)	▪ Erdaushub, Bauschutt, Baustellenabfälle, Straßenaufbruch ▪ Sonderabfall (z. B. Farb- und Anstrichmittel, Mineralöl)

Im Zusammenhang mit der Kalkulation von Sonderfällen (insbesondere Änderungen des Bausolls), die eine Verminderung des vertraglich vereinbarten Leistungsumfanges bewirken, ist zu prüfen, inwieweit sich die Kosten remanent verhalten. Kostenremanenz bedeutet, dass die Kosten bei einem Rückgang der Beschäftigung langsamer sinken als sie bei einer Beschäftigungszunahme angestiegen sind. Daraus folgt, dass es durchaus Kosten gibt, die kurzfristig nicht abbaubar sind. Ein Beispiel hierfür ist der Einsatz von Spezialbaustoffen, die der Auftragnehmer bereits angeschafft hat, infolge der Minderung des Leistungsumfanges jedoch nicht in vollem Umfang benötigt und auch in absehbarer Zeit bei keinem anderen Bauvorhaben einsetzen kann.

III. Unternehmensbezogene – projektbezogene Kosten

Zu den **unternehmensbezogenen Kosten**, das heißt, den Kosten, die durch die Unternehmenstätigkeit in ihrer Gesamtheit entstehen, gehören bei den Niederlassungen und der Hauptverwaltung insbesondere:
- kurzfristig nicht abbaubare Kosten zur Gewährleistung der Produktionsbereitschaft, z. B. Gehälter und Löhne des Stammpersonals (inklusive der gesetzlichen und tariflichen Sozialkosten), Mietkosten, Abschreibung und Verzinsung auf Gebäude und Betriebsmittel,

- Kosten für Heizung, Beleuchtung, Reinigung, Büromaterial, Telefon, Rechts- und Beratungskosten, Marketingkosten usw.,
- Kosten des Bauhofes, der Werkstatt, des Fuhrparkes,
- Steuern und öffentliche Abgaben,
- Beiträge zu Verbänden,
- Versicherungen, soweit sie nicht einzelne Bauvorhaben betreffen,
- Transaktionskosten (Kosten für Anbahnung, Vereinbarung, Abwicklung, Anpassung und Kontrolle vertraglicher Beziehungen), dazu zählen auch die Kosten für erfolglose Akquisitionsbemühungen,
- unternehmensbezogene Wagniskosten,
- Garantie- und Bürgschaftskosten (Grundgebühr),
- kalkulatorischer Unternehmerlohn.

8 Zu den **projektbezogenen Einzelkosten** gehören insbesondere:
- Kosten für Bau-, Bauhilfs- und Betriebsstoffe,
- Kosten für Fremdarbeiten und Nachunternehmer,
- Lade-, Fracht-, Auf-, Um- und Abbaukosten der Betriebsmittel,
- Transportkosten zur Baustellenversorgung,
- Kosten für Wasser- und Energieversorgung sowie Telefonanschluss,
- Kosten für Herstellung und Instandhaltung von Zufahrten, Wegen, Absperrungen (z. B. Zäune) und Lagerplätze, Kosten für Verkehrssicherung,
- diverse Pacht- und Mietkosten,
- Kosten für Beseitigung von Bauabfällen und -reststoffen,
- projektspezifische Wagniskosten,
- Kosten für projektspezifische Versicherungen,
- Garantie- und Bürgschaftskosten, soweit leistungsabhängig,
- Kosten für witterungsbedingte Maßnahmen,
- Kosten der juristischen Projektsteuerung,
- Kosten der Zwischenfinanzierung des Bauvorhabens, projektbezogene Fremdkapitalkosten,
- sonstige Kosten (z. B. örtliche Werbekosten, Reisekosten, besondere Arge-Kosten).

9 Zu den **projektbezogenen Gemeinkosten**, also den Kosten, die dem Projekt lediglich anteilmäßig zugerechnet werden können, gehören beispielsweise die kalkulatorischen zeitabhängigen Abschreibungen für die Betriebsmittel sowie die Kosten der vorbeugenden Instandhaltung.

IV. Liquiditätswirksame – nicht liquiditätswirksame Kosten

10 Die Unterscheidung von liquiditätswirksamen und nicht liquiditätswirksamen Kosten spielt bei preispolitischen Überlegungen eine gewichtige Rolle. Grundsätzlich sollte der Angebotspreis die liquiditätswirksamen Kosten decken. Bei der Bestimmung der Preisuntergrenze bei Aufrechterhaltung der Liquidität wird auf die Deckung der langfristig ausgabewirksam werdenden Kosten verzichtet.[6] Dazu zählen die Zinsen auf das Eigenkapital sowie die Abschreibungen auf Geräte, Maschinen und Grundstücke. Bei der Berechnung sind ebenfalls notwendige Neuanschaffungen zu berücksichtigen. Die Preisuntergrenze bei Aufrechterhaltung der Liquidität wird wie folgt ermittelt:

---

6 Vgl. z. B. *Speer*, Bauaufträge mit Gewinn – Strategien zur Kalkulation und Preisermittlung für den Bauunternehmer, 1997, S. 157.

Netto-Angebotssumme
./. Wagnis und Gewinn
./. Zinsen auf Eigenkapital
./. Abschreibungen auf Geräte, Maschinen und Grundstücke

= Preisuntergrenze
+ notwendige Neuanschaffungen

= Preisuntergrenze bei Aufrechterhaltung der Liquidität

V. Kosten des Kapitals und WACC (Weighted Average Cost of Capital)[7]

Der Begriff der Kapitalkosten steht in engem Zusammenhang mit den Renditeansprüchen der Kapitalgeber. Es ist unumstritten, dass die Kapitalgeber in Abhängigkeit von den mit der Finanzierung verbundenen Rechten und Pflichten und den Risiken der Investition eine bestimmte Rendite für die Bereitstellung ihres Kapitals fordern. Die Kosten des Kapitals umfassen die Kosten des Fremdkapitals und des Eigenkapitals. Auch die mit der Beschaffung, Bedienung und Tilgung der Mittel verbundenen Transaktionskosten werden einbezogen.

Der WACC ist ein „Ansatz zur Bestimmung des Kalkulationszinsfußes unter Berücksichtigung der Kapitalstruktur". Der Kalkulationszinsfuß „ergibt sich dabei als Summe der mit den jeweiligen Anteilen gewichteten Eigen- bzw. Fremdkapitalkostensätze."[8] In der Praxis wird dieser Ansatz beispielsweise von der Firma Hochtief als Bestandteil eines Kapitalrenditekonzeptes zur Unternehmenssteuerung umgesetzt.[9] Dabei werden der Kapitalrendite (Return on Invested Capital) die Kosten des im Unternehmen gebundenen Kapitals gegenübergestellt, um eine wertorientierte Steuerung der operativen Einheiten und damit des Konzerns zu ermöglichen. Übersteigt die Kapitalrendite die Kosten aus der Finanzierung des eingesetzten Vermögens, wird ein Wertbeitrag geschaffen. Im umgekehrten Fall kommt es zur Wertvernichtung.

VI. Risiken und deren kostenrechnerische Bewertung

Jede unternehmerische Tätigkeit ist zwangsläufig mit Risiken verbunden, die jedoch kalkulierbar bleiben müssen (vgl. Abbildung 1).

> Risikopolitische Grundsätze
> - Die Erzielung wirtschaftlichen Erfolges ist **immer** mit Risiken verbunden.
> - Keine Handlung oder Entscheidung darf **existenzgefährdende** Risiken bewirken.
> - Ertragsrisiken müssen durch **Rendite** angemessen prämiert werden.
> - Risiken sollen mit **Instrumenten** des Risikomanagements gesteuert werden.

Abbildung 1: Risikopolitische Grundsätze (Vgl. *Birtel*, Kundenorientiertes Risikomanagement, in: Zentralverband des deutschen Baugewerbes/Betriebswirtschaftliches Institut der Bauindustrie GmbH (Hrsg.), Chancen durch Risikomanagement, Schriftenreihe 49, 2000, S. 8–16, hier S. 8 f.)

---

7 Vgl. *Drukarczyk*, Kapitalkosten, in: *Busse von Colbe/Pellens* (Hrsg.), a.a.O., S. 404–407 und *Süchting*, Weigthed Average Cost of Capital, in: ebenda, S. 745.
8 *Süchting*, a.a.O., S. 745.
9 Vgl. Geschäftsbericht 1999 der Firma Hochtief.

14 Von den gesamten Risiken entfallen nach Untersuchungen eines großen Baukonzerns 63 % auf die Vorvertragsphase (41 % schlechte Kalkulation, 22 % vertragliche Risiken), 30 % auf die Bauausführung und die restlichen 7 % auf höhere Gewalt.[10] Der Arbeitskreis Baubetriebswirtschaft der Schmalenbach-Gesellschaft hat drei wesentliche Risikobereiche näher untersucht, die sich teilweise auch überschneiden können. Diese werden aus Kundenrisiken, Vertrags- und damit zusammenhängend Kalkulationsrisiken sowie Risiken der Bauausführung gebildet.[11]

■ Kundenrisiken

15 Kundenrisiken ergeben sich im Baugeschäft vorrangig aus der hohen Komplexität des Einzelauftrages, verbunden mit dem hohen Wert des Einzelauftrages (insbesondere bei Festpreisverträgen) sowie der Langfristigkeit der Auftragsabwicklung, dem hohen Abnahmerisiko, dem hohen Grad an „Einmalkunden" sowie gegebenenfalls Auslandsrisiken. Daraus leiten sich verschiedene kundenbezogene Risiken ab, die sich zum Teil erheblich von denen anderer Branchen unterscheiden. Zu diesen Risiken gehören das Bonitätsrisiko, das Vertragsrisiko, das Risiko der Kundenzufriedenheit, das Kundenerfolgsrisiko sowie das Kundenveränderungsrisiko. Das Bonitätsrisiko impliziert sowohl die grundsätzliche Zahlungsunfähigkeit bestimmter Kunden und Kundengruppen als auch den Zahlungszeitpunkt. Das Vertragsrisiko steht in engem Zusammenhang mit dem hohen Grad an Einmalkunden. Zum einen handelt es sich bei einem Großteil der Verträge um projektspezifische Einzelverträge, zum anderen unterscheidet sich die erfolgreiche Handhabung von bestimmten Vertragsklauseln von Kunde zu Kunde. Das Risiko der Kundenzufriedenheit bezieht sich auf das Risiko, in der Projektabwicklung in Konflikt mit dem Kunden wegen mangelnder Zufriedenheit in Bezug auf Qualität, Termin oder Kosten zu geraten und die sich daraus ergebenden Folgeprobleme, wie beispielsweise Abnahme-, Gewährleistungs-, Pönale- oder Ergebnisrisiko. Ein von der Baubranche wenig beachteter Aspekt ist das Kundenerfolgsrisiko, das heißt, das Risiko, dass der Kunde sein Projekt nicht den Anforderungen des Marktes entsprechend konzipiert hat. Deshalb sollte es im Hinblick auf die Beherrschung dieses Risikofaktors im Interesse eines Bauunternehmens liegen, das Erfolgspotential des Bauvorhabens aus der Sicht des Kunden selbst einzuschätzen. Das Kundenveränderungsrisiko schließlich beinhaltet die mit dem Wechsel bzw. dem Austausch von Vertragspartnern und Teammitgliedern verbundenen Gefahren, die besonders durch die Langfristigkeit der Projektabwicklung bedingt sind. Insbesondere bei Großaufträgen sind in der Regel anonyme Organisationen Auftraggeber, die sich im Zeitablauf verändern können, beispielsweise durch den Austausch von Entscheidungsträgern.[12]

Die Instrumente des kundenorientierten Risikomanagements können in zwei Gruppen unterteilt werden, namentlich in die klassischen Instrumente der Warenkreditversicherer und unternehmerische Instrumente (vgl. Abbildung 2).

---

10 Vgl. *Linden*, Risikomanagement gegen den Baustellenteufel, in: Bauwirtschaft, 53. Jg., 1999, Heft 9, 9.
11 Vgl. Zentralverband des deutschen Baugewerbes/Betriebswirtschaftliches Institut der Bauindustrie GmbH (Hrsg.), a.a.O. Für eine vertiefte Auseinandersetzung mit bauwirtschaftlichen Risiken empfehlen die Autoren: *Blecken/Schriek*, Konzepte für neue Wettbewerbs- und Vertragsformen in der Bauwirtschaft, in: Bautechnik, 77. Jg., 2000, Heft 2, 119–130 sowie *Blecken*, Finanzwirtschaftliche Probleme des Bauprojektgeschäftes, in: Streifzüge durch den Baubetrieb – Festschrift zum 60. Geburtstag von Volker Kuhne, 2000, S. 9–34.
12 Zu den Ausführungen hinsichtlich der Kundenrisiken vgl. *Birtel*, a.a.O., S. 7–16.

B. Wichtige betriebswirtschaftliche Kostenbegriffe § 13

Kundenorientierte Instrumente des Risikomanagements	

Klassische Instrumente der Warenkreditversicherer
- Geschäftsberichte
- Bankauskünfte
- Selbstauskünfte
- Erfahrungen bei der Zahlungsmoral
  - Setzen und Überwachen von Forderungslimits
  - Entwicklung und Einhaltung eines Kataloges genehmigungspflichtiger Geschäftsvorfälle
  - Aufstellung eines Kataloges genehmigungspflichtiger Auftraggeber
	Unternehmerische Instrumente
	
	- Key Account Management
	  - Organisation der Betreuung von Schlüsselkunden
	  - Durchführung von Kundenbefragungen
	  - Pflegen des Kundenkontaktes während der Bauphase
	- Projektorientierung (sowohl technische als auch kommerzielle Betrachtung und Beurteilung des Bauvorhabens durch das ausführende Unternehmen)
	- Vertragsorientierung (systematische technische, kaufmännische und juristische Vertragsprüfung in der Angebots- und Auftragsphase sowie entsprechende Begleitung in der Ausführungsphase)

Abbildung 2: Kundenorientierte Instrumente des Risikomanagements (Vgl. Birtel, a.a.O., S. 15.)

■ Vertrags- und Kalkulationsrisiken

Da die Kalkulation von den vertraglich vorgesehenen Verpflichtungen direkt abhängt, sind Vertrags- und Kalkulationsrisiken eng miteinander verbunden.

Die Risiken hängen einmal vom Vertragstyp ab. Es können Einheitspreisverträge, Pauschalverträge (Global-, Detailpauschalverträge), Generalübernehmerverträge, Funktionalbauverträge, Schlüsselfertigbauverträge, GMP-Verträge (GMP = Guaranteed Maximum Price; garantierter Maximalpreis), Betreiberverträge, Renovierungsverträge, Verträge über den gesamten Lebenszyklus wie BOT-Verträge (BOT = Build, Operate, Transfer; Planen und Bauen, Betreiben, Rückübertragung) usw. zu Grunde liegen. Besonders gravierend für die Risikoverteilung ist dabei jeweils der Zahlungsmechanismus. Je mehr das Bauunternehmen finanziell vorleisten muss, desto gravierendere Risiken kommen auf es zu. Desto mehr Risikokapital muss auch bereitgestellt werden.

Die Kalkulationsform hängt neben dem Vertragstyp und dem beabsichtigten Leistungsumfang von der Bausparte ab.[13] Bausparten können sein: Industriebau, Wohnungsbau, Gewerbebau, öffentlicher Bau, Spezialtiefbau, Tunnelbau, Straßenbau. Je nach Produktionsweise in der Bausparte dominiert dann maschinen- bzw. kolonnenbezogene Kalkulation, lohnbezogene Kalkulation, beschaffungsbezogene Kalkulation oder eine Mischform.

Hinsichtlich des konkreten Kalkulations- und Vertragsmanagements kann eine Unterscheidung in sechs Kategorien vorgenommen werden:[14]
- Angebotskalkulation und Preisbildung,
- Randbedingungen des Bauobjektes,

---

13 Vgl. näher *Jacob/Winter/Stuhr*, Die unterschiedlichen Kalkulationsformen im Ingenieurbau, 2001 (in Vorbereitung).
14 Vgl. näher *Jacob/Helbig*, Vertragsmanagement im Bauunternehmen, in: Zentralverband des deutschen Baugewerbes/Betriebswirtschaftliches Institut der Bauindustrie GmbH (Hrsg.), a.a.O., S. 19–26.

- Aufgabenverlagerung durch den Auftraggeber,
- Baustellenorganisation und -leitung,
- Nachunternehmereinsatz,
- bauvertragsrechtliche Qualifikation.

18 Das Risikospektrum reicht von reinen Kalkulationsaspekten bis hin zu reinen Vertragsaspekten. Die Randbedingungen des Bauobjektes sind primär in die Kalkulation einzubeziehen. Der Nachunternehmereinsatz ist primär juristisch sicherzustellen. Aufgabenverlagerungen des Auftraggebers und Baustellenorganisation und -leitung liegen in der Mitte des Kontinuums und beeinflussen beide Seiten. Letztendlich sollten die quantifizierten Vertragsrisiken wieder ihren Eingang in den kalkulierten Preis finden oder ganz zur Auftragsablehnung führen. Und umgekehrt sollte die Abwendung gewisser kostenintensiver Erkenntnisse aus der Kalkulation Gegenstand der Vertragsverhandlungen werden. An dieser Stelle schließt sich dann wieder der Kreis zwischen den beiden äußeren Randpunkten.[15]

Risiken der Bauausführung

19 Die Bauausführungsrisiken und das baubegleitende Controlling können in vier Schwerpunktbereiche unterteilt werden: Kosten und Leistungen, Termine, Qualität sowie Rahmenbedingungen und Vorleistungen. Die nachfolgenden Ausführungen beinhalten einen pragmatischen Ansatz zum Controlling der Bauausführung aus der baubetrieblichen Praxis.[16]

Vor Baubeginn sind insbesondere folgende Maßnahmen zu treffen:
- Einarbeitung in den Bauvertrag und die dem Vertrag zu Grunde liegenden Unterlagen,
- Feststellung aller am Bauprojekt Beteiligten des Auftraggebers und deren Vollmachten,
- Prüfung von Pflichten und Vorleistungen der am Bauprojekt Beteiligten,
- schriftliche Dokumentation der Abweichungen und Mitteilung an den Bauherrn,
- systematische Arbeitsvorbereitung, einschließlich Arbeitskalkulation,
- Planung der Liquidität anhand der Arbeitskalkulation (Ausgabenseite) sowie der vertraglichen Zahlungsseite (Einnahmenseite),
- Übergabe des vorbereiteten Projektes an den Bauleiter/Polier: Hier bedarf es insbesondere der ausführlichen Erläuterung hinsichtlich der Bauablaufplanung, der Aufteilung nach Abschnitten, der einzusetzenden Materialien und der Kostenvorgaben.

20 Die Kontrolle der Bauproduktion umfasst insbesondere einen Soll-Ist-Vergleich hinsichtlich der Kosten und Mengen, der Qualität, der Termine, der rechtzeitigen Lieferung und ordnungsgemäßen Verwaltung der notwendigen Pläne und Ausführungsunterlagen sowie der sonstigen Vertragspflichten. Die Abweichungsanalyse ist schriftlich festzuhalten. Ursachen und Verursacher sind festzustellen. Bei Fremdverschulden ist der Bauherr umgehend zu informieren, Mehrkosten müssen schriftlich bei ihm angemeldet werden.
Letztlich geht es um den ganzheitlichen Ansatz beim Baustellencontrolling.

Kostenrechnerische Bewertung der Risiken

21 Alle diese Risiken müssen in der Kalkulation einzeln quantifiziert und mit ihrer Eintrittswahrscheinlichkeit bewertet werden. Wie diese Einzelrisiken in Kombination zusammenwirken, kann mit Hilfe der Szenariotechnik ermittelt werden. Durch die Betrachtung von Normalfall, optimistischer und pessimistischer Variante kann ein wahrscheinlicher Korridor für die monetäre Auswirkung von kombinierten Risiken bestimmt werden.

Durch geschickten Umgang mit den Einzelrisiken und den Risiken im Zusammenwirken kann das einzelne Bauunternehmen besondere Chancen im Vergleich zur Konkurrenz wahrnehmen. Es geht

---

15 Zu den Ausführungen hinsichtlich der Vertrags- und Kalkulationsrisiken vgl. *Jacob/Helbig*, a.a.O., S. 17–27.
16 Vgl. *Horchler*, Baubegleitendes Controlling, in: Zentralverband des deutschen Baugewerbes/Betriebswirtschaftliches Institut der Bauindustrie GmbH (Hrsg.), a.a.O., S. 28–36.

dabei insbesondere um das Erkennen, Akzeptieren, Abwälzen, Mindern, Vermeiden oder Ablehnen von Risiken. Je nach Vertragstyp, Zahlungsmechanismus, Bausparte, Kalkulationsform, Leistungsumfang, Schwierigkeitsgrad und Größenklasse des Auftrages ergeben sich unterschiedliche Risikoklassen des Kapitaleinsatzes. Ein stärkeres Portfoliodenken wäre nicht von Nachteil und könnte das Gesamtrisiko reduzieren helfen. Weiterhin würde ein durchgängiger Prozessverantwortlicher im Bauteam von Kalkulation bis Abnahme und Abrechnung zur Risikoreduzierung (speziell von Schnittstellenrisiken) beitragen.

VII. Kostenarten und Verrechnung über Kostenstellen auf Kostenträger

Die Kosten, die den Kostenträgern (Produkten oder Produktgruppen) direkt zurechenbar sind (Kostenträgereinzelkosten), können aus der Kostenartenrechnung in die Kostenträgerrechnung übernommen werden. Die nicht einem Kostenträger direkt zurechenbaren Kosten (Kostenträgergemeinkosten) gehen in die Kostenstellenrechnung ein. Ein wichtiges Instrument innerhalb der Kostenstellenrechnung ist der Betriebsabrechnungsbogen. Formal betrachtet handelt es sich hierbei um eine Tabelle, deren Zeilen die Kostenarten und deren Spalten die Kostenstellen bilden. Die Verrechnung der Kosten und die Vorbereitung für die Ermittlung der Herstell- und Selbstkosten in der Kostenträgerstückrechnung erfolgt in drei Schritten.[17] Ein praktisches Beispiel hierzu ist Tabelle 3 zu entnehmen.

Im **ersten Schritt** werden die **primären Kostenstellenkosten** – getrennt nach Kostenarten – **erfasst und verrechnet**. Bei den primären Kostenstellenkosten handelt es sich zwar um Kostenträgergemeinkosten, sie können aber einer Kostenstelle direkt aus der Kostenartenrechnung zugeordnet werden. Die primären Kostenstellenkosten wurden in Tabelle 3 kostenartenweise in die Spalten drei bis elf eingetragen. Die Summe für jede Kostenart enthält Spalte zwei. Im Beispiel wurden drei Hilfskostenstellen und sechs Hauptkostenstellen gebildet. Die Unterscheidung von Hilfs- und Hauptkostenstellen ist aus abrechnungstechnischen Gesichtspunkten erforderlich.

Im **zweiten Schritt** müssen die Kosten der **Hilfskostenstellen auf die Hauptkostenstellen verrechnet** werden. Dies geschieht im Rahmen der innerbetrieblichen Leistungsverrechnung. Die aus dieser Verrechnung hervorgehenden Kosten werden als sekundäre Kostenstellenkosten bezeichnet. Im Beispiel erfolgte die Umlage nach dem Stufenleiterverfahren. Es ist eine Anwendungsform des Kostenstellenumlageverfahrens, bei dem die der Kostenstelle zugeordneten Kosten auf der Grundlage der erbrachten innerbetrieblichen Leistung an die jeweils empfangenden Kostenstellen weiterverrechnet werden. Beim Stufenleiterverfahren wird davon ausgegangen, dass sich die Hilfskostenstellen nacheinander so anordnen lassen, dass stets nur die nachgelagerten Kostenstellen Leistungen von den davor angeordneten Kostenstellen erhalten (einseitige Anordungsbeziehungen). Im Beispiel ist die „Allgemeine Hilfskostenstelle 1" der „Allgemeinen Hilfskostenstelle 2" und diese wiederum der „Fertigungshilfskostenstelle" vorgelagert. Die „Allgemeine Hilfskostenstelle 2" empfängt innerbetriebliche Leistungen von der „Allgemeinen Hilfskostenstelle 1", die „Fertigungshilfskostenstelle" empfängt sowohl von der „Allgemeinen Hilfskostenstelle 1" als auch von der „Allgemeinen Hilfskostenstelle 2" innerbetriebliche Leistungen. Im Beispiel wurden die Kosten der leistenden Kostenstellen prozentual auf die empfangenden Kostenstellen verteilt. Die Prozentsätze sind in Tabelle 3 aufgeführt. Sie drücken den anteilmäßig empfangenen Leistungsumfang aus. Die Kostenstellenumlage wird sukzessive durchgeführt, bis sämtliche Kosten der Hilfskostenstellen auf die Hauptkostenstellen umgelegt wurden. Am Ende des zweiten Schrittes sind also sämtliche Kostenträgergemeinkosten den Hauptkostenstellen belastet.

---

[17] Vgl. *Scherrer*, Kostenrechnung, 3. neubearb. Aufl. 1999; Uni-Taschenbuch (UTB) für Wissenschaft, Reihe Grundwissen der Ökonomik: Betriebswirtschaftslehre, Band 1160, hrsg. von *Bea/Dichtl/Schweitzer*, S. 364–390.

§ 13 Baukalkulation

25 Im **dritten Schritt** erfolgt die **Bildung der Kalkulationszuschlagssätze**, um die primären und sekundären Kostenstellenkosten der Hauptkostenstellen auf die Kostenträger verrechnen zu können. Im Beispiel wurden für die Bildung des Kalkulationszuschlagssatzes der Hauptkostenstelle „Material" die Materialeinzelkosten (MEK) als Zuschlagsbasis (ZB) zu Grunde gelegt. Für die Berechnung der Kalkulationszuschlagssätze der drei „Fertigungskostenstellen" waren die entsprechenden Fertigungslöhne (FL) die Zuschlagsbasis. Hinsichtlich der Ermittlung der Kalkulationszuschlagssätze für die Kostenstellen „Verwaltung" und „Vertrieb" bildeten die Herstellkosten (HK) die Zuschlagsbasis. Der Kalkulationszuschlagssatz ermittelt sich aus der Summe der primären und sekundären Kosten einer Kostenstelle in Relation zu der zugehörigen Zuschlagsbasis. Für die Kostenstelle „Verwaltung" beispielsweise beträgt er (101.400 DM : 1.409.600 DM x 100 % =) 7,19 %.

Tabelle 3: Beispiel Betriebsabrechnungsbogen (Vgl. *Scherrer*, Betriebsabrechnungsbogen, in: *Busse von Colbe/Pellens (Hrsg.)*, a.a.O., S. 78–82, hier S. 81, im Folgenden zitiert als: *Scherrer* (Betriebsabrechnungsbogen). Angabe der Kosten in DM.)

26

Kostenarten		Kostenstellen								
Bezeichnung	Beträge	Hilfskostenstellen			Hauptkostenstellen					
		Allgemein		Fertigung	Material	Fertigung			Verwaltung	Vertrieb
		1 Wasserversorgung	2 Kraftzentrale	Lohnbüro		I	II	III		
1	2	3	4	5	6	7	8	9	10	11
1. Erfassung der primären Kostenstellenkosten										
Hilfs- und Betriebsstoffe	34600	4000	9400	1100	800	7500	6400	4700	300	400
Werkzeuge und Geräte	29300	1500	1700	800	700	8700	7600	5800	900	1600
Hilfslöhne	149700	9400	7800	14700	12500	44300	31200	29800	-	-
Gehälter	226400	5300	10700	5200	6400	13700	14400	13400	102200	55100
Gesetzliche Sozialleistg.	52100	2000	1900	2700	2700	7800	6200	5900	14800	8100
Heiz-, Brennstoffe, Energie	48900	6600	29100	-	1000	-	-	-	4400	7800
Instandhaltg.	10800	1000	1300	1800	400	1800	500	2600	600	800
Steuern, Gebühren, Versicherg.	17200	700	1200	-	600	1500	1400	1300	6200	4300
Sonstige Kosten	39900	1800	2500	2300	1900	6800	7600	5700	7700	3600
Kalkulatorische Abschr.	131600	5800	8500	3200	3900	34000	28300	23200	13500	11200
Kalkulatorische Zinsen	46600	1800	3300	900	1200	10900	9500	6800	6900	5300
Summe der primären Kostenstellenkosten	787100	39900	77400	32700	32100	137000	113100	99200	157500	98200

B. Wichtige betriebswirtschaftliche Kostenbegriffe § 13

Kostenarten		Kostenstellen								
Bezeichnung	Beträge	Hilfskostenstellen			Hauptkostenstellen					
		Allgemein		Fertigung	Material	Fertigung			Verwaltung	Vertrieb
		1 Wasserversorgung	2 Kraftzentrale	Lohnbüro		I	II	III		
1	2	3	4	5	6	7	8	9	10	11
2. Umlage der sekundären Kostenstellenkosten										
Umlage Allgemeine Hilfskostenstelle 1		- 100 % - 39900	7 % 2800	2 % 800	3 % 1200	33 % 13100	30 % 12000	20 % 8000	3 % 1200	2 % 800
Umlage Allgemeine Hilfskostenstelle 2			- 100 % - 80200	2 % 1600	4 % 3200	36 % 28900	32 % 25700	18 % 14400	5 % 4000	3 % 2400
Umlage Fertigungshilfskostenstelle				- 100 % - 35100		45 % 15800	30 % 10500	25 % 8800		
Summe der primären und sekundären Kostenstellenkosten der Hauptkostenstellen										
	787100				36500	194800	161300	130400	162700	101400
3. Bildung von Kalkulationszuschlagssätzen										
ZB MEK	310600				310600					
ZB FL	576000					227600	157200	191200		
ZB HK	1409600								1409600	1409600
Kalkulationszuschlagssätze					11,75 %	85,59 %	102,61 %	68,20 %	11,54 %	7,19 %

VIII. Abgrenzung Aufwand und Kosten

Die Begriffe Aufwand aus dem externen Rechnungswesen und Kosten aus dem internen Rechnungswesen müssen sauber unterschieden werden (vgl. Abbildung 3).

Abbildung 3: Abgrenzung der Begriffe Aufwand und Kosten (In Anlehnung an: *Eisele*, Technik des betrieblichen Rechnungswesens – Buchführung und Bilanzierung, Kosten- und Leistungsrechnung, Sonderbilanzen, 6. vollst. überarb. u. erw. Aufl. 1999, S. 624.)

Der gesamte Aufwand setzt sich aus dem neutralen Aufwand und dem Zweckaufwand zusammen. Der neutrale Aufwand kann periodenfremd (1), betriebsfremd (2) oder außerordentlich (3) sein. Der periodenfremde Aufwand betrifft Aufwand vergangener Geschäftsjahre, wie beispielsweise eine Steuernachzahlung. Der betriebsfremde Aufwand entsteht beim Verfolgen nichtbetrieblicher Ziele (z.B. Spende). Zum außerordentlichen Aufwand zählt derjenige Aufwand, der normalerweise im Rahmen des üblichen betrieblichen Geschehens nicht zu erwarten ist (z.B. Brandschaden).

Der Teil des Zweckaufwandes, der in gleicher Höhe als Kosten verrechnet wird, entspricht den Grundkosten im internen Rechnungswesen. Beispiele hierfür sind Baumaterialverbrauch, Löhne, Gehälter oder Nachunternehmereinsatz. Der Teil des Zweckaufwandes, der in anderer Höhe als Kosten verrechnet wird, bildet im internen Rechnungswesen die Anderskosten (z.B. kalkulatorische anstelle bilanzieller Abschreibung). Die Kosten, denen kein Aufwand gegenübersteht, werden als Zusatzkosten bezeichnet (z.B. kalkulatorischer Unternehmerlohn, Zinsen auf das Eigenkapital). Anders- und Zusatzkosten bilden die kalkulatorischen Kosten. Zusammen mit den Grundkosten ergeben sie die Gesamtkosten.

28 Letztendlich unterscheiden sich der Zweckaufwand und die laufenden Kosten nur im Bereich der Anders- und Zusatzkosten. Dies ist für das Controlling wichtig, nämlich, dass die im Controlling verwendeten Periodenkosten weitestgehend mit dem Zweckaufwand der Finanzbuchhaltung übereinstimmen müssen (Quercheck durch Überleitungsrechnung).

C. Übliches deutsches Baukalkulationsschema (Kalkulation über die Angebotssumme) mit ausgewählten Sonderfällen der Kalkulation

I. Kalkulation über die Angebotssumme

1. Erläuterung der Kalkulationsart

29 Die Kalkulation über die Angebotssumme ist die klassische Methode. Sie wird besonders in den Fällen angewendet, in denen mit eigenen gewerblichen Arbeitnehmern lohnintensive Arbeiten auszuführen sind. Die Vorgehensweise ist so, dass für jedes Objekt individuell
- die Einzelkosten der Teilleistungen (z. B. Lohn, Geräte, Baustoffe, Fremdleistungen) und
- die Baustellenkosten

ermittelt werden und dann die allgemeinen Geschäftskosten sowie Wagnis und Gewinn prozentual aufgeschlagen werden. Deshalb gehört die Kalkulationsmethode zur Klasse der Zuschlagskalkulationen. Um zu Einheitspreisen für das Ausfüllen des Leistungsverzeichnisses zu gelangen, wird die Summe aus Baustellenkosten, allgemeinen Geschäftskosten, Wagnis und Gewinn nach einem bestimmten Schlüssel auf die Einzelkosten der Teilleistungen umgelegt.

30 Da Wagnis und Gewinn als fester Prozentsatz auf die Herstellkosten aufgeschlagen werden, steht diese Form der Kalkulation
- zum einen unter der Annahme einer bestimmten, immer wiederkehrenden Zahlungsweise des Kunden und damit eines konstanten prozentualen Kapitalbedarfs für alle Bauprojekte und
- zum anderen unter der Annahme einer bei allen Bauprojekten konstanten Wagnisquote, so dass gedanklich alle die in Kapitel B/VI. (Risiken und deren kostenrechnerische Bewertung) aufgeführten Risikofaktoren in einen konstanten, herstellkostenabhängigen Risikoaufschlag transformiert worden sind.

2. Kalkulationsbeispiel

31 Nachfolgend wird anhand der Kalkulation eines Wasserbehälters[18] das Verfahren der Kalkulation über die Angebotssumme exemplarisch dargestellt. Zu den Ausschreibungsunterlagen gehören allgemeine Vorbemerkungen und Vertragsbedingungen, eine Übersichtszeichnung über das Bauwerk sowie das Leistungsverzeichnis.

---

[18] In Anlehnung an *Keil/Martinsen*, Einführung in die Kostenrechnung für Bauingenieure, 8. neubearb. Aufl. 1994, S. 80–104.

C. Übliches deutsches Baukalkulationsschema §13

a) Leistungsverzeichnis

Tabelle 4: Leistungsverzeichnis Wasserbehälter

Pos	Text	Menge	Einh.	EP[19] (DM/ME)	GP (DM)
	Titel 1 – Erdarbeiten				
1	Boden der Bodenklasse 4 bis 2,2 m tief ausheben, seitlich in ca. 100 m Entfernung lagern und nach Errichtung des Bauwerkes wieder verfüllen und verdichten.	1050	m^3	11,02	11.571,00
2	Grubenkies liefern, in ca. 20 cm Stärke unter der Sohlplatte einbauen und verdichten.	80	m^3	42,61	3.408,80
3	Füllkies oder Sand liefern und als Anschüttung lagenweise einbauen und verdichten.	2500	m^3	23,92	59.800,00
	Summe Titel 1				**74.779,80**
	Titel 2 – Beton- und Stahlbetonarbeiten				
4	Sauberkeitsschicht aus B 10, d = 10 cm.	380	m^2	42,11	16.001,80
5	Stahlbeton B 25 der Sohlplatte herstellen, einschl. Schalung, aber ohne Bewehrung, die nach Pos. 11 vergütet wird. Die Oberfläche ist so glatt abzuziehen, dass die Beschichtung ohne Nacharbeiten vorgenommen werden kann.	115	m^3	323,89	37.247,35
6	Stahlbeton B 25 der Wände und des Pumpensumpfes, d = 30 cm, sonst wie Pos. 5.	145	m^3	1.339,85	194.278,25
7	Stahlbeton B 25 der Decke, d = 30 cm, jedoch ohne Schalung (Pos. 8) und Bewehrung (Pos. 10 und 11).	370	m^2	86,18	31.886,60
8	Schalung der Decke	320	m^2	119,50	38.240,00
9	Stahlbeton B 25 der Stützen, b/d = 30/30 cm, einschl. glatter Schalung herstellen, aber ohne Bewehrung (Pos. 10).	5	m^3	3.826,59	19.132,95
10	Betonstahl III K liefern, schneiden, biegen und verlegen.	22	t	3.937,92	86.634,24
11	Betonstahl IV R liefern, schneiden und verlegen.	21	t	3.091,20	64.915,20
12	Arbeitsfugenband Tricosal AF 24 o.ä. liefern und zwischen Sohlplatte und Wänden einbauen.	85	m	65,30	5.550,50
13	Wasserdichte Strate-Rohrdurchführungen Ø 200 mm liefern und nach Zeichnung einbauen.	6	Stck.	738,08	4.428,48
14	Erdberührte Betonwände und Decke mit einem Dichtungsanstrich, bestehend aus zweimaligem Inertol-I-Anstrich, versehen, einschl. aller Nebenarbeiten.	880	m^2	32,53	28.626,40
	Summe Titel 2				**526.941,77**

19 Endergebnis der im Folgenden durchgeführten Kalkulation.

Jacob/Winter/Stuhr 1003

§ 13 Baukalkulation

Zusammenstellung
Titel 1 – Erdarbeiten   74.779,80 DM
Titel 2 – Beton- und Stahlbetonarbeiten   526.941,77 DM

Angebotssumme (netto)   601.721,57 DM
Mehrwertsteuer (16 %)   96.275,45 DM

Angebotssumme (brutto)   697.997,02 DM

b) Ermittlung der Einzelkosten der Teilleistungen

32 Im vorliegenden Beispiel erfolgt eine Unterteilung in die Kostenarten Lohn, Baustoffe, Geräte und Fremdleistungen. Die Aufwandswerte (Arbeitsstunden je Mengeneinheit) sind an firmeninterne, aus der Nachkalkulation gewonnene Werte angelehnt. Die Kosten für Baustoffe, Geräte und Fremdleistungen werden auf der Grundlage der Einkaufspreise ermittelt. In Tabelle 5 sind die ermittelten Aufwandswerte und Einzelkosten pro Mengeneinheit getrennt nach Kostenarten zusammengestellt. In Tabelle 6 wurden die Vorgabewerte aus Tabelle 5 mit der jeweiligen Mengenangabe des Leistungsverzeichnisses multipliziert. Als Ergebnis erhält man die Einzelkosten der verschiedenen Kostenarten für jede Position.

Tabelle 5: Zusammenstellung der Aufwandswerte und Einzelkosten pro Mengeneinheit

Pos	Text	Aufwandswerte (AW) (h/ME)	Baustoffe (DM/ME)	Geräte (DM/ME)	Fremdleistungen (FL) (DM/ME)
1	Boden der Baugrube				10,20
2	Grubenkies liefern				39,45
3	Füllkies/Sand liefern				22,15
4	Sauberkeitsschicht	0,30	11,50		
5	Stahlbeton, Sohle Beton Pumpe Schalung Abziehen	 1,00 0,35 0,33	 130,00 2,53 	 10,50 	
6	Stahlbeton, Wände Beton Pumpe Schalung	 1,20 9,98	 130,00 83,13	 10,50 	
7	Stahlbeton, Decke Beton Pumpe Abziehen	 0,30 0,10	 39,00 	 3,15 	
8	Schalung der Decke	1,10	11,00		
9	Stahlbeton, Stützen Beton Pumpe Schalung	 2,00 33,50	 130,00 187,60	 10,50 	
10	BSt III K liefern	28,00	1.080,00		

C. Übliches deutsches Baukalkulationsschema §13

Pos	Text	Aufwands-werte (AW) (h/ME)	Baustoffe (DM/ME)	Geräte (DM/ME)	Fremd-leistungen (FL) (DM/ME)
11	BSt IV R liefern	20,00	1.020,00		
12	Arbeitsfugenband	0,50	14,80		
13	Rohrdurchführung Lieferung Einbau	2,00	475,00 10,00		
14	Dichtungsanstrich	0,30	2,95		

Tabelle 6: Einzelkosten der Kostenarten pro Position

Pos	Text/ Menge	AW h/ME	AW x Menge h	Baustoffe DM/ME	Baustoffe x Menge DM	Geräte DM/ME	Geräte x Menge DM	FL DM/ME	FL x Menge DM
1	1.050 m³							10,20	10.710,00
2	80 m³							39,45	3.156,00
3	2.500 m³							22,15	55.375,00
4	380 m²	0,30	114,00	11,50	4.370,00				
5	115 m³ Beton Pumpe Schalung Abziehen	1,00 0,35 0,33	115,00 40,25 37,95	130,00 2,53	14.950,00 290,95	10,50	1.207,50		
6	145 m³ Beton Pumpe Schalung	1,20 9,98	174,00 1.447,10	130,00 83,13	18.850,00 12.053,85	10,50	1.522,50		
7	370 m² Beton Pumpe Abziehen	0,30 0,10	111,00 37,00	39,00	14.430,00	3,15	1.165,50		
8	320 m²	1,10	352,00	11,00	3.520,00				
9	5 m³ Beton Pumpe Schalung	2,00 33,50	10,00 167,50	130,00 187,60	650,00 938,00	10,50	52,50		
10	22 t	28,00	616,00	1.080,00	23.760,00				

§ 13 Baukalkulation

Pos	Text/ Menge	AW h/ME	AW x Menge h	Baustoffe DM/ME	Baustoffe x Menge DM	Geräte DM/ME	Geräte x Menge DM	FL DM/ME	FL x Menge DM
11	21 t	20,00	420,00	1.020,00	21.420,00				
12	85 m	0,50	42,50	14,80	1.258,00				
13	6 Stck. Lieferung Einbau	2,00	12,00	475,00 10,00	2.850,00 60,00				
14	880 m²	0,30	264,00	2,95	2.596,00				
	Summe		3.960,30		121.996,80		3.948,00		69.241,00

c) Berechnung des Mittellohnes

33 Der Grundmittellohn berechnet sich aus den Einzellöhnen, multipliziert mit der Zahl der eingesetzten Arbeitskräfte in der jeweiligen Berufsgruppe und dividiert durch die Gesamtzahl der Arbeitskräfte auf der Baustelle. Die Verwendung des Mittellohnes dient zur Vereinfachung der Kalkulation, führt aber zwangsläufig zu Kalkulationsungenauigkeiten.

Anzahl	Berufsgruppe	Einzellohn (DM/h)	Teamlohn (DM/h)
1	Werkpolier	30,92	30,92
1	Bauvorarbeiter	28,34	28,34
2	Spezialbaufacharbeiter	26,91	53,82
4	gehobene Baufacharbeiter	24,69	98,76
3	Baufachwerker	23,06	69,18
2	Bauwerker	22,25	44,50
13			325,52

Grundmittellohn	325,52 DM/h : 13 AK =	25,04 DM/h
Erschwernisse (0,6 % von 25,04 DM/h)	0,006 x 25,04 DM/h =	0,15 DM/h
Überstunden (2,84 % von 25,04 DM/h)	0,0284 x 25,04 DM/h =	0,71 DM/h
vermögenswirksame Leistungen		0,25 DM/h
= Mittellohn (AP)		26,15 DM/h
Sozialkosten (S) (97 % von 26,15 DM/h)	0,97 x 26,15 DM/h =	25,37 DM/h
= Mittellohn (APS)		51,52 DM/h
Lohnnebenkosten (L)		3,08 DM/h
= Mittellohn (APSL)		54,60 DM/h

C. Übliches deutsches Baukalkulationsschema § 13

d) Ermittlung der Gemeinkosten der Teilleistungen

Die Gemeinkosten der Teilleistungen setzen sich zusammen aus den Gerätekosten der Baustelle sowie den zeitvariablen und zeitfixen Kosten der Baustelle. Als Grundlage dient der Bauablaufplan (Abbildung 4).

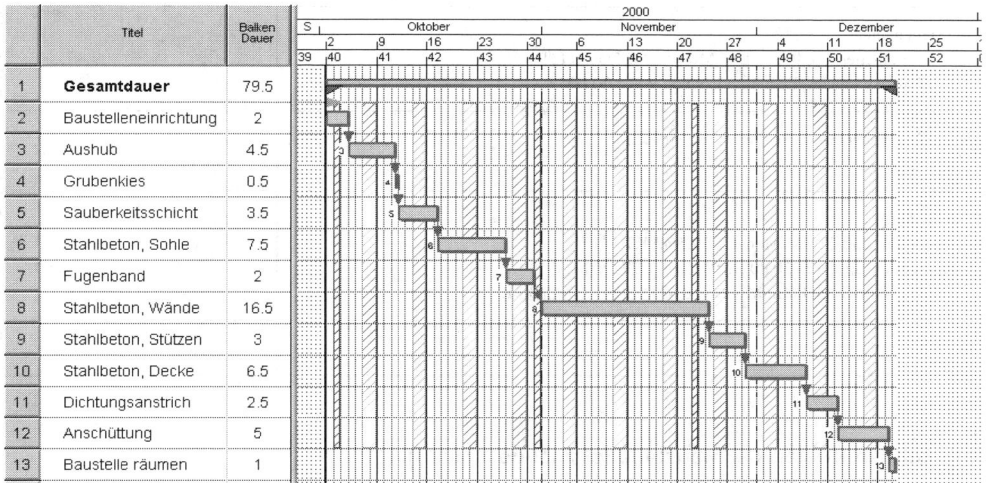

Abbildung 4: Bauablaufplan 1

aa) Gerätekosten der Baustelle

Anzahl	Beschreibung	Gesamtkosten zeitvariabel (DM)	Auf- und Abbau zeitfix (DM)	Arbeitsstunden
1	Turmdrehkran	9.631,00	3.500,00	160,00
30 m	Gleis mit Schwellen	716,00	450,00	120,00
1	Silokübel 500 l	364,00	0,00	2,00
1	Tischkreissäge	232,00	75,00	5,00
2	Handbohrmaschinen	211,00	0,00	0,00
1	Transformator	241,00	40,00	5,00
2	Innenrüttler (Ø 66 mm)	791,00	0,00	2,00
1	Verteilerschrank	188,00	150,00	15,00
2	Unterkunftsräume	1.988,00	2.600,00	140,00
1	Toilettenwagen	1.397,00	750,00	20,00
1	Nivellierinstrument	366,00	0,00	0,00
	Summe	16.125,00	7.565,00	469,00

§ 13 Baukalkulation

bb) Zeitvariable Kosten der Baustelle

36

	Std.	DM
Betriebsstoffkosten (Strom, Benzin, Heizöl, Wasser)		2.564,00
Baustellengehälter 1/2 Bauleiter x 7.400,00 DM/Monat x 79,5/30 KT[20] gehaltsgebundene Kosten: 55 % von 9.805,00 DM		9.805,00 5.392,75
Hilfslöhne (Magaziner, Schlosser, Beton etc.) 1 AK x 40 h/Monat x 79,5/30 KT	106,00	
Bürokosten Telefon: 250,00 DM/Monat x 79,5/30 KT Material, Spesen: 450,00 DM/Monat x 79,5/30 KT PKW Betrieb: 500 km/Monat x 0,52 DM/km x 79,5/30 KT		662,50 1.192,50 689,00
Summe	106,00	20.305,75

cc) Zeitfixe Kosten der Baustelle (einmalige Kosten)

37

	Std.	DM
Wasseranschluss Stromanschluss Telefonanschluss	100,00 50,00	2.250,00 1.500,00 250,00
Auf- und Abladen Baustelle 2 x 20 t x 2 h/t 2 x 20 t x 15,00 DM/t	80,00	600,00
Auf- und Abladen Bauhof 2 x 20 t x 30,00 DM/t		1.200,00
Transportkosten 2 x 20 t x 30,00 DM/t Sonderfrachten 17 t: 2 x 1.125,00 DM		1.200,00 2.250,00
technische Bearbeitung Konstruktion (ca. 60 % der HOAI) Arbeitsvorbereitung: 0,5 % von ca. 500.000,00 DM		12.400,00 2.500,00
Summe	230,00	24.150,00

---

[20] Die Bauzeit beträgt laut Bauablaufplan 79,5 Kalendertage (KT), ein Monat wird mit 30 KT veranschlagt.

C. Übliches deutsches Baukalkulationsschema § 13

dd) Zusammenstellung

Gerätekosten der Baustelle (zeitvariabel)	16.125,00 DM	38
Gerätekosten der Baustelle (zeitfix)	7.565,00 DM	
469 h x 54,60 DM/h	25.607,40 DM	
zeitvariable Kosten der Baustelle	20.305,75 DM	
106 h x 54,60 DM/h	5.787,60 DM	
zeitfixe Kosten der Baustelle	24.150,00 DM	
230 h x 54,60 DM/h	12.558,00 DM	
Gemeinkosten der Teilleistungen	112.098,75 DM	

e) Ermittlung der Herstellkosten

Lohneinzelkosten	3.960,30 h x 54,60 DM/h =	216.232,38 DM	39
+ Einzelkosten für Baustoffe		121.996,80 DM	
+ Einzelkosten für Geräte		3.948,00 DM	
+ Einzelkosten für Fremdleistungen		69.241,00 DM	
= Einzelkosten der Teilleistungen		411.418,18 DM	
+ Gemeinkosten der Teilleistungen		112.098,75 DM	
= Herstellkosten		523.516,93 DM	

f) Ermittlung des Zuschlagssatzes für allgemeine Geschäftskosten, Wagnis und Gewinn

Für die allgemeinen Geschäftskosten (AGK) wird ein Zuschlag in Höhe von 9 % und für Wagnis und Gewinn in Höhe von 4 % auf die Angebotssumme veranschlagt. Dieser muss auf die Bezugsgröße Herstellkosten umgerechnet werden. 40

$$\frac{(9+4) \times 100}{100 - (9+4)} = 14{,}94\,\%$$

g) Ermittlung der Angebotssumme

Herstellkosten		523.516,93 DM
+ Zuschlag für AGK, Wagnis und Gewinn	523.516,93 DM x 0,1494 =	78.213,43 DM
= Angebotssumme		601.730,36 DM

h) Ermittlung des Kalkulationslohnes

Nachfolgend geht es um die Ermittlung des Zuschlagssatzes für die Lohnkosten. Dazu werden zunächst die Einzelkosten der übrigen Kostenarten mit einem bestimmten Prozentsatz beaufschlagt. Für die Kostenarten Baustoffe sowie Geräte wird ein Zuschlag in Höhe von 12 % für die Gemeinkosten der Teilleistungen, allgemeinen Geschäftskosten, Wagnis und Gewinn festgelegt. Fremdleistungen werden mit 8 % beaufschlagt. 41

Angebotssumme	601.730,36 DM
abzüglich Baustoffkosten (121.996,80 DM x 1,12)	136.636,42 DM
abzüglich Gerätekosten (3.948,00 DM x 1,12)	4.421,76 DM
abzüglich Kosten der Fremdleistungen (69.241,00 DM x 1,08)	74.780,28 DM
= auf Basis der Lohnstunden umzulegende Kosten	385.891,90 DM

Nachdem die mit dem entsprechenden Prozentsatz beaufschlagten Kosten der übrigen Kostenarten von der Angebotssumme abgezogen wurden, ergeben sich die auf Basis der Lohnstunden umzulegenden Kosten.

Jacob/Winter/Stuhr 1009

§ 13 Baukalkulation

$$\frac{385.891,90 \text{ DM}}{3.960,30 \text{ h}} = 97,44 \text{ DM/h}$$

Der Kalkulationslohn beträgt 97,44 DM/h.

i) Berechnung der Einheitspreise

42 Zur Berechnung der Einheitspreise (EP) werden die in Tabelle 5 zusammengestellten Aufwandswerte und Einzelkosten pro Mengeneinheit mit den entsprechenden Zuschlagssätzen multipliziert (Tabelle 7).

Tabelle 7: Berechnung der Einheitspreise

Pos	Text/ Menge	AW h/ME	Lohn DM/ME (x 97,44 DM/h)	Bau- stoffe DM/ME	Bau- stoffe DM/ME (x 1,12)	Geräte DM/ME	Geräte DM/ME (x 1,12)	FL DM/ME	FL DM/ME (x 1,08)	EP DM/ME
1	1.050 m³							10,20	11,02	11,02
2	80 m³							39,45	42,61	42,61
3	2.500 m³							22,15	23,92	23,92
4	380 m²	0,30	29,23	11,50	12,88					42,11
5	115 m³ Beton Pumpe Schalung Abziehen	1,00 0,35 0,33	97,44 34,10 32,16	130,00 2,53	145,60 2,83	10,50	11,76			243,04 11,76 36,93 32,16 = 323,89
6	145 m³ Beton Pumpe Schalung	1,20 9,98	116,93 972,45	130,00 83,13	145,60 93,11	10,50	11,76			262,53 11,76 1.065,56 = 1.339,85
7	370 m² Beton Pumpe Abziehen	0,30 0,10	29,23 9,74	39,00	43,68	3,15	3,53			72,91 3,53 9,74 = 86,18
8	320 m²	1,10	107,18	11,00	12,32					119,50
9	5 m³ Beton Pumpe Schalung	2,00 33,50	194,88 3.264,24	130,00 187,60	145,60 210,11	10,50	11,76			340,48 11,76 3.474,35 = 3.826,59
10	22 t	28,00	2.728,32	1.080,00	1.209,60					3.937,92

C. Übliches deutsches Baukalkulationsschema § 13

Pos	Text/ Menge	AW h/ME	Lohn DM/ME (x 97,44 DM/h)	Bau- stoffe DM/ME	Bau- stoffe DM/ME (x 1,12)	Geräte DM/ME	Geräte DM/ME (x 1,12)	FL DM/ME	FL DM/ME (x 1,08)	EP DM/ME
11	21 t	20,00	1.948,80	1.020,00	1.142,40					3.091,20
12	85 m	0,50	48,72	14,80	16,58					65,30
13	6 Stck. Lieferung Einbau	2,00	194,88	475,00 10,00	532,00 11,20					532,00 206,08 = 738,08
14	880 m²	0,30	29,23	2,95	3,30					32,53

j) Berechnung des Angebotspreises

Zur Berechnung des Angebotspreises werden die in Tabelle 7 ermittelten Einheitspreise mit den im Leistungsverzeichnis angegebenen Mengen multipliziert. Die Summe der Gesamtpreise (GP) der Positionen ergibt den Angebotspreis. Aufgrund von Rundungsdifferenzen weichen die so ermittelte Netto-Angebotssumme und die unter Punkt g) ermittelte Angebotssumme um 8,79 DM voneinander ab.

43

Zusammenstellung	
Titel 1 – Erdarbeiten	74.779,80 DM
Titel 2 – Beton- und Stahlbetonarbeiten	526.941,77 DM
Angebotssumme (netto)	601.721,57 DM
Mehrwertsteuer (16 %)	96.275,45 DM
Angebotssumme (brutto)	697.997,02 DM

II. Ausgewählte Sonderfälle der Kalkulation mit Beispiel

1. Änderung des Einheitspreises bei Mehrmengen

Während der Ausführung stellte sich heraus, dass die Menge der Position 11 des Leistungsverzeichnisses (Betonstahl IV R liefern, schneiden und verlegen) nicht korrekt berechnet worden war, anstelle von 21 t mussten 24 t Bewehrungsstahl eingebaut werden.

44

Pos	Text	Menge	Einh.	EP (DM/ME)	GP (DM)
11	Betonstahl IV R liefern, schneiden und verlegen.	21	t	3.091,20	64.915,20

Da es sich um eine Mehrmenge handelt, die sich um mehr als 10 % der ursprünglich ausgeschriebenen Menge erhöht, kann eine Anpassung des Einheitspreises vorgenommen werden. Die ermittelten Einzelkosten je Kostenart der Position 11 betragen:

Pos	Text/ Menge	AW h/ME	AW x Menge h	Baustoffe DM/ME	Baustoffe x Menge DM	Geräte DM/ME	Geräte x Menge DM	FL DM/ME	FL x Menge DM
11	21 t	20,00	420,00	1.020,00	21.420,00	0,00	0,00	0,00	0,00

Im ursprünglichen Einheitspreis in Höhe von 3.091,20 DM/t sind die anteiligen Gemeinkosten der Teilleistung, die allgemeinen Geschäftskosten sowie Wagnis und Gewinn enthalten. Es wird davon ausgegangen, dass der Auftragnehmer einen Anspruch hat auf den anteiligen Wagnis- und Gewinnzuschlag, der sich auf die Einzelkosten bezieht.[21]

Die Einzelkosten der Position berechnen sich wie folgt:

Mittellohn:	54,60 DM/h
Kalkulationslohn:	97,44 DM/h
Zuschlag auf Kostenart Baustoffe:	12 %

ursprünglicher Einheitspreis der Position		3.091,20 DM/t
abzüglich enthaltener Zuschlag		
■ Lohn	(97,44 – 54,60) DM/h x 20 h/t =	856,80 DM/t
■ Baustoffe	0,12 x 1.020,00 DM/t =	122,40 DM/t
Zuschlag insgesamt		979,20 DM/t
Einzelkosten der Position		2.112,00 DM/t

Der Zuschlagssatz für die allgemeinen Geschäftskosten, Wagnis und Gewinn auf die Herstellkosten beträgt 14,94 %.[22] Die Gemeinkosten der Teilleistung sind bereits mit der Ausgangsmenge eingespielt worden und werden deshalb nicht mehr beaufschlagt.

Der neue Einheitspreis der Position für die 24. Tonne ermittelt sich zu:

Einzelkosten der Position		2.112,00 DM/t
Zuschlag für AGK, Wagnis und Gewinn	2.112,00 DM/t x 0,1494 =	315,53 DM/t
neuer Einheitspreis der Position		2.427,53 DM/t

Es ergibt sich eine Differenz des ursprünglichen zum neuen Einheitspreis der Position 11 in Höhe von (3.091,20 DM/t – 2.427,53 DM/t =) 663,67 DM/t. Für die 1. bis 23. Tonne bleibt der Einheitspreis bei 3.091,20 DM/t. Dieser Rechenansatz ist nur dann richtig, wenn es sich bei den Gemeinkosten der Teilleistung um zeitfixe Gemeinkosten handelt.

2. Änderung des Einheitspreises bei Mindermengen

45 Während der Ausführung stellte sich heraus, dass die Menge der Position 11 des Leistungsverzeichnisses (Betonstahl IV R liefern, schneiden und verlegen) nicht korrekt berechnet worden war, anstelle von 21 t wurden lediglich 18 t Bewehrungsstahl eingebaut.

---

21 Vgl. *Drees/Paul*, a.a.O., S. 228.
22 Zu der Frage, ob eine Beaufschlagung mit allgemeinen Geschäftskosten, Wagnis und Gewinn zulässig ist, vgl. *Kapellmann/Schiffers*, Vergütung, Nachträge und Behinderungsfolgen beim Bauvertrag – Rechtliche und baubetriebliche Darstellung der geschuldeten Leistung und Vergütung sowie der Ansprüche des Auftragnehmers aus unklarer Ausschreibung, Mengenänderung, geänderter oder zusätzlicher Leistung und aus Behinderung gemäß VOB/B, Band 1: Einheitspreisvertrag, 4. völlig neu bearb. u. erw. Aufl. 2000, S. 199–201 (Rn 559–562).

C. Übliches deutsches Baukalkulationsschema

Pos	Text	Menge	Einh.	EP (DM)	GP (DM)
11	Betonstahl IV R liefern, schneiden und verlegen.	21	t	3.091,20	64.915,20

Da es sich um eine Mindermenge handelt, die sich um mehr als 10 % gegenüber der ausgeschriebenen Menge verringert, kann eine Anpassung des Einheitspreises vorgenommen werden. Die ermittelten Einzelkosten je Kostenart der Position 11 betragen:

Pos	Text/ Menge	AW h/ME	AW x Menge h	Baustoffe DM/ME	Baustoffe x Menge DM	Geräte DM/ME	Geräte x Menge DM	FL DM/ME	FL x Menge DM
11	21 t	20,00	420,00	1.020,00	21.420,00	0,00	0,00	0,00	0,00

Im ursprünglichen Einheitspreis in Höhe von 3.091,20 DM/t sind die anteiligen Gemeinkosten der Teilleistung, die allgemeinen Geschäftskosten sowie Wagnis und Gewinn enthalten.

Die Einzelkosten der Position berechnen sich wie folgt:

Mittellohn:	54,60 DM/h
Kalkulationslohn:	97,44 DM/h
Zuschlag auf Kostenart Baustoffe:	12 %

ursprünglicher Einheitspreis der Position		3.091,20 DM/t
abzüglich enthaltener Zuschlag		
■ Lohn	(97,44 − 54,60) DM/h x 20 h/t =	856,80 DM/t
■ Baustoffe	0,12 x 1.020,00 DM/t =	122,40 DM/t
Zuschlag insgesamt		979,20 DM/t
Einzelkosten der Position		2.112,00 DM/t

Der Zuschlagssatz für die allgemeinen Geschäftskosten, Wagnis und Gewinn auf die Herstellkosten beträgt 14,94 %. Der Auftragnehmer erhält für die Differenz zwischen ausgeschriebener und tatsächlich ausgeführter Menge anteilmäßig die Gemeinkosten und den Gewinn. Allerdings ist der Zuschlag um das anteilige Wagnis zu vermindern.[23] Es wird davon ausgegangen, dass von dem vierprozentigen Zuschlag für Wagnis und Gewinn die Hälfte auf das Wagnis entfällt. Der im Zuschlag von 14,94 % enthaltene Anteil für Wagnis beträgt prozentual:

$$\frac{2 \times 100}{100-13} = 2,30 \%$$

Zuschlag insgesamt		979,20 DM/t
abzüglich Zuschlag für Wagnis	2.112,00 DM/t x 0,023 =	48,58 DM/t
Zuschlag ohne Wagnisanteil		930,62 DM/t

Die Differenz von (21 t − 18 t =) 3 t ist mit einem Zuschlag von 930,62 DM/t anzusetzen: 3 t x 930,62 DM/t = 2.791,86 DM.

---

23 Vgl. auch das Berechnungsbeispiel in *Drees/Paul*, a.a.O., S. 229 f.

Der neue Einheitspreis der Position für die 1. bis 18. Tonne ermittelt sich zu:

ursprünglicher Einheitspreis		3.091,20 DM/t
Umlage des Zuschlages der 3 t auf die Gesamtmenge der Position von 18 t	2.791,86 DM : 18 t =	155,10 DM/t
neuer Einheitspreis		3.246,30 DM/t

Dieser Ansatz gilt wiederum nur, wenn es sich bei den Gemeinkosten der Teilleistung um zeitfixe Gemeinkosten handelt.

3. Beispiel für eine geänderte Leistung aufgrund einer Anordnung des Bauherrn

46 Der Auftraggeber ordnet nach Vertragsabschluss an, die Reihe Stützen aus Position 9 des Leistungsverzeichnisses durch eine Mittelwand zu ersetzen. Daraus folgt:
- Position 9 (Stützen) entfällt.
- Die Menge der Position 6 erhöht sich von 145 m³ auf 195 m³ (es wird davon ausgegangen, dass auf die Mittelwand 50 m³ entfallen).
- Die Menge der Position 10 reduziert sich von 22 t auf 20 t (es wird davon ausgegangen, dass 2 t der Bewehrung auf die Stützen entfallen).
- Die Menge der Position 11 erhöht sich auf 25 t (es wird davon ausgegangen, dass für die Mittelwand 4 t benötigt werden).

Durch diese Anordnung entfällt zwar der Arbeitsvorgang Nr. 9 des Bauablaufplanes mit 3,0 Tagen, aber der Arbeitsvorgang Nr. 8 verlängert sich um (22,0 – 16,5 =) 5,5 Tage. Da sich beide Vorgänge auf dem kritischen Weg befinden, ergibt diese Änderung eine verlängerte Bauzeit von (5,5 – 3,0 =) 2,5 Tagen (vgl. Abbildung 5).

Nr.	Titel	Balken Dauer
1	Gesamtdauer	82
2	Baustelleneinrichtun	2
3	Aushub	4.5
4	Grubenkies	0.5
5	Sauberkeitsschicht	3.5
6	Stahlbeton, Sohle	7.5
7	Fugenband	2
8	Stahlbeton, Wände	22
9	Stahlbeton, Decke	6.5
10	Dichtungsanstrich	2.5
11	Anschüttung	5
12	Baustelle räumen	1

Abbildung 5: Bauablaufplan 2

47 Für den Auftraggeber ergeben sich die nachfolgend angeführten Mehrkosten. Es wird davon ausgegangen, dass diese vom Auftragnehmer ordnungsgemäß und rechtzeitig gegenüber dem Auftraggeber angezeigt wurden.

Die 10 % – Regelung für Mehrmengen kommt analog dem unter Punkt II./1. (Änderung des Einheitspreises bei Mehrmengen) gerechneten Beispiel auch hier zur Anwendung, da der Bauunternehmer bei einer Anordnung des Bauherrn nicht schlechter gestellt werden soll als bei einer „zufälligen" Mengenmehrung.[24] Jedoch muss er Nachteile aus Mengenminderungen im Gegensatz zum unter Punkt II./2. (Änderung des Einheitspreises bei Mindermengen) gerechneten Beispiel nicht hinnehmen; die 10 % – Grenze gilt in diesem Fall also nicht.[25]

a) Mehrkosten aufgrund der Änderung

Die Mengen der Positionen 6 und 11 erhöhen sich infolge der Anordnung des Auftraggebers. Die Berechnung ist analog dem in II./1. angewandten Schema vorzunehmen.

Pos	Text	Menge	Einh.	EP (DM)	GP (DM)
6	Stahlbeton B 25 der Wände und des Pumpensumpfes, d = 30 cm, sonst wie Pos. 5.	145	m³	1.339,85	194.278,25
11	Betonstahl IV R liefern, schneiden und verlegen.	21	t	3.091,20	64.915,20

Bei beiden Positionen handelt es sich um eine Mehrmenge über 10 % gegenüber der ursprünglichen Ausschreibung.

Pos	LV-Menge	10 % der LV-Menge	LV-Menge + 10 %	geänderte Menge
6	145 m³	14,5 m³ –> 15 m³	160 m³	195 m³
11	21 t	2,1 t –> 2 t	23 t	25 t

Die ermittelten Einzelkosten je Kostenart der Positionen 6 und 11 betragen:

Pos	Text/ Menge	AW h/ME	AW x Menge h	Baustoffe DM/ME	Baustoffe x Menge DM	Geräte DM/ME	Geräte x Menge DM	FL DM/ME	FL x Menge DM
6	145 m³	11,18	1.621,10	213,13	30.903,85	10,50	1.522,50	0,00	0,00
11	21 t	20,00	420,00	1.020,00	21.420,00	0,00	0,00	0,00	0,00

Die Einzelkosten der Position 6 berechnen sich wie folgt:

Mittellohn: 54,60 DM/h
Kalkulationslohn: 97,44 DM/h
Zuschlag auf Kostenart Baustoffe: 12 %
Zuschlag auf Kostenart Geräte: 12 %

---

24 Vgl. *Kapellmann/Schiffers*, a.a.O., S. 175 (Rn 518).
25 Vgl. ebenda, S. 174 (Rn 513).

ursprünglicher Einheitspreis der Position   1.339,85 DM/m³
abzüglich enthaltener Zuschlag
- Lohn   (97,44−54,60) DM/h × 11,18 h/m³ =   478,95 DM/m³
- Baustoffe   0,12 × 213,13 DM/m³ =   25,58 DM/m³
- Geräte   0,12 × 10,50 DM/m³ =   1,26 DM/m³

Zuschlag insgesamt   505,79 DM/m³
Einzelkosten der Position   834,06 DM/m³

Der neue Einheitspreis der Position 6 ab dem 161. Kubikmeter ermittelt sich zu:

Einzelkosten der Position   834,06 DM/m³
Zuschlag für AGK, Wagnis und Gewinn   834,06 DM/m³ × 0,1494 =   124,61 DM/m³
neuer Einheitspreis der Position   958,67 DM/m³

Die Einzelkosten der Position 11 berechnen sich wie folgt:

ursprünglicher Einheitspreis der Position   3.091,20 DM/t
abzüglich enthaltener Zuschlag
- Lohn   (97,44−54,60) DM/h × 20 h/t =   856,80 DM/t
- Baustoffe   0,12 × 1.020,00 DM/t =   122,40 DM/t

Zuschlag insgesamt   979,20 DM/t
Einzelkosten der Position   2.112,00 DM/t

Der neue Einheitspreis der Position 11 ab der 24. Tonne ermittelt sich zu:

Einzelkosten der Position   2.112,00 DM/t
Zuschlag für AGK, Wagnis und Gewinn   2.112,00 DM/t × 0,1494 =   315,53 DM/t
neuer Einheitspreis der Position   2.427,53 DM/t

Die Mehrkosten betragen:

Position 6   15 m³ × 1.339,85 DM/m³ + (195−160) m³ × 958,67 DM/m³   53.651,20 DM
Position 11   2 t × 3.091,20 DM/t + (25−23) t × 2.427,53 DM/t =   11.037,46 DM
Summe   64.688,66 DM

b) Minderkosten aufgrund der Änderung

49 Infolge der Anordnung des Auftraggebers entfällt die Position 9. Außerdem verringert sich die Menge der Position 10. Da es sich bei der Position 10 im Ergebnis um eine angeordnete Mengenminderung handelt, wird ein neuer Einheitspreis für diese Position berechnet.

Pos	Text	Menge	Einh.	EP (DM)	GP (DM)
9	Stahlbeton B 25 der Stützen, b/d = 30 cm, einschl. glatter Schalung herstellen, aber ohne Bewehrung (Pos. 10).	5	m³	3.826,59	19.132,95
10	Betonstahl III K liefern, schneiden, biegen und verlegen.	22	t	3.937,92	86.634,24

C. Übliches deutsches Baukalkulationsschema §13

Die ermittelten Einzelkosten je Kostenart der Positionen 9 und 10 betragen:

Pos	Text/ Menge	AW h/ME	AW x Menge h	Baustoffe DM/ME	Baustoffe x Menge DM	Geräte DM/ME	Geräte x Menge DM	FL DM/ME	FL x Menge DM
9	5 m³	35,5	177,5	317,60	1.588,00	10,50	52,50	0,00	0,00
10	22 t	28,0	616,0	1.080,00	23.760,00	0,00	0,00	0,00	0,00

Die Einzelkosten der Position 9 berechnen sich wie folgt:

Mittellohn:	54,60 DM/h
Kalkulationslohn:	97,44 DM/h
Zuschlag auf Kostenart Baustoffe:	12 %
Zuschlag auf Kostenart Geräte:	12 %

ursprünglicher Einheitspreis der Position		3.826,59 DM/m³
abzüglich enthaltener Zuschlag		
■ Lohn	(97,44 – 54,60) DM/h x 35,5 h/m³ =	1.520,82 DM/m³
■ Baustoffe	0,12 x 317,60 DM/m³ =	38,11 DM/m³
■ Geräte	0,12 x 10,50 DM/m³ =	1,26 DM/m³
Zuschlag insgesamt		1.560,19 DM/m³
Einzelkosten der Position		2.266,40 DM/m³

Der Auftragnehmer erhält für die Differenz zwischen ausgeschriebener und tatsächlich ausgeführter Menge anteilsmäßig die Gemeinkosten und den Gewinn, der Zuschlag ist jedoch um das anteilige Wagnis zu kürzen.

Zuschlag insgesamt		1.560,19 DM/m³
abzüglich Zuschlag für Wagnis	2.266,40 DM/m³ x 0,023 =	52,13 DM/m³
Zuschlag ohne Wagnisanteil		1.508,06 DM/m³

Die Differenz von (5 m³ – 0 m³ =) 5 m³ ist mit einem Zuschlag von 1.508,06 DM/m³ anzusetzen: 5 m³ x 1.508,06 DM/m³ = 7.540,30 DM.

Die Einzelkosten der Position 10 berechnen sich wie folgt:

ursprünglicher Einheitspreis der Position		3.937,92 DM/t
abzüglich enthaltener Zuschlag		
■ Lohn	(97,44 – 54,60) DM/h x 28 h/t =	1.199,52 DM/t
■ Baustoffe	0,12 x 1.080,00 DM/t =	129,60 DM/t
Zuschlag insgesamt		1.329,12 DM/t
Einzelkosten der Position		2.608,80 DM/t

Zuschlag insgesamt		1.329,12 DM/t
abzüglich Zuschlag für Wagnis	2.608,80 DM/t x 0,023 =	60,00 DM/t
Zuschlag ohne Wagnisanteil		1.269,12 DM/t

Die Differenz von (22 t – 20 t =) 2 t ist mit einem Zuschlag von 1.269,12 DM/t anzusetzen: 2 t x 1.269,12 DM/t = 2.538,24 DM.

Der neue Einheitspreis der Position 10 für die 1. bis 20. Tonne ermittelt sich zu:

ursprünglicher Einheitspreis		3.937,92 DM/t
Umlage des Zuschlages der 2 t auf die Gesamtmenge der Position von 20 t	2.538,24 DM : 20 t =	126,91 DM/t
neuer Einheitspreis		4.064,83 DM/t

Die Minderkosten betragen:

Position 9	19.132,95 DM – 7.540,30 DM =	11.592,65 DM
Position 10	86.634,24 DM – 20 t x 4.064,83 DM/t =	5.337,64 DM
Summe		16.930,29 DM

c) Veränderungen bei den Gemeinkosten der Teilleistungen

50 Infolge der Änderungsanordnung des Auftraggebers verlängert sich die Bauzeit von 79,5 KT auf 82,0 KT. Das hat eine Erhöhung der zeitvariablen Gerätekosten sowie der zeitvariablen Kosten der Baustelle zur Folge. Es wird eine proportionale Beziehung zwischen Bauzeit und zeitvariabler Gemeinkostenveränderung unterstellt.

Bauzeit in KT	79,5	82,0	Differenz (2,5)
zeitvariable Gerätekosten der Baustelle in DM	16.125,00	16.632,08	507,08
zeitvariable Kosten der Baustelle in DM	20.305,75	20.944,30	638,55
Hilfslöhne in DM	106 h x 54,60 DM/h = 5.787,60 DM	109 h x 54,60 DM/h = 5.951,40 DM	163,80
Summe in DM	42.218,35	43.527,78	1.309,43

d) Gesamtmehrkosten

51

Mehrkosten	64.688,66 DM
zusätzliche Gemeinkosten der Teilleistungen	1.309,43 DM
abzüglich Minderkosten	16.930,29 DM
	49.067,80 DM

Durch die Änderungsanordnung entstehen dem Auftraggeber Mehrkosten in Höhe von 49.067,80 DM.

4. Beispiel für eine Behinderung aus der Sphäre des Auftraggebers

52 Die für die neue Mittelwand erforderlichen Pläne wurden mit einem Verzug von 10 AT entgegen der vertraglichen Vereinbarung geliefert. Dieser Planverzug betrifft den Vorgang Nummer 8 des Bauablaufplanes (vgl. Abbildung 5). Da sich dieser Vorgang auf dem kritischen Weg befindet, muss der Bauablauf modifiziert werden (vgl. Abbildung 6). Dabei ist festzustellen, dass die Arbeiten infolge des Verzuges nicht vor Weihnachten abgeschlossen werden können und zudem die betriebliche Ruhezeit vom 27.12.2000 bis 29.12.2000 berücksichtigt werden muss. Es ergibt sich eine Gesamtverzögerung von (101,5 – 79,5 =) 22 Tagen gegenüber der vertraglich vereinbarten Bauzeit, unter Einschluss der Änderungsanordnung des Auftraggebers ergibt sich eine Verzögerung von (101,5 – 82,0 =) 19,5 Tagen.

C. Übliches deutsches Baukalkulationsschema § 13

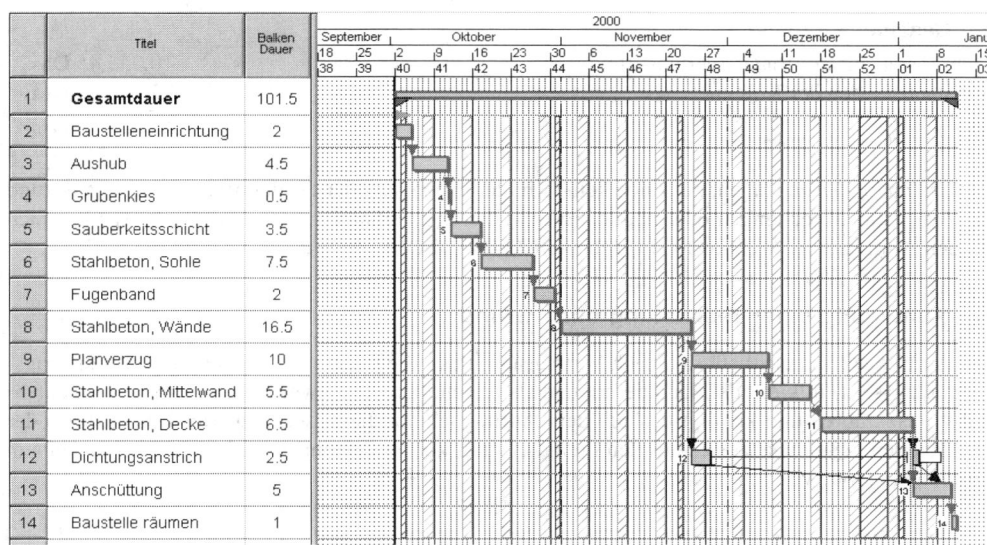

Abbildung 6: Bauablaufplan 3

Allerdings wird vom Bauunternehmer erwartet, seine frei gewordenen Ressourcen anderweitig einzusetzen. In diesem Fall kann er den Vorgang Nr. 12 des Bauablaufplanes (Dichtungsanstrich der Außenwände) vorziehen, allerdings nicht den Vorgang Nr. 11 (Stahlbeton Decke). Für die 49. KW kann der Auftragnehmer seine Kolonne anderweitig einsetzen. Nachfolgend erfolgt die Kalkulation der Mehrkosten, die sich aufgrund der auftraggeberseitigen Behinderung ergeben. 53

a) Mehrkosten aufgrund der Verlängerung der Bauzeit

Aufgrund des Planlieferverzuges des Auftraggebers verlängert sich die Bauzeit auf (79,5 + 19,5 =) 99 KT. Dadurch kommt es zu einer Erhöhung der zeitvariablen Kosten. Es wird eine proportionale Beziehung zwischen Bauzeit und zeitvariabler Gemeinkostenveränderung unterstellt. 54

Bauzeit in KT	79,5	99,0	Differenz (19,5)
zeitvariable Gerätekosten der Baustelle in DM	16.125,00	20.080,19	3.955,19
zeitvariable Kosten der Baustelle in DM	20.305,75	25.286,41	4.980,66
Hilfslöhne in DM	106 h x 54,60 DM/h = 5.787,60	132 h x 54,60 DM/h = 7.207,20	1.419,60
Summe in DM	42.218,35	52.573,80	10.355,45

b) Stillstandskosten der Kolonne

In der 48. KW kann für die gesamte Kolonne kein Ersatz nach Teilbeendigung des Dichtungsanstriches gefunden werden, so dass für 4 Arbeitstage (AT) Stillstandskosten entstehen. 55

13 AK x 4 AT x 8 h/AT x 54,60 DM/h = 22.713,60 DM

c) Gesamtmehrkosten

56 | | |
|---|---|
| Mehrkosten aus der Bauzeitverlängerung | 10.355,45 DM |
| Stillstandskosten der Kolonne | 22.713,60 DM |
| | 33.069,05 DM |

Es wird davon ausgegangen, dass sich keine Minderleistungen oder Produktivitätsverluste aufgrund der Arbeitsunterbrechungen oder ungünstigere Witterungsverhältnisse ergeben. Somit ergeben sich für den Auftraggeber Mehrkosten in Höhe von 33.069,05 DM.

5. Kündigung einer Teilleistung ohne Grund

57 Der Auftraggeber entschließt sich nach Vertragsabschluss, die Leistung der Position 3 des Leistungsverzeichnisses (Füllkies oder Sand liefern und als Anschüttung lagenweise einbauen und verdichten) selbst auszuführen und kündigt deshalb dem Auftragnehmer diese Leistung. Der Einheitspreis der betreffenden Position setzt sich aus den Fremdleistungskosten in Höhe von 22,15 DM/m^3 und einem Zuschlag in Höhe von 8 % zusammen.

Pos	Text/ Menge	AW h/ME	Lohn DM/ME x 97,44	Baustoffe DM/ME	Baustoffe DM/ME x 1,12	Geräte DM/ME	Geräte DM/ME x 1,12	Fremdl. DM/ME	Fremdl. DM/ME x 1,08	EP DM/ME
3	2.500 m^3	0,00	0,00	0,00	0,00	0,00	0,00	22,15	23,92	23,92

Dem Auftragnehmer steht die volle vereinbarte Vergütung für die betreffende Teilleistung abzüglich der ersparten Kosten zu. Bei der Position 3 handelt es sich um eine Fremdleistungsposition. Es wird angenommen, dass der Auftragnehmer einen entsprechenden Nachunternehmer mit der Ausführung der Leistung noch nicht beauftragt hat. Somit sind die Kosten für die Fremdleistung in Höhe von 22,15 DM/m^3 erspart.

Vertraglich vereinbarte Vergütung für Position 3	23,92 DM/m^3
abzüglich ersparte Kosten für Position 3	22,15 DM/m^3
dem Auftragnehmer zustehende Vergütung für Position 3	1,77 DM/m^3

Die dem Auftragnehmer zustehende Vergütung für die Position beträgt demnach (1,77 DM/m^3 x 2.500 m^3 =) 4.425,00 DM.

6. Kündigung einer Teilleistung mit wichtigem Grund

58 Der Auftragnehmer hat nach Beendigung des Dichtungsanstriches Insolvenz angemeldet. Demzufolge kündigt ihm der Auftraggeber aus wichtigem Grund. Die Teilleistung der Position 3 des Leistungsverzeichnisses (Füllkies oder Sand liefern und als Anschüttung lagenweise einbauen und verdichten) wird durch den ursprünglichen Auftragnehmer nicht mehr ausgeführt. Somit entfällt für ihn die komplette Vergütung für diese Teilleistung.

Vertraglich vereinbarte Vergütung für Position 3	23,92 DM/m^3
dem Auftragnehmer zustehende Vergütung für Position 3	0,00 DM/m^3

Die Vergütung für die gesamte Position beträgt demnach (0,00 DM/m^3 x 2.500 m^3 =) 0,00 DM.

7. Kalkulationsbeispiel Beschleunigungskosten[26]

a) Vertragsinhalt

Ein Bauunternehmen (Auftragnehmer) hat mit einer Immobiliengesellschaft (Auftraggeber) einen Einheitspreisvertrag zur Erstellung eines Wohn- und Geschäftshauses angenommen.

Es ist geplant, in der Baugrube einen Neubau mit einem Untergeschoss und vier Obergeschossen zu errichten. Der Rohbau soll eine Stahlbetonkonstruktion sein, die auf Streifenfundamenten gegründet und direkt auf das vom Auftragnehmer zu erstellende Planum betoniert wird. Das Baugelände ist eben und liegt auf einer Höhe von 42,70 müNN.

Es kann eine abgeböschte Baugrube ausgeführt werden. Die Errichtung einer Wasserhaltungsanlage und deren Vorhaltung ist nicht notwendig. Da das zu erstellende Bauvorhaben im historischen Kern der Altstadt liegt, ist es zwingend erforderlich, baubegleitende archäologische Grabungen zu gewährleisten. Die beauftragten Leistungen beinhalten vordergründig Aushubarbeiten im Zusammenhang mit archäologischen Untersuchungen und die Erstellung des Rohbaus, der im Wesentlichen aus Beton-, Putz-, Estrich- und Abdichtungsarbeiten besteht.

b) Terminvereinbarungen

Die Auftragserteilung erfolgte am 08.02.2000. Mit den übertragenen Arbeiten auf der Baustelle beginnt der Auftragnehmer bis zum 01.03.2000. Die Fertigstellung der vom Auftragnehmer übernommenen Leistungen erfolgt spätestens innerhalb von 30 Wochen nach Beginn der Arbeiten auf der Baustelle (22.09.2000).

c) Vertraglicher Soll-Bauablauf

Auf der Grundlage des Rahmenterminplanes der Verdingungsunterlagen und den vertraglich beschriebenen Terminvereinbarungen wurde ein zusammenhängender Detailterminplan (vgl. Soll-Bauablauf in Abbildung 7) erstellt. Die Anordnungsbedingungen bzw. Vorgangsverknüpfungen technologischer und kapazitiver Art der vollständigen Vernetzung wurden dabei unter Berücksichtigung der bautechnischen Erfordernisse in den Terminplan eingearbeitet. Der erstellte Bausoll-Terminplan ist somit den vertraglichen Vereinbarungen kongruent.

d) Gewählte Beschleunigungsmaßnahmen

Gemäß Aussage des Auftraggebers besteht die Möglichkeit, die restlichen Büro- und Geschäftsflächen an eine große deutsche Bankgesellschaft zu vermieten. Voraussetzung dafür wäre jedoch, dass der Bezug dieser Flächen sechs Wochen früher möglich ist als ursprünglich geplant. Der Auftraggeber fragt daher beim Auftragnehmer an, ob es möglich ist, die Bauzeit um sechs Wochen zu verkürzen und bittet um die Bezifferung der Beschleunigungskosten.

Gemäß dem Bausoll-Terminplan liegen hauptsächlich die Aushubarbeiten und die Stahlbetonarbeiten auf dem kritischen Weg. Das heißt, eine Verkürzung der Bauzeit kann nur bei diesen Arbeiten durch entsprechende Maßnahmen erreicht werden.

---

[26] Das Beispiel ist mit geringfügigen Veränderungen entnommen aus: *Hahm*, Kalkulation von Beschleunigungsmaßnahmen unter Zugrundelegung von alternativen Terminplänen mit kritischem Weg, Diplomarbeit, 2000, S. 52–81.

§ 13 Baukalkulation

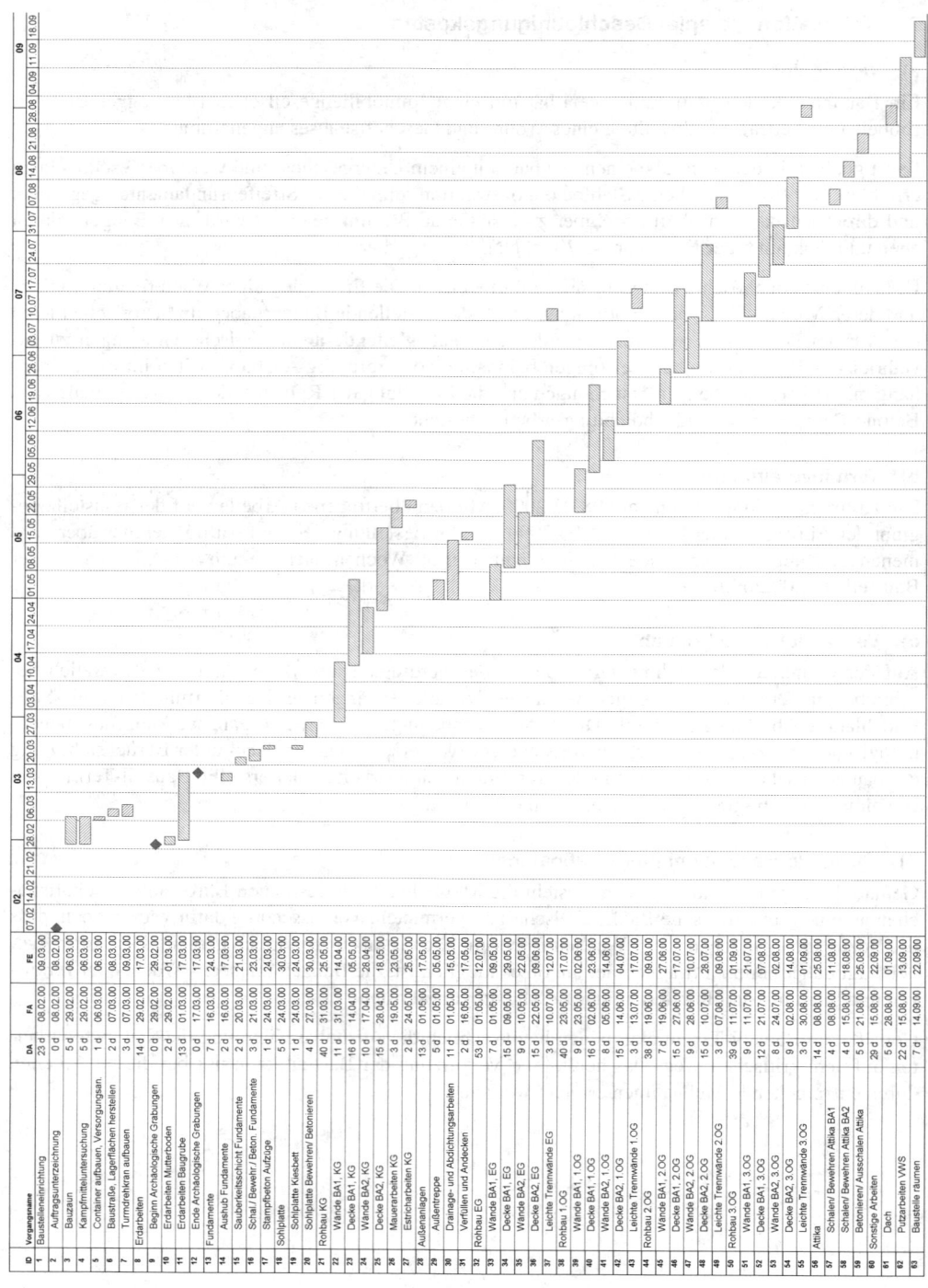

Abbildung 7: Soll-Bauablauf

C. Übliches deutsches Baukalkulationsschema § 13

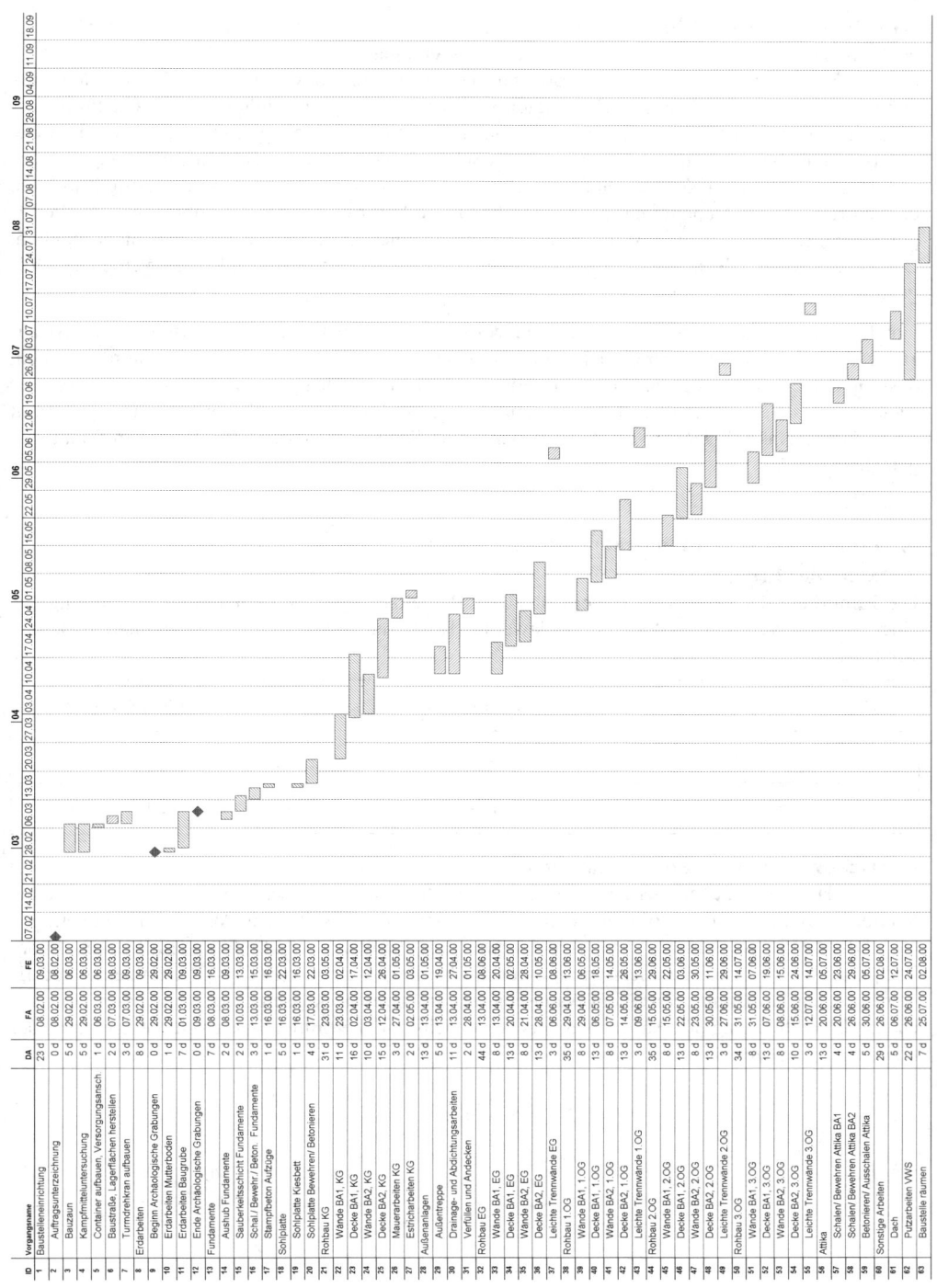

Abbildung 8: Beschleunigter Soll-Bauablauf

64 Da aufgrund der baubegleitenden archäologischen Grabungen eine Kapazitätserhöhung der Erdbaugeräte nahezu ausgeschlossen ist, kommt als Beschleunigungsmaßnahme insbesondere die Einführung eines Zwei-Schicht-Betriebes in Betracht. Die Einführung des Schichtbetriebes bei den Aushubarbeiten ergibt gemäß dem beschleunigten Soll-Bauablauf (vgl. Abbildung 8) folgende Probleme: Zum einen verschiebt sich der Beginn der Schalungsarbeiten in eine witterungsungünstige Periode, so dass gerade bei den witterungsempfindlichen Schalungsarbeiten mit einer Minderleistung zu rechnen ist. Des weiteren muss eine Alternative für den Abtransport des Erdaushubes aufgestellt werden, da die ortsansässige Deponie nur bis 18.00 Uhr für die Verbringung der Aushubmengen zur Verfügung steht. Ohne Alternative ist damit die Einführung eines Zwei-Schicht-Betriebes nicht möglich. Die Alternative und die aus dieser Beschleunigungsmaßnahme entstehenden Kosten werden nachfolgend behandelt.

65 Um die Stahlbetonarbeiten zu beschleunigen, wird zum einen die tägliche Arbeitszeit von 8 h/AT auf 10 h/AT erhöht und zum anderen auch auf das Wochenende erweitert. Voraussetzung dafür ist jedoch, dass die Anlieferung des Transportbetons teilweise auch am Wochenende erfolgen muss. Die mit der Lieferung des Betons beauftragte Firma kann dies grundsätzlich ermöglichen. Es muss jedoch mit einer Zulage von 6,00 DM/m³ für die Anlieferung an Samstagen bzw. 18,00 DM/m³ an Sonntagen gerechnet werden.

e) Ermittlung der Bauzeitverkürzung
■ **Dauer der Erdarbeiten**

66 Die Ermittlung der verkürzten Dauern für die Erdarbeiten ergibt sich unter Berücksichtigung des eingeführten Zwei-Schicht-Betriebes als jeweilige Halbierung der ursprünglich kalkulierten Dauern wie folgt:

Vorgang	kalkulierte Dauer	Dauer nach Beschleunigung
Erdarbeiten Mutterboden	2 AT	1 AT
Erdarbeiten Baugrube	13 AT	7 AT

■ **Dauer zur Erstellung der Wände und Decken**

67 Da sich das Bauvorhaben aus zwei gleich großen Bauabschnitten zusammensetzt, wurde für die Stahlbetonarbeiten an den Normalgeschossen ein Taktplan aufgestellt. Die Ausschalfristen betragen nach DIN 1045 Abschnitt 12.3.1 mindestens zwei Tage für Wände und fünf Tage für Decken. In der Taktplanung des Auftragnehmers wurden nur die Normalgeschosse (EG bis 3. OG) betrachtet. Es wurde mit der Vorhaltung von einem Wandschalsatz und zwei Deckenschalsätzen kalkuliert. Entsprechend der Taktplanung des Auftragnehmers ist zunächst zu überprüfen, inwieweit die Erhöhung der täglichen Arbeitszeit überhaupt sinnvoll ist.[27]

---

27 Ausführliche Berechnung: *Hahm*, a.a.O., S. 57–60.

C. Übliches deutsches Baukalkulationsschema § 13

Vorgang	kalkulierte Dauer	Bemerkung
Einschalen Wände	3,0 AT	
Bewehren Wände	1,5 AT	
Betonieren Wände	1,0 AT	Überstunden nicht erforderlich
Ausschalen Wände	2,0 AT	Überstunden bereits einkalkuliert, daher nicht anrechenbar
Einschalen Decken	2,0 AT	Überstunden nicht erforderlich
Bewehren Decken	1,0 AT	Überstunden nicht erforderlich
Betonieren Decken	1,0 AT	Überstunden nicht erforderlich
Ausschalen Decken	1,0 AT	Überstunden nicht erforderlich

Die Berechnungen haben ergeben, dass Überstundenarbeit nur sinnvoll auf die Vorgänge „Einschalen Wände" und „Bewehrung Wände" anzuwenden ist. Folglich werden die restlichen Vorgänge der Taktplanung nicht mit Überstunden ausgeführt. Die Ausführung dieser Vorgänge an Samstagen und Sonntagen bleibt jedoch weiterhin Bestandteil der Beschleunigung.

f) Ermittlung der Beschleunigungskosten
■ **Mehrkosten aus Nachtarbeit**

Gemäß der Auftragskalkulation des Auftragnehmers ergibt sich ein kalkulierter Lohnstundenaufwand für das Abschieben und Zwischenlagern des Mutterbodens von 21 h, für den Aushub der Baugrube von 100 h und für den Abtransport des Bodens von 950 h. Folglich ergeben sich die Lohnstunden der Aushubarbeiten wie folgt:

Lohnstunden Aushub = (21 + 100 + 950) h = 1.071 h

Die Frühschicht arbeitet von 8.00 Uhr bis 17.00 Uhr (inklusive 1 h Pause) und die Spätschicht von 17.00 Uhr bis 2.00 Uhr (inklusive 1 h Pause). Als Nachtarbeit im Sinne der Zuschlagsbestimmungen des Bundesrahmentarifvertrages (BRTV) gilt bei einem Zwei-Schicht-Betrieb die Zeit von 22.00 Uhr bis 6.00 Uhr. Damit entfallen von den insgesamt 16 h Tagesarbeitszeit 4 h auf Nachtarbeit. Das entspricht einem Viertel der Gesamtstunden. Der Zuschlagssatz für Nachtarbeit beträgt gemäß BRTV 20 %. Nachfolgend wird der Zuschlagssatz für Nachtarbeit in den aus der Auftragskalkulation des Auftragnehmers entnommenen Mittellohn eingearbeitet:

Grundmittellohn Erdarbeiten		24,96 DM/h
Nachtzuschlag (20 % auf 25 % der Stunden)	0,2 x 0,25 x 24,96 DM/h =	1,25 DM/h
Schmutzzulage (1,55 DM/h auf 3 % der Stunden)	1,55 DM/h x 0,03 =	0,05 DM/h
= Mittellohn (A)		26,26 DM/h
Sozialkosten (S) (97,64 % von 26,26 DM/h)	0,9764 x 26,26 DM/h =	25,64 DM/h
= Mittellohn (AS)		51,90 DM/h
Lohnnebenkosten (L)		2,47 DM/h
= Mittellohn (ASL)		54,37 DM/h

Mit dem aus der Auftragskalkulation entnommenen Mittellohn von 51,90 DM/h ergeben sich folgende Mehrkosten aus Nachtzuschlägen:

$$K_{Nacht} = 1.071 \text{ h} \times (54{,}37 \text{ DM/h} - 51{,}90 \text{ DM/h}) = 2.645{,}37 \text{ DM}$$

■ Mehrkosten aus Anmietung eines Zwischenlagerplatzes

70   Der auf der Baustelle ausgehobene Boden wird kontinuierlich auf LKW's verladen und muss im Umlaufbetrieb auf die Deponie verbracht werden. Die vom Auftragnehmer anzufahrende Deponie hat an den Werktagen (Montag bis Freitag) bis 18.00 Uhr geöffnet. Somit müssten die Aushubarbeiten auf der Baustelle gegen 17.00 Uhr eingestellt werden. Die tägliche Arbeitszeit für den Aushub von 7.00 Uhr bis 17.00 Uhr entspricht dabei dem kalkulierten Aufwand. Damit die Arbeiten auch nach 17.00 Uhr fortgesetzt werden können, muss der Auftragnehmer einen Zwischenlagerplatz in der Nähe der Deponie anmieten. Die Anmietung dieser Fläche erfolgt vorrangig unter dem Gesichtspunkt, die Tagesleistungen der Aushubarbeiten einhalten zu können. Der nach 17.00 Uhr anfallende Aushub wird auf diesem Platz zwischengelagert und am nächstfolgenden Arbeitstag auf die Deponie transportiert. Der Aushub der Baugrube beginnt gemäß dem beschleunigten Soll-Bauablauf (vgl. Abbildung 8) am 01.03.2000 und endet am 09.03.2000. Somit ergeben sich folgende Mietkosten:

$$K_M = 250{,}00 \text{ DM/Tag} \times 9 \text{ Tage} = 2.250{,}00 \text{ DM}$$

71   Um diesen Ablauf zu gewährleisten, ist es zwingend erforderlich, dass zusätzliche Transporteinheiten (LKW einschließlich Bedienungspersonal) sowie ein zusätzliches Ladegerät (Radlader einschließlich Bedienungspersonal) auf dem Zwischenlagerplatz eingesetzt werden. Die Leistungsberechnung[28] hat ergeben, dass zwei LKW zur Bedienung des Radladers erforderlich sind. Für die beiden LKW's und den Radlader sind gemäß der Auftragskalkulation des Auftragnehmers nachstehende Vorhaltekosten anzusetzen.

Gerät	Kostenbestandteile	Vorhaltekosten
LKW	Abschreibung, Verzinsung, Reparatur	772,40 DM/Tag
Bereifung	Abschreibung, Verzinsung	55,00 DM/Tag
Summe		827,40 DM/Tag
Radlader	Abschreibung, Verzinsung, Reparatur	636,69 DM/Tag
Bereifung	Abschreibung, Verzinsung	22,67 DM/Tag
Summe		659,36 DM/Tag

Die Anmietung des Zwischenlagerplatzes erfolgte am 01.03.2000. Der Zeitraum bis zur Fertigstellung der Erdarbeiten am 09.03.2000 ist als Vorhaltezeit für diese Geräte anzusetzen. Somit ergeben sich insgesamt 9 Tage. Unter Zugrundelegung dieser Vorhaltezeit ergeben sich die nachstehenden zusätzlichen Vorhaltekosten:

$$K_{V,\ LKW} = 9 \text{ Tage} \times 827{,}40 \text{ DM/Tag} \times 2 \text{ Geräte} = 14.893{,}20 \text{ DM}$$

$$K_{V,\ Rad} = 9 \text{ Tage} \times 659{,}36 \text{ DM/Tag} = 5.934{,}24 \text{ DM}$$

---

28 Vgl. *Hahm*, a.a.O., S. 64 f.

Für die Geräteführer muss der Mittellohn neu ermittelt werden, da es sich hierbei um eine Kapazitätserhöhung handelt. Entsprechend der Auftragskalkulation des Auftragnehmers beziffert sich der Gesamttarifstundenlohn für einen Maschinenführer auf 26,87 DM/h und für einen Kraftfahrer auf 24,74 DM/h. Unter der Voraussetzung, dass die drei Arbeitskräfte jeweils die gleiche Stundenzahl beschäftigt sind, ermittelt sich der anzusetzende Mittellohn wie folgt:

Grundmittellohn	$(26,87 + 2 \times 24,74)$ DM/h : 3 AK =	25,45 DM/h
Schmutzzulage (1,55 DM/h auf 3 % der Stunden)	1,55 DM/h x 0,03 =	0,05 DM/h
= Mittellohn (A)		25,50 DM/h
Sozialkosten (S) (97,64 % von 25,50 DM/h)	0,9764 x 25,50 DM/h =	24,90 DM/h
= Mittellohn (AS)		50,40 DM/h
Lohnnebenkosten (L)		2,47 DM/h
= Mittellohn (ASL)		52,87 DM/h

Für das Bedienungspersonal sind durch die 7 AT folgende Kosten entstanden:

$$K_{Lohn} = 7 \text{ AT} \times 8 \text{ h/AT} \times 3 \text{ AK} \times 52,87 \text{ DM/h} = 8.882,16 \text{ DM}$$

■ Mehrkosten aus Überstundenzuschlägen

Bei der Herstellung der Wände wird die Verkürzung der Bauzeit durch Mehrarbeit herbeigeführt, da die Möglichkeiten zur kurzfristigen Bereitstellung von zusätzlichen Kapazitäten begrenzt sind und für diese auch höhere Einarbeitungsaufwendungen nötig wären.

Aus der Auftragskalkulation des Auftragnehmers ergeben sich insgesamt 378 kalkulierte Arbeitsstunden für das Einschalen und 96 kalkulierte Arbeitsstunden für das Bewehren der Wände pro Bauabschnitt (BA). Damit ergibt sich der Gesamtstundenaufwand für das Einschalen und Bewehren der Wände wie folgt:

Stundenaufwand = (378 h/BA + 96 h/BA) x 10 BA = 4.740 h

Die wöchentliche Arbeitszeit dieser Tätigkeiten setzt sich wie folgt zusammen:

Wochentage	Beginn	Ende	Pause	Arbeitszeit	Überstunden
Mo. bis Fr.	8.00 Uhr	19.00 Uhr	1 h	10 h	2 h
Sa., So.	8.00 Uhr	17.00 Uhr	1 h	8 h	8 h
Summe	10 h/AT x 5 AT + 8 h/AT x 2 AT = 2 h/AT x 5 AT + 8 h/AT x 2 AT =			66 h	26 h

Der prozentuale Anteil der wöchentlichen Überstunden an den Gesamtwochenstunden ergibt sich folglich zu: $P_{über}$ = 26 h : 66 h x 100 % = 39,39 %.

Davon entfallen auf die Werktage (Montag bis Samstag) 27,27 % und auf Sonntage 12,12 %. Dementsprechend berechnet sich der veränderte Mittellohn aus Zuschlägen für Überstunden gemäß dem BRTV wie folgt:

§ 13 Baukalkulation

Grundmittellohn Taktarbeiten		23,83 DM/h
Zuschlag (Mo. bis Sa.) (25 % auf 27,27 % der Stunden)	0,25 x 0,273 x 23,83 DM/h =	1,63 DM/h
Zuschlag (So.) (75 % auf 12,12 % der Stunden)	0,75 x 0,121 x 23,83 DM/h =	2,16 DM/h
Schmutzzulage (1,55 DM/h auf 3 % der Stunden)	1,55 DM/h x 0,03 =	0,05 DM/h
= Mittellohn (A)		27,67 DM/h
Sozialkosten (S) (97,64 % von 27,67 DM/h)	0,9764 x 27,67 DM/h =	27,02 DM/h
= Mittellohn (AS)		54,69 DM/h
Lohnnebenkosten (L)		2,47 DM/h
= Mittellohn (ASL)		57,16 DM/h

Der aus der Auftragskalkulation des Auftragnehmers entnommene Mittellohn für die Taktarbeiten beträgt 49,55 DM/h. Es ergeben sich nachfolgende Mehrkosten:

$$K_{\text{Überst}} = 4.740 \text{ h} \times (57,16 \text{ DM/h} - 49,55 \text{ DM/h}) = 36.071,40 \text{ DM}$$

Mit den kalkulierten Gesamtstunden ergibt sich für die restlichen Tätigkeiten – mit Ausnahme Schalung und Bewehrung Wände – ein Gesamtstundenaufwand in Höhe von 5.160 h.

Die wöchentliche Arbeitszeit für diese Tätigkeiten setzt sich (einschließlich der Arbeit an den Wochenenden) wie folgt zusammen:

Wochentage	Beginn	Ende	Pause	Arbeitszeit	Überstunden
Mo. bis Fr.	8.00 Uhr	17.00 Uhr	1 h	8 h	0 h
Sa., So.	8.00 Uhr	17.00 Uhr	1 h	8 h	8 h
Summe	8 h/AT x 5 AT + 8 h/AT x 2 AT = 8 h/AT x 2 AT =			56 h	16 h

Der prozentuale Anteil der Arbeit bzw. Überstunden an den Wochenenden in Relation zu den Gesamtwochenstunden ergibt sich folglich zu: $P_{\text{über}} = 16 \text{ h} : 56 \text{ h} \times 100 \% = 28,57 \%$.

Davon entfallen je 14,28 % auf Samstage und auf Sonntage. Dementsprechend berechnet sich der veränderte Mittellohn aus Überstunden gemäß dem BRTV wie folgt:

Grundmittellohn Taktarbeiten		23,83 DM/h
Zuschlag (Sa.) (25 % auf 14,28 % der Stunden)	0,25 x 0,143 x 23,83 DM/h =	0,85 DM/h
Zuschlag (So.) (75 % auf 14,28 % der Stunden)	0,75 x 0,143 x 23,83 DM/h =	2,56 DM/h
Schmutzzulage (1,55 DM/h auf 3 % der Stunden)	1,55 DM/h x 0,03 =	0,05 DM/h
= Mittellohn (A)		27,29 DM/h
Sozialkosten (S) (97,64 % von 27,29 DM/h)	0,9764 x 27,29 DM/h =	26,65 DM/h
= Mittellohn (AS)		53,94 DM/h
Lohnnebenkosten (L)		2,47 DM/h
= Mittellohn (ASL)		56,41 DM/h

Der aus der Auftragskalkulation des Auftragnehmers entnommene Mittellohn für die Taktarbeiten beträgt 49,55 DM/h. Es ergeben sich nachfolgende Mehrkosten:

$$K_{Zuschl} = 5.160\ h \times (56{,}41\ DM/h - 49{,}55\ DM/h) = \qquad 35.397{,}60\ DM$$

■ Produktivitätsminderung durch Überstunden

Die Produktivitätsminderung durch Überstunden ist die Folge des Leistungsabfalls des Arbeitnehmers für die über die normale Arbeitszeit hinausgehende Zeit und kann im vorliegenden Fall nur für die Einschalungs- und Bewehrungsarbeiten der Wände berücksichtigt werden. Sie berechnet sich wie folgt:[29]

tägliche Arbeitszeit: $\quad T = 10{,}00\ h$
Gesamtleistung des Tages: $\quad E_t = 12 - 16 \times (1 - T/16)^2 = 12 - 16 \times (1 - 10{,}00\ h/16)^2 = 9{,}75\ h$
Minderleistungsfaktor: $\quad M = 1 - E_t/T = 1 - 9{,}75\ h/10{,}00\ h = 0{,}025\ (2{,}5\ \%)$

Die Produktivitätsminderung kann nicht für die Samstage und Sonntage geltend gemacht werden, da hier die tägliche Arbeitszeit 8 h beträgt. Wie bereits berechnet, beziffert sich die wöchentliche Arbeitszeit für das Einschalen und Bewehren der Wände auf 66 h. Davon entfallen 50 h auf die normalen Wochentage (Montag bis Freitag). Diese 50 h entsprechen einem prozentualen Anteil von (50 h : 66 h x 100 % =) 75,76 % der Gesamtwochenstunden. Folglich ermitteln sich die Mehrkosten aus Produktivitätsminderung durch Überstunden beim Einschalen und Bewehren der Wände gemäß der nachfolgenden Rechnung:

$$K_{Prod} = 4.740\ h \times 0{,}7576 \times 57{,}16\ DM/h \times 0{,}025 = \qquad 5.131{,}57\ DM$$

■ Mehrkosten aus witterungsbedingten Minderleistungen

Aufgrund des beschleunigten Bauablaufes verschieben sich die Arbeiten zur Erstellung der Wände (KG) im Bauabschnitt 1 in eine witterungsungünstige Zeit.

Die einzelnen witterungsbedingten Minderleistungen berechnen sich entsprechend der nachfolgenden Gleichung:[30]

$w = m \times f \times a \times t_w : t$

w: Minderleistung an einer Teilleistung in Lohnstunden
m: prozentuale witterungsbedingte Minderleistung einer Tätigkeit
f: Anteil der Tage mit Witterungserscheinungen, die das Arbeiten erschweren, bezogen auf die Gesamtzahl der Wintertage
a: Anzahl der Lohnstunden der betreffenden Teilleistung
t_w: Ausführungszeit der Teilleistung, die in den Winter fällt
t: Gesamtausführungszeit der entsprechenden Teilleistung

Für die Schalarbeiten wurde eine Minderleistung von 31,96 h[31] berechnet. Folglich ergeben sich die witterungsbedingten Minderkosten für die Schalarbeiten zu:

$$K_{Schal} = 31{,}96\ h \times 57{,}16\ DM/h = \qquad 1.826{,}83\ DM$$

---

29 Vgl. *Vygen/Schubert/Lang*, Bauverzögerung und Leistungsänderung – Rechtliche und baubetriebliche Probleme und ihre Lösungen, 3. neubearb. und erw. Aufl. 1998, S. 336 (Rn 494 f.).
30 Vgl. *Vygen/Schubert/Lang*, a.a.O., S. 320 (Rn 462).
31 Ausführliche Berechnung: *Hahm*, a.a.O., S. 73 f.

§ 13 Baukalkulation

Für die Bewehrungsarbeiten ergab sich aus der Berechnung eine Minderleistung von 6,94 h.[32] Demzufolge bestimmen sich die witterungsbedingten Minderkosten für die Bewehrungsarbeiten zu:

$$K_{Bew} = 6{,}94 \text{ h} \times 57{,}16 \text{ DM/h} = \qquad 396{,}69 \text{ DM}$$

Die Betonierarbeiten werden aufgrund ihrer geringen Lohnstunden nicht betrachtet.

■ Mehrkosten aus Zuschlägen für Transportbeton

76 Für die Anlieferung von Transportbeton von Montag bis Freitag nach 18.00 Uhr wäre ein Nachtzuschlag in Ansatz zu bringen. Es wird jedoch davon ausgegangen, dass an den normalen Wochentagen (Montag bis Freitag) kein Transportbeton nach 18.00 Uhr geliefert wird. Für die Anlieferung des Betons am Samstag wird vom Betonwerk eine Zulage von 6,00 DM/m³ erhoben. Die Zulage für Sonntage beträgt 18,00 DM/m³.

Gemäß dem Leistungsverzeichnis sind 600 m³ Wände, 550 m³ Decken, 11 m³ Stützen und 30 m³ Unterzüge zu erstellen. Das entspricht einer Gesamtmenge von 1.191 m³ Beton. Von den insgesamt 16 Betoniertagen fallen gemäß dem beschleunigten Taktplan zwei Tage auf einen Samstag und vier Tage auf einen Sonntag. Das heißt, 12,5 % der Gesamtbetonmenge wird am Samstag und 25 % wird am Sonntag angeliefert. Dementsprechend ergibt sich die zu beaufschlagende Betonmenge zu:

$$M_{Beton,\ SA} = 1{,}191 \text{ m}^3 \times 0{,}125 = 148{,}88 \text{ m}^3$$
$$M_{Beton,\ SO} = 1{,}191 \text{ m}^3 \times 0{,}250 = 297{,}75 \text{ m}^3$$

Die Mehrkosten für die Anlieferung von Transportbeton an Samstagen und Sonntagen berechnen sich wie folgt:

$$K_{Beton} = 148{,}88 \text{ m}^3 \times 6{,}00 \text{ DM/m}^3 + 297{,}75 \text{ m}^3 \times 18{,}00 \text{ DM/m}^3 = \qquad 6.252{,}78 \text{ DM}$$

■ Mehrkosten aus dem Einsatz eines zusätzlichen Bauleiters

77 Für den maßgeblichen Beschleunigungszeitraum vom 23.03.00 bis 24.06.00 muss die örtliche Bauleitung verstärkt werden. Die kalkulierten Kosten für einen Bauleiter (inklusive der Sozial- und sonstigen Nebenkosten) betragen 13.500,00 DM/Monat. Somit bestimmen sich die Mehrkosten zu:

$$K_{Baul} = 0{,}3 \times 13.500{,}00 \text{ DM/Monat} \times 3 \text{ Monate} = \qquad 12.150{,}00 \text{ DM}$$

■ Mehrkosten aus dem Einsatz eines zusätzlichen Poliers

78 Für den maßgeblichen Beschleunigungszeitraum von drei Monaten bei den Rohbauarbeiten muss die örtliche Bauleitung verstärkt werden. Die kalkulierten Kosten für einen Polier (inklusive der Sozial- und sonstigen Nebenkosten) betragen 11.500,00 DM/Monat. Somit bestimmen sich die Mehrkosten für den Einsatz eines weiteren Poliers zu:

$$K_{Polier} = 0{,}3 \times 11.500{,}00 \text{ DM/Monat} \times 3 \text{ Monate} = \qquad 10.350{,}00 \text{ DM}$$

---

[32] Ausführliche Berechnung: *Hahm*, a.a.O., S. 75.

C. Übliches deutsches Baukalkulationsschema

■ Mehrkosten aus dem Einsatz eines zusätzlichen Kranführers

Für den maßgeblichen Beschleunigungszeitraum von drei Monaten bei den Rohbauarbeiten ist der Einsatz eines zusätzlichen Kranführers vorzusehen. Die kalkulierten Kosten für einen Kranführer (inklusive der Sozial- und sonstigen Nebenkosten) betragen 8.000,00 DM/Monat. Somit bestimmen sich die Mehrkosten für den Einsatz eines weiteren Kranführers zu:

$$K_{Kranf} = 0{,}3 \times 8.000{,}00 \text{ DM/Monat} \times 3 \text{ Monate} = \qquad 7.200{,}00 \text{ DM}$$

■ Mehrkosten aus dem Einsatz eines zusätzlichen Magaziners

Für den maßgeblichen Beschleunigungszeitraum von drei Monaten bei den Rohbauarbeiten ist der Einsatz eines zusätzlichen Magaziners vorzusehen. Die kalkulierten Kosten für einen Magaziner (inklusive der Sozial- und sonstigen Nebenkosten) betragen 6.500,00 DM/Monat. Somit bestimmen sich die Mehrkosten für den Einsatz eines weiteren Magaziners zu:

$$K_{Magaz} = 0{,}3 \times 6.500{,}00 \text{ DM/Monat} \times 3 \text{ Monate} = \qquad 5.850{,}00 \text{ DM}$$

■ Verminderte Gehaltskosten

Aus der Bauzeitverkürzung ergeben sich nachfolgend aufgeführte Minderkosten:

	Anzahl	Gehalt in DM/Monat (inkl. Sozialk.)	Summe in DM/Monat	Bauzeit-verkürzung in Monaten	Minderkosten in DM
Polier	1,0	11.500	11.500	1,8	20.700
Bauleiter	0,5	13.500	6.750	1,8	12.150
Kranführer	1,0	8.000	8.000	1,5	12.000
Magaziner	0,5	6.500	3.250	1,8	5.850
Summe					50.700

$$K_{Gehalt} = \qquad -50.700{,}00 \text{ DM}$$

■ Minderkosten der Baustelleneinrichtung

Für die nachfolgend aufgeführten leistungsunabhängigen Vorhaltekosten müssen Minderkosten in Abzug gebracht werden, da für sie keine Geräteüberstunden berechnet werden können und die Bauzeit verkürzt wurde. Dies betrifft insbesondere vorhandene Container (Unterkunft, Büro, Magazin) sowie vorhandene Versorgungsleitungen für Strom, Wasser usw. Die kalkulierten Vorhaltekosten wurden der Auftragskalkulation des Auftragnehmers entnommen.

Die Minderkosten der Baustelleneinrichtung betragen:

§ 13 Baukalkulation

Gerät	Vorhaltekosten DM/Monat	Vorhaltemonate gemäß Soll	Vorhaltemonate gemäß Beschl.	Vorhaltemonate Differenz	Minderkosten DM
Container					
Unterkunft	779,27	6,8	5,0	1,8	1.402,69
Zusatz D2	46,59	6,8	5,0	1,8	83,86
Zusatz B2	48,54	6,8	5,0	1,8	87,37
Büro	779,27	6,8	5,0	1,8	1.402,69
Magazin	213,54	6,8	5,0	1,8	384,37
Zusatz N1	16,68	6,8	5,0	1,8	30,02
Versorgung					
Strom	73,53	6,8	5,0	1,8	132,35
	73,53	6,8	5,0	1,8	132,35
Wasser	80,37	6,8	5,0	1,8	144,67
Telefon	24,60	6,8	5,0	1,8	44,28
Summe					3.844,65

$K_{BE, Minder} =$ − 3.844,65 DM

g) Zusammenstellung der Beschleunigungskosten

K_{Nacht} =	2.645,37 DM
K_M =	2.250,00 DM
$K_{V, LKW}$ =	14.893,20 DM
$K_{V, Rad}$ =	5.934,24 DM
K_{Lohn} =	8.882,16 DM
$K_{Überst}$ =	36.071,40 DM
K_{Zuschl} =	35.397,60 DM
K_{Prod} =	5.131,57 DM
K_{Schal} =	1.826,83 DM
K_{Bew} =	396,69 DM
K_{Beton} =	6.252,78 DM
K_{Baul} =	12.150,00 DM
K_{Polier} =	10.350,00 DM
K_{Kranf} =	7.200,00 DM
K_{Magaz} =	5.850,00 DM
K_{Gehalt} =	- 50.700,00 DM
$K_{BE, Minder}$ =	- 3.844,65 DM
Summe	100.687,19 DM

Somit ergeben sich im Falle der gewählten Beschleunigungsmaßnahmen Mehrkosten als Herstellkosten in Höhe von 100.687,19 DM. Dieser Betrag ist mit dem in der Auftragskalkulation angegebenen Zuschlag für allgemeine Geschäftskosten sowie Wagnis und Gewinn zu versehen. Dieser Zuschlag beträgt für die betreffenden Kostenarten – bezogen auf die Nettoangebotssumme – 12 %. Auf die Herstellkosten umgerechnet, ergibt sich ein Zuschlag von 13,64 %. Zusätzlich ist eine Wagniserhöhung von 0,5 % vorzusehen, da als neuer Fertigstellungstermin Freitag, der 04.08.2000, vertraglich vereinbart wurde. Weiterhin ist zu beachten, dass die Wagniserhöhung auf die Gesamtherstellkosten des Bauvorhabens und die Herstellkosten des Beschleunigungsnachtrages zu beziehen ist. Die gesamten Herstellkosten des Bauvorhabens betragen gemäß der Auftragskalkulation des Auftragnehmers 2.137.407,86 DM.

Die Angebotssumme des Beschleunigungsnachtrages berechnet sich wie folgt:

Herstellkosten des Nachtrages		100.687,19 DM
Zuschlag für AGK, Wagnis und Gewinn	100.687,19 DM x 0,1364 =	13.733,73 DM
zusätzliche Wagniserhöhung	(100.687,19 + 2.137.407,86) DM x 0,005 =	11.190,48 DM
Angebotssumme Nachtrag (netto)		125.611,40 DM
Mehrwertsteuer (16 %)		20.097,82 DM
Angebotssumme Nachtrag (brutto)		145.709,22 DM

D. Weitere im Baubereich angewandte Kalkulationsverfahren

I. Kalkulationsschema der Zuschlagskalkulation der stationären Industrie

Dieses Verfahren wird zum Beispiel im Stahlbau, bei Fertigteilwerken oder auch im industriellen Handwerk (z. B. Schlosser, Schreiner, Metallbau, Heizung, Lüftung, Sanitär) angewendet. Nachfolgend wird ein einfaches Beispiel dieser Kostenträgerstückrechnung auf Basis des Betriebsabrechnungsbogens aus Kapitel B./VII. (Kostenarten und Verrechnung über Kostenstellen auf Kostenträger) aufgezeigt (vgl. Abbildung 9). Weitere Beispiele für Stahlbau oder Fassade sind dem Buch *Jacob/Winter/Stuhr*, Die unterschiedlichen Kalkulationsformen im Ingenieurbau, Berlin 2001 (in Vorbereitung) zu entnehmen.

Kalkulationsbeispiel		
Materialeinzelkosten	500,00 DM	
Materialgemeinkosten (11,75 % von 500,00 DM)	58,75 DM	
Materialkosten		558,75 DM
Fertigungslohn Fertigungskostenstelle I	350,00 DM	
Fertigungsgemeinkosten (85,59 % von 350,00 DM)	299,57 DM	
Fertigungslohn Fertigungskostenstelle II	250,00 DM	
Fertigungsgemeinkosten (102,61 % von 250,00 DM)	256,53 DM	
Fertigungslohn Fertigungskostenstelle III	300,00 DM	
Fertigungsgemeinkosten (68,20 % von 300,00 DM)	204,60 DM	
Fertigungskosten		1.660,70 DM
Herstellkosten		2.219,45 DM
Verwaltungsgemeinkosten (11,54 % von 2.219,45 DM)		256,12 DM
Vertriebsgemeinkosten (7,19 % von 2.219,45 DM)		159,58 DM
Selbstkosten		**2.635,15 DM**

Abbildung 9: Kalkulation der Herstell- und Selbstkosten (Scherrer (Betriebsabrechnungsbogen), a.a.O., S. 78–82, hier S. 82).

II. Maschinenstundenkalkulation

86   Die Maschinenstundenkalkulation wird bei maschinenintensiven Arbeiten, die von festem Bedienpersonal ausgeführt werden, angewandt. Sie kommt häufig im Spezialtiefbau, im Tunnelbau (z. B. Schildvortrieb) und im automatisierten Fertigteilwerk vor. Nachfolgend wird die Maschinenstundenkalkulation exemplarisch für die Kalkulation eines Großbohrpfahles dargestellt. Weitere Kalkulationsbeispiele in *Jacob/Winter/Stuhr*, a.a.O.

Kalkulationsbeispiel
Die im Leistungsverzeichnis beschriebene Leistung ist Bestandteil einer Baumaßnahme, auf die im Einzelnen nicht näher eingegangen wird. Der Titel Pfahlgründung enthält die Herstellung von Bohrpfählen, die zur Lastaufnahme dienen sollen.[33]

87   Für die Ausführung der Leistungen wird ein Bohrgerät des Typs BG 09, montiert auf einem Raupenbagger, eingesetzt. Im Beispiel werden die Geräte von der Zentrale an die Niederlassungen vermietet. Die Vermietungskosten betragen rund 60 bis 70 % der in der Baugeräteliste (BGL) aufgeführten Listenpreise. Dies wird dadurch möglich, dass das anbietende Unternehmen selbst Produzent ist und nicht – wie in der BGL unterstellt – mit Listenpreisen rechnen muss, sondern vielmehr tatsächliche Kosten ansetzen kann, die auch die sehr intensive Auslastung der Geräte berücksichtigen.

---

[33] Das vollständige Beispiel befindet sich in ausführlicher Form in: o.V.: Kalkulation im Spezialtiefbau (Vortrag von Herrn Dipl.-Ing. *Weinhold*), in: *Jacob/Winter (Hrsg.)*, Aktuelle Baubetriebliche Themen – Winter 1997/98, Freiberger Arbeitspapiere, Heft 98/9, 1998, S. 5–20.

Tabelle 8: Leistungsverzeichnis Pfahlgründung

Pos	Text	Menge	Einh.	EP[34] (DM/ME)	GP (DM)
	Titel Pfahlgründung				
1	Baustelle einrichten und räumen für den Einsatz der Drehbohrgeräte, inkl. Vorhalten, Warten und Abbauen der Geräte.	1	pausch.	23.561,43	23.561,43
2	Statik und Pläne für die Bohrpfähle liefern, inkl. Übergabe der prüffähigen Unterlagen an den AG.	1	pausch.	2.756,00	2.756,00
3	Pfahlgründung im Bereich der Schnitte A – A bis D – D, Länge ca. 8–11 m. Der Pfahl ist über die Höhe der daneben stehenden Stützwand der Bahn AG freitragend auszubilden (Freischachtung möglich). Nachweise und Berechnungen auf Knicken, Einbindung unter UK Stützwand, 150 m entsprechen 16 Pfählen, Ausbildung einer Pfahleinbindung in den Gründungskörper.	150	m	385,41	57.811,50
4	Pfahlgründung in den verbleibenden Bereichen lt. Grundriss mit Pfahleinbindung in den Gründungskörper, 1 m im Pfahl, 50 cm in der Gründung, 200 m entsprechen 48 Pfählen.	200	m	385,41	77.082,00
5	Pfahlbewehrung liefern und einbauen.	10	t	1.378,00	13.780,00
6	Zulage für das Herrichten der Kopfbalken und Pfahlköpfe.	1	pausch.	20.620,07	20.620,07
7	Eventualposition: Kolonnenstunden für Beseitigung von Bohrhindernissen. Abbruchgut wird bauseits beseitigt.	5	Std.	942,75	nur EP
	Summe Titel Pfahlgründung				**195.611,00**

Zunächst werden die Kosten für eine funktionsfähige Einheit (Großbohrgerät mit Personal) unter Einschluss der benötigten Baustelleneinrichtung, bezogen auf einen Arbeitstag (AT), ermittelt. Anschließend werden die Einzelkosten (EK) der einzelnen Positionen des Leistungsverzeichnisses kalkuliert. Danach erfolgt die Bildung der Einheitspreise. Zum Schluss wird die Angebotssumme berechnet.

---

34 Endergebnis der im Folgenden durchgeführten Kalkulation.

§ 13 Baukalkulation

■ **Ermittlung der Kosten für eine funktionsfähige Einheit**

90 Gerät: BG 09, Kellybohrung verrohrt, Durchmesser 880 mm
Personal: 3 Mann a 70,00 DM/h
Arbeitszeit: 10 h/AT
installierte Leistung: 155 kW
Auslastungsgrad: 0,7 vom Arbeitstag
Diesel: 1,20 DM/l
Betriebsstoffkosten: 0,263 l/kW/h

			Kosten (DM/AT)
Personal		10 h/AT x 3 x 70 DM/h	2.100,00
Bagger	O & K GT 8.02 (125 kW)		1.085,55
Bohrgerät	BG 09		1.777,35
Kraftdrehkopf			595,99
Kelly	L: 18 m		343,86
Radlader	30 kW		250,00
Container	Werkstattcontainer (3 m)		47,96
	Wohncontainer (3 m)		26,58
	Sanitärcontainer		29,27
Betriebsstoffe		(155 kW x 0,7 x 10 h/AT)	
		x 0,263 l/kW/h x 1,20 DM/l	342,43
Verrohrungs-maschine	BV 1000		1.291,78
Verrohrung	Drehteller		63,04
	Rohre 880/1 m	2 x 57,02 DM	114,04
	880/2 m	4 x 65,57 DM	262,28
	880/3 m	2 x 74,11 DM	148,22
	Bohrkrone	2 x 51,00 DM	102,00
Werkzeug	Bohrschnecke	2 x 93,24 DM	186,48
	Kastenbohrer		83,40
	Kernbohrrohr		43,65
Pos. BG 09. KLY			8.893,88

■ **Kalkulation der Einzelkosten**

91 Position 1: Für die Einrichtung der Baustelle wird ein Spezialtransport, der in der Nacht durchgeführt werden muss, notwendig. Das Gleiche gilt am Ende der Arbeiten für die Räumung der Baustelle. Insgesamt werden für Einrichtung und Räumung zwei Tage in Anspruch genommen, das heißt, die Kosten der funktionsfähigen Einheit müssen für zwei Arbeitstage angesetzt werden.

			EK (DM/ME)
Gerät	BG 09. KLY	2 AT x 8.893,88 DM/AT	17.787,76
Sondertransport	pauschal	2.500,00 DM	2.500,00
Transporte Gerät		2 x 150 km x 4,80 DM/km	1.440,00
sonstige Kosten	pauschal	500 DM	500,00
			22.227,76

D. Weitere im Baubereich angewandte Kalkulationsverfahren § 13

Position 2:

			EK (DM/ME)
Ingenieur		15 h x 95 DM/h	1.425,00
Zeichner		15 h x 65 DM/h	975,00
Material	Pausen, pauschal	200 DM	200,00
			2.600,00

Position 3:

Bohrleistung:	35 m/AT
Beton B 25:	150 DM/m^3
Mehrbeton:	20 %
mittlere Pfahllänge:	10 m
Pfahldurchmesser:	880 mm (Radius: 440 mm)

			EK (DM/ME)
Bohren	BG 09. KLY	1/35 m x AT x 8.893,88 DM/AT	254,11
Beton		0,44 m x 0,44 m x π x 150 DM/m^3	91,23
Mehrbeton		0,2 x 91,23 DM/m	18,25
Bohrgut entfernen (bauseitige Leistung)			0,00
			363,59

Position 4: vgl. Position 3 → EK = 363,59 DM/ME

Position 5:

		EK (DM/ME)
Eisen	1.300,00 DM/t	1.300,00

Position 6:

Anzahl der Pfähle:	64
Überbetonhöhe:	0,5 m
Abbruch der Pfähle:	pauschal 19.452,90 DM

Position 7:

		EK (DM/ME)
1/10 Pos. BG 09. KLY	1/10 AT x 8.893,88 DM/AT	889,39

■ Berechnung der Einheitspreise

Um zu den Einheitspreisen zu gelangen, werden die für jede Position ermittelten Einzelkosten mit einem Zuschlag von 6 % für die allgemeinen Geschäftskosten, Wagnis und Gewinn beaufschlagt (vgl. Tabelle 9). Da es sich für das anbietende Unternehmen um die Ausführung einer Routineleistung handelt, liegen ausreichend fundierte Erfahrungswerte über die Höhe und Zusammensetzung des Zuschlages vor, so dass in diesem Fall das Ansetzen einer Pauschale gerechtfertigt ist.

Tabelle 9: Berechnung der Einheitspreise

Pos	EK (DM/ME)	EP (DM/ME) EK x 1,06
1	22.227,76	23.561,43
2	2.600,00	2.756,00
3	363,59	385,41
4	363,59	385,41
5	1.300,00	1.378,00
6	19.452,90	20.620,07
7	889,39	942,75

■ **Berechnung der Angebotssumme**

93 Die ermittelten Einheitspreise werden mit den im Leistungsverzeichnis angegebenen Mengen multipliziert und die Gesamtpreise der einzelnen Positionen addiert. Es ergibt sich folgende Angebotssumme für den Titel Pfahlgründung:

Angebotssumme (netto)	195.611,00 DM
Mehrwertsteuer (16 %)	31.297,76 DM
Angebotssumme (brutto)	226.908,76 DM

III. Ertragswertverfahren

94 In der Ausprägung Jahresnettomiete mal Vervielfältiger minus Gesamtkosten größer/gleich Mindestgewinn wird dieses Verfahren in der Projektkalkulation des Bauträgergeschäftes und bei der Immobilien-Projektentwicklung eingesetzt. Der Vervielfältiger richtet sich nach den jeweiligen Marktgegebenheiten, die unter anderem vom vorherrschenden Kapitalmarktzins und der erwarteten Wertentwicklung des Objektes abhängen. Nachfolgend ist das Schema einer Projektkalkulation abgebildet (Abbildung 10).

Bei Wertgutachten für bebaute oder unbebaute Grundstücke wird das Ertragswertverfahren in der Variante zukünftige Jahresnettomiete mal Vervielfältiger abzüglich Sanierungskosten, entspricht jetzigem Wert des bebauten oder unbebauten Grundstückes, benutzt. Das Ertragswertverfahren findet ebenfalls eine Reihe von Anwendungsmöglichkeiten im Steuerrecht, bei der Unternehmensbewertung oder bei Infrastruktur-Projektentwicklungen.

```
Investitionskosten
    Grundstückskosten
        ■ Erwerbskosten
        ■ Maklerprovision
        ■ Abfindungen und Entschädigungen
        ■ Herrichten des Grundstückes
    Erschließungskosten
        ■ öffentliche Erschließung
        ■ Erschließungsbeteiligungen
        ■ Erschließungsgebühren
        ■ Stellplatzablösung
    Baukosten
        ■ oberirdische Bruttogeschossfläche (BGF)
        ■ unterirdische BGF
        ■ Außenanlage
        ■ nichtöffentliche Erschließung
        ■ Stellplätze
    Baunebenkosten
    Vermietung und Vermarktung
        ■ Provisionen
        ■ Werbungskosten
    Finanzierungskosten

= Investitionskosten
+ Geschäftskosten

= Gesamtkosten

Verkaufserlös
    Verkaufserlös = Jahresnettomiete x Vervielfältiger

Projektergebnis (Kennziffern)
    Bruttogewinn = Verkaufserlös – Gesamtkosten
    Umsatzrendite = Bruttogewinn : Verkaufserlös
    Bruttorendite = Jahresnettomiete : Gesamtkosten
```

Abbildung 10: Schema einer Projektkalkulation

IV. Handelskalkulation

Auf dem Bau werden Leistungen von Generalunternehmern immer häufiger nicht mehr selbst erbracht, sondern gewerkeweise „durchgehandelt" und nur noch koordiniert. Die eigentliche handwerkliche Arbeitsleistung wird dann fast vollständig von den Nach- bzw. Subunternehmern ausgeführt. Die Baustellen werden so bis ins zweite oder dritte Glied „versubt". Dies geschieht nicht mehr nur im besonders davon betroffenen schlüsselfertigen Hochbau mit seinen vielen Nachunternehmer-Gewerken, sondern in jüngster Zeit auch im Straßenbau, Tiefbau oder Stahlbau.

Im Übrigen sind auch einige große Baukonzerne aus Handelsbetrieben entstanden, zum Beispiel Philipp Holzmann aus einer Holzhandlung und Sägewerksbetrieb.[35] Diese wurden dann zeitweilig zu übergroßen Handwerksbetrieben. Sie besinnen sich jetzt in der Strukturkrise auf alte Kaufmannstugenden zurück.

---

35 Vgl. Philipp Holzmann-Journal, Sonderausgabe zum 150-jährigen Jubiläum, 1999, 4.

§ 13 Baukalkulation

96   In wissenschaftlichen Büchern zum Marketing oder zur Handelsbetriebslehre wird erstaunlicherweise auf Kalkulationsfragen kaum noch eingegangen. Einen guten Überblick gibt jedoch ein Klassiker für höhere Handelsschulen über die Kalkulation der Warenhandelsbetriebe: *Deuschle/Meffle/Gönner*, Wirtschaftsrechnen – Rechenwerk für Kaufleute, 31. überarb. Aufl. 1993, S. 157–194. Die folgenden Aussagen lehnen sich an dieses Buch an.

Im Warenhandel ist es von Interesse, zu welchem Einstandspreis (Bezugspreis) eine Ware gekauft und zu welchem Verkaufspreis sie abgesetzt werden kann. Der Unternehmenskreislauf des Handelsbetriebes zeigt, dass die Kalkulation von der Einkaufsrechnung ausgeht und zur Verkaufsrechnung führt (vgl. Abbildung 11).

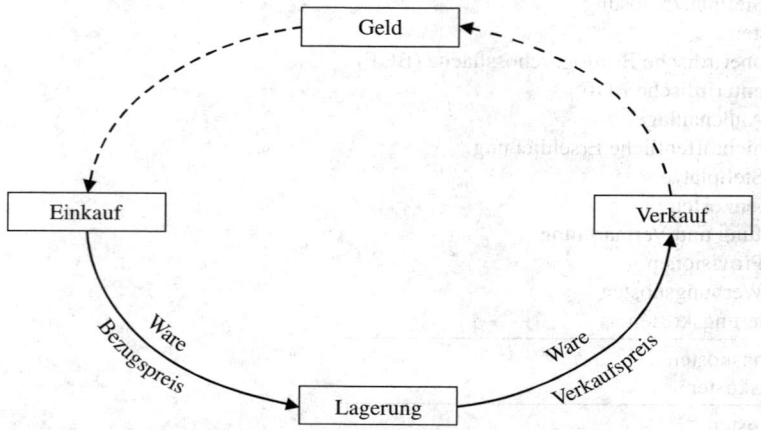

Abbildung 11: Unternehmenskreislauf (Deuschle/Meffle/Gönner, a.a.O., S. 157, zitiert in: *Jacob*, ALDI am Bau – Gedanken zu einer Analogie zwischen Handel und modernem Baugeschehen, in: Verband der Bauindustrie für Niedersachsen (Hrsg.), Festschrift für Egon Heinrich Schlenke, 1997, S. 507, im Folgenden zitiert als: *Jacob* (ALDI am Bau ...)).

Nachfolgend ist das Kalkulationsschema einer auf den Baubereich angewandten Handelskalkulation abgebildet (Abbildung 12).

97   Unter Handlungskosten sind auf dem Bau insbesondere die Bauüberwachungskosten und die Koordinationskosten der verschiedenen Nachunternehmerleistungen zu verstehen (Generalunternehmerzuschlag). Hierzu ist hochqualifiziertes Personal, insbesondere an Bauleitern, aber auch an Polieren und Baukaufleuten notwendig. Zu den Handlungskosten gehören ebenfalls die Akquisitionskosten, auch in anteiliger Umlage erfolgloser Akquisitionsbemühungen. Weiterhin sind offene Positionen beim Gewährleistungsrisiko, Avalprovisionen, Bonitäts-, Qualitäts- und Terminrisiko der Nachunternehmer nicht zu vernachlässigen.[36]

---

[36] Zu den Ausführungen zur Handelskalkulation vgl. ausführlich: *Jacob* (ALDI am Bau ...), a.a.O., S. 505–509.

```
Listen-Einkaufspreis (netto)
− Lieferrabatt
─────────────────────
= Zieleinkaufspreis
− Lieferantenskonto
─────────────────────
= Bareinkaufspreis
+ Einkaufskosten           (z.B. Provision für Kommissionäre, Maklergebühren etc.)
+ Bezugskosten             (z.B. Fracht, Rollgeld, Kosten für Verladen und Überwachen, Zoll-
                           transportversicherung)
─────────────────────
= Bezugspreis
+ Handlungskosten          (z.B. Personalkosten, Miete und Raumkosten, Steuern und Abgaben,
                           Pflichtbeiträge, Nebenkosten des Geldverkehrs, Werbe- und Reise-
                           kosten, Transportkosten, Kosten des eigenen Fuhr- und Wagenparks,
                           Allgemeine Verwaltungs- und Vertriebskosten, Abschreibungen und
                           Zinsen auf Anlagevermögen, Schwund)
─────────────────────
= Selbstkosten am
  Einkaufstag
+ Zinszuschlag             (für Zeit zwischen Einkaufsauszahlung und Verkaufseinzahlung für
                           Ware)
+ Gewinnzuschlag           (Unternehmerlohn und Risikoprämie)
─────────────────────
= Barverkaufspreis
+ Kundenskonto und
  Vertreterprovision
─────────────────────
= Zielverkaufspreis
+ Kundenrabatt
= **Listen-Verkaufspreis (netto)**
```

Abbildung 12: Kalkulationsschema Handelskalkulation (vgl. Jacob (ALDI am Bau ...), a.a.O., S. 507.)

V. Sonderfall Auslandsbau

Beim Auslandsbau sind in Abhängigkeit vom Sachverhalt die Methoden der Kalkulation über die Angebotssumme, der Maschinenstundenkalkulation, das Ertragswertverfahren oder die Handelskalkulation anzuwenden. Zusätzlich sind auslandsspezifische Risiken zu berücksichtigen und die damit verbundenen Kosten (z. B. Kosten der Hermesdeckung, Kosten des verbleibenden Selbstbehaltes, Kosten der Fremdwährungskurssicherung) in die Kalkulation einzubeziehen. 98

Die auslandsspezifischen Risiken lassen sich grundsätzlich in wirtschaftliche und politische Risiken unterteilen (vgl. Abbildung 13).

Im Zusammenhang mit Auslandsbaugeschäften ergeben sich für das Bauunternehmen aufgrund der vordergründig ortsgebundenen Produktion im Ausland besondere Risiken unter anderem aus:[37] 99
- den Aufwendungen für die Einrichtung der Baustelle,
- den Kosten der Baustellenbevorratung (Baustoffe, Bauteile),
- dem Einsatz eigener oder angemieteter Geräte im Ausland und der Versorgung mit Ersatzteilen,
- der Einlagerung von Geräten bis zum erneuten Einsatz,

---

[37] *Endisch/Jacob/Stuhr*, a.a.O., 534; gekürzt entnommen aus: Ausfuhrgewährleistungen des Bundes, Merkblatt Bauleistungsgeschäfte.

- dem Einsatz von Betriebsmitteln (Finanzierungsmitteln) während der Anlaufphase,
- Suspendierungsmaßnahmen.

Außenhandelsrisiken	
Wirtschaftliche Risiken	Politische Risiken
■ Abnahmerisiko: Importeur nimmt vertragsgemäß gelieferte Ware nicht ab ■ Zahlungseingangsrisiko: Importeur erfüllt seine Zahlungsverpflichtungen nicht gemäß Vereinbarung ■ Lieferungs- oder Beschaffungsrisiko: Exporteur liefert nicht vertragsgemäß ■ Kursrisiko: Wechselkursschwankungen einzelwirtschaftliche Risiken: Konkurs, Liquidation, Betrug	■ Konvertierungs- und Transferrisiko: Bank des Importeurs kann dessen geleistete Zahlung nicht in die fremde Währung umtauschen (konvertieren) bzw. an die Bank des Exporteurs überweisen (transferieren) ■ Moratoriumsrisiko: Verbot der Devisenausfuhr aufgrund von gesetzgeberischen Maßnahmen ■ Kriegsrisiko: Untergang des Objektes vor Gefahrübergang auf den Kunden

Abbildung 13: Außenhandelsrisiken (Vgl. *Endisch/Jacob/Stuhr*, Erkennen und Vermeiden von finanzwirtschaftlichen Auslandsrisiken im Stahl- und Anlagenbau, in: Stahlbau, 69. Jg., 2000, Heft 7, 534–540.)

Neben den Zahlungsrisiken bestehen zusätzliche Risiken auf politischer Ebene, beispielsweise die Störung der Bauarbeiten durch politische Maßnahmen im Land des Schuldners oder die Beschlagnahmung von auf der Baustelle befindlichen Vermögenswerten.

100 Die Absicherung der mit Auslandsbaugeschäften verbundenen Risiken kann auf unterschiedliche Art und Weise erfolgen. Eine Möglichkeit der Exportabsicherung bietet die staatliche Exportkreditversicherung, deren Federführung der Hermes Kreditversicherungs-AG obliegt. Die Ausfuhrgewährleistungen des Bundes umfassen Ausfuhrgarantien und Ausfuhrbürgschaften. Die mit Auslandsbaugeschäften verbundenen Risiken können über den staatlichen Hermes in Form von Bauleistungs- und Baugerätedeckungen abgesichert werden. Die Bauleistungsdeckung dient zur Sicherung der mit der Bauleistung verbundenen Forderungen. Die Baugerätedeckung sichert gegen Beschlagnahmung, Untergang und die Gefahr des Nichtrücktransportes. Die einzelnen Deckungsformen für Bauleistungsgeschäfte enthält Abbildung 14.

101 Der Deckungsnehmer hat sich mit einer bestimmten Quote am Ausfall selbst zu beteiligen. Das Risiko aus der Selbstbeteiligung darf nicht durch andere Maßnahmen abgesichert werden. Für die Bearbeitung des Antrages werden verschiedene Bearbeitungsentgelte erhoben. Im Falle einer Übernahme der Ausfuhrgewährleistungen sind in Abhängigkeit von der Länderkategorie, der Käuferkategorie des Bestellers, der Deckungsform, der Höhe der gedeckten Forderung sowie der Zahlungsbedingungen weitere Entgelte zu entrichten.

102 Neben der staatlichen Exportkreditversicherung gibt es private Versicherer für Exportgeschäfte. Weitere Finanzierungsinstrumente sind der Lieferantenkredit, der Bestellerkredit sowie die Forfaitierung. Hinsichtlich der Sicherstellung des Zahlungsverkehrs ist auf die verschiedenen Möglichkeiten im Rahmen von Dokumenteninkasso und Dokumentenakkreditiv zu verweisen. Beim Auftreten von Währungsinkongruenzen zwischen Einzahlungen und Auszahlungen sollten Kurssicherungsmaßnahmen eingeleitet werden, wie beispielsweise der Abschluss eines Devisentermin- oder eines Devisenoptionsgeschäftes.[38]

---

38 Vgl. ausführlich: *Endisch/Jacob/Stuhr*, a.a.O., 534–540.

Deckungsform	Deckungsschutz für...
Bauleistungsforderung	Forderungsausfall
Baustellenkostendeckung	geschätzte Kosten der Baustelleneinrichtung, wenn Durchführung des Bauprojektes aus politischen Gründen oder aufgrund gefahrerhöhender Umstände im Ausland dem Deckungsnehmer unzumutbar oder unmöglich wird und regelmäßig im Vertragspreis enthaltene Kosten der Baustelleneinrichtung nicht mehr erlöst werden können
Bevorratungskostendeckung	Kosten der zur Durchführung des Vertrages erforderlichen und auf der Baustelle gelagerten Vorräte, wenn sie aus den o.g. Gründen nicht mehr erlöst werden können
Gerätedeckung (Sonderform: globale Gerätedeckung)	Risiko der Beschlagnahmung oder Vernichtung von Baugeräten aus politischen Gründen
Einlagerungsdeckung	Montage- und Baugeräte, die nach Ablauf einer Gerätedeckung eingelagert werden sollen
Ersatzteillagerdeckung	Geräteersatzteile bis zur Höhe von 20 % des Gerätewertes
Betriebsmittel	Konvertierungs- und Transferrisiko von Betriebsmitteln
Suspendierungskosten	Kosten, die durch eine eventuelle vorübergehende Unterbrechung der Projektdurchführung entstehen

Abbildung 14: Deckungsformen für Bauleistungsgeschäfte (In Anlehnung an: *Endisch/Jacob/Stuhr*, a.a.O., 537; zusammengestellt aus: Ausfuhrgewährleistungen des Bundes, Merkblatt Grundzüge.)

E. Die Kalkulation im angelsächsischen Raum

Literatur

Die Ausführungen zur Kalkulation im angelsächsischen Raum entstammen unterschiedlichen Literaturquellen, namentlich: **McCaffer/Baldwin**, Estimating for Construction, in: **Smith (Hrsg.)**, Project Cost Estimating, 1995, S. 34–50; **McCaffer/Baldwin**, Tender adjudication, in: **Smith (Hrsg.)**, a.a.O., S. 60–68; The Chartered Institute of Building (Hrsg.): Code of Estimating Practice, 6th ed., 1997; **Halpin/Woodhead**, Construction Management, 2nd ed., 1998, S. 61–75; **Diehlschneider**, Project Management in the United States – Overview, Trends, Challenges, in: **Jacob/Winter (Hrsg.)**, Aktuelle baubetriebliche Themen – Winter 1999/2000, Freiberger Arbeitspapiere, Heft 00/28, 2000, S. 18–37. Die entsprechenden Textpassagen aus der englischsprachigen Originalliteratur wurden von den Autoren ins Deutsche übersetzt.

I. Einleitung

1. Bauverträge und (Vor)Kalkulation

Im Wesentlichen gibt es zwei Grundformen: Die wettbewerbliche Vergabe (competitively bid contract) als häufigste Form, bei der öffentlich ausgeschrieben wird, und das Verhandlungsverfahren (negotiated contract), bei dem Auftraggeber und Bauunternehmer frei über den Preis und die Zahlungsmodalitäten verhandeln.

a) Wettbewerbliche Vergabe

104 Diese Form weist in der Regel zwei Vorteile auf. Erstens werden alle Bieter gleichberechtigt behandelt. Zweitens erhält das Angebot mit dem niedrigsten vollständig und fehlerfrei ermittelten Preis den Zuschlag. In der Praxis bewirken jedoch Auftragsänderungen und Vertragsmodifikationen, dass dieser Vorteil auch ins Gegenteil umschlagen kann.

105 Nachteile dieser Vertragsform sind: Planung und Baubeschreibung bzw. das Leistungsverzeichnis müssen prinzipiell vor der Angebotseinholung abgeschlossen sein. Dies hat eine starre sequentielle Planungsabfolge, einen mangelhaften Informationsaustausch sowie eine mangelnde Abstimmung zwischen den Planungsbereichen zur Konsequenz. Darüber hinaus werden der gesamte Zeitrahmen für Planung und Bauausführung sowie die Kosten erhöht.

Im Zusammenhang mit der wettbewerblichen Vergabe gibt es zwei Vertragstypen – den Pauschalvertrag und den Einheitspreisvertrag. Beim Pauschalvertrag ist der berechnete Preis ein zugesicherter Preis für das Bauvorhaben, welches näher bestimmt ist durch die Bauzeichnungen, Baubeschreibung und ergänzende Dokumente. Der Einheitspreisvertrag eröffnet einen gewissen vertraglichen Spielraum für Mengenänderungen, weil der Anbieter den Preis pro Einheit abrechnet.

■ Pauschalverträge

106 Der Preis muss nicht nur die direkten Kosten des Auftragnehmers für den Produktionsfaktor Arbeit, die Geräte und Maschinen, die Baustoffe usw. erfassen, sondern auch sämtliche indirekte Kosten, wie beispielsweise die Kosten der Bereichs- und Geschäftsleitung, die allgemeinen Verwaltungskosten, die Kosten der Instandhaltung und Wartung des Geräte- und Maschinenparkes sowie den Gewinn einschließen. Der Auftragnehmer erhält monatlich Abschlagszahlungen, die auf dem bewerteten Anteil der bisher erbrachten Leistungen zur Gesamtleistung basieren. Da es sich um eine Schätzung handelt, werden an die Genauigkeit der Leistungsmeldung bzw. Ermittlung des Bautenstandes geringere Anforderungen gestellt, was auch für den Auftraggeber einen reduzierten Aufwand zur Folge hat. Die an den Auftragnehmer zu entrichtende Gesamtvergütung kann den für den gesamten Auftrag vereinbarten Pauschalpreis nicht überschreiten. Die Flexibilität dieser Vertragsform ist gegenüber Entwurfsänderungen sehr begrenzt. Jegliche Abweichung vom ursprünglichen Auftrag bzw. von der ursprünglichen Planung, die auf eine Vertragsmodifikation abzielt, muss als eine Änderungsanordnung behandelt werden und trägt den Keim für Rechtsstreitigkeiten und Auseinandersetzungen über den Preis derartiger Modifikationen in sich und steigert somit das Konfliktpotential zwischen Auftraggeber und Auftragnehmer.

■ Einheitspreisverträge

107 Beim Einheitspreisvertrag wird der Gesamtpreis durch Multiplikation des vom Bieter berechneten Einheitspreises mit der vorgegebenen Menge ermittelt. Der Bauunternehmer mit der niedrigsten Angebotssumme wird als günstigster Bewerber erachtet. Die meisten Einheitspreisverträge sehen eine erneute Preisverhandlung für den Fall vor, dass die tatsächlich ausgeführte Menge maßgeblich von der Vorgabemenge abweicht; in der Regel wird eine Mengenabweichung von mehr als 10 % als maßgeblich betrachtet. Die Einheitspreise müssen nicht nur die direkten Kosten für die jeweilige Mengeneinheit beinhalten, sondern auch indirekte Kosten, wie zum Beispiel die Gemeinkosten der Zweigniederlassungen und der obersten Geschäftsleitung sowie einen Gewinn. Die Teilzahlungen, die der Auftragnehmer erhält (Abschlagszahlungen), basieren auf einem präzisen Aufmaß. Aus diesem Grund besteht ein Nachteil des Einheitspreisvertrages darin, dass der Auftraggeber keinen exakten Endpreis für das Werk hat, bevor das Bauvorhaben abgeschlossen ist. Für den Auftragnehmer hat das den Vorteil, dass er die Menge vor Vertragsabschluss nicht so genau ermitteln muss.

b) Verhandlungsverfahren

Der Stand der Planung kann variieren zwischen Leistungsphase 2 (Vorplanung) und Leistungsphase 6 (Ausführungsplanung/LV). In selbem Maße wird ebenfalls die Genauigkeit der Kostenprognose variieren. In den meisten Fällen ist die Planung zum Zeitpunkt der Vertragsverhandlung nicht abgeschlossen. Aus diesem Umstand heraus haben sich verschiedene Vertragsformen entwickelt; die am meisten verbreitete ist der Selbstkostenerstattungsvertrag (cost plus fee). Dieser Vertrag beschreibt ausführlich die Kostenarten, die in jedem Fall vergütungspflichtig sind. In der Regel sind sämtliche direkte Kosten für den Produktionsfaktor Arbeit, die Baustoffe, die Maschinen und Geräte sowie die Bauüberwachungskosten zu vergüten. Zusätzlich erhält der Auftragnehmer ein Honorar für sein Know how und den indirekten Geräteeinsatz. Das Honorar ist im Wesentlichen eine Gewinnmarge oder ein Kalkulationsaufschlag zusätzlich zur Vergütung der Herstellkosten und ein Hauptdiskussionsgegenstand während der Vertragsverhandlung. Vier Entgeltformen sind verbreitet:

- Herstellkosten plus prozentualer Aufschlag,
- Herstellkosten plus fester Aufschlag,
- Herstellkosten plus fester Aufschlag plus Gewinnbeteiligungsklausel (Zielkosten, manchmal ein garantierter Maximalpreis [GMP]),
- Herstellkosten plus gestaffelter Aufschlag.

Die beiden geläufigen Formen des Verhandlungsverfahrens sind Generalübernehmerverträge (design-build contracts) und Projektsteuerungs- bzw. Projektleitungsverträge (construction management contracts), bei denen jeweils ein einzelner Auftragnehmer das gesamte Projekt als eine Auftragseinheit bereitstellt bzw. überwacht. Diese beiden Formen werden am häufigsten im privatwirtschaftlichen Bereich angewandt, wo der Auftraggeber ein anderes Auswahlkriterium als einen niedrigen Preis allein anwenden möchte. Die öffentliche Hand wendet in zunehmendem Maße diese Art der Beschaffung an unter Nutzung von deren Vorteilen der phasenübergreifenden Herstellung eines Bauwerkes mit simultaner Planung und Bauausführung (fast-track) aus einer Hand, verringertem oder sogar beseitigtem Konfliktpotential zwischen Planer und ausführendem Unternehmer sowie verbessertem Informationsaustausch (und verbesserter Koordination) und den dadurch entstehenden Zeit- und Kosteneinsparungen. Die Generalübernahme erscheint vorrangig für einfachere und standardisierte Bauvorhaben geeignet zu sein, während die Projektsteuerung bzw. Projektleitung für Unternehmen ansprechend ist, die von Zeit zu Zeit komplexe Bauten errichten und über kein firmeneigenes qualifiziertes Überwachungspersonal verfügen.

■ Generalübernehmerverträge

Bei dieser Vertragsform bietet ein großes Unternehmen oder eine Arbeitsgemeinschaft sowohl Planungs- als auch Ausführungsleistungen an, um dem Auftraggeber das Projekt aus einer Hand zur Verfügung stellen zu können. Der Auftraggeber kann einen Festpreis für das Bauvorhaben erhalten, wenn 30–40 % der Planung abgeschlossen sind. Wenn keine größeren Änderungen auftreten, nennt der Generalübernehmer den Endpreis am Ende der Entwurfsplanung. Der Vorteil für den Auftraggeber besteht darin, dass bereits frühzeitig im Planungsprozess konkrete Preisgrößen vorliegen. Deshalb sollte das Team des Generalübernehmers motiviert und innovativ sein, weil ein Misserfolg zu merklichen Einbußen führen könnte.

■ Projektsteuerung bzw. Projektleitung

In diesem Fall ist ein Unternehmen beauftragt, sämtliche Aktivitäten von der Planungskonzeption bis hin zur Abnahme des Bauwerkes zu koordinieren. Das Unternehmen vertritt den Auftraggeber bei sämtlichen Aktivitäten der Projektsteuerung und übernimmt die Vergabe sämtlicher Aufträge an Planer, Hauptlieferanten und Fachgewerke. Die Hauptfunktionen, die durch den Projektsteuerer bzw. Projektleiter erfüllt werden sollen, variieren in Abhängigkeit davon, ob sich das Bauvorhaben in der Vorplanungs-, Planungs- oder Ausführungsphase befindet.

c) Vollständigkeit der Planung

112 Die Genauigkeit der Kalkulation ist eindeutig von den verfügbaren Planungsinformationen abhängig, welche wiederum von der Phase, in der sich das Projekt gerade befindet, abhängen. Der gewählte Bauvertragstyp ist ebenfalls vom Projektstadium abhängig. Im Allgemeinen kann aus der obigen Diskussion festgestellt werden: Je ausgereifter die Planung ist, um so genauer und weniger risikobehaftet kann die Kalkulation durchgeführt werden und um so größer ist der Wettbewerbsdruck im Markt, um den Auftrag zu erhalten. Sogar wo das Verhandlungsverfahren entweder in Form von Generalübernehmerverträgen oder Projektsteuerungs- bzw. Projektleitungsverträgen gewählt wurde, wird das Bauvorhaben mit zunehmendem Planungsfortschritt in Gewerke aufgeteilt und auf einer wettbewerbsgerechten Grundlage vom Generalübernehmer oder Projektsteuerer bzw. Projektleiter an den günstigsten Anbieter weitervergeben. Die Vertragsform kann in Abhängigkeit von der Art des Gewerkes entweder ein Pauschal- oder ein Einheitspreisvertrag sein. Sogar wenn Bauleistungen in Eigenregie ausgeführt werden, wird es für Leitungs- und Steuerungszwecke erforderlich, eine genaue Übersicht über die Kosten der bedeutenden Leistungen zu haben.

2. Die baubetriebliche Vorkalkulation

113 Dieser Abschnitt erläutert die Kalkulationsvorgänge, die mit der Umsetzung eines Bauvorhabens und der Erstellung einer Angebotskalkulation im angelsächsischen Raum verbunden sind.

Die meisten Bauaufträge werden vergeben, nachdem mehrere Unternehmer Kostenermittlungen erstellt und Angebote unterbreitet haben. Der Preis für ein Angebot kann wie folgt charakterisiert werden.

direkte und indirekte Kosten der Teilleistungen
+ Zuschläge
= Angebotspreis

Der Angebotspreis setzt sich also üblicherweise aus zwei Bestandteilen zusammen. Die direkten und indirekten Kosten der Teilleistungen sollten auf der Grundlage einer sorgfältigen Zusammenstellung der Kostenunterlagen, einer sorgfältigen Auswahl der Methode und erforderlichen Ressourcen ermittelt werden. Weiterhin sind die voraussichtlichen Aufwands- und Leistungswerte zu bestimmen.

114 Die Zuschläge beinhalten einen Zuschlag für die allgemeinen Geschäftskosten, für Wagnis und für Gewinn. Die Ermittlung dieser Zuschläge erfordert eine wirtschaftliche Beurteilung der gegenwärtigen Marktsituation. Damit diese Beurteilung fundiert erstellt werden kann, müssen die direkten und indirekten Kosten der Teilleistungen genau kalkuliert worden sein. Die Bedeutung dieser sorgfältigen Kalkulation wird weiterhin durch die Tatsache hervorgehoben, dass die direkten und indirekten Kosten der Teilleistungen den größten Bestandteil des Gesamtangebotes ausmachen.

II. Die Bedeutung der Kalkulation

115 Um einen auskömmlichen Auftrag zu erzielen, muss der Unternehmer ein Angebot unterbreiten, welches niedrig genug ist, um den Auftrag zu erhalten, aber immer noch hoch genug ist, um einen Gewinn erzielen zu können. Vor dem Hintergrund der geringen Gewinnmargen der Bauindustrie ist dies ein extrem enges Band, in dem gearbeitet werden muss. Ein Fehler in der Kalkulation von 1–2 % kann eine Gewinneinbuße von 30–60 % bedeuten. Um zu einem realistischen und auskömmlichen Wert bei der Kalkulation der beiden Bestandteile direkte und indirekte Kosten der Teilleistungen und Zuschläge zu gelangen, muss der Anbieter bzw. sein Kalkulationsteam bewährte und verhältnismäßig verlässliche Werte mit subjektiven Einschätzungen kombinieren. Die folgenden Komponenten müssen bei der Kostenermittlung berücksichtigt werden.

- Direkte und indirekte Kosten der Teilleistungen:
- Lohnkosten

116

Sie werden ermittelt aus den Bestandteilen des Mittellohnes und den gesammelten Aufwandswerten. Raum für subjektive Einschätzungen ist hauptsächlich bei der Anpassung der Aufwandswerte gegeben.

- Gerätekosten

Sie werden auf der Grundlage von Angeboten der Gerätevermieter oder den kalkulierten Ansätzen für die einzusetzenden Geräte und den entsprechenden Leistungswerten ermittelt. Raum für subjektive Einschätzungen ist in diesem Fall bei der Anpassung der Leistungswerte und der Beurteilung von Stillstandszeiten gegeben.

- Baustoffkosten

Sie werden auf der Grundlage von Angeboten von Lieferanten und einem prozentualen Aufschlag für Lagerung, Materialumschlag und Materialschwund ermittelt. Der Raum für subjektive Einschätzungen ist auf die Höhe dieser Zuschläge beschränkt.

- Kosten der Fremdleistungen

Sie werden ermittelt auf der Grundlage von Nachunternehmerangeboten zuzüglich einem prozentualen Aufschlag für die Tätigkeit des Generalunternehmers. Diese können normalerweise genau veranschlagt werden. Das Hauptrisiko bei der Einschaltung von Nachunternehmern besteht in einer möglichen Störung des Bauablaufes infolge von Koordinationsproblemen oder einer nicht vertragsgerechten Leistungserstellung.

- Betriebskosten der Baustelle (indirekte Kosten der Teilleistungen)

Sie werden auf der Grundlage der Berechnung der Kosten für das Bauleitungspersonal und die Baustelleneinrichtung ermittelt. Normalerweise können diese Kosten genau veranschlagt werden.

- Zuschläge
- allgemeine Geschäftskosten

117

Sie werden auf der Grundlage der Budgetplanung der allgemeinen Geschäftskosten des Unternehmens in Relation zu den zukünftig zu erwartenden Umsätzen des Unternehmens ermittelt.

- Gewinn

Er wird ermittelt aus der Berechnung des Minimums an Gewinn, welches ein Unternehmen benötigt, um seine Fremdkapitalgeber bedienen zu können, seine Aktionäre zufrieden stellen zu können, in das Unternehmen reinvestieren und seine Steuern zahlen zu können. Ausschlaggebend für die Höhe des Gewinnzuschlages ist jedoch eine Einschätzung darüber, was der Markt hergeben wird.

- Wagnis

Es wird auf der Grundlage der mit dem Projekt verbundenen Risiken und deren Eintrittswahrscheinlichkeiten ermittelt und ist somit größtenteils ein subjektiver Faktor.

Folglich setzt sich die Kostenstruktur des Angebotes aus den direkten und indirekten Kosten der Teilleistungen, die größtenteils aus Kostenarten bestehen, die einen gewissen Anteil an subjektiver Einschätzung enthalten, und den Zuschlägen, die vordergründig durch das Einfließen von subjektiven Beurteilungen geprägt sind, zusammen. Daraus können für das anbietende Unternehmen folgende Schlussfolgerungen gezogen werden:

118

- Unabhängig von den Marktbedingungen nehmen die kalkulierten Kostenbestandteile bei weitem den größten Anteil ein. Sie enthalten jedoch auch subjektiv einzuschätzende Elemente.
- Innerhalb dieser kalkulierten Kostenbestandteile nehmen den größten Anteil die Lohn-, Geräte-, Baustoff- und Fremdleistungskosten ein. Aus diesem Grund muss sichergestellt sein, dass sie mit größter Sorgfalt ermittelt werden, um die Variabilität bei der Kalkulation der direkten Kosten zu minimieren.
- Der Gewinn- und Wagnisanteil nimmt – obwohl er bei der Angebotserstellung wichtig ist – normalerweise einen wesentlich geringeren Anteil ein als der Anteil der direkten und indirekten Kosten.

III. Der Prozess der Angebotserstellung

119 In großen Unternehmen sollte der Prozess der Angebotserstellung so lange weiterentwickelt und verfeinert werden, bis er im Hinblick auf die Anzahl der ordnungsgemäß und zuverlässig erstellten Angebote je Kalkulator effizient ist. Effizienz ist sowohl in stagnierenden als auch in wachsenden Märkten erforderlich. In stagnierenden Märkten sinkt die Angebotserfolgsrate, und es müssen vergleichsweise mehr Angebote erstellt werden, um den Umsatz des Unternehmens gewährleisten zu können. In Wachstumsmärkten müssen die erhöhten Möglichkeiten zur Angebotserstellung bewertet werden, um sicherzustellen, dass das Unternehmen seine Chancen optimal nutzt. Der Prozess der Angebotserstellung für ein Bauvorhaben ist in Abbildung 15 dargestellt.

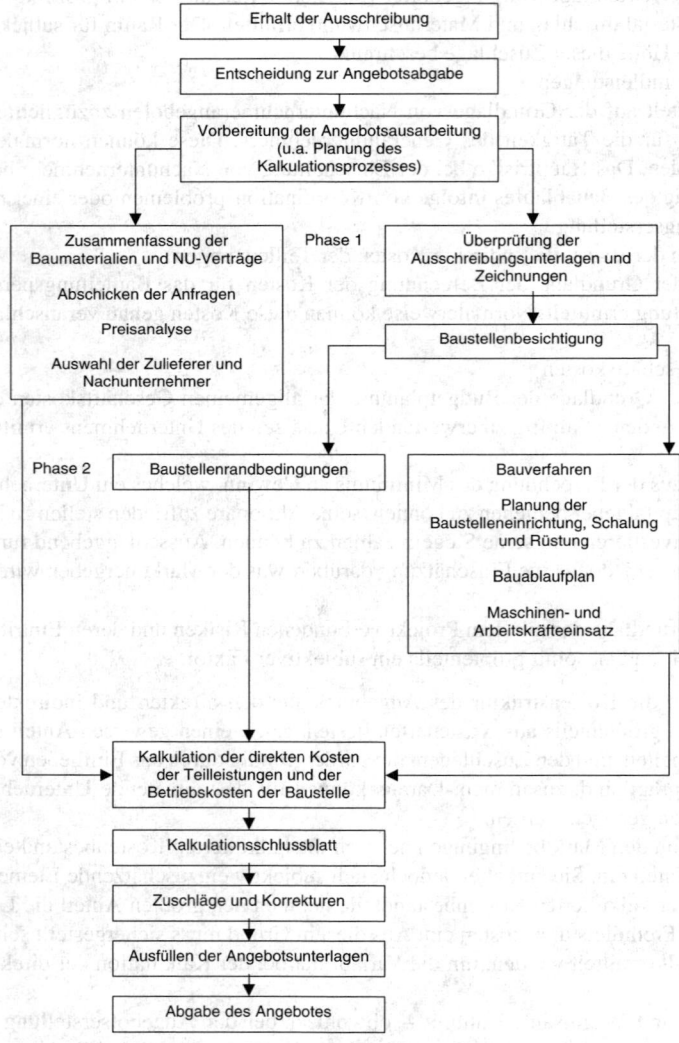

Abbildung 15: Prozess der Angebotserstellung

E. Die Kalkulation im angelsächsischen Raum § 13

1. Entscheidung zur Angebotsabgabe

Jedes Unternehmen sollte eine bestimmte Strategie bezüglich der Bausparten und Auftragsgrößen verfolgen, die sich in einem unternehmensbezogenen Strategieplan niederschlägt. Der Strategieplan sollte detaillierte Informationen über die Umsatzziele des Unternehmens und deren Aufspaltung in verschiedene Bausparten enthalten. Vor dem Hintergrund dieses Strategieplanes wird die Geschäftsleitung auf der Grundlage der nachfolgenden Faktoren die Entscheidung über eine Angebotsabgabe treffen: 120

- der potentielle Beitrag des Auftrages zum Umsatz des Unternehmens in einem speziellen Unternehmensbereich, zu den allgemeinen Geschäftskosten und zum Gewinn,
- die voraussichtlichen Anforderungen an die finanziellen Ressourcen des Unternehmens während der Ausführung des Auftrages,
- die verfügbaren Ressourcen des Unternehmens,
- die Art der auszuführenden Arbeiten,
- die Örtlichkeit,
- der Auftraggeber,
- die Einzelheiten zur Vertragsgestaltung.

Unternehmen werden Aufträge vermeiden, die für ihre Größe zu umfangreich sind, über den Erfahrungsbereich hinausgehen, ihre verfügbaren Ressourcen (inklusive der liquiden Mittel) voraussichtlich überbeansprucht werden, sich außerhalb des geographischen Umfeldes befinden, in dem das Unternehmen normalerweise tätig ist, sowie Aufträge mit allzu schlechten Vertragsbedingungen. 121

Die Geschäftsleitung eines Unternehmens muss eine subjektive Beurteilung abgeben, bei der die Marktchancen mit dem Risiko, das mit der Entscheidung zur Angebotsabgabe verbunden ist, abgewogen werden.

Die konkrete Entscheidung zur Abgabe des Angebotes kann innerhalb des Angebotsprozesses an drei Stellen erfolgen. Die erste ist innerhalb der Phase der Vorauswahl – falls eine Vorauswahl durchgeführt wird – angesiedelt. Die Vorauswahl ermöglicht es den Unternehmern, nähere Angaben zum Bauvorhaben in knapper Form einzusehen, um anschließend die Bereitschaft zur kompletten Angebotsabgabe anzeigen zu können. Diese Vorgehensweise wird bei großen Projekten angewandt, bei denen die Erstellung eines Angebotes mit einem erheblichen Zeit- und Kostenaufwand für den Unternehmer verbunden ist. Die Informationen in der Phase der Vorauswahl umfassen Angaben zum Auftraggeber, zu den beteiligten Spezialisten, Einzelheiten zum Bauvorhaben selbst, Angaben zum voraussichtlichen Kosten- und Zeitrahmen sowie nähere Angaben zum Vertrag. 122

Bestandteil der Überlegungen des Unternehmers wird die Einschätzung der Finanzstärke des Auftraggebers sein. Einige Unternehmen sind möglicherweise in der Lage, dem Bauherrn günstigere Finanzierungsdienstleistungen zu bieten, was gleichzeitig die rechtzeitige Zahlung an den Bauunternehmer sicherstellt. Diese Form der Vereinbarung kann als Bereitstellung einer attraktiven Dienstleistung für den Kunden angesehen werden, durch die sich die Wettbewerbsfähigkeit des Unternehmens erhöht und gleichzeitig das Risiko reduziert wird. 123

Es gibt zwei weitere Alternativen für den Unternehmer, um den Angebotsprozess zu unterbrechen – zum einen nach der sorgfältigen Überprüfung der vollständigen Vertragsunterlagen und zum anderen, nachdem die Kalkulation erstellt wurde und das Angebot fertig zur Einreichung ist. Im letzteren Fall sind aber für die Kalkulation schon hohe Personalkosten entstanden und mögliche Alternativprojekte konnten nicht kalkuliert werden.

2. Planung des Kalkulationsprozesses

124 Nachdem die Entscheidung getroffen wurde, sich an der Ausschreibung des Bauvorhabens zu beteiligen und die vollständigen Unterlagen eingegangen sind, besteht die erste Aufgabe des Kalkulators darin, eine Aufstellung der mit der Kalkulation verbundenen Tätigkeiten in Form von Meilensteinen anzufertigen, so dass der Kalkulationsvorgang bzw. -verlauf effektiv überwacht und gesteuert werden kann. Das ist außerordentlich wichtig, weil der Termin zur Einreichung des Angebotes exakt vorgegeben und die verfügbare Zeit zur Erstellung eines Angebotes immer begrenzt ist. Dieses Vorgehen dient dazu, das Risiko des Unternehmens zu minimieren, Entscheidungen zu spät zu treffen und gezwungen zu sein, exakte Kostenermittlungen durch grobe Schätzungen zu ersetzen.

3. Projektanalyse

125 Die Projektanalyse ist ein zweistufiger Prozess, in dem das Ziel der Phase 1 das Zusammenfassen der Baustoff-, Geräte- und voraussichtlichen Fremdleistungspositionen des Bauvorhabens ist, so dass Anfragen so früh wie möglich gemacht werden können. Phase 2 schließt eine vollständige Analyse der Baumaßnahme ein, die in die Erstellung einer Arbeitsbeschreibung und eines Bauablaufplanes mündet.

a) Phase 1

126 In Phase 1 der Projektanalyse wird folgendes ermittelt:
- der Gesamtumfang der Baumaßnahme,
- eine näherungsweise Kostenschätzung,
- die Positionen, die an Nachunternehmer vergeben werden sollen,
- die Baustoffe und Geräte, für die Preisangaben benötigt werden,
- der Abgabetermin für die Angebote der Nachunternehmer und Lieferanten,
- ob Planungsalternativen in Erwägung gezogen werden sollten.

127 Bei den Baumaterialien kommt es auf den günstigen Einkauf an. Daher sollte man Lieferanten möglichst frühzeitig anfragen, um die meisten Preise rechtzeitig für die Kalkulation zu erhalten oder eventuell noch nachverhandeln zu können. Dieses frühzeitige Anfragen ist sowohl aus wettbewerblichen Überlegungen als auch im Hinblick auf die Reduzierung des Risikos offener Positionen wichtig. Je komplexer das Produkt und je höher die Beschaffungsmarktkomplexität ist, desto größer ist die Bedeutung eines professionellen Beschaffungskettenmanagements (supply chain management). Dahinter steht die Absicht der Sicherung von Geschäftsbeziehungen und vorteilhaften Bedingungen über die gesamte Beschaffungskette – entweder durch Rahmenverträge, Partnering, durch das Eingehen von Allianzen (Bündnissen), durch die Bildung von Arbeitsgemeinschaften oder durch andere Maßnahmen der partnerschaftlichen Zusammenarbeit.

b) Phase 2

128 Wie bereits erwähnt, schließt die zweite Phase eine vollständige Analyse der Baumaßnahme ein, die in die Erstellung einer Arbeitsbeschreibung und eines Bauablaufplanes mündet. Aufgrund der wechselseitigen Beziehung von Planung und Kalkulation in dieser Phase spielen beide Komponenten eine Rolle. Die Analyse umfasst eine detaillierte Überprüfung der Vertragsunterlagen, eine Ortsbesichtigung und die Erstellung einer Arbeitsbeschreibung, die unter anderem das Bauverfahren festlegt.

4. Kalkulation der direkten und indirekten Kosten der Teilleistungen

Die Hauptaufgabe des Kalkulators besteht darin, die voraussichtlichen Kosten für die Ausführung des in den Ausschreibungsunterlagen beschriebenen Bauwerkes zu ermitteln. Die Erstellung der Kalkulation der direkten und indirekten Kosten der Teilleistungen umfasst die Erfassung bzw. Zusammenstellung der Kostenarten, die Kalkulation der direkten Kosten der Teilleistungen sowie der Betriebskosten der Baustelle.

Der Zuschlag, der eine Umlage für die allgemeinen Geschäftskosten, Gewinn und Wagnis beinhaltet, wird separat von der Geschäftsleitung geprüft und zur Ermittlung der Angebotssumme zu den kalkulierten direkten und indirekten Kosten der Teilleistungen hinzuaddiert.

Die direkten Kosten einer Teilleistung sind die Kosten, die zur Ausführung der beschriebenen Teilleistung benötigt werden. Die Erfassung bzw. Zusammenstellung der Kostenarten umfasst die Lohn-, Geräte-, Baustoff- und Fremdleistungskosten. Die eigentliche Kunst des Kalkulierens besteht in der Auswahl der Einsatzfaktoren Arbeit, Geräte, Baustoffe und Fremdleistung. Nach der Auswahl muss die Menge dieser Einsatzfaktoren veranschlagt werden (in Stunden für den Einsatzfaktor Arbeit und den Geräteeinsatz und in m, m^2, m^3, Stück usw. für das Material). Danach wird die Mengenkomponente mit den kalkulierten Kosten pro Mengeneinheit multipliziert. Als Ergebnis erhält man die direkten Kosten einer Teilleistung (Abbildung 16).

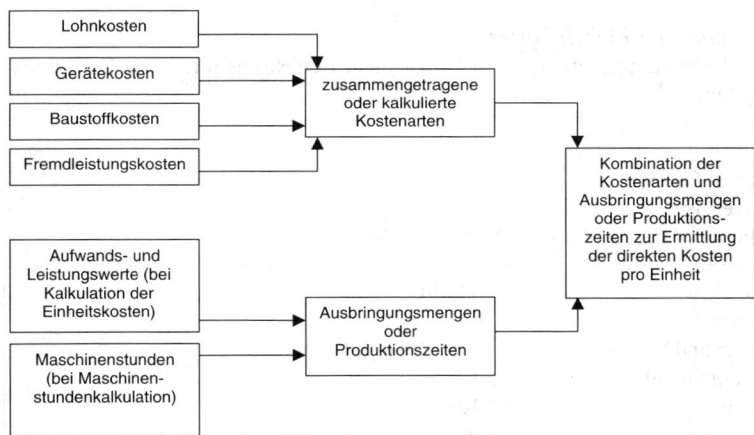

Abbildung 16: Schema für die Ermittlung der direkten Kosten einer Teilleistung

Der Kalkulator ermittelt ebenfalls die Betriebskosten der Baustelle unter Beachtung der aus dem Bauablaufplan abgeleiteten zeitvariablen und zeitfixen Kosten. Sie setzen sich aus nachfolgenden Komponenten zusammen:
- Baustellenleitung und Bauaufsicht,
- Büropersonal und Mitarbeiter der allgemeinen Verwaltung,
- Geräte und Maschinen,
- Transport,
- Schalung, Rüstung,
- Hilfsarbeiten,
- Unterbringung,
- Baustellenausstattung,
- allgemeine Leistungen,
- Inbetriebnahme und Abnahme,
- sonstige Erfordernisse.

132 Die kalkulierten Betriebskosten der Baustelle werden häufig der Position Baustelleneinrichtung des Leistungsverzeichnisses zugeordnet, sie können jedoch auch gemäß der voraussichtlichen Inanspruchnahme oder gemäß den Cash-Flow-Erfordernissen auf die einzelnen Leistungspositionen umgelegt werden.

Die drei wichtigsten Kalkulationsmethoden für die Ermittlung der direkten Kosten einer Teilleistung sind:
- Kalkulation der Einheitskosten,[39]
- Maschinenstundenkalkulation,
- Positionskostenschätzung.

a) Kalkulation der Einheitskosten

133 Die Kalkulation der Einheitskosten beinhaltet die Auswahl der benötigten Einsatzfaktoren (Arbeit, Geräte, Baustoffe usw.) und die Auswahl der dazugehörigen Aufwands- bzw. Leistungswerte. Folglich ist die Kalkulation für jeden Einsatzfaktor eine Kombination von Aufwands- bzw. Leistungswert und den Kosten für eine Einheit. Ein Aufwandswert ist die Zeit oder Aufwandsmenge, die für die Ausführung einer vorgegebenen Einheit notwendig ist. Ein Leistungswert spiegelt die Leistung pro Zeiteinheit wider. Mit Hilfe dieser Kalkulationsmethode werden Kosten ermittelt, die direkt in LV-Positionen eingetragen werden können. Aus diesem Grund wird sie relativ häufig angewendet.

> *Beispiel für eine Kalkulation der Einheitskosten*
> Die Einheitskosten der Teilleistung Lieferung und Einbau einer Bewehrung mit einem Durchmesser von 16 mm beinhalten:
> Materialbezugskosten,
> Transportkosten,
> Kosten für Biegen und Befestigen,
> Zuschlag für Materialverluste,
> Zuschläge für zusätzliches Material (Abstandshalter und Bindedraht).

Materialbezugskosten	320 GE/t
Zuschlag für Materialverluste	5 %
Kosten für Abstandshalter und Bindedraht	2 % der Materialkosten
Aufwandswert für Schneiden und Biegen	15 h/t
Aufwandswert für Einbau	20 h/t
Biegemaschine	in Betriebskosten der Baustelle enthalten
Baustellentransport	in Betriebskosten der Baustelle enthalten
Lohnkosten für den Eisenflechter	6,50 GE/h

gesamte Baustoffkosten:	(1,0 x 320,00 GE/t x 1,05) x 1,02 =	342,72 GE/t
gesamte Lohnkosten:	(15 + 20) h/t x 6,50 GE/h =	227,50 GE/t

Die Einheitskosten für die Lieferung und den Einbau einer Bewehrung mit einem Durchmesser von 16 mm betragen: (342,72 + 227,50) GE/t = 570,22 GE/t.

---

[39] Mit dem Begriff „Einheitskosten" sind in diesem Zusammenhang die auf der Grundlage der Aufwands- bzw. Leistungswerte ermittelten direkten Kosten der einzelnen Kostenarten, die zu einer Leistungsposition bzw. Teilleistung gehören, gemeint.

b) Maschinenstundenkalkulation

Die Maschinenstundenkalkulation basiert auf der Berechnung der gesamten zu einem Arbeitsvorgang (z. B. Bohrpfähle) gehörenden Menge, der Berechnung der für die Ausführung des Vorganges benötigten Zeit (z. B. Wochen) sowie eine Kombination dieser Angaben mit den ausgewählten Einsatzfaktoren (z. B. Arbeit und Geräte der Bohrpfahlkolonne). Diese Methode der Kalkulation wird bei der Kalkulation geräteintensiver Arbeiten bevorzugt, wie beispielsweise Bagger- und Betonarbeiten. Sie ist mit der Ablaufplanung eng verknüpft und befasst sich genauer mit den Leistungswerten, die von unproduktiven Transportzeiten, Stillstands- und Ausfallzeiten beeinflusst werden.

Beispiel für eine Maschinenstundenkalkulation
Aus einem Hafenbecken soll eine Aushubmenge von insgesamt 3.000.000 m^3 ausgebaggert und auf einem angrenzenden Küstenstreifen abgesetzt werden. Aus dem Bauablaufplan ist zu entnehmen, dass sich das Ausbaggern, die Landgewinnung und die Hangabsicherung über einen Zeitraum von sechs Monaten bzw. 26 Wochen erstrecken.

Ausbaggern
- Gerätekosten: Bagger zu 100.000 GE pro Monat für 6 Monate: 600.000 GE, Treibstoffkosten (5 % der Kosten des Baggers): 30.000 GE
- Lohnkosten: Eine Kolonne aus 6 Mitarbeitern wird über den geplanten Zeitraum benötigt. Die vertraglich vereinbarte Vergütung beträgt 12.500 GE pro Mann. Diese beinhaltet sämtliche Zulagen für Schichtarbeit und Auslöse. Folglich betragen die Lohnkosten 75.000 GE.

Gesamtkosten für Ausbaggern: (600.000 + 30.000 + 75.000) GE = 705.000 GE

Absetzen des Aushubmaterials
- Gerätekosten: D6 Bulldozer zu 7.500 GE pro Monat für 6 Monate: 45.000 GE, Treibstoffkosten (5 % der Kosten des Bulldozers): 2.250 GE
- Lohnkosten: Die Bedienungskosten für den Bulldozer betragen 6,50 GE/h, für den Einweiser 5,50 GE/h bei einer durchschnittlichen 70-Stunden-Woche: (6,50 + 5,50) GE/h x 70 h/Woche x 26 Wochen = 21.840 GE

Gesamtkosten für Absetzen: (45.000 + 2.250 + 21.840) GE = 69.090 GE

Kosten für Ausbaggern und Absetzen: (705.000 + 69.090) GE = 774.090 GE

Kosten für Ausbaggern und Absetzen pro m^3 Aushub: 774.090 GE : 3.000.000 m^3 = 0,26 GE/m^3

c) Positionskostenschätzung

Unter Positionsschätzkosten werden direkte Kosten verstanden, die zwar in die Kalkulation einfließen, aber nicht exakt kalkuliert werden, sondern lediglich auf einer Einschätzung des Kalkulators beruhen. Bei jedem Bauvorhaben gibt es bestimmte Positionen (z. B. Aushub und Betonage), die den größten Wert ausmachen. Diese werden mit der als genauer angesehenen Methode der Maschinenstundenkalkulation ermittelt. Andere Positionen werden über Einheitskosten kalkuliert. Die Positionen, deren Anteil am Gesamtauftragswert weniger bedeutend ist, werden mit Hilfe von Positionsschätzkosten kalkuliert. Auf diese Art und Weise werden die kostenintensivsten Leistungspositionen am genauesten kalkuliert; ihnen wird die größte Aufmerksamkeit gewidmet. Die Kalkulation dieser Positionen entscheidet letztendlich darüber, ob der Bieter den Auftrag erhält und ob er dann den geplanten Gewinn erzielen kann.

5. Abschließende Angebotsberatung

136 An der abschließenden Angebotsberatung nehmen die für das Zustandekommen des Angebotspreises verantwortlichen Personen teil; das heißt, diejenigen Personen, die bei der Angebotserstellung eine wichtige Rolle gespielt haben sowie Vertreter der Geschäftsleitung. Bei Bedarf wird der Kalkulator einen Kalkulationsbericht erstellen, der in der Beratung präsentiert wird. Dieser Bericht sollte beinhalten:
- eine kurze Beschreibung des Bauvorhabens,
- eine Beschreibung des Bauverfahrens,
- eine Aufstellung der mit dem Projekt verbundenen Risiken, die nicht hinreichend durch die Vertragsdokumente abgedeckt sind,
- jegliche nicht der allgemeinen Norm entsprechenden vertraglichen Inhalte,
- die Erfassung des Planungsstandes,
- jegliche Annahmen, die bei der Erstellung der Kalkulation getroffen wurden,
- eine Beurteilung der Rentabilität des Projektes,
- jegliche sachdienliche Information bezüglich der Markt- und fertigungstechnischen Bedingungen,
- einen Überblick über sämtliche relevante Bauvorhaben, die in der Vergangenheit für diesen Auftraggeber durchgeführt wurden.

137 Außerdem sollte der Kalkulator einen ausführlichen Kostenbericht erstellen, welcher im Einzelnen die Mengen und Kosten für die Arbeitsleistung, für Baustoffe, Geräte und Fremdleistungen, Eventualpositionen, Stundenlohnarbeiten, Rücklagen für unvorhersehbare Ausgaben, Aufsicht über Nachunternehmer und Beträge für Preisnachlässe bei Baustoffen und Fremdleistungen aufführt. Der Kalkulator kann auch einen projektbezogenen Cashflow berechnen, der auf einer Auswahl möglicher Zuschläge basiert. Das Ziel dieser Berichte ist die Weitergabe der vertraglichen Einzelheiten und der der Kalkulation zugrundegelegten Annahmen an diejenige Führungskraft, die letztendlich über die zu unterbreitende Angebotssumme entscheidet.

a) Vornahme von Korrekturen und Festlegung der Zuschläge

138 In der Beratung werden ebenfalls die wirtschaftlichen Auswirkungen des Auftrages betrachtet und nachfolgend genannte Korrekturen vorgenommen und Zuschläge festgesetzt:
- Änderungen bei den kalkulierten Kosten der Baustelle,
- Zuschlag für die allgemeinen Geschäftskosten,
- eine Bewertung des Risikos sowie ein Wagniszuschlag,
- Zuschlag für den Gewinn,
- Inflationszuschlag.

■ **Kalkulierte Baustellenkosten**

139 Die die kalkulierten direkten Kosten betreffenden Entscheidungen beinhalten die erforderlichen Korrekturen der Einsatzfaktoren, der angesetzten Leistung oder des Materialschwundes.

■ **Allgemeine Geschäftskosten**

140 Um eine ausreichende Deckung der allgemeinen Geschäftskosten gewährleisten zu können, muss das Unternehmen sowohl die Kosten als auch die Umsatzerlöse laufend überwachen und das Verhältnis zwischen diesen beiden Faktoren kennen. Umsatzerlöse und allgemeine Geschäftskosten sollten monatlich verglichen werden, um den erforderlichen Deckungsbeitrag zukünftiger Aufträge ermitteln zu können.

■ **Wagnis**

141 Insbesondere bei großen Projekten und bei Auslandsbauvorhaben ist es notwendig, die damit verbundenen Risiken wirtschaftlich verwertbar zu identifizieren und zu quantifizieren. Dies erfordert vom Kalkulator, potentielle Probleme bei der Bauausführung und mögliche Alternativen, Bereiche des Projektes mit unzureichender Informationsbasis und unrealistisch erscheinende Mengenangaben (einzelner Positionen) im Leistungsverzeichnis zu identifizieren. Wegen der knappen Zeit, die in der Regel für die Erstellung eines Angebotes zur Verfügung steht, wird sich der Bieter auf eine einfache Schätzung der Risikoelemente (z. B. klimatische Faktoren, Verfügbarkeit des Produktionsfaktors Arbeit sowie von Geräten und Baustoffen) und Risikokategorien (z. B. vertragliches Risiko, Kundenrisiko, Ausführungsrisiko und wirtschaftliches Risiko) stützen. Das Risiko kann auf unterschiedliche Art und Weise kompensiert werden. Durch eine zusätzliche Versicherung kann abgesichert werden, die Arbeit kann auch an Nachunternehmer vergeben werden. Die dadurch entstehenden Kosten müssen bei der Angebotserstellung mit berücksichtigt werden. Normalerweise wird die Korrektur in Form eines Betrages gemacht, der einem bestimmten Prozentsatz der kalkulierten Baustellenkosten entspricht. Diese Risikomarge wird dem Gewinn hinzuaddiert.

■ **Gewinn**

Der mindestens zu erzielende Gewinn eines Unternehmens steht in engem Zusammenhang mit der Gewinnverteilung. Das Unternehmen wird hinsichtlich des erzielten Gewinnes möglicherweise mit nachfolgenden Ansprüchen konfrontiert:
- Zahlung der Körperschaftsteuer,
- Zahlung einer Dividende an die Anteilseigner,
- Thesaurierung von Gewinn zur Reinvestition.

Die Höhe des benötigten Gewinnes wird mit der Steuerquote, dem Fremdkapitalzinssatz, der Höhe der an die Anteilseigner auszuzahlenden Dividende und dem Ausmaß der von der Geschäftsleitung festgesetzten Reinvestitionen variieren.

Die für den Gewinn maßgeblichen finanzwirtschaftlichen Komponenten sind die Umsatzrendite und der Kapitalumschlag:

$$\frac{\text{Gewinn vor Steuern und Zinsen}}{\text{Umsatz}} \quad \text{und} \quad \frac{\text{Umsatz}}{\text{Gesamtkapital}}$$

Die Umsatzrendite (Gewinn vor Steuern und Zinsen/Umsatz) ist in angelsächsischen Bauunternehmen erfahrungsgemäß sehr niedrig, charakteristisch ist ein Wert um 3 %. Der Kapitalumschlag (Umsatz/Gesamtkapital) ist demgegenüber bei einer Größenordnung von 8 bis 15 mit einem charakteristischen Wert von 10 verhältnismäßig hoch. Dies zeigt, dass ein Bauunternehmen auf der Grundlage einer geringen Kapitalbasis bei hohem Kapitalumschlag geführt werden kann. Dies wird zum großen Teil durch die Zwischen- bzw. Abschlagszahlungen begründet, die die Bauunternehmen monatlich von den Bauherren erhalten. Die Kombination der beiden Kennzahlen ergibt die Gesamtkapitalrentabilität:

$$\frac{\text{Gewinn vor Steuern und Zinsen}}{\text{Umatz}} \times \frac{\text{Umsatz}}{\text{Gesamtkapital}} = \frac{\text{Gewinn vor Steuern und Zinsen}}{\text{Gesamtkapital}}$$

Demzufolge ergeben eine Umsatzrendite von 3 % und ein Kapitalumschlag von 10 eine Gesamtkapitalrentabilität von 30 % und möglicherweise die Durchführbarkeit des Projektes. Der Unternehmer wird eine Gesamtkapitalrentabilität von 20–30 % vor Steuern und Zinsen benötigen.

Beispiel

Kapital (Eigenkapital 75.000 GE, Fremdkapital 25.000 GE)	100.000,00 GE
geplante Umsatzrendite	3 %
geplanter Kapitalumschlag	10
geplante Kapitalverzinsung (Gewinn vor Steuern und Zinsen zu Kapital)	30 %
geplanter Umsatz	1.000.000,00 GE
geplanter Gewinn vor Steuern und Zinsen	30.000,00 GE
Körperschaftsteuer	33 %
Fremdkapitalzins	10 %
geplante Dividende (10 % von 75.000 GE)	7.500,00 GE

Fremdkapitalzinsen (10 % von 25.000 GE)	2.500,00 GE
Körperschaftsteuer ([30.000 ./. 2.500] GE x 0,33)	9.075,00 GE
ausgeschütteter Gewinn	7.500,00 GE
gesamt	19.075,00 GE
einbehaltener Gewinn	10.925,00 GE

$$\frac{\text{Gewinn vor Steuern und Zinsen}}{\text{Umsatz}} = \frac{30.000}{1.000.000} \times 100\% = 3\%$$

$$\frac{\text{Umsatz}}{\text{Gesamtkapital}} = \frac{1.000.000}{100.000} = 10$$

■ **Inflation**

144 In Abhängigkeit vom Auftraggeber und dem jeweiligen Inflationsniveau kann der Vertrag Preisanpassungsklauseln enthalten, die sich auf die Anwendung vereinbarter veröffentlichter Indizes und der zugehörigen Formel stützen. In Zeiten hoher Preissteigerungen oder in Auslandsmärkten mit hoher Inflation werden sich die Vertragspartner mit besonderer Vorsicht vergewissern, dass sie dem Inflationsrisiko nicht über Gebühr ausgesetzt sind.

b) Cashflow und Preispolitik

145 Ein wesentlicher Bestandteil der abschließenden Angebotsberatung ist eine Einschätzung des ermittelten Projekt-Cashflows und die Entscheidung über die Anwendung preispolitischer Gestaltungsmittel.

146 Ein projektbezogener Cashflow wird in der Regel während des Kalkulationsprozesses erstellt und dazu genutzt, um zu überprüfen, ob er sich in den unternehmensbezogenen Cashflow und dessen Anforderungen eingliedert. Änderungen können vorgenommen werden, um den Cashflow des Projektes zu verbessern und das durch den Auftrag gebundene Kapital des Auftragnehmers und demzufolge dessen Risiko zu minimieren.

147 Im Zusammenhang mit preispolitischen Gestaltungsmitteln soll das „Front-end loading" angesprochen werden. Hierbei handelt es sich um ein Verfahren der preislichen Anpassung des Leistungsverzeichnisses unter Beibehaltung der Angebotsendsumme mit dem Ziel, den Cashflow des Projektes zu verbessern, das heißt, einen Zahlungsvorlauf anzustreben. Dabei wird „Front-end loading" genutzt, um durch Erhöhung der Preise der anfänglichen Baustellentätigkeiten höhere Einnahmen in frühen Projektphasen zu erlangen.

148 Eine Möglichkeit zur Steigerung des Ertrages besteht darin, die Preise von Positionen, bei denen man glaubt, dass die Mengenangaben zu niedrig veranschlagt wurden, zu erhöhen und die Preise von Positionen, bei denen man meint, dass sie hinsichtlich der Menge zu hoch angesetzt wurden, zu verringern.

149 Das Verhältnis zwischen den Ausgaben und Einnahmen des Auftragnehmers über den Lebenszyklus eines charakteristischen Projektes ist in Abbildung 17 schematisch dargestellt. Aufgrund von Verzögerungen bei der Zahlung und bestimmten Einbehalten bleibt die Einnahmenkurve hinter der Ausgabenkurve zurück und veranlasst den Auftragnehmer zur Aufnahme von Fremdkapital, um den Differenzbetrag zu finanzieren. Die farblich gekennzeichnete Fläche gibt einen ungefähren Anhaltspunkt über die Höhe des Kredites, den der Auftragnehmer von der Bank bis zur Zahlung durch den Auftraggeber benötigt. Um diese Vorfinanzierung so gering wie möglich zu halten, ist der Auftragnehmer daran interessiert, die Einnahmenkurve so weit wie möglich nach links zu verlagern. Eine Möglichkeit, dies zu erreichen, ist der Einsatz des „Front-end loading" in Form eines Zahlungsvorlaufes.

Die Höhe des zu finanzierenden Differenzbetrages kann anhand der in Abbildung 18 gezeigten Einnahmen- und Ausgabenkurven reduziert werden. Auftraggeber, die die Vertragsform des Einheitspreisvertrages verwenden, reagieren in der Regel empfindlich auf derartige Verfahrensweisen. Wenn das Verhältnis des unausgewogenen Preisansatzes zwischen frühzeitig zu vergütenden Angebotspositionen des Bauvorhabens gegenüber späteren zu offensichtlich ist, kann der Auftraggeber dem Bieter auferlegen, seinen Preis zu rechtfertigen oder sogar das Angebot zurückweisen.

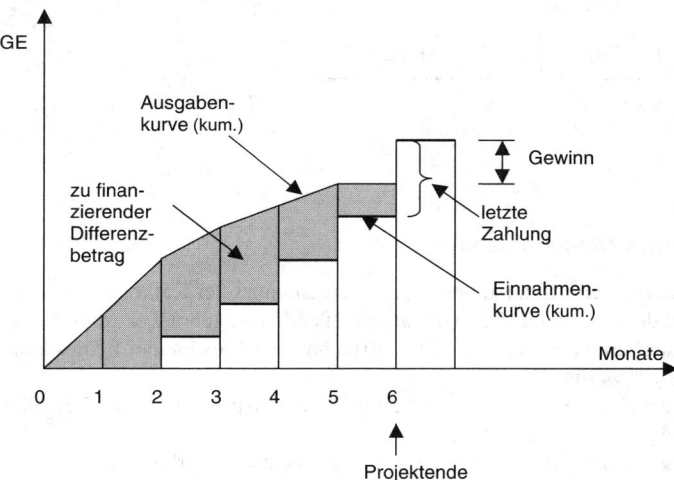

Abbildung 17: Typischer Zahlungsnachlauf

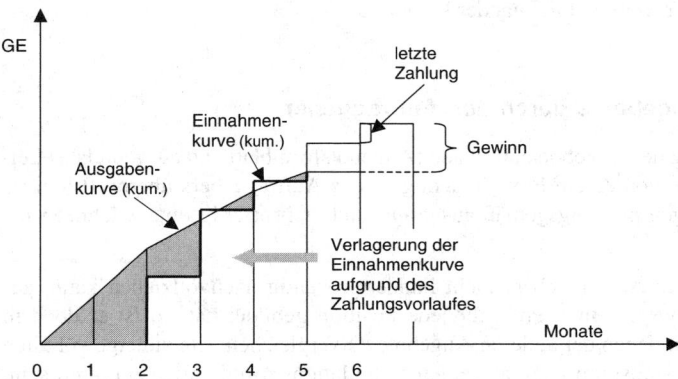

Abbildung 18: Zahlungsvorlauf

Es gibt jedoch auch vertragliche Gestaltungsmöglichkeiten, die derartige Formen der Preisgestaltung zum großen Teil verhindern, wie beispielsweise eine Vorauszahlung. Wenn die Kreditbedingungen des Bauherrn günstiger sind als die des Bauunternehmers, können durch diese Vorauszahlung die Kosten der Vorfinanzierung des Bauunternehmers gespart werden (vgl. Abbildung 19).

150

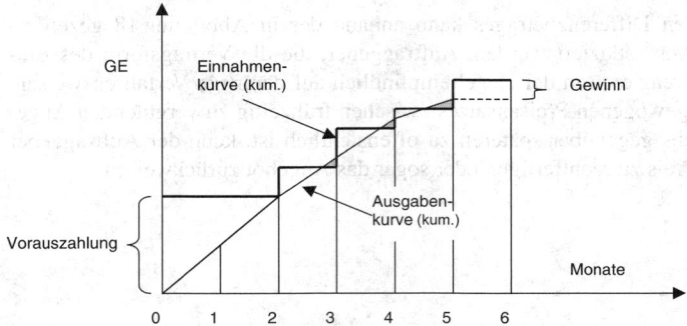

Abbildung 19: Vorauszahlung

6. Auspreisen des Leistungsverzeichnisses

151 Nachdem die verschiedenen Faktoren geprüft und quantifiziert wurden, muss der Kalkulator schließlich das Leistungsverzeichnis auf der Grundlage der in der abschließenden Angebotsberatung festgesetzten Preise ändern (wenn es sich um einen Vertrag mit Leistungsverzeichnis handelt). Dies kann durch folgende Maßnahmen erreicht werden:
- Alle vorzunehmenden Änderungen werden in den jeweiligen Einheitspreis eingearbeitet (dies kann eine umfangreiche Neuauspreisung bedeuten).
- Sämtliche Preise der Positionen werden mittels eines einzigen Prozentsatzes erhöht.
- Es wird ein Pauschalbetrag als Zu- oder Abschlag angesetzt.
- Die Einheitspreise bleiben unverändert, und die Differenz wird in die Position Baustelleneinrichtung integriert.
- Die aufgeführten Maßnahmen werden miteinander kombiniert.

7. Die Beurteilung des Angebotes durch den Auftraggeber

152 Nach dem fristgemäßen Eingang der Angebotsunterlagen (Angebotsformblatt und ausgepreistes Leistungsverzeichnis) werden diese von einem Bevollmächtigten des Auftraggebers überprüft, um sicherzustellen, dass die Unterlagen ordnungsgemäß ausgefüllt und rechtskräftig unterzeichnet wurden.

Obwohl der Bevollmächtigte des Auftraggebers nicht hundertprozentig nachvollziehen kann, auf welche Art und Weise der Anbieter seinen Preis für jede Position gebildet hat, so ist er doch in der Lage, die Positionspreise mit denen der anderen Angebote zu vergleichen. Ein außergewöhnlich niedriger Preis für eine Angebotsposition kann auf einen Kalkulationsirrtum zurückzuführen sein. Falls ein Preis besonders hoch ist, dann könnte dies auf einen spekulativen Preis hindeuten. Der Bieter befindet die vorgegebene Menge der Position für zu niedrig und spekuliert darauf, dass eine größere Menge ausgeführt werden muss. Aus diesem Grund ist es üblich, die Einheitspreise sämtlicher Bieter tabellarisch zusammenzustellen und zu vergleichen.

153 Bei der Auswertung der eingereichten Angebote ist zu beachten, dass das niedrigste Angebot nicht zwangsläufig zum niedrigsten Endpreis für die Baumaßnahme führt. Unabhängig davon, für welches Angebot sich der Auftraggeber entscheidet, sollte er sich zuvor davon überzeugt haben, dass der Auftrag nicht an einen Unternehmer vergeben wird, der ein unangemessen hohes Risiko eingeht und die Baumaßnahme dann nicht ordnungsgemäß beenden kann.

F. Weiterentwicklung des üblichen deutschen Baukalkulationsschemas

I. Größere Genauigkeit der Vorkalkulation und Auftrags-Vorauswahl

Die übliche deutsche Kalkulationsweise geht noch davon aus, dass in der Angebots- und Auftragskalkulation die Preise nur grob „geschossen" werden. Die eigentlich verfeinerte Kalkulation mit Bauablaufplan, Auswahl des Bauverfahrens usw. findet erst in der Arbeitskalkulation statt. Doch dann ist es bereits zu spät. Ein vertraglich fixierter falscher Preis kann später durch „Claim-Management" heutzutage nicht mehr gerade gerückt werden.

Die verfeinerte Kalkulation mit Bauablaufplan und Auswahl des Bauverfahrens muss deshalb bereits in der Phase der Angebotskalkulation einsetzen. Nun wird dagegen eingewandt, das sei ja viel zu teuer und die Trefferquote liege gerade mal bei einem Auftrag pro zwanzig ausgearbeiteter Angebote. Dem ist entgegenzuhalten, dass dann die Vorauswahl, für welche Anfragen man überhaupt ein Angebot abgibt, sehr viel präziser erfolgen muss. Hier braucht das Bauunternehmen eine klare Strategie und muss insbesondere seine Stärken und Schwächen kennen – oder anders ausgedrückt – wissen, wo sein komparativer Wettbewerbsvorteil liegt.[40]

II. Kapitalkosten

Bisher wird im Rohbau jede Schraube und jeder Nagel kalkuliert, aber Kapitalkosten anscheinend nicht. Dies erinnert verblüffend an die frühere Denkweise, wonach Eigenkapital ja kostenlos sei. Spätestens seit Einzug des „Shareholder value"-Gedankens muss klar sein, dass wir in einem Wirtschaftssystem des Kapitalismus leben und die wirtschaftliche Lenkung dezentral und pretial erfolgt.

Die Zahlungsmodalitäten eines Bauvertrages müssen adäquat in Kapitalkosten umgerechnet werden. Neben dem Bauablaufplan benötigt man in der Vorkalkulation also auch einen projektbezogenen Liquiditätsplan. Der Liquiditätsplan muss ebenfalls Zahlungssurrogate wie Bürgschaften (einschließlich Gewährleistungsbürgschaften) enthalten. Der Zahlungsmechanismus spielt dabei nicht nur für die Kapitalkosten eine Rolle, sondern auch für die später noch zu diskutierende Risikoverteilung. Denn je später gezahlt wird, desto höher fallen für das Bauunternehmen gewisse Risiken an, wie zum Beispiel das Bonitätsrisiko oder das Prozessrisiko.

Die Kapitalkosten müssen weiterhin die „Schattenkosten" (shadow cost) beinhalten, zum Beispiel aus der Gewerbeertragsteuer oder der Aufrechterhaltung der Rechtsform, die aus finanztechnischen Gründen gebraucht wird. Speziell bei Bürgschaften wird sich die Frage stellen, ob hier zusätzlich auch Eigenkapitalkosten und wenn ja, in welchem Umfang eingerechnet werden müssen. Denn ohne einen gewissen Eigenkapitalanteil oder eine gewisse „Barhinterlegung" wird heute keine Bürgschaft mehr gewährt.

Nun wird gegen die Einrechnung von Kapitalkosten eingewendet, dass man dann preislich nicht mehr konkurrenzfähig sei. Wenn dem so ist, sollte man besser auf den Auftrag verzichten, denn dann werden keine Werte geschaffen, sondern Werte vernichtet. Irgendwelche Zahlen auf das Papier zu schreiben, mit denen man den Auftrag dann schon bekommt, reicht nicht. Das „Zahlenschreiben" muss wieder durch exaktes Kalkulieren ersetzt werden. Hier müssen wieder alte Kaufmannstugenden einkehren oder durch ein entsprechendes Kontrollsystem erzwungen werden. Das Gesetz zur Kontrolle und Transparenz im Unternehmensbereich (KonTraG) verlangt hierzu auch ein entsprechendes

---

[40] Vgl. z. B. *Jacob*, Strategie und Controlling in der mittelständischen Bauwirtschaft, in: Baumarkt, 99. Jg., 2000, Heft 3, 52–57, im Folgenden zitiert als: *Jacob* (Strategie und Controlling ...).

III. Risikozuschläge

160 Pauschale Risikozuschläge von 2 % oder 5 % lässt nach Aussagen von Baujuristen selbst der Bundesgerichtshof nicht mehr zu. Bei Einzel- und Prototypfertigung wie in der Bauindustrie fallen natürlich besondere Risiken an. Die Risiken hängen sicher von der Bausparte, der Größenklasse des Auftrages, den Kunden, der Vertragsform und den Vertragsinhalten ab. Sie wurden in Kapitel B./VI. (Risiken und deren kostenrechnerische Bewertung) ausführlich diskutiert. Sie sind produktionsseitig vergleichbar mit den Risiken einer Automobilfirma bei der Umstellung auf einen neuen Produkttyp. Auch Pannen lassen sich dabei zwangsläufig nicht vermeiden, weil es ja zunächst Prototypfertigung ist. Die Risiken sind einzeln zu ermitteln und mit ihrer Eintrittswahrscheinlichkeit zu bewerten. Auch kann man mit Best case-, Worst case- und Normal case-Szenarien arbeiten und den so gefundenen Korridor mit Eintrittswahrscheinlichkeiten belegen. Hier ist im Zusammenhang mit RMS sicherlich noch einige Forschungsarbeit zu leisten.

IV. Saisonabhängigkeit

161 Die Bauproduktion ist im Gegensatz zur stationären Industrie auch sehr stark von der Jahreszeit abhängig: Im Winter muss zum Beispiel der Straßenbau wegen Frostgefahr ganz eingestellt werden. Gefürchtet sind bei Baugruben speziell im Winter und Frühjahr die stark ansteigenden Grundwasserstände, die zu einer Überflutung der Baugrube führen können. Baugruben hebt man daher am liebsten im Sommer aus. Umgekehrt muss man im Sommer ganz besonders darauf achten, dass frisch betonierte Flächen durch die starke Sonneneinwirkung nicht ausbrennen, also keine optimale Hydratation und damit keine optimale Festigkeit entsteht. Abdecken der frisch betonierten Flächen und Feuchthalten sollen hier helfen. Schon diese wenigen Beispiele zeigen, wie sehr die Bauproduktion saisonabhängig ist. Lohnaufwandswerte hängen entscheidend von der Jahreszeit ab, in der man das Gewerk ausführt. Verschieben sich Bauablaufpläne, zum Beispiel weil die Baugenehmigung sich verzögert, muss der Zeitaufwand saisonabhängig ganz neu kalkuliert werden. Das könnte man zumindest durch einen Saisonfaktor schon in der Vorkalkulation annäherungsweise berücksichtigen.

G. Der Unterschied zwischen Angebots-, Auftrags-, Arbeits-, fortgeschriebener Arbeits- und Nachkalkulation

162 Der Unterschied lässt sich auf einer horizontalen Zeitachse zunächst einleitend gut visualisieren, ohne auf Details eingehen zu müssen (vgl. Abbildung 20).

163 Die Angebotskalkulation hat den Zweck, den Angebotspreis zu ermitteln. Der Preis sollte immer die vollen Kosten einschließlich der kalkulatorischen Zinsen für Eigen- und Fremdkapital decken. Absolute Preisuntergrenze sind die ausgabenwirksamen Kosten. Typischerweise gehen Bauunternehmen mit vollen Auftragsbüchern und schlechten Preisen in Konkurs. Die Zahlungsunfähigkeit wird durch Preise unterhalb der ausgabenwirksamen Kosten hervorgerufen.

G. Der Unterschied zwischen Angebots-, Auftrags-, Arbeits- u. Nachkalkulation § 13

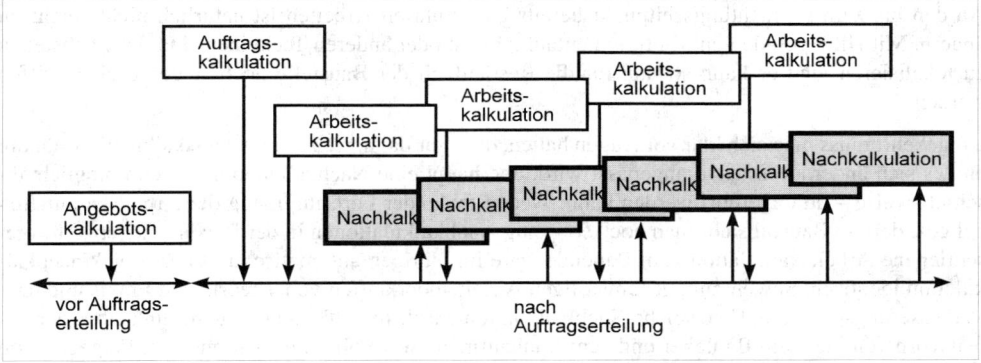

Abbildung 20: Angebots-, Auftrags-, Arbeits- und Nachkalkulation (*Gehri*, Computerunterstützte Baustellenführung, Dissertation, 1991, zitiert in: *Keidel/Kuhn/Mohn*, Controlling im kleinen und mittelständischen Baubetrieb, 1996, S. 47.)

Der Bauherr wird möglicherweise den Angebotspreis „drücken" oder Leistungsänderungen verlangen, dann ist die Angebotskalkulation noch entsprechend zur Auftragskalkulation zu korrigieren.

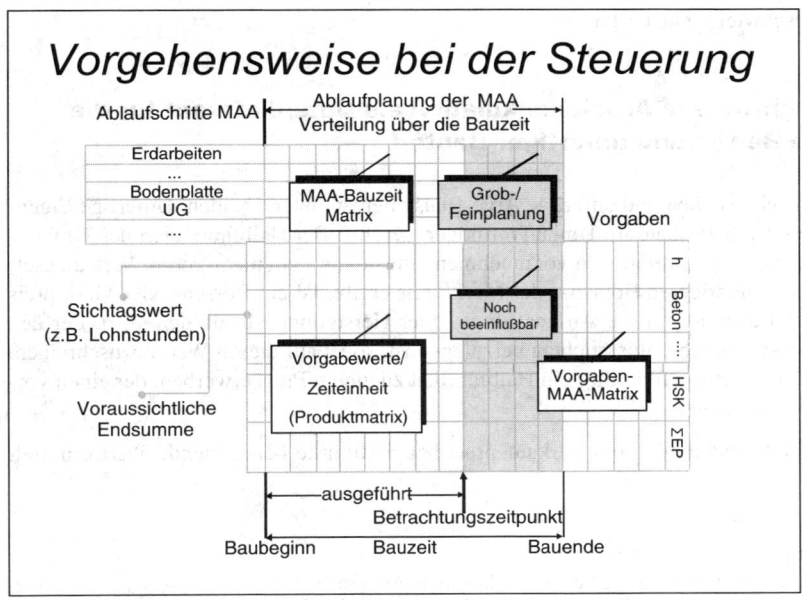

Abbildung 21: Vorgehensweise bei der Steuerung (*Paul*, Steuerung der Bauausführung, in: *Jacob/Winter (Hrsg.)*, Aktuelle baubetriebliche Themen – Sommer 1998, Freiberger Arbeitspapiere, Heft 98/15, 1998, S. 127, zitiert in: *Jacob* (Strategie und Controlling ...), a.a.O., 54.)

In der Arbeitskalkulation, die nach Auftragserteilung erstellt werden sollte, werden die Einzelpositionen zur Steuerung der Baustelle noch verfeinert. Es werden konkrete Kostenvorgaben für die Bauausführung festgelegt. Durch die Bildung von Makroablaufabschnitten (MAA), hier im Schaubild (Abbildung 21) z. B. Lohnstunden und m^3 Beton, wird eine permanente, abschnittsweise, baubegleitende Nachkalkulation möglich.

165 An den bis zum Betrachtungszeitpunkt bereits ausgeführten Arbeiten ist natürlich nichts mehr zu ändern. Mit Hilfe gerade von Multimomentaufnahmen oder anderen Techniken sind Schwachstellen zu lokalisieren, und es kann sodann für die Restlaufzeit der Baustelle noch steuernd eingegriffen werden.

Umgekehrt muss man sich klar vor Augen halten, dass nur dann, wenn die Arbeitskalkulation ständig an das sich ändernde Bausoll angepasst wird, überhaupt eine Nachkalkulation – wenn möglich abschnittsweise – durchgeführt werden kann. Wegen fehlender Fortschreibung der Arbeitskalkulation bei geändertem Bausoll sieht man noch so wenig Nachkalkulationen in der Praxis. Die letzte fortgeschriebene Arbeitskalkulation zum Bauende wäre im Übrigen automatisch mit der Projektnachkalkulation identisch. Soweit zum gegenwärtigen Auseinanderklaffen von Theorie und Praxis und dem Verbesserungspotential. Eine solche Nachkalkulation würde dem Kalkulator, dem Einkäufer, der Arbeitsvorbereitung, dem Bauleiter und dem Baukaufmann wertvolle Informationen für Folgeprojekte liefern. Zu achten ist auf eine gleiche Kostenartengliederung im Betriebsabrechnungsbogen und in der Arbeitskalkulation, um auch nach Kostenarten differenziert vergleichen zu können. Weiterhin wäre für eine optimale Ursachenforschung bei Abweichungen noch wünschenswert, dass zeitfixe und zeitvariable Kosten in den wichtigsten Kostenarten getrennt ausgewiesen werden. Schwierig gestalten sich auf der Leistungsseite die Abgrenzung von Nachträgen sowie die Abschätzung von Minderungen, auf der Kostenseite die Abgrenzung der Baustoffe, die noch nicht eingebaut sind, sowie die richtige Leistungsabgrenzung bei Nachunternehmerarbeiten (einschließlich der Nachträge der Nachunternehmer). Sowohl auf der Kosten- wie auch auf der Leistungsseite ist der Ausgang von Rechtsstreitigkeiten schwierig einzuschätzen.

H. Die fortgeschriebene Arbeitskalkulation als Datenlieferant für die verlustfreie Bewertung unfertiger Bauten

166 Es sind unfertige Eigenbaustellen und unfertige Arge-Baustellen zu unterscheiden. Unfertige Eigenbaustellen werden als Halbfabrikate im Umlaufvermögen geführt. Bei Halbfabrikaten des Umlaufvermögens sind bilanziell Abschreibungen vorzunehmen, um sie mit dem niedrigeren Wert anzusetzen, der sich aus einem niedrigeren Börsen- oder Marktpreis ergibt. Ist ein Börsen- oder Marktpreis nicht festzustellen und übersteigen die Anschaffungs- oder Herstellungskosten den Wert, der den Vermögensgegenständen am Abschlussstichtag beizulegen ist, so ist auf diesen Wert abzuschreiben, denn kein fremder Dritter würde freiwillig ein Halbfabrikat zu einem Preis erwerben, der einen voraussichtlichen Verlust beinhaltet.

Der nach der retrograden Methode vom Verkaufspreis her bestimmte beizulegende Wert ermittelt sich wie folgt:

    Auftragswert
./. Erlösschmälerungen
./. noch anfallende Selbstkosten (aus Arbeitskalkulation abgeleitet)

= beizulegender Wert am Bilanzstichtag

167 Ehe der Vergleich angestellt werden kann, ob die bilanziellen Herstellungskosten oder der beizulegende Wert niedriger ist, muss der beizulegende Wert gemäß der obigen Formel konkret ermittelt werden. Die Daten der noch anfallenden Selbstkosten können nur aus einer ordnungsgemäßen, aktuell fortgeschriebenen Arbeitskalkulation stammen, die das aktuellste Bausoll beinhaltet. Bezüglich des Schemas der Ermittlung des beizulegenden Wertes nach der retrograden Methode dient das nachfolgende Beispiel als Illustration:[41]

---

[41] In Anlehnung an *Ogiermann*, Die Bilanzierung unfertiger Aufträge im Bauunternehmen – Theorie und Praxis der handelsrechtlichen und ertragsteuerrechtlichen Bilanzierung von unfertigen Bauaufträgen, 1981, S. 93 ff.

H. Die Arbeitskalkulation als Datenlieferant für die verlustfreie Bewertung unfertiger Bauten § 13

aktivierte Herstellungskosten		346.000,00 DM
bisher erbrachte Leistung		388.000,00 DM
noch anfallende Baukosten	800.000,00 DM	
noch zu erbringende Leistung	752.000,00 DM	
		./. 48.000,00 DM
geschätzte Kosten für Gewährleistungsarbeiten nach Abnahme 1,5 % des Auftragswertes (0,015 x 1.140.000,00 DM)		./. 17.100,00 DM
Abschlag für Wagnis und Gewinn[42]		./. 45.600,00 DM
beizulegender Wert am Bilanzstichtag		277.300,00 DM

Vergleicht man nun die beiden für die Bilanzierung in Frage kommenden Werte, ergibt sich folgendes Bild:

aktivierte Herstellungskosten	346.000,00 DM
beizulegender Wert am Bilanzstichtag	277.300,00 DM
Abwertungsdifferenz	68.700,00 DM

Strittig ist für die Handelsbilanz der Ansatz der kalkulatorischen Zinsen und eines entgangenen Gewinns, die beim Ansatz des steuerlichen Teilwerts einbezogen werden dürfen.

Unfertige Arge-Baustellen (in der Regel „kleine Argen") werden in der Einzelbilanz des Arge-Partners nur indirekt über das Arge-Verrechnungskonto berücksichtigt. Die von der Arge ermittelte Abwertungsdifferenz (wie im Beispiel), multipliziert mit dem Beteiligungsprozentsatz des Arge-Partners, wird dann in der Einzelbilanz des Arge-Partners in Form einer Einzelwertberichtigung vom Forderungsbetrag des Arge-Verrechnungskontos aktivisch abgesetzt.

---

42 Entspricht Eigenkapitalverzinsung plus Projektrisiko multipliziert mit Eintrittswahrscheinlichkeit.

§ 14 Das Berufsbezeichnungs- und Werberecht der Architekten, Ingenieure und Beratenden Ingenieure

Prof. Dr. Gerhard Ring

Inhalt

A. Architekten 2
  I. Die Berufsbezeichnungen „(Innen-/Landschafts-) Architekt/in" . . . 5
    1. Eintragung in die Architektenliste 6
      a) Voraussetzungen der Eintragung 7
      b) Versagung der Eintragung 14
      c) Löschung der Eintragung 17
    2. Auswärtige Architekten (Art. 14 BayArchG) 19
  II. Berufsbezeichnung in einer GmbH 24
    1. Die Eintragung in das Verzeichnis der Gesellschaften mit beschränkter Haftung . 26
    2. Versagung der Eintragung . . 28
    3. Löschung der Eintragung . . 29
  III. Werbung 31
B. Ingenieure 42
C. Beratende Ingenieure 54
  I. Berufspflichten 57
  II. Berufsbezeichnung 58
  III. Werbung 71
Anhang
Positiv-/Negativliste des Berufsrechte-Ausschusses bei der Bundes-Ingenieur-Kammer zur zulässigen/unzulässigen Werbung 72

Im Folgenden soll das Berufsbezeichnungs-[1] sowie Werberecht[2] der Architekten, Ingenieure und Beratenden Ingenieure skizziert werden. Das Berufsrecht fällt in die Gesetzgebungskompetenz der Länder mit der Folge, dass bundesweit 16 unterschiedliche (wenngleich inhaltlich-materiell einander angenäherte) Architektengesetze, Ingenieurgesetze bzw. Architekten- und Ingenieurekammergesetze der Länder nebeneinander bestehen. Nachstehend soll ein Überblick anhand der Rechtslage in Bayern vermittelt werden. Zunächst wird das Recht der Architekten (Rn 2), alsdann jenes der Ingenieure (Rn 42) und abschließend das der Beratenden Ingenieure (Rn 54) dargestellt.

---

[1] Dazu näher *Prinz*, Berufsbezeichnungsrecht, in: *Sangenstedt* (Hrsg.), Rechtshandbuch für Ingenieure und Architekten, 1999, S. 1002 ff.

[2] Näher v. *Wiese-Ellermann*, Werbung der Ingenieure und Architekten, in: *Sangenstedt* (Hrsg.), vorstehende Fn. 1, a.a.O., S. 1180 ff.

A. Architekten

2 Das Berufsrecht der Architekten ist in den einzelnen **Architektengesetzen der Länder**[3] normiert. Einzelheiten sind darüber hinaus in den jeweils auf der Grundlage der Landesarchitektengesetze ergangenen **Berufsordnungen** geregelt (so Art. 1 Abs. 6 S. 2 und 3 BayArchG),[4] die Bestimmungen enthalten über
- die gewissenhafte Berufsausübung,
- das berufliche Verhalten gegenüber Kollegen, Auftraggebern, Unternehmern und Bauhandwerkern,
- die berufliche Fortbildung,
- die berufswidrige Werbung,
- die Wahrung der Unabhängigkeit und Verantwortlichkeit sowie die gewerbliche Betätigung,
- die Voraussetzungen zur Teilnahme an Wettbewerben,
- die Berechnung des Honorars nach der gültigen Gebührenordnung sowie
- die Berufshaftpflichtversicherung.

Zu den **Berufsaufgaben** der
- **Architekten** zählt die gestaltende, technische und wirtschaftliche Planung von Bauwerken oder im Städtebau (Art. 1 Abs. 1 BayArchG), des
- **Innenarchitekten** die gestaltende, technische und wirtschaftliche Planung von Innenräumen und die damit verbundene bauliche Änderung von Gebäuden (Art. 1 Abs. 2 BayArchG), des
- **Landschaftsarchitekten** die gestaltende, technische, wirtschaftliche und ökologische Planung von Freianlagen oder die Landschaftsplanung sowie die Planung im Städtebau innerhalb seiner Fachrichtung (Art. 1 Abs. 3 BayArchG).

3 Allen dreien obliegt nach Art. 1 Abs. 4 BayArchG auch die Aufgabe, den Bauherrn in den mit der Planung und Durchführung eines Vorhabens zusammenhängenden Fragen zu beraten, zu betreuen und zu vertreten sowie die Ausführung des Vorhabens zu überwachen. Landschaftsarchitekten haben im Übrigen bei der Landesplanung und der Regionalplanung mitzuwirken (Art. 1 Abs. 5 BayArchG).

Architekten, Innenarchitekten und Landschaftsarchitekten sind nach Art. 1 Abs. 6 S. 1 BayArchG verpflichtet, ihren Beruf gewissenhaft auszuüben und sich bei ihrem Verhalten der Achtung und des Vertrauens würdig zu zeigen, die ihr Beruf erfordert.

4 Ein **außerhalb** der **Berufstätigkeit liegendes Verhalten** stellt dann eine Pflichtverletzung dar, wenn es nach den Umständen des Einzelfalles in besonderem Maße geeignet ist, Achtung und Vertrauen in einer für die Ausübung der Berufstätigkeit oder für das Ansehen des Berufsstands bedeutsamen Weise zu beeinträchtigen (Art. 1 Abs. 7 BayArchG).

---

3 Baden-Württembergisches Architektengesetz i.d.F. vom 1. 8. 1990 (GBl, 269), zuletzt geändert durch Gesetz vom 20. 6. 1994 (GBl, 317); Berliner Architekten- und Baukammergesetz vom 19. 7. 1994 (GVBl, 253); Brandenburgisches Architektengesetz vom 19. 7. 1990 (GBl DDR I, 921); Bremisches Architektengesetz i.d.F. vom 2.2.1990 (GBl, 73), zuletzt geändert durch Gesetz vom 16. 5. 1995 (GBl, 307); Hamburgisches Architektengesetz i.d.F. vom 26. 3. 1991 (GVBl, 85); Hessisches Architektengesetz i.d.F. vom 4. 10. 1977 (GVBl, 398), zuletzt geändert durch Gesetz vom 25. 9. 1991 (GVBl, 301); Mecklenburg-Vorpommerisches Architektengesetz vom 19. 7. 1970 (GBl DDR I, 921); Niedersächsisches Architektengesetz i.d.F. vom 17. 7. 1990 (GVBl, 347); Nordrhein-Westfälisches Baukammergesetz vom 15. 12. 1992 (GVBl, 534), zuletzt geändert durch Gesetz vom 7. 3. 1995 (GVBl, 218); Rheinland-Pfälzisches Architektengesetz vom 4. 4. 1989 (GVBl, 71), zuletzt geändert durch Gesetz vom 30. 3. 1993 (GVBl, 160); Saarländisches Architektengesetz i.d.F. vom 19. 1. 1990 (ABl, 177), zuletzt geändert durch Gesetz vom 15. 6. 1992 (ABl, 838); Sächsisches Architektengesetz vom 19. 4. 1994 (GVBl, 765); Sachsen-Anhaltinisches Architektengesetz vom 19. 7. 1990 (GBl DDR I, 921); Schleswig-Holsteinisches Architekten- und Ingenieurekammergesetz i.d.F. vom 12. 7. 1995 (GVOBl, 274); Thüringisches Architektengesetz vom 19. 7. 1990 (GBl DDR I, 921), geändert durch Gesetz vom 27. 5. 1994 (GVBl, 521).

4 Bayrisches Architektengesetz i.d.F. der Bekanntmachung vom 31. 8. 1994 (GVBl, 934), geändert durch Gesetz vom 26. 7. 1997 (GVBl, 340, 433).

A. Architekten § 14

I. Die Berufsbezeichnungen „(Innen-/ Landschafts-) Architekt/in"

Die Berufsbezeichnungen „Architekt/Architektin", „Innenarchitekt/Innenarchitektin" bzw. „Landschaftsarchitekt/Landschaftsarchitektin" sind gemäß Art. 2 Abs. 1 BayArchG gesetzlich geschützt. Führen darf die entsprechende Berufsbezeichnung nur,
- wer unter der entsprechenden Bezeichnung in die **Architektenliste** (Art. 9 BayArchG) **eingetragen** (nachstehende Rn 6 ff.) ist oder
- wem die **Berechtigung** zur Führung dieser Berufsbezeichnung nach Art. 14 BayArchG zusteht (sog. Auswärtige Architekten – Rn 19 ff. –).

Wortverbindungen mit den genannten Berufsbezeichnungen oder ähnliche Bezeichnungen dürfen nach Art. 2 Abs. 2 BayArchG nur solche Personen verwenden, welche die entsprechende Berufsbezeichnung zu führen befugt sind. Das Recht zur Führung akademischer Grade wird durch diese Vorgaben nicht berührt (so Art. 2 Abs. 3 BayArchG).

1. Eintragung in die Architektenliste

Die Architektenliste wird von der **Architektenkammer** (Art. 15 BayArchG, einer Körperschaft des öffentlichen Rechts) geführt. Der Architektenkammer gehören gemäß Art. 16 Abs. 1 BayArchG alle in die Architektenliste eingetragenen Architekten an. Die Kammer hat nach Art. 17 Abs. 1 BayArchG folgende Aufgaben:
- Wahrung der beruflichen Belange der Gesamtheit der Mitglieder;
- Festlegung der Berufspflichten der Mitglieder in einer Berufsordnung und Überwachung der Erfüllung der Berufspflichten;
- Förderung der Baukultur, der Baukunst, des Bauwesens und des behindertengerechten Bauens;
- Sorge für die berufliche Fortbildung;
- Führung u. a. der Architektenliste und Erteilung der für die Berufsausübung notwendigen Bescheinigungen und Bestätigungen;
- Mitwirkung bei der Regelung des Wettbewerbswesens;
- Unterstützung von Behörden und Gerichten durch Gutachten, Stellungnahmen und Vorschläge sowie
- Hinwirken auf eine Beilegung von Streitigkeiten, die sich aus der Berufsausübung zwischen Mitgliedern oder zwischen diesen und Dritten ergeben.

a) Voraussetzungen der Eintragung

In die Architektenliste (Art. 9 BayArchG) ist gemäß Art. 11 BayArchG (Voraussetzungen der Eintragung) ein Bewerber auf Antrag einzutragen, wenn er seinen Wohnsitz, seine Niederlassung oder seine überwiegende Beschäftigung in Bayern hat **und**

- eine erfolgreiche Abschlussprüfung für die in Art. 1 Abs. 1 bis 3 BayArchG genannten Aufgaben der Fachrichtungen Architektur (Hochbau), Innenarchitektur oder Garten- und Landschaftsgestaltung an einer deutschen Hochschule, an einer deutschen öffentlichen oder staatlich anerkannten Ingenieurschule (Akademie) oder an einer dieser gleichwertigen deutschen Lehreinrichtung abgelegt hat und

- eine nachfolgende praktische Tätigkeit nach Art. 1 BayArchG von mindestens drei Jahren ausgeübt hat. Diese Voraussetzung gilt als erbracht, wenn der Bewerber in die Architektenliste eines anderen Bundeslandes eingetragen ist oder dort nur gelöscht wurde, weil er den Wohnsitz, die Niederlassung oder die überwiegende Beschäftigung verlegt hat. Auf die Zeit der praktischen Tätigkeit sind berufsfördernde Fort- und Weiterbildungsveranstaltungen der Bayerischen Architektenkammer im Aufgabenbereich der technischen und wirtschaftlichen Planung sowie des Baurechts anzurechnen.

Ring

§ 14 Berufsbezeichnungs- und Werberecht

10 Die genannten hochschulspezifischen Voraussetzungen erfüllt nach Art. 11 Abs. 2 BayArchG als Architekt auch, wer eine gleichwertige Abschlussprüfung an einer ausländischen Hochschule oder an einer sonstigen ausländischen Einrichtung mit Erfolg abgelegt hat. Bei Staatsangehörigen eines EG-Mitgliedsstaates oder des EWR-Abkommens gelten als gleichwertig die nach Art. 7 der Richtlinie 85/384/EWG des Rats vom 10. 6. 1985[5] bekannt gemachten Diplome, Prüfungszeugnisse und sonstigen Befähigungsnachweise und die entsprechenden Nachweise nach Art. 11 oder 12 dieser Richtlinie in ihrer jeweils geltenden Fassung.

11 Die Voraussetzungen als Innen- und Landschaftsarchitekt erfüllt auch, wer aufgrund eines Diploms im Sinne des Art. 1 lit. a der Richtlinie 89/48/EWG des Rates vom 21. 12. 1988[6] in einem EG-Mitgliedsstaat oder des EWR-Abkommens über die beruflichen Voraussetzungen verfügt für den unmittelbaren Zugang zum Beruf des Innen- und Landschaftsarchitekten oder für die Ausübung dieses Berufs bzw. über Ausbildungsnachweise im Sinne des Art. 3 lit. b der Richtlinie 89/48/EWG verfügt und diesen Beruf in einem anderen EG-Mitgliedsstaat oder des EWR- Abkommens mindestens zwei Jahre in den zehn Jahren vor der Antragstellung tatsächlich und rechtmäßig ausgeübt hat.

12 Ein Bewerber, der die vorgenannten Voraussetzungen nicht erfüllt, ist nach Art. 11 Abs. 4 BayArchG auf Antrag in die Architektenliste einzutragen, wenn er seinen Wohnsitz, seine Niederlassung oder seine überwiegende Beschäftigung in Bayern hat und
- mindestens zehn Jahre eine praktische Tätigkeit in einer Fachrichtung nach Art. 1 Abs. 1 bis 3 BayArchG unter Aufsicht eines Architekten ausgeübt hat und
- die einer Ausbildung nach Art. 11 Abs. 1 BayArchG entsprechenden Kenntnisse durch eine Prüfung auf Hochschulniveau nachweist. Auf die Zeit der praktischen Tätigkeit im Sinne von Art. 11 Abs. 4 S. 1 Nr. 1 BayArchG ist die Zeit des durch Abschlussprüfung nachgewiesenen erfolgreichen Besuchs einer öffentlichen oder staatlich anerkannten Berufsfachschule für Innenarchitektur anzurechnen, soweit sie die vorgeschriebene Mindestdauer nicht übersteigt.

13 Unabhängig davon ist gemäß Art. 11 Abs. 5 BayArchG ein Bewerber auf Antrag in die Architektenliste einzutragen, wenn er sich durch die Qualität seiner Leistung auf dem Gebiet der Architektur (des Hochbaus) besonders ausgezeichnet hat und dies gegenüber dem Eintragungsausschuss durch eigene Arbeiten oder als Staatsangehöriger eines anderen EG-Mitgliedsstaates durch ein Prüfungszeugnis dieses Mitgliedsstaates nachweist.

b) Versagung der Eintragung

14 Die Eintragung kann bei Bewerbern, die nicht Deutsche im Sinne des Art. 116 GG sind, versagt werden, wenn die Gegenseitigkeit nicht gewährleistet ist. Dies gilt nicht für Staatsangehörige der EG-Mitgliedsstaaten (so Art. 11 Abs. 6 BayArchG).

15 Die Eintragung in die Architektenliste ist nach Art. 12 Abs. 1 BayArchG (**Versagung der Eintragung**) einem Bewerber zu versagen,
- solange er nach § 45 StGB die Fähigkeit, öffentliche Ämter zu bekleiden oder Rechte aus öffentlichen Wahlen zu erlangen, verloren hat oder solange ihm das Recht, in öffentlichen Angelegenheiten zu wählen oder zu stimmen, aberkannt ist,
- solange ihm nach § 70 StGB die Ausübung eines Berufs untersagt (Berufsverbot) oder nach § 132 a StPO die Ausübung des Berufs vorläufig verboten ist, der eine der in Art. 1 BayArchG bezeichneten Tätigkeiten zum Gegenstand hat,
- solange ihm nach § 35 Abs. 1 GewO die Berufsausübung untersagt ist,

---

[5] ABl EG Nr. L 223, 15.
[6] ABl EG 1989 Nr. L 19, 16.

- wenn er wegen eines Verbrechens oder eines Vergehens rechtskräftig zu einer Strafe verurteilt worden ist und sich aus dem der Verurteilung zugrunde liegenden Sachverhalt ergibt, dass er zur Erfüllung der Berufsaufgaben nach Art. 1 BayArchG nicht geeignet ist oder
- solange er geschäftsunfähig oder ihm zur Besorgung seiner Vermögensangelegenheiten ein Betreuer bestellt ist.

Die Eintragung in die Architektenliste kann gemäß Art. 12 Abs. 2 BayArchG einem Bewerber versagt werden, wenn er

- innerhalb der letzten fünf Jahre vor Stellung des Eintragungsantrags eine eidesstattliche Versicherung nach § 807 ZPO abgegeben hat oder wenn das Insolvenzverfahren über sein Vermögen eröffnet und die Eröffnung mangels Masse abgelehnt worden ist oder
- sich innerhalb der letzten fünf Jahre gröblich oder wiederholt berufsunwürdig verhalten hat.

c) Löschung der Eintragung

Die Eintragung **ist** nach Art. 13 Abs. 1 BayArchG (zwingend) zu löschen, wenn

- der Eingetragene verstorben ist,
- der Eingetragene auf die Eintragung verzichtet,
- in einem berufsgerichtlichen Verfahren rechtskräftig auf Löschung der Eintragung in der Architektenliste erkannt worden ist (Art. 35 BayArchG),
- die Entscheidung über die Eintragung unanfechtbar zurückgenommen oder widerrufen oder der Rücknahme- oder Widerrufsbescheid für sofort vollziehbar erklärt worden ist, oder
- wenn der Eingetragene seinen Wohnsitz, seine Niederlassung und seine überwiegende Beschäftigung in Bayern aufgibt.

Die Eintragung **kann** gemäß Art. 13 Abs. 2 BayArchG gelöscht werden, wenn der Eingetragene in einem Disziplinarverfahren aus dem Dienst entfernt oder gegen ihn auf Aberkennung des Ruhegehalts erkannt worden ist. Das Gleiche gilt für den Fall des Verlustes der Beamtenrechte im Zuge eines Strafverfahrens.

2. Auswärtige Architekten (Art. 14 BayArchG)

Die Berufsbezeichnung nach Art. 2 Abs. 1 BayArchG oder eine Wortverbindung mit den Berufsbezeichnungen oder eine ähnliche Bezeichnung können auch ohne Eintragung in die Architektenliste (vorstehende Rn 6 ff.) nach Art. 14 Abs. 1 BayArchG **auswärtige Architekten** führen, d.h. solche Personen, die in Bayern weder einen Wohnsitz, eine Niederlassung noch eine überwiegende Beschäftigung haben, wenn sie

- die Bezeichnung aufgrund einer gesetzlichen Regelung des Landes oder des auswärtigen Staates, in dem sie ihren Wohnsitz, ihre Niederlassung oder ihre überwiegende Beschäftigung haben, führen dürfen oder
- die Voraussetzungen des Art. 11 BayArchG (für eine Eintragung in die Architektenliste) erfüllen (vorstehende Rn 7 ff.) und in dem Land oder dem Staat, in dem sie ihren Wohnsitz, ihre Niederlassung oder ihre überwiegende Beschäftigung haben, eine vergleichbare gesetzliche Regelung nicht besteht. Sie haben dann die geltenden Berufspflichten zu beachten.

Soweit auswärtige Architekten nicht Mitglied einer Architektenkammer im Geltungsbereich des Grundgesetzes sind, sind sie nach Art. 14 Abs. 2 BayArchG zwecks Überwachung der Einhaltung der Berufspflichten wie Mitglieder der Architektenkammer zu behandeln und haben hierzu das Erbringen von Leistungen als Architekten vorher der Architektenkammer anzuzeigen. Sie haben eine Bescheinigung darüber vorzulegen, dass sie

- den Beruf des Architekten im Staat ihrer Niederlassung oder ihres Dienst- oder Beschäftigungsorts rechtmäßig ausüben und

§ 14 Berufsbezeichnungs- und Werberecht

- ein Diplom, Prüfungszeugnis oder einen sonstigen Befähigungsnachweis über eine anerkannte abgeschlossene Ausbildung oder gleichwertige Befähigung auf dem Gebiet der Architektur (des Hochbaus) besitzen.

21 Auswärtige Architekten sind in einem besonderen Verzeichnis zu führen. Hierüber ist ihnen eine Bescheinigung auszustellen, aus der sich auch die Berechtigung zum Führen der Berufsbezeichnung nach Art. 2 Abs. 1 BayArchG ergibt.

22 Ist die Person weder Deutscher im Sinne des Art. 116 GG noch Angehöriger eines EG- bzw. EWR-Mitgliedsstaates gelten die Vorgaben nach Art. 14 Abs. 1 BayArchG nur, wenn die Gegenseitigkeit gewährleistet ist (Art. 14 Abs. 3 BayArchG). Der Eintragungsausschuss kann auswärtigen Architekten, unbeschadet einer Berechtigung nach Art. 14 Abs. 1 BayArchG, die Führung der Berufsbezeichnung untersagen, wenn
- dem Art. 11 BayArchG vergleichbare Voraussetzungen nicht vorliegen oder
- Tatsachen eingetreten oder bekannt geworden sind, die eine Versagung nach Art. 12 BayArchG rechtfertigen würden.

23 Bestehen Zweifel, ob die Berechtigung zur Führung der Berufsbezeichnung nach Art. 14 Abs. 1 bis 3 BayArchG vorliegt, so entscheidet der Eintragungsausschuss auf Antrag des Betroffenen oder der Architektenkammer (so Art. 14 Abs. 4 BayArchG).

II. Berufsbezeichnung in einer GmbH

24 Gesellschaften, die in das Verzeichnis der Gesellschaften mit beschränkter Haftung (Art. 4 BayArchG) eingetragen sind, haben nach Art. 3 S. 1 BayArchG entsprechend der Fachrichtung, mit der die Gesellschafter in die Architektenliste (Art. 9 BayArchG) eingetragen sind, in der Firma den Zusatz
- „Gesellschaft von Architekten mbH" oder
- „Gesellschaft von Innenarchitekten mbH" oder
- „Gesellschaft von Landschaftsarchitekten mbH" bzw.
- entsprechende Wortverbindungen zu führen.

In die Firmen muss mindestens der Name eines Gesellschafters aufgenommen werden (Art. 3 S. 2 BayArchG).

25 Das Verzeichnis der Gesellschaften mit beschränkter Haftung wird gemäß Art. 4 BayArchG von der Architektenkammer geführt. Aus dem Verzeichnis müssen neben der Firma der Sitz der Gesellschaft, der Geschäftsgegenstand, der Geschäftsführer und die Gesellschafter mit den für die Eintragung in die Architektenliste maßgeblichen Daten ersichtlich sein. Über die Eintragung in das Verzeichnis der Gesellschaften mit beschränkter Haftung entscheidet der Eintragungsausschuss (Art. 9 Abs. 2 i.V.m. Art. 30 bis 33 BayArchG). Der Eintragungsausschuss ist verpflichtet, dem zuständigen Registergericht in Form einer Unbedenklichkeitsbescheinigung zu bestätigen, dass die im Handelsregister einzutragende Gesellschaft die Voraussetzung zur Eintragung in die Liste der Gesellschaften erfüllt.

1. Die Eintragung in das Verzeichnis der Gesellschaften mit beschränkter Haftung

26 In das Verzeichnis der Gesellschaften mit beschränkter Haftung (Art. 4 BayArchG) ist eine Gesellschaft nach Art. 5 BayArchG auf Antrag einzutragen, wenn
- sie in der Rechtsform einer Gesellschaft mit beschränkter Haftung errichtet ist,
- alle Gesellschafter und Geschäftsführer in die Architektenliste (Art. 9 BayArchG) eingetragen sind,
- die Gesellschaft ihre Niederlassung in Bayern hat,

- der Geschäftsgegenstand auf die Berufsaufgaben gemäß Art. 1 BayArchG und auf Planungsleistungen gemäß den Leistungsbildern der Honorarordnung für Architekten und Ingenieure (HOAI) beschränkt ist,
- die Geschäftsführung verantwortlich mindestens in der Hand eines Gesellschafters liegt,
- der Gesellschaftsvertrag eine Vereinbarung enthält, wonach
- die Übertragung von Gesellschaftsanteilen an Personen ausgeschlossen ist, die nicht in die Architektenliste eingetragen sind und
- durch Erbfall erworbene Gesellschaftsanteile an die Gesellschaft zurückzugeben sind.

Die GmbH sowie ihre Gesellschafter und Geschäftsführer haben nach Art. 6 Abs. 3 BayArchG die Vorschriften der
- Berufsordnung und der
- Gebührenordnung

der Bayerischen Architektenkammer zu beachten.

27

2. Versagung der Eintragung

Die Eintragung in die Liste der Gesellschaften mit beschränkter Haftung **ist** (zwingend) nach Art. 7 BayArchG zu versagen, wenn in der Person eines der Gesellschafter oder Geschäftsführer ein Versagungsgrund nach Art. 12 Abs. 1 BayArchG vorliegt. Die Eintragung **kann** versagt werden, wenn in der Person eines der Gesellschafter oder Geschäftsführer ein Versagungsgrund nach Art. 12 Abs. 2 BayArchG vorliegt.

28

3. Löschung der Eintragung

Die Eintragung einer GmbH in die Liste der Gesellschaften mit beschränkter Haftung **ist** (zwingend) nach Art. 8 BayArchG zu löschen, wenn
- die Gesellschaft aufgelöst ist,
- die Gesellschaft auf die Eintragung verzichtet,
- die Voraussetzungen für die Eintragung gemäß Art. 5 BayArchG (vorstehende Rn 26) nicht mehr vorliegen,
- sich nachträglich erweist, dass die Eintragung hätte gemäß Art. 7 BayArchG (Rn 28) versagt werden müssen und der Versagungsgrund noch besteht,
- die Gesellschaft über die Eintragungsvoraussetzungen getäuscht hat und diese auch jetzt noch nicht vorliegen.

29

Die Eintragung **kann** gelöscht werden, wenn nach der Eintragung Tatsachen nach Art. 7 S. 1, S. 2 BayArchG bekannt werden oder eintreten und seit ihrem Eintreten nicht mehr als fünf Jahre vergangen sind. Wenn im Falle des Todes eines Gesellschafters die Voraussetzungen nach Art. 5 BayArchG nicht mehr vorliegen, setzt der Eintragungsausschuss eine angemessene Frist, innerhalb der ein diesem Gesetz entsprechender Zustand herbeizuführen ist. Diese Frist darf höchstens vier Jahre betragen.

30

III. Werbung

Das Werbeverhalten der bayerischen Architekten ist näher in Ziffer 7 der auf der Grundlage von Art. 20 Abs. 1 Nr. 3 BayArchG verabschiedeten und vom Bayerischen Staatsministerium des Innern gemäß Art. 20 Abs. 1 S. 4, Abs. 5 und Art. 28 S. 1 BayArchG genehmigten **Berufsordnung**[7] (BO) geregelt.

31

---

[7] Vom 4.12. 1972 i.d.F. der Bekanntmachung vom 9. 7. 1980 (StAnz Nr. 30/1980); neu verkündet mit Bekanntmachung vom 18. 8. 1992 (StAnz Nr. 37/1992), zuletzt geändert durch Bekanntmachung vom 22. 7. 1998 (StAnz Nr. 31/1998).

32 Die Berufsordnung ist als Satzungsrecht unmittelbar verbindlich, allerdings nur für alle kammer- und verbandsangehörigen Architekten, mithin für jenen Personenkreis, der dem Bayerischen Architektengesetz unterfällt. Auf Personen, die nicht in die Architektenliste (vorstehende Rn 6 ff.) eingetragen sind, findet das berufsstandesrechtliche Werbeverbot für Architekten (konkret: das Werbeverbot) **keine Anwendung**, auch wenn diese gleiche Leistungen wie Architekten erbringen.[8] Allein der Umstand, dass nicht in der Architektenliste eingetragene Personen ggf. mit eingetragenen Architekten im Wettbewerb stehen und gleiche Leistungen wie diese anbieten, rechtfertigt nicht, die für eingetragene Architekten geltenden Werbebeschränkungen auch auf Personen zu erstrecken, die nicht eingetragen sind. Grundsätzlich geht es zwar nicht an, bestimmten Wettbewerbern eine Werbung zu erlauben, gegen die sich die Mitbewerber durch Gegenwerbung nicht wehren können.[9] Indessen werden die eingetragenen Architekten durch die in der Berufsordnung niedergelegten Beschränkungen der Werbung nicht derart benachteiligt, dass es geboten wäre, die Werbung für entsprechende Tätigkeiten allgemein gleich zu behandeln, d.h. Werbemaßnahmen generell nur in dem für eingetragene Architekten vorgeschriebenen Umfang zuzulassen. Dabei ist zu berücksichtigen, dass es sich bei der mit der Eintragung in die Architektenliste verbundenen Mitgliedschaft in der Architektenkammer nicht um eine Zwangsmitgliedschaft handelt und dass die demgemäß freiwillige Übernahme bestimmter berufsständischer Pflichten mit einer Reihe von Rechten verknüpft ist, die – wie das ausschließlich den eingetragenen Architekten vorbehaltene Recht zur Führung der Berufsbezeichnung „Architekt", „Innenarchitekt" oder „Landschaftsarchitekt" (Art. 2 BayArchG – vorstehende Rn 5) und das Recht zur Bauvorlage nach Art. 86 a Abs. 2 Nr. 1 BayBauO – dem eingetragenen Architekten Wettbewerbsvorteile und einen Ausgleich dafür verschaffen, dass er im Unterschied zu den nicht in die Architektenliste Eingetragenen nach den Standesvorschriften Beschränkungen in der Werbung hinnehmen muss.[10]

33 Nach der **Präambel** der Berufsordnung erschließt sich die Abgrenzung von berufsnotwendiger Information und berufswidriger Werbung aus dem Berufsbild des Architekten. Der Architekt hat seinen Beruf verantwortungsbewusst und gewissenhaft auszuüben und dabei dem Vertrauen, das die Öffentlichkeit dem Berufsstand entgegenbringt, zu entsprechen. Er hat dabei die Belange seiner Auftraggeber zu wahren und übergeordnete Interessen der Allgemeinheit zu berücksichtigen. Seine eigenen beruflichen Interessen hat er mit diesen Zielen in Einklang zu bringen. Der Architekt übt kein Gewerbe aus.

Um die Öffentlichkeit vor unsachlicher Beeinflussung zu bewahren und um einer Verfälschung des Berufsbildes entgegenzuwirken, enthält sich der Architekt Werbemethoden, wie sie in der gewerblichen Wirtschaft üblich sind.

34 Nach der Rechtsprechung des BVerfG sind Eingriffe in die verfassungsrechtlich garantierte Berufsfreiheit durch Reglementierung der Werbung nur dann verfassungsrechtlich unbedenklich, wenn diese auch durch das Interesse des Gemeinwohls gerechtfertigt sind. Die Bestimmungen der Berufsordnung zur Werbung folgen diesen Vorgaben. Sachliche, berufsbezogene Information ist demnach – unabhängig von einem bestimmten Werbeträger – zulässig. Untersagt sind reklamehafte Darstellungen oder das Anpreisen von Leistungen, wenn dies mit Mitteln oder Methoden erfolgt, wie sie in der gewerblichen Wirtschaft üblich sind.

---

8 So BGH NJW 1983, 45.
9 BGH GRUR 1970, 179 (181) = NJW 1970, 562 (L) – Lohnsteuerzahler.
10 BGH NJW 1983, 45 (46).

Im Einzelnen regelt die Berufsordnung folgendes:

- **Ziffer 7.1 Der Architekt wirbt durch seine Leistung.**

Diese Vorgabe wird von der Kammer wie folgt erläutert:
Werbung des Architekten ist zulässig, wenn die erbrachte Leistung im Mittelpunkt steht und in Inhalt und Form sachlich berichtet oder informiert wird. Unter Leistung werden dabei nicht nur das vollendete Werk, sondern auch Pläne und sonstige Darstellungen verstanden. Als **zulässige**, weil berufsnotwendige **Information** sind daher zu werten:

- Anzeigen mit rein informatorischem Inhalt (z.B. Büroeröffnung, Änderung der Anschrift, der Telefonanschlüsse, der Inhaber u.ä.);
- einmalige Anzeigen, die in unmittelbarem Zusammenhang mit der Berichterstattung über die Fertigstellung eines Objektes stehen;
- Einträge in Branchen- oder sonstige Berufsverzeichnisse, auch in elektronischen Medien;
- eigene Einträge in elektronischen Medien, wenn diese sich auf sachliche und berufsnotwendige Informationen beschränken und nicht reklamehaft gestaltet sind;
- Dokumentationen und Werkberichte, soweit diese selbst oder unmittelbar durch den Bauherrn finanziert sind, sowie die Aufbereitung von Sonderdrucken von Berichten über die Leistungen des Architekten auch aus Fachzeitschriften. Diese Unterlagen dürfen bei gezielten Bewerbungen oder in Bewerbungsverfahren verwendet werden;
- Hinweistafeln im Büro;
- Hinweistafeln an der Baustelle während der Bauzeit als Hinweis auf die Tätigkeit des Architekten für dieses Bauvorhaben;
- Tafeln am ausgeführten Werk als Hinweis auf die Urheberschaft;
- Darstellung eigener Werke in Ausstellungen und Fachmessen, soweit diese selbst finanziert ist und in keinem Zusammenhang mit einer Produktwerbung steht.

- **Ziffer 7.2 Dem Architekten ist dem Inhalt, der Art und der Form nach reklamehaft anpreisende und unlautere Werbung um Aufträge oder Bewerbung untersagt. Der Architekt unterlässt die unaufgeforderte Ankündigung oder das Anbieten von Leistungen ebenso wie die Herausstellung der Leistungsfähigkeit seiner Person oder seines Büros.**

Diese Vorgabe wird von der Kammer wie folgt erläutert:
Die in Ziffer 7.2 enthaltene Reglementierung der Werbung soll den Verbraucher vor unsachlicher Beeinflussung durch reklamehaftes Anpreisen schützen und zugleich einer Beeinträchtigung des Leistungswettbewerbs unter Kollegen entgegenwirken. **Unzulässig** ist demnach:

- Werbung, die nach Form, Inhalt und Häufigkeit den Bereich der berufsnotwendigen Information verlässt und übertrieben wirkt bzw. durch die Eigenart eines Werbeträgers unkontrollierte und dauernde Werbewirkung entfaltet;
- Anzeigen oder sonstige Werbemaßnahmen, bei denen das Anbieten oder Anpreisen von Leistungen, also das Werben um Aufträge in Verbindung mit Leistungsangeboten im Vordergrund steht;
- gestreute Werbung oder Bewerbung (z.B. durch das öffentliche Auslegen von Faltblättern oder Broschüren, Postwurfsendungen);
- das reklamehafte Herausstellen der Leistungsfähigkeit der eigenen Person oder des Büros (z.B. Herausstellen der technischen Büroausstattung);
- Werbung mit Selbstverständlichkeiten, also die werbliche Herausstellung von originären Inhalten des Berufsbildes;
- das Anbringen aufdringlicher, reklamehaft gestalteter Werbeflächen.

- **Ziffer 7.3 Der Architekt gestattet keine Werbung durch Dritte.**

Diese Vorgabe wird von der Kammer wie folgt erläutert:
Das in Ziffer 7.2 festgelegte Werbeverbot (s. Rn 36) darf nicht durch die Einschaltung Dritter umgangen werden. Soll der Architekt in Werbemaßnahmen Dritter einbezogen werden, so hat er darauf

hinzuwirken, dass der durch Ziffer 7.1 gesetzte Rahmen der erlaubten Informationen (Rn 35) nicht überschritten wird. Ebenso ist es nicht zulässig, in die Herstellung von Präsentationen oder sonstigen Sonderdrucken einzuwilligen, soweit diese ganz oder teilweise fremdfinanziert werden.

- **Ziffer 7.4 Der freischaffende Architekt unterlässt werbliche Maßnahmen durch die seine Unabhängigkeit beeinträchtigt oder gefährdet werden kann.**

38 Diese Vorgabe wird von der Kammer wie folgt erläutert:
Der freischaffende Architekt ist als Sachwalter und Treuhänder seinem Bauherrn verpflichtet. Er hat deshalb seine Unabhängigkeit von Hersteller-, Unternehmer-, Lieferanteninteressen zu wahren. Werbeanzeigen, die im Zusammenhang mit Produktempfehlungen oder Unternehmerleistungen stehen, sind deshalb nicht zulässig.

39 - **Ziffer 7.5 Der baugewerblich tätige Architekt gestaltet die Werbung für das gewerbliche Angebot so, dass damit nicht zugleich Reklame für seine Architektentätigkeit verbunden ist.**

40 - **Ziffer 7.6 Der Architekt im öffentlichen Dienst bewirbt sich unlauter bei außerdienstlicher Tätigkeit, wenn er auf seine Stellung oder Befugnisse als Angehöriger einer Behörde hinweist.**

41 **Exkurs:** Ein Verstoß gegen die Mindesthöhe der Honorarordnung der Architekten und Ingenieure (HOAI) begründet (sofern kein Ausnahmetatbestand nach § 4 HOAI vorliegt) einen Wettbewerbsverstoß.[11]

B. Ingenieure

42 Die Berufsbezeichnung „Ingenieur" bzw. „Ingenieurin" allein oder in einer Wortverbindung darf gemäß Art. 1 des Bayerischen Gesetzes zum Schutz der Berufsbezeichnung „Ingenieur" (Ingenieurgesetz – IngG) vom 21. 7. 1970[12] i.d.F. des Gesetzes zur Änderung des Ingenieurgesetzes vom 28. 4. 1994[13] nur führen,
- wer
- das Studium einer technischen oder naturwissenschaftlichen Fachrichtung an einer deutschen wissenschaftlichen Hochschule oder an einer deutschen Fachhochschule oder
- das Studium an einer deutschen öffentlichen oder ihr hinsichtlich des Studienabschlusses rechtlich gleichgestellten deutschen privaten Ingenieurschule oder
- einen Betriebsführerlehrgang einer deutschen staatlich anerkannten Bergschule mit Erfolg abgeschlossen hat, oder

---

11 OLG Stuttgart WRP 1987, 510; BGH BauR 1991, 640.
12 BayRS 702–2–W.
13 Vgl. die Parallelregelungen: Baden-Württembergisches Ingenieurgesetz vom 30. 3. 1971 (GBl, 105), zuletzt geändert durch Gesetz vom 16. 12. 1993 (GBl, 151); Berliner Ingenieurgesetz vom 29. 1. 1971 (GVBl, 323); Brandenburgisches Ingenieurgesetz vom 19. 10. 1993 (GVBl, 460); Bremer Ingenieurgesetz vom 3. 5. 1994 (GVBl, 131), geändert am 16. 5. 1995 (GBl, 311); Hamburger Ingenieurgesetz vom 10. 12. 1996 (GVBl, 321); Hessisches Ingenieurgesetz vom 15. 7. 1970 (GVBl I, 407); Mecklenburg-Vorpommerisches Ingenieurgesetz vom 8. 11. 1993 (GVOBl, 878); Niedersächsisches Ingenieurgesetz vom 30. 3. 1971 (GVBl, 137), zuletzt geändert durch Gesetz vom 28. 5. 1996 (GVBl, 252); Nordrhein-Westfälisches Ingenieurgesetz vom 5. 5. 1979 (GVBl, 312), zuletzt geändert durch Gesetz vom 17. 5. 1994 (GVBl, 438); Rheinland-Pfälzisches Ingenieurgesetz vom 22. 12. 1970 (GVBl, 25); Saarländisches Ingenieurgesetz vom 27. 5. 1970 (ABl, 289), zuletzt geändert durch Gesetz vom 20. 3. 1991 (ABl, 142); Sächsisches Ingenieurgesetz vom 23. 2. 1993; Sachsen-Anhaltinisches Ingenieurgesetz vom 15. 11. 1991 (GVBl, 440); Schleswig-Holsteinisches Ingenieurgesetz vom 31. 3. 1992 (GVOBl, 219), zuletzt geändert durch Gesetz vom 19. 11. 1993 (GVOBl, 531); Thüringisches Ingenieurgesetz vom 7. 1. 1992 (GVBl, 1).

- wem durch die zuständige Behörde das Recht verliehen worden ist, die Bezeichnung „Ingenieur (grad.)" und „Ingenieurin (grad.)" oder einen Diplomgrad in einer Wortverbindung mit der Bezeichnung „Ingenieur" und „Ingenieurin" zu führen.

Die Berufsbezeichnung darf nach Art. 2 IngG auch führen, wer aufgrund eines Abschlusszeugnisses einer ausländischen Hochschule oder einer sonstigen ausländischen Schule von der zuständigen Behörde die Genehmigung hierzu erhalten hat. Die Genehmigung ist zu erteilen, wenn das Zeugnis der ausländischen Hochschule oder Schule einem Zeugnis der in Art. 1 Nr. 1 a und b IngG genannten Hochschulen oder Schulen gleichwertig ist. Ist der Antragsteller nicht Deutscher im Sinne des Art. 116 GG, so kann die Genehmigung versagt werden, wenn die Gegenseitigkeit nicht gewährleistet ist. Dies gilt nicht für Staatsangehörige von EG-Mitgliedsstaaten. Die vor In-Kraft-Treten des Ingenieurgesetzes erteilten Genehmigungen gelten als Genehmigungen im Sinne dieser Bestimmung. Einer entsprechenden Genehmigung bedarf auch nicht, wer nach dem Bayrischen Hochschulgesetz berechtigt ist, einen der Berufsbezeichnung nach Art. 1 IngG entsprechenden, an einer ausländischen Hochschule erworbenen akademischen Grad zu führen.

Die **Genehmigung nach Art. 2 Abs. 1 IngG** ist gemäß Art. 2 a IngG zu erteilen, wenn der Antragsteller Staatsangehöriger eines EG-Mitgliedsstaates oder eines EWR-Vertragsstaates ist und
- das Diplom einer technischen oder naturwissenschaftlichen Fachrichtung erworben hat, das in einem anderen Mitglieds- oder Vertragsstaat erforderlich ist für den Zugang zum Ingenieurberuf, dessen Ausübung oder für das Führen einer der deutschen Berufsbezeichnung „Ingenieur" und „Ingenieurin" entsprechenden Berufsbezeichnung allein oder in einer Wortverbindung, oder
- den Beruf eines Ingenieurs in den vorhergehenden zehn Jahren vollzeitlich zwei Jahre lang in einem anderen Mitglieds- oder Vertragsstaat ausgeübt hat, der den Zugang zum Ingenieurberuf, dessen Ausübung oder das Führen einer deutschen Berufsbezeichnung „Ingenieur" und „Ingenieurin" entsprechenden Berufsbezeichnung allein oder in einer Wortverbindung nicht an den Besitz eines Diploms bindet. Der Antragsteller muss dabei im Besitz eines Ausbildungsnachweises einer technischen oder naturwissenschaftlichen Fachrichtung gewesen sein.

Diplome im vorstehenden Sinne sind alle Diplome, Prüfungszeugnisse oder sonstigen Befähigungsnachweise einer zuständigen Stelle in einem Mitglieds- oder Vertragsstaat, aus denen hervorgeht, dass der Inhaber ein mindestens dreijähriges Studium oder ein dieser Dauer entsprechendes Teilzeitstudium an einer Universität, einer Hochschule oder einer anderen gleichwertigen Ausbildungseinrichtung absolviert und gegebenenfalls die über das Studium hinaus erforderliche berufliche Ausbildung abgeschlossen hat sowie über die beruflichen Voraussetzungen verfügt, die für den Zugang zum Ingenieurberuf, dessen Ausübung oder für das Führen einer der deutschen Berufsbezeichnung „Ingenieur" und „Ingenieurin" entsprechenden Berufsbezeichnung allein oder in einer Wortverbindung in diesem Mitglieds- oder Vertragsstaat erforderlich sind. Die durch das Diplom bescheinigte Ausbildung muss überwiegend in der EG oder einem EWR-Vertragsstaat erworben worden sein, es sei denn, der Diplominhaber hat eine mindestens dreijährige Berufserfahrung als Ingenieur, die von dem Mitglieds- oder Vertragsstaat bescheinigt wird, der das Diplom anerkannt hat.

Einem Diplom stehen gleich alle Diplome, Prüfungszeugnisse oder sonstigen Befähigungsnachweise, die von einer zuständigen Stelle in einem Mitglieds- oder Vertragsstaat ausgestellt worden sind und eine in der EG oder einem EWR-Vertragsstaat erworbene, von einer zuständigen Stelle in diesem Mitglieds- oder Vertragsstaat als gleichwertig anerkannte Ausbildung abschließen und in diesem Staat zum Zugang zum Ingenieurberuf, zu dessen Ausübung oder zum Führen der deutschen Berufsbezeichnung „Ingenieur" und „Ingenieurin" entsprechenden Berufsbezeichnung allein oder in einer Wortverbindung berechtigen.

47 **Ausbildungsnachweise** sind alle Zeugnisse oder Bestätigungen einer zuständigen Behörde in einem Mitglieds- oder Vertragsstaat, die der Inhaber zur Vorbereitung auf die Ausübung des Ingenieurberufs erworben hat, und aus denen hervorgeht, dass er ein mindestens dreijähriges Studium oder ein dieser Dauer entsprechendes Teilzeitstudium an einer Universität, einer Hochschule oder einer anderen gleichwertigen Ausbildungseinrichtung in einem Mitglieds- oder Vertragsstaat absolviert und ggf. die über das Studium hinaus erforderliche berufliche Ausbildung abgeschlossen hat. Einem Ausbildungsnachweis stehen gleich alle Prüfungszeugnisse einer zuständigen Stelle in einem Mitglieds- oder Vertragsstaat, die eine in der EG oder einem anderen EWR-Vertragsstaat erworbene Ausbildung bestätigen und von diesem Staat als gleichwertig anerkannt werden, sofern diese Anerkennung den übrigen Mitglieds- und Vertragsstaaten sowie der Kommission der EG mitgeteilt worden ist.

48 Die Berufsbezeichnung „Ingenieur" bzw. „Ingenieurin" darf gemäß Art. 3 IngG ferner führen, wer vor In-Kraft-Treten des Ingenieurgesetzes eine Tätigkeit unter dieser Berufsbezeichnung ausgeübt hat und die Absicht, diese Berufsbezeichnung weiterzuführen, vor In-Kraft-Treten des Gesetzes der hierfür zuständigen Behörde angezeigt hat oder innerhalb einer Ausschlussfrist von einem Jahr nach In-Kraft-Treten des Ingenieurgesetzes der zuständigen Behörde schriftlich anzeigt.

49 Wer **vor In-Kraft-Treten des Ingenieurgesetzes** eine Tätigkeit unter der in Art. 1 IngG genannten Berufsbezeichnung oder eine Tätigkeit, die in der Regel von einem Träger der in Art. 1 IngG genannten Berufsbezeichnung ausgeführt wird, ausgeübt hat, aber aus Rechtsgründen bei In-Kraft-Treten des Ingenieurgesetzes die entsprechende Berufsbezeichnung nicht führen darf, ist berechtigt, diese nach Wegfall des Hinderungsgrundes zu führen, wenn er innerhalb der Ausschlussfrist von einem Jahr seine diesbezügliche Absicht unter Angabe des Hinderungsgrundes der zuständigen Behörde schriftlich anzeigt. Die Ausschlussfrist endet für Deutsche, die bei In-Kraft-Treten des Ingenieurgesetzes ihren Wohnsitz außerhalb der Bundesrepublik Deutschland haben, ein Jahr nach der Begründung des Wohnsitzes in Deutschland.

50 Die zuständige Behörde (d.h. die Regierung nach Art. 5 IngG) hat das Führen der in Art. 1 IngG genannten Berufsbezeichnung aufgrund der Anzeige nach Art. 3 IngG gemäß Art. 4 IngG zu untersagen, wenn Tatsachen die Annahme rechtfertigen, dass die erforderlichen fachlichen Kenntnisse fehlen und Leben oder Gesundheit von Menschen erheblich gefährdet sind.

51 Wer nach dem Recht eines anderen Landes der Bundesrepublik Deutschland zur Führung der in Art. 1 IngG genannten Berufsbezeichnung berechtigt ist, darf diese Berufsbezeichnung gemäß Art. 7 IngG auch im Geltungsbereich des Bayerischen Ingenieurgesetzes führen.

52 Ordnungswidrig handelt nach Art. 8 IngG, wer ohne nach Art. 1, 2 oder 3 des Gesetzes berechtigt zu sein oder entgegen einer vollziehbaren Verfügung nach Art. 4 IngG die in Art. 1 IngG genannte Berufsbezeichnung allein oder in einer Wortverbindung führt. Die Ordnungswidrigkeit kann mit einer Geldbuße geahndet werden.

53 Frauen, denen das Führen einer männlichen Berufsbezeichnung nach Art. 1 IngG erlaubt worden ist, sind nach Art. 8 a IngG berechtigt, die Berufsbezeichnung auch in weiblicher Form zu führen.

C. Beratende Ingenieure

Berufsaufgabe der Beratenden Ingenieure ist nach Art. 1 des Bayerischen Gesetzes über den Schutz der Berufsbezeichnung „Beratender Ingenieur" und „Beratende Ingenieurin" sowie über die Errichtung einer Bayerischen Ingenieurkammer – Bau (Bayerisches Ingenieurekammergesetz Bau – BayIKaBauG) vom 8. 6. 1990[14] die eigenverantwortliche und unabhängige Beratung, insbesondere in Entwicklung, Planung, Betreuung, Kontrolle und Prüfung sowie Sachverständigentätigkeit und Mitwirkung bei Forschungs- und Entwicklungsaufgaben auf dem Gebiet des Ingenieurwesens. Dazu gehört auch die Vertretung des Auftraggebers in mit der Vorbereitung, Leitung, Ausführung, Überwachung und Abrechnung zusammenhängenden Aufgaben, wobei sich die Tätigkeit auf alle oder einzelne dieser Aufgaben erstrecken kann.

„Eigenverantwortlich" ist,
- wer seine berufliche Tätigkeit als einziger Inhaber seines Büros selbständig auf eigene Rechnung und Verantwortung ausübt oder
- wer sich mit Beratenden Ingenieuren oder Angehörigen anderer Berufe zusammengeschlossen hat und innerhalb dieses Zusammenschlusses als Vorstand, Geschäftsführer oder persönlich haftender Gesellschafter eine Rechtsstellung besitzt, kraft der er seine Berufsaufgaben unbeeinflusst durch Rechte berufsfremder Dritter innerhalb oder durch Rechte Dritter außerhalb ausüben kann, oder
- wer als leitender Angestellter in einem unabhängigen Ingenieurunternehmen im vorgenannten Sinne im wesentlichen Aufgaben selbständig wahrnimmt, die ihm regelmäßig wegen ihrer Bedeutung für den Bestand und die Entwicklung des Betriebs übertragen werden oder
- wer als Hochschullehrer im Rahmen der genehmigten Nebentätigkeit in selbständiger Beratung tätig ist.

Beratende Ingenieure sind unabhängig, wenn sie bei Ausübung ihrer Berufstätigkeit weder eigene Produktions-, Handels- oder Lieferinteressen haben, noch fremde Interessen dieser Art vertreten, die unmittelbar oder mittelbar im Zusammenhang mit ihrer beruflichen Tätigkeit stehen.

I. Berufspflichten

Die Beratenden Ingenieure sind nach Art. 2 BayIKaBauG verpflichtet, ihren Beruf gewissenhaft und unter Berücksichtigung der gesicherten technischen Erkenntnisse auszuüben. Sie müssen sich so verhalten, wie es Ansehen und Vertrauensstellung ihres Berufs erfordern. Sie haben insbesondere
- bei der Ausübung des Berufs darauf zu achten, dass Leben, Gesundheit und Sachwerte nicht gefährdet werden,
- die berechtigten Interessen des Auftraggebers zu wahren,
- Handlungen zu Zwecken des Wettbewerbs, die gegen die guten Sitten verstoßen, zu unterlassen,

---

14 Vgl. die Parallelregelungen: Baden-Württembergisches Ingenieurekammergesetz vom 8. 1. 1990 (GBl, 16); Berliner Architekten- und Baukammergesetz vom 19. 7. 1994 (GVBl, 253); Brandenburgisches Ingenieurekammergesetz vom 19. 10. 1993 (GVBl, 462); Bremer Ingenieurgesetz vom 3. 5. 1994 (GVBl, 138); Hamburger Ingenieurgesetz vom 10. 12. 1996 (GVBl, 321); Hessisches Ingenieurekammergesetz vom 30. 9. 1996 (GBl I, 281); Mecklenburg-Vorpommerisches Ingenieurgesetz vom 8. 11. 1993 (GVOBl, 878); Niedersächsisches Ingenieurgesetz vom 30. 3. 1971 (GVBl, 137), zuletzt geändert durch Gesetz vom 28. 5. 1996 (GVBl, 252); Nordrhein-Westfälisches Baukammergesetz vom 15. 12. 1992 (GVBl, 534), zuletzt geändert durch Gesetz vom 19. 3. 1996 (GVBl, 136); Rheinland-Pfälzisches Ingenieurekammergesetz vom 21. 12. 1978 (GVBl, 763); Saarländisches Gesetz über die Führung der Berufsbezeichnung „Beratender Ingenieur" und die Errichtung einer Kammer Beratender Ingenieure vom 31. 1. 1975 (ABl, 362); Sächsisches Ingenieurekammergesetz vom 19. 10. 1993 (GVBl, 898); Sachsen-Anhaltinisches Ingenieurgesetz vom 15. 11. 1991 (GVBl, 440); Schleswig-Holsteinisches Architekten- und Ingenieurekammergesetz i.d.F. vom 12. 7. 1985 (GVOBl, 274); Thüringisches Ingenieurekammergesetz vom 6. 8. 1993 (GVBl, 462), zuletzt geändert durch Gesetz vom 27. 5. 1994 (GVBl, 521).

- neben ihrer beruflichen Tätigkeit keine gewerbliche Tätigkeit auszuüben, die in einem Zusammenhang mit ihren Berufsaufgaben steht,
- Geschäfts- und Betriebsgeheimnisse zu wahren,
- in Ausübung ihres Berufs keine Provisionen, Rabatte oder sonstige Vergünstigungen für sich, ihre Angehörigen oder ihre Mitarbeiter von Dritten, die nicht Auftraggeber sind, anzunehmen,
- bei Honorarvereinbarungen die Verordnung über die Honorare für Leistungen der Architekten und Ingenieure (HOAI) in der jeweils geltenden Fassung sowie sonstige einschlägige preisrechtliche Bestimmungen zu beachten,
- die Unabhängigkeit und Eigenverantwortlichkeit zu wahren.

II. Berufsbezeichnung

58 Die Berufsbezeichnung „Beratender Ingenieur" und „Beratende Ingenieurin" darf nach Art. 3 Abs. 1 BayIKaBauG nur führen, wer unter dieser Bezeichnung in die Liste der Beratenden Ingenieure (Art. 4 BayIKaBauG) eingetragen ist oder wem die Berechtigung zur Führung dieser Berufsbezeichnung nach Art. 8 oder Art. 34 BayIKaBauG zusteht.

59 Die **Liste der Beratenden Ingenieure** wird nach Art. 4 BayIKaBauG von der Ingenieurkammer (Art. 9 BayIKaBauG) geführt. Aus dieser Liste müssen ersichtlich sein
- die Zugehörigkeit des Eingetragenen zu den im Bauwesen tätigen Beratenden Ingenieuren oder zu den sonstigen Beratenden Ingenieuren,
- die Fachrichtung und
- die Tätigkeitsart.

60 Ingenieure, die in einer oder mehreren Fachrichtungen des Bauingenieur-, Vermessungs-, Wasserwirtschafts- oder Verkehrswesens, der Ingenieurgeologie, des Schallschutzes, der thermischen Bauphysik, der Energie-, Heizungs-, Klima-, Ver- und Entsorgungs-, Sanitär-, Medien-, Elektro- und Lichttechnik, der Förder- und Lagertechnik sowie der Arbeitssicherheit an baulichen Anlagen tätig sind, sind **im Bauwesen tätige Ingenieure**. Über die Eintragung in die Liste sowie deren Rücknahme oder Widerruf entscheidet der Eintragungsausschuss.

61 Art. 5 BayIKaBauG regelt die Voraussetzungen einer **Eintragung**: In die Liste der Beratenden Ingenieure wird auf Antrag eingetragen, wer seine Hauptwohnung, seine Niederlassung oder seine überwiegende berufliche Beschäftigung in Bayern hat und
- aufgrund von Art. 1 bis 3 IngG (dazu vorstehende Rn 54 ff.) die dort vorgesehene Berufsbezeichnung allein oder in einer Wortverbindung zu führen berechtigt ist und
- seit dem Zeitpunkt der Berechtigung zur Führung der im Ingenieurgesetz vorgesehenen Berufsbezeichnung eine nachfolgende entsprechende praktische Tätigkeit von mindestens drei Jahren ausgeübt hat und vom Zeitpunkt der Antragstellung seinen Beruf selbständig und unabhängig ausübt. Die Eintragung kann bei Bewerbern, die nicht Deutsche im Sinne des Art. 116 GG sind, versagt werden, wenn die Gegenseitigkeit nicht gewährleistet ist. Das gilt nicht für Staatsangehörige der EG-Mitgliedsstaaten.

62 Die Eintragung in die Liste der Beratenden Ingenieure **ist** einem Bewerber nach Art. 6 BayIKaBauG trotz Vorliegens der Eintragungsvoraussetzungen nach Art. 5 BayIKaBauG **zu versagen**,
- solange er nach § 45 StGB die Fähigkeit, öffentliche Ämter zu bekleiden oder Rechte aus öffentlichen Wahlen zu erlangen, verloren hat oder solange ihm das Recht, in öffentlichen Angelegenheiten zu wählen oder zu stimmen, aberkannt ist;
- solange ihm nach § 70 StGB die Ausübung eines Berufs untersagt (Berufsverbot) oder nach § 132 a StPO die Ausübung des Berufs vorläufig verboten ist, der eine der in Art. 1 BayIKaBauG bezeichneten Tätigkeiten zum Gegenstand hat;
- solange ihm nach den Bestimmungen der Gewerbeordnung die Berufsausübung untersagt ist;

- wenn er wegen eines Verbrechens oder eines Vergehens rechtskräftig zu einer Strafe verurteilt worden ist und sich aus dem der Verurteilung zugrunde liegenden Sachverhalt ergibt, dass er zur Erfüllung der Berufsaufgaben nach Art. 1 BayIKaBauG nicht geeignet ist oder
- solange er entmündigt oder unter vorläufige Vormundschaft gestellt oder ihm zur Besorgung seiner Vermögensangelegenheiten ein Pfleger bestellt ist.

Die Eintragung **kann** einem Bewerber **versagt werden**, wenn er
- innerhalb der letzten fünf Jahre vor Stellung des Eintragungsantrags eine eidesstattliche Versicherung nach § 807 ZPO abgegeben hat oder wenn das Insolvenzverfahren über sein Vermögen eröffnet oder die Eröffnung mangels Masse abgelehnt worden ist oder
- sich innerhalb der letzten fünf Jahre gröblich oder wiederholt berufsunwürdig verhalten hat.

Art. 7 BayIKaBauG normiert die Voraussetzungen einer **Löschung der Eintragung**: Die Eintragung **ist** zu löschen, wenn
- der Eingetragene verstorben ist,
- der Eingetragene auf die Eintragung verzichtet,
- in einem berufsgerichtlichen Verfahren rechtskräftig auf Löschung der Eintragung in der Liste der Beratenden Ingenieure erkannt worden ist,
- die Entscheidung über die Eintragung unanfechtbar zurückgenommen oder widerrufen oder der Rücknahme oder Widerrufsbescheid für sofort vollziehbar erklärt worden ist,
- die Berechtigung zur Führung der im Ingenieurgesetz vorgesehenen Berufsbezeichnung entfallen ist.

Die Eintragung **kann** gelöscht werden, wenn der Eingetragene in einem Disziplinarverfahren aus dem Dienst entfernt oder gegen ihn auf Aberkennung des Ruhegehalts erkannt worden ist. Das Gleiche gilt für den Fall des Verlustes der Beamtenrechte im Zuge eines Strafverfahrens.

Eine Regelung über **Auswärtige Beratende Ingenieure** trifft Art. 8 BayIKaBauG: Personen, die in Bayern weder ihre Hauptwohnung, ihre Niederlassung noch ihre überwiegende berufliche Beschäftigung haben (Auswärtige Beratende Ingenieure), dürfen eine Berufsbezeichnung nach Art. 3 Abs. 1 BayIKaBauG oder eine Wortverbindung mit der Berufsbezeichnung, einen Zusatz oder eine ähnliche Bezeichnung auch ohne Eintragung in die Liste der Beratenden Ingenieure führen, wenn sie
- die Bezeichnung aufgrund einer gesetzlichen Regelung in dem Land ihrer Hauptwohnung, ihrer Niederlassung oder ihrer überwiegenden beruflichen Beschäftigung führen dürfen oder
- die Voraussetzung des Art. 5 BayIKaBauG erfüllen und in dem Land oder dem auswärtigen Staat, in dem sie ihre Hauptwohnung, ihre Niederlassung oder ihre überwiegende berufliche Beschäftigung haben, eine vergleichbare gesetzliche Regelung nicht besteht und Versagungsgründe nach Art. 6 BayIKaBauG nicht vorliegen.

Sie haben die geltenden Berufspflichten zu beachten. Soweit Auswärtige Beratende Ingenieure Nichtmitglied einer Ingenieurkammer sind, sind sie zur Überwachung der Einhaltung der Berufspflichten wie Mitglieder der Ingenieurkammer–Bau zu behandeln und haben hierzu das erstmalige Erbringen von Leistungen als Beratende Ingenieure vorher der Ingenieurkammer–Bau anzuzeigen. Sie haben eine Bescheinigung darüber vorzulegen, dass sie auf dem Gebiet des diesem Gesetz unterliegenden Ingenieurwesens
- den Beruf im Staat ihrer Niederlassung oder ihres Dienst- oder Beschäftigungsorts rechtmäßig ausüben und
- ein Diplom, Prüfungszeugnis oder einen sonstigen Befähigungsnachweis über eine anerkannte abgeschlossene Ausbildung oder gleichwertige Befähigung besitzen.
- Sie sind in einem besondern Verzeichnis zu führen.

Hierüber ist ihnen eine Bescheinigung auszustellen, aus der sich auch die Berechtigung zur Führung der Berufsbezeichnung nach Art. 3 Abs. 1 BayIKaBauG ergibt.

68 Ist die Person nicht deutscher Staatsangehöriger im Sinne des Art. 116 GG, so kann der Eintragungsausschuss die Führung der Berufsbezeichnung auch untersagen, wenn
- die Gegenseitigkeit nicht gewährleistet ist (was nicht für Staatsangehörige der EG-Mitgliedsstaaten gilt) oder
- den Art. 5 BayIKaBauG vergleichbare Voraussetzungen nicht vorliegen, oder
- Tatsachen eingetreten oder bekannt geworden sind, die eine Versagung nach Art. 6 BayIKaBauG rechtfertigen würden.

Der Eintragungsausschuss entscheidet über das Vorliegen der vorgenannten Voraussetzungen.

69 Wortverbindungen mit der Berufsbezeichnung „Beratender Ingenieur" bzw. „Beratende Ingenieurin" sowie Zusätze oder ähnliche Bezeichnungen dürfen nach Art. 3 Abs. 2 BayIKaBauG nur Personen verwenden, welche die entsprechende Berufsbezeichnung zu führen befugt sind. Bezeichnungen, die auf Zusammenschlüsse Beratender Ingenieure hinweisen, dürfen in Verbindungen mit der Berufsbezeichnung „Beratender Ingenieur" bzw. „Beratende Ingenieurin" oder ähnlichen Bezeichnungen nur geführt werden, wenn die Mehrheit der Mitglieder des Vorstands, der Geschäftsführer oder der persönlich haftende Gesellschafter, die Aufgaben im Sinne des Art. 1 BayIKaBauG wahrnehmen, in der Liste der Beratenden Ingenieure eingetragen ist.

Das Recht zur Führung akademischer Grade wird durch diese Regelung nicht berührt.

70 Mit Geldbuße bis zu 20.000 Deutsche Mark kann belegt werden, wer unbefugt die in Art. 3 Abs. 1 BayIKaBauG genannte Berufsbezeichnung führt oder unbefugt eine Wortverbindung mit dieser Berufsbezeichnung verwendet – so Art. 33 BayIKaBauG.

III. Werbung

71 Auf der Grundlage von Art. 14 Abs. 1 Nr. 3 BayIKaBauG bestimmt Ziffer 7 (**Öffentlichkeitsarbeit**) der Vorläufigen Berufsordnung vom 16. 5. 1991 folgendes:
- **7.1 Der Beratende Ingenieur BayIKaBau wirbt durch seine Leistung.**
- **7.2 Dem Beratenden Ingenieur BayIKaBau ist jede unlautere Werbung oder unlautere Bewerbung untersagt. Insbesondere ist dem Beratenden Ingenieur BayIKaBau nicht gestattet:**
- aufdringliche Werbeflächen als Hinweis auf seine Ingenieurtätigkeit anzubringen oder anbringen zu lassen;
- unangemessene Werbeanzeigen aufzugeben oder in deren Veröffentlichung einzuwilligen;
- im Zusammenhang mit der Werbung als Gewerbetreibender die Berufsbezeichnung Beratender Ingenieur aufzuführen und so das Werbeverbot zu umgehen.

Anhang

72 **Positiv-Negativliste des Berufsrechte-Ausschusses bei der Bundes-Ingenieur-Kammer zur zulässigen/unzulässigen Werbung:**[15]
„Als zulässige Arten der Werbung, sofern diese weder aufdringlich noch anpreisend ist, sind grundsätzlich anerkannt:
- Vom Ingenieur bezahlte **Anzeigen** in Zeitungen und Zeitschriften an drei Tagen mit rein informatorischem Inhalt mit dem Hinweis auf neue Anschrift bzw. Telefon- und Faxnummer, neue Niederlassung, neue Rechtsform, Gründung einer Bürogemeinschaft, Partnerschaft oder Sozietät bzw. Fachgebiet;

---

15 Übernommen aus v. *Wiese-Ellermann*, vorstehende Fn 2, a.a.O., Rn 44 f.

- **Eintragung in Verzeichnissen und elektronischen Medien** – auch in hervorgehobenem Druck und Umrahmung – im Telefonbuch, im Branchentelefonbuch, im Adressbuch, in Branchenverzeichnissen, im BTX und Internet, in Verzeichnissen wie z.B. CD-ROM (vom Mitglied bezahlte Anzeigen in unmittelbarem Zusammenhang mit einem Bericht über ein Werk des Mitglieds gemeinschaftlich mit den Anzeigen weiterer am Werk Beteiligter);
- **Büroschild** an dem Wohnsitz mit folgenden Angaben:
- Name, Vorname, Berufsbezeichnung „Beratender Ingenieur",
- Tätigkeitsschwerpunkte,
- ordnungsgemäß erworbene inländische und ausländische akademische Grade,
- Büroanschrift mit Telefon, Telefax, Büroöffnungszeiten;
- **Urheberhinweise** auch mit Anschrift und Telefonnummer, vom Mitglied bezahlte Präsentationen von eigenen Werken, z.B. – Praxisbroschüren, die über erbrachte Leistungen und Spezialisierung sowie Mitarbeiter sachlich informiert;
- **Ausstellung** eigener Werke auf Fachmessen;
- nicht öffentliche **Bewerbung um einen Auftrag** unter Wahrung des Kollegialitätsgrundsatzes;
- **Gemeinschaftswerbung** (auch mit Architekten) auf Verbandsebene;
- **Bürodarstellung** mit sachlichem Inhalt in Ingenieurverzeichnissen der Kammern und der Berufsverbände, wenn in den Verzeichnissen für alle Ingenieure ein kostenloser Grundeintrag vorgesehen ist (auf nationaler und internationaler Ebene);
- **Baustellenschilder** mit Name, Anschrift, Telefonnummer und Hinweis des Leistungsbildes;
- **Werbemittel** wie Notizpapier, Blocks, Filzstifte und Kugelschreiber mit Aufschrift des Ingenieurs, soweit nicht ungezielt verteilt wird;
- Namensnennung im Rahmen eines **redaktionellen Berichts**;
- Beteiligung an einem **Ingenieursuchservice**.

Unzulässig sind grundsätzlich folgende Werbemaßnahmen:
- **Anzeigen** und Informationen in Print- und elektronischen Medien, in denen Ingenieurleistungen angeboten werden oder mittelbar auf solche hingewiesen wird, z.B. Schaltung von Kleinanzeigen und der Angabe von Telefonnummer;
- **Anpreisen**, öffentliches Anbieten von Ingenieurleistungen, Postwurfsendungen und ungezielte Bewerbungen;
- **Büroschilder** in extremer Größe oder in Leuchtschrift;
- **Empfehlung von Bauprodukten** durch den Ingenieur in Werbeanzeigen;
- **Werbung für einen Gewerbebetrieb**, dessen Inhaber das Mitglied ist, bzw. an dem er beteiligt ist unter gleichzeitiger Verwendung der Berufsbezeichnung „Beratender Ingenieur";
- **Bandenwerbung**, **Trikotwerbung**;
- **Aufkleber** oder **Schilder** mit Name, Adresse und Telefon-/Telefaxnummer auf Fahrzeugen, soweit diese nicht ganz überwiegend durch Beratende Ingenieure genutzt werden;
- jede gestreute **Massenwerbung**, die sich nach Art einer Postwurfsendung ungezielt an einen möglichen Auftraggeberkreis wendet".

Zu berücksichtigen bleibt in diesem Kontext jedoch, dass diese Positiv-/Negativliste lediglich empfehlender Natur ist. Verbindlichkeit könnte sie allein dadurch erlangen, dass die einzelnen zum Erlass von Satzungsrecht befugten Kammern die einzelnen Regelungen in Berufordnungsrecht einkleiden.

§ 15 Besteuerung und Rechnungslegung von Bauunternehmen und baunahen Dienstleistern

Prof. Dr. Dieter Jacob
Siegfried Heinzelmann
Dirk Andreas Klinke

Inhalt

A. Einleitung	1
I. Die zur Verfügung stehenden Rechtsformen	1
II. Betriebswirtschaftliche Kriterien für die Wahl der optimalen Rechtsform	5
III. Darstellungssystematik	8
B. Ertragsteuern	9
I. Einführung	9
II. Einkommensteuer	11
1. Persönliche Steuerpflicht . .	11
2. Gliederung der Einkunftsarten	16
a) Das Einkommen als Gegenstand der sachlichen Steuerpflicht	16
b) Schema der Einkommensteuer-Ermittlung	18
c) Ordnung in Haupt- und Nebeneinkunftsarten . .	19
d) Die Bedeutung der richtigen Zuordnung der Einkünfte	21
3. Für den Personenkreis bedeutsame Einkunftsarten gemäß § 2 EStG	23
a) Aus Gewerbebetrieb . .	23
aa) Einkünfte aus Gewerbebetrieb allgemein . .	23
bb) Besonderheiten . . .	27
cc) Die Gruppierung in § 15 Abs. 1 EStG	28
b) Selbständige Tätigkeit . .	29
aa) Einkünfte aus selbständiger Arbeit allgemein	29
bb) Abgrenzung zu den Einkünften aus Gewerbebetrieb	30
cc) Besonderheiten . . .	33
c) Nichtselbständige Tätigkeit	34
aa) Einkünfte aus nichtselbständiger Tätigkeit allgemein	34
bb) Abgrenzung zu anderen Einkunftsarten . . .	35
cc) Besonderheiten . . .	37
d) Kapitalvermögen	38
aa) Einkünfte aus Kapitalvermögen allgemein .	38
bb) Besonderheiten . . .	40
e) Vermietung und Verpachtung	42
aa) Einkünfte aus Vermietung und Verpachtung allgemein	42
bb) Die Abgrenzung zwischen Einkünften aus Vermietung und Verpachtung und Einkünften aus Gewerbebetrieb . . .	46
f) Sonstige Einkünfte	47
g) Außerordentliche Einkünfte	52
4. Ermittlung der Bemessungsgrundlagen	58
a) Grundsätze der Gewinnermittlung	58
b) Die Gewinnermittlungsmethoden	61
aa) Vermögensvergleich nach § 5 EStG (derivative Steuerbilanz)	62
bb) Vermögensvergleich nach § 4 Abs. 1 EStG (originäre Steuerbilanz)	65
cc) Überschuß der Betriebseinnahmen über die Betriebsausgaben nach § 4 Abs. 3 EStG . . .	66
c) Richtsatzschätzung . . .	71
d) Wechsel der Gewinnermittlungsmethode	72
e) Die Ermittlung des Überschusses der Einnahmen über die Werbungskosten . . .	73
5. Veräußerungsgewinnbesteuerung	81
a) Die einkommensteuerliche Relevanz von Veräußerungsvorgängen . . .	81
b) Ermittlung des Veräußerungsgewinns	84
c) Betriebsaufgabe	86

§ 15 Besteuerung und Rechnungslegung von Bauunternehmen und baunahen Dienstleistern

d) Betriebsverpachtung		87
e) Veräußerung von Anteilen an Kapitalgesellschaften		89
6. Verlustausgleich und Verlustabzug		95
a) Verlustausgleich innerhalb einer Einkunftsart		95
b) Verlustausgleich zwischen den Einkunftsarten		98
c) Verlustrücktrag oder -vortrag		101
d) Besonderheiten des Verlustabzuges bei beschränkter Haftung		105
7. Tarif der Einkommensteuer		106
a) Der Normaltarif		106
b) Pauschale Anrechnung der Gewerbesteuer		113
8. Festsetzung und Entrichtung der Einkommensteuer		116
III. Körperschaftsteuer		123
1. Anwendung des neuen Körperschaftsteuergesetzes		123
2. Persönliche Steuerpflicht		124
3. Bemessungsgrundlagen		128
4. Übergang vom Anrechnungsverfahren zum Halbeinkünfteverfahren		133
a) Grundsätzliche Regelungen		133
b) Letztmalige Eigenkapitalgliederung und Gewinnausschüttungen in 2001		136
c) Umgliederung des verwendbaren Eigenkapitals		142
d) Gewinnausschüttungen innerhalb der 15-jährigen Übergangsfrist		145
e) Das körperschaftsteuerliche Anrechnungsverfahren in 2001		148
5. Das Halbeinkünfteverfahren		151
a) Besteuerung von natürlichen Personen oder Personengesellschaften als Anteilseigner		154
b) Besteuerung von Kapitalgesellschaften als Anteilseigner		157
6. Die Problematik verdeckter Gewinnausschüttungen (VGA)		160
a) Inhalt des § 8 Abs. 3 S. 2 KStG		160
b) Kriterien für VGA in den Hauptfällen		161
c) Die Behandlung der verdeckten Gewinnausschüttung bei Gesellschaft und Gesellschafter		166
7. Festsetzung, Veranlagung und Entrichtung der Körperschaftsteuer		168
IV. Gewerbesteuer		171
1. Der Steuergegenstand der Gewerbesteuer		171
a) Gewerbebetriebe kraft Betätigung		175
b) Gewerbebetriebe kraft Rechtsform		178
c) Gewerbebetriebe kraft wirtschaftlichen Geschäftsbetriebs		179
d) Betriebsstätten		180
2. Der Gewerbeertrag		181
3. Der Gewerbeverlust		182
4. Wichtige Hinzurechnungen (§ 8 GewStG)		183
a) Dauerschuldzinsen (§ 8 Nr. 1 GewStG)		183
b) Gewinnanteile stiller Gesellschafter (§ 8 Nr. 3 GewStG)		184
c) Miet- und Pachtzinsen (§ 8 Nr. 7 GewStG)		185
d) Verlustanteile an in- und ausländischen Mitunternehmergemeinschaften (§ 8 Nr. 8 GewStG)		187
5. Wichtige Kürzungen (§ 9 GewStG)		188
a) Grundbesitzabzüge (§ 9 Nr. 1 GewStG)		188
b) Gewinnanteile an in- und ausländischen Mitunternehmergemeinschaften (§ 9 Nr. 2 GewStG)		189
c) Schachtelerträge (§ 9 Nr. 2 a GewStG)		190
d) Anteile nicht im Inland belegener Betriebsstätten (§ 9 Nr. 3 GewStG)		191
6. Tarif der Gewerbesteuer		192
a) Ermittlung des Gewerbesteuermeßbetrages		193
b) Anwendung Hebesatz		194
c) Abzug der Gewerbesteuer bei ihrer eigenen Bemessungsgrundlage		196
d) Beispiel Gewerbesteuer		202
7. Zerlegung		203
8. Festsetzung und Zahlung der Gewerbesteuer		207
C. Substanzsteuern		209
I. Erbschaft- und Schenkungsteuer		209
1. Steuerobjekt		209
2. Persönliche Steuerpflicht		212

3. Ermittlung der Bemessungsgrundlage 215
   a) Allgemeine Bewertungsvorschriften 216
   b) Bewertung von Betriebsvermögen 218
   c) Bewertung von nichtnotierten Anteilen an Kapitalgesellschaften . . 221
   d) Bewertung von Immobilien 224
4. Steuerklassen und Freibeträge, Tarif 234
   a) Steuerklassen 234
   b) Freibeträge 235
   c) Besonderer Freibetrag für „unternehmerisches Vermögen" 239
   d) Erbschaftsteuertarif . . 241
   e) Tarifbegrenzung für „unternehmerisches Vermögen" 242
II. Die Grundsteuer 243
 1. Steuerobjekt der Grundsteuer 245
 2. Bemessungsgrundlage (Einheitswert des Grundbesitzes) 248
   a) Land- und forstwirtschaftliches Vermögen . . 252
   b) Grundvermögen 253
 3. Verfahren zur Einheitswertfeststellung von Grundstücken . 255
   a) Ertragswertverfahren (§§ 78–82 BewG) 255
   b) Sachwertverfahren (§§ 83–90 BewG) 258
 4. Tarif der Grundsteuer . . . 259
 5. Erhebung der Grundsteuer . . 262

D. Verkehrsteuern und Verbrauchsteuern 264
 I. Umsatzsteuer 264
  1. Steuerobjekt der Umsatzsteuer 266
   a) Steuerbare Umsätze . . . 266
   b) Nicht steuerbare Umsätze 268
  2. Steuerbefreiungen 271
   a) Steuerbefreiungen mit Vorsteuerabzugsmöglichkeit (§ 4 Nr. 1–7 UStG) . . . 272
   b) Steuerbefreiungen mit Vorsteuerabzugsmöglichkeit nach Option § 9 UStG . . 274
   c) Steuerbefreiungen mit der Versagung des Vorsteuerabzugsrechts 277
  3. Steuersubjekt 279
  4. Unterscheidung zwischen Lieferung und sonstiger Leistung 281
  5. Einheitliche Leistung – Teilleistung 282
  6. Lieferungen 284
  7. Sonstige Leistungen 286
  8. Bemessungsgrundlage der Umsatzsteuer 288
   a) Bei Vorliegen eines Entgeltes 288
   b) Bei Eigenverbrauch . . . 289
   c) Mindestbemessungsgrundlage 291
  9. Tarif und Entstehung der Steuerschuld 294
  10. Vorsteuerabzug 301
  11. Ausschluß vom Vorsteuerabzug 308
  12. Anpassung der Umsatzsteuer bei Änderungen der Bemessungsgrundlage 312
  13. Berichtigung des Vorsteuerabzuges 314
  14. Besteuerung grenzüberschreitender Umsätze . . . 315
   a) Exporte in Drittländer (Nicht-EU-Ausland) . . . 315
   b) Importe aus dem Nicht-EU-Ausland 316
   c) Exporte ins EU-Ausland . 317
   d) Importe aus dem EU-Ausland 318
  15. Sonderregelung für die Lieferung von neuen Fahrzeugen . 319
 II. Grunderwerbsteuer 320
  1. Steuerobjekt 321
  2. Steuersubjekt 324
  3. Bemessungsgrundlage . . . 325
  4. Befreiungen 327
 III. Ökosteuern 329
  1. Unternehmen des produzierenden Gewerbes . . . 330
  2. Stromsteuer 334
   a) Allgemeines 334
   b) Steuerermäßigung für Betriebe des produzierenden Gewerbes 337

E. Besteuerung von Kapitalgesellschaften 340

F. Besteuerung der Einzelpersonen und Personengesellschaften . . . 344
 I. Die laufende Gewinnbesteuerung bei Personengesellschaften 353
  1. Das Konzept der Mitunternehmerschaft nach § 15 Abs. 1 S. 1 Nr. 2 EStG 353
  2. Gewerbebetrieb kraft wirtschaftlicher Betätigung 358
  3. Einkünfte aus Gewerbebetrieb nach § 15 Abs. 3 EStG . . . 362
  4. Die gewerblich geprägte Personengesellschaft nach § 15 Abs. 3 Nr. 2 EStG 367

§ 15 Besteuerung und Rechnungslegung von Bauunternehmen und baunahen Dienstleistern

5. Personengesellschaften, die keine Einkünfte aus Gewerbebetrieb erzielen	370
6. Abgrenzung zwischen den Einkünften aus Gewerbebetrieb und anderen Einkünften	374
II. Umfang und Ermittlung der gewerblichen Einkünfte eines Mitunternehmers	377
1. Die Konzeption der Einkunftsermittlung (eines Mitunternehmers)	377
2. Buchmäßige Besonderheiten in der Bilanz der Personengesellschaft	389
3. Umfang des Betriebsvermögens von Personengesellschaften	393
a) Gesamthandsvermögen	393
b) Notwendiges Betriebsvermögen	395
c) Gewillkürtes Betriebsvermögen	396
d) Notwendiges Privatvermögen	397
e) Ergänzungsbilanz	398
f) Sonderbetriebsvermögen I	399
g) Sonderbetriebsvermögen II	402
4. Übertragung eines Wirtschaftsgutes aus dem Sonderbetriebsvermögen in ein anderes Betriebsvermögen und umgekehrt	404
5. Die Gewinnverteilung bei Personengesellschaften	411
III. Sonder- bzw. Mischformen der Personengesellschaften	416
1. Steuerliche Behandlung einer GmbH & Co. KG	416
2. Steuerliche Behandlung des Rechtsinstituts der Betriebsaufspaltung	423
3. Steuerliche Behandlung von Argen, Interessengemeinschaften und Konsortien	434
G. Rechnungslegung	438
I. Grundkonzeption des BKR	438
II. Unfertige Bauten einschließlich Bilanzierung von Nachträgen und Anzahlungen	441
1. Bilanzierung dem Grunde nach	441
a) Bilanzansatz	441
b) Bilanzausweis	442
2. Bilanzierung der Höhe nach	444
a) Allgemeines	444
b) Niedrigerer beizulegender Wert	448
3. Drohverlustrückstellung	451
4. Nachträge/Anzahlungen	453
III. Bauarbeitsgemeinschaften	455
IV. Sonstige wichtige Posten	463
1. Leasing	463
2. Festwertverfahren/Gruppenwertverfahren	465
3. Forderungen/Forderungsabschreibung einschließlich Bilanzierung von Nachträgen	469
4. Pensionsrückstellungen	470
5. Gewährleistungsrückstellungen	471
6. Mietgarantien	472
V. Internationale Grundsätze	474
1. IAS	474
a) Unfertige Bauten	474
b) Bau-Arbeitsgemeinschaften	475
2. US-GAAP	476
a) Unfertige Bauten	476
b) Bau-Arbeitsgemeinschaften	477
H. Anhang	478

A. Einleitung

I. Die zur Verfügung stehenden Rechtsformen

1 Ein Bauunternehmen oder die freiberufliche Tätigkeit eine Ingenieurs oder Architekten oder anderer baunaher Dienstleister kann in ganz unterschiedlichen Unternehmensformen des privaten Rechts betrieben werden. Im Einzelnen sind dabei zu unterscheiden:
- das Einzelunternehmen bzw. freiberufliche Tätigkeiten,
- die Personengesellschaften,
- die Kapitalgesellschaften,
- die Misch- und Sonderformen.

Die Frage nach der Wahl der **richtigen Rechtsform** stellt sich **nicht nur zum Zeitpunkt der Gründung** und **Betriebsaufnahme**, sondern die Frage nach der Wahl der Rechtsform ist neu zu stellen, wenn sich **wesentliche Rahmenbedingungen** wie die **Steuergesetzgebung** oder **Gesellschafterverhältnisse** ändern, also z. B., wenn die **Unternehmung verkauft** wird oder weitere Gesellschafter z. B. im Rahmen der Unternehmernachfolge in die Gesellschaft eintreten sollen.

Die **Rechtsform einer unternehmerischen Tätigkeit** ist das rechtliche Kleid zur **Regelung von Personen- und Gruppeninteressen im Innen- und Außenverhältnis**. Die Rechtsform hat erhebliche Auswirkungen auf die eintretende Steuerbelastung.

Die Bauwirtschaft ist durch **mittelständische Unternehmen** mit einer überwiegend **überschaubaren Anzahl von Gesellschaftern** geprägt. Der Gesellschafterbestand bleibt weitgehend unverändert, und die Inhaber arbeiten in dieser Gesellschaft im Regelfall aktiv mit. Die **Aufbringung** von **Fremd-** und **Eigenkapital** erfolgt vorrangig durch die Inhaber bzw. Gesellschafter. Die Aufnahme von Eigen- bzw. Fremdkapital über die Börse stellt bei der mittelständischen Bauwirtschaft eher die Ausnahme dar.

II. Betriebswirtschaftliche Kriterien für die Wahl der optimalen Rechtsform

Die **Rechtsform** ist **grundsätzlich frei nach wirtschaftlichen Gesichtspunkten** zu wählen. Einfluss auf die Wahl der Rechtsform haben z. B.:
- die Ertragslage (Höhe des nachhaltig zu erzielenden Gewinns),
- die Gewinnausschüttungspolitik,
- die Höhe des Vermögens und dessen Finanzierung,
- die Vertragsbeziehungen zwischen dem Unternehmen und dessen Inhaber bzw. Gesellschafter,
- die Beteiligung von Familienangehörigen und die Vorkehrungen zur Unternehmensnachfolge,
- der Unternehmensgegenstand (bzw. die Geschäftsbereiche), in dem (denen) die Unternehmung tätig wird,
- Anforderungen zur Prüfung und Veröffentlichung von Jahresabschlüssen,
- Kosten für die Gründung und Unterhaltung einer Rechtsform,
- Aufbau- und Ablauforganisation,
- Marketinggründe,
- Controllingstruktur und Rechnungswesenorganisation, die das Management optimal unterstützen kann,
- Anreizsysteme (bis hin zu Aktienoptionsplänen).

Da die Besteuerung immer noch an die Rechtsform anknüpft, sind die steuerlichen Belastungsunterschiede bei den verschiedenen Rechtsformen zu beachten. Wichtig ist festzustellen, dass eine pauschale steuerliche Vorteilhaftigkeit einer bestimmten Rechtsform nicht vorliegt, sondern immer alle steuerlichen Einflussfaktoren im Einzelfall vergleichend zu untersuchen sind.

Außersteuerliche Bestimmungsgründe werden oft den Ausschlag für die Wahl einer Rechtsform geben. Denn **Steuergesetze** sind **selten langfristig stabil**, unterliegen häufig dem politischen Einfluss von Interessengruppen und werden oft unter dem Diktat leerer Kassen beschlossen. Gerade die im Jahr 2000 verabschiedete Steuerreform ist ein Lehrbeispiel für sich schlagartig verändernde steuerliche Bedingungen mit neuem körperschaftsteuerlichen Halbeinkünfteverfahren und den pauschalen Anrechnungsmöglichkeiten der Gewerbesteuer.

§ 15 Besteuerung und Rechnungslegung von Bauunternehmen und baunahen Dienstleistern

III. Darstellungssystematik

8 Im Folgenden werden zunächst die wichtigsten Steuerarten im Bereich der Ertragsteuern (Kapitel B), Substanzsteuern (Kapitel C) und Verkehr- und Verbrauchssteuern (Kapitel D) einzeln erläutert,[1] um auch dem Nichtfachmann den Einstieg in die Materie zu ermöglichen. Danach wird das Zusammenwirken dieser Steuerarten in den verschiedenen organisatorischen Handlungsalternativen (Kapitalgesellschaften Kapitel E, Personengesellschaften Kapitel F) mit den baubezogenen Besonderheiten für den bereits Sachkundigen erörtert. Ausgeklammert bleiben weitgehend internationale Sachverhalte,[2] da die mittelständische Bauwirtschaft überwiegend binnenorientiert ist. Ergänzend werden im Schlusskapitel (Kapitel G) noch Grundzüge der bauspezifischen handelsrechtlichen Rechnungslegung vermittelt, denn es gilt im Wesentlichen noch immer das Maßgeblichkeitsprinzip der Handelsbilanz für die Steuerbilanz.[3]

B. Ertragsteuern

I. Einführung

9 Unter dem Begriff Ertragsteuern werden die Steuerarten
   - Einkommensteuer,
   - Körperschaftsteuer sowie
   - Gewerbeertragsteuer

verstanden. Allen Ertragsteuern gemeinsam ist die Anknüpfung ihrer Bemessungsgrundlage an den Ertrag (Gewinn, Überschuss) wirtschaftlichen Handelns. Weitere Gemeinsamkeiten bestehen in der Technik der Steuererhebung. Bei allen **Ertragsteuern** handelt es sich um **jährliche Veranlagungssteuern,** deren Erhebung auf den Erklärungen des Steuerpflichtigen beruht und für die vierteljährliche Vorauszahlungen auf die endgültige Steuerschuld geleistet werden müssen. Steuersystematische Unterschiede bestehen dahingehend, dass Einkommen- und Körperschaftsteuer Personensteuern (besondere Umstände des Steuerpflichtigen werden bei der Veranlagung berücksichtigt) sind, während die Ausgestaltung der Gewerbeertragsteuer dem Gedanken einer Objektsteuer (Ermittlung der Bemessungsgrundlage unabhängig von persönlichen Umständen des Steuerpflichtigen) folgt.

10 Nicht behandelt werden die Kirchensteuer und der Solidaritätszuschlag. Prinzipiell handelt es sich dabei um prozentuale Zuschläge auf die Steuerschuld (Bemessungsgrundlage ist die Ertragsteuerschuld; Solidaritätszuschlag 5,5 %, Kirchensteuer 8 % oder 9 % je nach Bundesland).

---

1 In dieser Systematik orientieren wir uns an dem hervorragenden didaktischen Ansatz von *Rose*, Die Ertragsteuern – Betrieb und Steuer: Erstes Buch, 15. überarb. Aufl. 1997, vgl. Einführung. Eine neuere aktualisierte Auflage als 1997 liegt von *Rose* leider nicht mehr vor. Zur aktuellen Einkommensteuer verweisen wir insbesondere auf *Schmidt*, Einkommensteuergesetz – Kommentar, 20. Aufl. 2001.

2 Zu Grundzügen der internationalen Besteuerung bei Bauunternehmen vgl. *Jacob*, Grundzüge der Besteuerung deutscher Baukonzerne, in: Festschrift zum 60. Geburtstag von Professor Dr. Ing. *Gerhard Drees*, 1985, S. 342–363.

3 Für wertvolle Anregungen und Informationen danken wir Frau Dr. Gerdes, Leiterin der Abteilung Betriebswirtschaft und Steuern im Hauptverband der Deutschen Bauindustrie. Weiterhin danken wir *Herrn Stb. A. Schieser* für die kritische Durchsicht des Steuerteils sowie *Frau Prof. Dr. S. Rogler* für die kritische Durchsicht des Teils Rechnungslegung.

II. Einkommensteuer

1. Persönliche Steuerpflicht

§ 1 EStG legt zunächst fest, dass nur natürliche Personen (alle Menschen von der Geburt bis zum Tode) einkommensteuerpflichtig sind. Die Vorschrift unterscheidet weiter zwischen einer unbeschränkten und einer beschränkten Einkommensteuerpflicht.

Unbeschränkt einkommensteuerpflichtig sind alle Personen, die im **Inland** eine **Wohnung** im Sinne von § 8 AO haben **oder** sich hier im Sinne von § 9 AO **gewöhnlich aufhalten.** Eine natürliche Person hat ihren Wohnsitz im Inland, wenn eine zu Wohnzwecken geeignete Räumlichkeit dauerhaft genutzt wird und den Lebensmittelpunkt bildet. Ein gewöhnlicher Aufenthalt und damit eine unbeschränkte Steuerpflicht wird dann konstatiert, wenn ein **zeitlich zusammenhängender Aufenthalt** von **mehr als sechs Monaten**[4] im Inland vorliegt. In vielen Fällen sind aber Dopppelbesteuerungsabkommen zu beachten.

Die unbeschränkte Einkommensteuerpflicht hat zur Folge, dass sämtliche Einkünfte der betreffenden Person vom inländischen Fiskus erfasst werden – gleichgültig, in welchem Teil der Welt und auf welche Weise sie entstehen (Mondialbesteuerung). Ausnahmen hiervon sind in bilateralen Doppelbesteuerungsabkommen geregelt, die als völkerrechtliche Vereinbarungen Vorrang vor den deutschen Steuergesetzen haben (§ 2 AO).

Beschränkt einkommensteuerpflichtig sind alle anderen Personen, sofern sie im Inland einzelne der in § 49 EStG aufgeführten Einkünfte erzielen.

Die (**unbeschränkte wie beschränkte**) persönliche **Einkommensteuerpflicht** ist also grundsätzlich **unabhängig von der Staatsangehörigkeit** der Person. Hat ein Spanier in der Bundesrepublik eine Wohnung, so ist er unbeschränkt einkommensteuerpflichtig. Ein Deutscher, der in den Vereinigten Staaten von Amerika lebt, wird dagegen als beschränkt Steuerpflichtiger angesehen, wenn er im Inland Einkünfte bezieht. Im Folgenden wird von einer unbeschränkten Steuerpflicht ausgegangen.

2. Gliederung der Einkunftsarten

a) Das Einkommen als Gegenstand der sachlichen Steuerpflicht

Bei der Festlegung der Einkunftsarten geht das Einkommensteuergesetz rein pragmatisch vor und zählt die sieben maßgeblichen Einkunftsarten auf. Das Einkommensteuergesetz folgt keinem finanzwissenschaftlichem Einkommensbegriff, wenn es in § 2 Abs. 5 EStG erklärt, die Einkommensteuer bemesse sich nach dem „zu versteuernden Einkommen". Es geht vielmehr rein pragmatisch so vor, dass es als „Einkünfte" sieben verschiedene „Einkunftsarten" aufzählt, deren Summe um verschiedene Abzugsposten mindert und so die Größe „Einkommen" feststellt. Diese wird durch weitere Abzüge dann in die Bemessungsgrundlage für die tarifliche Einkommensteuer transformiert.

Die sieben verschiedenen Einkunftsarten nennt § 2 Abs. 1 EStG unter Hinweis auf Einzelerläuterungen in den §§ 13 bis 24 EStG. § 2 Abs. 2 EStG definiert schließlich, was jeweils unter dem Begriff „Einkünfte" zu verstehen ist. Der Einkommensbegriff des Einkommensteuergesetzes ist also ein technisch bestimmter Begriff.[5]

---

4 Mehr als 183 Tage, kurzfristige Unterbrechungen sind unbeachtlich. Ausgenommen sind Aufenthalte ohne Einkünfteerzielungsabsicht wie Urlaub oder Kur bis zu einem Jahr.
5 Vgl. *Rose*, a. a. O., S. 28.

b) Schema der Einkommensteuer-Ermittlung

Haupteinkunftsarten:
1. Einkünfte aus Land – und Forstwirtschaft (§ 13 EStG)
+ 2. Einkünfte aus Gewerbebetrieb (§ 15 EStG) (insbes. aus Einzelunternehmen und Personengesellschaften)
+ 3. Einkünfte aus selbständiger Arbeit (§ 18 EStG) (insbes. aus freiberuflicher Tätigkeit, z. B. Ärzte, Anwälte, StB, WP)

Gewinneinkunftsarten
i.d.R. gilt lt. §§ 4 Abs. 1, 5 EStG
Gewinn
= Betriebsverm. am Jahresende
./. Betriebsverm. am Jahresanfang
+ Entnahmen ./. Einlagen

wenn Voraussetzung § 4 Abs. 3 EStG erfüllt:[6]
Gewinn = Betriebseinnahmen
./. Betriebsausgaben

+ 4. Einkünfte aus nichtselbständiger Tätigkeit (§ 19 EStG) (Gehalt bzw. Lohn ./. Werbungskosten oder Arbeitnehmer-Pauschbetrag lt. §§ 9 und 9 a EStG)

Nebeneinkunftsarten:
+ 5. Einkünfte aus Kapitalvermögen (§ 20 EStG) (Kapitalerträge: insbes. Dividenden u. Zinsen ./. Werbungskosten oder Werbungskosten-Pauschbetrag lt. §§ 9 und 9 a EStG ./. Sparer-Freibetrag lt. § 20 Abs. 4 EStG)
+ 6. Einkünfte aus Vermietung u. Verpachtung (§ 21 EStG)
+ 7. sonstige Einkünfte (erschöpfend aufgezählt: § 22 EStG) (insbes. Renten und Einkünfte aus privaten Veräußerungsgeschäften)

Überschusseinkunftsarten
= Einnahmen (§ 8 EStG)
./. Werbungskosten
(§§ 9 und 9 a EStG)

= **Summen der positiven Einkünfte aus jeder Einkunftsart** (§ 2 Abs. 3 S. 2 EStG)
./. ausgleichsfähige negative Summen der Einkünfte (§ 2 Abs. 3 S. 3 ff. EStG)

= **Summe der Einkünfte** (§ 2 Abs. 3 EStG)
./. Altersentlastungsbetrag (§ 24 a EStG)
./. Freibetrag für Land- u. Forstwirtschaft (§ 13 Abs. 3 EStG)

= **Gesamtbetrag der Einkünfte** (§ 2 Abs. 3 S. 1 EStG)
./. abzugsfähiger verbleibender Verlustabzug nach § 10 d EStG
./. Sonderausgaben (§§ 10–10 c EStG)
./. außergewöhnliche Belastungen (§§ 33–33 c EStG)
./. Steuerbegünstigungen gem. §§ 10 e – 10 i EStG
+ zuzurechnendes Einkommen gemäß § 15 Abs. 1 AStG

= **Einkommen** (§ 2 Abs. 4 EStG)

---

[6] Z.B. Freiberufler sowie gewerbliche Unternehmer unterhalb der Grenzen des § 141 AO.

./. Freibeträge nach § 32 Abs. 6 EStG (Kinderfreibetrag i.V.m. § 31 EStG)
./. Haushaltsfreibetrag (§ 32 Abs. 7 EStG)

= **zu versteuerndes Einkommen** = Bemessungsgrundlage (§ 2 Abs. 5 EStG)

Anwendung Tarif lt. §§ 32 a / 32 b EStG (Progressionsvorbehalt)
sowie Tarif nach §§ 34, 34 b EStG (außerordentliche Einkünfte)

= **tarifliche Einkommensssteuer** (§ 32 a EStG)

./. pauschale Anrechnung Gewerbesteuer (§ 35 EStG)
./. anzurechnende ausländische Steuern (§ 34 c Abs. 1 EStG / § 12 AStG)
./. bestimmte Steuerermäßigungen (insbes. § 7 a FördG, § 34 g EStG)
+ Kindergeld (wenn nach § 31 EStG Einkommen um Kinderfreibetrag vermindert)

= **festzusetzende Einkommensteuer** (§ 2 Abs. 6 EStG)

./. Anrechnungsbeträge (§ 36 Abs. 2 EStG)
(insbes. ESt-Vorauszahlungen, einbehaltene LohnSt; einbehaltene KapErtrSt)

= **Abschlusszahlung bzw. Erstattungsbetrag** (§ 36 Abs. 4 EStG)

c) Ordnung in Haupt- und Nebeneinkunftsarten

Die Begriffe „Haupteinkunftsarten" und „Nebeneinkunftsarten" werden im Einkommensteuergesetz nicht offiziell verwendet. Sie sollen lediglich zum Ausdruck bringen, dass die Einkunftsarten eins bis vier gegenüber den Einkunftsarten fünf bis sieben Vorrang haben. Das bedeutet, dass bei der Erfassung der Einkünfte stets zu prüfen ist, ob sie nicht als Einkünfte einer anderen, vorrangigen Einkunftsart einzuordnen sind.

Gegenüber den Einkunftsarten fünf bis sieben kann sowohl eine der Einkunftsarten eins bis vier als auch eine andere Nebeneinkunftsart vorrangig sein. Einkünfte einer Nebeneinkunftsart, die für eine Haupteinkunftsart anfallen, sind immer als Einkünfte der Haupteinkunftsart umzuqualifizieren. Die untergeordnete Stellung der Nebeneinkunftsarten gegenüber den Haupteinkunftsarten wird als Subsidiarität bezeichnet (vgl. dazu §§ 20 Abs. 3, 21 Abs. 3, 22 Nr. 1 S. 1 und Nr. 3 S. 1, 23 Abs. 2 S. 1 EStG). Die Haupteinkunftsarten dahingegen sind untereinander gleichrangig.

d) Die Bedeutung der richtigen Zuordnung der Einkünfte

Die Einteilung in die sieben verschiedenen Einkunftsarten und die richtige Eingruppierung von Erträgen in eine dieser Einkunftsarten, also die zutreffende Lösung des Qualifikationsproblems, ist nicht nur formal, sondern gerade auch materiell bedeutsam:
- Schon zur Feststellung der sachlichen Einkommensteuerpflicht benötigt man die Einkunftsart. Denn wenn ein bestimmter Ertrag nicht in eine der sieben Einkunftsarten einzureihen ist, fällt keine Einkommensteuer an.
- In zahlreichen Fällen hängen Freibeträge oder Freigrenzen von bestimmten Einkunftsarten ab.
- Bei den ersten drei Einkunftsarten ist der „Gewinn", bei den übrigen vier Einkunftsarten der „Überschuss der Einnahmen über die Werbungskosten" zu ermitteln. Ohne die Bestimmung der Einkunftsart kann keine Aussage über die Methode der Einkunftsermittlung getroffen werden.
- Eine unbegrenzte Verlustverrechnung ist nur innerhalb verschiedener Einkunftsquellen einer Einkunftsart möglich.

Können die Einkünfte einer Person nicht auf Anhieb einer ganz bestimmten Einkunftsart zugeordnet werden, weil sich mehrere Elemente in einer „Mischung" befinden, muss das Gesamtbild der Aktivität festgestellt und nach seinen geprägebildenden Merkmalen durch Vergleich mit ungemischten Tätigkeiten beurteilt werden, um die richtige Einkunftsart herauszufinden.[7]

3. Für den Personenkreis bedeutsame Einkunftsarten gemäß § 2 EStG

a) Aus Gewerbebetrieb

aa) Einkünfte aus Gewerbebetrieb allgemein

23 § 15 Abs. 2 EStG definiert den Begriff „Gewerbebetrieb" wie folgt: „Eine **selbständige nachhaltige Betätigung**, die mit der **Absicht, Gewinn zu erzielen**, unternommen wird und sich als **Beteiligung am allgemeinen wirtschaftlichen Verkehr** darstellt, ist Gewerbebetrieb, wenn die Betätigung **weder** als Ausübung von **Land- und Forstwirtschaft** noch als Ausübung eines **freien Berufs** noch als eine **andere selbständige Arbeit** anzusehen ist. Eine durch die Betätigung verursachte Minderung der Steuern vom Einkommen ist kein Gewinn im Sinne des Satzes 1. Ein Gewerbebetrieb liegt, wenn seine Voraussetzungen im Übrigen gegeben sind, **auch dann** vor, **wenn** die **Gewinnerzielungsabsicht nur ein Nebenzweck** ist".

24 Einkünfte aus Gewerbebetrieb sind damit gegeben, wenn die folgenden insgesamt sieben positiven und negativen Merkmale kumulativ erfüllt sind:

positive Merkmale:

■ Selbständigkeit	Handeln auf eigene Rechnung und Gefahr.
■ Nachhaltigkeit	Auf längere Dauer gerichtetes Handeln, mindestens aber eine Tätigkeit mit Wiederholungsabsicht.
■ Gewinnerzielungsabsicht	Ausreichend ist bereits eine nur nebenbei verfolgte Absicht, Gewinne als Differenzen zwischen Erträgen und Aufwendungen zu erzielen; nicht ausreichend ist das alleinige Anstreben von Steuerersparnissen oder von Zinsen aus einer Kapitalanlage.
■ Teilnahme am allgem. wirtschaftl. Verkehr	Hervortreten nach außen, auch mit beschränktem Kundenkreis.

negative Merkmale:
- Es darf sich nicht um Einkünfte aus Land- und Forstwirtschaft handeln.
- Es darf sich nicht um Einkünfte aus selbständiger Arbeit handeln (siehe hierzu unten: Einkünfte aus selbständiger Arbeit).
- Die Tätigkeit muss den Rahmen der Vermögensverwaltung überschreiten. Dabei versteht man unter Vermögensverwaltung, dass die Nutzung des Vermögens im Sinne einer Fruchtziehung aus den zu erhaltenden Substanzwerten erfolgt. Ein Gewerbebetrieb wird hingegen angenommen, wenn die Ausnutzung substanzieller Vermögenswerte durch Umschichtung entscheidend in den Vordergrund tritt.

25 Dieses letzte Merkmal ist nicht in § 15 Abs. 2 EStG aufgeführt, sondern ergibt sich aus der Definition eines wirtschaftlichen Geschäftsbetriebes nach § 14 AO. Ein wirtschaftlicher Geschäftsbetrieb liegt nur vor, wenn die Betätigung über den Rahmen einer Vermögensverwaltung hinausgeht. Da der Gewerbebetrieb ein Unter- und Spezialfall des wirtschaftlichen Geschäftsbetriebs ist, kann die Verwaltung (Nutzung) eigenen Grund- bzw. Kapitalvermögens nicht zu Einkünften aus Gewerbebetrieb führen, auch wenn sie einen großen Umfang erreichen sollte (vgl. hierzu im einzelnen Abschn. R

---

[7] Vgl. *Rose*, a. a. O., S. 52.

137 EStR und 15 GewStR). Bei der Abgrenzung ist auf die Art der Tätigkeit und das Gesamtbild der Verhältnisse abzustellen. Die Finanzgerichte behelfen sich mit pauschalen Festlegungen wie z. B. der Drei-Objekt-Grenze für die Annahme des gewerblichen Grundstückshandels. Bei gewerblich geprägten Personengesellschaften ist zusätzlich § 15 Abs. 3 EStG zu beachten.

Zu den normalen Einkünften aus Gewerbebetrieb gehören auch die Gewinne aus der Veräußerung oder der Aufgabe eines Gewerbebetriebs, eines Teilbetriebs oder eines „Mitunternehmeranteils" (§ 16 EStG). Wenn der veräußernde Steuerpflichtige älter als 55 Jahre oder dauernd berufsunfähig ist, wird ihm einmal im Leben[8] bis zu einem Veräußerungsgewinn von 10 Mio. DM die Anwendung des halben durchschnittlichen Steuersatzes gewährt (§ 34 Abs. 3 EStG[9]).

26

bb) Besonderheiten

Im Regelfall unterliegt der gewerbliche Betrieb, aus dem die Einkünfte aus Gewerbebetrieb resultieren, der Gewerbesteuerpflicht. In diesem Fall wird der gewerbliche Anteil der Einkünfte um das 1,8-fache des Gewerbesteuermessbetrages desselben Jahres (Gesetzesformulierung: „für den dem Veranlagungszeitraum entsprechenden Erhebungszeitraum") vermindert (§ 35 EStG),[10] siehe hierzu auch den Gliederungspunkt: Pauschale Anrechnung der Gewerbesteuer (Rn 133 ff.). Ein Anrechnungsbeispiel befindet sich dort. Gewinne aus der Veräußerung von Anteilen an einer Kapitalgesellschaft werden bei Vorliegen einer Beteiligung von mindestens einem Prozent zu Gewinnen aus Gewerbebetrieb erklärt (§ 17 EStG).

27

cc) Die Gruppierung in § 15 Abs. 1 EStG

Die gewerbliche Betätigung ist in den meisten Fällen durch Kapitaleinsatz und durch den Einsatz der eigenen Arbeitskraft des Gewerbetreibenden gekennzeichnet. § 15 Abs. 1 S. 1 EStG unterteilt die Einkünfte aus Gewerbebetrieb in:

28

- **Einkünfte aus einzelgewerblichen Unternehmen (Nr. 1)**

Bei den in § 15 Abs. 1 S. 1 Nr. 1 EStG angesprochenen Einkünften aus (einzel-)gewerblichen Unternehmungen handelt es sich um die Einkünfte der Handwerker, Händler, Unternehmer, Handelsmakler usw.

- **Einkünfte aus „Mitunternehmergemeinschaften" (Nr. 2)**

Einkünfte als Gesellschafter einer OHG (§§ 105 ff. HGB), einer KG (§§ 161 ff. HGB) oder anderer sogenannter „Mitunternehmergemeinschaften", und zwar ohne Rücksicht darauf, ob sich der Gesellschafter persönlich betätigt oder auf eine Kapitaleinlage beschränkt (häufig bei Kommanditisten). Zu den anderen Gesellschaften gehören z. B. die Gesellschaft bürgerlichen Rechts und die stille Gesellschaft. Siehe hierzu die Besteuerung von Personengesellschaften (Rn 353 ff.).

- **Einkünfte der persönlich haftenden Gesellschafter einer KGaA (Nr. 3)**

Die Gewinnanteile und die Vergütungen, die die Komplementäre einer KGaA (§§ 278 ff. AktG) für die Tätigkeit im Dienste der Gesellschaft, für die Hingabe von Darlehen oder für die Überlassung von Wirtschaftsgütern bezogen haben, sind einkommensteuerlich Einkünfte aus Gewerbebetrieb.

---

8 Eine Inanspruchnahme einer Steuerermäßigung nach § 34 EStG in einem vor 2001 liegenden Veranlagungszeitraum ist unbeachtlich (§ 52 Abs. 47 S. 6 EStG).
9 Erstmalige Anwendung im Veranlagungszeitraum 2001.
10 Erstmalige Anwendung in dem Veranlagungszeitraum, in dem Einkünfte aus Gewerbebetrieb erzielt werden, die aus Wirtschaftsjahren stammen, die nach dem 31.12.2000 enden.

b) Selbständige Tätigkeit

aa) Einkünfte aus selbständiger Arbeit allgemein

29 § 18 EStG enthält keine definitorische Beschreibung dieser Einkunftsart. Aus der Rechtsprechung und der Praxis ergeben sich jedoch die folgenden allgemeinen Merkmale für eine Tätigkeit, deren Ergebnisse als Einkünfte aus selbständiger Arbeit zu qualifizieren sind:
- Die Tätigkeit muss selbständig ausgeübt werden.
- Die Tätigkeit muss für eine gewisse Dauer ausgeübt werden, sie darf zwar „vorübergehend", nicht aber nur „gelegentlich" erfolgen.
- Der Selbständige muss seine eigene Arbeitskraft einsetzen. Der Freiberufler darf sich dabei der Mithilfe „fachlich vorgebildeter Arbeitskräfte" bedienen (§ 18 Abs. 1 Nr. 1 S. 3 EStG). Er muss jedoch „auf Grund eigener Fachkenntnisse leitend und eigenverantwortlich tätig" sein (§ 18 Abs. 1 Nr. 1 S. 4 EStG). Die leitende und eigenverantwortliche Tätigkeit muss sich auch auf den gesamten Bereich der Berufspraxis erstrecken. Das ganze Berufsbild muss einen freiberuflichen und darf nicht einen gewerblichen Charakter haben.
- Ebenfalls Einkünfte aus selbständiger Arbeit sind Einkünfte aus einer Tätigkeit als Aufsichtsratsmitglied, Vergütungen für die Vollstreckung von Testamenten und für Vermögensverwaltung.

bb) Abgrenzung zu den Einkünften aus Gewerbebetrieb

30 Hinsichtlich der Abgrenzung der Einkünfte aus selbständiger Arbeit wird unterschieden zwischen
- selbständig ausgeübten wissenschaftlichen, künstlerischen, schriftstellerischen oder unterrichtenden Tätigkeiten und
- Einkünften aus den sogenannten Katalog- und ihnen ähnlichen Berufen wie:
  - Heilberufe (Ärzte, Heilpraktiker, Zahnärzte),
  - rechts- und wirtschaftsberatende Berufe (Rechtsanwalt, Steuerberater, Wirtschaftsprüfer, beratende Volks- und Betriebswirte),
  - naturwissenschaftlich-technische Berufe (Architekt, Ingenieur).

31 Wegen der Vielzahl möglicher Tätigkeitsarten und Tätigkeitsmerkmale ergeben sich in der Besteuerungspraxis für die Abgrenzung zwischen Einkünften aus selbständiger Arbeit, insbesondere aus freiberuflicher Tätigkeit, und Einkünften aus Gewerbebetrieb oftmals Schwierigkeiten.

32 Die Gewinne aus der Veräußerung eines einer selbständigen Arbeit dienenden Vermögens oder aus der Aufgabe der selbständigen Arbeit gehören nach § 18 Abs. 3 EStG ebenfalls zu den Einkünften aus dieser Einkunftsart.

cc) Besonderheiten

33 Auch in Personenmehrheiten (GbR, OHG, KG, Sozietäten) können die einzelnen Gesellschafter Einkünfte aus selbständiger Arbeit erzielen. In diesem Fall müssen aber **alle** Mitgesellschafter den Voraussetzungen des § 18 Abs. 1 EStG genügen. Beteiligt sich mindestens eine Person an der Gesellschaft, die diese Voraussetzungen nicht erfüllt, führt das bei allen Gesellschaftern zu Einkünften aus gewerblicher Tätigkeit. Für Einkünfte aus selbständiger Arbeit erfolgt die Gewinnermittlung nach § 4 Abs. 3 EStG (optional auch nach § 4 Abs. 1 EStG).

c) Nichtselbständige Tätigkeit

aa) Einkünfte aus nichtselbständiger Tätigkeit allgemein

34 § 19 EStG zählt beispielhaft einige Einkünfte aus nichtselbständiger Tätigkeit auf. Die dort verwendeten Begriffe werden in den §§ 1 und 2 LStDV näher erläutert. Danach liegt eine nichtselbständige Tätigkeit vor, wenn ein Beschäftigter in erster Linie seine Arbeitskraft, nicht jedoch den Erfolg seiner Tätigkeit schuldet. Merkmale sind Eingliederung, Weisungsgebundenheit sowie fehlendes Unternehmerrisiko. Die steuerliche Abgrenzung nichtselbständiger Tätigkeit ist eigenständig, arbeits- und sozialversicherungsrechtliche Abgrenzungen haben allenfalls Indizienwirkung. Es ist möglich, dass steuerrechtlich ein Arbeitsverhältnis vorliegt, arbeitsrechtlich aber nicht oder umgekehrt.

bb) Abgrenzung zu anderen Einkunftsarten

Zweifelsfragen ergeben sich bei der Abgrenzung der Einkünfte aus nichtselbständiger Arbeit zu den Einkünften aus Gewerbebetrieb und zu den Einkünften aus selbständiger Arbeit. Entscheidend ist dabei allein der wirtschaftliche Kern (das Innenverhältnis zwischen Arbeitnehmer und Dienstherr) und nicht die Berufsbezeichnung, das zeigt sich bei der Abgrenzung zur selbständigen Arbeit am Beispiel des „unselbständigen Freiberuflers". Ein Assistenzarzt in einem Krankenhaus, ein Wirtschaftsprüfer als Prokurist eines anderen Wirtschaftsprüfers oder ein Steuerberater als Geschäftsführer einer Steuerberatungsgesellschaft sind trotz ihrer durch Standesrecht bindend vorgeschriebenen Eigenverantwortlichkeit wegen der Eingliederung in ein Unternehmen nicht selbständig tätig, sie erzielen damit Einkünfte aus nichtselbständiger Tätigkeit. 35

Ein typisches Beispiel der Abgrenzung zu Einkünften aus Gewerbebetrieb bildet der Beruf der Reisevertreter, als „selbständige Handelsvertreter" (§ 84 Abs. 1 HGB) haben sie Einkünfte aus Gewerbebetrieb, als „Reisende" Einkünfte aus nichtselbständiger Arbeit (vgl. hierzu im einzelnen Abschn. R 134 Abs. 2 und 3 EStR). 36

cc) Besonderheiten

Die Erhebung der Einkommensteuer für die Einkünfte aus nichtselbständiger Tätigkeit erfolgt im Regelfall in einem besonderen Verfahren, dem Lohnsteuerabzugsverfahren. Bei diesem muss der Arbeitgeber die Lohnsteuer zum Zeitpunkt der Auszahlung der Bezüge einbehalten und im Namen des Arbeitnehmers an das Finanzamt abführen. Die Einzelheiten erhebungstechnischer und materieller Natur sind in einer besonderen Durchführungsverordnung (LStDV) und speziellen Richtlinien (LStR) geregelt. 37

- Auch nicht in Geldform zufließende Einnahmen, sogenannte Sachbezüge, sind mit den „um übliche Preisnachlässe geminderten üblichen Endpreisen am Abgabeort" zu bewerten.
- Alle Sachbezüge, für die Durchschnittswerte festgelegt wurden, z. B. in der Sachbezugsverordnung, sind mit ihren Durchschnittswerten anzusetzen.
- Die private Nutzung betrieblicher Kraftfahrzeuge (Dienstwagen) wird mit prozentualen Werten vom Bruttolistenpreis (§ 8 Abs. 2 EStG i.V.m. § 6 Abs. 1 Nr. 4 S. 1 EStG) berücksichtigt – ausgenommen, es werden alle Ausgaben nachgewiesen und ein Fahrtenbuch geführt.
- Nicht überwiegend vom Arbeitgeber für den Bedarf seiner Arbeitnehmer hergestellte Sachbezüge sind mit 4 % unter den „Einstandspreisen am Abgabeort" zu schätzen. Bis zu 2.400 DM im Kalenderjahr, die der Arbeitnehmer aus diesen Sachbezügen erhält, bleiben steuerfrei (§ 8 Abs. 3 EStG).
- Steuerbefreit sind Teile der gesetzlichen oder tarifvertraglichen Zuschläge für Sonntags-, Feiertags- und Nachtarbeit (§ 3 b EStG).
- Von Versorgungsbezügen, die zu den Einkünften aus nichtselbständiger Arbeit gehören, bleiben 40 %, maximal jedoch 6.000 DM jährlich steuerfrei (§ 19 Abs. 2 EStG).
- In § 3 EStG sind Einkünfte aus nichtselbständiger Arbeit aufgelistet, die steuerfrei sind, dazu gehören z. B.:
- Abfindungen wegen Kündigung des Dienstverhältnisses, höchstens 16.000 DM (Arbeitnehmer älter als 55 Jahre und Arbeitsverhältnis mindestens 20 Jahre bis zu 24.000 DM) (§ 3 Nr. 9 EStG),
- Kindergeld (§ 3 Nr. 24 EStG),
- Trinkgelder, soweit sie 2.400 DM nicht übersteigen (§ 3 Nr. 51 EStG).

d) Kapitalvermögen

aa) Einkünfte aus Kapitalvermögen allgemein

38 Einkünfte aus Kapitalvermögen erzielt, wer Kapitalvermögen gegen Entgelt zur Nutzung überlässt. § 20 Abs. 1 EStG gibt eine Aufzählung der Einkünfte aus Kapitalvermögen, eine Definition der Einkunftsart ist in § 20 EStG nicht enthalten. § 20 erfasst nur die Nutzungsentgelte (Zinsen, Dividenden), Wertsteigerungen (-verluste) werden im Rahmen privater Vermögensverwaltung nicht berücksichtigt, zu beachten sind aber die Grenzen des § 17 EStG (Anteil an Kapitalgesellschaften) und des § 23 EStG (Behaltefristen).

39 Die wichtigsten Einkünfte aus Kapitalvermögen sind:
- Erträge aus der Beteiligung an juristischen Personen.
  Dies betrifft sowohl die ordentlich an die Anteilseigner ausgeschütteten Gewinnanteile als auch die sogenannten „verdeckten Gewinnausschüttungen". Diese Einnahmen werden nur mit dem halben zugeflossenen bzw. gutgeschriebenen Betrag erfasst, die andere Hälfte der Einnahmen ist steuerfrei (§ 3 Nr. 40 Buchst. d EStG). In diesem Zusammenhang darf auch nur die Hälfte der mit diesen Einkünften in wirtschaftlichem Zusammenhang stehenden Ausgaben (Betriebsausgaben oder Werbungskosten) zum Abzug gebracht werden (§ 3 c Abs. 2 EStG). Die hälftige Freistellung der Einkünfte gilt auch dann, wenn die Einnahmen nach § 20 Abs. 3 EStG anderen Einkunftsarten zuzurechnen sind.
- Erträge aus stillen Beteiligungen und partiarischen Darlehen.
  Erfasst werden nur die Einkünfte des in typischer Weise durch seine Einlage oder Darlehenshingabe am Erfolg des Handelsgewerbes, nicht aber an dessen Vermögensveränderungen partizipierenden Kapitalgebers. Liegt statt dessen eine Beteiligung an den Vermögensveränderungen des Betriebes vor, werden die Einkünfte als Einkünfte aus Gewerbebetrieb qualifiziert, es handelt sich um die sogenannte atypische stille Beteiligung.
- Zinsen aus sonstigen Kapitalanlagen jeder Art ohne Beteiligungscharakter.

bb) Besonderheiten

40 Da Wertsteigerungen und Veräußerungsgewinne im Vermögensstamm nicht der Besteuerung unterliegen, statuiert § 20 Abs. 2 EStG zur Vermeidung von Umgehungen besondere Besteuerungstatbestände. § 20 Abs. 2 S. 1 Nr. 2 und Nr. 3 EStG erfassen infolgedessen die Einnahmen aus der Veräußerung von Dividenden und Zinsscheinen nur, wenn die dazugehörigen Stammrechte (Vermögenstitel) nicht mitveräußert oder (bei der Veräußerung von Schuldverschreibungen) die sogenannten „Stückzinsen" gesondert in Rechnung gestellt werden, angesprochen ist hier also das Erzielen von Erträgen auf dem Umweg über die Veräußerung von Ertragsanrechten. Die gleiche Funktion hat § 20 Abs. 2 Nr. 4 EStG hinsichtlich sogenannter Zero-Bonds.

41 Auf **Einkünfte aus Kapitalvermögen** wird ein nur auf diese Einkunftsart anzuwendender **Freibetrag** (§ 20 Abs. 4 EStG) in Höhe von 3.000 DM (6.000 DM bei Zusammenveranlagung von Ehegatten) angewandt. Vor Abzug des Freibetrages sind die Werbungskosten im Zusammenhang mit den Einkünften aus Kapitalvermögen zu berücksichtigen (auch pauschaliert, § 9 a EStG). Die Kreditinstitute sind verpflichtet, die Höhe der aufgrund von Freistellungsaufträgen steuerfrei zufließenden Einkünfte aus Kapitalvermögen den Finanzämtern zu melden (§ 45 d EStG).

e) Vermietung und Verpachtung

aa) Einkünfte aus Vermietung und Verpachtung allgemein

42 § 21 EStG zählt die vier steuerlich relevanten Formen entgeltlicher Nutzungsüberlassung nicht in Geld bestehender Vermögenswerte auf. Einkünfte aus Vermietung und Verpachtung sind demnach Einkünfte:

- aus der Vermietung oder Verpachtung von unbeweglichem Vermögen, insbesondere von Grundstücken, Gebäuden, Gebäudeteilen, grundstücksgleichen Rechten (z. B. Erbbaurecht),
- aus der Vermietung oder Verpachtung von Sachinbegriffen (unter Sachinbegriffen wird die Zusammenfassung von beweglichen Wirtschaftsgütern, die eine Wirtschaftseinheit bilden, verstanden),
- aus der zeitlich begrenzten Überlassung von Rechten (insbesondere schriftstellerischen, künstlerischen und gewerblichen Urheberrechten), gewerblichen Erfahrungen (Lizenzgebühren),
- aus der Veräußerung von Miet- und Pachtzinsforderungen oder in Veräußerungspreisen enthaltenen Mietzinsforderungen.

Erfasst werden innerhalb der Einkunftsart nur die Nutzungsentgelte. Wertveränderungen am Privatvermögen sind steuerlich unbeachtlich (Überschußeinkunftsart). Ausgenommen davon sind sogenannte Einkünfte aus privaten Veräußerungsgeschäften (§ 23 EStG, siehe hierzu: Einkünfte aus privaten Veräußerungsgeschäften unter Rn 48). 43

Werden Einkünfte aus Vermietung und Verpachtung im Rahmen von land- und forstwirtschaftlichen, gewerblichen oder selbständigen Einkünften erzielt, so sind diese Einkünfte diesen Haupteinkunftsarten zuzurechnen. Zu beachten ist der Sonderfall des § 15 Abs. 3 EStG der gewerblich „geprägten" oder gewerblich „infizierten" Personengesellschaften. 44

Einkünfte aus Vermietung und Verpachtung liegen selbst dann vor, wenn der Grundbesitz umfangreich ist oder die vermieteten Räume beim Mieter gewerblichen Zwecken dienen. Erzielt eine Personenmehrheit Einkünfte aus Vermietung und Verpachtung, wird der Überschuss der Einnahmen über die Werbungskosten gesondert nach § 180 AO festgestellt; es besteht keine Mitunternehmergemeinschaft wie bei gewerblichen Einkünften. 45

bb) Die Abgrenzung zwischen Einkünften aus Vermietung und Verpachtung und Einkünften aus Gewerbebetrieb

Personengesellschaften, die sich auf die Tätigkeiten der Vermietung und Verpachtung beschränken, erzielen ebenfalls Einkünfte aus Vermietung und Verpachtung. Zu beachten sind allerdings die Regelungen über Verluste bei beschränkter Haftung, siehe hierzu § 15 a EStG. 46

f) Sonstige Einkünfte

Es sind nicht alle sonst denkbaren Einkünfte erfasst, sondern nur bestimmte, in § 22 EStG aufgeführte „sonstige Einkünfte" (vgl. dazu auch § 2 Abs. 1 S. 1 Nr. 7 EStG). Dabei handelt es sich um: 47
- wiederkehrende Bezüge,
- Unterhaltsleistungen beim Wahl-Realsplitting,
- Einkünfte aus privaten Veräußerungsgeschäften,
- Einkünfte aus sonstigen Leistungen und
- Abgeordnetenbezüge.

Die Definition der **Einkünfte aus privaten Veräußerungsgeschäften** enthält § 23 Abs. 1 EStG. Die Vorschrift erfasst alle privaten Veräußerungsgeschäfte, bei denen entweder der Erwerb der Veräußerung folgt oder der Zeitraum zwischen Anschaffung und Veräußerung eine bestimmte Länge nicht übersteigt. Die Frist beträgt bei Grundstücken/grundstücksgleichen Rechten zehn Jahre, ausgenommen mehr als zwei Jahre selbstgenutztes Wohneigentum, bei anderen Wirtschaftsgütern – z. B. Wertpapieren – ein Jahr. Auf die vorhandene oder fehlende Spekulationsabsicht kommt es bei diesen Geschäften nicht an. 48

Wer außerhalb der Frist mit Spekulationsabsicht gewinnbringend veräußert, erzielt keine „sonstigen Einkünfte", wer innerhalb der Spekulationsfrist ohne Spekulationsabsicht einen Veräußerungsgewinn erzielt, hat ihn dieser Einkunftsart trotzdem zu unterwerfen. Betroffen sind nur Transaktionen 49 im Bereich des Privatvermögens; im Bereich des Betriebsvermögens gelten die allgemeinen Regeln zur Relevanz von Veräußerungserfolgen.

50 Ein Saldo aus Spekulationsgewinnen und -verlusten von weniger als 1.000 DM im Kalenderjahr wird nicht besteuert (§ 23 Abs. 3 S. 5 EStG), in diesem Fall handelt es sich um eine **Freigrenze**. Ab 1.000 DM ist der Gesamtbetrag zu versteuern.

51 Verluste aus privaten Veräußerungsgeschäften sind nur mit Gewinnen aus anderen privaten Veräußerungsgeschäften ausgleichsfähig (§ 23 Abs. 3 S. 6 und 7; im selben Jahr oder analog den Regeln des § 10 d EStG).

g) Außerordentliche Einkünfte

52 Werden einmalige Einkünfte erzielt, deren wirtschaftliche Verursachung über mehrere Besteuerungsperioden (Jahre) reicht, wären mit einem progressiven Steuertarif ungerechtfertigte Härten verbunden. In diesem Fall können die betroffenen Einkünfte deshalb nach § 34 EStG auf Antrag begünstigt werden.

53 Zunächst gelten als außerordentliche Einkünfte:

- Gewinne aus der Veräußerung und Aufgabe von Betriebsvermögen (z. B. §§ 16, 18 Abs. 3 EStG, mit Ausnahme der hälftigen Veräußerungsgewinne aus der Veräußerung von Anteilen an Kapitalgesellschaften, die nach § 3 Nr. 40 Buchst. b EStG steuerfrei sind). Diese Gewinne liegen grundsätzlich nur vor, wenn die stillen Reserven in einem einheitlichen wirtschaftlichen Vorgang aufgedeckt werden.

54 In diesem Fall wird, wenn der veräußernde Steuerpflichtige älter als 55 Jahre oder dauernd berufsunfähig ist, ihm einmal im Leben[11] bis zu einem Veräußerungsgewinn von 10 Mio. DM (ab Veranlagungszeitraum 2002 5 Mio. Euro) die Anwendung des halben durchschnittlichen Steuersatzes gewährt (§ 34 Abs. 3 EStG).[12] Der halbe durchschnittliche Steuersatz ist die Hälfte des durchschnittlichen Steuersatzes für das gesamte zu versteuernde Einkommen, wenn dieser oberhalb des Eingangssteuersatzes liegt. Diese Tarifermäßigung erfolgt auf Antrag des Steuerpflichtigen. Der Mindeststeuersatz bestimmt sich nach der Höhe des Eingangssteuersatzes.

55 Stellt der Steuerpflichtige keinen Antrag oder liegen die Voraussetzungen des § 34 Abs. 3 EStG nicht vor, gilt die „Fünftelungsregelung" nach § 34 Abs. 1 EStG, eine Doppelförderung ist ausgeschlossen. Weiterhin wird unter denselben Voraussetzungen bei der Veräußerung eines gewerblichen Unternehmens[13] ein Freibetrag gewährt (§ 16 Abs. 4 EStG), siehe im Einzelnen hierzu den Gliederungspunkt: Die einkommensteuerliche Relevanz von Veräußerungsvorgängen (Rn 81 ff.).

56 Zusätzlich gelten als außerordentliche Einkünfte:

- Entschädigungen im Sinne des § 24 Nr. 1 EStG (Ausgleichszahlungen an Handelsvertreter),
- für einen Zeitraum von mehr als drei Jahren nachgezahlte Nutzungsvergütungen und Zinsen im Sinne des § 24 Nr. 3 EStG sowie
- Vergütungen für mehrjährige Tätigkeiten.

57 Die für diese außerordentlichen Einkünfte anzusetzende Einkommensteuer beträgt das Fünffache des Unterschiedsbetrags zwischen der Einkommensteuer für das um diese Einkünfte verminderte zu versteuernde Einkommen (verbleibendes zu versteuerndes Einkommen) und der Einkommensteuer für das verbleibende zu versteuernde Einkommen zuzüglich eines Fünftels dieser Einkünfte (§ 34

---

11 Eine Inanspruchnahme einer Steuerermäßigung nach § 34 EStG in einem vor 2001 liegenden Veranlagungszeitraum ist unbeachtlich (§ 52 Abs. 47 S. 6 EStG).
12 Erstmalige Anwendung im Veranlagungszeitraum 2001.
13 Oder eines Teilbetriebes, Mitunternehmeranteiles oder einer Betriebsaufgabe.

Abs. 1 S. 2 EStG). **Außerordentliche Einkünfte** sind **keine gesonderte Einkunftsart**, sondern eine Tarifermäßigung.

4. Ermittlung der Bemessungsgrundlagen

a) Grundsätze der Gewinnermittlung

Der Gewinnbegriff des Einkommensteuergesetzes wird in den §§ 4 bis 7 g EStG erklärt (vgl. den Verweis im § 2 Abs. 2 Nr. 1 EStG). Die Kernvorschrift enthält § 4 Abs. 1 S. 1 EStG: „Gewinn ist der Unterschiedsbetrag zwischen dem Betriebsvermögen am Schluss des Wirtschaftsjahrs und dem Betriebsvermögen am Schluss des vorangegangenen Wirtschaftsjahrs, vermehrt um den Wert der Entnahmen und vermindert um den Wert der Einlagen". 58

Bei Freiberuflern sind die Gewinne bezogen auf das Kalenderjahr zu ermitteln. Für Land- und Forstwirte sowie Gewerbetreibende gilt das Wirtschaftsjahr als Gewinnermittlungszeitraum (§ 4 a Abs. 1 EStG). Gemäß § 4 a Abs. 1 Nr. 2 EStG ist das Wirtschaftsjahr bei Gewerbetreibenden, „deren Firma im Handelsregister eingetragen ist, der Zeitraum, für den sie regelmäßig Abschlüsse machen" (z. B. 1.6. bis 31.5.). Ein Wirtschaftsjahr beinhaltet in der Regel zwölf Monate. Eine Abweichung davon ist im Falle einer Eröffnung, eines Erwerbes, einer Aufgabe oder einer Veräußerung eines Betriebes sowie beim Wechsel des Wirtschaftsjahres (z. B. vom 1.6. bis 31.5. auf z. B. 1.9. bis 31.8.) möglich. Im Jahr des Überganges bildet sich ein „verkürztes" Wirtschaftsjahr (sogenanntes Rumpfwirtschaftsjahr, im Beispiel: 1.6. bis 31.8.). 59

Bei Abweichung von Wirtschafts- und Kalenderjahr kann der Gewinn alternativ auf zwei Kalenderjahre bzw. Veranlagungszeiträume aufgeteilt oder einem Jahr zugerechnet werden (§ 4 a Abs. 2 EStG). Bei Personen mit Einkünften aus Gewerbebetrieb, deren Wirtschaftsjahr vom Kalenderjahr abweicht, gilt der Gewinn „als in dem Kalenderjahr bezogen, in dem das Wirtschaftsjahr endet" (§ 4 a Abs. 2 Nr. 2 EStG). 60

Beispiel
Bei einem Gewerbetreibenden umfasst das Wirtschaftsjahr den Zeitraum vom 1. Juni bis zum 31. Mai. Seine Firma ist im Handelsregister eingetragen. Der Gewinn aus dem Wirtschaftsjahr 2000/2001 (1. Juni 2000 bis 31. Mai 2001) ist vollständig dem Veranlagungszeitraum 2001 zuzurechnen. Der Gewinn des Zeitraumes 1. Juni 1999 bis 31. Mai 2000 wurde dem Veranlagungszeitraum 2000 vollständig zugerechnet.

b) Die Gewinnermittlungsmethoden

Es lassen sich unterscheiden: 61
- der Vermögensvergleich nach § 5 EStG (derivative Steuerbilanz),
- der Vermögensvergleich nach § 4 Abs. 1 EStG (originäre Steuerbilanz),
- die Ermittlung des Überschusses der Betriebseinnahmen über die Betriebsausgaben (§ 4 Abs. 3 EStG),
- die Gewinnermittlung durch Richtsatzschätzung.

aa) Vermögensvergleich nach § 5 EStG (derivative Steuerbilanz)

§ 5 EStG gilt für alle Gewerbetreibenden, „die auf Grund gesetzlicher Vorschriften verpflichtet sind, Bücher zu führen und regelmäßig Abschlüsse zu machen" oder dies freiwillig tun (§ 5 Abs. 1 EStG). 62

Im Rahmen des Vermögensvergleiches nach § 5 EStG werden die Reinvermögen aus den Steuerbilanzen gegenübergestellt. In Abgrenzung zum Vermögensvergleich nach § 4 Abs. 1 EStG sind in diesem Fall die Steuerbilanzen aus Handelsbilanzen abzuleiten. Das heißt, dass aufgrund der Maßgeblichkeit der Handelsbilanz für die Steuerbilanz vordergründig die Vorschriften des Handelsrechtes zu 63 berücksichtigen sind und nur in bestimmten Fällen die Regelungen des Steuerrechtes zur Anwendung kommen (vgl. § 5 Abs. 3 und 4 EStG). Aus diesem Grund wird diese Gewinnermittlungsmethode derivative (abgeleitete) Steuerbilanz genannt. Bezüglich der handelsrechtlichen Rechnungslegung verweisen wir auf Kapitel G (Rechnungslegung).

64 Im Rahmen des § 5 EStG wird das Vermögen zu Beginn des Jahres dem Vermögen am Ende des Jahres unter Einbezug von Entnahmen und Einlagen gegenübergestellt. Eine Entnahme liegt vor, wenn ein Wirtschaftsgut aus dem Betriebsvermögen in das Privatvermögen überführt wird. Bei der Übertragung von Wirtschaftsgütern aus dem Privat- in das Betriebsvermögen handelt es sich dahingegen um eine Einlage.

bb) Vermögensvergleich nach § 4 Abs. 1 EStG (originäre Steuerbilanz)

65 Die Gewinnermittlungsmethode des § 4 Abs. 1 EStG kommt bei Gewerbetreibenden sowie Freiberuflern zur Anwendung, sofern sie nicht die Methode nach § 4 Abs. 3 EStG bevorzugen. Im Unterschied zum Vermögensvergleich nach § 5 EStG stammen die Reinvermögen in diesem Fall aus Bilanzen, die in erster Linie (beachte jedoch § 141 Abs. 1 S. 2 AO) nach den Vorschriften des Steuerrechtes erstellt wurden (originäre Steuerbilanzen).

cc) Überschuss der Betriebseinnahmen über die Betriebsausgaben nach § 4 Abs. 3 EStG

66 Gewerbetreibende sind nur dann zur Buchführung und Abschlusserstellung verpflichtet, wenn ihnen das nichtsteuerliche Vorschriften (Handelsrecht) vorschreiben oder sie die Grenzen des § 141 AO überschreiten (mehr als 500.000 DM Umsatz oder mehr als 48.000 DM Gewinn). Freiberufler können grundsätzlich ohne umsatz- oder gewinnmäßige Einschränkung ihren Gewinn nach § 4 Abs. 3 EStG ermitteln, aber auch freiwillig nach § 4 Abs. 1 EStG bilanzieren bzw. einen Vermögensvergleich durchführen.

67 Bei dieser Gewinnermittlungsmethode erfolgt ein Vergleich von Betriebseinnahmen und Betriebsausgaben des entsprechenden Gewinnermittlungszeitraumes. Sind die Betriebseinnahmen höher als die Betriebsausgaben, so ist die Differenz als Gewinn anzusetzen. Im umgekehrten Fall handelt es sich um einen Verlust. Im Grunde handelt es sich um eine abgewandelte Geldeinnahme-Geldausgabe-Rechnung, korrigiert um Abschreibungen.

68 Privateinlagen oder Privatentnahmen brauchen aufgrund der Berechnungsmethodik im Regelfall nicht berücksichtigt zu werden, eine Ausnahme bilden Sacheinlagen bzw. Sachentnahmen.

69 *Beispiel zur Gegenüberstellung der Gewinnermittlung nach § 4 Abs. 3 EStG und § 4 Abs. 1 EStG*

Ein Architekt hat im Wirtschaftsjahr = Kalenderjahr die folgenden Geschäftsvorfälle:

Betriebseinnahmen (netto):	Einnahmen freiberufliche Tätigkeit (Honorareinnahmen) (netto)	300.000 DM
Betriebsausgaben (netto):	Löhne, Sozialversicherung, Heizung, Architektenkammerbeitrag usw.	70.000 DM
	Papier, Verbrauchsmaterialien, Zeitschriften usw. (netto)	11.000 DM

Folgende zusätzliche Geschäftsvorfälle sind noch nicht in den Betriebseinnahmen und Betriebsausgaben berücksichtigt:

Kauf neuer Plotter:		
Anschaffungskosten neuer Plotter		30.000 DM
AfA linear; Nutzungsdauer 5 Jahre	AfA	6.000 DM

Verkauf alter Plotter	Buchwert	2.000 DM
	Verkaufspreis	5.000 DM
Aufnahme Darlehn zur Anschaffung des Plotters		20.000 DM
Tilgung Darlehn zur Anschaffung des Plotters		10.000 DM
gezahlte Darlehnszinsen		1.600 DM
Privatentnahmen/Einlagen:		
Bareinlage		20.000 DM
Privatentnahme Verbrauchsmaterialien		1.000 DM
Privatentnahme Geld		227.500 DM

Umsatzsteuer: Der Architekt versteuert nach vereinnahmten Entgelten gem. § 20 Abs. 1 Nr. 3 UStG. In den Geschäftsvorfällen waren die folgenden Umsatzsteuern enthalten:

Umsatzsteuer	48.960 DM[14]
– Vorsteuer	7.000 DM[15]
Umsatzsteuerzahllast	41.960 DM

Die Umsatzsteuerzahllast wurde bereits im Wirtschaftsjahr beglichen.

Gewinnermittlung nach § 4 Abs. 3 EStG

Betriebseinnahmen:

Honorareinnahmen	300.000 DM
Umsatzsteuer	48.960 DM
sonstige Einnahmen (Verkauf alter Plotter)	5.000 DM
= Summe der Betriebseinnahmen	353.960 DM

Betriebsausgaben:

Löhne, Sozialversicherung, Heizung, Architektenkammerbeitrag usw.	70.000 DM
Papier, Verbrauchsmaterialien, Zeitschriften usw.	11.000 DM
außerpl. Abschreibung (alter Plotter)	2.000 DM
AfA neuer Plotter	6.000 DM
Darlehnszinsen	1.600 DM
Vorsteuer	7.000 DM
Umsatzsteuer-Zahlung	41.960 DM
= Summe der Betriebsausgaben	139.560 DM

Betriebseinnahmen	353.960 DM
– Betriebsausgaben	139.560 DM
	214.400 DM
+ Entnahme von Verbrauchsmaterialien	1.000 DM
Gewinn nach § 4 Abs. 3 EStG	215.400 DM

Gewinnermittlung nach § 4 Abs. 1 EStG (aus Bilanzierung)

Notwendig für eine Gewinnermittlung nach § 4 Abs. 1 EStG ist eine körperliche Bestandsaufnahme aller Wirtschaftsgüter (Inventur).

---

14 16 % auf die Summe der umsatzsteuerpflichtigen Einnahmen (Honorareinnahmen, Verkauf alter Plotter, Privatentnahme Verbrauchsmaterialien) = 306.000 DM × 0,16 = 48.960 DM.

15 Die Vorsteuer errechnet sich aus der Vorsteuer aus den Betriebsausgaben (nur ein Teil der Betriebsausgaben) und der Vorsteuer aus dem Kauf des neuen Plotters.

Honorarforderungen	am 1.1.	14.000 DM
	am 31.12.	11.000 DM
Bestand an Papier, Verbrauchsmaterialien	am 1.1.	1.200 DM
	am 31.12.	800 DM
rückständige Betriebsausgaben (Löhne, Sozialversicher.)	am 1.1.	3.000 DM
	am 31.12.	3.600 DM
Guthaben	am 1.1.	8.000 DM
	am 31.12.	2.900 DM
Darlehn	am 1.1.	0 DM
	am 31.12.	10.000 DM

Das Betriebsvermögen ergibt sich aus den folgenden Bilanzen:

Aktiva		Bilanz am 1.1.	Passiva
Plotter alt	2.000 DM	Sonst. Verbindlichkeiten	3.000 DM
Papier, Verbrauchsmat.	1.200 DM	Darlehn	0 DM
Honorarforderungen	14.000 DM	Betriebsvermögen	22.200 DM
Geldmittel	8.000 DM	(Kapital)	
	25.200 DM		25.200 DM

Aktiva		Bilanz am 31.12.	Passiva
Plotter neu	24.000 DM	Sonst. Verbindlichkeiten	3.600 DM
Papier, Verbrauchsmat.	800 DM	Darlehn	10.000 DM
Honorarforderungen	11.000 DM	Betriebsvermögen	25.100 DM
Geldmittel	2.900 DM	(Kapital)	
	38.700 DM		38.700 DM

Dazu gehört die folgende Gewinn- und Verlustrechnung (Gesamtkostenverfahren):

Erträge aus Honorareinnahmen	297.000 DM
sonstige Erträge Plotter	3.000 DM
Summe Erträge	300.000 DM
Aufwendungen für Papier, Verbrauchsmaterialien usw.	- 10.400 DM
Aufwendungen für Löhne, Sozialversicherung usw.	- 70.600 DM
AfA	- 6.000 DM
Darlehnszinsen	- 1.600 DM
Summe Aufwendungen	- 88.600 DM
Gewinn (Summe Erträge – Summe Aufwendungen)	211.400 DM

Die einzelnen Erfolgsposten errechnen sich wie folgt:

Erträge:	
Einnahmen freiberufliche Tätigkeit (Honorareinnahmen)	300.000 DM
– Honorarforderungen am 1.1.	- 14.000 DM
+ Honorarforderungen am 31.12.	11.000 DM
= Erträge aus Honorareinnahmen	297.000 DM

Aufwendungen für Papier, Verbrauchsmaterialien usw.:

Ausgaben für Papier, Verbrauchsmaterialien	11.000 DM
+ Bestand Papier, Verbrauchsmaterialien am 1.1.	1.200 DM
− Bestand Papier, Verbrauchsmaterialien am 31.12.	− 800 DM
− Privatentnahme Verbrauchsmaterialien	− 1.000 DM
Aufwendungen für Papier, Verbrauchsmaterialien usw.	10.400 DM

Aufwendungen für Löhne, Sozialversicherung usw.:

Ausgaben für Löhne, Sozialversicherung usw.	70.000 DM
− rückständige Betriebsausgaben am 1.1.	− 3.000 DM
+ rückständige Betriebsausgaben am 31.12.	3.600 DM
Aufwendungen für Löhne, Sozialversicherung usw.	70.600 DM

Ermittlung des Gewinns nach § 4 Abs. 1 EStG (aus Vermögensvergleich)

Betriebsvermögen am 31.12.	25.100 DM
Betriebsvermögen am 1.1.	22.200 DM
Unterschiedsbetrag	2.900 DM
= + Entnahmen (Barentnahmen)	227.500 DM
Privatentnahme Verbrauchsmaterialien	1.000 DM
	231.400 DM
= − Einlagen	− 20.000 DM
Gewinn nach § 4 Abs. 1 EStG	211.400 DM

Gegenüberstellung Gewinnermittlung nach § 4 Abs. 1 EStG und § 4 Abs. 3 EStG

Gewinn nach § 4 Abs. 1 EStG	211.400 DM
Gewinn nach § 4 Abs. 3 EStG	215.400 DM
Differenz	− 4.000 DM

Zusammensetzung der Differenz:

Veränderung Bestand Verbrauchsmaterial	am 1.1.	1.200 DM	
	am 31.12.	800 DM	− 400 DM
Veränderung Honorarforderungen	am 1.1.	14.000 DM	
	am 31.12.	11.000 DM	− 3.000 DM
Veränderung Bestand Betriebsausgaben	am 1.1.	3.000 DM	
	am 31.12.	3.600 DM	− 600 DM
Saldoveränderung Aktiva			− 3.400 DM
Saldoveränderung Passiva			− 600 DM
			− 4.000 DM

c) Richtsatzschätzung

71 Die Gewinnermittlung durch Richtsatzschätzung ist steuersystematisch keine gesonderte Gewinnermittlungsmethode. Wenn beispielsweise mangelhafte Unterlagen des Steuerpflichtigen vorliegen, erfolgt durch die Finanzbehörde eine schätzungsweise Gewinnermittlung mittels eigens festgelegter „Richtsätze" entweder zur Bestimmung des Rohgewinns oder des Reingewinns. Für die Gewinnermittlung ist die Methode relevant, die angewendet worden wäre, wenn eine Richtsatzschätzung nicht notwendig gewesen wäre. Aufgrund der behördlich vorgegebenen „Richtsätze" handelt es sich in gewissem Sinn doch um eine eigenständige Methode.

d) Wechsel der Gewinnermittlungsmethode

72 Wechselt ein Steuerpflichtiger von der Gewinnermittlung nach §§ 4 Abs. 1 oder 5 EStG (Betriebsvermögensvergleich) zur Gewinnermittlung nach § 4 Abs. 3 EStG (Überschussrechnung) oder umgekehrt, so ist der laufende Gewinn des Veranlagungszeitraumes, in dem der Wechsel der Gewinnermittlungsmethode vollzogen wird, um alle Positionen zu berichtigen, die sich bisher nicht gewinnerhöhend oder gewinnvermindernd ausgewirkt haben (vgl. Abschn. 17 mit Anlage 1 EStR). Zum Beispiel werden bei der Überschussrechnung Wareneinkäufe mit der Zahlung des Kaufpreises zu Betriebsausgaben. Bei den Vermögensvergleichsmethoden müssen die angeschafften Waren zunächst aktiviert, das heißt dem Betriebsvermögen zugerechnet werden; erst beim Verbrauch (Verkauf) gewinnen sie Aufwandscharakter und werden damit zu Betriebsausgaben. Beim Wechsel zum Betriebsvermögensvergleich kann der Übergangsgewinn auf Antrag auf einen Zeitraum von bis zu drei Jahren gleichmäßig verteilt werden.

> *Beispiel*[16]
> **Wechsel von § 4 Abs. 3 EStG auf § 4 Abs. 1 EStG**
> Bestand an Papier, Verbrauchsmaterialien am 1.1. – 31.12. des Vorjahres   800 DM
> da der Warenbestand bereits als Betriebsausgabe wirksam wurde
> Honorarforderungen am 1.1. – 31.12. des Vorjahres   11.000 DM
> da die Forderungen bisher nicht zu Betriebseinnahmen geführt haben
> – Warenforderungen (Verbindlichkeiten L+L)   - 3.600 DM
> **Übergangsgewinn**   **8.200 DM**
> **von § 4 Abs. 1 EStG nach § 4 Abs. 3 EStG**
> – Bestand an Papier, Verbrauchsmaterialien   - 800 DM
> – Honorarforderungen   - 11.000 DM
> + Warenforderungen (Verbindlichkeiten L+L)   3.600 DM
> **Übergangsgewinn (hier negativ)**   **- 8.200 DM**

e) Die Ermittlung des Überschusses der Einnahmen über die Werbungskosten

73 Gemäß § 2 Abs. 2 Nr. 2 EStG sind die Einkünfte der Einkunftsarten vier bis sieben (Überschusseinkunftsarten) grundsätzlich als Überschuss der Einnahmen über die Werbungskosten zu ermitteln (vgl. im einzelnen §§ 8 bis 9 a EStG). Eine Ausnahme bildet § 23 Abs. 3 S. 1 EStG hinsichtlich der Ermittlung der Erfolge aus privaten Veräußerungsgeschäften.

74 Als Einkunftsermittlungszeitraum zählt in diesem Fall das Kalenderjahr, die Wahl eines davon abweichenden Wirtschaftsjahres ist nicht möglich. Zur Ermittlung der Einkünfte der Überschusseinkunftsarten sind „Einnahmen" und „Werbungskosten" gegenüberzustellen.

75 Einkommensteuerrechtlich sind Einnahmen gemäß § 8 Abs. 1 EStG „alle Güter, die in Geld oder Geldeswert bestehen" und die der Steuerpflichtige innerhalb der Überschusseinkunftsarten vereinnahmt (vgl. auch § 11 Abs. 1 EStG). Eine Einnahme muss zur Erhöhung des Vermögens des Steuerpflichtigen führen. Sie gilt als bezogen und ist demzufolge anzusetzen, wenn sie dem Steuerpflichti-

---

[16] Fortführung des Beispiels zum Vergleich der Gewinnermittlung nach § 4 Abs. 1 EStG und § 4 Abs. 3 EStG.

gen zugeflossen ist (§ 11 Abs. 1 EStG), er also die tatsächliche Verfügungsmacht über die Einnahme erlangt hat.

Gemäß § 8 Abs. 2 EStG sind Einnahmen, die nicht in Geld bestehen, mit den üblichen Endpreisen am Abgabeort anzusetzen, also in Geldgrößen umzurechnen. Derartige Einnahmen werden als geldwerte Vorteile bezeichnet. Beispiele für geldwerte Vorteile sind ein zur privaten Nutzung überlassener Firmenwagen, Betriebswohnungen oder kostenloses Betriebsessen. Geldwerte Vorteile entstehen oftmals im Zusammenhang mit den Einkünften aus nichtselbständiger Arbeit und sind daher näher in den Vorschriften des Lohnsteuerrechtes (vgl. Lohnsteuerrichtlinien, Richtlinien über die Bewertung der Sachbezüge beim Steuerabzug vom Arbeitslohn) geregelt.

Geldwerte Vorteile sind von „Annehmlichkeiten" und „Aufmerksamkeiten" abzugrenzen. Bei „Annehmlichkeiten" handelt es sich um Vorteile für die gesamte Belegschaft wie beispielsweise die Bereitstellung von Sporteinrichtungen zur gemeinsamen Nutzung. Unter den Begriff „Aufmerksamkeiten" fallen zum Beispiel Blumen, Genussmittel, Bücher oder ähnliches bis zu einem Wert von 60 DM. „Annehmlichkeiten" und „Aufmerksamkeiten" sind keine Einnahmen nach § 8 EStG.

Das Gegenstück zu den Einnahmen sind im Rahmen der Einkunftsarten vier bis sieben die „Werbungskosten". Dazu gehören die monetären Abflüsse (Geldausgaben) des Kalenderjahres sowie die Abschreibungen (vgl. §§ 9, 11 Abs. 2 EStG).

In § 9 a EStG ist die Höhe der Pauschbeträge aufgeführt, die bei der Einkunftsermittlung zu berücksichtigen sind. Demnach kann ohne Nachweis
- von den Einnahmen aus nichtselbständiger Arbeit ein Betrag in Höhe von 2.000 DM (Arbeitnehmer-Pauschbetrag, vgl. § 9 a S. 1 Nr. 1 EStG),
- von den Einnahmen aus Kapitalvermögen ein Betrag in Höhe von 100 DM (bei Zusammenveranlagung von Ehegatten 200 DM, vgl. § 9 a S. 1 Nr. 2 EStG),
- von den Einnahmen im Sinne des § 22 Nr. 1 und 1 a EStG ein Betrag in Höhe von 200 DM (vgl. § 9 a S. 1 Nr. 3 EStG)

jährlich in Abzug gebracht werden. Dies gilt nur unter der Bedingung, dass der Steuerpflichtige keine höheren Werbungskosten nachweist.

Durch den Abzug der Pauschbeträge darf sich kein Verlust einstellen, das heißt, der Arbeitnehmer-Pauschbetrag darf gemäß § 9 a S. 2 EStG „nur bis zur Höhe der um den Versorgungs-Freibetrag (§ 19 Abs. 2 EStG) geminderten Einnahmen", die übrigen beiden Pauschbeträge dürfen lediglich bis zur Höhe der Einnahmen angesetzt werden.

5. Veräußerungsgewinnbesteuerung

a) Die einkommensteuerliche Relevanz von Veräußerungsvorgängen

Nur solche Vermögenswertänderungen sind steuerlich beachtenswert, die ein Betriebsvermögen betreffen; als Betriebsvermögen galt solches Vermögen, das im Rahmen der drei Gewinneinkunftsarten eingesetzt ist. Veräußerungserfolge im sogenannten ertragbringenden Privatvermögen – Vermögen, dessen Ertrag innerhalb der Einkunftsarten vier bis sieben erfasst wird – und im sogenannten ertraglosen Privatvermögen – Vermögen, das keine Erträge erzielt oder dessen Erträge nicht einkommensteuerbar sind – sind also im Regelfall einkommensteuerlich unbeachtlich.

Von dem Grundsatz, dass nur Veräußerungserfolge im Betriebsvermögen einkommensteuerlich beachtlich sind, gibt es aber zwei Ausnahmen: Die Veräußerung von Anteilen an Kapitalgesellschaften oberhalb der Grenzen des § 17 EStG (bzw. gewisser Teile solcher Beteiligungen) und die Veräußerung von Wirtschaftsgütern im Rahmen der Einkünfte aus privaten Veräußerungsgeschäften, auch wenn es sich dabei um Gegenstände des Privatvermögens handelt.

83 Bei Veräußerungsvorgängen im Betriebsvermögen lassen sich unterscheiden:
- Erfolge aus der Veräußerung einzelner Wirtschaftsgüter (z. B. eines Erzeugnisses oder eines überflüssig gewordenen Anlagegegenstandes). Dieser Gewinn aus der Veräußerung bestimmter Wirtschaftsgüter des Anlagevermögens wird bei Vorliegen gewisser Bedingungen in der Weise begünstigt, dass er nicht im Zeitpunkt der Realisierung erfasst, sondern zu 100 % oder 50 % auf bestimmte andere Wirtschaftsgüter des Anlagevermögens „übertragen" werden kann (vgl. §§ 6 b, 6 c EStG und Abschn. R 41 a bis 41 d EStR).
- Erfolge aus der Veräußerung geschlossener Komplexe (z. B. eines ganzen Betriebes oder eines Teilbetriebes).

b) Ermittlung des Veräußerungsgewinns

84 Der Veräußerungsgewinn wird ermittelt durch Gegenüberstellung des Veräußerungsnettoerlöses (Veräußerungsbruttoerlös minus Veräußerungskosten) und des steuerlichen Buchwerts zum Veräußerungszeitpunkt. Ergibt sich aus dieser Gegenüberstellung ein Gewinn, so ist er innerhalb gewisser Grenzen durch eine Freibetragsgewährung von der Besteuerung freigestellt (§§ 16 Abs. 4, 18 Abs. 3 sowie 14 S. 2, 14 a EStG). Sind im Betriebsvermögen Anteile an Kapitalgesellschaften enthalten, dann sind die Erträge aus der Veräußerung von Anteilen an Kapitalgesellschaften dem Halbeinkünfteverfahren (§ 3 Nr. 40 Buchst. a EStG) zu unterwerfen. Auf den Veräußerungsgewinn wird ein Freibetrag von 100.000 DM gewährt, wenn der Veräußerer älter als 55 Jahre oder dauernd berufsunfähig ist. Der Freibetrag für den Veräußerungsgewinn wird ermäßigt um den Betrag, der 300.000 DM übersteigt. Der danach verbleibende steuerpflichtige Veräußerungsgewinn gehört zu den außerordentlichen Einkünften (§ 34 Abs. 2 Nr. 1 EStG).

Beispiel zur Berechnung von Freibetrag und Veräußerungsgewinn

Veräußerungsgewinn	Freibetrag	steuerpflichtiger Veräußerungsgewinn
300.000 DM	100.000 DM	200.000 DM
340.000 DM	60.000 DM	280.000 DM
400.000 DM	0 DM	400.000 DM

85 Werden Teilobjekte (z. B. ein gewerblicher Teilbetrieb) veräußert, so findet eine anteilige Verminderung der Frei- und Grenzbeträge statt. Wird zum Beispiel ein Teilbetrieb veräußert, dessen Veräußerungsgewinn ein Viertel des Veräußerungsgewinnwertes des ganzen Betriebes ausmacht, dann beträgt der Freibetrag ein Viertel von 100.000 DM (= 25.000 DM) und der Grenzbetrag ein Viertel von 300.000 DM (= 75.000 DM).

Beispiel
Unternehmer älter als 55 Lebensjahre, veräußert seinen Handwerksbetrieb

Betriebsreinvermögen zum 1.1.2001	520.000 DM
Betriebsreinvermögen zum 1.6.2001	580.000 DM
laufender steuerpflichtiger Gewinn in 2001 (keine Entnahmen, keine Einlagen)	60.000 DM
Veräußerungserlös (Festpreis)	770.000 DM
Veräußerungskosten	8.000 DM
Nettoveräußerungserlös	762.000 DM
abzüglich Betriebsreinvermögen zum 1.6.2001	580.000 DM
Veräußerungsgewinn gem. § 16 Abs. 2 EStG	182.000 DM
abzüglich Freibetrag § 16 Abs. 4 EStG	100.000 DM
steuerpflichtiger Veräußerungsgewinn	82.000 DM

c) Betriebsaufgabe

Als Veräußerung gilt auch die Aufgabe des Gewerbebetriebes (§ 16 Abs. 3 EStG). Diese Vorschrift setzt die Betriebsaufgabe einer Betriebsveräußerung gleich. Eine Betriebsaufgabe liegt vor, wenn alle Wirtschaftsgüter, die eine wesentliche Grundlage des Betriebes bilden, innerhalb kurzer Zeit in einem einheitlichen Vorgang veräußert werden. Einer einheitlichen Veräußerung steht eine Überführung der Wirtschaftsgüter in das Privatvermögen oder eine Veräußerung an unterschiedliche Erwerber gleich. Das wesentliche Merkmal ist also die „Abgabe" eine Großteils der betriebsnotwendigen Wirtschaftsgüter innerhalb eines kurzen Zeitraumes, der bisherige Betrieb wird aufgegeben. Die Berechnung des Betriebsaufgabeerfolges (Veräußerungsgewinn) erfolgt folgendermaßen:

Betriebsaufgabeerfolg = Summe der Erlöse der veräußerten Wirtschaftsgüter
+ Summe der gemeinen Werte der ins Privatvermögen überführten Wirtschaftsgüter
- Kosten der Betriebsaufgabe
- Wert des Betriebsreinvermögens zum Zeitpunkt der Betriebsaufgabe (Eigenkapital, bestimmt aus Bilanz)

d) Betriebsverpachtung

In besonderer Weise wird die Verpachtung eines ganzen Betriebs besteuert. Nach der Rechtsprechung des BFH (siehe Abschn. R 139 Abs. 5 EStR) kann der Verpächter wählen, ob er

- den Vorgang als Betriebsaufgabe im Sinne von § 16 Abs. 3 EStG (siehe den vorstehenden Absatz) behandeln lassen will. In diesem Fall gehen die Wirtschaftsgüter in sein Privatvermögen über, und er erzielt fortan Einkünfte aus Vermietung und Verpachtung (Verpachtung einer Sachgesamtheit). Zu versteuern ist der dabei entstehende Betriebsaufgabeerfolg (Auflösung stiller Reserven).
- oder den Betrieb (als einheitliches Betriebsvermögen) fortbestehen lassen will und weiterhin Einkünfte aus Gewerbebetrieb erzielt. In diesem Fall erfolgt keine Auflösung stiller Reserven.

Gibt der Steuerpflichtige keine Erklärung ab, so nimmt die Finanzverwaltung an, dass er weiterhin Einkünfte aus Gewerbebetrieb erzielen will. Die Pachteinnahmen sind Betriebseinnahmen, ihnen stehen im Wesentlichen die Abschreibungen als Betriebsausgaben gegenüber. Der Verpächter kann jederzeit (zu jedem beliebigen Zeitpunkt innerhalb der Pachtzeit) die Betriebsaufgabe erklären. Die im verpachteten Betriebsvermögen enthaltenen stillen Reserven werden erst zum Zeitpunkt der Erklärung oder einer tatsächlichen Veräußerung der Wirtschaftsgüter versteuert.

e) Veräußerung von Anteilen an Kapitalgesellschaften

Anteilseigner von Kapitalgesellschaften können ihre Anteile sowohl im Betriebsvermögen (Vermögen, das Einkünften gewerblicher oder selbständiger Arbeit dient) als auch im Privatvermögen halten. Hinsichtlich der Beteiligung an der Kapitalgesellschaft ist zu unterscheiden zwischen einer Beteiligung kleiner als ein Prozent,[17] 100 Prozent oder dazwischen. Weiterhin müssen bei Beteiligungen im Privatvermögen die Fristen des § 23 EStG beachtet werden. Daraus ergeben sich folgende Fallgestaltungen:

- Die Anteile befinden sich im Betriebsvermögen eines Personenunternehmens/einer natürlichen Person. In diesem Fall gilt das Halbeinkünfteverfahren[18] (§ 3 Nr. 40 S. 1 Buchst. a EStG).
- Die Anteile befinden sich im Privatvermögen, die Dauer der Beteiligung ist kürzer als ein Jahr. In diesem Fall sind die Veräußerungsgewinne als sogenannte „Spekulationsgewinne" nach dem

---

17 § 17 Abs. 1 EStG.
18 Ausgenommen sind Anteile des Eigenhandels von Kreditinstituten (§ 3 c Nr. 40 S. 5 EStG).

Halbeinkünfteverfahren zu versteuern (§ 3 Nr. 40 S. 1 Buchst. j EStG). Die Beteiligungshöhe ist unbeachtlich, da § 23 EStG vorrangig[19] vor § 17 EStG ist.
- Die Beteiligung befindet sich im Privatvermögen (länger als ein Jahr) und beträgt mindestens ein Prozent und unter 100 Prozent. In diesem Fall sind die Veräußerungsgewinne nach dem Halbeinkünfteverfahren zu besteuern (§ 3 Nr. 40 S. 1 Buchst. j EStG).

90 **Steuerfrei** erfolgt eine Veräußerung von Kapitalgesellschaftsanteilen also **nur**, wenn sich **der Kapitalgesellschaftsanteil im Privatvermögen** befindet, eine **Beteiligung kleiner als ein Prozent** am Kapital der Gesellschaft vorliegt, die **Haltefrist größer** als **ein Jahr** (Spekulationsfrist gem. § 23 EStG) eingehalten wurde und es sich nicht um einbringungsgeborene[20] Anteile handelt.

91 In allen anderen Fällen ist die Veräußerung steuerpflichtig, die Besteuerung erfolgt nach dem Halbeinkünfteverfahren (§ 3 Nr. 40 EStG i.V.m. §§ 16 Abs. 1 Nr. 1 S. 2 und 17 EStG). Die Regelungen des § 17 EStG n.F. sind erstmals nach Ablauf des Veranlagungszeitraumes anzuwenden, in dem die Kapitalgesellschaft, deren Anteile veräußert wurden, dem neuen Körperschaftsteuersystem unterlag (§ 52 Abs. 4 Buchst. a Nr. 34 a EStG). Das bedeutet bei Kalenderjahr gleich Wirtschaftsjahr erstmals im Veranlagungszeitraum 2002. Werden die Anteile im Betriebsvermögen gehalten, so sind die Erträge grundsätzlich steuerpflichtig. Zu beachten ist, dass bei einer 100 %-igen Beteiligung die Veräußerung wie eine Teilbetriebsveräußerung zu behandeln ist (§ 16 Nr. 1 Zi. 1 EStG) und das Halbeinkünfteverfahren nur dann angewendet werden kann, wenn die Beteiligung länger als ein Jahr gehalten wird.

92 Dass die Gewinne aus der Veräußerung dieser Anteile zu den Einkünften aus Gewerbebetrieb zu rechnen sind, bedeutet aber nicht, dass die Vorschriften über die Gewinnermittlung (§§ 4 Abs. 1, 4 Abs. 3 oder 5 EStG) anzuwenden seien. Der Veräußerungsgewinn ist nach § 17 Abs. 2 EStG vielmehr aus der Differenz zwischen dem Netto-Veräußerungserlös und den Anschaffungskosten der veräußerten Anteile zu errechnen. Im Regelfall werden die tatsächlichen Anschaffungskosten angesetzt. Tatsächliche Anschaffungskosten sind sämtliche Aufwendungen zum seinerzeitigen Kauf des Anteils: der Erwerbspreis einschließlich der Nebenkosten (z. B. Maklergebühren), etwaige Bezugsrechtskaufpreise, nach herrschender Lehre auch spätere Einlageleistungen an die Kapitalgesellschaft. Hat der Veräußerer die Anteile bereits bei der Gründung der Kapitalgesellschaft erworben (gezeichnet), so setzen sich die Anschaffungskosten aus der ersten Einlage zuzüglich etwaiger Nebenkosten zusammen.

93 Wenn der Veräußerer die Anteile unentgeltlich erworben hat, sind die Anschaffungskosten des Rechtsvorgängers anzusetzen, der die Anteile zuletzt entgeltlich erworben hat.

> *Beispiel*
> Ein Steuerpflichtiger übernimmt in sein Privatvermögen bei Gründung einer Aktiengesellschaft 5.000 Aktien zu einem Kurs von 20 DM (gesamt 100.000 DM) und erwirbt dabei einen Anteil von 8 % am Gesamtkapital der Gesellschaft. Nach mehr als einem Jahr veräußert er die Anteile zu einem Kurs von 21,60 DM (gesamt 108.000 DM). Er zahlte bei Kauf und Verkauf jeweils eine Provision von 0,5 %.
>
> Erfolgt die Veräußerung im Jahr 2001, gilt das Halbeinkünfteverfahren im Regelfall noch nicht, da der Veranlagungszeitraum, in dem die Aktiengesellschaft dem neuen Körperschaftsteuersystem unterlag, noch nicht abgelaufen ist.

---

[19] § 23 Abs. 2 S. 2 EStG: „§ 17 ist nicht anzuwenden, wenn die Voraussetzungen des Absatzes 1 Nr. 2 [gemeint ist § 23 Abs. 1 Nr. 2 EStG] vorliegen".

[20] Für einbringungsgeborene Anteile im Sinne des § 21 UmwStG besteht eine Sperrfrist von sieben Jahren (§ 3 Nr. 40 S. 3 EStG). Danach werden diese Anteile genauso wie nicht einbringungsgeborene Anteile behandelt.

Berechnung des nach § 17 EStG steuerpflichtigen Veräußerungsgewinns: **94**

Veräußerungserlös	108.000 DM
– Veräußerungskosten	- 540 DM
– Anschaffungskosten	- 100.000 DM
– Anschaffungsnebenkosten	-500 DM
= Veräußerungsgewinn	6.960 DM

§ 17 Abs. 3 EStG gewährt einen Freibetrag von 20.000 DM für alle Gewinne, die 80.000 DM nicht übersteigen. Übersteigt der Gewinn 80.000 DM, wird der Freibetrag um den Betrag gekürzt, der den Betrag von 80.000 DM übersteigt (z. B. beträgt der Freibetrag bei einem Gewinn von 95.000 DM 5.000 DM). Diese Regelungen gelten für eine 100 %-ige Beteiligung, bei einer Beteiligung von weniger als 100 % ist der Freibetrag anteilig zu bestimmen.

Beteiligungsquote	8 %
Gesamtfreibetrag	20.000 DM
anteiliger Freibetrag (8 % von 20.000 DM)	1.600 DM
Verringerung Freibetrag	
Grenze bei 100 % Anteil	80.000 DM
anteilige Grenze (8 % von 80.000 DM)	6.400 DM
Differenz Gewinn – anteilige Grenze (6.960 DM – 6.400 DM)	
= Verringerung Freibetrag	560 DM
zu berücksichtigender Freibetrag	1.040 DM
steuerpflichtiger Veräußerungsgewinn:	
= Veräußerungsgewinn	6.960 DM
– Freibetrag	- 1.040 DM
steuerpflichtiger Veräußerungsgewinn	5.920 DM

6. Verlustausgleich und Verlustabzug

a) Verlustausgleich innerhalb einer Einkunftsart

Innerhalb jeder Einkunftsart können nicht nur positive Einkünfte, sondern auch negative Einkünfte **95** entstehen. Der im Veranlagungszeitraum entstehende Saldo, die Summe der Einkünfte gemäß § 2 Abs. 3 EStG, ist die Grundlage für die weitere Ermittlung der Einkommensteuer (vgl. hierzu das Schema der Einkommensteuer-Ermittlung Rn 18). Für die Verrechnung der positiven und negativen Einkünfte aus unterschiedlichen wirtschaftlichen Engagements gelten die folgenden Grundsätze.

Zuerst werden die negativen **Einkünfte einer Einkunftsart** mit positiven Einkünften derselben **96** Einkunftsart **verrechnet** (sogenannter **horizontaler oder interner Verlustausgleich**). Es werden die **Summe der Einkünfte** (positiv oder negativ) der **einzelnen Einkunftsarten** ermittelt. Nicht oder nur eingeschränkt können Verluste aus folgenden Einkünften weiterverrechnet werden:
- Verluste aus nicht steuerbaren Engagements (sogenannte steuerliche Liebhaberei), bei denen keine Einkunftserzielungsabsicht vorhanden ist,
- Verluste aus sogenannten „Verlustzuweisungsgesellschaften" gem. § 2 b EStG,[21]
- Verluste bestimmter Auslandsengagements (§ 2 a Abs. 1 EStG),
- Verluste, die im Zusammenhang mit steuerfreien Einnahmen stehen (§ 3 c EStG),
- Verluste aus gewerblicher Tierhaltung (§ 15 Abs. 4 EStG),
- Verluste bei beschränkter Haftung (§ 15 a Abs. 1 EStG),
- Verluste aus Einkünften bei „gelegentlichen Vermittlungen" (§ 22 Nr. 3 S. 3 EStG),

---

21 Siehe hierzu insbesondere das Anwendungsschreiben zu § 2 b EStG, IV A 5 S 2118 b vom 5.7.2000.

§ 15 Besteuerung und Rechnungslegung von Bauunternehmen und baunahen Dienstleistern

- Verluste aus privaten Veräußerungsgeschäften (§ 23 Abs. 3 S. 8 ff. EStG),
- unter bestimmten Voraussetzungen Verluste aus der Veräußerung wesentlicher Beteiligungen im Sinne des § 17 EStG.

97 Innerhalb dieser Einkunftsquellen (außer bei steuerlicher Liebhaberei, diese Verluste sind „Privatvergnügen") entstandene Verluste können **meist nur mit positiven Einkünften aus derselben Einkunftsquelle ausgeglichen** werden.

b) Verlustausgleich zwischen den Einkunftsarten

98 **Danach** werden die **positiven oder negativen Einkünfte der einzelnen Einkunftsarten** miteinander **ausgeglichen** (sogenannter **vertikaler oder externer Verlustausgleich**). Bis zu einem **Gesamtbetrag von 100.000 DM (200.000 DM** bei zusammenveranlagten **Ehegatten**) im Veranlagungszeitraum sind die **negativen Einkünfte mit positiven Einkünften ausgleichsfähig. Darüber hinausgehende negative Einkünfte** können **nur** noch **bis zur Hälfte der Summe der verbleibenden positiven Einkünfte** abgezogen werden (§ 2 Abs. 3 EStG).

99 Die Minderung ist in dem Verhältnis vorzunehmen, in dem die positiven Summen der Einkünfte aus verschiedenen Einkunftsarten zur Summe der positiven Einkünfte stehen. Übersteigt die Summe der negativen Einkünfte den ausgleichsfähigen Betrag, sind die negativen Summen der Einkünfte aus verschiedenen Einkunftsarten in dem Verhältnis zu berücksichtigen, in dem sie zur Summe der negativen Einkünfte stehen. Einkünfte innerhalb einer Einkunftsart können nach wie vor unbegrenzt miteinander verrechnet werden.

Beispiel
allein stehender Steuerpflichtiger

	negative Einkünfte	positive Einkünfte
Einkünfte aus Gewerbebetrieb		250.000 DM
Einkünfte aus V+V (Verlust)	200.000 DM	
davon voll ausgleichsfähig	100.000 DM	100.000 DM
verbleiben	100.000 DM	150.000 DM
weiter ausgleichsfähig sind Verluste bis zur Hälfte der verbleibenden positiven Einkünfte (verbleibend 150.000 DM, davon 50 %)	75.000 DM	75.000 DM
verbleibender Verlust (gesondert festzustellen)	**25.000 DM**	
Summe der Einkünfte		**75.000 DM**

100 Vom Grundsatz des Vorrangs des horizontalen vor dem vertikalen Verlustausgleich besteht eine bedeutsame Ausnahme, wenn innerhalb einer Einkunftsart tarifbegünstigte Einkommen (Veräußerungsgewinne i. S.v. §§ 14, 14 a, 16 Abs. 4, 17 Abs. 3, 18 Abs. 3 EStG) enthalten sind. In solchen Fällen erfolgt zunächst ein vertikaler Verlustausgleich, um die Tarifbegünstigung zu erhalten.

Beispiel

steuerpflichtiger Veräußerungsgewinn aus Gewerbebetrieb	20.000 DM
Verlust aus Gewerbebetrieb (laufende Tätigkeit)	- 15.000 DM
Einkünfte aus Vermietung und Verpachtung	10.000 DM
Um die Tarifbegünstigung des § 34 EStG zu erhalten, hat der BFH folgende Reihenfolge der Berechnung gestattet:	
Verlust aus Gewerbebetrieb (laufende Tätigkeit)	- 15.000 DM
Einkünfte aus Vermietung und Verpachtung	+ 10.000 DM
verbleibender Verlust aus Gewerbebetrieb	- 5.000 DM

steuerpflichtiger Veräußerungsgewinn aus Gewerbebetrieb	+ 20.000 DM
Summe der Einkünfte (steuerbegünstigter Veräußerungsgewinn)	15.000 DM

c) Verlustrücktrag oder -vortrag

Wenn **innerhalb** des **Veranlagungszeitraumes kein vollständiger Verlustausgleich** mit anderen Einkünften möglich ist, wird der **verbleibende Verlustbetrag getrennt nach Einkunftsarten gesondert festgestellt** und wie Sonderausgaben vom Gesamtbetrag der Einkünfte vorrangig vor anderen Sonderausgaben, außergewöhnlichen Belastungen und sonstigen Abzugsbeträgen bis zu einem Gesamtbetrag der Einkünfte von 0 DM auf andere Veranlagungszeiträume übertragen (Verlustvortrag oder Verlustrücktrag).

Zuerst erfolgt eine Übertragung auf den vorangegangenen Veranlagungszeitraum (Verlustrücktrag, jedoch in der Summe aller Einkunftsarten maximal bis zu einem Betrag von 1 Mio. DM). Wenn das nicht möglich ist oder der verbleibende Verlust den Betrag von 1 Mio. DM übersteigt, wird der Verlust in die folgenden Veranlagungszeiträume vorgetragen (Verlustvortrag).

Die Verlustabzüge sind zuerst von den positiven Einkünften der Einkunftsart abzuziehen, innerhalb der sie entstanden sind. Die verbleibenden negativen Einkünfte (Verlustvortrag oder Verlustrücktrag) mindern die positiven Einkünfte aus anderen Einkunftsarten bis zu einem Betrag von 100.000 DM, darüber hinaus bis zur Hälfte des 100.000 DM übersteigenden Teils der Summe der positiven Einkünfte aus anderen Einkunftsarten.

Dem Steuerpflichtigen steht auf Antrag ein Wahlrecht zu (§ 10 d Abs. 1 S. 7 EStG), mit dem er die Höhe des Verlustrücktrages selbst bestimmen kann. Zu den gesetzlichen Regelungen vgl. im einzelnen § 10 d EStG.

d) Besonderheiten des Verlustabzuges bei beschränkter Haftung

§ 15 a EStG sowie die darauf verweisenden §§ 13 Abs. 5, 18 Abs. 4, 20 Abs. 1 Nr. 4 S. 2 EStG beschränken die Möglichkeit der Verlustverrechnung von beschränkt Haftenden (Kommanditisten und atypisch stille Gesellschafter). Der dem beschränkt Haftenden zuzurechnende Anteil am Verlust darf weder mit anderen Einkünften aus derselben Einkunftsart noch mit anderen Einkunftsarten ausgeglichen werden, soweit durch den Verlust ein negatives Kapitalkonto entsteht oder sich erhöht. Auch § 10 d EStG, also z. B. die Verrechnung des Verlustes auf dem Wege des Verlustvor- oder -rücktrages, ist nicht anwendbar.

7. Tarif der Einkommensteuer

a) Der Normaltarif

§ 2 Abs. 6 EStG unterscheidet zwischen der „tariflichen Einkommensteuer" und der „festzusetzenden Einkommensteuer". Die Differenz zwischen beiden resultiert aus Steuerermäßigungen, die z.B. nach §§ 34 c, 34 d, 34 e, 34 f, 34 g, 35 EStG z. B. bei gewerblichen Einkünften im Inland oder bei bestimmten ausländischen Einkünften gewährt werden.

Die tarifliche Einkommensteuer ergibt sich unter Anwendung des Einkommensteuertarifs auf das zu versteuernde Einkommen. Normalerweise gilt der Tarif nach § 32 a EStG. In Sonderfällen muss die Einkommensteuer aus anderen Vorschriften (z. B. §§ 32 b, 34, 34 b EStG) berechnet werden. Die rechnerischen Grundlagen des Normaltarifs sind in § 32 a Abs. 1 EStG beschrieben (die Regelungen der Veranlagungszeiträume 2002/2003/2005 befinden sich im § 52 Abs. 40 EStG).

Der Einkommensteuertarif hat für Alleinstehende die folgenden Tarifzonen:

- steuerfreier Grundfreibetrag (Existenzminimum),
- eine erste linear-progressive Zone,
- eine zweite linear-progressive Zone,
- eine obere Proportionalzone mit konstantem Grenzsteuersatz (Spitzensteuersatz).

109 Für zusammenveranlagte Ehegatten werden die Tarifzonen verdoppelt, da im Splittingverfahren nach § 32 a Abs. 5 EStG der auf die Hälfte des gemeinsam zu versteuernden Einkommens ermittelte Steuerbetrag verdoppelt wird.

110 In den Veranlagungszeiträumen 2001 bis 2005 sollen sich die Tarifzonen folgendermaßen entwickeln:

	2001	2002	2003/2004	2005
Grundfreibetrag	14.093 DM	14.150 DM 7.235 Euro	14.524 DM 7.426 Euro	14.989 DM 7.664 Euro
Eingangssteuersatz	19,9 %	19,9 %	17,0 %	15,0 %
Höchststeuersatz	48,5 %	48,5 %	47,0 %	42,0 %
zu versteuerndes Einkommen, ab dem der Höchststeuersatz greift	107.568 DM	107.568 DM 55.008 Euro	102.276 DM 52.293 Euro	102.000 DM 52.152 Euro

Die Abbildung zeigt den Steuertarif 2001. Der Solidaritätszuschlag (z.Z. 5,5 % der Steuerschuld) ist dabei nicht berücksichtigt.

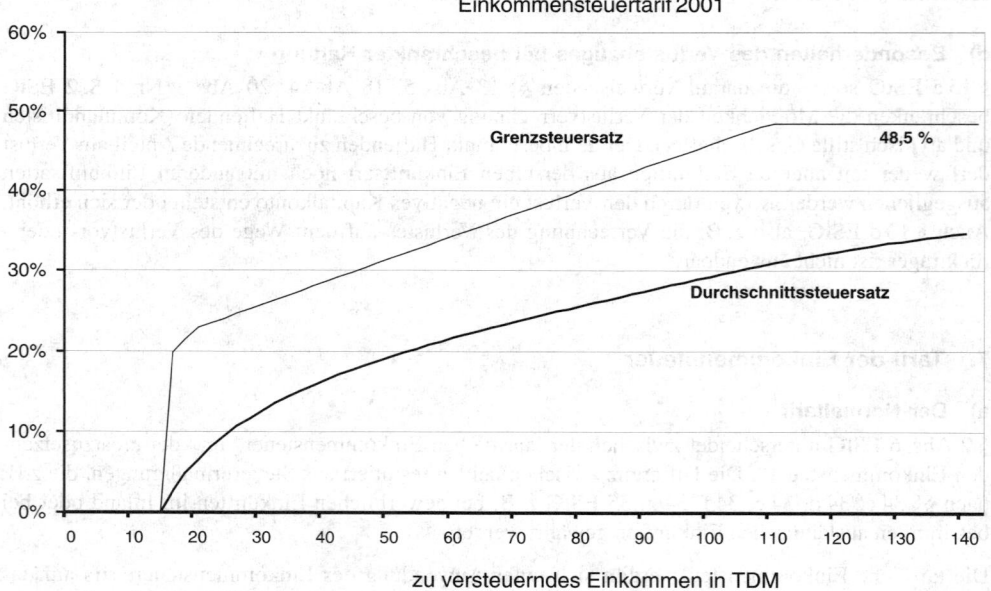

111 Zu versteuernde Einkommen ab 107.568 DM unterliegen einer Steuer, die jeweils 48,5 % des zu versteuernden Einkommens ausmacht; von diesem Betrag werden aber, um die geringere Belastung der vorangehenden Stufen zu berücksichtigen, 19.299 DM abgezogen. Der tatsächliche Steuersatz erreicht infolge dieses Abzuges niemals exakt 48,5 %.

Beispiel
Bei einem zu versteuernden Einkommen von 1.000.000 DM[22] errechnet sich die Einkommensteuer mit 48,5 % von 1.000.000 DM 485.000 DM
Abzugsbetrag - 19.299 DM

zu zahlende Steuer 465.701 DM

Der tatsächliche (= durchschnittliche) Steuersatz beträgt 46,57 % des zu versteuernden Einkommens. Bis zum Grundfreibetrag und in der Zone ab 107.568 DM sind die Marginalsteuersätze konstant; sie belaufen sich im unteren Bereich auf 0 %, im oberen auf der Höhe des Spitzensteuersatzes.

112

b) Pauschale Anrechnung der Gewerbesteuer

Sind in den Einkünften solche aus Gewerbebetrieb enthalten und unterlagen diese der Gewerbesteuer, kann die um andere Steuerermäßigungen[23] geminderte tarifliche Einkommensteuer durch eine pauschale Anrechnung der Gewerbesteuer gemindert werden. Der auf die gewerblichen Einkünfte entfallende Anteil an der tariflichen Einkommensteuer ermäßigt sich dabei um das 1,8-fache des Gewerbesteuermessbetrags desselben Veranlagungszeitraums (§ 35 Abs. 1 EStG). Da der Gewerbesteuermessbetrag hebesatzabhängig ist, resultieren aus unterschiedlichen Gewerbesteuerhebesätzen unterschiedliche Verminderungen der Einkommensteuer. Allerdings erfolgt die Anrechnung nur maximal bis zu Höhe der anteiligen Einkommensteuer. Ein darüber hinausgehender Anrechnungsbetrag verfällt. Der Gewerbesteueranrechnungsbetrag kann nicht in vorhergehende oder nachfolgende Veranlagungszeiträume übertragen werden. Das kann zu einer Nichtberücksichtigung der Gewerbesteuer bei der Einkommensteuer führen. Entsteht zum Beispiel bei negativen gewerblichen Einkünften, verbunden mit erheblichen Hinzurechnungen nach § 8 GewStG, ein positiver Gewerbeertrag im Sinne des § 7 GewStG, fällt keine Einkommensteuer auf die im zu versteuernden Einkommen enthaltenen gewerblichen Einkünfte an. Es kann also auch keine pauschale Anrechnung erfolgen.

113

Maßgeblich bei Einzelunternehmen ist der nach § 14 GewStG festgesetzte Gewerbesteuermessbetrag. Zu diesem hinzuzurechnen sind die anteiligen Gewerbesteuermessbeträge aus der Beteiligung an Mitunternehmerschaften (§ 35 Abs. 1 Nr. 1 Hs. 2 EStG i.V.m. § 35 Abs. 3 S. 4 EStG). Die Ermittlung des maßgeblichen Gewerbesteuermessbetrages bei Mitunternehmerschaften (z. B. OHG, KG) erfolgt nach den Anteilen des Mitunternehmers entsprechend des allgemeinen Gewinnverteilungsschlüssels. Nicht zu berücksichtigen sind Vorabgewinnausschüttungen wie Geschäftsführungsvergütungen an Gesellschafter (§ 35 Abs. 3 EStG).

114

Bei unterschiedlichen Hebesätzen ergeben sich nicht nur unterschiedliche Gewerbesteuerbelastungen, sondern auch unterschiedliche Gewerbesteueranrechnungen bei der Einkommensteuer:

115

---

[22] Der stufenweise Einkommensteuertarif kommt letztmals in den Veranlagungszeiträumen 2002/2003 zur Anwendung. In diesem Fall wird das zu versteuernde Einkommen auf den nächsten ohne Rest durch 54 DM (2003: 36 Euro) teilbaren Betrag abgerundet und um 27 DM (2003: 18 Euro) erhöht. Ab dem Veranlagungszeitraum 2004 werden die Tarifvorschriften direkt auf das zu versteuernde Einkommen angewandt.

[23] Ausgenommen sind Steuerermäßigungen nach §§ 34 f (Wohnraumförderung für kinderreiche Familien) und 34 g EStG (Zahlungen an Parteien).

Hebesatz in %	300,00	350,00	400,00	450,00
Gewerbeertrag	200.000	200.000	200.000	200.000
GewSt (mit Freibetrag/Staffeltarif)	13.565	15.489	17.333	19.102
zu versteuerndes Einkommen	186.435	184.511	182.667	180.898
Einkommensteuer (Tarif 2001)	71.121	70.179	69.288	68.424
Steuerermäßigung gem. § 35 EStG	8.139	7.966	7.800	7.641
ESt nach Anrechnung der GewSt	62.982	62.213	61.488	60.783
Gewinn nach Steuern	123.453	122.298	121.179	120.115
kumulierter Steuersatz auf Gewinn vor Steuer	38,3 %	38,9 %	39,4 %	39,9 %

8. Festsetzung und Entrichtung der Einkommensteuer

116 Die Einkommensteuer ist eine Jahressteuer und eine Veranlagungssteuer. Aus diesem Grunde haben die Steuerpflichtigen nach jedem abgelaufenen Kalenderjahr (Veranlagungszeitraum) dem Finanzamt eine Einkommensteuererklärung vorzulegen. Bestehen die gesamten Einkünfte eines Steuerpflichtigen aus Einkünften aus nichtselbständiger Arbeit, von denen die Einkommensteuer bereits an der Quelle abgezogen wurde, besteht in vielen Fällen keine Erklärungspflicht.[24] Ansonsten setzt das Finanzamt auf der Grundlage der Erklärung mittels Einkommensteuerbescheid die Einkommensteuer fest. Dabei ist zu unterscheiden zwischen einer Einzelveranlagung nach § 25 EStG und der Veranlagung von Ehegatten gemäß § 26 EStG mit den Veranlagungsformen:
- Zusammenveranlagung (§ 26 b EStG),
- getrennte Veranlagung (§ 26 a EStG) und
- besondere Veranlagung (§ 26 c EStG).

117 Alle Steuerpflichtigen werden – sofern keine Ehegattenveranlagung in Betracht zu ziehen ist – einzeln veranlagt. Das bedeutet, dass die Einkommensteuer für den einzelnen Steuerpflichtigen unter Berücksichtigung seiner Verhältnisse und auf der Grundlage seines zu versteuernden Einkommens festgesetzt wird.

118 Die Veranlagung von Ehegatten ist nur dann möglich, wenn die folgenden Voraussetzungen im Veranlagungszeitraum kumulativ erfüllt wurden (vgl. § 26 Abs. 1 EStG):
- Die Ehegatten sind verheiratet gewesen.
- Die Ehegatten haben nicht dauernd getrennt gelebt.
- Die Ehegatten waren unbeschränkt steuerpflichtig.

119 Sobald eine der aufgeführten Voraussetzungen im Veranlagungszeitraum nicht erfüllt wurde, erfolgt eine Einzelveranlagung jedes einzelnen Ehegatten.

120 Sind die zu erfüllenden Tatbestände jedoch gegeben, kann das Ehepaar (auch als „steuerliches Ehepaar" bezeichnet) eine Erklärung darüber geben, ob es zusammen oder getrennt veranlagt werden soll. Für den Veranlagungszeitraum der Eheschließung ist auch die „besondere Veranlagung" möglich. Wird keine Erklärung abgegeben, wird nach § 26 Abs. 3 EStG die Zusammenveranlagung unterstellt.

121 Bei der Zusammenveranlagung von Ehegatten erfolgt zunächst eine separate Ermittlung der Einkünfte des einzelnen Ehegatten. Anschließend werden die so ermittelten Einkünfte sowie die rest-

---

24 Vgl. hierzu § 46 EStG.

lichen Bestandteile des zu versteuernden Einkommens addiert. Daraufhin kommt das „Splitting"-Verfahren (vgl. § 32 a Abs. 5 EStG) zur Anwendung. Das gemeinsam zu versteuernde Einkommen wird halbiert, darauf werden die Tarifvorschriften angewandt, anschließend wird der so ermittelte Steuerbetrag verdoppelt.

> *Beispiel (ohne Berücksichtigung des Solidaritätszuschlags)*
> Ein Ehepaar hat ein zu versteuerndes Einkommen in Höhe von 80.000 DM. Dieser Betrag wird halbiert (40.000 DM). Gemäß dem Einkommensteuertarif 2001 ist für ein zu versteuerndes Einkommen in Höhe von 40.000 DM eine Einkommensteuer in Höhe von 6.592 DM anzusetzen. Dieser Steuerbetrag ist zu verdoppeln. Somit beläuft sich der Steuerbetrag auf 13.184 DM. Dies entspricht der Steuer für 80.000 DM bei Anwendung der Splittingtabelle. Im Falle einer Einzelveranlagung des Betrages von 80.000 DM hätte sich ein Steuerbetrag in Höhe von 20.580 DM ergeben, durch Anwendung des „Splitting"-Verfahrens vermindert sich die Steuerlast um 7.396 DM.

122 Wird die Einkommensteuer nicht im Abzugsverfahren (z. B. Lohnsteuer) erhoben, sind auf die voraussichtliche Einkommensteuerschuld vierteljährliche Vorauszahlungen zu leisten (§ 37 EStG), und zwar am 10.3., 10.6., 10.9. und 10.12. eines Jahres. Grundsätzlich bemessen sich diese nach der Einkommensteuer der letzten Veranlagung. Das Finanzamt kann die Vorauszahlungen innerhalb von 15 Monaten nach dem letzten Veranlagungszeitraum anpassen. Eine Herabsetzung der Vorauszahlungen auf Antrag des Steuerpflichtigen ist möglich und liegt im Ermessen des Finanzamtes. Gegen die Ermessensentscheidungen sind Einsprüche möglich, da Vorauszahlungsbescheide wegen ihres vorläufigen Charakters immer Steuerfestsetzungen unter dem Vorbehalt der Nachprüfung sind und wie andere gleichgeartete Steuerfestsetzungen angefochten werden können.

III. Körperschaftsteuer

1. Anwendung des neuen Körperschaftsteuergesetzes

123 Mit dem Steuersenkungsgesetz 2000 erfolgt der Übergang von dem 1977 eingeführten Anrechnungsverfahren zu einem klassischen Körperschaftsteuersystem, verbunden mit einer hälftigen Einkünftefreistellung auf der Ebene natürlicher Personen als Anteilseigner. Von der grundsätzlichen Anwendung des neuen Körperschaftsteuerrechts ab dem Veranlagungszeitraum 2001 (§ 34 Abs. 1 KStG) gibt es allerdings eine Vielzahl von abweichenden Spezialregelungen. Eine Besonderheit dieses Systemwechsels ist eine 15-jährige Übergangsfrist für die mit Körperschaftsteueranrechnungsguthaben belasteten Teile des verwendbaren Eigenkapitals.

2. Persönliche Steuerpflicht

124 Die Körperschaftsteuer ist aus juristischer Sicht eine „Personensteuer".

125 Körperschaftsteuerpflichtig sind insbesondere folgende juristische Personen:
- Kapitalgesellschaften (AG, KGaA, GmbH),
- Erwerbs- und Wirtschaftsgenossenschaften,
- Versicherungsvereine auf Gegenseitigkeit,
- sonstige juristische Personen des privaten Rechts,
- nicht rechtsfähige Vereine, Anstalten, Stiftungen, andere Zweckvermögen,
- Betriebe gewerblicher Art von juristischen Personen des öffentlichen Rechts.

126 Bei der persönlichen Steuerpflicht wird ähnlich der Einkommensteuerpflicht zwischen unbeschränkter (§ 1 KStG) und beschränkter (§ 2 KStG) Steuerpflicht unterschieden. Die **unbeschränkte Körperschaftsteuerpflicht** tritt ein, **wenn** diese Körperschaften ihren **Sitz oder** ihre **Geschäftsleitung** (§§ 10, 11 AO) **im Inland** haben. Die unbeschränkte Körperschaftsteuerpflicht erstreckt sich auf **sämtliche Einkünfte der Körperschaft** (§ 1 Abs. 2 KStG) (Welteinkommenprinzip). **Beschränkt körperschaftsteuerpflichtig** sind die vorstehend bezeichneten Körperschaften, Personenvereinigungen und Vermögensmassen, **wenn** sie **weder** ihre **Geschäftsleitung noch** ihren **Sitz im Inland** haben. Die beschränkte Körperschaftsteuerpflicht umfasst nur inländische Einkünfte (§ 2 KStG).

127 Für bestimmte Körperschaften sprechen die §§ 5 und 6 KStG persönliche Befreiungen aus. Diese erstrecken sich jedoch nicht auf die inländischen Einkünfte, die dem (Kapitalertrag-)Steuerabzug unterliegen (§ 5 Abs. 2 Nr. 1 KStG). Die persönliche Steuerpflicht beginnt regelmäßig mit der Gründung, bei Kapitalgesellschaften also mit dem Abschluss des Gesellschaftsvertrages bzw. der Satzung; sie endet mit der Liquidation oder Umwandlung.

3. Bemessungsgrundlagen

128 Die Bemessungsgrundlage für die Körperschaftsteuer ist gem. § 7 KStG das zu versteuernde Einkommen (im Folgenden kurz: Einkommen). Die Einkommensermittlung erfolgt nach den Vorschriften des Einkommensteuergesetzes (§ 7 KStG i.V.m. § 8 Abs. 1 KStG). Bei Steuerpflichtigen, die handelsbilanziell zur Führung von Büchern verpflichtet sind, werden alle Einkünfte als Einkünfte aus Gewerbebetrieb behandelt (§ 8 Abs. 2 KStG). In diesem Fall gilt folgendes:

körperschaftsteuerliches Einkommen = Einkünfte aus Gewerbebetrieb =
Steuerbilanzergebnis, abgeleitet aus Handelsbilanz, modifiziert nach §§ 8 ff. KStG

129 Bei der Einkommensermittlung sind insbesondere nichtabziehbare Aufwendungen außerhalb der Bilanz dem Jahresüberschuss wieder hinzuzurechnen.

130 Nichtabziehbar sind z. B.:
- satzungsgemäße Verpflichtungen der Körperschaft (§ 10 Nr. 1 KStG),
- Steuern vom Einkommen und sonstige Personensteuern, die Umsatzsteuer für Entnahmen oder verdeckte Gewinnausschüttungen sowie die Vorsteuer für nichtabzugsfähige Aufwendungen gemäß § 4 Abs. 5 EStG (§ 10 Nr. 2 KStG),
- hälftige Aufsichtsratsvergütungen (oder sonstige mit der Überwachungstätigkeit im Zusammenhang stehende Aufwendungen) (§ 10 Nr. 4 KStG).

131 Auf dieses körperschaftsteuerliche Einkommen werden die Tarifvorschriften des Körperschaftsteuergesetzes angewendet. Der im Regelfall anzuwendende **Steuersatz** beläuft sich für Veranlagungszeiträume ab 2001 (bzw. 2002, falls Wirtschaftsjahr ungleich Kalenderjahr) sowohl für ausgeschüttete als auch für einbehaltene Gewinne auf **25 %** (§ 23 Abs. 1 KStG). Die mit dem StSenkG 2000 in Kraft getretene Körperschaftsteuerreform führt aufgrund der bis zu 15 Jahre dauernden Übergangsregelungen und differenzierten Regelungen für vom Kalenderjahr abweichende Wirtschaftsjahre zu komplexen Übergangsproblemen.

132 Wenn eine positive Körperschaftsteuer festgesetzt wird, wird als **Ergänzungsabgabe auf** die **Körperschaftsteuer** der **Solidaritätszuschlag in Höhe von derzeitig 5,5 %** erhoben. Soweit Vorauszahlungen zu leisten sind, wird auf diese auch Solidaritätszuschlag erhoben. Da der Solidaritätszuschlag die Darstellung unnötig kompliziert, wird im Folgenden darauf nicht weiter eingegangen.

4. Übergang vom Anrechnungsverfahren zum Halbeinkünfteverfahren

a) Grundsätzliche Regelungen

133 Die erstmalige Anwendung des Halbeinkünfteverfahrens erfolgt auf die Gewinnausschüttungen, für die die Körperschaft keine Ausschüttungsbelastung herstellt. Im **Grundsatz** gilt, dass das **KStG neuer Fassung erstmals ab** dem **Veranlagungszeitraum 2001** anzuwenden ist (§ 34 Abs. 1 KStG). Eine **Ausnahme** davon ist die **Steuerfreiheit** von **Gewinnen** aus **Anteilsveräußerungen** einer Kapitalgesellschaft **an** einer anderen **Kapitalgesellschaft** (§ 8 b Abs. 2 KStG). Diese Regelung gilt erstmals nach Ablauf des ersten Wirtschaftsjahres, in dem das neue KStG für die Kapitalgesellschaft galt, deren Anteile veräußert wurden.

134 **Weicht** das **Wirtschaftsjahr vom Kalenderjahr ab**, so sind die Neuregelungen **erstmals** für den Veranlagungszeitraum **2002** anzuwenden, wenn das erste im Veranlagungszeitraum 2001 endende Wirtschaftsjahr vor dem 1.1.2001 beginnt (§ 34 Abs. 1 a KStG). Im Veranlagungszeitraum 2001 ist

letztmalig für ordentliche Ausschüttungen für vorangegangene Veranlagungszeiträume das Anrechnungsverfahren anzuwenden. **Im folgenden** wird aus Vereinfachungsgründen **immer** davon ausgegangen, dass das **Wirtschaftsjahr** des Körperschaftsteuerpflichtigen dem **Kalenderjahr entspricht.** In diesem Fall ist zum 31.12.2000 letztmalig eine Eigenkapitalgliederung nach altem Körperschaftsteuerrecht vorzunehmen.

Die wesentlichen Vorschriften zum Übergang vom alten zum neuen Körperschaftsteuerrecht sind in den §§ 36 bis 40 KStG zusammengefasst. Vereinfacht vollzieht er sich in den folgenden Schritten: **135**
- Bildung der Teilbeträge des verwendbaren Eigenkapitals nach altem Recht auf den 31.12.2000 und Verrechnung mit den offenen Gewinnausschüttungen in 2001 für vergangene Wirtschaftsjahre und den anderen Ausschüttungen in 2000.
- Umgliederung und Zusammenfassung der Bestände des verwendbaren Eigenkapitals, gesonderte Feststellung von EK 40, EK 02 und des sogenannten „neutralen Vermögens" (Summe des verbleibenden EK 30, EK 01, EK 03 und zukünftiger neuer Gewinnrücklagen) sowie des Körperschaftsteuerguthabens.
- Übergangsfrist von 15 Jahren, innerhalb derer für ordnungsgemäße offene Gewinnausschüttungen zuerst EK 40 als verwendet gilt. Ist noch EK 40 vorhanden, führt das zu einer Körperschaftsteuerminderung von 1/6 des Ausschüttungsbetrages. Wenn EK 02 als verwendet gilt, kann es innerhalb der Übergangsfrist auch zu Körperschaftsteuererhöhungen kommen.

b) Letztmalige Eigenkapitalgliederung und Gewinnausschüttungen in 2001

Den Beträgen des gesondert festgestellten verwendbaren Eigenkapitals (§ 47 Abs. 1 S. 1 Nr. 1 i.V.m. **136** § 30 KStG a.F.) des Vorjahres wird der Gewinn im Veranlagungszeitraum 2000 hinzugerechnet. Dabei werden 60 % aller Ergebnisteile, die einer Tarifbelastung von 40 % unterliegen, dem EK 40 hinzugerechnet (das mit 40 % belastete Eigenkapital). In EK 30 werden alle Eigenkapitalanteile, die der Ausschüttungsbelastung von 30 % unterliegen, eingestellt. Fließen der Körperschaft Vermögensmehrungen zu, die nicht mit Körperschaftsteuer belastet sind, so werden diese dem sogenannten EK 0 zugerechnet. Dabei sind vier Kategorien von EK 0 zu unterscheiden:
- EK 01: ausländische Einkünfte, die nach § 8 b KStG a.F. außer Ansatz bleiben
- EK 02: steuerfreie Erträge wie z. B. Investitionszulagen, die nicht von Wirtschaftsgütern abgesetzt wurden
- EK 03: Alteinlagen von vor 1977
- EK 04: Einlagen der Anteilseigner, die das verwendbare Eigenkapital erhöht haben, von 1977 bis zur Geltung des Halbeinkünfteverfahrens.

Gibt es Teile des Einkommens, die nicht diesen Belastungen entsprechen, z. B. durch Anrechnungen ausländischer Körperschaftsteuern, werden diese nach § 32 KStG a.F. auf die Gliederung nach § 30 KStG a.F. aufgeteilt. Weiterhin kann ein Betrag EK 45 in der Gliederung des verwendbaren Eigenkapitals vorhanden sein, der aus Gewinnen gebildet wurde, die dem bis zum 1.1.1999 gültigen Körperschaftsteuersatz von 45 % unterlagen. **137**

EK 45	EK 40	EK 30	EK 0			
			EK 01 steuerfreie ausl. Eink.	EK 02 sonstige Eink.	EK 03 Altrücklagen von vor 1977	EK 04 Einlagen

Eigenkapitalgliederung nach § 47 i.V.m. § 30 KStG a.F.

Von diesen Beträgen des verwendbaren Eigenkapitals sind die ordentlichen Gewinnausschüttungen **138** in 2001 für abgelaufene Wirtschaftsjahre (in der Regel 2000) und die verdeckten Gewinnausschüttungen sowie Vorabgewinnausschüttungen im vorangegangenen Wirtschaftsjahr (in der Regel 2000), beginnend mit den am höchsten mit Körperschaftsteuer belasteten Eigenkapitalbestandteilen (Verwendungsfiktion des § 28 Abs. 3 KStG a.F.), abzuziehen.

139 Die Körperschaftsteuer ergibt sich aus dem Körperschaftsteuertarif (i.d.R. 40 %) auf das Einkommen in 2000 und Minderungen und Erhöhungen der Körperschaftsteuer, die aus den vorgenommenen Ausschüttungen entstehen (§§ 23 Abs. 5, 27 Abs. 1 KStG a.F.), für die eine 30 %-ige Ausschüttungsbelastung herzustellen ist. Ausnahmen davon sind Ausschüttungen aus EK 01 oder EK 04. Für diese erfolgt keine Körperschaftsteuererhöhung (§ 40 Abs. 1 KStG a.F.). Minderungen und Erhöhungen der Körperschaftsteuer können nebeneinander erfolgen, beispielsweise dann, wenn ein Teil der Ausschüttungen dem EK 40/EK 45 zugeordnet werden kann (Konsequenz: Minderung der Körperschaftsteuer), ein weiterer Teil aber aus z. B. EK 02 entnommen werden muss (Konsequenz: Erhöhung der Körperschaftsteuer). Die Körperschaftsteueränderung erfolgt für den Veranlagungszeitraum, für den die Ausschüttung erfolgt.

140 Wenn eine Körperschaft in 2001 Dividenden vereinnahmt, die bei der leistenden, unbeschränkt körperschaftsteuerpflichtigen Körperschaft aus EK 45 oder EK 40 ausgeschüttet wurden, unterliegen diese Ausschüttungen einer „Nachversteuerung" (§ 34 Abs. 10 a S. 2 ff. KStG) und müssen nach Abzug der Körperschaftsteuer in EK 45 oder EK 40 eingestellt werden (§ 36 Abs. 2 S. 3 KStG).

141 Das Ergebnis ist eine Aufstellung des verwendbaren Eigenkapitals, die für die folgenden Umgliederungen maßgebend ist.

c) Umgliederung des verwendbaren Eigenkapitals

142 Zuerst sind positive Teilbeträge des EK 45 mit EK 40 und EK 02 zu verrechnen (§ 36 Abs. 3 KStG). Dabei sind 27/22 des EK 45 dem EK 40 hinzuzurechnen und 5/22 des positiven EK 45 vom EK 02 abzuziehen.[25]

143 Danach ist in den folgenden Schritten vorzugehen:
- Ist die Summe von EK 01, EK 02 und EK 03 negativ, ist die Summe in der Reihenfolge der zunehmenden Belastung von den belasteten Teilbeträgen (zuerst von EK 30 und dann von EK 40) abzuziehen (§ 36 Abs. 4 KStG).
- Ist die Summe von EK 01, EK 02 und EK 03 positiv, wird zuerst EK 01 mit EK 03 zusammengefasst und diese Summe mit EK 02 verrechnet (§ 36 Abs. 5 S. 3 KStG).
- Ist die Summe des belasteten verwendbaren Eigenkapitals (EK 45, EK 40, EK 30) negativ, wird diese Summe zuerst mit positivem EK 02 ausgeglichen. Reicht das vorhandene positive EK 02 dafür nicht aus, ist der verbleibende Negativsaldo mit der Summe aus EK 01 und EK 03 auszugleichen.

144 Nicht in die **Umgliederung** mit einbezogen wird **EK 04**. Ergebnis sind die Endbestände des EK 40, EK 30, EK 02, EK 04 und der Summe aus EK 01 und EK 03. Diese Endbestände sind getrennt auszuweisen und letztmalig gesondert festzustellen. Ergibt sich in der Schlussgliederung des verwendbaren Eigenkapitals ein positiver Teilbetrag EK 04, so ist dieser Endbestand Anfangsbestand des Einlagenkontos nach § 27 KStG (§ 39 KStG). Zudem ist auf den 31.12.2001 (bei abweichendem Wirtschaftsjahr zum Schluss des Wirtschaftsjahres 2001/2002) ein Körperschaftsteuerguthaben in Höhe von 1/6 des EK 40 – Endbestandes festzustellen (§ 37 Abs. 1 KStG).

EK 40	„neutrales Vermögen"		unbelastetes Eigenkapital	
Körperschaftsteuerguthaben	EK 30	Summe EK 01 + 03	EK 02	Einlagenkonto nach § 27 KStG

Eigenkapitalgliederung in der Übergangsfrist

---

[25] Obwohl bei der Umgliederung das Körperschaftsteueranrechnungspotential in der Summe erhalten bleibt, verschlechtert sich die Liquiditätssituation der Gesellschaft, da das Körperschaftsteuerminderungspotential verringert wird. Bei fehlendem positiven EK 02 wird definitiv Anrechnungsguthaben vernichtet.

d) Gewinnausschüttungen innerhalb der 15-jährigen Übergangsfrist

Nimmt die Gesellschaft innerhalb der Übergangsfrist bis 2016 Ausschüttungen vor, legen die Vorschriften der §§ 27 Abs. 1 und 2, 37 Abs. 1 und 2 und 38 Abs. 1 und 2 KStG folgende Verwendungsreihenfolge fest:

1. Zuerst gelten Rücklagen aus EK 40 als verwendet, es kommt zu einer Körperschaftsteuerminderung jeweils um 1/6 der Gewinnausschüttungen.
2. Danach sogenanntes „neutrales Vermögen", das sind Rücklagen aus den Gewinnen ab dem Veranlagungszeitraum 2001 und Altrücklagen aus EK 30 und der Summe aus EK 01 und EK 03.
3. Altrücklagen aus EK 02. EK 02 gilt als verwendet, wenn die Summe der Ausschüttungen größer als der in § 38 Abs. 1 S. 5 ff. KStG definierte Unterschiedsbetrag ist. Der Unterschiedsbetrag errechnet sich nach folgendem Schema:

Eigenkapital laut Steuerbilanz – Gezeichnetes Kapital	Bestand des steuerlichen Einlagenkontos + Bestand EK 02
= Betrag A	= Betrag B
Betrag A – Betrag B = Unterschiedsbetrag	
Summe der Leistungen – Unterschiedsbetrag = für Ausschüttung verwendetes EK 02	

Die Körperschaftsteuererhöhung beträgt 3/7 des EK 02-Betrages, der für die Ausschüttung als verwendet gilt.

4. Zuletzt gilt das steuerliche Einlagenkonto als verwendet.

Die Körperschaftsteuerminderung tritt in dem Veranlagungszeitraum ein, in dem die Ausschüttung erfolgt. Körperschaftsteuerminderungen sind nur aufgrund offener Gewinnausschüttungen möglich (§ 37 Abs. 2 KStG). Körperschaftsteuererhöhungen sind auch aufgrund verdeckter Gewinnausschüttungen möglich. Die 15-jährige Übergangsfrist ist wirtschaftsjahrbezogen („letztmalig in dem Veranlagungszeitraum, in dem das 15. Wirtschaftsjahr endet"), siehe hierzu § 37 Abs. 2 KStG. Wenn nach Ablauf der Übergangsfrist noch Körperschaftsteuerguthaben vorhanden ist, geht es verloren. Ab demselben Zeitpunkt endet auch die Nachversteuerung bei Ausschüttungen aus EK 02.

Eine Sonderregelung besteht für Gewinnausschüttungen zwischen Kapitalgesellschaften. Wenn die Ausschüttungen nach § 8 b Abs. 1 KStG bei der empfangenden Gesellschaft steuerbefreit sind und bei der ausschüttenden Gesellschaft zu einer Körperschaftsteuerminderung geführt haben, erhöhen sich bei der empfangenden Körperschaft die Körperschaftsteuer und das Körperschaftsteuerguthaben (§ 37 Abs. 3 KStG). Damit wird bezweckt, dass eine endgültige Körperschaftsteuerminderung erst bei einer Ausschüttung an einkommensteuerpflichtige Anteilseigner erfolgen kann.

„neutrales Vermögen" Gewinnrücklagen		Einlagenkonto nach § 27 KStG (nicht in das Nennkapital geleistete Einlagen)
Ausschüttungen Anteilseigner		Rückgewähr steuerfrei (§ 20 Abs. 1 Nr. 1 Satz 3 EStG, wenn nicht aufgrund anderer Vorschriften (z. B. § 17 EStG) steuerpflichtig)
natürliche Personen	Kapitalgesellschaften	
steuerpflichtig (§ 20 Abs. 1 EStG)	steuerfrei (§ 8 b Abs. 1 KStG)	

Eigenkapitalgliederung nach Ablauf der Übergangsfrist

e) Das körperschaftsteuerliche Anrechnungsverfahren in 2001[26]

148 Im Veranlagungszeitraum **2001** gilt aufgrund **ordnungsgemäßer Gewinnverteilungsbeschlüsse** vorgenommener Ausschüttungen für **abgelaufene Veranlagungszeiträume letztmals** das **Körperschaftsteueranrechnungsverfahren**. Sind die **Anteilseigner natürliche Personen,** haben diese die Bardividenden (§ 20 Abs. 1 Nr. 1 EStG) und das darauf entfallende Körperschaftsteuerguthaben in Höhe von 30/70 der Bardividende (§ 52 Abs. 36 und Abs. 50 b EStG i.V.m. §§ 20 Abs. 1 Nr. 3, 36 EStG a.F.) als Einkünfte aus Kapitalvermögen mit ihrem persönlichen Steuersatz zu versteuern. Die von der Kapitalgesellschaft getragene 30 %-ige Ausschüttungs-Körperschaftsteuer und gezahlte Kapitalertragsteuer sind bereits gezahlte Einkommensteuervorauszahlungen, die mit der Einkommensteuerschuld verrechnet oder gegebenenfalls erstattet werden.

149 Erfolgen in **2001 Vorabausschüttungen** oder **verdeckte Gewinnausschüttungen**, werden diese bei natürlichen Personen als Anteilseigner nach dem **Halbeinkünfteverfahren** versteuert. **Ab dem Veranlagungszeitraum 2002** ist für **alle Ausschüttungen** an natürliche Personen als Anteilseigner immer das **Halbeinkünfteverfahren** maßgebend. Das gilt auch dann, wenn die Ausschüttung bei der ausschüttenden Kapitalgesellschaft zu Körperschaftsteuerminderungen aufgrund vorhandenen Körperschaftsteuerguthabens führt.

150 Sind die **Anteilseigner Kapitalgesellschaften**, gilt **im Regelfall** ebenfalls das **Anrechnungsverfahren** (§ 49 Abs. 1 KStG a.F. = § 31 Abs. 1 KStG). Zu **beachten** ist aber die **Nachversteuerung** nach § 34 Abs. 10 a S. 2 ff. KStG (siehe hierzu auch Umgliederung des verwendbaren Eigenkapitals), wenn die Ausschüttungen aus EK 45 oder EK 40 erfolgten.

5. Das Halbeinkünfteverfahren

151 Das Halbeinkünfteverfahren ist ein klassisches Körperschaftsteuersystem (Definitivbelastung von einheitlich 25 % Körperschaftsteuer auf der Ebene der Kapitalgesellschaft), verbunden mit einer hälftigen Freistellung der den natürlichen Personen als Anteilseigner zufließenden Einkünfte (§ 3 Nr. 40 S. 1 Buchst. d EStG i.V.m. § 20 Abs. 1 Nr. 1 EStG). Mit der hälftigen Einkünftefreistellung verbunden ist die Versagung des hälftigen Betriebsausgaben- oder Werbungskostenabzugs (§ 3 c Abs. 1 EStG). Um auf der Ebene der Kapitalgesellschaft Mehrfachbelastungen mit Körperschaftsteuer zu vermeiden, sind die Erträge aus Beteiligungen an anderen Kapitalgesellschaften von der Steuer freigestellt (§ 8 b Abs. 1 KStG). Mit der Ertragsfreistellung verbunden ist die Steuerfreistellung von Gewinnen aus der Veräußerung von Anteilen an anderen Kapitalgesellschaften. Ausgenommen davon sind bestimmte Fälle, in denen Behaltefristen von sieben Jahren zu beachten sind (vgl. § 8 b Abs. 2 und 4 KStG).

152 **Erstmals anzuwenden** ist das neue Körperschaftsteuerrecht bei **Übereinstimmung** von **Kalender- und Wirtschaftsjahr** ab dem Veranlagungszeitraum **2001**. Stimmen Wirtschaftsjahr und Kalenderjahr nicht überein, gelten die Neuregelungen ab dem Veranlagungszeitraum 2002, wenn das erste im Veranlagungszeitraum 2001 endende Wirtschaftsjahr vor dem 1.1.2001 beginnt (§ 34 Abs. 1 und Abs. 1 a KStG).

153 Die Steuerfreistellung für Dividenden aus der Beteiligung an anderen Kapitalgesellschaften gilt erstmals für Ausschüttungen aufgrund ordentlicher Gewinnverteilungsbeschlüsse in 2002 (bei abweichendem Wirtschaftsjahr der ausschüttenden Gesellschaft erstmals nach Ablauf des ersten Wirtschaftsjahres, das nach dem 1.1.2001 begonnen hat).

---

26 Wirtschaftsjahr = Kalenderjahr der ausschüttenden Körperschaft.

a) Besteuerung von natürlichen Personen oder Personengesellschaften als Anteilseigner

Beziehen natürliche Personen oder Personengesellschaften Dividendeneinnahmen oder andere Bezüge im Sinne des § 20 EStG von Kapitalgesellschaften, werden diese nach dem sogenannten Halbeinkünfteverfahren besteuert. Das gilt auch dann, wenn die Bezüge zu anderen Einnahmen im Sinne des Einkommensteuergesetzes gerechnet werden (z. B. Einkünfte aus Gewerbebetrieb). Dieses Verfahren ist nicht in einem Paragraphen geregelt, sondern ergibt sich aus dem Zusammenwirken der Vorschriften der §§ 20 Abs. 1, 3 Nr. 40 und 3 c Abs. 1 EStG. Danach werden insbesondere Einkünfte nach § 20 Abs. 1 Nr. 1 EStG (Dividenden und sonstige Bezüge aus Gesellschaftsrechten von Kapitalgesellschaften) nur mit der Hälfte der Einnahmen angesetzt (§ 3 Nr. 40 EStG).

154

Damit verbunden ist aber, dass alle mit den Einnahmen in Zusammenhang stehenden Ausgaben (z. B. Betriebsausgaben, Werbungskosten, Veräußerungskosten, Anschaffungs- und Herstellungskosten) auch nur mit der Hälfte abgesetzt werden können (§ 3 c Abs. 1 EStG). Kapitalertragsteuer wird auf den vollen Betrag der Einnahmen erhoben. Die folgende Darstellung verdeutlicht das Zusammenwirken der Körperschaftsteuer mit den Regelungen der Einkommensteuer.

155

Schema Halbeinkünfteverfahren

zu versteuerndes Einkommen § 7 KStG (Gewinn der Kapitalgesellschaft vor KSt)[27]				100
./. Körperschaftsteuer (Tarifbelastung 25 %, § 23 Abs. 1 KStG)				./. 25
./. Solidaritätszuschlag (5,5 % KSt-Schuld, § 3 Abs. 1 Nr. 1 SolZG)				./. 1,38
= Dividende = Gewinn nach Körperschaftsteuer				= 73,62
./. Kapitalertragsteuer (20 % der Bar-Dividende, § 43 a Abs. 1 Nr. 1 EStG)				./. 14,72
./. SolZ auf KapErtrSt (5,5 % auf 14,72, § 3 Abs. 1 Nr. 5 SolZG)				./. 0,81
tatsächlich gezahlte Dividende (Nettodividende)				58,09
tatsächlich gezahlte Dividende (Nettodividende)				58,09
+ einbehaltene KapErtrSt				+ 14,72
+ einbehaltener SolZ auf KapErtrSt				+ 0,81
= Dividende (Bruttodividende) (Einnahmen im Sinne von § 20 Abs. 1 Nr. 1 EStG)				= 73,62
zu versteuern sind 50 % (§ 3 Nr. 40 Buchst. d EStG)				36,81
Steuersatz		0 %	30 %	48,5 %
zu versteuernde Einnahmen		36,81	36,81	36,81
darauf zu entrichtende Einkommensteuer		0	11,04	17,85
SolZ auf Einkommensteuer		0,00	0,61	0,98
anrechenbare KapErtrSt (§ 36 Abs. 2 Nr. 2 EStG)		14,72	14,72	14,72
anrechenbarer SolZ		0,81	0,81	0,81
ESt-Zahlung (-) / Erstattung (+)		+ 15,53	+ 3,88	- 3,30
Dividende nach Steuer		73,62	61,97	54,79
prozentuale Steuerbelastung		26,4 %	38,0 %	45,2 %

(Ebene Kapitalgesellschaft / Ebene Anteilseigner)

Das Halbeinkünfteverfahren ist für alle Ausschüttungen, sowohl offene als auch verdeckte Gewinnausschüttungen, anzuwenden. Ausdrücklich von der Einkommensteuer freigestellt wird die Rückgewähr von Einlagen aus dem Einlagekonto nach § 27 KStG (§ 20 Abs. 1 S. 3 EStG). Das Halbeinkünfteverfahren gilt auch für ausländische Dividenden. Bei ausländischen Dividenden muss aber nachgewiesen werden, dass diese bereits mit einer vergleichbaren ausländischen Körperschaftsteuer belastet worden sind.

156

---

[27] Nach Gewerbesteuer.

b) Besteuerung von Kapitalgesellschaften als Anteilseigner

157 In- und ausländische Ausschüttungen an inländische Kapitalgesellschaften sind ohne Rücksicht auf eine bestimmte Beteiligungshöhe und Mindestbesitzzeit von der Körperschaftsteuer befreit (§ 8 b Abs. 1 KStG). Diese Vorschrift gilt ab dem Veranlagungszeitraum 2002 (§ 34 Abs. 6 d Nr. 1 KStG) und soll eine Mehrfachbelastung mit Körperschaftsteuer in einer Beteiligungskette vermeiden. Die Steuerfreiheit tritt auch dann ein, wenn die Körperschaft nicht unmittelbar, sondern nur mittelbar z. B. über eine Personengesellschaft an einer Kapitalgesellschaft beteiligt ist (§ 8 b Abs. 6 KStG). Von der Körperschaftsteuer befreit sind alle Bezüge im Sinne von § 20 Abs. 1 Nr. 1, 2, 9 und 10 Buchst. a EStG, also auch verdeckte Gewinnausschüttungen.

158 Ebenfalls steuerfrei gestellt sind die Gewinne aus der Veräußerung in- und ausländischer Beteiligungen (§ 8 b Abs. 2 KStG), unabhängig von einer Mindestbeteiligung und einer Mindestbehaltefrist.[28] Diese Regelung gilt genauso wie die Steuerbefreiung für Dividenden im Regelfall ab dem Veranlagungszeitraum 2002. Sind die Anteile sogenannte „einbringungsgeborene" Anteile im Sinne von § 21 UmwStG oder erfolgte der Erwerb von einer natürlichen Person unter dem Teilwert, gilt die Steuerfreiheit nur, wenn zwischen Erwerb und Veräußerung ein Zeitraum von mehr als sieben Jahren vorlag. Befreit sind, genauso wie bei Ausschüttungen, alle Veräußerungsgewinne, die beim Empfänger zu Einkünften aus Kapitalvermögen führen. Die Befreiung erstreckt sich auch auf vergleichbare Gewinnrealisierungstatbestände wie z. B. Auflösung oder Herabsetzung des Nennkapitals.

159 Da diese Bezüge bei der Ermittlung des zu versteuernden Einkommens außer Ansatz bleiben, gilt die Steuerfreistellung auch für die Gewerbesteuer (§ 7 S. 2 GewStG).

6. Die Problematik verdeckter Gewinnausschüttungen (VGA)

a) Inhalt des § 8 Abs. 3 S. 2 KStG

160 Ist nach § 8 Abs. 3 S. 2 KStG bei einer Kapitalgesellschaft eine – durch das Verhältnis zu ihren Gesellschaftern veranlasste – Vermögensminderung eingetreten oder eine Vermögensmehrung verhindert worden und hat sich dieser Umstand auf die Höhe ihres Einkommens ausgewirkt, ohne dass eine offene Gewinnausschüttung vorliegt, so ist diese VGA dem Einkommen der Kapitalgesellschaft wieder hinzuzurechnen. Die VGA braucht nicht notwendigerweise mit einer Bereicherung des Gesellschafters zu korrespondieren, weder sachlich noch betragsmäßig noch zeitlich. Im Regelfall liegt jedoch ein Vermögensvorteil vor, den der Gesellschafter außerhalb der gesellschaftsrechtlichen Gewinnverteilung von der Kapitalgesellschaft erhalten hat. Bei beherrschenden Gesellschaftern ist eine VGA schon dann anzunehmen, wenn es an einer klaren und von vornherein abgeschlossenen Vereinbarung über Art und Höhe des Entgeltes für deren Leistungen für die Kapitalgesellschaft fehlt. Für die Fälle der Fremdkapitalhingabe durch bestimmte Gesellschafter der Kapitalgesellschaft enthält § 8 a KStG detaillierte Regelungen.

b) Kriterien für VGA in den Hauptfällen

161 Auch nach dem neuen deutschen Körperschaftsteuerrecht spielen VGA weiter eine Rolle. Zwei Kriterien für die Annahme von VGA in den Hauptfällen gleichzeitiger Vermögensminderungen bei der Gesellschaft und Vermögensmehrungen bei einem oder mehreren Gesellschaftern lassen sich ableiten:
- Es muss sich um eine Erfolgsminderung bei der Kapitalgesellschaft handeln.
- Es muss sich um einen Vorteil handeln, der Gesellschaftern der Kapitalgesellschaft mit Rücksicht auf das Gesellschaftsverhältnis zugute kommt.

---

28 Ausgenommen sind Anteile, die bei Banken dem Eigenhandel zuzuordnen sind, § 8 b Abs. 7 KStG.

162 Die Gesellschafter einer Kapitalgesellschaft können zu ihrer Unternehmung nicht nur Beziehungen gesellschaftsrechtlicher Natur, sondern auch schuld- und sachenrechtlicher Natur aufnehmen. Aus dieser Vermischung entstehen die Hauptfälle der VGA.

163 Wenn nun zwischen Gesellschaft und Gesellschaftern ein Leistungsaustausch stattfindet, bei dem Leistung und Gegenleistung sich entsprechen, bleibt dieser Vorgang außerhalb des Gesellschafter-Gesellschaft-Verhältnisses. Besteht aber ein offenkundiges Missverhältnis zwischen Leistung und Gegenleistung zugunsten des Gesellschafters, bereichert sich der Gesellschafter also zulasten der Gesellschaft, dann liegt der Ursprung hierfür im Gesellschaftsverhältnis, und es handelt sich insoweit um eine VGA.

164 Maßgröße ist das Missverhältnis. Die Rechtsprechung wendet als Maßstab das Entgelt an, das ein ordentlicher und gewissenhafter Geschäftsführer der Kapitalgesellschaft einem fremden Dritten (= Nichtgesellschafter) für die gleiche Leistung bezahlt hätte. Immer dann, wenn ein ordentlicher und gewissenhafter Geschäftsleiter einem Nichtgesellschafter die strittigen Vorteile nicht oder nicht in dieser Höhe gewährt hätte, ist eine VGA anzunehmen. Die Rechtsprechung hat außerdem stets dann VGA angenommen, wenn ein (allein oder mit anderen) beherrschender Gesellschafter Vergütungen für Leistungen erhält, deren Höhe nicht von vornherein klar und eindeutig festgelegt war; insoweit werden – zur Einschränkung von Abgrenzungsproblemen – erhöhte Verdeutlichungspflichten gefordert.

165 VGA sind nicht davon abhängig, ob in dem betreffenden Veranlagungszeitraum die Kapitalgesellschaft tatsächlich (vor oder nach Berücksichtigung dieser Hinzurechnung) einen Gewinn erzielt hat; es muss lediglich eine Erfolgsminderung eingetreten sein, die nicht durch den Betrieb, sondern durch das Gesellschaftsverhältnis veranlasst ist. Es ist auch nicht erforderlich, dass der unmittelbare Empfänger des Vorteils selbst Gesellschafter ist. Es können vielmehr auch Nichtgesellschafter unmittelbare Empfänger einer VGA sein, wenn die Vorteilszuwendung an sie auf Veranlassung oder zugunsten eines Gesellschafters erfolgt.[29]

c) Die Behandlung der verdeckten Gewinnausschüttung bei Gesellschaft und Gesellschafter

166 Soweit durch VGA das steuerliche Ergebnis der Kapitalgesellschaft gemindert worden ist, muss diese Minderung durch Zurechnung korrigiert werden. Die Zurechnung erfolgt grundsätzlich unabhängig von der Behandlung beim begünstigten Gesellschafter. Hieraus können sich eine Erhöhung der Gewerbesteuer und der Körperschaftsteuer ergeben. VGA berühren innerhalb der 15-jährigen Übergangsfrist nicht das Körperschaftsteuerguthaben, da Körperschaftsteuerminderungen einen auf gesellschaftsrechtlichen Vorschriften entsprechenden Ausschüttungsbeschluss voraussetzen.

167 Beim Gesellschafter liegen in der Regel „sonstige Bezüge" nach § 20 Abs. 1 Nr. 1 S. 2 EStG und damit, wenn nicht gem. § 20 Abs. 3 EStG eine andere Einkunftsart vorrangig ist, Einkünfte aus Kapitalvermögen vor. Diese werden nach dem Halbeinkünfteverfahren versteuert, eventuell zu viel gezahlte Einkommensteuer wird zurückerstattet.

7. Festsetzung, Veranlagung und Entrichtung der Körperschaftsteuer

168 Die festzusetzende Körperschaftsteuer resultiert aus der tarifmäßigen Körperschaftsteuer und innerhalb des 15-jährigen Übergangszeitraumes aus Minderungen und Erhöhungen.

169 Bei offenen, den gesellschaftsrechtlichen Vorschriften entsprechenden Gewinnausschüttungen werden die Körperschaftsteuerminderungen in dem Veranlagungszeitraum berücksichtigt, in dem die

---

[29] Vgl. *Rose*, a.a.O., S. 147 f.

Ausschüttung erfolgt. Verdeckte Gewinnausschüttungen können nicht zu einer Körperschaftsteuerminderung führen. Auf die Veranlagung sowie die Anrechnung, Entrichtung und Vergütung der Körperschaftsteuer sind gem. § 31 Abs. 1 KStG die für die Einkommensteuer geltenden Vorschriften entsprechend anzuwenden. Die Körperschaftsteuerpflichtigen haben eine Körperschaftsteuererklärung abzugeben. Das Finanzamt setzt die Körperschaftsteuer bzw. Körperschaftsteuererstattung durch Steuerbescheid fest und rechnet darauf schließlich die folgenden Leistungen an, die die Kapitalgesellschaft erbracht hat oder die für ihre Rechnung erbracht worden sind:
- die Vorauszahlungen auf die Körperschaftsteuer des Veranlagungszeitraumes,
- die durch Abzug einbehaltenen Kapitalertragsteuern, soweit es sich nicht um „Kuponsteuern" handelt (mit deren Entrichtung die gesamte Körperschaftsteuer für die entsprechenden Zinserträge abgegolten ist).

170 Nach Abzug der Anrechnungsbeträge ergibt sich in der Regel entweder eine Pflicht zur Abschlusszahlung oder ein Anspruch auf Erstattung überzahlter Beträge. Die Vorauszahlungen auf die Körperschaftsteuer sind zu den gleichen Terminen wie die Vorauszahlungen auf die Einkommensteuer zu leisten.

IV. Gewerbesteuer

1. Der Steuergegenstand der Gewerbesteuer

171 Die Gewerbesteuer ist eine sogenannte Realsteuer oder Objektsteuer, deren Aufkommen nach Art. 106 Nr. 6 GG den Gemeinden zusteht. Bund und Länder sind daran jedoch durch eine Umlage beteiligt. Bei den „Realsteuern" steht nicht eine Person, sondern ein Gegenstand im Mittelpunkt des steuerlichen Interesses.[30] Steuergegenstand der Gewerbesteuer ist nach § 2 Abs. 1 GewStG „jeder stehende Gewerbebetrieb, soweit er im Inland betrieben wird". Der Gewerbesteuer unterliegen:
- Gewerbebetriebe kraft Betätigung,
- Gewerbebetriebe kraft Rechtsform,
- Gewerbebetriebe kraft wirtschaftlichen Geschäftsbetriebs.

172 § 3 GewStG befreit bestimmte Gewerbebetriebe von der Gewerbesteuer, z. B.:
- die „Förderbanken" des Bundes und der Länder,
- Körperschaften mit Gemeinnützigkeitsstatus (§§ 51–68 AO), bis auf ihren wirtschaftlichen Geschäftsbetrieb.

173 Als selbständiger Gewerbebetrieb gilt nicht die Tätigkeit von Arbeitsgemeinschaften, deren alleiniger Zweck in der Erfüllung eines Werk- oder Werklieferungsvertrages besteht (§ 2 a GewStG). Die Betriebsstätten der ARGE gelten anteilig als Betriebsstätten der Beteiligten.

174 Die Gewerbesteuer ist eine „deutsche Besonderheit", sie stellt eine zusätzliche Belastung „gewerblicher" unternehmerischer Betätigung dar. Als „Ausgleichsmaßnahme" wird im Rahmen der Einkunftsbesteuerung natürlicher Personen und Personengesellschaften eine pauschale Anrechnung des 1,8-fachen des Gewerbesteuermessbetrages auf die Einkommensteuerschuld für die der Gewerbesteuer unterliegenden Einkünfte gewährt (§ 35 EStG).

a) Gewerbebetriebe kraft Betätigung

175 Korrespondierend mit § 15 Abs. 2 EStG ist jede selbständige, nachhaltige, mit Gewinnabsicht (und sei es im Nebenzweck) unternommene Betätigung, die sich als Beteiligung am allgemeinen wirtschaftlichen Verkehr darstellt, als Gewerbebetrieb anzusehen.

---

30 Vgl. *Rose*, a. a. O., S. 191.

Ausnahmen sind die Ausübung der Land- und Forstwirtschaft, die Ausübung einer selbständigen Tätigkeit und die Betätigung im Rahmen einer privaten Vermögensverwaltung (vgl. dazu Abschn. 11 GewStR).

176

Diese so charakterisierten Gewerbebetriebe werden im steuerlichen Sprachgebrauch als „Gewerbebetriebe kraft Betätigung" bezeichnet. Regelmäßig ist mit der bei der Einkommensteuerveranlagung getroffenen Feststellung, dass eine Person Einkünfte gemäß § 15 EStG erzielt, zugleich das Vorliegen eines Gewerbebetriebes im Sinne des GewStG erfüllt, wenn diese Einkünfte wenigstens teilweise aus einer **inländischen** Betriebsstätte resultieren. Eine Ausnahme besteht hinsichtlich der Verpachtung eines Gewerbebetriebes. Auch wenn der Verpächter keine Betriebsaufgabe erklärt hat, unterliegen die Pachteinnahmen nicht der Gewerbesteuer.

177

b) Gewerbebetriebe kraft Rechtsform

Stets und **in vollem Umfang** als Gewerbebetrieb gilt die Tätigkeit der Kapitalgesellschaften, der Erwerbs- und Wirtschaftsgenossenschaften und der Versicherungsvereine auf Gegenseitigkeit. Diese juristischen Personen sind auch dann gewerbesteuerpflichtig, wenn sie freiberufliche Tätigkeiten ausführen (z. B. Architektur-GmbH). Bei ihnen ist aber die Voraussetzung der Selbständigkeit zu prüfen. Für die Betriebe von Personengesellschaften ergeben sich aus § 15 Abs. 3 EStG ferner zwei Besonderheiten:

178

- Wenn sich eine Personengesellschaft (wenn auch nur in geringem Umfang) im Sinne des § 15 Abs. 1 Nr. 1 EStG gewerblich betätigt, gilt sie in vollem Umfang als Gewerbebetrieb (sogenannte „gewerblich infizierte Personengesellschaft").
- Eine „gewerblich geprägte Personengesellschaft" (§ 15 Abs. 3 Nr. 2 EStG) ist ohne Rücksicht auf ihre tatsächliche Betätigung als Gewerbebetrieb anzusehen.

c) Gewerbebetriebe kraft wirtschaftlichen Geschäftsbetriebs

Juristische Personen des privaten Rechts, die keine Kapitalgesellschaften, Erwerbs- und Wirtschaftsgenossenschaften oder Versicherungsvereine auf Gegenseitigkeit sind, sowie nicht rechtsfähige Vereine unterliegen nach § 2 Abs. 3 GewStG für ihren wirtschaftlichen Geschäftsbetrieb, ausgenommen Land- und Forstwirtschaft, der Gewerbesteuer. In diesem Fall beschränkt sich die Gewerbesteuerpflicht auf den wirtschaftlichen Geschäftsbetrieb, der von den sonstigen Aktivitäten des Gesamtgebildes getrennt werden muss.

179

d) Betriebsstätten

Nur im Inland befindliche Gewerbebetriebe unterliegen der Gewerbesteuer. Berechtigt zur Erhebung der Gewerbesteuer sind die Gemeinden, in denen eine Betriebsstätte unterhalten wird (§ 4 GewStG). Definiert wird die Betriebsstätte in § 12 AO als „jede feste Einrichtung oder Anlage, die der Tätigkeit des Unternehmens dient". Betriebsstätten sind auch Bauausführungen oder Montagen, wenn eine einzelne Bauausführung oder Montage länger als sechs Monate dauert (§ 12 S. 2 Nr. 8 AO; vgl. hierzu auch Abschn. 22 Abs. 3 GewStR). Werden mehrere Einzelmaßnahmen zeitlich nebeneinander durchgeführt, liegt eine Betriebsstätte für alle Bauausführungen oder Montagen bereits vor, wenn nur eine Bauausführung länger als sechs Monate dauert. Bestehen mehrere inländische Betriebsstätten oder erstreckt sich eine Betriebsstätte über mehrere Gemeinden, so sind die Besteuerungsgrundlagen im Wege der „Zerlegung" aufzuteilen (Zerlegungsmaßstab sind die Lohnsummen, vgl. dazu den Punkt Zerlegung).

180

2. Der Gewerbeertrag

Gewerbeertrag ist der nach den Vorschriften des Einkommensteuergesetzes (für Einzelkaufleute oder Personengesellschaften) oder des Körperschaftsteuergesetzes (für Kapitalgesellschaften und andere juristische Personen) zu ermittelnde Gewinn des Gewerbebetriebes, der entsprechend dem

181

§ 8 GewStG (Hinzurechnungen) und § 9 GewStG (Kürzungen) zu modifizieren ist. Das heißt nicht, dass der für die Einkommensteuer- oder Körperschaftsteuerveranlagung ermittelte Gewinn ungeprüft maßgebend ist, sondern nur, dass dieser Gewinn nach den einkommensteuerlichen oder körperschaftsteuerlichen Regelungen zu ermitteln ist. Maßgebend ist dabei der im laufenden Gewerbebetrieb entstehende Erfolg (kein außerordentlicher Gewinn aus der Veräußerung von Betrieben oder Teilbetrieben).

3. Der Gewerbeverlust

182 Der maßgebende Gewerbeertrag (§§ 7 bis 10 GewStG) wird um den eventuellen gewerbesteuerlichen „Fehlbetrag" vorangegangener Erhebungszeiträume gekürzt. Ein verbleibender Fehlbetrag ist gem. § 10 a GewStG gesondert festzustellen. Gewerbesteuerlich ist immer nur ein (zeitlich unbegrenzter) Verlustvortrag, aber kein Verlustrücktrag möglich. Voraussetzung dafür ist eine **Unternehmens- und Unternehmergleichheit**. So führt ein Wechsel einzelner Gesellschafter einer Personengesellschaft zu einer anteiligen Versagung des gewerbesteuerlichen Verlustvortrages. Genauso können die Gewerbesteuerverluste eines Gewerbebetriebes nicht mit den Gewerbesteuergewinnen eines anderen Gewerbebetriebes desselben Inhabers ausgeglichen werden (ausgenommen, es besteht eine gewerbesteuerliche Organschaft).

4. Wichtige Hinzurechnungen (§ 8 GewStG)

a) Dauerschuldzinsen (§ 8 Nr. 1 GewStG)

183 Sie sind das wichtigste Element der gewerbesteuerlichen Hinzurechnungsvorschriften. Danach sind **50 %** der bei der Ermittlung des Gewerbeertrags abgezogenen „Entgelte" (Zinsen, Disagio, gewinnabhängige Komponenten) für solche Schulden, die wirtschaftlich mit der Gründung, dem Erwerb oder der Erweiterung eines Betriebes zusammenhängen oder nicht nur vorübergehend der Stärkung des Betriebskapitals dienen, dem Gewinn hinzuzurechnen (sogenannte **Dauerschuldzinsen**). Grob verallgemeinert wird jede längerfristige Finanzierung (das heißt mit einer Laufzeit von mehr als 12 Monaten, jedoch widerlegbar) als Dauerschuld betrachtet. Aber auch den Kredit-Bodensatz im Rahmen von Kontokorrent-Krediten sieht die Finanzverwaltung als „Dauerschulden" an. Bestimmend dabei ist der niedrigste negative Schuldenstand an insgesamt acht Tagen im Jahr (im einzelnen: Abschn. 45 Abs. 7 GewStR). Für Kreditinstitute besteht davon eine Ausnahmeregelung (§ 19 GewStDV).

b) Gewinnanteile stiller Gesellschafter (§ 8 Nr. 3 GewStG)

184 Diese sind nur anzusetzen, wenn es sich um eine typische stille Beteiligung (keine Beteiligung an den Wertsteigerungen des Betriebsvermögens) handelt und wenn die Anteile sich nicht in einem inländischen gewerblichen Betriebsvermögen befinden (in diesem Fall werden diese dort der Gewerbesteuer unterworfen).

c) Miet- und Pachtzinsen (§ 8 Nr. 7 GewStG)

185 Miet- und Pachtzinsen für Wirtschaftsgüter des Anlagevermögens (nicht für Grundbesitz sowie Wirtschaftsgüter des Umlaufvermögens) sind nur dann **hälftig** hinzuzurechnen, wenn die Beträge:
- beim Vermieter nicht der Gewerbeertragsteuer unterliegen (z. B. ausländischer oder privater Vermieter) oder
- ein gesamter Betrieb (Teilbetrieb) vermietet wird und die jährlichen Mietzahlungen 250.000 DM übersteigen (in diesem Fall besteht eine korrespondierende Kürzungsvorschrift für den Vermieter).

Alle Hinzurechnungen bezwecken eine Zuordnung der Besteuerungsgrundlagen auf bestimmte hebeberechtigte Gemeinden (die Gewerbesteuer ist eine wichtige Finanzquelle der Gemeinden).

d) Verlustanteile an in- und ausländischen Mitunternehmergemeinschaften (§ 8 Nr. 8 GewStG)

Im Gegensatz zur Einkommensteuer ist bei der Gewerbesteuer eine gewerbliche Mitunternehmerschaft selbst Steuergegenstand. Deswegen werden im Rahmen der Gewinnermittlung berücksichtigte Verluste aus Beteiligungen an „gewerblichen" Personengesellschaften wieder hinzugerechnet, da diese Verluste aus einem „fremden" (gewerbesteuerpflichtigen) Betrieb stammen und bei diesem berücksichtigt werden sollen. Die Hinzurechnungen sind entsprechend der steuerlichen einheitlichen Gewinnfeststellung vorzunehmen. Für Gewinne aus Beteiligungen an Personengesellschaften existiert eine korrespondierende Kürzungsvorschrift, um eine gewerbesteuerliche Doppelbesteuerung zu vermeiden.

5. Wichtige Kürzungen (§ 9 GewStG)

a) Grundbesitzabzüge (§ 9 Nr. 1 GewStG)

Beim Gewerbeertrag sind 1,2 % des (eventuell um 40 % zu erhöhenden) Einheitswertes der Betriebsgrundstücke pauschal abzugsfähig, weil Grundbesitz bereits mit Grundsteuer belastet ist. Für Grundstücksunternehmen oder Wohnungsbauunternehmen ist der Teil des Gewerbeertrages, der auf die Verwaltung oder Nutzung eigenen Grundbesitzes entfällt, auf Antrag vollständig abzugsfähig (vgl. § 9 Nr. 1 S. 2–5 GewStG sowie Abschn. 60 GewStR).

b) Gewinnanteile an in- und ausländischen Mitunternehmergemeinschaften (§ 9 Nr. 2 GewStG)

Siehe hierzu: Verlustanteile an in- und ausländischen Mitunternehmergemeinschaften.

c) Schachtelerträge (§ 9 Nr. 2 a GewStG)

Dividenden und andere Ausschüttungen aus Beteiligungen an Kapitalgesellschaften sind Bestandteil des gewerblichen Gewinns. Zur Vermeidung von Mehrfachbesteuerung werden die (offen oder verdeckt) ausgeschütteten Gewinne von Beteiligungen wieder vom Gewinn gekürzt. Die Beteiligung von mindestens 10 % muss zum Beginn des Erhebungszeitraumes (Kalenderjahr) bestehen (vgl. aber auch Abschn. 61 GewStR). Die Kürzung ist nur zulässig, wenn die Beteiligungserträge von einer nicht steuerbefreiten Kapitalgesellschaft, Körperschaft öffentlichen Rechts oder Erwerbs- und Wirtschaftsgenossenschaft zufließen. Für bestimmte Beteiligungen von mindestens 10 % an ausländischen Kapitalgesellschaften bestehen ebenfalls Kürzungsmöglichkeiten, vgl. hierzu im einzelnen § 9 Nr. 7 und 8 GewStG.

d) Anteile nicht im Inland belegener Betriebsstätten (§ 9 Nr. 3 GewStG)

Der gesamte Gewerbeertrag nicht im Inland belegener Betriebsstätten ist wieder abzuziehen. Der Abzugsbetrag bestimmt sich als die durch Hinzurechnungen und Kürzungen modifizierte Größe Gewerbeertrag. Anteilige Dauerschuldzinsen sind dabei zu berücksichtigen.

6. Tarif der Gewerbesteuer

Die Gewerbesteuer wird in einem mehrstufigen Verfahren berechnet.

Stufe 1: Ermittlung des Steuermessbetrages durch Anwendung der Gewerbesteuermesszahl auf die Bemessungsgrundlage Gewerbeertrag (nach Kürzungen/Hinzurechnungen).

Jacob/Heinzelmann/Klinke 1127

Stufe 2: Auf diesen Messbetrag wendet die hebeberechtigte Gemeinde einen gemeindeindividuellen Hebesatz an.

Stufe 3: Danach ist bei der Berechnung der Gewerbesteuer zu beachten, dass die Gewerbesteuer bei ihrer eigenen Bemessungsgrundlage als Betriebsausgabe abzugsfähig ist. Dies ist ein rein mathematischer Vorgang.

a) Ermittlung des Gewerbesteuermessbetrages

193 Der ermittelte Gewerbeertrag ist auf 100 DM abzurunden. Für natürliche Personen und Mitunternehmergemeinschaften besteht ein Freibetrag in Höhe von 48.000 DM (§ 11 Abs. 1 S. 3 Nr. 1 GewStG), für bestimmte Kapitalgesellschaften (vgl. im einzelnen § 11 GewStG) ein Freibetrag von 7.500 DM. Auf diese Bemessungsgrundlage wird für **natürliche Personen** und **Personengesellschaften** ein **Staffeltarif** (Steuermesszahl) angewendet mit:

für die ersten	24.000 DM	1 %
für die weiteren	24.000 DM	2 %
für die weiteren	24.000 DM	3 %
für die weiteren	24.000 DM	4 %
für alle weiteren Beträge		5 %

sowie für **alle anderen Gewerbetreibenden** (im wesentlichen Kapitalgesellschaften) ein einheitlicher Tarif (**Steuermesszahl**) in Höhe von **5 %** angewendet und führt dann zum Steuermessbetrag.

b) Anwendung Hebesatz

194 Auf den Steuermessbetrag wendet die steuererhebende Gemeinde ihren individuellen Hebesatz an.

Gewerbeertragsteuer = Steuermessbetrag × Hebesatz (in Prozent)

	1991	1993	1995	1999	2000
Berlin	200	300	300	410	410
Dresden	400	400	450	450	450
Frankfurt a. M.	480	480	515	515	500
Hamburg	415	450	450	470	470
München	480	480	480	490	490

Beispiele für Gewerbesteuerhebezahlen bundesdeutscher Gemeinden

195 Die Höhe der Hebesätze bewegt sich zwischen 320 % und 500 %. Im Jahr 2000 liegt der gewogene Durchschnitt bei einem Hebesatz von 428 v.H.[31]

c) Abzug der Gewerbesteuer bei ihrer eigenen Bemessungsgrundlage

196 Die Gewerbesteuer ist eine abzugsfähige Betriebsausgabe, das heißt, die Gewerbesteuer ist bei ihrer eigenen Bemessungsgrundlage (genauso bei der Einkommen- oder Körperschaftsteuer) abzugsfähig.

---

[31] Entwicklung der Realsteuerhebesätze der Gemeinden mit 50 000 und mehr Einwohnern in 2000 gegenüber 1999, IFSt-Schrift Nr. 386 des Instituts „Finanzen und Steuern" e.V.

B. Ertragsteuern § 15

Gewerbesteuer = Gewerbeertrag vor Abzug Gewerbesteuer – Gewerbesteuer

Bekannt sind der Gewerbeertrag und die steuerlichen Rahmenbedingungen (Steuermesszahl, Hebesatz). 197

Dies berücksichtigt der folgende Formelansatz. 198

GewSt = Gewerbesteuer
GE = Gewerbeertrag vor Abzug Gewerbesteuer (nach Freibetrag)
MZ = Steuermesszahl Gewerbesteuer
H = individueller Hebesatz der Gemeinde (Hebezahl)

Bei einer Kapitalgesellschaft mit einer einheitlichen Steuermesszahl von 5 % ergibt sich folgende Formel:[32] 199

$$\text{GewSt} = \frac{MZ \times H}{10.000 + Mz \times H} \times GE$$

Wenn man von einem Hebesatz von 400 % ausgeht, ergibt sich ohne Berücksichtigung der Abzugsfähigkeit der Gewerbesteuer als Betriebsausgabe (abzugsfähig bei ihrer eigenen Bemessungsgrundlage) ein Gewerbesteuersatz von 20 % (Steuermesszahl 5 % × 400 % Hebesatz). Die tatsächliche Belastung entspricht aber bei einem Hebesatz von 400 % nur 16,66 %.

Aus Vereinfachungsgründen erlaubt die Finanzverwaltung die Anwendung der sogenannten 5/6-Regelung (vgl. Abschn. 20 Abs. 2 EStR). In diesem Fall erfolgt schätzungsweise (vereinfachend) ein Ansatz mit 5/6 des Betrages der Gewerbesteuer, die sich ohne Berücksichtigung der Gewerbesteuer als Betriebsausgabe ergeben würde. Bei einem Hebesatz von 400 % stimmt die 5/6-Regelung mit der exakten Berechnung überein. Ist der Hebesatz der die Gewerbesteuer erhebenden Gemeinde kleiner als 400 %, wird bei Anwendung der 5/6-Methode der Steuerpflichtige begünstigt. Ist der Hebesatz größer als 400 %, wird die Gemeinde begünstigt. Jeder Steuerpflichtige kann selbständig entscheiden, ob er die Gewerbesteuer mathematisch exakt oder vereinfachend berechnet. 200

Für natürliche Personen und Personengesellschaften sind der Freibetrag von 48.000 DM und die Staffelung der Tarife in der „Selbstabzugsfähigkeit"-Formel zu berücksichtigen („verkompliziert" die Rechnung aber nur mathematisch, nicht steuerrechtlich). Die jeweils 1 %-ige Tarifstaffelung in Schritten von 24.000 DM bis zu einem Gewerbeertrag nach Freibetrag in Höhe von 96.000 DM (vier Tarifstufen á 24.000 DM) wirkt dabei jeweils wie ein Freibetrag. Da dieser Freibetrag aber nur innerhalb des Intervalls von 24.000 DM wirkt, muss für jedes Intervall eine eigene Formel angewendet werden. Die jeweiligen Intervallgrenzen hängen wiederum vom gemeindeindividuellen Hebesatz ab.[33] 201

Intervallbereich	anzuwendende Formel
$0 + 0 \times H < GE \leq 24.000 + 2,4 \times H$	$\text{GewSt} = (GE - 0) \times \frac{1 \times H}{(10.000 + 1 \times H)}$
$24.000 + 2,4 \times H < GE \leq 48.000 + 7,2 \times H$	$\text{GewSt} = (GE - 12.000) \times \frac{2 \times H}{(10.000 + 2 \times H)}$
$48.000 + 7,2 \times H < GE \leq 72.000 + 14,4 \times H$	$\text{GewSt} = (GE - 24.000) \times \frac{3 \times H}{(10.000 + 3 \times H)}$
$72.000 + 14,4 \times H < GE \leq 96.000 + 24 \times H$	$\text{GewSt} = (GE - 36.000) \times \frac{4 \times H}{(10.000 + 4 \times H)}$
$96.000 + 24 \times H < GE$	$\text{GewSt} = (GE - 48.000) \times \frac{5 \times H}{(10.000 + 5 \times H)}$

---

32 *Haberstock/Breithecker*, Einführung in die Betriebswirtschaftliche Steuerlehre – mit Fallbeispielen, Übungsaufgaben und Lösungen, 11. neu bearb. Aufl. 2000, S. 81.
33 Vgl. *Haberstock/Breithecker*, a. a. O., S. 84.

§ 15 Besteuerung und Rechnungslegung von Bauunternehmen und baunahen Dienstleistern

d) Beispiel Gewerbesteuer

202 *Gewerbesteuerpflichtiger (Grunddaten gelten für GmbH/Einzelunternehmen analog)*

Gewerberohertrag:		40.000 DM
Hinzurechnungen (§ 8 GewStG)		
langfristige Verbindlichkeiten		
Darlehen Bank	50.000 DM	
Hypothek Grundstück (EW 1 Mio. DM)	120.000 DM	
Kontokorrent (kleinster Saldo in 8 Tagen)	10.000 DM	
Summe Dauerschuldzinsen	180.000 DM	
davon 1/2		90.000 DM
Kürzungen (§ 9 GewStG)		
EW Grundstück (um 40 % erhöht)	1.400.000 DM	
davon 1,2 %		./. 16.800,00 DM
Gewinn aus Beteiligung an einer inländischen KG		./. 30.000,00 DM
(Gewinn ist im Rohertrag enthalten)		
Gewerbeertrag (vor Berücksichtigung Gewerbesteuer)		83.200 DM

(Rundung entfällt)

Gewerbesteuerhebesatz Freiberg	390
Kapitalgesellschaft	
Gewerbeertrag (vor Berücksichtigung Gewerbesteuer)	83.200 DM
Gewerbesteuer nach Formel	13.577 DM
$= 390 \times 83.200 \text{ DM} / (2.000 + 390)$	
alternativ Anwendung 5/6-Regelung	
GewSt 5/6 × Meßzahl (5 %) × Hebesatz (in %) × Gewerbeertrag	13.520 DM
$= 5/6 \times 0{,}05 \times 3{,}90 \times 83.200 \text{ DM}$	
Einzelunternehmer	
Gewerbeertrag (vor Berücksichtigung Gewerbesteuer)	83.200 DM
Abzug Freibetrag	./. 48.000 DM
Anwendung welcher Tarifformel?	35.200 DM
$24.000 + 2{,}4 \times H < GE \leq 48.000 + 7{,}2 \times H$	
$24.936{,}00 \text{ DM} < 35.200{,}00 \text{ DM} \leq 50.808{,}00 \text{ DM}$	
$\text{GewSt} = (GE - 12.000) \times \dfrac{2 \times H}{(10.000 + 2 \times H)}$	
Gewerbesteuer	1.679 DM
alternativ Anwendung 5/6-Regelung	
Gewerbeertrag (vor Berücksichtigung Gewerbesteuer)	83.200 DM
Abzug Freibetrag	./. 48.000 DM
Bemessungsgrundlage GewSt (vor Berücksichtigung GewSt)	35.200 DM
Anwendung Staffeltarif	Messbetrag

für die ersten	24.000 DM	1 %	240,00 DM
für die weiteren	11.200 DM	2 %	224,00 DM
Steuermessbetrag			464,00 DM

Anwendung Hebesatz
Messbetrag × Hebesatz (in %)
= 3,90 × 464,00 DM   1.809 DM
davon 5/6 = Gewerbesteuer   1.508 DM

7. Zerlegung

Hat ein stehender Gewerbebetrieb Betriebsstätten in mehreren Gemeinden oder werden Betriebsstätten im Veranlagungszeitraum verlegt, so muss das Gewerbesteueraufkommen auf alle inländischen Gemeinden aufgeteilt werden, in denen eine Betriebsstätte besteht (§ 4 Abs. 1 GewStG). Damit verbunden ist ein selbständiges Hebesatzrecht jeder Gemeinde. Um die Anwendung der unterschiedlichen Hebesätze zu ermöglichen, muss der einheitliche Steuermessbetrag des Gesamtbetriebes auf die einzelnen Betriebsstättengemeinden zerlegt werden. Das dafür anzuwendende Verfahren regeln die §§ 28–34 GewStG i.V.m. §§ 185–189 AO. Zuständig für die Zerlegung ist das Finanzamt, in dessen Bezirk sich die Geschäftsleitung befindet (Betriebsfinanzamt; § 22 AO). Dabei ist zu unterscheiden zwischen Betriebsstätten in mehreren Gemeinden (§ 28 Abs. 1 GewStG) und Betriebsstätten, die sich räumlich über verschiedene Gemeinden erstrecken (§ 30 GewStG). Die Betriebsstätten von ARGEN gemäß § 2 a GewStG gelten als anteilige Betriebsstätten der an der ARGE Beteiligten (§ 2 a S. 2 GewStG). Für Zwecke der Zerlegung gelten Baustellen nur dann als Betriebsstätten, wenn die Sechsmonatsfrist in den Grenzen der einzelnen Gemeinden erfüllt ist.

203

Liegen Betriebsstätten in mehreren Gemeinden vor, ist der Zerlegungsmaßstab das Verhältnis der Summe der Arbeitslöhne[34] in der Betriebsstätte zur gesamten Summe der Arbeitslöhne. Arbeitslöhne sind gezahlte Bruttoarbeitslöhne ohne Auszubildendenvergütungen und gewinnabhängige Zahlungen (§ 31 Abs. 2 und Abs. 4 GewStG), die im Veranlagungszeitraum tatsächlich gezahlt wurden. Bei Einzelunternehmen und Personengesellschaften werden die im Betrieb tätigen Unternehmer bzw. Mitunternehmer pauschaliert mit einem Arbeitslohn von 50.000 DM angesetzt (§ 31 Abs. 5 GewStG). Die Summen sind auf volle tausend DM nach unten abzurunden.

204

Beispiel Zerlegung

Gewerbesteuermessbetrag		100.000		
Bildung der Anteile	Lohnsumme	Anteil Messbetrag	Hebesatz	Gewerbesteuer
Lohnsumme Betriebsstätte A	200.000	25.000	350	87.500
Lohnsumme Betriebsstätte B	400.000	50.000	400	200.000
Lohnsumme Betriebsstätte C	100.000	12.500	420	52.500
Lohnsumme Betriebsstätte D	40.000	5.000	450	22.500
Lohnsumme Betriebsstätte E	60.000	7.500	470	35.250

Summe der Lohnsummen 800.000

Erstreckt sich eine Betriebsstätte über mehrere Gemeinden, ist ein „angemessener" Zerlegungsmaßstab zu wählen (§ 30 Abs. 1 GewStG), gesetzlich ist kein Zerlegungsmaßstab vorgegeben. Entsprechende Fälle aus der Rechtsprechung sind in Abschn. 115 a GewStR aufgeführt.

205

Ergeben die Zerlegungen nach §§ 28–31 GewStG „offenbar unbillige" Ergebnisse, so kann in einzelnen, besonderen Ausnahmefällen (vgl. hierzu Abschn. 116 a GewStR) ein anderer Zerlegungsmaßstab angewendet werden (§ 33 Abs. 1 GewStG). Wenn nicht jeder Betriebsstättengemeinde eine Beteiligung am Gewerbesteuermessbetrag zusteht, liegt noch kein unbilliges Ergebnis vor. Der Steuererschuldner und die beteiligten Gemeinden können sich auch ohne Beteiligung des Betriebfinanzamtes einvernehmlich auf einen Zerlegungsmaßstab einigen (§ 33 Abs. 2 GewStG).

206

---

34 Nicht dazu gehören die Zusatzkassenversorgungsbeiträge für Urlaubsgeld und Lohnausgleich. Dazu gehören aber die den Arbeitnehmern ausgezahlten Leistungen der Zusatzversorgungskassen.

8. Festsetzung und Zahlung der Gewerbesteuer

207 Die Berechnung des Gewerbesteuermessbetrages wird durch das für den Gewerbebetrieb zuständige Finanzamt vorgenommen. Dieses setzt im Rahmen der Gewerbesteuerveranlagung den Gewerbesteuermessbetrag fest und teilt diesen dem Steuerpflichtigen und den zuständigen Gemeinden mit (§ 182 AO). Steuergläubiger der Gewerbesteuer sind die Gemeinden, in denen sich Betriebsstätten des Gewerbebetriebes befinden. Die Gemeinden wenden darauf ihren Hebesatz an und erteilen einen Gewerbesteuerbescheid. Dabei sind sie an die Feststellungen des Steuermessbescheides gebunden. Aus diesem Grund sind **Einwendungen** gegen die Gewerbesteuer **bereits gegen die Festsetzung des Gewerbesteuermessbetrages** zu erheben. Ein Einspruch gegen den Gewerbesteuerbescheid ist nur bei unrichtiger Anwendung des Hebesatzes erfolgreich.

208 Wenn der Gewinn durch Betriebsvermögensvergleich nach § 5 EStG oder § 4 Abs. 1 EStG ermittelt wird, sind die Gewerbesteueraufwendungen in der im jeweiligen Wirtschaftsjahr verursachten Höhe als Betriebsausgaben zu verbuchen. Das erfordert die Bildung einer Gewerbesteuerrückstellung in der Höhe des Gewerbesteueraufwandes, abzüglich bereits geleisteter Vorauszahlungen. Vorauszahlungen sind am 15.2., 15.5., 15.8. und 15.11. zu leisten (§ 19 Abs. 1 GewStG). Deren Höhe richtet sich grundsätzlich nach der Steuerhöhe der letzten Veranlagung. Die Vorauszahlungen können auf Antrag angepasst werden (§ 19 Abs. 3 GewStG).

C. Substanzsteuern

I. Erbschaft- und Schenkungsteuer

1. Steuerobjekt

209 Der Erbschaft- und Schenkungsteuer unterliegen **Erwerbe von Todes wegen**
- durch Erbanfall (§ 1922 BGB), das heißt aufgrund gesetzlicher Erbfolge, Testament,
- durch Erbersatzanspruch (§§ 1934 a ff. BGB),
- durch Vermächtnis (§§ 2147 a ff. BGB),
- durch geltend gemachten Pflichtteilsanspruch (§§ 2303 ff. BGB),
- durch Schenkungen auf den Todesfall,
- der Vermögensübergang an eine vom Erblasser angeordnete Stiftung

sowie **Schenkungen unter Lebenden**. Davon **ist jede freiwillige Zuwendung**, die **den Beschenkten bereichert**, betroffen. Besteht in einem gegenseitigen Vertrag ein erhebliches Missverhältnis zwischen Leistung und Gegenleistung, so liegt eine gemischte Schenkung vor (zu versteuern ist der Teil, der die Gegenleistung wesentlich übersteigt).

210 Als Schenkung auf den Todesfall gilt die Bereicherung der Gesellschafter einer Personengesellschaft oder einer Kapitalgesellschaft, wenn nach dem Tod eines Gesellschafters die Anteile aufgrund Gesellschaftsvertrag auf die verbleibenden Gesellschafter oder die Gesellschaft selbst übergehen und die verbleibenden Gesellschafter keine Erben des Verstorbenen sind (§ 3 Abs. 1 Nr. 2 ErbStG). Als Bereicherung gilt in diesem Fall der Wert der Anteile nach § 12 ErbStG abzüglich der an die Erben zu leistenden Abfindung.

211 Eine Besonderheit ist die **Ersatzerbschaftsteuer** für **Familienstiftungen** und **-vereine** (§§ 1 Abs. 1 Nr. 4, 2 Abs. 1 Nr. 2 ErbStG). Familienstiftungen sind Stiftungen, die im Wesentlichen im Interesse einer Familie errichtet wurden (zu den Einzelheiten siehe R 2 ErbStR). Das Vermögen einer Familienstiftung unterliegt im Abstand von je 30 Jahren der Erbschaftsteuer. Das Gesetz unterstellt an dieser Stelle einen „turnusmäßigen" Generationswechsel, hinsichtlich eines Ansatzes von Freibeträgen siehe § 15 Abs. 2 ErbStG. Die erstmalige Übertragung des Vermögens an eine Stiftung (§§ 3

Abs. 2 Nr. 1, 7 Abs. 1 Nr. 8 ErbStG) und die Aufhebung einer Stiftung (§ 7 Abs. 1 Nr. 9 ErbStG) sind ebenfalls steuerpflichtig.

2. Persönliche Steuerpflicht

Durch die Erbschaftsteuer sind nur Vermögensübertragungen steuerbar, bei denen
- die Vermögensübertragung von einem Inländer ausgeht oder einen Inländer begünstigt (unbeschränkt steuerpflichtig),
- inländisches Vermögen von der Vermögensübertragung betroffen ist (beschränkt steuerpflichtig).

Erbschaftsteuerliche Inländer (§ 2 ErbStG) sind alle
- natürlichen Personen mit Wohnsitz oder gewöhnlichem Aufenthalt im Inland,
- juristischen Personen, deren Sitz oder Geschäftsleitung im Inland liegt,
- deutschen Staatsangehörigen ohne Wohnsitz oder Aufenthalt im Inland, sofern ihr Auslandsaufenthalt weniger als fünf Jahre dauert,
- sowie bestimmte deutsche Staatsangehörige mit Wohnsitz im Ausland (Botschaft).

Für den Zugriff des Fiskus im Zusammenhang mit Erbschaften sind aber immer einschlägige Bestimmungen der Doppelbesteuerungsabkommen zu beachten, auf die an dieser Stelle nicht eingegangen wird.

3. Ermittlung der Bemessungsgrundlage

Steuerpflichtig ist der Wert der Bereicherung, soweit dieser nicht steuerbefreit ist. Vom Wert des Nachlasses sind alle Nachlassverbindlichkeiten (nichtbetriebliche Schulden, Auflagen oder Vermächtnisse) abzuziehen. Der gesamte **steuerpflichtige Erwerb** wird zum **Stichtag bewertet**. Die Bewertungsvorschriften für nicht in Geldform vorliegendes Vermögen befinden sich im Bewertungsgesetz (siehe § 12 ErbStG). Es unterscheidet zwischen land- und forstwirtschaftlichem Vermögen, Grundvermögen, Betriebsvermögen sowie dem nach den allgemeinen Bewertungsvorschriften (§§ 9 bis 16 BewG) zu bewertendem Vermögen.

a) Allgemeine Bewertungsvorschriften

Alle Wirtschaftsgüter, die kein land- und forstwirtschaftliches Vermögen, Betriebsvermögen oder Grundvermögen sind, werden mit ihrem gemeinen Wert bewertet (§ 9 BewG). Der gemeine Wert ist der Wert, der im gewöhnlichen Geschäftsverkehr bei der Veräußerung eines Gegenstandes erzielbar ist (Verkehrswert). Nicht in diesem Wert zu berücksichtigen sind ungewöhnliche Umstände oder persönliche Verhältnisse von Käufer und Verkäufer. Besondere Verkörperungen des gemeinen Werts sind der
- Teilwert (für Wirtschaftsgüter im Betriebsvermögen, § 10 BewG),
- Kurswert (für börsengehandelte Wertpapiere, § 11 BewG),
- Nennwert (für Kapitalforderungen und Schulden, § 12 BewG),
- Rückkaufswert (nicht fällige Ansprüche aus Kapitallebensversicherungen, § 12 Abs. 4 BewG),
- Kapitalwert (für wiederkehrende Nutzungen und Leistungen, §§ 13 ff. BewG).

„Sonstiges Vermögen" wird nach dem Grundsatz der Einzelbewertung angesetzt. Schulden und Lasten werden erst bei der Ermittlung des Gesamtvermögens abgesetzt.

b) Bewertung von Betriebsvermögen

Ein Einzelunternehmen oder Anteile an Personengesellschaften (alle Teile eines Gewerbebetriebes nach § 15 Abs. 1 und 2 EStG) sind Betriebsvermögen. Die Ausübung eines freien Berufes wird dem Gewerbebetrieb gleichgestellt. Bewertungseinheit ist der einzelne gewerbliche Betrieb. Dagegen bilden alle Wirtschaftsgüter von Kapitalgesellschaften, Mitunternehmerschaften und gewerblich geprägten Personengesellschaften einen einheitlichen gewerblichen Betrieb.

219 Wenn das Unternehmen bilanziert (§ 4 Abs. 1 EStG oder § 5 EStG), werden alle bei der steuerlichen Gewinnermittlung zum Betriebsvermögen gehörenden Wirtschaftsgüter (Aktiva und Passiva) mit ihrem steuerbilanziellen Wert angesetzt. Erfolgt die Gewinnermittlung nach § 4 Abs. 3 EStG, wird das abnutzbare Anlagevermögen mit dem ertragsteuerlichen Wert (Restbuchwert) bewertet.

220 Der Wert des Betriebsvermögens ergibt sich aus der Saldierung der Summe der aktiven Wirtschaftsgüter mit der Summe der betrieblichen Schulden (§ 98 a BewG). Besonderheiten gelten bei Ansatz oder Bewertung von Rückstellungen (insb. Pensionsrückstellungen) und Betriebsgrundstücken.

c) Bewertung von nichtnotierten Anteilen an Kapitalgesellschaften

221 In erster Linie ist der Wert von Anteilen an Kapitalgesellschaften aus Verkäufen abzuleiten. Zu berücksichtigen sind nur die Verkäufe, die weniger als ein Jahr zurückliegen (§ 11 Abs. 2 BewG). Liegt keine zeitnahe Anteilsveräußerung vor, ist der Wert nichtnotierter Anteile unter Berücksichtigung des Vermögens und der Ertragsaussichten zu schätzen. Das dafür anzuwendende Verfahren ist in den Abschn. 97 bis 100 ErbStR kodifiziert (sogenanntes Stuttgarter Verfahren). Der anzusetzende Vermögenswert ist genauso wie bei der Bewertung des Betriebsvermögens zu ermitteln (§§ 95 ff. BewG). Die Schätzung der Ertragsaussichten erfolgt durch die Berücksichtigung der Betriebsergebnisse der letzten drei Wirtschaftsjahre vor dem Besteuerungszeitpunkt mit einer abnehmenden Gewichtung. Das maßgebliche tatsächliche Betriebsergebnis ist zu korrigieren um:
- Sonderabschreibungen oder erhöhte Absetzungen sowie Teilwertabschreibungen,
- Abschreibungen auf den Firmenwert,
- Verlustabzüge, auch dann, wenn der Verlustrücktrag oder Verlustvortrag aus einem Jahr außerhalb des für die Ermittlung des Durchschnittsertrages maßgebenden Zeitraumes entstanden ist sowie
- einmalige Veräußerungsverluste und Veräußerungsgewinne.

222 Ergebnis der Berechnung ist ein Hundertsatz, der auf den Nominalwert der Anteile angewendet wird. Dieser wird bestimmt aus 68 % der Summe aus Vermögenswerthundertsatz und dem Fünffachen des Ertragswerthundertsatzes. Im folgenden Beispiel wird das Berechnungsverfahren dargestellt.

Beispiel

Nennkapital der Gesellschaft	50.000
Bewertungszeitpunkt 1.1.04	
Betriebsergebnis in 01	90.000
Betriebsergebnis in 02	120.000
Betriebsergebnis in 03	90.000
Durchschnittsertrag (01 + 2 × 02 + 3 × 03) / 6	100.000
Ertragshundertsatz E (Durchschnittsertrag / Nennkapital) = 100.000 / 50.000	200,00 v.H.
Vermögen	200.000
Vermögenshundertsatz V (Vermögen / Nennkapital) = 200.000 / 50.000	400,00 v.H.
gemeiner Wert (0,68 × (V + 5 E)); vgl. Abschn. 100 ErbStR	952,00 v.H.
Prüfung unverhälnismäßig geringer Erträge Rendite (Verhältnis Ertragshundertsatz zum Vermögenswert) (Ertragshundertsatz × 100 / Vermögenswert) > 4,5 %	10,00 %

223 Die Bewertung der Anteile erfolgt ohne Berücksichtigung der persönlichen Verhältnisse der Gesellschafter. Bei nachhaltig geringer Ertragskraft, fehlendem Einfluss auf die Geschäftsführung, Neugründungen, Beteiligungsbesitz, bei ungleicher Verteilung von Vermögen und Gewinnbeteiligung, bei Eigenanteilen sowie Organ-, Liquidations- oder Komplementärgesellschaften gelten gesonderte Regelungen (vgl. Abschn. 100 bis 108 ErbStR).

d) Bewertung von Immobilien

Problematisch ist die Bewertung von nicht marktgängigen Sachwerten, insbesondere von Immobilien. Für Erbschaft- und Schenkungsteuerzwecke erfolgt eine Bedarfsbewertung. Die Bewertung des Objektes übernimmt immer das Finanzamt am Standort der Immobilie (Lagefinanzamt). Die darauf aufbauende Festsetzung der Erbschaftsteuer obliegt dagegen dem Wohnsitzfinanzamt. 224

Der Grundbesitz wird wie folgt bewertet: 225
- unbebaute Grundstücke: Der Wert unbebauter Grundstücke wird aus dem von Gutachterausschüssen ermittelten Bodenrichtwert (pro qm Grundstücksfläche), gekürzt um einen Sicherheitsabschlag von 20 % berechnet. Die Bodenrichtwerte sind durchschnittliche Lagewerte für ein Gebiet mit im Wesentlichen gleichen Lage- und Nutzungsverhältnissen je qm Grundstücksfläche. Kann ein niedrigerer Verkehrswert nachgewiesen werden, gilt dieser Wert (§ 145 Abs. 3 BewG).
- bebaute Grundstücke: Alle bebauten Grundstücke, für die sich eine ortsübliche Miete (§ 146 Abs. 3 BewG) feststellen lässt, werden nach einem vereinfachten Ertragswertverfahren bewertet. Kann keine ortsübliche Miete festgestellt werden, kommt das Steuerbilanzwertverfahren zur Anwendung (§ 147 Abs. 1 BewG); dieses gilt auch für typische Industriebauten. In beiden Verfahren wird der steuerliche Wert auf volle tausend DM nach unten abgerundet.

- **Vereinfachtes Ertragswertverfahren**

Das Bewertungsverfahren nach § 146 Abs. 2 bis 5 BewG erfasst alle Bestandteile eines „bebauten Grundstücks". Es geht davon aus, dass wertmindernde Umstände wie Lärm- oder Geruchsbelästigungen sowie Baumängel und Bauschäden bereits in der durchschnittlichen Miete enthalten sind. Die Wertermittlung erfolgt in drei Schritten. Maßgebend sind dabei stets die tatsächlichen Verhältnisse im Besteuerungszeitpunkt (§ 138 Abs. 1 S. 2 BewG). 226

Im ersten Schritt wird die im **Durchschnitt der letzten drei Jahre** erzielte Jahreskaltmiete mit einem **Vervielfältiger von 12,5** multipliziert. Die Jahreskaltmiete ist das **Gesamtentgelt**, das die Mieter oder Pächter für die Nutzung des bebauten Grundstücks aufgrund vertraglicher Vereinbarungen für den **Zeitraum von 12 Monaten** zu zahlen haben. Maßgebend ist die Miete, die vertraglich vereinbart worden ist (R 167 S. 4 ErbStR). Nicht dazu gehören die Mietnebenkosten (umlagefähige Kosten nach Anlage 3 der II. BV), ebenfalls nicht enthalten sind Entgelte für die Überlassung von Einrichtungsgegenständen oder Maschinen und Anlagen. Wenn das Grundstück nicht entgeltlich überlassen wurde (Leerstand, Selbstnutzung, unentgeltliche Vermietung) oder eine Vermietung an Angehörige oder an Arbeitnehmer vorlag, ist die ortsübliche Miete anzusetzen. 227

Im zweiten Schritt werden die **Wertminderungen** wegen **Alters des Gebäudes** pauschal für **jedes Jahr** seit Bezugsfertigkeit des Gebäudes bis zum Besteuerungszeitpunkt mit **0,5 %, höchstens** jedoch insgesamt mit **25 %** berücksichtigt. 228

Im dritten Schritt ist der Wert für **Einfamilien-** und **Zweifamilienhäuser** sowie **Eigentumswohnungen** um einen **Zuschlag von 20 %** zu erhöhen. 229

Der so ermittelte Wert muss größer als 80 % des Bodenrichtwertes für das unbebaute Grundstück sein, ansonsten wird letzterer angesetzt. Weist der Steuerpflichtige einen geringeren tatsächlichen Wert eines Grundstücks nach, gilt der nachgewiesene geringere Wert. 230

- **Steuerbilanzwertverfahren**

Werden bebaute Grundstücke nach dem Steuerbilanzwertverfahren bewertet, so sind die **Werte für Grund und Boden sowie Gebäude getrennt** zu ermitteln. 231

232 Der **Wert des Grund und Bodens** wird bestimmt durch Multiplikation von Grundstücksfläche und dem um **30 % ermäßigten Bodenrichtwert** (§ 147 Abs. 2 S. 1 i.V.m. § 145 Abs. 3 S. 1 BewG). Auch in diesem Fall kann der Steuerpflichtige einen niedrigeren Verkehrswert nachweisen.

233 Der **Wert des Gebäudes** bestimmt sich nach **ertragsteuerlichen Bewertungsvorschriften** (§ 147 Abs. 2 S. 2 BewG). Bei bilanzierenden Steuerpflichtigen ist das der Steuerbilanzwert im Besteuerungszeitpunkt (§ 147 Abs. 2 S. 2 BewG). Das würde das Aufstellen von Zwischenbilanzen auf den Besteuerungszeitpunkt erforderlich machen, die Finanzverwaltung erkennt aber bei Gebäuden ohne Veränderungen auch eine Ermittlung aus dem letzten Bilanzansatz und der anteiligen Abschreibungen bis zum Besteuerungszeitpunkt an (R 173 Abs. 3 ErbStR). Bei Steuerpflichtigen mit einer Gewinnermittlung nach § 4 Abs. 3 EStG oder Privatpersonen ist der Restbuchwert zum Besteuerungszeitpunkt maßgeblich. Dieser errechnet sich aus den Anschaffungs- oder Herstellungskosten, abzüglich der bis zum Besteuerungszeitpunkt in Anspruch genommenen Abschreibungen.

4. Steuerklassen und Freibeträge, Tarif

a) Steuerklassen

234 Die Erbschaftsteuer unterteilt alle Erben (oder Beschenkten) in drei Steuerklassen (§ 15 ErbStG):
- Steuerklasse I: Ehepartner, Kinder, Enkel, Urenkel, Eltern und Großeltern
- Steuerklasse II: Geschwister und deren Kinder, Stiefeltern, Schwiegereltern und -kinder und geschiedene Ehegatten
- Steuerklasse III: alle übrigen Begünstigten, auch nicht eheliche Lebenspartner

und gewährt persönliche (an die Person des Begünstigten gebundene) oder besondere sachliche (an die Art des Vermögensgegenstandes gebundene) Freibeträge.

b) Freibeträge

235 Allen Begünstigten in Steuerklasse I steht ein persönlicher Freibetrag von 100.000 DM zu (Ausnahmen: Ehepartner 600.000 DM, Kinder 400.000 DM). In Steuerklasse II beträgt er 20.000 DM und in Steuerklasse III 10.000 DM.

236 Die Freibeträge können für **alle Zuwendungen von der gleichen Person** durch Erbfall oder Schenkung **innerhalb von zehn Jahren** nur einmal in Anspruch genommen werden. Mehrere Erwerbe von derselben Person während dieses Zeitraums **werden zusammengerechnet und wie ein einziger Vermögensfall behandelt**. Durch beispielsweise mehrere Schenkungen im Zeitabstand von mehr als zehn Jahren können die Freibeträge mehrfach gewährt werden. Jeder Elternteil kann jedem Kind eigenes Vermögen alle zehn Jahre im Rahmen des Freibetrags von je 400.000 DM schenken.

237 Weiterhin bestehen besondere Versorgungsfreibeträge für überlebende Ehegatten (500.000 DM) sowie gestaffelt für Kinder bis zum Alter von 27 Jahren (§ 17 ErbStG). Vom Versorgungsfreibetrag sind nicht der Erbschaftsteuer unterliegende Versorgungsbezüge (z. B. Hinterbliebenenbezüge von Beamten, Hinterbliebenenbezüge aus der gesetzlichen Rentenversicherung) abzuziehen.

238 Zu den sachlichen Steuerbefreiungen (§ 13 ErbStG) gehören beispielsweise:
- übliche Gelegenheitsgeschenke,
- Erwerb von Hausrat (Möbel, Wäsche) außer Zahlungsmittel, Wertpapiere, Schmuckgegenstände
- durch Personen der Steuerklasse I bis zu 80.000 DM
- durch Personen der Steuerklasse II und III bis zu 20.000 DM,
- Grundbesitz und Kunstgegenstände, deren Erhalt im öffentlichen Interesse ist (bis zu 60 % oder vollständig),
- Ansprüche aus Entschädigungsgesetzen (Lastenausgleich, Kriegsfolgengesetz usw.).

c) Besonderer Freibetrag für „unternehmerisches Vermögen"

Für inländisches Betriebsvermögen, land- und forstwirtschaftliches Vermögen und für Anteile an Kapitalgesellschaften mit Sitz im Inland, an denen der Erblasser oder Schenker zu mehr als einem Viertel unmittelbar beteiligt war, gelten im Rahmen der Erbschaftsteuer besondere Freibeträge und Ermäßigungsvorschriften (§ 13 a ErbStG).

Auf dieses Vermögen wird ein maximaler Freibetrag von 500.000 DM und auf den übersteigenden Betrag ein Bewertungsabschlag von 40 % gewährt (§ 13 a Abs. 1 und Abs. 2 ErbStG). Der Freibetrag sowie der Bewertungsabschlag entfallen rückwirkend, wenn der Erwerber innerhalb von fünf Jahren die Beteiligung an der Personen- oder Kapitalgesellschaft veräußert oder die unternehmerische Tätigkeit einstellt (siehe im einzelnen § 13 a Abs. 5 EStG).

d) Erbschaftsteuertarif

Die Erbschaftsteuer hat einen in doppelter Hinsicht progressiven Stufengrenztarif. Die prozentuale Belastung steigt sowohl mit der Höhe des steuerpflichtigen Erwerbs (Erbschaft) als auch mit der Steuerklasse (Verwandtschaftsgrad des Erben zum Erblasser) von 7 % bis auf 50 %. Zur Milderung der Stufenübergänge bestehen Sonderregelungen (§ 19 ErbStG).

Höchstgrenze in DM	Prozentsatz für die jeweiligen Steuerklassen		
	I	II	III
100.000 DM	7	12	17
500.000 DM	11	17	23
10.000.000 DM	19	27	35
25.000.000 DM	23	32	41
50.000.000 DM	27	37	47
über 50.000.000 DM	30	40	50

e) Tarifbegrenzung für „unternehmerisches Vermögen"

Erwerben natürliche Personen der Steuerklassen II oder III erbschaftsteuerpflichtig „unternehmerisches Vermögen" analog der Definition in § 13 a ErbStG, so wird bei einem positiven Gesamtwert des „unternehmerischen Vermögens" die auf diesen Anteil entfallende Erbschaftsteuer nach den Tarifvorschriften der Steuerklasse I bestimmt. Die Regelungen des § 13 a ErbStG gelten unabhängig von der Anwendung des § 19 a ErbStG.

> *Beispiel*
> OHG-Anteilseigner: natürliche Personen A, B, C, keine verwandtschaftlichen Beziehungen, A verstirbt, Abfindung der Erben erfolgt zum Buchwert
> steuerlicher Wert der OHG nach § 12 ErbStG   6.000.000 DM
> Buchwert Anteil A = Abfindung Erben   500.000 DM
> der die Abfindung übersteigende Wert   1.500.000 DM

davon entfallen jeweils auf B und C	750.000 DM
Freibetrag nach § 13 a Abs. 1 Nr. 1 ErbStG; jedem Erwerber zu 1/2	250.000 DM
verbleiben	500.000 DM
Bewertungsabschlag 40 % (§ 13 a Abs. 2 ErbStG)	200.000 DM
Vermögensanfall	300.000 DM
persönlicher Freibetrag in Steuerklasse III	- 10.000 DM
steuerpflichtiger Erwerb	290.000 DM
Steuer nach Steuerklasse III (23 %)	66.700 DM
auf begünstigtes Vermögen entfallen 100 %	
Steuer nach Steuerklasse I (11 %) = zu zahlende Erbschaftsteuer	31.900 DM

II. Die Grundsteuer

243 Genauso wie die Gewerbesteuer ist die Grundsteuer eine den Gemeinden nach Art. 106 Nr. 6 GG zustehende Realsteuer. Nach Abschaffung der Gewerbekapitalsteuer und der Nichterhebung der Vermögensteuer ist die Grundsteuer die einzige bedeutsame Substanzbesteuerung in Deutschland.

244 Die Grundsteuer geht als Substanzsteuer von einer „Sollertragsfähigkeit" des Grundbesitzes aus. Erträge aus Grundbesitz werden aber bereits durch die Einkommensteuer besteuert. Die immer wieder vorgebrachten Gründe für eine „Nachversteuerung" nicht erfasster Einkünfte aus Land- und Forstwirtschaft oder einer Korrektur der Nichtversteuerung privater Veräußerungsgewinne rechtfertigen eine zusätzliche Steuerart nicht. Der einzige Rechtfertigungsgrund der Grundsteuer ist eine konjunkturunabhängige Gemeindefinanzierung mit eigenem Heberecht und geringem Erhebungsaufwand.

1. Steuerobjekt der Grundsteuer

245 Steuerobjekt ist der im Gebiet einer Gemeinde befindliche Grundbesitz, das heißt
- land- und forstwirtschaftliche Betriebe,
- Betriebsgrundstücke,
- bebaute und unbebaute Grundstücke sowie
- Erbbaurechte.

246 Die §§ 3 und 4 GrStG sprechen Befreiungen von der Grundsteuerbelastung aus, z. B. für:
- von gemeinnützigen (§§ 51–68 AO) Körperschaften für gemeinnützige Zwecke verwendeten Grundbesitz,
- religiös genutzten Grundbesitz,
- Bestattungsplätze,
- öffentlich genutzte Verkehrswege,
- Grundbesitz für Bildungszwecke, Krankenhäuser unter bestimmten Bedingungen,
- Grundbesitz, der von einer inländischen juristischen Person öffentlichen Rechts für eigene Zwecke genutzt wird.

247 Steuerschuldner der Grundsteuer ist derjenige, dem der Grundbesitz zum Zeitpunkt der Feststellung des Einheitswertes zuzurechnen ist. Die Grundsteuer ruht auf dem Steuergegenstand als öffentliche Last. Aufgrund der dinglichen Haftung ist eine unmittelbare Zwangsvollstreckung möglich.

2. Bemessungsgrundlage (Einheitswert des Grundbesitzes)

248 Bemessungsgrundlage der Grundsteuer ist der Einheitswert des Grundbesitzes, der zum Erhebungszeitpunkt (Beginn des Kalenderjahrs) maßgebend ist. Im Grundsteuergesetz finden sich keine Be-

wertungsvorschriften. Die Grundbesitzbewertung erfolgt durch die Vorschriften des Bewertungsgesetzes:
- §§ 33–67 BewG für die Bewertung land- und forstwirtschaftlicher Betriebe,
- §§ 68–94 BewG für die Bewertung des Grundvermögens.

Betriebsgrundstücke werden wie Grundvermögen bewertet. 249

Grundstücke im Zustand der Bebauung, Erbbaurechte, Wohnungs- und Teileigentum und Gebäude auf fremdem Grund und Boden unterliegen gesonderten Bewertungsvorschriften. 250

Der Grundsteuer liegen für Grundvermögen die Wertverhältnisse zum Zeitpunkt der letzten Einheitswert-Hauptfeststellung zugrunde (1964 (alte Bundesländer), 1935 (neue Bundesländer)). 251

a) Land- und forstwirtschaftliches Vermögen

Zum land- und forstwirtschaftlichen Vermögen gehören alle Vermögensgegenstände, die einem Betrieb der Land- und Forstwirtschaft dauerhaft angehören (§ 33 Abs. 1 BewG). Dazu gehören: 252
- Grund und Boden,
- Wohn- und Wirtschaftsgebäude,
- stehende Betriebsmittel,
- totes Inventar (z. B. Maschinen, Geräte, Fahrzeuge),
- lebendes Inventar (z. B. Zug-, Zuchttiere, Milchkühe, Legehennen),
- der Bestand an umlaufenden Betriebsmitteln, der zur gesicherten Fortführung des Betriebs erforderlich ist (Mastvieh, Dünger, Saatgut, soweit sie bis zur nächsten Ernte erforderlich sind).

b) Grundvermögen

Zum Grundvermögen zählen, soweit nicht land- und forstwirtschaftlich genutzt: 253
- unbebaute Grundstücke,
- bebaute Grundstücke, das heißt:
- Mietwohngrundstücke,
- Geschäftsgrundstücke,
- gemischt genutzte Grundstücke,
- Einfamilienhäuser,
- Zweifamilienhäuser,
- sonstige bebaute Grundstücke.

Unbebaute Grundstücke werden mit ihrem gemeinen Wert (Verkehrswert) bewertet. Der Einheitswert bebauter Grundstücke wird in einem genormten Verfahren durch das Ertragswertverfahren oder das Sachwertverfahren bestimmt. 254

3. Verfahren zur Einheitswertfeststellung von Grundstücken

a) Ertragswertverfahren (§§ 78–82 BewG)

Das Ertragswertverfahren ist für Mietwohngrundstücke, Geschäftsgrundstücke, gemischt genutzte Grundstücke sowie Ein- und Zweifamilienhäuser anzuwenden. Der Grundstückswert (Einheitswert) wird folgendermaßen bestimmt: 255

Grundstückswert = Jahresrohmiete × Vervielfältiger zuzügl. Korrekturen

Die Jahresrohmiete wird aus den Gesamtentgelten, die alle Mieter eines Grundstückes vertraglich für ein Jahr zu entrichten haben, bestimmt. In diese sind alle Umlagen und sonstigen Leistungen mit einzubeziehen. Heizungs- und Warmwasserkosten, Fahrstuhl sowie alle Mieterleistungen, die „außergewöhnlich" sind oder nur einzelnen Mietern zugute kommen, sind nicht Bestandteil der 256

Jahresrohmiete. Bei eigengenutzten, ungenutzten, unentgeltlich überlassenen Grundstücken oder bei Grundstücken mit mehr als 20 % abweichender Miete ist die „übliche" Miete zugrundezulegen.

257 Der Vervielfältiger bestimmt sich aus der Grundstücksart, dem Gebäudebaujahr und der Gemeindegröße. Die Vervielfältiger sind tabellarisch in den Anlagen zum Bewertungsgesetz festgelegt. Mit den Korrekturen sollen außergewöhnliche werterhöhende oder wertmindernde Umstände berücksichtigt werden.

b) Sachwertverfahren (§§ 83–90 BewG)

258 Für die Bewertung sonstiger bebauter Grundstücke, Ein- und Zweifamilienhäuser mit besonderer Gestaltung und Ausstattung (Luxusvillen), für Geschäftsgrundstücke, bei denen eine Jahresrohmiete weder ermittelt noch geschätzt werden kann sowie bei Grundstücken, für die aufgrund der Bauausführung ein Vervielfältiger nicht ermittelt werden kann, ist statt des Ertragswertverfahrens das Sachwertverfahren anzuwenden. Dabei werden die wertbestimmenden Bestandteile eines Grundstückes, Bodenwert, Gebäudewert und der Wert der Außenanlagen getrennt voneinander ermittelt und zusammengefasst. Die Sachwertbestimmung ist detailliert im Bewertungsgesetz normiert. Ausgehend von den Baupreisverhältnissen von 1958 wird der Wert des Grundstückes auf den jeweiligen Hauptfeststellungszeitpunkt errechnet. Wertmindernd wirken sich das Alter und bauliche Mängel aus. Weiterhin sind eventuelle Ermäßigungen (minderwertige Lage) oder Erhöhungen (nachhaltige Nutzung zu Werbezwecken) zu berücksichtigen. Dieser Ausgangswert wird am Ende mittels besonderer gemeinde- oder gewerbespezifischer Wertzahlen (85–50 % des Ausgangswertes) an den gemeinen Wert (Verkehrswert) angepasst.

4. Tarif der Grundsteuer

259 Der Tarif der Grundsteuer errechnet sich aus der Anwendung der Steuermesszahl und des gemeindeindividuellen Hebesatzes auf den Einheitswert zu Beginn des Kalenderjahres, für den die Grundsteuer festgesetzt wird. Der Einheitswert ist unverändert zu übernehmen, das heißt ohne den 40 %-igen Aufschlag gemäß § 121 a BewG.

260 Die Höhe der Steuermesszahl ist abhängig von der Art des Grundbesitzes (§ 15 GrStG):
- land- und forstwirtschaftliche Betriebe   6,0 ‰
- Einfamilienhäuser
    - die ersten 75.000 DM   2,6 ‰
    - den übersteigenden Teil   3,5 ‰
- Zweifamilienhäuser   3,1 ‰
- Grundstücke, die weder Ein- noch Zweifamilienhäuser sind   3,5 ‰

261 Der Grundsteuermessbetrag wird durch Multiplikation der Bemessungsgrundlage mit der Steuermesszahl ermittelt. Auf diesen wendet die Gemeinde danach ihren Steuermessbetrag an. Die Hebesätze für land- und forstwirtschaftliche Betriebe (Grundsteuer A) sowie Grundstücke (Grundsteuer B) können voneinander abweichen.

Beispiel Grundsteuerberechnung

selbstgenutztes Einfamilienhaus		Verkehrswert	400.000 DM
		Einheitswert 1965	80.000 DM
		Hebesatz	600 %
Steuermessbetrag	2,6 ‰ × 75.000 DM	=	195,0
	3,5 ‰ × 5.000 DM	=	17,5
			212,5
Grundsteuer	212,5 × 600 %	=	1.275 DM

5. Erhebung der Grundsteuer

Die Grundsteuer ist eine Stichtagssteuer, immer auf den Feststellungszeitpunkt zu Beginn des Kalenderjahres bezogen. Das Verfahren der Erhebung (Steuermessbescheid - Steuerbescheid) entspricht dem der Gewerbesteuer.

Die Gemeinden können die Grundsteuer aber auch in einem vereinfachten Verfahren durch öffentliche Bekanntmachung festsetzen. Das gilt für Steuerpflichtige, die im Kalenderjahr die gleiche Grundsteuer wie im Vorjahr zu entrichten haben.

D. Verkehrsteuern und Verbrauchsteuern

I. Umsatzsteuer

Der Umsatzsteuer unterliegt jeder entgeltliche Leistungsaustausch, den ein Steuerpflichtiger im Sinne des Umsatzsteuerrechts an Dritte durchführt. Das Entgelt erfüllt im Umsatzsteuerrecht sowohl die Funktion des Tatbestandsmerkmals eines steuerbaren Umsatzes als auch die Funktion der Bemessungsgrundlage. Die in einem Veranlagungszeitraum zu entrichtende Umsatzsteuerzahllast errechnet sich aus der Umsatzsteuer abzüglich der Vorsteuer. Die Zahllast kann sowohl positiv als auch negativ sein. Eine negative Zahllast (das Finanzamt zahlt an den Steuerpflichtigen) kann sich ergeben, wenn die Eingangsumsätze die Ausgangsumsätze übersteigen. Im Regelfall wird die Zahllast jedoch positiv sein.

Im Gegensatz zu den übrigen deutschen Steuerarten sind die Rechtsgrundlagen der Umsatzsteuer durch die 6. EG-Richtlinie europaweit harmonisiert worden. Es sind deshalb auch die Entscheidungen des Europäischen Gerichtshofes zu beachten.

1. Steuerobjekt der Umsatzsteuer

a) Steuerbare Umsätze

Zu den steuerbaren Umsätzen gehören:
- Lieferungen und sonstige Leistungen, die ein Unternehmer im Inland gegen Entgelt im Rahmen seines Unternehmens ausführt (§ 1 Abs. 1 Nr. 1 UStG).
  Leistung ist der Oberbegriff von Lieferung und sonstiger Leistung. Diese Unterscheidung ist bedeutsam hinsichtlich des Ortes der Leistung, der ein wesentliches Kriterium der Steuerbarkeit ist. Ausdrücklich erfasst werden auch solche Leistungen, die aufgrund gesetzlicher Anordnung erbracht werden.
- die Einfuhr von Gegenständen (§ 1 Abs. 1 Nr. 4 UStG).
  Damit sind Importe aus Nicht-EU-Ländern (Einfuhrumsatzsteuer) gemeint.
- der innergemeinschaftliche Erwerb gegen Entgelt (§ 1 Abs. 1 Nr. 5 UStG).
  Es handelt sich um Importe aus dem Gemeinschaftsgebiet der Europäischen Union.
- das innergemeinschaftliche Verbringen (§ 1 a Abs. 2 UStG).
  Das nicht nur vorübergehende Verbringen eines Unternehmensgegenstandes aus dem Inland in das übrige Gemeinschaftsgebiet wird als innergemeinschaftliche Lieferung fingiert, der Unternehmer liefert an sich selbst.

Einer Lieferung gleichgestellt werden:
- der Eigenverbrauch im Inland (§ 3 Abs. 1 b Nr. 1 und Abs. 9 a UStG).
  Der Sinn der Regelungen ist die Gleichstellung des unternehmerischen Privatverbrauches mit nicht vorsteuerabzugsberechtigten Privathaushalten.
- Leistungen des Unternehmers an seine Arbeitnehmer, auch wenn kein Entgelt gezahlt wurde (§ 3 Abs. 1 b Nr. 2 und Abs. 9 a Nr. 2 UStG).

Ausgenommen sind sogenannte „Annehmlichkeiten". Das gilt nur, wenn die Leistung bei den Arbeitnehmern zu privaten Zwecken verwendet wird.
- der innergemeinschaftliche Erwerb neuer Fahrzeuge.
Es handelt sich um einen Sondertatbestand, der die Ausnutzung erheblicher Steuersatzunterschiede innerhalb der EU verhindern soll.

b) Nicht steuerbare Umsätze

268 Nicht steuerbare Umsätze sind Umsätze, die
- **nicht** von einem Unternehmer im Rahmen des Unternehmens ausgeführt werden.
Ein Beispiel hierfür wäre ein Architekt, der sein privates Klavier verkauft. Zur Abgrenzung: Es wird entweder „im Rahmen des Unternehmens" oder „für Zwecke außerhalb des Unternehmens" gehandelt.
- nicht im Inland ausgeführt werden.
Ein Beispiel hierfür ist die Errichtung eines Gebäudes in Polen.
- unentgeltlich ausgeführt werden.
Sie sind deshalb nicht steuerbar, weil ihnen keine Aufwendung bzw. keine Einkommensverwendung des Leistungsempfängers gegenübersteht. Ein Beispiel ist eine unentgeltliche Behandlung von Reisenden durch einen Arzt, die zufällig während einer Reise stattfindet.

269 Steuerbare Umsätze können steuerfrei oder steuerpflichtig sein. Steuerbare Umsätze, die nicht steuerfrei sind, sind zu versteuern.

270 Bei Bauleistungen immer wieder umsatzsteuerlich schwierig abzugrenzen sind Nachträge, echter und unechter Schadenersatz. Nicht umsatzsteuerbar sind nämlich „echte" Schadenersatzleistungen, da in diesem Fall kein Leistungsaustausch vorliegt (Abschn. 3 UStR). Echter Schadenersatz liegt vor, wenn der Leistende nach Gesetz oder Vertrag zur Schadenbeseitigung verpflichtet ist und der Ersatzleistung keine, auch nicht nur eine teilweise Gegenleistung gegenübersteht. Ein echter Schadenersatz liegt auch dann vor, wenn die Aufwendungen des Auftragnehmers eines Werkvertrages ersetzt werden, ohne dass das Werk geliefert wurde. Ein Leistungsaustausch und damit eine Steuerpflicht ist dagegen anzunehmen, wenn der Geschädigte im Auftrag des Schädigers den Schaden selbst beseitigt.

2. Steuerbefreiungen

271 Eine Vielzahl von steuerpflichtigen Umsätzen sind im Katalog des § 4 UStG von der Umsatzsteuer befreit. Dabei sind Steuerbefreiungen mit Vorsteuerabzugsmöglichkeit (§ 4 Nr. 1–7 UStG), Steuerbefreiungen mit Vorsteuerabzugsmöglichkeit nach der Option des § 9 UStG und Steuerbefreiungen mit der Versagung des Vorsteuerabzugsrechts zu unterscheiden. Diese werden nachfolgend näher erläutert.

a) Steuerbefreiungen mit Vorsteuerabzugsmöglichkeit (§ 4 Nr. 1–7 UStG)

272 Dazu gehören:
- Ausfuhrlieferungen,
- innergemeinschaftliche Lieferungen sowie
- Lohnveredelungen an Ausfuhrgegenständen.

273 Diese unterliegen in vielen Importländern wiederum einer Einfuhrumsatzsteuer oder der innergemeinschaftlichen Erwerbsbesteuerung. Ziel ist es, Exportleistungen von der inländischen Umsatzsteuerbelastung freizustellen und mit der ausländischen Umsatzsteuer zu belasten.

b) Steuerbefreiungen mit Vorsteuerabzugsmöglichkeit nach Option § 9 UStG

Eine Steuerbefreiung mit Vorsteuerabzugsmöglichkeit nach der Option des § 9 UStG ist möglich für: 274
- Vermietungs- und Verpachtungsumsätze,
- Umsätze aus der Veräußerung von Grundstücken und grundstücksgleichen Rechten,
- Umsätze, die der Versicherungssteuer unterliegen sowie
- Umsätze des Geld- und Kapitalverkehrs.

Bei Umsätzen aus Vermietung und Verpachtung sowie der Veräußerung von Grundstücken und grundstücksgleichen Rechten ist die Optionsmöglichkeit nur gegeben, wenn die Vermietung oder Veräußerung an Leistungsempfänger erfolgt, die das Grundstück ausschließlich für Umsätze verwenden, die den Vorsteuerabzug nicht ausschließen. Daraus folgt, dass für Bauträger mit Privatkundengeschäft oder bei einer direkten Vermietung an einen Arzt oder ein Kreditinstitut die Optionsmöglichkeit und die damit verbundene Vorsteuerabzugsmöglichkeit nicht gegeben sind. 275

Ziel der Optionsmöglichkeit ist die Vermeidung von Kumulationseffekten, wenn die steuerbefreiten Umsätze an Unternehmer erbracht werden. Der Leistende kann zur Umsatzbesteuerung optieren und erhält damit das Recht des Vorsteuerabzuges. Der Leistungsempfänger in seiner Funktion als Unternehmer ist zum Abzug der in Rechnung gestellten Vorsteuer berechtigt. 276

c) Steuerbefreiungen mit der Versagung des Vorsteuerabzugsrechts

Dazu gehören z. B.: 277
- Heilberufe,
- Versicherung/Bausparkassenvertreter,
- Privatschulen,
- Leistungen Blinder (subjektive Steuerbefreiung, nicht die Leistung, sondern der Leistende ist Kriterium der Befreiung).

Die Leistungsempfänger werden privaten Verbrauchern gleichgestellt. Sie dürfen kein Vorsteuerabzugsrecht in Anspruch nehmen und müssen bei Leistungserbringung keine Umsatzsteuer abführen. 278

3. Steuersubjekt

Steuersubjekt der Umsatzsteuer ist der „umsatzsteuerliche Unternehmer". Die Zubilligung der Unternehmereigenschaft bestimmt die Frage der Steuerpflichtigkeit. Diese Frage ist immer zweischneidig, da der Steuerpflichtige mit der Unternehmereigenschaft das Recht erlangt, für die von seinem Unternehmen bezogenen Leistungen den Vorsteuerabzug geltend machen zu dürfen. In Gründungs- und Investitionsphasen eines Unternehmens kann die Vorsteuerrückerstattung erhebliche liquiditätsmäßige Vorteile bringen. § 2 Abs. 1 UStG beschreibt den umsatzsteuerlichen Unternehmer folgendermaßen: „Umsatzsteuerlicher Unternehmer" ist, wer eine gewerbliche oder berufliche Tätigkeit selbständig ausübt. Gewerblich oder beruflich ist jede nachhaltige Tätigkeit zur Erzielung von Einnahmen, auch wenn die Absicht, Gewinn zu erzielen fehlt oder eine Personenvereinigung nur gegenüber ihren Mitgliedern tätig wird. Das Unternehmen umfasst die gesamte gewerbliche oder berufliche Tätigkeit des Unternehmers. „Geborene" Unternehmer sind alle Tätigkeiten der Gewerbetreibenden (§ 15 EStG), Freiberufler (§ 18 EStG) sowie Land- und Forstwirte (§ 13 EStG). 279

Die gewerbliche oder berufliche Tätigkeit wird **nicht selbständig** ausgeübt, soweit natürliche Personen, einzeln oder zusammengeschlossen, einem Unternehmen so eingegliedert sind, dass sie den Weisungen des Unternehmers zu folgen verpflichtet sind. Lohnsteuer und Umsatzsteuer schließen sich gegenseitig aus, die Abgrenzung entspricht dem Einkommensteuergesetz. 280

4. Unterscheidung zwischen Lieferung und sonstiger Leistung

281 Eine Lieferung ist die Verschaffung der Verfügungsmacht an einem Gegenstand. Dabei ist immer vom Primat der Hauptleistung auszugehen. Sonstige Leistungen sind alle Leistungen, die keine Lieferungen sind (§ 3 Abs. 9 UStG). Eine Nebenleistung liegt vor, wenn diese im Verhältnis zur Hauptleistung von untergeordneter Bedeutung ist und üblicherweise gegeben wird. Nebenleistungen teilen das Schicksal der Hauptleistung hinsichtlich Steuerbarkeit, Steuerpflicht und Steuersatz. Wenn Leistungen trennbar sind, können diese eventuell auch umsatzsteuerlich unterschiedlich behandelt werden.

> *Beispiele*
> Der Verkauf eines Baggers stellt eine Lieferung dar. Eventuell im Preis enthaltene Beratungsleistungen sind Nebenleistungen. Erfolgt die Lieferung im Inland gegen Entgelt von einem Unternehmer, so ist diese steuerbar, unabhängig davon, an welchem Ort der Erde die Beratungsleistung erbracht wird.
>
> Eine Unternehmensberatung ist eine sonstige Leistung, die mit dem allgemeinen Steuersatz von 16 % zu versteuern ist. Wird im Rahmen der Unternehmensberatung das Gutachten schriftlich in mehrfacher Fassung „mitgeliefert", so ist diese Lieferung ebenfalls mit 16 % zu versteuern, auch wenn normalerweise die Lieferung von Druckerzeugnissen dem ermäßigten Steuersatz von 7 % unterliegt.

5. Einheitliche Leistung – Teilleistung

282 Das Umsatzsteuerrecht geht grundsätzlich von einer einheitlichen Leistung – auch für bauwirtschaftliche Werklieferungen oder Werkleistungen – aus.[35] Eine Aufspaltung in einzelne Teilleistungen ist nur möglich, wenn eine Leistung bei wirtschaftlicher Betrachtungsweise teilbar ist.[36] Das liegt dann vor, wenn eine Leistung auch bei Ausbleiben der Gesamtleistung einen Wert hat, für diese Leistung ein gesondertes Entgelt vereinbart wurde und die Teilleistung in der vereinbarten Form bewirkt wurde. Die Frage der Teilbarkeit von Bauleistungen einzelner Gewerke entscheidet die Finanzverwaltung nach den Kriterien des BMF-Schreibens vom 28.12.1970 (USt-Kartei § 27 S 7440 Karte 11). Die dabei von der Finanzverwaltung anerkannten Abgrenzungsmaßstäbe reichen von haus- oder blockweiser Aufteilung für Rohbauarbeiten bis zu stückweiser Aufteilung für Tischler- und Schlosserarbeiten.

283 Leistungen von Architekten und Ingenieuren, die den Leistungsbildern der HOAI entsprechen, werden grundsätzlich als einheitliche Leistung angesehen. Nur wenn zwischen den Vertragsparteien gesonderte Vereinbarungen über die Ausführung und Vergütung einzelner Leistungsphasen oder Tätigkeiten getroffen wurden, sind einzeln zu versteuernde Teilleistungen anzunehmen.

6. Lieferungen

284 Der Ort einer Lieferung ist der Ort, an dem sich der Gegenstand zum Zeitpunkt der Verschaffung der Verfügungsmacht befindet. Lieferungszeitpunkt ist der Zeitpunkt, in dem die wirtschaftliche Verfügungsmacht übergeht.

285 Zu unterscheiden sind:
- unmittelbare Übergabe / Abholung
  Ein Beispiel hierfür ist eine Lieferung über den Ladentisch. Der Zeitpunkt der Lieferung ist identisch mit dem Erhalt der Ware. Der Ort der Lieferung ist in diesem Fall das Ladenlokal.

---

[35] Vgl. Abschn. 29 Abs. 1 UStR.
[36] Vgl. § 13 Abs. 1 Nr. 1 Buchst. a S. 3 UStG.

- mittelbare Übergabe
  Bei einer mittelbaren Übergabe geht das Eigentum mit der Übergabe der Transportpapiere über. Der Lieferungszeitpunkt ist der Zeitpunkt der Übergabe der Lagerscheine. Der Ort der Lieferung ist derjenige, an dem sich der Gegenstand zu diesem Zeitpunkt befindet.
- Beförderung/Versendung
  Bei einer Beförderung bewegt der Lieferer die Ware selbst. Im Falle einer Versendung erfolgt der Transport durch einen Dritten im Auftrag des Lieferers. Die Lieferung gilt mit dem Beginn der Beförderung bzw. Versendung als ausgeführt (§ 3 Abs. 6 S. 1 UStG). Der Ort der Lieferung ist der Ort, an dem sich der Gegenstand zu diesem Zeitpunkt befindet. Bei einer Versendungslieferung beispielsweise lässt die Möbelfirma die Möbel durch eine Spedition an den Kunden liefern. Der Ort der Übergabe ist das Möbellager. Der Zeitpunkt der Übergabe ist der Moment, in dem die Möbel an die Transportfirma übergeben werden.
- Werklieferungen
  Zeitpunkt der Lieferung ist die Übergabe und Abnahme des fertig gestellten Werkes durch den Auftraggeber, Ort der Lieferung ist der Ort, an dem sich der Gegenstand befindet. Bei Bauwerken ist das im Regelfall der Gelegenheitsort des Grundstücks.
- Werkleistungen
  Maßgebender Zeitpunkt ist die Vollendung der Leistung. In der Praxis fallen Vollendung und Abnahme häufig zusammen.

7. Sonstige Leistungen

Sonstige Leistungen sind alle Leistungen, die keine Lieferungen sind (§ 3 Abs. 9 S. 1 UStG). Die Grundregel besagt, dass eine sonstige Leistung an dem Ort ausgeführt wird, wo der Unternehmer sein Unternehmen betreibt oder am Ort seiner Betriebsstätte. Die Grundregel ist praktisch unbedeutend. Sie hat aber die Funktion einer Auffangregelung, wenn der Ort einer sonstigen Leistung sich nicht unter eine der Spezialregeln des § 3 a UStG oder die der §§ 3 b und 3 f UStG einordnen lässt. **286**

Bestimmung des Ortes der Leistung: **287**
- Bei sonstigen Leistungen im Zusammenhang mit einem Grundstück ist der Ort der Leistung der Gelegenheitsort des Grundstücks. Beispiele sind die Vermietung und Verpachtung sowie Leistungen im Zusammenhang mit der Veräußerung und dem Erwerb von Grundstücken (z. B. Vermessungs- und Notarleistungen).
- Bei künstlerischen, wissenschaftlichen, kulturellen, sportlichen und unterhaltenden Tätigkeiten ist der Ort der Leistung derjenige, an dem die Leistung im Wesentlichen erbracht wurde.
- Im Fall von „Katalogleistungen" wie beispielsweise Werbung, Beratungsleistungen oder Datenverarbeitung (vgl. im einzelnen § 3 a Abs. 4 UStG) gilt: Ist der Empfänger Unternehmer im Sinne des Umsatzsteuergesetzes, dann ist der Ort der Leistung der Ort der Betriebsstätte des Leistungsempfängers. Ist der Empfänger kein Unternehmer, dann ist der Ort der Leistung im Drittlandsgebiet der Wohnort des Leistungsempfängers bzw. im Gemeinschaftsgebiet der Sitzort des leistenden Unternehmers.
- Bei Vermittlungsleistungen ist der Ort der Leistung identisch mit dem Ort, an dem die Leistung vermittelt wurde.

8. Bemessungsgrundlage der Umsatzsteuer

a) Bei Vorliegen eines Entgeltes

Bei Vorliegen eines Entgeltes ist grundsätzlich das **tatsächlich für die Leistung aufgewandte Entgelt** Bemessungsgrundlage, und zwar stets der Nettowert. Der Nettowert umfasst alles, was der Leistungsempfänger ohne die Umsatzsteuer aufwendet. Rabatte, Boni oder Skonti mindern die Bemessungsgrundlage, alle Zugaben, die der Empfänger aufwendet, erhöhen sie. Dazu gehören auch Trink- **288** gelder an den Unternehmer. Durchlaufende Posten wie beispielsweise Gerichtskosten vom Mandanten an den Anwalt gehören nicht zur Bemessungsgrundlage.

b) Bei Eigenverbrauch

289 Zu unterscheiden sind der Gegenstandseigenverbrauch und die Leistungsentnahme. Ein Eigenverbrauch von Gegenständen liegt vor, wenn beispielsweise ein Getränkehändler sein vorher mit Vorsteuerabzug erworbenes Bier trinkt oder ein Bäcker sein selbst gebackenes Brötchen isst. Im ersteren Fall ist die Bemessungsgrundlage der Einkaufspreis zuzüglich Nebenkosten. Im letzteren Fall sind es die Selbstkosten der Leistungserbringung.

290 Um eine Leistungsentnahme handelt es sich, wenn zum Beispiel ein Bauunternehmer auf seinem Privatgrundstück Verschönerungsarbeiten mit eigenen Geräten durchführen lässt. Die Bemessungsgrundlage im Falle der Leistungsentnahme sind die entstandenen Kosten, soweit diese zum Vorsteuerabzug berechtigt waren.

c) Mindestbemessungsgrundlage

291 Wenn entgeltliche Leistungsbeziehungen zwischen
- Vereinigungen/Einzelunternehmern und ihren nahen Angehörigen bzw. Personen, zu denen eine wirtschaftliche oder rechtliche Bindung besteht,
- Arbeitgebern – Arbeitnehmern und deren Angehörigen

zu einem unangemessen niedrigen Preis durchgeführt werden, wird als Bemessungsgrundlage die Mindestbemessungsgrundlage des § 10 Abs. 4 UStG angesetzt. Diese ist zu verwenden, wenn das tatsächliche Entgelt die Mindestbemessungsgrundlage unterschreitet. Da ein Entgelt vorliegt, greifen in diesen Fällen die Bemessungsgrundlagen des Eigenverbrauchstatbestandes nicht. Würde das gezahlte Entgelt als Bemessungsgrundlage angesetzt, wären steuermindernde Manipulationen möglich.

292 Im Falle von Tauschgeschäften ist grundsätzlich von zwei Lieferungen auszugehen.

293 Wird eine Ware gekauft und wegen Mängeln zurückgegeben (Rückgabe), so wird die ursprüngliche Lieferung rückgängig gemacht und ist ohne Wirkung. Davon zu unterscheiden ist der Fall von Veräußerung und späterem Rückkauf. In diesem Fall liegen zwei umsatzsteuerliche Lieferungen vor.

9. Tarif und Entstehung der Steuerschuld

294 Der **allgemeine Steuersatz** beträgt **16 %,** der **ermäßigte Steuersatz 7 %.** Der ermäßigte Steuersatz gilt für:
- zahlreiche Lebensmittel (außer bei Verzehr an Ort und Stelle),
- land- und forstwirtschaftliche Leistungen,
- Druckerzeugnisse (soweit es sich nicht um Werbedrucksachen handelt),
- Leistungen der Theater, Museen, Orchester, Filmvorführungen,
- bestimmte Beförderungsumsätze; Lieferung von Wasser.

295 Grundsätzlich entsteht die Umsatzsteuerschuld mit Ablauf des Voranmeldungszeitraumes, in dem eine Leistung erbracht wurde (Soll-Versteuerung nach § 13 Abs. 1 Nr. 1 UStG). Soll-Versteuerung heißt, dass die Bemessungsgrundlage der Betrag ist, der zum Zeitpunkt der Leistungsausführung zwischen Steuerpflichtigem und Leistungsempfänger vereinbart wurde. Nachträgliche Entgelterhöhungen oder Verminderungen werden zu dem Zeitpunkt berücksichtigt, zu dem sie auftreten. Auf die Bemessungsgrundlage ist der zu diesem Zeitpunkt gültige Umsatzsteuersatz anzuwenden.

296 Voranmeldungszeitraum ist im Regelfall der Kalendermonat. Sofern die Umsatzsteuer des vorangegangenen Jahres weniger als 12.000 DM betrug, ist das Kalendervierteljahr Voranmeldungszeitraum.

Der Steuerpflichtige hat bis zum Zehnten des Folgemonats die Steuer und die Vorsteuer selbst zu berechnen, eine Steueranmeldung abzugeben und die Zahllast an das Finanzamt abzuführen.

Beispiel
Am 20.4. wird ein Bagger für 100.000 DM netto verkauft. Das Zahlungsziel beträgt 60 Tage, bei Zahlung innerhalb von 30 Tagen werden 3 % Skonto gewährt. Die Zahlung erfolgt am 19.5. in Höhe von 97.000 DM netto (unter Abzug von 3 % Skonto).

Der Zeitpunkt des Überganges der wirtschaftlichen Verfügungsmacht und damit der Lieferung ist der 20.4. In der Umsatzsteuervoranmeldung sind folgende Angaben vorzunehmen:
Umsatzsteuervoranmeldung für Monat April (abzugeben am 10.5.)
Umsatzsteuer: (0,16 x 100.000 DM =)   16.000 DM
Umsatzsteuervoranmeldung für Monat Mai (abzugeben am 10.6.)
Umsatzsteuer: (0,16 x (- 3.000 DM) =)   - 480 DM

Der Verkäufer muss seine Umsatzsteuervoranmeldungen in dieser Form abgeben, der Käufer kann die Vorsteuer entweder genauso buchen (Brutto-Methode) oder die Vorsteuer bereits auf den Skontobetrag beziehen. Neben diesem Regelfall räumt § 20 Abs. 1 UStG auf Antrag die Möglichkeit ein, die Umsatzsteuer nach vereinnahmten Entgelten zu berechnen (Ist-Versteuerung). Zur Ist-Versteuerung können Steuerpflichtige optieren,
- deren kalenderjährlicher Gesamtumsatz weniger als 250.000 DM[37] beträgt,
- die von der Verpflichtung zur Führung von Büchern befreit sind (§ 148 AO),
- die freiberufliche Umsätze (§ 18 Abs. 1 Nr. 1 EStG) erwirtschaften.

Bei Ist-Versteuerung ergibt sich im oben genannten Beispiel folgende Entwicklung:
Umsatzsteuervoranmeldung für Monat April (abzugeben am 10.5.)
Umsatzsteuer: keine vereinnahmten Entgelte
Umsatzsteuervoranmeldung für Monat Mai (abzugeben am 10.6.)
Umsatzsteuer: (0,16 x 97.000 DM =)   15.520 DM

Werden Anzahlungen oder Abschlagszahlungen vereinnahmt, bevor eine Leistung ausgeführt wurde, so entsteht die Steuer mit Ablauf des Voranmeldungszeitraumes, in dem die Anzahlung vereinnahmt wurde (Ist-Versteuerung).

Bei bauvertraglichen Werkleistungen erfolgt der Übergang der wirtschaftlichen Verfügungsmacht und damit die Entstehung der Steuerschuld zu dem Zeitpunkt der Abnahme des fertig gestellten Werkes durch den Auftraggeber.[38] Die Form der Abnahme ist umsatzsteuerlich unbedeutend, bei einer Nutzung vor förmlicher Abnahme ist der Zeitpunkt der erstmaligen Verwendung entscheidend. Alle vor der Abnahme vereinnahmten Anzahlungen unterliegen der Ist-Versteuerung.[39] Wird der Umsatzsteuersatz geändert (bisher immer nur erhöht), kommt es davon abweichend nicht auf den Zeitpunkt der Vereinnahmung der Anzahlungen an. Entscheidend ist dann, wann die wirtschaftliche Verfügungsmacht an der Werkleistung übergeht; der zu diesem Zeitpunkt gültige Steuersatz gilt dann für die gesamte Werkleistung.[40] Wird eine Werkleistung in wirtschaftlich abgrenzbaren Teilen geschuldet, können im Fall einer Steuersatzänderung unterschiedliche Steuersätze zur Anwendung kommen.

---

37 Für Unternehmen in den neuen Bundesländern bis zum 31.12.2004 bis zur Schwelle von 1 Mio. DM.
38 Vgl. Abschn. 178 Nr. 1 S. 4 UstR.
39 Vgl. Abschn. 178 Nr. 2 S. 3 UstR.
40 Vgl. Abschn. 160 Abs. 3 UstR.

10. Vorsteuerabzug

301 Der Unternehmer kann für alle Leistungen,
- die er in Empfang genommen hat,
- die von anderen Unternehmern ausgeführt werden,
- die für sein Unternehmen erbracht werden,
- bei denen die Umsatzsteuer gesondert ausgewiesen ist,
- die die Formerfordernisse des § 14 UStG erfüllen und
- bei denen der Vorsteuerabzug nicht ausgeschlossen ist,

die in Rechnung gestellte Umsatzsteuer als Vorsteuer abziehen. Zu beachten ist, dass diese Voraussetzungen kumulativ vorliegen müssen. Die Unternehmereigenschaft für die Vorsteuer stimmt grundsätzlich mit der Unternehmereigenschaft des § 1 UStG überein.

302 Für die Einhaltung der Bedingungen trägt der Vorsteuerabzugsberechtigte die Beweislast, insbesondere dafür, dass die Rechnungen den Formerfordernissen des § 14 UStG genügen. Demzufolge müssen die Rechnungen folgende Angaben enthalten:
- Name und Anschrift von leistendem Unternehmer und Leistungsempfänger,
- handelsübliche Bezeichnung der Leistung,
- Entgelt und die darauf entfallende Umsatzsteuer (bei Beträgen unter 200 DM ist die Angabe des Steuersatzes ausreichend).

303 Zu den abziehbaren Vorsteuern gehören die Umsatzsteuer für empfangene Leistungen, die entrichtete Einfuhrumsatzsteuer sowie die Umsatzsteuer für den innergemeinschaftlichen Erwerb.

304 **Abziehbar** ist der Vorsteuerbetrag in dem Voranmeldungszeitraum, in dem **alle umsatzsteuerlichen Voraussetzungen erbracht** worden sind. Das heißt, die Leistung muss erfolgt sein, und es muss eine Rechnung gemäß § 14 UStG vorliegen. Auf den Zeitpunkt der Zahlung kommt es nicht an (Soll/Soll-Versteuerung). Darf der Unternehmer nach vereinnahmten Entgelten (Ist-Versteuerung) versteuern, so gilt für den Vorsteuerabzug trotz allem das Soll-Prinzip (Ist/Soll-Versteuerung).

305 Eine **Ausnahme** bilden **Anzahlungen**. Bei Anzahlungen genügt das Vorliegen einer Rechnung und das Überweisen der Anzahlung (Ist-Versteuerung) für die Vorsteuer.

306 Im deutschen Umsatzsteuersystem gilt der Grundsatz des Sofortabzuges der Vorsteuer. Demzufolge kann die gesamte Vorsteuer eines abnutzbaren Gegenstandes zum Zeitpunkt des Erwerbes geltend gemacht werden.

307 Für bestimmte Kleingewerbe (z. B. Bau- und Möbeltischlerei, Elektroinstallation, Fliesen- und Plattenleger, Glaserei, Hoch- und Ingenieurhochbau, Klempnerei, Gas- und Wasserinstallation, Maler, Schlosser, Stuckateure, Zimmerer, Architekten)[41] bestehen Durchschnittssätze in Prozent vom Umsatz für den Vorsteuerabzug. Diese sind nur dann anzuwenden, wenn der Gewerbetreibende nicht verpflichtet ist, Bücher zu führen.

11. Ausschluss vom Vorsteuerabzug

308 Der Vorsteuerabzug ist nicht möglich, wenn Gegenstände weniger als 90 % unternehmerisch genutzt werden. Die Vorsteuern für Aufwendungen für nicht ausschließlich (zu 100 %) betrieblich genutzte Kraftfahrzeuge sind nur bis zu 50 % abzugsfähig (§ 15 Abs. 1 b UStG). Keine Vorsteuerabzugsmöglichkeiten bestehen weiterhin für einen Großteil der Reisekosten des Unternehmers und seines Per-

---

41 Vgl. Anlage zur UStDV.

sonals[42] (§ 15 Abs. 1 a Nr. 2 UStG) und für die nicht abzugsfähigen Ausgaben (§ 15 Abs. 1 a Nr. 1 UStG i.V.m. §§ 4 Abs. 5 und 12 Nr. 1 EStG).

Weiterhin sind alle Leistungsbezüge für steuerbefreite Umsätze vom Vorsteuerabzug ausgeschlossen. Das gilt auch für nicht steuerbare (unentgeltliche, im Ausland durchgeführte) Umsätze, die im Inland steuerfrei wären. Eine **Ausnahme** bilden **Exporte und innergemeinschaftliche Lieferungen**. 309

Beispiele
Ein Unternehmen vermietet Wohnraum gegen Entgelt im Inland.
steuerbar (weil im Inland und gegen Entgelt)
steuerbefreit gemäß § 4 Nr. 12 UStG
Es gibt keine Optionsmöglichkeit über § 9 Abs. 1 UStG zur Umsatzsteuer, da der Mieter Unternehmereigenschaft haben muss; alle Leistungen für das Unternehmen sind vom Vorsteuerabzug ausgeschlossen.

Ein Unternehmen vermietet Büroraum gegen Entgelt im Inland.
steuerbar (weil im Inland und gegen Entgelt)
steuerbefreit gemäß § 4 Nr. 12 UStG
Es gibt eine Optionsmöglichkeit über § 9 Abs. 1 UStG zur Umsatzsteuer, wenn alle Mieter Unternehmereigenschaft haben und steuerpflichtige Umsätze ausführen; wenn die Option ausgeübt wird, berechtigen alle Leistungen für das Unternehmen zum Vorsteuerabzug.

Erbringt der Steuerpflichtige sowohl steuerpflichtige als auch steuerbefreite Leistungen, so sind nur die mit steuerpflichtigen Leistungen im Zusammenhang stehenden Eingangsleistungen vorsteuerabzugsberechtigt. Für viele Leistungen lässt sich keine Zuordnung treffen, in diesem Fall erlaubt das Gesetz eine Aufteilung im Wege einer sachgerechten Schätzung. 310

Beispiel
Ein Unternehmen vermietet ein zweigeschossiges Gebäude. Im Erdgeschoss befinden sich Läden, im Geschoss darüber Wohnungen. Die Option zur Umsatzbesteuerung wird für das Erdgeschoss ausgeübt. Eingangsrechnungen, die sich eindeutig zuordnen lassen (z. B. Malerarbeiten im Erdgeschoss), berechtigen entweder zum Vorsteuerabzug oder berechtigen nicht zum Vorsteuerabzug. Bei Rechnungen, die funktional zu beiden Bereichen gehören (z. B. Dachdeckerarbeiten), können 50 % der Umsatzsteuer als Vorsteuer abgezogen werden.

Leistungsbezüge, die für die nicht unternehmerische Sphäre bezogen wurden, berechtigen von vornherein nicht zum Vorsteuerabzug, für diese gilt die Ausschlussregelung nicht. Für gemischt genutzte Wirtschaftsgüter (z. B. Haus mit selbstgenutzter Wohnung und Gewerberäumen) besteht aber die Möglichkeit, auch bei bereits untergeordneter unternehmerischer Nutzung diese dem unternehmerischen Bereich zuzuordnen. In diesem Fall gelten Aufteilungsregeln, die zum gleichen Ergebnis führen. 311

Beispiel
In einem zweigeschossigen Gebäude befinden sich im Erdgeschoss Läden und im Obergeschoss eine selbstgenutzte Wohnung. Eingangsrechnungen, die sich eindeutig zuordnen lassen (z.B. Malerarbeiten im Erdgeschoss), berechtigen entweder zum Vorsteuerabzug oder berechtigen nicht zum Vorsteuerabzug. Bei Rechnungen, die funktional zu beiden Bereichen gehören (z. B. Dachdeckerarbeiten), können 50 % der Umsatzsteuer als Vorsteuer abgezogen werden. In diesem Fall wird der nicht unternehmerische Teil der Eigenverbrauchsbesteuerung unterworfen.

---

42 Das betrifft den z. B. pauschalen Vorsteuerabzug aus den entfallenen §§ 36–39 UStDV (z.B. Kilometerpauschale, bei den 0,52 DM/km (0,58 DM/km ab 2001) ist kein pauschaler Abzug mehr möglich). Zulässig ist aber der Vorsteuerabzug aus Übernachtungskosten der Arbeitnehmer (BFH-Urteil vom 23.11.2000 – V R 49/00).

12. Anpassung der Umsatzsteuer bei Änderungen der Bemessungsgrundlage

312 Die Höhe der Umsatzsteuer wird nach der Höhe der Gegenleistung, im Regelfall dem vereinbarten Entgelt, bemessen. Entspricht aber das vereinbarte Entgelt nicht dem tatsächlichen Entgelt – wenn sich also die Bemessungsgrundlage geändert hat –, müssen der Leistende den geschuldeten Umsatzsteuerbetrag und der Leistungsempfänger den in Anspruch genommenen Vorsteuerabzug berichtigen (§ 17 Abs. 1 UStG). Die Berichtigung hat in dem Voranmeldungszeitraum (im Regelfall in dem Monat) zu erfolgen, in dem die Änderungen bekannt werden. Diese Regelung gilt dann, wenn ein Forderungsbetrag uneinbringlich geworden ist, ein von der Rechnung abweichendes Entgelt vereinnahmt wurde, die vereinbarte Leistung nicht ausgeführt wurde oder eine steuerpflichtige Leistung rückgängig gemacht wurde.

313 Ein Spezialfall im Baubereich ist, dass mit der Schlussrechnung der Auftragnehmer alle Ansprüche anzumelden und auch sofort voll der Umsatzsteuer zu unterwerfen hat. Der Auftraggeber erwirbt umgekehrt einen sofortigen Vorsteueranspruch, ohne dass er im Einzelfall die Schlussrechnung jemals anerkennt und begleicht. Eine Forderung gilt erst dann umsatzsteuerlich als uneinbringlich, wenn ein Schuldner zahlungsunfähig geworden ist (Abschn. 223 Abs. 5 UStR). Eine ertragsteuerlich zulässige Pauschalwertberichtigung führt noch nicht zur Zulässigkeit einer Umsatzsteuerberichtigung. Erst bei Eröffnung eines Insolvenzverfahrens kann der gesamte Forderungsbetrag als uneinbringlich behandelt werden. Die Frage, ob bei einem zahlungsunwilligen Schuldner eine uneinbringliche Forderung im Sinne des § 17 UStG vorliegt, ist umstritten und wird auch von der Finanzverwaltung nicht einheitlich beurteilt. Aus dem Charakter der Umsatzsteuer heraus ergibt sich aber, dass Uneinbringlichkeit auch bei mangelndem Zahlungswillen des Schuldners vorliegt.[43]

13. Berichtigung des Vorsteuerabzuges

314 Für den **Vorsteuerabzug** sind **immer** die **Verhältnisse zum Zeitpunkt des Eigentumsübergangs maßgebend**. Für langfristig nutzbare Güter des Anlagevermögens (z. B. Gebäude, Fahrzeuge) können sich im Zeitablauf die für den Vorsteuerabzug bestimmenden Umstände, das heißt die Erbringung steuerbarer und steuerpflichtiger Leistungen, ändern. Aus diesem Grund normiert § 15 a UStG eine Berichtigung des Vorsteuerabzuges über einen Zeitraum von fünf Jahren (Grundstücke und ihre wesentlichen Bestandteile zehn Jahre), wenn sich die Verhältnisse seit Beginn der Verwendung ändern. Die Vorsteuerkorrektur ist mit je einem Fünftel (einem Zehntel für Gebäude) der Vorsteuer des Erwerbsjahres pro fehlendem Verbleibensjahr zu bemessen.

> *Beispiel*
> Ein neues Gebäude, welches vollständig unternehmerisch genutzt wird, wird zum 1.1.1997 angeschafft. Der Kaufpreis beträgt 1.000.000 DM netto. Die Vorsteuer beträgt 15 % (= 150.000 DM). abziehbare Vorsteuer (zu 100 %): 150.000 DM
>
> Das Gebäude wird zum 31.12.2002 verkauft. Dieser Umsatz ist gemäß § 4 Nr. 9 a UStG steuerfrei (wegen der Grunderwerbsteuerpflichtigkeit).
>
> Berechnung der Vorsteuerberichtigung
> Vorsteuerberichtigungszeitraum: 1.1.1997–31.12.2006
> Verkauf am 31.12.2002, das heißt, der zu berichtigende Zeitraum beträgt vier Jahre
> Vorsteuerberichtigung: 4/10 × 150.000 DM = 60.000 DM
> Wenn der Unternehmer für den Verkauf zur Umsatzsteuerpflicht optiert, kann er die Vorsteuerberichtigung vermeiden, muss dann aber für den Verkauf Umsatzsteuer entrichten.

---

43 Vgl. *Rau/Dürrwächter/Flick/Geist – Stadie*, Kommentar zum Umsatzsteuergesetz, 1996, § 17 Rn 140.

14. Besteuerung grenzüberschreitender Umsätze

a) Exporte in Drittländer (Nicht-EU-Ausland)

Für Exporte in das sogenannte Drittlandsgebiet, zu dem alle Staaten außerhalb der EU (mit bestimmten Einschränkungen) gehören, gilt die Regelung, dass alle Exporte steuerbefreit sind (§ 4 Nr. 1 a UStG). Der Exporteur muss den Grenzübertritt der Ware nachweisen. Da er aber alle für die Exportleistung ihm in Rechnung gestellten Vorsteuern trotz allem von seiner Umsatzsteuerzahllast in Abzug bringen darf (§ 15 Abs. 3 Nr. 1 a UStG), werden die Exporte von der inländischen Umsatzsteuer entlastet.

> *Beispiel*
> Ein Unternehmer liefert seine gesamte Produktion nach Polen. Der Unternehmer darf die gesamte ihm in Rechnung gestellte Umsatzsteuer als Vorsteuer abziehen.

b) Importe aus dem Nicht-EU-Ausland

Beim Grenzübertritt werden alle Waren mit der Einfuhrumsatzsteuer, einer besonderen Erhebungsform der Umsatzsteuer, belastet. Werden die Waren für den privaten Gebrauch geliefert, so erfolgt dadurch eine endgültige Belastung mit deutscher Umsatzsteuer. Werden die Waren für unternehmerische steuerpflichtige Zwecke verwendet, kann der Unternehmer die Einfuhrumsatzsteuer als Vorsteuer abziehen.

c) Exporte ins EU-Ausland

Exporte ins EU-Ausland werden als sogenannte innergemeinschaftliche Lieferungen qualifiziert. Ist der Abnehmer ein umsatzsteuerlicher Unternehmer – der Nachweis erfolgt durch die Angabe der Umsatzsteueridentifikationsnummer bei der Bestellung –, so ist die Lieferung von der deutschen Umsatzsteuer befreit. Das Vorsteuerabzugsrecht bleibt erhalten. Im Bestimmungsland erfolgt eine Belastung mit der dortigen Umsatzsteuer. Erfolgt eine Lieferung oder Versendung an einen „Privatmann", so bleibt die Lieferung mit der deutschen Umsatzsteuer belastet. Dies gilt jedoch nur dann, wenn die sogenannten Lieferschwellen nicht überschritten sind und es sich nicht um eine „Versandhauslieferung" handelt, für die gesonderte Lieferschwellen existieren.

d) Importe aus dem EU-Ausland

Mit der Schaffung des gemeinsamen europäischen Marktes zum 1.1.1993 wurden die Gütergrenzkontrollen innerhalb der EU abgeschafft. Aus diesem Grund ist ein analoges Verfahren wie für Importe aus Drittländern nicht möglich. Deswegen wurde der innergemeinschaftliche Erwerb als besonderer Steuertatbestand geschaffen. Erwirbt ein „deutscher Unternehmer" unter Angabe seiner deutschen Umsatzsteueridentifikationsnummer eine Ware im EU-Ausland, so wird diese von der dortigen Mehrwertsteuer befreit (im EU-Ausland heißt die deutsche Umsatzsteuer Mehrwertsteuer). In Deutschland wird die Ware mit der deutschen Umsatzsteuer belastet. Werden die Umsätze zur Erbringung steuerpflichtiger Leistungen eingesetzt, so steht dem Steuerpflichtigen in derselben Höhe ein Vorsteuerabzug zu.

15. Sonderregelung für die Lieferung von neuen Fahrzeugen

Wie ein Unternehmer wird eine Privatperson behandelt, die ein neues Fahrzeug in das übrige Gemeinschaftsgebiet liefert. In diesem Fall erfolgt die Besteuerung nach dem Bestimmungslandprinzip, die Lieferung ist genauso wie eine innergemeinschaftliche Lieferung im Exportland steuerbefreit (§ 4 Nr. 1 b UStG).

II. Grunderwerbsteuer

320 Gegenstand der Grunderwerbsteuer sind Verkehrsvorgänge in Bezug auf inländische Grundstücke. Der Steuersatz beträgt 3,5 % des Brutto-Übertragungswertes. Die Grunderwerbsteuer ist eine Landessteuer. Das Interesse des Fiskus an der Grunderwerbsteuer liegt besonders in der Ergiebigkeit, verbunden mit einer leichten Überwachbarkeit. Es besteht eine Anzeigepflicht für Notare, Gerichte, Behörden und Grundbuchämter an das Finanzamt. Ein Eigentumsübergang ist nur zulässig bei Vorliegen einer grunderwerbsteuerlichen Unbedenklichkeitsbescheinigung. Für grunderwerbsteuerliche Vorgänge besteht eine Umsatzsteuerbefreiung.

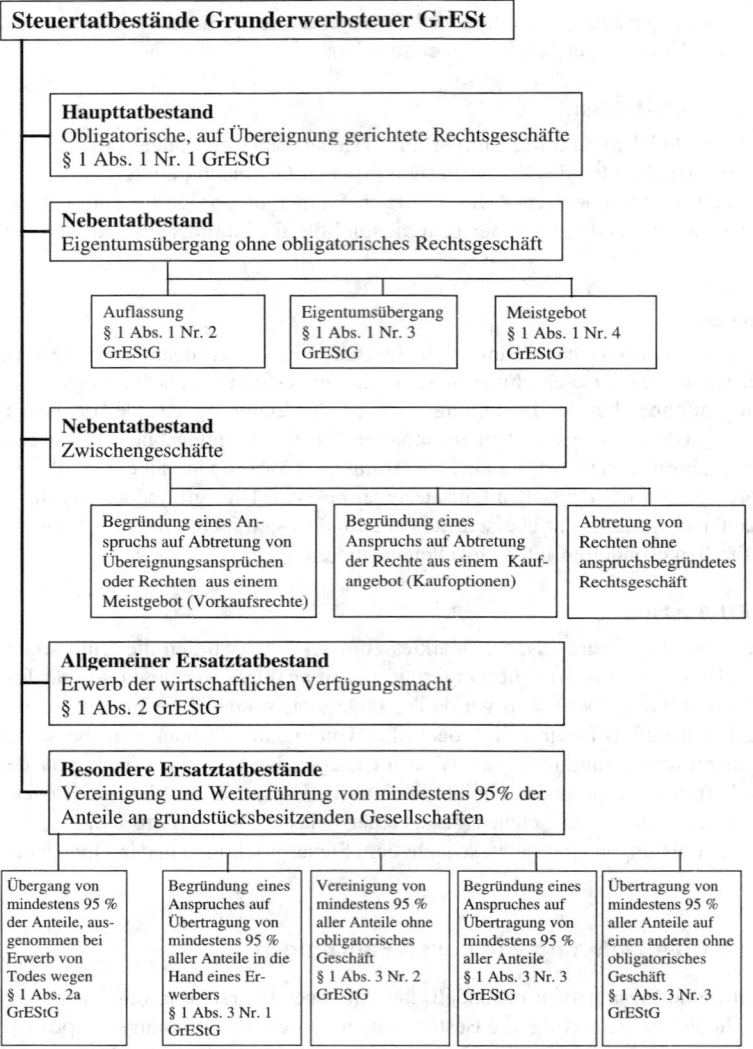

1. Steuerobjekt

Wenn das Eigentum mit und ohne obligatorisches Rechtsgeschäft oder die wirtschaftliche Verfügungsmacht an einem im Inland belegenen Grundstück auf eine andere Rechtsperson übergeht (siehe Abbildung[44]), wird Grunderwerbsteuer erhoben. Die Grunderwerbsteuer besteuert damit den **Erwerb der wirtschaftlichen Verfügungsmacht** über inländische Grundstücke oder grundstücksgleiche Rechte.

321

Grundstücke entsprechend § 2 GrEStG sind:
- unbebaute Grundstücke,
- bebaute Grundstücke,
- dinglich gesicherte Sondernutzungsrechte gemäß § 15 WEG,
- Erbbaurechte,
- Gebäude auf fremdem Grund und Boden.

322

Kein Steuerobjekt für die Grunderwerbsteuer (abweichend von der bürgerlich-rechtlichen Definition) stellen dar:
- Mineralgewinnungsrechte und
- Betriebsvorrichtungen im Sinne des Bewertungsgesetzes.

323

2. Steuersubjekt

Steuerschuldner der Grunderwerbsteuer sind regelmäßig Erwerber und Veräußerer als Gesamtschuldner, bei Versteigerungen/Enteignungen nur der Erwerber (§ 13 GrEStG). Im Innenverhältnis vereinbaren die Parteien regelmäßig, dass der Käufer die Grunderwerbsteuer trägt. Diese privatrechtliche Vereinbarung hat aber keine Wirkung gegenüber dem Steuergläubiger (Finanzamt).

324

3. Bemessungsgrundlage

Wenn eine Gegenleistung vorhanden ist, bestimmt sich die Bemessungsgrundlage gem. § 8 Abs. 1 GrEStG wie folgt:
    (a) Kaufpreis
+ (b) vom Käufer übernommene sonstige Leistungen
+ (c) dem Verkäufer vorbehaltene Nutzungen
    eigentliche Gegenleistung

+ (d) Zusatzleistungen
+ (e) auf den Erwerber kraft Gesetzes übergehende Belastungen
    Gegenleistung im weiteren Sinne

+ (f) Leistungen an andere Personen für Erwerbsverzicht
+ (g) Drittleistungen für die Grundstücksüberlassung an den Erwerber
    Bemessungsgrundlage Grunderwerbsteuer

325

Wenn keine Gegenleistung vorhanden ist, ist der gemeine Wert des Grundstückes gem. § 138 BewG (§ 8 Abs. 2 GrEStG) maßgebend. Der Wert wird bestimmt durch eine „Bedarfsbewertung", bezogen auf den Zeitpunkt der Erwerbs. Für unbebaute Grundstücke gilt der Bodenrichtwert des Gutachterausschusses, bebaute Grundstücke werden nach dem Ertragswertverfahren bewertet.

326

---

[44] In Anlehnung an *Rose*, Die Verkehrsteuern – Betrieb und Steuer: Zweites Buch, 13. vollst. überarb. Aufl. 1997, S. 21 f.

4. Befreiungen

327 Befreiungen gibt es für:
- Bagatellfälle bei Bemessungsgrundlagen unter 5.000 DM,
- Erbfälle und Schenkungen von Grundstücken (Belastung mit Erbschaft- und Schenkungsteuer),
- Grundstücksübergänge zwischen Ehegatten und in gerader Linie verwandten Personen,
- Rückerwerb eines Grundstückes bei Auflösung eines Treuhandverhältnisses,
- bestimmte Grunderwerbe durch Körperschaften des öffentlichen Rechts oder ausländische Staaten,
- anteilige Nichterhebung bei Grundstücksverkehr zwischen Gemeinschaften und ihren Gemeinschaftern.

328 Geregelt sind die Befreiungen im Einzelnen in § 3 GrEStG.

III. Ökosteuern

329 Unter dem Begriff „Ökosteuern" wird die Besteuerung des Verbrauchs von Mineralöl und elektrischem Strom zusammengefasst. Beide Steuern sind Verbrauchsteuern. Aus diesem Grund sind die Hauptzollämter für Erhebung, Erlass, Erstattung oder Vergütung zuständig. Verbunden mit der Besteuerung des Energieverbrauches wird ein Teil der Einnahmen zur Finanzierung der Rentenversicherung genutzt. Um wirtschaftliche Nachteile der Ökosteuern abzumildern, bestehen besondere Ermäßigungsvorschriften für Unternehmen des produzierenden Gewerbes, zu denen auch Bauunternehmen gehören.

1. Unternehmen des produzierenden Gewerbes

330 Unternehmen des produzierenden Gewerbes sind alle Unternehmen des Bergbaus, des verarbeitenden Gewerbes, des Baugewerbes, der Elektrizitäts-, Gas-, Fernwärme- oder Wasserversorgungswirtschaft (§ 2 Nr. 3 StromStG). Ein Unternehmen ist die kleinste, rechtlich selbständige Einheit (§ 2 Nr. 4 StromStG). Der Energieverbrauch in den Betriebsstätten nach § 12 AO wird dem Unternehmen zugerechnet.

331 Für Arbeitsgemeinschaften vertreten der Hauptverband der Deutschen Bauindustrie sowie der Zentralverband des deutschen Baugewerbes einhellig die Auffassung, dass es sich bei der Arge als einer zeitlich befristeten Gesellschaft des bürgerlichen Rechts nicht um ein selbständiges Unternehmen im Sinne des Stromsteuergesetzes handelt und dass die Ermäßigungsanträge anteilig durch die einzelnen Gesellschafter zu stellen sind oder aus Vereinfachungsgründen durch den Gesellschafter, dem die kaufmännische Geschäftsführung obliegt.[45]

332 Die Abgrenzung der Zuordnung erfolgt nach der vom Statistischen Bundesamt herausgegebenen Klassifikation der Wirtschaftszweige, Ausgabe 1993 (WZ 93).[46] Für die Bauwirtschaft besonders relevant sind Abschnitt F (Baugewerbe) und Unterabschnitt DI (Glasgewerbe, Keramik, Verarbeitung von Steinen und Erden). Nicht zu den Unternehmen des produzierenden Gewerbes gehören alle Dienstleistungsunternehmen (Abschnitt K) und der Handel (Abschnitt G).

333 Entscheidend für die Zuordnung zu einer Klasse nach der Klassifikation der Wirtschaftszweige ist die Haupttätigkeit eines Unternehmens in dem der Antragstellung vorangegangenen Kalenderjahr. Wenn mindestens eine Tätigkeit nicht zum produzierenden Gewerbe gehört, trifft das zuständige Hauptzollamt die Zuordnung nach Wahl des Antragstellers nach einem von vier Verfahren, die im Einzelnen in § 15 StromStV beschrieben sind.

---

[45] Vgl. gemeinsames Schreiben des Hauptverbandes der Deutschen Bauindustrie und des Zentralverbandes des Deutschen Baugewerbes vom 26.11.1999 an das Bundesministerium der Finanzen, Referat III A 1.

[46] Zu beziehen über SFG-Servicecenter Fachverlage GmbH, Postfach 4343, 72774 Reutlingen, die vollständige Gliederung der WZ 93 stellt auch das Statistische Bundesamt unter http://www.statistik-bund.de/allg/d/klassif/wz93.htm zur Verfügung.

2. Stromsteuer

a) Allgemeines

Besteuert werden die Stromentnahme[47] aus dem Versorgungsnetz durch den Letztverbraucher und die Entnahmen von Strom zum Selbstverbrauch durch die Erzeuger oder Versorger (§ 5 Abs. 1 StromStG) auf dem Gebiet der Bundesrepublik Deutschland. Die Steuer wird durch den Stromlieferanten auf den Preis für den Strom aufgeschlagen und an die Hauptzollämter abgeführt. Zukünftig sollen sich die Steuersätze folgendermaßen entwickeln: 334

	ab 1.1.2001	ab 1.1.2002	ab 1.1.2003
	DM je MWh	DM (Euro) je MWh	
Regelsteuersatz	30,00	35,01 (17,90)	40,09 (20,50)
ermäßigter Steuersatz nach § 9 Abs. 2 StromStG[48]	15,00	17,60 (9,00)	19,95 (10,20)

In bestimmten Fällen ist eine Befreiung von der Stromsteuer möglich, namentlich bei: 335
- Strom, der aus erneuerbaren Energieträgern erzeugt wurde und aus einem Netz stammt, welches ausschließlich aus solchen Energieträgern gespeist wird (§ 9 Abs. 1 Nr. 1 StromStG),
- Strom, der zur Stromerzeugung verwendet wird (§ 9 Abs. 1 Nr. 2 StromStG) (z. B. in Pumpspeicherkraftwerken von den Pumpen zum Fördern),
- Strom, der in einer Anlage mit einer Nennleistung von bis zu zwei Megawatt erzeugt und in räumlichem Zusammenhang zu dieser Anlage entnommen wird und von demjenigen, der die Anlage betreibt, geliefert wird (§ 9 Abs. 1 Nr. 3 StromStG).

Die steuerbefreite Entnahme von Strom nach § 9 Abs. 1 Nr. 1 und 3 StromStG ist ohne förmliche Einzelerlaubnis möglich (§ 10 StromStV). Für den steuerbefreiten Bezug nach § 9 Abs. 1 Nr. 2 StromStG ist eine Einzelerlaubnis durch das zuständige Hauptzollamt notwendig. 336

b) Steuerermäßigung für Betriebe des produzierenden Gewerbes

Wenn Unternehmen des produzierenden Gewerbes oder Bauunternehmen als Letztverbraucher mehr als eine Verbrauchsmenge von 33,3 Megawattstunden im Jahr für betriebliche Zwecke entnehmen, unterliegt der darüber hinaus entnommene Strom der ermäßigten Steuer nach § 9 Abs. 3 StromStG. Dieser ermäßigte Steuersatz kommt nicht zur Anwendung, wenn der Strom steuerbefreit nach § 9 Abs. 1 StromStG ist. Die Entwicklung der Sockelbeträge und des ermäßigten Steuersatzes zeigt die nachfolgende Tabelle. 337

	ab 1.1.2001	ab 1.1.2002	ab 1.1.2003
Verbrauchsmengen, ab denen der ermäßigte Steuersatz nach § 9 Abs. 3 StromStG gilt (§ 9 Abs. 5 StromStG)	33,3 MWh	28,6 MWh	25 MWh
ermäßigter Steuersatz nach § 9 Abs. 3 StromStG[49]	6,00 DM/MWh	7,05 DM (3,60 Euro) je MWh	8,02 DM (4,10 Euro) je MWh

---

47 Elektrischer Strom nach der Definition der einheitlichen EU-Warennomenklatur, siehe § 1 Abs. 1 und Abs. 2 StromStG.
48 Vor dem 1.4.1999 installierte private Nachtspeicherheizungen und öffentlicher Personennahverkehr.
49 Z.B. für Unternehmen des produzierenden Gewerbes mit einer Erlaubnis durch das zuständige Hauptzollamt.

338 Eine weitere Ermäßigung regelt § 10 StromStG. Danach können Unternehmen des produzierenden Gewerbes, deren Stromsteuerbelastungen das 1,2-fache der Verminderung der Rentenversicherungsbeitragsbelastung in 1999 übersteigt, diesen Betrag vergütet bekommen. Dafür wird die Belastung aus dem Arbeitgeberanteil der Rentenversicherungsbeiträge im Antragsjahr der Belastung aus dem Arbeitgeberanteil der Rentenversicherungsbeiträge 1998[50] gegenübergestellt (§ 10 Abs. 2 StromStG). Die Vergütung erfolgt erst dann, wenn die Belastung mit Stromsteuer den Betrag von 1.000 DM übersteigt (§ 10 Abs. 1 StromStG). Der Betrag von 1.000 DM liegt auch den Verbrauchsmengen nach § 9 Abs. 5 StromStG zugrunde (2001: 33,3 MWh × 30,00 DM/MWh; 2002: 28,6 MWh × 35,01 DM/MWh).

339 Für den Bezug ermäßigt besteuerten Stromes und die Vergütung der Stromsteuer nach § 10 StromStG ist immer eine Erlaubnis durch das zuständige Hauptzollamt notwendig. Die Beantragung der Erlaubnis muss bis zum 31.12. des Kalenderjahres, das dem Kalenderjahr folgt, in dem der Strom entnommen wurde, erfolgen (§ 17 Abs. 3 StromStV). Der Erlaubnisinhaber darf den Strom nur zu steuerbegünstigten Zwecken benutzen (§ 9 Abs. 5 StromStG).

E. Besteuerung von Kapitalgesellschaften

340 Die wichtigsten Rechtsformen für Kapitalgesellschaften in der Bauwirtschaft sind die Gesellschaft mit beschränkter Haftung (GmbH) und die Aktiengesellschaft (AG). Der große Vorteil des unternehmerischen Engagements im Rechtskleid einer Kapitalgesellschaft liegt darin, dass das persönliche Vermögen der Gesellschafter nicht für die Schulden der Gesellschaft haften muss. Allerdings ist eine Beteiligung ohne einen gewissen Mindestkapitaleinsatz nicht möglich, dafür ist aber die persönliche Mitarbeit des Gesellschafters nicht erforderlich. Die der Kapitalgesellschaft innewohnende eigenständige Rechtsform als juristische Person verleiht eigene Rechtsfähigkeit sowie Prozessfähigkeit vor Gericht. Gleichzeitig erfordert sie für Vertretung und Geschäftsführung besondere Organe, die nicht notwendig mit den Gesellschaftern personengleich sind und dann besonderes Geld kosten und Entscheidungswege verlängern können.

341 Für die Etablierung der Kapitalgesellschaft gelten besondere Formvorschriften, u. a. notarielle Beurkundung des Gesellschaftsvertrages einer GmbH und AG und besondere Handelsregistervorschriften. Die Gesellschaftsanteile sind übertragbar, ohne dass der Ein- oder Austritt von Gesellschaftern den Bestand der Kapitalgesellschaft in der Außenwirkung beeinflussen. Kapitalanteile bei GmbH's können nur notariell übertragen werden, während Anteile an AG's formlos weitergegeben werden können. Daher eignet sich die AG besonders für eine große Anzahl von Gesellschaftern. Besonders zu beachten im Vergleich zur Personengesellschaft sind gewisse zusätzliche Kosten für die Gründung einer Kapitalgesellschaft sowie gewisse zusätzliche jährliche Fixkosten für die Aufrechterhaltung der eigenen Rechtsform (u. a. für Jahresabschluss, Steuerberater, Wirtschaftsprüfer, Aufsichtsgremien wie Aufsichtsrat oder Beirat). Vorteilhaft ist, dass der Bestand von Kapitalgesellschaften durch Erbvorgänge weniger angetastet wird als bei Personengesellschaften. Personengesellschaften müssen dann möglicherweise umbenannt oder gar aufgelöst werden und verlieren unter Umständen dabei an Finanzkraft und Marktgeltung.

342 Die bei Kapitalgesellschaften anfallenden Steuerarten sind die Körperschaftsteuer und die Gewerbesteuer. Die Wahl einer Kapitalgesellschaft löst immer Gewerbesteuerpflicht aus – auch bei Freiberuflergesellschaften – da die Kapitalgesellschaft einen Gewerbebetrieb kraft Rechtsform darstellt. Hierzu verweisen wir auf die Kapitel B.III. und B.IV. Weiterhin kann der Gesellschafter eingetretene

---

[50] Für Unternehmen, die nach dem 1.1.1998 gegründet wurden, gelten diese Regelungen sinngemäß, vgl. § 10 Abs. 3 und 4 StromStG.

Verluste „seiner" Kapitalgesellschaft nicht in seiner eigenen Steuererklärung geltend machen aufgrund des gewollten juristischen Trennungsprinzips zwischen Kapitalgesellschaft und Gesellschafter.

Auf Gesellschafterebene ist steuerlich bei der Gewinnausschüttung seine persönliche Einkommenssituation maßgeblich (siehe B.II.), weiterhin sind auf Gesellschafterebene auch Aspekte der Erbschaft- und Schenkungssteuer (C.I.) beachtlich. Die endgültige durchgerechnete Ertragsteuerbelastung unter Berücksichtigung der Ebenen von Kapitalgesellschaft und Anteilseigner ist im Kapitel B.III. Körperschaftsteuer (Rn 155) bereits in einem konkreten Beispiel aufgezeigt. Eine erneute Steuerbelastungsrechnung erübrigt sich daher an dieser Stelle. Die Gesamtsteuerbelastung beim unternehmerischen Engagement in Kapitalgesellschaften ist durch das strikte steuerliche Trennungsprinzip von Kapitalgesellschaft und ihren Gesellschaftern leichter zu überblicken als bei Personengesellschaften. 343

F. Besteuerung der Einzelpersonen und Personengesellschaften

Die Personengesellschaften spielen durch die mittelständische Struktur der Bauwirtschaft und viele projektbezogene Temporärgesellschaften eine besondere Rolle. Dies verkompliziert das Steuermanagement. Daher erscheint es zur Erfüllung des Zweckes dieses Handbuches angeraten, im Folgenden der Besteuerung der Personengesellschaften und ihrer Gesellschafter ein besonders ausführliches Kapitel zu widmen. Aus der Natur der Sache ließ sich ein gewisser Komplexitätsgrad nicht immer vermeiden. 344

Die Besteuerung der Einzelunternehmen und der freiberuflichen Dienstleister sind besteuerungsmäßig Sonderfälle der Personengesellschaft. Die Aussagen zur GbR oder Partnerschaftsgesellschaft gelten analog mit dem Sonderfall, dass die Zahl der Gesellschafter sich auf eine Person reduziert. 345

Das Gesellschaftsrecht stellt für wirtschaftliche Tätigkeiten von Personenmehrheiten eine Vielzahl von Rechtsformen zur Verfügung. Einen Großteil der in der Praxis zu findenden Rechtsformen stellen dabei die **Personengesellschaften. Sie zeichnen sich durch einfache Gründungsvorschriften und eine hohe Flexibilität hinsichtlich der Gestaltungsmöglichkeiten ihrer Gesellschaftsverträge aus**. Bezüglich der steuerrechtlichen Behandlung sind dabei zu unterscheiden: 346
- Gesellschaft bürgerlichen Rechts (GbR), OHG, freiberufliche Partnerschaftsgesellschaft,
- Kommanditgesellschaft (KG),
- GmbH & Co. KG,
- Betriebsaufspaltung,
- Stille Gesellschaft,
- EWIV.

Eine Beteiligung des **ausscheidenden Gesellschafters** einer **Personengesellschaft** an den **stillen Reserven** bzw. am **Firmenwert** ist **nicht** erforderlich. Die Abfindung eines Gesellschafters bei dessen Ausscheiden kann zum **Buchwert erfolgen**. Anders dagegen bei der GmbH: Hier darf die Hälfte des Verkehrswertes nicht unterschritten werden nach der ständigen Rechtsprechung des Bundesgerichtshofes. 347

Die **Gewinnverteilung bei einer Personengesellschaft** kann unabhängig von der Höhe der Gesellschafterkonten geregelt werden. So wird teilweise im Rahmen der **Unternehmensnachfolge** vorgeschlagen, die Kinder früh an der Personengesellschaft zu beteiligen und dem Unternehmer die **Geschäftsführung** und ein **weitgehendes Gewinnbezugsrecht** vorzubehalten. 348

Die **Haftungsbegrenzung** auf das Gesellschaftsvermögen ist bei der Gesellschaft bürgerlichen Rechts (GbR mit beschränkter Haftung) möglich und greift, wenn sie **dem Gesellschaftsgläubiger bekannt** ist. Eine **volle Haftungsbegrenzung** lässt sich über die Rechtsform der **GmbH & Co. KG** erzielen. Die Stelle des Komplementärs wird in diesem Fall von einer GmbH besetzt, deren Haftung 349 sich auf ihr gezeichnetes Kapital z. B. von 50.000 DM beschränkt. Eine Haftungsbegrenzung wird auch über die Betriebsaufspaltung z. B. in Gestalt der Besitzpersonen- und Betriebskapitalgesellschaft erreicht.

350 Die **Geschäftsführungs-, Vertretungs-** und **Kontrollbefugnisse** bei einer Personengesellschaft können ebenfalls individuell gestaltet werden. Sofern die Geschäftsführungs-, Vertretungs- und Kontrollbefugnisse z. B. bei einem Kommanditisten oder bei einem stillen Gesellschafter nach der gesetzlichen Normierung als nicht ausreichend empfunden werden, so kann, da es sich um dispositives Recht handelt, deren Rechtsposition im Gesellschaftsvertrag gestärkt werden. Leistet der Kommanditist oder der stille Gesellschafter eine hohe Einlage, so wird im jeweiligen Gesellschaftsvertrag festgeschrieben, dass bestimmte geschäftliche Transaktionen seiner Zustimmung bedürfen.

351 Die **Rechnungslegungs-, Prüfungs- und Publizitätspflichten** sind bei den Personengesellschaften ebenfalls einfacher und damit kostengünstiger zu handhaben als bei den Kapitalgesellschaften. Seit der Transformation des Bilanzrichtliniengesetzes ins Handelsgesetzbuch wurden Vorschriften zur Rechnungslegung geschaffen, die den Gestaltungsspielraum einschränken und eine Annäherung an die Vorschriften für Kapitalgesellschaften gebracht haben. Dennoch lässt das Handelsgesetzbuch den Personengesellschaften größere Spielräume, insbesondere für die Bewertung von Bilanzpositionen. Zu beachten ist aber, dass steuerrechtlich diese Bewertungsspielräume auch für Personengesellschaften ab 1999 erheblich eingeschränkt wurden, z. B. durch das Wertaufholungsgebot. Ab 1.1.2000 wurden mit der Einführung des KapCoRiLiG die Personengesellschaften, die ausschließlich juristische Personen als Vollhafter haben, hinsichtlich der Anforderungen an die Rechnungslegung den Kapitalgesellschaften gleichgestellt.

352 Die Höhe der laufenden Aufwendungen z. B. für Hauptversammlung, Aufsichtsrat etc. entfallen regelmäßig bei Personengesellschaften. Der Gesellschaftsvertrag bedarf nicht der notariellen Beurkundung. Dies gilt natürlich – anders als bei Kapitalgesellschaften – auch für später vorzunehmende Anpassungen.

I. Die laufende Gewinnbesteuerung bei Personengesellschaften

1. Das Konzept der Mitunternehmerschaft nach § 15 Abs. 1 S. 1 Nr. 2 EStG

353 Das Konzept der Unternehmensbesteuerung knüpft an die natürliche und juristische Person an. Steuersubjekt bei Besteuerung des Einkommens einer Kapitalgesellschaft ist die Kapitalgesellschaft selbst, während Steuersubjekt für die Besteuerung der Personengesellschaft nicht die Personengesellschaft, sondern deren Gesellschafter sind. Das Aufgriffskriterium für die Personensteuer ist also die natürliche Person bei der Personengesellschaft bzw. die juristische Person bei der Kapitalgesellschaft.

354 Ein wichtiges Kriterium für die Behandlung der Personengesellschaft und deren Gesellschafter im Steuerrecht ist das Kriterium der Rechtsfähigkeit. Eine Personengesellschaft ist zivilrechtlich mit einer **gewissen Rechtsfähigkeit** ausgestattet. Eine Personengesellschaft kann klagen und kann verklagt werden. Eine Einzelunternehmung dagegen ist nicht selbstkontrahierungsfähig. Der Einzelunternehmer kann keine Verträge mit sich selbst abschließen (Einheitsprinzip). Anders dagegen bei der GmbH. Hier regiert das Trennungsprinzip, das heißt, es wird streng getrennt zwischen der Kapitalgesellschaft als juristische Person und den dahinter stehenden Gesellschaftern.

355 Bei der Personengesellschaft werden die **Beziehungen** zwischen Gesellschaft und Gesellschaftern **handelsrechtlich anerkannt** und in der Handelsbilanz der Gesellschaft abgebildet. Die **Gewinn- bzw. Verlustverteilung** erfolgt auf der Grundlage der Handelsbilanz. Dem einzelnen Gesellschafter wird der auf ihn entfallende Gewinn oder Verlust zugerechnet. Nach § 15 Abs. 1 S. 1 Nr. 2 Alt. 2 EStG werden die Vergütungen, die das Handelsbilanzergebnis gemindert haben, soweit sie durch

das Gesellschafterverhältnis veranlasst sind und bei wirtschaftlicher Betrachtung einen Beitrag zur Förderung des Gesellschaftszwecks darstellen, beim begünstigten Gesellschafter seinem Anteil am Handelsbilanzgewinn der Personengesellschaft hinzugerechnet. Der einzelne Personengesellschafter wird entsprechend, vergleichbar mit dem Einzelunternehmer (Einheitsprinzip), als Mitunternehmer angesehen. Die Sondervergütungen z. B. für seine Tätigkeit im Dienste der Gesellschaft, Zinsen für Darlehensgewährung oder Miet- und Pachteinnahmen, die der Personengesellschafter dementsprechend erhält, werden zu Einkünften aus Gewerbebetrieb umqualifiziert. Es bleibt festzuhalten: **Steuerlich** werden die **Verträge** zwischen Personengesellschaften und Gesellschaftern **nicht anerkannt**.

Das Ergebnis, das in der Handelsbilanz der Personengesellschaft abgebildet wird, steht in unmittelbarem Zusammenhang mit dem **Gesamthandsvermögen** der Gesellschaft. Überlässt dagegen der Gesellschafter einer Personengesellschaft ein Grundstück oder ein Darlehen, so werden diese Wirtschaftsgüter dem Betriebsvermögen des Gesellschafters, dem sogenannten **Sonderbetriebsvermögen (I)** des Gesellschafters, zugerechnet. Durch die **Mitunternehmer-Konzeption** erfolgt eine gewisse Gleichstellung des Personengesellschafters mit dem Einzelunternehmer. Die Einlage der Vermögensgegenstände, die der Personengesellschafter seiner Gesellschaft überlässt, erfolgt im Rahmen des Sonderbetriebsvermögens zum Zeitwert. Der Vermögensgegenstand wird abgeschrieben, die Abschreibung mindert den Sonderbetriebsgewinn. Ist der Vermögensgegenstand fremdfinanziert, so steht auf der Passivseite der Sonderbilanz eine Verbindlichkeit. Die Zinsen für diese Verbindlichkeiten mindern den Gewinn in der Sonderbilanz. Überlässt hingegen der Gesellschafter eigene Mittel an die Gesellschaft, aber an den gesamthänderisch gebundenen Betriebskern gegen Zinsen, so entsteht in der Sonderbilanz eine Forderung gegenüber der Gesellschaft. Die Gegenposition hierzu ist das Eigenkapital des Gesellschafters. Verkauft ein Gesellschafter ein Grundstück aus seinem Sonderbetriebsvermögen, so führt dies selbstverständlich zu Einkünften aus Gewerbebetrieb, die der Gewerbeertragsteuer und der Einkommensteuer unterliegen.

356

Nach Zusammenfassung der Ebene des anteiligen Gesamthandgewinns mit der Ebene des Gewinns aus der Sonderbilanz der einzelnen Gesellschafter ist festzuhalten, dass die Verträge zwischen Personengesellschaft und Personengesellschafter nichts an der Summe der gewerblichen Einkünfte insgesamt, sondern nur an deren **Verteilung** auf die einzelnen Gesellschafter ändern. Alle Einkünfte, die der Betriebsinhaber bzw. der Mitunternehmer aus seiner unternehmerischen Tätigkeit erzielt, sind Einkünfte aus Gewerbebetrieb. Eine Personengesellschaft erzielt nicht zwangsläufig Einkünfte aus Gewerbebetrieb, sondern nach § 15 EStG unter den in den nachfolgenden Punkten aufgeführten Voraussetzungen.

357

2. Gewerbebetrieb kraft wirtschaftlicher Betätigung

Entgegen dem Wortlaut von § 15 Abs. 1 Nr. 2: „Einkünfte aus Gewerbebetrieb sind die Gewinnanteile einer OHG, einer KG und einer anderen Gesellschaft, bei der der Gesellschafter als Mitunternehmer des Betriebes anzusehen ist", ist auch für die OHG und die KG zu prüfen, ob ein Gewerbebetrieb vorliegt und ob die Gesellschafter als Mitunternehmer des Betriebes zu qualifizieren sind.

358

Der **Mitunternehmerbegriff** ist ein Typusbegriff, der im Wesentlichen durch die Rechtsprechung des Bundesfinanzhofs (GrS BFHE 141, 405/40 = BSt. Bl. II 84, 751/69) seine Prägung erfahren hat. Mitunternehmer ist man aufgrund des **zivilrechtlichen Gesellschaftsverhältnisses** oder **wirtschaftlich damit vergleichbaren Gemeinschaftsverhältnissen**, gegebenenfalls zusammen mit anderen Personen, wenn man **Unternehmerinitiative** entfalten kann und ein **Unternehmerrisiko** trägt. Dabei wird unter der Unternehmerinitiative die gesellschaftsrechtliche Teilnahme an unternehmerischen Entscheidungen, wie sie der Geschäftsführung obliegen, verstanden.

359

Je stärker der Gesellschaftsvertrag die dispositiven Vorschriften des HGB (Regelstatut) beschränkt, desto größer ist die Wahrscheinlichkeit, dass ein Gesellschafter nicht Mitunternehmer ist. Die Rechte

360

des Mitunternehmers müssen jedoch immer stärker als die eines typisch stillen Gesellschafters sein, andernfalls wird die Anerkennung der Mitunternehmereigenschaft versagt. Ausreichend im Einzelfall (Untergrenze) kann die Ausübung von Rechten sein, die den Stimm-, Kontroll- und Widerspruchsrechten eines Kommanditisten in etwa gleich kommen oder den Kontrollrechten nach § 716 Abs. 1 BGB entsprechen.

361 Die **Teilnahme** am **Mitunternehmerrisiko** ist gleichzusetzen mit der Teilnahme am Erfolg und Misserfolg der Personengesellschaft. Die Teilnahme am Erfolg oder Misserfolg bezieht sich nicht nur auf das laufende Ergebnis, sondern auch auf die stillen Reserven, einschließlich eines Geschäftswertes, zumindest bei Auflösung der Gesellschaft. Eine Gewinnabsicht auf der Ebene des Mitunternehmers ist hinsichtlich des gemeinsamen Gewinns der Gesellschaft nicht erforderlich, wohl aber ist die Gewinnabsicht (hinsichtlich des Gesamtgewinnes) auf der Ebene der Gesellschaft notwendig. Die **Gesellschafter** einer **OHG**, einer **BGB-Gesellschaft** oder einer **KG** werden **regelmäßig** als **Mitunternehmer** anzunehmen sein. Dies gilt demnach auch für den Arbeitnehmerkommanditisten, selbst mit geringer Kommanditeinlage. Seine Einkünfte sind nicht solche aus nichtselbständiger Arbeit, sondern Einkünfte aus Gewerbebetrieb.

3. Einkünfte aus Gewerbebetrieb nach § 15 Abs. 3 EStG

362 Ein Gewerbebetrieb bzw. Einkünfte aus Gewerbebetrieb werden für die Gesamttätigkeit angenommen, wenn eine **Personengesellschaft** (z. B. GbR, OHG, KG) neben einer Tätigkeit mit Einkünfteerzielungsabsicht (Einkünfte aus selbständiger Tätigkeit, Kapitalvermögen, VuV, LuF) zusätzlich **eine gewerbliche Tätigkeit nach § 15 Abs. 1 Nr. 1 i.V.m. Abs. 2 EStG** unternimmt.

363 Es gilt also die sogenannte **Abfärbe- oder Infektionstheorie** nach *Herzig/Kessler* (DStR 86, S. 451). Danach wird eine Personengesellschaft, die **teils freiberuflich oder vermögensverwaltend** tätig ist und **darüber hinaus gewerblich** tätig wird, **in vollem Umfang als Gewerbebetrieb** qualifiziert, mit der Folge, dass die Personengesellschaft **ausschließlich Einkünfte aus Gewerbebetrieb** erzielt. Die gewerblichen Einkünfte dominieren sozusagen über die übrigen Einkünfte wie LuF, selbständiger Arbeit, VuV, Kapitalvermögen und verwandeln diese in Einkünfte aus Gewerbebetrieb.

364 Der Tatbestand des § 15 Abs. 3 EStG ist aber teilweise auch enger gefasst als § 15 Abs. 1 Nr. 2 EStG, da nur Personengesellschaften (und nicht wirtschaftlich vergleichbare Gemeinschaftsverhältnisse) erfasst werden. Eine teilweise tätige Erbengemeinschaft oder z. B. die eheliche Gütergemeinschaft, die einen Gewerbebetrieb unterhalten, können eine Mitunternehmerschaft sein, sie sind jedoch regelmäßig keine Personengesellschaft und fallen daher nicht unter § 15 Abs. 3 EStG. Auch die Beteiligung an einer gewerblich tätigen oder gewerblich geprägten Personengesellschaft, z. B. in Gestalt einer doppelstöckigen Personengesellschaft, führt für die Obergesellschaft bzw. deren Gesellschafter zu Einkünften aus Gewerbebetrieb.

365 In Frage steht jedoch, ob eine freiberuflich tätige Personengesellschaft Einkünfte aus Gewerbebetrieb erzielt, wenn lediglich ein Gesellschafter gewerbliche Sonderbetriebseinnahmen hat. Die Tätigkeiten einer Personengesellschaft (natürlich gilt dies auch für Einzelunternehmen) sind daraufhin zu segmentieren, ob es selbständige Tätigkeitsbereiche gibt, die nicht lediglich Hilfs- oder Nebentätigkeiten zur Haupttätigkeit sind, die mangels Gewinnerzielungsabsicht steuerlich nicht berücksichtigungsfähig sind.

366 Es gibt neben der offenen Mitunternehmerschaft, die auf einem Gesellschaftsvertrag basiert, auch die verdeckte oder faktische Mitunternehmerschaft. Die faktische Mitunternehmerschaft liegt dann vor, wenn eine Person nicht Gesellschafter der Außengesellschaft ist, sondern die Rechtsbeziehungen zivilrechtlich als Innen-Gesellschaftsverhältnis zu der Personengesellschaft oder deren Gesellschaftern zu beurteilen sind und die übrigen Kriterien zur Erklärung des Mitunternehmerbegriffes vorliegen.

4. Die gewerblich geprägte Personengesellschaft nach § 15 Abs. 3 Nr. 2 EStG

Eine Personengesellschaft, die **nicht gewerblich tätig** ist, also ausschließlich **Einkünfte aus LuF, selbständig oder vermögensverwaltend** mit Einkünfteerzielungsabsicht erwirtschaftet, gilt als Gewerbebetrieb, wenn

- eine oder mehrere Kapitalgesellschaften persönlich haftende Gesellschafter sind und
- nur die Kapitalgesellschaften oder Personen, die nicht Gesellschafter sind, zur Geschäftsführung beauftragt werden.

Es handelt sich dabei um eine gewerblich geprägte Personengesellschaft. Ist nunmehr eine gewerblich geprägte Personengesellschaft ihrerseits wieder Gesellschafterin bei einer Personengesellschaft, so wird diese Personengesellschaft ebenfalls von der Gewerblichkeit infiziert. In diesem Fall gilt die gewerblich geprägte Gesellschaft, die als Gesellschafterin auftritt, als Kapitalgesellschaft.

Typische Beispiele für die Anwendung des § 15 Abs. 3 Nr. 2 sind z. B. die **GmbH & Co. KG**, bei der die **GmbH die einzige persönlich haftende** und **geschäftsführende Gesellschafterin** ist, oder aber die OHG, deren Gesellschafter nur Kapitalgesellschaften sind, wenn in beiden Fällen die Gesellschaften z. B. Vermögensverwaltung betreiben. **Gesellschaften, die bereits nach § 15 Abs. 1 EStG gewerblich tätig sind**, fallen **nicht unter § 15 Abs. 3 EStG**.

Bei der **GmbH & Co. KG** kann die GmbH, wenn diese **allein Komplementärin** ist, nicht von der Vertretung, wohl aber von der Geschäftsführung **ausgeschlossen** werden. Ein Kommanditist ist dagegen nicht zur Vertretung der KG gesetzlich berechtigt, er kann jedoch zum Geschäftsführer bestellt werden. Sind an einer **Personengesellschaft** nur **Kapitalgesellschaften** beteiligt, gleichgültig ob OHG, KG oder GbR, so liegt eine **gewerblich geprägte Personengesellschaft** vor. Ist dagegen **neben der Kapitalgesellschaft eine natürliche Person** persönlich haftender Gesellschafter, so liegt **keine gewerblich geprägte Personengesellschaft** vor.

Die **Gesellschafter einer Personengesellschaft**, selbst wenn eine Haftungsbegrenzung über eine Kapitalgesellschaft als Gesellschafterin erfolgt, haben die Möglichkeit, durch **Beteiligung des Kommanditisten an der Geschäftsführung** im Falle der GmbH & Co. KG § 15 Abs. 3 Nr. 2 EStG **auszuschließen** und es bei Einkünften z. B. aus Vermietung und Verpachtung oder Einkünften aus selbständiger Tätigkeit zu belassen.

5. Personengesellschaften, die keine Einkünfte aus Gewerbebetrieb erzielen

Die Erzielung von Einkünften, die nicht solche aus Gewerbebetrieb, sondern **Einkünfte aus Vermietung und Verpachtung, aus selbständiger Arbeit, aus Kapitalvermögen, aus LuF** sind, können auch in einer **Personengesellschaft** erwünscht sein. Die **Gewerbeertragsteuer** fällt dann nicht an. Ob Einkünfte aus Gewerbebetrieb ab 1.1.2001 erwünscht sind oder nicht, ist an der Entlastung der Gewerbesteuer über die Kürzung des 1,8-fachen des Gewerbesteuermessbetrags an der Einkommensteuer festzumachen. Die absolute Höhe des Gewerbesteuerhebesatzes ist hier der bestimmende Faktor. Wir verweisen auf Rn 113 ff.

Die steuerlich unterschiedliche Behandlung der Veräußerung einzelner Wirtschaftsgüter aus einem Betriebsvermögen sowie bei Veräußerung des Betriebs oder Betriebsaufgabe ist für die Zielstellung nach den Qualifikationen der Einkunftsarten ebenfalls von Bedeutung. Hinsichtlich der Erbschaft- und Schenkungsteuer werden Betriebsvermögen eindeutig bevorzugt, so dass unter dem Gesichtspunkt der Unternehmernachfolge der Anfall gewerblicher Einkünfte und die Existenz eines Betriebsvermögens erwünscht sein können.

Ein **entscheidender Vorteil**, wenn Vermögensverwaltung betrieben wird, also Einkünfte aus VuV und Kapitalvermögen anfallen, besteht darin, dass die **Veräußerungsgewinne z. B. der Wertpapiere oder unter bestimmten Voraussetzungen auch** die Veräußerung von bebauten Grundstücken (also nicht mehr als drei Objekte nach Ablauf von zehn Jahren) **nicht der Einkommensteuer unterliegen.**

373 Hingegen kann es bei **Vererbung** eines großen Grund- oder Wertpapiervermögens vorteilhaft sein, zur **Ausnutzung der Bewertungsabschläge in Höhe von 40 % beim Betriebsvermögen** den **Einkünften aus Gewerbebetrieb** vor den **Einkünften aus Vermietung und Verpachtung den Vorzug zu geben.** Verständlich wird auch, dass bei der Verwaltung großer Vermögen eine qualifizierte Nachlassplanung zu erfolgen hat und man natürlich nicht warten kann, bis der Erblasser verstirbt. In der Regel wird man aber auch im **Schenkung- und Erbschaftsteuerfall** eine Gestaltung wählen, die die **Erben schon frühzeitig am Vermögen,** das gilt insbesondere an dem Unternehmen, beteiligt. Hierfür eignen sich **Personengesellschaften** aufgrund der **Flexibilität** hinsichtlich der **Auf- und Abstockung** von Herrschafts- bzw. Erfolgsbeteiligungsrechten in ganz besonderem Maße.

6. Abgrenzung zwischen den Einkünften aus Gewerbebetrieb und anderen Einkünften

374 Ist eine Personengesellschaft (z. B. OHG, KG, GmbH & Co. KG oder GbR) nicht gewerblich tätig und ist sie auch keine gewerblich geprägte Personengesellschaft nach § 15 Abs. 3 EStG, so liegen keine Einkünfte aus Gewerbebetrieb vor. Die Personengesellschaft hat dann z. B. Einkünfte aus Vermietung und Verpachtung, Einkünfte aus selbständiger Arbeit, Einkünfte aus Kapitalvermögen oder Einkünfte aus LuF. Eine Personengesellschaft, deren Gesellschafter gemeinsam freiberuflich tätig sind, erzielt Einkünfte aus selbständiger Arbeit, wenn alle Gesellschafter die persönlichen Voraussetzungen einer freiberuflichen Tätigkeit erfüllen und im Rahmen der Geschäftsführung leitend und eigenverantwortlich tätig sind. Beispiele hierfür sind eine Architektengemeinschaft, ein Planungsbüro von Bauingenieuren oder mehrere Statiker, die in einer Personengesellschaft (z. B. in der Form einer freiberuflichen Partnerschaftsgesellschaft) zusammengeschlossen sind. Erfüllt nun ein Gesellschafter in seiner Person nicht die persönliche Berufsqualifikation, so erzielt die Personengesellschaft nicht mehr Einkünfte aus selbständiger Arbeit, sondern Einkünfte aus Gewerbebetrieb. Die Witwe eines Architekten oder beratenden Bauingenieurs, wenn sie berufstätig ist, würde bei einer Aufnahme in die Personengesellschaft gewerbliche Einkünfte für alle Gesellschafter bewirken.

375 Die **Einkünfte der Personengesellschaft,** wenn es sich z. B. um **Einkünfte aus selbständiger Arbeit,** aus **Vermietung und Verpachtung** oder **aus Kapitalvermögen** handelt, werden als **Überschuss** der zugeflossenen Einnahmen über die abgeflossenen Werbungskosten ermittelt und sind im Rahmen der **gesonderten und einheitlichen Festsetzung** dieser Einkünfte den Gesellschaftern zuzurechnen.

376 Ist an einer Personengesellschaft eine Kapitalgesellschaft beteiligt, so erzielt z. B. die GmbH immer Einkünfte aus Gewerbebetrieb. Gleiches gilt natürlich, wenn sich eine natürliche Person, OHG, KG, die einen Gewerbebetrieb unterhält, an einer Gesellschaft beteiligt, die z. B. Einkünfte aus Vermietung und Verpachtung erzielt. Es handelt sich dann um eine sogenannte Zebragesellschaft. Derzeit ist nicht abschließend geklärt, wie und zu welchem Zeitpunkt, ob auf der Ebene der Gesellschaft oder der Gesellschafter die Umqualifizierung von VuV-Einkünften für die Gesellschafter zu Einkünften aus Gewerbebetrieb stattzufinden hat.

II. Umfang und Ermittlung der gewerblichen Einkünfte eines Mitunternehmers

1. Die Konzeption der Einkunftsermittlung (eines Mitunternehmers)

377 Die Einkünfte des Mitunternehmers sind sein Anteil am Gesamtgewinn der Mitunternehmerschaft. Die Ermittlung dieses Gesamtgewinnes vollzieht sich auf zwei Stufen.

F. Besteuerung der Einzelpersonen und Personengesellschaften § 15

Die **erste Stufe** erfasst den **Steuerbilanzgewinn**, der aus der Handelsbilanz unter Berücksichtigung der einkommensteuerlichen Vorschriften zur Bilanzierung und Bewertung abgeleitet wurde, unter Berücksichtigung der Entnahmen und Einlagen des Gesellschafters sowie der Ergebnisse möglicher Ergänzungsbilanzen, die die Bewertungskorrekturen zu den Wertansätzen für die Wirtschaftsgüter des Gesamthandsvermögens beinhalten. 378

Die **zweite Stufe** beinhaltet: 379
1. die **Ergebnisse der Sonderbilanzen** der Mitunternehmer, also den Aufwand und Ertrag der zum steuerlichen Sonderbetriebsvermögen der Gesellschafter gehörenden Wirtschaftsgüter und
2. die **Hinzurechnung der Sondervergütungen** nach § 15 Abs. 1 Nr. 2 EStG.

Die Steuerbilanzen der beiden Stufen bilden die **Gesamtbilanz der Mitunternehmerschaft**. 380

Nach wohl bereits herrschender Lehre und der zum Teil nicht einheitlichen BFH- Rechtsprechung (so Schmitt/Ludwig Tz. 405 zu § 15) sind die gewerblichen Einkünfte der Mitunternehmer durch **Addition der Ergebnisse der Stufen 1 und 2**, also dem Ergebnis, das dem einzelnen Mitunternehmer zusteht, aufgrund der Handels- bzw. Steuerbilanz sowie der Ergänzungs- und Sonderbilanzen additiv zu errechnen. 381

Die **Personenhandelsgesellschaften** wie OHG bzw. KG sind nach § 238 HGB buchführungspflichtig. Die Buchführungspflicht erstreckt sich nur auf das Gesamthandsvermögen. Das Sonderbetriebsvermögen gehört nicht zum Vermögen der Personengesellschaft. Der Ausweis des Sonderbetriebsvermögens erfolgt daher nicht in der Handelsbilanz. 382

Die **steuerliche Buchführungspflicht** der Personengesellschaft, die gewerblich tätig ist, sowie der Land- und Forstwirtschaft, ergibt sich aber auch nach § 141 AO. Die steuerliche Buchführungspflicht greift ein, wenn in der Zusammenfassung des Betriebsvermögens und Sonderbetriebsvermögens eines der nachfolgenden Merkmale bei der Personengesellschaft erfüllt ist: 383
- Umsatz mehr als 500.000 DM,
- Betriebsvermögen mehr als 125.000 DM,
- Gewinn höher als 48.000 DM.

Personengesellschaften, die nicht gewerblich tätig sind, wie Freiberuflergesellschaften oder Vermögensverwaltungen bzw. gewerblich tätige Personengesellschaften, die die Grenzen nach § 141 AO nicht überschreiten, ermitteln ihre Einkünfte, sofern es sich um Gewinneinkünfte handelt, als Überschuss der Betriebseinnahmen über die Betriebsausgaben bzw. als Überschuss der Einnahmen über die Werbungskosten (Überschusseinkünfte). 384

Ein **Sonderfall** ist die atypisch stille Gesellschaft. Sie besitzt kein eigenes Betriebsvermögen. Die Gesellschaft, an der die atypisch stille Beteiligung besteht (Geschäftsherr), erstellt eine Bilanz, in der die Einlage des stillen Gesellschafters statt als Verbindlichkeit wie beim typisch stillen Gesellschafter als steuerliches Eigenkapital ausgewiesen wird. 385

Für die Personengesellschaft, die handelsrechtlich buchführungspflichtig ist und nach §§ 238 ff. HGB einen Jahresabschluss zu erstellen hat, ist grundsätzlich einheitlich zu bilanzieren. Die Ansatz- und Beratungswahlrechte z. B. für lineare, degressive oder Fördergebietsabschreibung können nur einheitlich ausgeübt werden. Gerade im Hinblick z. B. auf die Ausnutzung der Fördergebietsabschreibung oder der sogenannten Anspar-Abschreibung nach § 7 g EStG wird deutlich, dass der Gesellschaftsvertrag einer Personengesellschaft eine Vereinbarung zu treffen hat, wie über die Bilanzierungspolitik abgestimmt werden soll bzw. dass die Bilanzierungspolitik bereits im Gesellschaftsvertrag festgelegt ist. 386

Die Steuergesetze stellen aber teilweise auf Tatbestandsvoraussetzungen ab, die in der Person des einzelnen Gesellschafters liegen müssen. Strittig ist z. B., ob der Hersteller (Bauherr) bzw. Erwerber eines Gebäudes nach § 7 Abs. 5 EStG die Personengesellschaft oder der einzelne Gesellschafter ist. 387

Dies hat insbesondere Bedeutung, wenn sich der Bestand der Personengesellschafter ändert. Würde die Berechtigung zur Sonderabschreibung auf den einzelnen Gesellschafter abstellen, so würde die anteilige Sonderabschreibung entfallen.

388 Die Rücklage nach § 6 b EStG ist eine personenbezogene Steuervergünstigung, die nicht auf die Personengesellschaft abstellt, sondern auf die Personen, die einen Veräußerungsgewinn erzielen. Die Sechsjahresfrist des § 6 b EStG wird verwirkt, wenn ein Gesellschafter aus der Personengesellschaft aussteigt. Der anteilige Veräußerungsgewinn des ausscheidenden Gesellschafters wird steuerpflichtig. Dabei zu beachten ist aber, dass, wenn Wirtschaftsgüter zum Gesamthandsvermögen der Personengesellschaft gehören, Veräußerer und Reinvestor die Gemeinschaft sein muss (§ 6 b Abs. 10 EStG).

2. Buchmäßige Besonderheiten in der Bilanz der Personengesellschaft

389 Im Unterschied zur Bilanz eines Einzelunternehmens weist die Bilanz der Personengesellschaft regelmäßig **zwei Kapitalkonten für jeden Gesellschafter** aus. Das **Kapitalkonto I** erfasst das sogenannte **Festkapital**. Dabei handelt es sich um das durch Gesellschaftsvertrag bestimmte Beteiligungskapital. Im Unterschied zu den Kapitalgesellschaften gibt es dabei kein Mindestkapital. Das **Kapitalkonto II** erfasst die **Gewinn- oder Verlustanteile des laufenden Jahres** sowie die **Privatkonten des Gesellschafters**. Es handelt sich bei dem Kapitalkonto II um ein **variables Kapitalkonto**.

390 Darüber hinaus empfiehlt es sich, die Darlehen, die die Gesellschafter von der Personengesellschaft erhalten oder ihr gewähren, in der Handelsbilanz auf einem separaten Darlehenskonto (oder Kapitalkonto III) zu erfassen, da der BFH andernfalls die Zinsen auf diese Darlehen nicht als Aufwendungen bzw. Erträge anerkennt. Da die Handelsbilanz und nicht die Steuerbilanz Grundlage für die Gewinnverteilung ist, würde die Gewinnverteilung unter Umständen entgegen den Vorstellungen der Gesellschafter hiervon beeinflusst.

391 **Beim Kommanditisten** sind die Gewinnanteile nach § 167 HGB solange seinem Kapitalkonto gutzuschreiben, bis der Kommanditist seine vereinbarte Kommanditeinlage erbracht hat. Ist die Kommanditeinlage voll eingezahlt, so werden die darüber hinaus anfallenden Gewinnanteile dem Kapitalkonto II gutgeschrieben. Die Kapitalkonten I und II stellen handelsrechtlich regelmäßig Eigenkapital dar. Das Kapitalkonto III des Kommanditisten gehört handelsrechtlich nicht zum Eigenkapital der Personengesellschaft, sondern ist als Darlehens- oder Verrechnungskonto zu führen. Steuerlich stellt dieses Konto dagegen Betriebsvermögen der Mitunternehmerschaft dar. Das Privatkonto des Gesellschafters, das wie beim Einzelunternehmen Einlagen und Entnahmen erfasst, wird mit seinem Saldo auf das Kapitalkonto II des Gesellschafters abgeschlossen.

392 Im Hinblick auf die **GmbH & Co. KG** ist noch nachzutragen, dass die **GmbH regelmäßig** die Stelle der **Komplementärin** inne hat und sich ihre Funktion auf die **Haftungsfunktion** und gegebenenfalls **die Stellung des Geschäftsführers** beschränkt. Die GmbH ist dann nicht am Kapital der KG beteiligt, und ein Kapitalkonto I ist deshalb nicht zu unterhalten.

3. Umfang des Betriebsvermögens von Personengesellschaften

a) Gesamthandsvermögen

393 Das Gesamthandsvermögen ist das gemeinschaftliche Eigentum der Gesellschafter am Gesamthandsvermögen (§ 718 BGB). Das Gesamthandsvermögen erfasst das rechtliche und wirtschaftliche Eigentum, das der Personengesellschaft zuzurechnen ist. Die Handelsbilanz bzw. Steuerbilanz der Personengesellschaft bildet den Kernbereich des Gesamthandsvermögens.

Die Sondervergütungen werden auf der Stufe I der Gesamthandsbilanz, das heißt der Handelsbilanz bzw. Steuerbilanz als Abzugsposten und damit gewinnmindernd behandelt. Die Veräußerungsgeschäfte zwischen Gesellschaft und Gesellschaftern werden bei angemessener Preisgestaltung wie Veräußerungsgeschäfte mit fremden Dritten behandelt. Die Sondervergütungen, die die Gesellschafter von der Gesellschaft erhalten, bleiben einer Korrektur auf der Stufe 2 vorbehalten.

b) Notwendiges Betriebsvermögen

Die **Wirtschaftsgüter**, die **unmittelbar dem Betrieb der Personengesellschaft** zu dienen bestimmt sind, stellen **notwendiges Betriebsvermögen** dar. Hierzu gehören das Betriebsgebäude, in dem sich z. B. Produktion, Handel und Verwaltung der OHG befinden, oder z. B. die Warenvorräte der Handelsgesellschaft.

c) Gewillkürtes Betriebsvermögen

Eine Personengesellschaft kann kein **gewillkürtes Betriebsvermögen** haben. Bei einer **Personengesellschaft** sind alle **Wirtschaftsgüter notwendiges Betriebsvermögen**. Die Wirtschaftsgüter können also nicht durch bloße Buchung entnommen werden. Die Wertpapiere, die die OHG zur Vermögensanlage hält, sind notwendiges Betriebsvermögen der OHG.

d) Notwendiges Privatvermögen

Fehlt jedoch jeglicher betrieblicher Anlass für den Erwerb eines Wirtschaftsgutes, **so handelt** es sich um **notwendiges Privatvermögen** der Gesellschafter. Ein Grundstück z. B. der Bau KG oder Bauträger KG, das mit einem den Wohnzwecken der Gesellschafter dienenden Einfamilienhaus bebaut wird, führt in der Regel zur Annahme, dass notwendiges Privatvermögen vorliegt (BFH vom 30.6.1987 BStBl. 1988 II S. 418).

e) Ergänzungsbilanz

Obgleich die Ergänzungsbilanz für den einzelnen Gesellschafter aufgestellt wird, hat sie nichts mit dem Sonderbetriebsvermögen des Gesellschafters zu tun. In der **Ergänzungsbilanz** eines **Gesellschafters** werden nur **Wirtschaftsgüter** ausgewiesen, die zum **Gesellschaftsvermögen**, also zum **Gesamthandsvermögen**, gehören und in der Handelsbilanz bzw. Steuerbilanz der Personengesellschaft enthalten sind. Die **Anlässe für die Aufstellung der Ergänzungsbilanz** sind im Wesentlichen:
- anteilige Inanspruchnahme personenbezogener Steuervergünstigungen, die nur für einige Gesellschafter einer Personengesellschaft zutreffen,
- bei Einbringung eines Betriebs, Teilbetriebs oder Mitunternehmeranteils in eine Personengesellschaft,
- bei einem Gesellschafterwechsel.

f) Sonderbetriebsvermögen I

Unter dem Sonderbetriebsvermögen I werden die **Wirtschaftsgüter** verstanden, die der **Gesellschafter der Gesellschaft entgeltlich** oder **unentgeltlich zur Nutzung** überlässt. Der Gesellschafter kann dabei materielle Wirtschaftsgüter wie Grundstücke, Gebäude, Maschinen, Kraftfahrzeuge und immaterielle Wirtschaftsgüter wie Patente, Erfindungen, Konzessionen oder einen Firmenwert zur Nutzung überlassen.

Es spielt dabei keine Rolle, ob der Gesellschafter die Wirtschaftsgüter der Gesellschaft aufgrund einer Beitragspflicht im Gesellschaftsvertrag oder aufgrund eines neben dem Gesellschaftsvertrag bestehenden Miet- oder Pachtvertrages überlässt. Entscheidend ist jedoch, dass die **Wirtschaftsgüter dem Betrieb der Gesellschaft unmittelbar zu dienen bestimmt sind.** Der Gesellschafter einer gewerblich tätigen Personengesellschaft erzielt natürlich in seinem Sonderbetrieb auch Einkünfte aus Gewerbebetrieb.

401 Eine **Vermögensverwaltungspersonengesellschaft** oder eine **Personengesellschaft** bestehend **aus Freiberuflern** hat **kein Sonderbetriebsvermögen**. Das Grundstück, das der Architekt der Architektengemeinschaft zur Nutzung überlässt, kann nicht Betriebsvermögen eines Sonderbetriebsvermögens sein. Es verbleibt in der privaten Vermögenssphäre.

g) Sonderbetriebsvermögen II

402 Unter Sonderbetriebsvermögen II fallen die **Wirtschaftsgüter**, die der **Beteiligung des Gesellschafters an der Gesellschaft** dienen. Sind die Gesellschafter an einer GmbH & Co. KG beteiligt, so gehören die Geschäftsanteile an der GmbH zum Sonderbetriebsvermögen der KG. Der **Anteil an der GmbH fördert die Gesellschafterstellung in der KG**, denn durch die **Komplementärstellung der GmbH** ist diese zur Geschäftsführertätigkeit berechtigt und ermöglicht den Gesellschaftern, Einfluss auf die KG auszuüben. Der GmbH-Anteil wird zum Sonderbetriebsvermögen II. Dies hat natürlich auch einkommensteuerliche Konsequenzen, da bei Veräußerung der Geschäftsanteile der GmbH ein steuerpflichtiger Gewinn im Sonderbetriebsvermögen II entsteht.

403 Sonderbetriebseinnahmen II können die **Vergütung der Geschäftsführer-Stellung** oder aber die **Gewinnausschüttung aus der GmbH** sein. Sonderbetriebsausgaben II sind z. B. Rechtsanwaltskosten und Zinsen für Darlehen zur Beteiligungsfinanzierung. **Negatives Sonderbetriebsvermögen II** liegt also beispielsweise vor, wenn die **Geschäftsanteile an der GmbH über Darlehen finanziert wurden**.

4. Übertragung eines Wirtschaftsgutes aus dem Sonderbetriebsvermögen in ein anderes Betriebsvermögen und umgekehrt

404 Wird ein **Wirtschaftsgut eines Gesellschafters aus dem Betriebsvermögen** z. B. seines Einzelunternehmens **in das Sonderbetriebsvermögen** einer Personengesellschaft mit **gewerblichen Einkünften übertragen**, so wird dieser Vorgang ohne Gewinnrealisierung **als Entnahme** zum Buchwert behandelt. Dies **gilt auch für den umgekehrten Fall**, dass ein Wirtschaftsgut aus dem Sonderbetriebsvermögen I oder II in ein Betriebsvermögen des Gesellschafters übertragen wird.

405 Die Übertragung von Einzelwirtschaftsgütern zwischen Mitunternehmerschaft und Mitunternehmer hat ab 1.1.1999 eine Gewinnrealisierung zur Folge. Ausnahmen sind die Übertragung vom Sonderbetriebsvermögen in das Einzelunternehmen des Mitunternehmers und umgekehrt sowie zwischen unterschiedlichen Sonderbetriebsvermögen eines Steuerpflichtigen (§ 6 Abs. 5 EStG a.F.). Die Übertragung von Einzelwirtschaftsgütern zwischen dem Betrieb der Mitunternehmerschaft, also dem Gesamthandsvermögen, gleich ob in das Sonderbetriebsvermögen oder das Einzelunternehmen, erfolgt ab 1.1.1999 zum Teilwert.

406 Die Gewinnrealisierung tritt auch im umgekehrten Fall, also der Übertragung von Einzelwirtschaftsgütern aus einem Sonderbetriebsvermögen oder dem Einzelunternehmen des Mitunternehmers in das Gesamthandsvermögen der Personengesellschaft, ein. Es kann nach § 6 Abs. 1 EStG im Erstjahr in Höhe von vier Fünfteln des durch die Gewinnrealisierung entstehenden Gewinns eine den steuerlichen Gewinn mindernde Rücklage gebildet werden. Diese Rücklage ist in den folgenden vier Wirtschaftsjahren jeweils mit einem Viertel gewinnerhöhend aufzulösen. Die verbleibende anteilige Rücklage ist in dem Wirtschaftsjahr des Ausscheidens dieses Wirtschaftsguts in vollem Umfang gewinnerhöhend aufzulösen.

407 Das Steuersenkungsgesetz sieht nunmehr seit 1.1.2001 eine eingeschränkte Wiederbelebung des Mitunternehmererlasses vor. Die Übertragung von Einzelwirtschaftsgütern ist danach zum Buchwert und damit ohne Gewinnrealisierung zwischen dem Gesamthandsvermögen des Mitunternehmers und dem Einzelunternehmen oder Sonderbetrieb des Mitunternehmers möglich. Dies gilt auch in umgekehrter Richtung, also vom Einzelunternehmen oder Sonderbetrieb des Mitunternehmers in das Gesamthandsvermögen.

408 Selbst eine Übertragung von Einzelwirtschaftsgütern zwischen verschiedenen Sonderbetriebsvermögen derselben Mitunternehmerschaft ist steuerneutral zum Buchwert möglich. Der Gesetzgeber hat jedoch die praktische Handhabung dieser Vorschrift durch eine Beteiligungsveränderungssperre erheblich eingeschränkt. Sollte sich durch die Übertragung eines Einzelwirtschaftsgutes der Anteil einer Körperschaft, Personenvereinigung oder Vermögensmasse an dem Wirtschaftsgut unmittelbar oder mittelbar erhöhen, so erfolgt die Übertragung gewinnrealisierend zum Teilwert.

409 Da sich bei Ausscheiden eines Wirtschaftsguts der Anteil, den die Personengesellschaft an diesem Wirtschaftsgut hält, zwangsläufig ändert, geht die Vorschrift ins Leere und bedarf der Überarbeitung. Dies gilt auch für die noch weiter ausgreifende Voraussetzung, dass die Übertragung von Einzelwirtschaftsgütern wie oben aufgeführt nur dann steuerneutral erfolgt, sofern nicht zu einem späteren Zeitpunkt – gleich aus welchem Grund – der Anteil der Körperschaft, Personenvereinigung oder Vermögensmasse an dem übertragenen Wirtschaftsgut unmittelbar oder mittelbar erhöht wird. Diese Beteiligungsänderungssperre ohne zeitliche Begrenzung ist nicht praktikabel.

410 Die Beteiligung einer GmbH nach Ablauf von mehr als zehn Jahren sollte die bisher als steuerneutral behandelte Übertragung eines Einzelwirtschaftsguts von einem Einzelunternehmen des Mitunternehmers in das Gesamthandsvermögen als steuerpflichtigen Vorgang auferstehen lassen.

5. Die Gewinnverteilung bei Personengesellschaften

411 Die Gewinnverteilung erfolgt bei der Personengesellschaft nur dann nach der **gesetzlichen Vorgabe**, wenn der **Gesellschaftsvertrag hierzu keine vertragliche Vereinbarung** getroffen hat. Das gesetzliche Regelungsstatut für die **BGB-Gesellschaft** sieht in § 722 BGB eine **Verteilung des Gewinns nach Köpfen** vor, während bei der **OHG** in § 121 HGB zuerst eine **Verzinsung in Höhe des Kapitalanteils** vorangeht und der Restgewinn nach der Anzahl der OHG-Gesellschafter verteilt wird. Bei der **KG** hingegen erfolgt auch die **Verzinsung eines Kapitalanteils zu 4 %**, und der darüber hinausgehende **Restgewinn** wird **angemessen verteilt** (§ 168 HGB).

412 Da die Regelung zur Gewinnverteilung dispositives Recht ist, kann der Gesellschaftsvertrag eine Gewinnverteilung
- nach Kapitalanteilen,
- nach festgelegten Quoten,
- mit oder ohne Berücksichtigung von Kapitalverzinsung,
- mit oder ohne Vorabvergütung z. B. für die Geschäftsführungstätigkeit und sonstigen Leistungen

festsetzen.

413 Entscheidend ist jedoch, dass dann, **wenn die Vergütungen in der Handelsbilanz gewinnmindernd berücksichtigt** werden sollen, der Abschluss von schuldrechtlichen Verträgen wie bei fremden Dritten erforderlich ist. Entscheidend für die Gewinnverteilung ist die Handelsbilanz, nicht die Steuerbilanz der Gesellschaft.

414 **Einkunftsquellen** sind nach § 15 Abs. 1 S. 1 Nr. 2 EStG die **Gesellschaften, an denen fremde Dritte oder nahe Angehörige wie bei Familienpersonengesellschaften beteiligt sind**. Bei fremden Dritten wird der Interessengegensatz dafür sorgen, dass die vereinbarte Gewinnverteilung den Beiträgen der Gesellschafter zur Erreichung des Gesellschaftszwecks entspricht.

415 Sollten jedoch **Anhaltspunkte** festgestellt werden, dass die **tatsächliche Gewinnverteilung** wesentlich von der **gebotenen Gewinnverteilung abweicht**, z. B. nicht sorgfältig zwischen einer Leistung aufgrund eines schuldrechtlichen Vertrages und einer Gesellschafterleistung unterschieden wird oder die Vergütungen unangemessen sind, so wird die **vorgenommene Gewinnverteilung nicht anerkannt**.

III. Sonder- bzw. Mischformen der Personengesellschaften

1. Steuerliche Behandlung einer GmbH & Co. KG

416 Die steuerliche Behandlung der GmbH geht von der folgenden Fallgestaltung aus:
- Die GmbH übernimmt allein die Haftungsfunktion und die Geschäftsführungstätigkeit. Damit wird klargestellt, dass die GmbH & Co. KG unabhängig von der Art ihre Tätigkeit Einkünfte aus Gewerbebetrieb nach § 15 Abs. 3 Nr. 2 EStG erzielt.
- Die GmbH unterhält keinen eigenen Geschäftsbetrieb, sondern übernimmt die Funktion der Komplementärin in der GmbH & Co. KG.
- Die GmbH wird als Geschäftsführerin der GmbH bestellt. Die Ausführung der Geschäftsführertätigkeit wird durch einen Kommanditisten wahrgenommen.
- Die Ausstattung der Geschäftsführerposition wird so geregelt, dass dem Geschäftsführer neben der laufenden Vergütung eine Direktversicherung und eine Pensionszusage eingeräumt werden.
- Der Komplementär-GmbH werden selbstverständlich die Auslagen, die sie in Höhe der Geschäftsführungsvergütung, der Direktversicherung und der Zuführung zur Pensionsrückstellung hat, als Auslagenersatz von der KG erstattet.
- Die GmbH ist in geringem Umfang an der KG beteiligt. Sie ist ebenso wie die Kommanditisten Mitunternehmer in der KG.

417 Die Aufwendungen, die die GmbH für den Geschäftsführer aufwendet (einschließlich Zuführung zur Pensionsrückstellung), sind Sonderbetriebsausgaben der GmbH. Der Auslagenersatz, den die GmbH von der KG erhält, ist eine Sonderbetriebseinnahme. Würde die GmbH der KG ein Darlehen gewähren, z. B. weil sie ihr gezeichnetes und einbezahltes Kapital der KG zur Verfügung stellt oder z. B. in Höhe des Mittelzuflusses der GmbH für die Zuführung zur Pensionsrückstellung, so sind die Zinserträge bei der GmbH Sonderbetriebseinnahmen. Die Vergütungen für die Geschäftsführertätigkeit einschließlich Zuführung zur Pensionsrückstellung einerseits und der Auslagenersatz andererseits sind bei der GmbH im Endeffekt im Rahmen ihrer Sonder-Gewinn- und Verlustrechnung durchlaufende Posten, die sich auf Null saldieren. Die Vergütungen für die Geschäftsführertätigkeit einschließlich der Dotierung der Pensionsrückstellung sind ebenfalls als Sonderbetriebseinnahmen des Kommanditisten zu erfassen. Die Vergütungen, die ein Kommanditist für seine Geschäftsführertätigkeit, für die Überlassung eines Darlehens, eines Grundstücks oder weiterer Wirtschaftsgüter erhält, werden als Beiträge zur Förderung des Gesellschaftszwecks angesehen, die dem Gesamthandsgewinn der KG (Stufe 2) wieder hinzuzurechnen sind.

418 Die GmbH als Mitunternehmer erfährt in der steuerlichen Behandlung der Geschäftsführervergütung im Rahmen der KG keine Sonderbehandlung. Dieses Ergebnis wäre auch dann unverändert erreicht worden, wenn nicht die GmbH als Geschäftsführerin, sondern von vornherein ausschließlich ein Kommanditist zum Geschäftsführer bestellt worden wäre. Hätte die Komplementär-GmbH hingegen zusätzlich einen Geschäftsbetrieb, so erzielt der Geschäftsführer Einkünfte aus nicht selbstständiger Arbeit, soweit die Geschäftsführertätigkeit auf diesen Geschäftsbetrieb entfällt. Dies gilt m.E. auch dann, wenn der Geschäftsführer gleichzeitig Kommanditist ist, jedoch nur für den Anteil des Geschäftsführergehalts, der auf den eigenen Geschäftsbetrieb der GmbH entfällt.

419 Da die GmbH in der vorliegenden Fallgestaltung an der KG kapitalmäßig beteiligt ist, steht ihr auch ein Gewinnanteil an dem Gesamthandsgewinn der KG zu. Der Gewinnanteil der KG, der der GmbH zusteht, sowie die Sonderbetriebseinnahmen wie die Zinseinnahmen z. B. aus der Hingabe von Darlehen an die KG, unterliegen bei der GmbH der Gewerbeertragsteuer und der Körperschaftsteuer von 25 % ab 1.1.2001. Die Gewinn- und Verlustrechnung weist natürlich auch die Vergütungen aus der Geschäftsführertätigkeit einschließlich Dotierung der Pensionsrückstellung als Aufwand und den Auslagenersatz, den die GmbH von der KG erhält, als Ertrag aus. Da sich diese Beträge jedoch auf Null saldieren, fällt hierauf keine Gewerbeertragsteuer oder Körperschaftsteuer an. Die GmbH erfährt auch keine Kürzung der Einkünfte aus Gewerbebetrieb in Höhe des 1,8-fachen anteiligen Gewerbesteuermessbetrags. Dies sei an dieser Stelle vorweggenommen.

Den Kommanditisten wird in unserem Fall der Gewinn der GmbH nach Abzug von Gewerbesteuer und Körperschaftsteuer als Sonderbetriebseinnahme II entsprechend der Beteiligung der Kommanditisten an der GmbH zugerechnet. Die Geschäftsanteile der GmbH sind bekanntlich Sonderbetriebsvermögen II der Kommanditisten. Die Ermittlung von Gewinn bzw. Einkommen bei der GmbH ist zurückzustellen, bis die Gewerbesteuer bei der KG berechnet ist. Erst dann können die Einkünfte aus Gewerbebetrieb der GmbH und der Kommanditisten unter Berücksichtigung des jeweils auf sie entfallenden Gesamthandsgewinns festgestellt werden. Bei der Ermittlung der Gewerbeertragsteuer geht man vom Gesamthandsgewinn der KG (Stufe 1) aus und erhöht diesen um die Sonderbetriebsergebnisse abzüglich der Verlustvorträge der Kommanditisten. Der anteilige Gesamthands- und Sonderbetriebsgewinn der KG, der auf die GmbH entfällt, unterliegt bereits bei der GmbH der Gewerbeertragsteuer und ist folglich bei der Ermittlung der Bemessungsgrundlage für die Gewerbesteuer bei der KG zu kürzen. Dies gilt auch hinsichtlich der Sonderbetriebseinnahmen II, die den Kommanditisten von der GmbH (anteilige Dividende) zugerechnet werden. Die Gewerbeertragsteuer mindert den Gesamthandsgewinn der KG.

420

Nunmehr ist die Feststellung des Gesamthandsgewinns möglich, der auf die GmbH bzw. KG entfällt. Die Einkünfte aus Gewerbebetrieb der Kommanditisten setzen sich dabei aus dem anteiligen Gesamthandsgewinn sowie dem Ergebnis der Sondergewinn- und Verlustrechnung (Sondervergütungen I ./. Sonderausgaben I) sowie den anteiligen Dividenden (50 %) aus der GmbH zusammen. Ab 1.1.2001 ist die auf die Kommanditisten entfallende Kürzung in Höhe des 1,8-fachen Gewerbesteuermessbetrags nach § 35 Abs. 1 Nr. 2 EStG zu berücksichtigen.

421

Die Ermittlung der Dividende als Sondervergütung II im Rahmen der Gewinnverteilung der KG (einheitliche und gesonderte Ermittlung der Einkünfte) setzt natürlich voraus, dass nach der Ermittlung der Gewerbeertragsteuer zuerst der Jahresabschluss bei der GmbH unter Berücksichtigung der Steuerberechnung für die Gewerbesteuer vom Ertrag und für die Körperschaftsteuer abgeschlossen wird.

422

2. Steuerliche Behandlung des Rechtsinstituts der Betriebsaufspaltung

Eine Betriebsaufspaltung liegt dann vor, wenn notwendigerweise eine natürliche Person oder Personengesellschaft eine **Vermietung oder Verpachtung von wesentlichen Betriebsgrundlagen üblicherweise an eine Kapitalgesellschaft** vornimmt und durch eine **enge sachliche und personelle Verflechtung** die natürliche Person oder Personengesellschaft ihren Willen bei der Kapitalgesellschaft durchsetzt. Der typische Fall der Betriebsaufspaltung ist also der in Gestalt der **Besitzpersonen-** und **Betriebskapitalgesellschaft**. Aber eine Betriebsaufspaltung kann auch **zwischen Mitunternehmerschaften** (mitunternehmerische Betriebsaufspaltung) oder zwischen **Kapitalgesellschaften** (kapitalistische Betriebsaufspaltung) vorliegen.

423

Von der **echten Betriebsaufspaltung** wird gesprochen, wenn ein bisher einheitlicher Gewerbebetrieb z. B. in der Weise aufgeteilt wird, dass ein Teil des Betriebsvermögens (z. B. das Anlagevermögen oder das Umlaufvermögen) auf eine Kapitalgesellschaft übereignet wird und mindestens eine der bisherigen wesentlichen Betriebsgrundlagen beim Besitzunternehmen verbleibt. Dabei werden die wesentlichen Betriebsgrundlagen, hierzu rechnen z. B. Grundstücke, vom Besitzunternehmen an das Betriebsunternehmen vermietet oder verpachtet. Die **unechte Betriebsaufspaltung** liegt vor,

424

wenn z. B. der Mehrheitsgesellschafter einer Kapitalgesellschaft der Gesellschaft ein neu erworbenes Wirtschaftsgut zur Nutzung überlässt.

425 Die Betriebsaufspaltung ist eigentlich durch Richterrecht entstanden. Hierzu wird vorgetragen, dass die Betriebsaufspaltung aus der wertenden Betrachtung und unter verfassungsrechtlichen Aspekten (Art. 3 GG) aus dem richtig verstandenen Begriff des Gewerbebetriebes im Sinne von § 15 Abs. 1 S. 1 Nr. 1 EStG hervorgeht.[51]

426 Die Betriebsaufspaltung vereinigt die steuerlichen Vorteile eines Personenunternehmens wie **unmittelbare Verlustzurechnung** oder dass **Erbschaftsteuer** sich nach dem **Substanzverfahren** richtet, mit den steuerlichen Vorteilen einer Kapitalgesellschaft wie **gewerbesteuerrechtliche Abzugsfähigkeit der Gesellschaftergeschäftsführervergütungen**, die gewinnmindernde **Rückstellung von Pensionszusagen für den Gesellschaftergeschäftsführer** sowie die **Anwendung eines Körperschaftsteuersatzes von 25 %** für alle Gewinne.

427 Die Betriebsaufspaltung ermöglicht in der Regel nur in eingeschränktem Maße die **Haftungsbegrenzung**, da künftig wertvolle Teile des Anlagevermögens, die in der Betriebskapitalgesellschaft angesiedelt sind, nicht aus der Haftung herausgehalten werden können. Die Betriebsaufspaltung führt aber auch dazu, dass Einkünfte z. B. aus Vermietung und Verpachtung, die bei der Vermietung oder Verpachtung eines Grundstückes an eine Kapitalgesellschaft anfallen, eine Umqualifizierung in Einkünfte aus Gewerbebetrieb erfahren, wenn die Grundsätze der Betriebsaufspaltung verwirklicht sind. Durch das Steuersenkungsgesetz wird ab 1.1.2001 der Anfall von Gewerbesteuer beim Besitzpersonenunternehmen über die Kürzung des 1,8-fachen Steuermessbetrags bei der Einkommensteuerermittlung für Einkommensteuerzwecke entschärft. Liegen jedoch **Einkünfte aus Gewerbebetrieb vor**, kann eine später nachfolgende **Veräußerung** eines **Grundstücks nicht** mehr **steuerfrei** außerhalb des Zehnjahreszeitraumes erfolgen. Die Betriebsaufspaltung dürfte sich aufgrund der Entschärfung des Gewerbesteuereffekts bei der Besitzpersonengesellschaft ab 1.1.2001 größerer Beliebtheit erfreuen.

428 Die **Anteile an der Betriebskapitalgesellschaft** gehören zum **notwendigen Betriebsvermögen des Besitzunternehmens**. Die Gewinnausschüttungen der Betriebskapitalgesellschaft sind folglich als gewerbliche Einkünfte bei der Besitzgesellschaft festzustellen. Ausgehend von der Betriebskapitalgesellschaft sind die Gewerbeertragsteuer und die Körperschaftsteuer zu ermitteln. Die Geschäftsführervergütungen mindern den Gewerbeertrag und das zu versteuernde Einkommen der Betriebskapitalgesellschaft auch dann, wenn die Geschäftsführerstellung von Gesellschaftern der Besitzpersonengesellschaft wahrgenommen wird. Die Gesellschaftergeschäftsführer erzielen Einkünfte aus nichtselbstständiger Tätigkeit.

429 Die Miet- und Pachtzinsen für nicht im Grundbesitz bestehende Wirtschaftsgüter des Anlagevermögens, die die Betriebskapitalgesellschaft der Besitzpersonengesellschaft vergütet, sind bis zu einem Betrag von 250 TDM beim Gewerbeertrag der Betriebskapitalgesellschaft nicht hinzuzurechnen. Die Miet- und Pachtzinsen waren bereits Bestandteil des Gewerbeertrags der Besitzgesellschaft. Übersteigen jedoch die Miet- und Pachtzinsen 250 TDM, so erfolgt eine Hinzurechnung in Höhe von 50 % bei der Betriebskapitalgesellschaft. Im Rahmen des Besitzunternehmens wird die Dividende bei der Ermittlung der Einkünfte aus Gewerbebetrieb als Sonderbetriebseinnahme erfasst.

430 Für Zwecke der Ermittlung des Gewerbeertrags erfolgt die Kürzung dieser Dividenden, da bei der Betriebskapitalgesellschaft bereits Gewerbeertragsteuer anfiel. Die Veräußerung eines Geschäftsanteils bei der Betriebskapitalgesellschaft führt für den Gesellschafter an der Besitzpersonengesellschaft natürlich auch zu gewerblichen Einkünften.

431 Sollten die Folgen der Betriebsaufspaltung unerwünscht sein, so haben die Beteiligten die Möglichkeit, durch entsprechende **Gestaltung** die Betriebsaufspaltung erst gar **nicht eintreten** zu lassen.

---

51 BFHE 165, 369/70 = BStBl II 92, 246.25.

Bei der **echten Aufspaltung des Betriebes** und **gleichzeitiger Vermeidung** der Konsequenzen der Betriebsaufspaltung, wenn also ein bestehendes Unternehmen aufgespalten wird, ist dann für den **Teilbetrieb, der die Wirtschaftsgüter vermietet** oder verpachtet, die Betriebsaufgabe zu erklären, und die **stillen Reserven** sind zu **versteuern**.

Zukünftig werden dann Einkünfte aus Vermietung und Verpachtung realisiert. Dabei empfiehlt es sich, den **Zeitpunkt einer Betriebsaufspaltung** so zu wählen, dass der Abfluss an Ertragsteuern dann auch **liquiditätsmäßig** kurzfristig zu bewältigen ist.

432

Die Planung der Erhaltung oder Auflösung einer Betriebsaufspaltung ist insbesondere dem Risiko ausgesetzt, dass sich **Änderungen in der Gesellschafterstruktur** ergeben, die überraschend sein können wie der Eintritt, Austritt oder Tod eines Gesellschafters. Ab 1.1.1999 ist zu beachten, dass die Übertragung von Einzelwirtschaftsgütern steuerpflichtig zu erfolgen hat, wenn das rechtliche Eigentum wechselt. Die entgeltliche Übertragung einzelner Wirtschaftsgüter zur Einrichtung einer Betriebsaufspaltung zu Buchwerten ist durch § 6 Abs. 5 S. 3 EStG nicht gedeckt. Die Übertragung von Einzelwirtschaftsgütern zwischen Besitz- und Betriebsgesellschaft hat auch nach dem 1.1.2000 nach den Vorschriften des Umwandlungsgesetzes (§§ 123 Abs. 3, 124, 152 UmwG i.V.m. §§ 20 und 24 UmwStG) im Wege partieller Gesamtrechtsnachfolge ohne Gewinnrealisierung zu Buchwerten zu erfolgen.

433

3. Steuerliche Behandlung von Argen, Interessengemeinschaften und Konsortien

Wickelt die Arbeitsgemeinschaft nur einen einzigen Werkvertrag oder Werklieferungsvertrag ab (sogenannte **kleine Arge**), so liegt rein steuerlich kein selbständiges gewerbliches Unternehmen vor. Dies ist in § 180 Abs. 4 AO für die Einkommensteuer und § 2a GewStG für die Gewerbesteuer kodifiziert. In diesem überwiegenden Fall ist das Ergebnis der Arbeitsgemeinschaft steuerlich Bestandteil der gewerblichen Tätigkeit der beteiligten Bauunternehmen. Der Gewinn ist in diesem häufigsten Fall beim Arge-Partner direkt zu versteuern. Nur für Zwecke der Umsatzsteuer wird die kleine Arge als Unternehmer angesehen und unterliegt daher selbständig der Umsatzsteuer.[52] Lediglich Geschäftsführungsgebühren sind von der Umsatzsteuer ausgenommen.[53] Weiterhin ist der „kleine Mitunternehmererlass" von 1997 zu beachten:[54] Danach sind Leistungen der einzelnen Partner gegenüber kleinen Argen steuerlich wie Fremdleistungen gegenüber einer außenstehenden Gesamthandsgemeinschaft nach den allgemeinen ertragsteuerlichen Grundsätzen zu behandeln. Die Realisierung des Gewinns beim Partner tritt somit bereits bei Erbringung der Leistung ein. Ebenso ist zu diesem Zeitpunkt der Leistungsaustausch der Umsatzsteuer zu unterwerfen. Hiervon abzugrenzen ist die Gebühr für technische und kaufmännische Federführung, die nicht der Umsatzsteuer unterliegt, weil sie zum Bereich der Gesellschaftersphäre zählt.[55]

434

Liegen die Merkmale der kleinen Arge nicht vor, wickelt die Arge also mehrere Werkverträge ab oder verwertet eigenen Grundbesitz (sogenanntes Projektgeschäft), wird sie wie eine normale Personengesellschaft in der Form der GbR den Ertragsteuern unterworfen. Man spricht dann auch von großen Argen oder Feststellungsargen. Wir verweisen insoweit auf Abschnitt F I und II.

435

Während die Arge nach außen auftritt, ist die Beihilfegemeinschaft eine reine Innengesellschaft. Auch ein für eine Arge beihelfender Gesellschafter tritt nicht nach außen auf. Ansonsten sind die

436

---

52 Zur Besteuerung von Argen einschl. Dach-Argen vgl. ausführlicher *Renauer*, Erläuterungen zu § 17 des Arge-Mustervertrages, in: *Burchardt/Pfülb*, Arge-Kommentar, 3. völlig neubearb. u. erw. Aufl. 1998, S. 606–647.
53 Vgl. BMF-Schreiben vom 12.9.1988 – IV A 2 – S 7100–115/88 über umsatzsteuerliche Behandlung von Geschäftsführungsaufgaben in Bauarbeitsgemeinschaften.
54 Vgl. BMF-Scheiben vom 4.2.1997 – IV B 2 – S 2241–44/96 über Gewinnrealisierung bei Mitgliedern von Bau-Arbeitsgemeinschaften; Anwendung des Mitunternehmererlasses auf sogenannte „kleine" Arbeitsgemeinschaften, BStBl 1998 I, 251.
55 Vgl. BMF-Schreiben IV A 2 – S 7100–115/88 vom 12.9.1988.

437 Neben der Arbeitsgemeinschaft trifft man noch auf die Interessengemeinschaft und das Konsortium. Die Interessengemeinschaft tritt nicht nach außen auf, lediglich die Gewinne oder Verluste werden nach der vereinbarten Formel aufgeteilt. Es liegt keine Mitunternehmerschaft mangels Gewerbebetrieb vor. Das Konsortium ist regelmäßig ebenfalls eine reine Innengesellschaft und als solche nur ein vorübergehender Zusammenschluss mehrerer Unternehmen zur Durchführung vereinbarter Aktivitäten bzw. der Teilung von Risiken. Es liegen in der Regel keine Gewinnerzielungsabsicht und keine Beteiligung am allgemeinen wirtschaftlichen Verkehr vor.

G. Rechnungslegung

I. Grundkonzeption des BKR

438 In der Grundkonzeption lehnt sich der BKR an den IKR an. Es handelt sich um ein Zweikreissystem, wobei der Rechnungskreis I den externen Rechnungskreis umfasst, während der Rechnungskreis II der interne Rechnungskreis ist. Im Rechnungskreis I umfassen die Kontenklassen 0 bis 2 die Aktivkonten der Bilanz, die Kontenklassen 3 und 4 die Passivkonten der Bilanz, die Kontenklasse 5 umfasst die Erträge der Gewinn- und Verlustrechnung, die Kontenklassen 6 und 7 die betrieblichen und sonstigen Aufwendungen. Die Kontenklasse 8 ist Bilanzeröffnung und -Abschluss vorbehalten. Im Rechnungskreis II wird die Kontenklasse 9 benutzt. Sie beinhaltet die gesamte Kosten- und Leistungsrechnung, die Baubetriebsrechnung genannt wird.

Rechnungskreis I (Externer Rechnungskreis)

Kontenklassen	Inhalt	Gruppierungsbereiche	
0	Sachanlagen und immaterielle Anlagewerte		
1	Finanzanlagen und Geldkonten	Aktivkonten	Bestandskonten (Bilanz)
2	Vorräte, Forderungen und aktive Rechnungsabgrenzungsposten		
3	Eigenkapital, Wertberichtigungen und Rückstellungen	Passivkonten	
4	Verbindlichkeiten und passive Rechnungsabgrenzungsposten		
5	Erträge	Ertragskonten	Erfolgskonten (Gewinn- und Verlustrechnung)
6	Betriebliche Aufwendungen	Aufwandskonten	
7	Sonstige Aufwendungen		
8	Eröffnung und Abschluss		

Rechnungskreis II (Interner Rechnungskreis)

Kontenklassen	Inhalt
9	Baubetriebsabrechnung einschl. Abgrenzungsrechnung

Ein aus dem BKR abgeleiteter konkreter Kontenplan der Finanzbuchhaltung, erweitert um spezielle Arge-Konten, ist im Kapitel Bauarbeitsgemeinschaften abgedruckt. 439

Neben diesem heute überwiegend benutzten Zweikreissystem, das heißt Finanzbuchhaltung und Kosten- und Leistungsrechnung in zwei getrennten Buchungskreisen, wird zum Teil auch noch im Einkreissystem gearbeitet. Die Kosten- und Leistungsrechnung ist hier noch in die Gewinn- und Verlustrechnung der Finanzbuchführung integriert. Dies ist z. B. bei dem Gemeinschaftskontenrahmen (GKR) der Fall, der von einigen Mittelstandssoftwareprogrammen noch unterstützt wird (z. B. BRZ Nürnberg). Aus Platzgründen kann hierauf nicht näher eingegangen werden. Letztlich unterscheiden sich Aufwand und Kosten nur im Bereich der Anders- und Zusatzkosten (vgl. Kapitel Baukalkulation, § 11, Rn 27 f.), so dass oft ein Einkreissystem genügen würde. Da aus solchen unterschiedlichen Gebräuchen heraus die Kontenpläne der verschiedenen Bauunternehmen nicht übereinstimmen, kommt es im heimischen Unternehmen oft zu Abstimmungsproblemen mit der Arge-Buchhaltung, speziell wenn das Bauunternehmen kaufmännisch nicht federführend ist. 440

II. Unfertige Bauten einschließlich Bilanzierung von Nachträgen und Anzahlungen

1. Bilanzierung dem Grunde nach

a) Bilanzansatz

Bei unfertigen Bauten handelt es sich vorwiegend um Bauten auf fremdem Grund und Boden. Das Bauunternehmen ist somit zivilrechtlich nicht Grundstückseigentümer. Für den Bilanzansatz ist dies aber unerheblich, da die wirtschaftliche Betrachtungsweise zur Anwendung kommt. Der unfertige Bau ist als Vermögensgegenstand beim Bauunternehmen anzusetzen. Ansonsten wäre auch kein Bilanzansatz für eigene Bauten des Anlagevermögens auf fremdem Grund und Boden möglich[56] oder – bei bestimmten Leasingverträgen – eine Bilanzierung beim Leasingnehmer.[57] Denn auch in diesen beiden Fällen ist der Bilanzierende zivilrechtlich nicht Eigentümer. In beiden Fällen trägt der Bilanzierende wirtschaftlich die Gefahr des zufälligen Untergangs; genauso wie das Bauunternehmen bei den unfertigen Bauten, bis der Auftraggeber den Bau abgenommen hat. 441

b) Bilanzausweis

Unfertige Bauten dürfen nicht in die Bilanzposition A.II.4. „Anlagevermögen: geleistete Anzahlungen und Anlagen im Bau" eingeordnet werden, da das Erstellen von unfertigen Bauten zum regulären Geschäftsbetrieb eines Bauunternehmens gehört. Dass der Ausweis unter Anlagevermögen nicht in Betracht kommt, ergibt sich auch aus der Legaldefinition des § 247 Abs. 2 HGB: „Beim Anlagevermögen sind nur die Gegenstände auszuweisen, die bestimmt sind, dauernd dem Geschäftsbetrieb zu dienen." 442

Unfertige Bauten sind somit im Umlaufvermögen auszuweisen. Ein Ausweis unter Forderungen kommt nicht in Betracht, da der Entgeltanspruch erst mit Bauabnahme entsteht (§§ 631 Abs. 1, 641 Abs. 1 BGB). Unfertige Bauten gehören mithin in die Bilanzposition B.I.2. „Umlaufvermögen 443

---

[56] Vgl. *Adler/Düring/Schmaltz*, Rechnungslegung und Prüfung der Unternehmen – Kommentar zum HGB, AktG, GmbHG, PublG nach den Vorschriften des Bilanzrichtlinien-Gesetzes, 6. Aufl. 1997, § 266 Rn 42; *Reinhard*, Kommentar zum § 247 HGB, in: *Küting/Weber* (Hrsg.), Handbuch der Rechnungslegung – Kommentar zur Bilanzierung und Prüfung, 4. grundlegend überarb. u. wesentl. erw. Aufl. 1995, § 247 Rn 44.

[57] Vgl. Beck'scher Bilanzkommentar – *Budde/Karig*, Beck'scher Bilanzkommentar – Handels- und Steuerrecht – §§ 238 bis 339 HGB –, bearb. von *Budde/Clemm/Ellrott/Förschle/Hoyos*, 4. völlig neubearb. Aufl. 1999, § 246 Rn 28; *Reinhard*, a. a. O., § 247 Rn 60; *Winnefeld*, Bilanz-Handbuch – Handels- und Steuerbilanz, rechtsformspezifisches Bilanzrecht, bilanzielle Sonderfragen, Sonderbilanzen, IAS, US-GAAP, 2. Aufl. 2000, D Rn 275.

Vorräte: unfertige Erzeugnisse, unfertige Leistungen". Die Bilanzkommentare kommen überwiegend zum gleichen Ergebnis.[58]

2. Bilanzierung der Höhe nach

a) Allgemeines

444 Für Vermögensgegenstände und damit auch für Baustellen gilt das Prinzip der Einzelbewertung (§ 252 Abs. 1 Nr. 3 HGB), nach dem jeder Vermögensgegenstand für sich zu bewerten ist. Da es sich um eigenerstellte Vermögensgegenstände handelt, erfolgt die Bewertung zu Herstellungskosten.

445 Der Aktivierungsumfang kann dem nachfolgenden Schaubild entnommen werden. Zusammenfassend müssen in der Handelsbilanz nur die Einzelkosten aktiviert werden, während in der Steuerbilanz auch anteilige Gemeinkosten einbezogen werden müssen.

Kostenarten	Handelsrecht	Steuerrecht
Materialeinzelkosten Fertigungseinzelkosten Sondereinzelkosten der Fertigung	aktivierungspfl. § 255 Abs. 2 S. 2 HGB	aktivierungspfl. R 33 Abs. 1, 2 EStR
angemessene Teile notwendiger Materialgemeinkosten Fertigungsgemeinkosten incl. Abschreibungen	Wahlrecht § 255 Abs. 2 S. 3 HGB	
Gewerbeertragsteuer Aufwendungen für betriebl. Altersvorsorge Aufwendungen für soziale Einrichtungen freiwillige soziale Leistungen Kosten der allgemeinen Verwaltung Fremdkapitalzinsen (wenn mit Herstellung in Verbindung)	Wahlrecht § 255 Abs. 2 S. 3 HGB (§ 255 Abs. 3 HGB)	Wahlrecht analog HB (analog HB)
Vertriebskosten	Verbot	Verbot

446 Der Bewertungsspielraum wird eingeschränkt durch den Grundsatz der Bewertungsstetigkeit (§ 252 Abs. 1 Nr. 6 HGB); eine einmal gewählte Bewertungsmethode soll beibehalten werden.

447 Des Weiteren gilt für die Bewertung des Umlaufvermögens das strenge Niederstwertprinzip. Dieses ist in § 253 Abs. 3 HGB wie folgt kodifiziert: „Bei Vermögensgegenständen des Umlaufvermögens

---

[58] Vgl. *Adler/Düring/Schmaltz*, a. a. O., § 266 Rn 109; Beck'scher Bilanzkommentar – *Hoyos/Bartels-Hetzler*, a. a. O., § 266 Rn 102; Beck'scher Bilanzkommentar – *Clemm/Scherer*, a. a. O., § 247 Rn 64 ff.; *Dusemond/Knop*, Kommentar zum § 266 HGB, in: *Küting/Weber* (Hrsg.), a. a. O., § 266 Rn 72.

sind Abschreibungen vorzunehmen, um diese mit dem niedrigeren Wert anzusetzen, der sich aus einem Börsen- oder Marktpreis am Abschlussstichtag ergibt. Ist ein Börsen- oder Marktpreis nicht festzustellen und übersteigen die Anschaffungs- oder Herstellungskosten den Wert, der den Vermögensgegenständen am Abschlussstichtag beizulegen ist, so ist auf diesen Wert abzuschreiben". Denn kein fremder Dritter würde freiwillig ein Halbfabrikat zu einem Preis erwerben, der einen voraussichtlichen Verlust beinhaltet.

b) Niedrigerer beizulegender Wert

Der nach der retrograden Methode vom Verkaufspreis her bestimmte beizulegende Wert ermittelt sich wie folgt:[59]

	Auftragswert
minus	Erlösschmälerungen
minus	noch anfallende Selbstkosten (aus Arbeitskalkulation abgeleitet)
=	beizulegender Wert zum Bilanzstichtag

448

Vom fiktiven Erwerber für das Halbfabrikat müssen zumindest die Fremdkapitalzinsen aus der weiteren Kapitalbindung bis zum Fertigstellungszeitpunkt und der Bezahlung durch den Kunden eingespielt werden. Ebenso sind zu erwartende Pönalen oder Gewährleistungskosten einzubeziehen. Alle diese Posten gehören in eine ordentliche, laufend fortgeschriebene Arbeitskalkulation.[60] Nur so kommt zum Bilanzstichtag eine verlustfreie Bewertung zustande, die den Anforderungen des strengen Niederstwertprinzips genügt.

449

Nach einem neuen BMF-Schreiben sollen bei Verlustbaustellen die halbfertigen Bauten nur noch mit dem „anteiligen niedrigeren Erlös" bewertet werden dürfen, nicht jedoch einbezogen werden darf ein „anteiliger künftiger Verlust, der auf noch zu erbringende Leistungen entfällt".[61] Dies ist jedoch mit dem Maßgeblichkeitsprinzip der Handels- für die Steuerbilanz nicht vereinbar, zumal völlig uneinsichtig ist, dass unfertige Bauten keine Halbfabrikate mehr, sondern auf einmal Forderungen darstellen sollen.[62] Daher will der Hauptverband der Deutschen Bauindustrie gegen die Anwendung dieses neuen BMF-Schreibens einen Musterprozess führen.

450

3. Drohverlustrückstellung

Ein spezielles Problem tritt auf, wenn der beizulegende Wert negativ wird. Diese Situation kann insbesondere in frühen Projektphasen auftreten. In Höhe des Negativwertes ist dann eine Rückstellung für drohende Verluste aus schwebenden Geschäften zu bilden,[63] denn die vertraglich versprochene Bauleistung ist noch nicht erbracht. Diese Rückstellung darf in der Handelsbilanz nicht fehlen, denn nach einem Urteil des Bundesgerichtshofes[64] führt das Fehlen einer Drohverlustrück-

451

---

59 Vgl. *Adler/Düring/Schmaltz*, a. a. O., § 253 Rn 527 ff.; Beck'scher Bilanzkommentar – *Ellrott/Scherer*, a. a. O., § 253 Rn 521 ff.

60 Zur baubetrieblichen Arbeitskalkulation vgl. *Jacob/Winter/Stuhr*, Die unterschiedlichen Kalkulationsformen im Ingenieurbau, 2001 (in Vorbereitung); vgl. partiell auch *Paul*, Steuerung der Bauausführung, in: *Jacob/Winter* (Hrsg.), Aktuelle Baubetriebliche Themen – Sommer 1998, Freiberger Arbeitspapiere, Heft 98/15, 1998, S. 104 ff. oder in Kurzform bei *Jacob*, Strategie und Controlling in der mittelständischen Bauwirtschaft, in: Baumarkt, 99. Jg., 2000, Nr. 3, S. 54 f.

61 Vgl. BMF-Schreiben vom 14.11.2000 – IV A 6 – S 2174–5/00, abgedruckt in: DB vom 8.12.2000, S. 2452.

62 Vgl. *Hoffmann*, Bilanzierung und Bewertung der „Halbfertigen Bauten auf fremdem Grund und Boden" bei Bauunternehmen nach dem Wegfall der Drohverlustrückstellungen, in: DStR 32/2000, S. 1338 ff. sowie *Rogler/Jacob*, Bilanzierung unfertiger Bauten bei Bauunternehmen, in: BB, 55. Jg., 2000, Heft 47, S. 2407 ff.

63 Vgl. z. B. *Adler/Düring/Schmaltz*, a. a. O., § 253 Rn 529; *Winnefeld*, a. a. O., F Rn 393; Beck'scher Bilanzkommentar – *Ellrott/Scherer*, a. a. O., § 253 Rn 524.

64 BGH-Urteil vom 1.3.1982, BGHZ 1983, 341; vgl. auch *Jacob/Heinzelmann*, Der Wegfall der Bildung steuerlicher Drohverlustrückstellungen, in: Baumarkt, 97. Jg., 1998, Heft 2, S. 46 f. (S. 47).

stellung zur Nichtigkeit der Handelsbilanz. Der Wirtschaftsprüfer müsste also das Testat einschränken.[65] Steuerlich dagegen ist seit 1998 durch den neu eingefügten § 5 Abs. 4 a EStG, mit dem die Abschaffung der Gewerbekapitalsteuer maßgeblich gegenfinanziert wurde, eine Drohverlustrückstellung nicht mehr erlaubt. Mittelständische Bauunternehmen können seitdem nicht mehr mit einer kombinierten Handels- und Steuerbilanz auskommen.[66]

452 Mit der Genehmigung des Nachtrages durch den Bauherrn ist der Nachtrag bilanzmäßig zu berücksichtigen (siehe Rn 469). Dies gilt auch im Hinblick auf die verlustfreie Bewertung. Ob der Nachtrag schon vorher mit dem wahrscheinlich realisierten Prozentsatz berücksichtigt werden darf, ist umstritten.

4. Nachträge/Anzahlungen

453 Nach der VOB wird bei den Anzahlungen zwischen Abschlagszahlungen und Vorauszahlungen unterschieden:
- Abschlagszahlungen sind Zahlungen bis zur Höhe des Wertes der jeweils nachgewiesenen Leistung.
- Vorauszahlungen sind Zahlungen für noch nicht erbrachte Leistungen.

454 In der deutschen Bilanzierung wird jedoch nicht exakt zwischen Abschlagszahlungen und Vorauszahlungen differenziert:
- Abschlagszahlungen werden bis zur Höhe der bilanzierten Kosten für „unfertige Bauten" aktivisch abgesetzt.
- Darüber hinausgehende Abschlagszahlungsbeträge und alle Vorauszahlungsbeträge werden passivisch in der Position „Erhaltene Anzahlungen" ausgewiesen.

III. Bauarbeitsgemeinschaften

455 Auch der Musterkontenplan für Arbeitsgemeinschaften baut auf dem BKR auf (vgl. Grundkonzeption des BKR in Rn 438). Er ist nachfolgend abgedruckt.[67]

456 **Kontenklasse 0:** Sachanlagen
- 04 Bauten auf fremden Grundstücken
- 040 Geschäftsgebäude auf fremden Grundstücken
- 05 Baugeräte
- 051 Geräte für Betonherstellung und Materialaufbereitung
- 052 Hebezeuge und Transportgeräte einschl. LKW
- 053 Bagger, Flachbagger, Rammen und Bodenverdichter
- 054 Geräte für Brunnenbau, Erd- und Gesteinsbohrungen und Wasserhaltung
- 055 Geräte für Straßenbau und Gleisoberbau
- 056 Druckluft-, Tunnel- und Rohrvortriebsgeräte
- 057 Geräte für Energieerzeugung und -verteilung
- 058 Nassbaggergeräte und Wasserfahrzeuge
- 059 Frei für geringwertige Baugeräte
- 06 Technische Anlagen und stationäre Maschinen
- 060 Technische Anlagen
- 061 Stationäre Maschinen
- 07 Betriebs- und Geschäftsausstattung
- 070 Genormte Rüst- und Schalungsteile
- 071 Übrige Rüst- und Schalungsteile
- 072 Baracken, Bauwagen, Baucontainer

---

[65] Auf dieses Urteil nimmt das neueste Wirtschaftsprüferhandbuch Bezug, vgl. *Institut der Wirtschaftsprüfer in Deutschland e.V.* (Hrsg.), Wirtschaftsprüfer-Handbuch 1996 – Handbuch für Rechnungslegung, Prüfung und Beratung, Band 1, S. 181.

[66] Vgl. *Jacob/Heinzelmann*, a. a. O., S. 46 f.

[67] *Burchardt/Pfülb*, a. a. O., S. 1101 ff. mit Aktualisierungen.

073	Kleingeräte und Werkzeuge, Vermessungs-, Labor- und Prüfgeräte
074	Werkstatteinrichtungen
075	Sonstige Betriebsausstattungen
076	Personenkraftwagen, Kleinbusse
077	Büromaschinen, Organisationsmittel, EDV-Geräte
078	Büromöbel und sonstige Geschäftsausstattung
079	Frei für geringwertige Wirtschaftsgüter der Betriebs- und Geschäftsausstattung
08	Anlagen im Bau und geleistete Anzahlungen
080	Anlagen im Bau
085	Geleistete Anzahlungen auf Anlagen

Kontenklasse 1: Finanzvermögen

19	Schecks, Kassenbestand, Postgiroguthaben, Guthaben bei Kreditinstituten
190	Schecks
191	Kassenbestand
193	Postgiroguthaben
194	Guthaben bei Kreditinstituten

Kontenklasse 2: Vorräte, Forderungen und aktive Rechnungsabgrenzung

20	Roh-, Hilfs- und Betriebsstoffe, Ersatzteile
21	Nicht abgerechnete (unfertige) Bauleistungen, unfertige Erzeugnisse
210 bis 213	Nicht abgerechnete (unfertige) Bauleistungen
214 bis 216	Unfertige Erzeugnisse
22	Fertige Erzeugnisse und Waren
23	Geleistete Anzahlungen auf Vorräte
24	Forderungen aus Lieferungen und Leistungen einschl. Wechselforderungen
240	Forderungen aus Lieferungen und Leistungen an den Auftraggeber
2401	Forderungen aus Schlussrechnungen
2402	Forderungen aus Stundenlohnarbeiten
241	Forderungen aus Lieferungen und Leistungen an Dritte
25	Verrechnungskonten der Gesellschafter (einschl. Beihilfefirmen)
251	Gesellschafter (Arge-Gesellschafter 1)
2511	Einzahlungen und Auszahlungen
2512	Löhne AP des Gesellschafters
2513	Gerätemieten des Gesellschafters einschl. Reparaturzuschlag
2514	Sonstige Lieferungen und Leistungen des Gesellschafters
2515	Sonstige Lieferungen und Leistungen der Arge an den Gesellschafter
2516	Gerätereparaturen zu Lasten des Gesellschafters
2517	Lohnnebenkosten (Arge-Vertrag, § 12.43)
2518	Sonstige Zuwendungen (Arge-Vertrag, § 12.44)
252	Gesellschafter (Arge-Gesellschafter 2) (Unterteilung wie Kto. 251)
253	Gesellschafter (Arge-Gesellschafter 3) (Unterteilung wie Kto. 251)
28	Sonstige Vermögensgegenstände
280	Forderungen an Belegschaftsmitglieder
281	Forderungen an Sozialversicherungsträger
2811	Schlechtwettergeld, Wintergeld, Kurzarbeitergeld, Winterausfallgeld
2813	Lohnfortzahlungserstattungsanspruch
282	Forderungen aus Vorsteuer an Finanzverwaltung
2821	Vorsteuer voll abziehbar
2824	Vorsteuer aus Abschlagszahlungen
2825	Zu verrechnende Vorsteuer aus Abschlagszahlungen
283	Sonstige Forderungen an Finanzverwaltung
2831	Forderungen aus Umsatzsteuervoranmeldung
284	Forderungen aus Vermögensbildung
285	Forderungen an Sozialkassen
2851	Urlaubsentgelt und zusätzliches Urlaubsgeld
2852	Lohnausgleich
289	Andere sonstige Vermögensgegenstände
29	Aktive Rechnungsabgrenzungsposten, Steuerabgrenzung und Rohverlust
291	Aktive Rechnungsabgrenzungsposten
298	Aktive Steuerabgrenzung
299	Rohverlust

Kontenklasse 3: Wertberichtigungen und Rückstellungen

36	Wertberichtigungen
369	Wertberichtigungen zu Forderungen
38	Steuerrückstellungen

381	Rückstellungen für Steuern vom Gewerbeertrag	4612	Zu verrechnende Umsatzsteuer auf Abschlagszahlungen
39	Sonstige Rückstellungen	4613	Verbindlichkeiten aus Umsatzsteuer auf Abschlagszahlungen
390	Rückstellungen für Reparaturen und Instandhaltung	47	Verbindlichkeiten im Rahmen der sozialen Sicherheit
391	Rückstellungen für Personalaufwendungen	470	Verbindlichkeiten gegenüber Sozialversicherungsträgern
392	Rückstellungen für noch auszuführende Arbeiten und Baustellenräumung	4701	Verbindlichkeiten gegenüber gesetzlichen Krankenkassen
395	Rückstellungen für drohende Verluste aus schwebenden Geschäften	4702 bis 4708	Verbindlichkeiten gegenüber Ersatz- und Betriebskrankenkassen
397	Andere sonstige Rückstellungen	4709	Verbindlichkeiten gegenüber Berufsgenossenschaft
3971	Rückstellungen für fehlende Eingangsrechnungen	471	Verbindlichkeiten zur Vermögensbildung

Kontenklasse 4: Verbindlichkeiten und passive Rechnungsabgrenzung

40	Verbindlichkeiten gegenüber Kreditinstituten	472	Verbindlichkeiten gegenüber Sozialkassen
41	Erhaltene Anzahlungen auf Bestellungen	473	Verbindlichkeiten gegenüber Belegschaftsmitgliedern
410	Erhaltene Vorauszahlungen	4731	Lohnverrechnung (Netto-Löhne)
411	Erhaltene Abschlagszahlungen	4732	Verbindlichkeiten für nicht abgeholte Löhne
419	Erhaltene Zahlungen für Fremdunternehmer (z. B. Nebenunternehmer)	4733	Gehaltsverrechnung (Netto-Gehälter)
42	Verbindlichkeiten aus Lieferungen und Leistungen	4734	Verbindlichkeiten für nicht abgeholte Gehälter
420	Verbindlichkeiten aus Lieferungen und Leistungen	4735	Verbindlichkeiten aus Unterkunft und Verpflegung
421	Verbindlichkeiten aus Provisionen und Lizenzen	474	Verbindlichkeiten aus sonstigen Abzügen von Belegschaftsmitgliedern
422	Verbindlichkeiten gegenüber Nachunternehmern	48	Andere sonstige Verbindlichkeiten
423	Abschlagszahlungen an Nachunternehmer	49	Passive Rechnungsabgrenzungsposten und Rohgewinn
4231	Abschlagszahlungen an Nachunternehmer mit Umsatzsteuer	490	Passive Rechnungsabgrenzungsposten
4232	Abschlagszahlungen an Nachunternehmer ohne Umsatzsteuer	499	Rohgewinn

Kontenklasse 5: Erträge

424	Verbindlichkeiten gegenüber Nebenunternehmen (durchlaufende Posten)	50	Umsatzerlöse aus Bauleistungen
43	Verrechnungskonten der Gesellschafter (einschl. Beihilfefirmen)	500 bis 504	Umsatzerlöse aus Vertragsleistungen
46	Verbindlichkeiten aus Steuern	505	Umsatzerlöse aus Stundenlohnarbeiten
460	Verbindlichkeiten aus Lohnsteuer und Kirchensteuer	506	Umsatzerlöse aus Lieferungen und Leistungen an Dritte
461	Verbindlichkeiten aus Umsatzsteuer	52	Sonstige Umsatzerlöse
4611	Verbindlichkeiten aus Umsatzsteuervoranmeldung	523	Umsatzerlöse aus Vermietung und Verpachtung
		529	Andere sonstige Umsatzerlöse
		54	Aktivierte Eigenleistungen
		56	Zinsen und ähnliche Erträge

560	Zinsen aus Einlagen bei Kreditinstituten		61	Personalaufwendungen für technische und kaufmännische Angestellte sowie Auszubildende

560 Zinsen aus Einlagen bei Kreditinstituten
561 Zinsen aus Forderungen
569 Andere Zinsen und ähnliche Erträge
57 Erträge aus dem Abgang von Gegenständen des Anlagevermögens und aus Zuschreibungen zu Gegenständen des Anlagevermögens
572 Erträge aus dem Abgang von technischen Anlagen, Maschinen und Transportgeräten, anderen Anlagen, Betriebs- und Geschäftsausstattung und Kleingeräten
59 Sonstige Erträge
595 Andere sonstige Erträge
5951 Erträge aus Sozialeinrichtungen
5952 Erträge aus verrechneten Löhnen AP
5953 Erträge aus verrechneten Gehältern TK
5954 Erträge aus dem Verkauf von Stoffen und Geräten
5955 Erträge aus verrechneten Gerätereparaturen
5956 Erträge aus Winterbaumaßnahmen
5957 Erträge aus der Regulierung von Versicherungsschäden
598 Außerordentliche Erträge

Kontenklasse 6: Betriebliche Aufwendungen – Kostenarten

60 Personalaufwendungen für gewerbliche Arbeitnehmer, Poliere und Meister sowie Auszubildende

Aufwendungen für freigestelltes und von der Arge eingestelltes Personal
600 Löhne und Gehälter AP
601 Soziallöhne AP
602 Sozialkosten AP
603 Lohnnebenkosten AP
604 Sonstige Personalaufwendungen AP
606 Gutschriften für Löhne und Gehälter (einschl. Zuschläge) AP
607 Gutschriften für Lohnnebenkosten AP

Aufwendungen für abgeordnetes Personal
608 Löhne und Gehälter (einschl. Zuschläge) AP
609 Lohnnebenkosten

61 Personalaufwendungen für technische und kaufmännische Angestellte sowie Auszubildende

Aufwendungen für freigestelltes und von der Arge eingestelltes Personal
610 Gehälter TK
611 Sozialgehälter TK
612 Sozialkosten TK
613 Gehaltsnebenkosten TK
615 Sonstige Personalaufwendungen TK
616 Gutschriften für Gehälter (einschl. Zuschläge) TK
617 Gutschriften für Gehaltsnebenkosten TK

Aufwendungen für abgeordnetes Personal
618 Gehälter (einschl. Zuschläge) TK
619 Gehaltsnebenkosten TK
62 Aufwendungen für Roh-, Hilfs- und Betriebsstoffe, Ersatzteile sowie für bezogene Waren
620 Baustoffe
6201 Binde- und Zusatzmittel
6202 Zuschlagstoffe
6203 Fertigmischgut (einschl. Transportbeton)
6204 Straßenbaustoffe
621 Stahl und andere metallische Baustoffe
6211 Betonstahl
6212 Baustahlgewebe
6213 Formstahl
6214 Spundbohlen und Kanaldielen
6215 Spannbetonstahl (einschl. Lizenzkosten)
6216 Zubehörteile zu Spannbetonstahl
622 Steine
623 Ausbaustoffe
624 Sonstige Baustoffe (einschl. Fertigteile)
6241 Holz zum Einbau (kein Vorhalteholz)
6242 Isolierstoffe
6243 Betonfertigteile
6249 Andere Baustoffe
625 Hilfsstoffe
626 Betriebsstoffe
627 Ersatzteile, Verschleißteile und Reparaturstoffe
63 Aufwendungen für Rüst- und Schalmaterial
630 Genormte Rüst- und Schalungsteile
631 Sonderschalungen und Sonderrüstungen

Nr.	Bezeichnung
632	Rüst- und Schalholz, Verbaumaterial
6321	Rund- und Halbholz
6322	Kantholz
6323	Dielen, Bohlen und Schwellen
6324	Schalbretter
6325	Großflächenschalung, Holzschaltafeln und Platten (einschl. Zubehör)
6326	Stahlträger und Verankerungen
64	Aufwendungen für Baugeräte
640	Argeeigene Geräte
6401	Abschreibung und Verzinsung
6402	Reparaturen
641	Gesellschaftereigene Geräte
6411	Mieten und Reparaturzuschläge
6412	Reparaturen
642	Fremde Geräte
6421	Mieten
6422	Reparaturen
65	Aufwendungen für Baustellen-, Betriebs- und Geschäftsausstattung
650	Argeeigene Baustellenausstattung
6501	Abschreibung und Verzinsung
6502	Reparaturen
651	Gesellschaftereigene Baustellenausstattung
6511	Mieten und Reparaturzuschläge
6512	Reparaturen
652	Fremde Baustellenausstattung
6521	Mieten
6522	Reparaturen
653	Baustelleninstallation
6531	Elektromaterial
6532	Sanitärmaterial
6533	Sonstiges Installationsmaterial
6539	Sonstige Aufwendungen für Baustelleninstallation
654	Kleingeräte und Werkzeuge
6541	Kleingeräte und Werkzeuge (über 100 DM bis 800 DM Anschaffungs- bzw. Herstellungskosten)
6542	Kleingeräte und Werkzeuge (bis 100 DM Anschaffungs- bzw. Herstellungskosten)
6543	Schutzbekleidung
655	Betriebs- und Geschäftsausstattung
6551	Argeeigene Betriebs- und Geschäftsausstattung einschl. PKW
6552	Gesellschaftereigene Betriebs- und Geschäftsausstattung
6553	Fremde Betriebs- und Geschäftsausstattung
66	Aufwendungen für bezogene Leistungen
660	Nachunternehmerleistungen
661	Technische Bearbeitung etc.
6611	Entwurfs- und Planbearbeitung
6612	Arbeitsvorbereitung
6613	Technische Untersuchungen
6614	Soll/Ist-Vergleich, Bauleistungskontrolle
6615	Lichtpausen
6616	Lizenzen und Konzessionen
662	Hilfsleistungen
663	Geschäftsführungsgebühren
6631	Technische Geschäftsführung
6632	Kaufmännische Geschäftsführung
6633	Buchhaltung
6634	Lohn- und Gehaltsabrechnung
6639	Sonstige Vergütungen
664	An- und Abtransporte (einschl. Ladekosten)
6641	An- und Abtransporte
6642	Be- und Entladen
6643	Baustellenentsorgung
6644	Sonstige Frachten und Fuhrkosten
669	Sonstige Aufwendungen für bezogene Leistungen einschl. Bewachung
67	Verschiedene Aufwendungen
670	Aufwendungen des Bürobetriebes
6701	Büromaterial, Fachliteratur
6702	Postgebühren (Porto, Telefon, Fernschreiber etc.)
6703	Heizung, Beleuchtung, Reinigung
6709	Sonstige Aufwendungen des Bürobetriebes
671	Verkehrs- und Reiseaufwendungen
6711	Reisespesen (insbesondere km-Geld)
6712	Bewirtungsspesen (abzugsfähig),
6713	Bewirtungsspesen (nicht abzugsfähig)
6719	Sonstige Verkehrs- und Reiseaufwendungen
672	Werbeaufwendungen
6721	Werbemittel, Anzeigen, Werbedrucke
6722	Geschenke (abzugsfähig)
6723	Geschenke (nicht abzugsfähig)
6729	Sonstige Werbeaufwendungen
673	Rechts-, Beratungs-, Finanzierungs- und Versicherungsaufwendungen
6731	Recht und Beratung
6732	Bürgschaften
6733	Versicherungen
6734	Finanzierung
674	Beiträge und Gebühren

675	Steuern (soweit baustellenbezogen)	76	Zinsen und ähnliche Aufwendungen aus dem Zahlungsverkehr
6751	KfZ-Steuer	77	Steuern vom Einkommen, vom Ertrag und sonstige Steuern
6752	Grundsteuer		
69	Aufwandsgutschriften	772	Gewerbeertragsteuer
691	Gutschriften für Sozialeinrichtungen	775	Sonstige Steuern
695	Gutschriften für Gerätereparaturen	79	Andere Aufwendungen
699	Sonstige Gutschriften	790	Sonstige Aufwendungen

Kontenklasse 7: Sonstige Aufwendungen

72 Verluste aus Wertminderungen oder Abgang von Vorräten

73 Verluste aus Wertminderung von Gegenständen des Umlaufvermögens außer Vorräten sowie aus der Erhöhung der Pauschalwertberichtigung zu Forderungen

74 Verluste aus dem Abgang von Gegenständen des Umlaufvermögens außer Vorräten

75 Verluste aus dem Abgang von Gegenständen des Anlagevermögens

752 Verluste aus dem Abgang von technischen Anlagen, Maschinen und Transportgeräten, anderen Anlagen, Betriebs- und Geschäftsausstattung und Kleingeräten

7901 Andere sonstige Aufwendungen für Sozialeinrichtungen

7902 Andere sonstige Aufwendungen für Lohn- und Gehaltsverauslagungen, AP für Gesellschafter und Dritte

7903 Andere sonstige Aufwendungen für Gehaltsverauslagungen TK für Gesellschafter und Dritte

7904 Andere sonstige Autwendungen für Stoffe- und Geräteverkäufe

7905 Andere sonstige Aufwendungen für Gerätereparaturen

7906 Andere sonstige Aufwendungen für Winterbaumaßnahmen

Kontenklasse 8: Abschluss
81 Ergebnisrechnung
82 Bilanzrechnung

Kontenklasse 9: Frei

Hinsichtlich der Bilanzierung hat der Hauptfachausschuss des Instituts der deutschen Wirtschaftsprüfer eine generelle Stellungnahme zur „Bilanzierung von Joint Ventures" herausgegeben.[68]

Es wird in der Praxis letztlich zwischen kleinen und großen Argen unterschieden. Zunächst zu den kleinen Argen: Es handelt sich um die Merkmale:[69]
- Die Arbeitsgemeinschaft wird nur für die Abwicklung eines zeitlich befristeten Auftrages gegründet.
- Die Gesellschafter leisten keine festen Einlagen, sondern sie stellen der Arbeitsgemeinschaft nur kurzfristige Mittel zur Verfügung.
- Die Arbeitsgemeinschaft verfügt über keine eigenständigen Leitungsorgane, da alle wesentlichen Entscheidungen auf der Gesellschafterebene (Aufsichtsstelle) gefällt werden.
- Maschinen, Geräte, Material und Personal werden auf schuldrechtlicher Basis zur Verfügung gestellt.

Dann bleibt es bei der bisherigen Handhabung einer Bilanzierung wie unter fremden Dritten sowohl in der Einzel- wie in der Konzernbilanz der Partnerunternehmen. Die Arbeitsgemeinschaftskonten werden im Umlaufvermögen als Forderungen gegenüber Arbeitsgemeinschaften bzw. Verbindlichkeiten gegenüber Arbeitsgemeinschaften (Kontengruppe 25 bzw. 43, BKR 87) bilanziert.

Die übernommenen anteiligen Ergebnisse der Argen werden erst mit der Arge-Schlussbilanz übernommen und dann unter Umsatzerlösen ausgewiesen. Im Anhang des Jahresabschlusses wird der

---

[68] Stellungnahme HFA 1/1993, abgedruckt in: Die Wirtschaftsprüfung, 46. Jg., 1993, Heft 14.
[69] Vgl. Schreiben des betriebswirtschaftlichen Ausschusses im Hauptverband der Deutschen Bauindustrie vom 25.11.1993.

Anteil der in Arbeitsgemeinschaften abgewickelten Aufträge am Gesamtvolumen der in der Berichtsperiode abgewickelten Aufträge angegeben. Im Anhang wird auf die Einbeziehung der anteiligen Arbeitsgemeinschaftsergebnisse in die Umsatzerlöse hingewiesen. Ein Muster für ein typisches Schlussprotokoll zur Arge-Schlussbilanz ist im Arge-Kommentar enthalten.[70]

461 Große Argen, das heißt Argen, die die obigen Abgrenzungsmerkmale der kleinen Arge nicht erfüllen, haben die in der Verlautbarung HFA 1/1993 aufgestellten Bilanzierungsgrundsätze zu beachten. Sie sind als assoziierte Unternehmen entweder nach der Quotenkonsolidierungs- oder der Equity-Methode in den Konzernabschluss einzubeziehen. Das zur Verfügung gestellte Eigenkapital ist unter Anlagevermögen/Finanzanlagen und nicht unter Umlaufvermögen/Forderungen etc. auszuweisen.

462 Bezüglich der steuerlichen Handhabung von Argen sei auf Kapitel F.III.3 verwiesen. Besonders ist noch einmal das BdF-Schreiben vom 27.1.1998 zur Anwendung des Mitunternehmererlasses auf sogenannte „kleine" Arbeitsgemeinschaften zu erwähnen. Danach sind die Leistungen der einzelnen Partner steuerlich wie Fremdleistungen gegenüber einer außenstehenden Gesamthandsgemeinschaft nach den allgemeinen ertragsteuerlichen Grundsätzen zu behandeln. Die Realisierung des Gewinns bei dem Partner tritt somit bereits bei Erbringung der Leistung ein.

IV. Sonstige wichtige Posten

1. Leasing

463 Bei Mobilienleasing (z. B. Baumaschinen, Fahrzeuge, EDV) wird zwischen Voll- und Teilamortisationsverträgen unterschieden. Generell gilt, dass steuerlich das wirtschaftliche Eigentum dann beim Leasinggeber als zivilrechtlichem Eigentümer liegt, wenn die Grundmietzeit zwischen 40 und 90 % der betriebsgewöhnlichen, sprich AfA-Nutzungsdauer, beträgt und kein Spezialleasing vorliegt. Optionen zum Ende der Grundmietzeit sollten so ausgestaltet sein, dass der Wertverzehr auf Basis des linearen Restbuchwertes gedeckt ist. Mögliche Ausgestaltungen zum Ende der Grundmietzeit sind: Mietverlängerungsoption, Kaufoption, Andienungsrecht, Mehrerlösbeteiligung. Der kündbare Vertrag stellt eine Sonderform dar.[71] Sind diese Grundregeln nicht eingehalten, werden Leasingverträge wie Ratenkaufverträge behandelt.

464 Das Immobilienleasing ist ganz ähnlich ausgestaltet. Aus dem Grundstücksrecht resultieren aber Sondereinflüsse, so dass eine spezielle Darstellung den Rahmen des Handbuches sprengen würde.

2. Festwertverfahren/Gruppenwertverfahren

465 Speziell für Schalung und Rüstung kann das Festwertverfahren angewendet werden. Es besagt, dass für den durchschnittlichen Wert ein Festwert gebildet wird. Abgänge werden dann wertmäßig nicht berücksichtigt. Umgekehrt werden Zugänge direkt in den Aufwand genommen und nicht aktiviert. Es handelt sich damit um eine Bilanzierungsvereinfachung.[72]

466 Bei der Bewertung zum Festwert werden in mehreren Jahresabschlüssen die gleiche Menge und der gleiche Wert angesetzt (Festbewertung). Zum Festwert dürfen Vermögensgegenstände des Sachanlagevermögens sowie Roh-, Hilfs- und Betriebsstoffe unter den folgenden vier Voraussetzungen bewertet werden (§§ 240 Abs. 3, 256 S. 2 HGB):

---

[70] Vgl. Musterverträge 1995 des Hauptverbandes der Deutschen Bauindustrie, a. a. O., S. 1119 ff.

[71] Vgl. dazu ausführlicher: *Jacob*, Leasing als Finanzierungsinstrument für die Bauwirtschaft, in: Bauwirtschaft, 36. Jg., 1982, S. 862 ff.

[72] Vgl. *Voigt*, Bilanzpolitik, in: *Zentralverband des deutschen Baugewerbes* (Hrsg.), BAUORG – Unternehmer-Handbuch für Bauorganisation und Baubetriebsführung, S. XVI/12 sowie *Speich*, Die Bewertung von Wirtschaftsgütern mit einem Festwert, NWB vom 4.11.1996, S. 3603 ff.

- Größe, Wert und Zusammensetzung des Bestandes verändern sich nur gering,
- regelmäßige Nachbestellung,
- Gesamtwert ist für das Unternehmen von nachrangiger Bedeutung,
- i.d.R. alle drei Jahre Überprüfung durch Inventur, soweit nicht das Niederstwertprinzip eine vorzeitige Abwertung erfordert.

Im Allgemeinen wird der Festwert bei der Schalung und Rüstung dadurch gebildet, dass man 40 % der tatsächlichen Anschaffungs- oder Herstellungskosten aktiviert.[73] Eine Fortschreibung des Festwertes hat bei einer wesentlichen Änderung des Wertes des Bestandes (Abschn. 31 Abs. 4 EStR: 10 %) zu erfolgen. Das Festwertverfahren in der Steuerbilanz setzt ein entsprechendes Vorgehen in der Handelsbilanz voraus. Das Festwertverfahren wird nicht nur für Schalung und Rüstung in Betracht kommen, sondern auch für andere Wirtschaftsgüter, sofern ihr Gesamtwert für das Unternehmen von nachrangiger Bedeutung ist und es sich nicht um geringwertige Wirtschaftsgüter (bis 800 DM netto) handelt.

Eine Gruppenbewertung darf nach § 240 Abs. 4 HGB bei gleichartigen Vermögensgegenständen des Vorratsvermögens und anderen gleichartigen oder annähernd gleichwertigen beweglichen Vermögensgegenständen durchgeführt werden. Bewertet werden diese Vermögensgegenstände mit dem gewogenen Durchschnittswert der Anschaffungs-/Herstellungskosten, sei es bezogen auf das Geschäftsjahr oder gleitend nach jedem Zugang (Skontration).

3. Forderungen/Forderungsabschreibung einschließlich Bilanzierung von Nachträgen

Eine Forderung aus Lieferungen und Leistungen entsteht beim Bau-Werkvertrag mit Abnahme oder Teilabnahme. Die Gewinne sind zu diesem Zeitpunkt steuerlich zu realisieren. Nachtragsforderungen sollten nach herrschender Meinung erst eingebucht werden, wenn der Bauherr sie anerkannt hat. Eine Besonderheit stellt § 16 Nr. 3 Abs. 2 VOB dar, nach der faktisch alle Forderungen in der Schlussrechnung berücksichtigt sein müssen, ansonsten geht der Vergütungsanspruch verloren. Auch die Mehrwertsteuer ist dann sofort abzuführen, obwohl der Bauherr noch nicht bezahlt hat und vielleicht nie bezahlen wird. Also muss die Schlussrechnung zunächst mit vollem Wert angesetzt werden, der Forderungsbetrag sollte dann aber im Wege der Einzelwertberichtigung zunächst auf den Wert gemindert werden, den der Bauherr anerkennt. Die Bemessungsgrundlage der Umsatzsteuer ist dann auch entsprechend zu korrigieren.[74] Weiterhin ist eine Pauschalwertberichtigung auf die Summe der nicht einzelwertberichtigten Forderungen von im Allgemeinen bis zu 3 % zulässig.[75]

4. Pensionsrückstellungen

Pensionsrückstellungen sind steuerlich mit ihrem Teilwert anzusetzen (§ 6 a EStG). Nach Beendigung des Dienstverhältnisses bzw. mit Eintritt des Versorgungsfalles gilt der Barwert einer Pensionsverpflichtung am Schluss des betreffenden Wirtschaftsjahres als Rückstellungsbetrag. Steht der Versorgungsanwärter dagegen noch im aktiven Dienst, so ist die Rückstellung nach dem Teilwertverfahren entsprechend § 6 a Abs. 3 Nr. 1 EStG zu ermitteln. Es ist ein Rechnungszinsfuß von 6 % zugrunde zu legen. Handelsbilanziell dürfen Pensionsrückstellungen auch mit dem Gegenwartswert bilanziert werden.

---

73 Vgl. Erlass des FinMin NW vom 12.12.1961, BStBl II, 194.
74 Vgl. Umsatzsteuer, Rn 264 ff.
75 Vgl. *Voigt*, a. a. O., S. XVI/15.

5. Gewährleistungsrückstellungen

471 Mit Bauabnahme beginnt die Gewährleistungsfrist zu laufen. Die Gewährleistung nach VOB beträgt zwei Jahre, nach BGB fünf Jahre, die aber auch ausbedingbar sind. Je nach Bausparte, Bauobjekt und Gewährleistungszeitraum sind unterschiedliche Gewährleistungsrückstellungen zu bilden. Erfahrungswerte werden für Großunternehmen mit ca. 0,5 bis 2,5 % der Bauleistung genannt,[76] für kleine und mittlere Unternehmen können der BAUORG 0,5 bis 2 % entnommen werden.[77]

6. Mietgarantien

472 Mietgarantierückstellungen sind ab Fertigstellung eines Objektes vom Bauträger zu bilden, wenn er unter Abgabe einer solchen Garantie das Objekt veräußert hat und nicht für alle Flächen oder nicht zum vertraglich fixierten Mietpreis Endmieter gefunden werden konnten. Es sind dabei drei Arten von Mietgarantien zu unterscheiden: Die normale Mietgarantie, die Erstvermietungsgarantie und der Generalmietvertrag:

- Die **Erstvermietungsgarantie** bedeutet die Zusage, dass die Mietflächen bei Übergabe des Mietobjektes zu bestimmten Bedingungen vermietet sein werden. Die Risikoübernahme des Bauträgers zielt auf Leerstand sowie Nichterzielung der kaufvertraglich vorgesehenen Kaltmiete.
- Die **Mietgarantie** besagt, dass die Mietflächen wie bei der Erstvermietungsgarantie bei Übergabe zu bestimmten Bedingungen vermietet sein werden. Zusätzlich wird garantiert, dass der Käufer für eine gewisse Laufzeit die Miete auch tatsächlich erhält. Hier trägt der Bauträger also zusätzlich das Mietausfallrisiko (Erfüllung der Zahlungsansprüche, Bonitätsrisiko, vorzeitige Beendigung von Mietverhältnissen).
- Ein **Generalmietvertrag** wird vom Bauträger zum Zweck der Untervermietung an die eigentlich vorgesehenen Endmieter geschlossen. Der Generalmietvertrag zielt auf die Warmmiete. Damit trägt der Bauträger zusätzlich das Risiko der Betriebs- und Nebenkosten. Der Generalmietvertrag hat für einen Fonds als Erwerber den Vorteil, dass er mit einer Pro-forma-Vollvermietung werben kann.

473 Bei allen drei Fällen von Mietgarantien hat der Bauträger ab dem Zeitpunkt der Objektübergabe handelsbilanziell eine Rückstellung für drohende Verluste aus schwebenden Geschäften zu bilden. In den Fällen 1 und 2 zielt die Rückstellung auf die Kaltmiete, im Fall 2 zusätzlich auf das Bonitätsrisiko und im Fall 3 zusätzlich auf die Nebenkosten, also auf die Warmmiete. Entsprechend steigert sich von Fall zu Fall das Risiko, und die Rückstellung muss ceteris paribus höher ausfallen. Steuerlich sind diese Drohverlustrückstellungen seit 1998 nicht mehr erlaubt (vgl. § 5 Abs. 4 a EStG).

V. Internationale Grundsätze

1. IAS

a) Unfertige Bauten

474 Auch nach den International Accounting Standards (IAS) erfolgt der Ansatz unfertiger Bauten unter Vorräten und Halbfabrikaten.[78] Bei langfristiger Auftragsfertigung erfolgt die Gewinnrealisierung gemäß IAS 11 nach dem Fertigstellungsgrad (percentage of completion – method). Die Gewinnrealisierung nach dem Fertigstellungsgrad darf aber nur dann angewendet werden, wenn das Ergebnis

---

[76] Vgl. *Ogiermann*, Die Bilanzierung unfertiger Aufträge im Bauunternehmen – Theorie und Praxis der handelsrechtlichen und ertragsteuerrechtlichen Bilanzierung von unfertigen Bauaufträgen, 1981, S. 92.

[77] Vgl. *Voigt*, a. a. O., S. XVI/15.

[78] Vgl. *KPMG Deutsche Treuhand-Gesellschaft* (Hrsg.), International Accounting Standards – Eine Einführung in die Rechnungslegung nach den Grundsätzen des IASC, 1999, S. 98 ff.

der Auftragsarbeit zuverlässig abgeschätzt werden kann. „Ist abzusehen, dass Verluste auftreten, dass also die Gesamtkosten die Gesamterlöse übersteigen werden, so sind diese Verluste unmittelbar erfolgswirksam zu erfassen und nicht erst dann, wenn sie eingetreten sind. Die Erfassung dieses Verlustes hat unabhängig davon zu erfolgen, ob die Arbeit an einem Projekt bereits begonnen hat, wie weit die Fertigung fortgeschritten ist oder ob Erträge bei anderen, unabhängigen Aufträgen anfallen".[79] Nachträge und Prämien dürfen nur insoweit berücksichtigt werden, wie die Verhandlungen mit dem Kunden so weit fortgeschritten sind, dass der Kunde die Kompensationszahlungen wahrscheinlich akzeptieren wird, und bei Prämien muss das Projekt bereits entsprechend fortgeschritten sein.

b) Bau-Arbeitsgemeinschaften

Bauarbeitsgemeinschaften fallen in der Klassifikation unter Gemeinschaftsunternehmen. Im Konzernabschluss wird als Benchmarkmethode die Quotenkonsolidierung vorgeschrieben (IAS 31.25). Die Equity-Methode ist die alternativ zulässige Methode (IAS 31.32).[80]

475

2. US-GAAP

a) Unfertige Bauten

Nach den amerikanischen Generally Accepted Accounting Principles (US-GAAP) sieht die Handhabung folgendermaßen aus: Auch hier erfolgt ein Ausweis unter Vorräten und Halbfabrikaten. Unter ähnlichen Umständen wie bei IAS darf die Gewinnrealisierung gemäß Baufortschritt erfolgen (SOP 81–1).[81] Bei Nachträgen sind zumindest drei Situationen zu unterscheiden: Wenn es nicht wahrscheinlich ist, dass der Kunde den Nachtrag genehmigt, sollten die Kosten sofort in den Aufwand genommen und abgeschrieben werden. Ist es objektiv wahrscheinlich, dass die Kosten erstattet werden, und sei es durch einen Gerichtsprozess, sollten die Kosten abgegrenzt werden. Ist es wahrscheinlich, dass der Vertragspreis vom Kunden durch den Nachtrag erhöht wird und die genehmigte Nachtragshöhe zuverlässig geschätzt werden kann, führt der Nachtrag zu entsprechenden Gewinnerhöhungen in der Ausführungsperiode. Bei Bauaufträgen müssen handelsbilanziell drohende Verluste berücksichtigt werden, und zwar entweder aktivisch als Kostenreduktion oder passivisch als Rückstellung.[82] „Die Höhe sollte auf der Basis der gesamten noch anfallenden Kosten bis zur Fertigstellung des Bauwerks errechnet werden".[83]

476

b) Bau-Arbeitsgemeinschaften

Bauarbeitsgemeinschaften haben wie alle anderen Joint Ventures separate Bücher zu führen wie jede normale Baufirma auch. Die Beteiligung an einem solchen Joint Venture ist in den Konzernabschluss nach der Equity-Methode einzubeziehen.[84]

477

---

79 *KPMG Deutsche Treuhand-Gesellschaft*, a. a. O., S. 109 mit Bezug auf IAS 11.
80 Vgl. auch *KPMG Deutsche Treuhand-Gesellschaft*, a. a. O., S. 221.
81 Vgl. für das folgende auch *Delaney/Adler/Epstein/Foran*, Wiley GAAP 2000 – Interpretation and Application of Generally Accepted Accounting Principles, 2000, S. 258 ff.
82 *Jacob*, Bilanzierung von Baukonzernen – Amerikanische und deutsche Praxis im Vergleich, in: Die Wirtschaftsprüfung, 41. Jg., 1988, Heft 7, S. 189 ff. (S. 192), unter Hinweis auf das im Audit and Accounting Guide Construction Contractors enthaltene Statement of Position (SOP) 81–1 des American Institute of Certified Public Accountants, Paragraphen 85 bis 89, das nach wie vor gilt.
83 *Jacob*, ebenda, S. 193 oder im Originaltext des SOP 81–1, Paragraph 85 f: „When the current estimates of total contract revenue and contract cost indicate a loss, a provision for the entire loss on the contract should be made. Provisions for losses should be made in the period in which they become evident under either the percentage-of-completion method or the completed-contract method. ... In recognizing losses for accounting purposes, the contractor's normal cost accounting methods should be used in determining the total cost overrun on the contract, and losses should include provisions for performance penalties".
84 Vgl. *Delaney/Adler/Epstein/Foran*, a. a. O., S. 271.

§ 15 Besteuerung und Rechnungslegung von Bauunternehmen und baunahen Dienstleistern

H. Anhang

AfA-Tabelle für die allgemein verwendbaren Anlagegüter[85]

Fundstelle	Anlagegüter	ND i.J.
1	**Unbewegliches Anlagevermögen**	
1.1	Hallen in Leichtbauweise	14
1.2	Tennishallen, Squashhallen u.ä.	20
1.3	Traglufthallen	10
1.4	Kühlhallen	20
1.5	Baracken und Schuppen	16
1.6	Baubuden	8
1.7	Bierzelte	8
1.8	Pumpenhäuser, Trafostationshäuser und Schalthäuser	20
1.9	Silobauten	
1.9.1	aus Beton	33
1.9.2	aus Stahl	25
1.9.3	aus Kunststoff	17
1.10	Schornsteine	
1.10.1	aus Mauerwerk oder Beton	33
1.10.2	aus Metall	10
1.11	Laderampen	25
2	**Grundstückseinrichtungen**	
2.1	Fahrbahnen, Parkplätze und Hofbefestigungen	
2.1.1	mit Packlage	19
2.1.2	in Kies, Schotter, Schlacken	9
2.2	Straßen- und Wegebrücken	
2.2.1	aus Stahl und Beton	33
2.2.2	aus Holz	15
2.3	Umzäunungen	
2.3.1	aus Holz	5
2.3.2	Sonstige	17
2.4	Außenbeleuchtung, Straßenbeleuchtung	19
2.5	Orientierungssysteme, Schilderbrücken	10
2.6	Uferbefestigungen	20
2.7	Bewässerungsanlagen, Entwässerungsanlagen und Kläranlagen	
2.7.1	Brunnen	20
2.7.2	Drainagen	
2.7.2.1	aus Beton oder Mauerwerk	33
2.7.2.2	aus Ton oder Kunststoff	13
2.7.3	Kläranlagen m. Zu- und Ableitung	20
2.7.4	Löschwasserteiche	20
2.7.5	Wasserspeicher	20
2.8	Grünanlagen	15
2.9	Golfplätze	20
3	**Betriebsanlagen allgemeiner Art**	
3.1	Krafterzeugungsanlagen	
3.1.1	Dampferzeugung (Dampfkessel mit Zubehör)	15

---

[85] BMF-Schreiben v. 15.12.2000, IV D2 – S 1551-188/00. Die branchenspezifische AfA-Tabelle Bau liegt noch nicht vor, sie wird im 2. Halbjahr 2001 erwartet.

Fundstelle	Anlagegüter	ND i.J.
3.1.2	Stromerzeugung (Gleichrichter, Ladeaggregate, Notstromaggregate, Stromgeneratoren, Stromumformer usw.)	19
3.1.3	Akkumulatoren	10
3.1.4	Kraft-Wärmekopplungsanlagen (Blockheizkraftwerke)	10
3.1.5	Windkraftanlagen	16
3.1.6	Photovoltaikanlagen	20
3.1.7	Solaranlagen	10
3.1.8	Heißluft-, Kälteanlagen, Kompressoren, Ventilatoren usw.	14
3.1.9	Kessel einschl. Druckkessel	15
3.1.10	Wasseraufbereitungsanlagen	12
3.1.11	Wasserenthärtungsanlagen	12
3.1.12	Wasserreinigungsanlagen	11
3.1.13	Druckluftanlagen	12
3.1.14	Wärmetauscher	15
3.2	Rückgewinnungsanlagen	10
3.3	Mess- und Regeleinrichtungen	
3.3.1	allgemein	18
3.3.2	Emissionsmessgeräte	8
3.3.3	Materialprüfgeräte	10
3.3.4	Ultraschallgeräte (nicht medizinisch)	10
3.3.5	Vermessungsgeräte	
3.3.5.1	elektronisch	8
3.3.5.2	mechanisch	12
3.4	Transportanlagen	
3.4.1	Elevatoren, Förderschnecken, Rollenbahnen, Hängebahnen, Transportbänder, Förderbänder und Plattenbänder	14
3.4.2	Gleisanlagen mit Drehscheiben, Weichen, Signalanlagen u.ä.	
3.4.2.1	nach gesetzlichen Vorschriften	33
3.4.2.2	sonstige	15
3.4.3	Krananlagen	
3.4.3.1	ortsfest oder auf Schienen	21
3.4.3.2	sonstige	14
3.4.4	Aufzüge, Winden, Arbeitsbühnen, Hebebühnen, Gerüste, Hublifte	
3.4.4.1	stationär	15
3.4.4.2	mobil	11
3.5	Hochregallager	15
3.6	Transportcontainer, Baucontainer, Bürocontainer und Wohncontainer	10
3.7	Ladeneinbauten, Gaststätteneinbauten Schaufensteranlagen u. -einbauten	8
3.8	Lichtreklame	9
3.9	Schaukästen, Vitrinen	9
3.10	sonstige Betriebsanlagen	
3.10.1	Brückenwaagen	20
3.10.2	Tank- und Zapfanlagen für Treib- und Schmierstoffe	14
3.10.3	Brennstofftanks	25
3.10.4	Autowaschanlagen	10
3.10.5	Abzugsvorrichtungen, Entstaubungsvorrichtungen	14
3.10.6	Alarmanlagen und Überwachungsanlagen	11
3.10.7	Sprinkleranlagen	20

§ 15 Besteuerung und Rechnungslegung von Bauunternehmen und baunahen Dienstleistern

Fundstelle	Anlagegüter	ND i.J.
4	**Fahrzeuge**	
4.1	Schienenfahrzeuge	25
4.2	Straßenfahrzeuge	
4.2.1	Personenkraftwagen und Kombiwagen	6
4.2.2	Motorräder, Motorroller, Fahrräder u.ä.	7
4.2.3	Lastkraftwagen, Sattelschlepper, Kipper	9
4.2.4	Traktoren und Schlepper	12
4.2.5	Kleintraktoren	8
4.2.6	Anhänger, Auflieger, Wechselaufbauten	11
4.2.7	Omnibusse	9
4.2.8	Sonderfahrzeuge	
4.2.8.1	Feuerwehrfahrzeuge	10
4.2.8.2	Rettungsfahrzeuge und Krankentransportfahrzeuge	6
4.2.9	Wohnmobile, Wohnwagen	8
4.2.10	Bauwagen	12
4.3	Luftfahrzeuge	
4.3.1	Flugzeuge unter 20 t höchstzulässigem Fluggewicht	21
4.3.2	Drehflügler (Hubschrauber)	19
4.3.3	Heißluftballone	5
4.3.4	Luftschiffe	8
4.4	Wasserfahrzeuge	
4.4.1	Barkassen	20
4.4.2	Pontons	30
4.4.3	Segelyachten	20
4.5	sonstige Beförderungsmittel (Elektrokarren, Stapler, Hubwagen usw.)	8
5	**Bearbeitungsmaschinen und Verarbeitungsmaschinen**	
5.1	Abrichtmaschinen	13
5.2	Biegemaschinen	13
5.3	Bohrmaschinen	
5.3.1	stationär	16
5.3.2	mobil	8
5.4	Bohrhämmer und Presslufthämmer	7
5.5	Bürstmaschinen	10
5.6	Drehbänke	16
5.7	Fräsmaschinen	
5.7.1	stationär	15
5.7.2	mobil	8
5.8	Funkenerosionsmaschinen	7
5.9	Hobelmaschinen	
5.9.1	stationär	16
5.9.2	mobil	9
5.10	Poliermaschinen	
5.10.1	stationär	13
5.10.2	mobil	5
5.11	Pressen und Stanzen	14
5.12	Stauchmaschinen	10
5.13	Stampfer und Rüttelplatten	11
5.14	Sägen aller Art	
5.14.1	stationär	14
5.14.2	mobil	8
5.15	Trennmaschinen	
5.15.1	stationär	10
5.15.2	mobil	7
5.16	Sandstrahlgebläse	9

Fundstelle	Anlagegüter	ND i.J.
5.17	Schleifmaschinen	
5.17.1	stationär	15
5.17.2	mobil	8
5.18	Schneidemaschinen und Scheren	
5.18.1	stationär	13
5.18.2	mobil	8
5.19	Shredder	6
5.20	Schweißgeräte und Lötgeräte	13
5.21	Spritzgussmaschinen	13
5.22	Abfüllanlagen	10
5.23	Verpackungsmaschinen, Folienschweißgeräte	13
5.24	Zusammentragmaschinen	12
5.25	Stempelmaschinen	8
5.26	Banderoliermaschinen	8
5.27	Sonstige Be- und Verarbeitungsmaschinen (Abkanten, Anleimen, Anspitzen, Ätzen, Beschichten, Drucken, Eloxieren, Entfetten, Entgraten, Erodieren, Etikettieren, Falzen, Färben, Feilen, Gießen, Galvanisieren, Gravieren, Härten, Heften, Lackieren, Nieten)	13
6	**Betriebs- und Geschäftsausstattung**	
6.1	Wirtschaftsgüter der Werkstätten-, Labor- und Lagereinrichtungen	14
6.2	Wirtschaftsgüter der Ladeneinrichtungen	8
6.3	Messestände	6
6.4	Kühleinrichtungen	8
6.5	Klimageräte (mobil)	11
6.6	Belüftungsgeräte, Entlüftungsgeräte (mobil)	10
6.7	Fettabscheider	5
6.8	Magnetabscheider	6
6.9	Nassabscheider	5
6.10	Heißluftgebläse, Kaltluftgebläse (mobil)	11
6.11	Raumheizgeräte (mobil)	9
6.12	Arbeitszelte	6
6.13	Telekommunikationsanlagen	
6.13.1	Fernsprechnebenstellenanlagen	10
6.13.2	Kommunikationsendgeräte	
6.13.2.1	Allgemein	8
6.13.2.2	Mobilfunkendgeräte	5
6.13.3	Textendeinrichtungen (Faxgeräte u.ä.)	6
6.13.4	Betriebsfunkanlagen	11
6.13.5	Antennenmasten	10
6.14	Büromaschinen und Organisationsmittel	
6.14.1	Adressiermaschinen, Kuvertiermaschinen, Frankiermaschinen	8
6.14.2	Paginiermaschinen	8
6.14.3	Datenverarbeitungsanlagen	
6.14.3.1	Großrechner	7
6.14.3.2	Workstations, Personalcomputer, Notebooks und deren Peripheriegeräte (Drucker, Scanner, Bildschirme u.ä.)	3
6.14.4	Foto-, Film-, Video- und Audiogeräte (Fernseher, CD-Player, Recorder, Lautsprecher, Radios, Verstärker, Kameras, Monitore u.ä.)	7
6.14.5	Beschallungsanlagen	9
6.14.6	Präsentationsgeräte, Datensichtgeräte	8

§ 15 Besteuerung und Rechnungslegung von Bauunternehmen und baunahen Dienstleistern

Fundstelle	Anlagegüter	ND i.J.
6.14.7	Registrierkassen	6
6.14.8	Schreibmaschinen	9
6.14.9	Zeichengeräte	
6.14.9.1	elektronisch	8
6.14.9.2	mechanisch	14
6.14.10	Vervielfältigungsgeräte	7
6.14.11	Zeiterfassungsgeräte	8
6.14.12	Geldprüfgeräte, Geldsortiergeräte, Geldwechselgeräte und Geldzählgeräte	7
6.14.13	Reißwölfe (Aktenvernichter)	8
6.14.14	Kartenleser (EC-, Kredit-)	8
6.15	Büromöbel	13
6.16	Verkaufstheken	10
6.17	Verkaufsbuden, Verkaufsstände	8
6.18	Bepflanzungen in Gebäuden	10
6.19	Sonst. Büroausstattung	
6.19.1	Stahlschränke	14
6.19.2	Panzerschränke, Tresore	23
6.19.3	Tresoranlagen	25
6.19.4	Teppiche	
6.19.4.1	normale	8
6.19.4.2	hochwertige (ab 1.000 DM/m^2)	15
6.19.5	Kunstwerke (ohne Werke anerkannter Künstler)	15
6.19.6	Waagen (Obst-, Gemüse-, Fleisch u.ä.)	11
6.19.7	Rohrpostanlagen	10
7	**Sonstige Anlagegüter**	
7.1	Betonkleinmischer	6
7.2	Reinigungsgeräte	
7.2.1	Bohnermaschinen	8
7.2.2	Desinfektionsgeräte	10
7.2.3	Geschirr- und Gläserspülmaschinen	7
7.2.4	Hochdruckreiniger (Dampf- und Wasser-)	8
7.2.5	Industriestaubsauger	7
7.2.6	Kehrmaschinen	9
7.2.7	Räumgeräte	9
7.2.8	Sterilisatoren	10
7.2.9	Teppichreinigungsgeräte (transportabel)	7
7.2.10	Waschmaschinen	10
7.2.11	Bautrocknungs- und Entfeuchtungsgeräte	5
7.3	Wäschetrockner	8
7.4	Waren- und Dienstleistungsautomaten	
7.4.1	Getränkeautomaten, Leergutautomaten	7
7.4.2	Warenautomaten	5
7.4.3	Zigarettenautomaten	8
7.4.4	Passbildautomaten	5
7.4.5	Visitenkartenautomaten	5
7.5	Unterhaltungsautomaten	
7.5.1	Geldspielgeräte (Spielgeräte mit Gewinnmöglichkeit)	4
7.5.2	Musikautomaten	8
7.5.3	Videoautomaten	6
7.5.4	sonstige Unterhaltungsautomaten (z. B. Flipper)	5
7.6	Fahnenmasten	10
7.7	Kühlschränke	10
7.8	Laborgeräte (Mikroskope, Präzisionswaagen u.ä.)	13
7.9	Mikrowellengeräte	8

Fundstelle	Anlagegüter	ND i.J.
7.10	Rasenmäher	9
7.11	Toilettenkabinen und Toilettenwagen	9
7.12	Zentrifugen	10

Teil III: Öffentliches Baurecht

§ 16 Grundlagen des öffentlichen Baurechts

Prof. Dr. Rainer Wolf

Literatur

Arndt, Demokratie als Bauherr, 1961; **Battis**, Partizipation im Städtebaurecht, 1976; **Breuer**, Die Bodennutzung im Konflikt zwischen Städtebau und Eigentumsgarantie, 1976; **Breuer**, Zur Entstehungsgeschichte eines modernen Städtebaurechts in Deutschland, in: Die Verwaltung 1986, 305 ff.; **Brohm**, Öffentliches Baurecht, 1999; **Franck**, Raumökonomie, Stadtentwicklung und Umweltpolitik, 1992; **Hoppe/Grotefels**, Öffentliches Baurecht, 1995; **Kantzow**, Sozialgeschichte der deutschen Städte und ihres Boden- und Baurechts bis 1918, 1980; **Koch**, Grenzen der Rechtsverbindlichkeit technischer Regeln im öffentlichen Baurecht, 1986; **Rodriguez-Lores/Fehl (Hrsg.)**, Städtebaureform 1865–1900, 2 Bde., 1985; **Scharmer/Wollmann/Argast**, Rechtstatsachenuntersuchung zur Baugenehmigungspraxis, 1985; **Schmidt-Aßmann**, Grundfragen des Städtebaurechts, 1972; **Selle (Hrsg.)**, Planung und Kommunikation. Gestaltung von Planungsprozessen in Quartier, Stadt und Landschaft, 1996; **Stüer**, Der Bebauungsplan, 2000; **Van Schayk**, Städtebaupraxis, 1998; **Weyreuther**, Die Situationsgebundenheit des Grundeigentums, Naturschutz, Eigentumsschutz und Bestandsschutz, 1983.

Inhalt

A. Gegenstand	1
B. Zum Dualismus von Bauordnungsrecht und Städtebaurecht	8
I. Historische Entwicklung	8
II. Rechtsquellen	13
III. Aufgaben der Bauleitplanung und der Bauordnung	16
IV. Das öffentliche Baurecht im System der räumlichen Planung	33
C. Planen und Genehmigen als unterschiedliche rechtliche Entscheidungsprogramme	39
I. Die Baugenehmigung als rechtlich gebundene Kontrollerlaubnis	40
II. Planerische Gestaltungsfreiheit und Abwägungsgebot	42

A. Gegenstand

Gegenstand des öffentlichen Baurechts ist die **staatliche Beeinflussung des Baugeschehens**. Während die Gesetze des privaten Baurechts Regeln enthalten, die die wechselseitigen Rechte und Pflichten der am Baugeschehen beteiligten Bauherren, Bauträger, Architekten, bauausführenden Firmen oder deren Beschäftigten normieren und die Risiken zwischen ihnen für all die Fälle verteilen, in denen rechtsgeschäftliche Verbindlichkeiten nicht erfüllt werden oder es zu Schädigungen von Rechtsgütern gekommen ist, hat sich das öffentliche Baurecht als flankierende Rahmenordnung des Bauens etabliert, die insbesondere gewährleisten soll, dass die Interessen der Allgemeinheit an einer geordneten baulichen Entwicklung gewahrt bleiben. Ihre Elemente finden sich dabei auf unterschiedlichen gesetzlichen Regelungsebenen. Zum Kernbereich des öffentlichen Baurechts gehören das Bauordnungsrecht, das die Zulässigkeit einzelner Bauvorhaben regelt, und das Städtebaurecht, das sich zwar konzeptionell um die Bauleitplanung zentriert, über seine Institute der Plansicherung, der Bodenordnung, der Enteignung und Erschließung aber erheblich umfangreichere Annexdimensionen enthält. Intensive Berührungspunkte zum öffentlichen Baurecht finden sich auch im Denkmalschutz- und im Raumplanungsrecht. Doch damit nicht genug. Offenkundig ist auch, dass das Umwelt- und Naturschutzrecht, das Recht der Planung von Verkehrswegen und der Energieversorgung, das Flurbereinigungsrecht oder last not least das Kommunalrecht enge Konnotationen zum öffentlichen Baurecht aufweisen. Dazu kommt, dass sich die einschlägigen Rechtsetzungs- und Vollzugskompetenzen auf Bund, Länder und Gemeinden verteilen. Daher erscheint der Befund zutreffend, es lasse sich nur schwer systematisch und dogmatisch erfassen.[1] Der im Folgenden unternommene Versuch, einen Überblick über die Grundfragen des öffentlichen Baurechts zu geben, kann daher nur beanspruchen, einen unter mehreren denkbaren Systematisierungsansätzen zu entwickeln.

2 Das Grundthema des öffentlichen Baurechts ist sicherlich das **Spannungsverhältnis von privatem Eigentum und seinen öffentlich-rechtlichen Schranken**. Dem Rechtsinstitut des privaten Eigentums ist die Funktion zugewiesen, einen Freiheitsraum zu eröffnen, der dem einzelnen die eigenverantwortliche Gestaltung seines Lebens ermöglichen soll.[2] Grund und Boden sind zentraler Bestandteil der Eigentumsordnung. Gehört nicht nur die Privatnützigkeit der rechtsgeschäftlichen Verfügung über das Grundeigentum, sondern auch die Nutzung von Grund und Boden zum allgemeinen Schutzbereich des Art. 14 Abs. 1 S. 1 GG,[3] so ist auch die **Baufreiheit** originäres Element der grundrechtlich verbürgten Eigentumsgarantie.[4] Sie besteht daher nicht lediglich im Rahmen staatlicher Baurechtsverleihungen,[5] sondern ist Element der verfassungsrechtlich vorgegebenen Gewährleistungen des Eigentums. Allerdings werden nach Art. 14 Abs. 1 S. 2 GG nicht nur die Grenzen, sondern auch der Inhalt des Eigentums durch Gesetze bestimmt. Dies bedeutet zunächst, dass der Gesetzgeber in der Pflicht steht, „durch Zubilligung und Sicherung von Herrschafts-, Nutzungs- und Verfügungsrechten einen Freiheitsraum im vermögensrechtlichen Bereich"[6] zu schaffen und dass es daher einen verfassungsrechtlich umfassend vorgegebenen Eigentumsbegriff nicht gibt.[7] Es ist daher Aufgabe des Gesetzgebers, den Inhalt des Rechtsinstituts des Eigentums herauszuarbeiten und seine Schranken zu definieren. Erst dadurch gewinnt es konkrete Form und Gestalt. Diese Aufgabe der Gewährleistung des Eigentums in einer sich immer weiter entwickelnden Gesellschaft erstreckt sich sowohl auf die Eröffnung der Nutzungsfunktionen als auch auf die Auferlegung von Verpflichtungen. Nicht nur die **Beschränkung des Eigentums**, sondern auch die **Motivation des Eigentümers** zur Nutzung seines Grund und Bodens gehört daher in die Agenda der problem- und situationsspezifischen Konstitution der normativen Elemente des Grundeigentums.

3 Jede Bestimmung von Inhalt und Schranken des Eigentums ist begründungsbedürftig und an der Verfassung selbst zu messen. Sie ist insbesondere am Grundsatz der Sozialpflichtigkeit des Eigentums (Art. 14 Abs. 2 GG) zu orientieren. Die von der Verfassung erlaubte und gebotene Verpflichtungsdimension der Sozialbindung des Eigentums ist dabei wiederum daran auszurichten, in welchem Umfang seine Nutzung auf die Gemeinschaft ausstrahlt. Die Befugnis des Gesetzgebers zur Bestimmung von Inhalt und Schranken ist „um so weiter, je mehr das Eigentumsobjekt in einem sozialen Bezug und einer sozialen Funktion steht".[8] Sie ist daher bei der Gestaltung der Rechtsverhältnisse zur Nutzung von Grund und Boden besonders ausgeprägt.[9] Grundproblem des öffentlichen Baurechts ist damit die **Balance von Eigentumsfreiheit und Sozialbindung des Eigentums**.[10] Wichtigster sachlicher Rechtfertigungsgrund ist die Kanalisierung unvermeidlicher Externalitäten. Das öffentliche Baurecht dient der antizipatorischen Konfliktbewältigung. Es negiert die hohe Wertigkeit privater Interessen an der Nutzung von Grundstücken nicht, stellt sie jedoch in den Kontext der Realisierung allgemeiner öffentlicher Belange. In diesem Sinne gestaltet das öffentliche Baurecht das Recht der Eigentümer von Grundstücken und nimmt Einfluss auf die Nutzungsabsichten der Bauherren. Es

---

1 *Brohm*, Öffentliches Baurecht, § 1 Rn 1.
2 BVerfGE 50, 290, 339.
3 Vgl. nur BVerfGE 50, 290, 339.
4 So die ganz überwiegende Ansicht; vgl. dazu die Darstellung bei *Hoppe/Grotefels*, § 2 Rn 55 ff.; kritisch *Schulte*, Das Dogma der Baufreiheit, DVBl 1979, 113 ff.
5 Vgl. dazu *Böckenförde*, Eigentum, Sozialbindung des Eigentums, Enteignung, in: *ders.*, Staat, Gesellschaft, Freiheit, 1976, S. 318 ff., sowie die Darstellungen bei *Breuer*, S. 162 ff. und *Schmidt-Aßmann*, S. 89 ff.
6 BVerfGE 31, 229, 239.
7 BVerfGE 58, 300, 335.
8 BVerfGE 70, 191, 201; 71, 230, 246; 79, 292, 302.
9 BVerfGE 21, 73, 82; 52, 1, 32; 87, 114, 146.
10 Vgl. dazu grundlegend *Breuer*, Die Bodennutzung im Konflikt zwischen Städtebau und Eigentumsgarantie, 1976.

regelt damit „einen zentralen Aspekt der Lebensbedingungen und Entfaltungsmöglichkeiten des einzelnen Bürgers wie auch der Gesellschaft insgesamt".[11] Ihm geht es daher um die überindividuellen Funktionen von Grund und Boden.[12] Es entwickelt dabei eine Form des öffentlichen „Managements räumlicher Nähe",[13] das komplementär zum Bodenmarkt und seinen privatrechtlichen Annexinstituten wirkt.

Durch das Bauen und die bauliche Nutzung selbst können Gefahren für die Bewohner, Beschäftigten, Nachbarn und die Allgemeinheit insgesamt entstehen. Von der Sicherheit auf der Baustelle über die Gewährleistung der Standfestigkeit von Bauwerken, den Brandschutz, die Vorsorge für die gefahrlose Benutzbarkeit von Bauwerken, die Vermeidung der Gefährdung der Nachbarn oder den Schutz von Leben und Gesundheit derjenigen, die in ihnen wohnen und arbeiten, tritt zunächst die **Gefahrenabwehr** in den Aufgabenbereich des öffentlichen Baurechts. Sie steht im Entwicklungsfokus der **Bauordnung** (vgl. dazu § 23). Jenseits der Abwehr von Gefahren, die von einzelnen Bauwerken ausgehen, erfordert die Sicherung der privaten Nutzung selbst allerdings darüber hinausgehende öffentliche Gewährleistungen. Die Nutzung von Grundstücken steht in einem besonders engen Bezug zu umgebenden Nutzungen und erfordert eine umfassende und störungsfreie Vernetzung mit ihrer sozialen Umwelt. Moderne Bauwerke sind **infrastrukturabhängig**. Sie benötigen den Anschluss an Kommunikations-, Verkehrs-, Versorgungs- und Entsorgungsinfrastrukturen. Es geht damit um die Gewährleistung des modernen Gutes „Erreichbarkeit".[14] Soziale Nutzungen setzen rechtlich sicherbare Korridore voraus, die über die Grundstücksgrenzen hinweg die Kommunikation mit ihrer lokalen und globalen Umwelt ermöglichen. Das privatrechtliche Grundverhältnis der einzelnen Grundstücke zueinander ist jedoch durch gegenseitige Ausschlussrechte geprägt. Es ist für die Gewährleistung von solchen Koordinationsaufgaben nicht geschaffen. Die Bewältigung der Aufgabe der Infrastrukturvorsorge fällt ersichtlich auch aus dem Spektrum hoheitlicher Gefahrenabwehr. Sie erfordert höher aggregierte Koordinationsleistungen. 4

Städte enthalten die am höchsten konzentrierten und technisierten Ballungen von räumlichen Nutzungen. Der Baugrund ist hier kleinteilig parzelliert und wird ökonomisch am intensivsten genutzt. Nutzungsvielfalt und Nutzungsdichte produzieren Konflikte zwischen Nutzungen, die sich gegenseitig stören. Deshalb ist die „**Situationsgebundenheit**"[15] der jeweils möglichen und zumutbaren Nutzungen von Grundstücken ein spezifisches Merkmal des Grundeigentums und Bestimmungselement der Baufreiheit. Damit kann und muss auch der spezifische Inhalt der Baufreiheit gebietsbezogen konkretisiert werden. Die unterschiedlichen Raumnutzungsansprüche zu steuern, ihre potentiellen Konflikte antizipatorisch zu bewältigen und die unterschiedlichen Belange zu koordinieren, ist Gegenstand der räumlichen Planung. Die spezifische Konfliktbewältigung verdichteter urbaner Nutzungen ist Gegenstand der **Bauleitplanung** (vgl. dazu § 17). Sie befasst sich mit den städtebaulichen Funktionen von Bauwerken und Bauvorhaben, der **Minimierung von Nutzungskonflikten** durch gebietsbezogene Nutzungsregelungen und der Vorsorge für die öffentliche Infrastruktur. Die Festsetzungen eines Bebauungsplans regeln Art und Maß der zulässigen baulichen Nutzung (§ 30 BauGB) und konkretisieren so die Situationsgebundenheit des Grundeigentums gebietsspezifisch. Der Situationsgebundenheit des Grundeigentums ist in weniger komplexen Umweltbezügen auch durch die Plansurrogate der §§ 34 und 35 BauGB Rechnung zu tragen, die generell-abstrakte Nutzungsregelungen zum Bauen im unbeplanten Innenbereich und im Außenbereich enthalten. Die **Bauleitplanung** und die **Plansurrogate** für die nichtüberplanten Bereiche haben damit für das Grundeigentum 5

---

11 *Oldiges*, Baurecht, Rn 1.
12 *Oldiges*, Rn 2.
13 Vgl. dazu *Franck*, Raumökonomie, Stadtentwicklung und Umweltpolitik, 1992, S. 110.
14 *Franck*, S. 112.
15 Vgl. dazu grundlegend *Weyreuther*, Die Situationsgebundenheit des Grundeigentums, Naturschutz, Eigentumsschutz und Bestandsschutz, 1983.

eine Zuteilungsfunktion in Bezug auf Art und Umfang der Nutzungsrechte. Die Bauleitplanung konkretisiert daher einen „**städtebaulichen Ordnungsvorbehalt**".[16] Sie wirkt dabei jedoch nicht nur grundrechtseingreifend, sondern auch grundrechtsverwirklichend und grundrechtsfördernd.[17] Dies gilt insbesondere für die Bauleitplanung, die spezifischere und intensivere Nutzungsoptionen als die generell-abstrakten Nutzungsregelungen der Plansurrogate eröffnen kann. Insoweit erweist sich die oben (Rn 2) angedeutete Kontroverse um den verfassungsrechtlichen Standort der Baufreiheit als ohne praktische Auswirkungen.

6 Die Bauleitplanung steht zudem im Zeichen einer darüber hinausgehenden Aufgabe. Die gebaute Umwelt prägt das äußere Erscheinungsbild der Gemeinde. In ihr dokumentieren sich die soziale Struktur und die ökonomischen Funktionen des örtlichen Gemeinwesens. Die Beeinflussung des Baugeschehens dient daher auch der lokalen Standortsicherung und Zukunftsvorsorge. Sie gehört deswegen zu den ureigenen Entwicklungsaufgaben der Gemeinde als örtlicher Fokus des demokratischen Gemeinwesens. Im Vordergrund steht dabei weniger die „Herausforderung der Demokratie als Bauherrin" im Sinne ihrer symbolischen Selbstdarstellung durch Bauten, sondern vielmehr das „Bauen in der Demokratie".[18] Die Stellung der Gemeinde ist in der Bundesrepublik Deutschland durch die Garantie der **kommunalen Selbstverwaltung** (Art. 28 Abs. 2 GG) in spezifischer Weise ausgeprägt. Es geht im öffentlichen Baurecht daher nicht allein um die Balance des bipolaren Spannungsverhältnisses von privatem Eigentum und seiner Sozialbindung, sondern im weiteren auch um den Standort der Kommune zwischen ordnungsrechtlichen Eingriffsbefugnissen der staatlichen Bauverwaltung, privaten Rechten und kommunaler Bauleitplanung. Dies hat nicht nur die **kompetenzrechtliche Dimension**[19] (vgl. § 17 Rn 35 ff.), wie die kommunalen Zuständigkeiten im Hinblick auf planungs- und ordnungsrechtliche Aufgaben zuzuschneiden sind, sondern umfasst auch die Fragestellung, in welchem Umfang sich die Entwicklung einer Gemeinde durch die Ordnung der Bodennutzung überhaupt gestalten lässt und wo die Grenzen der Beeinflussung des Baugeschehens zur Förderung der kommunalen Entwicklung liegen. Insofern liegt in der Bauleitplanung nicht nur der Kern des Städtebaurechts, sondern auch ein Schwerpunkt der kommunalen Selbstverwaltung. Damit entfaltet sich in der **Zuordnung von kommunaler Selbstverwaltung und staatlicher Aufgabenerfüllung** neben dem Spannungsverhältnis des privaten Eigentums und seinen öffentlich-rechtlichen Bindungen ein weiterer Problemfokus des öffentlichen Baurechts.

7 Für die Bewältigung der doppelten Herausforderung von Gefahrenabwehr einerseits sowie vorgreifender planerischer Konfliktbewältigung und Entwicklungssteuerung andererseits sowie des flankierenden Dualismus von kommunaler Selbstverwaltung und staatlichen Aufgaben stehen die beiden großen Rechtsmaterien: **das Bauordnungsrecht und das Städtebaurecht**. Das Bauplanungsrecht als Kern des Städtebaurechts wird in **§ 17** behandelt. Der daran anschließende **§ 18** beschäftigt sich mit der planungsrechtlichen Zulässigkeit einzelner Bauvorhaben. Er verschränkt das Planungsrecht mit dem Bauordnungsrecht. Systematisch gleichfalls noch zum Städtebaurecht gehören die Instrumente, die eine städtebauliche Planung erst vollzugstauglich machen. Dazu gehören die Rechtsinstitute der Sicherung der Bauleitplanung, der Bodenordnung sowie die Enteignung und Entschädigung. Ihnen sind die **§§ 19** und **20** gewidmet. Einen Überblick über das Erschließungsrecht gibt **§ 21**. Er behandelt im Wesentlichen die Problematik der Finanzierung von öffentlicher Infrastruktur. Die Thematik des besonderen Städtebaurechts, der städtebaulichen Entwicklungs- und Sanierungsmaßnahmen, wird durch **§ 22** aufgegriffen. Das Bauordnungsrecht der Länder mit seiner besonderen Bedeutung für den Bauherrn wird in **§ 23** behandelt. Die Darstellung des öffentlichen Baurechts beschließt **§ 24**, der die Grundzüge des öffentlich-rechtlichen Rechtsschutzes darlegt.

---

16 *Oldiges*, Rn 149.
17 Vgl. *Battis*, Öffentliches Baurecht und Raumordnungsrecht, 1999, § 3 III 1.
18 Vgl. dazu *Arndt*, Demokratie als Bauherr, 1961 und weiterführend *Battis*, Demokratie als Bauherrin, 1995.
19 *Brohm*, § 9 Rn 6 ff.

B. Zum Dualismus von Bauordnungsrecht und Städtebaurecht

I. Historische Entwicklung

Der Dualismus von Bauordnungs- und Städtebaurecht ist geschichtlich begründet. Die historische Genese kann daher einen Beitrag dazu leisten, die komplexen Strukturen des heutigen öffentlichen Baurechts nachvollziehbar zu machen. Bauen unterlag schon immer vielfältigen hoheitlichen Bindungen und Beschränkungen.[20] Dies gilt insbesondere für die Städte. Die duale Struktur von Bauordnung und städtebaulicher Planung, die unser modernes Baurecht kennzeichnet, hat sich jedoch erst im 19. Jahrhundert herausgebildet. Stand die erste Hälfte dieses Jahrhunderts im Zeichen der programmatischen Betonung der Baufreiheit, die hoheitliche Eingriffe auf Gefahrenabwehr beschränken sollte, so war die zweite Hälfte mit dem Problem der Folgen der **Industrialisierung der Arbeits- und Lebensformen** sowie der **Liberalisierung des Baugeschehens** konfrontiert. Hier ging es insbesondere um die Bewältigung der funktionellen Probleme der Verstädterung. Die Industrialisierung hatte nicht nur ein explosionsartiges Wachstum der Bevölkerung in den Städten, sondern auch eine manifeste räumliche und bauliche Polarisierung von bürgerlichem Wohlstand und sozialem Elend hervorgerufen. Zeigte sich dieser in der anspruchsvollen Architektur der Villen, Bürgerhäuser und Fabriken, in den Kaufhäusern und Passagen als neuen Kathedralen des Konsums sowie in den administrativen Repräsentationsbauten und den nicht weniger beeindruckenden baulichen Substraten der neuen Verkehrsmittel, so wurde er durch die Konzentration von Arbeitsstätten mit explosiven, unfallgefährlichen, gesundheits- und umweltbelastenden Auswirkungen, der konfliktträchtigen Mischung von Wohnen und Arbeiten in den Fabrik- und Arbeitervierteln, der Wohnungsnot, dem Anwachsen der Elendspopulation in unzumutbaren sozialhygienischen Verhältnissen und kaum kontrollierbaren Wucherungen von Siedlungserweiterungen kontrastiert. Kein Report über die Wohn- und Arbeitsverhältnisse, der nicht auf die Belästigung mit Rauch, Dampf, Ruß, Lärm und Gestank, den Schmutz, die Feuchtigkeit, den Mangel an Licht und Luft, die hohe Kindersterblichkeit, die latente Seuchengefahr, den Verfall der Sitten, die hohe Kriminalität, die untragbar hohen Mieten und Überbelegung der Mietskasernen mit einer Vielzahl von Schlafgängern hingewiesen und Bodenspekulation gegeißelt hätte.

Bereits 1794 war die Baufreiheit durch das Allgemeine Preußische Landrecht verkündet und damit hoheitliche Eingriffe programmatisch auf Maßnahmen der **Gefahrenabwehr** beschränkt worden (vgl. §§ 65, 66 Abs. 1 PrALR). Diese Aufgabe blieb auch nach Einführung der kommunalen Selbstverwaltung im Rahmen der Stein'schen Städtereform von 1808 das Amt der Polizei und damit Aufgabe des Staates. Im Zentrum der Ordnungsfunktionen der **Baupolizei** stand das Bekämpfen der Brandgefahr. Dies lässt sich an den Vorgaben der Berliner **Bauordnung** von 1853 zeigen.[21] Ihr Ordnungsmodell war die Sicherung einer breiten Durchfahrt vom Hauptgebäude in die Hinterhöfe für den Spritzenwagen der Feuerwehr, die Gewährleistung eines für ihn ausreichenden Dreh- und Wendekreises im Hinterhof und die Beschränkung der Bauhöhe auf das 1 1/4fache der Straßenbreite. Sie sollte verhindern, dass ein brennendes Gebäude auf die gegenüberliegende Straßenseite stürzen konnte. So entstanden die berühmte Berliner Traufkante von 22 m und die berüchtigten drei-, vier- oder fünffach gestaffelten Hinterhöfe mit einer Mindestgröße von 5, 25 m². Hinter den vornehmen Fassaden durchmischten sich Wohnen und gewerbliche Nutzungen aller Art frei von staatlichen Reglementierungen. Die Kritik, man könne einen „Menschen mit einer Wohnung ebenso totschlagen wie mit einer Axt" (*Heinrich Zille*), führte in der Folge zu einer Vielzahl von Änderungen. Sie konnten zwar die hygienischen Verhältnisse verbessern, blieben jedoch auf den nun gesundheitspolizeilich erweiterten Interventionsrahmen der Gefahrenabwehr beschränkt. Die polizeilichen Konturen der

---

[20] Vgl. dazu *Kantzow*, Sozialgeschichte der deutschen Städte und ihres Boden- und Baurechts bis 1918, 1980.
[21] Vgl. dazu die klassische Kritik bei *Hegemann*, Das steinerne Berlin, 1930 (Nachdruck 1976, S. 207 ff.) sowie *Geist/Kürvers*, Das Berliner Mietshaus, Bd. 1, 1980, S. 464 ff.

Bauordnung wurden durch das **„Kreuzberg-Urteil"** des PrOVG nicht nur bestätigt,[22] sondern geradezu zum rechtsstaatlichen Programm erhoben. Es betonte die Beschränkung der baupolizeilichen Kompetenzen auf Gefahrenabwehr und verweigerte aus rechtlich triftigen Gründen die Instrumentalisierung der polizeilichen Generalklausel zur allgemeinen „Wohlfahrtspflege" und obrigkeitlichen Gestaltungskontrolle.

10 Das **Preußische Fluchtliniengesetz** von 1875 griff die Problematik der Stadterweiterung auf. Parallel dazu versuchte das Ansiedlungsgesetz von 1876, die Probleme des Bauens im ländlichen Außenbereich zu kanalisieren.[23] Im Fluchtliniengesetz wird die Grundsteinlegung für das Städtebaurecht gesehen.[24] Es gilt als liberales Pendant einer städtebaulichen Beeinflussung des Baugeschehens zur polizeilichen Gefahrenabwehr im Rahmen der Bauordnung.[25] Nach § 1 PrFluchtlG waren die Straßen- und Baufluchtlinien von der Gemeinde festzulegen. Der Straßenbau selbst war von den Anliegern zu finanzieren. Damit verbinden sich zwei richtungweisende Erkenntnisse. Zum einen kommt in diesem Regelungszugriff zum Ausdruck, dass dem privaten Baugeschehen ein Mindestmaß an Vorsorge für öffentliche Infrastruktur vorausgehen muss. Zum anderen wurde hier die Gemeinde als zuständiger Entscheidungsträger benannt. Obwohl die Festlegung der Fluchtlinien die Zustimmung der Polizei erforderte, war damit eine Differenz zwischen staatlichen Aufgaben der Gefahrenabwehr und kommunalen Aufgaben der Planung und Vorsorge für die Infrastruktur markiert. Auch wenn über die **Fluchtlinienplanung** die Festlegung von Plätzen und Freiflächen möglich wurde, blieb der den **Gemeinden** eröffnete Regelungsrahmen jedoch erheblich hinter dem zurück, was zur Bewältigung der Probleme der Verstädterung erforderlich gewesen wäre. Zudem hatte in den letzten Jahrzehnten des 19. Jahrhunderts die Entwicklung der **„Städtetechnik"** in Gestalt von Kanalisation, Gas- und Trinkwasserversorgung, Straßenbeleuchtung, elektrischer Energie, öffentlichen Verkehrsmitteln und Telefon zwar wichtige Ansätze zur Bewältigung vieler Folgeprobleme der Urbanisierung eröffnet, aber auch neuen Regelungsbedarf aufgeworfen. Infrastrukturen sind organisationsabhängig, ihre Einrichtung erfordert einen erheblichen planerischen Vorlauf, sie binden investives Kapital, ihr Betrieb ist personalaufwendig. **Daseinsvorsorge durch Leistungsverwaltung** konstituierte daher einen neuen Typus öffentlicher Verwaltung. Daraus erwuchs Bedarf zur Entwicklung neuer Rechtsformen für die Planung, den Betrieb und die Finanzierung öffentlicher Infrastruktur. Schließlich zeigte sich am Ende des Jahrhunderts, dass die räumliche Entwicklung zu industriellen Ballungsräumen durch Eingemeindungen von Vorortgemeinden allein nicht mehr lösbar war, sondern die kommunale Organisation des Gemeinwesens vor neue Herausforderungen stellte. Die Bildung von kommunalen Siedlungsverbänden in Agglomerationsräumen wie dem Ruhrgebiet, die mühevolle und schrittweise Bildung von urbanen Großorganisationen wie Groß-Berlin oder Hamburg sowie von Zweckverbänden zwischen Gemeinden verweist auf die Notwendigkeit, die urbane Entwicklung nicht nur aus der Binnenperspektive zu betreiben, sondern auch aus interkommunaler Sicht zu betrachten.

11 Aus der zutreffenden Erkenntnis, dass man mit polizeilichen Mitteln allein weder soziale Probleme lösen noch die Entwicklung von Gemeinden steuern könne, wurde zum einen die Schlussfolgerung gezogen, dass die inzwischen im gesamten Deutschen Reich erlassenen **Bauordnungen** über die Gefahrenabwehr hinaus durch weitere Regelungsbelange zu ergänzen seien. Dazu zählten unter anderem die Verhinderung verunstaltenden Bauens und eine Vielzahl von Vorschriften, mit denen zumindest auch **hygienischen und sozialpolitischen Minimalvorstellungen** Rechnung getragen werden konnte. Im Zentrum der gesellschaftspolitischen Überlegungen standen jedoch Forderungen nach

---

22 PrOVGE 9, 353 ff.; vgl. zu den insgesamt drei Urteilen *Weyreuther*, Eigentum, öffentliche Ordnung und Baupolizei, 1972.

23 Vgl. dazu *Schmidt-Aßmann*, S. 21 ff.

24 Vgl. zur historischen Entwicklung *Breuer*, Zur Entstehungsgeschichte eines modernen Städtebaurechts in Deutschland, in: Die Verwaltung 1986, 305 ff.; *Schmidt-Aßmann*, S. 19 ff.

25 Vgl. dazu *Schmidt-Aßmann*, S. 22 ff.

einer Alternative zum hergebrachten Mietwohnungsbau. Sie bildeten die zweite Ebene der Diskussion. In der ökonomischen Theorie formierte sich eine Kritik an der Grundrente. Sie führte zu Ansätzen, die von der radikalen Forderung nach der Kommunalisierung von Grund und Boden über die Abschöpfung der Bodenwertzuwächse bis hin zur Entwicklung eines zeitgemäßen Kommunalabgabenrechts reichten. Seit Mitte des 19. Jahrhunderts wurde zudem, ausgehend von der öffentlichen Gesundheits- und Sozialpolitik, eine Fülle von Konzepten für ein besseres Wohnen entwickelt. Sie beschränkten sich nicht auf höhere bauliche Standards, sondern verstanden sich als Teil einer umfassenden **Sozialreform**, die auf eine grundlegende Veränderung der Arbeits- und Lebenssituation zielte. Gesundes Leben sollte sich mit gesundem Wohnen in einem hygienischen Umfeld verbinden und in ein suffizientes Arbeiten erweitern. Bekanntestes Leitbild war das mit Namen wie *Josef Stübben* und *Ebenezer Howard* verbundene stadtplanerische Konzept der „**Gartenstadt**". Vorschläge zur Baureform mündeten zumeist in Überlegungen zur genossenschaftlichen Organisation des Wohnungseigentums. Der dritte Weg bestand in der **Weiterentwicklung der Fluchtlinienplanungen** zu baugebietsbezogenen Plänen mit zonierten Nutzungen. Die Aufstellung von **zonierten Bebauungsplänen** wurde in vielen größeren Städten versucht.[26] Es fehlte jedoch an einer gesetzlichen Grundlage zur Einführung einer umfassenden gebietsbezogenen kommunalen Bauleitplanung. Ein richtungsweisender Schritt erfolgte 1900 in **Sachsen** mit dem Erlass des **Allgemeinen Baugesetzes**, das nicht nur das Konzept einer zweistufigen Bauleitplanung, sondern auch ein umfangreiches Instrumentarium für die Bodenordnung, Sicherung der Planung und Enteignung enthielt.[27] Wesentlich zurückhaltender fiel demgegenüber das preußische Wohnungsgesetz von 1918 aus,[28] das das Fluchtlinengesetz ablöste. Es ermöglichte zwar, den Umfang der baulichen Nutzung differenziert festzulegen und Wohngebiete von anderen Gebieten zu unterscheiden, blieb jedoch in seinen vollzugsorientierten Instrumenten hinter dem Sächsischen Allgemeinen Baugesetz zurück.

Für die weitere Entwicklung lieferte die 1933 formulierte „**Charta von Athen**" mit ihren Konzepten der räumlich-funktionalen Trennung von Arbeiten, Wohnen, Erholung und Bildung die international leitbildprägenden Impulse. Sie beeinflusste auch den Städtebau in der Bundesrepublik nach 1945 maßgeblich und fand Eingang in das **Bundesbaugesetz (BBauG)** vom 23.6.1960.[29] Es enthielt die erste allgemein verbindliche Rechtsgrundlage für die städtebauliche Planung. Ergänzend dazu befasste sich das **Städtebauförderungsgesetz (StBauFG)** vom 27.7.1971[30] mit Problemen der Stadtsanierung und der gezielten und großflächig organisierten Stadterweiterung. Mit der Ausdifferenzierung des allgemeinen und besonderen Städtebaurechts war die instrumentelle Perfektionierung der städtebaulichen Planung zu einem ersten Abschluss gekommen. Allerdings hatten sich die Herausforderungen geändert. An die Stelle einer sozial polarisierten Siedlungsentwicklung traten seit den 60er Jahren immer deutlicher die Probleme des Individualverkehrs, der Stadterneuerung und des Standorts der Kommunen im Wettbewerb um die Ansiedlung zukunftsträchtiger Gewerbe. Im gleichen Maße, wie sich aus der Not der Nachkriegsjahre die Strukturen der Wohlfahrtsgesellschaft herausbildeten, verloren auch die sozialreformerischen Konzepte zum Wohnen an Bedeutung. Sie hatten sich in der Bundesrepublik zunächst gesetzlich in den Regelungen zum öffentlich geförderten **sozialen Wohnungsbau** niedergeschlagen. Er dominierte das Baugeschehen und die Siedlungsentwicklung in den ersten drei Jahrzehnten und hatte ein umfassendes und komplexes Regelungswerk zur Grundlage. Mit dem Siegeszug des Eigenheimbaus und des freifinanzierten Wohnungsbaues ist der Gedanke der Sozialreform heute aus der Städtebau- und Wohnungspolitik nahezu völlig verschwunden und nur noch in der Schwundstufe steuerrechtlicher Begünstigungen auffindbar.

---

26 Vgl. dazu *Rodriguez-Lores/Fehl* (Hrsg.), Städtebaureform 1865–1900.
27 Vgl. dazu *Breuer*, Der Niederschlag der Wohnungs- und Städtebaureform in der Gesetzgebung, insbesondere im Sächsischen Allgemeinen Baugesetz von 1900, in: *Rodriguez-Lores/Fehl* (Hrsg.), Städtebaureform 1865–1900, Bd. 2, S. 507 ff.
28 Vgl. dazu *Schmidt-Aßmann*, S. 34.
29 BGBl I 1960, 341.
30 BGBl I 1971, 1125.

II. Rechtsquellen

13 Die geschichtliche Entwicklung des öffentlichen Baurechts hat sich in der Bundesrepublik zunächst in der Verteilung der Rechtsetzungsbefugnis niedergeschlagen. So sieht das Grundgesetz für den Grundstücksverkehr, das Bodenrecht, das Wohnungswesen sowie das Siedlungs- und Heimstättenwesen eine Gesetzgebungskompetenz des Bundes in der Form der **konkurrierenden Gesetzgebung** vor (Art. 74 Abs. 1 Nr. 18 GG). Dass die Bauleitplanung zum Bodenrecht gehört, ist vom BVerfG mit Hinweis auf die historische Entwicklung betont worden.[31] Im weiteren fallen in die Kompetenz des Bundes mit der Sicherung der Bauleitplanung, der Bodenordnung, der Erschließung, der Wertermittlung von Grundstücken und der Enteignung sowie den Sanierungs- und Entwicklungsmaßnahmen auch alle anderen wichtigen Materien des **Städtebaurechts**. Demgegenüber zählt das BVerfG die Gesetzgebung zum **Bauordnungsrecht** zu den Aufgaben der **Länder**. Im Verhältnis zur höherstufigen räumlichen Planung beschränkt sich die Regelungskompetenz des Art. 74 Abs. 1 Nr. 18 GG auf die örtliche Ebene. Überörtliche Planungen fallen nicht in die Kategorie des Bodenrechts. Sie werden begrifflich der **Raumordnung** zugeordnet. Ihre Aufgabe ist es, die Ordnungsmuster und Zielvorstellungen einer allgemeinen gebietsbezogenen Planung auf den unterschiedlichen Ebenen des Bundes, eines Bundeslandes oder einer Planungsregion zu entwickeln. Für die Raumordnung besteht eine **Rahmenkompetenz des Bundes nach Art. 75 Nr. 4 GG**. Danach ist den Ländern ein erheblicher Spielraum für die Ausgestaltung der rechtlichen Grundlagen der Raumordnung in ihrem Zuständigkeitsbereich zugestanden. Für die Regelung einer bundesweiten Raumordnung besteht dagegen eine ausschließliche Gesetzgebungskompetenz des Bundes.[32] Die Aufgaben der Raumordnung sind wiederum zu unterscheiden von den fachlich spezifischen Planungen. Dazu zählen insbesondere Zulassungsverfahren für überörtliche Infrastrukturvorhaben (vgl. Rn 35). Die Zuständigkeit zur Regelung der Materien des Fachplanungsrechts liegt meistens beim Bund.

14 Im Baugesetzbuch (BauGB) vom 8.12.1986[33] wurden die Rechtsgrundlagen des allgemeinen und besonderen Städtebaurechts zusammengefasst, die bis dahin in getrennten Gesetzen des BBauG und des StBauFG normiert waren. Das BauGB unterlag in der Folge mehreren Novellierungen, die unter anderem durch die Herausforderungen der Deutschen Einheit begründet waren.[34] Auf der Grundlage des BauGB wurden die Baunutzungs-(BauNVO),[35] die Planzeichen-(PlanV)[36] und die Wertermittlungsverordnung (WertV)[37] als wichtigste untergesetzliche Konkretisierungen erlassen. Aktuelle Rechtsgrundlage des Städtebaurechts ist nun das 1998 mit dem Bau- und Raumordnungsgesetz (BauROG) in Kraft gesetzte **Baugesetzbuch (BauGB)**.[38] Rechtsgrundlage für die Raumordnungsplanung ist das gleichfalls in diesem Zusammenhang neugefasste **Raumordnungsgesetz (ROG)**.[39] Die **16 Bundesländer** haben im Einzelnen jeweils unterschiedliche **Bauordnungen** erlassen. Dies bedeutet, dass die Bauleitplanung stärker bundesrechtlich geprägt ist als das Bauordnungsrecht. Die Gesetzgebung der Länder zur Bauordnung ist jedoch durch immer stärker hervortretende Elemente horizontaler Politikkoordination beeinflusst. Wichtigstes Instrument hierfür ist die von einer Bund-Länder-Kommission entworfene Musterbauordnung (MBO).[40] Eine **dritte Ebene der Rechtsetzung** wird

---

[31] BVerfGE 3, 407, 423 ff.
[32] BVerfGE 3, 407, 428.
[33] BGBl I, 2253.
[34] Vgl. für die anfängliche Teilintegration der neuen Bundesländer § 246 a BauGB a.F., der die Bauplanungs- und Zulassungsordnung der DDR vom 20.6.1990 (GBl I, 739) adaptierte.
[35] Vom 23.1.1990 (BGBl I, 132).
[36] Vom 18.12.1990 (BGBl I, 58).
[37] Vom 6.12.1988 (BGBl I, 2209).
[38] Vom 27.8.1997 (BGBl I, 2141, berichtigt in BGBl I 1998, 137).
[39] Vom 18.8.1997 (BGBl I, 2081). Geändert durch Artikel 3 des Gesetzes über die Errichtung eines Bundesamtes für Bauwesen und Raumordnung sowie zur Änderung besoldungsrechtlicher Vorschriften vom 15.12.1997 (BGBl I, 2902).
[40] Vom 10.12.1993, vgl. dazu *Böckenförde/Temme/Krebs*, Musterbauordnung, 1994.

erreicht, wenn man das von den **Kommunen** aufgrund bundes- und landesrechtlicher Ermächtigungen gesetzte Recht hinzunimmt. Dies betrifft nicht nur die als Satzung erlassenen Bebauungspläne, sondern auch örtliche Gestaltungssatzungen oder die rechtlichen Grundlagen der Erhebung von Erschließungsbeiträgen.

Städtebaurecht und Bauordnung beruhen nicht nur auf unterschiedlichen Rechtsetzungszuständigkeiten, sondern bezeichnen auch unterschiedliche Wahrnehmungskompetenzen. Die **Bauordnung** gehört als historisch geronnene Teilfunktion der polizeilichen Gefahrenabwehr traditionell zum Kernbereich **staatlich-hoheitlicher Aufgabenerfüllung**. Baugenehmigungsbehörde ist daher in der Regel die untere staatliche Verwaltungsbehörde. Daran ändert sich funktional auch nichts, wenn größere Städte diese Aufgabe übertragen bekommen haben und sie nun nach Weisung erfüllen müssen. Das Städtebaurecht mit seinem Fokus der **Bauleitplanung** wird demgegenüber als grundlegende Manifestation der **kommunalen Selbstverwaltung** verstanden (vgl. dazu § 17 Rn 35 ff.). Träger der Bauleitplanung sind daher die Gemeinden. Der Vollzug der Raumordnungs- und Fachplanungsgesetze ist demgegenüber wiederum dem staatlichen Aufgabenbereich zugeordnet.

III. Aufgaben der Bauleitplanung und der Bauordnung

Gegenstand des **Bauordnungsrechts** sind die **baulichen und technischen Anforderungen**, die **an einzelne Bauvorhaben** zu stellen sind. Es beschäftigt sich daher mit der Errichtung, Änderung, Erhaltung und dem Abriss baulicher Anlagen. Sein Ansatz ist **objektbezogen**.[41] Im Zentrum des Bauordnungsrechts steht dabei traditionell die **Gefahrenabwehr**. Sie soll nicht den Ersatz entstandener Schäden regeln, sondern eine vorbeugende Minimierung von Risiken gewährleisten. Seit langem sind allerdings neue Aufgaben hinzugetreten. Sie betreffen den Schutz vor **verunstaltendem Bauen**, **Qualitätsstandards** für Bauprodukte, die Errichtung von Nebenanlagen wie etwa Garagen, die Ausgestaltung nachbarschaftlicher Beziehungen oder **soziale Mindestanforderungen**. Zunehmend regeln sie auch den **baulichen Umweltschutz**. Insbesondere die Vorschriften zur Energieeinsparung stehen im Zeichen eines vorsorgenden Schutzes der natürlichen Lebensgrundlagen.

Der Regelungsschwerpunkt des Bauordnungsrechts liegt damit in der Normierung einer Vielzahl baukonstruktiver und technischer Regelungen. Sie betreffen insbesondere die Bauprodukte und die Bauart, die Baukonstruktion und die Baustatik, die Bauausführung sowie haustechnische Anlagen, Sicherheitswege und sozialhygienische Mindeststandards. Obwohl sich Bauvorhaben immer noch im Gegensatz zu fast allen anderen Produkten entwickelter Industriegesellschaften durch ihre Singularität auszeichnen, sind sie doch in erheblichem Maße der Standardisierung und **Technisierung** zugänglich. Eine kaum mehr überschaubare Zahl technischer Normen privater Normungsgremien wie DIN, VDI, VDE und anderen unterfüttert die einschlägigen Vorschriften der Bauordnung. Dies zeigt, dass in weiten Bereichen der Schutz vor baulichen Risiken durch technische Vorkehrungen an die Stelle einer genuinen polizeilichen Gefahrenabwehr getreten ist. Wenn in diesem Zusammenhang kritisiert wird, die ökonomische Entwicklung des Bausektors werde durch eine nicht mehr zu bewältigende Normenflut und unzumutbar lange Verfahren beeinträchtigt, ist darauf zu verweisen, dass das originär staatlich gesetzte Recht hierzu nur einen relativ geringen Beitrag erbringt. Im weiteren stellt sich die Frage nach der rechtlichen Bedeutung von Regelungswerken privater Vereinigungen.[42] Ihre rechtliche Bedeutung ist nach wie vor nicht eindeutig geklärt.[43] Regelungen privater Vereinigungen können aus rechtsstaatlichen Gründen wegen des Rechtsetzungsmonopols des Staates grundsätzlich keine allgemeine Rechtsverbindlichkeit beanspruchen. Sie sind keine Rechtsnormen. Wohl aber können sie als geeignete Erkenntnisquellen zur Ausfüllung des Gehalts unbestimmter Rechtsbegriffe

---

41 *Brohm*, S. 321.
42 Vgl. dazu *Koch*, Grenzen der Rechtsverbindlichkeit technischer Regeln im öffentlichen Baurecht, 1986; *Battis/Gusy*, Technische Normen im Baurecht, 1988.
43 Vgl. dazu *Brohm*, § 5 Rn 9 ff.

herangezogen werden, wenn und soweit ihr Inhalt eine fachlich fundierte und aktuelle Aussage für das zu lösende Problem darstellt.[44]

18 Im Gegensatz dazu ist die Geltungskraft **technischer Verwaltungsvorschriften** wie der TA Lärm und der TA Luft für die Verwaltung zunächst eindeutig. Sie sind für sie verbindlich. Allerdings gilt dies nicht im gleichen Umfang für die Gerichte. Verwaltungsvorschriften sind grundsätzlich „Gegenstand und nicht Maßstab gerichtlicher Kontrolle".[45] Soweit das Gesetz eine ausdrückliche Legitimation zum Erlass solcher Vorschriften enthält, die zudem sicherstellt, dass sie unter Einbezug des einschlägigen und für alle betroffenen Belange repräsentativen Spektrums des wissenschaftlich-technischen Sachverstands zustande kommen, wird ihnen als normkonkretisierende Verwaltungsvorschriften[46] auch eine Orientierungsfunktion für die verwaltungsgerichtliche Kontrolle zugestanden. Zudem verweisen die Bauordnungen regelmäßig auf die „allgemein anerkannten **Regeln der Technik**" (vgl. § 3 Abs. 1 S. 2 SächsBauO). Den technischen Normen kommt dann zwar eine für die Praxis wichtige Informationsfunktion über den Stand der Fachdiskussion zu; dies erübrigt jedoch nicht die Nachprüfung, ob der von den Normen wiedergegebene Diskussionsstand tatsächlich aktuell und in ihnen das zu lösende Problem auch wirklich angesprochen ist. Im weiteren erlaubt die gesetzliche Bestimmung, dass die allgemein anerkannten Regeln der Technik „zu beachten" sind (§ 3 Abs. 1 S. 2 SächsBauO), die Anerkennung gleichwertiger Alternativlösungen. Entsprechendes gilt für die von der obersten Baubehörde eingeführten „Technischen Baubestimmungen" (§ 3 Abs. 3 S. 3 SächsBauO). Schließlich ist im Hinblick auf die Umsetzung von EG-Richtlinien durch Verwaltungsvorschriften auf die kritische Rechtsprechung des EuGH zu verweisen.[47]

19 Aufgabe der Baubehörden ist die Kontrolle der einzelnen Bauvorhaben auf ihre Übereinstimmung mit den Anforderungen des öffentlichen Baurechts und die Beseitigung baurechtswidriger Zustände. Basales Rechtsinstitut der Bauordnung ist die **Baugenehmigung**. Sie entscheidet über die Zulässigkeit eines Bauvorhabens und gehört rechtssystematisch in die Kategorie der Verbote mit Erlaubnisvorbehalt. Ihre treffende Bezeichnung als **„Kontrollerlaubnis"**[48] drückt aus, dass die Kontrollbefugnisse der Genehmigungsbehörden in einem spezifischen Verhältnis zum grundrechtlich geschützten Eigentum stehen. Obwohl die Baugenehmigung ihrer formellen Rechtsnatur nach einen begünstigenden Verwaltungsakt darstellt, gewährt sie das materielle Recht zum Bauen nicht originär, sondern attestiert dem Bauherrn lediglich, dass das von ihm verfolgte Vorhaben im Einklang mit dem öffentlichen Recht steht. Der Gesetzgeber hat mit der Genehmigungspflicht zwar das Bauen ohne Baugenehmigung grundsätzlich für unzulässig erklärt, dies erfolgte jedoch nicht, weil es grundsätzlich unterbleiben soll, sondern um den Behörden in Antizipation der immanenten Gefährdungspotentiale eine präventive Kontrolle der Sicherheit zu ermöglichen. Sie haben bereits vor der Bauausführung zu prüfen, ob die geplanten Vorhaben im Einklang mit dem materiellen Baurecht stehen. Dies soll das Entstehen vollendeter Tatsachen verhindern, dem Bauherrn Gewissheit über die Statthaftigkeit seines Vorhabens verschaffen und ihn vor nachträglichen Interventionen sichern. Idealtypisch erweist sich damit die Baugenehmigung lediglich als „verfahrensrechtliche Hürde", die einen bereits prinzipiell vorhandenen Freiheitsbereich „aktiviert".[49] Dieser Befund wird durch aktuelle Entwicklungstendenzen bestärkt. Seit Ende der achtziger Jahre wurde das präventive Verbot mit Erlaubnisvorbehalt des hergebrachten Baugenehmigungsverfahren immer weiter zugunsten eines behördlichen Interventionsvorbehalts im Rahmen eines Anzeigeverfahrens modifiziert.[50]

---

44 BVerwGE 77, 285.
45 BVerwGE 107, 338, 340.
46 Vgl. dazu grundlegend BVerwGE 73, 300, 320; 107, 338, 341 ff.; BVerwG, DVBl 1988, 539.
47 Vgl. EuGH NVwZ 1991, 866, 867.
48 Vgl. dazu grundlegend *Maurer*, Allgemeines Verwaltungsrecht, 2000, § 13 Rn 51.
49 *Oldiges*, Rn 170.
50 Vgl. dazu *Ortloff*, NVwZ 1995, 112; *Jäde*, NVwZ 1995, 672.

Funktionszentrum des Städtebaurechts ist die **Bauleitplanung**. In ihrem Zentrum steht nicht das einzelne Bauvorhaben, sondern die Gestaltung der städtebaulichen Entwicklung. Der Ansatz der Bauleitplanung ist daher nicht objekt-, sondern **flächen- und gebietsbezogen**. Städte sind gekennzeichnet durch Nutzungsvielfalt und Nutzungsdichte.[51] In ihnen konzentrieren sich mit den industriellen und den Dienstleistungsgewerben, Handel und Konsum, Medien und Kultur, öffentlicher Verwaltung, Wohnen und Freizeit alle prägenden Erscheinungsformen des modernen Lebens. Städte stellen daher ein komplexes Arrangement aus Spezialisierung, Arbeitsteilung und Kooperation dar.[52] Sie kombinieren öffentliche und private Räume.[53] In ihnen massiert sich der Verkehr. Dieses Netzwerk ist voraussetzungsreich. Baulich kompakte Raumnutzungen auf engem Raum enthalten ein hohes Potential an störenden und beeinträchtigenden Wirkungen auf ihre Umwelt. Sie produzieren Externalitäten und sind gleichzeitig selbst sensibel gegenüber Einwirkungen, die von anderen Nutzungen ausgehen. Eine Nutzung kleinteiliger Parzellen ist im verdichteten Agglomerationszusammenhang ohne die Beschränkung der Art und Intensität der baulichen Nutzung nicht denkbar. Sie müssen gegen störende Einflüsse gesichert und gleichzeitig für Kommunikation mit der Umwelt offen sein. Urbane Verdichtung erzeugt daher einen hohen Ordnungs- und Regelungsbedarf. Sie verlangt nach Konfliktlösungen durch räumlich differenzierte Koordinationsleistungen, die Nutzungsvielfalt und Nutzungsdichte miteinander kombinieren. Solche Problemlösungen sind aus dem Arsenal der Gefahrenabwehr nicht zu beziehen. Die instrumentell und konzeptionell höher aggregierte **Steuerung der Siedlungsentwicklung** ist damit **Bedingung und Folge der Urbanisierung** zugleich. Die Einbindung der einzelnen Grundstücke in ein Konzept der vorbeugenden Minimierung von Konflikten zwischen sich wechselseitig beeinträchtigenden Nutzungen bedarf einer Regelung durch eine dem einzelnen Bauvorhaben vorgreifende **planerische Ordnung**. Der Bauleitplanung geht es daher auch nicht um generelle Verbote von Anlagen, die wegen ihrer Gemeingefährlichkeit grundsätzlich mit dem Schutz von Mensch und Umwelt nicht vereinbar sind, oder um die Formulierung von allgemeinen technischen Standards, die jede Anlage dieses Typs einzuhalten hat. Dies ist Aufgabe des Immissionsschutzrechts oder anderer Rechtsmaterien, die sich mit der Zulässigkeit gefährlicher Anlagen befassen. Ihr geht es um die Zuordnung einander nicht wesentlich störender Nutzungen durch die kleinräumige Differenzierung und die rechtlich verbindliche Festlegung zulässiger Belastungen und Nutzungen. Die Festlegung der Bauflächen, der Art und der zulässigen Intensität der baulichen Nutzung sowie die Anlage des Erschließungssystems gehört zu den klassischen Instrumenten der Stadtplanung.

Planung hat die Lücken der marktförmigen Allokation von Nutzungsrechten und -funktionen zu schließen[54] und soll der städtischen Entwicklung neue Impulse geben. Gelingt die Kombination öffentlicher und privater Räume mit ihren unterschiedlichen Funktionen, erfährt der Bodenmarkt exponentiell verstärkte Impulse aus der öffentlichen Vorsorge und der Gewährleistung von Zentralität und Urbanität. Planung und Bodenmarkt interagieren. Der „Output der Stadtplanung ist das, was auf dem Bodenmarkt gehandelt wird".[55] Auch darin zeigt sich, dass Planung keineswegs nur als Schranke privater Nutzungsrechte wirkt, sondern auch als entscheidender Motor ihrer Wertentwicklung fungiert. Planung arrangiert städtische Funktionen und bauliche Strukturen. Sie **separiert** einander **störende Nutzungen, führt** miteinander **verträgliche Nutzungen zusammen** und **koordiniert ihre Interdependenzzusammenhänge**. Urbane Verdichtung erzeugt nicht nur den Bedarf, Konflikte zwischen potentiell konkurrierenden privaten Nutzungen durch eine Bauleitplanung antizipierend zu mindern, sondern schafft auch die Notwendigkeit, Flächen für den allgemeinen Gebrauch vorzuhalten. Ihre Aufgabe ist es daher auch, private und öffentliche Räume zu Netzwerken von privaten

---

51 Vgl. dazu *Häußermann/Siebel*, Neue Urbanität, 1987.
52 Vgl. dazu *Simmel*, Die Großstädte und das Geistesleben, in: *ders.*, Das Individuum und die Freiheit, 1984.
53 Vgl. dazu *Bahrdt*, Die moderne Großstadt, 1974, S. 83 ff.
54 *Franck*, S. 113.
55 *Franck*, S. 114.

und öffentlichen Funktionen zu kombinieren. Ohne öffentliche Räume gibt es keine verdichtete private Nutzung. In diesem Sinne hat sich die Bauleitplanung zu einer umfassenden Bodennutzungsplanung entwickelt.[56] Ihre wichtigste Aufgabe ist es, Vernetzungen zwischen den unterschiedlichen und häufig getrennten Funktionen von Wohnen, Arbeiten und Erholung herzustellen. Planung hat daher das Interdependenzproblem[57] der Zentralisierung geballter privater Nutzungen zu lösen. Sie muss die allgemeine Erreichbarkeit sicherstellen, ohne die städtischen Strukturen zu zerstören. Eben deshalb steht die Bewältigung des Problems stadtgerechter Mobilität im Zentrum der Herausforderungen städtischer Planung. Wenn die Probleme des städtischen Verkehrs nicht gelöst sind, können sich einzelne Bauwerke auch nicht zu Siedlungen mit urbaner Struktur und Gestalt aggregieren. Der Aufgabe der planenden Ordnung der urbanen Funktionen wird daher das verbreitete Bild von einer „Architektur im größerem Maßstab" nicht gerecht.[58] Die ästhetische Qualität ist nur eine unter vielen Dimensionen der planerischen Gestaltung der Siedlungsentwicklung.

22 Die **zentralen Institute der Bauleitplanung** sind der **Flächennutzungs-** und der **Bebauungsplan**. Eine zweistufige Planung des gemeindeweiten Flächennutzungsplans und der aus ihm entwickelten Bebauungspläne ist jedoch nur da erforderlich, wo es die städtebauliche Entwicklung verlangt. Die Planung wird daher zusätzlich durch Plansurrogate flankiert. Sie regeln die Bebaubarkeit von Grundstücken nicht im Wege gebietsspezifischer Problemlösungen, sondern nach Maßgabe standardisierter Zulässigkeitsprogramme. So ist ein Vorhaben im unbeplanten Innenbereich auch ohne Bebauungsplan zulässig, wenn es sich in die vorhandene Bebauung einfügt (§ 34 BauGB). Idealtypisch zielt dieses Konzept auf die Schließung von Baulücken durch unspektakuläre, weil angepasste Vorhaben. Im Außenbereich soll demgegenüber das Bauen grundsätzlich unterbleiben. Damit soll der Freiraum vor Zersiedlung geschützt werden. Eine bauliche Nutzung soll grundsätzlich allein bestimmten typisierten Nutzungen vorbehalten sein, die gerade aus dem städtischen Nutzungsspektrum herausfallen (§ 35 Abs. 1 BauGB). Auch hier gilt ein standardisiertes Zulässigkeitsregime. Das Nebeneinander von Plan und Plansurrogaten führt daher nicht zur flächendeckenden Überplanung des Gemeindegebiets mit rechtsverbindlichen Baugebietsfestsetzungen. In der Praxis ergeht ein beträchtlicher Anteil von Baugenehmigungen in Gebieten, für die kein qualifizierter Bebauungsplan besteht. Nahezu 30 % der Baugenehmigungen beziehen sich auf Vorhaben im unbeplanten Innenbereich, gut 5 % erfolgen für den Außenbereich.[59]

23 Im Gegensatz zu den Plansurrogaten lässt sich der Inhalt von Bauleitplänen nicht durch abstrakt-generelle Regelungen so vorabnormieren, dass als Ergebnis der Planung nur ein richtiger Entwurf in Betracht kommt. Planung muss sich an allgemeinen Grundsätzen messen lassen, ist jedoch in ihren konkreten Lösungen nicht standardisierbar, sondern gerade durch ihre Individualität geprägt. Keine planerische Problembewältigung kann bundesweite Geltung beanspruchen. Sie entzieht sich im Gegensatz zu den baukonstruktiven Anforderungen an einzelne Bauvorhaben auch der Regelungslogik technischer Normen und Regelwerke. Ihr Problembewältigungspotential muss sich immer wieder vor Ort durch spezifisch arrangierte Festlegungen der räumlich differenzierten Art und des Maßes

---

[56] *Brohm*, § 1 Rn 16.
[57] *Koopmans/Beckmann*, Assignment problems and the location of economic activities, in: Econometrica 1957, S. 53 – 76.
[58] Vgl. dazu informativ *Franck*, S. 112 ff.
[59] Vgl. dazu *Scharmer/Wollmann/Argast*, Rechtstatsachenuntersuchung zur Baugenehmigungspraxis, 1985, S. 96. Für Nichtwohngebäude sind unbeplanter Innenbereich und Außenbereich von noch größerer Bedeutung. Mehr als ein Drittel der Vorhaben liegen im Innenbereich und mehr als ein Fünftel im Außenbereich (a. a. O.).

der Nutzbarkeit von Grundstücken beweisen.[60] **Bauleitpläne beruhen** daher zwar **auf generell-abstrakten Vorgaben, enthalten** jedoch selbst wiederum **gebietsspezifische Festsetzungen**, die Maßstab für die Zulässigkeit von baulichen Vorhaben in den von ihnen festgelegten Baugebieten sind. Auch die Planung geht von typisierten Baugebieten aus, aber sie arrangiert innerhalb dieses Rahmens eine Vielzahl von Nutzungen und Bauformen zu einem gebietsspezifischen Ordnungsprogramm.

Planung gestaltet Nutzungsoptionen. Sie verteilt Chancen, aber auch Lasten. Sie setzt daher einen verbindlichen Rahmen für eine zulässige Bebauung und die erwünschten Nutzungen. Wenn sie die jeweils zulässigen Nutzungen definiert, schließt sie gleichzeitig ein erhebliches Spektrum alternativer Nutzungen aus. Insoweit trägt sie den Charakter einer **Auffangplanung**.[61] Sie eröffnet aber zudem ein Angebot, das in der Regel über das hinausgeht, was an Nutzungsmöglichkeiten vor der Planung möglich und zulässig war. Daher trägt sie gleichzeitig den Charakter einer **Angebotsplanung**. Allerdings zeigen sich hierin auch die Grenzen der Planung. Sie kann die räumlichen Voraussetzungen zur Entwicklung urbaner Lebensqualität verbessern, aber nicht die konkrete Nutzung von Grundstücken vorgeben. Sie ist auf die Investitionen privater und öffentlicher Bauträger angewiesen. Städtebauliche Planung muss daher in ihrem planerischen Angebot den Vorstellungen der Eigentümer Raum belassen, wie sie ihr Grundstück im Einzelnen nutzen können. Auch die verbindliche Bauleitplanung kann in aller Regel **nicht zum Bauen verpflichten**. Planung kann daher nur erfolgreich sein, wenn sie die richtigen Anreize setzt. Eben darin liegt eine wichtige Schranke für die steuernde Qualität der Planung. **Zwischen Planaufstellung und Planvollzug** klafft eine **Lücke**. Sie zu schließen, bezeichnet ein zentrales strategisches Problem der öffentlichen Planung. 24

Stadterweiterungen in den Außenbereich hinein machen nur einen Teil des Baugeschehens aus. Ein großer Entwicklungsdruck lastet auf bereits baulich genutzten Flächen. Hier entfaltet sich ein neues Spannungsfeld zwischen der Nutzung neuer Chancen für wirtschaftliches Wachstum und der Bewahrung der historischen Bausubstanz und der hergebrachten sozialen Identität in Quartieren mit gewachsenen Strukturen. Dies zeigt, dass es nicht nur um eine Planung geht, mit der das Baugeschehen auf bisher baulich nicht genutzte Flächen geleitet werden kann. Zunehmend ist die städtische Planung auch gefordert, sozialen Verwerfungen zu begegnen, an deren Entstehung sie selbst nicht gänzlich unbeteiligt war. Die Ansiedlung von Verbrauchermärkten und anderen Einrichtungen des Massenkonsums an der Peripherie zieht Kaufkraft aus den Innenstädten ab. Die Konzentration von Dienstleistungsbetrieben in den Kerngebieten verdrängt die Wohnbevölkerung und lässt die Zentren veröden. Die Polarisierung in ökonomisch niedergehende und boomende Stadtviertel, die soziale Segregation, das Entstehen von „no-go-arias" sind Alarmzeichen für fehlgelaufene Entwicklungen und begründen die Notwendigkeit planerischer Intervention durch Verbesserung des Wohnumfeldes, Sanierung von Großsiedlungen und historischen Stadtquartieren oder andere Maßnahmen. Komplementär dazu können auch brachgefallene Industrie- und Gewerbeflächen, mit Altlasten kontaminierte Standorte ehemaliger militärischer Nutzungen oder verödete Gelände altindustrieller Infrastruktur die kommunale Planung vor die Herausforderung stellen, nach neuen sozial- und umweltverträglichen sowie wirtschaftlich tragfähigen Nutzungen zu suchen. Sie muss sich bemühen, Konzepte zur ökonomischen Revitalisierung von Gewerbebrachen oder zur Konversion von militärischen Nutzungen zu entwickeln. Damit geht es im Problemfeld der **„Binnenentwicklung"** um die Aufgabe der Stadterhaltung und der behutsamen Stadterneuerung. Sie verlangt nach einer erweiterten Instrumentierung. Dementsprechend erhält die stärkere Beeinflussbarkeit des Baugeschehens im Rahmen 25

---

60 Allerdings fehlt es nicht an Versuchen, die städtebauliche Planung zu standardisieren. So werden etwa dem fließenden und ruhenden Verkehr 200 m^2/Einwohner, den Erholungsflächen 30 m^2/E; den Versorgungsanlagen 5 m^2/E und den Einrichtungen des Gemeinbedarfs 15 m^2/E zugewiesen (vgl. dazu *Van Schayk*, Städtebaupraxis, 1998, S. 117 ff.). Dabei handelt es sich jedoch um gegriffene Durchschnittswerte, die lediglich eine erste Groborientierung, nicht jedoch eine Garantie für eine gelungene Planung oder einen rechtlich verbindlichen Mindeststandard enthalten.
61 Vgl. auch *Brohm* § 1 Rn 17.

einer spezifischen **„Entwicklungsplanung"** eine besondere Bedeutung (vgl. dazu § 21). Zwar lassen die städtebaulichen Sanierungs- und Entwicklungsmaßnahmen des besonderen Städtebaurechts eine stärkere Akzentuierung der direktiven Funktionen der Bauleitplanung gegenüber dem privaten Grundstückseigentum erkennen, jedoch ist ihre Durchsetzung mit dem dafür vorgesehenen regulativen Instrumentarium der Modernisierungs- und Baugebote weniger bedeutsam als die organisatorische und prozedurale Dimension der Übertragung dieser Aufgaben an einen Modernisierungs- und Sanierungsträger.

26   Mit der planerischen Einflussnahme auf die Nutzbarkeit von Grundstücken ist auch die Möglichkeit gegeben, der Externalisierung von urbanen Umweltproblemen entgegenzusteuern. Es ist heute anerkannt, dass eine vordringliche Aufgabe der planerischen Gestaltung darin besteht, die Folgen der städtischen Nutzungsansprüche an die Natur in verträgliche Bahnen zu lenken. In den letzten Jahrzehnten hat sich daher der **Schutz der natürlichen Lebensgrundlagen** zu einer besonderen Herausforderung städtischer Planung entwickelt. Siedlungsentwicklung impliziert Flächenverbrauch. Sie steht unter dem generellen Gebot des flächensparenden Bauens und des Ausgleichs von Eingriffen in Natur und Landschaft (vgl. dazu § 17 Rn 25 ff.). In den Versuchen, Konzepte einer Stadtökologie operativ umzusetzen, geht es nicht allein um die Bewältigung von einzelnen Problemen wie dem Immissionsschutz, der Förderung des energiesparenden Bauens oder der Sanierung von Altlasten, sondern um die kohärente Organisation einer nachhaltigen Nutzung der Ressourcen durch das „System Stadt" insgesamt. Insbesondere am Beispiel der Kanalisierung des Verbrauchs der knappen Ressource Boden wird deutlich, dass viele dieser Aufgaben nicht additiv hintereinander und ohne Rücksicht aufeinander bewältigt werden können. So impliziert das Postulat des flächensparenden Bauens durch die Förderung der Binnenentwicklung anstelle des Ausweises von Neubaugebieten und die Nachverdichtung von Baulücken eine Nutzungskonzentration, die mit dem bewährten Konfliktlösungsmuster der Trennung von einander störenden Funktionen kollidieren kann. Auch hier erweisen sich standardisierte Lösungen als suboptimal. Insbesondere in Gemengelagen bleibt die Planung gefordert, maßgeschneiderte Lösungen zur Konfliktminimierung zu entwickeln. Umgekehrt eröffnen sich auch Synergieeffekte durch Planung. So schützt die Eindämmung der Zersiedlung des Freiraumes nicht nur die naturnahe Landschaft, sondern mindert auch das Verkehrsaufkommen und vermag dadurch zur Bewältigung einer der größten Herausforderungen städtischer Entwicklung beizutragen. Denn den Auswirkungen des motorisierten Individualverkehrs kann nicht allein durch restriktive Maßnahmen in den Städten und durch die Förderung des öffentlichen Personennahverkehrs begegnet werden, vielmehr hängt eine umwelt- und stadtverträgliche Mobilität entscheidend von der Gestaltung der räumlichen Strukturen ab.

27   Die Optimierung der ökonomischen Verwertbarkeit und die Sicherung der natürlichen Lebensgrundlagen sind jedoch nicht die beiden einzigen positiven Leitziele der Bauleitplanung. Sie ist nicht allein auf die Kanalisierung der negativen Externalitäten privater Bodennutzung und die Bereithaltung der technischen Infrastrukturen sowie anderer Einrichtungen der Daseinsvorsorge ausgerichtet, sondern auch auf die Gestaltung der städtischen Lebensqualität für alle Bürger insgesamt. Insofern ist es berechtigt, den Begriff des „Stadtplanungsrechts" durch den des „Städtebaurechts" zu erweitern. Gelungene Planung organisiert Nutzungsvielfalt, sie entschärft soziale Polarisierungen, schützt die historischen Bauwerke, gibt Raum für Kunst und Kultur und trägt zur Entwicklung von öffentlichen Räumen als Foren städtischer Öffentlichkeit bei. Sie zielt darüber hinaus auch auf die Stärkung der Attraktivität der Stadt und positioniert sie im interkommunalen Wettbewerb. Daraus ergeben sich jedoch Folgen für die Herausforderung und die Grenzen der Bauleitplanung. Sie zeigen sich darin, dass die Bauleitplanung zwar ein zentrales Element der Steuerung der kommunalen Entwicklung ist, Flächennutzungs- und Bebauungspläne aber nicht ihre einzigen Instrumente darstellen. Nicht nur die Aufgabe der Sanierung, sondern nahezu alle Herausforderungen der Stadtentwicklung haben dazu geführt, das planerische Instrumentarium zu differenzieren und zu schärfen. So kennt das Städ-

tebaurecht inzwischen allein 17 unterschiedliche Formen städtebaulicher Satzungen.[62] Sie werden flankiert von einer Vielzahl gesetzlich nicht geregelter Pläne wie etwa städtebaulicher Rahmenpläne und Stadtteil- und Verkehrsentwicklungspläne. Schließlich muss sich die städtebauliche Planung der Flächennutzung mit anderen Teilpolitiken der kommunalen Umwelt-, Gesundheits-, Kultur-, Sozial- und Wirtschaftspolitik vernetzen.[63] Damit hängt der Erfolg der Bauleitplanung nicht nur von ihren unmittelbaren direktiven Potentialen für die Steuerung der Bodennutzung ab, sondern wird entscheidend von ihren Koordinationsleistungen beeinflusst, Herausforderungen anderer Politikfelder anzunehmen und Anstöße für diese selbst geben zu können.

Städte und Gemeinden sind mehr als die Zentren der Siedlungsentwicklung und Träger der Entsorgungs- und Versorgungsfunktionen für einzelne Grundstücke. Es geht der städtebaulichen Planung daher nicht nur um eine Kanalisierung des privaten Baugeschehens und um die gestalterische Entwicklung der Siedlungsstruktur, sondern auch um die räumlich verortbaren Funktionen der Gemeinde selbst. Sie setzt mithin auch identitätsstiftende Signale für die Entwicklung des örtlichen Gemeinwesens. Sie stellt ein Instrument dar, mit der die Gemeinde ihre **eigene Entwicklung als Gebietskörperschaft** gestalten kann und gibt der Kommune Raum für die Bestimmung ihrer eigenen Entwicklungsziele. Die Bauleitplanung ist damit instrumenteller Fokus für die Gestaltung des Gemeinwesens. In ihr dokumentieren sich Entscheidungen über ihre soziale, politische und kulturelle Zukunft. Aufgabe der Steuerung der städtebaulichen Entwicklung ist es somit vornehmlich auch, die Identität der Kommune zu bewahren und ihre Entwicklungsoptionen für die Zukunft mitzugestalten. Die Bauleitplanung ist dabei mehr als eine Exekution eines „Master-Plans". Sie gehört zum **Kernbereich der kommunalen Politik**. Infolge dessen muss ihr das Recht auch Raum für politische Gestaltung lassen und darf sie nicht auf Verwaltungstätigkeit reduzieren.

28

Die städtebauliche Planung ist kein Spielfeld des autonomen Entwerfens.[64] Der Erfolg des politischen Prozesses öffentlicher Planung hängt entscheidend von ihrer **Koordination**sleistung ab, das Spannungsverhältnis der divergierenden öffentlichen und privaten Belange in einem planerischen Entwurf sachlich zutreffend zu bewältigen. Sie ist dabei maßgeblich auf die **Kooperation** einer Vielzahl in ihren Zuständigkeiten betroffener öffentlicher Stellen, ihre Rechte wahrender privater Eigentümer und von Bürgern angewiesen, die ihre Belange thematisieren. Auch ihre Reaktionen beeinflussen das Gelingen der Planung. **Partizipation** aller Adressaten und Planungsbetroffener gehört zu den Grundelementen der Planung.[65] Ihnen muss daher Gelegenheit gegeben werden, sich mit ihren Interessen und Ideen in die Planung einzubringen. Die förmlichen Verfahren der Bauleitplanung mit ihren Regelungen zur Bürgerbeteiligung und zur Mitwirkung der Träger öffentlicher Belange stellen dabei nur das prozedurale Gerüst der weitergehenden Erkenntnis dar, dass **Kommunikation** mit allen Akteuren ein unverzichtbares Essential für den Planungsprozess ist.[66] Sie verbessert nicht nur die Informationsbasis der Planung und konfrontiert sie mit alternativen Lösungsvorschlägen, sondern ist auch eine Voraussetzung für die **Bewältigung von sachlichen Dissensen** über die Ziele der Planung. Faire Verfahren erzeugen Legitimation[67] und vermögen zur **Minimierung von Konflikten** beizutragen, wenn sie schon nicht in jedem Fall Konsens über die Inhalte der Planung bei allen Betroffenen gewährleisten können. Obwohl Bebauungspläne in rechtlich geordneten Verfahren erarbeitet und beschlossen werden und als kommunale Satzungen allgemeine Verbindlichkeit erlangen, ist die **Akzeptanz** des Ergebnisses der Planung durch die Adressaten für die Verwirklichung des Plans von

29

---

62 Vgl. dazu *Stüer*, Rn 56.
63 Vgl. dazu *Schulze-Fielitz*, Sozialplanung im Städtebaurecht – Am Beispiel der Stadterneuerung, 1979.
64 *Franck*, S. 114.
65 Vgl. dazu grundlegend *Battis*, Partizipation im Städtebaurecht, 1967.
66 Vgl. dazu *Selle*, Planung und Kommunikation. Gestaltung von Planungsprozessen in Quartier, Stadt und Landschaft, 1996.
67 Vgl. dazu und zu seiner Problematik *Luhmann*, Legitimation durch Verfahren, 1967, S. 208 ff.

entscheidender Bedeutung. Dafür ist mehr erforderlich als die resignative Hinnahme einer Entscheidung. Planung kann in der Regel in einer Gesellschaft mit grundrechtsverbürgten Freiheiten Entwicklungen nur anstoßen, aber nicht hoheitlich anordnen. Ist das Ergebnis der Planung das, was die Adressaten der Planung aus den Plänen machen, so spielen die Adressaten und ihr Reaktionspotential für das Gelingen der Planung eine entscheidende Rolle. Dies betrifft nicht nur die Hauptakteure des Bodenmarktes, sondern alle von der Planung Betroffenen schlechthin. Der Vollzug der Festsetzungen eines Bebauungsplans kann nur in Ausnahmefällen und unter großem Aufwand im Wege der Konfrontation gegenüber den Adressaten erzwungen werden. Der Erfolg einer Planung liegt daher mehr in der **Motivation**, die durch Planung eröffneten Optionen zu nutzen, als in der Verpflichtung, die von der Planung ausgeschlossenen Nutzungen zu unterlassen.[68] Bauleitplanung kann danach geradezu als ein **Prototyp des „kooperativen Staates"**[69] betrachtet werden. Er kann in zwei Formen beobachtet werden. Zunächst kann sich Kooperation in einer Vielzahl von **informellen Kontakten** manifestieren, die im Vorfeld formeller Entscheidungen stattfinden. Zum anderen kann sich Kooperation auch zu neuen **formalisierten Formen konsensualen Verwaltungshandelns** verdichten.

30 Der zutreffende Befund von der begrenzten Wirkung imperativer Steuerung und die daraus abgeleitete Schlussfolgerung von der Notwendigkeit von Kooperation mit den Beteiligten und der Motivation der Adressaten macht Planung zusätzlich komplex. Kooperative Planungsverfahren sind zeitaufwendig und störungsanfällig. „**Verfahrene Verfahren**" minimieren nicht, sondern **steigern das Konfliktpotential**. Kooperation ist daher voraussetzungs- und risikoreich. Dies hat wiederum dazu geführt, dass Forderungen nach Vereinfachung und Beschleunigung der Verfahren die Diskussion um das öffentliche Baurecht begleiten und die Praxis dem ständigen Druck ausgesetzt ist, „flexiblere Lösungen" zu suchen. Dazu zählt die Auslagerung von Planungsfunktionen ebenso wie die **informellen Beziehungen**, die im Schatten förmlicher Verfahren durch gesteuerte Vorinformationen, bilaterale Vorabsprachen und andere Formen der Einwirkungen auf wichtige Entscheidungsträger zu beobachten sind.[70] Auch diese Verhaltensmuster sind ambivalent. Die Bauleitplanung steht innerhalb und außerhalb der förmlichen Verfahren im Spannungsfeld mächtiger politischer und ökonomischer Interessen. Es wäre daher lebensfremd, die Bedeutung dieser Faktoren zu verleugnen oder informelle Kontakte mit dem Bürgermeister, dem Vorsitzenden einer Fraktion oder dem Amtsleiter außerhalb des förmlichen Verfahrens pauschal als unzulässig zu qualifizieren.[71] Sie sind erforderlich, um Verfahren überhaupt in Gang zu halten. Auch erscheint es verkürzt, das grundsätzlich zutreffende Postulat von der Offenheit der Verfahren so zu interpretieren, dass Verfahren nicht strategisch auf ein bestimmtes Planungsziel hin betrieben werden dürften. Daher gehört auch die informelle Verständigung zwischen den Akteuren auf konkrete Planungskonzeptionen zu den unvermeidlichen Gegebenheiten der Planung.[72] Auf der anderen Seite ist jedes informelle Verwaltungshandeln distanzarmes Verwaltungshandeln. Es trägt die Gefahr in sich, dass die formalisierten Formen der Mitwirkung am Prozess der Planung unterlaufen werden und aus asymmetrischen Kontakten sachlich unausgewogene Entscheidungen entstehen. Daher ist der Befund von der Notwendigkeit informaler Kontakte zwischen der öffentlichen Verwaltung und ihren Adressaten mit den absehbaren Folgen des Verlustes **rechtsstaatlicher Distanz** zu konfrontieren. Die informellen Abstimmungen werden dort zu einem Problem, wo die Korrekturfähigkeit der informell paktierten Planungsintentionen durch das förmliche Entscheidungsverfahren grundsätzlich in Frage gestellt ist. Sie sind zu beanstanden, wo sie einem Adressaten einen Nachlass seiner rechtlichen Verpflichtungen zugestehen. Informelle Absprachen sind jedoch zunächst unbedenklich, wo mit ihnen mehr und anderes vereinbart wird, als Gegenstand

---

68 Im weiteren darf auch das direktive Potential rechtsverbindlicher Bauleitpläne angesichts der vielfältigen Möglichkeiten der Flexibilisierung ihrer Festsetzungen im Rahmen von Ausnahmen und Befreiungen nicht überschätzt werden (vgl. auch *Brohm*, § 1 Rn 26).
69 Vgl. dazu *Ritter*, Der kooperative Staat. Bemerkungen zum Verhältnis von Staat und Wirtschaft, AÖR 1979, 389 ff.
70 Vgl. dazu grundlegend *Bohne*, Der informale Rechtsstaat, 1981.
71 Vgl. dazu grundlegend BVerwGE 45, 309 ff. „Floatglas".
72 BVerwGE 45, 309, 317.

des einschlägigen Rechts ist. Die Markierung einer Scheidelinie zwischen Informalität und Illegalität und die Gewährleistung fairer Verfahren gehören damit zu den wichtigsten Aufgaben des Planungsrechts. Ein zukunftsweisender Ansatz, den für Dritte potentiell konfliktverstärkenden Befund informeller Absprachen zwischen der planenden Gemeinde und einigen an der Planung besonders interessierten Akteuren abzuschwächen, kann im Institut des **Mediators** gesehen werden. Er soll das Konfliktpotential der Verfahren der Öffentlichkeitsbeteiligung als neutraler Mittler reduzieren (vgl. dazu § 17 Rn 45).

Öffentliche Planung und Kontrollerlaubnisse sind trotz aller informeller Begleitarrangements hoheitliches Verwaltungshandeln. Dies bedeutet Gesetzesbindung der Verwaltung und Festlegung ihres Handlungsrahmens auf die gesetzlich vorgesehenen Entscheidungswege und -inhalte. Flexible und übergreifende Lösungen, die viele Einzelentscheidungen, die im formellen Gang des Verwaltungsvollzugs zeitlich gestaffelt und auf mehrere administrative Instanzen übertragen sind, zu einem Gesamtpaket schnüren, werden dadurch erschwert. Andererseits fehlt allen informellen Abstimmungen das wichtigste Merkmal rechtsförmiger Beziehungen: Verlässlichkeit. Sie können Verhaltens- und Entscheidungssicherheit zwischen den Akteuren nicht verbürgen. Darin liegen die Vorzüge **konsensualen Handelns**. Ihr rechtliches Grundmuster stellt der Vertrag dar. Öffentlich-rechtliche Verträge sind eine grundsätzlich zulässige Alternative zum einseitig-hoheitlichen Verwaltungshandeln.[73] Sie erscheinen als Ausprägung einer „gegenüber obrigkeitsstaatlichen Vorstellungen völlig veränderten rechtlichen Stellung des früher lediglich als Verwaltungsobjekt betrachteten Bürgers"[74] besonders geeignet, ein **neues Begegnungsmuster zwischen Bürger und Staat** im modernen Rechtsstaat zu begründen. Öffentlich-rechtliche Verträge sind im Zusammenhang mit der Genehmigung von Bauvorhaben seit langem in der Form von **Baudispens- oder Stellplatzablöseverträgen** gebräuchlich. Auch Gegenstände der Bauleitplanung werden seit vielen Jahren in **städtebaulichen Verträgen** paktiert. Städtebauliche Verträge betreffen insbesondere die Kooperation zwischen privaten Investoren und der Kommune.[75] Das wichtigste Beispiel war dabei die vertragliche Vereinbarung über die Erschließung und die Erschließungskosten. In den letzten Jahren haben sich die städtebaulichen Verträge auf die gesamte Entwicklung und Abwicklung eines Projekts durch einen „Developer" oder Bauträger ausgedehnt, die vom konzeptionellen Entwurf bis zur Finanzierung und Baudurchführung reichen kann. Ihre Attraktivität liegt darin, dass sie den grundsätzlich lockeren Zusammenhang von **Planung und Planverwirklichung** zu einem **synallagmatischen Verhältnis** zwischen kommunaler Entwicklungsplanung und privater Investitionsplanung verdichten (vgl. dazu § 17 Rn 146 ff.).

Allerdings kann der städtebauliche Vertrag das förmliche Planungsverfahren nicht völlig ersetzen. Nicht zuletzt deswegen zielen die Neuerungen des Städtebaurechts auf eine Verstärkung des institutionellen Rahmens von konsensualer Regelung und öffentlicher Planung. Dazu zählt insbesondere der **vorhabenbezogene Bebauungsplan** (vgl. § 17 Rn 150), der wichtige Teilfunktionen der planenden Verwaltung auf private Träger verlagert und gleichzeitig die inhaltlichen Bindungen des Planungsrechts entscheidend zurücknimmt. Andererseits liegt damit gerade die Problematik eines kommunalpolitischen Tauschgeschäfts auf der Hand. Es geht um die Gesetzmäßigkeit der Planung, die Entscheidungskompetenz demokratisch legitimierter Gremien, das Verhältnis von öffentlichen Vor- und Gegenleistungen zu privatem Nutzen und ganz entscheidend auch um die Gleichheit der Bürger vor dem Gesetz.[76] Insgesamt dokumentiert sich in den Pendelschlägen von rechtlicher Formalisierung der Planung, Entformalisierung durch Informalität und Konsensualität und der darauf folgenden Reformalisierung der Bedingungen für kooperatives Verwaltungshandeln das grundlegende Spannungsverhältnis von rechtsstaatlichen Bindungen und Flexibilisierung der Planung. Der Preis der Bewältigung dieser Herausforderungen liegt in der ständigen **Ausdifferenzierung des Rechts**.

---

73 Vgl. dazu grundsätzlich *Maurer/Bartscher*, 1997.
74 BVerwGE 23, 213, 215.
75 Vgl. dazu grundlegend *Schmidt-Aßmann/Krebs*, 1984.
76 Vgl. dazu *Burmeister*, VVDStRL 1993, 190 ff.

Sie reduziert die Komplexität nicht, sondern erhöht sie. Aber in einer komplexen Gesellschaft gibt es keine Alternative, als die Komplexität der Entscheidungsfindung der des zu lösenden Problems anzupassen.

IV. Das öffentliche Baurecht im System der räumlichen Planung

33 In der flächenmäßig kleinen und dicht besiedelten Bundesrepublik Deutschland treffen unterschiedliche Nutzungsansprüche nicht nur in den Zentren auf andere, nicht oder nur schwer mit ihnen zu vereinbarende Interessen. Eine planerische Koordination der unterschiedlichen Nutzungsansprüche an den Raum kann daher nicht allein durch die Planung einer Gemeinde erfolgen. Die Siedlungsentwicklung macht nicht an den Gemeindegrenzen halt. Fast jede größere Stadt umgibt ein „Speckgürtel", der einen regelungsbedürftigen Verflechtungszusammenhang zwischen dem urbanen Zentrum und den Umlandgemeinden aufweist. Die Bauleitplanung hat daher auch einen **Bezug zu den planerischen Entwicklungen benachbarter Kommunen** herzustellen. Es gibt zudem industrielle und andere gewerbliche Vorhaben, deren Bedeutung und deren Auswirkungen weit über das Gebiet der Gemeinde hinausgehen, in der sie ihre Standorte haben, und daher bilateral abstimmungsbedürftig sind. Dies betrifft nicht nur die von industriellen Anlagen ausgehende Umweltbelastung, sondern auch die Ansiedlung von großflächigen Einzelhandelszentren wegen ihrer Folgen für die verkehrliche Erschließung und die Steuerkraft der Kommunen. Eine erste Konsequenz aus den großräumigen Interdependenzzusammenhängen mit ihren räumlich unterschiedlich verteilten positiven und negativen Folgen ist, dass die Gemeinden nach § 2 Abs. 2 BauGB ihre Entscheidungen mit den Strategien anderer Kommunen auf gleicher Ebene **horizontal zu koordinieren** haben (vgl. dazu § 17 Rn 11). Zu den internen Koordinationsleistungen der Planung treten damit die externen Koordinationsanforderungen mit entsprechenden Kooperationspflichten. Die Gleichordnung der Kommunen bildet dabei die Basis interkommunaler Abstimmung. Die institutionalisierte planerische Rücksichtnahme stellt damit gleichsam eine funktionale Alternative zur Eingemeindung dar. Sie wird flankiert durch eine Vielzahl anderer interkommunaler Kooperationen, die von der Bildung gemeinsamer Zweckverbände zum Betrieb von öffentlichen Infrastrukturen bis hin zur Organisation von kommunalen Planungsverbänden und gemeinsamen Flächennutzungsplanungen reichen können.[77]

34 Die Problembewältigungskapazität der horizontalen Kooperation zwischen den Planungen benachbarter Gemeinden ist begrenzt. Es kann als eine mittelbare Folge der Standortsicherung durch kommunale Planung angesehen werden, dass Kommunen gleichzeitig in einem interkommunalen Standortwettbewerb um attraktive Gewerbeansiedlungen und in eine Auseinandersetzung um die Abwehr der mit den Vorhaben verbundenen negativen Effekten involviert werden. Die daraus resultierenden Gegensätze können auf der Basis gegenseitiger Rücksichtnahme im Rahmen der horizontalen Koordination nicht hinreichend bewältigt werden. Auch haben sich zwischen einzelnen städtischen Zentren große regionale Agglomerationsräume herausgebildet, deren Entwicklung mit interkommunalen Koordinationsleistungen allein nicht mehr gesteuert werden kann. Schließlich ist insbesondere die Verkehrsinfrastruktur geradezu darauf angelegt, Verbindungen zwischen den einzelnen Zentren zu schaffen. Daher kann sich die raumbezogene Planung nicht auf die Bewältigung von Binnenkonflikten in den Gemeinden und deren interkommunale Kooperation beschränken, sondern verlangt nach höher aggregierten Planungsebenen, in denen sowohl die Stadt-Umland-Beziehungen geregelt und der interkommunale Wettbewerb moderiert, als auch die Trassen der Verkehrsinfrastruktur, die Standorte übergemeindlicher Einrichtungen der öffentlichen Daseinsvorsorge sowie die prägenden Strukturen der regionalen Räume gesichert werden können. Die von staatlichen Stellen getragene öffentliche Planung erfolgt entweder als integrative **räumliche Gesamtplanung** oder problemselektiv als **Fachplanung**. Dies bedeutet, dass sich die kommunale **Bauleitplanung in eine Kaskade höher aggregierter raumbedeutsamer Planungen** einordnen muss. Ist die kommunale Bauleitplanung

---

77 Vgl. dazu *Brohm*, § 2 Rn 13 ff.

nur die lokale Ebene einer Abfolge von Planungsstufen,[78] impliziert dies einen spezifischen Integrationsbedarf zwischen überörtlicher und örtlicher Planung im Wege der **vertikalen Koordination**.

Unter den Sammelbegriff der räumlichen **Fachplanung** werden ganz unterschiedliche Formen raumbeanspruchender, aber fachlich spezifizierter Planungen und Maßnahmen subsumiert.[79] Dazu zählen insbesondere die Planfeststellungen, die auf die Zulassung bestimmter raumbeanspruchender Vorhaben wie den Bau von Straßen (§ 17 FStrG), Eisenbahntrassen (§ 18 AEG) oder Flughäfen (§ 8 LuftVG) gerichtet sind. Die **Planfeststellungsverfahren** für raumbeanspruchende Vorhaben haben zwar die rechtlichen Aussagen zur Fachplanung entscheidend geprägt, Fachplanung umfasst jedoch mehr. Zu ihr gehören im weiteren auch Planwerke mit rein verwaltungsinterner Bindungsfunktion. Die betrifft etwa die **sachlichen Teilpläne** der Landschaftsplanung des Naturschutzes (§§ 5 ff. BNatSchG) oder die forstliche Rahmenplanung (§ 7 BWaldG). Nach einem weiten und umfassenden Verständnis werden zu ihr auch **rechtsverbindliche gebietsbezogene Festsetzungen** des Umweltschutzes, wie Wasser- (§ 19 WHG) oder Naturschutzgebiete (§ 13 BNatSchG) gezählt.[80] Gemeinsam ist allen Fachplanungen, dass sie ein sachlich abgegrenztes Teilziel verfolgen. Häufig sind auch die Fachplanungen mehrstufig in Planungskaskaden organisiert. So legt der Bundesverkehrswegeplan den Ausbaubedarf der Bundesstraßen fest, das Verfahren der Linienbestimmung (§ 16 FStrG) konkretisiert die Trassenführung und erst im Planfeststellungsverfahren (§ 17 FStrG) wird über alle Details des jeweiligen Vorhabens von Kurvenradien bis hin zu den Lärmschutzmaßnahmen abschließend und mit rechtlicher Verbindlichkeit gegenüber Dritten entschieden. Entsprechend beginnt die Fachplanung des Naturschutzes mit den landesweit aufzustellenden Landschaftsprogramme (§ 5 Abs. 1 BNatSchG), erfährt eine erste Konkretisierung durch die regionalen Landschaftsrahmenpläne und beschreibt in den Landschaftsplänen (§ 6 BNatSchG) die örtlichen Erfordernisse des Naturschutzes und der Landschaftspflege. Aufgrund ihrer unterschiedlichen Stellung innerhalb des kaskadenförmigen Gefüges von Fachplanungen ist die Rechtsnatur der einzelnen Planungsebenen keineswegs uniform oder auch nur eindeutig. Sie werfen auch die Frage nach ihrer Integration in die räumliche Gesamtplanung auf.

Im Gegensatz zur Fachplanung ist die räumliche Gesamtplanung von vornherein gehalten, integrierte Lösungen zu entwickeln. Die überörtliche und überfachliche Planung ist Aufgabe der **Raumordnung und der Landesplanung**. Raumordnung zielt damit auf die zusammenfassende, überörtliche und überfachliche Ordnung des Raums aufgrund von vorgegebenen oder erst zu entwickelnden Leitvorstellungen.[81] Differenzkriterien der räumlichen Gesamtplanung sind damit die Überfachlichkeit und Überörtlichkeit. Sie markieren einerseits den Unterschied zur Fachplanung, andererseits zur kommunalen Bauleitplanung. Die Raumordnung hat den Gesamtraum der Bundesrepublik Deutschland und seine Teilräume durch zusammenfassende, übergeordnete Raumordnungspläne sowie durch Abstimmung raumbedeutsamer Planungen und Maßnahmen zu entwickeln, zu ordnen und zu sichern (§ 1 Abs. 1 S. 1 ROG). Mit Ausnahme der Stadtstaaten und des Saarlandes ist sie zweistufig angelegt. Danach ist zum einen für das Gebiet eines jeden Landes ein zusammenfassender und übergeordneter Plan aufzustellen (§ 8 Abs. 1 S. 1 ROG), zum anderen sind in den Ländern, deren Gebiet die Verflechtungsbereiche mehrerer zentraler Orte oberster Stufe umfasst, Regionalpläne aufzustellen (§ 9 Abs. 1 S. 1 ROG). Gegenstand der Raumordnungsplanung sind damit Aussagen zur regionalen oder landesweiten Raumentwicklung. Dabei sind unterschiedliche Anforderungen an den Raum aufeinander abzustimmen und die auf der jeweiligen Planungsebene auftretenden Konflikte auszugleichen sowie Vorsorge für einzelne Raumfunktionen und Raumnutzungen zu treffen (§ 1 Abs. 1 S. 2 ROG).

---

78 *Oldiges*, Rn 38.
79 Siehe nur *Brohm*, § 2 Rn. 2 ff.
80 So etwa *Brohm*, § 2 Rn 10.
81 BVerfGE 3, 425.

Ihre Bindungswirkung für die Träger anderer Planungen hängt im Einzelnen von weiteren Voraussetzungen ab. Aus der Mehrstufigkeit der Raumordnungsplanung ergibt sich zunächst ein Abstimmungsbedarf zwischen ihren unterschiedlichen Hierarchieebenen der räumlichen Gesamtplanung und ein Koordinationsbedarf zur Fachplanung. Für die vertikal geschichteten Planungsebenen gilt das **Gegenstromprinzip**. Nach § 1 Abs. 3 und § 7 Abs. 1 ROG soll sich die Entwicklung, Ordnung und Sicherung der Teilräume in die Gegebenheiten und Erfordernisse des Gesamtraums einfügen. Entsprechend soll die Entwicklung, Ordnung und Sicherung des Gesamtraums die Gegebenheiten und Erfordernisse seiner Teilräume berücksichtigen. Die niederstufige Planung hat sich danach an den Vorgaben der höchststufigen zu orientieren, andererseits ist die höchststufige Planung jedoch gehalten, die sachlichen Belange der Teilräume grundsätzlich zu respektieren. Da sich die räumliche Gesamtplanung auf die fachübergreifende Koordination raumbedeutsamer Planungen erstreckt, kann sie nicht die Aufgabe haben, originäre Fachplanungen selbst vorzunehmen. Vielmehr ist sie grundsätzlich gehalten, die **Ergebnisse der Fachplanung aufzunehmen**. Sie steuert jedoch indirekt auch von einem überfachlichen Standort aus die Verwirklichung fachlicher Belange im Raum und hat insofern eine „immanente Fachkompetenz". Die vom jeweiligen Träger der Raumordnung abgewogenen, räumlich und sachlich bestimmbaren Festlegungen sind als Ziele der Raumordnung verbindlich (§ 7 Abs. 1 i.V.m. § 3 Nr. 2 ROG).

37 Die Überörtlichkeit der **Raumplanung** markiert den Unterschied zur **Bauleitplanung**, die Überfachlichkeit bezeichnet die Differenz der **Fachplanung** gegenüber der Bauleitplanung. Damit sind zwar funktionelle Differenzkriterien formuliert, aus ihnen können jedoch keine streng gegeneinander abgrenzbaren Aufgabenbereiche abgeleitet werden. So ist die Entwicklung der örtlichen Leitbilder zur Nutzung der Flächen auf dem Gebiet der Gemeinde Aufgabe der Bauleitplanung. Daher darf die städtebauliche Entwicklung grundsätzlich nicht Gegenstand von raumordnerischen Planungen sein.[82] Sie ist Aufgabe der kommunalen Selbstverwaltung. Andererseits lassen sich sowohl die überörtliche Planung als auch die Fachplanung nicht anders als in örtlich bedeutsamen Maßnahmen realisieren. Umgekehrt manifestiert sich die örtliche Planung auch dadurch, dass sie Teil der überörtlichen Planung wird.[83] Daraus ergibt sich ein Bedarf an **Koordinationsregeln**, mit denen die Schnittstellen zwischen örtlicher und überörtlicher Planung operationalisiert werden können. In der Sache enthält § 1 Abs. 4 BauGB eine **Anpassungspflicht der Bauleitplanung** an die Ziele der überörtlichen Raumplanung (vgl. dazu § 17 Rn 9). Diese sachliche Hierarchisierung wird allerdings durch Mitwirkungs- und Beteiligungsrechte der Kommunen an den Planungsprozessen der überörtlichen Planung prozedural zu kompensieren versucht.[84] Sie sind an der Aufstellung der regionalen Raumordnungspläne zu **beteiligen** (§ 9 Abs. 4 ROG). Demgegenüber besteht bei Planfeststellungsverfahren zwar auch ein prozedurales Mitwirkungsrecht der Gemeinden, **Planfeststellungsbeschlüsse** besitzen jedoch nach § 38 BauGB einen grundsätzlichen **Geltungsvorrang** vor den Festsetzungen eines Bebauungsplans (vgl. dazu § 17 Rn 13). Entsprechendes gilt für die durch Rechtsverordnung festgesetzten Schutzgebiete.[85] Andere förmlich beschlossene, aber nicht als Rechtsnormen inkraftgesetzte Fachpläne sind zwar für die jeweils fachlich zuständigen Behörden verbindlich, nicht aber für Bürger und die planende Gemeinde. Soweit sie nicht als Ziele der Raumordnung anerkannt sind, können sie sich auf deren planerische Entscheidungen lediglich im Rahmen der Abwägung öffentlicher Belange auswirken.[86]

38 **Kommunale Planung programmiert** damit nicht nur die Grundzüge des **Baugeschehen**s, sie **wird** selbst wiederum **durch höher aggregierte öffentliche Planung programmiert**. Die raumbezogene Planung stellt sich in ihrer Gesamtheit daher zunächst als ein Sammelsurium unterschiedlicher Planungsgegenstände, Planungsebenen und Planungsträgern dar. Dieser Planungspluralismus verlangt

---

82 Vgl. dazu grundlegend *Wahl*, DÖV 1981, 597, 602 ff.
83 Vgl. dazu *Brohm*, DVBl 1980, 653, 657.
84 So bereits BVerwG, DVBl 1969, 362.
85 Vgl. dazu OVG Koblenz NuR 1987, 231.
86 Vgl. dazu *Schmidt*, Einführung in das Umweltrecht, § 6 Rn 5.

nach Koordination, Integration und Kooperation. Koordination und Kooperation sind daher nicht nur tragende Prinzipien des internen Prozesses der Bauleitplanung, sondern auch Grundelemente des Verhältnisses der planenden Gemeinde gegenüber anderen externen Planungen. Koordiniert werden muss sowohl zwischen unterschiedlichen horizontalen Planungen auf einer Entscheidungsebene als auch zwischen den unterschiedlichen vertikalen Ebenen der staatlichen und der kommunalen Planung. Sachlich koordiniert werden müssen im weiteren unterschiedliche fachliche Planungen, institutionelle Planungsstufen sowie auf der Zeitschiene verschobene Planungen. Die sachlichen Abstimmungs- und Anpassungsgebote werden durch Kooperationsregeln, die Art und Umfang der Mitwirkung bestimmen, prozedural ergänzt. Die Gesamtheit der raumbezogenen Planung manifestiert sich somit als **Kaskade von Planungsstufen** mit unterschiedlicher Bedeutung und Verbindlichkeit für die Gemeinden und die privaten Träger des Baugeschehens. Der Grad der rechtlichen Bindung höher aggregierter Planung variiert dabei ebenso wie der Umfang der Beteiligungsrechte. Sie kann der gemeindlichen Planung gegenüber nur als abwägungserheblicher Belang, Belang mit besonderem Gewicht, verbindliche Vorgabe oder sogar mit Geltungsvorrang ausgestattet sein.

C. Planen und Genehmigen als unterschiedliche rechtliche Entscheidungsprogramme

Baugenehmigung und Bauleitplanung setzen Schranken für die Nutzung des Grundeigentums. Sie begrenzen die Baufreiheit. **Genehmigen** und **Planen** stellen nicht nur unterschiedliche Problemlösungsstrategien dar, sie verkörpern auch **konträre Idealtypen rechtlicher Entscheidungen**.[87] Die objektbezogene Baugenehmigung basiert auf generell-abstrakten Zulässigkeitsanforderungen, die an unterschiedlichen Orten grundsätzlich für alle Bauvorhaben gleichen Typs Geltung beanspruchen. Die Bauleitplanung basiert zwar auch auf generell-abstrakten Zielvorgaben, entwickelt jedoch gebietsbezogene Zulässigkeitskriterien, mit denen dem Grundsatz von der Situationsgebundenheit des Eigentums zum Ausdruck verholfen wird. Darin liegt die Kehrseite der Erkenntnis, dass sich Planung im Gegensatz zu den sicherheitsrelevanten Eigenschaften der Baukonstruktion nur um den Preis der Uniformität der Siedlungsentwicklung und stereotyper Problemlösungen standardisieren ließe. Ist eine gelungene städtebauliche Planung durch jeweils eine spezifische, an der konkreten Situation zu messende Problembewältigung gekennzeichnet, ergeben sich daraus Folgen für die rechtliche Vorabnormierbarkeit von Planung. Baugenehmigung und Bebauungsplan ergehen in divergierenden Rechtsformen. Gegen sie sind unterschiedliche Rechtsschutzmöglichkeiten mit unterschiedlicher richterlicher Kontrolldichte eröffnet (vgl. dazu § 24). Allerdings wäre es verkürzt, die Unterschiede der Entscheidungsmodi allein aus der unterschiedlichen Rechtsnatur von Bebauungsplänen und bauordnungsrechtlichen Genehmigungen abzuleiten.

I. Die Baugenehmigung als rechtlich gebundene Kontrollerlaubnis

Sowohl die Rechtsnatur als auch der rechtliche Entscheidungsmodus einer **Baugenehmigung**, eines Bescheides über Erschließungsbeiträge oder eines Umlegungsbeschlusses sind eindeutig. Als **Verwaltungsakte** regeln sie einen Einzelfall abschließend und berühren damit die Rechte des Bürgers unmittelbar. Andererseits besitzt der Bürger nach Maßgabe des Regelungskonzepts einer „Kontrollerlaubnis"[88] einen unbedingten Anspruch auf Erteilung der Baugenehmigung, wenn sein Vorhaben die gesetzlich geregelten Zulassungsvoraussetzungen erfüllt. Sie folgt damit dem Modell der gebundenen Verwaltungsentscheidung. Soll die Baugenehmigung über die Zulässigkeit eines Bauvorhabens abschließend entscheiden, setzt dies voraus, dass die Zulässigkeitsvoraussetzungen durch Gesetz vollständig fixiert sind. Das operative Programm der gebundenen Verwaltungsentscheidung

---

87 Vgl. dazu grundlegend *Wahl*, DVBl 1982, 51 ff.; *Hoppe/Grotefels*, § 7; *Brohm*, § 11 Rn 1 ff.
88 *Maurer*, Allgemeines Verwaltungsrecht, 2000, § 13 Rn 51 und oben Rn 18.

folgt dem **Subsumtionsmodell**. Es besteht in der individuell-konkreten Umsetzung einer im Gesetz bereits abstrakt-generell geregelten Problemlösung durch den Abgleich eines konkreten Lebenssachverhalts mit einem gesetzlichen Tatbestand und der Feststellung der sich daraus ergebenden Rechtsfolge. Durch die **konditionale Programmierung**[89] hat der Gesetzgeber selbst den Weg der Konfliktbewältigung und das Ergebnis der Problemlösung abschließend vorskizziert. Die Verwaltung hat das vorgegebene Muster der Konfliktbewältigung lediglich auf die Besonderheiten des Einzelfalls zu übertragen. Durch die strenge Verklammerung eines klar definierten gesetzlichen Tatbestands mit einer bestimmten Rechtsfolge werden die Optionen für zulässige Problemlösungen einschneidend reduziert. Es gibt nur eine rechtlich richtige Entscheidung. Aufgabe der gesetzesgebundenen Verwaltung ist hier lediglich die Prüfung, ob ein bestimmter Sachverhalt den gesetzlichen Tatbestandsvoraussetzung entspricht. Das Vorhaben ist zu genehmigen, wenn ihm keine öffentlich-rechtlichen Vorschriften entgegenstehen; die Genehmigung ist zu verweigern, wenn das Vorhaben die Zulassungsanforderungen nicht erfüllt. Das Entscheidungsergebnis ist damit auf eine binäre Logik ausgerichtet.

Schaubild 1:

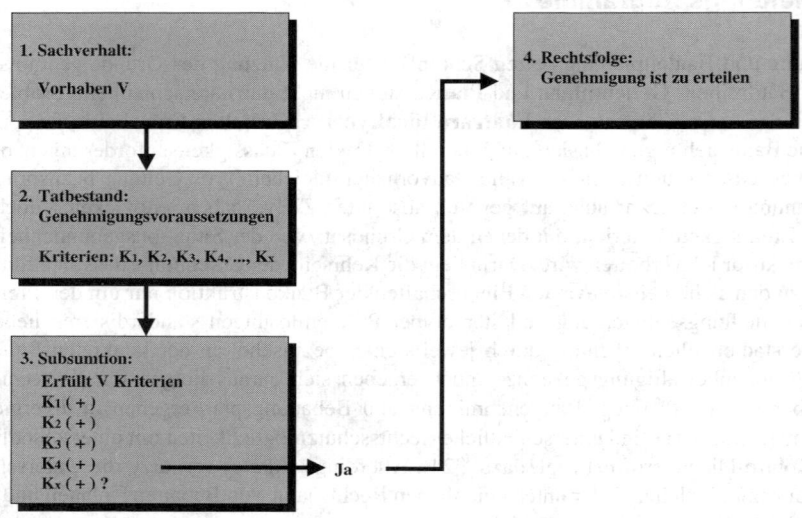

41 Gebundene Entscheidungen unterliegen daher der uneingeschränkten richterlichen Kontrolle. Sie erstreckt sich sowohl auf die Ermittlung des Sachverhalts als auch auf die Auslegung der Rechtsbegriffe. Dies bedeutet, dass im Gesetz alle denkbaren Probleme schon „auf Vorrat" vorab entschieden sein müssen. Da komplexe Probleme komplexe Problemlösungsstrategien erfordern, erhöhen sich mit zunehmender Komplexität der zu lösenden Probleme die Anforderungen an den Gesetzgeber. Konditionalprogramme können dieser Herausforderung zunächst dadurch begegnen, dass sie für untypische Sachverhalte Ausnahme- und Befreiungsmöglichkeiten vorsehen. Dies schafft zwar in gewissem Umfang Elastizität, hilft jedoch nur bei atypischen Sonderfällen. Der Komplexität der typischen Entscheidungsprobleme kann dagegen regelmäßig nur dadurch Rechnung getragen werden, dass der Umfang der Zulässigkeitsvoraussetzungen ständig erweitert wird. Der Preis dafür sind

---

[89] Vgl. dazu *Luhmann*, Recht und Automation in der öffentlichen Verwaltung, 1966, S. 36 ff. Erheblich modifiziert inzwischen *ders.*, in: Das Recht der Gesellschaft, 1993, S. 195 ff.

die Steigerung der Regelungsdichte, die Verlängerung der Verfahrensdauer und die Zunahme der Fehlerquellen. Gleichzeitig verändert sich der Entscheidungsmodus nicht grundlegend. Die Behörde bleibt verpflichtet, das Vorliegen einer Vielzahl konditionaler Regelungen additiv hintereinanderweg zu prüfen. Das binäre Entscheidungsmuster gilt weiter. Danach lässt nur die Erfüllung aller gesetzlichen Tatbestandsvoraussetzungen eine Genehmigung zu; diese ist allerdings bei Vorliegen aller Voraussetzungen zwingend zu erteilen. Die richterliche Kontrolldichte kann gelockert sein, wenn der Verwaltung auf der Rechtsfolgenseite **Ermessen** eingeräumt ist oder ihr auf der Tatbestandsseite ein **Beurteilungsspielraum** zugebilligt wird. Am Grundsatz der antizipierten Problembewältigung durch die abstrakt-generellen Normen des gesetzlichen Entscheidungsprogramms ändert sich jedoch nichts. Die Behörde kann daher nicht das Gewicht der Zulassungsvoraussetzungen situationsspezifisch bewerten, sie gegeneinander abwägen und ein synthetisches Urteil über Vor- und Nachteile unterschiedlicher Lösungsalternativen fällen. Eben darin liegen die Besonderheiten der rechtlichen Ausgestaltung einer Planungsentscheidung.

II. Planerische Gestaltungsfreiheit und Abwägungsgebot

Im Unterschied zum Genehmigungsrecht lässt sich ein an spezifischen Problemtypen orientierter **Planungsbegriff** nur bedingt aus dem jeweiligen Entscheidungssubstrat ableiten. Planung ist nahezu ubiquitär. So reicht der Gegenstandsbereich der öffentlichen Planung von den Haushaltsplänen über die Entwicklungs- und Bedarfspläne im Bereich der Bundeswehr, der Hochschulen, Schulen, Kindergärten oder Krankenhäuser bis hin zur raumbezogenen Planung. Aufgabe der Planung ist dabei wohl allgemein die Organisation von knappen Ressourcen,[90] es fällt aber schwer, daraus ein spezifisches Differenzkriterium zu entwickeln. Planung impliziert zwar generell ein „vorausschauendes Setzen von Zielen und gedankliches Vorwegnehmen der zu ihrer Verwirklichung erforderlichen Verhaltensweisen",[91] die strategische Berücksichtigung der Folgen dürfte jedoch auch für andere Formen des Verwaltungshandelns wie etwa den Erlass von Rechts- und Verwaltungsvorschriften gelten. Planung ist im weiteren sicherlich ein Instrument einer überindividuellen Sozialgestaltung,[92] dies trifft allerdings auch für andere Regelungen wie etwa die Festlegung der Nutzungsbedingungen öffentlicher Einrichtungen zu. Häufig wird Planung auch mit proaktivem Handeln identifiziert, das sich darin grundlegend von den reaktiven Handlungsmustern der eingreifenden und der leistenden Verwaltung unterscheide.[93] Auch dieses Differenzkriterium erscheint noch zu unspezifisch, reagiert doch auch die Planung auf vorhandene oder zumindest absehbare Probleme. Dass Planung sowohl Elemente des Erkennens als auch Wertens und schließlich auch des Wollens einschließt[94] und ihr daher eine gestalterische Bedeutung zukommt, unterscheidet sie gleichfalls nicht grundlegend von der untergesetzlichen Normsetzung in anderen Bereichen. Auch dass Planung mit Unsicherheiten und der Unwägbarkeit von Prognosen konfrontiert ist,[95] grenzt sie nicht strikt gegen Entscheidungen über die Risiken gefährlicher Anlagen ab, die etwa als gebundene Verwaltungsakte im Immissionsschutz ergehen. Schließlich ist auch die Komplexität des Entscheidungsproblems[96] keine hinreichende Bedingung einer Problembewältigung durch Planung.

Planung verkörpert daher auch **keine spezifische Rechtsform** staatlichen Handelns, sondern erweist sich als „Konglomerat der verschiedensten staatlichen Akte".[97] Pläne ergehen in den unterschiedlichsten Rechtsformen. So werden die meisten Landesentwicklungspläne als formelle Gesetze verab-

---

90 Vgl. etwa *Maurer*, § 16 Rn 10.
91 *Woff/Bachof/Stober*, Verwaltungsrecht I, § 56 Rn 6.
92 *Maurer*, § 16 Rn 9.
93 *Maurer*, § 16 Rn 9.
94 *Finkelnburg/Ortloff*, Öffentliches Baurecht Band I: Bauplanungsrecht, § 5 VI.
95 *Brohm*, § 13 Rn 26.
96 *Oldiges*, Rn 44 f.
97 *Maurer*, § 16 Rn 2.

schiedet. Entsprechendes gilt für den Bedarfsplan für den Ausbau der Bundesfernstraßen. Dagegen ergehen Planfeststellungsbeschlüsse als Verwaltungsakte (§ 74 VwVfG), während die vorgelagerte Linienbestimmung als „unselbständiges Entscheidungselement"[98] der Fachplanung betrachtet wird. Die herrschende Meinung sieht in den Flächennutzungsplänen eine hoheitliche Maßnahme eigener Art,[99] demgegenüber weist das Gesetz den Bebauungsplänen die Rechtsnatur von kommunalen Satzungen zu (§ 10 Abs. 1 BauGB). Pläne können daher in allen nur denkbaren Handlungsformen des öffentlichen Rechts ergehen: als Gesetz, Rechtsverordnung, Satzung, Verwaltungsakt, Realakt oder verwaltungsinterne Maßnahme.[100] Infolgedessen gibt es weder eine in sich konsistente Rechtsformenlehre der Planung noch eine aussagefähige Normtypik der Handlungsinstrumente der planenden Verwaltung, die sie dadurch von anderen Formen der eingreifenden oder leistenden Verwaltung unterscheidbar machen würde.

44 Ungeachtet des damit sicherlich zutreffenden allgemeinen Befundes, es sei „noch nicht gelungen, Plan und Planung rechtsdogmatisch in den Griff zu bekommen",[101] gilt das Institut der **Abwägung** als gemeinsamer rechtsdogmatischer Leitbegriff der räumlichen Planung. Mit ihm wird im Unterschied zu der auch dort verbreiteten Variationsbreite der Rechtsformen ein spezifischer rechtlicher **Entscheidungsmodus** identifiziert. Nach § 1 Abs. 6 BauGB sind bei der Aufstellung von Bauleitplänen „die öffentlichen und privaten Belange gegeneinander und untereinander gerecht abzuwägen".[102] Die rechtlichen Vorgaben für die Erstellung von Bauleitplänen sind damit nicht konditional programmiert, sondern werden durch ein gesetzliches **Finalprogramm** formuliert,[103] das ergebnisoffen konzipiert ist. Entsprechend sind bei der Aufstellung von Raumordnungsplänen „die Grundsätze der Raumordnung gegeneinander und untereinander abzuwägen" (§ 7 Abs. 7 S. 1 ROG).[104] Das Prinzip der Abwägung beherrscht auch die Zulassungsentscheidungen des Planfeststellungsrechts.[105] Das Abwägungsgebot ist als das gemeinsame rechtliche Paradigma von Entscheidungen der raumbezogenen Planung selbst auf eine weitere Grundfigur des Planungsrechts bezogen: die **„planerische Gestaltungsfreiheit"**.[106] Die planerische Gestaltungsfreiheit ist wiederum ein synonymer Ausdruck für das **„Planungsermessen"**, das dem Träger der Planung zugestanden wird, weil Planung ohne ein erhebliches Maß an planerischer Gestaltungsfreiheit ein Widerspruch in sich wäre. Bleibt eine Gemeinde innerhalb des Rahmens der Ausübung zulässigen Planungsermessens, ist es nicht Aufgabe der Verwaltungsgerichtsbarkeit, durch eigene Ermittlungen ersatzweise zu planen und hierbei von Erwägungen einer besseren Planung leiten zu lassen.[107] Das Institut der Abwägung setzt damit den rechtlichen Rahmen für die Ausübung der planerischen Gestaltungsfreiheit. Es leitet das Planungsermessen.

45 Das Planungsrecht entwickelt seine normative Dimensionen auf zwei zu unterscheidenden Ebenen. Es ist zum einen verhaltensanleitende Handlungsnorm für den Träger der Planung, zum anderen setzt es als Kontrollnorm Maßstäbe für Ausmaß und Umfang der Überprüfbarkeit ihrer Entscheidungen durch die Verwaltungsgerichtsbarkeit.[108] Die von der Rechtsprechung entwickelten **„Abwägungs-**

---

98 BVerwGE 62, 343, 346.
99 *Löhr*, Die kommunale Flächennutzungsplanung, 1977, S. 133 ff.
100 Vgl. auch *Faber*, Allgemeines Verwaltungsrecht, 1998, § 31 I c.
101 *Maurer*, § 16 Rn 1.
102 Vgl. zur Bauleitplanung BVerwGE 34, 301 ff.; 45, 309; 47, 144 ff.; 59, 87 ff.
103 *Luhmann*, a. a. O.
104 Vgl. zur Anwendung des Abwägungsgebotes in der Raumordnungsplanung *Erbguth/Schoeneberg*, Raumordnungs- und Landesplanungsrecht, 1992, Rn. 185.
105 Vgl. zur fernstraßenrechtlichen Planung grundlegend BVerwGE 48, 56 ff. und dazu die Darstellung bei *Steinberg*, Fachplanung, 1993, S. 187 ff.
106 Vgl. dazu grundlegend BVerwGE 34, 301 ff; 48, 56, 59.
107 BVerwGE 98, 126.
108 Vgl. dazu *Hoppe*, DVBl 1994, 1033, 1035.

direktiven"[109] eröffnen damit eine spezifische Kontrolldimension für die Nachprüfbarkeit von Planungsentscheidungen. Sie beschränkt die richterliche Nachprüfung auf eine **Fehlerkontrolle**. Ein Verstoß gegen Abwägungsdirektiven indiziert Abwägungsfehler und damit einen rechtlich bedeutsamen Missbrauch des Planungsermessens. Das Recht begrenzt seine handlungsleitenden Funktionen für die Planung daher auf die Vorgabe von anzustrebenden Zielen und seine Kontrollfunktion auf die Korrektur von Planungsfehlern.

Dieser Modus der zurückgenommenen gesetzlichen Bindung und der reduzierten gerichtlichen Kontrolle von Planungsentscheidungen ist begründungsbedürftig, kann doch Planung im Rechtsstaat nur rechtlich strukturierte Planung sein. Die planerische Gestaltungsfreiheit kann sich für die Bauleitplanung zunächst auf ihre Verwurzelung in der **kommunalen Selbstverwaltung** berufen. Sie umreißt nicht nur einen kompetenzrechtlichen Status, der das Verhältnis zur staatlichen Aufsicht und den anderen Trägern öffentlicher Planung beschreibt, sondern gilt auch gegenüber allen von der Planung Betroffenen. Als materiell-rechtliches Prinzip weit reichender Gestaltungsbefugnisse grundrechtsrelevanter Freiheitsbereiche bedürfen die Entscheidungsspielräume einer zusätzlichen Rechtfertigung. Sie liegt zunächst in den **Strukturvorgaben der Planungsgesetze** selbst, die eben keine Konditionalprogramme vorgeben und begründet sich im Übrigen auch aus ihrer **sachlichen Funktion**. Gemeinhin werden als Rechtfertigung für die Abkehr von der konditionalen Programmierung die Komplexität der Probleme und die Vielzahl der konkurrierenden Belange angeführt, die durch Planung bewältigt werden müssen. Dies trifft nicht ganz. Komplexität lässt sich grundsätzlich auch in Konditionalprogrammen abbilden. Die räumliche Planung reagiert vielmehr mit **gebietsspezifischen Lösungen** auf Problemstellungen, die sich mit standardisierten Problemlösungen nur unbefriedigend bewältigen lassen. Wie viele Naturschutzgebiete in einer Region ausgewiesen werden sollen, wie viele Gewerbeflächen für eine Stadt angemessen sind, wie viel Geschosse Häuser in einem Wohngebiet haben dürfen, lässt sich nur um den Preis unterkomplexer und gestalterisch unspezifischer Lösungen für alle Fälle nach gleichen quantitativen Kriterien bestimmen. Planerische Problemstellungen sind **kontextabhängig**. Sie geben in der Regel Raum für mehrere Lösungsvarianten. Dies bedeutet im Umkehrschluss, dass die Vorstellung von einer zwingenden Ableitung einer einzigen, allein fachlich richtigen und rechtlich zulässigen planerischen Entscheidung mit dem Wesen von Planung nicht vereinbar ist. Darüber hinaus ist es nicht nur Aufgabe der Planung, zwischen mehreren Alternativen diejenige Option auszuwählen, mit der den zu berücksichtigenden öffentlichen und privaten Belangen am besten Rechnung getragen werden kann, sondern auch ihre **eigenen Zielsetzungen** im jeweils konkreten Fall zu definieren und zu spezifizieren und damit auch den rechtlichen Rahmen für Bauvorhaben und Zulassungsentscheidungen zu gestalten. Aufgrund dieser **Gestaltungsfunktion** setzt die Planung daher selbst Standards, die für nachgeschaltete Verwaltungsentscheidungen, wie die Baugenehmigung, die Qualität von Konditionalprogrammen besitzen. Die Bauleitplanung erreicht nicht die Ebene der Entscheidung über die Zulassung konkreter Bauvorhaben. Dies bleibt Aufgabe der Baugenehmigung.[110] Sie konstituiert vielmehr einen „städtebaulichen Ordnungsvorbehalt"[111] für die Zulässigkeit von einzelnen Bauvorhaben. Planung steuert sich damit in einem rechtlich ausgedünnten Raum allgemeiner Grundsätze und Ziele selbst und setzt mit den von ihr beschlossenen Plänen wiederum eine neue Schicht normativer Anforderungen.

Planung ist eine auf den Erlass eines Plans zielende Tätigkeit. Der Plan ist Ergebnis dieses Prozesses.[112] Planung hat daher eine besonders wichtige **prozedurale Dimension**. Auf die Fairness des Planungsprozesses muss sich auch die gerichtliche Kontrolle der Planung erstrecken. Das Abwägungsgebot bezieht sich daher sowohl auf den Abwägungsvorgang als auch auf das Abwägungsergebnis.[113]

---

109 BVerwGE 90, 329, 332 sowie ausführlich *Hoppe/Grotefels*, § 7 Rn 25 ff.
110 Etwas anderes gilt allerdings für die vorhabenbezogenen Planfeststellungsverfahren. Daher ist das Paradigma der kommunalen Bauleitplanung auf sie so nicht übertragbar.
111 *Oldiges*, Rn 149.
112 *Maurer*, § 16 Rn 14.
113 BVerwGE 45, 309, 312 ff.

Damit ist ein weiteres Spezifikum planerischer Entscheidungen angesprochen. Sie fallen nicht isoliert, sondern zumeist als Teil einer Kaskade von Vorentscheidungen, die durch räumlich, zeitlich oder hierarchisch vorgeordnete Planungsebenen getroffen worden sind. Planung bedeutet damit auch **Koordination** mit anderen Planungen. Der Einbezug aller in ihren Aufgaben berührten öffentlichen Stellen und der betroffenen privaten Akteure ist prozedurales Grundelement jeder öffentlichen Planung. Eine umfassende Berücksichtigung der entscheidungsrelevanten Belange setzt voraus, dass sie in den Planungsprozess eingespeist werden können. Planung ist daher kein einseitig-hoheitlicher, sondern ein kommunikativer Entscheidungsprozess. Planung als Verfahren zur Herstellung von Entscheidungen beruht auf Kooperation und Partizipation. Planung schafft im weiteren neue normative Kontexte. Sie setzt „Entscheidungsprämissen für künftige Entscheidungen".[114] So wird die Bauleitplanung durch höherstufige Planungen programmiert und hat selbst programmierende Funktion. Sie ist nicht das Ende der **Entscheidungskaskade**. Daraus ergibt sich wiederum eine Schlussfolgerung für die rechtliche Qualität von Plänen. Soweit sich die öffentliche Verwaltung lediglich selbst programmiert, bedürfen Pläne keiner rechtlichen Verbindlichkeit gegenüber dem Bürger. Es reicht aus, wenn ihnen verwaltungsinterne Bindungswirkung zukommt. Umgekehrt folgt aus einer mit ihnen intendierten verwaltungsexternen Verbindlichkeit, dass sie in Rechtsformen ergehen müssen, die für den Bürger Rechtsschutz eröffnen.

48 Planung ermöglicht darüber hinaus etwas anderes als eine gebundene Verwaltungsentscheidung. Sie ist nicht darauf verwiesen, auf vorgefundene Rechtsprobleme zu reagieren. Planung kann aktiv gestalten und gesellschaftliche Probleme antizipieren, bevor sich diese in rechtlichen Konflikten manifestieren. Dabei muss sie eine Vielzahl von unterschiedlichen Belangen nach der ihnen im konkreten Fall jeweils zukommenden Bedeutung gewichten, bewerten und gegeneinander abwägen und ein Bündel von weit reichenden Folgen und Folgefolgen bedenken und bewältigen. Planung ist damit durch Zielkonflikte gekennzeichnet, die auf eine **kompromißhafte Lösung** drängen.[115] Kollidierende Belange können durch Gestaltung einem Ausgleich zugeführt werden. Insoweit erweist sich Planung damit als Optimierungsaufgabe. Dabei kann allerdings in der Regel „dem einen Interesse nichts zugestanden werden ...., ohne in einer Art Kettenreaktion zahlreiche andere Interessen zu berühren".[116] Gestalterische Planung führt daher zu Lösungen, die den unterschiedlichen Belangen jeweils unterschiedlich weit entgegenkommen. Genügt ihre Entscheidung den Anforderungen des Abwägungsgebots, so ist es nicht zu beanstanden, wenn der Planungsträger im Falle des Aufeinandertreffens verschiedener Belange sich für die Bevorzugung des einen und damit notwendig für die Zurückstellung des anderen entscheidet.[117]

49 Daher **operiert die raumbezogene Planung mit anderen rechtlichen Kriterien** als eine gebundene Verwaltungsentscheidung, die am Leitbild der Subsumtion von Sachverhalt, Tatbestand und Rechtsfolge orientiert ist. Im Unterschied zu anderen staatlichen Entscheidungen werden der öffentlichen Planung die zu erreichenden Ergebnisse und angestrebten Ziele durch das Recht nicht detailscharf, sondern zumeist nur in Form eines Bündels zu berücksichtigender Belange, Grundsätze und Leitbilder sowie von Verfahrensregelungen vorgegeben. Sie entzieht sich vorwegnormierten Lösungen durch schlichte Regelungen, die problemträchtige Sachverhalte durch standardisierte Tatbestandsvoraussetzungen zu erfassen suchen, an die sie wiederum strikt vorgegebene Rechtsfolgen knüpfen. Das Planungsrecht lockert nicht nur die Bindungen des Gesetzesvollzugs, sondern **verändert das Subsumtionsmodell** von Sachverhalt, Tatbestand und Rechtsfolge grundlegend. Planung beruht auf einem anderen Operationsmodus als der Vollzug konditionaler Rechtsprogramme. Sie basiert allgemein auf drei operativen Schritten: Ist-Analyse, Prognose zukünftiger Entwicklungen und

---

114 *Roellecke*, DÖV 1994, 1025.
115 *Kühling*, Fachplanungsrecht, S. 3.
116 BVerwG BRS 22 Nr. 3, S. 5.
117 BVerwGE 34, 301, 309; 45, 309; 75, 214.

Festlegung angestrebter Ziele. Während die Ist-Analyse eine solide Ermittlung der empirischen Entscheidungsgrundlagen voraussetzt und ihre Validität daher durch Dritte uneingeschränkt nachprüfbar ist, ist jede **Prognose** mit Risiken und Unsicherheiten verbunden. Dies hat Auswirkungen für die gerichtliche Kontrolle des prognostischen Abwägungsmaterials. Darüber hinaus muss die Planung im Rahmen ihrer vorgegebenen Aufgabenstellung **Alternativen** entwickeln, prüfen und auswählen, die sich erst im Prozess der Planung selbst konkretisieren lassen. Neben dem notwendigerweise mit Unsicherheit belasteten prognostischen Element werden Planungen daher auch durch **abwägende Entscheidungen über Vor- und Nachteile** verschiedener Alternativen und zwischen konkurrierenden Belangen geprägt. Daher eröffnet das Planungsrecht dem Planungsträger Spielräume für eigene Bewertungen. Besteht eine wesentliche Aufgabe der Bauleitplanung darin, selbst den **normativen Bezugsrahmen für nachgeordnete Entscheidungen** zu gestalten, so unterscheidet sich das planerische Ermessen wesensmäßig von den Ermessensentscheidungen, die in Konditionalprogramme eingebunden sind. Aufgrund seiner Gestaltungsfunktion steht das Planungsermessen daher dem gesetzgeberischen Ermessen näher als dem Verwaltungsermessen.[118] Die gerichtliche Kontrolle der „gestalterischen Abwägung" unterscheidet sich damit auch grundlegend von der „nachvollziehenden Abwägung" zwschen mehreren Belangen im Rahmen des konditional programmierten Rechts.[119] Als Gestaltungsauftrag darf die planerische Problembewältigung nicht nur einen Belang einem anderen vorordnen, sondern auch die Zurückstellung des einen mit den Vorzügen des anderen begründen.[120] Eine solche Kompensation ist der Abwägung der Wertigkeit zweier konkurrierender unbestimmter Rechtsbegriffe im Rahmen von Konditionalprogrammen grundsätzlich verwehrt. Planerische Abwägung lässt sich daher in ihrer rechtlichen Modellierung nicht durch eine an der Methode der Subsumtion eines Sachverhalts an einen gesetzlichen Tatbestand erschließen.[121]

Schaubild 2:

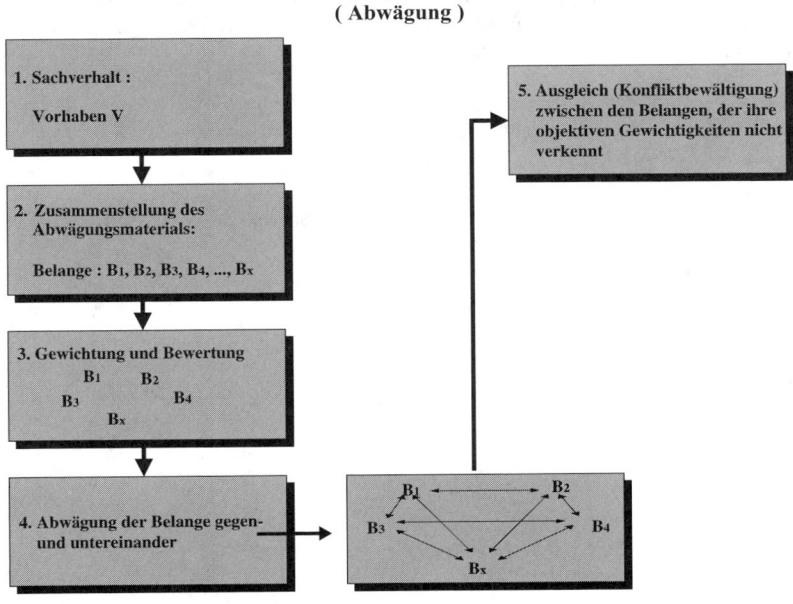

---

118 *Brohm*, § 11 Rn 4.
119 Vgl. dazu auch *Hoppe/Grotefels*, § 8 Rn 77 ff.
120 Vgl. nur BVerwGE 42, 8, 14; 55, 369, 383; 77, 300.
121 Vgl. nur *Oldiges*, IV B II 1a.

50 Das **Abwägungsgebot** strukturiert die rechtsstaatliche Planung insoweit, als es ihr die zu berücksichtigenden Gesichtspunkte vorgibt und sie gleichzeitig auf einen spezifischen modus operandi der Entscheidungsfindung verpflichtet. Es bezieht sich auf die Zusammenstellung des Abwägungsmaterials, die Bewertung der planungsrelevanten Belange und deren Abwägung. Es schlägt den Spannungsbogen von der kommunalen Planungshoheit über den demokratischen Rechtsstaat zur verfassungsmäßigen Inhalts- und Schrankenbestimmung des Eigentums.[122] Im Einzelnen verlangt es,[123]
- dass eine Abwägung überhaupt stattfindet,
- dass in die Abwägung alles an Belangen eingestellt wird, was nach Lage der Dinge in sie einzustellen ist,
- dass die Bedeutung der betroffenen Belange nicht verkannt wird und
- dass der Ausgleich zwischen den betroffenen Belangen nicht in einer Weise vorgenommen wird, die zur objektiven Gewichtigkeit einzelner Belange außer Verhältnis steht.

Der Befund eines Abwägungsausfalls und eines Abwägungsdefizits sind einer gerichtlichen Entscheidung leichter zugänglich als die Feststellung einer Abwägungsfehleinschätzung oder einer Abwägungsdisproportionalität. Die Abwägung wird dabei durch die **Planungsleitlinien** des Gesetzes auf die Berücksichtigung der gesetzlich vorgegebener Ziele orientiert. Sie steuern als **Abwägungsdirektiven** die Planung, zwingen jedoch nur zur Berücksichtigung der dort genannten Belange und sind daher im Rahmen der Abwägung überwindbar (vgl. dazu § 17 Rn 128 ff.). Im Gegensatz dazu können Rechtssätze, die eine strikte Beachtung erfordern, nicht „hinweggewogen" werden. Sie sind abwägungsresistent. Solche Rechtssätze werden als **Planungsleitsätze** bezeichnet (vgl. dazu § 17 Rn 125 ff.). Die Rechtsprechung hat noch eine dritte Kategorie von Rechtssätzen herausgearbeitet. Sie steht zwischen den abwägungsdirigierenden Planungsleitlinien und den abwägungsresistenten Planungsleitsätzen. **Optimierungsgebote** verlangen als relative Vorrangbestimmungen eine herausgehobene Berücksichtigung.[124] Da die in den gesetzlichen Planungsgrundlagen normierten Ziele kein generell-abstraktes Muster der Konfliktlösung vorgeben, muss die Planung die Konfliktbewältigung selbst für die konkrete Situation entwickeln. Allgemeiner Maßstab für das Planungsergebnis ist daher die „**planerische Konfliktbewältigung**".[125]

---

122 So auch *Stüer*, Rn 451.
123 Grundlegend BVerwGE 34, 301, 308 ff.; umfassend *Hoppe/Grotefels*, § 7; *Brohm*, § 13 Rn 16 ff. sowie § 17 Rn 123 ff.
124 Vgl. dazu BVerwGE 71, 163, 165; 90, 329, 331.
125 BVerwGE 67, 334.

§ 17 Bauleitplanung

Prof. Dr. Rainer Wolf

Literatur

Kommentare:
Battis/Krautzberger/Löhr, Baugesetzbuch, 7. Aufl. 1999; **Bielenberg/Krautzberger/Söfker**, Baugesetzbuch mit BauNVO. Leitfaden und Kommentierung, 4. Aufl. 1998; **Brügelmann**, BauGB, 1998; **Ernst/Zinkahn/Bielenberg/Krautzberger**, BauGB, 2000; **Gaentzsch**, BauGB, 1998; **Schlichter/Stich** (Hrsg.), Berliner Kommentar zum Baugesetzbuch, 1996; **Schrödter**, Baugesetzbuch. Kommentar, 6. Aufl. 1998.

Lehrbücher:
Battis, Baurecht und Raumordnungsrecht, 4. Aufl. 1999; **Brohm**, Öffentliches Baurecht, 2. Aufl. 1998; **Erbguth/Wagner**, Bauplanungsrecht, 3. Aufl. 1998; **Erbguth**, Bauplanungsrecht, in: Püttner/Würtenberger (Hrsg.), Besonderes Verwaltungsrecht, 2000; **Finkelnburg/Ortloff**, Öffentliches Baurecht, Bd. 1, 1998; **Gelzer/Birk**, Bauplanungsrecht, 6. Aufl., 1997; **Hoppe/Grotefels**, Öffentliches Baurecht, 1995; **Hoppenberg** (Hrsg.), Handbuch des öffentlichen Baurechts, Loseblattsammlung; **Koch/Hendler**, Baurecht, Raumordnungs- und Landesplanungsrecht, 2. Aufl. 1995; **Krebs**, Baurecht, in: von Münch/Schmidt-Aßmann, Besonderes Verwaltungsrecht, 11. Aufl. 1999; **Oldiges**, Baurecht, in: Steiner (Hrsg.), Besonderes Verwaltungsrecht, 6. Aufl. 1999; **Peine**, Öffentliches Baurecht, 1993; **Schmidt-Eichstaedt**, Städtebaurecht, 3. Aufl. 1998.

Monographien:
Bunzel, Bauleitplanung und Flächenmanagement bei Eingriffen in Natur und Landschaft, 1999; **Stüer**, Der Bebauungsplan, 2000; **Weyreuther**, Bauen im Außenbereich, 1979.

Inhalt

A. Allgemeine Vorschriften zur Bauleitplanung 1	2. Frühzeitige Bürgerbeteiligung 45
I. Die Aufgabe der Bauleitplanung . 2	3. Auslegungs- und Einwendungsverfahren 48
II. Grundsätze und Ziele der Bauleitplanung 3	4. Beteiligung der Träger öffentlicher Belange 50
1. Grundsätze 4	5. Änderung der Planung . . 54
a) Planmäßig- und Planerforderlichkeit 5	6. Planbeschluss 55
b) Planklarheit und planerische Zurückhaltung 8	7. Genehmigung/Anzeige . . 57
	8. Bekanntmachung 61
c) Anpassung an die Ziele der Raumordnung 9	**B. Der Flächennutzungsplan** . . . 62
	I. Funktion 63
d) Abstimmungspflicht mit der Bauleitplanung benachbarter Gemeinden 11	II. Inhalt 66
	1. Darstellungen 67
	2. Kennzeichnungen 70
e) Vorrang überörtlich bedeutsamer Fachplanungen 13	3. Übernahmen 71
	III. Form 72
2. Interne Ziele der Bauleitplanung 15	**C. Der Bebauungsplan** 76
	I. Funktion 77
a) Oberziele 16	II. Inhalt 80
b) Planungsleitlinien 17	1. Festsetzungen 81
c) Umweltschutz im Rahmen der Bauleitplanung . . . 18	a) Art der baulichen Nutzung 84
	b) Maß der baulichen Nutzung 93
III. Träger der Bauleitplanung . . . 35	c) Festsetzungen zur Bauweise, zu Mindest- und Höchstmaßen 95
IV. Das Verfahren der Bauleitplanung 38	
1. Der Planaufstellungsbeschluss 42	d) Neben- und Gemeinschaftsanlagen 98

Wolf 1221

e)	Flächen für besondere Formen des Wohnens	99
f)	Flächen für Gemeinbedarf	100
g)	Verkehrsflächen	103
h)	Flächen für Anlagen zur Versorgung und Entsorgung	105
i)	Von der Bebauung freizuhaltende Flächen	106
j)	Umweltschutz	107
2.	Kennzeichnungen und nachrichtliche Übernahmen	114
III.	Form	115
IV.	Besondere Formen des Bebauungsplans	118

D.	**Das Planungsermessen und seine rechtlichen Grenzen**	123
I.	Systematik der rechtlichen Bindung	124
II.	Abwägungsresistente Rechtsgrundlagen der Bauleitplanung	126
III.	Das Abwägungsgebot	128
1.	Die abwägungserheblichen Belange	131
2.	Abwägungsgrundsätze	134
3.	Umweltschutz in der Abwägung	137
E.	**Sonderformen der Bauleitplanung**	145
I.	Städtebauliche Verträge	146
II.	Der vorhabenbezogene Bebauungsplan	150
III.	Sicherung von städtischen Funktionen	155

A. Allgemeine Vorschriften zur Bauleitplanung

1 Durch ihre Bauleitplanung bestimmen die Kommunen den Rahmen für das Baugeschehen und die Nutzung von Grundstücken in ihrem Gebiet. Das Baugesetzbuch definiert in den §§ 1 – 4 BauGB die für die gesamte Bauleitplanung geltenden allgemeinen Vorschriften (Rn 2 ff.). Es gibt der Gemeinde im weiteren die Instrumente der Planung vor. Ihre grundlegenden Institute sind der Flächennutzungsplan (Rn 62 ff.) und der Bebauungsplan (Rn 76 ff.). Die Bauleitplanung ist damit in ihren Grundzügen zweistufig angelegt. Die gerichtliche Kontrolle der Bauleitplanung wird maßgeblich von der rechtlichen Strukturierung des Planungsermessens durch das Abwägungsgebot geprägt (Rn 123 ff.). Abschließend werden die Sonderformen der Bauleitplanung erörtert (Rn 145 ff.).

I. Die Aufgabe der Bauleitplanung

2 Aufgabe der Bauleitplanung ist es, die „bauliche und sonstige Nutzung der Grundstücke in der Gemeinde vorzubereiten und zu leiten" (§ 1 Abs. 1 BauGB). Die Bauleitplanung ist daher nicht auf die bauliche Entwicklung beschränkt, sondern erstreckt sich auf die gesamte „mit der Bebauung in Verbindung stehende Nutzung des Bodens".[1] Da sie einen ordnenden Rahmen für die Nutzung von Grundstücken zu entwickeln hat, muss sie sich an den Grundsätzen einer Inhalts- und Schrankenbestimmung des Eigentums nach Art. 14 Abs. 1 S. 2 GG messen lassen (vgl. dazu § 16 Rn 2 ff.). Als **Entwicklungsplanung für die örtliche Bodennutzung** kommt der Bauleitplanung die maßgebliche gestalterische Funktion für die zukünftigen räumlichen Strukturen der Gemeinde zu. Damit erhält sie die Aufgabe, ein umfassendes Konzept der örtlichen Planung für die Nutzung von Grundstücken zu entwickeln, nicht jedoch für eine darüber hinausgehende Planung der überörtlichen Raumnutzung oder gar der sonstigen Entwicklung.[2] Sie hat daher nicht die Funktion einer Gesamtplanung der politischen, ökonomischen, sozialen oder ökologischen Entwicklung einer Gemeinde.

Die **Vorbereitungs- und Leitungsfunktion** der Bauleitplanung konzentriert sich auf die Beeinflussung der zukünftigen Nutzung. Sie entwickelt in Bezug auf bestehende Nutzungen keine unmittelbar direktive Wirkung und begründet daher aus sich selbst heraus weder ein Baugebot noch zwingt eine planerische Festlegung zukünftiger Nutzungen dazu, eine bereits ausgeübte Nutzung eines Grundstücks aufzugeben. Die Bauleitplanung hat daher eine zukunftsgewandte Doppelfunktion. Sie trägt

---

1 BVerfGE 3, 407.
2 *Krautzberger*, in: *Battis/Krautzberger/Löhr*, § 1 Rn 12.

zum einen den Charakter einer **Angebotsplanung**, die Grundstücke zukünftig in der von ihr festgelegten Form zu nutzen, zum anderen wirkt sie sich als **Auffangplanung** aus, mit der eine unkoordinierte bauliche Entwicklung für die Zukunft verhindert und das Baugeschehen geordnet und geleitet werden kann. Die Bauleitplanung hat im weiteren den Kontext zu anderen raumbezogenen Planungen herzustellen. In Bezug auf die Raumplanung und die Fachplanungen kommen der Bauleitplanung daher **koordinative und integrative Aufgaben** zu. Sie muss ihre örtlichen Konzepte mit ihnen abstimmen (§ 1 Abs. 4 BauGB und unten Rn 9 ff.). Schließlich macht die Bauleitplanung die Prüfung der Zulässigkeit eines Bauvorhabens auf der Grundlage der bauordnungsrechtlichen Vorschriften nicht entbehrlich. Infolgedessen besteht auch Koordinationsbedarf in Bezug auf die ihr nachfolgenden Zulassungsentscheidungen. Diese Funktion haben die §§ 29 ff. BauGB (vgl. dazu § 18). Sie verknüpfen die städtebauliche Planung mit der bauordnungsrechtlichen Genehmigung.

Der in § 1 Abs. 1 BauGB enthaltene Hinweis „nach Maßgabe dieses Gesetzbuchs" macht deutlich, dass die Grundsätze und Instrumente der Bauleitplanung durch das BauGB abschließend geregelt sind. Andere Formen der städtebaulichen Planung dürfen daher nicht an ihre Stelle treten. Sie sind nur zulässig, soweit sie die Instrumente des BauGB nicht substituieren oder andere Materien zum Gegenstand haben. Damit ergibt sich aus § 1 Abs. 1 BauGB der „Grundsatz von der **Ausschließlichkeit der Plantypen**". Besondere Formen der Bauleitplanung finden sich im vorhabenbezogenen Bebauungsplan i. S.d. § 12 BauGB (vgl. dazu Rn 151 ff.) und im städtebauliche Vertrag gem. § 11 BauGB (vgl. dazu Rn 146 ff.). Im weiteren stellt die Bauleitplanung nicht das alleinige Ordnungselement zur örtlichen Regelung der Bodennutzung dar. Eine **lückenlose Überplanung** des Gemeindegebiets mit verbindlichen Bauleitplänen wird **weder tatsächlich erreicht noch ist sie rechtlich geboten** oder aus Gründen der städtebaulichen Ordnung erwünscht (vgl. dazu Rn 5).

II. Grundsätze und Ziele der Bauleitplanung

Die Bauleitplanung wird durch allgemeine Grundsätze und Ziele gesteuert. Diese müssen durch die spezifischen Regelungsformen der Flächennutzungs- und Bebauungspläne umgesetzt werden. Grundsätze und Ziele unterscheiden sich durch ihre unterschiedliche Funktion im Rahmen der und für die planerische Abwägung. 3

1. Grundsätze

Unter Grundsätzen werden im Folgenden die zwingenden Vorgaben verstanden, die von der Bauleitplanung strikt zu beachten sind. Sie ergeben sich entweder unmittelbar aus dem Gesetz oder sind durch die Rechtsprechung als abwägungsresistente Planungsleitsätze entwickelt worden. 4

a) Planmäßig- und Planerforderlichkeit

Ist es Aufgabe der Bauleitplanung, bauliche und sonstige Nutzung von Grundstücken vorzubereiten und zu leiten (§ 1 Abs. 1 BauGB), folgt daraus das Prinzip der **„Planmäßigkeit"** der Bodennutzung.[3] Es besagt, dass über die städtebauliche Entwicklung grundsätzlich nicht inkrementell von Fall zu Fall entschieden, sondern dass sie durch eine Rahmenordnung gestaltet werden soll, in der absehbare Nutzungskonflikte so weit wie möglich planerisch antizipiert, konzeptionell bewältigt und rechtlich vorentschieden sind. **Bauleitplanung** ist damit von Gesetzes wegen als **Regelfall der Steuerung der baulichen Entwicklung** vorgesehen. Die Pflicht, Bauleitpläne aufzustellen, entsteht für die Gemeinden, „sobald und soweit es für die städtebauliche Entwicklung erforderlich ist" (§ 1 Abs. 3 BauGB). Ist eine Planung objektiv erforderlich, resultiert daraus eine **Planungspflicht** für die Gemeinde. Dies gilt unabhängig von ihrer Größe oder ihrer Zuordnung in einen urbanen oder ländlich geprägten 5

---

[3] Vgl. dazu *Schmidt-Aßmann*, BauR 1978, 99 f.

Siedlungszusammenhang. Allerdings setzt Planung voraus, dass sie „vernünftigerweise geboten"[4] sein muss. Auch die Bauleitplanung trägt ihre Rechtfertigung nicht in sich selbst.[5] Daraus ergibt sich der Grundsatz der **Planrechtfertigung**. Aus dem Grundsatz der Planrechtfertigung folgt im Umkehrschluss das **Verbot nicht erforderlicher Planung**. Daher entfällt die Verpflichtung zur Bauleitplanung, wenn eine Steuerung der Grundstücksnutzung durch die Bauleitplanung nicht erforderlich ist. Sie ist daher nicht die einzig zulässige Form der Ordnung des Baugeschehens. So ist es in der Regel nicht erforderlich, das gesamte Gemeindegebiet mit Bebauungsplänen zu überziehen. Nicht selten wird es ausreichen, das Baugeschehen über die Plansurrogate des unbeplanten Innenbereichs (§ 34 BauGB) oder des Außenbereichs (§ 35 BauGB) zu steuern. Eine parzellenscharfe Festsetzung ist nur da erforderlich, wo mit massierten Nutzungskonflikten gerechnet werden muss. Deshalb entfällt in der Regel das Erfordernis, die städtebauliche Entwicklung mit Bebauungsplänen zu ordnen dort, wo bereits eine geschlossene Bebauung besteht und diese keinem nennenswerten Umnutzungsdruck ausgesetzt ist. Daher ermöglicht § 34 BauGB das Bauen im sog. „unbeplanten Innenbereich" ohne Bebauungsplan (vgl. dazu § 18 Rn 40 ff.). Entsprechendes gilt dort, wo keine oder nur im geringen Umfang bauliche Vorhaben vorhanden sind und auch nicht durchgeführt werden sollen. Hier regelt § 35 BauGB als Plansurrogat das Bauen im Außenbereich (vgl. dazu § 18 Rn 61 ff.).

6 Das **„Gebot positiver Planung"** enthält eine weitere inhaltliche Schranke. Unzulässig ist auch eine Planung, die von keiner erkennbaren städtebaulichen Konzeption getragen wird und ein Baugebiet allein zur wirtschaftlichen Verwertung von Grundstücken,[6] zum alleinigen Nutzen eines Eigentümers festsetzt,[7] ausschließlich zur Legalisierung einer städtebaulichen Fehlentwicklung dient[8] oder eine Festsetzung vorsieht, die im Widerspruch zur Planbegründung steht.[9] Dagegen ist eine Planung grundsätzlich zulässig, deren Hauptzweck die Verhinderung bestimmter unerwünschter, aber nach dem aktuellen planungsrechtlichen Status zulässiger Nutzungen ist. Ein generelles Verbot einer solchen **„Negativplanung"** besteht nicht.[10] Voraussetzung ist allerdings, dass der damit verfolgte städtebauliche Zweck tatsächlich angestrebt wird und nicht lediglich vorgeschoben wird.[11] Zum anderen ist die Bauleitplanung gegenständlich auf die Vorbereitung und Leitung der Grundstücksnutzung beschränkt. Sie hat daher einen Rahmen für die zukünftige Nutzung zu entwickeln, ohne über die konkrete Zulässigkeit der Nutzung einzelner Grundstücke bereits abschließend zu entscheiden. Die rechtsverbindliche Entscheidung über die Zulassung von Bauvorhaben ist Gegenstand der Baugenehmigung.

7 Da sich die Erforderlichkeit der Planung nur aus städtebaulichen Gründen ergeben kann, bemisst sie sich allein nach objektivierbaren Kriterien.[12] Die Pflicht zur Planung ist rein objektiv-rechtlicher Natur. Ihr steht **kein subjektiv-rechtlicher Anspruch** komplementär gegenüber. Ansprüche auf Bauleitplanung sind von Gesetzes wegen ausgeschlossen (§ 2 Abs. 3 BauGB). Sie können auch nicht vertraglich oder durch eine Zusage begründet werden (§ 2 Abs. 3 Hs. 2 BauGB).

---

4 BVerwGE 45, 309, 312.
5 BVerwGE 45, 309, 312.
6 BVerwGE 34, 301, 305; OVG Koblenz BauR 1986, 412.
7 Vgl. VGH Mannheim DVBl 1966, 827.
8 OVG Koblenz NVwZ 1986, 937.
9 BVerwGE 40, 258, 262.
10 BVerwGE 68, 360, 364; BVerwG NVwZ 1991, 875, 877; VGH BW, VBl BW 1998, 310.
11 Vgl. dazu BVerwGE 40, 258, 262.
12 Vgl. dazu BVerwG ZfBR 1996, 223.

b) Planklarheit und planerische Zurückhaltung

Der allgemeine rechtsstaatliche Grundsatz von der Bestimmtheit von Rechtsnormen transformiert sich für die Bauleitplanung in das **Gebot der Planklarheit**. Pläne müssen auf der Ebene ihres Regelungszugriffs den Adressaten eindeutige Vorgaben setzen. Sie haben zudem eine Problemlösung „im Angesicht der konkreten Sachlage"[13] zu treffen. Dies verwehrt ihnen, planspezifische Regelungen zu formulieren, die zu einem Formenmissbrauch der Bauleitplanung führen. So kann etwa die gemeindeweite Bepflanzung von Straßen im Wege einer Ortssatzung verbindlich vorgeschrieben werden, nicht aber durch einen gemeindeweiten Bebauungsplan. Im weiteren hat sich die Planung auf ihre Funktion zu beschränken. Sie muss sich daher vom „Grundsatz der planerischen Zurückhaltung" leiten lassen.[14] Sie darf danach Details, die erst auf der Ebene der bauordnungs- oder immissionsschutzrechtlichen Vorhabenzulassung zu entscheiden sind, nicht vorwegnehmen. 8

c) Anpassung an die Ziele der Raumordnung

Nach § 1 Abs. 4 BauGB steht die Gemeinde in der Pflicht, ihre Bauleitpläne den **Zielen der Raumordnung anzupassen**. Ziele der Raumordnung sind nach § 3 Nr. 2 ROG i.V.m. § 7 Abs. 1 S. 3 ROG die vom Träger der Landes- oder Regionalplanung abgewogenen textlichen oder zeichnerischen, räumlich und sachlich bestimmbaren Festlegungen zur Entwicklung, Ordnung und Sicherung des Raums (vgl. auch § 16 Rn 30 ff.). Die Gemeinde ist dadurch zunächst gehalten, diese Festlegungen bei der Aufstellung ihrer Bauleitpläne so zu beachten, dass diese **nicht in Widerspruch zu ihnen stehen**. Sie ist im weiteren verpflichtet, bereits bestehende Bauleitpläne entsprechend abzuändern, wenn die Ziele der Raumplanung später modifiziert werden sollten. Ob sich aus der Anpassungspflicht eine bundesrechtlich geregelte Erstplanungspflicht für die Gemeinde ergibt, ist streitig.[15] Zu beachten ist dabei allerdings, dass ein solches Planungsgebot landesrechtlich vorgeschrieben sein kann.[16] Mit der Anpassungspflicht wird zum einen die kommunale Bauleitplanung sachlich und zeitlich in das Geflecht der raumbezogenen Planungen geknüpft,[17] zum anderen wird damit sichergestellt, dass die höherstufige Planung für den Bürger mittelbar rechtliche Verbindlichkeit erhält. Die Anpassungspflicht der Bauleitplanung ist inhaltliches Komplement der gesetzlich vorgeschriebenen Beteiligung der Gemeinden an der höherstufigen Planung, mit der diese die Chance erhalten, ihre Interessen in sie einzubringen. Sie ist eine strikt zu beachtende Vorgabe der Bauleitplanung und kann im Wege der Kommunalaufsicht durchgesetzt werden.[18] 9

Die Steuerung der Bauleitplanung durch die Landes- und Regionalplanung findet allerdings umgekehrt ihre **Grenze in der kommunalen Planungshoheit**. Der Gemeinde obliegt es, ihre städtebauliche Entwicklung und Ordnung in eigener Verantwortung vorzubereiten und zu leiten (vgl. dazu Rn 35 ff.). Damit sind zwar bereichs- oder parzellenscharfe Festlegungen durch die höherstufige Planung nicht grundsätzlich ausgeschlossen, sie unterliegen jedoch dem Grundsatz, dass ihre Festlegungen zur Verwirklichung überörtlicher Planungsaufgaben auch tatsächlich erforderlich sein müssen.[19] Nicht gebotene Festlegungen kollidieren mit dem Übermaßverbot und dem **Gebot zur kompetentiellen Rücksichtnahme** auf die Planungszuständigkeit der Gemeinde.[20] So dürften parzellenscharfe Standortvorsorgeplanungen für Großvorhaben wie Kraftwerke nur dann zulässig sein, wenn sich ein absehbarer Bedarf plausibilisieren lässt. Entsprechendes muss auch für die verbindliche Sicherung 10

---

13 BVerwGE 50, 114.
14 BVerwG BauR 1989, 306.
15 So etwa *Krautzberger*, in: *Battis/Krautzberger/Löhr*, § 1 Rn 32; a.A. *Brohm*, Öffentliches Baurecht, § 12 Rn 9.
16 Vgl. etwa § 21 Abs. 1 LPlG NRW; § 16 Abs. 3 ThLPlG.
17 Vgl. auch *Krautzberger*, in: *Battis/Krautzberger/Löhr*, § 1 Rn 32.
18 Vgl. dazu BVerwGE 34, 301.
19 Vgl. auch BVerwGE 90, 329, 337.
20 Vgl. dazu *Brohm*, § 12 Rn 13 sowie unten Rn 35.

der Gewinnung von Bodenschätzen durch planerische Maßnahmen wie der Festlegung von Vorbehaltsgebieten gelten.

d) Abstimmungspflicht mit der Bauleitplanung benachbarter Gemeinden

11 Die Planungskonzeptionen benachbarter Gemeinden können konkurrierende Ziele verfolgen und damit zu Kollisionslagen führen. Um zu vermeiden, dass sich Gemeinden in ihrer kommunalen Planungshoheit wechselseitig beeinträchtigen, sind die Bauleitpläne nach § 2 Abs. 2 BauGB aufeinander abzustimmen. Die **interkommunale Abstimmungspflicht** entspringt der Pflicht zur **kompetentiellen Rücksichtnahme**.[21] Sie enthält das Gebot zur inhaltlichen Abstimmung der Bauleitpläne.[22] Ziel der Abstimmung ist dabei, einen Ausgleich zwischen zwei grundsätzlich **gleichwertigen Planungskompetenzen** herbeizuführen. Diese Verpflichtung zur materiellen Koordination der gemeindlichen Planungen wird durch die Vorschrift des § 4 Abs. 1 BauGB zur wechselseitigen Beteiligung der Gemeinden an der Bauleitplanung ihrer Nachbargemeinde prozedural flankiert. Benachbart i. S.d. § 2 Abs. 2 BauGB sind nicht nur die angrenzenden, sondern alle Gemeinden, die von den Auswirkungen einer Planung faktisch betroffen sein können. Dies kann nicht nur dann der Fall sein, wenn eine Planungsabsicht eine bereits bestehende Planung einer anderen Gemeinde konterkariert oder der Bestand kommunaler Einrichtungen gefährdet, sondern auch wenn hinreichend konkretisierte Planungsabsichten berührt werden.[23]

12 Der Ausgleich zwischen zwei konkurrierenden Planungen gilt als erreicht, wenn unzumutbare Auswirkungen auf die benachbarte Gemeinde vermieden werden.[24] Die Entscheidung darüber muss daher auf der Grundlage objektivierter Betrachtung erfolgen. Die Lösung des Spannungsverhältnisses unterschiedlicher und grundsätzlich einander gleichgeordneter Planungsträger kann deshalb nicht dem planerischen Abwägen der planenden Gemeinde überlassen werden.[25] Die Abstimmungspflicht ist damit **strikt zu beachtendes Recht**. Der Ausgleich kollidierender Kompetenzen steht daher einer umfassenden richterlichen Kontrolle offen.[26] Die Entscheidung über das Abgestimmtsein des Bauleitplans erfolgt somit nicht im Wege der planerischen Abwägung konkurrierender öffentlicher Belange, sondern im Rahmen einer „nachvollziehenden Abwägung".[27]

e) Vorrang überörtlich bedeutsamer Fachplanungen

13 Vorhaben von überörtlicher Bedeutung, die durch ein Planfeststellungsverfahren oder durch ein Verfahren mit dessen Rechtswirkungen zugelassen werden, genießen nach Maßgabe des § 38 BauGB Vorrang vor den Vorschriften über die bauplanungsrechtliche Zulässigkeit von Bauvorhaben i. S.d. §§ 29 ff. BauGB (vgl. dazu § 18 Rn 5 ff.). Das Erfordernis des kommunalen Einvernehmens gilt hier nicht.[28] Man bezeichnet diese Vorhaben als **privilegierte Fachplanungen**. Zu ihnen gehören insbesondere die infrastrukturbedeutsamen Vorhaben des Straßenbaus (vgl. § 17 Abs. 1 FStrG), der Eisenbahnen (§ 18 AEG), Flughäfen (§ 17 LuftG), Straßen- und U-Bahnen (§ 28 PBefG) oder öffentlich zugängliche Abfallbeseitigungsanlagen. Voraussetzung ist dabei allerdings immer, dass den Vorhaben tatsächlich überörtliche Bedeutung zukommt.[29]

---

21 *Brohm*, § 12 Rn 21.
22 Vgl. BVerwGE 40, 323, 328; 84, 209.
23 BVerwGE 74, 124, 132.
24 BVerwGE 40, 323; 84, 209, 216.
25 So aber die wohl h.M., vgl. dafür *Battis*, in: Battis/Krautzberger/Löhr, § 2 Rn 7.
26 So zurecht *Brohm*, § 12 Rn 21.
27 Vgl. dazu BVerwGE 42, 8, 14; 55, 369, 383; 77, 300.
28 *Stüer*, Rn 40.
29 Vgl. dazu BVerfGE 56, 298.

Die rechtliche Zulässigkeit **privilegierter Fachplanungen** hängt daher nicht davon ab, dass die Gemeinde die entsprechenden bauplanungsrechtlichen Voraussetzungen schafft.[30] Umgekehrt kann sie solche Vorhaben **durch ihre Bauleitplanung grundsätzlich nicht verhindern**. Allerdings haben die Träger der Fachplanung nach § 7 BauGB ihre Planungen an die Darstellungen eines Flächennutzungsplans anzupassen, wenn sie an seiner Aufstellung beteiligt worden sind und ihm nicht widersprochen haben. Auch danach kann die Bindung an den Flächennutzungsplan suspendiert werden, wenn eine Veränderung der Sachlage eine abweichende Planung erforderlich macht (§ 7 S. 3 BauGB). Seine Bindungswirkung beschränkt sich damit faktisch auf die Gesichtspunkte, die bereits beim Erlass des Flächennutzungsplans bekannt waren.[31] Umgekehrt kann sich die Gemeinde sowohl mit ihren allgemeinen Belangen als auch mit ihren rechtsverbindlichen Planungen grundsätzlich nur über die ihr zustehenden Beteiligungsrechte in die jeweiligen Verfahren der Fachplanung einbringen. Die städtebaulichen Belange sind dann nach dem neugefassten Wortlaut des § 38 BauGB vom Träger der Fachplanung ausdrücklich materiell zu berücksichtigen.[32] Sie können jedoch auch in der Abwägung überwunden werden. Daher kann ein Planfeststellungsbeschluss ein Vorhaben auch dann zulassen, wenn es im Widerspruch zu einem bestehenden Bebauungsplan steht. Allerdings unterliegt die Fachplanung hier ihrerseits dem **Gebot der kompetentiellen Rücksichtnahme**. Sie darf die kommunale Bauleitplanung nur insoweit einschränken, als dies zur Durchführung eines überörtlich bedeutsamen Vorhabens erforderlich ist und der Kernbereich der gemeindlichen Planungshoheit respektiert wird.[33]

Privilegierte Fachplanungen begründen nicht nur eine Sonderstellung gegenüber der Bauleitplanung, sondern **tangieren die Aufstellung von Bauleitplänen** selbst. Rechtsverbindliche Planfeststellungen sind kein Gegenstand bauleitplanerischer Abwägung. Sie sind nachrichtlich in die Flächennutzungs- und Bebauungspläne zu übernehmen (§ 5 Abs. 4 u. § 9 Abs. 6 BauGB). Werden die Planungsverfahren der Fachplanung und der Bauleitplanung zeitlich parallel betrieben, kann die Gemeinde versuchen, mit einer Alternativplanung laufende Planfeststellungsverfahren zu beeinflussen.[34] Folgt der Träger der Fachplanung jedoch nicht dem Konzept der Gemeinde, wird die kommunale Alternativplanung obsolet.[35]

2. Interne Ziele der Bauleitplanung

Die durch das BauGB formulierten Ziele der Bauleitplanung sollen die Aufstellung der Flächennutzungs- und der Bebauungspläne inhaltlich leiten. Sie geben damit Zielkriterien vor, an denen sich die Darstellungen des Flächennutzungsplans und die vom Bebauungsplan eröffneten Festsetzungsmöglichkeiten messen lassen müssen. Die internen Ziele der Bauleitplanung unterliegen regelmäßig der planerischen Abwägung. Sie lassen sich unterscheiden in die allgemeinen Oberziele und die als „Planungsleitlinien" bezeichneten abwägungserheblichen Belange.

a) Oberziele

§ 1 Abs. 5 S. 1 BauGB formuliert die übergeordneten, allgemeinen Leitorientierungen der Bauleitplanung. Danach sollen die Bauleitpläne eine nachhaltige städtebauliche Entwicklung und eine dem Wohl der Allgemeinheit entsprechende sozialgerechte Bodennutzung gewährleisten und dazu beitragen, eine menschenwürdige Umwelt zu sichern und die natürlichen Lebensgrundlagen zu schützen und zu entwickeln. Die Positivierung des Oberzieles der nachhaltigen städtebaulichen Entwicklung

---

30 *Löhr*, in: *Battis/Krautzberger/Löhr*, § 38 Rn 7.
31 *Stüer*, Rn 46.
32 Vgl. dazu bereits BVerwG DVBl 1995, 238, 242.
33 OVG Koblenz DVBl 1995, 251, 252.
34 Vgl. dazu BVerwGE 72, 172.
35 OVG Berlin BauR 1980, 239.

ist nicht zuletzt Ergebnis der internationalen Diskussion um das mit „sustainable development" beschriebene globale Leitbild einer sozial- und umweltgerechten Zukunftsgestaltung. Sie hat ihren Niederschlag in der „Habitat II"-Agenda der Konferenz der Vereinten Nationen vom Juni 1996 gefunden.[36] Nachhaltige städtebauliche Entwicklung zielt auf den Ausgleich der sozialen, ökonomischen und ökologischen Belange im Zusammenhang mit verdichteten städtischen Nutzungen.[37] Sie ist damit als Querschnittsaufgabe zu verstehen. Dieser Leitbegriff wird zum einen durch das Postulat der Gewährleistung einer dem Wohl der Allgemeinheit entsprechenden sozial gerechten Bodennutzung und zum anderen durch die Verpflichtung der Bauleitplanung, zur Sicherung einer menschenwürdigen Umwelt und zum Schutz und zur Entwicklung der natürlichen Lebensgrundlagen beizutragen, konkretisiert. Damit wird nicht nur der vorsorgende Schutz der natürlichen Lebensgrundlagen gegenüber drohenden Verschlechterungen zum übergeordneten Planungsziel der Bauleitplanung erhoben, vielmehr wird sie auch auf deren Entwicklung und damit zur Durchführung von aktiven und gestalterischen Maßnahmen zur Verbesserung des ökologischen Bedingungs- und Wirkungsgefüges verpflichtet. Sie ist daher gehalten, ihre Beiträge zur Förderung der sozialen und wirtschaftlichen Entwicklung so zu gestalten, dass sie auf Dauer mit dem Schutz der natürlichen Lebensgrundlagen konvergieren.

b) Planungsleitlinien

17 Die allgemeinen Planungsziele werden durch den in § 1 Abs. 5 S. 2 BauGB enthaltenen Katalog von 10 Leitlinien der Bauleitplanung spezifiziert. Sie konkretisieren damit die allgemeinen Ziele in exemplarischer Weise, an denen sich die Bauleitplanung zu orientieren hat. Die Bauleitplanung hat insbesondere zu berücksichtigen
1. die allgemeinen Anforderungen an gesunde Wohn- und Arbeitsverhältnisse und die Sicherheit der Wohn- und Arbeitsbevölkerung
2. die Wohnbedürfnisse der Bevölkerung bei Vermeidung einseitiger Bevölkerungsstrukturen, die Eigentumsbildung weiter Kreise der Bevölkerung insbesondere durch Förderung kostensparenden Bauens und die Bevölkerungsentwicklung
3. die sozialen und kulturellen Bedürfnisse der Bevölkerung, insbesondere die Bedürfnisse der Familien, der jungen und alten Menschen und der Behinderten, die Belange des Bildungswesens und von Sport, Freizeit und Erholung
4. die Erhaltung, Erneuerung und Fortentwicklung vorhandener Ortsteile sowie die Gestaltung des Orts- und Landschaftsbilds
5. die Belange des Denkmalschutzes und der Denkmalpflege sowie die erhaltenswerten Ortsteile, Straßen und Plätze von geschichtlicher, künstlerischer oder städtebaulicher Bedeutung
6. die von Kirchen und Religionsgesellschaften des öffentlichen Rechts festgestellten Erfordernisse für Gottesdienst und Seelsorge
7. gemäß § 1 a die Belange des Umweltschutzes, auch durch die Nutzung erneuerbarer Energien, des Naturschutzes und der Landschaftspflege, insbesondere des Naturhaushalts, des Wassers, der Luft und des Bodens einschließlich seiner Rohstoffvorkommen, sowie das Klima
8. die Belange der Wirtschaft, auch ihrer mittelständischen Strukturen im Interesse einer verbrauchernahen Versorgung der Bevölkerung, der Land- und Forstwirtschaft, des Verkehrs einschließlich des öffentlichen Personennahverkehrs, des Post- und Fernmeldewesens, der Versorgung, insbesondere mit Energie und Wasser, der Abwasserentsorgung und der Abwasserbeseitigung sowie der Sicherung von Rohstoffvorkommen und die Erhaltung, Sicherung und Schaffung von Arbeitsplätzen
9. die Belange der Verteidigung und des Zivilschutzes
10. die Ergebnisse einer von der Gemeinde beschlossenen sonstigen Planung.

---

36 Vgl. dazu *Krautzberger*, in: *Battis/Krautzberger/Löhr*, § 1 Rn 45.
37 *Krautzberger*, in: *Battis/Krautzberger/Löhr*, § 1 Rn 45.

Sowohl die Oberziele des § 1 Abs. 5 S. 1 BauGB als auch deren Konkretisierung in § 1 Abs. 5 S. 2 BauGB stellen inhaltliche Direktiven für die Planung dar, die in der Abwägung zu berücksichtigen sind (vgl. dazu näher Rn 131 ff.).

c) Umweltschutz im Rahmen der Bauleitplanung

Der Schutz der natürlichen Lebensgrundlagen ist eine besonders komplexe Herausforderung der Bauleitplanung. Die in § 1 Abs. 5 Nr. 7 BauGB angeführten Belange des Umweltschutzes benennen Schutz- und Förderungsziele. Wie die Belange des Naturschutzes und der Landschaftspflege, des Wassers, der Luft, des Bodens und des Klimas sowie die Nutzung erneuerbarer Energien operationalisiert werden können, ergibt sich aus der planerischen Instrumentierung, die das BauGB zur Umsetzung dieser Ziele bereit hält. Umweltschutz im Rahmen der Bauleitplanung ist **Umweltschutz mit planerischen Mitteln**. Sie konzentrieren sich im Wesentlichen auf die vom Gesetz vorgegebenen Darstellungs- und Festsetzungsmöglichkeiten der Flächennutzungs- und Bebauungspläne. Die Ziele des Umweltschutzes können durch die Bauleitplanung daher nur soweit verfolgt werden, wie es die §§ 5 und 9 BauGB vorsehen. Sie kann das Ziel des Umweltschutzes mit den ihr eigenen Instrumenten insbesondere verfolgen bei 18

- der Standortplanung für umweltbeeinträchtigende Vorhaben und Maßnahmen des Umweltschutzes (Rn 19),
- der Koordination konfligierender Nutzungen (Rn 20),
- der Berücksichtigung des Boden- und Flächenschutzes im Rahmen von Planungen (Rn 21 f.),
- der Integration fachgesetzlicher Maßnahmenkomplexe in die Bauleitplanung (Rn 23 ff.).

Die Ziel-Mittel-Problematik markiert gleichzeitig den Unterschied zum anlagenbezogenen Umweltschutz. Dieser operiert im Wesentlichen mit quantitativ fixierten Umweltstandards in der Form von Immissions- und Emissionswerten. Aufgabe der Bauleitplanung ist jedoch nicht die Zulassung von einzelnen Anlagen, sondern die Entwicklung von vorgelagerten Nutzungskonzeptionen für bestimmte Gebiete (vgl. dazu auch § 16 Rn 16 ff.). Die planungsrechtliche Ausweisung entscheidet daher nur über die generelle Zulässigkeit oder Unzulässigkeit gewerblicher und industrieller Anlagen in bestimmten Baugebieten. Umweltstandards sind für sie als Kriterien zulässiger Nutzung grundsätzlich nur relevant, wenn sie – wie etwa im Lärmschutz – gebietsbezogene Spezifikationen aufweisen. Die Zulassung der einzelnen Anlagen selbst regelt das fachrechtliche Zulassungsverfahren. Dabei wird die **Standortplanung** durch die Bauleitplanung allerdings indirekt bedeutsam. Ihre Festlegung von Gebieten, in denen eine gewerbliche oder industrielle Nutzung nicht möglich ist, hat für sie eine **Ausschlußfunktion**, auch wenn die anlagenbezogenen Umweltstandards eingehalten werden. Die Bauleitplanung verweist genehmigungsbedürftige Anlagen grundsätzlich in Industriegebiete (Rn 89). Entsprechendes gilt für die Abfall- und Abwasserbeseitigung (vgl. § 9 Abs. 1 Nr. 16 BauGB). Umgekehrt kann auch die Nutzung erneuerbarer Energien durch die Ausweisung von Sondergebieten nach § 11 Abs. 2 S. 2 BauNVO gefördert werden. 19

Die Standortplanung hat im weiteren entscheidend dafür Sorge zu tragen, dass Nutzungskonflikte minimiert werden. Zum vorsorgenden Immissionsschutz durch Planung gehört das Prinzip, Standorte für emissionsreiche Anlagen räumlich getrennt von denen immissionssensibler Nutzungen auszuweisen. **§ 50 BImSchG** verklammert den Immissionsschutz mit den raumbedeutsamen Planungen. Danach sind „die für eine bestimmte Nutzung vorgesehenen Flächen einander so zuzuordnen, dass schädliche Umwelteinwirkungen auf die ausschließlich oder überwiegend dem Wohnen dienenden Gebiete sowie auf sonstige schutzbedürftige Gebiete so weit wie möglich vermieden werden". Nach dem daraus zu entnehmenden **Trennungsgebot** sollen grundsätzlich keine unverträglichen Nutzungen, wie etwa industrielle und Wohnnutzungen, nebeneinander geplant werden.[38] Dies gilt sowohl für das Arrangement von Nutzungen innerhalb eines Baugebiets als auch für das Verhältnis unterschiedlicher Plangebiete zueinander. 20

---

38 Vgl. dazu grundlegend BVerwGE 45, 309, 329.

21 Drittens steht die Bauleitplanung vor der Herausforderung, den Schutz der Umwelt als immanentes Prinzip aller Überlegungen zur städtebaulichen Entwicklung und Ordnung dort besonders zu berücksichtigen, wo sie selbst aktiv den Verbrauch natürlicher Ressourcen fördert. In den Grundsätzen zum Flächenschutz wird das Bemühen erkennbar, dem in § 1 Abs. 5 S. 1 BauGB betonten Nachhaltigkeitsprinzip für den Bereich der **knappen Ressource „Boden"** planungsrelevante Konturen zu geben. Nach § 1 a Abs. 1 BauGB soll „mit Grund und Boden sparsam umgegangen werden"; Bodenversiegelungen sind dabei „auf das notwendige Maß zu begrenzen". Damit soll dem Verbrauch naturnaher Flächen entgegengewirkt werden. Der sparsame Umgang mit Grund und Boden verlangt, dass bei der Neuausweisung von Bauflächen die Möglichkeiten der innerörtlichen Entwicklung als Alternative in Betracht gezogen werden und beim Bauen selbst flächensparende Bauweisen bevorzugt werden sollen.[39] Er ist im weiteren auch bei der Ausweisung der Art und des Ausmaßes der baulichen Nutzung in einem Plangebiet zu berücksichtigen. Die **Bodenschutzklausel** des § 1 a Abs. 1 BauGB kann jedoch nicht als prinzipale „Baulandsperre"[40] interpretiert werden. Entsprechendes gilt für die dort gleichfalls geforderte Begrenzung der Bodenversiegelung. Auch sie hat nicht die Funktion eines „Versiegelungsverbots". Darüber hinaus enthält der Regelungsansatz des § 1 a BauGB eine Integrationsstrategie, die ein Nebeneinander von Bauleitplanung und flächenbezogener Umweltplanung ausschließt.

22 Der planerische Schutz des Bodens verfolgt zunächst ein quantitatives Ziel. Er versucht den Verbrauch der knappen Ressource zu steuern. Er steht wiederum in einem spezifischen Verhältnis zum **Schutz des Bodens vor schädlichen Immissionen** und anderen Einwirkungen, die seine Eigenschaft als Puffer-, Speicher- und Aufbaumedium des Naturhaushaltes qualitativ beeinträchtigen. Die Regelung dieser fachlichen Probleme des Bodenschutzes ist grundsätzlich Aufgabe des Bundes-Bodenschutzgesetzes (**BBodSchG**) und der auf seiner Grundlage erlassenen **BBodSchV**, die einschlägige Prüf- und Maßnahmewerte für die Untersuchung und Bewertung enthält. Zur Operationalisierung der Schnittstelle zwischen Bodenschutz und Bauleitplanung enthält § 3 Abs. 1 Nr. 9 BBodSchG eine **Kollisionsregel**. Sie schließt eine unmittelbare Anwendung des BBodSchG für den Bereich der Bauleitplanung zunächst aus und gestattet seine Berücksichtigung nur insoweit, als das BauGB keine einschlägigen Regelungen enthält. Darin kommt die Entscheidung für einen eigenständigen Bodenschutz durch Bauleitplanung zum Ausdruck. Dem qualitativen Bodenschutz wird im Rahmen der Bauleitplanung mit den Instrumenten der Planung Rechnung getragen. Dazu zählen die **Kennzeichnung von Flächen**, deren Böden erheblich mit umweltgefährdenden Stoffen belastet sind (§ 5 Abs. 3 Nr. 3 u. § 9 Abs. 5 Nr. 3 BauGB) und die Darstellung bzw. Festsetzung von Flächen für Maßnahmen zur Verbesserung des Bodens (§ 5 Abs. 1 Nr. 10 u. § 9 Abs. 1 Nr. 20 BauGB). Ein speziell planungsrechtliches Mittel ist auch die Anordnung von Entsiegelungsmaßnahmen auf der Grundlage von § 179 BauGB. Sie geht der Regelung des § 5 BBodSchG zur Entsiegelung vor. Der mit dem BBodSchG verfolgte qualitative Bodenschutz hat seine Bedeutung dagegen insbesondere bei der **Sanierung von Altlasten,** der vorhabenbezogenen Gefahrenabwehr und der Vorsorge gegenüber schädlichen Bodenveränderungen. Umgekehrt ist dem BauGB nicht zu entnehmen, wann eine schädliche Bodenveränderung oder eine Altlast vorliegt. Hier greift das Bodenschutzgesetz. Ob, inwieweit und unter welchen Voraussetzungen eine Bodennutzung bei Altlasten möglich ist, ist im Rahmen der Abwägung für den Einzelfall zu entscheiden (vgl. dazu Rn 141 f.).

23 § 1 a Abs. 2 BauGB regelt schließlich das Verhältnis der Bauleitplanung zu vier besonders planungsrelevanten Materien des Umwelt- und Naturschutzrechts. Dazu zählen:
- die Darstellungen von Landschaftsplänen und sonstigen **Plänen**, insbesondere des Wasser-, Abfall- und Immissionsschutzrechts (Nr. 1),
- die Vermeidung und der Ausgleich der zu erwartenden **Eingriffe in Natur und Landschaft** (Nr. 2),

---

[39] *Krautzberger*, in: *Battis/Krautzberger/Löhr*, § 1 a Rn 10.
[40] *Krautzberger*, in: *Battis/Krautzberger/Löhr*, § 1 a Rn 9.

- die Bewertung der ermittelten und beschriebenen Auswirkungen eines Vorhabens auf die Umwelt im Rahmen einer **Umweltverträglichkeitsprüfung** (Nr. 3) und
- die Erhaltungsziele oder der Schutzzweck der **Gebiete von gemeinschaftlicher Bedeutung** (FFH-Richtlinie) und der Europäischen Vogelschutzrichtlinie (Nr. 4).

Alle vier Komplexe sind grundsätzlich in der Abwägung nach § 1 Abs. 6 BauGB zu berücksichtigen. Sie gehen daher nach der Konzeption des BauGB nicht als strikt zu beachtendes Recht der Abwägung vor, sondern haben zunächst eine Informations- und Signalfunktion für die ordnungsgemäße Zusammenstellung des Abwägungsmaterials.[41] Die Planung hat sich mit ihnen auseinanderzusetzen, sie können allerdings keinen prinzipalen Vorrang gegenüber anderen abwägungserheblichen Belangen beanspruchen.

§ 1 a Abs. 2 Nr. 1 BauGB regelt die **Verzahnung der Bauleitplanung mit den Darstellungen umweltrelevanter Fachpläne**. Die beispielhafte Aufzählung bezieht sich insbesondere auf die Landschaftspläne unter Einschluss der landschaftspflegerischen Begleitpläne und der Grünordnungspläne i. S.d. § 6 BNatSchG, die wasserwirtschaftlichen Rahmenpläne nach § 36 b WHG, die Abfallwirtschaftspläne gem. § 29 Krw-/AbfG, die Luftreinhaltepläne nach § 47 BImSchG und die Lärmminderungspläne nach § 47 a BImSchG. Ihnen ist gemeinsam, dass sie nach Maßgabe des Bundesrechts **nicht in rechtsverbindlicher Form** erlassen werden.[42] In dem Maße, in dem sie von der Bauleitplanung adaptiert werden, nehmen sie auch an deren Bindungswirkung teil. Soweit sie allerdings in Raumordnungsplänen als Ziele der Raumordnung Anerkennung gefunden haben, ist die Bauleitplanung an sie gem. § 1 Abs. 4 BauGB gebunden. Entsprechendes gilt für die durch Rechtsverordnung festgesetzten Schutzgebiete nach dem BNatSchG[43] oder dem WHG[44] sowie für den Ausnahmefall der verbindlichen Ausweisung von Flächen für Deponien nach § 29 Abs. 1 S. 3 Nr. 2 Krw-/AbfG. Ein Bebauungsplan, der einer Schutzgebietsverordnung widerspricht, verstößt gegen höherrangiges Recht und ist daher nichtig.[45]

Die wohl wichtigste Regelung zur Integration des flächenbezogenen Umweltschutzes in die Bauleitplanung stellt § 1 a Abs. 2 Nr. 2 BauGB dar. Danach ist in die Abwägung die **Vermeidung** und der **Ausgleich der** zu erwartenden **Eingriffe in Natur und Landschaft** einzustellen.[46] Damit wird die **naturschutzrechtliche Eingriffsregelung** des § 8 BNatSchG in einer spezialgesetzlichen Version für die Bauleitplanung adaptiert, aber in Bezug auf die gesetzliche Wertung des „Integritäts-" und des „Kompensationsinteresses" der Natur unterschiedlich variiert. Nach § 8 BNatSchG sind Eingriffe in Natur und Landschaft grundsätzlich zu vermeiden, unvermeidbare Eingriffe durch Maßnahmen des Naturschutzes und der Landschaftspflege auszugleichen, bei nicht ausgleichbaren Eingriffen, bei denen in der Abwägung aller Anforderungen an Natur und Landschaft die Belange von Natur und Landschaft nicht als vorrangig angesehen werden, sind nach Maßgabe landesrechtlicher Vorschriften Ersatzmaßnahmen zu treffen. Differenzkriterium zwischen Ausgleichs- und Ersatzmaßnahmen ist dabei die gegenständliche und räumliche Konnexität von Eingriff und Kompensation. Auszugleichen ist danach am Ort des Eingriffs mit gleichartigen Kompensationsmaßnahmen. Der Ersatz kann sich mit der gleichwertigen Kompensation der gestörten Werte und Funktionen von Natur und Landschaft im gleichen Naturraum begnügen. Sowohl Ausgleich als Ersatz verlangen eine zeitnahe Kompensation des Eingriffs. Das Folgenbewältigungsprogramm des § 8 Abs. 2 u. 3 BNatSchG enthält

---

41 *Krautzberger*, in: *Battis/Krautzberger/Löhr*, § 1 a Rn 12.
42 Vgl. zu den nach Landesrecht unterschiedlichen Integrationsmodellen: *Gassner*, DVBl 1991, 355 ff.; *Stich*, DVBl 1992, 257 ff.
43 BVerwGE 85, 155; BVerwG NVwZ 1989, 662.
44 BVerwG NVwZ 1989, 662.
45 BVerwGE 85, 155; BVerwG NVwZ 1989, 662.
46 Vgl. dazu umfassend *Bunzel*, Bauleitplanung und Flächenmanagement bei Eingriffen in Natur und Landschaft, 1999.

damit eine Zielhierarchie von prioritärer Vermeidung, Ausgleich, Abwägung und Ersatz als ultima ratio.[47]

26 Voraussetzung für die Anwendung der **städtebaulichen Ausgleichsregelung** des § 1 a Abs. 2 Nr. 2 BauGB ist die Erstellung eines Flächennutzungsplans oder eines qualifizierten Bebauungsplans i. S.d. § 30 BauGB. Vorhaben im unbeplanten Innenbereich fallen grundsätzlich aus der Kompensationspflicht heraus. Für Vorhaben im Außenbereich gilt die naturschutzrechtliche Ausgleichsregelung des § 8 BNatSchG. Ein Ausgleich ist nach § 1 a Abs. 3 S. 4 BauGB auch nicht erforderlich, soweit die Eingriffe bereits vor der planerischen Entscheidung erfolgt sind oder zulässig waren. Dies betrifft zum einen Industriebrachen und Konversionsstandorte, zum anderen aber auch Grundstücke, auf denen früher eine Bebauung im Rahmen des § 34 BauGB zulässig gewesen ist. Die Ausgleichsregelung des § 1 a Abs. 2 Nr. 2 BauGB wird durch die Regelungen der §§ 1 a Abs. 3 und 200 a BauGB präzisiert. Er wird im weiteren durch die §§ 5 und 9 BauGB planungsrechtlich dahingehend instrumentiert, dass die planerische Kompensation durch Festsetzungen von Flächen und Maßnahmen zum Ausgleich in den Bebauungsplänen erfolgt und durch geeignete Darstellungen in den Flächennutzungsplänen vorbereitet wird (vgl. dazu Rn 69 u. Rn 112). Zudem wird der konkrete Vollzug über § 135 a BauGB durch die Benennung von Durchführungsverantwortlichkeiten und Kostentragungspflichten operationalisiert.

27 Die städtebauliche Ausgleichsregelung des § 1 a Abs. 2 Nr. 2 BauGB greift den Eingriffstatbestand der naturschutzrechtlichen Eingriffsregelung i. S.d. § 8 Abs. 1 BNatSchG auf. Ein **Eingriff** liegt somit dann vor, wenn durch die **Veränderung der Gestalt oder der Nutzung von Grundflächen** die Leistungsfähigkeit des Naturhaushalts oder die Landschaft erheblich oder nachhaltig beeinträchtigt ist. Auch die städtebauliche Ausgleichsregelung postuliert als **prioritäres Ziel** die Vermeidung. Dies wird in der Praxis als Verpflichtung der **Minimierung des planungsinduzierten Eingriffs** in Natur und Landschaft zu operationalisieren sein.[48] Im Übrigen modifiziert sie das kaskadenförmig gestaltete Rechtsfolgenbewältigungsprogramm der naturschutzrechtlichen Eingriffsregelung jedoch entscheidend. Sie planifiziert die Kompensation von Eingriffen. Zunächst wird die Schwelle des Eingriffs verlagert. Während der vorhabenbezogene Eingriffsausgleich des § 8 BNatSchG bei der Zulassung eines Vorhabens ansetzt, verlegt die städtebauliche Ausgleichsregelung ihren Bezugspunkt vor. Es geht ihr um die planerische Bewältigung zu erwartender Eingriffe. Kriterium ist damit bereits die **planungsrechtliche Zulässigkeit** von eingriffsrelevanten Grundstücksnutzungen. Maßgeblich für die Kompensation ist für sie daher auch nicht das tatsächliche Ausmaß von Eingriffen, die von einem bestimmten Bauvorhaben verursacht werden, sondern Art und Maß der Eingriffe, die aufgrund eines Bebauungsplans zulässig wären (vgl. dazu auch § 135 b BauGB). Andererseits besteht keine Verpflichtung zur Kompensation über die durch die Bauleitplanung getroffenen Festsetzungen hinaus. Dies bedeutet, dass Art und Umfang der Kompensation durch die Bauleitplanung abschließend geregelt werden müssen.[49]

28 Die Regelung des § 1 a Abs. 2 Nr. 2 BauGB löst im weiteren die in § 8 BNatSchG vorgegebene Stufenfolge von Ausgleich, Abwägung und Ersatz auf und **flexibilisiert** zudem **die räumliche, gegenständliche und zeitliche Verkoppelung von Eingriff und Ausgleich**. Die räumliche Lockerung des Kontextes von Eingriff und Ausgleich wird von § 200 a S. 2 BauGB nochmals betont. Danach ist ein unmittelbarer räumlicher Zusammenhang zwischen Eingriffs- und Kompensationsfläche nicht erforderlich. § 1 a Abs. 3 sieht i.V. m. § 9 BauGB fünf grundsätzlich gleichwertige Möglichkeiten der Kompensation vor. Sie kann erfolgen:
- am Ort des Eingriffs, d. h. auf den Eingriffsgrundstücken,
- an anderer Stelle im sonstigen Geltungsbereich des Bebauungsplans,
- in einem anderen Bebauungsplan (sog. „Ausgleichsbebauungsplan"),

---

47 Vgl. dazu *Wolf*, ZUR 1998, 183 ff.
48 Vgl. dazu BVerwG UPR 1997, 329.
49 *Stüer*, Rn 481.

- durch vertragliche Vereinbarungen gem. § 11 BauGB,
- durch sonstige geeignete Maßnahmen auf von der Gemeinde bereitgestellten Flächen.

Diese Optionen tragen dem Bedürfnis der Praxis nach sachlich flexiblen und räumlich erweiterten Lösungen Rechnung,[50] sie sind jedoch systematisch ganz befriedigend entfaltet. Die ersten drei Möglichkeiten stellen auf planrelevante Variationen ab, die beiden letzten Optionen beziehen sich auf den Verantwortlichen für die Durchführung der Kompensation. Daraus lässt sich jedoch schließen, dass sowohl beim Ausgleich auf von der Gemeinde bereitgestellten Flächen als auch beim städtebaulichen Vertrag keine räumlichen Grenzen für den Ort des Ausgleichs durch Gesetz vorgegeben sind. Dies bedeutet, dass der **Ausgleich** grundsätzlich auch auf Flächen erfolgen kann, die **nicht mehr zum Gemeindegebiet** gehören.[51] Eine solche Flexibilisierung verlangt jedoch **Sicherungen**. Sie liegen beim städtebaulichen Vertrag zunächst in der vertraglichen Verpflichtung. Zu verlangen ist jedoch darüber hinaus, dass die Ausgleichsfläche rechtlich auch zur Durchführung der Maßnahmen für Zwecke des Ausgleichs gewidmet bleibt. Auch das Bereitstellen einer Fläche durch die Gemeinde setzt ihre dauerhafte Sicherung zu Zwecken des Ausgleichs voraus. Dies wird in der Regel nur durch Eigentumserwerb, in bestimmten Fällen jedoch auch durch dingliche Sicherung der Durchführung der Ausgleichsmaßnahmen möglich sein können. Da eine vorrangige Verpflichtung, für einen möglichst eingriffsnahen Ausgleich zu sorgen, nicht besteht, gibt dies der Gemeinde die Möglichkeit Ausgleichsmaßnahmen in größeren Aufwertungskomplexen für Natur und Landschaft zu bündeln, **Flächenpools** anzulegen und mit benachbarten Gemeinden gemeinsame Kompensationsstrategien zu entwickeln. Allerdings darf die Flexibilisierung nicht in Beliebigkeit ausarten. Daher unterliegt die räumliche Lockerung der Maßgabe, dass sie mit der städtebaulichen Entwicklung und den Zielen der Raumordnung sowie des Naturschutzes und der Landschaftspflege vereinbar ist (§ 1 a Abs. 3 S. 2 BauGB).

Wie sich aus § 200 a S. 1 BauGB ergibt, verzichtet die städtebauliche Ausgleichsregelung im weiteren dezidiert auf die Unterscheidung von Ausgleichs- und Ersatzmaßnahmen. Sie verlangt daher auch keine Präferenz für einen möglichst gleichartigen Ausgleich. Damit steht der Gemeinde nicht räumlich, sondern auch **in der Sache ein weiter Gestaltungsrahmen** offen, welches Maßnahmespektrum sie als Ausgleich für zu erwartende Eingriffe vorsehen darf. Die inhaltlichen Grenzen werden dabei durch § 200 a BauGB gezogen. Er verlangt die Vereinbarkeit des sachlich gelockerten Ausgleichs mit der geordneten städtebaulichen Entwicklung und den Zielen der Raumordnung und des Naturschutzes. Zudem flexibilisieren sowohl die Vorschriften zum sog. Ausgleichsbebauungsplan (§ 1 a Abs. 3 i.V.m. § 9 Abs. 1 a BauGB) als auch zur vorzeitigen Durchführung von Ausgleichsmaßnahmen nach § 135 a Abs. 2 S. 2 BauGB die **zeitliche Koppelung** von Eingriff und Kompensation. Ein Ausgleichsbebauungsplan kann bereits vor einem Eingriffsbebauungsplan aufgestellt werden.[52] Nach § 135 a Abs. 2 S. 2 BauGB können im weiteren die Maßnahmen zum Ausgleich auch schon vor dem Eingriff durchgeführt werden. Damit wird ein **vorzeitiger Ausgleich** im Rahmen eines sog. **„Öko-Kontos"** möglich.[53] Die Gemeinde kann Maßnahmen zur Verbesserung des Naturhaushalts im Vorgriff auf zu erwartende Eingriffe durchführen und sich diese Aufwertung im Nachgang zurechnen, wenn konkrete Ausgleichsmaßnahmen fällig werden. Dies setzt allerdings voraus, dass die Führung des Öko-Kontos rechtlich nachvollziehbar geregelt ist, in dem Kompensation und Eingriff ökologisch bilanziert werden. Im Übrigen ist die zeitliche Entkoppelung auf der Zeitschiene jedoch spezifisch begrenzt. Grundsätzlich zulässig ist der vorzeitige Ausgleich, ein nachgeschalteter Ausgleich ist dagegen unzulässig.[54] Daher ist auch eine nachträgliche Zuordnung von Ausgleichsmaßnahmen unstatthaft.

---

50 Vgl. dazu BVerwGE 104, 353: „räumliche Lockerung"; BVerwGE 104, 68: „zweigeteilter Bebauungsplan"; BVerwGE 104, 353 u. NuR 1998, 364: „vertragliche Gestaltung".
51 *Krautzberger*, in: *Battis/Krautzberger/Löhr*, § 1 a Rn 47.
52 Vgl. auch *Löhr*, in: *Battis/Krautzberger/Löhr*, § 9 Rn 98b.
53 Vgl. zu den weiteren Voraussetzungen *Wagner/Mitschang*, DVBl 1997, 1137, 1144.
54 *Stüer*, Rn 501.

30 Die städtebauliche Ausgleichsregelung hat auch die **Durchführungsverantwortung für Kompensationsmaßnahmen** flexibilisiert. Sie liegt nach der naturschutzrechtlichen Eingriffsregelung grundsätzlich beim Vorhabenträger. Verantwortlich für die Durchführung des Ausgleichs im Rahmen des § 1 a Abs. 2 Nr. 2 BauGB ist der Vorhabenträger dagegen nur dann, wenn der Ausgleich auf seinem Grundstück erfolgt (§ 135 a Abs. 1 BauGB). Steht der Eingriff im Zusammenhang mit der Abwicklung eines städtebaulichen Vertrags, kann nicht nur Art und Umfang des Ausgleichs, sondern auch der Durchführungsverantwortliche in seinem Rahmen vereinbart werden (§ 11 Abs. 1 Nr. 2 BauGB). Für alle anderen Alternativen gilt, dass soweit Maßnahmen zum Ausgleich an anderer Stelle als dem Ort des Eingriffs erfolgen, diese durch die Gemeinde anstelle und auf Kosten des Vorhabenträgers oder des Eigentümers durchgeführt werden sollen (§ 135 a Abs. 2 S. 1 BauGB). Mit dieser Flexibilisierung ist damit ein weiteres Folgeproblem verbunden. Die Abwälzung der Kosten auf den Eigentümer setzt voraus, dass die sachliche Relationierung von Eingriff und Ausgleich nachvollziehbar ist. Dies ist Aufgabe der **Zuordnungsfestsetzung** im Bebauungsplan (vgl. Rn 113). Zum anderen muss die Bemessung der Gesamtkosten von Ausgleichsmaßnahmen und ihre Verteilung auf die einzelnen Grundstücke rechtlich nachvollziehbar sein. Dies ist Aufgabe der durch die Gemeinden zu erlassenden Kostensatzungen nach § 135 c BauGB.

31 § 1 a Abs. 2 Nr. 3 BauGB präzisiert die Bedeutung der **Umweltverträglichkeitsprüfung** (UVP) für die Bauleitplanung. Nach § 1 UVPG sind die Umweltauswirkungen von besonders umweltbedeutsamen Vorhaben frühzeitig und umfassend unter Beteiligung der Öffentlichkeit zu ermitteln, zu beschreiben und zu bewerten. Ihr Ergebnis ist so früh wie möglich bei allen behördlichen Entscheidungen über die Zulassung dieser Vorhaben zu berücksichtigen. Nach dem deutschen Konzept zur Umsetzung der EG-Richtlinie über die Umweltverträglichkeitsprüfung bei öffentlichen und privaten Vorhaben[55] wird die UVP als unselbständiger Teil der verwaltungsbehördlichen Zulassungsverfahren durchgeführt (§ 2 Abs. 1 S. 1 UVPG). Aufgabe der vorhabenbezogenen Umweltverträglichkeitsprüfung ist es daher, zur wirksamen Umweltvorsorge durch die Entwicklung einheitlicher Grundsätze zur Folgenabschätzung und durch besondere prozedurale Vorkehrungen beizutragen. Aufgrund der Vorhabenbezogenheit der UVP kommt ihre förmliche Durchführung für die Aufstellung von Bauleitplänen grundsätzlich nicht in Betracht. Das erweiterte Konzept einer planbezogenen UVP hat sich bisher in der Gesetzgebung nicht durchsetzen können. Dies bedeutet, dass im Regelfall die Auswirkungen der Bauleitplanung auf die Umwelt nicht im Rahmen einer speziellen UVP ermittelt und bewertet werden müssen, sondern lediglich auf der Grundlage der Planungsleitlinie des § 1 Abs. 5 S. 2 Nr. 7 BauGB zu berücksichtigen und nach § 9 Abs. 8 BauGB in die Begründung des Bebauungsplans einzustellen sind.

32 Während eine **UVP für** Flächennutzungspläne generell ausscheidet, gilt für **Bebauungspläne** etwas anderes, wenn sie die Zulässigkeit eines in der Anlage zu § 3 UVP angeführten Vorhabens begründen oder die Planfeststellung eines solchen Vorhabens ersetzen. Die erste Alternative betrifft Bebauungspläne für Industrie und Gewerbe, die speziell **Standorte für einzelne genehmigungspflichtige Anlagen** festsetzen, für die ein Zulassungsverfahren mit Umweltverträglichkeitsprüfung nach § 4 BImSchG i.V.m. dem Anhang zur Anlage Nr. 1 zu § 3 UVPG erforderlich ist. Des Weiteren ist eine UVP nach Nr. 15 der Anlage zu § 3 UVPG bei Bebauungsplänen erforderlich, die die Errichtung von **Feriendörfern, Hotelkomplexen** und sonstigen großen Beherbergungseinrichtungen mit einer Bettenzahl von mehr als 300 bzw. einer Gästezimmerzahl von über 200 vorsehen.[56] Schließlich werden auch Bebauungspläne UVP-pflichtig, die die Errichtung von **Einkaufszentren**, großflächigen Einzelhandelsbetrieben und sonstigen großflächigen Handelsbetrieben i. S.d. § 11 Abs. 3 S. 1 BauNVO mit einer Geschossfläche von mehr als 5000 m² betreffen (Nr. 18 der Anlage zu § 3 UVPG).[57] Eine

---

[55] Vgl. dazu EG-RL 85/337 vom 27.6.1985 (ABl. Nr. L 175, S. 40).

[56] Als Orientierungsmarke gelten dabei 300 Betten bzw. 200 Zimmer (vgl. *Krautzberger*, in: *Battis/Krautzberger/Löhr*, § 1 a Rn 34).

[57] Schwellenwert ist dabei die Überschreitung der Geschossfläche von 5000 m² für ein Vorhaben (vgl. *Krautzberger*, in: *Battis/Krautzberger/Löhr*, § 1 a Rn 34).

weitere Ausnahme der zweiten Alternative betrifft die **Festsetzung von Bundesfernstraßen und Straßenbahnen durch Bebauungspläne** (vgl. Nr. 8 u. 11 der Anlage zu § 3 UVPG) bzw. landesrechtlich vorgesehene Planfeststellungsverfahren (Nr. 19 der Anlage zu § 3 UVPG). In diesen Fällen ist nach § 17 UVPG eine Umweltverträglichkeitsprüfung nach den Vorschriften des Baugesetzbuchs durchzuführen. Sie ist dann als integrative **UVP** prozeduraler **Bestandteil des Verfahrens zur Aufstellung von Bebauungsplänen**. Die Durchführung einer Umweltverträglichkeitsstudie gehört damit zur ordnungsgemäßen Zusammenstellung des Abwägungsmaterials. Sie muss Gegenstand der Behörden- und Bürgerbeteiligung sein. Ihr Ergebnis ist nach Maßgabe der planerischen Abwägung im Rahmen des § 1 Abs. 6 BauGB zu berücksichtigen (§ 1 a Abs. 2 Nr. 3 BauGB).

Durch Regelung des **europäischen Gemeinschaftsrechts** sind in den letzten Jahren bedeutsame Schritte zur Entwicklung und Sicherung eines gebietsbezogenen Systems des Artenschutzes unternommen worden. Kernstücke sind die **Vogelschutz-Richtlinie**[58] und die **Flora-Fauna-Habitat-Richtlinie**.[59] Mit ihnen soll ein europäisches Netz „Natura 2000" geschaffen werden. Zur Umsetzung in das deutsche Recht dienen die §§ 19 a ff. BNatSchG. § 1 a Abs. Nr. 4 BauGB regelt ihren Einfluss auf die Bauleitplanung. Danach sind die Erhaltungsziele und der Schutzzweck der Gebiete mit gemeinschaftlicher Bedeutung und der Vogelschutzgebiete im Rahmen der Abwägung zu berücksichtigen. Dabei muss nach aktiven und passiven Folgerungen unterschieden werden. In aktiver Hinsicht ist die Bauleitplanung zunächst gehalten, einen **fördernden Beitrag** zur Ergänzung des beabsichtigten gemeinschaftsweiten Biotopverbundsystems zu leisten. Dies kann durch die Schaffung von zusätzlichen „Trittsteinen" oder von Pufferflächen geschehen.[60] Ohnehin gesetzlich vorgeschriebene Maßnahmen im Rahmen des Ausgleichs von Eingriffen in Natur und Landschaft bieten sich dafür besonders an (vgl. dazu Rn 24 ff.). Dieses Ziel ist im Rahmen der Abwägung zu berücksichtigen. 33

In passiver Hinsicht setzen die **gemeinschaftlichen Schutzgebiete der Bauleitplanung Grenzen**. Soweit durch sie solche Schutzgebiete beeinträchtigt werden können, ist eine **Verträglichkeitsprüfung** nach § 19 c Abs. 1 BNatSchG vorzunehmen. Erhebliche Beeinträchtigungen der Erhaltungsziele oder der für den Schutzzweck maßgeblichen Bestandteile stehen dabei grundsätzlich der Durchführung von Vorhaben entgegen (§ 19 c Abs. 2 BNatSchG). Sie können nur aus zwingenden Gründen des allgemeinen Wohls zugelassen werden, wenn zumutbare Alternativen nicht vorhanden sind (§ 19 c Abs. 3 BNatSchG). In diesem Falle ist durch besondere Maßnahmen die Sicherstellung des Zusammenhangs des Netzes „Natura 2000" zu gewährleisten (§ 19 c Abs. 5 BNatSchG). Werden prioritäre Arten betroffen, ist die Europäische Kommission zu konsultieren (§ 19 c Abs. 4 BNatSchG). Es handelt sich bei diesen Vorgaben um eine **der Abwägung vorgegebene naturschutzrechtliche Bindung** der Bauleitplanung.[61] Ihre Missachtung führt zur Rechtswidrigkeit der Bauleitpläne. Insoweit ist die Behandlung der Vogelschutz- und FFH-Richtlinie unter dem Rubrum „Belange in der Abwägung" missverständlich. Für sie gelten erheblich strengere Anforderungen als für den allgemeinen Schutz von Natur und Landschaft. 34

III. Träger der Bauleitplanung

Die Gemeinden sind die Träger der Bauleitplanung. Sie haben die Bauleitpläne „in eigener Verantwortung aufzustellen" (§ 2 Abs. 1 BauGB). Damit wird die Planung der örtlichen Bodennutzung als eine Aufgabe der kommunalen Selbstverwaltung ausgewiesen. Da Bauleitpläne aufzustellen sind, „sobald und soweit es für die städtebauliche Entwicklung und Ordnung erforderlich" ist (§ 1 Abs. 3 BauGB), erfolgt die Wahrnehmung dieser Aufgabe nicht freiwillig, sondern gehört zu den **pflichtigen Aufgaben der kommunalen Selbstverwaltung**. Der Sachverhalt, dass die Bauleitplanung als 35

---

58 Vgl. RL 79/409 EWG vom 2.4.1979 (ABl L 103, 1).
59 Vgl. RL 92/43 EWG vom 21.5.1992 (ABl L 206, 7).
60 *Krautzberger*, in: *Battis/Krautzberger/Löhr*, § 1 a Rn 39.
61 *Stüer*, Rn 478.

eigenverantwortliche Regelung der Bodennutzung im Gemeindegebiet durch die Kommune selbst inhaltlich frei von staatlichen Weisungen zu erfolgen hat, findet seine sprachliche Ausprägung im Begriff der „**kommunalen Planungshoheit**".[62] Ihre Ausübung impliziert in der Sache „**planerische Gestaltungsfreiheit**".[63] Dies hat Folgen für Art und Umfang der materiell-rechtlichen Bindung der Bauleitplanung. Planerische Gestaltungsfreiheit verlangt die Abkehr vom Leitbild einer strikt gesetzesvollziehenden Verwaltung und die Eröffnung von planerischem Ermessen durch die die Planung steuernden Gesetze. Im weiteren hat sie auch eine kompetenzrechtliche Dimension. Sie begründet keinen individualrechtlichen Status, der den grundrechtlich verbürgten Freiheitsrechten der Art. 1 – 19 GG entspricht, sondern einen spezifischen **kompetenzrechtlichen Status** in Form einer staatsorganisatorischen Aufgabenzuweisung.[64] Sie betrifft zunächst die Art und Weise der Aufgabenerfüllung und bezeichnet im weiteren das Verhältnis zu anderen staatlichen Aufgabenträgern. Die Kommune unterliegt im Bereich der Bauleitplanung lediglich der Kommunalaufsicht in Form einer Rechtsaufsicht durch die höhere Verwaltungsbehörde (vgl. dazu Rn 58 f.). Die kommunale Planungshoheit haben auch die anderen Träger der gebietsbezogenen Planung zu respektieren. Die sachlich höher aggregierte Raumordnungsplanung und die durch § 1 Abs. 4 BauGB begründete Pflicht zur Anpassung der Bauleitplanung an deren Ziele finden daher in ihr kompetentielle Schranken (Rn 10). Entsprechendes gilt für die Bauleitplanung der Nachbargemeinden (Rn 11) und die überörtlichen Fachplanungen (Rn 14). Die unterschiedlichen Kompetenzen sind daher grundsätzlich gleichrangig.[65] Aus ihnen folgt das **Gebot der kompetentiellen Rücksichtnahme**, wenn statusmäßig grundsätzlich gleichgeordnete Planungsträger die ihnen gesetzlich zugewiesenen Aufgaben wahrnehmen und dabei die Kompetenzbereiche anderer Planungsträger berühren.[66]

36 Die eigenverantwortliche Planung und Regelung der Bodennutzung in ihrem Gebiet ist als Element des Rechts der kommunalen Selbstverwaltung durch die **institutionellen Garantien des Art. 28 Abs. 2 GG** grundgesetzlich gewährleistet. Die Verfassungsgarantie der kommunalen Selbstverwaltung erstreckt sich grundsätzlich „auf alle Angelegenheiten der örtlichen Gemeinschaft".[67] Allerdings ist sie nach Art. 28 Abs. 2 GG nur „im Rahmen der Gesetze" gewährleistet. Daher findet auch die eigenverantwortliche Planung der bodenrelevanten Nutzungen durch die Gemeinde ihre Grenze in den Gesetzen. Sie kann und muss durch den Gesetzgeber ausgestaltet werden, soweit es unter Wahrung des Grundsatzes der Verhältnismäßigkeit zur ordnungsgemäßen Aufgabenerfüllung erforderlich ist.[68] Durch Gesetz können daher die Verfahren, Grundsätze, Instrumente und Ziele der Bauleitplanung geändert werden. Enthält § 1 Abs. 3 BauGB ein **Gebot zur Planung,** sobald und soweit es für die städtebauliche Entwicklung und Ordnung erforderlich ist (Rn 5), ist die Gemeinde danach durch Gesetz gehalten, die städtebauliche Entwicklung in ihrem Gebiet vorzubereiten und zu leiten, entscheidet jedoch mit ihrer eigenständig entwickelten Planungskonzeption, welche städtebauliche Entwicklung erwünscht ist. Dabei ist sie wiederum an die Ziele, Instrumente und Verfahren gebunden, die das Recht ihr vorgibt.

37 Der Stellenwert der Planungshoheit der Gemeinden im Rahmen des Art. 28 Abs. 2 GG ist durch die höchstrichterliche Rechtsprechung noch nicht abschließend geklärt. Umstritten ist, ob es einen gesetzlich nicht entziehbaren **Kernbereich der kommunalen Planungshoheit** gibt. Dies hat das BVerfG bisher ausdrücklich offen gelassen.[69] Da die städtebauliche Entwicklung für eine Gemeinde

---

62 Vgl. dazu auch BVerwGE 84, 209, 214.
63 Vgl. dazu *Finkelnburg/Ortloff*, Bd. 1, S. 32.
64 Vgl. dazu *Brohm*, § 9 Rn 6 ff.
65 BVerfGE 21, 54, 68; 56, 298, 317; 81, 310, 338.
66 *Brohm*, § 9 Rn 16 ff.
67 BVerfGE 79, 127, 146.
68 BVerfGE 79, 127, 153.
69 BVerfGE 56, 298, 313; 76, 107, 118; 79, 127, 143; vgl. auch BVerwGE 40, 323, 329; VGH BW NVwZ 1990, 390; unter Berufung auf die Rastede-Entscheidung (BVerfGE, 79, 127) verneinend *Clemens*, NVwZ 1990, 834, 838.

identitätsstiftende Funktion schlechthin hat, muss ihr ein **substantieller Gestaltungsspielraum für räumliche Planung auf örtlicher Ebene** verbleiben.[70] Daher wird man das Recht zur rechtsverbindlichen parzellenscharfen Planung zum Kernbereich der kommunalen Selbstverwaltung rechnen müssen.[71] Dagegen sind weder die Darstellungs- und Festsetzungskataloge der Flächennutzungs- und Bebauungspläne noch das zweistufige System der Bauleitplanung oder ihre Verfahren von Verfassungs wegen unabänderlich vorgegeben.[72]

IV. Das Verfahren der Bauleitplanung

Planung ist ein arbeitsteiliger Prozess. Er verlangt einen hohen Kooperationsaufwand. Seine Voraussetzungen sind Kommunikation und Interaktion (vgl. dazu § 16 Rn 29 ff.). Die Organisation des Planungsprozesses wird durch gemeinsame Verfahrensregelungen gesteuert, die sowohl für die Aufstellung von Flächennutzungs- als auch von Bebauungsplänen gelten (§ 2 Abs. 4 BauGB). Das **Bauleitplanverfahren** dient nicht nur der **Information der von der Planung möglicherweise betroffenen öffentlichen und privaten Akteure** und eröffnet ihnen die Möglichkeit zur Verfahrensteilhabe, sondern es erhöht auch die Informationsbasis der planenden Gemeinde und trägt damit zudem zur Verbesserung der **Koordination der unterschiedlichen Belange** und Interessen bei. Die Mitwirkung Dritter ist daher ein wichtiges Element zur Gewährleistung der Sachgerechtigkeit der Planung. Die Berücksichtigung betroffener Belange setzt voraus, dass die Planung zu dem Zeitpunkt, an dem sie in das Verfahren eingebracht werden, noch nicht so verfestigt ist, dass sie für Anregungen durch Dritte und für Modifikationen nicht mehr grundsätzlich offen ist. Dies begründet die Notwendigkeit einer möglichst frühzeitigen Beteiligung, die noch vor einer Veröffentlichung einer in allen Details ausgearbeiteten Planung erfolgen sollte.[73] Da die Funktion förmlicher Verfahren mit der Ausdünnung der inhaltlich orientierten Rechtmäßigkeitsmaßstäbe steigt, ist es von besonderer Bedeutung, dass im Bereich des finalprogrammierten Verwaltungshandelns (vgl. dazu § 16 Rn 44) die traditionell auf eine materiell-rechtliche Ergebniskontrolle ausgerichtete Rechtmäßigkeitsprüfung durch **prozedural orientierte Maßstäbe der richtigen Entscheidungsfindung** ergänzt wird. Das BVerfG hat folgerichtig dem „**Grundrechtsschutz durch Verfahren**" überall dort eine maßgebliche Rolle für den Individualrechtsschutz zugewiesen, wo inhaltliche Rechtmäßigkeitsanforderungen durch den Gesetzgeber nur zurückhaltend normiert sind.[74] Andererseits stellen Verfahrensfehler in der Praxis eine so häufige Fehlerquelle dar, dass einzelne Verstöße in komplexen Verfahren kaum vermieden werden können. Dies hat wiederum Anlass dazu gegeben, ihnen im Einzelnen unterschiedliche Bedeutung zuzuweisen. Verstöße gegen Verfahrensvorschriften haben nach Maßgabe der §§ 214–215 BauGB bei der gerichtlichen Kontrolle der Bauleitplanung differenzierte Rechtsfolgen.

Das förmliche Verfahren zum Erlass von Bauleitplänen umfasst folgende Schritte:

---

70 Vgl. dazu BVerwG NVwZ 1993, 167, 168.
71 So auch *Brohm*, § 9 Rn 4; *Finkelnburg/Ortloff*, S. 27.
72 Vgl. die Hinweise in BVerfGE 79, 127, 146.
73 Vgl. auch *Brohm*, § 15 Rn 13.
74 Vgl. zum Grundrechtsschutz durch Verfahren BVerfGE 53, 30.

§ 17 Bauleitplanung

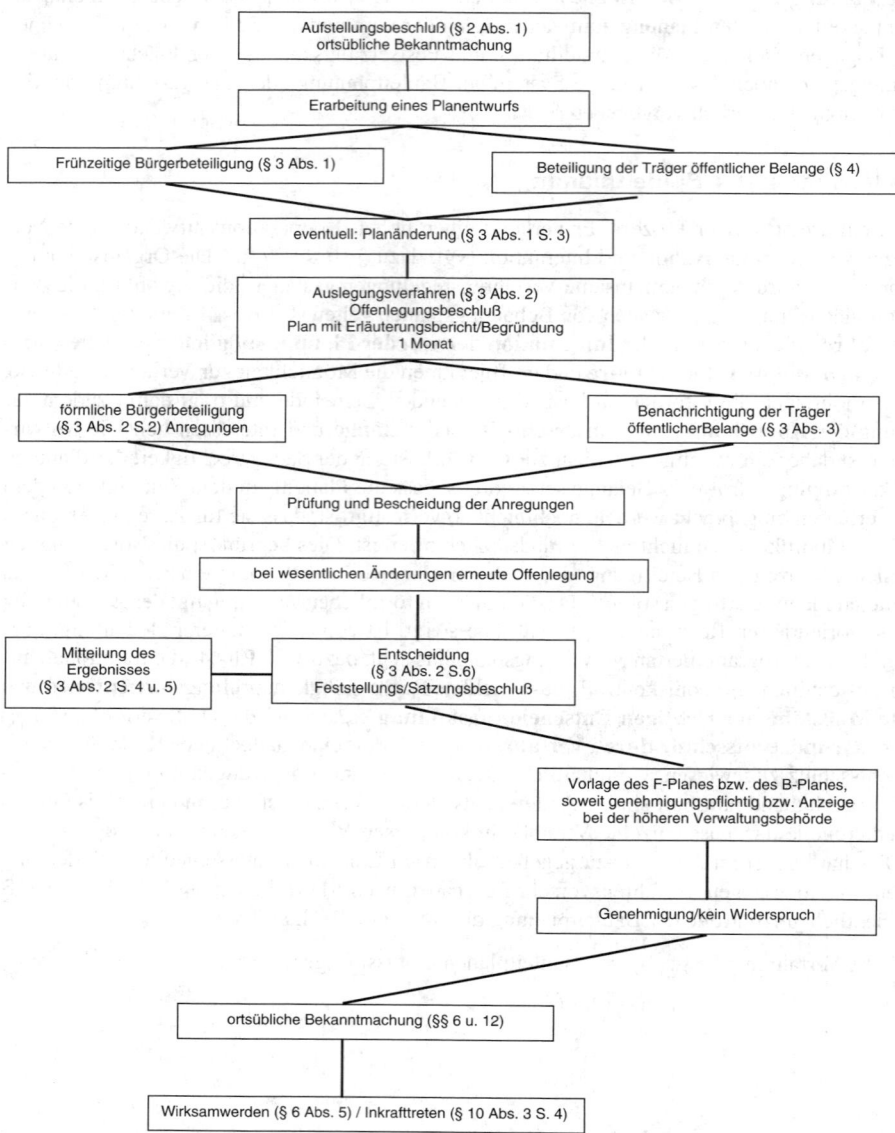

Die Vorschriften über die Aufstellung gelten nach § 2 Abs. 4 BauGB grundsätzlich auch für die **Änderung, Ergänzung und Aufhebung** von Bauleitplänen. Dabei bedarf es eines förmlichen Aufhebungsverfahrens nur, wenn ein Plan ersatzlos aufgehoben oder ein rechtswidriger und damit ungültiger Bebauungsplan aus der Welt geschafft werden soll. Dies kann nicht durch einfachen Gemeindebeschluss erfolgen.[75]

---

[75] Vgl. BVerwGE 75, 142, 145.

Innerhalb der Gemeinde ist der **Gemeinderat** zuständig für die Beschlussfassung über die maßgeblichen Schritte und die **Verabschiedung von Bauleitplänen**.[76] Im Einzelnen werden die internen Prozeduren durch die Vorschriften der Gemeindeordnungen getroffen. Sie betreffen die Beschlussfassung der Gemeindeorgane, die Öffentlichkeit der Sitzungen und insbesondere die Mitwirkungsverbote für bestimmte Mitglieder wegen der Gefahr der **Befangenheit** und von Interessenkollisionen. Nach den allgemeinen Grundsätzen über die Befangenheit darf ein Mitglied der Gemeindevertretung weder beratend noch beschlußfassend mitwirken, wenn die Entscheidung ihm selbst, seinen Verwandten oder Dritten, zu denen eine besondere Bindung besteht, einen „unmittelbaren Vor- oder Nachteil" bringen könnte (vgl. etwa § 20 SächsGO). Durch das Mitwirkungsverbot soll in der Öffentlichkeit bereits der Anschein einer Interessenkollision vermieden werden.[77] Dies setzt allerdings voraus, dass ein „individuelles Sonderinteresse"[78] als Grundstückseigentümer, Gewerbetreibender, Mieter, Geschäftsführer eines Unternehmens oder Vorsitzender eines Vereins[79] im Bereich eines Bebauungsplans erkennbar ist, das sich von einem nur „kollektiven Interesse" einer Berufs- oder Bevölkerungsgruppe an den Entscheidungen der Bauleitplanung unterscheidet. Ein Beschluss über den Erlass eines Bebauungsplans, an dem ein auszuschließendes Mitglied mitgewirkt hat, ist ungeachtet, ob seine Stimme ausschlaggebend gewesen ist, rechtswidrig.[80]

40

Nicht zuletzt der hohe Formalisierungsgrad des Planungsverfahrens hat in der Praxis dazu geführt, dass es in der Regel von einer Vielzahl **informaler Kontakte** begleitet wird (vgl. dazu § 16 Rn 30). Informale Kontakte sind nicht per se illegal, sondern häufig geradezu geboten, um formelle Verfahren in Bewegung zu halten.[81] Informale Vorabklärungen sind insbesondere bei Projekten einer bestimmten Größenordnung eine notwendige Bedingung, um überhaupt zu einem Ergebnis kommen zu können. Schließlich liegt es in der Natur strategischen Handelns, dass Planungsverfahren nicht schlechthin bis zur letzten Phase der Abwägung für alle abstrakt denkbaren Optionen offen gehalten, sondern bereits mit dem Ziel eingeleitet werden, eine bestimmte planerische Konzeption zu realisieren. Sowohl im förmlichen Verfahren als auch in den vorausgehenden Stadien gehen daher die an der Planung Beteiligten eine Vielzahl von Koalitionen und Selbstbindungen ein.[82] Andererseits bedrohen solche Vorabfestlegungen die innere Distanz und Neutralität, die erforderlich ist, um am Ende des Entscheidungsprozesses ein abgewogenes Urteil fällen zu können. Informale Absprachen zwischen einem an der Planung besonders Interessierten und Teilen der planenden Gemeinde können daher das gesetzlich vorgesehene Verfahren selbst unterlaufen, die Mitwirkung Dritter entwerten und die festgelegten Ebenen der Entscheidungsverantwortung verschieben. Der Grundsatz des fairen Verfahrens setzt Grenzen für informelle Absprachen. Dies bedeutet, dass die planende Gemeinde trotz aller Selbstbindungen und informeller Kontakte eine innere Distanz zu dem Planungsziel insoweit zu wahren hat, als sie in der Lage sein muss, die aus der Beteiligung der Bürger und der Träger öffentlicher Belange resultierenden Bedenken und Anregungen aufzunehmen und in der Abwägung zu verarbeiten. Das BVerwG setzt daher für informelle Vorabsprachen folgende Maßgaben: Die Vorwegnahme durch Selbstbindung oder informelle Absprachen muss sachlich gerechtfertigt sein, sie

41

---

[76] Für die Stadtstaaten gelten Sonderregelungen. In Hamburg wird der Flächennutzungsplan durch die Bürgerschaft festgestellt, die Bebauungspläne werden entweder durch Gesetz der Bürgerschaft oder Rechtsverordnung des Senats festgesetzt (vgl. §§ 2 und 3 Hamb BauleitplanfestG). In Berlin beschließt der Senat mit Zustimmung des Abgeordnetenhauses den Flächennutzungsplan, die Bebauungspläne werden durch Rechtsverordnung des Senats oder der Bezirksämter festgesesetzt (§§ 2 ff. Bln AGBauGB).
[77] OVG Münster BauR 1977, 477.
[78] OVG Münster NVwZ 1982, 18.
[79] Nicht jedoch eines einfachen Vereinsmitgliedes (VGH Mannheim BRS 46 Nr. 8).
[80] OVG Münster NVwZ 1984, 667, 668. Dagegen ist eine Teilnahme an den vorbereitenden Entscheidungen wie dem Planaufstellungsbeschluss unschädlich (BVerwG 79, 200, 203).
[81] BVerwGE 45, 309, 317; vgl. auch BVerwGE 75, 214, 230 f. zu luftfahrtrechtlichen Planfeststellungsverfahren.
[82] BVerwGE 45, 309, 319.

darf die Zusammenstellung des Abwägungsmaterials nicht verkürzen, sie muss die planungsrechtliche Zuständigkeitsordnung wahren und darf inhaltlich nicht zu beanstanden sein.[83]

1. Der Planaufstellungsbeschluss

42 Das förmliche Planaufstellungsverfahren wird von der Gemeinde durch den Beschluss eingeleitet, einen Bauleitplan aufzustellen (§ 2 Abs. 1 BauGB). Er ist ortsüblich bekannt zu machen. Die Modalitäten sind im Einzelnen durch Landes- oder Ortsrecht (Hauptsatzung) geregelt.[84] Allerdings markiert der **Planaufstellungsbeschluss** nur den **formellen Beginn des Verfahrens**. In aller Regel wird die Gemeinde bereits vorher Überlegungen angestellt haben, welche städtebaulichen Ziele verfolgt werden sollen und ob die angestrebte Planung nach Maßgabe der raumordnerischen und sonstigen planungsrechtlichen Vorgaben grundsätzlich realisierungsfähig ist. In der Regel wird es dazu sowohl Entwürfe geben, die zumeist von einem privaten Planungsbüro ausgearbeitet worden sind, als auch eine interne Meinungsbildung in den verantwortlichen Gremien der Gemeinde. Solange sie ihr Letztentscheidungsrecht nicht aufgibt, ist es grundsätzlich auch unbedenklich, wenn die Gemeinde den Planentwurf eines Investors zur Vorlage für weitere Entscheidungen wählt.[85] Dafür gibt es im „vorhabenbezogenen Bebauungsplan" nach § 12 BauGB nunmehr ein spezielles Institut (Rn 150 ff.). Der Planaufstellungsbeschluss muss keine städteplanerisch im Einzelnen ausgearbeitete Aussage über den vorgesehenen Inhalt des Bauleitplans enthalten. Vielmehr soll nach dem Idealtyp eines offenen Planungsprozesses eine Verfestigung der planerischen Überlegungen erst im Verlauf des Verfahrens selbst erfolgen.[86] Daher soll die Planung noch grundsätzlich offen für Alternativen und Anregungen durch Dritte sein. Unausgegorene Überlegungen sind allerdings weder für die zu beteiligenden Träger öffentlicher Belange noch für die Bürger diskussionsfähig.

43 Da der Planaufstellungsbeschluss die Beteiligungsverfahren der Bürger (§ 3 BauGB) und der Träger öffentlicher Belange (§ 4 BauGB) eröffnet, muss er erkennen lassen, welchen räumlichen Bereich der Bauleitplan zum Gegenstand haben soll. Im Vordergrund steht seine Informationsfunktion, die in ihren Belangen und Interessen berührte Öffentlichkeit davon in Kenntnis zu setzen, dass die Gemeinde eine Änderung ihrer städtebaulichen Konzepte beabsichtigt. Dazu ist es erforderlich, dass der Planaufstellungsbeschluss eine allgemein nachvollziehbare Umschreibung des Plangebiets enthält, die den Betroffenen die Abschätzung ermöglicht, ob ihre Belange berührt sein könnten und damit das Interesse weckt, sich in die Planung miteinzubringen (Anstoßwirkung).[87] Daher reicht eine Auflistung der Flurstücksnummern nicht aus, da sie in der Regel nicht allgemein bekannt sein dürften.[88] Da die Veröffentlichung der Planungsabsichten nicht selten auch Strategien der Betroffenen mobilisiert, die geeignet sein können, die Planung zu erschweren, kann mit dem Planaufstellungsbeschluss auch die **Entscheidung über die Sicherung der Planung** über eine Veränderungssperre nach § 14 BauGB verbunden werden.[89]

44 Der Planaufstellungsbeschluss ist **keine strenge Verfahrensvoraussetzung** für die Rechtmäßigkeit eines Bauleitplans (vgl. § 214 Abs. 1 Nr. 1 BauGB). Eine förmliche Beschlussfassung der Gemeinde über ihn ist insoweit bundesrechtlich nicht zwingend geboten.[90] Für die Gewährleistung eines rechtsstaatlichen Verfahrens reicht es aus, wenn die Beteiligung der Träger öffentlicher Belange und der Bürger im Übrigen ordnungsgemäß erfolgt ist. Dies betrifft jedoch nur die Rechtmäßigkeit des

---

83 BVerwGE 45, 309, 321.
84 Vgl. dazu VGH München BRS 29 Nr. 15.
85 BVerwG NVwZ 1988, 351.
86 BVerwGE 51, 121, 127.
87 BVerwGE 55, 369.
88 BVerwG NJW 1985, 1570.
89 BVerwG BauR 1989, 432.
90 BVerwGE 79, 200.

Plans selbst. Maßnahmen zur Sicherung der Bauleitplanung sind demgegenüber nur zulässig, wenn ein entsprechender Beschluss vorliegt. Dies betrifft etwa die Veränderungssperre (§ 14 BauGB), die Zurückstellung von Baugesuchen (§ 15 BauGB) oder die Ausübung des Vorkaufsrechts (§ 24 BauGB).

2. Frühzeitige Bürgerbeteiligung

Bürger- und Behördenbeteiligung sind nicht identisch, sondern als einander ergänzende „Zwillingsverfahren" konzipiert, die eng miteinander korrespondieren.[91] Die **Bürgerbeteiligung** ist grundsätzlich **zweistufig** angelegt. Sie besteht aus der **frühzeitigen Bürgerbeteiligung** (§ 3 Abs. 1 BauGB) und der Beteiligung der Öffentlichkeit im Rahmen des **förmlichen Auslegungsverfahrens** (§ 3 Abs. 2 BauGB). Die Vorbereitung und Durchführung der Bürger- und Trägerbeteiligung kann die Gemeinde auch Dritten übertragen (§ 4 b BauGB). Damit wird das in den USA erprobte Modell der **Mediation** vom BauGB adaptiert.[92] Mit der gesetzlichen Institutionalisierung eines Mediators verbindet sich die Hoffnung auf Verfahrensbeschleunigung und Konsensfindung. Idealtypisch setzt dies jedoch voraus, dass die in Frage stehenden Projekte nicht auf grundsätzliche und fundamentale Ablehnung stoßen, sondern lediglich in Bezug auf Standort, Größe oder andere Ausführungsdetails kontrovers beurteilt werden. Dem Mediator steht dabei nur die Option der Konfliktreduzierung durch Verfahren im Wege der Information und Kommunikation zur Verfügung. Er ist daher auf die Argumentationsfähigkeit und Diskursbereitschaft der Teilnehmer angewiesen. Im Übrigen bleiben die Entscheidungskompetenzen der Gemeinde von der Institution des Mediators unberührt.

Nach **§ 3 Abs. 1 BauGB** sind die Bürger **möglichst frühzeitig** über die allgemeinen Ziele und Zwecke der Planung, sich wesentlich unterscheidende Lösungen, die für die Neugestaltung oder Entwicklung des Gebiets in Betracht kommen, und die voraussichtlichen Auswirkungen der Planung **öffentlich zu unterrichten**. Dabei ist ihnen **Gelegenheit zur Äußerung und Erörterung** zu geben. Die frühzeitige Bürgerbeteiligung dient idealtypischerweise dazu, die betroffenen privaten Belange zu ermitteln und den Bürgern Gelegenheit zu geben, ihre Interessen und Wünsche in einem Stadium in den Planungsprozess einzuspeisen, in dem sich die städtebaulichen Konzepte der Gemeinde noch nicht endgültig verfestigt haben. Sie besitzt damit sowohl einen Stellenwert als Instrument der Planung, das die Zusammenstellung des Planungsmaterials zu vervollständigen hilft, als auch der Partizipation der Bürger an der Gestaltung der Angelegenheiten der örtlichen Gemeinschaft.[93] Als „demokratische Komponente des Bauleitplanverfahrens"[94] muss die frühzeitige Bürgerbeteiligung jedermann offen stehen. Die frühzeitige Bürgerbeteiligung erfolgt in der Regel im Wege von Bürgerversammlungen. Der Ablauf der öffentlichen Unterrichtung und Erörterung ist bundesrechtlich im Einzelnen nicht näher geregelt. Ihre Ergebnisse gehen in den weiteren Planungsprozess ein. Eine förmliche Bescheidung der abgegebenen Stellungnahmen erfolgt nicht.

Von der frühzeitigen Bürgerbeteiligung kann abgesehen werden, wenn
- sich eine Aufstellung oder Aufhebung eines Bebauungsplans oder seine Änderung und Ergänzung auf das Plangebiet und die Nachbargebiete nur unwesentlich auswirkt (§ 3 Abs. 1 Nr. 1 BauGB),
- eine Unterrichtung und Erörterung bereits vorher auf anderer Grundlage – etwa im Rahmen informeller Planung – erfolgt ist (§ 3 Abs. 1 Nr. 2 BauGB).
- durch Änderungen oder Ergänzungen eines Bauleitplans die Grundzüge der Planung nicht berührt werden (§ 13 Nr. 1 BauGB).[95]

---

91 BVerwG UPR 1998, 114; *Battis*, in: *Battis/Krautzberger/Löhr*, § 4 Rn 2.
92 Vgl. dazu allgemein *Hoffmann-Riem*, Konfliktmittler in Verwaltungsverhandlungen, 1989.
93 *Finkelnburg/Ortloff*, S. 48.
94 BVerwGE 45, 309, 318.
95 BVerwGE 82, 225.

Im Übrigen ist eine Verletzung der Vorschrift über die frühzeitige Bürgerbeteiligung **für die gerichtliche Rechtmäßigkeitskontrolle des Bauleitplans ohne Bedeutung** (arg. § 214 Abs. 1 Nr. 1 BauGB).

3. Auslegungs- und Einwendungsverfahren

48 Auf der Grundlage der frühzeitigen Beteiligung der Bürger sowie der Träger öffentlicher Belange hat die Gemeinde ihre Planungsvorstellungen weiter zu konkretisieren. Führt die frühzeitige Beteiligung zu einer **Modifikation der Vorplanungen**, erfolgt **keine erneute Befassung** im Wege einer nochmaligen frühzeitigen Beteiligung. Vielmehr geht der neue Planungsstand in das Auslegungs- und Einwendungsverfahren nach § 3 Abs. 2 S. 3 BauGB ein. Ist die konzeptionelle Phase der Planung abgeschlossen, muss die Gemeinde ihre Überlegungen zu einem Planentwurf verdichten. Der **Planentwurf ist öffentlich zu machen**. Dieser ist bei einem Flächennutzungsplan mit einem Erläuterungsbericht, bei einem Bebauungsplan mit einer Begründung zu versehen (§ 3 Abs. 2 BauGB). Soweit erforderlich sind auch Gutachten und andere Beiträge von Sachverständigen hinzuzufügen.[96] Damit soll die Planungsabsicht verdeutlicht und nachvollziehbar gemacht werden. Mängel sind nach § 214 Abs. 1 Nr. 2 Hs. 2 BauGB unbeachtlich. Damit wird das Verfahren der **formellen Bürgerbeteiligung** eingeleitet. Die Träger öffentlicher Belange werden von der Auslegung des Plans speziell benachrichtigt (§ 3 Abs. 2 S. 3).

49 Die Entscheidung über die Auslegung wird als „Offenlegungsbeschluss" bezeichnet.[97] Er ist allerdings von Gesetzes wegen nicht förmlich vorgeschrieben. Im Rahmen des Auslegungsverfahrens ist der Planentwurf mit Erläuterung bzw. Begründung einen Monat öffentlich lang auszulegen. Ort und Zeitrahmen der Auslegung sind mindestens eine Woche vorher mit dem Hinweis ortsüblich bekannt zu machen, dass Anregungen während der Auslegungsfrist vorgebracht werden können (§ 3 Abs. 2 S. 2 BauGB). Daher wird die förmliche Bürgerbeteiligung auch als „**Anregungsverfahren**,"[98] bezeichnet. Auch hier ist der Kreis der Beteiligten nicht auf die in ihren rechtlichen Belangen konkret Betroffenen beschränkt. Mängel der Auslegung sind nach § 214 Abs. 1 Nr. 1 BauGB beachtlich. Eine **mündliche Erörterung** der Anregungen ist – anders als in § 3 Abs. 1 BauGB – nicht vorgeschrieben.[99] Die fristgerecht vorgebrachten Anregungen sind zu prüfen. Über das Ergebnis ist – im Gegensatz zur frühzeitigen Beteiligung – im Zusammenhang mit der Beschlussfassung über den Bebauungsplan Mitteilung zu machen (vgl. Rn 55). Verspätet oder gar nicht vorgebrachte Belange sind in der Abwägung nur zu beachten, sofern sich der planenden Gemeinde „die Tatsache der Betroffenheit aufdrängen musste".[100] Insoweit besteht für den Bürger eine **Obliegenheit zur Geltendmachung seiner Belange** in dem dafür vorgesehenen Verfahren der Bürgerbeteiligung. Eine Verletzung dieser Obliegenheit wird demnach mit einer beschränkten Präklusionswirkung sanktioniert. Die Vorschriften über die Bürgerbeteiligung räumen zwar jedermann das Recht ein, sich am Verfahren der Bauleitplanung zu beteiligen, Verstöße gegen Verfahrensvorschriften können jedoch nur von denjenigen als Gründe gegen die Rechtswirksamkeit von Bauleitplänen vor Gericht geltend gemacht werden, für die darüber hinausgehende subjektiv-öffentliche Rechtspositionen bestehen.

---

96 *Stüer*, Rn 329.
97 BVerwGE 79, 200.
98 So BVerwGE 45, 309.
99 VGH Mannheim BRS 27 Nr. 15; VGH München BRS 27 Nr. 14; OVG Lüneburg BRS 33 Nr. 8.
100 BVerwGE 59, 87.

4. Beteiligung der Träger öffentlicher Belange

Nach § 4 Abs. 1 BauGB hat die Gemeinde die Stellungnahme von Behörden und der sonstigen Träger öffentlicher Belange, deren Aufgabenbereich durch die Planung berührt wird, **möglichst frühzeitig** einzuholen. Eine strenge prozedurale Fixierung des Zeitpunktes der Beteiligung gibt es nicht. Es ist daher möglich, dass sie bereits vor dem Aufstellungsbeschluss erfolgt, sie kann jedoch auch gleichzeitig mit dem Verfahren der öffentlichen Auslegung zur Bürgerbeteiligung durchgeführt werden (§ 4 Abs. 1 S. 2 BauGB).[101] Inhaltliches Kriterium für den richtigen Zeitpunkt ist, dass die Beteiligung der Träger öffentlicher Belange einerseits nicht erst dann einsetzen darf, wenn die Planung so verfestigt ist, dass die von der Planung berührten öffentlichen Belange nicht mehr in einer dem Abwägungsgebot genügenden Weise berücksichtigt werden können, andererseits muss ein Konkretisierungsniveau der Planung erreicht sein, das ihre substantielle und detaillierte Geltendmachung ermöglicht. Da die Träger der öffentlichen Belange von der Auslegung im Rahmen der förmlichen Bürgerbeteiligung benachrichtigt werden müssen (§ 3 Abs. 2 S. 3 BauGB), und ihnen die aktuellen Planunterlagen zu übersenden sind, ist auch die Beteiligung der Träger öffentlicher Belange in der Praxis häufig zweistufig organisiert.[102]

50

Der Kreis der zu **beteiligenden öffentlichen Stellen** ist weit zu ziehen. Zu ihnen zählen nicht nur Landesbehörden wie der Landkreis und die Bezirksregierung wegen ihrer Zuständigkeit für Raumordnung, Verkehr, Denkmal-, Natur- und Umweltschutz und Bundesbehörden wie Bundeswehr, Bundesgrenzschutz oder die Bundeswasserstraßenverwaltung, sondern auch die Industrie- und Handelskammern, Kirchen, die kommunalen Zweckverbände, die benachbarten Gemeinden sowie die Träger der öffentlichen Daseinsvorsorge. Soweit sie gesetzlichen Sicherstellungsaufträgen unterliegen, zählen dazu auch die privatisierten Unternehmen der Deutschen Bahn AG, der Post AG oder der Telekom AG.[103] § 4 a BauGB schreibt nunmehr auch die grenzüberschreitende Beteiligung von Gemeinden und Trägern öffentlicher Belange vor. Nicht zu den Trägern öffentlicher Belange zählen private Vereinigungen wie Heimat- und Tierschutzvereine. Dies wird von der Rechtsprechung auch für die anerkannten Naturschutzverbände bejaht.[104]

51

Die Stellen, deren Belange von der Planung berührt sein können, sind um **Stellungnahme** zu bitten, damit die Gemeinde zum einen die abwägungsrelevanten öffentlichen Belange möglichst vollständig erkennen und würdigen, zum anderen aber auch sich über die Planungsabsichten anderer Behörden informieren kann. Die Stellungnahmen sollen sich auf die eigenen Belange beschränken. Sie sind **innerhalb eines Monats** abzugeben. Die Gewährung einer Nachfrist ist möglich (§ 4 Abs. 2 BauGB). Die Stellungnahmen sind in der Abwägung zu berücksichtigen (§ 4 Abs. 3 S. 1 BauGB). Damit ist eine argumentative Befassungspflicht begründet. Inwieweit die vorgebrachten Gesichtspunkte im Rahmen der Abwägung überwunden werden können oder sich gegenüber anderen Belangen durchsetzen, ist eine Frage des Einzelfalls. Soweit die beteiligten Träger öffentlicher Belange allerdings auf Gesichtspunkte hinweisen, die als zwingendes Recht Planungsleitsätze darstellen, gehen diese der Abwägung vor (Rn 126). Nicht rechtzeitig vorgetragene Belange werden nach § 4 Abs. 3 S. 2 BauGB nicht berücksichtigt. Eine materielle Präklusionswirkung tritt jedoch dann nicht ein, wenn die betreffenden Belange der Gemeinde hätten bekannt sein müssen oder für die Rechtmäßigkeit der Abwägung von Bedeutung gewesen sind. Damit reduziert sich die – nicht unproblematische – Ausschlußregelung öffentlicher Belange in der Praxis „nahezu auf ein Nichts".[105]

52

Unterbleibt die Beteiligung der Träger öffentlicher Belange, so ist die **Verletzung des § 4 BauGB** grundsätzlich auch für die gerichtliche Kontrolle der Rechtmäßigkeit der Planung beachtlich, wenn

53

---

101 *Battis*, in: *Battis/Krautzberger/Löhr*, § 4 Rn 4.
102 *Stüer*, Rn 33.
103 Vgl. dazu *Roer*, Die Nachfolgeunternehmen von Bahn und Post in der Bauleitplanung, 1996.
104 Vgl. dazu OVG Koblenz BauR 1985, 426.
105 *Finkelnburg/Ortloff*, S. 51.

die Beteiligung insgesamt ausgefallen ist. Ein Verstoß gegen § 4 BauGB muss innerhalb eines Jahres gerügt werden. Dagegen ist es für die Rechtmäßigkeit unbeachtlich, wenn lediglich einzelne Träger öffentlicher Belange nicht beteiligt wurden (§ 214 Abs. 1 Nr. 1 BauGB).

5. Änderung der Planung

54 Kommt es aufgrund von Anregungen oder aus anderen Gründen zu Modifikationen des Planentwurfs, muss ein erneutes Auslegungsverfahren mit Bürger- und Trägerbeteiligung durchgeführt werden (§ 3 Abs. 3 S. 1 BauGB). Allerdings kann in diesem Fall die Auslegungsdauer auf zwei Wochen verkürzt werden (§ 3 Abs. 3 S. 2 BauGB). Wird eine erforderliche erneute Auslegung unterlassen, ist der Bauleitplan unwirksam (§ 214 Abs. 1 Nr. 1 BauGB).[106] Werden von den Änderungen die Grundzüge der Planung nicht berührt, kann dabei das vereinfachte Verfahren nach § 13 Abs. 2 BauGB angewandt werden (§ 3 Abs. 3 S. 3 BauGB). Dies setzt voraus, dass nur periphere Teile der Planung, z. B. die Festsetzung neuer Schutzauflagen, berührt sind.[107] In diesen Fällen darf von einer Auslegung abgesehen werden. Betroffenen Bürgern ist eine angemessene Frist zur Stellungnahme einzuräumen. Eine erneute Trägerbeteiligung ist durchzuführen, wenn durch die Änderung öffentliche Belange erstmalig oder stärker als bisher berührt werden (§ 13 Nr. 3 BauGB). Auf eine Beteiligung kann gänzlich verzichtet werden, wenn die Änderungen keine Beeinträchtigungen mit sich bringen oder lediglich redaktioneller Art sind.[108]

6. Planbeschluss

55 Nach Abschluss der Beteiligung der Träger öffentlicher Belange und des Auslegungs- und Einwendungsverfahrens hat die Gemeinde die öffentlichen und privaten Belange gegen und untereinander abzuwägen und auf dieser Grundlage den Beschluss über den Bebauungsplan zu fassen. Zuständig für den **Beschluss über den Bauleitplan** ist wegen der grundsätzlichen Bedeutung in aller Regel der Gemeinderat als Hauptorgan der kommunalen Selbstverwaltung. Gegenstand des Beschlusses ist der Planentwurf in der Fassung, die er bei der letzten öffentlichen Auslegung hatte. Das Verfahren regelt sich im Einzelnen nach Landesrecht. Die nicht präkludierten **Anregungen** sind gleichfalls in der Abwägung **zu erörtern**. Über sie ist zu entscheiden. Das Ergebnis ist den Bürgern **mitzuteilen** (§ 3 Abs. 2 S. 4 BauGB). Dabei ist weder eine Begründung noch eine förmliche Bescheidung erforderlich.[109] Eine Unterlassung der Mitteilung beeinträchtigt die Rechtmäßigkeit des Bauleitplans nicht.[110]

56 Der **Flächennutzungsplan** wird in der Form eines **einfachen Beschlusses** aufgestellt (vgl. Rn 72 ff.). **Bebauungspläne** sind nach § 10 Abs. 1 BauGB als **Satzungen** zu beschließen (vgl. Rn 115 ff.). Fehler in der Beschlussfassung führen zur Unwirksamkeit des Bauleitplans (§ 214 Abs. 1 Nr. 3 BauGB). Obwohl durch das BauGB nicht ausdrücklich vorgeschrieben, muss der als Satzung erlassene Bebauungsplan aus allgemeinen rechtsstaatlichen Gründen wie jede andere Rechtsnorm auch ausgefertigt werden.[111] Damit wird beurkundet, dass die Rechtsnorm in ihrem textlichen Inhalt und mit ihrer zeichnerischen Darstellung dem Willen des zur Beschlussfassung zuständigen Gemeindeorgans entspricht. An diese Authentizität knüpft sich auch die formelle Legalität des Bebauungsplans. Die Einzelheiten bestimmen sich nach Landesrecht. Eine fehlerhafte Ausfertigung gehört zu den sonstigen Verfahrens- und Formfehlern nach Landesrecht i. S. d. § 215 a Abs. 2 BauGB. Sie hat grundsätzlich

---

106 BVerwG BRS 49 Nr. 31.
107 BVerwG NVwZ 1990, 361.
108 *Stüer*, Rn 346.
109 VGH Mannheim NVwZ-RR 1990, 157.
110 BVerwGE 79, 200.
111 BVerwGE 79, 200, 203.

die Unwirksamkeit der Satzung zur Folge.[112] Ein solcher Mangel kann jedoch durch ein ergänzendes Verfahren behoben werden.[113] Danach kann die Satzung mit Rückwirkung erneut in Kraft gesetzt werden.[114]

7. Genehmigung/Anzeige

Soweit Bauleitpläne genehmigungs- oder anzeigepflichtig sind, werden sie mit Begründung und allen Unterlagen einschließlich der Stellungnahmen der Träger öffentlicher Belange und der nicht berücksichtigten Anregungen der Bürger (§ 3 Abs. 2 S. 6 BauGB) der höheren Verwaltungsbehörde zugeleitet. Die Aufstellung, Änderung, Ergänzung oder Aufhebung eines **Flächennutzungsplans** bedarf immer der **Genehmigung** (§ 6 Abs. 1 BauGB). Über die Genehmigung ist innerhalb von drei Monaten zu entscheiden (§ 6 Abs. 4 S. 1 BauGB). Eine Verlängerung ist bis zu drei Monaten aus wichtigem Grund möglich. Wird die Genehmigung des Flächennutzungsplans nicht fristgerecht unter Angaben von Gründen verweigert, tritt die Genehmigungsfiktion des § 6 Abs. 4 S. 4 BauGB ein. Danach gilt die Genehmigung als erteilt. 57

Nach § 6 Abs. 2 BauGB darf die **Genehmigung** nur **versagt** werden, wenn der Flächennutzungsplan nicht ordnungsgemäß zustande gekommen ist oder dem BauGB oder anderen Rechtsvorschriften inhaltlich widerspricht. Der Genehmigungsvorbehalt dient daher allein der **Rechtmäßigkeitskontrolle**. Die kommunale Selbstverwaltung beschränkt die Kommunalaufsicht auf eine reine Rechtsaufsicht. Eine darüber hinausgehende administrative Kontrolle der planerischen Gestaltungsfreiheit der Gemeinde ist ausgeschlossen. Allerdings übersteigt gem. § 216 BauGB das Überprüfungsspektrum der Behörde die gerichtliche Kontrolldichte insoweit, als auch Verfahrens- und Formfehler, die nach den §§ 214, 215 und 215 a BauGB bei einer richterlichen Nachprüfung ohne Einfluss auf die Rechtswirksamkeit eines in Kraft gesetzten Flächennutzungsplans sind, zur Versagung der Genehmigung führen können.[115] Lassen sich Versagensgründe ausräumen, kann die Genehmigung unter entsprechenden Auflagen erteilt werden.[116] Im weiteren können räumliche oder sachliche Teile von der Genehmigung ausgenommen werden (§ 6 Abs. 3 BauGB). 58

Bebauungspläne unterliegen grundsätzlich nicht mehr der Genehmigungspflicht. Sie sind nur **genehmigungsbedürftig**, wenn sie **nicht aus dem Flächennutzungsplan entwickelt** worden sind (§ 10 Abs. 2 BauGB). **Genehmigungspflichtig** sind danach 59
- der **selbständige** (§ 8 Abs. 2 S. 2),
- der im **Parallelverfahren vorzeitig bekannt gemachte** (§ 8 Abs. 3 S. 2) und
- der **vorzeitige Bebauungsplan** nach § 8 Abs. 4 BauGB (vgl. dazu Rn 118 ff.).

Auch hier ist über die Genehmigung innerhalb von drei Monaten zu entscheiden (§ 10 Abs. 2 i.V.m. § 6 Abs. 4 BauGB). Auch hier beschränkt sich die administrative Kontrolle ausschließlich auf die **Rechtsaufsicht**. Genehmigungsmaßstab ist dabei gleichfalls die Einhaltung des gesamten Bundes- und Landesrechts.[117] Bebauungspläne, die aus einem Flächennutzungsplan entwickelt wurden, unterliegen **keiner Genehmigungspflicht**. Dies gilt auch für einen im Parallelverfahren zum Flächennutzungsplan entwickelten Bebauungsplan, der nicht vorzeitig bekannt gemacht wird. Genehmigungsfreie Bebauungspläne können allerdings nach Maßgabe von § 246 Abs. 1 a BauGB aufgrund landesrechtlicher Bestimmungen **anzeigepflichtig** sein. Die Behörde hat dann innerhalb eines Monats die Verletzung von Rechtsvorschriften, die eine Versagung der Genehmigung rechtfertigen würden, geltend zu machen (§ 246 Abs. 1 a S. 2 BauGB). Nach Verstreichen dieser Frist kann die Gemeinde

---

112 OVG Lüneburg NVwZ-RR 1996, 73.
113 BVerwG NVwZ 1990, 258.
114 Vgl. dazu auch *Ziegler*, NVwZ 1990, 533 ff.
115 Vgl. dazu *Söfker*, ZfBR 1979, 191.
116 Vgl. dazu BVerwGE 95, 123.
117 Vgl. BVerwG BRS 48 Nr. 17 (Verstoß gegen Landschaftsverordnung).

den Bebauungsplan in Kraft setzen. Im Ergebnis entspricht damit das Anzeigeverfahren der Genehmigungsfiktion nach § 6 Abs. 4 BauGB.

60 Die **Versagung der Genehmigung** eines Flächennutzungs- oder eines Bebauungsplans stellt gegenüber der **Gemeinde** einen **Verwaltungsakt** dar. Ihr steht daher der Rechtsschutz vor den Verwaltungsgerichten im Wege der Verpflichtungsklage offen.[118] Im Verhältnis zum Bürger ist das Genehmigungs- und Anzeigeverfahren interner Teil des Rechtsetzungsverfahrens. Die Genehmigung beschränkt sich damit auf das Binnenverhältnis zwischen Gemeinde und höherer Verwaltungsbehörde. Sie hat deshalb **keine Außenwirkung**. Individualrechtsschutz für den Bürger ist daher nicht eröffnet.

8. Bekanntmachung

61 Ist die Genehmigung erteilt bzw. die Frist für die Geltendmachung von Rechtsmängeln in Anzeigeverfahren verstrichen, kann die Gemeinde das Verfahren nicht mehr stillschweigend aussetzen, indem sie einen beschlossenen und genehmigten Bauleitplan einfach liegen lässt.[119] Will sie von ihrer Planung zurücktreten, muss sie ihren Beschluss über den Bauleitplan förmlich aufheben. Um das Verfahren abzuschließen und dem Bauleitplan Wirksamkeit zu verschaffen (§ 6 Abs. 5 S. 1; § 10 Abs. 3 S. 1 BauGB), hat die Gemeinde den von ihr beschlossenen Bauleitplan allerdings noch **öffentlich bekannt zu machen**, damit sich jedermann von ihm verlässliche Kenntnis verschaffen kann.[120] Mit der öffentlichen Bekanntmachung wird der Flächennutzungsplan wirksam (§ 6 Abs. 5 BauGB). Als Rechtsnorm bedarf ein **Bebauungsplan der Verkündung**. Wegen des Umfangs des zeichnerischen Teils und der Begründung sieht § 10 Abs. 3 S. 5 BauGB hier ein von der üblichen Publikation von Rechtsnormen abweichende Form vor. Bei genehmigungsfreien Bebauungsplänen ist nur der Beschluss des Bebauungsplans durch die Gemeinde öffentlich bekannt zu machen (§ 10 Abs. 3 S. 1 BauGB). Bei genehmigungsbedürftigen Bebauungsplänen ist die Erteilung der Genehmigung durch die höhere Verwaltungsbehörde ihrem wesentlichen Inhalt nach bekannt zu geben (§ 10 Abs. 3 S. 1 BauGB).[121] Entsprechendes gilt für die nach Landesrecht anzeigepflichtigen Bebauungspläne. Die Pläne selbst werden nicht bekannt gemacht. Sie sind mit Erläuterungsbericht bzw. Begründung jedermann zur Einsicht bereit zu halten. Daher handelt es sich bei dieser Form der Bekanntmachung um einer Form der „Ersatzverkündung".[122]

B. Der Flächennutzungsplan

62 Im Flächennutzungsplan ist die sich aus der **beabsichtigten städtebaulichen Entwicklung ergebende Art der Bodennutzung in ihren Grundzügen darzustellen** (§ 5 Abs. 1 BauGB). Als Planungshorizont wird allgemein ein Zeitraum von 10 bis 15 Jahren genannt.[123] Der Flächennutzungsplan ist grundsätzlich für das **gesamte Gemeindegebiet** aufzustellen (§ 5 Abs. 1 S. 1 BauGB). Ausnahmen vom Grundsatz des gemeindeumfassenden Flächennutzungsplans sind nur zulässig, wenn die Bewältigung wesentlicher Konflikte nicht aufgeschoben wird und die Gemeinde die entsprechenden Flächen zu einem späteren Zeitpunkt in ihre Flächennutzungsplanung aufnimmt (§ 5 Abs. 1 S. 2 BauGB). Dadurch wird das Prinzip des gemeindeweiten Flächennutzungsplans nicht durchbrochen, sondern lediglich zeitlich gestuft. Entsprechend kann die Aufsichtsbehörde räumliche oder sachliche Teile des Flächennutzungsplans von der Genehmigung ausnehmen (§ 6 Abs. 3 BauGB).

---

118 Vgl. BVerwGE 34, 301.
119 BVerwGE 54, 211.
120 Vgl. BVerfGE 65, 283.
121 Vgl. dazu BVerwGE 75, 262.
122 BVerwGE 65, 283.
123 *Löhr*, in: *Battis/Krautzberger/Löhr*, § 5 Rn 1.

I. Funktion

Im zweistufigen System der örtlichen Planung der städtebaulichen Entwicklung hat der Flächennutzungsplan die Funktion eines **„vorbereitenden Bauleitplans"** (§ 1 Abs. 2 BauGB). Er stellt das „städtebauliche Entwicklungsprogramm der Gemeinde" dar[124] und gibt damit die Grundzüge der Planung vor. Die Aufgabe, die beabsichtigte städtebauliche Entwicklung darzustellen, öffnet der Gemeinde nicht die Freiheit, Wunschträume zu formulieren, sondern verpflichtet sie zu einer realistischen Planung. In ihr müssen sich empirische, prognostische und voluntative Elemente zu einem Konzept verbinden. Ausgangspunkt ist dabei zunächst eine zutreffende Bestandsaufnahme. Aus ihr ist auf der Grundlage von nachvollziehbaren prognostischen Überlegungen die nach dem planerischen Willen der Gemeinde angestrebte städtebauliche Entwicklung in ihren Grundzügen zu skizzieren. Der Flächennutzungsplan hat damit sowohl eine Bestandsaufnahme der bestehenden baulichen Nutzung als auch ein Leitbild über die zukünftige raumstrukturelle Entwicklung der Gemeinde in einem realistischen prognostischen Rahmen zu entfalten. Dies verlangt wiederum die Bewältigung der sich aus der Entwicklung absehbaren Problemstellungen und die Befriedigung der zu erwartenden Bedürfnisse. Was nicht nach Maßgabe der voraussehbaren Bedürfnisse als objektiv erforderlich eingeschätzt werden kann, verletzt die Vorgabe des § 5 Abs. 1 BauGB.[125]

63

Die bestandsaufnehmende Funktion des Flächennutzungsplans ist nicht auf die Darstellung der empirisch vorfindbaren örtlichen Situation beschränkt. Der Flächennutzungsplan hat die höherstufigen Planungen wie die Landesentwicklungspläne und die Regionalpläne mit der Bauleitplanung zu verknüpfen, indem er sie als verbindliche **„Ziele der Raumordnung"** gem. § 1 Abs. 4 BauGB rezipiert (Rn 9). Als „Scharnier"[126] zwischen der überörtlichen Raum- und der örtlichen Bebauungsplanung kommt ihm daher eine **„programmvollziehende Funktion"** zu.[127] Die transmittierende Funktion der Flächennutzungsplanung wird in den Stadtstaaten in eine substituierende Funktion überführt. Dort kann der Flächennutzungsplan die Aufgabe der Landesplanung übernehmen (§ 8 Abs. 1 S. 2 ROG). Er besitzt eine begrenzte, weil abwägungsdirigierte transmittierende Funktion auch im Hinblick auf sonstige gemeindeeigene Pläne. Diese sind nach § 1 Abs. 2 Nr. 10 BauGB vom Flächennutzungsplan zu berücksichtigen. Auf der anderen Seite liegt seine Bedeutung insbesondere darin, andere Planungen, die für die städtebauliche Entwicklung bedeutsam sein können, in den von ihm vorgegebenen konzeptionellen Gesamtzusammenhang einzubinden. Dies betrifft insbesondere die **Bebauungspläne**, die **aus dem Flächennutzungsplan** zu entwickeln sind (§ 8 Abs. 2 BauGB), aber auch die überörtlichen Fachplanungen, die seine planerischen Grundentscheidungen berücksichtigen müssen (§ 7 BauGB), soweit die Träger der Fachplanung ihm nicht widersprochen haben. Insoweit kommt dem Flächennutzungsplan eine **„Programmierungsfunktion"** zu.[128] Insgesamt zeigt sich in der Doppelfunktion von programmierenden und programmvollziehenden Elementen die gestalterische, integrative und koordinative Bedeutung der Flächennutzungsplanung.

64

Nach § 204 BauGB sollen benachbarte Gemeinden einen gemeinsamen Flächennutzungsplan aufstellen, wenn ihre städtebauliche Entwicklung wesentlich durch gemeinsame Voraussetzungen und Bedürfnisse bestimmt wird. Zu einem **interkommunalen Flächennutzungsplan** kann es auch kommen, wenn die Gemeinde einem Planungsverband angehört, dem die Flächennutzungsplanung übertragen worden ist (§ 205 BauGB). Erfolgt die Regionalplanung durch Zusammenschlüsse von Gemeinden und Gemeindeverbänden zu regionalen Planungsgemeinschaften, kann der gemeinsame Flächennutzungsplan zugleich auch die Funktion des Regionalplans in der Form eines „regionalen Flächennutzungsplans" übernehmen (§ 9 Abs. 6 ROG).

65

---

[124] *Finkelnburg/Ortloff*, S. 62.
[125] Vgl. dazu BVerwGE 56, 110.
[126] *Finkelnburg/Ortloff*, S. 63.
[127] Vgl. *Löhr*, in: *Battis/Krautzberger/Löhr*, § 5 Rn 3.
[128] *Brohm*, § 6 Rn 4 f.

II. Inhalt

66 Der Flächennutzungsplan eröffnet drei Varianten der planerischen Ausweisung der städtebaulichen Entwicklung:
- Darstellung der Art der Bodennutzung,
- Kennzeichnung von Flächen,
- Übernahme von Festsetzungen anderer Stellen.

1. Darstellungen

Wesentlicher Gegenstand des Flächennutzungsplans sind seine Darstellungen. § 5 Abs. 2 BauGB sieht **10 unterschiedliche Darstellungsmöglichkeiten** der Art der Bodennutzung vor. Da § 5 Abs. 2 BauGB die Darstellungsoptionen des Flächennutzungsplans **nicht abschließend** benennt, kann die Gemeinde auch weitere Darstellungsvarianten einsetzen, soweit sie einen bodenrelevanten Bezug haben, der Eingang in die Bebauungspläne finden kann.

67 Darzustellen sind zunächst die zur Bebauung vorgesehenen Flächen (§ 5 Abs. 1 Nr. 1 BauGB). Dies erfolgt mit der durch § 1 Abs. 1 BauNVO vorgegebenen Grundtypik der Bauflächen. Danach können Wohnbauflächen, gemischte Bauflächen, gewerbliche **Bauflächen** und spezielle Sonderbauflächen dargestellt werden.[129] Darüber hinaus können die Bauflächen in die nach Maßgabe von § 1 Abs. 2 BauNVO spezifizierten **Baugebiete** ausdifferenziert und durch Angaben über das **allgemeine Maß** der baulichen Nutzung, d. h. zur Geschossflächenzahl, zur Baumassenzahl und zur Höhe, ergänzt werden. Im Flächennutzungsplan werden im weiteren auch die Flächen für die **kommunale Infrastruktur** dargestellt. Dies umfasst Versorgungseinrichtungen wie Verwaltungsgebäude, Schulen, Kirchen, Altenheime, Krankenhäuser, Theater, Sport- und Spielanlagen (§ 5 Abs. 2 Nr. 2 BauGB), die überörtlichen und die örtlichen Hauptverkehrszüge (§ 5 Abs. 2 Nr. 3 BauGB) sowie die Versorgungs- und Entsorgungsanlagen (§ 5 Abs. 2 Nr. 4 BauGB). Mit den beiden letzten Darstellungsmöglichkeiten wird insbesondere den noch nicht rechtsverbindlich gewordenen Belangen der Fachplanung Rechnung getragen. Als weitere Darstellungsmöglichkeiten sieht der Katalog des § 5 Abs. 2 BauGB die Darstellung von Grünflächen (Nr. 5), Flächen für den Umwelt-, Natur- und Landschaftsschutz (Nr. 6 u. 10), Wasserflächen (Nr. 7), Flächen für Aufschüttungen, Abgrabungen und die Gewinnung von Bodenschätzen (Nr. 8) sowie für Land- und Forstwirtschaft (Nr. 9) vor.

68 Mit dieser planerischen **Grobsteuerung** kann die Flächennutzungsplanung entscheidende Vorgaben für die in Folge zu erlassenden Bebauungspläne setzen. Dies betrifft zunächst ihre räumliche Anlage. Für Flächen, die im Flächennutzungsplan nicht als Bauflächen oder Baugebiete festgelegt sind, ist die Entwicklung eines Bebauungsplans grundsätzlich nicht vorgesehen. Sie können daher nur nach Maßgabe von § 34 oder § 35 BauGB baulich genutzt werden. Mit dem Flächennutzungsplan wird im weiteren auch über die Art der baulichen Nutzung vorentschieden, die ein späterer Bebauungsplan festsetzen kann. Enthält der Flächennutzungsplan nur Bauflächen, aber keine Baugebiete, besitzt die Bebauungsplanung einen hohen Gestaltungsspielraum. Enthält er dagegen Aussagen über das allgemeine Maß der baulichen Nutzung, ist sie auch in dieser Hinsicht gebunden. Unzulässig wäre es allerdings, darüber hinaus auch die Zahl der Vollgeschosse, der Bauweise und der überbaubaren Grundstücksflächen durch Flächennutzungsplan zu regeln. Dies gehört nicht mehr zu den Grundzügen der Bodennutzung.[130]

69 Flächen, die sich zum **Ausgleich von Eingriffen in Natur und Landschaft** i. S. d. § 1 a Abs. 3 BauGB eignen, können im Flächennutzungsplan dargestellt werden. Dies gibt der Gemeinde die Möglichkeit, die für den Ausgleich erforderlichen und geeigneten Flächen im größeren Zusammenhang für die Zukunft zu sichern. Sie kann damit auch Raum für Flächen vorsehen, die im Rahmen

---

[129] Ein pauschaler Ausweis von Sonderbauflächen ohne eine Zweckbestimmung ist unzulässig (BVerwGE 95, 123).
[130] Vgl. auch *Finkelnburg/Ortloff*, S. 68.

eines Öko-Kontos bewirtschaftet werden sollen (vgl. Rn 29). Durch Herausnahme aus den zukünftigen Flächen für bauliche Nutzung ist im weiteren eine Kostenersparnis im Hinblick auf den zukünftigen Erwerb verbunden. Darüber hinaus kann die Gemeinde auch nach § 5 Abs. 2 a BauGB die Ausgleichsflächen den Flächen, auf denen Eingriffe erwartet werden, zuordnen. Die Zuordnungsdarstellung kann zu einer spezifischen Problemlösung beitragen, wo der Ausgleichsbedarf von bestimmten Bauflächen befriedigt werden soll.

2. Kennzeichnungen

Nach § 5 Abs. 3 BauGB sollen im Flächennutzungsplan bestimmte Flächen gekennzeichnet werden. Dies betrifft Flächen, bei denen **besondere bauliche Vorkehrungen** gegen äußere Einwirkungen oder besondere Sicherungen gegen Naturgewalten erforderlich sind (Nr. 1), Flächen, unter denen **Bergbau** betrieben wird (Nr. 2) sowie Flächen, die durch **Altlasten** kontaminiert sind (Nr. 3). Nach § 5 Abs. 2 Nr. 1 BauGB sind darüber hinaus auch die Bauflächen zu kennzeichnen, für die eine zentrale Abwasserbeseitigung nicht vorgesehen ist. In der Kennzeichnung liegt keine Festlegung mit Folgewirkung für das planungsrechtliche Entwicklungsgebot des § 8 Abs. 2 BauGB. Sie informiert lediglich über Gefahren oder sonstige städtebaulich erhebliche Sachverhalte, die zu berücksichtigen sind, wenn die im Flächennutzungsplan vorgesehenen Nutzungen im Wege der Aufstellung eines Bebauungsplans konkretisiert oder bei der Zulassung von Vorhaben umgesetzt werden sollen. Damit unterscheidet sich etwa die Kennzeichnung von Bergbauflächen gem. § 5 Abs. 3 Nr. 2 BauGB erheblich von der Darstellung von Flächen für Abgrabungen oder Gewinnung von Bodenschätzen nach § 5 Abs. 2 Nr. 8 BauGB.

70

3. Übernahmen

In den Flächennutzungsplan sollen nach § 5 Abs. 4 BauGB im weiteren verbindlich gewordene **Planungen** und sonstige Nutzungsregelungen **nachrichtlich übernommen** werden, die aufgrund von gesetzlichen Regelungen durch andere Stellen erlassen worden sind. Dies betrifft etwa rechtsverbindliche Fachplanungen wie planfestgestellte Fernstraßen, ausgewiesene Natur- und Landschaftsschutzgebiete, Flächen für militärische Vorhaben[131] oder denkmalgeschützte Ensembles. Die Übernahme hat lediglich informative Bedeutung und nimmt nicht an der steuernden Wirkung des Flächennutzungsplans gegenüber den Bebauungsplänen teil.

71

III. Form

Zentrales darstellerisches Element des Flächennutzungsplans ist die **Karte**. Das Erfordernis der gemeindeweiten Erstreckung impliziert, dass sich die zeichnerischen Darstellungen abhängig von der jeweiligen Gemeindegröße auf einen Maßstab zwischen 1:5.000 bis 1:25.000, in Einzelfällen sogar bis zu 1:100.000 beschränken und daher nicht parzellenscharf ausführt werden.[132] Darstellungen, Kennzeichnungen, nachrichtliche Übernahmen und sonstige Vermerke erfolgen mittels **Planzeichen** und Planfarben gem. PlanzV sowie durch **Text** und **Schrift**. Nach § 5 Abs. 5 BauGB ist dem Flächennutzungsplan ein **Erläuterungsbericht** beizufügen, in dem die Ziele, Zwecke und wesentlichen Auswirkungen darzulegen und die für die Abwägung maßgeblichen Überlegungen wiederzugeben sind.

72

Der Flächennutzungsplan hat **keine Rechtsnormqualität**. Er wird daher auch nicht wie eine Satzung ausgefertigt, sondern wird bereits mit einfachem Beschluss der Gemeinde wirksam.[133] Der Flä-

73

---

131 Vgl. dazu BVerwG DVBl 1986, 1003.
132 Vgl. zur Tiefenschärfe BVerwGE 48, 70.
133 Vgl. zur Rechtsnatur BVerwG NVwZ 1991, 262.

chennutzungsplan wird als eine **hoheitliche Maßnahme eigener Art** angesehen.[134] Er besitzt keine unmittelbare Außenwirkung. Seine normative Funktion liegt in der verwaltungsinternen Bindungswirkung. Als kommunales Verwaltungsprogramm bewirkt er eine **Selbstbindung** für den Erlass von Bebauungsplänen nach Maßgabe des Entwicklungsgebots des § 8 Abs. 2 BauGB. Ein wirksamer Flächennutzungsplan hat damit normative Funktion als „planungsbindender Plan".[135] Im weiteren präjudiziert er die Entscheidung der Gemeinde zur Herstellung des gemeindlichen Einvernehmens zur Beurteilung der planungsrechtlichen Zulässigkeit von Vorhaben. Obwohl nur der Flächennutzungsplan selbst Wirksamkeit erlangt (§ 6 Abs. 5 S. 2 BauGB), können Mängel im Erläuterungsbericht rechtlich bedeutsam werden und seine Wirksamkeit in Frage stellen (§ 214 Abs. 1 Nr. 2 BauGB).[136]

74 Ein Flächennutzungsplan kann allerdings auch für **andere öffentliche Planungsträger** beachtlich sein. Sind die Träger der Fachplanung bei der Planaufstellung beteiligt worden, haben sie ihre Planungen dem Flächennutzungsplan insoweit anzupassen und dessen Vorgaben zu beachten, als sie diesem Plan nicht widersprochen haben (§ 7 S. 1 BauGB).[137] Hat der Träger der Fachplanung jedoch dem Flächennutzungsplan widersprochen, ist er an die gemeindliche Planung nicht gebunden, vielmehr muss diese ihre Planungen anpassen. Dies gilt unter bestimmten Voraussetzungen selbst dann, wenn bereits ein wirksamer Flächennutzungsplan besteht. Macht nämlich eine Veränderung der Sachlage eine abweichende Planung des Trägers der Fachplanung erforderlich, kann er nachträglich widersprechen, wenn seine Belange die städtebaulichen Belange nicht unwesentlich überwiegen (§ 7 S. 5 BauGB). Entstehen der Gemeinde durch die abweichende Planung Aufwendungen, sind ihr diese durch den Träger der Fachplanung zu ersetzen (§ 7 S. 6 BauGB). Desgleichen kann sich eine benachbarte Gemeinde gegen die Verletzung ihrer Planungshoheit mit einer Feststellungsklage wehren, wenn der Flächennutzungsplan auf ihre Belange keine hinreichende Rücksicht nimmt.[138]

75 Da der Flächennutzungsplan weder Rechtsnormqualität noch die Qualität eines Verwaltungsaktes besitzt, ist er **für den Bürger rechtlich nicht verbindlich**. Als vorbereitender Bauleitplan kann er daher auch nicht vor Gericht unmittelbar angegriffen werden. Er unterliegt weder der Normenkontrolle gem. § 47 VwGO[139] noch der Anfechtungsklage nach § 42 VwGO.[140] Seine Rechtmäßigkeit kann daher nur inzident im Zusammenhang mit Klagen gegen Bebauungspläne oder Baugenehmigungen überprüft werden (vgl. dazu § 23). Dabei sind die §§ 214 ff. BauGB zu beachten. Aus einem Flächennutzungsplan ergeben sich für den Bürger auch keine Ansprüche auf seine Umsetzung in einen Bebauungsplan (§ 2 Abs. 3 BauGB). Er wirkt sich im weiteren auch auf die bereits bestehenden Nutzungen von Grundstücken nicht unmittelbar aus. Aus ihm resultiert keine Anpassungspflicht für private Grundstücksnutzungen. Allerdings kann er für Nutzungsänderungen bedeutsam werden. Widerspricht etwa ein nichtprivilegiertes Vorhaben im Außenbereich den Darstellungen des Flächennutzungsplans, liegt darin eine Beeinträchtigung der öffentlichen Belange (§ 35 Abs. 3 Nr. 1 BauGB).[141] Auch privilegierte Vorhaben können an hinreichend konkretisierten Darstellungen scheitern.[142] Dagegen stehen die Darstellungen des Flächennutzungsplans der Genehmigung eines Vorhabens im unbeplanten Innenbereich nicht entgegen, das sich in die vorhandene Bebauung einfügt. § 34 BauGB räumt hier der tatsächlichen Lage den Vorrang vor der normativen Festlegung ein.[143] Im weiteren haben die Darstellungen im Flächennutzungsplan erhebliche mittelbare Auswirkungen.

---

134 Vgl. dazu *Löhr*, Die kommunale Flächennutzungsplanung, 1977, S. 133 ff.
135 *Finkelburg/Ortloff*, S. 72.
136 Dies gilt allerdings nur, wenn Plan und Erläuterungsbericht übereinstimmen. Weicht der Erläuterungsbericht vom Plan ab und ist fehlerhaft, wirkt sich dies nicht schädlich auf den Plan selbst aus (vgl. VGH München BRS 29 Nr. 2).
137 Vgl. zur Anpassung eines Landschaftsplans OVG Münster BRS 57 Nr. 278.
138 BVerwGE 40, 323; BayVGH NVwZ 1985, 837.
139 BVerwG NVwZ 1991, 262.
140 BVerwG NVwZ 1992, 882.
141 Vgl. dazu BVerwGE 68, 31.
142 BVerwGE 77, 300.
143 Vgl. nur BVerwGE 62, 151.

Auf die Darstellung von Bauflächen reagiert der Grundstücksmarkt mit Preisanstiegen für ein solches Bauerwartungsland. Daher ist der Flächennutzungsplan auch für das Wertermittlungsverfahren nach § 4 WertV von Bedeutung.

C. Der Bebauungsplan

Der Bebauungsplan ist der **verbindliche Bauleitplan** (§ 1 Abs. 2 BauGB). Er wird in der Regel für einen Teil des Gemeindegebiets aufgestellt. Allerdings ist es rechtlich zulässig, einen Bebauungsplan nur für ein einziges Grundstück zu erlassen,[144] soweit dies durch städtebauliche Gründe und nicht allein durch private Nutzungsinteressen veranlasst ist. Zur Bestimmung der zulässigen Nutzungen sieht § 9 BauGB einen umfangreichen Festsetzungskatalog vor. Enthält ein Bebauungsplan Festsetzungen über die **Art** und das **Maß** der baulichen Nutzung, die **überbaubaren Grundstücksflächen** und die **örtlichen Verkehrsflächen**, wird er als „**qualifizierter Bebauungsplan**" bezeichnet. Er ist der Regeltyp des Gesetzes. Fehlen diese Merkmale, spricht man von einem „**einfachen Bebauungsplan**". Dies hat Auswirkung auf die Zulässigkeit von Vorhaben nach den §§ 29 BauGB (vgl. dazu § 18). Besondere Aufstellungsweisen stellen der **selbständige Bebauungsplan** (§ 8 Abs. 2 S. 2 BauGB), der **vorzeitige Bebauungsplan** (§ 8 Abs. 4 BauGB) und das **Parallelverfahren** (§ 8 Abs. 3 BauGB) dar (vgl. dazu Rn 118 ff.). Dagegen ist der sog. „**vorhabenbezogene Bebauungsplan**" gem. § 12 BauGB eine eigenständige Sonderform des Bebauungsplans. Er ist in Bezug auf die Beurteilung der planungsrechtlichen Zulässigkeit von Vorhaben dem qualifizierten Bebauungsplan gleichgestellt, unterscheidet sich von ihm jedoch im Hinblick auf die Instrumente der Planverwirklichung (vgl. dazu unten Rn 150 ff.).

I. Funktion

Der Bebauungsplan enthält die für die städtebauliche Ordnung erforderlichen **parzellenscharfen und rechtsverbindlichen Festsetzungen** der baulichen und sonstigen Nutzung für das Plangebiet (§ 8 Abs. 1 S. 1 BauGB). Der Bebauungsplan hat gebietsspezifische, an den örtlichen Gegebenheiten ausgerichtete, konkrete und individuelle Festlegungen „im Angesicht der konkreten Sachlage"[145] zu treffen. Generell-abstrakte Festlegungen wie etwa ein für alle Bauflächen geltender „Begrünungsplan", die nicht auf das spezielle Plangebiet, sondern das gesamte Gemeindegebiet bezogen sind, sind daher unzulässig.[146] Entsprechend darf es nur einen Bebauungsplan für ein Plangebiet geben. Daher sind kumulative Bebauungspläne wegen des Grundsatzes der **Plankonzentration** unzulässig.[147] Der Bebauungsplan ist die maßgebliche Orientierungsmarke für die Zulässigkeit von Bauvorhaben und legt damit den konkreten Inhalt des Grundeigentums fest.[148] Er hat daher **programmierende Funktion** gegenüber der Zulassung von Bauvorhaben nach Maßgabe von §§ 30 und 31 BauGB. Dabei ist die Planung im Interesse einer sinnvollen städtebaulichen Entwicklung nicht gehalten, die durch das Eigentum an Grundstücken vorgegebenen Grenzen zur Grundlage der Festsetzungen eines Bebauungsplans zu machen. Sie kann auch über die Grundstücksgrenzen hinweg planen. Vielmehr geben es die Institute der Planverwirklichung der planenden Gemeinde in die Hand, die Eigentumsordnung im Wege der Grenzregelung (§ 80 BauGB) oder Umlegung (§ 45 ff. BauGB) anzupassen (vgl. dazu § 19). Umgekehrt begründet der Bebauungsplan aus sich selbst heraus keine Verpflichtung,

---

144 BVerwGE 45, 309.
145 BVerwGE 50, 114.
146 BVerwGE 50, 114.
147 *Finkelnburg/Ortloff*, S. 77.
148 BVerfGE 70, 35.

die planerischen Festsetzungen zu verwirklichen und trägt somit den Charakter einer **„Angebotsplanung"**.[149] Sein Vollzug muss durch besondere Institute gesichert werden. Erzwungen können die gestalterischen Festlegungen eines Bebauungsplans nur durch besonders festgelegte Bau-, Abbruch- oder Pflanzgebote nach § 175 ff. BauGB (vgl. dazu § 22). Seine Verwirklichung setzt zudem vorgreifende Maßnahmen voraus. Der Bebauungsplan bildet die rechtliche Grundlage für die weiteren Maßnahmen wie das Vorkaufsrecht (§ 24 BauGB), die Enteignung (§ 85 BauGB) oder die Erschließung (§ 125 BauGB), die zur Verwirklichung der städtebaulichen Ordnung von der Gemeinde getroffen werden können (vgl. dazu §§ 20 u. 21).

78 § 8 Abs. 2 BauGB skizziert das Verhältnis zwischen dem Flächennutzungsplan als vorbereitendem Bauleitplan und dem Bebauungsplan als verbindlichem Bauleitplan durch das **Entwicklungsgebot**. Es entspringt dem Grundsatz der Zweistufigkeit der Bauleitplanung.[150] Nach § 8 Abs. 2 BauGB sind Bebauungspläne aus dem Flächennutzungsplan zu entwickeln. In dieser **programmvollziehenden Funktion** liegt sowohl eine Restriktion in Gestalt einer inhaltlichen Bindung an die Flächennutzungsplanung als auch eine Gestaltungsoption in Gestalt einer Befugnis zu deren konkreten Ausgestaltung und Verdeutlichung.[151] Die Konzeption des Flächennutzungsplans muss daher schlüssig fortentwickelt werden.[152] Das Entwicklungsgebot gehört zu den äußeren Grenzen des Planungsermessens (vgl. dazu Rn 126). Es unterliegt damit nicht der planerischen Abwägung. Verstöße gegen das Entwicklungsgebot sind von der Rechtsaufsichtsbehörde zu beanstanden (§ 216 BauGB). Sie sind im Hinblick auf die Rechtswirksamkeit des Bebauungsplans allerdings dann unbeachtlich, wenn die sich aus dem Flächennutzungsplan ergebende städtebauliche Gesamtentwicklung nicht beeinträchtigt wird (§ 214 Abs. 2 BauGB).

79 Die Befugnis zur Weiterentwicklung besagt, dass die Gemeinde innerhalb der von ihr selbst gesetzten Grundzüge nach Maßgabe der Grundsätze planerischer Gestaltungsfreiheit eigenständig weiterplanen darf.[153] Die programmierende Funktion des Flächennutzungsplans muss jedoch auch im Rahmen der planerischen Gestaltungsfreiheit beachtet werden. Die Gemeinde darf daher nicht eine tatsächliche Entwicklung, die durch den Flächennutzungsplan nicht mehr abgedeckt wird, mit Hilfe einer von diesem völlig losgelösten Bebauungsplanung auffangen. Einem solchen Entwicklungsdruck kann durch die besonderen Institute des Parallelverfahrens und des vorzeitigen Bebauungsplans begegnet werden (vgl. dazu Rn 118 ff.). Die von der vorbereitenden Planung eröffneten gestalterischen Spielräume sind dabei um so größer, je allgemeiner die Darstellungen des Flächennutzungsplans sind. Darüber hinaus ist der Bebauungsplan jedoch auch nicht auf eine schlichte Konkretisierung und Weiterschreibung der Darstellungen des vorbereitenden Bauleitplans festgelegt. Er kann gegebenenfalls auch **von den räumlichen Konzepten des Flächennutzungsplans abweichen**, sofern damit der Gesamtkonzeption nicht widersprochen wird.[154] Zulässig sind daher immer kleinere Abweichungen vom dargestellten Maß der baulichen Nutzung.[155] Die nur im Einzelfall zu ermittelnde Grenze liegt dort, wo die planerische Grundkonzeption des Flächennutzungsplans umgeworfen wird. Dies betrifft etwa die Festsetzung eines Baugebiets anstelle einer Forstfläche,[156] eines Industriegebiets anstelle eines Mischgebiets[157] oder eines Hochhauses anstelle einer landwirtschaftlichen Nutzflä-

---

149 BVerwGE 99, 100, 104.
150 *Brohm*, § 6 Rn 20.
151 BVerwGE 48, 70.
152 BVerwGE 56, 83.
153 Vgl. dazu grundlegend BVerwGE 48, 70.
154 Vgl. etwa Ausweisung einer Grünfläche anstelle einer Wohnbaufläche (VGH Kassel NVwZ-RR 1989, 346; Kerngebiet anstelle einer Wohnbaufläche (VGH BW BRS 32 Nr. 9), Verschiebung einer Fläche für Gemeinbedarf innerhalb einer Wohnbaufläche (VGH Mannheim BRS 32 Nr. 11).
155 Vgl. dazu OVG Berlin NVwZ-RR 1995, 69.
156 BVerwGE 48, 70.
157 VGH Kassel NVwZ 1988, 505.

che.[158] Entsprechendes gilt auch für erhebliche Abweichungen vom dargestellten Maß der baulichen Nutzung.[159]

II. Inhalt

Der Bebauungsplan enthält **Festsetzungen, Kennzeichnungen und nachrichtliche Übernahmen**. Als Konkretisierung der gesetzlichen Inhalts- und Schrankenbestimmung des Eigentums müssen sie dem rechtsstaatlichen Bestimmtheitsgrundsatz Rechnung tragen.[160]

80

1. Festsetzungen

Die Festsetzungsmöglichkeiten des § 9 BauGB stellen das regulative Zentrum des Bebauungsplans dar. § 9 Abs. 1 BauGB enthält sowohl einen Katalog von Festsetzungen zur **baulichen Nutzung** (Nr. 1 – 9) als auch zur Bestimmung **anderer Bodennutzungen** (Nr. 10–26). Besonders bedeutsam sind die Festsetzungen der **Art** und des **Maß**es **der baulichen Nutzungen** nach § 9 Abs. 1 Nr. 1 BauGB. Die dadurch eröffnete Möglichkeit zur Definition von Nutzungsqualität und Nutzungsintensität wird durch die BauNVO weiter ausdifferenziert und dabei auch typisiert. Die Regelungen der **BauNVO** werden mit der entsprechenden Ausweisung im Bebauungsplan zu dessen Bestandteil (§ 1 Abs. 3 BauNVO). Maßgeblich für den jeweiligen Inhalt der Festsetzung ist dabei die Fassung der BauNVO zum Zeitpunkt des Erlasses des Bebauungsplans. Es handelt sich daher bei § 1 Abs. 3 BauNVO um eine statische Verweisung.

81

Die Festsetzungsmöglichkeiten des § 9 BauGB eröffnen der Gemeinde einerseits eine umfassende Planung der Bodennutzung, andererseits **begrenzen** sie die **planerische Gestaltungsfreiheit** auf eben diese von Gesetzes wegen vorgehaltenen Möglichkeiten der Beschränkung des Eigentums.[161] Sie enthalten deshalb einen numerus clausus von Festsetzungsmöglichkeiten.[162] Der Typenzwang ist Ausprägung des Grundsatzes vom Vorbehalt des Gesetzes. Ein darüber hinausgehendes „**Festsetzungserfindungsrecht„** steht den Gemeinden **nicht zu**.[163] Festsetzungen, die Bauen nur für Einheimische reservieren, sind daher nichtig.[164] Die Festsetzungstypik hat daher abschließenden Charakter, sofern die Länder nicht von § 9 Abs. 4 BauGB Gebrauch machen und zusätzliche Möglichkeiten zu den bundesrechtlichen Regelfestsetzungen einführen. Dazu zählen insbesondere die in den Landesbauordnungen vorgesehenen Gestaltungs- und Baumschutzsatzungen sowie die Festsetzung von Denkmalbereichen (vgl. dazu § 23 Rn 75). Diese können entweder als selbständige Satzungen auf das Baugeschehen Einfluss nehmen oder als unselbständige Satzungen im Rahmen des Bebauungsplans ergehen. Als Sonderformen können Festsetzungen über § 9 BauGB hinaus für Fremdenverkehrsgebiete (§ 22 BauGB) und besondere Erhaltungsgebiete (§ 172 BauGB) getroffen werden.

Festsetzungen dürfen gem. § 9 Abs. 1 BauGB **nur aus städtebaulichen Gründen** erfolgen. Sie erschöpfen sich jedoch nicht in der Regelung des Baugeschehens. Vielmehr schließen sie auch andere kommunale Aufgabenstellungen ein, sofern sich diese im Rahmen der Leitbilder des § 1 Abs. 5 BauGB räumlich niederschlagen können. Bebauungspläne dürfen daher nicht eingesetzt werden, um außen-, friedens- oder wettbewerbspolitische Zwecke zu verfolgen, wohl aber um frauen-, jugend-, familien-, gesundheits- oder umweltpolitische Belange zu fördern.[165] Umgekehrt muss die Gemeinde

82

---

158 VGH Mannheim BRS 27 Nr. 1.
159 OVG Berlin BRS 56 Nr. 42.
160 *Stüer*, Rn 84.
161 BVerwG BRS 23 Nr. 6.
162 BVerwGE 80, 184.
163 BVerwGE 92, 56, 62; 94, 151.
164 BVerwGE 92, 56.
165 *Löhr*, in: *Battis/Krautzberger/Löhr*, § 9 Rn 4 a und 4c.

nicht alle im Katalog angeführten Festsetzungen ausschöpfen. Sie kann sich auf die Festsetzungen beschränken, die nach ihrer Planungskonzeption erforderlich sind.[166] Sie kann dabei auch mehrere Festsetzungen miteinander kombinieren,[167] wenn sie eine multifunktionale Zweckbindung zulassen. So kann etwa eine Festsetzung zum Anpflanzen von Bäumen gem. § 9 Abs. 1 Nr. 25 mit einer Festsetzung zum Ausgleich von Eingriffen in Natur und Landschaft nach § 9 Abs. 1 Nr. 20 BauGB verbunden werden. Zulässig ist es auch, zeitlich abwechselnde Nutzungsmöglichkeiten festzusetzen.[168]

83 **Gesteuert werden die Festsetzungen durch** die Vorgaben der **§§ 1 und 1 a BauGB**. Dies bedeutet zunächst, dass der Katalog der Festsetzungsoptionen das Arsenal der **Mittel** darstellt, mit denen die planerischen **Ziele** des § 1 Abs. 5 BauGB zu erfüllen sind. Daraus folgt im weiteren, dass diese Leitziele wiederum die Kriterien enthalten, an denen sich die jeweils im Einzelfall getroffenen Festsetzungen messen lassen müssen. Daraus folgt wiederum, dass die sich aus der Planung ergebenden und dem Bebauungsplan zuzurechnenden Konflikte durch das spezifische Arrangement der Festsetzungen bewältigt werden müssen.[169] Andererseits ist jedoch eine Überregelung im Hinblick auf noch ausstehende genehmigungsrechtliche Entscheidungen zu vermeiden.[170]

a) Art der baulichen Nutzung

84 Die Festsetzungen über die Art der baulichen Nutzungen nach § 9 Abs. 1 Nr. 1 BauGB bestimmen die Qualität von Bauflächen. Sie definieren den allgemeinen Charakter von Baugebieten und legen so die raumstrukturellen Merkmale der städtebaulichen Entwicklung fest. Sie gehören zu den Mindestfestsetzungen eines qualifizierten Bebauungsplans (vgl. § 30 BauGB). Die möglichen Typen der baulichen Nutzung werden durch die in § 1 Abs. 2 BauNVO angeführten Baugebiete **abschließend geregelt**. Es handelt sich dabei um folgende **Gebietstypen:**
- Kleinsiedlungsgebiete (WS) – § 2 BauNVO,
- reine Wohngebiete (WR) – § 3 BauNVO,
- allgemeine Wohngebiete (WA) – § 4 BauNVO,
- besondere Wohngebiete (WB) – § 4 a BauNVO,
- Dorfgebiete (MD) – § 5 BauNVO,
- Mischgebiete (MI) – § 6 BauNVO,
- Kerngebiete (MK) – § 7 BauNVO,
- Gewerbegebiete (GE) – § 8 BauNVO,
- Industriegebiete (GI) – § 9 BauNVO,
- Sondergebiete (SO) – §§ 10 u. 11 BauNVO.

85 Ihnen liegt ein gemeinsames gesetzessystematisches Muster zugrunde. In den genannten Vorschriften der BauNVO wird die **allgemeine Zweckbestimmung** eines Gebiets jeweils in Abs. 1 der entsprechenden Norm niedergelegt. Abs. 2 bestimmt dann die in diesem Baugebiet zulässigen **Regelnutzungen**. Abs. 3 enthält die **ausnahmsweise zulässigen Nutzungen**. Von diesen Nutzungen wird idealtypisierend von Gesetzes wegen unterstellt,[171] dass sie ähnliche oder sich ergänzende städtebauliche Funktionen erfüllen, sich grundsätzlich nicht stören und daher in einen engen räumlichen Kontext zueinander gestellt werden können. Bauvorhaben, die unter Abs. 2 fallen, sind daher planungsrechtlich generell zulässig. Vorhaben, die ausnahmsweise zulässige Nutzungen darstellen, können im Rahmen einer Ermessensentscheidung gem. § 31 Abs. 1 BauGB zugelassen werden. Andere Nutzungen

---

166 BVerwG DVBl 1971, 759, 761.
167 BVerwGE 77, 308; 88, 268.
168 BVerwG NVwZ 1995, 692, 693.
169 BVerwG DVBl 1988, 845 ff.
170 BVerwG NVwZ 1989, 960 ff.
171 Vgl. zur typisierenden Betrachtung BVerwG BRS 54 Nr. 56.

sind dagegen generell unzulässig. Sie können nur im Einzelfall unter Erteilung eines Dispenses nach Maßgabe von § 31 Abs. 2 BauGB zugelassen werden (vgl. dazu § 18 Rn 15 ff.).

Der allgemeine **planerische Grundgedanke** der BauNVO liegt damit in der **räumlichen Trennung** der Funktionen von Wohnen und Arbeiten. Die Trennung in Wohn- und Gewerbegebiete soll der Konfliktbewältigung von grundsätzlich als gegensätzlich und damit als einander störend bewerteter Nutzungsformen dienen. Danach ist eine intensive gewerbliche und industrielle Nutzung in Wohngebieten grundsätzlich unzulässig, während umgekehrt das Wohnen in Gewerbe- und Industriegebieten generell ausgeschlossen wird. Gleichzeitig muss jedoch dem Befund Rechnung getragen werden, dass das räumliche Zusammenspiel unterschiedlicher Nutzungen ein wesentliches Element städtischer Entwicklung darstellt. Dem dienen zum einen die Mischkategorien des Dorf-, Misch- und Kerngebiets, in denen sowohl gewerbliche als auch Wohnnutzungen zur prägenden Regelnutzung gehören. Zum anderen wird durch die internen Differenzierungen in den Wohn-, Gewerbe- und Mischgebieten eine noch weiter spezifizierte Zulässigkeit von einzelnen Wohn- und Gewerbefunktionen ermöglicht. 86

Dementsprechend ist den **vier Wohngebietstypen** eine unterschiedliche Wohnqualität zugewiesen. Während reine Wohngebiete ausschließlich dem Wohnen dienen und daher andere Nutzungen – und sei es nur ein Zigarettenautomat[172] – nur in engen Ausnahmen zulässig sind, dienen die drei anderen Wohngebiete lediglich „vorwiegend" dem Wohnen. Sie lassen daher grundsätzlich auch andere Nutzungen zu, die es lebendiger und abwechslungsreicher, aber auch unruhiger und spannungsreicher gestalten. Kriterien sind dabei zum einen die Übernahme von Versorgungsfunktionen für den alltäglichen Gebrauch des jeweiligen Wohngebiets bzw. die Stärkung seiner Struktur mit gebietstypischen und nicht störenden Funktionen. Zulässig sind danach je unterschiedliche gebietstypische Nutzungen durch Läden,[173] Gaststätten und nicht störende Handwerksbetriebe, die der Versorgung des Gebiets dienen,[174] oder Anlagen für kirchliche, kulturelle oder soziale Zwecke. Zentrale Einrichtungen der Wirtschaft und der Verwaltung sind dagegen unzulässig. 87

In einem **Mischgebiet** darf sowohl gewohnt als auch gearbeitet werden. Es dient gleichwertig dem Wohnen und der Unterbringung von Gewerbebetrieben, die das Wohnen nicht wesentlich stören (§ 6 Abs. 1 BauNVO).[175] Unzulässig ist danach eine chemische Fabrik.[176] Entsprechend müssen die Wohnbedürfnisse auf diese Nutzungen Rücksicht nehmen. Das **Kerngebiet** versucht die typische Nutzungsagglomeration eines urbanen City-Bereichs abzubilden. Planungsrechtlich zulässig sind neben Geschäfts-, Büro- und Verwaltungsgebäuden, Anlagen für kirchliche, kulturelle und soziale Zwecke, Einzelhandelsbetriebe, sonstige nicht wesentlich störende Gewerbebetriebe, Gast- und Vergnügungsstätten, aber auch nach Maßgabe des Bebauungsplans festgesetzte Wohnungen (§ 7 BauNVO). Das **Dorfgebiet** weist das breiteste Nutzungsspektrum aller Baugebiete auf. Zulässig sind nach § 5 BauNVO u. a. Wohnungen und landwirtschaftliche Betriebe, Einzelhandels- und sonstige Gewerbebetriebe, Anlagen für örtliche Verwaltungen sowie für kirchliche, kulturelle und soziale Zwecke. Da in ihm in spezifischer Weise den Belangen der Landwirtschaft Rechnung getragen werden soll, muss die Wohnnutzung weit mehr als in anderen Baugebieten die typischen Immissionen der Landwirtschaft hinnehmen.[177] 88

---

172 BVerwG BRS 36 Nr. 150.
173 Also nicht Geschäfte für langlebige Wirtschaftsgüter oder Verbrauchermärkte.
174 Als gebietsstörend werden bewertet: Kraftfahrzeugreparaturwerkstätten (VG Berlin NVwZ 1986, 687), Tischlereien (BVerwG NJW 1971, 1626) oder Schlachtbetriebe (OVG Lüneburg BRS 40, Nr. 44).
175 Vgl. dazu BVerwGE 88, 268.
176 BVerwG BRS 52 Nr. 52.
177 Vgl. zur zulässigen Geruchsbelästigung BVerwG NVwZ-RR 1995, 6; VGH München NVwZ-RR 1995, 430; VGH Kassel NVwZ 1995, 633.

89 **Gewerbe- und Industriegebiete** sind Baugebiete mit vorwiegend oder ausschließlich gewerblicher Nutzung. Für Wohnzwecke stehen sie nur in engen Ausnahmen für Betriebswohnungen zur Verfügung (vgl. §§ 8 Abs. 3 u. 9 Abs. 3 BauNVO). Zulässig im Gewerbegebiet sind Gewerbebetriebe aller Art,[178] Geschäfts-, Büro- und Verwaltungsgebäude sowie Anlagen für sportliche Zwecke (§ 8 Abs. 2 BauNVO). Planungsrechtlich zulässig sind auch Betriebe zur Ausübung der Prostitution.[179] Unzulässig sind dagegen Einkaufszentren und großflächige Einzelhandelsbetriebe[180] sowie regelmäßig auch Betriebe, die sich einander erheblich belästigen können und daher einer immissionsschutzrechtliche Genehmigung bedürfen.[181] Industriegebiete dienen ausschließlich der Unterbringung von Gewerbebetrieben und insbesondere denen, die in anderen Baugebieten unzulässig sind (§ 9 Abs. 1 BauNVO). Anlagen mit besonderen Gefahren gehören allerdings in Sondergebiete (vgl. § 11 Abs. 2 BauNVO) oder in den Außenbereich (vgl. § 35 Abs. 1 Nr. 5 BauGB).

90 Mit den Regelungen zu den **Sondergebieten** sollen Bauvorhaben planerisch bewältigt werden, die durch die Typik der Wohn-, Misch- und Gewerbegebiete nicht hinreichend differenziert erfasst werden können. Entscheidend für eine planungsrechtliche Qualifizierung eines Sondergebiets ist, dass es sich von den typisierten Baugebieten wesentlich unterscheidet.[182] Dies wird insbesondere durch die einseitige Nutzungsstruktur begründet. Es handelt sich daher um eine gezielte Erzeugung, Steuerung und **Konzentration von Monostrukturen**. Die BauNVO kennt zwei Kategorien von Sondergebieten. § 10 BauNVO bezieht sich auf Gebiete, die der Erholung dienen. Als einschlägige Nutzungen werden ausdrücklich Wochenendhaus-, Ferienhaus- und Campingplatzgebiete erwähnt. Zusätzliche Spezifikationen – wie etwa Wassersportgebiete – sind zulässig.[183] Ihre genaue Zweckbestimmung und die Art der zulässigen Nutzung muss im Bebauungsplan festgesetzt werden (§ 10 Abs. 2 S. 1 BauNVO).[184] Aus der Erstreckung der Bauleitplanung auf solche Erholungsgebiete ergibt sich im Umkehrschluss, dass solche Nutzungen im Außenbereich grundsätzlich unzulässig sind.[185] Sonstige Sondergebiete i. S. d. § 11 BauNVO beziehen sich auf besonders intensive oder sensible Nutzungen, deren Regelungsbedarf sich mit der Baugebietstypik der §§ 2 ff. BauNVO nicht hinreichend befriedigen lässt.[186] Dazu können Kurgebiete, aber auch Gebiete für Häfen, Messen, Kliniken, Hochschulen, Lager für radioaktive Brennelemente oder Anlagen für erneuerbare Energien gehören (vgl. § 11 Abs. 2 BauNVO). Der Hauptanwendungsfall sind jedoch Einkaufszentren und großflächige Handelsbetriebe mit einer Geschossfläche von mehr als 1200 m^2 (vgl. § 11 Abs. 3 BauNVO). Ihre Sondergebietsqualität ergibt sich nicht nur aus ihren besonderen Anforderungen an die Infrastruktur und ihren Einwirkungen auf die Umwelt, sondern auch aus ihren Folgen für die wirtschaftliche Struktur der Innenstädte und das Stadt-Umland-Verhältnis.[187] Auch hier muss über die spezifizierte Zweckbestimmung hinaus die Art der zulässigen Nutzung im Einzelnen festgesetzt werden.[188] Bei Einkaufszentren und großflächigen Einzelhandelsbetrieben kann danach die Verkaufsfläche begrenzt oder nach einzelnen Branchen und Sortimenten differenziert werden.[189]

91 Die von §§ 1 – 11 BauNVO normierte Standardisierung der städtebaulichen Entwicklung kann wiederum durch Instrumente der „**planerischen Feinsteuerung**" gem. § 1 Abs. 4 – 9 BauNVO situationsspezifisch differenziert und aufgelockert werden. So kann ein Bebauungsplan die Zulässigkeit

---

178 Vgl. dazu BVerwGE 90, 140.
179 BVerwG-RR 1996, 84.
180 BVerwGE 68, 360.
181 Vgl. zu den Ausnahmen BVerwG BRS 54 Nr. 56.
182 BVerwG BRS 49 Nr. 65.
183 Vgl. BVerwG BRS 33 Nr. 31.
184 Ein Sondergebiet „Erholung" ist danach unzulässig (VGH Mannheim BRS 40 Nr. 9).
185 BVerwGE 48, 109.
186 Vgl. *Finkelnburg/Ortloff*, S. 115.
187 Vgl. grundlegend BVerwGE 68, 352.
188 BVerwG NVwZ 1990, 257; VGH Mannheim BRS 42 Nr. 14.
189 BVerwG BRS 50 Nr. 68.

von Betrieben nach ihren Emissionen oder anderen Umwelteigenschaften gliedern (§ 1 Abs. 4 Nr. 2 BauNVO). Mit Ausnahme der reinen Wohngebiete und der Kleinsiedlungsgebiete können alle Baugebiete **horizontal nach bestimmten Nutzungsarten geordnet** werden. Eine solche binnenräumliche Feinsteuerung eröffnet der Planung die Chance, Konflikte mit angrenzenden Nutzungen zu minimieren. Sie gibt auch eine Handhabe, Spielhallen und andere Vergnügungsstätten räumlich zu steuern.[190] Daneben ist eine **vertikale Gliederung** unterschiedlicher Nutzungen nach Geschossen, Ebenen oder sonstigen Teilen baulicher Anlagen ebenfalls zulässig, sofern dies städtebaulich begründet ist (§ 9 Abs. 3 BauGB i.V.m. § 1 Abs. 7 BauNVO).[191] Mit dem Griff in das Instrumentarium der planerischen Feinsteuerung steigen allerdings die Anforderungen an eine sachgerechte Abwägung.

Weiter kann festgesetzt werden, dass bestimmte Arten von Nutzungen, die nach den §§ 2, 4 bis 9 und 13 BauNVO allgemein zulässig wären, unzulässig sind (§ 1 Abs. 5 BauNVO).[192] Damit wird die allgemeine **Gebietstypik verengt**. Entsprechendes ist nach § 1 Abs. 6 BauNVO für die Ausnahmenutzungen möglich. Sie können danach grundsätzlich ausgeschlossen werden.[193] Umgekehrt können zulässige Ausnahmenutzungen zu Regelnutzungen hochgestuft werden (vgl. § 1 Abs. 4 Nr. 2 BauNVO). Nach § 1 Abs. 9 BauNVO können durch den Bebauungsplan auch einzelne Anlagentypen für zulässig oder unzulässig erklärt werden.[194] Voraussetzung ist für die planerische Feinsteuerung allerdings immer, dass der allgemeine Gebietstypus im Grundsatz erhalten bleibt[195] und der numerus clausus der Baugebietstypen nicht gesprengt wird.[196]

92

b) Maß der baulichen Nutzung

Nach § 9 Abs. 1 BauGB kann ein Bebauungsplan das Maß der baulichen Nutzung festsetzen. Diese Festsetzung gehört ebenfalls zu den Voraussetzungen eines qualifizierten Bebauungsplans (vgl. § 30 BauGB). Das **Maß der baulichen Nutzung** bestimmt die **zulässige Nutzungsintensität und Nutzungsdichte**. Es hat damit das Spannungsverhältnis von Ökonomie und Ökologie zum Gegenstand und muss die konfligierenden Belange gesunder Wohn- und Arbeitsverhältnisse, flächensparendem Bauen, Limitierung der Bodenversiegelung und städtebaulicher Verdichtung bewältigen. Das Maß der baulichen Nutzung wird durch die Festsetzung der Grundflächenzahl (GRZ), der Geschossflächenzahl (GFZ), der Baumasse, der Anzahl der Vollgeschosse und der Höhe der baulichen Anlagen bestimmt (§ 16 Abs. 2 BauNVO). Es kann auch für einzelne Teile eines Baugebiets unterschiedlich festgesetzt werden (§ 16 Abs. 5 BauGB). Die Maßfestsetzungen der baulichen Nutzung dürfen dabei denen über die Art der baulichen Nutzung nicht zuwiderlaufen.[197] Die dadurch dimensionierte Nutzungsintensität hat nur dann nachbarschützende Wirkung, wenn sich aus dem Bebauungsplan mit hinreichender Deutlichkeit ergibt, dass der Plangeber gerade dies erreichen wollte.[198]

93

Die **Grundflächenzahl** legt das Verhältnis von bebaubarer und unbebaubarer Grundstücksfläche fest (§ 19 BauNVO). Als Instrument der Begrenzung der Bodennutzung ist sie daher bedeutsam für die Sicherung von Freiräumen und dient dem Schutz der ökologischen Funktionen des Bodens.[199] Die **Geschossflächenzahl** gibt Auskunft über die zulässige Nutzungsdichte (§ 20 BauNVO). Sie bezeichnet das Verhältnis aller Geschossflächen zur Grundstücksfläche. Sie ist daher maßgeblich für die

94

---

190 Vgl. dazu BVerwG NVwZ 1987, 1072; NVwZ 1990, 171; NVwZ 1992, 879, 881.
191 Vgl. BVerwGE 88, 268 zur Unzulässigkeit der vertikalen Gliederung von Läden und Wohnungen aus Gründen der Wohnraumversorgung.
192 Vgl. BVerwGE 77, 308.
193 Vgl. dazu OVG Bremen BRS 55 Nr. 62.
194 Vgl. dazu BVerwGE 77, 317.
195 BVerwGE 77, 317; Hauptnutzungen, die die Charakteristik eines Baugebiets ausmachen, dürfen nicht ausgeschlossen werden. So etwa die landwirtschaftliche Nutzung in einem Dorfgebiet (vgl. OVG Lüneburg NVwZ 1995, 284).
196 OVG Münster BauR 1984, 47.
197 BVerwG NVwZ 1990, 362 ff.
198 BVerwG NVwZ 1996, 170.
199 Vgl. BVerwG NVwZ 1996, 894.

ökonomische Verwertbarkeit eines Grundstücks. In Baugebieten, in denen Geschosse kein zuverlässiges Kriterium der Nutzungsdichte darstellen, stellt die **Baumassenzahl** ein funktionales Äquivalent zur GFZ dar. Dies gilt für Gewerbe-, Industrie- und Sonderbauten. Die Baumassenzahl schreibt vor, wie viel Kubikmeter Baumasse je Quadratmeter Grundstücksfläche zulässig sind (§ 21 BauNVO). Durch die Festlegung der **Zahl der Vollgeschosse** (§§ 16 Abs. 4 u. 20 BauNVO) wird auf das Erscheinungsbild der Baukörper Einfluss genommen. Sie dient daher im Wesentlichen der planerischen Gestaltung des Ortsbildes. Entsprechendes gilt für die Festlegung der **Höhe baulicher Anlagen** (§ 16 Abs. 2 u. § 18 BauNVO). Auf diese Weise können einheitliche Traufhöhen und die Limitierung der Höhe baulicher Anlagen, die nicht in Geschosse gegliedert sind, sichergestellt werden. Für Grundfläche, Geschossfläche und Baumasse bestehen nach den einzelnen Gebietstypen ausdifferenzierte Obergrenzen (§ 17 Abs. 1 BauNVO), die der zulässigen städtebaulichen Verdichtung Grenzen setzen. Sie dürfen nur unter den Voraussetzungen des § 17 Abs. 2 u. 3 BauNVO überschritten werden.[200] Die Festlegung der Grundflächenzahl ist konstitutives Kriterium der Festsetzung des Maßes der baulichen Nutzung.[201] Eine Festsetzung der Vollgeschosse und der Höhe baulicher Anlagen ist dagegen nur erforderlich, wenn öffentliche Belange beeinträchtigt werden können.

c) Festsetzungen zur Bauweise, zu Mindest- und Höchstmaßen

95 § 9 Abs. 1 Nr. 2 BauGB ermöglicht im weiteren Festsetzungen über die Bauweise, die überbaubaren und nicht überbaubaren Grundstücksflächen sowie die Stellung der baulichen Anlagen. Auch dafür enthält die BauNVO nähere Regelungen. Die **Bauweise** regelt den Abstand zwischen den einzelnen Bauvorhaben (vgl. § 22 BauNVO). Durch ihre Festsetzung kann die Gemeinde eine gelockerte oder eine geschlossene Bebauung schaffen. Sie dient städtebaulichen Zwecken und hat daher keine nachbarschützende Funktion. In offener Bauweise werden die Gebäude als Einzelhäuser, Doppelhäuser oder Hausgruppen mit seitlichem Grenzabstand (§ 22 Abs. 1 BauNVO) errichtet. Sofern der Bebauungsplan keine ausdrückliche Regelung enthält, ergibt sich dann der erforderliche Abstand zu anderen Gebäuden aus den Abstandsregelungen der Bauordnungen der jeweiligen Länder.[202] Die geschlossene Bauweise schreibt dagegen das Aneinanderbauen von Gebäuden vor. In diesem Fall verdrängen die planungsrechtlichen Normen der BauNVO die Abstandsregelungen des Bauordnungsrechts.[203] Im Rahmen des § 22 Abs. 4 BauNVO steht es der Gemeinde frei, von diesen Regelmustern abweichende Bauweisen festzusetzen. Sie kann etwa mit einer „halboffenen" Bauweise vorschreiben, dass zwei Gebäude an der Grundstücksgrenze so aneinander gebaut werden, dass auf den anderen Seitenflächen größere zusammenhängende Gartenflächen entstehen (Doppelhaushälften).

96 Die **überbaubare Grundstücksfläche** kann durch Baulinien, Baugrenzen und die Bebauungstiefe noch näher festgelegt werden (§ 23 BauNVO). Sie dienen der exakten Standortbestimmung des Bauwerks. Eine solche Baukörperfestsetzung kann nachbarschützend sein.[204] **Baulinien** geben vor, auf welcher Linie gebaut werden muss (§ 23 Abs. 2 BauNVO), **Baugrenzen** und **Bautiefen** enthalten Optionen. Sie legen fest, bis wohin gebaut werden darf (§ 23 Abs. 3 u. 4 BauNVO). Die Festsetzung von nicht überbaubaren Grundstücksflächen dient zunächst zum Erhalt von Freiflächen. Mit ihr können jedoch auch das Ortsbild geschützt oder Ver- und Entsorgungsleitungen gesichert werden. Zulässig ist auf Freiflächen grundsätzlich allerdings die Errichtung von Nebenanlagen i. S.d. § 14 BauNVO, sofern dies auf ihnen nicht durch Bebauungsplan besonders ausgeschlossen wird.

---

200 BVerwG NVwZ 1985, 748; VGH Mannheim BRS 57 Nr. 82.
201 BVerwG NVwZ 1996, 894.
202 Kollidiert die planerische Festsetzung mit den landesrechtlichen Regelungen, geht sie der BauO vor (vgl. BVerwG NVwZ 1990, 361 ff.).
203 BVerwG NVwZ 1994, 1008.
204 OVG Bremen BRS 30 Nr. 155.

Über die Festsetzung der Art und des Maßes der baulichen Nutzung, der Bauweise und der überbaubaren Grundstücksflächen i. S.d. § 9 Abs. 1 Nr. 1 und Nr. 2 BauGB und die darauf bezogenen Vorschriften der BauNVO hinaus gibt das BauGB weitere Möglichkeiten, die Bebauung zu regeln. Diese Festsetzungsmöglichkeiten liegen damit jenseits der Regelungen der BauNVO. Nach § 9 Abs. 1 Nr. 3 BauGB können zunächst **Mindestmaße** für Größe, Breite und Tiefe von Baugrundstücken festgesetzt werden. Eine solche Festsetzung kann zur Folge haben, dass zu kleine Grundstücke baulich nicht genutzt werden dürfen.[205] Damit kann einer übermäßigen Verdichtung gegengesteuert werden. Umgekehrt ermöglicht die selbe Vorschrift auch die Festsetzung von **Höchstmaßen** und dient damit dem sparsamen und schonenden Umgang mit Grund und Boden.

d) Neben- und Gemeinschaftsanlagen

Stellplätze und Garagen sind nach § 12 BauNVO grundsätzlich in allen Baugebieten zulässig. § 9 Abs. 1 Nr. 4 BauGB gibt der Bauleitplanung darüber hinaus die Möglichkeit, in den Baugebieten spezielle Flächen für **Nebenanlagen** wie Stellplätze, Garagen und deren Zuwegungen festzusetzen, die aus der spezifischen Nutzung eines Grundstücks heraus erforderlich sind.[206] Dies markiert den Unterschied zur Festsetzung nach § 9 Abs. 1 Nr. 22 BauGB. Danach können Stellplätze und Garagen grundsätzlich auch als **Gemeinschaftsanlagen** ausgewiesen werden. Entsprechendes gilt für Kinderspielplätze und Freizeiteinrichtungen, die einem Wohngebiet räumlich zugeordnet und zur Befriedigung seines spezifischen Bedarfs erforderlich sind. Weil Gemeinschaftsanlagen erhebliche Folgeprobleme der Kostentragung durch die Grundstückseigentümer mit sich bringen, stellt ihre Festsetzung besondere Anforderungen.[207] In der Praxis kommen solchen Festsetzungen daher zum Beispiel für gemeinschaftliche Abfallbehälter in Betracht.[208]

e) Flächen für besondere Formen des Wohnens

Nach § 9 Abs. 1 Nr. 6 BauGB kann festgesetzt werden, **wie viele Wohnungen** in einem Wohngebäude höchstens eingerichtet werden dürfen.[209] Mit dieser Regelung soll unerwünschten Umstrukturierungen in einem Gebiet entgegengewirkt werden, ohne das generell zulässige Maß der baulichen Nutzung einzuschränken oder problematische Folgewirkungen, wie die Erhöhung der Zahl der Stellplätze in Kauf nehmen zu müssen. Voraussetzung für die Zulässigkeit einer solchen Festsetzung ist jedoch immer ihre Ableitung aus der spezifischen städtebaulichen Problematik des jeweiligen Gebiets. Mit ihr kann daher nicht ein generelles wohnungspolitisches Leitbild durchgesetzt werden. § 9 Abs. 1 Nr. 7 BauGB ermöglicht die Festsetzung zulässiger **Wohnungsgrößen** nach Maßgabe der Regelung für die Förderung des **sozialen Wohnungsbaus**. Nicht erforderlich ist dabei, dass die Wohnungen tatsächlich durch öffentliche Mittel gefördert werden.[210] Die Ermächtigung des § 9 Abs. 1 Nr. 8 BauGB gestattet es schließlich, auf den spezifischen **Wohnbedarf besonderer Personengruppen** wie von Studenten, älteren Menschen oder Behinderten einzugehen,[211] der sich in einer spezifischen baulichen Gestaltung der Wohngebäude, aber auch der Rechtsform der Trägerschaft manifestieren kann. Erforderlich ist es dabei, dass es sich um „einzelne Flächen" handelt, die in ein Baugebiet eingestreut sind. Gemeinschaftsunterkünfte für Asylbewerber dienen nach Ansicht der Rechtsprechung dem vorübergehenden Aufenthalt und damit nicht dem dauerhaften Wohnen. Solche Einrichtungen können daher nicht über diese Regelung festgesetzt werden.[212]

---

205 BVerwG BRS 54 Nr. 57.
206 Dabei können die entsprechenden Einrichtungen allerdings auch auf anderen Grundstücken festgesetzt werden (Vgl. *Ernst/Zinkahn/Bielenberg/Krautzberger*, § 9 Rn 46).
207 Vgl. dazu auch VGH Mannheim ZfBR 1992, 239, 240.
208 *Löhr*, in: *Battis/Krautzberger/Löhr*, § 9 Rn 79.
209 Vgl. zur sog. „Zweiwohnungsklausel" BVerwGE 89, 60.
210 Vgl. *Löhr*, in: *Battis/Krautzberger/Löhr*, § 9 Rn 30.
211 BverwG NVwZ 1993, 562, 565.
212 Vgl. OVG Lüneburg UPR 1993, 236.

f) Flächen für Gemeinbedarf

100 § 5 Abs. 2 Nr. 2 BauGB sieht für den Flächennutzungsplan eine pauschale Darstellungsmöglichkeit für Einrichtungen der Infrastruktur vor. Die Regelungen für den Bebauungsplan enthalten dafür unterschiedliche Festsetzungsformen. Nach § 9 Abs. 1 Nr. 5 BauGB können Flächen für Altenheime, Kindergärten, Kirchen Krankenhäuser, Schulen, Hochschulen, Verwaltungsgebäude u. ä. als Flächen für **Anlagen und Einrichtungen des Gemeinbedarfs** festgesetzt werden. Diese spezifische Standortsicherung befreit die Gemeinbedarfsflächen von den Nutzungsregelungen des sie umgebenden Baugebiets.[213] Sie werden damit weder nach der Art noch dem Maß der baulichen Nutzung von den für das sie umgebende Baugebiet geltenden Vorschriften der BauNVO überdeterminiert. Erforderlich ist jedoch immer eine exakte Zweckbestimmung der jeweils ausgewiesenen Fläche. Im Übrigen darf ihre Festsetzung nicht mit den Bedürfnissen der sie umgebenden Nutzungen unvereinbar sein.

101 Nach der BauNVO sind **Spiel-, Freizeit- und Erholungsflächen** entweder als untergeordnete Nebenanlagen in Baugebieten i. S.d. § 14 BauNVO oder als eigenständige Sondergebiete nach § 10 BauNVO vorgesehen. § 9 Abs. 1 Nr. 4, 5, 15 u. 22 BauGB eröffnen weitergehende Festsetzungsmöglichkeiten zur Integration dieser Einrichtungen in Baugebiete. § 9 Abs. 1 Nr. 4 BauGB ermöglicht die gezielte Reservierung von Flächen für private Kinderspielplätze. § 9 Abs. 1 Nr. 5 BauGB gibt die Möglichkeit, insbesondere die Einrichtung von Spiel- und Sporthallen auszuweisen. § 9 Abs. 1 Nr. 15 sieht die Festsetzung von Flächen für selbständige Sport- und Spielanlagen, Parkanlagen, Kleingärten, Zelt- und Badeplätzen vor. Nach § 9 Abs. 1 Nr. 22 BauGB sind Kinderspielplätze und Freizeiteinrichtungen auch als Gemeinschaftseinrichtungen festsetzbar. Dabei hat die Planung im Rahmen der Abwägung die Einwirkung dieser Einrichtungen auf andere Nutzungen zu ermitteln und zu bewältigen. Grundsätzlich sind Wohnnutzungen und umgebungsangepasste Sportstätten miteinander vereinbar.[214] Als Grenze dessen, was an Lärmeinwirkung in den unterschiedlichen Baugebieten ohne Schutzvorkehrungen zu dulden ist, fungieren die Immissionsrichtwerte der 18. BImSchV (vgl. dazu Rn 138).

102 § 9 Abs. 1 Nr. 9 BauGB ermöglicht, den „besonderen Nutzungszweck von Flächen" festzusetzen. Angesichts dieser generalisierenden Formulierung kommt dieser Festsetzungsoption die Funktion eines **Auffangtatbestand**s für alle städtebaulich bedeutsamen Nutzungen zu, für die § 9 BauGB keine speziellen Regelungen enthält. Da er für öffentliche Anlagen umfangreiche Festsetzungsmöglichkeiten bereit stellt, werden von § 9 Abs. 1 Nr. 9 BauGB vor allem private Anlagen erfasst, die einen städtebaulich und infrastrukturell begründeten Nutzungszusammenhang mehrerer Grundstücke erfassen. Dies betrifft etwa Parkhäuser oder Tankstellen.

g) Verkehrsflächen

103 Zu den Festsetzungsmöglichkeiten des Bebauungsplans gehören gem. § 9 Abs. 1 Nr. 11 BauGB auch Verkehrsflächen, Verkehrsflächen besonderer Zweckbestimmung und Anschlußflächen. Zu den Verkehrsflächen zählen neben den öffentlichen auch die privaten Flächen für den **fließenden und ruhenden Straßenverkehr**.[215] Verkehrsflächen besonderer Zweckbestimmung sind **verkehrsberuhigte Straßen und Fußgängerzonen**. Nicht unter § 9 Abs. 1 Nr. 11 BauGB fallen dagegen Parkhäuser und Garagenanlagen. Die Festsetzung der örtlichen Verkehrsflächen ist nach § 30 BauGB Voraussetzung für einen „qualifizierten Bebauungsplan". Sie gibt der Gemeinde weit reichende, aber kaum ausgeschöpfte planerische Möglichkeiten für eine kommunale Verkehrspolitik. Dies schließt nicht nur die infrastrukturelle Vorsorge für den öffentlichen Nahverkehr, sondern auch Maßnahmen zur innerörtlichen Verlagerung des Schwerverkehrs ein.[216]

---

213 OVG Bremen BRS 23 Nr. 3.
214 BVerwGE 88, 143.
215 VGH Kassel UPR 1992, 390.
216 BVerwG NVwZ-RR 1198, 217.

Auf der Grundlage des BauGB können auch innerörtliche Planungen des Straßenverkehrs umgesetzt werden. Sowohl für Landes- und Kreis- als auch für Bundesfernstraßen ist aufgrund der einschlägigen Bestimmungen des Planfeststellungsrechts (vgl. nur § 17 Abs. 3 FStrG) die Durchführung eines gesonderten Planfeststellungsverfahrens entbehrlich, wenn das Vorhaben im Geltungsbereich eines Bebauungsplans liegt. In diesen Fällen ersetzen dann die Festsetzungen des Bebauungsplans den Planfeststellungsbeschluss. Dies gilt selbst für eine sog. „**isolierte Straßenplanung**", in der sich der Bebauungsplan auf die alleinige Festsetzung einer Straße beschränkt.[217] Die davon ausgehenden Immissionen, insbesondere die Problematik des Verkehrslärms, hat der Bebauungsplan planerisch zu bewältigen.[218] Dazu gibt § 9 Abs. 1 Nr. 24 BauGB mit der Möglichkeit, Schutzflächen oder schützende bauliche und sonstige technische Vorkehrungen festzusetzen, eine gesonderte Handhabe. Eine entsprechende Regelung besteht nach § 28 Abs. 3 PBefG für die Trassen von Straßenbahnen. Demgegenüber kann eine Gemeinde zwar Verkehrsflächen für die Eisenbahn und den Luftverkehr planerisch festsetzen. In diesen Fällen bleibt jedoch die Zulassungsentscheidung durch ein gesondertes Planfeststellungsverfahren erforderlich.[219] Entsprechendes gilt für die Festsetzung von Flächen für den Wasserverkehr und die Wasserwirtschaft nach § 9 Abs. 1 Nr. 16 BauGB.

104

h) Flächen für Anlagen zur Versorgung und Entsorgung

Nach § 9 Abs. 1 Nr. 12 BauGB können Flächen für Anlagen der Versorgung der Bevölkerung mit **Strom, Wasser, Gas und Fernwärme** festgesetzt werden. Dazu gehören grundsätzlich auch Heizkraftwerke und Windenergieanlagen. Dabei ist zu beachten, dass Heizkraftwerke nicht bereits als Nebenanlagen nach § 14 Abs. 2 BauNVO in Baugebieten zulässig sind.[220] Entsprechendes gilt zumindest für größere Windenergieanlagen. Auch sie bedürfen regelmäßig einer besonderen bauplanungsrechtlichen Festsetzung.[221] Die dazu gehörigen **Versorgungsleitungen** und -anlagen werden nach § 9 Abs. 1 Nr. 13 BauGB festgesetzt. Soweit Leitungen über Grundstücke Dritter geführt werden sollen, ist dafür eine gesonderte vertragliche und dingliche Sicherung erforderlich. § 9 Abs. 1 Nr. 14 BauGB ermöglicht die Sicherung von Flächen für Anlagen zur Beseitigung von **Abwasser** und von festen **Abfallstoffen**,[222] einschließlich der Flächen für Rückhaltung und Versickerung von Niederschlagswasser. Soweit es sich um Flächen für **Aufschüttungen** von Abraum oder überschüssigen Boden handelt, sind sie nach § 9 Abs. 1 Nr. 17 BauGB festzusetzen.

105

i) Von der Bebauung freizuhaltende Flächen

Die Festsetzung von Flächen, die von der Bebauung freizuhalten sind, kann multifunktionalen Zwecken dienen. Das BauGB sieht dafür mehrere Möglichkeiten vor. Da das Leitbild eines baulich nicht genutzten Freiraums grundsätzlich mit dem Konzept des Außenbereichs verbunden ist (vgl. dazu § 35 BauGB), bedarf eine solche Festsetzung einer besonderen städtebaulichen Rechtfertigung. Als reine Negativplanung ist eine solche Festsetzung unzulässig. Nach § 9 Abs. 1 Nr. 15 BauGB können **Grünflächen** zu den dort angeführten Zwecken als Parkanlagen, Dauerkleingärten, Friedhöfe, Sport-, Spiel-, Zelt- oder Badeplätze festgesetzt werden. Die selbe Vorschrift ermöglicht auch die Festsetzung einer Straßenrandbegrünung.[223] **Wasserflächen** können über § 9 Abs. 1 Nr. 16 BauGB vor einer Bebauung geschützt werden. Schließlich ermöglichen die §§ 9 Abs. 1 Nr. 18 a und 18 b BauGB, Flächen für **Landwirtschaft und Wald** festzusetzen, wenn dies städtebaulich begründbar

106

---

217 BVerwGE 94, 100.
218 Vgl. dazu BVerfGE 79, 174; BVerwG NVwZ 1990, 256.
219 Vgl. auch BVerfGE 56, 249 ff. zu Zulassung von Bergbahnen.
220 Vgl. dazu OVG Berlin ZfBR 1982, 45.
221 Vgl. BVerwG NJW 1983, 2713, 2714.
222 Für Abfallentsorgungsanlagen ist dagegen die Festsetzung eines entsprechendes Gebiets nach § 9 oder 11 BauNVO erforderlich.
223 BVerwG NVwZ 1991, 877.

ist. Solche Festsetzungen sollen nicht primär ökonomisch relevante Nutzungen, die im Außenbereich ohnehin zulässig sind, sichern, sie können vielmehr dazu benutzt werden, extensive land- und forstwirtschaftliche Nutzungen in den Dienst des Schutzes der natürlichen Lebensgrundlagen zu stellen. Dies setzt allerdings voraus, dass sich eine solche Festsetzung nicht als schlichte Freihalteplanung für zukünftige, noch nicht konkretisierbare Nutzungen erweist, sondern sich mit Zielen des Umweltschutzes, wie etwa der Klimaverbesserung oder der Verhinderung einer Zersiedelung der Landschaft,[224] begründen lässt. § 9 Abs. 1 Nr. 10 BauGB enthält schließlich eine allgemein gefasste Regelungsoption, mit der die Bebauung einer Fläche verhindert werden kann. Sie unterscheidet sich daher von den spezifischen Festsetzungen, die eine bauliche Nutzung ausschließen, weil diese immer eine nichtbauliche Nutzung als Verkehrs-, Grün- oder Landschaftsschutzfläche vorsehen. Mit § 9 Abs. 1 Nr. 10 BauGB kann daher auch aus anderen Gründen eine Bebauung unterbunden werden, sofern dafür nur städtebauliche Gründe geltend gemacht werden können. Dies betrifft insbesondere den Schutz des Ortsbildes, eines Denkmals oder einer typischen Blickverbindung.

j) Umweltschutz

107 **Bauleitplanerischer Umweltschutz** ist zunächst **Flächenschutz**. Mit Grund und Boden soll sparsam umgegangen werden; dabei sind Bodenversiegelungen auf das notwendige Maß zu begrenzen (§ 1 a Abs. 1 BauGB). Diese Planungsdirektive ist im Rahmen der soeben erörterten Festsetzungsmöglichkeiten des § 9 Abs. 1 BauGB umzusetzen (vgl. dazu Rn 86 u. 93). Mit ihrer Hilfe kann auch die planerische Konzeption des innerstädtischen Verkehrs das Leitbild des Umweltschutzes fördern (Rn 103). Dem Belang der Förderung erneuerbarer Energien kann durch Ausweisung entsprechender Flächen Rechnung getragen werden (vgl. etwa Rn 105). Insoweit kommt der Umweltschutz als **Querschnittsaufgabe** bei allen planerischen Festsetzungen zum Tragen. Im Übrigen ist zu beachten, dass für die Bauleitplanung eigene Grenzwertprogramme weder für den Schutz vor schädlichen Luftverunreinigungen noch vor Lärmbelastungen gesetzlich vorgegeben sind. Dies ist grundsätzlich Aufgabe des Immissionsschutzes. Allerdings stellt sich die Frage, ob besondere gebietsspezifische **Grenzwerte nicht durch den Bebauungsplan** für einzelne Baugebiete festgesetzt werden können (Rn 108 ff.).

108 Zunächst kann durch eine Festsetzung nach § 9 Abs. 1 Nr. 23 BauGB ein **gebietsbezogenes Verwendungsverbot** für bestimmte luftverunreinigenden Stoffe ausgesprochen werden. Damit ist der Bauleitplanung die Möglichkeit zum vorbeugenden Immissionsschutz auf örtlicher Ebene eröffnet.[225] Gegenstand des Verwendungsverbots können grundsätzlich **alle luftverunreinigenden Stoffe** i. S.d. § 3 Abs. 4 BImschG sein. Auf die immissionsschutzrechtliche Genehmigungsbedürftigkeit der betreffenden Anlagen kommt es dabei nicht an. Daher ist auch und gerade der Betrieb von kleineren Anlagen über § 9 Abs. 1 Nr. 23 BImSchG steuerbar. Hauptanwendungsfall ist die Untersagung der Verwendung bestimmter Heizstoffe,[226] möglich ist jedoch auch ein Verwendungsverbot anderer Stoffe, die für industrielle oder gewerbliche Zwecke genutzt werden. Der gesamte Bereich des **Lärmschutz**es ist allerdings von der Festsetzungsform des § 9 Abs. 1 Nr. 23 BauGB **ausgenommen**. Im weiteren kann der Einsatz umweltschädliche **Anlagen** danach zwar **negativ eingeschränkt**, **nicht** aber die Verwendung einer bestimmten Form von Anlagen **positiv vorgeschrieben** werden. Mit einem Verwendungsverbot von Kohle oder Erdöl zur Feuerung wird jedoch die Förderung erneuerbarer Energieträger, regionaler Stoffkreisläufe und im bestimmten Umfang der Energieeinsparung mittelbar möglich,[227] denn es legt dem Bauherrn den Anschluss an alternative Versorgungssysteme wie Gas oder Fernwärme nahe. Voraussetzung ist im weiteren, dass das Verwendungsverbot mit

---

[224] Vgl. dazu VGH Mannheim NuR 1994, 448 ff.
[225] Vgl. zum Vorsorgegedanken BVerwG ZfBR 1989, 74, 75.
[226] Vgl. dazu auch die einschlägigen Regelung in Landesbauordnungen wie § 86 Abs. 4 Nr. 3 BauORhPf.
[227] Vgl. auch die davon unabhängige und durch § 19 Abs. 2 GO NRW eröffnete Möglichkeit, Luftverunreinigungen über Regelungen zum Anschluß- und Benutzungszwang zu bekämpfen.

städtebaulichen Gründen plausibilisiert werden kann. Dies ist sicherlich zu bejahen, wenn belastungsempfindliche Gebiete, wie etwa Wohn-, Kur- oder Naherholungsgebiete, besonders geschützt werden sollen. Die planungsrechtliche Festsetzung eines Verwendungsbots ist nicht auf Neubaugebiete beschränkt. Sie kann auch zur schrittweisen Verbesserung der Immissionssituation in belasteten Gebieten eingesetzt werden.[228] Allerdings ist dabei zu beachten, dass § 9 Abs. 1 Nr. 23 BauGB den Bestandsschutz betriebener Anlagen grundsätzlich unberührt lässt.[229]

Da § 9 Abs. 1 Nr. 23 BauGB auch die **Beschränkung der Verwendung luftverunreinigender Stoffe** gestattet, ist auch eine zeitlich gestaffelte Verwendungsregelung zulässig. Denkbar ist auch eine Begrenzung auf spezifische Verwendungsformen. Zudem liegt es nahe, darin auch eine Möglichkeit zur Formulierung **gebietsspezifischer Emissionswerte** zu sehen.[230] Damit könnte es allerdings zu einer Konkurrenz zu den auf der Grundlage des BImSchG festgelegten Emissionswerten für Anlagen kommen. Der anlagenbezogene Umweltschutz ist nicht Gegenstand der Bauleitplanung. Es ist nicht ihre Aufgabe, Änderungen des Standes der Technik fortlaufend durch Änderung ihrer Bebauungspläne umzusetzen.[231] Den Kommunen fehlt die Befugnis für eine Umweltpolitik, die die Gesetzgebung des Bundes im Bereich des Immissionsschutzes durch lokale Zusatzregelungen verschärft. Eine planerische Beschränkung der Verwendung luftverunreinigender Stoffe darf daher keine Regelungen enthalten, die den anlagenbezogenen Umweltschutz unterlaufen. Voraussetzung für eine Einschränkung der Verwendung von luftverunreinigenden Stoffen ist daher die Begründung aus einer konkreten städtebaulichen Situation. Wenn § 1 Abs. 5 S. 1 BauGB nunmehr auch die nachhaltige städtebauliche Entwicklung zum Leitprinzip der Bauleitplanung erklärt, erscheint auch eine Begründung einer Verwendungseinschränkung als zulässig, sofern sich diese aus dem Grundsatz stadtökologischer Nachhaltigkeit ableitet und den anlagentechnischen Umweltschutz unberührt lässt. Daher können etwa Emissionsgrenzwerte als Definition dessen festgesetzt werden, was als planungsrechtlich zulässiger nichtstörender Gewerbebetrieb zu betrachten ist.[232]

§ 9 Abs. 1 Nr. 24 BauGB eröffnet der Gemeinde schließlich vier Möglichkeiten, mit denen **wechselseitige Störungen unterschiedlicher Nutzungen durch Planung minimiert** werden können. Auch sie müssen städtebaulich gerechtfertigt sein und in einem bodenrechtlichen Zusammenhang stehen. Zunächst können von der Bebauung freizuhaltende **Schutzflächen** sowohl zum Schutz vor Umwelteinwirkungen von gefährlichen Einrichtungen als auch zum Schutz von empfindlichen Anlagen außerhalb der eigentlichen Betriebsfläche festgesetzt werden. Sodann sind **Flächen für besondere Anlagen zum Schutz gegen schädliche Umwelteinwirkungen** festsetzbar. Dies betrifft etwa Flächen für Wälle, mit denen der Schutz vor Lärm oder anderen Immissionen erreicht werden kann. Im engen Zusammenhang damit stehen **Vorkehrungen zum Schutz gegen schädliche Umwelteinwirkungen.** Dies bezieht sich z. B. auf Anpflanzungen. Schließlich gibt § 9 Abs. 1 Nr. 24 BauGB noch die Möglichkeit, **bauliche oder sonstige technische Vorkehrungen** zum Schutz vor oder zur Verminderung von schädlichen Umwelteinwirkungen festzusetzen. Dazu gehört etwa die Anordnung von Doppelfenstern oder lärmisolierenden Außenwänden einschließlich der erforderlichen Qualitätsstandards in Form von Grenzwerten.[233] Während damit sowohl aktive als auch passive bautechnische Schutzvorkehrungen allgemein als zulässig anerkannt sind, wird dies für produktionstechnische Vorgaben mit dem Hinweis bezweifelt, dies könne planungsrechtlich nur im Wege von Festsetzungen über die zulässige Art der Nutzung erreicht werden.[234] Entsprechendes gilt für **zeitliche Nutzungsbeschränkungen** anderer Einrichtungen wie etwa von Sportstätten. Auch dafür

---

228 Löhr, in: Battis/Krautzberger/Löhr, § 9 Rn 84.
229 BVerwG ZfBR 1989, 74, 76.
230 So etwa Brohm, § 6 Rn 37.
231 BVerwGE 69, 30.
232 Stüer, Rn 219.
233 BVerwG DVBl 1989, 1103.
234 Vgl. etwa Bielenberg, § 9 Rn 156.

müssen andere Ermächtigungsgrundlagen als § 9 Abs. 1 Nr. 24 BauGB gesucht werden. Gleichfalls ist es der Bauleitplanung über § 9 Abs. 1 Nr. 24 BauGB nicht gestattet, durch die Festsetzung von **Immissionsgrenzwerten** eine eigenständige kommunale Immissionsschutzpolitik zu entwickeln.[235] Der anlagenbezogene Immissionsschutz ist durch das BImSchG geregelt; er obliegt den Immissionsschutzbehörden. Dagegen bleibt es der Gemeinde unbenommen, gebietsbezogene Aspekte des Immissionsschutzes in ihre Planung einzubringen. Dies kann etwa durch die Gliederung von Baugebieten und ihre Zuordnung zueinander auf der Grundlage von §§ 4–9 u. 11 BauNVO erfolgen.[236] Auf dieser Grundlage ist die Festsetzung eines „flächenbezogenen Schallleistungspegels" für Anlagen und Betriebe zulässig.[237]

111 Über § 9 Abs. 1 Nr. 25 BauGB sind **Festsetzungen für das Anpflanzen** und die Erhaltung von Bäumen, Sträuchern und sonstigen Bepflanzungen wie Dach- oder Fassadenbegrünungen möglich. Sie sind auf den jeweiligen Bebauungsplan oder seine Teile beschränkt und können daher nicht für das gesamte Gemeindegebiet getroffen werden.[238] Diese Regelung gilt allerdings nicht für Wald- und landwirtschaftliche Flächen. Von ihr kann darüber hinaus nur aus städtebaulichen Gründen Gebrauch gemacht werden. Dazu zählt nicht nur das Ortsbild, sondern auch die Verbesserung des Kleinklimas oder der Erhalt stadtökologischer Lebensräume. Diese planerische Regelungsmöglichkeit wird durch das hoheitlich durchsetzbare Pflanzgebot des § 178 BauGB ergänzt (vgl. § 22 Rn 155).

112 Nach § 1 a Abs. 3 BauGB ist der nach dem Ergebnis der Abwägung erforderliche Ausgleichsbedarf von zu erwartenden **Eingriffen in Natur und Landschaft** durch Festsetzungen von Flächen und Maßnahmen zu befriedigen. Dies kann grundsätzlich mit unterschiedlichen Festsetzungsformen, insbesondere § 9 Abs. 1 Nr. 14, 15, 16, 18 a u. b, 25 b u. 26 BauGB erreicht werden. Diese Festsetzungsarten können auch miteinander kombiniert werden. Zu beachten ist allerdings, dass der Ausgleich grundsätzlich nicht bereits durch die planerische Sicherung des status quo erreicht werden kann. Vielmehr erfordert die Kompensation von baulichen Eingriffen regelmäßig eine **Aufwertung** der Ausgleichsflächen im Sinne der **Verbesserung ihrer ökologischen Werte und Funktionen**. Besonders geeignet sind daher Festsetzungen nach § 9 Abs. 1 Nr. 20 BauGB für Flächen und Maßnahmen zum Schutz, zur Pflege und zur Entwicklung von Boden, Natur und Landschaft. In Betracht kommen aber auch Festsetzungen zur Bepflanzung i. S. d. § 9 Abs. 1 Nr. 25 BauGB. § 9 Abs. 1 a S. 1 BauGB sieht in diesem Zusammenhang vor, dass die Festsetzungen auf dem Grundstück des Eingriffs, an anderer Stelle im Bebauungsplan oder in einem anderen Bebauungsplan erfolgen können.

113 Festsetzungen zum Ausgleich an anderer Stelle als dem Ort des Eingriffs können im weiteren auch den Flächen, auf denen Eingriffe zu erwarten sind, ganz oder teilweise zugeordnet werden (§ 9 Abs. 1 a S. 2 HS. 1 BauGB). Dies gilt auch für Maßnahmen auf von der Gemeinde bereitgestellten Grundstücken. Wo der räumliche Zusammenhang von Eingriff und Ausgleich gelockert ist, macht eine solche **Festsetzungszuordnung** die Anwendung der Ausgleichsregelung für Dritte erst nachvollziehbar. Sie ist daher Voraussetzung für die Refinanzierung der Kosten, die der Gemeinde dafür entstehen, dass sie Ausgleichsmaßnahmen anstelle des Vorhabenträgers oder Grundstückseigentümers durchführt (§ 135 a Abs. 2 S. 1 BauGB).[239] Eine Festsetzungszuordnung ist daher als Sicherung der Refinanzierung auch und vor allem dort erforderlich, wo die Gemeinde den Ausgleich über die Bereitstellung von Grundstücken auf Flächen gewährleisten will, die weder im Eingriffs- noch in einem Ausgleichsbebauungsplan als Ausgleichsflächen festgesetzt sind. Dabei muss die Festsetzungszuordnung nicht für jedes Grundstück individuell erfolgen. Sie kann auch als **Sammelzuordnung** den Ausgleichsbedarf mehrerer vergleichbarer Eingriffsgrundstücke zusammenfassen. Die

---

235 BVerwG DVBl 1989, 1050 f.
236 Vgl. auch BVerwG ZfBR 1991, 120 ff.
237 BVerwG UPR 1997, 331.
238 BVerwGE 50, 114.
239 *Löhr*, in: *Battis/Krautzberger/Löhr*, § 9 Rn 98b.

Aufschlüsselung der auf die einzelnen Eingriffsgrundstücke entfallenden Kosten ist dann im Rahmen einer Kostensatzung nach § 135 c BauGB zu regeln.

2. Kennzeichnungen und nachrichtliche Übernahmen

Kennzeichnungen i. S.d. § 9 Abs. 5 BauGB dienen wie im Flächennutzungsplan dem Ausweis bestimmter, nur mit besonderen Risiken nutzbarer Flächen. Sie haben eine lediglich informative Funktion und entfalten keine unmittelbare Rechtswirkung.[240] Ähnliches gilt für die nachrichtlichen Übernahmen (§ 9 Abs. 6 BauGB). Sie informieren über rechtsverbindlich erlassene Regelungen, die auf anderer Rechtsgrundlage getroffen worden sind, und daher nicht von der Rechtswirksamkeit des Bebauungsplans abhängen. Dazu zählen die Planfeststellungsbeschlüsse für Infrastrukturvorhaben, die Festsetzungen über Schutzgebiete oder Satzungen zum Denkmalschutz. Werden sie nicht in den Bebauungsplan übernommen, wirkt sich dies daher umgekehrt auch nicht auf seine Wirksamkeit aus.

114

III. Form

Aus seiner Funktion als verbindlicher Bauleitplan ergibt sich, dass die **Festsetzungen** des Bebauungsplans **parzellenscharf, klar und unmissverständlich** sein müssen.[241] Der dafür geeignete kartografische Maßstab liegt in der Regel zwischen 1:500 und 1:1.000. In den Plan werden unter Verwendung von Farbe, Zeichen und Schrift die planerischen Festsetzungen eingetragen. Zulässig ist dabei auch die Beschränkung auf ein Festsetzungsmittel.[242] In der Regel folgen sie der PlanzV. Allerdings ist auch eine Abweichung von ihr zulässig, sofern der Planinhalt eindeutig erkennbar ist,[243] andernfalls droht die Nichtigkeit.[244] Dem Bebauungsplan ist eine **Begründung** beizufügen (§ 9 Abs. 8 BauGB), die gleichfalls von der Gemeinde beschlossen werden muss.[245] In der Begründung sind Ziele und Zwecke sowie die wesentlichen Auswirkungen des Bebauungsplans darzulegen. Dazu können auch Angaben über seine Verwirklichung, zu seinen Kosten und zur Finanzierung gehören. Die Begründung dient der Verdeutlichung der Festsetzungen des Bebauungsplans.[246] Sie soll die wesentlichen Elemente der Abwägung erkennen lassen. Gleichwohl nimmt die Begründung an der Rechtswirksamkeit des Bebauungsplans selbst nicht unmittelbar teil.[247] Fehlt eine Begründung vollständig, ist der Bebauungsplan nicht rechtswirksam.[248] Ein solcher Fehler kann innerhalb eines Jahres gerichtlich geltend gemacht werden (§ 215 Abs. 1 Nr. 1 BauGB). Ist die Begründung lediglich unvollständig, das Ergebnis der planerischen Abwägung nach Maßgabe von § 1 Abs. 6 BauGB jedoch haltbar, führt dies nicht zur Ungültigkeit des Bebauungsplans (§ 214 Abs. 1 Nr. 2 BauGB).

115

Bebauungspläne werden als **kommunale Satzungen** erlassen (vgl. § 10 Abs. 1 BauGB).[249] Als verbindlicher Bauleitplan besitzt der Bebauungsplan unmittelbare und für jedermann geltende Bindungswirkung. An den Bebauungsplan sind auch die Behörden des Bundes und des jeweiligen Landes gebunden. Nur unter den Voraussetzungen des § 37 BauGB darf für ihre baulichen Anlagen von

116

---

240 OVG Koblenz BRS 42 Nr. 4; VGH Mannheim DÖV 1972, 821.
241 BVerwG NVwZ 1994, 684.
242 *Löhr*, in *Battis/Krautzberger/Löhr*, § 9 Rn 2.
243 BVerwG NVwZ-RR 1997, 515.
244 BVerwG NVwZ 1994, 684.
245 BVerwGE 68, 369, 376.
246 BVerwGE 77, 300, 306.
247 BVerwGE 74, 47, 50.
248 BVerwGE 84, 322.
249 Für die Stadtstaaten gelten besondere Regelungen (§ 246 Abs. 2 BauGB). In Berlin ergeht der Bebauungsplan als Rechtsverordnung des Bezirksamtes oder des für Bauleitplanung zuständigen Mitglied des Senats, in Hamburg werden Bauleitpläne als Rechtsverordnung des Senats oder als Gesetz der Bürgerschaft erlassen, Bremen hat von § 246 keinen Gebrauch gemacht.

den Festsetzungen eines Bebauungsplans abgewichen werden. Für die Träger der Fachplanung gilt § 38 BauGB. Bebauungspläne **gelten zeitlich unbegrenzt**. Um ihre Rechtswirksamkeit zu verlieren, müssen sie daher förmlich geändert oder aufgehoben werden. Nur wenn die tatsächliche Entwicklung den Festsetzungen so offenkundig entgegenläuft, dass aus ihnen kein schutzwürdiges Vertrauen abgeleitet werden kann, tritt der Bebauungsplan wegen „**Funktionslosigkeit**" außer Kraft.[250]

117 Der Bebauungsplan enthält die rechtlichen Bedingungen für die planungsrechtliche Zulässigkeit von Bauvorhaben. Er ist der verbindliche planungsrechtliche Maßstab für die Zulässigkeit von Vorhaben im Plangebiet (vgl. §§ 29 ff. BauGB). Nur unter den Voraussetzungen des § 31 BauGB können private Vorhaben von seinen Festsetzungen abweichen (vgl. dazu § 18 Rn 15 ff.). Seine Festsetzungen zur Art der baulichen Nutzung begrenzen nicht nur die zulässigen Nutzungsoptionen des Grundstückseigentümers, sie sind umgekehrt auch geeignet, Dritte vor unzulässigen Nutzungen zu schützen. Sie können daher Nachbarschutz vermitteln.[251] Bebauungspläne unterliegen der Kontrolle durch die Verwaltungsgerichtsbarkeit im Wege der **Normenkontrollklage** gem. § 47 VwGO (vgl. dazu § 24 Rn 3 ff.). Diese Möglichkeit des Rechtsschutzes gilt für die Eigentümer von Grundstücken, für sonstige in ihren Interessen betroffene Bürger und für die in ihrer Planungshoheit verletzten Nachbargemeinden.[252]

IV. Besondere Formen des Bebauungsplans

118 Das in § 1 Abs. 2 BauGB formulierte **zweistufige Konzept der Bauleitplanung** enthält nicht nur ein funktionelles Primat des Flächennutzungsplans, sondern setzt auch eine zeitliche Abfolge voraus. Nur wenn ein vorbereitender Bauleitplan vor dem Erlass des Bebauungsplans existiert, kann der verbindliche Bauleitplan aus dem Flächennutzungsplan entwickelt werden. In der Praxis kann es allerdings erforderlich sein, von diesem Grundmodell abzuweichen. Die Entscheidungskette Flächennutzungsplan-Bebauungsplan-Vorhabengenehmigung beansprucht Zeit und ist zudem in der Sache selbst voraussetzungsreich. Steht eine Gemeinde unter einem akuten Druck, ihr Flächennutzungskonzept veränderten sozialen und ökonomischen Rahmenbedingungen anzupassen, gerät die Ordnungsfunktion der Bauleitplanung in ein **Spannungsverhältnis zum Zeitaufwand**, der erforderlich wäre, um die städtebauliche Entwicklung über die Änderung des Flächennutzungsplans, die aus ihm abgeleitete Entwicklung von neuen Bebauungsplänen und die darauf folgende, auf deren Festsetzungen basierende Zulassung von Bauvorhaben zu leiten. Das Bedürfnis nach einer reaktionsfähigen Planung kann daher eine Straffung der Planungskette erfordern. Zum anderen kann insbesondere bei weniger bedeutsamen, aber gleichwohl mit der bestehenden Flächennutzungsplanung konfligierenden Vorhaben in Frage stehen, ob das relativ niedrige Niveau der planerischen Konfliktbewältigung ein so aufwendiges Verfahren erfordert.

119 Das Städtebaurecht sieht drei Ausnahmen vom zweistufigen Konzept der Bauleitplanung vor, die das Entwicklungsgebot durchbrechen oder modifizieren:
- den sog. **selbständigen Bebauungsplan** (§ 8 Abs. 2 S. 2 BauGB),
- den sog. **vorzeitigen Bebauungsplan** (§ 8 Abs. 4 BauGB),
- das sog. **Parallelverfahren** (§ 8 Abs. 3 BauGB).

Allerdings wird dabei die Lockerung des Entwicklungsgebots nicht nur von weiteren inhaltlichen Voraussetzungen abhängig gemacht, sondern zusätzlich auch mit prozeduralen Restriktionen verbunden. Während der aus einem Flächennutzungsplan entwickelte Bebauungsplan keine **aufsichtsbehördliche Genehmigung** erfordert, können Bebauungspläne, die das zweistufige Regelmodell durchbrechen, gem. § 10 Abs. 2 BauGB nur nach Genehmigung durch die höhere Verwaltungsbehörde in Kraft gesetzt werden (Rn 59).

---

250 Vgl. dazu BVerwGE 55, 5, 7.
251 Vgl. dazu BVerwGE 94, 151.
252 BVerwGE 40, 323 ff.

Der Erlass eines **selbständigen Bebauungsplans** ohne vorherigen Flächennutzungsplan ist zulässig, wenn der Bebauungsplan allein ausreicht, um die städtebauliche Entwicklung zu ordnen (§ 8 Abs. 2 S. 2 BauGB). Dies kann etwa der Fall sein, wenn in kleineren dörflichen Gemeinden mit geringer Siedlungsdichte kaum Nutzungsdruck auf den Flächen insgesamt ruht und damit auch keine gemeindeweite Bauleitplanung erforderlich ist, um die städtebauliche Entwicklung vorzubereiten und zu leiten. Ein auf eine bestimmte Gemeindefläche beschränkter Bebauungsplan kann dann ausreichen, um dem Erfordernis der städtebaulichen Entwicklung und Ordnung (§ 1 Abs. 2 BauGB) Rechnung zu tragen.

120

Besteht zwar grundsätzlich die Notwendigkeit einer vorbereitenden Bauleitplanung, so ist der Erlass eines **vorzeitigen Bebauungsplans** vor einem Flächennutzungsplan zulässig, wenn dafür „dringende Gründe" sprechen und der Bebauungsplan der „beabsichtigten städtebaulichen Entwicklung des Gemeindegebiets" nicht entgegenstehen wird (§ 8 Abs. 4 BauGB). Die dringenden Gründe werden hier in der Regel durch den hohen Nutzungsdruck indiziert, der keinen Zeitaufschub für eine planerische Ordnung der städtebaulichen Entwicklung im Wege der zeitlich gestuften Planung duldet.[253] Dies kann bei wichtigen Neuansiedlungen von Betrieben, der Sanierung von Altlasten und Konversionsflächen oder der Umnutzung von Gewerbebrachen der Fall sein. Andererseits muss die beabsichtigte städtebauliche Entwicklung bereits nachvollziehbar skizziert sein. Der vorzeitige Bebauungsplan antizipiert in diesem Fall die zukünftige Flächennutzungsplanung. Voraussetzung ist daher im weiteren ein Entwurf eines vorbereitenden Bauleitplans, ein von der Gemeinde beschlossener, aber noch nicht oder nicht mehr wirksamer Flächennutzungsplan oder zumindest eine sachlich nachvollziehbare informelle Planung.

121

Im sog. **Parallelverfahren** kann ein Bebauungsplan zusammen mit dem Flächennutzungsplan aufgestellt, geändert oder ergänzt werden (§ 8 Abs. 3 BauGB). Das wichtigste Anwendungsfeld des Parallelverfahrens ist eine in der Sache überholte Flächennutzungsplanung, die aufgrund einer neuen städtebaulichen Situation abgeändert werden muss. Es kann jedoch auch bei der erstmaligen Aufstellung eines Flächennutzungsplans angewandt werden. Das Entwicklungsgebot wird beim Parallelverfahren nicht durchbrochen, sondern lediglich modifiziert.[254] § 8 Abs. 4 BauGB lässt eine zeitlich synchronisierte Entwicklung von Flächennutzungsplan und Bebauungsplan zu. Dies gibt die Möglichkeit zu einer erheblichen Beschleunigung der grundsätzlich zweigestuften Planung, setzt jedoch eine sachliche Vereinbarkeit der beiden Planungen voraus. Abzustimmen sind damit die beabsichtigten Festsetzungen des Bebauungsplans mit den in Aussicht genommenen Darstellungen des Flächennutzungsplans. Entscheidend ist daher die materielle Abgestimmtheit zwischen den beiden Planungsebenen.[255] Wenn nach dem Stand der Planungen die Annahme gerechtfertigt erscheint, dass der parallel entwickelte Bebauungsplan konform mit den aus dem Entwurf zum Flächennutzungsplan zu entnehmenden Entwicklungsvorgaben geht, kann er bereits vor dem Flächennutzungsplan bekannt gemacht werden (§ 8 Abs. 3 BauGB). Wird der parallelentwickelte Bebauungsplan jedoch tatsächlich zeitlich nach dem Flächennutzungsplan beschlossen, kehrt das Parallelverfahren in das normale zweistufige Verfahren zurück. Der Bebauungsplan bedarf dann keiner Genehmigung durch die höhere Verwaltungsbehörde nach § 10 Abs. 2 BauGB.

122

D. Das Planungsermessen und seine rechtlichen Grenzen

Wesenselement der städtebaulichen Planung ist die Eröffnung eines erheblichen Spektrums an **planerischer Gestaltungsfreiheit** durch das Gesetz (vgl. dazu § 16 Rn 41 ff.). Sie gestattet der Kommune, eine selbstbestimmte Entscheidung darüber zu treffen, wie die städtebauliche Entwicklung durch ihre

123

---

253 Vgl. dazu BVerwG NVwZ 1985, 745 ff.
254 Vgl. dazu BVerwG NVwZ 1985, 485, 486.
255 *Stüer*, Rn 120.

Bauleitplanung gestaltet werden soll. Als Synonym steht dafür der Begriff des **"Planungsermessens"**.[256] Rechtssystematisch ist das planerische Ermessen als **Abwägungsentscheidung** ausgestaltet. Nach § 1 Abs. 6 BauGB sind die von der Planung berührten "öffentlichen und privaten Belange gegeneinander und untereinander gerecht abzuwägen". Das Abwägungsgebot eröffnet dabei auch die Befugnis, einen Belang einem anderen im konkreten Einzelfall vor- und überzuordnen.[257] Es enthält keinen allgemein gültigen Kanon von Wertigkeiten, sondern verpflichtet die Planung dazu, die betroffenen Belange in jedem Einzelfall situationsspezifisch zu bewerten und zu gewichten (Rn 130). Daher unterliegt sie nur einer eingeschränkten Kontrolle durch die Verwaltungsgerichte (vgl. dazu § 24). Allerdings ist eine rechtsstaatliche Planung auf die Beachtung rechtlicher Vorgaben verpflichtet. Im Abwägungsgebot liegt das zentrale **Gebot rechtsstaatlicher Planung**. Daher findet das Planungsermessen nicht nur seine rechtsdogmatische Grundlage, sondern auch seine Grenzen im Institut der Abwägung. Es reflektiert die rechtlichen Bindungen, denen Planung nach Maßgabe der Gesetze unterliegt.

I. Systematik der rechtlichen Bindung

124   Das Recht der Bauleitplanung mischt strikt zu beachtendes Recht mit Spielräumen planerischen Ermessens und abwägungsleitenden Direktiven. § 1 Abs. 5 BauGB begrenzt seine handlungsleitende Funktion für die planende Gemeinde auf die Vorgabe von anzustrebenden **Ziel**en (S. 1) und auf die zu berücksichtigenden und zu bewertenden Belange (S. 2). § 1 Abs. 3 BauGB verpflichtet sie dagegen zur Aufstellung von Bauleitplänen, soweit es für die städtebauliche Entwicklung erforderlich ist. Nach § 1 Abs. 4 BauGB hat die Gemeinde im weiteren ihre Planung den Zielen der Raumordnung anzupassen. Die §§ 3 und 4 BauGB geben die einzuhaltenden Verfahrensschritte vor. § 9 Abs. 1 BauGB enthält einen verbindlichen Katalog für die Festsetzungsmöglichkeiten eines Bebauungsplans. Mit ihnen sind die **Mittel** abschließend geregelt, die der verbindlichen Bauleitplanung zur Verfolgung der in § 1 Abs. 5 BauGB formulierten Ziele zur Verfügung stehen. Da diese Ziele multidimensionale und teilweise konfligierende Zielvorgaben enthalten, wird ihre Umsetzung und Instrumentierung am Abwägungsgebot des § 1 Abs. 6 BauGB gemessen, das wiederum durch die von der Rechtsprechung entwickelten Abwägungsdirektiven operationalisiert ist.

125   Das eingeschränkte Programm der rechtlichen Bindung der planenden Gemeinde gilt nicht nur gegenüber der staatlichen Rechtsaufsicht, sondern auch gegenüber allen von der Planung Betroffenen. Es justiert damit auch die richterliche Kontrolldichte über Bauleitpläne. Es ist nicht Aufgabe der Verwaltungsgerichtsbarkeit, eine gemeindliche Planung, die sich im Rahmen des Planungsermessens bewegt, durch eigene Ermittlungen und Erwägungen zu korrigieren und damit planerisch zu verbessern.[258] Ihre Kontrollfunktion konzentriert sich auf die Korrektur von Planungsfehlern. Die planerischen Gestaltungs- und Ermessensräume unterliegen somit einer rechtlichen Kontrolle in Bezug auf **Abwägungsfehler**. Die hierfür zu beachtenden Grundsätze des § 1 Abs. 5 BauGB werden auch als **"Planungsleitlinien"** bezeichnet.[259] Sie dienen damit als **Abwägungsdirektiven**,[260] die das planerische Ermessen steuern sollen. Sie führen nicht zu einem Subsumtionsvorgang von Sachverhalt, Tatbestand und Rechtsfolge (vgl. dazu § 16 Rn 44 ff.). Ihre Funktion als Kontrollnormen besteht lediglich darin, schwerwiegende planerische Fehlgriffe rechtlich auszuschließen. Sie können daher auch als **"innere Ermessensgrenzen"**[261] bezeichnet werden. Die planerische Gestaltungsfreiheit wird darüber hinaus im weiteren dadurch eingeschränkt, als sich auch die Planung nicht über zwingende

---

256   Vgl. dazu *Brohm*, § 11.
257   BVerwGE 34, 301 ff.; 45, 309; 47, 144 ff.; 59, 87 ff.; 75, 214.
258   BVerwGE 98, 126.
259   Vgl. dazu *Hoppe/Grotefels*, § 7 Rn 25 ff.
260   BVerwGE 90, 329, 332.
261   Vgl. zur Terminologie *Brohm*, § 11 Rn 8.

gesetzliche Vorgaben hinwegsetzen darf. Sie werden auch als „**Planungsleitsätze**"[262] bezeichnet und sind dem Abwägungsvorgang vor- und übergeordnet. Sie lassen sich daher nicht durch Abwägung überwinden und sind daher von den abwägungssteuernden inneren Grenzen des Planungsermessens streng zu unterscheiden. Man kann sie entscheidungssystematisch als „**äußere Grenzen**" des planerischen Ermessens begreifen.[263] Sie sind zwingende Vorgaben, an die die planende Gemeinde in vollem Umfang gebunden ist. Sie müssen erfüllt sein, bevor die planerische Abwägung der konkurrierenden Belange überhaupt einsetzen kann.

II. Abwägungsresistente Rechtsgrundlagen der Bauleitplanung

126 Zu den abwägungsresistenten rechtlichen Grundlagen, die dem Recht der Bauleitplanung immanent sind, sind zu zählen:[264]
- der Grundsatz der Planerforderlichkeit (§ 1 Abs. 3 BauGB),
- die Anpassungspflicht an die Ziele der Raumordnung (§ 1 Abs. 4 BauGB),
- die Abstimmungspflicht mit den Plänen benachbarter Gemeinden (§ 2 Abs. 2 BauGB),
- das Entwicklungsgebot für Bebauungspläne (§ 8 Abs. 2 BauGB) sowie
- der Typenzwang der Bauflächen und Baugebiete (vgl. § 5 Abs. 2 BauGB u. § 1 Abs. 1 BauNVO bzw. § 9 Abs. 1 Nr. 1 BauGB u. § 1 Abs. 2 und Abs. 3 S. 1 BauNVO).

Der Abwägung entzogen sind daher die Grundsätze (vgl. dazu Rn 4 ff.) und die Mittel der Bauleitplanung.

127 Zusätzlich gehen andere zwingende Vorschriften des öffentlichen Rechts der Abwägung vor. Auch sie stellen äußere Grenzen des Planungsermessens dar. Dies gilt zum Beispiel für Normen des Umweltschutzes, die gebietsspezifische Grenzwerte enthalten wie die:
- Verkehrslärmschutzverordnung (16. BImSchV),
- Sportanlagenlärmschutzverordnung (18. BImSchG),
- Rechtsverbindliche Festsetzungen von Schutzgebieten,
- die Bewertung der Zulassung von Vorhaben in FFH-Gebieten.

Diese Vorgaben sind strikt einzuhalten. Ihre Anforderungen müssen erfüllt sein, bevor die planende Gemeinde mit ihrer Abwägung überhaupt beginnen kann.[265] Desgleichen sind auch die Grundrechte in ihrem Schutzbereich der Abwägung grundsätzlich entzogen. Wo die Bauleitplanung das Recht auf Eigentum oder ein anderes Grundrecht verletzen könnte, wirken die **Grundrechte** als **äußere Grenzen** der Planung. Einschränkungen von Grundrechten bedürfen einer verfassungsmäßigen Rechtfertigung. Sie müssen sich am Grundsatz der Verhältnismäßigkeit messen lassen. Obwohl der Bebauungsplan grundsätzlich als verfassungsrechtlich zulässiges Element der Inhalts- und Schrankenbestimmung des Eigentums fungiert,[266] bleibt zu beachten, dass Art. 14 Abs. 1–3 GG seinerseits die Messlatte für die städtebauliche Planung setzt. Die Befugnis zur Bauleitplanung rechtfertigt keine Verletzung von Grundrechten. Die verbindliche Bauleitplanung ist danach grundsätzlich eine zulässige Inhalts- und Schrankenbestimmung des Eigentums, wenn sie den situationsbedingten, nach der baulichen Umgebung spezifizierten Nutzungsmöglichkeiten eines Grundstücks Rechnung trägt. Sie entfaltet enteignungsgleiche Wirkung, wenn sie ihm schwere und unerträgliche Nachteile zufügt[267] oder ihm im Vergleich zu anderen Grundstücken ungleiche und unverhältnismäßige Lasten auferlegt.

---

262 BVerwGE 71, 163.
263 Vgl. dazu grundlegend *Brohm*, § 11 Rn 5.
264 Vgl. *Brohm*, § 12 Rn 1 ff.
265 *Brohm*, § 12 Rn 1.
266 Vgl. BVerwGE 47, 144, 153.
267 Vgl. dazu BVerwGE 47, 144, 147.

III. Das Abwägungsgebot

128 Das Abwägungsgebot als Kontrollnorm für die Rechtmäßigkeit der Bauleitplanung bezieht sich auf den Abwägungsvorgang und das Abwägungsergebnis.[268] Die Rechtsprechung sieht das Abwägungsgebot als verletzt an, wenn:
- eine Abwägung überhaupt nicht stattfindet (Abwägungsausfall),
- in die Abwägung nicht eingestellt wird, was nach Lage der Dinge einzustellen wäre (Abwägungsdefizit),
- die Bedeutung der betroffenen Belange verkannt wird (Abwägungsfehleinschätzung),
- der Ausgleich zwischen den von der Planung berührten Belangen in einer Weise vorgenommen wird, die zu ihrer objektiven Gewichtigkeit außer Verhältnis steht (Abwägungsdisproportionalität).

Diese Kriterien setzen damit das Grundgerüst für die verwaltungsgerichtliche Kontrolle, ob eine Planung im Einzelfall die Grenzen der planerischen Gestaltungsfreiheit überschritten hat oder von ihr in einer dem gesetzlichen Auftrag nicht entsprechenden Weise Gebrauch gemacht worden ist (§ 114 VwGO).[269]

129 Der **Abwägungsausfall** ist bereits durch eine fehlende Begründung einer Planungsentscheidung indiziert. Eine sachlich fundierte Abwägung setzt im weiteren die Zusammenstellung des Abwägungsmaterials voraus. Ohne hinreichend aufgearbeitete Entscheidungsgrundlagen ist eine sachgerechte Abwägung nicht möglich. Ein **Abwägungsdefizit** liegt demnach dann vor, wenn ein abwägungsrelevanter Belang nicht erkannt worden ist. Was als abwägungsrelevant zu betrachten ist, unterliegt nicht der Einschätzungsprärogative der planenden Gemeinde, sondern ist einer objektivierbaren Betrachtung und damit einer vollumfänglichen richterlichen Kontrolle zugänglich. Ein Beurteilungsspielraum besteht daher nicht.[270] Gefordert ist damit eine nach objektiven Maßstäben zu bewertende **sorgfältige Zusammenstellung des Abwägungsmaterials**. Kriterien dafür sind die gesetzlichen Planungsziele, die Planungsleitlinien und die sonstigen Gebote der Bauleitplanung. Vernachlässigt werden können dabei Interessen, die – wie etwa der Verbraucherschutz – durch städtebauliche Planung grundsätzlich nicht aufgegriffen werden. Entsprechendes gilt für Interessen, denen eine rechtliche Anerkennung zu versagen ist, weil sie z. B. unter Missachtung der Rechtsordnung entstanden sind oder nur marginale Bedeutung haben. Unbeachtlich sind auch die Interessen, die zum Zeitpunkt der Planung für die Gemeinde nicht erkennbar waren, weil sie etwa von den Betroffenen verschwiegen wurden.[271] **Prognosen** führen nicht bereits dann zur Fehlerhaftigkeit des Abwägungsmaterials, wenn sie sich nachträglich als unrichtig herausstellen. Entscheidend ist vielmehr, ob sie in methodisch einwandfreier Weise erstellt worden sind.[272] Dies ergibt sich auch aus der Kontrollnorm des § 214 Abs. 3 S. 1 BauGB. Danach ist für die Abwägung die Sach- und Rechtslage im Zeitpunkt der Beschlussfassung über den Bebauungsplan maßgebend.

130 Eine **Abwägungsfehleinschätzung** liegt dann vor, wenn das Gewicht eines Belangs schlechthin verkannt wird und „das Verhältnis zwischen ihm und dem Planinhalt auch bei Berücksichtigung der planerischen Gestaltungsfreiheit und aller sonstigen Gegebenheiten nicht mehr aufgeht".[273] Eine **Abwägungsdisproportionalität** liegt vor, wenn das Planungsergebnis zu einer insgesamt fehlerhaften Gesamtbewertung geführt hat. Sie ist erst anzunehmen, wenn die Gewichtung der einzelnen Belange zueinander soweit „außer Verhältnis" gerät, dass die Entscheidung schlechthin unvertretbar wird. Bei der Gewichtung des Abwägungsmaterials ist das Abwägungsgebot nicht verletzt, „wenn sich die zur

---

268 Vgl. dazu grundlegend BVerwGE 35, 309, 315.
269 *Stüer*, Rn 534.
270 BVerwGE 45, 309, 323.
271 BVerwGE 59, 87, 102.
272 Vgl. auch BVerwG NVwZ 1984, 718, 721; VGH BW NJW 1977, 1465, 1468.
273 BVerwGE 45, 309, 326.

Planung berufene Gemeinde in der Kollision zwischen verschiedenen Belangen für die Bevorzugung des einen und damit notwendig für die Zurückweisung eines anderen entscheidet".[274] Mängel im Abwägungsvorgang sind für die richterliche Kontrolle nur erheblich, „wenn sie offensichtlich und für das Abwägungsergebnis von Einfluss gewesen sind" (§ 214 Abs. 3 S. 2 BauGB). Im weiteren darf der Planungsprozess nicht in eine Schieflage geraten sein, weil sich die Gemeinde mit den Interessen eines Adressaten außerhalb des rechtlich vorgegebenen Verfahrens soweit identifiziert hat, dass das Ergebnis einseitig vorgeprägt und die planungsrechtliche Zuständigkeitsordnung gänzlich missachtet wurde.[275]

1. Die abwägungserheblichen Belange

Die gesetzlichen Leitorientierungen, dass die Bauleitpläne eine nachhaltige städtebauliche Entwicklung und eine dem Wohl der Allgemeinheit entsprechende sozialgerechte Bodennutzung gewährleisten und dazu beitragen sollen, eine menschenwürdige Umwelt zu sichern und die natürlichen Lebensgrundlagen zu schützen und zu entwickeln (§ 1 Abs. 5 S. 1 BauGB), fungieren als Oberbegriffe für die im Katalog des § 1 Abs. 5 S. 2 Nr. 1–10 BauGB angeführten abwägungserheblichen Belange. Sie geben der Bauleitplanung einen – nicht abschließenden – Katalog von 10 abwägungserheblichen Zielorientierungen vor. Diese **Planungsleitlinien** enthalten zum Teil miteinander konfligierende Belange, die von der Gemeinde nach ihrem je spezifischen Gewicht gewertet und abgewogen werden müssen. Einzelne Belange können daher besonders bedeutsam, andere wiederum in einem konkreten Planungsgebiet ohne jede Relevanz sein. Dies gilt für die Sicherung der wirtschaftlichen Entwicklung (Nr. 8) ebenso wie für die umweltschutzenden Belange (Nr. 7). Sie geben der planenden Gemeinde Ziele vor, die als Orientierungsrahmen für die planerische Entscheidung dienen. Sie geben Hinweise, wie von den Darstellungsmöglichkeiten des Flächennutzungsplans und den Festsetzungsmöglichkeiten des Bebauungsplans Gebrauch gemacht werden soll und wie die unterschiedlichen Festlegungen miteinander arrangiert werden sollen. 131

Die Planungsleitlinien des § 1 Abs. 5 S. 2 BauGB enthalten weder ein Set an quantifizierbaren Standards, die immer eingehalten werden müssen, noch legen sie eine fest fixierte Hierarchie zwischen den einzelnen Belangen fest. Weder die gesunden Wohn- und Arbeitsverhältnisse (Nr. 1) noch die Anforderungen der sozialen und kulturellen Bedürfnisse der Bevölkerung (Nr. 3) und auch nicht die Belange des Umweltschutzes (Nr. 7) sind auf der Ebene der Bauleitplanung zu allgemein verbindlichen Grenzwerten verdichtet, die jeder Planung vorgegeben sind. So entscheidet erst die Planung mit der Festlegung der zulässigen baulichen Nutzung, welche Nutzungsoptionen vorrangig verfolgt werden sollen. Für den Lärmschutz macht es dann einen erheblichen Unterschied, ob es sich um ein Industrie- oder ein reines Wohngebiet handelt. Welcher Abwägungsdirektive im Einzelfall besondere Bedeutung zukommt und welche Wertigkeit ihr in Bezug auf andere Belange zuzumessen ist, ergibt sich aus der jeweiligen konkreten Planungssituation sowie aus der städtebaulichen Konzeption der Gemeinde. 132

Zu den abwägungserheblichen Belangen gehören auch **private Belange**. Sie begründen ein Recht des betroffenen Bürgers auf Abwägung der eigenen betroffenen Belange.[276] Diese **beschränken sich nicht auf subjektiv-öffentliche Rechte**, sondern umfassen alle individuellen Interessen, die Bürger in Hinblick auf die Bauleitplanung haben können.[277] Dazu gehören die Interessen der Mieter und Beschäftigten ebenso wie die der Fußgänger und Radfahrer. Aus ihnen resultiert ein subjektiv-rechtlicher Anspruch auf Berücksichtigung dieser Belange in der Abwägung.[278] Soweit es sich hier- 133

---

274 BVerwGE 34, 301, 309.
275 BVerwGE 45, 309, 318.
276 BVerwGE 95, 133; BVerwG DVBl 1999, 100.
277 BVerwGE 59, 87, 99.
278 BVerwGE 107, 215, 220.

bei nicht um grundrechtlich verbürgte Kernbereiche von Freiheitsrechten handelt, ist die Ermittlung ihres konkreten Gewichts im Einzelfall erst durch ihre Einstellung in das Für und Wider der Abwägung möglich. Die verbindliche Bauleitplanung, die den situationsbedingten, nach der baulichen Umgebung spezifizierten Nutzungsmöglichkeiten eines Grundstücks Rechnung trägt, ist eine zulässige Inhalts- und Schrankenbestimmung des Eigentums. Wo die Planung unverhältnismäßig die Freiheit des Eigentums beschränkt, stellt Art. 14 GG die **äußere Grenze** der Planung dar. In ihrer objektiv-rechtlichen Funktion sind die Grundrechte zudem im Rahmen der Abwägung konkurrierender Belange zu berücksichtigen. Insoweit ist es berechtigt, von der **„Doppelfunktionalität" des Grundrechtsschutzes** für die Planung zu sprechen.[279]

2. Abwägungsgrundsätze

134 Aus der Rechtsprechung des BVerwG lassen sich darüber hinaus weitere Grundsätze für eine rechtliche Kontrolle der Abwägung destillieren. Ein Verstoß gegen sie macht die Planung rechtswidrig. Begrenzt § 1 Abs. 3 BauGB die Bauleitplanung auf das Erforderliche, so ist im Umkehrschluss zu folgern, sie müsse auch alle von der Planung aufgeworfenen Probleme einer planerischen Lösung zuführen. Das **Gebot der planerischen Konfliktbewältigung**[280] verwehrt damit einen **Konflikttransfer** auf nachfolgende Entscheidungsebenen, deren rechtlich vorgegebenes Problemlösungspotential dafür nicht geeignet ist. Das BVerwG spricht hier von der für jede Planung geltenden „Aufgabe der Bewältigung der von dem Planvorhaben ... aufgeworfenen Probleme".[281] Planung darf nicht dazu führen, dass Probleme zu Lasten der Betroffenen ungelöst bleiben. Dieser allgemeine Planungsgrundsatz hat für Planfeststellungsbeschlüsse und bauplanerische Entscheidungen unterschiedlich weit reichende Bedeutung.[282] Sind die von der Bauleitplanung ausgelösten Probleme möglicher Gegenstand von Festsetzungen eines Bebauungsplans, müssen sie auch durch Planung bewältigt werden.[283] Die Festsetzungsmöglichkeiten des Bebauungsplans stellen daher die Instrumente der planerischen Konfliktbewältigung dar und begrenzen sie zugleich. Planerische Instrumente sind danach insbesondere die Binnengliederung des Plangebiets nach § 1 Abs. 4 – 9 BauNVO, die Festsetzung von Schutzvorkehrungen nach § 9 Abs. 1 Nr. 24 BauGB, die Festsetzungen zum Ausgleich von Eingriffen in Natur und Landschaft sowie die Festsetzung von gebietsspezifischen Grenzwerten, wie etwa flächenbezogenen Schallleistungspegeln nach § 1 Abs. 4 S. 1 Nr. 2 u. S. 2 BauNVO.

135 Konflikte, für deren Lösung keine Festsetzungsmöglichkeiten verfügbar sind, können auf der Ebene des Bebauungsplans nicht bewältigt werden. Daher ist die Bauleitplanung zur antizipierenden Lösung der Probleme nicht berufen, die in nachfolgenden Verwaltungsverfahren bewältigt werden sollen. Sie kann und muss ihnen die vorhabenbezogene **„Feinsteuerung"** überlassen.[284] Insofern kann der Grundsatz der **planerischen Zurückhaltung** als Komplement zum Verbot des Konflikttransfers begriffen werden. Beide Grundsätze dürfen jedoch nur als Direktive, nicht als Perfektionierungsreglement der Planung begriffen werden.[285] Mit ihrer Hilfe wird versucht, die richtige Entscheidungsebene zu konfigurieren. Dabei verringert sich der Grund zur planerischen Feinsteuerung mit der Regelungsdichte des auf die Planung folgenden Zulassungsrechts. Wird es dereguliert, kann dies umgekehrt zu einem zusätzlichen Steuerungsbedarf auf der Ebene der Planung führen.[286] Es hängt

---

279 Vgl. dazu *Brohm*, § 11 Rn 13; § 14 Rn 1.
280 Vgl. dazu grundlegend *Weyreuther*, BauR 1975, 1, 5; DÖV 1980, 389, 391.
281 BVerwGE 57, 297, 300.
282 Vgl. zum Planfeststellungsrecht BVerwGE 48, 56, 68; 51, 15, 27.
283 *Krautzberger*, in: Battis/Krautzberger/Löhr, § 1 Rn 120.
284 BVerwG BauR 1989, 703.
285 Vgl. dazu auch *Sendler*, UPR 1985, 211 ff.
286 So auch *Stüer*, Rn 579.

daher entscheidend von der konkreten Planungssituation ab, wie präzise die Festsetzungen im Bebauungsplan getroffen werden müssen.[287] Grundsätzlich zulässig ist es danach, in einem Bebauungsplan, der den Standort für ein Kraftwerk festsetzt, die Festlegung der zulässigen Emissionen der immissionsschutzrechtlichen Genehmigung zu überlassen.[288] Ist es jedoch erforderlich, absehbaren Immissionsproblemen durch Festsetzungen nach § 9 Abs. 1 Nr. 23 BauGB, die die Verwendung bestimmter luftverunreinigender Stoffe ausschließen, planerisch entgegen zu wirken, kann dies nicht der immissionsschutzrechtlichen Genehmigung überlassen werden. Entsprechendes gilt für die Bewältigung der Verkehrsprobleme. Die Bauleitplanung hat grundsätzlich die Vermeidung und die Verringerung von Verkehrsbelastung sowie die Förderung einer umweltverträglichen Mobilität mit planerischen Mitteln zu fördern. Reichen verkehrslenkende Maßnahmen zur Problembewältigung aus, kann die Bauleitplanung die Lösung der Verkehrsprobleme den Straßenverkehrsbehörden überlassen.[289]

Entsprechendes gilt für das **Gebot der Rücksichtnahme**.[290] Es stellt die unterschiedlichen Nutzungen in einen Rahmen wechselseitiger Pflichtigkeiten. Es entspringt dem Grundsatz der Verhältnismäßigkeit. Das Gebot der Rücksichtnahme ist zunächst ein objektiv-rechtliches Kriterium der Zumutbarkeit für baulich verdichtete Nutzungszusammenhänge. In ihm findet der Gedanke der Situationsgebundenheit und der Sozialpflichtigkeit des Eigentums seinen Ausdruck. Zum anderen kann ein Verstoß gegen diesen Grundsatz auch subjektiv-rechtliche Abwehrrechte bei kollidierenden Interessen im Außen-[291] und unbeplanten Innenbereich mobilisieren.[292] Auch für die Bauleitplanung kommt es als Zuordnungsprinzip konkurrierender Nutzungen in Betracht.[293] Es zielt damit insbesondere auf die Trennung unverträglicher Nutzungen. Das bauplanungsrechtliche Gebot der Rücksichtnahme korreliert mit dem immissionsschutzrechtlichen Planungsgrundsatz (vgl. Rn 20 u. 137). Das Gebot zur Rücksichtnahme kann zwar einerseits als Maxime gerechter Abwägung schlechthin betrachtet werden, andererseits läuft es nur zu leicht Gefahr, als leerformelhafte Begründungsfloskel oder schablonenhafte Anwendungsroutine missverstanden zu werden. Angesichts der Positivierung des Trennungsgebots in § 50 BImSchG wird in Zweifel gezogen, ob ihm insoweit noch eine eigenständige Bedeutung zukommen kann.[294]

3. Umweltschutz in der Abwägung

Probleme des Umweltschutzes fordern die Abwägung in besonderem Maße heraus. Die Bauleitplanung muss die Belange benachbarter Gebiete und Nutzungen in die Abwägung einbeziehen. Grundsätzlich unverträglich ist danach der Ausweis eines Industriegebiets neben einem Wohngebiet.[295] Geboten kann auch eine Rücksichtnahme sein, die Störungen durch geeignete Vorkehrungen minimiert.[296] Dies betrifft etwa den Schutz eines reinen Wohngebiets gegenüber benachbarten Sportanlagen[297] oder Schulzentren.[298] Im Zusammenhang mit der Bauleitplanung ist das Gebot der Rücksichtnahme auch im Rahmen des § 15 Abs. 1 BauNVO zu beachten. Diese Vorschrift ermöglicht eine Fein- und Nachsteuerung, nicht jedoch eine Korrektur eines Bebauungsplans.[299] Danach kann eine

---

287 BVerwG DVBl 1984, 344.
288 BVerwG DVBl 1984, 343,344; NVwZ 1988, 351; a.A. OVG Berlin DVBl 1984, 147.
289 BVerwG DVBl 1987, 1273.
290 Vgl. dazu *Weyreuther*, BauR 1975, 1, 3.
291 BVerwGE 52, 122.
292 BVerwGE 55, 369.
293 Vgl. dazu BVerwGE 45, 309 und *Hoppe/Grotefels*, § 7 Rn 153 ff.
294 *Brohm*, § 14 Rn 12.
295 BVerwGE 45, 309, 329.
296 Vgl. BVerwGE 88, 143.
297 BVerwG BRS 54 Nr. 33; VGH München BRS 47 Nr. 43.
298 OVG Lüneburg BRS 32 Nr. 18.
299 BVerwGE 67, 334; 68, 213; 89, 69.

nach dem Bebauungsplan grundsätzlich zulässige Nutzung wegen Besonderheiten des Einzelfalls ausgeschlossen, begrenzt oder nur unter Auflagen zugelassen werden. Das **Prinzip der räumlichen Trennung** kann jedoch in der Realität verdichteter urbaner Nutzungen keine absolute Geltung beanspruchen. Das BVerwG hat es insbesondere für **Gemengelagen** spezifiziert.[300] Daher verliert das Prinzip der Rücksichtnahme bei der Überplanung von gewachsenen Gemengelagen an Eindeutigkeit. Hier führt die **Rücksichtnahme auf die Bestandssicherung** bereits ansässiger Betriebe zur Bildung von gegenseitigen Pflichten und Mittelwerten zumutbarer Belastungen.

138 In diesem Zusammenhang spielt die Frage nach der Bedeutung von Grenzwerten eine wichtige Rolle. Differenzkriterien sind dabei zum einen ihre rechtliche Qualität, zum anderen ihr Regelungsbezug. Im Zentrum der Problematik steht dabei der Lärmschutz. Bereits oben wurde darauf hingewiesen, dass es für die Bauleitplanung keine umfassende rechtsverbindliche Grundlage für immissionsschutzbezogene Grenzwerte gibt (Rn 107). Sie kann jedoch auf der Grundlage von § 9 Abs. 1 Nr. 24 BauGB im Zusammenhang mit der Festsetzung von baulichen und technischen Schutzvorkehrungen die einschlägigen Maßnahmewerte bestimmen. Dies betrifft den **Lärmschutz** allgemein. Im weiteren ist nach den unterschiedlichen Lärmquellen zu differenzieren. So gilt für den Schutz vor Verkehrslärm die 16. BImSchV. Zum anderen ist der Schutz vor dem Lärm von Sportanlagen durch die 18. BImSchV geregelt. Da **Rechtsnormen** immer abwägungsresistente und auch die Gerichte bindende Vorgaben darstellen, sind die in ihnen fixierten Grenzwerte grundsätzlich auch der Abwägung entzogen und von der Bauleitplanung strikt zu beachten. **Technische Verwaltungsvorschriften** wie die TA Luft und die TA Lärm sind für die Verwaltung grundsätzlich bindend und von den Gerichten als normkonkretisierende Verwaltungsvorschriften[301] zu berücksichtigen (vgl. dazu § 16 Rn 13). Für die Planungspraxis steht hier in Frage, ob ihre anlagenbezogene Ausrichtung eine geeignete Erkenntnisquelle und Orientierungsmarke für die gröber strukturierte planerische Konfliktbewältigung darstellen kann oder erst im konkreten immissionsschutzrechtlichen Genehmigungsverfahren bedeutsam wird.[302]

139 Allerdings ist im Einzelnen immer zu prüfen, welchen Aussagegehalt die betreffenden Lärmschutzregelungen für die konkrete Planung haben. Soweit etwa die 16. BImSchV für den Bau und die Änderung von Verkehrswegen zu beachten ist, gibt sie der Bauleitplanung verbindliche Werte vor, wenn sie Verkehrswege plant oder ändert. Dies trifft jedoch nicht in gleicher Weise für eine Wohnbebauung zu, die an eine bestehende Trasse heranrückt. Im Einzelnen gilt es dabei für den Verkehrslärmschutz folgende Grundsätze zu beachten:[303]
- Zunächst gilt der Primat der Konfliktvermeidung im Sinne des immissionsschutzrechtlichen Trennungsgrundsatzes.
- Im weiteren sind schädliche Umwelteinwirkung durch aktiven Schallschutz an der Quelle nach dem Stand der Technik zu vermeiden. Grenze dafür ist die Verhältnismäßigkeit der Kosten.
- Werden Immissionswerte überschritten, hat der Betroffene grundsätzlich Anspruch auf Einbau von Maßnahmen des passiven Schallschutzes.
- Art und Umfang der durchzuführenden Maßnahmen regeln sich nach der 24. BImSchV. Der Bürger hat danach grundsätzlich keinen Anspruch auf Durchführung bestimmter, von ihm gewünschter Maßnahmen.

Die Grenzwerte der Verkehrslärmschutzverordnung haben daher die Funktion von Maßnahmewerten und nicht von strikten Stoppregeln. Sie verpflichten zu Lärmschutzmaßnahmen.

---

300 Vgl. grundlegend BVerwGE 50, 49, 54.
301 Vgl. dazu BVerwGE 77, 285; BVerwG DVBl 1991, 442.
302 BVerwG DVBl 1989, 1065.
303 Vgl. dazu ausführlich *Stüer*, Rn 245 ff.

Technischen Regelwerken privater Vereinigungen wie der DIN 18 005 „Schallschutz im Städtebau" oder der VDI-Richtlinie 2058 „Beurteilung von Arbeitslärm in der Nachbarschaft" fehlt die gesetzliche Dignität, um für die Bauleitplanung eine unmittelbare normative Bindungswirkung entfalten zu können.[304] Gleichwohl können sich aus ihnen abwägungsdirigierende Anhaltspunkte und Orientierungswerte für die Bauleitplanung ergeben.[305] Allerdings muss dabei eine schematische Anwendung vermieden werden.[306] Es kommt hier dann maßgeblich auf die Umstände des Einzelfalls an.[307] Dazu zählt der Charakter des jeweiligen Gebiets sowie die planerische und die tatsächliche Vorbelastung des Gebiets.[308] Zu berücksichtigen sind auch die Art und die sozialen Entstehungsbedingungen des Lärms.[309] Daher muss in einer Überschreitung der in den technischen Regelwerken angeführten Grenzwerte noch keine Verletzung des Abwägungsgebots liegen.[310] Allerdings unterliegt ein solches Abwägungsergebnis einer besonderen Begründungslast.

140

Die Bodenschutzklausel des § 1 a BauGB enthält spezielle Abwägungsdirektiven für den **flächenbezogenen Umweltschutz**. Danach ist mit Grund und Boden sparsam umzugehen und die Bodenversiegelung auf das notwendige Maß zu begrenzen. Beide Planungsdirektiven sind Maßstäbe für die Ausweisung von Bauland und die Festsetzung der Art und des Maßes der baulichen Nutzung. Sie sind in den Gesamtzusammenhang der Abwägung einzustellen. Es kommt damit nicht nur auf die einzelne Planung an, sondern zusätzlich auch darauf, wie der Schutz naturnaher Flächen insgesamt von der Gemeinde betrieben wird. Das BVerwG hat in der Vergangenheit in der **Bodenschutzklausel** ein **Optimierungsgebot** gesehen.[311] Die gesetzliche Formulierung „so weit wie möglich" wurde als relativer Gewichtungsvorrang interpretiert,[312] der im Einzelfall zwar nicht abwägungsfest sei, seine Überwindung jedoch einer besonderen Rechtfertigung bedürfe.[313] Die Rechtsprechung zum Optimierungsgebot ist grundsätzlich **starker Kritik** ausgesetzt.[314] Wurde für die Bauleitplanung unter der Geltung des alten Baugesetzbuches noch vielfach ein relativer Vorrang im Sinne eines Optimierungsgebots für die Ziele des Naturschutzes und der Landschaftspflege (§ 1 BNatSchG) und den Bodenschutz (§ 1 Abs. 5 S. 3 BauGB a. F.) vertreten,[315] so dürften diese Auffassungen aufgrund des Wortlautes der §§ 1 Abs. 5 S. 2 Nr. 7 und 1 a BauGB n.F., die ausdrücklich von einer Berücksichtigung in der Abwägung sprechen, heute nicht mehr haltbar sein.[316]

141

Auch der Ausgleich von **Eingriffen in Natur und Landschaft** unterliegt der Abwägung (§ 1 a Abs. 2 S. 1 BauGB). Dies gilt nicht nur für das „Was", „Wie" und „Wieviel", sondern grundsätzlich auch für das „Ob" des Ausgleichs. Die Bewältigung des Eingriffs verlangt zunächst einmal eine **Bestandsaufnahme** von Natur und Landschaft in dem Bereich, der von der Bauleitplanung betroffen ist. Sie zählt zur Zusammenstellung des Abwägungsmaterials. Dafür kann auf die bestandserhebenden und -bewertenden Teile der Landschaftsplanung zurückgegriffen werden.[317] Soweit das abwägungserhebliche Material hinreichend aufgearbeitet ist, besteht keine Pflicht zu einer speziellen

142

---

304 BVerwGE 77, 285; 104, 123.
305 BVerwGE 81, 197.
306 BVerwG DVBl 1991, 442.
307 BVerwGE 84, 31.
308 BVerwGE 84, 31.
309 BVerwGE 81, 197.
310 BVerwG DVBl 1991, 442.
311 BVerwG DVBl 1985, 899.
312 Vgl. dazu BVerwGE 71, 163, 165.
313 Vgl. dazu ausführlich *Hoppe*, DVBl 1992, 853.
314 Vgl. nur *Bartlsperger*, DVBl 1996, 1.
315 Vgl. die Nachweise bei *Sendler*, UPR 1995, 41.
316 *Brohm*, § 13 Rn 10 ff.; a.A. *Stüer*, Rn 524. Nach *Brohm* können allenfalls das Gebot, Bodenversiegelungen auf das notwendige Maß zu begrenzen (§ 1 a Abs. 1 HS. 2 BauGB) sowie das Trennungsgebot des § 50 BImSchG als umweltschützende Optimierungsgebote angesehen werden.
317 *Krautzberger*, in: *Battis/Krautzberger/Löhr*, § 1 a Rn 26.

empirischen Erhebung.[318] Äußerste Zurückhaltung ist bei standardisierten **Bewertungsmethoden** geboten.[319] Eine mechanisch-rechnerische Gesamtsaldierung von Eingriff und Ausgleich ist unzulässig.[320] In der Sache kommt den Belangen des Naturschutzes ihm Rahmen des Ausgleichs von Eingriffen kein abstrakter Vorrang, wohl aber eine **herausgehobene Bedeutung** zu.[321] Gleichwohl sieht das BVerwG darin keine Optimierungspflicht i. S.d. der Lehre vom Optimierungsgebot. Es sei nicht vorgeschrieben, den Schutz von Natur und Landschaft unabhängig von ihrem spezifischen Gewicht in der konkreten Situation zu optimieren. Fehlen abwägende Überlegungen zum Eingriffsausgleich in einem Bauleitplan, leidet dieser unter einem Mangel an planerischer Konfliktbewältigung und ist daher nichtig.

143 Im Übrigen gibt § 1 a Abs. 3 BauGB mit der Flexibilisierung von Eingriff und Ausgleich der Gemeinde zunächst einen erheblichen Spielraum, wo und wie sie die Kompensation gestaltet. **Schranken ihrer Gestaltungsfreiheit** sind dabei die geordnete städtebauliche Entwicklung sowie die Ziele der Raumordnung, des Naturschutzes und der Landschaftspflege (§ 1 Abs. 3 S. 2 BauGB). Andererseits kann auch der Hinweis auf die insgesamt gute ökologische Gesamtsituation der Gemeinde allenfalls bei kleineren Eingriffen einen Verzicht auf einen Ausgleich rechtfertigen. Zu berücksichtigen bleibt immer auch die Erheblichkeit und Nachhaltigkeit des Eingriffs in Natur und Landschaft. Gerade die Flexibilisierung von Eingriff und Ausgleich ist kein Grund, die Kompensation von Eingriffen in Natur und Landschaft zu vernachlässigen. Konnte früher ein Ausgleich mit dem Argument „hinweggewogen" werden, er sei weder an der Stelle des Eingriffs noch im Bereich des Eingriffsbebauungsplans möglich, so erhöht sich mit der Zunahme der Optionen für die Planung auch die Pflicht, diese auszuschöpfen.[322] So dürfte der Hinweis auf die notorische Flächenknappheit und den Vorrang der Belange der Wirtschaft auch in den Stadtstaaten kein Hindernis mehr sein, selbst bei Großvorhaben wie Hafenerweiterungen auf einen Ausgleich zu bestehen, wenn Ausgleichsflächen im regionalen Umland verfügbar sind. Damit erhält das „Kompensationsinteresse" der Natur in der städtebauliche Ausgleichsregelung ein erheblich stärkeres Gewicht als das „Integritätsinteresse".

144 Obwohl die Sanierung von Altlasten keine originäre Aufgabe der Bauleitplanung ist, gehört der Schutz vor den Folgen von Altlasten dennoch zu ihren Aufgaben. Sie hat **Altlasten** insbesondere im Hinblick auf die Anforderungen gesunder Wohn- und Arbeitsverhältnisse (§ 1 Abs. 5 Nr. 1 BauGB) und die Belange des Umweltschutzes (§ 1 Abs. 5 Nr. 7 BauGB) zu berücksichtigen. Sie können daher einer planerischen Ausweisung bestimmter Nutzungen entgegenstehen. Umgekehrt stellt die Festsetzung von Nutzungen, die aufgrund von Altlasten ausgeschlossen sind, eine **Amtspflichtverletzung** seitens der Gemeinde dar, die sie zum Schadenersatz nach Art. 34 GG i.V.m. § 839 BGB verpflichtet. Die Bauleitplanung ist insbesondere verpflichtet, Gesundheitsgefährdungen zu verhindern, die den zukünftigen Nutzern aus der Bodenbeschaffenheit des Plangebiets drohen.[323] Daraus ergibt sich, dass die Gemeinde rechtlich gehalten ist, bei Verdacht von Altlasten in eine sorgfältige Prüfung einzutreten, ob Gefahren und Risiken für geplante Nutzungen bestehen und welche Folgerungen daraus für die planerischen Darstellungen und Festsetzungen abgeleitet werden müssen.[324] Es gehört daher bereits zur Zusammenstellung des Abwägungsmaterials der Bauleitplanung, Risikolagen aufzuklären. Diese Risikoerforschung darf nicht auf die bauaufsichtliche Prüfung der Zulässigkeit von Bauvorhaben abgeschoben werden. Die **Ermittlungspflicht** setzt ein, wenn aufgrund der Vornutzung das Vorhandensein von Altlasten nicht ausgeschlossen werden kann. Nicht erkennbare Gefahren führen demgegenüber nicht zur Unwirksamkeit des Bebauungsplans und schließen eine Amtshaftung der

---

318 BVerwG NuR 1997, 353.
319 BVerwG ZfBR 1997, 261.
320 BVerwG NuR 1997, 446; OVG Koblenz NVwZ 1992, 1000; VGH Kassel NuR 1993, 338.
321 Vgl. zur alten Rechtslage bereits BVerwGE 104, 68.
322 Vgl. dazu bereits OVG Münster BauR 1998, 1195.
323 Vgl. dazu BGHZ 106, 322.
324 Vgl. dazu *Stüer*, Rn 528 ff.

Gemeinde aus.[325] Sind Altlasten ermittelt, besteht grundsätzlich keine Pflicht der Gemeinde, mit eigenen Mitteln Sanierungsmaßnahmen einzuleiten oder Dritte dazu zu verpflichten. Sie kann sich mit der Kennzeichnung der Altlastenflächen begnügen (§ 5 Abs. 3 Nr. 3 u. § 9 Abs. 5 Nr. 3 BauGB) oder Nutzungen zulassen, die mit der vorhandenen Bodenbelastung vereinbar sind.[326]

E. Sonderformen der Bauleitplanung

Neben den besonderen Formen des selbständigen und vorzeitigen Bebauungsplans sowie des Parallelverfahrens (vgl. Rn 119 ff.) lässt das BauGB auch darüber hinausgehende Sonderformen der Bauleitplanung zu. Dazu gehören 145
- städtebauliche Verträge,
- Vorhaben- und Erschließungspläne,
- Satzungen zur Sicherung spezieller Stadtfunktionen.

Mit ihnen wird versucht, spezifischen Planungssituationen Rechnung zu tragen, die ein koordiniertes und kooperatives Zusammenwirken zwischen planender Gemeinde und privaten Vorhabenträgern erforderlich machen. Als gesetzlich vorgesehene Sonderformen ergänzen sie die beiden Grundinstrumente der Bauleitplanung und wahren damit den Grundsatz der Planmäßigkeit, wie er durch § 1 Abs. 1 BauGB postuliert wird (Rn 5). Von diesen formalisierten Sonderformen der Bauleitplanung zu unterscheiden sind vielfältige Formen verwaltungsinterner Pläne und informeller Beziehungen, die die formellen Stadien der Bauleitplanung begleiten (vgl. dazu § 16 Rn 30).

I. Städtebauliche Verträge

Öffentlich-rechtliche Verträge stellen grundsätzlich zulässige Alternativen zu einseitig-hoheitlichem Verwaltungshandeln dar (vgl. dazu § 16 Rn 29). Gegenstand städtebaulicher Verträge ist die Kooperation zwischen privaten Investoren und der kommunalen Bauleitplanung. Sie lassen die **kommunale Bauleitplanung** grundsätzlich ebenso **unberührt** wie die ordnungsrechtliche Baugenehmigung, sondern verdichten vielmehr den grundsätzlich lockeren **Zusammenhang von Planung und Planverwirklichung** zu einem synallagmatischen Verhältnis zwischen kommunaler Planentwicklung und der Investitionsplanung eines privaten Vorhabenträgers. Eine vertragliche Vereinbarung zwischen Projektträger und Kommune schließt die zeitliche Lücke, die in der normalen Abfolge zwischen öffentlicher Planung und privater Planverwirklichung klafft. Sie reduziert Ungewissheiten, die üblicherweise mit einer Angebotsplanung verbunden sind und reduziert die Risiken, die aus dem Planungsvorbehalt für ein privates Investitionsvorhaben bestehen. Der städtebauliche Vertrag mobilisiert privates investives Kapital, das sonst von der Gemeinde zur Planverwirklichung vorgeschossen werden müsste. Er bietet dem Investor durch die Gewährleistung verlässlicher Rahmenbedingungen und einer überschaubaren Projektabwicklung erhebliche wirtschaftliche Vorteile. Andererseits liegt die Problematik eines kommunalpolitischen Tauschgeschäfts auf der Hand. Dies hatte sich bereits früher in der Rechtsprechung des BVerwG zur Beurteilung der Zulässigkeit städtebaulicher Verträge niedergeschlagen.[327] 146

§ 11 BauGB regelt nunmehr die Gegenstände und Voraussetzungen städtebaulicher Verträge. Über die durch § 124 BauGB bereits seit langem gesetzlich vorgesehene Übernahme der Erschließung hinaus werden durch § 11 Abs. 1 Nr. 1–3 BauGB drei Fallgruppen städtebaulicher Verträge benannt. Dazu zählen: 147

---

325 BGHZ 113, 367.
326 BGH DVBl 1993, 673.
327 Vgl. nur BVerwGE 42, 331; 45, 309; 89, 7; 90, 310; 92, 56.

- die Vorbereitung und Durchführung städtebaulicher Maßnahmen wie die Neuordnung der Grundstücksverhältnisse, die Bodensanierung oder die Vorbereitung der städtebaulichen Planung auf Kosten des Vorhabenträgers (sog. **„Planungs- und Baureifmachungsverträge"**),
- die Förderung und Sicherung der mit der Bauleitplanung verfolgten Ziele wie der Grundstücksnutzung für die städtebaulichen Ausgleichsregelungen (sog. **„Planverwirklichungsverträge"**),
- die Übernahme der Kosten oder sonstigen Aufwendungen, die der Gemeinde für städtebauliche Maßnahmen entstehen und die nicht über Erschließungsbeiträge refinanzierbar sind wie für Schulen, Sportanlagen, ÖPNV und anderen Gemeinschaftseinrichtungen einschließlich der dafür erforderlichen Grundstücke (sog. **„Folgelastenverträge"**).

Diese Aufzählung ist nur exemplarisch und hat keine abschließende Wirkung. Alle Gegenstände der Bauleitplanung stehen dem städtebaulichen Vertrag offen. In ihm können sich auch privat- und öffentlich-rechtliche Bestandteile mischen.[328] Soweit die Erschließung Gegenstand eines städtebaulichen Vertrags ist, gehen die Vorschriften des § 124 BauGB vor.

148 Städtebauliche Verträge bedürfen immer der Schriftform (§ 11 Abs. 3 BauGB), häufig sogar der notariellen Beurkundung, soweit sie ein konkretes Grundstück betreffen (§ 313 BGB). Sie dürfen im weiteren nicht gegen zwingendes materielles Recht verstoßen. Umgekehrt setzt auch der Gesetzesvorbehalt Grenzen für vertragliche Vereinbarungen. Die Kommune kann sich zu nichts verpflichten, zu dem sie nicht durch Gesetz ermächtigt ist. Mit städtebaulichen Verträgen dürfen daher die gesetzlich festgelegten Elemente der Planung weder verdrängt noch ausgehöhlt werden. Dies bedeutet zunächst, dass die Kompetenzordnung der Bauleitplanung unangetastet bleiben muss. Städtebauliche Verträge können sie nicht verändern.[329] Insbesondere ändert sich an der gesetzlichen Vorgabe nichts, dass auf die Aufstellung von Bauleitplänen weder ein Rechtsanspruch besteht noch vertraglich begründet werden kann (§ 2 Abs. 3 BauGB). Das **Verbot vertraglicher Planbindung** führt zur Nichtigkeit entsprechender Vereinbarungen. Die kommunalen Verpflichtungen finden eine weitere inhaltliche Grenze im Abwägungsgebot.[330] Der Kern der planerischen Entscheidung kann daher nicht Gegenstand vertraglicher Bindungen sein. Allgemeine materiell-rechtliche Zulässigkeitsvoraussetzung städtebaulicher Verträge ist daher ihre **planergänzende Funktion**. Sie können sich insbesondere auf die Rahmenbedingungen und Durchführungsmodalitäten der Planung beziehen. Verträge, durch die die Planung einseitig gebunden wird und gegenüber den Belangen von Drittbetroffenen nicht mehr offen ist, machen den Bebauungsplan rechtswidrig. In diesem Fall kann sich die Gemeinde zusätzlich auch dem Vertragspartner gegenüber schadenersatzpflichtig machen.[331] Daher ist das Verhältnis von städtebaulichem Vertrag und Bauleitplanung nach wie vor sensibel. Allerdings findet er nun im sog. „vorhabenbezogenen Bebauungsplan" ein planerisches Komplementärinstitut (vgl. dazu Rn 150 ff.).

149 Schließlich gilt es zugunsten des Investors das **Koppelungsverbot** zu beachten.[332] Eine Gegenleistung des Bürgers kann nur für einen Zweck vereinbart werden, der mit dem Vorhaben in einem sachlichen Zusammenhang steht.[333] Eine Vereinbarung einer Gegenleistung eines Investors für eine Leistung der Behörde, auf die ein gesetzlicher Anspruch des Vertragspartners besteht, ist unzulässig (§ 11 Abs. 2 S. 2 BauGB). Die Gegenleistung des Investors wird häufig darin bestehen, ein rechtliches Hindernis zu beseitigen. Sie kann sich auch auf die näheren Umstände einer gesetzlichen Verpflichtung wie etwa Ausgleichsmaßnahmen für Eingriffe in Natur und Landschaft beziehen (§ 1 a Abs. 3

---

328 *Stüer*, Rn 801.
329 Vgl. zum sog. „Einheimischenmodell" einer preisgünstigen Beschaffung von Wohngrundstücken für Einwohner der Gemeinde BVerwGE 92, 56.
330 BVerwGE 45, 309, 317.
331 BGH NJW 1980, 1683; zum gemeindlichen Garantieversprechen BGHZ, 76, 16, 25.
332 Vgl. zum allgemeinen Grundsatz *Kopp*, VwVfG, § 56 Rn 16.
333 BVerwG NVwZ 1993, 1830.

S. 3 BauGB). Sie muss jedoch den gesamten Umständen nach angemessen sein (§ 11 Abs. 2 S. 1 BauGB). Die **Angemessenheitsklausel** entspringt dem allgemeinen Rechtsgedanken des § 56 Abs. 1 S. 2 VwVfG. Sie setzt auch Grenzen für die finanzielle Verpflichtung des Investors. Dies betrifft insbesondere die Folgekostenverträge. Danach ist die Übernahme von Kosten für Gemeinschaftseinrichtungen und Infrastruktur, die über Erschließungbeiträge hinausgehen, nur bei größeren Vorhaben zumutbar.[334] Kosten, die aufgrund gesetzlicher Regelungen auf die Gemeinde fallen, können nicht auf den Investor überwälzt werden. Für die Abschöpfung von Wertsteigerungen, die sich als Folge der Projektdurchführung ergeben, sind die einschlägigen gesetzlichen Modelle für Umlegungen (§ 55 BauGB), Sanierungsgebiete (§ 154 Abs. 1 BauGB) oder städtebauliche Entwicklungsbereiche (§ 171 BauGB) heranzuziehen.[335]

II. Der vorhabenbezogene Bebauungsplan

Das Konzept des Vorhaben- und Erschließungsplans entstammt dem Baurecht der Spätphase der DDR (vgl. § 55 BauZVO DDR)[336] und ist zunächst als Modell der Förderung von baulichen Investitionen für die neuen Bundesländer übernommen worden (vgl. § 246 a Abs. 1 S. 1 Nr. 6 BauGB 1990). Für die alten Bundesländer wurde er 1993 durch das Investitionserleichterungs- und Wohnbaulandgesetz eingeführt.[337] Damit wird eine noch engere Zusammenarbeit zwischen einem Vorhabenträger und der planenden Gemeinde, als sie im Rahmen städtebaulicher Verträge möglich ist, ausdrücklich anerkannt und durch institutionalisierte Formen des Zusammenwirkens formalisiert. 150

Der mit § 12 BauGB eingeführte **vorhabenbezogene Bebauungsplan** erweitert die Abstimmung öffentlicher und privater Planung und soll eine Beschleunigung des Planungsprozesses und der Planumsetzung fördern. Er ist auf die unmittelbare und zeitnahe Verwirklichung eines konkreten Projekts gerichtet, das in enger Abstimmung zwischen Gemeinde und Investor geplant und durchgeführt wird. Das § 12 BauGB zugrunde liegende Konzept beruht auf drei Elementen: 151

- dem **Vorhaben- und Erschließungsplan**, mit dem ein Investor die Initiative für ein städtebaulich relevantes Projekt in Form eines größeren Gebäudekomplexes oder der Entwicklung eines Gebiets mit unterschiedlichen Nutzungen ergreift,
- dem „**vorhabenbezogenen Bebauungsplan**" der Gemeinde, mit dem das Projekt planungsrechtlich abgesichert wird, und
- dem **Durchführungsvertrag**, der die Pflichten des Investors zur Durchführung der für sein Vorhaben vorgesehenen Maßnahmen, einen dafür einzuhaltenden Zeitplan und die Kostentragungslasten für Planung und Erschließung festlegt.

Der vorhabenbezogene Bebauungsplan hat daher einen **Vorhaben- und Erschließungsplan des Investors** zum Gegenstand (§ 12 Abs. 1 BauGB). In ihm werden die **maßgeblichen gestalterischen Ideen** formuliert. Der Vorhaben- und Erschließungsplan muss hinreichend konkret und mit der Gemeinde abgestimmt sein. Dazu zählt auch die Durchführung der inneren und äußeren Erschließung.[338] Im weiteren muss der Vorhabenträger bereit und in der Lage sein, das Vorhaben innerhalb einer bestimmten Frist durchzuführen und die Planungs- und Erschließungskosten zumindest teilweise zu tragen. Auf dieser Grundlage wird der vorhabenbezogene Bebauungsplan durch die Gemeinde entwickelt und beschlossen. Planverwirklichung und Projektabwicklung werden durch einen Durchführungsvertrag gesichert. Der darauf abstellende Durchführungsvertrag unterliegt dabei 152

---

[334] Vgl. dazu BVerwGE 90, 310, 315.
[335] *Stüer*, Rn 829 ff.
[336] GBl I 1990, 739.
[337] Vom 22. 4. 1993 (BGBl I, 466).
[338] OVG Bautzen SächsVbl 1998, 59.

den Regelungen des § 11 BauGB. Er muss vor Beschluss über den vorhabenbezogenen Bebauungsplan geschlossen sein. Ein Wechsel des Vorhabenträgers bedarf der Zustimmung der Gemeinde (§ 12 Abs. 5 BauGB).

153 Grundbedingung der Rechtmäßigkeit des vorhabenbezogenen Bebauungsplans bleibt immer die **Letztentscheidung der planenden Gemeinde**. Würde sie lediglich als Vollzugsinstanz fremdbestimmter Pläne handeln, wäre die Planung unwirksam.[339] Allerdings begibt sie sich in weiten Teilen ihrer Planungsfunktion und beschränkt sich auf eine nachvollziehende Kontrolle des Vorhaben- und Erschließungsplans. Inhaltlich hat die Gemeinde die Vereinbarkeit der planerischen Konzepte des Investors mit den Leitbildern städtebaulicher Planung zu überprüfen. Dabei ist die Gemeinde **nicht an die Festsetzungen nach § 9 BauGB und der BauNVO gebunden** (§ 12 Abs. 3 S. 2 BauGB). Dem privaten Vorhabenträger wird daher ein konzeptioneller und gestalterischer Spielraum zugestanden, der weit über die planerischen Entscheidungsräume der Gemeinde im Rahmen eines Bebauungsplanes hinausgeht. Allein durch die Pflicht zur Beachtung der Vorgaben des vorbereitenden Bauleitplans wird sein Vorhaben auf die der Bauleitplanung zugrunde liegenden allgemeinen gesetzlichen Ordnungs- und Entwicklungsziele verpflichtet. Wird der vorhabenbezogene Bebauungsplan nicht aus dem Flächennutzungsplan entwickelt, ist er nach § 10 Abs. 2 S. 2 BauGB genehmigungspflichtig. Er unterliegt im weiteren dem Abwägungsgebot. Zudem ist er von der Beachtung der bauordnungsrechtlichen Pflichten nicht entbunden.

154 Das **Planaufstellungsverfahren** entspricht im Wesentlichen den Anforderungen für den Erlass herkömmlicher Bebauungspläne. Dies betrifft die Beteiligung der Bürger und der Träger öffentlicher Belange (§§ 3 u. 4 BauGB), die Planrechtfertigung (§ 1 Abs. 3 BauGB), die Anpassungspflicht an die Ziele der Raumordnung (§ 1 Abs. 4 BauGB), das Entwicklungsgebot (§ 8 Abs. 2 BauGB) und die Abwägung (§ 1 Abs. 5 BauGB). Ein kollusives Zusammenwirken zwischen Vorhabenträger und Gemeinde, macht die Abwägung fehlerhaft. Umgekehrt kann ein Fehlschlagen des Vorhabens aus Gründen, die die Gemeinde zu vertreten hat, zu Schadenersatzansprüchen führen. Im Übrigen entfaltet der vorhabenbezogene Bebauungsplan alle Rechtswirkungen eines normalen Bebauungsplans. Dies gilt insbesondere für die Rechtsschutzmöglichkeiten.[340] Auf der anderen Seite sind die **hoheitlichen Formen der Plansicherung und Planverwirklichung stark eingeschränkt**. Dies betrifft insbesondere die Veränderungssperre und das Vorkaufsrecht. Wird das Vorhaben nicht innerhalb der festgelegten Frist durchgeführt, soll die Gemeinde den vorhabenbezogenen Bebauungsplan aufheben.

III. Sicherung von städtischen Funktionen

155 Während Planung allgemein auf die Gestaltung zukünftiger Entwicklungen gerichtet ist, befasst sich eine besondere Gruppe von Satzungen mit dem Schutz bestehender städtischer Funktionen gegen absehbare Veränderungen. Sie haben daher eine bewahrende Funktion. Sie definieren zunächst eine schutzbedürftige städtische Funktion und stellen Veränderungen unter präventives Verbot mit Genehmigungsvorbehalt. Dies gilt für:
- Satzungen zur Sicherung von Fremdenverkehrsfunktionen,
- Erhaltungssatzungen für den städtebaulichen Denkmalschutz,
- Satzungen zum Schutz des sozialen Milieus,
- Satzungen bei städtebaulichen Umstrukturierungsprozessen.

Nach § 22 Abs. 1 BauGB können Gemeinden, die, oder deren Teile, überwiegend vom **Fremdenverkehr** geprägt sind, durch Bebauungsplan oder sonstige Satzung die Begründung oder Teilung von Wohnungseigentum unter Genehmigungsvorbehalt stellen. Damit soll der Tendenz begegnet

---

339 Vgl. dazu BVerwG NVwZ 1988, 351.
340 BVerwG DVBl 1994, 1155.

werden, dass die Begründung von Zweitwohnsitzen in solchen Gemeinden zu nicht ständig genutzten Quartieren führt, die hohe Investitionen in die Infrastruktur ohne komplementäre Stärkung der Finanzkraft der Kommunen erfordern und zugleich nur eine saisonale Belebung des örtlichen Lebens bewirken. Durch Satzungsbeschluss kann eine Gemeinde im weiteren nach § 172 Abs. 1 Nr. 1 BauGB zur Erhaltung der städtebaulichen Eigenart Gebiete festsetzen, in denen bauliche Veränderungen aufgrund seiner städtebaulichen Gestalt einer besonderen Genehmigung bedürfen. Der **städtebauliche Denkmalschutz** geht dabei über den Denkmal- und Ensembleschutz des Denkmalrechts hinaus. Er rechtfertigt sich nicht aus dem architektonischen und kulturhistorischen Stellenwert, sondern bereits aus der Bedeutung für das Orts- und Landschaftsbild sowie für die Stadtgestalt. § 172 Abs. 1 Nr. 2 BauGB verfolgt den Gedanken eines **sozialen Milieuschutzes**, der die ortsansässige und sozial schwache Wohnbevölkerung gegen die Verdrängung im Rahmen von aufwendigen Modernisierungen und Gentrifizierungen schützen soll. Auch hier wird die Umwandlung von Wohnbestand in Eigentumswohnungen unter Genehmigungsvorbehalt gestellt. Flankierend dazu können Satzungen nach § 172 Abs. 2 Nr. 3 BauGB bei städtebaulichen Umstrukturierungen einen sozialverträglichen Wandel dadurch unterstützen, dass die Umstrukturierung von der Entwicklung eines Sozialplans abhängig gemacht wird.

§ 18 Bauplanungsrechtliche Zulässigkeit von Vorhaben

Dr. Eckart Scharmer

Inhalt

A. Vorhabenbegriff	1
I. Regelungen zur planungsrechtlichen Zulässigkeit von Vorhaben . . .	1
II. Vorhaben i. S.d. § 29 BauGB . .	5
III. Sondervorschrift zur Prüfung der Fauna-Flora-Habitat-Richtlinie . .	9
B. Vorhaben im Geltungsbereich eines Bebauungsplans	10
I. Zulässigkeit nach § 30 BauGB . .	10
1. Zulässigkeit im Geltungsbereich eines Bebauungsplans nach § 30 Abs. 1 BauGB	11
2. Zulässigkeit im Geltungsbereich eines vorhabenbezogenen Bebauungsplans (§ 30 Abs. 2 BauGB)	13
3. Zulässigkeit im Geltungsbereich eines „einfachen" Bebauungsplans (§ 30 Abs. 3 BauGB) .	14
II. Ausnahmen und Befreiungen (§ 31 BauGB)	15
1. Ausnahmen von den Festsetzungen des Bebauungsplans (§ 31 Abs. 1 BauGB)	16
2. Befreiungen von den Festsetzungen des Bebauungsplans (§ 31 Abs. 2 BauGB)	17
III. Zulässigkeit von Vorhaben während der Planaufstellung (§ 33 BauGB)	23
1. Zulässigkeit nach § 33 Abs. 1 BauGB	25
2. Zulässigkeit nach § 33 Abs. 2 BauGB	30
C. Vorhaben im unbeplanten Innenbereich	34
I. Abgrenzung des im Zusammenhang bebauten Ortsteils (Innenbereich) .	36
II. Zulässigkeit von Vorhaben im unbeplanten Innenbereich	40
1. Eigenart der näheren Umgebung	41
2. Einfügen	42
3. Anforderungen an gesunde Wohn- und Arbeitsverhältnisse	44
4. Beeinträchtigung des Ortsbildes	45
5. Gesicherte Erschließung . .	46
III. Zulässigkeit nach § 34 Abs. 2 BauGB	47
IV. Innenbereichssatzungen nach § 34 Abs. 4 und 5 BauGB	50
1. Die Klarstellungssatzung nach § 34 Abs. 4 S. 1 Nr. 1 BauGB	52
2. Die Entwicklungssatzung nach § 34 Abs. 4 S. 1 Nr. 2 BauGB	54
3. Die Ergänzungssatzung nach § 34 Abs. 4 S. 1 Nr. 3 BauGB	56
4. Gemeinsame Vorschriften zum Inhalt der Innenbereichssatzungen	57
5. Verfahrensvorschriften für die Innenbereichssatzungen . . .	60
D. Vorhaben im Außenbereich . . .	61
I. Die Zulässigkeit privilegierter Vorhaben im Außenbereich . . .	62
1. Privilegierte Vorhaben (§ 35 Abs. 1 BauGB)	63
2. Entgegenstehen öffentlicher Belange	69
3. Sicherung der Erschließung .	70
II. Sonstige Vorhaben	71
III. Die öffentlichen Belange	73
1. Die Liste der öffentlichen Belange	74
2. Ziele der Raumordnung . . .	76
IV. Begünstigte Vorhaben nach § 35 Abs. 4 BauGB	78
V. Allgemeine Anforderungen an die Ausführung von Vorhaben im Außenbereich (§ 35 Abs. 5 BauGB)	85
VI. Die Außenbereichssatzung gemäß § 35 Abs. 6 BauGB . . .	86

§ 18 Bauplanungsrechtliche Zulässigkeit von Vorhaben

A. Vorhabenbegriff

I. Regelungen zur planungsrechtlichen Zulässigkeit von Vorhaben

1 Unter welchen Voraussetzungen bauliche und sonstige Vorhaben zulässig sind, ist in den §§ 30–37 BauGB geregelt. Diese Zulässigkeitsvorschriften gelten allerdings nur für die in § 29 Abs. 1 BauGB definierten Vorhaben. Dieser planungsrechtliche Vorhabenbegriff ist nicht mit dem bauordnungsrechtlichen Vorhabenbegriff identisch, selbst wenn sich die Begriffe weitgehend überschneiden.

2 Soll eine Grundstücksnutzung vorgenommen werden, die nicht dem Vorhabenbegriff des § 29 Abs. 1 BauGB unterfällt, so gelten die Regelungen der §§ 30–37 BauGB nicht. Soweit das Grundstück im Geltungsbereich eines Bebauungsplans liegt, kann die planungswidrige Nutzung allerdings dennoch untersagt werden, wenn die Verwirklichung des Bebauungsplans verhindert oder wesentlich erschwert würde, oder wenn die Nutzung dem Gebietscharakter widerspricht und daher situationswidrig ist.[1]

3 Die §§ 30–35 BauGB regeln die **materiellen** Voraussetzungen für die Zulässigkeit baulicher Vorhaben. Das **Baugenehmigungsverfahren** und die dafür zuständigen Behörden werden durch die Bauordnungen der Länder bestimmt. Zum Verfahren enthält § 36 BauGB allerdings Vorschriften über die Beteiligung der Gemeinden und der höheren Verwaltungsbehörde bei der Erteilung von Genehmigungen. § 37 BauGB enthält besondere Verfahrensregelungen für bauliche Maßnahmen des Bundes und der Länder.

4 Die Vorschriften über die Zulässigkeit baulicher Anlagen nach den §§ 30–37 BauGB gelten nicht für bestimmte in § 38 BauGB bezeichnete bauliche Maßnahmen von überörtlicher Bedeutung aufgrund von **Planfeststellungsverfahren** und für öffentlich zugängliche Abfallbeseitigungsanlagen. Für planfestgestellte Flächen und für öffentlich zugängliche Abfallbeseitigungsanlagen gelten statt dessen die besonderen Vorschriften des jeweiligen Fachplanungsrechts in Verbindung mit § 38 BauGB.

§ 38 BauGB regelt somit das Verhältnis der bauplanungsrechtlichen Vorschriften zu den Regelungen des jeweiligen **Fachplanungsrechts**. Die fachplanerischen Zulässigkeitsregelungen verdrängen die Vorschriften der §§ 30–36 BauGB jedoch nur, wenn 1. ein Planfeststellungsverfahren oder ein sonstiges Verfahren mit den Rechtswirkungen der Planfeststellung (Plangenehmigung) für Vorhaben mit **überörtlicher Bedeutung** oder ein Verfahren nach dem BInSchG für öffentlich zugängliche **Abfallbeseitigungsanlagen** durchgeführt wurde und 2. die Gemeinde am Verfahren **beteiligt** wurde. Zu dem Verfahren sind die städtebaulichen Belange zu berücksichtigen. Gemäß § 7 BauGB haben auch die Träger der Fachplanung grundsätzlich ihre Planungen dem Flächennutzungsplan anzupassen, wenn sie am Verfahren beteiligt wurden.

II. Vorhaben i. S. d. § 29 BauGB

5 Gemäß § 29 Abs. 1 BauGB gelten die §§ 30–37 BauGB für Vorhaben, die die Errichtung, Änderung oder Nutzungsänderung von baulichen Anlagen zum Inhalt haben und für Aufschüttungen und Abgrabungen größeren Umfangs sowie für Ausschachtungen und Ablagerungen einschließlich Lagerstätten.

6 Unter den Begriff der **baulichen Anlage** fallen alle Anlagen, die in einer **auf Dauer** gedachten Weise künstlich mit dem Erdboden verbunden werden und infolgedessen die in § 1 Abs. 5 BauGB genannten Belange in einer Weise berühren können, die geeignet ist, das Bedürfnis nach einer ihre Zulässigkeit regelnden verbindlichen Bauleitplanung hervorzurufen. Auch ein Wohnboot kann beispielsweise

---

[1] Vgl. *Löhr*, in: *Battis/Krautzberger/Löhr*, BauGB, § 29 Rn 2.

eine bauliche Anlage sein, wenn es mit dem Erdboden verbunden ist.[2] Ebenso kann ein Wohnwagen eine bauliche Anlage sein, wenn er ein ortsfestes Wochenendhaus ersetzen soll.[3] Demgegenüber fehlt das Merkmal der Dauerhaftigkeit bei einem nur vorübergehend abgestellten Wohnwagen.

Eine **Nutzungsänderung** liegt nach der Rechtsprechung des Bundesverwaltungsgerichts immer dann vor, wenn die – jeder Art von Nutzung eigene – Variationsbreite der bestehenden Nutzung überschritten wird und wenn ferner durch die Aufnahme dieser veränderten Nutzung bodenrechtliche Belange neu berührt werden können, so dass sich die Genehmigungsfrage unter bodenrechtlichen Aspekten neu stellt.[4] Eine Nutzungsänderung stellt beispielsweise die Umwandlung einer Wohnung für Aufsichtspersonal in eine frei verfügbare Wohnung dar, oder die Umwandlung einer Gaststätte in eine Spielhalle, weil jeweils für die umgewandelte Nutzung **andere Zulassungskriterien** gelten als für die ursprüngliche Nutzung.

Gemäß § 29 Abs. 2 BauGB bleiben die Vorschriften des Bauordnungsrechts und anderer öffentlich-rechtlicher Vorschriften unberührt. Das bedeutet, dass das jeweilige Vorhaben weder in Widerspruch zu den §§ 30–37 BauGB noch zu den sonstigen Vorschriften des öffentlichen Rechts treten darf. Beispielsweise sind die Vorschriften des Bauordnungsrechts, des Denkmal-, Natur- und Immissionsschutzrechts und des Wasser- und Straßenrechts einzuhalten.

III. Sondervorschrift zur Prüfung der Fauna-Flora-Habitat-Richtlinie

§ 29 Abs. 3 BauGB enthält eine Sondervorschrift zur Umsetzung der europäischen Fauna-Flora-Habitat-Richtlinie. Die Vorschrift ergänzt § 1a Abs. 2 Nr. 4 BauGB, wonach die Richtlinie bei der Aufstellung von Bauleitplänen zu berücksichtigen ist. § 29 Abs. 3 BauGB betrifft Vorhaben, die nach § 34 BauGB zugelassen werden. Können durch die Zulassung dieser Vorhaben Erhaltungsziele oder der Schutzzweck der Gebiete von gemeinschaftlicher Bedeutung und der europäischen Vogelschutzgebiete **erheblich beeinträchtigt** werden, so sind die Vorschriften des Bundesnaturschutzgesetzes über die Zulässigkeit oder Durchführung von derartigen Eingriffen sowie über die Einholung der Stellungnahme der Kommission anzuwenden. Da sich allerdings Schutzgebiete von gemeinschaftlicher Bedeutung nur in seltenen Fällen auf im Zusammenhang bebaute Ortsteile erstrecken, ist die Bedeutung der Vorschrift in der Praxis gering.

B. Vorhaben im Geltungsbereich eines Bebauungsplans

I. Zulässigkeit nach § 30 BauGB

Soll ein Vorhaben im Geltungsbereich eines Bebauungsplans durchgeführt werden, so richtet sich die Zulässigkeit nach den Festsetzungen dieses Plans. Allerdings unterscheidet § 30 BauGB zwischen
- Vorhaben im Geltungsbereich eines „qualifizierten" Bebauungsplans (Absatz 1),
- Vorhaben im Geltungsbereich eines vorhabenbezogenen Bebauungsplans nach § 12 BauGB (Absatz 2) und
- Vorhaben im Geltungsbereich eines „einfachen" Bebauungsplans (Absatz 3).

---

2 BVerwGE 44, 59.
3 BVerwG BSR 23, Nr 129.
4 Vgl. BVerwG NVwZ 1989, 666.

§ 18 Bauplanungsrechtliche Zulässigkeit von Vorhaben

1. Zulässigkeit im Geltungsbereich eines Bebauungsplans nach § 30 Abs. 1 BauGB

11 Im Geltungsbereich eines „qualifizierten" Bebauungsplans, der mindestens Festsetzungen über die Art und das Maß der baulichen Nutzung, die überbaubaren Grundstücksflächen und die örtlichen Verkehrsflächen enthält, ist das Vorhaben zulässig, wenn es diesen Festsetzungen nicht widerspricht und die Erschließung gesichert ist.

- Die Festsetzung der **Art der baulichen Nutzung** erfolgt nach dem Festsetzungskatalog des § 9 Abs. 1 BauGB unter Rückgriff auf die Baugebietstypen nach §§ 2–11 BauNVO (z. B. allgemeines Wohngebiet, Kerngebiet, Gewerbegebiet, Sondergebiet). Soweit der Bebauungsplan keine spezielleren textlichen Festsetzungen enthält, kann den Vorschriften der Baunutzungsverordnung entnommen werden, welche Vorhaben in den Baugebieten allgemein oder ausnahmsweise zulässig sind.
- Das **Maß der baulichen Nutzung** wird gemäß § 16 BauNVO durch Festsetzung der Grundflächenzahl (GRZ) oder Grundfläche (GR) der baulichen Anlage, der Geschossflächenzahl (GFZ) oder der Geschossfläche (GF), der Zahl der Geschosse (Z) und der Höhe baulicher Anlagen (H) festgesetzt. Die §§ 18–21 a BauNVO enthalten Berechnungsvorschriften zu den Maßfestsetzungen.
- Die **überbaubaren Grundstücksflächen** werden gemäß § 23 BauNVO durch Baulinien, Baugrenzen oder Bebauungstiefen festgesetzt.
- Die **örtlichen Verkehrsflächen** werden nach § 9 Abs. 1 Nr. 11 BauGB festgesetzt.

Ein Vorhaben ist nur zulässig, wenn es den Festsetzungen des Bebauungsplans in keiner Weise widerspricht. Die Festsetzungen müssen also exakt eingehalten werden. Abweichungen können allerdings ggf. nach § 31 BauGB zulässig sein (vgl. Rn 15 ff.). Demgegenüber ist es unerheblich, wenn das Vorhaben den Darstellungen eines Flächennutzungsplans widerspricht, weil dieser nur vorbereitenden Charakter hat.

12 Außerdem muss die **Erschließung gesichert** sein. Zur Erschließung eines Vorhabens gehört mindestens

- der Anschluss des Grundstücks an das öffentliche Straßennetz,
- die Versorgung mit Wasser und Strom und
- die ordnungsgemäße Abwasserbeseitigung.

Die Art und der Umfang der Straßenerschließung werden durch den Bebauungsplan bestimmt. Die Erschließungsanlagen müssen allerdings zum Zeitpunkt der Baugenehmigung nicht bereits hergestellt sein. Es ist ausreichend, wenn die Anlagen bis zur Fertigstellung der anzuschließenden baulichen Anlagen benutzbar sind (vgl. § 123 Abs. 2 BauGB). Die Erschließung ist auch gesichert, wenn die Gemeinde einen Erschließungsvertrag mit einem Erschließungsträger abgeschlossen hat, in dem sich der Erschließungsträger zur Herstellung der Erschließungsanlagen verpflichtet hat.[5]

2. Zulässigkeit im Geltungsbereich eines vorhabenbezogenen Bebauungsplans (§ 30 Abs. 2 BauGB)

13 Im Geltungsbereich eines vorhabenbezogenen Bebauungsplans nach § 12 BauGB ist ein Vorhaben zulässig, wenn es dem Bebauungsplan nicht widerspricht und die Erschließung gesichert ist. Wie im Geltungsbereich eines qualifizierten Bebauungsplans kommt es für die Zulässigkeit von Vorhaben ausschließlich auf die Festsetzungen des Bebauungsplans an. Dies gilt auch dann, wenn der vorhabenbezogene Bebauungsplan selbst nicht die Kriterien des § 30 Abs. 1 BauGB erfüllt. Auch dann wird also nicht auf die Regelungen der §§ 34 und 35 BauGB zurückgegriffen.

---

[5] Vgl. hierzu *Dürr*, in: Kohlhammer-Kommentar, § 30, Rn 18 ff.

3. Zulässigkeit im Geltungsbereich eines „einfachen" Bebauungsplans (§ 30 Abs. 3 BauGB)

Im Geltungsbereich eines Bebauungsplans, der die Mindestfestsetzungen nach § 30 Abs. 1 BauGB nicht enthält und deshalb als „einfacher" Bebauungsplan bezeichnet wird, richtet sich die Zulässigkeit von Vorhaben nach den Regelungen des Bebauungsplans, soweit dieser Festsetzungen enthält. Soweit der Bebauungsplan jedoch zu den in Absatz 1 genannten Zulässigkeitskriterien keine Festsetzungen enthält, sind **ergänzend** die Vorschriften des § 34 BauGB (innerhalb eines im Zusammenhang bebauten Ortsteils) oder des § 35 BauGB (im Außenbereich) für die Prüfung der Zulässigkeit heranzuziehen. Das Instrument des einfachen Bebauungsplans wird vielfach in Bereichen dicht bebauter Innenstädte genutzt, um Nutzungskonflikte durch die Festsetzung der Art der baulichen Nutzung zu regeln, während das Maß der baulichen Nutzung jeweils durch Einzelfallbeurteilungen nach den Kriterien des § 34 BauGB bestimmt werden kann.

Eine typische Form des einfachen Bebauungsplans ist der „**Textbebauungsplan**". Dieser Plan enthält neben der Karte mit der Abgrenzung des Geltungsbereichs allein textliche Festsetzungen, während Bebauungspläne üblicherweise Festsetzungen in zeichnerischer Form (Plankarte) und als Text enthalten. Vom einfachen Bebauungsplan ist ein Bebauungsplan mit „geringerer Festsetzungsdichte" abzugrenzen, der zwar alle Zulässigkeitskriterien des qualifizierten Plans aufweist, sich aber jeweils auf die Mindestfestsetzungen beschränkt.

II. Ausnahmen und Befreiungen (§ 31 BauGB)

Da der Bebauungsplan die bauliche Zulässigkeit in seinem gesamten Geltungsbereich nach den zum Zeitpunkt seiner Erarbeitung vorliegenden Erkenntnissen über die gewünschte städtebauliche Entwicklung festsetzt, ergibt sich bei der späteren Zulassung von Einzelbauvorhaben häufig das Interesse von Bauantragstellern, von einzelnen Festsetzungen abweichen zu dürfen. Im Interesse eines **flexiblen Planungsvollzuges** lässt das Baugesetzbuch Abweichungen in gewissem Umfang zu. § 31 BauGB unterscheidet dabei nach „Ausnahmen" vom Bebauungsplan (Absatz 1) und „Befreiungen" (Absatz 2).

1. Ausnahmen von den Festsetzungen des Bebauungsplans (§ 31 Abs. 1 BauGB)

Als Ausnahmen bezeichnet das Gesetz solche Abweichungen vom Bebauungsplan, die **in dem Plan selbst nach Art und Umfang ausdrücklich vorgesehen** sind. Der häufigste Fall der Ausnahme ergibt sich durch die Verweisung der Festsetzungen in Bebauungsplänen auf die Gebietstypen der BauNVO. Der darin enthaltene Zulässigkeitskatalog bezeichnet jeweils Vorhaben, die allgemein zulässig sind und Vorhaben, die nur ausnahmsweise zugelassen werden können. Die Entscheidung, ob im Einzelfall eine der ausdrücklich vorgesehenen Ausnahmen zugelassen wird, steht **im Ermessen** der Baugenehmigungsbehörde, die gemäß § 36 Abs. 1 BauGB im Einvernehmen mit der Gemeinde entscheidet. Als Ermessensgründe sind nur städtebauliche Gründe zulässig, die sich an dem Zweck des konkreten Bebauungsplans orientieren müssen.[6]

2. Befreiungen von den Festsetzungen des Bebauungsplans (§ 31 Abs. 2 BauGB)

Die Befreiung vom Bebauungsplan betrifft Abweichungen, die nach den Festsetzungen des Bebauungsplans **nicht vorgesehen** sind (Dispens). Befreiungen sind nur in engen Grenzen zulässig, weil durch diese Abweichungen die Geltungskraft des Bebauungsplans nicht geändert oder außer Kraft

---

[6] Vgl. *Löhr*, in: *Battis/Krantzberger/Löhr*, BauGB, § 31 Rn 19.

gesetzt werden soll. Nach herrschender Auffassung ist die Befreiung deshalb auf sogenannte „**atypische**" **Sachverhalte** begrenzt.[7] Sollen Abweichungen vom Bebauungsplan für den Regelfall zugelassen werden, bedarf dies eines Änderungsverfahrens. Die Änderungen können ggf. im vereinfachten Verfahren gemäß § 13 BauGB vorgenommen werden.

18 Erste Voraussetzung für die Erteilung einer Befreiung ist nach § 31 Abs. 2 BauGB, dass die „**Grundzüge der Planung**" nicht berührt werden. Zulässig sind deshalb nur Randkorrekturen, nicht jedoch Änderungen, die in die **Grundkonzeption des Bebauungsplans** eingreifen. Werden die Grundzüge der Planung entweder wegen der Reichweite der Abweichung oder wegen der Vielzahl der Abweichungen berührt, muss ein Planänderungsverfahren durchgeführt werden.

19 Zweite Voraussetzung für die Befreiung ist, dass einer der drei Befreiungsgründe des § 31 Abs. 2 BauGB vorliegt:
a) Nr. 1: Gründe des Wohls der Allgemeinheit erfordern die Befreiung.
Das Wohl der Allgemeinheit umfasst alle öffentlichen Interessen (z. B. kulturelle oder soziale Einrichtungen wie Schulen, Theater, Badeanstalten oder Einrichtungen der öffentlichen Versorgung). Diese Gründe „erfordern" die Befreiung, wenn die Befreiung zur Erfüllung der öffentlichen Interessen **vernünftigerweise geboten** ist.[8]

b) Nr. 2: Die Abweichung ist städtebaulich vertretbar.
Die Abweichung ist dann städtebaulich vertretbar, wenn die Gemeinde die Abweichung auch in den Bebauungsplan hätte aufnehmen können, ohne gegen städtebauliche Grundsätze oder das Abwägungsgebot zu verstoßen. Dieser Befreiungstatbestand ist somit sehr weit gefasst. Deshalb ist die städtebauliche Vertretbarkeit in den meisten Fällen gegeben. In der praktischen Anwendung kommt es in diesen Fällen dann darauf an, ob die „Grundzüge der Planung" berührt sind und ob es sich um einen „atypischen" Sachverhalt handelt.

c) Nr. 3: Die Durchführung des Bebauungsplans führt zu einer offenbar nicht beabsichtigten Härte.
Hierbei handelt es sich um die „klassische" Dispensbegründung, wonach der generalisierende Bebauungsplan in einem Einzelfall aufgrund einer vorliegenden besonderen Fallgestaltung zu einer zuvor nicht bedachten Härte führt. Die Härte muss sich allerdings **objektiv** für den Sonderfall ergeben und nicht nur aufgrund persönlicher Umstände des Betroffenen.[9]

20 Dritte Voraussetzung für die Erteilung der Befreiung ist die Vereinbarkeit der Abweichung, auch unter Würdigung nachbarlicher Interessen, mit den **öffentlichen Belangen**. Die Würdigung **nachbarlicher Interessen** erfordert, dass auf die Interessen des Nachbarn bei der Befreiung Rücksicht genommen wird. Greift die Befreiung in den durch den Bebauungsplan bewirkten Ausgleich nachbarlicher Interessen erheblich störend ein, so ist die Befreiung unzulässig.[10] Die Befreiung ist mit öffentlichen Interessen nicht vereinbar, wenn durch die Befreiung eine geordnete städtebauliche Entwicklung beeinträchtigt wird.[11]

21 Die Entscheidung über die Erteilung einer Befreiung liegt im Ermessen der Baugenehmigungsbehörde. Gemäß § 36 Abs. 1 BauGB darf die Entscheidung nur im Einvernehmen mit der Gemeinde erfolgen, weil sie die Planungshoheit der Gemeinde berührt. Da die wichtigsten Ermessensgründe bereits bei den einzelnen Voraussetzungen der Befreiung geprüft wurden, reduziert sich das Ermessen bei Vorliegen der Befreiungsvoraussetzungen meist **auf Null**, d. h. bei Vorliegen der Befreiungsvoraussetzungen hat der Antragsteller in der Regel einen Anspruch auf Erteilung der Befreiung.

---

7 Vgl. *Schlichter*, Berliner Kommentar, § 31 Rn 17.
8 Vgl. BVerwGE 56, 71.
9 Vgl. BVerwG Buchholz 406.11 § 31 BBauG Nr. 17.
10 Vgl. BVerG BauR 1996, 518.
11 Vgl. BVerwGE 56, 71.

Die Befreiung kann mit Nebenbestimmungen, insbesondere mit **Bedingungen** und **Auflagen** verbunden werden, die dazu dienen, die Befreiungsvoraussetzungen zu schaffen oder zu sichern. Beispielsweise kann die Errichtung einer Lärmschutzwand als Bedingung in die Befreiung aufgenommen werden, um dem Gebot der nachbarlichen Rücksichtnahme gerecht zu werden. Anstelle der Erteilung einer Genehmigung mit Nebenbestimmungen kann auch ein **öffentlich-rechtlicher Vertrag** über die Voraussetzungen der Befreiung geschlossen werden. Dieser muss allerdings den Anforderungen des § 11 BauGB und § 54 VwVfG entsprechen. Gegenleistungen für die Erteilung einer Befreiung dürfen nur vereinbart werden, soweit damit die Befreiungsvoraussetzungen geschaffen werden. Befreiung und Gegenleistung müssen **in sachlichem Zusammenhang** zueinander stehen. Die Befreiung darf also nicht etwa gegen Zahlung einer Abstandssumme zugunsten des allgemeinen Gemeindehaushalts „verkauft" werden.[12]

III. Zulässigkeit von Vorhaben während der Planaufstellung (§ 33 BauGB)

Wegen der erheblichen Dauer von Bebauungsplanverfahren besteht in der Praxis häufig das Interesse, einzelne Bauvorhaben bereits vor Inkrafttreten des Bebauungsplans auf der Grundlage der vorgesehenen Festsetzungen zu genehmigen. Die Voraussetzungen für eine derartige, vorzeitige Baugenehmigung sind in § 33 BauGB geregelt („**Planreifegenehmigung**„). § 33 Abs. 1 BauGB nennt die Voraussetzungen, die regelmäßig für die vorzeitige Genehmigung vorliegen müssen. Dazu gehört u. a., dass die öffentliche Auslegung bereits durchgeführt wurde und die Träger öffentlicher Belange beteiligt worden sind. Soll ausnahmsweise bereits vor Durchführung dieser Verfahrensschritte eine Genehmigung erteilt werden, so sind die Voraussetzungen und Verfahren nach § 33 Abs. 2 BauGB zu prüfen.

Von erheblicher praktischer Bedeutung ist, dass aufgrund der Regelungen des § 33 BauGB die (positive) **Zulässigkeit** eines Vorhabens vor Inkrafttreten des Bebauungsplans erreicht werden kann. Demgegenüber kann in Fällen, in denen durch den Bebauungsplan die bisherige Bebaubarkeit eines Grundstücks eingeschränkt werden soll, ein Bauantrag nicht unter Berufung auf die Planreife nach § 33 BauGB abgelehnt werden.[13] Festsetzungen eines Bebauungsplans, die die bisherige Zulässigkeit einschränken, werden erst mit Inkrafttreten des Bebauungsplans wirksam. Soll ein Bauvorhaben während der Aufstellung des Bebauungsplans verhindert werden, müssen die Instrumente der Zurückstellung (§ 15 BauGB) und der Veränderungssperre (§ 14 BauGB) eingesetzt werden.

1. Zulässigkeit nach § 33 Abs. 1 BauGB

Grundvoraussetzung für die Zulässigkeit von Vorhaben während des Planaufstellungsverfahrens ist, dass die Gemeinde einen Beschluss über die Aufstellung eines Bebauungsplans gemäß § 2 Abs. 1 BauGB gefasst hat. Von diesem Zeitpunkt an ist ein Vorhaben zu genehmigen, wenn die folgenden vier Voraussetzungen vorliegen:

a) Die öffentliche Auslegung (§ 3 Abs. 2 und 3 BauGB) wurde durchgeführt und die Träger öffentlicher Belange (§ 4 BauGB) wurden beteiligt.

   Durchgeführt sind diese Verfahren nicht bereits nach Abschluss der Einwendungsfrist, sondern erst dann, wenn über eingegangene Einwendungen vom zuständigen Gremium entschieden wurde.[14]

b) Es ist anzunehmen, dass das Vorhaben den künftigen Festsetzungen des Bebauungsplans nicht entgegensteht.

---

12 Vgl. *Söfker*, in: *Ernst/Zinkahn/Bielenberg*, BauGB, § 31 Rn 62.
13 Vgl. BVerwGE 20, 127.
14 Vgl. *Schlichter*, in: Berliner Kommentar, § 33 Rn 5.

Nach dieser Voraussetzung ist es zum einen erforderlich, dass das geplante Vorhaben den Festsetzungen des Planentwurfs nicht widerspricht. Diese Prüfung erfolgt nicht anders als die Prüfung nach § 30 BauGB. Nach überwiegender Auffassung kann auch im Rahmen dieser Prüfung nach § 33 BauGB eine **Befreiung** nach § 31 Abs. 2 BauGB erteilt werden.[15]

Weiterhin ist zu prüfen, ob der Bebauungsplan bereits den Stand der sogenannten „**materiellen Planreife**" hat. Der Verfahrensstand der „Planreife" ist erreicht, wenn die Planung inhaltlich und zeitlich soweit fortgeschritten ist, dass mit hinreichender Sicherheit damit gerechnet werden kann, sie werde in dieser Form als Bebauungsplan förmlich festgesetzt werden.[16] Die Planreife ist nicht gegeben, wenn der Bebauungsplanentwurf an Rechtsmängeln leidet, so dass mit dem Inkrafttreten nicht gerechnet werden kann. Sind im Beteiligungsverfahren zahlreiche Einsprüche und Änderungswünsche vorgetragen worden, so ist im Einzelfall zu prüfen, ob mit hinreichender Sicherheit erwartet werden kann, dass der Bebauungsplan in dieser Form in Kraft tritt.

Die Planreife muss nicht für das gesamte Plangebiet eingetreten sein. Vielmehr ist es ausreichend, wenn die Planreife für den Teil des Plangebiets, in dem das Vorhaben liegt, festgestellt werden kann (**Teilplanreife**).[17]

28   c) Der Antragsteller hat die künftigen Festsetzungen für sich und seine Rechtsnachfolger schriftlich anerkannt.

Das Anerkenntnis ist als einseitige Willenserklärung der Baugenehmigungsbehörde gegenüber zu erklären. Ist der Bauantragsteller nicht gleichzeitig Eigentümer des Grundstücks, so muss auch dieser zustimmen. Das Anerkenntnis bewirkt nämlich eine **öffentliche Last**, die auf dem Grundstück ruht und auch gegen den Eigentümer und seine Rechtsnachfolger wirkt.[18] Das Anerkenntnis bezieht sich allerdings nur auf die zum Zeitpunkt der Erklärung erwarteten Festsetzungen. Ändert sich die Planung wider Erwarten, so erstreckt sich das Anerkenntnis nicht auf die geänderten Festsetzungen. Das genehmigte Vorhaben behält Bestandsschutz.[19]

29   d) Die Erschließung ist gesichert.

An die Sicherung der Erschließung sind dieselben Anforderungen zu stellen wie bei § 30 Abs. 1 BauGB.

2. Zulässigkeit nach § 33 Abs. 2 BauGB

30   Unter bestimmten Voraussetzungen können Bauvorhaben bereits zugelassen werden, **bevor die öffentliche Auslegung durchgeführt** und die Träger öffentlicher Belange beteiligt worden sind. Voraussetzung für die Genehmigung ist jedoch in jedem Fall nach § 33 Abs. 2 S. 2 BauGB, dass die sonstigen Voraussetzungen des § 33 Abs. 1 BauGB erfüllt sind (vgl. Rn 25 ff.). Im förmlichen Verfahren muss deshalb zumindest der Aufstellungsbeschluss gefasst sein. Vor allem ist es erforderlich, dass das Verfahren den Stand der „materiellen Planreife" erlangt hat, dass also mit hinreichender Sicherheit mit der Festsetzung des Bebauungsplans zu rechnen ist. Auch die weiteren Voraussetzungen nach § 33 Abs. 1 BauGB, nämlich die schriftliche Anerkennung der Festsetzungen und die Sicherung der Erschließung, müssen vorliegen.

---

15 Vgl. *Bielenberg/Stock*, in: *Ernst/Zinkahn/Bielenberg* BauGB, § 33 Rn 15a.
16 Vgl. BVerwG, BRS 15, Nr. 13.
17 OVG Lüneburg, DVBl. 1964, 151.
18 Vgl. *Schlichter*, in: Berliner Kommentar, § 33 Rn 9.
19 Vgl. *Schlichter*, a.a.O.

In der Rechtsprechung wird teilweise die Auffassung vertreten, § 33 Abs. 2 BauGB könne nur in **einfach gelagerten Fällen** angewandt werden, nicht aber, wenn z. B. ein Großprojekt mit erheblichen städtebaulichen Auswirkungen errichtet werden soll, das ein großes Konfliktpotential schafft und wenn Einwendungen von Bürgern gegen das Objekt und die vorgesehenen planerischen Ausweisungen vorliegen.[20] Diese Auffassung erscheint jedoch zu eng.[21]

31

Da in den Fällen des § 33 Abs. 2 BauGB die öffentliche Auslegung und die Beteiligung der Träger der öffentlichen Belange nicht durchgeführt werden, sieht das Gesetz eine anderweitige Mindestbeteiligung vor. Nach § 33 Abs. 2 S. 2 BauGB ist den betroffenen Bürgern und berührten Trägern öffentlicher Belange vor Erteilung der Genehmigung **Gelegenheit zur Stellungnahme** innerhalb angemessener Frist zu geben, soweit sie dazu nicht bereits zuvor Gelegenheit hatten.

32

Betroffen sind diejenigen Bürger, deren Belange im Rahmen der Abwägung des Bebauungsplans berücksichtigt werden müssen. Berührt sind die Träger öffentlicher Belange, deren Aufgabenbereich von dem Vorhaben berührt wird. In welcher **Frist** Gelegenheit zur Stellungnahme zu geben ist, richtet sich nach den Umständen des Einzelfalls. In der Regel wird eine einmonatige Frist, in einfach gelagerten Fällen eine Frist von zwei Wochen, ausreichend sein.[22] Die Beteiligungspflicht entfällt, wenn betroffene Bürger und berührte Träger öffentlicher Belange schon zuvor Gelegenheit zur Stellungnahme hatten. Zum Beispiel könnte die frühzeitige Bürgerbeteiligung bereits ausreichende Gelegenheit zur Stellungnahme gegeben haben.

Während auf die Erteilung einer Baugenehmigung nach § 33 Abs. 1 BauGB ein Rechtsanspruch besteht, steht die Genehmigung nach § 33 Abs. 2 BauGB **im Ermessen** der Baugenehmigungsbehörde. Sowohl die Genehmigung nach § 33 Abs. 1 BauGB als auch die Genehmigung nach § 33 Abs. 2 BauGB setzt allerdings das Einvernehmen der Gemeinde gemäß § 36 Abs. 1 BauGB voraus.

33

C. Vorhaben im unbeplanten Innenbereich

Die Gemeinden haben Bauleitpläne aufzustellen, sobald und soweit es für die städtebauliche Entwicklung und Ordnung erforderlich ist (vgl. § 1 Abs. 3 BauGB). Nach dem Baugesetzbuch ist deshalb der Bebauungsplan das wichtigste Instrument zur Steuerung der städtebaulichen Entwicklung. Soweit die Gemeinde diesem Auftrag gefolgt ist und Bebauungspläne aufgestellt hat, richtet sich die Zulässigkeit von Bauvorhaben nach den Festsetzungen des Bebauungsplans (vgl. § 30 BauGB). Die §§ 34 und 35 BauGB regeln die Zulässigkeit von Vorhaben in Gebieten, für welche die Gemeinde keinen oder keinen qualifizierten Bebauungsplan aufgestellt hat. § 34 BauGB nennt die Voraussetzungen für die Genehmigung von Vorhaben innerhalb der im Zusammenhang bebauten Ortsteile (Innenbereich); § 35 BauGB regelt die Bebauung im Außenbereich.

34

Obwohl § 34 BauGB insoweit lediglich eine „**Planersatzvorschrift**" darstellt, hat sie in der Praxis weiterhin sehr wesentliche Bedeutung. Denn auch 40 Jahre nach Inkrafttreten des Bundesbaugesetzes 1960 in den alten Bundesländern und 10 Jahre nach Inkrafttreten des Baugesetzbuchs in den neuen Bundesländern sind in Städten und Gemeinden Gebiete erheblichen Umfangs nicht beplant. Dies gilt insbesondere für die historischen Stadtkerne und die älteren Wohngebiete. Lediglich die nach 1960 bzw. nach 1990 neu entstandenen Wohn- und Gewerbegebiete sind regelmäßig auf der Grundlage der Festsetzungen von Bebauungsplänen entstanden.

35

---

[20] Vgl. OVG Münster, Beschl. v. 15.2.1991, NVwZ 1992, 278.
[21] Vgl. *Bielenberg/Stock*, a.a.O. Rn 14.
[22] Vgl. *Schlichter*, a.a.O., Rn 13.

§ 18 Bauplanungsrechtliche Zulässigkeit von Vorhaben

I. Abgrenzung des im Zusammenhang bebauten Ortsteils (Innenbereich)

36 Da im Innenbereich grundsätzlich gebaut werden darf, während der Außenbereich grundsätzlich von Bebauung freizuhalten ist, kommt der **Abgrenzung** des Innenbereichs vom Außenbereich in der Praxis erhebliche Bedeutung zu. Die Zulässigkeit eines Vorhabens richtet sich dann nach § 34 BauGB, wenn es innerhalb eines „im Zusammenhang bebauten Ortsteils" liegt. Es ist deshalb zunächst zu prüfen, ob die Bebauung in der Umgebung den Kriterien eines „Ortsteils" gerecht wird und weiterhin, ob das Vorhaben selbst innerhalb des „Bebauungszusammenhangs" liegt.

37 Der Begriff des „**Ortsteils**" ist von der unerwünschten „Splittersiedlung" abzugrenzen. Ortsteil ist dabei jeder Bebauungskomplex im Gebiet einer Gemeinde, der nach der Zahl der vorhandenen Bauten ein gewisses **Gewicht** besitzt und Ausdruck einer **organischen Siedlungsstruktur** ist.[23] Ob ein Ortsteil „ein gewisses Gewicht" besitzt, hängt von der Größe und Struktur der jeweiligen Gemeinde ab. Im Einzelfall können bereits sechs Häuser mit Nebengebäuden einen Ortsteil bilden. Vier Gebäude erreichen das Gewicht eines Ortsteils jedoch regelmäßig nicht.[24]

Ausdruck einer „**organischen Siedlungsstruktur**" ist der Bebauungskomplex nur, wenn sich die Bebauung in einer der Siedlungsstruktur angemessenen Weise innerhalb des gegebenen Bereichs fortentwickelt. Zwar ist es nicht erforderlich, dass es sich um eine nach Art und Zweckbestimmung einheitliche Bebauung handelt, jedoch ist eine völlig regellose und in dieser Anordnung funktionslose Bebauung nicht Ausdruck einer organischen Siedlungsentwicklung.[25]

38 Der **Bebauungszusammenhang**, also die tatsächlich aufeinander folgende Bebauung, reicht in der Regel bis zum letzten vorhandenen Gebäude. Ob ein unbebautes Grundstück in dem Bebauungszusammenhang liegt, hängt davon ab, ob nach der „Verkehrsauffassung" eine aufeinander folgende Bebauung trotz vorhandener Baulücken den **Eindruck der Geschlossenheit** oder Zusammengehörigkeit vermittelt. Auch wenn der Bebauungszusammenhang in der Regel am letzten vorhandenen Gebäude endet, kann sich im Einzelfall abweichend von der Regel ergeben, dass noch ein oder mehrere unbebaute Grundstücke bis zu einer sich aus der örtlichen Situation ergebenen natürlichen Grenze (z. B. eine einmündende Straße) Teil des Bebauungszusammenhangs sind. Allerdings betont das Bundesverwaltungsgericht regelmäßig, dass die Abgrenzung von Innen- und Außenbereich stets nur das Ergebnis einer Wertung und Bewertung des konkreten Sachverhalts sein könne.[26]

39 Selbst wenn eine unbebaute Fläche **von bebauten Grundstücken** umgeben ist, kann es im Einzelfall an dem erforderlichen Bebauungszusammenhang fehlen. Das ist dann der Fall, wenn die Fläche wegen ihrer Größe von der umgebenden Bebauung nicht mehr so geprägt wird, dass aus ihr hinreichende Zulässigkeitsmerkmale für die Bebauung entnommen werden können und die Fläche einer gesonderten städtebaulichen Entwicklung und Beplanung fähig ist.[27]

II. Zulässigkeit von Vorhaben im unbeplanten Innenbereich

40 Liegt ein Vorhaben in einem im Zusammenhang bebauten Ortsteil, so richtet sich die Zulässigkeit nach Kriterien, die aus dem baulichen Bestand der näheren Umgebung gewonnen werden („Der Bestand plant sich selbst"). Das Vorhaben muss sich in die Eigenart der näheren Umgebung einfügen.

---

23 Vgl. BVerwGE 31, 22.
24 Vgl. BVerwG NVwZ-RR 1994, 555.
25 Vgl. BVerwGE 31, 22.
26 Vgl. BVerwGE 28, 268.
27 „Außenbereich im Innenbereich", vgl. BVerwGE 44, 227.

1. Eigenart der näheren Umgebung

Für die Zulässigkeitsprüfung nach § 34 Abs. 1 BauGB ist zunächst die **nähere Umgebung** abzugrenzen und deren **Eigenart** zu bestimmen.

41

Für die Zulässigkeitsprüfung ist die nähere Umgebung erstens insoweit zu berücksichtigen, als sich die Ausführung des Vorhabens auf die Umgebung auswirken kann, und zweitens insoweit, als die Umgebung ihrerseits den bodenrechtlichen Charakter des Baugrundstücks prägt oder doch beeinflusst.[28]

Die „**Eigenart**" der näheren Umgebung ist an den das Baugrundstück prägenden Vorhaben in der näheren Umgebung abzulesen. Dabei muss die Betrachtung allerdings auf das Wesentliche zurückgeführt werden und es muss alles außer Acht gelassen werden, was die vorhandene Bebauung bzw. die Umgebung nicht prägt oder hier gar als **Fremdkörper** erscheint.[29]

2. Einfügen

Am Maßstab der Eigenart der Bebauung der näheren Umgebung ist im nächsten Prüfungsschritt festzustellen, ob sich das geplante Bauvorhaben nach Art und Maß der baulichen Nutzung, der Bauweise und der Grundstücksfläche, die überbaut werden soll, in die Eigenart der näheren Umgebung einfügt. Für die Prüfung des Einfügens hat das Bundesverwaltungsgericht im sogenannten „Harmonie-Urteil" folgende Grundsätze entwickelt:

42

„Ein Vorhaben, dass sich – in jeder Hinsicht – innerhalb des aus seiner Umgebung hervorgehenden Rahmens hält, fügt sich in der Regel seiner Umgebung ein. Auch ein Vorhaben, dass sich nicht in jeder Hinsicht innerhalb des aus seiner Umgebung hervorgehenden Rahmens hält, kann sich der Umgebung einfügen. Das ist der Fall, wenn es weder selbst noch in Folge einer nicht auszuschließenden Vorbildwirkung geeignet ist, bodenrechtlich beachtliche Spannungen zu begründen oder vorhandene Spannungen zu erhöhen".[30]

Auf der Grundlage dieser Rechtsprechungsgrundsätze ist also zunächst zu bestimmen, welcher **Zulässigkeitsrahmen** aus der Eigenart der näheren Umgebung abzulesen ist. Verfügen die Gebäude in der näheren Umgebung z. B. über Grundflächen zwischen 50 und 250 m^2, so fügt sich ein Vorhaben ein, dessen geplante Grundfläche innerhalb dieses Rahmens liegt. Sind in einem Gebiet sowohl Wohngebäude als auch gewerbliche Betriebe vorhanden, so fügen sich sowohl wohngebietstypische als auch gewerbegebietstypische Nutzungen ein.

Ausnahmsweise kann allerdings auch ein Vorhaben unzulässig sein, das sich innerhalb des Rahmens hält, nämlich dann, wenn das Vorhaben es an der „gebotenen Rücksichtnahme" auf die sonstige, d. h. vor allem auf die in seiner unmittelbaren Nähe vorhandene Bebauung fehlen lässt.[31] Beispielsweise kann sich ein gewerblicher Betrieb innerhalb des durch gewerbliche und Wohnnutzungen geprägten Rahmens halten, aber dennoch im konkreten Einzelfall dem **Gebot der Rücksichtnahme** widersprechen, weil es in unmittelbarer Nähe zu einem vorhandenen Wohngebäude errichtet werden soll, wodurch unzumutbare Beeinträchtigungen des Wohnens durch Lärmimmissionen zu erwarten sind.

43

Überschreitet ein Vorhaben den aus seiner Umgebung hervorgehenden Rahmen, kann es im Einzelfall ausnahmsweise dennoch zulässig sein, wenn es im Verhältnis zu seiner Umgebung **keine bewältigungsbedürftigen Spannungen** begründet oder erhöht. Ein Vorhaben, das zu einer Verschlechte-

---

28 Vgl. BVerwGE 55, 369.
29 Vgl. BVerwG, a.a.O.
30 BVerwGE 55, 369.
31 BVerwG, a.a.O.

rung, Störung oder Belastung der Umgebung führt und damit „Unruhe" stiftet, fügt sich jedoch nicht ein.[32]

3. Anforderungen an gesunde Wohn- und Arbeitsverhältnisse

44 Als weitere Zulässigkeitsvoraussetzung für Vorhaben im unbeplanten Innenbereich bestimmt § 34 Abs. 1 S. 2 BauGB, dass die Anforderungen an gesunde Wohn- und Arbeitsverhältnisse gewahrt bleiben müssen. Nach herrschender Auffassung ist die Anwendung dieser Vorschrift auf die Abwehr städtebaulicher Missstände beschränkt.[33] Dieses Zulässigkeitsmerkmal hat in der Praxis nur geringe Bedeutung erlangt, weil ein Vorhaben, das den gesunden Wohn- und Arbeitsverhältnissen widerspricht, weil es beispielsweise zu unzumutbaren Immissionsbelastungen führt, sich bereits nicht einfügt, da das Gebot der Rücksichtnahme verletzt ist.

4. Beeinträchtigung des Ortsbildes

45 Ein Vorhaben ist unzulässig, wenn es das Ortsbild beeinträchtigt. Ob ein Vorhaben, das sich in die Eigenart der näheren Umgebung einfügt, das Ortsbild beeinträchtigt, lässt sich nur mit Blick auf die konkrete Situation der Umgebung beantworten. Das Ortsbild einer mittelalterlichen Stadt ist in anderer Weise schutzwürdig als ein durch Industriebauten geprägtes Ortsbild.[34] Bei der Prüfung ist allerdings nur auf das **vorhandene Ortsbild** abzustellen. Demgegenüber kann eine Verbesserung von städtebaulich erwünschten Verhältnissen nicht erreicht werden. Zu beachten ist weiterhin, dass die Beeinträchtigung des Ortsbildes nur nach **städtebaulichen** Gesichtspunkten, nicht jedoch nach bauordnungsrechtlichen Gesichtspunkten der Baugestaltung geprüft werden darf. So können z. B. Anforderungen an die Dachform oder an Form und Farbe des Gebäudes nach § 34 BauGB nicht gestellt werden. Der Schutz reicht nur soweit, wie das Ortsbild im Geltungsbereich eines Bebauungsplans durch Festsetzungen nach § 9 Abs. 1 BauGB und nach der Baunutzungsverordnung geschützt werden könnte.[35]

5. Gesicherte Erschließung

46 Weitere Zulässigkeitsvoraussetzung ist die gesicherte Erschließung eines Vorhabens. Zwar ist der Erschließungsbegriff kein anderer als nach § 30 Abs. 1 BauGB, jedoch ist für die Sicherung der Erschließung nach § 34 BauGB auf die vorhandenen Erschließungsanlagen abzustellen.[36] Daraus kann sich ergeben, dass der Standard der Erschließungsanlagen erheblich geringer ist als im Geltungsbereich eines Bebauungsplans.

III. Zulässigkeit nach § 34 Abs. 2 BauGB

47 § 34 Abs. 2 BauGB enthält eine Sondervorschrift für die Bestimmung des Einfügens nach der **Art** der baulichen Nutzung. Entspricht nämlich die Eigenart der näheren Umgebung einem der Baugebiete der Baunutzungsverordnung, so beurteilt sich die Zulässigkeit des Vorhabens nach seiner Art allein danach, ob es nach der Verordnung in dem Baugebiet allgemein zulässig wäre.

48 Bei Anwendung dieser Vorschrift wird die Prüfung des Einfügens nach der Art der baulichen Nutzung vereinfacht, weil die Bestimmungen der **Baunutzungsverordnung** unmittelbar angewandt werden können. Voraussetzung für die Prüfung nach der Baunutzungsverordnung ist jedoch, dass

---

32 Vgl. BVerwG, a.a.O.
33 Vgl. *Schlichter*, a.a.O., § 34 Rn 58.
34 Vgl. BVerwG, BauR 1990, 688.
35 Vgl. BVerwG BauR 2000, 1848.
36 Vgl. BVerwGE 75, 34.

die Eigenart der näheren Umgebung (nur) einem der in der Baunutzungsverordnung bezeichneten Baugebiete entspricht. Sind in der näheren Umgebung beispielsweise sowohl mischgebiets- als auch wohngebietstypsiche Vorhaben vorhanden, muss das Einfügen nach der Art der baulichen Nutzung auf der Grundlage des § 34 Abs. 1 BauGB festgestellt werden, § 34 Abs. 2 BauGB ist dann nicht anwendbar.

In Fällen, in denen § 34 Abs. 2 BauGB Anwendung findet, ist auch die Vorschrift des § 15 Abs. 1 BauNVO zu prüfen, nach der ein Vorhaben, das nach dem Regelkatalog zulässig ist, im Einzelfall unzulässig sein kann. Weiterhin finden bei Anwendung des § 34 Abs. 2 BauGB auch die Bestimmungen über Ausnahmen und Befreiungen nach § 31 Abs. 1 und 2 BauGB entsprechende Anwendung.

IV. Innenbereichssatzungen nach § 34 Abs. 4 und 5 BauGB

Die Abgrenzung des Innenbereichs vom Außenbereich hat in der Baugenehmigungspraxis erhebliche Bedeutung, da die Zuweisung des Grundstücks zum Außenbereich in der Regel seine Bebaubarkeit ausschließt. Die Abgrenzungskriterien, die durch das Gesetz und die Interpretation der Rechtsprechung gegeben sind, lassen in der konkreten Anwendung vielfach Zweifelsfragen entstehen, so dass die Frage der Zuordnung zum Innen- und Außenbereich häufig Gegenstand verwaltungsgerichtlicher Streitigkeiten ist. Vielfach finden sich auch städtebauliche Situationen, in denen Grundstücke nach der gesetzlichen Definition nicht dem Bebauungszusammenhang angehören, obwohl sich die Einbeziehung aufgrund der konkreten räumlichen Situation anböte. Um den Gemeinden ein Instrumentarium an die Hand zu geben, ohne aufwendige Bebauungsplan-Aufstellungsverfahren **die Abgrenzung zwischen Innenbereich und Außenbereich klarzustellen** und in begrenztem Umfang Grundstücke in den Innenbereich **einzubeziehen**, ermächtigt das Gesetz die Gemeinden in § 34 Abs. 4 BauGB, die Grenzen zwischen Innen- und Außenbereich durch Satzung zu regeln.

Das Gesetz unterscheidet dabei zwischen drei Satzungstypen:

Mit der „Klarstellungssatzung" gemäß § 34 Abs. 4 S. 1 Nr. 1 BauGB wird die Gemeinde ermächtigt, die nach den Kriterien des § 34 Abs. 1 BauGB zu ziehende Grenze zwischen Innen- und Außenbereich klarstellend festzulegen. Nach überwiegender Auffassung hat diese Festlegung der Grenze zwischen Innen- und Außenbereich allerdings nur **deklaratorische** Bedeutung.[37]

Demgegenüber kann mit der „Entwicklungssatzung" gemäß § 34 Abs. 4 S. 1 Nr. 2 BauGB ein bebauter Bereich im Außenbereich (z. B. eine Splitter- oder Streusiedlung) konstitutiv durch Satzung dem Innenbereich zugeordnet werden.

Nach der „Ergänzungssatzung" gemäß § 34 Abs. 4 S. 1 Nr. 3 BauGB können einzelne Außenbereichsgrundstücke konstitutiv dem im Zusammenhang bebauten Ortsteil zugeordnet werden.

1. Die Klarstellungssatzung nach § 34 Abs. 4 S. 1 Nr. 1 BauGB

Die Klarstellungssatzung hat den Zweck, Klarheit über die Abgrenzung des Innen- und Außenbereichs im Satzungsgebiet zu schaffen. Bei der Festlegung der Innenbereichsgrenze hat die Gemeinde allerdings keinen eigenen Planungsspielraum, sondern sie ist verpflichtet, die Kriterien des § 34 Abs. 1 BauGB („im Zusammenhang bebauter Ortsteil") anzuwenden und die Abgrenzung nach diesen Kriterien vorzunehmen. Nach überwiegender Meinung hat diese Grenzziehung allerdings **keine konstitutive Wirkung**. Das bedeutet, dass ein Grundstück, das beispielsweise nach Auffassung eines angerufenen Verwaltungsgerichts Innenbereichsqualität hat, durch die Festsetzung der Grenze in der Klarstellungssatzung diese Eigenschaft nicht verliert und weiterhin bebaubar bleibt. Auch ein Außenbereichsgrundstück kann nicht durch die Klarstellungssatzung konstitutiv in den Innenbereich

---

37 Vgl. BVerwG NVwZ 1991, 61.

einbezogen werden. Dazu ist vielmehr die Ergänzungssatzung anzuwenden. Dennoch ist die Klarstellungssatzung keineswegs bedeutungslos. Sie zeigt den Grundstückseigentümern, welche Grundstücke nach Auffassung der Gemeinde zum Innenbereich gehören und sie ist für die Bauaufsichtsbehörde als Grundlage für Entscheidungen über Bauanträge verbindlich.[38] Damit ist weitgehende **Rechtssicherheit** geschaffen, selbst wenn eine streitige Auseinandersetzung im Einzelfall nicht ausgeschlossen wird.

53 Da die Klarstellungsregelung lediglich feststellend nachvollzieht, welche Grundstücke oder Grundstücksteile zum Innenbereich gehören, können an die Satzung auch keine Anforderungen im Hinblick auf die Berücksichtigung städtebaulicher Grundsätze, die Abwägung oder die Beachtung fachplanerischer Vorgaben gestellt werden. Auch eine „Entwicklung" aus dem Flächennutzungsplan ist nicht erforderlich.

2. Die Entwicklungssatzung nach § 34 Abs. 4 S. 1 Nr. 2 BauGB

54 Durch die Entwicklungssatzung können bebaute Bereiche im Außenbereich als im Zusammenhang bebaute **Ortsteile** festgelegt werden, wenn die Flächen im Flächennutzungsplan als Baufläche dargestellt sind. Vielfach handelt es sich um Splitter- und Streusiedlungen, deren Gebäude bisher nur in den engen Grenzen der Zulässigkeitsregelungen des § 35 BauGB verändert und erweitert werden dürfen. In den Splittersiedlungen sind lediglich Maßnahmen im Rahmen des Bestandsschutzes zulässig. Solche Bereiche kann die Gemeinde durch die Entwicklungssatzung als im Zusammenhang bebaute Ortsteile festlegen, so dass innerhalb der Grenzen des Satzungsgebiets die Bebauung nach den Vorschriften des § 34 BauGB zulässig wird. Da nur „bebaute Bereiche" festgelegt werden können, ist eine Erweiterung dieser Bereiche in den Außenbereich aufgrund der Entwicklungssatzung nicht zulässig, es sei denn, es würde die Satzung nach Nr. 2 mit einer Satzung nach Nr. 3 verbunden.

55 Das Gesetz verlangt weiterhin, dass die Flächen **im Flächennutzungsplan als Baufläche** dargestellt sind. In der Kommentarliteratur wird als zusätzliche Voraussetzung für den Erlass der Entwicklungssatzung gefordert, dass der bebaute Bereich im Hinblick auf das städtebauliche Gewicht der vorhandenen Gebäude eine Fortentwicklung zu einem Ortsteil geboten erscheinen lässt, dass also bereits der Ansatz zu einem im Zusammenhang bebauten Ortsteil vorhanden ist.[39] Außerdem müssen die vorhandenen Siedlungsansätze geeignet sein, die Eigenart der näheren Umgebung i. S.d. § 34 Abs. 1 BauGB hinreichend zu prägen, damit die Voraussetzungen für das Einfügen eines Gebäudes geprüft werden können.[40]

3. Die Ergänzungssatzung nach § 34 Abs. 4 S. 1 Nr. 3 BauGB

56 Durch die Festsetzung einer Ergänzungssatzung können einzelne Außenbereichsflächen in die im Zusammenhang bebauten Ortsteile einbezogen werden, wenn die einbezogenen Flächen durch die bauliche Nutzung des angrenzenden Bereichs entsprechend geprägt sind.

Die Ergänzungssatzung ermöglicht also die **Erweiterung des Innenbereichs** in den Außenbereich. Es muss sich um „**einzelne**" Außenbereichsflächen handeln, die an den Innenbereich angrenzen. Die Einbeziehung eines größeren Gebiets ist demgegenüber mit dieser Satzung nicht möglich. Die Einbeziehung setzt weiterhin voraus, dass die einbezogenen Flächen durch die bauliche Nutzung des angrenzenden Bereichs entsprechend **geprägt** sind. Die Prägung muss bei der Prüfung des Einfügens eine Entscheidung darüber ermöglichen, welche Vorhaben nach Art und Maß der baulichen Nutzung zulässig sein sollen.[41] Keine ausreichende Prägung besteht, wenn die Umgebungsbebauung entweder

---

38 Vgl. *Söfker*, in: *Ernst/Zinkahn/Bielenberg*, BauGB, § 34 Rn 99.
39 Vgl. *Dürr*, in: Kohlhammer-Kommentar, § 34 Rn 70.
40 Vgl. *Söfker*, in: *Ernst/Zinkahn/Bielenberg*, BauGB, § 34 Rn 101.
41 Vgl. *Söfker*, a.a.O., Rn 117.

so diffus ist, dass sich die zulässige Art und das Maß der baulichen Nutzung nicht ablesen lässt oder wenn die einzubeziehende Fläche zu groß oder zu weit entfernt von der vorhandenen Bebauung liegt, um von dieser noch geprägt zu werden.

4. Gemeinsame Vorschriften zum Inhalt der Innenbereichssatzungen

§ 34 Abs. 4 BauGB enthält gemeinsame Vorschriften zu Inhalt und Verfahren der Satzungen. 57

Die Satzungen nach Nr. 1 bis 3 können miteinander verbunden werden. Insbesondere ist es zulässig, einzelne Außenbereichsflächen durch Satzung nach Nr. 3 ergänzend in die nach Nr. 1 und 2 festgelegten Ortsteile einzubeziehen.

Für die Entwicklungs- und Ergänzungssatzungen nach Nr. 2 und Nr. 3 enthält das Gesetz besondere 58 inhaltliche Vorgaben, weil die Gemeinde bei Erlass dieser Satzungen planerisch tätig wird. Die Satzungen müssen deshalb mit einer **geordneten städtebaulichen Entwicklung** vereinbar sein. Das bedeutet vor allem, dass die Satzungen aus den Darstellungen des Flächennutzungsplans entwickelt und das Ergebnis ordnungsgemäßer Abwägung der in § 1 Abs. 5 BauGB niedergelegten städtebaulichen Belange sein müssen.

Das Gesetz ermächtigt die Gemeinde in den Satzungen nach Nr. 2 und 3 **einzelne Festsetzungen** 59 nach § 9 Abs. 1, 2 und 4 BauGB zu treffen. Da jedoch nur „einzelne" Festsetzungen getroffen werden dürfen, wäre eine Regelungsdichte wie beim qualifizierten Bebauungsplan unzulässig. Als Beispiele für Festsetzungen in Innenbereichssatzungen werden genannt: Festsetzungen über Grünflächen, Verkehrsflächen oder Baulinien.[42]

Speziell für die Ergänzungssatzung legt § 34 Abs. 4 S. 5 BauGB fest, dass die Vorschriften der §§ 1 a und 9 Abs. 1 a BauGB über die naturschutzrechtliche Eingriffsregelung entsprechend anzuwenden sind. Außerdem gilt für diese Satzung das Erfordernis einer Begründung gemäß § 9 Abs. 8 BauGB.

5. Verfahrensvorschriften für die Innenbereichssatzungen

§ 34 Abs. 5 BauGB regelt die anzuwendenden Verfahrensvorschriften. Für die Entwicklungs- und 60 Ergänzungssatzung wird festgelegt, dass das **vereinfachte Verfahren** nach § 13 Nr. 2 und 3 BauGB durchzuführen ist. Danach ist den betroffenen Bürgern sowie den berührten Trägern öffentlicher Belange Gelegenheit zur Stellungnahme innerhalb angemessener Frist zu geben. Demgegenüber ist für die Klarstellungssatzung keine Bürgerbeteiligung vorgesehen, weil damit lediglich der bereits bestehende Rechtszustand festgeschrieben wird. Eine Genehmigung durch die höhere Verwaltungsbehörde ist nur für die Ergänzungssatzung nach Nr. 3 vorgesehen. Diese ist entbehrlich, wenn die Satzung aus dem Flächennutzungsplan entwickelt worden ist (§ 34 Abs. 5 S. 3 BauGB).

Für alle drei Satzungstypen gilt, dass ihre Bekanntmachung und das Inkrafttreten in entsprechender Anwendung des § 10 Abs. 3 BauGB erfolgt. Hinsichtlich der Anforderungen an die Bekanntmachung bestehen somit keine Unterschiede zum Bebauungsplan.

D. Vorhaben im Außenbereich

Für Flächen, für die die Gemeinde keinen Bebauungsplan i. S. d. § 30 Abs. 1 oder Abs. 2 BauGB, auf- 61 gestellt hat, gelten die planersetzenden Vorschriften des Baugesetzbuchs, nämlich für den im Zusammenhang bebauten Ortsteil die Regelungen des § 34 BauGB, und für den Außenbereich die Zuläs-

---

[42] Vgl. *Krautzberger*, in: Battis/Krautzberger/Löhr, BauGB, § 34 Rn 73.

sigkeitsregelungen nach § 35 BauGB. Der Außenbereich soll grundsätzlich von einer Bebauung und Zersiedlung **freigehalten** werden. Allerdings gibt es Vorhaben, die nach ihrer Zweckbestimmung in den Außenbereich gehören. Die Zulässigkeit dieser „privilegierten" Vorhaben regelt § 35 Abs. 1 BauGB. „Sonstige" Vorhaben sind nach den Vorschriften des § 35 Abs. 2 und Abs. 3 BauGB demgegenüber nur in besonderen Ausnahmefällen zulässig. Gewisse Erleichterungen der Zulässigkeit sieht das Gesetz in Fällen vor, in denen Vorhaben im Zusammenhang mit bereits bestehenden Gebäuden im Außenbereich durchgeführt werden sollen. Die Zulässigkeit dieser „begünstigten" Vorhaben wird in den Absätzen 4 und 5 geregelt. Schließlich ermächtigt § 35 Abs. 6 BauGB die Gemeinden, die Zulässigkeit von Vorhaben in bebauten Bereichen im Außenbereich durch Satzung zu erleichtern (Außenbereichssatzung).

I. Die Zulässigkeit privilegierter Vorhaben im Außenbereich

62 Bestimmte Vorhaben, die in § 35 Abs. 1 BauGB enumerativ aufgeführt sind, sind dem Außenbereich zugeordnet und dort deshalb vorrangig zulässig. Ihre Zulassung setzt voraus, dass öffentliche Belange nicht entgegenstehen und die ausreichende Erschließung gesichert ist.

1. Privilegierte Vorhaben (§ 35 Abs. 1 BauGB)

63 Nr. 1: Ein Vorhaben, das einem **land- oder forstwirtschaftlichen Betrieb** dient und nur einen untergeordneten Teil der Betriebsfläche einnimmt.

Der Begriff „Landwirtschaft" wird in § 201 BauGB definiert. Landwirtschaft i. S.d. Baugesetzbuchs ist danach insbesondere der Ackerbau, die Wiesen- und Weidewirtschaft, einschließlich Pensionstierhaltung auf überwiegend eigener Futtergrundlage, die gartenbauliche Erzeugung, der Erwerbsobstbau, der Weinbau, die berufsmäßige Imkerei und die berufsmäßige Binnenfischerei.

Das Vorhaben muss einem land- oder forstwirtschaftlichen Betrieb dienen. Ein **landwirtschaftlicher Betrieb** liegt nur vor, wenn es sich um „unmittelbare Bodenertragsnutzung" handelt und der Boden planmäßig und eigenverantwortlich bewirtschaftet wird.[43] Der Betrieb kann auch nebenberuflich bewirtschaftet werden, wenn es sich um ein auf Dauer gedachtes und lebensfähiges Unternehmen handelt.[44] Zum landwirtschaftlichen Betrieb zählen auch zu- und **untergeordnete Betriebsteile**, die zwar selbst den Begriff der Landwirtschaft nicht erfüllen, die jedoch von dem landwirtschaftlichen Betrieb „mitgezogen" werden (z. B. Ferienzimmer).[45]

Auch ein Altenteilerhaus dient einem landwirtschaftlichen Betrieb, sofern es dazu dient, dass es beim Generationswechsel dem jeweiligen Altenteiler zur Verfügung steht. Die freie Veräußerlichkeit des Altenteilerhauses muss jedoch in rechtlich gesicherter Weise ausgeschlossen sein.[46]

Dem landwirtschaftlichen Betrieb dienen auch betriebseigene Wohnungen für Arbeitskräfte (früher „Landarbeiterstellen" genannt). Auch diese müssen allerdings dem Betrieb „dienen" und sie dürfen nur einen **untergeordneten Teil** der Betriebsfläche einnehmen.

---

43 BVerwGE 34, 1.
44 BVerwGE 26, 121.
45 Vgl. *Krantzberger*, in: *Battis/Krantzberger/Löhr*, BauGB, § 35 Rn 14.
46 BVerwG BRS 24, 57.

Nr. 2: Vorhaben, die einem Betrieb der **gartenbaulichen Erzeugung** dienen.

64

Diese Betriebe werden zwar auch von der Privilegierung nach Nr. 1 als landwirtschaftlicher Betrieb erfasst, jedoch entfällt in § 35 Abs. 1 Nr. 2 BauGB das Erfordernis der Nr. 1, wonach die Vorhaben nur einen untergeordneten Teil der Betriebsfläche einnehmen dürfen. Nach Nr. 2 sind deshalb z. B. Gartenbaubetriebe mit großflächigen Gewächshausanlagen zulässig oder Gartenbaubetriebe, die nicht der Definition der Landwirtschaft unterfallen, weil sie das Merkmal der unmittelbaren Bodenertragsnutzung nicht erfüllen (z. B. Aufzucht in Containern u.ä.).

Nr. 3: Vorhaben, die der öffentlichen Versorgung mit Elektrizität, Gas, Telekommunikationsdienstleistungen, Wärme und Wasser, der Abwasserwirtschaft oder einem ortsgebundenen gewerblichen Betrieb dienen.

65

Die Voraussetzung der „**Ortsgebundenheit**" gilt nach Auffassung des Bundesverwaltungsgerichts nicht nur für die gewerblichen Betriebe in der zweiten Alternative, sondern auch für die Versorgungseinrichtungen, die im ersten Halbsatz genannt werden.[47] In der Kommentarliteratur wird demgegenüber der Begriff der Ortsgebundenheit nur auf die gewerblichen Betriebe bezogen.[48] Da aber in jedem Fall der allgemeine Grundsatz der größtmöglichen Schonung des Außenbereichs zu beachten ist, sind die Auswirkungen dieses Meinungsstreits gering.

Ein Betrieb ist nur dann ortsgebunden, wenn er nur an der beantragten Stelle betrieben werden kann, weil der Betrieb dieser Art, wenn er nicht seinen Zweck verfehlen soll, auf die geographische oder geologische Eigenart dieser Stelle angewiesen ist.[49] Das gilt z. B. für Bergwerksanlagen, Kies- und Sandgruben oder Bohrtürme.

Nr. 4: Ein Vorhaben, das wegen seiner besonderen Anforderungen an die Umgebung, wegen seiner nachteiligen Wirkungen auf die Umgebung oder wegen seiner besonderen Zweckbestimmung nur im Außenbereich ausgeführt werden soll.

66

Es handelt sich dabei um Vorhaben, die vernünftiger Weise in den Außenbereich **gehören**.[50] Wegen besonderer Anforderungen an die Umgebung können beispielsweise Aussichtstürme oder Wetterstationen nur im Außenbereich ausgeführt werden. Wegen **nachteiliger Wirkung auf die Umgebung** sind beispielsweise emittierende Anlagen wie Sprengstofffabriken oder Schweinemastanlagen nach Nr. 4 zulässig. Wegen der **besonderen Zweckbestimmung** nur im Außenbereich ausführbar sind beispielsweise Schutzhütten oder Berghütten. Sie sind jedoch nur zulässig, wenn sie der Allgemeinheit zur Verfügung stehen. Demgegenüber sind private Wochenendhäuser und private Gaststätten nicht nach Nr. 4 privilegiert.[51]

Nr. 5: Ein Vorhaben, wenn es der Erforschung, Entwicklung oder Nutzung der Kernenergie zu friedlichen Zwecken oder der Entsorgung radioaktiver Abfälle dient.

67

Nr. 6: Ein Vorhaben, wenn es der Erforschung, Entwicklung oder der Nutzung von Wind- oder Wasserenergie dient.

68

Nach Nr. 6 sind seit der Novellierung durch das BauROG 1998 auch Windenergieanlagen privilegiert im Außenbereich zulässig.

---

[47] Vgl. BVerwG, DVBl. 1994, 1141.
[48] Vgl. *Taegen*, in: Berliner Kommentar, § 35, Rn 36.
[49] BVerwG NJW 1975, 550.
[50] BVerwGE 48, 109.
[51] Vgl. BVerwGE 18, 247.

2. Entgegenstehen öffentlicher Belange

69 Privilegierte Vorhaben sind im Außenbereich nur zulässig, wenn öffentliche Belange nicht entgegenstehen. Demgegenüber sind „sonstige" Vorhaben nach § 35 Abs. 2 BauGB nur dann zulässig, wenn sie öffentliche Belange „nicht beeinträchtigen". In beiden Fällen ist eine **Abwägung** zwischen den privaten Interessen des Bauwilligen und den öffentlichen Belangen vorzunehmen. Bei einem privilegierten Vorhaben muss in der Abwägung jedoch berücksichtigt werden, dass der Gesetzgeber diese Vorhaben in planähnlicher Weise dem Außenbereich zugewiesen hat und ihm somit einen Vorrang einräumt.[52]

3. Sicherung der Erschließung

70 Im Außenbereich ist auch ein privilegiertes Vorhaben nur zulässig, wenn die ausreichende Erschließung gesichert ist.

Im Gegensatz zu den Regelungen der §§ 30, 33 und 34 BauGB wird für privilegierte Vorhaben nur eine **„ausreichende"** Erschließung gefordert. Das bedeutet, dass an die Sicherung der Erschließung geringere Anforderungen gestellt werden. Welche Erschließung „ausreichend" ist, hängt von der Art des Vorhabens selbst ab. Es liegt auf der Hand, dass für den Aussichtsturm andere Anforderungen zu stellen sind, als für einen landwirtschaftlichen Betrieb. Für land- und forstwirtschaftliche Betriebe müssen mindestens die Frischwasserversorgung sowie eine Abwasserbeseitigung gesichert sein, die mit wasserrechtlichen Vorschriften vereinbar ist. Eine ausreichende **Zufahrtsmöglichkeit** zu dem Grundstück muss auch für Rettungsfahrzeuge und ggf. Versorgungsfahrzeuge gesichert sein. Die Zuwegung muss nach der Rechtsprechung des Bundesverwaltungsgerichts durch öffentlich-rechtliche Baulast oder durch eine Grunddienstbarkeit abgesichert sein.[53]

Darüber hinaus gilt auch für privilegierte Vorhaben der Grundsatz des Bodenschutzes und der Schonung des Außenbereichs gemäß § 35 Abs. 5 BauGB (vgl. Rn 85).

II. Sonstige Vorhaben

71 Sonstige – also nicht privilegierte – Vorhaben können gemäß § 35 Abs. 2 BauGB im Einzelfall zugelassen werden, wenn ihre Ausführung oder Benutzung öffentliche Belange **nicht beeinträchtigt** und die Erschließung gesichert ist. Auch bei den sonstigen Vorhaben ist eine Abwägung zwischen den Interessen des Antragstellers und den öffentlichen Belangen vorzunehmen. Im Gegensatz zu den privilegierten Vorhaben gehören die sonstigen Vorhaben jedoch nicht in den Außenbereich und sind deshalb nur in besonderen **Ausnahmefällen** zulässig. Die zu prüfenden öffentlichen Belange sind allerdings sowohl bei den privilegierten Vorhaben als auch bei den sonstigen Vorhaben der Liste des § 35 Abs. 3 BauGB zu entnehmen.

72 Im Gegensatz zum eindeutigen Wortlaut des § 35 Abs. 2 BauGB steht der Baugenehmigungsbehörde nach höchstrichterlicher Rechtsprechung bei der Entscheidung über die Zulässigkeit sonstiger Vorhaben **kein Ermessen** zu. Vielmehr hat der Antragsteller einen Rechtsanspruch auf Baugenehmigung, wenn öffentliche Belange nicht beeinträchtigt werden und die Erschließung gesichert ist.[54]

An die Sicherung der Erschließung sind dieselben Anforderungen zu stellen wie bei privilegierten Vorhaben (vgl. Rn 70). Es kommt somit wesentlich auf die Art des Vorhabens an.

---

52 Vgl. BVerwGE 28, 148.
53 Vgl. BVerwG, BauR 1988, 576.
54 Vgl. BVerwGE 18, 247.

III. Die öffentlichen Belange

Sowohl für die Zulässigkeit privilegierter Vorhaben nach § 35 Abs. 1 BauGB als auch für die Zulässigkeit sonstiger Vorhaben nach § 35 Abs. 2 BauGB ist eine **Abwägung** zwischen öffentlichen Belangen und den Interessen des Bauantragstellers vorzunehmen. Wie ausgeführt sind die Belange der privilegierten und der sonstigen Belange unterschiedlich zu gewichten. Die dabei zu berücksichtigenden Belange ergeben sich für beide Arten von Vorhaben aus § 35 Abs. 3 BauGB.

1. Die Liste der öffentlichen Belange

Nach § 35 Abs. 3 BauGB liegt eine Beeinträchtigung öffentlicher Belange insbesondere bei folgenden Fallgestaltungen vor:

Nr. 1: Das Vorhaben widerspricht den Darstellungen des Flächennutzungsplans.

Nach der Rechtsprechung des Bundesverwaltungsgerichts können die Darstellungen eines Flächennutzungsplans einem privilegierten Vorhaben allerdings nur dann entgegengehalten werden, wenn es sich um **sachlich und räumlich eindeutige**, standortbezogene Darstellungen handelt. Demgegenüber ist die allgemeine Darstellung einer landwirtschaftlichen Fläche nicht geeignet, um beispielsweise Sand- oder Kiesabbauvorhaben zu verhindern.[55]

Nr. 2: Das Vorhaben widerspricht den Darstellungen eines Landschaftsplans oder sonstigen Plans, insbesondere des Wasser-, Abfall- oder Immissionsschutzrechts.

Nr. 3: Das Vorhaben kann schädliche Umwelteinwirkungen hervorrufen oder ihnen ausgesetzt werden.

Nr. 4: Das Vorhaben erfordert unwirtschaftliche Aufwendungen für Straßen oder andere Verkehrseinrichtungen, für Anlagen der Versorgung oder Entsorgung, für die Sicherheit oder Gesundheit oder für sonstige Aufgaben.

Nr. 5: Das Vorhaben beeinträchtigt Belange des Naturschutzes und der Landschaftspflege, des Bodenschutzes, des Denkmalschutzes oder die natürliche Eigenart der Landschaft und ihren Erholungswert oder verunstaltet das Orts- und Landschaftsbild.

Nr. 6: Das Vorhaben beeinträchtigt Maßnahmen zur Verbesserung der Agrarstruktur oder gefährdet die Wasserwirtschaft.

Nr. 7: Das Vorhaben lässt die Entstehung, Verfestigung oder Erweiterung einer Splittersiedlung befürchten.

Da die Zersiedlung des Außenbereichs unerwünscht ist und die Befürchtung der Entstehung, Verfestigung oder Erweiterung einer Splittersiedlung fast bei jedem Wohnbauvorhaben gegeben ist, scheitern die meisten „sonstigen" Vorhaben daran, dass sie diesen Belang beeinträchtigen.

Die Liste der in § 35 Abs. 3 BauGB genannten öffentlichen Belange ist nicht abschließend. Als weiterer öffentlicher Belang wird von der Rechtsprechung das „**Planerfordernis**" eines Vorhabens genannt. Allerdings hat das Bundesverwaltungsgericht ein Planungserfordernis wegen der notwendigen „Außenkoordination" nicht als öffentlichen Belang anerkannt.[56] Demgegenüber kann ein Planerfordernis als öffentlicher Belang einem Vorhaben entgegenstehen, wenn es um die „Binnenkoordination" des Vorhabens geht, wenn das Planbedürfnis also im Hinblick auf die innere Koordinierung des Vorhabens besteht.

---

55 Vgl. BVerwGE 77, 300.
56 Vgl. BVerwG ZfBR 1983, 196.

2. Ziele der Raumordnung

76 Das Verhältnis der Zulassung von Vorhaben nach § 35 BauGB zu den Zielen der Raumordnung, die in Landes- und Regionalplänen dargestellt sind, wird durch § 35 Abs. 3 S. 2 und 3 BauGB geregelt. Danach dürfen raumbedeutsame Vorhaben nach den Absätzen 1 und 2 den Zielen der Raumordnung nicht widersprechen. Auch ein privilegiertes Vorhaben ist somit im Falle des **Widerspruchs zu Zielen der Raumordnung** unzulässig. Voraussetzung ist allerdings, dass die Ziele der Raumordnung im Hinblick auf das Vorhaben hinreichend **konkret** dargestellt sind.[57] Umgekehrt bestimmt § 35 Abs. 3 S. 2 Hs. 2 BauGB, dass öffentliche Belange einem raumbedeutsamen privilegierten Vorhaben nicht entgegenstehen, soweit die öffentlichen Belange bei der Darstellung dieser Vorhaben als Ziele der Raumordnung in Plänen im Sinne der §§ 8 oder 9 des Raumordnungsgesetzes bereits abgewogen worden sind. Wird ein konkretes Vorhaben somit nach Abwägung in einem Raumordnungsplan dargestellt, kann es von der Baugenehmigungsbehörde nicht mehr wegen entgegenstehender öffentlicher Belange abgelehnt werden. Die Darstellung des Raumordnungsplans („positive Standortzuweisung") setzt sich durch.

77 § 35 Abs. 2 S. 3 BauGB bestimmt, dass öffentliche Belange einem Vorhaben nach Absatz 1 Nr. 2–6 in der Regel auch dann entgegenstehen, soweit hierfür durch Darstellungen im Flächennutzungsplan oder als Ziele der Raumordnung eine **Ausweisung an anderer Stelle** erfolgt ist. Mit dieser Vorschrift wird gesichert, dass durch entsprechende Darstellungen bestimmte privilegierte Außenbereichsnutzungen (nicht jedoch land- und forstwirtschaftliche Betriebe) räumlich in bestimmten Gebieten **konzentriert** werden können (z. B. Windparks oder Flächen für den Kiesabbau). Die Vorschrift ermöglicht es Raumordnungsbehörden und Gemeinden, die Belastung der Landschaft z. B. durch Kiesabbauvorhaben oder Windkraftanlagen durch deren Konzentration auf bestimmte Bereiche zu minimieren.[58]

IV. Begünstigte Vorhaben nach § 35 Abs. 4 BauGB

78 Nach Absatz 4 wird die Zulässigkeit bestimmter, im Einzelnen aufgeführter sonstiger Vorhaben erleichtert. Die Vorhaben werden deshalb als „begünstigte" Vorhaben bezeichnet. Es handelt sich durchgängig um Maßnahmen im Zusammenhang mit Gebäuden, die den Außenbereich bereits belasten und die selbst im Rahmen des **Bestandsschutzes** zulässig sind. Die Regelungen des § 35 Abs. 4 BauGB werden deshalb z.T. auch als „erweiterter Bestandsschutz" bezeichnet.

Die in § 35 Abs. 4 BauGB genannten begünstigten Vorhaben sind allerdings nicht generell zulässig, sondern ihnen können lediglich bestimmte der in Absatz 3 genannten öffentlichen Belange nicht entgegengehalten werden, nämlich, dass sie Darstellungen des Flächennutzungsplans oder eines Landschaftsplans widersprechen, die natürliche Eigenart der Landschaft beeinträchtigen oder die Entstehung, Verfestigung oder Erweiterung einer Splittersiedlung befürchten lassen. Die sonstigen in § 35 Abs. 3 BauGB genannten öffentlichen Belange dürfen jedoch auch bei den begünstigten Vorhaben nicht beeinträchtigt werden.

Folgende Vorhaben sind nach dieser Vorschrift begünstigt:

79 Nr. 1: Die **Änderung der bisherigen Nutzung** eines Gebäudes im Sinne des Absatzes 1 Nr. 1 (land- oder forstwirtschaftlicher Betrieb), wenn die im Gesetz im Einzelnen aufgeführten Voraussetzungen eingehalten werden.

Zu den Voraussetzungen gehört insbesondere, dass das Gebäude im räumlich-funktionalen Zusammenhang mit der Hofstelle eines land- oder forstwirtschaftlichen Betriebes steht, die

---

[57] Vgl. BVerwGE 68, 319.
[58] Vgl. *Krantzberger*, in: *Battis/Krantzberger/Löhr*, BauGB, § 35 Rn 74 ff.

äußere Gestalt des Gebäudes im Wesentlichen gewahrt bleibt und im Falle der Änderung zu Wohnzwecken höchstens drei zusätzliche Wohnungen je Hofstelle entstehen.

Nr. 2: Die **Neuerrichtung** eines gleichartigen Wohngebäudes an gleicher Stelle unter den im Gesetz im Einzelnen geregelten Voraussetzungen.

Dazu gehört insbesondere, dass es sich um ein zulässigerweise errichtetes Gebäude handelt (also keinen Schwarzbau), dass das vorhandene Gebäude Missstände oder Mängel aufweist und dass Tatsachen die Annahme rechtfertigen, dass das neu errichtete Gebäude für den Eigenbedarf des bisherigen Eigentümers oder seiner Familie genutzt wird.

Nr. 3: Die alsbaldige Neuerrichtung eines in zulässiger Weise errichteten, durch Brand, Naturereignisse oder andere außergewöhnliche Ereignisse zerstörten, gleichartigen Gebäudes an gleicher Stelle.

Nr. 4: Die Änderung oder Nutzungsänderung von **erhaltenswerten**, das Bild der Kulturlandschaft prägenden Gebäuden, auch wenn sie aufgegeben sind, wenn das Vorhaben einer zweckmäßigen Verwendung der Gebäude und der Erhaltung des Gestaltwerts dient.

Nr. 5: Die **Erweiterung eines Wohngebäudes** auf bis zu höchstens zwei Wohnungen unter den im Gesetz im Einzelnen geregelten Voraussetzungen, zu denen wiederum gehört, dass das Gebäude zulässigerweise errichtet worden ist und bei der Errichtung einer weiteren Wohnung Tatsachen die Annahme rechtfertigen, dass das Gebäude vom bisherigen Eigentümer oder seiner Familie selbst genutzt wird.

Nr. 6: Die bauliche Erweiterung eines zulässigerweise errichteten **gewerblichen Betriebs**, wenn die Erweiterung im Verhältnis zum vorhandenen Gebäude und Betrieb angemessen ist.

Zusätzlich bestimmt § 35 Abs. 4 Satz 2 BauGB, dass in den Fällen der Nummern 2 und 3 geringfügige Erweiterungen des neuen Gebäudes gegenüber dem beseitigten oder zerstörten Gebäude sowie geringfügige Abweichungen vom bisherigen Standort des Gebäudes zulässig sind.

V. Allgemeine Anforderungen an die Ausführung von Vorhaben im Außenbereich (§ 35 Abs. 5 BauGB)

Zusammenfassend für sämtliche Vorhaben der Absätze 1–4 bestimmt Absatz 5, dass diese Vorhaben in einer flächensparenden, die Bodenversiegelung auf das notwendige Maß begrenzenden und den Außenbereich **schonenden** Weise auszuführen sind. Gemäß § 35 Abs. 5 S. 2 und 3 BauGB soll die Baugenehmigungsbehörde sicherstellen, dass die jeweils übernommenen Verpflichtungen auch tatsächlich in der vorgesehenen Art eingehalten werden.

VI. Die Außenbereichssatzung gemäß § 35 Abs. 6 BauGB

Absatz 6 ermächtigt die Gemeinden zum Erlass von Satzungen, in deren Geltungsbereich Wohnzwecken dienende Vorhaben ähnlich begünstigt werden, wie die Vorhaben nach Absatz 4. Ihnen kann nicht mehr entgegengehalten werden, dass sie einer Darstellung im Flächennutzungsplan über Flächen für die Landwirtschaft oder Wald widersprechen oder die Entstehung oder Verfestigung einer Splittersiedlung befürchten lassen.

Voraussetzung für die Einbeziehung einer Fläche in die Satzung ist, dass es sich um **bebaute Bereiche** im Außenbereich handelt, die nicht überwiegend landwirtschaftlich geprägt sind und in denen eine Wohnbebauung **von einigem Gewicht** vorhanden ist. Neben Wohnzwecken dienenden Vorhaben kann die Satzung auch auf Vorhaben erstreckt werden, die kleineren Handwerks- oder Gewerbebetrieben dienen.

87 § 35 Abs. 6 S. 3–7 BauGB enthält Vorgaben für den Inhalt der Satzung und das Aufstellungsverfahren. Ähnlich wie bei den Innenbereichssatzungen nach § 34 Abs. 4 S. 1 Nr. 2 und 3 BauGB muss die Satzung mit einer **geordneten städtebaulichen Entwicklung** vereinbar sein. Bei der Aufstellung sind die betroffenen Bürger und berührten Träger öffentlicher Belange wie beim vereinfachten Änderungsverfahren nach § 13 Nr. 2 und 3 BauGB zu beteiligen. Die Satzung bedarf der Genehmigung der höheren Verwaltungsbehörde. Für die Genehmigung und die Bekanntmachung gelten die für den Bebauungsplan erlassenen Vorschriften nach §§ 6 Abs. 2 und 4 sowie 10 Abs. 3 BauGB entsprechend.

§ 19 Sicherung der Bauleitplanung

Dr. Peter Zimmermann

Inhalt

A. Sicherungsmöglichkeiten	1
I. Veränderungssperre	1
1. Systematik des BauGB zur Sicherung der Bauleitplanung	1
2. Veränderungssperren	5
II. Teilungsgenehmigungen	13
III. Sicherung in Gebieten mit Fremdenverkehrsfunktion	17
IV. Gesetzliches Vorkaufsrecht der Gemeinde	21
1. Allgemeine Grundsätze	21
a) Allgemeines und Besonderes Vorkaufsrecht der Gemeinden	21
b) Rechtsnatur	24
c) Keine Übertragbarkeit des gemeindlichen Vorkaufsrechts, aber Ausübung zugunsten Dritter	26
d) Ausschluss des Vorkaufsrechts	27
e) Abwendungsrecht des Käufers	32
2. Grundbuchliche Sicherung	34
3. Ausübung und Wirkungen des gemeindlichen Vorkaufsrechts	37
a) Ausübung	37
b) Wirkungen	39
c) Abweichende Bestimmung des Kaufpreises durch die Gemeinde in Sonderfällen	43
4. Rechtsweg	48
B. Bodenordnungsverfahren	52
I. Grundprinzip und Arten unterschiedlicher Bodenordnungsverfahren	52
1. Grundprinzip der Bodenordnung	52
a) Begriff und Wirkungen	52
b) Abgrenzung zur Enteignung	58
c) Verfahrensvorschriften und Rechtsweg	60
2. Arten von Bodenordnungsverfahren	62
II. Konkurrenzen unterschiedlicher Bodenordnungsverfahren	63
1. Allgemeines	63
2. Sondersituationen in den neuen Bundesländern	65
a) Bodenordnung nach dem LwAnpG und Flurbereinigung	65
b) Bodenordnung nach dem BoSoG	66
C. Umlegung nach dem BauGB	71
I. Systematik der Baulandumlegung	71
1. Einleitung und Durchführung des Umlegungsverfahrens	71
a) Beginn des Verfahrens	71
b) Umlegungsausschüsse	77
c) Verfügungs- und Veränderungssperre	78
d) Umlegungsplan	83
2. Verwaltungsverfahren und Rechtsweg	86
II. Vorwegabzug von Flächen (Umlegungs- und Verteilungsmasse)	89
1. Allgemeines	89
a) Prinzip des Vorwegabzugs von Flächen	89
b) Grundsatz der Surrogation	90
c) Keine Enteignung sondern inhaltliche Ausgestaltung des Eigentums	91
d) Festsetzungen des Bebauungsplans als Maßstab für Flächenabzüge	92
2. Arten zulässiger Flächenabzüge	95
a) Flächenabzug für Erschließungszwecke	95
b) Flächenabzug für Ausgleichsflächen	98
c) Ausgleichspflichtiger Flächenabzug für sonstige Flächen	101
III. Verteilung der Verteilungsmasse	105
IV. Ausgleich von Vor- und Nachteilen	107
1. Allgemeines	107
2. Ausgleich von Nachteilen	108
3. Vorteilsausgleich	111
a) Prinzip des Vorteilsausgleichs	111
b) Begrenzung des Vorteilsausgleichs der Höhe nach bei der Verteilung nach Flächen (§ 58 BauGB)	115
c) Arten umlegungsbedingter Vorteile	118

d) Notwendigkeit einer konkreten Prüfung des tatsächlichen Eintritts umlegungsbedingter Vorteile	121	a) Allgemeine Zulässigkeitsschranke durch den Zweck der Grenzregelung	173
aa) Allgemeines	121	b) Herbeiführung einer ordnungsgemäßen Bebauung einschließlich Erschließung	175
bb) Keine pauschalierende Gleichmacherei ungleicher Grundstücke	123	c) Beseitigung baurechtswidriger Zustände	178
cc) Vorteile bei Zuteilung unveränderter Grundstücke durch den Umlegungsplan	130	2. Räumliche Zulässigkeitsschranken der Grenzregelung	179
dd) Vorteile durch Zuteilung straßenlandabgabefreier Baulandparzellen	133	3. Grundstücksbezogene Zulässigkeitsschranken der Grenzregelung	182
ee) Vorteile durch Zuteilung „zweckmäßig gestalteter" Grundstücke	139	4. Grenzregelung nur im öffentlichen Interesse	190
ff) Vorteile durch Verkürzung des Aufschließungszeitraums bis zur Durchführung der Erschließung	146	5. Mögliche Eingriffe in Berechtigungen an Grundstücken durch Grenzregelung	194
		6. Grenzregelungsbehörde	197
		a) Zuständigkeit der Gemeinde	197
gg) Vorteile durch Einsparung von Vermessungs-, Notar- und Gerichtskosten	153	b) Zuständigkeit von Umlegungsausschüssen	199
		c) Aufgabenübertragung auf andere Behörden	201
V. Bestimmung von Verkehrswerten als Voraussetzung für die Zuteilung und den Vorteilsausgleich	155	7. Ausgleich von Vor- und Nachteilen	202
		a) Grundsatz	202
		b) Feststellung von Vorteilen	204
1. Rechtlicher Rahmen in §§ 56 bis 59 und in § 61 BauGB	155	c) Feststellung von Nachteilen	206
		8. Grenzregelungsbeschluss	207
2. Verkehrswerte	157	a) Allgemeines	207
3. Die sog. Deduktive Methode zur Wertbestimmung in Umlegungsverfahren	164	b) Inhalt	208
		c) Form	212
		d) Zustellung und öffentliche Bekanntmachung	214
D. Grenzregelung	170	e) Wirkungen	218
I. Einführung	170	9. Grundbuch- und Katasterberichtigung	223
II. Grenzregelungsverfahren	173		
1. Zweck der Grenzregelung	173	10. Kosten	224

A. Sicherungsmöglichkeiten

I. Veränderungssperre

1. Systematik des BauGB zur Sicherung der Bauleitplanung

1 Soweit Bebauungspläne aufgestellt werden, besteht grundsätzlicher Bedarf an der Verhinderung des Eintritts neuer tatsächlicher Verhältnisse, welche die spätere Verwirklichung der verbindlichen Bauleitplanung vereiteln würden. Diesem Bedürfnis an der Aufrechterhaltung des status quo ante entsprechen die Regelungen im Zweiten Teil des Ersten Kapitels des BauGB zur Sicherung der Bauleitplanung.

A. Sicherungsmöglichkeiten

Hierzu sieht das Gesetz **vier Instrumente** vor, nämlich
- die **Veränderungssperre** (§§ 14 bis 18 BauGB),
- die **Teilungsgenehmigung** (§§ 19, 20 BauGB),
- die **Sicherung von Gebieten mit Fremdenverkehrsfunktion** (§ 22 BauGB) und
- das **gesetzliche Vorkaufsrecht der Gemeinde** (§§ 24 bis 28 BauGB).

Diese Instrumente sind unterschiedlich ausgestaltet und haben auch ungleiche Voraussetzungen für ihre Anwendung.

Der grundlegende Sicherungsgedanke in Bezug auf die Bauleitplanung als Rechtfertigung und Schranke für Eingriffe in das Eigentum am Grundstück i.S.d. Art. 14 Abs. 1 S. 2 und Abs. 2 GG inhibiert zugleich die **Notwendigkeit des Fortbestehens** einer ursprünglich einmal vorhandenen **Bauleitplanung in der Form eines Bebauungsplans im Zeitpunkt des Eingriffs** der Gemeinde durch Sicherungsmaßnahmen. Bauleitplanungen – auch in der Form von Bebauungsplänen – sind in der Praxis durchaus nicht von „ewiger Existenz". Vielmehr können sie nach § 2 Abs. 4 BauGB geändert, ergänzt oder sogar aufgehoben werden. Tritt solches im konkreten Einzelfall ein, entzieht dies jeglicher Sicherungsmaßnahme für die alte Bauleitplanung den Boden.

Diese Frage stellt sich auch dann, wenn Verfahren zur Ergänzung, Änderung oder Aufhebung von Bebauungsplänen zu einem gegebenen Stichtag der Beurteilung zwar eingeleitet worden sein sollten, aber noch nicht abgeschlossen sind. Die gleiche Problematik ist auch dann zu prüfen, wenn eine Gemeinde ihre eigene Bauleitplanung zwar nicht ändert oder aufhebt, deren praktische Umsetzung aber dadurch „auf Eis legt", dass die Durchführung der notwendigen Erschließungsmaßnahmen unvertretbar lange verzögert und de-facto „auf den St. Nimmerleinstag verschoben" wird. Derartiges kommt z.B. dann vor, wenn Gemeinden die notwendige Erschließung z.B. aus finanziellen Gründen nicht durchführen können, dies aber nicht offen eingestehen möchten, um Entschädigungsansprüchen nach den §§ 39 ff. BauGB auszuweichen. Derartige Sachverhalte haben die Rechtsprechung unter dem Gesichtspunkt des Entstehens von Ansprüchen auf Erschließung wiederholt beschäftigt.[1]

2. Veränderungssperren

Nach § 14 Abs. 1 BauGB kann die Gemeinde eine Veränderungssperre beschließen, wenn ein Beschluss über die Aufstellung eines Bebauungsplans gefasst ist. Die Veränderungssperre muss der **Sicherung der Planung im künftigen Planbereich** dienen. Andere Zielsetzungen sind nicht zulässig. **Inhaltlich** kann die Veränderungssperre anordnen, dass (Bau-)Vorhaben i.S.d. § 29 BauGB nicht durchgeführt oder bauliche Anlagen nicht beseitigt werden dürfen (§ 14 Abs. 1 Nr. 1 BauGB). Dabei kann eine solche Sperre auch erhebliche oder wesentlich wertsteigernde Veränderungen von Grundstücken und baulichen Anlagen erfassen, die nicht zustimmungs- oder anzeigepflichtig sind (§ 14 Abs. 1 Nr. 2 BauGB).

Zu beachten ist die **Bestandsschutzregelung in § 14 Abs. 4 BauGB**. Von der Veränderungssperre sind solche Vorhaben nicht betroffen, die vor In-Kraft-Treten der Veränderungssperre baurechtlich genehmigt wurden oder aufgrund eines anderen baurechtlichen Verfahrens zulässig sind. Ebenfalls bleiben Unterhaltungsarbeiten und die Fortführung einer bisher ausgeübten (zulässigen) Nutzung unberührt.

Die Veränderungssperre wird nach § 16 Abs. 1 BauGB von der Gemeinde **als Satzung** beschlossen und ist nach Abs. 2 der Vorschrift ortsüblich bekannt zu machen. Hinsichtlich der Beschlussfassung zur Satzung ist auf die Ausführungen zum Beschluss über die Aufstellung eines Bebauungsplans zu verweisen; für die ortsübliche Bekanntmachung gelten die Ausführungen zur Bekanntmachung von Beschlüssen über die Aufstellung von Bauleitplänen nach § 2 BauGB entsprechend.

---

1 BVerwG NJW 1977, 405; BVerwG DÖV 1993, 713 = DVBl 1993, 669 = NJW 1994, 674; BVerwG NVwZ 1993, 1002 = NJW 1994, 1294; BayVGH München NVwZ 1991, 1107.

8 Veränderungssperren gelten **grundsätzlich für zwei Jahre** (§ 17 Abs. 1 BauGB). Allerdings kann die Geltungsdauer nach § 17 Abs. 2 BauGB von der Gemeinde mit Zustimmung der nach Landesrecht zuständigen Aufsichtsbehörde um ein Jahr verlängert werden. In Ausnahmefällen ist mit Zustimmung der höheren Verwaltungsbehörde eine erneute Beschlussfassung über eine außer Kraft getretene Veränderungssperre möglich (§ 17 Abs. 3 BauGB). Veränderungssperren treten in jedem Fall außer Kraft, sobald die Bauleitplanung rechtsverbindlich abgeschlossen ist.

9 Wird eine Veränderungssperre nicht beschlossen, kann die Gemeinde bei der zuständigen **Bauaufsichtsbehörde nach § 15 Abs. 1 BauGB** beantragen, dass die **Entscheidung über die Zulässigkeit von Bauvorhaben** (Erteilung von Baugenehmigungen) für einen Zeitraum von **bis zu zwölf Monaten ausgesetzt** wird. Soweit Baugenehmigungen nicht erforderlich sind, kann die Gemeinde bei der Bauaufsichtsbehörde die **vorläufige Untersagung** der nicht genehmigungspflichtigen Maßnahmen beantragen.

10 Nach **§ 18 BauGB** besteht eine **grundsätzliche Entschädigungspflicht der Gemeinde** für Veränderungssperren. Allerdings ist der Entschädigungsanspruch des Betroffenen **in mehrfacher Hinsicht eingeschränkt**. Zunächst besteht eine Entschädigungspflicht **nur für länger als vier Jahre andauernde** Sperren und auch nur in Höhe der Nachteile, welche durch die über den Zeitraum von vier Jahren hinausgehende Dauer der Sperre verursacht sind (§ 18 Abs. 1 S. 1 BauGB). Das bedeutet, dass Sperren von einer Zeitdauer bis zu vier Jahren entschädigungslos bleiben.

11 Die Entschädigung ist **in angemessener Höhe** in Geld zu leisten. Was dabei als „angemessen" anzusehen ist, bestimmt § 18 Abs. 1 S. 2 BauGB näher. Die dort gegebene Verweisung auf die Vorschriften des Zweiten Abschnitts des Fünften Teils führt in die **Entschädigungsgrundsätze für Enteignungen** nach den §§ 93 bis 103 BauGB sowie zu der Kostenregelung für das Enteignungsverfahren in § 121 BauGB. Bei der **Bestimmung des Grundstückswerts** im Rahmen der Bemessung der Entschädigung sind die Vorschriften zum Ersatz für Planungsschäden anzuwenden (§§ 39 bis 44 BauGB).

12 Auch die als Satzung erlassenen Veränderungssperren nach § 14 BauGB können über § 47 VwGO vor den OVG im Normenkontrollverfahren angefochten werden.[2] Geht der Streit aber nur um die Auswirkungen einer Veränderungssperre auf ein Einzelgrundstück und auf Maßnahmen, die sein Eigentümer beabsichtigt, ist der **Rechtsweg** zu den **Verwaltungsgerichten** eröffnet.[3] Das betrifft auch die Notwendigkeit der Durchführung des Vorverfahrens nach den §§ 68 ff. VwGO. Hinsichtlich der **Höhe einer Entschädigung nach § 18 BauGB** dagegen ist nach § 217 Abs. 1 S. 1 BauGB **ausschließlich** der Antrag auf gerichtliche Entscheidung durch die **Kammer für Baulandsachen des örtlich zuständigen Landgerichts** statthaft.

II. Teilungsgenehmigungen

13 Das Recht der Grundstücksteilung ist durch die Vorschriften der §§ 19, 20 BauGB i.d. seit dem 1.1.1998 gültigen Fassung wesentlich erleichtert worden. Nach § 19 Abs. 1 S. 1 BauGB kann die Gemeinde **im Geltungsbereich eines Bebauungsplans** die Genehmigungspflicht für Grundstücksteilungen anordnen. Das bedeutet, dass nunmehr **Grundstücksteilungen** – anders als bis zum 31.12.1997 – **grundsätzlich genehmigungsfrei** sind. Die **Anordnung der Genehmigungspflicht** erfolgt **durch Satzung**, die ortsüblich bekannt zu machen ist. Hierzu wird auf die Ausführungen zu Satzungen über Bebauungspläne und die ortsübliche Bekanntmachung von Beschlüssen über Bauleitpläne nach § 2 BauGB verwiesen. Eine etwa notwendige Genehmigung zur Grundstücksteilung wird von der Gemeinde erteilt (§ 19 Abs. 3 S. 1 BauGB).

---

2 BVerwG NJW 1984, 881; BVerwG NJW 1993, 2193 = NVwZ 1993, 473; OVG Berlin NJW 1983, 2216; OVG Berlin NJW 1996, 740.
3 BVerwG NJW 1993, 549 = NVwZ 1992, 1090.

Die durch Satzung begründete Genehmigungspflicht für Grundstücksteilungen ist durch die **Grundbuchsperre** in § 20 Abs. 2 S. 2 BauGB gesichert.[4] Danach darf das Grundbuchamt eine Eintragung in das Grundbuch erst vornehmen, wenn der Genehmigungsbescheid der Gemeinde oder das von ihr nach § 20 Abs. 2 S. 1 BauGB auszustellende Zeugnis vorgelegt ist, wonach eine Teilungsgenehmigung nicht erforderlich ist oder als erteilt gilt (Negativattest). Nimmt das Grundbuchamt Eintragungen vor, ohne dass der Genehmigungsbescheid oder das Negativattest der Gemeinde vorgelegt wurde, ist die Eintragung gleichwohl wirksam. Allerdings ist die Grundstücksteilung materiellrechtlich nicht erfolgt.[5] Nach § 20 Abs. 3 BauGB kann die Gemeinde das Grundbuchamt dann um die Eintragung eines Widerspruchs ersuchen, wenn die Genehmigung notwendig war.

Nach § 19 Abs. 5 BauGB können die Landesregierungen für ihr Landesgebiet oder Teile davon durch Rechtsverordnung bestimmen, dass die Gemeinde eine Satzung über die Notwendigkeit der Teilungsgenehmigung nicht beschließen darf. Es liegt also in der Regelungsmacht der Länder, die den Gemeinden durch § 19 Abs. 1 BauGB eröffnete Satzungsbefugnis wieder aufzuheben. Von dieser Verordnungsermächtigung für die Landesregierungen wurde in den Bundesländern Bayern,[6] Brandenburg,[7] Mecklenburg-Vorpommern[8] und Sachsen-Anhalt[9] Gebrauch gemacht.

Im Streit um Teilungsgenehmigungen ist der Verwaltungsrechtsweg eröffnet. Geht es dagegen um die Wirksamkeit der Gemeindesatzung als solche, durch welche die Genehmigungspflicht eingeführt wurde, sind Normenkontrollanträge an das OVG statthaft (§ 47 VwGO).

III. Sicherung in Gebieten mit Fremdenverkehrsfunktion

In Gemeinden, deren Gebiet teilweise oder vollständig durch den Fremdenverkehr geprägt ist, kann in einem Bebauungsplan oder durch sonstige Satzung eine **besondere Genehmigungspflicht für die Begründung oder Teilung von Wohnungs- oder Teileigentum** nach dem Wohnungseigentumsgesetz (WEG) begründet werden (§ 22 Abs. 1 S. 1 BauGB). Dies kann das gesamte Gemeindegebiet oder auch nur Teile davon umfassen.[10] Schutzzweck ist die Sicherung des Fremdenverkehrscharakters. Dies setzt das Vorhandensein einer solchen besonderen Prägung des Gemeindegebiets voraus.

Hierzu kommt es vor allem auf die Lage der Gemeinde und ihre Ausweisung als Fremdenverkehrsgebiet in der Landes- und Regionalplanung nach dem jeweiligen Landesplanungsgesetz und dem Landesentwicklungsplan (LEP) an. Ferner muss die private und öffentliche Infrastruktur des Ortes eine Ausrichtung auf Bedürfnisse des Fremdenverkehrs erkennen lassen.[11] Hinzu muss außerdem kommen, dass der besondere Gebietscharakter durch aufkommendes Wohnungs- und Teileigentum beeinträchtigt werden kann. Eine solche Beeinträchtigung wird in der Rechtsprechung allerdings grundsätzlich anerkannt, weil der Schutzzweck der Norm auf die Verhinderung eines Überhandnehmens von Zweitwohnungen und die daraus sich ergebende Beeinträchtigung der Fremdenverkehrsfunktion gerichtet ist.[12]

---

4 Zu dem Meinungsstreit um das Vorliegen einer flächendeckenden Grundbuchsperre siehe: Bejahend: *Luers*, ZfBR 1997, 231; *Finkelnburg*, NJW 1998, 1; *Spannowski*, UPR 1998, 44. Ablehnend: *Schmidt-Eichstädt/Reitzig*, NJW 1999, 385; *Battis/Krautzberger/Löhr*, NVwZ 1997, 1145; *Griwotz*, DNotZ 1997, 924.
5 *Maaß* in: *Bauer/von Oefele*, Grundbuchordnung – Kommentar, 1. Aufl. 1999, § 7 GBO, Rn 53. A.A. BVerwGE 19, 82.
6 § 4 a Bayer. ZustVBau vom 1.1.1998 (Bayer. GVBl, 1 – mit Ausnahme von Gemeindesatzungen zur Genehmigungspflicht von Grundstücksteilungen, deren Geltungsdauer am 1.1.2000 endet.
7 3. BauGBDVO Bbg. vom 7.5.1998 (GVBl II Bbg., 406).
8 VO M.-V. zum Ausschluss der Bestimmung einer Genehmigungspflicht für Grundstücksteilungen (Teilungsgenehmigungsausschlußverordnung – TeilgaVO M.V.) vom 24.2.1998 (GVOBl M.-V., 194).
9 VO zur Untersagung der Teilungsgegenehmigung nach § 19 Abs. 5 BauGB vom 2.1.1998 (GVBl LSA, 1).
10 BVerwGE 99, 237.
11 BVerwG ZfBR 1994, 246.
12 BVerwG NVwZ 1996, 893.

19 Ist eine solche Genehmigungspflicht durch Satzung festgesetzt worden, entscheidet über Genehmigungsanträge die Bauaufsichtsbehörde im Einvernehmen mit der Gemeinde (§ 22 Abs. 5 BauGB). Die Genehmigungspflicht ist analog zur Teilungsgenehmigung ebenfalls durch eine **Grundbuchsperre** gesichert (§ 22 Abs. 6 BauGB).[13]

20 Im Streit um Genehmigungen für Wohnungs- und Teileigentum ist der Verwaltungsrechtsweg eröffnet. Geht es dagegen um die Wirksamkeit der Gemeindesatzung zur Sicherung der Fremdenverkehrsfunktion als solche, durch welche die Genehmigungspflicht für die Begründung von Wohnungs- und Teileigentum eingeführt wurde, sind Normenkontrollanträge an das OVG statthaft (§ 47 VwGO).

IV. Gesetzliches Vorkaufsrecht der Gemeinde

1. Allgemeine Grundsätze

a) Allgemeines und Besonderes Vorkaufsrecht der Gemeinden

21 Das BauGB sieht mit den Vorschriften der §§ 24 bis 28 Regelungen zu Vorkaufsrechten der Gemeinden vor. Diese Vorkaufsrechte bestehen nach § 24 BauGB zunächst als **gesetzliches Vorkaufsrecht** (Allgemeines Vorkaufsrecht). Daneben gibt es aber nach § 25 BauGB in bestimmten Fällen die Möglichkeit der **Einführung eines gemeindlichen Vorkaufsrechts durch Satzung** (Besonderes Vorkaufsrecht). Hinzu kommt die Besonderheit, dass diese Vorkaufsrechte von der Gemeinde nach § 27 a BauGB auch zugunsten von Dritten ausgeübt werden können.

22 ■ Gesetzliches Vorkaufsrecht
Dieses besteht nach **§ 24 BauGB** in den insgesamt 6 Fallgestaltungen, die der Katalog in § 24 Abs. 1 Nr. 1 bis 6 BauGB aufzählt. Es sind dies
- die sog. Gemeinbedarfsflächen innerhalb des Geltungsbereichs eines Bebauungsplans,
- Flächen innerhalb eines Umlegungsgebiets nach den §§ 45 ff. BauGB,
- Flächen im förmlich festgelegten Sanierungsgebiet und im städtebaulichen Entwicklungsbereich,
- Flächen im Geltungsbereich einer Erhaltungssatzung,
- unbebaute und im Außenbereich gelegene Flächen mit einer im Flächennutzungsplan ausgewiesenen Nutzung als Wohnbaufläche und schließlich
- unbebaute Wohnbaulandgrundstücke.

Das gesetzliche Vorkaufsrecht darf nur ausgeübt werden, wenn das Wohl der Allgemeinheit dies rechtfertigt (§ 24 Abs. 3 BauGB).[14]

23 ■ Durch Satzung begründbare besondere Vorkaufsrechte
Dies ist nach § 25 Abs. 1 Nr. 1 und 2 BauGB an unbebauten Grundstücken innerhalb des Geltungsbereichs eines Bebauungsplans und an Grundstücken in solchen Gebieten möglich, für welche die Gemeinde städtebauliche Maßnahmen „in Betracht zieht". Auch das besondere Vorkaufsrecht darf nur ausgeübt werden, wenn das Wohl der Allgemeinheit dies rechtfertigt (§ 25 Abs. 2 BauGB).

---

13 *Waldner*, in: *Bauer/von Oefele*, Grundbuchordnung – Kommentar, 1. Aufl. 1999, VIII, Rn 96, 97.
14 BVerwG NJW 1990, 2703; BVerwG DWW 1994, 152; BVerwG DÖV 1994, 39; BVerwG NVwZ 1994, 284 = NJW 1994, 3178; OVG Koblenz NJW 1988, 1342.

b) Rechtsnatur

Trotz seines mit der Bezeichnung „Vorkaufsrecht" gekennzeichneten Rechtstyps ist das gemeindliche Vorkaufsrecht nach dem BauGB dem zivilrechtlichen Vorkaufsrecht nach den Vorschriften der §§ 504 ff. und §§ 1094 ff. BGB nur teilweise nachgebildet. Es enthält vielmehr **überwiegend Elemente hoheitlichen Verwaltungshandelns**, die dem Zivilrecht fremd sind. Das zeigt sich bereits beim Entstehen dieser Vorkaufsrechte. Sie werden nicht rechtsgeschäftlich, sondern durch Gesetz oder gemeindliche Ortssatzung begründet (§§ 24, 25 BauGB).

Auch die **Ausübung der Vorkaufsrechte** durch die Gemeinde vollzieht sich nicht durch Rechtsgeschäft, sondern nach § 28 Abs. 2 S. 1 BauGB **durch Verwaltungsakt** gegenüber dem Grundstückseigentümer als Verkäufer. Hinzu kommen in bestimmten Fällen besondere Befugnisse der Gemeinde zur **Bestimmung der Höhe des Kaufpreises abweichend von dem Kaufvertrag** zwischen dem Eigentümer und dem Dritten durch Verwaltungsakt nach den Vorschriften des § 28 Abs. 3 und 4 BauGB. Es handelt sich deshalb bei dem gemeindlichen Vorkaufsrecht nach dem BauGB um ein dem öffentlichen Recht zuzurechnendes **Instrument staatlicher Eingriffsverwaltung** auf dem Gebiet des Grundstücksverkehrs. Allerdings liegt keine der klassischen Formen solcher Eingriffsverwaltung vor (z.B. Gebote, Verbote, Sperren, Genehmigungspflichten, Bodenordnungsverfahren, Enteignungen). Es handelt sich vielmehr um eine Sonderform mit inhaltlichen Anleihen aus dem Bereich des Zivilrechts.

c) Keine Übertragbarkeit des gemeindlichen Vorkaufsrechts, aber Ausübung zugunsten Dritter

Das **Vorkaufsrecht** der Gemeinden ist nach § 28 Abs. 2 S. 4 BauGB **nicht übertragbar**. Allerdings kann die Gemeinde nach § 27 a Abs. 1 BauGB das ihr zustehende **Vorkaufsrecht auch zugunsten eines Dritten ausüben**, wenn das Grundstück für sozialen Wohnungsbau oder für die Wohnbebauung für Personengruppen mit besonderem Wohnbedarf genutzt werden soll. Voraussetzung dafür ist, dass der Dritte das Grundstück binnen einer angemessenen Frist entsprechend der besonderen Zweckbestimmung bebauen kann und sich auch dazu verpflichtet. Entsprechendes gilt für die Ausübung des Vorkaufsrechts zugunsten eines öffentlichen Bedarfs- oder Erschließungsträgers oder eines sonstigen Sanierungs- oder Entwicklungsträgers. Die Ausübung des Vorkaufsrechts zugunsten Dritter stellt deshalb einen Kompromiss zwischen der Nichtübertragbarkeit des Rechts und dem Bedarf dar, es nicht in jedem Fall zugunsten der Gemeinde ausüben zu müssen. Sobald die Gemeinde das Vorkaufsrecht ausübt, kommt der Kaufvertrag nach § 27 a Abs. 2 BauGB zwischen dem Begünstigten und dem Verkäufer zustande, wobei allerdings die Gemeinde neben dem Begünstigten als Gesamtschuldnerin für die Verpflichtung aus dem Kaufvertrag haftet (Zahlung des Kaufpreises).

d) Ausschluss des Vorkaufsrechts:

Das **Vorkaufsrecht ist unter bestimmten Voraussetzungen ausgeschlossen:**
- Der Vorkauf findet nach **§ 26 BauGB** zunächst dann nicht statt, wenn der Eigentümer sein Grundstück an seinen Ehegatten oder an mit ihm verwandte oder verschwägerte Person verkauft (sog. Verwandtenprivileg).
- Das Vorkaufsrecht ist ferner ausgeschlossen, wenn das Grundstück von einem öffentlichen Bedarfsträger für bestimmte im Gesetz genannte öffentliche Zwecke erworben wird (Landesverteidigung, Bundesgrenzschutz, Zollverwaltung, Polizei oder Zivilschutz). Das Gleiche gilt für Grundstückskäufe von Kirchen und Religionsgesellschaften des öffentlichen Rechts für Zwecke des Gottesdienstes oder der Seelsorge.
- Das Vorkaufsrecht ist weiter auch dann ausgeschlossen, wenn auf dem Grundstück Vorhaben errichtet werden sollen, für die ein Planfeststellungsverfahren eingeleitet oder durchgeführt worden ist. Schließlich gibt es ein Vorkaufsrecht der Gemeinde auch dort nicht, wo ein Grundstück entsprechend den Festsetzungen des Bebauungsplans oder den Zielen und Zwecken der städte-

baulichen Maßnahme bebaut ist sowie genutzt wird und auch sonst keine Mängel und Missstände an der baulichen Anlage vorliegen.

30 ■ Hinzu kommt schließlich der mit den Vorschriften der §§ 24 Abs. 2 und 25 Abs. 2 BauGB angeordnete Ausschluss des Vorkaufsrechts beim Kauf von Rechten nach dem WEG und von Erbbaurechten.

31 In systematischem Zusammenhang mit dem Ausschluss des Vorkaufsrechts stehen grundsätzlich angeordnete Beschränkungen für seine Ausübung dort, wo das Recht besteht. Nach § 24 Abs. 3 BauGB darf die Gemeinde das Allgemeine Vorkaufsrecht nur ausüben, **wenn das Wohl der Allgemeinheit dies rechtfertigt**. Sie hat bei der Ausübung des Vorkaufsrechts den von ihr beabsichtigten Verwendungszweck des Grundstücks anzugeben. Diese Bestimmung gilt nach § 25 Abs. 2 BauGB auch für das Besondere Vorkaufsrecht (s.o. § 17 Rn 23).

e) Abwendungsrecht des Käufers

32 Der Käufer des Grundstücks hat nach **§ 27 BauGB** ein Abwendungsrecht. Voraussetzung dafür ist, dass die Verwendung des Grundstücks nach den baurechtlichen Vorschriften oder den Zielen der städtebaulichen Entwicklung bestimmt oder wenigstens bestimmbar ist. Ferner muss der Grundstückskäufer zu einer entsprechenden Nutzung binnen einer angemessenen Frist in der Lage sein und sich vor Ablauf dieser Frist zu einer solchen Grundstücksnutzung verpflichten. Entsprechendes gilt dann, wenn sich auf dem Grundstück eine bauliche Anlage befinden sollte, die Missstände oder Mängel i.S.d. § 177 Abs. 2 und 3 BauGB aufweist, also den Anforderungen an gesunde Wohn- und Arbeitsverhältnisse nicht entspricht (§ 177 Abs. 2 BauGB), oder Mängel aufweist, die durch Abnutzung, Alterung, Witterungseinflüsse oder Einwirkungen Dritter entstanden sind (§ 177 Abs. 3 BauGB).

33 Kein Abwendungsrecht besteht nach § 27 Abs. 2 BauGB allerdings in den Fällen des § 24 Abs. 1 S. 1 BauGB und dort, wo ein Grundstück in einem Umlegungsgebiet für die Zwecke der Umlegung benötigt wird. Die Fälle des § 24 Abs. 1 S. 1 Nr. 1 BauGB betreffen Flächen innerhalb des Geltungsbereichs eines Bebauungsplans, die für öffentliche Zwecke (Gemeinbedarfsflächen) oder für den Ausgleich zu erwartender Eingriffe in Natur und Landschaft als sog. Ausgleichsflächen i.S.d. § 1 a Abs. 3 BauGB benötigt werden.

2. Grundbuchliche Sicherung

34 Das Vorkaufsrecht der Gemeinden nach dem BauGB hat dingliche Wirkung in der Weise, dass es mit dem betroffenen Grundstück und der Rechtsstellung als dessen Eigentümer verhaftet ist und jeden neuen Eigentümer bindet, der diese Rechtsstellung nicht durch Kauf und Übereignung erworben hat (z.B. Gesamtrechtsnachfolge oder Zuweisung des Eigentums am Grundstück durch Gesetz oder Verwaltungsakt). Diese dingliche Wirkung tritt **außerhalb des Grundbuchs** durch **gesetzliche Anordnung** im BauGB ein.

35 Das Vorkaufsrecht der Gemeinde nach dem BauGB ist seiner besonderen Art nach aber **nicht grundbuchfähig** und kann deshalb nicht in Abt. II der Grundbücher über die betroffenen Grundstücke eingetragen werden. Zu seiner grundbuchlichen Sicherung kann jedoch auf Ersuchen der Gemeinde eine **Vormerkung i.S.d. § 885 BGB** in das Grundbuch eingetragen werden (§ 28 Abs. 2 S. 3 BauGB).

36 Dies wird durch die **Anweisung an das Grundbuchamt in § 28 Abs. 1 S. 2 BauGB** ergänzt, wonach bei Kaufverträgen der Käufer nur dann als Eigentümer eingetragen werden darf, wenn dem Grundbuchamt die Nichtausübung oder das Nichtbestehen des Vorkaufsrechts nachgewiesen ist (Grundbuchsperre). Hierüber hat die Gemeinde nach S. 3 der Vorschrift ein Zeugnis auszustellen (sog. Unbedenklichkeitsbescheinigung). Soweit eine solche Unbedenklichkeitsbescheinigung ausgestellt wurde, gilt sie nach § 28 Abs. 1 S. 4 BauGB zugleich als Verzicht auf das Vorkaufsrecht i.S.d. Abs. 5 der Vorschrift. Wird allerdings der Grundstückskäufer bzw. Drittkäufer vom Grundbuchamt unter

Missachtung des gemeindlichen Vorkaufsrechts als neuer Eigentümer in das Grundbuch eingetragen, ist diese Eintragung und der mit ihr verbundene Eigentumsübergang wirksam. Das gemeindliche Vorkaufsrecht wird gegenstandslos.[15]

3. Ausübung und Wirkungen des gemeindlichen Vorkaufsrechts

a) Ausübung

Nach § 28 Abs. 1 S. 1 BauGB hat der Verkäufer eines Grundstücks der Gemeinde den Inhalt des Kaufvertrags unverzüglich mitzuteilen. Regelmäßig geschieht das durch den Notar, der den Grundstückskaufvertrag nach § 313 BGB notariell beurkundet hat. Will die Gemeinde ihr Vorkaufsrecht ausüben, muss sie das nach § 28 Abs. 2 S. 1 BauGB innerhalb einer Ausschlussfrist von zwei Monaten tun. 37

Die Ausübung selber erfolgt durch **Verwaltungsakt gegenüber dem Verkäufer**, wobei für das entsprechende Verwaltungsverfahren die Vorschriften der §§ 35 ff. VwVfG gelten. Die Ausübung gegenüber dem Notar, der den Grundstückskaufvertrag beurkundet hatte, reicht nur dann aus, wenn der Notar vom Grundstücksverkäufer entsprechend zur Entgegennahme einer Vorkaufsrechts-Ausübung durch die Gemeinde bevollmächtigt ist. Das ist bei einer Vollmacht des Notars lediglich zum Vollzug des von ihm beurkundeten Grundstückskaufvertrags nicht der Fall.[16] 38

b) Wirkungen

Soweit die Gemeinde ihr Vorkaufsrecht ausübt, kommt der Kaufvertrag mit ihr oder mit dem zustande, zu dessen Gunsten sie das Vorkaufsrecht ausgeübt hat. Insoweit verweist § 28 Abs. 2 S. 2 BauGB auf die Vorschriften des BGB zum Vorkauf in den **§§ 504 ff. BGB**. Wesentlich ist die **Verweisung auf § 504 Abs. 2 BGB**, wonach der Kauf mit der Ausübung des Vorkaufsrecht zwischen dem (Vorkaufs-)Berechtigten und dem Verpflichteten (= Grundstücksverkäufer) zu den Bedingungen zustandekommt, welche der Verpflichtete mit dem Dritten (= Grundstückskäufer) vereinbart hat. Diese Regelung gilt aber nur grundsätzlich, indem § 28 Abs. 3 und Abs. 4 BauGB abweichende Vorschriften zur Bestimmung des Kaufpreises der Höhe nach durch die Gemeinde vorsieht (s.u. ab § 17 Rn 43 ff.). 39

Im Falle der Ausübung des **Vorkaufsrechts zugunsten eines Dritten** nach § 27 a BauGB (s.o. § 17 Rn 26) gilt das Vorgesagte entsprechend (§ 27 a Abs. 2 und Abs. 3 S. 1 BauGB). Allerdings haftet die Gemeinde neben dem begünstigten Dritten als Gesamtschuldnerin für die Begleichung des Kaufpreises (§ 27 a Abs. 2 S. 2 BauGB). 40

Soweit auf Grund der Ausübung des Vorkaufsrechts der Gemeinde Eigentum erworben wird, **erlöschen rechtsgeschäftliche Vorkaufsrechte**, also auch die im Grundbuch eingetragenen subjektiv-dinglichen Vorkaufsrechte nach §§ 1094 ff. BGB (§ 28 Abs. 2 S. 5 BauGB). 41

Als weitere Folge der Ausübung des Vorkaufsrechts durch die Gemeinde entsteht nach § 28 Abs. 6 BauGB ein **Entschädigungsanspruch Dritter gegen die Gemeinde** bezüglich entstandener Vermögensnachteile. Der Anspruch ist allerdings in mehrfacher Weise eingeschränkt. Er steht nur solchen Dritten zu, die ein älteres vertragliches Recht zum Erwerb des Grundstücks aus der Zeit vor der Begründung des Vorkaufsrechts durch das BauGB und sein Vorläufergesetz (BBauG) oder inzwischen aufgehobener landesrechtlicher Vorschriften hatten. Darüber hinaus ist der Entschädigungsanspruch der Höhe nach begrenzt, indem auf ihn die Grundsätze des BauGB über die Bemessung von Enteignungsentschädigungen Anwendung finden. 42

---

15 BayObLG NJW 1983, 1567 = DNotZ 1984, 378; Bauer, in: Bauer/von Oefele, Grundbuchordnung – Kommentar, 1. Aufl. 1999, § 38 GBO, Rn 92 m.w.N.
16 OVG Lüneburg NJW 1996, 212; VGH Kassel NJW 1989, 1626; VG Frankfurt/Main NJW 1988, 92.

c) Abweichende Bestimmung des Kaufpreises durch die Gemeinde in Sonderfällen

43 Die allgemeinen zivilrechtlichen Grundsätze des BGB zum Vorkaufsrecht gelten nicht uneingeschränkt. Insbesondere gilt das für den Grundsatz in § 504 Abs. 2 BGB, wonach beim Vorkauf der Kauf zu den Bedingungen zustandekommt, die mit dem Dritten vereinbart waren (s.o. § 17 Rn 39). Vielmehr eröffnet das BauGB den Gemeinden in zwei Fällen die Möglichkeit, bei der Ausübung des Vorkaufsrechts den Kaufpreis anders festzulegen, wobei dies ebenfalls durch Verwaltungsakt geschieht.

44 Zunächst geht es um die Fälle, in denen (tatsächlich oder auch nur vermeintlich) **überhöhte Kaufpreise** zwischen dem Grundstückseigentümer und dem Dritten als Käufer vereinbart worden sind (sog. Mondpreise). Nach § 28 Abs. 3 S. 1 BauGB kann die Gemeinde bei der Ausübung des Vorkaufsrechts den zu zahlenden Betrag (= Kaufpreis) nach dem Verkehrswert des Grundstücks i.S.d. § 194 BauGB bestimmen, wenn der vereinbarte Kaufpreis den Verkehrswert in einer dem Rechtsverkehr erkennbaren Weise deutlich überschreitet.

45 Hierzu reicht allerdings nicht jede Überschreitung des Verkehrswerts aus, sondern nur eine solche, die „deutlich" (= erheblich) und „für den Rechtsverkehr erkennbar" ist. Daran fehlt es, wenn die Parteien des Kaufvertrags trotz sorgfältiger und an objektiven Gegebenheiten ausgerichteter Prüfung den Verkehrswert bei der Preisbestimmung verfehlt haben.[17] Es darf allerdings zwischen Kaufpreis und Verkehrswert **kein Missverhältnis** bestehen, aus dem sich ergibt, dass die Vertragsparteien sich nicht an einem Wert orientiert haben, der im gewöhnlichen und gesunden Geschäftsverkehr zu erzielen ist, sondern dass sie bei der Preisfindung Erwägungen angestellt haben, die mit marktorientiertem Interessenausgleich nichts zu tun haben können. Dabei sind Erwartungen des Käufers auf künftigen Gewinn, die ihn veranlassen, auf eine hohe Preisforderung des Käufers einzugehen, für sich allein ebenso unerheblich wie die Motive des Verkäufers, solange nicht aufgrund konkreter Umstände anzunehmen ist, dass die Parteien es zumindest in Kauf nehmen, mit dem vereinbarten Preis deutlich außerhalb des Bewertungsrahmens zu liegen.[18]

46 Wenn die Gemeinde den Kaufpreis wegen Überschreitung des Verkehrswerts niedriger festsetzt, kann der Verkäufer nach § 28 Abs. 3 S. 2 BauGB auch von dem Kaufvertrag zurücktreten mit der Folge, dass kein Vorkaufsfall mehr vorliegt. Der Rücktritt richtet sich nach den Vorschriften zum Allgemeinen Schuldrecht im BGB und muss bis zum Ablauf eines Monats nach der Unanfechtbarkeit des Verwaltungsakts der Gemeinde über die Ausübung des Vorkaufsrechts und die anderweitige Kaufpreisfestsetzung erklärt werden. Unterbleibt der fristgemäße Rücktritt vom Vertrag durch den Verkäufer, geht das Eigentum an dem Grundstück auf die Gemeinde über, sobald der Eigentumsübergang auf ihr Ersuchen vom Grundbuchamt eingetragen wurde.

47 Für die **Allgemeinen Vorkaufsfälle nach § 24 Abs. 1 S. 1 Nr. 1 BauGB** bestimmt die Gemeinde den **zu zahlenden Betrag** entsprechend § 28 Abs. 4 S. 1 BauGB nach den **enteignungsrechtlichen Vorschriften** des Zweiten Abschnitts des Fünften Teils des BauGB. Die Regelung ist gleich ausgestaltet wie die zur Entschädigungspflicht bei Veränderungssperren (s.o. § 17 Rn 10, 11). Voraussetzung ist wiederum das Vorliegen eines Anwendungsfalls des § 24 Abs. 1 S. 1 Nr. 1 BauGB (Gemeinbedarfsflächen) sowie außerdem, dass der Erwerb des Grundstücks durch die Gemeinde oder den begünstigten Dritten i.S.d. § 27 a BauGB erforderlich ist. Außerdem müsste das Grundstück für den festgesetzten Verwendungszweck enteignet werden können.

---

17 BVerwGE 57, 87 = NJW 1979, 2578; BVerwG NJW 1982, 398.
18 LG Karlsruhe NJW 1995, 1164.

4. Rechtsweg

Soweit es um die **Anfechtung der Ausübung des Vorkaufsrechts** geht, ist der Rechtsweg zu den Verwaltungsgerichten nach der VwGO gegeben. In diesen Verfahren geht es allerdings regelmäßig nur um die Frage, ob überhaupt ein Vorkaufsrecht bestand und ob die Gemeinde es richtig ausgeübt hat. Die richtige Klageart ist die Anfechtungsklage; sie setzt die Durchführung des Vorverfahrens nach den §§ 68 ff. VwGO voraus. Die Klagebefugnis gegen die Ausübung des Vorkaufsrechts durch die Gemeinde steht auch dem Grundstückskäufer oder einem Drittkäufer zu.[19]

Geht es dagegen darum, ob die Gemeinde den **Kaufpreis nach § 28 Abs. 3 und 4 BauGB abweichend vom Kaufvertrag** bestimmen durfte und auch zutreffend abweichend bestimmt hat, ist nach § 217 Abs. 1 BauGB ausschließlich der Antrag auf gerichtliche Entscheidung durch die Kammer für Baulandsachen beim Landgericht statthaft. Das Gleiche gilt für Streitigkeiten über **Entschädigungen nach § 28 Abs. 6 BauGB**.

Soweit die Gemeinde ein besonderes Vorkaufsrecht durch Satzung begründet hat, unterliegt diese Satzung dem Normenkontrollverfahren nach § 47 VwGO.

Für schuldrechtliche Ansprüche aus Verträgen, die in Ausübung des gemeindlichen Vorkaufsrechts zustandegekommen sind, besteht der Rechtsweg zu den ordentlichen Gerichten.

B. Bodenordnungsverfahren

I. Grundprinzip und Arten unterschiedlicher Bodenordnungsverfahren

1. Grundprinzip der Bodenordnung

a) Begriff und Wirkungen

Unter Bodenordnung versteht man gesetzlich geregelte Verwaltungsverfahren, als deren Ergebnis eine neue Bodenordnung durch **neue Grundstücke** und/oder **neue Berechtigungen an Grundstücken** entsteht.

Das Bodenordnungsverfahren beginnt
- i.d.R. mit einem von Amts wegen zu erlassenden **Beschluss** der zuständigen Stelle über seine Einleitung (z.B. § 47 BauGB für die Umlegung oder § 4 FlurbG für die Flurbereinigung) oder
- auf **Antrag** bzw. auf **Ersuchen** bestimmter amtlicher Stellen (z.B. § 2 Abs. 1 S. 1 VZOG oder § 6 Abs. 1 S. 2 BoSoG).

Es endet mit einem Verwaltungsakt, dem sog. **Plan**. Diese Pläne werden je nach der gesetzlichen Grundlage, auf der das Bodenordnungsverfahren beruht, als Flurbereinigungsplan, Umlegungsplan, Zuordnungsplan usw. bezeichnet.

Den unterschiedlichen Bodenordnungsverfahren ist gemeinsam, dass die neue Bodenordnung **außerhalb von Grundbuch und Liegenschaftskataster** durch den jeweiligen Plan herbeigeführt wird, soweit er bestandskräftig geworden ist. Der „Bodenordnungsplan" wirkt deshalb **rechtsgestaltend** in Bezug auf die früheren und zu Beginn des Bodenordnungsverfahrens vorhanden gewesenen Grundstücksbestände sowie Grundstücksberechtigungen, indem diese durch die entsprechenden Neufestsetzungen in dem jeweiligen Plan ersetzt werden. Dies bedeutet, dass **Grundbuch und Liegenschaftskataster** durch ein bestandskräftig abgeschlossenes Bodenordnungsverfahren **in dem Maße**

---

[19] BVerwG BRS 39 Nr. 39; BayVGH München BauR 1980, 240; OVG Münster NJW 1968, 1268 = DVBl 1968, 525; OVG Münster NJW 1981, 1467; VGH Kassel NVwZ 1983, 556; NJW 1989, 1626; OVG Lüneburg NJW 1996, 212; VGH Mannheim NJW 1995, 2574 = NVwZ 1995, 1135; VGH Mannheim NJW-RR 1998, 877; VG Frankfurt/Main NJW 1988, 92.

unrichtig werden, wie der jeweilige Bodenordnungsplan neue Festsetzungen trifft. Sie müssen deshalb an die neue und durch Verwaltungsakt herbeigeführte Rechtslage angepasst werden. Dies setzt entsprechende Unterrichtungen und Berichtigungsersuchen der das jeweilige Bodenordnungsverfahren durchführenden Stelle gegenüber dem Grundbuchamt und der Katasterverwaltung voraus. Diese Unterrichtungen und Berichtigungsersuchen sind deshalb auch für die einzelnen Bodenordnungsverfahren jeweils vorgeschrieben (z.B. § 74 Abs. 1 S. 1 BauGB für das Umlegungsverfahren).

54 Zur Erreichung des mit einem Bodenordnungsverfahren verfolgten Zwecks müssen die betroffenen Grundstückseigentümer daran gehindert werden, die zu Beginn des Verfahrens vorhandenen Grundstücksbestände und Berechtigungen an Grundstücken durch Verfügungen oder Grundstücksteilungen bzw. Zusammenlegungen von Grundstücken zu verändern. Der Erreichung dieses Ziels dienen **gesetzlich angeordnete Verfügungs- und Veränderungssperren.** Danach bedürfen solche Verfügungen bis zum Ende des Verfahrens der **schriftlichen Genehmigung der** das Bodenordnungsverfahren durchführenden **Behörde** (z.B. § 51 BauGB für das Umlegungsverfahren). Diese besondere gesetzliche Genehmigungspflicht wirkt als **Grundbuchsperre i.S.d. § 18 GBO**; das Fehlen der Genehmigung bedeutet für das Grundbuchamt ein Eintragungshindernis.[20] Bei gleichwohl vom Grundbuchamt ohne die notwendige behördliche Genehmigung vorgenommenen Eintragungen in das Grundbuch ist nach § 53 Abs. 1 S. 1 GBO ein Amtswiderspruch in das Grundbuch einzutragen.

55 Zur **Durchsetzung derartiger Sperren** müssen die **Grundbuchämter rechtzeitig aufmerksam gemacht** werden, wenn es zu Bodenordnungsverfahren über bestimmte Grundstücke kommt. Das geeignete Mittel ist die **Eintragung eines entsprechenden Vermerks in das Grundbuch** über die von dem jeweiligen Bodenordnungsverfahren betroffenen Grundstücke. Dementsprechend sehen die einzelnen „Bodenordnungsgesetze" auch vor, dass die Grundbuchämter über die Einleitung von „Bodenordnungsverfahren" zu unterrichten sind und entsprechende Vermerke in die Grundbücher einzutragen haben (z.B. § 54 Abs. 1 BauGB für das Umlegungsverfahren). Diese Vermerke haben zugleich eine Warnfunktion für die Teilnehmer am Grundstücksverkehr.

56 Solange das Liegenschaftskataster nicht entsprechend den Neufestsetzungen in einem Bodenordnungsplan berichtigt worden ist, gibt es den wirklichen Rechtszustand in Bezug auf Grundstücksbestände nicht richtig wieder. Das bedeutet die Notwendigkeit einer **vorübergehenden Ersetzung des Liegenschaftskatasters** in seiner Funktion als amtliches Verzeichnis der Grundstücke i.S.d. § 2 Abs. 2 GBO. Dementsprechend sehen die gesetzlichen Regelungen zu den einzelnen Bodenordnungsverfahren auch vor, dass „der jeweilige Bodenordnungsplan" bis zur Berichtigung des Liegenschaftskatasters als amtliches Verzeichnis der Grundstücke i.S.d. § 2 Abs. 2 GBO dient (z.B. § 74 Abs. 2 S. 1 BauGB für das Umlegungsverfahren).

57 Wenn der jeweilige Bodenordnungsplan das Liegenschaftskataster vorübergehend ersetzen und in das Liegenschaftskataster übernommen werden soll, bedeutet dies besondere Anforderungen an seine Qualität in Bezug auf katastermäßige Grundstücksdarstellungen. Dementsprechend wird in den einzelnen „Bodenordnungsgesetzen" auch angeordnet, dass der jeweilige „Bodenordnungsplan" **zur Übernahme in das Liegenschaftskataster geeignet** sein muss (z.B. § 74 Abs. 2 S. 1 BauGB für das Umlegungsverfahren). Die geforderte Eignung für die Übernahme in das Liegenschaftskataster richtet sich nach den Anforderungen, welche das Landesrecht in den einzelnen Vermessungs- und Katastergesetzen aufstellt. Mithin ist die Durchführung von Bodenordnungsverfahren regelmäßig mit der Durchführung von Katastervermessungen verbunden, wenn das Verfahren zu neuen Grundstücksbeständen führt. Allerdings gibt es auch hier mit dem Sonderungsverfahren nach dem Bodensonderungsgesetz (BoSoG) Ausnahmen.

---

20 *Wilke*, in: *Bauer/von Oefele*, Grundbuchordnung – Kommentar, 1. Aufl. 1999, § 18 GBO Rn 23.

b) Abgrenzung zur Enteignung

Trotz ihrer rechtsgestaltenden Wirkung in Bezug auf Grundstücksbestände und Berechtigungen an Grundstücken gilt deren verwaltungsmäßige Neuordnung in einem Bodenordnungsverfahren **grundsätzlich nicht als Enteignung**, sondern als entschädigungslos hinzunehmende **gesetzliche Inhaltsbestimmung des Eigentums** i.S.d. Art. 14 Abs. 1 S. 2 GG. Die Rechtsprechung z.B. zur Flurbereinigung[21] oder zur sog. Baulandumlegung nach dem BauGB[22] leitet dieses Ergebnis aus der **Privatnützigkeit der Bodenordnung** her. Der Zweck des jeweiligen Bodenordnungsverfahrens ist auf die plangerechte und zweckmäßige Nutzung der Grundstücke in dem jeweiligen Plangebiet ausgerichtet (z.B. § 45 Abs. 1 S. 1 BauGB für die Baulandumlegung). Damit dienen Bodenordnungsverfahren vorrangig den Interessen der von einem solchen Verfahren betroffenen Grundeigentümer, wenngleich ein paralleles Allgemeininteresse an der entsprechenden Nutzung des Bodens ebenfalls besteht.

58

Die Grundeigentümer haben wegen ihrer in das Bodenordnungsverfahren eingebrachten Grundstücke einen **Anspruch auf gleichwertige Landabfindung**. Die aus der Verteilungsmasse zugeteilten neuen Grundstücke treten hinsichtlich der Rechte an den alten Grundstücken an deren Stelle (Surrogationsprinzip – z.B. § 63 Abs. 1 S. 1 BauGB für die Baulandumlegung). Damit setzt sich das Eigentum an den alten Grundstücken unverändert (ungebrochen) an den neuen Grundstücken fort. Das Eigentumsrecht der von einem Bodenordnungsverfahren betroffenen Grundeigentümer geht also nicht wie bei einer Enteignung unter, sondern bleibt bestehen. Es wird lediglich das Bezugsobjekt des Eigentumsrechts ausgetauscht, indem ein neues (anderes) Grundstück an die Stelle des alten tritt.[23] Soweit dieser Landabfindungsanspruch nicht oder nur zum Teil erfüllt wird, entstehen Ausgleichsansprüche in Geld.

59

c) Verfahrensvorschriften und Rechtsweg

Auf das **Verwaltungsverfahren** finden grundsätzlich die VwVfG der Länder Anwendung, ergänzend das VwVfG des Bundes, soweit im Landesrecht Lücken bestehen. Denn Bodenordnungsverfahren werden regelmäßig von Landesbehörden durchgeführt, wenn auch auf der Grundlage von Bundesgesetzen. Wegen der weitgehenden Deckungsgleichheit vor allem bei den allgemeinen Bestimmungen in den VwVfG macht dies in der Praxis aber keinen wesentlichen Unterschied. Zu beachten sind aber die unterschiedlichen **Verfahrensvorschriften innerhalb der einzelnen Fachgesetze**, auf deren Grundlage Bodenordnungsverfahren durchgeführt werden. Diese speziellen Verfahrensbestimmungen haben gegenüber dem allgemeinen Verwaltungsverfahrensrecht nach den VwVfG Vorrang. Immer bleiben aber die grundlegenden allgemeinen Vorschriften des allgemeinen Verwaltungsverfahrensrechts nach den VwVfG anwendbar. Dies betrifft vor allem die Regelungen zum Untersuchungsgrundsatz (Amtsermittlungspflicht – § 24 VwVfG) und zum Verwaltungsakt (§§ 35 ff. VwVfG), wobei besonders auf die Vorschriften zur Begründungspflicht und zur Ermessensausübung hinzuweisen wäre (§§ 39, 40 VwVfG). Hier wird in der Behördenpraxis häufig „gesündigt", was Ansatzpunkte für „erfolgreiche anwaltliche Gegenwehr" bietet.

60

Hinsichtlich der **Rechtsbehelfe** und des **Rechtswegs** gilt grundsätzlich die VwGO. Zu beachten sind allerdings die **speziellen Regelungen in den einzelnen Fachgesetzen**. Mithin ist der Rechtsweg

61

---

[21] Z.B. BVerfGE 24, 367 = NJW 1969, 309 = DVBl 1969, 190 = DÖV 1969, 102; BGHZ 27, 15 = NJW 1957, 747 = RdL 1958, 193 = RzF 68/I 1, 13; BGHZ 35, 175 = NJW 1961, 1356 = RzF 50 II, 3; BGHZ 63, 81 = NJW 1975, 52; BGH MDR 1978, 123 = RdL 1978, 73 = AgrarR 1978, 129; BGH NJW 1983, 1661 = RdL 1983, 72 = AgrarR 1983, 284 = RzF 68 I, 151; BVerwGE 1, 225 = NJW 1955, 155 = RdL 1955, 52 = RzF 68 I/1, 1; BVerwGE 6, 79; BVerwGE 12, 1.

[22] BGHZ 89, 353 = NJW 1984, 2219; BGHZ 93, 103 = NJW 1985, 3073; BGHZ 100, 148 = NJW 1987, 3260 = LM § 46 BBauG Nr. 8; BGH NJW 1991, 2011; BGH NJW 1998, 2215; BVerwGE 1, 225 = NJW 1955, 155; BVerwGE 12, 1 = NJW 1961, 1083; BVerwG NJW 1990, 2399.

[23] So z.B. für die Baulandumlegung nach dem BauGB: BGHZ 51, 345 = NJW 1969, 1114; BGH NJW 1980, 1634; BGH NJW 1987, 3260; *Löhr*, in: Battis/Krautzberger/Löhr, BauGB – Kommentar, 6. Aufl. 1998, § 63 Rn 1.

nicht immer zu den Verwaltungsgerichten eröffnet; er kann je nach der Art des einzelnen Bodenordnungsverfahrens und dem Streitgegenstand auch zu den Baulandkammern bei den Landgerichten (§§ 217 ff. BauGB) oder zu den Landwirtschaftsgerichten (§§ 65 ff. LwAnpG) oder zu den Flurbereinigungsgerichten (§§ 138 ff. FlurbG) eröffnet sein. Darüber hinaus sind auch dort, wo der Verwaltungsrechtsweg grundsätzlich eröffnet ist, modifizierende Verfahrensbestimmungen in den Fachgesetzen zu beachten, die dem allgemeinen Verfahrensrecht nach der VwGO vorgehen (z.B. § 6 VZOG).

2. Arten von Bodenordnungsverfahren

62 Die Bodenordnung fällt entsprechend dem Rechtsgutachten des BVerfG zur Gesetzgebungszuständigkeit von Bund und Ländern aus dem Jahre 1954[24] und der Bad Dürkheimer Vereinbarung von Bund und Ländern zur Aufteilung der Gesetzgebungskompetenz im Bereich des Bau- und Bodenrechts[25] in die **Gesetzgebungskompetenz des Bundes**. Dementsprechend handelt es sich bei den einschlägigen Fachgesetzen zur Bodenordnung um folgende Bundesgesetze:

- **Flurbereinigungsgesetz** (FlurbG) vom 14.7.1953 (BGBl. I, 591) i.d. Neufassung vom 16.3.1973 (BGBl. I, 546), zuletzt geändert durch Gesetz vom 18.6.1997 (BGBl. I, 1430).

Die Flurbereinigung führt zu einer Neuordnung des ländlichen Grundbesitzes zur Verbesserung der Arbeits- und Produktionsbedingungen in der Land- und Forstwirtschaft sowie zur Förderung der allgemeinen Landeskultur und Landesentwicklung (§ 1 FlurbG). Sie bewirkt eine Neugestaltung des Flurbereinigungsgebietes, wobei die Feldmark neu einzuteilen und zersplitterter oder unwirtschaftlich geformter Grundbesitz nach neuzeitlichen betriebswirtschaftlichen Gesichtspunkten zusammenzulegen und nach Lage, Form und Größe zweckmäßig zu gestalten ist (§ 37 Abs. 1 S. 2 FlurbG). Das technische Mittel ist der Flurbereinigungsplan, in welchem die Ergebnisse des Verfahrens zusammengefasst werden (§ 58 FlurbG).

- **Baugesetzbuch** (BauGB) vom 8.12.1986 (BGBl. I, 2191) i.d. Neufassung vom 27.8.1997 (BGBl. I, 2141), zuletzt geändert durch Gesetz vom 17.12.1997 (BGBl. I, 3108).

Das BauGB sieht im Vierten Teil des Ersten Kapitels Vorschriften zur Bodenordnung vor, wobei diese in der Form der Umlegung (§§ 45 bis 79) oder als Grenzregelung (§§ 80 bis 84) erfolgen kann.

Die Umlegung dient der Erschließung oder Neugestaltung bestimmter Gebiete im Geltungsbereich eines Bebauungsplans oder im Zusammenhang bebauter Ortsteile. Sie führt zur Neuordnung bebauter und unbebauter Grundstücke mit dem Ziel, dass nach Lage, Form und Größe zweckmäßig gestaltete Grundstücke entstehen sollen (§ 45 Abs. 1 BauGB). Das technische Mittel ist der Umlegungsplan, aus welchem sich der in Aussicht genommene Neuzustand mit allen tatsächlichen und rechtlichen Änderungen ergeben muss, welche die im Umlegungsgebiet belegenen Grundstücke erfahren (§ 66 Abs. 2 BauGB).

Die Grenzregelung dient der Herbeiführung einer ordnungsgemäßen Bebauung einschließlich der Erschließung oder der Beseitigung baurechtswidriger Zustände. Sie führt zum Austausch benachbarter Grundstücke oder Grundstücksteile oder zur einseitigen Zuteilung benachbarter Grundstücke, insbesondere benachbarter Splittergrundstücke (§ 80 Abs. 1 BauGB). Das technische Mittel ist der Grenzregelungsbeschluss der Gemeinde, aus welchem sich die neuen Grenzen, die Neuordnung und die Neubegründung und Aufhebung von Dienstbarkeiten, Grundpfandrechten und Baulasten ergeben (§ 82 BauGB).

---

24 BVerfGE 3, 407 (Rechtsgutachten vom 16.6.1954).
25 *Böhm*, NJW 1955, 1474; *Löhr*, in: *Battis/Krautzberger/Löhr*, Baugesetzbuch – Kommentar, 6. Aufl. 1998, § 29 Rn 31 und Vorbemerkung zu §§ 123–135, Rn 3.

B. Bodenordnungsverfahren § 19

Zusätzliche Bodenordnungsverfahren in den neuen Bundesländern:

- Gesetz über die strukturelle Anpassung der Landwirtschaft an die soziale und ökologische Marktwirtschaft in der Deutschen Demokratischen Republik (**Landwirtschaftsanpassungsgesetz – LwAnpG**) vom 29.6.1990 (GBl DDR I, 642 und BGBl. II, 1204) i.d. Neufassung vom 3.7.1991 (BGBl. I, 1418), zuletzt geändert durch Gesetz vom 22.12.1997 (BGBl. I, 3224).

Das LwAnpG sieht im Achten Abschnitt Vorschriften zur Neuordnung der Eigentumsverhältnisse an Grundstücken vor. Dies geschieht in Zusammenhang mit dem Ausscheiden von Mitgliedern aus der LPG oder der eingetragenen Genossenschaft, der Bildung einzelbäuerlicher Wirtschaften oder zur Wiederherstellung der Einheit von selbständigem Eigentum an Gebäuden, Anlagen sowie Anpflanzungen und Eigentum an Grund und Boden. Hier besteht die Möglichkeit des freiwilligen Landtauschs unter den Beteiligten (§ 54 LwAnpG) oder der Durchführung eines Bodenordnungsverfahrens (§ 56 LwAnpG). Im letzteren Fall stellt der Bodenordnungsplan das verwaltungsmäßige Mittel dar. In ihm fasst die Flurneuordnungsbehörde die Ergebnisse des Verfahrens zusammen (§ 59 LwAnpG).

- Gesetz über die Feststellung der Zuordnung von ehemals volkseigenem Vermögen (**Vermögenszuordnungsgesetz – VZOG**) vom 22.3.1991 (BGBl. I, 766) i.d. Neufassung vom 29.3.1994 (BGBl. I, 709), zuletzt geändert durch Gesetz vom 27.6.2000 (BGBl. I, 897).

Das VZOG regelt, wie sein Name besagt, die Zuordnung von ehemals volkseigenem Grundvermögen an neue Eigentümer. Dabei kann es auch zur Zuordnung von Grundstücken an mehrere neue Berechtigte kommen. In solchen Fällen wird durch einen Zuordnungsplan entschieden, in welchem die Zuordnung aller oder bestimmter Teile des Grundstücks an Berechtigte zu entscheiden ist (§ 2 Abs. 2 a und 2 b VZOG).

- Gesetz über die Sonderung unvermessener und überbauter Grundstücke nach der Karte (**Bodensonderungsgesetz – BoSoG**) vom 20.12.1993 (BGBl. I, 2182 – Art. 14 des Registerverfahrensbeschleunigungsgesetzes vom 20.12.1993) i.V.m. der **Sonderungsplanverordnung** (SPV) vom 2.12.1994 (BGBl. I, 3701) und der Allgemeinen Verwaltungsvorschrift der Bundesregierung zur Bodensonderung (**Bodensonderungsvorschrift** – VwVBoSoG) vom 17.12.1997 in BAnz. Nr. 25 a vom 6.2.1998.

Das BoSoG regelt die Neuordnung von **unvermessenem Eigentum** (sog. ungetrennte Hofräume – § 1 Nr. 1 und § 2 BoSoG), **unvermessenen Nutzungsrechten** (§ 1 Nr. 2 und § 3 BoSoG), die **Bodensonderung zur Durchführung der Sachenrechtsbereinigung** (§ 1 Nr. 3 und § 4 BoSoG), die **ergänzende Bodenneuordnung** (§ 1 Nr. 3 und § 5 Abs. 2 BoSoG) sowie schließlich die **komplexe Bodenneuordnung** (§ 1 Nr. 4 und § 5 Abs. 3 BoSoG).

Hiervon haben als Bodenordnungsverfahren die ergänzende und komplexe Bodenneuordnung die hauptsächliche Bedeutung. Es geht um die Zuordnung von Vermögen an Kommunen und Wohnungsgenossenschaften nach dem VZOG. Dieses Gesetz kann wegen seiner inhaltlichen Beschränkung auf ehemals volkseigenes Vermögen dort nicht angewendet werden, wo es um die **Zuordnung des Eigentums an privateigenen Grundstücken** geht.

Die praktische Bedeutung des BoSoG für die Vermögenszuordnung nach dem VZOG liegt bei den Fällen der Durchführung des sog. **komplexen Wohnungsbaus auf privateigenen Grundstücken**. Derartiges ist in der ehemaligen DDR wiederholt vorgekommen, wobei es Fälle sowohl der vollständigen als auch der teilweisen Durchführung von Maßnahmen des komplexen Wohnungsbaus auf Privatgrundstücken geht. In den zuletzt genannten Fällen liegen dann „privateigene Einsprengsel" innerhalb eines Gebiets vor, in dem ansonsten Grundstücke in Volkseigentum standen. Die Zuordnung nach dem VZOG versagt in diesen Fällen ganz oder teilweise wegen ihres auf vormals volkseigene Grundstücke beschränkten Anwendungsbereichs. Hier ermöglicht das Bodensonderungsverfahren nach dem BoSoG die Zuweisung solcher in Privateigentum stehender Flächen an die Stellen, die sie

Zimmermann 1319

nach dem VZOG erhalten würden, wenn die Flächen in der Vergangenheit durch Enteignung nach dem Baulandgesetz der ehemaligen DDR in Volkseigentum überführt worden wären. Mithin liegt die eigentliche Bedeutung des Bodensonderungsverfahrens nach dem BoSoG in der Ersetzung oder Ergänzung der Vermögenszuordnung nach dem VZOG.

II. Konkurrenzen unterschiedlicher Bodenordnungsverfahren

1. Allgemeines

63 Die dem öffentlichen Recht zuzuordnenden Bodenordnungsverfahren nach den aufgezeigten verschiedenen Bundesgesetzen können zueinander in Konkurrenz treten. Dabei geht es sowohl um gleichzeitige als auch um nachträgliche Konkurrenzen in der Weise, dass ein Grundstück nach einem bereits durchgeführten Bodenordnungsverfahren später in ein anderes solches Verfahren einbezogen wird.

64 Vorab können bei einer solchen Betrachtung die Fälle ausgeschieden werden, bei denen die betroffenen Grundstücke der Sache nach kein Gegenstand sowohl des einen als auch des anderen Bodenordnungsverfahrens sein können. Die Flurbereinigung nach dem FlurbG betrifft ländlichen Grundbesitz innerhalb eines Flurbereinigungsgebietes (§§ 1 und 2 FlurbG). Dieser Grundbesitz umfasst nicht nur landwirtschaftlich genutzte Grundstücke „in der Feldmark" sowie nach § 84 FlurbG auch Waldgrundstücke, sondern entsprechend den Regelungen in § 37 Abs. 1 FlurbG unabhängig von ihrer jeweiligen Nutzung auch Grundstücke in dörflichen Ortslagen und sogar im Geltungsbereich von Bebauungsplänen.[26] Nicht erfasst werden jedoch Grundstücke in überwiegend städtisch geprägten Gebieten.[27] Dies wiederum führt dazu, dass **Überschneidungen der Flurbereinigung mit Bodenordnungsverfahren nach dem BauGB** in der Praxis **kaum vorkommen**. Denn die Bodenordnung nach dem BauGB findet regelmäßig in städtisch geprägten Gebieten oder zumindest in deren unmittelbarer Nähe statt.

2. Sondersituationen in den neuen Bundesländern

a) Bodenordnung nach dem LwAnpG und Flurbereinigung

65 In den neuen Bundesländern bestehen allerdings Berührungspunkte zwischen Bodenordnungsverfahren nach § 56 LwAnpG und der Flurbereinigung nach dem FlurbG. Denn nach § 63 Abs. 2 LwAnpG sind auf das Bodenordnungsverfahren nach diesem Gesetz die Vorschriften des FlurbG sinngemäß anzuwenden. Darüber hinaus kann ein Bodenordnungsverfahren nach § 63 Abs. 3 LwAnpG ganz oder in Teilen des Verfahrensgebietes als Flurbereinigungsverfahren nach dem FlurbG fortgeführt werden, wenn die Voraussetzungen für ein solches Verfahren vorliegen.

b) Bodenordnung nach dem BoSoG

66 Auch die gleichfalls in ihrem räumlichen Anwendungsbereich auf die neuen Bundesländer beschränkte Bodensonderung nach dem BoSoG kann in Berührung mit anderen Bodenordnungsverfahren kommen. Dabei geht es um echte Anwendungskonkurrenzen, die innerhalb des BoSoG geregelt sind und eine grundsätzliche **Nachrangigkeit der Bodensonderungsverfahren** hinter anderen Bodenordnungsverfahren begründen.

67 Hierzu wäre vorab auf die Vorschrift des **§ 21 BoSoG** hinzuweisen, wonach Verfahren nach diesem Gesetz den (Bodenordnungs-)Verfahren nach dem BauGB, dem FlurbG, dem 8. Abschnitt des

---

[26] BVerwG RdL 1983, 293 = RzF 1987 I, 79; BVerwG RdL 1993, 11 = RzF 1, 79; *Hegele*, in: *Seehusen/Schwede*, Kommentar zum Flurbereinigungsgesetz, 7. Aufl. 1997, § 1 FlurbG Rn 8.

[27] *Hegele*, in: *Seehusen/Schwede*, Kommentar zum Flurbereinigungsgesetz, 7. Aufl. 1997, § 1 FlurbG Rn 8.

LwAnpG sowie den Zuordnungsvorschriften (VZOG) nicht entgegenstehen. Das bedeutet, dass diese Verfahren durch Bodensonderungsverfahren nach dem BoSoG nicht gehindert werden, also im Ergebnis diesen gegenüber vorrangig sind. Die Bodenordnung nach den genannten Gesetzen kann also stattfinden, auch wenn zuvor eine Bodensonderung durchgeführt wurde.

Es fragt sich dann, wie es sich umgekehrt mit der Bodensonderung verhält, wenn diese gleichzeitig mit Verfahren nach dem BauGB, FlurbG, LwAnpG oder dem VZOG oder nach deren Abschluss durchgeführt werden soll. Auch hierzu hält das BoSoG spezielle Abgrenzungsregelungen vor. Nach **§ 5 Abs. 7 BoSoG** sind Bodensonderungsverfahren nach einer nach dem 2.10.1990 erfolgten Neuordnung der Bodeneigentumsverhältnisse „in einem behördlichen Verfahren" oder während der Anhängigkeit eines Verfahrens nach dem FlurbG sowie nach dem 8. Abschnitt des LwAnpG unzulässig. Die Ergebnisse abgeschlossener anderer behördlicher Bodenordnungsverfahren sollen nicht über ein nachträgliches Bodensonderungsverfahren nach dem BoSoG verändert oder beseitigt werden. Gleichfalls soll die Bodensonderung nach dem BoSoG noch anhängigen Verfahren nach dem FlurbG oder dem 8. Abschnitt des LwAnpG nicht vorgreifen. 68

Für Fälle gleichzeitiger Bodenordnungsverfahren sieht **§ 12 BoSoG** außerdem die Möglichkeit vor, ein Verfahren nach dem BoSoG auszusetzen, wenn in dem Sonderungsplangebiet Bodenordnungsverfahren nach dem FlurbG oder dem BauGB oder dem 8. Abschnitt des LwAnpG eingeleitet worden sind. Die Ergebnisse dieser vorrangigen Bodenordnungsverfahren nach den genannten Gesetzen sollen abgewartet und in die Bodensonderung nach dem BoSoG integriert werden können. Denn erst nach ihrem Abschluss stehen die neuen Grundstücke fest, an denen sich u.U. Rechte fortsetzen, deren Bereinigung die Bodensonderung nach dem BoSoG letztlich dienen soll. 69

Eine **Konkurrenz mit dem VZOG** scheidet grundsätzlich aus. Denn die dem Anwendungsbereich dieses Gesetzes unterfallenden ehemals volkseigenen Grundstücke sind kein Anwendungsfall des BoSoG (§ 5 Abs. 1 BoSoG). Allerdings ist die Anwendung des BoSoG **als Ergänzung zum VZOG** dort möglich, wo es um privateigene Grundstücke geht, deren Enteignung in der DDR-Zeit nach dem Baulandgesetz geboten gewesen wäre, jedoch unterblieb (§ 1 Nr. 3 und 4 BoSoG i.V.m. § 5 Abs. 2, 3 und 7 S. 2 BoSoG – ergänzende und komplexe Bodenneuordnung. 70

C. Umlegung nach dem BauGB

I. Systematik der Baulandumlegung

1. Einleitung und Durchführung des Umlegungsverfahrens

a) Beginn des Verfahrens

Die Umlegung nach den §§ 45 ff. BauGB dient der Erschließung oder Neugestaltung der räumlichen Geltungsbereiche von Bebauungsplänen oder der im Zusammenhang bebauten Ortsteile (§ 45 Abs. 1 S. 1 BauGB). Nach § 45 Abs. 2 S. 1 BauGB kann das Umlegungsverfahren auch dann eingeleitet werden, wenn der Bebauungsplan noch nicht aufgestellt worden ist. In diesem Fall müssen aber **mindestens** der Beschluss über die Aufstellung eines Bebauungsplans i.S.d. § 2 Abs. 1 S. 2 BauGB **und** „festgelegte planerische Vorstellungen" vorliegen, welche die Schlussfolgerung tragen, dass die Einleitung des Umlegungsverfahrens zur Verwirklichung des erst beabsichtigten Bebauungsplans notwendig ist.[28] Der Bebauungsplan muss dementsprechend nach § 45 Abs. 2 S. 2 BauGB vor dem Beschluss über die Aufstellung des Umlegungsplans in Kraft getreten sein. 71

---

28 BGH NJW 1987, 3260.

72 Die **Gemeinde** als Umlegungsstelle ordnet das Verfahren in eigener Verantwortung durch einen Umlegungsbeschluss an und führt es durch (§ 46 Abs. 1 und § 47 BauGB). Die Zuständigkeit innerhalb „der Gemeinde" für die Beschlussfassung richtet sich nach dem Kommunalverfassungsrecht der Länder, also nach den Gemeindeordnungen (GO). Regelmäßig ist in den meisten Ländern ein Beschluss des Gemeinderats notwendig, also des Kommunalparlaments. Eine Entscheidung durch die Kommunalverwaltung (Stadtverwaltung oder Gemeindeverwaltung) reicht nicht aus. Denn die Kommunalverwaltung ist nicht „die Gemeinde", sondern nur „die im Auftrag handelnde Verwaltung der Gemeinde". Allerdings ist die Kommunalverwaltung mit der verwaltungsmäßigen Vorbereitung von Umlegungsbeschlüssen befasst und legt entsprechende Entwürfe den zuständigen Gremien der Gemeinde beschlussfertig vor. An den Beschlussfassungen des Gemeinderats dürfen befangene Ratsmitglieder nicht mitwirken, also Ratsmitglieder, die durch den Umlegungsbeschluss persönlich betroffen wären.

73 In dem Umlegungsbeschluss ist das Umlegungsgebiet zu bezeichnen; die in ihm gelegenen Grundstücke sind einzeln aufzuführen. Der Umlegungsbeschluss ist ortsüblich bekannt zu machen und muss die Aufforderung enthalten, nicht aus dem Grundbuch ersichtliche, aber zur Beteiligung am Umlegungsverfahren berechtigende Rechte innerhalb eines Monats bei der Umlegungsstelle (= Gemeinde) anzumelden (§ 50 BauGB).

74 Das **Umlegungsgebiet** regelt § 52 BauGB. Es muss begrenzt sein, also durch äußere Grenzen bestimmt werden können. Hierzu reicht eine bloße Auflistung der erfassten Grundstücken innerhalb des Umlegungsgebiets nach ihrer Katasterbezeichnung nicht aus. Notwendig ist vielmehr eine Kennzeichnung des äußeren Grenzverlaufs des Umlegungsgebiets z.B. durch Straßennamen oder ähnlichen Angaben, die eine Identifikation ermöglichen.[29] Zweckmäßig ist stets die zeichnerische Darstellung des Umlegungsgebiets auf Auszügen aus dem Katasterkartenwerk (Flurkarte) im Maßstab 1: 1000. Dabei darf diese kartenmäßige Darstellung zur Kenntlichmachung der Grenzen des Umlegungsgebiets nicht nur dieses selber zeigen, sondern muss auch die an das Umlegungsgebiet angrenzenden und von der Umlegung nicht erfassten anderen Grundstücke erkennen lassen. Denn erst das macht die Begrenzung des Umlegungsgebiets deutlich und ermöglicht dadurch seine Einordnung in den räumlichen Gesamtzusammenhang des Gemeindegebiets.

75 Die Festsetzung des Umlegungsgebiets obliegt der Gemeinde nach Zweckmäßigkeitsgesichtspunkten. Damit steht der Gemeinde Verwaltungsermessen zu,[30] das sie nach § 40 VwVfG im konkreten Umlegungsfall bei der Festsetzung des Umlegungsgebietes auch ausüben muss, weil es sonst zur sog. Ermessensunterschreitung kommt.[31] Das Ermessen der Gemeinde ist allerdings eingeschränkt. Grundsätzlich kann das Umlegungsgebiet nur Teile der Gemarkung der Gemeinde umfassen; die Erstreckung auf fremdes Gemeindegebiet ist wegen der entsprechenden Planungshoheit der anderen Gemeinde nicht zulässig. Darüber hinaus ergibt sich aus der Beschränkung auf räumliche Geltungsbereiche von Bebauungsplänen oder im Zusammenhang bebaute Ortsteile in § 45 Abs. 1 BauGB (§ 17 Rn. 71), dass die Gemeinde das Umlegungsgebiet nur für solche Teile ihres Gemeindegebiets festsetzen kann, die von Bebauungsplänen erfasst oder im Zusammenhang bebaut sind. Bei den im Zusammenhang bebauten Ortsteilen i.S.d. § 34 BauGB kann es auf die nach Abs. 2 dieser Vorschrift möglichen Gemeindesatzungen ankommen, durch welche die Grenzen solcher im Zusammenhang bebauter Ortsteile und Bereiche im Außenbereich (§ 35 BauGB) als im Zusammenhang bebaute Ortsteile festgelegt sowie einzelne Außenbereichsgrundstücke zur Abrundung in Ortsteile einbezogen werden können, die im Zusammenhang bebaut sind. Derartige Festsetzungen durch Gemeindesatzung wären ggf. auch bei der Festsetzung eines Umlegungsgebiets von der Gemeinde zu beachten.

---

29 LG Darmstadt NVwZ 1997, 935.
30 BGH BBauBl 1967, 352; LG Darmstadt NVwZ 1997, 935.
31 BGH BBauBl 1967, 352; LG Darmstadt NVwZ 1997, 935.

Die Art der **ortsüblichen Bekanntmachung des Umlegungsbeschlusses** ist im BauGB nicht geregelt. Sie richtet sich, da es auf die Ortsüblichkeit ankommt, grundsätzlich nach gemeindlichem Orts- oder Satzungsrecht. Hierzu sehen die auf der Grundlage der jeweiligen Gemeindeordnung des Landes erlassenen **Hauptsatzungen der Gemeinden** meistens auch Bestimmungen über ortsübliche Bekanntmachungen vor.[32] Regelmäßig ist der öffentliche Aushang im oder am Rathaus und die Veröffentlichung in einer regionalen Tageszeitung notwendig, und zwar auch dann, wenn das gemeindliche Satzungsrecht dazu keine Anordnungen enthält. **Keine Anwendung** finden allerdings die Grundsätze über **öffentliche Bekanntmachungen**, wonach z.B. im Aufgebotsverfahren nach § 948 Abs. 1 ZPO zusätzlich zum Aushang an der Gerichtstafel die einmalige Einrückung im Bundesanzeiger notwendig wäre.[33] Wesentlich ist aber die **Vollständigkeit** der ortsüblichen Bekanntmachung, indem sich aus ihr der in **§§ 47 und 50 BauGB vorgeschriebene Mindestinhalt** ergeben muss.[34]

76

b) Umlegungsausschüsse

Zur Verfahrensdurchführung sieht § 46 Abs. 2 BauGB eine **Verordnungsermächtigung für die Landesregierungen** zur Regelung der Bildung von Umlegungsausschüssen als für die Verfahrensdurchführung zuständige Stelle durch Rechtsverordnung vor. Hiervon haben die Bundesländer auch Gebrauch gemacht und die Bildung von Umlegungsausschüssen und deren Verfahrensbefugnisse **in unterschiedlicher Weise** durch Rechtsverordnung geregelt.[35] Im konkreten Umlegungsfall kommt es deshalb darauf an, neben dem BauGB auch die entsprechende Rechtsverordnung des jeweiligen Bundeslandes mit heranzuziehen. Die Einrichtung des Umlegungsausschusses ist Sache des Gemeinderats.[36]

77

---

32 So z.B. OVG Magdeburg VIZ 1997, 180 zur ortsüblichen Bekanntmachung des Beschlusses über die Durchführung eines Bodenordnungsverfahrens nach dem LwAnpG. S. auch *Leder/Scholtissek*, DtZ 1991, 116.
33 S. dazu auch das Gesetz über Bekanntmachungen vom 17.5.1950 (BGBl, 83).
34 S. dazu auch BVerfG NJW 1988, 1255 in Zusammenhang mit der öffentlichen Bekanntmachung von Gerichtsentscheidungen im BAnz. und der Wahrung von Rechtsmittelfristen.
35 Z. B. für die neuen Bundesländer: a) Brandenburg: Zweite Verordnung zur Durchführung des BauGB (Umlegungsausschußverordnung – UmlAussV) vom 11.10.1994 (GVBl Bbg. II, 901). Die Bildung von Umlegungsausschüssen durch die Gemeinden wird angeordnet, wobei diese Ausschüsse zugleich auch für mehrere Gemeinden gemeinsam gebildet werden können. Die Umlegungsausschüsse nehmen die Befugnisse der Umlegungsstelle nach den §§ 47 bis 79 BauGB wahr und sind zugleich auch für Grenzregelungsverfahren nach den §§ 80 bis 84 BauGB zuständig. Die Entscheidungen der Umlegungsausschüsse sind in einem Vorverfahren zu überprüfen, wobei als Widerspruchsbehörde der Obere Umlegungsausschuss beim Ministerium des Innern zuständig ist (§§ 1, 2, 7, 8 UmlAussV); b) Mecklenburg-Vorpommern: Verordnung über die Bildung von Umlegungsausschüssen und das Vorverfahren in Umlegungs- und Grenzregelungsangelegenheiten vom 30.6.1993 (GVOBl M.-V., 693). Keine zwingend vorgeschriebene Bildung von Umlegungsausschüssen durch die Gemeinden (Kannvorschrift). Zuständigkeit als Widerspruchsbehörde bei der Gemeinde. Im Übrigen wie Brandenburg (§§ 1, 6 der VO); c) Sachsen-Anhalt: Verordnung über die Bodenordnung nach dem BauGB (VO Bod) vom 31.10.1991 (GVBl LSA, 430). Regelungen wie in Brandenburg, aber Zuständigkeit als Widerspruchsbehörde bei den Gemeinden (§§ 1, 7 VO Bod); d) Sachsen: Verordnung der Sächsischen Staatsregierung über die Umlegungsausschüsse und das Vorverfahren bei Umlegungen und Grenzregelungen nach dem BauGB (Umlegungsausschußverordnung – UAVO) vom 6.4.1993 (Sächs. GVBl, 81). Regelungen wie in Brandenburg, aber Zuständigkeit der Regierungspräsidenten als Widerspruchsbehörde. Dabei Einschränkung der Entscheidungsbefugnisse der Widerspruchsbehörde durch angeordneten Vorbehalt für Überprüfungen der Zweckmäßigkeit, deren Beurteilung ausschließlich den Gemeinden obliegt (§§ 1, 9 UAVO); e) Thüringen: Verordnung über die Umlegungsausschüsse (Umlegungsausschußverordnung – UAVO) vom 6.8.1991 (Thür. GVBl, 341), geändert durch VO vom 28.9.1995 (Thür. GVBl, 316). Regelungen wie in Sachsen-Anhalt (§§ 1, 8 UAVO).
36 S. dazu auch BGH NJW 1989, 1039.

c) Verfügungs- und Veränderungssperre

78 Als unmittelbare Folge des Umlegungsbeschlusses ordnet § 51 BauGB eine **Verfügungs- und Veränderungssperre** an. Danach dürfen von der Bekanntmachung des Umlegungsbeschlusses bis zum In-Kraft-Treten des Umlegungsplans bestimmte rechtsgeschäftliche Verfügungen über Grundstücke und Rechte an diesen sowie auch tatsächliche Veränderungen der Grundstücke einschließlich baulicher Maßnahmen auf ihnen **nur noch mit Genehmigung der Umlegungsstelle** vorgenommen werden. Ausnahmen von dieser Genehmigungspflicht sind in § 51 Abs. 1 S. 2 (Sanierungsgebiete) und Abs. 2 BauGB (bereits zuvor baurechtlich genehmigte Vorhaben) vorgesehen.

79 Die Verfügungs- und Veränderungssperre dient der **Sicherung des Umlegungszwecks**. Dementsprechend darf eine beantragte Genehmigung nach § 51 Abs. 3 BauGB nur versagt werden, wenn Grund zu der Annahme der **Unmöglichmachung oder wesentlichen Erschwerung der Umlegung** durch das betreffende genehmigungspflichtige Vorhaben besteht. Dies hat die Genehmigungsbehörde i.S.d. § 39 VwVfG konkret zu begründen. Dabei ist auch die Möglichkeit von Genehmigungen unter Auflagen, Bedingungen und Befristungen nach § 51 Abs. 4 BauGB zu prüfen. Fehlt es an den Versagungsgründen in § 51 Abs. 3 BauGB, muss die Genehmigungsbehörde genehmigen. Sie hat insoweit keinen Ermessensspielraum.[37] Der Anspruch auf die Erteilung von Genehmigungen ist nach § 217 Abs. 1 S. 1 BauGB vor den Baulandkammern der Landgerichte geltend zumachen. Zu beachten sind die auf der Grundlage der Verordnungsermächtigung in § 212 BauGB erlassenen Rechtsverordnungen der Landesregierungen über die Durchführung des Vorverfahrens vor dem Antrag auf gerichtliche Entscheidung der Baulandkammer.[38]

80 Die **Umlegungsstelle unterrichtet** das **Grundbuchamt** und die für die **Führung des Liegenschaftskatasters zuständige Stelle** über die Einleitung des Umlegungsverfahrens (§ 54 Abs. 1 S. 1 BauGB). Die Mitteilung gegenüber dem Grundbuchamt muss den Anforderungen des § 29 GBO genügen. Hierzu genügt die Übersendung einer unterzeichneten und mit dem Dienstsiegel versehenen Ausfertigung des Umlegungsbeschlusses (§ 29 Abs. 3 GBO). Das Grundbuchamt hat in die Grundbücher der von der Umlegung betroffenen Grundstücke den **Umlegungsvermerk** einzutragen. Inhaltlich besagt der Vermerk lediglich, dass ein Umlegungsverfahren eingeleitet wurde (§ 54 Abs. 1 S. 2 BauGB). Der Vermerk ist ein reiner Achtungsvermerk und bedeutet für sich keine neue Belastung des Grundstücks. Seine Funktion erschöpft sich darin, sowohl das Grundbuchamt selber als auch die Teilnehmer am Grundstücksverkehr auf das Umlegungsverfahren und die mit ihm kraft Gesetzes verbundene Verfügungs- und Veränderungssperre nach § 52 BauGB aufmerksam zu machen.[39]

81 Die durch § 52 BauGB begründete Genehmigungspflicht für Verfügungen über Grundstücke wirkt als **Grundbuchsperre**. Das Fehlen der Genehmigung stellt sich als Eintragungshindernis i.S.d. § 18 GBO dar, so dass Grundbucheintragungen nicht vorgenommen werden dürfen.[40] Gleichwohl ohne Genehmigung vorgenommene Grundbucheintragungen verstoßen gegen gesetzliche Vorschriften und führen zur Unrichtigkeit des Grundbuchs. Es ist dann nach § 53 Abs. 1 S. 1 GBO von Amts wegen ein Widerspruch im Grundbuch einzutragen. Unterlässt das Grundbuchamt die Eintragung des Amtswiderspruchs, kann es im Beschwerdeverfahren angewiesen werden, diesen Widerspruch einzutragen (§ 71 Abs. 2 GBO).

82 Soweit im Grundbuch ein Vermerk über die Anordnung der **Zwangsversteigerung** oder Zwangsverwaltung eingetragen ist, hat die Umlegungsstelle das Vollstreckungsgericht über den Umlegungsbeschluss zu unterrichten, soweit dieser das Grundstück betrifft (§ 54 Abs. 3 BauGB). Die Regelung dient letztlich dem Schutz der Bieter im Zwangsversteigerungsverfahren, indem diese auf diese

---

[37] BGH WM 1981, 853; BGH NVwZ 1982, 148; BGH NVwZ 1983, 116.
[38] Für den Bereich der neuen Länder s. die Rechtsverordnungen zu den Umlegungsausschüssen und zum Vorverfahren im Umlegungsverfahren (s.o. Fn 35).
[39] BGH NJW 1987, 3260.
[40] *Wilke*, in: *Bauer/von Oefele*, Kommentar zur Grundbuchordnung, 1. Aufl. 1999, § 18 GBO Rn 23.

Weise von dem Umlegungsverfahren erfahren und beurteilen können, ob sie gleichwohl für das Grundstück bieten wollen. Da es sich bei dem Zuschlag in der Zwangsversteigerung nicht um eine rechtsgeschäftliche Verfügung über das Grundstück handelt, sondern um einen staatlichen Hoheitsakt, hindert die mit dem Umlegungsverfahren verbundene Verfügungs- und Veränderungssperre die Versteigerung nicht. Allerdings hat die Zwangsversteigerung auch nicht zur Folge, dass die Umlegung verhindert würde. Im Ergebnis wird aber die Zwangsversteigerung i.d.R. daran scheitern, dass sich kein Bieter für das Grundstück findet.

d) Umlegungsplan

Das Umlegungsverfahren mündet in den aus Umlegungskarte sowie Umlegungsverzeichnis bestehenden und durch Beschluss der Umlegungsstelle aufzustellenden **Umlegungsplan**. Dieser enthält den in Aussicht genommenen **Neuzustand mit allen tatsächlichen und rechtlichen Änderungen**, welche die in dem Umlegungsgebiet gelegenen Grundstücke erfahren (§ 66 BauGB). Bei diesen im Umlegungsplan enthaltenen Änderungen geht es nicht nur um die Bodenordnung durch neue Grundstücke und deren Zuteilung an Grundeigentümer, sondern auch um die Aufhebung, Änderung und Neubegründung von dinglichen und persönlichen Rechten an Grundstücken sowie von grundstücksgleichen Rechten (§ 61 BauGB).

83

Der Umlegungsplan muss nach Form und Inhalt **zur Übernahme in das Liegenschaftskataster geeignet** sein (§ 66 Abs. 2 S. 2 BauGB). Dies erfordert die Durchführung von Katastervermessungen, wenn die Umlegung zu einer Neuverteilung des Bodens durch Zuteilung neu geschnittener Grundstücke führt, die in dem Umlegungsverfahren aus der Umlegungsmasse gebildet wurden, also aus dem Gesamtbestand der in dem Umlegungsgebiet gelegenen Grundstücke (§ 55 BauGB).[41] Hierzu kommt es auf die Erarbeitung eines neuen Katasterzahlenwerks für die Grundstücke in dem Umlegungsgebiet und auf entsprechende Vermessungsschriften an (Vermessungsrisse und -karten). Diese müssen von einer zu Fortführungsvermessungen befugten Stelle oder von einem öffentlich bestellten Vermessungsingenieur gefertigt werden (s. dazu auch § 113 Abs. 2 Nr. 4 a BauGB). Mit der Forderung der Eignung zur Übernahme in das Liegenschaftskataster entspricht das Umlegungsverfahren nach dem BauGB anderen Bodenordnungsverfahren nach dem FlurbG, dem LwAnpG und dem VZOG, in denen diese Katastereignung der jeweiligen Pläne ebenfalls gegeben sein muss. Lediglich die Bodenneuordnung nach dem Bodensonderungsgesetz (BoSoG)[42] lässt in Ausnahmefällen Sonderungspläne zu, denen die Katastereignung fehlt.

84

Der Umlegungsplan tritt durch ortsübliche Bekanntmachung des Zeitpunkts des Eintritts seiner Unanfechtbarkeit in Kraft, wobei auch eine teilweise Unanfechtbarkeit möglich ist, wenn sich eingelegte Rechtsbehelfe nicht auf die entsprechenden Teile des Umlegungsplans auswirken können (§ 71 BauGB). Mit der ortsüblichen Bekanntmachung der Unanfechtbarkeit wird der bisherige Rechtszustand durch den im Umlegungsplan vorgesehenen neuen Rechtszustand ersetzt (§ 72 BauGB). Dies schließt die Einweisung der neuen Eigentümer in den Besitz der ihnen zugeteilten Grundstücke ein. Der Umlegungsplan hat also gestaltende Wirkung und lässt Grundbuch und Liegenschaftskataster unrichtig werden. Beide Grundstücksregister sind deshalb entsprechend dem Umlegungsplan zu berichtigen (§ 74 Abs. 1 BauGB). Bis zur Berichtigung des Liegenschaftskatasters entsprechend den Neufestsetzungen des Umlegungsplans dient dieser als amtliches Verzeichnis der Grundstücke i.S.d. § 2 Abs. 2 GBO (§ 74 Abs. 2 BauGB). Hierzu muss der Umlegungsplan jedoch nach Form und Inhalt zur Übernahme in das Liegenschaftskataster geeignet sein.

85

---

41 Nach dem Katasterrecht der Länder müssen Flurstücke katastermäßig vermessen sein (z.B. § 12 VermKatG LSA); s. auch BGH NJW 1973, 1077; BVerwG NVwZ 1995, 484 = NJW 1995, 2370; BayObLG NJW 1989, 2479; OVG Münster NJW 1993, 217.

42 Gesetz über die Sonderung unvermessener und überbauter Grundstücke nach der Karte (Bodensonderungsgesetz – BoSoG) vom 20.12.1993 (BGBl I, 2182 – Art. 14 des Registerverfahrensbeschleunigungsgesetzes vom 20.12.1993).

2. Verwaltungsverfahren und Rechtsweg

86 Auf das **Verwaltungsverfahren** der Gemeinde bzw. des Umlegungsausschusses finden **ergänzend** zu den materiellen und den auf das Verwaltungsverfahren bezogenen Vorschriften der §§ 207 ff. BauGB **die Verwaltungsverfahrensgesetze der Länder** (VwVfG Länder)[43] Anwendung.[44] Daneben kommt ausnahmsweise auch die Anwendung des Verwaltungsverfahrensgesetzes des Bundes (VwVfG)[45] in Betracht, wenn das Verwaltungsverfahrensrecht des jeweiligen Bundeslandes nicht geregelte Lücken aufweisen sollte. Da aber das Verwaltungsverfahrensrecht in den VwVfG des Bundes und der Länder weitgehend wortgleich geregelt ist, spielt der aufgezeigte systematische Unterschied zu den Anwendungsbereichen dieser Gesetze im praktischen Einzelfall kaum eine Rolle. Dies gilt **insbesondere** für die auch beim Umlegungsverfahren nach dem BauGB zu beachtenden **allgemeinen Verfahrensvorschriften in den VwVfG** auf dem Gebiet der **Sachverhaltsaufklärung** (Untersuchungsgrundsatz nach § 24 VwVfG Bund und § 24 VwVfG LSA) sowie der **Ermessensausübung** (§ 40 VwVfG Bund und § 40 VwVfG LSA) und der **Pflicht zur Begründung von Verwaltungsakten** (§ 39 VwVfG Bund und § 39 VwVfG LSA).

87 Besonders die zuletzt erwähnte Begründungspflicht nach § 39 VwVfG wird in der Praxis häufig verletzt, indem Umlegungspläne keine oder nur unzureichende Begründungen für die in ihnen getroffenen Festsetzungen enthalten. Ein Verstoß gegen die in den VwVfG angeordnete Begründungspflicht führt zur Rechtswidrigkeit der Verwaltungsentscheidung,[46] wobei eine Heilung dieses Mangels durch Nachholen einer fehlenden Begründung nach § 45 Abs. 1 Nr. 2 und Abs. 2 VwVfG nur bis zum Abschluss des Widerspruchsverfahrens möglich ist.[47] Allerdings kann die Behörde eine entsprechend § 39 VwVfG gegebene Begründung für ihren Verwaltungsakt sogar noch während des verwaltungsgerichtlichen Verfahrens ergänzen oder ändern, solange der Verwaltungsakt durch die geänderte Begründung nicht in seinem Wesen verändert wird.[48]

88 Der Umlegungsplan kann durch fristgebundenen **Antrag auf gerichtliche Entscheidung** angefochten werden, über den die Kammer für Baulandsachen des für den Sitz der Umlegungsstelle örtlich zuständigen Landgerichts entscheidet (§§ 217, 219 BauGB). Vor dem Antrag auf gerichtliche Entscheidung ist in allen alten und neuen Bundesländern **mit Ausnahme von Bremen** das ebenfalls fristgebundene **Vorverfahren** nach den §§ 68 ff. VwGO durchzuführen (Widerspruchsverfahren). Die genannten Bundesländer haben von der gesetzlichen Verordnungsermächtigung in § 212 Abs. 1 BauGB Gebrauch gemacht und die Durchführung des Vorverfahrens durch Rechtsverordnung angeordnet (s. auch § 217 Abs. 2 S. 3 BauGB).

II. Vorwegabzug von Flächen (Umlegungs- und Verteilungsmasse)

1. Allgemeines

a) Prinzip des Vorwegabzugs von Flächen

89 Die im Umlegungsgebiet gelegenen Grundstücke werden entsprechend § 55 Abs. 1 BauGB nach ihrer Fläche zu einer Masse vereinigt, wobei die Vorschrift in einem Klammerzusatz den technischen

---

[43] Z.B. Verwaltungsverfahrensgesetz für das Land Sachsen-Anhalt (VwVfG LSA) vom 18.8.1993 (GVBl LSA, 412), geändert durch Gesetz vom 21.11.1997 (GVBl, 1018).
[44] Battis, in: Battis/Krautzberger/Löhr, BauGB – Kommentar, 6. Aufl. 1998, Vorbemerkung zu §§ 200 bis 216 Rn 2.
[45] Verwaltungsverfahrensgesetz (VwVfG) i.d. Neufassung vom 21.9.1998 (BGBl I, 3050).
[46] BVerwG NJW 1994, 211 = NVwZ 1993, 976; BVerwG NJW 1998, 2233; VGH Kassel NJW 1993, 1614 = NVwZ 1993, 204; VGH Mannheim NJW 1993, 874 = NVwZ 1992, 898; VG Chemnitz VIZ 1996, 739.
[47] BVerwG NJW 1994, 211 = NVwZ 1993, 976.
[48] BVerwGE 64, 356 = NVwZ 1982, 620; BVerwGE 71, 363 = NVwZ 1986, 305; BVerwG, Buchholz 418.02 Tierärzte Nr. 2, S. 7; BVerwG, Buchholz 451.512 MGVO Nr. 37, S. 162; BVerwG, Buchholz 316 § 45 VwVfG Nr. 16; BVerwG NJW 1994, 211 = NVwZ 1993, 976.

Begriff **Umlegungsmasse** einführt. Diese Umlegungsmasse entspricht aber nicht dem, was später wieder an die Grundeigentümer verteilt wird. Denn aus ihr sind nach § 55 Abs. 2 S. 1 Nr. 1 und 2 sowie Abs. 5 BauGB **vorweg entschädigungslos Flächen auszuscheiden** und der Gemeinde oder dem sonstigen Erschließungsträger zuzuteilen. Die nach diesem Vorwegabzug von Flächen verbleibende Masse ist nach § 55 Abs. 4 BauGB die **Verteilungsmasse**; sie ist zwangsläufig kleiner als die Umlegungsmasse. Mithin haben die aus ihr zu bildenden und an die Grundeigentümer zuzuweisenden **neuen Grundstücke regelmäßig geringere Flächengrößen** als die Ursprungsgrundstücke dieser Grundeigentümer.

b) Grundsatz der Surrogation

Die aus der Verteilungsmasse zugeteilten neuen Grundstücke treten nach § 63 Abs. 1 S. 1 BauGB hinsichtlich der Rechte an den alten Grundstücken an deren Stelle (Surrogationsprinzip). Dies bedeutet aber nicht die Gleichheit der Grundstücke in Bezug auf ihre Beschaffenheit und Werte. Geregelt ist damit nur der Rechtsgrundsatz, dass sich das Eigentum an den alten Grundstücken unverändert (ungebrochen) an den neuen Grundstücken fortsetzt. Das Eigentumsrecht der Grundeigentümer in dem Umlegungsgebiet geht deshalb nicht wie bei einer Enteignung unter, sondern bleibt bestehen. Es wird lediglich das Bezugsobjekt des Eigentumsrechts ausgetauscht, indem ein neues (anderes) Grundstück an die Stelle des alten tritt.[49]

90

c) Keine Enteignung sondern inhaltliche Ausgestaltung des Eigentums

Die Umlegung nach dem BauGB ist **nicht als Enteignung**, sondern als entschädigungslos hinzunehmende gesetzliche **Inhaltsbestimmung des Eigentums** i.S.d. Art. 14 Abs. 1 S. 2 GG ausgestaltet. Dieses Ergebnis wird aus der **Privatnützigkeit der Umlegung** hergeleitet. Der Zweck des Umlegungsverfahrens ist auf die plangerechte und zweckmäßige Nutzung der Grundstücke in dem Umlegungsgebiet ausgerichtet (§ 45 Abs. 1 S. 1 BauGB). Damit dient das Verfahren vorrangig den Interessen der Grundeigentümer, wenngleich ein paralleles Allgemeininteresse an der entsprechenden Nutzung des Bodens ebenfalls besteht.[50] Dementsprechend ist auch das Vorwegausscheiden von Flächen im Rahmen des § 55 Abs. 2 und 3 BauGB nur statthaft, soweit diese Flächen i.S.d. der Privatnützigkeit der Umlegung überwiegend den Bedürfnissen der Bewohner des Umlegungsgebietes dienen sollen. Ausschließlich diese Zweckbestimmung berechtigt zur Verkleinerung der Verteilungsmasse durch den Vorwegabzug von Flächen.[51] Fehlt sie, so vermag auch eine ansonsten wertgleiche Zuteilung diesen Mangel nicht zu heilen.[52] Dem trägt auch die Regelung in § 55 Abs. 5 BauGB Rechnung. Danach ist der Vorwegabzug zwar auch für sonstige Flächen zulässig, für die nach dem Bebauungsplan eine Nutzung für öffentliche Zwecke festgesetzt ist, ohne dass sie überwiegend den Bedürfnissen der Bewohner des Umlegungsgebietes dienen sollen. Voraussetzung für diese Art des Flächenabzugs ist jedoch, dass der Bedarfs- oder Erschließungsträger (Gemeinde) geeignetes Ersatzland einbringt und auf diese Weise die Verkleinerung der Verteilungsmasse durch einen Flächenabzug für sonstige Flächen wieder ausgleicht.

91

---

[49] BGHZ 51, 345 = NJW 1969, 1114; BGH NJW 1980, 1634; BGH NJW 1987, 3260; *Löhr*, in: *Battis/Krautzberger/Löhr*, BauGB – Kommentar, 6. Aufl. 1998, § 63 Rn 1.

[50] BGHZ 89, 353 = NJW 1984, 2219; BGHZ 93, 103 = NJW 1985, 3073; BGHZ 100, 148 = NJW 1987, 3260 = LM § 46 BBauG Nr. 8; BGH NJW 1991, 2011; BGH NJW 1998, 2215; BVerwGE 1, 225 = NJW 1955, 155; BVerwGE 12, 1 = NJW 1961, 1083; BVerwG NJW 1990, 2399; *Löhr*, in: *Battis/Krautzberger/Löhr*, BauGB – Kommentar, 6. Aufl. 1998, § 55 Rn 20.

[51] BGH NJW 1998, 2215; *Löhr*, in: *Battis/Krautzberger/Löhr*, BauGB – Kommentar, 6. Aufl. 1998, § 55 Rn 20.

[52] BGH WM 1981, 853 m.w.N.; BGH NJW 1998, 2215.

d) Festsetzungen des Bebauungsplans als Maßstab für Flächenabzüge

92 Die Umlegung findet im Geltungsbereich eines Bebauungsplans oder innerhalb der im Zusammenhang bebauten Ortsteile statt (§ 45 Abs. 1 S. 1 BauGB). Sie ist von der Gemeinde anzuordnen, sobald sie zur Verwirklichung eines Bebauungsplans erforderlich ist (§ 46 Abs. 1 BauGB). Der **Umfang des Flächenabzugs** richtet sich deshalb grundsätzlich nach den **Festsetzungen des Bebauungsplans** zu solchen Flächen innerhalb des Umlegungsgebiets, die im Wege des Vorwegabzugs nach § 55 Abs. 2 und 5 BauGB aus der Umlegungsmasse ausgeschieden werden können. Hierzu kommt es auf die **Einzelfestsetzungen des Plans i.S.d. § 9 Abs. 1 BauGB** an. Aus ihnen ergibt sich der Bedarf an Flächen, die der Gemeinde oder dem sonstigen Bedarfsträger zur Verwirklichung des Bebauungsplans vorab zugeteilt werden müssen. Damit bestimmt der Inhalt des Bebauungsplan die Abzugsflächen nach Art und Menge.

93 Dies wiederum bedeutet, dass ein **vom Inhalt des Bebauungsplans losgelöster Vorwegabzug** von Flächen **unzulässig** ist. Es geht deshalb auch nicht an, den Vorwegabzug „abstrakt rechnerisch" z.B. durch pauschale Anwendung von Prozentsätzen der Umlegungsmasse zu bestimmen oder zu „schätzen". Dies steht der Verwendung sog. Erfahrungswerte für Flächenabzüge entgegen, wie diese im Fachschrifttum mitgeteilt werden.[53] Denn die hinter solchen Erfahrungswerten stehenden örtlichen Bedingungen und Festsetzungen in Bebauungsplänen sind unterschiedlich; sie lassen sich nicht verallgemeinern. Notwendig ist vielmehr eine an den Einzelfestsetzungen des Bebauungsplans zu „abzugsfähigen Einzelvorhaben" i.S.d. § 55 Abs. 2 und 5 BauGB ausgerichtete und nachvollziehbar begründete (§ 39 VwVfG) Ableitung des Flächenbedarfs der Gemeinde im konkreten Umlegungsverfahren. Erst dieser **qualifiziert begründete Flächenbedarf** kann für die weitere Durchführung des Umlegungsverfahrens herangezogen und zur Bestimmung der Verteilungsmasse i.S.d. § 55 Abs. 4 BauGB in eine rechnerische Beziehung zu der Umlegungsmasse gebracht werden.

94 Nach **§ 45 Abs. 2 S. 1 BauGB** kann das **Umlegungsverfahren auch vor der Aufstellung des Bebauungsplans** eingeleitet werden. In diesem Fall müssen aber **mindestens** der Beschluss über die Aufstellung eines Bebauungsplans i.S.d. § 2 Abs. 1 S. 2 BauGB **und** „festgelegte planerische Vorstellungen" vorliegen, welche die Schlussfolgerung tragen, dass die Einleitung des Umlegungsverfahrens zur Verwirklichung des erst beabsichtigten Bebauungsplans notwendig ist.[54] Nach **§ 45 Abs. 2 S. 2 BauGB muss aber der Bebauungsplan in Kraft getreten sein**, bevor der Beschluss über die Aufstellung des Umlegungsplans i.S.d. § 66 Abs. 1 BauGB ergeht. Diese Kautele stellt sicher, dass auch in den Fällen der Einleitung des Umlegungsverfahrens ohne gültigen Bebauungsplan ein solcher Bebauungsplan spätestens bei der Aufstellung des Umlegungsplans vorhanden ist und den anwendbaren Maßstab für Flächenabzüge i.S.d. § 55 Abs. 2 BauGB abgeben kann. Sie ist auch unbedingt erforderlich. Denn nach der Rechtsprechung des BVerwG ist die gänzliche oder teilweise Rückabwicklung einer zweckverfehlten Umlegung (z.B. durch spätere Änderung des Bebauungsplans) nicht möglich.[55]

---

[53] Umfrage des Deutschen Städtetags vom 13.3.1997 (Umdruck M 4801), zitiert bei *Kleiber*, in: *Kleiber/Simon/Weyers*, Verkehrswertermittlung von Grundstücken, 3. Aufl. 1998, V § 4 WertV Rn 363. Danach beträgt der durchschnittliche Flächenabzug i.S.d. § 55 Abs. 2 BauGB bei Umlegungsverfahren für Wohngebiete ohne naturschutzrechtliche Ausgleichsflächen i.S.d. des BNatSchG ca. 21 v.H. der Umlegungsmasse. Mit naturschutzrechtlichen Ausgleichsflächen beträgt der Flächenabzug bei Wohngebieten ca. 28 v.H. Bei Gewerbegebieten liegen die entsprechenden Werte für Abzugsflächen nach der Umfrage des Deutschen Städtetags bei ca. 17,5 v.H. ohne bzw. bei ca. 24 v.H. mit naturschutzrechtlichen Ausgleichsflächen.

[54] BGH NJW 1987, 3260.

[55] BVerwG NJW 1990, 2399.

2. Arten zulässiger Flächenabzüge

a) Flächenabzug für Erschließungszwecke

Aus der Umlegungsmasse werden nach § 55 Abs. 2 S. 1 Nr. 1 und 2 BauGB vorweg die Flächen ausgeschieden und der Gemeinde oder dem sonstigen Erschließungsträger zugeteilt, welche nach dem Bebauungsplan innerhalb des Umlegungsgebiets als **örtliche Verkehrsflächen** (Nr. 1) sowie als **Parkplätze, Grünanlagen, Kinderspielplätze, Anlagen zum Schutz gegen schädliche Umwelteinwirkungen** und **Regenklär- sowie -überlaufbecken** (Nr. 2) festgesetzt sind. Die Aufzählung dieser „Erschließungsvorhaben" im Gesetz ist abschließend. Für andere Vorhaben kommt der Flächenabzug nach § 55 Abs. 2 S. 1 BauGB nicht in Betracht, ggf. allerdings ein Vorwegabzug nach § 55 Abs. 5 BauGB für „sonstige Flächen".

95

Der Vorwegabzug für Erschließungszwecke setzt außerdem voraus, dass die benötigten Flächen **überwiegend** den Bedürfnissen der Bewohner des Umlegungsgebiets dienen sollen. Damit ist der Vorwegabzug von Flächen auf diejenigen Verkehrsflächen und sonstigen Erschließungsflächen beschränkt, die für die Erschließung des Umlegungsgebiets selbst benötigt werden, nicht aber für die Erschließung sonstiger Gebiete. Dies begrenzt den Umfang der Flächen, deren Abtretung von den Eigentümern für örtliche Verkehrsbedürfnisse im Umlegungsverfahren gefordert werden darf. Würde von den Eigentümern verlangt, Land z.B. für Verkehrsflächen aufzubringen, die überwiegend überörtlichen Verkehrsbedürfnissen dienen, so würde von ihnen ein Sonderopfer zugunsten der Allgemeinheit verlangt. Denn durch eine solche Vorwegzuweisung verkleinert sich die für die Eigentümer zur Verfügung stehende (Land-) Verteilungsmasse, und zwar ohne dass dies durch die überwiegenden Interessen der Eigentümer bestimmt wäre.[56]

96

Im konkreten Umlegungsfall muss sich deshalb aus dem Bebauungsplan ergeben, welche derartigen Erschließungsanlagen in dem Umlegungsgebiet vorgesehen sind. Außerdem muss für den Flächenabzug begründet dargetan werden, dass es sich um Erschließungsanlagen handelt, die für die Grundstücke in dem Umlegungsgebiet benötigt werden. Auch hierbei sind die verfahrensmäßigen Anforderungen zur Begründung in § 39 VwVfG zu beachten.

97

b) Flächenabzug für Ausgleichsflächen

Nach § 55 Abs. 2 S. 2 BauGB gehören zu den auszuscheidenden Flächen auch die **Flächen zum Ausgleich i.S.d. § 1a Abs. 3 BauGB** für die in S. 1 genannten Erschließungsflächen. Es geht um den Ausgleich der Eingriffe in die Natur, welche die vorgesehenen Erschließungsanlagen mit sich bringen. Hierfür sind Ausgleichsflächen oder -maßnahmen notwendig, die zusammen mit den für Erschließungsmaßnahmen benötigten Flächen der Erschließung des Umlegungsgebiets dienen und damit genauso privatnützig sind, wie die Erschließungsmaßnahmen selber.[57]

98

Die Regelung wurde durch Art. 1 Bau- und Raumordnungsgesetz 1998 (BauROG)[58] zusammen mit dem neuen § 1a BauGB mit Wirkung vom 1.1.1998 neu in das BauGB aufgenommen. Sie eröffnet den Gemeinden die zuvor nicht gegebene Möglichkeit, Grundeigentümer im Wege des Vorwegabzugs nach § 55 Abs. 2 BauGB zu Flächenbeiträgen für die notwendigen Ausgleichsflächen heranzuziehen. Zwar waren die Gemeinden bereits vor dem In-Kraft-Treten des BauROG und des durch dieses Gesetz geänderten § 55 Abs. 2 BauGB über § 1 Abs. 5 Nr. 7 BauGB gehalten, bei der Bauleitplanung u.a. die Belange des Umweltschutzes, des Naturschutzes und der Landschaftspflege sowie das

99

---

56 BGH NJW 1998, 2215.
57 Amtl. Begründung zu Art. 1 BauROG, dort § 55 Abs. 3 BauGB in BT-Drs. 13/6392, 61.
58 Gesetz zur Änderung des Baurechts und zur Neuregelung der Raumordnung (Bau- und Raumordnungsgesetz 1998 – BauROG) vom 18.8.1997 (BGBl I, 2081).

Klima zu berücksichtigen. Hierzu war außerdem die Eingriffsregelung in § 8 Bundesnaturschutzgesetz (BNatSchG)[59] zu beachten. Danach ist der Verursacher eines Eingriffs in Natur und Landschaft zu verpflichten, vermeidbare Beeinträchtigungen von Natur und Landschaft zu unterlassen sowie unvermeidbare Beeinträchtigungen durch Maßnahmen des Naturschutzes und der Landschaftspflege auszugleichen, soweit es zur Verwirklichung der Ziele des Naturschutzes und der Landschaftspflege erforderlich ist (§ 8 Abs. 2 S. 1 BNatSchG). Eine Rückgriffsmöglichkeit der Gemeinden als Träger der Planungshoheit für die Bauleitplanung auf Grundeigentümer fehlte aber.[60]

100 Nach § 55 Abs. 2 S. 3 BauGB können allerdings Grünflächen i.S.d. S. 1 Nr. 2 auch bauflächenbedingte Ausgleichsflächen i.S.d. § 1 a Abs. 3 BauGB umfassen. Es kommt also darauf an, nach den Festsetzungen des Bebauungsplans zu Erschließungsflächen i.S.d. § 55 Abs. 2 S. 1 Nr. 1 und 2 BauGB konkret festzustellen, **welcher Bedarf an Ausgleichsflächen für die Erschließungsmaßnahmen** besteht. Soweit zu diesen Erschließungsmaßnahmen auch **Grünflächen** gehören, wirken sie bereits ausgleichend und **mindern dementsprechend den Bedarf** an vorweg abzuziehenden Ausgleichsflächen i.S.d. § 55 Abs. 2 S. 2 BauGB. Dies bedeutet, dass auch der Flächenabzug wegen der Ausgleichsflächen von der Umlegungsstelle nach § 39 VwVfG qualifiziert begründet werden muss.

c) Ausgleichspflichtiger Flächenabzug für sonstige Flächen

101 Mit § 55 Abs. 5 BauGB wird der **Vorwegabzug auch für sonstige Flächen** zugelassen, für die der Bebauungsplan eine Nutzung für öffentliche Zwecke vorsieht. Der Begriff sonstige Flächen bezieht sich auf die Flächen für Erschließungsmaßnahmen und -anlagen i.S.d. § 55 Abs. 2 S. 1 Nr. 1 und 2 BauGB. Gemeint sind deshalb Nutzungen für öffentliche Zwecke, die sich nicht unter jene Erschließungsmaßnahmen und -anlagen i.S.d. Abs. 2 S. 1 subsumieren lassen. In Betracht kommen Flächen für den Gemeinbedarf als über den Rahmen in § 55 Abs. 2 S. 1 BauGB hinausgehende Verkehrs- und Versorgungs- oder Grünflächen sowie auch Flächen für die Abfall- und Abwasserbeseitigung und sonstige öffentliche Zwecke.

102 Dieser Flächenabzug ist aber nur zulässig, wenn der Bedarfs- oder Erschließungsträger geeignete andere Flächen in die Verteilungsmasse einbringt. Der Grund für diese Regelung liegt in der fehlenden Privatnützigkeit solcher öffentlichen Zwecken dienender Vorhaben. Wegen der fehlenden Privatnützigkeit ist es nicht gerechtfertigt, die Verteilungsmasse i.S.d. § 55 Abs. 4 BauGB um den Flächenbedarf weiter zu kürzen, den derartige sonstige Vorhaben mit sich bringen.[61] Der Vorwegabzug für sonstige Flächen ist deshalb nach der ausdrücklichen Regelung in § 55 Abs. 5 BauGB nur zulässig, wenn der Bedarfsträger geeignete andere Flächen in die Verteilungsmasse einbringt und dadurch die zu verteilende Menge an Land auf dem alten Niveau hält. Auch hier muss die Umlegungsstelle den Flächenabzug nach § 39 VwVfG qualifiziert begründen. Hierzu gehört die Darstellung, welche Flächen nach dem Bebauungsplan vom Vorwegabzug nach § 55 Abs. 5 BauGB betroffen sind, sowie außerdem, auf welche Weise der Ausgleich durch Einbringung eigener Flächen bewirkt wurde.

III. Verteilung der Verteilungsmasse

103 Die Verteilungsmasse ist an die an der Umlegung beteiligten Grundeigentümer zu verteilen. Den **Verteilungsmaßstab regelt § 56 Abs. 1 BauGB**. Die Vorschrift sieht die Errechnung sog. **Sollanteile an der Verteilungsmasse** vor. Dabei können zwei Rechenmethoden angewendet werden. Es

---

59 Gesetz über Naturschutz und Landschaftspflege (Bundesnaturschutzgesetz – BNatSchG) vom 20.12.1976 (BGBl I, 3574) i.d.F. der Neubekanntmachung vom 21.9.1998 (BGBl I, 2994).
60 BGH NJW 1998, 2215.
61 BGH NJW 1998, 2215; *Löhr*, in: *Battis/Krautzberger/Löhr*, BauGB – Kommentar, 6. Aufl. 1998, § 55 Rn 20.

kommt auf das **Verhältnis der Flächen** oder auf das **Verhältnis der Werte** an, in welchem die früheren Grundstücke vor der Umlegung zueinander gestanden haben. Die näheren Einzelheiten beider Verfahren bzw. Rechenmethoden regeln die §§ 57 und 58 BauGB.

Welche der beiden Methoden angewendet werden soll, entscheidet die Umlegungsstelle **einheitlich nach pflichtgemäßem Ermessen** je nach der Zweckmäßigkeit unter gerechter Abwägung der Interessen der Beteiligten (§ 56 Abs. 1 S. 1 BauGB). Die Auswahl eines Verteilungsmaßstabs nur danach, ob er für die Umlegungsstelle am günstigsten oder am einfachsten wäre, ist nicht zulässig. Auch die Ermessensentscheidung zur Methoden- oder Verfahrensauswahl muss von der Umlegungsstelle nach § 39 Abs. 1 S. 2 VwVfG begründet werden. Nur dies ermöglicht die gerichtliche Überprüfung darauf, ob das Ermessen sachgerecht i.S.d. § 40 VwVfG ausgeübt wurde. 104

Soweit die Beteiligten einverstanden sind, kann nach § 56 Abs. 2 BauGB auch ein anderer Maßstab für die Aufteilung der Verteilungsmasse gewählt werden (z.B. Frontmetermaßstab oder Nutzungsmaßstab). 105

In der Praxis überwiegt die Verteilung nach dem Verhältnis der Werte in Anwendung des § 57 BauGB. Der Wertmaßstab ist vor allem bei schwierig gelagerten Umlegungssachverhalten mit unterschiedlichen Grundstücken im Umlegungsgebiet am ehesten geeignet, eine allen Beteiligten gerecht werdende Lösung zu finden.[62] Auch das Fachschrifttum zur Grundstücksbewertung äußert sich hauptsächlich zu Bewertungsproblemen in Zusammenhang mit einer Verteilung nach dem Verhältnis der Werte i.S.d. § 57 BauGB, wobei besonderes Gewicht auf schematische Rechenmodelle gelegt wird.[63] 106

IV. Ausgleich von Vor- und Nachteilen

1. Allgemeines

Die Zuteilung entsprechend dem Umlegungsplan kann dazu führen, dass ein Beteiligter mehr oder weniger erhält, als er zuvor hatte. Insoweit entstehen Ausgleichsansprüche. Ein benachteiligter Beteiligter hat Anspruch auf einen Geldausgleich, während ein durch Vorteile begünstigter Beteiligter entsprechende Ausgleiche in Geld zu leisten hat (§ 57 S. 5, § 58 Abs. 1 S. 3, § 59 Abs. 2, § 60, § 61 Abs. 2 BauGB). Die entsprechenden Geldleistungen sind im Umlegungsplan, und zwar im Umlegungsverzeichnis, festzusetzen (§ 66 Abs. 3 i.V.m. § 68 Abs. 1 Nr. 4 und 5 BauGB). Nach § 64 Abs. 1 BauGB ist die Gemeinde Gläubigerin und Schuldnerin der im Umlegungsplan festgesetzten Geldleistungen. 107

2. Ausgleich von Nachteilen

Nach § 59 Abs. 1 BauGB sind den Eigentümern dem Umlegungszweck entsprechend **nach Möglichkeit** Grundstücke einschließlich Flächen zum Ausgleich i.S.d. § 1 a Abs. 3 BauGB in gleicher oder gleichwertiger Lage wie die eingeworfenen Grundstücke entsprechend den Anteilen zuzuteilen, die nach den §§ 57 und 58 BauGB zu errechnen sind (Sollanteile). Soweit es unter Berücksichtigung des Bebauungsplans und sonstiger baurechtlicher Vorschriften **nicht möglich** ist, diese **Sollanteile tatsächlich zuzuteilen**, findet ein Geldausgleich statt. Die Höhe dieses Geldausgleichs bestimmt sich 108

---

[62] *Löhr*, in: *Battis/Krautzberger/Löhr*, BauGB – Kommentar, 6. Aufl. 1998, § 56 Rn 11.
[63] Z.B. *Aderholt*, Umlegungswert und Steuerrecht, GuG 1995, 335; *Dietrich/Lemmen*, Bewältigung der naturschutzrechtlichen Eingriffsregelung durch Umlegungen?, GuG 1991, 301; *Kleiber*, in: *Kleiber/Simon/Weyers*, Verkehrswertermittlung von Grundstücken, 3. Aufl. 1998, VI Rn 26 ff.; *Letzner*, Kompensationsflächen nach § 8 BNatSchG in der Umlegung, GuG 1995, 206; *Reinhardt*, Zum Umlegungsvorteil, GuG 1997, 85; *ders.*, Die Baulandumlegung in den neuen Bundesländern – Praxiserfahrungen aus Thüringen und Bearbeitungstips, GuG 1993, 289.

nach den Vorschriften über die Enteignungsentschädigung in den §§ 93 ff. BauGB, soweit die Zuteilung den Einwurfswert oder mehr als nur unwesentlich den Sollanspruch unterschreitet (§ 59 Abs. 2 S. 2 BauGB). Hinsichtlich des unbestimmten Tatbestandsmerkmals der „mehr als nur unwesentlichen Unterschreitung des Sollanspruchs" hat die Rechtsprechung den Grundsatz von der „mehr als nur geringfügigen Spitze bei Wertabweichungen ab 10 v.H." entwickelt, die zur Entschädigungspflicht nach Enteignungsgrundsätzen führt.[64]

109 Die möglichen **Nachteile** für einen von der Umlegung betroffenen **Grundeigentümer** können sich **in unterschiedlicher Gestaltung** verwirklichen. Zunächst kann ihm im Vergleich zum Sollanspruch überhaupt kein Grundstück zugeteilt worden sein, weil dies nicht möglich war. Die nächste Variante wäre die Zuteilung eines im Vergleich zum Sollanspruch kleineren Grundstücks. Aber auch im Falle der Zuteilung eines dem Sollanspruch entsprechenden Grundstücks entstehen zuweilen Nachteile durch Wertdifferenzen, deren Ursachen unterschiedlich sein können. Ein möglicher Fall wäre die Zuteilung eines mit wertbeeinflussenden rechtlichen Belastungen behafteten Grundstücks (z.B. Dienstbarkeiten, Rechte nach dem WEG, Erbbaurechte, Baulasten). Das kommt vor, wenn bei der Umlegung nach § 61 BauGB auch Rechte an Grundstücken aufgehoben, geändert oder neu begründet worden sind. Denn auch auf dem Gebiet der im Umlegungsverfahren veränderten oder neu begründeten Drittberechtigungen an Grundstücken muss die Umlegungsstelle für Ausgleiche Sorge tragen.[65] Ein anderer Fall wäre die Zuteilung eines nach seiner tatsächlichen Beschaffenheit im Vergleich zu anderen Grundstücken minderwertigen Grundstücks (z.B. Probleme mit der Bodenbeschaffenheit).

110 **Nachteile** können aber **auch auf der Seite von Drittberechtigten an Grundstücken** auftreten. Solches kommt vor, wenn die von Drittrechten betroffenen Grundstücke im Umlegungsverfahren verändert oder wenn die jeweiligen Drittrechte im Umlegungsverfahren nach § 61 BauGB aufgehoben, verändert oder an anderen Grundstücken neu begründet worden sind. Es kommt dann darauf an, die Rechtsstellung des Drittberechtigten nach dem Umlegungsplan mit dem zu vergleichen, was er zuvor hatte.

3. Vorteilsausgleich

a) Prinzip des Vorteilsausgleichs

111 Nach § 57 S. 4 BauGB sind bei der Verteilung nach Werten Wertänderungen, die durch die Umlegung bewirkt werden, zu berücksichtigen. Die entsprechende Regelung für die Verteilung nach Flächen findet sich in § 58 S. 1 BauGB mit der Formulierung, dass „Vorteile ausgeglichen werden, die durch die Umlegung erwachsen". Zur Vorteilsausgleichung bezüglich aufgehobener, geänderter oder neu begründeter Rechte in § 61 Abs. 2 S. 1 BauGB fehlt eine entsprechende ausdrückliche Bezugnahme auf die Verursachung durch die Umlegung, doch geht es auch hier nur um Vorteile, die ihre Wurzel in dem Umlegungsverfahren haben und deshalb durch es bewirkt bzw. aus ihm erwachsen sind.

112 Die eindeutige gesetzliche Beschränkung der auszugleichenden Vorteile auf solche, die durch die Umlegung verursacht sind, bedeutet den **Ausschluss anderer Vorteile**, deren Ursache nicht in dem Umlegungsverfahren zu suchen ist. Hierzu zählen insbesondere die sog. **Planungsgewinne**, also die aus der Bauleitplanung (= Bebauungsplan) folgenden Bodenwertsteigerungen, indem das betreffende Land aus einer niedrigeren Entwicklungsstufe i.S.d. § 4 Abs. 1 und 2 WertV 88 zu Rohbauland i.S.d.

---

[64] BGHZ 27, 15 = NJW 1958, 747; BGHZ 31, 49 = NJW 1960, 143; BGH WM 1970, 1192; BGH NJW 1985, 3073.
[65] BGH NJW 1984, 2219 (zur Entschädigungspflicht nach § 61 Abs. 2 BauGB für die Beeinträchtigung des Zuteilungsgrundstücks durch die Belastung mit einem nach § 61 Abs. 1 BauGB neu begründeten Geh- und Leitungsrecht zugunsten der Stadt).

§ 4 Abs. 3 WertV 88 aufgestiegen ist und deshalb am Grundstücksmarkt eine höhere Werteinschätzung genießt.[66]

Der Grund für diese Regelung liegt auf der Hand: Die **Umlegung bewirkt für sich alleine keine Veränderung der Bodenqualität** i.S.d. § 4 WertV 88. Sie bereitet als einer von mehreren Schritten die Verwirklichung des Bebauungsplans lediglich weiter vor und erhöht dadurch die Wahrscheinlichkeit von dessen Umsetzung. Gleichwohl bedeutet die **Durchführung einer Umlegung keine Garantie** dafür, dass es tatsächlich zur Verwirklichung des Bebauungsplans kommt. Denn abgesehen von der Möglichkeit einer Änderung oder sogar Aufhebung von Bebauungsplänen (§ 2 Abs. 4 BauGB) kann sich die notwendige Erschließung des Umlegungsgebiets trotz der durchgeführten Umlegung erheblich verzögern **oder sogar ganz ausbleiben**. Einen Anspruch darauf, dass die Gemeinde als Erschließungsträger die Erschließung wegen eines durchgeführten Umlegungsverfahrens auch tatsächlich durchführt, gibt es nach der Rechtsprechung des BVerwG nicht, und zwar auch dann nicht, wenn der Gemeinde bei der Umlegung die für die Erschließung notwendigen Flächen nach § 55 Abs. 2 S. 1 Nr. 1 und 2 BauGB im Wege des Vorweg-Flächenabzugs zugeteilt worden sind. Das BVerwG weist darauf hin, dass die Umlegung nur einer von mehreren Schritten zur Verwirklichung der Bauleitplanung ist und nicht einfach aus sich heraus zu weiteren Schritten zwingt. Einen allgemeinen Rechtsgrundsatz, der eine Gemeinde gewissermaßen zu konsequentem Verhalten verpflichtet und also das Gebot begründet, „aus einer halben Sache eine ganze zu machen", gebe es nicht.[67]

Zur **Ermittlung des Umlegungsvorteils**, also des durch die Umlegung bewirkten Bodenwertzuwachses, ist deshalb **zu vergleichen**, welchen Wert der gesunde Grundstücksverkehr dem Gelände aufgrund der Nutzungsfestsetzungen des Bebauungsplans und der sonstigen wertbildenden Faktoren vor und nach der Umlegung beigemessen hat.[68] Das gilt auch in den Fällen, in denen das Umlegungsverfahren nach § 45 Abs. 2 S. 1 BauGB vor der Aufstellung des Bebauungsplans eingeleitet wurde. Denn nach § 45 Abs. 2 S. 2 BauGB darf der Beschluss über die Aufstellung des Umlegungsplans (§ 66 Abs. 1 S. 1 BauGB) in solchen Fällen erst gefasst werden, wenn der Bebauungsplan in Kraft getreten ist. Deshalb sind auch dort die durch den Bebauungsplan bedingten Vorteile nicht in den umlegungsbedingten Vorteilen aufgegangen und können nicht als untrennbar von den umlegungsbedingten Vorteilen angesehen werden mit der Folge, dass diese Vorteile insgesamt abzuschöpfen wären.[69] Erforderlich sind deshalb **stets zwei Bestimmungen des Verkehrswerts**, die beide auf den Stichtag der Einleitung des Umlegungsverfahrens durch den Umlegungsbeschluss bezogen sind. Es geht um den Verkehrswert des jeweiligen Einwurfgrundstücks und um den Verkehrswert des später als Ergebnis der Umlegung zugeteilten Zuteilungsgrundstücks. Der BGH hat dies wie folgt ausgeführt[70] und später wiederum bestätigt:[71]

„ ... Jedem Eigentümer ist möglichst ein Grundstück mit dem gleichen Verkehrswert zuzuteilen, den sein früheres Grundstück im Zeitpunkt des Umlegungsbeschlusses hatte (§ 57 S. 2 BBauG). Die danach gebotene Bewertung der Einwurfgrundstücke muss **alle für den Verkehrswert wesentlichen Qualitätsmerkmale** erfassen (vgl. BGHZ 66, 173 = NJW 1976, 1088 m.w.N.), wozu namentlich Lage und Nutzungsmöglichkeit der Grundstücke gehören.

---

[66] BGHZ 72, 51 = NJW 1978, 1980; BGHZ 76, 274 = NJW 1980, 1633; BGH NJW 1984, 2219. Siehe auch BT-Drs. III/1974, 15 (Schriftlicher Bericht des Bundestagsausschusses für Wohnungswesen, Bau- und Bodenrecht). Danach hat der Gesetzgeber ausdrücklich davon abgesehen, für die Umlegung eine Abschöpfung der reinen Planungsgewinne vorzuschreiben, und auch für diesen Bereich den im Bodenrecht allgemein geltenden Grundsatz übernommen, dass kein Ausgleich der planungsbedingten Bodenwertgewinne stattfindet.

[67] BVerwG NVwZ 1993, 1102 = NJW 1994, 674. Siehe dazu auch BVerwG in Buchholz 406.11 § 123 BBauG Nr. 29 = NVwZ 1985, 564.

[68] BGHZ 72, 51 = NJW 1978, 1980; BGH NJW 1980, 1633; BGH NJW 1984, 2219.

[69] BGH NJW 1984, 2219.

[70] BGHZ 76, 274 = NJW 1980, 1633 (Urt. v. 15.11.1979 – III ZR 78/78 – Koblenz).

[71] BGH NVwZ 1989, 501; OLG Köln ZFBR 1991, 75; *Löhr*, in: *Battis/Krautzberger/Löhr*, Kommentar zum BauGB, 6. Aufl. 1998, § 57 Rn 11.

2. Bei der Ermittlung des Verkehrswertes der Einwurfgrundstücke sind zwei Zeitpunkte zu beachten: Der Zeitpunkt, der für die Bestimmung der **in den Einwurfgrundstücken selbst liegenden Bewertungsmerkmale**, also für die „Qualität" dieses Grundstücks, maßgebend ist und der Zeitpunkt, der **für die Preisverhältnisse** ausschlaggebend ist, auf den bezogen der Wert des eingeworfenen Grundstücks zu ermitteln ist.

Als Bezugspunkt für die Verkehrswertermittlung normiert § 57 S. 2 BBauG den Zeitpunkt des Umlegungsbeschlusses. Dieser Bezugszeitpunkt gilt für die maßgebenden Preisverhältnisse, **nicht aber stets für die Qualität der Einwurfgrundstücke**. Wäre die in diesem Zeitpunkt vorhandene Qualität stets bewertungsmäßig ausschlaggebend, so könnte sich die nicht vertretbare Lage ergeben, dass bei einer Einleitung der Umlegung nach Aufstellung des Bebauungsplanes (§ 45 II BBauG) der Bewertung die neue – ausgewiesene – Nutzbarkeit, bei einer Einleitung vor Aufstellung des Bebauungsplanes (§ 45 II BBauG) hingegen die alte Nutzbarkeit zugrunde zu legen wäre.

Deshalb richtet sich die für die Ermittlung des Sollanspruchs maßgebende Qualität der Einwurfgrundstücke grundsätzlich nicht nach den Festsetzungen des Bebauungsplans, dessen Verwirklichung die Umlegung dient, und dessen Vorwirkungen. Es ist auf die alte, auf ihm realisierbare Nutzbarkeit abzustellen, d.h. auf die Qualität, wie sie vor der Aufstellung des Bebauungsplanes gegeben war. ..."

b) Begrenzung des Vorteilsausgleichs der Höhe nach bei der Verteilung nach Flächen (§ 58 BauGB)

115 Wenn die Umlegungsstelle bei der Verteilung von dem Verhältnis der Flächen ausgeht, findet der Vorteilsausgleich nach § 58 Abs. 1 S. 1 BauGB grundsätzlich nicht in Geld statt, sondern in einem zusätzlichen Flächenbeitrag über den Vorwegabzug nach § 55 Abs. 2 BauGB hinaus. Dabei ist die Höhe dieses zusätzlichen Flächenbeitrags begrenzt. Er darf in Gebieten, die erstmalig erschlossen werden, nur bis zu 30 v.H. der eingeworfenen Fläche betragen, in anderen Gebieten nur bis zu 10 v.H. Auf den Flächenbeitrag ist der Flächenabzug nach § 55 Abs. 2 BauGB anzurechnen. Wählt die Gemeinde als Umlegungsstelle diese Verteilungsmethode, hält der BGH die Bestimmung des Vom-Hundert-Satzes nach folgender Formel für zulässig:[72]

$$F = \frac{Wz - We}{Wz} \times 100$$

F = Vom-Hundertsatz des Umlegungsvorteils für den einzelnen Besitzstand.

Wz = Wert der zugeteilten Fläche, bezogen auf den Zeitpunkt des Umlegungsbeschlusses (in DM/qm).

We = Wert der eingeworfenen Fläche, bezogen auf den Zeitpunkt des Umlegungsbeschlusses (in DM/qm).

116 Der Vorteilsausgleich über Flächenbeiträge findet allerdings nur grundsätzlich statt. Nach § 58 Abs. 1 S. 3 BauGB kann die Umlegungsstelle statt des Flächenbeitrags auch ganz oder teilweise einen entsprechenden Geldbetrag erheben. Siehe im Übrigen dazu auch die Abs. 2 und 3 der Vorschrift.

117 Wegen der Begrenzung des Flächenbeitrags der Höhe nach wählen die Umlegungsstellen in der Praxis meist die Verteilung nach Werten i.S.d. § 57 BauGB, bei deren anderen Verteilungsmaßstab die mengenmäßigen Begrenzungen in § 58 BauGB nicht gelten.

---

[72] BGH NJW 1985, 3073.

c) Arten umlegungsbedingter Vorteile

118 Im Normalfall eines durchgeführten Umlegungsverfahrens hat sich **durch den Umlegungsplan** nur an den Grundstücksbeständen und an den Rechten an diesen Grundstücksbeständen etwas geändert. Die Gemeinde bzw. der Erschließungsträger hat durch den Vorwegabzug von Flächen nach § 55 Abs. 2 und 5 BauGB auf einmal Flächen erhalten, die sie bzw. er vorher nicht hatte. Die Grundstückseigentümer haben zumeist andere und erheblich kleinere Grundstücke. Drittberechtigte an den Ursprungs- oder Einwurfgrundstücken sind nunmehr an anderen Grundstücken berechtigt, wobei aber ihre jeweiligen Berechtigungen durch den Umlegungsplan auch inhaltlich geändert oder sogar aufgehoben sein können. Hinzu kommt die weitere Möglichkeit der Neubegründung solcher Drittrechte durch den Umlegungsplan (§ 61 BauGB).

119 Ansonsten aber sieht das Umlegungsgebiet im Normalfall einer durchgeführten Umlegung in der Natur genauso aus wie vorher. **Insbesondere fehlt es an der Erschließung**, die nach den §§ 30 ff. BauGB unverzichtbare Zulässigkeitsvoraussetzung jeglicher Baumaßnahmen ist. Mithin sind die Grundstücke wegen des vorhandenen Bebauungsplans (und nicht wegen der Umlegung) weiterhin Rohbauland i.S.d. § 4 Abs. 3 WertV 88. Sie sind noch kein baureifes Land i.S.d. § 4 Abs. 4 WertV 88, weil ihre Erschließung noch nicht gesichert ist. Wegen der fehlenden Erschließung sind die Grundstücke noch nicht „nach öffentlich-rechtlichen Vorschriften baulich nutzbar".

120 Bei dieser Sachlage grenzen sich die Möglichkeiten für einen durch die Umlegung verursachten Vorteil erheblich ein. In Betracht kommen folgende Felder, auf denen umlegungsbedingte Vorteile entstehen können (= durchaus nicht müssen):[73]
- Umwandlung des Rohbaulands in „straßenlandabgabefreie" Rohbauland-Parzellen;
- Verkürzung des Aufschließungszeitraums bis zur Durchführung der Erschließung;
- Einsparung von Vermessungs-, Notar- und Gerichtskosten (Grundbuch).

d) Notwendigkeit einer konkreten Prüfung des tatsächlichen Eintritts umlegungsbedingter Vorteile

aa) Allgemeines

121 Dass umlegungsbedingte Vorteile entstehen können, heißt noch nicht, dass sie im konkreten Einzelfall auch **tatsächlich eingetreten** sind. Ob das der Fall ist, muss **für jedes Grundstück** in **konkreter Betrachtungsweise gesondert** beurteilt werden.[74]

122 Der in anderem Zusammenhang entwickelte Gedanke der (angeblichen) Solidargemeinschaft der in das Umlegungsverfahren einbezogenen Grundeigentümer[75] steht dem nicht entgegen. Die **Gemeinde ist kein Mitglied der Solidargemeinschaft der Grundeigentümer**, um die es geht. Vielmehr ist die Gemeinde nach § 64 Abs. 1 BauGB Gläubigerin und Schuldnerin der in dem Umlegungsplan festgesetzten Geldleistungen. Jeder von der Umlegung betroffene Grundeigentümer muss der Gemeinde die Vorteile ausgleichen, die ihm durch die Umlegung konkret entstanden sind. Eine Beziehung zwischen den Ausgleichsleistungen einzelner und untereinander solidarischer Grundeigentümer besteht nicht. Die in dem Umlegungsplan festzusetzenden Zahlungspflichten des Grundeigentümers A verringern oder erhöhen sich nicht deshalb, weil ein anderer Grundeigentümer B mehr oder weniger oder sogar gar nichts zahlen muss. Die **Vorteilsausgleichung** in der Umlegung ist nämlich **keine anteilige Umlegung von Kosten der Gemeinde** i.S. einer Kostenerstattung, wie sich aus der Vorschrift des § 78 BauGB unmittelbar ergibt. Danach trägt die Gemeinde die Verfahrenskosten und die nicht

---

[73] BGHZ 72, 51 = NJW 1978, 1980 = WM 1978, 1102 = JZ 1978, 467 = BauR 1979, 48 = DWW 1978, 241 = BB 1978, 139 = DÖV 1979, 574; BGH NJW 1985, 3073 (nur zu Vermessungskosten).
[74] BGHZ 72, 51 = NJW 1978, 1980; BGH NJW 1984, 2219.
[75] *Löhr*, in: *Battis/Krautzberger/Löhr*, BauGB – Kommentar, 6. Aufl. 1998, Vorbem. zu §§ 45 bis 84 Rn 6.

durch (Ausgleichs-)Beiträge i.S.d. § 64 Abs. 3 BauGB gedeckten Sachkosten des Umlegungsverfahrens.

bb) Keine pauschalierende Gleichmacherei ungleicher Grundstücke

123 Die **Grundstücke** innerhalb eines Umlegungsgebiets **sind im Normalfall der Umlegung nicht gleich**. Die Verschiedenheit der Grundstücke wirkt sich notwendigerweise auch darauf aus, ob und in welchem Umfang die Umlegung im Einzelfall zu umlegungsbedingten Vorteilen geführt hat. Hierbei kommt es auf den Vergleich der Grundstücke an, und zwar entsprechend der ausdrücklichen gesetzlichen Regelung in § 57 S. 3 BauGB und § 58 Abs. 3 BauGB auf einen Vergleich im **Zeitpunkt des Umlegungsbeschlusses**, also des Beginns des Umlegungsverfahrens.[76]

124 Die Umlegung betrifft nach § 45 Abs. 1 S. 1 BauGB nicht nur unbebaute Grundstücke, sondern **auch bebaute Grundstücke**. Häufig sind deshalb auch Umlegungsverfahren, bei denen das Umlegungsgebiet innerhalb der Gemeindegemarkung sowohl unbebaute Teile des Außenbereichs i.S.d. § 35 BauGB umfasst, die nunmehr durch den Bebauungsplan überplant sind oder überplant werden sollen (z.B. neues Wohngebiet), als auch daran angrenzende Randbereiche bereits bebauter Ortsteile. In diesen Fällen betrifft das Umlegungsverfahren verschiedenartige Grundstücke, nämlich unbebaute und bebaute Grundstücke.

125 Eine **pauschalierende Gleichmacherei** verschiedenartiger Grundstücke durch die Umlegungsstelle **ist in jedem Fall unzulässig**. Vielmehr muss zur Feststellung etwaiger umlegungsbedingter Bodenwertsteigerungen nach dem unterschiedlichen Grad der baulichen Nutzbarkeit **differenziert** werden, den die Grundstücke im Zeitpunkt des Umlegungsbeschlusses hatten, sofern der Grundstücksverkehr den verschiedenartigen planungsrechtlich zulässigen Nutzungsmöglichkeiten der Grundstücke im Umlegungsgebiet durch höhere Bodenwerte am Grundstücksmarkt Rechnung trägt.[77]

126 Bei den **neu überplanten** bzw. neu zu überplanenden **Flächen außerhalb der bereits bebauten Ortsteile** handelt es sich meist um landwirtschaftlich genutzte Grundstücke, die – je nach dem Stand der Bauleitplanung in der Gemeinde – entweder Flächen der Land- und Forstwirtschaft i.S.d. § 4 Abs. 1 WertV 88 oder Bauerwartungsland i.S.d. § 4 Abs. 2 WertV 88 oder Rohbauland i.S.d. § 4 Abs. 3 WertV 88 sind. Letzteres läge vor, wenn der Bebauungsplan bereits als Satzung beschlossen sein sollte (§ 10 Abs. 1 BauGB), dessen Verwirklichung das Umlegungsverfahren dienen soll. Denn dann wären diese Flächen durch den Bebauungsplan für eine bauliche Nutzung bestimmt, wenn auch ihre Erschließung noch nicht gesichert oder ihre Lage, Form oder Größe für eine bauliche Nutzung (noch) unzureichend gestaltet ist (§ 4 Abs. 3 WertV 88).

127 Dem stehen aber die **bereits bebauten anderen Grundstücke** am Rand des bebauten Ortsteils gegenüber, die ebenfalls in das Umlegungsgebiet einbezogen wurden. Bei diesen Grundstücken handelt es sich – soweit sie zulässigerweise bebaut wurden – ohne weiteres um **baureifes Land i.S.d. § 4 Abs. 4 WertV 88**. Denn sie sind nach öffentlich-rechtlichen Vorschriften baulich nutzbar (§ 4 Abs. 4 WertV 88), wie durch die auf ihnen vorhandene zulässige (= bauaufsichtlich nach der jeweiligen Landesbauordnung genehmigte) Bebauung augenfällig dokumentiert wird. Die amtliche Begründung zu § 4 Abs. 4 WertV 88 weist in diesem Zusammenhang ausdrücklich hin, dass bei der Wertermittlung bebauter Grundstücke vom Entwicklungszustand baureifes Land i.S.d. Abs. 4 auszugehen ist.[78] Dazu heißt es in der amtlichen Begründung weiter, dass die Baureife i.S.d. Abs. 4 alle Vorhaben nach § 29 BauGB umfasst.[79] Hinzu kommt, dass diese Grundstücke **regelmäßig voll erschlossen**

---

76 S. dazu auch BGH NJW 1985, 3073.
77 BGHZ 72, 51 = NJW 1978, 1980 = WM 1978, 1102 = JZ 1978, 467 = BauR 1979, 48 = DWW 1978, 241 = BB 1978, 139 = DÖV 1979, 574 (in Abschnitt III 1 der Entscheidungsgründe); BGHZ 76, 274 = NJW 1980, 1633; BGH NJW 1984, 2219.
78 Amtliche Begründung zu § 4 Abs. 4 WertV 88 in BR-Drs. 352/88, 35.
79 Amtliche Begründung zu § 4 Abs. 4 WertV 88 in BR-Drs. 352/88, 38.

sind; fehlte es daran, hätten sie in der Vergangenheit nicht bebaut werden können. Denn das Vorhandensein der Erschließung ist nach den §§ 30 ff. BauGB unabdingbare Zulässigkeitsvoraussetzung jeder Bebauung. Außerdem sind die **Erschließungskostenbeiträge** für die Vollerschließung i.S.d. §§ 30 ff. BauGB (Straße, Versorgung und Entsorgung von Abwasser) bei diesen Grundstücken ebenfalls **regelmäßig bereits abgerechnet und bezahlt** worden, sodass es sich um voll erschlossenes und erschließungskostenbeitragsfreies Bauland handelt, wenn der Umlegungsbeschluss gefasst wird.

Es liegt auf der Hand, dass gegenüber dem Eigentümer eines in die Umlegung einbezogenen bereits erschlossenen und bebauten Baugrundstücks ein wie auch immer gearteter Umlegungsvorteil kaum zu begründen ist. Denn sein bereits bebautes und erschlossenes Grundstück war für die vorhandene Bebauung geeignet. Hätte es daran gefehlt, wäre die Bebauung nicht genehmigt worden.[80] Auf eine Verkürzung des Aufschließungszeitraums bis zur Durchführung einer Erschließung kommt es für diesen Grundstückseigentümer nicht an. Denn sein Grundstück war bereits bei der Einleitung des Umlegungsverfahrens erschlossen. Es ist nach Abschluss der Umlegung durch den Umlegungsbeschluss immer noch erschlossen; der Umlegungsplan führt nicht zur Beseitigung vorhandener Erschließungsanlagen. Im Übrigen wäre die Beeinträchtigung einer vorhandenen und bereits vom Grundstückseigentümer bezahlten Erschließung durch den Umlegungsplan für den betroffenen Grundstückseigentümer kein Vorteil, sondern ein handfester Nachteil.

128

Schließlich spielt auch die Einsparung von Vermessungs-, Notar- und Gerichtskosten für den Eigentümer eines bereits zu Beginn der Umlegung bebauten Grundstücks regelmäßig keine Rolle, jedenfalls nicht als auszugleichender umlegungsbedingter Vorteil. Denn die Eigentümer solcher bereits in der vollen Baulandqualität befindlicher Grundstücke werden von der Gemeinde als Umlegungsstelle regelmäßig **nur deshalb in die Umlegung mit einbezogen**, damit **zusätzliche Flächen für den Vorwegabzug von Flächen aus der Umlegungsmasse** i.S.d. § 55 Abs. 2 BauGB **zur Verfügung stehen**, nicht aber deshalb, weil die betreffenden Grundstück zu Bauland werden sollen. Dementsprechend werden diesen Grundstückseigentümern durch den Umlegungsplan auch meist kleinere Grundstücke wieder zugeteilt, wobei es sich ziemlich regelmäßig um Teile ihrer ursprünglichen Grundstücke handelt, die um den Vorwegabzug nach § 55 Abs. 2 BauGB verkleinert worden sind. Zwar ist die Einbeziehung von Grundstücken in die Umlegung auch dann zulässig, wenn sie lediglich zu dem Zweck erfolgt, durch Neuordnung des Umlegungsgebiets Straßenland zu gewinnen.[81] Das bedeutet aber noch nicht, dass ein zu diesem Zweck in die Umlegung einbezogenes Grundstück durch seine Verkleinerung um den Vorwegabzug von Flächen i.S.d. § 55 Abs. 2 BauGB einen umlegungsbedingten Vorteil erfahren hätte.

129

cc) Vorteile bei Zuteilung unveränderter Grundstücke durch den Umlegungsplan

Zuweilen kommt es vor, dass Grundeigentümern in dem Umlegungsgebiet aus der Verteilungsmasse (§ 55 Abs. 4 BauGB) **genau die gleichen Grundstücke wieder zugeteilt** werden, welche sie zu Beginn des Umlegungsverfahrens hatten und mit denen sie an der Umlegungsmasse (§ 55 Abs. 1 BauGB) teilnehmen mussten. Wie der BGH in Zusammenhang mit der Zulässigkeit der Umlegung wegen ihrer Privatnützigkeit wiederholt entschieden hat, erfordert die Zweckbestimmung der Umlegung nicht in jedem Fall, dass der tatsächliche Zuschnitt eines jeden einzelnen Grundstücks in der Umlegung verändert wird.[82]

130

---

80 Siehe insoweit die konkreten Anforderungen an die notwendige Beschaffenheit von Grundstücken für die Erteilung von Baugenehmigungen in den Landesbauordnungen (z.B. Einhaltung von Bauabständen auf den Grundstücken – Bauwich = ausreichende Mindestgrößen).
81 BGH NJW 1967, 1662; BGH NJW 1991, 2011.
82 BGH WM 1967, 637; BGH, Urt. v. 11.5.1967 – III ZR 141/66 (n.v.); BGH NJW 1981, 2122 = LM § 76 BBauG Nr. 2 = WM 1981, 850; BGH NJW 1991, 2011.

131 In einem solchen Fall scheiden umlegungsbedingte Vorteile unter den Gesichtspunkten der Umwandlung in straßenlandabgabefreie Parzellen sowie eingesparter Vermessungs-, Notar- und Gerichtskosten von vornherein aus. Denn bei diesen mit dem alten Grundstücksbestand identischen Zuteilungsgrundstücken hat weder eine Umwandlung in andere Parzellen stattgefunden noch ist eine Kostenersparnis in Bezug auf Vermessungs- und Grundbuchmaßnahmen denkbar. Bei den unverändert gebliebenen Grundstücken wurde überhaupt kein Vermessungs- und Grundbuchaufwand getrieben.

132 Zu prüfen ist hier allerdings, ob ein umlegungsbedingter Vorteil durch eine **Überschreitung des Sollanspruchs bei der Zuteilung** (sog. Mehrzuteilung) entstanden ist. Hierzu kommt es auf den Wertvergleich des unveränderten Grundstücks vor und nach der Durchführung des Umlegungsverfahrens an (§ 17 Rn. 155 ff.). Mindestens **bei bereits bebauten Grundstücken** wird sich jedoch **kein Wertunterschied** zum maßgeblichen Stichtag der Einleitung des Umlegungsverfahrens durch den Umlegungsbeschluss feststellen lassen. Das bebaute **Bau**grundstück hatte an diesem Stichtag einen Bodenwert, der sich nach seinen individuellen wertbestimmenden Merkmalen und den für die zulässige Art der Bebauung auf ihm maßgeblichen Baulandpreisen in DM/qm ausrichtete. Wird dieses Grundstück seinem Eigentümer nach Abschluss der Umlegung durch den Umlegungsbeschluss unverändert wieder zugeteilt, hat sich der Bodenwert des Zuteilungsgrundstücks zu dem für diese Betrachtung maßgeblichen gleichen Bewertungsstichtag überhaupt nicht geändert. Hierbei kommt es nämlich auf die Werteinschätzung des Grundstücks am Grundstücksmarkt an, wie diese z.B. in dem zum anwendbaren Bewertungsstichtag gültigen Bodenrichtwert zum Ausdruck kommt. Nicht entscheidend sind theoretische Ableitungen anderer Werte, die wegen ihrer Abstraktheit mit dem konkreten Grundstücksmarktgeschehen regelmäßig nichts zu tun haben.

dd) Vorteile durch Zuteilung straßenlandabgabefreier Baulandparzellen

133 Die Zuteilung der um den Vorwegabzug von Flächen für die Erschließung i.S.d. § 55 Abs. 2 BauGB verkleinerten Zuteilungsgrundstücke durch den Umlegungsplan **könnte** zu einem umlegungsbedingten Vorteil bei solchen (Einwurfs-)Grundstücken führen, die im Zeitpunkt des Umlegungsbeschlusses noch keine Baulandqualität hatten. Ob ein solcher Vorteil aber tatsächlich eingetreten ist, **bedarf allerdings einer näheren Begründung i.S.d. § 39 VwVfG**.

134 Diese Grundstücke hatten bereits die Qualität von Rohbauland i.S.d. § 4 Abs. 3 WertV 88 erreicht. Denn für die Baulandumlegung ist das Vorhandensein eines Bebauungsplans spätestens im Zeitpunkt des Umlegungsbeschlusses unverzichtbare Zulässigkeitsvoraussetzung (§ 45 Abs. 2 BauGB). Durch diesen Bebauungsplan sind die Grundstücke für eine bauliche Nutzung bestimmt.

135 Die Rohbaulandgrundstücke unterscheiden sich von den Baugrundstücken i.S.d. § 4 Abs. 4 WertV 88 durch zwei Merkmale, die jedes für sich oder beide zusammen gegeben sein können. Liegt nur eines dieser Merkmale vor, fehlt die Baulandqualität. Bei Rohbaulandgrundstücken ist entweder ihre „Erschließung noch nicht gesichert" (= Regelfall), oder die Grundstücke sind „nach Lage, Form oder Größe für eine bauliche Nutzung **unzureichend** gestaltet" (§ 4 Abs. 3 WertV 88). Für die Bestimmung eines möglichen umlegungsbedingten Vorteils unter dem Gesichtspunkt der Zuteilung „straßenlandabgabefreier" Grundstücke kommt es ausschließlich auf die erste Variante der Rohbaulandqualität nach § 4 Abs. 3 WertV 88 an, also auf die nicht gesicherte Erschließung des Einwurfsgrundstücks. Denn nur bei Grundstücken, die im Zeitpunkt des Umlegungsbeschlusses noch nicht erschlossen waren, kann die Herbeiführung der Erschließung und die Schaffung ihrer Voraussetzungen durch Bereitstellung von Land für notwendige Erschließungsanlagen (z.B. Straßen) eine Rolle spielen.

136 Zur **Quantifizierung** des in der Zuteilung von straßenlandabgabefreien Grundstücken möglicherweise bestehenden Vorteils wird im Fachschrifttum zur Verkehrswertbestimmung zuweilen mit den Begriffen **Brutto-Rohbauland** und **Netto-Rohbauland** gearbeitet. Dabei ist mit dem Begriff Brutto-Rohbauland die „ungeordnete Gesamtfläche" des räumlichen Geltungsbereichs des Bebauungsplans einschließlich der Gemeinbedarfsflächen gemeint. Der andere Begriff Netto-Rohbauland betrifft nur

die privat nutzbaren Bauflächen (Baugrundstücke oder -parzellen) ohne die Gemeinbedarfsflächen.[83] Es handelt sich dabei allerdings um einen **untechnischen Sprachgebrauch**, wie er in der WertV 88 und auch sonst in Rechtsvorschriften nicht vorgesehen ist. Die aufgezeigte begriffliche Unterscheidung im Fachschrifttum wird zudem von anderen Fachautoren zur Verkehrswertbestimmung von Grundstücken als „ohne praktische Bedeutung für die Wertermittlung"[84] oder als „weniger hilfreich bei der zutreffenden Wertermittlung"[85] angesehen oder überhaupt nicht vorgenommen.[86] Soweit sich das Fachschrifttum mit einem Wertunterschied beschäftigt, wird dieser mit dem Anteil der Gemeinbedarfsflächen am Brutto-Rohbauland gleichgesetzt. So heißt es an einer Stelle, es müsse „ein prozentualer Abschlag für Verkehrs- und Freiflächen (zusammen etwa 15 bis 25 %) vorgenommen werden".[87] Dies wird allerdings von anderen Fachautoren als zu pauschal und deshalb unzutreffend kritisiert.[88]

Im Übrigen **lässt sich mit einer solchen Vorgehensweise kein umlegungsbedingter Vorteil** für den Eigentümer eines Zuteilungsgrundstücks **begründen**. Dies ergibt sich aus dem Umstand des Vorwegabzugs von Flächen in der Umlegung für die Erschließung nach § 55 Abs. 2 BauGB. Wenn nämlich die „Brutto-Rohbauland-Fläche" eines Eigentümers durch den Vorwegabzug z.B. um 30 % verkleinert wird, müsste das dem Soll-Zuteilungsanpruch entsprechende „Netto-Rohbauland-Zuteilungsgrundstück" in Anwendung der aufgezeigten These im Fachschrifttum nur noch 70 % der Ursprungsfläche umfassen. Denn sein „Netto-Rohbauland-Wert" in DM/qm wäre um genau diese 30 % des Flächenabzugs angestiegen. Dass dies aber nicht zu höheren, sondern zu niedrigeren Werten des Zuteilungsgrundstücks und damit nicht zu umlegungsbedingten Vorteilen führt, sondern zu umlegungsbedingten Nachteilen, lässt sich an folgendem Beispiel aufzeigen:

Auswirkungen der Verkleinerung von Grundstücksflächen durch den Vorwegabzug nach § 55 Abs. 2 BauGB auf den Bodenwert eines Zuteilungsgrundstücks bei Flächenabzügen von 30 v.H. (und 50 v.H.)

137

Größe und Bodenwerte eines Grundstücks zu den unterschiedlichen Zeitpunkten

des Umlegungsbeschlusses		des Umlegungsplans
Einzelmerkmale		
Ursprungsgröße	1.000 qm	–
Bodenwert des eingeworfenen „Brutto-Rohbauland-Grundstücks"	100 DM/qm	–
Vorwegabzug von Flächen nach § 55 Abs. 2 BauGB in Höhe von 30 v.H. (**oder von 50 v.H.**) (500 qm) der Einwurfsfläche, umgerechnet in qm	–	300 qm (500 qm)

---

83 *Stannigel/Kremer/Weyers*, Beleihungsgrundsätze für Sparkassen, 1984, S. 99.
84 *Rössler/Langner/Simon/Kleiber*, Schätzung und Ermittlung von Grundstückswerten, 6. Aufl. 1990, S. 48 = *Simon/Kleiber*, Schätzung und Ermittlung von Grundstückswerten, 7. Aufl. 1996, Rn 2.23 (S. 55).
85 *Vogels*, Grundstücks- und Gebäudebewertung marktgerecht, 5. Aufl. 1996, S. 71.
86 *Kleiber*, in: *Kleiber/Simon/Weyers*, Verkehrswertermittlung von Grundstücken, 3. Aufl. 1998, V § 4 WertV Rn 330; *Pohnert*, Kreditwirtschaftliche Wertermittlungen – Typische und atypische Beispiele der Immobilienbewertung, 5. Aufl. 1997, Rn 95 (S. 326); *Ross/Brachmann/Holzner*, Ermittlung des Bauwertes von Gebäuden und des Verkehrswertes von Grundstücken, 28. Aufl. 1997, S. 48.
87 *Stannigel/Kremer/Weyers*, Beleihungsgrundsätze für Sparkassen, 1984, S. 99.
88 *Kleiber*, in: *Kleiber/Simon/Weyers*, Verkehrswertermittlung von Grundstücken, 3. Aufl. 1998, V § 4 WertV Rn 330 ff.

Größe des zugeteilten Grundstücks bei Gleichsetzung von Flächenabzug in v.H. der Ursprungsfläche und Wertzuwachs in DM/qm	700 qm (500 qm)
Bodenwert des zugeteilten „Netto-Rohbauland-Grundstücks" in DM/qm bei Gleichsetzung von Flächenabzug in v.H. der Ursprungsfläche und Wertzuwachs in DM/qm	130 DM/qm (150 DM/qm)
Werte des Grundstücks 100.000 DM	91.000 DM (75.000 DM)

138   Der Bodenwert des Zuteilungsgrundstücks sinkt in dem Maße ab, in welchem sich die Fläche dieses Grundstücks wegen des entschädigungslosen Vorwegabzugs von Flächen verkleinert. Das gilt auch dann, wenn die Bodenwerte des Zuteilungsgrundstücks in DM/qm um den gleichen Prozentsatz erhöht werden, in welchem der Flächenabzug erfolgte. Es ist deshalb nicht möglich, einen umlegungsbedingten Vorteil festzustellen, der auf die aus dem Flächenabzug folgende veränderte (= kleinere!) Gestalt der Zuteilungsgrundstücke zurückgeführt werden könnte. Wenn in der Umlegung Vorteile für die Grundstückseigentümer entstanden sein sollen, dann müssen diese Vorteile woanders entstanden sein. In der verkleinerten neuen Grundstücksgestalt der Zuteilungsgrundstücke liegen diese Vorteile nicht.

ee) Vorteile durch Zuteilung „zweckmäßig gestalteter" Grundstücke

139   Ein weiterer denkbarer Vorteil aus der Umlegung kann auch darin begründet sein, dass ein zu Beginn des Umlegungsverfahrens „nach Lage, Form oder Größe für eine bauliche Nutzung **unzureichend** gestaltetes (Einwurfs-)Grundstück" i.S.d. § 4 Abs. 3 WertV 88 im Umlegungsverfahren so umgestaltet wird, dass an seiner Stelle ein für die bauliche Nutzung zureichend gestaltetes (Zuteilungs-)Grundstück zugeteilt wird.

140   In solchen Fällen bedarf die Herleitung eines auszugleichenden Umlegungsvorteils einer ausreichenden Begründung i.S.d. § 39 VwVfG. Es ist dabei zunächst darzulegen, aus welchen Gründen das Grundstück i.S.d. § 4 Abs. 3 WertV 88 für eine bauliche Nutzung unzureichend gestaltet war.

141   Für die Anwendung des unbestimmten Rechtsbegriffs der unzureichenden Gestaltung für die Bebauung in § 4 Abs. 3 WertV 88 kommt es auf einen Maßstab an. Den **anwendbaren Maßstab** für eine „zureichende oder unzureichende Gestaltung der Grundstücke für die bauliche Nutzung" gibt das **Bauordnungsrecht der Länder** ab. Die Landesbauordnungen regeln in ihrem jeweiligen Allgemeinen Teil u.a. auch Mindestanforderungen, welche ein Grundstück nach seiner tatsächlichen Beschaffenheit erfüllen muss, wenn auf ihm eine Bebauung genehmigt werden soll. Es geht dabei um die Belegenheit an einer befahrbaren öffentlichen Verkehrsfläche in angemessener Breite und um die ausreichende Mindestgröße des Grundstücks für Zugänge und Zufahrten auf ihm sowie für die notwendige Einhaltung von Abstandsflächen auf dem Grundstück (s. z.B. §§ 4 bis 6 BauO LSA). Erfüllt ein Grundstück nach seiner Größe, Belegenheit und Gestalt diese Mindestanforderungen des Landesbaurechts für die Genehmigung von Bauvorhaben, ist es nicht „unzureichend" für die bauliche Nutzung gestaltet i.S.d. Definition des Rohbaulandes in § 4 Abs. 3 WertV 88. Folglich könnte ein solches Grundstück auch nicht unter dem Gesichtspunkt der unzureichenden Gestaltung als Rohbauland angesehen werden. Wenn es sich bei den Grundstücken in derartigen Fällen gleichwohl um Rohbauland handelt, liegt das regelmäßig an der noch nicht gesicherten Erschließung der Grundstücke.

C. Umlegung nach dem BauGB § 19

Wäre auch die Erschließung gesichert, könnten und würden für Bauvorhaben Baugenehmigungen nach dem Bauordnungsrecht der Länder erteilt mit der Folge, dass es sich bei den betreffenden Grundstücken um baureifes Land handelt, das i.S.d. § 4 Abs. 4 WertV 88 nach öffentlich-rechtlichen Vorschriften bebaut werden kann.

Ein möglicherweise auszugleichender umlegungsbedingter Vorteil wegen der neuen Grundstücksgestalt setzt deshalb zunächst voraus, dass ein „Rohbauland-Grundstück" zu Beginn des Umlegungsverfahrens nach Lage, Form oder Größe für eine bauliche Nutzung **unzureichend** gestaltet war, also wegen seiner Belegenheit und Grundstücksgestalt die Anforderungen des Landesbaurechts an die Erteilung von Baugenehmigungen nicht erfüllte. Hiervon kann i.d.R. nur bei nicht an öffentlichen Verkehrsflächen gelegenen oder zu kleinen Grundstücken ausgegangen werden, **nicht aber ohne weiteres bei jedem anderen Grundstück** in der Qualität des Rohbaulandes. Es kommt deshalb für die Annahme so gearteter Umlegungsvorteile auf **konkrete Feststellungen** und auf eine den Anforderungen des § 39 VwVfG genügende Begründung im Umlegungsplan dazu an, ob und in welchem Maß das jeweilige Grundstück im Zeitpunkt des Umlegungsbeschlusses für eine bauliche Nutzung unzureichend gestaltet war. Hierbei entscheidet nicht, ob ein Grundstück „wirtschaftlich oder unwirtschaftlich" gestaltet war (z.B. sehr große Grundstücke). Maßgeblich ist nur, ob es die Mindestanforderungen an seine Belegenheit und Mindestgröße nach dem Landesbaurecht erfüllte oder nicht. Denn es gibt auch übergroße Baugrundstücke i.S.d. § 4 Abs. 4 WertV 88, die alle Anforderungen an die Zulässigkeit der Bebauung nach öffentlich-rechtlichen Vorschriften erfüllen. Die Nutzung eines solchen übergroßen Baugrundstücks z.B. für ein Einfamilienhaus wäre unwirtschaftlich. Das ist aber **kein Kriterium für die Unterscheidung zwischen Rohbauland und Bauland** i.S.d. § 4 Abs. 3 und 4 WertV 88. 142

Der entsprechende umlegungsbedingte Vorteil kann im Übrigen nur dort angenommen werden, wo ein nach seiner Gestalt für die Bebauung ungeeignetes „Rohbauland-Grundstück" am Ende des Umlegungsverfahrens **in veränderter Gestalt zugeteilt** wird. Kommt es zur Zuteilung eines unveränderten Grundstücks, hat keine Umgestaltung dieses Grundstücks im Vergleich zu seinem Zustand zu Beginn des Umlegungsverfahrens stattgefunden. In einem solchen Fall sind umlegungsbedingte Vorteile durch eine Verbesserung einer unzureichenden Gestaltung des Grundstücks für die bauliche Nutzung nach Lage, Form oder Größe von vornherein ausgeschlossen. 143

Hinzu kommt, dass die **neue Gestalt des Zuteilungsgrundstücks** zu einer **zureichenden** Gestaltung für die bauliche Nutzung geführt haben muss. Auch dies ist nach § 39 VwVfG im Umlegungsplan nachvollziehbar zu begründen. Ein aus der veränderten neuen Grundstücksgestalt herleitbarer Umlegungsvorteil scheidet deshalb auch dort aus, wo einem Grundeigentümer durch den Umlegungsplan – aus was für Gründen auch immer – ein Grundstück zugeteilt wurde, das nach seiner Form und Gestalt im Vergleich zum Einwurfgrundstück verschlechtert wurde und deshalb nicht mehr für bauliche Zwecke geeignet ist.[89] 144

Immerhin gibt es aber Fälle, in denen die Baulandumlegung dazu führt, dass einem Grundeigentümer statt seines im Zeitpunkt des Umlegungsbeschlusses für die Bebauung unzureichend gestalteten und deshalb für die Bebauung ungeeigneten Grundstücks ein anderes Grundstück zugeteilt wird, das sich nach seiner Lage, geometrischen Gestalt und Größe für Bauzwecke eignet. Hier **könnte** sich ein umlegungsbedingter Vorteil verwirklicht haben. Ob das allerdings wirklich der Fall ist, bedarf näherer Überlegung. 145

---

[89] Zur Zulässigkeit von Umlegungsverfahren und zum Vorteilsausgleich in Fällen, in denen die Abtrennung von Teilflächen der Einwurfgrundstücke im Wege des Vorwegabzugs nach § 55 Abs. 2 BauGB dazu geführt hat, dass die verbleibende Restfläche nicht mehr zweckmäßig gestaltet war, siehe: BGH LM NRWAufbauG Nr. 3 = WM 1966, 1059; BGH WM 1968, 1282; BGH NJW 1991, 2011.

ff) Vorteile durch Verkürzung des Aufschließungszeitraums bis zur Durchführung der Erschließung

146 Nach den §§ 30 ff. BauGB setzt die Zulässigkeit von Bauvorhaben voraus, dass die Erschließung des Grundstücks gesichert ist. Diese grundstücksbezogene Erschließung nach dem BauGB ist nicht bundesgesetzlich definiert. Es blieb daher der Rechtsanwendung vorbehalten, den Begriff inhaltlich auszufüllen. Inzwischen wird als Erschließung i.S.d. §§ 30 ff. BauGB der Anschluss an das öffentliche Straßennetz, die Versorgung mit Trinkwasser und Elektrizität sowie die Abwasserbeseitigung verstanden.[90]

147 Die Herstellung der **Erschließung ist** grundsätzlich **Aufgabe der Gemeinde** (§ 123 Abs. 1 BauGB) oder eines anderen Erschließungsträgers (z.B. vertragliche Übertragung der Erschließungsaufgabe auf Dritte nach § 124 Abs. 1 BauGB). Ein **Anspruch auf Erschließung besteht nach § 123 Abs. 3 BauGB nicht**. Das gilt auch dort, wo die Gemeinde für ein Gebiet einen qualifizierten Bebauungsplan aufgestellt hat. Für die Verdichtung der Erschließungsaufgabe zur Erschließungspflicht ist auch in solchen Fällen ein eigenes Verhalten der Gemeinde zusätzlich notwendig, aus dem die rechtlich begründete Erwartung der Durchführung der Erschließung durch die Gemeinde hergeleitet werden kann.[91] Hierzu reicht es nach der Rechtsprechung des BVerwG nicht aus, dass ein Umlegungsverfahren durchgeführt wurde, und zwar auch dann nicht, wenn bei diesem Umlegungsverfahren der Vorwegabzug von Flächen nach § 55 Abs. 2 BauGB stattgefunden hat. Die Umlegung ist nur einer von mehreren Schritten zur Verwirklichung der Bauleitplanung und zwingt nicht einfach aus sich heraus zu weiteren Schritten. Einen allgemeinen Rechtsgrundsatz, der eine Gemeinde gewissermaßen zu konsequentem Verhalten verpflichtet und also das Gebot begründet, „aus einer halben Sache eine ganze zu machen", gibt es nicht.[92]

148 Dieser zu beachtende rechtliche Rahmen auf dem Gebiet der Erschließung bedeutet für einen betroffenen Grundeigentümer nach Abschluss des Umlegungsverfahrens durch den Umlegungsplan folgendes:

a) Die Umlegung hat nicht zur Erschließung geführt. Denn die Erschließung muss erst noch durchgeführt werden. Das Zuteilungsgrundstück steht wegen der fehlenden Erschließung weiterhin in der Qualität Rohbauland i.S.d. § 4 Abs. 3 WertV 88.

b) Trotz der durchgeführten Umlegung hat der betroffene Grundeigentümer keinen Anspruch auf die Erschließung seines Zuteilungsgrundstücks.

c) Ob und wann die Gemeinde die Erschließung vornimmt, steht **weitgehend in ihrem Ermessen**. Die entsprechende Entscheidung hängt vor allem davon ab, welche **Haushaltsmittel der Gemeinde** für dieses Erschließungsvorhaben in ihrem Gemeindehaushalt zur Verfügung stehen. Dabei reicht die bloße Veranschlagung solcher Haushaltsmittel im Gemeindehaushaltsplan für sich allein nicht aus. Denn bei der Durchführung der Gemeindehaushalte können im Rahmen der **Mittelbewirtschaftung** während eines laufenden Haushaltsjahrs **Mittelumschichtungen** notwendig werden, um unausweichlichen Finanzbedarf der Gemeinde an anderer Stelle zu decken (z.B. gestiegene Ausgaben

---

[90] BGH NJW-RR 1991, 333; *Löhr*, in: *Battis/Krautzberger/Löhr*, Baugesetzbuch – Kommentar, 6. Aufl. 1998, § 30 Rn 16; *Sarnighausen*, Zur Erschließung und Zugänglichkeit von Baugrundstücken im Baurecht des Bundes und der Länder, NVwZ 1993, 424.

[91] Z.B. zur Erschließungspflicht nach Abschluss von Erschließungsverträgen: BVerwG NJW 1985, 989; OVG Münster NJW 1989, 1879. Bezüglich der Herleitung einer Erschließungspflicht aus dem Grundsatz von Treu und Glauben dort, wo die Gemeinde zu erkennen gibt, dass sie die Erschließung überhaupt nicht mehr durchführen und also einen Bebauungsplan nicht mehr verwirklichen will, siehe: BVerwG in Buchholz 406.11 § 14 BBauG Nr. 8, S. 28; BVerwG NJW 1977, 405; BVerwG DÖV 1993, 713 = DVBl 1993, 669 = NJW 1994, 674; BVerwG NVwZ 1993, 1102 = NJW 1994, 1298 m. zahlreichen weiteren Nachweisen; BayVGH München NVwZ 1991, 1107. Zum Anspruch auf Erschließung siehe im Übrigen bei *Zimmermann/Heller*, Der Verkehrswert von Grundstücken – Praxishandbuch, 2. Aufl. 1999, Kapitel C.2 Rn 46 bis 58.

[92] BVerwG NVwZ 1993, 1102 = NJW 1994, 674; BVerwG in Buchholz 406.11 § 123 BBauG Nr. 29 = NVwZ 1985, 564.

der Gemeinde für Sozialhilfe und Unterbringung von Asylanten, Flüchtlingen oder Aussiedlern). Derartiges führt regelmäßig dazu, dass die im Gemeindehaushalt veranschlagten Mittel für andere Vorhaben, vor allem Erschließungsvorhaben, gekürzt oder sogar völlig umgeschichtet werden. Für die jeweiligen Vorhaben bedeutet das ihre Nichtdurchführung in dem betreffenden Haushaltsjahr, häufig sogar ihre darüber hinausgehende zeitliche Verschiebung nach hinten auf der Zeitachse.

Bei dieser Sachlage ist ein **umlegungsbedingter Erschließungsvorteil** für einen betroffenen Grundeigentümer grundsätzlich nur **theoretisch** vorstellbar. Er kann dort gegeben sein, wo eine Grundstückserschließung deswegen beschleunigt erfolgt, weil zuvor eine Baulandumlegung durchgeführt worden ist. Dies setzt allerdings gedanklich voraus, **dass es überhaupt zur Erschließung kommt**. Denn wo die Erschließung des Umlegungsgebiets nach Abschluss des Umlegungsverfahrens durch den Umlegungsplan auf nicht absehbare Zeit verschoben ist oder sogar ganz ausbleibt, kann sich ein (vermeintlicher) Umlegungsvorteil durch Zeitersparnis bei der Erschließung auch nicht verwirklicht haben.

Wenn im Umlegungsplan auszugleichende Vorteile unter dem Gesichtspunkt der Zeitersparnis festgesetzt werden sollen, erfordert das eine **ausreichend tragfähige Begründung i.S.d. § 39 VwVfG**. Hierzu gehört zunächst eine begründete Aussage dazu, **wann** die im Zeitpunkt des Umlegungsplans regelmäßig noch fehlende **Erschließung tatsächlich hergestellt sein wird**. Hierbei handelt es sich um eine Prognose, bei welcher alle Umstände berücksichtigt werden müssen, die auf die Herstellung der Erschließung Einfluss haben können. Außerdem muss die Begründung eine ebenfalls begründete Aussage dazu umfassen, **um welchen Zeitraum der Zeitbedarf** für die Herstellung der erst in der Zukunft zu erwartenden Erschließung durch das Umlegungsverfahren **tatsächlich verkürzt worden ist**. Die **pauschale Behauptung solcher Zeitgewinne reicht regelmäßig nicht** aus und verstößt gegen die Begründungspflicht nach § 39 VwVfG.

Wenn allerdings ein auf das Umlegungsverfahren zurückzuführender Zeitgewinn bezüglich der künftigen Erschließung begründet dargetan ist, handelt es sich um einen werterheblichen und deshalb ausgleichspflichtigen Vorteil der betroffenen Grundeigentümer. Nach § 5 Abs. 4 WertV 88 gehört auch die Wartezeit bis zu einer baulichen oder sonstigen Nutzung zu den werterheblichen Grundstücksmerkmalen. Diese Wartezeit richtet sich nach der voraussichtlichen Dauer bis zum Eintritt der rechtlichen und tatsächlichen Voraussetzungen, die für die Zulässigkeit der betreffenden Nutzung erforderlich sind. Das Vorhandensein einer gesicherten Erschließung ist nach den §§ 30 ff. BauGB eine dieser Voraussetzungen für die bauliche Nutzung von Grundstücken. Insoweit führt die Umlegung auch dann zu einem Vorteil durch eine zu berücksichtigende Bodenwertsteigerung, wenn der Eigentümer sein **Grundstück unverändert** zurückerhält.[93] Denn die Herstellung der Grundstückserschließung hat – jedenfalls grundsätzlich – mit der Grundstücksgestalt nichts zu tun.

Zur **Quantifizierung** des im Zeitgewinn liegenden Umlegungsvorteils wird im Fachschrifttum zur Verkehrswertbestimmung von Grundstücken folgende einfache Formel empfohlen:[94]

$$Z \times Lz \times W = \text{Umlegungsvorteil durch Zeitgewinn in DM/qm}$$

Hierbei bedeuten:
Z = Zeitersparnis in Jahren.
Lz = Auf die bauliche Nutzungsart anwendbarer Liegenschaftszinssatz i.S.d. § 11 WertV 88.
W = Anwendbarer Wert des Rohbaulandes.

---

[93] BVerfGE 18, 274; BGHZ 31, 49 = NJW 1960, 143; BGH NJW 1985, 3073.
[94] Berechnungsmodell des Deutschen Instituts für Urbanistik (difu), wiedergegeben bei *Kleiber*, in: *Kleiber/Simon/Weyers*, Verkehrswertermittlung von Grundstücken, 3. Aufl. 1998, VI Rn 75.

Bei einem konkreten Umlegungsfall mit einer umlegungsbedingten Zeitersparnis für die Herstellung der Erschließung von 3 Jahren und einem anwendbaren Liegenschaftszinssatz von 5 v.H. sowie einem Rohbaulandwert von 150 DM/qm errechnet sich folgender Vorteil:

$$3 \times 0{,}05 \times 150\,\text{DM/qm} = 22{,}50\,\text{DM/qm}$$

gg) Vorteile durch Einsparung von Vermessungs-, Notar- und Gerichtskosten

153 Zu den umlegungsbedingten Vorteilen **können** auch Einsparungen auf dem Gebiet der Vermessungs-, Notar- und Gerichtskosten (Grundbuchverfahrenskosten) gehören.[95] Das kommt allerdings nur dort in Betracht, wo dem betreffenden Grundeigentümer ein neu vermessenes anderes Grundstück zugeteilt wurde, für welches Vermessungs-, Notar- und Grundbuchaufwand auch tatsächlich angefallen wäre. Es geht bei den eingesparten Vermessungskosten nicht darum, dass die Gemeinde den von ihr im Umlegungsgebiet insgesamt veranlassten Vermessungsaufwand anteilig auf Grundstückseigentümer umlegen und so eine Kostenerstattung erreichen soll. Vielmehr handelt es sich nur um eine Vorteilsausgleichung. Deshalb muss ein entsprechender Vorteil für den einzelnen Grundstückseigentümer auch individuell festgestellt werden. Dies ist von der Umlegungsstelle nach § 39 VwVfG zu begründen.

154 Hierzu kommt es zunächst auf die Darstellung des von einem Grundeigentümer eingesparten gebührenpflichtigen Aufwands an. Hierbei ist darzulegen, welchen entsprechenden Aufwand der Grundeigentümer unvermeidlich hätte treiben müssen, um den seinem Zuteilungsgrundstück entsprechenden Grundstückszustand zu erreichen. Hinzu muss eine Ableitung der zahlbaren Gebühren für den dargestellten notwendigen Aufwand nach den einschlägigen Kostengesetzen des Bundes und der Länder kommen. Bezüglich der Kosten für die Vermessungstätigkeit öffentlich bestellter Vermessungsingenieure käme es auf deren durch Ländergesetze geregeltes Berufs- und Kostenrecht an.[96] Die bloße Behauptung angeblicher Kosteneinsparungen in DM/qm reicht wie auch sonst nicht aus. Erst der dem Grunde und der Höhe nach begründete Kostenaufwand für das Zuteilungsgrundstück kann auf dessen Fläche in DM/qm umgerechnet werden.

V. Bestimmung von Verkehrswerten als Voraussetzung für die Zuteilung und den Vorteilsausgleich

1. Rechtlicher Rahmen in §§ 56 bis 59 und in § 61 BauGB

155 Für die Zuteilung von Grundstücken und für den Vorteilsausgleich kommt es auf **Verkehrswerte der Einwurf- und der Zuteilungsgrundstücke** bezogen auf den Zeitpunkt der Aufstellung des Umlegungsbeschlusses an, also der Einleitung des Umlegungsverfahrens. Dies lässt sich an der Systematik des § 57 BauGB deutlich machen. Geht die Umlegungsstelle entsprechend § 57 BauGB von dem Verhältnis der Werte aus, so ist die Verteilung in dem Verhältnis der Werte der Grundstücke vorzunehmen, in dem die zu berücksichtigenden Eigentümer (mit ihren Einwurfgrundstücken) an der Umlegung beteiligt sind (Satz 1). Jedem Eigentümer ist möglichst ein Grundstück mit dem gleichen Verkehrswert zuzuteilen, den sein früheres Grundstück im Zeitpunkt des Umlegungsbeschlusses hatte (Satz 2). Für die zuzuteilenden Grundstücke ist der Verkehrswert, bezogen auf den Zeitpunkt des Umlegungsbeschlusses, zu ermitteln (Satz 3). Dabei sind Wertänderungen, die durch die Umlegung bewirkt werden, zu berücksichtigen (Satz 4). Unterschiede zwischen den so ermittelten

---

[95] BGH NJW 1985, 3073.
[96] Z.B. § 10 Gesetz über die öffentlich bestellten Vermessungsingenieure im Land Sachsen-Anhalt (ÖbVermIngG LSA) vom 22.5.1992 (GVBl LSA, 367) mit dem Querverweis zur Kostenerhebung auf das Verwaltungskostengesetz des Landes Sachsen-Anhalt (VwKostG LSA) vom 27.6.1991 (GVBl, LSA, 54), zuletzt geändert durch Gesetz vom 23.6.1994 (GVBl LSA, 10) i.V.m. der Allgemeinen Gebührenordnung des Landes Sachsen-Anhalt (AllGO LSA) vom 17.2.1994 (GVBl LSA, 208), zuletzt geändert durch ÄndVO vom 4.4.1997 (GVBl LSA, 468).

Verkehrswerten sind in Geld auszugleichen (Satz 5).[97] Siehe dazu im Übrigen auch § 58 Satz 1, § 59 Abs. 2 S. 3 und § 61 Abs. 2 BauGB.

Mithin kommt es darauf an, welche Verkehrswerte die Grundstücke auf Grund der Nutzungsfestsetzungen des Bebauungsplans und der sonstigen wertbildenden Faktoren **vor und nach** der Umlegung hatten.[98] Das bedeutet, dass **zwei getrennte Verkehrswertbestimmungen** durchzuführen sind, bei denen **alle wertbestimmenden Merkmale** berücksichtigt werden müssen, welche die Einwurfgrundstücke und die Zuteilungsgrundstücke aufwiesen bzw. aufweisen.[99] Denn wegen der Unterschiedlichkeit dieser Grundstücke ist eine gesonderte Beurteilung ihres Wertes in konkreter Betrachtungsweise notwendig.[100] Dieses in gefestigter Rechtsprechung des BGH anerkannte Erfordernis **entspricht im Übrigen auch dem anwendbaren Verwaltungsverfahrensrecht** des Bundes und der Länder. Nach § 24 Abs. 2 VwVfG Bund (= § 24 Abs. 2 VwVfG LSA) hat die Behörde (= Umlegungsstelle) alle für den Einzelfall bedeutsamen Umstände zu ermitteln, auch die für die Beteiligten günstigen Umstände. Zu diesen für das Umlegungsverfahren als Verwaltungsverfahren bedeutsamen Einzelumständen gehören in Zusammenhang mit den für die Verwaltungsentscheidung notwendigen Verkehrswerten der Grundstücke naturgemäß **alle Befundtatsachen zu diesen Grundstücken**, die werterheblich sind.

156

2. Verkehrswerte

Bekanntlich vermag das Anbringen eines Mercedes-Sterns an einem Pkw der Marke Trabant aus diesem „keinen Mercedes zu machen". Genauso wenig wird ein wie auch immer gutachterlich bestimmter Grundstückswert dadurch zu einem Verkehrswert, dass man ihn so nennt. Um Verkehrswert i.S.d. gesetzlichen Definition in § 194 BauGB zu sein, muss der gutachterlich ermittelte Grundstückswert vielmehr die besonderen qualitativen Anforderungen erfüllen, welche das gültige Recht der Verkehrswertbestimmung aufstellt, wie es im BauGB und in der auf der Grundlage der gesetzlichen Verordnungsermächtigung in § 199 Abs. 1 BauGB erlassenen WertV 88 allgemeinverbindlich geregelt ist. Denn das BauGB als Bundesgesetz und die WertV 88 als Rechtsverordnung der Bundesregierung stehen **nicht** im Anwendungs- oder Nichtanwendungsbelieben der Teilnehmer am Rechtsverkehr, zu denen auch Grundstückssachverständige gehören. Jedenfalls sehen weder das GG noch das BauGB oder die WertV 88 als untergesetzliche Norm eine entsprechende Ausnahme für Grundstückssachverständige auf dem Gebiet der Verkehrswertbestimmung für Grundstücke vor.[101]

157

Das aufgezeigte Ergebnis folgt auch unmittelbar aus der gesetzlichen Verordnungsermächtigung für die Bundesregierung in § 199 Abs. 1 BauGB. Dort hat der Gesetzgeber die Bundesregierung in Zusammenhang mit dem Verkehrswert ermächtigt, durch Rechtsverordnung Vorschriften über **die Anwendung** einheitlicher Grundsätze bei der Ermittlung der Verkehrswerte zu erlassen. Dies bedeutet zugleich den erklärten Willen des Gesetzgebers, dass die so in der WertV 88 geregelten Grundsätze in der Praxis der Verkehrswertbestimmung auch tatsächlich angewendet werden sollen. Dem entspricht es, dass die Regelungen in § 1 WertV 88 zum Anwendungsbereich dieser Rechtsverordnung keine Anwendungsausschlüsse enthalten. Vielmehr heißt es in § 1 Abs. 1 WertV 88 ausdrücklich und ohne jede Einschränkung, dass bei der Ermittlung von Verkehrswerten von Grundstücken die Vorschriften dieser Verordnung anzuwenden sind.

158

---

97 BGH NJW 1984, 2219 m.w.N.
98 BGHZ 72, 51 = NJW 1978, 1980 = WM 1978, 1102 = JZ 1978, 467 = BauR 1979, 48 = DWW 1978, 241 = BB 1978, 139 = DÖV 1979, 574; BGH NJW 1984, 2219.
99 BGHZ 72, 51 = NJW 1978, 1980 = WM 1978, 1102 = JZ 1978, 467 = BauR 1979, 48 = DWW 1978, 241 = BB 1978, 139 = DÖV 1979, 574; BGH NJW 1984, 2219.
100 BGHZ 72, 51 = NJW 1978, 1980; BGH NJW 1984, 2219.
101 Dazu näher bei *Zimmermann*, Kommentar zur WertV 88, 1. Aufl. 1998, Einführung Rn 35 ff.

159 Dass einige Fachautoren zur Verkehrswertbestimmung dies anders sehen,[102] steht dem nicht entgegen. Denn begründet wurde diese andere Meinung zur Beliebigkeit der Anwendung des Rechts der Verkehrswertbestimmung nie. Die für sie angegebenen Belegstellen in der Rechtsprechung stimmen zuweilen nicht und **stammen vor allem aus einer Zeit, als es dieses nunmehr gültige Recht nach dem BauGB und der WertV 88 noch gar nicht gab.** Gegenüber den Vorläuferregelungen im BBauG und in der WertV 60 bzw. WertV 72 sind nämlich u.a. auch die Bestimmungen zum jeweiligen Anwendungsbereich im BauGB und in der WertV 88 verändert worden. Dies wird übersehen.

160 Der **Verkehrswert ist in § 194 BauGB gesetzlich definiert**. Danach wird der Verkehrswert durch den Preis bestimmt, der in dem Zeitpunkt, auf den sich die Ermittlung bezieht, im gewöhnlichen Geschäftsverkehr nach den rechtlichen Gegebenheiten und tatsächlichen Eigenschaften, der sonstigen Beschaffenheit und der Lage des Grundstücks oder sonstigen Gegenstands der Wertermittlung ohne Rücksicht auf ungewöhnliche oder persönliche Verhältnisse zu erzielen wäre. Ergänzende Regelungen zu **allgemeinen Grundsätzen** der Verkehrswertbestimmung und zu den **anwendbaren Methoden** der Wertermittlung enthält die von der Bundesregierung auf der Grundlage der gesetzlichen Verordnungsermächtigung in § 199 Abs. 1 BauGB erlassene **WertV 88**.

161 Hierbei kommt es vor allem auf **genau zu erhebende Einzelbefunde zu den Grundstücken** i.S.v. **werterheblichen Befundtatsachen** an, wie diese bereits in der gesetzlichen Definition des Verkehrswerts in § 194 BauGB umrissen und ergänzend dazu in den Vorschriften der §§ 3 bis 5 WertV 88 im Einzelnen festgelegt sind. Es handelt sich bei diesen Befundtatsachen zugleich auch um Sachverhalte oder Umstände, die im Umlegungsverfahren von der Umlegungsstelle nach § 24 VwVfG von Amts wegen ermittelt werden müssen.

162 Ferner kommt es auf die in der WertV 88 geregelte Verfahrensweise der Wertermittlung an, also auf die **anzuwendenden Wertermittlungsmethoden**. Nach § 7 Abs. 1 S. 1 WertV 88 **sind** (= müssen) zur Ermittlung des Verkehrswerts die in der Verordnung geregelten Verfahren heranzuziehen, nämlich das Vergleichswert-, das Ertragswert- und das Sachwertverfahren. Andere Verfahren und Methoden der Grundstückswertermittlung sind nicht zugelassen. Werden andere als die in der WertV 88 geregelten Verfahren zur Wertermittlung herangezogen, entspricht das mit ihnen gefundene Ergebnis nicht dem Verkehrswert i.S.d. § 194 BauGB.

163 Zur **Verfahrensauswahl** bestimmt § 7 Abs. 2 WertV 88 ebenfalls verbindlich, dass die Wertermittlungsverfahren nach der Art des Gegenstands der Wertermittlung unter Berücksichtigung der im gewöhnlichen Geschäftsverkehr bestehenden Gepflogenheiten und der sonstigen Umstände des Einzelfalls zu wählen sind (= ausgewählt werden müssen), wobei die Wahl zu begründen ist (= begründet werden muss).

3. Die sog. Deduktive Methode zur Wertbestimmung in Umlegungsverfahren

164 In der Praxis der Baulandumlegung wird **nicht mit Verkehrswertbestimmungen nach BauGB und WertV 88** für die Einwurf- und Zuteilungsgrundstücke gearbeitet, sondern mit deduktiven Wertableitungen i.S.d. sog. **Deduktiven Methode**. Diese Bewertungsmethode versucht die Bestimmung der Einwurfswerte der Grundstücke in Umlegungsgebieten durch **Ableitung aus den Werten der Zuteilungsgrundstücke** im Wege **abstrakt mathematischer Berechnungen**. Dabei bleiben die individuellen werterheblichen Besonderheiten unberücksichtigt, die jedes dieser Grundstücke nach den

---

[102] Z.B. *Rössler/Langner/Simon/Kleiber*, Schätzung und Ermittlung von Grundstückswerten, 6. Aufl. 1990, S. 35 = *Simon/Kleiber*, Schätzung und Ermittlung von Grundstückswerten, 7. Aufl. 1996, S. 39; *Vogels*, Grundstücks- und Gebäudebewertung marktgerecht, 5. Aufl. 1996, S. 235; *Kleiber/Simon/Weyers*, Recht und Praxis der Verkehrswertermittlung, 1991, Rn 264 = *Kleiber/Simon/Weyers*, Verkehrswertermittlung von Grundstücken, 2. Aufl. 1994, E § 1 WertV Rn 7 = *Kleiber/Simon/Weyers*, Verkehrswertermittlung von Grundstücken, 3. Aufl. 1998, V § 1 WertV Rn 1, 2, 10; *Kleiber/Simon/Weyers*, WertV 88 – Wertermittlungsverordnung 1988, 4. Aufl. 1995, § 1 WertV Rn 2.

Befundtatsachen aufweist, die für es vorliegen. Im Sinne einer **unzulässigen Gleichmacherei** werden dabei sogar unbebaute und bebaute Einwurfgrundstücke gleichbehandelt und derselben Rechenoperation unterworfen. Ein Beispiel für diese Vorgehensweise sieht wie folgt aus:

Berechnungsbeispiel für die deduktive Ableitung von Einwurfswerten aus Baulandwerten bei der Umlegung[103]

Baureifes Land, erschließungskostenbeitragsfrei	175 DM/qm
abzüglich	
voraussichtlicher Erschließungsbeitragsanteil für die Herstellung der Erschließungsanlagen	25 DM/qm
ergibt	
erschließungs**flächen**beitragsfreies Bauland (= Zuteilungswert)	150 DM/qm
abzüglich	
Erschließungsbeitragsanteil für die Flächenbereitstellung (lässt sich im Umlegungsverfahren – ggf. iterativ – kalkulieren als Wert des Flächenabzugs, vermindert um den Gemeindeanteil von mindestens 10% (§ 129 BauGB)	40 DM/qm
ergibt	
Bauland, voll erschließungsbeitragspflichtig	110 DM/qm
abzüglich	
Einsparung der Vermessungs-, Notar- und Grundbuchkosten	5 DM/qm
ergibt	105 DM/qm
abgezinst um die Verkürzung der Wartezeit durch Umlegung (z.B. 4 Jahre, 4%) = Abzinsungsfaktor $1/q^n$ = 0,855 ergibt die Qualität Rohbauland (= Einwurfswert)	90 DM/qm

Diese schematische Vorgehensweise wird von verschiedenen Fachautoren auch in mathematische Formeln umgesetzt, wobei allerdings jeder Fachautor andere Vorgehensweisen und Formeln empfiehlt.[104] Grundsätzlich ist gegen die Anwendung mathematischer Formeln nichts einzuwenden. Allerdings darf dabei nicht die mathematische Grundwahrheit verloren gehen, wonach es auf die Ein-

---

103 Berechnungsmodell des Deutschen Instituts für Urbanistik (difu) 1993, wiedergegeben bei *Kleiber*, in: *Kleiber/Simon/Weyers*, Verkehrswertermittlung von Grundstücken, 3. Aufl. 1998, VI Rn 73.
104 Vergleiche z.B. *Aderholt*, Umlegungswert und Steuerrecht, GuG 1995, 335; *Dietrich/Lemmen*, Bewältigung der naturschutzrechtlichen Eingriffsregelung durch Umlegungen?, GuG 1991, 301; *Kleiber*, in: *Kleiber/Simon/Weyers*, Verkehrswertermittlung von Grundstücken, 3. Aufl. 1998, VI Rn 76; *Reinhardt*, Die Baulandumlegung in den neuen Bundesländern – Praxiserfahrungen aus Thüringen und Bearbeitungstips, GuG 1993, 289; *ders.*: Zum Umlegungsvorteil, GuG 1997, 85; *Sandmann*, Zur Bewältigung der naturschutzrechtlichen Eingriffs- und Ausgleichsregelung in Bebauungsplänen und in der Baulandumlegung, GuG 1995, 1; *Schmalgemeier*, Zur Ermittlung des Umlegungsvorteils bei Erschließungsumlegungen, VR 1983, 149; *ders.*: Zum Umlegungsvorteil bei Erschließungsumlegungen unter Berücksichtigung der naturschutzrechtlichen Eingriffsregelung, VR 1995, 363; *Seele*, Bauleitplanung und kommunale Bodenpolitik als Determinanten der Baulandpreisentwicklung, VR 1975, 138; *ders.*: Bodenordnerische Probleme in den neuen Bundesländern, VR 1992, 73; *Strotkamp*, Ermittlung von Einwurfs- und Zuteilungswerten unter Berücksichtigung der Ausgleichsflächenproblematik im Umlegungsverfahren, Nachr. der rh.-pf. Kat. und VermVw 1998, 103; *ders.*: Bewertung von werdendem Bauland unter Berücksichtigung der Ausgleichsflächenproblematik, WFA Nr. 2/1998, 24.

gangsdaten ankommt, die bei mathematischen Operationen verwendet werden. Stimmen diese Eingangsdaten nicht, muss das in Anwendung einer mathematischen Formel gefundene Rechenergebnis zwangsläufig ebenfalls unrichtig sein. In dem bereits zitierten Aufsatz von *Reinhard* aus dem Jahre 1997 werden denn auch Zweifel an der Richtigkeit deduktiver Vorgehensweisen zur Wertbestimmung bei der Umlegung wie folgt geäußert:[105]

„... 1.4 Wertung der deduktiven Berechnung des Umlegungsvorteils
Die bisherigen Betrachtungen und Analysen der deduktiven Ermittlung des Umlegungsvorteils zeigen deutlich, dass mit Hilfe dieser mathematischen Methode eigentlich alle Kosten und Einsparungen in den Umlegungsvorteil eingerechnet werden können. Die **Spanne** zwischen dem Einwurfswert und dem Zuteilungswert **kann rechnerisch fast beliebig vergrößert** werden.
Darin liegt aber zugleich die Schwäche dieser Methode, denn die rein mathematische Kalkulation sagt zunächst nichts über die **rechtliche Qualität des berechneten Ergebnisses** aus. Das deduktiv ermittelte Ergebnis muss einerseits gemäß § 57 BauGB daraufhin überprüft werden, **ob es auch dem Verkehrswert entspricht**. Andererseits muss der aufgrund der Berechnung abgeleitete maximale Flächenabzug hinsichtlich seiner Verfassungsmäßigkeit sachgerecht überprüft werden. ..."

166 Mit diesem Zitat ist zu der sog. Deduktiven Methode eigentlich alles gesagt, was zu ihr zu sagen wäre. Es soll aber auch auf andere Stellungnahmen hingewiesen werden. Es wird dort hervorgehoben, dass die Deduktive Methode **höchst fragwürdig und leicht manipulierbar** ist und zu einer nicht vertretbaren Entfernung der Ergebnisse von den Ausgangswerten für baureifes Land führt.[106]

167 Ferner ist darauf hinzuweisen, dass es **bisher keine allgemein definierte und anerkannte „Deduktive Methode"** gibt. In der WertV 88 ist diese Methode nicht vorgesehen. Auch an anderer Stelle ist sie nicht in verbindlicher Form normativ geregelt. Im Fachschrifttum werden unterschiedliche Vorgehensweisen empfohlen. Bereits dies steht der Verwendung der sog. deduktiven Methode entgegen. Denn auf dem Gebiet der Pflichten von Sachverständigen und der Würdigung der von ihnen erstatteten Gutachten im Prozess gilt der Grundsatz, dass in einem Gutachten nur solche Lehren und Untersuchungsmethoden anwendet werden dürfen, die in den maßgebenden Fachkreisen als zweifelsfrei und richtig anerkannt sind.[107] Diese Grundsätze gelten auch im Verwaltungsverfahren zur Baulandumlegung nach dem BauGB i.V.m. den VwVfG. Dieses Verwaltungsverfahren ist kein Experimentierfeld für die Anwendung unerforschter und in Fachkreisen umstrittener Methoden.

168 Hinzu kommt, dass die mit deduktiven Ableitungen gefundenen Ergebnisse **nicht den aufgezeigten gesetzlichen Anforderungen an die Wertermittlung** im Rahmen der Baulandumlegung entsprechen. Denn dort kommt es auf Verkehrswerte an. Die in Anwendung deduktiver Vorgehensweisen gefundenen Ergebnisse zu Grundstückswerten entsprechen nicht den Anforderungen, welche § 194 BauGB und die WertV 88 an einen Verkehrswert stellen. Die so ermittelten Werte sind deshalb auch keine Verkehrswerte.

169 Schließlich ist auf den auch im Verwaltungsverfahrensrecht gültigen Grundsatz hinzuweisen, dass Gerichte sowie auch **Behörden über die erforderliche Sachkunde verfügen** müssen, die bei bestimmten Entscheidungen gefragt ist. Bei der Baulandumlegung nach dem BauGB geht es dabei um die **besondere Sachkunde auf dem Gebiet der Verkehrswertbestimmung von Grundstücken**. Fehlt es der Umlegungsstelle (Gemeinde) bzw. dem Umlegungsausschuss an dieser besonderen Sachkunde, müssen sich diese Stellen nach § 26 VwVfG des Beweismittels Sachverständiger bedie-

---

105 *Reinhard*, Zum Umlegungsvorteil, GuG 1997, 85 (86, 88).
106 *Kleiber*, in: *Kleiber/Simon/Weyers*, Verkehrswertermittlung von Grundstücken, 3. Aufl. 1998, V § 4 WertV Rn 332.
107 BGHSt 5, 34; BGH NJW 1954, 649; *Jeßnitzer/Frieling*, Der gerichtliche Sachverständige, 10. Aufl. 1992, Rn 295.

nen.[108] Glaubt die Behörde, auf die Beiziehung eines Sachverständigen verzichten zu können, weil sie sich selber für ausreichend sachkundig auf dem Gebiet der Verkehrswertbestimmung von Grundstücken hält, muss sie das in dem Umlegungsplan nach § 39 VwVfG begründen.[109] Auch hieran fehlt es in der Praxis der Baulandumlegung regelmäßig, obwohl die Umlegungsstelle im Umlegungsplan in Anwendung deduktiver Rechenmethoden Flächenbeiträge für den Vorwegabzug nach § 55 Abs. 2 BauGB, Zuteilungsgrundstücke und Ausgleichsleistungen für Vor- und Nachteile festgesetzt hat, ohne dass zuvor ein Sachverständiger auf dem Gebiet der Verkehrswertbestimmung von Grundstücken mit der Ermittlung der maßgeblichen Verkehrswerte beauftragt worden war.

D. Grenzregelung

I. Einführung

170 Die in den §§ 80 bis 84 BauGB geregelte Grenzregelung ist neben der Umlegung (§§ 45 bis 79 BauGB) das zweite im BauGB vorgesehene Bodenordnungsverfahren. Die Grenzregelung wurde nach dem Ende des 2. Weltkriegs aus der bereits vorher bekannt gewesenen Umlegung entwickelt und zunächst in den inzwischen nicht mehr gültigen **Aufbaugesetzen** der (alten) Bundesländer durch Vorschriften über den Grenzausgleich sowie die Zusammenlegung von Grundstücken als normativ geregeltes Verwaltungsverfahren der Bodenordnung institutionalisiert (z.B. § 15 AufbauG NRW[110]). Das **BBauG** (BGBl I 1960, 341) als Vorläufergesetz des heute gültigen BauGB führte die Grenzregelung mit den Vorschriften der §§ 73 ff. BBauG als Bundesrecht zunächst nur zum Grenzausgleich ein, wobei aber die BBauG-Novelle 1979 eine Erweiterung der Eingriffsmöglichkeiten auf den gegenseitigen Austausch sowie auf die einseitige Zuweisung von Grundstücken bzw. Grundstücksteilen brachte. Dieser materielle Kern der zuletzt gültigen Grenzregelungsvorschriften des BBauG (§§ 80 ff. BBauG) wurde später im nunmehr gültigen BauGB nicht verändert.

---

108 BVerwGE 17, 342; BVerwGE 68, 182; BVerwGE 69, 73. Siehe im Übrigen auch *Hartmann*, in: *Baumbach/Lauterbach/Albers/Hartmann*, Kommentar zur ZPO, 56. Aufl. 1998, § 286 ZPO Rn 50 ff. m. zahlreichen weiteren Nachweisen aus der Rechtsprechung der Zivilgerichte zum Erfordernis der Beauftragung von Sachverständigen bei nicht ausreichender eigener Sachkunde des Gerichts bzw. zur Aufhebung und Zurückverweisung bei vom Gericht unzutreffend angenommener ausreichender eigener Sachkunde und deshalb unterbliebener Beauftragung eines Sachverständigen (z.B. BGH NJW 1997, 1641).
109 BVerwG MDR 1969, 1040.
110 Gesetz über Maßnahmen zum Aufbau in den Gemeinden (Aufbaugesetz – AufbauG NRW) vom 29.4.1950 (GVBl NRW, 78) i.d.F. der Neubekanntmachung vom 29.4.1952 (GVBl NRW, 75) mit insgesamt 4. Durchführungsverordnungen, nämlich der 1. DVO vom 13.6.1950 (GVBl NRW, 95), der 2. DVO vom 9.10. 951 (GVBl NRW, 131, ber. 151), der 3. DVO vom 14.5.1952 (GVBl NRW, 87, ber. 123) und der 4. DVO vom 4.8.1952 (GVBl NRW, 166). Entsprechende Aufbaugesetze gab es in den anderen (alten) Bundesländern ebenfalls (z.B. Gesetz über den Aufbau der Städte und Dörfer des Landes Hessen vom 25.10.1948). Das AufbauG NRW sah in seinem III. Abschnitt eine ganze Systematik von Vorschriften zur Bodenordnung durch hoheitlichen Eingriff vor. Dazu zählten nach § 14 AufbauG NRW folgende Maßnahmen:
a) Grenzausgleich;
b) Übernahme von Flächen für den Gemeinbedarf in das Eigentum der Gemeinden;
c) Umlegung von Grundstücken (Umlegungsverfahren);
d) Zusammenlegung von Grundstücken;
e) Neuordnung von Grundstücken;
f) Enteignung von Grundstücken.
Der in § 15 Abs. 1 AufbauG NRW geregelte Grenzausgleich ermöglichte den gegenseitigen Austausch von Teilen benachbarter Grundstücke, wenn durch den Austausch der Wert der Grundstücke nur unerheblich geändert wurde. Zur Anwendung dieser Bestimmung ordnete Art. 13 der 1. DVO AufbauG NRW ergänzend an, dass eine unerhebliche Wertänderung vorliegt, wenn der Wert eines der beiden oder beider Grundstücke um nicht mehr als 5 Prozent verändert wird.

171 Das Grenzregelungsverfahren ist **im Vergleich zur Umlegung stark vereinfacht** und zielt auf den Austausch oder die einseitige Zuteilung kleinerer Flächen benachbarter Grundstücke ab. Gleichwohl ist die praktische Bedeutung der Grenzregelung wegen ihrer **eingeengten Zulässigkeitsvoraussetzungen** gering geblieben. Hervorzuheben ist das **öffentliche Interesse, dem die Grenzregelung dienen muss** (§ 80 Abs. 1 BauGB). Dies lässt den in der Umlegung nach den §§ 45 ff. BauGB anerkannten Gesichtspunkt der Privatnützigkeit zurücktreten. Damit stellt sich das Grenzregelungsverfahren im Ergebnis als Enteignung dar. Denn es geht bei der Grenzregelung um die durch Verwaltungsakt (Grenzregelungsbeschluss) im öffentlichen Interesse bewirkte Wegnahme von Grundeigentum im Wege des Austauschs von Flächen zwischen benachbarten Grundeigentümern oder der einseitigen Zuteilung von Grundstücksflächen an einen dieser Grundeigentümer. Hierzu vertritt die **herrschende Meinung** eine allerdings nicht näher begründete **andere Auffassung** und sieht die Grenzregelung als **Inhaltsbestimmung des Eigentums** und deshalb nicht als Enteignung an.[111]

172 Ob es zu einem Grenzregelungsverfahren kommt, entscheidet die zuständige Behörde von Amts wegen **nach pflichtgemäßem Ermessen** (§ 80 Abs. 1 BauGB – **Kann**vorschrift).[112] Auch wenn ein Antrag auf Durchführung der Grenzregelung im Gesetz nicht ausdrücklich vorgesehen ist, kann er an die Gemeinde gerichtet werden. Voraussetzung ist allerdings ein berechtigtes Interesse des Antragstellers. Lehnt die Gemeinde das beantragte Grenzregelungsverfahren ab, ist gegen diese Ablehnung der Rechtsweg zu den Kammern für Baulandsachen bei den LG eröffnet. Der Verfahrensantrag wäre i.S.d. Verpflichtungsklage nach § 42 VwGO auf die Verpflichtung zur Durchführung der Grenzregelung zu richten.[113] Auf das **Verwaltungsverfahren** finden ergänzend zu den materiellen Regelungen und Verfahrensbestimmungen des BauGB die VwVfG der Länder und ggf. auch das VwVfG (Bund) Anwendung. Hervorzuheben sind die allgemeinen Verfahrensbestimmungen in den VwVfG insbesondere zur Amtsermittlungspflicht, zur Begründung von Verwaltungsakten und zur Ermessensausübung (§§ 24, 39, 40 VwVfG). Der **Rechtsweg** ist wie bei der Umlegung zu den Kammern für Baulandsachen bei den LG eröffnet (§ 217 Abs. 1 BauGB). Der Streitwert in solchen Verfahren richtet sich nach dem Wert der Teilfläche, die der Antragsteller oder Rechtsmittelführer im Wege des Flächenaustauschs oder einer einseitigen Zuteilung an einen anderen Eigentümer verlieren soll.[114]

II. Grenzregelungsverfahren

1. Zweck der Grenzregelung

a) Allgemeine Zulässigkeitsschranke durch den Zweck der Grenzregelung

173 Die Grenzregelung dient nach § 80 Abs. 1 S. 1 BauGB der **Herbeiführung** einer **ordnungsgemäßen Bebauung** einschließlich Erschließung oder der **Beseitigung baurechtswidriger Zustände**. Diese Aufzählung zulässiger Gründe für die Grenzregelung im Tatbestand des § 80 Abs. 1 S. 1 BauGB ist abschließend. Im Unterschied zur Umlegung fehlt die in § 45 Abs. 1 S. 1 BauGB als zulässiges Umlegungsziel genannte zweckmäßige Gestaltung der Grundstücke für ihre bauliche oder sonstige Nutzung. Deshalb ist eine Grenzregelung zur Verbesserung der baulichen oder sonstigen Nutzbarkeit eines Grundstücks **unzulässig**.[115] Desgleichen ist eine Grenzregelung unzulässig, wenn sie lediglich

---

111 BGH NVwZ 1997, 1245; OLG Köln NJW 1966, 506; *v.d.Heide*, in: *Cholewa/David/Dyong/v.d. Heide*, Kommentar zum BauGB, 2. Aufl. 1990, § 80 BauGB, Nr. 1; *Löhr*, in: *Battis/Krautzberger/Löhr*, Kommentar zum BauGB, 6. Aufl. 1998, § 80 Rn 1, allerdings einschränkend bei Rn 18 für den Fall der einseitigen Zuteilung von Grundstücken, wo der enteignende Eingriff bejaht wird.
112 OLG München NVwZ 1994, 620.
113 OVG Lüneburg NJW 1964, 687 unter Berufung auf BVerwG DVBl 1963, 62.
114 BGH NJW 1968, 2059; OLG München NVwZ-RR 1993, 109.
115 BGH NVwZ 1997, 1247 = NJW 1998, 1493 = ZfBR 1997, 201. Siehe dazu auch OLG Oldenburg NJW 1972, 2043. Demgegenüber vertrat das OLG Köln im Jahre 1965 noch eine andere Auffassung (OLG Köln NJW 1966,

zu dem Zweck durchgeführt wird, der Gemeinde Land für die Anlegung einer öffentlichen Straße zu verschaffen.[116]

Der Grenzregelungsbeschluss (§ 82 BauGB) muss erkennen lassen, welchem Zweck die durch ihn bewirkte Grenzregelung dienen soll. Die Behörde muss also ihre nach den §§ 39, 40 VwVfG notwendige Begründung für den Grenzregelungsbeschluss auch auf den Zweck der Grenzregelung erstrecken. Fehlt es daran, ist der Grenzregelungsbeschluss als Verwaltungsakt nicht nur fehlerhaft, sondern rechtswidrig. Denn es kann nicht überprüft werden, ob die durchgeführte Grenzregelung sich innerhalb der Zulässigkeitsvoraussetzungen in § 80 Abs. 1 S. 1 BauGB hält und also zulässig war. Dies ginge zu Lasten der Grenzregelungsbehörde. 174

b) Herbeiführung einer ordnungsgemäßen Bebauung einschließlich Erschließung

Der in § 80 Abs. 1 S. 1 BauGB vorgesehene erste mögliche Zweck einer Umlegung betrifft die Herbeiführung einer ordnungsgemäßen Bebauung einschließlich Erschließung. Aus dem im Tatbestand verwendeten Begriff Herbeiführung ergibt sich, dass Fallgestaltungen gemeint sind, in denen diese ordnungsgemäße Bebauung oder Erschließung im Zeitpunkt der Grenzregelung fehlt. Die von der Grenzregelung betroffenen Grundstücke sollen so neu gestaltet werden, dass eine solche Bebauung oder Erschließung auf den betroffenen Grundstücken nach deren jeweiliger Grundstücksgestalt möglich wird. Wegen der zweiten Alternative im Tatbestand des § 80 Abs. 1 S. 1 BauGB (= baurechtswidrige Zustände) geht es nicht um die Fälle bereits vorhandener baurechtswidriger Bebauungen. 175

Den **Maßstab für die Ordnungsgemäßheit** der Bebauung und Erschließung gibt das gesamte öffentliche Baurecht des Bundes und der Länder ab. Es geht dabei um das Bauplanungs- und Erschließungsrecht nach dem BauGB genauso, wie um das Bauordnungs- oder Baupolizeirecht nach den Landesbauordnungen der Länder. Die Bebauung und Erschließung müssen diesem öffentlichen Baurecht entsprechen und also – an ihm gemessen – zulässig bzw. ausreichend sein. Bei der Erschließung geht es um die grundstücksbezogene Erschließung i.S.d. §§ 30 ff. BauGB und nicht um die gebietsbezogene Erschließung nach den §§ 123 ff. BauGB. 176

Die notwendige **Begründung** des Grenzregelungsbeschlusses muss erkennen lassen, aus welchen Gründen die betroffenen Grundstücke in ihrem alten Zustand eine ordnungsgemäße Bebauung oder Erschließung nicht zuließen, so dass es der Grenzregelung bedurfte, um ihren nach § 80 Abs. 1 S. 1 BauGB zulässigen Zweck zu erreichen. Dabei reicht es nicht aus, dass eine nach dem Baurecht zulässige Bebauung und Erschließung „durch eine bessere ersetzt" werden sollte. Denn es kommt für die 177

---

506). Das OLG Köln berief sich damals u.a. auf den Regierungsentwurf zu § 73 BBauG, wonach die Grenzregelung u.a. auch der Verbesserung von Grundstücksgrenzen dienen sollte (BT-Drs. 3/336). Entsprechend der Begründung in diesem Regierungsentwurf legte das OLG Köln die Vorschrift des § 73 BBauG dahin aus, dass die Grenzregelung einer städtebaulich und wirtschaftlich möglichst günstigen Bebauung dienen soll. Diese Auslegung des Gesetzes durch das OLG Köln berücksichtigte aber nicht, dass der Regierungsentwurf für ein BBauG im Zuge der parlamentarischen Beratungen auch bei dem Recht der Grenzregelung erheblich verändert wurde (§§ 73 ff. BBauG). Siehe dazu die Synopse u.a. zu § 73 BBauG in dem Bericht des Ausschusses für Wohnungswesen, Bau- und Bodenrecht – 24. Ausschuss – über den von der Bundesregierung eingebrachten Entwurf eines Bundesbaugesetzes (BT-Drs. 3/1794, 52) sowie die Begründung des Ausschusses zu der von ihm abweichend vom Regierungsentwurf vorgeschlagenen Fassung des § 73 BBauG bzw. jetzt des § 80 Abs. 1 BauGB (Anlage zu BT-Drs. 3/1794, 18). Der eindeutige Wortlaut der später Gesetz gewordenen Fassung des § 73 Abs. 1 BBauG entsprechend den Vorschlägen des 24. BT-Ausschusses bzw. jetzt des § 80 Abs. 1 BauGB lässt eine Auslegung i.S.d. zitierten Entscheidung des OLG Köln aus dem Jahre 1965 nicht zu. Im Übrigen sind Motive des Gesetzgebers unverbindlich, wenn sie nicht Gesetz geworden sind. Hierbei ist im Übrigen auch zu beachten, dass die Bundesregierung nicht der Gesetzgeber ist und deshalb in einem Regierungsentwurf zu einem Gesetz nur die Motive für ihren Entwurf darstellen kann. Wird ein solcher Gesetzentwurf der Bundesregierung im Zuge der parlamentarischen Beratungen über ihn durch den zuständigen Ausschuss des Deutschen Bundestages verändert, kommt es auf die Motive bzw. Begründungen in den entsprechenden BT-Drucksachen über die Ausschussberatungen des Parlaments an, hier also auf die BT-Drs. 3/1794. In diesen Unterlagen findet sich aber für die überholte Auffassung des OLG Köln nichts.

116 OLG Hamm NVwZ 1990, 1005.

Ordnungsgemäßheit nur darauf an, ob die Bebauung und Erschließung auf den betroffenen Grundstücken in ihrem alten Zustand **baurechtlich zulässig bzw. ausreichend** (= Erschließung) **war oder nicht**. Keine Rolle spielen zusätzliche Gesichtspunkte z.B. die Zweckmäßigkeit und Wirtschaftlichkeit o.ä.

c) Beseitigung baurechtswidriger Zustände

178 Mit der Beseitigung baurechtswidriger Zustände gibt § 80 Abs. 1 S. 1 BauGB eine zweite Fallgestaltung für zulässige Zwecke der Grenzregelung vor. Hier geht es darum, dass im Zeitpunkt der Einleitung des Grenzregelungsverfahrens **bereits vorhandene Zustände** auf den betroffenen Grundstücken **zu konkreten Verstößen gegen das Baurecht** des Bundes und der Länder **geführt** haben und durch Veränderung der Grundstücksgestalt im Wege der Grenzregelung beseitigt werden sollen.[117] In diesen Fällen muss der Grenzregelungsbeschluss in seiner **Begründung** erkennen lassen, um **welche Verstöße gegen das Baurecht** es sich handelt. Es muss sich um Verstöße gegen das Baurecht handeln, die mit der Grundstücksgestalt zu tun haben und deshalb durch eine Veränderung der Grundstücksgestalt im Wege der Grenzregelung beseitigt werden **konnten** und sollten. Baurechtsverstöße, die ihrer Art nach durch eine Grenzregelung überhaupt nicht beseitigt werden können, rechtfertigen die Grenzregelung nicht. Die Grenzregelung muss vielmehr ein **taugliches Mittel** zur Beseitigung der im konkreten Anwendungsfall vorliegenden Baurechtswidrigkeit sein.

2. Räumliche Zulässigkeitsschranken der Grenzregelung

179 Die Grenzregelung darf nach § 80 Abs. 1 S. 1 BauGB nur im Geltungsbereich eines Bebauungsplans oder innerhalb der im Zusammenhang bebauten Ortsteile (§ 34 BauGB) durchgeführt werden. Diese Regelung begrenzt den Anwendungsbereich der Grenzregelung räumlich. Außerhalb der so bezeichneten Teile des Gemeindegebiets findet keine Grenzregelung statt. Der Grenzregelungsbeschluss (§ 82 BauGB) muss deshalb auch darstellen, ob die von der Grenzregelung betroffenen Grundstücke in einem der bezeichneten Teile des Gemeindegebiets gelegen sind. Dies ist Teil der notwendigen Begründung i.S.d. § 39 VwVfG.

180 Die erste Variante betrifft den **räumlichen Geltungsbereich eines Bebauungsplans**. Hier kommt es auf einen förmlich als Satzung beschlossenen und ortsüblich bekannt gemachten Bebauungsplan i.S.d. § 10 BauGB an. **Entwürfe für einen Bebauungsplan reichen nicht** aus, desgleichen auch nicht der Beschluss über die Aufstellung eines Bebauungsplans i.S.d. § 2 Abs. 1 S. 2 BauGB. Eine dem § 45 Abs. 2 BauGB entsprechende Vorschrift, wonach das Umlegungsverfahren auch vor Aufstellung des Bebauungsplans eingeleitet werden kann, fehlt bei der Grenzregelung. Die entsprechende Anwendung des § 45 Abs. 2 BauGB ist im Gegensatz zu anderen Vorschriften aus dem Umlegungsrecht für das Grenzregelungsverfahren nicht angeordnet.

181 Bei den **im Zusammenhang bebauten Ortsteilen** innerhalb einer Gemarkung kann die Gemeinde nach § 34 Abs. 4 Nr. 1 bis 3 BauGB durch Satzung bestimmen, was zu diesen Ortsteilen gehört. Soweit es eine solche Ortssatzung gibt, muss auf sie in dem Grenzregelungsbeschluss hingewiesen werden.

3. Grundstücksbezogene Zulässigkeitsschranken der Grenzregelung

182 Nach § 80 Abs. 1 S. 2 BauGB dürfen die von der Grenzregelung betroffenen Grundstücke und Grundstücksteile nicht selbständig bebaubar sein. Außerdem darf eine durch die Grenzregelung bewirkte Wertminderung für den betroffenen Grundstückseigentümer nur unerheblich sein. Hierdurch

---

117 Bericht des Ausschusses für Wohnungswesen, Bau- und Bodenrecht – 24. Ausschuss – über den von der Bundesregierung eingebrachten Entwurf eines Baugesetzbuchs (BT-Drs. 10/6166, 157).

stellt das Gesetz **zwei grundstücksbezogene Zulässigkeitsschranken** für die Grenzregelung auf, wobei es jeweils um die „weggenommenen" Flächen geht (Grundstücke oder Grundstücksteile).

Als **absolute Grenze** fordert das Gesetz, dass die durch Austausch oder einseitige Zuteilung betroffenen Grundstücksflächen **nicht selbständig bebaubar** sein dürfen. Ob eine solche Bebaubarkeit des Grundstücks bzw. der Grundstücksteilfläche gegeben ist, richtet sich nach dem öffentlichen Baurecht des Bundes und der Länder. Mithin entscheidet, ob die betroffene Fläche die Anforderungen erfüllt, die das Bauplanungsrecht nach dem BauGB und der BauNVO sowie nach den konkreten Festsetzungen in einem Bebauungsplan und außerdem auch das Bauordnungsrecht der Länder an die Größe und sonstige Beschaffenheit von Baugrundstücken stellen. Soweit ein Grundstück bzw. eine Grundstücksteilfläche danach bebaut werden könnte, kann diese Fläche kein Gegenstand der Grenzregelung sein. Wenn derartige „Bauplätze" durch hoheitlichen Eingriff im Wege der Bodenordnung anders zugeordnet werden sollen, ist die **Grenzregelung nicht das richtige Mittel**. In solchen Fällen muss die Verwaltung auf andere Bodenordnungsverfahren zurückgreifen oder enteignen. Dies stellt die Beachtung der jeweils anderen und dem Schutz der betroffenen Grundeigentümer dienenden rechtlichen Vorgaben für solche Verfahren durch die Verwaltung sicher. 183

Daneben gilt als **relative Grenze**, dass die für den betroffenen Grundstückseigentümer bewirkte Wertminderung **nur unerheblich** sein darf. Es geht um die Wertminderung durch den Verlust der ausgetauschten oder einseitig zugewiesenen Flächen. Wie diese Wertminderung zu bestimmen ist, sagt das Gesetz nicht. Unter Berufung u.a. auf Art. 13 der 1. DVO zum AufbauG NRW (s. § 17 Fn 110) empfehlen einige Kommentatoren die Anwendung eines Satzes von 5 v.H. als Obergrenze für die Unerheblichkeit der Wertminderung.[118] Andere lehnen sich an die Rechtsprechung des BGH zur Abweichung von der Sollzuteilung bei der Umlegung nach § 59 Abs. 2 BauGB an und empfehlen Prozentsätze von 5 bis 10 v.H.[119] 184

Der Versuch, die Erheblichkeit oder Unerheblichkeit der **Wertminderung prozentual** zu bestimmen, kann nur bedingt zum Erfolg führen. Nach den Gesetzen der Logik greift eine mathematische Näherungsweise über Prozentsätze zur Bestimmung einer Wertminderung, wenn die Grenzregelung im Ergebnis lediglich zum Verlust von **Teil**flächen eines Grundstücks führt. Denn in diesen Fällen verbleibt ein Rest des ursprünglichen Grundstücks bei dem von der Grenzregelung betroffenen Grundstückseigentümer. Das lässt die rechnerische Bestimmung eines Prozentanteils der durch Grenzregelung verlorenen Fläche in qm an der ursprünglichen Gesamtfläche des betroffenen Grundstücks zu, was zugleich auch die Ermittlung einer Wertminderung in DM und ihre Qualifizierung als erheblich oder unerheblich i.S.d. § 80 Abs. 1 S. 2 BauGB ermöglicht. 185

Allerdings gerät man auch in den Fällen des Verlust von Teilflächen bereits dann in Schwierigkeiten, wenn die Grenzregelung zu einem **Austausch von Grundstücksteilflächen** in der Weise führt, dass ein Grundeigentümer zwar einerseits Teilflächen seines ursprünglichen Grundstücks verliert, zugleich aber Teilflächen eines anderen Grundstücks hinzubekommt. Was soll hier der anwendbare Vergleichsmaßstab zur Bestimmung von Prozentanteilen sein? Geht es nur um den Verlust der eigenen Flächen im Vergleich zum ursprünglichen Grundstück oder geht es um den Vergleich des ursprünglichen Grundstücks mit dem neuen Grundstück unter Einrechnung der durch Austausch hinzugewonnenen (vormals) fremden Teilfläche? 186

Die Näherung über Prozentrechnungen versagt jedoch völlig, wenn ein rechtlich selbständiges **Grundstück zur Gänze anders zugeordnet** wurde. Hier macht die **Wertminderung immer 100 %** aus, auch wenn der Grundstückswert z.B. bei einem sog. Splittergrundstück wegen dessen kleiner Grundstücksfläche gering gewesen sein mag. Streng genommen kann in solchen Fällen nicht von einer Wertminderung gesprochen werden, wie es im Tatbestand des § 80 Abs. 1 S. 2 BauGB heißt, 187

---

118 Z.B. *Löhr*, in: *Battis/Krautzberger/Löhr*, Kommentar zum BauGB, 6. Aufl. 1998, § 80 Rn 20; *v.d. Heide*, in: *Cholewa/David/Dyong/v.d. Heide*, Kommentar zum BauGB, 2. Aufl.1990, § 80 Nr. 4.

119 *Schriever*, in: *Kohlhammer*, Kommentar zum BauGB, Loseblatt, Stand Januar 1997, § 80 Rn 38.

sondern nur von einem „totalen Wertverlust". Denn dem betroffenen Grundeigentümer verbleibt keine Grundstücksrestfläche und damit auch kein Restwert. Die Zuordnung ganzer Grundstücke an neue Eigentümer ist aber nach dem Wortlaut in § 80 Abs. 1 Nr. 1 und 2 BauGB ein ausdrücklicher Anwendungsfall der Grenzregelung.

188 Die **Formulierung in § 80 Abs. 1 S. 2 BauGB ist gesetzestechnisch mißglückt**. Erkennbar ist die Absicht des Gesetzgebers, den Anwendungsbereich der Grenzregelung auf Fälle der Geringfügigkeit zu beschränken, wobei diese Geringfügigkeit sich allerdings auf den Bestand des ursprünglichen und von der Grenzregelung betroffenen Grundstücks bezieht. Da aber neben Eingriffen in Grundstücksteilflächen zugleich auch die Neuzuordnung ganzer Grundstücke durch Grenzregelungsbeschluss zugelassen wurde, war es sachlich verfehlt, innerhalb des § 80 Abs. 1 S. 2 BauGB auf den Gesichtspunkt der Wertminderung abzustellen. Denn dieses Kriterium versagt, wenn kein „Restwert des Grundstücks" beim Grundeigentümer verbleibt, weil ihm das ganze Grundstück weggenommen wurde und nicht nur ein Grundstücksteil.

189 Damit ist die **Vorschrift des § 80 Abs. 1 S. 2 BauGB** in den Fällen der Zuordnung ganzer Grundstücke durch Grenzregelung **nicht handhabbar**. Denn der Schluss, dass „geringwertige Grundstücke" durch Grenzregelung zugeordnet werden könnten, „hochwertige Grundstücke unterhalb der Schwelle des Bauplatzes" dagegen nicht, wäre ein Trugschluss. Die systematisch saubere Abgrenzung einer solchen Geringwertigkeit ist nicht möglich. Dies erhellt durch den Vergleich hochwertiger Grundstücke in City-Lagen von Großstädten, wo sich das Bodenpreisniveau bei mehreren tausend DM pro Quadratmeter bewegt, mit Grundstücken in anderen Gemeinden, wo die Bodenwerte erheblich niedriger sind. Die Grenzregelung soll aber nach ihrer im BauGB normativ festgeschriebenen Konzeption überall möglich sein, wo es im Zusammenhang bebaute Ortsteile oder räumliche Geltungsbereiche von Bebauungsplänen gibt. Im Übrigen verstieße eine solche Praxis gegen Art. 14 GG, weil es sich um Enteignungen handelt. Auch die Enteignung einer „geringwertigen" Sache bleibt rechtlich eine solche, weil es bei Enteignungen um den hoheitlichen Eingriff in das durch Art. 14 GG geschützte Privateigentum unabhängig von dessen Wert geht. Die andere Bezeichnung oder Benennung eines solchen enteignenden Eingriffs z.B. als Grenzregelung ändert daran nichts. Insbesondere geht es nicht an, über eine solche andere Bezeichnung des enteignenden Eingriffs für die Verwaltung besondere materiell-rechtliche und verfahrensmäßige Erleichterungen zu schaffen, die im Enteignungsrecht nach Art. 14 GG und den dazu ergangenen Fachgesetzen des Bundes und der Länder zum Schutze des betroffenen Privateigentümers nicht gelten.

4. Grenzregelung nur im öffentlichen Interesse

190 Die Grenzregelung ist nach § 80 Abs. 1 S. 1 BauGB nur zulässig, wenn sie „dem überwiegenden öffentlichen Interesse dient" (Austausch von Flächen – Nr. 1) oder wenn sie „im öffentlichen Interesse geboten ist" (einseitige Zuteilung von Flächen – Nr. 2). Das Gesetz sieht also je nach der Art des Eingriffs **zwei unterschiedliche Formen des öffentlichen Interesses** vor. Gemeinsam ist beiden Fallvarianten, dass ein **öffentliches Interesse** an der Grenzregelung vorliegen muss. Es handelt sich dabei um ein **eigenständiges Tatbestandsmerkmal**, das neben den anderen Zulässigkeitsvoraussetzungen der Grenzregelung als **gleichwertige weitere Zulässigkeitsvoraussetzung** aufgestellt worden ist.

191 Das Vorliegen des öffentlichen Interesses an der Grenzregelung muss in dem Grenzregelungsbeschluss nach **§ 39 VwVfG besonders begründet** werden. Dazu genügt es nicht, wenn die Grenzregelungsbehörde lediglich auf das Vorliegen baurechtswidriger Zustände oder auf ihre Absicht hinweist, eine ordnungsgemäße Bebauung und Erschließung herbeiführen zu wollen. Beides sind selbständige Tatbestandsmerkmale, die mit dem zulässigen Zweck einer Grenzregelung zu tun haben. Sie inhibieren aber nicht das zusätzlich notwendige öffentliche Interesse an der Grenzregelung. Dieses muss

vielmehr selbständig begründet werden.[120] Dieses Ergebnis folgt u.a. aus der Grundentscheidung des Gesetzgebers, wonach die Grenzregelungsbehörde Ermessen auszuüben hat, indem sie die Grenzregelung durchführen **kann**, aber nicht durchführen muss (s. § 17 Rn 172).

In der Fallvariante des § 80 Abs. 1 S. 1 Nr. 1 BauGB, also beim Austausch benachbarter Grundstücke oder Grundstücksteile, muss das **öffentliche Interesse überwiegen**. Hintergrund ist die Vorstellung, dass ein derartiger Flächenaustausch auch im privaten Interesse der betroffenen Grundeigentümer liegt. Dies ist zwar möglich, muss aber im konkreten Anwendungsfall durchaus nicht so sein. Die Regelung stellt klar, dass in jedem Fall ein (das Privatinteresse) überwiegendes öffentliches Interesse an der Grenzregelung gegeben sein muss. Fehlt es an diesem überwiegenden öffentlichen Interesse, darf die Grenzregelung nicht durchgeführt werden. 192

Anders verhält es sich bei der Fallvariante des § 80 Abs. 1 S. 1 Nr. 2 BauGB, also bei der einseitigen Zuteilung von Flächen. Hier muss die Grenzregelung **im öffentlichen Interesse geboten** sein. Dies bedeutet im Vergleich zur Nr. 1 eine Steigerung des öffentlichen Interesses. Es genügt nicht, dass die Grenzregelung im öffentlichen Interesse liegt. Sie muss vielmehr **notwendig** sein, weil das öffentliche Interesse sie erfordert. Dies zwingt zu einer **qualifizierten Begründung** in dem Grenzregelungsbeschluss. Aus ihr muss sich ergeben, weshalb die besondere Notwendigkeit der Grenzregelung im konkreten Anwendungsfall besteht. 193

5. Mögliche Eingriffe in Berechtigungen an Grundstücken durch Grenzregelung

Die Grenzregelung beschränkt sich nicht nur auf den Austausch benachbarter Flächen oder deren einseitige Zuweisung an einen neuen Eigentümer i.S.d. § 80 Abs. 1 S. 1 Nr. 1 und 2 BauGB. Nach **§ 80 Abs. 2 S. 1 BauGB** können auch Drittrechte an Grundstücken neu geordnet (= geändert), aufgehoben oder sogar neu begründet werden. Es handelt sich um **Dienstbarkeiten** i.S.d. BGB und **Baulasten**. Wegen der Baulasten verweist die Vorschrift auf die entsprechende Regelung des § 61 Abs. 1 S. 3 BauGB, wonach für die Änderung, Aufhebung oder Neubegründung von Baulasten das Einvernehmen mit der Baugenehmigungsbehörde bestehen muss. 194

Für den Eingriff in bestehende Drittrechte an Grundstücken gelten die gleichen Zulässigkeitsvoraussetzungen wie für Eingriffe in Grundstücksbestände und das Grundstückseigentum. Wer durch die Grenzregelung Berechtigungen an einem betroffenen Grundstück aus einer Dienstbarkeit ganz oder teilweise verliert, kann dies anfechten und den Rechtsweg zu den Kammern für Baulandsachen beschreiten. 195

Nach **§ 80 Abs. 2 S. 2 BauGB** können auch **Grundpfandrechte** an betroffenen Grundstücken durch Grenzregelung neu geordnet werden. Dies setzt aber das Einverständnis der Beteiligten mit dem vorgesehenen neuen Rechtszustand voraus. Beteiligte sind dabei sowohl die Grundeigentümer als auch die in Abt. III der Grundbücher eingetragenen Grundpfandgläubiger. Das gesetzlich geforderte Einverständnis ist Zulässigkeitsvoraussetzung derartiger Eingriffe in Grundpfandrechte. 196

6. Grenzregelungsbehörde

a) Zuständigkeit der Gemeinde

Nach § 80 Abs. 1 S. 1 BauGB kann „die Gemeinde" Grenzregelungsmaßnahmen treffen. Es handelt sich um eine Aufgabe, die der Gemeinde durch Gesetz (BauGB) als eigene Aufgabe zugewiesen ist (Aufgabe im eigenen Wirkungskreis – s. z.B. § 4 Abs. 1 S. 1 GO LSA[121]). **Innerhalb der Gemeinde** entscheidet der **Gemeinderat**, soweit nicht eine Übertragung auf den Bürgermeister erfolgt ist (z.B. 197

---

120 BGH NVwZ 1997, 1247 = NJW 1998, 1493; OLG München NVwZ 1994, 620 = NJW 1995, 203.
121 Gemeindeordnung für das Land Sachsen-Anhalt (Gemeindeordnung – GO) vom 5.10.1993 (GVBl LSA, 568, zuletzt geändert durch Gesetz vom 31.7.1997 (GVBl LSA, 721).

§ 44 Abs. 2 GO LSA). Diese Aufgabenübertragung hätte generell innerhalb der Hauptsatzung der Gemeinde zu erfolgen (z.B. §§ 7 und 63 Abs. 3 S. 1 GO LSA).[122] Einige Kommentatoren sehen die Grenzregelung als Geschäft der laufenden Verwaltung in der eigenverantwortlichen Zuständigkeit des Bürgermeisters (= z.B. § 63 Abs. 1 S. 2 GO LSA) an, begründen dies allerdings nicht näher.[123] Einer dieser Fachautoren schränkt seine entsprechende Auffassung allerdings dahin ein, dass dies nicht für Fälle gelten soll, in denen die Grenzregelung gegen den Willen der Beteiligten durchgeführt wird, begründet aber auch diese Variante nicht.[124]

198 Angesichts der eindeutigen Zuständigkeitsverteilung zwischen Gemeinderat und Bürgermeister in den Gemeindeordnungen ist die aufgezeigte Auffassung in der Kommentarliteratur zur Zuständigkeit des Bürgermeisters abzulehnen. Bei von der Gemeinde ausgehenden Grenzregelungsbeschlüssen ist stets zu prüfen, **welche Stelle innerhalb der Gemeinde** tätig wurde. Liegt ein Verwaltungshandeln des Bürgermeisters bzw. der von ihm geführten Gemeindeverwaltung vor, muss zuvor stets eine Aufgabenübertragung durch den Gemeinderat innerhalb der Hauptsatzung stattgefunden haben. Fehlt es daran, wurde der Grenzregelungsbeschluss von einer **sachlich unzuständigen Stelle** erlassen und ist deshalb **rechtswidrig**.[125] Eine Heilung dieses Zuständigkeitsmangels über § 46 VwVfG scheidet aus, weil es sich nicht um eine Verletzung der örtlichen Zuständigkeit handelt;[126] verletzt wurden die Regelungen in der GO zur **sachlichen Zuständigkeit des Gemeinderats** (instantielle oder funktionale Zuständigkeit).

b) Zuständigkeit von Umlegungsausschüssen

199 In § 80 Abs. 3 S. 1 BauGB werden die Landesregierungen ermächtigt, durch **Rechtsverordnung** die **sachliche Zuständigkeit der Umlegungsausschüsse** auch für die selbständige Durchführung von Grenzregelungsverfahren anzuordnen. Diese Verordnungsermächtigung ist im Zusammenhang mit der weiteren Verordnungsermächtigung in § 46 Abs. 2 BauGB zu sehen, wonach die Landesregierungen durch Rechtsverordnung die Bildung von Umlegungsausschüssen durch die Gemeinden anordnen können. Die Landesregierungen haben von beiden Verordnungsermächtigungen Gebrauch gemacht und durch – allerdings nicht einheitliche – Rechtsverordnungen nicht nur die Bildung von Umlegungsausschüssen für die Umlegungsverfahren angeordnet, sondern in diesen Rechtsverordnungen zugleich auch deren Zuständigkeit für die Grenzregelungsverfahren mitgeregelt.[127]

200 Soweit die sachliche Zuständigkeit der Umlegungsausschüsse für Grenzregelungsverfahren durch Rechtsverordnung einer Landesregierung angeordnet worden ist, sind ausschließlich die Umlegungsausschüsse als Grenzregelungsbehörde zuständig. Grenzregelungsbeschlüsse, die von anderen Stellen herrühren, sind in solchen Fällen rechtswidrig und unterliegen der Aufhebung. Es kommt deshalb **stets** darauf an, die entsprechende **Rechtsverordnung der Landesregierung** ergänzend zum BauGB ebenfalls heranzuziehen.

---

[122] VGH Mannheim NJW 1992, 1645 = NVwZ 1992, 196 (Zur Übertragung der Befugnis des Gemeinderats zur Straßenbenennung durch Hauptsatzung).

[123] Z.B. *Löhr*, in: Battis/Krautzberger/Löhr, Kommentar zum BauGB, 6. Aufl. 1998, § 80 Rn 22; *v.d. Heide*, in: Cholewa/David/Dyong/v.d. Heide, Kommentar zum BauGB, 2. Aufl. 1990, § 80 Nr. 7.

[124] *V.d. Heide*, in: Cholewa/David/Dyong/v.d. Heide, Kommentar zum BauGB, 2. Aufl. 1990, § 80 Nr. 7.

[125] BayVGH München BayVBl 1994, 756 (Rechtswidrigkeit eines vom Personalamt an der Stelle des funktional zuständig gewesenen Gemeinderats erlassenen Verwaltungsakts).

[126] VGH Mannheim DÖV 1978, 696 und VBlBw 1995, 137; VGH Kassel DVBl 1992, 725; BayVGH München BayVBl 1997, 51; VG Weimar VIZ 1993, 406 (Entscheidung einer sachlich unzuständigen Behörde in Restitutionsverfahren nach dem VermG).

[127] Z.B. Mecklenburg-Vorpommern: Verordnung über die Bildung von Umlegungsausschüssen und das Vorverfahren in Umlegungs- und Grenzregelungsangelegenheiten vom 30.6.1993 (GVOBl M-V, 693); Sachsen: Verordnung der Sächsischen Staatsregierung über die Umlegungsausschüsse und das Vorverfahren bei Umlegungen und Grenzregelungen nach dem BauGB (Umlegungsausschußverordnung – UAVO) vom 6.4.1993 (Sächs. GVBl, 281).

c) Aufgabenübertragung auf andere Behörden

Die in § 46 Abs. 4 BauGB für das Umlegungsverfahren vorgesehene Übertragungsmöglichkeit auf die Flurbereinigungsbehörde oder eine andere geeignete Behörde gilt nach § 80 Abs. 3 S. 2 BauGB entsprechend auch für das Grenzregelungsverfahren. Hierzu bedarf es einer Übertragung durch den Gemeinderat auf die entsprechende andere Behörde. Für den Behördenbegriff kommt es auf § 1 Abs. 4 VwVfG an. Danach ist Behörde i.S.d. Gesetzes jede Stelle, die Aufgaben der öffentlichen Verwaltung wahrnimmt. Die in § 46 Abs. 4 S. 3 BauGB erwähnten öffentlich bestellten Vermessungsingenieure, denen vorbereitende vermessungs- und katastertechnische Aufgaben übertragen werden können, sind keine Behörden.

201

7. Ausgleich von Vor- und Nachteilen

a) Grundsatz

Nach § 81 Abs. 1 S. 1 BauGB haben die Eigentümer die durch die Grenzregelung bewirkten Wertänderungen der Grundstücke bzw. die Wertunterschiede ausgetauschter Grundstücke in Geld auszugleichen. Satz 2 der Vorschrift verweist hinsichtlich der Entschädigung für durch die Grenzregelung bewirkten Nachteile auf die Vorschriften zur Enteignungsentschädigung (§§ 93 bis 103 BauGB) und ordnet deren entsprechende Anwendung an. Nach § 81 Abs. 2 S. 1 BauGB ist die **Gemeinde Gläubigerin und Schuldnerin** der Geldleistungen. Sie hat Zahlungsansprüche wegen der Wertvorteile, die ein Grundstückseigentümer durch die Grenzregelung erfährt, und schuldet zugleich die Entschädigungsleistungen nach dem Enteignungsrecht, die den durch die Grenzregelung benachteiligten Grundeigentümern zustehen.

202

Dieser Grundsatz gilt aber nur für den Ausgleich der Vor- und Nachteile bei Grundstücken. Soweit **Dritte**, die an einem der betroffenen Grundstücke **dinglich berechtigt** waren, einen Nachteil erleiden, werden sie durch **§ 81 Abs. 3 S. 1 BauGB** auf den Geldanspruch des Eigentümers verwiesen, also auf dessen Entschädigungsanspruch gegenüber der Gemeinde nach dem Enteignungsrecht. Erfasst werden deshalb **nur die Fälle bestehender Dienstbarkeiten i.S.d. BGB und der Grundpfandrechte**. Im Ergebnis bedeutet dies eine erhebliche Benachteiligung der dinglich an Grundstücken Berechtigten im Falle von Beeinträchtigungen. Denn ob ihnen ein Anspruch zusteht, hängt dem Grunde und der Höhe nach von dem Entschädigungsanspruch des Grundstückseigentümers gegenüber der Gemeinde ab. Fehlt es an einem solchen Anspruch, gehen die dinglich Berechtigten trotz der erlittenen Beeinträchtigung ihres Rechts leer aus. Sie werden damit **im Ergebnis schlechter behandelt**, als sie **im Falle einer Enteignung des** von einer Grenzregelung **betroffenen Grundstücks** stünden (vgl. § 97 Abs. 3 BauGB). Diese Regelung der Entschädigung dinglich an Grundstücken Berechtigter bei Grenzregelungen ist **im Hinblick auf Art. 14 GG zu beanstanden**. Denn es bleibt ein im öffentlichen Interesse vorgenommener hoheitlicher Eingriff in eine dem Eigentum i.S.d. Art. 14 GG gleichstehende und bei Enteignungen nach dem BauGB auch über § 97 Abs. 3 BauGB **gesondert zu entschädigende** private Rechtsposition ohne Entschädigung.

203

b) Feststellung von Vorteilen

Der zur Ausgleichspflicht in Geld gegenüber der Gemeinde führende Vorteil, den ein Grundstückseigentümer wegen der Grenzregelung hat, ist durch den **Vergleich der Verkehrswerte** i.S.d. § 194 BauGB festzustellen, die sein ursprüngliches Grundstück und das durch die Grenzregelung veränderte neue Grundstück haben bzw. hatten. Hierbei ist auf den Zeitpunkt des Grenzregelungsbeschlusses i.S.d. § 82 BauGB als maßgeblichem Wertermittlungsstichtag i.S.d. § 194 BauGB und des § 3 WertV 88 abzustellen. Die mögliche Erhöhung des Verkehrswerts des neuen Grundstücks als Folge der Grenzregelung ist der Höhe nach **nicht nach oben begrenzt und kann erheblich sein**. Denkbar sind z.B. erhebliche Werterhöhungen dadurch, dass ein zuvor wegen seiner Grundstücksgestalt baulich nicht nutzbar gewesenes Grundstück als Folge der Grenzregelung nunmehr die Anforderungen erfüllt, die das öffentliche Baurecht an die Bebaubarkeit von Grundstücken stellt. Das Grundstück

204

wurde in diesem Fall durch die Grenzregelung zu baureifem Land i.S.d. § 4 Abs. 4 WertV 88. Hier liegt der auszugleichende Vorteil in der Wertdifferenz zwischen den Bodenwerten für Nichtbauland und für Bauland.

205 Notwendig sind **zwei voneinander getrennte Verkehrswertbestimmungen**, wobei jeweils **alle wertbestimmenden Grundstücksmerkmale** i.S.d. § 194 BauGB und der §§ 3 bis 5 WertV 88 der Wertbestimmung zugrundezulegen sind, die das alte Grundstück vor der Grenzregelung hatte, und das neue Grundstück nach dieser hat. Soweit die Grenzregelung auch zur Neubegründung oder Veränderung von privaten Drittrechten oder von Baulasten an dem neuen Grundstück führt, muss das als werterheblicher (= wertmindernder) Umstand ebenfalls berücksichtigt werden. Entsprechendes gilt von der Aufhebung oder Änderung solcher Rechte, die auf dem ursprünglichen Grundstück lasteten.

c) Feststellung von Nachteilen

206 Für die Feststellung und den Ausgleich von Nachteilen kommt es auf das Entschädigungsrecht bei Enteignungen an.

8. Grenzregelungsbeschluss

a) Allgemeines

207 Die Gemeinde bzw. der Umlegungsausschuss oder die Stelle, der das Grenzregelungsverfahren von der Gemeinde übertragen wurde entscheidet im Grenzregelungsverfahren durch Beschluss (§ 82 BauGB). Hierbei handelt es sich um einen **Verwaltungsakt** i.S.d. § 35 S. 1 VwVfG. Auf ihn finden die allgemeinen Vorschriften des VwVfG zum Verwaltungsakt ergänzend zu den Vorschriften des BauGB Anwendung. Ihm ist nach § 211 BauGB eine Rechtsbehelfsbelehrung beizufügen.

b) Inhalt

208 Der **Grenzregelungsbeschluss** enthält die **Entscheidungen**, welche von der Grenzregelungsbehörde getroffen worden sind. Entsprechend den Regelungen in § 80 Abs. 1 S. 1 Nr. 1 und 2 sowie Abs. 2 und in § 81 BauGB setzt der Grenzregelungsbeschluss nach § 82 Abs. 1 S. 1 BauGB in seinem Tenorierungs- oder Entscheidungsteil folgendes fest:
- Neue Grundstücksgrenzen;
- Neuordnung von Grundstücken (= Zuweisung an neue Eigentümer);
- Geldleistungen i.S.d. § 81 Abs. 1 BauGB;
- Neubegründung, Änderung und Aufhebung von Dienstbarkeiten, Grundpfandrechten und Baulasten.

209 Der Grenzregelungsbeschluss **muss nach § 39 VwVfG begründet werden**. Diese Begründung muss umfassend sein und sowohl die Zulässigkeit des Grenzregelungsverfahrens i.S.d. § 80 Abs. 1 BauGB behandeln, als auch die Notwendigkeit der in ihm getroffenen Einzelanordnungen oder -entscheidungen. Das gilt insbesondere auch für die Festsetzungen von Geldleistungen. Bezüglich der **Ermessensspielräume**, die der Grenzregelungsbehörde sowohl bei der Einleitung des Grenzregelungsverfahrens als auch bei den Einzelentscheidungen innerhalb dieses Verfahrens zustehen, ist **§ 40 VwVfG** zu beachten.

210 Kein Gegenstand des Grenzregelungsbeschlusses sind Anordnungen oder Entscheidungen zu den dinglich Berechtigten, deren Rechte durch die Grenzregelung beeinträchtigt wurden. Diese sind auf den Geldanspruch des von der Grenzregelung betroffenen Grundeigentümers angewiesen (§ 81 Abs. 3 S. 1 BauGB) und müssen sich außerhalb des Grenzregelungsverfahrens mit diesem auseinander setzen. Insoweit gelten für die Grenzregelungsbehörde die Hinterlegungsvorschriften der §§ 118, 199 BauGB für den Geldanspruch im Grenzregelungsverfahren entsprechend (§ 81 Abs. 3 S. 2 BauGB).

Nach § 211 BauGB muss der Grenzregelungsbeschluss außerdem eine Rechtsbehelfsbelehrung enthalten.

c) Form

Auch wenn § 82 Abs. 1 BauGB keine ausdrückliche Anordnung zur Form des Grenzregelungsbeschlusses enthält, **muss dieser Verwaltungsakt** von der Grenzregelungsbehörde **schriftlich erlassen werden**. Dies ergibt sich mittelbar nicht nur aus dem komplexen Inhalt eines solchen Beschlusses und der Begründungspflicht für die Behörde, sondern unmittelbar aus den Anordnungen zur Zustellung des Beschlusses an die Beteiligten (§ 82 Abs. 2 BauGB), zur Rechtsbehelfsbelehrung nach § 211 BauGB, zur ortsüblichen Bekanntmachung (§ 83 Abs. 1 BauGB) und zur Übersendung einer beglaubigten Abschrift an das Grundbuchamt und die Katasterbehörde (§ 84 Abs. 1 BauGB). Hinzu kommt die Notwendigkeit der Schriftform wegen der möglichen Rechtsbehelfe und des Verfahrens vor den Kammern für Baulandsachen nach §§ 217 ff. BauGB. Würde die notwendige Schriftform verletzt, wäre das ein besonders schwerwiegender Fehler i.S.d. § 44 Abs. 1 VwVfG, der zur Nichtigkeit führt.

Die Schriftform ist sogar in den Fällen der Veränderung vorhandener Grundstücksbestände durch die Grenzregelung besonders qualifiziert, indem der Grenzregelungsbeschluss nach Form und Inhalt zur Übernahme in das Liegenschaftskataster geeignet sein muss (§ 82 Abs. 1 S. 3 BauGB). Diese Anordnung entspricht der für das Umlegungsverfahren in § 66 Abs. 2 S. 2 BauGB, wonach der Umlegungsplan die Katastereignung haben muss.

d) Zustellung und öffentliche Bekanntmachung

Den Beteiligten (= betroffene Grundeigentümer und dinglich an Grundstücken Berechtigte) ist nach § 82 Abs. 2 BauGB ein ihre Rechte betreffender Auszug aus dem Beschluss zuzustellen. Diese Regelung ist bedenklich, weil insbesondere bei umfangreicheren Grenzregelungsverfahren ein Beteiligter aus einem solchen Auszug allein nicht sicher beurteilen kann, ob und in welchem Umfang er Rechtsbehelfe einlegen soll. Hierauf kommt es aber an, wenn die Rechtsbehelfsfristen mit der Zustellung des Auszugs aus dem Beschluss in Gang gesetzt werden sollen. Mindestens muss der Auszug erkennen lassen, ob die Zulässigkeitsvoraussetzungen für das Grenzregelungsverfahren überhaupt beachtet worden sind (§ 80 Abs. 1 BauGB). Wurde einem Beteiligten ein unvollständiger Auszug aus dem Grenzregelungsbeschluss zugestellt, hindert das den Lauf der Rechtsbehelfsfrist. Die Möglichkeit, den vollständigen Grenzregelungsbeschluss bei der Grenzregelungsbehörde einsehen zu können, ersetzt eine vollständige Zustellung nicht.

Für die Zustellung gelten die Verwaltungszustellungsgesetze der Länder (VwZG) und lediglich ergänzend das VwZG des Bundes.

Legt kein Beteiligter Rechtsbehelfe ein, wird der Grenzregelungsbeschluss bestandskräftig. Durch die Verweisung auf § 71 Abs. 2 BauGB in § 83 Abs. 1 S. 2 BauGB gilt die Regelung zur teilweisen Inkraftsetzung von Umlegungsplänen im Grenzregelungsverfahren entsprechend.

Nach § 83 Abs. 1 S. 1 BauGB hat die Gemeinde ortsüblich bekannt zu machen, wann der Grenzregelungsbeschluss unanfechtbar geworden ist.

e) Wirkungen

Die ortsübliche Bekanntmachung der Unanfechtbarkeit des Grenzregelungsbeschlusses **wirkt nach § 83 Abs. 2 und 3 BauGB konstitutiv**. Die bisherigen Rechtszustände in Bezug auf Grundstücke werden durch die neuen Rechtslagen entsprechend dem Grenzregelungsbeschluss ersetzt. Dies bedeutet, dass Grundbuch und Liegenschaftskataster unrichtig werden.

Soweit Grundstücke oder Grundstücksteile ausgetauscht bzw. einseitig zugeteilt wurden, geht das Eigentum **lastenfrei** auf die neuen Eigentümer über (§ 83 Abs. 3 S. 1 BauGB). Das bedeutet, dass die dinglichen Berechtigungen und Baulasten untergehen, die zuvor an diesen Grundstücken bzw. Grundstücksteilen bestanden hatten. Das gilt allerdings dann nicht, wenn die Grenzregelung zur Neuordnung von dinglichen Berechtigungen und Baulasten i.S.d. § 80 Abs. 2 BauGB führt (§ 83 Abs. 3 S. 4 BauGB). Zugleich mit dem Eigentumsübergang werden die (neuen) Eigentümer in den Besitz der zugeteilten Grundstücke oder Grundstücksteile eingewiesen (§ 83 Abs. 2 S. 2 BauGB).

220 Die ausgetauschten oder einseitig zugewiesenen Grundstücke oder Grundstücksteile werden Bestandteil des Grundstücks, dem sie zugeteilt wurden. Die Grenzregelung bewirkt also eine Zuschreibung dieser Grundstücke oder Grundstücksteile i.S.d. § 890 Abs. 2 BGB i.V.m § 6 GBO mit bzw. zu dem „herrschenden" Grundstück des neuen Eigentümers (§ 83 Abs. 3 S. 3 BauGB). Entsprechend findet eine Abschreibung bei dem anderen Grundstück i.S.d. § 7 Abs. 1 GBO statt, von welchem die Grundstücksteile herrühren, die im Wege der Grenzregelung neu geordnet worden sind.

221 Soweit eine Zuschreibung von Grundstücken bzw. Grundstücksteilen stattfindet, erstrecken sich die dinglichen Rechte an dem „herrschenden" Grundstück, dem zugeschrieben wird, auf die zugeschriebenen neuen Teile. Das gilt systematisch auch für Baulasten, die bereits vor der Grenzregelung auf diesem Grundstück lasteten.

222 Hinsichtlich der **Geldleistungen** (Zahlungspflichten der Eigentümer und der Gemeinde nach § 81 BauGB) wirkt der Grenzregelungsbeschluss **ebenfalls konstitutiv**, indem er diese Zahlungspflichten begründet. Die ortsübliche Bekanntmachung nach § 83 Abs. 1 BauGB führt die Fälligkeit der wechselseitigen Zahlungsansprüche herbei (§ 81 Abs. 2 S. 3 BauGB).

9. Grundbuch- und Katasterberichtigung

223 Die ortsübliche Bekanntmachung der Unanfechtbarkeit des Grenzregelungsbeschlusses führt zur Unrichtigkeit von Grundbuch und Liegenschaftskataster. Beide öffentlichen Bücher über Grundstücke bzw. Liegenschaften müssen deshalb durch Anpassung an die neue Sach- und Rechtslage berichtigt werden. Hierzu ordnet § 84 BauGB die Unterrichtung des Grundbuchamts und der Katasterbehörde durch Übersendung einer beglaubigten Abschrift des Grenzregelungsbeschlusses und die Mitteilung des Zeitpunkts der ortsüblichen Bekanntmachung an. Zugleich ersucht die Grenzregelungsbehörde das Grundbuchamt und das Katasteramt um Eintragung der Rechtsänderungen. Hierbei geht es für beide Behörden um veränderte Grundstücksbestände durch Zuschreibung und Abschreibung von Grundstücken und Grundstücksteilen sowie außerdem um veränderte Berechtigungen an diesen Grundstücken (neue Eigentümer – das Liegenschaftskataster enthält auch Eigentümerangaben). Für das Grundbuchamt sind darüber hinaus auch Änderungen bei den in Abt. II und III einzutragenden Rechten an Grundstücken von Bedeutung. Das Erfordernis der Voreintragung des Betroffenen im Grundbuch nach § 39 GBO gilt bei Bodenordnungsverfahren, also auch bei der Grenzregelung, nicht.[128]

Soweit Baulasten ebenfalls von der Grenzregelung betroffen sind (Änderung, Aufhebung oder Neubegründung), gilt die Unterrichtungspflicht nach § 84 Abs. 1 BauGB entsprechend auch gegenüber dem zuständigen Bauaufsichtsamt als der für die Führung des Baulastenverzeichnisses zuständigen Stelle.

---

[128] BVerwGE 9, 288; BayObLGZ 1972, 244; OLG Frankfurt/M. OLG-Report Frankfurt 1996, 122; *Bauer*, in: *Bauer/von Oefele*, Grundbuchordnung-Kommentar, 1. Aufl. 1999, § 38 GBO Rn 30. Anders noch LG Regensburg mn NJW-RR 1987, 1044.

10. Kosten

Durch die Verweisung auf die §§ 78, 79 BauGB in § 84 Abs. 2 BauGB gilt das Kostenrecht in der Umlegung entsprechend auch bei der Grenzregelung. Danach trägt die Gemeinde die Verfahrenskosten, soweit diese nicht durch Ausgleichsleistungen der Eigentümer wegen Wertänderung oder Wertunterschieden ausgetauschter Grundstücke nach § 81 Abs. 1 BauGB gedeckt sind.

224

§ 20 Enteignung nach dem BauGB

Dr. Peter Zimmermann

Inhalt

A. Systematik der Enteignung nach dem Grundgesetz 1
  I. Allgemeines 1
  II. Enteignungen 4
    1. Begriffsinhalt 4
    2. Notwendige gesetzliche Grundlage als absolute Zulässigkeitsschranke ... 8
    3. Weitere Zulässigkeitsschranken 11
      a) Enteignung zum Wohle der Allgemeinheit 11
      b) Enteignung als ultima ratio 17
      c) Grundsatz der Verhältnismäßigkeit ... 19
      d) Ermessensausübung ... 20
  III. Abgrenzung zur Inhaltsbestimmung des Eigentums 21
  IV. Abgrenzung zu enteignungsgleichen und enteignenden Eingriffen .. 31
    1. Enteignungsgleiche Eingriffe . 31
    2. Enteignende Eingriffe ... 37
  V. Enteignungsentschädigung .. 39

B. Zulässigkeit von Enteignungen nach dem BauGB 45
  I. Enteignungszwecke innerhalb des BauGB als gesetzliche Konkretisierung des Wohls der Allgemeinheit 45
    1. Allgemeines 45
    2. Festsetzungen des Bebauungsplans – § 85 Abs. 1 Nr. 1 BauGB 52
    3. Herbeiführung der ordnungsgemäßen Nutzung unbebauter oder geringfügig bebauter Grundstücke im Zusammenhang bebauter Ortsteile – § 85 Abs. 1 Nr. 2 BauGB 55
    4. Beschaffung von Ersatzland – § 85 Abs. 1 Nr. 3 BauGB .. 57
    5. Ersatz entzogener Rechte durch neue Rechte – § 85 Abs. 1 Nr. 4 BauGB 60
    6. Durchsetzung städtebaulicher Baugebote – § 85 Abs. 1 Nr. 5 BauGB 62
    7. Durchsetzung der Erhaltung einer baulichen Anlage – § 85 Abs. 1 Nr. 5 BauGB 63
    8. Sonderfall Rückenteignung nach § 102 BauGB 64
  II. Gegenstand der Enteignung ... 67
  III. Weitere Zulässigkeitsvoraussetzungen der Enteignung 71
  IV. Einschränkung der Enteignung zugunsten Privater 75
  V. Ermessensausübung der Enteignungsbehörde 77

C. Enteignungsentschädigung ... 78
  I. Allgemeines 78
  II. Entschädigungsgrundsätze ... 79
    1. Entschädigung 79
    2. Formen der Entschädigung .. 84
      a) Entschädigung in Geld .. 84
      b) Entschädigung in Land .. 89
      c) Entschädigung durch Gewährung anderer Rechte 93
      d) Entschädigung von Nebenberechtigten ... 95
      e) Schuldübergang bei Grundpfandrechten ... 99
    3. Schuldner der Entschädigung 100
  III. Bemessung der Enteignungsentschädigung ... 102
    1. Allgemeines 102
    2. Verkehrswert als Ausgangspunkt für die Festsetzung der Enteignungsentschädigung – § 95 Abs. 1 S. 1 BauGB ... 107
      a) Verkehrswertbegriff ... 107
      b) Verkehrswertfähigkeit .. 110
      c) Lösungsansatz bei fehlender Verkehrswertfähigkeit .. 113
      d) Bestimmung von Verkehrswerten in Anwendung des gültigen Rechts der Verkehrswertbestimmung . 114
    3. Anwendbarer Stichtag der Wertermittlung für die Verkehrswertbestimmung – § 95 Abs. 1 S. 2 BauGB 118
      a) Wertermittlungsstichtag . 118

b) Vorgaben zum Wertermittlungsstichtag in § 95 Abs. 1 S. 2 BauGB	123	
c) Die sog. Steigerungsrechtsprechung des BGH	128	
4. Gesetzliche Vorgaben zur Nichtberücksichtigung bestimmter Umstände bei der Festsetzung der Entschädigung – § 95 Abs. 2 BauGB	141	
a) Allgemeines	141	
b) Wertsteigerung wegen zu erwartender Nutzungsänderung – § 95 Abs. 2 Nr. 1 BauGB	143	
c) Vorwirkung der Enteignung – § 95 Abs. 2 Nr. 2 BauGB	147	
d) Vorwirkung der Nichtannahme eines angemessenen Kauf- oder Tauschangebots durch den Eigentümer – § 95 Abs. 2 Nr. 3 BauGB	152	
e) Ausschluss nicht genehmigter wertsteigernder Veränderungen des Grundstücks während einer Veränderungssperre – § 95 Abs. 2 Nr. 4 BauGB	155	
f) Ausschluss wertsteigernder Veränderungen des Grundstücks nach Einleitung des Enteignungsverfahrens – § 95 Abs. 2 Nr. 5 BauGB	157	
g) Ausschluss unüblicher Vereinbarungen – § 95 Abs. 2 Nr. 6 BauGB	159	
h) Nichtberücksichtigung bestimmter Bodenwerte – § 95 Abs. 2 Nr. 7 BauGB	162	
5. Billigkeitsentschädigung für Abrissbauwerke – § 95 Abs. 3 BauGB	165	
6. Berücksichtigung des Werteinflusses von Drittrechten am Grundstück – § 95 Abs. 4 BauGB	173	
7. Vorteilsausgleich – § 93 Abs. 3 S. 1 BauGB	175	
IV. Festsetzung von Ausgleichsbeträgen	181	
D. Enteignungsverfahren	184	
I. Allgemeines	184	
II. Zuständigkeiten und Verfahrensbeteiligte	185	
1. Behördenzuständigkeit	185	
2. Verfahrensbeteiligte	189	
III. Das Enteignungsverfahren	190	
1. Antrag und Vorbereitungsphase	190	
a) Antrag	190	
b) Vorbereitungsphase	193	
2. Förmlicher Verfahrensbeginn	201	
a) Förmlicher Verfahrensbeginn durch Anberaumung eines Termins zur mündlichen Verhandlung	201	
b) Ortsübliche Bekanntmachung	203	
c) Unterrichtung des Grundbuchamts und des Versteigerungsgerichts	205	
3. Mündliche Verhandlung	207	
a) Ladungen	207	
b) Durchführung der mündlichen Verhandlung	209	
c) Einigungsgrundsatz	210	
4. Enteignungsbeschluss	211	
a) Allgemeines	211	
b) Ablehnung des Enteignungsantrags	213	
c) Notwendige Hauptentscheidungen bei Stattgabe des Enteignungsantrags	214	
d) Weiterer Inhalt des Enteignungsbeschlusses bei Stattgabe des Enteignungsantrags	215	
e) Zwangsvollstreckung	219	
f) Aufhebung des Enteignungsbeschlusses bei Nichtleistung von Zahlungen durch den Enteignungsbegünstigten	220	
5. Vorzeitige Besitzeinweisung	221	
6. Ausführungsanordnung	222	
IV. Rechtsbehelfe und Rechtsweg	226	

A. Systematik der Enteignung nach dem Grundgesetz

I. Allgemeines

Die im Fünften Teil des Ersten Kapitels des BauGB mit den Vorschriften der §§ 85 bis 122 geregelte „Enteignung nach dem BauGB" ist in die Gesamtsystematik des deutschen Enteignungsrechts eingebettet und wird nur aus ihr heraus verständlich. Das allen „Enteignungsgesetzen" gemeinsame Fundament findet sich in der verfassungsrechtlichen Regelung des Eigentums durch Art. 14 GG. Nach Art. 14 Abs. 3 S. 1 und 2 GG ist eine Enteignung nur zum Wohle der Allgemeinheit zulässig; sie darf nur durch ein Gesetz oder auf der Grundlage eines Gesetzes erfolgen, das Art und Ausmaß der Entschädigung regelt. Das BauGB ist ein solches Gesetz i. S.d. Art. 14 Abs. 3 S. 2 GG. Es regelt die Zulässigkeit von Enteignungen, die Entschädigung und das Verfahren sowie darüber hinaus mit den Vorschriften der §§ 217 ff. BauGB auch den Rechtsweg zu den ordentlichen Gerichten (Kammern und Senate für Baulandsachen). Diese Rechtswegevorschriften im BauGB beachten die Anordnung in Art. 14 Abs. 3 S. 4 GG, wonach bei Enteignungen wegen der Höhe der Entschädigung im Streitfalle der Rechtsweg zu den ordentlichen Gerichten offensteht. Diesen obliegt bei Streit wegen der Höhe der Enteignungsentschädigung die Prüfung, ob dem Betroffenen eine den gesetzlichen Vorschriften entsprechende Entschädigung gewährt worden ist.[1]

Das **BauGB ist nur eines der vielen Fachgesetze** des Bundes[2] und der Länder auf dem Gebiet des öffentlichen Rechts, die Enteignungsregelungen enthalten. Die Einzelregelungen zur Zulässigkeit von Enteignungen, zur Entschädigung und zum Verfahren in diesen Gesetzen sind nicht deckungsgleich. So haben z. B. die meisten (alle alten, aber nicht alle neuen) Bundesländer die Frage der Zulässigkeit von Enteignungen nach ihren jeweiligen Fachgesetzen, die Entschädigungsgrundsätze, das Verwaltungsverfahren sowie auch den Rechtsweg in besonderen Enteignungsgesetzen gemeinsam geregelt und „systematisch vor die Klammer gezogen".[3] Allerdings sind diese „Landes-Enteignungsgesetze" untereinander sehr unterschiedlich ausgestaltet.[4]

Auch enthalten nicht alle Fachgesetze mit Enteignungsregelungen besondere Vorschriften über den jeweiligen Rechtsweg wie das BauGB. Schweigt das jeweilige Gesetz zur Frage des Rechtswegs, bleibt es bei der grundsätzlichen Zuständigkeit der Verwaltungsgerichte nach § 40 Abs. 1 VwGO. Bei Streit über die Rechtmäßigkeit einer enteignenden Maßnahme (Verwaltungsakt) haben die grundsätzlich zuständigen Verwaltungsgerichte deren Rechtmäßigkeit in vollem Umfang zu prüfen. Hierzu gehört auch die Feststellung, ob das Gesetz, auf dem der Eingriff beruht, eine Regelung über Art und Ausmaß der zu leistenden Entschädigung enthält.[5] Das gilt wegen Art. 14 Abs. 3 S. 4 GG allerdings nicht bei Streitigkeiten zur Höhe von Entschädigungen. Für diese ist der ordentliche Rechtsweg gegeben (s.o. Rn 1). Soweit Enteignungen auf der Grundlage von Landesgesetzen erfolgen und eine

---

1 BVerfGE 46, 268 = NJW 1978, 1367; BVerfGE 58, 300 = NJW 1982, 745 = NVwZ 1982, 242 (Naßauskiesung).
2 Z.B. folgende Bundesgesetze: Bundesfernstraßengesetz (§ 19 FStrG); Verkehrswegeplanbeschleunigungsgesetz (§ 9); Versuchanlagengesetz für spurgeführten Verkehr (§ 10); Flurbereinigungsgesetz (§ 87 FlurbG); Landbeschaffungsgesetz (§ 1 LBG); Energiewirtschaftsgesetz (§ 11 EnWG); Bundeskleingartengesetz (§ 16 BuKleingG); Bundeswasserstraßengesetz (§ 44 BWaStrG); Allgemeines Eisenbahngesetz (§ 22 AEG); Magnetschwebebahngesetz (§ 7 MagnetschwG); Luftverkehrsgesetz (§ 28 LuftVG); Reichssiedlungsgesetz (§ 16 RSG); Wasserverbandsgesetz (§ 40 WVG); Personenbeförderungsgesetz (§ 30 PersBG); Postverfassungsgesetz (§ 56 PVerfG).
3 Z.B. für den Bereich der neuen Bundesländer: a) Enteignungsgesetz des Landes Brandenburg (EntG Bbg) vom 10.10.1992 (GVBl. I Bbg, 430), zuletzt geändert durch Gesetz vom 7.7.1997 (GVBl. Bbg I, 72); b) Enteignungsgesetz für das Land Mecklenburg-Vorpommern (EntG M-V) vom 2.3.1993 (GVOBl. M.-V, 178); c) Enteignungsgesetz des Landes Sachsen-Anhalt (EntG LSA) vom 13.4.1994 (GVBl. LSA, 508, ber. 759); d) Sachsen: kein Enteignungsgesetz; e) Thüringer Enteignungsgesetz (Thür. EntG) vom 23.3.1994 (Thür. GVBl., 329), zuletzt geändert durch Gesetz vom 15.12.1998 (Thür. GVBl., 427).
4 Vergleiche z. B. die unterschiedlichen Rechtswegeregelungen in § 50 EntG Bbg, § 12 EntG M-V, § 39 EntG LSA, § 44 Thür. EntG.
5 BVerfG NJW 1982, 745 (Naßauskiesung).

besondere Rechtswegeregelung im Landesrecht fehlt, ist beim dann gegebenen Verwaltungsrechtsweg § 137 Abs. 1 Nr. 1 VwGO zu beachten. Danach kann die Revision nur auf die Verletzung von Bundesrecht gestützt werden; mithin ist das Landesrecht grundsätzlich nicht revisibel (s. § 137 Abs. 1 Nr. 2 VwGO). Dem Betroffenen steht im Ergebnis nur ein zweizügiger Rechtsweg zu den Verwaltungsgerichten offen.

II. Enteignungen

1. Begriffsinhalt

4   Das GG verwendet in Art. 14 Abs. 3 S. 1 den Begriff Enteignung, definiert ihn aber nicht. Mithin blieb es der Rechtsprechung überlassen, diesen Begriff inhaltlich auszufüllen und abzugrenzen. Nach heutigem Verständnis greift der Staat mit dem Mittel Enteignung auf das Eigentum **des Einzelnen** zu. Die Enteignung ist darauf gerichtet, konkrete und durch Art. 14 Abs. 1 S. 1 GG geschützte Rechtspositionen zur Erfüllung bestimmter öffentlicher Aufgaben **vollständig oder teilweise zu entziehen**.[6]

5   Hierzu kommt es darauf an, ob die durch Art. 14 Abs. 1 S. 1 GG geschützte Rechtsstellung in ihrem Wesensgehalt beeinträchtigt wird (Art. 19 Abs. 2 GG).[7] Bei der Handhabung dieser Formel hilft es allerdings nur bedingt, auf den Denkansatz in dem sog. Galgenbergurteil des RG abzustellen, wonach eine entschädigungspflichtige Enteignung vorliegt, wenn das Recht des Eigentümers nach § 903 BGB, mit seiner Sache nach Belieben zu verfahren, zugunsten eines Dritten eingeschränkt wird.[8] Denn für das durch Art. 14 Abs. 1 S. 1 GG gewährleistete Eigentumsrecht gelten nach Art. 14 Abs. 1 S. 2 und Abs. 2 besondere inhaltliche Schranken; diese müssen ihrerseits auch bei der Anwendung des § 903 BGB beachtet werden.[9]

6   Eine Enteignung liegt nicht nur dann vor, wenn es durch den staatlichen Hoheitsakt zum völligen oder teilweisen Verlust der Rechtsstellung als Eigentümer des Gegenstands der Enteignung kommt. Vielmehr verwirklicht sich die Entziehung der durch Art. 14 Abs. 1 S. 1 GG geschützten Rechtsposition i. S.d. Rechtsprechung des BVerfG auch dann, wenn der Gegenstand des Eigentumsrechts mit einem Drittrecht belastet wird (z. B. Bestellung einer Dienstbarkeit auf einem Grundstück durch Enteignung). Denn im Umfang dieser Drittberechtigung an dem Gegenstand des Eigentumsrechts werden die über Art. 14 Abs. 1 S. 1 GG gewährleisteten Eigentümerbefugnisse beschränkt bzw. entzogen.[10] Entsprechendes hätte für die Bestellung einer öffentlich-rechtlichen Baulast nach den Landesbauordnungen auf einem Grundstück im Wege der Enteignung zu gelten.

7   Die **Enteignungsgesetze der Länder** (s.o. Rn 2) enthalten besondere Vorschriften zum Gegenstand einer Enteignung. Es handelt sich um **inhaltlich nicht übereinstimmende Kataloge** von Anordnungen, welche die zuständige Behörde gegenüber einem Eigentümer als Enteignung treffen kann. Dazu gehören teilweise auch Anordnungen über die Änderung oder Beseitigung vorhandener baulicher Anlagen oder Einfriedungen auf Grundstücken (z. B. § 3 Abs. 1 Nr. 6 EntG Bbg; § 4 Abs. 1 Nr. 5 EntG M-V; § 3 Abs. 1 Nr. 5 Thür. EntG). Demgegenüber enthält z. B. der entsprechende Katalog möglicher „Enteignungs-Anordnungen" in § 3 EntG LSA nichts über die Änderung oder Beseitigung

---

6   BVerfGE 52, 1 = NJW 1980, 985; BVerfGE 56, 249; BVerfGE 70, 191 = NVwZ 1986, 113 = NJW 1986, 575; BVerfGE 71, 137 = NVwZ 1986, 197; BVerfGE 72, 66 = NJW 1986, 2188; BVerfG NJW 1988, 1257; BVerfG NJW 1999, 2877.
7   BGHZ 60, 126 = NJW 1973, 623.
8   RGZ 116, 268 (Eintragung in eine konstitutive Denkmalschutzliste als nach Art. 127 WRV entschädigungspflichtiger Eingriff in das Eigentum).
9   OVG Lüneburg NVwZ 1984, 741 (Denkmalschutzrecht der Länder als Inhaltsbestimmung des Eigentums und nicht als Enteignung); *Böhmer*, NJW 1988, 2561.
10 BVerfGE 45, 297 = NJW 1977, 2349; BVerfG NJW 1988, 1257.

vorhandener baulicher Anlagen. Die aufgezeigten landesrechtlichen Regelungen zu möglichen Enteignungsmaßnahmen gelten jedoch nur innerhalb des jeweiligen Bundeslandes und nur für Enteignungen auf der Grundlage des jeweiligen Landesrechts.

2. Notwendige gesetzliche Grundlage als absolute Zulässigkeitsschranke

Nach Art. 14 Abs. 3 S. 2 GG darf die Enteignung nur durch Gesetz (Legalenteignung) oder auf Grund eines Gesetzes erfolgen (Administrativenteignung durch Verwaltungsakt). Beide Formen der Enteignung sind jeweils eigenständige Rechtsinstitute, die das Grundgesetz deutlich voneinander absetzt.[11] Notwendig ist dabei eine genaue gesetzliche Umschreibung des Enteignungszwecks, für den enteignet werden darf.[12] Dies bedeutet, dass **untergesetzliche Normen** (Rechtsverordnungen) und auch **Gemeindesatzungen** wie z. B. Bebauungspläne **keine Grundlage für Enteignungen** sein können.[13] Dementsprechend bewirken auch Änderungen von Bebauungsplänen i. S.v. § 2 Abs. 4 und §§ 39 ff. BauGB keine Enteignung; Festsetzungen eines Bebauungsplans sind vielmehr Inhalts- und Schrankenbestimmung des Eigentums, auch wenn sie die bisherige Rechtslage zum Nachteil bestimmter Grundeigentümer abändern und diese Rechtsänderung mit einem Entschädigungsanspruch nach den §§ 39 ff. BauGB verbunden ist.[14] Der im Bereich des Bauplanungsrechts eingebürgerte Sprachgebrauch von der sog. Planenteignung ist daher irreführend.[15]

Für die **Administrativenteignung** bedeutet die Regelung in Art. 14 Abs. 3 S. 2 GG unmittelbar, dass der entsprechende **Verwaltungsakt eindeutig als Enteignung bezeichnet** sein bzw. unmissverständlich klar machen muss, dass mit ihm eine Enteignung bewirkt werden soll. Darüber hinaus muss dieser enteignende Verwaltungsakt seine gesetzliche Grundlage eindeutig erkennen lassen; die rechtliche Notwendigkeit hierzu folgt aus Art. 19 Abs. 4 S. 1 GG. Denn ohne die Angabe der gesetzlichen Grundlage in dem Verwaltungsakt ist die Rechtmäßigkeit der Enteignung nicht überprüfbar. **Ergänzend** sind hierzu auch die **allgemeinen Vorschriften in den VwVfG** der Länder und des Bundes zum Verwaltungsakt und zur Begründungspflicht mit heranzuziehen. Es handelt sich dabei um konkrete gesetzliche Ausprägungen der Grundsätze des Art. 19 Abs. 4 GG auf dem Gebiet des Verwaltungsverfahrensrechts; sie sollen die effektive Verwirklichung der Grundrechte gewähr-

---

11 BVerfGE 58, 300 = NJW 1982, 745 = NVwZ 1982, 242 (Naßauskiesung).
12 BVerfGE 56, 249 = NJW 1981, 1257; BVerfGE 58, 300 = NJW 1982, 745 = NVwZ 1982, 242 (Naßauskiesung); BVerfGE 74, 264 = NJW 1987, 1251; OLG München NJW 1990, 519.
13 BVerfGE 56, 249 = NJW 1981, 1257 (Gondelbahn – Bebauungsplan); OLG München NJW 1990, 519 (Erweiterung einer Hochschule – Bebauungsplan).
14 BVerfGE 74, 264 = DÖV 1987, 488; BVerfG DÖV 1999, 777.
15 Streitig. Zum Meinungsstand in der Fachliteratur zum Bauplanungsrecht nach dem BauGB s. *Battis*, in: *Battis/Krautzberger/Löhr*, Kommentar zum BauGB, 6. Aufl. 1998, Vor §§ 39 bis 44 Rn 5 und Vorb. §§ 85 bis 122 Rn 3. Battis meint a. a. O., die sog. Planenteignung sei zwar keine Legalenteignung, weil diese nur durch ein Gesetz bewirkt werden könne. Es handele sich aber um eine „typische" Administrativenteignung, indem diese „statt durch Verwaltungsakt durch Satzung (= auf Grund eines Gesetzes)" erfolge. Dieser Auslegung kann nicht zugestimmt werden. Denn es fehlt an der gesetzlichen Grundlage für eine solche „Administrativenteignung". Entscheidend ist, dass einem von Bebauungsplanänderungen Betroffenen, wenn er sich gegen Satzungen in der Form von Bebauungsplänen wehren möchte, nicht die gleichen Verfahrensgrundsätze und Rechtsbehelfe zur Seite stehen, wie das bei einer Administrativenteignung durch einen einzelfallbezogenen Verwaltungsakt der Fall ist. Denn er kann gegen Satzungen bzw. die Änderung von Bebauungsplänen nur das Normenkontrollverfahren nach § 47 VwGO durchführen und nicht die normale Anfechtungs- oder Verpflichtungsklage nach § 42 VwGO erheben. Damit genießt er nicht den nach Art. 19 Abs. 4 unbedingt notwendigen gleichen Rechtsschutz, wie er ansonsten für Enteignungen besteht. Es trifft zwar zu, dass die Satzungsgewalt der Gemeinden Teil der vollziehenden Gewalt und nicht der Legislative ist (BVerfGE 21, 54 = NJW 1967, 545; BVerfGE 32, 346 = NJW 1972, 860; BVerwGE 6, 247 = NJW 1958, 960). Mithin handelt es sich bei der sog. „Planenteignung durch Satzungsänderung" auch um einen Akt der vollziehenden Gewalt. Dieser bewegt sich aber innerhalb der gesetzlichen Ermächtigung zum Erlass sowie zur Änderung von Bebauungsplänen als Satzung in § 1 und § 2 Abs. 4 sowie § 10 Abs. 1 BauGB. Bei diesen Vorschriften zur Bauleitplanung der Gemeinden und den auf ihrer Grundlage ergangenen Gemeindesatzungen (= Bauleitpläne) handelt es sich aber um verfassungsrechtlich zulässige Inhaltsbestimmungen des Eigentums und gerade nicht um Enteignungen.

leisten.¹⁶ Hierbei kommt es auf die notwendige **Bestimmtheit** (§ 37 Abs. 1 VwVfG) genauso an wie auf die allgemeine Begründungspflicht für Verwaltungsakte (§ 39 VwVfG). Da Administrativenteignungen **regelmäßig im Ermessen der zuständigen Behörde** stehen (jeweils sog. Kannvorschriften), muss der enteignende Verwaltungsakt auch erkennen lassen, dass die Behörde ihr Ermessen ausgeübt hat und wie das geschehen ist (§ 40 VwVfG – s.u. Rn 20).

10 Die **Legalenteignung bildet die Ausnahme**.¹⁷ Sie soll auch vom Gesetzgeber nur zurückhaltend angeordnet werden, weil die Betroffenen nicht den gleichen Rechtsschutz nach Art. 19 Abs. 4 GG genießen wie im Falle einer Administrativenteignung.¹⁸ Gegen Normen besteht nur ein eingeschränkter Rechtsschutz (Normenkontrollverfahren und ggf. Verfassungsbeschwerden). Innerhalb des BauGB ist keine Legalenteignung angeordnet.

3. Weitere Zulässigkeitsschranken

a) Enteignung zum Wohle der Allgemeinheit

11 Nach Art. 14 Abs. 3 S. 1 GG ist eine Enteignung nur zum Wohle der Allgemeinheit zulässig. Diese Vorschrift schließt Enteignungen im Privatinteresse kategorisch aus. Da das Allgemeinwohl in diesem Grundgesetzartikel allerdings nicht definiert ist (und auch nicht sein kann), handelt es sich um einen unbestimmten Rechtsbegriff. Er war durch den Gesetzgeber (Fachgesetze zur Enteignung) und durch die Rechtsprechung inhaltlich auszufüllen.

12 Das Allgemeinwohl i. S.d. Art. 14 Abs. 3 S. 1 GG entspricht nicht jedem beliebigen öffentlichen Interesse. Insbesondere decken sich rein fiskalische Interessen nicht mit dem Allgemeinwohl i. S.d. Art. 14 Abs. 3 GG.¹⁹ Notwendig ist vielmehr, dass die Enteignung für einen **qualifizierten Enteignungszweck** erfolgt, der seine **konkrete Ausformung in gesetzlichen Vorschriften** oder auf deren Grundlage gefunden haben muss.²⁰

13 Die **Enteignung zugunsten Privater** ist **möglich**, sofern sie dem Allgemeinwohl dient. Der Person des durch die Enteignung Begünstigten kommt keine ausschlaggebende Bedeutung bei der Beurteilung der Verfassungsmäßigkeit der Enteignung zu. Ist die Enteignung zu dem durch das Grundgesetz vorgegebenen und durch den Gesetzgeber festgelegten Ziel des Allgemeinwohls erforderlich, kommt es für ihre verfassungsrechtliche Beurteilung nicht darauf an, ob sie zugunsten eines Privaten oder eines Trägers öffentlicher Verwaltung erfolgt.²¹ Dementsprechend hat das BVerfG Enteignungen zugunsten privatrechtlich organisierter Unternehmen zunächst dann für zulässig erachtet, wenn einem solchen Unternehmen durch oder aufgrund eines Gesetzes die Erfüllung einer dem Gemeinwohl dienenden Aufgabe zugewiesen und zudem sichergestellt ist, dass es zum Nutzen der Allgemeinheit geführt wird.²²

14 Die Enteignung zugunsten Privater wirft allerdings besondere verfassungsrechtliche Probleme auf. Bei solchen Enteignungen ist zu bedenken, dass der private Enteignungsbegünstigte im Regelfall eigene Interessen unter Nutzung der ihm von der Rechtsordnung verliehenen Privatautonomie verfolgt.

---

16 BVerfGE 46, 333; BVerfGE 49, 225; BVerfGE 52, 407; BVerfGE 56, 216; BVerfGE 60, 295.

17 Z. B. BVerfGE 58, 300 = NJW 1982, 745 = NVwZ 1982, 242 (Naßauskiesung – entschädigungslose Gestattung der Zuleitung fremder Abwässer auf Grundstücke durch § 17 Wasserhaushaltsgesetz – WHG). Denkbar auch bei gesetzlicher Anordnung des Erlöschens von Rechten oder ihres Übergangs auf einen anderen Rechtsträger, sofern diese Rechte zum Schutzbereich des Art. 14 Abs. 1 S. 1 GG gehören.

18 BVerfGE 74, 264; BGH NJW 1997, 383 (zu Legalplanung mit enteignungsrechtlichen Vorwirkungen).

19 BVerfGE 38, 175; RGZ 136, 113 (Verbot der fiskalischen Enteignung); BGH NJW 1976, 1226 (keine Enteignung zum Zwecke der Einsparung von Pachtausgaben durch die Gemeinde).

20 BVerfGE 24, 367 = NJW 1969, 309; BVerfGE 38, 175 = NJW 1975, 37; BVerfGE 56, 249 = NJW 1981, 1257; BVerfGE 74, 264 = NJW 1987, 1251.

21 BVerfGE 74, 264 = NJW 1987, 1251.

22 BVerfGE 66, 248 = NJW 1984, 1872 (zu Enteignungen für Energieversorgungsunternehmen nach § 11 Abs. 1 EnWG).

Er ist nicht wie ein Träger öffentlicher Verwaltung allen rechtlichen Bindungen unterworfen, denen der Staat bei seiner Tätigkeit unterliegt. Deshalb muss der Gesetzgeber unzweideutig entscheiden, ob und für welche Vorhaben eine Enteignung zugunsten eines Privaten statthaft sein soll. Dabei muss bei solchen Enteignungen gewährleistet sein, dass der im Allgemeininteresse liegende Zweck erreicht und dauerhaft gesichert wird.[23]

Vergleichsweise unproblematisch sind solche Enteignungsfälle, bei denen privatrechtlich organisierte und nach ihrem Geschäftsgegenstand dem Bereich der Daseinsvorsorge zuzuordnende Unternehmen durch Enteignungen begünstigt werden (z. B. Betriebe des öffentlichen Nahverkehrs oder der Energie- und Wasserversorgung u.ä.). Hier genügt es, wenn hinreichende Vorkehrungen dafür getroffen sind, dass die selbstgestellte „öffentliche" Aufgabe von dem Unternehmen ordnungsgemäß erfüllt wird.[24] Anders ist das aber dort, wo sich der Nutzen der Enteignung für das allgemeine Wohl nicht aus dem Unternehmensgegenstand des durch die Enteignung begünstigten Unternehmens selbst ergibt, sondern nur als mittelbare Folge der Unternehmenstätigkeit eintritt oder eintreten soll. Hier müssen besondere Anforderungen an die gesetzliche Konkretisierung des nur mittelbar erfüllten und daher nicht von vornherein greifbaren Enteignungszwecks gestellt werden.[25]

In solchen Fällen gebietet Art. 14 Abs. 3 S. 2 GG eine **so genaue gesetzliche Beschreibung des Enteignungszwecks**, dass die Entscheidung über die Zulässigkeit der Enteignung insoweit **nicht in die Hand der Verwaltung gegeben** wird. Es bedarf darüber hinaus differenzierter materiell- und verfahrensrechtlicher Regelungen, die sicherstellen, dass den Grundsätzen der Verhältnismäßigkeit und der Gleichheit vor dem Gesetz im Interessendreieck Gemeinwohl-Enteigneter-Begünstigter im Einzelfall Rechnung getragen und insbesondere die Erforderlichkeit der Enteignung sorgfältig geprüft wird. Schließlich ist unabdingbar, dass der Gemeinwohlbezug der werbenden Tätigkeit des Unternehmens kein bloßer tatsächlicher Reflex bleibt, sondern auf Dauer garantiert ist.[26] Dazu ist eine **gesetzlich vorgesehene** effektive **rechtliche Bindung des begünstigten Privaten an das Gemeinwohlziel** notwendig.[27] Dementsprechend sehen die Enteignungsgesetze der Länder u. a. auch vor, dass der Antragsteller für die Enteignung eines Grundstücks glaubhaft machen muss, dass dieses Grundstück innerhalb einer angemessenen Frist dauerhaft zu dem vorgesehenen Zweck (der Enteignung) verwendet wird (z. B. § 4 Abs. 2 Nr. 2 EntG LSA).

b) Enteignung als ultima ratio

Die Enteignung für das Allgemeinwohl in der Ausprägung des jeweiligen gesetzlich geregelten Enteignungszwecks muss **unabweislich notwendig** sein. Daran kann es schon aus rein tatsächlichen Gründen fehlen, wenn z. B. ein zu enteignendes Grundstück für den speziellen gesetzlichen Enteignungszweck überhaupt nicht geeignet ist. Die unabweisliche Notwendigkeit fehlt aber auch, wenn eine andere zumutbare Möglichkeit besteht, den gesetzlichen Enteignungszweck zu erreichen. Dies ist insbesondere dann anzunehmen, wenn Land für den Enteignungszweck verwendet werden kann, das dem (öffentlichen oder privaten) Antragsteller oder einer von ihm beherrschten juristischen Person gehört. Diese Grundsätze sind inzwischen regelmäßig in den Fachgesetzen zur Enteignung als jeweilige Zulässigkeitsvoraussetzung verankert (vgl. z. B. § 4 Abs. 1 EntG LSA).

In diesen Zusammenhang gehört bei Enteignungen von Grundstücken auch die weitere Voraussetzung, dass sich der Antragsteller nachweislich ernsthaft um den **freihändigen Ankauf** des Grundstücks **zu angemessenen Bedingungen bemüht** hat, bevor der Enteignungsantrag gestellt wird (vgl. z. B. § 4 Abs. 2 Nr. 1 EntG LSA). Ist der betroffene Grundstückseigentümer zu einem freihändigen

---

23 BVerfGE 74, 264 = NJW 1987, 1251.
24 BVerfGE 66, 248 = NJW 1984, 1872; BVerfGE 74, 264 = NJW 1987, 1251.
25 BVerfGE 74, 264 = NJW 1987, 1251.
26 BVerfGE 38, 175 = NJW 1975, 37; BVerfGE 74, 264 = NJW 1987, 1251.
27 BVerfGE 74, 264 = NJW 1987, 1251.

Verkauf seines Grundstücks zu angemessenen Bedingungen bereit, besteht keine Notwendigkeit für eine Enteignung.

c) Grundsatz der Verhältnismäßigkeit

19 Die Enteignung muss verhältnismäßig sein. Sie darf nur in dem Umfang erfolgen, der zur Erreichung des Allgemeinwohlziels erforderlich ist. Das ist nicht der Fall, wenn dieses Ziel auch durch eine im Vergleich zur Enteignung durch Entzug des Eigentums mildere Maßnahme erreicht werden kann, etwa durch die Begründung von dinglichen Rechten an dem Grundstück (z. B. Grunddienstbarkeit).[28] Auch dieser Grundsatz findet sich in den Enteignungsgesetzen der Länder wieder, indem diese anordnen, dass ein Grundstück nur in dem Umfang enteignet werden darf, wie dies zur Erreichung des Enteignungszwecks erforderlich ist, wobei die Enteignung auf die Belastung des Grundstücks mit einem Recht zu beschränken ist, wenn dies ausreichen sollte (vgl. z. B. § 5 Abs. 1 EntG LSA).

d) Ermessensausübung

20 Selbst wenn alle Zulässigkeitsvoraussetzungen für eine Enteignung erfüllt sein sollten, **muss keine Enteignung erfolgen**. Denn in allen Fachgesetzen auf dem Gebiet der Enteignung wird die Enteignung jeweils nur zugelassen, aber nicht unmittelbar als Gesetzesbefehl angeordnet (sog. Kannvorschriften). Deshalb steht es im **Ermessen der Enteignungsbehörde**, ob sie enteignet oder nicht. Dies bedeutet, dass die Enteignungsbehörde nach § 40 VwVfG das ihr zustehende **Ermessen auch auszuüben hat**. Dafür reicht es nicht aus, dass die Behörde bei ihren Prüfungen im Einzelfall das Vorliegen der einzelnen Zulässigkeitsvoraussetzungen bejaht. Dies ist zwar notwendiger Teil der behördlichen Prüfungen, weil das Fehlen notwendiger Zulässigkeitsvoraussetzungen eine Enteignung bereits von Anfang an scheitern lässt. An diese Prüfung der Zulässigkeit muss sich eine weitere Prüfung der Frage anschließen, ob die an sich zulässige Enteignung auch tatsächlich vorgenommen werden soll. Der enteignende Verwaltungsakt muss in seinem Begründungsteil also erkennen lassen, aus welchen Gründen die Enteignung zulässig ist **und weshalb die Enteignungsbehörde sich zu dieser Maßnahme entschloß**. Fehlt es hieran, ist der Verwaltungsakt ermessensfehlerhaft (= Fall der sog. Ermessensunterschreitung).[29] Hinzu kommt, dass die Enteignungsbehörde das ihr zustehende Entscheidungsermessen „nicht nur überhaupt, sondern auch richtig" ausüben muss. Die Entscheidung muss also z. B. auf einem „zutreffenden Sachverhalt und auf zutreffenden rechtlichen Annahmen der Behörde" beruhen (s.o. Rn 10).[30]

III. Abgrenzung zur Inhaltsbestimmung des Eigentums

21 Die **gesetzliche Inhaltsbestimmung** des Eigentums nach Art. 14 Abs. 1 S. 2 und Abs. 2 GG steht als weiteres **eigenständiges Rechtsinstitut** neben der Legal- und der Administrativenteignung.[31] Sie unterscheidet sich von der Enteignung i. S.d. Art. 14 Abs. 3 GG dadurch, dass sie **nicht im konkreten Einzelfall** Eigentumspositionen i. S.d. Art. 14 Abs. 1 S. 1 GG zur Erfüllung bestimmter Aufgaben entzieht, sondern lediglich generell und abstrakt die Nutzungsmöglichkeiten aller vergleichbaren Eigentümer einschränkt. Dabei kommt es auf die Intensität dieser Nutzungseinschränkung nicht an; diese kann in ihren Auswirkungen für den Betroffenen einer Enteignung nahe- oder sogar gleichkommen.[32]

---

28 BVerfGE 56, 249 = NJW 1981, 1257 (Gondelbahnfall).
29 BVerwGE 57, 4; BVerwGE 61, 110; BVerwG BayVBl 1982, 603; BVerwG DVBl 1983, 998; OVG Münster DÖV 1985, 205.
30 BVerwGE 3, 279; BVerwG NJW 1978, 508 und 1980, 2044; BGHZ 21, 260; BGHZ 23, 43; OVG Münster DVBl. 1981, 831; VGH Kassel DVBl. 1964, 689.
31 BVerfGE 58, 300 = NJW 1982, 745 = NVwZ 1982, 242 (Naßauskiesung).
32 BVerfGE 83, 201 = NJW 1991, 1807; BVerfG NJW 1999, 2877.

A. Systematik der Enteignung nach dem Grundgesetz § 20

Das über Art. 14 Abs. 1 S. 1 GG gewährleistete **Eigentum besteht nicht schrankenlos**. Es wird durch Art. 14 Abs. 1 S. 2 und Abs. 2 GG inhaltlich eingeschränkt. Danach bestimmen die Gesetze Inhalt und Schranken des Eigentums. Außerdem ordnet der Grundgesetzartikel die Sozialpflichtigkeit des Eigentums an, indem sein Gebrauch zugleich dem Wohl der Allgemeinheit dienen soll. Diese Regelung setzt sich u. a. in § 903 S. 1 BGB fort, indem der Eigentümer einer Sache nur insoweit mit dieser nach Belieben verfahren kann, als dem nicht das Gesetz oder Rechte Dritter entgegenstehen. Denn bei der Inhaltsbestimmung des Eigentums nach Art. 14 Abs. 1 S. 2 GG wirken bürgerliches Recht und öffentlich-rechtliche Gesetze gleichrangig zusammen.[33]

22

Das Eigentum als stärkste Rechtsstellung, die eine natürliche oder juristische Person in Bezug auf ein Grundstück haben kann, gewinnt seine Bedeutung erst im Hinblick auf die Gemeinschaft mit anderen Personen, in welcher z. B. ein Grundstückseigentümer im Rahmen der Gesellschaft lebt. Es geht um die wechselseitige Abgrenzung der Befugnisse in Bezug auf den Gegenstand des Eigentumsrechts. Diese Abgrenzung bedarf nach Art. 14 Abs. 1 S. 2 GG notwendigerweise der Ausgestaltung durch den Gesetzgeber. Eigentum entsteht überhaupt erst mit dem Inhalt, den der Gesetzgeber in Wahrnehmung seiner Kompetenz aus Art. 14 Abs. 1 S. 2 GG formt.

23

Bei dieser inhaltlichen Ausgestaltung des Eigentums hat der Gesetzgeber einen weiten Spielraum.[34] Allerdings ist dieser nicht unbegrenzt. Die Garantie des Eigentums in Art. 14 Abs. 1 S. 1 GG steht in einem engen inneren Zusammenhang mit der Garantie des Rechts auf freie Entfaltung der Persönlichkeit in Art. 2 Abs. 1 GG und der Garantie der Würde des Menschen in Art. 1 Abs. 1 GG.[35] Sie stellt sich als spezialgesetzliche Verbürgung des Persönlichkeitsrechts dar, soweit dieses unter Gebrauch der Eigentumsgegenstände wahrgenommen werden soll. Dies bedeutet, dass der Gesetzgeber das **Eigentum grundsätzlich privatnützig** in der Weise ausgestalten muss, dass seine Nutzung dem Rechtsinhaber eine eigenverantwortliche Lebensgestaltung ermöglicht.[36] Deshalb unterliegt dem grundrechtlichen Schutz das Recht des Eigentümers, den Gegenstand seines Eigentums selber zu nutzen, ihn zu veräußern und aus der vertraglichen Überlassung der Sache an Dritte den Ertrag zu ziehen, der zur finanziellen Grundlage für die eigene Lebensgestaltung beiträgt.[37]

24

Andererseits hat der Gesetzgeber aber auch die Vorgaben in Art. 14 Abs. 2 GG zu beachten. Danach verpflichtet Eigentum; sein Gebrauch soll zugleich dem Wohl der Allgemeinheit dienen. Dies schließt einen absoluten Vorrang der Privatnützigkeit des Eigentums als Zielvorgabe für die gesetzgeberische Ausgestaltung aus. Vielmehr stellt das Grundgesetz als weiteres vom Gesetzgeber zu beachtendes Ziel die soziale Funktion des Eigentumsobjekts und die Interessen der Gemeinschaft **gleichwertig** neben das Individualinteresse.[38] Diese beiden vom Grundgesetz vorgegebenen Ziele entsprechen sich nicht. Sie müssen deshalb zu einem gerechten Ausgleich gebracht werden. Das über Art. 14 Abs. 2 GG zu beachtende Wohl der Allgemeinheit ist der Grund für die (einfach)gesetzlichen Beschränkungen des Eigentumsrechts. Zugleich bedeutet es aber auch eine Grenze. Die gesetzlichen Beschränkungen des Eigentumsrechts dürfen nicht weitergehen, als der über Art. 14 Abs. 2 GG anzuerkennende Schutzzweck reicht, dem die gesetzliche Eigentumsbeschränkung dient.[39]

25

---

33 BVerfGE 58, 300 = NJW 1982, 745 = NVwZ 1982, 242 (Naßauskiesung).
34 BVerfGE 21, 73 = NJW 1967, 619.
35 BVerfG NJW 1989, 970.
36 BVerfGE 24, 367 = NJW 1969, 309; BVerfGE 46, 325 = NJW 1978, 368; BVerfGE 50, 290 = NJW 1979, 699; BVerfGE 52, 1 = NJW 1980, 985; BVerfGE 98, 17; BVerfG, Beschl. v. 14.7.1999 (1 BVR 995/95 und 2288/95 und 2711/95), noch nicht veröffentlicht.
37 BVerfGE 79, 292; BVerfGE 98, 17; BVerfG, Beschl. v. 14.7.1999 (1 BVR 995/95 und 2288/95 und 2711/95), noch nicht veröffentlicht.
38 BVerfGE 4, 7 = NJW 1954, 1295.
39 BVerfGE 21, 73 = NJW 1967, 619; BVerfGE 70, 191 = NVwZ 1986, 113 = NJW 1986, 575; BVerfGE 79, 174 = NJW 1989, 1271; BVerfGE 87, 114 = NJW-RR 1993, 971 = NJW 1993, 2523; BVerfGE 91, 294 = NJW 1995, 511; BVerfG NJW 1999, 2877.

26 Der Spielraum des Gesetzgebers bei der inhaltsgestaltenden Regelung des Eigentums ist unterschiedlich weit. Soweit das Eigentum die persönliche Freiheit des einzelnen im vermögensrechtlichen Bereich sichert, genießt es besonders ausgeprägten Schutz. Dagegen ist die gesetzgeberische Gestaltungsfreiheit umso größer, je stärker der soziale Bezug des Eigentumsobjekts ist. Dieser soziale Bezug richtet sich nach der Eigenart und der Funktion der jeweiligen Sache als Gegenstand des Eigentums.[40] Begrenzungen der Eigentümerbefugnisse in diesem Rahmen sind grundsätzlich entschädigungslos hinzunehmen (s. aber u. ab Rn 30). Insbesondere schützt Art. 14 Abs. 1 S. 1 GG nicht einträglichere Grundstücksnutzungen, die durch inhaltsbestimmende gesetzliche Regelungen ausgeschlossen sind.[41] Typische Beispiele inhaltsbestimmender gesetzlicher Regelungen finden sich auf folgenden Gebieten: Natur- und Landschaftsschutz,[42] Denkmalschutz,[43] Wasserhaushaltsrecht und Wasserrecht der Länder,[44] Deichrecht der Länder,[45] Bergrecht und Abgrabungsrecht der Länder,[46] Bodenordnungsrecht (BauGB, FlurbG, BoSoG, LwAnpG, VZOG), Altlastenrecht nach dem BBodSchG, Reglementierung des Grundstücksverkehrs (Genehmigungspflichten nach GrdstVG und GVO, Verfügungssperren nach BauGB), Mieterschutz, Schuldrechtsanpassung in den neuen Ländern nach dem SchuldRAnpG[47] sonstige Regelungen des sog. Überleitungsrechts nach dem EV (SachenRBerG, ErholNutzG, AnpflEigentG, MeAnlG) usw.

27 Die gesetzliche Inhaltsbestimmung darf allerdings nicht dazu führen, dass dem Grundstückseigentümer überhaupt keine vernünftige Nutzungsmöglichkeit mehr für sein Grundstück verbleibt. Dies bedeutet in aller Regel auch, dass sein Grundstück am Grundstücksmarkt unverkäuflich wird. In solchen Fällen nimmt die gesetzliche Inhaltsbestimmung des Eigentums dem Grundstückseigentümer im Ergebnis alle Vorteile, die üblicherweise aus dem Eigentum am Grundstück entspringen. Der Grundstückseigentümer befindet sich dann in einer rechtlichen Lage, die den Namen Eigentum nicht mehr verdient. Dies ist **nicht mehr zumutbar** und auch nicht durch Art. 14 Abs. 1 S. 2 und Abs. 2 GG gedeckt. Denn hier wird der Kernbereich des durch Art. 14 Abs. 1 S. 1 GG geschützten Eigentums verletzt. **In diesen Fällen** muss der Gesetzgeber grundsätzlich das **Mittel der Enteignung** vorsehen, weil solche Eingriffe in das Eigentum nicht mehr als Inhaltsbestimmung des Eigentums angesehen werden können.[48]

28 Überschreitet der Gesetzgeber bei seiner Inhaltsbestimmung des Eigentums die in Art. 14 Abs. 1 und 2 GG gezogenen Grenzen, handelt es sich nicht etwa um einen enteignenden Eingriff i. S.d. Art. 14 Abs. 3 GG.[49] Vielmehr ist die entsprechende inhaltsgestaltende gesetzliche Regelung grundsätzlich **verfassungswidrig** und deshalb unwirksam (s. aber u. Rn 34 bis 36). Auf sie gestützte Beschränkungen und Belastungen sind rechtswidrig. Der Rechtsweg ist zu den Fachgerichten eröffnet, die für die jeweilige rechtswidrige Maßnahme auf der Grundlage des betreffenden inhaltsgestaltenden Gesetzes sachlich zuständig sind.[50]

---

40 BVerfGE 53, 257 = NJW 1980, 692; BVerfG NJW 1999, 2877; BVerfG EuGRZ 1999, 415; BVerfG, Beschl. v. 14.7.1999 (1 BVR 995/95 und 2288/95 und 2711/95), noch nicht veröffentlicht.
41 BVerfGE 91, 294 = NJW 1995, 511; BVerfG NJW 1999, 2877.
42 BVerfG NJW 1998, 367; BGH NUR 1981, 77; BGH NJW 1983, 1657 = DVBl 1983, 630; BGHZ 121, 328 = NJW 1993, 2095 = LM Art. 14 (Ca) GG Nr. 40; BGHZ 123, 242 = NJW 1993, 2605; BVerwG DVBl 1983, 895; VGH Mannheim NJW 1984, 1700.
43 BVerfGE 58, 147 = NJW 1982, 632; BGHZ 105, 15 = NJW 1988, 3201 = LM Art. 14 (Cb) GG Nr. 57; BGH NVwZ-RR 1990, 595 = LM Art. 14 (Ia) GG Nr. 26 = BGHWarn. 1990 Nr. 122 = BGHR NRW DenkmalsSchutzG § 31 Rechtsweg 1; BGH NJW 1993, 1255; BVerwG DÖV 1988, 425; OVG Münster DÖV 1985, 158.
44 BVerfGE 58, 300 = NJW 1982, 745 = NVwZ 1982, 242 (Naßauskiesung).
45 BVerfGE 24, 367 = NJW 1969, 309 (sog. Deichurteil zum Deichordnungsgesetz Hbg.) m. Anm. von *Maiwald*, NJW 1969, 1424.
46 BVerfG NJW 1998, 3560 = NVwZ 1998, 947; BVerwG NVwZ 1998, 969; Gaetzsch, in: NVwZ 1998, 889.
47 BVerfG, Beschl. v. 14.7.1999 (1 BVR 995/95 und 2288/95 und 2711/95), noch nicht veröffentlicht.
48 BVerfG NJW 1999, 2877.
49 BVerfG NJW 1998, 367.
50 BVerfGE 52, 1 = NJW 1980, 985; BVerfG NJW 1999, 2877.

Die verfassungsmäßige Prüfung solcher gesetzlicher Inhaltsbestimmungen vollzieht sich ausschließlich an den in Art. 14 Abs. 1 und 2 GG aufgestellten Maßstäben, nicht aber an den Maßstäben zur Enteignung in Art. 14 Abs. 3 GG. Die den Inhalt des Eigentums regelnden Gesetze **müssen deshalb keine Entschädigungsregelungen enthalten**. Allerdings enthalten sie zuweilen dennoch Entschädigungsvorschriften als sog. salvatorische Klauseln (s.u. Rn 34 bis 36). Sieht der Betroffene in einer gegen ihn gerichteten Maßnahme der Verwaltung auf der Grundlage eines solchen Gesetzes eine Enteignung, so kann er eine Entschädigung (grundsätzlich) nur einklagen, wenn eine gesetzliche Anspruchsgrundlage vorhanden ist. Fehlt sie, muss er sich bei den zuständigen Gerichten (i.d.R. Verwaltungsgerichte) zunächst um die Aufhebung des Eingriffsaktes bemühen.[51] Hierfür gilt die Rechtswegeregelung in Art. 14 Abs. 3 GG nicht.[52]

Der BGH gesteht allerdings Ersatzansprüche unter dem Gesichtspunkt des sog. enteignungsgleichen Eingriffs auch dann zu, wenn gesetzliche Entschädigungsregelungen fehlen (s.u. ab Rn 31). Doch ist für die Geltendmachung derartiger Ansprüche der vorherige Versuch notwendig, die Rechtmäßigkeit der den Schaden verursachenden Eingriffsmaßnahme auf der Grundlage des jeweiligen Eingriffsgesetzes überprüfen zu lassen (i.d.R. Verwaltungsrechtsweg – s.o.). Ansonsten muss der Einwand des mitwirkenden oder sogar überwiegenden Eigenverschuldens am Schadenseintritt befürchtet werden (§ 254 BGB – Bestandskräftigwerdenlassen eines rechtswidrigen Verwaltungsakts als mitwirkendes Eigenverschulden).[53]

IV. Abgrenzung zu enteignungsgleichen und enteignenden Eingriffen

1. Enteignungsgleiche Eingriffe

Die Inhaltsbestimmung des Eigentums ist als weiteres eigenständiges Rechtsinstitut von der Legal- und Administrativenteignung deutlich abgesetzt und stellt keinen Enteignungstatbestand dar (s.o. Rn 21). Das schließt jedoch nicht aus, dass eine neue, für die Zukunft geltende objektiv-rechtliche und **inhaltsbestimmend wirkende Regelung** i. S.d. Art. 14 Abs. 1 S. 2 GG enteignende Wirkungen entfaltet, weil und soweit sie subjektive Rechte entzieht, die der Einzelne aufgrund des alten Rechts ausgeübt hat.[54]

Aus der verfassungsrechtlichen Gewährleistung einer zulässigerweise ausgeübten Eigentümernutzung kann nicht hergeleitet werden, dass diese Befugnis nach ihrem Beginn für alle Zukunft uneingeschränkt erhalten bleiben muss oder nur im Wege der Enteignung wieder genommen werden darf. Der Gesetzgeber steht bei der Neuordnung eines Rechtsgebietes nicht vor der Alternative, die alten Rechtspositionen entweder zu konservieren oder durch Enteignung gegen Entschädigung zu entziehen. Er kann vielmehr individuelle Rechtspositionen **im Rahmen des Art. 14 Abs. 1 S. 2 GG** durch eine angemessene und zumutbare Überleitungsregelung **umgestalten**, wenn Gründe des Gemeinwohls vorliegen, die den Vorrang vor dem berechtigten und durch die Bestandsgarantie in Art. 14 Abs. 1 S. 1 GG gesicherten Vertrauen auf den Fortbestand eines wohlerworbenen Rechtes verdienen.[55]

---

51 BVerfGE 58, 300 = NJW 1982, 745 = NVwZ 1982, 242 (Naßauskiesung); BVerfG NJW 1999, 2877.
52 BVerfG NJW 1999, 2877.
53 BGHZ 56, 57; BGH WM 1973, 46; BGH WM 1976, 568; BGH NJW 1984, 1169; BGHZ 91, 20 = NJW 1984, 1876; OLG Celle NJW 1988, 1040.
54 BVerfGE 45, 297 = NJW 1977, 2349; BVerfGE 52, 1 = NJW 1980, 985; BVerfGE 58, 300 = NJW 1982, 745 = NVwZ 1982, 242 (Naßauskiesung).
55 BVerfGE 31, 275 = NJW 1972, 145; BVerfGE 36, 281; 43, 242 = NJW 1977, 1049; BVerfGE 58, 300 = NJW 1982, 745 = NVwZ 1982, 242 (Naßauskiesung).

33 Deshalb sind nach der Rechtsprechung des BVerfG gesetzgeberische Eingriffe in den Kernbereich des Eigentums auch als Inhaltsbestimmung des Eigentums zulässig. Doch müssen dann die **unzumutbaren Auswirkungen** der gesetzlichen Inhalts- und Schrankenbestimmung des Eigentums für den betroffenen Grundeigentümer vom Gesetzgeber **durch Ausgleichsmaßnahmen verhindert** bzw. ausgeglichen werden.[56] Mit diesem Grundsatz hat das BVerfG die in der Rechtsprechung als „enteignungsgleich" bezeichneten gesetzlichen Eingriffe in den Kernbereich des Eigentums i. S.d. Art. 14 Abs. 1 S. 1 GG **aus dem Anwendungsbereich der Enteignung i. S.d. Art. 14 Abs. 3 GG herausgenommen.**

34 Hinsichtlich der **Entschädigung für solche Eingriffe** stellt der BGH dort, wo das jeweilige Eingriffsgesetz keine Entschädigungsregelungen vorhält (sog. salvatorische Klauseln – s.o. Rn 29), auf die richterrechtlich auf der Grundlage des Aufopferungsgedankens entwickelten Grundsätze für die Entschädigung wegen „enteignungsgleicher Eingriffe" ab.[57] Ausgehend von einer gewohnheitsrechtlichen Weitergeltung der vom RG aufgestellten Grundsätze zur entsprechenden Anwendung der §§ 74, 75 EinlALG[58] für das gesamte Bundesgebiet[59] billigt der BGH dem Betroffenen **bei unrechtmäßigen Eingriffen mit Enteignungscharakter** einen Entschädigungsanspruch nach Art. 14 GG zu.[60] Er präzisierte diese Begründung des Entschädigungsanspruchs wegen „enteignungsgleichen Eingriffs" allerdings später dahin, dass der aus dem Eigentumsschutz des Art. 14 GG abgeleitete Anspruch seine Ausgestaltung nach Tatbestandsvoraussetzungen und Rechtsfolgen auf der Ebene des einfachen Rechts findet.[61] Damit entspricht die Begründung dieses Entschädigungsanspruchs in ihrer Struktur der Begründung des Geldersatzanspruchs für immaterielle Schäden bei Verletzungen des allgemeinen Persönlichkeitsrechts. Diesen Anspruch leitete der BGH aus der im Grundgesetz verankerten Pflicht der Staatsgewalt zum Schutz von Menschenwürde und Persönlichkeitsrecht her.[62] Die unmittelbare Grundlage dieses Anspruchs bildet jedoch das bürgerliche Recht.[63]

35 Das BVerfG bejaht inzwischen grundsätzlich die **Zulässigkeit von Ausgleichsregelungen in Gesetzen**, welche das Eigentum i. S.d. Art. 14 Abs. 1 S. 2 GG inhaltlich bestimmen.[64] Denn das BVerfG führt in seiner zitierten Entscheidung aus, dass Ausgleichsregelungen „freilich nicht generell ein verfassungsrechtlich zulässiges Mittel sind, unverhältnismäßige Eigentumsbeschränkungen mit Art. 14 Abs. 1 GG in Einklang zu bringen. Normen, die Inhalt und Schranken des Eigentums bestimmen, müssen grundsätzlich auch ohne Ausgleichsregelung die Substanz des Eigentums wahren und dem Gleichheitsgebot entsprechen."[65] Mithin hält das BVerfG inhaltsbestimmende Eingriffe in den Kernbereich des durch Art. 14 Abs. 1 S. 1 gewährleisteten Eigentums und einen Ausgleich unzumutbarer Belastungen für den Eigentümer durch Ausgleichsregelungen **nur ausnahmsweise** für zulässig.[66]

---

56 BVerfG NJW 1999, 2877.
57 Dazu kritisch mit Blick auf die Systematik der Aufopferung: *Schmidt*, NJW 1999, 2847 unter Hinweis auf die Abkoppelung der Entschädigungsbegründung für „Aufopferung im weiteren Sinne" (= Aufopferungsanspruch für vermögenswerte Rechtspositionen = enteignungsgleicher Eingriff) von der Aufopferungssystematik bei „Aufopferung im engeren Sinne" (= Aufopferungsanspruch für Eingriffe in nicht vermögenswerte Persönlichkeitsrechte) unter Hinweis auf das „Chaos einer sich weiter ausdifferenzierenden Rechtsmaterie" (*Ossenbühl*, Staatshaftungsrecht, 5. Aufl. 1998, S. VI (Vorwort) und S. 124 ff.).
58 RGZ 140, 276.
59 BGHZ 6, 270 = NJW 1952, 972; BGH NJW 1957, 1595; BGHZ 90, 17 = NJW 1984, 1169 = LM Art. 14 (Cd) GG Nr. 25; BGHZ 91, 20 = NJW 1984, 1876.
60 BGHZ 6, 270 = NJW 1952, 972.
61 BGHZ 72, 273 = NJW 1979, 36; BGHZ 76, 375 = NJW 1980, 1567; BGHZ 82, 361 = NJW 1982, 1281.
62 BGHZ 26, 349 = NJW 1958, 827; BGHZ 39, 124 = NJW 1963, 902.
63 BVerfGE 34, 269 = NJW 1973, 1221; BGHZ 39, 124 = NJW 1963, 902.
64 BVerfG NJW 1999, 2877.
65 BVerfG NJW 1999, 2877 unter Hinweis auf BVerfGE 79, 174 = NJW 1989, 1271.
66 BVerfG NJW 1999, 2877.

Soweit „salvatorische Entschädigungsklauseln der ausgleichspflichtigen Inhaltsbestimmung" im Ausnahmefall überhaupt zulässig sind, stellt das BVerfG für sie besondere Voraussetzungen auf:[67] Zunächst bedürfen solche Ausgleichsregelungen einer **gesetzlichen Grundlage**. Es ist grundsätzlich Sache des Gesetzgebers, Inhalt und Schranken des Eigentums zu bestimmen. Soweit kompensatorische Entschädigungsansprüche begründet werden sollen, bedarf es wegen des Budgetrechts des Parlaments ohnehin einer gesetzlichen Regelung.

Ausgleichsregelungen dürfen sich **grundsätzlich nicht** darauf beschränken, dem Betroffenen **Ausgleichsansprüche in Geld** zuzubilligen. Es kommt in erster Linie auf Vorkehrungen des Gesetzgebers an, die eine unverhältnismäßige Belastung des betroffenen Eigentümers real vermeiden und die Privatnützigkeit des Eigentums erhalten. Als Instrumente stehen dafür Übergangsregelungen sowie Ausnahme- und Befreiungsvorschriften zur Verfügung. Hinzu kommt der Einsatz administrativer und technischer Vorkehrungen. Erst wenn das alles nicht möglich ist, kann ein finanzieller Ausgleich in Betracht kommen, wobei es auch geboten sein kann, dem Eigentümer einen Anspruch auf Übernahme seines Grundstücks zum Verkehrswert zuzubilligen.

Die Verwaltung muss bei der Aktualisierung der Eigentumsbeschränkung in Anwendung der inhaltsbestimmenden gesetzlichen Regelung im Einzelfall zugleich über den erforderlichen Ausgleich zumindest dem Grunde nach entscheiden.

2. Enteignende Eingriffe

Bei den sog. enteignenden Eingriffen geht es um unmittelbare Eingriffe in Eigentumspositionen i. S.d. Art. 14 Abs. 1 S. 1 GG als **nicht gewollte Nebenfolge rechtmäßigen Verwaltungshandelns**. Die an sich rechtmäßige hoheitliche Maßnahme führt bei einzelnen Betroffenen zu unbeabsichtigten und meist atypischen Nachteilen, die eine **übermäßige und unzumutbare Beeinträchtigung** bedeuten und deshalb nicht mehr unter dem Gesichtspunkt der Sozialpflichtigkeit des Eigentums hingenommen werden müssen.[68] Typische Beispiele sind: Verkehrslärm aus zulässiger Verkehrsanlage,[69] Geruchsimmissionen aus zulässiger sonstiger öffentlicher Anlage,[70] Fluglärm,[71] Tiefflugärm,[72] Zerstörung oder Beschädigung aus Anlass hoheitlicher Maßnahmen zur Gefahrenbeseitigung (z. B. Löschschäden bei Brand auf einem Nachbargrundstück oder Schäden bei behördlich veranlasster Altlastensanierung auf einem Nachbargrundstück u.ä.). Für den Ausgleich solcher Folgewirkungen rechtmäßigen Verwaltungshandelns gilt nicht der Grundsatz der Gesetzmäßigkeit der Entschädigung wie beim enteignungsgleichen Eingriff oder bei der Enteignung.

---

67 BVerfG NJW 1999, 2877.
68 BGH NJW 1963, 202 = LM § 906 BGB Nr. 17; BGHZ 47, 365 = NJW 1967, 1759; BGH NJW 1976, 1204; BGH NJW 1980, 770; BGH NJW 1981, 2114; BGHZ 87, 66 = NJW 1983, 1657; BGHZ 90, 4 = NJW 1984; 1172; BGHZ 91, 20 = NJW 1984, 1876; BGHZ 97, 114 = NJW 1986, 1980; BGHZ 99, 24 = NJW 1987, 2068 = NVwZ 1987, 1020; BGH NJW-RR 1989, 79 = NJW 1988, 3201; BGH NVwZ 1992, 404 = VersR 1992, 322; BGH NJW 1993, 1700, 2095, 2605, 3131; BGH NJW 1995, 1823; BGH NJW 1996, 1897; BGH NVwZ 1996, 930; BGH NJW 1997, 388; BGH NJW 1999, 938 = WM 1999, 503; BGH NJW 1999, 1247; OLG Karlsruhe NJW 1987, 384 = NJW-RR 1987, 479; LG Bremen NJW 1999, 1038; OVG Münster NJW 1986, 1890; OVG Saarlouis NJW 1981, 1464.
69 BGHZ 97, 114 = NJW 1986, 1980 = LM FStrG Nr. 34; BGHZ 97, 361 = NJW 1986, 2421 = LM Art. 14 (Cb) GG Nr. 52; BGH NJW 1988, 900 = NJW-RR 1988, 459; BGH NJW 1989, 285 = LM Art. 14 (Cb) GG Nr. 54; BGH NJW 1988, 900 = LM Art. 14 (Cb) GG Nr. 56; BVerwG NJW 1987, 2884; BVerwG NJW 1987, 2887; BVerwG NJW 1997, 2615 = NVwZ 1997, 394; BVerwG NVwZ-RR 1996, 557.
70 BGHZ 64, 220 = NJW 1975, 1406; BGH NJW 1976, 1204 = LM § 906 BGB Nr. 48; BGH NJW 1980, 770 = LM Art. 14 (Ba) GG Nr. 52 = VersR 1980, 226; BGH NJW 1984, 1876 (Kläranlage); OLG Celle NJW-RR 1988, 1040 (Kläranlage).
71 BGH NJW 1993, 1700; BGH NJW 1995, 1823; BayObLG NJW 1993, 2255 = NZV 1993, 119.
72 OLG Schleswig NJW 1989, 1937 = NJW-RR 1989, 1110.

38 Der Entschädigungsanspruch aus enteignendem Eingriff ist das öffentlich-rechtliche Gegenstück zum zivilrechtlichen Ausgleichsanspruch unter Nachbarn nach § 906 Abs. 2 S. 2 BGB. Die Haftungsfigur des enteignenden Eingriffs in seiner richterrechtlichen Ausprägung findet seine Grundlage im allgemeinen Aufopferungsgrundsatz der §§ 74, 75 Einl. ALR. Entschädigungsansprüche aus enteignendem Eingriff sind im Zivilrechtsweg zu verfolgen.[73]

V. Enteignungsentschädigung

39 Nach Art. 14 Abs. 3 S. 2 GG darf die Enteignung nur aufgrund eines Gesetzes erfolgen, das zugleich Art und Ausmaß der Entschädigung regelt. Diese Junktimklausel bewirkt, dass Enteignungsgesetze ohne gleichzeitige Entschädigungsregelung ohne weiteres nichtig sind. Denn sie verstoßen gegen Art. 14 Abs. 3 S. 2 GG. Es ist **nicht Sache der Verwaltung oder der Gerichte**, die Grundlagen der Entschädigung zu bestimmen. Dies muss der jeweilige Gesetzgeber in dem Enteignungsgesetz tun.[74] Dabei sind auch **Rechtsverordnungen nach Art. 80 GG nicht zulässig**. Dementsprechend enthalten die jeweiligen Fachgesetze des Bundes und der Länder zu Enteignungen auch detaillierte Entschädigungsregelungen (z. B. §§ 93 ff. BauGB oder §§ 7 ff. EntG LSA).

40 Zur **Höhe dieser Entschädigung** gibt Art. 14 Abs. 3 S. 3 GG lediglich einen **Rahmen** vor, der vom Gesetzgeber in den jeweiligen Fachgesetzen zur Enteignung konkret ausgefüllt werden muss. Danach ist die Entschädigung (vom Gesetzgeber) unter **gerechter Abwägung der Interessen** der Allgemeinheit und der Beteiligten zu bestimmen. Was in diesem Sinne „gerecht" ist, sagt das GG nicht; es schreibt allerdings eine Interessenabwägung vor, wobei die regelmäßig gegenläufigen Interessen der Allgemeinheit und der Beteiligten gegenüberzustellen sind. Die jeweilige Entschädigungsregelung muss so ausgestaltet sein, dass sie diesen Interessen im Rahmen einer Abwägung auch Rechnung tragen kann. Bei Grundstücken ist im Falle einer Enteignung wegen ihrer unterschiedlichen Beschaffenheit und Nutzbarkeit grundsätzlich eine individuelle Festsetzung der Entschädigung notwendig. Die Enteignungsgesetze enthalten daher regelmäßig **abstrakte Entschädigungsmaßstäbe**, die von der Enteignungsbehörde im Einzelfall durch Festsetzungen zur Entschädigung und ihrer Höhe konkretisiert werden müssen.[75]

41 Im Streitfall haben die Gerichte darüber zu befinden, ob die im Gesetz als wesentlich bezeichneten einzelnen Wertfaktoren des abstrakten Entschädigungsmaßstabs von der Enteignungsbehörde im konkreten Einzelfall vollständig und richtig ermittelt wurden und ob sie den sich hieraus ergebenden Betrag der Entschädigung zutreffend errechnet hat.[76]

42 Allerdings ist die Bestimmung der Entschädigung über einen abstrakten Entschädigungsmaßstab nicht die einzige nach Art. 14 Abs. 3 S. 2 und 3 GG zulässige Möglichkeit der Entschädigungsregelung. Sie ist nur dort geboten, wo die Unterschiedlichkeit der betroffenen Grundstücke eine differenzierende Behandlung erfordert. Fehlt es an solchen Unterschieden, kann die gesetzliche Entschädigungsregelung für in ihren wertbestimmenden Merkmalen übereinstimmende gleichartige Grundstücke **auch einen konkreten Entschädigungsmaßstab** wählen, wenn er den Interessen der Allgemeinheit und der Betroffenen ebenfalls entspricht (z. B. feste Preise in DM/qm).[77]

43 Die nach § 14 Abs. 3 S. 3 GG notwendige Interessenabwägung zwischen der Allgemeinheit und den Beteiligten kann zu unterschiedlichen Ergebnissen führen. Das Abwägungsgebot ermöglicht es dem

---

[73] BGHZ 91, 20 = NJW 1984, 1876; BGHZ 97, 114 = NJW 1986, 1980; BGHZ 99, 24 = NJW 1987, 2068 = NVwZ 1987, 1020.
[74] BVerfGE 24, 367 = NJW 1969, 309 (sog. Deichurteil zum Deichordnungsgesetz Hbg.) m. Anm. von *Maiwald*, NJW 1969, 1424.
[75] BVerfGE 24, 367 = NJW 1969, 309.
[76] BVerfGE 24, 367 = NJW 1969, 309.
[77] BVerfGE 24, 367 = NJW 1969, 309.

Gesetzgeber nicht nur, sondern kann ihn u.U. auch dazu zwingen, situationsbedingte Besonderheiten des Sachverhalts und der Zeitumstände zu berücksichtigen und in das Ergebnis seiner Abwägung einfließen zu lassen. Deshalb ist eine **starre und nur am Marktwert oder Verkehrswert ausgerichtete Enteignungsentschädigung dem Grundgesetz fremd**. Dass dem von einer Enteignung Betroffenen stets das volle Äquivalent für das Genommene als Entschädigung gegeben werden muss, lässt sich aus dem Abwägungsgebot in Art. 14 Abs. 3 S. 3 GG nicht herleiten. Vielmehr kann der Gesetzgeber je nach den Umständen vollen Ersatz, **aber auch eine darunter liegende** Enteignungsentschädigung bestimmen.[78] Allerdings müssen derartige Entschädigungsregelungen das Ergebnis einer konkreten Interessenabwägung sein, die ihrerseits sachgerecht zu sein hat.

Dementsprechend sehen die Entschädigungsregelungen in den jeweiligen Enteignungsgesetzen des Bundes und der Länder keine reine Verkehrswertentschädigung als Regelentschädigung vor, sondern eine aus der Verkehrswertentschädigung entwickelte und **von dieser abweichende** Enteignungsentschädigung, die auch als „normativ gefasste Verkehrswertentschädigung" bezeichnet wird.[79] **Dieser Begriff ist missverständlich.** Denn dass die Enteignungsentschädigung als solche „normativ gefasst" sein muss, und zwar durch Gesetz, ergibt sich bereits aus Art. 14 Abs. 3 S. 1 GG. Aber auch der Verkehrswert ist angesichts des gültigen und allgemeinverbindlichen Rechts der Verkehrswertbestimmung nach § 194 BauGB und der WertV 88 (s.u. Rn 107, 114 ff.) „normativ gefasst". Auf das Entschädigungsrecht in Zusammenhang mit Enteignungen nach den Enteignungsgesetzen des Bundes und der Länder kommt es für diese rechtliche Qualität des Verkehrswerts überhaupt nicht an. Gemeint ist mit dem kritisierten Begriff, dass die Enteignungsentschädigung zwar vom Verkehrswert als Grundlage der Überlegungen ausgeht, diesen aber durch besondere gesetzliche Vorgaben modifiziert, die bei der Entscheidung über die Höhe der Entschädigung zu beachten sind (s.u. ab Rn 141).

B. Zulässigkeit von Enteignungen nach dem BauGB

I. Enteignungszwecke innerhalb des BauGB als gesetzliche Konkretisierung des Wohls der Allgemeinheit

1. Allgemeines

Nach Art. 14 Abs. 3 S. 1 GG darf eine Enteignung nur zum Wohle der Allgemeinheit erfolgen. Enteignungen im Privatinteresse sind also unzulässig (s.o. Rn 11). Der unbestimmte Rechtsbegriff Wohl der Allgemeinheit musste durch den Gesetzgeber innerhalb der einzelnen Enteignungsgesetze des Bundes und der Länder konkret ausgefüllt werden. Es kam dabei darauf an, **qualifizierte Enteignungszwecke** in gesetzlichen Vorschriften konkret auszuformen (s.o. Rn 11, 12).[80]

Die Vorschrift des § 85 Abs. 1 Nrn. 1 bis 6 BauGB enthält einen **Katalog unterschiedlicher Enteignungszwecke**, für die eine Enteignung nach dem BauGB zulässig ist. Es handelt sich dabei um die gesetzliche Ausprägung des Allgemeinwohls i.S.d. Art. 14 Abs. 3 S. 1 GG innerhalb des BauGB. Dieser Katalog von Enteignungszwecken in § 85 Abs. 1 BauGB ist **abschließend**. Enteignungen nach dem BauGB sind für andere Zwecke nicht zulässig.[81] So kann z. B. eine Enteignung zum Zwecke der Errichtung einer Universität zwar nach dem EntG des jeweiligen Bundeslandes

---

78 BVerfGE 24, 367 = NJW 1969, 309.
79 Battis, in: Battis/Krautzberger/Löhr, Kommentar zum BauGB, 6. Aufl. 1998, § 93 BauGB Rn 3.
80 BVerfGE 24, 367 = NJW 1969, 309; BVerfGE 38, 175 = NJW 1975, 37; BVerfGE 56, 249 = NJW 1981, 1257; BVerfGE 74, 264 = NJW 1987, 1251.
81 BGHZ 71, 375 = NJW 1978, 2093 = LM § 85 BBauG Nr. 7 = WM 1978, 1160; BVerwGE 77, 86 = NJW 1987, 3145; s. dazu auch die amtliche Begründung zu § 96 BBauG (Vorläuferregelung zu § 85 BauGB) in BT-Drs. III/1794, S. 19.

zulässig sein, aber nicht über § 85 Abs. 1 BauGB.[82] Desgleichen fällt eine Enteignung zum Zwecke der regionalen Wirtschaftsförderung (Schaffung von Arbeitsplätzen) nicht unter die städtebaulichen Enteignungszwecke in § 85 Abs. 1 BauGB.[83] Andererseits ist aber die Enteignung zu ausschließlich städtebaulichen Zwecken im BauGB abschließend geregelt mit der Folge, dass Enteignungen zur Durchsetzung rein städtebaulich begründeter Belange nur über das BauGB möglich sind.[84]

47 Zu beachten ist aber die **Ausnahmeregelung für städtebauliche Entwicklungsbereiche** in **§ 169 Abs. 3 BauGB**. Danach ist in städtebaulichen Entwicklungsbereichen die Enteignung auch ohne Bebauungsplan zugunsten der Gemeinde oder des Entwicklungsträgers zur Erfüllung ihrer Aufgaben zulässig. Mit dieser Vorschrift wird ein weiterer Enteignungszweck im BauGB eingeführt, nämlich die Erfüllung städtebaulicher Entwicklungsaufgaben.

48 Im **Verhältnis zu anderen** gesetzlichen Enteignungszwecken **außerhalb des BauGB** stellt § 85 Abs. 2 BauGB klar, dass diese unberührt bleiben. Die Enteignungszwecke in § 85 Abs. 1 BauGB führen also nicht dazu, dass Enteignungszwecke in anderen Enteignungsgesetzen (des Bundes und der Länder) entfallen. Vielmehr bleiben diese unterschiedlichen Enteignungszwecke in den verschiedenen Enteignungsgesetzen neben denen in § 85 Abs. 1 BauGB bestehen. Sie können deshalb im konkreten Einzelfall **mit diesen in Konkurrenz treten**, indem die Enteignung eines Grundstücks sowohl für einen Enteignungszweck nach dem BauGB, als auch für einen anderen Enteignungszweck nach einem anderen Gesetz in Betracht kommen kann (s. dazu die ausdrückliche entsprechende Regelung in § 85 Abs. 2 Nr. 2 BauGB).

49 Treten derartige **Konkurrenzen von Enteignungszwecken** auf, **entscheidet die zuerst durchgeführte konkrete Enteignung**. Ist nämlich eine Enteignung auf der Grundlage z. B. des BauGB erst einmal vollzogen worden, schafft dies einen völlig neuen Sachverhalt in Bezug auf den Gegenstand der Enteignung. Dieser gehört nicht mehr seinem ursprünglichen Eigentümer, sondern als Folge der zuerst durchgeführten Enteignung nunmehr einem anderen, nämlich dem „im Allgemeinwohl Begünstigten der Ersterteignung". Der so veränderte neue Sachverhalt erfüllt – jedenfalls im Regelfall – nicht mehr die Voraussetzungen für eine neuerliche Enteignung für einen anderen Zweck auf der Grundlage eines anderen Enteignungsgesetzes.

50 Letztlich handelt es sich bei solchen Fällen um „Konkurrenzen des Allgemeinwohls mit sich selbst". Denn es stehen sich unterschiedliche Ausprägungen des Allgemeinwohls in der Form der nicht deckungsgleichen Enteignungszwecke gegenüber, wie diese in den diversen Enteignungsgesetzen des Bundes und der Länder normativ festgeschrieben sind. Diese verschiedenen Formen des Allgemeinwohls sind untereinander gleichwertig und deshalb gleichrangig; ein Über- und Unterordnungsverhältnis gibt es nicht. Das ist nur dort anders, wo es um die Konkurrenzlage geht, die zwischen dem Interesse eines Privateigentümers am Erhalt seiner über Art. 14 Abs. 1 S. 1 GG geschützten Eigentümerstellung und dem Allgemeinwohl i. S. d. Art. 14 Abs. 3 GG besteht, um deren Abwägung es innerhalb des Art. 14 GG geht.

51 Allerdings muss die zuerst durchgeführte Enteignung in sich korrekt sein und alle Voraussetzungen erfüllen, die das jeweilige Gesetz aufstellt. Im Falle einer zuerst durchgeführten Enteignung auf der Grundlage des BauGB muss diese alle Voraussetzungen erfüllen, die das BauGB für eine solche Enteignung aufstellt. Sollte diese Enteignung wegen fehlender Einzelvoraussetzungen fehlerhaft sein, scheidet ein nachträgliches Umschwenken auf Enteignungsgründe nach einem anderen Gesetz aus. Dies verstieße gegen die notwendige Bestimmtheit des enteignenden Verwaltungsakts (§ 37 VwVfG) und könnte auch nicht durch seine Umdeutung in einen anderen enteignenden Verwaltungsakt auf

---

[82] OLG München NJW 1990, 519 m. Hinweis auf Rechtskraft auf S. 2408. Siehe aber auch BGH NJW 1989, 216 (Waldorfschule) und BVerwG NJW 1987, 3146 (Bürgerhaus).

[83] BVerfGE 74, 264 = NJW 1987, 1251 (Boxberg-Urteil).

[84] BGHZ 71, 375 = NJW 1978, 2093 = LM § 85 BBauG Nr. 7 = WM 1978, 1160; BGH NJW 1989, 216 = NJW-RR 1989, 265; BVerwG Buchh 406.11 § 85 BBauG Nr. 1; BVerwG NJW 1987, 3146.

einer anderen gesetzlichen Grundlage ausgeräumt werden (§ 47 VwVfG). Deshalb ist es auch nicht möglich, die Begründung des enteignenden Verwaltungsakts nachträglich auf das andere Enteignungsgesetz umzustellen (§ 45 VwVfG). Neben den unterschiedlichen Einzelvoraussetzungen einer Enteignung nach jeweils anderen Gesetzen sind dabei nicht zuletzt auch unterschiedliche Behördenzuständigkeiten für Enteignungen sowie die jeweils unterschiedlichen Maßstäbe für die Ermessensausübung durch diese verschiedenen Enteignungsbehörden zu beachtende und nicht überwindliche verfahrensmäßige Hindernisse. Hinzu kommen **nicht deckungsgleiche Verfahrensgrundsätze**.

2. Festsetzungen des Bebauungsplans – § 85 Abs. 1 Nr. 1 BauGB

Nach § 85 Abs. 1 Nr. 1 BauGB ist eine Enteignung möglich, um ein Grundstück entsprechend den Festsetzungen des Bebauungsplans zu nutzen oder eine solche Nutzung vorzubereiten. Voraussetzung einer hierauf gestützten Enteignung ist das Vorhandensein eines wirksamen Bebauungsplans. Allerdings ist die Einleitung des Enteignungsverfahrens nach § 108 Abs. 2 BauGB auch vor dem Wirksamwerden des Bebauungsplans möglich. Im Zeitpunkt des Enteignungsbeschlusses muss aber der wirksame Bebauungsplan vorhanden sein. 52

Bei den im Normtext erwähnten Festsetzungen des Bebauungsplans handelt es sich um solche i. S. d. § 9 Abs. 1 bis 3 BauGB, aber auch um solche i. S. d. Abs. 4 dieser Vorschrift (Regelungen auf landesrechtlicher Grundlage). Allerdings müssen die rechtlichen Voraussetzungen für solche Festsetzungen i. S. d. § 9 Abs. 4 BauGB erfüllt sein (ermächtigende Rechtsvorschriften des jeweiligen Bundeslandes). Die Festsetzungen des Bebauungsplans müssen **hinreichend inhaltlich bestimmt** sein. Anderenfalls ist für einen betroffenen Eigentümer bzw. im Rechtsbehelfsverfahren für die überprüfende Widerspruchsbehörde und nach ihr im Rechtsstreit für das Gericht nicht erkennbar, welche Nutzung der Bebauungsplan vorgibt, die mit dem Mittel der Enteignung durchgesetzt oder vorbereitet werden soll.[85] 53

Der zulässige Zweck i. S. d. § 85 Abs. 1 Nr. 1 BauGB muss in eine **konkrete Beziehung zu dem zu enteignenden Grundstück** in der Weise gebracht werden, dass deutlich wird, **weshalb gerade dieses Grundstück zur Zweckverwirklichung enteignet werden soll bzw. muss** (s. auch § 113 Abs. 2 Nr. 3 BauGB).[86] Fehlt es daran, lässt sich die auch wegen des Rückenteignungsanspruchs nach § 102 BauGB unverzichtbare Beziehung zwischen konkreter Enteignung und zulässigem Enteignungszweck nicht herstellen mit der Folge, dass der enteignende Verwaltungsakt fehlerhaft ist. 54

3. Herbeiführung der ordnungsgemäßen Nutzung unbebauter oder geringfügig bebauter Grundstücke im Zusammenhang bebauter Ortsteile – § 85 Abs. 1 Nr. 2 BauGB

§ 85 Abs. 1 Nr. 2 BauGB lässt Enteignungen für den Zweck zu, unbebaute oder geringfügig bebaute Grundstücke **im Zusammenhang bebauter Ortsteile** entsprechend den baurechtlichen Vorschriften zu nutzen oder baulich nutzen zu lassen. Es geht um die **bauliche Nutzbarkeit nach § 34 BauGB**; die tatsächliche entsprechende Nutzung der Grundstücke soll herbeigeführt werden. Betroffen sind Grundstücke außerhalb des Geltungsbereichs von Bebauungsplänen und außerhalb des Außenbereichs i. S. d. § 35 BauGB. Der Normtext erwähnt beispielhaft („insbesondere") den Fall der Schließung von Baulücken.[87] 55

---

85 BGH NVwZ 1986, 506.
86 BGHZ 68, 101; BGHZ 105, 97.
87 Zum Begriff der Baulücke: OVG Lüneburg DÖV 1964, 392.

56 Auch hier muss der enteignende Verwaltungsakt konkret erkennen lassen, weshalb das Grundstück enteignet werden muss, damit eine den baurechtlichen Bestimmungen entsprechende bauliche Nutzung herbeigeführt wird. Im Übrigen s.o. Rn 53.

4. Beschaffung von Ersatzland – § 85 Abs. 1 Nr. 3 BauGB

57 § 85 Abs. 1 Nr. 3 BauGB lässt die Enteignung auch zu dem Zweck der Beschaffung von Ersatzland für die Entschädigung anderer enteigneter Eigentümer in Land zu. Hierzu stellt **§ 90 BauGB zusätzliche Zulässigkeitserfordernisse** auf. Grundvoraussetzung ist, dass ein anderer enteigneter Eigentümer für die ihm gegenüber durchgeführte Enteignung **nach § 100 BauGB mit geeignetem Ersatzland entschädigt werden** muss. Bereits dieses Erfordernis wird häufig in Frage gestellt werden können, weil der Enteignungsbehörde bei Entscheidungen über die Entschädigung in Land nach § 100 Abs. 4 BauGB ein Ermessensspielraum zusteht.

58 Der Enteignungszweck „Beschaffung von Ersatzland für die Entschädigung anderer" findet sich auch außerhalb des BauGB in anderen Enteignungsgesetzen (z. B. § 2 Nr. 3 EntG LSA). Er erscheint **verfassungsrechtlich nicht vertretbar**. Die Enteignung zur Beschaffung von Ersatzland für die Entschädigung anderer Enteigneter dient nicht dem Wohl der Allgemeinheit i. S.d. Art. 14 Abs. 3 GG, zumindest tut sie das nicht unmittelbar. Denn das zu enteignende Grundstück wird nicht für einen Zweck benötigt, der als konkrete gesetzliche Ausprägung des Allgemeinwohls angesehen werden könnte. Vielmehr soll diese Form der Enteignung ausschließlich dazu dienen, die **Enteignungsbehörde in den Stand zu versetzen**, ihre **Verpflichtung zur Entschädigung in Land** gegenüber einem anderen enteigneten Eigentümer **zu erfüllen**. Mit anderen Worten nimmt der Staat in dieser Situation dem einen Eigentümer etwas weg, um es einem anderen Eigentümer als Entschädigung geben zu können, dem er ebenfalls etwas weggenommen hatte. Mit diesem Ziel der „Umverteilung unter Privaten zur Erfüllung staatlicher Verpflichtungen gegenüber einem von ihnen" nähert sich der Enteignungszweck in § 85 Abs. 1 Nr. 3 BauGB in einer sehr bedenklichen Weise der sog. Fiskalenteignung. Enteignungen im Fiskalinteresse deckt Art. 14 GG aber nicht mehr ab (s.o. Rn 12).[88]

59 Hinzu kommt, dass es sich – mindestens im Ergebnis – um eine **Enteignung im Interesse Privater** handelt, für die eine Berechtigung im Allgemeinwohl und auch eine dauerhafte Bindung an dieses Allgemeinwohl fehlt. Denn soweit die öffentliche Hand derartige „Ersatzland-Grundstücke" überhaupt durch den Enteignungsakt erwirbt (möglich ist nämlich auch der unmittelbare Rechtserwerb durch den begünstigten privaten Dritten), handelt es sich um einen bloßen Durchgangserwerb (sog. transitorischer Erwerb) durch die öffentliche Hand mit dem Ziel der Weitergabe an Private. Auch das deckt Art. 14 GG nicht mehr ab (s.o. Rn 13 bis 16).

5. Ersatz entzogener Rechte durch neue Rechte – § 85 Abs. 1 Nr. 4 BauGB

60 § 85 Abs. 1 Nr. 4 BauGB lässt als Enteignungszweck auch die Begründung neuer Rechte anstelle zuvor durch Enteignung entzogener (alter) Rechte zu. Gemeint ist die Fallkonstellation, dass als Enteignung Drittrechte an einem Grundstück begründet werden, um auf diese Weise den (neuen) Drittberechtigten für einen zuvor durch Enteignung erlittenen Rechtsverlust zu entschädigen.

61 Hierzu sieht § 91 BauGB besondere Zulässigkeitsvoraussetzungen vor. Der Enteignungszweck „Begründung neuer Rechte für die Entschädigung anderer" findet sich auch außerhalb des BauGB in anderen Enteignungsgesetzen (z. B. § 2 Nr. 4 EntG LSA). Auch bei diesem Enteignungszweck bestehen die Bedenken, auf welche Enteignungen zur Beschaffung von Ersatzland treffen. Dies gilt umso mehr, als die durch Enteignung begründeten Drittrechte unmittelbar bei dem begünstigten und auf

---

[88] Der hinter dieser Regelung stehende „Grundsatz" lässt sich wie folgt auf den Punkt bringen: „Lieber Eigentümer, Du brauchst Dein Grundstück nicht so dringend wie der andere! Deshalb nehme ich es Dir weg, um es dem anderen geben zu können!"

diese Weise für eine seinerseits erlittene Enteignung zu entschädigenden privaten Dritten entstehen; ein Durchgangserwerb des neu begründeten Rechts durch die öffentliche Hand (transitorischer Erwerb) findet nicht statt (s.o. Rn 57, 58).

6. Durchsetzung städtebaulicher Baugebote – § 85 Abs. 1 Nr. 5 BauGB

§ 85 Abs. 1 Nr. 5 BauGB lässt als Enteignungszweck auch die Herbeiführung der baulichen Nutzung von Grundstücken zu, wenn ein Eigentümer eine entsprechende Verpflichtung zur Bebauung nach § 176 Abs. 1 und 2 BauGB nicht erfüllt. Dabei geht es um die durch schriftlichen Bescheid der Gemeinde begründete Verpflichtung eines Eigentümers zur Bebauung oder zur Anpassung einer vorhandenen Bebauung entsprechend einem vorhandenen Bebauungsplan oder ohne Bebauungsplan innerhalb des Zusammenhangs bebauter Ortsteile (§ 34 BauGB).

62

7. Durchsetzung der Erhaltung einer baulichen Anlage – § 85 Abs. 1 Nr. 5 BauGB

§ 85 Abs. 1 Nr. 6 BauGB lässt die Enteignung schließlich auch dafür zu, im Geltungsbereich einer Erhaltungssatzung (§ 172 Abs. 1 BauGB) die Erhaltung einer baulichen Anlage durchzusetzen. Das öffentliche Interesse bzw. Allgemeinwohl liegt in der Erhaltung eines bestimmten Bauwerks aus den in § 172 Abs. 1 Nrn. 1 bis 3 und Abs. 3 bis 5 BauGB genannten Gründen (Erhaltung der städtebaulichen Eigenart eines Gebiets, der Zusammensetzung der Wohnbevölkerung sowie städtebauliche Umstrukturierungen).

63

8. Sonderfall Rückenteignung nach § 102 BauGB

Mit § 102 BauGB lässt das Gesetz als Sonderfall eine weitere Form der Enteignung zu, und zwar die Rückenteignung. Entsprechende Regelungen sehen auch andere Enteignungsgesetze vor (z. B. § 40 EntG LSA). Nach § 102 Abs. 1 BauGB kann der enteignete frühere Eigentümer unter bestimmten Voraussetzungen verlangen, dass sein (früheres) enteignetes Grundstück zu seinen Gunsten wieder enteignet wird. Hierfür führt die Vorschrift in einem Klammerzusatz den technischen Begriff Rückenteignung ein. Voraussetzung ist, dass der durch die Erstenteignung Begünstigte oder sein Rechtsnachfolger das Grundstück nicht innerhalb der festgesetzten Fristen zu dem Enteignungszweck (i. S.d. § 85 Abs. 1 BauGB) verwendet oder den Enteignungszweck vor Ablauf der Frist aufgegeben hat (§ 102 Abs. 1 Nr. 1 BauGB). Es handelt sich hierbei um die Konstellation der sog. zweckverfehlten Enteignung, die rückabgewickelt werden soll. Daneben findet die Rückenteignung aber auch dann statt, wenn die Gemeinde ihrer Pflicht nach § 89 BauGB zur Veräußerung eines zu ihren Gunsten enteigneten Grundstücks nicht nachgekommen ist.

64

Die Regelung entspricht dem aus Art. 14 GG unmittelbar folgenden Anspruch auf Rückübereignung bei zweckverfehlten Enteignungen. Dieser verfassungsmäßige Anspruch konnte vom Gesetzgeber mit § 102 BauGB (bzw. früher BBauG) abschließend einfachgesetzlich geregelt werden.[89] Allerdings gebietet Art. 14 GG keine Rückenteignung, wenn ein Grundstück nach einer vorkonstitutionellen Enteignung in schwerwiegender Weise nachhaltig verändert worden ist (s. dazu § 102 Abs. 4 BauGB).[90] Das BauGB hat die Rückenteignung in den Zweiten Abschnitt seines Fünften Teils über die Enteignungsentschädigung eingeordnet (§§ 93 bis 103 BauGB). Gleichwohl handelt es sich bei der Rückenteignung aus der Sicht des von ihr betroffenen Begünstigten der Erstenteignung ebenfalls um eine Enteignung. Ihr Zweck liegt in der Art. 14 GG entsprechenden Rückabwicklung einer rechtmäßigen Erstenteignung, weil der durch sie begünstigte neue Grundeigentümer sich nicht so verhält,

65

---

[89] BVerfGE 38, 175 = NJW 1975, 37; BGH NJW 1995, 1278 = LM H. 7/1995 Art. 14 (A) GG Nr. 61; BVerwG NJW 1990, 2400; VGH München NVwZ-RR 1989, 449.
[90] BVerfG NJW 1998, 3188 = NVwZ 1998, 724.

wie er sich nach dem BauGB verhalten sollte. Es erscheint deshalb systematisch zumindest vertretbar, den Fall der Rückenteignung ebenfalls im Gesamtzusammenhang der vom BauGB zugelassenen Enteignungszwecke abzuhandeln.

66 Der Anwendungsbereich ist auf die Enteignung von Grundstücken beschränkt. Besondere Bedeutung hatte die Vorschrift in den neuen Ländern erlangt, wobei es um **zweckverfehlte DDR-Enteignungen** sowie um die Abgrenzung zu den vorrangigen Regelungen des VermG in Bezug auf Restitutionsansprüche von vor dem Beitritt am 3.10.1990 im Beitrittsgebiet entschädigungslos enteigneten sog. Alteigentümern ging. Nach der Rechtsprechung findet die Vorschrift des § 102 BauGB auf Enteignungen, die vor dem Beitritt der ehemaligen DDR im Beitrittsgebiet z. B. auf der Grundlage des Aufbaugesetzes DDR oder des Baulandgesetzes DDR durchgeführt worden waren, keine Anwendung, wenn der jeweils verfolgte Enteignungszweck bereits vor dem Beitritt der ehemaligen DDR zur Bundesrepublik Deutschland am 3.10.1990 nicht erreicht wurde, weil Art. 14 GG in der ehemaligen DDR nicht galt.[91] Das gilt auch dann, wenn der jeweilige Enteignungszweck erst nach dem Beitritt endgültig in Fortfall gekommen ist.[92]

II. Gegenstand der Enteignung

67 Mit § 86 Abs. 1 Nrn. 1 bis 4 BauGB hält das Gesetz einen abschließenden Katalog von Maßnahmen vor, die als Enteignung zulässig sind. Es handelt sich um **Maßnahmen in Bezug auf Grundstücke**, so dass die Enteignung beweglicher Sachen auf der Grundlage des BauGB grundsätzlich nicht möglich ist. Siehe insoweit allerdings auch die Regelungen für Grundstückszubehör und Scheinbestandteile von Grundstücken in § 86 Abs. 2 und § 92 Abs. 4 BauGB.

68 Im Einzelnen handelt es sich um folgende Maßnahmen:

a) Entzug oder Belastung des Eigentums an Grundstücken (§ 86 Abs. 1 Nr. 1 BauGB).
Es geht um den völligen oder teilweisen Entzug des Grundstückseigentums oder um seine Belastung mit Drittrechten. Erfasst werden alle Formen des Eigentums, also auch Miteigentum, Gesamthandseigentum, Gebäudeeigentum in den neuen Ländern und auch Wohnungseigentum nach dem WEG. Ebenfalls möglich ist die Enteignung oder Belastung von Erbbaurechten als grundstücksgleichen Rechten (s. § 200 Abs. 2 BauGB).

b) Entzug anderer Rechte an Grundstücken oder ihre Belastung (§ 86 Abs. 1 Nr. 2 BauGB).
Es geht um die grundbuchfähigen und in Abt. II sowie III des Grundbuchs einzutragenden Drittrechte an einem Grundstück nach dem Sachenrechtskatalog des BGB. Mithin kann die Enteignung auch im Entzug von Nießbrauch, Dienstbarkeiten (Grunddienstbarkeit und einfache Dienstbarkeit), dinglichen Vorkaufsrechten und Reallasten sowie ebenfalls im Entzug von Grundpfandrechten bestehen. Die Belastung solcher Rechte mit Drittrechten ist allerdings nicht möglich, wohl aber ihre inhaltliche Einschränkung sowie auch die Rangänderung im Wege der Enteignung.

c) Entzug schuldrechtlich wirkender Ansprüche in Bezug auf Grundstücke (§ 86 Abs. 1 Nr. 3 BauGB).
Es geht um den Entzug von Ansprüchen, die zum Erwerb, Besitz oder zur Nutzung von Grundstücken berechtigen oder die den Verpflichteten in der Grundstücksnutzung beschränken. Mit Blick auf die Regelungen in der Nr. 2 sind dabei **schuldrechtliche Ansprüche in Bezug auf das Grundstück** gemeint. Dabei kann die entsprechende Verpflichtung des Grundstückseigentümers **durch**

---

91 BVerfG NJW 1998, 1697 (= Bestätigung von BVerwGE 96, 172); BVerfG VIZ 1998, 372; BGH NJW 1995, 1280 = VIZ 1995, 285 = DtZ 1995, 244; BVerwGE 96, 172 = NJW 1994, 2712 = VIZ 1994, 537; LG Dresden VIZ 1994, 191. Gegenmeinung: KG VIZ 1993, 501; *Drobnik*, DtZ 1994, 228; *Motsch*, VIZ 1994, 11.
92 BVerfG NJW 1998, 1697; BVerfG NJW 1998, 3188 = VIZ 1998, 372; BGH NJW 1998, 222 = VIZ 1998, 53; BVerwGE 96, 172 = NJW 1994, 2712 = VIZ 1994, 537.

Vertrag oder durch Gesetz begründet sein (sog. gesetzliche Schuldverhältnisse). Klassische Beispiele sind Ansprüche aus Grundstückskaufverträgen, Miet- und Pachtverträgen über Grundstücke,[93] aus schuldrechtlich vereinbarten und wirkenden Vorkaufsrechten, Wiederkaufsrechte. Als weiteres Beispiel kann die sog. Überleitungsgesetzgebung in den neuen Ländern zur Regelung der Rechtsbeziehungen zwischen Grundstücksnutzer und Grundstückseigentümer angeführt werden (z. B. SachenRBerG, ErholNutzG, MeAnlG). Die Vorschrift erwähnt ausdrücklich auch die Restitutionsansprüche von Alteigentümern nach dem VermG. Hierbei handelt es sich um eine bereits in der durch das BauROG aufgehobenen früheren Überleitungsvorschrift für die neuen Länder § 246 a Abs. 1 Nr. 10 BauGB enthalten gewesene Regelung, die nunmehr in § 86 BauGB integriert wurde.[94]

d) Begründung schuldrechtlich wirkender Ansprüche in Bezug auf Grundstücke (§ 86 Abs. 1 Nr. 4 BauGB).
Es geht um die Belastung eines Grundstücks im Wege der Enteignung durch die Begründung schuldrechtlicher Ansprüche der in der Nr. 3 bezeichneten Art. Dies ist nur im Rahmen der Regelungen in § 97 Abs. 2 und § 100 Abs. 6 BauGB zulässig. Anwendungsfall ist die Begründung von sog. Ersatzrechten für zuvor aufgehobene Altrechte.

Die entsprechenden Regelungen in anderen Enteignungsgesetzen sind im Wesentlichen gleich (s. z. B. § 3 EntG LSA), wobei aber keine Einheitlichkeit herrscht (s.o. Rn 7). **69**

In diesen Zusammenhang gehört auch die nach § 116 BauGB zulässige **vorzeitige Besitzeinweisung** bei noch laufenden Enteignungsverfahren. Sie ist möglich, wenn die sofortige Ausführung der beabsichtigten (Enteignungs)Maßnahme aus Gründen des Wohls der Allgemeinheit dringend geboten ist. Die vorzeitige Besitzeinweisung ist auch in anderen Enteignungsgesetzen vorgesehen (s. z. B. § 31 EntG LSA). **70**

III. Weitere Zulässigkeitsvoraussetzungen der Enteignung

Die weiteren Zulässigkeitsvoraussetzungen der Enteignung regelt **§ 87 BauGB**. Zu beachten ist allerdings, dass diese Vorschrift **nach § 169 Abs. 3 S. 3 BauGB nicht für Enteignungen** gelten soll, die **in städtebaulichen Entwicklungsbereichen** durchgeführt werden (s.o. Rn 47). Diese Erleichterung der Enteignung von Grundstücken in städtebaulichen Entwicklungsbereichen im Vergleich zu der ansonsten nach dem BauGB zulässigen Enteignung wird von der Rechtsprechung deshalb für zulässig erachtet, weil die notwendigen Prüfungen durch die Regelungen in §§ 165, 169 BauGB in den Bereich der Festlegung des Entwicklungsbereichs vorverlegt wurden.[95] Dies erscheint **verfassungsrechtlich bedenklich**, denn hier werden Prüfungen unterstellt, die für Enteignungen im Einzelfall konkret notwendig sind, in dieser Form aber gar nicht stattgefunden haben. Die Festlegung eines städtebaulichen Entwicklungsbereichs durch die Gemeinde legt nur Entwicklungsziele und das Gebiet fest, für das diese Ziele gelten sollen. Die entsprechenden Prüfungen der Gemeinde beinhalten aber **noch keine konkrete Einzelfallprüfung in Bezug auf mögliche Enteignungen** in diesem Entwicklungsbereich. Denn auch bei städtebaulichen Entwicklungsmaßnahmen sind Enteignungen lediglich möglich, aber nicht angeordnet mit der Folge, dass die jeweilige Behörde Einzelfallentscheidungen zur Enteignung treffen und dabei Ermessen ausüben muss. Im Übrigen fehlt es auch an der notwendigen Anhörung des von der späteren Enteignung Betroffenen zu dieser Enteignung. Jedenfalls ist kein Grund ersichtlich, für diese Enteignungen einen Dispens von den Anforderungen für Enteignungen zu erteilen, die § 87 BauGB entsprechend den Anforderungen in Art. 14 GG aufstellt. **71**

---

93 BGH NJW 1972, 528; BGHZ 83, 1.
94 BR-Drs. 635/96, S. 63 = BT-Drs. 13/6392, S. 63 (Regierungsentwurf zum BauROG und der darin enthaltenen Neufassung des BauGB).
95 BGH NVwZ 1987, 923 = LM StBauFG Nr. 8 = DVBl. 1987, 474; BGH NJW 1998, 3064; OVG Koblenz, Urteil vom 30.3.1995 – 1 C 11056/94 – zitiert nach Juris.

72 § 87 Abs. 1 enthält als **Generalklausel** die Einschränkung, dass eine Enteignung nur erfolgen darf, wenn das Wohl der Allgemeinheit sie erfordert und der Enteignungszweck **auf andere zumutbare Weise nicht erreicht** werden kann. Die Enteignung darf also nur als ultima ratio durchgeführt werden, mithin muss sie unabweislich notwendig sein (s.o. Rn 17). Entsprechende Generalklauseln finden sich auch in den anderen Enteignungsgesetzen (s. z. B. § 4 Abs. 1 EntG LSA).

73 Nach **§ 87 Abs. 2 BauGB** muss der (öffentliche oder private) Antragsteller für eine Enteignung sich ernsthaft um den **freihändigen Erwerb** des zu enteignenden Grundstücks **bemüht** haben und außerdem glaubhaft machen, dass er das Grundstück innerhalb einer angemessenen Frist zu dem vorgesehenen Enteignungszweck verwenden wird (s.o. Rn 18). Entsprechende Regelungen finden sich auch in anderen Enteignungsgesetzen (vgl. z. B. § 4 Abs. 2 Nr. 1 EntG LSA). Auch diese Vorschrift ist nach § 169 Abs. 3 S. 3 BauGB bei Enteignungen in städtebaulichen Entwicklungsbereichen nicht anzuwenden, was auf die bereits dargestellten Bedenken trifft (s.o. Rn 71).

74 Die Vorschrift des **§ 92 Abs. 1 BauGB** enthält den bei Enteignungen beachtlichen **Grundsatz der Verhältnismäßigkeit** (s.o. Rn 19). Danach darf ein Grundstück nur in dem Umfang enteignet werden, wie das zur Verwirklichung des Enteignungszwecks erforderlich ist. Soweit die Belastung des Grundstücks mit einem Drittrecht ausreicht, muss die Enteignung hierauf beschränkt werden. Entsprechende Regelungen finden sich z. B. in § 5 Abs. 1 EntG LSA.

IV. Einschränkung der Enteignung zugunsten Privater

75 Grundsätzlich können Enteignungen auch zugunsten Privater erfolgen (s.o. Rn 11, 13 bis 16). Dieser **Grundsatz** wird **innerhalb des BauGB eingeschränkt**. Nach § 87 Abs. 3 S. 1 BauGB können Enteignungen zu den in § 85 Abs. 1 Nrn. 1 und 2 BauGB festgelegten Zwecken nur zugunsten der Gemeinde oder eines öffentlichen Bedarfs- oder Erschließungsträgers erfolgen. Allerdings kann nach § 87 Abs. 3 S. 3 BauGB in förmlich festgelegten Sanierungsgebieten auch zugunsten eines Sanierungsträgers enteignet werden, wenn die Enteignung zugunsten der Gemeinde zulässig wäre. Enteignungen zu den in § 85 Abs. 1 Nr. 5 BauGB festgelegten Zwecken können dagegen auch zugunsten Privater vorgenommen werden, wenn diese in der Lage sind, die notwendigen Baumaßnahmen durchzuführen und sich hierzu innerhalb einer angemessenen Frist verpflichten. Nicht betroffen sind allerdings die Fälle der Rückenteignung nach § 102 BauGB, bei denen es sich im Grundsatz ebenfalls um Enteignungen zugunsten Privater handelt (s.o. Rn 64 bis 66).

76 Auch diese Regelung gilt nicht für Enteignungen in städtebaulichen Entwicklungsbereichen (§ 169 Abs. 3 S. 3 BauGB – s.o. Rn 67).

V. Ermessensausübung der Enteignungsbehörde

77 Auch nach den Enteignungsregeln des BauGB können Enteignungen erfolgen, müssen aber nicht in jedem Fall von der Enteignungsbehörde durchgeführt werden. Mithin steht der Enteignungsbehörde Entscheidungsermessen zu, das sie im konkreten Einzelfall auch **ausüben und begründen** muss (s.o. Rn 20).

C. Enteignungsentschädigung

I. Allgemeines

78 Mit den §§ 93 bis 103 BauGB enthält das Gesetz die in Art. 14 Abs. 3 GG geforderte gleichzeitige Regelung der Entschädigung für Enteignungen in Enteignungsgesetzen (s.o. Rn 39 ff.). Wegen der unterschiedlichen Arten von Enteignungen differenzieren die Entschädigungsregelungen. In sie sind mit den §§ 102 und 103 BauGB auch Vorschriften zur Rückenteignung bei sog. zweckverfehlten

II. Entschädigungsgrundsätze

1. Entschädigung

Nach § 93 Abs. 1 BauGB ist für die Enteignung Entschädigung zu leisten. Abs. 2 der Vorschrift differenziert dies in den Nrn. 1 und 2 dahin weiter, dass die Entschädigung für den durch die Enteignung eintretenden **Rechtsverlust** (Nr. 1) und ebenfalls für **andere durch die Enteignung eintretende Vermögensnachteile** gewährt wird (Nr. 2). Hierbei kommt es wie bei der zum Rechtsverlust führenden Enteignung auf konkrete subjektive Rechtspositionen an, die einem Rechtsträger bereits zustehen, nicht dagegen auf die Vereitelung oder Beeinträchtigung von Chancen oder Erwartungen oder von bloßen wirtschaftlichen Interessen.[96] Bei zum Jahresende kündbaren Mietverträgen kommt eine Entschädigung für die rechtlich nicht gesicherte Erwartung, der Vermieter werde in der Zukunft nicht kündigen, so dass sich das Mietverhältnis stetig weiter fortsetzt, nicht in Betracht.[97] Andererseits kann auch der Ersatz des merkantilen Minderwerts eines Grundstücks als zu ersetzender Folgeschaden Teil der Entschädigung sein.[98]

79

§ 93 Abs. 3 S. 2 BauGB ordnet die entsprechende Anwendung der Vorschrift des § 254 BGB bei der Entscheidung über die Entschädigung für andere Vermögensnachteile an (Mitverschulden des Geschädigten beim Eintritt seines Schadens). Damit statuiert das Gesetz für den Enteignungsbetroffenen die Schadensminderungspflicht; er soll die für ihn eintretenden Nachteile abwenden oder wenigstens mindern.[99] So kann z. B. eine bevorstehende Enteignung von Betriebsgrundstücken die Verschiebung geplanter betrieblicher Erneuerungsmaßnahmen gebieten.[100]

80

Hinsichtlich der durch eine Enteignung bewirkten **anderen Vermögensnachteile** sieht § 96 Abs. 1 S. 2 BauGB eine weitere Kürzungsvorschrift vor, indem die Entschädigung unter gerechter Abwägung der Interessen der Allgemeinheit und der Betroffenen festzusetzen ist. Dies bedeutet, dass **nicht in jedem Fall ein vollständiger Ersatz solcher Vermögensnachteile** erfolgen muss. Möglich sind auch geringere Entschädigungen, wenn die „gerechte Interessenabwägung" zu diesem Ergebnis führt. In einer beispielhaften Aufzählung („insbesondere") zählt § 96 Abs. 1 S. 2 Nrn. 1 bis 3 BauGB drei typische Fallgestaltungen für andere Vermögensnachteile auf. Dies sind Verluste bei der Berufstätigkeit, Erwerbstätigkeit oder Aufgabenerfüllung (Nr. 1), Wertminderungen bei zusammenhängendem Grundbesitz (Nr. 2)[101] und Umzugskosten (Nr. 3).

81

---

96 BGHZ 55, 82 = NJW 1971, 806; BGH WM 1972, 890; BGH NJW 1982, 2181; BGH NJW 1982, 2183; BGH NJW 1987, 1257 (Zur Frage, ob ein von einer Enteignung einzelner Grundstücke betroffener Gesteinsabbruchbetrieb eine Entschädigung auch dafür erhält, dass durch die Enteignung eine fortlaufende Ausdehnung des Betriebs auf andere erst in 30 Jahren auszubeutende Flächen verhindert wird).

97 BGH NJW 1967, 1085; BGH NJW 1972, 528; BGHZ 50, 284 = NJW 1968, 1925; BGH NJW 1982, 2181; BGH NJW 1982, 2183.

98 BGH NJW 1981, 1663 (Merkantiler Minderwert ist die Minderung des Verkaufswert einer beschädigten Sache, die im Verkehr trotz ordnungsgemäßer Instandsetzung wegen des Verdachts verborgen gebliebener Schäden eintritt. Dieser merkantile Minderwert stellt einen ersatzfähigen Schaden dar, dessen Erstattung der Eigentümer sogleich verlangen kann, auch wenn er den reparierten Gegenstand weiter benutzt und nicht weiterveräußert (BGHZ 35, 396 = NJW 1961, 2253 für Pkw); BGH NJW 1980, 281 für LKw). Außerdem ist anerkannt, dass ein merkantiler Minderwert auch an einem Gebäude eintreten kann (BGHZ 9, 98 = NJW 1953, 659). Dieser liegt auch vor, wenn der Eigentümer das Haus nicht veräußern will (BGH BB 1961, 1216; BGH VersR 1969, 473. Diese im Schadensersatzrecht für den merkantilen Minderwert entwickelten Grundsätze gelten auch im Recht der Entschädigung für enteignungsgleiche oder enteignende Eingriffe.).

99 BGHZ 56, 57; BGH WM 1973, 46; BGH WM 1976, 568.

100 BGH NJW 1983, 1663.

101 S. dazu BGH NJW 1997, 2119.

82 Nach § 93 Abs. 3 S. 1 BauGB ist ein **Vorteilsausgleich** durchzuführen. Vorteile, die dem Entschädigungsberechtigten infolge der Enteignung entstehen, sind bei der Festsetzung der Entschädigung zu berücksichtigen (s.u. Rn 175 ff.).[102] Hinsichtlich der Entstehung des auszugleichenden Vorteils ist nicht erforderlich, dass die zu entschädigende Enteignung unmittelbar auch zu dem Vorteil geführt hat. Vielmehr können Nachteil und Vorteil auch mehreren Ereignissen entspringen, es sei denn, dass der Sachzusammenhang zwischen ihnen so lose ist, dass er keine Berücksichtigung mehr verdient.[103]

83 Entsprechende Regelungen finden sich auch in anderen Enteignungsgesetzen (s. z. B. §§ 7, 10 EntG LSA).

2. Formen der Entschädigung

a) Entschädigung in Geld

84 Die notwendige Entschädigung kann in Land, in Geld oder auch durch die Neubegründung von Rechten an Grundstücken gewährt werden. Hierfür gelten unterschiedliche Voraussetzungen.

85 Nach § 99 Abs. 1 S. 1 BauGB ist die Entschädigung in einem einmaligen (Geld)Betrag zu leisten, soweit das Gesetz nichts anderes bestimmt. Mithin stellt die **Geldentschädigung den Regelfall der Entschädigung** dar, und zwar **für alle Formen der Enteignung**. Dieser Grundsatz der Geldentschädigung hält sich innerhalb des durch Art. 14 Abs. 3 aufgestellten Rahmens für die Enteignungsentschädigung.[104] Entschädigungen in Land oder durch die Begründung von Rechten finden nur unter besonderen Voraussetzungen statt (vgl. §§ 100, 101 BauGB). Nur ausnahmsweise kann aus dem Zusammenwirken der Bestandsgarantie in Art. 14 Abs. 1 S. 1 GG mit dem Übermaßverbot statt der Geldentschädigung eine Entschädigung in Land auch außerhalb der Anwendungsfälle des § 100 BauGB geboten sein, z. B. bei Angewiesenheit des Betroffenen auf Ersatzland zur Sicherung seiner Erwerbsfähigkeit.[105]

86 Die Geldentschädigung kann auf Antrag des Eigentümers auch als wiederkehrende Leistung festgesetzt werden, das allerdings nur bei Zumutbarkeit auf der Seite der übrigen Beteiligten (§ 99 Abs. 1 S. 2 BauGB). Im Falle der Belastung eines Grundstücks mit einem Erbbaurecht ist die Entschädigung in einem Erbbauzins zu leisten (§ 99 Abs. 2 BauGB).

87 Entschädigungsbeträge sind ab dem Zeitpunkt der Entscheidung über den Enteignungsantrag durch die Enteignungsbehörde bzw. im Falle der vorzeitigen Besitzeinweisung nach § 116 BauGB ab dieser mit 2 v.H. oberhalb des Diskontsatzes der Deutschen Bundesbank **zu verzinsen** (§ 99 Abs. 3 BauGB). Seit dem 1.1.1999 kommt es wegen der Zuständigkeit der Europäischen Zentralbank (EZB) für die Festsetzung von Diskontzinssätzen innerhalb der EG auf den entsprechenden Zinssatz der EZB an.[106] Diese Verzinsungspflicht betrifft allerdings nur festgesetzte einmalige Kapitalbeträge. Bei Entschädigungen in der Form von Renten oder Erbbauzinsen fehlt es an der Fälligkeit des Gesamtbetrages als Voraussetzung für eine Verzinsung.

88 Entsprechende Regelungen zur grundsätzlichen Entschädigung in Geld finden sich auch in anderen Enteignungsgesetzen (z. B. § 14 EntG LSA).

---

102 Z. B. BGH NJW 1998, 2215 (Vorteilsausgleich wegen Planungsgewinns).
103 BGHZ 62, 305 = NJW 1974, 1465 = LM § 93 BBauG Nr. 5; BGH WM 1975, 697; BGH NJW 1977, 955 = LM Art. 14 (Eb) GG Nr. 27; BGH WM 1977, 509 = LM Art. 14 (Ea) GG Nr. 84; BGH NJW 1998, 2215.
104 BGH NJW 1967, 2011; BGH BRS 24, 170; BGHZ 41, 354.
105 BGH LM Art. 14 (Eb) GG Nr. 28, 29; BVerwG VerwRspr 19, 811.
106 Gesetz zur Einführung des Euro (Euro-Einführungsgesetz – EuroEG) vom 9.6.1998 (BGBl. I, 1242).

b) Entschädigung in Land

Nach § 100 Abs. 1 BauGB ist die Entschädigung auf Antrag des Eigentümers in geeignetem Ersatzland festzusetzen. Es handelt sich um eine besondere Form der Enteignungsentschädigung.[107] Sie findet nur dort statt, wo dem Eigentümer durch die Enteignung Grundeigentum oder ein diesem gleichstehendes Erbbaurecht entzogen worden ist. Im letzteren Fall kann nur die Begründung eines Erbbaurechts an einem geeigneten anderen Ersatzgrundstück in Betracht kommen. Denn bei Zuweisung des Volleigentums an diesem Ersatzgrundstück erhielte der frühere Erbbauberechtigte mehr als er zuvor hatte. Andere Enteignungsgesetze sehen entsprechende Regelungen ebenfalls vor (s. z. B. § 15 EntG LSA).

Die Entschädigung in Land muss nach § 100 Abs. 1 BauGB auf Antrag des Eigentümers erfolgen, wenn der Betroffene zur Sicherung seiner Berufstätigkeit, seiner Erwerbstätigkeit oder zur wesensmäßigen Aufgabenerfüllung auf Ersatzland angewiesen ist. Diesem Bedarf des Betroffenen an Ersatzland ist nach § 100 Abs. 3 BauGB der Fall gleichgestellt, dass ein zu enteignendes Grundstück mit einem Eigenheim oder einer Kleinsiedlung bebaut ist. Der Bedarf auf der Seite des Betroffenen reicht für sich allein aber nicht aus. Hinzu muss außerdem die Verfügbarkeit von Ersatzland kommen, indem der Enteignungsbegünstigte über von ihm nicht aus solchen Gründen benötigtes Ersatzland verfügt oder nach pflichtgemäßem Ermessen der Enteignungsbehörde freihändig zu angemessenen Bedingungen beschaffen kann (§ 100 Abs. 1 Nrn. 1 und 2 BauGB), oder indem solches Ersatzland durch Enteignung nach § 90 BauGB beschafft werden kann (§ 100 Abs. 1 Nr. 3 BauGB).

Allerdings können statt des Eigentums an Ersatzland nach § 100 Abs. 8 BauGB auch Miteigentum, grundstücksgleiche Rechte oder Rechte nach dem WEG als Entschädigung angeboten werden, wenn dies zur Berufs- oder Erwerbstätigkeit oder zur Erfüllung wesensmäßiger Aufgaben des Enteignungsbetroffenen ausreicht. Lehnt der betroffene Grundstückseigentümer eine solche angebotene Entschädigungsform ab, ist er nach § 100 Abs. 8 in Geld abzufinden.

Nach **§ 100 Abs. 4 BauGB** kann die Entschädigung auf Antrag des Enteigneten oder Enteignungsbegünstigten ganz oder teilweise in Ersatzland festgesetzt werden, wenn der Enteignungsbegünstigte über geeignetes Ersatzland verfügt oder dieses freihändig beschaffen kann. Es handelt sich im Gegensatz zu der Regelung in Abs. 1 um eine **Ermessensentscheidung** der Enteignungsbehörde, wobei diese die Belange der Allgemeinheit und der Beteiligten abzuwägen hat.

c) Entschädigung durch Gewährung anderer Rechte

Auf seinen Antrag kann der Eigentümer eines zu enteignenden Grundstücks nach § 101 Abs. 1 BauGB auch anders entschädigt werden. Die Vorschrift zählt in den Nrn. 1 bis 3 folgende Varianten auf:
a) Bestellung von Rechten an dem zu enteignenden Grundstück (Miteigentum, grundstücksgleiche Rechte, Rechte nach dem WEG, sonstige dingliche Rechte – Nr. 1);
b) Bestellung von Rechten an einem anderen Grundstück des Enteignungsbegünstigten (Miteigentum, grundstücksgleiche Rechte, Rechte nach dem WEG, sonstige dingliche Rechte – Nr. 1);
c) Übertragung des Eigentums an einem bebauten Grundstück des Enteignungsbegünstigten (Nr. 2);
d) Übertragung des Eigentums an einem Grundstück des Enteignungsbegünstigten, das mit einem Eigenheim oder einer Kleinsiedlung bebaut werden soll (Nr. 3).

Die Entschädigung auf diese Weise steht im Ermessen der Enteignungsbehörde und erfordert eine Abwägung der Belange der Beteiligten. Wertunterschiede sind auszugleichen (§ 101 Abs. 2 BauGB). Entsprechende Regelungen fehlen in einigen anderen Enteignungsgesetzen (s. z. B. EntG LSA).

---

107 BGH NJW 1979, 923 = LM Preuß. EnteignungsG Nr. 29/30 = WM 1979, 83; BGH NJW 1992, 1830.

d) Entschädigung von Nebenberechtigten

95 Drittrechte an einem zu enteignenden Grundstück sowie persönliche Rechte (schuldrechtliche Ansprüche), die zum Besitz oder zur Nutzung des Grundstücks berechtigen oder den Grundstückseigentümer in seiner Grundstücksnutzung beschränken, können im Falle der Enteignung des Grundstücks aufrechterhalten werden (§ 97 Abs. 1 BauGB). Geschieht dies, besteht kein Anlass für eine Entschädigung der jeweils Drittberechtigten. Werden sie allerdings entzogen (s.o. Rn 68), besteht Anlass zur Entschädigung der jeweils Drittberechtigten.

96 Mit Zustimmung des betroffenen Drittberechtigten kommt nach § 97 Abs. 2 BauGB als Entschädigung die Begründung gleicher Rechte bzw. gleichartiger (schuldrechtlicher) Rechtsverhältnisse an einem anderen Grundstück bzw. in Bezug auf ein anderes Grundstück des Enteignungsbegünstigten in Betracht. Die entsprechende Entscheidung ist von der Enteignungsbehörde als Ermessensentscheidung zu treffen. Das gilt allerdings nicht für dingliche oder persönliche Rechte von öffentlichen Verkehrsunternehmen oder von Versorgungsunternehmen (Gas, Wasser, Elektrizität); werden entsprechende Rechte solcher Drittberechtigter nicht aufrechterhalten, müssen ihnen auf Antrag gleichartige Rechte neu begründet werden (§ 97 Abs. 2 S. 3 BauGB).

97 Werden Drittrechte an dem Grundstück nicht aufrechterhalten und auch nicht durch neue Rechte ersetzt, sind nach § 97 Abs. 3 BauGB bestimmte (also nicht alle) Drittberechtigte bei der Enteignung des Grundstücks gesondert zu entschädigen. Es handelt sich um folgende Drittberechtigte:
a) Erbbauberechtigte, Altenteilsberechtigte sowie Inhaber von Dienstbarkeiten und Erwerbsrechten an dem Grundstück (§ 97 Abs. 3 Nr. 1 BauGB);
b) Inhaber von persönlichen Rechten, die zum Besitz oder zur Nutzung des Grundstücks berechtigen, wenn der Berechtigte im Besitz des Grundstücks ist (§ 97 Abs. 3 Nr. 2 BauGB);
c) Inhaber von persönlichen Rechten, die zum Erwerb des Grundstücks berechtigen oder den Verpflichteten in der Nutzung des Grundstücks beschränken (§ 97 Abs. 3 Nr. 3 BauGB).

98 Nach § 97 Abs. 4 BauGB werden Drittberechtigte, deren Rechte weder aufrechterhalten, noch durch neue Rechte ersetzt und auch nicht gesondert entschädigt werden, auf den Ersatz aus der Geldentschädigung für die Enteignung des Grundstücks verwiesen. Hierzu sieht § 118 BauGB die Möglichkeit der Hinterlegung der Geldentschädigung bei dem örtlich zuständigen Amtsgericht vor. Dies wird durch die Regelung zum gerichtlichen Verteilungsverfahren in § 119 BauGB ergänzt, wobei wiederum die Zuständigkeit des Amtsgerichts gegeben ist (§ 119 Abs. 2 BauGB).

e) Schuldübergang bei Grundpfandrechten

99 Werden Grundpfandrechte (Hypotheken, Grundschulden, Rentenschulden) an dem enteigneten Grundstück aufrechterhalten oder durch neue Grundpfandrechte an einem anderen Grundstück ersetzt, muss die Frage der persönlichen Haftung des enteigneten Grundstückseigentümers für die dem Grundpfandrecht zugrunde liegende Schuld geklärt werden. Hierzu ordnet § 98 BauGB einen gesetzlichen Schuldübergang an. Soweit der bisherige enteignete Grundstückseigentümer für die Schuld persönlich haftet, übernimmt der Enteignungsbegünstigte die Schuld in Höhe des jeweiligen Grundpfandrechts.

3. Schuldner der Entschädigung

100 Das Gläubiger-Schuldner-Verhältnis in Bezug auf die Entschädigung regelt § 94 BauGB. Entschädigungsberechtigter, also Gläubiger, ist nach § 94 Abs. 1 BauGB jeder, in dessen Recht die Enteignung unmittelbar eingreift und dadurch zu einem Vermögensnachteil führt.[108] Mithin kann es auf der Seite

---

[108] BGHZ 55, 295.

der Entschädigungsberechtigten zu Gläubigermehrheiten mit jeweils unterschiedlichen Entschädigungsansprüchen kommen.[109]

Schuldner der Entschädigung ist nach § 94 Abs. 2 S. 1 BauGB der Enteignungsbegünstigte. S. 2 regelt die Schuldnerstellung bei Entschädigungen in Land und ordnet an, dass zur Entschädigung verpflichtet ist, wer dieses Ersatzland für ein zu enteignendes Grundstück beschaffen muss. Das ist regelmäßig der Antragsteller für die Ersteneignung, deretwegen eine Enteignung zur Beschaffung von Ersatzland durchgeführt werden musste.

III. Bemessung der Enteignungsentschädigung

1. Allgemeines

Für die Enteignungsentschädigung kommt es nicht nur auf einzelne Entschädigungstatbestände und auf die Art der Entschädigungsleistung an. Wesentlich sind vor allem auch **gesetzliche Bemessungsregeln zur Bestimmung der Höhe der Entschädigung** im konkreten Einzelfall. Insoweit gibt Art. 14 Abs. 3 S. 3 GG einen Rahmen vor, indem es auf einen gerecht abgewogenen Interessenausgleich zwischen der Allgemeinheit und den Beteiligten ankommt. Innerhalb dieses Rahmens muss das Enteignungsgesetz abstrakte oder konkrete Entschädigungsmaßstäbe bestimmen (s.o. Rn 40 bis 42).

Die nach Art. 14 Abs. 3 S. 3 GG notwendige und vom Gesetzgeber vorzunehmende Interessenabwägung steht starren und nur am Markt- oder Verkehrswert ausgerichteten Bemessungsregeln für die Enteignungsentschädigung entgegen; möglich sind vielmehr auch solche Bemessungsregeln in Enteignungsgesetzen, deren Anwendung zu Entschädigungen unterhalb des Markt- oder Verkehrswerts führt (s.o. Rn 43).

Mit **§ 95 BauGB** schreibt das Gesetz **abstrakte Bemessungsregeln** zur Bestimmung der **Höhe der Enteignungsentschädigung** vor. Ausgehend vom Grundsatz der Verkehrswertentschädigung (§ 95 Abs. 1 BauGB) sieht die Vorschrift einen Katalog werterheblicher Umstände vor, die bei der Festsetzung der Enteignungsentschädigung außer Betracht bleiben sollen (§ 95 Abs. 2 Nrn. 1 bis 7 BauGB).

Derartige werterhebliche Umstände sind bei Verkehrswertbestimmungen als **Befundtatsachen** von Bedeutung.[110] Das sind solche Sachverhalte in Bezug auf den zu begutachtenden Gegenstand, die ein Grundstückssachverständiger durch eigene Wahrnehmung bei Untersuchungen oder Überprüfungen feststellt.[111] Sie machen in ihrer Gesamtheit den **Befundsachverhalt** zu einem zu bewertenden Grundstück aus. Werden einzelne Befundtatsachen bei der gutachterlichen Würdigung oder Beurteilung verändert oder nicht berücksichtigt, liegt der betreffenden Verkehrswertbestimmung ein von der Realität abweichender Befund zugrunde. Geschieht das bewusst, vollzieht sich die gutachterliche Bewertung auf der Grundlage eines fiktiven Befundsachverhalts. In beiden Fällen führt der unvollständige oder teilweise unrichtige Befund notwendigerweise zu einem nicht zutreffenden Verkehrswert.

Genau das soll aber bei der Festsetzung der Enteignungsentschädigung nach § 95 Abs. 2 BauGB geschehen: Den Verkehrswert i. S.d. § 95 Abs. 1 BauGB erhöhende Merkmale sollen außer Betracht bleiben, obwohl sie tatsächlich gegeben sind. Dies führt im Ergebnis zu einer Enteignungsentschädigung, die der Höhe nach mit dem Verkehrswert des Grundstücks nichts zu tun hat, weil sie entsprechend der hinter der Vorschrift des § 95 Abs. 2 BauGB stehenden Absicht des Gesetzgebers ganz

---

109 BGH NVwZ 1982, 646.
110 BGH, NJW 1963, 401; *Jeßnitzer/Frieling*, Der gerichtliche Sachverständige, Rn 296.
111 *Jeßnitzer/Frieling*, Der gerichtliche Sachverständige, Rn 7, 296 und 556.

bewusst niedriger ausfallen soll. Hierfür wird auch der missverständliche Begriff „normativ gefasste Verkehrswertentschädigung" verwendet (s.o. Rn 44).

2. Verkehrswert als Ausgangspunkt für die Festsetzung der Enteignungsentschädigung – § 95 Abs. 1 S. 1 BauGB

a) Verkehrswertbegriff

107 Nach § 95 Abs. 1 S. 1 BauGB bemisst sich die Entschädigung für den durch die Enteignung eintretenden Rechtsverlust nach dem Verkehrswert des zu enteignenden Grundstücks oder sonstigen Gegenstands der Enteignung. In einem Klammerzusatz verdeutlicht die Vorschrift, dass der Verkehrswert i. S.d. gesetzlichen Verkehrswertdefinition in § 194 BauGB gemeint ist. Diese gesetzliche Definition des Verkehrswerts lautet:

„ ... § 194 BauGB"

Der Verkehrswert wird durch den Preis bestimmt, der in dem Zeitpunkt, auf den sich die Ermittlung bezieht, im gewöhnlichen Geschäftsverkehr nach den rechtlichen Gegebenheiten, der sonstigen Beschaffenheit und der Lage des Grundstücks oder des sonstigen Gegenstands der Wertermittlung ohne Rücksicht auf ungewöhnliche oder persönliche Verhältnisse zu erzielen wäre.

108 Dieser Begriff vom Verkehrswert entspricht dem steuerlichen Begriff vom Gemeinen Wert in § 9 Abs. 2 BewG.[112] Vergleiche damit auch den für die Flurbereinigung nach dem FlurbG gültigen etwas modifizierten Verkehrswertbegriff in § 29 Abs. 2 FlurbG.

109 Der Verkehrswertbegriff i. S.d. § 194 BauGB meint den bei einem Verkauf des Grundstücks im gewöhnlichen Geschäftsverkehr erzielbaren Preis, nämlich den Kaufpreis i. S.d. § 433 Abs. 2 BGB. Mithin handelt es sich bei dem Verkehrswert i. S.d. § 194 BauGB um einen **Marktwert**, den das jeweilige Grundstück **am Grundstücksmarkt** hat. Da es keinen Grundstücksmarkt an sich gibt, sondern nur eine **Vielzahl unterschiedlicher örtlicher Grundstücksmärkte**, kommt es auf den Marktwert an, den das zu enteignende Grundstück oder der sonstige Gegenstand der Enteignung **am örtlichen Grundstücksmarkt seiner Belegenheit** hat.

b) Verkehrswertfähigkeit

110 Um einen Verkehrswert zu haben, muss das Grundstück oder der sonstige Gegenstand der Enteignung verkehrswertfähig in der Weise sein, dass überhaupt ein Preis im gewöhnlichen Geschäftsverkehr erzielt werden kann. Daran fehlt es, wenn die **Handelbarkeit am Grundstücksmarkt nicht gegeben** ist. Denn ein Grundstück oder ein sonstiger Gegenstand der Enteignung kann dem maßgeblichen örtlichen Grundstücksmarkt entzogen sein, weil es bzw. er an diesem Markt nicht teilnimmt.[113]

111 Der klassische Fall einer solchen Konstellation ist die **Unveräußerlichkeit aus Rechtsgründen**. Diese kann zunächst dadurch begründet sein, dass der jeweilige Gegenstand der Enteignung **seinem Wesen nach unveräußerlich** ist. Das trifft z. B. auf alle Drittrechte an einem Grundstück zu, soweit nicht deren Abtretbarkeit bzw. Veräußerbarkeit im Gesetz ausdrücklich zugelassen ist. Der Mieter oder Pächter eines Grundstücks kann seine Rechtsstellung als Mieter oder Pächter nicht an einen Dritten veräußern bzw. abtreten. Der Nießbraucher (§§ 1030 ff. BGB) oder der Berechtigte aus einer beschränkten persönlichen Dienstbarkeit (§ 1092 BGB)[114] können ihre jeweilige Rechtsstellung

---

112 Zur Entwicklung des Verkehrswertbegriffs s. näher bei *Zimmermann*, Kommentar zur WertV 88, 1. Aufl. Berlin 1998, Einführung Rn 5 ff.

113 Dazu näher bei *Zimmermann*, Kommentar zur WertV 88, 1. Aufl. 1998, § 1 WertV 88 Rn 6 ff.

114 Beachte allerdings die Ausnahmeregelung in § 3 Abs. 1 S. 2 MeAnlG, wonach die beschränkte persönliche Dienstbarkeit des Eigentümers einer Meliorationsanlage zu deren Unterhaltung auf dem fremden Grundstück auf einen anderen Betreiber der Anlage übertragen werden kann. Die Vorschrift ordnet klarstellend die Nichtanwendbarkeit des § 1092 Abs. 1 S. 1 BGB an. Sie betrifft aber nur landwirtschaftlich genutzte Grundstücke in den neuen Ländern.

genauso wenig „am Grundstücksmarkt anbieten und verkaufen", wie das der Inhaber eines Vorkaufsrechts (§§ 1094 ff. BGB) oder einer subjektiv-dinglichen Reallast (§ 1105 BGB) mit seiner jeweiligen Rechtsstellung könnte. Demgegenüber sind Grundpfandrechte abtretbar (§§ 1154, 1192, 1200 BGB). Desgleichen können Erbbaurechte veräußert werden (§ 1 ErbbauVO) sowie natürlich auch Wohnungs- bzw. Teileigentum nach dem WEG. Abtretbar und damit grundsätzlich marktfähig sind nach § 9 Abs. 2 SachenRBerG auch die Ansprüche eines Grundstücksnutzers in den neuen Ländern nach dem SachenRBerG.

Die Marktfähigkeit kann aber auch bei solchen Gegenständen einer Enteignung beeinträchtigt oder sogar beseitigt sein, die grundsätzlich im gewöhnlichen Geschäftsverkehr verkauft werden könnten und damit ihrem Wesen nach verkehrswertfähig sind. Hier ist an den Bereich **gesetzlicher Veräußerungsverbote** oder **Verfügungsbeschränkungen** zu denken. Diese können zeitweise oder auf Dauer bestehen.[115] Der Grundstücksverkehr ist reglementiert; gesetzlich angeordnete **Verfügungssperren** begründen **behördliche Genehmigungspflichten** für Verfügungen über Grundstücke (z. B. GrdstVG, LPachtVG, GVO, BauGB). Es kommt auf den jeweiligen Einzelfall einer solchen Verfügungssperre und auf ihre jeweiligen Wirkungen für die Verfügbarkeit des Grundstücks am jeweiligen örtlichen Grundstücksmarkt an. Sollte es im Einzelfall einmal so sein, dass notwendige behördliche Genehmigungen für Verfügungen über das Grundstück aus besonderen tatsächlichen Gründen überhaupt nicht oder längerfristig nicht erteilt werden, ist die Verkehrswertfähigkeit des betreffenden Grundstücks tangiert. Denn für dieses kann dann im gewöhnlichen Geschäftsverkehr kein Preis i. S.d. § 194 BauGB erzielt werden, weil es wegen der ausbleibenden behördlichen Genehmigung nicht zum Verkauf kommt (§§ 182 ff. BGB).

c) Lösungsansatz bei fehlender Verkehrswertfähigkeit

Fehlt die Verkehrswertfähigkeit des Gegenstands einer Enteignung **oder** sollte sie im Einzelfall **beeinträchtigt** sein, kann bei der Anwendung des § 95 Abs. 1 S. 1 BauGB **nicht auf den Verkehrswert abgestellt** werden. Die insoweit erkennbare **Regelungslücke** wäre in richterlicher Rechtsfortbildung systematisch zu schließen. Hierzu kommt es darauf an, welcher Vermögensnachteil dem betroffenen Rechtsinhaber durch die Enteignung zugefügt wird. Regelmäßig handelt es sich um den **Verlust eines Nutzungsvorteils**. Dieser lässt sich in Anwendung der Grundsätze und Verfahren zur Bestimmung von Verkehrswerten in der WertV 88 bestimmen (s.u. ab Rn 112). Auch wenn z. B. der Nießbraucher seine Rechtsstellung an dem Nießbrauchgrundstück nicht an einen Dritten abtreten oder veräußern kann, so lässt sich sein aus dem Recht folgender Nutzungsvorteil anhand seiner Befugnisse und seiner Verpflichtungen feststellen. Hierzu kommt es auf **genaue Befunde zum jeweiligen vereinbarten Inhalt des Rechts** an. Denn in Bezug auf die jeweilige inhaltliche Ausgestaltung z. B. eines Nießbrauchsrechts besteht grundsätzlich Vertragsfreiheit. Mithin ist „Nießbrauch niemals gleich Nießbrauch". Denn bei der Begründung von Nießbrauchsrechten machen die Vertragsparteien auch tatsächlichen Gebrauch von dieser Vertrags- oder Gestaltungsfreiheit (z. B. Einschränkungen bei den Befugnissen des Nießbrauchers und im Vergleich zum Rahmen des BGB erhöhte Lastentragung durch ihn).[116] Entsprechendes gilt für andere „nicht verkehrswertfähige" Rechtspositionen.

---

[115] So kann z. B. Rauschgift keinen Verkehrswert i. S.d. § 194 BauGB haben, weil es nach den Vorschriften des BtMG im gewöhnlichen Geschäftsverkehr überhaupt nicht gehandelt werden darf. Der „Kaufvertrag mit dem Drogendealer über 10 g Kokain" ist nicht nur nach dem BtMG strafbar, sondern nach § 134 BGB nichtig, weil er gegen ein gesetzliches Verbot verstößt.

[116] Zu Bewertungsfragen in Zusammenhang mit dem Nießbrauch s. näher bei *Zimmermann/Heller*, Der Verkehrswert von Grundstücken, 2. Aufl. 1999, Kapitel B.2.

d) Bestimmung von Verkehrswerten in Anwendung des gültigen Rechts der Verkehrswertbestimmung

114 Für die Bestimmung der Verkehrswerte als Ausgangspunkt für die Festsetzung der Enteignungsentschädigung i. S.d. § 95 Abs. 1 S. 1 BauGB kommt es auf die **Beachtung des gültigen Rechts der Verkehrswertbestimmung** an. Das BauGB hält im Ersten Teil des Dritten Kapitels mit den Vorschriften der §§ 192 bis 199 Regelungen zur Wertermittlung vor. Von diesen ragt die bereits erwähnte gesetzliche Definition des Verkehrswerts in § 194 BauGB hervor (s.o. Rn 107).

115 Die Bundesregierung hat auf der Grundlage der gesetzlichen Verordnungsermächtigung in § 199 Abs. 1 BauGB mit Zustimmung des Bundesrats in einer **Rechtsverordnung** Vorschriften über die Anwendung gleicher Grundsätze bei der Ermittlung der Verkehrswerte und bei der Ableitung der für die Wertermittlung erforderlichen Daten erlassen. Bei dieser Rechtsverordnung handelt es sich um die **Wertermittlungsverordnung 1988 (WertV 88)**.[117] In dieser Rechtsverordnung sind **Allgemeine Grundsätze** für die Rechtsanwendung und **Methoden der Verkehrswertbestimmung** geregelt. Dies bedeutet **besondere normativ geregelte qualitative Anforderungen**, die an die Ermittlung von Verkehrswerten gestellt werden müssen. Das gilt auch für Verkehrswertbestimmungen im Rahmen der Anwendung des § 95 Abs. 1 S. 1 BauGB.

116 Das aufgezeigte **Recht der Verkehrswertbestimmung** von Grundstücken in den §§ 192 bis 199 BauGB und in der WertV 88 ist **allgemeinverbindlich**. Ausnahmen hinsichtlich des Anwendungsbereichs dieser Rechtsvorschriften finden sich weder im BauGB noch in der WertV 88. Vielmehr heißt es in § 1 Abs. 1 WertV 88 zum Anwendungsbereich der Verordnung ausdrücklich, dass bei der Ermittlung der Verkehrswerte von Grundstücken „die Vorschriften dieser Verordnung anzuwenden sind." Ausnahmen von der Anwendbarkeit der WertV 88 sind nicht vorgesehen. Dies entspricht auch der in der gesetzlichen Verordnungsermächtigung in § 199 Abs. 1 BauGB zum Ausdruck gekommenen Absicht des Gesetzgebers. Danach sollte die Bundesregierung die Anwendung einheitlicher Grundsätze der Wertermittlung regeln. Dem hätte es nicht entsprochen, wenn in die WertV 88 Einschränkungen und Ausnahmeregelungen hinsichtlich ihres Anwendungsbereichs aufgenommen worden wären.

117 Im **Fachschrifttum zur Verkehrswertbestimmung** von Grundstücken wird allerdings behauptet, die Regelungen der WertV 88 würden nur für die Gutachterausschüsse für Grundstückswerte i.S.d. § 192 BauGB und der auf der Grundlage der gesetzlichen Verordnungsermächtigung für die Bundesländer in § 199 Abs. 2 BauGB erlassenen Gutachterausschussverordnungen der Länder gelten. Im Übrigen seien die Regelungen in der WertV 88 aber nicht verbindlich. Insbesondere bräuchten sich öffentlich bestellte und vereidigte sowie auch andere sog. „freie" Grundstückssachverständige bei der Verkehrswertbestimmung nicht an diese Verordnung zu halten, wenngleich ihnen dieses freistehe.[118] Begründet wurde diese merkwürdige These jedoch nie; sie wurde von ihren Verfechtern lediglich als „tradiertes und sehr bequemes Vorurteil" von Fachbuch zu Fachbuch abgeschrieben. Dabei blieb unbeachtet, dass die Regelungen zur Verkehrswertbestimmung im BauGB und in der WertV 88 gegenüber den einschlägigen Vorläuferbestimmungen im BBauG (BGBl. I 1960 S. 341)

---

117 Verordnung über Grundsätze für die Ermittlung der Verkehrswerte von Grundstücken (Wertermittlungsverordnung – WertV) vom 6.12.1988 (BGBl. I, 2209), geändert durch Art. 3 Bau- und Raumordnungsgesetz (BauROG) vom 18.8.1997 (BGBl. I, 2081, 2110).

118 Z. B. *Rössler/Langner/Simon/Kleiber*, Schätzung und Ermittlung von Grundstückswerten, 6. Aufl. 1990, S. 35 = *Simon/Kleiber*, Schätzung und Ermittlung von Grundstückswerten, 7. Aufl. 1996, S. 39; *Vogels*, Grundstücks- und Gebäudebewertung marktgerecht, 5. Aufl.1996, S. 235; *Kleiber/Simon/Weyers*, Recht und Praxis der Verkehrswertermittlung, 1991, Rn 264 = *Kleiber/Simon/Weyers*, Verkehrswertermittlung von Grundstücken, 2. Aufl. 1994, E § 1 WertV Rn 7 = *Kleiber/Simon/Weyers*, Verkehrswertermittlung von Grundstücken, 3. Aufl. 1998, V § 1 WertV Rn 1, 2, 10; *Kleiber/Simon/Weyers*, WertV 88 – Wertermittlungsverordnung 1988, 4. Aufl. 1995, § 1 WertV Rn 2.

und in der WertV 72 (BGBl. I 1972 S. 1416) erheblich verändert worden sind. Dies betraf vor allem auch die Regelungen zum jeweiligen Anwendungsbereich der Vorschriften.[119]

3. Anwendbarer Stichtag der Wertermittlung für die Verkehrswertbestimmung – § 95 Abs. 1 S. 2 BauGB

a) Wertermittlungsstichtag

Bei Verkehrswertbestimmungen nach dem BauGB und der WertV 88 kommt es auf einen Stichtag an, für den der jeweils bestimmte Verkehrswert gelten soll. Dies ergibt sich bereits aus der gesetzlichen Verkehrswertdefinition in § 194 BauGB, indem es dort auf einen Zeitpunkt ankommt, auf den sich die Wertermittlung bezieht (s.o. Rn 107). Hierzu sieht § 3 Abs. 1 WertV 88 ergänzende Bestimmungen vor. Zunächst führt S. 1 der Vorschrift in einem Klammerzusatz den Begriff Wertermittlungsstichtag als technischen Begriff der Verkehrswertbestimmung ein. Damit ist der in § 194 BauGB geregelte Zeitpunkt gemeint, auf den sich die Wertermittlung bezieht. 118

Dieser Wertermittlungsstichtag gilt nach § 3 Abs. 1 S. 1 i.V.m. § 3 Abs. 3 WertV 88 zunächst für die **allgemeinen Wertverhältnisse auf dem Grundstücksmarkt**. Damit sind nicht nur Bodenpreise oder Bodenrichtwerte (§ 196 BauGB) in DM/qm Grundstücksfläche gemeint. Erfasst werden vielmehr **alle relevanten Marktdaten**. Die Vorschrift des § 3 Abs. 3 WertV 88 hebt hierzu auf die „Gesamtheit der für die Preisbildung und für Angebot und Nachfrage maßgebenden Umstände" ab und erwähnt beispielhaft die allgemeine Wirtschaftssituation, den Kapitalmarkt und „Entwicklungen am Ort". Dazu gehören u. a. Miet- und Pachtpreise (z. B. örtliche Mietspiegel), Leerstandsquoten und ihnen entsprechende Überkapazitäten bei Wohn- und Gewerbeimmobilien auf einem örtlichen Grundstücksmarkt sowie auch sonstige für die Wertermittlung erforderliche Daten. Letztere sind von den örtlichen Gutachterausschüssen für Grundstückswerte (§ 192 BauGB) z. B. als Indexreihen (§ 9 WertV 88), Umrechnungskoeffizienten (§ 10 WertV 88), Liegenschaftszinsen (§ 11 WertV 88) und Vergleichsfaktoren für bebaute Grundstücke (§ 12 WertV 88) turnusmäßig zu ermitteln. 119

Der Wertermittlungsstichtag gilt aber nach § 3 Abs. 1 S. 2 WertV 88 **auch für den Zustand des Grundstücks**, womit die einzelnen wertbestimmenden Zustandsmerkmale des Grundstücks gemeint sind. Bereits die gesetzliche Definition des Verkehrswerts in § 194 BauGB (s.o. Rn 107) stellt auf besondere Merkmale oder Eigenschaften eines Grundstücks ab, durch die sein Preis bestimmt wird. Die Vorschrift zählt dabei folgende Merkmale eines Grundstücks auf: 120
- rechtliche Gegebenheiten,
- tatsächliche Eigenschaften,
- die sonstige Beschaffenheit,
- die Lage.

Hierzu sind **ergänzend** die Vorschriften der **§§ 3 bis 5 WertV 88** heranzuziehen. Diese Bestimmungen konkretisieren die besonderen wertbestimmenden Merkmale eines Grundstücks, wie diese bei einer Verkehrswertbestimmung zu beachten sind. Die Vorschrift des § 3 Abs. 2 WertV 88 schreibt hierzu vor, dass sich der Zustand eines Grundstücks nach der Gesamtheit der verkehrswertbeeinflussenden rechtlichen Gegebenheiten und tatsächlichen Eigenschaften, der sonstigen Beschaffenheit 121

---

[119] Dazu näher bei *Zimmermann*, Kommentar zur WertV 88, 1. Aufl. 1998, Einführung Rn 35 ff. und *Zimmermann/Heller*, Der Verkehrswert von Grundstücken, 2. Aufl. 1999, Kapitel A.3. Im Übrigen gilt der gesunde Menschenverstand. Aus einem PKw der Marke Trabant kann kein „Mercedes" werden, auch wenn man einen Mercedes-Stern an ihm anbringt. Ebensowenig wird aus einem wie auch immer gutachterlich bestimmten Grundstückswert ein Verkehrswert i. S.d. § 194 BauGB, nur weil man ihn so nennt. Um Verkehrswert i. S.d. gesetzlichen Definition in § 194 BauGB zu sein, muss der gutachterlich ermittelte Grundstückswert vielmehr die besonderen qualitativen Anforderungen erfüllen, welche das aufgezeigte gültige und allgemeinverbindliche Recht der Verkehrswertbestimmung aufstellt. Denn das BauGB als Bundesgesetz und die WertV 88 als Rechtsverordnung der Bundesregierung stehen nicht im Anwendungs- oder Nichtanwendungsbelieben der Enteignungsbehörden und sonstiger Teilnehmer am Rechtsverkehr.

und der Lage des Grundstücks bestimmt. In einer – wie sich aus der Verwendung des Wortes „insbesondere" in der Bestimmung ergibt – beispielhaften Aufzählung führt S. 2 der Vorschrift an:
- Entwicklungszustand von Grund und Boden (§ 4),
- Art und Maß der baulichen Nutzung (§ 5 Abs. 1),
- wertbeeinflussende Rechte und Belastungen (§ 5 Abs. 2),
- beitrags- und abgabenrechtlicher Zustand (§ 5 Abs. 3),
- Wartezeit bis zu einer baulichen oder sonstigen Nutzung (§ 5 Abs. 4),
- Beschaffenheit und Eigenschaft des Grundstücks (§ 5 Abs. 5),
- Lagemerkmale (§ 5 Abs. 6).

122 Die Regelung zu den Zustandsmerkmalen eines Grundstücks in § 3 Abs. 1 S. 2 BauGB gilt jedoch, wie sich aus der Vorschrift unmittelbar ergibt, nur, soweit nicht aus rechtlichen oder sonstigen Gründen ein anderer Zustand des Grundstücks für die Verkehrswertbestimmung maßgebend sein soll. Insoweit ist bei der Festsetzung von Enteignungsentschädigungen nach dem BauGB die Vorschrift des § 95 Abs. 2 BauGB zu beachten (s. dazu näher unten ab Rn 149).

b) Vorgaben zum Wertermittlungsstichtag in § 95 Abs. 1 S. 2 BauGB

123 § 95 Abs. 1 S. 2 BauGB legt den anzuwendenden Wertermittlungsstichtag i. S. d. § 194 BauGB und des § 3 Abs. 1 WertV 88 (s.o. Rn 118) fest, der für die Bestimmung des Verkehrswerts des Gegenstands der Enteignung anzuwenden ist. Für die Bemessung der Enteignungsentschädigung i. S. d. § 95 Abs. 1 S. 1 BauGB kommt es auf Verkehrswerte an, die im **Zeitpunkt der Entscheidung über den Enteignungsantrag** gegeben sind. Es handelt sich um die Entscheidung der Enteignungsbehörde i. S. d. §§ 112, 113 BauGB, also um den Enteignungsbeschluss.

124 Die Regelung ist in Zusammenhang mit der Bestimmung des § 93 Abs. 4 S. 1 BauGB zu sehen. Danach ist für die Bemessung der Entschädigung der Zustand des Grundstücks in dem Zeitpunkt maßgebend, in welchem die Enteignungsbehörde über den Enteignungsantrag entscheidet.

125 Die Entscheidung der Enteignungsbehörde über den Enteignungsantrag durch den Enteignungsbeschluss umfasst zugleich auch Entscheidungen über Art und Höhe der Entschädigung sowie der Ausgleichszahlungen (§ 113 Abs. 2 Nr. 8 BauGB). Diese Entscheidungen setzen vorher durchgeführte Verkehrswertbestimmungen i. S. d. § 95 Abs. 1 S. 1 BGB voraus. Denn ohne Kenntnis vom Verkehrswert des Gegenstands der Enteignung sowie ggf. auch etwaiger Ersatzgrundstücke bei einer Entschädigung in Land (§ 100 BauGB – s.o. Rn 89 ff.) vermag die Enteignungsbehörde keine sachgerechten Entscheidungen über Entschädigungen und Ausgleichszahlungen zu treffen.

126 Für die Erstellung dieser zeitlich vor dem Enteignungsbeschluss liegenden Verkehrswertbestimmungen **kann nicht auf das Datum des Enteignungsbeschlusses abgestellt werden**. Denn dieser Zeitpunkt ist auch der Enteignungsbehörde regelmäßig noch nicht bekannt, wenn die notwendigen Verkehrswertbestimmungen zur Vorbereitung dieses Beschlusses konkret in Auftrag gegeben werden sollen. Die Erstellung des Enteignungsbeschlusses kann sich aus unterschiedlichen Verfahrensgründen erheblich verzögern. Es bietet sich deshalb an, als anwendbaren **Wertermittlungsstichtag den Schluss der mündlichen Verhandlung** mit den Beteiligten anzuwenden, auf deren Grundlage die Enteignungsbehörde ihre Entscheidung trifft (§ 108 Abs. 1 i.V.m. § 112 Abs. 1 BauGB). Der Termin für die mündliche Verhandlung mit den Beteiligten liegt im Zeitpunkt der Erstellung von Verkehrswertgutachten i. S. d. § 95 Abs. 1 BauGB zwar ebenfalls in der Zukunft. Er ist aber für die Enteignungsbehörde regelmäßig leichter absehbar und zeitlich einzuschätzen, so dass insoweit terminliche Vorgaben der Behörde zum anwendbaren Stichtag der Wertermittlung i. S. d. § 95 Abs. 1 S. 2 BauGB für die Erstellung der notwendigen Verkehrswertgutachten möglich erscheinen.

127 Die Regelung in § 95 Abs. 1 S. 2 BauGB enthält eine **Regelungslücke**. Denn sie **berücksichtigt nicht** die Fälle der **vorzeitigen Besitzeinweisung nach § 116 BauGB**. In diesen Fällen wird bereits vor dem Enteignungsbeschluss i. S. d. § 113 BauGB konkret in die Rechte Betroffener eingegriffen.

Es erscheint deshalb geboten, auf den Zeitpunkt des Wirksamwerdens der vorzeitigen Besitzeinweisung abzustellen. Da die Vorschrift des § 95 Abs. 1 S. 2 BauGB insoweit schweigt, bietet sich eine Analogie an. Insoweit wäre auf die ausdrücklichen Regelungen zur Bemessung der Enteignungsentschädigung bei vorzeitigen Besitzeinweisungen in § 93 Abs. 4 S. 2 BauGB[120] und zur Verzinsungspflicht in § 99 Abs. 3 S. 2 BauGB hinzuweisen, wonach die Verzinsung bei vorzeitigen Besitzeinweisungen mit deren Wirksamwerden beginnt (s.o. Rn 87). Der hinter diesen Vorschriften stehende Grundsatz, dass es auf den Zeitpunkt konkreter Eingriffe in bestehender Rechtspositionen durch die vorzeitige Besitzeinweisung ankommen soll, ist auch im Bereich des § 95 Abs. 1 S. 2 BauGB bei der Festlegung des anwendbaren Wertermittlungsstichtags für die Verkehrswertbestimmung analog anwendbar.

c) Die sog. Steigerungsrechtsprechung des BGH

128 Der betroffene Eigentümer oder sonstige Rechtsinhaber soll durch die Enteignungsentschädigung ein Äquivalent für das erhalten, was ihm durch die Enteignung genommen wird. Soweit es um die Substanz seines enteigneten Gegenstandes geht, soll er bei wirtschaftlicher Betrachtung keinen Nachteil erleiden, aber auch nicht zu viel erhalten (Vorteilsausgleich – § 93 Abs. 3 S. 1 BauGB – s.o. Rn 82 u. 175 ff.). Das ist grundsätzlich erfüllt, wenn die Entschädigung den Eigentümer in den Stand versetzt, **sich ein gleichwertiges Objekt zu verschaffen**. Hierzu muss die Entschädigung grundsätzlich am Wert des Enteignungsobjekts **im Zeitpunkt der Enteignung** ausgerichtet sein.[121] Dieser Zeitpunkt entspricht dem Zeitpunkt der Entscheidung über die Enteignungsentschädigung i.S.d. § 95 Abs. 1 S. 2 BauGB. Diese ist sofort fällig und soll dem Entschädigungsberechtigten gleich zur Verfügung stehen.

129 Die Verwirklichung dieses angestrebten Entschädigungsziels kann dadurch beeinträchtigt werden, dass es zu **Verzögerungen der Entschädigungsleistung** kommt. In derartigen Fällen erhält der entschädigungsberechtigte Eigentümer des enteigneten Grundstücks oder sonstigen Gegenstands der Enteignung nicht sofort, was er erhalten soll. In der Zeit, um welche sich die Entschädigungsleistung verzögert, können **neue Umstände** eintreten und **zu veränderten Verkehrswerten** führen. Dabei kann es sich um veränderte Bedingungen des Grundstücksmarkts genauso handeln, wie um veränderte Zustandsmerkmale des Grundstücks. Beides kann **Erhöhungen oder Minderungen des Verkehrswerts** i.S.d. § 95 Abs. 1 BauGB bewirken, wie die folgenden Beispiele aufzeigen:

Nach der Entscheidung der Enteignungsbehörde über den Enteignungsantrag i.S.d. § 95 Abs. 1 S. 2 BauGB
- steigen die Bodenwerte oder Mietpreise;
- sinken die Bodenwerte oder Mietpreise;
- brennt auf einem enteigneten bebauten Grundstück das aufstehende Gebäude ab;
- wird auf dem enteigneten Grundstück ein zuvor nicht bekannt gewesenes abbauwürdiges Kiesvorkommen festgestellt;
- tritt auf dem enteigneten Grundstück eine zuvor nicht bekannt gewesene Umweltschädigung oder -gefahr auf, sodass es zur Altlast i.S.d. § 2 Abs. 5 BBodschG wird.

130 Zu der Frage, ob und in welchem Umfang derartige nachträgliche Änderungen des Befundsachverhalts (s.o. Rn 105) **bei der Bemessung von Enteignungsentschädigungen** berücksichtigt werden können, hat der BGH die sog. Steigerungsrechtsprechung entwickelt. Es geht dabei um die **zeitliche Verschiebung** des nach § 95 Abs. 1 S. 2 BauGB für die Verkehrswertbestimmung maßgeblichen

---

[120] BGH WM 1971, 1156; BGHZ 71, 1 = NJW 1978, 939 = MDR 1978, 647 = WM 1978, 466; BGH NJW 1988, 1281 = NVwZ 1988, 867 = RdL 1988, 154.
[121] BGH NJW 1992, 1830.

Wertermittlungsstichtags nach vorne bis hin zum Zeitpunkt der **letzten mündlichen Tatsachenverhandlung im anschließenden Rechtsstreit** um die Höhe der Enteignungsentschädigung.[122]

131 Im Ergebnis führt das dazu, dass im konkreten Einzelfall der Festsetzung von Enteignungsentschädigungen bei der Verkehrswertbestimmung i. S.d. § 95 Abs. 1 S. 1 BauGB mehrere Wertermittlungsstichtage zur Anwendung kommen können, nämlich einmal der nach § 95 Abs. 1 S. 2 BauGB maßgebliche Zeitpunkt der Entscheidung über den Enteignungsantrag, und zum anderen der Zeitpunkt der letzten Tatsachenverhandlung im Rechtsstreit.[123]

132 Eine derartige zeitliche Verschiebung des Wertermittlungsstichtags **erfasst grundsätzlich alle Änderungen bei den werterheblichen Einzelbefunden**, die nach der Entscheidung der Enteignungsbehörde aufgetreten sind. Mithin kann die Verkehrswertbestimmung auf der Grundlage des späteren Wertermittlungsstichtags zugunsten des Entschädigungsberechtigten **zu höheren Verkehrswerten** führen, aber zu seinen Lasten **auch zu niedrigeren Verkehrswerten**.[124]

133 Die Frage, **in welchen Fällen** eine Verschiebung des Wertermittlungsstichtags mit welchen Wirkungen auf die Höhe der Enteignungsentschädigung in Betracht kommt, beantwortet sich aus dem **Verhältnis zwischen** dem Enteigneten als dem **Entschädigungsberechtigten** (§ 94 Abs. 1 BauGB) und dem Enteignungsbegünstigten als dem **zur Entschädigungsleistung Verpflichteten** (§ 94 Abs. 2 BauGB). Denn zwischen diesen beiden besteht der zu lösende Interessenkonflikt: Führt die Verschiebung des Wertermittlungsstichtags z. B. wegen veränderter Wertverhältnisse am Grundstücksmarkt zu einem höheren Verkehrswert, ginge das zu Lasten des Enteignungsbegünstigten. Denn er müsste eine höhere Entschädigung zahlen. Umgekehrt gingen niedrigere Grundstückspreise am Grundstücksmarkt an dem späteren Wertermittlungsstichtag zu Lasten des Entschädigungsberechtigten. Denn der dadurch bedingte niedrigere Verkehrswert führt zu einer niedrigeren Enteignungsentschädigung.

134 Zur Lösung des Interessenkonflikts fragt die Rechtsprechung (BGH) danach, wer von beiden die **Verzögerung der Entschädigungsleistung** in einer **vorwerfbaren** Weise **verursacht** hat. Ausgangspunkt ist dabei die Überlegung, dass der entschädigungsberechtigte enteignete Grundeigentümer einen Anspruch auf eine sofort fällige Entschädigung hat, wie diese im Zeitpunkt der Entscheidung über den Enteignungsantrag nach den gesetzlichen Vorgaben festzusetzen war und festgesetzt wurde.

135 Die **Auszahlung dieser Entschädigung** kann sich zunächst dadurch **verzögern**, dass **der zur Leistung verpflichtete Enteignungsbegünstigte** die geschuldete Entschädigung aus bei ihm liegenden Gründen **nicht leistet**. Diese Fallkonstellation liegt vor allem dann vor, wenn die Enteignungsentschädigung nicht unwesentlich zu niedrig festgesetzt worden ist. Hier muss der Entschädigungsberechtigte den Klageweg beschreiten, um die ihm gesetzlich zustehende Entschädigung zu erlangen. Gleiches gilt dann, wenn der zur Entschädigungsleistung verpflichtete **Enteignungsbegünstigte** die festgesetzte **Entschädigungsleistung nicht oder nur mit unangemessener Verzögerung** erbringt. In beiden Fällen ist die Verzögerung der Auszahlung der im Zeitpunkt der Entscheidung über den Enteignungsantrag geschuldeten Enteignungsentschädigung dem Verantwortungsbereich des Enteignungsbegünstigten zuzurechnen und ihm anzulasten.

---

122 BGHZ 26, 273 = NJW 1958, 749 = MDR 1958, 314; BGHZ 29, 217 = NJW 1959, 711 = MDR 1959, 377; BGHZ 30, 281 = NJW 1959, 1915 = MDR 1959, 827 = WM 1959, 1131 = BBauBl 1959, 518 = BB 1959, 939; BGH BRS 19 Nr. 83 = AVN 1974, 235; BGH NJW 1992, 1830.

123 BGHZ 44, 52 = NJW 1965, 1761 = LM Art. 14 (Ea) GG Nr. 40; BGHZ 61, 240 = NJW 1973, 2203 = LM § 95 BBauG Nr. 11; BGH NJW 1997, 2119.

124 BGHZ 14, 106 (109) = NJW 1954, 1485 = LM § 26 RLG Nr. 15); BGH LM Art. 14 (Eb) GG Nr. 28/29 = WM 1977, 627; BGHZ 97, 371 = NJW 1986, 2421 = LM Art. 14 (Cb) GG Nr. 52; BGH NJW 1992, 1830.

136 Verschiebt sich der für die Preisbemessung maßgebende Zeitpunkt in solchen Fällen, so nimmt der Eigentümer in Zeiten steigender Preise am Wertzuwachs des enteigneten Grundbesitzes teil.[125] In den Fällen zu niedrig festgesetzter Enteignungsentschädigungen kommt es allerdings darauf an, dass die Entschädigung den nach dem Gesetz geschuldeten Betrag „nicht unwesentlich unterschreitet". Eine solche Unterschreitung der gebotenen Entschädigung liegt nach der Rechtsprechung vor, wenn die **Differenz** zwischen der durch die Enteignungsbehörde tatsächlich festgesetzten und der geboten gewesenen Entschädigung **oberhalb von 10 v.H.** liegt.[126] Anders verhält sich das aber hinsichtlich solcher Veränderungen, die zu einer Verminderung des Verkehrswertes führen würden (z. B. niedrigere Preise am Grundstücksmarkt). Wegen seines Anspruchs auf eine sofortige und der Höhe nach richtige Entschädigung braucht sich der Entschädigungsberechtigte **nachteilige Veränderungen nicht anrechnen** zu lassen, wenn die Verzögerung in den Verantwortungsbereich des Begünstigten fällt.[127]

137 Die **Verzögerung** der Entschädigungsleistung **kann aber auch auf ein** im Verhältnis zum Entschädigungsbegünstigten **vorwerfbares Verhalten des enteigneten und entschädigungsberechtigten Grundeigentümers** zurückzuführen sein. Das ist immer dann gegeben, wenn der Entschädigungsberechtigte erfolglos gegen die Enteignung selber gerichtlich vorgeht. Denn in diesen Fällen bestand für ihn **kein Anlass, gerichtliche Hilfe in Anspruch zu nehmen**; die Enteignung erweist sich in solchen Fällen als rechtmäßig.

138 Für den zur Entschädigung verpflichteten Enteignungsbegünstigten bedeutet ein derartiger Rechtsstreit, den der Entschädigungsberechtigte um die Enteignung selber anstrengt, eine **grundlegende Unsicherheit**. Der Enteignungsbegünstigte kann nicht wissen, wie dieser Rechtsstreit letztlich ausgehen wird. Es ist ihm deshalb **nicht zuzumuten**, die Entschädigungsleistung gemäß dem wegen des Rechtsstreits nicht bestandskräftigen Enteignungsbeschluss **vor der endgültigen Klärung** durch richterliche Entscheidung zu erbringen. Das gilt unabhängig davon, ob die Enteignungsbehörde die Entschädigung zutreffend oder zu niedrig festgesetzt hat. Die Gründe für die Verzögerung liegen bei dieser Fallgestaltung auch dann im alleinigen Verantwortungsbereich des Eigentümers, wenn er neben der Anfechtung des Enteignungsgrundes (nur) hilfsweise eine höhere als die festgesetzte Geldentschädigung verlangt.[128]

139 In diesen Fällen soll der zur Entschädigungsleistung verpflichtete Enteignungsbegünstigte keine Nachteile erleiden.[129] Es bleibt also bei der im Enteignungsbeschluss festgesetzten Entschädigung auch dann, wenn danach Wertsteigerungen am Grundstücksmarkt auftreten und zu erhöhten Verkehrswerten führen.[130]

140 Nach der Rechtsprechung sollen in den Fällen der unberechtigten Anfechtung der Enteignung durch den Eigentümer darüber hinaus **auch Preisrückgänge am Grundstücksmarkt** oder sonstige den Verkehrswert mindernde nachträglich eingetretene Umstände **zu Lasten des Eigentümers berücksichtigt** werden. Solange in solchen Fällen nicht feststeht, ob der Enteignungsbeschluss dem Grunde nach Bestand haben wird, ist dem Begünstigten die Zahlung grundsätzlich nicht zuzumuten, und zwar unabhängig davon, ob die Enteignungsbehörde die Entschädigung zutreffend oder zu niedrig

---

125 BGHZ 44; 52 = NJW 1965, 1761 = LM Art. 14 (Ea) GG Nr. 40; BGHZ 61, 240 = NJW 1973; 2203 = LM § 95 BBauG Nr. 11; BGHZ 97, 371 = NJW 1986, 2421 = LM Art. 14 (Cb) GG Nr. 52; BGH NJW 1992, 1830; BGH NJW 1997, 2119.
126 BGH NJW 1963, 1916 (= 9 v.H. = unwesentlich); BGH BRS 19 Nr. 83 (= 2,6 v.H. = unwesentlich); BGHZ 64, 361 (= 15 v.H. = wesentlich).
127 BGH NJW 1992, 1830.
128 BGH NVwZ 1990, 797 = BauR 1990, 461; BGH NJW 1992, 1830.
129 BGH NJW 1990, 3210 L = LM § 95 BBauG Nr. 23 = NVwZ 1990, 797 = BGHR BBauG (1976) § 95 I 2 – Steigerungsrechtsprechung 1 = WM 1990, 1173; BGH NJW 1992, 1830 (ständige Rechtsprechung).
130 BGH NJW 1972, 1317; BGH NJW 1990, 3210 L = LM § 95 BBauG Nr. 23 = NVwZ 1990, 797 = BGHR BBauG (1976) § 95 I 2 – Steigerungsrechtsprechung 1 = WM 1990, 1173; BGH NJW 1992, 1830 (ständige Rechtsprechung).

festgesetzt hat.[131] Allerdings gereicht es dem entschädigungsberechtigten Eigentümer umgekehrt grundsätzlich nicht zum Nachteil, wenn er im gerichtlichen Verfahren, ohne die Zulässigkeit der Enteignung anzufechten, nur eine höhere als die festgesetzte Geldentschädigung begehrt. Da der Begünstigte verpflichtet ist, den geschuldeten (Rest-) Betrag ungeachtet der Fortsetzung des Rechtsstreits sogleich zu zahlen, darf ein Preisrückgang nicht zu Lasten des Entschädigungsberechtigten gehen.[132]

4. Gesetzliche Vorgaben zur Nichtberücksichtigung bestimmter Umstände bei der Festsetzung der Entschädigung – § 95 Abs. 2 BauGB

a) Allgemeines

141 § 95 Abs. 2 BauGB ordnet an, dass bei der Festsetzung der Entschädigung bestimmte Umstände außer Betracht bleiben. Hierzu enthält die Vorschrift in den Nrn. 1 bis 7 einen abschließenden Katalog derartiger Sachverhalte. Es handelt sich um einzelne **Befundtatsachen zu dem Grundstück**, die an dem nach § 95 Abs. 1 S. 1 BauGB maßgeblichen Wertermittlungsstichtag konkret vorliegen und an sich bei der Verkehrswertbestimmung i. S.d. § 95 Abs. 1 S. 1 BauGB berücksichtigt werden müssten. Wegen der besonderen Anordnungen in § 95 Abs. 2 BauGB werden sie aber bei der Bemessung der Enteignungsentschädigung nicht berücksichtigt (s.o. Rn 105, 106).

142 Die Enteignungsentschädigung beruht deshalb im Ergebnis **nicht auf dem wirklichen Verkehrswert** des Grundstücks am maßgeblichen Wertermittlungsstichtag, **sondern auf einem fiktiven Verkehrswert**. Da die Vorgaben in § 95 Abs. 2 BauGB auf die Nichtberücksichtigung bestimmter werterhöhender Befundtatsachen abzielen, handelt es sich bei der Enteignungsentschädigung um einen Ausgleich auf der Grundlage eines **geminderten Verkehrswerts**. Dies verstößt jedoch nicht gegen den in Art. 14 Abs. 3 GG aufgestellten Rahmen, weil die Regelungen in § 95 Abs. 2 BauGB als das Ergebnis der durch Art. 14 Abs. 3 GG vorgeschriebenen Interessenabwägung zwischen dem Allgemeinwohl und dem Individualinteresse eines durch die Enteignung betroffenen Grundeigentümers anzusehen sind (s.o. Rn 43, 103, 104).

b) Wertsteigerung wegen zu erwartender Nutzungsänderung – § 95 Abs. 2 Nr. 1 BauGB

143 Nach § 95 Abs. 2 Nr. 1 BauGB bleiben Wertsteigerungen eines Grundstücks, die in der Aussicht auf eine Änderung der zulässigen Nutzung eingetreten sind, bei der Bemessung der Enteignungsentschädigung außer Betracht, wenn nicht die Nutzungsänderung in absehbarer Zeit zu erwarten ist. Grundsätzlich werden auch noch nicht verwirklichte Nutzungsmöglichkeiten eines Grundstücks, die sich nach seiner Lage und Beschaffenheit anbieten, eigentumsrechtlich geschützt und sind deshalb entschädigungsfähig.[133] Die Regelung in § 95 Abs. 2 Nr. 1 BauGB soll aber „ungesunde Wertentwicklungen spekulativer Art" ausschließen, die auf einer in absehbarer Zeit nicht zu realisierenden Bauerwartung beruhen.[134]

144 Der in der Norm verwendete Begriff der absehbaren Zeit ist unbestimmt. Er **entspricht dem in § 4 Abs. 2 WertV 88 bei der dortigen Definition des Bauerwartungslandes verwendeten gleichen Begriff** von der absehbaren Zeit. Es ist deshalb bei der Anwendung des § 95 Abs. 2 Nr. 1 BauGB auf die Grundsätze zurückzugreifen, die für die Anwendung des § 4 Abs. 2 WertV 88 gelten.

145 Es gelten **keine starren Fristen** wie z. B. bei der steuerlichen Bewertung nach dem BewG. Die Preisbildung im gesunden Grundstücksverkehr, auf welche für die qualitätsmäßige Bewertung der Grundstücke abzustellen ist, wird von derartig festumrissenen Fristen, innerhalb derer die Bebauung

---

131 BGH NVwZ 1990, 797 = BauR 1990, 461; BGH NJW 1992, 1830.
132 BGH NJW 1992, 1830.
133 BGHZ 90, 4 = NJW 1984, 1172; BGHZ 90, 17 = NJW 1984, 17; BGH VersR 1986, 372; BGH NJW 1987, 1257.
134 Amtl. Begründung zu § 95 BBauG BT-Drs. 7/4793, S. 22, 43.

zu erwarten oder zu erhoffen ist, nicht beeinflusst.[135] Der Grundstücksverkehr stellt vielmehr für die Preisbildung auf die gesamten rechtlichen und tatsächlichen Verhältnisse des Grundstücks ab.[136] Das führt je nach Lage der Gesamtheit der jeweils zu berücksichtigenden Umstände dazu, dass der Verkehr für die eine höhere Preisbildung rechtfertigende künftige Bebauungserwartung bald eine längere Zeit ausreichen lässt, bald eine kürzere Frist fordert, innerhalb welcher die Bebauung erwartet wird. Eine zeitmäßig feste Begrenzung der Bebauungserwartung wäre deshalb eine **unzulässige Generalisierung**, weil sie nicht mehr von der Preisbildung im gesunden Grundstücksverkehr ausginge. Dementsprechend hat der BGH nicht ausschließen wollen, dass landwirtschaftliche Gebiete ihrer Qualität nach auch dann „im weitesten Sinne" als Bauland angesehen werden könnten, wenn innerhalb von 6 Jahren eine Bebauung nicht zu erwarten ist.[137] Auf der anderen Seite hat die Rechtsprechung eine Nutzungsmöglichkeit, die erst in 30 Jahren realisiert werden soll, als nicht absehbar bezeichnet.[138]

Mithin bleiben Grundstücke, welche die Qualität des Bauerwartungslandes i. S. d. § 4 Abs. 2 WertV 88 im Zeitpunkt der Entscheidung über den Enteignungsantrag bereits erreicht hatten, im Falle ihrer Enteignung auch in Bezug auf die Bemessung der Entschädigung Bauerwartungsland. Die Vorschrift des § 95 Abs. 2 Nr. 1 BauGB führt nicht dazu, dass enteignete Bauerwartungs-Grundstücke diese besondere Qualität nach § 4 Abs. 2 WertV 88 wegen der Enteignung wieder verlieren. 146

c) Vorwirkung der Enteignung – § 95 Abs. 2 Nr. 2 BauGB

Nach § 95 Abs. 2 Nr. 2 BauGB bleiben bei der Festsetzung der Enteignungsentschädigung solche Wertänderungen außer Betracht, die infolge der bevorstehenden Enteignung eingetreten sind. Es geht dabei sowohl um Werterhöhungen als auch um Wertminderungen. Die Wertänderung muss zeitlich vor der Enteignung eingetreten sein und mit ihr i. S. eines konkreten Ursachenzusammenhangs zusammenhängen. Hierzu hat die **Rechtsprechung** Grundsätze zur sog. **enteignungsrechtlichen Vorwirkung** entwickelt. Danach führt die Vorschrift des § 95 Abs. 2 Nr. 2 BauGB dazu, dass bei der Ermittlung des Verkehrswertes i. S. d. § 95 Abs. 1 BauGB **zwei Zeitpunkte oder Wertermittlungsstichtage zu beachten** sind. 147

Zunächst geht es um den um den Zeitpunkt der Entscheidung der Enteignungsbehörde über den Enteignungsantrag i. S. d. § 95 Abs. 1 S. 2 BauGB. Dieser Zeitpunkt bestimmt die **Wertverhältnisse auf dem Grundstücksmarkt**, ist also Wertermittlungsstichtag i. S. d. § 3 Abs. 1 S. 1 WertV 88 (s.o. Rn 119). 148

Daneben geht es aber um einen **zweiten Zeitpunkt**, an dem Wertänderungen des Grundstücks infolge der bevorstehenden Enteignung eingetreten sind. Es geht nur um **Zustandsmerkmale des Grundstücks** i. S. d. § 3 Abs. 1 S. 2 und Abs. 2 i. V. m. §§ 4 und 5 WertV 88 (s.o. Rn 120 bis 122). Dabei handelt es sich ausschließlich um solche Zustandsmerkmale, die sich **infolge der bevorstehenden Enteignung verändert** haben. Soweit solche Veränderungen aufgetreten sind, bleiben die aus ihnen folgenden Wertänderungen bei der Festsetzung der Enteignungsentschädigung außerhalb der Betrachtung. Dabei ist gleichgültig, ob es sich um werterhöhende oder wertmindernde Änderungen bei den Zustandsmerkmalen handelt. Bezüglich der sonstigen Zustandsmerkmale des Grundstücks, 149

---

[135] BGHZ 39, 198 = NJW 1963, 1492 = LM Art. 14 (Ea) GG Nr. 22; BGH WM 1979, 1191; BGHZ 98, 341 = NJW 1987, 1256 = LM Art. 14 (Cf) GG Nr. 66; BayObLGz 1969, 307; BayObLG NJW-RR 1991, 1231.
[136] BGHZ 30, 338; BGHZ 31, 238; BGHZ 39, 198 = LM Art. 14 (Ea) GG Nr. 33 = NJW 1963, 1492; BGH WM 1979, 1191; BGH NJW 1997, 2119; BVerwGE 2, 154; BVerwGE 8, 343 = NJW 1959, 1649 (zur Bewertung in der ländlichen Umlegung).
[137] BGH NJW 1964, 652; BGH AVN 1972, 33.
[138] BGHZ 39, 198 = NJW 1963, 1492; BGHZ 83, 61; BGH WM 1982, 198 = LM Art. 14 (Ea) GG Nr. 113; BGH NJW 1982, 2179; BGH NJW 1987, 1257 (= zu Nutzungserwartung als Gesteinsabbaufläche erst in 30 Jahren), BGHZ 98, 3412 = NJW 1987, 1256 = LM Art. 14 (Cf) GG Nr. 66; BayObLG NJW-RR 1991, 1231.

die von der bevorstehenden Enteignung unbeeinflusst geblieben sind, ist der nach § 95 Abs. 1 S. 2 BauGB maßgebliche Wertermittlungsstichtag anzuwenden.

150 Nach der Rechtsprechung zur sog. enteignungsrechtlichen Vorwirkung tritt bei länger dauernden Enteignungsverfahren diejenige Maßnahme an die Stelle des Enteignungsbeschlusses oder der vorzeitigen Besitzeinweisung, von der ab eine weitere Entwicklung der Qualität des Grundstücks nach den Entwicklungsstufen des Landes i. S. d. § 4 WertV 88 verhindert wird.[139] Dabei kommt eine Vorwirkung als „Beginn eines einheitlichen Enteignungsprozesses" allerdings nur solchen Maßnahmen zu, die **von vornherein auf eine endgültige Entziehung** von Grundstückssubstanz abzielen, also **eine Enteignung mit Sicherheit erwarten lassen** oder die in ihrer Tendenz folgerichtig auf eine spätere Enteignung zuführen.[140]

151 Die Rechtsfigur der enteignungsrechtlichen Vorwirkung wurde überwiegend **in Zusammenhang mit Bebauungsplänen** behandelt. In der neueren Rechtsprechung ist inzwischen allerdings geklärt, dass eine enteignungsrechtliche Vorwirkung **für den Bebauungsplan grundsätzlich nicht** besteht.[141] Eine Rechtsbindung des Bebauungsplans für ein sich anschließendes Enteignungsverfahren entsteht nicht, da sich das Bundesbaurecht einer hierauf gerichteten gesetzlichen Regelung gerade enthält. Deshalb ist ein Zurückgehen auf den Bebauungsplan als vorbereitende Maßnahme der Enteignung keineswegs allgemein möglich. Dies kommt vielmehr nur in Betracht, wenn der vorbereitende Bebauungsplan **ursächlich für die spätere Enteignung** war, eine hinreichende Bestimmtheit hatte und die spätere Enteignung mit Sicherheit erwarten ließ.[142] Ob die Voraussetzungen für die Annahme einer Vorwirkung im Einzelfall gegeben sind, ist weitgehend eine Frage der tatrichterlichen Würdigung.[143] Bejaht worden ist die enteignungsrechtliche Vorwirkung z. B. bei Ausweisungen von Grundstücken in einem Bebauungsplan als **Gemeinbedarfsfläche** (z. B. Grünfläche)[144] oder in einer **fernstraßenrechtlichen Planfeststellung** als Straßengrundstück.[145]

d) Vorwirkung der Nichtannahme eines angemessenen Kauf- oder Tauschangebots durch den Eigentümer – § 95 Abs. 2 Nr. 3 BauGB

152 Mit § 95 Abs. 2 Nr. 3 BauGB sieht das Gesetz einen weiteren Vorwirkungstatbestand vor. Bei der Festsetzung der Enteignungsentschädigung bleiben auch solche **Werterhöhungen** außer Betracht, die **nach einem** zur Vermeidung der Enteignung gemachten **angemessenen Kauf- oder Tauschangebot**, das der Eigentümer hätte annehmen können, eingetreten sind. Voraussetzung ist, dass die nach diesem Kauf- oder Tauschangebot eingetretenen Werterhöhungen nicht darauf beruhen, dass der Eigentümer für sie Kapital oder Arbeit aufgewendet hat. Die Sperrwirkung des § 95 Abs. 2 Nr. 3 BauGB tritt allerdings nur ein, wenn im Zeitpunkt des Kauf- oder Tauschangebots sicher feststeht, dass eine Enteignung des Grundstücks möglich ist. Es müssen also alle Zulässigkeitsvoraussetzungen für die Enteignung im Zeitpunkt des Angebots erfüllt sein.[146] Ein derartiges Kauf- oder Tauschangebot ist dann angemessen i. S. d. Vorschrift, wenn dem Grundeigentümer mindestens das angeboten wurde, was ihm bei einer späteren Enteignung als Enteignungsentschädigung zu gewähren wäre. Es

---

[139] BGHZ 39, 198 = NJW 1963, 1492; BGH WM 1969, 568; BGH VersR 1972, 164; BGHZ 71, 1 = NJW 1978, 939; BGH NJW 1988, 3518 = NVwZ 1988, 963; BGH NJW 1989, 1735 = WM 1989, 1036; BGH NVwZ 1992, 603 = NJW 1992, 2430; BVerwG NJW 1997, 1938 = NVwZ 1997, 169.

[140] BGH BRS Bd. 26 Nr. 102 = WM 1969, 964; BGHZ 63, 240; = NJW 1975, 384, 874 L; BGHZ 64, 382; = NJW 1975, 1778; BGH BRS 26 Nr. 61; BGH NJW 1988, 3518 = NVwZ 1988, 963.

[141] BVerfGE 74, 264 = NJW 1987, 1251 = NVwZ 1987, 487; BVerwGE 71, 108 = NVwZ 1985, 739; BVerwG NVwZ 1991, 873 = NJW 1991, 3297.

[142] BGH NJW 1968, 892 = BRS 19 Nr. 116; BGH NJW 1988, 3518 = NVwZ 1988, 963.

[143] BGHZ 63, 240 = NJW 1975, 384. Das Revisionsgericht kann nur prüfen, ob der Tatrichter dabei von zutreffenden rechtlichen Erwägungen ausgegangen ist (BGH WM 1969, 964).

[144] BGH NVwZ 1992, 603 = NJW 1992, 2430.

[145] BVerwG NJW 1997, 1938 = NVwZ 1997, 169.

[146] BGH NJW 1980, 1844.

geht also nicht nur um den Grundstückswert (= Entschädigung für den Rechtsverlust – § 95 BauGB), sondern darüber hinaus auch um den Ersatz der Folgeschäden (§ 96 BauGB).

Die Regelung steht in systematischem Zusammenhang mit der generellen Zulässigkeitsvoraussetzung von Enteignungen, wonach der Antragsteller sich ernsthaft um den freihändigen Erwerb des zu enteignenden Grundstücks zu angemessenen Bedingungen vergeblich bemüht haben muss (§ 87 Abs. 2 S. 1 BauGB – s.o. Rn 18, 73). Lehnt der Eigentümer ein solches angemessenes Angebot ab, zieht das für ihn nicht nur die Enteignung nach sich, sondern zugleich auch die Sanktion der Nichtberücksichtigung von Werterhöhungen gemäß § 95 Abs. 2 Nr. 3 BauGB. Auf diese Weise sollen spekulative Erwartungen hinsichtlich steigender Grundstückspreise und aus ihnen folgender höherer Enteignungsentschädigungen zurückgedrängt werden. Der Eigentümer, der ein angemessenes Kauf- oder Tauschangebot ablehnt, soll nicht besser gestellt sein, als der, der ein solches Angebot sogleich annimmt und auf diese Weise das Enteignungsverfahren vermeidet.[147]

153

Zur Anwendung der Vorschrift ist erforderlich, dass der Antragsteller sein einmal gemachtes Angebot auch weiter aufrecht erhält. Rückt er später von seinem Angebot ab oder beantragt er im Prozess die Festsetzung einer im Vergleich zu seinem Angebot geringeren Entschädigung, entfällt die Anwendbarkeit des § 95 Abs. 2 Nr. 3 BauGB.[148]

154

e) Ausschluss nicht genehmigter wertsteigernder Veränderungen des Grundstücks während einer Veränderungssperre – § 95 Abs. 2 Nr. 4 BauGB

Mit der Vorschrift des § 95 Abs. 2 Nr. 4 BauGB werden auch solche werterhöhenden Veränderungen an dem Grundstück ausgeschlossen, die der Grundstückseigentümer **während einer Veränderungssperre** ohne die erforderliche Genehmigung der Bauaufsichtsbehörde vorgenommen hat. Regelmäßig geht es um die ungenehmigte Durchführung von (Bau)Vorhaben oder um nicht genehmigte erhebliche wertsteigernde Veränderungen an Grundstücken oder baulichen Anlagen. Erfasst werden die von der Gemeinde als Satzung zu beschließenden **Veränderungssperren zur Sicherung der Bauleitplanung** i. S.d. § 14 Abs. 1 Nrn. 1 und 2 i.V.m. § 16 BauGB.

155

Ob auch Veränderungssperren erfasst werden, die auf der Grundlage anderer Gesetze ergangen sind, ist streitig.[149] Der **Anwendungsbereich** des § 95 Abs. 2 Nr. 4 BauGB **ist auf Veränderungssperren nach dem BauGB beschränkt**. Bei Enteignungen nach dem BauGB aus den in § 85 BauGB geregelten Gründen besteht – zumindest grundsätzlich – **kein hinreichender Sachzusammenhang** mit Veränderungssperren, die nach anderen Gesetzen unter anderen Voraussetzungen und auf andere Weise (Verfahren) ergangen sind. Im Übrigen kommt es, soweit andere Enteignungsgesetze die Entschädigung regeln (s.o. Rn 2), auf diese Entschädigungsregelungen an und nicht auf die Entschädigungsregelungen des BauGB.

156

f) Ausschluss wertsteigernder Veränderungen des Grundstücks nach Einleitung des Enteignungsverfahrens – § 95 Abs. 2 Nr. 5 BauGB

Nach § 95 Abs. 2 Nr. 5 BauGB bleiben auch wertsteigernde Veränderungen bei der Festsetzung der Enteignungsentschädigung unberücksichtigt, die nach der Einleitung des Enteignungsverfahrens (s.u. ab Rn 199) ohne behördliche Anordnung oder Zustimmung der Enteignungsbehörde vorgenommen worden sind. Die Regelung ist mit der in § 95 Abs. 2 Nr. 4 BauGB sehr nahe verwandt.

157

Ab der ortsüblichen Bekanntmachung der Einleitung des Enteignungsverfahrens (§ 108 Abs. 5 BauGB) begründet § 109 Abs. 1 BauGB eine Verfügungs- und Veränderungssperre. Die in § 51

158

---

[147] BGHZ 98, 341; BGH NJW 1975, 197.
[148] BGH WM 1971, 946; BGHZ 61, 240.
[149] Dafür: *Battis*, in: Battis/Krautzberger/Löhr, Kommentar zum BauGB, 6. Aufl. 1998, § 95 BauGB Rn 7 unter Berufung auf *Schmidt-Aßmann*, in: Ernst/Zinkahn/Bielenberg/Krautzberger, Loseblatt-Kommentar zum BauGB, Stand Juni 1997, § 95 Rn 95. Zweifelnd: *Reisnecker*, in: Dürr u. a., Loseblatt-Kommentar zum BBauG (Kohlhammer-Kommentar), Rn 10.

Abs. 1 Nrn. 1 bis 4 BauGB bezeichneten Rechtsvorgänge, Vorhaben und Teilungen bedürfen der schriftlichen Genehmigung der Enteignungsbehörde. Allerdings darf die Enteignungsbehörde die Genehmigung nach § 109 Abs. 2 BauGB nur versagen, wenn Grund zu der Annahme besteht, dass der Rechtsvorgang, das Vorhaben oder die Teilung die **Verwirklichung des Enteignungszwecks unmöglich macht oder wesentlich erschweren** würde. Dies bedeutet, dass Werterhöhungen durch solche Veränderungen, die zwar nicht genehmigt worden sind, aber über § 109 Abs. 2 hätten genehmigt werden müssen, nicht über § 95 Abs. 2 Nr. 5 BauGB ausgeschlossen sind. Denn es macht keinen Sinn, dem Enteignungsbetroffenen bei der Festsetzung der Enteignungsentschädigung das Fehlen einer Genehmigung für werterhöhende Maßnahmen vorzuwerfen, die ihm nicht verweigert werden konnte. Eine derartige Anwendung des § 95 Abs. 2 Nr. 5 BauGB wäre formalistisch und ließe sich nicht mehr in den durch Art. 14 Abs. 3 GG gesetzten Rahmen für die Entschädigung einordnen.

g) Ausschluss unüblicher Vereinbarungen – § 95 Abs. 2 Nr. 6 BauGB

159 Mit der Regelung in § 95 Abs. 2 Nr. 6 BauGB werden Vereinbarungen ausgeschlossen, soweit sie von üblichen Vereinbarungen auffällig abweichen und Tatsachen die Annahme rechtfertigen, dass sie zur Erzielung einer höheren Enteignungsentschädigung getroffen wurden. Die Norm stellt mehrere Voraussetzungen auf. Der Inhalt der Vereinbarung muss nicht nur vom Üblichen abweichen, sondern dies in einer besonders qualifizierten Form tun, indem diese Abweichung „auffällig" zu sein hat. Darüber hinaus muss die Vereinbarung getroffen worden sein, um eine höhere Entschädigungsleistung zu erhalten. Für sämtliche Merkmale ist die Enteignungsbehörde im möglichen späteren Rechtsstreit darlegungs- und nachweispflichtig, wenn § 95 Abs. 2 Nr. 6 BauGB als Begründung für eine niedrigere Enteignungsentschädigung angewendet wurde. Das bedeutet u. a. auch, dass die Enteignungsbehörde die **Anwendung der Vorschrift** bereits **im Enteignungsbeschluss ausreichend begründen** muss (§ 39 VwVfG).

160 In Betracht kommen z. B. Miet- und Pachtverträge mit überhöhten Miet- bzw. Pachtzahlungen, die zu höheren Ertragswerten (§§ 15 bis 20 WertV 88) als Grundlage der Verkehrswertbestimmung (§ 7 WertV 88) führen. Die Vorschrift ist im Einzelfall schwierig zu handhaben. Sie erfordert u. a. auch die Prüfung einer etwaigen Nichtigkeit solcher Vereinbarungen nach **§ 138 BGB** (Sittenwidrigkeit, Wucher) oder im Falle des Verstoßes gegen gesetzliche Verbote nach **§ 134 BGB**. Darüber hinaus ist eine **Abgrenzung zum Recht der Verkehrswertbestimmung** notwendig. Denn bereits nach der **gesetzlichen Definition des Verkehrswerts in § 194 BauGB** dürfen ungewöhnliche oder persönliche Verhältnisse **bei der Verkehrswertbestimmung nicht berücksichtigt** werden (s.o. Rn 107). Hierzu hält § 6 WertV 88 nähere Bestimmungen vor. Die erhebliche Abweichung von Preisen in vergleichbaren Fällen ist dabei die erste ausdrücklich ausgeschlossene Fallgestaltung. Dass diese Regelungen im BauGB und in der WertV 88 bei Verkehrswertbestimmungen beachtet werden müssen, ist inzwischen ständige Rechtsprechung.[150] Mithin hat die Regelung in § 95 Abs. 2 Nr. 6 BauGB **weithin eine allenfalls klarstellende Bedeutung**.

161 Ob ungewöhnliche oder persönliche Verhältnisse bzw. „vom Üblichen auffällig abweichende Sachverhalte" vorliegen, ist **Gegenstand der tatrichterlichen Feststellung**.[151] Konkret angenommen wurde das z. B. bei Miet- und Pachtzahlungen, die auf der Grundlage einer Option des Vermieters für die Mehrwertsteuer kalkuliert waren.[152] Insoweit zog der BGH Grundsätze heran, die im Bereich der Unternehmensbewertung entwickelt worden sind. Bei Unternehmensbewertungen werden individuelle steuerliche Besonderheiten auf der Seite des Unternehmers nicht berücksichtigt, weil Unternehmen nicht je nach den steuerlichen Vorteilen eines Unternehmers unterschiedlich bewertet

---

150 BGH WM 1977, 627; BGH LM § 51 BBauG Nr. 3; BGH NVwZ 1982, 644; BGH NJW 1984, 1879 = WM 1984, 708; BGH NVwZ 1991, 404; BGH NJW 1991, 3096; BayObLG NJW-RR 1991, 1231; OLG Celle NJW 1993, 739.
151 BGH NVwZ 1991, 404.
152 BGH NJW 1991, 3096.

werden können.[153] Da die Einkünfte des Vermieters gewerblicher Räume nach § 4 Nr. 12 a UStG grundsätzlich steuerfrei sind, der Vermieter jedoch nach § 9 UStG für die Mehrwertsteuer optieren kann, steht die Mehrwertsteuerpflicht in seinem Ermessen.[154] Es kann deshalb nicht angenommen werden, dass die Anbieter gewerblicher Grundstücke oder Räume auf dem Miet- und Pachtmarkt regelmäßig nach § 9 UStG für die Mehrwertsteuer optiert und ihre Miet- bzw. Pachtforderungen entsprechend kalkuliert haben.[155]

h) Nichtberücksichtigung bestimmter Bodenwerte – § 95 Abs. 2 Nr. 7 BauGB

Mit § 95 Abs. 2 Nr. 7 BauGB ordnet das Gesetz schließlich die Nichtberücksichtigung solcher Bodenwerte bei der Festsetzung der Enteignungsentschädigung an, die nicht zu berücksichtigen wären, wenn der Eigentümer eine Entschädigung in den Fällen der §§ 40 bis 42 BauGB geltend machen würde. Es handelt sich dabei um **Entschädigungsregelungen** bezüglich des Ersatzes bei **nachteiligen Festsetzungen im Bebauungsplan** in Bezug auf öffentliche Flächen, Belastungen und Bindungen (§§ 40, 41 BauGB) sowie bei Aufhebung oder Änderung einer (vorher) zulässigen Nutzung (§ 42 BauGB). Für diese besonderen Entschädigungsansprüche sieht **§ 43 BauGB Bemessungsregeln** für die Entschädigung und Verfahrensbestimmungen vor. Nach **§ 43 Abs. 4 Nrn. 1 und 2 BauGB** sind bestimmte Bodenwerte nicht zu entschädigen. Es handelt sich um folgendes:

162

a) Der Bodenwert beruht auf einer zulässigen Nutzung, die den allgemeinen Anforderungen an gesunde Wohn- und Arbeitsverhältnisse oder an die Sicherheit der auf dem Grundstück oder im umliegenden Gebiet wohnenden oder arbeitenden Menschen nicht genügt (Nr. 1).

b) In dem Gebiet der Gelegenheit des Grundstücks bestehen städtebauliche Missstände i. S. d. § 136 Abs. 2 und 3 BauGB, wobei die gegebene (zulässige) Nutzung des Grundstücks zu diesen Missständen wesentlich beiträgt (Nr. 2).

Die Anwendung des § 95 Abs. 2 Nr. 7 BauGB führt zu einer **Änderung der methodischen Vorgehensweise** bei der Verkehrswertbestimmung nach § 194 BauGB i.V.m. der WertV 88. Bodenwerte von Grundstücken werden im Vergleichswertverfahren nach den §§ 13, 14 WertV 88 bestimmt. Es sind die Vergleichspreise oder Bodenrichtwerte für Grundstücke heranzuziehen, die mit dem enteigneten Grundstück in den wesentlichen wertbestimmenden Merkmalen hinreichend übereinstimmen (§ 13 Abs. 1 WertV 88). Die Vorschrift des § 95 Abs. 2 Nr. 7 BauGB bewirkt nunmehr, dass bei der Festsetzung der Enteignungsentschädigung **diese Vergleichspreise gerade nicht herangezogen** werden sollen, sondern andere, nämlich Vergleichspreise für Grundstücke, deren **zulässige Nutzbarkeit i. S. d. § 4 WertV 88 geringer** ist. Es wird gewissermaßen über die Enteignungsentschädigung sanktioniert, dass die gegebene zulässige Nutzung auf dem enteigneten Grundstück unter städtebaulichen Gesichtspunkten zu missbilligen ist. Wäre diese Nutzung unzulässig, könnte sie ohnehin nicht Grundlage der Verkehrswertbestimmung i. S. d. § 95 Abs. 1 BauGB sein.

163

Wenn die Enteignungsbehörde bei der Festsetzung der Enteignungsentschädigung die Vorschrift des § 95 Abs. 2 Nr. 7 BauGB anwendet, ist sie für das Vorliegen der Einzelvoraussetzungen darlegungs- und nachweispflichtig. Diese Voraussetzungen sind bereits im Enteignungsbeschluss ausreichend darzustellen und zu begründen (§ 39 VwVfG).

164

---

153 BGH NJW 1991, 1547 = FamRZ 1991, 43 = LM § 1975 BGB Nr. 13.
154 BGH NJW-RR 1991, 647 = LM HeizkostenVO Nr. 3.
155 BGH NJW 1991, 3096.

5. Billigkeitsentschädigung für Abrissbauwerke – § 95 Abs. 3 BauGB

165 Mit § 95 Abs. 3 BauGB wird die Möglichkeit einer Billigkeitsentschädigung eröffnet. Es geht um die Festsetzung eines Entschädigungsbetrags für aufstehende Bauwerke auf dem zu enteignenden Grundstück, deren Rückbau auf Grund öffentlich-rechtlicher Vorschriften jederzeit gefordert werden kann (Satz 1). S. 2 der Vorschrift stellt besondere Bemessungsregeln für diese Billigkeitsentschädigung auf.

166 **Anwendungsfälle** sind baurechtswidrig errichtete Bauwerke, deren Beseitigung die Bauaufsichtsbehörden nach den Landesbauordnungen ganz oder teilweise entschädigungslos anordnen können (s. z. B. § 81 Abs. 3 BauO LSA). Voraussetzung derartiger **Beseitigungsanordnungen** (= auch Abbruch- oder Rückbauverfügungen) durch die Bauaufsichtsämter ist allerdings nicht nur die Errichtung des Bauwerks im Widerspruch zu öffentlich-rechtlichen Vorschriften, sondern darüber hinaus auch, dass baurechtskonforme rechtmäßige Zustände **nicht auf andere Weise hergestellt werden können** (Grundsatz der Verhältnismäßigkeit). Dabei ist stets auch zu prüfen, ob nicht eine andere und im Vergleich zur Rückbauverfügung mildere Maßnahme der Bauaufsichtsbehörde zur Erreichung des Zwecks ausreicht (z. B. Nutzungsuntersagung oder Auflagen in Richtung auf Änderungen an dem Bauwerk).

167 Da die **Bauaufsichtsbehörden** bei der Auswahl ihrer Maßnahmen **Ermessen auszuüben** haben,[156] muss die Enteignungsbehörde konkrete Feststellungen nicht nur zur Baurechtswidrigkeit einer vorhandenen Bebauung treffen, sondern auch dazu, **wie die zuständige Bauaufsichtsbehörde** die **Zulässigkeit** einer etwaigen Abbruchverfügung im Rahmen des ihr zustehenden Ermessens **beurteilt**. Zur Beurteilung beider Fragen fehlt es der Enteignungsbehörde regelmäßig an ausreichender Fachkompetenz. Deshalb muss **in jedem Fall eine Stellungnahme** der **örtlich zuständigen Bauaufsichtsbehörde** sowohl zur Baurechtswidrigkeit der vorhandenen Bebauung als auch zur Frage einer etwaigen Beseitigungsanordnung beigezogen werden.

168 **Kein Anwendungsfall** ist dagegen eine Rückbauverpflichtung auf der Grundlage anderer Enteignungsgesetze, weil diese jeweils eigene Entschädigungsregelungen mit der Folge von deren Anwendungsvorrang gegenüber dem Entschädigungsrecht im BauGB enthalten (s.o. Rn 7). Ebenfalls sind sog. inhaltsbestimmende Regelungen in Fachgesetzen kein Anwendungsfall des § 95 Abs. 3 BauGB. Denn soweit nach diesen inhaltsbestimmenden Regelungen in das Eigentum eingegriffen wird, liegt regelmäßig keine Enteignung vor, schon gar nicht eine Enteignung nach dem BauGB. Im Übrigen enthalten derartige den Inhalt des Eigentums bestimmende Gesetze sehr häufig besondere Entschädigungsregelungen als sog. salvatorische Klauseln (s.o. Rn 31 ff.). Es fehlt dann an dem in § 95 Abs. 3 BauGB geforderten Merkmal der Entschädigungslosigkeit. Das gilt im Übrigen auch dort, wo nach der Rechtsprechung des BGH Ansprüche wegen enteignungsgleichem Eingriff bestehen (s.o. Rn 31 ff.).

169 Befindet sich auf einem Grundstück ein baurechtswidriges Bauwerk, dessen Abbruch von der Bauaufsichtsbehörde jederzeit angeordnet werden kann, so **wirkt sich die mögliche** und dann **regelmäßig auch drohende Beseitigungsanordnung** der Bauaufsichtsbehörde **auf den Verkehrswert i. S. d. § 194 BauGB aus**. Bei bebauten Grundstücken ist der Verkehrswert im Ertragswertverfahren (§§ 15 bis 20 WertV 88) oder im Sachwertverfahren (§§ 21 bis 25 WertV 88) zu bestimmen. Beide Bewertungsmethoden führen zu einem vom Bodenwert des Grundstücks getrennten Gebäudeertragswert oder Gebäudesachwert. Diese Gebäudewerte ergeben zusammen mit dem Bodenwert des Grundstücks dessen Ertragswert oder Sachwert als Grundlage der Verkehrswertbestimmung (§ 7 WertV 88 i.V.m. § 15 Abs. 3 und § 21 Abs. 5 WertV 88).

---

156 Z. B.: BVerwG NJW 1989, 1942 = NVwZ 1989, 353; BVerwG NJW 1993, 2328 = NVwZ 1993, 476; VGH Mannheim NJW 1984, 319 sowie NJW 1989, 603; VGH Kassel NJW 1984, 318.

C. Enteignungsentschädigung § 20

Für den Gebäudeertragswert und auch für den Gebäudesachwert kommt es auf die **Restnutzungsdauer des Gebäudes** an (§ 16 Abs. 3 und 4 sowie § 23 Abs. 1 WertV 88). Die Restnutzungsdauer ist für beide Bewertungsverfahren in § 16 Abs. 4 WertV 88 verbindlich definiert. Danach ist als Restnutzungsdauer die Anzahl der Jahre anzusehen, in denen die bauliche Anlage bei ordnungsgemäßer Unterhaltung und Bewirtschaftung voraussichtlich noch wirtschaftlich genutzt werden kann. Bei einem **baurechtswidrigen Gebäude**, dessen Beseitigung von der Bauaufsichtsbehörde jederzeit verlangt werden kann, beträgt diese **Restnutzungsdauer stets NULL Jahre**. Das bedeutet, dass für das Gebäude **weder ein Ertragswert noch ein Sachwert** festgestellt werden kann. Mithin reduziert sich der jeweilige Ertragswert oder Sachwert des Grundstücks auf seinen Bodenwert, wobei dieser jedoch noch um die **Abbruchkosten** zu mindern ist. Diese bestehen aus den Kosten für den eigentlichen Abbruch, für die Sortierung des Abbruchmaterials und dessen Abtransport sowie Deponierung auf einer entsprechenden Bauschuttdeponie. 170

Bei dieser Sachlage **erschließt sich kein überzeugender Sinn** für die Regelung in § 95 Abs. 3 BauGB. Dem Entschädigungsberechtigten soll aus Billigkeitsgründen ein Wert ersetzt werden, den er überhaupt nicht hatte. Denn sein baurechtswidriges und deshalb auch konkret vom Abbruch bedrohtes Gebäude hatte keinen Teilwert mehr, der den Verkehrswert des enteigneten Grundstücks erhöhen konnte. Dies verstößt gegen den Grundsatz in Art. 14 Abs. 3 GG und in § 93 Abs. 2 Nr. 1 BauGB, wonach der Entschädigungsberechtigte zwar für den Rechtsverlust entschädigt werden soll, aber eben nur für diesen. Eine über dieses Maß hinaus gewährte Billigkeitsentschädigung ist mit der in Art. 14 Abs. 3 GG angeordneten Abwägung mit den Interessen der Allgemeinheit nicht zu vereinbaren. Denn die **Allgemeinheit hat kein Interesse daran**, dass bei Enteignungen eine höhere Entschädigung gewährt wird, als dies zum Ausgleich für den durch die Enteignung bewirkten Rechtsverlust nötig wäre. 171

Es kommt hinzu, dass der Enteignungsbegünstigte nach § 94 Abs. 2 BauGB zur Leistung der Entschädigung verpflichtet ist. Wenn die Enteignungsbehörde „aus Billigkeitsgründen" höhere Entschädigungen zuspricht, als das zum Ausgleich für den Rechtsverlust nötig wäre, **geht das einseitig zu Lasten des Enteignungsbegünstigten**. Denn er muss für die erhöhte Entschädigung aufkommen. Derartiges kann grundsätzlich nicht „billig" sein. Jedenfalls hat die Enteignungsbehörde, wenn sie die Vorschrift des § 95 Abs. 3 BauGB bei der Festsetzung der Entschädigung anwenden will, **Ermessen auszuüben**. Sie muss dann i. S.d. § 40 VwVfG ausführlich begründen, dass und auf welche Weise das notwendige Ermessen ausgeübt worden ist. Die Möglichkeit gravierenden Ermessensfehlgebrauchs übersteigt hier die Wahrscheinlichkeit sachgerechter und vertretbarer Ermessensentscheidungen in erheblichem Maße. Im Ganzen handelt es sich bei § 95 Abs. 3 BauGB um eine **sachlich verfehlte Regelung**, die – soweit erkennbar – in der Praxis auch keine besondere Bedeutung erlangt hat. 172

6. Berücksichtigung des Werteinflusses von Drittrechten am Grundstück – § 95 Abs. 4 BauGB

Mit § 95 Abs. 4 BauGB wird angeordnet, dass Wertminderungen des Grundstücks durch Drittrechte an ihm bei der Festsetzung der Enteignungsentschädigung für den Rechtsverlust zu berücksichtigen sind. Es handelt sich um eine im Ergebnis nur klarstellende und deshalb letztlich überflüssige Regelung. 173

Der Verkehrswert i. S.d. § 194 BauGB stellt u. a. auch auf rechtliche Gegebenheiten ab, die von Werteinfluss sind. Ergänzend stellt § 5 Abs. 2 WertV 88 dazu klar, dass es für den Verkehrswert auch auf wertmindernde Rechte und Belastungen ankommt (s.o. Rn 107, 120, 121). Mithin müssen die **wertmindernden Einflüsse durch Drittrechte bereits bei der Verkehrswertbestimmung nach** 174

§ 95 Abs. 1 S. 1 BauGB berücksichtigt werden.[157] Die Regelung in § 95 Abs. 4 BauGB wiederholt diesen Grundsatz lediglich. Das ist zwar unschädlich, aber – weil überflüssig – gesetzestechnisch unsauber und am Ende nur kontraproduktiv, weil nur verwirrend.

7. Vorteilsausgleich – § 93 Abs. 3 S. 1 BauGB

175 Soweit einem Entschädigungsberechtigten durch die Enteignung auch Vorteile entstehen, sind diese bei der Festsetzung der Enteignungsentschädigung zu berücksichtigen (§ 93 Abs. 3 S. 1 BauGB – s.o. Rn 82).

176 Die Vorschrift berücksichtigt die von der Rechtsprechung im Schadensersatzrecht entwickelten Grundsätze zur Vorteilsausgleichung. Diese beruhen auf dem Gedanken, dass der Geschädigte sich in gewissem Umfang diejenigen Vorteile anrechnen lassen muss, die mit dem Schadensereignis „korrespondieren". Sie müssen ihm also im Zusammenhang mit diesem Ereignis in einer Weise zugeflossen sein, dass ihre Anrechnung nach dem Sinn des Schadensersatzrechts mit dem Zweck des Ersatzanspruchs übereinstimmt. Die Anrechnung muss dem Geschädigten unter Berücksichtigung der gesamten Interessenlage nach Treu und Glauben zumutbar sein und darf den Schädiger nicht unangemessen entlasten.[158] Dabei kommt es auf eine wertende Betrachtung an, nicht eine rein kausale Sicht.[159] Vor- und Nachteile müssen gleichsam zu einer Rechnungseinheit verbunden sein.[160]

177 Diese Grundsätze sind auch bei der Anwendung des § 93 Abs. 3 S. 1 BauGB anzuwenden. Dabei setzt die Vorteilsausgleichung nicht voraus, dass der Eingriff unmittelbar und gleichzeitig auch den Vorteil hat entstehen lassen; es genügt, dass der Eingriff allgemein geeignet war, derartige Vorteile mit sich zu bringen, und dass der Zusammenhang der Ereignisse nicht so lose ist, dass er nach vernünftiger Lebensauffassung keine Berücksichtigung mehr verdient. Hierbei kommt es letztlich auf Sinn und Zweck der Entschädigung an, dem betroffenen Eigentümer oder sonstwie Berechtigten einen Ausgleich für das zugunsten der Allgemeinheit erbrachte Opfer zu gewähren.[161]

178 Auch die **Vermeidung von Vermögensnachteilen** kann ein **ausgleichspflichtiger Vorteil** sein.[162] Gegenüber einem Anspruch auf Entschädigung für einen Eingriff in das Eigentum können im Wege der Vorteilsausgleichung auch nicht nur solche Vorteile oder vermiedene Nachteile angerechnet werden, die den Eigentümer wie der Eingriff unmittelbar in seiner Rechtsposition treffen. Bei der Festsetzung der Entschädigung sind alle durch den Eingriff adäquat verursachten Vorteile zu berücksichtigen.[163] Zu diesen Vorteilen gehört auch die **Vermeidung von Verlusten**, die dem durch den Eingriff Betroffenen entstanden wären, wenn er ein Vorhaben, an dem er durch den Eingriff gehindert worden ist, durchgeführt, dabei aber Vermögensverluste erlitten hätte.[164]

179 Die Anwendung der Vorschrift setzt eine genaue Quantifizierung des anzurechnenden Vorteils voraus. Er ist dann von der zunächst ungekürzt festzustellenden Entschädigung abzusetzen, um den

---

157 Zur Systematik der Berücksichtigung derartiger Drittrechte an einem Grundstück bei Verkehrswertbestimmungen: *Zimmermann*, Kommentar zur WertV 88, 1. Aufl. 1998, § 5 Rn 24 ff. und *Zimmermann/Heller*, Der Verkehrswert von Grundstücken, 2. Aufl. 1999, Kapitel B.1 sowie für einzelne Rechte Kapitel B.2 bis B.11.
158 BGHZ 91, 206 = NJW 1984, 2457 = LM § 633 BGB Nr. 51; BGHZ 91, 357 = NJW 1984, 2520 = LM § 254 (Dc) BGB Nr. 30; BGH NJW 1989, 2117.
159 BGH NJW 1987, 2741 = LM § 823 (F) BGB Nr. 43 = BGHR BGB § 249 Vorteilsausgleich 1; BGH NJW 1989, 2117.
160 BGHZ 77, 151 = NJW 1980, 2187; BGHZ 73, 109 = NJW 1979, 760 = LM § 844 Abs. 2 BGB Nr. 55 = VersR 1979, 323 (324); BGH NJW 1983, 2137 = LM § 249 (Cb) BGB Nr. 31; BGH NJW 1989, 2117.
161 BGH NJW 1989, 2117; BGH NJW 1998, 2215.
162 BGH NJW 1989, 2117.
163 BGHZ 55, 294 = NJW 1971, 1176.
164 BGH NJW 1989, 2117.

endgültig festzusetzenden Entschädigungsbetrag ermitteln zu können. Die Vorteilsausgleichung erfordert deshalb mehrfache Wertbetrachtungen, nämlich solche ohne den Vorteil und dann Wertbetrachtungen unter Einbeziehung des Vorteils, der ausgeglichen werden soll.

Soweit **§ 29 WertV 88** hierzu **ergänzende Anordnungen** trifft, ist das **nichtig**. Es **fehlt** bereits an der notwendigen **Verordnungsermächtigung** für die Bundesregierung. Die Verordnungsermächtigung in § 199 Abs. 1 BauGB als Grundlage der WertV 88 deckt nur die Regelung einheitlicher Grundsätze für die Wertermittlung ab und **umfasst nicht das Entschädigungsrecht bei Enteignungen** (s.o. Rn 115 ff.).[165] Im Übrigen sind die **gesetzlichen Entschädigungsregelungen** in Zusammenhang mit Enteignungen nach dem BauGB einer ergänzenden Regelung durch eine **Rechtsverordnung nicht zugänglich**. Denn nach Art. 14 Abs. 3 GG sind Enteignungen nur auf der Grundlage eines Gesetzes zulässig, das zugleich auch die Entschädigung regeln muss. Damit ist eine umfassende und abschließende gesetzliche Entschädigungsregelung gemeint. Rechtsverordnungen nach Art. 80 GG finden in diesem Zusammenhang nicht statt (s.o. Rn 39). 180

IV. Festsetzung von Ausgleichsbeträgen

Nach § 100 Abs. 5 S. 4 BauGB sind bei der Entschädigung in Land (s.o. Rn 89 ff.) **Ausgleichsbeträge in Geld** festzusetzen, wenn der Wert des Ersatzlandes den Wert des enteigneten Grundstücks übersteigt. Das Gleiche gilt nach § 101 Abs. 2 BauGB entsprechend dort, wo bei der Entschädigung durch die Gewährung anderer Rechte (s.o. Rn 93 ff.) **Wertunterschiede** zwischen den ersatzweise gewährten Rechten und dem enteigneten Grundstück bestehen. 181

Die Festsetzung von Ausgleichsbeträgen erfordert **mehrfache Verkehrswertbestimmungen**. Zunächst ist der Verkehrswert des zu enteignenden Grundstücks oder sonstigen Enteignungsgegenstands nach § 95 BauGB zu bestimmen. Dies legt den Wert bzw. Gegenwert in Geld fest, bis zu dessen Höhe eine Enteignungsentschädigung zu gewähren ist. Sodann ist in einem zweiten Schritt der Verkehrswert des Ersatzlandes festzustellen. Anzuwenden ist auch dafür der nach § 95 Abs. 1 S. 2 BauGB anzuwendende Wertermittlungsstichtag (Entscheidung über den Enteignungsantrag). Hinsichtlich der Befundtatsachen ist bei der Bewertung des Ersatzlandes die Vorschrift des § 95 Abs. 2 BauGB allerdings nicht anzuwenden. Es kommt auf den „unverfälschten und normalen" Verkehrswert des Ersatzlandes i. S.d. § 194 BauGB an. In Höhe der Differenz zwischen dem Entschädigungswert des enteigneten Grundstücks und dem Verkehrswert des Ersatzlandes besteht eine Verpflichtung des Entschädigungsberechtigten zur Zahlung eines Geldausgleichs an den Enteignungsbegünstigten. Diese Ausgleichszahlung wird nach § 100 Abs. 5 S. 5 BauGB mit dem in der Ausführungsanordnung (§ 117 BauGB) festgesetzten Tag fällig. 182

Unterschreitet der Wert des Ersatzlandes den über § 95 BauGB zu bestimmenden Wert des zu enteignenden Grundstücks, geht es nicht um Ausgleichszahlungen, sondern um die Festsetzung einer zusätzlichen Geldentschädigung neben dem geringerwertigen Ersatzland (§ 100 Abs. 5 S. 3 BauGB). 183

D. Enteignungsverfahren

I. Allgemeines

Mit den Vorschriften der §§ 104 bis 122 BauGB hält das Gesetz Verfahrensvorschriften für das Enteignungsverfahren vor. Ergänzend sind die besonderen Zuständigkeitsregelungen in § 203 Abs. 3 und § 206 BauGB zu beachten. Daneben gelten aber wegen der Zuständigkeit von Länderbehörden die VwVfG der Länder sowie ergänzend ggf. auch das VwVfG (Bund), wobei es vor allem auf die 184

---

[165] *Zimmermann*, Kommentar zur WertV 88, 1. Aufl. 1998, § 26 WertV Rn 6 ff. und 22 ff.

dort geregelten Allgemeinen Verfahrensvorschriften ankommt (Verwaltungsakt, Begründungspflicht, Ermessensausübung – s.o. Rn 10).

II. Zuständigkeiten und Verfahrensbeteiligte

1. Behördenzuständigkeit

185 Nach § 104 Abs. 1 BauGB wird die Enteignung von der höheren Verwaltungsbehörde durchgeführt. In einem Klammerzusatz führt die Vorschrift den Begriff Enteignungsbehörde als technischen Begriff ein. Diese bundesgesetzliche Regelung im BauGB **schließt eine Zuständigkeit von Gemeinden grundsätzlich aus.** Denn eine Gemeinde ist keine höhere Verwaltungsbehörde; dieser Begriff meint staatliche Behörden der Länder. Welche staatlichen Behörden der Länder als Enteignungsbehörde zuständig sind, richtet sich nach dem jeweils **unterschiedlichen Verwaltungsaufbau** und der Aufgabenzuweisung an die Behörden in den Ländern. Nicht in jedem Bundesland gibt es den klassischen dreistufigen Verwaltungsaufbau (untere, höhere und oberste Verwaltungsbehörde). Im **Regelfall** sind die **Mittelbehörden** in den Ländern als höhere Verwaltungsbehörde zuständig (Regierungspräsidenten oder Landesverwaltungsämter bzw. entsprechende Stellen in den Stadtstaaten Berlin, Bremen und Hamburg). Fehlt es an Mittelbehörden, liegt die Zuständigkeit grundsätzlich bei den Innenministerien als oberster Verwaltungsbehörde (s. dazu auch § 206 Abs. 2 BauGB).

186 Zu beachten ist die **Verordnungsermächtigung** für die Landesregierungen in **§ 203 Abs. 3 BauGB**. Danach können die nach dem BauGB der höheren Verwaltungsbehörde zugewiesenen Aufgaben durch **Rechtsverordnung** auf andere staatliche Behörden, Landkreise oder kreisfreie Gemeinden übertragen werden. Dies soll nach der einschlägigen Kommentarliteratur auch für die Übertragung der Zuständigkeit als Enteignungsbehörde gelten.[166] Die Rechtsprechung steht dem allerdings zurückhaltend gegenüber.[167] Der zurückhaltenden Einstellung der Rechtsprechung ist zuzustimmen. Mindestens dürfte eine **Übertragung der Zuständigkeit auf kreisfreie Gemeinden mit erheblichen Zweifeln behaftet** sein. Die Gemeinden sind zunächst nach § 106 Abs. 1 Nr. 6 BauGB bei jedem Enteignungsverfahren kraft Gesetzes Beteiligte, also in jedem Enteignungsfall ein sog. „geborener Beteiligter". Bereits das stellt eine unparteiische und nur sachbezogene Beurteilung des Enteignungssachverhalts in Frage, wenn die Gemeinde als entscheidende Enteignungsbehörde zuständig wäre. Besonders deutlich wird die Zweifelhaftigkeit einer Behördenzuständigkeit von Gemeinden im Enteignungsverfahren aber dort, wo die Gemeinde im Verfahren zusätzlich auch noch Antragsteller i. S. d. § 106 Abs. 1 Nr. 1 BauGB ist und also eine Enteignung zu ihren eigenen Gunsten anstrebt. Wegen der sonstigen Aufgaben der Gemeinden nach dem BauGB sind Interessenkollisionen deshalb nahezu unvermeidlich. Von der Verordnungsermächtigung wurde im Übrigen nur vereinzelt Gebrauch gemacht.[168]

187 Nach **§ 104 Abs. 2 BauGB** können die Landesregierungen durch **Rechtsverordnung** bestimmen, dass an den Entscheidungen der Enteignungsbehörde **ehrenamtliche Beisitzer** mitzuwirken haben. Soweit ehrenamtliche Beisitzer an Entscheidungen mitwirken, sind die **besonderen Vorschriften in den VwVfG** über ehrenamtliche Tätigkeit und über das Verfahren sowie die Beschlussfähigkeit von Ausschüssen zu beachten (s. z. B. §§ 81 ff. und §§ 88 ff. VwVfG LSA). Denn im Falle der Einführung ehrenamtlicher Beisitzer im Wege einer Rechtsverordnung nach § 104 Abs. 2 BauGB **ändert**

---

[166] Battis, in: Battis/Krautzberger/Löhr, Kommentar zum BauGB, 6. Aufl. 1998, § 203 BauGB Rn 8.
[167] OVG Lüneburg ZfBR 1982, 176 (= für Enteignungen ausdrücklich offen gelassen); VGH München BayVBl. 1979, 679 (= grundsätzlich ist eine einschränkende Auslegung des § 203 Abs. 3 BauGB erforderlich).
[168] Z. B. Bayern (BayZustVBauGB); Brandenburg (VO vom 4.2.1992 in GVBl. Bbg, 65 = Landesamt für Bauen, Bautechnik und Wohnen); Mecklenburg-Vorpommern (VO vom 16.7.1993 in GVOBl. M-V, 732 = Übertragung auf die Landkreise).

die **Enteignungsbehörde ihren Charakter**. Sie ist nicht mehr „monokratische und weisungsabhängige Verwaltungsbehörde in der normalen Hierarchie", sondern eine **kollegial entscheidende Einrichtung** der Verwaltung. Es handelt sich dann um einen Ausschuss i. S.d. definierenden Klammerzusatzes in § 88 VwVfG. Die ehrenamtlichen Beisitzer sind in ihrer Entscheidung **fachlich unabhängig und nicht weisungsgebunden**. Aus diesen Gründen wurde von der Verordnungsermächtigung in § 104 Abs. 2 BauGB nur vereinzelt Gebrauch gemacht.[169]

Die **örtliche Zuständigkeit** richtet sich nach § 206 Abs. 1 BauGB. Es kommt auf die Gelegenheit des betroffenen Grundstücks bzw. Gegenstands der Enteignung an. Die Regelung deckt sich im Grundsatz mit den Regelungen zur örtlichen Behördenzuständigkeit in den VwVfG (s. z. B. § 3 VwVfG LSA).

2. Verfahrensbeteiligte

Die Verfahrensbeteiligten regelt § 208 Abs. 1 Nr. 1 bis 6 BauGB in einem abschließenden Katalog. Es handelt sich um:

a) Der Antragsteller für die Enteignung.

b) Der Eigentümer des Grundstücks und diejenigen, für die ein Recht an dem Grundstück oder an einem das Grundstück belastenden Recht (= Erbbaurecht) im Grundbuch eingetragen oder durch eine Eintragung gesichert ist (= Vormerkung i. S.d. 883 BGB oder auch Vermerk über die Eröffnung des notariellen Vermittlungsverfahrens nach § 92 Abs. 5 und 6 SachenRBerG).

c) Die Inhaber eines **nicht im Grundbuch eingetragenen** Rechts oder an einem das Grundstück belastenden Recht, eines Anspruchs mit dem Recht der Befriedigung aus dem Grundstück oder eines persönlichen Rechts, das zum Erwerb, zum Besitz oder zur Nutzung des Grundstücks berechtigt oder die Nutzung des Grundstücks beschränkt.

Beispiele für **nicht im Grundbuch eingetragene Rechte** sind:
Rechtsübergang außerhalb des Grundbuchs z. B. durch Erbschaft oder Zuschlag im Zwangsversteigerungsverfahren oder durch Gesetz (z. B. Gesetzlicher Eigentumsübergang nach den Regelungen im EV i.V.m. mit Feststellungsbescheiden nach dem VZOG), gesetzlich begründete Dienstbarkeiten nach § 9 Abs. 1 GBBerG.

Beispiele für **Ansprüche auf Befriedigung aus dem Grundstück** sind:
Öffentliche Lasten (Grundsteuern, Erschließungskostenbeiträge, Kanalanschlussgebühren, Ersatzansprüche der öffentlichen Hand für Aufwendungen zur Altlastensanierung nach dem BBodSchG oder zur sonstigen Gefahrenabwehr usw.), Ansprüche aus abgetretenen Briefhypotheken und Briefgrundschulden usw.

Beispiele für **persönliche Rechte an dem Grundstück** sind:
Es geht um persönliche Rechte, die zum **Erwerb** oder zum **Besitz** oder zur **Nutzung** des Grundstücks berechtigen oder die Nutzung des Grundstücks beschränken. Hier kommen in Betracht Ansprüche aus Grundstückskaufvertrag, schuldrechtlich wirkende Vorkaufsrechte, gesetzlich begründete Besitzrechte (z. B. Art. 232 und 233 EGBGB), Nutzeransprüche nach dem SachenRBerG und ErholNutzG, Ansprüche nach dem MeAnlG, Miet- und Pachtverträge, auch solche nach dem SchuldRAnpG, angemeldete Restitutionsansprüche nach dem VermG, vertraglich vereinbarte Baubeschränkungen oder sonstige Nutzungsbeschränkungen.

---

[169] Nur Baden-Württemberg, Berlin, Bremen, Hamburg, Schleswig-Holstein und Mecklenburg-Vorpommern. Zum Ganzen sehr kritisch *Möllers*, NVwZ 1997, 858.

d) Im Falle der **Bereitstellung von Ersatzland** die an diesem Ersatzland als Eigentümer oder sonstwie Berechtigten.

e) Durch eine **Enteignung nach § 91 BauGB betroffene Grundeigentümer** (= Enteignung durch Belastung von Grundstücken mit Drittrechten).

f) Die **Gemeinde**.

III. Das Enteignungsverfahren

1. Antrag und Vorbereitungsphase

a) Antrag

190 Nach § 105 BauGB ist der **Enteignungsantrag** bei der Gemeinde einzureichen, in deren Gemarkung das zu enteignende Grundstück oder der sonstige Enteignungsgegenstand belegen ist (Satz 1). Die Gemeinde hat diesen Antrag zusammen mit einer Stellungnahme innerhalb eines Monats der Enteignungsbehörde vorzulegen (Satz 2). Soweit die Gemeinde selber Antragsteller ist, entfällt eine gesonderte Stellungnahme neben dem Antrag.

191 **Antragsberechtigt ist jedermann**. Besondere Form- oder Vertretungserfordernisse gelten nicht. Jedoch muss der Antrag von der Sache her **schriftlich** gestellt sein, weil sonst keine Prüffähigkeit und auch keine Vorlagefähigkeit i. S.d. § 105 S. 2 BauGB gegeben ist. Inhaltlich muss der Antrag nicht nur bezeichnen, was enteignet werden soll (§ 86 BauGB – Bestimmtheit). Notwendig ist außerdem die **Darlegung** und der **Nachweis** des **Vorliegens aller Zulässigkeitsvoraussetzungen für die Enteignung**. Das betrifft den Enteignungszweck (§§ 85, 90, 91 BauGB) und die speziellen Zulässigkeitsvoraussetzungen in § 87 BauGB. In dem Enteignungsantrag sollte auch dargestellt werden, wer Betroffener i. S.d. § 106 BauGB ist und wie er entschädigt werden soll.

192 Die Einleitung des Enteignungsverfahrens **von Amts wegen kommt nicht in Betracht**. Dies scheidet bereits wegen der Behördenzuständigkeit von der Sache her aus. Denn die höhere Verwaltungsbehörde i. S.d. § 104 BauGB (= mindestens Mittelbehörde wenn nicht sogar Innenministerium des Landes) kann ohne entsprechenden Antrag nicht beurteilen, wo im konkreten Einzelfall ein Enteignungsverfahren nach dem BauGB notwendig wäre. Im Übrigen geht das BauGB von Enteignungsverfahren aus, die auf Antrag durchgeführt werden. Darüber hinaus erscheint es kaum vorstellbar, eine Enteignung gegen den Willen eines durch sie begünstigten Enteignungsbegünstigten durchzuführen. Denn die so „von Amts wegen aufgezwungene Enteignungsbegünstigung" würde den „erzwungenen Enteignungsbegünstigten" zugleich auch zur Entschädigungsleistung verpflichten (§ 94 BauGB). Siehe dazu auch z. B. § 22 S. 2 Nr. 2 VwVfG LSA. Nach dieser Bestimmung entscheidet die Behörde dort nicht nach pflichtgemäßem Ermessen über die Einleitung des Verwaltungsverfahrens, wo sie nur auf Antrag tätig werden darf und ein Antrag nicht vorliegt.

b) Vorbereitungsphase

193 Nach der Vorlage des Enteignungsantrags durch die Gemeinde zusammen mit ihrer Stellungnahme bereitet die Enteignungsbehörde die mündliche Verhandlung vor (§ 107 BauGB). Bereits hier gilt der allgemeine **Beschleunigungsgrundsatz**, wonach die Enteignungsbehörde das Enteignungsverfahren beschleunigt durchführen und schon vor der mündlichen Verhandlung alle erforderlichen Anordnungen treffen soll, um das Verfahren tunlichst in einer mündlichen Verhandlung erledigen zu können (§ 107 Abs. 1 S. 1 und 2 BauGB).

194 Hierzu gehört an erster Stelle die **Gewährung des rechtlichen Gehörs** zu dem Enteignungsantrag. Insoweit ordnet § 107 Abs. 1 S. 3 BauGB an, dass die Enteignungsbehörde dem Eigentümer, dem Antragsteller und den Behörden Gelegenheit zur Äußerung zu geben hat, für deren Geschäftsbereich die Enteignung von Bedeutung ist. Außerdem schreibt § 107 Abs. 2 BauGB unter bestimmten Vor-

aussetzungen die Anhörung der Landwirtschaftsbehörde gesondert vor. Ergänzend gelten die allgemeinen Anhörungsvorschriften des Verwaltungsverfahrensrechts (s. z. B. § 28 VwVfG LSA). Soweit Beteiligte der Person nach unbekannt oder abwesend und unbekannten Aufenthalts oder sonst nicht in der Lage zu eigenem Tätigwerden sind, gelten die allgemeinen Vorschriften des Verwaltungsverfahrensrechts zur **Bestellung von Vertretern** (s. z. B. § 16 VwVfG LSA).

Der Begriff Eigentümer ist weit auszulegen. Erfasst werden alle, deren konkrete Rechtspositionen durch die beantragte Enteignung beeinträchtigt werden (z. B. Entziehung von Rechten an Grundstücken – § 86 BauGB). Die Gelegenheit zur Äußerung für den Antragsteller macht insoweit Sinn, als er etwaige Einwände anderer Beteiligter gegen die von ihm beantragte Enteignung zur Kenntnis nehmen und sich dazu äußern können muss. In gleicher Weise sind aber auch die anderen Beteiligten von solchem Sachvortrag eines anderen Beteiligten zu unterrichten, den sie bisher nicht kannten. Ihnen ist auch dazu Gelegenheit zur Äußerung zu geben. Ergänzend greift die Pflicht zur Anhörung Beteiligter nach den VwVfG (s. z. B. § 28 VwVfG LSA). 195

Für die Enteignungsbehörde gilt die **generelle Amtsermittlungspflicht** nach den VwVfG (s. z. B. § 24 VwVfG LSA). Es sind **alle entscheidungserheblichen Umstände** zu ermitteln, auch die für die Beteiligten günstigen Umstände (§ 24 Abs. 2 VwVfG). Dazu gehören u. a. auch werterhebliche Umstände mit Auswirkung auf den Verkehrswert i. S.d. § 95 Abs. 1 BauGB i.V.m. § 194 BauGB als Grundlage der Festsetzung von Enteignungsentschädigungen. Die Verletzung der gesetzlichen Amtspflicht zur Feststellung des vollständigen Sachverhalts lässt eine Enteignungsentscheidung, die auf unrichtigen oder unvollständigen Sachverhalten beruht, fehlerhaft werden. Die Entscheidung verfällt der Aufhebung. 196

Nach § 107 Abs. 1 S. 4 BauGB gehört zu dem von der Enteignungsbehörde zu ermittelnden Sachverhalt die **Beiziehung** eines oder mehrerer **Verkehrswertgutachten des örtlich zuständigen Gutachterausschusses** für Grundstückswerte, wenn Grundeigentum oder ein Erbbaurecht entzogen werden soll (§ 192 i.V.m. § 193 Nr. 1 und 2 BauGB). Dabei ist zu beachten, dass der Gutachterausschuss ausschließlich **Verkehrswertgutachten** erstatten kann und auch nur dazu befugt ist (§ 193 Abs. 1 BauGB). Es ist nicht seine Sache, Enteignungsentschädigungen zu bestimmen oder sich dazu gutachterlich zu äußern. Hierzu fehlt den Mitgliedern des Gutachterausschusses sowohl die **sachliche Zuständigkeit** als auch jedwede fachliche Kompetenz. Vielmehr ist es **Aufgabe der Enteignungsbehörde**, dem Gutachterausschuss **konkrete Vorgaben** sowohl zum anwendbaren **Wertermittlungsstichtag** zu machen als auch **zusätzliche Fragen** vorzugeben, um den besonderen Vorgaben des § 95 Abs. 2 BauGB bezüglich der Festsetzung der Enteignungsentschädigung selber durch eigene Behördenentscheidung entsprechen zu können. Äußert sich der Gutachterausschuss über den Rahmen der reinen Verkehrswertbestimmung hinaus, sind seine entsprechenden Ausführungen und im Zweifel seine gesamte Arbeit in dem Enteignungsfall wegen **fehlender oder unzureichender Sachkunde** auf diesem Gebiet unbrauchbar. Denn es **mangelt den Mitgliedern der Gutachterausschüsse** regelmäßig an der notwendigen **fachlichen Vor- und Ausbildung** für die **Beurteilung von Rechtsfragen** in Zusammenhang mit der **Anwendung des Entschädigungsrechts** nach dem BauGB. 197

Es ist deshalb **nicht nur zulässig**, nach den einzelnen Gutachtern zu fragen, die im konkreten Einzelfall eines Enteignungsverfahrens ein Gutachten erstattet haben,[170] sondern **auch notwendig**. Dabei ist vor allem auch nach der jeweiligen **fachlichen Aus- und Vorbildung** der einzelnen Gutachter zu 198

---

170 S. zu Auskunftsverlangen in Bezug auf die personelle Zusammensetzung von „Gutachterkommissionen", um im eigenen Rehabilitationsinteresse oder aus sonst anzuerkennenden Verfahrensgründen erfolgreiche Rügen der mangelnden Sachkunde i. S.d. Rechtsprechung des BGH vorbringen zu können (= z. B. BGH NJW 1987, 2300 = LM § 402 ZPO Nr. 31): BVerwGE 31, 301 = NJW 1969, 1131; BVerwGE 35, 225 = NJW 1970, 1760; BVerwGE 50, 225 = NJW 1976, 1364; BVerwGE 61, 15 = NJW 1981, 535; BVerwGE 84, 375 = NJW 1984, 2590; OVG Münster NJW 1989, 544 und NJW 1999, 1802 = NVwZ 1999, 784; OVG Koblenz NVwZ-RR 1998, 170.

fragen, die als Mitglieder eines Gutachterausschusses im konkreten Enteignungsverfahren wie auch immer tätig geworden sind.[171]

199 Bei der **Auswahl der verwendbaren Beweismittel** hat die Enteignungsbehörde **pflichtgemäßes Ermessen** auszuüben (z. B. § 26 Abs. 1 VwVfG LSA). Die Enteignungsbehörde muss richtig beurteilen und entscheiden, **für welche Beweisfrage** sie **welches Beweismittel** heranzieht. Hierzu gehört auch ein **Auswahlermessen** bezüglich zu beauftragender Sachverständiger für bestimmte Beweisfragen. Im Prozess kommt der Frage der fachlichen Qualifikation eines vom Gericht für eine bestimmte Beweisfrage nach § 404 ZPO auszuwählenden Sachverständigen besondere Bedeutung zu. Soweit ein Sachverständiger die **erforderlichen Qualifikationsmerkmale nicht aufweist**, die für die Behandlung eines Beweisthemas wesentlich sind, liegt im Prozess ein **revisionsrechtlich relevanter Verfahrensverstoß** vor, weil das Gericht dann seine Aufklärungspflicht verletzt hat.[172] Der Vortrag einer Partei, bei dem vom Gericht bestimmten Sachverständigen liege die erforderliche Sachkunde nicht vor, stellt die Rüge dieses Verfahrensverstoßes dar. Nach den allgemeinen Regeln des Prozessrechts hat das Gericht auf diese Rüge in seiner Entscheidung einzugehen und die Sachkunde des

---

[171] In keinem Fall ist die Annahme von vorneherein begründet, Gutachten oder sonstige Auskünfte seien bereits deshalb richtig, weil sie von einem Gutachterausschuss herrühren. Es ist vielmehr notwendig, zu hinterfragen, wer eigentlich Mitglied des jeweiligen Gutachterausschusses ist und wie es um die jeweilige fachliche Qualifikation dieser Mitglieder steht, die im konkreten Einzelfall Gutachten erstattet haben. Entsprechende Nachforschungen eines Betroffenen oder seines Prozessvertreters können nicht selten verblüffende Sachverhalte zutage fördern. Jedenfalls ist die zwar häufig anzutreffende, aber durchaus nicht in jedem Fall vorliegende berufliche Vorbildung als Dipl.-Ing. oder Bauing. oder Architekt oder Geodät kein Nachweis der erforderlichen Sachkunde auf dem Gebiet der Rechtsanwendung im Entschädigungsrecht des BauGB in Zusammenhang mit der Festsetzung von Enteignungsentschädigungen. Hinzuweisen ist in diesem Zusammenhang auf den Aufsatz von *Schmidt*, Probleme der Gutachterausschüsse in Baden-Württemberg, GuG 1992, 330. Als Ergebnis einer im Jahre 1992 durchgeführten Umfrage zur personellen Besetzung der 155 Gutachterausschüsse in Gemeinden bis 75.000 Einwohner im Bundesland Baden-Württemberg nennt der Autor folgende Zahlen:
„ ... 66 % der Gutachterausschüsse haben als Vorsitzenden keinen Sachverständigen; 35 % der Vorsitzenden der Gutachterausschüsse sind Gemeinderäte; 6 % der Gutachterausschüsse bestehen ausschließlich aus Gemeinderäten; 43 % der Gutachterausschüsse haben keinen Sachverständigen als Gutachter; 45 % der Gutachterausschüsse bestehen mehrheitlich aus Mitgliedern ohne Sachkunde; 7 % der Gutachterausschüsse bestehen ausschließlich aus Mitgliedern ohne Sachkunde. ..." Hierbei ist allerdings zu sehen, dass die Gutachterausschussverordnung für Baden-Württemberg anders als in den übrigen Bundesländern die Einrichtung von Gutachterausschüssen „bei den Gemeinden" vorsieht und nicht, wie sonst in allen anderen Bundesländern üblich, bei den Landkreisen oder kreisfreien Städten bzw. bei den kreisangehörigen „Großen Städten" (§ 1 Abs. 1 der Gutachterausschussverordnung Baden-Württemberg). Dies führte naturgemäß zu einer Vielzahl kleiner und kleinster örtlicher Zuständigkeitsbereiche für Gutachterausschüsse in Baden-Württemberg. Als Folge ergab sich eine Zersplitterung der Facharbeit mit der einhergehenden verringerten Markttransparenz. Die negativen Folgen für die Facharbeit wurden durch die von *Schmidt* in seinem zitierten Aufsatz bloßgestellte niedrige Fachqualifikation des als Gutachter in solchen Gutachterausschüssen eingesetzten Personals teilweise bis in das Groteske weiter verstärkt. Versuche, diese auf der in Baden-Württemberg gegebenen Tradition ortsgerichtlicher Schätzungen beruhende Sonderregelung zu ändern, wurden wiederholt unternommen, zuletzt durch eine beabsichtigt gewesene Änderung des § 192 BauGB im Regierungsentwurf zum Jahressteuergesetz 1997 (BR-Drs. 390/96, 35). Dies scheiterte aber am politischen Widerstand, welchen die durch solche Änderungen betroffenen Kommunalpolitiker im Lande Baden-Württemberg zu mobilisieren wussten. Sie sahen der Abschaffung eigener Gutachterausschüsse in den Gemeinden, die durch die Gesetzesänderung beabsichtigt war und bewirkt worden wäre, mit nur begrenzter Begeisterung entgegen. Hierbei hatten Gesichtspunkte, die auf die Sacharbeit von Gutachterausschüssen bezogen gewesen wären, „nicht immer das ihnen zukommende Gewicht". Im Ergebnis bedeutet das für Enteignungsbehörden und für Betroffene bzw. am Enteignungsverfahren Beteiligte i. S.d. § 106 BauGB und ihre jeweiligen Rechtsvertreter, dass Auskünfte oder Gutachten, die von Gutachterausschüssen der Gemeinden in Baden-Württemberg herrühren, mit besonderer kritischer Zurückhaltung gewürdigt werden müssen.

[172] BAG NJW 1971, 263.

von ihm bestellten Sachverständigen im Einzelnen darzulegen.[173] **Das gilt entsprechend auch im Verwaltungsverfahren für die Enteignungsbehörde.**

Nach § 107 Abs. 1 S. 1 BauGB ist das Enteignungsverfahren beschleunigt durchzuführen. Die Verletzung des **Beschleunigungsgrundsatzes** stellt sich als Amtspflichtverletzung dar und macht u.U. schadensersatzpflichtig (Art. 34 GG i.V.m. § 839 BGB). Nach S. 2 der Vorschrift soll die Enteignungsbehörde schon vor der mündlichen Verhandlung (§ 108 BauGB) alle Anordnungen treffen, um das Verfahren tunlichst in einem mündlichen Verhandlungstermin erledigen zu können.

200

2. Förmlicher Verfahrensbeginn

a) Förmlicher Verfahrensbeginn durch Anberaumung eines Termins zur mündlichen Verhandlung

Nach § 108 Abs. 1 S. 1 BauGB wird das **Enteignungsverfahren durch Anberaumung eines Termins** zu einer **mündlichen Verhandlung** mit den Beteiligten **eingeleitet.** Die Vorschrift ist missverständlich formuliert. Sie bedeutet nicht, dass vorher kein Verwaltungsverfahren durchgeführt wurde. Denn in der Vorbereitungsphase lief bereits ein solches Verfahren, in welchem die Enteignungsbehörde Amtsermittlungen, Anhörungen sowie auch Beweiserhebungen durchzuführen hatte (s.o. Rn 192 ff.).

201

Gemeint ist vielmehr, dass durch die Anberaumung des Termins zur mündlichen Verhandlung der Zeitpunkt bestimmt wird, in welchem die mit dem Enteignungsverfahren verbundenen weiteren Rechtsfolgen in Kraft treten sollen.

202

b) Ortsübliche Bekanntmachung

Nach § 308 Abs. 5 BauGB ist die Einleitung des Enteignungsverfahrens (i. S.d. Abs. 1 = Anberaumung des Termins zur mündlichen Verhandlung) **ortsüblich bekannt zu machen.** Hierzu gelten die **allgemeinen Regeln** über die **ortsübliche Bekanntmachung im Behördenverfahren,** nicht etwa die besonderen Vorschriften für ortsübliche Bekanntmachungen durch Gemeinden. Denn die **Pflicht** zur Bekanntmachung **trifft die Enteignungsbehörde und nicht etwa eine Gemeinde.** In der Bekanntmachung sind alle Beteiligten aufzufordern, ihre Rechte spätestens in der mündlichen Verhandlung wahrzunehmen. Dabei ist darauf hinzuweisen, dass auch im Falle des Nichterscheinens über den Enteignungsantrag und andere im Verfahren zu erledigende Anträge entschieden werden kann.

203

Mit der öffentlichen Bekanntmachung tritt eine **Verfügungs- und Veränderungssperre** in Kraft (§ 109 Abs. 1 BauGB). Die in § 51 BauGB bezeichneten Rechtsvorgänge, Vorhaben und Teilungen bedürfen der schriftlichen Genehmigung durch die Enteignungsbehörde. Dies hat bei ungenehmigten Verfügungen oder Veränderungen Auswirkungen auf die Festsetzung von Enteignungsentschädigungen (s.o. Rn 157, 158).

204

c) Unterrichtung des Grundbuchamts und des Versteigerungsgerichts

Die Enteignungsbehörde unterrichtet das **Grundbuchamt** von der Einleitung des Enteignungsverfahrens (= Anberaumung des Termins zur mündlichen Verhandlung – s.o. Rn 199) und ersucht um die Eintragung eines **Enteignungsvermerks** in das Grundbuch (§ 108 Abs. 6 S. 1 und 2 BauGB). Der Enteignungsvermerk hat lediglich deklaratorische Wirkung („Warnfunktion"), weil die Verfügungs-

205

---

[173] BGH NJW 1962, 2149 = LM § 3 UWG Nr. 56; BGH VersR 1981, 752; BGH NJW 1987, 442 = VersR 1987, 179 = LM § 412 ZPO Nr. 5; BGH NJW-RR 1988, 762 = VersR 1987, 1238 = LM § 823 (Aa) BGB Nr. 90; BGH NJW 1992, 1459 = VersR 1992, 722 = LM H. 9/1992 § 286 (E) ZPO Nr. 22; BGH NJW 1992, 2291 = VersR 1992, 1015; BGH NJW 1993, 2378; BGH NJW 1993, 2380; BGH NJW-RR 1994, 219; BGH NJW 1997, 794 = LM H. 2/1997 § 8234 (Aa) BGB Nr. 168 = VersR 1996, 1535; BGH NJW-RR 1998, 1117; *Müller,* Der Sachverständige im gerichtlichen Verfahren, 3. Aufl. 1988, Rn 158.

und Veränderungssperre nach § 109 BauGB kraft Gesetzes gilt.[174] Der Enteignungsvermerk ist nach Beendigung des Enteignungsverfahrens auf Ersuchen der Enteignungsbehörde wieder zu löschen.

206 Ist im Grundbuch die Zwangsversteigerung oder Zwangsverwaltung eingetragen, unterrichtet die Enteignungsbehörde auch das Vollstreckungsgericht von der Einleitung des Enteignungsverfahrens, soweit das Grundstück davon betroffen ist (§ 108 Abs. 7 BauGB).

3. Mündliche Verhandlung

a) Ladungen

207 Zu der mündlichen Verhandlung sind nach § 108 Abs. 1 S. 2 BauGB der Antragsteller, der Eigentümer des betroffenen Grundstücks und die sonstigen aus dem Grundbuch ersichtlichen Beteiligten zu laden. Ergänzend gelten die Vorschriften der VwVfG über das förmliche Verwaltungsverfahren. Soweit der Enteignungsbehörde weitere Beteiligte i. S.d. § 106 BauGB bekannt geworden sind, müssen diese ebenfalls geladen werden (s. z. B. § 67 Abs. 1 S. 2 VwVfG LSA). Die Ladungen sind zuzustellen, hierfür gelten die VwZG der Länder. Die Ladungsfrist beträgt einen Monat.

208 Die Ladung muss den inhaltlichen Anforderungen des § 108 Abs. 3 BauGB entsprechen, wobei für die Ladung von Personen, deren Beteiligung auf einem Antrag auf Entschädigung in Land beruht, die weiteren Anforderungen in § 108 Abs. 4 BauGB gelten.

b) Durchführung der mündlichen Verhandlung

209 Für die Durchführung der mündlichen Verhandlung gelten ebenfalls die VwVfG (s. z. B. § 68 VwVfG LSA). Hervorzuheben ist die **Nichtöffentlichkeit** der Verhandlung.

c) Einigungsgrundsatz

210 Nach § 110 Abs. 1 BauGB hat die Enteignungsbehörde auf eine Einigung der Beteiligten hinzuwirken. Kommt es zur Einigung, hat die Enteignungsbehörde darüber nach § 110 Abs. 2 BauGB eine Niederschrift anzufertigen, die von den Beteiligten zu unterschreiben ist. Soweit für den Eigentümer ein Bevollmächtigter auftritt, bedarf er einer öffentlich beglaubigten Vollmacht. Die von der Enteignungsbehörde beurkundete Einigung steht nach § 110 Abs. 3 BauGB einem unanfechtbaren Enteignungsbeschluss gleich. Sie ist der Ausführungsanordnung nach § 117 BauGB zugänglich. Ergänzend sind die Vorschriften der VwVfG über Vergleichsverträge anzuwenden (s. z. B. § 55 und §§ 57 ff. VwVfG LSA).

4. Enteignungsbeschluss

a) Allgemeines

211 Soweit es nicht zu einer Einigung unter den Beteiligten kommt, muss die Enteignungsbehörde über den Enteignungsantrag und die übrigen gestellten Anträge sowie über die erhobenen Einwendungen entscheiden; die Entscheidung ergeht durch Beschluss (§ 112 Abs. 1 BauGB). Für diesen Beschluss führt § 113 BauGB in der Überschrift und in einem Klammerzusatz in Abs. 2 den technischen Begriff Enteignungsbeschluss ein. Der Enteignungsbeschluss ist mit einer Rechtsbehelfsbelehrung zu versehen und den Beteiligten zuzustellen (§ 113 Abs. 1 BauGB). Im Übrigen gelten für den Enteignungsbeschluss die Formvorschriften in den VwVfG (s. z. B. 3 69 VwVfG LSA). Für die Zustellung sind wiederum die VwZG der Länder anzuwenden.

212 Auf Antrag eines Beteiligten kann die Enteignungsbehörde nach § 112 Abs. 2 auch **Vorabentscheidungen** treffen, wobei dann aber zugleich die Anordnung zu treffen ist, dass dem Berechtigten in

---

[174] *Waldner*, in: *Bauer/von Oefele*, Grundbuchrecht, 1999, AT VIII Rn 86.

Höhe der zur erwartenden Entschädigung eine Vorauszahlung zu leisten ist. Die Vorabentscheidung ist selbständig anfechtbar.

b) Ablehnung des Enteignungsantrags

Die Entscheidung der Enteignungsbehörde kann auch darin bestehen, dass sie die **beantragte Enteignung ablehnt**. In diesem Fall ist für weitere Entscheidungen, z. B. über Entschädigungen, kein Raum mehr. Entsprechende Anträge sind gegenstandslos geworden. Allerdings muss auch bei abgelehnten Enteignungsanträgen über die Verfahrenskosten entschieden werden, wobei die Kostenregelung in § 121 Abs. 1 S. 1 BauGB zu beachten ist.

213

c) Notwendige Hauptentscheidungen bei Stattgabe des Enteignungsantrags

Soweit die Enteignungsbehörde dem Enteignungsantrag stattgibt, muss sie nach § 112 Abs. 3 BauGB zugleich den **materiellen Umfang der Enteignung** in dem Enteignungsbeschluss **durch** folgende weitere **Nebenentscheidungen konkretisieren**:
a) Aufrechterhaltung von Rechten der Nebenberechtigten i. S. d. § 97 BauGB am Gegenstand der Enteignung;
b) Belastung des Gegenstands der Enteignung oder des Ersatzlandes oder eines anderen Grundstücks mit Drittrechten;
c) Begründung von Rechtsverhältnissen i. S. d. § 86 Abs. 1 Nr. 3 und 4 BauGB;
d) Eigentumsübergang oder Enteignung von Ersatzland, soweit in Ersatzland entschädigt wird.

214

d) Weiterer Inhalt des Enteignungsbeschlusses bei Stattgabe des Enteignungsantrags

Die Vorschrift des § 113 Abs. 2 Nr. 1 bis 9 BauGB macht weitere Vorgaben zum Inhalt des Enteignungsbeschlusses. Dabei geht es sowohl um die nähere Ausgestaltung des Bestimmtheitsgrundsatzes für Verwaltungsakte nach den VwVfG (s. z. B. § 37 Abs. 1 VwVfG LSA) als auch um konkrete und dem Enteignungsverfahren immanente materielle Anordnungen zum Entscheidungsinhalt.

215

Der notwendigen **Bestimmtheit des Enteignungsbeschlusses** dienen Anordnungen zur genauen Bezeichnung am Verfahren **beteiligter Personen** und der **Gegenstände des Enteignungsverfahrens**. Hierzu wird zunächst die genaue Bezeichnung des Betroffenen und des Enteignungsbegünstigten sowie der sonstigen Beteiligten angeordnet (Nr. 1 und 2). In diesen Zusammenhang gehören aber auch die näheren Anordnungen zur Bezeichnung des Gegenstands der Enteignung (Nr. 4), zum Inhalt von Rechten bei Belastung von Grundstücken mit ihnen oder bei ihrer Neubegründung (Nr. 5, 6) sowie bei der Entschädigung in Land zur Bezeichnung des betreffenden Grundstücks (Nr. 9). Ergänzend ist dazu außerdem eine zusammenfassende Darstellung der Eigentums- und sonstigen Rechtsverhältnisse vor und nach der Enteignung vorgeschrieben (Nr. 7).

216

An **zusätzlichen enteignungstypischen Inhalten** des Enteignungsbeschlusses schreibt § 113 Abs. 2 BauGB Entscheidungen über den **Enteignungszweck** und die **Verwendungsfrist** vor, innerhalb derer das Grundstück dem vorgesehenen Zweck zugeführt werden muss (Nr. 3). Außerdem muss der Enteignungsbeschluss Entscheidungen über **Art und Höhe der Entschädigung** sowie über die **Höhe von Ausgleichsleistungen** enthalten (Nr. 8). Fehlt es in einem Enteignungsbeschluss an diesen Inhalten, ist die Entscheidung unvollständig, weil sie nicht den gesetzlich vorgeschriebenen Inhalt hat. Die Entscheidung ist aufzuheben mit der Maßgabe, dass die Enteignungsbehörde erneut und vollständig zu entscheiden hat. Die nachträgliche Ergänzung eines unvollständigen Enteignungsbeschlusses durch die Enteignungsbehörde ist grundsätzlich möglich, doch erfordert dies erneute Zustellungen und setzt neue Rechtsmittelfristen in Gang. Im Interesse der Klarheit sollte die Enteignungsbehörde in solchen Fällen ihre Erstentscheidung aufheben und durch einen nunmehr vollständigen Enteignungsbeschluss erneut entscheiden.

217

218 Im Übrigen ist in dem Enteignungsbeschluss auch über die **Kosten** zu entscheiden. Nach § 121 Abs. 1 S. 2 BauGB trägt der Entschädigungsverpflichtete die Verfahrenskosten.

e) Zwangsvollstreckung

219 Der bestandskräftige Enteignungsbeschluss ist nach § 122 BauGB ein **Titel**, aus dem die **Zwangsvollstreckung** nach den Vorschriften über die Vollstreckung von Urteilen nach der ZPO stattfindet. Das Gleiche gilt von der Niederschrift über eine Einigung (s.o. Rn 208) und von einem Beschluss über die vorzeitige Besitzeinweisung (s.u. Rn 219).

f) Aufhebung des Enteignungsbeschlusses bei Nichtleistung von Zahlungen durch den Enteignungsbegünstigten

220 Nach § 120 Abs. 1 BauGB hat die Enteignungsbehörde auf Antrag den Enteignungsbeschluss aufzuheben, wenn der Enteignungsbegünstigte die ihm durch den Enteignungsbeschluss auferlegten Zahlungen nicht innerhalb eines Monats nach Eintritt der Bestandskraft des Enteignungsbeschlusses geleistet hat. Allerdings darf noch keine Ausführungsanordnung ergangen sein (s.u. Rn 222). Antragsberechtigt ist jeder Beteiligte, dem eine nicht gezahlte Entschädigung zusteht oder der aus ihr zu befriedigen ist (§ 97 Abs. 4 BauGB). Im letzteren Fall kommt es darauf an, dass der zur Entschädigungsleistung verpflichtete Begünstigte der Enteignung die Geldentschädigung noch nicht nach § 118 BauGB hinterlegt hat. Statt der Aufhebung nach § 120 Abs. 1 BauGB kann der Anspruchsberechtigte allerdings auch die Zwangsvollstreckung nach § 122 BauGB betreiben (s.o. Rn 216).

5. Vorzeitige Besitzeinweisung

221 Nach § 116 BauGB ist auf Antrag die Einweisung des Antragstellers in den Besitz des von dem Enteignungsverfahrens betroffenen Grundstücks möglich. Voraussetzung ist, dass die sofortige Ausführung der beabsichtigten Maßnahme (= Enteignung) aus Gründen des Allgemeinwohls dringend geboten ist. Es handelt sich also um eine vorzeitige Besitzeinweisung vor Erlass des Enteignungsbescheids. Die Entscheidung ergeht durch Beschluss. Sie ist dem Antragsteller, dem Eigentümer und dem Besitzer zuzustellen.

6. Ausführungsanordnung

222 Soweit der Enteignungsbeschluss oder der Beschluss über die vorzeitige Besitzeinweisung bestandskräftig geworden sind, ordnet die Enteignungsbehörde nach § 117 Abs. 1 S. 1 BauGB auf Antrag eines Beteiligten die Ausführung an. Hierfür führt die Norm den technischen Begriff **Ausführungsanordnung** ein.

223 Die Ausführungsanordnung ist allen Beteiligten zuzustellen, deren Rechtsstellung durch den Enteignungsbeschluss betroffen wird. Außerdem ist sie der Gemeinde mitzuteilen (§ 117 Abs. 4 BauGB).

224 Die Ausführungsanordnung hat **konstitutive oder rechtsgestaltende Wirkung**. Mit dem in ihr festgesetzten Tag wird der bisherige Rechtszustand durch den im Enteignungsbeschluss geregelten neuen Rechtszustand ersetzt. Zugleich entstehen die durch den Enteignungsbeschluss neu begründeten persönlichen Rechte zum Erwerb, Besitz oder zur Nutzung von Grundstücken; sie gelten von diesem Zeitpunkt an als zwischen den Beteiligten vereinbart (§ 117 Abs. 5 BauGB). Die Ausführungsanordnung schließt die Einweisung in den Besitz des enteigneten Grundstücks oder des Ersatzlandes ein (§ 117 Abs. 6 BauGB).

225 Nach § 117 Abs. 7 BauGB übersendet die Enteignungsbehörde dem **Grundbuchamt** eine beglaubigte Abschrift des Enteignungsbeschlusses sowie der Ausführungsanordnung und ersucht um **Eintragung der Rechtsänderungen** in das Grundbuch.

IV. Rechtsbehelfe und Rechtsweg

Nach § 217 Abs. 1 BauGB können Verwaltungsakte im Enteignungsverfahren durch Antrag auf gerichtliche Entscheidung angefochten werden, für welche die Kammern für Baulandsachen bei den Landgerichten zuständig sind (§§ 219 ff. BauGB). Ein Vorverfahren nach §§ 68 ff. VwGO findet nur dort statt, wo die Landesregierungen von der Verordnungsermächtigung in § 212 BauGB Gebrauch gemacht und die Durchführung des Vorverfahrens in Enteignungssachen durch Rechtsverordnung angeordnet haben. Rechtsverordnungen, die sich auf die Bildung von Umlegungsausschüssen und die Anordnung des Vorverfahrens im Umlegungsverfahren nach dem BauGB beschränken, reichen dafür nicht aus.

§ 21 Die Erschließung von Grundstücken

Dr. Peter Zimmermann

Inhalt

A. Einführung 1	3. Anspruch auf Erschließung . 49
I. Baureife Grundstücke 1	a) Grundsatz 49
II. Rohbauland 4	b) Verdichtung der Erschließungslast zur Erschließungspflicht . . . 50
B. Bundesgesetzliche Regelung der Erschließung im BauGB 6	IV. Erschließungsbeiträge 61
I. Der Erschließungsbegriff 6	1. Allgemeines 61
II. Grundstücksbezogene Erschließung als Zulässigkeitsvoraussetzung für (Bau)Vorhaben 11	2. Eingeschränkter Umfang der Erschließungsbeiträge nach dem BauGB 63
1. Allgemeines 11	3. Gegenstand und Entstehung der Erschließungsbeitragspflicht nach dem BauGB 73
2. Genereller Inhalt der grundstücksbezogenen Erschließung 14	4. Beitragspflichtiger und Fälligkeit des Beitrags 79
3. Verkehrserschließung als Teil der grundstücksbezogenen Erschließung 19	**C. Erschließungsbezogene Regelungen im Landesrecht** 82
4. Ver- und Entsorgungserschließung als Teil der grundstücksbezogenen Erschließung 26	I. Allgemeines 82
5. Sicherung der grundstücksbezogenen Erschließung . . 27	II. Besondere erschließungsbezogene Anforderungen an die Beschaffenheit von Baugrundstücken 84
a) Allgemeines 27	1. Die Regelungen in § 4 der Landesbauordnungen 84
b) Noch nicht hergestellte Erschließung 28	2. Verkehrsmäßige Zugänglichkeit des Grundstücks 87
c) Rechtliche Sicherung einer hergestellten Erschließung 33	3. Die Versorgung des Grundstücks 92
III. Gebietsbezogene Erschließung i. S. d. §§ 123 ff. BauGB 40	4. Die Abwasserentsorgung von dem Grundstück 95
1. Begriffsinhalt 40	III. Landesrechtliche Beitragspflichten für Ver- und Entsorgungsanlagen . 100
2. Erschließungslast und Erschließungsverträge . . . 43	**D. Verhältnis von Bundes- und Landesrecht** 102

A. Einführung

I. Baureife Grundstücke

Beim Grundstückskauf oder -verkauf sowie auch in anderen Zusammenhängen spielt die Frage der Erschließung regelmäßig dann eine Rolle, wenn es um den Wert baureifer Grundstücke i. S. d. § 4 Abs. 4 WertV 88 oder solcher Grundstücke geht, die als Rohbauland i. S. d. § 4 Abs. 3 WertV 88 qualifiziert werden müssen. Das Erschließungsproblem stellt sich für den betroffenen Grundstückseigentümer oder -käufer aus unterschiedlichen Blickwinkeln. 1

Bei **baureifen Grundstücken** ist die Erschließung im Regelfall vergleichsweise unproblematisch. Die notwendige Grundstückserschließung ist in solchen Fällen **fast** immer gegeben. Das gilt vor 2 allem dann, wenn diese Grundstücke bereits bestimmungsgemäß bebaut worden sind. Die Fragen zur Erschließung reduzieren sich dann meist darauf, ob die vorhandene Erschließung von Bestand ist oder in absehbarer Zeit durch eine Neuerschließung ersetzt werden wird. Hierbei geht es um mehrere mögliche Fallgestaltungen.

3 Zunächst können vorhandene Erschließungsanlagen durch Alterung oder Beschädigung verbraucht sein, so dass sie aus technischen Gründen erneuert werden müssen. Dieser Fall war in den neuen Bundesländern in der Zeit unmittelbar vor und nach dem Beitritt im Jahre 1990 vergleichsweise häufig. Möglich sind allerdings auch Fälle, bei denen trotz einer bereits gegebenen Bebauung und Grundstücksnutzung Probleme auftreten, weil die vorhandene Erschließung des Grundstücks für die ausgeübte oder eine beabsichtigte neue Grundstücksnutzung nicht ausreicht. Solches kommt z. B. dort vor, wo ein Gewerbegrundstück künftig neu als Standort für einen großen Einkaufsmarkt genutzt werden soll, was u. a. zu einem vergrößerten Verkehrsaufkommen durch Kunden, Anlieferer und Mitarbeiter und zu einer dem entsprechenden verstärkten Inanspruchnahme der vorhandenen gemeindlichen Erschließungsstraße führt. Sollte deren Kapazität nicht ausreichen, um den erhöhten Bedarf an Verkehrserschließung zu decken, welcher mit der beabsichtigten neuen Grundstücksnutzung herbeigeführt wird, wäre eine ausreichende Verkehrserschließung für diese neue Grundstücksnutzung nicht gegeben.[1] Zu denken ist schließlich auch an solche Fälle, in denen Bodenordnungsverfahren nach den Vorschriften der §§ 45 ff. BauGB zur Umlegung von Grundstücken für die Erschließung oder Neugestaltung bestimmter Gebiete führen. Auch dies kann bei bereits bebauten und erschlossen gewesenen Grundstücken zu erheblichen Erschließungsproblemen führen, die ein Grundstückskäufer oder -verkäufer bei der Abschätzung des Grundstückspreises für ein von der Bodenordnung betroffenes Grundstück zu beachten hat.

II. Rohbauland

4 Schwieriger wird das Erschließungsproblem aber dort, wo es um **Rohbauland** i. S.d. § 4 Abs. 3 WertV 88 geht. Hier fehlt es regelmäßig am Vorhandensein der notwendigen Erschließung. Meist ist dann unklar, ob und wann mit der Herstellung der notwendigen Grundstückserschließung durch die Gemeinde als Träger der Erschließungslast oder einen sonstigen Erschließungsträger gerechnet werden kann. Für die Bestimmung des Bodenwerts solcher Grundstücke kommt es stets auf genaue Erhebungen dazu an, wann mit der Herstellung der Erschließung zu rechnen ist. Denn dieses Zustandsmerkmal des Grundstücks bestimmt u. a. die Dauer der Wartezeit bis zu seiner baulichen Nutzung i. S.d. § 5 Abs. 4 WertV 88.

5 **Stets** ist von Bedeutung, ob das Grundstück in der Weise als **erschließungskostenbeitragsfrei** angesehen werden kann, dass bereits angefallene Erschließungsbeiträge bezahlt wurden, und neue Beiträge demnächst nicht zu erwarten sind. Es handelt sich bei dieser Frage um den beitrags- und abgabenrechtlichen Zustand des Grundstücks i. S.d. § 5 Abs. 3 WertV 88, also um ein weiteres Zustandsmerkmal. Dieses muss für eine sinnvolle Bestimmung von Grundstückspreisen im Grundstücksverkehr ebenfalls als Befundtatsache erhoben werden. Die Vergleichswerte, wie sie bei der Bodenwertbestimmung in Anwendung des Vergleichswertverfahrens nach §§ 13, 14 WertV 88 Verwendung finden, müssen darauf überprüft werden, ob sie sich auf erschließungsbeitragsfreie oder -pflichtige Grundstücke beziehen. Soweit der erschließungsbezogene Abgabenzustand bei den Vergleichs- oder Richtwertgrundstücken von dem des zu bewertenden Grundstücks abweicht, muss das durch Zu- oder Abschläge i. S.d. § 14 S. 1 WertV 88 ausgeglichen werden.

---

1 Z. B. BVerwG NJW 1997, 2192 = NVwZ 1997, 389 (zur gesicherten Erschließung eines Einzelhandelsgeschäfts im unbeplanten Innenbereich). Siehe auch OVG Münster NVwZ 1993, 493 (verkehrliche Erschließung eines SB-Marktes – SB-Markt mit 8000 qm Verkaufsfläche – Problem mit der Verkehrsabwicklung an 500 m entfernter Einmündung in öffentliche Straße – nicht gesichert.).

B. Bundesgesetzliche Regelung der Erschließung im BauGB

I. Der Erschließungsbegriff

Das BauGB verwendet den Begriff Erschließung. Dies geschieht an unterschiedlichen Stellen des Ersten von insgesamt vier Kapiteln des Gesetzes. Der Begriff Erschließung findet sich z. B. im Dritten Teil des Ersten Kapitels in den Vorschriften der §§ 30 bis 35 BauGB, im Vierten Teil des genannten Ersten Kapitels in § 45 Abs. 1 S. 1 und in § 52 Abs. 2 BauGB sowie auch im Sechsten Teil des Ersten Kapitels (§§ 123 bis 135 BauGB), der sich ausschließlich mit Erschließungsfragen beschäftigt und deshalb sogar die Überschrift Erschließung trägt.

Allerdings ist dieser **Sprachgebrauch** innerhalb des BauGB **nicht einheitlich** i. S. eines durchgehend gleichbedeutenden Erschließungsbegriffs. Es fehlt an einer gesetzlichen Definition der Erschließung im BauGB mit der Folge, dass der Begriff je nach dem Regelungsgegenstand, zu welchem er in dem Gesetz verwendet wird, eine unterschiedliche Bedeutung hat.[2]

■ **Grundstücksbezogener Erschließungsbegriff**
Zunächst geht es in den Vorschriften der §§ 30 bis 35 BauGB um einen grundstücksbezogenen Erschließungsbegriff. Es handelt sich dabei um besondere Voraussetzungen auf dem Gebiet der Erschließung, die ein Grundstück als Voraussetzung seiner Bebaubarkeit erfüllen muss. Nach den Vorschriften der §§ 30 Abs. 1, 33 Abs. 1 Nr. 4, 34 Abs. 1 S. 1 und 35 Abs. 1 BauGB muss die Erschließung bzw. die ausreichende Erschließung (des Grundstücks) gesichert sein, wenn ein (Bau)Vorhaben i. S.d. genannten Vorschriften zulässig sein soll. In dem gleichen grundstücksbezogenen Sinne wird der Erschließungsbegriff in den Vorschriften der §§ 45 und 52 BauGB gebraucht. Wegen des Begriffs des (Bau)Vorhabens s. § 29 BauGB. Regelmäßig dreht es sich bei der Preisbestimmung für Grundstücke um diese grundstücksbezogene Erschließung, wenn wertrelevante Erschließungsprobleme auftauchen sollten.

■ **Gebietsbezogener Erschließungsbegriff**
Daneben gibt es aber auch den sog. gebietsbezogenen Erschließungsbegriff in § 123 Abs. 2 BauGB, wo es um die kostengünstige Herstellung von Erschließungsanlagen entsprechend den Erfordernissen der Bebauung und des Verkehrs geht. Diese Merkmale beziehen sich nicht auf die Bedürfnisse eines einzelnen Bauvorhabens auf einem Grundstück innerhalb eines Gebiets, sondern auf die Herstellung der Bebaubarkeit der **Mehrheit von Grundstücken innerhalb dieses Gebiets** entsprechend den Festsetzungen eines Bebauungsplans und auf die Anforderungen des örtlichen öffentlichen Straßenverkehrs.[3]

Allerdings enthält die gebietsbezogene Erschließung i. S.d. § 123 Abs. 2 BauGB zugleich auch einen beitragsrechtlichen Bezug zu den individuell erschlossenen Einzelgrundstücken, wie sich aus der Vorschrift des § 131 Abs. 1 S. 1 BauGB zur Verteilung des Erschließungsaufwands auf die durch die Erschließungsanlage erschlossenen Grundstücke ergibt. Das sind solche Grundstücke, denen die (Erschließungs)Anlage in einer auf die bauliche oder gewerbliche Nutzbarkeit gerichteten Weise die Zugänglichkeit vermittelt. Hierzu genügt es, wenn die Eigentümer die tatsächliche und rechtliche Möglichkeit haben, von der Erschließungsanlage eine Zufahrt oder einen Zugang zu ihrem Grundstück zu nehmen.[4]

---

2 *Löhr*, in: *Battis/Krautzberger/Löhr*, Baugesetzbuch – Kommentar, 6. Aufl. 1998, § 30 Rn 14 und vor §§ 123–135 Rn 2; *Söfker*, in: *Ernst/Zinkahn/Bielenberg*, Baugesetzbuch – Loseblattkommentar, 5. Aufl. 1987, Stand November 1995, § 30 Rn 40.

3 BVerwG BRS 37, 284; *Löhr*, in: *Battis/Krautzberger/Löhr*, Baugesetzbuch – Kommentar a. a. O., vor §§ 123–135 Rn 3 und § 123 Rn 12.

4 BVerwGE 32, 226 = NJW 1969, 1870; BVerwG in Buchholz 406.11 § 131 BauGB Nr. 25; BVerwG NJW 1982, 459.

II. Grundstücksbezogene Erschließung als Zulässigkeitsvoraussetzung für (Bau)Vorhaben

1. Allgemeines

11 Das Bauplanungsrecht des Bundes fordert in den Vorschriften der §§ 33 Abs. 1, 34 Abs. 1 und 35 Abs. 1 BauGB für die Zulässigkeit eines Bauvorhabens neben anderen Voraussetzungen auch, **dass die Erschließung gesichert sein muss.**

12 Der Begriff der gesicherten Erschließung in den §§ 30 bis 35 BBauG/BauGB ist in vollem Umfang ein Begriff des Bundesrechts.[5] Denn die bodenrechtliche Zulässigkeit von Bauvorhaben schließt die bundesrechtlich geforderte Sicherung der Erschließung ein. Zwar besteht zwischen der planungsrechtlich gesicherten Erschließung und der bauordnungsrechtlich ausreichenden Zugänglichkeit eines Grundstücks ein sachlicher Zusammenhang; die Begriffe sind aber nicht gleichzusetzen.[6]

Der Erschließungsbegriff wird auch nicht durch Landesrecht konkretisiert oder ausgefüllt.[7] Anderenfalls würde der bundesrechtliche Begriff je nach anzuwendendem Landesrecht unterschiedliche Inhalte haben können. Landesrechtliche Regelungen über die Zugänglichkeit von Baugrundstücken können insofern nur dadurch Bedeutung erlangen, dass sie das bundesrechtliche Erfordernis der gesicherten Erschließung zwar ergänzen, denn nach § 29 Abs. 2 BauGB bleiben die Vorschriften des Bauordnungsrechts durch die § 30 ff. BauGB unberührt.

13 Es handelt sich hierbei um eine zwingende Folge der Verteilung von Gesetzgebungskompetenzen zwischen Bund und Ländern nach Art. 70 ff. GG entsprechend einem Rechtsgutachten des BVerfG aus dem Jahre 1954 und der sog. Bad Dürkheimer Vereinbarung zwischen Bund und Ländern zur Gesetzgebungskompetenz des Bundes auf dem Gebiet des Baurechts aus dem Jahre 1955. Danach erstreckt sich die Gesetzgebungskompetenz des Bundes nicht auch auf das Bauordnungsrecht.[8] Der Mangel der bundesrechtlich gebotenen Sicherung einer ausreichenden Erschließung kann sich deshalb nicht allein aus der Unvereinbarkeit eines Vorhabens mit einer landesrechtlichen Norm ergeben.

2. Genereller Inhalt der grundstücksbezogenen Erschließung

14 Da es an einer bundesgesetzlichen Definition des Erschließungsbegriffs fehlt, blieb es der Rechtsanwendung überlassen, diesen Begriff inhaltlich auszufüllen. Inzwischen wird als Erschließung i. S. d. §§ 30 ff. BauGB
- der **Anschluss an das öffentliche Straßennetz**,
- die **Versorgung** mit **Trinkwasser und Elektrizität** sowie
- die **Abwasserbeseitigung**

verstanden.[9]

---

[5] BVerwG NJW 1989, 1942 = NVwZ 1989, 353 = BauR 1988, 576 = ZfBR 1988, 283.

[6] BVerwGE 30, 203 = BVerwG DVBl 1969, 259; BVerwG NJW 1989, 1942 = NVwZ 1989, 353 = BauR 1988, 576 = ZfBR 1988, 283.

[7] BVerwG NJW 1989, 1942 = NVwZ 1989, 353 = BauR 1988, 576 = ZfBR 1988, 283.

[8] BVerfGE 3, 407 (Rechtsgutachten vom 16.6.1954); BVerfG NJW 1973, 505; *Böhm*, Das Rechtsgutachten des BVerfG über die Gesetzgebungszuständigkeit des Bundes im Bereich des Baurechts, NJW 1955, 1474; *Löhr*, in: *Battis/Krautzberger/Löhr*, Baugesetzbuch – Kommentar a. a. O., § 29 Rn 31 und vor §§ 123–135 Rn 3.

[9] BGH NJW-RR 1991, 333; *Löhr*, in: *Battis/Krautzberger/Löhr*, Baugesetzbuch – Kommentar a. a. O., § 30 Rn 16; *Sarnighausen*, Zur Erschließung und Zugänglichkeit von Baugrundstücken im Baurecht des Bundes und der Länder, NVwZ 1993, 424.

B. Bundesgesetzliche Regelung der Erschließung im BauGB § 21

Das BauGB sagt ebenfalls nicht, auf welche Weise diese Erschließung hergestellt sein muss. Somit war auch hier die Rechtsanwendung aufgerufen, das notwendige Maß dieser (bundesrechtlichen) Erschließung inhaltlich zu bestimmen. Auch das ist geschehen und führte zu dem Grundsatz, dass die **Mindestanforderungen** für die jeweilige Erschließung sich nach den jeweiligen **ortsüblichen Gegebenheiten** und den **Auswirkungen sowie Bedürfnissen des einzelnen Vorhabens** richten.[10] Hierfür war der Gesichtspunkt bestimmend, dass den Gemeinden als Folge der Genehmigung von Vorhaben keine unangemessenen generellen Erschließungsaufgaben bundesgesetzlich aufgedrängt werden sollten.[11]

15

Die aufgezeigte Inhaltsbestimmung durch die Rechtsanwendung ist zwar sehr allgemein, doch lassen sich ihr einige weitere Grundsätze entnehmen. Zunächst kommt es auf die **ortsüblichen Gegebenheiten** zum Maß der notwendigen Erschließung an. Insoweit können besondere Festsetzungen zur Erschließung in einem **Bebauungsplan** i. S. d. §§ 8 ff. BauGB eine nähere Konkretisierung bewirken.[12] Derartiges ist z. B. auf dem Gebiet der Versorgung mit Heizenergie (Strom, Fernwärme, Gas) sowie auch der Abwasserentsorgung durch Kanal mit entsprechendem Anschlusszwang an das öffentliche Abwasserkanalnetz möglich. Auch wenn die Bebauungspläne in der Praxis meist keine solchen Festlegungen enthalten, würde eine entsprechende Planungsvorgabe die ortsüblichen Gegebenheiten bestimmen und auf diese Weise den bundesrechtlichen Erschließungsbegriff in den §§ 30 ff. BauGB inhaltlich näher bestimmen.[13]

16

Die **bauaufsichtliche Prüfung von Vorhaben** i. S. d. § 29 BauGB, welche die **Bauämter vor der Erteilung von Baugenehmigungen** vornehmen, ist eine **zweigleisige Prüfung**. Geprüft werden sowohl die bundesrechtlichen Zulässigkeitsvoraussetzungen i. S. d. §§ 30 ff. BauGB als auch die daneben bestehenden weiteren Anforderungen des Landesrechts, insbesondere der Landesbauordnungen. Meist ist es allerdings so, dass sich im Landesbaurecht zusätzliche Anforderungen finden, welche über das Bundesrecht hinausgehen mit der Folge, dass Baugenehmigungen nach der jeweiligen Landesbauordnung nicht erteilt werden, obwohl das Grundstück i. S. d. §§ 30 ff. BauGB als erschlossen angesehen werden könnte.[14] Hieraus lässt sich der Satz ableiten, dass ein Grundstück auch i. S. d. bundesrechtlichen Erschließungsbegriffs als erschlossen anzusehen ist, wenn die (landesrechtliche) Baugenehmigung für ein auf ihm zu errichtendes Vorhaben erteilt wird.

17

In diesem Zusammenhang ist zu beachten, dass es sich bei den besonderen Anforderungen der Landesbauordnungen für die Erteilung von Baugenehmigungen nach § 137 Abs. 1 Nr. 1 Verwaltungsgerichtsordnung (VwGO) um **nicht revisibles Landesrecht** handelt, so dass **keine Zuständigkeit des BVerwG** für Entscheidungen zur Auslegung und Anwendung dieses Rechts gegeben ist. Das gilt natürlich auch für solche Anforderungen, die das Landesbaurecht an die verkehrsmäßige Zugänglichkeit und die Ver- sowie Entsorgung von Grundstücken stellt. Damit bleibt der bundesrechtliche

18

---

10 BVerwG NJW 1976, 1855 = BRS 30 Nr. 40 = Buchholz 406.11 § 34 BBauG Nr. 40; BVerwGE 30, 203 = BRS 20 Nr. 84 = MDR 1969, 78 = DVBl 1969, 259; BVerwG NJW 1986, 394 = NVwZ 1986, 38; BVerwG NJW 1993, 747 = NVwZ 1992, 974; OVG Münster BauR 1980, 148 = BRS 35 Nr. 45 und BRS 36 Nr. 133; BayVGH München BayVBl 1985, 212; OVG Koblenz BauR 1983, 145; OVG Lüneburg BauR 1983, 345; VGH Baden-Württemberg BRS 39 Nr. 11; *Löhr*, in: *Battis/Krautzberger/Löhr*, Baugesetzbuch – Kommentar a. a. O., § 30 Rn 16; *Sarnighausen*, NVwZ 1993, 424; *David*, NVwZ 1990, 824 und 1992, 431.
11 BVerwG NJW 1989, 1942 = NVwZ 1989, 353 = BauR 1988, 576 = ZfBR 1988, 283.
12 BVerwGE 74, 149 (155) = NVwZ 1986, 1023; BVerwG NJW 1989, 1942 = NVwZ 1989, 353 = BauR 1988, 576 = ZfBR 1988, 283.
13 *Löhr*, in: *Battis/Krautzberger/Löhr*, Baugesetzbuch – Kommentar a. a. O., § 30 Rn 15; *Sarnighausen*, NVwZ 1993, 424; *David*, NVwZ 1990, 824 und 1992, 431.
14 OVG Münster NVwZ 1992, 586 (Die Anforderungen des Bauordnungsrechts an ein Erschlossensein i. S. d. § 133 Abs. 1 BauGB sind erfüllt, wenn ein Vorhaben auf dem Grundstück – die seitens des Eigentümers erforderlichen Schritte unterstellt – voraussichtlich zu genehmigen wäre.). VGH Kassel BRS 47 Nr. 106 = AgrarR 1988, 294 und BRS 48 Nr. 229 = BauR 1989, 314 und VGH Mannheim BRS 38 Nr. 160 (Eine beantragte Baugenehmigung ist zu versagen, wenn es bereits an der bauordnungsrechtlichen Erschließung nach den Anforderungen der geltenden Landesbauordnung fehlt.); *Sarnighausen*, NVwZ 1993, 424.

Erschließungsbegriff des Bauplanungsrechts im BauGB inhaltlich unbestimmt und schwer zu handhaben.

3. Verkehrserschließung als Teil der grundstücksbezogenen Erschließung

19 Zur Verkehrserschließung i. S.d. §§ 30 ff. BauGB ist in der Rechtsprechung **grundsätzlich** geklärt, dass zu den Mindestvoraussetzungen der wegemäßigen Erschließung im Regelfall gehört, dass **an das Baugrundstück herangefahren werden kann**, weil nur so gesichert ist, dass die Grundstücke für Kraftfahrzeuge, besonders auch solche der Polizei, der Feuerwehr, des Rettungswesens und der Ver- und Entsorgung, erreichbar sind.[15]

20 Geklärt ist in der Rechtsprechung allerdings auch, dass ein **Bebauungsplan** die **Anforderungen** an die **Erschließung** eines Baugrundstücks **abweichend** von dem aufgezeigten allgemeinen Grundsatz festlegen und insbesondere eine im Vergleich zur Zufahrt mindere Erreichbarkeit des Grundstücks genügen lassen kann. Derartiges wird in den allerdings seltenen Fällen praktisch, wo die unmittelbare Erreichbarkeit des Grundstücks nur für Fußgänger (Zugang) gegeben wäre.[16] Hieraus ergibt sich, dass aus erschließungsrechtlicher Sicht (des BauGB) keine grundsätzlichen Bedenken gegen die **Planung von Wohnwegen** innerhalb **größerer Wohnanlagen** oder von **Treppenwegen in Hanglagen** bestehen. Allerdings lässt sich eine nach genauen Meterangaben bestimmte Entfernungsgrenze zwischen befahrbarer Straße und Wohngebäude nicht allgemein gültig festlegen. Vielmehr kann je nach den Umständen des Einzelfalls eine erschwerte Zugänglichkeit im Wege der Abwägung mit Blick auf andere Planungsziele (Schutz vor Lärm und Abgasen, angenehme Wohnlage auf einem Hanggrundstück usw.) aus der bundesrechtlichen Sicht des BauGB hinnehmbar sein.[17]

21 Hinsichtlich der **Qualität der verkehrlichen Erschließungsanlage** in Bezug auf ihre **Breite** und die **Art ihrer Befestigung** gibt es ebenfalls **keine generellen Vorgaben im Bundesrecht**. Vielmehr richtet sich die Rechtsprechung auch hier nach den örtlichen Gegebenheiten und nach den Ausprägungen des jeweiligen Vorhabens, für welches die Erschließung benötigt wird.

22 So sind z. B. an die Ausgestaltung der Zuwegung zu **landwirtschaftlichen Grundstücken im Außenbereich** i. S.d. § 35 BauGB für die Annahme einer gesicherten Erschließung erheblich geringere Anforderungen zu stellen als bei anderen Grundstücken. Im Außenbereich macht es einen wesentlichen Unterschied, ob mit häufigem, gelegentlichem oder nur seltenem Anfahren eines Grundstücks durch dem Gemeinwohl dienende Fahrzeuge der Polizei, Feuerwehr oder des Rettungswesens zu rechnen ist. Zugleich ist von Bedeutung, welcher sonstige Verkehr die Zuwegung im Außenbereich erwartungsgemäß benutzen wird. Je geringer er ist, um so eher ist ein begegnungsfreier Verkehr zu erwarten.[18]

23 Hiermit korrespondiert die bevorzugte Zulässigkeit der Bauten landwirtschaftlicher Betriebe im Außenbereich nach § 35 Abs. 1 Nr. 1 BauGB. Solche Betriebe reichen vom Großbetrieb bis zur landwirtschaftlichen Nebenerwerbsstelle, wobei die überwiegende Zahl der landwirtschaftlichen Betriebe aus Kleinbetrieben besteht.[19] Viele Betriebe sind sog. Einödhöfe und liegen weitab von jeder

---

15 Vgl. z. B. BVerwG in Buchholz 406.11 § 35 BBauG Nr. 228 = NJW 1986, 394 = NVwZ 1986, 38; BVerwG NJW 1989, 1942 = NVwZ 1989, 353 = BauR 1988, 576 = ZfBR 1988, 283; BVerwG NVwZ 1991, 1090; BVerwG NJW 1992, 974; BVerwG NJW 1992, 1844 = NVwZ 1992, 490; *Sarnighausen*, NVwZ 1993, 424.
16 BVerwGE 74, 149 (155) = NVwZ 1986, 1023; BVerwG NJW 1989, 1942 = NVwZ 1989, 353 = BauR 1988, 576 = ZfBR 1988, 283.
17 BVerwGE 74, 149 = NVwZ 1986, 1023; BVerwG NJW 1989, 1942 = NVwZ 1989, 353 = BauR 1988, 576 = ZfBR 1988, 283; BVerwG NJW 1992, 974.
18 BVerwG NJW 1989, 1942 = NVwZ 1989, 353 = BauR 1988, 576 = ZfBR 1988, 283.
19 BVerwGE 26, 121.

sonstigen Bebauung. Ihre verkehrsmäßige Erschließung erfolgt herkömmlicherweise über landwirtschaftliche Wirtschaftswege, auch über Feld- oder Waldwege, wobei diese Zuwegungen je nach den örtlichen Gegebenheiten nur mit Schotter befestigt oder ganz unbefestigt sein können.

Auf dieser Linie liegen die Feststellungen des BVerwG, das Bebauungsrecht des Bundes verlange für die Bebaubarkeit eines Grundstücks grundsätzlich nicht, dass auf der die wegemäßige Erschließung vermittelnden Verkehrsanlage mit Großfahrzeugen, etwa des Rettungswesens oder der Ver- und Entsorgung bis zur Höhe dieses Grundstücks gefahren werden kann. Es lasse vielmehr ein Heranfahrenkönnen durch Personen- und kleinere Versorgungsfahrzeuge genügen. Ein Grundstück könne selbst dann durch einen befahrbaren Wohnweg (Stichweg) bebauungs- und in der Folge erschließungsbeitragsrechtlich (zweit-)erschlossen sein, wenn dieser bei einer lichten Weite von nur 3 m nur auf einer Breite von 2,75 m befestigt ist.[20]

24

Für die verkehrsmäßige Erschließung eines Baumschulbetriebs mit Einfamilienhaus (EFH), zwei Gewächshäusern und 1 Parkhaus ließ das BVerwG die Anbindung durch einen öffentlichen landwirtschaftlichen Wirtschaftsweg genügen, der für 100 m zunächst eine Breite von 3 m und eine Asphaltbefestigung hatte, anschließend für weitere 750 m eine Breite von nur 2,50 m und eine schwach bituminöse Befestigung sowie für weitere 690 m nur eine Kiesbefestigung, und der schließlich für noch einmal 250 m nur ein Sandweg war.[21] Sogar die Anbindung des Baugrundstücks an das öffentliche Straßennetz über einen unbefahrbaren Wohnweg wurde als ausreichend für die notwendige Verkehrserschließung i. S. d. §§ 30 ff. BauGB angesehen.[22]

25

4. Ver- und Entsorgungserschließung als Teil der grundstücksbezogenen Erschließung

Hinsichtlich der weiteren Erschließungsmerkmale zur Versorgung mit Trinkwasser und Elektrizität sowie der Entsorgung des Abwassers macht das Bundesrecht keine näheren Vorgaben. Diese Ver- und Entsorgungserschließung richtet sich entsprechend den allgemein entwickelten Grundsätzen nach der Ortsüblichkeit und dem entsprechenden Bedarf des Vorhabens, um dessen Zulässigkeit es i. S. d. §§ 30 ff. BauGB geht (s.o. Rn 16).

26

5. Sicherung der grundstücksbezogenen Erschließung

a) Allgemeines

Die grundstücksbezogene Erschließung muss **gesichert** sein, wenn ein (Bau)Vorhaben i. S. d. §§ 30 ff. BauGB zulässig sein soll (s.o. Rn 11). Dieses Erfordernis hat mehrere Aspekte.

27

- Zunächst geht es darum, dass die **Herstellung** der notwendigen aber im konkreten Einzelfall noch fehlenden **Erschließungsanlagen** gesichert sein muss. Das ist dort von Bedeutung, wo die Zulässigkeit der Errichtung von Bauwerken auf Grundstücken beurteilt werden soll, die noch nicht erschlossen sind, weil die notwendigen Erschließungsanlagen noch nicht hergestellt wurden.
- Ein weiterer Gesichtspunkt ist die Frage der **rechtlichen Sicherung** einer durch Inanspruchnahme anderer Grundstücke bewirkten Erschließung durch entsprechende Verpflichtung der betroffenen Grundstückseigentümer.

---

[20] BVerwG DVBl 1993, 1365 = NVwZ 1994, 299 = BoBauE Nr. 6 zu § 30 BauGB (im Anschluss BVerwGE 88, 70 ff).
[21] BVerwG BRS 44 Nr. 75.
[22] BVerwG NVwZ 1994, 910; BVerwG DVBl 1996, 1051 (VG Münster vom 18.9.1994–3 K 2666/91 – Sprungrevision); BVerwG DÖV 1997, 173.

b) Noch nicht hergestellte Erschließung

28 Von der Sicherung der Erschließung i. S.d. §§ 30 ff. BauGB kann – was die **Herstellung noch fehlender Erschließungsanlagen** im Zeitpunkt der Entscheidung über die Zulässigkeit eines Vorhabens angeht – ausgegangen werden, wenn **nach objektiven Kriterien** erwartet werden kann, dass die Erschließungsanlagen entsprechend den Zielsetzungen in § 123 Abs. 2 BauGB **spätestens bis zur Fertigstellung der baulichen Anlagen** auf dem anzuschließenden Grundstück fertig gestellt sein werden.[23]

29 Die entsprechende Annahme ist **nur gerechtfertigt**, wenn **besondere objektive Befundtatsachen** vorliegen, aus denen begründet darauf geschlossen werden kann, dass die am gegebenen Stichtag der Beurteilung noch fehlende Erschließung an einem in der Zukunft liegenden Tag der Bezugsfertigkeit von Bauwerken auch tatsächlich vorhanden sein wird. Fehlt es an solchen konkreten Befundtatsachen, welche die Vermutung des künftigen Vorhandenseins der Erschließungsanlagen begründen, kann von einer gesicherten Erschließung nicht ausgegangen werden.

30 Hierzu reicht es nicht aus, dass die Gemeinde die Durchführung der Erschließung geplant hat. Es kann durchaus vorkommen, dass fest geplante Erschließungsmaßnahmen der Gemeinden und anderer Erschließungsträger aus Gründen der knapp gewordenen Haushaltsmittel „auf der Zeitachse nach hinten verschoben" werden. Es reicht ebenfalls nicht aus, dass die notwendigen Haushaltsmittel für die Durchführung der Erschließung im Gemeindehaushalt veranschlagt sind. Denn der Gemeindehaushalt ist letztlich nichts anderes, als ein durch öffentlich-rechtliche Rechtsvorschriften formalisierter Finanz- und Wirtschaftsplan mit Ermächtigungen zu Einnahmen und Geldausgaben sowie zum Eingehen von Verpflichtungen. Im Zuge der Haushaltsdurchführung treten immer wieder neue Entwicklungen auf, die zu Änderungen Anlass geben mit der Folge, dass weniger Geld ausgegeben (Sparen) oder mehr Geld für andere Vorhaben verwendet wird, was dann zu Lasten anderer Maßnahmen geht, die zwar ebenfalls im Haushalt mit ihrem Geldbedarf veranschlagt sind, jedoch im Wege der Kürzung, Verschiebung oder sogar Streichung von solchen Mittelumschichtungen betroffen sind.

31 Es kommt vielmehr darauf an, ob bereits **konkrete Maßnahmen** von der Gemeinde oder einem sonstigen Erschließungsträger eingeleitet worden sind, die als Beginn einer planmäßigen und voraussichtlich auch planmäßig abgeschlossenen Erschließung angesehen werden können:
- Hierzu gehört in erster Linie das **Vorhandensein bzw. die Verfügbarkeit von Flächen** für die Gemeinde oder den sonstigen Erschließungsträger, welche im Rahmen der Erschließungsdurchführung als sog. **Gemeinbedarfsflächen** für Straßen, Grünflächen, Ausgleichsflächen, öffentliche Spielplätze, öffentliche Parkplätze usw. benötigt werden. Es liegt auf der Hand, dass eine zeitgerechte Durchführung der Erschließung schwerlich zu erwarten ist, wenn der Erschließungsträger die dafür notwendigen Flächen des Gemeinbedarfs noch gar nicht hat und sich z. B. mit den im Einzelfall betroffenen Grundstückseigentümern um sie streiten muss.

32
- Hinzu muss außerdem kommen, dass mit den **Erschließungsarbeiten bereits konkret begonnen** worden ist, und dass aus dem aktuellen Stand dieser Arbeiten am maßgeblichen Stichtag auf ihre planmäßige Weiterführung und zeitgerechte Vollendung begründet geschlossen werden kann. Dies erfordert gründliche und umfassende Erhebungen bei dem Erschließungsträger (Gemeinde oder sonstiger), wobei sich dies auf das Vorhandensein bzw. die Verfügbarkeit der Gemeinbedarfsflächen, auf die Finanzierung und auf die Planung und aktuelle Verwirklichung der Erschließungsarbeiten erstrecken muss. Denn es ist in der Praxis wiederholt vorgekommen, dass begonnene Erschließungsmaßnahmen unterbrochen und anschließend überhaupt nicht oder über eine längere Zeit nicht weitergeführt wurden. Tritt eine solche Lage auf, kann von einer gesicherten Erschließung i. S. d. §§ 30 ff. BauGB nicht ausgegangen werden. Dabei kommt es auf

---

23 *Löhr*, in: *Battis/Krautzberger/Löhr*, Baugesetzbuch – Kommentar a. a. O., § 30 Rn 17; *Sarnighausen*, NVwZ 1993, 424.

die Gründe für derartige Unterbrechungen überhaupt nicht an. Entscheidend ist, dass die Erschließung aus was für Gründen auch immer nicht planmäßig beendet wird.

c) Rechtliche Sicherung einer hergestellten Erschließung

Die Frage nach der **rechtlichen Sicherung** der Erschließung eines Grundstücks stellt sich immer dort, wo fremde Grundstücke in Anspruch genommen werden, um Erschließungsvoraussetzungen für das in Rede stehende Grundstück zu erfüllen. Grundsätzlich werden für die Erschließung eines Grundstücks immer fremde Grundstücke in Anspruch genommen. Die öffentlichen Straßengrundstücke, über welche die verkehrsmäßige und meist auch die Ver- und Entsorgungserschließung sichergestellt ist (Abwasserkanal und Versorgungsleitungen auf bzw. in den Straßengrundstücken) sind für den einzelnen Grundstückseigentümer, dessen Grundstück erschlossen wurde, regelmäßig fremd, weil diese Grundstücke der Gemeinde oder dem sonstigen Träger der Straßenbaulast gehören. Gleiches gilt von sonstigen Gemeindebedarfsflächen, welche der Erschließung eines Gebiets dienen. 33

Es gibt aber auch Situationen, wo die notwendige Erschließung eines Grundstücks nur dadurch gewährleistet ist, dass ein **anderes nicht öffentliches und nicht dem Gemeinbedarf dienendes Grundstück** in Anspruch genommen wird. Das klassische Beispiel bilden die sog. Hinterlieger-Grundstücke, also Grundstücke ohne eigene Anbindung an das öffentliche Straßen- und Ver- sowie Entsorgungsnetz, die nur dadurch erschlossen werden können, dass die Zuwegung sowie Ver- und Entsorgungserschließung über ein anderes Vorderlieger-Grundstück sichergestellt werden kann. 34

Unter dem Aspekt der notwendigen Nutzung fremder Grundstücke für die grundstücksbezogene Erschließung geht es um die Frage, ob und in welchem Umfang diese Inanspruchnahme fremder Grundstücke für den Erschließungszweck von Dauer ist und als „rechtlich sicher" angesehen werden kann. Eine solche Sicherheit könnte dann nicht angenommen werden, wenn es im Belieben des Eigentümers des Grundstücks, welches der Erschließung anderer Grundstücke dient, stünde, diese drittbezogene Nutzung seines Grundstücks zu beenden, indem er sie z. B. in Wahrnehmung seiner Eigentümerrechte nach § 903 BGB verbietet. 35

Das Problem der rechtlichen Sicherung einer Erschließung über Fremdgrundstücke ist unproblematisch bei **öffentlichen Grundstücken**, welche **dem Gemeingebrauch gewidmet** sind. Als Widmung ist dabei die öffentliche Kundgabe des Willens des zuständigen öffentlichen Hoheitsträgers zu verstehen, das betreffende Grundstück der Öffentlichkeit auf Dauer zur Benutzung freizugeben. Dies kann, muss aber nicht förmlich geschehen. Möglich sind auch schlüssige Widmungen dadurch, dass die Benutzung durch die Öffentlichkeit tatsächlich zugelassen wird.[24] Die Widmung kann sich aus Rechtsvorschriften ergeben, auf Gewohnheitsrecht beruhen oder auch im Einzelfall durch Verwaltungsakt erfolgen. Ein klassischer Fall ist die Widmung öffentlicher Straßengrundstücke für den öffentlichen Verkehr. Folgerichtig gilt eine durch dem öffentlichen Straßenverkehr gewidmete Grundstücke vermittelte Verkehrserschließung als gesichert i. S. d. §§ 30 ff. BauGB.[25] 36

Das BVerwG hat allerdings die Anbindung eines Grundstücks im Außenbereich an das öffentliche Straßennetz nur über ein der Gemeinde gehöriges, aber nicht dem öffentlichen Verkehr gewidmetes Wegegrundstück trotz des Fehlens weiterer rechtlicher Sicherungen **ausnahmsweise** als gesicherte Erschließung angesehen, weil die Gemeinde im entschiedenen Fall aus Rechtsgründen dauernd gehindert war, den Anliegerverkehr zum Baugrundstück zu untersagen.[26] 37

Problematisch ist die rechtliche Sicherung aber bei der für die Erschließung eines Grundstücks notwendigen **Nutzung oder Mitbenutzung von fremden Privatgrundstücken**. Hier kommt es darauf 38

---

[24] Insoweit a.A. OVG Münster NJW 1976, 725 = BRS 30 Nr. 100, wonach die bloße Duldung der Nutzung eines Grundstücks durch die Öffentlichkeit als Verkehrsfläche noch keine straßenrechtliche Widmung darstellt.
[25] OVG Münster NJW 1976, 725 = BRS 30 Nr. 100.
[26] BVerwG BoBauE § 35 Abs. 4 BauGB Nr. 7.

an, dass die erschließungsbedingte Nutzung fremder Grundstücke in einer Weise **rechtlich abgesichert** ist, dass sie von dem jeweiligen Eigentümer des betroffenen Grundstücks **nicht einseitig beendet werden** kann. Das ist grundsätzlich dann der Fall, wenn der betroffene Grundstückseigentümer rechtlich verpflichtet ist, die Drittnutzung seines Grundstücks für Erschließungszwecke zu dulden (z. B. Wege- und Leitungsrecht). Allerdings reichen bloß schuldrechtliche Verpflichtungen eines Grundstückseigentümers für die Annahme einer (rechtlich) gesicherten Erschließung des anderen Grundstücks nicht aus. Im Falle eines Grundstücksverkaufs wäre der neue Grundstückseigentümer nicht in der gleichen Weise verpflichtet. Erforderlich ist vielmehr eine **dinglich wirkende rechtliche Sicherung**, die auch einen neuen Grundstückseigentümer bindet. Dies kann **privatrechtlich** durch eine Grunddienstbarkeit i. S.d. §§ 1018 ff. BGB **oder auch öffentlich-rechtlich** durch Übernahme einer Baulast nach dem Bauordnungsrecht der Länder geschehen.[27]

39 Interessant ist in diesem Zusammenhang auch die Frage, inwieweit **mehrere Grundstücke desselben Eigentümers** in rechtlich gesicherter Weise als erschlossen angesehen werden können, wenn **nur eines dieser Grundstücke** eine unmittelbare Verbindung zu der die Erschließung vermittelnden öffentlichen Straße hat. Hierzu hat das BVerwG die Auffassung vertreten, dass die verkehrliche Erschließung eines zum zusammenhängenden Grundbesitz eines einzelnen Grundeigentümers gehörenden Baugrundstücks nicht schon dann i. S.d. §§ 30 ff. BauGB gesichert ist, wenn ein anderes Grundstück des Grundbesitzes an eine öffentliche Straße grenzt.[28] Der Grund liegt darin, dass dieser Grundstückseigentümer einzelne Grundstücke aus seinem zusammenhängenden Grundbesitz später verkaufen kann mit der Folge, dass diese nunmehr anderen Eigentümern gehören und für diese neuen Grundstückseigentümer keine rechtlich gesicherte Nutzungsmöglichkeit an den für sie fremden anderen Grundstücken besteht, über welche die notwendige Erschließung erst vermittelt wird. Hinzuweisen ist allerdings darauf, dass die gleiche Frage vom BVerwG dort anders beurteilt wird, wo es im Sechsten Teil über die Erschließung um Erschließungsbeiträge und die Verteilung des beitragsfähigen Erschließungsaufwands auf die Grundstücke geht, welche durch die (Erschließungs)Anlage erschlossen sind (s.u. ab Rn 74).

III. Gebietsbezogene Erschließung i. S.d. §§ 123 ff. BauGB

1. Begriffsinhalt

40 Der mit der Überschrift Erschließung versehene Sechste Teil des BauGB gliedert sich in zwei Abschnitte:
- Allgemeine Vorschriften (Abschnitt I – §§ 123 bis 126) und
- Erschließungsbeitrag (Abschnitt II – §§ 127 bis 135).

Bei seiner Konzipierung hatte der (Bundes)Gesetzgeber die Kompetenzabgrenzungen zu beachten, welche seit dem Rechtsgutachten des BVerfG aus dem Jahre 1954 und der Bad Dürkheimer Vereinbarung von 1955 für die Gesetzgebungszuständigkeiten von Bund und Ländern auf dem Gebiet des Baurechts gelten (s.o. Rn 13). Die Beschränkung der Gesetzgebungszuständigkeit des Bundes auf das Bodenrecht führt im Ergebnis dazu, dass es bei bundesrechtlichen Erschließungsregelungen grundsätzlich nur um Vorschriften gehen kann, welche die zur Baureifmachung der Grundflächen erforderlichen Maßnahmen betreffen. Das gilt also auch für die sog. gebietsbezogene Erschließung, welche den Gegenstand der §§ 123 ff. BauGB bildet.

---

27 BVerwG NJW 1991, 713 (Sicherung durch Baulast); BVerwG NVwZ 1989, 353 = BRS 48 Nr. 92 = BauR 1988, 576 = ZfBR 1988, 283 (Sicherung durch Grunddienstbarkeit); BVerwG NVwZ 1991, 1076 = BRS 50 Nr. 86 = DVBl 1991, 217 (Sicherung durch Grunddienstbarkeit).
28 BVerwG BoBauE § 35 Abs. 1 BauGB Nr. 8.

Der Erschließungsbegriff umfasst inhaltlich das, was die grundstücksbezogene Erschließung ausmacht, also die Verkehrserschließung, die Versorgung mit Wasser und Energie sowie die Abwasserbeseitigung (s.o.). Nur bezieht sich dies nicht auf einzelne Grundstücke als Zulässigkeitsvoraussetzung für die Errichtung von Bauvorhaben auf ihnen (§§ 30 ff. BauGB), sondern auf **ein Gebiet, in welchem sich eine Mehrheit von Grundstücken befindet**. Diese Einzelgrundstücke in dem „Erschließungsgebiet" sind als Folge der Erschließungsmaßnahmen im Regelfall ebenfalls erschlossen, doch muss das nicht immer so sein. Denn es kann vorkommen, dass einzelne Grundstücke trotz der vorhandenen gebietsbezogenen Erschließung nicht i. S.d. grundstücksbezogenen Erschließungsbegriffs in den §§ 30 ff. BauGB erschlossen sind, weil es an Einzelvoraussetzungen fehlt, die jene Vorschriften für die gesicherte Erschließung eines Grundstücks fordern.

Diese inhaltliche Differenzierung wird aus dem Wortlaut des § 123 Abs. 2 BauGB hergeleitet. Nach jener Vorschrift sollen die Erschließungsanlagen entsprechend den Erfordernissen **der Bebauung** und **des Verkehrs** kostengünstig hergestellt werden und spätestens bis zur Fertigstellung **der anzuschließenden baulichen Anlagen** benutzbar sein. Diese Wortwahl in § 123 Abs. 2 BauGB macht deutlich, dass der in den Vorschriften der §§ 30 ff. BauGB vorhandene Bezug zum Einzelgrundstück aufgegeben und durch eine über ihn hinausgehende Beziehung zu einem Gebiet ersetzt wurde, das in einer qualitativ näher bestimmten Weise erschlossen werden soll.

2. Erschließungslast und Erschließungsverträge

Nach § 123 Abs. 1 BauGB ist die Erschließung **Aufgabe der Gemeinden**, soweit sie nicht nach anderen gesetzlichen Vorschriften oder öffentlich-rechtlichen Verpflichtungen einem anderen obliegt. Derartige anderweitige Verpflichtungen finden sich z. B. auf dem Gebiet der Straßenbaulast nach dem Fernstraßengesetz oder den Wege- und Straßengesetzen der Länder, wonach der Bund, das Land oder auch die Landkreise Träger der Straßenbaulast für bestimmte Straßen innerhalb eines Gemeindegebiets sein können. Hinzuweisen ist auch auf die öffentlich-rechtliche Versorgungspflicht der Energieversorgungsunternehmen nach dem Energiewirtschaftsgesetz bezüglich der Versorgung der Bevölkerung mit Elektrizität, Fernwärme und Gas. Ein weiteres Beispiel für andere Erschließungsverpflichtete ist die sog. Teilnehmergemeinschaft nach § 42 Flurbereinigungsgesetz, die nach § 41 FlurbG Wege und Straßen entsprechend dem Wege- und Gewässerplan herzustellen und zu unterhalten hat. Ebenfalls ist es möglich, dass die Erschließungslast im Rahmen von Planfeststellungsverfahren nach Fachgesetzen des Bundes und der Länder durch Verwaltungsakt auf einen anderen Erschließungsträger übertragen wird. Mithin ist die Erschließung nur grundsätzlich eine gemeindliche Aufgabe, soweit keine anderen Erschließungsverpflichteten vorhanden sind.

Nach § 124 Abs. 1 BauGB kann die Gemeinde die Erschließung durch Vertrag auf einen Dritten übertragen. Derartige **Erschließungsverträge** regeln die Durchführung und die Kostentragung der Erschließung. Sie können inhaltlich nur Erschließungsanlagen **innerhalb eines bestimmten Teilgebiets der Gemarkung** der betreffenden Gemeinde betreffen, nicht aber die Gesamterschließung des Gemeindegebiets (§ 124 Abs. 2 S. 1 BauGB). Erschließungsverträge bedürfen mindestens der (einfachen) Schriftform (§ 124 Abs. 4 BauGB). Der Abschluss eines Erschließungsvertrages **befreit die Gemeinde nicht von ihrer grundsätzlichen Erschließungslast**. Sie hat lediglich einen Anspruch gegen den Vertragspartner, dass dieser die Erschließung vertragsgemäß durchführt. Unterbleibt das, ist die den Gemeinden durch § 123 Abs. 1 BauGB zugewiesene Erschließungsaufgabe weiterhin nicht erfüllt.

Erschließungsverträge z. B. mit größeren Bauträgern werden bedeutsam, wenn eine Gemeinde die Erschließung eines bestimmten Gebiets zwar grundsätzlich will, die dafür notwendigen Maßnahmen aber nicht selber durchführen kann oder nicht selber durchführen möchte. In diesem Zusammenhang spielen regelmäßig finanzielle Gesichtspunkte eine erhebliche Rolle. Die vertragliche Übernahme der Erschließung durch einen Dritten kann hier einen Ausweg bieten. Denn die Gemeinde muss in solchen Fällen in entsprechender Anwendung der Vorschrift des § 129 Abs. 1 S. 3 BauGB nur **mindestens** 10 v.H. des beitragsfähigen Erschließungsaufwandes aus ihrem Gemeindehaushalt finanzieren. Mithin wären Erschließungsverträge des Inhalts, dass ein Dritter die Erschließung durchführt und 90 v. H. der Kosten selber trägt, zulässig. Eine vertragliche Abrede dahin, dass die Gemeinde dem die Erschließung durchführenden Dritten überhaupt nichts zu dem Erschließungsaufwand beiträgt, wäre allerdings unwirksam.[29] Besteht bereits eine Gemeindesatzung, wonach die Gemeinde einen höheren Kostenanteil als 10 v. H. des Erschließungsaufwands selber trägt, muss dieser höhere Kostenanteil der Selbstbeteiligung der Gemeinde auch Verträgen über die Durchführung von Erschließungsmaßnahmen durch Dritte zugrundegelegt werden.[30]

46 Nicht selten sind Bauträger daran interessiert, die noch fehlende und von der Gemeinde in absehbarer Zeit nicht zu erwartende Erschließung eines bestimmten Gebiets selber durchzuführen, um so die Bebaubarkeit der Flächen herbeizuführen und nach Genehmigung sowie Durchführung der Baumaßnahmen Grundstücke zu verkaufen. Es kommt dann zu **Angeboten** der entsprechenden privaten Seite **an die Gemeinde**, einen **Erschließungsvertrag abzuschließen**. Hier tauchte wiederholt die Frage auf, ob eine Gemeinde sich auf solche Angebote einlassen muss. Denn aus der Sicht der Gemeinde kann sich ein solches Angebot durchaus als nachteilig darstellen, mit der Folge, dass sie es ablehnen möchte.

47 Solche aus der Sicht einer Gemeinde nachteiligen Folgen sind zunächst die Kostenbeteiligung in Höhe von mindestens 10 v.H. oder mehr (s.o. Rn 45), für die im Gemeindehaushalt das Geld genauso fehlen kann, wie für die vollen Erschließungskosten. Die Kostenbeteiligung der Gemeinde würde nämlich grundsätzlich mit der endgültigen Fertigstellung der Erschließungsanlage fällig[31], wenngleich der Fälligkeitstermin insoweit vertraglich bis auf den Zeitpunkt hinausgeschoben werden kann, zu dem die Gemeinde bei ordnungsgemäßer Planung in der Lage wäre, die Erschließungsmaßnahmen selber durchzuführen.[32] Ein wesentlicher weiterer und oft entscheidender Gesichtspunkt ist für Gemeinden die Frage, ob der private Vertragspartner des möglichen Erschließungsvertrages hinreichend zuverlässig erscheint, seine vertraglichen Erschließungspflichten auch wirklich ordnungsgemäß zu erfüllen.[33] Kommt es nämlich dazu, dass der private Partner eines Erschließungsvertrages seine Erschließungsleistungen nicht oder nur zum Teil erfüllt, muss die Gemeinde die begonnenen Erschließungsarbeiten zu Ende führen, weil ihr die gesetzliche Erschließungslast obliegt.[34] In solchen Fällen müsste die Gemeinde also die Erschließung unter dem Gesichtspunkt der Vollendung begonnener Arbeiten zu einem Zeitpunkt durchführen, zu dem sie es nicht wollte und auch ohne den Erschließungsvertrag mit dem privaten Dritten nicht hätte tun müssen.

48 Die Frage, ob Gemeinden sich auf Angebote für Erschließungsverträge einlassen müssen, hat die Gerichte wiederholt beschäftigt. Soweit es sich um Vorhaben im **unbeplanten Innenbereich oder im Außenbereich** handelt, steht es den Gemeinden grundsätzlich frei, das Erschließungsangebot abzulehnen.[35] Soweit für das Gebiet ein **qualifizierter Bebauungsplan** vorliegt, kann die Gemeinde ein solches Angebot nur ablehnen, wenn ihr seine Annahme **nicht zugemutet werden** kann. Es liegt dann bei der Gemeinde, stichhaltige Gründe für eine solche Unzumutbarkeit vorzubringen. In vielen Fällen sind es begründete Zweifel an der Zuverlässigkeit und Leistungsfähigkeit des anbietenden

---

29 BVerwGE 32, 37 = NJW 1969, 2162; BVerwGE 70, 204.
30 BVerwG BRS 43 Nr. 105; OVG Münster KStZ 1974, 159; OLG Hamm NJW 1985, 1908.
31 BVerwG BRS 37 Nr. 147.
32 BVerwG BRS 37 Nr. 147.
33 BGH NJW 1980, 1683; BVerwG in Buchholz 406.11 § 123 BBauG, Nr. 6; BVerwG NJW 1977, 405; BVerwG NJW 1986, 88 = BauR 1985, 63; BVerwG NJW 1992, 1642; Bayer. VGH München NJW 1992, 591 = NVwZ 1991, 1107.
34 BVerwGE 49, 125 = BRS 37 Nr. 56.
35 BVerwG in Buchholz 406.11 § 34 BBauG Nr. 59.

privaten Unternehmers, die Gemeinden zur Ablehnung solcher Angebote bewegen und später zur gerichtlichen Bestätigung dieser Rechtsauffassung im möglichen Rechtsstreit führen.[36]

3. Anspruch auf Erschließung

a) Grundsatz

Die grundsätzliche Zuweisung der Erschließungsaufgabe an die Gemeinden in § 123 Abs. 1 BauGB bedeutet noch keinen gegen sie gerichteten Anspruch Dritter, dass die Erschließung überhaupt oder in einer bestimmten Weise oder zu einem bestimmten Zeitpunkt durchgeführt werden muss. Vielmehr bestimmt § **123 Abs. 3 BauGB** insoweit lapidar, dass **kein Rechtsanspruch auf Erschließung** besteht. Den **Gemeinden** muss und soll die **notwendige gestalterische Freiheit** zur Aufstellung und Durchführung ihrer jeweiligen städtebaulichen Ausbauprogramme und zur Aufstellung und Durchführung ihrer Gemeindehaushalte erhalten bleiben. Das wäre nicht gegeben, würden individuelle Erschließungsansprüche einzelner Grundstückseigentümer generell anerkannt und Gemeinden dadurch generell zur Durchführung von kostenträchtigen Erschließungsmaßnahmen gezwungen.

b) Verdichtung der Erschließungslast zur Erschließungspflicht

Der aufgezeigte Grundsatz gilt aber nicht immer. Trotz des grundsätzlichen Ausschlusses von Rechtsansprüchen in § 123 Abs. 3 BauGB **kann** sich die in § 123 Abs. 1 BauGB geregelte **Erschließungsaufgabe zu einer Erschließungspflicht verdichten**. Dies setzt ein eigenes Verhalten der Gemeinde voraus, aus dem eine rechtlich beachtenswerte Erwartung Dritter auf die alsbaldige Durchführung notwendiger Erschließungsmaßnahmen begründet hergeleitet werden kann.

Hier kann zunächst danach differenziert werden, **ob und welche planungsrechtlichen Voraussetzungen der Bebauung** i. S. d. BauGB **die Gemeinde** für das Gebiet **geschaffen hat**, um das es geht. Bebaubar sind nach dem BauGB grundsätzlich Grundstücke innerhalb des räumlichen Geltungsbereichs eines förmlichen oder qualifizierten Bebauungsplans (§§ 30 und 33 BauGB), ferner sind ohne solchen Bebauungsplan auch Vorhaben innerhalb des Zusammenhangs bebauter Ortsteile zulässig (§ 34 BauGB) sowie schließlich auch die sog. privilegierten Vorhaben im Außenbereich (§ 35 BauGB). Dabei sind als Außenbereich die Teile der Gemeindegemarkung anzusehen, die weder im Geltungsbereich eines Bebauungsplans noch im Zusammenhang bebauter Ortsteile belegen sind.[37]

Nur die Herbeiführung einer qualifizierten Bauleitplanung im Wege eines Gemeindebeschlusses über einen Bebauungsplan als Gemeindesatzung i. S. d. § 10 BauGB kann als möglicher Anlass für die Verdichtung der Erschließungsaufgabe zur Erschließungspflicht in Betracht kommen. Denn bei den beiden anderen Varianten der Zulässigkeit von Bauvorhaben i. S. d. §§ 34 und 35 BauGB fehlt es an einem eigenen konkreten und rechtserheblichen Tun der Gemeinde. Die Zulässigkeit von Bauvorhaben hängt bei diesen Varianten nicht von der Herbeiführung des qualifizierten Bebauungsplans ab, sondern vom Vorliegen bestimmter tatsächlicher und rechtlicher Sachverhalte, welche die Tatbestände dieser Normen jeweils nennen. Mithin scheidet eine Verpflichtung der Gemeinde zur Erschließung im unbeplanten Innenbereich und im Außenbereich grundsätzlich aus. Dem entspricht auch der von der Rechtsprechung aufgestellte Grundsatz, dass die Gemeinde auf Angebote Dritter zum Abschluss von Erschließungsverträgen im unbeplanten Innenbereich und im Außenbereich grundsätzlich nicht einzugehen braucht (s.o. Rn 48).

---

36 BGH NJW 1980, 1683; BVerwG in Buchholz 406.11 § 123 BBauG, Nr. 6; BVerwG NJW 1977, 405; BVerwG NJW 1986, 88 = BauR 1985, 63; BVerwG NJW 1992, 1642; Bay VGH München NJW 1992, 591 = NVwZ 1991, 1107.

37 Siehe insoweit die bis zum Ablauf des 31.12.1997 gültig gewesene Fassung des § 19 Abs. 1 Nr. 3 BauGB mit der dort durch den Klammerzusatz „*(Außenbereich, § 35 BauGB)*" gegebenen „*indirekten Definition des Außenbereichs*" als Gebiet außerhalb des räumlichen Geltungsbereichs eines Bebauungsplans oder der im Zusammenhang bebauten Ortsteile. In der seit dem 1.1.1998 gültigen geänderten Fassung des § 19 BauGB ist diese Regelung nicht mehr enthalten. Gleichwohl ist der Außenbereich i. S. d. § 35 BauGB weiterhin als der Teil der Gemeindegemarkung anzusehen, der weder im räumlichen Geltungsbereich eines Bebauungsplans noch innerhalb des Zusammenhangs bebauter Ortsteile belegen ist.

53 Aber auch die **Aufstellung eines qualifizierten Bebauungsplans** durch die Gemeinde **reicht für sich allein genommen nicht dafür aus**, dass aus der in § 123 Abs. 1 BauGB nur grundsätzlich geregelten Erschließungsaufgabe der Gemeinde (Erschließungslast) eine Erschließungspflicht in Bezug auf das beplante Gebiet wird. Es ist deshalb durchaus möglich und kommt in der Praxis auch häufig vor, dass qualifiziert beplante Teilgebiete (= Baugebiete) innerhalb einer Gemeindegemarkung über einen längeren Zeitraum hinweg nicht erschlossen werden. Für die Verdichtung der Erschließungsaufgabe zur Erschließungspflicht ist auch in solchen Fällen zusätzlich ein Verhalten der Gemeinde notwendig, aus dem die rechtlich begründete Erwartung der Durchführung der Erschließung durch die Gemeinde hergeleitet werden kann.

54 Zu solchen Verhaltensweisen der Gemeinde, aus welchen eine Verpflichtung zur Erschließung hergeleitet werden kann, gehören zunächst
- **Verträge** über die sog. **freiwillige Baulandumlegung** sowie auch
- **Vorfinanzierungsverträge über die Erschließungskosten**, wie sie zuweilen zwischen Grundstückseigentümern und den Gemeinden abgeschlossen werden.[38]

Danach verpflichten sich die Grundstückseigentümer zur Übertragung des Eigentums an den für die Durchführung der Erschließung notwendigen Flächen für Straßen usw. auf die Gemeinde und zuweilen zusätzlich zur völligen oder teilweisen Vorfinanzierung der weiteren Erschließungskosten für die Herstellung der Erschließungsanlagen durch die Gemeinde. Diese verpflichtet sich im Gegenzug, die Erschließung durchzuführen. Derartige Verträge sind öffentlich-rechtlicher Natur, weil ihr Gegenstand und Zweck die Erfüllung der öffentlich-rechtlichen Erschließungsaufgabe der Gemeinde i. S.d. § 123 BauGB ist.[39] Mithin wäre hier ein vertraglicher Anspruch gegen die Gemeinde auf Durchführung der Erschließung gegeben.

55 Vertragliche Verpflichtungen der Gemeinde, bestimmte Erschließungsmaßnahmen in einer bestimmten Weise und innerhalb einer bestimmten Zeit durchzuführen, kommen aber auch in anderen Gestaltungen vor. Derartiges ist z. B. in Zusammenhang mit der erwünschten Ansiedlung neuer Gewerbebetriebe oder sonstiger (auch öffentlicher) Einrichtungen im Gemeindegebiet möglich. Wegen der von ihr z. B. aus allgemein wirtschaftlichen und arbeitsmarktpolitischen Gründen erwünschten Neuansiedlung verspricht die Gemeinde die Herstellung oder den Ausbau bestimmter Erschließungsanlagen, weil dies unter Hinweis auf vorhandene Standortnachteile im Vergleich zu anderen möglichen Standorten des anzusiedelnden Betriebs usw. von diesem zur Bedingung für die Neuansiedlung im Gemeindegebiet gemacht wurde.

56 Die allgemeine Erschließungsaufgabe der Gemeinde i. S.d. § 123 Abs. 1 BauGB kann sich auch unter dem Gesichtspunkt der Wahrung von **Treu und Glauben** nach § 242 BGB zu einer Erschließungspflicht verdichten. Der Grundsatz von Treu und Glauben in § 242 BGB beruht auf einem allgemeinen Rechtsgedanken und beherrscht deshalb auch das öffentliche Recht. Mithin muss sich auch das Verhalten einer Gemeinde in Zusammenhang mit dem Erlass und der Verwirklichung von qualifizierten Bebauungsplänen an diesem Maßstab ausrichten.[40] Es ist in diesem Sinne treuwidrig, wenn eine Gemeinde **nach Erlass eines qualifizierten Bebauungsplans** zu erkennen gibt, dass sie **diesen Plan überhaupt nicht verwirklichen will**. Das maßgebliche widersprüchliche Verhalten der Gemeinde i. S. eines venire contra factum proprium liegt dann darin, dass sie den von ihr erlassenen Bebauungsplan, dessen Verwirklichung inzwischen von ihr nicht mehr angestrebt wird, nicht nach § 2 Abs. 4 BauGB aufhebt, ändert oder ergänzt, sondern den Bebauungsplan gewissermaßen

---

38 BVerwG NJW 1985, 989; OVG Münster NJW 1989, 1879.

39 Zur Abgrenzung öffentlich-rechtlicher Verträge von privatrechtlichen nach dem Vertragsgegenstand und Vertragszweck s. GmS der obersten Gerichtshöfe des Bundes NJW 1986, 2359; BVerwG NJW 1985, 989; OVG Münster NJW 1989, 1879.

40 BVerwG in Buchholz 406.11 § 14 BBauG Nr. 8, S. 28; BVerwG NJW 1977, 405; BVerwG DÖV 1993, 713 = DVBl 1993, 669 = NJW 1994, 674; BVerwG NVwZ 1993, 1102 = NJW 1994, 1298 m. zahlreichen weiteren Nachweisen; BayVGH München NVwZ 1991, 1107.

auf Eis legt, um der Entschädigungspflicht gegenüber den betroffenen Grundstückseigentümern nach § 42 BauGB ausweichen zu können. Ein solches Verhalten ist bauplanungsrechtlich nicht zulässig. Verfährt eine Gemeinde gleichwohl faktisch so, kann das zur Verdichtung der Erschließungsaufgabe zur Erschließungspflicht führen, wobei es allerdings erheblich auf die Umstände des Einzelfalls ankommt.[41]

Gleiches gilt dort, wo eine Gemeinde die Verwirklichung eines von ihr erlassenen qualifizierten Bebauungsplans und die Durchführung der dafür notwendigen Erschließung „**ungebührlich verzögert**", weil ansonsten eine in Wahrheit zur Nichtverwirklichung entschlossene Gemeinde nur den Weg der Verzögerung der Verwirklichung des Bebauungsplans zu wählen brauchte, um den für sie nachteiligen Rechtsfolgen ausweichen zu können.[42]

57

In diesem Zusammenhang gewinnen **Erschließungsangebote** betroffener Grundstückseigentümer an die Gemeinde bzw. **Angebote zum Abschluss von Erschließungsverträgen** i. S. d. § 124 BauGB ein besonderes Gewicht. Lehnt die Gemeinde solche Angebote **grundlos** ab, führt das zur Verdichtung der gemeindlichen Erschließungsaufgabe zur Erschließungspflicht.[43] Allerdings müssen solche Angebote an die Gemeinde seriös und für die Gemeinde konkret prüfbar sein. Das bloße Angebot von Vertragsverhandlungen ohne gleichzeitige Darlegung eines prüfbaren Erschließungsangebots, das von der Gemeinde auf seine Zumutbarkeit untersucht werden kann, führt nicht zur Erschließungspflicht, wenn die Gemeinde es ablehnt.[44]

58

Keine Erschließungspflicht entsteht dort, wo eine Gemeinde nach § 133 Abs. 3 S. 1 BauGB **Vorausleistungen auf den Erschließungsbeitrag** für solche Grundstücke verlangt, für die eine Beitragspflicht noch nicht oder noch nicht in vollem Umfang entstanden ist. Hier hat die Gemeinde nach der entsprechenden gesetzlichen Regelung in § 133 Abs. 3 S. 3 BauGB lediglich die Vorausleistungen auf Verlangen zurückzuzahlen, wenn die Beitragspflicht sechs Jahre nach Erlass des Vorausleistungsbescheids noch nicht entstanden ist und die Erschließungsanlage bis zu diesem Zeitpunkt noch nicht benutzt werden kann. Einen Anspruch des zur Vorausleistung herangezogenen Grundstückseigentümers gegen die Gemeinde auf Durchführung der Erschließung begründet ein Vorausleistungsbescheid deshalb nicht. Allerdings kann es in solchen Fällen nahe liegen, die Frage einer ungebührlichen Verzögerung der Verwirklichung des qualifizierten Bebauungsplans näher zu prüfen (s.o. Rn 57).

59

Soweit Gemeinden zur Vorbereitung der Erschließung ein **Umlegungsverfahren** i. S. d. §§ 45 ff. BauGB eingeleitet haben, führt das **für sich allein auch dann nicht zur Erschließungspflicht**, wenn den Gemeinden im Laufe dieses Verfahrens die für die Erschließung notwendigen Flächen nach § 55 Abs. 2 BauGB vorweg zugeteilt worden sind.[45] Die Umlegung als solche ist, wo es ihrer bedarf, nicht mehr als ein Schritt zur Verwirklichung des Bebauungsplans, dem sie dient. Sie durchzuführen zwingt nicht einfach aus sich zu weiteren Schritten. Einen allgemeinen Rechtsgrundsatz, der eine Gemeinde gewissermaßen zu konsequentem Verhalten verpflichtete und also das Gebot begründete, „aus einer halben Sache eine ganze Sache zu machen", gibt es nicht.[46] Gleichwohl kann aber auch hier im Einzelfall die Frage einer ungebührlichen Verzögerung der Verwirklichung des Bebauungsplans näher zu prüfen sein (s.o. Rn 57).

60

---

41 BVerwG NJW 1977, 405; BVerwG DÖV 1993, 713 = DVBl 1993, 669 = NJW 1994, 674; BVerwG NVwZ 1993, 1102 = NJW 1994, 1298; BayVGH München NVwZ 1991, 1107.
42 BVerwG NJW 1977, 405; BVerwG DÖV 1993, 713 = DVBl 1993, 669 = NJW 1994, 674; BVerwG NVwZ 1993, 1102 = NJW 1994, 1298; BayVGH München NVwZ 1991, 1107.
43 BVerwG NJW 1977, 405; BVerwG DÖV 1993, 713 = DVBl 1993, 669 = NJW 1994, 674; BVerwG NVwZ 1993, 1102 = NJW 1994, 1298; BayVGH München NVwZ 1991, 1107.
44 BVerwG DÖV 1993, 918; OVG Münster NVwZ-RR 1992, 118.
45 BVerwG NVwZ 1993, 1102.
46 BVerwG in Buchholz 406.11 § 123 BBauG Nr. 29, S. 1 = NVwZ 1985, 564; BVerwG NVwZ 1993, 1102; anders noch BayVGH NVwZ 1991, 1107.

IV. Erschließungsbeiträge

1. Allgemeines

61 Im Zweiten Abschnitt des Sechsten Teils des Kapitels 1 behandelt das BauGB in den Vorschriften der §§ 127 bis 135 den Erschließungsbeitrag. Auch für diese Regelungen gilt die eingeschränkte gesetzgeberische Kompetenz des Bundes auf dem Gebiet des Baurechts, wonach der Bund lediglich für Regelungen auf dem Gebiet des Bodenrechts zuständig ist (s.o. Rn 13). Mithin kann sich der Erschließungsbeitrag nach dem BauGB auch nur auf Gegenstände beziehen, die in diesem Gesetz geregelt werden durften. Das führt zu den klarstellenden Regelungen in § 127 Abs. 4 und § 128 Abs. 2 BauGB, wonach das **Recht der Gemeinden zur Abgabenerhebung nach Landesrecht** insbesondere für Anlagen zur Ableitung von Abwasser sowie zur Versorgung mit Elektrizität, Gas, Wärme und Wasser **unberührt bleibt.** Insoweit kommt es auf die Kommunalabgabengesetze der Länder (KAG) und die auf der Grundlage dieser Gesetze von den Gemeinden erlassenen Beitragssatzungen z. B. für Kanalanschlussbeiträge u.ä. an. Mithin regelt das **Erschließungsbeitragsrecht im BauGB nur Teilbereiche der Abgaben- und Beitragspflichtigkeit** in Bezug auf die Grundstückserschließung.

62 Im **allgemeinen Sprachgebrauch** des Grundstücksverkehrs und auch der Verkehrswertbestimmung bedeutet der Begriff „**erschließungskostenbeitragsfrei oder -pflichtig**„, wie er z. B. bei der Kennzeichnung von Bodenrichtwerten i. S.d. § 196 Abs. 1 S. 1 BauGB und des § 13 Abs. 2 WertV 88 verwendet wird, dass im Falle der Beitragsfreiheit keine Abgaben und Beiträge mehr zu erheben und zu bezahlen sind. Dies schließt Abgaben und Beiträge i. S.d. Bundes- und des Landesrechts ein. Mithin kommt es bei der Prüfung, ob ein Grundstück in diesem Sinne beitragsfrei ist, auf **Erhebungen und Prüfungen** zum bundesrechtlich geregelten **Erschließungsbeitrag nach dem BauGB** und auf **zusätzliche weitere Abgaben- und Beitragspflichten** nach dem jeweiligen KAG i.V.m. möglichen Beitragssatzungen der betreffenden Gemeinde als ihr sog. Ortsrecht auf dem Gebiet der Abgaben- und Beitragserhebung an.[47]

2. Eingeschränkter Umfang der Erschließungsbeiträge nach dem BauGB

63 Der Erschließungsbeitrag nach dem BauGB ist **in mehrfacher Hinsicht eingeschränkt**:

64 Zunächst gibt es innerhalb des BauGB **gesetzlich angeordnete Ausschlüsse** für die Erhebung von Erschließungsbeiträgen nach der Durchführung von **Erschließungsmaßnahmen aus besonderen Anlässen.** Hier ist auf die Vorschrift des § 154 Abs. 1 S. 2 BauGB hinzuweisen, wonach die Vorschriften über die Erhebung von Erschließungsbeiträgen für die Herstellung, Erweiterung oder Verbesserung von Erschließungsanlagen im **förmlich festgelegten (städtebaulichen) Sanierungsgebiet** nicht auf solche Grundstücke anzuwenden sind, die in dem förmlich festgelegten Sanierungsgebiet belegen sind. Der Grund liegt darin, dass die Grundstückseigentümer nicht doppelt belastet werden sollen, weil sie zur Finanzierung der Sanierung nach § 154 BauGB Ausgleichsbeträge zahlen müssen. Diese Regelungen gelten über § 169 Abs. 1 Nr. 7 BauGB entsprechend auch für Erschließungsanlagen **in städtebaulichen Entwicklungsbereichen.**

65 Erschließungsbeiträge nach dem BauGB können nach § 127 Abs. 2 Nr. 1 bis 5 BauGB nur für **bestimmte Erschließungsanlagen** erhoben werden. Die Vorschrift bestimmt in einer abschließenden Aufzählung, was als Erschließungsanlage im Sinne dieses Abschnitts (über die Erschließungsbeiträge) gilt. Es handelt sich um:

---

[47] S. dazu näher bei *Zimmermann*, Kommentar zur WertV 88, 1. Aufl. Berlin 1998, § 5 Rn 143 ff.

- die öffentlichen zum Anbau bestimmten Straßen, Wege und Plätze (§ 127 Abs. 2 Nr. 1 BauGB)[48];
- die öffentlichen aus rechtlichen oder tatsächlichen Gründen mit Kraftfahrzeugen nicht befahrbaren Verkehrsanlagen innerhalb von Baugebieten (z. B. Fuß- und Wohnwege – § 127 Abs. 2 Nr. 2 BauGB);
- Sammelstraßen innerhalb von Baugebieten, die selbst nicht zum Anbau bestimmt, aber für die Erschließung der Baugebiete notwendig sind (§ 127 Abs. 2 Nr. 3 BauGB);
- Parkflächen und Grünanlagen mit Ausnahme von Kinderspielplätzen, soweit sie Bestandteil der öffentlichen Erschließungsstraßen oder aber nach städtebaulichen Grundsätzen für die Erschließung der Baugebiete notwendig sind (§ 127 Abs. 2 Nr. 4 BauGB);
- Anlagen zum Schutz von Baugebieten gegen schädliche Umwelteinwirkungen i. S.d. BImschG (z. B. Lärmschutzwände an Verkehrsanlagen – § 127 Abs. 2 Nr. 5 BauGB).

In der aufgezeigten Aufzählung beitragsfähiger Erschließungsanlagen i. S.d. BauGB fehlen alle Anlagen, die mit der Ver- und Entsorgungserschließung zu tun haben, obwohl diese vom Erschließungsbegriff des BauGB mit umfasst wird (s.o.). Insoweit kommt es für die Beitragspflichtigkeit auf das Landesrecht und das Ortsrecht der Gemeinde an (s.o. Rn 62).

Der **beitragsfähige Aufwand** der Gemeinden für Erschließungsanlagen i. S.d. § 127 Abs. 2 BauGB umfasst nach § 128 Abs. 1 BauGB die Kosten für den Erwerb und die Freilegung der Flächen für die Erschließungsanlagen (Gemeindebedarfsflächen), einschließlich des Werts der von der Gemeinde aus ihrem Vermögen bereitgestellten Flächen, ferner die Kosten für die erstmalige Herstellung der Erschließungsanlagen sowie die Kosten für die Übernahme von Anlagen als gemeindliche Erschließungsanlagen. Zum beitragsfähigen Aufwand gehören nach § 128 Abs. 3 BauGB nicht die Kosten für Brücken, Tunnels und Unterführungen mit den dazugehörigen Rampen sowie ebenfalls nicht die Kosten für die Fahrbahnen der Ortsdurchfahrten von Bundesstraßen sowie von Landstraßen I. und II. Ordnung.

Wesentlich ist die Beschränkung des beitragsfähigen Umfangs auf die **Kosten der erstmaligen Herstellung** von Erschließungsanlagen. Damit scheiden Erschließungsbeiträge für bereits vorhandene Erschließungsanlagen (Altanlagen) aus, wobei es bezüglich des Vorhandenseins dieser Anlagen darauf ankommt, ob sie bereits vor In-Kraft-Treten des Erschließungsbeitragsrechts des Bundes im Bundesbaugesetz (BBauG) als dem Vorläufergesetz des nunmehr gültigen BauGB am 30.6.1961 endgültig hergestellt waren. Für Erschließungsanlagen in den fünf neuen Bundesländern ist insoweit auf das In-Kraft-Treten des BauGB im Beitrittsgebiet abzustellen. Dies war in der durch den Einigungsvertrag in das BauGB eingefügten, inzwischen seit dem 1.1.1998 aber aufgehobenen Überleitungsvorschrift des § 246 a Abs. 4 S. 1 BauGB ausdrücklich angeordnet.

Ebenfalls zählen die Kosten für die **Erweiterung oder Verbesserung bereits vorhandener Erschließungsanlagen** nicht zum beitragsfähigen Aufwand. Insoweit verweist § 128 Abs. 2 BauGB ausdrücklich auf das Landesrecht und ordnet an, dass etwaige landesrechtliche Befugnisse zur Beitragserhebung unberührt bleiben.

Eine weitere inhaltliche Beschränkung des beitragsfähigen Aufwands findet sich in § 129 Abs. 1 S. 1 BauGB, indem Beiträge für Erschließungsanlagen nur in dem Maße erhoben werden können, in welchem die Erschließungsanlagen **für die Erschließung der Bauflächen notwendig** waren. Damit scheidet zusätzlicher Aufwand aus anderen Gründen, etwa die Kosten für den erweiterten Ausbau einer Straße zur Aufnahme von Durchgangsverkehr, aus.

---

48 Zu den unterschiedlichen Arten von Erschließungsstraßen s. näher die Empfehlungen für die Anlage von Erschließungsstraßen – Ausgabe 1985 – (EAE 85) – von der Forschungsgesellschaft für Straßen- und Verkehrswesen (Arbeitsgruppe Straßenentwurf) in Zusammenarbeit mit dem BMBau, der ARGE BAU und kommunalen Spitzenverbänden erarbeitete Empfehlungen. Diese Empfehlungen enthalten die unterschiedlichen Arten von Straßen und geben einen Maßstab für die Planung und Anlage von öffentlichen Straßen ab. Sie treffen dabei sachverständige Aussagen zu Gestaltungselementen von Straßenbauvorhaben, wie sie im Interesse der Sicherheit und Leichtigkeit des Straßenverkehrs angestrebt werden sollten (OVG Münster, Urt. v. 13.4.1988–7 A 2687/86 – n.v.).

71 Von dem beitragsfähigen Erschließungsaufwand müssen die **Gemeinden** nach § 129 Abs. 1 S. 3 BauGB **mindestens 10 v.H. selber tragen**, wobei allerdings auch höhere Sätze der Selbstbeteiligung der Gemeinde in Betracht kommen, wenn dies in den Beitragssatzungen nach § 132 BauGB festgelegt ist (s.o. Rn 45).

72 Schließlich können die Gemeinden nach § 127 Abs. 1 BauGB Erschließungsbeiträge **nur** zur Deckung ihres **anderweitig nicht gedeckten** Aufwands für Erschließungsanlagen erheben. Eine entsprechende Regelung findet sich auch in § 129 Abs. 1 S. 1 BauGB. Die anderweitige Deckung i. S.d. genannten Vorschriften liegt vor, wenn die Gemeinde von einem Dritten Zuschüsse für die Herstellung der Erschließungsanlagen erhält oder wenn die Gemeinde gegen einen Dritten Ansprüche auf Übernahme von Erschließungskosten hat. Der Rechtsgrund für solche Zuwendungen oder Zahlungspflichten Dritter kann vertraglich durch den Abschluss eines Erschließungsvertrages z. B. mit einem Bauträger nach § 124 BauGB begründet werden. Allerdings kommt es in solchen Fällen auch darauf an, ob und in welchem Maße diese Ansprüche von der Gemeinde durchgesetzt werden können, was z. B. im Konkursfalle des Schuldners natürlich nahezu ausgeschlossen ist.[49] Daneben kommen auch Zuschüsse des Bundes oder des Landes an die Gemeinde aus öffentlichen Mitteln in Betracht, wobei es aber **immer auf die Zweckbestimmung** dieser Zahlungen ankommt. Diese können nämlich statt der Deckung des Erschließungsaufwands der Gemeinde i. S.d. §§ 127, 129 BauGB auch dazu bestimmt sein, die gemeindliche Kostenbeteiligung zu mindern und den Gemeinden allgemein die Tragung der Kosten zu erleichtern, die sie tragen müssen.[50] Ist solches der Fall, tritt eine anderweitige Deckung i. S.d. §§ 127, 129 BauGB nicht ein.

3. Gegenstand und Entstehung der Erschließungsbeitragspflicht nach dem BauGB

73 Der **Beitragspflicht** unterliegen nach § 133 Abs. 1 S. 1 BauGB **Grundstücke**, für die eine bauliche oder gewerbliche Nutzung festgesetzt ist. Dabei ruht der Beitrag nach § 134 Abs. 2 BauGB **als öffentliche Last** auf dem Grundstück (s.u. Rn 79). Die Beitragspflicht entsteht, sobald die Grundstücke **bebaut oder gewerblich genutzt werden dürfen**. Es kommt hierzu auf die allgemeinen Zulässigkeitsvoraussetzungen für Bauvorhaben i. S.d. §§ 30 bis 35 BauGB an. Insoweit kommt es auf den **grundstücksbezogenen Erschließungsbegriff** an, also darauf, ob das Einzelgrundstück erschlossen ist.[51]

74 Allerdings wird der grundstücksbezogene Erschließungsbegriff in Zusammenhang mit der Entstehung von Beitragspflichten nach § 133 BauGB **in einer bestimmten Weise anders** angewendet, als bei der Beurteilung der Zulässigkeit von Bauvorhaben nach den §§ 30 ff. BauGB. Dies ist in Zusammenhang mit der Frage der Fall, wann die Erschließung gesichert ist. Während es im Rahmen der Prüfungen nach §§ 30 ff. BauGB bei mehreren aneinander angrenzenden Grundstücken eines Eigentümers, von denen nur eines an die Erschließungsstraße angrenzt, für die gesicherte Erschließung auf besondere rechtliche Sicherungen durch Grunddienstbarkeiten oder Baulasten ankommt (s.o. Rn 39), stellt die Rechtsprechung in solchen Fällen für das Entstehen der Beitragspflicht darauf ab, ob der Eigentümer dieser Grundstücke bestehende Hindernisse der Bebauung ausräumen kann.[52]

75 Ausgangspunkt dieser Rechtsprechung ist die Überlegung, dass die beitragspflichtigen anderen Grundstückseigentümer innerhalb eines Erschließungsgebiets eine schutzwürdige Erwartung dahin haben, dass alle Grundstücke zur Beitragspflicht herangezogen werden, die von der die Beitragspflicht auslösenden Erschließung profitieren. Deshalb wird ein Hinterliegergrundstück, das durch

---

49 BVerwG DVBl 1982, 79.
50 BVerwG NJW 1970, 876; OVG Koblenz KStZ 1989, 91.
51 BVerwG NJW BRS 37, 194.
52 BVerwGE 79, 1 ff.; BVerwG DÖV 1993, 716 = DVBl 1993, 667 = NVwZ 1993, 1206; BVerwG NVwZ 1993, 1208; BVerwG DVBl 1997, 496; BVerwG DVBl 1997, 497; BVerwG DVBl 1998, 61 = DÖV 1998, 212.

ein im Eigentum derselben Person stehendes, selbständig bebaubares Anliegergrundstück von der abzurechnenden Anbaustraße getrennt wird, durch diese Straße erschlossen, wenn – etwa infolge einer einheitlichen Nutzung beider Grundstücke – nach der schutzwürdigen Erwartung der übrigen Beitragspflichtigen mit einer Inanspruchnahme der Anbaustraße (auch) durch das Hinterliegergrundstück zu rechnen ist. Auf besondere rechtliche Sicherungen wie bei der Beurteilung der Frage einer gesicherten Erschließung i. S.d. §§ 30 ff. BauGB kommt es dabei nicht mehr an. Denn es steht ja im Belieben des Grundstückseigentümers, diese rechtlichen Sicherungen und mit ihnen die Zulässigkeit etwaiger Bauvorhaben auf dem Hinterliegergrundstück herbeizuführen.[53]

Die Regelung in § 133 Abs. 1 S. 2 BauGB betrifft Grundstücke im unbeplanten Innenbereich, für die sich die Bebaubarkeit nach § 34 BauGB beurteilt. Auch diese Grundstücke unterliegen der Beitragspflicht, sobald sie erschlossen sind. Nach Satz 3 der Vorschrift gibt die Gemeinde bekannt, welche dieser Grundstücke beitragspflichtig sind, wobei diese Bekanntmachung keine rechtsbegründende Wirkung hat.

Die **Beitragspflicht entsteht** mit der endgültigen Herstellung der Erschließungsanlagen, wobei auch eine teilweise Herstellung dieser Erschließungsanlagen für die Anforderung von Teilbeträgen des Beitrags ausreicht (§ 133 Abs. 2 BauGB).

Vorausleistungen auf den Beitrag sind nach § 133 Abs. 3 BauGB möglich. Voraussetzung ist die Genehmigung eines Bauvorhabens für ein Grundstück oder der Beginn der Herstellung von Erschließungsanlagen, wenn mit dem Abschluss der entsprechenden Arbeiten innerhalb von vier Jahren gerechnet werden kann. Wurde die begonnene Erschließungsanlage nicht innerhalb von sechs Jahren nach Erlass des Vorauszahlungsbescheids nicht fertig gestellt (Benutzbarkeit), besteht ein Rückzahlungsanspruch des Vorausleistungspflichtigen gegen die Gemeinde, der mit 2 Prozent über dem Diskontsatz der Deutschen Bundesbank (bzw. ab dem 1.1.1999 der Europäischen Zentralbank – Einführung des Euro) zu verzinsen ist.

4. Beitragspflichtiger und Fälligkeit des Beitrags

Nach § 134 Abs. 1 BauGB ist **beitragspflichtig** derjenige, der im Zeitpunkt der Bekanntgabe des Beitragsbescheids **Eigentümer des Grundstücks** ist. Bei Grundstücken, die mit einem Erbbaurecht belastet sind, ist anstelle des Grundstückseigentümers der Erbbauberechtigte beitragspflichtig. Bei Wohnungs- und Teileigentum nach dem Wohnungseigentumsgesetz (WEG) sind die einzelnen Wohnungs- und Teileigentümer nur entsprechend ihrem Miteigentumsanteil beitragspflichtig. In § 134 Abs. 2 BauGB wird klargestellt, dass der Erschließungsbeitrag als öffentliche Last auf dem Grundstück bzw. Erbbaurecht oder auf dem Wohnungs- oder Miteigentumsanteil ruht. Mithin hat die **Beitragsschuld dingliche Wirkung**, indem sie mit der Rechtsstellung als Grundstückseigentümer usw. verbunden ist und deshalb auf jeden neuen Grundstückseigentümer übergeht, solange sie besteht.

Die Fälligkeit der Erschließungsbeiträge regelt § 135 BauGB. Grundsätzlich werden die Beiträge einen Monat nach der Bekanntgabe des Beitragsbescheids fällig. Die Gemeinden können allerdings ratenweise Bezahlung und Verrentung zulassen sowie die Beiträge stunden oder sogar unter bestimmten Fällen von der Beitragserhebung ganz oder teilweise absehen. Hierzu gehört auch der Erlass entstandener Beitragsschulden durch die Gemeinden[54] sowie der Bereich schuldrechtlicher Ansprüche auf Freistellung von Erschließungsbeiträgen.[55]

---

53 BVerwGE 79, 1 ff.; BVerwG DÖV 1993, 716 = DVBl 1993, 667 = NVwZ 1993, 1206; BVerwG NVwZ 1993, 1208; BVerwG DVBl 1997, 496; BVerwG DVBl 1997, 497; BVerwG DVBl 1998, 61 = DÖV 1998, 212.
54 BVerwG NVwZ 1993, 379.
55 BGH NVwZ 1993, 1020 = NJW 1993, 2232 = BoBauE Nr. 1 zu § 314 BGB.

81 Besonders hinzuweisen ist auf die **beitragsrechtliche Privilegierung der Land- und Forstwirtschaft** in § 135 Abs. 4 BauGB. Danach sind Beiträge für landwirtschaftlich oder als Wald genutzte Grundstücke für die Zeit ihrer notwendigen Nutzung zur Erhaltung der Wirtschaftlichkeit des jeweiligen Betriebes, zu dem sie gehören, zinslos zu stunden. Erfasst werden land- und forstwirtschaftliche Betriebe. Eine Beschränkung auf den Bereich der Landwirtschaft ergibt sich aus dem Wortlaut der Vorschrift nicht. Denn „Waldgrundstücke" werden sowohl im Rahmen landwirtschaftlicher Betriebe (sog. „Bauernwald") als auch forstwirtschaftlicher Betriebe als Wald genutzt.

C. Erschließungsbezogene Regelungen im Landesrecht

I. Allgemeines

82 Der Begriff Erschließung ist ein bundesrechtlicher Begriff (s.o. Rn 12). Neben den bereits aufgezeigten Bestimmungen des BauGB befassen sich aber auch die **Bauordnungen der Bundesländer**[56] mit Sachverhalten, die inhaltlich dem zugeordnet werden müssen, was das bundesrechtliche BauGB unter Erschließung versteht, und zwar unter der grundstücksbezogenen Erschließung i. S. d. Zulässigkeitsvoraussetzungen für Bauvorhaben i. S. d. §§ 30 bis 35 BauGB (s.o. Rn 11 ff.). Allerdings verwenden die Landesbauordnungen dabei nicht den Begriff Erschließung.

Vielmehr geht es um die besonderen Anforderungen, die das **Bauaufsichtsrecht** der Länder an die Beschaffenheit von Grundstücken stellt, wenn auf ihnen Gebäude errichtet und die entsprechenden Baugenehmigungen von den Bauämtern erteilt werden sollen. Diese besonderen Anforderung des Landesrechts haben mit den bundesrechtlichen Zielsetzungen auf dem Gebiet des Bauplanungs- und Bodenrechts nichts zu tun, sondern mit **(bau)polizeilichen** Gesichtspunkten der **allgemeinen Sicherheit und Ordnung** sowie der **Gefahrenabwehr auf dem Gebiet des Bauens**.

83 Die besonderen baupolizeilichen Anforderungen des Landesbaurechts an die Grundstücksbeschaffenheit sind nicht geeignet, den bundesrechtlichen Erschließungsbegriff inhaltlich auszufüllen (s.o. Rn 12). Gleichwohl zeitigen sie im Ergebnis Wirkungen, indem Flächen die Qualität von Bauland i. S. d. Rechts der Verkehrswertbestimmung von Grundstücken nicht erreichen, wenn notwendige Baugenehmigungen für Bauvorhaben auf ihnen nicht erteilt werden können. Denn baureifes Land sind nach der Definition in § 4 Abs. 4 WertV 88 die nach öffentlich-rechtlichen Vorschriften baulich nutzbaren Flächen. Das Bauordnungsrecht der Länder (Landesbauordnungen) gehört zu diesen öffentlich-rechtlichen Vorschriften. Ist es im Einzelfall so, dass für Bauwerke auf einem Grundstück wegen seiner Beschaffenheit die notwendigen Baugenehmigungen nicht erteilt werden können, ist solches Land auch kein baureifes Land i. S. d. § 4 Abs. 4 WertV 88. Allerdings kommt es im Einzelfall darauf an, ob **lediglich** die Erteilung von Baugenehmigungen für bestimmte Bauwerke nicht möglich ist oder für Bauwerke **überhaupt**. Nur im letzteren Fall könnte vom Nichtentstehen der Baulandqualität i. S. d. § 4 Abs. 4 WertV 88 ausgegangen werden.

---

56 Z. B. für die fünf neuen Bundesländer: a) Brandenburgische Bauordnung (BbgBO) vom 1.6.1994 (GVBlBbg, 126, berichtigt GVBlBbg I 1994, 404), geändert durch Gesetz vom 18.12.1997 (GVBl Bbg I 1998, 127); b) Landesbauordnung Mecklenburg-Vorpommern (LBauO M-V) vom 26.4.1994 (GVOBl M-V, 518, berichtigt in GVOBl M-V 1994, 635); c) Gesetz über die Bauordnung des Landes Sachsen-Anhalt (BauO LSA) vom 23.6.1994 (GVBl LSA, 723), geändert durch § 17 des Gesetzes vom 24.11.1995 (GVBl LSA, 339); d) Sächsische Bauordnung (SächsBO) vom 26.7.1994 (Sächs. GVBl, 1401), geändert durch Gesetz vom 29.3.1996 (Sächs. GVBl, 122), danach erneut geändert durch Art. 3 des Gesetzes vom 20.2.1997 (Sächs. GVBl, 105); e) Thüringer Bauordnung (ThürBO) vom 3.6.1994 (Thür. GVBl, 553). Als Vorläufergesetz der aufgezeigten Landesbauordnungen der 5 neuen Länder galt als fortgeltendes DDR-Recht nach dem Einigungsvertrag das Gesetz über die Bauordnung (BauO) vom 20.07.1990 (GBl DDR I, 929) nach dem Beitritt am 3.10.1990 einstweilen weiter, bis die neuen Länder jeweils eigene Landesbauordnungen erlassen haben würden, was im Jahre 1994 geschah.

II. Besondere erschließungsbezogene Anforderungen an die Beschaffenheit von Baugrundstücken

1. Die Regelungen in § 4 der Landesbauordnungen

Die Landesbauordnungen sind zwar in ihren Grundzügen einheitlich, weichen aber stellenweise im Détail voneinander ab. Die besonderen Anforderungen in Bezug auf Erschließungsmerkmale der Baugrundstücke finden sich übereinstimmend im jeweiligen § 4 der Landesbauordnungen. In der jeweiligen Ausgestaltung dieser Vorschrift stimmen die Landesbauordnungen der 16 Bundesländer aber nicht überein, auch nicht die der 5 neuen Bundesländer. Es gibt deshalb **keine einheitlichen Anforderungen des Landesbaurechts** an erschließungsbezogene Grundstücksmerkmale. 84

Am **Beispiel des § 4 Thüringer Bauordnung** (ThürBauO)[57] soll aufgezeigt werden, was im Bauordnungsrecht des Freistaats Thüringen gefordert wird, wenn für Bauvorhaben auf einem Grundstück Baugenehmigungen erteilt werden sollen. Die Vorschrift lautet: 85

> " ... § 4 Bebauung der Grundstücke mit Gebäuden
> (1) Gebäude dürfen nur errichtet werden, wenn das Grundstück in angemessener Breite an einer befahrbaren öffentlichen Verkehrsfläche liegt, oder wenn das Grundstück eine befahrbare öffentlich-rechtlich gesicherte Zufahrt zu einer befahrbaren öffentlichen Verkehrsfläche hat; bei Wohnwegen kann auf die Befahrbarkeit verzichtet werden, wenn wegen des Brandschutzes Bedenken nicht bestehen.
> (2) Die Errichtung eines Gebäudes auf mehreren Grundstücken ist nur zulässig, wenn durch Baulast gesichert ist, dass keine Verhältnisse eintreten können, die den Bestimmungen dieses Gesetzes oder den aufgrund dieses Gesetzes erlassenen Vorschriften zuwiderlaufen.
> (3) Bis zum Beginn der Benutzung der baulichen Anlage müssen Zufahrtswege, Wasserversorgungs- und Abwasserbeseitigungsanlagen in dem erforderlichen Umfang benutzbar sein. ..."

Ergänzende Regelungen finden sich **nicht in allen, sondern nur in einigen Bundesländern** mit der meist vom jeweiligen **Innenministerium** in der Form eines Erlasses oder Runderlasses angeordneten **Verwaltungsvorschrift zur Landesbauordnung**.[58] Bei diesen Verwaltungsvorschriften der einzelnen Länderressorts handelt es sich um sog. Allgemeine Verwaltungsvorschriften, welche nach der neueren Rechtsquellenlehre zu dem Bereich der zulässigen normativen Rechtsetzung i. S. d. Art. 84 ff. GG gerechnet werden. Sie können von obersten oder entsprechend ermächtigten Behörden des Bundes und der Länder **im Rahmen ihrer Zuständigkeit** zur **Organisation der Aufgabenwahrnehmung** und zur **Durchführung von Gesetzen** durch nachgeordnete Verwaltungsdienststellen erlassen werden und binden diese als Weisung. Regelmäßig enthalten solche Verwaltungsvorschriften oder Richtlinien technische Einzelheiten zur Anwendung unbestimmter Rechtsbegriffe in den höherrangigen Rechtsnormen, um deren Durchführung durch die Verwaltung es geht (Gesetze und Verordnungen). Auch die Verwaltungsvorschriften zu Landesbauordnungen sind, soweit sie in den Bundesländern überhaupt erlassen worden sind, untereinander nicht einheitlich. 86

---

57 Siehe die vorhergehende Fn.
58 Z.B. a) Mecklenburg-Vorpommern: Verwaltungsvorschrift zur Landesbauordnung Mecklenburg-Vorpommern (VVLBO M-V), Erlass vom 12.8.1994 (ABl, 905), zuletzt geändert durch Erlass vom 30.10.1996 (ABl, 1127); b) Sachsen: Verwaltungsvorschrift des Sächsischen Staatsministeriums des Innern zur Sächsischen Bauordnung (VwVSächsBO) vom 20.2.1995 (ABl Sonderdruck Nr. 4,, 109); c) Sachsen-Anhalt: Verwaltungsvorschrift zum Gesetz über die Bauordnung des Landes Sachsen-Anhalt (VVBO LSA), Runderlass vom 3.2.1995 (MBl, 1885).

2. Verkehrsmäßige Zugänglichkeit des Grundstücks

87 Die Bauordnungen der Bundesländer fordern die Lage des Grundstücks an einer **befahrbaren öffentlichen Verkehrsfläche** in angemessener Breite oder eine Zufahrt zu einer solchen. Hintergrund dieser Forderung des Bauordnungsrechts der Länder sind vor allem Gesichtspunkte der öffentlichen Sicherheit und Ordnung; das zu bebauende Grundstück muss eine „ordnungsgemäße Zuwegung" haben und bei Bedarf mit Kraftfahrzeugen der Feuerwehr und Polizei sowie der Rettungsdienste (Kranken- und Arztwagen) erreicht werden können. Diese Grundmotivation der Gefahrenvermeidung und -abwehr, wie sie dem Bauordnungsrecht der Bundesländer allgemein innewohnt, ergibt sich auf dem Felde der Zugänglichkeit von Grundstücken im weiteren Sinne auch aus den Regelungen des jeweiligen § 5 der Landesbauordnungen. Diese Vorschrift befasst sich mit Zugängen und Zufahrten auf den Grundstücken vor allem für die Feuerwehr. Ferner sollen die öffentlichen Verkehrsflächen den auf das Grundstück bezogenen Verkehr ohne Behinderung des übrigen Straßenverkehrs aufnehmen können. Hier ist an die Verkehrsbelastung gedacht, wie sie von dem Grundstück nach seiner Bebauung zum Beispiel durch Hausbewohner oder bei Gewerbebetrieben durch den Betrieb ausgehen wird (Mitarbeiter, Kunden, Lieferanten).[59]

88 Als **öffentliche Verkehrsfläche** i. S.d. Landesbaurechts gelten nur die nach straßenrechtlichen Vorschriften dem öffentlichen Verkehr gewidmeten Straßen. Dass eine Wegefläche tatsächlich dem öffentlichen Verkehr offensteht, reicht nicht aus.[60] Vergleiche damit die andere Sichtweise des bundesrechtlichen Erschließungsrechts und die dem entsprechende andere Rechtsprechung des BVerwG zur verkehrsmäßigen Erschließung i.S.d. BauGB (s.o. Rn 19 ff., insbesondere Rn 24).

89 Soweit ein Grundstück nicht unmittelbar an eine öffentliche Verkehrsfläche angrenzt, fordern die meisten Landesbauordnungen, dass eine **öffentlich-rechtlich gesicherte** Zufahrt zu der öffentlichen Verkehrsfläche gegeben sein muss. Hierbei wird regelmäßig die öffentlich-rechtliche Sicherung durch eine entsprechende Baulast gefordert. Privatrechtliche Sicherungen z. B. durch Grunddienstbarkeit reichen nicht aus.[61] Auch insoweit weicht der bundesrechtliche Begriff von der gesicherten Erschließung im BauGB ab (s.o. Rn 33 ff.). Allerdings gilt diese Aussage nur für die Bundesländer, deren Landesbauordnungen das Rechtsinstitut der Baulast vorsehen. Das sind aber bis auf den Freistaat Bayern und das Bundesland Brandenburg alle Bundesländer.

90 Das Grundstück muss **in angemessener Breite** an einer befahrbaren öffentlichen Verkehrsfläche liegen. Dieser unbestimmte Rechtsbegriff ist nach der Art, der Zweckbestimmung und dem Umfang des zu genehmigenden Bauvorhabens und der aus ihm folgenden späteren Grundstücksnutzung sowie dem mit ihr einhergehenden Bedarf an Verkehrsanbindung an das öffentliche Straßennetz anzuwenden.[62] Soweit die notwendige Breite der Angrenzung des Grundstücks an öffentliche Verkehrsflächen in anderen Vorschriften des Bundeslandes geregelt ist, sind diese Spezialbestimmungen heranzuziehen. Als Beispiele können Zugangsbreiten bzw. die Breiten für Zu- und Abfahrten bei Versammlungsstätten nach der Zahl der auf sie angewiesenen Personen (z. B. § 3 Abs. 1 i.V.m. § 19 Abs. 2 Versammlungsstätten-VO NRW) oder Breiten für Zu- und Abfahrten bei Garagen nach den Abmessungen der für sie zugelassenen Kraftfahrzeuge (§ 2 Abs. 2 Garagen-Verordnung NRW) genannt werden.

---

[59] Z. B. *Temme*, in: *Gädke/Böckenförde/Temme*, Landesbauordnung Nordrhein-Westfalen – Kommentar, Rn 5 zu § 4.
[60] OVG Münster NJW 1976, 725 = BRS 30 Nr. 100; VGH Kassel BRS 47 Nr. 106.
[61] OVG Lüneburg OVGE 35, 355 = BRS 35 Nr. 103 und OVG Lüneburg, Urt. v. 25.03.1991 – 6 L 11/89 – n.v. und OVG Lüneburg, Urt. v. 15.06.1992 – 6 L 3061/91 – n.v. – zitiert bei *Sarnighausen* a. a. O.
[62] Z.B. OVG Münster NVwZ 1993, 493 (verkehrliche Erschließung eines SB-Marktes – SB-Markt mit 8000 qm Verkaufsfläche – Problem mit der Verkehrsabwicklung an 500 m entfernter Einmündung in öffentliche Straße – nicht gesichert.).

Hinsichtlich der **Beschaffenheit der öffentlichen Verkehrsfläche** fordert das Bauordnungsrecht der Länder, dass diese **befahrbar** sein muss. Die Straße muss also so breit und so befestigt sein, dass sie den Verkehr aufnehmen kann, den das Bauvorhaben auf dem Grundstück bedingt. Auch hierzu hat sich eine teilweise recht widersprüchliche Kasuistik der Obergerichte entwickelt. Während das OVG Münster in einer Entscheidung aus dem Jahre 1976 meint, „nach den heutigen Verkehrsverhältnissen erfülle eine nur 3,50 m breite Straße die Voraussetzungen des § 4 Abs. 1 BauO NRW nicht"[63], stellt das BVerwG insoweit unter dem bauplanungsrechtlichen Blickwinkel des BauGB weniger strenge Anforderungen. Das Bebauungsrecht (des Bundes!) – so das BVerwG – verlange für die Bebauung des Grundstücks grundsätzlich nicht, dass auf der die verkehrsmäßige Erschließung vermittelnden Verkehrsanlage mit Großfahrzeugen, etwa des Rettungswesens und der Ver- und Entsorgung, bis zur Höhe dieses Grundstücks gefahren werden kann. Es lasse vielmehr ein Heranfahrenkönnen durch Personen- und kleinere Versorgungsfahrzeuge genügen. Deshalb könne ein Grundstück selbst dann erschließungsrechtlich durch einen befahrbaren Stichweg erschlossen sein, wenn dieser bei einer lichten Weite von nur 3 m nur auf einer Breite von 2,75 m befestigt ist.[64]

3. Die Versorgung des Grundstücks

Das Bauordnungsrecht der Bundesländer fordert für die Genehmigungsfähigkeit eines Bauvorhabens die **Benutzbarkeit der Wasserversorgungsanlagen**. Auf die Vorschrift des § 4 Abs. 1 Nr. 1 BauO NRW soll stellvertretend für die entsprechenden Gesetze der anderen Bundesländer hingewiesen werden. Ergänzend ist die Vorschrift des § 40 Abs. 1 BauO NRW heranzuziehen. Danach muss bei Gebäuden mit Aufenthaltsräumen die **Trinkwasserversorgung** dauernd gesichert sein. Ferner verlangt diese Vorschrift, dass eine ausreichende Wassermenge zur **Brandbekämpfung** zur Verfügung stehen muss. Die „Versorgungserschließung" i. S. d. Landesbauordnungsrechts fordert somit lediglich die Versorgung des Grundstücks mit Trinkwasser und mit Löschwasser. Allerdings wird auch eine ausreichende Versorgung mit **Brauchwasser** als notwendig i. S. d. § 4 Abs. 1 Nr. 2 BauO NRW angesehen.[65]

Wasserversorgungsanlagen werden in der Regel von den Gemeinden und ihren Eigengesellschaften (z. B. Stadtwerke) unterhalten. Die Wasserversorgung über Eigenversorgungsanlagen (Brunnen) ist grundsätzlich möglich, bildet aber die Ausnahme. Sie setzt behördliche Erlaubnisse nach dem Wasserhaushaltsgesetz (WHG) voraus und entfällt, sofern durch Ortssatzung der Gemeinde nach der jeweiligen Gemeindeordnung ein Anschlusszwang an das vorhandene öffentliche Wasserversorgungsnetz gegeben ist.

Anders als beim bundesrechtlichen Erschließungsbegriff i. S. d. §§ 30 ff. BauGB ist die **Versorgung mit Elektrizität** keine besondere Forderung, die das Landesbaurecht an die Versorgung des Baugrundstücks als Voraussetzung für die Erteilung einer Baugenehmigung stellt. Sollte im Einzelfall ein Grundstück nicht an die Elektrizitätsversorgung angeschlossen sein, ist das allerdings ein wertrelevanter Umstand. Denn in solchen Fällen könnte zwar nach den Regeln des Baurechts der Länder unter Umständen eine Baugenehmigung erteilt werden, gleichwohl ist aber eine Erschließung i. S. d. Bauplanungsrechts des Bundes im BauGB nicht gegeben, weil dazu auch die Versorgung des Grundstücks mit Elektrizität gehört.[66] Es liegt aus der Sicht des BauGB nur eine Teilerschließung vor (s.o. Rn 14).

---

63 OVG Münster NJW 1976, 725.
64 BVerwG DVBl 1993, 1365 (im Anschluss an BVerwGE 88, 70 ff. und BVerwG BRS 44 Nr. 75).
65 *Temme*, in: *Gädke/Böckenförde/Temme*, Landesbauordnung Nordrhein-Westfalen, Rn 22 zu § 4.
66 BGH NJW-RR 1991, 333; *Löhr*, in: *Battis/Krautzberger/Löhr*, Baugesetzbuch – Kommentar a. a. O., § 30 Rn 16; *Sarnighausen*, Zur Erschließung und Zugänglichkeit von Baugrundstücken im Baurecht des Bundes und der Länder, NVwZ 1993, 424.

4. Die Abwasserentsorgung von dem Grundstück

95 Nach § 4 der Landesbauordnungen setzt die Genehmigung eines Bauvorhabens außerdem voraus, dass die Abwasseranlagen in dem erforderlichen Umfang benutzbar sind. Das bedeutet, dass die Abwasserbeseitigung **entsprechend den wasserrechtlichen Vorschriften** gewährleistet sein muss. Unter den wasserrechtlichen Vorschriften sind hier das bereits erwähnte Wasserhaushaltsgesetz (WHG – s.o. Rn 93) und die **Landeswassergesetze** zu verstehen.[67]

96 Der Begriff Abwasser ist in den Landeswassergesetzen definiert (z. B. § 39 LWaG M-V). Es handelt sich danach um das durch häuslichen, gewerblichen, landwirtschaftlichen oder sonstigen Gebrauch in seinen Eigenschaften veränderte und das bei Trockenwetter damit zusammen abfließende Wasser sowie das von Niederschlägen aus dem Bereich von bebauten und befestigten Flächen abfließende Wasser. Die notwendige Abwasserbeseitigung betrifft somit alle auf dem Grundstück anfallenden Abwässer, also sowohl das Schmutzwasser als auch das Niederschlagswasser.

97 Die Pflicht zur Abwasserbeseitigung ist grundsätzlich den Gemeinden zugewiesen, kann aber auch Wasser- und Bodenverbänden übertragen werden (z. B. § 40 LWaG M-V). Dem entspricht das gesetzliche Satzungsrecht der Gemeinden oder sonstigen Aufgabenträger zur Regelung des Anschluss- und Benutzungszwangs bezüglich vorhandener öffentlicher Abwasserbeseitigungsanlagen (Kanalisation – z. B. § 40 Abs. 5 LWaG M-V).

98 Der Begriff Abwasserbeseitigungsanlage muss vom Zweck solcher Einrichtungen her betrachtet werden. Derartige Einrichtungen sollen die Abwässer sammeln und ggf. so reinigen, dass diese dem natürlichen Wasser-, Stoff- und Energiekreislauf unschädlich wieder zugeführt werden können. Zur Erreichung dieses Ziels ist nicht nur eine einzige Einrichtung erforderlich, etwa das Klärwerk, sondern ein ganzes System unterschiedlicher Anlagen. Der Begriff Abwasserbeseitigungsanlage i. S. d. § 4 der Landesbauordnungen umfasst deshalb die notwendigen **Entwässerungsanlagen auf dem Grundstück** genauso wie das **zur Ableitung erforderliche öffentliche Kanalnetz** und schließlich auch die **Anlagen und Einrichtungen zur Behandlung** der gesammelten und diesen über das öffentliche Kanalnetz zugeleiteten Abwässer. Die notwendigen Entwässerungsanlagen auf dem Grundstück dienen der Sammlung und Ableitung der dort anfallenden Abwässer in das öffentliche Kanalnetz. Sie umfassen deshalb Sanitäreinrichtungen wie Aborte, Spülkästen, Badewannen (Duschen, Handwaschbecken) genauso, wie die zu ihrem Anschluss erforderlichen Leitungen, Fallrohre, Abwasserhebeanlagen und Grundleitungen. Ebenfalls zu diesem Bereich gehören Abscheider aller Art.[68]

99 Der Betrieb **eigener Abwasserbehandlungsanlagen auf dem Grundstück** ist grundsätzlich möglich. Dies meint Kleinkläranlagen und Abwassergruben genauso wie große Abwasserbehandlungseinrichtungen im Bereich der Industrie, etwa der Chemischen Industrie. Grundsätzlich handelt es sich dabei aber um Ausnahmen, wenngleich derartige Situationen vor allem in den neuen Bundesländern

---

67 Z.B. für die fünf neuen Bundesländer: a) Brandenburg: Brandenburgisches Wassergesetz (BbgWG) vom 13.7.1994 (GVBl Bbg, 302), berichtigt in GVBl Bbg I 1997, 62; b) Mecklenburg-Vorpommern: Wassergesetz des Landes Mecklenburg-Vorpommern (LWaG M-V) vom 30.11.1992 (GVOBl M-V, 669), geändert durch Gesetz vom 2.3.1993 (GVOBl M-V, 178); c) Sachsen-Anhalt: Wassergesetz für das Land Sachsen-Anhalt (WG LSA) vom 31.8.1993 (GVBl LSA, 477), zuletzt geändert durch Gesetz vom 29.5.1997 (GVBl LSA, 540); d) Sachsen: Sächsisches Wassergesetz (Sächs. WG) 23.2.1993 (GVBl, 201), geändert durch Art. 5 des Gesetzes vom 4.7.1994 (GVBl, 1261); e) Thüringen: Thüringer Wassergesetz (ThürWG) vom 10.5.1994 (Thür. GVBl, 445), zuletzt geändert durch Gesetz vom 19.12.1995 (Thür. GVBl, 413).

68 Z. B. *Temme*, in: *Gädke/Böckenförde/Temme*, Landesbauordnung Nordrhein-Westfalen, Rn 31 zu § 4.

mindestens noch im Jahre 1990 vergleichsweise häufig waren.[69] Immer ist in solchen Fällen eine wasserrechtliche Erlaubnis der unteren Wasserbehörde (Kreis oder kreisfreie Stadt) und eine Prüfung sowie Abnahme der entsprechenden nicht öffentlichen Anlage erforderlich. Derartige Erlaubnisse kommen nur dann in Betracht, wenn das anfallende Abwasser nicht in die Sammelkanalisation eingeleitet werden kann, sei es, dass diese technisch nicht in ausreichendem Maße zur Verfügung steht, sei es, dass die Art und Beschaffenheit der auf dem Grundstück anfallenden Abwässer eine Einleitung in die Sammelkanalisation verbietet, weil eine Sonderbehandlung dieses Abwassers in spezialisierten Sondereinrichtungen erforderlich ist. Darüber hinaus können Gemeinden durch Ortssatzung nach den Vorschriften der Landeswassergesetze einen Anschluss- und Benutzungszwang für die öffentlichen Abwasserbeseitigungsanlagen beschließen mit der Folge, dass die Grundstückseigentümer nicht nur berechtigt sondern verpflichtet sind, diese zu benutzen (s.o. Rn 97).

III. Landesrechtliche Beitragspflichten für Ver- und Entsorgungsanlagen

Neben den Erschließungsbeiträgen i.S.d. BauGB (s.o. Rn 61 ff.) stehen Beiträge, die auf der Grundlage der Kommunalabgabengesetze der Länder (KAG) von den Gemeinden auf der Grundlage entsprechender Ortssatzungen für die Herstellung von Ver- und Entsorgungsanlagen erhoben werden. Ein klassisches Beispiel ist der sog. Kanalanschlussbeitrag für den Anschluss eines Grundstücks an das öffentliche Abwasserkanalnetz zur Abwasserentsorgung. **100**

Im allgemeinen Sprachgebrauch des Grundstücksverkehrs werden diese öffentlichen Beiträge ebenfalls als Teil der „Erschließungskosten" angesehen, auch wenn dies nur ein „eingebürgerter untechnischer Sprachgebrauch" ist, der die in der Gesetzgebungszuständigkeit von Bund und Ländern begründeten begrifflichen Unterschiede im Bundesrecht (BauGB) und im Landesrecht (KAG) nicht beachtet. **101**

D. Verhältnis von Bundes- und Landesrecht

Die **Dualität von Bundes- und Landesrecht auf dem Gebiet der Erschließung** nach dem BauGB und der besonderen Anforderungen des Bauordnungsrechts der Länder in Bezug auf „erschließungsbezogene Bedingungen", die ein Grundstück erfüllen muss, wenn für Bauvorhaben auf ihm Baugenehmigungen erteilt werden sollen, führt dazu, dass die **Zulässigkeit von Bauvorhaben** im konkreten Einzelfall aus einer **Gesamtschau von Bundes- und Landesrecht** heraus zu beurteilen ist. Erst wenn die Zulässigkeitserfordernisse erfüllt sind, die sowohl das BauGB als auch die Landesbauordnungen für die Durchführung von Bauvorhaben aufstellen, kann von der Zulässigkeit ausgegangen werden.[70] Dementsprechend führen die Bauämter bei der Prüfung von Anträgen auf Erteilung von Baugenehmigungen nach der jeweiligen Landesbauordnung eine mehrstufige Prüfung durch, bei welcher die Anforderungen sowohl des Bundesrechts als auch des Landesrechts an die Zulässigkeit der Baumaßnahme geprüft werden. **102**

---

[69] Im Jahre 1989 waren in der ehemaligen DDR Wohneinheiten nur mit folgenden Prozentanteilen an öffentliche Abwasserentsorgungsanlagen (Kanalisation) angeschlossen („Wirtschaftsreport – Daten und Fakten zur wirtschaftlichen Lage Ostdeutschlands" – Institut für angewandte Wirtschaftsforschung Berlin, 1990, S. 227):
    a) Mecklenburg-Vorpommern: 66 %
    b) Brandenburg: 55 %
    c) Berlin-Ost: 97 %
    d) Sachsen-Anhalt: 74 %
    e) Thüringen: 82 %
    f) Sachsen: 76 %.

[70] Z.B. BGHZ 118, 253 = NJW 1992, 2218 = LM H 11/1992 Art. 14 (Ce) GG Nr. 82 m. w. N.

103 So sind nach Auffassung des OVG Münster die Anforderungen des Bauordnungsrechts an ein Erschlossensein i. S. d. § 133 Abs. 1 BBauG/BauGB erfüllt, wenn ein Vorhaben auf dem Grundstück – die seitens des Eigentümers erforderlichen Schritte unterstellt – voraussichtlich (nach der Landesbauordnung) zu genehmigen wäre.[71] Dementsprechend haben der VGH Kassel und der VGH Mannheim entschieden, dass eine beantragte Baugenehmigung zu versagen ist, wenn es bereits an der „bauordnungsrechtlichen Erschließung" nach den Anforderungen der geltenden Landesbauordnung fehlt.[72]

---

[71] OVG Münster NVwZ 1992, 586.
[72] VGH Kassel BRS 48 Nr. 229 = BauR 1989, 314 und VGH Kassel BRS 47 Nr. 106 = AgrarR 1988, 294 sowie VGH Mannheim BRS 38 Nr. 160.

§ 22 Städtebauliche Sanierung, Entwicklung und Maßnahmen zur Erhaltung der Agrarstruktur

Dr. Peter Zimmermann

Inhalt

A. Gesamtübersicht	1
B. Städtebauliche Sanierung	5
I. Überblick	5
II. Städtebauliche Sanierungsmaßnahmen	7
1. Begriff	7
a) Allgemeines	7
b) Grundsätzliche Inhaltsbestimmung in § 136 Abs. 1 und 4 BauGB	8
c) Städtebauliche Sanierung zur Behebung städtebaulicher Missstände (§ 136 Abs. 2 und 3 BauGB)	15
2. Behördenzuständigkeit der Gemeinde	20
3. Aufgabenübertragung auf Beauftragte durch die Gemeinde (Sanierungsträger)	22
a) Umfang, Arten und Form der Aufgabenübertragung	22
b) Rechtliche Qualifizierung der Tätigkeit des Sanierungsträgers	28
c) Behördeneigenschaft des Sanierungsträgers i.S.d. § 1 Abs. 4 VwVfG	36
d) Notwendige Gesetzmäßigkeit der Tätigkeit des Sanierungsträgers	39
III. Allgemeine Anhörungs- und Beteiligungspflichten der Gemeinde	41
1. Beteiligung der Sanierungsbetroffenen	41
2. Beteiligung und Mitwirkung öffentlicher Stellen	45
IV. Förmlicher Beginn des Sanierungsverfahrens	46
1. Allgemeines	46
2. Verfahrensbeginn als Vorbereitung der Sanierung	47
3. Verfahrensbeginn durch Sanierungssatzung oder Fortsetzung des Verfahrens mit einer Sanierungssatzung	52
a) Allgemeines	52
b) Notwendiger Inhalt der Sanierungssatzung sowie der weiteren Satzung über Ersatz- und Ergänzungsflächen	55
c) Begründung der Sanierungssatzung und Normenkontrolle	58
4. Rechtsfolgen der Sanierungssatzung	63
a) Beginn oder Fortsetzung der städtebaulichen Sanierung	63
b) Verfügungs- und Veränderungssperre	64
c) Sanierungsvermerk im Grundbuch	67
V. Durchführung der Sanierung	69
1. Allgemeines	69
a) Ordnungs- und Baumaßnahmen	69
b) Überlassung der Durchführung an den Eigentümer	70
2. Ordnungsmaßnahmen	73
a) Allgemeines	73
b) Bodenordnung und Erwerb von Grundstücken (§ 147 S. 1 Nr. 1 BauGB)	74
c) Umzug von Bewohnern und Betrieben (§ 147 S. 1 Nr. 2 BauGB)	76
d) Freilegung von Grundstücken (§ 147 S. 1 Nr. 3 BauGB)	79
e) Herstellung und Änderung von Erschließungsanlagen (§ 147 S. 1 Nr. 4 BauGB)	81
f) Sonstige Maßnahmen (§ 147 S. 1 Nr. 5 BauGB)	84
3. Baumaßnahmen	85
VI. Ausgleichs- und Entschädigungsleistungen	90
1. Systematik	90
2. Grundsatz des Ausschlusses sanierungsbedingter Werterhöhungen	93
3. Feststellung einer sanierungsbedingten Werterhöhung	94
a) Vorgaben im Gesetz	94
b) Wegen fehlender Verordnungsermächtigung	

§ 22 Städtebauliche Sanierung, Entwicklung und Maßnahmen zur Erhaltung der Agrarstruktur

nichtige Regelungen in der WertV 88 ... 104	4. Pflanzgebot – § 178 BauGB . 155
c) Die Sonderregelung in § 26 Abs. 1 WertV 88 zur Wertermittlung nach § 153 Abs. 1 BauGB 114	5. Rückbau- und Entsiegelungsgebot – § 179 BauGB ... 156
4. Festsetzung von Ausgleichsbeträgen der Eigentümer ... 119	E. Eingriffe in Miet- und Pachtverhältnisse ... 161
	I. Allgemeines ... 161
	II. Aufhebung von Miet- und Pachtverhältnissen – § 182 BauGB 162
C. Städtebauliche Entwicklungsmaßnahmen ... 121	III. Aufhebung von Miet- und Pachtverhältnissen über unbebaute Grundstücke – § 183 BauGB .. 165
I. Überblick ... 121	
II. Städtebauliche Entwicklungsmaßnahmen ... 123	IV. Aufhebung anderer schuldrechtlicher Vertragsverhältnisse über die Nutzung von Grundstücken – § 184 BauGB ... 166
1. Begriff ... 123	
2. Behördenzuständigkeit der Gemeinde ... 126	
3. Aufgabenübertragung auf Beauftragte durch die Gemeinde (Entwicklungsträger) ... 127	V. Entschädigung für die Aufhebung von Miet- und Pachtverhältnissen sowie sonstigen Nutzungsverhältnissen – § 185 BauGB ... 167
4. Anpassungsgebiete ... 128	
D. Erhaltungssatzung und städtebauliche Gebote ... 129	VI. Verlängerung von Miet- und Pachtverhältnissen – § 186 BauGB 170
I. Überblick ... 129	F. Sozialplan ... 174
II. Erhaltungssatzung ... 130	I. Allgemeines ... 174
III. Städtebauliche Gebote ... 137	II. Voraussetzungen und Pflichten der Gemeinde ... 179
1. Allgemeines ... 137	G. Härteausgleich ... 183
2. Baugebot – § 176 BauGB .. 142	H. Städtebauliche Maßnahmen im Zusammenhang mit Maßnahmen zur Verbesserung der Agrarstruktur .. 190
3. Modernisierungs- und Instandsetzungsgebot – § 177 BauGB ... 148	
a) Voraussetzungen ... 148	
b) Kostentragung 151	

A. Gesamtübersicht

1 Im 2. Kapitel fasst das BauGB mit den Vorschriften der §§ 136 bis 191 das sogen. **Besondere Städtebaurecht** zusammen. Es handelt sich um ein unterschiedliches Instrumentarium auf städtebauliche Ziele gerichteter Verfahren und Maßnahmen, das den Gemeinden die Gestaltung und Lenkung der innerstädtischen Entwicklung ermöglichen soll. Dementsprechend gliedert sich das 2. Kapitel des BauGB wie folgt in sechs Teile:

- Erster Teil – Städtebauliche Sanierungsmaßnahmen (§§ 136 bis 164 b BauGB).
- Zweiter Teil – Städtebauliche Entwicklungsmaßnahmen (§§ 165 bis 171 BauGB).
- Dritter Teil – Erhaltungssatzung und städtebauliche Gebote (§§ 172 bis 179 BauGB).
- Vierter Teil – Sozialplan und Härteausgleich (§§ 180, 181 BauGB).
- Fünfter Teil – Miet- und Pachtverhältnisse (§§ 182 bis 186 BauGB).
- Sechster Teil – Städtebauliche Maßnahmen im Zusammenhang mit Maßnahmen zur Verbesserung der Agrarstruktur (§§ 187 bis 191 BauGB).

2 Innerhalb der Verfahren des Besonderen Städtebaurechts nach dem 2. Kapitel des BauGB kann es durchaus zu Einzelmaßnahmen kommen, die im 1. Kapitel des BauGB geregelt sind (z. B. Enteignungen). Hierfür müssen dann jedoch die im 1. Kapitel geregelten Einzelvoraussetzungen für die jeweilige Maßnahme erfüllt sein, soweit nicht das Besondere Städtebaurecht im 2. Kapitel abweichende Bestimmungen vorhält (z. B. § 169 Abs. 3 BauGB für Enteignungen im städtebaulichen Entwicklungsbereich).

Auf Verfahren und Maßnahmen nach dem Besonderen Städtebaurecht im 2. Kapitel des BauGB finden die dort jeweils geregelten **Verfahrensbestimmungen** sowie auch die allgemeinen Verfahrensvorschriften in §§ 200 bis 216 BauGB Anwendung. Soweit es innerhalb dieser Verfahren zu **Maßnahmen nach dem 1. Kapitel des BauGB** kommt (z. B. Enteignungen), müssen zusätzlich die für diese Maßnahmen jeweils geltenden besonderen Verfahrensbestimmungen des BauGB beachtet werden. **Im übrigen gelten für das Verwaltungsverfahren die Bestimmungen des VwVfG.** 3

Grundsätzlich ist den Betroffenen nach § 40 VwGO der **Verwaltungsrechtsweg** eröffnet, wobei im Falle der Anfechtung von Sanierungs-, Entwicklungs- oder Erhaltungssatzungen (§ 142, § 165 Abs. 6, § 172 Abs. 1 BauGB) nur der nach § 47 Abs. 1 Nr. 1 VwGO an das OVG zu richtende Antrag auf Entscheidung über die Gültigkeit der jeweiligen Satzung möglich ist (Normenkontrollverfahren). Eine Zuständigkeit der **Baulandkammer bei dem LG** ist **nur ausnahmsweise** dort gegeben, wo sie ausdrücklich angeordnet wurde. Das ist nach § 217 Abs. 1 S. 1 und 2 BauGB wie folgt der Fall: 4
- Erstattungsanspruch des Trägers öffentlicher Versorgungseinrichtungen im städtebaulichen Sanierungsverfahren (§ 150 Abs. 2 BauGB);
- Härteausgleich (§ 181 BauGB);
- Entschädigungsansprüche bei Flurbereinigung aus Anlass einer städtebaulichen Maßnahme (§ 190 BauGB);
- Entschädigung für durch Vorarbeiten auf Grundstücken verursachte Vermögensnachteile (§ 209 Abs. 2 BauGB);
- Wiedereinsetzungsanträge bei unverschuldeter Versäumung von Verfahrensfristen (§ 210 BauGB), soweit sich diese auf Verfahren beziehen, für welche die Zivilgerichte nach § 217 BauGB ohnehin zuständig sind;[1]
- Maßnahmen nach dem 1. Kapitel des BauGB, die im Zuge von Verfahren nach dem 2. Kapitel des BauGB durchgeführt werden, soweit für diese Maßnahmen die Zuständigkeit der Baulandkammern angeordnet ist (z. B. Enteignungen).

B. Städtebauliche Sanierung

I. Überblick

Die sogen. Städtebaulichen Sanierungsmaßnahmen sind im Ersten Teil des 2. Kapitels des BauGB geregelt, wobei sich dieser wie folgt in insgesamt sechs Unterabschnitte gliedert: 5
- Erster Abschnitt – Allgemeine Vorschriften (§§ 136 bis 139 BauGB);
- Zweiter Abschnitt – Vorbereitung und Durchführung (§§ 140 bis 151 BauGB);
- Dritter Abschnitt – Besondere sanierungsrechtliche Vorschriften (§§ 152 bis 156 a BauGB);
- Vierter Abschnitt – Sanierungsträger und andere Beauftragte (§§ 157 bis 161 BauGB);
- Fünfter Abschnitt – Abschluss der Sanierung (§§ 162 bis 164 BauGB);
- Sechster Abschnitt – Städtebauförderung (§§ 164a, 164 b BauGB).

Ergänzend sind die im Vierten und Fünften Teil des 2. Kapitels des BauGB geregelten Bestimmungen über Sozialplan und Härteausgleich (§§ 180, 181 BauGB) sowie über Miet- und Pachtverhältnisse (§§ 182 bis 186 BauGB) zu beachten (s.o. Rn 1). Es handelt sich um **Allgemeine Vorschriften innerhalb des 2. Kapitels**, die **auch** bei der städtebaulichen Sanierung anzuwenden sind. Diese Bestimmungen hätten bei der Gliederung des 2. Kapitels durch den Gesetzgeber „systematisch vor die Klammer gezogen" und als Allgemeiner Teil in einem (neuen) Ersten Teil des Kapitels zusammen- 6

---
[1] VGH Kassel ESVGH 27, 175.

gefasst werden können sowie vielleicht auch sollen. Dass der Gesetzgeber diesen technischen Weg nicht beschritten hat, erhöht die Unübersichtlichkeit des Gesetzes.

II. Städtebauliche Sanierungsmaßnahmen

1. Begriff

a) Allgemeines

7 Der **Begriff** Städtebauliche Sanierungsmaßnahmen ist **in § 136 BauGB definiert**. Die Vorschrift ist mit 4 Absätzen umfänglich und wegen ihrer **Unübersichtlichkeit** gesetzestechnisch wenig gelungen. Sie enthält zunächst in Abs. 1 eine allgemein-grundsätzliche Definition mit gleichzeitiger Bestimmung des Anwendungsbereichs. Hieran schließen sich nähere inhaltliche Einzelbestimmungen in den Abs. 2 und 3 an. Nunmehr folgt Abs. 4 mit wiederum allgemeinen Vorgaben zu den Zielen der städtebaulichen Sanierung in Zusammenhang mit dem Wohl der Allgemeinheit und ein Abwägungsgebot. Es hätte durchaus nahe gelegen, auch diese weiteren allgemeinen Anordnungen in Abs. 4 zur Vermeidung von Missverständnissen systematisch vor die Klammer zu ziehen und in den Absatz 1 zu integrieren (s.u. Rn. 12).[2]

b) Grundsätzliche Inhaltsbestimmung in § 136 Abs. 1 und 4 BauGB

8 Nach der allgemein gehaltenen grundsätzlichen Inhaltsbestimmung in § 136 Abs. 1 BauGB handelt es sich bei den Städtebaulichen Sanierungsmaßnahmen um Maßnahmen in Stadt und Land, deren einheitliche Vorbereitung und zügige Durchführung im öffentlichen Interesse liegt. Diese Maßnahmen sind nach den Vorschriften „dieses Teils" durchzuführen, womit der Erste Teil des 2. Kapitels des BauGB gemeint ist. Mit dieser Anordnung in Abs. 1 bestimmt der Gesetzgeber vorab den **Anwendungsbereich** der Vorschriften im Ersten Teil des 2. Kapitels. Ergänzend sind allerdings auch die Vorschriften im Vierten und Fünften Teil des 2. Kapitels ebenfalls auf die städtebaulichen Sanierungsmaßnahmen anzuwenden (s.o. Rn. 6).

9 Bei den Städtebaulichen Sanierungsmaßnahmen handelt es sich nach § 136 Abs. 1 BauGB um solche **in Stadt und Land**. Mithin findet die Städtebauliche Sanierung nicht nur in den Städten statt, sondern auch „auf dem Lande", also „in den Dörfern". Hierbei beschränken sich die Maßnahmen nicht auf den Ortskern eines solchen Dorfes; sie können vielmehr auch den Außenbereich einer Gemeindegemarkung i.S.d. § 35 BauGB umfassen, wie sich aus den Vorschriften des Sechsten Teils des 2. Kapitels des BauGB unmittelbar ergibt (Städtebauliche Maßnahmen in Zusammenhang mit Maßnahmen zur Verbesserung der Agrarstruktur).

10 Die Städtebauliche Sanierungsmaßnahme erfordert nach § 136 Abs. 1 BauGB eine **einheitliche Vorbereitung**. Es handelt sich bei der Städtebaulichen Sanierung um **Gesamtmaßnahmen zur Lösung städtebaulicher Probleme**, für die eine einheitliche Vorbereitung notwendig ist. Dabei umfasst die Sanierung meist mehrere gebietsbezogene Maßnahmen, die untereinander verschieden sein können und ein **planmäßiges sowie abgestimmtes Vorgehen** erfordern.[3] Dieses Merkmal im Tatbestand schließt einzelfallbezogene Maßnahmen, die sich nur gegen einen einzigen Grundstückseigentümer richten, grundsätzlich aus. Nur **ausnahmsweise** sind auch Maßnahmen zur Regelung eines **Einzelfalls** als Städtebauliche Sanierungsmaßnahme möglich. Eine solche Einzelmaßnahme muss dann aber in ihren **Auswirkungen gebietsbezogen** sein. Das ist der Fall, wenn die Sanierungsmaßnahme für die jeweilige Umgebung des betroffenen Grundstücks eine über es hinausgehende und anzuerkennende städtebauliche Bedeutung hat. Sie muss zur Beseitigung von gebietsbezogen negativen und dadurch städtebaulich störenden Einflüssen führen, die von dem einen betroffenen Grundstück

---

2 S. dazu auch BMJ, Bekanntmachung des Handbuchs der Rechtsförmlichkeit, 2. Aufl. 1999 (BAnz Nr. 123 a vom 7.7.1999), Rn 423 ff.
3 BVerwG BauR 1986, 677.

ausgehen (z. B. Umsiedlung eines Gewerbebetriebs im Zuge der Neugestaltung eines innerörtlichen Marktplatzes).

Die Städtebauliche Sanierung soll eine **zügige Durchführung** der für notwendig erachteten Maßnahmen ermöglichen. Diesen Effekt der „beschleunigten Problemlösung" kann das Verfahren durchaus bewirken. Dem dient es unmittelbar, wenn die auf das Ziel der Beseitigung eines sogen. städtebaulichen Missstands gerichteten notwendigen Verwaltungsentscheidungen einheitlich geplant und aufeinander abgestimmt werden. Allerdings ist das – zumindest grundsätzlich – nur dort vorstellbar, wo der jeweilige und zu beseitigende städtebauliche Missstand gebietsbezogen in dem Sinne ist, dass er eine Mehrheit von Grundstückseigentümern betrifft. Der Begriff „zügige Durchführung" ist unbestimmt. Eine konkrete zeitliche Begrenzung ist mit ihm nicht verbunden. Städtebauliche Sanierungen dauern im Regelfall längere Zeit, meist sogar Jahre. Gerade deshalb muss die Sanierung im Interesse der Betroffenen wegen der mit ihr verbundenen Einschränkungen (z. B. Verfügungs- und Veränderungssperre nach § 144 BauGB) **sachgemäß und ohne behördenbedingten Verzug durchgeführt** werden.[4] Siehe dazu auch § 149 Abs. 4 S. 2 BauGB mit der ausdrücklichen Erwähnung des Erfordernisses, dass die Sanierung „innerhalb eines absehbaren Zeitraums" durchgeführt werden muss.

Die Durchführung der Städtebaulichen Sanierungsmaßnahme muss nach § 136 Abs. 1 BauGB im **öffentlichen Interesse** liegen. Hierzu sieht **Abs. 4** der Vorschrift **ergänzende Anordnungen** vor. § 136 Abs. 4 S. 1 BauGB ordnet an, dass Städtebauliche Sanierungsmaßnahmen dem **Wohl der Allgemeinheit** dienen müssen. Satz 2 dieser Vorschrift enthält in den Nrn. 1 bis 4 einen **abschließenden Katalog von Zielsetzungen**, dem die städtebauliche Sanierung dienen soll. **Dies bedeutet eine inhaltliche Eingrenzung** des in Abs. 1 verwendeten unbestimmten Begriffs des öffentlichen Interesses. Es reicht also **nicht jedes öffentliche Interesse** für die Zulässigkeit Städtebaulicher Sanierungsmaßnahmen aus. So wäre z. B. eine rein fiskalisch motivierte Sanierung, etwa zur Einsparung gemeindlicher Ausgaben oder zur Erzielung höherer Einnahmen der Gemeinde, unzulässig, auch wenn das Fiskalinteresse im weitesten Sinne ebenfalls Teil des öffentlichen Interesses an „gesunden Staatsfinanzen" ist. Notwendig ist vielmehr ein öffentliches Interesse **in Gestalt der durch § 136 Abs. 4 Nrn. 1 bis 4 BauGB gesetzlich konkretisierten Zielvorgaben** des Wohls der Allgemeinheit, zu deren Erreichung die städtebauliche Sanierung beitragen soll.[5] Hierbei handelt es sich um folgende Zielvorgaben:

- Entwicklung der baulichen Struktur nach den hygienischen, wirtschaftlichen und kulturellen Erfordernissen (Nr. 1);
- Unterstützung der Wirtschafts- und Agrarstruktur (Nr. 2);
- Siedlungsstruktur entsprechend den Erfordernissen des Umweltschutzes und den Anforderungen an gesunde Lebens- und Arbeitsbedingungen der Bevölkerung sowie entsprechend der Bevölkerungsentwicklung (Nr. 3);
- Erhaltung, Erneuerung und Fortentwicklung vorhandener Ortsteile, Verbesserung des Orts- und Landschaftsbildes und Beachtung der Erfordernisse des Denkmalschutzes (Nr. 4).

Der aufgezeigte Katalog zulässiger Sanierungsziele in § 136 Abs. 4 S. 2 BauGB enthält einen Teil der in § 1 Abs. 5 S. 2 Nrn. 1 bis 10 und S. 3 BauGB aufgelisteten Zielvorgaben für die Bauleitplanung. Es handelt sich um die **für Sanierungen besonders bedeutsamen städtebaulichen Belange**, wie diese neben anderen für die Bauleitplanung beachtlichen Belangen in § 1 Abs. 5 BauGB ebenfalls aufgeführt sind.

Die öffentlichen und privaten Belange sind nach § 136 Abs. 4 S. 3 BauGB gegeneinander und untereinander gerecht abzuwägen. Dieses **sanierungsrechtliche Abwägungsgebot** betrifft die Sanie-

---

[4] BGH NJW 1965, 2101.
[5] Insoweit offenbar a.A. *Krautzberger*, in: *Battis/Krautzberger/Löhr*, BauGB – Kommentar, 6. Aufl. 1998, § 136 BauGB Rn 27, 28. Die von dem zitierten Autor vertretene Auffassung, § 136 Abs. 4 S. 1 BauGB habe „nur programmatische Bedeutung", findet keine Stütze im Normtext und wurde von ihm auch sonst nicht näher begründet oder gar belegt.

rungsplanung. Es stellt sich als **Gebot der rechtsstaatlichen Sanierungsplanung** dar.[6] Hierbei kommt es darauf an, Abwägungsfehler zu vermeiden. Will eine Gemeinde z. B. als städtebaulichen Missstand empfundene vorhandene Spielhallen und Sex-Shops sowie Peep-Shows und Nachtbars mit angeschlossenen Stundenhotels in einem zum städtebaulichen Sanierungsgebiet erklärten „aufstrebenden und sich munter entwickelnden Rotlicht-Bezirk im Bahnhofsviertel" umsiedeln, muss diese Absicht städtebaulich begründet sein. Sie darf nicht auf allgemein moralische, soziale oder wirtschaftliche Überlegungen abgestützt werden, etwa um der Spielsucht und dem Sittenverfall entgegenwirken zu wollen. Die sachgerechte Abwägung erfordert eine vollständige Bestandsaufnahme und Aufklärung des zu beurteilenden Sanierungssachverhalts[7] und ggf. auch die Beiziehung von Sachverständigen.[8] Allerdings sind zu Beginn des Sanierungsverfahrens noch keine hohen Anforderungen an die Konkretisierung der Sanierungsziele zu stellen.[9] Darüber hinaus können Mängel der Abwägung nur nach Maßgabe des § 215 Abs. 1 Nr. 2 BauGB geltend gemacht werden.

c) **Städtebauliche Sanierung zur Behebung städtebaulicher Missstände (§ 136 Abs. 2 und 3 BauGB)**

15 Die Vorschrift des § 136 Abs. 2 S. 1 BauGB definiert die Städtebaulichen Maßnahmen vom Inhalt her näher. Danach handelt es sich um Maßnahmen, durch die **ein Gebiet** zur **Behebung städtebaulicher Missstände** wesentlich verbessert oder umgestaltet wird.

16 Das Tatbestandsmerkmal „ein Gebiet" in der Vorschrift unterstreicht die **notwendige Gebietsbezogenheit** Städtebaulicher Sanierungsmaßnahmen, wie sie sich bereits aus § 136 Abs. 1 BauGB ergibt (s.o. Rn 10, 11, 14). Darüber hinaus müssen die Maßnahmen zu einer **wesentlichen** Verbesserung oder Umgestaltung dieses Gebiets führen. Dies schließt lediglich einzelfallbezogene Maßnahmen **ohne wesentliche Auswirkungen** auf das betreffende Gebiet aus (s.o. Rn 10). Darüber hinaus können nen auch solche Maßnahmen nicht als Städtebauliche Sanierung angesehen werden, deren Auswirkungen auf das Gebiet **nur unerheblich** sind. Für das Vorliegen dieser Voraussetzungen ist die zuständige **Sanierungsbehörde** jeweils **darlegungs- und ggf. nachweispflichtig**. Dazu reichen bloße Behauptungen regelmäßig nicht aus.

17 Die Maßnahmen müssen „zur Behebung **städtebaulicher Missstände**" erfolgen. Dieses Tatbestandsmerkmal konkretisiert die Sanierungsziele, also das öffentliche Interesse bzw. das Wohl der Allgemeinheit i.S.d. § 136 Abs. 1 und 4 BauGB (s.o. Rn 12). Was als städtebaulicher Missstand in diesem Sinne gilt, definiert **§ 136 Abs. 2 S. 2 Nrn. 1 und 2 BauGB**.

18 Hierbei geht es zunächst um die sogen. **Substanzschwäche** des Gebiets, indem dieses nach seiner vorhandenen Bebauung oder sonstigen Beschaffenheit den Anforderungen an gesunde Wohn- und Arbeitsverhältnisse oder die Sicherheit der in ihm wohnenden und arbeitenden Menschen nicht entspricht (Nr. 1). Dieses Merkmal wird in § 136 Abs. 3 Nr. 1 lit. a bis g BauGB beispielhaft („insbesondere") näher erläutert (Belichtung, Besonnung, Belüftung, bauliche Beschaffenheit, Mischung von Wohn- und Arbeitsstätten, Nutzung bebauter und unbebauter Flächen, Immissionen durch Lärm, Verunreinigungen und Erschütterungen sowie Erschließung).

19 Die Nr. 2 betrifft die sogen. **Funktionsschwäche** des Gebiets. Das meint die erhebliche Beeinträchtigung der Erfüllung von Aufgaben, die dem Gebiet nach seiner Lage und Funktion obliegen. Auch hierzu sieht § 136 Abs. 3 Nr. 2 lit. a bis c BauGB beispielhaft ergänzende Erläuterungen vor (fließender und ruhender Verkehr, wirtschaftliche Situation und Entwicklungsfähigkeit sowie infrastrukturelle Gebietserschließung).

---

6 BVerwGE 45, 309.
7 VGH Kassel BRS 52 Nr. 7.
8 OVG Lüneburg BauR 1987, 174 = BRS 46 Nr. 17; OVG Lüneburg BauR 1987, 176 = BRS 46 Nr. 26; OVG Koblenz NVwZ 1985, 766 = BRS 44 Nr. 15.
9 BVerwG ZfBR 1984, 296; BVerwG DÖV 1999, 882 (LS).

2. Behördenzuständigkeit der Gemeinde

Nach § 140 BauGB ist die **Vorbereitung der Sanierung** Aufgabe der Gemeinde. In einem abschließenden Katalog definiert die Vorschrift, was zur Vorbereitung der Sanierung gehört (Nrn. 1 bis 7):

- vorbereitende Untersuchungen (Nr. 1 – s. dazu näher § 141 BauGB);
- förmliche Festlegung des Sanierungsgebiets (Nr. 2 – s. dazu näher § 142 BauGB – Sanierungssatzung);
- Bestimmung der Ziele und Zwecke der Sanierung (Nr. 3 – § 136 BauGB – s.o. Rn 10 ff.);
- städtebauliche Planung, einschließlich Bauleitplanung oder Rahmenplanung, soweit für die Sanierung erforderlich (Nr. 4 – § 136 BauGB – s.o. Rn 10, 11);
- Erörterung der beabsichtigten Sanierung (Nr. 5 – s. dazu §§ 137 bis 139 BauGB);
- Erarbeitung und Fortschreibung des Sozialplans (Nr. 6 – s. dazu § 180 BauGB – s.o. Rn 6);
- einzelne Ordnungs- und Baumaßnahmen, die vor einer förmlichen Festlegung des Sanierungsgebiets durchgeführt werden (Nr. 7 – s. dazu §§ 147, 148 BauGB).

Die **Durchführung der Sanierung** obliegt ebenfalls der Gemeinde. Die Durchführung umfasst nach § 146 BauGB die Ordnungsmaßnahmen (§ 147 BauGB) und Baumaßnahmen (§ 148 BauGB) innerhalb des förmlich festgelegten Sanierungsgebiets, die zur Erreichung des Sanierungszwecks und -ziels erforderlich sind. Die Gemeinde kann die Aufgabenerledigung nach § 146 Abs. 3 S. 1 BauGB **auf vertraglicher Grundlage** dem Eigentümer eines Grundstücks überlassen. Dies bedeutet keine Übertragung hoheitlicher Befugnisse auf den Eigentümer. Erfüllt der Eigentümer seine vertraglich übernommenen Pflichten nicht, muss die Gemeinde für anderweitige Aufgabenerfüllung sorgen oder die Durchführung selbst übernehmen (§ 146 Abs. 3 S. 2 BauGB).

3. Aufgabenübertragung auf Beauftragte durch die Gemeinde (Sanierungsträger)

a) Umfang, Arten und Form der Aufgabenübertragung

Nach § 157 Abs. 1 S. 1 BauGB **kann** sich die Gemeinde zur Erfüllung von Aufgaben, die ihr bei der **Vorbereitung oder Durchführung der Sanierung** obliegen (s.o. Rn 20, 21), eines „geeigneten Beauftragten" bedienen. Es handelt sich um eine **gesetzliche Ermächtigung zur Indienstnahme Privater** für die Aufgabenerfüllung (s.u. ab Rn 30). Die Verwendung der Begriffe „Vorbereitung und Durchführung der Sanierung" in der Ermächtigungsnorm kennzeichnet den förmlichen Beginn des Sanierungsverfahrens (s.u. ab Rn 46). Sie bedeutet zugleich auch eine **zeitliche Schranke**. Will sich die Gemeinde bereits vorher im Vorfeld des eigentlichen Sanierungsverfahrens von einem privatrechtlich organisierten Unternehmen helfen lassen, z. B. bei der an sich von ihrer Gemeindeverwaltung zu leistenden Vorbereitung von Beschlussfassungen des Gemeinderats über die förmliche Einleitung des städtebaulichen Sanierungsverfahrens, muss sie dies auf der Grundlage eines entsprechenden **privatrechtlichen Dienst- oder Werkvertrages** tun. Durch einen solchen Vertrag über Dienst- oder Werkleistungen vor Beginn des eigentlichen Sanierungsverfahrens findet aber noch keine Aufgabenübertragung i.S.d. § 157 Abs. 1 BauGB statt. Das auf diese Weise vertraglich mit unterstützenden Vorbereitungsarbeiten für die Gemeindeverwaltung beauftragte Privatunternehmen ist dann auch kein Sanierungsträger, weil es das erst in einem laufenden Sanierungsverfahren sein kann. Das setzt einen weiteren öffentlich-rechtlichen Vertrag über die Aufgabenübertragung entsprechend der gesetzlichen Ermächtigung in § 157 Abs. 1 BauGB voraus (s.u. Rn 27).

Die gesetzliche Ermächtigung zur Aufgabenübertragung im städtebaulichen Sanierungsverfahren wird durch § 157 Abs. 1 S. 2 BauGB für bestimmte Aufgaben eingeschränkt. Diese können nur auf solche Unternehmen übertragen werden, für welche die (nach Landesrecht – § 158 Abs 3 BauGB) – „zuständige Behörde" bestätigt hat, dass dieses Unternehmen die **Voraussetzungen als Sanierungsträger** nach § 158 Abs. 1 Nrn. 1 bis 4 BauGB erfüllt. Bei diesen besonderen Voraussetzungen als Sanierungsträger handelt es sich um Merkmale der Unabhängigkeit, Leistungsfähigkeit und Zuverlässigkeit sowie Überprüfbarkeit des Unternehmens und seiner zur Vertretung berufenen Personen sowie leitenden Angestellten.

24   Die **Möglichkeit der Aufgabenübertragung** ist danach **grundsätzlich unbegrenzt**. Es können alle zur Vorbereitung und Durchführung der Sanierung zählenden Aufgaben i.S.d. §§ 140, 141, 146, 147, 148 BauGB übertragen werden sowie darüber hinaus auch die Bewirtschaftung der öffentlichen Mittel, die der Sanierung dienen sollen (Städtebauförderungsmittel – § 157 Abs. 1 S. 2 Nr. 3 i.V.m. §§ 164 a und b BauGB). Hinzu kommt ferner die Möglichkeit der Übertragung der Befugnis zum Erwerb von Grundstücken sowie Rechten an ihnen im Auftrag der Gemeinde (§ 157 Abs. 1 S. 2 Nr. 2 BauGB). Eine personen- bzw. unternehmensbezogene Begrenzung besteht lediglich insoweit, als die gänzliche Aufgabenübertragung nur bei solchen Unternehmen möglich ist, denen die behördliche Bestätigung als Sanierungsträger erteilt wurde.

25   **Bei der Gemeinde verbleiben** im Falle einer gänzlichen Aufgabenübertragung **letztlich nur solche Aufgaben**, die **ihrem Wesen nach nicht übertragen werden können**. Es handelt sich dabei um Maßnahmen, die nach der Kommunalverfassung (Gemeindeordnungen der Länder) bestimmten Gremien der Gemeinde vorbehalten sind (Beschlussfassungen des Gemeinderats) oder die nach sonstiger gesetzlicher Vorschrift nur von der Gemeinde selber getroffen werden können. Eine Differenzierung danach, ob es sich um hoheitliche oder nicht-hoheitliche Maßnahmen handelt, hilft hier nicht. Denn die in § 157 Abs. 1 BauGB als übertragbar aufgeführten Maßnahmen der Vorbereitung und Durchführung der Sanierung sind sämtlich als hoheitlich in diesem Sinne anzusehen.[10] Derartige Aufgaben und Maßnahmen, welche die Gemeinde **von der Sache her** nicht nach den §§ 157 ff. auf einen Sanierungsträger übertragen kann, sind z. B.: die originär hoheitliche Beschlussfassung darüber, ob überhaupt eine Sanierung stattfindet und welchen Zielen sie dienen soll (§ 136 BauGB), die Erstellung sanierungsbezogener Bauleitplanungen i.S.d. §§ 1 ff. BauGB, die Durchführung von Bodenordnungsverfahren (§ 147 Abs. 1 Nr. 1 BauGB) sowie der Erlass von Sanierungssatzungen (§§ 142, 143 BauGB). Ferner gehören auch die Erteilung von Genehmigungen (§ 145 BauGB) oder die Androhung und Festsetzung von Zwangsgeldern bei Verletzung von Auskunftpflichten (§ 138 Abs. 4 BauGB) sowie die Festsetzung von Ausgleichs- und Entschädigungsleistungen (§§ 153 ff. BauGB) zum Kreis der ihrem Wesen nach nicht auf einen Sanierungsträger übertragbaren gemeindlichen Aufgaben. Gleichwohl wird aber der beauftragte Sanierungsträger auch hier bei der Vorbereitung solcher Maßnahmen durch die Gemeinde intern mit dieser zusammenarbeiten. Hinzu kommt das **allgemeine Direktions- und Weisungsrecht der Gemeinde** gegenüber dem Sanierungsträger während der Aufgabenwahrnehmung durch ihn. Dieses Weisungsrecht der Gemeinde ist vertraglich zu vereinbaren (§ 159 Abs. 2 S. 1 BauGB); es kann der Sache nach ebenfalls nicht auf den Sanierungsträger übertragen werden.

26   Der Sanierungsträger kann auf unterschiedliche Weise tätig werden. Möglich ist nach § 159 Abs. 1 S. 1 BauGB zunächst die **Aufgabenerfüllung** im eigenen Namen **für Rechnung der Gemeinde** als deren Treuhänder. Daneben ist aber auch eine Tätigkeit des Sanierungsträgers im eigenen Namen **für eigene Rechnung** zulässig. Hervorzuheben ist, dass der Sanierungsträger in beiden Fällen **im eigenen Namen** handelt, wenn er im Rahmen der Aufgabenübertragung von der Gemeinde auf ihn tätig wird. Soweit der Sanierungsträger als Treuhänder der Gemeinde handelt, haftet er nach § 161 BauGB Dritten nicht mit dem Treuhandvermögen für Verbindlichkeiten, die sich nicht auf dieses beziehen. Im Falle des Insolvenzverfahrens über das Vermögen des Sanierungsträgers gehört das Treuhandvermögen nicht zur Insolvenzmasse.

---

10   Insoweit unklar und nicht zutreffend: *Krautzberger*, in: *Battis/Krautzberger/Löhr*, BauGB – Kommentar, 6. Aufl. 1998, § 157 Rn 4. Der von *Krautzberger* a. a. O. gegebene Hinweis auf die Gesetzmäßigkeit der Verwaltung, die angeblich der Übertragung hoheitlicher Befugnisse entgegenstehen soll, verkennt das verwaltungsrechtliche Rechtsinstitut der Beleihung Privater mit hoheitlichen Aufgaben und Befugnissen sowie die Rechtspflicht des so beliehenen Privaten, Recht und Gesetz genauso anzuwenden, wie die Verwaltung es selber müsste, wenn sie ihre Aufgaben nicht übertragen hätte (s. dazu z. B. BVerwG DVBl 1990, 712 = DÖV 1990, 619; OVG Koblenz NJW 1990, 465; VGH Mannheim NVwZ 1987, 431).

Die Aufgabenübertragung von der Gemeinde auf den Sanierungsträger erfolgt durch **schriftlichen** **Vertrag**, der allerdings nicht der notariellen Beurkundung BGB bedarf (§ 159 Abs. 2 BauGB). Die Regelung entspricht § 57 VwVfG, ist aber gegenüber dieser Vorschrift als vorrangige Spezialnorm anzusehen. Zum **Mindestinhalt** des Vertrages schreibt das Gesetz Vereinbarungen über die Aufgaben des Sanierungsträgers, seine Rechtsstellung, seine Vergütung und über die Weisungsbefugnis der Gemeinde vor. Es handelt sich bei den sogen. Sanierungsverträgen um Verträge auf dem Gebiet des öffentlichen Rechts wie bei den Erschließungsverträgen nach § 124 BauGB. Auf diese Verträge finden die Vorschriften der §§ 54 ff. VwVfG (Öffentlich-rechtlicher Vertrag) und daneben ergänzend die Bestimmungen des BGB Anwendung (§ 62 VwVfG). Verletzungen der angeordneten Schriftform führen zur Formnichtigkeit des Vertrages (§ 59 Abs. 1 und § 62 VwVfG i.V.m. § 125 BGB). Dies zieht zugleich auch die **Unwirksamkeit der Aufgabenübertragung** nach sich. Diese wird auch dort nicht wirksam, wo der Vertrag zwischen der Gemeinde und dem Sanierungsträger zwar formwirksam abgeschlossen wurde, jedoch nicht den gesetzlich vorgeschriebenen Mindestinhalt hat oder bei der Beschreibung der übertragenen Aufgaben **inhaltlich so unklar** ist, dass deren **Umfang nicht aus dem Vertrag bestimmt** werden kann. Insoweit kommt es auf eine **entsprechende Anwendung** des zwingenden **Bestimmtheitsgebots für Verwaltungsakte** (§ 37 Abs. 1 VwVfG) i.V.m. der allgemeinen **Nichtigkeitsklausel für Verwaltungsakte** in § 43 Abs. 3 und § 44 Abs. 1 VwVfG und die Verweisungsregelung in § 59 Abs. 2 Nr. 1 VwVfG an.[11] Die inhaltliche Unbestimmtheit der Aufgabenübertragung bei der Beleihung mit hoheitlichen Aufgaben ist wie bei inhaltlich unbestimmten Verwaltungsakten als offenkundiger besonders schwerwiegender Fehler anzusehen.

b) Rechtliche Qualifizierung der Tätigkeit des Sanierungsträgers

Die Tätigkeit der Gemeinde im Rahmen ihrer Zuständigkeit für Städtebauliche Sanierungsmaßnahmen (s.o. Rn 20, 21) ist **Verwaltungshandeln** bei der Wahrnehmung gesetzlich übertragener hoheitlicher Aufgaben i.S.d. Über- und Unterordnungsverhältnisses zwischen Bürger und Staat. Die Aufgabenübertragung auf sogen. Sanierungsträger i.S.d. §§ 157, 158 BauGB ändert diesen Charakter des an sich der Gemeinde obliegenden Verwaltungshandelns nicht. Dies führt zu der Frage, welche **Rechtsstellung** der **Sanierungsträger** hat, wenn er durch Vertrag die Sanierungsaufgabe von der Gemeinde übernimmt und also an deren Stelle handeln und hoheitliche Aufgaben erfüllen soll.

Der **Sanierungsträger** ist meistens ein **privatrechtlich organisiertes Unternehmen** (z. B. Bauträger-Kapitalgesellschaft in der Rechtsform einer AG oder GmbH). Er behält diesen Status auch dann bei, wenn er sich zur Aufgabenwahrnehmung im Rahmen der Sanierung gegenüber der Gemeinde verpflichtet hat. Insbesondere wird der Sanierungsträger durch die Übertragung von Aufgaben der Gemeinde auf ihn nicht (organisatorischer) Teil der Gemeindeverwaltung.

Die **Indienstnahme Privater durch den Staat** zur Erfüllung seiner Aufgaben ist zunächst **als Beleihung** möglich. Das Rechtsinstitut der Beleihung im Verwaltungsrecht meint die Wahrnehmung von Behördenfunktionen durch natürliche und juristische Personen des Privatrechts im eigenen, aber auch in fremdem Namen. Erforderlich ist ihre Einbeziehung in den Funktionsbereich des Staates **durch Gesetz** oder **auf gesetzlicher Grundlage**, dann allerdings durch einen entsprechenden konstitutiv wirkenden Beleihungsakt, der diese Privatpersonen oder privatrechtlichen Organisationen in die Lage versetzt, wie eine staatliche Behörde Hoheitsgewalt auszuüben.[12]

---

11 BVerwG ZMR 1955, 303; BFHE 112, 452; BFHE 156, 120 und 217; OVG Münster NJW 1984, 195; VGH München BayVBl 1984, 186 = NJW 1984, 626; VGH München BayVBl 1986, 177.
12 BVerwG DVBl 1970, 735; BVerwGE 61, 222 = NJW 1981, 2482; BVerwG DVBl 1990, 712; *Erichsen/Martens*, in: *Erichsen/Martens*, Allgemeines Verwaltungsrecht, 6. Aufl. 1983, § 11 II 2 lit. b m. w. N.; *Maurer*, Allgemeines Verwaltungsrecht, 8. Aufl. 1992, § 23 V 1 lit. a.

31 Dies ist in verschiedenen Formen möglich. Den „privaten Amtsträgern" können hoheitliche Aufgaben **unmittelbar durch Gesetz** zur Wahrnehmung übertragen werden.[13] In diesen Fällen bedarf es keines zusätzlichen Übertragungsakts neben der gesetzlichen Anordnung. Derartiges liegt bei den Sanierungsträgern i.S.d. §§ 157, 158 BauGB jedoch nicht vor. Denn sie werden von der Gemeinde durch Vertrag beauftragt bzw. verpflichtet (s.o. Rn 27).

32 Möglich ist aber auch die Beleihung mit hoheitlichen Aufgaben **auf der Grundlage** eines Gesetzes. Sie erfordert einen zusätzlichen Übertragungsakt. Für ihn werden **nur selten bereits im Gesetz** besondere Anforderungen aufgestellt. So gibt es vereinzelte gesetzliche Ermächtigungen zum Erlass von Rechtsverordnungen, durch die Private mit hoheitlichen Aufgaben beliehen werden können (z. B. Ermächtigung des BMU **zur Beleihung** Privater durch Rechtsverordnung in § 28 Umweltauditgesetz (UAG)[14] und die entsprechende UAG-Beleihungsverordnung.[15] Für eine in dieser Weise formalisierte Beleihung durch Rechtsverordnung spricht das allgemeine rechtsstaatliche Publizitätsprinzip. Denn Rechtsverordnungen des Bundes müssen nach Art. 82 Abs. 1 S. 2 GG vorbehaltlich einer anderweitigen gesetzlichen Regelung[16] im BGBl. verkündet werden. Die Verkündung im BGBl. stellt die allgemeine Bekanntmachung der Verordnung sicher.

33 Den **Regelfall** bildet jedoch die Beleihung unterhalb der Schwelle einer Rechtsverordnung durch einen anderen Übertragungsakt, meist (aber nicht ausschließlich) **durch Verwaltungsakt** einer dafür zuständigen Behörde. In diesen Bereich fallen die staatlichen Ernennungen[17] oder Bestallungen[18] oder Anerkennungen als Stelle für die Erfüllung bestimmter gesetzlich geregelter öffentlicher Aufgaben. Die Rechtsprechung sieht es z.B. bereits als Beleihung mit hoheitlichen Aufgaben an, wenn privatrechtliche Einrichtungen, öffentlich-rechtliche Körperschaften und Anstalten sowie Stiftungen als Beschäftigungsstelle i.S.d. § 4 Zivildienstgesetz (ZDG)[19] anerkannt werden.[20] Bei dieser Anerkennung handelt es sich um einen **mitwirkungsbedürftigen** Verwaltungsakt, der zugleich ein „verwaltungsrechtliches Schuldverhältnis" begründet.[21] Die Mitwirkung des Privaten an dieser Form der Beleihung ist erforderlich. Denn niemand kann gegen seinen Willen mit der Wahrnehmung hoheitlicher Aufgaben beliehen werden. Ein anderes Beispiel wäre die Tätigkeit des Technischen Überwachungsvereins (TÜV) als mit hoheitlichen Kontroll- und Prüfaufgaben beliehener privater Unternehmer in der Rechtsform eines Vereins.[22]

---

13 Z. B. Beleihung der Deutschen Post AG durch § 1 Abs. 1 PostPersRG mit der Wahrnehmung der Dienstherrnbefugnisse der Bundesrepublik Deutschland (ehemals Bundespostminister) gegenüber den bei ihr beschäftigten Beamten der früheren Deutschen Bundespost – s. dazu VGH München NJW 1999, 442 und BT-Drs. 12/6718, S. 91; Luftfahrzeugführer und Schiffskapitäne bei der Ausübung der Bordgewalt.

14 Gesetz zur Ausführung der Verordnung (EWG) Nr. 1836/93 des Rates vom 29.6.1993 über die freiwillige Beteiligung gewerblicher Unternehmen an einem Gemeinschaftssystem für das Umweltmanagement und die Umweltbetriebsprüfung (Umweltauditgesetz – UAG) vom 7.12.1995 (BGBl I, 1591).

15 Verordnung über die Beleihung der Zulassungsstelle nach dem Umweltauditgesetz (UAG-Beleihungsverordnung – UAGBV) vom 18.12.1995 (BGBl I, 2013).

16 S. dazu das Gesetz über vereinfachte Verkündungen und Bekanntgaben vom 18.7.1975 (BGBl I, 1919) mit besonderen Vereinfachungen der Verkündung bei Ausrufung des Verteidigungsfalles.

17 Z. B. Bezirksschornsteinfegermeister bei der Bauabnahme, der Feuerstättenschau und im Bereich des Immissionsschutzes, Jagd-, Feld- und Forstaufseher.

18 Z. B. Vertrauensärzte der Sozialversicherungsträger.

19 Gesetz über den zivilen Ersatzdienst vom 13.1.1960 (BGBl I, 10) i.d. Neufassung vom 28.9.1994 (BGBl I, 2811), zuletzt geändert durch Gesetz vom 21.9.1997 (BGBl I, 2390).

20 BGHZ 87, 253 = NJW 1984, 118 = LM § 839 (Cb) BGB Nr. 55; BGH NVwZ 1990, 1102 = LM Art. 34 GG Nr. 167; BGHZ 108, 304 = NJW 1992, 2882 = LM Art. 34 GG Nr. 177; BGH NJW 1994, 77; BGH NJW 1998, 298; BVerwG DÖV 1968, 429; BVerwG NVwZ 1988, 1027.

21 BGH NVwZ 1990, 1102 = LM Art. 34 GG Nr. 167.

22 BGHZ 49, 108 = NJW 1968, 443 = LM § 839 (A) BGB Nr. 30.

In diesem Sinne ist die **vertragliche Aufgabenübertragung** auf den **Sanierungsträger** nach den Vorschriften der §§ 157 bis 159 BauGB als **Beleihung mit hoheitlichen Aufgaben** anzusehen. Die notwendige gesetzliche Grundlage findet sich in den Vorschriften der §§ 157 ff. BauGB, auch wenn darin der technische Begriff Beleihung nicht vorkommt, sondern nur von einer Aufgabenübertragung die Rede ist. Denn bei der Beleihung handelt es sich inhaltlich um nichts anderes als die Übertragung hoheitlicher Aufgaben. Dass die Beleihung nicht durch mitwirkungsbedürftigen Verwaltungsakt erfolgt, sondern durch öffentlich-rechtlichen Vertrag (§ 159 Abs. 2 BauGB), steht dem nicht entgegen. Es handelt sich bei diesem Vertrag zwischen der Gemeinde und dem Sanierungsträger um eine im Gesetz vorgegebene besondere Form des notwendigen Übertragungsakts, durch den die Beleihung mit hoheitlichen Aufgaben „auf der Grundlage eines Gesetzes" konstitutiv herbeigeführt wird. Die notwendige Mitwirkung des Sanierungsträgers an der Aufgabenübertragung ist durch seine rechtsgeschäftliche Mitwirkung an dem Vertragsschluss genauso gegeben, als hätte er einem anderen Übertragungsakt zugestimmt.

Eine Aufgabenwahrnehmung durch den Sanierungsträger als sogen. **Verwaltungshelfer** scheidet aus. Denn der Sanierungsträger nimmt seine ihm übertragenen Aufgaben im eigenen Namen wahr (§ 159 Abs. 1 BauGB – s.o. Rn 26). Demgegenüber handelt der Verwaltungshelfer nicht im eigenen Namen, sondern immer nur als unselbständiger Gehilfe der Behörde oder öffentlichen Stelle **bei deren** Aufgabenerfüllung durch eigene Wahrnehmung hoheitlicher Aufgaben durch die Behörde selber (z. B. polizeilich beauftragtes Abschleppunternehmen als Verwaltungshelfer der Polizei bei deren hoheitlicher Aufgabenwahrnehmung durch Entfernung von den Straßenverkehr behindernden geparkten Fahrzeugen oder von Unfallfahrzeugen z. B. von der Bundesautobahn im Wege der polizeilichen Ersatzvornahme als Maßnahme der allgemeinen polizeilichen Gefahren- und Störungsabwehr).[23]

c) Behördeneigenschaft des Sanierungsträgers i.S.d. § 1 Abs. 4 VwVfG

Die **beliehenen Unternehmer sind Behörde i.S.d. § 1 Abs. 4 VwVfG**.[24] Es handelt sich bei den mit hoheitlichen Aufgaben beliehenen Sanierungsträgern um „Stellen" i.S.d. § 1 Abs. 4 VwVfG, die „Aufgaben der öffentlichen Verwaltung wahrnehmen". Sie sind zwar nicht organisatorisch in eine Behörde bzw. hier in die Gemeindeverwaltung eingegliedert, weil ihr Rechtsstatus als privatrechtlich organisiertes Unternehmen erhalten bleibt (s.o. Rn 29). Die Beleihung bewirkt aber eine **aufgabenbezogene Angliederung** an die Verwaltung mit der Folge, dass die beliehenen Unternehmen für den übertragenen Aufgabenbereich **funktionaler Teil der Verwaltung** werden.[25]

Soweit im **Fachschrifttum** in diesem Zusammenhang allerdings behauptet wird, die beliehenen Unternehmen seien „Träger der öffentlichen Verwaltung",[26] ist dieser Sprachgebrauch unrichtig. Er beruht auf einem falschen Verständnis des Begriffs der Trägerschaft. Träger einer wie auch immer gearteten Einrichtung ist derjenige, dem die organisatorische und sonstige Verantwortung für sie obliegt, insbesondere die **Aufgaben- und Finanzierungsverantwortung**. In diesem Sinne kann eine handelnde zuständige Einzelbehörde niemals „Träger der öffentlichen Verwaltung" sein. Sie ist zwar Teil der Verwaltung, aber nicht deren Träger. Das ginge bereits begrifflich nicht. Denn anderenfalls müsste die Zahl der „Träger der Verwaltung" der Zahl aller Einzelbehörden entsprechen. Das ist aber nicht der Fall. Vielmehr wird die Einzelbehörde als Teil der Verwaltung von der öffentlich-rechtlichen Körperschaft getragen, die sie eingerichtet hat und weiter bestehen lässt. Das sind „behördenfähige" Körperschaften, Anstalten sowie auch Stiftungen des öffentlichen Rechts wie z. B. die Bundesrepublik Deutschland, die Bundesländer oder die Gemeinden.

---

23 BGH NJW 1993, 1258.
24 OVG Koblenz NJW 1990, 465; VGH Mannheim NVwZ 1987, 431; *Kopp*, Verwaltungsverfahrensgesetz – Kommentar, 6. Aufl. 1996, § 1 Rn 25; *Stelkens/Schmitz*, in: *Stelkens/Bonk u.a*, Verwaltungsverfahrensgesetz – Kommentar, 5. Aufl. 1998, § 1 Rn 231; Allgemeines Verwaltungsrecht, 6. Aufl. 1983, § 11 II 2 lit. b m. w. N.; *Maurer*, Allgemeines Verwaltungsrecht, 8. Aufl. 1992, § 23 V 1 lit. a.
25 OVG Koblenz NJW 1990, 465.
26 *Bachof*, AöR 1958, 231; *Steiner*, JuS 1969, 69.

38 Die erwähnten öffentlich-rechtlichen Träger der Verwaltung richten sich im Rahmen ihrer jeweiligen gesetzlichen Aufgabenzuständigkeit und -verantwortlichkeit **sowie Organisationsgewalt** Behörden ein. Sie gliedern diese Behörden nach Bedarf um oder legen sie mit anderen Behörden zusammen oder nehmen sie aus einem Verbund mit anderen Behörden heraus. Es kommt auch vor, dass Behörden von ihrem jeweiligen Träger aufgelöst werden. Der Behördenaufbau in der Verwaltung ist nicht statisch. Er wird vielmehr laufend an den sich ändernden Bedarf an organisatorischen Behördenstrukturen angepasst. Die Entscheidungskompetenz über solche strukturellen Änderungen des jeweiligen Verwaltungsaufbaus liegt nicht bei den jeweils betroffenen Behörden, sondern bei ihren jeweiligen Trägern. Die in diesem „Gesamtsystem der Verwaltung" eingerichtete Behörde des Bundes oder eines Bundeslandes oder einer Gemeinde als Teil „der Verwaltung" ist lediglich für die Erledigung bestimmter Verwaltungsaufgaben ihres jeweiligen Trägers sachlich und örtlich zuständig. Die **Verantwortung für ihr Handeln** trifft deshalb auch nicht die Behörde, sondern unmittelbar ihren jeweiligen öffentlich-rechtlichen Träger. Denn diesem obliegt die Erfüllung der ihm gesetzlich zugewiesenen Aufgaben, wobei er sich seiner von ihm eingerichteten und unterhaltenen Behörden bedient. Deshalb ist z. B. die Zivil- oder Verwaltungsklage wegen fehlerhaften Verwaltungshandelns einer Behörde nicht etwa gegen diese als Beklagte zu richten, sondern gegen ihren jeweiligen Träger, also gegen den Bund oder das Land oder die Gemeinde. Dies bedeutet, dass die mit öffentlichen Aufgaben beliehenen Unternehmer niemals „Träger der Verwaltung" i.S.d. o.a. Sprachgebrauchs einzelner Fachautoren sein können.

d) Notwendige Gesetzmäßigkeit der Tätigkeit des Sanierungsträgers

39 Als Behörde i.S.d. § 1 Abs. 4 VwVfG (s.o. Rn 36) hat der Sanierungsträger das Gesetz genauso anzuwenden, wie die Gemeinde das müsste, wenn sie ihre Aufgaben nicht auf ihn übertragen hätte.[27] Das gilt nicht nur für die Vorschriften des BauGB, sondern für das gesamte von der Gemeinde zu beachtende Recht, **insbesondere auch das Verwaltungsverfahrensrecht nach den VwVfG**[28] (s.o. Rn 3). Dies ergibt sich unmittelbar aus den Regelungen zum Anwendungsbereich in § 1 Abs. 1 VwVfG i.V.m. der Behördeneigenschaft des beliehenen Unternehmers i.S.d. § 1 Abs. 4 VwVfG (s.o. Rn 36). Im Übrigen ginge es mit Blick auf Art. 19 Abs. 4 GG nicht an, die städtebaulichen Sanierungsverfahren dem Anwendungsbereich des Verwaltungsverfahrensrechts dadurch zu entziehen, dass Gemeinden privatrechtlich organisierte Bauträgerfirmen als Sanierungsträger beauftragen. Das Verwaltungsverfahrensrecht nach den VwVfG stellt sich als konkrete gesetzliche Ausprägung der Grundsätze des Art. 19 Abs. 4 GG dar und soll die effektive Verwirklichung der Grundrechte gewährleisten.[29]

40 Gegen hoheitliche Verwaltungsmaßnahmen, die ein von der Gemeinde beauftragter Sanierungsträger durchführt, steht dem Bürger der gleiche Rechtsschutz zu wie bei Maßnahmen der Gemeinde selber. Verletzt ein Sanierungsträger die ihm obliegenden Amtspflichten bei der Durchführung hoheitlicher Maßnahmen, kann das zu Amtshaftungsansprüchen gegen die Gemeinde nach Art. 34 GG i.V.m. § 839 BGB führen. Als Träger der Verwaltung in Bezug auf die ihr obliegenden Aufgaben der Städtebaulichen Sanierung nach dem BauGB (s.o. Rn 30, 31) haftet die Gemeinde für fehlerhaftes Verhalten der von ihr durch Beleihung mit hoheitlichen Aufgaben zur Aufgabenerfüllung als Sanierungsträger herangezogenen privaten Unternehmer in der gleichen Weise, wie sie für das Verwaltungshandeln der Mitarbeiter in der eigenen Gemeindeverwaltung einzustehen hat.

---

27 OVG Koblenz NJW 1990, 465; VGH Mannheim NVwZ 1987, 432.
28 OVG Koblenz NJW 1990, 465; VGH Mannheim NVwZ 1987, 432. Bedenkt man die beruflichen Qualifikationen des Personals, das die als Sanierungsträger beauftragten Privatfirmen für die Wahrnehmung der übernommenen Aufgaben einsetzen, ist natürlich eine ordnungsgemäße und fehlerfreie Beachtung von Rechtsvorschriften nur selten zu erwarten. Im Streitfall lohnt es sich für den beauftragten Rechtsanwalt oder einen von Maßnahmen Betroffenen durchaus, der Frage näher nachzugehen, ob und welche zu beachten gewesenen Rechtsvorschriften nicht beachtet wurden.
29 BVerfGE 46, 333; BVerfGE 49, 225; BVerfGE 52, 407; BVerfGE 56, 216; BVerfGE 60, 295.

III. Allgemeine Anhörungs- und Beteiligungspflichten der Gemeinde

1. Beteiligung der Sanierungsbetroffenen

Nach § 137 BauGB **soll** die Gemeinde die Sanierung **möglichst frühzeitig** mit den Eigentümern, Mietern, Pächtern und sonstigen Betroffenen **erörtern** und diese zur Mitwirkung bei der Sanierung sowie zur Durchführung notwendiger Baumaßnahmen anregen sowie beraten. Der Zeitpunkt dieser Erörterung mit den Betroffenen ist mit den Worten „möglichst frühzeitig" wie in § 3 BauGB nur unbestimmt festgelegt. Erkennbar ist die Absicht des Gesetzgebers, dass eine – bezogen auf den förmlichen Beginn des Sanierungsverfahrens (§ 141 Abs. 4 S. 1 BauGB) – frühzeitige Beteiligung erfolgen soll. Allerdings ist diese Beteiligung Betroffener nach § 141 Abs. 4 BauGB **nicht vor der förmlichen Einleitung des Sanierungsverfahrens** durch Beschluss über die Durchführung vorbereitender Untersuchungen (§ 141 Abs. 3 BauGB) oder durch Sanierungssatzung (§ 142 BauGB) durchzuführen. Allerdings kann eine vorherige Anhörung Betroffener durchaus sinnvoll sein. Denn die erwähnten Beschlüsse des Gemeinderats haben regelmäßig einen Vorlauf durch interne Vorbereitung in der Gemeindeverwaltung. Im Rahmen dieser verwaltungsmäßigen Vorbereitung notwendiger Gemeinderatsbeschlüsse können (aber nicht müssen!) bereits Anhörungen Betroffener durchgeführt werden, um dabei gewonnene Erkenntnisse ggf. in Beschlussvorlagen für den Gemeinderat einfließen lassen zu können. Es handelt sich dann um eine im pflichtgemäßen Ermessen der Gemeindeverwaltung stehende Beteiligung der Betroffenen durch Erörterung des beabsichtigten, wenn auch noch nicht beschlossenen Sanierungsverfahrens mit ihnen. 41

Die Erörterung mit den Betroffenen ist keine notwendigerweise **einmalige** Beteiligung. Vielmehr umfasst die Erörterungspflicht nach § 137 BauGB nach einer ersten Anhörung und Erörterung durchaus auch weitere Beteiligungen der Betroffenen, auch wenn der Normtext dafür ausdrücklich nichts hergibt. Eine **neuerliche Beteiligungspflicht** entsteht, wenn nachträglich während des laufenden Sanierungsverfahrens neue Umstände mit Auswirkung auf die Sanierung und die Betroffenen eintreten, die mit den Betroffenen noch nicht erörtert worden sind. Das gilt insbesondere dann, wenn den Betroffenen solche nachträglichen neuen Entwicklungen noch gar nicht vollständig sowie inhaltlich richtig bekannt geworden sind. 42

Die Verletzung der Beteiligungs- und Erörterungspflicht nach § 137 BauGB ist nur im Rahmen der §§ 214 ff. BauGB beachtlich (Sanierungssatzung nach § 142 BauGB als Satzung i.S.d. § 214 Abs. 1 BauGB). 43

Die Durchführung der Beteiligung Betroffener nach § 157 Abs. 1 BauGB kann dem Sanierungsträger übertragen werden, allerdings erst ab dem förmlichen Beginn des Sanierungsverfahrens durch Beginn der Vorbereitung (Gemeinderatsbeschluss nach § 141 Abs. 3 BauGB) oder Beschlussfassung über die Sanierungssatzung (§ 142 Abs. 1 BauGB). Vorher muss die Gemeinde Beteiligungen Betroffener und Erörterungen mit ihnen selber durchführen (s.o. Rn 22). 44

2. Beteiligung und Mitwirkung öffentlicher Stellen

Die Vorschrift des § 139 BauGB statuiert allgemeine Unterstützungs- und Abstimmungspflichten für den Bund, die Länder, Gemeindeverbände und sonstige Körperschaften, Anstalten sowie Stiftungen des öffentlichen Rechts, soweit sie an der vorgesehenen Städtebaulichen Sanierung beteiligt sind. Das ist der Fall, wenn diese öffentlichen Stellen durch eigene Grundstücke im Sanierungsgebiet von der Sanierung betroffen sind. Die genannten öffentlichen Stellen sind von der Gemeinde entsprechend den Regelungen zur Beteiligung der Träger öffentlicher Belange bei der Bauleitplanung in § 4 BauGB zu beteiligen. 45

IV. Förmlicher Beginn des Sanierungsverfahrens

1. Allgemeines

46 Das städtebauliche Sanierungsverfahren beginnt durch formalisierte Rechtsakte der Gemeinde. Dies sind entweder
- der Beschluss des Gemeinderats über den Beginn der vorbereitenden Untersuchungen (§ 141 Abs. 3 BauGB) oder
- der Beschluss des Gemeinderats über die Sanierungssatzung, mit der das Sanierungsgebiet förmlich festgelegt wird (§ 142 Abs. 1 S. 1 und Abs. 3 BauGB).

Beide Beschlüsse sind ortsüblich bekannt zu machen (§ 141 Abs. 3 S. 2 und § 143 Abs. 1 BauGB). Für die ortsübliche Bekanntmachung gelten die allgemeinen Regeln wie bei der Baulandumlegung oder sonstigen Verfahren mit ortsüblicher Bekanntmachung durch die Gemeinde.

2. Verfahrensbeginn als Vorbereitung der Sanierung

47 Grundsätzlich hat die Gemeinde nach § 141 Abs. 1 BauGB vor der förmlichen Festsetzung eines Sanierungsgebiets im Wege der Sanierungssatzung (§ 142 BauGB) **vorbereitende Untersuchungen** durchzuführen oder zu veranlassen. Sie soll dadurch die erforderlichen Grundlagenkenntnisse für die Beurteilung der Notwendigkeit einer Städtebaulichen Sanierung gewinnen. Von diesen vorbereitenden Untersuchungen **kann** nach § 141 Abs. 2 BauGB **abgesehen werden**, wenn die Gemeinde die erforderlichen Sachverhalte bereits kennt. Nimmt die Gemeinde allerdings zu Unrecht an, „sie wüsste bereits alles und brauchte deshalb keine vorbereitenden Untersuchungen mehr durchzuführen", ist das ermessensfehlerhaft. Denn ihre weiteren Entscheidungen beruhen dann auf einem unvollständigen oder sogar unrichtigen Sachverhalt, den die Gemeinde hätte aufklären müssen (s.o. Rn 14).

48 Mit dem förmlichen Beginn des Sanierungsverfahrens in der Form der „Vorbereitung der Sanierung" durch ortsüblich bekannt zu machenden Beschluss des Gemeinderats (s.o. Rn 46) treten **besondere Rechtsfolgen** ein:
- Die Gemeinde kann nach den §§ 157 ff. BauGB im Wege der Beleihung einen **Sanierungsträger** mit der Wahrnehmung ihrer Aufgaben bei der Vorbereitung und Durchführung der Sanierung durch öffentlich-rechtlichen Vertrag beauftragen (s.o. Rn 22 ff.).
- Nach § 138 BauGB i.V.m. § 141 Abs. 4 S. 1 BauGB sind die Eigentümer, Mieter, Pächter und sonstige zum Besitz oder zur Nutzung eines Grundstücks, Gebäudes oder Gebäudeteils Berechtigten und ihre Beauftragten verpflichtet, der Gemeinde oder ihren Beauftragten (Sanierungsträger) **Auskunft** über Tatsachen zu erteilen, deren Kenntnis zur Beurteilung der Sanierungsbedürftigkeit eines Gebiets oder zur Vorbereitung und Durchführung der Sanierung notwendig ist. Die Verletzung dieser **Auskunftpflicht** wird durch § 138 Abs. 4 BauGB sanktioniert (Androhung und Festsetzung von Zwangsgeldern).
- Nach § 141 Abs. 4 S. 1 BauGB sind die **Betroffenen** und die **Träger öffentlicher Belange** nach den Bestimmungen der §§ 138 bis 139 BauGB **zu beteiligen** (s.o. Rn 41 bis 45).
- Nach § 141 Abs. 4 S. 1 BauGB sind auf Antrag der Gemeinde die Verfahren über die Erteilung von Bau- und Abrissgenehmigungen von der zuständigen Bauaufsichtsbehörde für die Dauer von bis zu zwölf Monaten zurückzustellen bzw. genehmigungsfreie Bau- bzw. Abrissvorhaben von ihr für diesen Zeitraum vorläufig zu untersagen (Anordnung der entsprechenden Anwendung des § 15 BauGB). Die entsprechenden Aussetzungs- oder Untersagungsbescheide der Bauaufsichtsbehörde sind Verwaltungsakte und entsprechend im Verwaltungsrechtsweg anfechtbar.[30]

---

30 BVerwG DÖV 1972, 496.

Leitet die Gemeinde das Verfahren in der Form der „Vorbereitung der Sanierung" ein, kann als Ergebnis der durchgeführten Untersuchungen festgestellt werden, dass es keiner weiterer städtebaulicher Sanierungsmaßnahmen bedarf. Die Gründe können unterschiedlich sein und auch darin liegen, dass sich eine an sich wünschenswerte Sanierung aus technischen, rechtlichen oder finanziellen Gründen als nicht durchführbar erweist. Dieser Fall ist im BauGB nicht ausdrücklich geregelt bzw. nur für den Fall der Städtebaulichen Sanierung auf der Grundlage einer Sanierungssatzung geregelt. Es bietet sich jedoch an, die Vorschriften über die Verfahrensbeendigung bei städtebbaulichen Sanierungsverfahren auf der Grundlage von Sanierungssatzungen in § 162 BauGB entsprechend anzuwenden. Mithin hat der Gemeinderat dann seinen Beschluss über die Vorbereitung der Sanierung, mit dem das „vorbereitende Sanierungsverfahren" eingeleitet wurde, **aufzuheben** und diese **Aufhebung** in der gleichen Weise **ortsüblich bekannt zu machen**, wie den aufgehobenen Beschluss. Mit der ortsüblichen Bekanntmachung des Aufhebungsbeschlusses entfallen die o.a. Rechtswirkungen der Einleitung des Verfahrens (s.o. Rn 48). 49

Ergeben die vorbereitenden Untersuchungen jedoch, dass die weitere Durchführung des städtebaulichen Sanierungsverfahrens notwendig ist, kommt es zum Beschluss des Gemeinderats über den Erlass der Sanierungssatzung, mit der das Sanierungsgebiet förmlich festgelegt wird (§ 142 BauGB). 50

Die **Entscheidungen** der Gemeinde über die **Beendigung oder Fortführung** des städtebaulichen Sanierungsverfahrens nach Abschluss der vorbereitenden Untersuchungen sind wegen der für die Betroffenen nachteiligen Folgen der Verfahrenseinleitung (z. B. Veränderungssperre – s.o. Rn 48 lit. d) „**zügig**" zu treffen (§ 136 Abs. 1 BauGB). Die Gemeinde hat die Sanierung innerhalb eines absehbaren Zeitraums durchzuführen (§ 149 Abs. 4 S. 2 BauGB). Hierzu gehören auch **ohne behördenbedingten Verzug** zu treffende Entscheidungen über eine evtl. Beendigung des Sanierungsverfahrens (s.o. Rn 11). Treten **vermeidbare und deshalb unnötige Verzögerungen** bei der Entschlussfassung der Gemeinde darüber auf, ob und wie es mit dem von ihr eingeleiteten Sanierungsverfahren weitergehen soll, kann das zu Amtshaftungsansprüchen nach § 839 BGB i.V.m. Art. 34 GG führen. Voraussetzung ist dafür aber stets ein vorwerfbares Fehlverhalten auf der Seite der Gemeinde, für das der jeweilige Anspruchsteller darlegungs- und ggf. nachweispflichtig ist. 51

3. Verfahrensbeginn durch Sanierungssatzung oder Fortsetzung des Verfahrens mit einer Sanierungssatzung

a) Allgemeines

Nach § 142 Abs. 1 S. 1 BauGB **kann** die Gemeinde durch Beschluss ein Gebiet als Sanierungsgebiet förmlich festlegen. In einem Klammerzusatz führt die Vorschrift den Begriff „förmlich festgelegtes Sanierungsgebiet" ein. Abs. 3 der Vorschrift bestimmt, dass die Gemeinde das förmlich festgelegte Sanierungsgebiet **als Satzung** beschließt, wobei Satz 1 dieser Vorschrift in einem Klammerzusatz den Begriff Sanierungssatzung als weiteren technischen Begriff einführt. In dieser Sanierungssatzung ist das Sanierungsgebiet zu bezeichnen (§ 142 Abs. 3 S. 2 BauGB). Die Sanierungssatzung ist ortsüblich bekannt zu machen (§ 143 Abs. 1 BauGB). 52

Der **Gemeinderatsbeschluss** über die Sanierungssatzung hat grundlegende **verfahrensmäßige Bedeutung**. Durch ihn wird das städtebauliche Sanierungsverfahren fortgesetzt, wenn es bereits zuvor durch Gemeinderatsbeschluss über die vorbereitenden Untersuchungen eingeleitet worden war und nicht beendet werden soll (s.o. Rn 47 bis 51). Möglich ist allerdings auch, dass ein städtebauliches Sanierungsverfahren überhaupt erst mit dem Gemeinderatsbeschluss über die Sanierungssatzung eingeleitet wird. Das wäre dann der Fall, wenn die Gemeinde von einem vorgeschalteten vorbereitenden Verfahren nach § 141 Abs. 2 BauGB Abstand genommen hatte, „weil sie bereits alles wusste bzw. weiß", was zur Entscheidung über die städtebauliche Sanierung erforderlich ist (s.o. Rn 47). 53

54 Nach § 142 Abs. 2 BauGB kann die Gemeinde auch sogen. **Ersatz- und Ergänzungsflächen** durch Gemeinderatsbeschluss förmlich festlegen. Es handelt sich dabei um Flächen außerhalb des mit der Sanierungssatzung förmlich festgelegten Sanierungsgebiets, bei denen sich aus den Zwecken und Zielen der Sanierung ein Bedarf für ihre Inanspruchnahme ergibt. Als zulässige Gründe der Inanspruchnahme dieser Flächen führt die Vorschrift Ersatzbauten und Ersatzanlagen für die räumlich zusammenhängende Unterbringung von Bewohnern oder Betrieben aus dem förmlich festgelegten Sanierungsgebiet (§ 142 Abs. 2 Nr. 1 BauGB) und sanierungsbedingte Gemeinbedarfs- oder Folgeeinrichtungen (§ 142 Abs. 2 Nr. 2 BauGB) an. Auf diesen Beschluss sind die Vorschriften für die Sanierungssatzung anzuwenden (§ 142 Abs. 2 S. 2 BauGB). Der Beschluss kann zusammen mit dem Beschluss über die Sanierungssatzung gefasst werden, aber auch getrennt von dieser zu einem späteren Zeitpunkt. Es handelt sich dann um einen Beschluss über eine die Sanierungssatzung ergänzende „Ersatz- und Ergänzungsflächensatzung". Diese ist in der gleichen Weise ortsüblich bekannt zu machen, wie die Sanierungssatzung. Auch für die sonstigen Rechtswirkungen gelten die Bestimmungen, die für die Sanierungssatzung anzuwenden sind (§ 142 Abs. 2 S. 2 BauGB).

b) Notwendiger Inhalt der Sanierungssatzung sowie der weiteren Satzung über Ersatz- und Ergänzungsflächen

55 Nach § 142 Abs. 3 S. 2 BauGB ist in der Sanierungssatzung das **Sanierungsgebiet zu bezeichnen**. Diese Regelung gilt entsprechend auch für die Satzung über Ersatz- oder Ergänzungsflächen. Hierzu ist die Beschreibung des Gebiets nach seinen äußeren Grenzen erforderlich. Dies kann durch Angabe von Straßennamen als jeweilige Begrenzung erfolgen. Zweckmäßig und ggf. auch notwendig ist die Beifügung entsprechender **Lagepläne auf der Grundlage der amtlichen Katasterunterlagen** (Flurkarten). Dabei sind die äußeren Grenzen des Sanierungsgebiets entsprechend den Grenzen der aus der Flurkarte ersichtlichen angrenzenden Flurstücke zu kennzeichnen, die nicht mehr zum Sanierungsgebiet gehören (Straßengrundstücke und sonstige Grundstücke). Eine Auflistung der Grundstücke innerhalb des Sanierungsgebiets reicht für sich allein nicht aus, weil dies keine unzweideutige Beschreibung des Gebiets als einheitliches Sanierungsgebiet darstellt.[31]

56 Soweit es um Einbeziehung von Ersatz- und Ergänzungsflächen i.S.d. § 142 Abs. 2 BauGB geht, sind diese entsprechend zu bezeichnen. Handelt es sich dabei nur um Einzelgrundstücke, sind diese nach ihrer Grundbuch- und Katasterbezeichnung aufzuführen. Ihre Darstellung in einem Lageplan ist zweckmäßig, aber nicht notwendig. Denn hier geht es nicht notwendigerweise um eine gebietsbezogene Darstellung, sondern um Einzelflächen.

57 Soweit die Anwendung der Vorschriften des Dritten Abschnitts (§§ 152 bis 156 a BauGB – Ausgleichs- und Entschädigungsleistungen, Kosten und Finanzierung) für die Durchführung des Sanierungsverfahrens nicht erforderlich ist, muss die Anwendung dieser Vorschriften in der Sanierungssatzung ausgeschlossen werden. Darüber hinaus kann in der Sanierungssatzung auch die Genehmigungspflicht nach § 144 BauGB ganz oder teilweise ausgeschlossen werden. Es handelt sich dann um das sogen. vereinfachte städtebauliche Sanierungsverfahren.

c) Begründung der Sanierungssatzung und Normenkontrolle

58 Anders als bei dem Bebauungsplan (§ 9 Abs. 8 BauGB) enthält das Gesetz keine ausdrückliche Bestimmung zur Begründung der Sanierungssatzung. Das bedeutet aber nicht, dass keine Begründung gegeben werden muss. Das Gesetz schließt, da es zu dieser Frage schweigt, eine Begründung der Sanierungssatzung nicht aus. Diese **kann** also gegeben werden. Ein entgegenstehender Wille des Gesetzgebers ist nicht zu erkennen. Vielmehr ergibt sich umgekehrt aus den ausführlichen Regelungen zur Zulässigkeit der Städtebaulichen Sanierung in § 136 BauGB der Wille des Gesetzgebers, dass diese Voraussetzungen von der Gemeinde konkret geprüft werden müssen. Das bedeutet zugleich,

---

31 BVerwG ZfBR 1993, 266.

dass diese Überprüfung durch die Gemeinde von dieser auch in einer Begründung in überprüfbarer und nachvollziehbarer Form darzustellen ist. Entsprechendes gilt für die Einbeziehung der Ersatz- oder Ergänzungsflächen in die Sanierung (s.o. Rn 54).

Die Begründung der Sanierungssatzung ist deshalb bei verfassungskonformer Anwendung der Vorschrift des § 142 BauGB auch notwendig. Mit dem Städtebaulichen Sanierungsverfahren wird erheblich in das Eigentum der Betroffenen eingegriffen (z. B. Verfügungs- und Veränderungssperre nach §§ 144, 145 BauGB). Die Sanierungssatzung unterliegt darüber hinaus der Normenkontrolle durch das OVG nach § 47 VwGO. Die sachgerechte Normenkontrolle durch das OVG setzt auch Festlegungen der Gemeinde zu den Gründen für den Erlass der Sanierungssatzung voraus.

Im **Fachschrifttum** wird allerdings unter Hinweis auf Änderungen des BauGB mit Wirkung vom 1.1.1998 durch das BauROG die Meinung vertreten, die **Sanierungssatzung bedürfe keiner Begründung**.[32] Das überzeugt nicht. Denn die erwähnten Änderungen des BauGB durch das BauROG betrafen nicht die allgemeine Notwendigkeit der Begründung der Sanierungssatzung, sondern nur das bis zum 31.12.1997 gültig gewesene besondere Anzeigeverfahren nach § 143 Abs. 1 S. 1 BauGB. Danach war eine Anzeige der Sanierungssatzung bei der höheren Verwaltungsbehörde mit einem Bericht über die Gründe notwendig. Dieser „Bericht über die Gründe" stand der originären Begründung der Sanierungssatzung nicht gleich. „Er war nicht die Begründung, sondern berichtete nur über sie". Darüber hinaus richtete sich der Bericht nicht an die von der Sanierung Betroffenen, sondern an einen anderen Dritten, nämlich die höhere Verwaltungsbehörde. Es fehlte deshalb auch die notwendige Unmittelbarkeit gegenüber dem Adressaten „des Berichts über die Begründung". Dieser müsste derselbe Adressat sein, an den sich auch die Sanierungssatzung richtet, wenn die Begründung in diesem Bericht hätte liegen sollen. Lediglich dieses besondere Anzeigeverfahren gilt seit dem 1.1.1998 nicht mehr. Die **allgemeine rechtsstaatliche Notwendigkeit der Begründung** (Art. 19 Abs. 4 GG) ist davon jedoch nicht berührt.

59

Soweit das **Fachschrifttum** weiter darauf hinweist, die genauen gesetzlichen Festlegungen der Anwendungsvoraussetzungen für die Städtebauliche Sanierung in den §§ 136 ff. BauGB ließen das Anfertigen und die Beifügung einer Begründung für die Sanierungssatzung entbehrlich werden,[33] überzeugt das schon gar nicht. Diese Argumentation verkennt Art. 19 Abs. 4 GG und die ihn konkretisierenden allgemeinen Grundsätze des Verwaltungsverfahrensrechts. Auch dort, wo das Gesetz eindeutige Anwendungsvoraussetzungen für bestimmte behördliche Maßnahmen vorhält, **sind Fehler der Behörden bei der Rechtsanwendung nicht ausgeschlossen**. Die nach den §§ 39, 40 VwVfG grundsätzlich notwendige Begründung ist ein grundlegendes rechtsstaatliches Erfordernis. Das gilt insbesondere dort, wo eine **Behörde Ermessen ausüben kann und deshalb auch ausüben muss** (§ 40 VwVfG), weil eine bestimmte Maßnahme in ihr Ermessen gestellt wurde, indem sie diese zwar treffen kann, aber nicht treffen muss.

60

Bei der Entscheidung, ob sie das städtebauliche Sanierungsverfahren durch Beschluss über die Sanierungssatzung einleiten oder fortsetzen will, **hat die Gemeinde Ermessen auszuüben**. Sie **kann** so beschließen, muss das aber nicht. Hierbei kommt es auf die **richtige Abwägung** der öffentlichen Interessen an der Sanierung in Zusammenhang mit den Sanierungszielen und der Privatinteressen Betroffener an (s.o. Rn 14). Für die Begründung der Sanierungssatzung ist § 40 VwVfG i.V.m. § 39 VwVfG entsprechend anzuwenden (Begründung von Ermessensentscheidungen). Mindestens muss sich aus der Begründung ergeben, dass eine Abwägung der öffentlichen und privaten Belange stattgefunden hat, und welches die tragenden Gründe der Gemeinde für den Erlass ihrer Sanierungssatzung waren.

61

---

32 *Krautzberger*, in: *Battis/Krautzberger/Löhr*, BauGB – Kommentar, 6. Aufl. 1998, § 142 Rn 14 ff.
33 *Krautzberger*, a. a. O.

62 Die Sanierungssatzung ist im Normenkontrollverfahren nach § 47 VwGO von den OVG gerichtlich überprüfbar. Hierzu muss die Sanierungssatzung in entsprechender Anwendung der die Grundsätze in Art. 19 Abs. 4 GG konkretisierenden Begründungspflichten nach §§ 39, 40 VwVfG auch begründet werden, wenn § 142 BauGB **von den Gemeinden verfassungskonform angewendet** werden soll. Die Vorschrift des § 142 BauGB ist **in sich verfassungskonform, weil sie eine Begründung nicht ausschließt**. Sie kann aber von den Gemeinden verfassungswidrig angewendet werden, wenn keine überprüfbaren Begründungen für die Sanierungssatzung gegeben werden.

4. Rechtsfolgen der Sanierungssatzung

a) Beginn oder Fortsetzung der städtebaulichen Sanierung

63 Soweit die Gemeinde nach § 141 Abs. 2 BauGB von vorbereitenden Untersuchungen Abstand genommen hat, beginnt das städtebauliche Sanierungsverfahren mit der förmlichen Festlegung des Sanierungsgebiets durch die Sanierungssatzung. Es ist dann z. B. die vertragliche Beauftragung eines Sanierungsträgers möglich, der dann auch die Anhörungen und Beteiligungen nach den Vorschriften der §§ 137 bis 139 BauGB durchführen kann. Im Falle durchgeführter vorbereitender Untersuchungen nach § 141 BauGB wird das Verfahren mit der Sanierungssatzung fortgesetzt.

b) Verfügungs- und Veränderungssperre

64 In dem (durch Sanierungssatzung) förmlich festgelegten Sanierungsgebiet gilt nach **§ 144 BauGB** eine **Verfügungs- und Veränderungssperre**. Diese Sperre gilt auch für Ersatz- und Ergänzungsflächen, die nach § 142 Abs. 2 BauGB in die Sanierung mit einbezogen werden. Die Genehmigungspflicht besteht ab der ortsüblichen Bekanntmachung der Sanierungssatzung.[34] Folgende Maßnahmen und Rechtsgeschäfte bedürfen der **schriftlichen Genehmigung** durch die Gemeinde:
- Bau- und Abrissvorhaben sowie wesentliche wertsteigernde Veränderungen an Grundstücken und Bauwerken (§ 142 Abs. 1 Nr. 1 BauGB i.V.m. § 14 BauGB).
- Abschluss befristeter Mietverträge und sonstiger schuldrechtlicher Verträge von mehr als einem Jahr Dauer über die Nutzung eines Grundstücks, Gebäudes oder Gebäudeteils oder die Verlängerung solcher Verträge (§ 142 Abs. 1 Nr. 2 BauGB).
- Rechtsgeschäftliche Veräußerung eines Grundstücks sowie die Bestellung und Veräußerung eines Erbbaurechts (§ 142 Abs. 2 Nr. 1 BauGB). Erfasst werden auch die Veräußerung von Bruchteilseigentum an Grundstücken,[35] von Wohnungs- oder Teileigentum nach dem WEG[36] und Erbauseinandersetzungen.[37] Die Genehmigungspflicht gilt jedoch nicht für die Erbteilsübertragung,[38] die Eintragung einer Auflassungsvormerkung[39] und die Teilung nach dem WEG.[40] Ebenfalls gilt die Genehmigungspflicht nicht für den Erwerb des Grundstücks in der Zwangsversteigerung durch Zuschlag nach § 90 ZVG und sonstigen nicht rechtsgeschäftlichen Erwerb durch staatlichen Hoheitsakt (z. B. Enteignung) oder kraft Gesetzes (z. B. in den neuen Ländern Zuordnung des ehemals volkseigenen Vermögens nach dem EV und die entsprechenden feststellenden Zuordnungsbescheide nach dem ZVOG).
- Bestellung von Rechten, die ein Grundstück belasten, mit Ausnahme solcher Drittrechte, die mit der Durchführung von (sanierungsbedingten) Baumaßnahmen in Zusammenhang stehen (§ 142 Abs. 2 Nr. 2 BauGB). Dies gilt allerdings grundsätzlich nicht für die Eintragung von Zwangshypotheken, weil es sich dabei nicht um die rechtsgeschäftliche Bestellung des Grundpfandrechts

---

34 BVerwG NVwZ 1995, 101.
35 OLG Frankfurt/M. Rpfleger 1997, 209.
36 LG Berlin Rpfleger 1996, 342.
37 OLG Bremen OLGZ 1977, 16 = MittBayNot 1977, 145.
38 LG Hannover NdsRpfleger 1973, 213 = DNotZ 1974, 295.
39 LG Hannover NdsRpfleger 1973, 213 = DNotZ 1974, 295.
40 VG Köln NVwZ 1985, 516.

handelt.[41] Etwas anderes gilt allerdings dann, wenn nach der Fallgestaltung eine Umgehung des § 142 Abs. 2 Nr. 2 BauGB vorliegt.[42]

- Schuldrechtliche Verträge, durch welche Verpflichtungen zu Rechtsgeschäften i.S.d. § 144 Abs. 2 Nrn. 1 und 2 BauGB begründet werden. Wurde ein solcher Vertrag genehmigt, gilt auch das in seiner Ausführung vorgenommene dingliche Rechtsgeschäft als genehmigt (§ 142 Abs. 2 Nr. 3 BauGB).
- Die Begründung, Änderung oder Aufhebung einer Baulast (§ 142 Abs. 2 Nr. 4 BauGB).
- Die Teilung eines Grundstücks (§ 142 Abs. 2 Nr. 5 BauGB).

Die Gemeinde **kann** die **Genehmigung allgemein erteilen**. Dies ist für das gesamte Sanierungsgebiet oder für Teile desselben möglich. Notwendig ist aber die genaue Bestimmung der einzelnen Rechtsgeschäfte, für welche die allgemeine Genehmigung auf diese Weise erteilt werden soll. Die so erteilte Genehmigung ist ortsüblich bekannt zu machen (§ 144 Abs. 3 BauGB). **Keiner Genehmigung bedürfen** die in § 144 Abs. 4 Nrn. 1 bis 5 BauGB aufgelisteten Rechtsgeschäfte mit bestimmten Beteiligten (personenbezogene Ausnahmen). 65

Über die Genehmigung ist nach § 145 Abs. 1 BauGB innerhalb eines Monats zu entscheiden. Sie darf nur versagt werden, wenn das betreffende Rechtsgeschäft die Durchführung der Sanierung unmöglich machen oder wesentlich erschweren oder den Zwecken und Zielen der Sanierung zuwiderlaufen würde (§ 145 Abs. 2 BauGB). Die Genehmigung muss unter den Voraussetzungen des § 145 Abs. 3 BauGB erteilt werden. Sie kann mit Auflagen versehen oder bedingt erteilt werden. 66

c) Sanierungsvermerk im Grundbuch

Zur Sicherung der Genehmigungspflicht nach § 144 BauGB teilt die Gemeinde dem Grundbuchamt die rechtsverbindliche Sanierungssatzung und die von ihr betroffenen Grundstücke einzeln mit (§ 143 Abs. 2 S. 1 BauGB). Das Grundbuchamt trägt den **Sanierungsvermerk** in die Grundbücher über diese Grundstücke ein. Der Vermerk ist ein reiner Achtungsvermerk und bedeutet für sich keine neue Belastung des Grundstücks. Seine Funktion erschöpft sich darin, sowohl das Grundbuchamt selber als auch die Teilnehmer am Grundstücksverkehr auf das Sanierungsverfahren und die mit ihm kraft Gesetzes verbundene Verfügungs- und Veränderungssperre nach § 144 BauGB aufmerksam zu machen.[43] 67

Die durch § 144 BauGB begründete Genehmigungspflicht für Verfügungen über Grundstücke wirkt als **Grundbuchsperre**. Das Fehlen der Genehmigung stellt sich als Eintragungshindernis i.S.d. § 18 GBO dar, so dass Grundbucheintragungen nicht vorgenommen werden dürfen.[44] Gleichwohl ohne Genehmigung vorgenommene Grundbucheintragungen verstoßen gegen gesetzliche Vorschriften und führen zur Unrichtigkeit des Grundbuchs. Es ist dann nach § 53 Abs. 1 S. 1 GBO von Amts wegen ein Widerspruch im Grundbuch einzutragen. Unterlässt das Grundbuchamt die Eintragung des Amtswiderspruchs, kann es im Beschwerdeverfahren angewiesen werden, diesen Widerspruch einzutragen (§ 71 Abs. 2 GBO). 68

---

41 OLG Oldenburg NJW-RR 1998, 1239; LG Regensburg Rpfleger 1977, 224 = MittBayNot. 1977, 146; *Waldner*, in: *Bauer/von Oefele*, Kommentar zur Grundbuchordnung, 1. Aufl. 1999, AT VIII Rn 27.
42 OLG Oldenburg NJW-RR 1998, 1239 (zu unzulässiger Umgehung des § 144 Abs. 2 Nr. 2 BauGB durch Antrag auf Eintragung einer Zwangshypothek).
43 BGH NJW 1987, 3260.
44 *Wilke*, in: *Bauer/von Oefele*, Kommentar zur Grundbuchordnung, 1. Aufl. 1999, § 18 GBO Rn 23.

V. Durchführung der Sanierung

1. Allgemeines

a) Ordnungs- und Baumaßnahmen

69 Die Vorschriften der §§ 146 bis 148 BauGB regeln die Durchführung der Sanierung. Es geht dabei um Ordnungsmaßnahmen (§ 147 BauGB) und um Baumaßnahmen (§ 148 BauGB).

b) Überlassung der Durchführung an den Eigentümer

70 Nach § 146 Abs. 3 S. 1 BauGB **kann** die Gemeinde die Durchführung der Ordnungsmaßnahmen und die Errichtung oder Änderung von Gemeinbedarfs- oder Folgeeinrichtungen ganz oder teilweise **dem Eigentümer überlassen**. Dies geschieht durch Vertrag, wobei dieser Vertrag ein **öffentlich-rechtlicher Vertrag** i.S.d. §§ 54 ff. VwVfG ist. Der Vertrag bedarf der Schriftform (§ 57 VwVfG). Ob die Gemeinde einen solchen Vertrag mit dem Eigentümer schließt, steht in ihrem Ermessen. Ein Anspruch des Eigentümers auf Überlassung der Durchführung besteht grundsätzlich nicht bzw. nur dann, wenn eine Ermessensreduzierung auf Null gegeben sein sollte. Gegen die Überlassung können personenbezogene Merkmale des Eigentümers in Bezug auf seine persönliche Leistungsfähigkeit und Zuverlässigkeit sprechen. Möglich ist aber eine sachgerechte Ablehnung auch aus Gründen, die mit der Komplexität der Gesamtsanierung und der Unzweckmäßigkeit der Überlassung von Teilen der Gesamtaufgabe an einen einzelnen Eigentümer zu tun haben.

71 Diese vertragliche Überlassung der Durchführung an den Eigentümer entspricht nicht der Aufgabenübertragung auf den Sanierungsträger zur Erfüllung der gemeindlichen Sanierungsaufgabe nach § 157 BauGB. Es handelt sich mithin nicht um eine Beleihung mit hoheitlichen Aufgaben. Der Eigentümer verpflichtet sich zur Durchführung der ihm überlassenen Maßnahmen. Gleichwohl werden **keine Aufgaben auf ihn übertragen**. Diese verbleiben weiterhin bei der Gemeinde. Auf ihrer Seite wird lediglich die Verpflichtung begründet, **von hoheitlichen Durchführungsmaßnahmen** auch eines etwa zugleich beauftragten Sanierungsträgers **Abstand zu nehmen**, soweit der Eigentümer die von ihm übernommene Durchführungsverpflichtung erfüllt. Nur wenn die zügige und zweckmäßige Durchführung durch den Eigentümer nicht gewährleistet ist, hat die Gemeinde nach § 146 Abs. 3 S. 2 BauGB insoweit für die Durchführung der Maßnahmen zu sorgen (Sanierungsträger) oder diese Maßnahmen selber durchzuführen. Der öffentlich-rechtliche Vertrag zwischen der Gemeinde und dem Eigentümer führt deshalb zur **Unzulässigkeit hoheitlicher Durchführungsmaßnahmen**, solange keine Veranlassung zum hoheitlichen Handeln i.S.d. § 146 Abs. 3 S. 2 BauGB besteht bzw. entsteht.

72 Die Überlassung der Durchführung an den Eigentümer ist nur dort möglich, wo der einzelne Eigentümer **rechtlich und tatsächlich** überhaupt **in der Lage ist, Maßnahmen zu treffen**. Dies betrifft grundsätzlich nur solche Maßnahmen in Bezug auf ihn selber und sein Grundstück, die er **ohne zusätzliche Beleihung mit hoheitlichen Befugnissen** vornehmen kann. Ihm kann deshalb nur der eigene Umzug (§ § 147 Abs. 1 Nr. 2 BauGB) und die Durchführung von Maßnahmen auf dem eigenen Grundstück überlassen werden (§ 147 Abs. 1 Nrn. 3 und 5 sowie § 148 BauGB). Siehe dazu im Übrigen auch die **gesetzliche Überlassung** der Baumaßnahmen an die Eigentümer in **§ 148 Abs. 1 BauGB** mit den Einschränkungen in den Nrn. 1 und 2 dieser Vorschrift.

2. Ordnungsmaßnahmen

a) Allgemeines

73 Die Vorschrift des § 147 BauGB regelt abschließend die von der Gemeinde durchzuführenden Ordnungsmaßnahmen. Satz 1 der Vorschrift listet in den Nrn. 1 bis 5 einen Katalog von als Ordnungsmaßnahme zulässigen Maßnahmen auf, der allerdings durch Satz 2 ergänzt wird. Diese Ordnungs-

maßnahmen können **von der Gemeinde** selber oder auch vom **beauftragten Sanierungsträger** durchgeführt werden. Bei letzterem sind allerdings Beschränkungen zu beachten (s.o. Rn 25). Eine Durchführung durch den Eigentümer, dem die Durchführung überlassen wurde, kommt nur in beschränktem Maße in Betracht (s.o. Rn 72).

b) Bodenordnung und Erwerb von Grundstücken (§ 147 S. 1 Nr. 1 BauGB)

Nach § 147 S. 1 Nr. 1 BauGB gehört zu den Ordnungsmaßnahmen zunächst die Bodenordnung. Dies meint die **Bodenordnung nach dem BauGB** durch **Umlegung** und **Grenzregelung**. Hinzu kommt als Ordnungsmaßnahme der **Erwerb von Grundstücken durch die Gemeinde**. Dies umfasst den Erwerb von Grundstücken auf der Grundlage der Ausübung von Vorkaufsrechten (§ 24 Abs. 1 S. 1 Nr. 3 BauGB), auf der Grundlage vertraglicher Vereinbarungen mit den entsprechenden Grundstückseigentümern (normaler Ankauf oder sogen. freiwillige Baulandumlegung) oder durch Enteignung. Die Durchführung von Umlegungs- und Grenzregelungsverfahren kann die Gemeinde nicht auf den Sanierungsträger übertragen. Desgleichen bleibt die Durchführung von Enteignungen nach § 88 S. 2 BauGB der zuständigen höheren Verwaltungsbehörde vorbehalten (§ 104 Abs. 1 BauGB). Hingegen kann die Gemeinde den sonstigen Erwerb von Grundstücken auf den Sanierungsträger übertragen. 74

Satz 2 und 3 sind systematisch den Ordnungsmaßnahmen durch Bodenordnung sowie Grundstückserwerb zuzuordnen und ergänzen diese Tatbestände. Nach Satz 2 gilt es auch als Ordnungsmaßnahme, wenn Flächen für die Durchführung von Ausgleichsmaßnahmen i.S.d. § 1 a BauGB von der Gemeinde bereitgestellt werden (Umweltschützende Belange – Ausgleich für Eingriffe in Natur und Landschaft). Satz 3 lässt die Gelegenheit von sanierungsbedingten Erschließungsanlagen und Ersatzanlagen auch außerhalb des Sanierungsgebiets zu. 75

c) Umzug von Bewohnern und Betrieben (§ 147 S. 1 Nr. 2 BauGB)

In § 147 S. 1 Nr. 2 BauGB wird der Umzug von Bewohnern und Betrieben als Teil der Ordnungsmaßnahmen aufgeführt. Dies umfasst alle Maßnahmen, die für solche Umzüge notwendig sind, insbesondere die Vorbereitung durch Beschaffung von Ersatzwohn- und Ersatzbetriebsräumen, dies allerdings nicht durch die Errichtung derartiger Räumlichkeiten, weil dies Teil der Baumaßnahmen i.S.d. § 148 Abs. 2 Nr. 2 und 4 BauGB wäre. Indessen ist eine Kombination mit Baumaßnahmen in der Weise möglich, dass nach deren Durchführung die entsprechenden Räumlichkeiten für den Umzug bzw. die Umsiedlung genutzt werden. In den Zusammenhang der umzugsbedingten Ordnungsmaßnahmen gehört ggf. auch die Aufhebung bestehender Miet- und Pachtverhältnisse nach den §§ 182 ff. BauGB. 76

Die Räumung der freizumachenden Räumlichkeiten in dem Sanierungsgebiet kann, wenn die Betroffenen nicht damit einverstanden sind, durch Verwaltungsakt förmlich angeordnet und anschließend nach dem Verwaltungsvollstreckungsgesetz (VwVG)[45] durchgesetzt werden. Voraussetzung ist nach § 6 VwVG die Bestandskraft der Räumungsanordnung bzw. die bestandskräftige Anordnung ihrer sofortigen Vollziehbarkeit (§ 80 Abs. 2 S. 1 Nr. 4 VwGO). Zuständig für die Vollstreckung ist nach § 7 VwVG die Gemeinde als die Behörde, die eine solche Räumungsanordnung in Zusammenhang mit der Sanierung erlässt. Als Zwangsmittel kommen nach § 9 VwVG ein Zwangsgeld oder Anwendung von unmittelbarem Zwang in Betracht. Die Verwaltungsvollstreckungsgesetze der Länder 77

---

45 Verwaltungsvollstreckungsgesetz (VwVG) vom 27.4.1953 (BGBl I, 157), zuletzt geändert durch Gesetz vom 17.12.1997 (BGBl I, 3039).

finden wegen des Vorrangs des sachgleichen Bundesrechts keine Anwendung.[46] Gegen derartige Räumungsanordnungen und gegen Zwangsmaßnahmen nach dem VwVG ist der Rechtsweg zu den Verwaltungsgerichten gegeben.

78 Mit der Durchführung von Umzugsmaßnahmen kann der Sanierungsträger beauftragt werden, allerdings nicht mit dem Erlass von förmlichen Räumungsanordnungen und deren Durchsetzung nach dem VwVG sowie auch nicht mit hoheitlichen Eingriffen in Miet- und Pachtverträge nach den §§ 182 ff. BauGB. Desgleichen ist die Überlassung von Umzugsmaßnahmen an den Eigentümer nach § 146 Abs. 3 BauGB möglich. Das kommt aber nur für den eigenen Umzug des Eigentümers in Betracht, und naturgemäß nur dort, wo er mit seinem Umzug aus dem Sanierungsgebiet einverstanden ist.

d) Freilegung von Grundstücken (§ 147 S. 1 Nr. 3 BauGB)

79 Der Begriff Freilegung von Grundstücken meint vor allem die Beseitigung vorhandener baulicher Anlagen, womit nicht nur Gebäude gemeint sind, sondern alle baulichen Anlagen i.S.d. gesetzlichen Definitionen in den insoweit übereinstimmenden §§ 2 der Landesbauordnungen. Erfasst wird deshalb auch die Beseitigung vorhandener Befestigungen auf Grundstücken wie z. B. befestigte Wege oder Parkflächen und sonstige befestigte Flächen (sogen. Entsiegelung i.S.d. § 179 BauGB). Unter § 147 S. 1 Nr. 3 BauGB fällt allerdings auch die Beseitigung anderer Einrichtungen auf Grundstücken, die einer sanierungsbedingten neuen Nutzung im Wege stehen (z. B. sanierungsbedingte Umnutzung zu einer öffentlichen Park- oder Grünfläche mit der daraus folgenden Notwendigkeit der Beseitigung von Anpflanzungen und Anlagen aus der vorher gegebenen Nutzung als gewerbliche Gärtnerei).

80 Die Freilegung setzt, wenn sie nicht vom Eigentümer selber durchgeführt wird (§ 146 Abs. 3 BauGB), regelmäßig die Räumung des Grundstücks voraus. Sie kann wie die Räumung nach dem VwVG durchgesetzt werden (s.o. Rn 77, 78), wobei allerdings die Ersatzvornahme nach § 10 VwVG als anzuwendendes Zwangsmittel in Betracht kommt. Mit dieser kann der Sanierungsträger beauftragt werden.

e) Herstellung und Änderung von Erschließungsanlagen (§ 147 S. 1 Nr. 4 BauGB)

81 Zu den Ordnungsmaßnahmen gehört nach § 147 S. 1 Nr. 4 BauGB auch die Herstellung und Änderung von Erschließungsanlagen. Hiermit sind alle Erschließungsanlagen gemeint, die im Rahmen der Sanierung des Gebiets für die sogen. grundstücksbezogene Erschließung der in ihm vorhandenen Grundstücke als Zulässigkeitsvoraussetzung von (Bau)Vorhaben i.S.d. §§ 30 ff. BauGB notwendig sind. Es geht also nicht nur um öffentliche Verkehrswege wie z. B. Straßen („Erschließungsstraßen"), sondern auch um die Versorgung der Grundstücke mit Wasser und Elektrizität sowie um die Abwasserentsorgung von ihnen. Die Herstellung und Änderung derartiger Erschließungsanlagen kann dem Sanierungsträger übertragen werden.

82 Eine Überlassung an den Grundstückseigentümer i.S.d. § 146 BauGB scheidet aus. Die Überlassungsmöglichkeit nach § 146 Abs. 3 BauGB betrifft nur die Errichtung oder Änderung von Gemeinbedarfs- oder Folgeeinrichtungen i.S.d. § 148 Abs. 1 S. 2 BauGB, nicht aber die Erschließungsanlagen i.S.d. § 147 S. 1 Nr. 4 BauGB. Im Übrigen könnte der Grundstückseigentümer i.S.d. § 146 Abs. 3 BauGB die in Rede stehenden Erschließungsmaßnahmen gar nicht durchführen. Denn es handelt sich um Maßnahmen, die außerhalb seines Grundstücks auf anderen Flächen vorge-

---

[46] S. z. B. Verwaltungsvollstreckungsgesetz des Landes Sachsen-Anhalt (VwVG LSA) vom 23.6.1994 (GVBl LSA, 710), zuletzt geändert durch Gesetz vom 17.11.1998 (GVBl LSA, 461) mit der dort in § 71 gegebenen Verweisung auf den Vierten Teil des Gesetzes über die öffentliche Sicherheit und Ordnung des Landes Sachsen-Anhalt (SOG LSA) vom 1.1.1996 (GVBl, 2), zuletzt geändert durch Gesetz vom 22.12.1997 (GVBl LSA, 1072). Nach § 4 Abs. 1 S. 2 SOG LSA gehen Vorschriften des Bundes- und Landesrechts dem SOG LSA vor, soweit sie besondere Regelungen enthalten. Das ist bei dem VwVG des Bundes der Fall.

nommen werden. Der Grundstückseigentümer verfügt nicht über die Rechtsmacht, derartige Erschließungsmaßnahmen auf für ihn fremden Grundstücken durchzuführen.

Nach § 147 S. 3 BauGB können derartige Erschließungsanlagen auch außerhalb des durch Satzung förmlich festgelegten Sanierungsgebiets belegen sein.

f) Sonstige Maßnahmen (§ 147 S. 1 Nr. 5 BauGB)

Nach § 147 S. 1 Nr. 5 BauGB umfassen die Ordnungsmaßnahmen auch sonstige Maßnahmen, die notwendig sind, damit die Baumaßnahmen durchgeführt werden können. Es handelt sich bei der Bestimmung um einen reinen Auffangtatbestand für solche Sachverhalte, die nicht bereits mit den Nrn. 1 bis 4 erfasst sind. Es geht um die Ermöglichung der Baumaßnahmen i.S.d. § 148 BauGB.

3. Baumaßnahmen

Zur Durchführung der Sanierung gehören auch die Baumaßnahmen i.S.d. § 148 BauGB. Hierzu gibt § 148 Abs. 2 S. 1 Nrn. 1 bis 4 BauGB einen abschließenden Katalog von Maßnahmen, die als (sanierungsbedingte) Baumaßnahmen anzusehen sind. Es handelt sich um die Modernisierung und Instandsetzung von Bauwerken (Nr. 1), um die Neubebauung und die Errichtung von Ersatzbauten (Nr. 2), um die Errichtung und Änderung von Gemeinbedarfs- und Folgeeinrichtungen (Nr. 3) sowie um die Verlagerung oder Änderung von Betrieben (Nr. 4). Hinzu kommen die in § 148 Abs. 2 S. 2 BauGB geregelten Maßnahmen zum Ausgleich i.S.d. § 1 a Abs. 3 BauGB zum Ausgleich von Eingriffen in Natur und Landschaft, soweit sie auf den Grundstücken durchgeführt werden, auf denen solche Eingriffe zu erwarten sind. Es handelt sich dabei z. B. um die Anlage von Grünflächen und Anpflanzungen auf solchen Grundstücken.

Ersatzbauten, Ersatzanlagen und sanierungsbedingte Gemeinbedarfs- und Folgeeinrichtungen können nach § 148 Abs. 1 S. 2 BauGB auch außerhalb des förmlich festgelegten Sanierungsgebiets belegen sein. Diese Regelung entspricht der in § 147 S. 3 BauGB für die Erschließungsanlagen.

Die Durchführung der Baumaßnahmen obliegt nach § 148 Abs. 1 S. 1 grundsätzlich dem Grundstückseigentümer. Davon ausgenommen sind die im 2. Halbsatz der Vorschrift in den Nrn. 1 und 2 aufgeführten Maßnahmen. Dies sind die Errichtung oder Änderung von Gemeinbedarfs- und Folgeeinrichtungen (Nr. 1) und sonstige Baumaßnahmen, soweit die Gemeinde selber Grundstückseigentümer ist oder nicht gewährleistet ist, dass der Grundstückseigentümer die notwendigen Maßnahmen zügig und zweckmäßig durchführt (Nr. 2).

In diesem Zusammenhang kommt die Möglichkeit der Überlassung von Maßnahmen an den Eigentümer nach § 146 Abs. 3 S. 1 BauGB zum Tragen. Die Gemeinde kann die Durchführung von Baumaßnahmen in Zusammenhang mit der Errichtung oder Änderung von Gemeinbedarfs- und Folgeeinrichtungen dem Eigentümer überlassen. Als solche Gemeinbedarfs- und Folgeeinrichtungen, die keine Erschließungsmaßnahmen sind, kommen z. B. öffentliche und private sowie kirchliche Kindergärten, Schulen, Altenpflegeheime sowie Krankenhäuser in Betracht. Hierzu zählen aber auch andere öffentliche Einrichtungen z. B. des Bundes und der Länder wie Dienststellen und Behörden. Insbesondere bei Grundstücken und Einrichtungen in der Trägerschaft des Bundes, des Bundeslandes oder der Kirchen sowie auch anderer öffentlich-rechtlich verfasster Träger kommt die Überlassung der Durchführung nach § 146 Abs. 3 BauGB in Betracht.

Die Kosten der Baumaßnahmen trägt der, der sie durchführt. Soweit der Grundstückseigentümer Baumaßnahmen nach § 148 Abs. 1 S. 1 oder nach § 146 Abs. 3 S. 1 BauGB durchführt, geschieht das auf seine Kosten. Eine Kostenerstattung durch die Gemeinde ist nicht vorgesehen. Führt die Gemeinde Baumaßnahmen durch, sind die dafür entstehenden Kosten Teil der von ihr aufzustellenden Kosten- und Finanzierungsübersicht nach § 149 BauGB. Zur Deckung gemeindlicher Sanierungskosten werden Städtebauförderungsmittel eingesetzt (§§ 164a, 164 b BauGB).

VI. Ausgleichs- und Entschädigungsleistungen

1. Systematik

90 Mit den §§ 153 bis 155 BauGB regelt das Gesetz
- die Bemessung von Ausgleichs- und Entschädigungsleistungen sowie
- die Bemessung und Festsetzung von **Ausgleichsbeträgen der Eigentümer für sanierungsbedingte Wertsteigerungen.**

Diese zu den besonderen sanierungsrechtlichen Vorschriften im Dritten Abschnitt gehörenden Bestimmungen finden nach § 152 BauGB nur dann Anwendung, wenn kein vereinfachtes Sanierungsverfahren durchgeführt wird, wenn also die Sanierungssatzung keinen Ausschluss der Anwendung der Vorschriften des Dritten Abschnitts enthält (§ 142 Abs. 4 BauGB – s.o. Rn 57).

91 **Ausgleichs- und Entschädigungsleistungen** kommen dort in Betracht, wo ein Grundstückseigentümer durch die Sanierung eine über Art. 14 Abs. 1 GG geschützte Rechtsposition verliert bzw. wo in eine solche Rechtsposition zu seinem Nachteil eingegriffen wird. Das ist überall dort der Fall, wo Ordnungsmaßnahmen i.S.d. § 147 S. 1 Nrn. 1 bis 3 und S. 2 BauGB zum Verlust des Eigentums an dem Grundstück oder zum Austausch von Grundstücken führen (Bodenordnung durch Umlegung). Hierzu gehört aber auch der Fortfall einer bis dahin zulässig gewesenen Grundstücksnutzung oder die Freilegung des Grundstücks z. B. durch sanierungsbedingten Abriss vorhandener Gebäude. Zu entschädigen sind auch die Eigentümer solcher Grundstücke, die zwar außerhalb des förmlich festgelegten Sanierungsgebiets belegen sind, dennoch aber als sogen. Ersatz- und Ergänzungsflächen nach § 142 Abs. 2 S. 1 BauGB i.V.m. § 147 Abs. 2 und § 148 148 Abs. 1 S. 2 BauGB für die Durchführung der Sanierung herangezogen werden.

92 § 153 BauGB enthält nur **besondere Bemessungsregeln** zur Höhe von Entschädigungen oder von Kaufpreisen. Die Norm ist deshalb keine Anspruchsgrundlage. Diese findet sich vielmehr jeweils dort, wo die einzelnen Eingriffsmöglichkeiten geregelt sind, die der Gemeinde auch im städtebaulichen Sanierungsverfahren zu Gebote stehen (§ 153 Abs. 1 S. 1 BauGB). Die Vorschrift regelt deshalb nur besondere Vorgaben zur Anwendung oder Nichtanwendung von Vorschriften in Zusammenhang mit diesen jeweiligen und an anderer Stelle geregelten Anspruchsgrundlagen für Entschädigungen.

2. Grundsatz des Ausschlusses sanierungsbedingter Werterhöhungen

93 § 153 Abs. 1 S. 1 BauGB enthält den **allgemeinen Grundsatz** für die **Bemessung von Ausgleichs- und Entschädigungsleistungen** für Maßnahmen, die der Vorbereitung und Durchführung der Sanierung im förmlich festgelegten Sanierungsgebiet dienen. Dies erfasst auch die Maßnahmen auf sogen. Ersatz- und Ergänzungsflächen i.S.d. § 142 Abs. 2 BauGB. Nach diesem Grundsatz bleiben solche **Werterhöhungen außer Betracht**, die lediglich durch die **Aussicht auf die Sanierung** oder durch ihre **Vorbereitung** oder ihre **Durchführung** eingetreten sind. Dies wird durch § 153 Abs. 1 S. 2 BauGB klarstellend dahin näher eingegrenzt, dass (Wertänderungen) durch Änderungen in den allgemeinen Wertverhältnissen auf dem Grundstücksmarkt zu berücksichtigen sind. Diese finden also Eingang in die Bemessung der jeweiligen Ausgleichs- oder Entschädigungsleistung.[47] Vom allgemeinen Ausschluss bei der Bemessung **ausgenommen sind** allerdings solche Werterhöhungen, die der Betroffene durch eigene Aufwendungen zulässigerweise bewirkt hat (z. B. im Hinblick auf die Veränderungssperre nach §§ 144, 145 BauGB von der Gemeinde genehmigte Maßnahmen des Eigentümers).

---

47 BGH NJW 1984, 1881.

3. Feststellung einer sanierungsbedingten Werterhöhung

a) Vorgaben im Gesetz

Ausgangspunkt der Regelung in § 153 Abs. 1 S. 1 BauGB ist der Grundsatz der sogen. Verkehrswertentschädigung in ihren jeweiligen Modifikationen z. B. für Planungsschäden (§§ 39 ff. BauGB), für Nachteile im Umlegungsverfahren (§§ 45 ff. BauGB), bei der Grenzregelung (§§ 80 ff. BauGB) oder bei der Enteignung (§§ 85 ff. BauGB). Es kommt dabei jeweils auf **Verkehrswerte i.S.d. § 194 BauGB i.V.m. der WertV 88** an. Hierbei handelt es sich um **Marktwerte**, welche die Grundstücke am jeweiligen örtlichen Grundstücksmarkt haben.

94

Für die Anwendung des § 153 Abs. 1 S. 1 BauGB kommt es auf **zwei Werte bzw. Verkehrswerte** zu **verschiedenen Wertermittlungsstichtagen** i.S.d. § 194 BauGB i.V.m. § 3 WertV 88 an. Soweit die Vorschrift des **§ 28 Abs. 2 S. 1 WertV 88** hierzu die Anwendung eines einheitlichen Wertermittlungsstichtags anordnet, ist das ohne weiteres wegen fehlender Verordnungsermächtigung nichtig (s.u. Rn 104 ff.). Im übrigen verstößt diese Bestimmung in der WertV 88 auch gegen das Gesetz. Der Gesetzgeber geht von zwei unterschiedlichen Wertermittlungsstichtagen aus. Denn nach § 153 Abs. 1 S. 2 BauGB sollen bei der Bestimmung von Ausgleichsbeträgen wegen sanierungsbedingter Werterhöhungen solche Werterhöhungen außer Betracht bleiben, die auf die allgemeine Wertsteigerung am Grundstücksmarkt zurückzuführen sind (s.u. Rn 98, 100). Würde die Wertermittlung entsprechend der Regelung in § 28 Abs. 2 WertV 88 auf einen einheitlichen Wertermittlungsstichtag vor Beginn der Sanierung festgelegt, führte das zu einem Ausschluss von Werterhöhungen am Grundstücksmarkt. Denn diese Änderungen bei den allgemeinen Wertverhältnissen setzen begrifflich einen gewissen Zeitablauf voraus, innerhalb dessen sie überhaupt nur eintreten können.

95

Zunächst interessiert der Verkehrswert der Grundstücke in dem Zeitpunkt, in welchem **noch überhaupt keine Aussicht auf eine Sanierung** bestand. Für diesen Wert führt § 154 Abs. 2 BauGB in einem Klammerzusatz den Begriff **Anfangswert** als technischen Begriff ein. Unter den Teilnehmern am örtlichen Grundstücksmarkt darf noch nicht bekannt gewesen sein, dass es zu einer Sanierung kommen würde oder auch nur könnte. Denn dann ist es logischerweise ausgeschlossen, dass die Aussicht auf eine Sanierung zu anderen Werteinschätzungen am Grundstücksmarkt geführt hat. Der hier in Betracht kommende Zeitpunkt lässt sich ohne weiteres bestimmen. Es handelt sich um den **letzten Tag vor der förmlichen Einleitung des Sanierungsverfahrens**. Das Sanierungsverfahren wird entweder durch **öffentliche Bekanntmachung** des Beschlusses über den Beginn vorbereitender Untersuchungen eingeleitet (§ 141 Abs. 3 S. 1 und 2 BauGB – s.o. Rn 47, 48) oder durch öffentliche Bekanntmachung des Beschlusses über die förmliche Festlegung des Sanierungsgebiets durch Sanierungssatzung (§ 142, 143 BauGB – s.o. Rn 52). Beide mögliche Daten des Verfahrensbeginns liegen aktenkundig fest und lassen sich aus den Behördenakten und ggf. auch aus dem Amtsblatt der Gemeinde, in welchem der Beschluss über die Einleitung des Sanierungsverfahrens veröffentlicht wurde, nachweisen.

96

Sodann kommt es auf den Verkehrswert an, den die Grundstücke im **Zeitpunkt des Abschlusses der Sanierung** haben. Für diesen Wert führt § 154 Abs. 2 BauGB in einem Klammerzusatz den Begriff **Endwert** als technischen Begriff ein. Dieser Zeitpunkt entspricht der **öffentlichen Bekanntmachung** des ebenfalls als Satzung zu fassenden **Beschlusses über die Aufhebung der Sanierungssatzung** (§ 162 Abs. 1 und 2 BauGB). Auch dieser Zeitpunkt lässt sich ohne weiteres aus den Behördenakten sowie ggf. auch aus dem Amtsblatt der Gemeinde feststellen.

97

Diese beiden festzustellenden und auf unterschiedliche Wertermittlungsstichtage bezogenen Verkehrswerte **können einander entsprechen oder voneinander abweichen**. Der **zeitlich ältere** und auf einen Zeitpunkt vor Beginn des Sanierungsverfahrens bezogene **Verkehrswert kann genauso hoch oder geringer (nichts ist ausgeschlossen!) oder auch höher** sein, als der zeitlich jüngere und auf das Ende der Sanierung bezogene Wert. Denn sowohl die Sanierung selbst als auch die

98

Entwicklung der allgemeinen Wertverhältnisse auf dem Grundstücksmarkt kann zu **stagnierenden oder angestiegenen, aber eben auch zu abgesunkenen Grundstückspreisen** geführt haben.[48]

99 Im Regelfall werden aber Grundstückspreise festzustellen sein, die am Ende der Sanierung höher sind, als sie es meist mehrere Jahre früher vor der öffentlichen Bekanntmachung über den Beschluss zu vorbereitenden Untersuchungen bzw. über die Sanierungssatzung waren. In diesen Fällen kommt es auf eine **Analyse der Ursachen für die Wert- bzw. Preissteigerungen** an.

100 **Vorab auszuscheiden** sind solche preissteigernden Elemente, die mit der **Entwicklung der allgemeinen Wertverhältnisse** auf dem Grundstücksmarkt zu tun haben (§ 153 Abs. 1 S. 2 BauGB – s.o. Rn 93). Diese Wertänderungen lassen sich durch eine Anwendung der allgemeinen Kaufpreisübersichten und Bodenpreisindizes des Statistischen Bundesamts[49] und der Statistischen Landesämter zunächst einmal grob eingrenzen.

Die erwähnten statistischen Übersichten zeigen die jährliche durchschnittliche Kaufpreisentwicklung für unterschiedliche Arten von Grundstücken an. Der **Vergleich des jeweiligen anwendbaren Kaufpreises bzw. Indexes** im Zeitpunkt vor Beginn des Sanierungsverfahrens mit dem Kaufpreis oder Index im Zeitpunkt der Beendigung des Sanierungsverfahrens ergibt eine **Differenz**, in deren Höhe die Wertsteigerung des jeweiligen Grundstücks **auf die allgemeine Entwicklung des Grundstücksmarkts zurückgeführt** werden muss und **deshalb auf keinen Fall sanierungsbedingt sein kann**. Dieser auf die Entwicklung der allgemeinen Wertverhältnisse zurückzuführende Anteil an einer möglichen Wertsteigerung der Grundstücke kann aber auch oberhalb der allgemeinen statistischen Durchschnittswerte liegen, wenn nämlich besondere standortbezogene Faktoren zu einem entsprechenden Marktverhalten der Teilnehmer am örtlichen Grundstücksmarkt geführt haben.

101 Möglicherweise verbleibt dann noch ein Rest an Wertsteigerung, der mit der durchgeführten Sanierung zu tun haben kann, **aber durchaus nicht immer auf sie zurückgeführt werden muss**. Denn die städtebauliche Sanierung **findet nicht statt**, um Wertsteigerungen bei den betroffenen Grundstücken herbeizuführen. Sie dient vielmehr ausschließlich öffentlichen Interessen durch Beseitigung von städtebaulichen Missständen (s.o. Rn 12, 15 ff.). Die Privatinteressen der betroffenen Eigentümer an einer Wertsteigerung ihrer Grundstücke werden davon nicht erfasst; die städtebauliche Sanierung findet notfalls auch gegen die individuellen Interessen der Betroffenen statt. Eine **Wertsteigerung** kann deshalb **allenfalls als Nebenfolge der Sanierung** eintreten. Mithin ist die Gleichung

---

48 Hier wäre z. B. auf eine abgesunkene Nachfrage auf dem örtlichen Grundstücksmarkt durch Sättigung des Bedarfs oder auch durch einen niedrigeren Bedarf an verkäuflichen oder vermietbaren Immobilien hinzuweisen. Derartiges lässt sich an den je nach dem örtlichen Grundstücksmarkt unterschiedlich hohen Leerstandsquoten für Gewerbe-, Wohn- und andere Immobilien zumindest teilweise plastisch aufzeigen. Solche Leerstandsquoten können mit dem Wegzug regional bestimmender Wirtschaftsunternehmen und sonstiger Einrichtungen – auch der öffentlichen Hand – aus einem bestimmten Standort zu tun haben. Möglich ist allerdings auch, dass Bauträger und andere (einschließlich der finanzierenden Banken!) in dem betreffenden Gemeindegebiet in Verkennung der tatsächlichen örtlichen Grundstücksmarktlage neue sogen. „Immobilien-Entwicklungsprojekte" (Wohnen, Gewerbe, Freizeit) durchgeführt haben, für die kein Bedarf bestand. Derartige am Bedarf vorbei geschaffene neue Bestände können nicht kostendeckend verkauft oder sonst vermarktet werden mit der Folge, dass eine bereits zuvor gegeben gewesene örtliche Leerstandsquote durch sie nur noch weiter erhöht wird.

49 Das Statistische Bundesamt veröffentlicht fortlaufend in der Reihe 5, Fachserie 17 langfristige jährliche Übersichten über unterschiedliche Kaufwertzahlen für Bauland insgesamt, für baureifes Land, für Rohbauland, für Industrie-, Verkehrs- und Freiflächen sowie außerdem differenzierte Statistiken über Kaufwerte und Bodenpreisindizes für Bauland nach siedlungsstrukturell geprägten Regionen (große Verdichtungsräume, Regionen mit Verdichtungsansätzen und ländlich geprägte Regionen). Diese Statistischen Angaben des Statistischen Bundesamts über Bodenwerte können über den Metzler-Poeschel-Verlag in Stuttgart bezogen werden. Sie finden sich i.d.R. aber auch in den Statistischen Ämtern der Stadtverwaltungen zumindest größerer Städte, weil sie für diese Behörden zur ständig genutzten Fachliteratur gehören; die Reihe 5, Fachserie 17 des Statistischen Bundesamts könnte deshalb auch dort eingesehen werden.

„städtebaulich saniert = mehr wert" vordergründig. Der entsprechende hinter der Regelung in § 153 Abs. 1 S. 1 BauGB stehende Denkansatz stimmt nicht in jedem Fall.

Wenn die zuständige Behörde bei der Festsetzung von Ausgleichs- und Entschädigungsleistungen durch Verwaltungsakt z. B. im Umlegungsverfahren oder bei Enteignungen den jeweils anwendbaren Verkehrswert um sogen. sanierungsbedingte Wertsteigerungen i.S.d. § 153 Abs. 1 S. 1 BauGB kürzen will, **muss sie das nach § 39 VwVfG begründen**. Hierbei kommt es auf eine **nachvollziehbare und belegte Ableitung des Anteils** an möglichen Wertsteigerungen an, die **durch eine städtebauliche Sanierung verursacht** worden sind. Es ist im Sinne einer **adaequat kausalen Verursachung** darzulegen, dass die Grundstücke mehr wert sind, als sie es ohne die durchgeführte Sanierung wären. Hierbei kommt es für einen möglicherweise sanierungsbedingt höheren Verkehrswert i.S.d. § 194 BauGB auf die **Verkäuflichkeit am örtlichen Grundstücksmarkt** an, weil das jeweilige Grundstück, entsprechend seinem Charakter als unbewegliche Sache (Immobilie), nur an diesem örtlichen Grundstücksmarkt teilnimmt und auch nur dort verkauft werden kann. Für die notwendige Begründung einer sanierungsbedingten Wertsteigerung durch die jeweils zuständige Behörde **reichen schematische mathematische Formeln oder floskelhafte Allgemeinplätze nicht** aus. Vielmehr ist **auf Marktdaten aus dem örtlichen Grundstücksmarkt abzustellen**, um aus ihnen heraus den konkreten Nachweis zu führen, dass **wegen der durchgeführten Sanierung** eine Wertsteigerung eingetreten ist. 102

Kann die Behörde den Eintritt einer sanierungsbedingten Wertsteigerung nicht schlüssig darlegen und nachweisen, hat der Abzug einer in diesem Fall von ihr nur behaupteten sanierungsbedingten Wertsteigerung zu unterbleiben. Die **Darlegungs- und Beweislast trifft die Behörde** und nicht den im Einzelfall betroffenen Grundstückseigentümer. Insbesondere bewirken **bloße Behauptungen der Behörde keine Umkehr der Darlegungs- und Beweislast** in der Weise, dass nunmehr der Eigentümer darstellen und beweisen müsste, dass der Vortrag der Behörde unrichtig ist. Er kann das tun, doch reicht es verfahrensrechtlich bereits aus, dass er die Unrichtigkeit der entsprechenden Behauptungen der Behörde geltend macht. Denn nach allgemein rechtsstaatlichen Grundsätzen i.S.d. Art. 19 Abs. 4 GG muss von der Behörde verlangt werden, dass sie im Falle einer von ihr behaupteten sanierungsbedingten Wertsteigerung auch darlegt, wie sich diese konkret darstellt und welcher genaue Ursachenzusammenhang mit der Sanierung besteht. Das ist keine unangemessene Anforderung. Denn die Behörde müsste nach den Begriffen der Logik zu dieser Begründung in der Lage sein. Sie soll ja lediglich dartun, auf welche Weise sie die von ihr behauptete sanierungsbedingte Wertsteigerung festgestellt hat. Diese Darlegungen müssen allerdings in sich schlüssig und nachvollziehbar sein und auf konkreten Marktdaten aus dem örtlichen Grundstücksmarkt beruhen. **Sollte die Behörde diese Begründung allerdings nicht geben können**, ist der von ihr behaupteten sanierungsbedingten Wertsteigerung **jegliche Grundlage entzogen**. Die entsprechenden Behördenangaben sind dann unqualifiziert; es handelt sich um „bloße Hausnummern" oder um „unbegründete Zahlen, die vom Himmel fallen". 103

b) Wegen fehlender Verordnungsermächtigung nichtige Regelungen in der WertV 88

Die WertV 88 enthält in ihrem Vierten Teil mit den Vorschriften der §§ 26 bis 29 WertV 88 Regelungen zur Bewertung in Zusammenhang mit der Festsetzung von Entschädigungs- und Ausgleichsleistungen. Dabei geht es um folgendes: 104

- Wertermittlung nach § 153 Abs. 1, § 169 Abs. 1 Nr. 6 und Abs. 4 BauGB (= § 26 WertV);
- Ermittlung des Verkehrswerts nach § 153 Abs. 4, § 169 Abs. 8 BauGB (= § 27 WertV);
- Wertermittlung für die Bemessung der Ausgleichsbeträge nach § 154 Abs. 1 und 166 Abs. 3 BauGB (= § 28 WertV);
- Berücksichtigung sonstiger Vermögensnachteile bei der Wertermittlung (= § 29 WertV). Die Vorschrift befasst sich mit **Enteignungsentschädigungen** nach den Vorschriften der §§ 95 und 96 BauGB, also mit Regelungen aus dem Zweiten Abschnitt des Fünften Teils des Ersten Kapitels des BauGB.

105 Diese Regelungen in der WertV 88 sind **samt und sonders nichtig**, weil es **an der nach Art. 80 GG notwendigen gesetzlichen Verordnungsermächtigung für sie fehlt**. Im Falle des die Enteignungsentschädigung behandelnden § 29 WertV 88 kommt hinzu, dass die Enteignungsentschädigung nach Art. 14 Abs. 3 GG durch Gesetz geregelt sein muss und bereits von daher ergänzenden Regelungen durch eine Rechtsverordnung nicht zugänglich ist.

106 Die Verordnungsermächtigung für die Bundesregierung in § 199 Abs. 1 BauGB, auf deren Grundlage die WertV 88 erlassen wurde, lautet:

„… (1) Die Bundesregierung wird ermächtigt, mit Zustimmung des Bundesrats durch Rechtsverordnung Vorschriften über die Anwendung gleicher Grundsätze bei der Ermittlung der Verkehrswerte und bei der Ableitung der für die Wertermittlung erforderlichen Daten zu erlassen. …"

107 Die aus der gesetzlichen Verordnungsermächtigung in § 199 Abs. 1 BauGB **erkennbare Regelungsbefugnis** der Bundesregierung bezieht sich auf Vorschriften über die Anwendung gleicher Grundsätze bei der Ermittlung der Verkehrswerte und bei der Ableitung der für die Wertermittlung erforderlichen Daten. Dies durfte und sollte die Bundesregierung durch Rechtsverordnung regeln, **andererseits aber auch nur dies**.

108 Soweit es um die Anwendung gleicher Grundsätze bei der **Ermittlung von Verkehrswerten** geht, ist der Regelungsgehalt der Ermächtigungsnorm offenkundig. Es geht um die Verkehrswerte als einen durch § 194 BauGB eingeführten und definierten **technischen Begriff der Grundstückswertermittlung**. Für Abgrenzungsfragen in Zusammenhang mit den Regelungen in §§ 26 bis 29 WertV kommt es dabei darauf an, dass der Verkehrswertbegriff i.S.d. § 194 BauGB auf den **gewöhnlichen Geschäftsverkehr** abhebt und darauf, welcher Preis für ein Grundstück in diesem gewöhnlichen Geschäftsverkehr **ohne Rücksicht auf ungewöhnliche Verhältnisse** nach den wertbestimmenden Grundstücksmerkmalen erzielt werden kann.

109 Mithin ermächtigt § 199 Abs. 1 BauGB zum Erlass einer Rechtsverordnung, in welcher Grundsätze geregelt sind, die eine gleichmäßige Vorgehensweise bei der Ermittlung solcher **Verkehrswerte** sicherstellen. Hierbei handelt es sich insbesondere um Verfahrensvorschriften, mit denen Methoden vorgegeben sind, in deren Anwendung Verkehrswerte bestimmt werden müssen. Hinzu kommen auch allgemeine Vorschriften, welche die Anwendung dieser Verfahrensvorschriften im konkreten Einzelfall einer Verkehrswertbestimmung allgemein lenken und dadurch überhaupt erst ermöglichen. Unter diese **bereits aus dem Normtext in § 199 Abs. 1 BauGB erkennbare** allgemeine Tendenz und Zielsetzung des Gesetzgebers für den Inhalt der WertV lassen sich die allgemeinen Regelungen in der WertV sowie auch die Verfahrensbestimmungen zu den in der Verordnung vorgegebenen drei Verfahren der Wertermittlung subsumieren (Vergleichswertverfahren, Ertragswertverfahren und Sachwertverfahren). Die Ermächtigungsnorm in § 199 Abs. 1 WertV ist deshalb bereits nach ihrem Normtext so konkret, dass sich aus ihr der gesetzliche Rahmen erkennen lässt, den der Verordnungsgeber einhalten sollte.

110 Hinzu kommt die **systematische Stellung der Verordnungsermächtigung innerhalb des** nach Kapiteln und innerhalb dieser nach Teilen und Abschnitten **gegliederten BauGB**. Das BauGB umfasst insgesamt vier Kapitel, in denen unterschiedliche Regelungsgegenstände systematisch zusammengefasst sind **und jeweils abschließend behandelt** werden. Die Verordnungsermächtigung in § 199 Abs. 1 BauGB gehört zu dem **3. Kapitel** „Sonstige Vorschriften" und dort zum **Ersten Teil** „Wertermittlung" (§§ 192 bis 199 BauGB). Auch dieses deutet darauf hin, dass der Gesetzgeber mit der Ermächtigungsnorm in § 199 Abs. 1 BauGB die nähere Bestimmung der **Methodik der Verkehrswertbestimmung i.S.d. Ersten Teils des dritten Kapitels** einer Rechtsverordnung überlassen wollte, jedoch nicht mehr als das.

111 Hätte der Gesetzgeber Ermächtigungen zum Erlass von Rechtsverordnungen der Bundesregierung in Zusammenhang mit Grundstückswerten **auch dort** vorsehen wollen, wo es um **andere Rege-**

lungsgegenstände geht als um den Verkehrswert i.S.d. § 194 BauGB, hätte er das innerhalb des BauGB an anderer Stelle in den Kapiteln 1, 2 und 4 des BauGB, nicht nur tun können, **sondern auch getan**. Wenn der Gesetzgeber für die Bemessung von Entschädigungs- und Ausgleichsleistungen i.S.d. §§ 153 ff. BauGB eine Verordnungsermächtigung für die Bundesregierung zum Erlass ergänzender Regelungen hätte vorsehen wollen, hätte er diese Ermächtigung **innerhalb des 2. Kapitels des BauGB** bei diesen Bestimmungen vorgesehen. Daran fehlt es aber. Diese Überlegung wird dadurch gestützt, dass der Gesetzgeber **innerhalb der Kapitel 1 und 2** des BauGB **umfängliche Ermächtigungen für die Gemeinden** auf dem Gebiet des sogen. Ortsrechts vorgesehen hat, wonach die Gemeinden solches **Ortsrecht durch Satzung** regeln können. Es wäre hierzu auf die Befugnisse der Gemeinden in Zusammenhang mit Beschlüssen und Satzungen bei der Bauleitplanung, der Umlegung, der Grenzregelung, dem allgemeinen Satzungsrecht nach § 135 c BauGB, der Sanierung, den städtebaulichen Entwicklungsmaßnahmen und den Erhaltungssatzungen hinzuweisen. Demgegenüber findet sich **im BauGB keine weitere Verordnungsermächtigung für die Bundesregierung** neben der im 3. Kapitel in § 199 Abs. 1 BauGB.

Diese Verordnungsermächtigung für die Bundesregierung beschränkt sich deshalb auf die Gegenstände, welche im Ersten Teil des 3. Kapitels unter der systematischen Überschrift Wertermittlung zusammengefasst sind. Hierbei verdeutlicht die zentrale Vorschrift des § 194 BauGB mit der Definition des Verkehrswerts, dass es dabei nicht um eine Wertermittlung schlechthin, sondern um die Ermittlung von **Verkehrswerten** i.S.d. BauGB geht. Die Verordnungsermächtigung umfasst deshalb nicht Regelungen in einer Rechtsverordnung in Zusammenhang mit der Festsetzung von Ausgleichs- und Entschädigungsleistungen nach dem 1. und 2. Kapitel des BauGB.

112

Dem steht auch nicht entgegen, dass **§ 193 Abs. 2 BauGB** bei den **Aufgaben der Gutachterausschüsse** auf dem Gebiet der Gutachtenerstattung u. a. vorsieht, dass die Gutachterausschüsse auch **Gutachten** über die Höhe von **Entschädigungen** über den Rechtsverlust und für andere Vermögensnachteile erstatten **können**. Denn zunächst haben diese Gutachten nach § 193 Abs. 4 BauGB keine bindende Wirkung. Das bedeutet, dass ihnen die Qualität einer Festsetzung der Entschädigung durch Verwaltungsakt der zuständigen Behörde i.S.d. §§ 35 ff. VwVfG nicht zukommt. Außerdem müssen die Gutachterausschüsse solche Gutachten nicht erstatten; sie sind lediglich befugt, das zu tun. Im Übrigen reicht die in § 193 Abs. 2 BauGB für die Gutachterausschüsse eröffnete Möglichkeit, solche Gutachten zu erstatten, nicht dafür aus, eine Ermächtigung **für die Bundesregierung** zum Erlass entsprechender Regelungen in einer Rechtsverordnung zu begründen, wenn sonst keine gesetzliche Grundlage für eine solche Rechtsverordnung gegeben ist. Denn bei den Gutachten, welche von den Gutachterausschüssen in diesem Zusammenhang erstattet werden können, handelt es sich um Gutachten nicht zu Verkehrswerten, sondern zur Höhe von Entschädigungen. **Das ist durchaus nicht dasselbe**, auch wenn die Höhe solcher Entschädigungen Gegenstand einer Begutachtung zu sein vermag.

113

c) Die Sonderregelung in § 26 Abs. 1 WertV 88 zur Wertermittlung nach § 153 Abs. 1 BauGB

Nach **§ 26 Abs. 1 S. 2 WertV 88 dürfen** zur Wertermittlung nach § 153 Abs. 1 BauGB Vergleichsgrundstücke und Ertragsverhältnisse aus dem förmlich festgelegten Sanierungsgebiet oder aus Gebieten mit Aussicht auf Sanierung nur herangezogen werden, wenn die entsprechenden Kaufpreise oder Ertragsverhältnisse nicht von sanierungsbedingten Umständen beeinflusst sind oder ihr Einfluss erfasst werden kann.

114

Abgesehen von ihrer Nichtigkeit wegen fehlender Verordnungsermächtigung (s.o. Rn 104, 105), **schließt diese Vorschrift** in der WertV 88 die Heranziehung von Vergleichspreisen aus dem förmlich festgelegten Sanierungsgebiet **nur unter bestimmten Voraussetzungen** aus. Das bedeutet die grundsätzliche Verwendbarkeit von Vergleichspreisen aus dem Sanierungsgebiet bei der Anwendung des Vergleichswertverfahrens i.S.d. §§ 13, 14 WertV 88. Die Vergleichspreise aus dem Sanierungsge-

115

biet dürfen **nur dann nicht verwendet** werden, wenn sie **von sanierungsbedingten Umständen beeinflusst** sind **und** der **Werteinfluss** dieser sanierungsbedingten Umstände auf die Vergleichspreise **nicht erfasst werden kann.**

116 Ob das der Fall ist, **muss die Verwaltungsbehörde begründet dartun** (§ 39 VwVfG) und notfalls nachweisen. Dabei steckt die Verwaltungsbehörde in einem **Dilemma der Begründung**. Denn wenn sie nicht darlegen kann, welcher werterhöhende Werteinfluss von den sanierungsbedingten Umständen auf die Vergleichspreise in dem Sanierungsgebiet ausgeht, dann **kann sie auch nicht schlüssig dartun, dass überhaupt ein werterhöhender Werteinfluss** von der Sanierung auf die Vergleichspreise ausgegangen ist.

117 Genau dieses „Begründungsdilemma für die Verwaltung" ist der eigentliche Hintergrund der Regelung in § 26 Abs. 1 S. 2 WertV 88. Es sollte der Verwaltung erleichtert werden, von ihr lediglich behauptete sanierungsbedingte Werterhöhungen über § 153 Abs. 1 BauGB in die Festsetzung von Entschädigungs- und Ausgleichsleistungen einfließen zu lassen. Das ist aber im Hinblick auf Art. 19 Abs. 4 GG i.V.m. den Vorschriften des VwVfG, insbesondere der Vorschriften des VwVfG zur Begründung von Verwaltungsakten (§§ 39, 40 VwVfG) unzulässig.

118 In **§ 26 Abs. 1 S. 1 WertV 88** wird als Korrelat zu der Regelung in Satz 2 angeordnet, dass zur Wertermittlung nach § 153 Abs. 1 S. 1 BauGB Vergleichsgrundstücke und Ertragsverhältnisse „möglichst" aus Gebieten herangezogen werden sollen, die neben den allgemeinen wertbeeinflussenden Umständen nach §§ 4, 5 WertV 88 auch hinsichtlich ihrer städtebaulichen Missstände mit dem förmlichen Sanierungsgebiet vergleichbar sind, für die jedoch eine Sanierung in absehbarer Zeit nicht erwartet wird. Dieser Vorschrift liegt die **Regelung in § 13 Abs. 1 S. 2 WertV 88** zur Heranziehung von Vergleichspreisen aus vergleichbaren Gebieten zugrunde. **Allerdings wird der Regelungsgehalt jener Vorschrift inhaltlich genau umgedreht.** Denn die bei der Verkehrswertbestimmung nur ausnahmsweise zulässige Heranziehung von Vergleichspreisen aus Vergleichsgebieten wird zum Regelfall erhoben. Die Heranziehung von Vergleichspreisen aus vergleichbaren Gebieten ist nach § 13 Abs. 1 S. 2 WertV 88 nur zulässig, wenn anwendbare Vergleichspreise aus dem Gebiet der Gelegenheit des Grundstücks fehlen. Auch das ist nicht von der Verordnungsermächtigung in § 199 Abs. 1 BauGB abgedeckt.

4. Festsetzung von Ausgleichsbeträgen der Eigentümer

119 Nach § 154 Abs. 1 S. 1 BauGB hat der Eigentümer eines im förmlich festgelegten Sanierungsgebiet belegenen Grundstücks zur Finanzierung der Sanierung einen **Ausgleichsbetrag in Geld** zu entrichten. Die Höhe dieses Ausgleichsbetrages richtet sich nach der sanierungsbedingten Erhöhung des Bodenwerts. Diese besteht nach § 154 Abs. 2 BauGB in dem Unterschied zwischen dem Anfangswert und dem Endwert, also zwischen dem Bodenwert des Grundstücks nach der tatsächlichen und rechtlichen Neuordnung des Sanierungsgebiets am Ende der Sanierung und dem Wert, der sich ergeben würde, wenn eine Sanierung weder beabsichtigt noch durchgeführt worden wäre (s.o. Rn 96, 97).

120 Auf den Ausgleichsbetrag finden Anrechnungen nach Maßgabe des § 155 BauGB statt. Von ihm ist nach Maßgabe dieser Vorschrift abzusehen oder kann nach dieser Vorschrift abgesehen werden. Der Ausgleichsbetrag wird nach § 154 Abs. 4 BauGB durch Bescheid angefordert. Der Betrag wird einen Monat nach Bekanntgabe des Bescheids fällig. Auf den Ausgleichsbetrag können nach § 154 Abs. 6 BauGB Vorauszahlungen verlangt werden.

C. Städtebauliche Entwicklungsmaßnahmen

I. Überblick

Die Städtebaulichen Entwicklungsmaßnahmen sind im Zweiten Teil des 2. Kapitels des BauGB mit den §§ 165 bis 171 BauGB geregelt. Für den Bereich der Bundeshauptstadt Berlin ist die Sonderregelung des § 247 BauGB zur Berücksichtigung der besonderen Belange der Hauptstadt Deutschlands zu beachten. Wesentlich ist die **Verweisung auf die besonderen Vorschriften zur Städtebaulichen Sanierung in § 169 Abs. 1 BauGB**, deren entsprechende Anwendung im städtebaulichen Entwicklungsbereich angeordnet wird. 121

Wie bei der Städtebaulichen Sanierung sind die im Vierten und Fünften Teil des 2. Kapitels des BauGB geregelten Bestimmungen über Sozialplan und Härteausgleich (§§ 180, 181 BauGB) sowie über Miet- und Pachtverhältnisse (§§ 182 bis 186 BauGB) auch bei der Städtebaulichen Entwicklung zu beachten. 122

II. Städtebauliche Entwicklungsmaßnahmen

1. Begriff

Der **Begriff** Städtebauliche Entwicklungsmaßnahmen ist **in § 165 BauGB definiert**. Nach der allgemein gehaltenen grundsätzlichen Inhaltsbestimmung in § 165 Abs. 1 BauGB handelt es sich bei den Städtebaulichen Entwicklungsmaßnahmen um Maßnahmen in Stadt und Land, deren einheitliche Vorbereitung und zügige Durchführung im öffentlichen Interesse liegt. Diese Maßnahmen sollen nach § 165 Abs. 2 BauGB Ortsteile oder andere Gemeindeteile erstmalig entwickeln oder einer neuen Entwicklung zuführen. Sie sind nach den Vorschriften „dieses Teils" durchzuführen, womit der Zweite Teil des 2. Kapitels des BauGB gemeint ist. Mit dieser Anordnung in Abs. 1 bestimmt der Gesetzgeber vorab den **Anwendungsbereich** der Vorschriften im Zweiten Teil des 2. Kapitels. Ergänzend sind allerdings auch die Vorschriften im Vierten und Fünften Teil des 2. Kapitels ebenfalls auf die städtebaulichen Sanierungsmaßnahmen anzuwenden (s.o. Rn 121, 122). 123

Wie bei der Städtebaulichen Sanierung handelt es sich bei den städtebaulichen Entwicklungsmaßnahmen um solche **in Stadt und Land**. Mithin findet die Städtebauliche Entwicklung nicht nur in den Städten statt, sondern auch „auf dem Lande", also „in den Dörfern" (s.o. Rn 9). Die Maßnahmen der städtebaulichen Entwicklung müssen **im öffentlichen Interesse** liegen. Notwendig ist nach § 165 Abs. 1 BauGB eine einheitliche Vorbereitung und Durchführung; auch dies entspricht den Voraussetzungen der Städtebaulichen Sanierung nach § 136 Abs. 1 BauGB (s.o. Rn 10, 11, 12). 124

Die öffentlichen und privaten Belange sind auch bei der Städtebaulichen Entwicklung gegeneinander und untereinander gerecht abzuwägen (§ 165 Abs. 3 S. 2 BauGB – s. für die Städtebauliche Sanierung o. Rn 14). 125

2. Behördenzuständigkeit der Gemeinde

Nach § 165 Abs. 4 i.V.m. § 166 BauGB ist die **Vorbereitung und Durchführung der Entwicklung** Aufgabe der Gemeinde. Hierzu gehört die Festlegung der Entwicklungsziele, die Durchführung vorbereitender Untersuchungen (§ 165 Abs. 4 BauGB), die **Festlegung des Entwicklungsbereichs** durch Beschluss über eine von der höheren Verwaltungsbehörde zu genehmigende **Entwicklungssatzung** und deren ortsübliche Bekanntmachung (§ 165 Abs. 3 S. 1 sowie Abs. 6, 7) und die Durchführung von Ordnungs- und Baumaßnahmen (§ 169 Abs. 1 Nr. 4 BauGB). Die Aufgabenzuweisung entspricht der bei der Städtebaulichen Sanierung (s.o. Rn 20 ff.). 126

3. Aufgabenübertragung auf Beauftragte durch die Gemeinde (Entwicklungsträger)

127 Wie bei der Städtebaulichen Sanierung kann die Gemeinde auch bei der Städtebaulichen Entwicklung Aufgaben auf Entwicklungsträger übertragen (§ 167 BauGB). Die Bestimmungen für die Aufgabenübertragung bei der Städtebaulichen Sanierung sind nach § 167 BauGB entsprechend anzuwenden (s.o. Rn 22 ff.).

4. Anpassungsgebiete

128 Nach § 170 BauGB kann die Gemeinde in Zusammenhang mit städtebaulichen Entwicklungsmaßnahmen auch **Anpassungsgebiete** förmlich festlegen. Es handelt sich um im Zusammenhang bebaute Gebiete (Ortsteile – § 34 BauGB), bei denen sich aus den vorgesehenen Zielen der städtebaulichen Entwicklung die Notwendigkeit einer Anpassung an diese vorgesehene Entwicklung ergibt. Das Anpassungsgebiet muss **in der Entwicklungssatzung bezeichnet** werden. In ihm finden die Vorschriften über die Städtebauliche Sanierung entsprechende Anwendung.

D. Erhaltungssatzung und städtebauliche Gebote

I. Überblick

129 Die Erhaltungssatzung und die Städtebaulichen Gebote sind im Dritten Teil des 2. Kapitels des BauGB mit den §§ 172 bis 174 BauGB (Erster Abschnitt – Erhaltungssatzung) und den §§ 175 bis 179 (Zweiter Abschnitt - Städtebauliche Gebote) geregelt. Auch hier ist bei den Erhaltungssatzungen für den Bereich der Bundeshauptstadt Berlin die Sonderregelung des § 247 BauGB zur Berücksichtigung der besonderen Belange der Hauptstadt Deutschlands zu beachten.

II. Erhaltungssatzung

130 Nach § 172 Abs. 1 S. 1 BauGB **kann die Gemeinde** in einem Bebauungsplan **oder** in einer sonstigen Satzung (= Erhaltungssatzung – § 172 Abs. 2 BauGB) **Gebiete bezeichnen**, in denen der Rückbau (= Abriss) **oder** die Nutzungsänderung baulicher Anlagen **oder** die Errichtung baulicher Anlagen **der Genehmigung bedürfen**. Die Genehmigungspflicht wird also durch Satzung der Gemeinde (= Bebauungsplan oder Erhaltungssatzung) konstitutiv als Ortsrecht begründet; sie bezieht sich nicht auf das gesamte Gemeindegebiet, sondern nur auf den in der entsprechenden Satzung bezeichneten Teil davon (= Erhaltungsgebiet innerhalb der Gemeinde).

131 Zusätzlich sind die **Landesregierungen** durch § 172 Abs. 1 S. 4 BauGB ermächtigt, **durch Rechtsverordnung mit einer Geltungsdauer von höchstens 5 Jahren** zu bestimmen, dass die Begründung von Sondereigentum nach § 1 WEG (Wohnungs- und Teileigentum) an Wohngebäuden auf Grundstücken innerhalb eines satzungsmäßig von der Gemeinde zur Erhaltung der Zusammensetzung der Wohnbevölkerung bestimmten Erhaltungsgebiets ebenfalls der Genehmigung bedarf. Diese besondere Genehmigungspflicht für die Begründung von Wohnungs- und Teileigentum tritt neben die entsprechende und von der Gemeinde nach § 22 BauGB durch Satzung einführbare Genehmigungspflicht zur Sicherung von Gebieten mit Fremdenverkehrsfunktion.

132 Die Bezeichnung derartiger Erhaltungsgebiete durch Bebauungsplan oder sonstige Gemeindesatzung **darf nur zu den** in § 172 Abs. 1 S. 1 Nrn. 1 bis 3 BauGB **abschließend genannten Zwecken erfolgen**. Dies sind:

- Erhaltung des städtebaulichen Gebiets aufgrund seiner städtebaulichen Gestalt (Nr. 1):
  Hierzu sieht § 172 Abs. 3 BauGB ergänzende Regelungen zur Versagung einer beantragten Genehmigung i.S.d. Abs. 1 S. 1 vor. Die Genehmigung zum Abriss oder zur Nutzungsänderung darf nur versagt werden, wenn die bauliche Anlage für sich allein oder im Zusammenhang mit anderen das Ortsbild, die Stadtgestalt oder das Landschaftsbild prägt oder sonst von städtebaulicher Bedeutung ist. Die Genehmigung zur Errichtung baulicher Anlagen darf nur versagt werden, wenn die städtebauliche Gestalt des Gebiets durch die baulichen Anlagen beeinträchtigt würde. Mithin besteht eine grundsätzliche Genehmigungspflicht der Gemeinde. Sie kann die Genehmigung nur bei Vorliegen der im Gesetz genannten Gründe verweigern.

- Erhaltung der Zusammensetzung der Wohnbevölkerung (Nr. 2):
  Hierzu sieht § 172 Abs. 4 BauGB ergänzende Regelungen zur Versagung einer beantragten Genehmigung i.S.d. Abs. 1 S. 1 und S. 4 (Rechtsverordnung der Landesregierung – s.o. Rn 131) vor. Die Genehmigung zum Abriss oder zur Nutzungsänderung oder zur Begründung von Sondereigentum darf nur versagt werden, wenn die Zusammensetzung der Wohnbevölkerung aus besonderen städtebaulichen Gründen erhalten werden soll. Mithin besteht auch hier eine grundsätzliche Genehmigungspflicht der Gemeinde. Diese Genehmigungspflicht wird im Vergleich zur Nr. 1 dadurch weiter verschärft, dass § 172 Abs. 4 S. 2 und 3 BauGB besondere Tatbestände aufführt, bei denen die Genehmigung auch dann erteilt werden muss, wenn besondere städtebauliche Gründe für den Erhalt der Zusammensetzung der Wohnbevölkerung bestehen.

- Städtebauliche Umstrukturierungen (Nr. 3):
  Hierzu sieht § 172 Abs. 5 BauGB ergänzende Regelungen zur Versagung einer beantragten Genehmigung i.S.d. Abs. 1 S. 1 vor. Die Genehmigung zum Abriss oder zur Nutzungsänderung darf nur versagt werden, um einen den sozialen Belangen Rechnung tragenden Ablauf auf der Grundlage eines Sozialplans (§ 180 BauGB) zu sichern. Mithin besteht auch hier eine grundsätzliche Genehmigungspflicht der Gemeinde. Diese Genehmigungspflicht wird im Vergleich zur Nr. 1 dadurch weiter verschärft, dass § 172 Abs. 5 S. 3 BauGB die Anwendung des § 172 Abs. 4 S. 2 BauGB und die dort geregelte Genehmigungspflicht bei wirtschaftlicher Unzumutbarkeit der Erhaltung einer baulichen Anlage anordnet.

Der Beschluss über den Bebauungsplan als Satzung oder der Beschluss über die Erhaltungssatzung sind i.S.d. § 172 Abs. 1 BauGB ortsüblich bekannt zu machen. Für den Bebauungsplan folgt dies unmittelbar aus § 10 Abs. 3 BauGB, und zwar auch bezüglich seines Teils über das Erhaltungsgebiet i.S.d. § 172 Abs. 1 BauGB. Für den Beschluss über die Erhaltungssatzung als sonstige Satzung i.S.d. § 172 Abs. 1 BauGB gelten die gleichen Maßstäbe, auch wenn eine ausdrückliche Regelung fehlt.

Nach dem Beschluss über die Aufstellung einer Erhaltungssatzung und seiner ortsüblichen Bekanntmachung ist nach § 172 Abs. 2 BauGB die Vorschrift des § 15 Abs. 1 BauGB entsprechend auf die Durchführung von Vorhaben i.S.d. § 172 Abs. 1 BauGB anzuwenden. Es geht um die Aussetzung der Entscheidung der Baubehörde über die Zulässigkeit von Vorhaben auf Antrag der Gemeinde oder um die befristete vorläufige Untersagung solcher Vorhaben durch die Baubehörde. Soweit das Erhaltungsgebiet in einem Bebauungsplan festgesetzt werden soll, ist § 15 BauGB unmittelbar anwendbar.

Die Genehmigungen werden nach § 173 Abs. 1 S. 1 BauGB durch die Gemeinde erteilt. Soweit baurechtliche Genehmigungen nach den Landesbauordnungen von Bauämtern zu erteilen sind, ändert sich an deren Zuständigkeit nichts, doch sind dann diese Genehmigungen im Einvernehmen mit der Gemeinde zu erteilen (§ 173 Abs. 1 S. 2 BauGB). Vor der Entscheidung sind nach § 173 Abs. 3 BauGB die erheblichen Tatsachen mit dem Grundstückseigentümer oder sonstigen Unterhaltungsverpflichteten zu erörtern und in den Fällen des § 172 Abs. 4 und 5 BauGB die Mieter, Pächter und sonstigen Nutzungsberechtigten zu hören.

136 Soweit Genehmigungen versagt werden, besteht nach § 173 Abs. 2 BauGB ein Übernahmeanspruch des Grundstückseigentümers gegen die Gemeinde unter den Voraussetzungen des § 40 Abs. 2 BauGB. Auf diesen Anspruch sind die Vorschriften des § 43 Abs. 1, 4, 5 und des § 44 Abs. 3 und 4 BauGB entsprechend anzuwenden.

III. Städtebauliche Gebote

1. Allgemeines

137 Städtebauliche Planungen der Gemeinde lösen für sich allein noch keine Pflicht der Grundstückseigentümer aus, durch eigenes positives Tun zur Verwirklichung beizutragen. Die Regelungen der §§ 175 bis 179 zu den Städtebaulichen Geboten schließen diese Lücke. Sie ermöglichen der Gemeinde konkrete Anordnungen in Richtung auf ein bestimmtes positives Verhalten des Grundstückseigentümers (Baugebote, Modernisierungs- und Instandsetzungsgebote, Pflanzgebote sowie Rückbau- und Entsiegelungsgebote).

138 Die Städtebaulichen Gebote dienen der Verwirklichung der städtebaulichen Entwicklung und Ordnung. Es geht vorrangig, aber nicht nur, um die Verwirklichung der Festsetzungen in Bebauungsplänen. Das Gebot zur „Schließung von Baulücken" nach § 176 Abs. 2 BauGB sowie das Instandsetzungs- und Modernisierungsgebot nach § 177 BauGB sind auch außerhalb des räumlichen Geltungsbereichs eines Bebauungsplans möglich.

139 Soweit im Einzelfall Städtebauliche Gebote ergehen, handelt es sich um einen **Verwaltungsakt**. Für seinen Erlass ist die Gemeinde zuständig. Auf das **Verfahren findet das VwVfG ergänzende Anwendung**. Adressat des Verwaltungsakts ist der betroffene Grundstückseigentümer, von dem ein bestimmtes Verhalten verlangt wird. Die Gebote werden nach dem Verwaltungsvollstreckungsrecht durchgesetzt; in Betracht kommen Zwangsgelder oder auch die Ersatzvornahme (s.o. Rn 77). Mieter, Pächter und sonstige Nutzungsberechtigte haben die Durchführung der Städtebaulichen Gebote zu dulden (§ 175 Abs. 3 BauGB). Der **Rechtsweg** ist nach der VwGO **zu den Verwaltungsgerichten** gegeben. Die richtige Klageart ist die Anfechtungsklage.

140 Die Gemeinde hat beabsichtigte Städtebauliche Gebote mit den Betroffenen zu erörtern. Sie soll die Eigentümer, Mieter, Pächter und sonstigen Nutzungsberechtigten zur Durchführung der angeordneten Maßnahmen sowie zu Finanzierungsmöglichkeiten aus öffentlichen Kassen beraten (§ 175 Abs. 1 BauGB). Die Anordnung setzt voraus, dass die alsbaldige Durchführung aus städtebaulichen Gründen erforderlich ist. Hierbei kann bei Baugeboten auch ein dringender Wohnbedarf der Bevölkerung berücksichtigt werden (§ 175 Abs. 2 BauGB). Das Vorliegen dieser Voraussetzungen ist von der Gemeinde in der Begründung ihres jeweiligen Verwaltungsakts darzustellen (§ 39 VwVfG).

141 Städtebauliche Gebote i.S.d. §§ 175 ff. **können** erlassen werden. Bei ihrer jeweiligen Entscheidung hat die Gemeinde pflichtgemäßes Ermessen auszuüben und diese Ermessensausübung nach § 40 VwVfG in dem Verwaltungsakt als Teil der Begründung darzustellen.

2. Baugebot – § 176 BauGB

142 Im räumlichen Geltungsbereich eines Bebauungsplans sowie auch im Zusammenhang bebauter Ortsteile i.S.d. § 34 BauGB kann die Gemeinde nach § 176 Abs. 1 und 2 BauGB den Grundstückseigentümer „durch Bescheid" (= Verwaltungsakt) verpflichten, sein Grundstück innerhalb einer zu bestimmenden Frist entsprechend den Festsetzungen des Bebauungsplans zu bebauen oder die vorhandene Bebauung diesen Festsetzungen anzupassen. Bei Grundstücken, die außerhalb des räumlichen Geltungsbereichs eines Bebauungsplans im Zusammenhang bebauter Ortsteile belegen sind (§ 34 BauGB), kommt die Anordnung einer Bebauung unbebauter oder nur geringfügig bebauter Grundstücke entsprechend den baurechtlichen Vorschriften in Betracht (§ 176 Abs. 2 BauGB).

Das Baugebot muss inhaltlich bestimmt sein (§ 37 Abs. 1 VwVfG) und eindeutige Anordnungen zu Art und Maß der geforderten Bebauung enthalten. Allerdings können nur Maßnahmen angeordnet werden, die sich innerhalb der im jeweiligen Einzelfall zulässigen baulichen Maßnahmen halten. Hierdurch darf die innerhalb des baurechtlich zulässigen Rahmens bestehende freie Nutzungsbefugnis des Eigentümers aber nicht eingeschränkt und nur auf eine bestimmte von mehreren möglichen baulichen Nutzungen festgelegt werden. Das Baugebot ist kein zulässiges Mittel zur Durchsetzung einer bestimmten baulichen Nutzung und der darin liegenden Beschränkung der Entscheidungsfreiheit des Eigentümers bei der Auswahl zwischen mehreren baurechtlich möglichen Nutzungen.[50] Ebenfalls ist es nicht möglich, durch ein sogen. gemeinschaftliches Baugebot die Eigentümer mehrerer aneinander angrenzender Grundstücke zu verpflichten, auf ihren Grundstücken ein grenzüberschreitendes großes Bauwerk gemeinsam zu errichten. Hier würde das Baugebot inhaltlich zu einem Instrument der Bodenordnung umgewandelt, was nicht angeht.[51]

143

Zugleich mit der Anordnung kann der Grundstückseigentümer verpflichtet werden, innerhalb einer zu bestimmenden angemessenen Frist einen Antrag auf Erteilung (notwendiger) bauaufsichtlicher Genehmigungen zu stellen (§ 176 Abs. 7 BauGB).

144

Die Gemeinde hat nach § 176 Abs. 3 BauGB von dem Baugebot abzusehen, wenn die Durchführung des Vorhabens aus wirtschaftlichen Gründen nicht zugemutet werden kann. Hierzu kommt es auf eine **objektive wirtschaftliche Unzumutbarkeit** an. Die Durchführung des angeordneten Vorhabens muss für keinen vernünftig handelnden Grundstückseigentümer zumutbar sein. Liegt demgegenüber nur eine **subjektive Unzumutbarkeit** für den aktuellen Grundstückseigentümer vor, kann das Baugebot ergehen. Der Grundstückseigentümer hat dann jedoch die Möglichkeit, nach § 176 Abs. 4 BauGB von der Gemeinde die Übernahme des Grundstücks zu verlangen.

145

Erfordert die Durchführung der angeordneten Maßnahme die vorherige Beseitigung vorhandener baulicher Anlagen, ist der Grundstückseigentümer auch dazu verpflichtet (§ 176 Abs. 5 BauGB). Ist für das Grundstück (durch Bebauungsplan) eine andere als bauliche Nutzung festgesetzt, sind die Abs. 1 bis 5 entsprechend anzuwenden (§ 176 Abs. 6 BauGB).

146

Kommt der Eigentümer auch nach Vollstreckungsmaßnahmen seiner Pflicht nicht nach, einen Antrag auf Erteilung von Baugenehmigungen zu stellen, kann das Enteignungsverfahren eingeleitet werden (§ 176 Abs. 8 und 9 i.V.m. § 85 Abs. 1 Nr. 5 BauGB).

147

3. Modernisierungs- und Instandsetzungsgebot – § 177 BauGB

a) Voraussetzungen

Die Gemeinde kann nach § 177 Abs. 1 S. 1 BauGB die Beseitigung von Missständen oder Mängeln bei der inneren und äußeren Beschaffenheit einer baulichen Anlage durch Modernisierung oder Instandsetzung anordnen, wenn die Beseitigung der Missstände bzw. Mängel möglich ist. Dies meint die technische Möglichkeit der Beseitigung, nicht die subjektive wirtschaftliche bzw. finanzielle Möglichkeit für einen betroffenen Grundstückseigentümer.[52] Der Grundstückseigentümer ist vielmehr unabhängig von seinen wirtschaftlichen und finanziellen Möglichkeiten nach § 177 Abs. 1 S. 2 BauGB zur Beseitigung der Missstände bzw. Mängel verpflichtet. Erfüllt er seine durch ein entsprechendes Modernisierungs- und Instandsetzungsgebot konkretisierte Pflicht nicht, kommt eine Ersatzvornahme durch die Gemeinde nach dem Verwaltungsvollstreckungsrecht in Betracht.[53]

148

---

50 BVerwG NVwZ 1990, 663.
51 BVerwG NVwZ 1992, 162.
52 BVerwG NJW 1992, 1644 = NVwZ 1992, 164.
53 BVerwG NJW 1992, 1644 = NVwZ 1992, 164.

149 Die Anordnung ist nur zur Beseitigung von Missständen und Mängeln zulässig. **Mißstände** liegen nach § 177 Abs. 2 BauGB insbesondere dann vor, wenn die bauliche Anlage den allgemeinen Anforderungen an gesunde Wohn- und Arbeitsverhältnisse nicht entspricht. Es handelt sich um bauwerksbedingte Missstände, die als ein die Sanierung rechtfertigender städtebaulicher Missstand anzusehen sind. **Mängel** liegen nach § 177 Abs. 3 S. 1 Nrn. 1 bis 3 BauGB vor, wenn die bauliche Anlage insbesondere durch Abnutzung, Alter, Witterungseinflüsse oder Einwirkung Dritter in ihrer bestimmungsgemäßen Nutzung nicht nur unerheblich beeinträchtigt ist oder nach ihrer äußeren Beschaffenheit das Straßen oder Ortsbild nicht nur unerheblich beeinträchtigt oder erneuerungsbedürftig ist und wegen ihrer städtebaulichen Bedeutung erhalten bleiben soll. Soweit die Mängelbeseitigung auch nach dem Denkmalschutzrecht der Länder verlangt werden könnte, darf das Instandsetzungsgebot nach § 177 Abs. 3 S. 2 BauGB nur in Abstimmung mit der zuständigen Denkmalschutzbehörde des Landes ergehen.

150 Der Bescheid über das Modernisierungs- und Instandsetzungsgebot muss die zu beseitigenden Missstände und Mängel genau bezeichnen und eine angemessene Fristsetzung für die Durchführung enthalten (§ 177 Abs. 1 S. 3 BauGB). Im Zweifel muss die Gemeinde nach § 26 Abs. 1 S. 2 Nr. 2 VwVfG das Gutachten eines von der zuständigen Industrie- und Handelskammer nach § 36 GewO öffentlich bestellten und vereidigten Sachverständigen für Gebäudeschäden beiziehen, um das Vorliegen der Voraussetzungen des beabsichtigten Gebots feststellen und auch Art und Maß der anzuordnenden Maßnahmen bestimmen zu können.

b) Kostentragung

151 Der Grundstückseigentümer ist zur Kostentragung nach § 177 Abs. 4 S. 1 BauGB nur eingeschränkt verpflichtet. Er trägt die Kosten insoweit, als er die sich aus dem erforderlichen Mitteleinsatz ergebenden Kapitalkosten (Amortisation) und die Bewirtschaftungskosten aus den Erträgen der baulichen Anlage zu decken vermag. Fehlt es daran, hat die Gemeinde ihm nach § 177 Abs. 4 S. 2 BauGB die Kosten zu erstatten, soweit nicht eine andere Stelle Zuschüsse gewährt. Als derartige Zuschüsse kommen Städtebauförderungsmittel in Betracht, die nach § 164 a Abs. 3 S. 1 BauGB auch für Modernisierungs- und Instandsetzungsmaßnahmen i.S.d. § 177 BauGB eingesetzt werden können.

152 Bezüglich der Erträge kommt es auf nachhaltig erzielbare Miet- und Pachterträge i.S.d. § 16 Abs. 1 und des § 17 Abs. 1 WertV 88 an. Als Bewirtschaftungskosten sind die in § 18 WertV 88 geregelten Kostenarten anzusetzen (Verwaltungs-, Betriebs- und Instandhaltungskosten sowie das Mietausfallwagnis). Soweit Bauwerke dem Anwendungsbereich der II. Berechnungsverordnung unterfallen, kann auch diese Vorschrift angewendet werden.

153 Zur Bestimmung der Notwendigkeit von Kosten nach Art und Höhe sind Kostenvoranschläge zu beauftragender Firmen oder ggf. auch Gutachten öffentlich bestellter und vereidigter Sachverständiger für Gebäudeschäden beizuziehen. Hinsichtlich der Ertragsfähigkeit des Gebäudes nach Beseitigung der Missstände oder Mängel kommt es auf den örtlichen Miet- und Pachtmarkt an. Dabei ist nicht nur die Höhe einer Miete oder Pacht entscheidend, sondern vor allem die Frage ihrer tatsächlichen Erzielbarkeit am örtlichen Miet- und Pachtmarkt im Hinblick auf vorhandene Leerstandsquoten und eine diesen entsprechende Marktsättigung (§ 177 Abs. 5 BauGB).

154 Der Kostenerstattungsanspruch des Grundstückseigentümers entfällt nach § 177 Abs. 4 S. 3 BauGB, wenn er aufgrund anderer Rechtsvorschriften zur Kostentragung verpflichtet ist. Das Gleiche gilt, wenn er die Mängel bzw. Missstände durch unterlassene Instandsetzungen selber herbeigeführt hat und nicht nachweisen kann, dass die jeweilige Instandsetzung wirtschaftlich unvertretbar oder ihm nicht zumutbar war.

4. Pflanzgebot – § 178 BauGB

Nach § 178 BauGB kann die Gemeinde den Grundstückseigentümer durch Bescheid verpflichten, sein Grundstück innerhalb einer zu bestimmenden angemessenen Frist entsprechend den nach § 9 Abs. 1 Nr. 25 BauGB getroffenen Festsetzungen eines Bebauungsplans zu bepflanzen. Es geht dabei um das Anpflanzen von Bäumen, Sträuchern und sonstigen Bepflanzungen. Die Kosten trägt der Eigentümer. Die Anordnung ist durch Festsetzung von Zwangsgeldern oder im Wege der Ersatzvornahme durchsetzbar. Voraussetzung ist ein bestandskräftiger Bebauungsplan mit entsprechenden Festsetzungen.

155

5. Rückbau- und Entsiegelungsgebot – § 179 BauGB

Nach § 179 Abs. 1 S. 1 Nrn. 1 und 2 BauGB kann die Gemeinde im Geltungsbereich eines Bebauungsplan den Eigentümer verpflichten, die völlige oder teilweise Beseitigung einer baulichen Anlage zu dulden. Voraussetzung ist, dass die bauliche Anlage den Festsetzungen des Bebauungsplans nicht entspricht und ihnen auch nicht angepasst werden kann (Nr. 1). Die Duldungspflicht besteht auch dann, wenn die bauliche Anlage Missstände oder Mängel i.S.d. § 177 BauGB aufweist, die nicht durch Modernisierung oder Instandsetzung behoben werden können (Nr. 2).

156

Nach Satz 2 der Vorschrift kann die Verpflichtung zur Duldung der Beseitigung baulicher Anlagen auch bei dauerhaft nicht mehr genutzten Flächen angeordnet werden, bei denen der durch Bebauung oder Versiegelung beeinträchtigte Boden in seiner Leistungsfähigkeit erhalten oder wiederhergestellt werden soll. Auch hier kommt es auf Festsetzungen in einem Bebauungsplan an, wobei die Festsetzungen nach § 9 Abs. 1 Nrn. 10, 15, 16, 18b, 20, 25 a und 25 b BauGB in Betracht kommen.

157

Der Bescheid verpflichtet den Eigentümer zur Duldung der Beseitigung der baulichen Anlage bzw. der Entsiegelung des Bodens, nicht aber zu positivem eigenem Tun. Allerdings kann der Eigentümer den Abbruch bzw. die Entsiegelung nach § 179 Abs. 1 S. 4 BauGB auch selber durchführen.

158

Der Abbruch erfolgt regelmäßig durch die Gemeinde bzw. durch einen von ihr beauftragten Dritten. Der Vollzug ist bei Wohnraum nach § 179 Abs. 2 S. 1 BauGB nur zulässig, wenn angemessener Ersatzwohnraum für die Bewohner zu angemessenen Bedingungen zur Verfügung steht. Bei gewerblich oder beruflich genutzten Räumen (Geschäftsräume) soll der Abbruch nach § 179 Abs. 2 S. 2 BauGB ebenfalls nur vollzogen werden, wenn anderer geeigneter Geschäftsraum zu zumutbaren Bedingungen zur Verfügung steht und der Inhaber eine anderweitige Unterbringung anstrebt. Beide Regelungen bedeuten einen Vollstreckungsschutz für die betroffenen Bewohner bzw. Inhaber von Geschäftsräumen in dem abzureißenden Gebäude.

159

Nach § 179 Abs. 3 BauGB besteht eine Ersatzpflicht der Gemeinde in angemessener Höhe für Vermögensnachteile des Eigentümers, Mieters, Pächters oder sonstigen Nutzungsberechtigten, die durch die Beseitigung der baulichen Anlage entstehen. Der Eigentümer kann statt der Entschädigung auch die Übernahme des Grundstücks durch die Gemeinde verlangen, wenn es ihm mit Rücksicht auf das Rückbau- oder Entsiegelungsgebot wirtschaftlich nicht mehr zugemutet werden kann, das Grundstück zu behalten.

160

E. Eingriffe in Miet- und Pachtverhältnisse

I. Allgemeines

Die Vorschriften der §§ 182 bis 186 BauGB behandeln die **hoheitliche Aufhebung oder Verlängerung** bestehender Miet- und Pachtverhältnisse sowie sonstiger schuldrechtlicher Nutzungsverhältnisse über Grundstücke **durch Verwaltungsakt der Gemeinde**. Es handelt sich um rechtsgestal-

161

tende Verwaltungsakte auf dem Gebiet des Privatrechts. Betroffen sind dabei jeweils der Grundstückseigentümer als Vermieter, Verpächter oder sonst zur Überlassung an den Berechtigten Verpflichteter und die Mieter, Pächter sowie sonst schuldrechtlich zur Nutzung Berechtigten. Die entsprechenden Verwaltungsakte ergehen auf Antrag oder von Amts wegen. Es handelt sich um Ermessensentscheidungen der Gemeinde. Sie unterfallen verfahrensmäßig den VwVfG und sind durch Anfechtungsklage nach der VwGO anfechtbar. Soweit Anträge auf Erlass entsprechender Verwaltungsakte (s.u. Rn 162, 163) abgelehnt werden, kommt die Verpflichtungsklage in Betracht.

II. Aufhebung von Miet- und Pachtverhältnissen – § 182 BauGB

162 Nach § 182 Abs. 1 BauGB **kann** die Gemeinde **auf Antrag des Eigentümers** oder im Hinblick auf ein städtebauliches Gebot (§§ 176 bis 179 BauGB) **auch von Amts wegen** ein bestehendes Miet- und Pachtverhältnis aufheben. Die Aufhebungsfrist beträgt mindestens 6 Monate. Bei landwirtschaftlich genutzten Grundstücken ist die Aufhebung nur zum Schluss eines Pachtjahres zulässig. Im Hinblick auf das regelmäßige Ende der landwirtschaftlicher Wirtschaftsjahre am 30.6. wären solche Aufhebungen ebenfalls nur zum 30.6. eines Jahres möglich.

163 Nach § 182 Abs. 3 BauGB besteht die Aufhebungsmöglichkeit auch **auf Antrag eines gewerblichen Mieters oder Pächters** mit einer Frist von mindestens 6 Monaten, wenn seine Erwerbsgrundlage durch Maßnahmen der städtebaulichen Sanierung oder Entwicklung so wesentlich beeinträchtigt wurde, dass ihm die Fortsetzung des Miet- oder Pachtverhältnisses nicht mehr zuzumuten ist.

164 Die Aufhebung ist – abgesehen von der Aufhebung auf Antrag des Mieters oder Pächters nach § 182 Abs. 3 BauGB (s.o. Rn 163) – **nur zulässig**, wenn die Verwirklichung der Ziele und Zwecke der Sanierung im förmlich festgelegten Sanierungsgebiet oder der Ziele der Entwicklung im förmlich festgelegten Entwicklungsgebiet oder die Durchführung eines städtebaulichen Gebots i.S.d. §§ 176 bis 179 BauGB sie erfordert. Die Aufhebung eines Mietverhältnisses über Wohnraum darf nach § 182 Abs. 2 S. 1 BauGB nur erfolgen, wenn im Zeitpunkt der Beendigung des Mietverhältnisses angemessener Wohnraum für den Mieter und die zu seinem Hausstand gehörenden Personen zu angemessenen Bedingungen zur Verfügung steht. Strebt bei Miet- oder Pachtverhältnissen über Geschäftsräume der gewerbliche Mieter oder Pächter eine anderweitige Unterbringung an, soll die Aufhebung nach Satz 2 der Vorschrift nur erfolgen, wenn im Zeitpunkt der Vertragsbeendigung anderer geeigneter Geschäftsraum zu zumutbaren Bedingungen zur Verfügung steht.

III. Aufhebung von Miet- und Pachtverhältnissen über unbebaute Grundstücke – § 183 BauGB

165 Nach § 183 Abs. 1 kann die Gemeinde **auf Antrag des Eigentümers** Miet- und Pachtverhältnisse über unbebaute Grundstücke **im Geltungsbereich eines Bebauungsplans** aufheben, wenn nach den Festsetzungen dieses Bebauungsplans eine andere Nutzung für das Grundstück vorgesehen ist, die alsbaldige entsprechende Nutzungsänderung (vom Eigentümer) beabsichtigt ist, und das aufzuhebende Miet- und Pachtverhältnis dieser beabsichtigten Nutzungsänderung entgegensteht. Im Übrigen sind nach § 183 Abs. 2 BauGB auf diese Vertragsaufhebungen die Fristenregelungen des § 182 Abs. 1 BauGB entsprechend anzuwenden.

IV. Aufhebung anderer schuldrechtlicher Vertragsverhältnisse über die Nutzung von Grundstücken – § 184 BauGB

166 Mit § 184 BauGB sieht das Gesetz einen Auffangtatbestand für die Aufhebung sonstiger schuldrechtlicher Nutzungsverhältnisse über Grundstücke vor. Auf diese sind die Vorschriften der §§ 182 und 183 BauGB entsprechend anzuwenden. In Betracht kommen vor allem nicht als Miet- und Pacht-

vertrag anzusehende unentgeltliche Grundstücksüberlassungen zur Nutzung im Rahmen der Leihe oder von Altenteilverträgen. Vorstellbar wären aber auch Grundstücksüberlassungen im Rahmen von Gesellschaftsverträgen, z. B. die Überlassung des Grundstücks zur Nutzung an eine GmbH durch einen Gesellschafter. Vorstellbar sind auch Nutzungsüberlassungen im Rahmen von Vermögensauseinandersetzungen (z. B. Erbauseinandersetzung, Scheidung usw.).

V. Entschädigung für die Aufhebung von Miet- und Pachtverhältnissen sowie sonstigen Nutzungsverhältnissen – § 185 BauGB

Nach § 185 Abs. 1 S. 1 BauGB ist den von der Aufhebung eines schuldrechtlichen Nutzungsverhältnisses i.S.d. §§ 182 bis 184 BauGB Betroffenen eine angemessene Geldentschädigung für die Vermögensnachteile zu leisten, die ihnen durch die vorzeitige Vertragsbeendigung entstanden sind. Zur Höhe verweist Satz 2 der Vorschrift auf die Entschädigungsvorschriften bei Enteignungen.

Zur Entschädigung ist nach § 185 Abs. 2 S. 1 BauGB die Gemeinde verpflichtet. Kommt eine Einigung nicht zustande, entscheidet die (auch für Enteignungen zuständige) höhere Verwaltungsbehörde. Bei **Streit über die Höhe der Entschädigung** ist wegen der Verweisung auf das Enteignungsrecht in § 185 Abs. 1 S. 2 BauGB der Rechtsweg zu den **Kammern für Baulandsachen bei den Landgerichten** eröffnet (§ 217 Abs. 1 S. 2 BauGB).

Bei der Aufhebung von Vertragsverhältnissen über **kleingärtnerisch genutztes Land** (Pachtverträge nach dem BuKleingG) ist die Gemeinde nach § 185 Abs. 3 S. 1 BauGB neben der Entschädigung auch zur Beschaffung oder Bereitstellung von Ersatzland verpflichtet. Von dieser Verpflichtung kann sie nach Satz 3 der Vorschrift von der höheren Verwaltungsbehörde befreit werden, wenn sie nachweist, dass sie zur Erfüllung der Verpflichtung außer Stande ist. Dieser Nachweis ist erst erbracht, wenn die Gemeinde darlegt und nachweist, dass es ihr unmöglich ist, geeignete Ersatzflächen zu beschaffen. Dass die Beschaffung nur zu hohen Preisen möglich wäre, ist kein anzuerkennender Grund. Denn das Gesetz hebt nicht darauf ab, dass die Gemeinde zur Erfüllung ihrer Verpflichtung „nur zu angemessenen Bedingungen" außer Stand sein muss.

VI. Verlängerung von Miet- und Pachtverhältnissen – § 186 BauGB

Nach § 186 BauGB kann die Gemeinde auf Antrag des Mieters oder Pächters von Wohn- oder Geschäftsraum im förmlich festgelegten Sanierungs- oder Entwicklungsgebiet oder im Hinblick auf städtebauliche Gebote i.S.d. §§ 176 bis 179 BauGB das jeweilige **Vertragsverhältnis verlängern**, soweit dies zur Verwirklichung des Sozialplans (§ 180 Abs. 2 BauGB – s.u. ab Rn 174) erforderlich ist. Die Grundlage der Vertragsverlängerung bilden die **Anforderungen des Sozialplans**, zu dessen Verwirklichung die Vertragsverlängerung notwendig sein muss. Mithin scheidet die Vertragsverlängerung aus, wenn kein Sozialplan oder ein rechtsfehlerhafter Sozialplan aufgestellt wurde. Ebenfalls scheidet die Vertragsverlängerung aus, wenn der Sozialplan in Bezug auf das betreffende Miet- und Pachtverhältnis nicht ausreichend bestimmt ist. Denn dann lässt sich aus dem Sozialplan nicht herleiten, dass die Verlängerung des konkreten Vertragsverhältnisses zu seiner Verwirklichung erforderlich ist.

Es geht nur um die **Vertragsverlängerung**, also um die Aufrechterhaltung des bestehenden Vertrags zu den in ihm vereinbarten Bedingungen. **Nicht möglich** ist die gestaltende **Veränderung des Vertragsinhalts** z. B. hinsichtlich der Miet- und Pachtentgelte **oder die Neubegründung bereits beendeter bzw. völlig neuer Verträge**. Die Vertragsverlängerung greift dagegen dort, wo eine Vertragsbeendigung bevorsteht (z. B. nach Kündigungen vor Ablauf der Kündigungsfrist oder bei zeitlich befristeten Verträgen vor Zeitablauf).

Das **Maß der Vertragsverlängerung** richtet sich nach den Erfordernissen des Sozialplans. Grundsätzlich kommen **nur befristete Vertragsverlängerungen** in Betracht. Denn die Notwendigkeit der

Aufrechterhaltung des Vertrags in Bezug auf den Sozialplan kann sich verändern. Allerdings sind wiederholte Vertragsverlängerungen möglich, wenn sich nach Fristablauf erweist, dass der Sozialplan weiterhin die Aufrechterhaltung des Vertragsverhältnisses zu seiner Verwirklichung erfordert. Die Umwandlung befristeter Miet- und Pachtverträge in unbefristete Verträge scheidet dagegen aus, weil dies unverhältnismäßig und deshalb ermessensfehlerhaft wäre.

173 Die Vertragsverlängerung erfolgt durch Verwaltungsakt, der durch Widerspruch und Anfechtungsklage nach der VwGO angefochten werden kann. Lehnt die Gemeinde den Antrag des Mieters oder Pächters auf Erlass eines solchen Verwaltungsakts ab, kommt die Verpflichtungsklage nach der VwGO in Betracht. Bei Streitigkeiten aus dem verlängerten Vertragsverhältnis bleibt es weiterhin beim ordentlichen Rechtsweg. Die bestandskräftige Verlängerung des Vertragsverhältnisses wirkt sich auf die Kündigungsmöglichkeiten des Grundstückseigentümers dahin aus, dass er während der durch Verwaltungsakt verlängerten Laufzeit des Vertrages nur aus wichtigem Grund kündigen kann. Nach Ablauf der Verlängerungszeit sind ordentliche Kündigungen wieder möglich.

F. Sozialplan

I. Allgemeines

174 Nach § 180 Abs. 2 BauGB hat die Gemeinde das Ergebnis von Erörterungen und Prüfungen nachteiliger Auswirkungen von Bebauungsplänen und städtebaulichen Sanierungs- sowie Entwicklungsmaßnahmen sowie die in Betracht zu ziehenden Maßnahmen und die Möglichkeiten zu ihrer Verwirklichung schriftlich darzustellen. Für diese schriftliche Darstellung führt das Gesetz in einem Klammerzusatz den technischen Begriff Sozialplan ein. Die Erarbeitung und Fortschreibung des Sozialplans gehört nach § 140 Abs. 1 Nr. 6 BauGB zu den vorbereitenden Maßnahmen der Sanierung. Er ist u. a. die Grundlage für die Versagung von Genehmigungen nach § 172 Abs. 5 BauGB (s.o. Rn 132) und für die Verlängerung von Miet- und Pachtverhältnissen nach § 186 BauGB (s.o. Rn 170 ff.).

175 Der Sozialplan ist kein Verwaltungsakt und auch kein vom Gemeinderat als Satzung oder ohne die Form der Satzung zu beschließender Plan wie etwa der Flächennutzungsplan. Es handelt sich vielmehr um die gesetzlich angeordnete schriftliche Wiedergabe des Ergebnisses von Erörterungen und Prüfungen und von „in Betracht zu ziehenden" Maßnahmen der Gemeinde für die jeweilige Problemlösung sowie der Möglichkeiten zu deren Verwirklichung. Dennoch **gehen die Wirkungen des Sozialplans über rein verwaltungsinterne Vorbereitungshandlungen hinaus**. Denn die Festsetzungen des Sozialplans geben die Grundlage und den Maßstab für die Versagung von Genehmigungen und für die Verlängerung von Miet- und Pachtverhältnissen nach § 186 BauGB durch entsprechenden Verwaltungsakt ab (s.o. Rn 174). Mithin **entfaltet der Sozialplan zumindest mittelbar Außenwirkungen** für die durch die Versagung einer Genehmigung oder die Verlängerung eines Miet- und Pachtverhältnisses Betroffenen. Darüber hinaus kann der Sozialplan auch Außenwirkung durch Bindung des Verwaltungsermessens der Gemeinde dann entfalten, wenn in ihm bestimmte Maßnahmen „in Betracht gezogen und als verwirklichbar dargestellt" sind, die Gemeinde aber gleichwohl dem Antrag auf eine solche Maßnahme nicht entsprechen will. Als Beispiel mag die von einem Mieter nach § 186 BauGB beantragte Verlängerung des Vertragsverhältnisses dienen. Hier müssen besondere Gründe vorliegen, wenn die Gemeinde diese beantragte und im Sozialplan dargestellte Vertragsverlängerung ablehnen möchte.

176 Mithin handelt es sich bei dem Sozialplan um ein **gesetzlich geregeltes Verwaltungsinstrument eigener Art**, das der planenden Vorbereitung konkreter Verwaltungsakte der Gemeinde dient, die der „sozialplangerechten Lösung von Einzelproblemen zu dienen bestimmt sind".

177 Spätestens bei der Anfechtung solcher Verwaltungsakte ist der Sozialplan als deren Grundlage **von den Verwaltungsgerichten inzident zu überprüfen**. Hierbei kann auch die inhaltliche Unrichtigkeit eines solchen Sozialplans in Bezug auf die Wiedergabe des Ergebnisses von Erörterungen mit Betroffenen oder die Darstellung von zu lösenden „sozialen" Problemen in ihm geltend gemacht werden. Desgleichen ist auch die Frage gerichtlich überprüfbar, ob die Gemeinde im konkreten Einzelfall einen Sozialplan aufstellen musste oder – anders herum gedacht – überhaupt aufstellen durfte. Denn der Sozialplan ist nicht in jedem Fall erforderlich, sondern nur in den vom Gesetz in § 180 Abs. 1 S. 1 BauGB angeordneten Fällen. Es sind also Streitigkeiten vorstellbar, in denen es um die Verpflichtung der Gemeinde zur Aufstellung des Sozialplans geht, den sie aber nicht aufstellen will, oder auch um ihre Berechtigung zur Aufstellung eines Sozialplans, den sie aufgestellt hat.

178 Von daher gesehen ist es **nur bedingt richtig**, wenn **im Schrifttum** die Auffassung vertreten wird, es bestehe **kein Einsichtsrecht** in den Sozialplan, aus welchem auch **keine Ansprüche** hergeleitet werden könnten.[54] Betroffene und auch sonstige Dritte, die ein berechtigtes Interesse vorbringen, **müssen kontrollieren können, ob und mit welchem Inhalt die Gemeinde einen Sozialplan aufstellt bzw. aufgestellt hat**. So hat z. B. jeder unmittelbar Betroffene ein Interesse an der richtigen Wiedergabe des Erörterungsergebnisses und etwaiger Probleme in dem Sozialplan. Auch ein potentieller Grundstückskäufer hat ein anzuerkennendes Interesse zu wissen, ob und in welchem Ausmaß er z. B. nach § 186 BauGB mit möglichen Verlängerungen bestehender Miet- und Pachtverhältnisse über ein Grundstück in einem Sanierungsgebiet rechnen muss, das ihm zum Kauf angeboten wurde. Darüber hinaus kann ein von der Gemeinde aufgestellter Sozialplan ermessensbindende Wirkungen haben und also mittelbar anspruchsbegründend wirken (s.o. Rn 175).

II. Voraussetzungen und Pflichten der Gemeinde

179 Nach § 180 Abs. 1 S. 1 BauGB kommt es darauf an, ob sich Bebauungspläne und städtebauliche Sanierungs- sowie Entwicklungsmaßnahmen **voraussichtlich nachteilig** auf die Lebensumstände der Menschen **auswirken**, die in dem Gebiet wohnen und arbeiten. Ob das der Fall ist, muss die Gemeinde zunächst anhand der von ihr beabsichtigten Maßnahmen überschlägig danach beurteilen, ob und in welchem Umfang die Verwirklichung dieser beabsichtigten Maßnahmen für Betroffene Einschränkungen bei deren Lebensumständen nach sich ziehen wird. Das ist offenkundig dort, wo Betroffene z. B. im Zuge einer städtebaulichen Sanierung oder Entwicklung umgesiedelt werden sollen. Es gibt aber auch Fälle, wo die Gemeinde nach ihrer jeweiligen Aktenlage nicht abschließend beurteilen und zuweilen noch nicht einmal begründet vermuten kann, dass solche Beeinträchtigungen der Lebensumstände einzelner Betroffener voraussichtlich eintreten oder nicht eintreten werden. Hier hat die Gemeinde **näher aufzuklären, ehe sie entscheidet**, dass derartige Beeinträchtigungen der Lebensumstände Betroffener **nicht zu erwarten** sind. Wenn die Gemeinde diese Entscheidung fällt, muss sie auch in der Lage sein, zu begründen, weshalb voraussichtlich keine Beeinträchtigungen erwartet werden müssen.

180 Wenn Beeinträchtigungen der Lebensumstände Betroffener voraussichtlich erwartet werden müssen, **soll** die Gemeinde nach § 180 Abs. 1 S. 1 BauGB **Vorstellungen entwickeln und mit den Betroffenen erörtern**, wie diese erwarteten nachteiligen Folgen für die Betroffenen vermieden oder gemildert werden können. Es handelt sich um eine **Sollvorschrift**. Die Gemeinde ist zu diesen Vorbereitungen und Erörterungen grundsätzlich verpflichtet und kann nur dann davon absehen, wenn besondere Gründe dies rechtfertigen.

181 **Betroffener** i.S.d. Vorschrift ist dabei zunächst derjenige, bei dem diese Beeinträchtigungen eintreten werden. Wenn die Gemeinde jedoch zur Vermeidung oder Abmilderung der nachteiligen Folgen für diesen Betroffenen **auf einen anderen Dritten zurückgreifen** will, indem z. B. bestehende Miet-

---

[54] *Battis*, in: *Battis/Krautzberger/Löhr*, BauGB – Kommentar, 6. Aufl. 1998, § 180 Rn 8 mit Erwägungen in Richtung auf Schutz der Intimsphäre Betroffener und Datenschutz.

oder Pachtverhältnisse über § 186 BauGB verlängert werden, **ist auch dieser Dritte betroffen**. Er ist in die Erörterungen i.S.d. § 180 Abs. 1 S. 1 BauGB mit einzubeziehen. Es gehört zur notwendigen Sachverhaltsaufklärung für die Gemeinde festzustellen, wie sich dieser Dritte zu der erwogenen „Abhilfemaßnahme zu seinen Lasten" verhält. Dies zu wissen, ist für die Gemeinde bei der Beurteilung der Frage wichtig, ob die von ihr erwogene Abhilfemaßnahme eine hinreichende Aussicht hat, verwirklicht und bestandskräftig werden zu können. Fehlt es an dieser Prognose für die erwogene Maßnahme, erweist sich diese als ungeeignet zur Problemlösung. Die Gemeinde muss sich dann eine andere Lösung einfallen lassen und mit dem Betroffenen erörtern, dessen Problem gelöst werden soll. Darüber hinaus muss der durch die Inanspruchnahme zur Lösung des Problems eines anderen betroffene Dritte frühzeitig darüber informiert werden, was ihm u.U. droht.

182 Nach § 180 Abs. 1 S. 2 BauGB hat die Gemeinde Betroffenen bei deren eigenen Bemühungen zur Vermeidung oder Abmilderung nachteiliger Auswirkungen zu helfen. Hierbei geht es um Beratung und Unterstützung insbesondere beim Wohnungs- und Arbeitsplatzwechsel oder beim Umzug von Betrieben. Die Gemeinde soll auch auf öffentliche Leistungen hinweisen, die von den Betroffenen in Anspruch genommen werden können. Soweit die Betroffenen aus persönlichen Gründen nicht in der Lage sind, Empfehlungen und Hinweisen der Gemeinde zu folgen oder Hilfen zu nutzen, hat die Gemeinde nach § 180 Abs. 1 S. 3 BauGB geeignete Maßnahmen zu prüfen. Es geht dabei um Maßnahmen, durch welche Eigenmaßnahmen der persönlich z. B. wegen Alters oder Krankheit usw. dazu nicht fähigen Betroffenen ersetzt werden. Sind aus anderen Gründen weitere Maßnahmen der Gemeinde notwendig, hat sie auch diese zu prüfen.

G. Härteausgleich

183 Nach § 181 BauGB soll die Gemeinde **bei der Durchführung des BauGB** (= also bei allen gemeindlichen Maßnahmen nach dem BauGB) zum Ausgleich wirtschaftlicher Nachteile – auch im sozialen Bereich – einen Härteausgleich in Geld gewähren. Dieser Härteausgleich ist **in mehrfacher Hinsicht eingeschränkt**.

184 Der Härteausgleich wird nur **auf Antrag** gewährt. **Antragsberechtigt sind** nur die Nutzer von Grundstücken wie folgt:
- Mieter oder Pächter, wenn das Miet- oder Pachtverhältnis mit Rücksicht auf die Durchführung städtebaulicher Maßnahmen aufgehoben (§§ 182 ff. BauGB) oder enteignet worden ist (§ 181 Abs. 1 Nr. 1 BauGB).
- Einer gekündigten Vertragspartei, wenn die Kündigung zur Durchführung städtebaulicher Maßnahmen erforderlich ist. Das gilt auch bei vorzeitiger Aufhebung des Vertragsverhältnisses durch Vereinbarung der Vertragspartner (§ 181 Abs. 1 Nr. 2 BauGB).
- Einer Vertragspartei, wenn die vermieteten oder verpachteten Räume ohne Beendigung des Vertragsverhältnisses vorübergehend ganz oder teilweise unbenutzbar sind und die Gemeinde bestätigt hat, dass dies durch die alsbaldige Durchführung städtebaulicher Maßnahmen bedingt ist (§ 181 Abs. 1 Nr. 3 BauGB).
- Einem Mieter oder Pächter für die Umzugskosten, die dadurch entstehen, dass er nach Räumung vorübergehend anderweitig untergebracht wurde und später ein neues Miet- und Pachtverhältnis in dem Gebiet begründet, sofern dies im Sozialplan vorgesehen ist (§ 181 Abs. 1 Nr. 4 BauGB).
- Nutzer, die Grundstücke oder Räume auf der Grundlage anderer Vertragsverhältnisse nutzen als Miet- oder Pachtverhältnisse. Auf diese Vertragsverhältnisse sind die Regelungen des § 181 Abs. 1 Nrn. 1 bis 4 entsprechend anzuwenden (§ 181 Abs. 2 BauGB).

185 Der **Härteausgleich ist ausgeschlossen**, soweit dem Betroffenen eine Ausgleichs- und Entschädigungsleistung oder ein sonstiger Ausgleich gewährt wird (§ 181 Abs. 1 S. 2 BauGB). Diese Regelung verdeutlicht den Charakter des Härteausgleichs als eine grundsätzlich nur ausnahmsweise zu gewährende **Ausfallentschädigung i.S. eines sogen. Auffangtatbestands**. Er soll nicht zu Doppelentschädigungen führen und i.S.d. Gleichbehandlungsgrundsatzes nach Art. 3 GG auch nicht dazu, dass einem Betroffenen höhere Entschädigungen gewährt werden, als er diese nach den für ihn und alle anderen Betroffenen gültigen Ausgleichs- und Entschädigungsregelungen beanspruchen könnte.

Der **Härteausgleich wird darüber hinaus nicht gewährt**, soweit der Antragsteller es unterlassen hat oder unterlässt, den auszugleichenden wirtschaftlichen Nachteil durch zumutbare Maßnahmen abzuwenden, wobei es auch auf den Einsatz eigener oder fremder Mittel ankommt (§ 181 Abs. 3 BauGB). Diese Regelung entspricht im Grundsatz der allgemeinen Schadensminderungspflicht des Geschädigten nach § 254 BGB. 186

Positiv ist **für den Anspruch auf Härteausgleich erforderlich**, dass der auszugleichende Nachteil für den Betroffenen eine **besondere Härte** bedeutet (§ 181 Abs. 1 S. 2 BauGB). Es reicht nicht jede Härte aus, sondern nur eine solche, die den Betroffenen im Vergleich zu anderen ebenfalls Betroffenen besonders hart trifft. Den Vergleichsmaßstab geben die Betroffenen in dem jeweiligen Gebiet ab, in welchem die Maßnahmen der Gemeinde stattfinden. Denn nur dieses Gebiet und die in ihm stattfindenden Maßnahmen sowie die daraus folgende Betroffenheit einzelner vermag die Gemeinde zu überblicken. Der Vergleich zum Ausmaß der jeweiligen persönlichen Betroffenheit ist zwischen dem Antragsteller und anderen Betroffenen in dem Gebiet zu ziehen. Dabei kommt es darauf an, dass der Antragsteller im Vergleich zu den anderen Nachteile erlitten hat, die für ihn eine unverhältnismäßig große, sozusagen schicksalhafte Bedeutung haben. 187

Darüber hinaus muss die Gewährung des Härteausgleichs „von der Billigkeit **gefordert**" sein (§ 181 Abs. 1 S. 1 BauGB). Dazu reicht es nicht aus, wenn die Gewährung des Härteausgleichs unter Billigkeitsgesichtspunkten vertretbar erscheint. Das Erfordernis des Härteausgleichs aus Billigkeitsgründen liegt vor, wenn sich die Notwendigkeit der Gewährung des Härteausgleichs nach den persönlichen Umständen des Antragstellers geradezu aufdrängt und jede andere Entscheidung unter Billigkeitsgesichtspunkten unvertretbar wäre. 188

Bei Streitigkeiten über die Gewährung des Härteausgleichs ist nach § 217 Abs. 1 S. 1 BauGB der Rechtsweg zu den Kammern für Baulandsachen bei den LG eröffnet. 189

H. Städtebauliche Maßnahmen im Zusammenhang mit Maßnahmen zur Verbesserung der Agrarstruktur

Mit den Vorschriften der §§ 187 bis 191 BauGB regelt der Sechste Teil des 2. Kapitels Grundsätze der Koordinierung von Maßnahmen der Gemeinde mit der Flurbereinigung. Nach § 187 BauGB hat die Gemeinde bei der Aufstellung ihrer **Bauleitpläne** auch Maßnahmen zur Verbesserung der Agrarstruktur zu berücksichtigen. Die Flurbereinigungsbehörden sind von der Gemeinde frühzeitig zu beteiligen. Die obere Flurbereinigungsbehörde prüft, ob in Zusammenhang mit der Aufstellung von Bauleitplänen eine Flurbereinigung oder andere Maßnahmen zur Verbesserung der Agrarstruktur einzuleiten sind. Ergänzende Bestimmungen zur gegenseitigen Abstimmung zwischen der Gemeinde und den Flurbereinigungsbehörden zur Koordinierung von Bauleitplanung und Flurbereinigung sieht § 188 BauGB vor. 190

Die Vorschriften der §§ 189 bis 191 BauGB behandeln **städtebauliche Maßnahmen** der Gemeinde in Zusammenhang mit land- und forstwirtschaftlichen Betrieben sowie Grundstücken. Soweit bei städtebaulichen Maßnahmen land- oder forstwirtschaftliche Betriebe ganz oder teilweise in Anspruch genommen werden sollen, soll die Gemeinde nach § 189 BauGB mit dem Eigentümer abklären, ob er einen anderen solchen Betrieb oder land- und forstwirtschaftliches Ersatzland anstrebt. Sie soll sich um die Beschaffung oder Bereitstellung geeigneten Ersatzlandes bemühen und ihr gehörende Grundstücke zur Verfügung stellen, soweit diese nicht für andere Aufgaben benötigt wer- 191

§ 22 Städtebauliche Sanierung, Entwicklung und Maßnahmen zur Erhaltung der Agrarstruktur

den. Auf Antrag der Gemeinde kann nach § 190 BauGB ein Flurbereinigungsverfahren nach § 87 Abs. 1 FlurbG eingeleitet werden, wenn der für einen Betroffenen entstehende Landverlust auf einen größeren Kreis verteilt werden soll oder wenn Nachteile für die allgemeine Landeskultur, die durch die städtebaulichen Maßnahmen entstehen, vermieden werden sollen.

192 Mit § 191 BauGB wird der Anwendungsbereich der besonderen Vorschriften über den Verkehr mit land- und forstwirtschaftlichen Grundstücken eingeschränkt. Es handelt sich um das Grundstücksverkehrsgesetz (GrdstVG)[55] und das Landpachtverkehrsgesetz (LPachtVG).[56] Beide Gesetze stellen den Verkehr mit land- und forstwirtschaftlichen Grundstücken (Verkauf oder Verpachtung) unter staatlichen Genehmigungsvorbehalt, um im Interesse der Erhaltung der Agrarstruktur Veräußerungen oder Verpachtungen an Nichtlandwirte kontrollieren und ggf. verhindern zu können. Diese besonderen Vorschriften sind im räumlichen Geltungsbereich eines Bebauungsplans oder einer Sanierungssatzung nur noch dann anzuwenden, wenn ein landwirtschaftlicher Betrieb oder solche Flächen veräußert werden sollen, die im Bebauungsplan als Flächen der Landwirtschaft oder als Wald ausgewiesen sind.

---

[55] Gesetz über Maßnahmen zur Verbesserung der Agrarstruktur und zur Sicherung land- und forstwirtschaftlicher Betriebe (Grundstücksverkehrsgesetz – GrdstVG) vom 28.7.1961 (BGBl I, 1091, 1652, 2000), zuletzt geändert durch Gesetz vom 8.12.1986 (BGBl I, 2191).

[56] Gesetz über die Anzeige und Beanstandung von Landpachtverträgen (Landpachtverkehrsgesetz – LPachtVG) vom 8.11.1985 (BGBl I, 2075), zuletzt geändert durch Gesetz vom 29.7.1994 (BGBl I, 1890).

§ 23 Bauordnung und Baugenehmigung

Michael Bitz

Inhalt

A. Vorbemerkung	1
B. Allgemeine Vorschriften des Bauordnungsrechts	9
I. Anwendungsbereich (§ 1 MBO) und Begriffsbestimmungen (§ 2 MBO)	9
1. Anwendungsbereich	9
2. Begriffsbestimmungen	10
a) Bauliche Anlage	11
b) Gebäude	14
c) Vollgeschoss	15
d) Sonstige Begriffsbestimmungen	16
II. Allgemeine Anforderungen (§ 3 MBO)	17
1. Generalklauseln	17
2. Technische Baubestimmungen	18
3. Gestaltungsanforderungen	19
C. Anforderungen an das Baugrundstück	20
I. Baugrundstück	20
II. Anforderungen an die Bebauung	21
III. Verkehrliche Erschließung	22
IV. Abstandsflächen	24
1. Regelungsziele	24
2. Bauplanungsrechtliche Vorgaben	26
3. Abstandsflächenermittlung	27
4. Sonderproblem schräger Wandabschlüsse	28
5. Schmalseitenprivileg	31
6. Privilegierte Anlagen	32
7. Anwendung auf Anlagen ohne Gebäudeeigenschaft	33
8. Änderung und Nutzungsänderung von Gebäuden	34
9. Übernahme von Abstandsflächen auf Nachbargrundstücke	37
D. Allgemeine Anforderungen an die Bauausführung	38
I. Standsicherheit	39
II. Schädliche Einwirkungen	40
III. Brandschutz	41
IV. Verkehrssicherheit	42
V. Baustoffe und Bauarten	43
E. Spezielle bauordnungsrechtliche Anforderungen an Teile der Bauvorhaben	44
F. Anforderungen an Stellplätze und Garagen	45
G. Regelungen über die behördlichen Zuständigkeiten und die Verantwortung am Bau	47
H. Genehmigungs-, Anzeige- und Freistellungsverfahren	49
I. Sonstige Fragen der bauaufsichtlichen Zulassung von Bauvorhaben	58
I. Vorbescheid und Teilbaugenehmigung	58
II. Einschränkung der Genehmigungsentscheidung	59
III. Beteiligung von Nachbarn	60
IV. Abweichungen im Einzelfall	61
V. Geltungsdauer von Baugenehmigungen	65
VI. Verzicht auf die Baugenehmigung, Rücknahme	66
J. Überwachung der Bauarbeiten durch Bauaufsichtsbehörden	67
K. Maßnahmen der Baubehörden gegen rechtswidriges Bauen	68
I. Ermittlungsbefugnisse	68
II. Baueinstellung	69
III. Benutzungsverbot	70
IV. Beseitigungsanordnung	71
V. Ergänzende Vorschriften	74
L. Abschließende Regelungen	75

A. Vorbemerkung

Das Bauordnungsrecht fällt im Gegensatz zu dem in den vorhergehenden Kapiteln dieses Buches im Vordergrund stehenden Bauplanungsrecht als Teilbereich des Polizei- und Ordnungsrechts in die

Gesetzgebungskompetenz der Bundesländer.[1] Es dient vom Ansatz her der Gefahrenabwehr und umfasst öffentlich-rechtliche Regelungen insbesondere zu den **Anforderungen an Baugrundstücke** sowie an die **Errichtung, die Änderung, die Nutzungsänderung und den Abbruch baulicher Anlagen**. Klassische Regelungsbereiche bilden beispielsweise die Anforderungen an die Stand- und Verkehrssicherheit baulicher Anlagen sowie hinsichtlich des Brand- und Schallschutzes.

2 In den Landesbauordnungen finden sich zudem in neuerer Zeit verstärkt sozialen und ökologischen Zielsetzungen dienende Vorschriften, wie etwa Versiegelungsverbote oder Vorgaben für behindertengerechtes Bauen.[2]

3 Neben diesem materiellen Bauordnungsrecht enthalten die Bauordnungen der Länder Regelungen über die **Durchführung von Bauüberwachungs- und Zulassungsverfahren** (formelles Baurecht), in deren Rahmen, allerdings in von Fall zu Fall sehr unterschiedlichem Umfang, präventiv die Einhaltung der inhaltlichen Anforderungen an das Bauvorhaben durch die staatliche Bauaufsichtsbehörde überprüft wird.

4 Ergänzt werden die Landesbauordnungen durch verschiedene Regelungen, die teilweise in Form von Rechtsvorschriften (Rechtsverordnungen), aber auch als Verwaltungsvorschriften (Durchführungserlasse) ergangen sind. Die Gegenstände dieser im Vergleich zum formellen Gesetz flexiblere Anpassungsmöglichkeiten an geänderte Verhältnisse und Bedürfnisse der Praxis bietenden Bestimmungen

---

1 Hierzu das Rechtsgutachten des BVerfG zu den Gesetzgebungszuständigkeiten im Bereich des Baurechts vom 16.6.1954 – 1 PBvV 2/52 –, BVerfGE 3, 407, insbesondere Seite 433 mit dem Hinweis auf die sich aus Art. 74 Nr. 18 GG ergebende konkurrierende Gesetzgebungskompetenz des Bundes (Art. 72 GG) zum Erlass spezifisch das „Wohnungswesen" betreffender (auch) baupolizeilicher Vorschriften, auf deren Wahrnehmung der Bund jedoch im Rahmen der sogenannten „Bad Dürkheimer Vereinbarung" vom 21.1.1955 verzichtet hat; zur Entwicklung der Baugesetzgebung in der Bundesrepublik Deutschland siehe *Krautzberger* in *Ernst/Zinkahn/Bielenberg* (EZB), BauGB Loseblatt, Band I, Einl. Rn 45 ff.; vgl. zu den **Landesbauordnungen** beispielsweise die Internet-Adresse www.ikos.de; danach ergibt sich derzeit folgender (hier bzgl. Berlin, Nordrhein-Westfalen, Baden-Württemberg und Schleswig-Holstein ergänzter) Stand, von dem der vorliegende Beitrag ausgeht: Landesbauordnung für Baden-Württemberg (LBOBW) vom 8.8.1995 (GBl 1995, 617–650), zuletzt geändert durch Gesetz vom 19.12.2000 (GBl 2000, 760); Bayerische Bauordnung (BayBO) vom 4.8.1997 (GVBl 1997, 433–471), zuletzt geändert durch Gesetz vom 24.7.1998 (GVBl 1998, 439); Bauordnung für Berlin (BauOBln) vom 3.9.1997 (GVBl 1997, 421–446), geändert durch Gesetz vom 2.6.1999 (GVBl 1999, 192) und vom 10.10.1999 (GVBl 1999, 554); Brandenburgische Bauordnung (BbgBO) vom 25.3.1998 (GVBl 1998, 82 –123); Bremische Landesbauordnung (BremLBO) vom 27.3.1995 (GBl 1995, 211–249); Hamburgische Bauordnung (HBauO) vom 1.7.1986 (GVBl 1986, 183 ff.), zuletzt geändert durch Gesetz vom 4.11.1997 (GVBl 1997, 489); Hessische Bauordnung (HBO) vom 20.12.1993 (GVBl 1993, 655–706), mehrfach geändert, zuletzt durch Gesetz vom 17.12.1998 (GVBl 1998, 562–580); Landesbauordnung Mecklenburg-Vorpommern (LBauOMV) vom 6.5.1998 (GVBl 1998, 468 –502, Berichtigung: 612), geändert durch Gesetz vom 21.7.1998 (GVBl 1998, 647); Niedersächsische Bauordnung (NBauO) vom 13.7.1995 (GVBl 1995, 199–228), geändert durch Gesetz vom 6.10.1997 (GVBl 1997, 422); Bauordnung für das Land Nordrhein-Westfalen (BauONRW) vom 7.3.1995 (GVBl 1995, 218 ff.), zuletzt geändert durch Gesetz vom 9.11.1999 (GVBl 1999, 622 ff.); Landesbauordnung Rheinland-Pfalz (LBauORP) vom 24.11.1998 (GVBl 1998, 365– 399); Bauordnung für das Saarland (LBOSaar) vom 27.3.1996 (ABl 1996, 477–512), zuletzt geändert durch Gesetz vom 7.7.1998 (ABl 1998, 721); Sächsische Bauordnung (SächsBO) i.d.F. der Bekanntmachung vom 18.3.1999 (GVBl 1999 86 ff., 186); Bauordnung des Landes Sachsen-Anhalt (BauOLSA) vom 23.6.1994 (GVBl 1996, 723–755), geändert durch Gesetz vom 24.11.1995 (GVBl 1995, 339–343); Landesbauordnung für das Land Schleswig-Holstein (LBOSH) vom 11.7.1994 (GVBl 1994, 321–363), geändert durch Gesetze vom 21.10.1998 (GVBl 1998, 303) und vom 1.12.1999 (GVBl 1999, 418–432), Neubekanntmachung vom 10.1.2000 (GVBl 2000, 47–89); Thüringer Bauordnung (ThürBO) vom 3.6.1994 (GVBl 1994, 553–585).

2 Vgl. hinsichtlich der ökologischen Gesichtspunkte z.B. die §§ 21 ff. LBOSaar, wobei allerdings das insoweit vom Landesgesetzgeber ins Auge gefasste System einer für die Zulässigkeitsbeurteilung des Bauvorhabens maßgeblichen ökologischen Steuerung des Bauens über die Vergabe von „Ökopunkten" nach Maßgabe einer noch zu erlassenden Rechtsverordnung (vgl. i.e. § 24 LBO Saar) aus verschiedenen Gründen bislang nicht umgesetzt wurde; bezüglich der sozialen Regelungsinhalte sei beispielsweise auf die Bestimmungen über das sog. „barrierefreie Bauen" zugunsten von Personen mit Behinderungen oder kleinen Kindern sowie alten Menschen etwa in den §§ 53 ThürBO, 59 LBOSH, 52 LBauOMV, 54 LBOSaar, 53 BremLBO, 56 BauOLSA und § 39 LBOBW hinzuweisen; zu den insoweit auftretenden Interessengegensätzen z.B. *Hager*, BauR 2001, 573, 574.

sind vielfältig und reichen von Vorgaben für die Stellung von Bauanträgen bis hin zur Konkretisierung technischer Anforderungen etwa in Brandschutzfragen.[3]

Die Gesetzgebungstätigkeit der Bundesländer sollte sich von Anfang an grundsätzlich an einem länderübergreifend erarbeiteten Musterentwurf, der sogenannten **Musterbauordnung**, orientieren und auf diese abgestimmt sein. Zu diesem Zweck haben die für die Bauaufsicht zuständigen Minister der damaligen Bundesländer und der Bundesminister für Wohnungsbau in der sogenannten Bad Dürkheimer Vereinbarung im Jahre 1955 eine Musterbauordnungskommission ins Leben gerufen und diese mit dem Entwurf entsprechender Vorschriften beauftragt.[4] Der erste dieser in der Folge mehrfach überarbeiteten Entwürfe datiert aus dem Jahre 1959. Die fehlende rechtliche Verbindlichkeit dieser Musterbauordnungen, die lediglich Empfehlungscharakter für die Länder haben, führte indes verstärkt seit der ersten Hälfte der neunziger Jahre in immer schnellerer Folge zu nicht mehr in diesem Verständnis auf die Rechtsentwicklung in den übrigen Ländern abgestimmten Novellierungen nunmehr in allen sechzehn Bundesländern. Erklärtes Ziel dieser weit reichenden Gesetzesänderungen waren die Beschleunigung und die Vereinfachung des Bauens und dabei insbesondere des Genehmigungsverfahrens. Ob dieses Ziel im Einzelnen letztlich erreicht wurde, wird unterschiedlich beurteilt.[5] Festzuhalten bleibt aber, dass die Deregulierung im Bereich des materiellen Baurechts, in welchem sie am effektivsten wäre, bisher kaum nennenswerte Fortschritte gemacht hat, wobei freilich angesichts der Komplexität der Lebensverhältnisse und Interessengeflechte insoweit sicherlich nur begrenzte Spielräume für eine Vereinfachung bestehen.

Das Gesamtergebnis dieses Beschleunigungswettlaufs der Landesgesetzgeber ist neben dem äußerlichen Merkmal, dass die Vereinfachungsgesetze ihre Vorläufer vom Umfang her regelmäßig übertreffen, eine erhebliche Rechtszersplitterung, die zumindest aus der Sicht des länderübergreifend mit der Planung und Realisierung von Bauvorhaben Betrauten sehr misslich erscheinen muss.[6] Dieser sieht sich je nach Standort des Vorhabens in den einzelnen Bundesländern mit teilweise ganz unterschiedlichen rechtlichen Vorgaben gerade auch im Bereich des formellen Baurechts konfrontiert. Zur Erreichung des angestrebten Ziels der Vereinfachung und Beschleunigung der Genehmigungsverfahren wurden diese und damit (nur) die präventive materiellrechtliche Überprüfung der Zulässigkeit der Vorhaben durch staatliche Behörden entweder ganz abgeschafft oder erheblich eingeschränkt (vgl. hierzu i.e. den Abschnitt H. dieses Beitrags) und damit, da die materiellrechtlichen Anforderungen an die Bauvorhaben – wie in den Bauordnungen ausdrücklich klar gestellt wird[7] – uneingeschränkt weiter gelten, gerade den an der Bauausführung Beteiligten weit reichende Verantwortlichkeiten für das Vorhaben übertragen. Das verschärft die Problematik der fehlenden Einheitlichkeit gerade für

---

3 Vgl. für den Bereich des für die Arbeit des Verfassers maßgeblichen saarländischen Landesrechts beispielsweise die Bauvorlagenverordnung vom 9.8.1996 (BauVorlVO, ABl 1996, 887) oder die Technische Durchführungsverordnung vom 18.10.1996 (TVO, ABl 1996, 1278), insgesamt die Zusammenstellung der Verordnungen und Durchführungsbestimmungen zur LBOSaar bei *Limburg/Lichtenauer*, Baurecht im Saarland, Loseblatt, Band I, Teil B; entsprechend für den Bereich des nordrhein-westfälischen Landesrechts die Übersicht bei *Gädtke/Böckenförde/Temme/Heintz*, Landesbauordnung Nordrhein-Westfalen, 9. Aufl. 1998, Einl. Rn 97, und für Niedersachsen *Große-Suchsdorf/Lindorf/Schmaltz/Wiechert*, Niedersächsische Bauordnung (NBauO), 6. Aufl. 1996, Vor. Rn 12; ein Kurzüberlick zu den einzelnen Landesrechten findet sich etwa bei *Hammer*, Bauordnungsrecht im Überblick, 1999, S. 18.
4 Zu den Hintergründen etwa *Gädtke/Böckenförde/Temme/Heintz*, a.a.O., Einl. Rn 69–72.
5 Vgl. hierzu etwa die Einführung in dem Handkommentar von *Dammert/Kober/Rehak/Wieth* zur neuen Sächsischen Bauordnung, die auf eine entgegen dem Titel des Änderungsgesetzes hierbei nicht erzielte Vereinfachung des sächsischen Bauordnungsrechts verweisen, oder die aus Anlass der ersten Vereinfachungsnovelle in Bayern im Jahre 1994 geführte Kontroverse zwischen *Simon* und *Jäde* in BayVBl 1994, 321, 332, 363 und 581.
6 Dass es sich hierbei allerdings nicht um ein erst in jüngerer Vergangenheit aufgetretenes Problem handelt, verdeutlicht eine der ersten synoptischen Gegenüberstellungen von MBO 1959 und den beiden ersten danach ergangenen Landesbauordnungen in Rheinland-Pfalz vom 15.11.1962 (GVBl 229) und in Nordrhein-Westfalen vom 25.6.1962 (GVBl 373) bei *Scheerbarth*, Das allgemeine Bauordnungsrecht, 1962, S. 367 ff.
7 So z.B. Art. 63 Abs. 6 BayBO, §§ 63 Abs. 9, 63 a Abs. 6 SächsBO, 51 Abs. 4 LBOBW, 66 Abs. 8 BremLBO.

diesen Personenkreis und lässt künftig verstärkt eine versicherungsrechtliche Kompensation der dadurch aufgeworfenen Risiken erwarten.[8] Wenig überzeugend erscheinen vor diesem Hintergrund, auch wenn ein einheitliches „Baugesetz" für sich genommen einen gewissen Charme haben mag,[9] jedenfalls Vorschläge, darüber hinaus auch das Bauplanungsrecht – wie etwa für den bodenrechtlichen Teilbereich des Erschließungsbeitragsrechts im Jahre 1994 geschehen[10] – ebenfalls in die Gesetzgebungskompetenz der Länder zu übertragen, um auf diese Weise eine als wünschenswert erachtete Zuständigkeit – wohl bezogen auf das jeweilige Bundesland – „eines" Gesetzgebers für das gesamte öffentliche Baurecht zu erreichen.[11]

7   Ohne dass hier der Einheitlichkeit um ihrer selbst willen das Wort geredet werden soll, bleibt zu wünschen, dass die Bundesländer ihren in den letzten Jahren entwickelten Ideenreichtum im Bereich des Bauordnungsrechts in die aus Anlass des gegenwärtig laufenden, auf eine entsprechende Initiative des Bundesbauministeriums zurückgehenden Versuchs, die vereinheitlichende Steuerungsfunktion der Musterentwürfe wieder zu beleben, stattfindende Diskussion um die Erarbeitung einer Neufassung der Musterbauordnung einbringen und in der Folge wieder ein für die Landesgesetzgeber zumindest im Grundsatz bei der erforderlichen landesrechtlichen Umsetzung akzeptabler Entwurf erzielt wird. Der insoweit am Sachstand interessierte Leser sei auf die von der Projektgruppe Bauordnungsrecht der FK Bauaufsicht im Internet[12] zugänglich gemachte Diskussionsgrundlage verwiesen.

8   Die folgenden Ausführungen zu den Grundsätzen des Bauordnungsrechts orientieren sich aus darstellungstechnischen Gründen im Aufbau an der dort als Bestand wiedergegebenen **Musterbauordnung 1997 (MBO)**.[13] Hinsichtlich der jeweils maßgeblichen rechtlichen Details kann der Rechtsanwender insoweit nur auf die bisweilen nicht ganz einfache Lektüre der für ihn einschlägigen Landesbauordnung beziehungsweise der hierzu ergangenen ergänzenden Rechtsvorschriften verwiesen werden.[14] Die Darstellung der Einzelheiten des Bauordnungsrechts ist im Rahmen des vorliegenden Beitrags nicht möglich; dieser erhebt insoweit keinen Anspruch auf Vollständigkeit. Verzichtet werden muss vorliegend beispielsweise auf eine Behandlung der durch die Beteiligung der Gemeinden (§ 36 BauGB) und anderer Behörden bei der Zulassung von Bauvorhaben sowie durch die Konkurrenz mit anderen Zulassungsverfahren aufgeworfenen Fragen. Dem baurechtlichen Nachbarschutz ist ein eigenes Kapitel in diesem Buch gewidmet (siehe folgend § 24).

---

8   Vgl. in diesem Zusammenhang die interessanten Vergleiche mit dem in Frankreich bestehenden Modell der allein „planungsrechtlichen Genehmigung", wobei die dortige Behandlung des Bausicherheitsrechts über den code civil im Zivilrecht de facto zu einer weit reichenden Bestimmung des Anforderungsniveaus durch Haftpflicht- und Sachversicherer geführt hat, Jäde, GewA 1995, 187, 190. Mit sich aus der Freistellung ergebenden Risiken der Haftung für Bauherrn und Architekten unter Verarbeitung der Rechtsprechung des BGH zum Werkvertragsrecht befasst sich unter anderem der Aufsatz von *Ortloff/Rapp*, NJW 1996, 2346.
9   Vgl. etwa das Saarländische Baugesetz – BauG – vom 19.7.1955, ABl 1955, 1159 ff.
10 Vgl. das Gesetz vom 27.10.1994 (BGBl I, 3146) zur Neufassung der Art. 74 Nr. 18 und 125 a GG
11 So *Große-Suchsdorf/Lindorf/Schmaltz/Wiechert*, a.a.O., Vor. Rn 30.
12 Vgl. www.is-argebau.de, wo der Fassung der MBO 1997 die bisher erarbeiteten Änderungsvorschläge gegenübergestellt und erläutert werden (gegenwärtiger Stand: 10.11.2000).
13 MBO-Fassung vom Juni 1996, zuletzt geändert durch den Beschluss der Bauministerkonferenz vom 4/5.12.1997.
14 Insoweit kann auf die synoptischen Gegenüberstellungen der geltenden landesrechtlichen Vorschriften bei *Finkelnburg/Ortloff*, Öffentliches Baurecht, Band II, 4. Aufl. 1998, Anhang, S. 299 ff. (ausgehend von der BauONRW) oder bei *Simon*, Bayerische Bauordnung 1998, Loseblatt, Teil A (gegliedert nach der BayBO) hingewiesen werden.

B. Allgemeine Vorschriften des Bauordnungsrechts

I. Anwendungsbereich (§ 1 MBO) und Begriffsbestimmungen (§ 2 MBO)

1. Anwendungsbereich

Nach der in fast allen Landesbauordnungen zunächst enthaltenen Beschreibung des jeweiligen Anwendungsbereichs[15] gelten diese für bauliche Anlagen und Bauprodukte sowie für Grundstücke und andere Anlagen und Einrichtungen, soweit an sie in den bauordnungsrechtlichen Bestimmungen Anforderungen gestellt werden (§ 1 Abs. 1 MBO). Ausgenommen werden in § 1 Abs. 2 MBO insbesondere öffentliche Verkehrsanlagen nebst Zubehör (Nr. 1), Anlagen, die der Bergaufsicht unterliegen (Nr. 2), und bestimmten Zwecken dienende Leitungen und Rohrleitungen (Nr. 3 und 4), indes in allen genannten Fällen mit Ausnahme von oberirdischen Gebäuden. Bereits bei der Umsetzung dieses Ausnahmekatalogs finden sich viele landesspezifische Besonderheiten. So erfasst (nur) beispielsweise der Anwendungsausschluss in der Neufassung der Bayerischen Bauordnung (BayBO) aus dem Jahre 1997 auch oberirdische, der Bergaufsicht unterliegende Gebäude (Art. 1 Abs. 2 Nr. 2 BayBO). Schließlich werden in § 1 Abs. 2 Nr. 5 MBO Kräne und Krananlagen vom Anwendungsbereich ausgenommen, da für eine bauordnungsrechtliche Regelung mit Blick auf die Anwendbarkeit des Gesetzes über technische Arbeitsmittel kein Bedürfnis gesehen wird;[16] einige Länder erstrecken indes – als Ausnahme von der Ausnahme – den Ausschluss insoweit ausdrücklich nicht auf die ortsfesten Bahnen und Unterstützungen.[17] Schon dieser Einstieg sollte den Leser für den Hinweis empfänglich machen, dass im konkreten Einzelfall stets ein genauer Blick in die jeweils maßgebliche Bauordnung unverzichtbar ist.

2. Begriffsbestimmungen

Die vorangestellten Begriffsbestimmungen (§ 2 MBO) sind für die weitere Anwendbarkeit der Bauordnungen aufgrund entsprechender Verweisungen, beispielsweise in der Baunutzungsverordnung (BauNVO), gegebenenfalls auch in anderen Rechtsbereichen von erheblicher Bedeutung.

a) Bauliche Anlage

Der Begriff der **baulichen Anlage** (§ 2 Abs. 1 MBO), worunter früher üblicherweise mit dem Erdboden verbundene, aus Baustoffen und Bauteilen hergestellte Anlagen verstanden wurden, hat in § 2 MBO und den ihm folgenden Landesbauordnungen aufgrund der Umsetzung der sogenannten EU-Bauproduktenrichtlinie,[18] welche die Mitgliedsstaaten zum Erlass von Bestimmungen verpflichtet, die das Inverkehrbringen „brauchbarer" Bauprodukte ermöglichen, eine Modifikation erfahren. Danach sind bauliche Anlagen nunmehr definiert als mit dem Erdboden verbundene, aus Bauprodukten hergestellte Anlagen (Satz 1), wobei nach Satz 2 eine Verbindung mit dem Erdboden im Sinne der Vorschrift unter anderem auch dann besteht, wenn die Anlage aus eigener Schwere auf dem Erdbo-

---

[15] Vgl. aber insoweit die Niedersächsische Bauordnung 1995/96, welche hier auf eine allgemeine Bestimmung des Anwendungsbereichs verzichtet, in § 1 NBauO eine an § 3 MBO orientierte Norm über die grundsätzlichen Anforderungen an bauliche Anlagen voranstellt und in § 3 NBauO dann die von der Anwendbarkeit ausgenommenen Anlagen umschreibt; zum Hintergrund *Große-Suchsdorf/Lindorf/Schmaltz/Wiechert*, a.a.O., § 3 Rn 1.
[16] Siehe hierzu etwa *Gädtke/Böckenförde/Temme/Heintz*, a.a.O., § 1 Rn 59.
[17] Vgl. z.B. § 1 Abs. 2 Nr. 5 BauONRW, der in seiner Neufassung nur noch „Kräne" ausnimmt, § 1 Abs. 2 Nr. 5 LBauOMV, § 1 Abs. 2 Nr. 5 LBOSaar, § 1 Abs. 2 Nr. 5 LBOSH.
[18] Vgl. die „Richtlinie zur Angleichung der Rechts- und Verwaltungsvorschriften der Mitgliedsstaaten über die Bauprodukte" vom 21.12.1988 (89/106/EWG, ABl EG Nr. L 40, 12), geändert durch Richtlinie 93/68/EWG vom 22.7.1993 (ABl EG Nr. L 220, 1).

den ruht[19] oder wenn sie „nach ihrem Verwendungszweck dazu bestimmt ist, überwiegend ortsfest benutzt zu werden".

12 Mit Blick auf die letztgenannte gesetzgeberische Vorgabe stellt sich insbesondere die Frage, ob und unter welchen Voraussetzungen Verkaufs- oder Wohnwagen als bauliche Anlagen anzusehen sind. Für die frühere Fassung wurde dies in Rechtsprechung und Literatur bejaht.[20] Da die Neufassung zur überwiegend ortsfesten Nutzung (Satz 2) eine Gleichstellung nur noch in Bezug auf das Merkmal der Verbindung mit dem Erdboden hergibt, ließe sich das Vorliegen einer baulichen Anlage in der Neufassung des Satzes 1 in § 2 Abs. 1 MBO – vorbehaltlich der Einschlägigkeit eines Fiktionstatbestandes nach dem Muster des § 2 Abs. 1 S. 3 MBO (vgl. etwa § 2 Abs. 1 S. 3 Nr. 1 BremLBO) – nur bejahen, wenn zusätzlich bei den erwähnten mobilen Einrichtungen angenommen werden könnte, dass diese aus „Bauprodukten" hergestellt sind. Diese wiederum sind in § 2 Abs. 9 MBO und dem folgend den einzelnen Landesbauordnungen in Anlehnung an die europarechtliche Vorgabe beziehungsweise den § 2 Abs. 1 des vom Bund im Rahmen seiner Kompetenz erlassenen Bauproduktengesetzes (BauPG) definiert erstens als Baustoffe, Bauteile und Anlagen, die hergestellt werden, um dauerhaft in bauliche Anlagen eingebaut zu werden, oder zweitens als aus Baustoffen und Bauteilen vorgefertigte Anlagen, die hergestellt werden, um mit dem Erdboden verbunden zu werden, wie Fertighäuser, Fertiggaragen und Silos. Vor diesem Hintergrund wird in der Literatur die Auffassung vertreten, durch die Neufassung des Anlagenbegriffs unter Anknüpfung an den Bauproduktenbegriff sei jener (ungewollt) derart eingeengt worden, dass aus Fahrzeugteilen bestehende „Bauten" nicht mehr als bauliche Anlagen im Sinne des Bauordnungsrechts betrachtet werden könnten.[21]

13 Der § 2 Abs. 1 S. 3 MBO enthält sodann einen in den einzelnen Bundesländern wiederum (nur) unter Änderungen und Ergänzungen übernommenen Katalog von Anlagen, bei denen die Eigenschaft als bauliche Anlage im bauordnungsrechtlichen Verständnis fingiert wird. Dabei geht es nach dem Musterentwurf um Abgrabungen und Aufschüttungen (Nr. 1), Lager-, Abstell- und Ausstellungsplätze (Nr. 2), Camping-, Wochenend- und Zeltplätze (Nr. 3), Stellplätze für Kraftfahrzeuge (Nr. 4), Gerüste (Nr. 5) und Hilfseinrichtungen zur statischen Sicherung von Bauzuständen (Nr. 6). Schließlich ist in dem Zusammenhang darauf hinzuweisen, dass dem Bauplanungsrecht, das seit der Neufassung 1998 auf die Anknüpfung an die landesrechtliche Zulassungspflichtigkeit verzichtet (§ 29 Abs. 1 BauGB), ein eigener, inhaltlich nicht identischer Anlagenbegriff zugrunde liegt.[22]

---

[19] Vgl. zu der Problematik, dass physikalisch betrachtet alle festen Gegenstände aus eigener Schwere auf dem Erdboden ruhen; und zu diesbezüglichen Abgrenzungsversuchen *Gädtke/Böckenförde/Temme/Heintz*, a.a.O., § 2 Rn 44 ff.

[20] Vgl. etwa OVG Saarlouis, Urt. v. 22.9.1992 – 2 R 8/92 -, BRS 54 Nr. 141, n.z.N. aus der sonstigen Rechtsprechung betreffend einen regelmäßig am selben Wochentag auf einem bestimmten Grundstück abgestellten Hähnchenverkaufswagen; OVG Lüneburg, Beschl. v. 30.11.1992 – 1 M 4620/92 –, BRS 54 Nr. 142, zu einem einmal wöchentlich vormittags für 4 Stunden aufgestellten Fischverkaufswagen; *Gädtke/Böckenförde/Temme/Heintz*, a.a.O., § 2 Rn 52 und *Große-Suchsdorf/Lindorf/Schmaltz/Wiechert*, a.a.O., § 2 Rn 18; *Simon*, BayBO 1994, Art. 2 Rn 110a.; zahlreiche weitere Nachweise etwa bei *Finkelnburg/Ortloff*, Öffentliches Baurecht, Band II, 4. Aufl. 1998, S. 13, Anm. 1.

[21] So etwa *Große-Suchsdorf/Lindorf/Schmaltz/Wiechert*, a.a.O., § 2 Rn 9, der diese Konsequenz – zu Recht – für nicht glücklich hält, wobei dies insbesondere für im Außenbereich (§ 35 BauGB) „wild" abgestellte Wohnwagen zu gelten hätte, die freilich gegebenenfalls naturschutzrechtlich beachtlich blieben; vgl. demgegenüber OVG Berlin, Beschl. v. 13.3.1998 – 2 S 2.98 –, BRS 60 Nr. 206, das die Wohnwagen einer Wagenburg auch als aus Bauprodukten hergestellte und damit bauliche Anlagen ansieht.

[22] Der planungsrechtliche Anlagenbegriff setzt sich zusammen aus einem weiten Verständnis des „Bauens" und dem insoweit einschränkenden Merkmal möglicher bodenrechtlicher Relevanz; vgl. beispielsweise den Berliner Kommentar zum BauGB, 2. Aufl., § 29 Rn 2 und 7-9; vgl. zu der Frage der bodenrechtlichen Relevanz früher infolge landesrechtlicher Genehmigungsfreistellung bauplanungsrechtlich außer im Anwendungsbereich der Satzungen nach §§ 10, 30 BauGB (Bebauungsplan) nicht relevanter „Kleinvorhaben" nach der Neufassung des § 29 BauGB 1998 OVG Koblenz, Urt. v. 10.8.2000 – 1 A 10462/00 –, DÖV 2000, 1058.

b) Gebäude

Die Bauordnungen definieren **Gebäude** in Anlehnung an § 2 Abs. 2 MBO als selbständig benutzbare, überdeckte bauliche Anlagen, die von Menschen betreten werden können und geeignet oder bestimmt sind, dem Schutz von Menschen, Tieren und Sachen zu dienen. Bisweilen wird auf den letztgenannten funktionalen Zusatz verzichtet (vgl. Art. 2 Abs. 2 BayBO). Die Feststellung oder Verneinung der Gebäudeeigenschaft hat große Bedeutung für die bauordnungsrechtliche Beurteilung der Zulässigkeit des Vorhabens etwa bezüglich der Anwendbarkeit der Bestimmungen über die Abstandsflächen (§ 6 Abs. 1 S. 1 MBO), so dass beispielsweise auch die vorerwähnten Verkaufs- und Wohnwagen grundsätzlich den Grenzabstandserfordernissen unterliegen, wenn sie als bauliche Anlage und (damit) als Gebäude in diesem Sinne angesehen werden.[23] Der Gebäudebegriff setzt entgegen sonst üblicher Begriffsvorstellungen nicht das Vorhandensein von Seitenwänden voraus und knüpft auch nicht an die Verwendung bestimmter Baumaterialien an. Daher ist beispielsweise auch ein Carport, das heißt eine auf vier Stützen ruhende Überdachung für einen KfZ-Stellplatz, ein Gebäude im bauordnungsrechtlichen Verständnis.[24] Einzelne Landesbauordnungen enthalten sodann über die bisherige Fassung der MBO hinaus[25] ergänzende, an Höhen und Geschosszahl orientierte Vorschriften über die Einteilung der Gebäude in bestimmte Gebäudeklassen, an die wiederum verschiedene bauordnungsrechtliche Vorschriften anknüpfen.[26]

14

c) Vollgeschoss

Der bauordnungsrechtliche **Vollgeschossbegriff**, bei dem es wesentlich darum geht, die Frage zu beantworten, ob ein teilweise im Boden befindliches Geschoss (Untergeschoss) oder ein Dachgeschoss als Vollgeschoss zu bewerten ist, knüpft in § 2 Abs. 4 MBO daran an, ob die Deckenoberkante mehr als 1,40 m über die Geländeoberfläche hinausragt und ob die Geschosse über mindestens zwei Drittel ihrer Grundfläche eine lichte Höhe von mindestens 2,30 m aufweisen. Auch in diesem Zusammenhang finden sich eine Vielzahl von Sonderbestimmungen in den einzelnen Bundesländern. Als Beispiel sei hier angeführt die Regelung in Art. 2 Abs. 5 BayBO, der hinsichtlich der Kellergeschosse für die Vollgeschosseigenschaft darauf abstellt, ob die Decken**unter**kante im Mittel mindestens 1,20 m höher liegt als die (natürliche oder festgelegte) Geländeoberfläche. Teilweise finden sich auch sinnvolle Ergänzungen, wie etwa die Bestimmung des § 2 Abs. 5 S. 2 BbgBO, wonach sogenannte Installationsgeschosse, die ausschließlich der Unterbringung haustechnischer Geräte dienen, nicht als Vollgeschosse gelten. Eine solche Regelung räumt beispielsweise den Streit darüber aus, ob ein oberhalb des Flachdachs eines Hochhauses aufsteigender oberer Abschluss des Fahrstuhlschachts mit einer lichten Höhe von mehr als 2,30 m ein (weiteres) Vollgeschoss darstellt oder nicht, was für die Zulässigkeit weit reichende Konsequenzen haben kann. In der Mehrzahl der Bauordnungen finden sich über den § 2 Abs. 4 MBO hinausgehende, freilich wiederum unterschiedliche Vergünstigungen für oberste Geschosse, die mindestens mit einer Wand gegenüber der Außenwand des Gebäudes zurücktreten (sog. Staffelgeschosse). Damit soll vom Ansatz her eine Gleichbehandlung mit den über die ganze Grundfläche des Gebäudes ausgebauten Dachgeschossen sichergestellt werden, wenn sie gegenüber diesen keine größere nutzbare Fläche aufweisen. In diesen Fällen wird das relative Maß der

15

---

23 Grenzabstandserfordernisse ergeben sich insoweit unabhängig davon auch dann, wenn man die Wagen als „andere Anlagen und Einrichtungen" im Sinne des § 1 Abs. 1 MBO und das Merkmal der gebäudegleichen Wirkungen im Sinne des § 6 Abs. 10 MBO beziehungsweise der diese Regelung übernehmenden landesrechtlichen Vorschriften ansieht.
24 Vgl. in jüngerer Vergangenheit zum Gebäudebegriff etwa OVG Bremen, Beschl. v. 9.9.1999 – 1 B 303/99 –, BRS 62 Nr. 129, betreffend eine auf einer Stützenreihe montierte Gehwegüberdachung.
25 Vgl. zu den weit reichenden Änderungsvorschlägen die Fundstelle oben Anm. 12.
26 Vgl. beispielsweise die Einteilung in § 2 Abs. 2 S. 2 LBOSaar.

lichten Höhe nicht auf dieses oberste, sondern auf das darunter liegende Geschoss bezogen.[27] Die Definition der Vollgeschosseigenschaft in den Landesbauordnungen ist insbesondere von Bedeutung für die Ausfüllung des Merkmals der Geschosszahl im Rahmen der Festsetzung des Maßes der baulichen Nutzung in Bebauungsplänen (vgl. § 16 Abs. 2 Nr. 3, 3 BauNVO). Der § 20 Abs. 1 BauNVO (1990) verweist wie seine Vorläuferregelungen in den früheren Fassungen der Baunutzungsverordnung (§ 18 BauNVO 1962/68/77) auf den jeweiligen landesrechtlichen Vollgeschossbegriff. Bei der Planung von Bauvorhaben in den Bereichen „alter" Bebauungspläne ist jedoch besonders zu beachten, dass es sich insoweit um eine statische Verweisung auf die jeweilige landesrechtliche Regelung im Zeitpunkt des Erlasses des konkreten Bebauungsplans handelt.[28]

d) Sonstige Begriffsbestimmungen

16 Die Musterbauordnung enthält ferner unter anderem Legaldefinitionen für **Aufenthaltsräume** (§ 2 Abs. 5 MBO), **Stellplätze** (§ 2 Abs. 7 MBO) und **Feuerstätten** (§ 2 Abs. 8 MBO) sowie die schon erwähnte Inhaltsbestimmung der Begriffe der **Bauprodukte** (§ 2 Abs. 9 MBO) und der **Bauart** (§ 2 Abs. 10 MBO), die im Wesentlichen so in die Landesbauordnungen übernommen wurden. Allerdings wurden die Definitionen zum Teil nicht in den vorangestellten Katalog aufgenommen, sondern jeweils den an die Begriffe anknüpfenden materiell-rechtlichen Normen zugeordnet.[29] Danach sind beispielsweise Aufenthaltsräume solche Räume, die nicht nur zum vorübergehenden Aufenthalt von Menschen bestimmt oder geeignet sind, wobei die sprachliche Verknüpfung („oder") verdeutlicht, dass insoweit unabhängig von den tatsächlichen Gegebenheiten die Eignung der Räume zur Nutzung zu Aufenthaltszwecken ausreicht. Darüber hinaus enthalten einzelne Landesbauordnungen weitere allgemeine, den besonderen Regelungen vorangestellte Definitionen, zum Beispiel hinsichtlich des Begriffs der insbesondere bei der Abstandsflächenberechnung und der Ermittlung der Geschosszahl bedeutsamen **Geländeoberfläche** (z.B. §§ 2 Abs. 7 BbgBO, 2 Abs. 4 BauONRW, 2 Abs. 6 LBOSH, 2 Abs. 7 BauOLSA) oder des Begriffs der **öffentlich-rechtlichen Sicherung** (z.B. § 2 Abs. 9 LBO-Saar).

II. Allgemeine Anforderungen (§ 3 MBO)

1. Generalklauseln

17 Nach den an § 3 Abs. 1 MBO orientierten **bauordnungsrechtlichen Generalklauseln** sind bauliche Anlagen so zu errichten, zu ändern und instand zu halten, dass die öffentliche Sicherheit und Ordnung, insbesondere Leben, Gesundheit und die natürlichen Lebensgrundlagen, nicht gefährdet werden. Die materiellen Grundnormen des Bauordnungsrechts umschreiben allgemein das bereits in der Einleitung angesprochene Regelungsprogramm des Bauordnungsrechts, indem neben den herkömmlichen polizeirechtlichen Aspekten (Abwehr von Gefahren für die öffentliche Sicherheit) auch umweltpolitische Gesichtspunkte (Schutz natürlicher Lebensgrundlagen) angesprochen werden. Die

---

[27] Siehe hierzu i.e. beispielsweise § 2 Abs. 6 S. 3 Nr. 2 LBOBW, § 2 Abs. 4 S. 2 NBauO, § 2 Abs. 4 S. 2 LBOSaar, § 2 Abs. 5 LBOSH, § 2 Abs. 6 LBauOMV, § 2 Abs. 5 S. 2 LBauONRW, § 2 Abs. 4 S. 2 BauOBln und die indes eigene (strengere) Definitionen des Staffelgeschosses beinhaltenden § 2 Abs. 6 ThürBO und § 2 Abs. 6 S. 2 BremLBO; entsprechende Regelungen sind ersichtlich nicht getroffen worden in der BayBO und in der SächsBO; zur Frage der Ermittlung der Abstandsflächen bei Gebäuden mit Staffelgeschossen OVG Münster, Urt. v. 21.8.1995 – 10 A 2743/91 –, BRS 57 Nr. 145.

[28] Siehe dazu VGH Mannheim, Beschl. v. 27.1.1999 – 8 S 19/99 –, BauR 2000, 1166, m. w. N. auch zur Gegenansicht; wie hier auch die ständige Rechtsprechung des OVG Saarlouis, vgl. etwa das Urt. v. 28.4.1992 – 2 R 22/90 –.

[29] So z.B. die BayBO hinsichtlich der Begriffsbestimmung der Feuerungsanlage (Art. 41 BayBO), des Aufenthaltsraumes in Art. 45 BayBO und der Garagen und Stellplätze (Art. 52 Abs. 1 BayBO), oder die NBauO bezüglich der Aufenthaltsräume (§ 43 Abs. 1 NBauO).

Vorschrift findet sich jeweils in mehr oder weniger modifizierter Form in den einzelnen Landesbauordnungen.[30] Teilweise werden insbesondere ökologische Zielvorstellungen textlich hervorgehoben und inhaltlich erläutert[31] oder auch weitergehende, insbesondere soziale „Programmvorgaben" im Sinne politischer Zielvorstellungen gemacht.[32] Der Art. 3 Abs. 1 S. 3 BayBO enthält bereits hier allgemeine Grundsätze für die Gestaltung baulicher Anlagen. Rechtlich werden die Generalklauseln in den jeweiligen Landesbauordnungen durch eine Vielzahl von diese Anforderungen für spezielle Regelungsbereiche (Anlagen und Anlagenteile) konkretisierende Vorschriften verdrängt; sie bleiben aber des ungeachtet als materielle Vorgaben enthaltende Regelungen subsidiär für nicht besonders geregelte Bereiche anwendbar und erlangen insoweit auch eigenständige Bedeutung.[33] Die Vorschrift wurde daher früher beispielsweise vor dem Erlass diesbezüglich spezieller Bestimmungen[34] zur Beurteilung der Fälle beabsichtigter Bebauung von mit umweltgefährdenden Stoffen belasteten Grundstücke (Altlasten) nutzbar gemacht.

2. Technische Baubestimmungen

Nach den § 3 Abs. 3 MBO entsprechenden Regelungen in den Landesbauordnungen sind die von der Obersten Bauaufsichtsbehörde durch öffentliche Bekanntmachung als **Technische Baubestimmungen** eingeführten technischen Regeln zu beachten. Der Landesgesetzgeber verweist insoweit aus gutem Grund auf technische Regelwerke (z.B. DIN-Vorschriften), die durch die Einführung[35] zwar nicht den Charakter von Rechtsnormen erhalten, für den Bauherrn aber die Beachtenspflicht konkretisieren und so gegenüber den früheren generellen Verweisungen auf die anerkannten Regeln der Technik zu einer größeren Rechtssicherheit beitragen. Gleichzeitig wird die Möglichkeit technisch „gleichwertiger", anerkannten Regeln von Technik und Baukunst entsprechender Lösungen eröffnet (vgl. z.B. § 3 Abs. 3 S. 3 LBauOMV oder § 3 Abs. 3 S. 3 LBOSH).

18

3. Gestaltungsanforderungen

Allgemeine Anforderungen an die **Gestaltung** baulicher Anlagen (§ 12 MBO) enthalten die sogenannten Verunstaltungsverbote. Die einzelnen Bauordnungen[36] enthalten die beiden „klassischen" Verunstaltungstatbestände, zum einen bezogen auf die Umgebung der Anlage (§ 12 Abs. 2 S. 1 MBO), zum anderen bezüglich der baulichen Anlage selbst (§ 12 Abs. 1 MBO). Nach den an § 1 der Baugestaltungsverordnung aus dem Jahre 1936 orientierten Bestimmungen sind bauliche Anlagen nach Form, Maßstab, Verhältnis der Baumassen und Bauteile zueinander, Werkstoff und Farbe so zu gestalten, dass sie nicht verunstaltend wirken. Dabei ist dem aus dem Rechtsstaatsprinzip (Art. 20, 28 Abs. 1 GG) unter dem Aspekt der Rechtssicherheit abzuleitenden Erfordernis einer hinreichenden

19

---

30 Vgl. beispielsweise die sich weitgehend an dem Musterentwurf orientierenden Bestimmungen in § 3 Abs. 1 SächsBO, BauOBln, BauONW, ThürBO, LBauOMV und BauOLSA, § 1 Abs. 1 der – wie erwähnt – im Aufbau „Sonderwege" gehenden NBauO.

31 So etwa die textliche Hervorhebung in § 3 Abs. 1 Nr. 3 BbgBO und die zudem inhaltliche Erläuterung des Ökologieaspekts in § 3 Abs. 1 Nr. 4 LBOSaar, die nach der Begründung zum Gesetzentwurf (vgl. LT Drucks. 11/332 vom 14.6.1995) der „Erweiterung und Verschärfung des Umweltschutzgedankens auch im Bauordnungsrecht dienen soll (vgl. dazu auch Anm. 2).

32 Vgl. die eine Berücksichtigung der Belange von Familien mit Kindern, alten Leuten und behinderten Personen gebietenden § 3 Abs. 1 LBOSH und § 3 Abs. 1 Nr. 5 LBOSaar.

33 Vgl. beispielsweise zum Verbot der Schaffung bauhygienisch unzuträglicher Zustände (sog. Schmutzecken) OVG Saarlouis, Beschl. v. 21.2.1996 – 2 W 54/96 –, Urt. v. 29.8.2000 – 2 R 7/99 –.

34 Vgl. nunmehr etwa § 19 Abs. 1 S. 2 NBauO, hierzu *Große-Suchsdorf/Lindorf/Schmaltz/Wiechert*, a.a.O., § 19 Rn 33 ff.; § 16 Abs. 1 S. 2 BauONRW und § 5 Abs. 5 LBOSaar.

35 Vgl. hierzu etwa die bei *Busse*, Handkommentar zur neuen bayerischen Bauordnung, zu Art. 3 BayBO, Rn 6–13 abgedruckte Einführungsliste für Bayern bzw. die entsprechende Bekanntmachung vom 1.7.1997 im ABl des Saarlandes 1999, 618 ff.

36 Vgl. z.B. Art. 11 BayBO, § 12 BauONRW, § 14 LBOSH, § 53 NBauO, § 4 LBOSaar.

Bestimmtheit gesetzlicher Normen nur dann genügt, wenn sich im Wege der Auslegung dieser unbestimmten Rechtsbegriffe mit ausreichender Bestimmbarkeit ermitteln lässt, was von dem Bauherrn im Einzelfall verlangt wird.[37] Bei der Annahme einer Verunstaltung ist von daher Zurückhaltung geboten. Dem Staat kommt nicht die Befugnis zu, verbindliche ästhetische oder gar künstlerische Maßstäbe zu entwickeln. Diese Vorschriften eröffnen den Baubehörden nicht die Möglichkeit einer über den gestalterischen Maßstab des Durchschnittsbetrachters hinausgehenden Pflege der Baukultur oder gar der Einflussnahme auf Geschmacksrichtungen. Demgemäß kommt es bei der Frage des Vorliegens einer „Verunstaltung" nicht darauf an, ob der jeweilige Betrachter der Anlage diese als schön oder weniger schön empfindet. Die Annahme eines bauordnungswidrigen Zustands ist vielmehr erst dann gerechtfertigt, wenn vom Maßstab des ästhetischen Empfindens eines gebildeten Durchschnittsmenschen, nicht etwa eines in dieser Hinsicht besonders geschulten oder empfindsamen Beobachters, festgestellt werden kann, dass im Einzelfall ein hässlicher, das ästhetische Empfinden nicht bloß beeinträchtigender, sondern verletzender Zustand geschaffen wurde. Abweichend hiervon schreibt § 12 Abs. 3 BremLBO ausdrücklich vor, dass die Beurteilung der Gestaltung „unter Berücksichtigung" des Empfindens eines auf diesem Gebiet sachkundigen und erfahrenen Beobachters zu erfolgen hat. Auch die gestalterischen Anforderungen werden teilweise in den einzelnen Bauordnungen der Länder abweichend formuliert und in Einzelfällen auch ergänzt, ohne dass indes regelmäßig substantiell anderes geregelt würde.[38] Fragen der Verunstaltung stellen sich in der Praxis am häufigsten im Zusammenhang mit Werbeanlagen,[39] für welche die Bauordnungen den zusätzlichen Tatbestand des Verbots „störender Häufung" enthalten (§ 13 Abs. 2 S. 3 MBO). Besondere Anforderungen können sich in diesem Bereich aus dem Denkmalschutzgesetz des jeweiligen Bundeslandes ergeben, deren Einhaltung beispielsweise durch die Beteiligung der Fachbehörden in Baugenehmigungsverfahren sichergestellt wird (vgl. z.B. § 12 des Saarländischen Denkmalschutzgesetzes – SDSchG).[40] Bei Vorhaben in der Umgebung von Bau- und Naturdenkmälern heben einzelne Landesbauordnungen die Pflicht zur Rücksichtnahme auf diese Belange hervor (vgl. etwa § 12 Abs. 2 S. 2 BremLBO, § 4 Abs. 4 LBOSaar).

C. Anforderungen an das Baugrundstück

I. Baugrundstück

20 Alle Landesbauordnungen enthalten einen Abschnitt über das **Grundstück** und seine Bebauung. Der Musterentwurf behandelt diese Anforderungen in den §§ 4 ff. MBO. Das Bauordnungsrecht geht dabei vom bürgerlich-rechtlichen Grundstücksbegriff (Buchgrundstück) aus[41] und macht rechtliche Vorgaben für die Zulässigkeit einer Errichtung von Bauvorhaben auf mehreren Grundstücken.[42] Es eröffnet aber in der Mehrzahl der Länder die Möglichkeit, mehrere solcher Buchgrundstücke

---

37 Vgl. zu dem entsprechenden Begriff der „anständigen Baugesinnung" in § 1 BaugestaltungsV 1936 etwa BVerwG, Urt. v. 28.6.1955 – I C 146.53 –, BVerwGE 46, 172, 175, oder aus jüngerer Vergangenheit BVerwG, Beschl. v. 6.12.1999 – 4 B 75.99 –, BRS 62 Nr. 131 = BauR 2000, 859, zu Art. 11 BayBO.

38 So einerseits das in dem § 4 Abs. 2 S. 3 LBOSaar 1988/96 eingeführte „Harmoniegebot" für die Fälle des Anbauens, andererseits aber die neuartige Verunstaltungsfiktion in § 77 Abs. 2 BauOBln u. a. für Farbschmierereien (Graffiti) und wildes Plakatieren.

39 Vgl. beispielsweise OVG Berlin, Urt. v. 7.5.1999 – 2 B 2.96 –, BRS 62 Nr. 157.

40 Vgl. zur Verfassungsmäßigkeit denkmalschutzrechtlicher Anforderungen am Maßstab des Art. 14 GG BVerfG, Urt. v. 2.3.1999 – 1 BvL 7/91, BRS 62 Nr. 214, zu § 13 DSchPflGRP; vgl. in diesem Zusammenhang auch VGH Mannheim, Urt. v. 19.7.2000 – 1 S 2992/99 –, BauR 2000, 1861, zur Frage der Beeinträchtigung einer Jugendstilvilla durch eine Garage.

41 Vgl. dazu etwa *Simon* BayBO 1994, Art. 2 Rn 3; zum Begriffsinhalt im Einzelnen etwa *Gädtke/Böckenförde/Temme/Heintz*, a.a.O., § 1 Rn 24 und § 4 Rn 97.

42 Siehe § 4 Abs. 2 MBO sowie z.B. § 4 Abs. 2 BauONRW, § 5 Abs. 3 LBO Saar, § 4 Abs. 2 SächsBO, § 4 Abs. 2 BbgBO, § 4 Abs. 2 LBauOMV, § 4 Abs. 3 LBOSH, § 4 NBauO, § 4 Abs. 2 BremLBO.

auch verschiedener Eigentümer bauordnungsrechtlich durch Eintragung einer entsprechenden Baulast (sog. Vereinigungsbaulast) zusammenzufassen, sofern dies für die Erfüllung bauordnungsrechtlicher Anforderungen an das Bauvorhaben, mithin zur Ausräumung diesbezüglicher Genehmigungshindernisse erforderlich ist.[43] Eine solche **Vereinigungsbaulast** hat insbesondere zur Folge, dass bauordnungsrechtlich keine innere Nachbargrenze zwischen den insoweit vereinigten Buchgrundstücken mehr anzunehmen ist und insoweit nur noch die Außengrenzen des aus verschiedenen Buchgrundstücken zusammengesetzten Grundstücks in Erscheinung treten.[44] Diskutiert wird gegenwärtig die in einer Reihe von Bundesländern bereits erfolgte Abschaffung des Erfordernisses der bauordnungsrechtlichen **Teilungsgenehmigung** durch Streichung des bisherigen § 8 MBO.[45] Dieses Verfahren soll die Schaffung bauordnungsrechtlich unzulässiger Zustände durch die Teilung von Grundstücken, die bebaut sind oder für die eine Bebauung genehmigt ist, verhindern.[46] Da dies eine präventive Prüfung von materiell-rechtlichen Fragen durch die Baubehörden erfordert, wird die Beibehaltung des Verfahrens mit Blick auf die fortschreitende Genehmigungsfreistellung von Bauvorhaben in den Bauordnungen (vgl. hierzu i.e. Abschnitt H.) als nicht mehr systemgerecht angesehen und auch insoweit eine Verlagerung der Verantwortlichkeiten auf Private (Bauherrn und Entwurfsverfasser) erörtert (vgl. Fn 12). Einzelne Bauordnungen sind auch in diesem Bereich insoweit konsequent bereits auf eine rein repressive Behandlung der Problematik übergegangen und ermächtigen die Bauaufsichtsbehörden in besonderen Tatbeständen, die Ausräumung durch eine Teilung bebauter Grundstücke geschaffener rechtswidriger Zustände zu verlangen.[47] Auch Baden-Württemberg hat in seiner neuesten Novelle mit Wirkung vom 1.2.2001 unter dem Aspekt der Verringerung des Verwaltungsaufwands, der Kostenersparnis für den Bürger und der Beschleunigung des Grundbuchverfahrens das bisher in § 8 LBOBW geregelte Teilungsverfahren abgeschafft.

II. Anforderungen an die Bebauung

In dem hier zur Rede stehenden Abschnitt der MBO finden sich ferner Regelungsvorschläge über die **Einfriedung** der Baugrundstücke (§ 10 MBO) und Vorgaben für **Gemeinschaftsanlagen** (§ 11 MBO), die Herstellung von **Kinderspielplätzen** und die Gestaltung der **nicht überbauten Grundstücksflächen** (§ 9 MBO), die mit einer Vielzahl von Änderungen und Ergänzungen in den einzelnen Landesbauordnungen wiederzufinden sind.[48] Die beiden für die Praxis wesentlichsten Regelungsbereiche der Erschließung der Baugrundstücke und der (regelmäßig) auf dem Baugrundstück freizuhaltenden Abstandsflächen sollen etwas ausführlicher angesprochen werden.

---

43 Vgl. in diesem Zusammenhang aus der jüngeren Rechtsprechung etwa OVG Lüneburg, Urt. v. 2.7.1999 – 1 L 5277/96 –, BRS 62 Nr. 147, sowie die hierzu ergangene Revisionsentscheidung des BVerwG, Urt. v. 7.12.2000 – 4 C 3.00 –, wonach einer entsprechenden Vereinigungsbaulast jedoch nicht automatisch, sondern nur durch Auslegung der Baulasterklärung im Einzelfall auch ein Nachbarrechtsverzicht hinsichtlich bauplanungsrechtlicher Abwehransprüche entnommen werden kann; die Länder Bayern und Brandenburg haben auf die Einführung des Instituts der Baulast generell verzichtet.
44 OVG Saarlouis, Urt. v. 27.6.2000 – 2 R 6/99 –, Saarländische Kommunalzeitschrift (SKZ) 2000, 219, Ls. Nr. 65.
45 Das Verfahren ist zu unterscheiden vom bodenrechtlichen, seit 1.1.1998 nur noch in besonderen Fällen bestehenden Genehmigungserfordernis nach § 19 BauGB; vgl. insoweit zu den gesetzlichen Hintergründen *Battis/Krautzberger/Löhr*, NVwZ 1997, 1145, 1158.
46 Vgl. etwa §§ 8 ThürBO, 9 LBOSaar, 11 BremLBO, den in der Neufassung nur noch für die Teilung (bereits) bebauter Grundstücke geltenden § 8 Abs. 1 BauONRW (1999) oder den auf das Abweichungszulassungsverfahren verweisenden § 8 Abs. 2 BbgBO.
47 Vgl. § 8 LBOSH und – weitergehend auf alle öffentlich-rechtlichen Anforderungen bezogen – § 7 BauOBln.
48 Vgl. zu § 9 MBO und den darin angesprochenen Anpflanzungspflichten etwa Art. 5 BayBO, § 9 LBOSH, § 8 LBauOMV oder § 11 LBOSaar.

III. Verkehrliche Erschließung

22 Bei den bauordnungsrechtlichen Anforderungen an die wegemäßige **Erschließung** (§§ 4 und 5 MBO) stehen sicherheitsrechtliche Zielsetzungen, insbesondere die Sicherstellung der Erreichbarkeit in Notfällen durch Feuerwehr und Rettungsfahrzeuge im Vordergrund. Von daher ist der Begriff der ausreichenden Erschließung nicht immer deckungsgleich mit dem an städtebaulichen Zielvorstellungen orientierten Erfordernis des Erschlossenseins im Bauplanungsrecht (vgl. etwa die §§ 34 Abs. 1 S. 1, 35 Abs. 1 BauGB). Grundsätzlich dürfen Gebäude auf dem zur Bebauung ausersehenen Grundstück nur errichtet werden, wenn dieses über eine ausreichende Verbindung zu einer befahrbaren öffentlichen Verkehrsfläche verfügt, sei es dass es unmittelbar in entsprechender Breite an eine solche angrenzt oder die Verbindung über eine gesicherte, in der Regel öffentlich-rechtlich gesicherte, Zufahrt vermittelt wird. Das Vorliegen einer öffentlichen Verkehrsfläche beurteilt sich nach den einschlägigen landesrechtlichen Bestimmungen des Straßen- und Wegerechts.[49] Die öffentlich-rechtliche Sicherung einer Zufahrt über ein Fremdgrundstück etwa bei Hinterliegergrundstücken setzt, abgesehen von entsprechenden Festsetzungen in Bebauungsplänen, regelmäßig die Eintragung einer entsprechenden Baulast voraus (vgl. etwa § 2 Abs. 9 LBO Saar).

23 In den Bundesländern, die den Begriff der rechtlichen Sicherung allgemein verwenden, kann die Sicherung der Erschließung auch zivilrechtlich durch die Eintragung einer (unbegrenzten und unbedingten) Grunddienstbarkeit (§ 1018 BGB) erfolgen.[50] Darüber hinaus finden sich in den einzelnen Landesbauordnungen wiederum unterschiedliche Sonderregelungen für Außenbereichsvorhaben und Wege, an denen sich nur Wohngebäude befinden oder zulässig sind (Wohnwege). Bei diesen kann unter bestimmten Voraussetzungen, gemeinhin bei Nichtbestehen von Bedenken hinsichtlich des Brandschutzes auf die Befahrbarkeit oder auch weitere Anforderungen des grundsätzlichen Erfordernisses der Erschließung über öffentliche Wege und gesicherte Zufahrten verzichtet werden.[51] Regelungen über die in § 5 MBO angesprochenen Sicherheitsanforderungen an die Zugänge und Zufahrten auf den Grundstücken finden sich in den meisten Landesbauordnungen, nicht indes in allen; teilweise wurden auch diese Regelungen in technische Durchführungsverordnungen oder in Verwaltungsvorschriften aufgenommen.

IV. Abstandsflächen

1. Regelungsziele

24 Die Vorschriften über die **Abstandsflächen** (§§ 6 und 7 MBO) haben zentrale Bedeutung im Bauordnungsrecht. Ihnen kommt insbesondere deshalb eine für die Praxis besonders gewichtige Stellung zu, weil diese Bestimmungen von der Rechtsprechung grundsätzlich als **nachbarschützend** angesehen werden und daher dem von einer Unterschreitung der Grenzabstände betroffenen Nachbarn grundsätzlich Abwehrrechte gegen das betreffende Bauvorhaben vermitteln.[52] Teilweise wird

---

[49] Dazu allgemein *Kodal/Krämer*, Straßenrecht, 6. Aufl. 1999, Kap. 4.

[50] So etwa § 4 Abs. 1 Nr. 1 SächsBO, § 4 Abs. 1 Nr. 2 BbgBO, § 4 Abs. 1 BauOLSA, vgl. hinsichtlich der Neufassung der BayBO 1998 den nunmehrigen Art. 4 Abs. 2 Nr. 2 BayBO, wonach anstelle der nach bisherigem Landesrecht (BayBO 1994) für die zulässige zivilrechtliche Absicherung notwendigen „doppelten Sicherung" durch Dienstbarkeit (§ 1018 BGB) und beschränkt persönliche Dienstbarkeit (§ 1090 BGB) zugunsten des Rechtsträgers der Bauaufsichtsbehörde zur Vermeidung privatrechtlicher Aufhebungsvereinbarungen nunmehr die Erschließung durch eine der beiden Möglichkeiten nachgewiesen werden kann.

[51] Vgl. zu der darüber hinaus in manchen Ländern zusätzlich bestehenden Längenbegrenzung etwa § 4 Abs. 1 Nr. 1 BauONW (50 m), § 4 Abs. 1 Nr. 2 BbgBO (50 m).

[52] Vgl. zur Bedeutung der Einhaltung der landesrechtlichen Grenzabstandsbestimmungen für die Beurteilung der Zumutbarkeit des Vorhabens für den Nachbarn im Rahmen des bauplanungsrechtlichen Gebots der Rücksichtnahme BVerwG, Beschl. v. 11.1.1999 – 4 B 128.98 –, BRS 62 Nr. 102.

in den Bauordnungen ausdrücklich (einschränkend) festgelegt, in welchem Umfang die Abstandsflächenvorschriften nachbarschützend sind (vgl. etwa § 6 Abs. 5 S. 5 BremLBO). Regelungsziele der Vorschriften sind allgemein die Sicherstellung einer ausreichenden Belichtung, Besonnung und Belüftung insbesondere von Nachbargrundstücken, Brandschutzaspekte und auch die Gewährleistung eines störungsfreien Wohnens und der Wahrung des Nachbarfriedens.[53] Zu diesen Zwecken werden in den Landesbauordnungen Grenz- und Gebäudeabstände vorgeschrieben, um die insoweit nachteiligen Auswirkungen durch Gebäudeaußenwände auf ein verträgliches Maß zu begrenzen, wobei dieses Maß allerdings wiederum in den sechzehn Landesbauordnungen in teilweise höchst unterschiedlicher Weise festgelegt wird.

Gerade diese Thematik bildet auch einen wesentlichen Diskussionspunkt bei der Erarbeitung einer neuen Musterbauordnung (vgl. Fn 12). Nachdem die Landesgesetzgeber im Laufe der Jahrzehnte verschiedene Konzepte für eine Bestimmung der zulässigen Standorte von Gebäuden auf dem Baugrundstück in Relation insbesondere zu seinen Grenzen verfolgt haben,[54] folgen nunmehr alle Bundesländer, mit Ausnahme des weiterhin „echte", wenn auch nicht mehr ausdrücklich als Bauwich bezeichnete Grenzabstände fordernden Bundeslandes Niedersachsen,[55] dem bereits in der MBO 1981 vorgeschlagenen System der Normierung von auf den Baukörper bezogen freizuhaltenden Abstandsflächen (vgl. nunmehr § 6 MBO). Diese landesrechtlichen Bestimmungen ersetzen insoweit nicht nur die ehemaligen Bauwichregelungen, sondern auch die früheren Vorschriften über die (grenzunabhängigen) sogenannten Sozialabstände, welche unter anderem die Einhaltung von Mindestabständen zur Verhinderung unzumutbarer Beeinträchtigungen einander gegenüberliegender Fenster im Blick hatten. Nach den Vorschriften sind im Grundsatz vor den Außenwänden von Gebäuden Flächen von oberirdischen Gebäuden freizuhalten (Abstandsflächen). Diese Flächen müssen – hieraus ergibt sich dann ein Grenzabstandserfordernis –, abgesehen von den Fällen teilweise zulässiger Verlagerung auf öffentliche Verkehrs-, Grün- und Wasserflächen,[56] im Regelfall auf dem Baugrundstück liegen und dürfen sich (auch dort) nicht überdecken. Insoweit ist festzustellen, dass diese Abstandserfordernisse grundsätzlich auch dann bestehen, wenn ein Gebäude an einer Seite oder gar insgesamt bei natürlicher Betrachtung keine „Wände" aufweist, wie etwa die schon erwähnte, auf vier Stützen stehende Überdachung (Carport). Hier wird ebenso wie bei den Rahmen des Üblichen überschreitenden Dachüberständen der überdeckte offene Raum dem Gebäude zugerechnet und abstandsflächenrechtlich mit einer gedachten oder „fiktiven" Wand berücksichtigt.[57]

2. Bauplanungsrechtliche Vorgaben

Die Abstandsflächenvorschriften enthalten in Anlehnung an § 6 Abs. 1 S. 2 MBO regelmäßig einen Vorrang zugunsten **bauplanungsrechtlicher Vorgaben**. Danach ist vor Außenwänden, die an Nachbargrenzen errichtet werden, eine Abstandsfläche nicht erforderlich, wenn nach planungsrechtlichen

---

[53] Vgl. in diesem Zusammenhang etwa BVerwG, Urt. v. 24.2.2000 – 4 C 12.98 –, BauR 2000, 1168, 1170; anders zum baden-württembergischen Landesrecht, speziell § 5 LBOBW n.F., VGH Mannheim, Beschl. v. 10.9.1998 – 8 S 2137/98 –, BauR 1999, 1282; zum Inhalt des sich nicht in immissionsschutzrechtlichen Gesichtspunkten erschöpfenden Begriffs des nachbarlichen „Wohnfriedens" etwa OVG des Saarlandes, Urt. v. 28.11.2000 – 2 R 2/00 –.

[54] Dazu beispielsweise *Finkelnburg/Ortloff*, a.a.O., S. 23–25, m.z.N.

[55] Vgl. hierzu den § 7 Abs. 1 NBauO, wonach im Grundsatz Gebäude mit allen auf ihren Außenflächen oberhalb der Geländeoberfläche gelegenen Punkten „von den Grenzen des Baugrundstücks Abstand halten" müssen; die verschiedenen auch in den übrigen Landesbauordnungen behandelten Sonderfragen des Abstandsrechts werden dann in mehreren Einzelvorschriften detailliert geregelt, z.B. die Fragen der Privilegierung sogenannter untergeordneter Gebäudeteile (§ 7 b NBauO) oder Besonderheiten zulässiger Grenzbebauung (§ 8 NBauO).

[56] Vgl. § 6 Abs. 2 MBO, dem folgend beispielsweise jeweils § 6 Abs. 2 LBOSaar, BauONRW, BgbBO, SächsBO und BOBln, Art. 6 Abs. 7 BayBO.

[57] Vgl. hierzu etwa OVG Saarlouis, Urt. v. 23.6.1992 – 2 R 50/91 –, BRS 54 Nr. 186, m.w.N.

Vorschriften an die Grenze gebaut werden muss. Zu nennen ist insoweit insbesondere die Festsetzung von Baulinien (§ 23 Abs. 2 BauNVO) auf den Grenzen in Bebauungsplänen.[58] Gleiches gilt, wenn nach planungsrechtlichen Vorschriften an die Grenze gebaut werden darf, wobei die einzelnen Bauordnungen für diesen Fall zum Teil wiederum unterschiedliche Vorgaben enthalten.[59] Insoweit wird entsprechend der Vorgabe der MBO überwiegend eine öffentlich-rechtliche[60] Sicherung des Anbaus auf dem betroffenen Nachbargrundstück verlangt, teilweise auch nur eine rechtliche Sicherung gefordert (§ 6 Abs. 1 S. 2 Nr. 2 SächsBO) oder die Forderung einer Anbausicherung in das Ermessen der Baubehörde gestellt (§ 6 Abs. 1 S. 2 BauOBln). Nach § 6 Abs. 1 S. 3 BremLBO kann auf die öffentlich-rechtliche Sicherung verzichtet werden, wenn städtebauliche Bedenken nicht bestehen. Darüber hinaus macht die MBO Konzessionen an den tatsächlichen Bauzustand. Ist auf dem Nachbargrundstück in sonstigen Fällen bereits ein Grenzbebauung vorhanden, so kann gestattet oder verlangt werden, dass angebaut wird (§ 6 Abs. 1 S. 3 MBO); muss nach planungsrechtlichen Vorschriften an die Grenze gebaut werden, ist aber auf dem Nachbargrundstück ein Gebäude mit Abstand zu dieser Grenze vorhanden, so kann gestattet oder verlangt werden, dass ein Grenzabstand eingehalten wird (§ 6 Abs. 1 S. 4 MBO). Die Vorschriften wurden ganz überwiegend so in die Bauordnungen übernommen. Hinsichtlich der Einzelheiten muss jedoch auch insoweit auf die jeweils einschlägigen landesrechtlichen Bestimmungen verwiesen werden. Regelmäßig im Zusammenhang mit der Anbauvariante (Satz 3) wird in nachbarrechtlichen Auseinandersetzungen das Ausmaß des Anbaus größenmäßig auf den beim Nachbarn vorhandenen Bestand begrenzt und von einem Anbaurecht bis zum „im Wesentlichen deckungsgleichen Anbau" gesprochen; erwähnenswert erscheint in diesem Zusammenhang, dass der § 8 Abs. 3 S. 1 NBauO über die größenmäßige Entsprechung der Baukörper hinaus ausdrücklich auch eine entsprechende Nutzung der Anlagen verangt.

3. Abstandsflächenermittlung

27 Die **Tiefe der Abstandsflächen** bemisst sich nach der Wandhöhe, die – bei gestaffelten Wandteilen jeweils gesondert – senkrecht zur Wand von der Geländeoberfläche bis zum Schnittpunkt der Wand mit der (äußeren) Dachhaut oder bis zum oberen Wandabschluss gemessen wird. Die Landesbauordnungen enthalten ferner spezielle Regelungen, in welchem Umfang jeweils die Höhe von Giebelflächen und Dächern zur Wandhöhe hinzuzurechnen sind. Insoweit wird in allen Bundesländern zwischen teilweiser und voller Berücksichtigung von Dach- und Giebelhöhen hinsichtlich der Dachneigung beziehungsweise – bei Giebelstellung der Gebäude zur Grenze – (mehrheitlich) der Summe der Dachneigungen differenziert,[61] wobei besondere Dachformen, etwa Krüppelwalmdach-

---

58 Vgl. zur Frage der Zulässigkeit eines geringfügigen Vor- und Zurücktretens im Sinne des § 23 Abs. 2 S. 2, Abs. 3 S. 2 BauNVO bei seitlichen Baulinien auf der Grenze und Tiefenbegrenzungen der überbaubaren Grundstücksfläche durch rückwärtige Baulinien OVG des Saarlandes, Beschl. v. 16.2.2001 – 2 Q 15/00 –, n.v.; in diesem Zusammenhang auch OVG Koblenz, Urt. v. 3.12.1998 – 1 A 11826/98 –, zu finden bei juris.
59 Auf weitere Voraussetzungen verzichten indes beispielsweise Art. 6 Abs. 1 S. 2 BayBO und § 6 Abs. 1 S. 2 BbgBO.
60 Vgl. etwa §§ 6 Abs. 1 S. 2 Nr. 2 LBOSH, BauOMV, LBauOLSA, LBOSaar, BauONRW, ThürBO, § 5 Abs. 1 S. 1 LBOBW, Nr. 2 LBOBW; zur Befugnis des Landesgesetzgebers, in diesem Bereich eine öffentlich-rechtliche Sicherung durch Baulasteintragung zu verlangen OVG Saarlouis, Beschl. v. 12.9.2000 – 2 Q 45/99 -; eine differenzierende Regelung enthält auch in diesem Bereich § 8 NBauO.
61 Insoweit erfolgt regelmäßig bei Dachneigungen bis 45° keine, darüber hinaus meist bis 70° beziehungsweise 75° eine anteilige (meist ein Drittel) und bei größerer Neigung die volle Anrechnung; vgl. insoweit im Einzelnen die tabellarische Gegenüberstellung dieser Regelungen bei *Hammer*, a.a.O., S. 66 ff.

konstruktionen, gegebenenfalls eine Kombination dieser Anrechnungsregeln erforderlich machen.[62] Unabhängig von der Neigung des Daches schreiben die Bauordnungen zum Teil eine (anteilige) Anrechnung von Dachhöhen vor, wenn Dachaufbauten (Gaupen) vorhanden sind und einen bestimmten Anteil der Breite der darunterliegenden Gebäudewand einnehmen (vgl. etwa §§ 6 Abs. 4 S. 4 Nr. 2 BauONRW/LBauOMV, 6 Abs. 4 S. 6 BremLBO). Die Tiefe der Abstandsfläche ergibt sich sodann durch Multiplikation des so ermittelten Maßes (genannt H) mit einem von den Landesgesetzgebern jeweils sehr unterschiedlich vorgegebenen Rechenfaktor im Regelfall zwischen 0,4 und 1, wobei indes (fast) einheitlich ein Mindestgrenzabstand von 3 m vorgeschrieben wird.[63] Der Multiplikant wird jedoch innerhalb der jeweiligen Landesrechte wiederum entsprechend dem Vorschlag in § 6 Abs. 5 MBO in Abhängigkeit von der städtebaulichen Einstufung des Baugebietes üblicherweise in Kern-, Gewerbe-, Industrie- und Sondergebiete (§§ 7 ff. BauNVO) deutlich (z.T. bis auf 0,25) verringert; gleichzeitig finden sich auch Reduzierungen der erwähnten Mindestvorgabe nach dem Vorbild des § 6 Abs. 9 MBO für Gewerbe- und Industriegebiete. Nicht beantwortet wird dabei regelmäßig die Frage, welche Abstandsflächentiefe maßgebend ist bei derartigen Bauvorhaben auf Grundstücken, die an solche angrenzen, auf denen die „normalen" Abstandsflächentiefen einzuhalten sind. Insoweit sollte entgegen dem sonst geltenden Grundsatz strenger Baugrundstücksbezogenheit der rechtlichen Beurteilung eines Vorhabens mit Blick auf die Schutzzwecke der Bestimmungen (ausnahmsweise) an die bodenrechtliche Qualität des Nachbargrundstücks angeknüpft werden.

4. Sonderproblem schräger Wandabschlüsse

Probleme bereitet häufig die Ermittlung der maßgeblichen Wandhöhe bei **geneigter Geländeoberfläche**. Die einzelnen Landesbauordnungen gehen ganz überwiegend davon aus, dass bei geneigter Geländeoberfläche[64] die mittlere Wandhöhe maßgeblich ist.[65] Die Ermittlung der in diesem Sinne „durchschnittlichen" Wandhöhe begegnet aber oft nicht unerheblichen Schwierigkeiten. Eine Möglichkeit bietet die Eckpunktmethode, bei der die Summe der an den beiden maßgeblichen Gebäudeecken gemessenen Wandhöhen halbiert wird. Diese Vorgehensweise erscheint in jedem Fall unproblematisch, wenn das Gelände zwischen diesen beiden Punkten im Wesentlichen gleichmäßig abfällt (oder ansteigt).

28

Bei größeren Geländevorsprüngen und Höhenunterschieden haben verschiedene Gerichte – nachvollziehbar – die sogenannte Flächenbetrachtung für sachgerechter gehalten, bei der die Gesamtwandfläche (als Summe von Teilflächen) ermittelt und anschließend durch die Länge der Wand dividiert wird.[66] Dies wiederum hat die Landesgesetzgeber in Baden-Württemberg und Nordrhein-Westfalen veranlasst, durch dahingehende Gesetzesänderungen die sogenannte Eckpunktmethode

29

---

62 Vgl. zu den Grenzen der Anwendbarkeit der für Giebelflächen geltenden Begünstigung nur anteiliger Anrechenbarkeit in diesen Fällen OVG Münster, Beschl. v. 23.11.1995 – 7 B 2752/95 –, BRS 57 Nr. 143; zur Anwendbarkeit der Vergünstigung für Giebelflächen bei der Errichtung gegeneinander versetzter Pultdächer OVG Saarlouis, Beschl. v. 23.6.1995 – 2 W 23/95 –, SKZ 1995, 253 L Nr. 23; allgemein für Pultdächer bzw. schräg verlaufende obere Wandabschlüsse OVG Münster, Beschl. v. 25.10.1995 – 7 B 2297/95 –, BRS 57 Nr. 144.

63 Vgl. als Ausnahme hierzu die Regelung in § 5 Abs. 7 S. 2 LBOBW, wonach ein Mindestabstand von 2,50 m, bei Wänden bis 5 m Breite sogar nur 2 m vorgeschrieben ist.

64 Vgl. zur Problematik der Festlegung von der natürlichen abweichender Geländeoberflächen durch Einzelfallentscheidung der Genehmigungsbehörde, die regelmäßig als ermessensfehlerhaft anzusehen sind, wenn sie – wie „manipulierende" Anschüttungen vor der Gebäudeaußenwand – ersichtlich nur dem Zweck dienen, eine weitergehende bauliche Ausnutzbarkeit des Grundstücks am Maßstab der Grenzabstandsvorschriften zu erzeugen OVG Saarlouis, Urt. v. 30.9.1997 – 2 R 30/96 –, BRS 59 Nr. 121 zu § 10 LBOSaar 1988.

65 Vgl. beispielsweise §§ 6 Abs. 4 S. 3 ThürBO, BauOLSA, BauONRW, BbgBO, SächsBO, LBOSaar, LBauOMV, BauOBln, § 6 Abs. 4 S. 4 BremLBO.

66 Vgl. etwa OVG Münster, Beschl. v. 2.3.1993 – 7 B 3764/92 – für „stark divergierende Neigungsgrade", VGH Mannheim, Beschl. v. 23.11.1995 – 3 S 3071/95 –.

unabhängig vom Geländeverlauf als maßgebend für die Ermittlung vorzuschreiben.[67] Davon abweichend werden in der Rechtsprechung teilweise bestimmte Wandbereiche, vor denen größere Abgrabungen vorgenommen werden, aus der Mittelwertbildung ausgenommen und einer gesonderten Betrachtung hinsichtlich ihrer Wandhöhe unterworfen.[68]

30 Sinnvoll und vor dem Hintergrund der vorgeschlagenen Reduzierung der Regelabstandsflächentiefe aus Sicht der Bauherrn auch vertretbar erscheint es, bei einer Neufassung auf eine Mittelwertbildung überhaupt zu verzichten und die Abstandsflächentiefe unterschiedlich je nach der Wandhöhe in dem konkreten Wandpunkt zu bestimmen, was beispielsweise bei einfach geneigten Geländeverläufen eine trapezförmige Abstandsfläche zur Folge hätte,[69] wenngleich auch dies die geschilderte Problematik der Relevanz von Teilabgrabungen nicht zu lösen vermag. Vermieden würde insoweit jedoch die als unbefriedigend empfundene Konsequenz, dass bei der Mittelung beispielsweise im Fall eines rückseitig ansteigenden Geländes gerade die Verlängerung des Baukörpers, unter Umständen unter Überschreitung einer rückwärtigen Baugrenze, die abstandsflächenrechtliche Zulässigkeit eines ansonsten nicht genehmigungsfähigen Gebäudes erzeugt.

5. Schmalseitenprivileg

31 Die Landesbauordnungen enthalten dann in Anlehnung an § 6 Abs. 6 MBO eine besondere abstandsflächenrechtliche Privilegierung von (meist zwei) Außenwänden bis zu einer Gesamtlänge von je 16 m durch die Herabsetzung des genannten Multiplikanten.[70] Dieses sogenannte **Schmalseitenprivileg** hat in der Vergangenheit zu einer Vielzahl von Anwendungsproblemen insbesondere im Zusammenhang mit der Geltendmachung nachbarlicher Abwehrrechte gegenüber unter Ausnutzung dieses Privilegs genehmigten Bauvorhaben geführt. Da das Schmalseitenprivileg nach dem gegenwärtigen Diskussionsstand der Projektgruppe Bauordnungsrecht der FK Bauaufsicht – wie in einzelnen Ländern bereits geschehen – im Zusammenhang mit einer vorgeschlagenen generellen Verringerung der Regelabstandsflächen und der hierdurch ermöglichten größeren Ausnutzbarkeit der Baugrundstücke („verdichtetes Bauen") voraussichtlich in der MBO in Fortfall geraten wird, soll auf diese Einzelheiten vorliegend nicht gesondert eingegangen werden. Nach dem derzeitigen Diskussionsstand bahnt sich dabei wohl eine Übernahme der in den Bundesländern Hessen, Rheinland-Pfalz und Saarland – allerdings mit unterschiedlichen Anrechnungsregeln für Dach- und Giebelflächen – gesetzlich bestimmten Errechnung der Tiefe der (Regel-)Abstandsfläche mit dem Maß 0,4 H bei Beibehaltung einer Mindesttiefe von 3 Metern an.[71]

---

67 Vgl. § 5 Abs. 4 S. 4 LBOBW 1995, kritisch hierzu VGH Mannheim, Beschl. v. 8.10.1996 – 8 S 2566/96 –, BRS 58 Nr. 109; ebenso § 6 Abs. 4 S. 3 BauONRW 1999.

68 So etwa OVG Saarlouis, Beschl. v. 13.10.1998 – 2 W 7/98 –, BRS 60 Nr. 109, ebenso das Urt. v. 28.11.2000 – 2 R 2/00 –; dazu auch OVG Münster, Urt. v. 13.10.1999 – 7 A 999/99 – BauR 2000, 1178, wonach die Möglichkeit zur Bildung von Wandabschnitten nicht vom Geländeverlauf am Fuß der Wand abhängig ist, die Erscheinungsform der Wand selbst durch den Verlauf ihres unteren Abschlusses indes so beeinflusst werden kann, dass die Wand trotz ihres Verlaufs in der Ebene architektonisch als gestaffelt in Erscheinung tritt; vgl. zur Abgrenzung zu insoweit unmaßgeblichen „üblichen" Abgrabungen wie Kellerlichtschächten, Kellereingangstreppen und dergleichen OVG Saarlouis Beschl. v. 22.11.1996 – 2 W 31/96 –, BRS 59 Nr. 171; dazu auch OVG Münster, Beschl. v. 27.6.1995 – 7 B 1413/95, BRS 57 Nr. 140.

69 So etwa Art. 6 Abs. 3 BayBO, vgl. dazu etwa die Darstellung bei *Busse*, a.a.O., Art. 6 Rn 24; ebenso nunmehr § 6 Abs. 4 LBOSH.

70 Vgl. z.B. § 5 Abs. 8 LBOBW unter Verweis auf den in Abs. 7 gesondert bestimmten nachbarschützenden Teil der Abstandstiefen; Art. 6 Abs. 5 BayBO, §§ 6 Abs. 6 BauONRW, SächsBO, ThürBO, BauOLSA, LBauOMV, LBOSH, BauOBln, § 6 Abs. 5 BbgBO, § 7 a NBauO (17 m).

71 Siehe auch dazu die Änderungsvorschläge und die umfangreichen Erläuterungen zu § 6 MBO i.E., vgl. Fundstelle Anm. 12, S. 12–16; zu den durch die Regelung aufgeworfenen vielfältigen Problemen, insbesondere bei Nachbarstreitigkeiten unter Berufung auf übermäßige Inanspruchnahmen des Privilegs hinsichtlich der Anzahl der Wände und des „Verbrauchs" durch seitlichen Anbau, beispielsweise aus jüngerer Vergangenheit OVG Weimar, Beschl. v. 5.10.1999 – 1 EO 698/99 –, BauR 2000, 869, oder VGH München, Beschluss des Großen Senats vom 17.4.2000 – GrS 1/1999 –, BauR 2000, 1728.

C. Anforderungen an das Baugrundstück §23

6. Privilegierte Anlagen

Die Landesbauordnungen nehmen in Anlehnung an den § 6 Abs. 11 MBO bestimmte Gebäude, speziell **Garagen** bei Einhaltung begrenzter Abmessungen vom Abstandserfordernis aus;[72] ferner werden regelmäßig Vorgaben für die Zulässigkeit von **Stützmauern und Einfriedungen** gemacht. Darüber hinaus werden eine Reihe sogenannter **untergeordneter Bauteile** wie etwa Dachvorsprünge und Hauseingangstreppen und untergeordnete Vorbauten wie Balkone und Erker privilegiert, wobei das Kriterium der Unterordnung sowohl funktional als auch räumlich zu verstehen ist.[73] Die Vertiefung der sich in diesem Zusammenhang stellenden Einzelfragen, beispielsweise ob die (jeweilige) Landesbauordnung nur grenzständige oder auch grenznahe Garagen privilegiert[74] oder wie der untere Bezugspunkt für die Ermittlung der (mittleren) Wandhöhe bei teilweise eingegrabenen Garagen an der Nachbargrenze zu bestimmen ist, würde den Rahmen der vorliegenden Veröffentlichung sprengen.[75]

7. Anwendung auf Anlagen ohne Gebäudeeigenschaft

Für bauliche Anlagen und Einrichtungen, die nicht Gebäude oder Gebäudeteile[76] sind, von denen Wirkungen wie von oberirdischen Gebäuden, sogenannte **gebäudegleiche Wirkungen**, ausgehen, werden die Abstandsflächenvorschriften regelmäßig für entsprechend anwendbar erklärt (§ 6 Abs. 10 MBO).[77] In diesem Zusammenhang hat sich die Rechtsprechung in der Vergangenheit insbesondere mit Abstandserfordernissen von Aufschüttungen, Holzlagerungen und Werbetafeln beschäftigt. Teilweise enthalten die Bauordnungen insoweit konkretisierende Bestimmungen.[78]

8. Änderung und Nutzungsänderung von Gebäuden

Die vorgeschriebenen Abstandsflächen sind nicht nur einzuhalten, wenn ein Gebäude neu errichtet wird, sondern auch dann, wenn ein bestehendes Gebäude **umgebaut**, verlängert, erhöht, erweitert oder aufgestockt werden soll. Dies gilt wegen der damit verbundenen Verstärkung eines – insoweit bereits bestehenden – Eingriffs in den Grenzbereich insbesondere für die entsprechende bauliche Umgestaltung von vorhandenen Gebäuden ohne ausreichenden Grenzabstand in der Abstandsfläche. Für die Beurteilung maßgeblich ist insofern ausschließlich die gegenwärtige Grundstückssituation,

---

72 Vgl. etwa § 6 Abs. 9 BbgBO, § 6 Abs. 11, 12 BauOBln, § 6 Abs. 11, 12 SächsBO, Art. 7 Abs. 4 BayBO, § 7 Abs. 3 LBOSaar, § 6 Abs. 1 LBOBW, § 6 Abs. 11, 12 LBauOMV, § 6 Abs. 13 ThürBO.

73 Vgl. etwa OVG Lüneburg, Beschl. v. 19.11.1999 – 1 L 2987/99 –, BauR 2000, 372 zu § 7 b NBauO; zum Begriff des Erkers und den Kriterien einer Unterordnung OVG Saarlouis, Beschl. v. 31.8.1995 – 2 W 29/95 – SKZ 1996, 114 L, und vom 19.9.1997 – 2 V 10/97 –, BRS 59 Nr. 111; OVG Münster, Beschl. v. 26.3.1993 – 11 B 713/93 –, BauR 1993, 581 und vom 24.5.1996 – 11 B 970/96 –, BauR 1997, 82; speziell zum Unterordnungskriterium OVG Saarlouis, Beschl. v. 14.2.2000 – 2 Q 42/99 –, SKZ 2000, 216 L (Hauseingangsüberdachung).

74 Vgl. etwa OVG Saarlouis, Beschl. v. 3.2.2000 – 2 Q 5/00 –, SKZ 2000, 216 L (verneint), VGH Mannheim, Urt. v. 15.11.1990 – 5 S 2071/89 –, BauR 1991, 317 noch zu § 7 LBOBW a.F.

75 Vgl. dazu die tabellarische Übersicht bei *Hammer*, a.a.O., S. 74–76.

76 Vgl. zur Qualität einer an der Hauswand befestigten Markise als Gebäudeteil und den sich hieraus ergebenden Abstandserfordernissen OVG Saarlouis, Urt. v. 14.12.1999 – 2 R 4/99 –, SKR 2000, 103 L.

77 Vgl. etwa §§ 6 Abs. 10 ThürBO, LBauOMV, SächsBO, BauOBln, BauOLSA, BauONRW, §§ 6 Abs. 8 BbgBO, LBOSaar, Art. 6 Abs. 9 BayBO.

78 Vgl. insoweit § 12 a Abs. 1 NBauO, § 6 Abs. 9 LBOSH und § 5 Abs. 9 LBOBW; aus der neueren Rechtsprechung sei verwiesen etwa auf OVG Münster, Urt. v. 27.7.2000 – 7 A 3558/96 –, BauR 2000, 232 (Stahlgittermast/Amateurfunk), Beschl. v. 10.2.1999 – 7 B 974/98 –, BRS 62 Nr. 133 (Stahlgittermast/Mobilfunk), Urt. v. 29.8.1997 – 7 A 629/95 –, BRS 59 Nr. 110 (Windenergieanlage); OVG Saarlouis, Urt. v. 28.9.1993 – 2 R 25/92 –, BRS 55 Nr. 113 (größere Anschüttung von Abbruchmaterial), vom 26.11.1996 – 2 R 20/95 und 2 R 21/95 –, SKZ 1997, 105 L, 106 L, 155 (Brennholzlagerung), BRS 58 Nr. 175, OVG Lüneburg, Urt. v. 18.2.1999 – 1 L 4263/96 – , BauR 1999, 1449, BRS 62 Nr. 158 (Euronormtafel), OVG Bautzen, Urt. v. 16.4.1999 – 1 S 39/99 –, BRS 62 Nr. 159 (Euronorm); VGH Kassel, Urt. v. 16.7.1998 – 4 UE 1706/94 –, BRS 60 Nr. 102.

wobei es insbesondere nicht darauf ankommt, ob eine Grundstücksteilung zu dem bauordnungswidrigen Zustand geführt hat. Bei derartigen nachträglichen baulichen Änderungen solcher Gebäude in grenznahen, nach der gesetzlichen Vorgabe freizuhaltenden Bereichen kommt es für die Frage des Verstoßes gegen die Abstandsflächenbestimmungen nicht darauf an, ob sich die Maßnahme auf den Grenznachbarn „fühlbar" oder tatsächlich auswirkt. In den letztlich vom Anspruch her „zentimetergenau" konzipierten Vorschriften kommt die Einschätzung des Landesgesetzgebers zum Ausdruck, dass die Nichteinhaltung der vorgeschriebenen Abstandsfläche abstrakt und generell geeignet ist, die vorerwähnten, mit dem Erlass dieser Vorschriften verfolgten Ziele (Abstandsflächenfunktionen) zu beeinträchtigen.[79] Fragen des Umfangs hieraus resultierender subjektiver nachbarlicher Abwehransprüche bleiben der Behandlung im folgenden Kapitel dieses Buches vorbehalten (vgl. § 24). Darüber hinaus stellt sich in der Praxis die Frage, ob auch bauliche Veränderungen an bestehenden Gebäuden ohne ausreichenden Grenzabstand, die sich auf Gebäudeteile außerhalb der einzuhaltenden Abstandsflächen beschränken, nach den selben Maßstäben zu beurteilen sind. Insoweit wird teilweise die Auffassung vertreten, das geänderte Gebäude sei in seiner „Gesamtheit" erneut am Maßstab der Grenzabstandsbestimmungen zu messen, zum Teil wird insoweit wiederum die nach dem zuvor Gesagten keinen Anklang in den Vorschriften findende Frage der (weitergehenden) tatsächlichen Betroffenheit des Nachbarn aufgeworfen. Näher liegend erscheint es, die Anwendbarkeit des Abstandsflächenrechts in diesen Fällen auf zusätzliche bauliche Eingriffe in den Grenzbereich zu beschränken und – beispielsweise – die Illegalität eines mit ausreichendem Grenzabstand zu realisierenden Anbaus an der grenzabgewandten Hausseite nicht aus einer Beurteilung des im Abstandsflächenbereich keinen Veränderungen unterworfenen Baubestandes herzuleiten.

35 Bei nicht mit baulichen Veränderungen der äußeren Abmessungen einhergehenden und auf das Gebäudeinnere beschränkten **Nutzungsänderungen** differenziert die Rechtsprechung hinsichtlich der Frage der Anwendbarkeit der Bestimmungen über die Abstandsflächen im Einzelfall danach, ob die neue Nutzung gegenüber der bisherigen eine weiterreichende nachteilige Betroffenheit zumindest eines der durch die Abstandsflächenbestimmungen geschützten Belange (Abstandsflächenfunktionen) mit sich bringt.[80] Dies betrifft von vorneherein allerdings nicht die Fälle, in denen ein abstandsflächenrechtlich privilegiertes Grenzgebäude – etwa die Grenzgarage – einer von der Privilegierungsvorschrift nicht mehr gedeckten Nutzung zugeführt wird, sondern nur die Fälle des Wechsels von einer nicht privilegierten Nutzung einer anderen. Die an einem Vergleich tatsächlicher Auswirkungen der früheren und der Nachfolgenutzung orientierte Betrachtung kann im Einzelfall zu erheblichen Problemen führen.[81] Auch in diesem Zusammenhang lassen sich von der herrschenden Ansicht allerdings die Fälle, in denen ein Grenzgebäude ausdrücklich nur mit einer bezüglich der Nutzung –

---

79 Vgl. dazu OVG Saarlouis, Beschl. v. 23.2.2000 – 2 W 2/00 –, SKZ 2000, 216 L, zur nachträglichen Anhebung des Daches eines grenznahen Gebäudes, wobei es nicht darauf ankam, ob die Maßnahme für sich genommen eine größere Abstandsflächentiefe im Rahmen des § 6 Abs. 4 S. 4 LBOSaar ergeben hätte; demgegenüber eher zu einer tatsächlichen Betrachtung neigend OVG Weimar, Beschl. v. 14.2.2000 – 1 EO 76/00 –, BauR 2000, 1465.

80 Vgl. in dem Zusammenhang beispielsweise OVG Saarlouis, Urt. v. 27.10.1978, II R 5/78 –, SKZ 1979, 134 L, OVG Münster, Beschl. v. 13.7.1995 – 11 B 1543/95 –, BauR 1996, 240, und vom 8.9.1998 – 7 B 1868/98 –, BRS 60 Nr. 116; OVG Greifswald, Urt. v. 27.8.1998 – 3 M 65/98 –, BauR 1999, 624, das davon ausgeht, dass die bloße Nutzungsänderung „im Regelfall" nicht zu einer Anwendbarkeit der Vorschriften über die Abstandsflächen führt, OVG Weimar, Beschl. v. 25.6.1999–1 EO 197/99 –, BRS 62 Nr. 141, VGH München, Beschl. v. 1.7.1993 – 2 CS 93.1437 –, BayVBl 1994, 666, wobei die zusätzliche Beeinträchtigung des nachbarlichen Wohnfriedens dort aufgrund einer baulichen Veränderung in Form des Einbaus von Fenstern in eine grenznahe Wand bejaht wurde, demgegenüber *Große-Suchsdorf/Lindorf/Schmaltz/Wiechert*, a.a.O., § 7 Rn 10, der in Anknüpfung an den in § 99 NBauO normierten Bestandsschutz die Anwendbarkeit der – dort – Grenzabstandsbestimmungen im Grundsatz bei allen Nutzungsänderungen befürwortet, die nicht vom Bestandsschutz gedeckt sind.

81 Vgl. hierzu beispielsweise zur Frage der Genehmigungsfähigkeit des Umbaus eines bisher als Getränkelager für einen Barbetrieb benutzten Gebäudes zu Wohnzwecken OVG Münster, Urt. v. 15.5.1997 – 11 A 7224/95 –, NVwZ-RR 1998, 614, wo die weitergehende Betroffenheit der Abstandsflächenfunktionen mit Blick auf 14 in der dem Nachbarn zugewandten Wand – hier – vorhandene Fenster unter dem Aspekt des Schutzes des Wohnfriedens und der davon umfassten „Sicherung der Privatheit" angenommen wurde.

beispielsweise hinsichtlich des nicht auszubauenden oder zu Wohnzwecken zu nutzenden Dachgeschosses – eingeschränkten Nachbarzustimmung genehmigt und realisiert wurde, nicht in jedem Fall befriedigend lösen.

Bei der Nutzungsänderung nach früherem Recht zulässigerweise errichteter Gebäude ist andererseits zumindest über eine entsprechende Auslegung der Befreiungstatbestände sicherzustellen, dass dem Eigentümer nicht unter dem Aspekt der Abstandsflächen jegliche Möglichkeit sinnvoller Nutzung der bestehenden Gebäude genommen wird.[82] Dem sich in diesem Zusammenhang ergebenden Handlungsbedarf haben einige Landesgesetzgeber Rechnung getragen und sind dazu übergegangen, gerade für die Nutzungsänderung bei bestehenden grenznahen Gebäuden besondere erleichterte Ausnahmemöglichkeiten zu normieren.[83]

9. Übernahme von Abstandsflächen auf Nachbargrundstücke

Nach § 7 Abs. 1 S. 1 MBO kann die Bauaufsichtsbehörde gestatten, dass die Abstandsflächen sich ganz oder teilweise auf Nachbargrundstücke erstrecken, wenn öffentlich-rechtlich, regelmäßig durch Eintragung einer entsprechenden Baulast, gesichert ist, dass sie nicht überbaut und auf die auf diesen Grundstücken erforderlichen Abstandsflächen nicht angerechnet werden. Die hierzu ergangenen Regelungen in den Ländern weisen hinsichtlich der Sicherstellung der Freihaltung der auf das Nachbargrundstück übernommenen Abstandsflächen wiederum Unterschiede auf.[84] Probleme haben in diesem Zusammenhang immer wieder Fälle des Eigentümerwechsels bereitet, in denen der Verkäufer eines Grundstückes die Eintragung einer entsprechenden Baulast bewilligt hatte, gleichzeitig aber zugunsten des Erwerbers bereits eine Eigentumsauflassungsvormerkung in das Grundbuch eingetragen worden war. Dabei stellt sich die Frage, ob – was nach den jeweiligen landesrechtlichen Vorschriften über die Baulasten zu beantworten ist – in diesen Fällen ohne Zustimmung des Käufers eine solche Baulast wirksam bestellt werden kann[85] oder ob die Baulast nur entsprechend § 883 Abs. 2 S. 1 BGB gegenüber dem Vormerkungsberechtigten unwirksam ist.[86] Zu ergänzen bleibt, dass die Bundesländer Bayern und Brandenburg das Rechtsinstitut der Baulast nicht eingeführt haben.[87]

---

82 Dazu grundsätzlich BVerwG, Urt. v. 16.5.1991 – 4 C 17.90 –, BRS 52 Nr. 157, DVBl 1991, 819; vgl. in diesem Zusammenhang auch die nicht an das Vorliegen der strengeren Befreiungsvoraussetzungen anknüpfende Abweichungsmöglichkeit nach § 13 Abs. 1 Nr. 4 NBauO und zu den Lücken dieser Regelung *Große-Suchsdorf/Lindorf/Schmaltz/ Wiechert*, a.a.O., § 13 Rn 13.

83 Vgl. etwa die Neufassung des § 6 Abs. 15 BauNRW i.d.F. des zweiten Änderungsgesetzes vom 9.11.1999, GVBl 1999, 622, 623, wonach bei Nutzungsänderungen und geringfügigen baulichen Änderungen bestehender Gebäude – mit Ausnahme privilegierter Grenzgebäude nach § 6 Abs. 11 Nr. 1 BauONRW – ohne Veränderung von Länge und Höhe der den Nachbargrenzen zugekehrten Wände unter Berücksichtigung nachbarlicher Belange geringere Tiefen der Abstandsflächen gestattet werden können, wenn Gründe des Brandschutzes nicht entgegenstehen, zu dieser Vorschrift OVG Münster, Beschl. v. 1.2.2000 – 10 B 2092/99 –, BauR 2000, 1463; ähnlich nunmehr auch die Neufassung des § 6 Abs. 14 Nr. 1 LBOSH 1999, wonach geringere Abstandsflächentiefen unter anderem zugelassen werden können und bei Vorliegen der Nachbarzustimmung sollen (§ 6 Abs. 15 LBOSH) bei Nutzungsänderungen in zulässigen Gebäuden, auch wenn diese bereits in den Abstandsflächen liegen.

84 Vgl. im Einzelnen beispielsweise § 7 SächsBO, BauONRW.

85 Dazu etwa *Große-Suchsdorf/Lindorf/Schmaltz/Wiechert*, a.a.O., § 92 Rn 31, *Gädtke/Böckenförde/Temme/Heintz*, a.a.O., § 83 Rn 36, allgemein zur Baulast etwa *Finkelnburg/Ortloff*, a.a.O., S. 69 ff.

86 Vgl. etwa OVG Bautzen, Beschl. v. 9.9.1994 – 1 S 259/94 –, BRS 56 Nr. 115, und VGH Mannheim, Urt. v. 13.7.1992 – 8 S 588/92 –, DVBl 1993, 119, zum Fall der Eintragung eines Zwangsversteigerungsvermerks vor Baulastbestellung OVG Münster, Urt. v. 18.7.1995 – 11 A 11/94 –, BRS 57 Nr. 205, zu der Besonderheit einer erst nach Bestellung im Wege der Grundbuchberichtigung eingetragenen Vormerkung OVG Lüneburg, Urt. v. 12.9.1997 – 1 L 5585/96 –, BRS 59 Nr. 192; allgemein zur Anfechtbarkeit von Baulasterklärungen OVG Lüneburg, 26.3.1999 – 1 L 215/97 –, BauR 2000, 373.

87 Vgl. zu den Übernahmemöglichkeiten in Bayern Art. 7 Abs. 5 BayBO und in Brandenburg § 7 BbgBO.

D. Allgemeine Anforderungen an die Bauausführung

38 Alle Bauordnungen enthalten dem Gefahrenabwehrrecht im herkömmlichen Verständnis zuzuordnende Vorschriften über die Standsicherheit (§ 15 MBO), den Schutz gegen schädliche Umwelteinwirkungen (§ 16 MBO), den Brandschutz (§ 17 MBO), den Wärme-, Schall- und Erschütterungsschutz (§ 18 MBO) sowie die Verkehrssicherheit (§ 19 MBO). Die in allen diesen Fällen notwendigen technischen Konkretisierungen finden sich in hierzu ergangenen Durchführungsbestimmungen (Rechtsverordnungen, durch öffentliche Bekanntmachung eingeführte technische Baubestimmungen und Durchführungserlassen).

I. Standsicherheit

39 Nach den zu § 15 Abs. 1 MBO ergangenen landesrechtlichen Bestimmungen[88] muss jede bauliche Anlage im Ganzen und in einzelnen Teilen für sich allein standsicher sein. Ferner dürfen die Standsicherheit anderer Anlagen und die Tragfähigkeit des Nachbargrundstücks nicht gefährdet werden. Insbesondere bei der letztgenannten, Nachbarschutz vermittelnden Anforderung handelt es sich im Wesentlichen um Vorgaben für die Bauausführung. Die Baugenehmigung geht grundsätzlich von der Beachtung technischer Vorgaben aus. Sofern durch mangelhafte, den einschlägigen technischen Normen zuwiderlaufende Bauarbeiten die öffentlich-rechtlichen Vorschriften verletzt werden, hat dies ebenso wie eine von der Genehmigung abweichende Bauausführung keine Auswirkungen auf die Rechtmäßigkeit der erteilten Genehmigung.[89]

II. Schädliche Einwirkungen

40 Nach den dem § 16 MBO entsprechenden Vorschriften müssen bauliche Anlagen so angeordnet, beschaffen und gebrauchstauglich sein, dass durch Wasser, Feuchtigkeit, pflanzliche und tierische Schädlinge sowie andere chemische, physikalische oder biologische Einflüsse Gefahren oder unzumutbare Belästigungen nicht entstehen. In dem Zusammenhang wird bisweilen die Frage unzumutbarer Belästigungen und Nachteile durch abfließende Wässer relevant.[90] Künftig zu erwarten sind in diesem Bereich vermehrte Streitigkeiten über die Errichtung von Mobilfunk-Antennenanlagen, bei denen indes – neben den dabei aufgeworfenen bauplanungsrechtlichen Fragen – hinsichtlich der

---

[88] Beispielsweise §§ 12 LBauOMV, 13 BauOBln, LBOBW, 15 BauOLSA, ThürBO, BbgBO, SächsBO, BauONRW, 16 LBOSaar, 17 LBOSH, 18 NBauO, Art. 13 BayBO, zu Standsicherheitsfragen bei Windenergieanlagen ausführlich OVG Münster, Beschl. v. 24.1.2000 – 7 B 2180/99 –, NVwZ 2000, 1064; VGH Mannheim, Beschl. v. 19.12.1996 – 8 S 3190/96 –, BRS 59 Nr. 107.

[89] Vgl. etwa OVG Saarlouis, Beschl. v. 22.11.1994 – 2 W 48/94 – betreffend Standsicherheitsbedenken des Nachbarn bezogen auf den geplanten Aushub der Baugrube für ein Mehrfamilienwohnhaus; zusammenfassend Beschl. v. 28.5.1996 – 2 R 24/95 –, SKZ 1996, 266 L, zu geplanten Abgrabungen im Grenzbereich; zum Nachbaranspruch bei genehmigungsabweichender Ausführung Beschl. v. 22.10.1996 – 2 W 34/96 –, BRS 58 Nr. 181; zur Berechtigung der Bauaufsicht, die Vorlage eines Sanierungskonzepts zur Wiederherstellung der Standsicherheit eines Gebäudes zu verlangen VGH Mannheim, Beschl. v. 12.5.1999 – 8 S 5963/99, BauR 2000, 864.

[90] Vgl. etwa OVG Lüneburg, Beschl. v. 12.7.1994 – 6 M 3522/94 –, RdL 1994, 251, DWW 1995, 90, zur Hinderung des Abflusses von Niederschlagswässern durch ein Bauvorhaben; vgl. zur Frage einer Nachbarbetroffenheit durch von einem Rinderstall verursachten Jaucheanfall OVG des Saarlandes, Urt. v. 25.5.2000 – 2 R 3/99 –, SKZ 2000, 219, wonach die Bestimmung (dort § 17 Abs. 1 LBOSaar) auch Beeinträchtigungen der Nachbarn durch Flüssigkeiten umfasst und drittschützend wirkt. Die dadurch vermittelten Abwehrrechte gehen indes nur dahin, dass die von der streitigen baulichen Anlage herrührenden Einwirkungen unterbunden werden, begründen indes keinen Anspruch auf eine bestimmte Ausgestaltung des Vorhabens.

D. Allgemeine Anforderungen an die Bauausführung § 23

Frage des Vorliegens schädlicher Umwelteinwirkungen (§§ 3 Abs. 1, 22 BImSchG) durch elektromagnetische Felder auf die Vorgaben der 26. BImSchV abzustellen ist, die konkrete Schutz- und Vorsorgepflichten zum Schutz vor nicht ionisierender Strahlung normiert.[91]

III. Brandschutz

Auch hinsichtlich des Brandschutzes, einer der klassischen baupolizeilichen Materien, enthalten die Landesbauordnungen lediglich eine allgemeine Umschreibung der diesbezüglichen Anforderungen. Danach müssen Anlagen so beschaffen sein, dass einerseits der Entstehung von Bränden und der Ausbreitung von Feuern vorgebeugt wird (präventiver Brandschutz) und dass andererseits im Brandfall Rettungsmaßnahmen und Löscharbeiten möglich sind (§ 17 MBO).[92] Diese werden insoweit zunächst ergänzt durch eine Normierung differenzierter Anforderungen für bestimmte Bauteile wie Wände, Decken, Treppen und Ausgänge.[93] Auch die in den einzelnen Bauordnungen verwandten Begriffe wie „feuerhemmend" oder „feuerbeständig" bedürfen einer (technischen) Konkretisierung, die in der Regel in ergänzenden Vorschriften vorgenommen wird.[94] Dabei erlangt maßgebliche Bedeutung die regelmäßig als technische Baubestimmung eingeführte DIN 4102 über das Brandverhalten von Baustoffen und Bauteilen, welche die Ausbreitung von Schadenfeuern hindern, verzögern oder begrenzen soll und die zunächst (Teil 1) die Baustoffe in verschiedene, jeweils wieder untergliederte Klassen mit den Bezeichnungen A (nicht brennbar) und B (brennbar) einteilt, dann (Teil 2) einzelne Bauteile nach der in Minuten gemessenen Feuerwiderstandsdauer unter Brandbedingungen verschiedenen Feuerwiderstandsklassen (F 30 bis F 180) zuordnet und diese Bezeichnung schließlich mit einem die vorerwähnte Baustoffklasse kennzeichnenden Zusatz versieht.[95] Gemeinsam ist allen Bauordnungen,[96] dass sie die Verwendung leicht entflammbarer Baustoffe (Baustoffklasse B3 nach DIN 4102, Teil 1) verbieten beziehungsweise nur zulassen, wenn sie, wie beispielsweise Papiertapeten und dergleichen, durch Verbindung mit anderen Baustoffen diese Eigenschaft verlieren. Die bauordnungsrechtliche Brandschutzkonzeption ist Gegenstand intensiver Diskussionen im Rahmen der geplanten Neufassung der Musterbauordnung (vgl. Fn 12).

41

IV. Verkehrssicherheit

Nach der allgemeinen Vorgabe des § 19 MBO müssen bauliche Anlagen und die dem Verkehr dienenden nicht überbauten Flächen von bebauten Grundstücken verkehrssicher sein; Sicherheit und Leichtigkeit des öffentlichen Verkehrs dürfen durch bauliche Anlagen und ihre Benutzung nicht gefährdet

42

---

91 Vgl. hierzu etwa BVerwG, Beschl. v. 1.11.1999 – 4 B 3.99 –, BauR 2000, 703, zur Frage der Anwendbarkeit des § 14 BauNVO; VGH Mannheim, Urt. v. 26.10.1998 – 8 S 1448/98 –, BauR 2000, 712, insbesondere auch zum Strahlenschutzaspekt VGH Kassel, Beschl. v. 29.7.1999 – 4 TG 2118/99 –, BRS 62 Nr. 83, NVwZ 2000, 694; OVG Bautzen, Beschl. v. 17.12.1997 – 1 S 746/96 –, BRS 59 Nr. 118; zur Frage der verfahrensrechtlichen Behandlung der Errichtung einer Mobilfunk-Basisstation auf einem Wohnhaus VGH Mannheim, Urt. v. 26.10.1998 – 8 S 1848/98 –, BauR 2000, 712.
92 Vgl. beispielsweise §§ 15 BauOBln, 17 SächsBO, BauONRW, BbgBO, 18 LBOSaar, 19 LBOSH.
93 Vgl. aus der MBO beispielsweise für tragende Wände (§ 25 Abs. 1 MBO), Gebäudeabschluss-, Trenn- und Brandwände (§§ 26 bis 28 MBO), Decken (§ 29 MBO) Dächer (§ 30 MBO) Treppen (§ 31 MBO) Treppenräume und Ausgänge (§ 32 MBO).
94 Dazu beispielsweise § 3 der Technischen Durchführungsverordnung – TVO – Saar betreffend brandschutztechnische Anordnungen an Bauteile und Einrichtungen.
95 Vgl. hierzu im Einzelnen etwa *Busse*, a.a.O., Art. 15 Rn 2.
96 So z.B. §§ 15 Abs. 2 BauOBln, 18 Abs. 2 LBOSaar, 17 Abs. 2 SächsBO, 17 Abs. 2 BbgBO, 19 Abs. 2 LBO SH, 17 Abs. 2 BauONRW, Art. 15 Abs. 4 S. 2 BayBO oder – in Niedersachsen – § 4 a DVBauO Baustoffe.

Bitz 1509

§ 23 Bauordnung und Baugenehmigung

werden.[97] Auch diese Anforderungen werden – etwa hinsichtlich der zulässigen Neigung von Zufahrtsrampen für Garagen und dergleichen – in weiteren Vorschriften inhaltlich näher ausgefüllt.[98]

V. Baustoffe und Bauarten

43 Schließlich enthalten die Bauordnungen anstelle der früheren Regelungen über die allgemeine bauaufsichtliche Zulassung neuer Baustoffe, Bauteile und Bauarten[99] und die Vergabe von Prüfzeichen nunmehr Vorschriften über Bauprodukte und Bauarten, die inhaltlich den Teilbereich umfassen, der im Zuge der Umsetzung der sogenannten „Bauproduktenrichtlinie" der Europäischen Union[18] innerstaatlich in die Gesetzgebungskompetenz der Länder fällt.[100] Diese Reglungen über die Verwendung der Bauprodukte wurden in der ARGEBAU (Arbeitsgemeinschaft der für das Bau-, Wohnungs- und Siedlungswesen zuständigen Minister der Länder) länderübergreifend abgestimmt und dann trotz der teilweise komplizierten Formulierung so in die einzelnen Bauordnungen übernommen.[101] In der Sache geht es um die Sicherstellung, dass bei der Errichtung, Änderung und Instandhaltung baulicher Anlagen nur Bauprodukte verwandt werden und solche Bauarten angewandt werden, die allgemeinen Sicherheitsstandards genügen. Gesetzestechnisch erreicht werden soll das durch die Normierung von Verwendungsverboten und die Einführung von Brauchbarkeitsnachweisen, sogenannten Übereinstimmungs- und CE-Zeichen. Das Bauproduktengesetz des Bundes unterwirft alle Bauprodukte einem Konformitätsnachweisverfahren zur Erlangung des CE-Zeichens, mit dem die „Brauchbarkeit"[102] im Sinne der Richtlinie nachgewiesen wird. Entscheidend für die Anwendung der Bestimmungen sind die von einem europäischen Komitee (CEN) zu entwickelnden harmonisierten Normungen. Das sogenannte Übereinstimmungsverfahren ist landesrechtlich geregelt.

E. Spezielle bauordnungsrechtliche Anforderungen an Teile der Bauvorhaben

44 Die Bauordnungen umfassen eine Reihe von Vorschriften, die Anforderungen an die Herstellung und Gestaltung einzelner Bauteile stellen, wobei es insbesondere, aber nicht nur, um Standsicherheits- und Brandschutzfragen geht. Dies gilt – wie bereits unter Brandschutzaspekten angesprochen – beispielsweise für **Wände, Dächer, Decken** und **Treppen** in Anlehnung an die §§ 25 ff. MBO, aber auch hinsichtlich der Herstellung von Wasserversorgungs- und Abwasserbeseitigungseinrichtungen (vgl. hierzu die §§ 39 bis 41 MBO). Ferner finden sich in diesem Zusammenhang meist umfangreiche Bestimmungen über Anforderungen an **Aufenthaltsräume und Wohnungen** (§§ 44 bis 46 MBO) oder an **Ställe** (§ 49 MBO). So wird beispielsweise für Aufenthaltsräume grundsätzlich eine lichte

---

97 Vgl. zum Beispiel §§ 17 BauOBln, 19 BbgBO, BauONRW, 21 LBOSH.
98 Vgl. etwa § 19 TVOSaar über die Zulässigkeit von Bauteilen in und an öffentlichen Verkehrsflächen, wozu nach einschlägigem Straßenrecht insbesondere auch die Bürgersteige rechnen.
99 Vgl. etwa § 25 NBauO a.F., § 23 LBOSaar 1988 sowie die im Wesentlichen gleichen Vorschriften in den übrigen (früheren) Landesbauordnungen.
100 Vgl. daneben das Regelungen über das Inverkehrbringen und den freien Warenverkehr enthaltende, die Materie des Art. 74 Nr. 11 GG (Recht der Wirtschaft) betreffende Bauproduktengesetz (BauPG) des Bundes vom 10.8.1992, BGBl I, 1495.
101 Siehe dazu beispielsweise den Hinweis bei *Große-Suchsdorf/Lindorf/Schmaltz/Wiechert*, a.a.O., § 24 Rn 14 a.E., wonach in dem Zusammenhang das Bundeswirtschaftsministerium den (niedersächsischen) Landesgesetzgeber darauf hingewiesen hat, dass im Falle diesbezüglicher Abweichungen von der MBO mit einem Vertragsverletzungsverfahren durch die EU-Kommission zu rechnen sei.
102 Der Anhang I zu der genannten Richtlinie nennt insoweit als wesentliche Anforderungen insbesondere die Bereiche der Standsicherheit, des Brandschutzes, der Hygiene beziehungsweise des Umweltschutzes, der Nutzungssicherheit und des Schall- und Wärmeschutzes.

Höhe von 2,40 m, im Dachraum von 2,30 m gefordert.[103] Dieser Bereich des materiellen Baurechts scheint am ehesten geeignet, um hier durch Verzicht auf einzelne Vorgaben zu der wünschenswerten Vereinfachung des materiellen Rechts zu gelangen. Nur beispielhaft sei hier der Vorschlag genannt, auf die erwähnte Höhenvorgabe bei Gebäuden mit nicht mehr als zwei Wohnungen und bei Aufenthaltsräumen im Dachgeschoss zu verzichten.[104] Speziellen gesteigerten Anforderungen unterliegen nach den Bauordnungen regelmäßig Sonderbauten wie etwa Hochhäuser, Krankenhäuser und Heime (vgl. § 51 MBO).

F. Anforderungen an Stellplätze und Garagen

Stellplätze sind Flächen, die zum Abstellen von Kraftfahrzeugen außerhalb öffentlicher Verkehrsflächen dienen. **Garagen** sind ganz oder teilweise umschlossene Räume zum Abstellen von Kraftfahrzeugen, wobei Ausstellungs-, Verkaufs-, Werk- und Lagerräume für Kraftfahrzeuge nicht als Garagen gelten (vgl. § 2 Abs. 7 MBO). 45

Die wiederum in den Details sehr unterschiedlichen Bestimmungen in den Landesbauordnungen zu Stellplätzen und Garagen sind in der Vergangenheit Gegenstand einer Vielzahl von gerichtlichen Entscheidungen gewesen, und zwar sowohl hinsichtlich der Frage der Erfüllung der Stellplatzpflicht als Genehmigungsvoraussetzung aus Sicht des Bauherrn als auch im Zusammenhang mit dem Verweis des Nachbarn auf unzumutbare Beeinträchtigungen seinerseits durch die Nutzung der Stellplätze und Garagen. Nach der sogenannten Stellplatzpflicht dürfen bauliche Anlagen, bei denen ein Zu- oder Abgangsverkehr zu erwarten ist, nur errichtet werden, wenn in diesem Sinne „notwendige" Stellplätze oder Garagen in ausreichender Größe und geeigneter Beschaffenheit hergestellt werden (§ 48 Abs. 1 MBO). Insoweit ist in der Diskussion, bei der Neufassung der MBO auf diese Stellplatzpflicht entsprechend dem Beispiel der Länder Berlin und Saarland[105] für Wohngebäude mit bis zu zwei Wohnungen generell zu verzichten.[106] Die Stellplätze sind nach den gegenwärtigen Fassungen der Landesbauordnungen (vorrangig) auf dem Baugrundstück oder auf einem Grundstück in zumutbarer Entfernung davon herzustellen (vgl. § 48 Abs. 5 S. 1 MBO mit Zwecksicherung) oder, sofern dies nicht oder nur unter großen Schwierigkeiten möglich ist, mit dem Einverständnis der Gemeinde durch Zahlung eines Geldbetrags abzulösen. Insoweit zielt der Diskussionsentwurf zur Änderung der MBO auf die Herstellung einer Gleichrangigkeit von Realherstellung und Ablösung.[107] Hingewiesen sei in diesem Zusammenhang noch auf die Vorgabe, dass Stellplätze und Garagen so ausgeführt werden müssen, dass ihre Benutzung die Gesundheit nicht schädigt und dass Arbeiten und Wohnen, die Ruhe und die Erholung in der Umgebung nicht über das zumutbare Maß hinaus gestört werden (§ 48 Abs. 9 MBO[108]). Bezogen auf das Merkmal der Zumutbarkeit handelt es sich insoweit – anders 46

---

103 Vgl. dazu §§ 44 Abs. 1, 46 Abs. 4 MBO, zum auch insoweit nicht einheitlichen Landesrecht etwa § 45 Abs. 1 SächsBO, § 48 Abs. 1 BauONW, Art. 45 Abs. 2 BayBO, § 44 Abs. 1 BauOBln, § 48 Abs. 1 BbgBO; ergänzend gelten für eine Reihe von Aufenthaltsräumen besondere Vorgaben, die sich nicht aus den Landesbauordnungen ergeben, vgl. insoweit etwa § 23 Abs. 2 der ArbeitsstättenVO des Bundes oder die HeimmindestbauVO.
104 Vgl. hierzu den Diskussionsstand zu den erwähnten Vorschriften der MBO, Anm. Nr. 12; insbesondere auch die Vorschläge zur Streichung der §§ 46 und 47 MBO.
105 Vgl. § 50 Abs. 1 LBOSaar.
106 Der § 48 Abs. 1 BauOBln bestimmt eine Stellplatzpflicht – anders als für Fahrradabstellmöglichkeiten – sogar nur noch hinsichtlich der Schaffung von Behindertenplätzen bei „öffentlich zugänglichen Gebäuden"; zu Recht kritisch hierzu *Hahn/Radeisen*, BauOBln Handkommentar, § 48 Anm. 1.
107 Vgl. zur historischen Entwicklung der Stellplatzpflicht sowie zu Gemeinsamkeiten und Unterschieden der einzelnen Regelungen etwa *Klinski*, Die novellierten Stellplatzbestimmungen in den Bauordnungen der Länder, 2001.
108 Vgl. § 49 Abs. 5 SächsBO, § 50 Abs. 9 S. 1 LBO Saar, § 52 Abs. 10 BbgBO, § 48 Abs. 3 BauOBln, § 51 Abs. 8 BauONRW, § 55 Abs. 9 S. 1 LBOSH.

als bei der Stellplatzpflicht als solcher – um im Falle der Nichtbeachtung Drittschutz vermittelnde Vorschriften.[109]

G. Regelungen über die behördlichen Zuständigkeiten und die Verantwortung am Bau

47   Am herkömmlichen ordnungsrechtlichen Verständnis der Verursachungshaftung orientiert, bestimmen die Bauordnungen der Länder die Pflichten der am Bau Verantwortlichen. Nach dem Grundsatz des § 53 MBO sind primär der Bauherr und – von diesem abgeleitet – die von ihm mit der Ausführung des Vorhabens betrauten sonstigen am Bau beteiligten Personen, insbesondere Entwurfsverfasser (§ 55 MBO), Unternehmer (§ 56 MBO) und Bauleiter (§ 57 MBO) im Rahmen ihres Wirkungskreises dafür verantwortlich, dass bei der Realisierung des Vorhabens die öffentlich-rechtlichen Vorschriften eingehalten werden; dem Bauherrn obliegen die nach den jeweils einschlägigen gesetzlichen Vorschriften erforderlichen Anzeigen und Nachweise an die Bauaufsichtsbehörden.

48   Die einzelnen Bauordnungen enthalten in ihrem verfahrensrechtlichen Teil ferner Vorschriften über Aufbau und Zuständigkeiten der Bauaufsichtsbehörden, denen die Wahrnehmung der sich aus dem Baurecht des Bundes und des jeweiligen Landes ergebenden Aufgaben als staatliche Aufgaben zugewiesen sind (vgl. z.B. § 65 LBOSH). Die Aufgabenwahrnehmung wird dabei von Fall zu Fall in unterschiedlichem Umfang auf bei den Kommunen angesiedelte Behörden übertragen (vgl. z.B. Art. 59 BayBO). Die Bauaufsichtsbehörden haben nach der allgemeinen, an den § 59 Abs. 2 MBO anknüpfenden Aufgabenbeschreibung in den Bauordnungen – und zwar nicht nur bei genehmigungsbedürftigen, sondern bei allen, insbesondere auch freigestellten Vorhaben – darüber zu wachen, dass bei Errichtung, Änderung, Abbruch, Nutzung und Instandhaltung die öffentlich-rechtlichen Vorschriften eingehalten werden.

H. Genehmigungs-, Anzeige- und Freistellungsverfahren

49   Wie bereits in der Vorbemerkung angesprochen, hat seit einigen Jahren ein weit reichender Wandel hinsichtlich des Umfangs der präventiven Überprüfung der Einhaltung des materiellen Baurechts durch die Behörden in bauaufsichtsbehördlichen Genehmigungsverfahren stattgefunden. In allen Bundesländern sind inzwischen diesbezüglich über den üblichen Rahmen der schon vorher vom Genehmigungserfordernis freigestellten sogenannten Kleinvorhaben und Nutzungsänderungen, die keine weiter reichenden rechtlichen Anforderungen begründen,[110] hinaus umfangreiche Einschränkungen vorgenommen worden. Gesetzestechnisch wurde das erreicht durch die Einführung von **Freistellungs-** bzw. **Anzeigeverfahren**[111] und sogenannter **vereinfachter Genehmigungsverfahren** für speziell bezeichnete Bauvorhaben[112] als Ausnahmen vom weiterhin geltenden Grundsatz der

---

109 Vgl. zur Frage des Verhältnisses der Normen zum bauplanungsrechtlichen Rücksichtnahmegebot, dort aus § 15 Abs. 1 BauNVO, BVerwG, Urt. v. 7.12.2000 – 4 C 3.00 –, zum insoweit vorrangigen nachbarlichen Abwehranspruch gegen Stellplätze in Wohngebieten unabhängig von Zumutbarkeitsgesichtspunkten auf von Grundlage von § 12 Abs. 2 BauNVO BVerwG, Urt. v. 16.9.1993 – 4 C 28.91 –, BRS 55 Nr. 110.
110 Vgl. insoweit beispielsweise in Art. 63 BayBO, §§ 69 Abs. 1 NBauO mit Anhang, 63 a SächsBO, 56 BauOBln, 67 BbgBO, wobei in allen Bauordnungen auch eine Tendenz zur Erweiterung dieser sog. Kleinvorhabenkataloge festzustellen ist.
111 Vgl. insoweit (nur) zu den Freistellungs- und Anzeigeverfahren etwa §§ 51 BauOBW (Kenntnisgabeverfahren), Art. 64 BayBO, §§ 56 a BOBln, 69 BbgBO, 66 BremLBO, 64 LBauOMV, 69 a NBauO, 67 BauONRW, 65 a LBauORP, 66 LBOSaar, 63 SächsBO, 66 BauOLSA, 74 LBOSH, 62 b ThürBO.
112 Vgl. hierzu beispielsweise Art. 73 BayBO, §§ 67 LBOSaar, 62 a SächsBO, 60 a BauOBln, 75 LBOSH, 68 BauONRW, § 62 a ThürBO (Verzicht auf Standsicherheitskontrolle).

Genehmigungsbedürftigkeit der Errichtung, der Änderung, der Nutzungsänderung und des Abbruchs baulicher Anlagen (entspr. § 61 Abs. 1 MBO).

In den vereinfachten, oft zum Zwecke der Beschleunigung durch Regelungen über Entscheidungsfristen mit Fiktionswirkung bei Nichteinhaltung ergänzten Verfahren findet nicht mehr die früher für das Baugenehmigungsverfahren kennzeichnende umfängliche Überprüfung der Einhaltung des materiellen öffentlichen Rechts, insbesondere des öffentlichen Baurechts, statt, sondern nur noch die Prüfung der Einhaltung bestimmter ausdrücklich aufgeführter Bestimmungen, regelmäßig
- des Bauplanungsrechts (§§ 29 bis 38 BauGB),
- der Vorschriften über die Abstandsflächen (Grenzabstände vgl. oben Abschnitt C.IV.) und
- der Stellplatzvorschriften.

Sowohl beim Freistellungs- als auch beim vereinfachten Genehmigungsverfahren ergeben sich beim Vergleich der einzelnen Landesbauordnungen eine Vielzahl von Unterschieden, was die Anwendbarkeit, den Prüfungsumfang und die verfahrensmäßige Abwicklung anbelangt, so dass eine umfängliche Darstellung im vorliegenden Rahmen nicht möglich ist.

Bei den Freistellungsverfahren geht es im Kern um die **erleichterte Realisierung von Vorhaben im Geltungsbereich qualifizierter Bebauungspläne**, bei denen teilweise sogar auf die Überprüfung der Plankonformität verzichtet wird (vgl. § 66 LBOSaar). Die sich dabei stellende Frage der Konsequenz der bei Freistellung unerkannten, später festgestellten Nichtigkeit des nach § 10 BauGB in der Form einer gemeindlichen Satzung ergehenden Bebauungsplans haben einige Länder inzwischen ausdrücklich in Sinne des Vorrangs der Rechtssicherheit dahingehend geregelt, dass es nach Durchführung des Vorhabens auch in diesem Fall keiner Baugenehmigung bedarf.[113] Die Problematik der Unzulässigkeit selbst festsetzungskonformer Vorhaben im Einzelfall unter dem Aspekt der Art der baulichen Nutzung nach § 15 BauNVO dürfte allgemeiner Regelung insoweit nicht zugänglich sein.

Insgesamt lässt sich feststellen, dass das früher übliche „Vollgenehmigungsverfahren" zwar zwischenzeitlich die Ausnahme bildet, dass aber alle am Gedanken der Vereinfachung und Beschleunigung orientierten Änderungen der verfahrensrechtlichen Vorschriften nicht etwa zur Folge haben, dass das eine unvermindert hohe Regelungsdichte aufweisende materielle Baurecht nicht mehr oder gar nur noch in eingeschränktem Umfang für das Vorhaben beachtlich wäre (vgl. Fn 7). Dies hat zur Folge, dass die Verantwortlichkeiten in dem Bereich, in dem eine behördliche Überprüfung vor der Ausführung nicht mehr vorgeschrieben ist, gewissermaßen „privatisiert" werden, indem insbesondere in Freistellungs- und Anzeigeverfahren jeweils Verantwortlichkeitsübernahmeerklärungen der sachverständigen, an Planung und Ausführung des Vorhabens Beteiligten, speziell der Entwurfsverfasser (Bauvorlagen), einzureichen sind.

Aus Anlass des vielfach artikulierten Bedürfnisses nach dem Erhalt von Rechts- beziehungsweise Investitionssicherheit durch Erteilung einer inhaltlich möglichst weit reichenden Genehmigungsentscheidung der Behörde räumen einzelne Bauordnungen den Bauherrn das Recht ein, an Stelle des Freistellungsverfahrens (zumindest) eine **vereinfachte Baugenehmigung** zu beantragen. Interessant ist in dem Zusammenhang auch die Entwicklung in Baden-Württemberg, wo die jüngste Novelle (vgl. Fn 1) dadurch veranlasst war, dass der Landesgesetzgeber das bisher nur befristete Wahlrecht (§ 77 Abs. 2 LBOBW a.F.) auf Durchführung eines Genehmigungsverfahrens auch bei dem u. a

---

[113] Vgl. zu der sog. formellen Immunisierung der Vorhaben etwa § 69 a Abs. 10 NBauO, § 67 Abs. 8 BauONRW 1999 oder § 63 Abs. 11 SächsBO, insoweit abstellend auf den Baubeginn. Der § 67 Abs. 8 S. 2 BauONRW normiert zusätzlich unter diesem Aspekt auch einen bezogen auf die sich insoweit ergebenden planungsrechtlichen Gesichtspunkte einen materiellen Schutz gegenüber Beseitigungsanordnungen mit Ausnahme des Bestehens nachbarlicher Abwehransprüche; kritisch zur Frage der Schutzwürdigkeit des Vertrauens des Bauherrn auf die Wirksamkeit des Bebauungsplans etwa *Mampel*, NVwZ 1996, 162; dazu auch *Jäde*, UPR 1996, 12.

Wohnhäuser bis zur Hochhausgrenze erfassenden Kenntnisgabeverfahren (vgl. § 51 Abs. 1 Nr. 1 LBOBW) unterliegenden Vorhaben in ein Dauerwahlrecht umwandeln wollte.[114]

55 Die umfangreichen Auseinandersetzungen in der Fachliteratur zwischen Gegnern und Befürwortern des Konzepts des Rückzugs der staatlichen Behörden aus der präventiven Kontrolle der Einhaltung des materiellen Baurechts, das letztlich als Ziel die Beschränkung auf die Prüfung allein städtebaulicher Genehmigungsanforderungen[115] hat, können hier nicht referiert werden. Sie vermitteln bisweilen den Anschein weltanschaulicher Motiviertheit nach dem Motto „Wieviel Freiheit verträgt der Mensch (als Bauherr)?".[116] Die hierzu eingenommene Position erscheint im jeweiligen Einzelfall nicht unbeeinflusst von der individuellen Perspektive auf die Problematik, so dass insbesondere diejenigen, die sich von Berufs wegen eher mit den „gescheiterten" Fällen, insbesondere nachbarlichen Auseinandersetzungen um die Realisierung (nur) verfahrensrechtlich freigestellter Vorhaben beschäftigen, eher dazu neigen, den Vereinfachungseffekt der angesprochenen Verfahrensregelungen – und dies für diese Fälle aus gutem Grund – in Abrede zu stellen. Im Bereich des baurechtlichen Nachbarschutzes führt der Verzicht auf die Baugenehmigung oder die diesbezügliche Beschränkung des Entscheidungsinhalts im vereinfachten Genehmigungsverfahren zu Verkomplizierungen, da der zentrale Anknüpfungspunkt für die verfahrensrechtliche Abwicklung baurechtlichen Nachbarschutzes (§§ 42 Abs. 1, 80 a VwGO) in Form des Verwaltungsakts (Baugenehmigung) in dem einen Falle (Freistellungsverfahren) gänzlich fehlt und in dem anderen (vereinfachtes Genehmigungsverfahren) inhaltlich nur noch Teilbereiche des für den Nachbarstreit insgesamt relevant gebliebenen materiellen Rechts abdeckt, mithin im Übrigen nach den früher in der Rechtsprechung für den „Schwarzbau" entwickelten Kriterien zu verfahren ist (vgl. i.e. hierzu den § 24 dieses Buches).

56 Aus Sicht des Bauherrn geht insbesondere die Genehmigungsfreistellung im Einzelfall sicher mit einem Verlust an Rechtssicherheit einher, da ein Verwaltungsakt, der auch (gegenüber dem Nachbarn) in Bestandskraft erwachsen kann und danach die Geltendmachung von Abwehransprüchen hindert, fehlt. Sicher ist indes, dass es sich hier nicht um unlösbare Probleme handelt und allein von den „pathologischen" Fällen des Nachbarstreits um freigestellte Vorhaben nicht auf die generelle Untauglichkeit des Reformansatzes insgesamt geschlossen werden sollte. Letztlich geht es dabei um politische Grundentscheidungen, wobei allerdings mancher Bauherr auch das Recht, die staatliche Kontrolle seines Vorhabens zumindest wählen zu dürfen, als eine „Freiheit" empfinden wird.

57 Am weitesten fortgeschritten mit den erwähnten Reformen ist Bayern, das bereits im Jahre 1994 bei den ersten Vereinfachungsnovellen eine Vorreiterrolle eingenommen hatte. Durch die Reform der Bayerischen Bauordnung im Jahre 1998 wurde der Anwendungsbereich des Freistellungsverfahrens etwa auf Wohngebäude bis zur Hochhausgrenze, aber auch auf bestimmte gewerbliche Bauvorhaben ausgedehnt, sofern das Vorhaben den Festsetzungen eines qualifizierten Bebauungsplans entspricht, die Erschließung gesichert ist und nicht die Gemeinde die Durchführung des Genehmigungsverfahrens beantragt (vgl. Art. 64 BayBO). Alle danach noch genehmigungsbedürftigen Bauvorhaben

---

114 Siehe insbesondere zu den Hintergründen dieses Gesetzeswerks, den dabei in Erscheinung getretenen „treibenden Kräften" und auch den statistischen, große regionale Unterschiede offenbarenden Daten betreffend die Akzeptanz des Kundgabeverfahrens, eines Anzeigeverfahrens, bei bestehendem Wahlrecht *Hager*, BauR 2001, 573; vgl. zum Wahlrecht – bezogen auf das vereinfachte Genehmigungsverfahren – beispielsweise § 66 Abs. 10 LBOSaar; die Bundesländer Nordrhein-Westfalen und Schleswig-Holstein haben von der bisher obligatorischen Freistellung wieder Abstand genommen und eine entsprechendes Wahlrecht eingeführt, vgl. § 67 Abs. 1 S. 3 BauONRW (GVBl 1999, 622) und § 74 Abs. 13 LBOSH (GVBl 1999, 418, 429).

115 Vgl. etwa § 68 LBOSaar, Art. 66 BayBO, wobei die in diesen Bestimmungen angesprochenen Verordnungen zur Konkretisierung der Anforderungen an den insoweit geforderten besonders qualifizierten Entwurfsverfasser ersichtlich bisher nicht ergangen sind.

116 Vgl. etwa *Beckstein/Sauter*, Die Bayerische Bauordnung 1998: Der zweite Schritt der notwendigen Reform, in *bauintern*, Sonderdruck September 1997, wonach die Reform von der Grundentscheidung „weg vom etablierten Betreuungsdenken – hin zur neuen Verantwortlichkeit des mündigen Bürgers" getragen ist; kritisch hingegen zu den Reformen insbesondere der eingetretenen Rechtszersplitterung *Ortloff*, NVwZ 1995, 112.

außer den Sonderbauten werden dem vereinfachten Genehmigungsverfahren zugewiesen (Art. 73 BayBO). Hinsichtlich der Einzelheiten kann hier nur eine sorgfältige Lektüre des jeweiligen Landesrechts angeraten werden. Auch insoweit wäre eine Harmonisierung in Anlehnung an eine entsprechende MBO dringend wünschenswert.[117]

I. Sonstige Fragen der bauaufsichtlichen Zulassung von Bauvorhaben

I. Vorbescheid und Teilbaugenehmigung

Die Bauordnungen bieten ferner die Möglichkeit, zu einzelnen Fragen der Zulässigkeit des Bauvorhabens, etwa der nach städtebaulichen Grundsätzen zu beurteilenden Frage grundsätzlicher Bebaubarkeit eines Grundstücks, zur Vermeidung unnötigen Kostenaufwands eine die Behörde im Falle der Erteilung bezogen auf das Vorhaben für eine bestimmte Zeit im Rahmen eines späteren Bauantragsverfahrens bindende Vorabentscheidung in Form eines **Vorbescheids** einzuholen (§ 65 MBO). Gegenstand eines solchen Verfahrens können aber nur Fragen sein, die in einem folgenden Baugenehmigungsverfahren zu entscheiden wären. Auch Teile des Bauvorhabens selbst, beispielsweise Fundamentierungsarbeiten, können zum Gegenstand einer **Teilbaugenehmigung** gemacht werden (§ 70 MBO).

58

II. Einschränkung der Genehmigungsentscheidung

Die Baugenehmigung, auf deren Erteilung der Bauherr bei Vorliegen der gesetzlichen Voraussetzungen einen Anspruch hat, bedarf der Schriftform (Bauschein). Sie wirkt für und – insbesondere hinsichtlich der Auflagen in den Beiblättern – gegen den Rechtsnachfolger (vgl. § 69 Abs. 1 und 2 MBO). Sie ergeht herkömmlicher Weise „unbeschadet der privaten Rechte Dritter" (§ 69 Abs. 4 MBO). Diese Einschränkung bedeutet, dass die Behörde bei der Erteilung der Baugenehmigung privatrechtliche Vorschriften grundsätzlich nicht zu berücksichtigen hat, wenngleich beispielsweise das feststehende fehlende Einverständnis des Grundstückseigentümers die Behörde regelmäßig berechtigt, Bauanträge unter dem Gesichtspunkt fehlenden Sachbescheidungsinteresses abzulehnen (vgl. etwa §§ 74 Abs. 2 BremLBO, 71 Abs. 5 LBOSaar). Die Genehmigungsbehörde ist aber nicht verpflichtet, die privaten Rechte an dem Grundstück zu berücksichtigen, und sie darf insbesondere die Genehmigung nicht davon abhängig machen, dass der Bauherr Grundstückseigentümer ist, zumal beispielsweise die Klärung der Bebaubarkeit durch einen Kaufinteressenten etwa im Vorbescheidsverfahren bei diesbezüglichen Zweifeln aus dessen Sicht sinnvoll ist. Eine solche Baugenehmigung begründet indes zivilrechtlich weder das Recht des Bauherrn, das Grundstück unter Missachtung entgegenstehender Eigentumsverhältnisse zu bebauen, noch verpflichtet sie den Eigentümer, die genehmigte Bebauung zu dulden. Von daher hat der Eigentümer auch keinen Anspruch auf Aufhebung der einem Dritten erteilten Baugenehmigung; er kann die Realisierung des Vorhabens zivilrechtlich verhindern. Grundsätzlich ohne Relevanz für die Entscheidung der Baubehörde bleiben von daher schließlich insbesondere die Vorschriften des privaten Nachbarrechts der §§ 903 ff. BGB und die diese ergänzenden, auf der Grundlage des Art. 124 EGBGB erlassenen Bestimmungen der Nachbarrechtsgesetze der Länder. Auch daraus abzuleitende Ansprüche sind gegebenenfalls zivilgerichtlich geltend zu machen. Eine Ausnahme bilden insoweit lediglich die sogenannten durch die Realisierung des Vorhabens aufgedrängten Notwege- und Leitungsnotwegerechte (§ 917 BGB) im Falle der Nichtbeachtung von Erschließungsvoraussetzungen durch die Genehmigungsbehörde, worauf hier indes nicht weiter eingegangen werden kann.

59

---

[117] Vgl. hierzu den Diskussionsstand zu §§ 61 a und 61 b MBO i.E, Fundstelle Anm. 12. Der länderübergreifend am „Ist-Zustand" Interessierte sei auch insoweit auf die anschauliche Gegenüberstellung bei *Hammer*, a.a.O., S. 238 ff., oder auf *Finkelnburg/Ortloff*, a.a.O., S. 86 ff. verwiesen.

III. Beteiligung von Nachbarn

60 Die Bauordnungen der Länder sehen ferner unterschiedliche Regelungen über die **Nachbarbeteiligung** in Baugenehmigungsverfahren vor, die aber in der Regel, abgesehen von Fällen des in diesem Rahmen ausdrücklich erklärten Nachbarrechtsverzichts, keinen Nachbarrechtsausschluss in Form einer materiellen Präklusion bewirken[118] und im Ergebnis in den geregelten Beteiligungsfällen schließlich die förmliche Bekanntgabe der Genehmigungsentscheidung an den Nachbarn vorschreiben. So hat beispielsweise der Bauherr nach Art. 71 Abs. 1 S. 1 BayBO den Eigentümern der Nachbargrundstücke Lageplan und Bauzeichnungen „zur Unterschrift vorzulegen", und die Gemeinde, bei der nach Art. 67 Abs. 1 S. 1 BayBO die Bauanträge einzureichen sind, kann im Falle des Fehlens der Unterschrift die Nachbarn (nach der Neufassung nunmehr) auf Antrag des Bauherrn benachrichtigen und ihnen eine Äußerungsfrist setzen. Ein echter Einwendungsverlust ist indes nach Art. 71 Abs. 4 BayBO nur bei besonderen Vorhaben infolge öffentlicher Bekanntmachung „des Vorhabens" unter Hinweis auf den drohenden Rechtsverlust bei Nichtgeltendmachung von Einwendungen vorgesehen. Die Bestimmungen gelten unmittelbar nur im Baugenehmigungsverfahren; für das Freistellungsverfahren gilt die Sondervorschrift des Art. 64 Abs. 3 BayBO.

IV. Abweichungen im Einzelfall

61 Einzelne Genehmigungshindernisse oder – bezogen auf freigestellte Vorhaben – materielle Hindernisse für die (rechtmäßige) Verwirklichung eines Bauvorhabens oder dessen nachträglichen Legalisierung können durch die Gewährung von
- Abweichungen,
- Befreiungen oder
- Ausnahmen

ausgeräumt werden, deren Erteilung jedoch im Ermessen der zur Entscheidung hierüber aufgerufenen Behörde steht.

62 Diesbezüglich halten die Bauordnungen überwiegend in Anlehnung an § 67 MBO an der früher üblichen, auf den § 5 der preußischen Einheitsbauordnung für Städte (1919) zurückgehenden begrifflichen Unterscheidung fest zwischen einerseits Ausnahmen von Vorschriften, die Abweichungsmöglichkeiten ausdrücklich vorsehen oder generell als Sollvorschriften konzipiert sind, und andererseits Befreiungen (sog. Dispensen) hinsichtlich der Anforderungen „zwingender" Vorschriften.[119]

63 Von ungleich größerer Bedeutung sind insoweit **Befreiungen**, insbesondere im Zusammenhang mit der Unterschreitung der Abstandsflächentiefe im Grenzbereich. In der Sache geht es hierbei um die Möglichkeit der Korrektur im besonderen Einzelfall als unzuträglich empfundener Auswirkungen abstrakt genereller Rechtsnormen. In der herkömmlichen Fassung der Tatbestände scheidet eine Befreiungsmöglichkeit insoweit bis auf Sonderfälle[82] in aller Regel bereits wegen Fehlens der tatbestandlich erforderlichen „nicht beabsichtigten Härte" aus. Eine solche kann regelmäßig mit Blick auf die Abstandsflächenvorschriften, die – wie ausgeführt – Anforderungen an das Baugrundstück konkretisieren, regelmäßig nur aus grundstücksbezogenen Besonderheiten hergeleitet werden.

64 Diese Rechtslage hat viele Bauaufsichtsbehörden dazu veranlasst, bei Nachweis der Zustimmung des Eigentümers des von der Abstandsunterschreitung betroffenen Nachbargrundstücks „großzügig"

---

118 Vgl. etwa § 73 Abs. 2 LBOSaar, der für Befreiungsfälle eine Beteiligung vorschreibt, indes die Möglichkeit des materiellen Nachbarrechtsausschlusses anders als seine Vorläuferbestimmung – § 62 LBOSaar 1988 – nicht mehr vorsieht; ebenso §§ 69 SächsBO, 69 ThürBO, 73 BbgBO, 77 LBOSH; eine materielle Präklusionsregelung lässt sich hingegen § 55 LBOBW entnehmen.

119 Vgl. etwa die §§ 61 BauOBln, 75 LBOSaar, 72 BauOLSA, 70 LBauOMV, 85, 86 NBauO, 68 SächsBO, 76 LBOSH, 72 BremLBO; Abweichungen, Ausnahmen und Befreiungen regelt hingegen der § 56 LBOBW.

zu verfahren und Befreiungen zu erteilen.[120] Wesentlich auch in Reaktion auf diese Praxis[121] haben verschiedene Landesgesetzgeber die von ihnen als nicht mehr sachgerecht empfundenen „Härteklauseln" hinsichtlich der tatbestandlichen Voraussetzungen entschärft, dabei gleichzeitig die begriffliche Unterscheidung zwischen Ausnahmen und Befreiungen aufgegeben und allgemein Abweichungstatbestände geschaffen. Diese stellen im Wesentlichen darauf ab, ob unter Berücksichtigung des Zwecks der jeweiligen bauordnungsrechtlichen Anforderung die Abweichung bei Berücksichtigung nachbarlicher Interessen mit den öffentlichen Belangen vereinbar ist.[122] Nach wie vor ist aber auch die Zulassung einer Abweichung in das Ermessen der Baubehörde gestellt[123] und vom Tatbestand her nur gerechtfertigt, wenn vom Regelfall abweichende Fallumstände vorliegen.[124] Im Falle der Genehmigungsfreiheit des Vorhabens ist ein gesondertes Befreiungs- bzw. Abweichungserfordernis zu beachten.

V. Geltungsdauer von Baugenehmigungen

Die Baugenehmigung unterliegt ferner in allen Bundesländern zeitlichen Beschränkungen hinsichtlich ihrer Geltungsdauer in Anlehnung an § 71 MBO in Abhängigkeit von der Ausführung des Vorhabens (meist drei Jahre[125]) beziehungsweise der Unterberechnung der Bauarbeiten (zwischen einem und vier Jahren), wobei die Einlegung von Rechtsbehelfen den Ablauf der Fristen bis zum Eintritt der Bestandskraft hemmt[126] und in allen Bauordnungen – bei rechtzeitiger Antragstellung auch rückwirkende – Verlängerungsmöglichkeiten vorgesehen sind. Ausdrückliche Entscheidungen der Landesgesetzgeber zur Geltungsdauer der Baugenehmigung nach Realisierung des Vorhabens in den Fällen langandauernder Aufgabe der (genehmigten) Nutzung der baulichen Anlagen sind nicht ersichtlich.[127]

65

VI. Verzicht auf die Baugenehmigung, Rücknahme

Eine bauaufsichtsbehördliche Genehmigung (Baugenehmigung oder auch Vorbescheid) kann auch erlöschen durch Verzichtserklärung des Bauherrn gegenüber der Genehmigungsbehörde.[128] Sie kann ferner – etwa in Ausübung eines entsprechenden Vorbehalts bei ihrer Erteilung – widerrufen oder bei Erkenntnis ihrer Rechtswidrigkeit nach Maßgabe der mangels spezieller Regelung in den Landesbauordnungen anwendbaren allgemeinen Regeln des § 48 (L)VwVfG zurückgenommen werden. Dabei ist aber den sich aus dieser Vorschrift ergebenden Anforderungen an einen in seiner Wertigkeit insbesondere vom bereits getätigten Investitionsumfang abhängigen Vertrauensschutz des Bauerlaub-

66

---

120 Vgl. dazu etwa OVG Saarlouis, Beschl. v. 30.9.1998 – 2 W 8/98 –, SKZ 1999, 121 L.
121 Vgl. in dem Zusammenhang *Gädtke/Böckenförde/Temme/Heintz*, a.a.O., § 73 Rn 5.
122 Vgl. hierzu i.e. § 68 ThürBO, § 72 BbgBO, § 73 BauONRW, Art. 70 BayBO; entsprechend nunmehr auch der Entwurf zur Neufassung des § 67 MBO (vgl. Anm. 12); siehe aber auch die den Befreiungstatbestand fortschreibende Neufassung des § 76 LBOSH (1999).
123 Vgl. aber die Neufassung des § 73 Abs. 1 BauONW (1999), der in S. 2 einen Anspruch normiert, wenn die Abweichung der Verwirklichung eines Vorhabens zur Einsparung von Wasser oder Energie dient.
124 Vgl. dazu OVG Weimar, Beschl. v. 25.6.1999, 1 EO 197/99 –, BRS 62 Nr. 141, und OVG Koblenz, Urt. v. 3.11.1999 – 8 A 10951/99 –, BRS 62 Nr. 143, BauR 2000, 551, zu § 69 Abs. 1 LBauORP (1999); siehe dazu auch OVG Münster, Beschl. v. 12.2.1997 – 7 B 2608/96 –, BRS 59, Nr. 162.
125 Vgl. aber Art. 77 Abs. 1 BayBO sowie § 71 LBauORP, jeweils 4 Jahre.
126 Vgl. zur Fristhemmung, ungeachtet der sich heute aus § 212 a BauGB generell ergebenden sofortigen Vollziehbarkeit der Baugenehmigung, VGH Mannheim, Urt. v. 25.3.1999 – 8 S 218/99 –, BRS 62 Nr. 169.
127 Vgl. in diesem Zusammenhang OVG Weimar, Urt. v. 29.11.1999 – 1 EO 658/99 –, BRS 62 Nr. 203, wo das in diesem Zusammenhang durch das Urteil des BVerwG vom 7.11.1997 – 4 C 7.97 –, BRS 59 Nr. 109 (Ledigenheim) und dem hierin enthaltenen Verweis des auf die Maßgeblichkeit des Landesrechts aufgeworfenen Problem der „Dauer" (Wirksamkeit) des Verwaltungsakts Baugenehmigung unter Rückgriff auf § 43 Abs. 2 (L)VwVfG behandelt.
128 Vgl. etwa OVG Saarlouis, Urt. v. 30.11.1993 – 2 R 51/92 –, SKZ 1994, 109 L.

nisnehmers Rechnung zu tragen, insbesondere insoweit eine Ermessensentscheidung vorzunehmen und die Vorrangigkeit des Rücknahmeinteresses aus Sicht der Behörde auch zu begründen.[129]

J. Überwachung der Bauarbeiten durch Bauaufsichtsbehörden

67 In Anlehnung an die §§ 77 und 78 LBO wurde in den einzelnen Bauordnungen im Bereich der Bauüberwachung in Abweichung von früheren Regelungen das Opportunitätsprinzip eingeführt, wonach auch insoweit nach den Begründungen[130] für die Übernahme der Mustervorschriften die Eigenverantwortung der Baubeteiligten weiter gestärkt werden sollte. Waren nach dem früher geltenden Recht Rohbau- und Schlussabnahmen teils zwingend vorgeschrieben, so steht nunmehr die Durchführung einer Bauzustandsbesichtigung (§ 78 MBO) im pflichtgemäßen Ermessen der Behörde.

K. Maßnahmen der Baubehörden gegen rechtswidriges Bauen

I. Ermittlungsbefugnisse

68 Die Bauordnungen ermächtigen die Bauaufsichtsbehörden über die bereits angesprochene allgemeine Aufgabenumschreibung (§ 59 Abs. 2 MBO) hinaus zu bestimmten polizeilich-repressiven Maßnahmen aus Anlass rechtswidriger Baumaßnahmen. Im Vorfeld werden regelmäßig den Bediensteten Zutrittsrechte nach Maßgabe des § 59 Abs. 4 MBO eingeräumt, die der Ermittlung der tatsächlichen Entscheidungsgrundlagen dienen (vgl. etwa Art. 83 BayBO, § 60 Abs. 4 SächsBO). Die gleiche Zielsetzung liegt Vorschriften zugrunde, welche die Behörde ermächtigen, die Stellung von Bauanträgen und die Einreichung von Bauvorlagen zu verlangen (vgl. z.B. § 88 Abs. 4 LBOSaar, Art. 82 S. 3 BayBO, § 77 Abs. 1 S. 3 ThürBO § 82 Abs. 3 BremLBO); diese Aufforderungen sind von daher rechtswidrig, wenn die fehlende Möglichkeit nachträglicher Legalisierung ohne weiteres erkennbar ist.

II. Baueinstellung

69 Werden Bauarbeiten ohne eine erforderliche Baugenehmigung oder in Abweichung von einer solchen ausgeführt, so rechtfertigt allein diese formelle Illegalität die Anordnung ihrer Einstellung (vgl. § 75 MBO). Diese klassische Ermächtigungsgrundlage knüpft zunächst noch an die regelmäßige Genehmigungsbedürftigkeit von Bauvorhaben und die entsprechend (erst) der Baugenehmigung zu entnehmende Baufreigabe an. Für die Fälle der Freistellungs- und Anzeigeverfahren sind entweder besondere diesbezügliche Ergänzungen der Ermächtigungsgrundlage etwa hinsichtlich der Bauaufnahme vor Erhalt einer im Einzelfall nach Landesrecht notwendigen Freistellungsbestätigung oder mit Blick auf das Abweichen von eingereichten Bauvorlagen zu beachten.[131] Fehlen solche Regelungen, dürfte auf das Vorliegen eines materiellen Rechtsverstoßes abzustellen sein. Dabei kommt dem Bauherrn kein besonderer Vertrauensschutz zugute. Ihm obliegt dabei die eigenverantwortliche Prüfung der Rechtmäßigkeit seines Vorhabens und er trägt als Kehrseite der ihm zukommenden Vorteile des vereinfachten Bauens auch das Risiko eines repressiven Einschreitens der Baubehörden.[132] Der Erlass einer Baueinstellungsverfügung ist regelmäßig nur sinnvoll bei gleichzeitiger Anordnung der

---

129 Vgl. zur Frist des § 48 Abs. 4 VwVfGNRW OVG Münster, Beschl. v. 1.4.1999 – 10 A 3381/97 –, BauR 2000, 249.
130 Vgl. etwa die LT-Drucks. 11/332 des Landtages des Saarlandes, Begründung S. 41 zu § 84 LBOSaar i.E.
131 Vgl. beispielsweise § 86 LBOSaar, § 85 Abs. 1 Abs. 1 LBOSH, § 69 Abs. 1 BauOBln oder Art. 64 Abs. 6 BayBO, der unter anderem den Art. 81 BayBO für entsprechend anwendbar erklärt.
132 Vgl. hierzu OVG Bautzen, Beschl. v. 17.11.1998 – 1 S 669/98 –, BRS 60 Nr. 167.

sofortigen Vollziehbarkeit (§ 80 Abs. 2 S. 1 Nr. 4 VwGO[133]). Für den Fall der Nichtbeachtung einer vollziehbaren Baueinstellungsanordnung kommen die Versiegelung der Baustelle und die Ingewahrsamnahme von Baustelleneinrichtungen in Betracht (§ 75 Abs. 2 MBO).

III. Benutzungsverbot

70 Werden bauliche Anlagen im Widerspruch zu öffentlich-rechtlichen Vorschriften benutzt, so kann die Bauaufsichtsbehörde die Benutzung untersagen (§ 76 Abs. 1 S. 2 MBO[134]). Auch hierbei rechtfertigt im Falle der Nichtbeachtung von Genehmigungserfordernissen die formelle Illegalität regelmäßig das Einschreiten der Behörde, da es auch insoweit – wie bei der Baueinstellung – im Wesentlichen um die Sicherstellung der Beachtung des Genehmigungserfordernisses geht und eine Privilegierung desjenigen, der sich hierüber hinwegsetzt, gegenüber dem rechtstreuen Bürger vermieden werden soll. Demgegenüber erscheint es nicht angebracht, die in diesen Fällen dem Bauherrn obliegende Pflicht zur Ermöglichung einer rechtlichen Überprüfung vor Aufnahme der Nutzung zu vernachlässigen und diese Prüfung durch Beurteilungen im Rahmen der Rechtsbehelfsverfahren gegen eine Nutzungsuntersagung zu ersetzen. Von daher bestehen auch unter Ermessensgesichtspunkten und im Rahmen einer etwaigen Sofortvollzugsanordnung (§ 80 Abs. 3 VwGO) insoweit keine gesteigerten Begründungserfordernisse. Etwas anderes mag unter Ermessens-, speziell Verhältnismäßigkeitsgesichtspunkten, dann gelten, wenn die Nutzung **offensichtlich** den materiellen Vorschriften des öffentlichen Rechts entspricht und daher genehmigungsfähig ist[135] oder bei der gerichtlichen Kontrolle einer Nutzungsuntersagung, die von der Behörde tragend auf einen von ihr angenommenen materiellen Rechtsverstoß gestützt wird. An dieser Stelle sei indes darauf hingewiesen, dass diese Fragen in der Rechtsprechung unterschiedlich beantwortet werden; maßgeblich ist daher im Einzelfall die Auslegung der jeweiligen landesrechtlichen Ermächtigungsgrundlage durch die Verwaltungsgerichte der Länder.[136]

IV. Beseitigungsanordnung

71 Unstreitig erfordert der Erlass einer Beseitigungsanordnung (§ 76 Abs. 1 S. 1 MBO) tatbestandlich sowohl die formelle als auch die materielle Illegalität – und zwar letztere bezogen auf den Bestandszeitraum der Anlage.[137] Nur die Feststellung eines nicht anderweitig ausräumbaren Verstoßes gegen öffentlich-rechtliche Vorschriften bei der Errichtung oder Änderung baulicher Anlagen rechtfertigt diesen im Sinne dieser zum gravierendsten Eingriff in das Eigentum des Betroffenen.

72 Ausnahmsweise etwas anderes mag gelten für Beseitigungsanordnungen, deren Befolgung ohne Substanzverlust möglich ist, wie etwa im Falle von Wohnwagen, da derartige Anordnungen in der Wirkung eher Nutzungsuntersagungen bezogen auf den beanstandeten Aufstellungsort entsprechen.

---

133 Von der Ermächtigung zum generellen gesetzlichen Ausschluss des Suspensiveffekts von Rechtsbehelfen nach § 80 Abs. 2 S. 1 Nr. 3 VwGO wurde ersichtlich bisher nicht Gebrauch gemacht.
134 Vgl. beispielsweise die §§ 70 Abs. 1 S. 2 BauOBln, 82 Abs. 1 S. 2 BbgBO, 77 S. 2 SächsBO, 89 Abs. 1 Nr. 5 NBauO, 88 Abs. 2 LBOSaar, 65 S. 2 LBOBW, 77 Abs. 1 S. 2 ThürBO, 86 Abs. 1 S. 3 LBOSH, 80 Abs. 1 S. 2 LBauOMV, 81 Abs. 3 S. 2 BauOLSA, Art. 82 S. 2 BayBO.
135 Vgl. in dem Zusammenhang etwa OVG Saarlouis, Beschl. v. 10.5.1999 – 2 W 3/99 –, SKZ 1999, 279 L, betreffend die Umnutzung eines früher gewerblichen Gebäudes in eine Altenwohn- und Pflegeeinrichtung, wonach die Beachtlichkeit der nachträglichen Genehmigungsfähigkeit in diesem Zusammenhang allenfalls bei einfachen und „einwandfrei abschließend zu beurteilenden" Bauvorhaben in Betracht kommt.
136 Vgl. insoweit zum Meinungsstand *Finkelnburg/Ortloff*, a.a.O. S. 197, m.z.N.; siehe auch VGH Kassel, Beschl. v. 30.1.1997 – 4 TG 73/97 –, BRS 59 Nr. 214, OVG Weimar, Urt. v. 11.12.1997 – 1 KO 674/95 –, BRS 59 Nr. 213.
137 Vgl. z.B. die §§ 70 Abs. 1 S. 1 BauOBln, 82 Abs. 1 S. 1 BbgBO, 77 S. 1 SächsBO, 89 Abs. 1 Nr. 4 NBauO, 88 Abs. 1 LBOSaar, 65 S. 1 LBOBW, 77 Abs. 1 S. 1 ThürBO, 86 Abs. 1 S. 1 LBOSH, 80 Abs. 1 S. 1 LBauOMV, 81 Abs. 3 S. 1 BauOLSA, 82 Abs. 1 BremLBO.

In Nordrhein-Westfalen existiert insoweit keine besondere bauordnungsrechtliche Ermächtigungsgrundlage; die Maßnahme richtet sich nach allgemeinem Ordnungsrecht (vgl. §§ 61 BauONRW, 14 OBG); Schleswig-Holstein hat praktischen Bedürfnissen folgend zusätzlich geregelt, dass eine Beseitigung auch dann angeordnet werden kann, wenn aufgrund des Zustands der baulichen Anlage auf Dauer eine Nutzung nicht mehr zu erwarten ist, „insbesondere bei Ruinen" (§ 86 Abs. 1 S. 2 LBOSH).

73   Liegen die Voraussetzungen für den Erlass einer Beseitigungsanordnung vor und kommt eine Legalisierungsmöglichkeit auch nicht mit Blick auf die Erteilung von Ausnahmen oder Befreiungen (Abweichungen) in Betracht, so rechtfertigt die nicht ausräumbare Illegalität einer baulichen Anlage in aller Regel den Erlass einer Beseitigungsanordnung, und der entsprechende Hinweis hierauf genügt auch dem Begründungserfordernis des § 39 Abs. 1 (L)VwVfG.[138] Der Behörde ist bei der Entscheidung, ob gegen einen baurechtswidrigen Zustand vorgegangen werden soll, nicht ohne gesetzliche Vorgabe „beliebig" freigestellt, zwischen einem Einschreiten und dem Untätigbleiben zu wählen. Vielmehr geht es bei der Einräumung eines Eingriffsermessens in dem Zusammenhang lediglich darum, die Bauaufsichtsbehörde in die Lage zu versetzen, von dem regelmäßig gebotenen Einschreiten (ausnahmsweise) absehen zu dürfen, sofern sie dies nach den (besonderen) Umständen des jeweiligen Falles für opportun hält. Sie braucht daher im Regelfall bei einem Einschreiten gegen einen baurechtswidrigen Zustand keine weiteren Ermessenserwägungen anzustellen oder zu verlautbaren; etwas anderes gilt nur dann, wenn besondere Umstände des jeweiligen konkreten Sachverhalts gegeben sind, die es rechtfertigen könnten, ganz ausnahmsweise auf ein Vorgehen zu verzichten. Nur dann besteht auch eine Notwendigkeit, zusätzliche Erwägungen des „Für und Wider" eines Einschreitens oder hinsichtlich des Zeitpunktes des Tätigwerdens zum Beispiel mit Blick auf die Anforderungen des in diesem Rahmen grundsätzlich beachtlichen allgemeinen Gleichbehandlungsgrundsatzes (Art. 3 Abs. 1 GG, Willkürverbot) anzustellen und in der behördlichen Entscheidung zum Ausdruck zu bringen.[139]

V. Ergänzende Vorschriften

74   Im Rahmen des repressiven Tätigwerdens der Bauaufsichtsbehörden sind eine Reihe ergänzender allgemeiner Bestimmungen von Bedeutung, wie etwa die Bestimmungen des jeweiligen Landesverwaltungsverfahrensgesetzes. Insoweit ergeben sich allgemeine Anforderungen an das Verfahren, etwa Anhörungserfordernisse (§ 28 LVwVfG) und Vorgaben für den ordnungsgemäßen Erlass der erwähnten Verwaltungsakte, beispielsweise bezüglich einer ausreichenden inhaltlichen Bestimmtheit (§ 37 LVwVfG)[140] oder auch ihrer Bekanntgabe als Wirksamkeitsvoraussetzung (§§ 41, 43 LVwVfG). Hinsichtlich der Bestimmung der ordnungsrechtlichen Verantwortlichkeit (Störereigenschaft) ist oft ergänzend auf die Vorschriften des allgemeinen Polizeirechts abzustellen, wobei grundsätzlich primär der Bauherr als Handlungsstörer in Anspruch zu nehmen ist. Die zwangsweise Vollziehung bauaufsichtsbehördlicher Anordnungen richtet sich nach dem Verwaltungsvollstreckungsrecht, dort insbesondere den Vorschriften über die Vollstreckung von Handlungs- und Unterlassungsgeboten, wobei sich aus einer Zwangsmittelbewehrung der Verfügung in der Regel ein Erfordernis förmlicher Zustellung ergibt. In diesem Zusammenhang kann zur Ausräumung zivilrechtlicher Vollstreckungshindernisse der Erlass sogenannter Duldungsanordnungen,[141] beispielsweise gegenüber dem mit dem Adressaten der zu vollstreckenden Anordnung nicht identischen Eigentümer des verfügungsbetroffenen Grundstücks, geboten sein.

---

138 Grundlegend BVerwG, Beschl. v. 20.8.1980 – 4 B 67.80 –, BRS 36 Nr. 93.

139 Vgl. etwa OVG Saarlouis, Urt. v. 25.2.1992 – 2 R 78/89 –, BRS 54 Nr. 207; zu den Anforderungen des Willkürverbots in dem Zusammenhang BVerwG, Beschl. v. 23.11.1998 – 4 B 99.98 –, BRS 60 Nr. 163.

140 Dazu insbesondere unter Vollstreckungsgesichtspunkten OVG Münster, Beschl. v. 16.1.1998 – 10 B 3029/97 –, BRS 60 Nr. 171.

141 Vgl. hierzu BVerwG, Beschl. v. 24.7.1998 – 4 B 69.98 –, BRS 60 Nr. 170.

L. Abschließende Regelungen

Die Bauordnungen enthalten am Ende neben den Übergangs- und Schlussbestimmungen typischerweise Vorschriften, welche die Gemeinden zum Erlass von der positiven Gestaltungspflege dienenden Örtlichen Bauvorschriften, beispielsweise hinsichtlich der äußeren Gestaltung baulicher Anlagen zur Erhaltung und Gestaltung von Ortsbildern, ermächtigen (vgl. § 82 MBO, z.B. Art. 91 BayBO), Vorschriften über Baulasten (§ 79 MBO), wobei Bayern und Brandenburg auf die Einführung dieses Instituts – wie erwähnt – verzichten, eine Reihe von Verordnungsermächtigungen und schließlich auch Tatbestände über Ordnungswidrigkeiten (§ 80 MBO, Bußgeldvorschriften).

§ 24 Öffentlich-rechtlicher Rechtsschutz

Dr. Henning Schrimpf

Literatur

Dürr, Besonderes Verwaltungsrecht für Baden-Württemberg – Baurecht, 8. Aufl. 1996 (**Dürr**, Baurecht Baden-Württemberg); **Finkelnburg/Jank**, Vorläufiger Rechtsschutz im Verwaltungsstreitverfahren, 4. Aufl. 1998; (**Finkelnburg/Jank**, Vorläufiger Rechtsschutz); **Hoppe/Grotefels**, Öffentliches Baurecht, 1995; **Jäde/Dirnberger/Weiß**, Baugesetzbuch – Baunutzungsverordnung, Kommentar 2. Aufl. 1999 (**Jäde/Dirnberger/Weiß**, BauGB); **Kopp/Schenke**, Verwaltungsgerichtsordnung, Kommentar, 11. Aufl. 1998 (**Kopp/Schenke**, VwGO); **Schoch/Schmidt-Aßmann/Pietzner**, Verwaltungsgerichtsordnung, Kommentar – Loseblattsammlung, Stand: Januar 2000 (**Schoch/Schmidt-Aßmann/Pietzner**, VwGO); **Stüer**, Handbuch des Bau- und Fachplanungsrechts, 2. Aufl. 1998 (**Stüer**, Handbuch).

Inhalt

A. Rechtsschutz gegen städtebauliche Planung ... 2
  I. Bebauungsplan (Normenkontrolle) ... 2
  1. Gegenstand der Normenkontrolle (§ 47 Abs. 1 VwGO) ... 3
  2. Antragsbefugnis und Rechtsschutzbedürfnis ... 5
  3. Weitere Besonderheiten des Verfahrens erster Instanz ... 11
     a) Vertretungszwang ... 11
     b) Zwei-Jahres-Frist ... 12
     c) Anhörung Dritter ... 14
  4. Prüfungsmaßstäbe ... 15
     a) Allgemeines ... 15
     b) Erhaltung fehlerhafter Pläne ... 18
        aa) Eingeschränkte Beachtlichkeit der Verletzung von Form- und Verfahrensvorschriften ... 18
        bb) Befristetes Rügerecht ... 20
        cc) Ergänzendes Verfahren ... 26
  5. Inhalt und Form der Entscheidung ... 28
  6. Rechtsmittel ... 34
  7. Vorläufiger Rechtsschutz ... 35
     a) „Abwehr schwerer Nachteile" ... 37
     b) „Aus anderen wichtigen Gründen" ... 39
  II. Flächennutzungsplan ... 40

B. Rechtsschutz bei Maßnahmen im Einzelfall ... 42
  I. Allgemeine Verfahrensfragen ... 42
  1. Das verwaltungsgerichtliche Klage- und Eilverfahren erster Instanz ... 42
     a) Vorverfahren und Klagefrist ... 46
     b) Untätigkeitsklage ... 50
     c) Die gerichtliche Entscheidung über Anfechtungs- und Verpflichtungsklage ... 52
     d) Anordnung der sofortigen Vollziehung und vorläufiger Rechtsschutz gemäß § 80 Abs. 5 VwGO ... 59
        aa) Anordnung der sofortigen Vollziehung ... 59
        bb) Vorläufiger Rechtsschutz gemäß § 80 Abs. 5 VwGO ... 61
        cc) Inhalt und Bindungswirkung der gerichtlichen Entscheidung gemäß § 80 Abs. 5 VwGO ... 63
        dd) Zwischenregelungen und Entscheidungen des Vorsitzenden ... 66
     e) Vorläufiger Rechtsschutz nach § 123 Abs. 1 VwGO ... 67
  2. Das Verfahren zweiter Instanz – Zulassungsberufung und Zulassungsbeschwerde ... 68
     a) Allgemeine Fragen der Zulassungsberufung ... 69
     b) § 124 Abs. 2 Nr. 1 VwGO ... 75
     c) § 124 Abs. 2 Nr. 2 VwGO ... 76
     d) § 124 Abs. 2 Nr. 3 VwGO ... 78
     e) § 124 Abs. 2 Nr. 4 VwGO ... 79
     f) § 124 Abs. 2 Nr. 5 VwGO ... 80
     g) Verfahrensfragen ... 82
     h) Vorläufiger Rechtsschutz ... 83
  3. Revision ... 84
  II. Rechtsschutz des Bauherrn in Eil- und Hauptsacheverfahren ... 88
  1. Ablehnung, Verzögerung und Zurückstellung des Vorhabens ... 88

2.	Vom Antrag abweichende Baugenehmigung	91	c)	Bebauungspläne	115
3.	Bauordnungsrechtliche Verfügungen	94	d)	§ 35 BauGB	116
			e)	§ 15 Abs. 1 S. 2 BauNVO	117
	a) Abbruchverfügung	95	f)	Landesbauordnungen	118
	b) Nutzungsuntersagung	100	g)	Art. 14 Abs. 1 S. 1 GG	119
	c) Baueinstellung	101	5.	Rechtsschutz des Nachbarn gegen die Baugenehmigung	120
	d) Vorläufiger Rechtsschutz	102	6.	Genehmigungsfreie Bauvorhaben und baurechtswidrige Zustände bei Dritten	124
4.	Erschließungsbeitrag	105			
III.	Rechtsschutz des Nachbarn	107			
1.	Allgemeines	107	7.	Nachbarschutz bei öffentlichen Einrichtungen ohne Baugenehmigung	127
2.	Begriff des Nachbarn	108			
3.	Die geschützte Rechtsstellung des Nachbarn	109	8.	Verzicht und Verwirkung im Nachbarrecht	128
4.	Drittschützende Vorschriften des öffentlichen Baurechts	113	**C.**	**Sonstige Verfahrensfragen**	130
			I.	Vollstreckung	130
	a) § 34 Abs. 1 BauGB	113	II.	Streitwert	132
	b) § 31 Abs. 2 BauGB	114			

Vorbemerkung

1 Das Verwaltungshandeln auf dem Gebiet des öffentlichen Baurechts unterliegt der Rechtskontrolle beispielsweise durch die Aufsichtsbehörde und durch die Gerichte (auch im Zivilprozess bei Schadensersatz- und Entschädigungsstreitigkeiten). Die folgende Übersicht beschränkt sich auf die Möglichkeiten des Rechtsschutzes im öffentlichen Baurecht durch die Verwaltungsgerichtsbarkeit. Dieser bezieht sich einerseits auf die städtebauliche Planung (insbesondere: Kontrolle von Rechtsnormen – dazu Rn 2 ff.), andererseits auf Maßnahmen im Einzelfall (dazu Rn 42 ff.).

A. Rechtsschutz gegen städtebauliche Planung

I. Bebauungsplan (Normenkontrolle)

2 Die Gültigkeit eines Bebauungsplans kann mittelbar („inzident") bei Verfahren des Rechtsschutzes bei Einzelmaßnahmen und unmittelbar verwaltungsgerichtlich überprüft werden. Die im Folgenden dargestellte unmittelbare Kontrolle des gemäß § 10 BauGB von der Gemeinde als Satzung beschlossenen Bebauungsplans wird durch § 47 Abs. 1 Nr. 1 VwGO ermöglicht.

1. Gegenstand der Normenkontrolle (§ 47 Abs. 1 VwGO)

3 Im Wege der Normenkontrolle nach § 47 Abs. 1 Nr. 1 VwGO können u. a. **sämtliche Satzungen** gerichtlich überprüft werden, die **nach den Vorschriften des BauGB** bzw. des BBauG erlassen worden sind.[1] Hierzu zählen der Bebauungsplan (§ 10 Abs. 1 BauGB), der Vorhaben- und Erschließungsplan (§ 12 BauGB),[2] die Vorkaufsrechtssatzung (§ 25 BauGB), die Veränderungssperre (§§ 14, 16 BauGB), die Klarstellungssatzung (§ 34 Abs. 4 Nr. 1 BauGB), die Entwicklungssatzung (§ 34 Abs. 4 Nr. 2 BauGB), die Ergänzungssatzung (§ 34 Abs. 4 S. 1 Nr. 3 BauGB), der einfache Bebauungsplan über Vergnügungsstätten, die Außenbereichssatzung (§ 35 Abs. 6 BauGB), die Erhaltungssatzung (§ 172 BauGB), die Sanierungssatzung (§ 142 BauGB), die Entwicklungs(bereichs)satzung (§ 165

---

[1] BVerwG DVBl 1992, 36, stellt klar, dass die Änderung „BBauG" in „BauGB" in § 47 Abs. 1 Nr. 1 VwGO lediglich redaktioneller Art ist.

[2] S. BVerwG NVwZ 1999, 987 = BauR 2000, 243.

Abs. 6 BauGB), die Fremdenverkehrssatzung (§ 22 Abs. 2 BauGB) und die Erschließungsbeitragssatzung (§ 132 BauGB).

Das Verfahren der Normenkontrolle ist erst eröffnet, wenn z. B. der Bebauungsplan beschlossen, genehmigt oder angezeigt und nach § 12 BauGB bekannt gemacht ist. Eine **verkündete Satzung** kann vor ihrem In-Kraft-Treten **Gegenstand eines Normenkontrollverfahrens** werden.[3] Weder der Beschluss des Gemeinderats nach § 10 BauGB noch der nach § 11 BauGB genehmigte oder angezeigte Plan können bereits Gegenstand einer Normenkontrolle sein.[4] Durch die Normenkontrolle kann nicht die Gemeinde verpflichtet werden, einen Bebauungsplan aufzustellen, da es insoweit keinen individuellen Rechtsanspruch gibt (§ 2 Abs. 3 S. 1 BauGB).[5] Bei nicht mehr geltenden (rechtswidrigen) Rechtssätzen i. S. v. § 47 Abs. 1 Nr. 1 VwGO kann ihre Ungültigkeit festgestellt werden. Sie müssen aber dann noch Auswirkungen auf die Rechtsbeziehungen in der Gegenwart haben, insbesondere für die Beurteilung von gegenwärtigen Rechtsverhältnissen von Bedeutung sein[6] – beispielsweise als entscheidungserhebliche Vorfrage in einem Rechtsstreit.[7] Der Beschluss des Gemeinderats über die Feststellung der Nichtigkeit eines Bebauungsplans kann nicht durch eine Normenkontrolle gemäß § 47 VwGO überprüft werden.[8] Eine Normenkontrolle gemäß § 47 VwGO ist für den Streit, ob die Norm formell rechtsgültig erlassen worden ist, statthaft.[9]

2. Antragsbefugnis und Rechtsschutzbedürfnis

Eine Normenkontrolle nach § 47 Abs. 1 VwGO wird nur auf **Antrag** durchgeführt. Ihn kann nach § 47 Abs. 2 S. 1 VwGO **jede natürliche oder juristische Person, die geltend macht, durch die Rechtsvorschrift oder deren Anwendung in ihren Rechten verletzt zu sein**, oder in absehbarer Zeit verletzt zu werden, sowie jede Behörde stellen. Diese Neufassung von § 47 Abs. 2 S. 1 VwGO durch das am 1.1.1997 in Kraft getretene 6. VwGOÄndG gleicht die Antragsbefugnis im Normenkontrollverfahren an die Klagebefugnis gemäß § 42 Abs. 2 VwGO an. § 47 Abs. 2 S. 1 VwGO erfordert, dass der Antragsteller hinreichend substantiiert Tatsachen vorträgt, dass er durch die Festsetzungen des umstrittenen Bebauungsplans bzw. die Anwendung seiner planerischen Regelungen möglicherweise in seinen Rechten verletzt wird. Es genügt, wenn eine Verletzung des drittschützenden Abwägungsgebots nicht offensichtlich und eindeutig unmöglich ist.[10] Es fehlt m. a. W. an der Antragsbefugnis i. S. v. § 47 Abs. 2 S. 1 VwGO, wenn nach den konkreten Umständen die Möglichkeit, dass der Bebauungsplan den Antragsteller in seinen Rechten verletzt, auszuschließen ist.[11]

Es genügt also nicht mehr – wie bei § 47 Abs. 2 S. 1 VwGO a.F. – für die Antragsbefugnis, dass eine natürliche und juristische Person durch die Rechtsvorschrift oder deren Anwendung einen unmittelbaren und nicht nur mittelbaren Nachteil erlitten oder in absehbarer Zeit zu erwarten hat. Durch die Neufassung befugen einfache Chancen, Möglichkeiten und Erwartungen, die nicht rechtlich geschützt sind, nicht (mehr) zum Antrag gemäß § 47 Abs. 2 S. 1 VwGO.[12]

Im Folgenden einige Beispiele aus der Rechtsprechung zur Antragsbefugnis gemäß § 47 Abs. 2 S. 1 VwGO für natürliche oder juristische Personen:

---

3 VGH Kassel BauR 1982, 135.
4 VGH Kassel BRS 38, Nr. 42.
5 *Stüer*, Handbuch, S. 961 f.
6 BVerwGE 56, 172 – „Feststellungsinteresse".
7 BGH NJW 1980, 2814.
8 VGH Kassel NJW 1987, 1661, 1662.
9 BVerwG NVwZ 1992, 1088 = BauR 1992, 743.
10 BVerwGE 107, 215.
11 OVG Greifswald Nord ÖR 1998, 394.
12 S. *Stüer*, Handbuch, S. 973.

- Die Antragsbefugnis gemäß § 47 Abs. 2 S. 1 VwGO ist regelmäßig zu bejahen, wenn sich ein Eigentümer eines im Plangebiet gelegenen Grundstücks gegen eine bauplanerische Festsetzung wendet, die unmittelbar sein Grundstück betrifft.[13]
- Auch die Eigentümer von außerhalb des Plangebiets gelegenen Grundstücken können antragsbefugt i. S.v. § 47 Abs. 2 S. 1 VwGO sein.[14]
- Die Verletzung des Rücksichtnahmegebots – hier: Kollision zwischen den Interessen eines landwirtschaftlichen Betriebes und heranrückender Wohnbebauung – gibt als verletztes Recht gemäß § 47 Abs. 2 S. 1 VwGO einem Planbetroffenen außerhalb des Plangebiets die Antragsbefugnis für einen Normenkontrollantrag.[15]
- Auch der Pächter einer landwirtschaftlich genutzten Fläche kann gemäß § 47 Abs. 2 S. 1 VwGO antragsbefugt sein, wenn der Bebauungsplan für sie eine andere Nutzungsart festsetzt.[16]
- Andererseits dürften die Mitglieder einer Wohnungsbaugenossenschaft nicht antragsbefugt gemäß § 47 Abs. 2 S. 1 VwGO hinsichtlich eines Bebauungsplans sein. Das Genossenschaftsverhältnis begründet nämlich keine dinglichen Rechte an der Wohnung; der Nutzungsvertrag ist vielmehr grundsätzlich nach Mietrecht zu beurteilen.[17]
- Der Nacherbe gehört vor dem Eintritt des Nacherbfalls nicht zu den gemäß § 47 Abs. 2 S. 1 VwGO Antragsbefugten.[18]

8 Die **Antragsbefugnis einer Behörde** setzt voraus, dass sie in Wahrnehmung ihrer Aufgabe die Norm zu beachten hat, insbesondere die Anwendung der beanstandeten Rechtsvorschrift zu ihren öffentlichen Aufgaben gehört.[19] Indes kann sich eine Gemeinde nicht mit einem Antrag auf Normenkontrolle gegen einen Bebauungsplan wenden, den sie selbst aufgestellt hat und inzwischen für ungültig hält; sie kann diesen Plan aufheben.[20] Demgegenüber kann die höhere Verwaltungsbehörde ihre Genehmigung zum Vorhaben- und Erschließungsplan nicht mehr isoliert rückgängig machen; nach Abschluss des Rechtssetzungsverfahrens muss die höhere Verwaltungsbehörde gegen die Norm zu ihrer Aufhebung gemäß § 47 VwGO vorgehen.[21]

9 Auch die Antragsbefugnis nach § 47 Abs. 2 S. 1 VwGO kann – wie andere prozessuale Befugnisse – verwirkt werden, insbesondere dadurch, dass ein Antragsteller sich durch die Einleitung des Normenkontrollverfahrens zu seinem eigenen früheren Verhalten in einen mit Treu und Glauben unvereinbaren Widerspruch setzt.[22] Beispielsweise kann ein Antragsteller, der die Realisierung eines Bebauungsplans durch Verkauf des dazu benötigten Geländes ermöglicht hat, seine Antragsbefugnis nach § 47 Abs. 2 S. 1 VwGO verwirkt haben.[23]

10 Die Zulässigkeit des Normenkontrollantrags setzt – neben der Befugnis gemäß § 47 Abs. 2 S. 1 VwGO – ein **Rechtsschutzbedürfnis** voraus. Ein solches rechtlich geschütztes Interesse an der gerichtlichen Entscheidung gemäß § 47 VwGO liegt bei einem auf Grundlage des Bebauungsplans eingeleiteten Enteignungsverfahrens[24] oder einer beabsichtigten – nicht offensichtlich aussichtslo-

---

13 BVerwG BauR 1997, 972 und BVerwG BauR 1998, 740.
14 Beispiel: Anwohner einer Anlieger-Straße außerhalb des Plangebiets, die den Zu- und Abfahrtsverkehr eines Neubaugebiets mit etwa 240 Wohneinheiten aufnehmen soll – VGH Mannheim BauR 2000, 613 – LS –.
15 VGH München – Beschl. v. 9.2.1998 – 15 N 97.3241 – V.n.b.
16 BVerwG ZfBR 2000, 193, hier: hofnahes Weideland.
17 OVG Frankfurt/Oder VwRR MO 1999, 112.
18 BVerwG BauR 1998, 289.
19 VGH Mannheim BauR 1977, 182.
20 VGH München BayVBl 1993, 626.
21 BVerwG SächsVBl 1998, 236.
22 BVerwG Buchholz 310, § 47 VwGO Nr. 44 = NVwZ 1990, 554 = BauR 1990, 184.
23 OVG Koblenz NJW 1984, 444.
24 OVG Lüneburg DVBl 1980, 369.

sen – Schadensersatzklage vor.[25] Das Rechtsschutzbedürfnis fehlt, wenn die Aufhebung der angegriffenen Norm die Rechtslage des Antragstellers nicht verbessern würde[26] oder wenn ein Bebauungsplan „vollständig verwirklicht" ist.[27] Einem Normenkontrollantrag, der einer unanfechtbaren Baugenehmigung die Grundlage entziehen will, fehlt in aller Regel das Rechtsschutzbedürfnis,[28] da die Bestandskraft einer unanfechtbaren Bau- oder Bebauungsgenehmigung von nachfolgenden Rechtsänderungen (beispielsweise In-Kraft-Treten einer Veränderungssperre oder Nichtigkeit eines Bebauungsplans) nicht berührt wird.[29] Das Rechtsschutzbedürfnis fehlt einem Antrag gemäß § 47 Abs. 2 S. 1 VwGO, mit dem sich der Eigentümer eines Grundstücks dagegen wendet, dass der Bebauungsplan es als nicht bebaubare Fläche ausweist, wenn der Eigentümer dem Ziel, das Grundstück baulich zu nutzen, unzweifelhaft auch dann, wenn der Bebauungsplan für nichtig erklärt wird, auf unabsehbare Zeit nicht näher kommen kann.[30] Ein Rechtsschutzbedürfnis ist aber dann gegeben, wenn durch eine erfolgreiche Normenkontrolle die Voraussetzungen für die Rücknahme des unanfechtbaren Verwaltungsakts oder ein Wiederaufgreifen des Verfahrens geschaffen werden.[31]

3. Weitere Besonderheiten des Verfahrens erster Instanz

a) Vertretungszwang

Grundsätzlich muss der **Antrag gemäß § 47 Abs. 2 S. 1 VwGO durch einen Anwalt** gestellt werden. Für das Normenkontrollverfahren ist das Oberverwaltungsgericht zuständig, und bei ihm besteht seit dem 1.1.1997[32] Anwaltszwang (§ 67 Abs. 1 S. 1 VwGO). Der Antrag nach § 47 Abs. 2 S. 1 VwGO kann – statt durch einen Rechtsanwalt – **auch durch einen Rechtslehrer** (Professor – auch emeritiert oder pensioniert –, Assistenzprofessor oder Honorarprofessor) an einer deutschen Hochschule[33] gestellt werden (§ 67 Abs. 2 S. 2 VwGO). Juristische Personen des öffentlichen Rechts und Behörden können sich im Normenkontrollverfahren wegen einer nach den Vorschriften des Baugesetzbuchs erlassenen Satzung auch durch Beamte oder Angestellte mit Befähigung zum Richteramt sowie Diplomjuristen im höheren Dienst vertreten lassen (§ 67 Abs. 1 S. 3 VwGO). In Normenkontrollverfahren zu Erschließungsbeitragssatzungen (§ 132 BauGB) sind auch Steuerberater und Wirtschaftsprüfer als Prozessbevollmächtigte zugelassen (§ 67 Abs. 1 S. 5 VwGO).

b) Zwei-Jahres-Frist

Der Antrag gemäß § 47 Abs. 2 S. 1 VwGO ist innerhalb von zwei Jahren nach Bekanntmachung der Rechtsvorschrift zu stellen und gegen die Körperschaft, Anstalt oder Stiftung zu richten, welche die Rechtsvorschrift erlassen hat. Die **Zwei-Jahres-Frist** gilt für alle nach dem 1.1.1997 in Kraft getretenen Rechtsvorschriften; für vor dem 1.1.1997 bekannt gemachte Rechtsvorschriften beginnt die Frist von § 47 Abs. 2 S. 1 VwGO mit dem In-Kraft-Treten des 6. VwGOÄndG (1.1.1997) zu laufen, sofern nicht nach anderen Gesetzen die Antragsfrist bereits abgelaufen ist (Art. 10 Abs. 4 6. VwGOÄndG). In den neuen Bundesländern gilt die Zwei-Jahres-Frist von § 47 Abs. 2 S. 1 VwGO n.F. für nach dem 1.1.1997 bekannt gemachte Rechtsvorschriften i. S. v. § 47 Abs. 1 Nr. 1 VwGO; die Regelung von Nr. 1 RMBeschrG a.F., dass Normenkontrollanträge im Geltungsbereich von § 47 Abs. 1 Nr. 1

---

25 BGH BauR 1983, 141.
26 *Hoppe/Grotefels*, Öffentliches Baurecht, S. 621 m. w. N.
27 BVerwG NVwZ 2000, 194: Rechtsschutzbedürfnis nicht zu verneinen, wenn die Erreichung wesentlicher Planungsziele noch aussteht und aus dem Kreis der planungsrechtlich zulässigen Vorhaben <erst> eines vollständig verwirklicht worden ist.
28 OVG Koblenz BauR 1983, 435 = NVwZ 1984, 43.
29 BVerwGE 69, 1.
30 BVerwG Buchholz 310, § 47 VwGO Nr. 79.
31 *Hoppe/Grotefels*, Öffentliches Baurecht, S. 621 m. w. N.
32 6. VwGOÄndG.
33 Nur Wissenschaftliche Hochschule, nicht Fachhochschule – BVerwGE 56, 336.

VwGO in den neuen Bundesländern innerhalb von drei Monaten nach In-Kraft-Treten der Norm zu stellen sind, ist durch das 6. VwGOÄndG aufgehoben worden.

13 Es ist umstritten, ob wegen der Versäumung der Antragsfrist nach § 47 Abs. 2 S. 1 VwGO Wiedereinsetzung in den vorigen Stand nach Maßgabe von § 60 VwGO gewährt werden kann.[34] Falls man die Anwendung von § 60 VwGO auf die Frist von § 47 Abs. 2 S. 1 VwGO bejaht, dürfte die Frist von § 47 Abs. 2 S. 1 VwGO allenfalls dann unverschuldet versäumt sein, wenn dem Antragsteller die Existenz des Plans und dessen Auswirkungen innerhalb der Antragsfrist nicht bekannt gewesen sind. Die Unkenntnis der Antragsfrist von § 47 Abs. 2 S. 1 VwGO dürfte ihre Versäumung in aller Regel nicht i. S.v. § 60 VwGO entschuldigen.

c) Anhörung Dritter

14 Das rechtliche Gehör der Verfahrensbeteiligten ist – insbesondere durch die Gelegenheit zur Stellungnahme – zu beachten; eine Beiladung Dritter nach § 65 VwGO ist nicht zulässig.[35] Gemäß § 47 Abs. 2 S. 3 VwGO kann das OVG im Rahmen des Normenkontrollverfahrens **dem Land und anderen juristischen Personen des öffentlichen Rechts**, deren Zuständigkeit durch die zur Überprüfung gestellte Rechtsvorschrift berührt wird, **Gelegenheit zur Äußerung** binnen einer zu bestimmenden Frist gegeben. Diese Anhörung dritter öffentlicher Stellen ist zwar in das Ermessen des OVG gestellt; es dürfte aber im Einzelfall durchaus sinnvoll sein, dem Gericht sachdienliche Hinweise zu geben. Über § 47 Abs. 2 S. 3 VwGO hinaus kann die Pflicht des Gerichts, den Sachverhalt von Amts wegen zu erforschen (§ 86 Abs. 1 S. 1 Hs. 1 VwGO), eine Anhörung Dritter, die durch die Entscheidung in ihren Rechten oder Interessen beeinträchtigt werden, veranlassen.[36]

4. Prüfungsmaßstäbe

a) Allgemeines

15 Ein Antrag nach § 47 Abs. 1 Nr. 1 VwGO ist begründet, wenn die fragliche Rechtsvorschrift mit höherrangigem Recht nicht vereinbar ist. Lediglich die maßgeblichen Abwägungen sind nur beschränkt gerichtlich überprüfbar. Eine Rechtsvorschrift nach § 47 Abs. 1 Nr. 1 VwGO bedarf einer gesetzlichen und ihrerseits rechtmäßigen Ermächtigung. Prüfungsmaßstab sind alle einfachen (Landes- und Bundes-) Gesetze, höherrangige Verordnungen und Verfassungsrecht des Bundes, insbesondere die allgemeinen Verfassungsgrundsätze.[37]

16 Ist der Normenkontrollantrag gemäß § 47 Abs. 2 S. 1 VwGO zulässig, so ist der Bebauungsplan grundsätzlich in jeder rechtlichen Hinsicht zu würdigen.[38] Die Normenkontrolle ist eine **objektive Normprüfung**; die gerichtliche Entscheidungsbefugnis ist nicht durch § 47 Abs. 2 S. 1 VwGO (Verletzung subjektiver Rechte) begrenzt.[39] Bebauungspläne und andere Satzungen nach dem BauGB dürfen den der Körperschaft zur autonomen Rechtsetzung zugewiesenen Bereich nicht verlassen. Der Gemeinde ist es zwar auf landesrechtlicher Grundlage unbenommen, über die äußere Gestaltung einzelner baulicher Anlagen auf das örtliche Gesamterscheinungsbild Einfluss zu nehmen. Gegenstand örtlicher Bauvorschriften können dagegen nicht Regelungen sein, die der Gesetzgebungskompetenz der Länder entzogen sind. Zur bodenrechtlichen Ortsbildgestaltung steht der Gemeinde (nur) der in § 9 Abs. 1 BauGB abschließend umschriebene Festsetzungskatalog zur Verfügung. Weitergehende Gestaltungsvorschriften, die den Grund und Boden unmittelbar zum Gegenstand rechtlicher

---

34 Zum Meinungsstand s. VGH Mannheim VBlBW 2000, 110 m. w. N.
35 BVerwGE 65, 131.
36 BVerwGE 65, 131.
37 Zur Bedeutung des Gleichheitsgrundsatzes für einen Bebauungsplan – Mindestmaß an Lastengleichheit: BVerwG NVwZ-RR 1999, 425.
38 BVerwGE 108, 71.
39 *Gerhardt*, in: *Schoch/Schmidt-Aßmann/Pietzner*, VwGO, § 47 Rn 88.

Ordnung nehmen, stehen weder dem landesrechtlichen Bauordnungsrecht noch dem gemeindlichen Bebauungsplan offen.[40] § 1 Abs. 9 BauNVO eröffnet der Gemeinde nicht die Befugnis, neue Nutzungsarten zu „erfinden". Die im Bebauungsplan festgesetzten Differenzierungen müssen sich auf bestimmte Anlagen beziehen und hinreichend abstrakt getroffen werden.[41] Ein Bebauungsplan darf allerdings in einem Gewerbegebiet die Zulässigkeit von Einzelhandelsbetrieben bestimmter Branchen ausschließen, wenn die Differenzierung marktüblichen Gegebenheiten entspricht.[42]

Bauplanungsrechtliche Festsetzungen verlieren ihre Bindungswirkung, wenn sie aufgrund einer tatsächlichen Entwicklung „funktionslos" werden, weil sie aufgrund objektiver Umstände nicht mehr verwirklicht werden können.[43] Auch dieses **Außer-Kraft-Treten des Plans wegen Funktionslosigkeit** kann Gegenstand der Normenkontrolle sein.[44] Die Gemeinde darf keinen Bebauungsplan aufstellen, der aus Rechtsgründen nicht vollzugsfähig ist, z. B. weil für seine Verwirklichung erforderliche Genehmigungen wegen Verletzung zwingenden Rechts – beispielsweise wegen Nichteinhaltung der für Sportanlagen geltenden immissionsschutzrechtlichen Anforderungen – nicht erteilt werden dürfen.[45] Ein Bebauungsplan ist allerdings nicht schon deshalb rechtswidrig, weil die naturschutzrechtlichen oder forstrechtlichen Befreiungen, die zur Verwirklichung seiner Festsetzungen erforderlich sind, zum Zeitpunkt der Beschlussfassung über den Bebauungsplan nicht vorliegen. Der Bebauungsplan ist aber nichtig, wenn eine „Befreiungslage" nicht vorliegt und er deshalb wegen naturschutzrechtlicher oder forstrechtlicher Hindernisse nicht verwirklicht werden kann.[46]

b) Erhaltung fehlerhafter Pläne

aa) Eingeschränkte Beachtlichkeit der Verletzung von Form- und Verfahrensvorschriften

Wegen des Auftrags zur umfassenden Prüfung ist die Normenkontrolle geradezu auf die erfolgreiche „Suche nach Fehlern" angelegt. In Anknüpfung an Ansätze in der Rechtsprechung zur Einschränkung solch „unerbetener Fehlersuche" wird in einem differenziert-perfektionistischen System die **gerichtliche Kontrolle** jedoch **durch §§ 214, 215 BauGB eingeschränkt**. Sie regeln die Rechtsfolgen formeller und materieller Fehler bei der Aufstellung von Satzungen gemäß § 47 Abs. 1 Nr. 1 VwGO und Flächennutzungsplänen (s. Kapitel „Bauleitplanung"). Durch diese Vorschriften weicht – vereinfacht gesprochen – das Bauplanungsrecht von dem allgemeinen Rechtsgrundsatz, dass der Verstoß einer untergesetzlichen Rechtsnorm gegen höherrangiges Recht, insbesondere gesetzliche Vorschriften, zur Nichtigkeit der Norm führt, ab. §§ 214 und 215 BauGB erfassen nicht alle möglichen baurechtlichen Fehler. Die von den Vorschriften nicht angesprochenen Fehler – beispielsweise Verstöße gegen das Erforderlichkeitsgebot des § 1 Abs. 3 BauGB[47] oder die Anpassungspflicht nach § 1 Abs. 4 BauGB – werden nicht gemäß § 214 f. BauGB unbeachtlich. §§ 214, 215 BauGB betreffen auch nicht die Verstöße gegen landesrechtliche Verfahrens- und Formvorschriften; ihre Konsequenzen hat der Landesgesetzgeber zu regeln.[48]

---

40 BVerwG BauR 1997, 999.
41 BVerwG BauR 1998, 1197.
42 BVerwG NVwZ-RR 1999, 9.
43 BVerwG NVwZ-RR 1998, 711; BVerwGE 54, 5.
44 BVerwGE 108, 71.
45 BVerwG BauR 2000, 229 – s. auch die Entscheidungsrezension von *Birk*, VBlBW 2000, 97.
46 BVerwG BauR 1997, 978.
47 Ein Bebauungsplan, der eine Fläche für die Landwirtschaft festsetzt, um dort wegen landschaftspflegerischer und klimatologischer Gründe städtebaulich relevante Nutzung zu verhindern, verstößt nicht gegen § 1 Abs. 3 BauGB – BVerwG BauR 1999, 611.
48 BVerwG NVwZ-RR 1999, 425 – s. beispielsweise die kommunalrechtlichen Vorschriften über die „Heilung" verfahrensfehlerhafter Ratsbeschlüsse.

19 § 214 Abs. 2 und 3 BauGB regelt in abgestufter Form die **Unbeachtlichkeit von materiell-rechtlichen Fehlern des Bebauungsplans**. § 214 Abs. 2 BauGB betrifft Verstöße gegen die Pflicht, den Bebauungsplan aus dem Flächennutzungsplan zu entwickeln. Gemäß § 214 Abs. 3 S. 1 BauGB ist für die Überprüfung der Abwägung in der Normenkontrolle die Sach- und Rechtslage im Zeitpunkt der Beschlussfassung über den Bauleitplan maßgebend (§ 214 Abs. 3 S. 1 BauGB). Nur Mängel im Abwägungsvorgang, die offensichtlich und auf das Abwägungsergebnis von Einfluss gewesen sind, sind erheblich. „Offensichtlich" i. S.v. § 214 Abs. 3 S. 1 BauGB ist alles, was zur „äußeren" Seite des Abwägungsvorgangs derart gehört, dass es auf objektiv erfassbaren Sachumständen beruht.[49] Fehler und Irrtümer in der Zusammenstellung und Aufbereitung des Abwägungsmaterials, bei der Erkenntnis der wesentlichen Belange und ihrer Einstellung in die Abwägung oder bei der Gewichtung der Belange, die sich aus den Akten, Protokollen, aus der Entwurfs- oder Planbegründung oder aus sonstigen Unterlagen ergeben, sind „offensichtlich". Bestehen Anhaltspunkte für sie, so sind sie im Verfahren nach § 47 VwGO – ggf. durch Beweiserhebung – aufzuklären.[50] Ein derartiger Mangel kann das Abwägungsergebnis i. S.v. § 214 Abs. 3 S. 2 BauGB beeinflusst haben, wenn die Möglichkeit besteht, dass ohne den Mangel anders geplant worden wäre. Es bedarf konkreter Anhaltspunkte, dass die Planung ohne den Abwägungsmangel anders und rechtsfehlerfrei hätte ausfallen können.[51] Nachweisbare Fehler im Abwägungsvorgang sind m.a.W. nur dann unbeachtlich, wenn praktisch jede andere Planung ausgeschlossen war.[52]

bb) Befristetes Rügerecht

20 Gemäß § 214 Abs. 1 BauGB sind Verstöße gegen die Vorschriften über die Bürgerbeteiligung (Nr. 1) und die Begründung des Bebauungsplans (Nr. 2) beachtlich. Sie werden aber unbeachtlich, wenn sie nicht **innerhalb eines Jahres** seit Bekanntmachung der Satzung gegenüber der Gemeinde geltend gemacht werden (§ 215 Abs. 1 Nr. 1 BauGB). Hierfür ist es ausreichend, dass irgendjemand sich form- und fristgerecht auf einen Verfahrensfehler beruft.[53] Ausreichend hierfür ist auch die Rüge in einem Prozess, an dem die Gemeinde beteiligt ist.[54]

21 **Mängel der Abwägung** werden unbeachtlich, wenn sie nicht **innerhalb von sieben Jahren** seit Bekanntmachung der Satzung gegenüber der Gemeinde **schriftlich geltend gemacht** worden sind (§ 215 Abs. 1 Nr. 2 BauGB). Bei diesen Fristen handelt es sich um Ausschlussfristen; eine Wiedereinsetzung in den vorigen Stand kommt nicht in Betracht.[55] Ein mit Fehlern gemäß § 214 Abs. 1 BauGB behafteter Bebauungsplan ist nach Ablauf der jeweiligen Rügefristen als wirksam zu behandeln.

22 Abwägungsfehler sind vor Ablauf der Rügefrist von sieben Jahren von Amts wegen zu prüfen.[56] Ändert die Gemeinde einen Bebauungsplan, so ist für die ursprüngliche und die geänderte Fassung jeweils gesondert zu prüfen, welche Abwägungsmängel ggf. wegen Ablaufs der Sieben-Jahres-Frist des § 215 Abs. 1 Nr. 2 BauGB unbeachtlich sind. Die **Sieben-Jahres-Frist** von § 215 Abs. 1 Nr. 2 BauGB wird jeweils **mit der Bekanntmachung des Ursprungs- bzw. des Änderungsplans in Gang gesetzt**; jede läuft unabhängig von der anderen. Ist die Frist, deren Lauf mit der Erstbekanntmachung begonnen hat, verstrichen, so können Abwägungsfehler, die dem Plan in der ursprüngli-

---

49 BVerwGE 64, 33.
50 *Jäde*, in: *Jäde/Dirnberger-Weiß*, BauGB, § 214 Rn 23; beispielsweise: substantiierte Darlegung von Gründen für die Besorgnis der Befangenheit von an der Beschlussfassung mitwirkenden Ratsmitgliedern.
51 BVerwGE 64, 333.
52 *Dürr*, Baurecht Baden-Württemberg, S. 41.
53 BVerwGE 67, 334.
54 BVerwG NVwZ 1983, 347.
55 *Jäde*, in: *Jäde/Dirnberger/Weiß*, BauGB, § 215 Rn 4 m. w. N.
56 BGH NJW 1992, 2633 – strittig.

chen Fassung anhaften, nicht mehr geltend gemacht werden, auch wenn der geänderte Plan seinerseits an Abwägungsmängeln leidet, die nach § 215 Abs. 1 Nr. 2 BauGB beachtlich sind.[57]

Gemäß § 215 Abs. 1 2. Halbsatz BauGB muss der Sachverhalt, der die Verletzung der in § 215 Abs. 1 Nr. 1 BauGB bezeichneten Verfahrens- und Formvorschriften oder den Mangel der Abwägung begründen soll, dargelegt werden. Außerdem muss sich aus den Erklärungen des Antragstellers ergeben, dass er sich für die angestrebte Nichtigerklärung des Bebauungsplans auf den vorgetragenen bestimmten Sachverhalt beruft.[58] Der gemäß **§ 215 Abs. 1 Hs. 2 BauGB notwendige Rügewillen** fehlt bei Äußerungen, die mit erkennbar anderer Zweckrichtung abgegeben werden und sich allenfalls mittelbar als Hinweis darauf werten lassen, dass ein Bebauungsplan an einem Abwägungsmangel leidet.[59]

Gemäß § 215 Abs. 2 BauGB ist **bei Inkraftsetzen des Flächennutzungsplans und der Satzungen nach BauGB auf die Rügevorschriften gemäß § 215 Abs. 1 BauGB hinzuweisen**. Diese Bekanntmachung ist Voraussetzung dafür, dass der Lauf der Fristen gemäß § 215 Abs. 1 Nr. 1 und 2 BauGB einsetzt.[60] Es ist umstritten, ob der Hinweis gemäß § 215 Abs. 2 BauGB nachgeholt werden kann und die Rügefristen gemäß § 215 Abs. 1 BauGB ab dieser Nachholung laufen.[61] Fehlt ein Beschluss der Gemeinde über die Satzung, ist sie nicht genehmigt oder ist der mit der Bekanntmachung der Satzung verfolgte Hinweiszweck nicht erreicht worden, so ist dieser Fehler von Amts wegen und zeitlich unbegrenzt zu beachten (§ 214 Abs. 1 Nr. 3 BauGB).

Das Entwicklungsgebot des § 8 Abs. 2 S. 1 BauGB ist für die Rechtswirksamkeit eines Bebauungsplans gemäß § 214 Abs. 2 Nr. 2 BauGB beachtlich verletzt, wenn der Flächennutzungsplan seine Bedeutung als kommunales Steuerungsinstrument der städtebaulichen Entwicklung „im großen und ganzen" verloren hat, weil die über den Bereich des Bebauungsplans hinausgehenden übergeordneten Darstellung des Flächennutzungsplans beeinträchtigt werden.[62]

cc) Ergänzendes Verfahren

Gemäß § 215 a Abs. 1 BauGB führen nach den §§ 214 und 215 BauGB **beachtliche Mängel, die durch ein ergänzendes Verfahren behoben werden können, nicht zur Nichtigkeit** (Satz 1); die Satzung entfaltet allerdings bis zur Behebung der Mängel keine Rechtswirkungen (Satz 2). Das ergänzende Verfahren gemäß § 215 a Abs. 1 BauGB ist eröffnet, wenn die Behebung des Mangels in ihm konkret möglich ist.[63] Ein Bebauungsplan weist beispielsweise einen behebbaren Mangel i. S. v. § 215 a Abs. 1 BauGB auf, wenn er ein allgemeines Wohngebiet festsetzt, zugleich aber alle Nutzungen nach § 4 Abs. 2 Nr. 2 und 3 BauNVO ausschließt, weil damit im Ergebnis ohne entsprechende Festsetzung die Wirkung eines reinen Wohngebiets (WR) hergestellt wird.[64] Ein Mangel des Bebauungsplans kann nicht in einem ergänzenden Verfahren gemäß § 215 a Abs. 1 BauGB behoben werden, wenn der festgestellte Mangel die Grundzüge der Planung berührt[65] oder so schwer wiegt, dass er den Kern der Abwägungsentscheidung betrifft.[66]

---

57 BVerwG NVwZ 1999, 1338.
58 VGH Mannheim NVwZ-RR 1998, 614.
59 BVerwG NVwZ-RR 1999, 424: Widerspruch gegen die Erhebung eines Straßenausbaubeitrags mit mittelbaren Hinweisen auf Abwägungsmängel des Bebauungsplans reicht nicht.
60 *Jäde*, in: *Jäde/Dirnberger/Weiß*, BauGB, § 215 Nr. 10.
61 Zum Meinungsstand: *Jäde*, a. a. O., Rn 11.
62 BVerwG BauR 1999, 1128.
63 BVerwG NVwZ 1999, 414.
64 BVerwG NVwZ 1999, 1340.
65 BVerwG NVwZ 1999, 414.
66 BVerwG NVwZ 1999, 420.

27 (Nur) **Bei der Behebung von Fehlern**, die sich aus der Verletzung der in § 214 Abs. 1 BauGB bezeichneten Vorschriften oder aus der Verletzung sonstiger Verfahrens- oder Formfehler nach Landesrecht ergeben, darf die Gemeinde einen **Bebauungsplan auch mit Rückwirkung erneut in Kraft** setzen (§ 215 a Abs. 2 BauGB). In allen übrigen Fällen, insbesondere bei der Korrektur materieller Fehler, gilt mangels besonderer Regelung die für den Ersterlass des Plans geltende Vorschrift. Ein wegen eines Fehlers im Abwägungsvorgang für nichtig erklärter Bebauungsplan kann grundsätzlich auch durch eine **neue fehlerfreie Abwägung und Wiederholung des dem Satzungsbeschluss nachfolgenden Verfahrens** in Kraft gesetzt werden. Das vorangegangene Verfahren muss dann wiederholt werden, wenn es seinerseits bereits durch den Fehler „infiziert" ist.[67]

5. Inhalt und Form der Entscheidung

28 Das Oberverwaltungsgericht entscheidet im Verfahren nach § 47 VwGO durch Urteil oder, wenn es eine mündliche Verhandlung nicht für erforderlich hält,[68] durch Beschluss (§ 47 Abs. 5 S. 1 VwGO).

29 Bei Erfolg des Normenkontrollantrags ist **die angegriffene Norm** durch das Oberverwaltungsgericht für **nichtig** zu erklären. Diese Entscheidung **ist allgemeinverbindlich** und ihre Formel ist vom Antragsgegner genauso zu veröffentlichen wie die fragliche Rechtsvorschrift bekannt zu machen wäre (§ 47 Abs. 5 S. 2 VwGO). Die nicht mehr anfechtbaren Entscheidungen der Verwaltungsgerichte, die auf der für nichtig erklärten Norm beruhen, bleiben indes unberührt (§ 47 Abs. 5 S. 2 i.V.m. § 183 S. 1 VwGO). Die Vollstreckung aus einer solchen Entscheidung ist aber unzulässig (§ 47 Abs. 5 S. 3 i.V.m. § 183 S. 2 VwGO).

30 Auch nur ein bestimmter Teil der Norm kann für nichtig erklärt werden, wenn mit Sicherheit anzunehmen ist, dass der Normgeber den Rest ohne den nichtigen Teil erlassen hätte. Der unzulässige oder unbegründete Antrag gemäß § 47 Abs. 2 S. 1 VwGO ist – u.U. auch teilweise hinsichtlich abtrennbarer Normteile – abzulehnen (zurückzuweisen).[69]

31 Die **Teilnichtigkeit** einer Rechtsvorschrift führt indes – auch bei einem auf diesen Teil beschränkten Antrag! – zu ihrer Nichtigkeit insgesamt, wenn der rechtswidrige Teil untrennbarer Bestandteil einer Gesamtregelung ist, die nur einheitlich wirksam oder unwirksam sein kann.[70] In Ausnahmefällen kann die Entscheidung im Verfahren nach § 47 VwGO auch auf die Feststellung beschränkt werden, dass die angefochtene Norm gegen höherrangiges Recht verstoße, dieser Mangel aber durch eine punktuelle Ergänzung „geheilt" werden könne. Dies soll beispielsweise dem Normenkontrollgericht erlauben, lediglich festzustellen, dass ein Bebauungsplan rechtswidrig sei, wenn nur Maßnahmen des Lärmschutzes fehlten, die das Gesamtgefüge des Planes nicht berührten.[71] Können Mängel einer städtebaulichen Satzung durch ein ergänzendes Verfahren behoben werden, so erklärt das OVG die Satzung bis zur Behebung der Mängel für nicht wirksam (§ 215 a BauGB).

32 Die **Abweisung des Antrags** nach § 47 VwGO **wirkt nur zwischen den Beteiligten**, bindet aber für die am Verfahren Beteiligten auch das ordentliche Gericht, wenn die Gültigkeit der Norm Vorfrage für einen zivilrechtlichen Rechtsstreit ist.[72] Eine stattgebende Entscheidung im Verfahren nach § 47 VwGO verbietet dem Normgeber, ohne Änderung der maßgeblichen Sach- oder Rechtslage eine Rechtsvorschrift gleichen Inhalts zu erlassen.[73]

---

67 BVerwG NVwZ 1998, 956.
68 Im Einzelfall kann das OVG zur Durchführung einer mündlichen Verhandlung verpflichtet sein – BVerwG ZfBR 2000, 188.
69 *Gerhardt*, in: *Schoch/Schmidt-Aßmann/Pietzner*, VwGO, § 47 Rn 53, 110, 112.
70 BVerwG DVBl 1992, 37 – a.A. *Gerhard*, in: *Schoch/Schmidt-Aßmann/Pietzner*, VwGO, § 47 Rn 113.
71 OVG Berlin NVwZ 1983, 416.
72 BGH DVBl 1982, 535.
73 VGH Mannheim DÖV 1979, 571.

Ein Antragsteller, der in einem Verfahren nach § 47 VwGO rechtskräftig unterlegen ist, kann nur dann erneut beantragen, den Bebauungsplan für nichtig zu erklären, wenn sich gegenüber dem ersten Verfahren die **Sach- und Rechtslage** geändert hat und dadurch der im Verfahren nach § 47 VwGO für gültig erklärte Bebauungsplan im Nachhinein nichtig geworden ist. Die zwischen den Beteiligten bestehende Bindungswirkung der Entscheidung, dass ein Bebauungsplan gültig sei, schließt es auch aus, einen neuen Antrag auf „alte" Gründe zu stützen, die nun erstmalig vorgetragen werden, auch wenn diese in dem ersten Verfahren nach § 47 VwGO nicht Gegenstand waren. Wird in einem zweiten Antrag nach § 47 Abs. 2 VwGO beispielsweise vorgetragen, der Bebauungsplan sei funktionslos geworden, so darf dieses Vorbringen nur dann materiell überprüft werden, wenn der Bebauungsplan erst nach der ersten und für ihn günstigen Entscheidung funktionslos geworden sein soll.[74]

6. Rechtsmittel

Gegen ein Urteil oder einen Beschluss des OVG nach § 47 Abs. 5 S. 1 VwGO steht den Beteiligten die **Revision an das BVerwG** zu (dazu s.u. B I 3). Für die Überprüfung von Entscheidungen des OVG nach § 47 Abs. 5 S. 1 VwGO gibt es seit dem In-Kraft-Treten des 6. VwGOÄndG (1.1.1997) keine Besonderheiten mehr. Das „Vorlageverfahren" (§ 47 Abs. 5 VwGO a.F.) und die „Nichtvorlagebeschwerde" (§ 47 Abs. 7 VwGO a.F.) sind fortgefallen.[75] Das BVerwG ist also nicht mehr (wie im „Vorlageverfahren" nach § 47 Abs. 5 VwGO a.F.) an die ihm vorgelegte Rechtsfrage gebunden, sondern hat nunmehr eine sachlich abschließende Revisionsentscheidung zu treffen. Weil früher nach der Entscheidung des BVerwG nach §§ 47 Abs. 5 und 7 VwGO a.F. die Sache zur abschließenden Entscheidung durch das – insoweit an die Entscheidung des BVerwG gebundene – OVG zurückging, wurde mit dem 6. VwGOÄndG die Erwartung verbunden, dass das nunmehr lediglich zweistufige Verfahren nach § 47 VwGO schneller rechtskräftig entschieden werden könne.[76]

7. Vorläufiger Rechtsschutz

§ 47 Abs. 6 VwGO eröffnet im Normenkontrollverfahren vorläufigen Rechtsschutz. Danach kann eine **einstweilige Anordnung** erlassen werden, wenn dies zur Abwehr schwerer Nachteile (dazu a)) oder aus anderen wichtigen Gründen dringend geboten (dazu b)) ist. Bis auf den Antrag nach § 47 Abs. 2 VwGO selbst müssen alle Voraussetzungen für die Zulässigkeit eines Normenkontrollverfahrens vorliegen; insbesondere muss der Bebauungsplan bereits bekannt gemacht sein. Ein vorbeugender Rechtsschutz gegen Vorschriften i. S. v. § 47 Abs. 1 Nr. 1 VwGO kann über § 47 Abs. 6 VwGO nicht erreicht werden. Im Übrigen ist diese Vorschrift § 32 BVerfGG nachgebildet; es ist auch in diesem Verfahren ein strenger Maßstab anzulegen.[77]

Zuständig für das Verfahren nach § 47 Abs. 6 VwGO ist grundsätzlich das OVG; ausnahmsweise ist das BVerwG für die einstweilige Anordnung zuständig, wenn bei ihm das Hauptsacheverfahren anhängig (geworden) ist.[78] Die Entscheidung ergeht durch Beschluss, gegen den kein Rechtsbehelf gegeben ist. In Analogie zu § 80 Abs. 7 VwGO ist das Gericht jedoch befugt, bei einer Änderung der Umstände seine Entscheidung auf Antrag oder von Amts wegen zu ändern.[79]

---

74 *Stüer*, Handbuch, S. 983 m. w. N.
75 Zum alten Recht s. *Hoppe/Grotefels*, Öffentliches Baurecht, S. 621 f.
76 *Stüer*, Handbuch, S. 981.
77 BVerwG NVwZ 1998, 1065: strengere Anforderungen als bei einer einstweiligen Anordnung nach § 123 VwGO.
78 BVerwG NVwZ 1998, 1065.
79 *Kopp/Schenke*, VwGO, § 47 Rn 108 m. w. N.

a) „Abwehr schwerer Nachteile"

37 Der Nachteilsbegriff von § 47 Abs. 6 1. Alt. VwGO knüpft an den des § 47 Abs. 2 S. 1 VwGO a.F. an; es muss sich um einen schweren Nachteil i. S. einer **ganz besonders unzumutbaren Beeinträchtigung der rechtlich geschützten Interessen des Antragstellers** handeln, die entstünde, wenn die einstweilige Anordnung nicht ergeht, die angegriffene Norm jedoch später für nichtig erklärt wird.[80] Ein Antragsteller kann beispielsweise einen schweren Nachteil im Sinne des § 47 Abs. 6 VwGO erleiden, wenn der Vollzug eines Bebauungsplans (hier: Festsetzung einer öffentlichen Verkehrsfläche) zu einer spürbaren Beeinträchtigung der Wohnnutzung seines Grundstücks führt.[81]

38 Sofern die angefochtene Norm sich nicht als offensichtlich gültig oder ungültig erweist, sind die betroffenen Interessen abzuwägen. Bei einem unzulässigen oder offensichtlich unbegründeten Antrag nach § 47 Abs. 6 bedarf es allerdings zu seiner Abweisung keiner weiteren Abwägung der Vollzugs- und Aussetzungsfolgen.[82] Außerdem sind die Interessen des Gemeinwohls, die für den Erlass und mithin auch den Vollzug des Bebauungsplans sprechen, mit beachtlichem Gewicht in die Interessenabwägung einzustellen. Ein Antrag nach § 47 Abs. 6 VwGO ist mangels Rechtsschutzinteresses unzulässig, wenn gegenwärtig und in absehbarer Zukunft nicht mit auf die Rechtsvorschrift gestützten Vollzugsmaßnahmen zu rechnen ist.[83] Dieser **restriktiven Linie der Rechtsprechung zu § 47 Abs. 6 VwGO** entspricht es, dass vorläufiger Rechtsschutz nach dieser Vorschrift auch dann versagt wurde, wenn für das Interesse des Antragstellers auch anderer und ausreichender Rechtsschutz – beispielsweise vorläufiger Rechtsschutz nach §§ 80, 80 a, 123 VwGO – besteht.[84] Durch einen Antrag nach § 47 Abs. 6 VwGO kann beispielsweise nicht die Einstellung von Bauarbeiten, die aufgrund einer unmittelbar nach In-Kraft-Treten des Bebauungsplans erteilten Baugenehmigung begonnen wurden, oder die „Aussetzung" einer solchen Baugenehmigung erreicht werden.[85] Trotz dieses grundsätzlichen Vorrangs einzelfallbezogener Rechtsbehelfe dürfte ein Antrag nach § 47 Abs. 6 VwGO zulässig sein, wenn aufgrund der fraglichen Rechtsvorschrift eine Vielzahl von Baumaßnahmen droht; in diesem Fall dürfte es unzumutbar sein, den Antragsteller auf eine solche Vielzahl von Verfahren des vorläufigen Rechtsschutzes nach § 80 a VwGO zu verweisen.[86]

b) „Aus anderen wichtigen Gründen"

39 Eine einstweilige Anordnung kann „aus anderen wichtigen Gründen dringend geboten" sein (§ 47 Abs. 6 2. Alt. VwGO). Dieser Anordnungsgrund **dient** – anders als die „Abwehr schwerer Nachteile" in § 47 Abs. 6 1. Alt. VwGO – in erster Linie nicht dem Individualrechtsschutz, sondern primär **dem öffentlichen Interesse** daran, dass eine Normenkontrolle nicht ihrer rechtsstaatlichen Funktion beraubt und unwirksam werden soll, indem vor der gerichtlichen Entscheidung vollendete Tatsachen geschaffen werden. Eine auf § 47 Abs. 6 2. Alt. VwGO gestützte einstweilige Anordnung kann beispielsweise dann ergehen, wenn der Antrag nach § 47 Abs. 2 S. 1 VwGO in der Hauptsache mit großer Wahrscheinlichkeit Erfolg haben wird und es im öffentlichen Interesse nicht hinnehmbar ist, dass durch einen weiteren Vollzug der voraussichtlich nichtigen Rechtsvorschriften vollendete und nicht rückgängig zu machende Tatsachen geschaffen würden – der Bau einer Ortsumfahrung auf der Grundlage des angefochtenen Bebauungsplan steht bevor und wird Natur und Landschaft irreparabel zerstören.[87]

---

80 *Finkelnburg/Jank*, Vorläufiger Rechtsschutz, Rn 615.
81 OVG Münster, B. v. 26.3.1999 – V.n.b.
82 OVG Münster BauR 1981, 544; VGH München DVBl 1979, 562.
83 OVG Münster BauR 1981, 544.
84 BVerwG BauR 1999, 878 = ZfBR 1999, 225; OVG Münster NJW 1978, 342; VGH Mannheim NVwZ-RR 1998, 613; OVG Münster BauR 1981, 544.
85 OVG Koblenz BauR 1983, 435 m. w. N.
86 *Hoppe/Grotefels*, Öffentliches Baurecht, S. 624 f. m. w. N.
87 VGH Kassel NuR 1991, 437 – zum Ganzen s. *Finkelnburg/Jank*, Vorläufiger Rechtsschutz, Rn 618 m. w. N.

II. Flächennutzungsplan

Der Flächennutzungsplan kann **nicht unmittelbar** als solcher **verwaltungsgerichtlicher Kontrolle unterworfen** werden. Er ist weder ein Verwaltungsakt i. S. v. § 35 VwVfG noch eine Rechtsvorschrift i. S. v. § 47 Abs. 1 VwGO. Ein Rechtsschutzbegehren gegen die Darstellungen des Flächennutzungsplans ist unzulässig, weil sie mangels Außenwirksamkeit kein Rechtsverhältnis zum Bürger begründen.[88] Deshalb dürfte die Möglichkeit, mit einer Feststellungs- oder einer Unterlassungsklage gegen einen Flächennutzungsplan vorzugehen, ebenfalls nur theoretischer Natur sein. Lediglich eine Nachbargemeinde dürfte berechtigt sein, mit einer Feststellungsklage gegen die Darstellungen des Flächennutzungsplans wegen Verletzung von § 2 Abs. 2 BauGB i. V. m. § 4 BauGB vorzugehen.[89]

40

Der Flächennutzungsplan kann indes **mittelbar gerichtlich kontrolliert** werden. So kann bei einer Klage, durch die die Gemeinde verpflichtet werden soll, eine Baugenehmigung zu erteilen, geltend gemacht werden, dass der angeblich allein entgegenstehende Flächennutzungsplan nichtig sei. Ein Flächennutzungsplan kann insbesondere einem Vorhaben in einem Außenbereich entgegenstehen, wenn dieses zwar nach § 35 Abs. 1 Nr. 3 BauGB grundsätzlich privilegiert ist, jedoch den Darstellungen des Flächennutzungsplans widerspricht.[90] Seine Nichtigkeit kann sich aus (durchgreifenden) Abwägungsfehlern (§ 1 Abs. 6 BauGB) ergeben. Auch bei einem überplanten Gebiet kann die Nichtigkeit des Flächennutzungsplans entscheidungserheblich sein, da der Bebauungsplan aus dem Flächennutzungsplan zu entwickeln ist (§ 8 Abs. 2 S. 1 BauGB).[91] Wegen § 214 Abs. 2 BauGB wird aber in aller Regel der zugrunde liegende Flächennutzungsplan nicht inzidenter im Verfahren nach § 47 VwGO zu einem Bebauungsplan überprüft werden.

41

B. Rechtsschutz bei Maßnahmen im Einzelfall

I. Allgemeine Verfahrensfragen

1. Das verwaltungsgerichtliche Klage- und Eilverfahren erster Instanz

In aller Regel ist **Streitgegenstand** der verwaltungsgerichtlichen Klage auf dem Gebiet des öffentlichen Baurechts ein **Verwaltungsakt** (bauaufsichtliche Zulassung eines Vorhabens – Baugenehmigung u. a. – oder bauordnungsrechtliche Verfügung – Nutzungsuntersagung u. a. -). § 42 VwGO sieht für diesen Streitgegenstand entweder die Anfechtungsklage (Abs. 1 1. Alt.) oder die Verpflichtungsklage (Abs. 1 2. Alt.) vor. Mit dem Verpflichtungsurteil wird die Behörde zum Erlass eines abgelehnten oder unterlassenen Verwaltungsakts verurteilt, mit dem Anfechtungsurteil hebt das Gericht einen belastenden Verwaltungsakt auf. Die Feststellungsklage (§ 43 VwGO – sie erfordert gemäß § 43 Abs. 2 VwGO ein besonderes Feststellungsinteresse) und die allgemeine Leistungsklage (gerichtet beispielsweise auf die Zahlung eines bestimmten Geldbetrages oder auf ein Unterlassen) sind im öffentlichen Baurecht von geringer praktischer Bedeutung.

42

Die verwaltungsgerichtliche Klage ist unzulässig, wenn die Klageschrift nicht den Kläger, den Beklagten und den Gegenstand des Klagebegehrens bezeichnet (§ 82 Abs. 1 S. 1 VwGO). Zur Bezeichnung des Klägers muss grundsätzlich auch dessen ladungsfähige Anschrift – Postfach genügt nicht – angegeben werden.[92] Ein bestimmter Antrag i. S. v. § 82 Abs. 1 S. 2 VwGO muss spätestens zum Zeitpunkt der letzten mündlichen Verhandlung gestellt werden; auch bei einer Entscheidung im schriftlichen Verfahren (§ 84 VwGO – Gerichtsbescheid – oder Verzicht der Beteiligten auf die

43

---

88 *Hoppe/Grotefels*, Öffentliches Baurecht, S. 612 m. w. N.
89 *Bielenberg*, in: *Ernst/Zinkhahn/Bielenberg*, BauGB, § 5 Rn 7 m. w. N.
90 *Stüer*, Handbuch, S. 113 m. w. N.
91 *Bielenberg/Runke*, in: *Ernst/Zinkhahn/Bielenberg*, BauGB, § 8 Rn 7.
92 *Kopp/Schenke*, VwGO, § 82 Rn 4.

mündliche Verhandlung – § 101 Abs. 2 VwGO) hat der Vorsitzende oder der Berichterstatter (§ 87 Abs. 1 VwGO) auf einen solchen Antrag möglicherweise verbunden mit einer „Betreibensaufforderung" gemäß § 92 Abs. 2 S. 1 VwGO hinzuwirken.

44 Im verwaltungsgerichtlichen Verfahren (auch des vorläufigen Rechtsschutzes) ist von Amts wegen zu ermitteln (§ 86 Abs. 1 S. 1 VwGO). Diese Pflicht findet indes ihre Grenzen an den Mitwirkungspflichten der Beteiligten insbesondere hinsichtlich der Aufklärung der in ihre Sphäre fallenden Ereignisse.[93] Der Sachverhaltsaufklärung des Gerichts dient insbesondere die Pflicht der Behörden, Urkunden oder Akten vorzulegen und Auskünfte zu erteilen (§ 99 Abs. 1 S. 1 VwGO).

45 Soweit die Verwaltungsgerichtsordnung keine Bestimmungen über das Verfahren enthält, sind gemäß § 173 S. 1 VwGO GVG und ZPO entsprechend anzuwenden, wenn und soweit die grundsätzlichen Unterschiede der beiden Verfahrensarten dies nicht ausschließen.

Im Folgenden sollen Besonderheiten des Rechtsschutzes, den die Verwaltungsgerichtsbarkeit bezüglich Verwaltungsakten vermittelt, dargestellt werden.

a) Vorverfahren und Klagefrist

46 Vor Erhebung von Anfechtungs- oder Verpflichtungsklage sind Rechtmäßigkeit und Zweckmäßigkeit des Verwaltungsakts in einem Vorverfahren, das durch Erhebung des Widerspruchs einzuleiten ist, zu überprüfen, wenn nicht eine der Ausnahmen von § 68 Abs. 1 S. 2 VwGO vorliegt (§§ 68 f. VwGO). Der (schriftliche) Widerspruch muss nicht als solcher bezeichnet werden und einen bestimmten Antrag oder eine Begründung enthalten. Bei verständiger Auslegung des Schreibens muss aufgrund der Umstände des Einzelfalles hinreichend erkennbar sein, dass der Betroffene mit einem bestimmten Verwaltungsakt nicht einverstanden ist und seine Überprüfung will.[94]

47 Die **Frist** für den schriftlich zu erhebenden Widerspruch endet mit demjenigen Tag des folgenden Monats, der durch seine Zahl dem Tag, an dem der Verwaltungsakt dem Beschwerten bekannt gegeben worden ist, entspricht bzw. ihm am nächsten kommt (bei Bekanntgabe des Verwaltungsakts am 31.1. endet die Monatsfrist für die Erhebung des Widerspruchs am 28. oder 29.2.).[95] Die Monatsfrist wird indes nur in Lauf gesetzt, wenn der Beschwerte in dem Verwaltungsakt ordnungsgemäß über die Anforderungen für die Erhebung des Widerspruchs gemäß § 70 Abs. 1 VwGO belehrt worden ist. Auch eine andere als die vorgeschriebene Art der Bekanntgabe (beispielsweise unterbleibt die vorgeschriebene förmliche Zustellung) löst den Lauf der Monatsfrist gemäß § 70 Abs. 1 S. 1 VwGO nicht aus.[96] Nach ständiger Rechtsprechung heilt ein Widerspruchsbescheid mit Sachentscheidung die Versäumung der Frist für die Erhebung des Widerspruchs.[97]

48 Bei unverschuldeter Versäumung der Frist von § 70 Abs. 1 S. 1 VwGO ist **Wiedereinsetzung in den vorigen Stand** auf Antrag oder auch von Amts wegen möglich. Die Wiedereinsetzung in den vorigen Stand durch die Behörde ist bei Versäumung der Widerspruchsfrist für das Gericht im Klageverfahren nicht bindend.[98] Liegen die Voraussetzungen für eine Wiedereinsetzung gemäß § 60 VwGO nicht vor, so ist die Anfechtungs- oder Verpflichtungsklage als unzulässig abzuweisen. Bei zu Unrecht verweigerter Wiedereinsetzung in den vorigen Stand hat das Verwaltungsgericht selbst über die Wiedereinsetzung (erneut) zu befinden.[99]

---

93 *Kopp/Schenke*, VwGO, § 86 Rn 11.
94 *Kopp/Schenke*, VwGO, § 69 Rn 5.
95 S. *Kopp/Schenke*, § 57 Rn 10 m. w. N.
96 VGH Mannheim NVwZ 1989, 76 m. w. N.
97 Z.B. BVerwG NVwZ 1983, 285 m. w. N. – a.M. *Kopp/Schenke*, VwGO, § 70 Rn 9 m. w. N.
98 *Kopp/Schenke*, VwGO, § 70 Rn 12.
99 BVerwG DÖV 1981, 636 m. w. N.

Das Vorverfahren endet mit der Zustellung des Widerspruchsbescheides; dadurch wird die Frist von einem Monat, binnen deren Anfechtungs- oder Verpflichtungsklage zu erheben ist (§ 74 Abs. 2 und Abs. 1 S. 1 VwGO), in Gang gesetzt. Mängel bei der Zustellung des Widerspruchsbescheides lösen den Lauf der Klagefrist grundsätzlich nicht aus, und bei einer nicht ordnungsgemäßen Rechtsmittelbelehrung im Widerspruchsbescheid beträgt die Klagefrist ein Jahr (§ 58 Abs. 2 VwGO). Bei Bestellung eines Bevollmächtigten durch schriftliche Vollmacht beginnt der Lauf der Klagefrist nur bei Zustellung des Widerspruchsbescheids an den Bevollmächtigten (§ 8 Abs. 1 S. 2 VwZG). Wird statt dessen nur an den Beteiligten selbst zugestellt, so kommt in Betracht, dass dieser seine Klagebefugnis verwirkt.[100] Auch hinsichtlich der Versäumung der **Klagefrist** kann Wiedereinsetzung in den vorigen Stand gemäß § 60 VwGO gewährt werden.[101]

b) Untätigkeitsklage

"Vorzeitig" kann die Anfechtungs- oder die Verpflichtungsklage gemäß § 75 S. 1 VwGO erhoben werden, wenn **über einen Widerspruch oder über einen Antrag** auf Vornahme eines Verwaltungsakts **ohne zureichenden Grund in angemessener Frist sachlich nicht entschieden** wird. Die Klage ist nicht vor Ablauf von drei Monaten seit der Einlegung des Widerspruchs oder seit dem Antrag auf Vornahme des Verwaltungsakts zu erheben, wenn nicht wegen besonderer Umstände des Falles eine kürzere Frist geboten ist (§ 75 S. 2 VwGO). Die „Untätigkeitsklage" ist nur – auch wenn sie nach mehr als dreimonatiger Untätigkeit der Behörde erhoben wird – zulässig, wenn die Untätigkeit der Behörde keinen zureichenden Grund hat. § 75 S. 2 VwGO bewirkt, dass der Bürger unabhängig vom Grund der Verzögerung jedenfalls nach drei Monaten Klage erheben kann. Die Klagemöglichkeit nach § 75 S. 1 VwGO ist – bei fortdauernder Untätigkeit der Behörde – nur durch die Verwirkung begrenzt.[102] Wird die „Untätigkeitsklage" vor Ablauf der angemessenen Frist, insbesondere ohne dreimonatiges Zuwarten erhoben, so wird das Gericht auch dann, wenn es im Einzelfall die Voraussetzungen von § 75 S. 2 2. Alt. VwGO nicht annimmt, die Klage nicht als unzulässig abweisen; bei fortdauernder Untätigkeit der Behörde würde die Klage allein durch Zeitablauf zulässig werden. In der Praxis wird das Verwaltungsgericht in aller Regel auf die bisher unterbliebene behördliche Entscheidung hinwirken. Es kann dazu gemäß § 75 S. 3 VwGO das Verfahren durch Beschluss aussetzen und der Behörde eine Frist für ihre Entscheidung setzen.[103] Dagegen (sowie gegen eine Verlängerung für die Frist zur Entscheidung der Behörde) ist die Beschwerde nach § 146 Abs. 1 VwGO möglich.[104]

Ergeht nach zulässiger Erhebung der „Untätigkeitsklage" der vom Kläger begehrte Verwaltungsakt bzw. Widerspruchsbescheid, so wird die Klage mangels Rechtsschutzbedürfnisses unzulässig; der Kläger hat die Klage zurückzunehmen oder den Rechtsstreit in der Hauptsache für erledigt zu erklären (§ 75 S. 4 VwGO); in jedem Fall hat die Behörde die Kosten gemäß § 165 Abs. 3 VwGO zu tragen.[105] Entspricht **der nach zulässiger Erhebung der „Untätigkeitsklage" ergehende Verwaltungsakt bzw. Widerspruch** nicht dem Begehren des Klägers, so kann die Klage unter Einbeziehung der nun vorhandenen Bescheidung als Anfechtungs- bzw. Verpflichtungsklage fortgeführt werden. Es bedarf insbesondere keines neuen Vorverfahrens gegen den nun erlassenen Verwaltungsakt.[106] Ergeht der Verwaltungsakt innerhalb der vom Gericht nach § 75 S. 3 VwGO gesetzten Frist

---

100 *Kopp/Schenke*, VwGO, § 74 Rn 5.
101 S. zu den Anforderungen *Müller*, Typische Fehler bei der Wiedereinsetzung in den vorigen Stand, NJW 1993, 681.
102 *Kopp/Schenke*, VwGO, § 75 Rn 10.
103 BVerwG NVwZ 1987, 969.
104 *Kopp/Schenke*, VwGO, § 75 Rn 18 m. w. N.
105 *Kopp/Schenke*, VwGO, § 75 Rn 20.
106 BVerwGE 66, 342; *Kopp/Schenke*, VwGO, § 75 Rn 21.

oder ist die Klage vor Ablauf der Frist von § 75 S. 1 VwGO (insbesondere innerhalb von drei Monaten seit Antragstellung) erhoben, so muss der Kläger das nach §§ 68 ff. VwGO erforderliche Vorverfahren nachholen.[107]

c) Die gerichtliche Entscheidung über Anfechtungs- und Verpflichtungsklage

52 Für die Entscheidung über die Anfechtungs- und Verpflichtungsklage im öffentlichen Baurecht ist grundsätzlich die Sach- und Rechtslage zum Zeitpunkt der letztlichen mündlichen Verhandlung bzw. (bei Fehlen einer mündlichen Verhandlung) der Entscheidung des Gerichts maßgeblich.[108]

53 Die Verwaltungsgerichte dürfen **Ermessensentscheidungen** der Behörden nur eingeschränkt überprüfen. Solange die Behörde die in § 114 S. 1 VwGO bezeichneten Grenzen beachtet, können Anfechtungs- und Verpflichtungsklage keinen Erfolg haben. Ähnliches gilt für einen Beurteilungsspielraum der Behörde bei den tatbestandsmäßigen Voraussetzungen eines Verwaltungsakts.[109] Gemäß § 114 S. 2 VwGO kann die Behörde ihre Ermessenserwägungen noch im gerichtlichen Verfahren ergänzen. Dadurch wird aber nicht zugelassen, dass die Behörde ihr Ermessen erstmals im gerichtlichen Verfahren ausübt oder dort die Gründe einer Ermessensausübung (komplett oder doch in ihrem Wesensgehalt) ausgewechselt werden.[110] Das Gericht dürfte trotz seiner Neutralitätspflicht gehalten sein, die Behörde ggf. auf ihre Möglichkeiten gemäß § 114 S. 2 VwGO hinzuweisen.[111]

54 Bei der Anfechtungsklage gegen **„Geldverwaltungsakte"** (beispielsweise Erschließungsbeitrag) kann das Gericht gemäß § 113 Abs. 2 S. 1 VwGO den Betrag in anderer Höhe festsetzen oder eine Geldbetrag bezogene Feststellung durch eine andere ersetzen. Die Ermäßigung der streitigen Forderung setzt nicht einen entsprechenden Antrag voraus; ein „Teilerfolg" der Klage ist von dem Anfechtungsbegehren i. S. v. § 88 VwGO umfasst.[112] Gemäß § 113 Abs. 2 S. 2 VwGO kann das Gericht bei einem „Geldverwaltungsakt" von einer abschließenden Entscheidung absehen, wenn die Ermittlung des festzusetzenden oder festzustellenden Betrages einen nicht unerheblichen Aufwand erfordert. Das Gericht hat dann stattdessen die Änderung des Verwaltungsakts durch Angabe der zu Unrecht berücksichtigten oder die nicht berücksichtigten tatsächlichen oder rechtlichen Verhältnisse so zu bestimmen, dass die Behörde den Betrag aufgrund der Entscheidung selbst (neu) errechnen kann. In einem solchen Fall hat die Behörde den Beteiligten das Ergebnis der Neuberechnung unverzüglich formlos mitzuteilen; nach Rechtskraft der (gerichtlichen) Entscheidung ist der Verwaltungsakt mit dem geänderten Inhalt neu bekannt zu geben (§ 113 Abs. 2 S. 3 VwGO). Das Gericht hat nach pflichtgemäßem Ermessen im Einzelfall zu entscheiden, ob es nach § 113 Abs. 2 S. 2 VwGO verfährt; es ist nicht zulässig, bei bestimmten Streitfällen von vornherein auf eine abschließende Entscheidung des Gerichts zu verzichten.

55 § 113 Abs. 2 S. 2 VwGO steht einer verbreiteten verwaltungsgerichtlichen Praxis, kompetente Beteiligte – typischerweise die Behörde – um eine **„Hilfsberechnung"** nach Maßgabe bestimmter tatsächlicher und/oder rechtlicher Vorgaben des Gerichts zu bitten, diese dann mit den Beteiligten zu erörtern und möglicherweise auch zur Grundlage der Neufestsetzung des streitigen Betrages zu machen, nicht entgegen. Auch wenn so das gerichtliche Verfahren länger dauert als bei einem Vorgehen gemäß § 113 Abs. 2 S. 2 VwGO, so ist dem doch der Vorzug zu geben, weil der Rechtsstreit dadurch endgültig erledigt wird.[113]

---

107 BVerwGE 42, 108 und 66, 342.
108 BVerwGE 97, 79; s. den Überblick über den Meinungsstand bei *Kopp/Schenke*, VwGO, § 113 Rn 30 ff. sowie 217 ff.
109 *Kopp/Schenke*, VwGO, § 114 Rn 3.
110 BVerwG NJW 1999, 2912.
111 *Gerhardt*, in: *Schoch/Schmidt-Aßmann/Pietzner*, VwGO, § 114 Rn 12 f. – a.A. wohl *Kopp/Schenke*, a. a. O., Rn 51.
112 *Kopp/Schenke*, VwGO, § 113 Rn 154 – a.A. *Gerhardt*, in: *Schoch/Schmidt-Aßmann/Pietzner*, VwGO, § 113 Rn 38.
113 S. *Gerhardt*, in: *Schoch/Schmidt-Aßmann/Pietzner*, VwGO, § 113 Rn 41.

Gemäß § 113 Abs. 3 S. 3 VwGO kann das Gericht ohne Sachentscheidung den Verwaltungsakt und den Widerspruchsbescheid aufheben, soweit die aus seiner Sicht noch erforderlichen Ermittlungen nach Art und Umfang erheblich sind und die Aufhebung auch unter Berücksichtigung der Belange des Beteiligten sachdienlich ist. Eine solche **„Zurückverweisung" an die Behörde** ist gemäß § 113 Abs. 3 S. 4 VwGO nur binnen sechs Monaten seit Eingang der Akten der Behörde bei Gericht zulässig; sie kann auf Antrag damit verbunden werden, dass das Gericht bis zum Erlass des neuen Verwaltungsakts eine einstweilige Regelung trifft (insbesondere Sicherheiten geleistet werden oder ganz oder zum Teil bestehen bleiben u.ä. – § 113 Abs. 3 S. 2 VwGO). § 113 Abs. 2 und 3 VwGO spielen indes in der verwaltungsgerichtlichen Praxis eine geringe Rolle.[114]

56

Auf Antrag kann das Gericht mit der Aufhebung eines Verwaltungsakts auch aussprechen, dass und wie die Verwaltungsbehörde ggf. seine Vollziehung rückgängig zu machen hat (§ 113 Abs. 1 S. 2 VwGO) oder die Behörde zu anderen Leistungen, die an die Aufhebung des Verwaltungsakts anknüpfen, verurteilen (§ 113 Abs. 4 VwGO). Sowohl die **„Folgenbeseitigung"** (§ 113 Abs. 1 S. 2 VwGO) als auch die **„Nebenleistung"** (§ 113 Abs. 4 VwGO) müssen ausdrücklich beantragt werden; das Gericht dürfte allerdings gehalten sein, ggf. auf diesbezügliche Anträge hinzuwirken (§ 86 Abs. 3 VwGO).

57

Erledigt sich nach Erhebung der Anfechtungsklage der Verwaltungsakt, so kann das Verfahren als **„Fortsetzungsfeststellungsklage"** gemäß § 113 Abs. 1 S. 4 VwGO weitergeführt werden. § 113 Abs. 1 S. 4 VwGO wird über seinen Wortlaut hinaus in vielen Fällen, in denen trotz einer (früheren oder gegenwärtigen) Rechtsverletzung des Klägers ein Rechtsschutz über eine Anfechtungs- oder Verpflichtungsklage aus prozess- oder materiellrechtlichen Gründen keinen Erfolg (mehr) verspricht, angewandt.[115] Auf die (erledigte) Rechtsverletzung durch die Ablehnung oder Unterlassung eines Verwaltungsakts („Verpflichtungsklage") und auf die Erledigung des Rechtsstreits in der Hauptsache bereits vor Erhebung von Anfechtungs- oder Verpflichtungsklage, auch bei nichtigen Verwaltungsakten und Widerspruchsbescheid ist die Fortsetzungsfeststellungsklage statthaft.[116] Ein Verwaltungsakt hat sich erledigt, wenn die mit ihm verbundene rechtliche oder sachliche Beschwer weggefallen ist.[117] Die Fortsetzungsfeststellungsklage erfordert ein berechtigtes Interesse an der Fortführung des Verfahrens; dabei werden typischerweise genannt das Interesse an der Rehabilitation des Betroffenen,[118] die Vorbeugung gegen Wiederholung sowie die Präjudizialität für Schadensersatz oder Entschädigungsansprüche.[119]

58

d) Anordnung der sofortigen Vollziehung und vorläufiger Rechtsschutz gemäß § 80 Abs. 5 VwGO

aa) Anordnung der sofortigen Vollziehung

Widerspruch und Anfechtungsklage haben gemäß § 80 Abs. 1 VwGO aufschiebende Wirkung. Die Behörde kann aber gemäß § 80 Abs. 2 S. 1 Nr. 4 VwGO die sofortige Vollziehung beispielsweise der angefochtenen Verfügung anordnen. Die Behörde ist zu einer solchen Anordnung nur berechtigt, wenn die sofortige Vollziehung der Verfügung **im öffentlichen Interesse oder im überwiegenden Interesse eines Beteiligten** geboten erscheint. Es sind also einerseits die Interessen der Öffentlichkeit (§ 80 Abs. 2 Nr. 4 1. Alt. VwGO) oder eines etwaigen Beteiligten – im Baurecht: insbesondere

59

---

114 So auch *Gerhardt*, in: *Schoch/Schmidt-Aßmann/Pietzner*, a. a. O., Rn 56.
115 *Kopp/Schenke*, VwGO, § 113 Rn 95.
116 *Kopp/Schenke*, VwGO, § 113 Rn 99, 109.
117 S. zum Meinungsstand einerseits *Gerhardt*, in: *Schoch/Schmidt-Aßmann/Pietzner*, VwGO, § 113 Rn 81–89; andererseits *Kopp/Schenke*, VwGO, § 113 Rn 102 ff. m. w. N. und vielen Beispielen.
118 Teilweise durchaus weit verstanden – s. *Gerhard*, a. a. O., Rn 92.
119 *Kopp/Schenke*, a. a. O., Rn 136: nur bei Erledigung des Verwaltungsakts erst nach Klageerhebung und ein entsprechender Prozess muss mit hinreichender Sicherheit zu erwarten sein sowie nicht offenbar aussichtslos erscheinen.

des Nachbarn – (§ 80 Abs. 2 Nr. 4 2. Alt. VwGO) an einer sofortigen Durchführung der Maßnahme sowie andererseits das entgegenstehende Interesse des Betroffenen („Suspensivinteresse") an der aufschiebenden Wirkung des eingelegten Rechtsbehelfs gegeneinander abzuwägen.

60 Die sofortige Vollziehung ist schriftlich und unter **Begründung** des besonderen Interesses an der sofortigen Vollziehung – abgesehen von den Notstandsfällen gemäß § 80 Abs. 3 S. 2 VwGO – anzuordnen (§ 80 Abs. 3 S. 1 VwGO). Das besondere Interesse an der sofortigen Vollziehung muss mit den besonderen Umständen des Einzelfalls und darf nicht lediglich „formelhaft"[120] begründet werden. Diese Begründungspflicht hat eine **„Warnfunktion"**. Die sofortige Vollziehung soll nur ausnahmsweise angeordnet werden; zuvor hat die Behörde mit besonderer Sorgfalt zu prüfen, ob das Interesse am Sofortvollzug die aufschiebende Wirkung, die das Gesetz als Regel vorsieht, überwiegt. Das Gericht hat die aufschiebende Wirkung gemäß § 80 Abs. 5 S. 1 VwGO wiederherzustellen, wenn das besondere Interesse an der sofortigen Vollziehung des Verwaltungsaktes nicht oder unzulänglich begründet ist.[121] Die Begründung gemäß § 80 Abs. 3 S. 1 VwGO kann nach wohl überwiegender Meinung nicht nachgeschoben oder wesentlich geändert werden. Die Behörde darf aber die sofortige Vollziehung mit anderer Begründung erneut anordnen.

bb) Vorläufiger Rechtsschutz gemäß § 80 Abs. 5 VwGO

61 Gegen die sofortige Vollziehung ist vorläufiger Rechtsschutz möglich durch einen Antrag des Betroffenen an das Verwaltungsgericht, gemäß § 80 Abs. 5 S. 1 2. Alt. VwGO die aufschiebende Wirkung von Widerspruch oder Anfechtungsklage wiederherzustellen. Die gerichtliche Entscheidung hat sich daran zu orientieren, dass die aufschiebende Wirkung von § 80 Abs. 1 VwGO gemäß der Rechtsschutzgarantie des Art. 19 Abs. 4 GG verhindern soll, dass durch die sofortige Vollziehung eines Verwaltungsakts Tatsachen geschaffen werden, die, wenn sich der Verwaltungsakt bei gerichtlicher Überprüfung als rechtswidrig erweist, nur schwer und mit unverhältnismäßigem Aufwand rückgängig gemacht werden können. Dabei hat das Gericht eigenständig und unter Beurteilung aller Umstände, und zwar auch solcher, die die Behörde nicht berücksichtigen konnte oder durfte, die **Sach- und Rechtslage summarisch zu überprüfen**.

62 Dem Antrag ist stattzugeben, wenn der – mit Widerspruch oder Klage – angefochtene Verwaltungsakt offensichtlich rechtswidrig ist, da in diesem Fall kein öffentliches Interesse an seiner sofortigen Vollziehung bestehen kann. Umgekehrt ist der Antrag auf Gewährung vorläufigen Rechtsschutzes gemäß § 80 Abs. 5 VwGO abzulehnen, wenn der angefochtene Verwaltungsakt offensichtlich rechtmäßig, seine Anfechtung auch nicht etwa wegen eigenen Ermessens der Widerspruchsbehörde aussichtsreich und seine Vollziehung eilbedürftig ist. Bestimmte Falltypen haben sich – insbesondere bei den bauordnungsrechtlichen Verfügungen – herausgebildet. In allen anderen Fällen sind unter summarischer Prüfung des Sachverhalts die beteiligten öffentlichen und privaten Interessen, die für oder gegen die Dringlichkeit der Vollziehung sprechen, für die gerichtliche Entscheidung gemäß § 80 Abs. 5 VwGO abzustellen.[122]

cc) Inhalt und Bindungswirkung der gerichtlichen Entscheidung gemäß § 80 Abs. 5 VwGO

63 Bei der Anordnung der Wiederherstellung der aufschiebenden Wirkung gemäß § 80 Abs. 5 S. 1 2. Alt. VwGO ist dem Gericht ein Ermessen eingeräumt, wie im Einzelfall effektiv vorläufiger Rechtsschutz zu gewähren ist. Das Gericht kann die aufschiebende Wirkung auch teilweise wiederherstellen. Es kann ferner die Wiederherstellung der aufschiebenden Wirkung von der Leistung einer Sicherheit oder von anderen Auflagen abhängig machen oder auch befristen (§ 80 Abs. 5 S. 4 und 5 VwGO).

---

120 BVerwG NJW 1995, 2505.
121 *Kopp/Schenke*, VwGO, § 80 Rn 87 – m.E. ist die verwaltungsgerichtliche Praxis insoweit „behördenfreundlich" großzügig.
122 VGH Kassel NVwZ 1990, 583 – zum ganzen s. *Finkelnburg/Jank*, Vorläufiger Rechtsschutz, Rn 855 ff.

Es ist auch möglich, einen Antrag gemäß § 80 Abs. 5 S. 1 VwGO mit Auflagen für die (obsiegende) Behörde abzulehnen.[123]

Die Behörde ist auch **bei veränderter Sach- und Rechtslage** an die Wiederherstellung der aufschiebenden Wirkung durch das Gericht gemäß § 80 Abs. 5 S. 1 2. Alt. VwGO gebunden. Ggf. muss das Gericht diesen Beschluss ändern (§ 80 Abs. 7 S. 2 VwGO), damit erneut die sofortige Vollziehung des Verwaltungsakts angeordnet werden kann.[124] Die vom Gericht durch Beschluss wiederhergestellte **aufschiebende Wirkung** endet – soweit die gerichtliche Entscheidung selbst nichts anderes bestimmt – mit dem Eintritt der Unanfechtbarkeit des angefochtenen Verwaltungsakts[125] oder – seit dem In-Kraft-Treten des 6. VwGOÄndG am 1.01.1997 – drei Monate nach Ablauf der gesetzlichen Begründungsfrist des gegen die abweisende Entscheidung gegebenen Rechtsmittels (§ 80 b Abs. 1 S. 2 VwGO). Das OVG kann aber auf Antrag die Fortdauer der aufschiebenden Wirkung anordnen (§ 80 b Abs. 2 VwGO). 64

Gemäß § 80 Abs. 5 S. 3 VwGO kann das Gericht schon im Verfahren des vorläufigen Rechtsschutzes **die Folgen der sofortigen Vollziehung vorläufig** ganz oder teilweise **beseitigen** oder ihre vorläufige Beseitigung anordnen. Eine solche Regelung darf nur dann die Hauptsache vorwegnehmen, wenn dies zur Gewährung effektiven Rechtsschutzes (Art. 19 Abs. 4 GG) schlechterdings notwendig ist, der Antragsteller auch im Hauptsacheverfahren höchstwahrscheinlich obsiegen wird und die streitgegenständliche Vollziehung ohne die gerichtliche Entscheidung nicht oder nur äußerst schwer rückgängig zu machen wäre.[126] Eine Verfügung wird i. S. v. § 80 Abs. 5 S. 3 VwGO auch durch Handlungen, die der Adressat der Verfügung „freiwillig" unter dem Druck drohender Vollzugsmaßnahmen vornimmt, vollzogen. Auch insoweit kommt eine Folgenbeseitigung gemäß § 80 Abs. 5 S. 3 VwGO in Betracht.[127] 65

dd) Zwischenregelungen und Entscheidungen des Vorsitzenden

Im Verfahren des vorläufigen Rechtsschutzes gemäß § 80 Abs. 5 VwGO sind Zwischenregelungen des Gerichts von besonderer Bedeutung. Typischerweise verlangt der Vorsitzende mit der „Eingangsverfügung" von der Behörde bis zur Entscheidung des Gerichts den Sofortvollzug auszusetzen. Sagt dies die Behörde nicht zu, so ist das Gericht befugt, durch Beschluss Regelungen zu treffen, durch die **vollendete Tatsachen vor der gerichtlichen Entscheidung verhindert** werden. Gemäß § 80 Abs. 8 VwGO kann in dringenden Fällen der Vorsitzende allein die aufschiebende Wirkung i. S. v. § 80 Abs. 5 S. 1 2. Alt. VwGO wiederherstellen. Gegen die Entscheidung des Vorsitzenden kann nicht das Gericht angerufen werden; die entsprechende Regelung (§ 80 Abs. 8 S. 2 a.F. VwGO) ist zum 1.1.1991 außer Kraft getreten. Auch der Vorsitzende kann seine Anordnung auf eine „Zwischenregelung" beschränken; die abschließende Entscheidung über den Antrag nach § 80 Abs. 5 VwGO bleibt dann der Kammer vorbehalten. Diese ist – u.U. auf Antrag eines Beteiligten – zur Abänderung der Entscheidung des Vorsitzenden gemäß § 80 Abs. 7 VwGO berechtigt. 66

e) Vorläufiger Rechtsschutz nach § 123 Abs. 1 VwGO

Sofern nicht vorläufiger Rechtsschutz nach Maßgabe von § 80 Abs. 5 VwGO eröffnet ist, steht die einstweilige Anordnung nach § 123 Abs. 1 VwGO („Sicherungsanordnung" gemäß S. 1 oder „Regelungsanordnung" gemäß S. 2) zur Verfügung. Eine einstweilige Anordnung erfordert wie eine einstweilige Verfügung gemäß § 940 ZPO einen Anordnungsgrund – die Eilbedürftigkeit einer vorläufi- 67

---

123 *Kopp/Schenke*, VwGO, § 80 Rn 169.
124 BVerfG NVwZ 1988, 251.
125 BVerwG NVwZ 1988, 251.
126 VGH Kassel NVwZ-RR 1993, 398.
127 *Schoch*, in: Schoch/Schmidt-Aßmann/Pietzner, VwGO, § 80 Rn 232.

gen Regelung – und einen Anordnungsanspruch – den materiellen Anspruch, für den der Antragsteller vorläufigen Rechtsschutz sucht – glaubhaft zu machen.[128]

2. Das Verfahren zweiter Instanz – Zulassungsberufung und Zulassungsbeschwerde

68 Das Verfahren zweiter Instanz ist durch das am 1. 1 1997 in Kraft getretene 6. VwGOÄndG durchgreifend verändert worden. Den Beteiligten steht gegen erstinstanzliche Urteile bzw. Beschlüsse im Verfahren vorläufigen Rechtsschutzes (und der Prozesskostenhilfe) die Berufung bzw. die Beschwerde (nur) zu, wenn sie vom Oberverwaltungsgericht zugelassen worden ist (§§ 124 Abs. 1, 146 Abs. 4 VwGO).

a) Allgemeine Fragen der Zulassungsberufung

69 Gemäß § 124 Abs. 2 VwGO ist die Berufung nur zuzulassen,
1. wenn ernstliche Zweifel an der Richtigkeit des Urteils bestehen,
2. wenn die Rechtssache besondere tatsächliche oder rechtliche Schwierigkeiten aufweist,
3. wenn die Rechtssache grundsätzliche Bedeutung hat,
4. wenn das Urteil von einer Entscheidung des Oberverwaltungsgerichts, des Bundesverwaltungsgerichts, des Gemeinsamen Senats der Obersten Gerichtshöfe des Bundes oder des Bundesverfassungsgerichts abweicht und auf dieser Abweichung beruht oder
5. wenn ein der Beurteilung des Berufungsgerichts unterliegender Verfahrensmangel geltend gemacht wird und vorliegt, auf dem die Entscheidung beruhen kann.

70 Gemäß § 124 a Abs. 1 S. 1 und S. 2 VwGO muss die Zulassung der Berufung innerhalb eines Monats nach Zustellung des Urteils beim Verwaltungsgericht beantragt werden. In dem Antrag ist das angefochtene Urteil zu bezeichnen und es sind die Gründe, aus denen die Berufung zuzulassen ist, darzulegen (§ 124 a Abs. 1 S. 3 und 4 VwGO). Der Antrag auf Zulassung der Berufung gemäß § 124 a Abs. 1 VwGO ist **dem Revisionsrecht nachgebildet**. Die Oberverwaltungsgerichte und Verwaltungsgerichtshöfe stellen unterschiedlich hohe Anforderungen an die Darlegung der Zulassungsgründe gemäß § 124 a Abs. 1 VwGO. Die Darlegungspflicht gemäß § 124 a Abs. 1 S. 4 VwGO verlangt nach wohl überwiegender Ansicht „qualifizierte, ins Einzelne gehende, fallbezogene und aus sich heraus verständliche, auf den jeweiligen Zulassungsgrund bezogene und geordnete Ausführungen, die sich mit der angefochtenen Entscheidung auf der Grundlage einer eigenständigen Sichtung und Durchdringung des Prozessstoffes auseinander setzen".[129] Es reicht also nicht aus, wenn der Antrag auf Zulassung der Berufung einen oder mehrere der Zulassungsgründe gemäß § 124 Abs. 2 VwGO benennt und nur Formelhaftes dazu geltend macht oder sich zur Begründung im Allgemeinen oder im Einzelnen auf das erstinstanzliche Vorbringen bezieht.[130]

71 **Neues tatsächliches Vorbringen und neue Beweismittel** sind auch in Zulassungsverfahren möglich und zu berücksichtigen, soweit die Tatsachen für den Erfolg einer Berufung selbst zu berücksichtigen wären.[131] Überwiegend wird aber vertreten, dass diejenigen Umstände, die zum Zeitpunkt der Entscheidung des Verwaltungsgerichts bereits vorlagen und dem Beteiligten, der die Zulassung beantragt, bekannt waren, für das Gericht aber nicht erkennbar waren, nicht zu berücksichtigen sind.[132] Anderes mag gelten, wenn die Verfahrensbeteiligten schuldlos versäumt haben, bestimmte Tatsachen mitzuteilen, oder wenn sich dem Gericht weitere Ermittlungen von Amts wegen hätten aufdrängen müssen.

---

128 S. *Kopp/Schenke*, VwGO, § 123 Rn 6.
129 OVG Lüneburg, Beschl. v. 22.3.2000 – 12 L 1069/00 – V.n.b.
130 OVG Lüneburg NVwZ-RR 2000, 123.
131 *Meyer-Ladewig*, in: *Schoch/Schmidt-Aßmann/Pietzner*, § 124 Rn 26 k m. w. N. – umstritten.
132 S. OVG Lüneburg, DVBl 1999, 476 und NVwZ-RR 2000, 122 m. w. N.

Auch – innerhalb der Antragsfrist vorgetragene – Änderungen der Sach- und Rechtslage nach dem erstinstanzlichen Urteil müssen bei einem Zulassungsantrag gemäß § 124 Abs. 2 Nr. 1 (ähnlich: § 124 Abs. 2 Nr. 2) berücksichtigt werden.[133]

Ein OVG hatte einen Antrag auf Zulassung der Berufung wegen grundsätzlicher Bedeutung abgelehnt, weil es die Grundsatzfrage nach Antragstellung und abweichend von der angefochtenen Entscheidung bereits entschieden hat, und hat auch die Berufung nicht gemäß § 124 Abs. 2 Nr. 4 VwGO zugelassen. Nach Auffassung des **Bundesverfassungsgerichts** wäre letzteres wegen der Rechtsschutzgarantie von Art. 19 Abs. 4 GG geboten gewesen: Ein Gericht **darf nicht** durch **übermäßig strenge Handhabung** verfahrensrechtlicher Vorschriften den Anspruch auf gerichtliche Durchsetzung des materiellen Rechts unzumutbar verkürzen und ein von der jeweiligen Rechtsordnung eröffnetes Rechtsmittel nicht ineffektiv für den Bürger „leerlaufen" lassen.[134]

Das BVerfG wandte sich in einer weiteren Entscheidung **gegen eine restriktive Anwendung** von § 124 a Abs. 1 S. 4 VwGO. Die Gewährleistung eines effektiven Rechtsschutzes durch Art. 19 Abs. 4 GG gebietet, dass auch ein durchschnittlicher, nicht auf das gerade einschlägige Rechtsgebiet spezialisierter Rechtsanwalt die Anforderungen an die Gründe für die Zulassung der Berufung erfüllen kann. Die Berufung – anders als die Revision – dient dazu, das erstinstanzliche Urteil in tatsächlicher und rechtlicher Hinsicht umfassend zu überprüfen.[135] Es ist allerdings zu bezweifeln, ob diese Entscheidung die teilweise restriktive Rechtsprechung zu §§ 124 f VwGO nachhaltig beeinflussen wird. Die folgende Darstellung knüpft daher an die eher strengen Tendenzen in der Rechtsprechung der Oberverwaltungsgerichte an, da bei ihrer Beachtung die Gefahr, dass ein Zulassungsantrag als unzulässig abgelehnt wird, gering ist.

b) § 124 Abs. 2 Nr. 1 VwGO

Für den Zulassungsgrund von § 124 Abs. 2 Nr. 1 VwGO („Plausibilitätsberufung") ist geltend zu machen, dass die **verwaltungsgerichtliche Entscheidung im Ergebnis unrichtig** ist, und es sind die Sachgründe hierfür zu bezeichnen und zu erläutern. Es muss fallbezogen und substantiiert – insoweit hängen die Darlegungsanforderungen auch von Art und Umfang der Begründung der verwaltungsgerichtlichen Entscheidung ab – auf die Erwägungen des Verwaltungsgerichts zu den entscheidungserheblichen Rechts- und Tatsachenfragen eingegangen werden. Der Antrag muss zudem die Unrichtigkeit mit zumindest vertretbaren Erwägungen dartun und darlegen, dass und aus welchen Gründen die verwaltungsgerichtliche Entscheidung auf diesen fehlerhaften Erwägungen beruht. Ernstliche Zweifel i. S. v. § 124 Abs. 2 Nr. 1 VwGO liegen vor, wenn der Erfolg des Rechtsmittels (mindestens) ebenso wahrscheinlich ist wie der Misserfolg.[136]

c) § 124 Abs. 2 Nr. 2 VwGO

Die Berufung ist gemäß § 124 Abs. 2 Nr. 2 VwGO (**„Komplexitätsberufung"**) zuzulassen, wenn die konkrete Streitsache in tatsächlicher oder rechtlicher Hinsicht größere, d. h. überdurchschnittliche Schwierigkeiten im Vergleich zu durchschnittlichen verwaltungsgerichtlichen Verfahren aufweist.[137]

---

[133] Meyer-Ladewig, in: Schoch/Schmidt-Aßmann/Pietzner, VwGO, Stand: Januar 2000, § 124 Rn 26 f – m. w. N. – umstritten.

[134] 1. Kammer des Zweiten Senats DVBl 2000, 407.

[135] BVerfG – 2. Kammer des Ersten Senats – DVBl 2000, 1458.

[136] OVG Lüneburg NdsVBl 1999, 93; Kopp/Schenke, VwGO, § 124 Rn 7 – zu weit gehend die Anforderung, der Erfolg des Rechtsmittels müsse wahrscheinlicher sein als der Misserfolg – VGH Mannheim NVwZ 1997, 1230; Meyer-Ladewig, in: Schoch/Schmidt-Aßmann/Pietzner, VwGO, § 124 Rn 26 a-d; großzügiger BVerfG – 2. Kammer des Ersten Senats – DVBl 2000, 1448, 1459: „Ernstliche Zweifel an der Richtigkeit einer Gerichtsentscheidung sind immer schon dann begründet, wenn ein einzelner tragender Rechtssatz oder eine erhebliche Tatsachenfeststellung mit schlüssigen Gegenargumenten in Frage gestellt werden."

[137] OVG Münster NVwZ 2000, 86 m. w. N.

Für die Darlegung dieses Zulassungsgrundes ist es erforderlich, dass in fallbezogene Auseinandersetzungen mit der verwaltungsgerichtlichen Entscheidung die fortbestehenden besonderen rechtlichen oder tatsächlichen Schwierigkeiten als solche benannt werden und darüber hinaus auch bezeichnet wird, dass und aus welchen Gründen diese sich qualitativ von einem Verwaltungsrechtsstreit „durchschnittlicher" Schwierigkeit abheben. Lediglich allgemeine oder bloß stichwortartige Bezeichnungen genügen nicht.[138]

77 Aufgrund dieser Anforderungen an den Antrag auf Zulassung der Berufung gemäß § 124 Abs. 2 Nr. 2 VwGO fungiert diese Vorschrift kaum noch als „Auffangnorm", die dem Oberverwaltungsgericht relativ leicht eine Zulassung der Berufung ermöglichen soll, ohne dass es sich bereits hinsichtlich des Ergebnisses in der Sache festlegen muss.[139]

d) § 124 Abs. 2 Nr. 3 VwGO

78 **Grundsätzliche** Bedeutung kommt einer Rechtssache i. S. v. § 124 Abs. 2 Nr. 3 VwGO nur dann zu, wenn sie in rechtlicher oder tatsächlicher Hinsicht eine Frage aufwirft, die im Rechtsmittelzug entscheidungserheblich und fallübergreifender Klärung zugänglich ist sowie im Interesse der Rechtseinheit geklärt werden muss. Der Zulassungsantrag muss also eine konkrete Frage aufwerfen, deren Entscheidungserheblichkeit erkennen lassen und auf den Grund der grundsätzlichen Bedeutung zumindest hinweisen.[140] Diese Voraussetzungen sind nicht erfüllt, wenn sich die Frage so, wie sie mit dem Antrag aufgeworfen worden ist, im Rechtsmittelverfahren nicht stellt, ferner dann nicht, wenn sich die Frage ohne weiteres aus dem Gesetzeswortlaut eindeutig beantworten lässt oder sie in der Rechtsprechung – namentlich des Bundesverwaltungsgerichts oder des erkennenden Senats des Oberverwaltungsgerichts – geklärt ist.[141]

e) § 124 Abs. 2 Nr. 4 VwGO

79 Für die Zulassung der Berufung gemäß § 124 Abs. 2 Nr. 4 VwGO („**Divergenzberufung**") muss der Rechtssatz der verwaltungsgerichtlichen Entscheidung sowie seine Entscheidungserheblichkeit herausgearbeitet und die konkrete obergerichtliche Entscheidung mit ihrem gegenläufigen Rechtssatz bezeichnet werden. Ein „obiter diktum" sowie ein die Beschwerde zulassender Beschluss des Obergerichts reichen insoweit nicht aus.[142] Der Zulassungsantrag muss einen tragenden Rechtssatz des VG-Urteils bezeichnen, der einem Rechtssatz, den ein in § 124 Abs. 4 VwGO genanntes Gericht mit Entscheidungserheblichkeit in seiner Rechtsprechung in Anwendung derselben Rechtsvorschrift aufgestellt hat, widerspricht. Das Aufzeigen einer fehlerhaften oder unterbliebenen Anwendung von Rechtssätzen, die eines dieser Obergerichte in seiner Rechtsprechung aufgestellt hat, genügt nicht.[143]

---

138 OVG Lüneburg NVwZ 1997, 1229 und NdsVBl 1999, 95 – kritisch dazu: BVerfG, 2. Kammer des Ersten Senats – DVBl 2000, 1458, 1459: „Erkenntnisse über das in vergleichbaren Streitverfahren übliche Maß an Komplexität kann sich ein nicht gerade auf das jeweilige Rechtsgebiet spezialisierter Rechtsanwalt mit zumutbarem Aufwand nicht beschaffen ... Fachsenate <stehen> in der Gefahr, die Schwierigkeiten desto weniger wahrzunehmen, je mehr sie spezialisiert sind. Ob eine Sache in tatsächlicher oder rechtlicher Hinsicht schwierig ist, wird sich häufig schon aus dem Begründungsaufwand des erstinstanzlichen Urteils ergeben. Der Antragsteller genügt seiner Darlegungslast dann regelmäßig mit erläuternden Hinweisen auf die einschlägigen Passagen des Urteils."
139 *Quaas*, BRAK-Mitt 1998, 158, 161.
140 *Meyer-Ladewig*, in: Schoch/Schmidt-Aßmann/Pietzner, VwGO, § 124 Rn 30; *Kopp/Schenke*, VwGO, § 124 Rn 10.
141 OVG Lüneburg, Beschl. v. 22.3.2000 – 12 L 1069/00 – V.n.b.
142 S. OVG Berlin NVwZ 1998, 2000; BVerwG NVwZ 1999, 406; VGH Kassel, NVwZ-Beilage 1, 2000, 6.
143 S. BVerwG NJW 1997, 3328.

f) § 124 Abs. 2 Nr. 5 VwGO

Die Zulassung gemäß § 124 Abs. 2 Nr. 5 VwGO („Verfahrensberufung") kann sich insbesondere auf die „absoluten" Revisionsgründe nach § 138 VwGO beziehen oder z. B. folgende **Verfahrensmängel** rügen:

- die unterlassene notwendige Beiladung,
- das Außerachtlassen gestellter Klageanträge,
- eine Entscheidung durch Prozess- statt durch Sachurteil,
- ein falsches Verständnis von Prozesserklärungen,
- eine Verletzung des Grundsatzes der freien Beweiswürdigung,
- die Annahme eines aktenwidrigen Sachverhalts,
- die prozessordnungswidrige Ablehnung eines Beweisantrags,
- ein Verstoß gegen die Aufklärungspflicht.

Voraussetzung für die Zulassung der Berufung ist, dass der gerügte Mangel tatsächlich vorliegt.[144]

Ein Verfahrensmangel i. S. d. § 124 Abs. 2 Nr. 5 VwGO, auf den die Entscheidung des Verwaltungsgerichts beruhen kann, ist gemäß § 124 a Abs. 1 S. 3 VwGO dargelegt, wenn er sowohl in den ihn (vermeintlich) begründenden Tatsachen als auch in seiner rechtlichen Würdigung substantiiert dargetan wird. Die Rüge der Verletzung des rechtlichen Gehörs muss deshalb darlegen, was der Beteiligte bei ausreichender Gewährung des rechtlichen Gehörs noch vorgetragen hätte und inwiefern der weitere Vortrag zur Klärung des geltend gemachten Anspruchs geeignet gewesen wäre. Bei der Rüge des Verstoßes gegen die verwaltungsgerichtliche Pflicht zur Ermittlung von Amts wegen **muss substantiiert dargelegt werden**, hinsichtlich welcher tatsächlichen Umstände Aufklärungsbedarf bestanden hat, welche für die Aufklärung geeigneten und erforderlichen Maßnahmen in Betracht gekommen seien und welche tatsächlichen Feststellungen bei Durchführung der unterbliebenen Sachverhaltsaufklärung voraussichtlich getroffen worden wären. Es muss außerdem im erstinstanzlichen Verfahren auf die Vornahme der unterbliebenen Aufklärung hingewirkt worden sein, wenn sich dem Gericht die fragliche Ermittlung nicht auch von sich aus hätte aufdrängen müssen.[145] Der Vorwurf, das Gericht habe einem tatsächlichen Umstand nicht die richtige Bedeutung für weitere tatsächliche oder rechtliche Folgerungen beigemessen, genügt nicht.[146]

g) Verfahrensfragen

Gemäß § 124 a Abs. 2 VwGO entscheidet das Oberverwaltungsgericht durch Beschluss über den Antrag auf Zulassung der Berufung. Dieser bedarf keiner Begründung, wenn dem Antrag stattgegeben wird oder wenn er einstimmig abgelehnt wird (§ 124 a Abs. 2 S. 2 VwGO). Mit der Ablehnung des Antrags auf Zulassung der Berufung wird das Urteil rechtskräftig (§ 124 a Abs. 2 S. 3 VwGO).

Nach Zulassung der Berufung wird **das Antragsverfahren als Berufungsverfahren fortgesetzt**, ohne dass noch besonders Berufung einzulegen ist (§ 124 a Abs. 2 S. 3 VwGO). Allerdings muss in diesem Fall die Berufung innerhalb eines Monats nach Zustellung des Beschlusses über die Zulassung der Berufung beim Oberverwaltungsgericht begründet werden (§ 124 a Abs. 3 S. 1 und 2 VwGO). Die Begründungsfrist kann auf einen vor ihrem Ablauf gestellten Antrag von dem Vorsitzenden verlängert werden (§ 124 a Abs. 3 S. 3 VwGO).

Die Berufung ist nur zulässig, wenn die Begründung einen bestimmten Antrag enthält und im Einzelnen die Gründe der Anfechtung (Berufungsgründe) anführt (§ 124 a Abs. 3 S. 4 und 5 VwGO).

---

144 *Kopp/Schenke*, VwGO, § 124 Rn 13.
145 OVG Lüneburg, Beschl. vom 20.7.2000 – 12 L 2641/00 – V.n.b.
146 Ständige Rechtsprechung – s. nur BVerfGE 27, 248, 251.

Die Antragsfristen nach §§ 124 a Abs. 1 S. 1, 146 Abs. 5 S. 1 VwGO können weder durch das Verwaltungsgericht noch durch das Oberverwaltungsgericht verlängert werden. Indes kann bei Versäumung der Frist Wiedereinsetzung in den vorigen Stand (§ 60 VwGO) beantragt werden.

h) Vorläufiger Rechtsschutz

83 Die Beschwerde gegen Beschlüsse des Verwaltungsgerichts im Verfahren auf vorläufigen Rechtsschutz (§§ 80, 80 a und 123 VwGO) steht insoweit den Beteiligten nur zu, wenn sie vom Oberverwaltungsgericht in entsprechender Anwendung des § 124 Abs. 2 VwGO zugelassen worden ist (§ 146 VwGO). Auch das Antragsverfahren ist durch § 146 Abs. 5 und 6 VwGO dem Verfahren zur Zulassung der Berufung nachgebildet. Insbesondere muss der Antrag die Gründe für die Zulassung der Beschwerde nach Maßgabe von § 124 Abs. 2 Nr. 1 bis 5 VwGO darlegen; er ist – insoweit abweichend von § 124 a Abs. 1 S. 1 VwGO – innerhalb von zwei Wochen nach Bekanntgabe der Entscheidung beim Verwaltungsgericht zu stellen.

(RiVG Christoph Wündrich, Bremen, danke ich für seine kollegiale Unterstützung bei diesem Teil.)

3. Revision

84 **Gegen Berufungsurteile des Oberverwaltungsgerichts** kann Revision eingelegt werden, wenn diese in der Entscheidung des Oberverwaltungsgerichts zugelassen worden ist oder sie vom Bundesverwaltungsgericht zugelassen wird (§ 132 Abs. 1 VwGO). **Gegen erstinstanzliche Urteile des Verwaltungsgerichts** steht den Beteiligten die **Sprungrevision** an das Bundesverwaltungsgericht zu, wenn sie vom Verwaltungsgericht im Urteil oder auf Antrag durch Beschluss zugelassen worden ist und ihr die Beteiligten – auch der Beigeladene – schriftlich zustimmen (§ 134 Abs. 1 VwGO).

85 Die Revision ist nach § 132 Abs. 2 VwGO nur zuzulassen, wenn
- die Rechtssache grundsätzliche Bedeutung hat (Nr. 1),
- das Urteil von einer Entscheidung des Bundesverwaltungsgerichts, des Gemeinsamen Senats der Obersten Gerichtshöfe des Bundes oder des Bundesverfassungsgerichts abweicht und auf dieser Abweichung beruht (Nr. 2),
- oder die Entscheidung auf einem geltend gemachten und tatsächlich vorliegenden Verfahrensmangel beruhen kann (Nr. 3).

86 Bei der **Sprungrevision** ist die „Verfahrensrevision" (§ 132 Abs. 2 Nr. 3 VwGO) nicht zulässig. Das Bundesverwaltungsgericht ist an die in dem angefochtenen Urteil getroffenen tatsächlichen Feststellungen gebunden, wenn nicht in Bezug auf diese Feststellungen zulässige und begründete Revisionsgründe – insbesondere gemäß § 132 Abs. 2 Nr. 3 VwGO – vorgebracht sind. Bei der **„Grundsatz-" und der „Divergenzrevision"** ist das Bundesverwaltungsgericht nicht an die geltend gemachten Rügen gebunden, sondern kann gemäß § 137 Abs. 3 S. 2 VwGO die angefochtene Entscheidung hinsichtlich der materiellen Rechtslage umfassend überprüfen. Gleichwohl ist die Prüfung von Verfahrensmängeln nur aufgrund von form- und fristgerecht erhobenen Revisionsrügen zulässig.[147]

87 An die beim Oberverwaltungsgericht einzulegende Beschwerde gegen die Nichtzulassung der Revision im Berufungsurteil werden hohe Anforderungen hinsichtlich der Darlegung der Gründe gemäß § 132 Abs. 3 VwGO gestellt.[148]

---

[147] BVerwG NVwZ-RR 1997, 271: Eine Entscheidung über den vom Berufungsgericht übergangenen und wohl begründeten Hilfsantrag ist dem Senat verwehrt, da die Revision die Nichtbescheidung nicht als Verfahrensfehler gerügt hat.

[148] *Kopp/Schenke*, VwGO, § 133 Rn 3 ff. – von einer weiteren Darstellung wird hier unter Bezugnahme auf die Ausführungen zu § 124 Abs. 2 Nr. 3 bis 5 abgesehen.

II. Rechtsschutz des Bauherrn in Eil- und Hauptsacheverfahren

1. Ablehnung, Verzögerung und Zurückstellung des Vorhabens

Die **Verpflichtungsklage** ist die richtige Klageart bei Ablehnung des Bauantrags sowie – in Gestalt der „Untätigkeitsklage" (s.o. I 3) – bei Verzögerung der Entscheidung über den Bauantrag. Die erfolgreiche Verpflichtungsklage erwirkt die Verpflichtung der Behörde, die beantragte Baugenehmigung zu erteilen, und die Aufhebung des ablehnenden Bescheides der Baugenehmigungsbehörde und des Widerspruchsbescheides der Widerspruchsbehörde, soweit sie dem entgegenstehen. Sofern der Behörde ein Ermessen eingeräumt ist, das im Einzelfall nicht auf Null reduziert ist, ergeht ein **Bescheidungsurteil** (Verpflichtung der Behörde zur Neubescheidung unter Beachtung der Rechtsauffassung des Gerichts – § 113 Abs. 5 S. 2 VwGO). Außerhalb der gesetzlichen Regelungen gibt es nach der neueren Rechtsprechung des Bundesverwaltungsgerichts keinen Anspruch auf Zulassung eines Vorhabens aus eigentumsrechtlichem Bestandsschutz.[149] Wenn die Baugenehmigung teilweise verweigert wird, so kann sich der Bauherr ebenfalls mit der Verpflichtungsklage wehren. Die (teilweise) Ablehnung einer Nutzungsänderung kann in einer „Auflage", die einer Genehmigung beigefügt ist, enthalten sein.[150]

88

Auch **bei der Zurückstellung des Baugesuchs** gemäß § 15 BauGB auf Antrag der Gemeinde ist die **Verpflichtungsklage** die richtige Klageart.[151] Als Sachentscheidung wird ein begünstigender Verwaltungsakt (Bau- oder Teilungsgenehmigung) begehrt, so dass eine „isolierte" Anfechtung nicht zulässig ist.[152] Strittig ist weiter, ob es sich bei der Verpflichtungsklage bei Zurückstellung des Baugesuchs gemäß § 15 BauGB um eine Untätigkeitsklage nach § 75 VwGO – ein Vorverfahren gemäß §§ 68 ff. ist dann entbehrlich – oder um eine „Versagungsgegenklage" – dann muss vor Klageerhebung ein Widerspruchsverfahren durchgeführt werden – handelt.[153]

89

Vorläufiger Rechtsschutz zur Erlangung einer Baugenehmigung ist nach § 123 Abs. 1 VwGO möglich, aber **kaum erfolgversprechend**. Eine einstweilige Anordnung nach § 123 Abs. 1 S. 2 VwGO – Regelungsanordnung –, durch die die Behörde zur Erteilung einer Baugenehmigung verpflichtet wird, scheidet wegen Vorwegnahme der Hauptsache aus. Gemäß § 123 Abs. 1 S. 2 VwGO kommen allenfalls einzelne vorläufige Regelungen durch das Gericht, durch die schwere, unzumutbare und irreparable Nachteile für den Bauherrn verhindern, wenn sich mit hinreichender Sicherheit vorhersehen lässt, dass der Bauherr im Hauptsacheverfahren obsiegen wird.[154]

90

2. Vom Antrag abweichende Baugenehmigung

Die Baugenehmigung kann nach Maßgabe von § 36 VwVfG mit Nebenbestimmungen versehen werden. Gegen eine Auflage (§ 36 Abs. 2 Nr. 4 VwVfG) und gegen einen Auflagenvorbehalt (§ 36 Abs. 2 Nr. 5 VwVfG) kann sich der Bauherr „isoliert" mit der Anfechtungsklage (Ziel: Aufhebung der Nebenbestimmung) zur Wehr setzen. Der Verpflichtungsklage mit dem Ziel eines uneingeschränkten Verwaltungsaktes muss sich der Bauherr bei einer Bedingung (§ 36 Abs. 2 Nr. 2 VwVfG) und einer Befristung bedienen (§ 36 Abs. 2 Nr. 1 VwVfG).[155]

91

---

149 BVerwGE 106, 228.
150 OVG Berlin BauR 1997, 1006: Für einen Sex-Shop dürfen zwar Wanddurchbrüche hergestellt werden, es darf aber keine Videoanlage mit Einzelkabinen eingerichtet werden.
151 *Jäde*, in: Jäde/Dirnberger/Weiss, BauGB, § 15 Rn 21 m. w. N. – a.A. *Stüer*, Handbuch, S. 986; *Hoppe/Grotefels*, Öffentliches Baurecht, S. 641.
152 S. zum Meinungsstreit: *Jäde*, a. a. O., Rn 23 m. w. N.
153 Zum Meinungsstand: *Jäde*, a. a. O., Rn 23.
154 *Stüer*, Handbuch, S. 985.
155 S. hierzu allgemein BVerwGE 81, 185, 186; 85, 24; 88, 348, 349 sowie den Überblick über den Meinungsstand bei *Pietzner*, in: Schoch/Schmidt-Aßmann/Pietzner, VwGO, § 42 Rn 120–137.

92 Von der Nebenbestimmung ist die modifizierende Auflage zu unterscheiden, die „die Reichweite und den genauen Inhalt der Baugenehmigung (z. B. Grenzabstände, äußere Gestaltung des Bauwerks, Statik) festlegt".[156] Rechtsschutz gegen sie gewährt die Verpflichtungsklage mit dem Ziel der ursprünglich begehrten Baugenehmigung.

93 Die richtige **Klageart im Hauptsacheverfahren bestimmt die Gewährung vorläufigen Rechtsschutzes** bei der abweichend vom Antrag erteilten Baugenehmigung. Sofern im Hauptsacheverfahren die Verpflichtungsklage zu erheben wäre, ist nach Maßgabe von § 123 VwGO vorläufiger Rechtsschutz eröffnet. Sofern die Anfechtungsklage geboten wäre, gilt § 80 Abs. 5 S. 1 VwGO. Ordnet die Baubehörde die sofortige Vollziehung einer Auflage oder eines Auflagenvorbehalts an, so kann das zuständige Gericht der Hauptsache die aufschiebende Wirkung von Widerspruch und Klage ganz oder teilweise wiederherstellen. Der bei einer Bedingung, einer Befristung oder einer modifizierenden Auflage allein statthafte Antrag auf Erlass einer einstweiligen Anordnung gemäß § 123 Abs. 1 S. 2 VwGO hat – er würde im Erfolgsfalle die Hauptsache vorwegnehmen – geringe Erfolgsaussichten.[157]

3. Bauordnungsrechtliche Verfügungen

94 Gegen die
- Abbruchsverfügung bzw. Anordnung der Beseitigung eines Bauwerks
- Untersagung der Nutzung einer baulichen Anlage
- Anordnung der Baueinstellung
- sonstige Maßnahmen zur Einhaltung der baurechtlichen sowie sonstigen öffentlich-rechtlichen Vorschriften über die Richtung und Unterhaltung von baulichen Anlagen sind die **Anfechtungsklage** (§ 42 Abs. 1 1. Alt. VwGO) und **vorläufiger Rechtsschutz nach § 80 Abs. 5 VwGO** statthaft.

a) Abbruchverfügung

95 Der Abbruch einer baulichen Anlage kann verfügt werden, wenn sie **formell und materiell baurechtswidrig** ist.[158] Bei einem genehmigungsfreien Vorhaben reicht die materielle Baurechtswidrigkeit für eine Abbruchverfügung aus.[159] Stand die bauliche Anlage irgendwann einmal in Übereinklang mit dem materiellen Baurecht, so kommt wegen Bestandsschutzes ihr Abbruch grundsätzlich nicht mehr in Betracht.[160] Die Abbruchsverfügung steht im Ermessen der Behörde. In der Regel ist es ermessensfehlerfrei, wenn die Behörde zur Wiederherstellung eines rechtmäßigen Zustandes den Abbruch einer baulichen Anlage verfügt.[161]

96 Allerdings darf die Abbruchsverfügung **nicht unverhältnismäßig** sein. Das kann der Fall sein bei
- der Möglichkeit, rechtmäßige Zustände durch eine Nebenbestimmung o.ä. herzustellen,[162]
- dem Abbruch eines Wochenendhauses von Eltern eines geistig und körperlich behinderten Kindes,[163]
- wenn die Rückversetzung einer Außenwand, die um wenige cm den Grenzabstand unterschreitet, 20.000 DM kostet [164]

---

156 *Hoppe/Grotefels*, Öffentliches Baurecht, 643.
157 *Hoppe/Grotefels*, Öffentliches Baurecht, S. 643; *Stüer*, Handbuch, 987 – jeweils m. w. N.
158 BVerwG NVwZ 1989, 353.
159 VGH Mannheim BauR 1991, 75.
160 BVerwG NJW 1971, 1624.
161 BVerwG NJW 1986, 393.
162 *Hoppe/Grotefels*, Öffentliches Baurecht, S. 602 f.
163 VGH Mannheim BRS 28 Nr. 164.
164 OVG Lüneburg BauR 1984, 277.

- Erreichbarkeit eines Wohngrundstücks über einen Privatweg, dessen Benutzung der Eigentümer gestattet, wegen fehlender Erschließung.
- Auch der Abbruch größerer Schwarzbauten ist in der Regel nicht unverhältnismäßig, denn der Bauherr hat in einem solchen Fall bewusst auf eigenes Risiko gebaut.[165]

Eine Abbruchsverfügung kann allerdings wegen **Verstoßes gegen den Gleichheitsgrundsatz** rechtswidrig sein, wenn die Behörde in anderen gleich gelagerten Fälle nicht den Abbruch verlangt hat. Rechtswidrige Zustände, die bei einer Vielzahl von Grundstücken vorliegen, müssen aber nicht stets „flächendeckend" bekämpft werden. Vielmehr darf die Behörde – etwa in Ermangelung ausreichender personeller und sachlicher Mittel – auch anlassbezogen vorgehen und sich auf die Regelung von Einzelfällen beschränken, sofern sie hierfür sachliche Gründe – etwa Alter oder auffällige Lage des Gebäudes – anzuführen vermag.[166] 97

Die Behörde kann die **Befugnis zur bauaufsichtlichen Verfügung** verwirken, wenn sie trotz Kenntnis des rechtswidrigen Bauvorhabens jahrelang nichts unternimmt; neben dem Zeitablauf und der Vertrauensgrundlage durch entsprechendes Verhalten der Behörde muss ferner hinzukommen, dass der Eigentümer einen Vertrauenstatbestand – beispielsweise Aufwendungen, die beim Abbruch verloren gehen – geschaffen hat.[167] Eine Abbruchsanordnung kann aber nur durchgesetzt werden, wenn die Behörde gegen die übrigen Miteigentümer zumindest eine Duldungsverfügung erlässt. Die Abbruchsverfügung wirkt auch unmittelbar gegenüber dem vertraglichen oder gesetzlichen Rechtsnachfolger.[168] 98

Auch nach dem Abriss des Gebäudes im Wege der Ersatzvornahme ist die Anfechtungsklage gegen die Ordnungsverfügung zulässig, da die Ordnungsverfügung Voraussetzung dafür ist, den Ordnungspflichtigen auf Kostenerstattung in Anspruch zu nehmen.[169] Das Landesrecht muss – ohne Verstoß gegen Bundesrecht – nicht vorsehen, dass die Ersatzvornahme festgesetzt wird.[170] 99

b) Nutzungsuntersagung

Bei der Nutzungsuntersagung ist umstritten, ob und – wenn ja – in welchem Umfang die formell illegale Anlage auch gegen materiell-rechtliche Vorschriften verstoßen muss.[171] Eine bauaufsichtliche Nutzungsuntersagung ist aber rechtswidrig, wenn ihr räumlicher Geltungsbereich nicht hinreichend (vollstreckungsfähig) bestimmt ist.[172] Auch die Nutzung eines bauaufsichtlich genehmigungsfreien Stellplatzes ist rechtswidrig und kann untersagt werden, wenn im Bebauungsplan festgesetzt ist, dass Stellplätze unzulässig sind.[173] 100

---

165 VGH Mannheim BauR 1989, 193.
166 BVerwG NVwZ-RR 1992, 360 m. w. N.
167 VGH Mannheim BRS 40 Nr. 228 m. w. N.
168 BVerwG NJW 1971, 1624.
169 OVG Münster BauR 1997, 455.
170 OVG Lüneburg NdsVBl 1998, 141.
171 Aus der neueren Rechtsprechung s.: OVG Koblenz BauR 1997, 103: Kein materieller Rechtsverstoß erforderlich, OVG Magdeburg NuR 1999, 230: Die Anlage darf nicht offenkundig genehmigungsfähig sein; OVG Weimar BRS 59 Nr. 213: Abhängig von den Ermessenserwägungen der Behörde; OVG Bautzen BRS 58 Nr. 203: Nicht auf den ersten Blick genehmigungsfähig; OVG Saarlouis BRS 42 Nr. 227: Keine evidente Genehmigungsfähigkeit; OVG Lüneburg BRS 44 Nr. 202 sowie VGH München BRS 38 Nr. 208 sowie VGH Kassel BauR 1987, 192: Nur formelle Illegalität der Nutzung – zum Meinungsstand s. BVerwG BauR 1996, 841; *Hoppe/Grotefels*, Öffentliches Baurecht, S. 601 sowie *Dürr*, Baurecht Baden-Württemberg, S. 156 f.
172 OVG Münster BauR 1995, 376.
173 BVerwG NVwZ 1997, 899.

c) Baueinstellung

101 Die Bauaufsichtsbehörde kann ferner die Baueinstellung verfügen, wenn ein Vorhaben in Widerspruch zu formellen oder materiellen baurechtlichen Vorschrift errichtet wird. Die Baueinstellung hat naturgemäß besondere Bedeutung bei rechtswidrigen von der Genehmigung freigestellten baulichen Anlagen.

d) Vorläufiger Rechtsschutz

102 Vorläufiger Rechtsschutz gegen die Anordnung der sofortigen Vollziehung von bauaufsichtlichen Verfügungen (Typisch beispielsweise bei Baustilllegungen) ist durch § 80 Abs. 5 S. 1 2. Alt. VwGO eröffnet. **Bei Beseitigungsverfügungen überwiegt** mit Rücksicht auf die gewichtigen Auswirkungen eines solchen Eingriffs das **Interesse des Ordnungspflichtigen** an der aufschiebenden Wirkung seines Rechtsmittels **regelmäßig das öffentliche Interesse** daran, die Bausubstanz bzw. die bauliche Anlage sofort zu beseitigen und ggf. den früheren Zustand wiederherstellen zu lassen. Anderes gilt lediglich bei offensichtlich Illegalität. Ein besonderes öffentliches Vollzugsinteresse ist dagegen erforderlich, wenn aufgrund zahlreicher und von den Beteiligten gegensätzlich beurteilter tatsächlicher rechtlicher Umstände bei summarischer Prüfung nicht tragfähig abzuschätzen ist, ob die fragliche bauliche Anlage legal bzw. legalisierbar ist. Auch eine im Einzelfall nachgewiesene Nachahmungsgefahr zwingt nicht zur sofortigen Vollziehung einer Abrissverfügung, ist aber in die Interessenabwägung einzubeziehen.[174] Die sofortige Vollziehung der Vollstreckung einer bestandskräftigen Beseitigungsverfügung kann rechtswidrig sein, wenn sie in tatsächlicher oder rechtlicher Hinsicht auf die Mitwirkung Dritter angewiesen und ohne diese Mitwirkung unmöglich ist.[175] Bei einer formell illegalen **Werbeanlage** ist aber das öffentliche Interesse an der sofortigen Vollziehung der Beseitigungsverfügung regelmäßig höher zu bewerten als das gegenläufige private Interesse des Werbeunternehmens, wenn die Anlage – bei Werbeanlagen typischerweise – ohne wesentlichen Substanzverlust beseitigt und ggf. nach einem Obsiegen im Hauptsacheverfahren wieder angebracht werden kann.[176] Die sofortige Vollziehung einer Abbruchsverfügung ist grundsätzlich nicht gerechtfertigt, wenn die Möglichkeit besteht, dass dem öffentlichen Interesse vorläufig durch eine (zwangsgeldbewehrte) Nutzungsuntersagung hinreichend Rechnung getragen wird.[177] Die Anordnung der sofortigen Vollziehung eines mit der Beseitigungsverfügung verbundenen Gebots, den anfallenden Bauschutt vom Grundstück abzufahren, ist nicht zu beanstanden, wenn aus Gründen des Umweltschutzes und wegen der negativen Vorbildwirkung die unzulässige Lagerung des Schutts während der Dauer eines möglicherweise Jahre dauernden Rechtsstreits nicht hinnehmbar ist.[178]

103 Es ist zulässig, zugleich mit der Rücknahme einer Baugenehmigung und der Anordnung der sofortigen Vollziehung die sofortige Vollziehung der **Baueinstellung** anzuordnen.[179]

104 Die sofortige Vollziehung einer Verfügung, mit der eine **baurechtswidrige Nutzung** auch Jahre nach Kenntniserlangung vom baurechtswidrigen Zustand **untersagt** wird, ist zulässig, wenn die in Rede stehende Nutzung nicht offensichtlich genehmigungsfähig bzw. vom Bestandsschutz gedeckt ist.[180] Die Anordnung der sofortigen Vollziehung einer Nutzungsuntersagung für eine formell illegale Vergnügungsstätte ist rechtmäßig, wenn wegen eines Beschlusses zur Aufstellung eines diese Nutzung einschränkenden Bebauungsplans eine Zurückstellung nach § 15 BauGB und nach Erlass

---

174 OVG Münster NVwZ 1998, 977.
175 OVG Münster NVwZ-RR 1998, 76: Der Bewohner des abzubrechenden Gebäudes wird ohne diese Unterkunft obdachlos.
176 OVG Münster BRS 58 Nr. 128.
177 VGH Mannheim NVwZ 1997, 601.
178 OVG Bremen, Beschl. v. 13.1.1995 – 1 B 140/94 -.
179 OVG Berlin PR 1999, 320.
180 OVG Schleswig, Beschl. v. 6.12.1994 – 1 M 70/94: Die Behörde hat in einem jahrzehntelangen Streit sechsmal versucht, die Hütte zu beseitigen.

der Veränderungssperre eine materiell-rechtliche Ablehnung in Betracht kommt und zudem noch bauordnungsrechtliche Fragen offen sind.[181]

4. Erschließungsbeitrag

105 Gegen die Heranziehung zu einem Erschließungsbeitrag (§§ 127 ff. BauGB) ist die Anfechtungsklage eröffnet. Besonderheiten ergeben sich zunächst deshalb, weil sich die Klage gegen einen „Geldverwaltungsakt" i. S.v. § 113 Abs. 2 VwGO wendet und das Urteil häufig gemäß § 113 Abs. 2 S. 1 VwGO den Beitrag in anderer Höhe festsetzt (und im Übrigen die Klage abweist).

106 Zudem gelten spezifische Regelungen hinsichtlich des vorläufigen Rechtsschutzes: Gemäß § 80 Abs. 2 Nr. 1 VwGO haben **Widerspruch und Klage keine aufschiebende Wirkung**. Gemäß § 80 Abs. 5 S. 1 1. Alt. VwGO kann das Gericht der Hauptsache die aufschiebende Wirkung – auch schon vor Erhebung der Klage – ganz oder teilweise wiederherstellen, wenn ernstliche Zweifel an der Rechtmäßigkeit des angegriffenen Verwaltungsakts bestehen oder wenn die Vollziehung für den Abgaben- oder Kostenpflichtigen eine unbillige, nicht durch überwiegende öffentliche Interessen gebotene Härte zur Folge hätte. Ein entsprechender Antrag auf gerichtlichen Rechtsschutz ist aber nur zulässig, wenn die Behörde einen Antrag auf Aussetzung der Vollziehung ganz oder zum Teil abgelehnt hat, die Behörde über diesen Antrag ohne Mitteilung eines zureichenden Grundes in angemessener Frist sachlich nicht entschieden hat oder eine Vollstreckung droht (§ 80 Abs. 6 VwGO).

Die Behörde kann die Anforderung von öffentlichen Abgaben und Kosten gegen Sicherheit aussetzen (§ 80 Abs. 4 S. 2 VwGO). Ernstliche Zweifel an der Rechtmäßigkeit des Heranziehungsbescheides bestehen, wenn ein Erfolg des Rechtsmittels im Hauptsacheverfahren mindestens ebenso wahrscheinlich ist wie ein Misserfolg.[182] Eine unbillige Härte ist anzunehmen, wenn durch die sofortige Vollziehung für den Betroffenen Nachteile entstehen, die über die eigentliche Zahlung hinausgehen und die nicht oder nur schwer wieder gutzumachen sind.[183]

III. Rechtsschutz des Nachbarn

1. Allgemeines

107 Der öffentlich-rechtliche Nachbarschutz bezieht sich auf das **Dreiecksverhältnis zwischen dem Bauherrn, der öffentlichen (Bau-) Verwaltung und Dritten (den Nachbarn)**. Rechtsschutz des Dritten ist vor allem denkbar in Gestalt der Anfechtungsklage (beispielsweise gegen eine Baugenehmigung für den Bauherrn) oder als Verpflichtungsklage (gerichtet auf Einschreiten gegen baurechtswidrige Zustände auf Grundstücken anderer Bürger). Die Gewährung des öffentlich-rechtlichen Nachbarschutzes in den vorgenannten Konstellationen steht seit BVerwGE 11, 95 und BVerwGE 22, 129 nicht mehr in Frage. Der privatrechtliche Schutz des Nachbarn nach §§ 906 ff., 1004 BGB und den landesrechtlichen Nachbargesetzen ist für den Dritten nicht ausreichend, da er die Auswirkungen des Verwaltungshandelns zugunsten bzw. zulasten des Bauherrn auf den Dritten nicht hinreichend in den Blick nehmen kann. Die ordentlichen Gerichte und die Verwaltungsgerichtsbarkeit sind bemüht, miteinander korrespondierende Rechtspositionen des Nachbarn so weit wie möglich parallel auszugestalten. Gleichwohl kann eine Baugenehmigung zivilrechtliche Abwehransprüche des Nachbarn nicht ausschalten, da sie unbeschadet der privaten Rechte Dritter ergeht. Eine bestandskräftige rechtswidrige Baugenehmigung schneidet aber dem Nachbarn (auch im Zivilprozess) den Vortrag ab,

---

[181] OVG Berlin BauR 1997, 1006.
[182] *Schoch*, in: *Schoch/Schmidt-Aßmann/Pietzner*, VwGO, § 80 Rn 194 ff. – streitig.
[183] *Kopp/Schenke*, VwGO, § 80 Rn 116: Konkurs oder Existenzvernichtung.

die Benutzung eines Baugrundstücks widerspreche dem öffentlichen Baurecht und sei deshalb nicht ordnungsgemäß.[184]

2. Begriff des Nachbarn

108 Nachbar ist im öffentlichen Baurecht nicht nur der Angrenzer (s. § 55 LBOBW). Bei den „Nachbarn" handelt es sich um einen Personenkreis, der durch individualisierende Tatbestandsmerkmale der Norm festgelegt und von der Allgemeinheit unterschieden ist.[185] Der Nachbar unterscheidet sich durch eine **„Nähebeziehung" zum Bauherrn** von dessen Relation zur Allgemeinheit. Er wird von der Errichtung oder der Nutzung der baulichen Anlagen in seinen rechtlichen Interessen betroffen.[186] Dabei ist auf eine durchschnittliche Empfindlichkeit gegenüber nachbarlichen Beeinträchtigungen abzustellen. Die persönlichen Verhältnisse einzelner Eigentümer oder Nutzer (beispielsweise besonderer Empfindlichkeiten oder gesundheitliche Voraussetzungen) spielen keine Rolle.[187] Grundsätzlich beschränkt sich der nachbarschützende Gehalt **bauplanungsrechtlicher** Vorschriften wegen der Grundstücksbezogenheit des Bebauungsrechts auf die Eigentümer der Nachbargrundstücke und erfasst nicht die nur obligatorisch zur Nutzung des Grundstücks Berechtigten.[188] Liegt die Beeinträchtigung indes nicht im Bereich des bauplanungsrechtlichen Nachbarschutzes, so können dem Mieter, Pächter oder Gewerbetreibenden Abwehransprüche nach anderen Vorschriften insbesondere zum Schutz von Leben und Gesundheit (Art. 2 Abs. 2 GG) zustehen (insbesondere aus dem Immissionsschutzrecht). Zu den dinglichen Berechtigten, die Nachbarrechtsschutz beanspruchen können, zählen neben dem Eigentümer die Wohnungseigentümer,[189] der Erbbauberechtigte und der Nießbraucher sowie der bereits durch eine Auflassungsvormerkung gesicherte Käufer.[190] Miterben können nur gemeinsam mit Rechtsmitteln gegen die Beeinträchtigung des geerbten Grundstücks vorgehen.[191]

3. Die geschützte Rechtsstellung des Nachbarn

109 Die Klagebefugnis des Nachbarn gemäß § 42 Abs. 2 VwGO setzt voraus, dass er geltend machen kann, in einer nachbarschützenden Norm verletzt zu sein. Sein Rechtsmittel ist nur begründet, wenn eine nachbarschützende Vorschrift verletzt ist und wenn er davon tatsächlich betroffen ist.[192]

110 Das Rechtsmittel eines Nachbarn ist unbegründet, wenn (beispielsweise) eine rechtswidrige Baugenehmigung nicht Vorschriften, die dem Nachbarschutz dienen, verletzt.[193] So kann die Anfechtungsklage eines Nachbarn wegen einer Verletzung seiner subjektiven Rechte zur Aufhebung der Baugenehmigung führen, die Klage eines anderen Nachbarn – mangels Verletzung seiner subjektiven Rechte – aber unbegründet sein.[194]

---

184 BVerwG NJW-RR 1999, 165.
185 S. *Wall/Schütz*, in: *Schoch/Schmidt-Aßmann/Pietzner*, VwGO, § 42 Rn 116 m. w. N.
186 *Dürr*, Baurecht Baden-Württemberg, S. 162.
187 BVerwG GewArch 1994, 250.
188 BVerwG NVwZ 1998, 956; s. aber *Dürr*, Baurecht Baden-Württemberg, S. 163 unter Bezug auf BVerfG NJW 1993, 2035.
189 Ein Wohnungseigentümer kann aber nicht im Sinne des § 42 Abs. 2 VwGO geltend machen, durch die Baugenehmigung für im Teileigentum in demselben Haus stehende Räume in eigenen Rechten verletzt zu sein, da das Sondereigentum nach dem WEG öffentlich-rechtliche Nachbarschutzansprüche innerhalb der Gemeinschaft der Miteigentümer ein und desselben Grundstückes ausschließt – BVerwG NVwZ 1998, 994.
190 BVerwG NJW 1988, 1228.
191 VGH Mannheim BauR 1992, 60.
192 OVG Münster NVwZ 1986, 317.
193 BVerwG NJW 1975, 70.
194 BVerwG NVwZ-RR 1998, 457.

Durch den **Schutzzweck der Norm** wird bestimmt, ob sie zumindest auch den Interessen einzelner Bürger (des Nachbarn) zu dienen bestimmt ist. Letztlich wurzelt der Nachbarschutz im nachbarlichen Gemeinschaftsverhältnis und leitet sich daraus her, dass bestimmte Vorschriften auch der Rücksichtnahme auf individuelle Interessen oder deren Ausgleich untereinander dienen.[195] Welche Beeinträchtigungen seines Grundeigentums der Nachbarn hinnehmen muss und wann er sich gegen ein Bauvorhaben wenden kann, richtet sich nach den Grundsätzen des **Rücksichtnahmegebots**. Es ist keine allgemeine Härteklausel, die über den speziellen Vorschriften des Städtebaurechts oder gar des gesamten öffentlichen Baurechts steht.[196] Umfang und Grenzen des Nachbarschutzes folgen grundsätzlich aus den sog. drittschützenden Regelungen des einfachen Rechts.[197]

111

Wertminderungen als Folge der Ausnutzung der Baugenehmigung für einen Dritten entscheiden für sich genommen nicht darüber, ob Beeinträchtigungen im Sinne des Rücksichtnahmegebots dem Nachbarn zumutbar sind oder nicht. Maßgeblich ist vielmehr die Schutzwürdigkeit seiner baurechtlichen Stellung.[198] Anders als im Planfeststellungsverfahren kann der Nachbar eine Baugenehmigung nicht durch einen Hinweis auf besser geeignete Alternativstandorte zu Fall bringen, wenn die Wohnbebauung an dem beantragten Standort Rechte des Nachbarn nicht verletzt.[199]

112

4. Drittschützende Vorschriften des öffentlichen Baurechts

a) § 34 Abs. 1 BauGB

Diese Vorschrift kann im Hinblick auf das in ihm enthaltene Rücksichtnahmegebot auch dann verletzt sein, wenn die landesrechtlichen Abstands(flächen)vorschriften eingehalten sind. Eine Verletzung des in § 34 BauGB enthaltenen Rücksichtnahmegebots ist ausgeschlossen, wenn sich ein Vorhaben nach seiner Art oder seinem Maß der baulichen Nutzung, nach seiner Bauweise oder nach seiner überbauten Grundstücksfläche in die Eigenart seiner näheren Umgebung einfügt.[200]

113

b) § 31 Abs. 2 BauGB

Der Nachbar hat einen Anspruch auf Aufhebung der Baugenehmigung, wenn eine fehlerhafte Befreiung gemäß **§ 31 Abs. 2 BauGB** eine nachbarschützende Festsetzung des Bebauungsplans betrifft. Aber auch eine fehlerhafte Befreiung von einer nicht nachbarschützenden Festsetzung des Bebauungsplans kann dem Nachbar einen Abwehranspruch vermitteln, wenn die Behörde bei ihrer Ermessensentscheidung über die Befreiung nicht die gebotene Rücksicht auf die Interessen des Nachbarn genommen hat.[201]

114

c) Bebauungspläne

Die Festsetzung von Baugebieten durch **Bebauungspläne** hat kraft Bundesrechts grundsätzlich nachbarschützende Funktion. Ob und in welchem Umfang Festsetzungen eines Bebauungsplans über das Maß der baulichen Nutzung und über die überbaubaren Grundstücksflächen drittschützend sind, hängt vom Willen der Gemeinde als Planungsträger ab.[202] Auch Festsetzungen nach § 12 Abs. 2 BauNVO sind nachbarschützend. Der Anspruch des Nachbarn auf Bewahrung der Gebietsart geht

115

---

195 BVerwGE 78, 85; BVerwG, Beschl. v. 21.12.1994 – 4 B 261/94: „Nachbarschaftliches Austauschverhältnis".
196 BVerwG NVwZ 1999, 879.
197 BVerwG NVwZ 1996, 888.
198 BVerwG NVwZ-RR 1997, 516.
199 BVerwG NVwZ-RR 1998, 357; BVerwG NVwZ 1999, 298: Wertstoffcontainer.
200 BVerwG NVwZ 1999, 879.
201 BVerwG NVwZ-RR 1996, 309.
202 BVerwG NVwZ 1996, 888.

über das allgemeine Rücksichtnahmegebot hinaus.[203] Das allgemeine Bauplanungsrecht gewährleistet indes keinen „Milieuschutz". So sind beispielsweise Wohnimmissionen einer Asylbewerberunterkunft in der Regel auch in einem durch eine andere und homogene Wohnbevölkerung geprägten Wohngebiet hinzunehmen.[204] Den gleichen Nachbarschutz wie die Festsetzungen eines Bebauungsplans vermitteln Baugebiete, die in ihrer Eigenart einem der Baugebiete der BauNVO entsprechen (**§ 34 Abs. 2 BauGB**).

d) § 35 BauGB

116 Welche Abwehrrechte ein Nachbar gegen ein Bauvorhaben im Außenbereich hat, bestimmt sich nach **§ 35 BauGB**. Aus § 1 Abs. 6 BauGB lässt sich insoweit ein Abwehrrecht ebenso wenig herleiten wie aus § 3 BauGB.[205]

e) § 15 Abs. 1 S. 2 BauNVO

117 In sog. Gemengelagen, in denen unterschiedliche Nutzungen aufeinander prallen, ist für Geruchs- und Lärmimmissionen zur Bestimmung der gebotenen Rücksichtnahme eine Art „Mittelwert" (der Richtwerte der benachbarten Baugebiete) unter Berücksichtigung von Ortsüblichkeit und Einzelfallumständen zu bilden.[206] Nachbarschutz ist gemäß **§ 15 Abs. 1 S. 2** letzter Halbsatz **BauNVO** beispielsweise zu gewähren, indem eine Baugenehmigung für ein Wohngebäude in einem allgemeinen Wohngebiet versagt wird, weil die auf das Grundstück einwirkenden Immissionen auch dann, wenn der Betreiber der benachbarten immitierenden Anlage seine Grundpflichten (§ 22 Abs. 1 S. 1 BImSchG) uneingeschränkt erfüllt, nicht soweit vermieden oder gemindert werden können, dass ungesunde Wohnverhältnisse nicht entstehen können.[207]

f) Landesbauordnungen

118 Nachbarschutz vermitteln weiter insbesondere die Grenzabstandsregeln in den **Landesbauordnungen**. Auf eine Verletzung der Abstandsvorschriften kann sich der Nachbar jedoch in dem Umfang nicht berufen, wie eine bauliche Anlage auf seinem Grundstück keinen ausreichenden Grenzabstand hält.[208] Nachbarschützend sind die bauordnungsrechtlichen Vorschriften, die primär auf das Wohl der Allgemeinheit ausgerichtet sind, weil sie auch darauf abzielen, Baumaßnahmen oder Nutzungen zu verhindern, die typischerweise die Nachbargrundstücke schädigen oder gefährden.[209]

g) Art. 14 Abs. 1 S. 1 GG

119 Für selbständige nachbarrechtliche Ansprüche aus **Art. 14 Abs. 1 S. 1 GG** ist grundsätzlich kein Raum; ein Rückgriff auf diese Verfassungsvorschrift als unmittelbare Anspruchsgrundlage scheidet jedenfalls dann aus, wenn drittschützende Regelungen des einfachen Rechts vorhanden sind.[210] Ausnahmsweise gewährt Art. 14 Abs. 1 S. 1 GG Abwehrrechte gegen eine rechtswidrige Baugenehmigung, die infolge Fehlens der Erschließung des Baugrundstücks die Rechtsposition des Nachbarn in Richtung auf die Pflicht zur Duldung eines Notwegrechts nach § 917 Abs. 1 BGB unmittelbar verschlechtert.[211]

---

203 BVerwGE 94, 151.
204 BVerwGE 101, 364.
205 BVerwG NVwZ-RR 1997, 682.
206 BVerwG NVwZ-RR 1994, 139.
207 BVerwGE 98, 235.
208 *Stüer*, Handbuch, S. 997.
209 *Hoppe/Grotefels*, Öffentliches Baurecht, S. 659 – s. die Übersicht über bauordnungsrechtliche Vorschriften mit nachbarschützender Wirkung bei *Dürr*, Baurecht Baden-Württemberg, S. 177 sowie die Hinweise bei *Hoppe/Grotefels*, a. a. O., S. 659 ff.
210 BVerwG NVwZ 1996, 888.
211 BVerwGE 50, 282; BVerwG Buchholz 406.19 Nachbarschutz Nr. 152.

5. Rechtsschutz des Nachbarn gegen die Baugenehmigung

Gemäß § 212a Abs. 1 BauGB haben **Widerspruch und Anfechtungsklage eines Dritten** gegen die bauaufsichtliche Zulassung eines Vorhabens **keine aufschiebende Wirkung**. Die Vorschrift gilt für alle bauaufsichtlichen Entscheidungen, welche die Bauausführung zulassen, also Baugenehmigungen, Zustimmungen, Teilbaugenehmigungen, Abweichungen sowie Ausnahmen und Befreiungen bei Vorhaben, die einer Baugenehmigung nicht bedürfen. § 212a Abs. 1 BauGB gilt nicht bei einer Bauausführung nach Anzeige des genehmigungsfreien Vorhabens oder für die Teilungsgenehmigung.[212] § 212a Abs. 1 BauGB meint nicht nur den Nachbarn, sondern betrifft alle, die gegen die bauaufsichtliche Zulassung eines Vorhabens Widerspruch einlegen können – beispielsweise auch die Gemeinde.[213]

120

§ 212a Abs. 1 BauGB „zwingt" den Nachbarn (den Dritten) zum Antrag auf **Anordnung der aufschiebenden Wirkung** des eingelegten Rechtsbehelfs nach Maßgabe von § 80a Abs. 1 Nr. 2, Abs. 3 S. 2, 80 Abs. 5 VwGO. Außerdem kann die Behörde aufgrund des Rechtsbehelfs und auf Antrag des Nachbarn nach § 40 Abs. 4 VwGO die Vollziehung aussetzen und einstweilige Maßnahmen zur Sicherung der Rechte des Dritten treffen.[214] Als Maßnahmen zu Sicherungen der Rechte des Nachbarn kommen alle Regelungen nach § 123 VwGO in Betracht. Beispielsweise kann ein Bauvorhaben, das nach seiner Vollendung wegen seiner Art, oder wegen entgegenstehender Rechte Dritter oder entgegenstehender öffentlicher Interessen nur schwer wieder beseitigt werden kann, stillgelegt werden.[215] Entsprechend § 80 Abs. 5 S. 3 VwGO können auch die Folgen der Vollziehung des Verwaltungsakts auf Antrag des betroffenen Dritten oder von Amts wegen ganz oder teilweise vorläufig rückgängig gemacht werden.

121

Voraussetzungen für den Antrag auf Anordnung der sofortigen Vollziehung beim Verwaltungsgericht ist nicht ein vorausgegangener – erfolgloser oder unbeschiedener i.S.v. § 80 Abs. 6 VwGO – Aussetzungsantrag bei Behörde oder Widerspruchsbehörde.[216] Für die gerichtliche Entscheidung gemäß § 80a Abs. 1 Nr. 2 VwGO gelten die gleichen Maßstäbe wie bei § 80 Abs. 5 S. 1 2. Alt. VwGO. Dem Antrag des Nachbarn auf **vorläufigen Rechtsschutz** nach § 80 Abs. 3 VwGO ist stattzugeben, **wenn die streitgegenständliche Baugenehmigung offensichtlich sein (Nachbar-) Recht verletzt**. Der Antrag ist abzulehnen, wenn die Baugenehmigung ihn offensichtlich nicht in seinen Rechten verletzt. Ist der Ausgang des Hauptsacheverfahrens indes offen, hat das Gericht die privaten und öffentlichen Interessen, die für oder gegen eine sofortige Ausnutzung der Baugenehmigung sprechen, abzuwägen. Führt die Abwägung dazu, dass den widerstreitenden Interessen etwa gleichgroßes Gewicht beizumessen ist, verbleibt es bei der sofortigen Ausnutzbarkeit der bauaufsichtlichen Zulassung gemäß § 212a Abs. 1 BauGB. Nach Anordnung der aufschiebenden Wirkung des Nachbarwiderspruchs gegen eine Baugenehmigung besteht für einen Antrag, der Behörde die Stilllegung der Baustelle aufzugeben, kein Rechtsschutzbedürfnis. Der Bauherr ist nicht mehr zur Fortführung der Bauarbeiten berechtigt. Etwas anderes könnte allerdings dann gelten, wenn glaubhaft gemacht ist, dass der Bauherr sich der gerichtlichen Anordnung der aufschiebenden Wirkung widersetzen und illegal weiterbauen werde und dass die Behörde gleichwohl die Bauarbeiten nicht unverzüglich stilllegen will.[217] Grundlage für eine solche Sicherungsmaßnahme ist § 80 Abs. 3 i.V.m. Abs. 1 Nr. 2 VwGO und eine entsprechende Anwendung von § 80 Abs. 5 S. 3 VwGO; der Erlass einer einstweiligen Anordnung nach § 123 Abs. 1 VwGO scheidet aus.[218]

122

---

212 *Jäde*, in: *Jäde/Dirnberger/Weiß*, BauGB, § 212a Rn 2 bis 4 – strittig Vorbescheid.
213 VGH München NVwZ-RR 1996, 74.
214 *Kopp/Schenke*, VwGO, § 80a Rn 13.
215 *Kopp/Schenke*, a. a. O., Rn 14.
216 *Schoch*, in: *Schoch/Schmidt-Aßmann/Pietzner*, § 80a Rn 72 ff. m. w. N. – a.A. *Jäde*, in: *Jäde/Dirnberger/Weiß*, § 212a Rn 10.
217 S. VGH Kassel NVwZ-RR 1996, 309.
218 VGH Mannheim BRS 57 Nr. 242.

123 Teilweise wird angenommen, dass ein Nachbar ausnahmsweise mit einer vorbeugenden Unterlassungsklage gegen eine bevorstehende Baugenehmigung vorgehen kann.[219] Dem ist angesichts der Möglichkeiten vorläufigen Rechtsschutzes durch § 80 a VwGO nicht zu folgen. Erhält der Nachbar seitens der Genehmigungsbehörde bestimmte Zusicherungen i. S.v. § 38 VwVfG zu einem angestrebten Vorhaben und ist die Baugenehmigung dann mit diesen Zusicherungen nicht vereinbar, so soll sich der Nachbar mit der Verpflichtungsklage wehren können.[220]

6. Genehmigungsfreie Bauvorhaben und baurechtswidrige Zustände bei Dritten

124 Zur Abwehr baurechtswidriger Zustände bei Dritten und ihrer genehmigungsfreien und anzeigepflichtigen Bauvorhaben kann der Nachbar **Rechtsschutz nur durch die Verpflichtungsklage (§ 42 Abs. 1 2. Alt. VwGO) im Hauptsacheverfahren und durch § 123 VwGO** im Eilverfahren erlangen. Ähnliches gilt für eine im vereinfachten Genehmigungsverfahren nach Landesrecht[221] erteilte Baugenehmigung. Wird in ihr über bauordnungsrechtliche Fragen nicht entschieden, so kommt eine Verletzung nachbarschützender bauordnungsrechtlicher Vorschriften nur durch das Vorhaben selbst und nicht durch die (bauordnungsrechtliche Fragen ausklammernde) Genehmigung in Betracht; Rechtsschutz kann nur über eine Verpflichtungsklage (oder eine einstweilige Anordnung) auf bauaufsichtliches Einschreiten gegen das Vorhaben selbst begehrt werden.[222] Da insofern die behördlichen Rechtsschutzmöglichkeiten nach § 80 a Abs. 1 VwGO nicht statthaft sind, muss das Gericht sogleich gemäß § 123 VwGO angerufen werden. Dessen Entscheidung wird durch das Fehlen einer vorausgegangenen behördlichen Prüfung und dazu angelegter Verwaltungsvorgänge erschwert. Die Vereinfachung des Verwaltungsverfahrens wird also möglicherweise mit einer weiteren Belastung des verwaltungsgerichtlichen vorläufigen Rechtsschutzes erkauft.[223]

125 Das Verfahren zur Gewährung vorläufigen Nachbarrechtsschutzes gemäß § 123 Abs. 1 VwGO gegenüber Vorhaben, die nach den Landesbauordnungen von der Genehmigungspflicht freigestellt sind, muss sich daran orientieren, dass die Landesgesetzgebung **mit der Freistellung von der Baugenehmigung die materielle Rechtslage zu Lasten der Nachbarn nicht verschlechtern** wollte. Der Nachbar wäre aber tatsächlich schlechter gestellt, wenn er sich gegen die Schaffung vollendeter Tatsachen durch den Bauherrn nicht in vergleichbarer Weise zur Wehr setzen könnte wie im Verfahren nach § 80 a Abs. 3 VwGO nach Erteilung einer bauaufsichtlichen Zulassung des Vorhabens.[224] Der Erlass einer einstweiligen Anordnung zugunsten des Nachbarn, durch die der Bauaufsichtsbehörde aufgegeben wird, ein von der Genehmigungspflicht freigestelltes Bauvorhaben vorläufig stillzulegen, ist bereits dann erforderlich, wenn gewichtige und ernst zu nehmende Bedenken gegen die Rechtmäßigkeit des Vorhabens in nachbarrechtlicher Hinsicht in einer Weise glaubhaft gemacht sind, dass der Ausgang des Hauptsacheverfahrens zumindest als offen angesehen werden muss und das Vorhaben – seine Rechtswidrigkeit unterstellt – nachbarliche Belange mehr als nur geringfügig berührt.[225] Der Bauherr kann sich gegen eine Einstellung der Bauarbeiten an einem von der Genehmigungspflicht freigestellten Vorhaben wehren, indem auf seinen Antrag das Gericht gemäß § 123 Abs. 3 VwGO i.V.m. § 926 Abs. 1 ZPO anordnet, dass der Nachbar binnen einer bestimmten Frist bei der Bauaufsichtsbehörde den Erlass einer Baueinstellungsverfügung beantragt. Auf die Erfolgsaussichten, also darauf, ob die Behörde die Einstellung der Bauarbeiten verfügen muss, kommt es bei diesem Antrag nicht an. Ihm fehlt auch nicht dann das Rechtsschutzbedürfnis, wenn die Bauaufsichtsbehörde im Vollzug der zugunsten des Nachbarn ergangenen einstweiligen Anordnung die Baueinstellung

---

219 S. hierzu *Hoppe/Grotefels*, Öffentliches Baurecht, S. 670.
220 Umstritten – s. *Hoppe/Grotefels*, Öffentliches Baurecht, S. 671 f. m. w. N.
221 Beispielsweise § 65 Abs. 2 LBauO RhPf.
222 BVerwG NVwZ 1998, 48.
223 *Schoch*, in: *Schoch/Schmidt-Aßmann/Pietzner*, VwGO, § 80 a Rn 80
224 VGH München NVwZ 1997, 923.
225 VGH Mannheim BauR 1995, 219; strittig – zum Meinungsstand OVG Münster NVwZ-RR 1998, 218.

bereits verfügt hat. Bei dem Antrag, der dem Nachbarn gemäß § 926 Abs. 1 ZPO i.V.m. § 123 Abs. 3 VwGO aufzugeben ist, handelt es sich um das Hauptsacheverfahren zu dem nachbarlichen Anspruch auf Einstellung der Bauarbeiten; in ihm sind nicht nur summarisch – wie im Verfahren nach § 123 Abs. 1 VwGO – Nachbarrechte zu prüfen.[226]

Außerhalb des Eilrechtsschutzes des Nachbarn gegenüber **Vorhaben, die von der Genehmigungspflicht freigestellt** sind, sind an die Glaubhaftmachung des Anordnungsanspruchs (§ 123 Abs. 3 i.V.m. § 920 ZPO) strengere Anforderungen zu stellen. Einerseits muss es überwiegend wahrscheinlich sein, dass der Nachbar in einem entsprechenden Hauptsacheverfahren obsiegen wird. Andererseits ist von Bedeutung, dass die Bauaufsichtsbehörde zum Einschreiten nach herrschender Meinung nur verpflichtet ist, wenn das Verhalten des Bauherrn sich erheblich nachteilig auf die Nachbarrechte auswirkt. Grundsätzlich ist es in das Ermessen der Behörde gestellt, ob sie gegen die Verletzung nachbarschützender Rechte bauaufsichtlich einschreitet. Bei nachbarrechtswidrigem Verhalten ist demgemäß der Anspruch des Nachbarn grundsätzlich auf fehlerfreie Ermessensausübung beschränkt. Aufgrund der Intensität der Störung oder Gefährdung des nachbarrechtlich geschützten Rechtsguts und des Grundes seiner Verletzung kann sich das **Ermessen** der Bauaufsichtsbehörde auf Null reduzieren und der Nachbar einen „gebundenen" Anspruch auf behördliches Einschreiten haben – beispielsweise wenn die Nachbarrechtsverletzung schwerwiegende Belange des Nachbarn beeinträchtigt.[227] Ob eine Behörde zugunsten des Nachbarn bei der Verletzung einer nachbarschützenden Vorschrift – hier des Abstandsflächenrechts – einschreiten muss, weil ihr Ermessen auf Null reduziert ist, entscheidet sich grundsätzlich nach Landesrecht. Dabei kann auch die Möglichkeit des Nachbarn, seine Rechte unmittelbar gegenüber dem „Störer" zivilrechtlich geltend zu machen, in das Ermessen einzustellen sein.[228] Besondere Schwierigkeiten bereitet es, wenn ein Vorhaben aufgrund einer nachbarrechtswidrigen Baugenehmigung errichtet wird, diese dann aber nachträglich durch Behörde oder Gericht aufgehoben wird.[229]

7. Nachbarschutz bei öffentlichen Einrichtungen ohne Baugenehmigung

Besonderheiten ergeben sich bei einer Beeinträchtigung durch eine öffentliche Einrichtung, die ohne eine Baugenehmigung geschaffen wird und die **als Bauvorhaben des Bundes, der Länder sowie sonstiger Gebietskörperschaften** nach den Landesbauordnungen von der Bauaufsicht ausgenommen ist. Gegen den hoheitlich handelnden Träger des Vorhabens muss der Nachbar unmittelbar auf die Unterlassung bestimmter Nutzungen bzw. auf die Beseitigung der jeweiligen Anlage (Leistungsklage) klagen. Voraussetzung für ein Obsiegen des Nachbarn ist, dass die öffentliche Einrichtung gegen eine den Nachbarn schützende Norm verstößt, und als solche kommen vor allem die baurechtlichen Vorschriften[230] sowie § 22 BImSchG[231] in Betracht. In welchem Umfang die Nachbarn die Störung durch eine öffentliche Einrichtung hinnehmen müssen, hängt von der jeweiligen Situation des Baugebiets und der Funktion der Einrichtung ab; ein Sonderrecht für öffentliche Einrichtungen besteht indes nicht.[232] Freilich muss der Nachbar einer solchen öffentlichen Einrichtung wegen ihrer spezifischen Funktion u.U. Beeinträchtigungen hinnehmen, die er etwa bei vergleichbar beeinträchtigenden gewerblichen Anlagen nicht zu dulden brauchte.[233] Für die zumutbare Immissionsbelastung

---

226 VGH München NVwZ-RR 1998, 685.
227 BVerwG BauR 1996, 481.
228 BVerwG NVwZ 1998, 395.
229 *Hoppe/Grotefels*, Öffentliches Baurecht, S. 674 f. mit Hinweisen zu den Lösungsmodellen der Rechtsprechung.
230 S. BVerwG NVwZ 1983, 155.
231 BVerwGE 79, 254.
232 BVerwGE 81, 197.
233 BVerwG DVBl 1974, 777: Kinderspielplätze – BVerwGE 81, 197: Sportanlagen – andererseits darf dies nicht einseitig zu Lasten der Wohnruhe gehen.

der Nachbarn eines Sportplatzes ist maßgeblich die 18. BImSchV – Sportanlagenlärmschutzverordnung.[234]

8. Verzicht und Verwirkung im Nachbarrecht

128 Der Nachbar kann auf seine im öffentlichen Baurecht wurzelnden Abwehransprüche gegen ein Vorhaben verzichten.[235] Die Behörde darf die Baugenehmigung dennoch nicht erteilen, wenn die fragliche Vorschrift auch öffentliche Belange schützt.[236] Der Verzicht ist gegenüber der Baurechtsbehörde zu erklären und kann nach Erteilung der Baugenehmigung nicht mehr widerrufen, nur noch nach Maßgabe der §§ 119 ff. BGB angefochten werden.

129 Materielle **Abwehrrechte des Nachbarn** auch gegenüber ungenehmigten Bauvorhaben **können verwirkt sein,** wenn ein Nachbar sich nach Jahren gegen eine bauliche Anlage wehrt, die auf der Grundlage einer ihm nicht bekannt gemachten Baugenehmigung an einem nicht genehmigten Standort errichtet worden ist.[237] Aus dem besonderen nachbarlichen Gemeinschaftsverhältnis heraus kann die Berufung auf ein nachbarliches Abwehrrecht auch aus anderen Gründen gegen Treu und Glauben verstoßen,[238] beispielsweise wenn der Rechtsinhaber sich treuwidrig zu seinem eigenen vorausgegangenen Verhalten in Widerspruch setzt.[239] Ein Eigentümer, der den Streit mit seinem Nachbarn über dessen Kamin durch einen rechtswirksamen zivilrechtlichen Vergleich beigelegt hat, kann nicht wegen desselben Sachverhalts ein Einschreiten der Behörde gegen den Nachbarn verlangen.[240] Ein Nachbar verwirkt sein Abwehrrecht aber nicht bereits dann vor Ablauf der Jahresfrist des § 58 VwGO, wenn der Bauherr ihm die Baupläne zeigt und der Nachbar, der im Verwaltungsverfahren nicht beteiligt war, sich nicht gegen die Baupläne wendet. Etwas anderes gilt allenfalls dann, wenn der Nachbar bei solcher Gelegenheit zu erkennen gibt, dass er keine Einwände erheben will.[241]

C. Sonstige Verfahrensfragen

I. Vollstreckung

130 Obsiegende Urteile auf **Anfechtungs- und Verpflichtungsklagen** können **nur wegen der Kosten** für vorläufig vollstreckbar erklärt werden (§ 167 Abs. 2 VwGO). Kommt die Behörde der ihr in Urteil oder Beschluss auferlegten Verpflichtung nicht nach, so kann das Gericht des ersten Rechtszugs auf Antrag unter Fristsetzung gegen sie ein Zwangsgeld bis 2.000,00 DM durch Beschluss androhen, nach fruchtlosem Fristablauf festsetzen und von Amts wegen vollstrecken. Das **Zwangsgeld** kann wiederholt angedroht, festgesetzt und vollstreckt werden (§ 172 VwGO). Wegen einer Geldforderung hat das Gericht des ersten Rechtszugs auf Antrag des Gläubigers die Vollstreckung zu verfügen (§ 170 Abs. 1 S. 1 VwGO). Allerdings hat das Gericht vor Erlass der Vollstreckungsverfügung die Behörde von der beabsichtigten Vollstreckung zu benachrichtigen mit der Aufforderung, die Vollstreckung innerhalb einer vom Gericht zu bemessenden Frist von höchstens einem Monat abzuwenden (§ 170 Abs. 2 VwGO). Der Ankündigung der Vollstreckung und der Einhaltung einer

---

[234] BVerwG NVwZ 1995, 992; strittig ist der Umfang des Nachbarschutzes gegenüber Bolz- und Abenteuerspielplätzen – s. *Stüer*, Handbuch, S. 188.

[235] BVerwG BRS 28 Nr. 125.

[236] Beispielsweise bei Abstandsregelungen, die auch dem öffentlichen Interesse an einer erfolgreichen Brandbekämpfung dienen – *Dürr*, Baurecht Baden-Württemberg, S. 177.

[237] BVerwG NJW 1998, 329.

[238] BVerwGE 44, 294.

[239] BVerwGE 48, 247.

[240] BVerwG Buchholz 406.25 § 24 BImSchG Nr. 5.

[241] BVerwG Buchholz 406.19 Nachbarschutz Nr. 134.

Wartefrist bedarf es nicht bei dem Vollzug einer einstweiligen Anordnung (§ 170 Abs. 5 VwGO). Die Vollstreckung ist unzulässig in Sachen, die für die Erfüllung öffentlicher Aufgaben unentbehrlich sind oder deren Veräußerung ein öffentliches Interesse entgegensteht.

Unterliegt der Bürger mit Anfechtungs- und Verpflichtungsklage, so kann die Behörde nach Maßgabe der Landesverwaltungsvollstreckungsgesetze gegen ihn vorgehen. Von der Regel, dass **Zwangsmaßnahmen** unter Fristsetzung anzudrohen sind und sie erst nach Fristablauf förmlich festzusetzen sind, sind Ausnahmen denkbar: Die Versiegelung einer Baustelle bedarf als spezialgesetzlich geregeltes Zwangsmittel (§ 85 Abs. 2 LBO SH 1994), das der vollziehbaren Baueinstellung nach § 85 Abs. 1 LBO SH 1994 dient, keiner vorherigen Androhung.[242] Es kann „untunlich" sein, ein Zwangsgeld oder die Ersatzvornahme vor Anwendung des unmittelbaren Zwanges anzudrohen und festzusetzen, wenn aufgrund der gesamten Umstände des Einzelfalls feststeht, dass ein milderes Zwangsmittel von vorneherein aussichtslos ist, oder wenn die Verzögerung, die mit dem Versuch, den Willen des Verpflichteten zunächst durch ein milderes Zwangsmittel zu beugen, wegen der für ein bedeutendes Rechtsgut drohenden Gefahr nicht in Kauf genommen werden kann.[243] Gegen die Durchführung der Zwangsmaßnahmen ist vorläufiger Rechtsschutz gegen § 80 Abs. 5 S. 1 1. Alt. i.V.m. § 80 Abs. 2 Nr. 3 VwGO zulässig.

II. Streitwert

Das Verwaltungsgericht hat in dem Streitverfahren des öffentlichen Baurechts grundsätzlich für jedes Verfahren (auf Antrag eines Beteiligten oder der Staatskasse oder wenn das Gericht es für angemessen hält – §§ 24, 25 GKG) den Streitwert festzusetzen. Hierfür ist grundsätzlich gemäß § 13 Abs. 1 S. 1 GKG die sich aus dem Antrag des Klägers für ihn ergebende Bedeutung der Sache maßgeblich. Regelmäßig sind insoweit **entscheidend die wirtschaftlichen Auswirkungen** seines Obsiegens. Einen Anhaltspunkt für die in Streitverfahren des öffentlichen Baurechts zu erwartenden Streitwerte bietet der „Streitwertkatalog", den eine aus Richtern der Verwaltungsgerichtsbarkeit zusammengesetzte Arbeitsgruppe erarbeitet hat.[244] Der „Streitwertkatalog" hat lediglich empfehlende Bedeutung. Er enthält für typische Streitkonstellationen aus dem öffentlichen Baurecht Vorschläge. Von diesen Empfehlungen wird indes teilweise abgewichen.[245] Beispielsweise weichen von dem Streitwertkatalog teilweise die „Streitwertannahmen des 1. und 6. Senats des Niedersächsischen Oberverwaltungsgerichts für baurechtliche Verfahren nach dem 1.7.1994"[246] ab. Einige Beispiele aus der neueren obergerichtlichen Rechtsprechung: Zwar ist grundsätzlich im Nachbarrechtsstreit ein „Eckwert" von 15.000 bis 20.000,00 DM maßgeblich. Bei dem Streit um die Anordnung einer Baueinstellung ist dieser Eckwert zu halbieren, da es in aller Regel nur darauf ankommt, dass eine notwendige Baugenehmigung nicht vorliegt.[247] Eine Nutzungsuntersagung gegen einen Imbissstand ist regelmäßig mit 1.000,00 DM je Monat zu bewerten.[248] Der Streitwert einer gegen eine Abbruchsverfügung gerichteten Anfechtungsklage bestimmt sich nach den voraussichtlichen Abbruchkosten, dem Wertverlust sowie dem Wert der entzogenen Gewinnmöglichkeiten.[249]

Wenn der Sach- und Streitstand keine hinreichenden Anhaltspunkte für die wirtschaftliche Bedeutung der Sache für den Kläger bietet, so ist der „Auffangstreitwert" von 8.000,00 DM anzunehmen

---

242 OVG Schleswig, Beschl. v. 15.3.1996 – 1 M 12/96.
243 OVG Berlin NVwZ-RR 1998, 412.
244 Der derzeit geltende Stand vom Januar 1996 ist beispielsweise in der Textausgabe der Verwaltungsgerichtsordnung des Deutschen Taschenbuchverlags oder bei *Kopp/Schenke*, VwGO, § 189 abgedruckt.
245 S. *Kopp/Schenke*, a. a. O. Rn 12.
246 NdsVBl 1995, 80.
247 OVG Greifswald NVwZ-RR 1999.
248 OVG Münster, Beschl. v. 29.3.1999 – 10 E 151/99 – V.n.b.
249 OVG Münster, Beschl. v. 27.12.1996 – 7 E 1328/96 – V.n.b.

(§ 13 Abs. 1 S. 2 GKG). Betrifft der Antrag des Klägers eine bezifferte Geldleistung oder einen hierauf gerichteten Verwaltungsakt, so ist für den Streitwert die Höhe dieser Geldleistung maßgebend (§ 13 Abs. 2 GKG).

In Verfahren des vorläufigen Rechtsschutzes beträgt der Streitwert in der Regel die Hälfte des Streitwerts im Hauptsacheverfahren (s. I Ziffer 7 „Streitwertkatalog").

Stichwortverzeichnis

Fette Zahlen = §§, magere Zahlen = Randnummern

13. Monatseinkommen im Baugewerbe **11** 377 ff.
– Anrechnungen **11** 392
– Anspruchsminderung **11** 381 ff.
– Beendigung des Arbeitsverhältnisses **11** 388 ff.
– Eigenkündigung **11** 390
– Höhe **11** 378 ff.
– Krankheit **11** 381 ff.
– Teilbeschäftigungszeiten **11** 391
Abbruchverfügung **24** 95 ff.
– vorläufiger Rechtsschutz **24** 102
Abbund **5** 66
Abdichtung **5** 148 ff.
– an Durchdringungen **5** 149
– Definitionen gemäß DIN 18195 **5** 149
– Dränung **5** 150
– gegen Bodenfeuchtigkeit **5** 149
– gegen drückendes Wasser **5** 149
– gegen nichtdrückendes Wasser **5** 149
– gegen von innen drückendes Wasser **5** 149
– Schadensrisiken **5** 151 f.
– Schadensvermeidung **5** 153 f.
– senkrechte **5** 149
– über Bewegungsfugen **5** 149
– waagerechte **5** 149
Abfindung
– Auflösungsurteil **11** 151
Abmahnung
– außerordentliche Kündigung **11** 159
– Personalakte **11** 144
– verhaltensbedingte Kündigung **11** 143 f.
Abnahme
– Allgemeine Geschäftsbedingungen **1** 584 ff.
– Anspruch auf Abnahme **1** 525 ff.
– Architektenhaftung **3** 94
– ausdrückliche Abnahme **1** 515, 533
– Begriff **1** 509 ff.
– behördliche Abnahme **1** 509 ff.
– bei Kündigung des Bauvertrages **1** 517
– Beweissicherung *siehe* Selbstständiges Beweisverfahren
– Dokumentation der Abnahmereife/ Mängelfreiheit **1** 549 ff.
– „durchstellender Unternehmer" **1** 42
– Fehlen einer zugesicherten Eigenschaft **1** 528
– Fertigstellungsbescheinigung **1** 549 ff.
– fiktive Abnahme **1** 515
– fiktive Abnahme nach BGB **1** 547 f.
– fiktive Abnahme nach VOB/B **1** 544 ff.
– förmliche Abnahme nach VOB/B **1** 534 ff.
– förmliche Abnahme und BGB **1** 540

– frei von wesentlichen Mängeln **1** 525 ff.
– Gefahrübergang **1** 519 ff.
– Gewährleistung **1** 629 f.
– konkludente Abnahme **1** 515, 541 ff.
– Kosten **1** 531
– Nachabnahme **1** 516
– Parteigutachter **1** 576 ff.
– Protokoll, Muster **1** 902
– Schiedsgutachter **1** 572 ff.
– Schlussabnahme **1** 513
– Selbstständiges Beweisverfahren *siehe dort*
– technische Abnahme **1** 512
– technische Abnahme durch Architekten **3** 255
– Teilabnahme **1** 514
– unberechtigt verweigerte Abnahme **1** 532
– Vergütungsgefahr bei BGB-Bauvertrag **1** 520
– vertragliche Regelungen **1** 579 ff.
– Vielzahl kleiner Mängel **1** 529
– Vorabnahme **1** 516
– Vorbehalte des Auftraggebers **1** 523 f.
– Wesentlichkeit eines Mangels **1** 527
– Wirkungen **1** 518 ff.
– Zeitpunkt **1** 530
Abnahmeprotokoll
– Muster **1** 902
Abordnung
– Arbeitsgemeinschaften **11** 396 f.
Abrechnung **1** 200 ff.
– Abschlagszahlungen **1** 203
– Aufstellung der Rechnung durch Auftraggeber **1** 206 f.
– BGB-Bauvertrag **1** 208 f.
– Bindungswirkung der Schlussrechnung **1** 210
– Einheitspreisvertrag **1** 202
– Fristen **1** 205
– gemeinsame Feststellung **1** 204
– Nachweise **1** 204
– Nebenpflicht des Auftragnehmers **1** 200
– Pauschalvertrag **1** 202
– Prüfbarkeit **1** 202 f.
– Schriftlichkeit **1** 203
– VOB-Vertrag **1** 201 ff.
– vorzeitige Vertragsbeendigung **1** 203
Abschlagszahlung **15** 453 f.
– Arbeitseinstellung **1** 218
– Baufortschrittsraten *siehe dort*
– Beschleunigungsgebot **1** 215
– BGB-Bauvertrag **1** 195
– Fälligkeit bei BGB-Bauvertrag **1** 213 f.
– Fälligkeit bei VOB-Bauvertrag **1** 211 f.
– Klage **1** 215
– Nachfristsetzung **1** 216 f.

1561

Stichwortverzeichnis

- Nichtzahlung **1** 215 ff.
- Skonto **1** 237
- umsatzsteuerliche Behandlung **15** 299
- Verzugszinsen **1** 218
- VOB-Bauvertrag **1** 192 ff.

Abstandsflächen **5** 5, **23** 24 ff.
- Baulast **23** 37
- bauplanungsrechtliche Vorgaben **23** 26
- gebäudegleiche Wirkungen **23** 33
- geneigte Geländeoberfläche **23** 28 ff.
- Nachbarschutz **23** 24
- Nutzungsänderungen **23** 35 f.
- Schmalseitenprivileg **23** 31
- Tiefe **23** 27
- Umbau eines bestehenden Gebäudes **23** 34
- untergeordnete Bauteile **23** 32

Abtretung
- von Arbeitsentgeltansprüchen **11** 231

Abwägung *siehe* Planungsermessen
Abweichungsanalyse **13** 20
AfA-Tabellen **15** (Anhang)
AGB-Gesetz **1** 112 ff.
- Abtretungs- und Aufrechnungsverbote **1** 259
- Allgemeine Geschäftsbedingungen **1** 112
- Besonderheiten bei Allgemeinen Geschäftsbedingungen **1** 117
- Einbeziehung von Allgemeinen Geschäftsbedingungen **1** 116
- Einheitspreisvertrag, Mengenänderungen **1** 300
- Festpreisklauseln **1** 186, 259
- individuelles Aushandeln **1** 113 ff.
- Mängelgewährleistung **1** 847 ff.
- Pauschalvertrag **1** 316
- Privilegierung der VOB/B **1** 121 ff.
- Prüfungsschema **1** 893
- Rechtsfolgen bei Verstößen **1** 118 f.
- Schlusszahlung, vorbehaltlose Annahme **1** 241
- Skontoklausel **1** 239
- und VOB/B **1** 120 ff.
- Vergütung des Unternehmers **1** 259
- VOB/B-Gewährleistungsfristen **1** 820 f.
- Vollständigkeitsklauseln **1** 185, 259

Agrarstruktur, Verbesserung
- städtebauliche Maßnahmen **22** 190 ff.

Akquisition
- Abgrenzung zum Architektenvertrag **3** 23 ff.

Aktiengesellschaft **9** 50 ff.
- Haftung **9** 53
- Steuerrecht **9** 54

Akustik **5** 170 ff.
Allgemeine Geschäftsbedingungen
- Abnahme **1** 584 ff.
- AGB-Gesetz *siehe dort*
- Begriff **1** 112
- Haftungsfreizeichnungsklauseln bei Architekten **3** 155 ff.
- Höhe von Sicherheitsleistungen **1** 870

- Prüfungsschema **1** 893
- Vertragsstrafe wegen verzögerter Fertigstellung **1** 611 ff.

Allgemeine Geschäftskosten **13** 29, 117, 140
Allgemeinverbindlichkeitserklärung **11** 41
- Sozialkassentarifverträge **11** 439

Altbaumodernisierung
- Bauvorhaben **2** 109 ff.
- „entsprechende Anwendbarkeit" von § 3 Abs. 2 S. 1 und 2 MaBV **2** 112 ff.
- Mangelbegriff **1** 670 ff.
- Mängelgewährleistung **2** 118 f.
- Sicherungspflichten nach § 3 MaBV **2** 108 ff.

Altlasten **17** 144
Amtspflichtverletzung
- Haftung des Architekten/Bauingenieurs **8** 121

Anderskosten **13** 27
Änderungen beim Bauvertrag
- Änderungen beim BGB-Bauvertrag *siehe dort*
- Änderungen beim VOB/B-Bauvertrag *siehe dort*, **1** 260 ff.
- besondere Vereinbarungen **1** 267 f.
- Handlungsoptionen bei streitigen Nachträgen **1** 326 ff.

Änderungen beim BGB-Bauvertrag
- auftragslose Leistung **1** 321
- Einheitspreisvertrag **1** 318 ff.
- geänderte/zusätzliche Leistung beim Einheitspreisvertrag **1** 318 ff.
- Leistungsänderungsrecht des Auftraggebers **1** 265 f.
- Mengenänderung beim Einheitspreisvertrag **1** 320
- Pauschalvertrag **1** 322 ff.
- Selbstübernahme durch den Auftraggeber **1** 319
- Vergütung **1** 317 ff.

Änderungen beim VOB/B-Bauvertrag
- auftragslose Leistung **1** 302 ff.
- Einheitspreisvertrag **1** 269 ff.
- geänderte/zusätzliche Leistung beim Einheitspreisvertrag, Abgrenzung **1** 270 ff.
- geänderte/zusätzliche Leistung, Muster einer Ankündigung **1** 898
- Klauseln beim Einheitspreisvertrag **1** 291 f.
- Klauseln beim Pauschalvertrag **1** 316
- Leistungsänderung beim Einheitspreisvertrag **1** 279 ff.
- Leistungsänderung beim Pauschalvertrag **1** 307 ff.
- Leistungsänderungsrecht des Auftraggebers **1** 261 f.
- Mengenabweichung über 10% **1** 297 f.
- Mengenabweichung unter 10% **1** 296
- Mengenänderungen beim Einheitspreisvertrag **1** 293 ff.
- Mengenänderungen beim Pauschalvertrag **1** 311 ff.

Stichwortverzeichnis

- Mengenänderungen, Klauseln beim Einheitspreisvertrag **1** 300
- Pauschalvertrag **1** 305 ff.
- Schlüsselumlage **1** 293
- Selbstübernahme durch Auftraggeber **1** 301, 306
- Wegfall der Geschäftsgrundlage beim Pauschalvertrag **1** 315
- Zusatzleistung beim Einheitspreisvertrag **1** 284 ff.
- Zusatzleistung beim Pauschalvertrag **1** 310
- Zusatzleistung, Verlangen des Auftraggebers **1** 263 f.

Änderungskündigung **11** 166
Anerkannte Regeln der Technik *siehe* Verstoß gegen anerkannte Regeln der Technik
Anfechtung
- des Angebots durch den Bieter **4** 351 ff.
- des Angebots durch den Bieter und verweigerte Auftragsdurchführung **4** 599 ff.

Anfechtung des Arbeitsvertrages **11** 104 ff.
- arglistige Täuschung **11** 106
- Eigenschaftsirrtum **11** 105
- fehlerhaftes Arbeitsverhältnis **11** 108
- Nichtigkeit **11** 107

Anfechtung des Bauvertrages **1** 132 f.
- Kalkulationsirrtum **1** 132 f.

Anfechtungsklage
- Abweichungen vom Bauantrag **24** 91, 93
- Amtsermittlung **24** 44
- Anordnung der sofortigen Vollziehung **24** 59 f.
- Antrag **24** 43
- Aufhebung des Verwaltungsaktes **24** 56 f.
- Berufung *siehe* Zulassungsberufung
- Ermessensentscheidungen **24** 53
- Erschließungsbeitrag **24** 105
- Fortsetzungsfeststellungsklage **24** 58
- Geldverwaltungsakt **24** 54 f.
- gerichtliche Entscheidung **24** 52 ff.
- Klageschrift **24** 43
- Untätigkeitsklage **24** 50 f.
- Verwaltungsakt **24** 42
- Vollstreckung der Urteils **24** 130 f.
- vorläufiger Rechtsschutz gegen sofortige Vollziehung **24** 61 ff.
- Vorverfahren **24** 46 ff.
- Zwischenregelung bei Verfahren des vorläufigen Rechtsschutzes **24** 66

Angebot
- Abgabe **4** 274 ff., 290 f.
- Änderungsvorschläge **4** 235 ff.
- Anfechtung durch den Bieter **4** 351 ff.
- Bekanntmachung **4** 274 ff.
- Beurteilung der Angemessenheit der Preise **4** 337 ff.
- Bindefrist **4** 230 ff.
- Ermittlung des wirtschaftlichsten Angebots **4** 360 ff.
- Geheimhaltung **4** 291
- Kostenstruktur **13** 118
- Nebenangebote **4** 235 ff.
- Öffnung **4** 274 ff.
- Verlängerung der Bindefrist **4** 358 f.
- Verwahrung **4** 291
- Wertung **4** 301 ff.
- Wertung von Änderungsvorschlägen **4** 344 ff.
- Wertung von Nachlässen **4** 342 f.
- Wertung von Nebenangeboten **4** 344 ff.
- Wertung von Skonti **4** 342 f.
- Zuschlagsfrist **4** 230 ff.

Angebotsabgabe
- Aufforderung **4** 229 ff.

Angebotsauswertung **13** 153
Angebotsbearbeitung
- Auskünfte **4** 282
- Einsichtnahme in Unterlagen **4** 284
- Kosten **4** 300
- Ortsbesichtigung **4** 283
- Weitergabe später erlangter Informationen durch AG **4** 285 ff.

Angebotsberatung
- abschließende **13** 136 ff.

Angebotsbeurteilung
- durch den Auftraggeber **13** 152 f.

Angebotserstellung
- abschließende Angebotsberatung **13** 136 ff.
- Entscheidung zur Angebotsabgabe **13** 120 ff.
- Planung des Kalkulationsprozesses **13** 124
- Preispolitik **13** 145 ff.
- Projektanalyse **13** 125 ff.
- Prozess **13** 119 ff.

Angebotsfrist
- Verlängerung **4** 289

Angebotsinhalt
- Aufklärung **4** 334 f.

Angebotskalkulation **13** 163
Angebotspreis **13** 113
- Berechnung **13** 43
- Beurteilung der Angemessenheit **4** 337 ff.

Angebotsprüfung **4** 301 ff., **13** 152 f.
- Dokumentation **4** 336
- formale **4** 304 ff.
- Informationspflicht nach rechnerischer Prüfung **4** 332
- negative Eignungsprüfung **4** 308 ff.
- rechnerisch **4** 321 ff., 328
- spekulative Einzelpreise **4** 333
- technisch **4** 321 ff.
- Vollständigkeit **4** 323 ff.
- Wertung bei Vereinbarung von Preisgleitklauseln **4** 329 ff.
- wirtschaftlich **4** 321 ff.

Angebotssumme **13** 40
Angebotsunterlagen
- Anforderung **4** 278 ff.

Angestellter **11** 7, 9
- leitender Angestellter **11** 10

1563

Stichwortverzeichnis

Anhörung des Betriebsrates bei Kündigung **11** 124 ff.
- außerordentliche Kündigung **11** 155
- Kündigung trotz Widerspruchs **11** 130 f.
- Mitteilungsumfang **11** 124
- Widerspruchsrecht **11** 127 ff.

Anlagenbauvertrag
- internationales Privatrecht **12** 5

Anlagenhaftung
- des Bauunternehmers **8** 47
- des Bauunternehmers bei Umwelteinwirkungen **8** 54

Annehmlichkeiten **15** 77
Anordnungsrecht des Auftraggebers **1** 352 f.
Anrechnung übertariflicher Leistungen **11** 47 ff.
- Anrechnungsklauseln **11** 48
- begrenzte Effektivklauseln **11** 50
- Effektivklauseln **11** 49
- Verdienstsicherungsklauseln **11** 51

Anrechnungsverfahren **15** 148 ff.
- Übergang zum Halbeinkünfteverfahren **15** 133 ff.

Anschaffungskosten
- von Anteilen an Kapitalgesellschaften **15** 92 f.

Ansicht **5** 10
- Draufsicht **5** 10
- Rückansicht **5** 10
- Vorderansicht **5** 10

Anteile
- an Kapitalgesellschaften **15** 89

Anti-Korruptionsrichtlinie **4** 221 ff.
Antragsbefugnis
- Behörde **24** 8
- Normenkontrolle bei Bebauungsplan **24** 5 ff.
- Verwirkung **24** 9

Anzahlung **15** 453 f.
- Bilanzierung **15** 441 ff.
- umsatzsteuerliche Behandlung **15** 299 f.
- Vorsteuer **15** 305

Anzeigevefahren
- Bauordnungsrecht **23** 49 ff.

Arbeiter **11** 7 f.
Arbeitgeber
- Begriff **11** 15

Arbeitgeberhaftung
- Kollegenhaftung **11** 189 ff.

Arbeitnehmer
- Begriff **11** 1 ff.
- familienrechtliche Mitarbeit **11** 2
- Gesellschafter **11** 3
- Selbstständiger **11** 4

Arbeitnehmerähnliche Person **11** 11 f.
Arbeitnehmer-Entsendegesetz **11** 398 ff., **12** 10
- Anwendungsvoraussetzungen **11** 399 ff.
- Durchgriffshaftung **11** 416 ff.
- Mindestlohn **11** 406 ff.
- Urlaubsgewährung **11** 409 ff.
- Urlaubskassenverfahren **11** 413 ff.
- Urlaubsvergütung **11** 411

- Verjährung der Ansprüche **11** 431

Arbeitnehmererfindung **11** 262
Arbeitnehmerhaftung **11** 180 ff.
- Ansprüche der Arbeitskollegen **11** 185 ff.
- Drittschädigung **11** 192
- Freistellungsanspruch gegen Arbeitgeber **11** 193
- Gefährdungshaftung des Arbeitgebers **11** 194
- innerbetrieblicher Schadensausgleich **11** 183 f.
- Mankohaftung **11** 196
- positive Vertragsverletzung **11** 182

Arbeitnehmer-Pauschalbetrag **15** 79 f.
Arbeitnehmerüberlassung **11** 22 ff.
- Abgrenzung zum Werkvertrag **11** 457 ff.
- Begriff **11** 447 f.
- Entfallen der Erlaubnispflicht **11** 452
- erlaubnispflichtige Arbeitnehmerüberlassung in der Bauwirtschaft **11** 449 ff.
- illegale Arbeitnehmerüberlassung **1** 109
- im Konzern **11** 453
- in Unternehmen außerhalb der Bauwirtschaft **11** 454
- Maschinenüberlassung mit Bedienpersonal **11** 462
- Strafandrohung **11** 455 f.
- verschuldensunabhängige Durchgriffshaftung **11** 459 ff.

Arbeitsentgelt
- Abtretung von Ansprüchen **11** 231
- Anrechnung übertariflicher Leistungen *siehe dort*
- Aufrechnung mit dem Arbeitsentgelt **11** 230
- Ausfall des Arbeit **11** 211 ff.
- Ausgleichskonto *siehe dort*
- besondere Entgeltformen **11** 209
- Entgeltfortzahlung *siehe dort*, **11** 207 ff.
- Gewinnbeteiligungen **11** 209
- Gratifikationen **11** 209
- Höhe **11** 208
- Insolvenzgeld **11** 233
- Mindestlohn nach Arbeitnehmer-Entsendegesetz **11** 406 ff.
- Monatslohn bei flexibler Arbeitszeit im Baugewerbe **11** 291 ff.
- Pfändung **11** 228 f.
- Prämien **11** 209
- Provisionen **11** 209
- Urlaubsentgelt **11** 224
- vermögenswirksame Leistungen **11** 209
- Verpfändung von Ansprüchen **11** 232
- Zuschläge **11** 209

Arbeitsgemeinschaften **1** 26 ff., **11** 393 ff., *siehe auch* ARGE
- Abordnung **11** 396 f.
- Freistellung **11** 394 f.

Arbeitskalkulation **13** 164 f.
Arbeitspapiere
- Beendigung des Arbeitsverhältnisses **11** 173

Stichwortverzeichnis

Arbeitspflicht des Arbeitnehmers
– Arbeitsverweigerung *siehe dort*, **11** 198 ff.
– Fixschuldcharakter **11** 204
Arbeitsrecht
– EG-Recht **11** 28 ff.
– Gleichbehandlungsgrundsatz **11** 74 ff.
– internationales Arbeitsrecht **12** 7 ff.
– Rechtsquellen **11** 26 ff.
Arbeitsschutz
– Baustellenverordnung **11** 468 ff.
Arbeitsunfähigkeitsbescheinigung **11** 222
Arbeitsverhältnis **11** 17 ff.
– Arbeitsplatzteilung **11** 21
– fehlerhaftes Arbeitsverhältnis **11** 103
– fehlerhaftes Arbeitsverhältnis nach Anfechtung **11** 108
– Gruppenarbeitsverhältnis **11** 18 ff.
– nachwirkende Pflichten bei Beendigung **11** 169 ff.
Arbeitsvermittlung **11** 81
Arbeitsvertrag
– Abschluss **11** 95 ff.
– Abschlussverbote **11** 99
– Anfechtung des Arbeitsvertrages *siehe dort*, **11** 66
– Aufhebungsvertrag **11** 109
– Einheitsarbeitsverträge **11** 67
– Formfreiheit **11** 79
– Minderjähriger **11** 80
– Nichtigkeit **11** 102 f.
Arbeitsverweigerung **11** 199 ff.
– außerordentliche Kündigung **11** 201
– Leistungsklage **11** 200
– Schadensersatzansprüche **11** 202
– Vertragsstrafe **11** 203
Arbeitszeit
– Arbeitszeitregelungen im Baugewerbe *siehe dort*, **11** 247 ff.
– Kurzarbeit **11** 252
– Nacht- und Schichtarbeit **11** 248
– Ruhepausen **11** 249
Arbeitszeitregelungen im Baugewerbe
– Angestellte **11** 308 f.
– Ausgestaltung der Flexibilisierung im Betrieb **11** 287
– Ausgleichskonto *siehe dort*, **11** 281 ff.
– gewerbliche Arbeitnehmer **11** 282 f.
– Monatslohn **11** 291 ff.
– Poliere **11** 308 f.
– Umfang der Arbeitszeitgestaltung **11** 288 ff.
– Verteilung der Arbeitszeit **11** 286
Architekt
– Architektenliste *siehe dort*
– Aufklärungs- und Beratungspflichten **3** 27 f.
– auswärtige Architekten **14** 19 ff.
– Berufsaufgaben **14** 2 f.
– Berufsbezeichnung in einer GmbH **14** 24 ff.
– Berufsbezeichnungen, Schutz **14** 5
– Berufshaftpflichtversicherung **8** 431 ff.
– Berufsordnungen **14** 2
– Deliktshaftung **8** 115 ff.
– Eintragung in das Verzeichnis der GmbHs **14** 26 f.
– Erfüllungsgehilfen des Bauherrn **1** 32
– Gesamtschuld Unternehmer – Architekt **1** 55 ff.
– Haftung *siehe auch* Architektenhaftung, **8** 73 ff.
– Haftung bei Baukostenüberschreitung **8** 102 ff.
– Haftung für Erfüllungsgehilfen **8** 122
– Haftung für Handlungen Dritter **8** 122 ff.
– Haftung für Verrichtungsgehilfen **8** 123
– Honorar des Architekten *siehe dort*
– Löschung der Eintragung in das Verzeichnis der GmbHs **14** 29 f.
– Rechtsschutzversicherung **8** 498
– Sachversicherung *siehe dort* **8** 499 ff.
– strafrechtliche Verantwortung **8** 426 ff.
– Urheberrecht des Architekten *siehe dort*
– Verhalten außerhalb der Berufstätigkeit **14** 4
– Verkehrssicherungspflicht **8** 115 ff.
– Versagung der Eintragung in das Verzeichnis der GmbHs **14** 28
– Versicherungen **8** 431 ff.
– Verzeichnis der GmbHs **14** 25
– Vollmacht des Architekten *siehe dort*, **1** 3 ff.
– Werbung **14** 31 ff.
Architektengesetze **5** 5
Architektenhaftung **3** 83 ff.
– Abnahme **3** 94
– Baukostenlimit, vereinbartes **3** 127 ff.
– Bausummengarantie **3** 130 ff.
– Bausummenüberschreitung **3** 121 ff.
– Bodenverhältnisse **3** 107 f.
– Einhaltung anerkannter Regeln der Technik **3** 99 ff.
– Fristsetzung zur Nachbesserung mit Ablehnungsandrohung **3** 137 f.
– gegenüber Dritten **3** 161 ff.
– Genehmigungsfähigkeit der Planung **3** 102 ff.
– Grundwasserverhältnisse **3** 109 f.
– Haftungsbegrenzungsklauseln in bestimmter Höhe **3** 160
– Haftungsbeschränkungen **3** 153 ff.
– Haftungsbeschränkungen durch Allgemeine Geschäftsbedingungen **3** 155 ff.
– Haftungsbeschränkungen, individualvertragliche **3** 154
– Kausalität **3** 139
– Koordinierungsfehler **3** 119
– Kostenermittlungen **3** 123
– Kostenrahmen **3** 122
– Leistungsbeschreibungsfehler **3** 118
– Mangel des Werkes **3** 89 ff.
– Mitverschulden anderer Sonderfachleute **3** 150
– Mitverschulden des Bauherrn **3** 141 ff.

1565

Stichwortverzeichnis

- Mitverschulden des Statikers **3** 149
- Mitverschulden des Unternehmers **3** 146 ff.
- nachbarrechtliche Pflichtverletzungen **3** 167
- Objektüberwachungsfehler **3** 111 ff.
- Planungsfehler **3** 95 ff.
- positive Vertragsverletzung **3** 84
- Schaden **3** 151 f.
- Sowieso-Kosten **3** 152
- Toleranzrahmen bei Kostenermittlung **3** 124 ff.
- unvollständige Planung **3** 106
- Verjährung **3** 168 ff.
- Verjährungsbeginn **3** 170 f.
- Verkehrssicherungspflicht, Verletzung **3** 166
- Verkehrswertgutachten, fehlerhafter **3** 163
- Verschulden **3** 140
- Vertrag mit Schutzwirkung zugunsten Dritter **3** 162 ff.
- werkvertragliche Vorschriften **3** 83, 88

Architektenkammer **5** 5, **14** 6

Architektenliste **14** 6 ff.
- Löschung der Eintragung **14** 17 f.
- Versagung der Eintragung **14** 14 ff.
- Voraussetzungen der Eintragung **14** 7 ff.

Architektenvertrag
- Abgrenzung zur Akquisition **3** 23 ff.
- Aufhebungsvertrag **3** 68
- Aufklärungs- und Beratungspflichten, vorvertragliche **3** 27 f.
- außerordentliche Kündigung des Architektenvertrages *siehe dort*
- Beendigung **3** 56 ff.
- Beratungspflicht **3** 50 ff.
- besondere Vertragsgestaltungen **3** 35 ff.
- eigenhändige Namensunterschrift **3** 15
- Einstandspflicht für den Erfolg **3** 47
- Formfreiheit **3** 9
- gestufte Beauftragung **3** 38
- Herausgabepflichten **3** 55
- Honorar des Architekten *siehe dort*
- kaufmännisches Bestätigungsschreiben **3** 19
- konkludenter Vertragsschluss **3** 20 ff.
- Koordinierungspflicht **3** 48 f.
- Leistungsphasen **3** 34
- mündlicher Vertragsschluss **3** 18 f.
- Nichtigkeit **3** 29 ff.
- Optionsverträge **3** 36 f.
- ordentliche Kündigung des Architektenvertrages *siehe dort*
- Schriftform bei Verträgen mit öffentlicher Hand **3** 11
- Schriftform nach HOAI **3** 10
- Schriftform, vereinbarte **3** 12 f.
- Teilarchitektur und Werkvertrag **3** 3 f.
- Telefax **3** 16 f.
- Treuepflicht **3** 54
- Umfang **3** 33 ff.
- Urheberrecht des Architekten *siehe dort*
- Vertragsschlussmöglichkeiten **3** 14 ff.
- Vollmacht des Architekten *siehe dort*, **1** 4 ff., **3** 1 ff.
- Vorprellen des Architekten **3** 39 f.
- vorvertragliches Vertrauensverhältnis **3** 27 f.
- Werkvertrag **3** 2 ff., 46 ff.
- Zustandekommen **3** 6 ff.

ARGE **10** 1 ff.
- Abstimmung zwischen Gesellschaftern **10** 32 ff.
- Arten von Leistungen der Gesellschafter **10** 39
- Aufsichtsstelle **10** 18 f., 23, 28 ff.
- Auskunftspflichten **10** 22
- Ausschluss der Geschäftsführung **10** 26
- Bauarbeitsgemeinschaften **15** 455 ff.
- Bau-Betriebs-Haftpflichtversicherung **8** 245
- Baugewährleistungsversicherung **8** 380
- Bauleitung **10** 20, 36 ff.
- Beistellungen **10** *siehe* ARGE – Gesellschafterleistungen
- Beitragsleistungen **10** 39
- Beitragspflicht **10** 39 ff.
- Berufshaftpflichtversicherung des Architekten/ Bauingenieurs **8** 473 f.
- Beschlussfassung **10** 29
- Beschlussfassung bei zwei Gesellschaftern **10** 34
- Bilanzierung großer ARGEN **15** 461 f.
- Bilanzierung kleiner ARGEN **15** 458 ff.
- Bilanzierung nach IAS **15** 475
- Bilanzierung nach US-GAAP **15** 477
- Bürgschaften **10** 46
- Dach-ARGE *siehe dort*
- Dauer-ARGE **10** 4
- Definition **10** 4
- Drittleistungen **10** 39, 41
- Einberufungsverfahren zur Aufsichtsstellensitzung **10** 31
- Entlastung der Geschäftsführung **10** 22
- Entzug der Geschäftsführungsbefugnis **10** 26
- Finanzierung **10** 46
- fortgesetzte ARGE **10** 4
- Gebrauchsstoffe **10** 51
- Geldmittel **10** 46
- Geräte **10** 52
- Geschäftsführung **10** 17 ff., 23
- Geschäftsführungsbefugnis der Bauleitung **10** 37
- Gesellschafterleistungen **10** 39 ff.
- Gesellschafterversammlung *siehe* ARGE – Aufsichtsstelle
- gesellschaftsrechtliche Stellung der Bauleitung **10** 36
- Gewerbesteuer **15** 173
- große **15** 461 f.
- Gründe für Bildung **10** 2
- Gründung **10** 13 f.
- Gründungszeitpunkt **10** 13
- Haftung **10** 4

Stichwortverzeichnis

- Haftung der Geschäftsführung aus positiver Vertragsverletzung **10** 25
- handelsrechtliche Beurteilung **10** 11 ff.
- kaufmännische Geschäftsführung **10** 16 ff., 24
- kleine **15** 458
- Kooperationsformen **10** 3 ff.
- Kostenerstattung **10** 42 f.
- Leistungspflichten **10** 44 ff.
- Los-ARGE **10** 5
- Mehrheitsbeschlüsse **10** 33
- Mittelstands-ARGE *siehe dort*
- Nachschußpflicht **10** 44
- Ökosteuer **15** 331
- Organe **10** 15 f.
- Personalabordnung **10** 48, 50
- Personalabstellung **10** 47 ff.
- Personalfreistellung **10** 49 f.
- Rechnungslegungspflichten **10** 22
- Rechtsfähigkeit **10** 10
- Rechtsstellung der Aufsichtsstelle **10** 28
- Selbstkontrahierungsverbot **10** 21
- steuerliche Behandlung **15** 434 ff.
- Stimmabgabe **10** 30
- Stimmpflicht **10** 35
- Stimmrecht **10** 32
- Stoffe **10** 51
- technische Geschäftsführung **10** 16 ff., 24
- unfertige ARGE-Baustellen **13** 167
- Verbrauchsstoffe **10** 51
- Vergütung der Geschäftsführung **10** 27
- Verletzung der Beistellungspflicht **10** 53
- vertikale ARGE **10** 4
- Vertragsabschluß **10** 14
- Vertretung **10** 17
- Vertretungsbefugnis der Bauleitung **10** 38
- Vorhaltestoffe *siehe* ARGE – Gebrauchsstoffe

Aufenthaltsräume **5** 4
Aufhebungsvertrag
- Arbeitsvertrag **11** 109
- Architektenvertrag **3** 68
- Bauvertrag **1** 434

Auflösungsurteil
- Abfindung **11** 151

Aufmerksamkeiten **15** 77
Aufrechnung
- mit dem Arbeitsentgelt **11** 230

Auftaumittel **7** 7 ff.
Auftrag
- öffentlicher **4** 23 ff., 183 f.
- unterhalb der Schwellenwerte **4** 147

Auftraggeber
- „abgeleitete" **4** 67 ff.
- Begriff nach § 98 GWB **4** 64 ff.
- Informationspflichten nach Abschluß Vergabeverfahren **4** 395 ff.
- interne Revision öffentlicher Auftraggeber **4** 568
- kommunale **4** 66

- öffentlich geförderter Vorhaben **4** 101 ff.
- öffentlicher **4** 23 ff.
- Rechnungsprüfung öffentlicher Auftraggeber **4** 568
- Sektorenauftraggeber **4** 85 ff.
- Sektorenauftraggeber, spezielle Vergabeverfahren **4** 188 ff.
- staatliche **4** 66

Auftragskalkulation **13** 163
Auftragsvorauswahl **13** 154 f.
Aufwand
- außerordentlicher **13** 27
- betriebsfremder **13** 27
- neutraler **13** 27
- periodenfremder **13** 27
- Zweckaufwand **13** 27 f.

Aufwandswert **13** 32
Ausfallstunden *siehe* Winterregelung
Ausfuhrgewährleistungen des Bundes **13** 100
Ausführungsbürgschaft **8** 397
Ausführungsplan **5** 8
Ausführungsunterlagen
- Hinweispflicht bei Unstimmigkeiten **1** 376
- Kündigung des Bauvertrages **1** 433
- Übergabe an Auftragnehmer **1** 357 ff.

Ausgleichsanspruch
- bei gesamtschuldnerischer Haftung **8** 162 f.

Ausgleichskonto **11** 295 ff.
- Absicherung des Guthabens **11** 303 ff.
- Auszahlung aus dem Ausgleichszeitraum **11** 298
- Behandlung am Ende des Ausgleichszeitraumes **11** 300 ff.
- Mitteilung über Stand **11** 299
- Überstundenzuschläge **11** 296 f.
- Volumen **11** 296 f.

Ausgleichspflicht
- der Gesamtschuldner **8** 161

Ausgleichsquittung **11** 152
Auslandsbau **13** 98 ff.
- Kalkulation **13** 98 ff.
- Risiken **13** 98 f.

Ausnahmen
- von den Festsetzungen des Bebauungsplans **18** 15 f.

Ausschlussfristen
- Bautarifrecht **11** 276 ff.

Ausschreibung
- Doppelausschreibung **4** 260
- funktionale **4** 263 ff.
- mit Leistungsprogramm **4** 263 ff.

Ausschreibung eines Arbeitsplatzes **11** 82 ff.
- Auswahlrichtlinien **11** 83
- Mitbestimmung **11** 82

Ausschreibungsfehler
- Haftung des Architekten/Bauingenieurs **8** 92

Ausschüttung **15** 145 ff.
Außenbereich
- Vorhaben im Außenbereich *siehe dort*

1567

Stichwortverzeichnis

Außenhandelsrisiken
– Abnahmerisiko **13** 99
– Beschaffungsrisiko **13** 99
– einzelwirtschaftliche Risiken **13** 99
– Konvertierungsrisiko **13** 99
– Kriegsrisiko **13** 99
– Kursrisiko **13** 99
– Lieferungsrisiko **13** 99
– Moratoriumsrisiko **13** 99
– politische **13** 99
– Transferrisiko **13** 99
– wirtschaftliche **13** 99
– Zahlungseingangsrisiko **13** 99
Außenwände **5** 105
– Außenwandbekleidungen **5** 111
– zweischalige **5** 110
Außerordentliche Kündigung des Arbeitsverhältnisses **11** 153 ff.
– Abmahnung **11** 159
– „an sich" geeignete Gründe **11** 157
– Arbeitsverweigerung **11** 201
– Betriebsrat, Anhörung **11** 155
– Betriebsratsmitglieder **11** 156
– Interessenabwägung **11** 158 f.
– Klagefrist **11** 163 f.
– Mitteilung der Kündigungsgründe **11** 162
– Umdeutung **11** 165
– und Kündigungsschutzgesetz **11** 163 f.
– wichtiger Grund **11** 157
– Zustimmung von dritter Seite **11** 161
– Zwei-Wochen-Frist **11** 160 f.
Außerordentliche Kündigung des Architektenvertrages **3** 61 ff.
– Architektenfehler **3** 62 f.
– grundlose Kündigung **3** 66
– Honoraranspruch **3** 65, 67
– Rechtsfolgen **3** 65 ff.
– wichtiger Grund **3** 61
Auszubildende **11** 13 f.

Balkendecken **5** 119
Bareinbehalt **1** 863 ff.
Bauablaufplan **13** 34
Bauantrag
– Definition **5** 4
– Verpflichtungsklage bei Ablehnung **24** 88
– Verpflichtungsklage bei Zurückstellung des Baugesuchs **24** 89
Bauaufsichtliche Zulassung **5** 6
Bauausführung
– Anordnungsrecht des Auftraggebers **1** 352 f.
– Ausführungsfrist, Veränderungen **1** 340 ff.
– Ausführungsfristen, Klauseln **1** 338 f.
– Ausführungsfristen nach BGB **1** 337
– Ausführungsfristen nach VOB/B **1** 331 ff.
– Ausführungsunterlagen, Übergabe **1** 357
– Bauleiter nach Landesbauordnung **1** 383
– Behinderungen während der Bauausführung
  siehe dort

– Bereitstellung des Grundstücks **1** 354
– Beweissicherung **1** 360
– Eigenverantwortlichkeit des Auftragnehmers **1** 366 f.
– Fristverlängerung, gängige Regelungen **1** 347 ff.
– Fristverlängerungsgründe **1** 342 ff.
– Genehmigungen, Einholung durch Auftraggeber **1** 355 f.
– Kooperation **1** 330
– Mängel vor der Abnahme bei BGB-Bauvertrag **1** 399 ff.
– Mängel vor der Abnahme bei VOB/B-Vertrag *siehe dort*, **1** 330 ff.
– Ordnung auf der Baustelle **1** 363
– Prüf- und Hinweispflichten des Auftragnehmers **1** 368 ff.
– Risiken **13** 14, 19 f.
– Schutzpflichten des Auftragnehmers **1** 378
– Störungen im Bauablauf **1** 384 ff.
– Überwachungsrecht des Auftraggebers **1** 350 f.
– Verkehrssicherungspflicht **1** 379 ff.
– Versorgung des Auftraggebers **1** 361 f.
– Zusammenwirken der Unternehmer **1** 364
Bauausführungsrisiko **13** 14, 19 f.
Baubeteiligte
– gesamtschuldnerische Haftung **8** 159 ff.
– Gesamtschuldverhältnis **8** 165 ff.
Baubetreuer **1** 12
Bau-Betriebs-Haftpflichtversicherung **8** 211 ff.
– Abgrenzung zur gesetzlichen Unfallversicherung **8** 244 ff.
– Architekten- und Ingenieurtätigkeiten **8** 250
– Ausschlüsse **8** 237 ff.
– Beitragsberechnung **8** 256
– besonders zu versichernde Haftpflichtgefahren **8** 227 ff.
– Checkliste über abzudeckende Haftpflichtrisiken **8** 257 ff.
– Gegenstand **8** 212 ff.
– Leistungspflicht des Versicherers **8** 218 ff.
– Meldung neuer Risiken **8** 252 ff.
– mitversicherte Personen **8** 224 f.
– Nachhaftungsversicherung **8** 255
– objektbezogene Sonderregelung **8** 249
– Sondertatbestäne **8** 245 f.
– typische Baurisiken **8** 232 ff.
– Versicherung von Auslandsrisiken **8** 251
– Wahl der Deckungssummen **8** 247 f.
Baueinstellungsverfügung **23** 69, **24** 101
– vorläufiger Rechtsschutz **24** 102 f.
Baufortschrittsraten
– Bemessung der Raten **2** 44 ff.
– Fälligkeit der letzten Rate bei Mängeln **2** 42 f.
– Ratenhöhe beim Wegfall einzelner Leistungen **2** 41
– Ratenplan **2** 36 ff.
– Sicherungspflichten nach § 3 MaBV **2** 35 ff.

Stichwortverzeichnis

- Wohnungseigentumsrecht und § 3 MaBV **2** 100 ff.
Baugebot **22** 142 ff.
Baugenehmigung *siehe auch* Verwaltungsakt, **16** 40 f., **23** 59
- Abwasserentsorgung **21** 95 ff.
- Abweichungen vom Antrag **24** 91 ff.
- Anzeigeverfahren **23** 49 ff.
- Baugenehmigungsverfahren 3 ff.
- Bauvertrag **1** 157
- Bauvertrag und fehlende Baugenehmigung **1** 111
- Befreiungen **23** 62 ff.
- durch Bau-Auftraggeber **1** 355
- einstweilige Anordnung zur Erlangung **24** 90
- Erlöschen **23** 66
- Erschließung **21** 17 f.
- Erschließungsmerkmale **21** 84 ff.
- Freistellungsverfahren **23** 49 ff.
- Geltungsdauer **23** 65
- Nachbarbeteiligung **23** 60
- Rechtsinstitut der Bauordnung **16** 19
- Rechtsschutz des Nachbarn **24** 120 ff.
- Rücknahme **23** 66
- Sicherungspflichten nach § 3 MaBV **2** 33 f.
- vereinfachtes Genehmigungsverfahren **23** 49 ff.
- verkehrsmäßige Zugänglichkeit des Grundstücks **21** 87 ff.
- Versorgungserschließung **21** 92 ff.
- Widerruf **23** 66
Baugerätedeckung **13** 100
Baugeräteversicherung **8** 304 ff.
- Auswahl der zu versichernden Geräte **8** 347
- Beitragsberechnung **8** 350 f.
- Ersatzleistung beim Totalschaden **8** 325
- Ersatzleistungen des Versicherers **8** 322 f.
- Ersatzleistungen im Teilschaden **8** 324
- Festlegung der Selbstbeteiligung **8** 349
- Gestaltung **8** 341 ff.
- Laufzeit des Versicherungsvertrages **8** 345 f.
- Meldeverfahren bei Jahresversicherungen **8** 348
- Selbstbeteiligung **8** 327
- Unterversicherung **8** 326
- versicherte Gefahren **8** 313 ff.
- versicherte Interessen **8** 317 f.
- versicherte Sachen **8** 308 ff.
- versicherter Ort **8** 319 ff.
- versicherter Zeitraum **8** 319 ff.
Baugewährleistungsversicherung **8** 369 ff.
- Begrenzung der Entschädigungsleistung **8** 377
- Beitragsberechnung **8** 385
- Direktzugriff des Bauherrn auf den Versicherer **8** 379
- Gegenstand **8** 371
- Leistungspflicht des Versicherers **8** 376
- Leistungsumfang **8** 376 ff.
- nicht versicherte Tatbestände **8** 381

- Pflichten und Obliegenheiten des Versicherungsnehmers **8** 382 ff.
- Risikoabgrenzung **8** 372 ff.
- Teilnahme an ARGEN **8** 380
- Umfang der Entschädigungsleistung **8** 378
- Versicherungsfall **8** 375
- Versicherungsumfang **8** 372 ff.
Baugips **5** 48
Bauglas **5** 51
Baugrube **5** 96 ff.
- Baugrubenverbau **5** 100
- Schadensrisiken **5** 101
- Schadensvermeidung **5** 102 f.
- Schnurgerüst **5** 98
- Schwachpunkte bei der Herstellung **5** 103
- Stützwände **5** 100
- Wasserhaltung **5** 99
Baugrund
- Überprüfung **5** 92
Baugrundrisiko
- Bauvertrag **1** 155
Bauhandwerkersicherheit **1** 874 ff.
- Besonderheiten **1** 876
- Bürgschaft **1** 875
- Bürgschaft, Muster **1** 906
- Kündigungsandrohung **1** 877
- öffentliche Hand **1** 883
- Schadensersatz **1** 878 f.
- Umfang des Sicherungsanspruchs **1** 881 f.
Bauhandwerkersicherungshypothek **1** 884 ff.
- Antrag auf Erlass einer einstweiligen Verfügung zur Eintragung einer Vormerkung, Muster **1** 907
Bauherr **1** 2
- Bauherrenhaftpflichtversicherung *siehe dort* **8** 513 ff.
- Bauleistungsversicherung **8** 519
- Definition **5** 4
- Delikthaftung **8** 133 ff.
- Feuer-Rohbau-Versicherung **8** 520 ff.
- Gebäudeversicherung **8** 523 ff.
- Haftung **8** 126 ff.
- Haftung bei Einsturz eines Gebäudes **8** 150 f.
- Haftung bei schädlichen Bodenveränderungen **8** 154
- Haftung für Erfüllungsgehilfen **8** 156
- Haftung für Handeln Dritter **8** 156 ff.
- Haftung für Verrichtungsgehilfen **8** 157 f.
- Haftung gemäß § 14 S. 2 BImSchG **8** 155
- Haftung wegen fehlerhafter Vergabe **8** 126 ff.
- Handlungshaftung **8** 152
- Inhaberhaftung **8** 153
- Koordinierungspflicht **8** 138 ff.
- Risikosituation **8** 513
- Sachversicherung **8** 519 ff.
- Schadenersatz wegen Verletzung eines Schutzgesetzes **8** 141 ff.
- Schutzgesetze **8** 141
- umweltrechtliche Haftung **8** 152 ff.

1569

Stichwortverzeichnis

- Unfallversicherung **8** 532 ff.
- Verkehrssicherungspflicht **8** 133
- Verkehrssicherungspflicht bei Beauftragung eines Bauunternehmers **8** 134 ff.
- Versicherungen **8** 513 ff.

Bauherrenhaftpflichtversicherung **8** 513 ff.
- Beitragsberechnung **8** 518
- Gegenstand **8** 514 f.
- Leistungspflicht **8** 516 f.

Bauingenieur
- Berufshaftpflichtversicherung **8** 431 ff.
- Deliktshaftung **8** 115 ff.
- Haftung **8** 73 ff.
- Haftung für Erfüllungsgehilfen **8** 122
- Haftung für Handlungen Dritter **8** 122 ff.
- Haftung für Verrichtungsgehilfen **8** 123
- Rechtsschutzversicherung **8** 498
- Sachversicherung *siehe dort* **8** 499 ff.
- strafrechtliche Verantwortung **8** 426 ff.
- Verkehrssicherungspflicht **8** 115 ff.

Baukalk **5** 51
Baukalkulationsschema **13** 29 ff.
- Weiterentwicklung **13** 154 ff.

Baukontenrahmen *siehe* BKR
Baukonzessionen **4** 103 ff., 181
Baukosten
- allgemeine **13** 4

Baukostenüberschreitung
- Haftung des Architekten **8** 102 ff.

Baulast
- Abstandsflächen **23** 37
- Grenzregelung **19** 194 f.

Bauleistung
- im Sinne des Vergaberechts **4** 109 ff.
- Teilbarkeit **15** 282
- umsatzsteuerliche Behandlung **15** 300

Bauleistungsdeckung **13** 100
Bauleistungsgeschäfte
- Deckungsformen **13** 102

Bauleistungsversicherung **8** 281 ff.
- Baustellen mit Sonderrisiken **8** 335 f.
- Ersatzleistungen des Versicherers **8** 301 ff.
- Festlegung der Selbstbeteiligung **8** 337 f.
- für den Bauherrn **8** 519
- Gestaltung **8** 328 f.
- Konditionsdifferenzversicherung **8** 339
- Prämienberechnung **8** 340
- Prüfung der bauvertraglichen Risikoverteilung **8** 333 f.
- Risikobeschreibung **8** 281 ff.
- versicherte Gefahren **8** 289 ff.
- versicherte Interessen **8** 293 ff.
- versicherte Sachen **8** 285 ff.
- versicherter Ort **8** 297 f.
- versicherter Zeitraum **8** 297 ff.

Bauleiter
- Definition **5** 4
- nach Landesbauordnung **1** 383

Bauleitplanung *siehe auch* Öffentliches Baurecht, **16** 5 f., 20 f.
- Abstimmung mit benachbarten Gemeinden **17** 11 f.
- Agrarstrukur, Verbesserung **22** 190 ff.
- Änderung der Planung **17** 54
- Anpassung an Ziel der Raumordnung **17** 9 f.
- Aufgaben **16** 21, **17** 2
- Auslegungs- und Einwendungsverfahren **17** 48 f.
- Ausschließlichkeit der Plantypen **17** 2
- Bauleitpläne **16** 22 f.
- Bebauungsplan *siehe dort*
- Bekanntmachung **17** 61
- Beteiligung der Träger öffentlicher Belange **17** 50 ff.
- Bodenschutz **17** 21 f.
- Bürgerbeteiligung **17** 45 ff.
- Denkmalschutz **17** 155
- Entscheidungsform **16** 39
- Entwicklungsplanung **16** 25
- Entwicklungsplanung für örtliche Bodennutzung **17** 2
- Flächennutzungsplan *siehe dort*
- Fremdenverkehr **17** 155, **19** 17 ff.
- Gemeinderat **17** 40
- Genehmigung **17** 57 ff.
- Gestaltung der städtebaulichen Entwicklung **16** 20
- Gestaltung des Gemeinwesens **16** 28
- Grundsätze **17** 4 ff.
- informelle Beziehungen **16** 30, **17** 41
- interne Ziele **17** 15 ff.
- kommunale Planungshoheit **17** 35 ff.
- Koordinationsleistung **16** 29
- Mediator **16** 30, **17** 45
- Oberziele **17** 16
- Offenlegungsbeschluss **17** 49
- öffentlich-rechtliche Verträge **16** 31
- Planaufstellungsbeschluss **17** 42 ff.
- Planbeschluss **17** 55 f.
- Planerforderlichkeit **17** 7
- planerische Gestaltungsfreiheit **16** 42 ff.
- planerische Zurückhaltung **17** 8
- Planklarheit **17** 8
- Planmäßigkeit **17** 5 f.
- Planungsermessen *siehe dort*
- Planungsleitlinien **17** 17
- Planungssurrogate **16** 22
- privilegierte Fachplanungen **17** 13 f.
- Sicherung der Bauleitplanung **19** 1 ff.
- Sicherung von städtischen Funktionen **17** 155
- Sonderformen **17** 145 ff.
- sozialer Milieuschutz **17** 155
- städtische Lebensqualität **16** 27
- Standortplanung für umweltbeeinträchtigende Vorhaben und Maßnahmen **17** 19
- Träger **17** 35 ff.

Stichwortverzeichnis

- Trennungsgebot im Rahmen des Immissionsschutzes **17** 20
- überörtliche Raumplanung **16** 37
- umweltrelevante Fachpläne **17** 23 f.
- Umweltschutz **16** 26, **17** 18 ff.
- Umweltverträglichkeitsprüfung **17** 23, 31 ff.
- Verfahren **17** 38 ff.
- Vermeidung und Ausgleich bei Natur- und Landschaftseingriffen **17** 23, 25 ff.
- Versagung der Genehmigung **17** 60
- Vorbereitungs- und Leitungsfunktion **17** 2

Bauliche Anlage
- bauordnungsrechtlicher Begriff **23** 11 ff.
- Katalog **23** 13
- planungsrechtliche Zulässigkeit **18** 6
- Verkaufs- und Wohnwagen **23** 12

Bauliche Nutzung
- Maß **5** 5

Baumassenzahl **5** 4

Baumaßnahme
- verantwortliche Personen **5** 7

Baunutzungsverordnung **5** 4

Bauordnung/Bauordnungsrecht *siehe auch* Öffentliches Baurecht, **16** 4, **23** 1 ff.
- Abstandsflächen *siehe dort*
- Anforderungen an das Baugrundstück **23** 20 ff.
- Anwendungsbereich **23** 9
- Anzeigeverfahren **23** 49 ff.
- Bauausführung, Anforderungen **23** 38 ff.
- Baueinstellungsverfügung **23** 69
- Baugenehmigung *siehe dort*
- Bauleiter **1** 383
- bauliche Anlage **23** 11 ff.
- Bauprodukte **23** 43
- Bauzustandsbesichtigung **23** 67
- Begriffsbestimmungen **23** 10 ff., 16
- behördliche Zuständigkeit **23** 48
- Benutzungsuntersagung **23** 70
- Beseitigungsanordnung **23** 71 ff.
- Brandschutz **23** 41
- Entscheidungsform **16** 39
- ergänzende Regelungen **23** 4
- Erschließung des Baugrundstücks **21** 82 ff., **23** 22 f.
- formelles Bauordnungsrecht **23** 1 f.
- Freistellungsverfahren **23** 49 ff.
- Garagen **23** 45 f.
- Gebäude **23** 14
- Gefahrenabwehr **16** 16
- Gegenstand **16** 16
- Generalklausel **23** 17
- historische Entwicklung **16** 8 ff.
- materielles Bauordnungsrecht **23** 1 f.
- Mobilfunkantennen **23** 40
- Musterbauordnung **23** 5
- rechtswidriges Bauen **23** 68 ff.
- Rechtszersplitterung **23** 6 f.
- Regelungsschwerpunkt **16** 17
- schädliche Umwelteinwirkungen **23** 40
- Standsicherheit **23** 39
- Stellplätze **23** 45 f.
- technische Baubestimmungen **23** 18
- technische Verwaltungsvorschriften **16** 18
- Teile des Bauvorhabens **23** 44
- Teilungsgenehmigung **23** 20
- Verantwortung am Bau **23** 47
- vereinfachtes Genehmigungsverfahren **23** 49 ff.
- Vereinigungsbaulast **23** 20
- Verkehrssicherheit **23** 42
- Verunstaltung **23** 19
- Vollgeschossbegriff **23** 15
- Vorbescheid **23** 58

Bauordnungsrecht **5** 4

Bauphysiker
- Definition **5** 4

Bauplanung **5** 1

Bauplanungsrechtliches Vorhaben
- bauliche Anlage **18** 6
- Fauna-Flora-Habitat-Richtlinie **18** 9
- Nutzungsänderung **18** 7
- Regelungen zur planungsrechtlichen Zulässigkeit **18** 1 ff.
- Vorhaben im Außenbereich *siehe dort*
- Vorhaben im Geltungsbereich eines Bebauungsplans *siehe dort*
- Vorhaben im unbeplanten Innenbereich *siehe dort*
- Vorhaben i.S.d. § 29 BauGB **18** 5 ff.
- Vorhaben während der Planaufstellung *siehe dort*

Bauproduktion
- Kontrolle **13** 20

Baurecht, öffentliches *siehe* Öffentliches Baurecht

Bauschäden
- Ursachen **6** 16

Bauschadensberichte **6** 16, 21

Bausparte **13** 17

Baustahl **5** 51

Baustellen
- unfertige ARGE-Baustellen **13** 167
- unfertige Eigenbaustellen **13** 166 f.

Baustellencontrolling **13** 19 f.

Baustellenkosten **13** 29

Baustellenkostendeckung **13** 102

Baustellenverordnung **8** 44, 552 ff.
- Grundlagen **8** 552 f.
- strafrechtliche Verantwortung der SiGe-Koordinatoren **8** 558
- Verantwortung des Architekten **8** 556
- Verantwortung des Bauherrn **8** 554 f.
- Verantwortung des Bauunternehmers **8** 557

Baustoffe **5** 44 ff.
- Beton **5** 47
- Brennbarkeitsklassen **5** 175
- Grundbaustoffe **5** 45

1571

Stichwortverzeichnis

- Kunstbaustoffe **5** 45
- künstliche **5** 44 f.
- Kunststoffe **5** 49
- Leichtbaustoffe **5** 44 f.
- Mauersteine **5** 46
- metallische **5** 44 f.
- Mörtel **5** 48
- natürliche **5** 44 f.
- nichtmetallisch-anorganische **5** 44 f.
- organische **5** 44 f.
- Schadensrisiken **5** 54
- Schadensvermeidung **5** 55
- schwere **5** 44 f.
- Schwinden **5** 54
- sonstige **5** 50 ff.
- Unterteilung nach Brandverhalten **5** 175
- Verbundbaustoffe **5** 44 f.
- Zement **5** 47

Baustoffkosten **13** 116
Bausummengarantie **8** 103 ff.
- beschränkte **8** 105
- totale **8** 104

Bausummenüberschreitung *siehe* Architektenhaftung
- Haftung **8** 106 ff.
- Schadenberechnung **8** 113 f.

Bautarifrecht
- Arbeitnehmer-Entsendegesetz *siehe dort*
- Arbeitsgemeinschaften *siehe dort*
- Arbeitszeitregelungen im Baugewerbe *siehe dort*
- Ausschlussfristen **11** 276 ff.
- Begründung des Arbeitsverhältnisses **11** 272 ff.
- Entgelttarifverträge **11** 266
- Rahmentarifverträge **11** 267 f.
- Sozialkassen *siehe dort*
- Sozialkassentarifverträge **11** 269
- Urlaub in der Bauwirtschaft *siehe dort*
- Urlaubsvergütung in der Bauwirtschaft *siehe dort*
- Verfahrenstarifverträge **11** 270 f.
- Winterregelung *siehe dort*, **11** 264 ff.

Bauteile
- Feuerwiderstandsklassen **5** 176

Bauträger **1** 24 f.

Bauträgervertrag
- AGB-Gesetz **2** 10 ff.
- Bezugsfertigkeit **2** 7
- Eigentum **2** 8
- Fälligkeitsmodelle der MaBV **2** 13 ff.
- Mängelgewährleistung bei Bauträgerverträgen *siehe dort*
- Prospekthaftung **2** 95 ff.
- Sicherungspflichten nach § 3 MaBV *siehe dort*
- Sicherungspflichten nach § 7 MaBV *siehe dort*
- verdeckter Bauträgervertrag **2** 9
- Vertrag sui generis **2** 2
- Vollstreckungsunterwerfung wegen des Kaufpreisanspruchs *siehe dort*, **2** 1 ff.
- zwingende Geltung der MaBV **2** 4 ff.

Bauüberwacher **1** 13

Bauüberwachung
- Haftung des Architekten/Bauingenieurs **8** 93 ff.

Bauunternehmer
- Anlagenhaftung **8** 47
- Anlagenhaftung bei Umwelteinwirkungen **8** 54
- Arbeitsgemeinschaften *siehe dort*
- Bauträger **1** 24 f.
- deliktische Haftung für Dritte **8** 69 f.
- Deliktshaftung **8** 24 ff.
- Generalübernehmer **1** 22 f.
- Generalunternehmer **1** 17
- Gesamtschuld Architekt – Unternehmer **1** 55 ff.
- Haftung als Arbeitgeber **8** 72
- Haftung aus unerlaubter Handlung **8** 25 ff.
- Haftung für Erfüllungsgehilfen **8** 67 f.
- Haftung für Handlungen Dritter **8** 67 ff.
- Haftung für Verrichtungsgehilfen **8** 69 f.
- Haftung nach § 14 S. 2 BImSchG **8** 56
- Haftung nach dem Umwelthaftungsgesetz **8** 54
- Haftung wegen schädlicher Bodenveränderungen **8** 55
- Haftung wegen Umwelteinwirkungen **8** 47 ff.
- Handlungshaftung **8** 47 ff.
- Hauptunternehmer **1** 18
- Inhaberhaftung **8** 51 ff.
- Nachunternehmer **1** 19 f.
- Nebenunternehmer **1** 21
- Produkthaftung **8** 57 ff.
- strafrechtliche Verantwortung **8** 426 ff.
- Subunternehmer **1** 19 f.
- Totalübernehmer **1** 16
- Vergütung des Unternehmers *siehe dort*
- Verkehrssicherungspflicht **8** 31 ff.
- Versicherungen **8** 211 ff.
- Vorunternehmer **1** 21
- werkvertragliche Haftung **8** 2 ff.
- Zusammenwirken auf der Baustelle **1** 363 f.

Bauvertrag
- Abnahme *siehe dort*
- Abschluss **1** 87 ff.
- AGB-Gesetz *siehe dort*
- Änderungen beim Bauvertrag *siehe dort*
- Altbausanierung **1** 156
- Anfechtung **1** 435
- Anfechtung wegen Irrtums **1** 132 f.
- Bauausführung *siehe dort*
- Baugenehmigung **1** 157
- Baugenehmigung, fehlende **1** 111
- Baugrundrisiko **1** 155

Stichwortverzeichnis

- Bauherrenzahlung an Nachunternehmer **1** 64 ff.
- „beigestellter Unternehmer" **1** 68 f.
- Beteiligte **1** 2 ff.
- BGB-Bauvertrag *siehe dort*
- Bindefristen **1** 128 f.
- Durchgestellter Vertrag *siehe dort*
- Einheitspreisvertrag **13** 107
- einvernehmliche Vertragaufhebung **1** 434
- Erfüllungsgehilfen **1** 31 ff.
- Form **1** 101 ff.
- Generalübernehmervertrag **13** 109 f.
- Gesamtschuld Unternehmer – Architekt **1** 55 ff.
- gescheiterter Vertragsabschluss **1** 130 f.
- gesetzliche Verbote **1** 106 ff.
- Grundstücksveräußerung **1** 102
- Handwerksordnung, Verstoß **1** 110
- Internationales Privatrecht **12** 3
- Kalkulationsirrtum **1** 132 f.
- kaufmännisches Bestätigungsschreiben **1** 94 ff.
- Kündigung des Bauvertrages *siehe dort*
- Leistungsbeschreibung *siehe dort*
- Lieferanten **1** 30
- Mustertexte **1** 890 ff.
- Nachträge *siehe* Änderungen beim Bauvertrag
- Pauschalvertrag **13** 106
- Projektsteuerungs- bzw. Projektleitungsvertrag **13** 109, 111
- Rangregelungen bei Widersprüchen **1** 160
- rechtliche Einordnung **1** 72 ff.
- Rücktritt **1** 435
- Schiedsgerichtsvereinbarung, Muster **1** 909
- Schiedsvereinbarungen **1** 103 ff.
- Schwarzarbeit **1** 107 f.
- Selbstkostenerstattungsvertrag **13** 108
- Unternehmerformen **1** 15 ff.
- Vergütung des Unternehmers *siehe dort*
- Verhandlungsprotokoll **1** 154
- Verhandlungsprotokoll, Muster **1** 891
- verzögerte Fertigstellung **1** 588 ff.
- VOB/B-Bauvertrag *siehe dort*, **1** 1 ff.
- Vollmachtsfragen **1** 70 f.
- Vorunternehmer, fehlerhafte Werkleistungen **1** 50 ff.
- Wandlung **1** 435
- Werkvertrag **1** 73 f.
- Widerspruchsregelungen **1** 159 ff.
- Zahlungsarten **1** 188 ff.
- Zuschlag, Muster **1** 892
- Zuständigkeitsregelungen **1** 158

Bauvoranfrage **5** 4
- Architektenhonorar **3** 211

Bauvorbescheid **5** 4
Bauvorlagen **5** 4
Bauvorlageverordnung **5** 4
Bauwagnisse **13** 5
Bauwirtschaft **15** 4

Bauzeitverkürzung
- Berechnungsbeispiel **13** 66 ff.

Bebauungsplan *siehe auch* Bauleitplanung
- Angebotsplanung **17** 77
- Anpflanzungen **17** 111
- Anzeigepflicht **17** 59
- Art der baulichen Nutzung **17** 84 ff.
- Aufgaben der Bauleitplanung **16** 22 ff.
- Ausgleichsmaßnahmen **17** 112 f.
- Ausnahmen von den Festsetzungen **18** 15 f.
- Bauweise **17** 95 f.
- Befreiungen von den Festsetzungen **18** 15, 17 ff.
- Befugnis zur Weiterentwicklung **17** 79
- Begründung **17** 115
- Bekanntmachung **17** 61
- besondere Formen **17** 118 ff.
- besondere Formen des Wohnens **17** 99
- Dispens *siehe dort*
- Dorfgebiet **17** 88
- Entwicklungsgebot **17** 78
- Erschließungspflicht **21** 52 ff.
- Festsetzungen **17** 81 ff.
- Form **17** 115 ff.
- freizuhaltende Flächen **17** 106
- Fremdenverkehrsgebiet **19** 17 ff.
- Funktion **17** 77 ff.
- Gebietstypen **17** 84
- Geltungsdauer **17** 116
- Gemeinbedarf **17** 100 ff.
- Gemeinschaftsanlagen **17** 98
- Gewerbe- und Industriegebiete **17** 89
- Inhalt **17** 80 ff.
- Kennzeichnungen **17** 114
- Kerngebiet **17** 88
- kommunale Satzung **17** 116
- luftverunreinigende Stoffe **17** 108 f.
- Maß der baulichen Nutzung **17** 93 f.
- Mindestmaße/Höchstmaße **17** 97
- Mischgebiet **17** 88
- nachrichtliche Übernahmen **17** 114
- Nebenanlagen **17** 98
- Normenkontrolle bei Bebauungsplan *siehe dort*
- Parallelverfahren **17** 122
- parzellenscharfe und rechtsverbindliche Festsetzungen **17** 79
- planerische Feinsteuerung **17** 91 f.
- programmierende Funktion **17** 77
- selbstständiger Bebauungsplan **17** 120
- Sicherung der Bauleitplanung **19** 1 ff.
- Sondergebiete **17** 90
- Spiel-, Freizeit- und Erholungsflächen **17** 101
- Trennung von Wohnen und Arbeiten **17** 86
- Umweltschutz **17** 107 ff.
- und Flächennutzungsplan **17** 78 f.
- Verkehrsflächen **17** 103 f.
- Versorgungs- und Entsorgungsanlagen **17** 105

1573

Stichwortverzeichnis

- Vorhaben im Geltungsbereich eines Bebauungsplans *siehe dort*
- Vorhaben während der Planaufstellung *siehe dort*
- vorhabenbezogener Bebauungsplan *siehe dort*, **17** 76 ff.
- vorzeitiger Bebauungsplan **17** 121
- wechselseitige Störungen unterschiedlicher Nutzungen **17** 110
- Wohngebietstypen **17** 87

Bedingung
- Arbeitsverhältnis **11** 168

Befestigungstechnik **5** 182 ff.
- Bezeichnungen und Fachbegriffe **5** 183
- Regelwerke **5** 184
- Schadensrisiken **5** 185
- Schadensvermeidung **5** 186

Befristung
- Arbeitsverhältnis **11** 168

BEGE *siehe* Beihilfegemeinschaft
Begründung des Arbeitsverhältnisses **11** 78 ff.
- Bautarifrecht **11** 272 ff.

Behinderung
- Berechnungsbeispiel **13** 52 ff.

Behinderungen während der Bauausführung **1** 404 ff.
- Allgemeine Geschäftsbedingungen **1** 425
- Behinderung, Begriff **1** 404
- Behinderungsanzeige **1** 412 ff.
- Behinderungsanzeige, Muster **1** 896
- Beschleunigungsmaßnahmen zur Kompensation **1** 423
- Differenzhypothese **1** 406
- Kausalität und Schaden **1** 417 ff.
- Schaden **1** 418 ff.
- typische Schäden **1** 407
- Verjährung **1** 409
- Verschulden **1** 405

Beige *siehe* Beihilfegemeinschaft
Beigestellter Unternehmer **1** 68 f.
Beihilfegemeinschaft **10** 6
Beizulegender Wert **13** 166
Bekanntmachung **4** 275 ff.
- Formulierung **4** 268 ff.

Bemessungsgrundlagen
- für die steuerliche Gewinnermittlung **15** 58 ff.

Bentonit **5** 100
Beratende Ingenieure
- Auswärtige Beratende Ingenieure **14** 66 ff.
- Berufsaufgabe **14** 54 f.
- Berufsbezeichnung **14** 58 ff.
- Berufspflichten **14** 57
- Eintragung in Liste Beratender Ingenieure **14** 61
- Löschung der Eintragung in Liste Beratender Ingenieure **14** 64 f.
- Versagung der Eintragung in Liste Beratender Ingenieure **14** 62 f.
- Werbung **14** 71 ff.

Beratungspflicht des Architekten **3** 50 ff.
- Auswahl von Bauunternehmern und Sonderfachleuten **3** 52
- bei Abnahme der Bauleistung **3** 52
- finanzielle Beratung **3** 53
- rechtliche Beratung **3** 52
- vorvertragliche Beratung **3** 27 f.
- Wünsche des Bauherrn **3** 51

Bereicherungsanspruch
- nichtiger Architektenvertrag **3** 32
- nichtiger Bauvertrag wegen Schwarzarbeit **1** 107

Berliner Verbau **5** 100
Berufshaftpflichtversicherung
- Abhandenkommen von Sachen **8** 463
- Auslandsschäden **8** 464
- Bauzeitüberschreitung **8** 457 f.
- Befreiungsanspruch **8** 435
- Begrenzung der Leistungspflicht **8** 435
- Beitragsberechnung **8** 487 ff.
- Besonderheiten **8** 441 ff.
- Deckungssummenmaximierung **8** 439
- des Architekten/Bauingenieurs **8** 431 ff.
- Ersatzanspruch **8** 435
- Fehlbeträge bei der Kassenführung **8** 466
- Fristüberschreitung **8** 457 f.
- für Projektsteuerer **8** 496 f.
- gesetzliche Haftpflicht **8** 434
- Interessenkollision bei verwandtschaftlichen Beziehungen und wirtschaftlicher Verbundenheit **8** 454
- Leistungen außerhalb des Berufsbildes eines Architekten **8** 450 ff.
- Leistungspflicht des Versicherers **8** 435
- Leistungsumfang **8** 435 ff.
- mitversicherte Personen **8** 469 ff.
- Nachhaftung des Versicherers **8** 447 f.
- nicht versicherbare bzw. nicht ohne weiteres versicherte Risiken bzw. Schäden **8** 449 ff.
- Risikobeschreibung **8** 431
- Rückwärtsversicherung **8** 445 f.
- Schäden von am Versicherungsnehmer beteiligten Personen **8** 468
- Schiedsgerichtsvereinbarung **8** 491 ff.
- Schlichtungsverfahren **8** 494 f.
- Selbstbeteiligung **8** 440
- Serienschaden **8** 436
- Sondertatbestände **8** 482 ff.
- Strahlenrisiko **8** 486
- Terminüberschreitung **8** 457 f.
- über den gesetzlichen Umfang hinausgehende Haftungsvereinbarungen **8** 455
- Überschreitung von Vor- und Kostenanschlägen **8** 459 ff.
- Umwelthaftpflichtrisiko **8** 482 ff.
- Vergabe von Lizenzen **8** 462
- Verletzung von gewerblichen Schutz- und Urheberrechten **8** 462
- Vermittlung von Geschäften **8** 465

1574

Stichwortverzeichnis

- versicherte Tätigkeiten **8** 433
- Versicherungsschutz in ARGEN **8** 473 f.
- Versicherungsschutz in Kooperationsformen **8** 473 ff.
- Versicherungsschutz von Generalplanern **8** 476 ff.
- Versicherungsschutz von Partnerschaftsgesellschaften **8** 480
- Versicherungsschutz von Planungsringen **8** 475
- Verstöße beim Zahlungsakt **8** 466
- Verstoßprinzip **8** 442 ff.
- Veruntreuung **8** 467
- von juristischen Personen des Privatrechts **8** 481
- vorsätzlich herbeigeführte Schäden **8** 456
- Wahl der Deckungssummen **8** 437 f.

Berufung, Zulassungsberufung *siehe dort*
Beschäftigungsanspruch **11** 205
Beschäftigungsverbote **11** 101
Bescheinigungsverfahren **4** 560 f.
Beschleunigung
- Kalkulationsbeispiel **13** 59 ff.

Beschleunigungskosten
- Berechnung **13** 59 ff.
- Mehrkosten aus Anmietung eines Zwischenlagerplatzes **13** 70 ff.
- Mehrkosten aus dem Einsatz eines zusätzlichen Bauleiters **13** 77
- Mehrkosten aus dem Einsatz eines zusätzlichen Kranführers **13** 79
- Mehrkosten aus dem Einsatz eines zusätzlichen Magaziners **13** 80
- Mehrkosten aus dem Einsatz eines zusätzlichen Poliers **13** 78
- Mehrkosten aus Nachtarbeit **13** 69
- Mehrkosten aus Überstundenzuschlägen **13** 73
- Mehrkosten aus witterungsbedingten Minderleistungen **13** 75
- Mehrkosten aus Zuschlägen für Transportbeton **13** 76
- Minderkosten der Baustelleneinrichtung **13** 82
- Produktivitätsminderung durch Überstunden **13** 74
- verminderte Gehaltskosten **13** 81
- Zusammenstellung **13** 83

Beschwerdeverfahren **4** 533 ff.
- Antrag der Vergabestelle auf Vorab-Gestattung des Zuschlags **4** 544 f.
- aufschiebende Wirkung **4** 542 f.
- Entscheidung **4** 550
- erstmalige Beiladung **4** 546 ff.
- Form **4** 539 ff.
- Frist **4** 539 ff.
- Kosten **4** 551 f.
- Statthaftigkeit **4** 534 ff.
- Verfahren **4** 550
- Verlängerungsantrag des Bieters **4** 542 f.
- Vertretung **4** 539 ff.
- Zulässigkeit **4** 534 ff.
- Zuständigkeit **4** 534 ff.

Beseitigungsanordnung
- Bauordnungsrecht **23** 71 ff.

Besteuerung
- bei Veräußerung von Anteilen an Kapitalgesellschaften **15** 90 f.
- grenzüberschreitender Umsätze **15** 315 ff.
- Mondialbesteuerung **15** 13
- Personengesellschaft **15** 353 ff.
- von Kapitalgesellschaften **15** 340 ff.
- von Kapitalgesellschaften als Anteilseigner **15** 157 ff.
- von natürlichen Personen oder Personengesellschaften als Anteilseigner **15** 154 ff.
- von Veräußerungsvorgängen **15** 81 ff.

Beteiligungen
- an Kapitalgesellschaften **15** 89

Beton **5** 47
- Betonschäden durch chemische Auftaumittel **7** 7 ff.
- Hydratation **5** 47
- Kriechen **5** 84
- Stahlbeton **5** 74

Betonstahl **5** 51
Betonzuschlag **5** 47
Betrieb
- Begriff **11** 16

Betriebliche Übung **11** 68 ff.
Betriebsabrechnungsbogen **13** 22, 26
Betriebsaufgabe **15** 86
Betriebsaufgabeerfolg **15** 86
Betriebsaufspaltung **15** 423 ff.
Betriebsbedingte Kündigung **11** 145 ff.
- Sozialauswahl **11** 146 f.

Betriebsbußen **11** 263
Betriebskosten **13** 4
- der Baustelle **13** 116, 131 f.

Betriebsratsmitglied
- außerordentliche Kündigung **11** 156
- Verschwiegenheitspflicht **11** 258

Betriebsratstätigkeit **11** 226
Betriebsrisiko **11** 215
Betriebsstätte **15** 180
Betriebsübergang **11** 175 ff.
- als Kündigungsgrund **11** 120
- Widerspruch **11** 178

Betriebsvereinbarung **11** 56 ff.
- Dauer **11** 60
- erzwingbare Betriebsvereinbarung **11** 61
- freiwillige Betriebsvereinbarung **11** 61
- Geltungsbereich **11** 59
- Rechts- und Billigkeitskontrolle **11** 64
- Sperrwirkung des Tarifvertrags **11** 62 f.
- und Regelungsabreden **11** 65
- Zustandekommen **11** 57 f.

Betriebsvermögen **15** 81
- Bewertung **15** 218 ff.
- gewillkürtes **15** 396

Stichwortverzeichnis

- notwendiges **15** 395
- Sonderbetriebsvermögen **15** 399 ff.
- Veräußerungsvorgänge **15** 83

Betriebsverpachtung **15** 87 f.

Bevorratungskostendeckung **13** 102

Bewehrung
- im Stahlbetonbau **5** 76
- schlaffe **5** 83

Bewehrungsplan **5** 11
- Schneideskizzen **5** 11
- Stahlauszug **5** 11

Beweissicherung *siehe auch* Selbstständiges Beweisverfahren
- Parteigutachter **1** 576 ff.
- Schiedsgutachter **1** 572 ff.
- vor Baubeginn **1** 360

Bewerbungsbedingungen **4** 229 ff.

Bewertung
- verlustfreie Bewertung unfertiger Bauten **13** 166 f.

BGB-Bauvertrag
- Änderungen beim BGB-Bauvertrag *siehe dort*, **1** 85 f.
- Abrechnung **1** 208 f.
- Abschlagszahlung **1** 195
- Ausführungsfristen **1** 337
- Ausführungsfristen, Veränderungen **1** 341 ff.
- Behinderungen während der Bauausführung **1** 411
- Behinderungsanzeige **1** 416
- fiktive Abnahme **1** 547 f.
- Gewährleistungsansprüche **1** 712
- Kündigung aus wichtigem Grund durch Auftraggeber **1** 457 ff.
- Kündigung aus wichtigem Grund durch Auftragnehmer **1** 496 f.
- Kündigung durch Auftraggeber **1** 452
- Kündigung durch Auftragnehmer **1** 489 ff.
- Kündigung wegen fehlender Mitwirkung des Auftraggebers **1** 489 ff.
- Kündigung wegen fehlender Sicherheitsleistung **1** 498
- Kündigung wegen fehlerhaftem Kostenanschlag **1** 453 ff.
- Leistungsbeschreibung **1** 134
- Mängel vor der Abnahme **1** 399 ff.
- Minderung **1** 776 f.
- Nachbesserungsanspruch **1** 764
- positive Forderungsverletzung **1** 807
- Schadensersatzanspruch aus § 635 BGB **1** 804 ff.
- Vergütungsgefahr und Abnahme **1** 520
- Verstoß gegen anerkannte Regeln der Technik **1** 647
- Vertragsbeendigung wegen Verzugs des Auftragnehmers **1** 592 ff.
- Verzögerungsschaden wegen Verzugs des Auftragnehmers **1** 589 ff.
- Verzugsfolgen **1** 231, 233 f.

- Wandelung **1** 813

BGB-Gesellschaft **9** 4 ff.
- Einkommensteuer **9** 8
- Haftung **9** 7
- Umsatzsteuer **9** 9

Bieter
- Anfechtung des Angebotes **4** 351 ff.
- Eignungsnachweise **4** 239
- Prüfung der Eignung **4** 313 ff.

Bietergemeinschaft **10** 8
- im öffentlichen Vergaberecht **10** 9

Bilanz
- Ergänzungsbilanz **15** 398

Bilanzansatz **15** 441

Bilanzausweis **15** 442 f.

Bilanzierung **15** 441 ff.
- dem Grunde nach **15** 441 ff.
- der Höhe nach **15** 444 ff.
- großer ARGEN **15** 461 f.
- internationale Grundsätze **15** 474 ff.
- kleiner ARGEN **15** 458 ff.
- von Anzahlungen **15** 441 ff.
- von Nachträgen **15** 441 ff.
- von unfertigen Bauten **15** 441 ff.

Bindefrist **4** 230 ff.
- Verlängerung **4** 358 f.

Bitumen **5** 51

BKR **15** 438 ff.

Boden
- Durchlässigkeit **5** 87
- Frostempfindlichkeit **5** 87
- Hauptbestandteile **5** 87
- innere Reibung **5** 87
- Kapillarität **5** 87
- Kohäsion **5** 87
- Lagerungsdichte **5** 87
- Proctordichte **5** 87
- Steifemodul **5** 87
- Versagensarten **5** 93

Bodenarten **5** 87

Bodengutachter **5** 4

Bodenklassen **5** 97

Bodenordnungsverfahren
- Abgrenzung zur Enteignung **19** 58 f.
- Arten **19** 62
- Beginn **19** 52
- Begriff **19** 52
- Bodensonderungsgesetz **19** 62
- Bodensonderungsgesetz, Konkurrenzen **19** 66 ff.
- Flurbereinigung **19** 62
- Grenzregelung *siehe dort*
- Grundbuchvermerk **19** 55
- in den neuen Bundesländern **19** 62
- Konkurrenzen **19** 63 ff.
- Landwirtschaftsanpassungsgesetz **19** 62
- Liegenschaftskataster **19** 56 f.
- Plan **19** 52 f.
- Rechtsbehelfe **19** 61

- Rechtsweg **19** 61
- Umlegung *siehe dort*, **19** 52 ff.
- Verfahren **19** 60
- Verfügungs- und Veränderungssperren **19** 54 f.
- Vermögenszuordnungsgesetz **19** 62

Bodenrichtwert **15** 225
Bodenveränderung
- Haftung des Bauunternehmers **8** 55
- schädliche **8** 154

Bodenverbesserung **5** 88
Bonitätsrisiko **13** 15
Böschungsbruch **5** 93
Brandabschnitt **5** 4, 177
Brandlast **5** 177
Brandschutz **5** 173 ff.
- Bauordnungsrecht **23** 41
- besondere Anforderungen **5** 178
- Schadensrisiken **5** 179
- Schadensvermeidung **5** 180

Brandschutzklasse **5** 177
Brandschutzmaßnahmen **5** 177
Brandschutzverglasung **5** 177
Brandversuch **5** 177
Brandwand **5** 4, 177
Brennbarkeitsklasse **5** 175
Bruttogeschoßfläche **5** 5
Brutto-Methode **15** 297
Bundesbodenschutzgesetz **8** 55, **8** 154
Bundesimmissionsschutzgesetz
- Haftung **8** 155
- Haftung des Bauunternehmers **8** 56

Bürgschaft **1** 856 ff., **8** 396 ff.
- Ausführungsbürgschaft **8** 397
- Bankbürgschaft **1** 873
- Bauhandwerkersicherheit **1** 875
- Bauhandwerkersicherheit, Muster **1** 906
- Bürgschaft auf erstes Anfordern **1** 860 ff.
- Formen **1** 857
- Gewährleistungsbürgschaft **1** 859, **8** 397
- Gewährleistungsbürgschaft, Muster **1** 905
- tauglicher Bürge **1** 857
- Umfang **1** 858 f.
- Vertragserfüllungsbürgschaft **1** 858 f., **8** 398
- Vertragserfüllungsbürgschaft, Muster **1** 894
- Vorauszahlungsbürgschaft **8** 398
- Vorauszahlungsbürgschaft, Muster **1** 895
- zeitlich unbefristet **1** 857

Cashflow **13** 145 ff.
Contractor-Verfahren **5** 100
Controlling
- baubegleitend **13** 19 f.

Culpa in contrahendo **8** 83, 127 f.
- Architektenvertrag **3** 27 f.

Dach
- einfaches Dach **5** 125
- Flachdach **5** 124
- geneigtes **5** 124 f.
- Kaltdach **5** 129
- Umkehrdach **5** 131
- Warmdach **5** 129
- zusammengesetztes Dach **5** 125

Dachabdichtung **5** 127
Dach-ARGE **10** 5
- Beistellungen **10** 56
- Beteiligungsverhältnis **10** 65 f.
- Durchleitung der Auftraggeberzahlungen **10** 61
- Eigenverantwortlichkeit **10** 57
- Gewinnrealisierung **10** 55
- Gleichstellung zwischen Gesellschafter und Nachunternehmer **10** 62 f.
- Grundsätze **10** 54 ff.
- Haftung **10** 54, 64
- Identität der Bauvertragsinhalte **10** 59
- Leistungsrisiko **10** 58
- Rechnungsstellung **10** 60
- Vergütungsrisiko **10** 58

Dachbelüftung **5** 127
Dachdecke **5** 116
Dachdeckungen **5** 127
Dachentwässerung **5** 128
Dachformen **5** 125
Dachkonstruktionen **5** 124 ff.
- Schadensrisiken **5** 132
- Schadensvermeidung **5** 133

Dachstuhl **5** 126
Dachteile **5** 125
Dachtragwerke **5** 126
Dämmung
- Wärmedämmverbundsystem *siehe dort*

Dampfbremse **5** 161
Dampfsperre **5** 161
Decken
- abgehängte *siehe* Unterdecken
- anschließende Bauteile **5** 121
- Deckenbezeichnungen nach den Hauptbaustoffen **5** 118
- Deckenbezeichnungen nach den statischen Systemen **5** 120
- Deckenbezeichnungen nach der Bauart **5** 117
- Deckenbezeichnungen nach der Lage **5** 116
- Deckenbezeichnungen nach der statisch-konstruktiven Bauweise **5** 119
- Unterdecken *siehe dort*

Deckenkonstruktionen **5** 114 ff.
- Gewölbe **5** 117
- Holzbalkendecken **5** 117
- Massivdecken **5** 117
- Schadensrisiken **5** 122
- Schadensvermeidung **5** 123
- Unterdeckenkonstruktionen *siehe dort*

Deckungsformen
- für Bauleistungsgeschäfte **13** 102

Deliktshaftung **8** 1
- des Architekten/Bauingenieurs **8** 115 ff.
- des Bauherrn **8** 133 ff.

Stichwortverzeichnis

- des Bauunternehmers **8** 24 ff.
Detailpauschalvertrag **1** 170 ff.
Detailzeichnung **5** 8, 12
Dienstleistungen
- beim Vergaberecht **4** 119 ff.
Direktionsrecht **11** 72 f.
Dispens
- Baugenehmigung **23** 62 ff.
- Entscheidung über die Erteilung **18** 21
- Grundzüge der Planung **18** 18
- Nebenbestimmungen **18** 22
- offenbar nicht beabsichtigte Härte **18** 19
- städtebauliche Vertretbarkeit **18** 19
- Vereinbarkeit mit den öffentlichen Belangen **18** 20
- von den Festsetzungen des Bebauungsplans **18** 15, 17 ff.
- Wohl der Allgemeinheit **18** 19
Doppelausschreibung **4** 260
Dränung **5** 150
Drittländer
- umsatzsteuerliche Behandlung von Exporten in Drittländer **15** 315
Drohverlustrückstellung **15** 451 f.
Druckeinbehalt **1** 867
Durchgestellter Vertrag **1** 41 ff.
- Abnahme **1** 42
- Gewährleistung **1** 43 f.
- Rechtsmissbrauch **1** 49
- Streitigkeiten **1** 47
- Vergütung **1** 48
- Vertragsstrafe **1** 45 f.
Durchgriffshaftung
- Abgrenzung Arbeitnehmerüberlassung – Werkvertrag **11** 459 ff.
- Arbeitnehmer-Entsendegesetz **11** 416 ff.

EG-Recht
- primäres Gemeinschaftsrecht **11** 29
- Richtlinien **11** 32 f.
- und Arbeitsrecht **11** 28 ff.
- Verordnungen **11** 31
EG-Vergaberecht *siehe* Vergaberecht
Eigenbaustellen
- unfertige **13** 166 f.
Eigenkapitalgliederung **15** 136 ff., 147
Eigentum
- enteignender Eingriff **20** 37 f.
- enteignungsgleicher Eingriff **20** 31 ff.
- Inhaltsbestimmung nach Art. 14 Abs. 1 S. 2 und Abs. 2 GG **20** 21 ff.
Eigenverbrauch
- Gegenstandseigenverbrauch **15** 289
- Leistungsentnahme **15** 290
Eignungsnachweis **4** 239
Eignungsprüfung
- Bieter **4** 313 ff.
- negative **4** 308 ff.
Einfuhrumsatzsteuer **15** 316

Einheitskosten **13** 133
Einheitspreis **1** 165 f.
- Änderung bei Mehrmengen **13** 44
- Änderung bei Mindermengen **13** 45
- auftragslose Leistung **1** 302 ff., 321
- Berechnung **13** 42
- freie Kündigung des Auftraggebers **1** 438
- geänderte und zusätzliche Leistungen **1** 269 ff., 318
- Mengenänderungen **1** 293 ff., 320
- Selbstübernahme durch Auftraggeber **1** 301, 319
Einheitspreisvertrag **13** 107
Einheitsprinzip **15** 354
Einheitswert **15** 255
Einheitswertfeststellung
- von Grundstücken **15** 255 ff.
Einkommen
- Ermittlung **15** 18
- körperschaftsteuerliches Einkommen **15** 128
- zu versteuerndes **15** 16 f., 18
Einkommensbegriff **15** 16 f.
Einkommensteuer **15** 11 ff.
- BGB-Gesellschaft **9** 8
- beschränkte Einkommensteuerpflicht **15** 14 f.
- Einkommensteuerpflicht **15** 11 ff.
- Einzelveranlagung **15** 117
- Entrichtung **15** 122
- Ermittlung der Abschlußzahlung **15** 18
- Ermittlung des Erstattungsbetrages **15** 18
- Festsetzung **15** 116 ff.
- festzusetzende **15** 18
- Kommanditgesellschaft **9** 27
- Normaltarif **15** 106 ff.
- offene Handelsgesellschaft **9** 19
- Partnerschaftsgesellschaft **9** 41
- Schema der Ermittlung **15** 18
- Splitting-Verfahren **15** 121
- Steuertarif **15** 110
- stille Gesellschaft **9** 32 f.
- Tarif **15** 106 ff.
- tarifliche **15** 18, 107
- Tarifzonen **15** 110
- Tarifzonen für Alleinstehende **15** 108
- Tarifzonen für zusammenveranlagte Ehegatten **15** 109
- unbeschränkte Einkommensteuerpflicht **15** 12 f.
- Veranlagungsformen **15** 116
- Vorauszahlungen **15** 122
- Zusammenveranlagung **15** 118 ff.
Einkreissystem **15** 440
Einkünfte **15** 16 f.
- aus privaten Veräußerungsgeschäften **15** 48 ff.
- außerordentliche **15** 52 ff.
- Ermittlung des Gesamtbetrages **15** 18
- sonstige **15** 18, 47 ff.
- Zuordnung zur Einkunftsart **15** 21 f.

Stichwortverzeichnis

Einkünfte aus Gewerbebetrieb **15** 18, 23 ff., 26, 358 ff.
- Abgrenzung zu anderen Einkünften **15** 374 ff.
- Abgrenzung zu Einkünften aus nichtselbstständiger Tätigkeit **15** 35 f.
- Abgrenzung zu Einkünften aus selbstständiger Arbeit **15** 30 ff.
- Abgrenzung zu Einkünften aus Vermietung und Verpachtung **15** 46
- Besonderheiten **15** 27
- Einkünfte aus einzelgewerblichen Unternehmen **15** 28
- Einkünfte aus Mitunternehmergemeinschaften **15** 28
- Einkünfte der persönlich haftenden Gesellschafter einer KGaA **15** 28
- Gewinnerzielungsabsicht **15** 24
- Merkmale **15** 24 f.
- Nachhaltigkeit **15** 24
- Selbstständigkeit **15** 24
- Teilnahme am allgemeinen wirtschaftlichen Verkehr **15** 24
- Unterteilung **15** 28

Einkünfte aus Kapitalvermögen **15** 18, 38 ff.
- Besonderheiten **15** 40 f.
- Erträge aus der Beteiligung an juristischen Personen **15** 39
- Erträge aus stillen Beteiligungen und partiarischen Darlehen **15** 39
- Freibetrag **15** 41

Einkünfte aus Land- und Forstwirtschaft **15** 18

Einkünfte aus nichtselbstständiger Tätigkeit **15** 18, 34 ff.
- Abgrenzung zu anderen Einkunftsarten **15** 35 f.
- Besonderheiten **15** 37
- Erhebung der Einkommensteuer **15** 37
- Lohnsteuerabzugsverfahren **15** 37
- Merkmale **15** 34
- steuerfreie Einkünfte **15** 37

Einkünfte aus selbstständiger Arbeit **15** 18, 29 ff.
- Abgrenzung zu Einkünften aus Gewerbebetrieb **15** 30 ff.
- Abgrenzung zu Einkünften aus nichtselbstständiger Tätigkeit **15** 35
- Besonderheiten **15** 33
- Gewinnermittlung **15** 33
- Merkmale **15** 29

Einkünfte aus Vermietung und Verpachtung **15** 18, 42 ff.
- Abgrenzung zu Einkünften aus Gewerbebetrieb **15** 46

Einkunftsarten **15** 16 ff.
- Eingruppierung von Erträgen **15** 21 f.
- Gewinneinkunftsarten **15** 18
- Haupteinkunftsarten **15** 18, 19 f.
- Nebeneinkunftsarten **15** 18, 19 f.
- Überschußeinkunftsarten **15** 18

Einkunftsermittlung
- Mitunternehmer **15** 377 ff.

Einlagerungsdeckung **13** 102

Einnahmen **15** 75 f.

Einschubdecke **5** 118

Einstellung
- Anspruch auf Einstellung **11** 96
- Mitbestimmung **11** 92 ff.

Einstweilige Anordnung **24** 67
- Abwehr schwerer Nachteile bei Normenkontrollverfahren **24** 37 f.
- „aus anderen wichtigen Gründen" bei Normenkontrollverfahren **24** 39
- Erlangung einer Baugenehmigung **24** 90
- Nachbarrechtsschutz **24** 125 f.
- Normenkontrollverfahren **24** 35 ff.

Einstweilige Verfügung
- Antrag auf Eintragung einer Vormerkung für Bauhandwerkersicherungshypothek, Muster **1** 907
- Schutzschrift **1** 908

Einzelfundament **5** 89

Einzelkosten **13** 2
- der Teilleistungen **13** 29, 32

Eisen **5** 52

Elementdecken **5** 119

Enteignender Eingriff **20** 37 f.

Enteignung nach dem BauGB
- Beschaffung von Ersatzland **20** 57 ff.
- Durchsetzung der Erhaltung einer baulichen Anlage **20** 63
- Durchsetzung städtebaulicher Baugebote **20** 62
- Enteignungsentschädigung nach dem BauGB *siehe dort*
- Enteignungsverfahren nach dem Baugesetzbuch *siehe dort*
- Ermessen **20** 77
- Ersatz entzogener Rechte durch neue Rechte **20** 60 f.
- Festsetzungen des Bebauungsplans **20** 52 ff.
- Gegenstand der Enteignung **20** 67 ff.
- Generalklausel **20** 72
- Herbeiführung ordnungsgemäßer Nutzung unbebauter oder geringfügig bebauter Grundstücke **20** 55 f.
- Katalog der Enteignungszwecke **20** 46
- Konkurrenz von Enteignungszwecken **20** 48 ff.
- Rückenteignung nach § 102 BauGB **20** 64 ff.
- städtebauliche Entwicklungsbereiche **20** 47, 71
- und Grundgesetz **20** 1
- Verfahren *siehe* Enteignungsverfahren nach dem Baugesetzbuch, **20** 45 ff.
- Verhältnismäßigkeitsgrundsatz **20** 74
- zugunsten Privater **20** 75 f.

Enteignung nach dem Grundgesetz
- Administrativenteignung **20** 9

1579

Stichwortverzeichnis

- Allgemeinwohl **20** 11 ff.
- enteignender Eingriff, Abgrenzung **20** 37 f.
- Enteignung, Begriff **20** 4 ff.
- enteignungsgleicher Eingriff, Abgrenzung **20** 31 ff.
- Ermessensausübung **20** 20
- Fachgesetze **20** 2
- gesetzliche Grundlage **20** 8 ff.
- Inhaltsbestimmung des Eigentums, Abgrenzung **20** 21 ff.
- Legalenteignung **20** 8, 10
- ultima ratio **20** 17 f.
- und BauGB **20** 1
- Verhältnismäßigkeitsgrundsatz **20** 19
- zugunsten Privater **20** 13 ff.

Enteignungsentschädigung nach dem BauGB **20** 78 ff.
- Ausgleichsbeträge **20** 181 ff.
- Bemessung **20** 102 ff.
- Billigkeitsentschädigung für Abrisswerke **20** 165 ff.
- Drittberechtigte **20** 95 ff.
- Entschädigung **20** 79 ff.
- Formen **20** 84 ff.
- Geld **20** 84 ff.
- Gewährung anderer Rechte **20** 93 f.
- Land **20** 89 ff.
- nicht genehmigte wertsteigernde Veränderungen des Grundstücks während Veränderungssperre **20** 155 f.
- Nichtannahme eines angemessenen Kauf- oder Tauschangebots **20** 152 ff.
- Nichtberücksichtigung bestimmter Bodenwerte **20** 162 ff.
- Nichtberücksichtigung bestimmter Umstände bei Festsetzungen **20** 141 ff.
- Schuldner **20** 100 f.
- Schuldübergang bei Grundpfandrechten **20** 99
- Steigerungsrechtsprechung des BGH **20** 128 ff.
- unübliche Vereinbarungen **20** 159 ff.
- Verkehrswertbegriff **20** 107 ff.
- Verkehrswertbestimmung **20** 114 ff.
- Verkehrswertfähigkeit **20** 110 ff.
- Verkehrswertfähigkeit, fehlende **20** 113
- Verzögerungen **20** 129 f.
- Vorteilsausgleich **20** 175 ff.
- Vorwirkung der Enteignung **20** 147 ff.
- Wertermittlungsstichtag für Verkehrswertbestimmung **20** 118 ff.
- Wertermittlungsstichtag, Vorgaben in § 95 Abs. 1 S. 2 BauGB **20** 123 ff.
- Wertminderung durch Drittrechte **20** 173 f.
- wertsteigernde Veränderungen des Grundstücks nach Einleitung des Enteignungsverfahrens **20** 157 f.
- Wertsteigerung wegen zu erwarteter Nutzungsänderung **20** 143 ff.

Enteignungsentschädigung nach dem Grundgesetz **20** 39 ff.
- Interessenabwägung **20** 40, 43
- normativ gefasste Verkehrswertentschädigung **20** 44

Enteignungsgleicher Eingriff **20** 31 ff.
Enteignungsverfahren nach dem Baugesetzbuch **20** 184 ff.
- Ablehnung des Enteignungsantrags **20** 213
- Amtsermittlungspflicht **20** 196
- Antrag **20** 190 ff.
- Ausführungsanordnung **20** 222 ff.
- Beschleunigungsgrundsatz **20** 193, 200
- Bestimmtheit des Enteignungsbeschlusses **20** 216
- Einigungsgrundsatz **20** 210
- Enteignungsbeschluss **20** 211 ff.
- Ermessen bei Beweismittelauswahl **20** 199
- förmlicher Verfahrensbeginn **20** 201 ff.
- Gutachten **20** 197 f.
- Inhalt des Enteignungsbeschlusses **20** 215
- Ladung zur mündliche Verhandlung **20** 207 f.
- mündliche Verhandlung **20** 207 ff.
- Nichtleistung von Zahlungen durch Enteignungsbegünstigten **20** 220
- ortsübliche Bekanntmachung **20** 203 f.
- rechtliches Gehör **20** 194 f.
- Rechtsbehelfe **20** 226
- Rechtsweg **20** 226
- Stattgabe des Enteignungsantrags **20** 214 ff.
- Terminsanberaumung **20** 201 f.
- Unterrichtung des Grundbuchamtes **20** 205
- Unterrichtung des Vollstreckungsgerichts **20** 206
- Verfahrensbeteiligte **20** 189
- Vorbereitungsphase **20** 193 ff.
- vorzeitige Besitzeinweisung **20** 221
- Zuständigkeit **20** 185 ff.
- Zwangsvollstreckung **20** 219

Entgeltfortzahlung **11** 218 ff.
- Alkoholabhängigkeit **11** 220
- Arbeitsunfähigkeitsbescheinigung **11** 222
- Betriebs- und Verkehrsunfälle **11** 220
- Dritthaftung **11** 223
- Feiertage **11** 219
- Krankheit, Begriff **11** 220
- Krankheitsfall **11** 220 ff.
- Schwangerschaftsabbruch **11** 220
- Sportunfall **11** 220
- Verschulden bei Krankheit **11** 220

Entgelttarifverträge
- Baugewerbe **11** 266

Entwicklungsmaßnahmen, städtebauliche *siehe* Städtebauliche Entwicklungsmaßnahmen
Entwurfsverfasser **5** 5
Erbschaft- und Schenkungsteuer **15** 209 ff.
- allgemeine Bewertungsvorschriften **15** 216 f.
- bei Familienstiftungen und -vereinen **15** 211
- beschränkte Steuerpflicht **15** 212

Stichwortverzeichnis

- Bewertung des steuerpflichtigen Erwerbes **15** 215
- Bewertung von bebauten Grundstücken **15** 225
- Bewertung von Betriebsvermögen **15** 218 ff.
- Bewertung von Immobilien **15** 224 f.
- Bewertung von nichtnotierten Anteilen an Kapitalgesellschaften **15** 221 f.
- Bewertung von unbebauten Grundstücken **15** 225
- Ermittlung der Bemessungsgrundlage **15** 215 ff.
- Ersatzerbschaftsteuer **15** 211
- Freibetrag für „unternehmerisches Vermögen" **15** 239 f.
- Freibeträge **15** 235 ff.
- persönliche Steuerpflicht **15** 212 ff.
- sachliche Steuerbefreiungen **15** 238
- Steuerbilanzwertverfahren **15** 231 ff.
- Steuerklassen **15** 234
- Steuerobjekt **15** 209 ff.
- Tarif **15** 241 f.
- Tarifbegrenzung für „unternehmerisches Vermögen" **15** 242
- unbeschränkte Steuerpflicht **15** 212
- vereinfachtes Ertragswertverfahren **15** 226 ff.
- Versorgungsfreibetrag **15** 237

Erdgeschoßdecke **5** 116

Erfüllungsgehilfe
- Haftung des Architekten/Bauingenieurs **8** 122
- Haftung des Bauherrn **8** 156
- Haftung des Bauunternehmers **8** 67 f.

Erfüllungsgehilfen **1** 31 ff.
- Architekt **1** 32
- BGB-Bauvertrag **1** 35
- des Auftragnehmers **1** 33
- Haftungserleichterungen **1** 40
- VOB/B-Bauvertrag **1** 36
- Weitergabe der beauftragten Leistung **1** 35 ff.

Ergänzungsbilanz **15** 398

Erhaltungssatzung **22** 130 ff.
- Bekanntmachung **22** 133
- Genehmigung **22** 135
- Genehmigungspflicht **22** 130 f.
- Sondereigentum **22** 131
- Zwecke **22** 132

Ermessensentscheidung *siehe auch* Planungsermessen
- Enteignung **20** 20
- und gerichtliches Verfahren **24** 53

Ersatzteillagerdeckung **13** 102

Ersatzvornahme **1** 386 ff., 736 ff.
- Beweislast **1** 758
- entbehrliche Fristsetzung **1** 740
- erfolglose Nachbesserung durch Drittunternehmer **1** 754
- Fristsetzung **1** 737 ff.
- Inanspruchnahme des Auftraggebers durch Dritten **1** 756
- Inhalt des Anspruchs **1** 743 ff.
- Nachbesserung durch Auftraggeber selbst **1** 753
- Neuherstellung **1** 755
- Vorschussanspruch des Auftraggebers **1** 760 ff.

Erschließung
- Abwasserentsorgung **21** 95 ff.
- Anspruch **21** 49 ff.
- Baugenehmigung **21** 17 f.
- bauordnungsrechtliche Erschließung **21** 82 ff., **23** 22 f.
- baureife Grundstücke **21** 1 ff.
- Begriff **21** 6 ff.
- Beiträge *siehe* Erschließungsbeitrag
- Entsorgungserschließung **21** 26
- Erschließungslast **21** 43
- Erschließungsmerkmale nach Landesbauordnungen **21** 84 ff.
- Erschließungspflicht **21** 50 ff.
- Erschließungspflicht aufgrund von Bebauungsplan **21** 52 ff.
- Erschließungspflicht aufgrund von Treu und Glauben **21** 56
- Erschließungsverträge **21** 44 ff.
- Erschließungsverträge, grundlose Ablehnung **21** 58
- gebietsbezogene Erschließung **21** 40 ff.
- gebietsbezogene Erschließung, Begriff **21** 9 f.
- genereller Inhalt **21** 14 ff.
- gesicherte Erschließung **21** 11 f., 27 ff.
- grundstücksbezogene Erschließung **21** 11 ff.
- grundstücksbezogene Erschließung, Begriff **21** 8
- landesrechtliche Regelungen **21** 82 ff., **23** 22 f.
- noch nicht hergestellte Erschließung **21** 28 ff.
- ortsübliche Gegebenheiten **21** 15 f.
- rechtliche Sicherung einer hergestellten Erschließung **21** 33 ff.
- Rohbauland **21** 4 f.
- Umlegungsverfahren **21** 60
- ungebührliche Verzögerung **21** 57
- Verhältnis von bundes- und Landesrecht **21** 102 f.
- Verkehrserschließung **21** 19 ff.
- verkehrsmäßige Zugänglichkeit **21** 87 ff.
- Versorgung **21** 92 ff.
- Versorgungserschließung **21** 26

Erschließungsbeitrag **21** 61 ff.
- anderweitige Deckung **21** 72
- Anfechtungsklage **24** 105
- Ausschlüsse für Erhebung **21** 64
- beitragsfähiger Aufwand **21** 67
- Beitragspflichtiger **21** 79
- bestimmte Erschließungsanlagen **21** 65 ff.
- eingeschränkter Umfang **21** 63 ff.
- Entstehen der Beitragspflicht **21** 77

1581

Stichwortverzeichnis

- Erschließungspflicht aufgrund von Vorausleistungen **21** 59
- erstmalige Herstellung **21** 68
- Erweiterungen/Verbesserungen **21** 69
- Fälligkeit **21** 80
- Gegenstand der Beitragspflicht **21** 73 ff.
- grundstücksbezogener Erschließungsbegriff **21** 74 f.
- Land- und Forstwirtschaft **21** 81
- Notwendigkeit für Bauflächenerschließung **21** 70
- Selbstbeteiligung der Gemeinde **21** 71
- unbeplanter Innenbereich **21** 76
- Ver- und Entsorgungsanlagen **21** 100 f.
- Vorausleistungen **21** 78
- vorläufiger Rechtsschutz **24** 106

Ertragsteuern **15** 9 ff.
- Einkommensteuer *siehe dort*
- Gemeinsamkeiten der Ertragsteuerarten **15** 9
- Gewerbesteuer *siehe dort*
- Körperschaftsteuer *siehe dort*
- Technik der Steuererhebung **15** 9

Ertragswertverfahren **13** 94, **15** 255 ff.
- vereinfachtes **15** 226 ff.

Estrich **5** 52, 136 ff.
- auf Trennschichten **5** 136
- Schadensrisiken **5** 137
- Schadensvermeidung **5** 138
- schwimmender **5** 136
- Verbundestrich **5** 136

Estricharten **5** 136
Estrichfunktionen **5** 136
Estrichmaterialien **5** 136

EU-Ausland
- umsatzsteuerliche Behandlung von Exporten **15** 317
- umsatzsteuerliche Behandlung von Importen **15** 318

EU-Kommission
- Korrekturmechanismus **4** 557 ff.

Europäische Wirtschaftliche Interessenvereinigung **9** 55 ff.
- Haftung **9** 57
- Steuerrecht **9** 58

Europarecht
- und Arbeitsrecht **11** 28 ff.

Export
- umsatzsteuerliche Behandlung von Exporten in Drittländer **15** 315
- umsatzsteuerliche Behandlung von Exporten ins EU-Ausland **15** 317
- umsatzsteuerliche Behandlung von Exporten ins Nicht-EU-Ausland **15** 315

Exportabsicherung **13** 100 ff.
Exportkreditversicherung
- private **13** 102
- staatliche **13** 100 f.

Fachwerkbau **5** 63, 65

Fachwerkbauweise **5** 65
Facility-Management **6** 31
Fahrlässigkeit
- bewußte **8** 11
- einfache **8** 10
- grobe **8** 10
- leichte **8** 10
- unbewußte **8** 11

Fassade
- Schäden **7** 1 ff.

Fehlen zugesicherter Eigenschaften **1** 636 ff.
- Abnahme **1** 528
- Eigenschaft **1** 637 f.
- Schadensersatzanspruch nach § 13 Nr. 7 VOB/B **1** 799
- vertragliche Zusicherung **1** 639

Fehlerhaftigkeit der Leistung **1** 660 ff.
- aliud **1** 669
- Beeinträchtigung der Gebrauchstauglichkeit **1** 664 ff.
- Fehlerbegriff **1** 661 f.

Fertigstellungsbescheinigung **2** 65, **8** 559 ff.
- Abnahme **1** 549 ff.
- Haftung für fehlerhafte **8** 563

Festpreis **1** 178
- Festpreisklauseln **1** 186, 259

Festwertverfahren **15** 465 ff.

Feuchteschutz **5** 160 ff.
- Fachbegriffe zum Schlagregenschutz **5** 162
- Fachbegriffe zum Tauwasserschutz **5** 161
- Schadensrisiken **5** 163
- Schadensvermeidung **5** 164

Feuchtigkeit
- Baumangel **2** 83

Feuer-Rohbau-Versicherung
- für den Bauherrn **8** 520 ff.

Feuerschutzanstrich **5** 177
Feuerschutztür **5** 177
Feuertreppe **5** 177
Feuerwiderstandsklasse **5** 176

Flachdach **5** 124, 129 f.
Flächenmaß **5** 22

Flächennutzungsplan *siehe auch* Bauleitplanung
- andere öffentliche Planungsträger **17** 74
- Aufgaben der Bauleitplanung **16** 22 ff.
- Bekanntmachung **17** 62 ff.
- Darstellung der Art der Bodennutzung **17** 67 ff.
- fehlende Verbindlichkeit für Bürger **17** 75
- Form **17** 72 ff.
- Funktion **17** 63 ff.
- hoheitliche Maßnahme eigener Art **17** 73
- Inhalt **17** 66 ff.
- interkommunaler Flächennutzungsplan **17** 65
- Karte **17** 72
- Kennzeichnung von Flächen **17** 70
- Programmierungsfunktion **17** 64
- Übernahme von Festsetzungen anderer Stellen **17** 71

Stichwortverzeichnis

- und Bebauungsplan **17** 78 f.
- verwaltungsgerichtliche Kontrolle **24** 40 f.
- vorbereitender Bauleitplan **17** 63
- Ziele der Raumordnung **17** 64

Flachgründung **5** 89
Flurbereinigung *siehe* Bodenordnungsverfahren
Forderung
- Uneinbringlichkeit **15** 313

Forderungsabschreibung **15** 469
Fortsetzungsfeststellungsklage **24** 58
Fragerecht
- des Arbeitgebers **11** 86
- unzulässige Fragen des Arbeitgebers **11** 89
- zulässige Fragen des Arbeitgebers **11** 88

Freiflächenplan **5** 13
Freistellung
- Arbeitsgemeinschaften **11** 394 f.

Freistellungsverfahren
- Bauordnungsrecht **23** 49 ff.

Fremdenverkehrsgebiet
- Genehmigung für Wohnungs- und Teileigentum **17** 155, **19** 17 ff.,

Fremdleistungskosten **13** 116
Frequenz **5** 170
Fristlose Kündigung *siehe* Außerordentliche Kündigung des Arbeitsverhältnisses
Front-end-loading **13** 147 ff.
Frostschürze **5** 89
Fundament **5** 86
- Einzelfundament **5** 89
- Köcherfundament **5** 89
- Streifenfundament **5** 89
- Zerrbalken **5** 89

Fundamentplatte **5** 89
Fürsorgepflicht des Arbeitgebers **11** 242 ff.
- Sonderregelungen **11** 243
- Verstöße **11** 244

Fußbodenkonstruktionen **5** 134 ff.
- Fachbegriffe **5** 135
- Schichtenaufbau **5** 135

Garagen
- bauordnungsrechtliche Anforderungen **23** 45 f.

Garantie
- Gewährleistung, Abgrenzung **1** 628

Garantierter Maximalpreis-Vertrag **1** 179 ff.
Gebäude
- Anforderungen **6** 1 f.
- bauordnungsrechtliche Definition **23** 14
- Belastungen für den Nutzer **6** 11 ff.
- Haftung des Bauherrn bei Einsturz **8** 150 f.
- Nutzungsdauer **6** 32
- Schadstoffbelastung **6** 7 ff.
- Zielsetzungen **6** 1 f.

Gebäudetechnik
- Aufgaben **6** 1, 6
- Außenluftqualität **6** 22
- Einflußfaktoren auf die Behaglichkeit **6** 12 ff.
- Fachbereiche **6** 3 ff.

- Innenraumluftqualität **6** 19, 23 f.
- Komponenten der Behaglichkeit **6** 12
- ökonomische Aspekte **6** 17 f.
- Sick-Building-Syndrom **6** 16
- Spezialisierungen **6** 4
- Studiengänge **6** 3 f.
- volkswirtschaftliche Aspekte **6** 17 f.
- Ziele **6** 3 ff.

Gebäudeversicherung
- für den Bauherrn **8** 523 ff.

Gebote, städtebauliche *siehe* Städtebauliche Gebote
Gefährdungshaftung **8** 10
Gefahrstoffverordnung **6** 22
Gefälle **5** 22
Gegenstandseigenverbrauch **15** 289
Gehalt *siehe* Arbeitsentgelt
Geländebruch **5** 93
Geldwerter Vorteil **15** 76
Gemeiner Wert **15** 216
Gemeinkosten **13** 2
- der Teilleistungen **13** 34, 50
- unechte **13** 2

Genehmigungsplan **5** 8
Generally Accepted Accounting Principles **15** 476 f.
Generalplaner
- Berufshaftpflichtversicherung **8** 476 ff.

Generalübernehmer **1** 22 f.
Generalübernehmervertrag **13** 109 f.
Generalunternehmer **1** 17
- Verjährungsfristen **1** 252

Generalunternehmervertrag
- Muster **1** 890

Generalunternehmerzuschlag **13** 97
Gerätedeckung **13** 102
Gerätekosten **13** 116
- der Baustelle **13** 34 f.

Gesamthandsvermögen **15** 393 f.
Gesamtkapitalrentabilität **13** 143
Gesamtschuld Unternehmer – Architekt **1** 55 ff.
- Haftungsquoten im Innenverhältnis **1** 57 ff.
- Prüf- und Hinweispflicht, Verletzung **1** 56
- Störungen im Gesamtschuldverhältnis **1** 61 ff.

Gesamtschuldner
- Ausgleichspflicht **8** 161

Gesamtschuldnerausgleich
- beim VOB-Vertrag **8** 172 f.

Gesamtschuldnerhaftung
- nach § 840 BGB **8** 174

Gesamtschuldverhältnis **8** 159 f.
- der am Bau Beteiligten **8** 165 ff.
- zwischen Unternehmer und Architekt/ Bauingenieur **8** 166 ff.

Gesamtzusagen **11** 67
Geschäftsbetrieb
- wirtschaftlicher **15** 25

Geschäftsführung ohne Auftrag
- nichtiger Architektenvertrag **3** 32

1583

Stichwortverzeichnis

Geschäftskosten
- allgemeine **13** 29, 117, 140

Geschoßdecke **5** 116

Geschoßfläche
- Bruttogeschoßfläche **5** 5

Geschoßflächenzahl **5** 5

Geschoßhöhe **5** 23

Gesellschaft bürgerlichen Rechts *siehe* BGB-Gesellschaft

Gesetz zur Beschleunigung fälliger Zahlungen **8** 559

Gesetzliches Vorkaufsrecht *siehe* Vorkaufsrecht, gesetzliches

Gewährleistung
- Baugewährleistungsversicherung *siehe dort*
- Mangelbegriff *siehe dort*
- Mängelgewährleistung bei Bauträgerverträgen *siehe dort*
- Mängelgewährleistung bei Bauverträgen *siehe dort*

Gewährleistungsbürgschaft **8** 397

Gewährleistungsfristen **1** 814 ff.
- AGB-Gesetz und VOB/B **1** 820 f.
- arglistiges Verschweigen **1** 828 ff.
- Bauwerksarbeiten **1** 822 ff.
- Beginn **1** 834
- bei durchgeführten Mängelbeseitigungsleistungen **1** 846
- elektrotechnische/elektronische Anlagen **1** 819
- gängige Klauseln **1** 847
- gesetzliche Fristen nach § 638 BGB **1** 822 ff.
- Hemmung der Verjährung **1** 835 ff.
- Hemmung wegen Prüfung des Mangels **1** 837 ff.
- Mängelrüge **1** 842 ff.
- maschinelle Anlagen **1** 819
- Organisationsverschulden **1** 831 ff.
- positive Vertragsverletzung **1** 824 ff.
- Quasi-Unterbrechung durch schriftliche Mängelrüge **1** 842 ff.
- Unterbrechung der Verjährung **1** 841
- Verkürzungsklausel **1** 848
- Verlängerungsklausel **1** 847
- VOB/B-Regelung **1** 818 ff.

Gewährleistungsrückstellungen **15** 471

Gewerbebetrieb **15** 23
- als Steuergegenstand der Gewerbesteuer **15** 171 ff.
- Eingriff in den eingerichteten und ausgeübten Gewerbebetrieb **8** 30
- kraft Betätigung **15** 175 ff.
- kraft Rechtsform **15** 178
- kraft wirtschaftlichen Geschäftsbetriebs **15** 179
- kraft wirtschaftlicher Betätigung **15** 358 ff.

Gewerbeertrag **15** 181
- Freibetrag **15** 193

Gewerbesteuer **15** 171 ff
- 5/6-Regelung **15** 200

- Abzug bei ihrer eigenen Bemessungsgrundlage **15** 196
- Anteile nicht im Inland belegener Betriebsstätten **15** 191
- Berechnungsbeispiel **15** 202
- Betriebsstätte **15** 180
- Dauerschuldzinsen **15** 183
- Ermittlung des Gewerbesteuermeßbetrages **15** 193
- Festsetzung **15** 207
- Formel für Kapitalgesellschaften **15** 199
- Formeln für natürliche Personen und Personengesellschaften **15** 201
- Freibetrag **15** 193
- Gewerbebetrieb kraft Betätigung **15** 175 ff.
- Gewerbebetrieb kraft Rechtsform **15** 178
- Gewerbebetrieb kraft wirtschaftlichen Geschäftsbetriebs **15** 179
- Gewerbeertrag **15** 181
- Gewerbeverlust **15** 182
- Gewinnanteile an in- und ausländischen Mitunternehmergemeinschaften **15** 189
- Gewinnanteile stiller Gesellschafter **15** 184
- Grundbesitzabzüge **15** 188
- Hebesatz **15** 194 f.
- Hinzurechnungen **15** 183 ff.
- Kürzungen **15** 188 ff.
- Miet- und Pachtzinsen **15** 185
- pauschale Anrechnung **15** 113 ff.
- Schachtelerträge **15** 190
- Staffeltarif **15** 193
- Steuergegenstand **15** 171 ff.
- Steuermeßzahl **15** 193
- Tarif **15** 192 ff.
- Verfahren zur Berechnung **15** 192
- Verlustanteile an in- und ausländischen Mitunternehmergemeinschaften **15** 187
- Zahlung **15** 208
- Zerlegung **15** 180, 203 ff.
- Zerlegungsmaßstab **15** 204 ff.

Gewerbeverlust **15** 182

Gewinn **13** 29 f., 117, 142 f.
- Spekulationsgewinn **15** 89
- steuerlicher **15** 58
- Übergangsgewinn **15** 72
- Veräußerungsgewinn *siehe dort*

Gewinnausschüttung **15** 145 ff.
- verdeckte **15** 160 ff.

Gewinnbegriff
- steuerlicher **15** 58

Gewinnbesteuerung
- bei Personengesellschaften **15** 353 ff.

Gewinnbeteiligungen **11** 209

Gewinneinkunftsarten **15** 18

Gewinnermittlung
- Beispiel **15** 69 f.
- steuerliche **15** 58 ff.

Gewinnermittlungsmethoden
- Beispiel für Wechsel **15** 72

Stichwortverzeichnis

- Richtsatzschätzung **15** 71
- steuerliche **15** 61 ff.
- Überschuss der Betriebseinnahmen über die Betriebsausgaben **15** 66 ff.
- Vermögensvergleich nach § 4 Abs. 1 EStG **15** 65
- Vermögensvergleich nach § 5 EStG **15** 62 ff.
- Wechsel **15** 72

Gewinnermittlungszeitraum
- steuerlicher **15** 59

Gewinnverteilung
- bei Personengesellschaften **15** 411 ff.

Gleichbehandlungsgrundsatz **11** 74 ff.
Globalpauschalvertrag **1** 170, 173
GmbH **9** 42 ff.
- Gesellschaft von Architekten **14** 24 ff.
- Haftung **9** 48
- Steuern **9** 49

GmbH und Co KG **9** 28 ff.
- Haftung **9** 30
- steuerliche Behandlung **15** 416 ff.

GMP-Vertrag **1** 179 ff.
Gratifikationen
- 13. Monatseinkommen im Baugewerbe *siehe dort*, **11** 209
- Rückzahlungsvereinbarungen **11** 209
- Stichtagsregelungen **11** 209

Grenzabmaß **5** 24
Grenzabstand **5** 5
Grenzregelung **19** 62, 170 ff.
- allgemeine Zulässigkeitsschranke **19** 173 f.
- Aufgabenübertragung auf andere Behörde **19** 201
- Baulasten **19** 194 f.
- Bebauungsplan **19** 179 f.
- Begründung des Beschlusses **19** 209
- Beschluss **19** 207 ff.
- Beseitigung baurechtswidriger Zustände **19** 178
- Dienstbarkeiten **19** 194 f.
- Drittrechte **19** 194 ff.
- Ermessen **19** 172
- Form des Beschlusses **19** 212 f.
- Gebotensein im öffentlichen Interesse **19** 193
- Geldleistungen **19** 222
- Grundbuchberichtigung **19** 223
- Grundpfandrechte **19** 196
- grundstücksbezogene Zulässigkeitsschranken **19** 182 ff.
- Herbeiführung ordnungsgemäßer Bebauung einschließlich Erschließung **19** 175 ff.
- im Zusammenhang bebaute Ortsteile **19** 179, 181
- Inhalt des Beschlusses **19** 208 ff.
- Katasterberichtigung **19** 223
- Kosten **19** 224
- lastenfreier Übergang **19** 219
- Nachteilsausgleich **19** 202 f., 206
- nicht selbstständige Bebaubarkeit **19** 183

- nur im öffentlichen Interesse **19** 190 ff.
- nur unerhebliche Wertminderung **19** 184 ff.
- räumliche Zulässigkeitsschranken **19** 179 ff.
- Rechtsweg **19** 172
- Überwiegen des öffentlichen Interesses **19** 192
- Verfahren **19** 172
- Vorteilsausgleich **19** 202 ff.
- Wirkungen **19** 218 ff.
- Zuschreibung der Grundstücks-/Grundstücksteile **19** 220 f.
- Zuständigkeit der Gemeinde **19** 197 f.
- Zuständigkeit von Umlegungsausschüssen **19** 199 f.
- Zustellung des Beschlusses **19** 214 f.
- Zweck **19** 173 ff.

Größtmaß **5** 24
Grundbesitz
- Bewertung **15** 225, 248

Grundbruch **5** 93
Grunderwerbsteuer **15** 320 ff.
- Befreiungen **15** 327 f.
- Bemessungsgrundlage **15** 325 f.
- Steuerobjekt **15** 321 ff.
- Steuersubjekt **15** 324
- Steuertatbestände **15** 320

Grundfläche **5** 5
Grundflächenzahl **5** 5
Grundkosten **13** 27
Grundrechte **11** 34
- Planungsermessen **17** 127

Grundrißplan **5** 14
Grundsteuer **15** 243 ff.
- Befreiungen **15** 246
- Bemessungsgrundlage **15** 248 ff.
- Berechnungsbeispiel **15** 261
- Erhebung **15** 262
- Grundsteuermeßbetrag **15** 261
- Steuermeßzahl **15** 260
- Steuerobjekt **15** 245 ff.
- Steuerschuldner **15** 247
- Tarif **15** 259 ff.

Grundstück
- Bereitstellungsverpflichtung **1** 354
- Erschließung *siehe dort*
- im Sinne des GrEStG **15** 322

Grundstücksfläche **5** 5
Grundstückskaufvertrag
- Koppplungsverbot **3** 30
- und Bauvertrag **1** 102

Grundstücksteilung **19** 13 ff.
Grundstücksvertiefung **8** 147
Grundstückswert *siehe* Verkehrswerte, **15** 255
Gründung **5** 86 ff.
- Begriff **5** 86
- Flachgründung
- Nachgründung **5** 91
- Pfahlgründung **5** 90
- Schadensrisiken **5** 94

1585

Stichwortverzeichnis

- Schadensvermeidung **5** 95
- Tiefgründung **5** 86, 90

Grundvermögen **15** 253 f

Grundwasser
- Haftung bei Verunreinigung **8** 47 ff.

Grundwasserabsenkung **5** 99
Gruppenarbeitsverhältnis **11** 18 ff.
Gruppenbewertung **15** 468
Gruppenwertverfahren **15** 465 ff.
Güterkraftverkehrsgesetz **8** 177, 185 ff.
- Aufbau **8** 186
- Erlaubnispflicht **8** 187
- Versicherungspflicht **8** 188 f.

Haftpflichtversicherung
- Bau-Betriebs-Haftpflichtversicherung *siehe dort*
- Bauherrenhaftpflichtversicherung *siehe dort*
- Berufshaftpflichtversicherung *siehe dort* **8** 431 ff.
- Produkthaftpflichtversicherung *siehe dort*
- Umwelthaftpflichtversicherung *siehe dort*

Haftung
- Aktiengesellschaft **9** 53
- Anlagenhaftung des Bauunternehmers bei Umwelteinwirkungen **8** 54
- Anlagenhaftung *siehe dort*
- Arbeitgeberhaftung *siehe dort*
- Arbeitnehmerhaftung *siehe dort*
- Architektenhaftung *siehe dort*
- aus positiver Vertragsverletzung **8** 12
- außervertragliche *siehe* Delikthaftung
- bei Gerüstbauarbeiten **8** 37
- bei Grundwasserverunreinigung **8** 47 ff.
- bei Schäden an Fensterbankanschlüssen **7** 6
- bei Schäden durch chemische Auftaumittel **7** 11
- BGB-Gesellschaft **9** 7
- deliktische Haftung des Bauunternehmers für Dritte **8** 69 f.
- Delikthaftung *siehe dort*
- der ARGE **10** 4
- der Dach-ARGE **10** 54, 64
- der Geschäftsführung einer ARGE aus positiver Vertragsverletzung **10** 25
- des Architekten **8** 73 ff.
- des Architekten für Bausummenüberschreitung **8** 106 ff.
- des Architekten wegen Baukostenüberschreitung **8** 102 ff.
- des Architekten/Bauingenieurs für Erfüllungsgehilfen **8** 122
- des Architekten/Bauingenieurs für Handlungen Dritter **8** 122 ff.
- des Architekten/Bauingenieurs für Verrichtungsgehilfen **8** 123
- des Bauherrn **8** 126 ff.
- des Bauherrn bei Einsturz eines Gebäudes **8** 150 f.
- des Bauherrn für Erfüllungsgehilfen **8** 156
- des Bauherrn für Handeln Dritter **8** 156 ff.
- des Bauherrn für Verrichtungsgehilfen **8** 157 f.
- des Bauherrn wegen fehlerhafter Vergabe **8** 126 ff.
- des Bauingenieurs **8** 73 ff.
- des Bauunternehmers als Arbeitgeber **8** 72
- des Bauunternehmers aus unerlaubter Handlung **8** 25 ff.
- des Bauunternehmers für Erfüllungsgehilfen **8** 67 ff.
- des Bauunternehmers für Handlungen Dritter **8** 67 ff.
- des Bauunternehmers für Verrichtungsgehilfen **8** 69 f.
- des Bauunternehmers nach § 14 S. 2 BImSchG **8** 56
- des Bauunternehmers nach dem Umwelthaftungsgesetz **8** 54
- des Bauunternehmers wegen schädlicher Bodenveränderungen **8** 55
- des Bauunternehmers wegen Umwelteinwirkungen **8** 47 ff.
- des Projektcontrollers **8** 124 f.
- des Projektmanagers **8** 124 f.
- des Projektsteuerers **8** 124 f.
- Europäische Wirtschaftliche Interessenvereinigung **9** 57
- für Transportschäden **8** 175 ff.
- Gefährdungshaftung **8** 10
- gemäß § 14 S. 2 BImSchG **8** 155
- Gesamtschuldnerhaftung nach § 840 BGB **8** 174
- gesamtschuldnerische Haftung der Baubeteiligten **8** 159 ff.
- GmbH **9** 48
- GmbH und Co KG **9** 30
- Handlungshaftung *siehe dort*
- Inhaberhaftung *siehe dort*
- Kommanditgesellschaft **9** 22 ff.
- offene Handelsgesellschaft **9** 15 ff.
- Partnerschaftsgesellschaft **9** 37 ff.
- Produkthaftung *siehe dort*
- umweltrechtliche **8** 152 ff.
- Verhältnis von § 278 BGB und § 831 BGB **8** 71
- Vertragshaftung *siehe dort*
- von Händlern und Importeuren **8** 66
- von Vergabestellen und deren Beratern bzw. Betreuern **4** 591 f.
- wegen Amtspflichtverletzung **8** 121
- werkvertragliche *siehe* Vertragshaftung

Haftungstatbestände **8** 1

Halbeinkünfteverfahren **15** 133 ff., 151 ff.
- Anwendung **15** 156
- bei natürlichen Personen oder Personengesellschaften als Anteilseigner **15** 154 ff.
- Schema **15** 155

Stichwortverzeichnis

Handelsbetrieb
- Unternehmenskreislauf **13** 96

Handelsgewerbe **9** 2 f.
Handelskalkulation **13** 95 ff.
- Kalkulationsschema **13** 97

Handelsrechtsreformgesetz **10** 11
Handlungshaftung
- des Bauherrn **8** 152
- des Bauunternehmers **8** 47 ff.

Handlungskosten **13** 97
Handwerksordnung
- Bauvertrag bei Verstößen gegen Handwerksordnung **1** 110

Härteausgleich **22** 183 ff.
- Antragsberechtigte **22** 184
- Auffangtatbestand **22** 185
- besondere Härte **22** 187
- Gefordertsein von der Billigkeit **22** 188
- Schadensminderungspflicht **22** 186

Hauptunternehmer **1** 18
Haustechnik **5** 187 ff.
- Energieversorgung **5** 191
- Entwässerung **5** 190
- haustechnische Räume **5** 188
- Schadensrisiken **5** 192
- Schadensvermeidung **5** 193
- Trinkwasserversorgung **5** 189

Hebesatz **15** 194 f.
Hermes **13** 100 f.
Herstellkosten **13** 39
Herstellungskosten
- nach Handelsrecht **15** 444 ff.
- nach Steuerrecht **15** 444 ff.

HOAI
- Leistungsphasen **5** 2

Hochhaus **5** 5
Holzbau **5** 63 ff.
- Fachbegriffe **5** 64
- Fachwerkbau **5** 63, 65
- Fachwerkbauweise **5** 65
- Ingenieurholzbau **5** 63
- Schadensrisiken **5** 67
- Schadensvermeidung **5** 68

Honorar des Architekten
- Abrechnung nach HOAI **3** 185 ff.
- Abschlagsrechnung **3** 297
- anrechenbare Kosten **3** 271 ff.
- Aufklärungs- und Beratungspflichten **3** 28
- außerordentliche Kündigung des Architektenvertrages **3** 65, 67
- Bedeutung der HOAI **3** 177 f.
- Besondere Leistungen **3** 188 ff.
- Bindungswirkung der Schlussrechnung **3** 299 ff.
- ergänzende Besondere Leistungen **3** 191
- ersetzende Besondere Leistungen **3** 191
- Grundleistungen **3** 186 f.
- Honorar- und vom-Hundert-Satz aus dem Leistungsbild **3** 290

- Honorarordnung **3** 176 ff.
- Honorarsatz **3** 289
- Honorartafel **3** 286 ff.
- Honorarvereinbarung *siehe dort*
- Honorarzone **3** 284 f.
- isoliert vergebene/ausgeführte Besondere Leistungen **3** 191
- Kostenanschlag **3** 281
- Kostenermittlungsverfahren, Bedeutung **3** 271 ff.
- Kostenfeststellung **3** 282
- Kostenschätzung **3** 279 f.
- Kürzung bei Nichterbringung aller (Grund-)Leistungen einer Leistungsphase **3** 333 f.
- Kürzung bei Nichterbringung einer Leistungsphase **3** 331 f.
- Leistungsbild des § 15 HOAI **3** 192 ff.
- Leistungsphasen nach § 15 HOAI *siehe dort*
- Mindestangaben der Schlussrechnung **3** 270
- Nicht-Architekten **3** 182
- Nichterbringung beauftragter Leistungen **3** 331 ff.
- ordentliche Kündigung des Architektenvertrages **3** 58 ff.
- Parameter **3** 269 ff.
- persönlicher Anwendungsbereich der HOAI **3** 181 ff.
- prüffähige Schlussrechnung **3** 269 f., 295
- räumlicher Geltungsbereich der HOAI **3** 184
- Rechnungsarten **3** 291 ff.
- sachlicher Anwendungsbereich der HOAI **3** 179 f.
- Schlussrechnung **3** 292 ff.
- Sonderfälle **3** 325 ff.
- Teilhonorare **3** 326 ff.
- Überreichung der Schlussrechnung **3** 296
- Verträge unter Berufsangehörigen **3** 183

Honorarvereinbarung **3** 305 ff.
- außergewöhnliche Leistungen **3** 322
- bei Auftragserteilung **3** 309 ff.
- Mindest- und Höchstsätze der HOAI **3** 312 ff.
- nichtige Honorarvereinbarung **3** 324
- Schriftform **3** 307 f.
- Überschreitung des Mindestsatzes **3** 320 ff.
- ungewöhnlich lange dauernde Leistung **3** 322 f.
- Unterschreitung des Mindestsatzes **3** 317 ff.
- Verstoß gegen HOAI **3** 324

Hydratation **5** 47

IAS **15** 474 ff.
Immission **8** 142 ff.
Immobilien
- Bewertung **15** 224 f.

Import
- umsatzsteuerliche Behandlung von Importen aus dem EU-Ausland **15** 318
- umsatzsteuerliche Behandlung von Importen aus dem Nicht-EU-Ausland **15** 316

Stichwortverzeichnis

Inflation **13** 144
Ingenieure
– Beratende Ingenieure *siehe dort*
– Berufsbezeichnung **14** 42 ff.
Ingenieurholzbau **5** 63,66
Inhaberhaftung
– des Bauherrn **8** 153
– des Bauunternehmers **8** 51 ff.
Innenbereich, Vorhaben im unbeplanten Innenbereich *siehe dort*
Innenwände **5** 105
Innerbetriebliche Leistungsverrechnung **13** 24
Insolvenzgeld **11** 233
Instandsetzungsgebot *siehe* Modernisierungs- und Instandsetzungsgebot
Institut für Bautechnik **5** 6
Interessengemeinschaft
– steuerliche Behandlung **15** 434 ff.
International Accounting Standards **15** 474 ff.
Internationales Arbeitsrecht **12** 7 ff.
Internationales Privatrecht **12** 1 ff.
– Anlagenbauvertrag **12** 5
– Bauvertrag **12** 3
– Formularbedingungen für Ingenieurarbeiten **12** 6
– Subunternehmervertrag **12** 4
– Werkverträge **12** 2
Interne Revision
– öffentlicher Auftraggeber **4** 568
Istabmaß **5** 24
Istmaß **5** 24
Ist/Soll-Versteuerung **15** 304
Ist-Versteuerung **15** 297 ff.

Jahresdurchlaufversicherung **8** 207
Jahreskaltmiete **15** 227
Jahresrohmiete **15** 256
Jahresversicherung **8** 207
Jugendliche Arbeitnehmer in der Bauwirtschaft **11** 330 ff.

Kalkulation
– Angebotskalkulation **13** 163
– Arbeitskalkulation **13** 164 f.
– Auftragskalkulation **13** 163
– Bedeutung **13** 115 ff.
– der direkten und indirekten Kosten der Teilleistungen **13** 129 ff.
– der Einheitskosten **13** 133
– im angelsächsischen Raum **13** 103 ff.
– im Auslandsbau **13** 98 ff.
– Kalkulationsbeispiel Wasserbehälter **13** 31 ff.
– Nachkalkulation **13** 165
– Nachtragskalkulation **13** 44 ff.
– Projektkalkulation **13** 94
– Sonderfälle der Kalkulation *siehe dort*
– über die Angebotssumme **13** 29 ff.
– Vorkalkulation *siehe dort*
– Weiterentwicklung **13** 154 ff.

Kalkulationsbericht **13** 136
Kalkulationslohn **13** 41
Kalkulationsmethoden
– für Ermittlung der direkten Kosten einer Teilleistung **13** 132
Kalkulationsprozess
– Planung **13** 124
Kalkulationsrisiko **13** 14, 16 ff.
Kalkulationsschema
– Bau **13** 29 ff.
Kalkulationsverfahren
– Ertragswertverfahren **13** 94
– Handelskalkulation **13** 95 ff.
– Maschinenstundenkalkulation **13** 86 ff., 134
– Zuschlagskalkulation **13** 85
Kalkulationszuschlagssätze **13** 25
Kaltdach **5** 129
Kapillarität **5** 87
Kapitalgesellschaft
– Besteuerung **15** 340 ff.
Kapitalkonto **15** 389 f.
Kapitalkosten **13** 11, 156 ff.
Kapitalrentabilität
– Gesamtkapitalrentabilität **13** 143
Kapitalumschlag **13** 142 f.
Kassettendecken **5** 119
Kaufmann **9** 2 f.
Kaufmännisches Bestätigungsschreiben
– Bauvertrag **1** 94 ff.
Kaufmannsbegriff **10** 11
Kaufpreis
– Vollstreckungsunterwerfung wegen des Kaufpreisanspruchs *siehe dort*
Kaufvertrag
– Lieferant – Bauunternehmer **1** 30
Kausalität bei Mängeln
– alternative Kausalität **1** 683
– Doppelkausalität **1** 682
– Gesamtursache **1** 681
– Reserveursachen **1** 684 f.
Kautionsversicherung **8** 386 ff.
– Bürgschaft **8** 396 ff.
– Kreditversicherung *siehe dort*
– Sicherheitsleistung **8** 395
– Wahlrecht der Sicherheiten **8** 402
Kehlbalkendach **5** 126
Kellerdecke **5** 116
Kirchensteuer **15** 10
Klage *siehe* Anfechtungsklage, Verpflichtungsklage
Klagebefugnis
– Nachbar **24** 109 ff.
Kleinstmaß **5** 24
Köcherfundament **5** 89
Kohäsion **5** 87
Kommanditgesellschaft **9** 20 ff.
– auf Aktien **9** 31
– Einkommensteuer **9** 27
– Haftung **9** 22 ff.

Stichwortverzeichnis

– Kommanditist **9** 23 ff.
– Umsatzsteuer **9** 27
Konditionsdifferenzversicherung **8** 339
Konsortium **10** 7
– steuerliche Behandlung **15** 434 ff.
Konzept der Mitunternehmerschaft **15** 353 ff.
Konzession
– Baukonzession **4** 181
Kooperationsformen
– ARGE *siehe dort*
– Beihilfegemeinschaft **10** 6
– Bietergemeinschaft *siehe dort*
– Dach-/Los-ARGE **10** 5
– Konsortium **10** 7
Koordinator nach Baustellenverordnung **1** 14
Koordinierungspflicht
– des Bauherrn **8** 138 ff.
Koppplungsverbot **3** 30
Körperschaftsteuer **15** 123 ff.
– Anrechnungsverfahren in 2001 **15** 148 ff.
– Anwendung des neuen Körperschaftsteuergesetzes **15** 123
– Befreiungen **15** 127
– Beginn der persönlichen Steuerpflicht **15** 127
– Bemessungsgrundlagen **15** 128 ff.
– beschränkte Steuerpflicht **15** 126
– Eigenkapitalgliederung **15** 136 ff.
– Eigenkapitalgliederung in der Übergangsfrist **15** 144
– Eigenkapitalgliederung nach Ablauf der Übergangsfrist **15** 147
– Einkommensermittlung **15** 128 ff.
– Ende der persönlichen Steuerpflicht **15** 127
– Entrichtung 169 f.
– Ermittlung **15** 139 ff.
– Festsetzung **15** 168
– Gewinnausschüttungen innerhalb der 15-jährigen Übergangsfrist **15** 145 ff.
– Halbeinkünfteverfahren *siehe dort*
– körperschaftsteuerliches Einkommen **15** 128
– Nachversteuerung **15** 140, 150
– nichtabziehbare Aufwendungen bei der Einkommensermittlung **15** 130
– persönliche Steuerpflicht **15** 124 ff.
– Steuerpflicht **15** 125 f.
– Steuersatz **15** 131
– Umgliederung des verwendbaren Eigenkapitals **15** 142 ff.
– unbeschränkte Steuerpflicht **15** 126
– Veranlagung 169 f.
– verdeckte Gewinnausschüttung **15** 160 ff.
– Verwendungsreihenfolge bei Ausschüttungen **15** 145
Körperschaftsteuergesetz
– Anwendung der Neuregelungen **15** 133 f.
Körperschaftsteuerrecht
– Übergang vom alten zum neuen **15** 135
Korrekturmechanismus
– der EU-Kommission **4** 557 ff.

Kosten
– allgemeine Baukosten **13** 4
– allgemeine Geschäftskosten **13** 117, 140
– Anderskosten **13** 27
– Baustellenkosten **13** 29
– Baustoffkosten **13** 116
– Betriebskosten **13** 4
– Betriebskosten der Baustelle **13** 116, 131 f.
– der Baustellenausstattung **13** 5
– der Baustelleneinrichtung **13** 5
– der Fremdleistungen **13** 116
– der örtlichen Bauleitung **13** 4
– der technischen Bearbeitung und Kontrolle **13** 5
– direkte Kosten der Teilleistung **13** 113, 116, 130
– Einheitskosten **13** 133
– Einzelkosten **13** 2
– Einzelkosten der Teilleistungen **13** 29, 32
– für Beseitigung der Bauabfälle **13** 5
– Gemeinkosten der Teilleistungen **13** 34
– Gemeinkosten *siehe dort*
– Gerätekosten **13** 116
– Gerätekosten der Baustelle **13** 34 f.
– Grundkosten bzw. aufwandsgleiche Kosten **13** 27
– Handlungskosten **13** 97
– Herstellkosten **13** 39
– indirekte Kosten der Teilleistung **13** 113, 116
– kalkulatorische **13** 27
– Kapitalkosten **13** 11, 156 ff.
– Kostenstellenkosten *siehe dort*
– Kostenträgereinzelkosten **13** 22
– Kostenträgergemeinkosten **13** 22 f.
– liquiditätswirksame **13** 10
– Lohnkosten **13** 116
– nicht liquiditätswirksame **13** 10
– projektbezogene *siehe dort*
– Schattenkosten **13** 158
– Sonderkosten **13** 5
– Sowieso-Kosten **8** 164
– unternehmensbezogene **13** 7
– Vorhaltekosten **13** 4
– zeitfixe **13** 3, 5
– zeitvariable **13** 3 f.
– Zusatzkosten **13** 27
Kostenbericht **13** 137
Kostenremanenz **13** 6
Kostenstellen
– Hauptkostenstellen **13** 23 ff.
– Hilfskostenstellen **13** 23 ff.
Kostenstellenkosten
– primäre **13** 23
– sekundäre **13** 24
Kostenstellenrechnung **13** 22 ff.
Kostenstellenumlageverfahren **13** 24
Kostenträger
– Kostenträgereinzelkosten **13** 22
– Kostenträgergemeinkosten **13** 22 f.

1589

Stichwortverzeichnis

Kostenträgerrechnung **13** 22
Kostenüberschreitung
– Haftung des Architekten **8** 102 ff.
Krankheit *siehe auch* Entgeltfortzahlung
– 13. Monatseinkommen im Baugewerbe **11** 381 ff.
– während des Urlaubs **11** 238
– während des Urlaubs – gewerbliche Arbeitnehmer Bauwirtschaft **11** 320
Krankheitsbedingte Kündigung **11** 140 f.
– erhebliche betriebliche Interessen **11** 140
– Interessenabwägung **11** 140 f.
– Negativprognose **11** 140
Kreditversicherung **8** 388 ff.
– besondere Forderungsausfallversicherung für Betriebe der Bauwirtschaft **8** 394
– Warenkreditversicherung **8** 390 ff.
Kundenerfolgsrisiko **13** 15
Kundenrisiko **13** 14 f.
– Bonitätsrisiko **13** 15
– Kundenerfolgsrisiko **13** 15
– Kundenveränderungsrisiko **13** 15
– Risiko der Kundenzufriedenheit **13** 15
– Vertragsrisiko **13** 15
Kundenveränderungsrisiko **13** 15
Kündigung
– Berechnungsbeispiele **13** 57 f.
– einer Teilleistung mit wichtigem Grund **13** 58
– einer Teilleistung ohne Grund **13** 57
Kündigung des Arbeitsverhältnisses *siehe* Außerordentliche Kündigung des Arbeitsverhältnisses, Anhörung des Betriebsrates bei Kündigung, Ordentliche Kündigung des Arbeitsverhältnisses
Kündigung des Bauvertrages
– auftraggeberseitige *siehe* Kündigung des Bauvertrages durch Auftraggeber
– auftragnehmerseitige *siehe* Kündigung des Bauvertrages durch Auftragnehmer
– Ausführungsunterlagen **1** 433
– Bedingungsfeindlichkeit **1** 427
– Begründung **1** 427
– Bestätigung durch die andere Vertragspartei **1** 428
– freie Kündigung *siehe* Kündigung des Bauvertrages durch Auftraggeber, **1** 426 ff.
– Kündigungserklärung **1** 427
– Mängelbeseitigung **1** 432
– Schriftform **1** 427
– Teilkündigung **1** 430
– wichtiger Grund **1** 429
– Wirkungen **1** 431 ff.
Kündigung des Bauvertrages durch Auftraggeber
– Abnahme **1** 517
– Anrechnung anderweitigen Erwerbs **1** 441
– auftraggeberseitige Regelungen **1** 450
– auftragnehmerseitige Regelungen **1** 451
– ausgeführte Leistung bei freier Kündigung **1** 438

– Ausschlussvereinbarung **1** 449
– BGB-Bauvertrag **1** 452
– BGB-Bauvertrag aus wichtigem Grund **1** 457 ff.
– BGB-Bauvertrag wegen fehlerhaftem Kostenanschlag **1** 453 ff.
– ersparter Aufwand **1** 440
– freie Kündigung **1** 429, 436 ff.
– Gerätekosten **1** 443
– gewillkürte Schriftform **1** 448
– Gewinn **1** 445
– Kündigungsandrohung mit Nachfristsetzung wegen Verzugs mit der Vollendung, Muster **1** 897
– Lohnkosten **1** 443
– Materialkosten **1** 443
– Nachunternehmerkosten **1** 446
– nicht ausgeführte Leistung bei freier Kündigung **1** 439 ff.
– Schlüsselumlagen **1** 444
– Unterbrechung des Bauablaufs **1** 487 f.
– Vergütung bei freier Kündigung **1** 437 ff.
– Vermögensverfall des Auftragnehmers **1** 478 ff.
– Vertragsuntreue des Auftragnehmers **1** 461 ff.
– VOB/B-Bauvertrag **1** 452, 461 ff.
– Wagnis **1** 445
– Wettbewerbsbeschränkung **1** 484 ff.
Kündigung des Bauvertrages durch Auftragnehmer
– BGB-Bauvertrag **1** 489 ff.
– fehlende Mitwirkung des Auftraggebers **1** 489 ff., 499 f.
– fehlende Sicherheitsleistung **1** 498, 506
– Klauseln **1** 507 f.
– Unterbrechung des Bauablaufs **1** 505
– Verzug des Auftraggebers **1** 501 ff.
– VOB/B-Bauvertrag **1** 499 ff.
– wichtiger Grund **1** 496 f., 504
Kündigungserklärung (Arbeitsvertrag)
– Inhalt **11** 112
– Rücknahme **11** 114
– Schriftform **11** 114
– Zugang **11** 112 f.
Kündigungsfristen (Arbeitsvertrag) **11** 117 ff.
– abweichende Regelungen **11** 119
– Berufsausbildungsverhältnis **11** 118
– Probezeit **11** 118
– Schwerbehinderte **11** 118
Kündigungsschutzgesetz
– betrieblicher Anwendungsbereich **11** 135
– ordentliche Kündigung **11** 133
– persönlicher Anwendungsbereich **11** 134
– Sechs-Monats-Frist **11** 134
– und außerordentliche Kündigung **11** 163 f.
Kündigungsschutzverfahren Kündigungsschutzgesetz *siehe dort*
– Auflösungsurteil **11** 151
– besonderer Kündigungsschutz **11** 123

Stichwortverzeichnis

- Klageerhebung **11** 150
- Nachschieben von Kündigungsgründen **11** 150
- Sozialwidrigkeit **11** 132, 136 ff.

Kunststoffe **5** 49
Kurzarbeit **11** 252

Lageplan **5** 8, 14
Lagerungsdichte **5** 87
Landesbauordnung **5** 5
Längenmaße **5** 22
- gemauerter Wände **5** 22
Leasing **15** 463 f.
Leiharbeitsverhältnis *siehe* Arbeitnehmerüberlassung
Leistung **15** 266
- Bauleistungen *siehe dort*
- einheitliche **15** 282 f.
- geänderte Leistung aufgrund einer Anordnung des Bauherrn **13** 46 ff.
- Hauptleistung **15** 281
- Nebenleistung **15** 281
- Ort der Leistung **15** 287
- sonstige **15** 281, 286 f.
- Teilleistung **15** 282 f.
- Werkleistung **15** 285
Leistung nach Probe **1** 674 ff.
Leistungsänderung
- Berechnungsbeispiel **13** 46 ff.
Leistungsbeschreibung
- Leistungsbeschreibung nach § 9 VOB/A *siehe dort*, **1** 134 ff.
- Leistungsbeschreibung außerhalb des § 9 VOB/A *siehe dort*
- fehlerhafte Leistungsbeschreibung des Auftraggebers **1** 691
Leistungsbeschreibung außerhalb des § 9 VOB/A **1** 142 ff.
- detaillierte Beschreibung **1** 143 ff.
- globale Beschreibung **1** 147 ff.
- Mischformen detaillierter und globaler Beschreibungen **1** 152 f.
Leistungsbeschreibung nach § 9 VOB/A **1** 136 ff.
- Allgemeines **1** 137
- mit Leistungsprogramm **1** 139
- mit Leistungsverzeichnis **1** 138
- Verstoß gegen § 9 VOB/A **1** 140 f.
Leistungsentnahme **15** 290
Leistungsklage
- Arbeitsverweigerung **11** 200
Leistungsphasen nach § 15 HOAI **3** 34
- Abstimmen der Zielvorstellungen **3** 200
- Abstimmen und Zusammenstellen der Leistungen der Sonderfachleute **3** 242
- Analyse der Grundlagen **3** 200
- Antrag auf behördliche Abnahme und Teilnahme daran **3** 258
- Auflistung der Gewährleistungsfristen **3** 260

- Aufmaß **3** 254
- Aufstellen eines Funktionsprogramms **3** 198
- Aufstellen eines planungsbezogenen Zielkatalogs **3** 200
- Aufstellen eines Raumprogramms **3** 198
- Aufstellen und Überwachen eines Zeitplans **3** 252
- Aufstellung einer Kostenberechnung **3** 218
- Ausführungsplanung **3** 226 ff.
- Bautagebuch **3** 253
- Bauvoranfrage **3** 211
- Beratung zum gesamten Leistungsbedarf **3** 195
- Bestandspläne **3** 268
- detaillierte Darstellung der Räume und Raumfolgen **3** 229
- Dokumentation **3** 267
- Durcharbeiten des bei der Vorplanung erstellten Planungskonzepts **3** 213
- Durcharbeiten und Fortentwickeln bis zur ausführungsreifen Lösung **3** 227
- Einholen von Angeboten **3** 240
- Einreichung aller zur Genehmigung erforderlichen Unterlagen **3** 223
- Entwurfsplanung **3** 212 ff.
- Erarbeiten der Vorlagen für Behörden **3** 222
- Erarbeiten des Planungskonzepts **3** 201 ff.
- Erarbeitung der Grundlagen für die anderen Sonderfachleute **3** 230
- Formulierung von Entscheidungshilfen für Sonderfachleute-Auswahl **3** 196
- Fortschreibung der Ausführungsplanung während der Objektausführung **3** 231 f.
- Genehmigungsplanung **3** 221 ff.
- geordnete Zusammenfassung aller Entwurfsunterlagen **3** 220
- Grundlagenermittlung **3** 193 ff.
- Integrieren der Leistungen anderer Sonderfachleute **3** 205, 214
- Klären der Aufgabenstellung **3** 194
- Klären und Erläutern wesentlicher Zusammenhänge, Vorgänge und Bedingungen **3** 206
- Koordinierung der an der Objektüberwachung fachlich Beteiligten **3** 250
- Kostenanschlag **3** 244
- Kostenfeststellung **3** 257
- Kostenkontrolle **3** 219, 245, 262
- Kostenschätzung **3** 209
- Leistungsbeschreibungen **3** 234 ff.
- Mitwirkung bei der Freigabe von Sicherheitsleistungen **3** 266
- Mitwirkung bei der Vergabe **3** 238 ff.
- Objektbegehung zur Mängelfeststellung vor Verjährungsfristablauf **3** 264
- Objektbeschreibung **3** 215, 233
- Objektbetreuung **3** 263 ff.
- Objektüberwachung **3** 247 ff.
- Prüfung und Wertung der Angebote **3** 241

Stichwortverzeichnis

- Rechnungsprüfung **3** 256
- technische Abnahme **3** 255
- Übergabe des Objekts **3** 259
- Überwachung der Ausführung des Objekts **3** 248
- Überwachung der Ausführung von Tragwerken **3** 249
- Überwachung der Beseitigung der bei der Abnahme festgestellten Mängel **3** 261
- Überwachung der Beseitigung von Mängeln **3** 265
- Überwachung von Detailkorrekturen von Fertigteilen **3** 251
- Varianten **3** 202 f.
- Verhandlungen mit den Bietern **3** 243
- Verhandlungen über Genehmigungsfähigkeit **3** 217
- Vervollständigen und Anpassen der Planungsunterlagen **3** 224
- Vorbereitung der Vergabe **3** 234 ff.
- Vorplanung **3** 199 ff.
- Vorverhandlungen über Genehmigungsfähigkeit **3** 207
- zeichnerische Darstellung des Gesamtentwurfs **3** 216
- zeichnerische Darstellung des Objekts **3** 228
- Zusammenfassung der Ergebnisse der Grundleistungen **3** 197
- Zusammenstellen aller Vorplanungsergebnisse **3** 210
- Zusammenstellen der Verdingungsunterlagen **3** 239

Leistungsposition **5** 5
Leistungsverrechnung
- innerbetriebliche **13** 24

Leistungsverzeichnis **4** 237 f., 252 f.
- Alternativpositionen **4** 257 ff.
- Auspreisen **13** 151
- Bedarfspositionen **4** 257 ff.
- Begriff **5** 5
- Eventualpositionen **4** 257 ff.
- „Gleichwertigkeit" **4** 253 ff.
- Kalkulationsbeispiel Wasserbehälter **13** 31
- „Leitfabrikat" **4** 253 ff.
- textliche Klarheit **4** 261 f.

Leitender Angestellter **11** 10
Lieferanten **1** 30
Lieferung **15** 281, 284 f.
- Beförderung **15** 285
- bei Tauschgeschäft **15** 292
- bei Warenrückgabe **15** 293
- beim Vergaberecht **4** 119 ff.
- mittelbare Übergabe **15** 285
- unmittelbare Übergabe **15** 285
- Versendung **15** 285
- Werklieferung **15** 285

Liquiditätsplan **13** 157
Liquiditätswirksame Kosten **13** 10
Lohn *siehe* Arbeitsentgelt

- Kalkulationslohn **13** 41
- Mittellohn **13** 33

Lohnkosten **13** 116
Lohnsteuerabzugsverfahren **15** 37
Los
- Loseinteilung **4** 136 ff.

Los-ARGE *siehe* Dach-ARGE

Makler- und Bauträgerverordnung *siehe auch* Bauträgervertrag
- Bezugsfertigkeit **2** 7
- Eigentum **2** 8
- Fälligkeitsmodelle **2** 13 ff.
- Sicherungspflichten nach § 3 MaBV *siehe dort*
- Sicherungspflichten nach § 7 MaBV *siehe dort*
- Vollstreckungsunterwerfung wegen des Kaufpreisanspruchs *siehe dort*
- zwingende Geltung **2** 4 ff.

Mangel **8** 26
- Klebemängel bei Wärmedämmverbundsystemen **7** 1 ff.

Mängel vor der Abnahme bei BGB-Bauvertrag **1** 399 ff.
Mängel vor der Abnahme bei VOB/B-Vertrag **1** 385 ff.
- Beseitigungspflicht **1** 385
- Ersatzvornahme **1** 386 ff.
- Mängelbeseitigungsverlangen **1** 901
- Schadensersatz **1** 391 ff.
- Zurückbehaltungsrecht **1** 397 f.

Mangelbegriff
- Altbausanierung **1** 670 ff.
- alternative Kausalität **1** 683
- Doppelkausalität **1** 682
- Fehlen zugesicherter Eigenschaften **1** 636 ff.
- Fehlerhaftigkeit der Leistung **1** 660 ff.
- Gesamtursache **1** 681
- Gleichrangigkeit der Mangeltatbestände **1** 635
- Leistung nach Probe **1** 674 ff.
- mehrere Mangelursachen **1** 680 ff.
- Mitverursachung des Mangels durch den Auftraggeber *siehe dort*
- Reserveursachen **1** 684 f.
- Unterschiede BGB/VOB **1** 634
- Verstoß gegen anerkannte Regeln der Technik *siehe dort*, **1** 634 ff.

Mängelbeseitigungsanspruch *siehe* Nachbesserungsanspruch
Mangelbeseitigungskosten **8** 20
Mangelfolgeschaden **8** 4
- Anspruchsgrundlage **8** 17
- entfernter **8** 15, 81
- großer Schadenersatz **8** 21 f.
- kleiner Schadenersatz **8** 19 f.
- mittelbarer **8** 15

Mängelgewährleistung bei Bauträgerverträgen
- Altbaumodernisierung **2** 118 f.

Stichwortverzeichnis

- Bauträgerverträge **2** 74 ff.
- faire Vertragsregelungen **2** 81 f.
- Feuchtigkeit **2** 83
- Gutachter **2** 92
- Mängel während der Errichtung **2** 78
- Risse **2** 84
- Schallschutzmängel **2** 85
- Umfang **2** 93 f.
- Vermeidung von Mängeln **2** 89 f.
- versteckte Mängel **2** 79 f.
- Wärmeschutzmängel **2** 86 ff.
- Wohnungseigentumsrecht **2** 105 ff.

Mängelgewährleistung bei Bauverträgen
- Abnahme **1** 629 f.
- Ansprüche bei BGB-Bauvertrag **1** 712
- Begriff **1** 627
- Beweislastumkehr, Klausel **1** 850
- Druckeinbehalt **1** 867
- „durchstellender Unternehmer" **1** 43 f.
- Einschränkung, Klauseln **1** 852
- Ersatzvornahme *siehe dort*
- Fehlen zugesicherter Eigenschaften *siehe dort*
- Fehlerhaftigkeit der Leistung *siehe dort*
- gängige Klauseln und AGB-Gesetz **1** 847 ff.
- Garantie, Abgrenzung **1** 628
- Gewährleistungsbürgschaft **1** 859
- Gewährleistungsbürgschaft, Muster **1** 905
- Kündigung des Auftragnehmers **1** 432
- Mängelbeseitigungsverlangen nach Abnahme, Muster **1** 904
- Mangelbegriff *siehe dort*
- Minderung *siehe dort*
- Mitverursachung des Mangels durch den Auftraggeber *siehe dort*
- Nachbesserungsanspruch *siehe dort*
- nichtiger Bauvertrag wegen Schwarzarbeit **1** 108
- positive Vertragsverletzung bei BGB-Bauvertrag **1** 807
- positive Vertragsverletzung bei VOB-Bauvertrag **1** 807
- Schadensersatz im BGB-Bauvertrag **1** 804 ff.
- Schadensersatzanspruch nach § 13 Nr. 7 VOB/B *siehe dort*
- Verjährungsfristen *siehe* Gewährleistungsfristen
- Verschieben des Gewährleistungsbeginns **1** 849
- Verstoß gegen anerkannte Regeln der Technik *siehe dort*, **1** 627 ff.
- VOB/B – BGB **1** 630 ff.
- Vorbehalt bei bekannten Mängeln **1** 707 f.
- Wandelung **1** 811 ff.

Mankohaftung **11** 196
Maschinenstundenkalkulation **13** 86 ff., 134
Maßbegriffe **5** 23
Maße
- Maß- und Modulordnung **5** 21 ff.
- Mauersteinmaße **5** 22

- Rastermaße **5** 22
- Schadensrisiken **5** 26
- Schadensvermeidung **5** 27 f.

Maßeinheiten **5** 22,
Maßordnung **5** 21 ff.
Maßtoleranzen **5** 24
Mauersteine **5** 46
Mauersteinmaße **5** 22
Mauerverband **5** 57
Mauerwerk **5** 56
- aus künstlichen Steinen **5** 59
- Lagerfugen **5** 57
- Natursteinmauerwerk **5** 58
- Tragverhalten **5** 57
- Zierverband **5** 57

Mauerwerksbau **5** 56 ff.
- Schadensrisiken **5** 61
- Schadensvermeidung **5** 62

Mauerwerkzeug **5** 60
Mediator
- Bauleitplanung **16** 30, **17** 45

Mehrkosten
- aufgrund einer geänderten Leistung **13** 48
- aus Anmietung eines Zwischenlagerplatzes **13** 70 ff.
- aus dem Einsatz eines zusätzlichen Bauleiters **13** 77
- aus dem Einsatz eines zusätzlichen Kranführers **13** 79
- aus dem Einsatz eines zusätzlichen Magaziners **13** 80
- aus dem Einsatz eines zusätzlichen Poliers **13** 78
- aus Nachtarbeit **13** 69
- aus Überstundenzuschlägen **13** 73
- aus witterungsbedingten Minderleistungen **13** 75
- aus Zuschlägen für Transportbeton **13** 76
- infolge Behinderung **13** 54

Mehrmenge
- Berechnungsbeispiel **13** 44

Mengenmehrung
- Berechnungsbeispiel **13** 44

Mengenminderung
- Berechnungsbeispiel **13** 45

Meßgeräte **5** 25
Miet- und Pachtverhältnisse
- Aufhebung **22** 162 ff.
- Aufhebung über unbebaute Grundstücke **22** 165
- Eingriffe **22** 161 ff.
- Entschädigung **22** 167 ff.
- kleingärtnerisch genutztes Land **22** 169
- sonstige schuldrechtliche Nutzungsverhältnisse **22** 166
- Verlängerung **22** 170 ff.

Miete
- Jahreskaltmiete **15** 227
- Jahresrohmiete **15** 256

Stichwortverzeichnis

Mietgarantien **15** 472 f.
Minderkosten
– aufgrund einer geänderten Leistung **13** 49
– der Baustelleneinrichtung **13** 82
Mindermenge
– Berechnungsbeispiel **13** 45
Minderung **1** 765 ff.
– Ablehnung der Nachbesserung durch Auftraggeber wegen unverhältnismäßig hohen Aufwandes **1** 768 ff.
– BGB-Bauvertrag **1** 776 f.
– Durchführung **1** 772 ff.
– Höhe des Minderungsanspruchs **1** 774 f.
– Minderungsverlangen **1** 772
– Unmöglichkeit der Mängelbeseitigung **1** 766 f.
– Unzumutbarkeit für den Auftraggeber **1** 771
Mitbestimmung
– Anhörung des Betriebsrates bei Kündigung *siehe dort*
– Ausschreibung eines Arbeitsplatzes **11** 82
– Auswahlrichtlinien **11** 83
– Einstellung **11** 92 ff.
Mittellohn **13** 33
Mittelstands-ARGE **10** 67 ff.
– Ausführungshaftung **10** 69
– Bürgschaften **10** 72
– Einschränkung der Gesamtschuld **10** 68 ff.
– Gewährleistungshaftung **10** 69
– Interessenlage **10** 67
– Teilabnahmen **10** 73
– Vergütungsrisiko **10** 71
– Zahlungen **10** 70
Mitunternehmer
– Umfang und Ermittlung der gewerblichen Einkünfte **15** 377 ff.
Mitunternehmerschaft **15** 353 ff.
Mitverursachung des Mangels durch den Auftraggeber **1** 687 ff.
– Ausnahmecharakter **1** 689
– fehlerhafte Anordnung des Auftraggebers **1** 692 ff.
– fehlerhafte Leistungsbeschreibung **1** 691
– fehlerhafte Vorleistungen anderer Unternehmer **1** 699 f.
– Haftungsteilung **1** 690
– Mitteilung der Bedenken **1** 701 ff.
– unzulässige Rechtsausübung **1** 688
– vom Auftraggeber gelieferte Stoffe/Bauteile **1** 696 f.
Modernisierungs- und Instandsetzungsgebot **22** 148 ff.
– Kostentragung **22** 151 ff.
– Mängel **22** 149
– Missstände **22** 149
– Pflanzgebot **22** 155
– Rückbau- und Entsiegelungsgebot **22** 156 ff.
– Voraussetzungen **22** 148 ff.
Mondialbesteuerung **15** 13
Mörtel **5** 48

Musterbauordnung **5** 5
Musterkontenplan
– Bauarbeitsgemeinschaften **15** 455 ff.

Nachbarschutz, öffentlich-rechtlicher **24** 107 ff.
– Außenbereich gemäß § 35 BauGB **24** 116
– Baugenehmigung, Rechtsschutz **24** 120 ff.
– baurechtswidriger Zustände bei Dritten **24** 124 ff.
– Bebauungspläne **24** 115
– Befreiung gemäß § 31 Abs. 2 BBauG **24** 114
– Eigentumsgarantie **24** 119
– einstweilige Anordnung **24** 125 f.
– Gemengelagen gemäß § 15 Abs. 1 S. 2 BauGB **24** 117
– genehmigungsfreie Bauvorhaben Dritter, Abwehr **24** 124 ff.
– Klagebefugnis **24** 109 ff.
– Landesbauordnungen **24** 118
– Nachbar, Begriff **24** 108
– öffentliche Einrichtungen ohne Baugenehmigung **24** 127
– Rücksichtnahme nach § 34 Abs. 1 BauGB **24** 113
– und privatrechtlicher Nachbarschutz **24** 107
– Verwirkung der Abwehransprüche **24** 129
– Verzicht auf Abwehransprüche **24** 128
Nachbarschutz, privatrechtlicher **24** 107
Nachbesserungsanspruch
– Ausschlussklausel **1** 851
– berechtigte Verweigerung der Mangelbeseitigung **1** 734
– BGB-Bauvertrag **1** 764
– Ersatzvornahme *siehe dort*, **1** 718 ff.
– Grundsatz des Vorteilsausgleichs **1** 728
– Inhalt **1** 721 f.
– Kostenbeteiligung des Auftraggebers **1** 724 ff.
– Nachbesserungsverlangen **1** 731 ff.
– „neu für alt", Vorteilsausgleich **1** 729
– Neuherstellung **1** 730
– Rechtsnatur **1** 719
– schriftliche Mängelrüge **1** 733
– Sowieso-Kosten **1** 726 f.
– unverhältnismäßiger Aufwand **1** 734
– wiederholter Nachbesserungsversuch **1** 723
Nachkalkulation **13** 165
Nachprüfung
– von Vergabeverfahren in anderen Rechtsbereichen **4** 570 ff.
Nachprüfungsantrag
– Abhilfe auf Rüge **4** 492
– an die Vergabekammer **4** 440 ff.
– Antragsbefugnis **4** 447 ff.
– Antragsbefugnis bei unterlassenem Vergabeverfahren **4** 450 ff.
– Antragsbefugnis eines branchenfremden Unternehmens **4** 452 ff.
– Antragsbefugnis nach Aufhebung eines Vergabeverfahrens **4** 465 ff.

Stichwortverzeichnis

- Antragsbefugnis nach Zuschlagserteilung **4** 459 ff.
- Antragsbefugnis ohne Angebotsabgabe **4** 456 ff.
- Antragsbegründung **4** 493 ff.
- Form **4** 477 f.
- Frist **4** 479 f.
- Gebührenvorschuss **4** 481
- Rüge **4** 482 ff.
- Rüge eines Verstoßes in der Bekanntmachung **4** 486 ff.
- Rüge während eines Nachprüfungsverfahrens **4** 489 ff.
- Rügefrist **4** 484 f.
- Statthaftigkeit **4** 440 ff.
- Zuständigkeit der Vergabekammer **4** 473 ff.

Nachprüfungsverfahren **4** 407 ff.
- Grundzüge **4** 417 ff.
- Maßnahmen der Vergabekammer **4** 519
- Missbrauch **4** 602 ff.
- vor dem Vergabesenat **4** 433
- vor der Vergabekammer **4** 433, 496 ff.

Nachteilsausgleich
- Grenzregelung **19** 202 f., 206
- Umlegung **19** 107 ff.

Nachtrag **15** 453 f.
- Bilanzierung **15** 441 ff.

Nachträge beim Bauvertrag *siehe* Änderungen beim Bauvertrag

Nachtragskalkulation *siehe* Sonderfälle der Kalkulation

Nachunternehmer *siehe* Subunternehmer

Natursteinmauerwerk **5** 58

Nebentätigkeit
- Arbeitnehmer **11** 261

Nebenunternehmer **1** 21

Nennmaß **5** 24

Nicht liquiditätswirksame Kosten **13** 10

Nicht-EU-Ausland
- umsatzsteuerliche Behandlung von Exporten **15** 315
- umsatzsteuerliche Behandlung von Importen **15** 316

Nichtigkeit
- Anfechtung des Arbeitsvertrages **11** 107
- Arbeitsvertrag **11** 102 f.
- Architektenvertrag **3** 29 ff.
- Bauvertrag wegen Schwarzarbeit **1** 107 f.
- eines trotz Zuschlagsverbots geschlossenen Vertrags **4** 437 ff.
- Honorarvereinbarung **3** 324
- Koppplungsverbot **3** 30

Niederstwertprinzip **15** 447

Niedriger beizulegender Wert **15** 448 ff.

Normen
- Begriff **5** 5

Normenkontrolle bei Bebauungsplan **24** 1 ff.
- Abwehr schwerer Nachteile bei einstweiliger Anordnung **24** 37 f.
- Anhörung Dritter **24** 14
- Antragsbefugnis **24** 5 ff.
- „aus anderen wichtigen Gründen" bei einstweiliger Anordnung **24** 39
- befristetes Rügerecht **24** 20 ff.
- eingeschränkte Beachtlichkeit der Verletzung von Form- und Verfahrensvorschriften **24** 18 f.
- ergänzendes Verfahren **24** 26 f.
- Gegenstand **24** 3 f.
- Inhalt und Form der Entscheidung **24** 28 ff.
- Prüfungsmaßstäbe **24** 15 ff.
- Rechtsmittel **24** 34
- Rechtsschutzbedürfnis **24** 10
- Revision **24** 34
- Teilnichtigkeit **24** 30 f.
- Vertretungszwang **24** 11
- vorläufiger Rechtsschutz **24** 35 ff.
- Zwei-Jahres-Frist **24** 12 f.

Nutzungsänderung
- Abstandsflächen **23** 35 f.
- bauplanungsrechtliches Vorhaben **18** 7

Nutzungsuntersagung **24** 100
- vorläufiger Rechtsschutz **24** 102, 104

Nutzungsverhältnisse *siehe* Miet- und Pachtverhältnisse

Obergeschossdecke **5** 116

Objektbeschreibung
- Architektenhonorar **3** 233

Objektsteuern **15** 9

Objektversicherung **8** 208

Offenbarungspflichten
- des Stellenbewerbers **11** 85
- Schadensersatz bei Verstoß **11** 87

Offene Handelsgesellschaft **9** 10 ff.
- Einkommensteuer **9** 19
- Haftung **9** 15 ff.
- Umsatzsteuer **9** 19

Öffentliches Baurecht
- Bauleitplanung *siehe dort*, **5** 4
- Gefahrenabwehr **16** 4
- Gegenstand **16** 1 ff.
- historische Entwicklung **16** 8 ff.
- horizontale Koordination **16** 33 f.
- im Deutschen Reich **16** 11
- Koordination der Planung mit benachbarten Kommunen **16** 33 f.
- Preußisches Fluchtliniengesetz **16** 10
- räumliche Fachplanung **16** 35
- Raumordnung **16** 36
- Rechtsquelle **16** 13 ff.
- Spannungsverhältnis privates Eigentum – öffentlich-rechtliche Schranken **16** 2 ff.

Öffentlich-rechtliche Verträge **16** 31
- städtebauliche Verträge **17** 146 ff.

Ökosteuer **15** 329 ff.
- bei Unternehmen des produzierenden Gewerbes **15** 330 ff.

Stichwortverzeichnis

- Stromsteuer *siehe dort*
Optionsverträge
- Architektenvertrag **3** 36 f.
Ordentliche Kündigung des Arbeitsverhältnisses
- Angestellte – Bauwirtschaft **11** 342 f.
- Ausschluss **11** 121 f.
- Begründung **11** 116
- Betriebsbedingte Kündigung *siehe dort*
- Betriebsübergang **11** 120
- gewerbliche Arbeitnehmer – Bauwirtschaft **11** 338 ff.
- Kündigungserklärung (Arbeitsvertrag) *siehe dort*
- Kündigungsfristen **11** 117 ff.
- Kündigungsschutzgesetz *siehe dort*
- Personenbedingte Kündigung *siehe dort*
- Poliere **11** 342 f.
- Verhaltensbedingte Kündigung *siehe dort*, **11** 111 ff.
Ordentliche Kündigung des Architektenvertrages **3** 57 ff.
- 40/60-Regel **3** 59 f.
- freie Kündigungsmöglichkeit **3** 57
- Vergütung **3** 58 ff.
Ortsbesichtigung **4** 283

Pachtverhältnisse *siehe* Miet- und Pachtverhältnisse
Parteigutachter **1** 576 ff.
Partnerschaftsgesellschaft
- Einkommensteuer **9** 41
- Haftung **9** 37 ff.
- stille Gesellschaft **9** 34 ff.
- Umsatzsteuer **9** 41
Pauschalpreis **1** 167 ff.
- Änderungen **1** 305 ff.
- freie Kündigung des Auftraggebers **1** 438
- geänderte Leistungen **1** 307 ff.
- Mengenänderungen **1** 311 ff.
- Selbstübernahme durch Auftraggeber **1** 306
- Wegfall der Geschäftsgrundlage **1** 315
- zusätzliche Leistungen **1** 310
Pauschalvertrag **13** 106
Pauschbeträge **15** 79 f.
Pensionsrückstellungen **15** 470
Personalakte
- Abmahnung **11** 144
Personalfragebögen **11** 90
Personenbedingte Kündigung **11** 139 ff.
- Krankheit **11** 140 f.
Personengesellschaft
- buchmäßige Besonderheiten in der Bilanz **15** 389 ff.
- gewerblich geprägt **15** 178, 367 ff.
- gewerblich infizierte **15** 178
- Gewinnverteilung **15** 411 ff.
- ohne Einkünfte aus Gewerbebetrieb **15** 370 ff.
- Sonder- bzw. Mischformen **15** 416 ff.
- Umfang des Betriebsvermögens **15** 393 ff.

Personengesellschaft
- laufende Gewinnbesteuerung **15** 353 ff.
Personenschaden
- Arbeitskollegen **11** 186, 188 f., 191
Personensteuern **15** 9
Pfahlgründung **5** 90
Pfändung des Arbeitseinkommens **11** 228 f.
- Pfändungsgrenzen **11** 229
- Pfändungsschutz **11** 228
Pfettendach **5** 126
Pilzdecken **5** 119
PKW-Nutzung **15** 37
Plan
- Schalplan **5** 77
Planreifegenehmigung **18** 23 ff.
Planung
- Bauplanung **5** 1
- Planungsfehler **5** 18
- Planungsverfahren **5** 3 ff.
- Schadensrisiken **5** 18 ff.
- Schadensvermeidung **5** 20
- Tragwerksplanung **5** 29
- Vollständigkeit **13** 112
Planungsermessen **16** 42 ff., **17** 123 ff.
- Abwägung **16** 44 ff.
- Abwägungsausfall **17** 128 f.
- Abwägungsdefizit **17** 128 f.
- Abwägungsdirektiven **17** 125
- abwägungserhebliche Belange **17** 131 ff.
- Abwägungsfehleinschätzung **17** 128, 130
- Abwägungsgebot **16** 50, **17** 128 ff.
- Abwägungsgrundsätze **17** 134 ff.
- abwägungsresitente Rechtsgrundlagen der Bauleitplanung **17** 126 f.
- Altlasten **17** 144
- Ausgleichsmaßnahmen bei Natur- und Landschaftseingriffen **17** 142 f.
- Bodenschutz **17** 141
- Feinsteuerung durch nachfolgendes Verwaltungsverfahren **17** 135
- Grundrechte **17** 127
- Lärmschutz **17** 138 ff.
- planerische Zurückhaltung **17** 135
- Planungsleitlinien **17** 125, 131 f.
- Planungsleitsätze **17** 125
- private Belange **17** 133
- richterliche Kontrolldichte **17** 125
- Rücksichtnahmegebot **17** 136
- Systematik der rechtlichen Bindung **17** 124 f.
- Umweltschutz in der Abwägung **17** 137 ff.
- Umweltschutznormen **17** 127
Planungsfehler
- Haftung des Architekten/Bauingenieurs **8** 86 ff.
Planungsrecht
- städtebauliches **5** 4
Planungsunterlagen **5** 8
- Ansicht *siehe dort*
- Ausführungsplan **5** 8

Stichwortverzeichnis

- Bewehrungsplan *siehe dort*
- Detailzeichnung **5** 8
- Freiflächenplan **5** 13
- Genehmigungsplan **5** 8
- Grundrißplan **5** 14
- Lageplan **5** 8, 14
- Positionsplan **5** 15
- Schalplan **5** 16
- Übersichtszeichnung **5** 8

Plattenbalkendecken **5** 119
Plattendecken **5** 119
Plattendruckversuch **5** 87
Positionskostenschätzung **13** 135
Positionsplan **5** 6
Positive Forderungsverletzung **8** 79 ff.
- Abgrenzung zu § 635 BGB bei BGB-Bauvertrag **1** 807
- Gewährleistungsfristen **1** 824 ff.
- Schadenersatz **8** 12 ff.
- VOB-Bauvertrag **1** 808 ff.

Prämien **11** 209
Präqualifikationsverfahren **4** 194 ff.
Preisabsprache
- Ansprüche des Auftraggebers **4** 606 ff.
- Ansprüche gegen andere Beteiligte **4** 638 f.
- Berechnungsmaßstab **4** 627 ff.
- gesamtschuldnerische Haftung **4** 638 f.
- Methodik **4** 608 ff.
- Nachweis **4** 620 ff.
- Nachweis geringeren Schadens **4** 632 ff.
- Verjährung **4** 637
- vertraglich vereinbarte Schadenspauschale **4** 614 ff.

Preisgleitklauseln
- Festpreisklauseln **1** 187
Preispolitik **13** 145 ff.
Preisuntergrenze **13** 10
Privatvermögen
- ertragbringend **15** 81
- ertraglos **15** 81
- notwendiges **15** 397
Probearbeitsverhältnis **11** 25
Proctordichte **5** 87
Produkthaftpflichtversicherung **8** 267 ff.
- Deckungselemente **8** 270 ff.
- Gegenstand **8** 269
- Risikoabgrenzung **8** 272
Produkthaftung **6** 27, **8** 57 ff.
- Deliktshaftung des Herstellers **8** 63 ff.
- Haftung des Herstellers **8** 58 ff.
- vertragliche Haftung des Herstellers **8** 58 ff.
Produkthaftungsgesetz **6** 27, **8** 63 ff.
Produktivitätsminderung
- durch Überstunden **13** 74
Projektanalyse **13** 125 ff.
Projektbezogene Kosten
- Einzelkosten **13** 8
- Gemeinkosten **13** 9

Projektcontroller
- Haftung **8** 124 f.
Projektkalkulation **13** 94
Projektmanager
- Haftung **8** 124 f.
Projektsteuerer **1** 10 f.
- Berufshaftpflichtversicherung **8** 496 f.
- Haftung **8** 124 f.
Projektsteuerung bzw. Projektleitung **13** 111
Projektsteuerungs- bzw. Projektleitungsvertrag **13** 109, 111
Prospekthaftung
- Bauträgervertrag **2** 95 ff.
Provisionen **11** 209
Prüfbescheid **5** 6
Prüfverfahren *siehe* Präqualifikationsverfahren
Prüfzeichen **5** 6

Rahmentarifverträge
- Baugewerbe **11** 267 f.
Rahmenvereinbarung **4** 199 ff.
Rastermaße **5** 22
Raumhöhe
- lichte **5** 23
Raummaß **5** 22
Raumordnung **16** 36 f.
- Anpassung der Bauleitplanung **17** 9 f.
- kommunale Planungshoheit **17** 10
- Vorhaben im Außenbereich **18** 76 f.
Rechnung *siehe* Abrechnung
Rechnungskreis
- externer **15** 438
- interner **15** 438
Rechnungslegung **15** 438 ff.
Rechnungsprüfung
- öffentlicher Auftraggeber **4** 568
Rechtsfähigkeit
- der ARGE **10** 10
- von Personengesellschaften **15** 354
Rechtsform **15** 1 ff.
- Kriterien für die Rechtsformwahl **15** 5 ff.
Rechtsgutsverletzung **8** 25 f.
Rechtsschutzbedürfnis
- Normenkontrolle bei Bebauungsplan **24** 10
Rechtsschutzversicherung **8** 403 ff.
- Arbeitsrechtsschutz als Arbeitgeber **8** 415
- Ausschlüsse **8** 423 ff.
- Beratungsrechtsschutz **8** 420
- Berufsrechtsschutz **8** 408
- Disziplinar- und Standesrechtsschutz **8** 416
- einzelne Risiken **8** 405 ff.
- für Architekten/Bauingenieure **8** 498
- Leistungsartenbeschreibung **8** 410 ff.
- Leistungsumfang **8** 421
- Ordnungswidrigkeitenrechtsschutz **8** 411
- örtlicher Geltungsbereich **8** 422
- Privatrechtsschutz **8** 407
- Rechtsschutz im Vertrags- und Sachenrecht **8** 414

Stichwortverzeichnis

- Schadenersatzrechtsschutz **8** 413
- Sozialgerichtsrechtsschutz **8** 418
- Steuerrechtsschutz **8** 419
- strafrechtliche Verantwortung eines Bauunternehmers und des freiberuflichen Architekten/Bauingenieurs **8** 426 ff.
- Strafrechtsschutz **8** 410
- Verkehrsrechtsschutz **8** 406
- Verwaltungsrechtsschutz in Verkehrssachen **8** 412
- Wohnungs- und Grundstücksrechtsschutz **8** 409, 417

Regeln der Technik
- allgemein anerkannte **5** 6

Rentabilität
- Gesamtkapitalrentabilität **13** 143

Revision
- gegen Berufungsurteile des Oberverwaltungsgerichts **24** 84 ff.
- interne Revision öffentlicher Auftraggeber **4** 568
- Normenkontrolle bei Bebauungsplan **24** 34

Richtsatzschätzung **15** 71
Ringanker **5** 109
Ringbalken **5** 109
Rippendecken **5** 119
Risiko **13** 13 ff.
- auslandsspezifisches **13** 98 f.
- Baurisiken **8** 232 ff.
- Bonitätsrisiko **13** 15
- der Bauausführung **13** 14, 19 f.
- der Kundenzufriedenheit **13** 15
- Kalkulationsrisiko **13** 14, 16 ff.
- Kompensation **13** 141
- kostenrechnerische Bewertung **13** 21
- Kundenerfolgsrisiko **13** 15
- Kundenrisiko **13** 14 f.
- Kundenveränderungsrisiko **13** 15
- politisches **13** 98 f.
- Risikoelemente **13** 141
- Risikokategorien **13** 141
- risikopolitische Grundsätze bzw. Risikopolitik *siehe dort*
- Risikozuschläge **13** 160
- Schadensrisiken *siehe dort*
- versicherbares **8** 194
- Vertragsrisiko **13** 14, 15, 16 ff.
- wirtschaftliches **13** 98 f.

Risikobereiche
- Kundenrisiken **13** 14 f.
- Risiken der Bauausführung **13** 14, 19 f.
- Vertrags- und Kalkulationsrisiken **13** 14, 16 f.

Risikomanagement
- kundenorientiert **13** 15

Risikopolitik
- Grundsätze **13** 13

Rückbau- und Entsiegelungsgebot **22** 156 ff.
Rückenteignung **20** 64 ff.

Rückstellungen
- Gewährleistungsrückstellungen **15** 471
- Mietgarantierückstellungen **15** 472 f.
- Pensionsrückstellungen **15** 470

Rückwärtsversicherung **8** 445 f.
Rumpfwirtschaftsjahr **15** 59

Sachbezüge **15** 37
Sachinbegriffe **15** 42
Sachschaden
- Arbeitskollegen **11** 186 f., 189 f.
- Gefährdungshaftung des Arbeitgebers **11** 194

Sachversicherung **8** 352 ff.
- Auslandsdeckung von Sachrisiken **8** 512
- Bauleistungsversicherung **8** 519
- Besonderheiten **8** 353 ff.
- Datenträgerversicherung für Architekten/Bauingenieure **8** 506 f.
- Elektronik-Betriebsunterbrechungs-Versicherung für Architekten/Bauingenieure **8** 510 f.
- Elektronikversicherung für Architekten/Bauingenieure **8** 501 ff.
- Feuer-Rohbau-Versicherung **8** 520 ff.
- für Architekten/Bauingenieure **8** 499 ff.
- für den Bauherrn **8** 519 ff.
- für den Bauunternehmer **8** 360 ff.
- Gebäudeversicherung **8** 523 ff.
- Grundsätze **8** 353 ff.
- Inhaltsversicherung für Architekten/Bauingenieure **8** 500
- Mehrkostenversicherung für Architekten/Bauingenieure **8** 509
- Softwareversicherung für Architekten/Bauingenieure **8** 508

Sachwertverfahren **15** 258
Saisonabhängigkeit **13** 161
Sanierung
- Städtebauliche Sanierung *siehe dort*

Sanierungssatzung **22** 52 ff.
- Beginn des Sanierungsverfahren **22** 63
- Begründung **22** 58 ff.
- Ersatz- und Ergänzungsflächen **22** 54, 56
- Fortsetzung des Sanierungsverfahren **22** 63
- Gemeinderatsbeschluss **22** 53
- Genehmigung **22** 64 ff.
- Grundbuchsperre **22** 68
- Normenkontrollverfahren **22** 62
- notwendiger Inhalt **22** 55 ff.
- Rechtsfolgen **22** 63 ff.
- Sanierungsvermerk im Grundbuch **22** 67 f.
- Verfügungs- und Veränderungssperre **22** 64 ff.

Sanierungsträger **22** 22 ff.
- Art der Aufgabenübertragung **22** 26
- Behördeneigenschaft **22** 36 ff.
- Beleihung **22** 30 ff.
- Form der Aufgabenübertragung **22** 27
- gesetzliche Ermächtigung zur Aufgabenübertragung **22** 22 f.

Stichwortverzeichnis

- Gesetzmäßigkeit der Tätigkeit **22** 39 f.
- nicht übertragbare Aufgaben **22** 25
- rechtliche Qualifizierung der Tätigkeit **22** 28 ff.
- Umfang **22** 23 ff.
- Verwaltungshelfer **22** 35

Schaden
- an Fassaden **7** 1 ff.
- an Fensterbankanschlüssen **7** 4 ff.
- an Wärmedämmverbundsystemen **7** 1 ff.
- Betonschäden durch chemische Auftaumittel **7** 7 ff.
- durch Verletzung der Verkehrssicherungspflicht des Bauunternehmers **8** 31 ff.
- Mangelfolgeschaden *siehe dort*
- Vermögensfolgeschaden **8** 25

Schadenberechnung
- bei Bausummenüberschreitung **8** 113 f.

Schadenersatz
- des Architekten/Bauingenieurs bei Verletzung eines Schutzgesetzes **8** 119 f.
- des Bauherrn wegen Verletzung eines Schutzgesetzes **8** 141 ff.
- nach § 126 GWB **8** 129
- Umfang bei werkvertraglicher Haftung des Bauunternehmers **8** 6 ff.
- Verjährung bei werkvertraglicher Haftung des Bauunternehmers **8** 9
- von entfernten Mangelfolgeschäden **8** 18 ff.
- wegen positiver Vertragsverletzung **8** 12 ff.
- wegen Verletzung eines Schutzgesetzes **8** 38 ff.

Schadenersatz wegen Nichterfüllung
- bei werkvertraglicher Haftung des Bauunternehmers **8** 3 ff.
- beim Architekten/Bauingenieur **8** 76 ff.

Schadenfall
- Merkblatt für das Verhalten im Schadenfall **8** 567

Schadensabwendungspflicht
- Arbeitnehmer **11** 260

Schadensersatz *siehe auch* Arbeitnehmerhaftung, *siehe auch* Architektenhaftung, Haftung
- Arbeitsverweigerung **11** 202
- Bauhandwerkersicherheit **1** 878 f.
- Behinderungen während der Bauausführung **1** 417 ff.
- grundlose fristlose Kündigung des Architektenvertrages **3** 66
- Mängel vor der Abnahme **1** 391 ff.
- Offenbarungspflichten des Arbeitnehmers **11** 87
- positive Vertragsverletzung *siehe dort*
- Schadensersatzanspruch nach § 13 Nr. 7 VOB/B *siehe dort*
- Verletzung des Urheberrechts des Architekten **3** 81
- Vertragsbeendigung wegen Verzugs des Auftragnehmers **1** 592 ff.
- Verzögerungsschäden **1** 589 ff.

Schadensersatzanspruch nach § 13 Nr. 7 VOB/B **1** 778 ff.
- erhebliche Beeinträchtigung der Gebrauchsfähigkeit **1** 784
- Fehlen einer zugesicherten Eigenschaft **1** 799
- grobe Fahrlässigkeit **1** 797
- großer Schadensersatzanspruch **1** 795 ff.
- Haftungsumfang nach Abs. 1 **1** 787 ff.
- Haftungsumfang nach Abs. 2 **1** 802 f.
- kleiner Schadensersatzanspruch **1** 780 ff.
- Verschulden des Auftragnehmers **1** 785 f.
- versicherbares Risiko **1** 800 f.
- Verstoß gegen anerkannte Regeln der Technik **1** 798
- Vorsatz **1** 797
- wesentlicher Mangel **1** 782 f.

Schadensrisiken
- an Abdichtungen **5** 151 f.
- bei Baugruben **5** 101
- bei Baustoffen **5** 54
- bei Dachkonstruktionen **5** 132
- bei Deckenkonstruktionen **5** 122
- bei der Befestigungstechnik **5** 185
- bei der Gründung **5** 94
- bei der Haustechnik **5** 192
- bei der Planung **5** 18 ff.
- bei Estrichen **5** 137
- bei Maßen **5** 26
- bei Treppen **5** 146
- bei Unterdeckenkonstruktionen **5** 141
- bei Wänden **5** 112
- beim Brandschutz **5** 179
- beim Feuchteschutz **5** 163
- beim Holzbau **5** 67
- beim Mauerwerksbau **5** 61
- beim Schallschutz **5** 171
- beim Stahlbau **5** 72
- beim Stahlbetonbau **5** 78
- beim Wärmeschutz **5** 158
- im Spannbetonbau **5** 84

Schadensvermeidung
- bei Abdichtungen **5** 153 f.
- bei Baugruben **5** 102 f.
- bei Baustoffen **5** 55
- bei Dachkonstruktionen **5** 133
- bei Deckenkonstruktionen **5** 123
- bei der Befestigungstechnik **5** 186
- bei der Gründung **5** 95
- bei der Haustechnik **5** 193
- bei der Planung **5** 20
- bei Estrichen **5** 138
- bei Fensterbankanschlüssen **7** 6
- bei Maßen **5** 27 f.
- bei Treppen **5** 147
- bei Unterdeckenkonstruktionen **5** 142
- bei Verwendung chemischer Auftaumittel **7** 9 ff.
- bei Wänden **5** 113

Stichwortverzeichnis

- beim Brandschutz **5** 180
- beim Feuchteschutz **5** 164
- beim Holzbau **5** 68
- beim Mauerwerksbau **5** 62
- beim Schallschutz **5** 172
- beim Stahlbau **5** 73
- beim Wärmeschutz **5** 159
- im Spannbetonbau **5** 85
- im Stahlbetonbau **5** 79 ff.
- von Klebemängeln bei Wärmedämmverbundsystemen **7** 3

Schadstoffbelastung
- in Gebäuden **6** 7 ff.

Schadstoffe
- Gebäudeschadstoffe **6** 7 ff.

Schall **5** 166 ff.
- Körperschall **5** 166, 170
- Luftschall **5** 166, 170
- Trittschall **5** 170

Schallabsorbtion **5** 170
Schallbrücke **5** 170
Schalldämmung **5** 170
Schalldruck **5** 167, 170
Schalldruckpegel **5** 170
Schallgeschwindigkeit **5** 170
Schallpegel **5** 167
Schallschluckung **5** 170
Schallschutz **5** 165 ff.
- Schadensrisiken **5** 171
- Schadensvermeidung **5** 172

Schalplan **5** 16, 77
Schalung
- im Stahlbetonbau **5** 77

Schattenkosten **13** 158
Scheinfirma **11** 466 f.
Schenkungsteuer *siehe* Erbschaftsteuer
Schichtmaße
- gemauerter Wände **5** 22

Schiedsgutachter **1** 572 ff.
Schiedsvereinbarungen **1** 103 ff.
- Schiedsgerichtsvereinbarung, Muster **1** 909

Schlagregenschutz **5** 162
Schlichtungsverfahren **4** 562 ff.
Schlitzwände **5** 100
Schlüsselumlage
- Änderungen **1** 293
- freie Kündigung durch Auftraggeber **1** 444

Schlusszahlung vorbehaltlose Annahme *siehe* Schlusszahlung, vorbehaltlose Annahme
Schlusszahlung **1** 196 ff.
- abschließender Zahlungswille **1** 196
- Durchgriffsfälligkeit bei Nachunternehmerverträgen **1** 224 ff.
- Fälligkeit **1** 197, 219 ff.
- prüfbare Rechnung **1** 247
- Prüfungsfrist des Auftraggebers **1** 219 f.
- Rückforderung von Überzahlungen **1** 198
- Rückforderungsansprüche öffentlicher Auftraggeber **1** 198

- Skonto **1** 237
- Teilschlusszahlung **1** 199
- Vorbehaltsbegründung **1** 247
- Vorbehaltserklärung **1** 247
- Vorbehaltserklärung, Muster **1** 900

Schlusszahlung, vorbehaltlose Annahme **1** 240 ff.
- AGB-Gesetz **1** 241
- Einrede **1** 249
- Hinweis auf Ausschlusswirkung **1** 246
- prüfbare Rechnung **1** 247
- Rechenfehler **1** 249
- Richtigstellungsverlangen **1** 248 f.
- Schlusszahlung **1** 243
- Schlusszahlungseinrede **1** 240
- Sicherheitseinbehalt **1** 248
- Umfang der Ausschlusswirkung **1** 248 f.
- Unterrichtung von Schlusszahlung **1** 244 f.
- Vorliegen einer Schlussrechnung **1** 242

Schlusszahlungserklärung
- Muster **1** 899

Schmiergeldannahme
- Arbeitnehmer **11** 259

Schnittzeichnung **5** 17
Schnurgerüst **5** 98
Schriftform
- Architektenvertrag mit öffentlicher Hand **3** 11
- Architektenvertrag nach HOAI **3** 10
- Bauvertrag **1** 101
- Honorarvereinbarung **3** 307 f.
- Kündigung eines Berufsausbildungsverhältnisses **11** 115
- Kündigungserklärung **11** 114
- vereinbarte bei Architektenvertrag **3** 12 f.

Schuldverhältnis
- Gesamtschuldverhältnis **8** 159 f.

Schutzgesetz **8** 38 ff.
- im Bereich des Bauherrn **8** 141
- Verletzung **8** 119 f.

Schutzschrift
- gegen Erlass einer einstweilige Verfügung **1** 908

Schwarzarbeit
- Bauvertrag **1** 107 f.

Schwellenwert
- Aufträge unterhalb der Schwellenwerte **4** 147
- Loseinteilung **4** 136 f.
- Schätzung **4** 133 ff.
- Vergabe unterhalb der Schwellenwerte **4** 184 ff.
- Vergaberecht **4** 53 ff., 131 ff.

Schwerbehinderte
- besonderer Arbeitnehmerschutz **11** 245 f.
- Kündigungsfristen **11** 118

Schwinden
- bei Baustoffen **5** 54

Selbstständiger **11** 4
Selbstständiges Beweisverfahren
- Antrag **1** 562

Stichwortverzeichnis

- Antrag, Muster **1** 903
- Antragserwiderung **1** 568
- Anwalt **1** 563
- Beschluss **1** 566
- Beweisaufnahme **1** 567
- dringende Gefahr **1** 565
- Kosten **1** 570
- Streitverkündung **1** 569
- Verfahren **1** 562 ff.
- Verjährungsunterbrechung **1** 571
- Vorteil **1** 557
- Ziel **1** 557
- Zulässigkeitsvoraussetzungen **1** 558 ff.
- zuständiges Gericht **1** 564

Selbstkostenerstattungsvertrag **1** 177, **13** 108
Sicherheitseinbehalt **1** 863 ff.
Sicherheitsleistungen
- Allgemeine Geschäftsbedingungen **1** 870
- Arten **1** 854
- Bareinbehalt **1** 863 ff.
- Bauhandwerkersicherheit *siehe dort*
- Bauhandwerkersicherungshypothek *siehe dort*
- Bürgschaft *siehe dort*, **1** 853 ff.
- Gesetz zur Sicherung von Bauforderungen **1** 889
- Hinterlegung von Geld **1** 868
- Höhe **1** 869 f.
- Rückgabe **1** 871 f.
- Sicherheitseinbehalt **1** 863 ff.
- Verwertung **1** 871 f.
- Wahl- und Austauschrecht **1** 854 f.
- zu Gunsten des Auftraggebers **1** 856 ff.
- zu Gunsten des Auftragnehmers **1** 873 ff.
- Zweck **1** 853

Sicherungspflichten nach § 3 MaBV **2** 15 ff.
- Altbaumodernisierung **2** 108 ff.
- Auflassungsvormerkung **2** 20 ff.
- Baufortschrittsraten **2** 35 ff.
- Baufortschrittsraten und Wohnungseigentumsrecht **2** 100 ff.
- Baugenehmigung **2** 33 f.
- Bauvorhaben bei Altbaumodernisierung **2** 109 ff.
- Bemessung der Raten **2** 44 ff.
- „entsprechende Anwendbarkeit" bei Altbaumodernisierung **2** 112 ff.
- Fälligkeit der letzten Rate bei Mängeln **2** 42 f.
- Lastenfreistellungsversprechen **2** 23 ff.
- öffentlich-rechtliche Genehmigungen **2** 16 f.
- Rang der Auflassungsvormerkung **2** 22
- Ratenhöhe beim Wegfall einzelner Leistungen **2** 41
- Ratenplan **2** 36 ff.
- Rechtswirksamkeit und Vollzugsfähigkeit des Vertrags **2** 15 ff.
- Rücktrittsrecht **2** 18 f.
- Verhältnis zu § 632 a BGB **2** 47 f.
- Wohnungseigentumsrecht **2** 99 ff.

Sicherungspflichten nach § 7 MaBV **2** 49 ff.
- bedingte Bürgschaft **2** 60 ff.
- Bürgschaft **2** 50
- Bürgschaft und Baufortschritt **2** 52 ff.
- Bürgschaftssumme **2** 56
- Gewährleistungsansprüche **2** 51
- Umfang der Besicherung **2** 50 f.
- Vermischung der Sicherheiten **2** 57 ff.

Sick-Building-Syndrom **6** 16
Skontovereinbarung **1** 235 ff.
- Frist **1** 236
- Höhe **1** 236
- Rabatt **1** 235
- Rechtzeitigkeit der Zahlung **1** 238
- Schlusszahlung **1** 237
- Skontoklausel **1** 239
- Zurückbehaltungsrecht **1** 236

Sofortige Vollziehung **24** 59 ff.
- Anordnung der Wiederherstellung der aufschiebenden Wirkung **24** 63 ff.
- Rechtsschutz bei bauaufsichtlichen Verfügungen **24** 102 ff.
- Rechtsschutz bei Erschließungsbeitrag **24** 106
- Rechtsschutz des Nachbarn gegen Baugenehmigung **24** 121 f.
- vorläufiger Rechtsschutz **24** 61 f.

Solidaritätszuschlag **15** 10, 132
Sollmaß **5** 24
Soll/Soll-Versteuerung **15** 304
Soll-Versteuerung **15** 295
Sonderbetriebsvermögen **15** 356, 399 ff.
Sonderfachleute **1** 7 ff.
Sonderfälle der Kalkulation **13** 44 ff.
- Mengenmehrungen **13** 44
- Mengenminderungen **13** 45

Sonderurlaub **11** 217
Sowieso-Kosten **8** 164
Sozialauswahl **11** 146 f.
Sozialkassen **11** 432 ff.
- Allgemeinverbindlichkeit **11** 439
- Aufgaben **11** 434
- Beitragshöhe für das Jahr 2001 **11** 446
- betrieblicher Geltungsbereich **11** 437
- persönlicher Geltungsbereich **11** 438
- räumlicher Geltungsbereich **11** 436
- Spitzenausgleichsverfahren **11** 444 f.
- Urlaub **11** 440
- Zusatzversorgung **11** 443

Sozialkassentarifverträge
- Baugewerbe **11** 269

Sozialplan **22** 174 ff.
- Beeinträchtigungen der Lebensumstände **22** 179
- Betroffene **22** 181
- Einsichtsrecht **22** 178
- Empfehlungen, Hinweise, Maßnahmen der Gemeinde **22** 182
- Erörterungen mit den Betroffenen **22** 180
- gerichtliche Überprüfbarkeit **22** 177
- Verlängerung von Miet- und Pachtverhältnissen **22** 170 ff.

Stichwortverzeichnis

- Wirkungen **22** 175
Sozialwidrigkeit **11** 132, 136 ff.
- allgemeine Sozialwidrigkeit **11** 137
- besondere Sozialwidrigkeit **11** 138
- Interessenabwägung **11** 137
- trotz Vorliegens eines Kündigungsgrundes **11** 148 f.
Spannbetonbau **5** 82 ff.
- Fachbegriffe **5** 83
- Schadensrisiken **5** 84
- Schadensvermeidung **5** 85
Sparrendach **5** 126
Spekulationsgewinn **15** 89
Spekulationspreis **4** 333
Spitzenausgleichsverfahren **11** 444 f.
Splitting-Verfahren **15** 121
Spundwände **5** 100
Städtebauliche Entwicklungsmaßnahmen **22** 121 ff.
- Anpassungsgebiete **22** 128
- Aufgabenübertragung auf Beauftragte durch die Gemeinde **22** 127
- Begriff **22** 123 ff.
- Entwicklungsträger **22** 127
- Zuständigkeit der Gemeinde **22** 126
Städtebauliche Gebote **22** 137 ff.
- Baugebot **22** 142 ff.
- Ermessen **22** 141
- Modernisierungs- und Instandsetzungsgebot **22** 148 ff.
- Verwaltungsakt **22** 139
Städtebauliche Sanierung
- Aufgabenübertragung auf Beauftragte durch die Gemeinde *siehe* Sanierungsträger
- Ausgleichs- und Entschädigungsleistungen **22** 90 ff.
- Baumaßnahmen **22** 85 ff.
- Begriff **22** 7 ff.
- Behebung städtebauliche Missstände **22** 15 ff.
- Beteiligung der Betroffenen **22** 41 ff.
- Beteiligung und Mitwirkung öffentlicher Stellen **22** 45
- Bodenordnung **22** 74 f.
- Durchführung **22** 69 ff.
- einheitliche Vorbereitung **22** 10
- Festsetzung von Ausgleichsbeträgen der Eigentümer **22** 119 f.
- Feststellung einer sanierungsbedingten Werterhöhung **22** 94 ff.
- Förmlicher Beginn des Verfahrens **22** 46 ff.
- Freilegung von Grundstücken **22** 79 f.
- grundsätzliche Inhaltsbestimmung **22** 8 ff.
- Grundstückserwerb **22** 75
- Herstellung und Änderung von Erschließungsanlagen **22** 81 ff.
- öffentliches Interesse **22** 12 ff.
- Ordnungsmaßnahmen **22** 73 ff.
- Sanierungssatzung *siehe dort*
- Sanierungsträger *siehe dort*, **22** 5 ff.
- Stadt und Land **22** 9
- Überlassung der Durchführung an den Eigentümer **22** 70 ff.
- Umzug von Bewohnern und Betrieben **22** 76 ff.
- Verordnungsermächtigung in § 199 Abs. 1 BauGB **22** 106 ff.
- Vorbereitung der Sanierung **22** 47 ff.
- Wertermittlung **22** 94 ff.
- Wertermittlungs-Sonderregelung in § 26 Abs. 1 WertV 88 **22** 114 ff.
- WertV 88, nichtige Regelungen **22** 104 ff.
- zügige Durchführung **22** 11
- Zuständigkeit der Gemeinde **22** 20 f.
Städtebauliche Verträge **17** 146 ff.
- Angemessenheitsklausel **17** 149
- Fallgruppen **17** 147
- Kopplungsverbot **17** 149
Stahl **5** 52
Stahlbau **5** 69 ff.
- Schadensrisiken **5** 72
- Schadensvermeidung **5** 73
- Verbindungsmittel **5** 71
- Walzerzeugnisse Stahlhochbau **5** 70
Stahlbetonbau **5** 74 ff.
- Bemessungszustände **5** 75
- Bewehrung **5** 76
- Fachbegriffe **5** 75 ff.
- Schadensrisiken **5** 78
- Schadensvermeidung **5** 79 ff.
- Schalung **5** 77
Stahlsteindecken **5** 119
Standardleistungsbuch **5** 6
Statik **5** 6
Statiker *siehe* Tragwerksplaner
Statische Berechnung **5** 6
Steifemodul **5** 87
Steigung **5** 22
Stellplätze
- bauordnungsrechtliche Anforderungen **23** 45 f.
Steuerarten
- Einkommensteuer *siehe dort*
- Erbschaft- und Schenkungsteuer *siehe dort*
- Gewerbesteuer *siehe dort*
- Grunderwerbsteuer *siehe dort*
- Grundsteuer *siehe dort*
- Körperschaftsteuer *siehe dort*
- Ökosteuer *siehe dort*
- Umsatzsteuer *siehe dort*
Steuerbilanz
- derivative 62 ff.
- originäre **15** 65
Steuerbilanzwertverfahren **15** 231 ff.
Steuermeßzahl **15** 193, 260
Steuern
- Ertragsteuern *siehe dort*
- Kirchensteuer **15** 10
- Objektsteuern **15** 9
- Personensteuern **15** 9

Stichwortverzeichnis

- Substanzsteuern *siehe dort*
- Verkehr- und Verbrauchsteuern *siehe dort*

Steuerrecht *siehe auch* Einkommensteuer, Umsatzsteuer
- Aktiengesellschaft **9** 54
- BGB-Gesellschaft **9** 9
- Europäische Wirtschaftliche Interessenvereinigung **9** 58
- GmbH **9** 49
- offene Handelsgesellschaft **9** 19, 27

Steuersubjekt
- für Besteuerung Personengesellschaft **15** 353

Stichmaß **5** 24

Stille Gesellschaft **9** 32 f.

Stillstandskosten
- infolge Behinderung **13** 55

Streifenfundament **5** 89

Streitwert
- öffentliches Baurecht, Streitverfahren **24** 132 f.

Stromsteuer **15** 334 ff.
- Befreiung **15** 335 f.
- Erlaubnis **15** 336, 339
- Steuerermäßigung für Betriebe des produzierenden Gewerbes **15** 337 ff.
- Steuersätze **15** 334

Stufenleiterverfahren **13** 24

Stundenlohnvertrag **1** 174 ff.

Sturzbalken **5** 121

Stuttgarter Verfahren **15** 221

Stützwände **5** 100

Submissionstermin **4** 292 ff.
- bei elektronischer Ausschreibung **4** 295 ff.

Subsidiarität **15** 20

Substanzsteuern **15** 209 ff.
- Erbschaft- und Schenkungsteuer *siehe dort*
- Grundsteuer *siehe dort*

Subunternehmer **1** 19 f.
- aus EU-Staates **11** 463
- aus MOE-Staates **11** 464 f.
- Bau-Betriebs-Haftpflichtversicherung **8** 246
- Bauherrenzahlung an Subunternehmer **1** 64 ff.
- Durchgriffsfälligkeit **1** 224 ff.
- Scheinfirma **11** 466 f.

Subunternehmervertrag
- Internationales Privatrecht **12** 4

Suspendierungskosten **13** 102

Szenariotechnik **13** 21

Tarifbindung **11** 40

Tariffähigkeit **11** 39

Tarifkonkurrenz **11** 54

Tarifpluralität **11** 55

Tarifrecht *siehe auch* Bautarifrecht, Tarifvertrag, **11** 37 ff.
- Außenseiter **11** 41

Tarifvertrag
- abweichende Abmachungen **11** 45 ff.
- Anrechnung übertariflicher Leistungen *siehe dort*
- Bautarifrecht *siehe dort*
- Differenzierungsklauseln **11** 52
- Geltungsbereich **11** 42
- Günstigkeitsprinzip **11** 45
- Nachwirkung **11** 43
- normative Wirkung **11** 44
- Ordnungsprinzip **11** 46
- Organisationsklauseln **11** 52
- Sperrwirkung **11** 62 f.
- Tarifausschlussklauseln **11** 53
- Tarifbindung **11** 40
- Tariffähigkeit **11** 39
- Tarifkonkurrenz **11** 54
- Tarifpluralität **11** 55
- Tarifzuständigkeit **11** 40

Tarifzuständigkeit **11** 40

Taupunkt **5** 161

Tauschgeschäft **15** 292

Tauwasser **5** 161

Tauwasserschutz **5** 161

Technische Verwaltungsvorschriften **16** 18

Teileigentum
- in Fremdenverkehrsgebieten **19** 17 ff.

Teilkündigung des Arbeitsverhältnisses **11** 167

Teilleistung
- direkte Kosten **13** 113, 116, 130
- indirekte Kosten **13** 113, 166

Teilungsgenehmigung **19** 13 ff.

Telefax
- Architektenvertrag **3** 16 f.

Tiefgründung **5** 86, 90

Totalübernehmer **1** 16

Tragverhalten **5** 33 ff.

Tragwerk **5** 29
- Beanspruchungsarten **5** 31, 38 ff.
- Belastung **5** 32
- Fachbegriffe **5** 30
- Tragverhalten **5** 33 ff.
- Verformungen **5** 38 ff.

Tragwerksplaner **5** 6

Tragwerksplanung **5** 29

Transportrecht **8** 175 ff.
- Entwicklung **8** 178 ff.

Transportrechtsreformgesetz **8** 178 ff.

Transportschäden
- Haftung **8** 175 ff.

Transportversicherung **8** 367 f.

Trapezstahldecken **5** 119

Trennungsprinzip **15** 354

Treppen **5** 143 ff.
- Fachbegriffe **5** 144
- Planungsregeln **5** 145
- Schadensrisiken **5** 146
- Schadensvermeidung **5** 147

Treuepflicht
- des Arbeitnehmers **11** 241
- des Architekten **3** 54

Stichwortverzeichnis

Trittschall **5** 170

Überbau **8** 148
Überschuss der Einnahmen über die Werbungskosten **15** 73 ff.
– Einkunftsermittlungszeitraum **15** 74
Überschusseinkunftsarten **15** 18
Überschussrechnung **15** 66 ff.
Übersichtszeichnung **5** 8
Überstundenzuschläge
– Ausgleichskonto **11** 296 f.
Überwachungsrecht des Auftraggebers **1** 350 f.
Überzug **5** 121
Umbau
– Abstandsflächen **23** 34
– und Urheberrecht des Architekten **3** 74 ff.
Umkehrdach **5** 131
Umlegung
– Beginn des Verfahrens **19** 71 ff.
– Begründungspflicht **19** 87
– Bekanntmachung des Beschlusses **19** 76
– Beschluss **19** 72 f.
– Festsetzungen des Bebauungsplans **19** 92 ff.
– Flächenabzug für Ausgleichsflächen **19** 98 ff.
– Flächenabzug für Erschließungszwecke **19** 95 ff.
– Flächenabzug für sonstige Flächen **19** 101 f.
– Gebiet **19** 74 f.
– Grundbuchsperre **19** 81
– keine Enteignung **19** 91
– Liegenschaftskataster **19** 84
– Nachteilsausgleich **19** 107 ff.
– Rechtsweg **19** 88
– Surrogationsprinzip **19** 90
– Umlegungsausschuss **19** 77
– Umlegungsmasse **19** 89
– Umlegungsplan **19** 83 ff.
– Umlegungsvermerk im Grundbuch **19** 80
– Verfahren **19** 86 f.
– Verfügungs- und Veränderungssperre **19** 78 ff.
– Verkehrswerte *siehe dort*
– Verteilung der Verteilungsmasse **19** 103 ff.
– Verteilungsmasse **19** 89
– Vorteilsausgleich *siehe dort*, **19** 62, 71 ff.
– Vorwegabzug von Flächen **19** 89 ff.
– Zwangsversteigerungsverfahren **19** 82
Umsatz
– Besteuerung grenzüberschreitender Umsätze **15** 315 ff.
– nicht steuerbarer **15** 268 f.
– steuerbarer **15** 266 f., 269
Umsatzrendite **13** 142 f.
Umsatzsteuer **15** 264 ff.
– abziehbare Vorsteuern **15** 303
– Anpassung bei Änderungen der Bemessungsgrundlage **15** 312 f.
– Ausschluß vom Vorsteuerabzug **15** 308 ff.
– Bemessungsgrundlage **15** 288 ff.
– Bemessungsgrundlage bei Eigenverbrauch **15** 289 f.
– Bemessungsgrundlage bei Vorliegen eines Entgeltes **15** 288
– Besteuerung grenzüberschreitender Umsätze **15** 315 ff.
– BGB-Gesellschaft **9** 9
– Einfuhrumsatzsteuer **15** 316
– einheitliche Leistung **15** 282 f.
– Entstehung der Steuerschuld **15** 295 ff.
– Formerfordernisse für Rechnungen **15** 302
– Hauptleistung **15** 281
– Ist-Versteuerung **15** 297 ff.
– Kommanditgesellschaft **9** 27
– Lieferung **15** 281, 284 f.
– Mindestbemessungsgrundlage **15** 291
– Nebenleistung **15** 281
– nicht steuerbare Umsätze **15** 268 f.
– offene Handelsgesellschaft **9** 19
– Ort der Leistung **15** 287
– Partnerschaftsgesellschaft **9** 41
– Soll-Versteuerung **15** 295
– Sonderregelung für die Lieferung von neuen Fahrzeugen **15** 319
– sonstige Leistung **15** 281, 286 f.
– steuerbare Umsätze **15** 266 f., 269
– Steuerbefreiungen **15** 271 ff.
– Steuerbefreiungen mit der Versagung des Vorsteuerabzugsrechts **15** 277 f.
– Steuerbefreiungen mit Vorsteuerabzugsmöglichkeit **15** 272 f.
– Steuerbefreiungen mit Vorsteuerabzugsmöglichkeit nach Option § 9 UStG **15** 274 ff.
– Steuerobjekt **15** 266 ff.
– Steuersubjekt **15** 279 f.
– Tarif **15** 294
– Teilleistung **15** 282 f.
– umsatzsteuerlicher Unternehmer **15** 279
– Vergütung des Unternehmers **1** 184
– Voranmeldungszeitraum **15** 296 f.
– Vorsteuerabzug **15** 301 ff.
– Zahllast **15** 264
Umwelteinwirkung
– schädliche **8** 149
Umwelt-Haftpflicht-Modell **8** 277 ff.
– versicherte Risiken **8** 277 f.
– Versicherungsfall **8** 279
Umwelthaftpflichtversicherung **8** 273 ff.
– Ausschlussklausel **8** 275
– geschäftsplanmäßige Erklärung **8** 276
– Umwelt-Haftpflichtbasisversicherung **8** 280
– Umwelt-Haftpflicht-Modell *siehe dort*
Umwelthaftungsgesetz **8** 54
Umweltschutz
– Altlasten **17** 144
– Anpflanzungen **17** 111
– Ausgleichsmaßnahmen **17** 112 f., 142 f.
– äußere Grenzen des Planungsermessens **17** 127

Stichwortverzeichnis

- Bauleitplanung **16** 26, **17** 18 ff.
- Bebauungsplan **17** 107 ff.
- Bodenschutz bei Abwägung **17** 141
- Bodenschutz bei Bauleitplanung **17** 21 f.
- in der Abwägung (Planungsermessen) **17** 137 ff.
- Lärmschutz bei Abwägung **17** 138 ff.
- luftverunreinigende Stoffe **17** 108 f.
- Standortplanung für umweltbeeinträchtigende Vorhaben und Maßnahmen **17** 19
- Trennungsgebot bei Bauleitplanung **17** 20
- umweltrelevante Fachpläne **17** 23 f.
- Umweltverträglichkeitsprüfung **17** 23, 31 ff.
- Vermeidung und Ausgleich bei Eingriffen in Natur und Landschaft **17** 23, 25 ff.
- wechselseitige Störungen unterschiedlicher Nutzungen **17** 110

Unfallversicherung
- Abgrenzung gesetzliche zu private **8** 533
- Bauhelfer-Unfallversicherung **8** 550
- Beitragsberechnung **8** 547 f.
- für den Bauherrn **8** 532 ff.
- für gewerblich am Bau tätige Personen **8** 551
- Geltungsbereich der privaten **8** 549
- Genesungsgeld **8** 542
- Invalidität **8** 535 ff.
- Krankenhaustagegeld **8** 541
- Leistungsarten der privaten **8** 535 ff.
- Leistungsumfang der gesetzlichen **8** 534
- Tagegeld **8** 540
- Todesfallleistung **8** 543
- Übergangsleistung **8** 539
- Versicherungssummen in der privaten **8** 544 ff.

Unfertige Bauten
- Bilanzierung **15** 441 ff.
- Bilanzierung nach IAS **15** 474
- Bilanzierung nach US-GAAP **15** 476
- verlustfreie Bewertung **13** 166 f.

Untätigkeitsklage **24** 50 f.
Unterdecken
- Funktionen **5** 140

Unterdeckenkonstruktionen **5** 139 ff.
- Konstruktionsarten **5** 139
- Schadensrisiken **5** 141
- Schadensvermeidung **5** 142

Unterfangung **5** 91
Unternehmen
- Begriff **11** 16
- des produzierenden Gewerbes **15** 330

Unternehmensbesteuerung
- Kapitalgesellschaften **15** 340 ff.
- Personengesellschaften **15** 353 ff.

Unternehmensbezogene Kosten **13** 7
Unternehmensformen **15** 1
Unternehmenskreislauf
- Handelsbetrieb **13** 96

Unternehmer **9** 1 ff.
- Begriff **5** 7

- „geborene" **15** 279
- umsatzsteuerlicher **15** 279

Unterzug **5** 121
Urheberrecht des Architekten **3** 69 ff.
- Abriss des Werkes **3** 78
- Ansprüche bei Verletzung des Urheberrechts **3** 80 f.
- Heranziehung des Urhebers bei Änderung/Instandsetzung **3** 77
- Inhalt **3** 73
- Interessenabwägung **3** 76
- persönliche geistige Schöpfung **3** 70 f.
- Rechtsgrundlage **3** 69
- Schadensersatz **3** 81
- Schöpfer des Werkes **3** 72
- technischer Fortschritt **3** 76
- Umbaumaßnahmen **3** 74 ff.
- Vertragsklauseln **3** 81

Urlaub
- Arbeitnehmer-Entsendegesetz **11** 409 ff.
- Bildungsurlaub **11** 225, 239
- Krankheit **11** 238
- Mindesturlaub **11** 236
- Sonderurlaub **11** 217
- Urlaub in der Bauwirtschaft *siehe dort*
- Urlaubsbescheinigung **11** 236
- Urlaubsjahrgebundenheit **11** 237
- Urlaubsvergütung in der Bauwirtschaft *siehe dort*, **11** 234 ff.
- Wartezeit **11** 235

Urlaub in der Bauwirtschaft
- Angestellte **11** 335 ff.
- Arbeitnehmer-Entsendegesetz **11** 409 ff.
- gewerbliche Arbeitnehmer **11** 310 ff.
- jugendliche Arbeitnehmer **11** 330 ff.
- Poliere **11** 335 ff.
- Urlaubs- und Lohnausgleichskasse **11** 440
- Urlaubsabgeltung **11** 324 ff.
- Urlaubsdauer bei gewerblichen Arbeitnehmern **11** 312 ff.
- Urlaubsvergütung in der Bauwirtschaft *siehe dort*, **11** 310 ff.

Urlaubsabgeltung in der Bauwirtschaft
- gewerbliche Arbeitnehmer **11** 324 ff.

Urlaubsentgelt
- Angestellte in der Bauwirtschaft **11** 337
- gewerbliche Arbeitnehmer in der Bauwirtschaft *siehe* Urlaubsvergütung in der Bauwirtschaft **11** 224

Urlaubsvergütung in der Bauwirtschaft
- Berechnung **11** 316 ff.
- Bruttolohn **11** 317
- gewerbliche Arbeitnehmer **11** 316 ff.
- Krankheit **11** 320
- Urlaubsausgleichsbeträge **11** 321 f.
- Urlaubsgeld **11** 323

Urteil
- Vollstreckung (Verwaltungsprozess) **24** 130 f.

US-GAAP **15** 476 f.

1605

Stichwortverzeichnis

Veränderungssperre **19** 5 ff.
– Bestandsschutzregelung **19** 6
– Entschädigung **19** 10 f.
– Geltungsdauer **19** 8
– Inhalt **19** 5
– Rechtsbehelfe **19** 12
– Satzung **19** 7
Veräußerung
– von Anteilen an Kapitalgesellschaften **15** 89 ff.
Veräußerungsgewinn
– bei Betriebsaufgabe **15** 86
– bei Veräußerung von Anteilen an Kapitalgesellschaften **15** 92
– Berechnungsbeispiel **15** 93 f.
– Ermittlung **15** 84
– Freibetrag **15** 84 f., 94
Veräußerungsgewinnbesteuerung **15** 81 ff.
Veräußerungsvorgänge
– einkommensteuerliche Relevanz **15** 81 ff.
– im Betriebsvermögen **15** 83
Verband **4** 84
Verbau
– Berliner Verbau **5** 100
Verbunddecke **5** 119
Verbundsystem
– Wärmedämmverbundsystem *siehe dort*
Verdingungsordnung für Bauleistungen **5** 7
– Teil A **5** 7
– Teil B **5** 7
– Teil C **5** 7
Verdingungsunterlagen **4** 240
Verfahren
– Bescheinigungsverfahren **4** 560 f.
– Beschwerdeverfahren *siehe dort*
– nichtoffenes **4** 273
– offenes **4** 278 ff.
– Schlichtungsverfahren **4** 562 ff.
– Verhandlungsverfahren **4** 273
Verfahren vor dem Vergabesenat
– Übersicht **4** 433
Verfahren vor der Vergabekammer
– Akteneinsicht **4** 498 ff.
– Entscheidung **4** 520 ff.
– Fortsetzungsfeststellung **4** 515 ff.
– Fünf-Wochen-Frist **4** 517 f.
– Gegenantrag des Bieters **4** 509 ff.
– Geheimhaltung **4** 499 f.
– Kosten **4** 525 ff.
– Maßnahmen der Vergabekammer während des Nachprüfungsverfahrens **4** 519
– Übersicht **4** 433
– Vollstreckung **4** 531 f.
– Vorab-Gestattung des Zuschlags **4** 509 ff.
– Vorprüfung **4** 497
– Zuschlagsverbot und seine Verlängerung **4** 501 ff.
– Zustellung des Antrags an die Vergabestelle **4** 497

Verfahrenstarifverträge
– Baugewerbe **11** 270 f.
Vergabe
– unterhalb der Schwellenwerte **4** 184 ff.
– wettbewerbliche **13** 104 f.
Vergabearten
– Übersicht über besondere Vergabearten im Sektorenbereich **4** 202 ff.
Vergabebestimmungen
– Rechtsanspruch auf Einhaltung **4** 46 ff.
Vergabefehler
– Haftung des Architekten/Bauingenieurs **8** 92
Vergabekammer
– Maßnahmen während des Nachprüfungsverfahrens **4** 519
– Verfahren vor der Vergabekammer **4** 496 ff.
– Zuständigkeit **4** 473 ff.
Vergabeprüfstellen **4** 565 f.
Vergaberecht
– Aufbau **4** 11 ff.
– Auftrag unterhalb der Schwellenwerte **4** 147
– Ausnahmen vom EG-Vergaberecht **4** 108 ff.
– Begriff **4** 1
– Dienstleistungen **4** 119 ff.
– Geschichte **4** 2 ff.
– Gleichbehandlungsgebot **4** 26 ff.
– Grundsätze **4** 23 ff.
– Lieferungen **4** 119 ff.
– Loseinteilung **4** 136 ff.
– Rechtsanspruch auf Einhaltung der Vergabebestimmungen **4** 46 ff.
– regelmäßige Bekanntmachung **4** 203 ff.
– sachlicher Anwendungsbereich **4** 109 ff.
– Schätzung Schwellenwert **4** 133 ff.
– Schwellenwert **4** 131 ff.
– sektorenspezifische Ausnahmen **4** 94 ff.
– Transparenzgebot **4** 26 ff.
– vergabefremde Aspekte **4** 33 ff.
– Vergaben unterhalb der Schwellenwerte **4** 184 ff.
– Vorinformation **4** 203 ff.
– Wahl des Vergabeverfahrens **4** 148 ff.
– Wettbewerbsgrundsatz **4** 26 ff.
Vergaberechtsschutz
– Entwicklung **4** 407 ff.
Vergabeunterlagen
– Erstellung **4** 228
Vergabeverfahren **4** 148 ff.
– Abschluß **4** 369 ff.
– Bedarfsermittlung **4** 56 ff.
– Bedarfsformulierung **4** 56 ff.
– Beendigung ohne Zuschlag **4** 389 ff.
– beschleunigtes Verfahren **4** 169 ff.
– beschlossenes **4** 207 ff.
– Entscheidungen vor Einleitung **4** 56 ff.
– finanzieller Rahmen **4** 56 ff.
– implizite Nachprüfung in anderen Rechtsbereichen **4** 570 ff.
– nichtoffenes Verfahren **4** 148 ff., 158 ff.

Stichwortverzeichnis

- offenes Verfahren **4** 148 ff., 157
- Rechts- und Fachaufsicht **4** 569
- spezielle Vergabeverfahren der Sektorenauftraggeber **4** 188 ff.
- Übersicht **4** 187
- Veränderung des Bedarfs während des Vergabeverfahrens **4** 348 ff.
- Verhandlungsverfahren **4** 148 ff.
- Verhandlungsverfahren nach öffentlicher Vergabebekanntmachung
- Verhandlungsverfahren ohne öffentliche Vergabebekanntmachung **4** 175 ff.
- Vertragsabschluss **4** 382 ff.
- Vorbereitung des beschlossenen Vergabeverfahrens **4** 207 ff.
- Zuschlag **4** 382 ff.

Vergabevermerk **4** 402 ff.
Vergütung des Unternehmers
- Abrechnung *siehe dort*
- Abschlagszahlung nach BGB-Bauvertrag **1** 195
- Abschlagszahlung nach VOB-Bauvertrag **1** 192 ff.
- Abtretungs- und Aufrechnungsverbote **1** 259
- Detailpauschalvertrag **1** 170 ff.
- Durchgriffsfälligkeit bei Nachunternehmerverträgen **1** 224 ff.
- „durchstellender Unternehmer" **1** 48
- Einheitspreis **1** 165 f.
- Einheitspreis, Änderungen **1** 269 ff., 318 ff.
- Fälligkeit **1** 188
- Fälligkeit der Schlusszahlung **1** 197, 219 ff.
- Fälligkeit von Abschlagszahlung, BGB-Bauvertrag **1** 213 f.
- Fälligkeit von Abschlagszahlung, VOB-Bauvertrag **1** 211 f.
- Festpreis **1** 178
- Festpreisklauseln **1** 186, 259
- freie Kündigung des Auftraggebers **1** 437 ff.
- Garantierter Maximalpreis-Vertrag **1** 179 ff.
- Globalpauschalvertrag **1** 170, 173
- Inhaltskontrolle nach AGB-Gesetz **1** 259
- Nichtzahlung der Abschlagszahlung **1** 215 ff.
- Pauschalpreis **1** 167 ff.
- Pauschalpreis, Änderungen **1** 305 ff., 322 ff.
- Preis **1** 163 ff.
- Preisgleitklauseln **1** 187
- Schlusszahlung *siehe dort*
- Schlusszahlung, vorbehaltlose Annahme *siehe dort*
- Selbstkostenerstattungsvertrag **1** 177
- Skontovereinbarung *siehe dort*
- Stundenlohnvertrag **1** 174 ff.
- übliche Vergütung **1** 163
- Umsatzsteuer **1** 184
- Vergütung nach VOB **1** 164 ff.
- Verjährung des Vergütungsanspruchs *siehe dort*
- Verzug *siehe dort*, **1** 162 ff.

- Vollständigkeitsklauseln **1** 185, 259
- Vorauszahlungen **1** 189 ff.
- Zahlungsarten **1** 188 ff.

Verhaltensbedingte Kündigung **11** 142 ff.
- Abmahnung **11** 143 f.

Verhandlungsprotokoll **1** 154
- Kurz-Verhandlungsprotokoll, Muster **1** 891

Verhandlungsverfahren **4** 148 ff.
- 273, **13** 108 ff.
- nach öffentlicher Vergabebekanntmachung **4** 172 ff.
- ohne öffentliche Vergabebekanntmachung **4** 175 ff.

Verjährung Gewährleistungsansprüche *siehe* Gewährleistungsfristen
- Arbeitnehmer-Entsendegesetz **11** 431
- der Schadenersatzansprüche beim VOB-Vertrag **8** 22
- des Schadenersatzanspruchs nach § 635 BGB **8** 9, 84 f.
- Hemmung **1** 256
- Schadensersatz wegen Behinderungen **1** 409
- Unterbrechung **1** 257
- unwirksame Unterwerfungserklärung **2** 66
- Vergütungsanspruch des Unternehmers *siehe* Verjährung des Vergütungsanspruchs
- Vertragsstrafe **1** 607
- Verzicht **1** 258
- von Ansprüchen aus pVV des Werkvertrages **8** 16
- von Schadenersatzansprüchen **8** 45 f.

Verjährung des Vergütungsanspruchs **1** 250 ff.
- Beginn der Verjährungsfrist **1** 253
- Fristen **1** 251 f.
- Generalunternehmer **1** 252
- Hemmung der Verjährungsfrist **1** 256
- prüfbare Schlussrechnung bei VOB/B-Bauvertrag **1** 255
- Unterbrechung **1** 257
- Verzicht **1** 258

Verkehr- und Verbrauchsteuern
- Grunderwerbsteuer *siehe dort*
- Ökosteuer *siehe dort*
- Umsatzsteuer *siehe dort*

Verkehrserschließung **21** 19 ff., 87 ff.
Verkehrssicherung
- bei Erdarbeiten **8** 37
- bei Gerüstbauarbeiten **8** 37
- bei Straßenbauarbeiten **8** 37

Verkehrssicherungspflicht
- Auftraggeber als „Sekundärverantwortlicher" **1** 381
- Auftragnehmer **1** 380
- Bauvorhaben **1** 379 ff.
- des Architekten/Bauingenieurs **8** 115 ff.
- des Bauherrn **8** 133
- des Bauherrn bei Beauftragung eines Bauunternehmers **8** 134 ff.
- des Bauunternehmers **8** 31 ff.

1607

Stichwortverzeichnis

Verkehrswerte **15** 216, **19** 157 ff.
– Deduktive Methode **19** 164 ff.
– Umlegung **19** 155 ff.
Verkehrswertgutachten
– fehlerhaftes **3** 163
Verlustabzug
– bei beschränkter Haftung **15** 105
Verlustausgleich **15** 95 ff.
– bei Tarifbegünstigung **15** 100
– Berechnungsbeispiel **15** 99 f.
– externer **15** 98
– horizontaler **15** 96
– innerhalb einer Einkunftsart **15** 95 ff.
– interner **15** 96
– vertikaler **15** 98
– zwischen den Einkunftsarten **15** 98 ff.
Verlustrücktrag **15** 101 ff.
Verlustverrechnung
– von beschränkt Haftenden **15** 105
Verlustvortrag **15** 101 ff.
Vermögen
– Betriebsvermögen *siehe dort*
– Gesamthandsvermögen **15** 393 f.
– Grundvermögen **15** 253 f.
– land- und forstwirtschaftliches **15** 252
– neutrales **15** 135, 145
– Privatvermögen *siehe dort*
Vermögensfolgeschaden **8** 25
Vermögensvergleich
– nach § 4 Abs. 1 EStG **15** 65
– nach § 5 EStG **15** 62 ff.
Vermögensverwaltung **15** 24
Verpfändung
– von Arbeitsentgeltansprüchen **11** 232
Verpflichtungsgesetz **4** 226 ff.
Verpflichtungsklage
– Ablehnung des Bauantrags **24** 88
– Abweichung vom Bauantrag **24** 91 ff.
– Amtsermittlung **24** 44
– Antrag **24** 43
– Berufung *siehe* Zulassungsberufung
– Ermessensentscheidungen **24** 53
– Fortsetzungsfeststellungsklage **24** 58
– gerichtliche Entscheidung **24** 52 ff.
– Klageschrift **24** 43
– Untätigkeitsklage **24** 50 f.
– Verwaltungsakt **24** 42
– Vollstreckung der Urteils **24** 130 f.
– Vorverfahren **24** 46 ff.
– Zurückstellung des Baugesuchs **24** 89
Verrechnung
– von Einkünften **15** 96
Verrichtungsgehilfe
– Haftung des Architekten/Bauingenieurs **8** 123
– Haftung des Bauherrn **8** 157 f.
– Haftung des Bauunternehmers **8** 69 f.
Versagensarten
– des Bodens **5** 93

Verschulden
– bei werkvertraglicher Haftung des Bauunternehmers **8** 10 f.
Verschulden bei Vertragsschluß *siehe* Culpa in Contrahendo
– Architektenvertrag **3** 27 f.
Verschwiegenheitspflicht
– Arbeitnehmer **11** 257
– Betriebsratsmitglied **11** 258
Versicherung **8** 190 ff.
– Bau-Betriebs-Haftpflichtversicherung *siehe dort*
– Baugeräteversicherung *siehe dort*
– Baugewährleistungsversicherung *siehe dort*
– Bauherrenhaftpflichtversicherung *siehe dort*
– Bauleistungsversicherung *siehe dort*
– Berufshaftpflichtversicherung *siehe dort* **8** 431 ff.
– besondere Forderungsausfallversicherung für Betriebe der Bauwirtschaft **8** 394
– für den Architekten **8** 431 ff.
– für den Bauherrn **8** 513 ff.
– für den Bauunternehmer **8** 211 ff.
– Kautionsversicherung *siehe dort*
– Konditionsdifferenzversicherung **8** 339
– Kreditversicherung *siehe dort*
– Produkthaftpflichtversicherung *siehe dort*
– Rechtsschutzversicherung *siehe dort*
– Rückwärtsversicherung **8** 445 f.
– Sachversicherung *siehe dort*
– Sinn und Zweck **8** 190 ff.
– Transportversicherung *siehe dort*
– Umwelthaftpflichtversicherung *siehe dort*
– Unfallversicherung *siehe dort* **8** 532 ff.
– versicherbare Risiken **8** 194
– Warenkreditversicherung **8** 390 ff.
Versicherungsbedingungen
– allgemeine **8** 197 f.
Versicherungsmöglichkeiten **8** 207 ff.
– (Einzel-)Objektversicherung **8** 208
– Jahresdurchlaufversicherung **8** 207
– Jahresversicherung **8** 207
– Multiline- und Multiyear-Policen **8** 209 f.
Versicherungsvertrag
– besondere Bedingungen **8** 199
– besondere Vertragsbestimmungen **8** 201
– Grundsätze der Beitrags- bzw. Prämienzahlung **8** 202 ff.
– rechtliche Grundlagen **8** 195 ff.
– Risikobeschreibungen **8** 199
– Vertragsklauseln **8** 200
Versicherungsvertragsgesetz **8** 196
Versorgungsbezüge **15** 37
Versteuerung
– Ist/Soll-Versteuerung **15** 304
– Ist-Versteuerung **15** 297 ff.
– Soll/Soll-Versteuerung **15** 304
– Soll-Versteuerung **15** 295

Stichwortverzeichnis

Verstoß gegen anerkannte Regeln der Technik
- Begriff **1** 642 ff.
- BGB-Bauvertrag **1** 647
- Schadensersatzanspruch nach § 13 Nr. 7 VOB/B **1** 798
- selbständiger Mangeltatbestand **1** 647 ff.
- Stand der Technik **1** 643 f., 646
- Stand der Wissenschaft und Technik **1** 645 f.
- VOB/B-Bauvertrag **1** 648
- Zeitpunkt der Beurteilung **1** 651 ff.

Verstoßprinzip **8** 442 ff.

Vertrag
- Bauvertrag *siehe dort*
- Nichtigkeit eines trotz Zuschlagsverbots geschlossenen Vertrags **4** 437 ff.

Vertragsabschluß **4** 382 ff.

Vertragsbedingungen **4** 241
- allgemeine **4** 241, 250 f.
- besondere **4** 243 ff.
- besondere technische **4** 250 f.
- zusätzliche **4** 243 ff., 250

Vertragserfüllungsbürgschaft **1** 858 f., **8** 398
- Muster **1** 894

Vertragshaftung
- besondere Haftungstatbestände **8** 86 ff.
- des Architekten/Bauingenieurs **8** 75 ff.
- des Bauunternehmers **8** 1 ff.

Vertragsrisiko **13** 14 ff.

Vertragsstrafe
- Arbeitnehmer **11** 203
- Begriff **1** 600
- „durchstellender Unternehmer" **1** 45 f.
- Formen **1** 603 f.
- rechtliche Grundlage **1** 602
- unverhältnismäßige Höhe **1** 606
- Verjährung **1** 607
- vertragliche Regelung **1** 608
- verzögerte Fertigstellung *siehe* Vertragsstrafe wegen verzögerter Fertigstellung
- Zweck **1** 601

Vertragsstrafe wegen verzögerter Fertigstellung **1** 609 ff.
- Allgemeine Geschäftsbedingungen **1** 611 ff.
- Endtermin **1** 615 f.
- gesetzesfremde Allgemeine Geschäftsbedingungen **1** 620
- grundlegende Störung des Bauablaufs **1** 617
- Höhe **1** 618 f.
- individuelle Vereinbarung **1** 623 ff.
- relevante Termine **1** 615 ff.
- Verschulden des Auftragnehmers **1** 613 f.
- VOB/A unterliegender Auftraggeber **1** 621
- Zwischentermin **1** 615 f.

Vertragstyp **13** 16

Vertretung
- der ARGE **10** 17

Vervielfältiger **13** 94, **15** 257

Verwaltungsakt *siehe auch* Anfechtungsklage, Baugenehmigung, Verpflichtungsklage
- Anordnung der sofortigen Vollziehung **24** 59 f.
- Vorverfahren **24** 46 ff.

Verwirkung
- Abwehransprüche des Nachbarn **24** 129
- Antragsbefugnis bei Normenkontrolle **24** 9

Verzicht
- des Nachbarn auf Abwehransprüche **24** 128

Verzug **1** 227 ff.
- des Auftragnehmers **1** 589 ff.
- Folgen **1** 231 ff.
- Geldschuld als qualifizierte Schickschuld **1** 233
- Klage **1** 228
- Verhältnis VOB/B – BGB **1** 229 f.
- Verzugszinsen **1** 231 f., 234

VOB/B-Bauvertrag *siehe auch* Bauvertrag
- Abrechnung **1** 201 ff.
- Abschlagszahlung **1** 192 ff.
- Änderungen beim VOB/B-Bauvertrag *siehe dort*
- Ausführungsfristen **1** 331 ff.
- Ausführungsfristen, Veränderungen **1** 340, 342 ff.
- Bauarbeiten **1** 77 ff.
- Bauleistungen **1** 77 ff.
- Bauphasen **1** 83
- Bauwerk **1** 77
- Behinderungen während der Bauausführung *siehe dort*
- BGB **1** 85 f.
- BGB-Bauvertrag **1** 35
- Durchgriffsfälligkeit bei Nachunternehmerverträgen **1** 226
- Erfüllungsgehilfen **1** 36
- Ersatzvornahme *siehe dort*
- Fälligkeit der Schlusszahlung **1** 219 ff.
- fehlende Mitwirkung des Auftraggebers **1** 499 f.
- fehlende Sicherheitsleistung **1** 506
- fiktive Abnahme **1** 544 ff.
- förmliche Abnahme **1** 534 ff.
- Gewährleistungsansprüche **1** 713 ff.
- Kooperationscharakter **1** 84
- Kündigung aus wichtigem Grund durch Auftraggeber **1** 504
- Kündigung durch Auftraggeber **1** 452, 461 ff., 499 f.
- Kündigungsandrohung mit Nachfristsetzung wegen Verzugs mit der Vollendung, Muster **1** 897
- Kündigungsklauseln **1** 507 f.
- Leistungsbeschreibung **1** 134
- Mängel vor der Abnahme bei VOB/B-Vertrag *siehe dort*
- Mängelbeseitigungsverlangen nach Abnahme, Muster **1** 904
- Minderung *siehe dort*
- Nachbesserungsanspruch *siehe dort*

1609

Stichwortverzeichnis

- positive Vertragsverletzung **1** 808 ff.
- Schadensersatzanspruch nach § 13 Nr. 7 VOB/B *siehe dort*
- Schlusszahlung, vorbehaltlose Annahme *siehe dort*
- und AGB-Gesetz **1** 120 ff.
- Unterbrechung des Bauablaufs **1** 487 f., 505
- Vergütungsgefahr und Abnahme **1** 521 f.
- Verjährung und Prüfbarkeit der Schlussrechnung **1** 255
- Verjährungsfristen *siehe* Gewährleistungsfristen, **1** 76 ff.
- Vermögensverfall des Auftragnehmers **1** 478 ff.
- Verstoß gegen anerkannte Regeln der Technik **1** 648
- Vertragsuntreue des Auftragnehmers **1** 461 ff.
- Verzögerungen auf Seiten des Auftraggebers **1** 596 ff.
- Verzögerungsschaden wegen Verzugs des Auftragnehmers **1** 595
- Verzug des Auftragebers **1** 501 ff.
- Verzugseintritt, Voraussetzungen **1** 229 f.
- Verzugsfolgen **1** 231 ff.
- Wandelung **1** 811 f.
- Wettbewerbsbeschränkung **1** 484 ff.
- Zweckmäßigkeit **1** 82 ff.

VOB-Stellen **4** 567

VOB-Vertrag
- Gesamtschuldnerausgleich **8** 172 f.

Völkerrecht
- und Arbeitsrecht **11** 27

Vollgeschoss **5** 7
- bauordnungsrechtlicher Begriff **23** 15

Vollmacht des Architekten **3** 41 ff.
- Anscheinsvollmacht **3** 43
- Duldungsvollmacht **3** 43
- „originäre" Vollmacht **3** 41
- rechtsgeschäftliche Erteilung **3** 41 f.
- Umfang **3** 44 f.

Vollstreckungsunterwerfung wegen des Kaufpreisanspruchs **2** 63 ff.
- Fälligkeitszinsen **2** 69 ff.
- Fertigstellungsbescheinigung **2** 65
- Verjährung **2** 66
- Verzugseintritt **2** 67 ff.

Vorauszahlungen **1** 189 ff., **13** 150, **15** 453 f.
- Anrechnung **1** 191
- Sicherheitsleistung **1** 190
- Vereinbarung **1** 190
- Verzinsung **1** 190

Vorauszahlungsbürgschaft **8** 398
- Muster **1** 895

Vorbehaltlose Annahme der Schlusszahlung *siehe* Schlusszahlung, vorbehaltlose Annahme

Vorhaben im Außenbereich *siehe auch* Bauplanungsrechtliches Vorhaben, **18** 61 ff.
- allgemeine Anforderungen **18** 85

- Außenbereichssatzung **18** 86 f.
- begünstigte Vorhaben **18** 78 ff.
- Entgegenstehen öffentlicher Belange **18** 69
- Gartenbaubetrieb **18** 64
- land- oder forstwirtschaftlicher Betrieb **18** 63
- öffentliche Belange **18** 73 ff.
- öffentliche Versorgung **18** 65
- ortsgebundener Betrieb **18** 65
- privilegierte Vorhaben **18** 63 ff.
- Sicherung der Erschließung **18** 70
- sonstige Vorhaben **18** 71 f.
- Vorhaben, die vernünftigerweise in den Außenbereich gehören **18** 66
- Ziele der Raumordnung **18** 76 f.
- Zulässigkeit privilegierter Vorhaben **18** 62 ff.

Vorhaben im Geltungsbereich eines Bebauungsplans *siehe auch* Bauplanungsrechtliches Vorhaben
- Ausnahmen **18** 15 f.
- Befreiungen **18** 15, 17 ff.
- einfacher Bebauungsplan **18** 14
- im Geltungsbereich eines Bebauungsplan **18** 10 ff.
- qualifizierter Bebauungsplan **18** 11 f.
- vorhabenbezogener Bebauungsplan **18** 13
- Zulässigkeit nach § 30 BauGB **18** 10 ff.

Vorhaben im unbeplanten Innenbereich *siehe auch* Bauplanungsrechtliches Vorhaben, **18** 34 ff.
- Abgrenzung des im Zusammenhang bebauten Ortsteils **18** 36 f.
- Bebauungszusammenhang **18** 38 f.
- Beeinträchtigung des Ortsbildes **18** 45
- Einfügen in die Eigenart der näheren Umgebung **18** 40 ff.
- Entwicklungssatzung **18** 54 f.
- Ergänzungssatzung **18** 56
- gesicherte Erschließung **18** 46
- gesunde Wohn- und Arbeitsverhältnisse **18** 44
- Innenbereichssatzungen **18** 50 ff.
- Klarstellungssatzung **18** 52 f.
- organische Siedlungsstruktur **18** 37
- Ortsteil **18** 37
- Verfahrensvorschriften für Innenbereichssatzungen **18** 60
- Zulässigkeit **18** 40 ff.
- Zulässigkeit nach § 34 Abs. 2 BauGB **18** 47 ff.

Vorhaben während der Planaufstellung *siehe auch* Bauplanungsrechtliches Vorhaben, **18** 23 ff.
- Zulässigkeit nach § 33 Abs. 1 BauGB **18** 25 ff.
- Zulässigkeit nach § 33 Abs. 2 BauGB **18** 25 ff.

Vorhabenbezogener Bebauungsplan **16** 32, **17** 150 ff.
- bauplanungsrechtliches Vorhaben **18** 13
- Letztentscheidung der Gemeinde **17** 153

Stichwortverzeichnis

- Planaufstellungsverfahren **17** 154
- Vorhaben- und Erschließungsplan des Investors **17** 152

Vorhaltekosten **13** 4
Vorkalkulation **13** 154 f.
- baubetriebliche **13** 113 ff.

Vorkaufsrecht, gesetzliches **19** 21 ff.
- abweichende Bestimmung des Kaufpreises **19** 43 ff.
- Abwendungsrecht des Käufers **19** 32 f.
- Ausschluss **19** 27 ff.
- Ausübung **19** 37 f.
- Entschädigungsanspruch Dritter **19** 42
- grundbuchliche Sicherung **19** 34 ff.
- Rechtsnatur **19** 24 f.
- Rechtsweg **19** 48 ff.
- überhöhter Kaufpreis **19** 44 ff.
- Übertragbarkeit **19** 26
- Wirkungen **19** 39 ff.

Vorläufiger Rechtsschutz
- Abweichungen vom Bauantrag **24** 93
- bauaufsichtliche Verfügungen **24** 102 ff.
- des Nachbarn gegen Baugenehmigung **24** 121 ff.
- Einstweilige Anordnung *siehe dort*
- Einstweilige Verfügung *siehe dort*
- Erschließungsbeitrag **24** 106
- gegen sofortige Vollziehung **24** 61 ff.
- Zulassungsbeschwerde **24** 83
- Zwischenregelungen **24** 66

Vorstellungsgespräch **11** 91
Vorsteuer
- abziehbare **15** 303

Vorsteuerabzug **15** 301 ff.
- Ausschluss **15** 308 ff.
- Berichtigung **15** 314

Vorteilsausgleich
- Arten umlegungsbedingter Vorteile **19** 118 ff.
- Ausschluss anderer Vorteile **19** 112 f.
- Einsparung von Vermessungs-, Notar- und Gerichtskosten **19** 153 f.
- Ermittlung des Umlegungsvorteils **19** 114
- Grenzregelung **19** 202 ff.
- Planungsgewinne **19** 112 f.
- straßenlandabgabefreie Baulandparzellen, Zuteilung **19** 133 ff.
- tatsächlicher Eintritt umlegungsbedingter Vorteile **19** 121 ff.
- über Flächenbeiträge **19** 115 ff.
- Umlegung **19** 107, 111 ff.
- ungleiche Grundstücke **19** 123 ff.
- unveränderter Grundstücke, Zuteilung **19** 130 ff.
- Verkürzung des Erschließungszeitraums **19** 146 ff.
- zweckmäßig gestaltete Grundstücke, Zuteilung **19** 139 ff.

Vorunternehmer **1** 21

- Mängel/Verzögerungen aufgrund fehlerhafter Werkleistungen **1** 50 ff.

Vorverfahren
- Verwaltungsakt **24** 46 ff.

Voute **5** 121

WACC **13** 12
Wagnis **13** 29 f., 117, 141
Wände **5** 104 ff.
- Außenwände *siehe dort*
- aussteifende **5** 106
- Aussteifung **5** 109
- bauphysikalische Funktionen **5** 107
- Baustoffwahl **5** 108
- Innenwände **5** 105
- Knicken **5** 106
- nichttragende **5** 106
- Schadensrisiken **5** 112
- Schadensvermeidung **5** 113
- Schlitzwände **5** 100
- Spundwände **5** 100
- statische Funktion **5** 106
- Stützwände **5** 100
- tragende **5** 106

Wandelung
- BGB-Bauvertrag **1** 813
- VOB/B-Bauvertrag **1** 811 f.

Warenkreditversicherung **8** 390 ff.
Warmdach **5** 129
Wärmebrücke **5** 157
Wärmedämmverbundsystem
- Klebemängel **7** 1 ff.

Wärmedurchgang **5** 157
Wärmedurchgangskoeffizient **5** 157
Wärmedurchgangswiderstand **5** 157
Wärmeleitfähigkeit **5** 157
Wärmeschutz **5** 155 ff.
- Baumangel **2** 86 ff.
- Fachbegriffe **5** 157
- Schadensrisiken **5** 158
- Schadensvermeidung **5** 159

Wasserdampfdiffusion **5** 161
Wasserhaltung **5** 99
- Grundwasserabsenkung **5** 99
- offene **5** 99

Wehrübung **11** 227
Weighted Average Cost of Capital *siehe* WACC
Weisungsrecht **11** 72 f.
Weiterbeschäftigungsanspruch **11** 206
Welteinkommensprinzip **15** 126
Werbung
- Architekten **14** 31 ff.
- Beratende Ingenieure **14** 71 ff.

Werbungskosten **15** 78
Werkleistung **15** 285
Werklieferung **15** 285
Werklieferungsvertrag
- Lieferant – Bauunternehmer **1** 30

1611

Stichwortverzeichnis

Werkvertrag
– Abgrenzung zur Arbeitnehmerüberlassung **11** 457 ff.
– Architektenvertrag **3** 2 ff., 46 ff.
– Bauvertrag **1** 73 f.
– Internationales Privatrecht **12** 2
– Scheinfirmen als Subunternehmer **11** 466 f.
– Subunternehmer aus EU-Staaten **11** 463
– Subunternehmer aus MOE-Staaten **11** 464 f.
Wert
– beizulegender **13** 166
– gemeiner **15** 216
Wettbewerbsverbote **11** 253 f.
– gesetzliches Wettbewerbsverbot **11** 253
– Karenzentschädigung **11** 254
– nachvertragliches Wettbewerbsverbot **11** 254
Widerspruch
– Verwaltungsakt **24** 46 ff.
Windrispe **5** 126
Winkelmaß **5** 22
Winterausfallgeld
– Ausfallstunde, 31. bis 100. **11** 362 ff.
– Ausfallstunde, ab der 101. **11** 370 ff.
Winterregelung **11** 344 ff.
– Ausfallstunde, 1. bis 30. **11** 349 ff.
– Ausfallstunde, 31. bis 100. **11** 362 ff.
– Ausfallstunde, ab der 101. **11** 370 ff.
– einschlägige Regelungen **11** 345
– Schlechtwetterzeit **11** 348
Wirtschaftsgut
– Übertragung aus dem Sonderbetriebsvermögen in ein anderes Betriebsvermögen und umgekehrt **15** 404 ff.
Wirtschaftsjahr **15** 59
Wirtschaftsrisiko **11** 216
Wohnungseigentum
– in Fremdenverkehrsgebieten **19** 17 ff.
Wohnungseigentumsrecht
– Baufortschrittsraten und § 3 MaBV **2** 100 ff.
– Mängelgewährleistung **2** 105 ff.
– Sicherungspflichten nach § 3 MaBV **2** 99 ff.

Zahlungsnachlauf **13** 149
Zahlungsvorlauf **13** 149
Zeichnung
– Ansichtszeichnung **5** 10
– Bewehrungszeichnung **5** 11
– Detailzeichnung **5** 8, 12
– Grundrisszeichnung **5** 14
– Schnittzeichnung **5** 17
– Übersichtszeichnung **5** 8
Zeitfixe Kosten **13** 3, 5
– Berechnungsbeispiel **13** 34, 37
Zeitvariable Kosten **13** 3 f.
– Berechnungsbeispiel **13** 34, 36
Zementarten **5** 47
Zementleim **5** 47
Zementstein **5** 47
Zerrbalken **5** 89
Zeugnis
– einfaches Zeugnis **11** 171
– qualifiziertes Zeugnis **11** 171
– wohlwollendes Zeugnis **11** 171
Zulassungsberufung **24** 69 ff.
– Antrag **24** 70
– Divergenzberufung **24** 79
– Entscheidung des OVG **24** 82
– grundsätzliche Bedeutung **24** 78
– Komplexitätsberufung **24** 76 f.
– neue Beweismittel **24** 71
– neues tatsächliches Vorbringen **24** 71
– Plausibilitätsberufung **24** 75
– Verfahrensberufung **24** 80 f.
– Zulassung der Berufung **24** 82
– Zulassungsgründe **24** 69m 75 ff.
Zulassungsbeschwerde **24** 83
Zurückbehaltungsrecht
– Mängel vor der Abnahme **1** 397 f.
– Skontovereinbarung **1** 236
Zusatzkosten **13** 27
Zusatzversorgung **11** 443
Zuschlag **4** 382 ff., **13** 113 f., 117,1 129
– Muster **1** 892
– Risikozuschläge **13** 160
Zuschlagserteilung **4** 382 f.
Zuschlagsfrist **4** 230 ff.
Zuschlagskalkulation **13** 29, 85
Zuschlagssätze **13** 25, 40 f.
Zustimmungsverfahren
– Kündigung eines Mitglieds der Betriebsvertretung **11** 156
Zweckaufwand **13** 27 f.
Zweikreissystem **15** 440

Das neue Mietrecht zum 1.9.2001

Das neue Mietrecht
in der anwaltlichen Praxis
Von RiAG Dr. Werner Hinz, RA Heiko Ormanschick, RiAG Dr. Olaf Riecke und RA Matthias Scheff
1. Auflage 2001, ca. 160 Seiten, broschiert, ca. 58,– DM
ISBN 3-8240-0478-X
Erscheint September 2001

Durch die Mietrechtsreform, die am 1.9.2001 in Kraft tritt, sind alle wesentlichen Bestimmungen in das BGB eingegliedert worden, auch altbekannte Vorschriften wurden neu geordnet und numeriert. Inhaltliche Neuregelungen betreffen u.a. die Kündigungsfristen, die Kappungsgrenze und die Betriebskostenabrechnung.
„Das neue Mietrecht in der anwaltlichen Praxis" biete eine praxisorientierte Einführung. Die Systematik des neuen Mietrechts innerhalb des BGB wird veranschaulicht, die inhaltlichen Änderungen werden benannt, erklärt und bewertet. Darüber hinaus werden konkrete Tips für die alltägliche Anwendung gegeben.
Der Anhang enthält die unentbehrliche synoptische Gegenüberstellung von altem zu neuem Recht und umgekehrt.

Das mietrechtliche Mandat
Von RA Thomas Kroth und RA Finn Zwißler
2. Auflage 2001, ca. 450 Seiten, gebunden,
Subskriptionspreis bis drei Monate nach Erscheinen ca. 128,– DM, danach ca. 148,– DM
ISBN 3-8240-0397-X
Erscheint September 2001

Die **Mietrechtsreform** tritt am 1.9.2001 in Kraft: Neben kürzeren Kündigungsfristen, Neuregelungen für die Betriebskostenabrechnung, einem ausgebauten Vergleichsmietensystem und weiteren Neuregelungen hat sich nicht zuletzt auch die Numerierung der Paragraphen geändert. Jeder Anwalt, der sich mit mietrechtlichen Mandaten zu befassen hat, muß das Mietrecht jetzt neu erlernen. Und die Auswirkungen der Euro-Umstellung ebenso.
Dies gelingt durch „Das mietrechtliche Mandat", in dem die Autoren den Stoff **mandatsgerecht aufbereitet** haben. Materielles Recht und Prozeßrecht werden dort erläutert, wo sie bei der Mandatsbearbeitung vorkommen. Der Aufbau des Buches folgt dem Ablauf des Mandats: vom ersten Kontakt mit dem Mandanten bis zur Gebührenabrechnung. Sowohl Wohnraum- als auch Gewerberaummiete werden behandelt.
Die praktische Ausrichtung des Buches zeigt sich auch in den **zahlreichen Mustertexten**: Zur Vertragsgestaltung, zur außergerichtlichen Erledigung und zur gerichtlichen Klärung der praxisrelevanten Fälle. Dabei wird sowohl die Vermieter- als auch die Mieterseite berücksichtigt.

„Das ‚mietrechtliche Mandat' umfaßt nahezu alle Fallkonstellationen, denen sich ein Rechtsanwalt im immer unüberschaubarer werdenden Mietrecht ausgesetzt sieht. Zwei Praktiker bringen hier nicht nur ihre umfangreiche Berufserfahrung ein, sondern setzen sich auch intensiv mit der Rechtsprechung auseinander […] Zusammenfassend kann das ‚Mietrechtliche Mandat' sowohl dem nur gelegentlich im Mietrecht tätigen Anwalt als auch dem erfahrenen Praktiker **uneingeschränkt empfohlen** werden. Auch Richter und Wohnungsverwalter werden ihren Nutzen aus dem Werk ziehen können; eine weite Verbreitung ist deshalb zu wünschen."

RA Ralf Rödel zur Vorauflage in jumag 1999, Heft 1/2

„Dem Werk ist weite Verbreitung innerhalb der Anwaltschaft zu wünschen."

RA Ulrich Ziegert zur Vorauflage in AnwBl 1999, 472

DeutscherAnwaltVerlag

Wachsbleiche 7 · 53111 Bonn · **T** 02 28 9 19 11-0 · **F** 02 28 9 19 11-23

„Eine gute Idee ... perfekt umgesetzt"

Hrsg. von RA Dr. Christian Rollmann
2. Auflage 2001, 752 Seiten, gebunden,
138,– DM
ISBN 3-8240-0252-3

Der Immobilienkauf

12 Bücher in einem ist die Idee dieses Werkes. Alle entscheidungsrelevanten Kriterien rund um den Immobilienkauf sind hier von Praktikern in einem Handbuch zusammengefaßt. Ganz gleich, ob Sie selbst eine Immobilie erwerben wollen oder als Berater fachkundig zur Seite stehen, dieses Handbuch gehört auf Ihren Schreibtisch. Praxisnah werden folgende Themen behandelt:

- Die Anlagestrategie
- Der Makler
- Prospekthaftung
- Steuerliche Vorteile beim Immobilienkauf
- Finanzierung von Bauvorhaben
- Grundstücksbewertung
- Verwaltungsrecht
- Vertragliche Gestaltung des Grundstückskaufs
- Typische Baumängel
- Die Eigentumswohnung
- Immobilienfonds
- Zwangsversteigerung von Immobilien.

„Der **höchst praxisbezogene Ansatz** des Handbuchs besteht darin, den Immobilienkauf unter allen rechtlich und wirtschaftlich relevanten Gesichtspunkten zu erörtern ... Das funktional-fachübergreifende Konzept macht das Handbuch für den Anwalt, aber auch für die Immobilienwirtschaft **interessant und empfehlenswert**."

Notar Prof. Dr. Gerrit Langenfeld zur Vorauflage in NJW 1997, 2507

„**Eine gute Idee wird perfekt umgesetzt** ... Die Informationen eignen sich sowohl für den Anwalt in eigener Sache wie für die Beratung des Mandanten."

RAuN Dr. F. Kieserling zur Vorauflage in MDR 1997, Heft 5

DeutscherAnwaltVerlag
Wachsbleiche 7, 53111 Bonn, **Fax** 02 28 / 9 19 11-23

Das Wissen im Baurecht

AnwaltSkript Privates Baurecht
Von RA Dr. Jürgen Lauer und RA Dr. Walter Klein
1. Auflage 2000, 349 Seiten, broschiert, mit CD-ROM, 68,– DM
ISBN 3-8240-0312-0

Das Private Baurecht ist scheinbar so vertraut. Als Teil des besonderen Schuldrechts ist es unter der Überschrift „Werkvertragsrecht" sogar Gegenstand des Studiums. Für viele kommt bei der ersten Konfrontation mit einer Bauakte der Praxisschock. Es entsteht schnell der Eindruck, Bausachen seien juristisch völlig uninteressant, da in erster Linie über technische Fragen gestritten werde. Tatsächlich bietet das komplizierte Zusammenspiel zwischen besonderem und allgemeinem Schuldrecht mit dem Recht der allgemeinen Geschäftsbedingungen und der VOB eine Fülle juristischer Fallstricke. Die HOAI ist für den Berufsanfänger schließlich gänzlich unbekannt.
Dieses AnwaltSkript soll dem Neueinsteiger die juristischen Kenntnisse vermitteln, ein baurechtliches Mandat abzuwickeln. Diejenigen gerichtlichen Entscheidungen, die jeder Rechtsanwalt kennen muß, will er im Privaten Baurecht Mandate bearbeiten, sind im Volltext auf der beiliegenden CD-ROM enthalten, ebenso eine Vielzahl praxisrelevanter Muster: Verträge, Schriftsätze, Musterabrechnungen und mehr.

Das baurechtliche Mandat
Von RAuN Walther Leitzke und RAuN Dr. Karl-Steffen Ringe
2. Auflage 2000, 462 Seiten, gebunden, 128,– DM
ISBN 3-8240-0249-3

Adressat des neuen Buches ist der Anwalt, der nach einem schnellen und dennoch profunden Überblick für die Beratung und Prozeßvertretung sucht.
Der Praktiker kann das Werk als umfassende Checkliste zur Bearbeitung seiner Mandate verwenden. Die Probleme werden im chronologischen Ablauf behandelt, wo sie sich im Mandatsablauf stellen. Ein Glossar wichtiger baurechtlicher und technischer Fachbegriffe rundet das Werk ab.
Die zweite Auflage wurde vollständig überarbeitet und aktualisiert. Einige Kapitel wurden stark erweitert und zahlreiche Teile komplett neu ausgearbeitet. Hierbei wird auch das seit dem 1.1.1999 geltende neue Vergaberecht berücksichtigt.

Aus dem Inhalt:
- **Ausschreibung**
  Vergabeverfahren – Verstöße gegen VOB/A – Neuregelung des Vergabeüberprüfungsrechts
- **Vergütungsansprüche des Werkunternehmers**
  Vereinbarte/übliche Vergütung – Abnahme – Schlußrechnung – Änderungs-/Zusatzaufträge – Stundenlohnarbeiten – Abschlagszahlungen
- **Gewährleistung beim Bauwerkvertrag**
  Ansprüche des Auftraggebers – Gemeinschaftseigentum – Mehrheit von Verantwortlichen – Produkthaftung
- **Verzug, Kündigung, Vertragsstrafe beim Bauwerksvertrag**
  Mahnung – Mitwirkungspflichten – Behinderung
- **Unternehmervertragsrecht**
  VOB/B-Vertrag – BGB-Vertrag – AGB-Vertrag
- **Zwischengeschaltete Unternehmen**
  Vertragsgestaltung – Projektabwicklung
- **Vertretung gegenüber einem Architekten/Ingenieur**
  Bauwerksmängel – Haftpflichtversicherung – Bausummenüberschreitung
- **Vertragsgestaltung im Architektenrecht**
  Vertragstypen – Aufbau des Vertrages
- **Honoraransprüche des Architekten/Ingenieurs**
  Fälligkeit – Prüfbarkeit – Höhe – Schlußrechnung
- **Beweis, Beweissicherung, selbständiges Beweisverfahren**
  Gutachter – Möglichkeiten des Antragsgegners – Kosten
- **Baunachbarstreitigkeiten.**

DeutscherAnwalt**Verlag**
Wachsbleiche 7 · 53111 Bonn · **T** 0228 91911-0 · **F** 0228 91911-23

Die große Textsammlung

Privates Baurecht
Gesetze und Materialien
Bearbeitet von RiOLG Heinz Diehl und RA Peter Michael Oppler
2. Auflage 2000, 895 Seiten, broschiert, 98,– DM
ISBN 3-8240-0322-8

Die Fülle der Regelungen im zivilen Baurecht und die rege Tätigkeit des Gesetz- und Verordnungsgebers machen eine verläßliche und übersichtliche Textsammlung unentbehrlich. Die Herausgeber sind durch ihre langjährige Tätigkeit als Anwalt bzw. Richter auf dem Gebiet des privaten Baurechts intensiv mit der Materie befaßt. Sie wissen, welche Normen bei der täglichen Arbeit immer zur Hand sein müssen. Durch eine sorgfältige Auswahl werden alle wesentlichen Regelungen berücksichtigt. Gleichzeitig wird die Übersichtlichkeit und Handlichkeit der Sammlung gewahrt. Die zweite Auflage wurde erweitert und auf den aktuellen Stand der Gesetzgebung gebracht, u.a. unter Berücksichtigung der Neuordnung des Vergaberechts, der neuen Baustellenverordnung und der neuen Regelung zur Zahlung eines Mindestentgelts sowie zur Haftung im Arbeitnehmerentsendegesetz.

Aus dem Inhalt:
- Grundlagen aus BGB und ZPO
- Vergaberecht
- Vertragsrecht
- Arbeits- und Sozialrecht
- Bauträger- und Baubetreuerrecht
- Architekten- und Ingenieurrecht
- Versicherungswesen
- Schiedsgerichtswesen
- EG-Recht

Die Herausgeber machen in einer den Texten vorangestellten Einführung den Benutzer außerdem mit den Grundlagen der einzelnen Rechtsgebiete vertraut. Sie geben praktische Hinweise, verweisen auf die einschlägige Rechtsprechung und Literatur und stellen die einzelnen Regelungen in einen das Verständnis erleichternden Zusammenhang.

„... Eine gelungene Neuauflage der Textsammlung."

Vors. Richter am OLG Prof. Dr. Klaus Vygen in BauR 2001, 304

„Die Herausgeber sind durch ihre langjährige Tätigkeit als Anwalt bzw. Richter auf dem Gebiet des privaten Baurechts intensiv mit der Materie befaßt. Sie wissen, welche Normen bei der täglichen Arbeit immer zur Hand sein müssen. Durch eine sorgfältige Auswahl werden alle wesentlichen Regelungen berücksichtigt. Gleichzeitig wird die Übersichtlichkeit und Handlichkeit der Sammlung gewahrt"

In: Stahlbaunachrichten, DSTV – intern

DeutscherAnwaltVerlag

Wachsbleiche 7 · 53111 Bonn · **T** 0228 91911-0 · **F** 0228 91911-23